Pflanzenökologie

Ernst-Detlef Schulze / Erwin Beck / Klaus Müller-Hohenstein

Pflanzenökologie

Spektrum Akademischer Verlag Heidelberg · Berlin

Prof. Dr. Ernst-Detlef Schulze
Max-Planck-Institut für Biogeochemie
Carl-Zeiss-Promenade 10
07745 Jena
e-mail: detlef.schulze@bgc-jena.mpg.de

Prof. Dr. Erwin Beck
Lehrstuhl für Pflanzenphysiologie
Universität Bayreuth
95440 Bayreuth
e-mail: beck@uni-bayreuth.de

Prof. Dr. Klaus Müller-Hohenstein
Lehrstuhl Biogeografie
Universität Bayreuth
95440 Bayreuth
e-mail: klaus.mueller-hohenstein@uni-bayreuth.de

Die Deutsche Bibliothek – CIP-Einheitsaufnahme
Schulze, Ernst-Detlef:
Pflanzenökologie / Ernst-Detlef Schulze ; Erwin Beck ; Klaus Müller-Hohenstein. – Heidelberg ; Berlin : Spektrum, Akad. Verl., 2002
ISBN 3-8274-0987-X

Lektorat: Dr. Ulrich G. Moltmann, Martina Mechler
Redaktion: Barbara Lühker
Produktion: Ute Kreutzer
Grafikerstellung: Christiane von Solodkoff, Neckargemünd
Satz: Typomedia GmbH, Ostfildern
Umschlaggestaltung: Kurt Bitsch, Birkenau
Titelfoto: Claus Diercks, Willy Giltmann, Hamburg
Druck und Bindung: Appl, Wemding

Vorwort

Die Idee: Ein Lehrbuch der Pflanzenökologie zu schreiben, wurde im Jahr 1994 auf der Tagung der Deutschen Botanischen Gesellschaft in Bayreuth beschlossen. Voran gingen Überlegungen zu einem allgemeinen Lehrbuch der Ökologie der Pflanzen, Tiere und Mikroorganismen, aber ein derartiges Unternehmen ist wegen der immensen Stofffülle von einem relativ kleinen Autorenkonsortium nicht zu leisten – abgesehen davon, dass es, nicht zuletzt wegen seines Umfangs und des hohen Preises, vermutlich nur einen beschränkten Leserkreis finden würde. Andererseits beobachten wir eine durch Spezialisierung bedingte, fortlaufende Zersplitterung der ökologischen Wissenschaft in kleine und kleinste Teildisziplinen und im Zuge damit einen Verlust der integrativen Zusammenschau, die aber gerade in der Ökologie mit ihren umweltrelevanten Aspekten besonders wichtig ist. In dieser Situation erschien es uns an der Zeit, das derzeitige Wissen in der Pflanzenökologie konzeptionell zusammenzufassen. Nicht nur für das Studium der Biologie und der Geowissenschaften, sondern auch für eine angemessene Information der Öffentlichkeit erweist es sich als wünschenswert, eine Verbindung zwischen der Ökophysiologie der Pflanze, der Vegetationskunde und den globalen Aspekten der Ökologie herzustellen, insbesondere dann, wenn es um den Schutz der Biosphäre und um die objektive Beurteilung anthropogener Einflüsse geht. Ein breites Wissen über Mechanismen, Abläufe und Interaktionen, einschließlich der anthropogenen Einflüsse, sollen den zukünftigen Ökologen befähigen, Beobachtungen sachgerecht anzustellen, Daten zu interpretieren und Zusammenhänge zu verstehen. Nur so kann die Ökologie zur Versachlichung der oft emotionsgeladenen Debatten über Global Change, Schädigung der Biosphäre und Vernichtung der Biodiversität beitragen.

Die zeitliche Distanz zwischen den ersten Plänen zu diesem Buch und der Verwirklichung des Projekts erklärt sich aus der unglaublichen Rasanz, mit der sich Teilgebiete der Ökologie entwickeln. Wie in der Fabel vom Hasen und dem Igel bleibt trotz erheblicher Anstrengungen der Autoren das Gefühl, dass manches Problemfeld sich bereits während der Drucklegung schon wieder erkennbar weiterentwickelt hat. So teilt auch dieses Lehrbuch das Schicksal anderer forschungsnaher Lehrbücher. Es teilt dieses Schicksal auch insofern, als die Auswahl des Demonstrationsmaterials zwangsläufig weitgehend subjektiv und damit kritisierbar ist. Wir möchten an dieser Stelle alle diejenigen Leser, die bessere Daten erarbeitet oder an der Hand haben, bitten, uns in unserem Bestreben nach Verbesserungen zu unterstützen.

Der Inhalt: Das Lehrbuch beginnt mit den zellbiologischen und molekularen Aspekten der Anpassungen der Pflanzen an ihre Umwelt, die ja nie stressfrei ist. Aufbauend auf dieser molekularen Ökophysiologie wird auf der Ebene der Gesamtpflanze die Organisation und Steuerung des Stoffhaushalts im Sinne einer autökologischen Betrachtung beschrieben, um anschließend mit den Interaktionen mit anderen Organismen die Ebene des Ökosystems zu erreichen. Schließlich werden die regionalen und zeitlich langfristigen Bedingungen für die Verbreitung und Dynamik von Arten auf der Erde behandelt. Das Buch schließt mit den Stoffkreisläufen der Erde und unterstreicht hierbei besonders den Einfluss des Menschen auf die ursprünglichen (die so genannten natürlichen) Ökosysteme.

Da das Buch von ganz unterschiedlichen Betrachtungsebenen ausgeht, wiederholen sich eine Reihe von Aspekten und Sachverhalten auf den einzelnen Organisationsebenen: der Zelle, der Pflanze, dem Ökosystem, den Verbreitungsarealen und der Erde als Ganzem. Dabei ändert sich die Darstellung auf den einzelnen Ebenen, womit die Autoren versucht haben, der ungeheuren Komplexität der Ökologie Rechnung zu tragen.

An die Leser: Das Lehrbuch wendet sich an fortgeschrittene Studenten und ihre Dozenten. Es setzt Fachwissen in einer Reihe von naturwissenschaftlichen Disziplinen voraus, von der Molekularbiologie bis zu den Geowissenschaften. Die Autoren haben sich bemüht, in den einzelnen Kapiteln weiterführende Lehrbücher und Übersichtsartikel zu empfehlen. Diese „weiterführende Literatur" dient dabei nicht nur der Vertiefung, sondern wurde auch unter dem Aspekt ausgewählt, fehlende Grundlagen in prägnanter Form zu vermitteln. Grundlagenwissen wird darüber hinaus auch in dem einen oder anderen der zahlreichen Kästen aufgefrischt. Um das konzeptionelle Wissen aufzubauen und zu stärken, haben die Autoren jedem Abschnitt eine ausführliche Zusammenfassung angefügt.

Der Dank: Es hat Freude gemacht, dieses Lehrbuch zu schreiben, aber es hat die Autoren viel von dem gekostet, was sie am wenigsten haben: Zeit. Vieles blieb auf der Strecke, was in dieser Zeit hätte getan werden können und sollen. Wir bitten deshalb alle jene um Nachsicht, denen wir diese Zeit vorenthalten mussten, unsere Mitarbeiter und nicht zuletzt unsere Familien. Ohne die Unterstützung und Mithilfe vieler Kollegen, Freunde und Mitarbeiter wäre es nicht möglich gewesen, dieses Buch so schnell fertigzustellen, dass es nicht bereits bei seinem Erscheinen überholte Kapitel enthalten hätte. Ganz besonderer Dank gilt Frau Diplombiologin Barbara Lühker, ohne deren engagierte editorische Mitarbeit dieses Buch vermutlich nie zum Abschluss gekommen wäre. Für kritische Durchsicht einzelner Kapitel, für Beratung und Literaturhinweise möchten die Autoren einer großen Zahl von Kolleginnen und Kollegen danken, insbesondere:

A Arneth (Jena), K Beierkuhnlein (Rostock), CPM Blom (Utrecht), H Bohnert (Tucson), U Deil (Freiburg), WHO Ernst (Amsterdam), E Gloor (Jena), G Guggenberger (Bayreuth), F Haakh (Stuttgart), U Heber (Würzburg), HW Heldt (Göttingen), J Kaplan (Jena), O Kolle (Jena), U Küper (Bayreuth), OL Lange (Würzburg), W Larcher (Innsbruck), C Neßhöfer (Bayreuth), C Ploetz (Wuppertal), M Popp (Wien), R Voesenek (Utrecht), R Scheibe (Osnabrück), W Schulze (Tübingen), E Steudle (Bayreuth), C Wirth (Jena), W Zech (Bayreuth).

Besonderer Dank gilt natürlich auch dem Spektrum Akademischer Verlag, der den meisten Wünschen der Autoren konstruktiv entgegenkam und beim notwendigen Willen zur Homogenität stets die Individualität der Autoren respektierte.

Die Autoren wünschen sich eine gute Aufnahme ihrer „Pflanzenökologie" durch eine interessierte Leserschaft und hoffen auf konstruktive Kritik, wohl wissend, dass das Schreiben eines Lehrbuchs der gesamten Pflanzenökologie eine schier unlösbare Aufgabe ist.

Bayreuth und Jena, 2002

E.-Detlef Schulze, Erwin Beck,
Klaus Müller-Hohenstein

Inhaltsverzeichnis

Kapitel 5

GLOBALE ASPEKTE DER PFLANZENÖKOLOGIE

Einführung

Der Begriff **„Ökologie"** wurde von Ernst Haeckel, 1906, in seinem Buch über die „Prinzipien der generellen Morphologie der Organismen" wie folgt geprägt: „Unter Oekologie verstehen wir die gesamte Wissenschaft von den Beziehungen des Organismus zur umgebenden Außenwelt, wohin wir im weiteren Sinne alle ‚Existenzbedingungen' rechnen können. Diese sind teils organischer, teils anorganischer Natur; sowohl diese als jene sind, wie wir vorher gezeigt haben, von der größten Bedeutung für die Form der Organismen, weil sie dieselben zwingen, sich ihnen anzupassen."

Um dem Verständnis der „Existenzbedingungen" und der „Anpassung" gerecht zu werden, schloss Haeckel die Physiologie, die Morphologie und die Chorologie (die Wissenschaft von der Verbreitung der Organismen) in die Ökologie mit ein. Mit dem vorliegenden Buch versuchen wir, diesem Verständnis Haeckels von der Pflanzenökologie in der von ihm beanspruchten Breite gerecht zu werden. Die **Anpassung** an die Umwelt beginnt bei molekularen, zellulären Mechanismen des Erkennens von Umweltbedingungen und von Reaktionen auf Umweltveränderungen. Ausgehend von diesen physiologischen Mechanismen gewinnen auf der Ebene der Gesamtpflanze die morphologischen Eigenschaften des Organismus/der Pflanze zunehmend an Bedeutung. Zelluläre metabolische Reaktionen und strukturelle Organisation sind die biologischen „Werkzeuge", mit denen Organismen bestimmte Umweltbedingungen nutzen, vermeiden oder sich ihnen „anpassen". Die Kombination aus physiologischen und morphologischen „Anpassungen" hat für Pflanzen eine besondere Bedeutung, da diese mit ihrem Lebensraum fest verwurzelt sind, und die Lebensbedingungen im Boden und in der Atmosphäre durch die Gemeinschaft der Lebewesen (die *„community"*) und nicht durch das Individuum allein bestimmt werden. Aus diesen Lebensbedingungen und dem Umgang der Pflanze mit ihnen resultiert schließlich die *„fitness"*, d.h. die Möglichkeit zur Fortpflanzung und Ausbreitung, die in ihrer räumlichen und zeitlichen Dimension das Verbreitungsgebiet einer Art bestimmt. Hier ergibt sich die Verbindung mit Haeckels „Chorologie". Haeckels Verständnis von der Ökologie war breiter, als dies im heutigen deutschen botanischen Sprachgebrauch der Fall ist. Meist wird hier die Pflanzenökologie als Teilgebiet der Geobotanik gesehen, die mit der Areal- und Florenkunde eine räumliche und zeitliche Dimension hat, und nur der Teilbereich, der sich um ein funktionelles Verständnis der Beobachtungen bemüht, wird als „Ökologie" bezeichnet. In dem vorliegenden Buch steht die Ökologie im Zentrum der Betrachtung mit Teilbereichen, die von der molekularen Stressphysiologie über die Ökologie ganzer Organismen und deren Einbindung in Ökosysteme bis hin zur zeitlichen und räumlichen Differenzierung von Pflanzengesellschaften reichen.

Abbildung 1 veranschaulicht die Beziehungen zwischen der (zellulären) **Stress-** oder **Ökophysiologie**, der **Autökologie** (d.h. der Ökologie ganzer Organismen), der **Synökologie** (d.h. der Ökologie

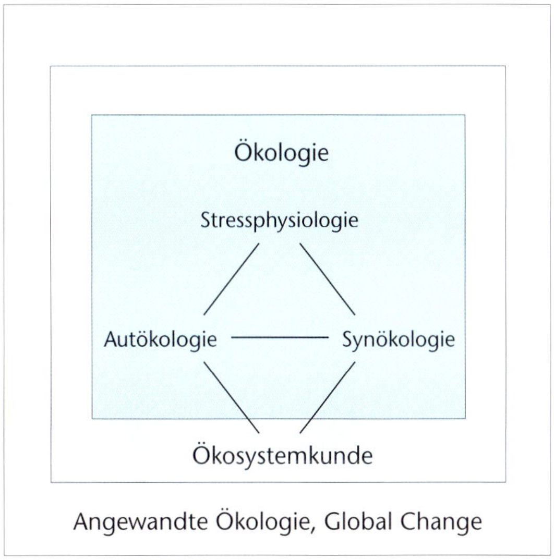

Abb. 1: Die Teilgebiete der Ökologie und deren Abgrenzung gegenüber der Ökosystemkunde und der angewandten Ökologie

der Vegetationsdecke) und der **Ökosystemkunde**, in denen zunehmend auch andere Organismen als nur Pflanzen Bedeutung erlangen. Die Wechselbeziehungen zwischen Stressphysiologie, Aut- und Synökologie sind eng und offensichtlich, wogegen der Weg von der Stressphysiologie zur Ökosystemkunde über die Aut- und Synökologie verläuft. Der Grund hierfür liegt darin, dass mit der Morphologie, d. h. der Struktur der Pflanze, und mit der Reaktionsbreite von Arten auf der Ebene der Populationen Eigenschaften und Reaktionen hinzukommen, die nicht primär metabolischer Natur sind. Die **angewandte Ökologie** erweitert im Zusammenhang mit dem globalen, durch den Menschen bedingten Wandel (***„global change"***) den Rahmen in allen Teilbereichen der Ökologie. Dabei geht es vor allem um die ökosystemkundlichen Aspekte in Hinblick auf die Landnutzung in der Agrar- und Forstwirtschaft, aber auch um physiologische Aspekte bei der Gewinnung von leistungsfähigen und schädlingsfreien Sorten und um die biologischen Interaktionen zwischen den Kulturpflanzen und anderen Organismen, z. B. bei der Bestäubung. Bei der Forschung zum globalen Wandel geht es schließlich um die Beurteilung bestimmter Bewirtschaftungen der Erde hinsichtlich ihrer Auswirkungen auf das Klima und auf die Erhaltung der Artenvielfalt. Die Forschung zum globalen Wandel versucht auf Grund von Modellberechungen auch Vorhersagen zu machen über die Auswirkungen menschlichen Handelns in der Zukunft.

Das vorliegende Buch versucht nun erstmals, die großen Teilgebiete der Pflanzenökologie zusammenzufassen und übersichtlich darzustellen. Wir gehen aus von einer in dieser Breite erstmals dokumentierten molekularen **Stress- und Ökophysiologie** der Pflanzen als Basis für alle Anpassungen. **Kapitel 1** behandelt daher die molekularen Grundlagen für ökologische „Anpassungen" an alle wesentlichen Umweltfaktoren. Dies reicht von den Klimafaktoren über die Belastung mit Salzen aus dem Boden bis hin zu Umweltschadstoffen. Die **„Stresstheorie"** untersucht die grundsätzlichen Möglichkeiten von Stressreaktionen, die von der Beanspruchung des Metabolismus (***„strain"***) ausgehen, zu Resistenzreaktionen führen und schließlich die Basis für adaptative Radiation von Genotypen und Artbildungsprozessen bilden. Dabei reagieren Pflanzen auf Stress nicht nur im Sinne einer Antwort auf eine Belastung (***„feedback"***); vielmehr gibt es auch eine vorbereitende Anpassung an sich ändernde Umweltbedingungen (***„feedforward"***), bevor der Organismus dann effektiv belastet wird (z. B. bei der vorwinterlichen Frosthärtung). In beiden Fällen werden Signalketten aktiviert, die zu Veränderungen im physiologischen/zellbiologischen Verhalten der Pflanze führen, um unter den neuen Bedingungen weiter existieren zu können. Vielfach schützen Veränderungen in Hinblick auf einen Stressor den Organismus auch vor Schäden durch andere Belastungen (***„cross protection"***). Das kann als Antwort auf die Tatsache gesehen werden, dass Stress durch die Umwelt meist vielfältig ist und sich nicht auf einen einzigen Faktor beschränkt (z. B. Hitze und Dürre). Die Grundprinzipien des Vermeidens (als eine Art von *feedforward*) und der Toleranz (als eine Art von *feedback*) von Stress sind aber keineswegs auf die Ebene der zellulären Ökophysiologie beschränkt. Sie finden sich wieder bei Reaktionen in der Gesamtpflanze und bei der Ausbreitung von Arten insbesondere auf extremen Standorten.

Auf der Ebene des Organismus, betrachten wir die Pflanze in der Gesamtheit ihrer Organe von der Wurzel bis zur Blüte und zum Samen. Auf der Ebene der **Autökologie** kommen neue, nicht (primär) metabolische Eigenschaften hinzu, die zwar auch genetisch determiniert sind, aber nur modifikativ und nur in gewissen Grenzen geändert werden können. Dazu gehört die **Pflanzenstruktur** (Blatt- und Wurzelmorphologie, Aufbau verholzender Organe und vor allem die Pflanzengröße) und der **Lebenszyklus** (Phänologie, Lebenslänge, Fortpflanzungs- und Verbreitungsstrategien). Im Allgemeinen erlauben es diese Eigenschaften, dass bestimmte Arten extreme Bedingungen vermeiden, nutzen oder den Lebensraum umgestalten. Einjährige Pflanzen bilden den Hauptanteil der Pflanzenarten in den Trockengebieten der Erde. Sie beschränken aber ihr aktives Leben auf die günstigen Bedingungen nach Regen, auch wenn dieser nur sporadisch, vielleicht alle paar Jahre oder sogar Jahrzehnte fällt. Mehrjährige (perenne) Arten können durch Regulation des Wasserhaushaltes und durch besondere Blatt- und Wurzelanatomie auch ungünstige klimatische Perioden mit einem intakten Sprosssystem überdauern bzw. den Standort ändern. Bei ***„hydraulic lift"*** wird z. B. Wasser aus tieferen Bodenschichten in die oberen Horizonte transportiert und damit der Oberboden in Trockengebieten befeuchtet. Die Palette der „Anpassungen" ist auf der Ebene der Gesamtpflanze entsprechend breit wie die der stressphysiologischen Reaktionen auf der Ebene der Zelle. Sie reicht von der Blattmorphologie und Blattbewegung über die Ausbildung unterschiedlich dimensionierter Gefäße im Stamm bis hin zur Differenzierung im Wurzelbereich. In dem vorliegenden Buch werden in **Kapitel 2** die Eigenschaften der Einzelpflanze entsprechend der zu bewirtschaftenden Ressourcen, dem Stoffhaushalt, behandelt. Es geht dabei um ihren Wasser-, Wärme-, Nährstoff- und Kohlenstoffhaushalt.

Zellulärer Metabolismus und strukturelle Eigenschaften sind nicht nur die Basis für die räumlichen und zeitlichen Muster der Synökologie (**Kapitel 4**), sondern auch die Basis für die **Stoffkreisläufe** in Ökosystemen, die durch die Arten- und Organisationsvielfalt geprägt sind und auch indirekte Interaktionen zwischen den Pflanzenindividuen und -arten wesentlich steuern. Es gilt: „Es kann der Frömmste nicht in Frieden leben, wenn es dem bösen Nachbarn nicht gefällt." **Konkurrenz** besteht in einer möglichst effektiven Nutzung von Ressourcen auf begrenztem Raum. Wenn diese Ressourcen knapp werden, bedeutet **„Effektivität"** eine bessere Nutzung limitierender Ressourcen auf Kosten der Nachbarn. Dabei geht es keineswegs immer um den sparsamen Umgang mit Ressourcen. Es kann durchaus effektiv sein, mehr Ressourcen zu nutzen als für den eigenen Verbrauch nötig sind, wenn damit ein Vorteil gegenüber dem Nachbarn erlangt wird. Wachstum spielt in Ökosystemen eine bedeutsame Rolle, und das „ökologische Gleichgewicht" in einem Ökosystem ist vermutlich eher eine arglose Interpretation der „Natur" als die Wirklichkeit. Ökosysteme sind hinsichtlich der Stoffkreisläufe nicht so geschlossen, wie man sich dies bislang vorstellte. Daraus ergibt sich, dass der zu beobachtende Ist-Zustand eine Momentaufnahme in einem langfristig recht dynamischen System ist, das sich hinsichtlich einer Reihe von Prozessen nicht linear in eine Richtung bewegt. Es gibt verstärkende und abschwächende Prozesse, die ein komplexes nicht-lineares Zeitverhalten nach sich ziehen. Im vorliegenden Buch wird in **Kapitel 3** erstmals versucht, die Grundlagen der **Ökosystemkunde** darzustellen, um daraus verallgemeinerungsfähige Schlüsse für die Interaktion zwischen Einzelorganismen und der Vegetation mit ihrer Artenvielfalt herzustellen. Es geht dabei vor allem um die Frage, inwieweit eine Vegetation mehr ist als die Summe ihrer pflanzlichen Individuen. Es gibt eine Reihe von Eigenschaften in einer Vegetation, die die Stoffflüsse in Ökosystemen so ablaufen lassen, dass sie das Verhalten des Individuums diktieren; dazu gehört z. B. die „aerodynamische Rauigkeit" der Oberfläche einer Vegetation, die die Kopplung an die meteorologischen Bedingungen in der Atmosphäre und damit das Überleben eines Individuums oder einer Art in einer Vegetation bestimmen kann. Nur über die große Zahl der Individuen, die über die Samenverbreitung und andere Ausbreitungsmechanismen in einer Vielzahl von Kombinationen auf andere Artgenossen treffen, entsteht der Lebensraum einer bestimmten Art in seiner dynamischen Vielfalt.

Die Ebene der **Synökologie** übersteigt diejenige der Autökologie durch die Ausdehnung der Betrachtung auf Populationen, basierend auf den jeweiligen Strategien der Fortpflanzung und Ausbreitung. Die Synökologie betrachtet damit nicht mehr das Schicksal eines einzelnen Individuums, sondern das dynamische räumliche und zeitliche Verhalten von Populationen, deren Wachstum, Homöostase und Schrumpfen. Hinzu kommt, dass eine einzelne Art nur in Ausnahmefällen eine Vegetation bildet. Eine bestimmte Vegetation repräsentiert unter natürlichen Bedingungen eine Artenvielfalt, und die breite Palette der Reaktionen auf zellbiologischer und Gesamtorganismus-Ebene wird in der Synökologie ersetzt durch die gewaltige Artenvielfalt (350 000 Pflanzenarten), die in unterschiedlicher Zusammensetzung die Vegetationsdecke der Erde vom Äquator bis in die polaren Regionen beherrscht. In dem synökologischen **Kapitel 4** dieses Buches geht es daher um die historischen und räumlichen Dimension der Ausbreitung von Arten und um deren biologische Interaktionen.

Aus der Ökosystemkunde und der Synökologie ergibt sich ein Verständnis der Verbreitung von Arten. Betrachtet man die Verbreitungsgebiete, so gibt es eine Reihe von Parametern, die das potentielle und das tatsächliche **Areal** bestimmen (Abb. 2). Beispielsweise wäre eine positive Stoffbilanz einer Pflanzenart auf einer weitaus größeren Fläche möglich als der Region, in der sie auch zur Blüte und Fruchtreife gelangt. Aber selbst dieser Bereich wird wiederum eingeschränkt durch die vielfältige Konkurrenz mit anderen Arten, sodass nur ein noch weiter beschränktes Verbreitungsgebiet erfolgreich besiedelt werden kann. Einen interessanten Sonderfall stellen die landwirtschaftlichen Kulturpflanzen (Mais, Bohne, Weizen, Kartoffel, Soja u. a. m.) dar, als Beispiel für eine zwar entwicklungsgeschichtlich

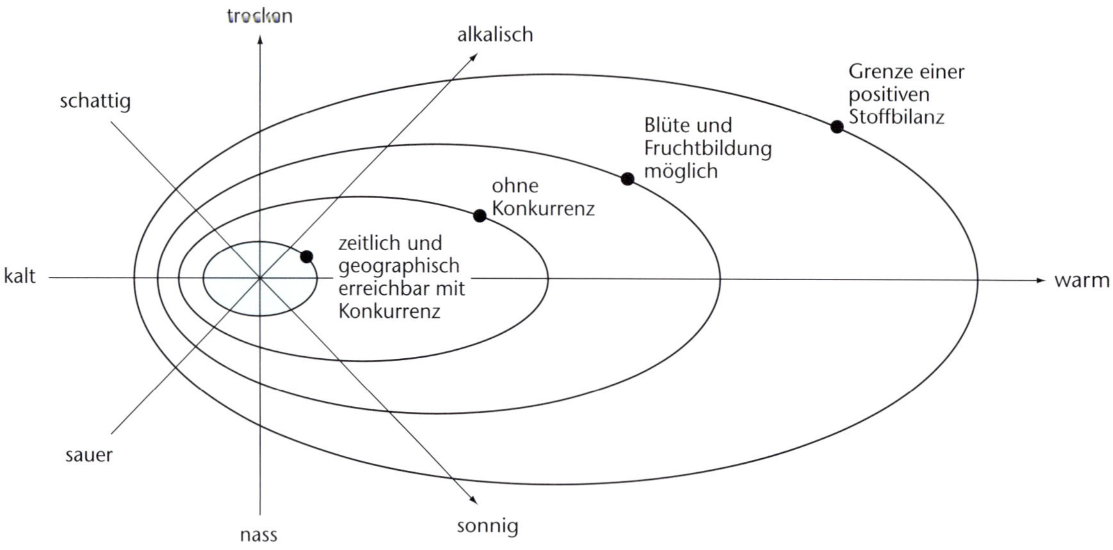

Abb. 2: Die Verbreitung einer Art in Abhängigkeit von unterschiedlichen Umweltfaktoren. Das tatsächliche Verbreitungsgebiet ist deutlich kleiner als das potentielle Verbreitungsgebiet, das ohne Konkurrenz, an der äußeren Grenze der Blühfähigkeit oder an der Grenze einer positiven Stoffbilanz erreicht wird. In dem gezeigten Beispiel ist die Wärme der dominierende Faktor. Das muß nicht generell so sein. So gibt es Pflanzen, die ohne Frost nicht blühen oder keimen. Je nach Art werden sich die Verbreitungsgrenzen ändern.

und geographisch beschränkte natürliche Verbreitung in ihrer Heimat (den so genannten Genzentren ihrer Herkunft), aber einer heute weltweiten Verbreitung nach Domestikation durch den Menschen und seine Bewirtschaftungsmaßnahmen.

Die Vegetations- und Arealkunde führt zu den weltweiten Fragen der Pflanzenökologie, die mit dem **„Globalen Wandel"** (*global change*) umschrieben werden, und wo die direkten und indirekten Einflüsse des Menschen durch Landnutzung und Klimawandel mit der Entwicklung der Menschheit in immer stärkerem Maße wirksam werden. Die Kernfrage in **Kapitel 5** lautet: „Wie werden die Lebensbedingungen des Menschen von der Biologie der Vegetationsdecke der Erde beeinflusst?" In dem vorliegenden Buch wird die Ökologie der Pflanzen bis hin zu deren Wirkung auf die globalen Stoffkreisläufe ausgeweitet. Es geht dabei im Augenblick primär um das „Management" des globalen Kohlenstoffkreislaufes durch den Menschen. Es ist abzusehen, dass in Zukunft Fragen hinsichtlich des globalen Managements von Wasser- und Nährstoffen an die Ökologen gerichtet werden. An dieser Stelle verlässt die Ökologie den Boden der „reinen" Wissenschaft und bezieht Stellung bei einer für die Menschheit insgesamt wichtigen Beratung der Politik. Das Gebiet der *„global change"*-Forschung ist heute in ähnlich „rasanter" Entwicklung wie die molekulare Stress- und Ökophysiologie.

Ausgehend von diesen Überlegungen behandelt dieses Buch die Kerngebiete der Pflanzenökologie in folgenden Kapiteln:

- Stressphysiologie
- Ökologie der Gesamtpflanze (Autökologie)
- Ökosystemkunde
- Ökologie der Vegetationsdecke (Synökologie)
- Globale Stoffkreisläufe

Kapitel 1

STRESSPHYSIOLOGIE

Kapiteleröffnungsseite: Die kalten Tropen: Seit mehr als 20 Jahren arbeitet der Autor dieses Kapitels in den tropischen Hochgebirgen über Stress bei tropischen Hochgebirgspflanzen. Dass Mensch und Pflanzen auch unmittelbar am Äquator erbärmlich frieren können, veranschaulicht dieses Bild, das am Morgen eines Tages in der Regenzeit (im Juli) in ca. 4700 m Höhe am Mt. Kenya aufgenommen wurde. An feuchteren Stellen können auch in dieser Höhe noch Blütenpflanzen gedeihen.

1.1 Die Umwelt als Stressor: Stressphysiologie der Pflanzen

Pflanzen sind ortsfest. Deshalb muss ihre Anpassungsfähigkeit an widrige Umweltbedingungen und Toleranz multipler Stressoren erheblich größer sein als bei Tier und Mensch. Grenzen bestimmter Vegetationsformationen, wie z. B. die Waldgrenze im Gebirge zeigen dies besonders augenfällig. Extrem hohe Lichtintensität, mechanische Belastung durch Stürme, häufiger Frostwechsel und die mehrmonatige Winterszeit sind an diesen Kiefern und Fichten am Mt. Hood in Oregon (USA) in knapp 3000 m Höhe nicht spurlos vorübergegangen. Foto E. Beck.

Literaturempfehlung

1. Taiz L, Zeiger E (2000) Physiologie der Pflanzen (Kapitel Stressphysiologie) Spektrum Akademischer Verlag, Berlin Heidelberg: 721–753
2. Larcher W (1994) Ökophysiologie der Pflanzen (Kapitel Pflanzen unter Stress), 5. Aufl., Eugen Ulmer, Stuttgart: 255 ff
3. Beck E, Lüttge U (1990) Stress bei Pflanzen. *Biologie in unserer Zeit* 20: 237–244
4. Bohnert HJ, Nelson DE, Jensen RG (1995) Adaptations to environmental stress. *The Plant Cell* 7: 1099–1111

1.1.1 Abiotische und biotische Umwelt verursachen Stress

Die Umwelt wirkt zu jeder Zeit in sehr vielfältiger Weise auf einen Organismus ein. Um die Reaktion dieses Organismus in einer bestimmten Situation zu verstehen, betrachtet man die einzelnen äußeren Einflüsse nach Möglichkeit zunächst getrennt voneinander, als so genannte **Umweltfaktoren**. Diese können abiotischer und biotischer Natur sein. **Biotische Umweltfaktoren** sind Infektion, mechanische Verletzung durch Fraß oder Tritt sowie symbiontische oder parasitäre Wechselwirkung mit anderen Organismen. Zu den **abiotischen Umweltfaktoren** zählen insbesondere Temperatur, Luftfeuchte, Licht, das Angebot von Wasser,

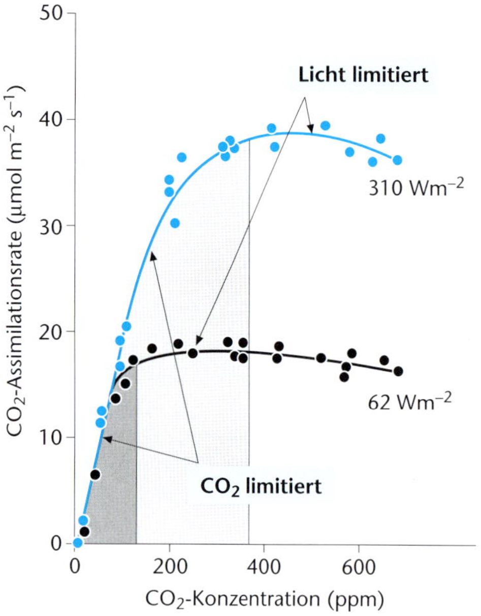

Abb. 1.1.1: Limitierung der Photosynthese durch CO_2 und Licht. Dargestellt ist die Photosyntheserate eines Blattes einer Hirsepflanze (Sorghum sudanense) bei verschiedenen Lichtintensitäten und CO_2-Konzentrationen in der Luft. Nach Fitter und Hay (1987).

Mineralstoffen und CO_2, also Parameter und Ressourcen, die das Pflanzenwachstum bestimmen. Aber auch Einflüsse, die den Pflanzen nur selten (Wind als Vektor für Pollen und Samen) oder überhaupt nicht nützen können oder die ihnen sogar schaden (ionisierende Strahlen oder Giftstoffe in Luft und Boden) gehören zu den abiotischen Faktoren. Jeder abiotische Umweltfaktor wirkt über seine Quantität. Bei optimaler Quantität oder Intensität, wie sie z. B. in einem Gewächshaus geboten werden können, wächst die Pflanze „optimal", und es entsteht der „physiologische Normaltyp" mit den physiologisch maximal erreichbaren Leistungen (Abb. 1.1.1).

In der Natur finden die Pflanzen praktisch niemals optimale Quantitäten oder Intensitäten aller für sie wichtigen abiotischen Faktoren vor. Deshalb ist der „physiologische Normaltyp" eher die Ausnahme und die Abweichung davon die Regel, wobei auch bedacht werden muss, dass Wachstum nur eine von vielen Reaktionen ist , mit denen Pflanzen auf die Umwelt reagieren. Man könnte auch das Blühen und Fruchten und damit den potentiellen Fortpflanzungserfolg als Maß verwenden. Damit würde sich die Wertung der Faktoren zwar verschieben, das grundsätzliche Verhalten wäre aber ähnlich.

Abweichungen vom physiologischen Normaltyp verstehen wir als Reaktionen auf suboptimale bis hin zu schädigenden Quantitäten oder Intensitäten der Umweltfaktoren, Situationen, für die wir den Begriff **Stress** verwenden. Stress und die durch ihn hervorgerufenen Reaktionen (**Stressreaktionen**) zeigen ihrerseits einen der Stressstärke entsprechenden Gradienten ihrer Intensität, der von Mangel- bis zu Überbürdungsreaktionen reicht. Die von ihrer optimalen Intensität oder Quantität (die optimale Quantität kann auch 0 sein, z. B. bei Xenobiotika) abweichenden Umweltfaktoren bezeichnen wir entsprechend als **Stressoren**. Abbildung 1.1.2 gibt einen Überblick über die potentiell auf eine Pflanze einwirkenden Stressoren.

Dass Stress entsteht, wenn die Dosis nicht stimmt, zeigt die Wirkung der Faktoren: **Licht** (Schwachlicht, Starklicht), **Temperatur** (Kälte, Hitze), **Wasser** (Trockenheit, Überflutung), **Nährsalze** (Ionenmangel, Überdüngung, Salzstress), **Kohlendioxid** und **Sauerstoff** (Photosynthese, Atmung/Lichtatmung, oxidativer Stress, Anaerobiose) (Abb. 1.1.3). Dabei können die jeweils optimalen Intensitäten und Konzentrationen nicht nur für einzelne Organismen, sondern auch für die einzelnen Organe des gleichen Organismus' verschieden sein.

Als **Umweltnoxen** bezeichnet man Stressoren, die ebenfalls zu Stressreaktionen führen, von denen es aber keine nützlichen Konzentrationen oder Intensitäten gibt: UV-B, Ozon, ionisierende Strahlen, Xenobiotika, Schwermetalle und Aluminium. Auch elektrische und starke magnetische Felder werden als Stressoren in dieser Hinsicht diskutiert.

Stress kann aber auch **endogen** entstehen, z. B. durch Abkoppeln eines Organs von der Wasserversorgung, wie es im Verlauf der Samenreifung bei der Austrocknung des Embryos und des Endosperms geschieht.

Meist ist ein Organismus mehreren Stressoren gleichzeitig ausgesetzt, z. B. Wassermangel und Hitze, oder ein „primärer" Stressor zieht notwendigerweise einen weiteren, „sekundären" nach sich: Bei Wassermangel und Spaltenschluss entsteht bei Belichtung interner CO_2-Mangel und als weitere Konsequenz oxidativer Stress. Derartige keineswegs seltene Kombinationen mehrerer Stressoren bezeichnet man als **multiplen Stress**.

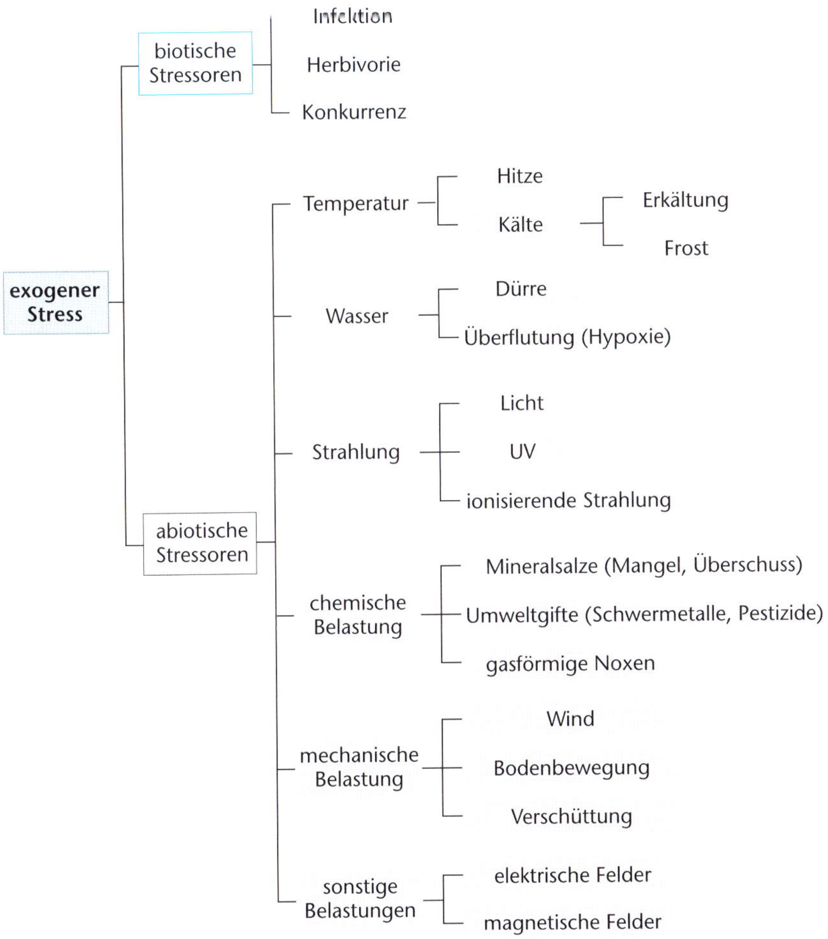

Abb. 1.1.2: Biotische und abiotische Umweltfaktoren als Stressoren für eine Pflanze.

1.1.2 Spezifische und unspezifische Reaktionen auf Stress

Gerät ein Organismus unter Stress, z. B. durch Temperaturerhöhung, so erhöht sich nicht nur seine Stoffwechselaktivität, sondern es setzen Reaktionen ein, die beim unbelasteten Organismus überhaupt nicht oder nur in äußerst geringem Umfang zu beobachten sind. Ein Beispiel hierfür ist die Bildung der „Hitzeschockproteine" (siehe Kapitel 1.3.4.2). Man könnte die Veränderung des Grundumsatzes als **unspezifische**, die Produktion der Hitzeschockproteine als **spezifische Stressreaktion** des Organismus interpretieren. Die Unterscheidung zwischen diesen beiden Komponenten der Stressreaktion geht auf den kanadischen Mediziner Hans Selye (1973) zurück, der in den siebziger Jahren, vom Menschen ausgehend, verschiedene Komplexe von Stressreaktionen zusammenfasste und in einen Zusammenhang brachte: „Alles, was das Leben gefährdet, verursacht Stressreaktionen und adaptive Reaktionen. Beide Typen von Reaktionen sind teils spezifisch, teils unspezifisch." Im Gegensatz zu Pflanzen kommt beim Menschen noch eine starke psychisch-humorale Stresskomponente hinzu. Kompliziert wird das Konzept von den beiden Komponenten der Stressreaktion dadurch, dass auch die spezifische Reaktion vielfach gar nicht so spezifisch ist: Die o. g. Hitzeschockproteine haben sich als Proteinfaltungshelfer (vgl. Kapitel 1.3.4.2) entpuppt, die nicht nur bei Temperaturbelastung für Ordnung im Proteinhaushalt sorgen, sondern dies auch bei allen anderen Stresssituationen tun, bei denen Proteindenaturierung droht. Sie werden z. B. auch bei Belastung durch Xenobiotika (z. B. Schwermetalle) in verstärktem Maße gebildet. Dies schließt allerdings nicht aus, dass es darüber hinaus

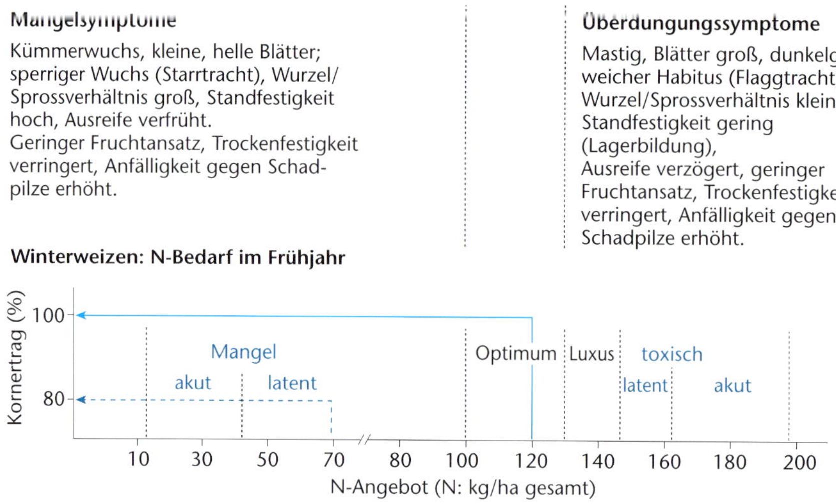

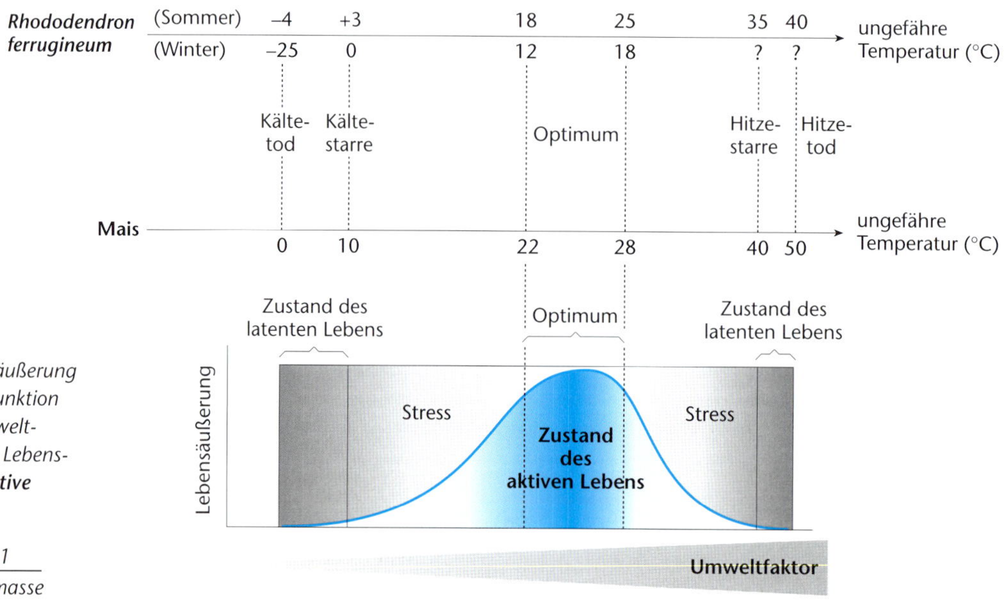

*Abb. 1.1.3: Die Lebensäußerung eines Organismus als Funktion eines (abiotischen) Umweltfaktors. Als Maß für die Lebensäußerung kann die **relative Wuchsrate R** dienen:*

$$R = \frac{\Delta\ Biomasse}{\Delta\ t} \times \frac{1}{Biomasse}$$

doch noch spezifischere Antworten gibt, in denen sich die Reaktion des Organismus auf Hitze und auf Schwermetalle unterscheidet (siehe Kapitel 1.7.5).

Die Frage nach der Spezifität der Stressreaktion hat jedoch noch eine weitere Facette, für die der Begriff ***cross protection*** geprägt wurde. Es ist bekannt, dass vorangehender Dürrestress oder Salzstress (osmotischer Stress) Pflanzen gegen Temperaturstress, vor allem Kältestress abhärtet (Abb. 1.1.4). Handelt es sich dabei um eine unspezifische Stressantwort? Erklärlich wird die scheinbare Unspezifität der Adaptation, wenn man die zellphysiologische Wirkung der Stressoren Salz und Dürre einerseits und Frost andererseits betrachtet. Alle drei Faktoren führen zu einer Entwässerung der Zellen (bei –7 °C sind in einem Efeublatt circa 90 % des gesamten Blattwassers zu Eis gefroren, und damit nicht mehr als Wasser vorhanden; vgl. Abb. 1.3.25). Daraus entstehen vor allem Probleme der Membranstabilität, denn die Lipiddoppelschichten (*bilayer*) werden durch die so genannten hydrophoben Wechselwirkungen stabilisiert, die gestört werden, wenn sich die Wasserbelegung oder die Ionenkonzentration auf der Oberfläche der Membran dras-

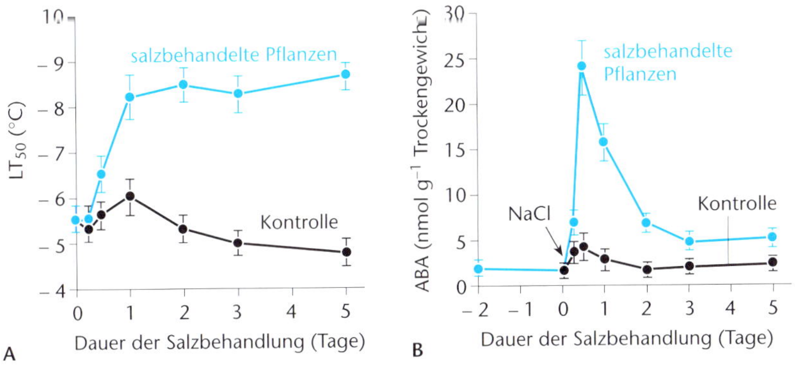

Abb. 1.1.4: Frosthärtung durch Salzbehandlung. Stecklinge von Kartoffelpflanzen (Solanum commersonii Dun PI 458317) wurden in Murashige-Skoog-Nährlösung angezogen, der 100 mM NaCl zugesetzt wurden. A: Frosthärte der Pflanzen, B: ABA-Gehalt der Pflanzen. Nach Ryu et al. (1995).

tisch ändert (siehe auch Kapitel 1.3.5.2). Wird aus der Umgebung der Membranen zu viel Wasser entfernt (durch Verdunsten oder Gefrieren), so erhöht sich die Konzentration der z. B. im Cytosol oder Chloroplastenstroma gelösten Stoffe. Handelt es sich dabei um Ionen, so verändern sich die Ladungsverhältnisse an den Membranoberflächen und damit auch die Membranpotentiale. Dies führt meist zur Destabilisierung des Membranaufbaus. Hohe Ladungsdichten können aber nicht nur durch Wasserentzug, sondern auch auch aus einem zu hohen Salzgehalt resultieren. Als Stressreaktion werden zur Membranstabilisierung meist niedermolekulare, hydrophile Schutzstoffe, so genannte *compatible solutes* (Zucker, Zuckeralkohole und Cyclite, Aminosäuren und Betaine, vgl. Kapitel 1.5.2.6. und Kapitel 1.6.2.3) synthetisiert, die sich bei Wasserentzug anstelle des Wassers an die Membranoberflächen anlagern und die Ionenakkumulation mildern. Die Produktion der *compatible solutes* benötigt natürlich eine entsprechende Enzymausstattung, die durch den Stress induziert wird. Vielfach geht der Synthese dieser Enzyme eine Veränderung der Konzentrationen bestimmter Phytohormone voraus: Insbesondere Abscisinsäure (ABA) und das Stresshormon Jasmonat, aber auch Äthylen verändern vorübergehend ihre Konzentrationen. Ein Beispiel für eine derartige Induktion eines Systems der *cross protection* zeigt die Frosthärtung durch Salzstress bei der Wildkartoffel (Abb. 1.1.4), bei der NaCl-behandelte Kartoffelpflanzen tiefere Temperaturen vertragen als die unbehandelten Kontrollen. Ein transienter Anstieg der Konzentration von ABA vermittelt diese Reaktion.

1.1.3 Die Stresskonzepte

Eine allgemeine, d. h. auf alle Organismengruppen anwendbare Betrachtung der Stressreaktionen hat J. Levitt (1980) aus einem physikalischen Gedankenversuch abgeleitet und in den achtziger Jahren publiziert. Es ist unter der Bezeichnung **Physikalisches Stresskonzept** bekannt geworden (Abb. 1.1.5). Wirkt eine Kraft (**Stress**) auf einen Körper, so verformt er sich, zunächst reversibel (**„elastisch“**), bei stärkerer Kraft irreversibel (**„plastisch“**), und schließlich zerbricht er. Die durch die Kraft erzeugte Veränderung („Auslenkung“ oder „Reaktion“) wird als ***strain*** bezeichnet. Die Kraft, die nötig ist, um eine Verformungseinheit zu erzielen, ist der **Elastizitätsmodul M**. In diesem Fall bedeutet Elastizität nicht Dehnbarkeit im Sinne der maximalen elastische Verformbarkeit. Der Elastizitätsmodul M entspricht im Prinzip dem Elastizitätsmodul ε einer Zellwand, der ein Maß ihrer Flexibilität darstellt (vgl. z. B. Abb. 1.5.2)

$$M = \frac{\text{Kraft}}{\text{Verformung}} = \frac{\text{Stress}}{\textit{strain}}$$

Nach dieser Beziehung ist M auch ein Maß für den Widerstand, den das System der äußerlich einwirkenden Kraft entgegensetzt.

Im biologischen System ist Stress nicht eine auf den Organismus einwirkende physikalische Kraft, sondern seine Belastung durch die einzelnen Umweltfaktoren. Verformt oder „ausgelenkt“ werden in erster Linie metabolische Prozesse. Das Levitt'

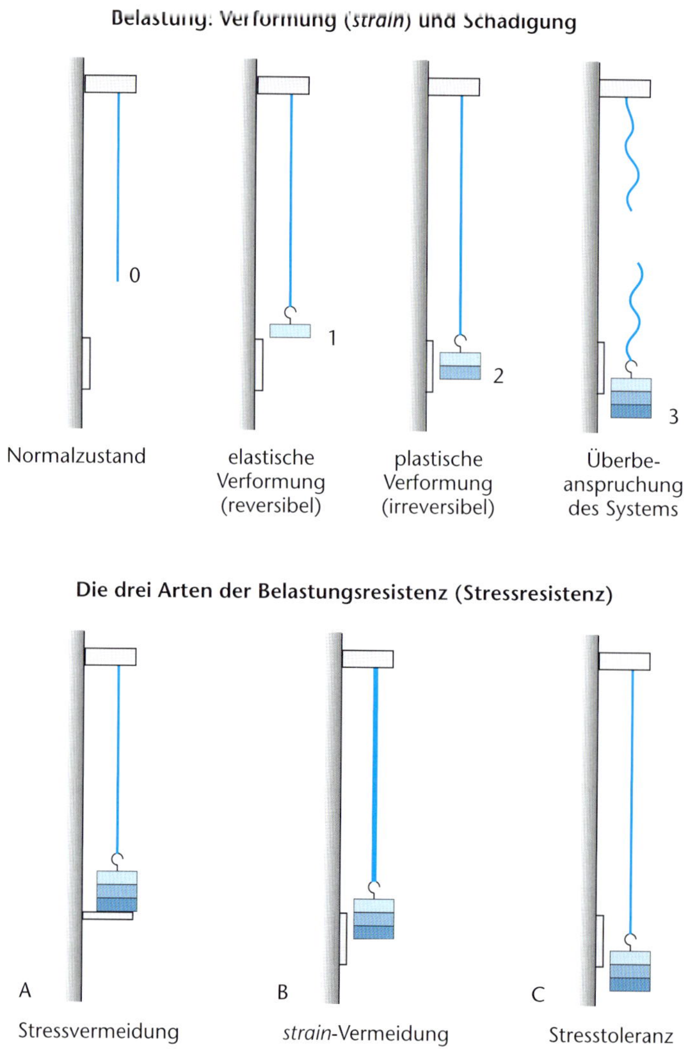

Abb. 1.1.5: Das physikalische Stresskonzept nach Levitt (1980).

sche Konzept verdeutlicht zwar die Beziehung zwischen Stress und Stressreaktion in überzeugender Weise, aber es ist auf biologische Systeme nur bedingt anwendbar, denn es fehlen die im Folgenden genannten, biologisch wichtigen Parameter:

- **Der Zeitfaktor**: Im physikalischen System ist die Stressmenge gleich der Stressstärke; im biologischen System ist die Stressmenge das **Produkt aus Stressstärke und Stressdauer**. Kühlt man z. B. die wärmeliebende Zimmerpflanze *Saintpaulia ionantha* (Usambaraveilchen) kurzfristig (6 h) auf 5 °C ab und bringt sie dann wieder auf die ursprüngliche Temperatur, so laufen zwar einzelne Reaktionen des Stoffwechselgeschehens je nach ihrer Aktivierungsenergie (Q_{10}) unterschiedlich schnell ab, aber die dadurch verursachte Vergrößerung oder Verkleinerung von Metabolitenpools ist nicht so dramatisch, dass Schäden entstehen. Belässt man jedoch die Pflanze längere Zeit (48 h) bei 5 °C, so entsteht ein metabolisches Chaos: Jetzt treten nämlich Imbalancen auf, da sich einzelne Pools leeren, während andere überproportional anwachsen: Die Pflanze wird geschädigt, mit anderen Worten: **Elastischer *strain* ist in plastischen übergegangen** (Abb. 1.1.6).
- **Die Reparatur**: Plastische Verformung oder Auslenkung ist nicht unbedingt irreversibel: Denn in den meisten Fällen hat der Organismus die Fähigkeit zur Reparatur, wenn die Schädigung nicht zu groß war. Ein Beispiel hierfür ist die DNA-Reparatur nach Strahlenschäden:

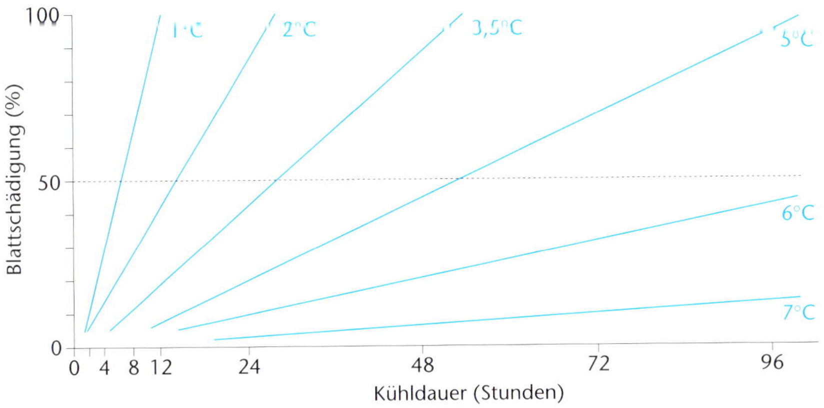

Abb. 1.1.6: Erkältungsschäden beim Usambaraveilchen (Saintpaulia ionantha). Bei Unterschreitung der Schwellentemperatur von +8 °C erleiden die Blätter Erkältungsschäden, die sich an der Entwicklung von Nekrosen erkennen lassen. Im Großen und Ganzen ist das Produkt aus Kältestress (oberhalb des Gefrierpunktes) und Expositionszeit dem Schadensausmaß proportional. Nach Larcher und Bodner (1980).

Plastischer *strain* kann in elastischen übergehen (Kasten 1.2.5). Durch die offene Lebensform der Pflanzen bedingt, kann „Reparatur" aber auch einfach durch vorzeitige Seneszenz und Abstoßung geschädigter Organe erfolgen, z. B. von durch Immissionen oder Dürre geschädigten Blättern.

- **Die Anpassung**: Organismen können sich unter dem Einfluss von Stress an härtere Lebensbedingungen anpassen: Sie ändern ihren Elastizitätsmodul und damit ihre Resistenz gegenüber Stress. Diese Anpassung geschieht in den Stressreaktionen, die nicht zum „normalen" Stoffwechselgeschehen gehören. Ein Beispiel hierfür ist die Induktion von CAM durch Salzbelastung oder Trockenheit (vgl. Kapitel 1.5.3.1).
  Die Anpassung kann dabei auf zwei verschiedenen Wegen erreicht werden. Durch **Vermeidung** des Stress' bzw. des *strain*, wie im Falle des CAM, der durch die nächtliche CO_2-Fixierung den Schluss der Stomata tagsüber erlaubt; oder durch Entwicklung einer **echten Toleranz**, z. B. durch Wasserspeicher und durch Erhöhung (numerische Erniedrigung) des Wasserpotentials der Pflanze.

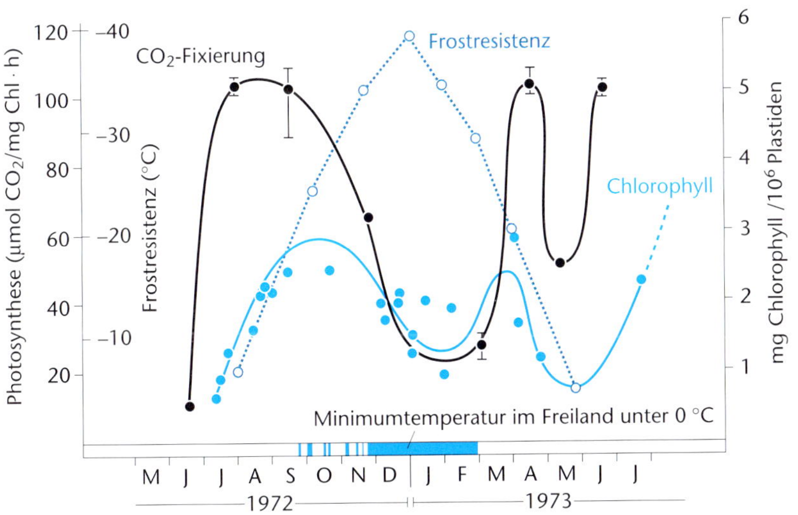

Abb. 1.1.7: Frostresistenz und photosynthetische Kapazität (CO_2-Aufnahme unter sättigendem Licht und CO_2-Gehalt der Luft) von Fichtennadeln unter konstanten Bedingungen vom Beginn des Nadelwachstums an bis zum Neuaustrieb im darauffolgenden Jahr. Man beachte, daß der Jahresgang der Photosynthese die gleiche Dynamik zeigt wie der Chlorophyllgehalt der Chloroplasten. Die Nadeln wurden einer 50-jährigen Fichte im Botanischen Garten München entnommen. Nach Senser & Beck (1979).

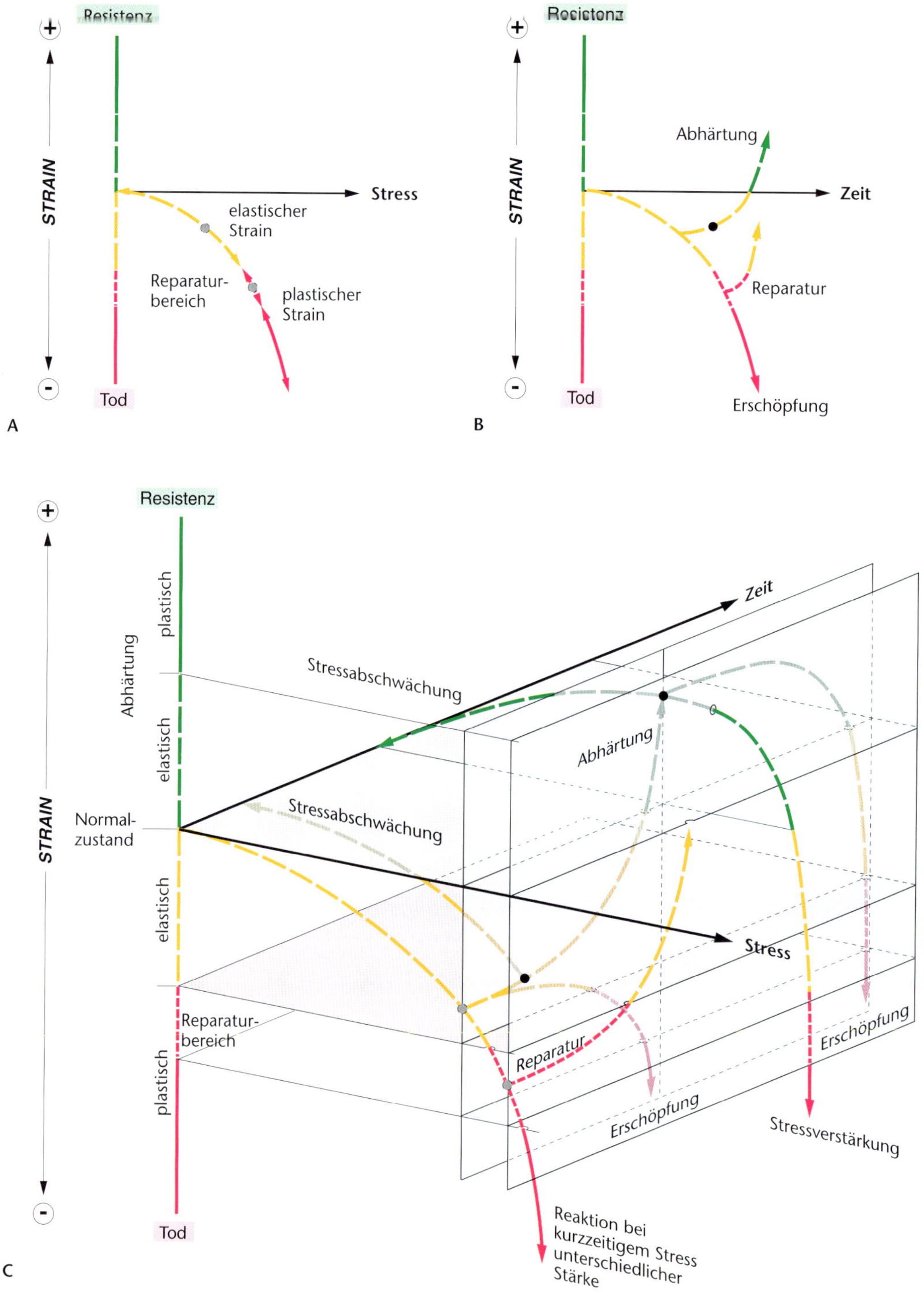

Abb. 1.1.8: Das Stresskonzept nach Beck und Lüttge: A: Zusammenhang zwischen Stress und strain in einem System ohne Fähigkeit zur Abhärtung (z. B. Erkältung beim Usambaraveilchen, vgl. Abb. 1.1.6.) und ohne Berücksichtigung des Faktors Zeit. B: Zusammenhang zwischen strain und Stressdauer in einem zu Reparatur und Abhärtung fähigen System. C: Abhängigkeit des strain vom Stress unter Berücksichtigung des Zeitfaktors in einem System, das zur Abhärtung befähigt ist (z. B. zur Frosthärtung von Fichtennadeln im Herbst). Zur Verdeutlichung sind in das Koordinatensystem 2 Panele im Übergangsbereich von elastischem zum plastischen strain eingezeichnet. Nach Beck und Lüttge (1990).

- **Jahreszeitlich wiederkehrender Stress** erfordert bei ausdauernden Pflanzen ebenso regelmäßige Abhärtung, z. B. im Hinblick auf ihre Frostresistenz (siehe Kapitel 1.3.6.7). Man könnte erwarten, dass solche Pflanzen, wenn sie einmal frosthart geworden sind, diese Eigenschaft auch weiterhin beibehalten. Da die Frosthärtung aber nicht nur ein verändertes Stoffwechselgeschehen, sondern auch eine Veränderung der zellulären Ultrastruktur mit sich bringt, sind die Pflanzen in diesem Zustand (gemessen an der Produktivität) deutlich weniger leistungsfähig. Deshalb durchlaufen sie beim Nachlassen der Beanspruchung einen Enthärtungsprozess, der ihre ursprüngliche Leistungsfähigkeit wieder herstellt (Abb. 1.1.7). Sie passen sich also den jeweiligen Umweltbedingungen nach Maßgabe ihrer genetischen Reaktionsbreite an.
- Im Normalfall erfährt die Pflanze durch den Stress eine Auslenkung (*strain*) ihrer metabolischen Situation, die man auch als **Alarm** deuten kann. Hält sich diese Auslenkung in tolerierbaren Grenzen, erfolgt **Abhärtung**. Werden diese Grenzen überschritten, so wird ein Schaden gesetzt. Übersteigt dieser nicht das Reparaturvermögen, so kann die Pflanze überleben.
- **Multipler Stress und multiple Stressantwort**: Bleiben wir bei dem eben erörterten Beispiel der Frosthärtung bzw. -enthärtung. Bei Frost ist auch im frostharten Gewebe ein großer Teil des Gewebswassers gefroren, d. h. für die Zelle nicht verfügbar. Dessen ungeachtet sind die Blätter, z. B. die Nadeln von Koniferen an hellen Wintertagen sehr hohen Strahlungsintensitäten ausgesetzt. Da die Absorption der Strahlungsenergie praktisch nicht von der Temperatur abhängt, wird der photosynthetische Apparat energetisiert, aber er kann diese Energie wegen der entwässerten Zellen und der tiefen Temperatur nicht nutzen. Auch verschiedene andere Wege der Energiedissipation, z. B. über die Lichtatmung oder die photosynthetische Sauerstoffreduktion (Mehler-Reaktion) stehen aus den gleichen Gründen nicht zur Verfügung (vgl. Kapitel 1.2.1.3). Die Folge wäre eine verstärkte Energiedissipation über Radikale, der so genannte oxidative Stress, der sich schon makrospkopisch in der Zerstörung der Pigmente zu erkennen gibt. Frosthärtung bedeutet also nicht nur die Entwicklung einer Toleranz der Gefrierentwässerung der Zellen, sondern auch Abwehrmechanismen gegen die schädigende Wirkung des oxidativen Stress' bzw. Strategien zur Vermeidung der Radikalbildung. **Multipler Stress erfordert eine multiple Stressantwort**. Insofern sind, um bei unserem Beispiel zu bleiben, Frosthärtung und -enthärtung nicht einfach Reaktionen, sondern konzertierte Reaktionskomplexe, (vielfach als Syndrome bezeichnet), in denen Vermeidungsstrategien und Toleranzentwicklung Hand in Hand gehen und oftmals gar nicht ganz klar gegeneinander abgrenzbar sind.

Auf der Grundlage der Konzepte von Levitt und Selye, aber unter Einbezug der beschriebenen Erweiterungen hat Larcher (1980) für Pflanzen ein neues Stresskonzept entwickelt. Es geht von einer Belastung aus und unterscheidet je nach der Reaktion der Pflanze förderlichen Stress (***eustress*** nach Selye) und destruktiven Stress (***distress***). In der Reaktionskoordinate „Zeit" bringt es auch diese Komponente in die Betrachtung ein. Des Weiteren zeigt es, dass Abhärtung reversibel ist und dass Stressverschärfung oder multipler Stress auch einen abgehärteten Organismus überfordern und letal schädigen kann. Allerdings lassen sich diese Zusammenhänge nur schwierig in einem zweidimensionalen Diagramm darstellen.

In Abbildung 1.1.8 wird deshalb ein dreidimensionales Modell vorgestellt, in dem Stress, *strain* (Auslenkung) und der Zeitfaktor die drei Koordinaten sind.

1.1.4 Stressperzeption und Signalentstehung

Wie wird Stress als multifaktorieller Komplex wahrgenommen und wie entsteht ein Signal, das die Stressreaktion auslöst? Bei biotischem Stress wissen wir, dass Pathogene Abbauprodukte ihrer eigenen oder der Wirtszellwand produzieren, so genannte Elicitoren, die die Antwort, meist in Form der Phytoalexinsynthese (siehe Kapitel 1.3.5.1 und Kapitel 1.10.2) auslösen. Wie aber wird abiotischer Stress – Kälte, Hitze, mechanische Belastung, osmotische Belastung, Sauerstoffmangel – zum Signal? Wie spezifisch sind solche Signale? Kann Abhärtung auch ohne Stress erfolgen?

Über die Perzeption von Stress auf der molekularen Ebene ist wenig bekannt. Ein Beispiel ist die Perzeption der osmotischen Belastung bei der einzelligen Grünalge *Dunaliella salina*, die keine feste Zellwand besitzt, sondern ihr osmotisches Potential an das des Mediums (0,1–5,5 M NaCl im Medium) anpassen kann, und so dramatische Volumenveränderungen vermeidet. Die Adaptation an das osmotische Potential des Mediums wird ausschließlich durch den Metaboliten Glycerin erreicht, einen Vertreter der *compatible solutes*, der bei sättigendem NaCl-Gehalt bis zu 60 % des Zellgewichts ausmachen kann. Bei einem hyperosmotischen Schock schrumpft die Zelle vorübergehend, hat aber nach 30–120 Minuten durch Glycerinproduktion ihr ursprüngliches Volumen wieder hergestellt. Auf welche Weise sich das Glycerin in den Zellen anreichert, ist unbekannt. Proteinneusynthese scheint dabei nicht induziert zu werden. Eine besondere Spezifität des Stressors ist nicht gegeben, denn man kann auch mit anderen Osmotika (z. B. Polyolen) den zur Glycerinakkumulation führenden hyperosmotischen Stress auslösen. Man nimmt an, dass der vorübergehende Schrumpfungsprozess selbst das Signal darstellt (vgl. Abb. 1.3.18). Damit ergeben sich zwei Möglichkeiten der Signalentstehung: ein Sensor in der Plasmamembran (siehe Kapitel 1.2.2.1) oder eine sich aus der Volumenkontraktion ergebende Überschreitung einer Schwellenwertkonzentration eines Metaboliten im Cytosol. Vieles deutet auf die erstgenannte Möglichkeit hin: Wichtig scheint eine transiente Steifheit der Membran zu sein, eine kurzfristige Erstarrung, die mit einer stärkeren Ordnung der Lipidmoleküle verbunden ist (eine Volumenkontraktion muss letztlich auch zu einer Verkleinerung der Oberfläche der Plasmamembran führen, vgl. Abb. 1.3.18). In diesem Zusammenhang scheint der hohe Sterolgehalt der Plasmamembran (Sterole machen 35–45% der Gesamtlipide der Zelle aus!) von Bedeutung zu sein: Werden die Zellen in Gegenwart eines Hemmstoffs der Steroidbiosynthese („Tridemorph“) angezogen, so verringert sich der Sterolgehalt der Membranen dramatisch. Gleichzeitig geht auch die Fähigkeit der Zellen verloren, nach einem hyperosmotischen Schock ihr Volumen durch Glycerinakkumulation wieder zu rekonstituieren. Der Hemmeffekt kann völlig revertiert werden, wenn man den Zellen ein künstliches Sterol (Cholesterol-Hemisuccinat) über das Medium anbietet. In dem in Abbildung 1.1.9

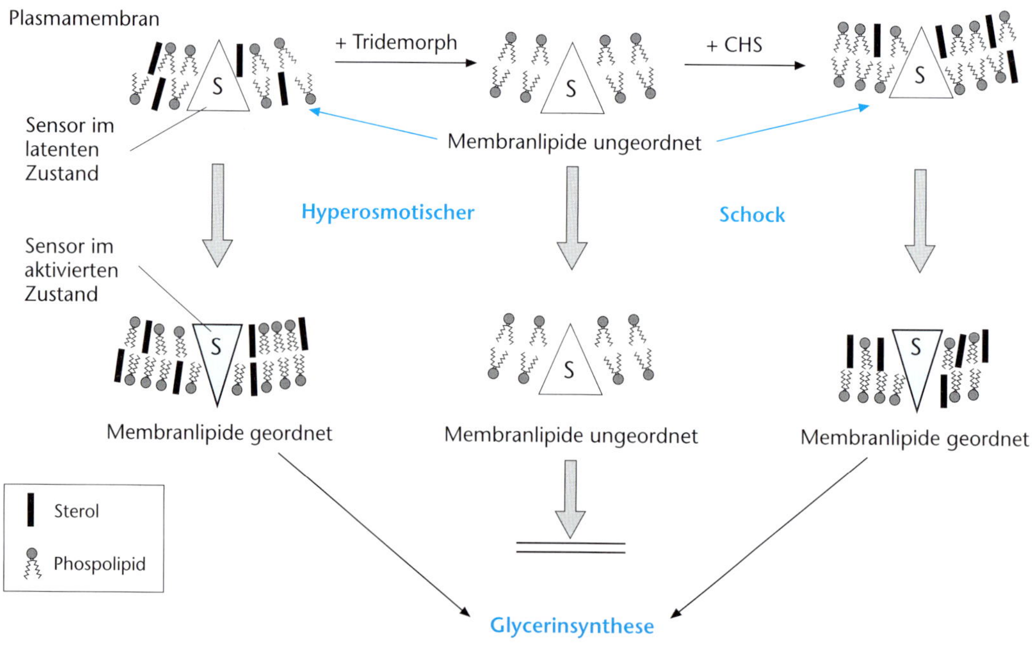

Abb. 1.1.9: Hypothetisches Modell des Osmosensors der zellwandfreien Alge Dunaliella salina. Tridemorph ist ein Hemmstoff der Sterolbiosynthese, Cholesterolhemisuccinat (CHS) ist ein exogenes Sterol, das in die Plasmamembran von D. salina aufgenommen wird. Nach Zelazny et al. (1995).

dargestellten Modell nimmt man an, dass die Sterole mit einem in der Membran lokalisierten Osmosensorprotein in der Weise wechselwirken, dass es durch die Membranerstarrung aktiviert wird.

Bei regelmäßig wiederkehrenden Belastungen, wie z. B. dem winterlichen Frost, könnte man aber auch an „vorauseilende" Signale denken, die den Härtungsprozess auslösen, ohne dass der eigentliche Stressor bereits wirksam ist. So konnte gezeigt werden, dass eine Verkürzung der Tageslänge bereits die Frosthärtung der Waldkiefer induziert. Temperaturen um den Gefrierpunkt sind ebenfalls wirksam (auch unter Langtag). Im Endeffekt führen beide Signale zur gleichen Frosthärte, nur dauert der durch Kurztag induzierte Prozess erheblich länger (0,4 °C pro Tag) als der durch Kälte ausgelöste (0,9 °C pro Tag) (Hansen und Beck 2000). Auch hier scheint eine transiente Viskositätszunahme der Biomembranen als zelluläres Signal zu wirken (siehe auch Vigh et al. 1993). In der Natur wirken beide Faktoren zusammen, wobei das zuerst einsetzende Signal wohl immer die abnehmende Tageslänge ist. In diesem Falle konnte eine Beteiligung des Phytochrom- und Cryptochromsystems an der Induktion der Frosthärtung (und -enthärtung) nachgewiesen werden. Allerdings ist über die zellbiologische Signalverarbeitung noch wenig bekannt (vgl. Kapitel 1.3.6.1).

Die Mehrzahl der Belastungen einer Pflanze durch ihre Umwelt kehrt sicherlich nicht regelmäßig wieder, sondern ist spontan. Deshalb scheint ein vorauseilendes Signal zur Stressvermeidung (ein so genanntes *feedforward*-Signal) eher die Ausnahme zu sein. Die meisten der Anpassungsreaktionen sind aber durch Stress ausgelöste Reaktionen, entsprechen also eher dem *feedback*-Modus (siehe auch Kapitel 2.2). Über den Weg der Signalübertragung in der Zelle ist unser Wissen noch sehr lückenhaft (siehe Kapitel 1.5.2.4). Signalübertragung und Signalwirkung sind ein breites Feld der wissenschaftlichen Forschung in der Ökophysiologie.

1.1.5 Wie kann man Stress bei Pflanzen nachweisen?

Stress an sich kann man natürlich nicht messen, denn er entwickelt sich ja erst in der Wechselbeziehung zwischen Umweltfaktor und Organismus. Was man messen kann, ist die Veränderung, der *strain*, welchen der Stress in einem Organismus hervorruft. Die Umstellung der Proteinsynthese vom normalen Proteinstoffwechsel zu den Hitzeschockproteinen ist ein messbarer Parameter für bestimmte Belastungen (siehe Kapitel 1.3.4.2), die noch gut oder gerade eben ertragen werden. Aber nicht immer können die oft im Feld arbeitenden Ökophysiologen auf ein molekularbiologisches Labor zurückgreifen. Dann muss es genügen, die Belastung durch Messung der Überlebensfähigkeit bzw. des Schädigungsgrads zu erfassen. Hierfür gibt es eine Reihe von meist unspezifisch quantifizierenden Tests. Daneben kann man aber auch mit nichtinvasiven Techniken leicht zu messende spezifische Leistungen messen, wie z. B. die Photosynthesekapazität mit Hilfe der Chlorophyllfluoreszenz (Lichtenthaler und Miehé 1997). Dies ist vor allem dann angebracht, wenn man annehmen kann, dass der zu messende Parameter die „Schwachstelle" im ganzen Reaktionskomplex darstellt. In der Regel kann man aber mit solchen unspezifischen Methoden nur die Toleranzgrenzen feststellen, die so genannte LD50, d. h. die Dosis bei der 50 % der Zellen abgetötet werden, nicht jedoch den Grad der Veränderung innerhalb des Toleranzbereichs. Kasten 1.1.1 gibt einen Überblick über die wichtigsten Methoden der Schadensquantifizierung nach einer Stressbehandlung.

1.1.6 Produktion stresstoleranter Pflanzen durch *genetic engineering*?

Literaturempfehlung

1. Pilon-Smits EAH, Ebskamp MJM, Paul MJ, Jeuken MJW, Weisbeek PJ, Smeekens SCM (1995) Improved performance of transgenic fructan-accumulating tobacco under drought stress. *Plant Physiol.* 107: 125–130
2. Tarczynski MC, Jensen R, Bohnert HJ (1993) Stress protection of transgenic tobacco by production of the osmolyte mannitol. *Science* 259: 508–510
3. Holmberg N, Bülow L (1998) Improving stress tolerance in plants by gene transfer. *Trends in plant science* 3: 61–66

Die Vorstellung, stresstolerante Nutzpflanzen auf gentechnischem Wege erzeugen zu können,

Kasten 1.1.1 Quantifizierung von Schäden in Pflanzengeweben

1. Auszählung von Nekrosen nach Stressbehandlung. Pflanzengewebe, z. B. Blattscheibchen werden einer definierten Stressbehandlung unterzogen und anschließend auf feuchtem Filterpapier zwei Tage lang exponiert. Schädigung zeigt sich durch Entstehung von Nekrosen (braunen, meist matschigen Arealen).

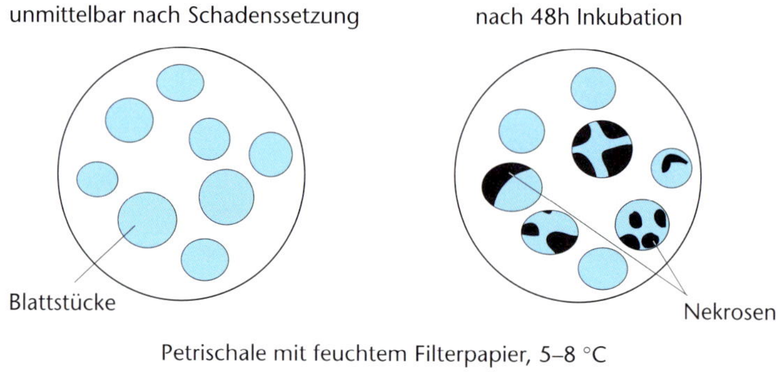

2. Aufnahme von Neutralrot in die Vakuole ungeschädigter Zellen. Nur lebende Zellen können Neutralrot in der Vakuole akkumulieren; dies ist meist mit einem Farbumschlag des Indikators verbunden, da das pH in der Vakuole leicht sauer ist.

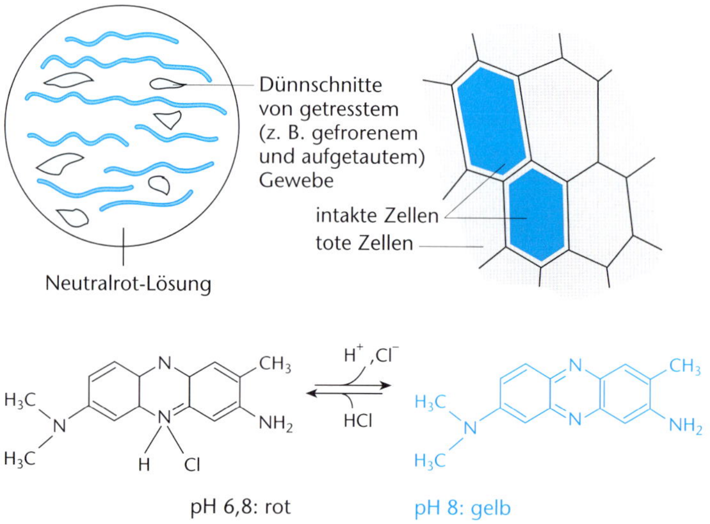

3. Plasmolysierbarkeit ungeschädigter Zellen. Nur intakte Zellen sind plasmolysierbar. Diese Eigenschaft wird nach Stressbehandlung geprüft.

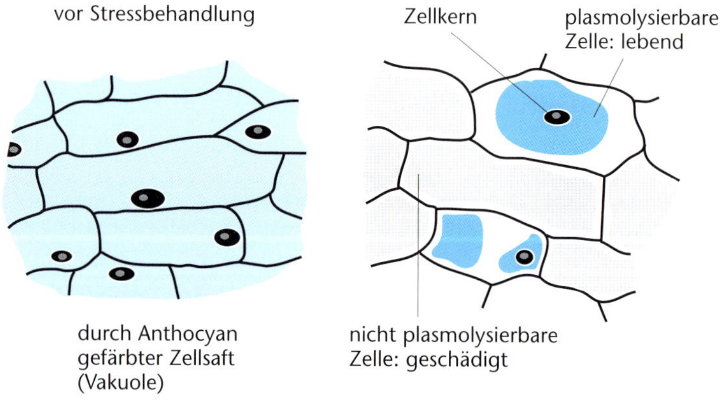

Kasten 1.1.1 Fortsetzung

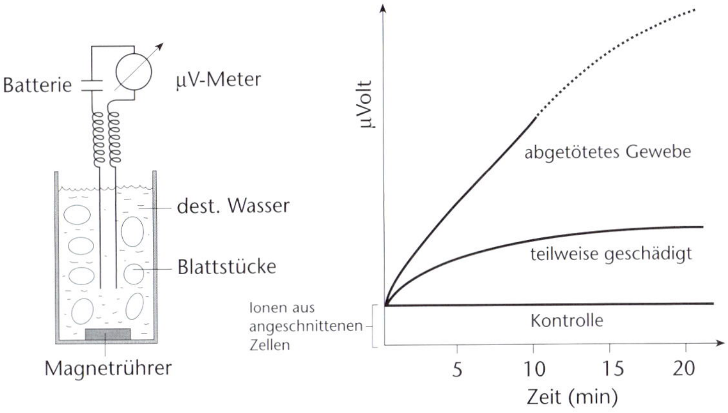

4. Leitfähigkeitsmessung: Ionenaustritt aus geschädigten Zellen in destilliertes Wasser. Schädigung von Pflanzengewebe führt in erster Linie zum Verlust der selektiven Permeabilität der Biomembranen. Als Folge treten gelöste Substanzen aus den Zellen aus. Flotiert man Gewebestückchen (z. B. Blattscheibchen) in destilliertem Wasser, so werden diese Stoffe ausgeschwemmt. Da sich unter ihnen viele Ionen befinden, nimmt die Leitfähigkeit des Wassers zu. Dies kann konduktometrisch gemessen werden. Die Leitfähigkeit wird in µSiemens angegeben.

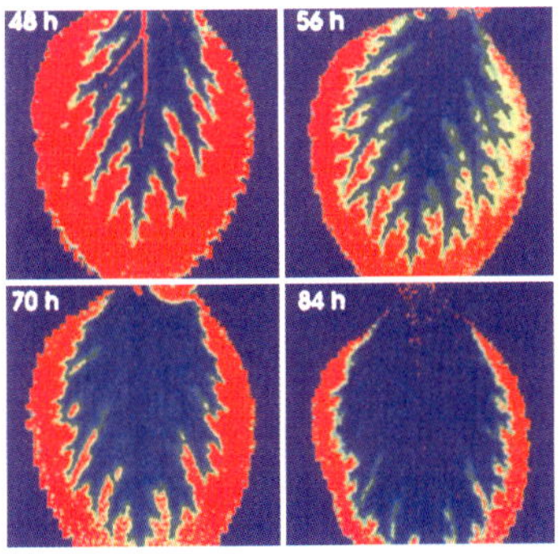

5. Messung der photosynthetischen Chlorophyllfluoreszenz. Photosynthetischer Elektronentransport kann über die Chlorophyllfluoreszenz des Photosystems II gemessen werden. Mit modernen Imaging-Systemen kann man auf die Photosynthese wirkenden Stress sofort am Erlöschen der Fluoreszenz erkennen. in dem dargestellten Beispiel wurde eine Fingerhutpflanze (*Digitalis*) mit dem herbizid Diuron (DCMU) behandelt, das über die Wurzeln appliziert wurde. Man sieht den Verlauf der Fluoreszenzlöschung innerhalb von 3,5 Tagen (nach Lichtenthaler und Miehé 1997).

widerspricht der in Kapitel 1.1.3 geschilderten Tatsache, dass Stresswirkung und -toleranz nicht Einzelreaktionen sind, sondern Reaktionskomplexe. Deshalb kann man durch gezielte Veränderung einer Eigenschaft auch aus einem stressempfindlichen Organismus keinen stresstoleranten machen. Aber man kann, wenn man die empfindlichste Stelle des Belastungskomplexes kennt, die Widerstandsfähigkeit an dieser Stelle verbessern und damit die Gesamtempfindlichkeit vermindern, d. h. die Resistenz erhöhen. Ziele dieser Strategie sind z. B. die Bildung und Akkumulation von *compatible solutes* zum Membranschutz, die Verringerung der Viskosität von Biomembranen durch Fettsäuredesaturation zur Erhöhung der Kältetoleranz oder die Steigerung der Austrocknungsresistenz durch die Einführung so genannter LEA-Proteine (*late embryogenesis abundant proteins*); das sind Proteine, die den Embryo bei der Samenreifung vor dem Vertrocknen schützen. Nicht alle Pflanzen sind heute bereits gut genetisch stabil transformierbar. Insbesondere gilt dies für Gräser (Getreide) und Chenopodiaceen (z. B. die Zuckerrübe), was oft, aber nicht immer, an der schwierigen Regeneration von Pflanzen aus den transformierten Zellen liegt (siehe hierzu auch Kapitel 1.1.7). Aber die Fortschritte der molekularen Gentechnik lassen die Transformierbarkeit auch der schwierigeren Arten in absehbarer Zukunft erwarten. Unter welchen Bedingungen die transformierten Pflanzen dann tatsächlich die (in einigen Fällen zweifelsfrei nachgewiesene) gesteigerte Stresstoleranz in höhere Erträge umsetzen können, lässt sich nur im Experiment feststellen. Freilandversuche sind dafür unverzichtbar. Tabelle 1.1.1 zeigt den Effekt der Transformation von Reis mit einem LEA-Protein aus Gerste (*Hordeum vulgare*, „HVA1"). In diesem Fall sind die Wüchsigkeit (Frischgewichtsproduktion) und Überlebenskapazität unter Dürre und Salzbelastung signifikant verbessert worden. Ob dies aber ausreicht, um auch einen höheren Kornertrag zu erzielen, kann erst durch Feldversuche ermittelt werden.

Tabelle 1.1.1: Erhöhung der Dürre- und Salzresistenz von Reispflanzen durch Übertragung des Gens HVA1 (LEA-Protein) von Gerste

Transgene Linie bzw. Wildtyp	Menge des HVA1-Proteins in % des löslichen Proteins in		Wachstum				% überlebender Pflanzen
			unter Dürrestress		unter Salzstress		
	Blättern	Wurzeln	Pflanzenhöhe (cm)	Wurzelfrischgewicht (g)	Pflanzenhöhe (cm)	Wurzelfrischgewicht (g)	
Wildtyp	0	0	22 ± 1,4	0,9 ± 0,1	19 ± 1,1	1,2 ± 0,1	0
30	0,5	0,3	29 ± 1,1	1,4 ± 0,1	23 ± 0,9	1,9 ± 0,1	60
36	1,5	1,0	37 ± 1,8	2,1 ± 0,1	29 ± 0,8	nicht bestimmt	80
41	1,0	0,7	33 ± 1,8	2,3 ± 0,3	26 ± 0,8	2,6 ± 0,1	80

1.1.7 *Gene Silencing*

Literaturempfehlung

1. Kooter JM, Matzke MA, Meyer P (1999) Listening to the silent genes: transgene silencing, gene regulation and pathogen control. *Trends in Plant Science* 4: 340—347
2. Meyer P, Saedler H (1996) Homology-dependent gene silencing in plants. *Annu. Rev. Plant Physiol. Plant Mol. Biol.* 47: 23–48

Es hat sich allerdings gezeigt, dass in manchen Fällen trotz erfolgreicher Transformation die übertragenen Gene nicht exprimiert werden. Insbesondere bei der Transformation mit Hilfe der Biolistik (mit Hilfe der so genannten *particle gun*, d. h. durch Einschießen von DNA in die Zelle) trat dieses Phänomen häufig auf, gelegentlich auch bei der Transformation mit *Agrobacterium* (mit Hilfe des Ti-Plasmids). Das Phänomen ist mittlerweile als eine Art regulatorischer Mechanismus der Genexpression erkannt worden und wird als ***gene silencing*** bezeichnet. Offensichtlich besteht ein Zusammenhang zwischen der Zahl der Kopien eines heterologen Gens (multiple Kopien) in einem Genom und der Anfälligkeit gegenüber dem *gene silencing*. Grundsätzlich werden mehrere Klassen des *transgene silencing* unterschieden: erstens, die so genannten Positionseffekte, die bei *single copy*-Genen auftreten, wobei heterochromatische Domänen benachbarter DNA die Expression des heterologen Gens reprimieren. Die zweite Klasse des *silencing* tritt hauptsächlich (oder nur?) bei multiplen Kopien des Transgens auf. Hier resultiert die Hemmung aus der Wechselwirkung von homologer oder komplementärer DNA, weshalb diese Art als *homology dependent gene silencing* (**HDGS**) bezeichnet wird. Die zugrunde liegenden Mechanismen sind noch nicht völlig geklärt; jedoch scheint die Bildung von *inverted repeats* und von doppelsträngiger RNA eine wichtige Rolle zu spielen. Vom HDGS wurden wiederum zwei Typen bekannt, das *transcriptional gene silencing* (**TGS**) und das *posttranscriptional silencing* (**PTGS**). Die Wechselwirkungen betreffen dabei nicht nur die Transgene sondern spielen sich oft auch zwischen sich entsprechenden Sequenzen von Transgen und endogenen Genen ab. Dieses Phänomen wurde als *Cosuppression* bezeichnet, z. B. bei der Überexpression von Chalconsynthese in Petunien. Weiterhin spielt die Methylierung der DNA eine zentrale Rolle im *gene silencing* (Finnegan et al. 1998).

Gene silencing ist nicht an Transformation gebunden, sondern ist, wie oben angedeutet, ein allgemeines Regulationsprinzip der Genexpression. Dies zeigte sich vor allem bei Virusbefall, wenn stille Gene plötzlich aktiv werden. Mittlerweile wird *gene silencing* intensiv studiert, da es umgekehrt auch Mechanismen der Pathogenabwehr (RNA-*mediated resistance*) und weiterhin die Möglichkeit zur Stilllegung unerwünschter Gene bietet.

Basierend auf den allgemeinen Überlegungen zu Stress und *strain* werden im Folgenden die Wirkungen von abiotischen und biotischen Umweltfaktoren im Einzelnen dargestellt. Stress und *strain* werden dabei je nach dem Stand der Kenntnis bis zur molekularen Ebene verfolgt; in weiten Bereichen, jedoch nicht in allen könnte man diesen Teil auch als „molekulare Ökophysiologie der Pflanzen“ bezeichnen.

Zusammenfassung

1. Allen Organismen sind durch ihre jeweilige Umwelt Grenzen der Entfaltung gesetzt. Diese Limitationen und Beeinträchtigungen können abiotischer oder biotischer Natur sein. Die Wirkung abiotischer Faktoren wie Licht, Temperatur oder Wasser auf einen Organismus ergibt in der Regel eine Optimumsfunktion. Außerhalb der optimalen Intensität oder Konzentration entsteht Stress: Die Umweltfaktoren werden zu Stressoren. Die meisten biotischen Faktoren zeigen keine derartige Optimumskurve. Je stärker ihre Wirkung ist (z. B. Infektion, Konkurrenz oder Tierfraß), umso stärker ist der Stress. Gewöhnlich ist ein Organismus mehreren Stressoren gleichzeitig ausgesetzt.

2. Wirkt Stress auf einen Organismus ein, so reagiert dieser mit entsprechenden Stressreaktionen (so genannter *strain*), deren Intensitäten der Stressstärke entsprechen. Bei diesen Reaktionen handelt es sich, im Hinblick auf den Stressfaktor, sowohl um spezifische als auch um unspezifische Reaktionen. Grundsätzlich handelt es sich dabei um Reaktionen, die ohne Stress nicht oder nur in ganz geringem Umfang ablaufen. Unspezifische Stressreaktionen führen zur Abhärtung auch gegenüber anderen Stressoren. Je nach Stärke von Stress und Stressreaktionen spricht man von Eustress, wenn damit Abhärtung verbunden ist, und von Distress, wenn die Schädigung überwiegt.

3. Organismen können ihre Stresstoleranz durch Adaptationsreaktionen verändern und sie können in gewissem Umfang Schäden reparieren. Stress und *strain*, Reparatur und Adaptation werden in so genannten Stresskonzepten zusammengefasst. Diese erklären das durch Stress ausgelöste, vom „Normalverhalten" abweichende Reaktionsmuster eines Organismus'.

4. Während die Stressreaktionen als solche verhältnismäßig leicht zu erkennen sind, ist die Perzeption eines Stress' noch in den meisten Fällen nicht aufgeklärt. Die Frage, welches Signal ein zum Stressor gewordener Umweltfaktor in einem Organismus erzeugt, ist nur in wenigen Fällen ansatzweise bekannt. Für regelmäßig wiederkehrende Stresssituationen gibt es dem Stressor vorauseilende Abhärtung, z. B. bei der Frosthärtung der ausdauernden Gewächse winterkalter Gebiete. In den meisten Fällen aber wird die Adaptation erst durch den Stress selbst ausgelöst. Bei den Anpassungen kann es sich um den Stress vermeidende Reaktionen oder um Stresstoleranz im eigentlichen Sinne handeln.

5. Der Nachweis von Stress geschieht experimentell über die Stressreaktion(en). Diese sind in der Mehrzahl unspezifisch, sodass nur der Grad der Schädigung quantifizierbar ist. Meistens lässt sich daraus kein Schluss auf die eigentliche „Schwachstelle" in der Stresstoleranz ziehen.

6. Da der *strain* in der Regel aus einer Vielzahl von Reaktionen besteht, ist die Erzeugung stresstoleranter Pflanzen auf gentechnischem Wege schwierig. Offensichtliche „Schwachstellen" in der pflanzlichen Stressabwehr kann man jedoch durch *genetic engineering* verbessern, z. B. die Dürreresistenz von Getreiden durch Transformation mit Genen für membranschützende Proteine oder für die Biosynthese von niedermolekularen Schutzsubstanzen (*compatible solutes*). Vielfach führt eine derartige Transformation aber nicht zum Erfolg, da Fremdgene, besonders wenn sie in Mehrfachkopien eingebracht werden, durch die Mechanismen des *gene silencing* nicht zur Expression kommen.

Literatur

Beck E, Lüttge U (1990) Stress bei Pflanzen. *Biologie in unserer Zeit* 20: 237—244

Finnegan EJ, Genger RK, Peacock WJ, Dennis ES (1998) DNA-Methylation in plants. *Annu. Rev. Plant Physiol. Plant Mol. Biol.* 49: 223—248

Fitter AH, Hay RKM (1987) Environmental Physiology of Plants. Academic Press, London, New York: S. 8

Hansen J, Beck E (2002) Kälte und Pflanze: Updating classical views. *Schriften des Vereins zur Verbreitung naturwissenschaftlicher Kenntnisse* (im Druck).

Larcher W (1981) Physiological-basis of evolutionary trends in low-temperature resistance of vascular plants. *Plant Syst. Evol.* 137(3): 145—180

Larcher W, Bodner M (1980) Dosisletalität-Nomogramm zur Charakterisierung der Erkältungsempfindlichkeit tropischer Pflanzen. *Angew. Botanik* 54: 273—278

Levitt J (1980) Responses of plants to environmental stresses. Vol. I. Academic Press London, New York

Lichtenthaler HK, Miehé JA (1997) Fluorescence imaging as a diagnostoc tool for plant stress. *Trends in plant science* 2: 316—320

Ryu SB, Costa A, Xin Z, Li PH (1995) Induction of cold hardiness by salt stress involves synthesis of cold- and abscisic acid-responsive proteins in Potato (*Solanum commersonii* Dun). *Plant Cell Physiol.* 36: 1245—1251

Selye, H (1973) The evolution of the stress concept. *American Scientist* 61: 693—699

Senser M, Beck E. (1979) Kälteresistenz der Fichte. *Ber. Deutsch. Bot. Ges.* 92: 243—259

Vigh L, Los DA, Horvath I, Murata N (1993) The primary signal in the biological perception of temperature: Pd-catalyzed hydrogenation of membrane lipids stimulated the expression of the desA gene in Synechocystis PCC6803. *Proc. Natl. Acad. Sci. USA* 90: 9090—9094

Zelazny AM, Shaish A, Pick U (1995) Plasma membrane sterols are essential for sensing osmotic changes in the halotolerant Alga *Dunaliella*. *Plant Physiol.*109:1395—1403

1.2 Licht

Lichtstress muss nicht immer zu viel Licht sein, sondern die Konkurrenz um Licht ist im Schatten eines Kronendachs ebenfalls ein „Stress", der zu vielfältigen morphologischen und physiologischen Änderungen führt. Ein Merkmal von Schattenblättern ist die vergrößerte Blattfläche bei geringem Blattgewicht. Damit wird nicht nur der Lichtsammelapparat vergrößert, sondern es werden auch konkurrierende Nachbarn beschattet. Besonders erfolgreich ist in der Anpassung an Licht die Gattung Cecropia, die nicht nur gewaltige Blätter ausbildet, sondern in Symbiose mit Ameisen lebt, die den hohlen Stamm besiedeln. Die Ameisen verjagen Fraßfeinde, und sie liefern dem Wirt Stickstoff und Phosphor, Nährstoffe die im tropischen Wald Minimumfaktoren sind. La Carbonnera Reservat bei Merida, Venezuela. Foto E.-D. Schulze.

Literaturempfehlung

1. Lüttge U (1997) Physiological ecology of tropical Plants. Springer Verlag, Berlin Heidelberg New York.
2. Huner NPA, Öquist G, Sarhan F (1998) Energy balance and acclimation to light and cold. *Trends Plant Sci.* 3: 224–230
3. Pessarakli M (1997) Handbook of Photosynthesis. Marcel Dekker Inc. New York Basel Hongkong.
4. Barber J, Guerrero MG, Medrano H (1992) Trends in Photosynthesis Research. Intercept Ltd., Andover.
5. Long SP, Humphries S (1994) Photoinhibition of photosynthesis in Nature. *Annu. Rev. Plant Physiol. Plant Mol. Biol.* 45: 633–662

Sonnenlicht als die bei weitem dominierende Energiequelle allen Lebens auf der Erde variiert in seiner Intensität, aber auch in seiner spektralen Zusammensetzung von Ort zu Ort, von Tageszeit zu Tageszeit, von Jahreszeit zu Jahreszeit (auf das UV-Licht wird in einem eigenen Kapitel eingegangen). Als Primärproduzenten müssen sich die Pflanzen den verschiedenen Lichtklimaten anpassen. Zu wenig Licht bedeutet eine negative Energiebilanz, d. h. der Photosynthesegewinn deckt nicht den Energiebedarf. Zu viel Licht, das beim Vordringen bis zum

Abb. 1.2.1: Demonstration der Photoinhibition bei Lobelia rhynchopetalum im ostafrikanischen Hochgebirge (Sanetti-Plateau (3900 m), Äthiopien). A: Nettophotosyntheseraten eines Blattes aus der Rosette bzw. von der Knospe in natürlicher Position, bei erzwungener Horizontallage (Überbelichtung) und nach Rückkehr in die natürliche Position. Während die Rosettenblätter durch die hohe Lichtintensität nur geringfügig beeinträchtigt werden und nach Rückkehr in die Normallage sogar eine gewisse Steigerung zeigen, wird die Photosyntheserate der (äußeren) Knospenblätter durch die Überbelichtung zu mehr als 90 % gehemmt und die Zurückführung in die Normallage bringt nur eine geringe Erholung. B: Der Aufbau des Blattschopfes von L. rhynchopetalum. Foto E. Beck.

Chloroplasten auch absorbiert wird, verursacht dann, wenn die Energie nicht durch Assimilation, Fluoreszenz oder Wärmeabstrahlung verbraucht wird, Schäden durch oxidativen Stress.

Anpassungen an das jeweilige Lichtklima findet man auf allen Ebenen von der molekularen bis zur morphologischen. Sie können von dauerhafter Natur sein, wie z. B. die Bildung von Sonnen- und Schattenblättern, oder eher dynamischer Art, wie wir sie von Chloroplasten- oder Blattbewegungen kennen.

1.2.1 Sichtbares Licht

1.2.1.1 Morphologische und strukturelle Anpassungen

Lichtmangel ist der hauptsächliche Stressor für die Bodenvegetation der Wälder. Am Waldrand krümmen sich die Blattstiele oder Sprosse der Bodenpflanzen so, dass die Blattflächen das seitlich einfallende Licht möglichst quantitativ absorbieren

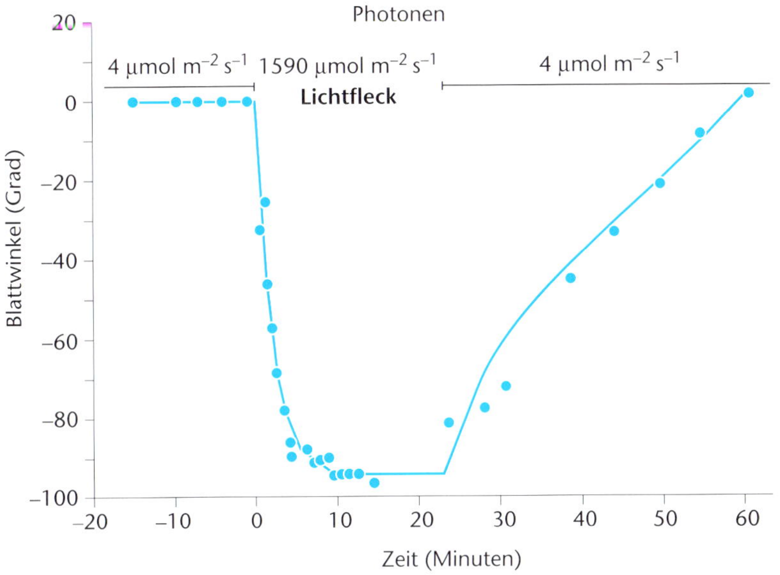

Abb. 1.2.2: Vermeidung von Lichtstress durch Veränderung der Blattstellung. Gezeigt ist das Absenken der Teilblättchen der Schattenpflanze Oxalis oregana beim Auftreffen eines Lichtflecks und die Rückkehr in die Tagstellung nachdem der Lichtfleck weitergezogen ist. Nach Björkman und Powles (1981).

können. Besonders gut ist dies z. B. beim Adlerfarn zu sehen, der an Waldwegrändern häufig ist. Lianen und Epiphyten sind Lichtparasiten, die durch die besondere Lebensform den innerhalb des Baumbestands herrschenden Lichtmangel zu vermeiden suchen, indem sie andere Bäume als Stütze nutzen und damit viele Ressourcen für die Entwicklung ihrer eigenen Blätter und Blüten im Kronendach der Trägerpflanze zur Verfügung haben.

Anders ist es bei **Lichtüberschuss**: Vielfach entgehen die Blätter einer exzessiven Bestrahlung durch Parallelstellung mit der Richtung des einfallenden Lichtes (siehe auch Kapitel 2.1, Abb. 2.1.14). Bekannt sind die hängenden Blätter bei *Eucalyptus* (deshalb die „schattenlosen Wälder" in Australien). Nachgewiesen werden konnte diese Vermeidungsstrategie am Beispiel der Vertikalstellung der Blätter von tropischen Hochgebirgspflanzen (Abb. 1.2.1).

Die Blätter vieler Pflanzen können sich im Tagesverlauf nach dem Licht ausrichten und so den Winkel und damit die Intensität des einfallenden Lichtes beeinflussen. Vielfach findet man bei solchen Blättern Blattgelenke (vor allem bei Leguminosen), über welche die Stellung der Blätter oder Blattfiedern verändert werden kann (siehe auch Abb. 2.1.14). Abbildung 1.2.2 zeigt diese Reaktion am Beispiel einer nordamerikanischen Sauerkleeart bei kurzfristigem Starklichtstress durch einen Sonnenstrahl („Lichtfleck"). Der Sensor für die Lichtintensität dürfte dabei ein Blaulicht absorbierendes Pigment sein.

Auch auf zellulärer Ebene ist die Vermeidung von Belichtungsstress bei Schattenpflanzen gut zu beobachten. Bei vielen Algen und Moosen, aber auch bei einigen Kormophyten wandern die Chloroplasten an die schwächer belichteten Vertikalflä-

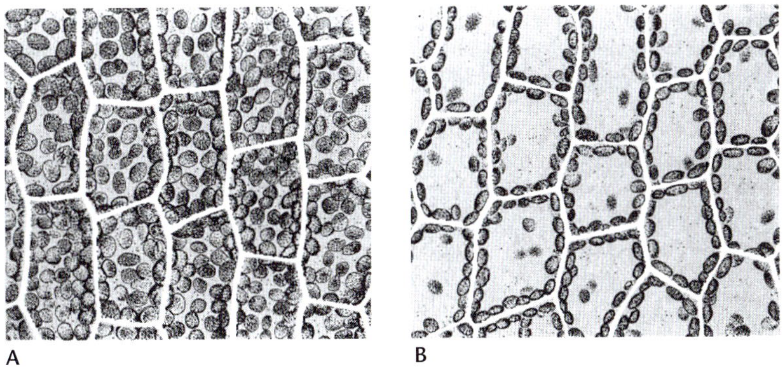

Abb. 1.2.3: Vermeidung von Lichtstress durch Chloroplastenwanderung. Gezeigt sind Ausschnitte aus der Flächenansicht eines Blättchens des Laubmooses Funaria hygrometrica. A: Schwachlichtstellung der Chloroplasten an den horizontalen Zellflächen. B: Starklichtstellung an den Seitenwänden der Zellen. Aus Nultsch (1996).

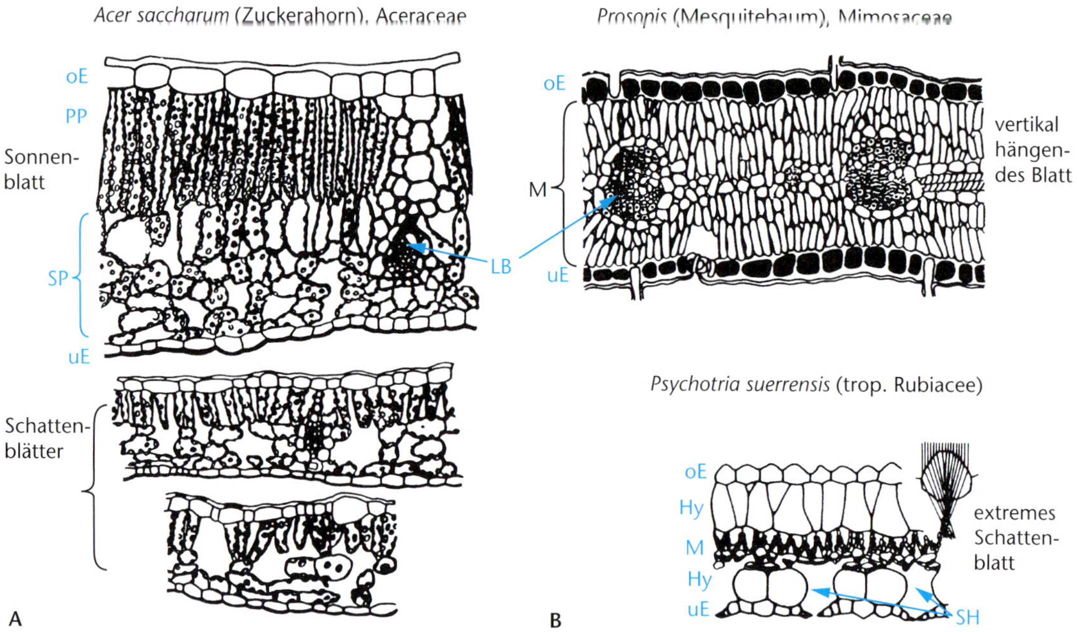

Abb. 1.2.4: Anatomische Anpassung von Blättern an das Lichtklima. A: Das Bild zeigt den anatomischen Aufbau von Blättern aus der Licht- und Schattenkrone des Zuckerahorns. Je schwächer die Lichtintensität ist, umso weniger mächtig ist das Assimilationsparenchym entwickelt. B: Der Mesquitebaum hat hängende Blätter von äquifazialen Bau, welches zum Sonnenhochstand nur die diffuse Himmelsstrahlung absorbiert. Die Vakuolen der dickwandigen Epidermen sind mit einem Schutzpigment gefüllt. Psychotria, ein Verwandter des Kaffeebaums wächst im tiefem Schatten des tropischen Regenwaldes, also in einer Lichtmangelsituation. Charakteristisch sind linsenförmige Zellen in der oberen Epidermis, die Lichtsammler für das schwach entwickelte Mesophyll sein könnten. oE, obere Epidermis; uE, untere Epidermis; PP, Palisadenparenchym; SP, Schwammparenchym; M, Mesophyll; Hy, Hypodermis; LB, Leitbündel; SH, substomatäre Höhle. Nach Larcher (1994).

Tabelle 1.2.1: Vergleich charakteristischer Ausprägungen in Sonnen- (So) und Schattenblättern (Scha) der Buche *(Fagus sylvatica)* und des Efeus *(Hedera helix)*, und Adaptionsamplitude der verschiedenen Merkmale. Aus Larcher (1994).

Merkmal		*Fagus sylvatica*		*Hedera helix*	
		So	Scha	So	Scha
Blattoberfläche	[cm^2]	28,8	48,9		
Blattdicke	[µm]	185	93	409	221
spezifische Blattfläche	[$dm^2 \cdot g^{-1}$ TS]			0,97	2,6
Stomatadichte	[$N \cdot mm^{-2}$]	214	144		
stomatäre Leitfähigkeit	[$cm \cdot s^{-1}$]			0,65	0,33
Chloroplastenzahl					
pro Blattoberfläche	[$N10^9 \cdot dm^{-2}$]			5,09	2,45
pro Blattvolumen	[$N10^9 \cdot cm^{-3}$]			1,24	1,11
Chlorophyllkonzentration (a + b)					
Chl/Blatt	[mg]	1,6	1,9		
Chl/Oberfläche	[$mg \cdot dm^{-2}$]			8,7	5,5
Chlorophyll a/b		3,9	3,9	3,3	2,8
RuBP-Carboxylaseaktivität	[$\mu mol\ CO_2 \cdot dm^{-2}\ h^{-1}$]			398	202
Nettophotosynthesevermögen	[$mg\ CO_2 \cdot dm^{-2}\ h^{-1}$]	3,5	1,3	22,3	9,4
Lichtkompensationspunkt	[$W \cdot m^{-2}$]	2,5	1		
Lichtsättigung	[$W \cdot m^{-2}$]	8,5	44		
der Nettophotosynthese	[$\mu mol \cdot m^{-2}\ s^{-1}$]			600	250
Dunkelatmung	[$mg \cdot dm^{-2}\ h^{-1}$]	0,5	0,16		

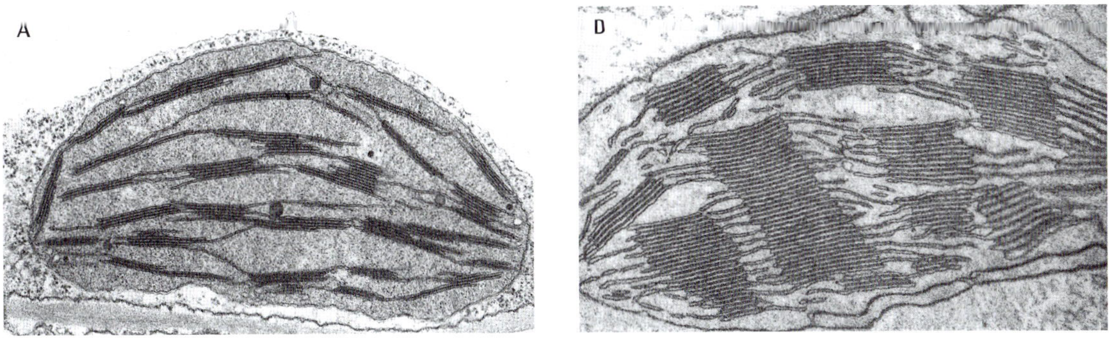

Abb. 1.2.5: *Ultrastrukturelle Anpassung von Chloroplasten an das Lichtklima. A: Tabakchloroplast aus einem Sonnenblatt. Typisch für „Starklichtchloroplasten" sind die kleinen Granastapel. Aus: Hall und Rao (1994). B: Schnitt durch den Chloroplasten eines Schattenblattes des Löwenmäulchens (Antirrhinum majus) mit mächtigen Thylakoidstapeln. Aus Strasburger (1983).*

chen der Zellen und wenden dort ihre Stirnseiten dem einfallendem Licht zu. Im Schwachlicht findet man sie an den am stärksten belichteten Zellflächen, wo sie ihre Breitseite dem Licht exponieren (Abb. 1.2.3).

Neben solchen kurzfristigen Anpassungen (Reaktionszeit im Minutenbereich) wird auch die Blattentwicklung selbst vom Lichtklima beeinflusst: Es kommt zur Ausbildung von Sonnen- und Schattenblättern (Abb. 1.2.4 und Tabelle 1.2.1).

Sonnenblätter sind meist klein aber kräftig, da sie ein stark entwickeltes Mesophyll mit meist mehreren Schichten von Palisadenzellen besitzen. Blätter mit vorwiegend vertikaler Orientierung sind meist äquifazial, d. h. sie haben Palisadenzellen auf der Ober- und Unterseite. **Schattenblätter** sind dagegen groß und zart, mit einem eher schwach entwickelten Mesophyll; sie können zusätzliche Einrichtungen zum Lichteinfang haben, wie z. B. linsenartig wirkende Epi- oder Hypodermiszellen (*Psychotria*, Abb. 1.2.4 B). Weitere Differenzierungen der Epidermis, z. B. ein Haarfilz, können Strahlung reflektieren und so die auf die Chloroplasten einwirkende Lichtintensität vermindern (siehe auch Kapitel 2.1, Abb. 2.1.12). Besonders wirksam gegen zu hohe Lichtintensitäten, insbesondere auch gegen kurzwellige Strahlung, sind Schutzpigmente in den Vakuolen der Epidermiszellen, so genannte chymochrome Pigmente. Ein typisches Beispiel dafür ist das so genannte Jugendanthocyan, das noch nicht voll ergrünte Blätter vor der destruktiven Wirkung hoher Lichtintensitäten schützt (siehe Abb. 1.2.15).

1.2.1.2 Ultrastrukturelle Anpassungen

Anpassungen auf der subzellulären Ebene findet man natürlicherweise in den Chloroplasten der Licht- und Schattenblätter (Abb. 1.2.5). Während die Chloroplasten von Sonnenblättern nur dünne Thylakoidstapel (Grana) und wenig einzelne Stromathylakoide besitzen, zeigen die Plastiden von Schattenblättern enorme Granastapel und viele einzelne Stromathylakoide. Die Bedeutung der Granagröße und Thylakoidverteilung wird klar, wenn wir den molekularen Aufbau der Thylakoidmembran betrachten (Kasten 1.2.1).

Da das Photosystem II (PS II) einen größeren Antennenapparat besitzt als das Photosystem I (PS I), sind über die Hälfte der Chlorophyll-a-Moleküle, fast das gesamte Chlorophyll b und das meiste Xanthophyll mit PS II assoziiert. Der größte Teil des Querschnitts eines Photosystems wird von den Antennen eingenommen. Ein **Schattenchloroplast** besitzt also durch den hohen Anteil an *appressed regions* (Kontaktflächen der Thylakoide) einen sehr hohen Anteil an Antennen und auf seine Chlorophyllmenge bezogen einen geringeren Anteil an Reaktionszentren. **Chloroplasten von Sonnenblättern** enthalten demgegenüber relativ wenig Antennen, aber viele Reaktionszentren. Da beide Kombinationen eine optimale Ausnutzung des Lichtklimas erlauben, kann man sie als Anpassung interpretieren. Derartige Unterschiede finden sich nicht nur in Schatten- oder Sonnenblättern, sondern im Prinzip auch innerhalb eines Blattes. Die Chloroplasten der in der Regel besser belichteten Blattoberseite entsprechen eher dem Sonnentyp, die der Unterseite dem Schattentyp. Fixiert man ein

Kasten 1.2.1 Der Aufbau der Thylakoidmembran

Photosystem I und die ATP-Synthase sind vorwiegend in den *non-appressed* Bereichen der Thylakoide lokalisiert, also in demjenigen Teil des Thylakoidsystems, das direkten Kontakt zum Chloroplastenstroma hat. Das Photosystem II befindet sich hingegen hauptsächlich in den *appressed regions* oder *partition layers*, also in den Stapeln (blau). Der Cytochrom-b_6/f-Komplex ist auf beide Regionen des Thylakoidsystems verteilt. Der Grund für die ungleiche Verteilung („laterale Heterogenität") ist nicht ganz klar. In der Regel enthält ein Chloroplast deutlich mehr PS II als PS I. Das Verhältnis von PS II zu PS I ist variabel, nicht nur im Vergleich verschiedener Pflanzen sondern auch innerhalb einer Pflanze, und kann sogar innerhalb eines Chloroplasten kurzfristig wechseln (Abb. 1.2.6., nach Anderson und Andersson 1988).

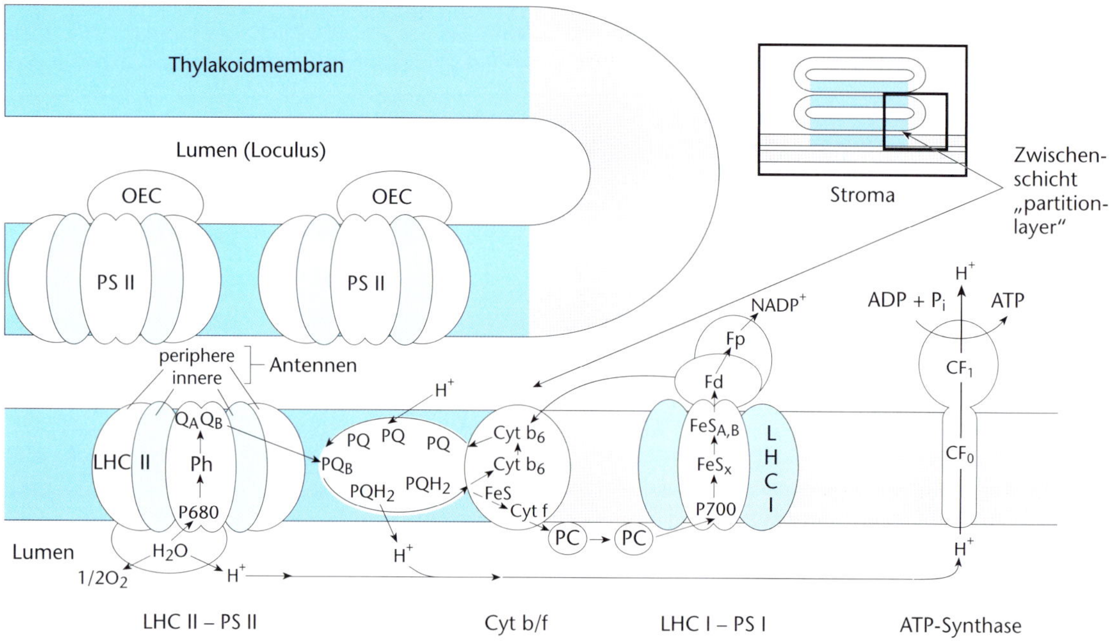

OEC: Oxygen evolving complex; LHC II: Light harvesting clorophyll protein II; PQ: Plastochinon; Q_A, Q_B: an PS II gebundene Chinone; Ph: Pheophytin; P_{680}, P_{700}: die Chlorophyllpaare der Reaktionszentren von PS II und PS I; FeS: Rieske Protein; FeSx, $FeS_{A,B}$: Schwefeleisenproteine im PS I; Fd: Ferredoxin; Fp: Flavoprotein; CF_O: membranintegraler Protonenkanal der ATP-Synthase; CF_1: Kopplungsfaktor der ATP-Synthase.

Blatt mit der Unterseite nach oben, so verändern sich die Thylakoidstrukturen entsprechend.

Neben den unterschiedlichen Verhältnissen von Antennen zu Reaktionszentren können sich auch die Dimensionen der Antennenkomplexe selbst ändern. Die so genannten „majoren" Antennen von PS II, das **LHC II *(light harvesting chlorophyll protein)*,** gliedern sich in einen inneren kleineren Komplex, die so genannten **Core-Antennen**, und in einen größeren äußeren Kreis, die **peripheren oder mobilen Antennen**. Zu hoher Energiedruck auf das PS II führt zur so genannten „**Photoinhibition**"; darunter versteht man eine transiente Zerstörung des D1-Proteins des betroffenen Reaktionszentrums (siehe Abb. 1.2.8). Permanente Photoinhibition hat darüber hinaus Schäden größeren Ausmaßes mit Membranzerstörung zur Folge. Bei hohem Energiedruck auf das Reaktionszentrum und dem dadurch erzeugten hohen Phosphorylierungspotential werden Proteinkinasen aktiviert, welche die mobilen Antennenproteine (an den Threoninresten) phosphorylieren. Infolge der durch die Phosphatgruppen eingebrachten Anreicherung negativer Ladungen dissoziieren die phosphorylierten äußeren Antennen vom Photosystem II ab. Dadurch verringert sich dessen Licht absorbierender Querschnitt. (Abb. 1.2.6). Die Akkumulation negativer Ladungen soll auch eine „Lockerung" der *appressed regions* bewirken, sodass laterale Verschiebungen von Proteinkomplexen möglich

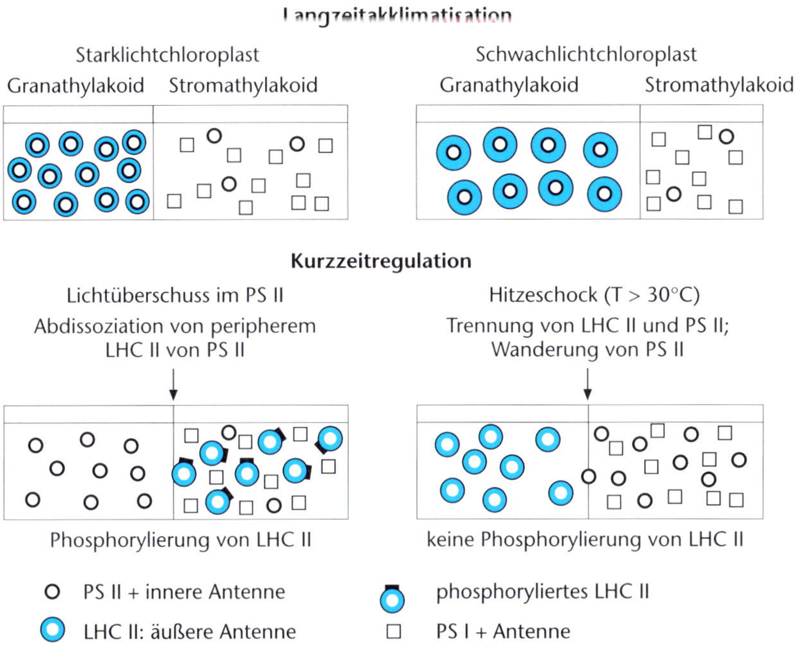

Abb. 1.2.6: Die Dynamik der photosynthetischen Membran als Antwort auf das Licht- und Temperaturklima. Nach Anderson und Andersson (1988).

werden. Es gibt Hinweise, dass sich die mobilen Antennen partiell mit den Photosystemen I assoziieren, wodurch eine gleichmäßigere Anregung von PS II und PS I gewährleistet und ein Elektronenstau vor PS I vermieden wird. Bei abnehmender Lichtintensität sollen dann Proteinphosphatasen die Dephosphorylierung von LHC II bewirken, worauf die mobilen Antennen wieder zum PS II zurückkehren. Die durch Überenergetisierung von PS II ausgelöste Verschiebung der mobilen Antennen, verbunden mit einer höheren Effizienz des gesamten Elektronentransports, ist als *state transition* oder *state I ⇒ state II transition* schon frühzeitig in der Photosyntheseforschung beobachtet worden, ohne dass man allerdings den molekularen Hintergrund erkannt hatte.

1.2.1.3 Physiologische Anpassungen

Außer den morphologischen und strukturellen Anpassungen der Pflanze an das herrschende Lichtklima sind physiologisch-biochemische Anpassungs- oder Regulationsmechanismen bekannt, die natürlich noch schneller agieren können als die strukturellen, und somit immer ablaufen, unabhängig davon, ob es dann noch zu strukturellen oder morphologischen Veränderungen kommt oder nicht.

Geht man vom photosynthetisch-reduktiven Pentosephosphatzyklus (Calvin-Zyklus) aus, so benötigt man für die Assimilation von 1 Mol CO_2 2 Mol NADPH entsprechend 4 Mol Elektronen und 8 Mol Lichtquanten. Zusätzlich verbraucht der Zyklus 3 Mol ATP. Da die 4 Elektronen aber nur rund 2,7 Mol ATP erzeugen, liegt der wirkliche Photonen- oder Quantenbedarf etwas höher. Die niedrigsten gemessenen Werte liegen bei 9,4 Quanten pro Mol assimiliertem CO_2. Für derartige Messungen muss das Licht limitierend sein, d. h. die Messungen müssen im Bereich des linearen Anstiegs der Lichtsättigungskurve durchgeführt werden (siehe Abb. 1.1.1).

Wenn nicht die Lichtintensität, sondern das CO_2 oder die Aktivitäten der photosynthetischen Enzyme (z. B. wegen Kälte) die CO_2-Assimilation begrenzen, so wird mehr Licht absorbiert, als benötigt wird. Was geschieht mit der überschüssigen Lichtenergie? Sie muss schonend entsorgt werden, wofür mehrere Wege zur Verfügung stehen:

- Der **Glykolatweg**, verbunden mit dem als Photorespiration (Lichtatmung) bekannten Phänomen (Kasten 1.2.2).

Kasten 1.2.2 Der photosynthetische C2-Zyklus (Photorespiration, Lichtatmung)

1. Die Biochemie der Lichtatmung. Verzweigungen der hier dargestellten Reaktionsfolge ergeben sich an vielen Stellen dieses Stoffwechselweges. Insofern ist die dargestellte Reaktionsfolge nur bedingt als geschlossener Kreislauf zu verstehen (nach Richter 1996).

Enzyme:
1 = Rubisco,
2 = Phosphoglycolat-Phosphatase,
3 = Glycolat-Oxidase,
4 = Katalase/Peroxidase,
5 = Glycin-Aminotransferase,
6 = Glycin-Decarboxylase-Komplex,
7 = Glutamin-Synthetase (GS),
8 = Serin-Aminotransferase,
9 = Hydroxypyruvat-Reduktase,
10 = D-Glycerat-Kinase,
11 = Glutamin-2-Oxoglutarat-Aminotransferase (GOGAT);

Abkürzungen:
Fd = Ferredoxin, RuBP = Ribulose-1,5-bisphosphat, TP = Triosephosphat.

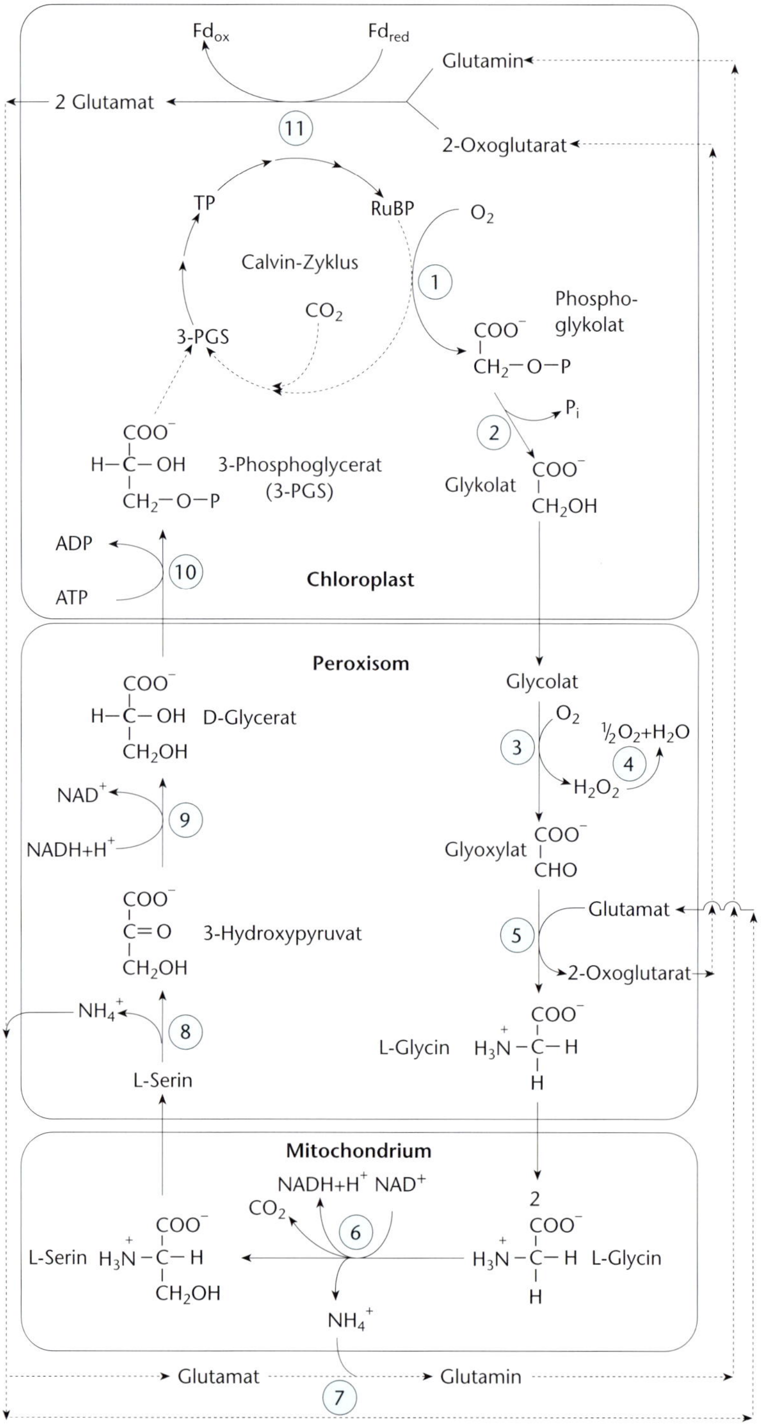

Kasten 1.2.2 Fortsetzung

2. Reaktionsschemata zur Verdeutlichung des blattinternen photosynthetischen Gaswechsels. Selbst bei geschlossenen Stomata kann über den oxidativen photosynthetischen Kohlenstoffzyklus (Lichtatmung) CO_2 produziert und wieder assimiliert werden, sodass auch unter diesen Verhältnissen wenigstens ein Teil der absorbierten Lichtenergie durch Photosynthese genutzt wird. A: Formelschema, B: Gaswechselschema. (Nach Tolbert 1994).

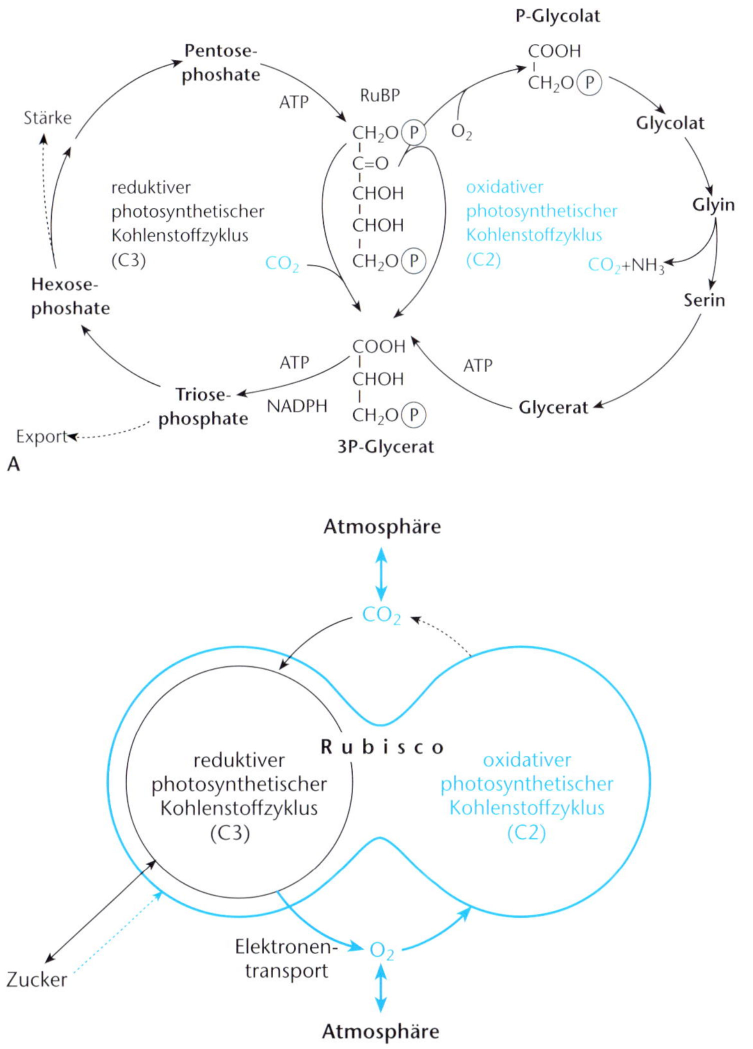

Begrenzt das CO_2-Angebot die Photosynthese, so kann die Lichtatmung den Calvin-Zyklus durch Bereitstellung von Phosphoglycerat am Laufen halten und so für einen gewissen Verbrauch an Reduktions- und Energieäquivalenten sorgen.

- **Nitrit- und Sulfatreduktion** verbrauchen ebenfalls Elektronen und ATP, aber ihr Anteil am photosynthetischen Elektronenfluss ist relativ gering.
- Schließlich kann auch noch **Sauerstoff photosynthetisch reduziert werden** (siehe Kapitel 1.3.5 über reaktive Sauerstoffspezies), was man als Mehler-Reaktion bezeichnet; zur Entgiftung des reduzierten Sauerstoffs benötigt der Chloroplast NADPH.

Solange Elektronen in ausreichendem Maße vom Wasser zu einem dieser Akzeptoren fließen können, stauen sie sich nicht in einer Komponente der Elektronentransportkette an („Überreduktion"). Fällt die Rate des Verbrauchs jedoch unter die der Produktion von Reduktions- und Energieäquivalenten, so können weitere, noch nicht in allen Einzelheiten aufgeklärte Mechanismen zur Energiedissipation beitragen:

Kasten 1.2.3 Chlorophyll-a-Fluoreszenz, ein Indikator für den Anregungs- und Redoxzustand

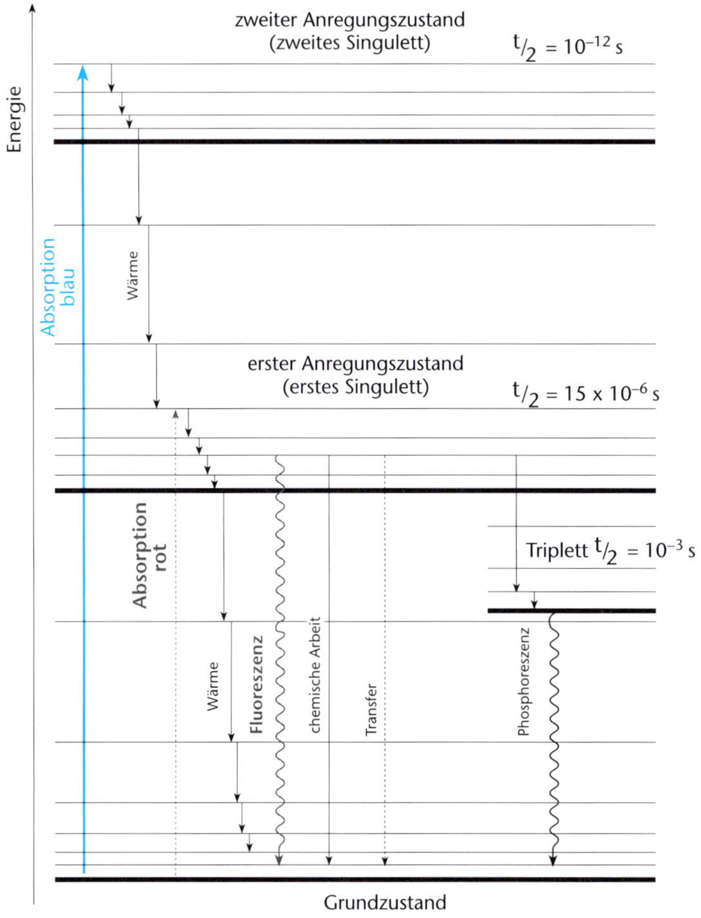

Abb. 1: Die verschiedenen Anregungszustände von Chlorophyll a durch Lichtabsorption und die Energiekonversion in Wärme, Fluoreszenz, photochemische Arbeit, State I-State II-Übergang (Transfer) und Phosphoreszenz (nach Heldt 1999).

Bei Belichtung kann das Chlorophyllmolekül in die beiden Anregungszustände Singulett 2 (Absorption von Blaulicht) und Singulett 1 (Absorption von Rotlicht) übergehen) (Abb. 1). Singulett 2 ist zu kurzlebig, um eine photochemische Reaktion auszulösen. Durch Abstrahlung von Wärme kann der Singulett 2-Zustand in den Singulett 1- oder den Grundzustand übergehen. Singulett 1 wird auch durch Absorption eines Quants Rotlicht erreicht und ist ausreichend langlebig, um ein Elektron an einen Akzeptor abzugeben und so einen photochemischen Prozess auszulösen. Die Emission von Fluoreszenzlicht ist ebenfalls an Singulett 1 gebunden. Durch Wärmeabgabe kann der Singulett 1-Zustand wieder in den Grundzustand, in geringem Umfang auch in den Triplettzustand übergehen. Die Entstehung des Triplettzustands ist gefährlich, weil dieses angeregte Chlorophyllmolekül mit Triplettsauerstoff zu Singulettsauerstoff reagiert, der ein besonders starkes Oxidationsmittel ist.

Belichtet man ein verdunkeltes Blatt, so kann die absorbierte Lichtenergie auf drei Wegen abfließen: Durch Wärmeabstrahlung (die den Hauptanteil darstellt), durch

Abb. 2: Nutzung und Dissipation von Lichtenergie im Photosyntheseapparat. Die vom Photosyntheseapparat absorbierte Lichtenergie geht zum großen Teil als Wärme verloren. Ein kleiner Teil (<10 %) kann als Fluoreszenzlicht abgestrahlt werden. Ein wechselnder Anteil kann photochemische Arbeit leisten. Bei starker Belichtung können die äußeren Antennen des PS II abdissoziieren und wenigstens teilweise mit dem PS I assoziieren. Damit erhält PS II weniger, das PS I mehr Lichtenergie. Ein derartiger Ausgleich wird als „State I-State II-Transition" bezeichnet. Die Ratenkonstanten (Dicke der Pfeile) können bei Überenergetisierung verändert werden (nach Schreiber et. al. 1994).

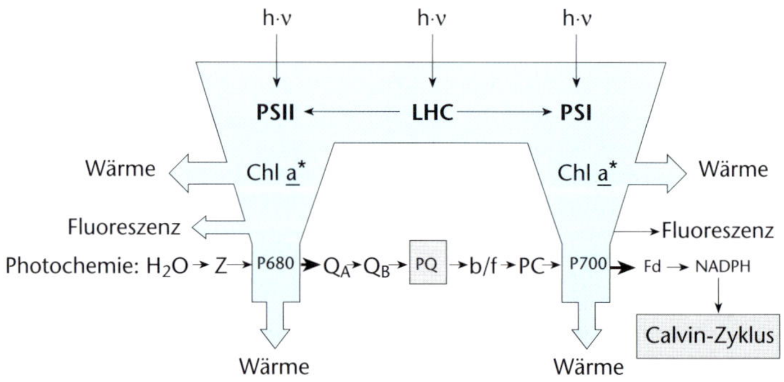

der photosynthetischen Elektronentransportkette

„Photochemie" und durch Fluoreszenzlicht. Photochemie und Fluoreszenzlicht ergänzen sich gegenseitig zu einem definierten Anteil, d. h., die Aufteilung (die so gen. Ratenkonstanten) des Energieabflusses in Wärme und [Photochemie + Fluoreszenz] ist zunächst in diesem Blatt konstant. Die maximale Fluoreszenz erhält man, wenn keine photochemischen Prozesse ablaufen, d. h., wenn kein Akzeptor für das angeregte Elektron im PS II vorhanden ist.

Das Photosystem ist dann geschlossen. Je mehr Photosysteme „offen" sind, d. h., je mehr oxidierter Akzeptor zur Verfügung steht, umso geringer ist die Fluoreszenz. An der Ratenkonstanten der Fluoreszenz, also ihrer Intensität, kann man somit die Rate (Effizienz) des aktuellen Photosynthesegeschehens ablesen. Interessanterweise zeigt sich aber bei anhaltendem Anregungszustand, bei dem die Elektronen nicht in ausreichendem Maße auf CO_2 (oder ein anderes reduzierbares Substrat) abfließen können, eine starke Abnahme der maximalen Fluoreszenz. Diese Fluoreszenzverminderung bei geschlossenen Reaktionszentren zeigt die Umverteilung der Ratenkonstanten zugunsten der Wärmeabgabe an. Sie wird „nicht-photosynthetischer Quench" genannt (Abb. 2, 3 und 4).

Es bieten sich also mehrere Parameter für die Analyse der Chlorophyllfluoreszenz an (Abb. 4). Die maximale Fluoreszenz bei Belichtung eines vorverdunkelten Blattes: F_m. Die verminderte maximale Fluoreszenz nach einem (über)sättigenden Lichtpuls: F_m'. Die minimale Fluoreszenz der Antennenpigmente eines vorverdunkelten Blattes, bei der noch keine Photosynthese erfolgt: F_0; in einem belichteten Blatt nimmt diese meist geringfügig ab; man bezeichnet sie mit F_o'. Die Differenz zwischen F_m und F_o, die die maximale, für Photochemie theoretisch nutzbare Energie angibt: $F_v = F_m - F_o$. Die aktuelle Fluoreszenz F, die zwischen F_o' und F_m' liegt: Sie gibt den nicht für Photochemie genutzten, theoretisch aber nutzbaren Anteil der Anregungsenergie an. Die maximale Quantenausbeute des PS II, angezeigt durch F_v im Verhältnis zu F_m: $\Phi_{II} = F_v/F_m$. Die effektive Quantenausbeute: $\Phi' = (F_m' - F)/F_m'$. Die durch Photochemie verursachte Fluoreszenzlöschung („photochemischer Quench"): $q_p = 1 - (F_m' - F_o')/F_v$ als Maß für die gesteigerte thermische Dissipation.

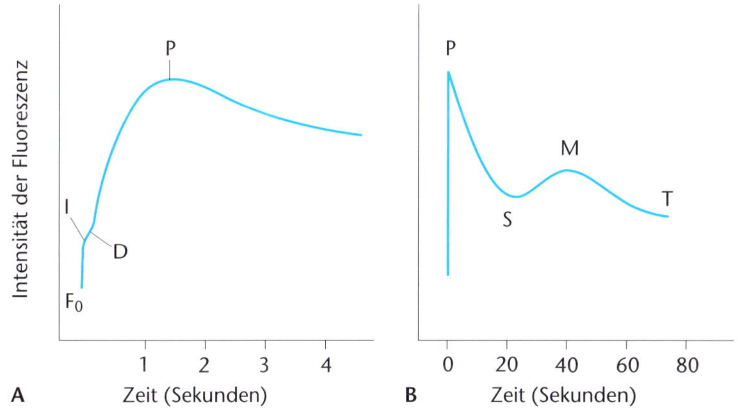

Abb. 3: Kinetik der Fluoreszenzinduktion von Photosystem II (Kautskyeffekt). A: Schnelle; B: Langsame Kinetik. F_0: Grundfluoreszenz (bei Schwachlicht nur Antennenfluoreszenz); I: Initialer Anstieg; D: Dip; P: Peak; S: Quasi steady state (vorübergehendes Fließgleichgewicht); M: zweites Maximum; T: Endwert (terminal value). Zwischen F_0 und I überwiegt die Reduktion von Q_A dessen Reoxidation, während für das Zustandekommen von D ein Überwiegen der Reoxidation angenommen wird. Wenn die „Elektronentransportkette" gesättigt ist, die NADPH- und ATP-Verbraucher im Calvin-Zyklus aber noch nicht entsprechend aktiviert sind, schließen sich die Reaktionszentren von PS II, und die Fluoreszenz erreicht in P ihr Maximum (F_m). Durch den nun langsam einsetzenden Verbrauch der primären Photosyntheseprodukte wird die Elektronentransportkette teilweise reoxidiert und ein Teil der Reaktionszentren öffnet sich wieder: F_v nimmt ab (S). Das Zustandekommen des M-Peaks ist noch nicht völlig geklärt. Es könnte sich um ein weiteres vorübergehendes Fließgleichgewicht der Photosynthese handeln, dessen Fluoreszenzabnahme zum Endzustand T durch den Aufbau eines nicht-photosynthetischen Quenches (q_e bzw. q_{NP}) verständlich wäre (nach Lavorell und Etienne 1977).

Kasten 1.2.3 Fortsetzung

F_0: Fluoreszenz der Antennen;

F_m: maximale Fluoreszenz eines vorverdunkelten Blattes;

F_m': maximale Fluoreszenz eines belichteten Blattes; (sättigender Lichtblitz)

F_v: variable Fluoreszenz bei Belichtung mit aktinischem Licht

q_Q: (neu q_P) photochemischer Quench;

q_E: (neu q_{NP} oder q_N) nichtphotochemischer Quench bei hohem ΔpH (Vergrößerung der Ratenkonstante für Wärmedissipation);

q: Gesamtquench bei Dauerbelichtung.

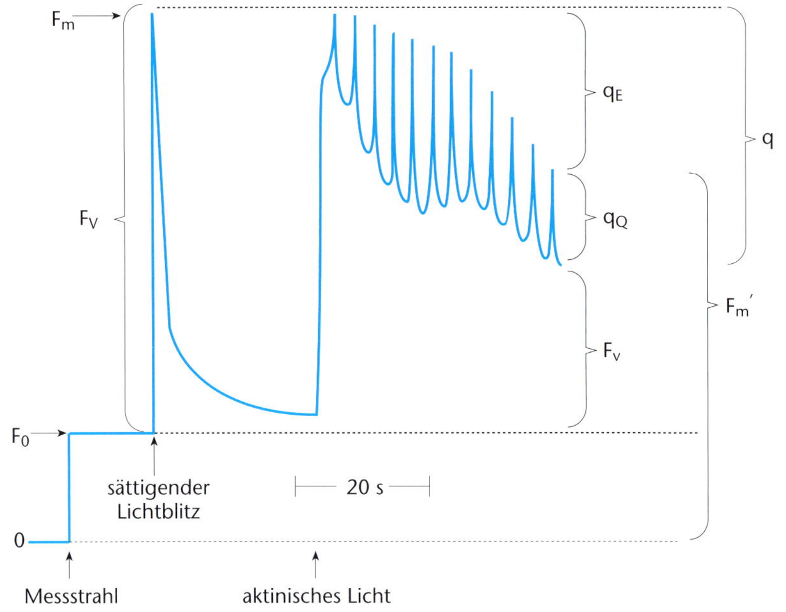

A

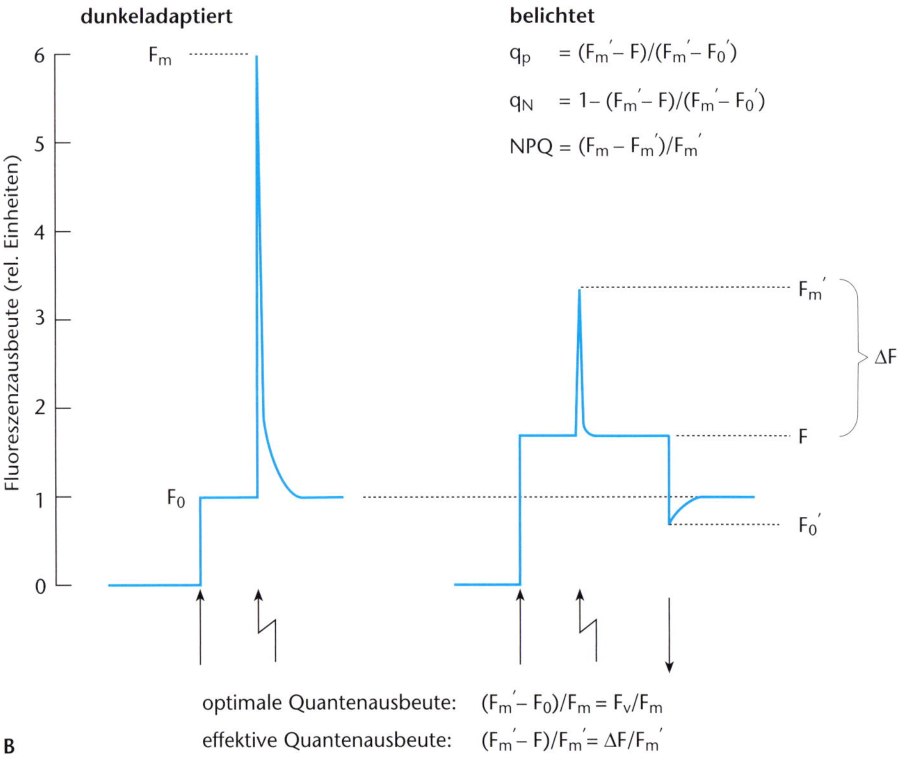

B

Abb. 4: Analyse der Chlorophyllfluoreszenz von Photosystem II. A: Kinetik der Fluoreszenz und Erläuterung der Parameter (nach Walker 1992). B: Nomenklatur der charakteristischen Fluoreszenzparameter, Definition der Quenchkoeffizienten und Berechnung der Quantenausbeuten von Photosystem II (nach Schreiber et al. 1994).

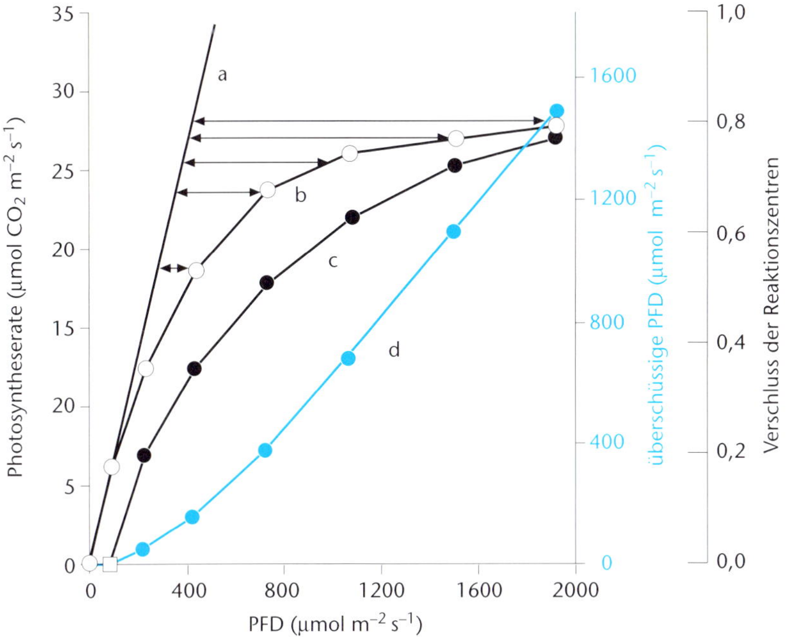

Abb. 1.2.7: Interpretation einer Lichtsättigungskurve.
Kurve a: Lineare Zunahme der Photosyntheserate im Schwachlicht
Kurve b: Photosyntheserate
Kurve c: Berechneter Verschluss der Reaktionszentren von PS II bei Überbelichtung
Kurve d: Überschüssige Lichtenergie (entsprechend den horizontalen Pfeilen zwischen a und b.
PDF: Photonenflussdichte.
Nach Schäfer und Björkman (1989).

- **Die nicht-photochemische Energiedissipation** (*non-photochemical quenching, NPQ,* nicht-photosynthetische Energielöschung) und die **Photoinhibition**.

Misst man eine Lichtabhängigkeitskurve der Photosynthese, so geht die anfänglich lineare Beziehung bald in eine Sättigungskurve über (Abb. 1.2.7). Die Differenz zwischen der Verlängerung der Anfangsgeraden und dem bei höheren Lichtintensitäten gemessenen Werten gibt denjenigen Teil der eingestrahlten Lichtenergie an, der nicht photosynthetisch genutzt werden kann. Je höher dieser Wert ist, umso mehr Reaktionszentren sind „geschlossen", d.h. können das angeregte Elektron mangels Akzeptor nicht weitergeben und deshalb auch nicht photochemisch aktiv werden. Ein kleiner Teil der Anregungsenergie wird dann als Fluoreszenzlicht mit einem Absorptionsmaximum bei 685 nm abgestrahlt (siehe Kasten 1.2.3, Abb.1). Bei Raumtemperatur stammt dieses Fluoreszenzlicht ausschließlich vom Photosystem II; erst bei –70 °C und noch tieferen Temperaturen fluoresziert auch angeregtes PS I. Obwohl der Anteil des Fluoreszenzlichtes an der Anregungsenergie des Photosystems II sehr gering ist (< 4 %), kann man aus der Intensität dieses Lichtes viel über den aktuellen Zustand der photosynthetischen Elektronentransportkette und der CO_2-Assimilation erfahren (Schreiber et al. 1994). Die wichtigsten auf diese Weise messbaren Parameter sind der augenblicklich genutzte Anteil der absorbierten Lichtenergie und der Anteil der bei Elektronenstau (Überbelichtung) als Wärme dissipierten Energie (nicht-photochemische Fluoreszenzlöschung: Kasten 1.2.3). Die Veränderung dieser Anteile (der so genannten Ratenkonstanten) zugunsten der thermischen Energiedissipation stellt eine kurzfristig wirksame Entlastungsreaktion bei Überenergetisierung des Photosystems II dar.

Bei längerfristig anhaltendem oder besonders starkem Lichtstress, insbesondere auch bei Bestrahlung mit UV-B-Licht, reicht dieser Mechanismus aber nicht aus. Dann wird das Core-Protein des PS II-Reaktionszentrum, das D1-Protein, vermutlich unter Mitwirkung reaktiver Sauerstoffspezies (Abb. 1.2.8) an einer präformierten Stelle gespalten und damit das Photosystem inaktiviert. Dieser Prozess, die so genannte **Photoinhibition** (der Photosynthese), wird heute in vielen Laboratorien untersucht. Die extrem leichte Spaltbarkeit des D1-Proteins dürfte sich im Laufe der Evolution im Zusammenhang mit der Abwehr von Lichtstress herausgebildet haben. Ein spezieller Reaktionszyklus für den Ersatz des geschädigten D1-Proteins mit Hilfe einer unbeschädigten D1-Vorstufe und die anschließende Prozessierung dieses Polypeptids ist mit dieser Reaktion verbunden (Abb. 1.2.8). Da das D1-Protein einen enorm schnellen Umsatz hat (es wird nach 10^6–10^7 Anregungszyklen ausgetauscht), ist Photoinhibition reversibel. Wird jedoch die Fähigkeit zum D1-Ersatz überfordert, so tritt **Photodestruktion** auf, die zum Verlust der photosynthetischen Leistungsfähigkeit führt.

Inzwischen wurde auch eine Photoinhibition am Photosystem I beschrieben (Sonoike 1996a), die bei Kälte in Algen und Höheren Pflanzen besonders ausgeprägt ist. Dabei wird offensichtlich der Primärschaden in der Akzeptorseite des Photosystems I gesetzt, worauf dann das B-Protein, das dem D1 des Photosystems II entspricht, abgebaut wird. Erstaunlicherweise wird diese Photoinhibition bei Schwachlicht beobachtet. Sie wird ebenfalls auf reaktive Sauerstoffspezies zurückgeführt (Sonoike 1996b). Insgesamt aber dürfte das **Photosystem I** robuster sein und deshalb nur unter Extrembedingungen photoinhibiert oder zerstört werden.

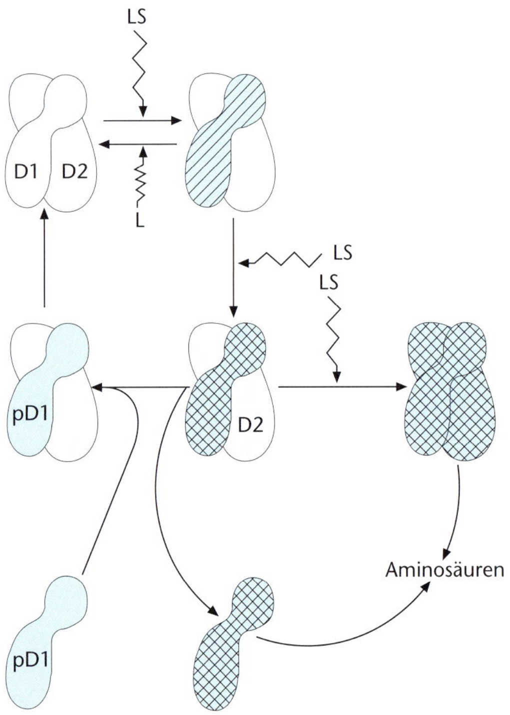

Abb. 1.2.8: Modell der Reaktionsfolge bei Schädigung und Reparatur des Reaktionszentrums des Photosystems II. Lichtstress (LS) führt zur vorübergehenden bzw. irreversiblen Schädigung des D1-Proteins (schraffiert, bzw. kariert). Die irreversible Schädigung löst die Spaltung und den nachfolgenden Abbau des D1-Zyklus (vermutlich bis zu den Aminosäuren) aus. Aus einer Vorstufe (Prä-D1, pD1) wird zusammen mit dem persistenten D2-Protein ein neues Reaktionszentrum gebildet, welches sich wieder mit den Antennenproteinen assoziiert. Bei besonders starkem Lichtstress wird auch das D2-Protein angegriffen (kariert). Die Pflanzenzelle ist auf eine hohe Umsatzrate des D1-Proteins eingestellt, welches im Chloroplastengenom kodiert ist. Aus Schäfer und Schmid (1993).

- **Dissipation von Anregungsenergie im Xanthophyllzyklus:** Die nicht-photosynthetische Energiedissipation erfordert einen hohen Protonengradienten über die Thylakoidmembran und damit einen sauren pH-Wert im Loculus (Lumen der Thylakoide). Ein saures Milieu im Loculus aktiviert ein membrangebundenes Enzym, die **Violaxanthin-De-epoxidase** (maximale Aktivität bei pH 5, Abb. 1.2.9).

  Im Dunkeln oder Schwachlicht steigt der pH-Wert des Lumens und ein anderes Enzym, die **Zeaxanthin-Epoxidase** wird aktiviert. Beide Reaktionen ergeben einen lichtabhängigen Reaktionszyklus mit den Xanthophyllen Violaxanthin, Antheraxanthin (als Zwischenstufe) und Zeaxanthin (Abb. 1.2.9).

  Diese Xanthophylle sind alle in den Antennenkomplexen von Photosystem II und wahrscheinlich auch von Photosystem I enthalten. Obwohl die physiologische Bedeutung des Xanthophyllzyklus artspezifisch verschieden sein kann, gilt als sicher, dass er eine wichtige Rolle bei der Dissipation überschüssiger photosynthetischer Energie spielen kann.
- Kurzfristig wird bei Überbelichtung Violaxanthin in Zeaxanthin umgewandelt, und dieses deenergetisiert den Triplett-Anregungszustand des Chlorophylls, der bei Überenergetisierung leicht entstehen kann. Wahrscheinlich kann Zeaxanthin sogar mit dem 1. Singulettzustand des Chlorophylls reagieren und dessen Energie übernehmen. Eindeutig gezeigt ist dies allerdings noch nicht. Anregungsenergie, die auf Zeaxanthin übergegangen ist, wird als Wärme freigesetzt; offen ist, ob die Umwandlung von Violaxanthin in Zeaxanthin die Ursache für die zum NPQ führende Membranveränderung ist, oder mit NPQ parallel läuft:

  Die physiologische Bedeutung des Xanthophyllzyklus kommt auch in der selektiven und reversiblen Anreicherung der drei beteiligten

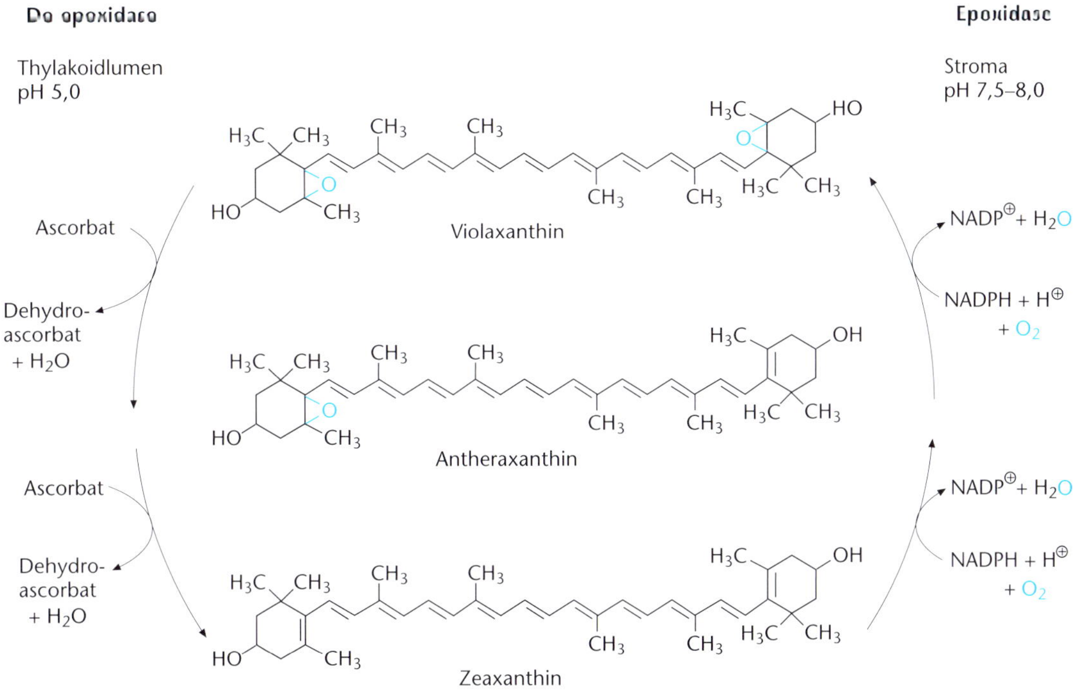

Abb. 1.2.9: Der Xanthophyllzyklus im Chloroplasten. Bei Starklicht wird Violaxanthin durch die De-epoxidase in Zeaxanthin umgewandelt, im Dunkeln erfolgt die Reoxidation durch die Epoxidase. Aus Heldt (1999).

Xanthophylle in den photosynthetischen Membranen bei lang anhaltendem Überbelichtungsstress zum Ausdruck (Abb. 1.2.10).

Nimmt man alle physiologischen Anpassungs- und Vermeidungsreaktionen und die Reparaturmöglichkeit von PS II zusammen, so verwundert die Vielzahl von mehr oder weniger aufeinander abgestimmten Reaktionen und Mechanismen auf den ersten Blick. Man muss jedoch bedenken, dass nicht alle Pflanzen in gleichem Maße über alle diese Möglichkeiten verfügen, dass es z. B. Pflanzen gibt, bei denen der Xanthophyllzyklus schon deshalb keine nennenswerte Rolle spielen kann, weil diese

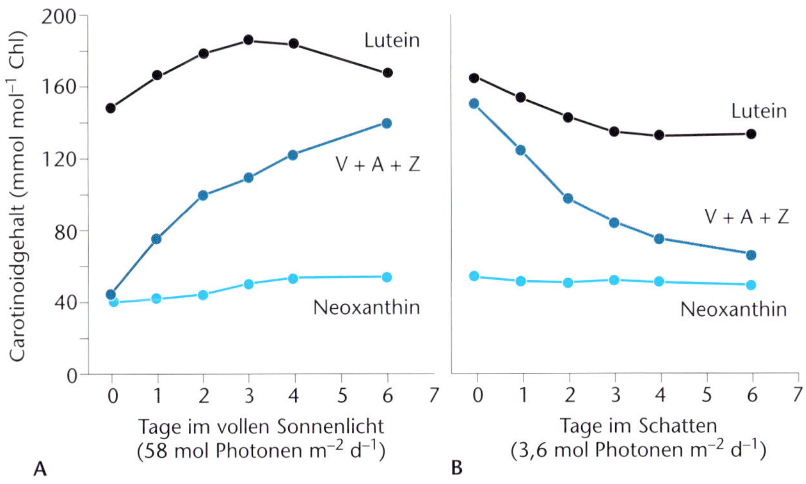

Abb. 1.2.10: Dynamisches Verhalten des Xanthophyllpools bei Stark- und Schwachlichtbehandlung von Keimblättern der Baumwolle. Im linken Diagramm wurden die Pflanzen vom Schatten ins volle Sonnenlicht gestellt, im rechten vom Sonnenlicht in den Schatten. Man beachte, daß sich die Pools von Lutein bzw. Neoxanthin im Vergleich zum Gesamtpool von Viola-, Anthera- und Zeaxanthin nur unwesentlich ändern. Aus Björkman und Demmig-Adams (1994).

Pigmente nur in sehr geringen Konzentrationen auftreten und sich auch bei längerem Lichtstress nicht anreichern. Dass die Entsorgung überschüssiger Energie jedoch zum Problem werden kann, zeigt die Quantifizierung der Wege, welche die absorbierte Lichtenergie im Chloroplasten beschreiten kann (Abb. 1.2.11).

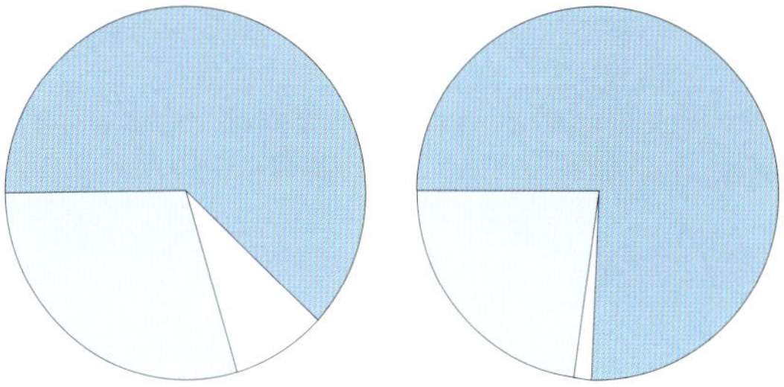

Abb. 1.2.11: Wege der absorbierten Lichtenergie in Blättern des kalifornischen Erdbeerbaums (Arbutus menziesii) im vollen Sonnenlicht. Mittelblau: Dissipation durch Wärme. Weiß: photosynthetische CO_2-Assimilation. Hellblau: alle übrigen Wege einschließlich Lichtatmung und Mehler-Reaktion. Nach Osmond et al. (1997).

Bei Dürrestress (geschlossene Stomata und deshalb sekundärem Lichtstress durch CO_2-Mangel) wird nur mehr ein verschwindend geringer Anteil für die Photosynthese genutzt, und fast die gesamte Energie muss möglichst schonend entsorgt werden. Dass hierfür ein einziger Mechanismus allein nicht ausreicht, ist leicht vorstellbar.

Ein weiteres Argument für den Nutzen einer Vielzahl von Anpassungsmechanismen ist, dass die Lichtintensität z. B. bei wechselnder Bewölkung oder bei Lichtflecken am Waldboden in Sekundenschnelle bis zu drei Zehnerpotenzen schwanken kann, und die Pflanzen diesen Beanspruchungen gewachsen sein müssen (siehe Abb. 1.2.2 und Kapitel 2.4, Abb. 2.4.9).

Zusammenfassung

1. Licht ist die unabdingbare Voraussetzung pflanzlichen Lebens. Da die Lichtklimate unserer Erde nicht nur räumlich, sondern auch zeitlich stark variieren, findet man Anpassungen der Pflanzen auf allen Ebenen, von der molekularen bis zur morphologischen. Eine besondere Herausforderung stellen dauernd wechselnde Lichtverhältnisse dar, oder extrem niedrige oder hohe Lichtintensitäten in Verbindung mit anderen Stressoren, z. B. Wassermangel, Hitze oder Kälte. Pflanzen derartiger Habitate zeigen ein sehr dynamisches Anpassungsverhalten.

2. Der Stressor „Schwachlicht" bedeutet Energiemangel. Pflanzen passen sich dieser Situation durch verschiedene Lebensformen (Lianen, Epiphyten als Lichtparasiten) und durch entsprechende Blattstellung an (positiv phototropische Reaktion). Ein schwach entwickeltes Mesophyll, aber sehr große Thylakoidstapel in den Chloroplasten zeichnen Schattenblätter anatomisch und ultrastrukturell aus. Eine verhältnismäßig geringe Dichte vor allem der Reaktionszentren des Photosystems II, dafür aber stark entwickelte Antennen charakterisieren Schattenblätter auf der molekularen Ebene.

3. Stress durch Überbelichtung gefährdet die Pflanzen akut durch Überenergetisierung und Bildung von chemischen Radikalen, die zusammen mit ihren Reaktionsprodukten unter dem Begriff ROS *(reactive oxygen species)* zusammengefasst werden. ROS zerstören Membranen, Proteine und die in ihnen enthaltenen Wirkgruppen (z. B. Chlorophyll). Pflanzen verfügen über Entgiftungssysteme für ROS (siehe Kapitel 1.3.5.3).

4. Der großen, von der Überenergetisierung ausgehenden Gefährdung entspricht die Vielzahl von Vermeidungs- und Anpassungsmechanismen. Anpassung auf morphologischer Ebene wird vor allem im Kapitel 2 „Autökologie" vorgestellt. Viele Pflanzen begegnen hoher Lichtenergie mit Blattstellungsreaktionen, die dauerhaft oder dynamisch sein können. Sonnenblätter zeichnen sich durch ein stark entwickeltes Mesophyll, oft mit mehreren Schichten von Palisadenzellen aus. Die Chloroplasten verlagern sich, der Lichtintensität folgend von den stärker zu den schwächer belichteten Flanken der Zellen. Das Thylakoidsystem ist schwach entwickelt, zeigt aber eine große Dichte von photosynthetischen Reaktionszentren. Die Antennensys-

teme (vor allem das LHC II) sind schwächer ausgebildet; oft beobachtet man ein Abdissoziieren der peripheren Antennen vom PS II und eine teilweise Assoziation mit Photosystem I, was einen ausbalancierten Energietransfer (*state transition*) gewährleistet.

5. Auf biochemischer Ebene erzeugt Starklicht eine Veränderung der Ratenkonstanten der Lichtenergienutzung zugunsten des Wärmeanteils (*non photochemical quenching*). Reicht dies noch nicht aus, kann absorbierte Lichtenergie auch über Zeaxanthin entsorgt werden, das im so genannten Xanthophyllzyklus aus Violaxanthin entsteht. Gleichzeitig kann, vor allem bei infolge Hitze oder Trockenheit geschlossenen Spalten, Lichtenergie im Zusammenhang mit der Lichtatmung verbraucht werden. Dieser Prozess erzeugt CO_2, das dann wieder photosynthetisch assimiliert wird.

6. Bei Überforderung all dieser Dissipationssysteme wird D1, eines der Core-Proteine des Photosystems II zerstört. Die dadurch entstehende Hemmung der Photosynthese ist reversibel, solange die Kapazität des spezifischen Reparatursystems, des „D1-Zyklus'" ausreicht. Diese reversible Hemmung wird Photoinhibition genannt. Wird der D1-Zyklus nachhaltig überfordert, so tritt „Photodestruktion" mit starker Ausbleichung des Chlorophylls auf.

7. Außer vom Photosyntheseapparat kann Lichtenergie auch bereits durch Pigmente in der Epidermis abgefangen oder von einem dichten Haarfilz reflektiert werden.

1.2.2 UV-Strahlung

Literaturempfehlung

1. Themenheft *Biologie in unserer Zeit* 26 (1996)
2. Jansen MAK, Gaba V, Greenberg BM (1998) Higher plants and UV-B radiation: balancing damage, repair and acclimation. *Trends in Plant Science* 3: 131–135.
3. Rüegsegger A (1996) UV-B-Strahlung. In: Brunold C, Rüegsegger A, Brändle R (Hrsg.) Stress bei Pflanzen. Verl. Paul Haupt, Bern, Stuttgart, Wien: 103–118.

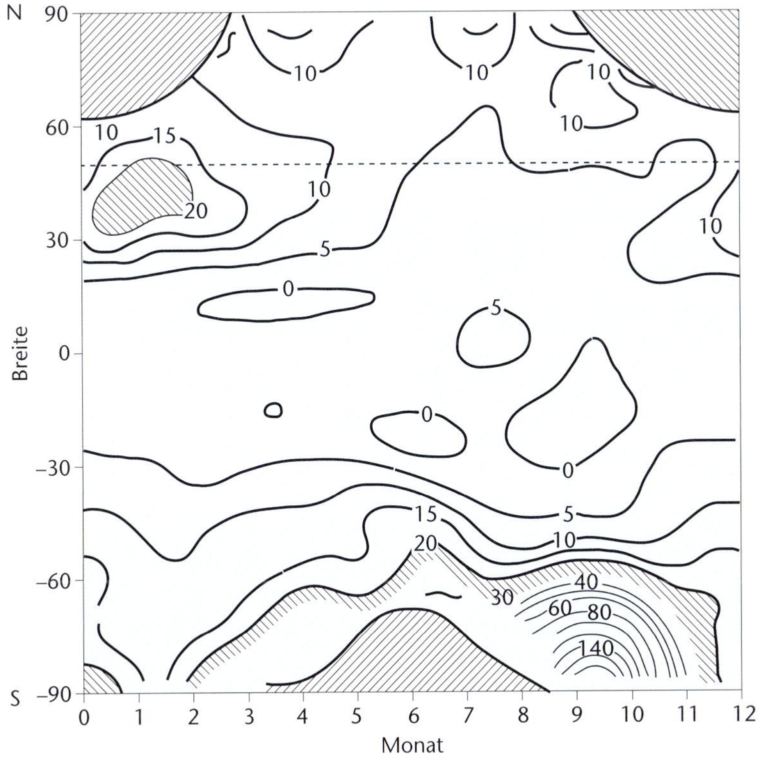

Abb. 1.2.12: *UV-B-Strahlung und „Ozonloch". Die Abbildung zeigt die Trends der täglichen UV-Dosis (für die DNA-Zerstörung) in Prozent für eine 10-Jahres-Periode in den verschiedenen geographischen Breiten und für alle Jahreszeiten. Aus Zellner (1996).*

Die von der Sonne ausgehende ultraviolette Strahlung wird heute in drei Bereiche unterteilt: Das langwellige **UV-A** (315–400 nm), das biologisch wirksame **UV-B** (280–315 nm) und das noch kürzerwellige und deshalb besonders energiereiche **UV-C** (100–280 nm). Bekanntermaßen wird UV-A vom atmosphärischen Ozon kaum, UV-B stark und UV-C vollständig absorbiert. Entsprechend besorgt ist die Erdbevölkerung über das **Ozonloch** unserer Tage, d. h. die Abnahme der stratosphärischen Ozonkonzentration vor allem im Bereich der Polregionen (Abb. 1.2.12).

Es ist allerdings zu bedenken, dass in den Polargebieten und den äquatorwärts angrenzenden Regionen infolge des seitlichen Sonnenstandes die Sonnenstrahlen die Atmosphäre schräg durchqueren und so auf eine wesentlich „dickere" Ozonschicht treffen als am Äquator, wo die Sonnenstrahlen den kürzesten Weg durch die Atmosphäre nehmen. Entsprechend hoch ist die UV-Strahlung in den Tropen und entsprechend gering ihre Intensität in den Polregionen. Bekannt ist auch die Intensivierung der UV-Strahlung mit steigender Meereshöhe, welche auf die Abnahme der troposphärischen Ozonkonzentration sowie der Dunstintensität zurückzuführen ist.

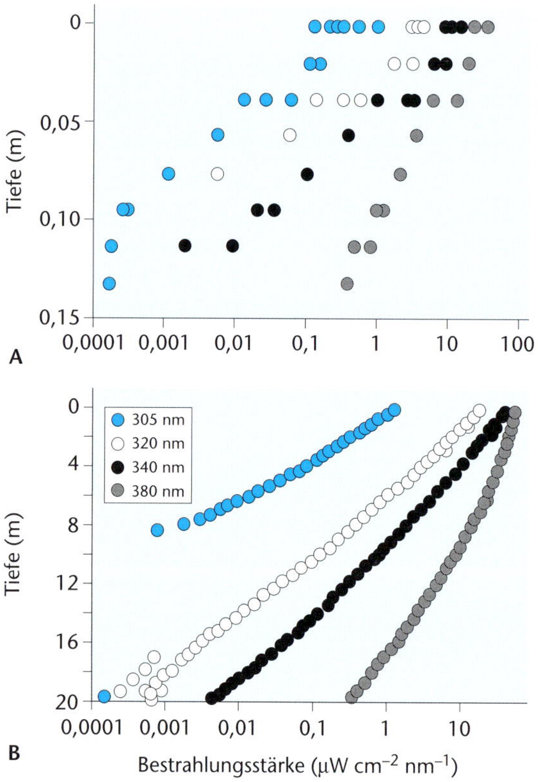

Abb. 1.2.13: Abnahme der UV-Strahlung mit der Wassertiefe. A: im huminreichen Neusiedler See, B: in der Nordadria. Beide Messungen wurden an einem wolkenlosen Augusttag durchgeführt. Die Stärke der UV-Strahlung im Neusiedler See in 5 cm Tiefe entspricht in etwa der von 5 m Tiefe der Adria. Aus Herndl (1996).

Da UV-Strahlung Zellen schädigen kann und damit für Organismen gefährlich ist (Tabelle 1.2.2), gibt man ihre Intensität vielfach nicht nur als Quantenstromdichte an, sondern auch in Einheiten einer Schadwirkung, z. B. der **Thymindimerisierung in der DNA** (Kasten 1.2.4., Abb.1) oder der Erythembildung (Hautrötung, Sonnenbrand). Umstritten ist heute nicht, dass Pflanzen UV-Schäden erleiden können, sondern wie viel UV-Strahlung toleriert, beziehungsweise welches Schadensausmaß wieder repariert werden kann. Hier gehen die Meinungen der Wissenschaftler stark auseinander. Besonders anfällig scheint das Plankton der kühleren Meere zu sein, das trotz der geringen Eindringtiefe des UV-Lichtes (Abb. 1.2.13) schon wiederholt deutliche Massenreduktion zeigt. Intensiv untersucht wurde auch die Wirkung erhöhter UV-B-Strahlung auf Wachstum und Ertrag von Nutzpflanzen. Dabei zeigten sich deutliche Empfindlichkeitsunterschiede von Kultursorten, z. B. von Soja oder Mais. Soweit Ertragseinbußen überhaupt statistisch gesichert werden konnten, war das Ausmaß der Verringerung gering (meist deutlich <10 %). Empfindliche Sorten zeigten jedoch einen um mehrere Tage verzögerten Blühbeginn. Bis zur Ernte gleicht sich diese Verspätung aber meist wieder aus. Bei einer Langtagpflanze (*Hyoscyamus niger*, Bilsenkraut) verhinderte UV-B sogar die Blühinduktion.

1.2.2.1 UV-B-Schäden und ihre Reparatur

Literaturempfehlung

1. McCullough AK, Dodson ML, Lloyd RS (1999) Initiation of base excision repair: Glycosylase mechanisms and structures. *Annu. Rev. Biochem.* 68: 255–285

Morphologisch-anatomische Symptome einer noch verträglichen UV-B-Belastung sind Internodienstauchung, geringere Wuchshöhe, kleinere Blätter, deren Ränder meist nach oben eingerollt sind, und verstärktes Austreiben der Seitenknospen (Ballaré et al. 1996). Die Blätter tendieren zur Sukkulenz, haben besonders starke, meist pigmentierte Epidermen und eine geringere Stomatadichte. Vielfach führt erträgliche UV-B-Belastung zur Anreicherung von Vitamin C und löslichen Zuckern in den Früchten, also zu einer Qualitätsverbesserung bei Lebensmitteln.

Während die Schädlichkeit erhöhter UV-B-Strahlung für alle Organismen unbestritten ist, gehen die Meinungen darüber, ob und welche Schäden im Freiland auf diese Strahlung zurückzuführen sind, weit auseinander (Searles et al. 2001). Widersprüchliche Ergebnisse können methodische Ursachen haben, z. B. das Mischungsverhältnis von UV-B und PAR oder die Verwendung unterschiedlich empfindlicher Pflanzenarten. Eine Hauptquelle der wissenschaftlichen Differenzen sind Art und Dosis der UV-Bestrahlung. Vielfach wird wegen experimenteller Limitationen die erhöhte UV-Bestrahlung als kurzfristiger Puls mit unnatürlich hoher Intensität appliziert, wodurch zwar rechnerisch die gleiche Belastung erreicht wird wie mit langfristig geringfügig erhöhter Strahlung, aber völlig verschiedene physiologische Reaktionen (*strain*) ausgelöst werden. Bei der Pulsbelastung treten der gesetzte Schaden und seine Reparatur in den Vordergrund, während die Dauerbelastung eher zur Abhärtung und Vermeidung (z. B. durch Schutzpigmente) führt. Tabelle 1.2.2 zeigt die verschiedenen physiologischen Reaktionen der Pflanzen auf UV-B-Belastung. Am besten untersucht sind die Effekte der UV-B-Strahlung auf die DNA: Im Wesentlichen geht es dabei um die Dimerisierung von Thymin, wobei Cyclobutyl-Pyrimidindimere oder 4,6-Thymindimere entstehen (Kasten 1.2.4, Abb. 1).

Höhere UV-Dosen führen zu Ein- oder Doppelstrangbrüchen und schließlich zu DNA-Verlusten. Besonders gefährdet ist dabei die ungeschützte DNA der Mitochondrien und vermutlich auch der Chloroplasten. UV-Bestrahlung von Hefezellen ergab einen zehnprozentigen Verlust an Kern-DNA, aber gleichzeitig einen 50- bis 60-prozentigen Verlust von Mitochondrien-DNA.

Für alle diese Schäden gibt es Reparaturmechanismen, von denen zwei genannt seien: Die Photolyase- und die Basen-Excisions- beziehungsweise Rekombinationsreaktion (Kasten 1.2.4, Abb. 2, 3 und 4). Auch die DNA der Mitochondrien kann repariert werden, wenn die Schädigung nicht zu stark war. Meistens dauern die Reparaturen nur wenige Stunden. Starke UV-Bestrahlung führt aber direkt zu irreparablen Chromosomenbrüchen und -deletionen, worauf die Entkeimung von Räumen und Geräten mit UV-Licht beruht.

Tabelle 1.2.2: Physiologische Effekte erhöhter UV-B-Strahlung

UV-Schäden:	
DNA-Schäden:	Dimerisierung von Thymin; Strangbrüche
Biomembranen:	Lipidperoxidation
Photosynthese-apparat:	Inaktivierung von PSII, Beschleunigung des Umsatzes von D 1 (und D 2?), Schädigung der Thylakoimembranen, Ausbleichung der Pigmente, Verminderung der Aktivität photosythetischer Enzyme, (vor allem von Rubisco), Inaktivierung photosynthetischer Gene
Phytohormone:	Photooxidation von Auxin
UV-Vermeidung:	
Sekundär-stoffwechsel:	Aktivierung des UV-B/Blaulichtrezeptors, Aktivierung der Schlüssel-Gene des Phenylpropanstoffwechsels und Akkumulation von Flavonoiden, Akkumulation von Alkaloiden, Wachsen und Polyaminen
Radikalfänger:	Erhöhung der Kapazität des antioxidativen Systems. (Ascorbatperoxidase, SOD, Glutathionreduktase u. a. m.)

Neben der Schädigung der DNA sind photooxidative Wirkungen auf UV-absorbierende Pigmente sehr bekannt: Vergilbung und vollständiges Ausbleichen der Blätter nach abruptem Transfer von Zimmerpflanzen ins Freie ist ein häufiges Phänomen. Dabei zeigt sich die Schutzwirkung der photosynthetischen Pigmente für die ebenfalls im UV-Bereich absorbierenden Proteine: Photodestruktion der Thylakoidpigmente hat dann auch eine deutliche Verringerung des Rubisco-Gehalts zur Folge.

1.2.2.2 UV-Perzeption

UV-Strahlung löst bei Pflanzen und tierischen Organismen Schutzreaktionen aus, was bedeutet, dass diese Organismen Photorezeptorsysteme für diese Strahlung besitzen müssen. Von Pflanzen weiß man, dass sie einen Sensor für UV-B und vermutlich zwei weitere für UV-A/Blaulicht (Cryptochrom 1 und 2) besitzen, die mit dem Phytochromsystem kooperieren, d. h. die Empfindlichkeit der Pflanze gegenüber sichtbarem und UV-Licht bestimmen (Ballaré 1999).

Kasten 1.2.1 UV bedingte DNA-Schäden (Abb. 1 und 2) und deren Reparatur (Abb. 3 und 4)

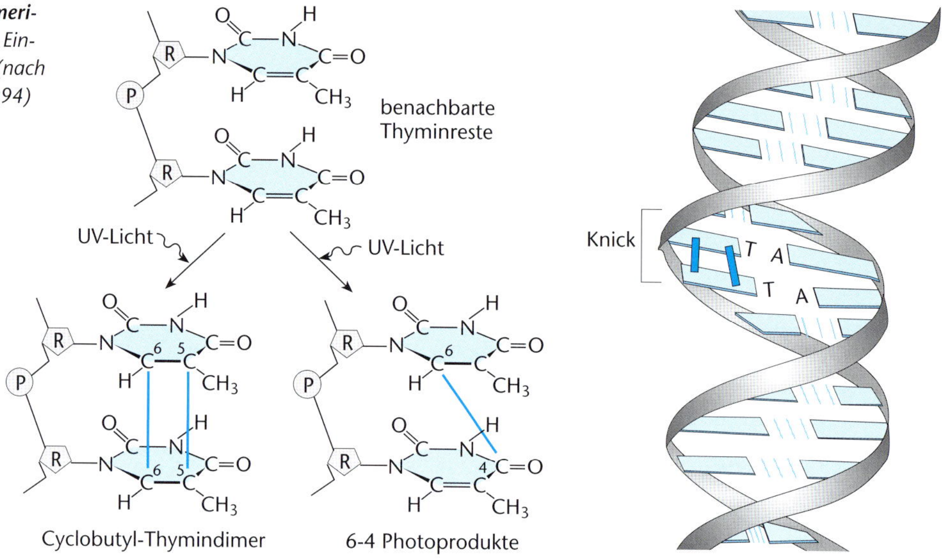

Abb. 1: ***Thymindimerisierung*** *unter dem Einfluss von UV-Licht (nach Lehninger et al. 1994)*

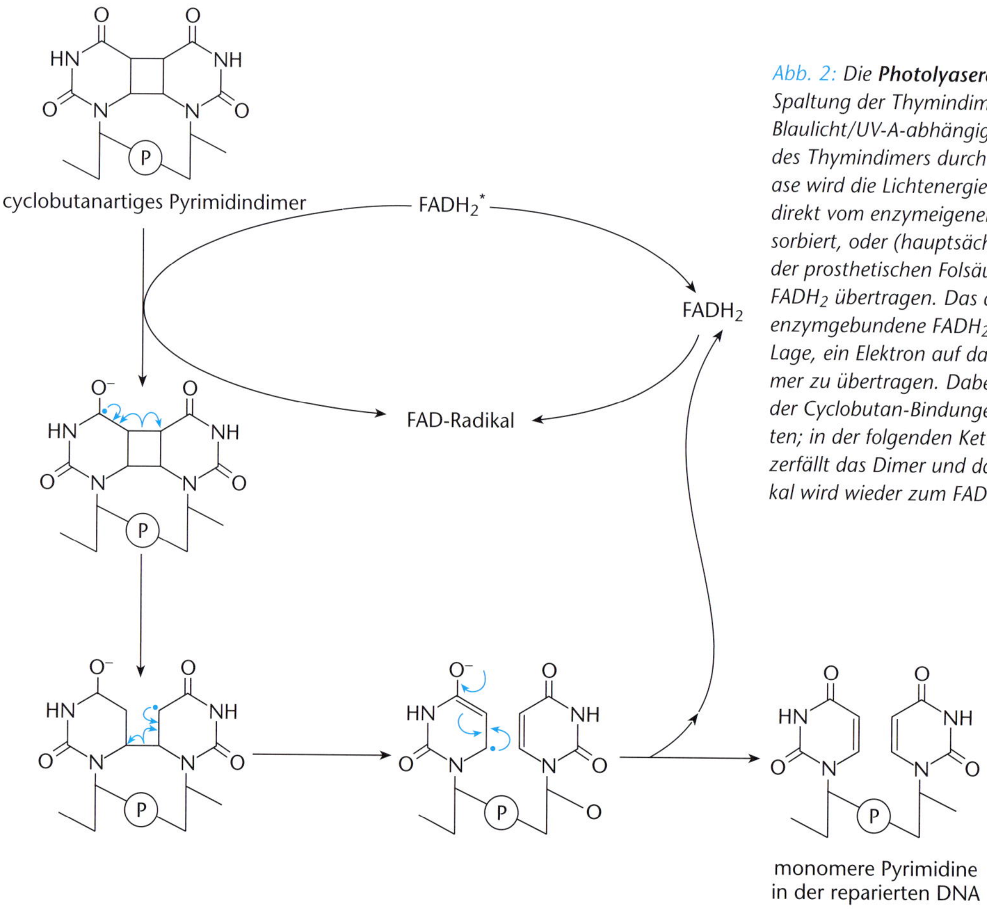

Abb. 2: Die ***Photolyasereaktion*** *zur Spaltung der Thymindimere. Bei der Blaulicht/UV-A-abhängigen Spaltung des Thymindimers durch die Photolyase wird die Lichtenergie entweder direkt vom enzymeigenen $FADH_2$ absorbiert, oder (hauptsächlich) von der prosthetischen Folsäure auf $FADH_2$ übertragen. Das angeregte enzymgebundene $FADH_2$* ist in der Lage, ein Elektron auf das Thymindimer zu übertragen. Dabei wird eine der Cyclobutan-Bindungen gespalten; in der folgenden Kettenreaktion zerfällt das Dimer und das FAD-Radikal wird wieder zum $FADH_2$ reduziert.*

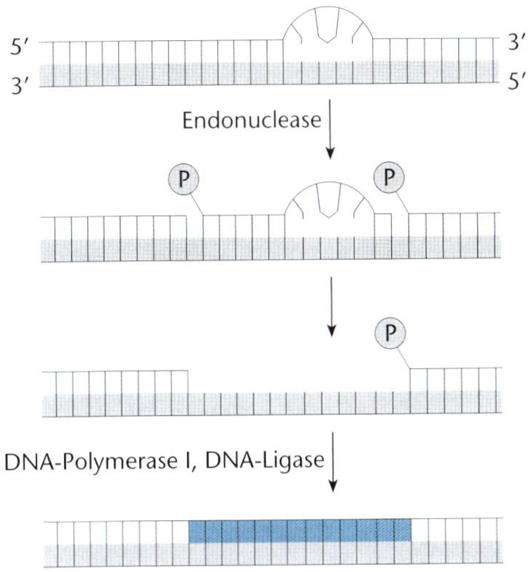

Abb. 3: Beim ***Basen-Excisionsmechanismus*** wird die fehlerhafte Base durch eine DNA-Glykosylase von der Desoxyribose getrennt. Eine spezifische Endonuklease spaltet dann das DNA-Rückgrat an der abasischen Stelle (AP-Endonunklease). Die DNA-Polymerase I schneidet ein Oligonucleotid, beginnend mit dem basenfreien Ende, heraus und synthetisiert ein neues, korrespondierendes Oligonucleotid. Dieses wird durch eine DNA-Ligase wieder mit dem Strang verknüpft (nach Voet und Voet 1994).

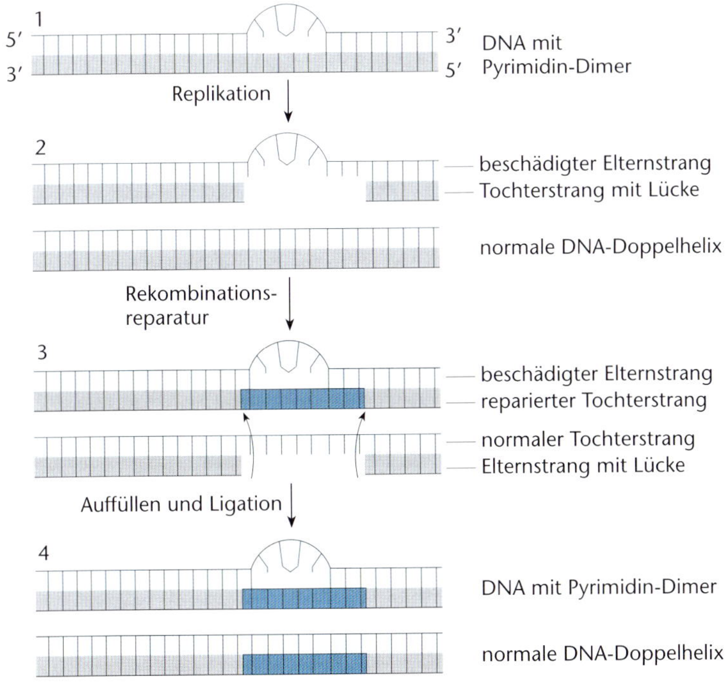

Abb. 4: ***DNA-Rekombinationsreparatur.*** *Sind beide DNA-Stränge beschädigt oder wurde die DNA repliziert, bevor ein Schaden behoben werden konnte, kann die Rekombinationsreparatur (Post-Replikationsreparatur) das Chromosom heilen. Dabei werden die sich entsprechenden Abschnitte der DNA-Schwesterstränge ausgetauscht, sodass in jedem Chromatid nun ein vollständiger und ein schadhafter Strang vorliegt. Dann kann im Prinzip wie oben ausgeschnitten und repariert werden (nach Voet und Voet 1994).*

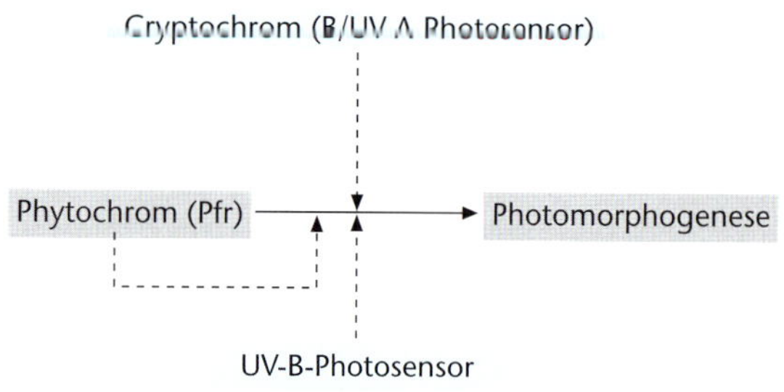

Abb. 1.2.14: Modell der Kooperation von Phytochrom mit den Blau/UV-Licht-absorbierenden Rezeptoren. Die Aktivierung der Blaulicht- bzw. UV-absorbierenden Sensoren steuert die Empfindlichkeit einer Photoantwort gegenüber aktiviertem Phytochrom (Pfr). Pfr selbst kann ebenfalls die Wirksamkeit von Pfr steigern. Aus Mohr (1996).

Möglicherweise reagieren die Signaltransduktionsketten, die von den UV-A/Blaulicht- und UV-B-Rezeptoren ausgehen, nur mit dem von Phytochrom A ausgehenden Signal, d. h. von derjenigen Phytochromform, die z. B. in Samen akkumuliert und die Keimung steuert. Neben den o. g. morphogenetischen Wirkungen sind Einflüsse der UV-Bestrahlung auf den Stoffwechsel, insbesondere auf den **Sekundärmetabolismus**, genauer untersucht worden. Produkte des **Phenylpropanstoffwechsels** absorbieren in starkem Maße kurzwelliges Licht und können deshalb als Schutzpigmente gegen zu hohe UV-Dosen wirken. Auch die bereits erwähnten Anthocyane (Abb. 1.2.15) gehören zu diesen Schutzpigmenten, da sie nicht nur sichtbares, sondern auch UV-Licht absorbieren.

Kasten 1.2.5 Pflanzliche Phenole

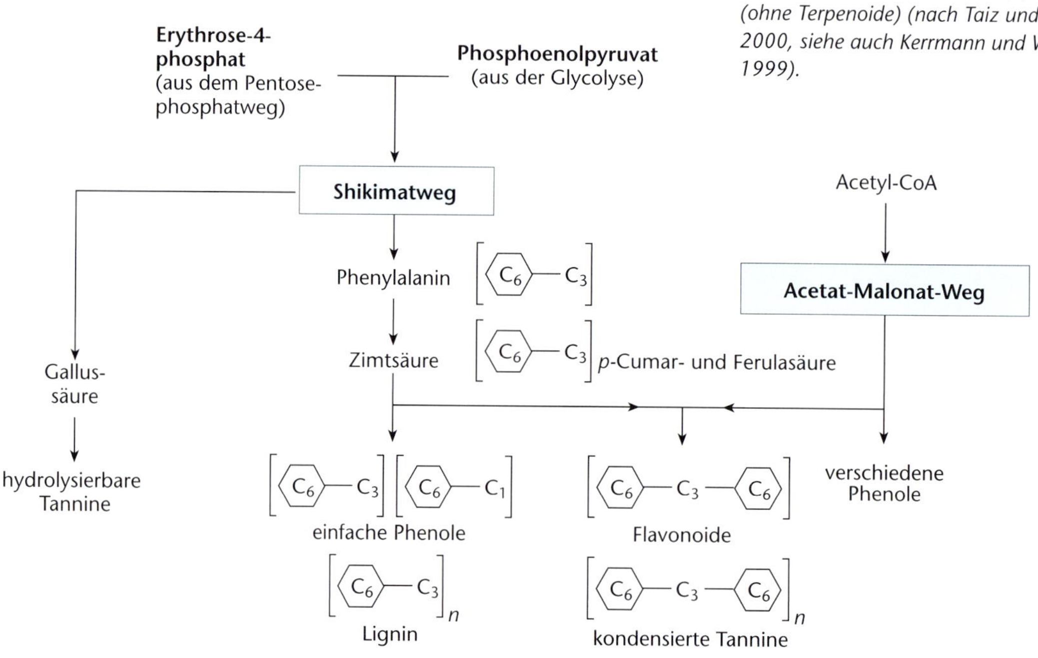

Abb. 1: Biogenetische Zusammenhänge pflanzlicher Phenole und Phenylpropane (ohne Terpenoide) (nach Taiz und Zeiger 2000, siehe auch Kerrmann und Weaver 1999).

Ein großer Teil der von Pflanzen gebildeten phenolischen Verbindungen wird auf dem sogenannten Shikimatweg synthetisiert, benannt nach der diese Reaktionsfolge charakterisierenden Shikimisäure (Abb. 1). Der zweite aromatische Ring der Gruppe der Phenylpropane (Flavonoide) entsteht durch Kondensation von drei Acetylresten aus Malonyl-CoA (Abb. 2).

Abb. 1.2.15: Jugendanthocyan bei der Laubschüttung der tropischen Sapotacee Inhambanella henriquesii im Küstenwald Kenyas. Das Anthocyan ist in der Vakuole der Blattepidermis enthalten und schützt die noch nicht voll ergrünten Blätter vor Strahlungsschäden. Die Detailaufnahme (rechts) zeigt deutlich die Mischfarbe zwischen dem roten Anthocyan und dem Chlorophyll. Fotos E. Beck.

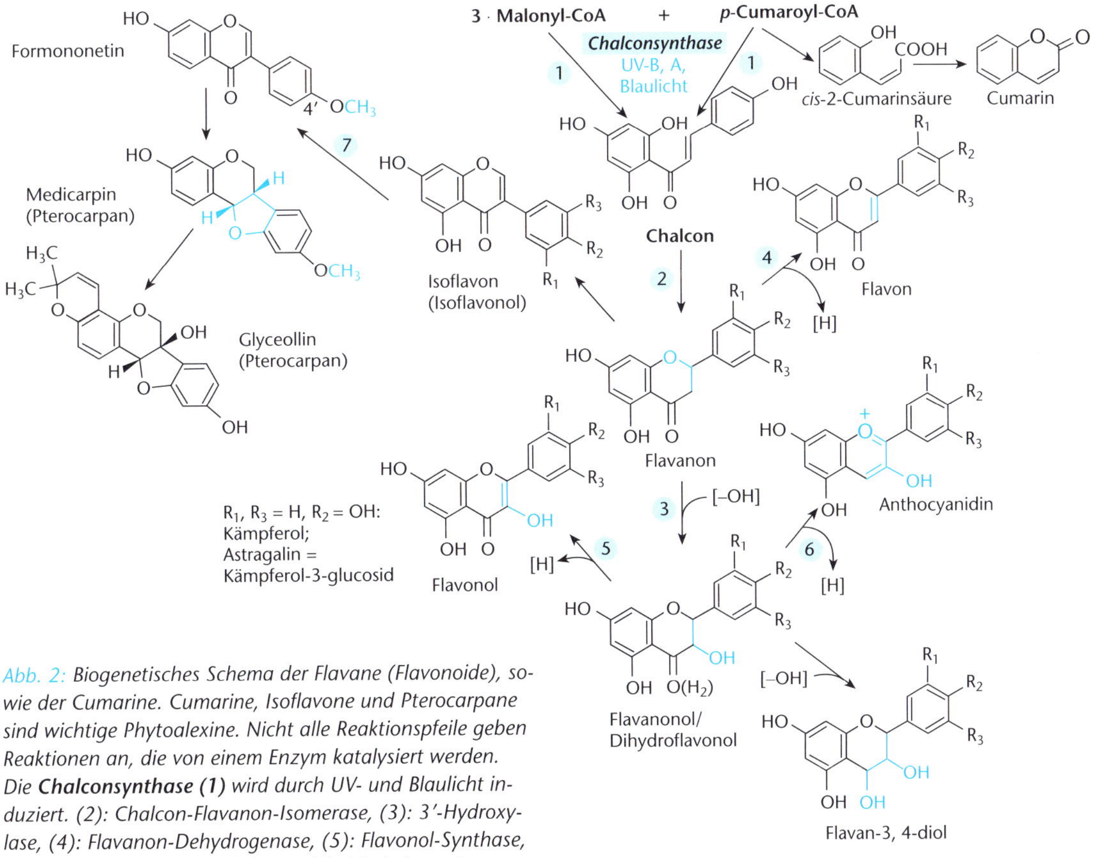

Abb. 2: Biogenetisches Schema der Flavane (Flavonoide), sowie der Cumarine. Cumarine, Isoflavone und Pterocarpane sind wichtige Phytoalexine. Nicht alle Reaktionspfeile geben Reaktionen an, die von einem Enzym katalysiert werden. Die ***Chalconsynthase (1)*** *wird durch UV- und Blaulicht induziert. (2): Chalcon-Flavanon-Isomerase, (3): 3'-Hydroxylase, (4): Flavanon-Dehydrogenase, (5): Flavonol-Synthase, (6): Dihydroflavonol-4-Reduktase, (7): Methyltransferase (nach Richter 1996).*

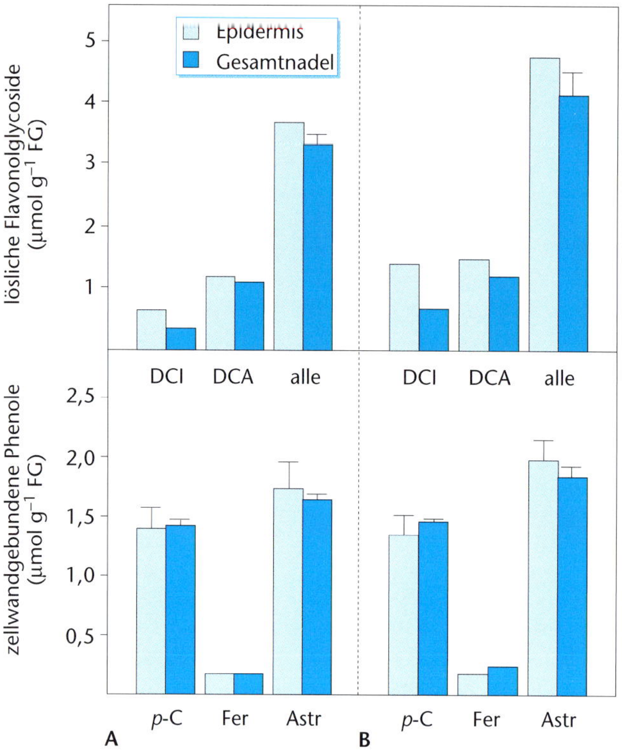

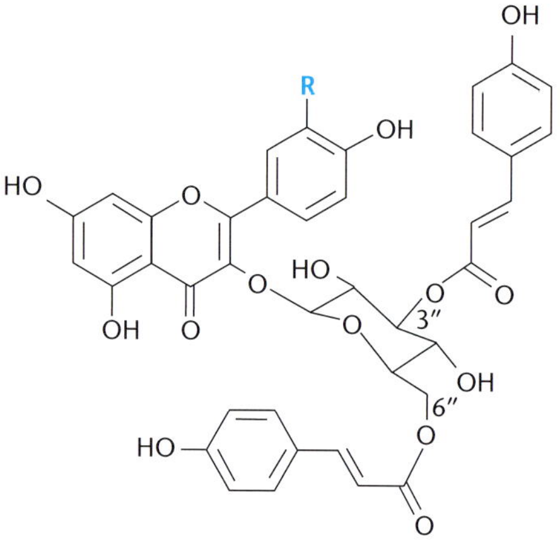

3'',6''-di-*p*-Cumaroyl-Astragalin (R = H, Abk. DCA) und 3'',6''-di-*p*-Cumaroyl-Isoquercitrin (R = OH, Abk. DCI)

Abb. 1.2.16: UV-absorbierende Phenylpropane und Flavonoide in der Epidermis, bzw. den ganzen Nadeln von Keimpflanzen der Waldkiefer. A: Kontrollpflanzen, B: UV-bestrahlte Pflanzen. Im oberen Teil der Abbildung ist der Gehalt der löslichen Flavonoide, im unteren Teil der der Zellwand-gebundenen UV-absorbierenden Verbindungen dargestellt. Die Strukturformeln von DCI und DCA ergeben sich aus dem Formelbild im rechten Teil der Abbildung. Nach Schnitzler et al. (1996), (siehe auch Tab. 1.2.3).

Tabelle 1.2.3: Berechnete Konzentrationen und Abschirmeffekte von UV B-absorbierenden Pigmenten in der Nadelepidermis von Keimlingen der Waldkiefer. Das Volumen der Epidermis (ca. 104 µl pro Gramm Frischgewicht) wurde aus der Nadeloberfläche und der mittleren Dicke der Epidermis berechnet. Die Absorption bei 300 nm und der entsprechende Wert der Transmission wurden nach dem Lambert-Beer'schen Gesetz berechnet (nach Schnitzler et al., 1996).

	Kontrollnadeln			UV-bestrahlte Nadeln		
	Konzentration (mM)	% der Gesamtabsorption bei 300 nm	Transmission bei 300 nm (%)	Konzentration (mM)	% der Gesamtabsorption bei 300 nm	Transmission bei 300 nm (%)
zellwandgebundene Pigmente						
p-Cumarsäure	13,4	7,9	30,8	13,0	6,1	31,8
Ferulasäure	1,6	1,2	83,9	1,9	1,1	81,5
Astragalin	16,7	10,7	20,1	19,1	9,8	15,9
Lignin	6,5	1,2	83,6	6,5	0,9	83,5
Summe	–	21,0	4,3	–	17,9	3,45
lösliche Pigmente (Vakuole)						
diacylierte Flavonoide	35,4	79,0	0,0007	46,1	82,1	0,00002
alle Pigmente	–	100,0	0,00003	–	100,0	0,0000009

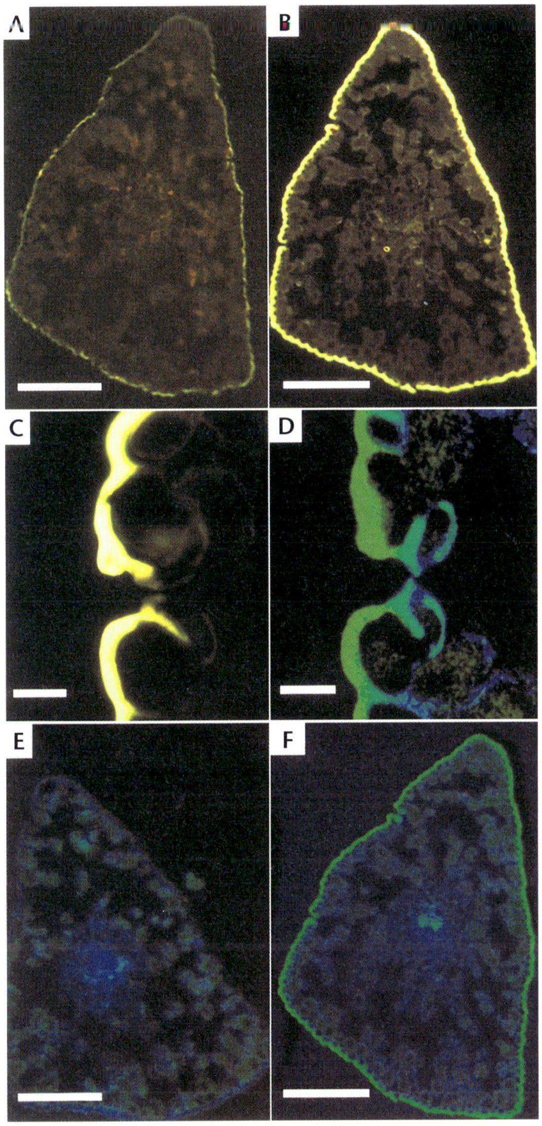

Abb. 1.2.17. Histochemischer Nachweis UV-absorbierender Substanzen in der Epidermis der Kiefernnadel. A, B, C: Fluoreszenz (Anregung mit Licht der Wellenlänge 450-490 nm, Aufnahme bei λ>520 nm); A, Kontrolle, B und C nach Behandlung mit einem die Flavonoid-Fluoreszenz verstärkenden Reagenz. D, E, F: Betrachtung mit einem confokalen Lasermikroskop (wodurch die Zellen und Zellinhalte besser erkennbar werden. E, Kontrolle, D und F, nach Anfärbung wie oben. A, B, E und F: Nadelquerschnitte, C und D: Stomata. Nach Schnitzler et al. (1996).

Das Schlüsselenzym des Phenylpropanstoffwechsels (Kasten 1.2.5) ist die Chalconsynthase (CHS). Ihre Synthese wird sowohl durch UV-B als auch durch UV-A/Blaulicht induziert. Beide Lichtqualitäten werden über Ca^{2+}-abhängige Signaltransduktionswege aktiv. Wahrscheinlich wird Calcium endogen freigesetzt. Die beiden Transduktionswege unterscheiden sich jedoch in ihrem Grad der Calciumabhängigkeit.

1.2.2.3 Vermeidung von UV-B-Stress und UV-B-Resistenz

Untersuchungen von Kiefernnadeln und Buchenblättern haben gezeigt, dass neben einer Anzahl von konstitutiv und UV-unabhängig gebildeten Flavonoiden, andere Vertreter dieser Verbindungen, z. B. 3″,6″-DCA und 3″,6″-DCI (= 3″,6″-di-para-Cumaroyl-Astragalin und 3″,6″-di-para-Cumaroyl-Isoquercitrin bei der Kiefer, sowie 2″,2″-di-para-Cumaroyl-Kämpferol-3α-D-Arabinosid bei der Buche nach UV-B-Bestrahlung bis zu fünffach erhöhte Konzentrationen in den Epidermen aufweisen (Tabelle 1.2.3, Abb. 1.2.16 und 1.2.17).

Während die UV-induzierbaren Verbindungen fast ausschließlich in der Epidermis lokalisiert sind, finden sich die nicht induzierbaren im gesamten Mesophyll. Die nicht-acylierten (*p*-Cumarsäure) Phenylpropane sind in der Zellwand der Epidermis lokalisiert, während die acylierten wohl hauptsächlich in den Vakuolen dieser Zellen vorliegen (Abb. 1.2.17). Auch die bei der Laubschüttung tropischer Bäume induzierte Anthocyanakkumulation (siehe Abb. 1.2.15) findet sich in der Vakuole der Epidermiszellen.

In der Zellwand sind besonders *p*-Cumarsäure und Astragalin effektive UV-Absorber. Schätzungsweise lässt die äußere Zellwand der Epidermis noch etwa 4 % des UV-B passieren. Die in der Zelle gelösten diacylierten Flavonoide können dank ihres noch stärkeren Absorptionsvermögens auch die restliche UV-B-Strahlung herausfiltern.

Es ist naheliegend, dass Pflanzen, die derartige Schutzpigmente nicht oder nur in geringem Maße synthetisieren können, UV-empfindlich sind. Schutzpigmente anderer Art wurden bei Phytoplankton und anderen Meeresalgen nachgewiesen; sie gehören der Stoffklasse der Mykosporine an; diese werden in der Nahrungskette nicht abgebaut und verleihen auch den Organismen der nächsten trophischen Niveaus einen gewissen UV-Schutz.

Außer dem Flavanoidstoffwechsel werden auch Radikalfänger produzierende oder aktivierende Enzyme verstärkt gebildet: Glutathionreduktase, Ascorbat- und Glutathionperoxidase.

Zusammenfassung

1. Nach dem Energieinhalt (Wellenlängenbereich) unterscheidet man UV-C (100–280 nm), UV-B (280–315 nm) und UV-A (315–400 nm). Je kürzerwellig die UV-Strahlung ist, umso stärker wird sie vom atmosphärischen Ozon absorbiert, desto stärker ist aber auch ihre destruktive Wirkung. UV-C wird beim Durchgang durch die Atmosphäre vollständig absorbiert, UV-A ist für die meisten Organismen unschädlich. Als biologisch wirksames UV-Licht bleibt UV-B.

2. Auch an Pflanzen ruft starke UV-B-Bestrahlung Schäden hervor, insbesondere an der DNA des Kerns, der Chloroplasten und Mitochondrien (Strangbrüche und Deletionen) und am Photosyntheseapparat (Ausbleichen der Photosynthesepigmente, Zerstörung von Photosynthese-Enzymen). Die hierfür erforderliche Stärke der UV-Strahlung wird in der Natur aber nicht oder nur in Extremfällen erreicht. Vor allem für die Schäden an der DNA verfügen Organismen über sehr effiziente Reparatursysteme.

3. Erträgliche UV-B-Bestrahlung ist morphogenetisch wirksam: Internodienstauchung, geringeres Flächen- aber stärkeres Dickenwachstum der Blätter, verstärktes Austreiben der Seitenknospen.

4. Auf biochemischer Ebene führt UV zur Intensivierung des Phenylpropanstoffwechsels und der Bildung von UV-absorbierenden Schutzpigmenten in der Epidermis und zur Verstärkung der ROS-entgiftenden Systeme.

5. Pflanzen besitzen einen UV-B-Rezeptor und vermutlich mindestens zwei UV-A/Blaulicht-Rezeptoren (Cryptochrome). Diese Rezeptoren kooperieren mit dem Phytochromsystem.

Literatur

Anderson JM, Anderson B (1988) The dynamic photosynthetic membrane and regulation of solar energy conversion. *Trends in Biochemical Science* 13: 351—355

Ballaré CL (1999) Keeping up with the neighbours: phytochrome sensing and other signalling mechanisms. *Trends in Plant Science* 4: 97—102

Ballaré CL, Scopel AL, Stapleton AE, Yanovsky MJ (1996) Solar Ultraviolt-B radiation affects seedling emergence, DNA-integrity, plant morphology, growth rate, and attractiveness to herbivore insects in Datura ferox. *Plant Physiol.* 112: 161—170

Björkman O, Demmig-Adams B (1994) Regulation of photosynthetic light energy capture, conversion, and dissipation in leaves of higher plants. In: Schulze E-D, Caldwell MM (Hrsg.) Ecophysiology of Photosynthesis. Springer, Heidelberg New York. *Ecological Studies* 100: 17—47

Björkman O, Powles SB (1981) Leaf movement in the shade species Oxalis oregana. I. Response to light level and light quality. *Carnegie Inst. Wash. Yearb.* 80: 59—62.

Hall DO, Rao KK (1994) Photosynthesis. Cambridge Univ. Press

Heldt HW (1999) Pflanzenbiochemie. Spektrum Akad. Verlag, Heidelberg

Herndl GH (1996) Ultraviolett-Strahlung und Bakterioplankton. *Biologie in unserer Zeit* 26: 234—239

Kerrmann KM, Weaver LM (1999) The Shikimate pathway. *Annu. Rev. Plant Physiol. Plant Mol. Biol.* 50: 473—504

Larcher W (1994) Ökophysiologie der Pflanzen. UTB, Eugen Ulmer, Stuttgart

Lavorell J, Etienne AL (1977) In vivo chlorophyll fluorescence. In: Barber J (Hrsg.) Primary processes in photosynthesis. Elsevier/North Holland Biomedical Press, Amsterdam. 203—268

Lehninger AL, Nelson DL, Cox MM (1994) Prinzipien der Biochemie. Tschesche H (Hrsg.) Spektrum Akademischer Verlag, Heidelberg.

Mohr H (1996) Sind Landpflanzen durch erhöhte UV-Strahlung besonders gefährdet? *Biologie in unserer Zeit* 26: 240—244.

Nultsch W (1996) Allgemeine Botanik. G. Thieme Verlag, Stuttgart

Osmond B, Badger M, Maxwell K, Björkman O, and Leegood R (1997) Too many photons: photorespiration, photoinhibition and photooxidation. *Trends in Plant Science* 2: 119—120.

Richter G (1996) Biochemie der Pflanzen. G.-Thieme-Verlag, Stuttgart

Schäfer C, Björkman O (1989) Relationship between efficiency of photosynthetic energy conversion and chlorophyll quenching in upland cotton (*Gossypium hirsutum* L.) *Planta* 178: 367—376

Schäfer C, Schmid V (1993) Pflanzen im Lichtstress. *Biologie in unserer Zeit* 23: 55—62.

Schnitzler JP, Jungblut TP, Heller W, Köfferlein M, Hutzler P, Heinzmann U, Schmelzer E, Ernst D, Langebartels Ch, Sandermann jr. H (1996) Tissue localization of UV-B-screening pigments and of chalcone synthase mRNA in needles of Scots Pine seedlings. *New Phytologist* 132(2): 247—258

Schreiber U, Bilger W, Neubauer C (1994) Chlorophyll fluorescence as a nonintrusive indicator for rapid assessment on in vivo photosynthesis. In: Schulze E-D, Caldwell MM (Hrsg.) Ecophysiology of Photosynthesis. Springer, Heidelberg New York. *Ecological Studies* 100: 17—47

Searles PS, Flint SD, Caldwell MM (2001) A meta-analysis of plant field studies simulating stratospheric ozone depletion. *Oecologia* 127: 1—10

Sonoike K (1996a) Photoinhibition of photosystem I: Ist physiological significance in the chilling sensitivity of plants. *Plant and Cell Physiol.* 37: 239—247.

Sonoike K (1996b) Degradation of psaB gene product, the reaction center subunit of photosystem I, is caused during photoinhibition of photosystem I: Possible involvement of active oxygen species. *Plant Science* 115: 157—164.

Strasburger E (1983) Lehrbuch der Botanik. G. Fischer, Stuttgart

Taiz L, Zeiger E (2000) Physiologie der Pflanzen. Spektrum Akad. Verlag, Heidelberg

Tolbert NE (1994) Role of photosynthesis and photorespiration in regulating atmospheric CO_2 and O_2. In: Tolbert NE, Preiss J (Hrsg.) Regulation of atmospheric CO_2 and O_2 by photosynthetic carbon metabolism. Oxford University Press, Oxford. 8—33

Voet D, Voet JG (1994) Biochemie. VCH, Weinheim

Walker D (1992) Energy Plant and Man. Packard Publ. Lim., Brighton.

Zellner R. (1996) Stratosphärischer Ozonabbau: Ausmaß, Ursachen und Folgen. *Biologie in unserer Zeit* 26: 209—214.

1.3 Temperatur

Winterblüher: Den verschrumpelten Blütenblättern der Zaubernuss (Hamamelis virginiana) sieht man die Frostentwässerung der Zellen förmlich an. Infolge der durchschnittlich tiefen Temperaturen bleibt die Blüte der nordamerikanischen oder japanischen (H. mollis) Zaubernuss über mehrere Monate bestehen. Extreme Kälte und Trockenheit verträgt die Zaubernuss nicht, dem mitteleuropäischen Winter ist sie jedoch ohne weiteres gewachsen, weshalb sie als Zierstrauch sehr geschätzt wird. Das sommergrüne Laub gleicht dem der Hasel. Foto K. Liedl, München.

Literaturempfehlung

1. Larcher W (1994) Ökophysiologie der Pflanzen, Kapitel 6.2.2 Temperaturstress. Eugen Ulmer, Stuttgart.
2. Körner Ch (1999) Alpine plant life, Kapitel 8 Climatic stress. Springer Verlag Berlin, Heidelberg.
3. Goldammer JG (1993) Feuer in Waldökosystemen der Tropen und Subtropen. Birkhäuser Verlag, Basel Boston Berlin.
4. Taiz L, Zeiger E (2000) Physiologie der Pflanzen, Kapitel Stressphysiologie. Spektrum Akademischer Verlag, Heidelberg. 720–753
5. Allen DJ, Ort DR (2001) Impacts of chilling temperatures on photosynthesis in warm-climate plants. *Trends in Plant Science* 6: 36–42
6. Xin Z, Browse J (2000) Cold comfort farm: the acclimation of plants to freezing temperatures. *Plant Cell Environment* 23: 893–907

1.3.1 Temperaturbereiche und Grenztemperaturen des Lebens

Für viele Organismen lassen sich Grenztemperaturen des aktiven Lebens sowie Letaltemperaturen feststellen, jenseits derer Leben nicht mehr möglich ist. Vor dem Erreichen der Letaltemperaturen des Hitze- oder Kältetods verfällt der Organismus ge-

Tabelle 1.3.1: Maximale Temperaturresistenz von Mikroorganismen und poikilophydren Pflanzen im turgeszenten Zustand und in der Trockenstarre (aus Larcher 1994).

Pflanzengruppe	Kälteschädigung* bei °C feucht	Kälteschädigung* bei °C trocken	Hitzeschädigung** bei °C feucht	Hitzeschädigung** bei °C trocken
Bakterien				
Archaebakterien			100–110	
Cyanobakterien und andere photoautotrophe Bakterien			55–75	
saprophytische Bakterien			60–70	
thermophile Bakterien			bis 95	
Bakteriensporen		LN_2***	80–120	bis 160
Pilze				
pflanzenpathogene Pilze			45–65(70)	
saprophytische Pilze	0 bis unter –10		40–60(80)	75–100
Pilzfruchtkörper	–5 bis –10(–30)			
Pilzsporen		LN_2	50–60(100)	über 100
Algen				
Meeresalgen				
tropische Meere	+14 bis +5(–2)		32–35(40)	
temperate Meere				
Eulitoral	–2 bis –8		25–30	
Gezeitenzone	–8 bis –40		30–35	
polare Meere	–10 bis –60		(15)20–28	
Süßwasseralgen	–5 bis –20(–30)		35–45(50)	
Luftalgen	–10 bis –30	LN_2	40–50	
eukaryotische Thermalalgen	+20 bis +15		40–50	
Flechten				
Polargebiete	–80	LN_2		
Hochgebirge, Wüsten	–80	LN_2		
temperate Klimagebiete	–50	LN_2	33–46	70–100
Moose				
humide Tropen	–1 bis –7			
temperate Zone				
Feuchtstandorte	–5 bis –15		40–45	
Waldbodenmoose	–15 bis –25		40–50	80–95
epiphytische und epipetrische Moose	–15 bis –35	LN_2		100–110
Polargebiete	–50 bis –80	LN_2		
poikilophydre Farne	–20	LN_2	47–50	60–100
Samenpflanzen				
Ramonda myconi	–9	LN_2	48	56
Myrothamnus flabellifolia		LN_2		80

* nach wenigstens 2 Stunden Kälteeinwirkung
** nach halbstündiger Hitzeeinwirkung
*** Temperatur flüssigen Stickstoffs (–196 °C)

wöhnlich in einen Starrezustand, bei dem die aktiven Lebensprozesse nur mit minimaler, kaum mehr messbarer Geschwindigkeit ablaufen, ohne dass bereits ein Letalschaden eingetreten ist. Dies wird als „Zustand des latenten Lebens“ bezeichnet. Die Stufen Kältetod, Kältestarre, Bereich des aktiven Lebens, Hitzestarre und Hitzetod werden als **Kardinalpunkte der Temperaturverträglichkeit** bezeichnet. Sie sind in ihrer Gesamtheit von Organismenart zu Organismenart unterschiedlich (vgl. Abb. 1.1.3), wobei zu berücksichtigen ist, dass schon die einzelnen Gewebe und Organe z. B. einer Pflanze unterschiedliche Kardinalpunkte aufweisen. Generell ist der Zustand des aktiven Lebens an den Temperaturbereich des flüssigen Wassers gebunden. Hydratisierte Pflanzengewebe haben deshalb engere Kardinalpunkte als trockene (z. B. Samen oder austrocknungsresistente – poikilohydre – Pflanzen). Die Tabellen 1.3.1 und 1.3.2 zeigen dies an einigen Beispielen. Für Wachstum und Entwicklung einer Pflanze sind jedoch nicht die Grenztemperaturen ihres Lebens entscheidend, sondern der

Tabelle 1.3.2: Temperaturresistenz der Blätter von Kormophyten verschiedener Klimagebiete. Die angegebenen Daten entsprechen der Grenztemperatur für 50-prozentige Schädigung (TL_{50} in °C) nach mindestens zweistündiger Kälteeinwirkung oder halbstündiger Hitzebehandlung (nach Larcher 1994).

Pflanzengruppe	Kälteschaden im abgehärteten Zustand	Hitzeschaden während der Vegetationszeit
Tropen		
Bäume	+5 bis –2	45–55
Hochgebirgspflanzen	–5 bis –15 (–20)	um 45
Subtropen		
immergrüne Holzpflanzen	–8 bis –12	50–60
Palmen	–5 bis –14	55–60
Sukkulenten	–5 bis –10 (–15)	58–67
C4-Gräser	–1 bis –5 (–8)	60–64
winterannuelle Wüstenkräuter	–6 bis –10	50–55
gemäßigte Zone		
immergrüne Holzpflanzen wintermilder Küstengebiete	–7 bis –15 (–25)	46–50 (55)
Zwergsträucher atlantischer Heiden	–20 bis –25	45–50
sommergrüne Bäume und Sträucher	(–25 bis –35)*	um 50
krautige Pflanzen		
sonniger Standorte	–10 bis –20 (–30)	47–52
schattiger Standorte	–10 bis –20 (–30)	40–45
Halophyten	–10 bis –20	
Wasserpflanzen	–5 bis –12	38–44
homoihydre Farne	–10 bis –40	46–48
winterkalte Gebiete		
immergrüne Coniferen	–40 bis –90	44–50
boreale Laubbäume	(bis LN_2)*	42–45
arktisch-alpine Zwergsträucher	–30 bis –70	48–54

* vegetative Knospen

Temperaturbereich des aktiven Lebens. In diesem gleichen sich die Pflanzen weit mehr als in ihren Grenztemperaturen. Im Durchschnitt sind Tagestemperaturen (Lufttemperaturen) zwischen 15 und 25 °C und um circa 10 K niedrigere Nachttemperaturen für das Pflanzenwachstum optimal. Ausnahmen sind Organismen extremer Standorte, wie z. B. die Schnee- und Eisalgen (*Haematococcus pluvialis*, diverse Diatomeen) mit einem Lebensbereich zwischen +5 und –5 °C oder Cyanobacterien und Bakterien, die in Geysiren oder den *black smokers* der Tiefsee leben mit Optimaltemperaturen zwischen +80 °C und über 100 °C.

Konstitutionstypen, die an Kälte adaptiert sind, bezeichnet man als **psychrophil**, solche, die hohe Temperaturen benötigen, als **thermophil** (bzw. extrem thermophil), während die Mehrzahl der Organismen **mesophil** ist.

Nicht alle Lebensprozesse einer Pflanze haben die gleichen Optimaltemperaturen. Sie müssen hinsichtlich ihrer Temperaturansprüche an die Bedingungen angepasst sein, bei denen die einzelnen Schritte der Entwicklung stattfinden. Dies sei am Beispiel der Keimung im Gegensatz zu Wachstum und Entwicklung erläutert: Herbst- oder Winterkeimer (Wintergetreide) haben zu erheblich tieferen Temperaturen verschobene Bereiche der Samenkeimung als die Samen entsprechender Frühjahrs- oder Sommerkeimer. Unabhängig vom Temperaturbereich, in dem die Keimung möglich ist, zeigt aber die Keimungsgeschwindigkeit selbst die für biologische Prozesse typische Temperaturabhängigkeit (Q_{10} zwischen 1,5 und 2,5; siehe Kapitel 1.3.2). Derartiges Keimverhalten kann noch durch Sperrmechanismen modifiziert werden (z. B. die Erfordernis einer längeren Kälteexposition der Samen im gequollenen Zustand – **Stratifikation** – oder das feuerabhängige Öffnen der Früchte bei den **Pyrophyten**), die ein vorzeitiges Auskeimen zur ungünstigen Zeit verhindern.

Eine besondere Art von Temperaturstress stellt das **Feuer** dar. Nicht nur, dass Temperaturen erreicht werden (über 600 °C), die weit über der Hitzetodschwelle liegen, sondern es wird auch die ge-

Abb. 1.3.1: Feuervegetation am Mt. Kilimanjaro (Shira). A: Erica arborea als Krüppelbuschvegetation, die immer wieder aus verkohlten Stämmen austreibt. Durchschnittliche Feuerfrequenz ist etwa 3–5 Jahre. B: Verkohlte Erica arborea an einem Standort mit geringer Feuerfrequenz. Der verzweigte Wuchs zeigt, dass die Pflanze schon mindestens einmal vom Feuer heimgesucht wurde, aber zwischen dem früheren und dem rezenten Brand war ein mächtiger Stamm herangewachsen, und die Intensität des Feuers war dementsprechend stark. Beide Bilder wurden zur gleichen Zeit aufgenommen: Während der Wiederaustrieb der Büsche, die häufig brennen und nicht viel Biomasse zwischen den Bränden anhäufen, bereits wieder zu einer dichten Buschvegetation geführt hat, ist der Austrieb aus dem verkohlten mächtigen Stamm noch vergleichsweise spärlich. Beide Bilder wurden zwei Jahre nach einem großen Feuer aufgenommen. Im Vordergrund Helichrysum splendidum, ein typischer Brandzeiger. Fotos E. Beck.

Abb. 1.3.2: Üppiges Auskeimen von Festuca obturbans und Kniphofia thomsonii nach einem gewaltigen Brand in der alpinen Zone des Mt. Kilimanjaro. Im Vordergrund verkohlte Äste von Erica arborea und E. trimera. Foto E. Beck.

Abb. 1.3.4: Die Früchte der australischen Hakea (Proteaceae) öffnen sich erst nach einem Feuer. Foto E. Beck.

Abb. 1.3.3: Der australische Grasbaum (Xanthorrhoea, Xanthorrhoeaceae) scheidet ein schwer brennbares „Harz" aus, welches den Spross vor dem Verbrennen schützt. Foto E. Beck.

samte oder zumindest ein großer Teil der stehenden Biomasse vernichtet. Dort, wo Feuer mehr oder weniger regelmäßig auftreten, hat sich eine Vegetation eingestellt, deren Gedeihen an das Feuer angepasst ist. Zwangsläufig hängt die Intensität des Feuers von der vorhandenen Biomasse ab. Deshalb sind seltene Feuer, bei denen große, in den langen Feuorintervallen akkumulierte Biomassemengen verbrennen, gravierender als häufigere und somit weniger intensive Brände (Abb. 1.3.1). Zumindest bei diesen (z. B. bei Savannenbränden, gelegentlich aber auch bei Kronenbränden im borealen Wald) bleiben die Temperaturen am Erdboden meist um oder sogar unter 100 °C und in 10 cm Bodentiefe werden selten 40 °C erreicht. Der Grund dafür ist die wegen der limitierten Biomasse nur kurze (Minuten!) Brenndauer an ein und derselben Stelle. Dabei werden die unter der Erdoberfläche liegen Erneuerungsknospen (von Gräsern) oder die im Boden liegenden Samen (die „Samenbank") kaum geschädigt und treiben bzw. keimen dann alsbald wieder aus. Üppiger Wuchs krautiger Pflanzen ist oftmals die Folge von Flächenbränden, da mit der Asche viele Mineralstoffe zur Verfügung stehen (Abb. 1.3.2). Darüber hinaus hat sich gezeigt, dass die Samen vieler Pflanzen, vor allem von solchen, die häufige Brände überstehen, durch kalten Rauch einen Keimstimulus erhalten (Dixon et al. 1995, Roche et al. 1998). Auch bei Holzgewächsen mit relativ geringer Biomasse verkohlt in der Regel nur die äußere Schicht des Sprosses, sodass ein Wiederausschlagen aus noch lebendem Gewebe an der Stammbasis möglich ist (Abb. 1.3.1 B, siehe auch Kapitel 2.4, Abb. 2.4.33). Die australischen Grasbäume scheiden sogar eine schwer brennbare harzige Substanz aus, die den Stamm vor dem Verbrennen schützt (Abb. 1.3.3). Für viele Pflanzen wirkt ein gerade noch nicht letaler Brand als Blühstimulus. Bei anderen, den so genannten **Pyrophyten** öffnen sich die Früchte erst nach einem Brand (Abb. 1.3.4).

Frost stellt eine grundsätzlich anders geartete Stresssituation dar. Zum einen ist Frost kein kurzfristiges Minutenereignis wie ein Brand, sondern ein Stunden, Tage, ja Monate währender Stress. Zum anderen wirkt Frost nicht nur als Temperaturstress, sondern durch das Gefrieren des Gewebswassers vor

Abb. 1.3.5: Der Einfluss des Mikroklimas auf die Wuchsleistung von Lobelia rhynchopetalum in den Hochgebirgen Äthiopiens. A: Nächtlicher Frost (bereifte Blätter) am Boden veranlasst die Pflanze zur Bildung einer „Nachtknospe" (vgl. Kap. 1.3.6.7). B: Der Blattschopf der Exemplare, die bereits einen Stamm entwickelt haben ist einem wesentlich milderen Mikroklima, d. h. deutlich geringeren Temperaturschwankungen ausgesetzt; die Wachstumsgeschwindigkeit nimmt deshalb in dem Maße zu wie sich die Blattrosette durch Stammbildung vom Boden entfernt (C). Nach Fetene et al. (1998). Fotos E. Beck.

allem als Trockenheitsstress. Drittens durchlaufen die Pflanzen beim Herannahen der kalten Jahreszeit, oder bei permanentem Frost während ihrer Jugendentwicklung, einen Prozess der Abhärtung, sodass sie im frostharten Zustand die in der Natur auftretenden, z. T. extremen Fröste (Lufttemperatur bis circa –70 °C in Sibirien) ertragen können.

Aber nicht nur in extremen Situationen tritt erheblicher Temperaturstress auf, auch im Laufe eines „normalen" Tages können Pflanzen großen Temperaturspannen ausgesetzt sein (siehe Kapitel 2.1, Abschnitt Strahlungsklima). An der unmittelbaren Bodenoberfläche sind bei längerer Sonneneinstrahlung Temperaturen über +50 °C keine Seltenheit, insbesondere wenn die Oberfläche nicht bewachsen und dunkel ist und dadurch wenig Sonnenstrahlung reflektiert. Allerdings nimmt die Lufttemperatur mit der Entfernung von der Bodenoberfläche rasch ab, und noch steiler ist der Temperaturgradient im Boden selbst (siehe Abb. 4.3.2 und Abb. 2.1.6). Während bei einer Bodenoberflächentemperatur von +50 °C in 10 cm Höhe über dem Boden immerhin noch +40 °C gemessen werden, liegt die Temperatur in 10 cm Tiefe schon unter 25 °C (siehe Abb. 2.1.6). Temperaturgradienten im Boden und in der bodennahen Luftschicht treten auch in klaren Nächten auf, jedoch in umgekehrter Richtung und in geringerem Ausmaß. Abkühlung von Oberflächen noch unter die Lufttemperatur wird durch die Ausstrahlung hervorgerufen, die von allen horizontalen und schräg stehenden Flächen ausgeht. Diese Art der Wärmeausstrahlung erfolgt auch tagsüber, nur ist dann der Wärmegewinn durch die Absorption von Sonnenstrahlung wesentlich größer als der Wärmeverlust durch Abstrahlung. Am Boden sitzende Jungpflanzen sind verständlicherweise stärker temperaturbeansprucht als Pflanzen, die einen Stamm gebildet haben, und sie wachsen deshalb nur langsam. Sobald ein Stamm gebildet wurde und die Blätter dem harten bodennahen Mikroklima entwachsen sind, nimmt die Wachstumsgeschwindigkeit stark zu (Abb. 1.3.5).

1.3.2 Temperaturabhängigkeit biochemischer Prozesse, Q_{10} und Aktivierungsenergie

Literaturempfehlung

1. Lehninger AL, Nelson DL, Cox MM (1994) Prinzipien der Biochemie. 2. Aufl. (Tschesche H, Hrsg.) Spektrum Akademischer Verlag, Heidelberg Berlin Oxford.

Nicht nur unkatalysierte, sondern auch enzymatische Reaktionen zeigen eine Abhängigkeit der Reaktionsgeschwindigkeit von der Temperatur.

Das Maß für die Temperaturabhängigkeit ist der so genannte Q_{10} (der Quotient der Reaktionsgeschwindigkeiten bei zwei Temperaturen, die sich um 10 K unterscheiden):

$$Q_{10} = \frac{v_{T+10}}{v_T};$$

Setzt man statt der Reaktionsgeschwindigkeiten v die Geschwindigkeitskonstanten k_{T1} und k_{T2} ein,

Kasten 1.3.1 Chemische Strukturen und Schmelzpunkte von in Biomembranen der Pflanzen häufigen Fettsäuren

Kohlenstoffgerüst	Struktur	gebräuchlicher Name	Schmelzpunkt (°C)
16 : 0	$CH_3(CH_2)_{14}COOH$	Palmitinsäure	63,1
18 : 0	$CH_3(CH_2)_{16}COOH$	Stearinsäure	69,6
20 : 0	$CH_3(CH_2)_{18}COOH$	Arachinsäure	76,5
16 : 1 (Δ^9)	$CH_3(CH_2)_5CH = CH(CH_2)_7COOH$	Palmitoleinsäure	–0,5
18 : 1 (Δ^9)	$CH_3(CH_2)_7CH = CH(CH_2)_7COOH$	Ölsäure	13,4
18 : 2 ($\Delta^{9,12}$)	$CH_3(CH_2)_4CH = CHCH_2CH = CH(CH_2)_7COOH$	α-Linolsäure	–5,0
18 : 3 ($\Delta^{9,12,15}$)	$CH_3CH_2CH = CHCH_2CH = CHCH_2CH = CH(CH_2)_7COOH$	α-Linolensäure	–11
20 : 4 ($\Delta^{5,8,11,14}$)	$CH_3(CH_2)_4CH = CHCH_2CH = CHCH_2CH = CHCH_2CH = CH(CH_2)_3COOH$	Arachidonsäure	–49,5

Tabelle 1.3.3: Der Effekt der Anzuchttemperatur des Cyanobacteriums *Synecchocystis* auf die Lipidzusammensetzung der Biomembranen. Die erhöhte Anzuchttemperatur bedingt eine geringere Desaturation der Fettsäuren. Die chemische Struktur der einzelnen Fettsäure-Species ergibt sich aus dem Kasten 1.3.1. X bedeutet eine Phospho-Komponente („Phospholipid"). Nach Murata et al. (1993) und Gombos et al. (1996).

Anzuchttemperatur (°C)	Fettsäure-Species					
	16:0 16:0 X	18:1 16:0 X	18:2 16:0 X	18:3γ 16:0 X	18:3α 16:0 X	18:4 16:0 X
	Prozent der gesamten Fettsäure-Species					
22	2	4	16	42	16	16
34	16	16	24	34	0	0

so kann man die Aktivierungsenergie E_a nach folgender Gleichung berechnen:

$$\ln \frac{k_{T_1}}{k_{T_2}} = -\frac{E_a}{R}\left(\frac{1}{T_1} - \frac{1}{T_2}\right)$$

Der Q_{10} ist ein anschauliches Maß für die Aktivierungsenergie einer Reaktion. Für enzymatische Reaktionen liegt er zwischen 1,4 und 2,5, für biophysikalische Prozesse zwischen 1,03 und 1,3.

Temperaturerhöhung führt zur Beschleunigung, Temperaturerniedrigung zur Verlangsamung biochemischer Prozesse.

1.3.3 Temperatur und Stabilität/Funktionalität von Biomembranen

1.3.3.1 Der Einfluss der Temperatur auf die Lipidzusammensetzung der Biomembranen

Neben ihrem Einfluss auf die Geschwindigkeit des Stoffwechsels wirkt sich die Temperatur auch auf die Stabilität und damit auf die chemische Zusammensetzung der Biomembranen aus. Aktives Leben ist nur mit funktionsfähigen Biomembranen möglich. Diese sind äußerst komplex gebaute Strukturen, deren Lipide im viskos-flüssigen Aggregatszustand vorliegen müssen. Nur dann können die in ihnen verankerten Proteine und Proteinkomplexe ihre Funktion erfüllen. Schmelzpunkt und Viskosität der Lipide hängt von der Länge der Fettsäuren und deren Desaturationsgrad ab. Je längerkettig die Fettsäuren sind und je geringer die Zahl der Doppelbindungen ist, umso höher ist der Schmelzpunkt (Kasten 1.3.1).

Organismen können die Viskosität ihrer Biomembranen in gewissem Umfang an die Temperatur adaptieren, indem sie die Fettsäuren der Biomembranen austauschen. Dadurch kann auch das Stoffwechselgeschehen bei der geänderten Temperatur wieder geordnet ablaufen. Zum Beispiel werden bei Temperaturerhöhung mehr gesättigte Fettsäuren in die Membranen eingebaut (Tabelle 1.3.3).

Auch im Zuge der Frosthärtung/Enthärtung finden Veränderungen der Lipidzusammensetzung statt, die sich mit der Aufrechterhaltung einer optimalen Viskosität und Funktionsfähigkeit der Biomembranen in Zusammenhang bringen lassen. Hierbei wird ihre Viskosität durch Erhöhung des Desaturationsgrades der Membranlipide verringert (Tabelle 1.3.4).

Tabelle 1.3.4: Veränderung der Lipidzusammensetzung einer definierten Biomembran (Chloroplastenhüllmembran von Fichtennadeln) im Zuge der Frosthärtung („Winter") bzw. Enthärtung („Sommer") (nach Senser und Beck 1982).

Lipid	% Fettsäuren 16:0 + 18:0 (+ 18:1^tr^)	% Fettsäuren 16:3 + 18:1 + 18:2 + 18:3 + 18:4 + 18:2,–hydroxy + 20:3
Phospholipide		
Sommer	55,4	41,2
Winter	25,6	66,0
Galactolipide		
Sommer	33,4	64,4
Winter	9,4	84,8

1.3.4. Hitze (Hyperthermie)

Literaturempfehlung

1. Nover L, Höhfeld I (1996) Hohe Temperaturen. In: Brunold C, Rüegsegger A, Brändle R (Hrsg.) Stress bei Pflanzen. Verlag Paul Haupt, Bern Stuttgart Wien. 49–70
2. Larcher W (2001) Ökophysiologie der Pflanzen (Kapitel Pflanzen unter Stress). 6. Aufl., Eugen Ulmer, Stuttgart.

Unter Hitze soll hier der obere Temperaturbereich verstanden werden, in dem noch aktives Leben möglich ist. In diesem Bereich nimmt der *strain* mit steigender Temperatur zu, die Korrelation zwischen Stressor und *strain* ist direkt. Abweichend von diesem einleuchtenden Zusammenhang wurden jedoch auch biphasische Zusammenhänge, d. h. eine Diskontinuität zwischen Stressor und *strain* beobachtet. Abbildung 1.3.6 zeigt eine solche Stressantwort bei Pappelblättern im Monat September. Ähnliches wurde auch beim Liguster und bei der Ackerwinde beobachtet. In allen drei Fällen war die

Kasten 1.3.2 **Die Wirkung von Hitzestress auf Wachstum, Knollenbildung, Kohlenhydratspiegel („Up-to-Date") Kartoffelsorte (*Solanum tuberosum*) (nach Lafta und Lorenzen 1995)**

Beide Kartoffelsorten wurden zunächst bei 19/17 °C Tag/Nacht-Temperaturen und einer 14-stündigen täglichen Lichtperiode angezogen. Im Experiment 1 setzte der Hitzestress zum Zeitpunkt der Knolleninitiation ein (Tabellen 1 und 2), im Experiment 2 (Tabelle 3) nach der Induktion der Knollen. Die Hitzebehandlung bestand aus einer Erhöhung der Temperatur von 19/17 °C auf 31/29 °C im Experiment 1 und auf 29/27 °C im Experiment 2. Die Dauer der Hitzebehandlung ist in den Tabellen angeben.

Tabelle 1: Biomasseproduktion und Wachstum von Kartoffelpflanzen nach vierwöchigem „Hitze"-Stress: 19/17 °C: Kontrolle; 31/29 °C: Wachstum bei erhöhten Tag/Nacht-Temperaturen. Die Sorte ‚Norchip' gilt als wärmetolerante, ‚Up-to-Date' als wärmeempfindliche Varietät (nach Lafta und Lorenzen 1995).

Kultivar	Temp. (°C)	Spross (g/Pflanze)	Knolle (g/Pflanze)	Gesamtgewicht (g/Pflanze)	Pflanzenhöhe (cm)
‚Norchip'	19/17	244 ± 6	134 ± 3	378 ± 4	35 ± 1
	31/29	253 ± 4	5 ± 3	258 ± 4	45 ± 2
‚Up-to-Date'	19/17	197 ± 17	131 ± 14	328 ± 13	42 ± 1
	31/29	96 ± 2	0,6 ± 0,6	96 ± 3	57 ± 0,5

Tabelle 2: Der Einfluss der Temperatur auf die Kohlenhydratspiegel in ausgewachsenen Blättern wärmetoleranter bzw. wärmeempfindlicher Kartoffelpflanzen. Am Ende eines Tages sind die Kohlenhydratpools durch die Photosynthese gefüllt, am Ende der Nacht sind sie geleert (nach Lafta und Lorenzen 1995).

Kultivar	Temp. (°C)	Kohlenhydrat	3 Tage nach Temperaturerhöhung		8 Tage nach Temperaturerhöhung	
			Tag-Ende	Nacht-Ende	Tag-Ende	Nacht-Ende
‚Norchip'	19/17	Glucose (mg g^{-1} TG)	3,3 ± 0,2	2,8 ± 0,1	5,2 ± 0,9	3,8 ± 0,3
	31/29		5,3 ± 1,1	2,5 ± 0,0	6,2 ± 0,9	3,0 ± 0,1
‚Up-to-Date'	19/17		3,0 ± 0,1	2,9 ± 0,3	3,5 ± 0,0	2,9 ± 0,2
	31/29		4,2 ± 0,2	2,6 ± 0,2	6,2 ± 0,6	3,1 ± 0,7
‚Norchip'	19/17	Saccharose (mg g^{-1} TG)	10,6 ± 0,1	6,4 ± 0,8	10,1 ± 1,0	3,4 ± 0,2
	31/29		13,1 ± 1,4	3,8 ± 1,0	17,6 ± 0,9	4,8 ± 0,6
‚Up-to-Date'	19/17		9,8 ± 0,3	5,2 ± 0,8	12,5 ± 0,8	4,6 ± 0,3
	31/29		12,9 ± 1,3	3,6 ± 0,3	17,0 ± 1,2	4,5 ± 0,9
‚Norchip'	19/17	Stärke (mg g^{-1} TG)	294 ± 2	195 ± 9	290 ± 9	180 ± 12
	31/29		202 ± 14	92 ± 9	129 ± 2	72 ± 3
‚Up-to-Date'	19/17		222 ± 32	117 ± 19	242 ± 14	126 ± 12
	31/29		168 ± 16	64 ± 1	99 ± 12	50 ± 6

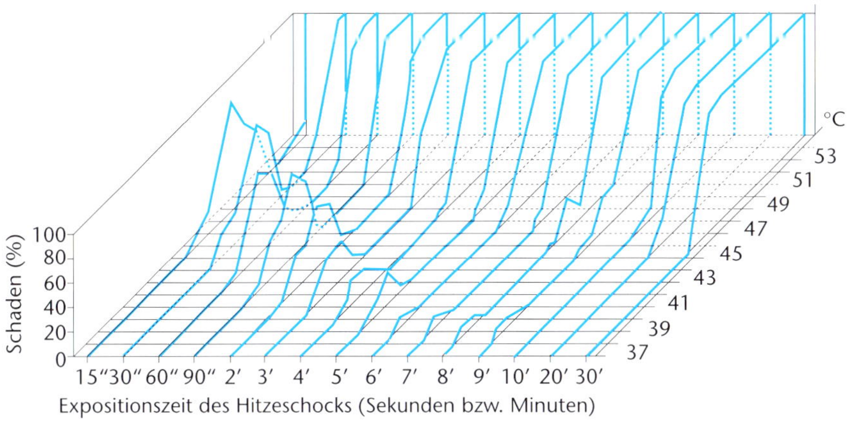

Abb. 1.3.6: Hitzeschadensverlauf bei Pappelblättern (Populus deltoides x simonii) in Abhängigkeit von der Hitzemenge (Stressdauer × Expositionszeit) im Monat September. Die Hitzebehandlung entsprach im Prinizp der in Kasten 1.3.6 dargestellten Kältebehandlung. Zur Quantifizierung des Schadens wurde die Nekrosehäufigkeit (vgl. Kasten 1.1.1) bestimmt. Nach Kappen und Zeitler (1977).

und Enzymaktivitäten von einer hitzetoleranten („Norchip") und einer hitzeempfindlichen

Tabelle 3: Enzymaktivitäten in Kartoffelknollengewebe nach zwei Wochen Exposition unter den in Spalte 2 angegebenen Tag/Nacht-Temperaturen. Die Behandlung mit der erhöhten Temperatur begann zehn Tage nach der Knolleninitiation (nach Lafta und Lorenzen 1995).

Kultivar	Temp. (°C)	Saccharose-Synthase (mg Sacch. g^{-1} h^{-1})	AGPase (μMol g^{-1} min^{-1})	UGPase (μMol g^{-1} min^{-1})	Saccharose-P-Synthase (mg Sacch. g^{-1} h^{-1})	
					v_{max}	v_{lim}
‚Norchip'	19/17 29/27	33,4 ± 11,9 13,7 ± 3,8	1,2 ± 0,11 0,93 ± 0,05	40,2 ± 5,1 39,9 ± 5,2	21 ±1*	6 ± 0,9*
‚Up-to-Date'	19/17 29/27	15,0 ± 4,2 4,2 ± 2,3	1,17 ± 0,12 0,84 ± 0,08	27,8 ± 3,1 24,4 ± 3,1	15,2 ± 1,5*	5,0 ± 0,5*

* In diesem Falle wurden Kartoffeln aus der Temperaturvariante 31/29 °C verwendet und es ergab sich kein statistischer Unterschied zwischen den beiden Kartoffelsorten. v_{max}: im Enzymtest waren beide Substrate UDPGlucose und Fructose-6-P sättigend; v_{lim}: die Konzentrationen beider Substrate waren auf ca 1/3 abgesenkt, d. h. im Bezug auf die eingesetzte Enzymmenge limitierend. Saccharose-Synthase: Saccharose + UDP ↔ UDPGlucose + Fructose; Saccharose-Phosphat-Synthase: UDPGlucose + Fructose-6-P ↔ Saccharose-6-P + UDP; AGPase = ADPGlucosepyrophosphorylase: Glucose-1-P + ATP ↔ ADP-Glucose + PP_i; ADPGlucose →→ Stärke; UDPase = UDPGlucosepyrophosphorylase: Glucose-1-P + UTP ↔ UDP-Glucose + PP_i; UDPGlucose →→ Saccharose.

Aus den in den Tabellen 1, 2 und 3 auszugsweise dargestellten Daten lassen sich folgende Erkenntnisse ableiten:

1. Die Biomasseproduktion (Wachstum) ist bei überoptimaler Temperatur gehemmt. Die Hemmung ist bei der hitzetoleranten Varietät signifikant geringer als bei der empfindlichen.
2. Die Knollenbildung wurde in beiden Varietäten fast gänzlich unterdrückt.
3. Hitzegestresste Pflanzen zeigten ein stärkeres Längenwachstum als die Kontrollen.
4. Die Gesamtkohlenhydratspiegel in den Blättern der hitzegestressten Pflanzen waren drastisch erniedrigt, was vor allem auf die Stärkegehalte zurückgeht; bei den vergleichsweise niedrigen Spiegeln der löslichen Kohlenhydrate zeigten sich keine (Glucose) oder nur geringfügige (Saccharose) Effekte.
5. Die Saccharose-Phosphat-Synthase-aktivität (SPS) in den Blättern war bei erhöhter Temperatur signifikant erhöht, wobei sich kein Unterschied im Verhalten der beiden Kultivare ergab.
6. In den (rudimentären) Knollen der Hochtemperaturpflanzen hatten die beiden Enzyme des Stärkemetabolismus, Saccharose-Synthase (aktiv bei der Phloementladung: Saccharose + UTP ↔ UDPGluc + Fru + P_i) und ADPGluc-Pyrophosphorylase (liefert das Substrat für die Stärkesynthase: Gluc-1P + ATP ↔ ADP-Gluc + PP_i) deutlich verminderte Aktivitäten, während die UDPGluc-Pyrophosphorylase (Saccharose-Synthese) keine nennenswerten Veränderungen zeigt. Auch die SPS-Aktivität der Knollen war in den Hochtemperaturpflanzen vermindert: Also findet dort weder Stärke- noch Saccharosesynthese statt: Die Knolle hat keine Sinkstärke.

Schädigung in zwei verschiedenen Temperaturbereichen nur im Spätsommer zu beobachten. Möglicherweise ist sie ein Indikator für den Übergang in die Phase der Frosthärtung. In diesem Stadium gibt es offensichtlich zwei Temperaturbereiche, in denen die Metabolitenflüsse und -pools einigermaßen ausbalanciert sind und deshalb keine Schädigung eintritt. Eine genauere Analyse des Phänomens steht allerdings noch aus.

1.3.4.1 Hitze: Metabolismus und Wachstum

Überoptimale Temperatur führt nicht nur zur Beschleunigung sondern auch zur Umsteuerung metabolischer Prozesse, zur Veränderung von Metabolitenpools und zu Wachstumsanomalien. Dies sei am Beispiel einer hitzeempfindlichen (Kultivar 'Up-to-date') und einer hitzetoleranten Kartoffelsorte (Kultivar 'Norchip') gezeigt (Kasten 1.3.2). Die Kartoffelpflanze stammt aus den mittleren Höhenlagen der südamerikanischen Anden und braucht ein relativ kühles Klima. Sie verträgt weder große Wärme noch Frost. Bei Hitzestress ändern sich bei der Kartoffel nicht nur Enzymaktivitäten und Metabolitenpools, sondern auch die Morphogenese, vor allem hinsichtlich der Biomasseverteilung auf die grüne Pflanze und die Knollen (Veränderung der Sinkstärken).

Obwohl in dem Experiment nur Wachstum, Knollenbildung und einige Parameter des Kohlenhydratstoffwechsels gemessen wurden, wird doch die gesamte Umsteuerung der Physiologie dieser Pflanzen deutlich. Eine Erklärung hierfür liegt zum einen in den unterschiedlichen Q_{10}-Werten der betroffenen Reaktionen, die zu Veränderungen in den Reaktionsfließgleichgewichten führen. Zum anderen ist die Umsteuerung aber auch eine Folge der Hitzeschockreaktion der Pflanzen.

1.3.4.2 Der Hitzeschock

Literaturempfehlung

1. Nover L, Scharf KD (1997) Heat stress proteins and transcription factors. *Cell Mol. Life Sci.* 53: 80–103
2. Nover L, Scharf KD, Gagliardi D, Vergne P, Czarnecka-Verner E, Gurley WB (1996) The Hsf world: classification and properties of plant heat stress transcription factors. *Cell Stress Chaperones* 1: 215–223
3. Vierling E (1991) The roles of heat shock proteins in plants. *Annu. Rev. Plant Physiol. Plant Mol. Biol.* 42: 579–620

Unter **Hitzeschock** versteht man eine kurz- oder längerfristige Erhöhung der Temperatur im noch verträglichen Bereich.

Tabelle 1.3.5 zeigt verschiedene Reaktionen der normalen Zellhaushaltsfunktionen (der so genannten ***housekeeping reactions***) in einem Blattge-

Tabelle 1.3.5: Auswirkungen eines fünfminütigen Hitzepulses der angegebenen Temperatur auf verschiedene *housekeeping*-Funktionen in Blättern von *Tradescantia fluminensis*. Nach Nover und Höhfeld (1996).

Gewebe	Veränderung	Temperaturbereich (C°) in dem die Veränderungen beobachtet werden können.														
		37	39	41	43	45	47	49	51	53	55	57	59	61	63	65
Epidermis	1. Anthocyanverlust aus Vakuole											■	■	■	■	
	2. Verlust der Plasmolyse										■	■	■			
	3. Verlust der Plasmaströmung		■	■	■											
	4. Anstieg der Viskosität	■	■	■	■	■										
Parenchym	5. Verlust der Photosynthese		■	■	■	■	■									
	6. Verlust der Phototaxis der Chloroplasten	■	■	■	■											
	7. Verlust der Chlorophyllfluoreszenz				■	■	■	■								
Alle Gewebe	8. Entkoppelung der oxidativen Phosphorylierung									■	■	■				
	9. Verlust der Elektrolyte								■	■	■	■	■			
	10. Verlust der Atmung											■	■	■	■	■

webe auf einen fünfminütigen Hitzeschock. Statt eines kurzen aber heftigen Hitzepulses kann man auch geringere Hitze längerfristig einwirken lassen, d. h. das Produkt aus + Δ T × t gibt die Stressdosis an.

Wie das vorher besprochene Beispiel der Kartoffelpflanzen zeigt (Kasten 1.3.2), finden Veränderungen bereits bei Temperaturen um +30 °C statt, die jedoch großenteils nur aus einer Beschleunigung des normalen Zellgeschehens (der *housekeeping reactions*) resultieren.

Davon grundsätzlich zu unterscheiden ist die so genannte **Hitzeschockreaktion** der Zelle. Für Pflanzen mit einem Temperaturoptimum zwischen 15 und 25 °C tritt diese Reaktion bei Temperaturen über +35 °C auf und besteht aus:

- dem Herunterfahren von Haushaltsfunktionen, insbesondere der Expression der *housekeeping*-Gene;
- der fast ausschließlichen Synthese von so genannten **Hitzeschockproteinen** (HSP);
- dem Erlöschen der Produktion der Hitzeschockproteine nach sechs bis acht Stunden und
- einem allmählichen Wiederbeginn der Expression der ***housekeeping*-Gene.**

Die totale Umsteuerung der Proteinsynthese zugunsten der Hitzeschockproteine erfolgt also im Prinzip nur wenige K oberhalb der Optimumstemperatur des jeweiligen Organismus; anders ausgedrückt, viele Organismen leben bereits relativ nahe an der Temperaturobergrenze, bei der die Stressreaktion, d. h. die Aktivierung der Hitzeschockgene, einsetzt (*E. coli*: 37 °C Optimumstemperatur versus 42 °C für die Hitzeschockreaktion; Bäckerhefe: 23/37 °C; Mensch: 37/42–45 °C; *Euglena*: 25/37 °C; Tomate: 25/37 °C).

Derzeit sind zehn Familien von Hitzeschockproteinen bekannt, die nach ihrem Molekulargewicht geordnet werden (Kasten 1.3.3). Sie kommen in allen Kompartimenten der Zelle vor.

Die meisten von ihnen sind konstitutiv exprimierte Proteine, so genannte **molekulare Chaperone** („Gouvernanten"), die allerdings unter „normalen" Lebensbedingungen nur in sehr kleinen Mengen vorhanden sind; bei Stress werden die Haushaltsgene „abgeschaltet" und nur mehr Hitzeschockproteine produziert.

Dabei löst jeder Stress, der zur Proteindenaturierung und zur Bildung „falscher" Proteine führt, also auf der Proteinebene angreift, (Schwermetalle, Einbau von Aminosäureanaloga in Proteine, Hemmstoffe der Proteinbiosynthese, Alkohol), Hitzeschockreaktionen aus, die somit wiederum eine allgemeine und nicht eine spezifische Stressreaktion sind. Die Hitzeschockreaktion gehört heute zu den am besten untersuchten Reaktionen auf Stress und bietet auf der molekularen Ebene eine Reihe hochinteressanter zellphysiologischer Aspekte. Es geht insbesondere um:

- die Abschaltung der Expression der *housekeeping*-Gene;
- die Reaktion der vorhanden Proteine auf den Hitzeschock;
- das Anschalten der Hitzeschock-Gene: Was ist das molekulare Signal und wie funktioniert der Schalter?
- die Funktion der Hitzeschockproteine;
- die Funktion der Hitzeschockproteine in der nicht gestressten Zelle;
- die Rückkehr der Zelle nach dem Hitzeschock zum „normalen Leben" und das Abschalten der Hitzestressantwort

Diese Aspekte sollen im Folgenden besprochen werden, wobei gelegentlich auch auf Befunde bei Mikroorganismen und Tieren zurückgegriffen werden muss, wenn die Forschung bei den Pflanzen noch nicht so weit fortgeschritten ist.

Wie wird bei einem Hitzeschock die Expression der *housekeeping*-Gene abgeschaltet?

Normalerweise wird die mRNA nach ihrer Synthese mit kleinen Ribonucleoproteinen (snRNP: *small nuclear ribonucleoproteins*) verpackt, die zusammen mit kleinen RNA-Molekülen (snRNA: *small nuclear RNA*) das Spleißosom bilden, welches die Introns aus der Prä-mRNA herausschneidet und damit einen wesentlichen Teil der mRNA-Reifung (*processing*) bewerkstelligt. Diese Spleißreaktion unterbleibt nach Hitzestress, sodass keine funktionelle mRNA der *housekeeping*-Gene mehr gebildet wird. Gleichzeitig unterbleibt das *processing* der ribosomalen Vorstufen im Nucleolus, d. h., es werden auch keine neuen Ribosomen mehr gebildet.

Auch die Translation wird unterbrochen: Hitzestress führt zur Inaktivierung der Initiationsfaktoren: Biochemisch geschieht dies durch Dephosphorylierung eines Initiationsfaktors (des eukaryotischen Initiationsfaktors IF-4Fα, der an die 5′-Kappe [m7G(5')ppp(5')Nucleotid] der gereiften mRNA bindet und so zur Bildung des Initiationskomplexes beiträgt). Die noch laufende Proteinsynthese erlischt nach wenigen Minuten, da die noch arbeitenden Polysomen keine neue mRNA mehr bekommen bzw. binden können und in ihre Untereinheiten dissoziieren.

Hitzeschockgene besitzen keine Introns; sie müssen also nicht gespleißt werden und bilden somit auch bei Hemmung der Spleißreaktion eine funktionelle mRNA (bzw. funktionelle mRNPs). Diese kann mit den dissoziierten ribosomalen Untereinheiten wieder funktionsfähige Ribo- und Polysomen bilden. Die Bildung der HSmRNA-Ribosomenkomplexe bedarf offensichtlich nicht der Bildung eines Initiationskomplexes mit „verkappter“ mRNA.

Der Großteil der nicht mehr zur Wirkung kommenden *housekeeping*-mRNA wird konserviert und in so genannten **Hitzeschockgranula** deponiert, in denen sie mit zwei Hitzeschockproteinen assozi-

Kasten 1.3.3 Übersicht über die Hitzeschockprotein-Familien (nach Nover und Höhfeld 1996)

HSP-Familie / Organismengruppe	zelluläre Lokalisation: Cytopl./Zellkern	ER/Golgi	Mitochondr. (m)/ Chloroplasten (c)	Bemerkungen
HSP100-Familie (Ec-ClpA/B)				
Säuger	**HSP110**	?	?	ATP bindende Proteine mit Chaperonaktivität, die in Bakterien Teil eines Proteasekomplexes sind; in Säugerzellen ist HSP110 im Nucleolus
Pflanzen	ClpB, HSP101	?	ClpCc	
Hefe	**HSP104**	?	**ClpB (HSP78)**	
HSP90-Familie (Ec-HtpG)				
Säuger	**HSP90 α, β**	GRP94	–	ATP bindende, autophosphorylierende Proteine; interagieren mit Ca-Calmodulin; cytoplasmatische Vertreter bilden Komplexe mit Steroidhormonrezeptoren, Proteinkinasen und HSP70
Pflanzen	**HSP80**	GRP94	HSP90c	
Hefe	**HSP90,** HSC90	–	–	
HSP70-Familie (Ec-DnaK, Ec-Hsc66)				
Säuger	**HSP70, A, B** HSC72, p73	GRP78 (BIP)	HSC70m	ATP bindende, autophosphorylierende Proteine; binden an denaturierte/entfaltete Proteine; Teil einer Chaperonmaschinerie zusammen mit Vertretern der HSP40- und HSP23-Familien
Pflanzen	**HSP70,** HSC70	GRP78	HSC70c **HSP68m**	
Hefe	**SSA 1–4,** SSB1,2 **MSI3,** SSE1/2	KAR2	SSC1m	
HSP40-Familie (Ec-DnaJ, Ec-CbpA)				
Säuger	**HDJ-1, HDJ-2**	?	?	stets eng verbunden mit Vertretern der HSP70-Familie; verantwortlich für Erkennung entfalteter Proteinsubstrate durch HSP70; ANJ1 mit Farnesylseitenkette in Glyoxysomenmembran integriert
Pflanzen	**ANJ1**	+	?	
Hefe	YDJ1, SIS1	SEC63	**SCJ1,** Mdj1	
HSP60-Familie (Ec-GroEL)				
Säuger	TCP1	–	**Cpn60m**	ATP bindende, oligomere Proteinkomplexe; interagieren mit Vertretern der HSP10-Familie; essenzielle Rolle für Proteinentfaltung; verschiedene TCP1-artige Proteine im Cytoplasma bilden Komplexe von ~900 kDa, die mit Actin- und Tubulinsystem interagieren
Pflanzen	TCP1	–	HSP60c **HSP60m**	
Hefe	TCP1 α, β BIN2/3 ANC2	–	HSP60m	

iert vorliegt, einem HSP70 und einem HSP17. Diese Granula werden durch das Zellskelett in der direkten Umgebung des Zellkerns gehalten

Was bewirkt der Hitzeschock auf Proteinebene?

Hitze führt zur Denaturierung von Proteinen. Denaturierung heißt teilweise oder totale Entfaltung der Tertiärstruktur, Dissoziation von Untereinheiten, kurz Produktion nicht funktioneller Polypeptide. Am Beispiel der partiellen Entfaltung kann man sich gut vorstellen, dass hydrophobe Seitenketten nun nicht mehr im Innern des Proteins „abgeschirmt" sind (hydrophobe Wechselwirkungen), sondern exponiert werden. Dies führt dazu, dass sich mehrere Proteine über die hydrophoben Wechselwirkungen zusammenlagern, aggregieren und unlösliche Komplexe bilden, die nur mehr durch Proteolyse entfernt werden können. Hitzeschock

HSP-Familie / Organismengruppe	zelluläre Lokalisation: Cytopl./Zellkern	ER/Golgi	Mitochondr. (m)/ Chloroplasten (c)	Bemerkungen
HSP10-Familie (Ec-GroES)				
Säuger	?	–	Cpn10m	heptamere Komplexe, die mit den
Pflanzen	?	–	Cpn10m	HSP60-Komplexen zusammenwirken;
			Cpn12c	Existenz entsprechender Untereinheiten
Hefe	?	–	Cpn10m	für TCP1-Komplex ist noch unklar
HSP23-Familie (Ec-GrpE)				
Säuger	?	?	?	bisher wenig untersuchte Untereinheiten der HSP70-Chaperonmaschinerie;
Pflanzen	?	?	?	bindet an SSC1 in Hefemitochondrien;
Hefe	?	?	Mge1p	essenziell für Proteinimport in Mitochondrien; Nucleotidaustauschfaktor
HSP20-Familie (Ec-Ibp A/B)				
Säuger	**HSP 25/27, α, β-Crystallin**	?	?	in Anzahl und Sequenz stärker variabel als andere HSP-Familien; Sequenzverwandtschaft zu Augenlinsenproteinen
Pflanzen	**HSPs 15–18**	**HSP22**	**HSP 21/22c**	(α, β-Crystallin); bilden häufig
Hefe	**HSP26**	–	–	oligomere Aggregate von 200–500 kDa; Schutzfunktion für mRNA in Pflanzen
HSP 8,5-Familie (Ec nicht vorhanden)				
Säuger	Ubiquitin	–	–	kleines Protein, das über Isopeptid-
Pflanzen	Ubiquitin	–	–	bindungen mit Lys-Seitenketten ver-
Hefe	Ubiquitin	–	–	knüpft als Marker für Proteinabbau gilt (Substrat für Proteasomkomplex)
Immunophiline (Ec-Cyclophilin/-FKBP)				
Säuger	FKBP 12, 25 CYP 18, 22, 40 **HSP56**	FKBP 13 CYP 22	?	Proteine mit Prolyl-*cis*, *trans*-Isomerase-Aktivität mit ubiquitärer Verbreitung; werden in ihrer Aktivität durch Immun-
Pflanzen	**CYP**	–	CYP, FKBP	suppressiva gehemmt (Cyclosporin A,
Hefe	**CYP 1, 2**	**FKBP 13**	CYP 20	FK 506)

Die Multiproteinfamilien sind aufgrund von Sequenzhomologien und funktionellen Gemeinsamkeiten zusammengefasst. Die hitzestressinduzierbaren Vertreter sind durch Fettdruck hervorgehoben. Hinter den Familiennamen findet sich die Bezeichnung für das/die in *Escherichia coli* (Ec) identifizierten Protein(e). Die von der durchgängigen Nomenklatur für Hitzestressproteine (z. B. HSP70) abweichenden Bezeichnungen gehen häufig auf die Identifikation entsprechender Gendefekte in Mikroorganismen zurück.

bewirkt also durch Denaturierung eine Störung der Proteinhomöostase der Zelle, die Zelle ist aus ihrem „inneren Gleichgewicht" gebracht.

Das Anschalten der Hitzeschock-Gene: Was ist das molekulare Signal und wie funktioniert der Schalter?

Für das Anschalten der Expression der HS-Gene ist deren Promotor von ausschlaggebender Bedeutung. In den Promotoren der HS-Gene gibt es konservierte Motive, so genannte **Hitzeschockelemente** (HSE), die in den beiden gegenläufigen Strängen eine spiegelbildliche Sequenz (ein so genanntes **Palindrom**) zeigen:

5'.... AGAA n n TTCTAGAA n n TTCT .... 3'
3'.... TCTTmmAAGATCTTmmAAGA .... 5'

... n und m sind variabel und nicht fixiert.

Heterologer Einbau dieser Hitzeschockelemente in andere Promotoren machen diese hitzestressresponsiv (Kasten 1.3.4).

Der einfachste Typ eines HS-Promotors enthält circa 30 Basenpaare stromaufwärts (*upstream*) vom Transkriptionsstart die TATA-Box für die Assoziation mit dem Transkriptionsapparat, und nach weiteren 20 bis 30 Basenpaaren *upstream* ein bis mehrere HSE. Solche Promotoren können in der Biotechnologie große Bedeutung erlangen: Sie machen Gene gezielt anschaltbar.

Welche Faktoren aktivieren die Hitzeschock-Promotoren durch Reaktion mit den Hitzeschock-Elementen (*cis*-responsiven Elementen)?

Es handelt sich dabei um mit der DNA der HS-Elemente wechselwirkende Proteine, um die so genannten **HS-Transkriptionsfaktoren** (**HSF**).

Kasten 1.3.4 Hitzestressresponsive Promotoren (nach Nover und Höhfeld 1996)

Drei (Konstrukt c) bzw. neun (Konstrukt d) Hitzestresselemente (siehe Text) wurden an Stelle des Aktivatorelements „E" (Konstrukt a) in einen starken Promotor (35S-CMV) eingebaut und dieser vor ein Reportergen (gus, Glucuronidasegen) gesetzt. Mit diesen Konstrukten wurden Tabakzellen transformiert. Nach Hitzestress wurde das Reportergen je nach Zahl der Hitzeschockelemente im Promotor schwächer oder stärker exprimiert. Als Kontrolle wurde ein in der Sequenz verändertes HSE in den 35S-CMV-Promotor eingebaut (Konstrukt b). Die Reaktion auf Hitzeschock blieb aus (siehe Abb.).

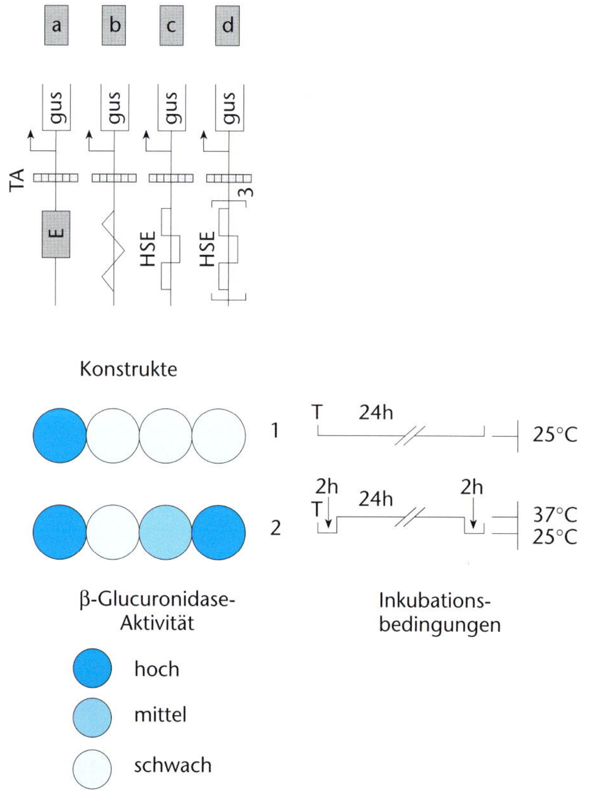

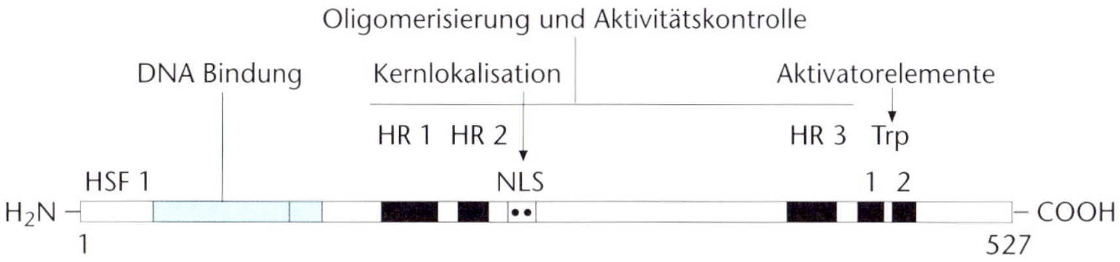

Abb. 1.3.7: Bauplan eines Hitzeschock(transkriptions)faktors aus der Tomate. H_2N-: N-Terminus; DNA-Bindung: Bindungsdomäne an das HSE; HR 1,2,3: Regionen für die Oligomerisierung durch hydrophobe Wechselwirkungen; NLS: Kernlokalisierungssequenz; Trp: zentrales Tryptophan der Aktivatorelemente. Nach Nover und Höhfeld (1996).

Diese Proteine haben bei allen Eukaryonten ähnliche Sequenzmotive, die mit einzelnen Funktionen verbunden sind, und ihre Expression wird bei Hitze aktiviert. Entsprechend ihrer Größe werden sie in Familien eingeteilt. In einer Pflanze kommen HSF von verschiedenen Familien vor.

Ubiquitäre funktionelle Motive der Hitzeschockfaktoren sind (Abb. 1.3.7)

- eine DNA-bindende Domäne von circa 100 Aminosäuren nahe am N-Terminus, die an die *cis*-Elemente (HS-Elemente) bindet;
- daran in C-terminaler Richtung anschließend eine Region mit repetitiven hydrophoben Heptapeptiden, die für die Assoziation mehrerer monomerer HSF durch hydrophobe Wechselwirkungen wichtig ist (die so genannte Oligomerisationsdomäne, HR 1, HR 2, evtl. noch HR 3). Nur der oligomerisierte HSF (Trimer) ist aktiv, d. h. bindet an die DNA bzw. an Hitzeschockproteine;
- C-terminal von HR 1, 2 ein Cluster von basischen Aminosäuren: das Signalpeptid für den Import in den Kern (NLS: *nucleus localisation signal*);
- Peptidmotive mit einem zentralen Tryptophan (Trp) als Aktivatorelemente, die mit dem Transkriptionsapparat wechselwirken und ihn dadurch aktivieren können. Bei den größeren HSF enthält die Aktivatorregion noch eine weitere hydrophobe Heptade.

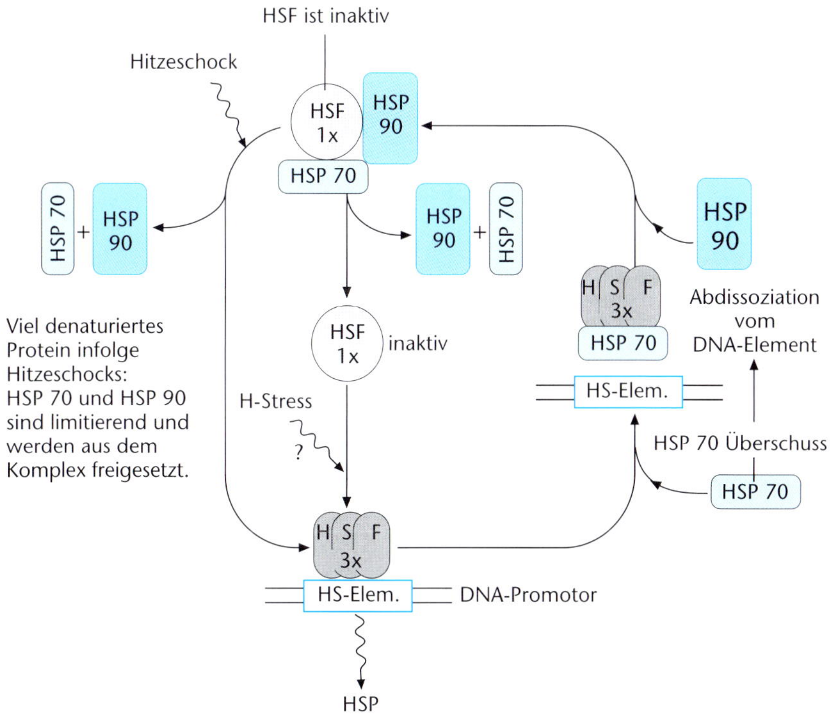

Abb. 1.3.8: Der Hitzeschockfaktor-(HSF)zyklus. Nach Nover und Höhfeld (1996).

Kasten 1.3.5 Haben HSP auch Funktionen in der nicht gestressten Zelle?

Die meisten HSP werden in niedriger Dosis auch in der ungestressten Zelle produziert. Dies ist die Grundlage für die im Text geschilderte Signalentstehung durch das Absinken des homöostatischen HSP-Spiegels infolge Bindung an denaturierte oder teilweise denaturierte *housekeeping*-Proteine. Es stellt sich also die Frage, ob die HSP darüber hinaus Aufgaben im Zellgeschehen haben. Die Antwort gibt uns die Proteinbiochemie: Bereits während der Synthese am Ribosom entwickelt das naszierende Polypeptid Faltungstendenzen. So bilden sich die Strukturelemente α-Helix und β-Faltblatt mehr oder minder spontan durch H-Brücken, van-der-Waals-Kräfte und hydrophobe Wechselwirkungen zwischen den benachbarten Aminosäureresten aus. Aber weitere Faltungen, insbesondere die Domänenbildung benötigen das gesamte fertige Polypeptid, schon auch deshalb, weil die aktive Form der Proteine nicht immer deren energieärmste, sondern eher eine metastabile Form ist, die mehr Flexibilität besitzt. Zwei Phänomenen muss also entgegengewirkt werden: Einer grundsätzlich falschen Domänenbildung während der Synthese des Polypeptids und der Faltung in den energieärmsten Zustand.

Zunächst muss das naszierende Protein also geschützt werden: Deshalb lagert sich bereits während seiner Entstehung ein Chaperon der HSP70/DnaK-Familie an das Polypeptid an und verhindert unter ATP-Verbrauch eine falsche Faltung (siehe Abb. 1.3.9). Zur richtigen Faltung wird das vollständige Protein an HSP60/GroEL-ES (TCP-1) weitergereicht. Diese Chaperone bilden zwei Ringe, an deren zentraler Höhle die Faltung, wiederum unter ATP-Verbrauch vonstatten geht.

Die Zelle benötigt also ein ausgefeiltes System molekularer Chaperone, um ihre Proteine richtig zu falten. Diese in der ungestressten Zelle vorzufindenden Chaperone wurden auch als Verwandte der HSP aufgefasst und erhielten von einigen Autoren die Bezeichnung HSC, das heißt *heat shock cognate*.

Eine zweite wichtige Funktion der Chaperone ergibt sich aus der **Topogenese:** Die meisten Proteine einer Zelle werden im Cytosol synthetisiert; viele davon sind aber Teil der Proteinausstattung von Organellen; d. h. die Proteine müssen erst ihren Weg in das richtige Organell finden. Dies geschieht mit Hilfe zusätzlicher Sequenzen, der sogenannten Signalpeptide, die meist N-terminal liegen, aber auch im Innern des Polypeptids oder am C-Terminus lokalisiert sein können. Für die Signalpeptide gibt es in den jeweiligen Organellen Rezeptoren, die die Bindung des zu importierenden Proteins bewirken und meist auch noch am Durchtritt durch die jeweilige Biomembran beteiligt sind. Beim Import in ein bestimmtes Organell, bzw. beim Einbau in eine bestimmte Membran werden die Signalpeptide meist entfernt, was man als Proteinreifung bezeichnet. Ein komplizierter Wanderweg kann mit mehreren solcher Signalsequenzen erzwungen werden: So erfordert z. B. der Einbau eines Proteins in die Thylakoidmembran vier solcher Signalpeptide, die der Reihe nach abgespalten werden.

Um eine Biomembran passieren zu können, muss ein Polypeptid (Präprotein) entfaltet, d. h. möglichst gestreckt sein. Es muss also seine energetisch günstige Tertärstruktur verlassen, wofür wieder Chaperone notwendig sind. Weiterhin wird der Durchtritt durch die Membran dadurch begünstigt, dass das Polypeptid auf der Innenseite eine andere Konfiguration annimmt, wofür dort ebenfalls HSC wichtig sind; am Zielort angekommen, muss das Protein dann in seine funktionelle Form gebracht und evtl. in die Membran eingebaut werden, wofür wiederum HSC benötigt werden: Da die Funktion der HSP/HSC zumeist mit Energieverbrauch verbunden ist, ist es kein Wunder, dass bis zu 100 ATP aufgewendet werden müssen, bis ein neu synthetisiertes Protein letzlich an seinem Bestimmungsort ist. Geht man davon aus, dass auch die HSP/HSC organellspezifisch und entsprechend verteilt sind, so wird die große Zahl dieser Polypeptide in einem Organismus verständlich (Hartl et al. 1994).

Ein Hitzeschockfaktor muss erst aktiviert werden

Der monomere HSF ist inaktiv, d. h., er kann nicht an ein Hitzeschockelement binden. Vermutlich wird im Normalzustand der Zelle der Pool der HSF durch Bindung an freie Hitzeschockproteine (HSP70 und vermutlich auch HSP90) klein gehalten. Nach Abdissoziation von HSP70/90 (und evtl. durch Hitze) verformt sich der HSF, sodass er nun trimerisieren kann. Das noch im Cytoplasma gebildete Trimer muss nun in den Kern importiert werden, um an das Hitzeschockelement des Promotors zu binden. Durch die Bindung an das HSE kann die Aktivatorregion aktiv werden und die Transskription starten.

Nun fehlt uns in der Reaktionskette noch das „eigentliche Signal“ für die Aktivierung der HSF: Die Voraussetzung für die Aktivierung der HSF ist die Dissoziation der HSF-HSP70/90-Komplexe. Die Dissoziation würde natürlich durch eine Abnahme der freien Pools an HSP70/90 begünstigt. Wie aber kann der freie Pool an diesen Hitzeschockproteinen durch Hitzeschock abnehmen? Indem diese Proteine als Konsequenz aus dem Hitzeschock an andere, denaturierte Proteine binden. Es liegt nahe anzunehmen, dass es die hitzedenaturierten *house-keeping*-Proteine sind, die das freie HSP70 binden.

Das ganze Geschehen lässt sich nun als HSF-Zyklus darstellen (Abb. 1.3.8), der ein sehr schönes Beispiel für ein selbst regulierendes System liefert.

Die Frage, warum Hitzeschockproteine an denaturierte Proteine binden, geht über den Aspekt „Hitzeschock" weit hinaus und zielt auf die Funktion der konstitutiv exprimierten Hitzeschock- oder Stressproteine (Kasten 1.3.5.).

Welche Funktion haben die Hitzeschockproteine in der durch Hitze gestressten Zelle?

Im Zusammenhang mit proteindenaturierendem Stress haben Hitzeschockproteine zumindest drei unterschiedliche Funktionen:

- die Chaperon-Funktion
- die Konservierung von *housekeeping*-mRNA in den HS-Granula,
- die Katalyse der Proteolyse irreversibel denaturierter und aggregierter Proteine.

Hitzeschockproteine als Chaperone

Am besten untersucht ist das System der HSP70-Chaperone.

Dieses System besteht aus mindestens drei Hitzeschockproteinen – HSP70, HSP40 und HSP23; im bakteriellen System heißen diese DnaK, DnaJ und GrpE. Der Mechanismus der Chaperonwirkung ist bei Prokaryonten am besten aufgeklärt und soll deshalb hier als Modell erläutert werden (Abb. 1.3.9).

HSP70 (DnaK) hat eine N-terminale ATP- oder ADP-Bindungsdomäne und eine C-terminale Domäne für die Wechselwirkung mit Protein; HSP40 (DnaJ) bindet (über eine C-terminale cysteinreiche Zinkfinger-Domäne) an das partiell entfaltete Protein („U" in Abb. 1.3.9.) und nach Hydrolyse des gebundenen ATP (→ADP-DnaK) bindet ADP-DnaK an die N-terminale J-Domäne von DnaJ-U. Denaturierte Proteine (wahrscheinlich als HSP40-Komplexe) stimulieren die ATPase-Aktivität von HSP70/DnaK. Es bildet sich ein ternärer Komplex, in dem das partiell entfaltete Protein U nun an beide HSP gebunden ist. Durch Wechselwirkung des ternären Komplexes mit HSP23 (GrpE: Nucleotidaustauschfaktor) dissoziiert ADP vom Komplex ab und die Wechselwirkung von U mit HSP70/DnaK wird abgeschwächt. Durch erneute Bindung von ATP an HSP70/DnaK dissoziiert der Komplex völlig, und U kann nun wieder in seinen nativen Zustand zurückfalten oder, wenn noch denaturierte Anteile vorhanden sind, erneut in den Zyklus eintreten. Wie viele oder wie oft HSP70 mit U reagieren bzw. reagiert, ist nicht bekannt. Die komplette Faltung eines mittelgroßen Proteins kostet einen Energiebetrag etwa in der Größenordnung von 100 ATP.

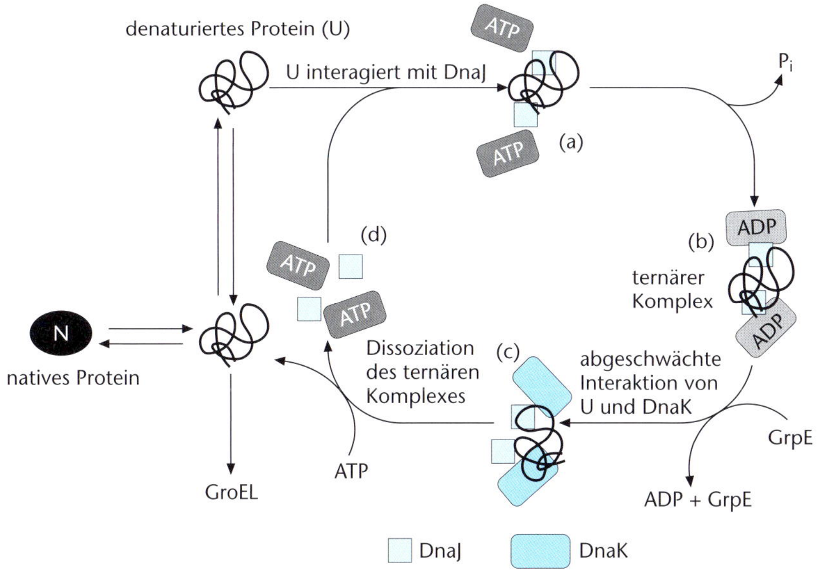

Abb. 1.3.9: Modell des HSP-Zyklus am Beispiel des bakteriellen DnaK, DnaJ, GrpE und GroEL-Systems. Erläuterung im Text. Nach Hartl et al. (1994), siehe auch Georgopoulos (1992), Nover und Höhfeld (1996).

HS-Granula

Die *housekeeping*-mRNA würde, da sie nicht funktionell ist, schnell dem Abbau durch RNAsen anheim fallen. Da für die Rückkehr zum normalen Zellstoffwechsel aber größere Mengen *housekeeping*-mRNA benötigt werden, ist es von Vorteil, diese mRNA während der Hitzestressantwort zu konservieren. Assoziation dieser freigesetzten mRNA mit Hitzeschockproteinen schützt die *housekeeping*-mRNA vor Abbau; die Assoziation führt zur Bildung von 40 nm großen Hitzestressgranula (mit einer Molekülmasse von circa 500 kDa), die durch das Cytoskelett in Kernnähe gehalten werden und vor allem Proteine des HSP70- und HSP20-Typs enthalten. Nach dem Abklingen der Hitzestressantwort dissoziieren die HS-Granula wieder, wobei der Auslöser für die Dissoziation nicht klar ist.

Katalyse der Proteolyse irreversibel denaturierter und aggregierter Proteine

Nach einem Hitzepuls sind einige der Proteine nicht mehr zu retten: Sie sind irreversibel denaturiert, d. h. falsch gefaltet, und haben auch teilweise schon untereinander Aggregate gebildet. Falsche oder irreversibel denaturierte Proteine müssen schnell und effizient aus der Zelle entfernt werden; auch dies kostet Energie. Zunächst müssen diese Proteine erkannt und markiert werden. Dies geschieht nach Abspaltung des N-terminalen Methionins durch das Protein **Ubiquitin**, das in gestressten Zellen verstärkt exprimiert wird. Ebenso werden die für die Markierung nötigen Hilfsenzyme des Ubiquitin-Konjugations-Reaktionswegs vermehrt gebildet. Das mehrfach durch Ubiquitin markierte Protein wird dann unter ATP-Verbrauch in den **26S-Proteasomen** abgebaut. In welcher Weise die Hitzeschockproteine am proteolytischen Abbau des „Proteinmülls" mitwirken, ist nicht geklärt. Mutanten, die kein HSP70/DnaK bilden können, haben auch einen Defekt im ATP-abhängigen, schnellen Proteinabbau.

Auf welche Weise geht die Zelle nach dem Hitzeschock wieder zum „normalen Leben" über, d. h., wie schaltet sich die Hitzestressantwort wieder ab?

Wenn die Verarmung des freien Pools an HSP70 das Signal für die Auslösung der Hitzeschockantwort ist, so müsste das Anwachsen dieses Pools z. B. nach der Entfernung des Proteinmülls wieder zur Aufnahme der normalen Proteinsynthese führen. Eine höhere Konzentration an freiem HSP70 hat die Inaktivierung der Hitzeschutzfaktoren zur Folge und damit würde auch die Synthese von Hitzeschockproteinen eingestellt bzw. auf das normale Maß reduziert werden. Zugleich könnten die vorübergehend stillgelegten aber konservierten *housekeeping*-Funktionen wieder aktiviert werden, wozu auch die Prozessierung der großen, im Nucleolus angehäuften Vorstufen-rRNP gehört. Viele Fragen der Anschaltung der *housekeeping*-Funktionen sind derzeit noch ungeklärt, sodass über den Mechanismus keine weiteren Aussagen gemacht werden können. Dies gilt in besonderem Maße auch für die anderen Stressoren, die die Proteinhomöostase stören, wie Schwermetallbelastung etc.

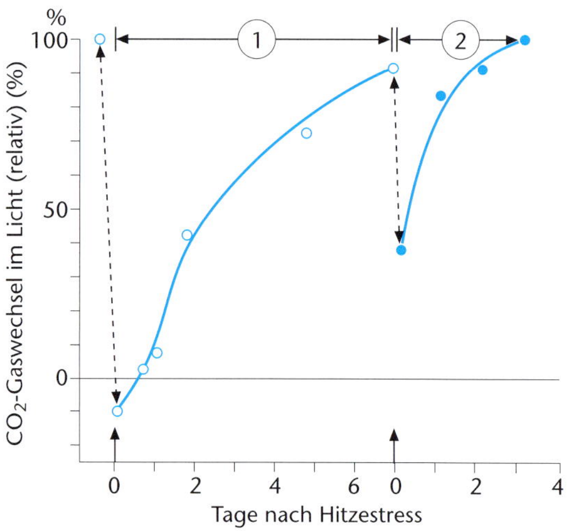

Abb. 1.3.10: Abhärtung von Tannennadeln nach einer Hitzestressbehandlung. Schädigung und Abhärtung wurden an der Photosyntheseleistung der Nadeln verfolgt. 1: Erholungsphase nach erstmaliger, 2: nach zweiter Hitzestressbehandlung (44 °C, 30 min). Ausmaß der Schädigung und Erholungsphase (Reparatur) sind bei der zweiten Stressbehandlung deutlich geringer als beim ersten Hitzepuls. Aus Larcher (1987).

Wie eingangs gesagt wurde, genügt eine längerfristige Exposition der Pflanzen bei einer um 10 K über dem Optimum liegenden Temperatur zur Induktion der Hitzstressreaktion. Dies bedeutet, dass die Pflanzen bereits nahe an der Grenze zu dieser Reaktion leben. Die Gefahr, durch Überhitzung untertags in den Bereich dieser totalen Umstellung des Metabolismus zu kommen, ist relativ groß. Wie Abbildung 2.1.15 zeigt, können derartige Temperaturen bei besonnten Blättern schnell erreicht werden. Deshalb sind Vermeidungsmechanismen zur Reduktion der Überhitzungsgefahr von großer Bedeutung.

1.3.4.3 Vermeidung von Hitzestress

Vermeidungsmechanismen können einerseits morphologischer Natur sein (siehe auch Kapitel 2.1): Zerschlitzte Blätter heizen sich weniger stark auf als ungeteilte, behaarte Blätter reflektieren mehr Strahlung als unbehaarte. Andererseits spielt auch die Blattstellung und damit das Ausmaß der direkten (Sonnen-)Strahlungsabsorption eine große Rolle. Ein wichtiger physiologischer Vermeidungsmechanismus ist die Transpirationskühlung, die zu erheblicher Temperaturabsenkung führen kann (siehe Abb. 2.1.15). Problematisch ist in diesem Zusammenhang aber die Kombination von Hitze und Dürre, bei der die Transpiration stark eingeschränkt ist (siehe Kapitel 2.2).

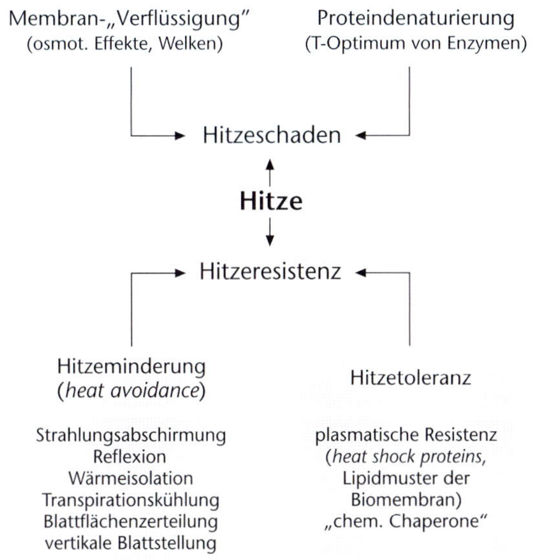

Abb. 1.3.11: Die Effekte von Hitze auf Pflanzen und deren Reaktionsweisen auf den Hitzestress.

1.3.4.4 Abhärtung

Neben der Vermeidung gibt es natürlich auch die Hitzetoleranz, die durch Abhärtung erworben wird: Auf die Veränderung der Membranlipide, die auch im Jahresverlauf auftritt, wurde bereits hingewiesen (Kapitel 1.3.3.1). Inwieweit Hitzeschockproteine für die Abhärtung eine Rolle spielen, ist unbekannt. Vom Mechanismus der Hitzeschockantwort her würde man an eine gewisse Abhärtung innerhalb der Frist denken, in der ein erhöhter Spiegel an Hitzeschockproteinen vorhanden ist – das sind Stunden, höchstens Tage. Eine langfristige Abhärtung durch Hitzeschockproteine ist schwer vorstellbar.

Abhärtung, basierend auf einer Schadensreparatur hat Larcher (1987) an Tannennadeln gezeigt (Abb. 1.3.10). In diesem Beispiel dauert die Erholung vom ersten Hitzestress fünf bis sechs Tage, d. h., so lange dauerten die Reparatur und das Umschalten von der Hitzestressreaktion zur normalen *housekeeping*-Photosynthese. Man kann annehmen, dass zum Zeitpunkt des zweiten Hitzestresses noch ein erhöhter Spiegel an Hitzeschockproteinen vorhanden war. Andererseits gibt es auch so genannte **„chemische Chaperone"**, die die Hitzeresistenz von Zellen steigern bzw. die Auslösung der HS-Antwort zu höheren Temperaturen hin verschieben können. Es handelt sich dabei um die bekannten *compatible solutes*, wie Glycerin, Prolin, Betaine, die die native Faltung des reifen Proteins stabilisieren. Inwieweit solche Effekte bei der Hitzestressabhärtung eine Rolle spielen, ist unbekannt.

Die im Vorstehenden dargestellten Aspekte der Hitzeschädigung, Hitzevermeidung, Hitzetoleranz sind in einem Übersichtsschema in Abbildung 1.3.11 im Zusammenhang dargestellt.

1.3.5 Kälte

Literaturempfehlung

1. Sakai A, Larcher W (1987) Frost survival of plants: Responses and adaptation to freezing stress. Springer Verlag, Berlin Heidelberg. *Ecol. Studies* 62.

2. Li PH, Chen THH (1997) Plant cold hardiness. Molecular Biology, Biochemistry and Physiology. Plenum Press, New York.
3. Bigras FJ, Colombo SJ (2001) Conifer cold hardiness. Kluwer Academic Publ., Dordrecht Boston London.
4. Thomashow MF (1999) Plant cold acclimation: Freezing tolerance genes and regulatory mechanisms. *Annu. Rev. Plant Physiol. Plant Mol. Biol.* 50: 571–600
5. Hughes MA, Dunn MA (1996) The molecular biology of plant acclimation to low temperature. *J Exp. Bot.* 47: 291–305
6. Guy CL (1990) Cold acclimation and freezing stress tolerance: role of protein metabolism. *Annu. Rev. Plant Physiol. Plant Mol. Biol.* 41: 187–223

Auf rund zwei Dritteln der Landmasse der Erde sinken die Jahresminima der Temperatur unter 0 °C, auf der Hälfte unter –10 °C. Kein Wunder also, dass Kälte der am meisten untersuchte abiotische Stressor von Pflanze und Tier ist, dem zudem enorme wirtschaftliche Bedeutung zukommt.

Im Vergleich zum Stressor Hitze, bei dem die primäre Reaktion an den Membranen, an der metabolischen und der Proteinhomöostase ansetzt, kommt beim Umweltfaktor Kälte bei Temperaturen unter dem Gefrierpunkt noch der Stress durch die mit der Eisbildung verbundene Gefrierentwässerung der Gewebe hinzu. Man unterscheidet deshalb Kältestress oberhalb des Gefrierpunkts, das so genannte ***chilling***, vom Stress durch Frost, d. h. durch Temperaturen unterhalb des Gefrierpunkts, der immer eine Temperatur- und eine durch Eisbildung hervorgerufene Entwässerungskomponente hat (Abb. 1.3.12).

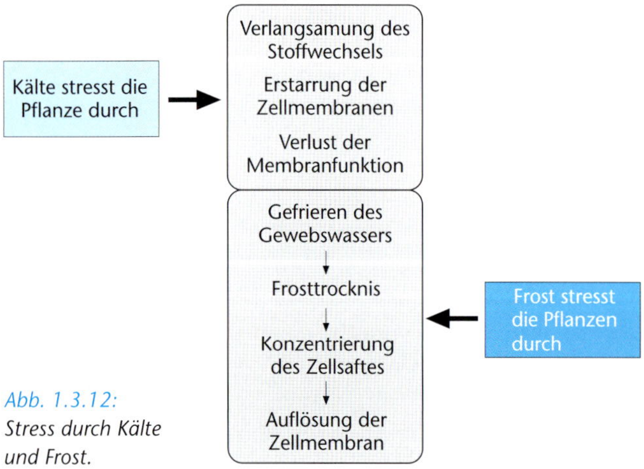

Abb. 1.3.12: Stress durch Kälte und Frost.

Dem Hitzestress analog sind deshalb eher die Phänomene des *chilling* (vgl. Allen und Ort 2001), nicht des Gefrierens. Allerdings muss man berücksichtigen, dass beim Hitzestress die physiologische Belastung durch (ungleiche) Beschleunigung der metabolischen Prozesse bis hin zur spezifischen Hitzestressantwort entsteht, während beim Kältestress zwar auch die metabolischen Prozesse aus dem Gleichgewicht geraten (durch die unterschiedlichen Aktivierungsenergien der einzelnen Reaktionen), aber die Belastung insgesamt geringer sein dürfte, weil alle Reaktionen verlangsamt werden. Eine schnelle Kältestressantwort wie beim Hitzeschock in Form der Hitzeschockproteine, ist deshalb nicht zu erwarten, obwohl schon gelegentlich in der Literatur der Begriff der *cold shock proteins* auftaucht; dabei handelt es sich aber nicht um Proteine mit Chaperonfunktion, sondern um Proteine, deren weitere Bezeichnungen bereits auf unterschiedliche Funktion hinweisen: *antifreeze proteins, cold acclimation proteins* oder Proteine aus der Gruppe der „Dehydrine".

Ein Kältestress-spezifisches Problem ist die Viskositätszunahme der Membranen. Ein Organismus, der durch tiefe Temperaturen und evtl. starke Gewebsentwässerung an einer schnellen Reaktion gehindert ist, ist sekundären Stressoren in verstärktem Maße ausgeliefert. Besonders interessant ist in diesem Zusammenhang die Stresskombination Kälte und hohe Lichtenergie, die bei ungehärteten Pflanzenorganen zu erheblichen Schäden, insbesondere des Photosyntheseapparats führt (siehe Kapitel 1.2.1.3). Frosthärtung und -enthärtung sind deshalb die klassischen Beispiele für das Studium von Anpassungsreaktionen, denn als Antwort auf die Kälte zeigen die Pflanzen sowohl spezifische Anpassungen, als auch allgemeine Stressreaktionen (*strain*). Letztere betreffen Membranveränderungen sowie die Verstärkung des Entgiftungssystems für Radikale und reaktive Sauerstoffspezies (s. Abb. 1.3.36).

Wegen des in der Kälte verlangsamten Metabolismus' erfordert die Messung von Kältetoleranz und Kälteschäden ein besonders sorgfältiges Versuchsdesign. Keinesfalls darf zu schnell abgekühlt oder am Ende des Experiments wieder erwärmt werden. Im Kasten 1.3.6. ist ein entsprechendes Verfahren dargestellt.

Kasten 1.3.6 Messung von Kälte- und Frostschäden

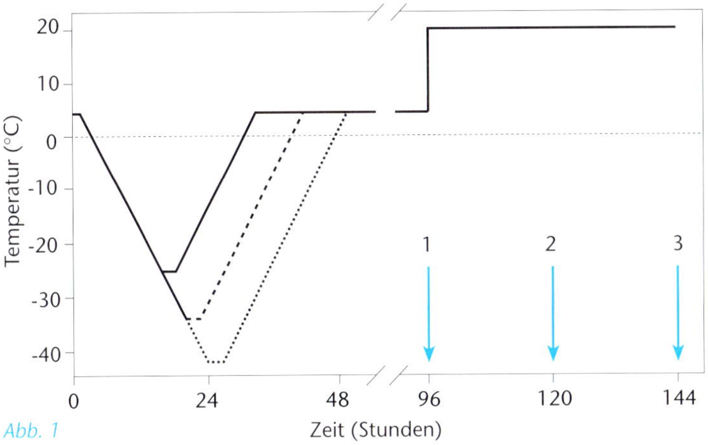

Abb. 1

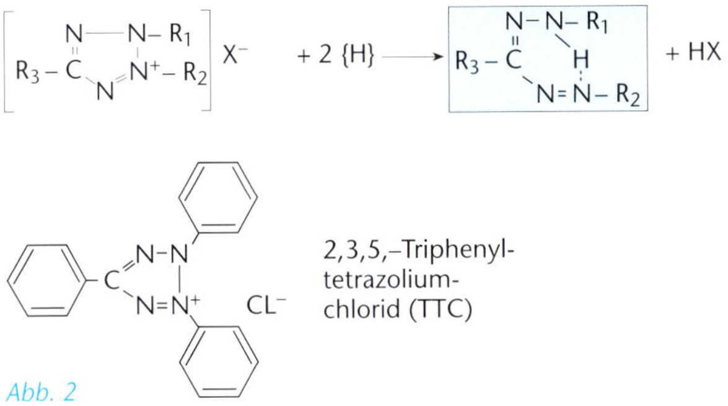

Abb. 2

Um Schäden durch Kälte oder Frost bzw. die Grenze der Resistenz festzustellen, muss zunächst eine standardisierte Stressbehandlung durchgeführt werden. Im Gegensatz zum Hitzeschock bevorzugt man bei der Untersuchung des Faktors Kälte eine vergleichsweise langsame Temperaturänderung, um der geringeren Geschwindigkeit der biochemischen Reaktionen bei niedriger Temperatur Rechnung zu tragen.

Abbildung 1 zeigt den Temperaturverlauf während des gesamten Tests. Zunächst wird die Probe langsam abgekühlt (1–2 K pro Stunde). Zwei Stunden lang wird sie einer definierten Endtemperatur ausgesetzt, bevor sie wieder langsam (1–2 K pro Stunde) erwärmt wird. Zur Schadensentwicklung wird die Probe 48 Stunden bei +5 °C aufbewahrt. Dann wird sie in eine TTC-Lösung eingebracht. Dehydrogenasen reduzieren nun das Tetrazolium zum gefärbten Formazan (Abb. 2, Formazan blau dargestellt). Dieses wird nach weiteren 24 Stunden extrahiert (ca. 12 Stunden lang) und photometrisch quantifiziert.

Neben diesem Test können auch die in Kasten 1.1 aufgeführten Vitalitätstests angewandt werden.

1.3.5.1 Stress durch Kälte oberhalb des Gefrierpunktes (*chilling*): Erkältungsschäden sind vor allem Membranschäden

Schäden durch niedrige Temperaturen oberhalb des Gefrierpunkts treten praktisch nur bei tropischen und subtropischen Pflanzen auf, die genetisch an einen Temperaturbereich zwischen +5 und circa 50 °C angepasst sind (siehe Tabelle 1.3.1). Besonders intensiv untersucht wurden Palmen, Mangroven, die Kaffeepflanze und einige tropische Kräuter, die uns als Zimmerpflanzen bekannt sind, wie *Peperomia* und das Usambaraveilchen (*Saintpaulia ionantha*). Wie beim Temperaturstress allgemein, sind die einzelnen Organe einer Pflanze unterschiedlich empfindlich. Ein aufschlussreiches Beispiel ist die Kaffeepflanze (*Coffea arabica*, Abb. 1.3.13). Typisch für das *chilling* ist, dass es nicht die jungen, sondern die alten Blätter (sowie das Kambium im Wurzelbereich) sind, die am empfindlichsten auf Kälte reagieren. Unterschiedliche Empfindlichkeit zeigen auch die einzelnen Stoffwechselprozesse: Zu den empfindlichsten zählen membrangebundene Prozesse wie die Ionenhomöostase und die Photosynthese. Auch bestimmte Entwicklungsstadien der Pflanze sind besonders kälteempfindlich, nämlich die Keimung und die Fruchtreife. Generell sind dies die Stadien, in denen das Entgiftungssystem für Radikale und aggressive Sauerstoffspezies noch nicht oder nicht mehr sehr leistungsfähig ist. Am empfindlichsten ist allerdings die Pollenreifung.

Für das *chilling* gilt, soweit bisher bekannt, das Stressmengengesetz, d. h., eine vierstündige Abküh-

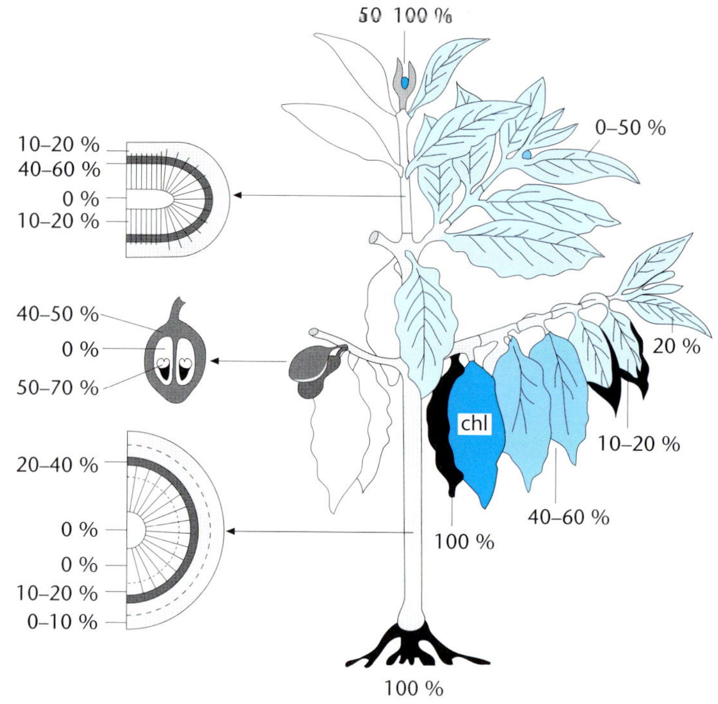

Abb. 1.3.13: Unterschiedliche Kälteempfindlichkeit der Organe des Kaffeebaums. Prozentuale Schädigung nach dreitägiger kontinuierlicher Kühlung auf + 1 °C. Schwarz: vollständige Schädigung; chl: chlorotisch (aus Larcher 1994).

lung auf +1 °C bewirkt etwa das gleiche Schadensausmaß wie eine 20-stündige Absenkung der Temperatur auf 3,5 °C (Kapitel 1.1.3, Abb. 1.1.6). Auf der subzellulären Ebene entstehen Erkältungsschäden durch Stoffwechselungleichgewichte und „Membranerstarrung".

Wie stellt man sich die Inaktivierung von Membranen durch Kälte vor? Die klassische Vorstellung, dass bei Abkühlung nicht-kälteresistenter Zellen die Lipide der Biomembranen vom flüssigen Aggregatzustand in den kristallinen, erstarrten Zustand übergehen, verbunden mit einer Dickenzunahme der Biomembran und der Verzerrung (Inaktivierung) der membranintegralen Proteine (**thermotroper Phasenübergang**) ist einleuchtend aber sicherlich übersimplifiziert (Abb. 1.3.14).

Vielmehr muss man davon ausgehen, dass um die membranüberspannenden Proteine herum eine Zone von Lipidmolekülen mit eingeschränkter Beweglichkeit existiert. Diese Zone dehnt sich bei Abkühlung aus; bei dichter Proteinpackung, d. h. einem hohen Proteingehalt der Membranen, können solche Zonen aggregieren und größere Areale mit hoher Viskosität bilden (Abb. 1.3.15).

In solchen Bereichen scheinen die Membranen nicht mehr „dicht" zu sein, wodurch der Aufbau und Erhalt von Konzentrationsgradienten erschwert ist. Hinzu kommt, dass Ionenpumpen kälte-inaktiviert werden, sodass auch aus diesem Grund die Kompartimentierung mehr und mehr zusammenbricht; dies gilt besonders für die Protonengradienten, die für die ATP-Versorgung der Zelle notwendig sind. Ob der vielfach beobachtete Wasseraustritt aus den geschädigten Zellen lediglich ein Folgeprozess des Teilchenaustritts aus der Zelle ist (passives Nachströmen) oder ob dabei die Aquaporine (siehe Kasten 1.5.2) eine Rolle spielen, ist noch ungeklärt.

Welche Membranen am empfindlichsten auf Kälte reagieren, scheint von der Pflanzenart abzuhängen. In einigen Fällen wurde die Plasmamembran als Ort der Primärschädigung identifiziert (z. B. bei *Eucalyptus*-Zellkulturen), in anderen dürfte der Tonoplast besonders kälteempfindlich sein (z. B. bei der Fichte).

Im Gegensatz zur jahreszeitlichen Frosthärtung und -enthärtung, findet man beim Phänomen des *chilling* kaum eine Akklimatisation. Bei Mangroven wie bei Palmen konnten keine nennenswerten Verschiebungen zu tieferen LD50 erreicht werden. Hingegen gibt es innerhalb der gleichen Pflanzenart Genotypen mit etwas unterschiedlicher Käl-

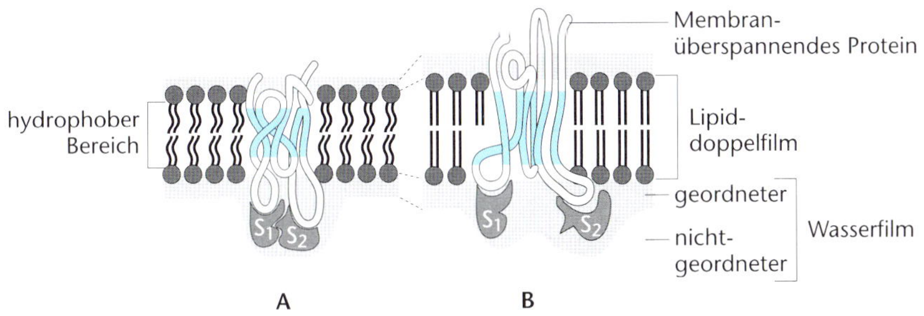

Abb. 1.3.14: *Modell einer Biomembran (Querschnitt) im flüssigen (aktionsfähigen) und im erstarrten (inaktiven) Zustand. S_1, S_2 Substrate. Nach Wolfe (1978).*

teempfindlichkeit. Die weniger kälteempfindlichen Genotypen besiedeln eher die Randtropen (Subtropen) (10 bis 23° N und S des Äquators), die empfindlicheren die inneren Tropen (10° N und S des Äquators). Molekulare Mechanismen, die bei den resistenteren Genotypen die Härte bedingen, beruhen vor allem auf einem höheren Desaturationsgrad der Membranlipide.

In diesem Zusammenhang ist es von besonderem Interesse, wichtige Kulturpflanzen mit Membranlipiden auszustatten, die eine größere Kältetoleranz ermöglichen. Ein Weg dazu ist es, den Anteil an gesättigten Fettsäuren in den Lipiden zugunsten ungesättigter Fettsäuren zu erniedrigen (siehe Kasten 1.3.7 und Tabelle 1.3.4). Im Wesentlichen dreht es sich dabei um die Gruppe der Glycerolipide, die entweder Phosphatide oder Glycolipide sein können. Erste gentechnische Schritte, den Anteil ungesättigter Fettsäuren zu erhöhen, verbesserten auch die Kälteresistenz (Abb. 1.3.16).

1.3.5.2 Kältebedingte Stoffwechselungleichgewichte

Umfassend untersucht wurden Schädigungen, die durch Imbalancen des durch tiefe Temperaturen verlangsamten Metabolismus zustande kommen. Hauptsächlich resultieren solche Imbalancen aus den unterschiedlichen Q_{10}-Werten für biophysikalische und biochemische Prozesse.

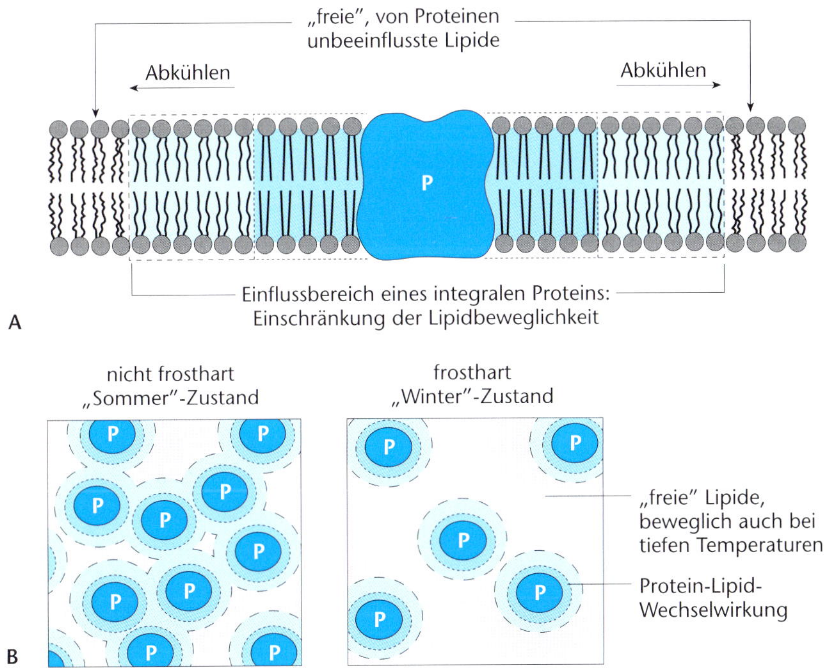

Abb. 1.3.15 A: *Schematische Dartstellung der Protein-Lipid-Wechselwirkungen in Thylakoidmembranen beim Abkühlen.* B: *Einfluss der Frosthärtung auf die Vorgänge beim Abkühlen der Thylakoidmembran von Pinus sylvestris. Nach Vogg et al. (1998).*

Kasten 1.3.7 Lipidbiosynthese in Pflanzen (nach Frentzen und Heinz 1983, siehe auch Ohlrogge und Browse 1995)

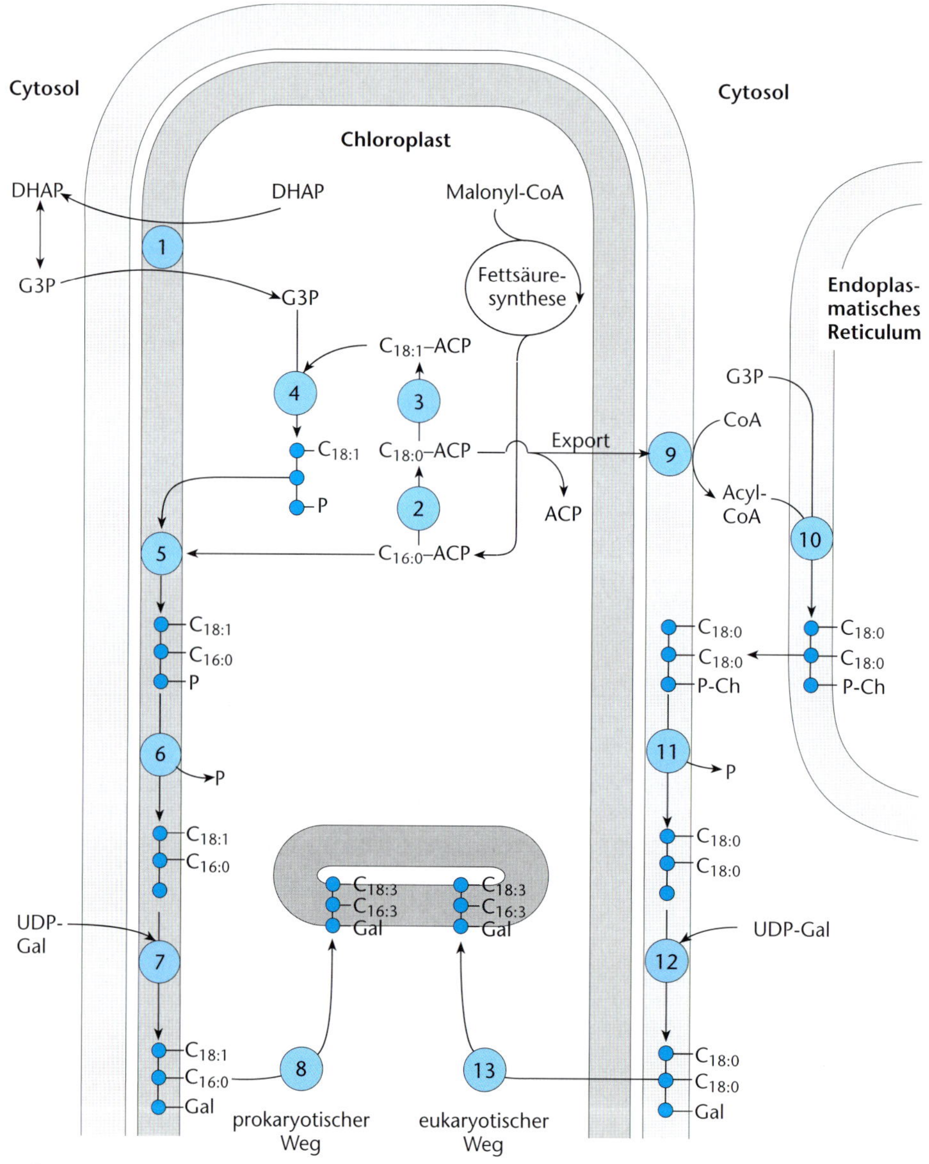

= Enzyme:
1= P-Translokator
2= Elongase
3= Stearoyl-ACP-Desaturase
4= G3P-Acyltransferase
5= 1-Acylglycerin-3P-Acyltransferase
6= Phosphatidsäure-Phosphatase
7= Diacylglycerin-Galactosyltransferase
8= Desaturasen
9= Acyl-CoA-Synth(et)ase
10= Phosphatidylcholin-Synthase
11= Phosphatase
12= Diacylglycerin-Galactosyltransferase
13= Desaturasen

Wichtig für die Erzeugung *chilling*-resistenter Pflanzen sind die Desaturasen: Acyl-ACP-Desaturase (3), Acyl-Lipid-Desaturase (13), bei Prokaryoten ebenfalls Acyl-Lipid-Desaturase (8), sowie die Glycerol-3P-Acyltransferase (4), evtl. noch die 1-Acylglycerin-3P-Acyltransferase (5), die nur veresterte oder als Thioester (ACP) vorliegende Fettsäuren als Substrat verwenden kann.

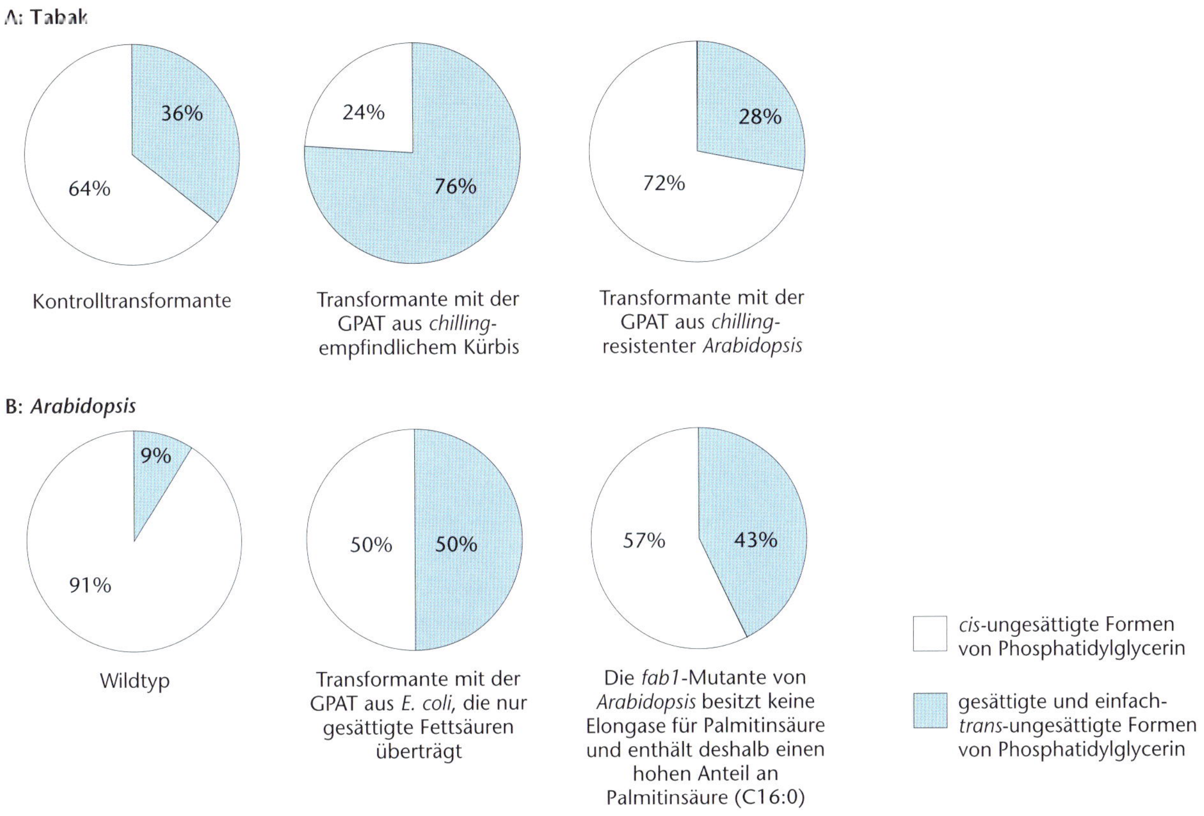

Abb. 1.3.16: Veränderung der chilling-Empfindlichkeit durch Veränderung des Desaturationsgrads der Fettsäuren im Phosphatidylglycerol. Für den Gentransfer stehen chilling-resistente und -sensitive Pflanzen zur Verfügung. Dabei ist wichtig, daß chloroplastische Glycerol-3P-Acyltransferase (GPAT) von chilling-resistenten Pflanzen (Arabidopsis) fast nur 18:1-ACP als Substrat verwendet, während das Enzym von chilling-empfindlichen Pflanzen (z.B. Kürbis) die Fettsäure sowohl von 18:1-ACP als auch von 16:0-ACP übertragen kann (vgl. Kasten 1.3.7). Wird die Glycerol-3P-Acyltransferase von Kürbis in Tabak (A) überexprimiert, so entsteht eine Sorte mit einem hohen Anteil (76 %) gesättigter Fettsäuren im Phosphatidylglycerol; wird dagegen das Enzym von Arabidopsis (B) verwendet, so vergrößert sich der Prozentsatz der ungesättigten Fettsäuren in diesem Lipid. Bei Arabidopsis, wo der Wildtyp schon kaum mehr gesättigte Fettsäuren im Phosphatidylglycerol aufweist, lässt sich der Anteil ungesättigter Fettsäuren nicht mehr erhöhen; aber das gegenteilige Experiment, die Vergrößerung des Anteils gesättigter Fettsäuren ist gentechnisch möglich. Welchen Einfluss hat nun der veränderte Anteil ungesättigter Fettsäuren auf die Empfindlichkeit gegenüber tiefen Temperaturen? Vergrößerung des Anteils cis-ungesättigter Fettsäuren erhöhte die chilling-Toleranz, sowohl der Photosynthese als auch im Bezug auf makroskopisch sichtbare Schäden nach Kälte-Exposition. Umgekehrt nahm die Resistenz ab, wenn der Anteil an gesättigten Fettsäuren vergrößert wurde. Nach Nishida und Murata (1996).

Metabolische Imbalancen

Besonders empfindlich reagieren diurnale Schwankungen von Enzymaktivitäten und ihren Metabolitenpools wärmeliebender Pflanzen auf Kälte. Hält man solche Pflanzen im Dauer(schwach)licht unter sonst normalen Umgebungsbedingungen, so zeigt sich eine endogene metabolische Rhythmik in so genannten freilaufenden, **circadianen** (d. h. ca. 24-stündigen) **Oszillationen**. Zwei cytosolische Schlüsselenzyme, die **Saccharosephosphat-Synthase** (SPS) und die **Nitratreduktase** zeigen dieses Phänomen: Dem Photosynthesegeschehen entsprechend findet man hohe Aktivitäten dieser Enzyme in der Lichtperiode, niedrige während der Nacht, mit einer freilaufenden Periode von 26 Stunden. Wenn die photosynthetische Produktion des Triosephosphats im Chloroplasten und seine weitere Metabolisierung zur Saccharose im Cytosol aus dem Takt geraten, ergeben sich natürlich Ungleichgewichte, u. a. dadurch, dass das bei der Saccharosesynthese im Cytosol frei werdende Phosphat wieder in den Chloroplasten zurückkehren muss, da es diesem, an Triose gebunden ja beim Export des Kohlenhydrats in das Cytosol entzogen wurde. In dem in Abbildung 1.3.17 gezeigten Beispiel wurden die freilaufenden Oszillationen der SPS durch eine zwölfstündige Absenkung der Temperatur von 26 °C auf 4 °C so stark gestört, dass sich bei der Rückkehr zur Normaltemperatur eine genau gegenläufige Oszillation ergab, mit einer minimalen Aktivität während der Zeit der Lichtperiode und einem Aktivitätsmaximum in der Zeit der Dunkelphase. Eine entsprechende Rhythmusverschiebung ergab sich auch bei der Nitratreduktase. Jedoch werden nicht alle endogenen Rhythmen einer wärmeliebenden Pflanzen durch *chilling* beeinträchtigt: So blieben z. B. die endogenen Oszillationen der Stomatabewegung beim Avocadoblatt auch bei Kühlung im ursprünglichen Takt erhalten, obwohl die Photosynthese selbst stark beeinträchtigt war (Allen und Ort 2001).

Eine hohe Bedeutung kommt dem *chilling* auch in der Stresskombination mit hoher Lichtintensität (Abb. 1.3.18) zu. Bei einer derartigen Belastung wird in der Regel das Thylakoidsystem überlastet, da wegen der tiefen Temperaturen der photosynthetische Kohlenhydratmetabolismus nicht mit der Lichtreaktion Schritt halten kann. Die Folge davon ist eine Hemmung insbesondere des Photosystems II, die so genannte **Photoinhibition**, als Folge der Lichtinaktivierung des empfindlichen D1-Proteins (siehe Kapitel. 1.2.1.3). Zur Regeneration der vollen photosynthetischen Leistungsfähigkeit muss das beschädigte D1-Protein ausgetauscht werden, wofür nach heutiger Kenntnis die fünf in Abbildung 1.2.8 dargestellten Schritte nötig sind: Entfernung des inaktivierten D1-Proteins; Neusynthese von Prä-D1; Einbau von Prä-D1 in das Photosystem II; Prozessierung von Prä-D1; Rekonstitution des gesamten Kerns des PS II.

Der Desaturationsgrad der Thylakoidlipide beeinflusst vor allem den Einbau und die Prozessierung des Prä-D1. Deshalb nimmt man an, dass die *chilling*-Toleranz von Pflanzen mit höherem Desaturationsgrad auf einem effizienteren Austausch von beschädigtem gegen intaktes D1-Protein beruht.

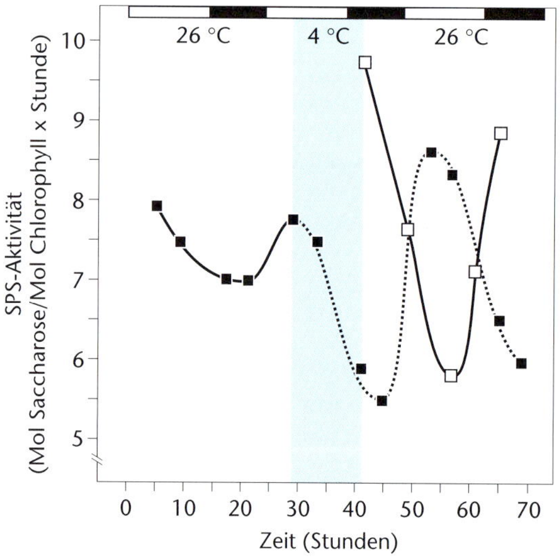

Abb. 1.3.17: Verschiebung der endogenen metabolischen Rhythmik durch chilling. Tomatenpflanzen wurden bei Normaltemperatur (26 °C) im Dauerschwachlicht gezogen und die endogene freilaufende Oszillation der SPS-Aktivität verfolgt (■). Die Periodenlänge beträgt etwa 26 Stunden („circadian"). Der Takt der vorhergehenden Licht-Dunkelphasen ist am oberen Rand des Diagramms eingezeichnet. In einem zweiten Experiment wurden gleichbehandelte Pflanzen in der Zeitperiode zwischen 29 und 41 Stunden auf 4 °C abgekühlt, worauf sich die endogene Oszillation der SPS-Aktivität umkehrt (□), da sich nun der Rhythmus verzögert hat. Aus Jones et al. (1998).

1.3.5.3 Stoffwechselungleichgewichte führen oft zu oxidativem Stress

Heute nimmt man an, dass die Photosysteme hauptsächlich durch den so genannten oxidativen Stress geschädigt werden. Der Stressor wird als **ROS** – reaktive O_2-Spezies – bezeichnet, wobei es sich nicht nur um Sauerstoff als solchen, sondern auch um Reaktionsprodukte von aktiviertem Sauerstoff mit Metaboliten und Strukturkomponenten der Zelle, wie z. B. Biomembranen, handelt (Kasten 1.3.8). In einer ungeschädigten, ohne besondere Belastung lebenden Zelle entstehen derartige ROS nur in ganz geringen Raten, denen die endogenen Entgiftungs- und Reparatursysteme weit überlegen sind. Bei Stoffwechselimbalancen, unter Stress oder in seneszierenden Zellen aber werden solche reaktiven Moleküle in erhöhtem Maße gebildet und können, bevor sie entgiftet werden, Schaden anrichten.

Im Folgenden sollen einige der Situationen und Reaktionen, bei denen ROS gebildet werden, kurz dargestellt werden:

Luftsauerstoff besitzt zwei ungepaarte Elektronen und liegt deshalb im wenig reaktiven Triplettzustand vor. In diesem Zustand kann der Sauerstoff nicht mit Molekülen im Singulettzustand reagieren, wohl aber mit solchen im Triplett-Zustand. Ein Beispiel hierfür ist die Reaktion mit Chlorophyll, das vom ersten Singulettzustand durch Verlust von Anregungsenergie in den ersten Triplettzustand übergegangen ist. Es kann nun seine ihm noch verbliebene Energie auf das O_2-Molekül übertragen (Excitonentransfer), das dadurch eine Spinumkehr erfährt und zum äußerst reaktiven **Singulettsauerstoff** ($^1O_2$) wird. $^1O_2$ hat ein gepaartes sehr labiles Elektronenpaar, das mit vielen organischen Stoffen, besonders leicht aber mit ungesättigten Verbindungen unter Bildung von Hydroperoxiden reagiert.

Sauerstoff kann aber auch reduktiv aktiviert werden, z. B. bei der Photosynthese (siehe Kasten 1.3.8, Abb. 1), wenn kein anderer Elektronenakzeptor zur Verfügung steht (vom Fd aus) oder katalysiert durch das Totalherbizid Methylviologen (Paraquat) oder in der Atmungskette (siehe Kasten 1.3.8, Abb. 2), ebenfalls vom Schwefeleisenprotein aus, vom Hydrochinon oder bei schadhaf-

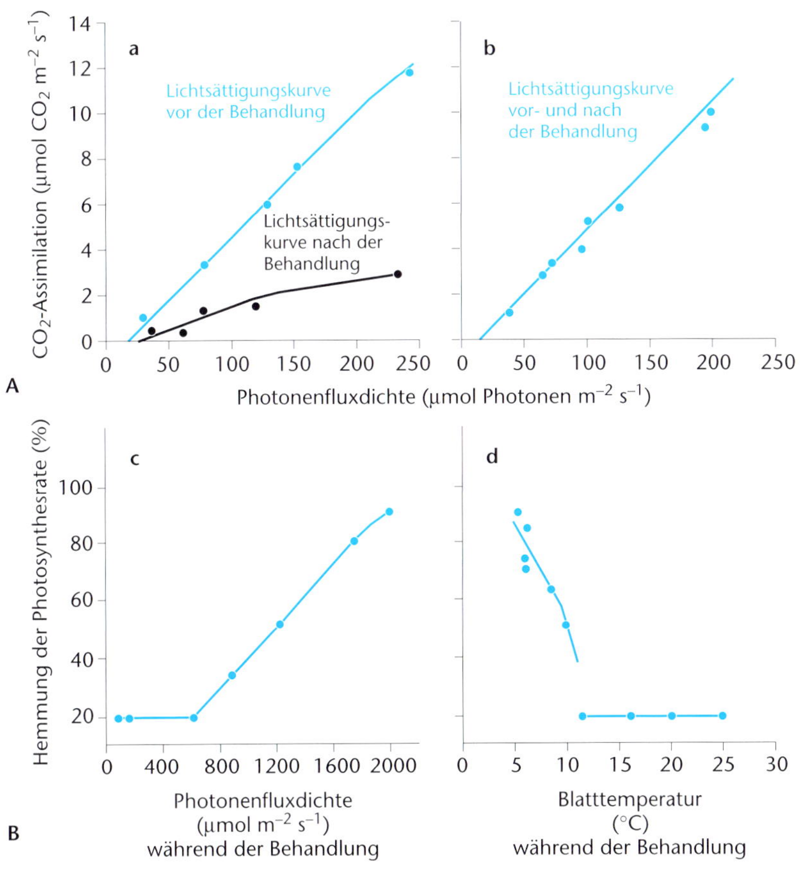

Abb. 1.3.18: Die Wirkung der Stress-Kombination: chilling und Licht auf die Photosynthese. A: Bohnenblätter (die Gartenbohne ist als tropische Pflanzen chilling-sensitiv) werden 6 h lang bei 6 °C einer intensiven Belichtung (a: 2000 µmol Photonen × $m^{-2}s^{-1}$) ausgesetzt und die Lichtsättigungskurve der CO_2-Assimilation vor und nach der Behandlung gemessen; die gestressten Blätter zeigen eine drastische Hemmung der Photosynthese auch noch 1 h nach der Behandlung. Wurden die Blätter während des chilling nur Schwachlicht ausgesetzt (b: 70 µmol Photonen x $m^{-2}s^{-1}$), so war keine Hemmung zu beobachten. Allerdings wurden die Lichtsättigungskurven nur bis ca 250 µmol Photonen x $m^{-2}s^{-1}$ gemessen. B: Im Experiment wurden die Bohnenblätter während einer dreistündigen chilling-Periode (5,5 °C) unterschiedlichen Lichtintensitäten ausgesetzt: Ab etwa 500 µmol Photonon × $m^{-2}s^{-1}$ beginnt die Hemmung der Photosynthese (c). Wird die Lichtintensität konstant bei 2000 µmol Photonon × $m^{-2}s^{-1}$ gehalten und die Temperatur variiert, so nimmt die Hemmung erwartungsgemäß mit steigender Temperatur ab und ab ca 10 °C tritt sie überhaupt nicht mehr auf (d). Nach Powles et al. (1983), siehe auch Powles (1984).

Kasten 1.3.8 Sauerstoffaktivierende Reaktionen

1. Die photodynamische Reaktion

$P^* + {}^3O_2 \rightarrow P + {}^1O_2$; Singulettsauerstoff ${}^1O_2 + RH \rightarrow ROOH$; RH ist z. B. eine ungesättigte Fettsäure; es entsteht ein Fettsäurehydroperoxid. ROOH können durch Elektronendonatoren (Fe^{2+}, Cu^{1+}) reduziert werden und Alkoxiradikale bilden:

$ROOH + Fe^{2+} \rightarrow RO^{\bullet} + OH^- + Fe^{3+}$;

$RO^{\bullet} + RH \rightarrow R^{\bullet} + ROH$;

damit ist der Beginn für eine Kettenreaktion gegeben.

2. Reduktive Sauerstoffaktivierung

In Gegenwart von Reduktionsmitteln mit einem $\varepsilon < -160$ mV kann Sauerstoff ein Elektron aufnehmen und zum Superoxid oder Sauerstoffradikalanion werden:

${}^3O_2 + e^- \rightarrow {}^3O_2^-$

Das Superoxid kann in der Photosynthese (Elektronenübertragung auf O_2 statt auf NADP), in der Atmungskette (vom Schwefeleisenprotein aus bzw. vom Hydrochinon, bei der schrittweisen O_2-Reduktion am Cytochrom a/a_3), aber auch im Zusammenhang mit Monooxygenasen entstehen.

Das Superoxid dismutiert spontan (mit SOD aber 10^4-mal schneller):

$2\,O_2^- \rightarrow H_2O_2 + O_2$. H_2O_2 kann monovalent reduziert werden, z. B. durch Fe^{2+}, **Haber-Weiss-Reaktion, Fenton-Chemie**:

$H_2O_2 + Fe^{2+} \rightarrow OH^- + OH^{\bullet} + Fe^{3+}$.

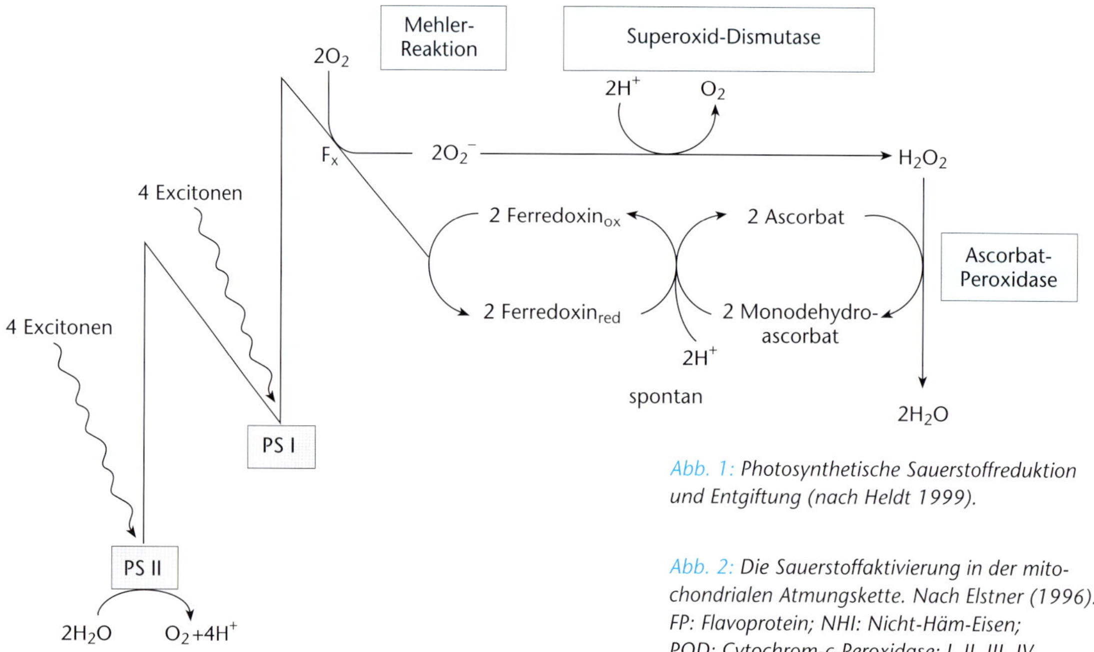

Abb. 1: Photosynthetische Sauerstoffreduktion und Entgiftung (nach Heldt 1999).

Abb. 2: Die Sauerstoffaktivierung in der mitochondrialen Atmungskette. Nach Elstner (1996). FP: Flavoprotein; NHI: Nicht-Häm-Eisen; POD: Cytochrom-c-Peroxidase; I, II, III, IV Proteinkomplexe der Atmungskette; SOD: Superoxiddismutase.

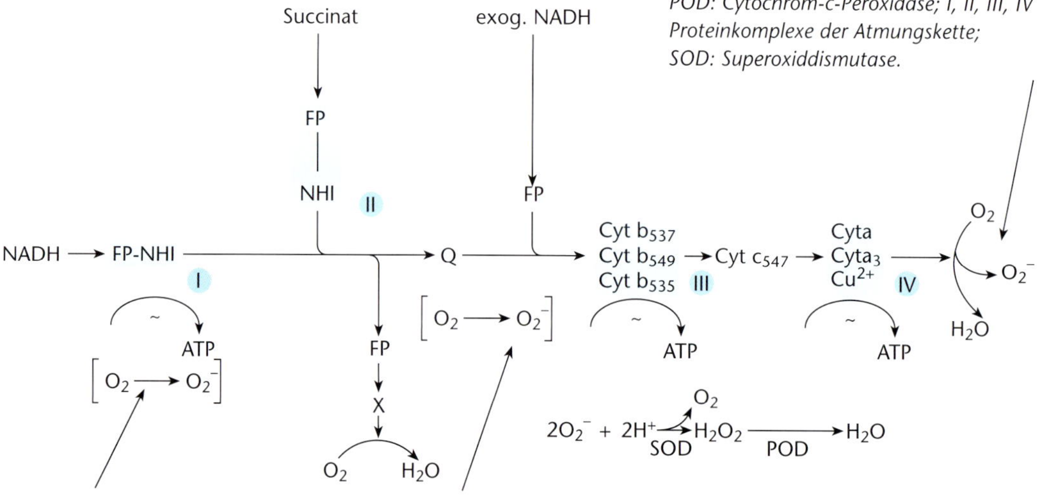

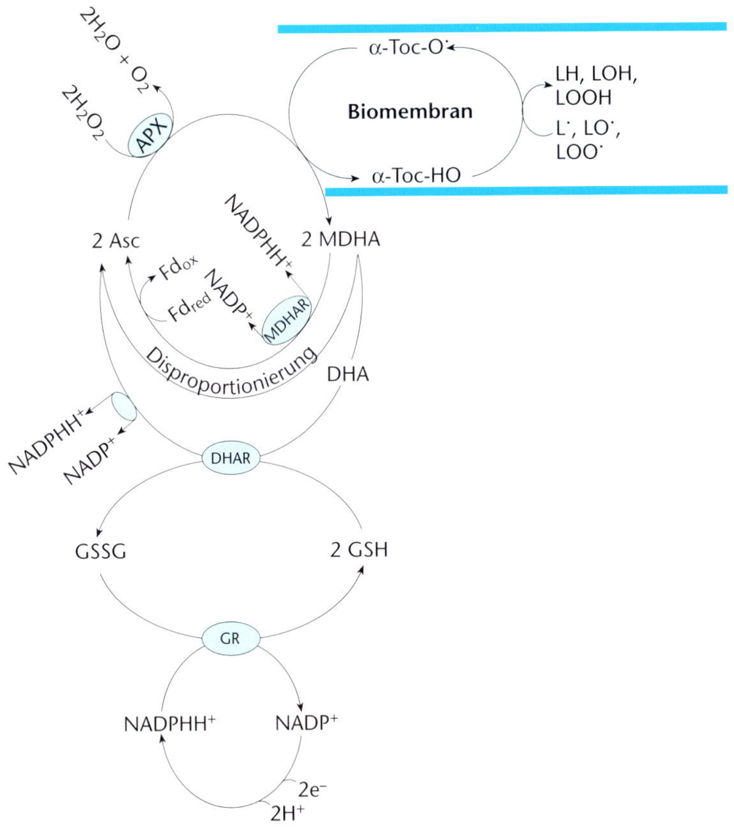

Abb. 3: Das pflanzliche Entgiftungspotential für reaktive Sauerstoffspecies (ROS) und Radikale (nach Dertinger U und Schulze E-D unveröffentlicht). Asc = Ascorbat; APX = Ascorbatperoxidase; α-Toc-OH = α-Tocopherol; Fd = Ferredoxin; DHA = Dehydroascorbat; DHAR = Dehydroascorbatreduktase; GR = Glutathionreduktase; GSH = Glutathion; GSSG = oxidiertes Glutathion; LH = Lipid; LOH = Hydroxylipid; LOOH = Lipidperoxid; MDHA = Monodehydroascorbat; MDHAR = Monodehydroascorbatreduktase.

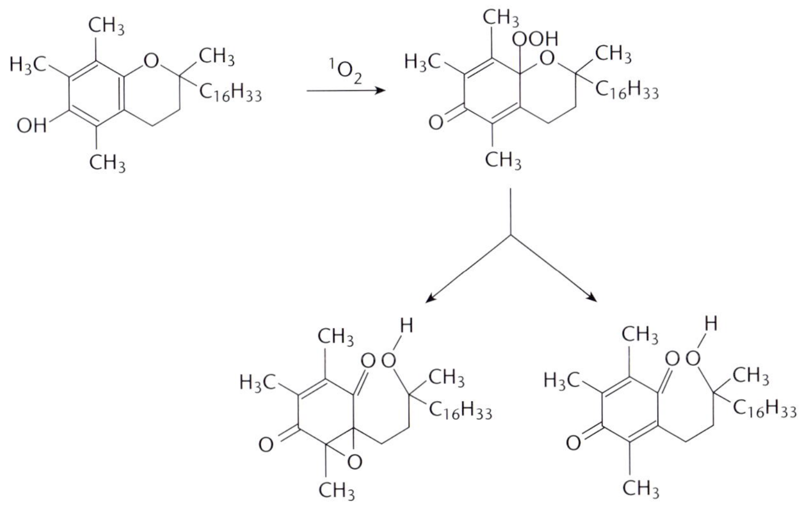

Abb. 4: Reaktionsschema der Entgiftung von Singulettsauerstoff durch Tocopherol (nach Neely et al. 1988).

ter Endoxidase (nach erst teilweiser Elektronenübertragung auf O_2). Es entsteht dann das Superoxid- oder Sauerstoffradikalanion, das spontan, aber 10 000 Mal schneller mit Superoxiddismutase zu Wasserstoffperoxid und Sauerstoff dismutiert.

Wasserstoffperoxid kann monovalent reduziert werden (z. B. über das Sauerstoffradikalanion und Eisen-III-Ionen) wobei in der **Haber-Weiss-Reaktion** das noch reaktivere **OH-Radikal** entsteht, das sofort in seiner unmittelbaren Umgebung oxidativen Schaden anrichtet.

Im Fall des *chilling* bleibt die Rate des metabolischen NADPH-Verbrauchs (Reoxidation von NADPH zum NADP) wegen der tiefen Temperatur hinter der Rate der NADP-Reduktion zurück, d. h., NADPH reichert sich an, der NADP-Pool wird „überreduziert". Dann werden die photosynthetischen Elektronen im linearen Elektronentransport auf Sauerstoff übertragen (**Mehler-Reaktion**) und es entsteht das Superoxid. Dieses und andere in diesem Zusammenhang entstehende ROS oxidieren das Methionin und Histidin des D1-Proteins und bedingen so seine Inaktivierung.

Wie obige Aufzählung zeigt, entstehen ROS nicht nur bei tiefen Temperaturen, sondern auch unter Einwirkung anderer Stressoren (z. B. Licht). Die Etablierung eines vielfältigen **antioxidativen Systems** ist also wiederum eine generelle Stressreaktion, keine spezifische. Dieses antioxidative System besteht aus verschiedenen Enzymen und ihren Substraten, den so genannten Radikalfängern (*scavenger*).

Das antioxidative System entgiftet reaktiven Sauerstoff

Pflanzen verfügen über mehrere biochemische Mechanismen, um ROS zu detoxifizieren (Abb. 3 in Kasten 1.3.8):

1. *Quencher* und *Scavenger*

In die Gruppe der *Quencher* und *Scavenger* gehören kleine Moleküle, die in oftmals nicht enzymkatalysierten Reaktionen mit ROS reagieren und diese dabei detoxifizieren: Es sind dies in Membranen lokalisierte Schutzstoffe wie Tocopherol oder viele Carotinoide, aber auch wasserlösliche Verbindungen wie Ascorbinsäure und Phenolderivate, insbesondere Flavonoide und Cumarine. Sie reagieren sowohl mit $^1O_2$ als auch mit dem OH-Radikal und fangen so die giftigsten ROS ab (daher die Namen *Quencher, Scavenger*). Das lokal sehr wirksame OH Radikal reagiert besonders gut mit Flavonoiden, und so ist es nicht verwunderlich, dass bei frostharten Pflanzenorganen, während der Frosthärtung oder während eines Stress' durch *chilling* verbunden mit hohen Lichtintensitäten die Schlüsselenzyme der Flavonoidbiosynthese, die Phenylalanin-Ammonium-Lyase sowie die Chalconsynthase in besonderem Maße gebildet werden (siehe Kapitel 1.2, Kasten 1.2.5). Flavonoide werden auch als Antwort auf Infektionen und Verwundungen gebildet und dann als **Phytoalexine** bezeichnet. Sie haben also eine vielfältige Rolle in der Stressabwehr.

2. Die enzymatische ROS-Detoxifizierung

ROS werden in denjenigen Kompartimenten, in denen sie häufig entstehen können – also in den Chloroplasten, Mitochondrien und Peroxisomen – enzymatisch detoxifiziert, wobei im Regelfall Wasser entsteht. Auch im Cytosol sind entsprechende Enzyme nachgewiesen worden (Kasten 1.3.8, Abb. 3).

Das wasserlösliche detoxifizierende Enzymsystem besteht aus Superoxiddismutase (SOD), einer Peroxidase, meist Ascorbatperoxidase, (Mono)Dehydroascorbatreduktase und der NAD(P)H-abhängigen Glutathionreduktase. Es ist unter der Bezeichnung **Ascorbat-Glutathion-Zyklus** (Kasten 1.3.8, Abb. 3) bekannt. Die in den einzelnen Kompartimenten vorhandenen Enzymaktivitäten sind z. T. sehr hoch, sodass das System sehr effizient arbeitet. Bei der Frosthärtung werden einzelne Enzyme dieses Entgiftungswegs noch zusätzlich aktiviert, bzw. verstärkt exprimiert.

1.3.5.3 Reparatursysteme bessern Schäden an Biomembranen, Nucleinsäuren und Proteinen aus

Man kennt heute eine Reihe von Reparaturmechanismen, die peroxidierte Fettsäuren und ihre Folgeprodukte (Hydroxy-Octodecadiensäuren, so genannte HODEs) aus Membranen entfernen (die meisten Membranlipide haben ohnehin sehr kurze Verweilzeiten in der Membran), entgiften und durch intakte ersetzen; auch für beschädigte Nucleinsäuren gibt es solche Reparatursysteme (siehe Kasten 1.2.4). Beschädigte Proteine werden über das Chaperonsystem repariert oder nach Markierung mit Ubiquitin abgebaut.

1.3.6 Frost

Der Stress durch tiefe Temperaturen wird bei Frost durch die Gefrierentwässerung erheblich verschärft. Natürlich spielen sekundäre Belastungen wie hohe Lichtintensität bei Temperaturen unter 0 °C zusätzlich eine wichtige Rolle. Frost gibt es auch im tropischen Klimatyp, und zwar in den tropischen Hochgebirgen. Da aber dort die Temperatur nur stundenweise unter den Gefrierpunkt sinkt, kommt den Gefriervermeidungsmechanismen (*avoidance*) eine große Bedeutung zu. Im Gegensatz zum *chilling* beobachtet man im Bezug auf den Frost die saisonale Härtung (Erwerb der Frostresistenz oder -toleranz) und Enthärtung. Diese Vorgänge bringen eine Vielzahl physiologisch wichtiger Aspekte mit sich. Besonders aktuell sind die sich in letzter Zeit häufenden Entdeckungen von so genannten *cold related proteins* (*COR*), die neben der in Kapitel 1.1.6 beschriebenen gentechnischen Frosthärtung von Biomembranen wichtige Ansatzpunkte für die Frosthärtung kälteempfindlicher Nutzpflanzen bieten. In diesem Zusammenhang ist erwähnenswert, dass noch in den 80er Jahren 70 % der jährlichen Ernteeinbußen in den USA den Stressoren Kälte und Dürre zuzuschreiben waren, während Schädlinge, Unkräuter und Krankheiten zusammen nur für circa 10 % verantwortlich waren. Im Süden Floridas verursachten die Spätfröste in den Jahren 1981–1985 einen Schaden von über 1 Milliarde US $ (Yelenosky 1985).

1.3.6.1 Frosttemperatur und Biomembran

Im Prinzip gelten die Ausführungen, die beim Thema *chilling* über die Membranfluidität gemacht wurden, in verstärktem Maße auch beim Frost. Fluiditätsmessungen mittels Elektronenspinresonanz

Kasten 1.3.9 Untersuchung der Fluidität von Membranen

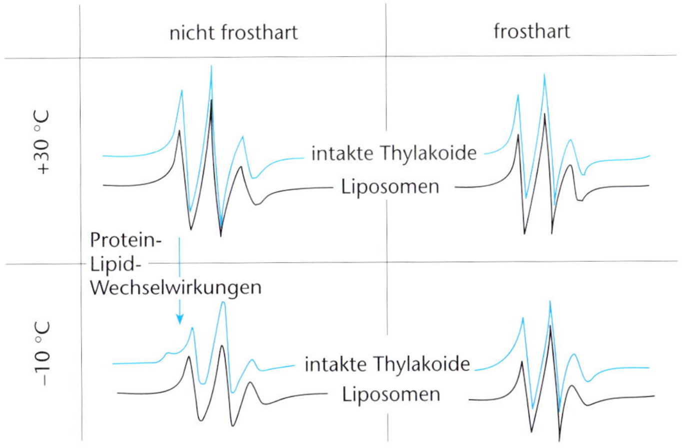

ESR-Spektren von 16-Doxylstearat in intakten Thylakoiden und deren deproteinierten Liposomen aus frostharten und nicht frostharten Nadeln von Pinus sylvestris. Gemessen wurden die Proben jeweils bei +30 °C und bei −10 °C. Der Pfeil zeigt das Resonanzsignal im Niedrigfeldbereich als Hinweis auf Protein-Lipid-Wechselwirkungen in intakten, nicht frostharten Thylakoiden (nach Vogg et al. 1998).

Mit Hilfe der ESR-Spektroskopie kann man die Fluidität von Biomembranen untersuchen. Isolierte Membranvesikel werden in Pufferlösung mit einer Substanz inkubiert, die wie die Membranlipide einen hydrophilen und einen lipophilen Pol hat, aber ein ungepaartes Elektron trägt. Meist verwendet man Nitroxide von Fettsäuren als Sonde oder „Elektronenspin-Label". Die Beweglichkeit der Sonde innerhalb der Membran kann dann bei verschiedenen Temperaturen mit einem ESR-Spektrometer (Elektronenspinresonanz-Spektrometer) gemessen werden. Aufgezeichnet wird dabei die erste Ableitung des Spektrums, da Abweichungen vom völlig flüssigen Zustand (maximale Beweglichkeit der Sonde) dann besser erkennbar werden. In dem in der Abbildung gezeigten Experiment wurde die Viskosität von Thylakoidvesikeln aus frostharten und frostempfindlichen Kiefernnadeln bei verschiedenen Temperaturen nach Markierung mit Doxylstearat bei +30 °C und bei −10 °C gemessen. Während bei +30 °C die Spektren der beiden Proben identisch sind, zeigt sich bei −10 °C in der frostempfindlichen Probe ein zusätzlicher Peak (Pfeil) des Flüssiganteils im Bereich des schwächeren Magnetfelds, der auf eine Komponente mit eingeschränkter Beweglichkeit hinweist. Entsprechend vermindert sich der Peak im hohen Magnetfeld. Extrahiert man die Proteine aus den Membranen, so misst man wieder das reine Flüssigkeitsspektrum.

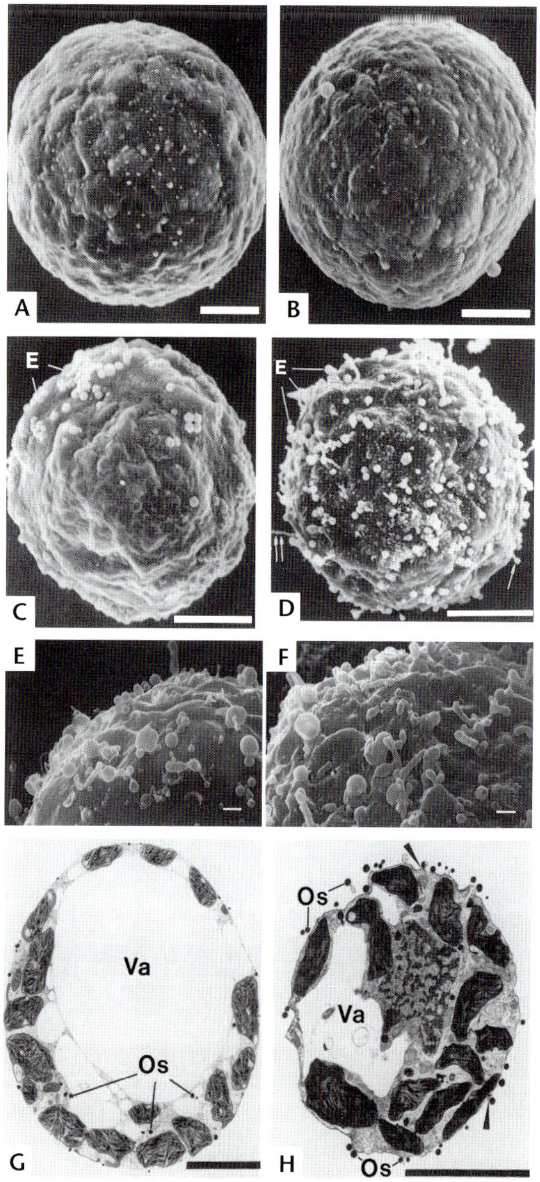

Abb. 1.3.19: Das Verhalten isolierter Roggenblatt-Protoplasten in iso- und hypertonischer Lösung. Protoplasten wurden aus Blättern von frostempfindlichen (A, B) und frostgehärteten (C, D) Roggenpflanzen isoliert und in isotonischem (A, C, G) und doppelt konzentriertem Medium (B, D, H) inkubiert. Während die äußere Oberfläche der nicht frostharten Protoplasten beim Schrumpfen fast glatt bleibt (B), d. h. die aus der Membran austretenden Lipide nach innen verlagert werden, deponieren Protoplasten aus frostharten Zellen beim Schrumpfen die Lipide in Extrusionen verschiedener Formen („E") an der Außenseite der Plasmamembran, wo sie von endogenen Lipasen nicht abgebaut werden können (D). Die transmissionselektronenoptischen Aufnahmen (G, H) zeigen ebenfalls den Schrumpfungsprozess (vgl. die Größe der Vakuolen in G und H) und die durch Osmium („Os") stark kontrastierten Lipidextrusionen (Pfeil). Der Maßstabsbalken entspricht jeweils 5 µm. E: Zeigt einen vergrößerten Ausschnitt eines Protoplasten aus frostharten Blättern in hypertonischem Medium. F: zeigt die Oberfläche eines Protoplasten aus nicht frostharten Blättern in hypertonischem Medium, nachdem die Protoplasten mit Liposomen aus Di-Linoleoylphosphatidylcholin fusioniert worden waren. Protoplasten, die beim Schrumpfen die Lipide nach innen verlagern, platzen beim Schwellen in isotonischem Medium, da die Lipide von Phospholipasen abgebaut werden. Lipide, die außen deponiert wurden, können beim Schwellen wieder in die Membran integriert werden. Der Maßstabsbalken entspricht 1 µm. Nach Steponkus et al. (1983) und Steponkus et al. (1988).

oder Fluoreszenzpolarisation zeigen vor allem den versteifenden Effekt, den ein hohes Protein-Lipid-Verhältnis bei tiefen Temperaturen auf die Fluidität der Biomembranen hat (Kasten 1.3.9). Besonders proteinreiche Biomembranen, wie z. B. die der Thylakoide verringern bei der Frosthärtung das Protein-Lipid-Verhältnis; außerdem beobachtet man vielfach eine Desaturation der Fettsäuren in den Membranlipiden. Näheres dazu wird im Kapitel 1.3.6.9 über Frosthärtung ausgeführt.

Bedenkenswert ist, dass die Gefrierentwässerung frostharten Gewebes zwangsläufig mit einer stärkeren oder schwächeren Schrumpfung des Protoplasten einhergeht.

Da sich die Biomembran aber nicht wie ein Luftballon ausdehnen oder zusammenziehen kann (die intrinsische elastische Dehnbarkeit einer Biomembran soll nicht mehr als 2–3 % betragen (Wolfe and Steponkus 1983), sind Schrumpfungsprozesse oft mit einem Lipidausbau aus der Membran, Dehnungsprozesse mit einem Lipideinbau verbunden. Bei der reversiblen Gefrierentwässerung muss dieses Material so deponiert werden, dass es beim Auftauen sofort wieder zur Verfügung steht (Abb. 1.3.19).

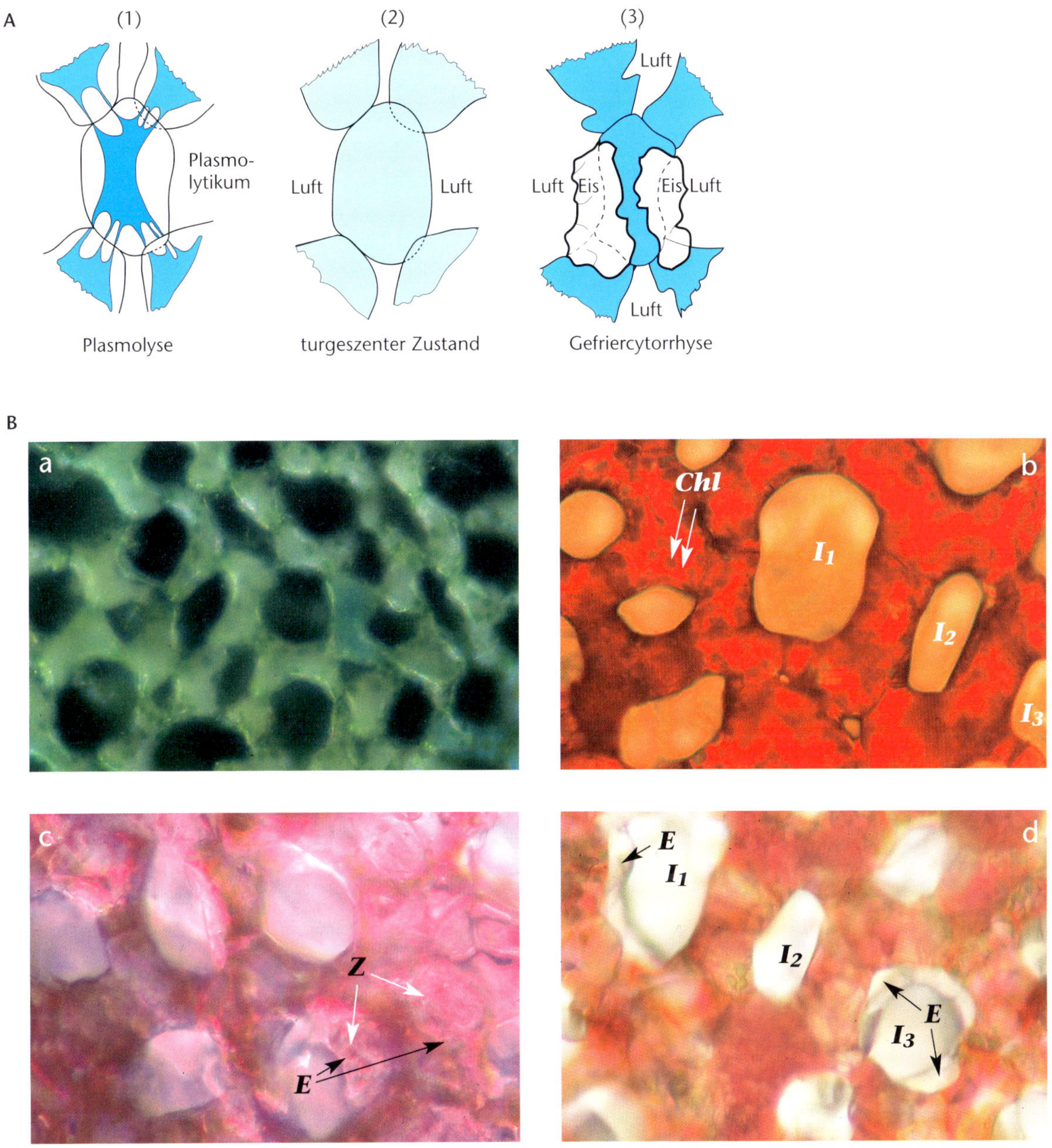

Abb. 1.3.20 A: Plasmolyse und Gefrieren von Mesophyllzellen aus dem Blatt von Pachysandra terminalis. Bei der Plasmolyse (1) dringt das Plasmolytikum in den Raum zwischen Zellwand und Protoplast ein und die Zellwand ist entspannt. Beim Gefrieren (3) bleibt der Protoplast trotz Zellflüssigkeitsexport in die Interzellularräume an der Zellwand haften, da die Zellwand im gequollenen Zustand luftdicht ist. Die Zellwand dellt oder faltet sich ein, je nach Ausmaß der Gefrierentwässerung. Da die Kristallisation extrazellulär erfolgt, bildet sich auch kein Eis zwischen Zellwand und Protoplast. B: a-d: Schwammparenchym des Blattes von Pachysandra terminalis. a: Aufsicht auf das Schwammparenchym nach dem Abheben der unteren Epidermis; deutlich kann man in den Zellen die Chloroplasten erkennen. b: Schwammparenchym nach Aufnahme von Neutralrot durch den Blattstiel; Chl: Chloroplasten. d: Die gleiche Partie des Schwammparenchyms bei –12 °C (I_1 – I_3 bezeichnen die gleichen Interzellularen). Deutlich ist die Deposition von farblosem Eis („E") in den Interzellularen zu erkennen. c: Mit Neutralrot gefärbtes Schwammparenchym, welches vor dem Abkühlen auf –12 °C abgetötet worden ist. Die Eiskristalle sind nicht auf die Interzellularräume beschränkt und sie enthalten Tröpfchen des gefärbten Zellsafts („Z"). Man beachte auch die Veränderung der Neutralrotfarbe durch die mit dem Abtöten verbundene Ansäuerung. Fotos J. J. Zhu.

Ein ganz ähnliches Problem ergibt sich bei der Plasmolyse. Mit dem partiellen System isolierter Protoplasten aus Roggenmesophyllzellen konnten Steponkus et al. (1983) zeigen, dass bei frostempfindlichen Zellen der Schaden beim Auftauen entsteht, da die Menge an reinkorporierbarem Material für das „Flächenwachstum" der Plasmamembran nicht mehr ausreicht. Die daraus resultierende Lyse der Zellen wurde „expansionsinduzierte Lyse" genannt. Protoplasten aus frostharten Winterroggenblättern zeigten dieses Phänomen nicht. Diese deponieren das bei der Membrankontraktion ausgeschiedene Material nicht in der Zelle, sondern lagern es an der Membranaußenseite ab, wo es für Lipasen unzugänglich ist. Die unterschiedliche Verhaltensweise der Lipide hängt von ihrem Desaturationsgrad ab: Frostempfindliche Plasmamembranen der Protoplasten lassen sich künstlich „abhärten", wenn sie mit einem Überschuss an ungesättigten Lipiden (im Experiment wurde Phosphatidylcholin mit ein- oder zweifach ungesättigten Fettsäuren verwendet) behandelt werden, wobei ein teilweiser Austausch der Membranlipide erfolgt. Protoplasten sind ein für das Studium vieler Prozesse sehr hilfreiches *in vitro*-System, das aber bei der Frage der Frosthärte von Biomembranen höchstens zur Aufklärung von Teilaspekten dienen kann.

Eine wichtige Frage bei der Analyse des Gefrierens von Zellwasser ist die nach dem Beitrag, den die Zellwand zur Stabilisierung des Protoplasten leistet. Vielfach wurde die Gefrierentwässerung mit der Plasmolyse verglichen, die jedoch ein völlig anderer Prozess ist. Beim Gefrieren muss die Zellflüssigkeit in den Interzellularräumen kristallisieren, da anderenfalls die Biomembranen an der Grenzfläche zum Eiskristall desintegrieren, da die membranstabilisierenden hydrophoben Wechselwirkungen der Lipide die Anwesenheit von flüssigem Wasser voraussetzen. Dies bedeutet auch, dass sich kein Eis zwischen der Plasmamembran und der Zellwand bilden darf. Dieser im Falle der Plasmolyse mit dem Plasmolytikum gefüllte Raum müsste sich beim extrazellulären Gefrieren der Zellflüssigkeit mit Luft füllen, wenn sich der Protoplast von der Zellwand abheben sollte. Die Luft müsste dabei durch die Poren der Zellwand eindringen. Diese ohnehin sehr kleinen Poren (circa 4 nm Durchmesser in der Primärwand) sind aber wegen des hohen Matrixpotentials der Zellwand wassergefüllt und es bräuchte Saugspannungen von mehr als 80 MPa, um die Luft durch diese Poren der Zellwand zu saugen (Zhu und Beck 1991). Derart hohe Saugspannungen wurden aber in lebenden Zellen niemals beobachtet. Im Normalfall kann sich also beim exogenen Gefrieren der Zellflüssigkeit der Protoplast nicht von der Zellwand ablösen, und die ganze Zelle selbst muss bei der Gefrierdehydratisierung kollabieren (Abb. 1.3.20).

Wenig steife Zellen, wie z. B. Mesophyllzellen, falten sich sogar bei dieser Konstriktion (**Gefriercytorrhyse**). Da die Zellwand selbst nicht schrumpfen kann, muss auch die Plasmamembran ihre Oberfläche nicht wesentlich vermindern. Das oben geschilderte Problem der extra- oder intrazellulären Ablagerung von Membranmaterial stellt sich in diesem Zusammenhang also kaum. Auch bei steifen, fest in einem Gewebe eingebundenen Zellen gibt es keine Gefrierplasmolyse, wenn die Zellen das Frostereignis überleben sollen (siehe Kapitel 1.3.6.3).

1.3.6.2 Intra- und extrazelluläre Eisbildung

Amphiphile Lipide (Lipide mit einem hydrophoben und einem hydrophilen Pol) fügen sich nur dann zu Micellen und flächigen Membranen zusammen, wenn sie sich in einem ausreichend hydrophilen Medium befinden, d. h. von einem geordneten Wasserfilm stabilisiert werden. Beim Entzug dieses ordnenden Wasserfilmes geht die stabilisierende Wirkung der hydrophoben Wechselwirkungen verloren, und die Lipide lagern sich zu Tröpfchen zusammen, was als Lipid-Hexagonal-II-Phase bezeichnet wird (Abb. 1.3.21). Ein Beispiel für Lipide in dieser Hexagonal II-Phase sind die Lipidtröpchen (Plastoglobuli) in seneszierenden Chloroplasten. Intrazelluläre Eisbildung dürfte wegen des geordneten Wasserfilmes an den Biomembranen dort ihren Ausgang nehmen. Damit wird aber gerade diese membranstabilisierende Komponente entfernt, und die Folge ist der Zerfall der Membranen. In älteren Arbeiten wurde dies als Perforation der Biomembranen durch die Eiskristalle beschrieben, denn es ist die sich oberhalb von –100 °C bildende hexagonale, Spitzen bildende Form des Eiskristalls, die diesen Entwässerungseffekt hervorruft. Die nur in sehr kleinen Probenvolumina von einigen mm^3 durchführbare **„Vitrifikation"**, d. h. die äußerst schnelle Abkühlung (Abkühlungsrate > 1 000 °C/min) auf die Temperatur des flüssigen Stickstoffs führt zur Erstarrung der Zellflüssigkeit als amorphes

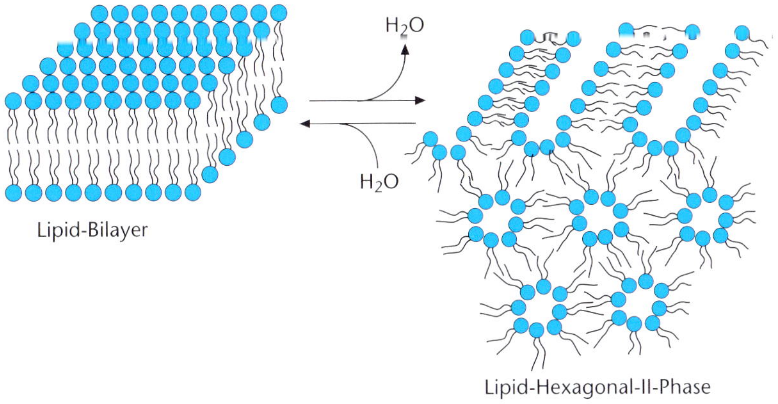

Abb. 1.3.21: Zerfall und Rekonstitution eines Phospholipid-Bilayers durch Wasserentzug (z. B. Gefrierentwässerung) bzw. Rehydratisierung. In der Hexagonal-II-Phase bilden Phospholipide Lipidtröpfchen bzw. Lipidstränge. Nach Crowe et al. (1983).

Eis, welches den beschriebenen destruktiven Effekt nicht hat. Allerdings ergibt sich beim langsamen Auftauen der Proben die Gefahr der Umkristallisation des amorphen Eises in die hexagonale, schädliche Kristallform. Vitrifikation ist ein artifizieller Sonderfall, der in der Natur wegen der erforderlichen enormen Abkühlgeschwindigkeiten nicht vorkommt. Sie ist aber wichtig zur Konservierung z. B. von Bakterienkulturen.

Ob die Kristallisation von Eis innerhalb oder außerhalb der Zellen stattfindet, hängt von mehreren Faktoren ab. Einer davon ist die Abkühlgeschwindigkeit: Je schneller man das Gewebe abkühlt, umso größer ist die Gefahr der intrazellulären Eisbildung (Abb. 1.3.22) (die aber im Falle der Vitrifikation wegen des schlagartigen Tiefgefrierens des ganzen Gewebes nicht schädigend ist). Ein weiterer Faktor, der den Ort der Deposition des Eises bestimmt, ist die Beschaffenheit der Plasmamembran: Frostharte Membranen lassen offensichtlich das Wasser (genauer: die Zellflüssigkeit) leichter in den Apoplasten austreten als frostempfindliche.

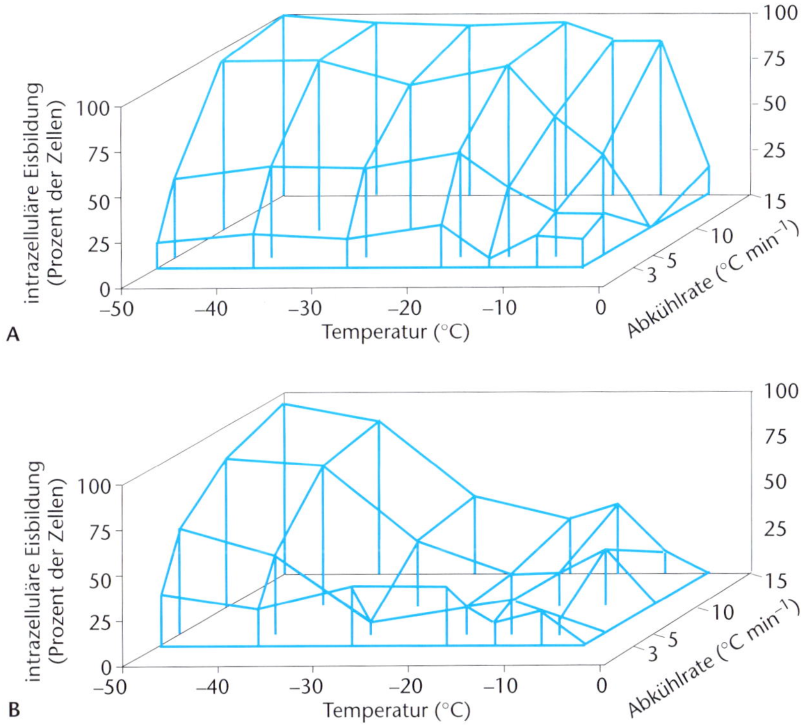

Abb. 1.3.22: Intrazelluläre Eisbildung in Protoplasten von frostempfindlichen (A) und frostgehärteten (B) Roggenblättern als Funktion der Abkühlrate und Minimaltemperatur (Abzisse). Protoplasten aus frostempfindlichen Blättern lassen bei der Abkühlung zelluläre Flüssigkeit nicht austreten, sodass intrazelluläre Eisbildung eintritt. Dadurch werden die Zellen letal geschädigt. Nach Dowgert und Steponkus (1983).

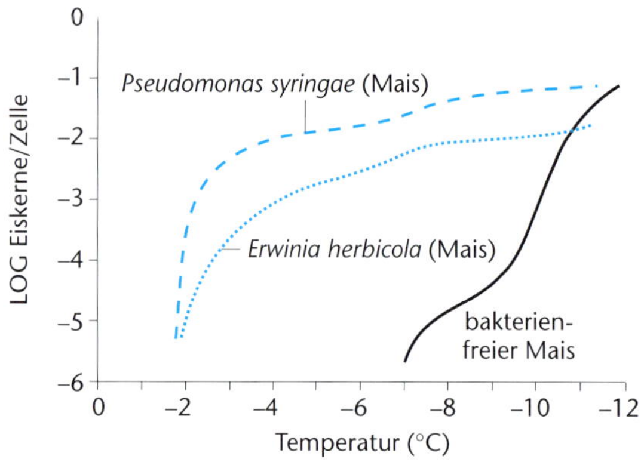

Abb. 1.3.23: Die Wirkung von INA-Bakterien auf die Eisbildung in Maisblättern. Bei –4 °C ergibt sich bei der Inkubation mit Pseudomonas syringae eine Zahl von 0,01 Eiskristallen pro Bakterienzelle, d. h. ein Eiskristall pro 100 Bakterien. Nach Lindow (1982).

Der Mechanismus dieses Wasseraustritts ist noch nicht geklärt. Vielfach wird angenommen, dass Ionenpumpen (vor allem H^+-ATPasen) in der Kälte inaktiviert werden und Ionen und andere gelöste Stoffe aus der Zelle in den die Interzellularräume auskleidenden Wasserfilm austreten, denen dann Wasser nachströmt. Die sich in den Interzellularräumen ansammelnde Flüssigkeit braucht nun einen Kristallisationsauslöser. Ein solcher Nucleationsstimulus kann vom Xylem ausgehen, wenn dort Eisbildung zuerst eintritt (Gross et al. 1988) oder sich von einem nahe gelegenen Nucleationsherd schnell ausbreitet. Andererseits können auch bestimmte Oberflächenstrukturen der Zellwände oder von Mikroorganismen, die sich vor allem in den substomatären Atemhöhlen befinden, die Nucleation auslösen.

1.3.6.3 Die heterogene Nucleation am Beispiel der INA-Bakterien

Oberflächenstrukturen pflanzlicher Zellwände, die nucleationsaktiv sind, d. h. die Kristallbildung schon bei relativ geringen Frosttemperaturen auslösen, sind bis jetzt im molekularen Detail noch nicht bekannt. Allerdings weiß man, dass es ein derartiges Phänomen gibt. Beispiele sind Wintergetreide und Blätter von anderen winterharten Pflanzen, z. B. von Ehrenpreis oder Buchsbaumarten. Extrakte der inneren Oberflächen (Interzellularräume) dieser Pflanzen enthalten Proteine, die bei der Frosthärtung gebildet werden. Dass es diese Proteine sind, die die frühzeitige Nucleation auslösen, ist sehr wahrscheinlich, aber noch nicht sicher bewiesen. Sehr gut untersucht ist das nucleationsauslösende Prinzip bei einer Reihe von Mikroorganismen, die auf pflanzlichen Oberflächen leben und dort die Kristallisation von Wasser auslösen (so genannte „heterogene Nucleation"). Man nennt sie INA-Bakterien (*ice nucleation active bacteria*). Je effektiver ihre Oberflächenstrukturen die Wassercluster in eine gitterähnliche Anordnung zwingen, umso wirksamer sind sie als Kristallisationskatalysatoren und umso geringer ist die zur Kristallisation notwendige Unterkühlung (Abb. 1.3.23 und Tabelle 1.3.6).

In diesen Fällen lässt sich die Nucleationsaktivität wenigstens teilweise auf bestimmte Proteine, die so genannten *ice nucleating proteins* (INPs) zurückführen. Von einem INP aus *Pseudomonas syringae* ist die Aminosäuresequenz bekannt: In diesem Polypeptid wiederholt sich ein bestimmtes Octopeptid 122 Mal. Deletionsmutanten zeigen, dass eine 68-fache Wiederholung des Motivs für die Nucleationsauslösung ausreicht. Verändert man die 8er-Periodizität, so geht die Nucleationsaktivität sofort verloren (Green and Warren 1985). Eine Beziehung zwischen der Periodizät und den Dimensionen der Abstände der Wassermoleküle im hexagonalen Eiskristall konnte gezeigt werden. Derartige

Tabelle 1.3.6: Eis-Nucleationsaktivität von Bakterienkulturen. 30 Tropfen (je 0,01 ml) des Testmaterials wurden auf eine kontrollierte Fläche aufgebracht und die Temperatur wurde langsam von Raumtemperatur auf – 25 °C abgekühlt. Diejenige Temperatur, bei der sich die ersten Eiskristalle bildeten (T_1) und die Temperatur, bei der 90 % der Tropfen gefroren waren (T_{90}), wurde notiert (nach Maki et al. 1974).

Bakterienart	(Eis)Nucleationstemperatur (°C)	
	T_1	T_{90}
Pseudomonas syringae C9	–2,9	–3,5
Pseudomonas syringae	–3,2	–3,9
Pseudomonas aeruginosa	–7,5	–17,8
Staphylococcus epidermidis	–6,9	–19,5
Escherichia coli	–8,3	–17,1
Enterobacter aerogenes	–9,6	–17,0
Proteus mirabilis	–8,0	–19,4
Proteus vulgaris	–7,8	–17,0
Bacillus subtilis	–10,6	–18,0
Bacillus cereus	–6,9	–17,0
Reines Medium	–9,2	–17,0

Kasten 1.3.10 Eis-Nucleatoren

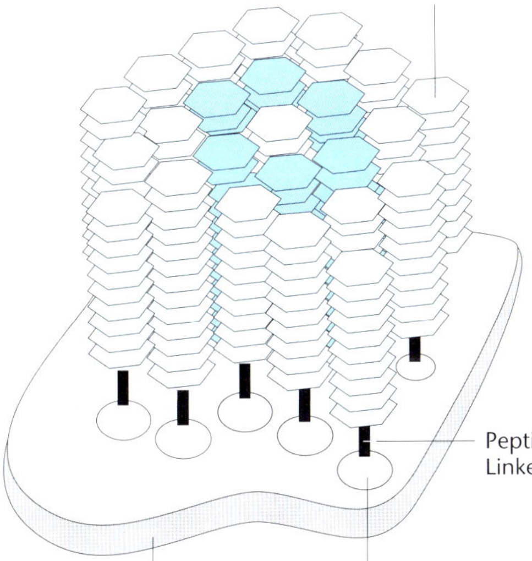

Nucleations-temperatur (°C)	geschätzte Molekularmasse (kDa)	Zahl der für die Nucleation benötigen INPs
–12 bis –13	150	1
–3	870	60
–2	19800	132
–1	83700	558

Die Abbildung zeigt einen Cartoon einer INP-Superstruktur („Eis-Nucleator") an einer Bakterienmembran. Man nimmt an, dass das Membranlipid Phosphatidylinosit der Anker der einzelnen INPs in der Membran ist (nach Hew und Yang 1992, siehe auch Burke und Lindow 1990).

In der Tabelle ist die Korrelation zwischen der Größe eines Eis-Nucleators und der Verringerung der Unterkühlungstemperatur dargestellt (nach Hew und Yang 1992, siehe auch Burke und Lindow 1990).

Proteine könnten eine quasikristalline Fixierung der Wassermoleküle erzwingen, welche die für die „Beruhigung" der Wassercluster nötige Unterkühlung minimiert (Kasten 1.3.10).

INA-Bakterien verursachen oft großen wirtschaftlichen Schaden, wenn sie Pflanzen besiedeln, die zwar moderate Kälte, aber keine Eisbildung vertragen, wie z. B. Mais, Erdbeeren oder Zitrusfrüchte. In Anwesenheit von *Pseudomonas syringae* bildet sich bereits bei –4 °C je 100 Bakterien ein Eiskristall. Der natürliche Besatz der Pflanzen mit solchen Bakterien variiert unter anderem mit der Jahreszeit (Abb. 1.3.24).

In der Meteorologie werden INA-Bakterien nach Abtötung durch γ-Strahlen für die Produktion von künstlichem Schnee und bei der Induktion von Wolkenbildung über Trockengebieten eingesetzt. Auch für den Schutz von Saatgetreide vor Saatkäfern wurden sie verwendet: Bakterienpulver, das

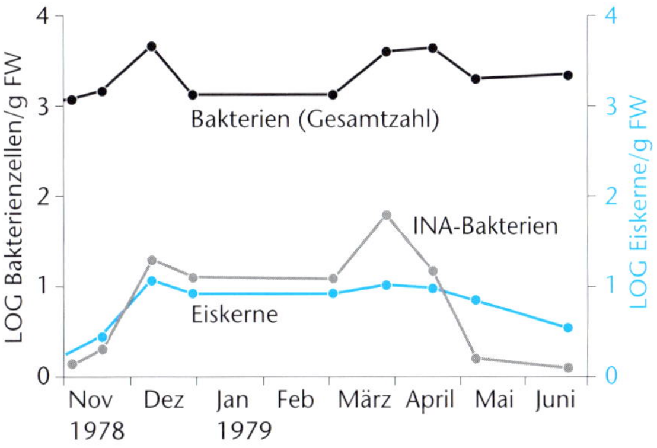

Abb. 1.3.24: Jahreszeitliche Abhängigkeit des Besatzes von Avocado-Blättern mit Bakterien (Gesamtzahl) bzw. INA-Bakterien und Bildung von Eiskernen bei –9 °C. Nach Lindow (1982).

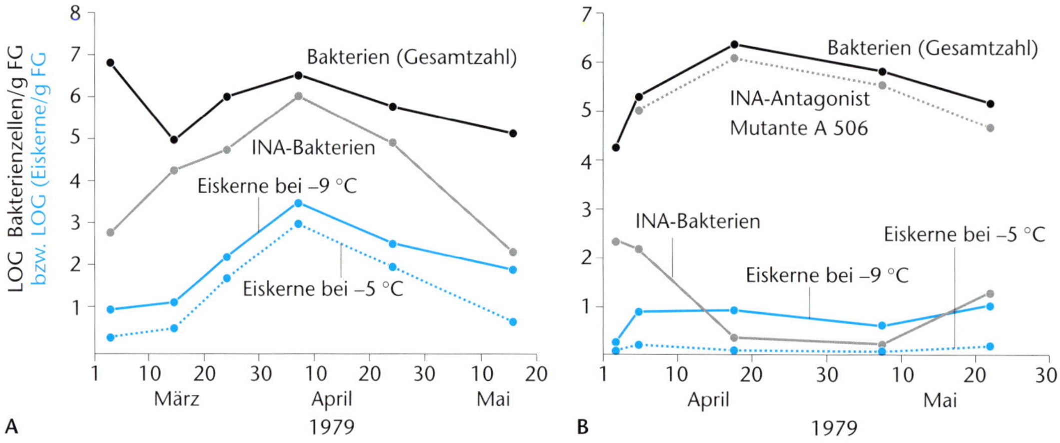

Abb. 1.3.25: Eiskernbildung durch INA-Bakterien auf Birnenblättern (A) und Verdrängung der INA-Bakterien durch nucleationsineffektive Mutanten (B). Nach Lindow (1982).

von den Käfern mitgefressen wurde, reduzierte die Unterkühlungsfähigkeit dieser Insekten, sodass sie durch einen für das Saatgut völlig harmlosen Frostschock von –10 °C durch interne Eisbildung abgetötet wurden (Fields 1993). In der Landwirtschaft versucht man aber, den INA-Bakterienbesatz der Nutzpflanzen durch Antagonisten zu verdünnen. Diese gewinnt man, indem man Waschlösungen von Blättern in Tüpfelplatten gibt und auf –5 °C oder –9 °C abkühlt. Dort, wo keine Eisbildung auftritt, sollten Antagonisten der INA-Bakterien enthalten sein. Diese sind meist natürliche Mutanten der ursprünglichen Stämme (Abb. 1.3.25 und Tabelle 1.3.7).

Man hat aber auch erfolgreich versucht, Antagonisten durch Veränderung der 8er-Periodizität der INPs herzustellen; allerdings ist die Freisetzung dieser transformierten Bakterien nicht gestattet worden (Wilson und Lindow 1993), da unter anderem eine Interaktion mit meteorologischen Prozessen, insbesondere der Wolkenbildung, befürchtet wurde. Pflanzen, die extrazelluläres Gefrieren vertragen, scheinen jedoch von der frühzeitigen Nucleationsauslösung zu profitieren, da der sehr instabile unterkühlte Zustand minimiert wird.

1.3.6.4 Wie viel Wasser gefriert in frosthartem Gewebe?

Man kann flüssiges Wasser mit Hilfe der NMR-Spektroskopie von gefrorenem Wasser unterscheiden. Kennt man den Gesamtwassergehalt z. B. eines Blattes und bestimmt dann den Restgehalt flüssigen Wassers bei verschiedenen Frosttemperaturen, so bekommt man so genannte Gefrierkurven, aus denen man den Prozentsatz gefrorenen Wassers für jede Frosttemperatur ablesen kann (Abb. 1.3.26)

Je tiefer die Temperatur ist, umso mehr Wasser liegt als Eis vor, d. h. muss aus den Zellen in den Apoplasten ausgeschieden worden sein. Durch mathematische Transformation der Kurve bekommt man eine Gerade, die die Ordinate beim so genannten „K-Wert" schneidet, der denjenigen Anteil des Wassers angibt, der wegen der Bindung an die Makromoleküle nicht gefrieren kann. Dieser Wert liegt im Bereich von einigen wenigen Prozenten des Gesamtwassers.

Tabelle 1.3.7 Die Wirkung von INA-Antagonisten auf die Eiskernbildung bei Frost.

Bakterienstamm	Schaden Verfärbung der Blätter nach einer Woche
Kontrolle (*Pseudomonas syringae*)	95 %
Mutante A 510	12 %
Mutante A 509	18 %
Mutante A 507	27 %
Mutante A 506	33 %
Mutante A 508	51 %

Die Birnenblätter wurden drei Wochen vor der Frostung mit den entsprechenden Bakterien beimpft, um den Mikroorganismen Zeit zur Etablierung zu geben. Der Frostschaden wurde anhand der Nekrosen quantifiziert. Nach Lindow (1982).

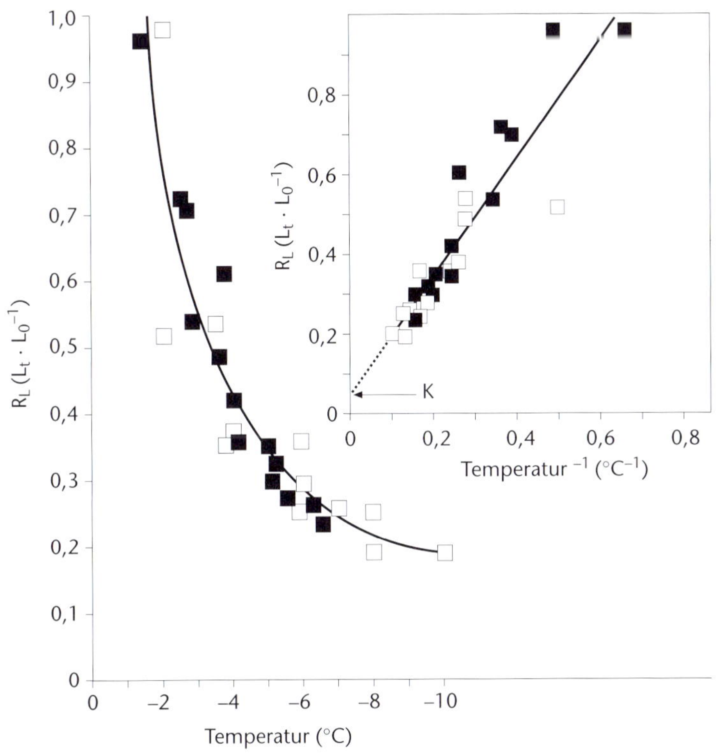

Abb. 1.3.26: Gefrierkurve von frostharten Efeu (Hedera helix). Die Kurve gibt den Anteil flüssigen Wassers (R_L) am Gesamtwasser (L_0) in Abhängigkeit von der Frosttemperatur (t) an. Im Idealfall ergibt sich eine rechtwinkelige Hyperbel, die sich in der einfach reziproken Schreibweise als Gerade (Insert) darstellen lässt. Der Schnittpunkt (K = 4,9 %) dieser Geraden mit der Ordinate gibt diejenige Menge Wassers an, die theoretisch nicht gefrieren kann. ■ R_L aus $p_{(t)}/V_{(t)}$ und $\Psi_{Blatt(t)}$ berechnet. □ R_L gemessen. Nach Hansen und Beck (1988).

Der Anteil des gefrorenen Gewebswassers hängt natürlich auch von der ursprünglichen Konzentration der zellulären Flüssigkeit ab. Man kann in erster Näherung annehmen, dass in einem gefrorenen Blatt ein physikochemisches Gleichgewicht zwischen der nicht gefrorenen Restlösung (in den Zellen) und dem extrazellulären Eis besteht, da sowohl über Eis als auch über einer Lösung der Dampfdruck des Wassers erniedrigt und damit auch das Wasserpotential größer (numerisch negativer) ist (siehe Kasten 1.3.11):

$$\Psi \text{ Eis} = \Psi \text{ Zelle} = \Psi \text{ Gewebe} \approx \Psi \text{ Blatt}$$

Das Wasserpotential einer Zelle setzt sich zusammen aus dem osmotischen Potential π, dem Matrixpotential τ und dem Druckpotential („Wanddruck", P). Wasserpotential, osmotisches Potential und Matrixpotential haben negative Vorzeichen, das Druckpotential, der Wand(+Gewebe-)druck aber ein positives.

$$(-)\Psi \text{ Gewebe} = (-)\pi + (-)\tau + P.$$

Bei moderatem Frost und geringer Gefrierentwässerung ist τ noch 0, aber P geht bereits gegen 0; beim *„turgor-loss-point"* (P = 0) gilt dann:

$$(-)\Psi \text{ Gewebe} = (-)\pi = (-)\Psi \text{ Eis},$$

und die Dehydratisierung kommt zum Stillstand. In diesem Fall wird der Grad der Dehydratisierung nur durch die Konzentration der zellulären Flüssigkeit bestimmt. Zwischen den Zellkompartimenten herrscht Wasserpotentialgleichgewicht; andernfalls würden intrazelluläre Wasserflüsse die Volumina der Kompartimente verändern. Wenn diese Beziehung zutrifft, was meist bei schwachem Frost der Fall ist, spricht man von **idealem Gleichgewichtsgefrieren** (Abb. 1.3.26).

Bleibt mehr Wasser im flüssigen Zustand, als beim idealen Gleichgewichtsgefrieren zu erwarten wäre, liegt **nicht-ideales Gleichgewichtsgefrieren** vor. Dies beobachtet man meist bei mäßigem Frost unterhalb –8 °C, bei dem Entwässerungsraten von circa 90 % schon häufig auftreten. In einem solchen Fall müssen (–)τ und/oder P zum Wasserpotential des gefrorenen Pflanzenorgans beitragen. Bei starker Gefrierentwässerung wird die

Kasten 1.3.11 Das Gefrieren von Wasser und wässrigen Lösungen

Im flüssigen Wasser befinden sich die Wassercluster in temperaturabhängiger Bewegung (**Brown'sche Molekularbewegung**). Zur Kristallisation muss diese Bewegung so weit wie möglich minimiert werden. Vermeidet man kristallisationsauslösende Effekte, so kann man reines Wasser bis auf –39 °C abkühlen bis es schlagartig gefriert. Bei dieser Temperatur bilden sich infolge eingeschränkter Bewegung der Wassermoleküle größere Cluster, so genannte „kritische Embryos" von ca. 190 H_2O-Molekülen, die dann die Kristallisation auslösen. Da die Nucleation in diesem Fall vom Wasser selbst ausgeht, spricht man von **homogener Nucleation**. Die für diese Kristallisation aufgewendete Abkühlungsenergie wird bei der Kristallisation als Kristallisationswärme frei. Man kann diese spontane Wärmeentwicklung als **Gefrierexotherme** messen und dadurch den Gefriervorgang verfolgen (Abb. 1).

Beim Auftauen erfordert der Schmelzvorgang wiederum Energie, die als Schmelzwärme bezeichnet wird und deren Verbrauch an einer Verzögerung der Erwärmung beim Auftauvorgang erkannt werden kann.

Wird die Nucleation auf anderem Wege ausgelöst, z. B. durch Animpfen mit Eiskristallen, so muss nicht so stark unterkühlt werden. Je nach Art der Auslösung kann die Kristallisation schon bei geringer Unterkühlung von wenigen Graden erfolgen. Man spricht dann von **heterogener Nucleation**. Entscheidend für die Auslösung ist wiederum die Erzeugung der kritischen Embryos, d. h. die Beruhigung der Brown'schen Molekularbewegung. Bestimmte hydrophile Oberflächenstrukturen können die Wassercluster bereits in eine Art Gitterstruktur zwingen, die das Kristallisieren erleichtert. Zum Auslösen der Nucleation ist dann nur mehr eine geringen Unterkühlung nötig.

Der Dampfdruck (P) von Wasser über Eis ist kleiner als über flüssigem (unterkühltem) Wasser (siehe Tabelle) und dementsprechend ist auch das Wasserpotential Ψ von Eis stärker negativ („größer") als das von unterkühltem Wasser gleicher Temperatur. Anders ausgedrückt: Man muss mehr Energie aufwenden, um Wassermoleküle aus einem Eiskristall zu entfernen als sie flüssigem Wasser zu entreißen.

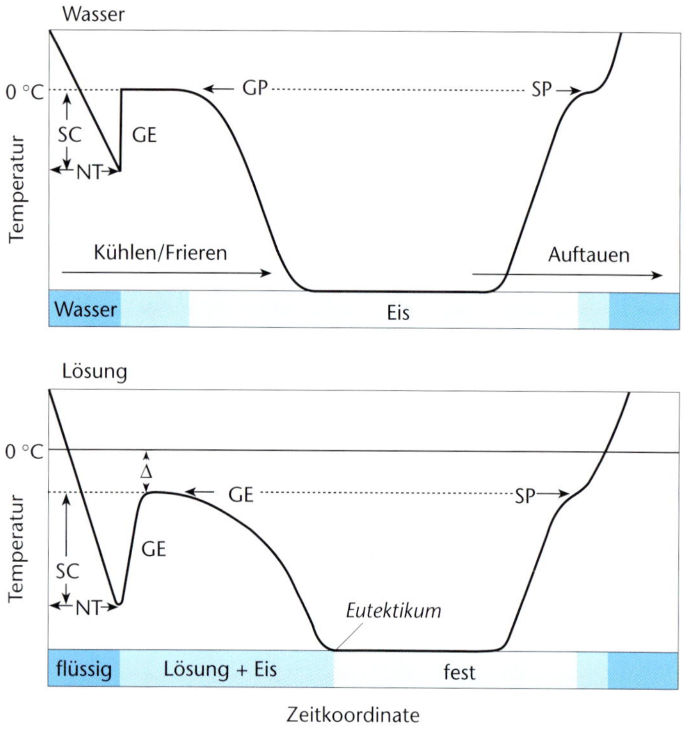

Abb. 1: Der Gefrier- und Schmelzprozess von Wasser und einer wässerigen Lösung im zeitlichen Verlauf. GP: Gefrierpunkt; GE: Gefrierexotherme; SP: Schmelzpunkt; SC: Unterkühlungsbereich (supercooling); NT: Nucleationstemperatur; D: Gefrierpunktserniedrigung der Lösung. (Nach Sakai und Larcher 1987)

$$P_{Eis} < P_{\text{unterkühltes Wasser}}$$

$$\Psi_{Eis(T)} = \frac{R \times T(K)}{\overline{V}} \times \ln \frac{P_{Eis(T)}}{P_{Wasser(T)}};$$

$\overline{V}$ = Molvolumen von Eis.

Tabelle: Wasserdampfpartialdruck (mbar) über Eis bzw. unterkühltem Wasser in Abhängigkeit von der Temperatur.

(°C)	0	1	2	3	4	5	6	7	8	9
Eis										
–30	0,38	0,34	0,31	0,27	0,25	0,22	0,20	0,18	0,16	0,14
–20	1,0	0,94	0,85	0,77	0,70	0,64	0,57	0,52	0,47	0,42
–10	2,6	2,4	2,2	2,0	1,8	1,7	1,5	1,4	1,2	1,1
0	6,1	5,6	5,2	4,8	4,4	4,0	3,7	3,4	3,1	2,8
Wasser										
–30	0,51	0,46	0,42	0,38	0,35	0,31	0,28	0,26	0,23	0,21
–20	1,3	1,2	1,1	1,0	0,88	0,81	0,74	0,67	0,61	0,51
–10	2,9	2,6	2,4	2,3	2,1	1,9	1,8	1,6	1,5	1,4
0	6,1	5,7	5,3	4,9	4,5	4,2	3,9	3,6	3,3	3,1

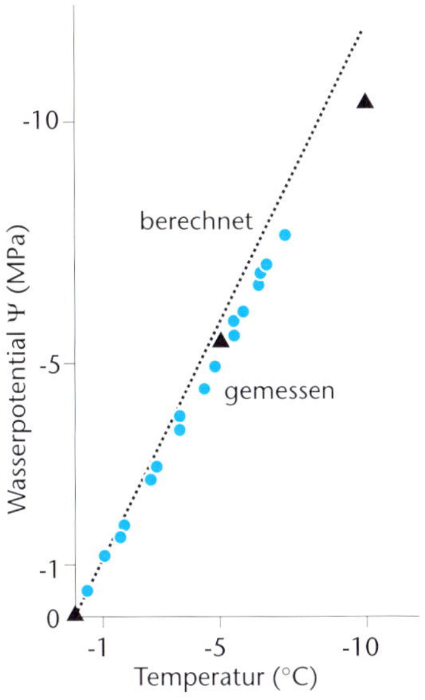

Abb. 2: Temperaturabhängigkeit des Wasserpotentials von Eis. Die punktierte Gerade wurde nach der Gleichung

$$\Psi_{Eis} = \frac{RT}{V_W} \ln \frac{P_{Eis}}{P_{Wasser}};$$

die durch ▲ symbolisierte Abhängigkeit nach

$$\Psi_{Eis} = \frac{\Delta H_f}{V_w \; 273} t$$

berechnet. Die durch Punkte symbolisierte Abhängigkeit wurde psychrometrisch gemessen. Zur Theorie der Gleichungen siehe Hansen und Beck (1988).

Da der Dampfdruck von Wasser über Eis (oder auch über Wasser) direkt temperaturabhängig ist, ist auch das Wasserpotential von Eis linear temperaturabhängig (Abb. 2).

Über wässrigen Lösungen ist der Dampfdruck von Wasser ebenfalls erniedrigt; das Ausmaß der Erniedrigung hängt von der Konzentration der Lösung ab, genauer ausgedrückt vom Molenbruch (M) des Wassers in der Lösung (**Raoult'sches Gesetz**):

$$P = P_0 \times M_{Wasser}$$

$$M_{Wasser} = \frac{Mole_{Lösungsmittel}}{Mole_{Lösungsmittel} + Mole_{gelöster\ Stoff}}$$

[Molenbruch]

In gleicher Weise folgt, dass auch die freie Energie des Wassers in einer Lösung von seinem Molenbruch abhängt:

$$G_{Wasser} = G_{0Wasser} + RT\ln M_{Wasser}$$

und $\Delta G = RT\ln M_{Wasser}$

Daraus folgt, dass auch das Wasserpotential von Lösungen Ψ_π oder nach der modernen Schreibweise π negativer ist als das des reinen Wassers:

$$\pi = \frac{RT}{V_{Wasser}} \ln (1 - M_{gelöster\ Stoff});$$

da $M_{gelöster\ Stoff}$ in der Regel klein ist, ist

$$\ln(1 - M_{gelöster\ Stoff}) \approx -M_{gelöster\ Stoff};$$

setzt man die Gleichung für den Molenbruch des gelösten Stoffs ein:

$$M_{gelöster\ Stoff} = \frac{Mole_{gelöster\ Stoff}}{Mole_{gelöster\ Stoff} + Mole_{Wasser}},$$

so ergibt sich

$$\pi \approx -\frac{n_s RT}{\overline{V}_{Wasser}\ (n_s + n_{Wasser})};$$

in einer verdünnten Lösung ist

$$\overline{V}_{Wasser}\ (n_s + n_{Wasser}) \approx \overline{V}_{Wasser} n_{Wasser} = V_{Wasser}$$

und

$$\frac{n_s}{V_{Wasser}} = C_s \text{ [Konzentration]}$$

$$\pi = -RT \times C_S.$$

Weiterhin folgt, dass der Gefrierpunkt/Schmelzpunkt tiefer als der des reinen Wassers und ebenfalls vom Molenbruch bzw. der Konzentration des gelösten Stoffes (s) abhängig ist:
$\Delta_{Tm} = 1{,}86 \times n_s$; $n_s = Mol_{gelöster\ Stoff}$ in 1 kg Wasser (Molalität).

Die molale Gefrierpunktserniedrigungskonstante für Wasser ist 1,86 °C. Je konzentrierter eine Lösung ist, desto größer ist die Gefrierpunktserniedrigung.* Bei echten Lösungen gefriert zunächst reines Wasser, wodurch sich die Restlösung konzentriert. Bei einer bestimmten Temperatur, dem **Eutektikum**, gefriert dann auch die Restlösung. Bei kolloidalen Lösungen, wie sie in einer Zelle vorliegen, bleibt ein kleiner Teil des Wassers, der fest an die Makromoleküle gebunden ist, auch bei sehr tiefen Temperaturen, z. B. in flüssigem Stickstoff, flüssig. Er lässt sich mittels eines Diagramms, in dem der Anteil flüssigen Wassers bei verschiedenen Frosttemperaturen gegen den Reziprokwert der Temperatur aufgetragen wird, aus dem Schnittpunkt der Geraden mit der Ordinate bestimmen (vergleiche Abb. 1.3.25). Dieses Restwasser, in dem auch Enzyme gelöst sind, ist das Problem bei der Gefrierkost. Bei Gefriertruhentemperatur arbeiten diese Enzyme natürlich nur sehr langsam. Aber gerade die hydrolytischen Enzyme sind ziemlich stabil und gehen beim Einfrieren meist nicht zugrunde. Wird das Gefriergut aufgetaut und dann gleich verwendet, sind nur wenig Abbauprodukte zu befürchten; wird aber nach dem Auftauen ein weiteres Mal eingefroren, so hatten die Hydrolasen, z. B. Proteasen günstige Bedingungen für ihre Aktivität und das Gefriergut kann Qualitätsverluste erleiden.

**Dies gilt streng genommen nur für verdünnte, d. h. ideale Lösungen. Bei konzentrierteren Lösungen treten Wechselwirkungen zwischen den gelösten Teilchen auf, wodurch sich die Konzentration scheinbar verringert. Der Faktor α, um den sich die Konzentration scheinbar verringert, wird als Aktivitätsfaktor bezeichnet.*

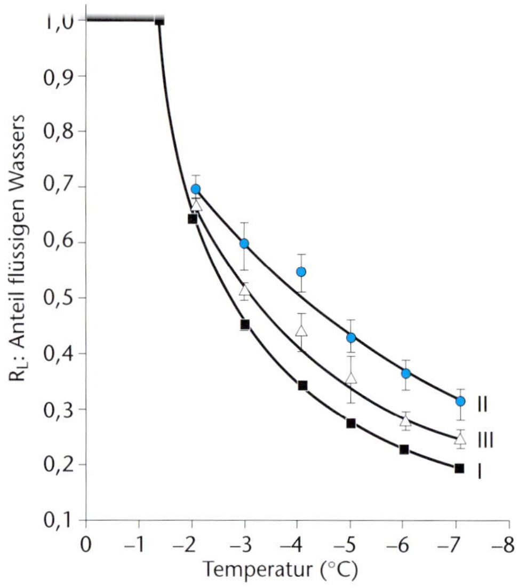

Abb. 1.3.27: Gefrierkurven von Pachysandra terminalis. Pachysandrablätter zeigen nicht-ideales Gleichgewichtsgefrieren: Die bei verschiedenen Frosttemperaturen im Gewebe gemessene Restmenge nicht gefrorenen Wassers (Kurve II) ist deutlich größer als der aus der Konzentration der zellulären Lösungen errechnete Anteil (Kurve I). In diesem Fall muss also die Zellwand ebenso wie der Zellsaft ein „negatives Druckpotential" entwickeln, das einem Sog entspricht. Dieses ergibt sich aus dem engen Kontakt von Plasmamembran (Protoplast) und der Zellwand. Den Anteil des Matrixpotentials an dem Sog kann man ermitteln wenn man das Gewebe vor der Gefrierentwässerung abtötet (Kurve III). Je stärker der Frost ist, umso größer wird der Anteil des Matrixpotentials am Gesamtpotential. Nach Zhu und Beck (1991).

Zellwand stark nach innen gezogen und entwickelt so einen Sog anstelle des sonst ausgeübten Druckes: P wird negativ (negativer Turgor) und verstärkt nun das osmotische Potential. Ebenso entwickelt sich bei starker Entwässerung ein Matrixpotential. Alle drei Potentiale wirken nun gleichsinnig zusammen.

$$(-)\Psi \text{ Gewebe} = (-)\pi + (-)\tau + (-)P = (-)\Psi \text{ Eis};$$

Ein solcher Fall tritt bereits bei mäßigem Frost bei unserer Bodendeckerpflanze *Pachysandra terminalis* ein (Abb. 1.3.27).

Hier gefriert deutlich weniger Wasser als nach den osmotischen Verhältnissen zu erwarten wäre, wodurch der Effekt des negativen Druckpotentials besonders deutlich wird; allerdings könnte bei derart starker Entwässerung auch bereits ein Beitrag des Matrixpotentials sichtbar werden. Bei dem gezeigten Ausmaß der Gefrierentwässerung bedeuten 12 % mehr flüssiges Wasser (32 % flüssiges Restwasser gegenüber 20 % bei –7 °C) eine nennenswert geringere Beanspruchung der Zellen.

1.3.6.5 *Antifreeze*-Proteine

Eine weitere Möglichkeit, die Eisbildung zu erschweren und damit das Ausmaß der Zellentwässerung zu reduzieren, sind spezielle Proteine, die vom Protoplasten in den Apoplasten ausgeschieden werden und dort die Eisbildung beeinflussen. Sie haben die Bezeichnung *antifreeze proteins* (AFP) oder *thermal hysteresis proteins* (THP) erhalten. *Antifreeze*-Proteine kennt man schon lange von Fischen und Insekten (DeVries und Cheng 1992; Duman et al. 1992), wo sie offenbar das Gefrieren von Körperflüssigkeiten verhindern bzw. mildern. Dort scheinen sie den Gefrierpunkt auf nicht-kolligative (nicht physikochemische) Weise nennenswert zu erniedrigen.

Eine Wirkung dieser Proteine wird an ihrem Test evident: Man beobachtet unter dem Mikroskop das Wachsen eines Eiskristalls in einer sehr verdünnten AFP-Lösung und die Bildung neuer Eiskristalle während des Kühlvorgangs; dabei stellt man fest, dass eine z. T. deutlich tiefere Nucleationstemperatur notwendig ist, und dass ein vorhandener Eiskristall beim Abkühlen viel langsamer wächst als in reinem Wasser. Hingegen wird der Schmelzpunkt

Tabelle 1.3.8: Gefrierpunktserniedrigung durch *Antifreeze*-Proteine, gemessen an der thermalen Hysterese

Organismus	Organ	Gefrierpunkts-erniedrigung (°C)
Knochenfische	Muskulatur	0,7 – 1,5
Insekten	Verdauungstrakt, Muskulatur	3 – 6
Bakterien		0,3 – 0,35
Pilze	Fruchtkörper	0,3 – 0,35
Moose	ganze Pflanze	0,3 – 0,68
Winterschachtelhalm	Rhizom	0,2
Farne	Spross	0,25
Winterweizen	Blätter	0,2
Karotte	Rübe	0,4
Karotte	Spross	0,15
Pappel	Zweig	0,22

nicht beeinflusst. Daraus ergibt sich eine Hysterese beim Einfrieren und Auftauen, weshalb diese Proteine auch als THPs bezeichnet werden (Tabelle 1.3.8).

Es handelt sich um ein Gemisch kleiner bis mittelgroßer Proteine, die aus dem Gewebe frostharter Blätter, nicht aber empfindlicher Blätter extrahiert werden können (Urrutia et al. 1992). Sie werden in mehrere Gruppen eingeteilt: *Antifreeze*-Proteine und *Antifreeze*-Glycoproteine; und diese sind wiederum in Gruppen unterteilt, die sich an der Tertiärstruktur dieser Moleküle orientieren. Über ihre Wirkungsweise auf der molekularen Ebene hat man bereits eine genauere Vorstellung (allerdings noch nicht bei den pflanzlichen AFP).

Die schon klassischen *Antifreeze* Glycoproteine der Kaltwasserfische sind aus dem sich wiederholenden Tripeptid -[Ala-Ala-Thr]- aufgebaut, wobei das Threonin noch einen Zuckerrest trägt.

Auch das AFP der Winterflunder zeichnet sich durch solche repetitiven Sequenzen, und zwar eines Undecapeptids, aus. Diese 11er-Einheiten bestehen zum größten Teil aus Alanin mit rhythmisch dazwischen geschalteten polaren Aminosäuren (Thr, Asp und Asn). Diese sind so angeordnet, dass ihre polaren Reste alle auf der einen Seite der Helix zu liegen kommen (Abb. 1.3.28), sodass das Protein eine hydrophile und eine hydrophobe Seite hat. Mit der hydrophilen Längsseite würden sich diese Proteine an die Hauptwachstumflächen des Eiskristalls anla-

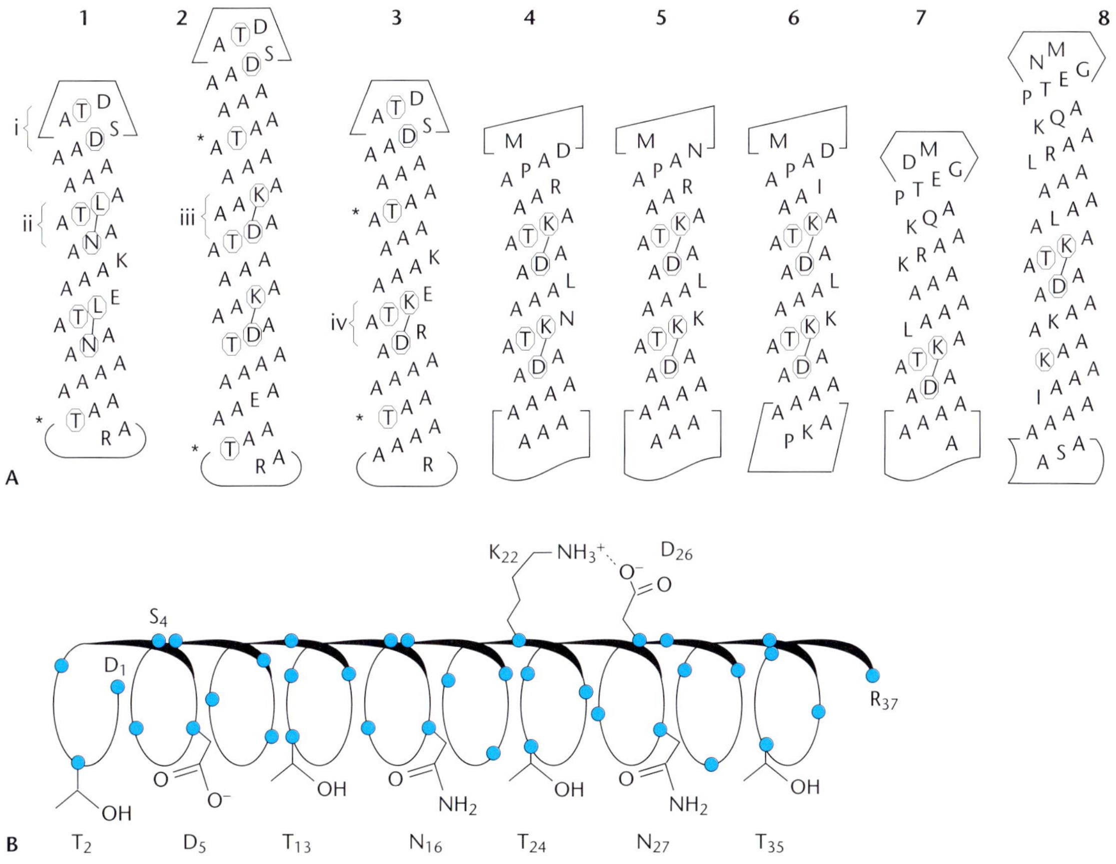

Abb. 1.3.28: Antifreeze-Proteine von Fischen. A: Verschiedene Alanin-reiche α-helicale AFP. 1 Winterflunder, 2 Gelbschwanzflunder, 3 Alaskascholle, 4 - 8 verschiedene AFP vom Sculpin. Die die α-helicalen Strukturen stabilisierenden N- und C-terminalen Kappen sind mit Struktursymbolen gekennzeichnet. Eis (Wasser)-bindende Motive (i bis iv) sind durch Kreise gekennzeichnet. B: Das AFProtein B der Winterflunder in Seitenansicht, in der man die einseitige Orientierung der hydrophilen Gruppen deutlich erkennen kann. K22 und D26 bilden eine Salzbrücke (die Aminosäuren sind mit dem Einbuchstabencode angegeben). Nach Sicheri und Yang (1995).

gern und durch die nun nach außen gekehrte hydrophobe Seite die Anlagerung weiterer Wassercluster erschweren. Die Matrix für diese Anlagerung wird vom Eiskristall vorgegeben während die Art der Anlagerung aber vom Protein bestimmt wird. Da α-helicale Polypeptide Dipole darstellen, lagern sich die AFP bevorzugt antiparallel an die Prismenfläche des Eiskristalls an. Durch die Blockierung der normalen Wachstumsflächen des Eiskristalls wächst der Kristall nun schwächer und hauptsächlich in Richtung der c-Achse, was zur Ausbildung kleiner nadelförmiger Kristalle führt (Antikainen et al. 1996) (Abb. 1.3.29).

Es liegt auf der Hand, dass der gefrierverzögernde Effekt der AFP von ihrer Konzentration abhängt. Da sie zur Entfaltung ihrer Wirkung an die Eisoberfläche gebunden werden müssen, werden sie sozusagen verbraucht. Dies erklärt auch, warum AFP keinen generellen Gefrierschutz darstellen. AFP führen dazu, dass die Eisbildung im Organismus reduziert wird, aber sie können diese nicht völlig unterdrücken. Der auf diese Weise erreichte teilgefrorene Zustand der Gewebsflüssigkeit ist bei Unterkühlung sicherlich stabiler als der vollständig flüssige Zustand, der zum schlagartigen Gefrieren tendiert; und es leuchtet ein, dass viele kleine, im Wachstum gebremste und von Protein eingehüllte Eiskristalle für einen Organismus weniger schädlich sind, als ein großer Kristall. Möglicherweise ist die Proteinhülle des Eiskristalls der entscheidende Fak-

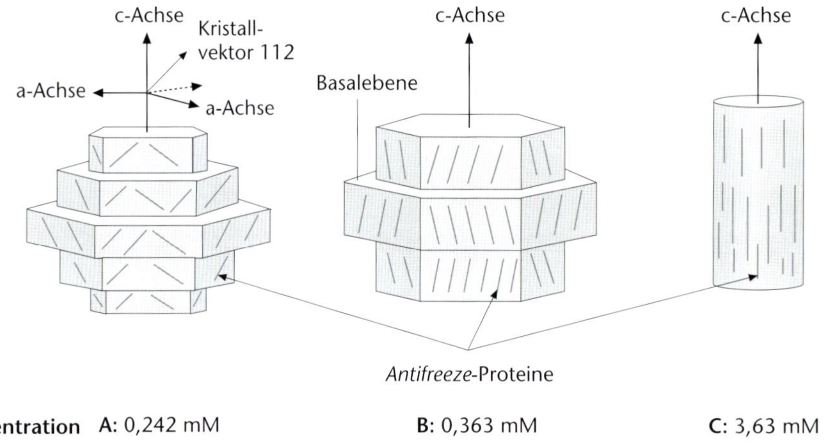

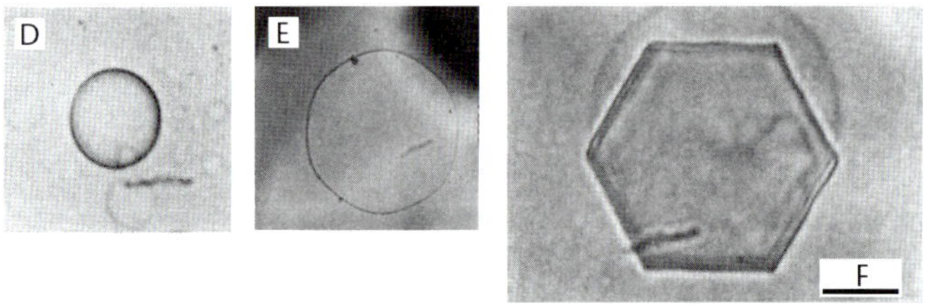

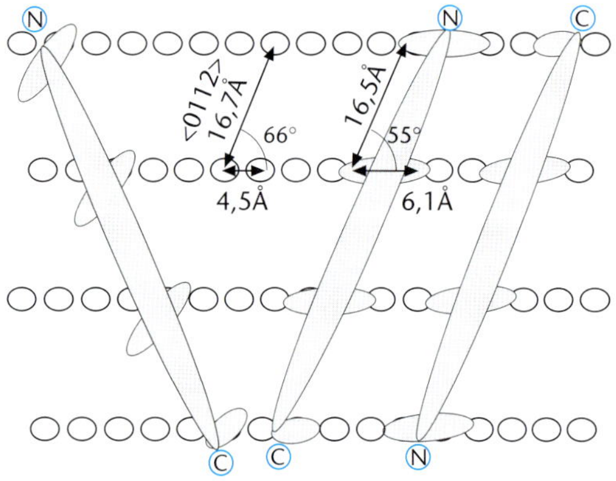

G

Abb. 1.3.29: Die Wirkung der Antifreeze-Proteine auf die Bildung von Eiskristallen. A–C Schemazeichnungen von Kristallen in Gegenwart steigender Konzentrationen des Antifreezeproteins der Winderflunder. In der verdünnten Lösung findet noch keine Wechselwirkung zwischen den einzelnen Proteinmolekülen statt, sie orientieren sich hauptsächlich nach den Vektoren des Eiskristalls. In den konzentrierteren Lösungen interagieren die Proteinmoleküle und lagern sich anti-parallel an die Prismenebenen an. E–F Mikrofotografien von Eiskristallen, die sich in Gegenwart eines Proteinextraktes aus dem Apoplasten von ungehärteten (E) und frostharten Roggenblättern (F) bilden. Länge des Balkens: 25 µm. Zum Vergleich ein Eiskristall in reinem Wasser (D). (G) Molekulares Modell der Bindung des Winterflunderproteins (grau) an einen Eiskristall (Kreise symbolisieren Wassermoleküle). Die 4 Eisbindungsmotive entsprechen den Abständen der Wassermoleküle im Eiskristall. A– C nach Yang et al. (1988), D – F nach Griffith et al. (1992), G nach Sicheri und Yang (1995).

tor beim Frostschutz durch die *Antifreeze*-Proteine. Ein weiterer Effekt der *antifreeze proteins* könnte darin bestehen, beim Auftauen eine Umkristallisation des Eises unter Bildung größerer Eiskristalle zu vermeiden (Carpenter und Hansen 1992). Dies ist besonders bei Eiskristallen in den Körperflüssigkeiten von Kaltwasserfischen und Insekten von Bedeutung, wo die Bildung größerer Eiskristalle zu Zirkulationsschäden führen würde. Aus der Kombination von Eis-nucleationsaktiven Proteinen und *Antifreeze*-Proteinen könnte sich eine gute Kontrollmöglichkeit der Eisbildung im Gewebe ergeben (Griffith et al. 1993, Worland und Block 1999). Versuche, Kartoffelpflanzen mit einem hinsichtlich der *codon-usage* gentechnisch optimierten AFP der Winterflunder zu transformieren, führten zu Pflanzen, die eine deutlich erhöhte Kältetoleranz hatten (Wallis et al. 1997).

1.3.6.6 Schutz der Biomembranen und Gefriertoleranz

Beim extrazellulären Gefrieren reichern sich die gelösten Stoffe in der Restflüssigkeit der Zelle enorm an. Zusätzlich zu der durch den Wasserentzug entstehenden Gefahr der Membrandesintegration (s. o.) entsteht durch die Konzentrierung von Ionen

A

Abb. 1.3.30: Frostschutz in der ostalpinen Primula clusiana Tausch (A). Hamamelit = 2-Hydroxymethyl-D-Ribit(ol) (B), und sein Galactosid Clusianose (C) reichern sich in der kalten Jahreszeit irreversibel in den überwinternden Blättern an (D). Nach der Bildung der neuen Blätter in der folgenden Vegetationsperiode sterben diese Blätter ab, ohne dass die insgesamt dominierenden, verzweigt-kettigen Zuckerderivate vorher zur weiteren Nutzung aus den Blättern entfernt wurden. Die Anreicherung von Hamamelit läßt sich auch durch Kältung der Pflanzen im Sommer erreichen. Foto E. Beck.

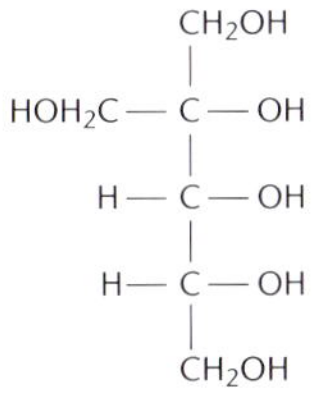

B

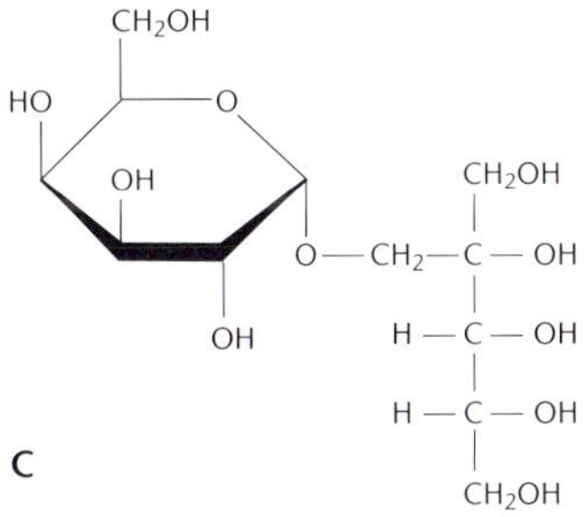

C

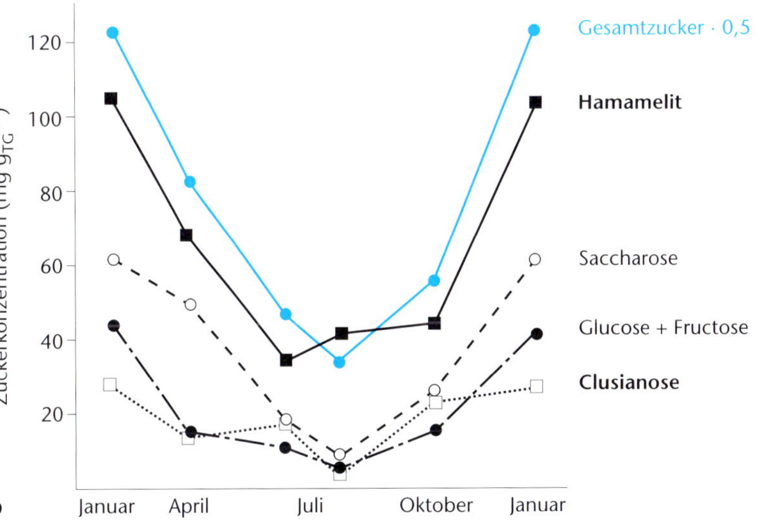

D

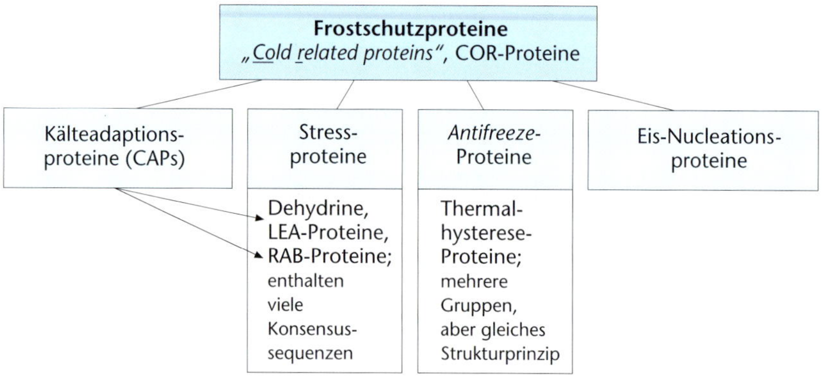

Abb. 1.3.31: Die verschiedenen Typen der Frostschutzproteine.

auf den Membranoberflächen eine schwere Belastung. Hohe Ionenladungen an Membranoberflächen verändern die Membranpotentiale und können so ebenfalls zur Desintegration, zumindest aber zum Abdissoziieren peripherer Proteine führen.

Der Grad der Frosthärte hängt vom Ausmaß und der Qualität des Membranschutzes ab

Man findet in gefriertoleranten Pflanzen relativ hohe Konzentrationen von löslichen niedermolekularen, so genannten kryoprotektiven Stoffen (Polyole, Saccharose und ihre Galactoside Raffinose und Stachyose, schwer abbaubare Kohlenhydrate wie Hamamelitol (Abb. 1.3.30), Aminosäuren, Polyamine u. a. m.), die die Ionendichte auf der Membranoberfläche „verdünnen" und zugleich wie das Wasser schwach polar sind, und so die *Bilayer*-Struktur stabilisieren. Die kryoprotektiven Substanzen haben also in erster Linie eine membranschützende Wirkung. Ihre gefrierpunktserniedrigende Wirkung tritt erst bei der Gefrierentwässerung der Zellen auf: So ist beispielsweise der Presssaft aus frostharten Fichtennadeln nur 1,5 osmolar, entsprechend einer Gefrierpunktserniedrigung von 2,8 K. Physiologisch ist diese unbedeutend, da ohnehin eine stärkere Unterkühlung notwendig ist, um die Kristallisation auszulösen. Im Zuge der Gefrierentwässerung jedoch konzentriert sich die Zellflüssigkeit, und bei einem Restvolumen von 10 % wäre sie rein rechnerisch zehnfach konzentriert. Dann spielen die kolligativen (physikochemischen) Eigenschaften der kryoprotektiven Stoffe natürlich eine wichtige Rolle. Im o. g. Beispiel der Fichtennadeln ergäbe sich nun eine Gefrierpunktserniedrigung von 28,5 K, die das Gefrieren des Restvolumens flüssigen Wassers verhindert.

Gefrierschutzproteine

Besondere Aufmerksamkeit erfahren heute so genannte Gefrierschutzproteine. – *cold related proteins* (COR) oder *cold adaptation proteins* (CAP), die bei der Entwicklung der Frosthärte eine essenzielle Rolle spielen könnten. Seit den späten achtziger Jahren wurden eine Vielzahl solcher Proteine bzw. entsprechender Gene beschrieben, die durch Kältebehandlung zur Expression kommen (Abb. 1.3.31). Darunter sind *Antifreeze*-Proteine, Isoformen von *housekeeping*-Enzymen, die ein tieferes Temperaturoptimum haben, wie z. B. Lactatdehydrogenase (bei Tieren) oder PEPCarboxykinase (Sáez-Vásquez et al. 1995), sowie Enzyme für die Biosynthese der Kryoprotektiva.

Schließlich gehören dazu auch Membranschutzproteine, die mit den Membranoberflächen wechselwirken und diese bei der Gefrierentwässerung stabilisieren. Sie ähneln den so genannten Dehydrinen, das sind extrem hydrophile Schutzproteine, die bei Trockenheitsstress oder beim gesteuerten Austrocknen, z. B. bei der Samenreifung, gebildet werden und meist Molekularmassen zwischen 15 und 50 kDa besitzen (siehe Kapitel 1.5.2.5). Neuerdings sind auch sehr große (≈ 200 kDa) COR-Proteine beschrieben worden. Sie sind sehr glycinreich, koch- und säurefest und haben einen hohen Anteil an *random-coil*-Sekundärstruktur. Ihre membrankonservierende Effektivität ist auf molarer Basis etwa 20 000 bis 40 000 mal größer als die von Saccharose. Eine ausführliche Beschreibung dieser Proteine findet sich im Kapitel 1.5 über Dürrestress. Es gibt einige Hinweise, dass Frostschutzproteine membranspezifisch sein können; z. B. hat man ein Protein (7 kDa) gefunden, das spezifisch die Thylakoide in den Chloroplasten schützt (Hincha und Schmitt 1992). Obwohl auch Hitzeschockproteine mit der Kältetoleranz in Verbindung gebracht werden, sind die CORs und CAPs mit diesen weder vom Aufbau noch hinsichtlich ihrer Funktion irgendwie verwandt. Wie die *Antifreeze*-Proteine haben auch die meisten CORs und CAPs amphiphilen Charakter. Im Gegensatz zu diesen lagern sie sich aber mit der hydrophoben Seite an die zu schützenden Strukturen, z. B. Membranoberflächen, an. Die hydrophilen Seiten sind dem Cytosol zugekehrt. Durch diese Anlagerung werden niedermolekulare Solute, z. B. Ionen, von der Membranoberfläche verdrängt. Wie die Synthese der Dehydrine kann auch die der CAPs durch Abscisinsäure (ABA, siehe Kapitel 1.5.2.3) anstelle von Kältebehandlung induziert werden. Eine entsprechende, hinsichtlich der Kältetoleranz erfolgreiche Behandlung von Zitruspflanzen mit Abscisinsäure und anderen Wachstumsregulatoren hatten allerdings vielfach negative Nebeneffekte, wie z. B. eine unvorteilhafte Biomasseverteilung oder den verfrühten Fruchtabfall, sodass sich das Versprühen von derartigen Chemikalien nicht als generelle künstliche Frosthärtungsmethode für gefährdete Kulturpflanzen empfiehlt (Yelenosky et al. 1987).

1.3.6.7 Die Gefriervermeidung

Unterkühlung

Verhinderung der Eiskristallbildung bei Frosttemperaturen führt zur **Unterkühlung** (*supercooling*). Gewöhnlich kann der unterkühlte Zustand von Pflanzengeweben nur einige Stunden aufrecht erhalten werden und damit z. B. über nächtliche Strahlungsfröste hinweghelfen, wie sie fast regelmäßig im tropischen Hochgebirge auftreten. Lang anhaltende Unterkühlung wurde bisher nur bei Geweben mit sehr starren Zellwänden beobachtet, z. B. können lederige Blätter bis –12 °C ungefroren bleiben. Knospen von Bäumen und Holz bestimmter Arten (z. B. vom nordamerikanischen *Cornus stolonifera*) können langfristig bis –30 bis –50 °C unterkühlen (Asworth 1993). Die Fähigkeit zur Unterkühlung bringt gegenüber der Gefriertoleranz den Vorteil, dass die Hydratur der Zellen erhalten bleibt und kein Dehydratationsstress entsteht. Wegen der tiefen Temperaturen laufen allerdings die metabolischen Reaktionen nur äußerst langsam ab (bei der Gefrierentwässerung kommen sie überhaupt zum Stillstand). Allerdings birgt die Unterkühlung das nicht geringe Risiko der **intrazellulären Eisbildung** bei plötzlicher Nucleation (siehe Abb. 1.3.22), die dann unweigerlich zum Tod der Zelle führt. Dies kann im Freiland z. B. bei Bewegung durch Wind oder Tiere ausgelöst werden. Im Allgemeinen sind Pflanzen, die Nucleationsbarrieren besitzen und deshalb zur Unterkühlung fähig sind, nicht gefriertolerant. Unterkühlung als Strategie

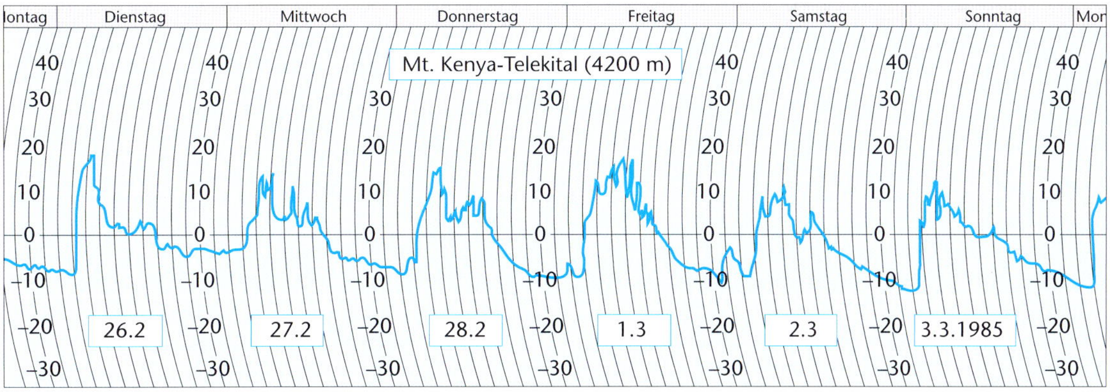

Abb. 1.3.32: Temperaturgang (in Bodennähe) im tropischen Hochgebirge in der Trockenzeit: Hedberg (1964) hat dieses Frostwechselklima folgendermaßen charakterisiert: Sommer jeden Tag, Winter jede Nacht. Auch in der Regenzeit tritt nächtlicher Frost auf, allerdings sind dann Temperaturen unter -5 °C eher selten.

Abb. 1.3.33: Tropisch-alpine Schopfpflanzen der Gattungen Senecio (A, B, C) und Espeletia (D). Sowohl das ostafrikanische Senecio keniodendron (endemisch für den Mt. Kenya) als auch die andine Espeletia corymbosa werfen die abgestorbenen Blätter nicht ab sondern behalten sie als Isoliermantel um den Spross. Die Wirkung dieser Isolierschicht ist in der Schemazeichnung (C) angedeutet, die auch den inneren Aufbau der Pflanze zeigt. Das mächtig entwickelte Mark dient als Wasserspeicher, da das Xylem selbst nur verhältnismäßig schwach ausgebildet ist. Die Espeletien werden wegen der Form des Mantels abgestorbener Blätter „Freilejones", dicke Mönche genannt. Fotos E. Beck.

kann als eine Form der Stressvermeidung (Gefriervermeidung) aufgefasst werden.

Transiente Gefriervermeidung bei tropischen Hochgebirgspflanzen

Typisch für das tropische Hochgebirge ist das so genannte Frostwechselklima, eine besondere Art des tropischen Tageszeitenklimas, bei dem gewöhnlich im Laufe der Nacht mehrstündiger Frost auftritt (Abb. 1.3.32).

Im Hinblick auf die zwar regelmäßigen, aber kurzfristigen und höchstens moderaten Fröste – Temperaturen unter –15 °C sind sehr selten und treten höchstens in Geländedepressionen auf – beobachtet man spezielle Einrichtungen der Blütenpflanzen zur temporären Gefriervermeidung.

Besonders deutlich werden diese bei der tropisch alpinen pflanzlichen Lebensform der Riesenrosettenpflanzen der Gattungen *Senecio, Lobelia* und *Espeletia*. Diese urtümlich anmutenden Pflanzen (Abb. 1.3.33) tragen am Ende der ober- oder unterirdischen Sprosse jeweils eine einzige große Blattrosette von bis zu über 1 m Durchmesser mit meist über 100 großen Blättern. Da es im Jahresverlauf keine ausgeprägten Ruheperioden gibt, werden die Blätter kontinuierlich gebildet, und die alten Blätter sterben auch kontinuierlich ab. Zumindest die erste Hälfte der Blattentwicklung findet in einer im Zentrum der Blattrosette stehenden konischen Blattknospe statt, von der sich die Blätter nach dem Ergrünen ablösen und den Rest ihres Längenwachstums in der Rosette absolvieren. Die Prinzipien der Gefriervermeidung bei diesen Pflanzen sind **Unterkühlung** und **Auskühlungsverzögerung** (Beck 1994).

Die Unterkühlung ist vor allem für die südamerikanischen Espeletien nachgewiesen worden, deren Zellflüssigkeiten auch bei –8 °C noch nicht gefrieren. Tiefere Temperaturen treten in den von Espeletien besiedelten Gebieten praktisch nicht auf. Löst man aber künstlich die Eisbildung aus, so werden diese Pflanzen letal geschädigt. Die Auskühlungsverzögerung kann durch Isolierung und durch Wärmepuffer erreicht werden. Eine dauernde Wärmeisolierung bietet die **Ummantelung** der oberirdischen Stämme dieser Pflanzen durch die abgestorbenen, z. T. ausgefaulten Blätter, welche die Auskühlung verzögern, aber bei der intensiven Sonneneinstrahlung am Tag einen Anstieg der Stammtemperatur auf 15 – 20 °C nicht verhindern (Abb. 1.3.33). Eine Stammtemperatur im Bereich zwischen 0 und 20 °C ist wichtig, da ein großer Teil der Wasserversorgung der Blattrosette nicht über das nur schwach entwickelte und extrem englumige Xylem, sondern über das lebende Markgewebe erfolgt. Der Wassertransport über lebende Zellen ist in hohem Maße von der Temperatur abhängig.

Eine der jeweiligen Temperatur angepasste thermische Isolierung stellen die so genannten **Nachtknospen** (Abb. 1.3.34) der Riesenrosetten dar: Mit dem Beginn der nächtlichen Kälte krümmen sich die Rosettenblätter nach oben ein und bilden so ein geschlossenes Gehäuse um die noch wachsenden bzw. noch im Knospenkonus (Abb. 1.3.34 B) befindlichen jungen Blätter. Da diese Nachtknospe aus vielen Blattlagen besteht, ist die Isolierwirkung beachtlich. Während die äußeren Blätter am Morgen steif gefroren sind, sinkt die Temperatur im Innern nicht unter den Gefrierpunkt (Abb. 1.3.34 C). Bei der morgendlichen Erwärmung öffnet sich die Rosette im Verlauf von wenigen Minuten und ist dann sofort zur Photosynthese bereit.

Wasser ist wegen seiner hohen spezifischen Wärme und der noch wesentlich höheren Kristallisationswärme ein sehr effektiver Wärmepuffer (Abb. 1.3.35). So enthält der Blütenstand von *Lobelia telekii* in seiner Markhöhle mehrere Liter Wasser, mit einer enormen Wärmekapazität: Bei einer Außentemperatur von –6 °C waren nur etwa 2 % dieser Flüssigkeit gefroren und die Wärmespeicherkapazität nur zu 1,8 % genutzt. Auch in den zisternenartigen Blattbasen der Rosettenblätter sammelt sich literweise Wasser, das nach kalten Nächten nur zum Teil gefroren ist und einen erheblichen Wärmespeicher darstellt (Abb. 1.3.35 C). Wie Untersuchungen ergeben haben, sind alle Blätter einer Riesenrosette (ausgenommen davon scheinen die Blätter der Gattung *Espeletia* zu sein), auch die noch in der Knospenlage befindlichen, gefriertolerant. Welchen ökophysiologischen Sinn hat dann die Gefriervermeidung? Offensichtlich beansprucht der tägliche De- und Rehydratisierungsvorgang die Gewebe in besonders starkem Maße: Äußere Rosettenblätter, die mehr oder weniger jede Nacht gefrieren, altern relativ schnell. Blattspitzen, die im gefrorenen Zustand besonnt werden, vergilben schon nach wenigen Tagen. Deshalb scheint es trotz Gefrierhärte vorteilhaft zu sein, den Gefrierstress so weit wie möglich zu vermeiden.

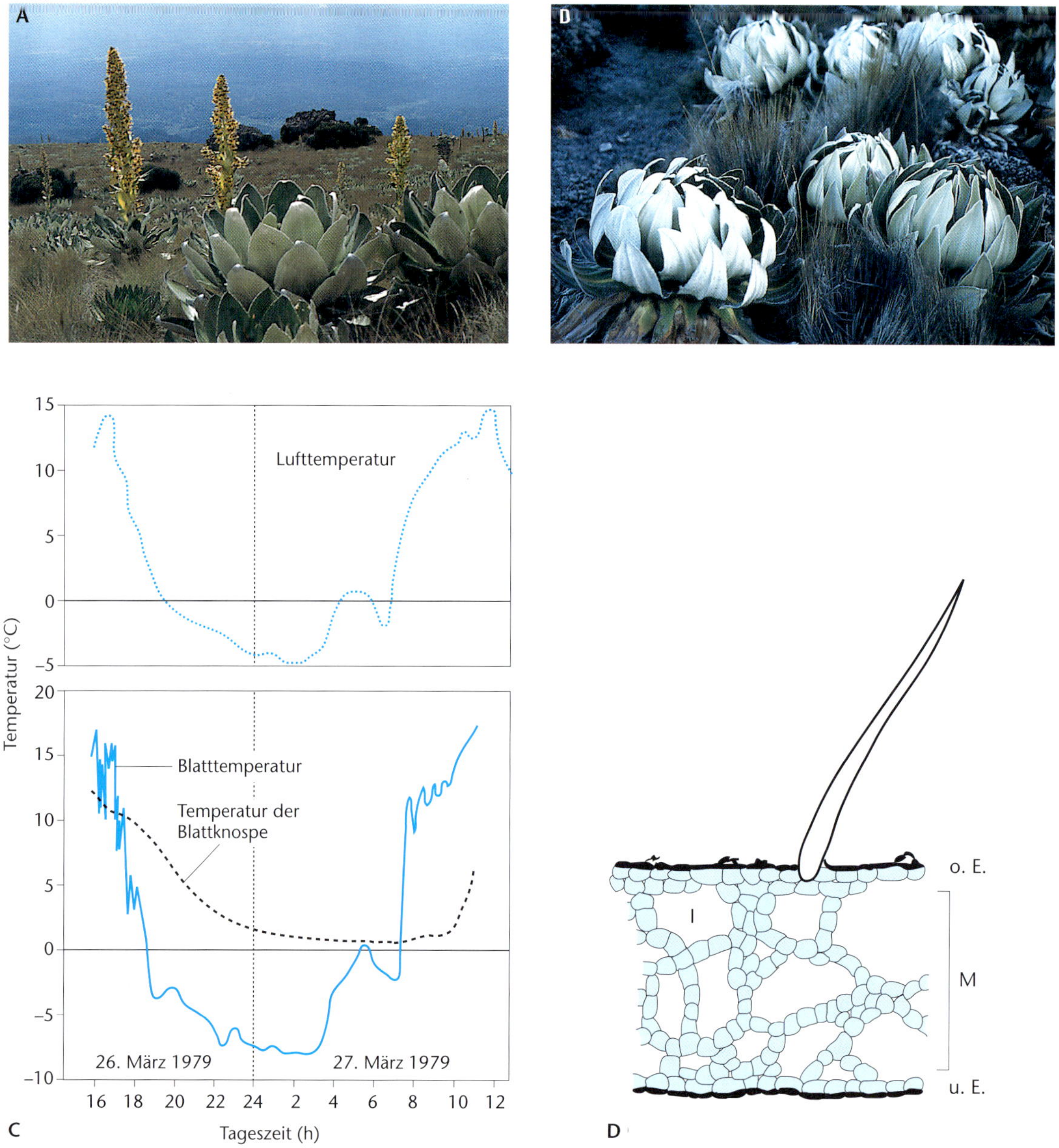

Abb. 1.3.34: Gefrierschutz durch adaptive Isolierung bei Senecio keniensis (endemisch für den Mt. Kenya). Die tagsüber geöffneten Rosetten (A) schließen sich bei Kälte und bilden die so genannte Nachtknospe (B). Die Isolierwirkung (C) betrifft nur die jungen Blätter im Inneren der Rosette. Während die äußeren Blätter steif gefroren sind, bleiben die inneren oberhalb des Gefrierpunkts. Die Blätter der Riesenrosettenpflanzen (D) zeigen vielfach eine „Styroporstruktur", welche die Isolierwirkung noch verstärkt (Lobelia keniensis). Fotos E. Beck.

1.3.6.8 Saisonale Gefriertoleranz

Bei einheimischen „Tiefland"-Pflanzen wechseln Phasen der Frosthärtung und Enthärtung mit den Jahreszeiten ab. Signale für die Abhärtung oder Enthärtung sind Tageslänge und Temperatur. In der Natur wirken beide Faktoren zusammen. Im Experiment wirken sie auch einzeln, wobei kurze Tageslänge und eine langsame, tiefe, noch nicht schädigende Temperatur eine schnelle Abhärtung (≈ –1 K pro Tag) induziert. Am Effekt der Tageslänge ist das Phytochromsystem als Signal beteiligt. Dunkelrotes

Abb. 1.3.35: Wasser bzw. wässerige Lösung als Thermalpuffer. A und B: Lobelia telekii im Rosettenstadium bzw. blühend. Die Rosette zeigt deutlich den Bau der „Riesenrosette". Die jungen Blätter entstehen im Zentrum der Rosette und bilden, eng aneinander gepresst die konusförmige Blattknospe. Der bis 3 m hohe Blütenstand (B) enthält nach Kroog et al. (1979) 3 l wässerige Markflüssigkeit. Aus der spezifischen Wärme des Wassers (4,2 J/g × K) und seiner Kristallisationswärme (331 J/g) ergibt sich ein Wärmepuffer von 1005 kJ. Bei –6 °C waren 2 % der Markflüssigkeit gefroren: Damit waren erst 1,8 % der gesamten Wärmepufferkapazität genutzt. C: In der Rosette von Lobelia deckenii (Mt. Kilimanjaro) bilden die zahlreichen (>150) Blätter Zisternen in denen sich Regen, aber auch Guttationsflüssigkeit sammelt. Eine Rosette enthält mehr als 2 l davon. Bei der Bildung der Nachtknospe wird diese Flüssigkeit hochgedrückt und umgibt als zusätzlicher Wärmepuffer die Blattknospe. Fotos E. Beck.

Licht fördert die Härtung, hellrotes die Enthärtung. Da Gefrierresistenz ein Phänomen ist, das die ganze Pflanze betrifft, sind Härtung und Enthärtung äußerst komplexe Vorgänge, die auf zellbiologischer Ebene derzeit intensiv studiert werden. Auf einige bereits gut untersuchte Teilprozesse, wie die Bildung von kryoprotektiven Substanzen einschließlich der Proteine wurde bereits hingewiesen. Ein besonders wichtiger Teilprozess ist die Anpassung der Biomembranen an Wärme oder Kälte. Nach heutiger Kenntnis ist Frosthärtung während der Hauptwachstumsperiode nicht möglich, da vermutlich die Zellwand den Belastungen der Gefrierentwässerung nicht gewachsen ist.

Molekularbiologie der Frosthärtung

Obwohl *Arabidopsis thaliana* höchstens eine moderate Frostresistenz entwickelt, hat die Frostresistenzforschung an dieser Pflanze wegen ihres mittlerweile vollständig sequenzierten Genoms und der verhältnismäßig einfachen Mutantenarbeit zu wichtigen Erkenntnissen geführt (Thomashow 1999). Zum einen hat sich gezeigt, dass die konstitutive „Frosthärte" dieser Pflanze genetisch unabhängig von ihrer Fähigkeit zur Frosthärtung ist. Unter konstitutiver Frosthärte versteht man dabei den Grad der Frosthärte, der auch bei Anzucht der Pflanze bei Zimmertemperatur gemessen wird. Allerdings zeigt sich auch, dass sowohl konstitutive als auch induzierte Frosthärte ein Syndrom, d. h. die konzertierte Wirkung vieler Gene ist (von mehr als 100 Genen wird berichtet: Xin and Browse 2000). Die wichtigsten Eigenschaften, welche Frosthärte bedingen, wurden in den vorhergehenden Kapiteln ausführlich behandelt. Vom Syndrom „Frosthärte" bzw. „Frosthärtung" ausgehend lag es nahe, nach „Mastergenen" zu suchen, die den Frosthärtungsprozess steuern. Solche Mastergene wurden auf der Ebene der Transkriptionsfaktoren bzw. -aktivatoren gefunden (Abb. 1.3.36), z. B. die Aktivatoren der CBF-Gruppe (CRT-*Repeat Binding Factor*), die an das Promotor-Element AAGAC binden, welches in mehreren COR-Genen auftritt. CBF1 ist auch unter der Bezeichnung DREB1B („*Drought Regulated Element Binding factor1B*" – vgl. Kapitel 1.5 Stress durch Trockenheit) beschrieben

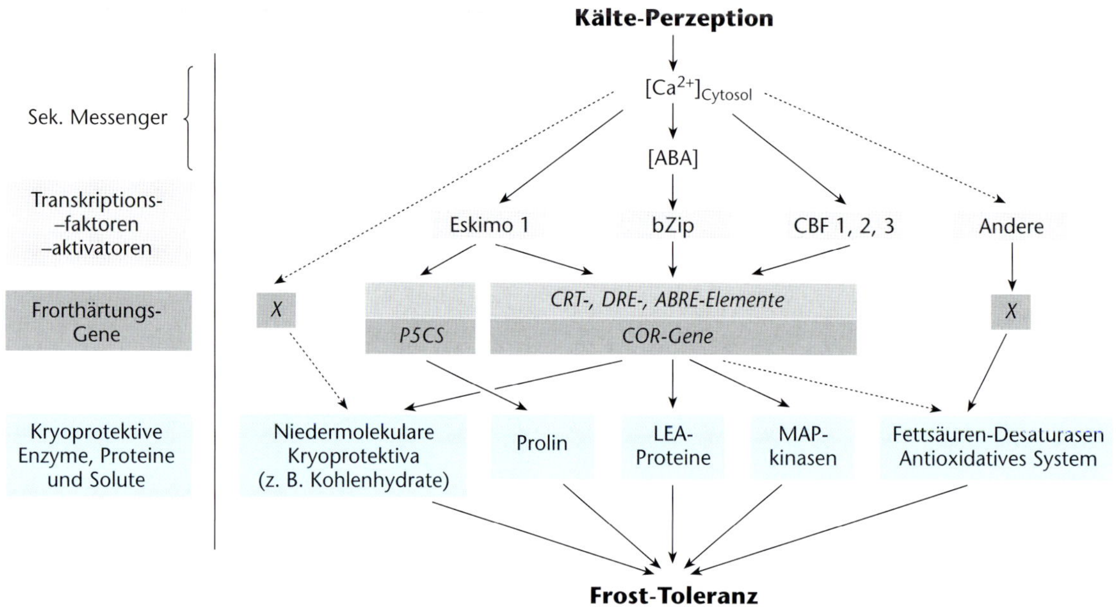

Abb. 1.3.36: Molekularbiologie der Induktion der Frosthärtung. Übersicht über die bei der Frosthärtung von Arabidopsis thaliana nachgewiesenen (durchgezogene Pfeile) bzw. vermuteten Wege der Signaltransduktion von der (auf molekularer Basis unbekannten) Perzeption des Kältesignals bis zur Ausbildung der Frosthärte (maximale Frosthärte: –12 °C). Abkürzungen: ABA, Abscisinsäure; bZip, basischer Leucinzipper; CBF, CRT-Repeat Binding Factor; DRE, Drought Regulated Element; ABRE, ABA-Responsive Element; P5CS, Gen für Δ-1-Pyrrolin-5-carboxylat-Synthetase (vgl. Kasten 1.5.5). Nach Xin und Browse (2000).

worden, worin sich wieder das Phänomen der „*cross protection*" zeigt. Ebenfalls in diesem Sinne zu verstehen ist die Induktion mancher COR-Gene durch Abszisinsäure (ABA) über den Transkriptionsaktivator „bZip" (basischer Leucinzipper). Abbildung 1.3.36 zeigt, wie solche Mastergene eine Vielzahl weiterer Gene auf der Transkriptionsebene aufrufen können und dass sich die steuernden Wirkungen mehrerer Mastergene auch überlappen können. Hat man Mastergene identifiziert, so ergibt sich rückschreitend die Frage, wie diese aktiviert werden. Ein Anstieg der cytosolischen Calciumkonzentration scheint dafür ein entscheidender Auslöser zu sein (Tahtiharju et al. 1997). Jedenfalls wird unmittelbar nach dem Einsetzen eines Frosthärtungsprogramms ein solcher Anstieg beobachtet, welcher der Genaktivierung vorauseilt. Wodurch die Erhöhung der cytosolischen Calciumkonzentration ausgelöst wird, ist noch nicht bekannt. Man vermutet aber, dass eine kältebedingte Membranversteifung in die Stressperzeption involviert ist (Vigh et al. 1993, siehe auch den Abschnitt Stressperzeption im Kapitel 1.1)

1.3.6.9 Frosthärtung kostet Effizienz

Die „Strategie" zur Frostbewältigung unserer wintergrünen Pflanzen, z. B. der Nadelbäume ist das extrazelluläre Gefrieren des Gewebswassers. Sobald die Eisbildung erfolgt ist, kommt die Photosynthese infolge der starken Dehydratation und der tiefen Temperatur zum Erliegen. Im Zuge der Frosthärtung werden in den Chloroplasten der Waldkiefer etwa 30 % der chlorophyllbindenden Antennenproteine abgebaut (Kiefern sehen im Winter eher gelbgrün aus), was man als Schutz der photosynthetischen Membranen vor Lichtstress bei scharfem Frost interpretieren kann (Hansen 2000). Im nicht gefrorenen Zustand bedeutet dies aber eine erhebliche Einschränkung der Photosyntheseleistung. Entsprechende Experimente zur CO_2-Assimilation mit Fichtennadeln zeigen denn auch eine Reduktion der potentiellen Photosyntheseleistung um circa 80 % (siehe Kapitel 1.1.3, Abb. 1.1.7). Allerdings muss sich diese Einschränkung der Photosynthese nicht zwangsläufig negativ auswirken, da unter dem Einfluss tiefer Temperaturen die Dissimilation

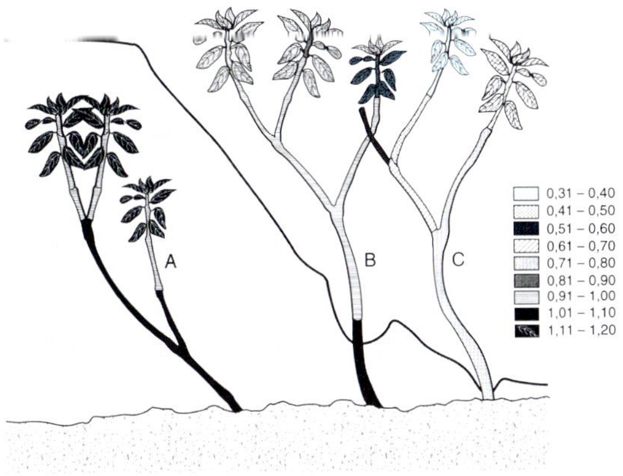

Abb. 1.3.37 Frosttrocknis. Wassergehalte (in g H_2O/g TG) in Blättern und Sprossen der Alpenrose (Rhododendron ferrugineum) im Winter. A, dauernd schneebedeckt; B, nur die Stammbasis schneebedeckt, C, während des ganzen Winters schneefrei auf gefrorenem Boden (Messung im März). Nach Larcher (1994).

ebenfalls erheblich eingeschränkt ist (Hansen und Beck 1994).

1.3.6.10 Sekundärer Stress: Frosttrocknis

Pflanzen können aus gefrorenem Boden kein Wasser aufnehmen und laufen Gefahr, bei Dauerfrost Dürreschäden erleiden. Da die Wurzelaktivität temperaturabhängig ist, verschlechtert sich schon bei Temperaturen von wenigen Graden oberhalb des Gefrierpunkts die Wasser- und Nährsalzaufnahme (Kapitel 2.3). Pflanzen wärmerer Gebiete kommen schon bei 5–10 °C in derartige Schwierigkeiten: Bei verschiedenen *Citrus*-Arten treten entsprechende Trockenheitsschäden bereits bei +5 °C auf.

Frosttrocknis tritt verstärkt an schneearmen Standorten auf, wenn der Boden tief gefroren ist, die Sonneneinstrahlung aber Transpiration hervorruft und eine effektive Wassernachleitung aus dem gefrorenen Stamm und Boden nicht möglich ist (Abb. 1.3.37): Dabei besteht erhöhte Gefahr von Embolien im Xylem, aber auch innerhalb den Zellen. Bei lang anhaltender Frosttrocknis schrumpft das Volumen der Zellen, z. B. in Koniferennadeln, auf einen Bruchteil des turgeszenten Zustands. Nach Larcher (2001) wird die Grenze des Baumwuchses durch die Dauer, die Strenge des Bodenfrosts und das Ausmaß der Schneebedeckung bestimmt. Schneebedeckung bedeutet Schutz vor Austrocknung und extremer Auskühlung bei strengem Frost.

Andererseits bringt eine Schneedecke auch erhebliche Belastungen mit sich: Druckbelastung (führt zu Schnee- u. Eisbruch), Lichtverlust (unter einer 20 cm dicken Schneedecke beträgt das Restlicht 1–15 %), behinderter Gasaustausch; besonders kritisch ist die Lage unter gewalzten Skipisten: Hier wurden Verringerungen der Biomasseproduktion um 20–30 %, im Extremfall bis 70 % beobachtet (Cernusca 1984).

1.3.7 Schlussbetrachtung

Die Ausführungen des Abschnitts „Kälte" zeigen, dass der Stressor tiefe Temperatur ein ganzes Bündel von *strain*-Reaktionen hervorruft. Für derartige vielschichtige Veränderungen wird in der Literatur vielfach der etwas vieldeutige Begriff „Syndrom", z. B. Frosthärtungssyndrom, verwendet. Die folgende Tabelle 1.3.9 fasst die verschiedenen Aspekte des Kältesyndroms der Pflanzen zusammen.

Tabelle 1.3.9: Pflanze und Kälte: Eine Übersicht

Temperaturbereich	Reaktion der Pflanze	Bewältigungsstrategie	Beispiel	Bezeichnung
+ 8 bis 0 °C	empfindlich	keine; nicht anpassungsfähig	Usambara-Veilchen	„*chilling*"-sensitiv
+ 8 bis 0 °C	tolerant	keine; nicht anpassungsfähig	Tomate, Kartoffel	„*chilling*"-tolerant
0 bis –12 °C, evtl. auch tiefer	tolerant	Lipiddesaturation kryoprotektive Stoffe	Fichte, Kiefer, Efeu **Sommerzustand**	frosttolerant, aber nicht gefriertolerant
0 bis –70 °C, evtl. auch tiefer	tolerant	Lipiddesaturation kryoprotektive Stoffe, Lipidanreicherung	Fichte, Kiefer im **Winterzustand**	frost- und gefriertolerant

Zusammenfassung

1. Allgemeiner Teil

1. Für jeden in der Natur lebenden Organismus lassen sich Grenztemperaturen des aktiven Lebens feststellen, welche die Temperaturspanne flüssigen Wassers nach unten und nach oben hin signifikant überschreiten können. Lebewesen (Mikroorganismen), die bei höheren Temperaturen als 100 °C ihr Temperaturoptimum haben, können nur unter hohem Druck, also in der Tiefsee existieren. Für alle Lebewesen gelten so genannte Kardinalpunkte der Temperaturverträglichkeit: Kältetod, Kältestarre, Bereich des aktiven Lebens, Hitzestarre, Hitzetod. Lebewesen, die an tiefe Temperaturen angepasst sind, bezeichnet man als psychrophil, solche die hohe Temperaturen benötigen als thermophil bis extrem thermophil, während die Mehrzahl aller Organismen mesophil ist. Nicht alle Teile einer Pflanze haben identische Temperaturverträglichkeiten; dies gilt auch für die einzelnen Entwicklungsstadien.

2. Pflanzen können in gewissem Umfang an andere Temperaturverhältnisse adaptieren. Dazu muss die Lipidzusammensetzung der Biomembranen so verändert werden, dass diese bei allen auftretenden Temperaturen den flüssig-viskosen Zustand aufrechterhalten können. Verändern sich die Temperaturverhältnisse deutlich zu den Grenzen des aktiven Lebens hin, werden zusätzlich hoch- oder niedermolekulare („chemische Chaperone") Schutzsubstanzen gebildet. Auch an große, innerhalb eines Tages auftretende Temperaturschwankungen können Pflanzen in dieser Weise adaptieren.

2. Hitze

1. Feuer. Pyrophyten sind Pflanzen, deren Lebenszyklus an Feuer gebunden ist. Zumeist sind es ihre Früchte, die sich erst nach einem Brand öffnen. Die Samen finden dann ein von Konkurrenten befreites, nährstoffreiches Keimfeld vor. Ihre Keimung kann durch Rauch stimuliert werden. Bei häufig wiederkehrenden Feuern hat sich wegen der kurzen Intervalle wenig Biomasse angesammelt und es werden keine so hohen Temperaturen erreicht, dass alle oberirdischen Pflanzenteile absterben. Durch „Stockaustrieb" entsteht dann eine eigenartige „Feuervegetation":

2. Der typische, durch Hitze ausgelöste *strain* ist die Produktion der Hitzeschockproteine und die Abschaltung der *housekeeping* Gene. Diese Reaktionen setzen schon wenige Grade oberhalb der Optimaltemperatur eines Organismus' ein, d. h. die Pflanzen leben nahe an der Hitzestressgrenze. Deshalb sind Hitzevermeidungsmechanismen von großer Bedeutung. Blätter mit kleinen Oberflächen, die Blattstellung, starke Behaarung und Transpirationskühlung wirken der Überhitzung der Blätter entgegen.

3. Die Hitzeschockantwort ist eine der auf molekularer Ebene am besten verstandenen Stressreaktionen. Hitzedenaturierung von Proteinen führt zu ihrer Assoziation mit Hitzeschockproteinen (HSP, Chaperonen). Bestimmte dieser HSP liegen normalerweise in Assoziation mit Hitzeschock-Transkriptionsfaktoren (HSF) vor. Durch die Reaktion mit den denaturierten Proteinen, werden die HSF freigesetzt und aktiviert (Trimerisierung). Der aktive HSF reagiert dann mit entsprechenden palindromischen Sequenzen in der Promotorregion der Hitzeschockgene, den so genannten Hitzeschockelementen, was zur Expression dieser Gene und zur Produktion der Hitzeschockproteine führt. Nachdem die Hitzeschockproteine hitzegeschädigte Proteine „renaturiert" oder für den proteolytischen Abbau markiert haben, steigt ihre Konzentration in der Zelle an und bindet dadurch wieder freie HSF, wodurch die Produktion weiterer Hitzeschockproteine abgeschaltet wird.

4. Auch das Abschalten der *housekeeping*-Gene ist auf molekularer Ebene wenigstens in den Grundzügen verstanden. Durch Hitze wird die Assoziation der Untereinheiten des Spleißosoms und damit das *processing* der mRNA unterbunden. Die ungespleißte mRNA der *housekeeping*-Gene wird in Verbindung mit Hitzeschockproteinen in Hitzeschockgranula gespeichert. Auch die Translation wird durch Inaktivierung eines Initiationsfaktors abgeschaltet. Hitzeschockproteine benötigen offensichtlich diesen Initiationsfaktor nicht und ihre mRNA enthält keine Introns, sodass sie nicht gespleißt werden muss.

5. Erst teilweise verstanden ist die Freisetzung der mRNA und das Wiederanschalten der Translation der *housekeeping*-Gene nach dem Hitzeschock.

3. Kälte

1. Beim Stressor Kälte unterscheidet man Schäden, die oberhalb des Gefrierpunkts entstehen (Schäden durch *chilling* bei subtropischen und tropischen Pflanzen), von solchen, die bei Frost und

der dadurch ausgelösten Eisbildung in den Pflanzen hervorgerufen werden. Eisbildung bedeutet Gefrierentwässerung der Gewebe und Zellen, und oftmals sind Frostschäden auch Dehydratationsschäden. Gefrieren von Wasser innerhalb der Zelle (intrazelluläre Eisbildung) ist immer tödlich (Ausnahme: die artifizielle „Vitrifikation" zur Konservierung von Organismen).

2. Kälteschäden sind in erster Linie Membranschäden. Dies gilt für das *chilling* in gleicher Weise wie für den Frost. Ein zu hoher Anteil hochschmelzender Lipide oder ein zu hohes Protein-Lipid-Verhältnis führen bei Temperaturerniedrigung zur Immobilisierung großer Membrandomänen und zum Funktionsverlust. Membranschäden werden auch durch zu starke Gefrierentwässerung und die damit verbundene Anreicherung von geladenen Soluten (z. B. Salzionen) an den Membranoberflächen hervorgerufen.

3. Tropische und subtropische Nutzpflanzen können in der Regel nicht oder nur in sehr geringem Umfang gegen Kälte abhärten. Bereits vor dem Auftreten von Membranschäden kommt es durch unterschiedliche Temperaturabhängigkeiten verschiedener Stoffwechselreaktionen zu Imbalancen im Metabolismus und zu Störungen des Zellstoffwechsels. Inaktivierung von Ionenpumpen, insbesondere von solchen, die mit der Energieversorgung oder der Homöostase eines Membranpotentials verbunden sind, sind die häufigsten Ursachen der als *leakiness* der Membranen bezeichneten Schäden.

4. Energetisierung des Photosyntheseapparats bei gestörtem photosynthetischen Stoffwechsel führt zur Bildung reaktiver Sauerstoffspezies (ROS), welche weitere Schäden, vor allem durch Radikalbildung in den Biomembranen, verursachen. Das in Pflanzen gut ausgebildete Entgiftungssystem zum Abfangen von ROS und seinen reaktiven Folgeprodukten wird dann überfordert. Die bei Überenergetisierung des Photosystems II vor allem auch im Zusammenhang mit *chilling* beobachtete Photoinhibition wird hauptsächlich von ROS ausgelöst. ROS entstehen nicht nur im Zusammenhang mit der Photosynthese, sondern auch bei Disfunktionen in der Atmungskette oder bei anderen Reaktionen, bei denen molekularer Sauerstoff beteiligt ist. ROS entgiftende Systeme finden sich einerseits in den Membranen, z. B. Tocopherol oder Xanthophylle in der photosynthetischen Membran. Im Cytosol oder im Stroma der Chloroplasten sind vor allem Ascorbat und Glutathion, aber auch Flavonoide an der Entgiftung von ROS beteiligt.

5. Bei Frost kommt zum Stress durch tiefe Temperatur noch der Stress durch (Gefrier)Entwässerung hinzu. Die genaue Schadenursache ist deshalb nicht immer eindeutig auszumachen. Das Gefrieren von Gewebs- und Zellwasser muss grundsätzlich außerhalb der Zellen in den Interzellularräumen erfolgen. Vor dem Gefrieren muss Wasser also aus den Zellen in die Interzellularräume austreten. Kälteinaktivierung von Pumpen der Plasmamembran könnte eine Ursache dafür sein. Die Eisbildung in den Interzellularräumen erfordert Nucleationsauslöser. Vielfach finden sich auf der Epidermis der Pflanzen, aber auch in den substomatären Interzellularräumen Bakterien, die als Nucleationsauslöser wirken.

6. Die nucleationsaktiven Bakterien, die so genannten INA-Bakterien, besitzen als „Nucleatoren" Aggregate von INPs (*ice nucleation proteins*), deren molekularer Aufbau die Fixierung der Wassercluster in Eisgitter-ähnlichen Strukturen begünstigt und dadurch die zur Kristallisation notwendige Unterkühlung vermindert. Auch aus Pflanzeninterzellularen wurden nucleationsaktive Proteine extrahiert, deren molekulare Wirkung jedoch noch nicht aufgeklärt ist. Eine frühzeitige, d. h. schon bei niedrigen Frosttemperaturen erfolgende Eisbildung mindert die Gefahr des plötzlichen intrazellären Gefrierens von Zellwasser bei zu starker Unterkühlung. Andererseits gibt es viele Pflanzen, die zwar frost- aber nicht gefriertolerant sind. Bei diesen (zahlreiche Nutzpflanzen gehören dazu) ist Nucleationsverhinderung der alleinige Weg zum Überleben von Frost.

7. Schon bei mäßigem Frost ist die Entwässerung der Zellen durch das Gefrieren zellulären Wassers enorm. Bei Temperaturen um –10 °C sind in der Regel bereits mehr als 80 % des Gewebswassers gefroren. Der Gefriervorgang kommt dann zum Stillstand, wenn das (frost)temperaturabhängige Wasserpotential des (extrazellulären) Eises dem Wasserpotential der Zelle gleich ist. Man spricht deshalb von „Gleichgewichtsgefrieren", wobei ideales und nicht-ideales Gleichgewichtsgefrieren unterschieden werden. Beim ersteren wird das Wasserpotential der gefrierentwässerten Zelle nur von ihrem osmotischen Potential bestimmt, beim nicht-idealen Gleichgewichtsgefrieren verstärkt ein bei der Entwässerung der Zellen entstehender negativer Wanddruck (ein Sog) das Wasserpotential der

Zelle, sodass mehr Wasser im flüssigen Zustand bleibt als dem osmotischen Potential entspricht. Bei einer intakten Zelle muss die Plasmamembran bei der Gefrierentwässerung immer mit der Zellwand in Verbindung bleiben, da das Matrixpotential der Zellwand das Eindringen von Luft aus den Interzellularräumen verhindert. Die durch Gefrierentwässerung verursachte Schrumpfung der Zellvolumens führt deshalb zur (reversiblen) Verformung der gesamten Zellen, bis zur Faltenbildung der Zellwand (Gefriercytorrhyse).

8. Zu starke Gefrierentwässerung führt zum Zerfall der Biomembranen, da die ordnenden hydrophoben Wechselwirkungen der Membranlipide die Anwesenheit von flüssigem Wasser voraussetzen. Gefördert wird der Zerfall der Membranen noch durch hohe Konzentrationen geladener Solute, welche das Membranpotential drastisch verändern können.

9. Der Grad der Frosthärte hängt außer von der entsprechenden Lipidzusammensetzung (und dem Protein-Lipidverhältnis) von der Effektivität der so genannten Kryoprotektiva ab. Darunter versteht man zum einen niedermolekulare Solute, z. B. viele Kohlenhydrate, die bei der Gefrierentwässerung die membranstabilisierende Rolle der Wassermoleküle übernehmen und gleichzeitig die Akkumulation von Ionen an den Membranoberflächen verhindern. Neben den niedermolekularen Kryoprotektiva bilden frostharte Pflanzen auch membran- (und protein-)schützende Proteine, z. B. aus der Proteinfamilie der Dehydrine, die sich bei Entwässerung schützend mit den Membranen assoziieren. Die Bildung derartiger Proteine ist ein gutes Beispiel für *cross protection*, d. h. für ein Mehrfachschutzsystem, dessen Bildung durch einen Stressor ausgelöst wird, das aber die Pflanze auch gegenüber anderen Stressoren abhärtet (z. B. Frost, Trockenheit, hohe Salzbelastung). Die Synthese derartiger Proteine kann auch durch das Pflanzenhormon Abszisinsäure induziert werden.

10. Das Phänomen der *cross protection* legt die Frage nach einem molekularen „Hauptschalter", einem *master switch*, nahe. Tatsächlich scheint es außer den Pflanzenhormonen Gene einer höheren Hierarchieebene zu geben, deren Produkte eine ganze Reihe von weiteren Genen aktivieren, deren Produkte direkt oder indirekt (z. B. durch Synthese niedermolekularer Osmolyte – in unserem Falle kryoprotektiver Solute) zur Stressbewältigung beitragen. Ein derartiges System wird „Regulon" genannt. Das Aufspüren solcher Hauptschalter-Gene wäre besonders interessant für die Erhöhung der Stresstoleranz von Pflanzen durch Gentransformation. Derzeit denkt man jedoch noch eher an die Übertragung mehrerer Gene aus der unteren Hierarchie-Ebene in eine Nutzpflanze (Holmberg und Bülow 1998). Kandidaten für die Transformation mit einem *master switch*-Gen wären beispielsweise die Gene für Transkriptionsaktivatoren wie DREB 1 A, B, C u. a. (siehe Kapitel 1.6, „Prolin"), die in der Hierarchiekaskade für Dürretoleranz weit oben stehen (Sarhan und Danyluk 1998).

11. Besonders aus dem Tierreich bekannt, aber neuerdings auch in Pflanzen nachgewiesen, sind die *Antifreeze*-Proteine. Sie erschweren die Kristallisation von Wasser und behindern das Wachstum von Eiskristallen, und verzögern so den Gefrier- aber nicht den Auftauvorgang. Sie werden deshalb auch THP (thermale Hysterese Proteine) genannt. Bei einigen dieser Proteine ist die molekulare Struktur und der Wirkungsmechanismus bekannt. Sie lagern sich an Eiskristalle an und kehren dem wässerigen Medium ihre hydrophobe Seite zu, was die Anlagerung weiterer Wassermoleküle erschwert. Die Folge ist die Bildung vieler kleiner statt weniger großer Eiskristalle.

12. Ausdauernde Pflanzen der gemäßigten und hohen Breiten zeigen das Phänomen der saisonalen Frosthärtung und -enthärtung. Auf molekularer Ebene geht erstere einher mit einer Desaturation der Membranlipide, einer Verringerung des Protein-Lipid-Verhältnisses der Biomembranen und der Bildung kryoprotektiver und ROS entgiftender Stoffe, möglicherweise auch von nucleationsaktiven oder nucleationsbehindernden Proteinen. Im frostharten Zustand sind die Pflanzen photosynthetisch wenig leistungsfähig. Dies hängt in erster Linie mit dem Abbau von Photosystemen in den Thylakoidmembranen zusammen, reduziert aber auch ganz erheblich die Gefahr der Überenergetisierung im gefrorenen Zustand. Arktische und tropische Hochgebirgspflanzen sind permanent frosthart. Letztere haben, dem Klima mit täglichem Frostwechsel entsprechend verschiedene Mechanismen der Gefriervermeidung entwickelt: Permanente (Stammummantelung) oder transiente („Nachtknospe") Isolierung und Wärmespeicherung. Derartige Mechanismen greifen aber nur, weil die nächtlichen Frostperioden höchstens einige wenige Stunden andauern, bevor die tropische Sonne die Temperaturen wieder in den positiven Bereich ansteigen lässt.

13. Auf der Ebene der ganzen Pflanze stellt Frosttrocknis eine Stresssituation dar, gegen die es außer dem Blattabwurf keine Vermeidungsreaktionen, aber auch keine spezifische Toleranz gibt. Frosttrocknis entsteht durch Transpiration oberirdischer Pflanzenteile, wenn die Wasseraufnahme aus dem Boden infolge von Frost nicht möglich ist. Überleben können frostharte Pflanzenorgane diese Situation nur solange die Mechanismen zur Schadensvermeidung bei Gefrierentwässerung nicht überfordert werden.

Literatur

Allen DJ, Ort DR (2001) Impacts of chilling temperatures on photosynthesis in warm-climate plants. *Trends in Plant Science* 6: 36–42

Antikainen M, Griffith M, Zhang J, Hon W-C, Yang DCS, Pihakashi-Maunsbach K (1996) Immunolocalization of antifreeze proteins in Winter Rye leaves, crowns, and roots by tissue printing. *Plant Physiol.* 110: 845–857

Ashworth EN (1993) Deep supercooling in woody plant tissues. In: Li PH, Christersson L (Hrsg.) Advances in Plant Cold Hardiness. CRC Press, Boca Raton, Ann. Arbor, London Tokyo. 203–213

Baertlein-Dawn A, Lindow SE, Panopulos-Nicholas J, Lee SP, Mindrinos MN, Chen TH (1992): Expression of a bacterial ice nucleation gene in plants. *Plant Physiol.* 100: 1730–1736

Ballaré CL (1999) Keeping up with the neighbours: phytochrome sensing and other signalling mechanisms. *Trends in Plant Science* 4: 97–102

Ballaré CL, Scopel AL, Stapleton AE, Yanovsky MJ (1996) Solar Ultraviolt-B radiation affects seedling emergence, DNA-integrity, plant morphology, growth rate, and attractiveness to herbivore insects in Datura ferox. *Plant Physiol.* 112: 161–170

Beck E (1994) Cold tolerance in tropical alpine plants. In: Rundel PW, Smith AP, Meinzer FC (Hrsg.) Tropical alpine environments. Plant form and function. Cambridge University Press, Cambridge. 77–110

Bohnert HJ, Nelson DE, Jensen RG (1995) Adaptations to environmental stress. *The Plant Cell* 7: 1099–1111

Burke MJ, Lindow SE (1990) Surface properties and size of the nucleation site in ice nucleation active bacteria: theoretical considerations. *Cryobiology* 27: 80–84

Carpenter JF, Hansen TN (1992) Antifreeze protein modulates cell survival during cryopreservation: Mediation through influence on ice crystal growth. *Proc. Natl. Acad. Sci. USA* 89: 8953–8957

Cernusca A (1984) Beurteilung der Schipistenplanierung in Tirol aus ökologischer Sicht. *Verh. Ges. Ökologie* 12: 137–148

Crowe JH, Crowe LM, Mouradian R (1983) Stabilization of biological membranes at low water activities. *Cryobiology* 20: 346–356

DeVries AL, Cheng CHC (1992) The role of antifreeze glycopeptides and peptides in the survival of cold water fishes. In: Somero GN, Osmond CB, Bolis CL (Hrsg.) Water and Life. Springer, New York Berlin. 301–315

Dixon KW, Roche S, Pate JS (1995) The promotive effect of smoke derived from burnt native vegetation on seed germination of western Australian plants. *Oecologia* 101: 185–192

Dowgert MF, Steponkus PL, 1983, Effect of cold acclimation on intracellular ice formation in isolated protoplasts. *Plant. Physiol.* 72: 978–988

Duman JG, Olsen TM (1993) Thermal hysteresis protein in Bacteria, Fungi, and phylogenetically diverse plants. *Cryobiology* 30: 322–328

Duman JG, Wu DW, Yeung KL, Wolf EE (1992) Hemolymph proteins involved in the cold tolerance of terrestrial arthropods: Antifreeze and ice nucleator proteins. In: Somero GN, Osmond CB, Bolis CL (Hrsg.) Water and Life. Springer, New York Berlin. 282–300

Elstner EF (1996) Die Sauerstoffaktivierung als Basis pflanzlicher Stressreaktion. In: Brunold C, Rüegsegger A, Brändle R (Hrsg.) Stress bei Pflanzen. UTB Paul Haupt, Bern Stuttgart Wien. 347–363

Fetene M, Gashaw M, Nauke P, Beck E (1998) Microclimate and ecophysiological significance of the tree-like life-form of *Lobelia rhynchopetalum* in a tropical alpine environment. *Oecologia* 113: 332–340.

Fields PG (1993) Reduction of cold tolerance of stored-product insects by ice-nucleating-active Bacteria. *Environ. Entomol.* 22: 470–476

Finnegan EJ, Genger RK, Peacock WJ, Dennis ES (1998) DNA-Methylation in plants. *Annu. Rev. Plant Physiol. Plant Mol. Biol.* 49: 223–248

Frentzen M, Heinz E (1983) Membranlipid-Biosynthese in Cloroplasten. *Biologie in unserer Zeit* 13: 178–187

Gallie DR, Caldwell C, Pitto L (1995) Heat shock disrupts Cap and Poly(A) tail function during translation and increases mRNA stability of introduced reporter mRNA. *Plant Physiol.* 108: 1703–1713

Georgopoulos C (1992) The emergence of the chaperone machines. *Trends in Biochemical Sciences* 17: 295–299

Gombos Z, Wada H, Varkonyi Z, Los DA, Murata N (1996) Characterization of the Fad12 mutant of Synechocystis that is defective in delta 12 acyl-lipid desaturase activity. *Biochim. Biophys. Acta* 1299: 117–123

Green RL, Warren GJ (1985) Physical and functional repetition in a bacterial ice nucleation gene. *Nature* 317: 645–648

Griffith M, Ala P, Yang DSC, Hon W-C, Moffatt B (1992) Antifreeze protein produced endogenously in Winter Rye leaves. *Plant Physiol.* 100: 593–596

Griffith M, Marentes E, Ala P, Yang DSC (1993) The role of ice-binding proteins in frost tolerance of winter rye. In: Li PH, Christersson L (Hrsg.) Advances in Plant Cold Hardiness. CRC Press, Boca Raton, Ann. Arbor, London Tokyo. 177–186

Gross DC, Proebsting El jr, Maccrindle-Zimmerman H (1988) Development, distribution, and characteristics of intrinsic, nonbacterial ice nuclei in Prunus wood. *Plant Physiol.* 88: 915–922

Hansen J (2000) Überleben in der Kälte – wie Pflanzen sich vor Froststress schützen. *Biologie in unserer Zeit* 30: 24–34

Hansen J, Beck E (1988) Evidence for ideal and non-ideal equilibrium freezing of leaf water in frosthardy Ivy (*Hedera helix*) and Winter Barley (*Hordeum vulgare*). *Botanica Acta* 101: 76–82.

Hansen J, Beck E (1994) Seasonal changes in the utilization and turnover of assimilation products in 8-year-old Scots pine (*Pinus sylvestris* L.) trees. *Trees* 8: 172–182

Hartl F-U, Hlodan R, Langer T (1994) Molecular chaperones in protein folding: The art of avoiding sticky situations. *Trends in Biochemical Sciences* 19: 20–25

Heldt HW (1999) Pflanzenbiochemie. Spektrum Akad. Verlag, Heidelberg

Hew CL, Yang DCS (1992) Protein interaction with ice. *Eur. J. Biochem.* 203: 33–42

Hincha DK, Schmitt JM (1992) Freeze-thaw injury and cryoprotection of thylakoid membranes. In: Somero GN, Osmond CB, Bolis CL (Hrsg.) Water and Life. Springer, New York Berlin. 316–337

Hock B, Elstner EF (1988) Schadwirkungen auf Pflanzen : Lehrbuch der Pflanzentoxikologie. BI-Wiss.-Verl., Mannheim. 348 Seiten

Jansen MAK, Gaba V, Greenberg BM (1998) Higher plants and UV-B radiation: balancing damage, repair and acclimation. *Trends in Plant Science* 3: 131–135

Jones TL, Tucker DE, Ort DR (1998) Chilling delays circadian pattern of sucrose phosphate synthase and nitrate reductase activity in Tomato. *Plant Physiol.* 118: 149–158

Kappen L, Zeitler A (1977) Seasonal changes between one- and two-phasic response of plant leaves to heat stress. *Oecologia* 31: 45–53.

Kooter JM, Matzke M, Meyer P (1999) Listening to the silent genes: transgene silencing, gene regulation and pathogen control. *Trends in Plant Science* 4: 340–347

Lafta AM, Lorenzen JH (1995) Effect of high temperature on plant growth and carbohydrate metabolism in Potato. *Plant Physiol.* 109: 637–643

Larcher W (2001) Ökophysiologie der Pflanzen 6. Aufl. UTB, Eugen Ulmer, Stuttgart

Larcher W (1987) Streß bei Pflanzen. *Naturwissenschaften* 74: 158–167

Levitt J (1980) Responses of plants to environmental stresses Vol. 1, Academic Press, New York

Lindow SE (1982) Population dynamics of epiphytic ice nucleation active bacteria on first sensitive plants and frost control by means of antagonistic bacteria. In: Li PH, Sakai A (Hrsg.) Plant cold hardiness. Academic Press, New York, 395–416

Maki LR, Galyan ME, Chien ME, Caldwell DR (1974) Ice nucelation induced by *Pseudomonas syringae. Appl. Microbiol.* 28: 456–459

Murata N, Wada H, Gombos Z, Nishida I (1993) The molecular mechanism of the low-temperature tolerance of plants studied by gene technology of membrane lipids. In: Jackson MB, Black CR (Hrsg.) Interacting stresses on plants in a changing climate. Springer, Berlin Heidelberg New York. *NATO ASI Series* 16: 715–723

Nishida, I. und Murata, N. (1996) Chilling sensitivity in Plants and Cyanobacteria. *Annu. Rev. Plant Physiol. Plant Mol. Biol.* 47: 541–568.

Nover L und Höhfeld I (1996) Hohe Temperaturen. In: Brunold C, Rüegsegger A , Brändle R (Hrsg.)

Streß bei Pflanzen. Paul-Haupt-Verlag, Bern Stuttgart Wien. 49–70

Ohlrogge JB, Browse J (1995) Lipid biosynthesis. *Plant Cell* 7: 957–970

Park Y-I, Chow WS, Anderson JM (1996) Chloroplast Movement in the shade plant Tradescantia albiflora helps protect photosystem II against light stress. *Plant Physiol.* 111: 867–875

Pikaard CS (1999) Nucleolar dominance and silencing of transcription. *Trends in Plant Science* 4: 478–483

Pilon-Smits EAH, Ebskamp MJM, Paul MJ, Jeuken MJW, Weisbeek PJ, Smeekens SCM (1995) Improved performance of transgenic fructan-accumulating tobacco under drought stress. *Plant Physiol* 107: 125–130

Powles SB (1984) Photoinhibition of photosynthesis induced by visible light. *Annu. Rev. Plant Physiol.* 35: 15–44

Powles SB, Berry JS, Björkman O (1983) Interaction between light and chilling temperature on the inhibition of photosynthesis in chilling-sensitive plants. *Plant, Cell Environ.* 6: 117–123

Roche S, Dixon KW, Pate JS (1998) For everything a season- smoke-induced seed germination and seedling recruitment in a western Australian Banksia woodland. *Aust. J. Ecol.* 23: 111–120

Ryu SB, Costa A, Xin Z, Li PH (1995) Induction of cold hardiness by salt stress involves synthesis of cold- and abscisic acid-responsive proteins in Potato. *Plant Cell Physiol.* 36: 1245–1251

Sáez-Vásquez J, Raynal M, Delseny M (1995) A Rapeseed cold-inducible transcript encodes a phosphoenolpyruvate carboxykinase. *Plant Physiol.* 109: 611–618

Sakai A, Larcher W (1987) Frost survival of plants: Responses and adaptation to freezing stress. Springer, Berlin Heidelberg. *Ecol. Studies* 62

Schreiber U, Bilger W. Neubauer C (1994), Chlorophyll fluorescence as a nonintrusive indicator for rapid assessment of in vivo photosynthesis. In: E-D Schulze, MM Caldwell (Hrsg.) Ecophysiology of Photosynthesis. Springer Heidelberg. *Ecological Studies* 100: 49–70

Searles PS, Flint SD, Caldwell MM (2001) A meta-analysis of plant field studies simulating stratospheric ozone depletion. *Oecologia* 127: 1–10

Selye, H (1973) The evolution of the stress concept. *American Scientist* 61: 693–699

Senser M, Beck E (1982) Frost resistance in Spruce [*Picea abies* (L.) Karst]: IV. The lipid composition of frost resistant and frost sensitive Spruce chloroplasts. *Z. Pflanzenphysiol.* 105: 241–253

Sicheri F, Yang DCS (1995) Ice-binding structure and mechanism of antifreeze protein from winter flounder. *Nature* 375: 427–431

Sonoike K (1996a) Photoinhibition of photosystem I: Its physiological significance in the chilling sensitivity of plants. *Plant and Cell Physiol.* 37: 239–247

Sonoike K (1996b) Degradation of psaB gene product, the reaction center subunit of photosystem I, is caused during photoinhibition of photosystem I: Possible involvement of active oxygen species. *Plant Science* 115: 157–164

Steponkus PL, Dowgert MF, Gordon-Kamm W (1983) Destabilization of the plasma membrane of isolated plant protoplasts during a freeze-thaw cycle: The influence of cold acclimation. *Cryobiology* 20, 448–465

Steponkus PL, Uemura M, Balsamo RA, Arvinte T,Lynch DV (1988) Transformation of the cryobehavior of rye protoplasts by modification of the plasma membrane lipid composition. *Proc. Natl. Acad. Sci.USA* 85: 9026–9030

Tahtiharju S, Sangwan V, Monroy AF, Dhinsda RS, Borg M (1997) The induction of kin genes in cold-acclimating *Arabidopsis thaliana*. Evidence of a role of Calcium. *Planta* 203: 442–447

Tarczynski MC, Jensen R, Bohnert HJ (1993) Stress protection of transgenic tobacco by production of the osmolyte mannitol. *Science* 259: 508–510

Thomashow MF (1999) Plant cold tolerance: freezing tolerance genes and regulatory mechanisms. *Annu. Rev. Plant Physiol. Plant Mol. Biol.* 50: 571–599

Urrutia ME, Duman JG, Knight CA (1992) Plant thermal hysteresis proteins. *Biochim. Biophys. Acta* 1121: 199–206

Vigh L, Los DA, Horvath I, Murata N (1993) The primary signal in the biological perception of temperature: Pd-catalyzed hydrogenation of membrane lipids stimulated the expression of the desA gene in Synechocystis PCC6803. *Proc. Natl. Acad. Sci. USA* 90: 9090–9094

Vogg G, Heim R, Gotschy B, Beck E, Hansen J (1998) Frost hardening and photosynthetic performance of Scots pine (*Pinus sylvestris* L.) II. Seasonal changes in the fluidity of thylakoid membranes. *Planta* 204: 201–206

Wallis JG, Wang H, Guerra DJ (1997) Expression of a synthetic antifreeze protein in potato reduces electrolyte release at freezing temperatures. *Plant Mol. Biol.* 35: 323–330

Warland MR, Block W (1999) Ice-nucleating bacteria from the guts of two sub-antarctic beetles Hydromedion sparsutum and Perimylops antarcticus (Perimylopidae). *Cryobiology* 38: 60–67

Waterhouse PM, Smith NA, Wang M-B (1999) Virus-resistance and gene silencing: killing the messenger. *Trends in Plant Science* 4: 458–462

Wilson M, Lindow SE (1993) Release of recombinant microorganisms. *Annu. Rev. Microbiol.* 47: 913–944

Wolfe J (1978) Chilling injury in plants – the role of membrane lipid fluidity. *Plant, Cell, Environ.* 1: 241–247

Wolfe J, Steponkus PL (1983) Mechanical properties of the plasma membrane of isolated plant protoplasts. *Plant Physiology* 71: 276–285

Warland MR, Block W (1999) Ice-nucleating bacteria from the guts of two sub-antarctic beetles *Hydromedion sparsutum* and *Perimylops antarcticus* (Perimylopidae). *Cryobiology* 38: 60–67

Yang DSC, Sax M, Chakrabarty A, Hew CL (1988) Crystal structure of an antifreeze polypeptide and its mechanistic implications. *Nature* 333: 232–237

Yelenosky G, Mauk CS, Bausher MG, Kushad MM (1987) Chemical bioregulaton of growth and cold hardiness in Citrus. In: Li PH (Hrsg.) Plant cold hardiness. Vol.5. Alan R. Liss. Inc., New York. 299–321

Yelenosky G (1978) Freeze survival of Citrus trees in Florida. In: Li PH, Sakai A (Hrsg.) Plant Cold Hardiness and Freezing Stress. Academic Press, New York San Francisco London. 297–311

Yelenosky G (1985) Cold hardiness in *Citrus. Horticultural Rev.* 7: 201–237

Zhu JJ, Beck E (1991) Water relations of Pachysandra leaves during freezing and thawing: Evidence for a negative pressure potential alleviating freeze-dehydration stress. *Plant Physiol.* 97: 1146–1153

Xin Z, Browse J (2000) Cold comfort farm: the acclimation of plants to freezing temperatures. *Plant, Cell, Environment* 23: 893-907

1.4. Sauerstoffmangel (Anaerobiose und Hypoxie)

Nelumbo nucifera, die Lotusblume, ist die typische Sumpf-Pflanze im Monsun-Klima Nordaustraliens. Die Rhizome wachsen im sauerstoffarmen Schlick und werden über ein Aerenchym mit Sauerstoff versorgt. Der Luftstrom im Aerenchym wird angetrieben über Thermoosmoose. Das Botanisieren sollte in dieser Vegetation wegen Krokodilen mit Vorsicht erfolgen. Kapalga, Northern Territories. Foto E.-D. Schulze.

Literaturempfehlung

1. Drew MC (1997) Oxygen deficiency and root metabolism: Injury and acclimation under hypoxia and anoxia. *Annu. Rev. Plant Physiol. Plant Mol. Biol.* 48: 223–250
2. Brändle R (1996) Überflutung und Sauerstoffmangel. In: Brundold C, Rüegsegger A, Brändle R (Hrsg.) Stress bei Pflanzen. Paul Haupt-Verlag, Bern Stuttgart Wien. 133–148
3. Blom CWPM, Voesenek LACJ (1996) Flooding: the survival strategies of plants. *Trends in Ecology and Evolution* 11: 290–295

Böden werden vielfach als **Vierphasensysteme** aufgefasst: Bodenteilchen, Bodenwasser, Bodenluft und Bodenlebewesen (Abb. 1.4.1). Frei drainierende Böden können das Bodenwasser nur in Poren halten, die kleinere Durchmesser als 10–60 μm haben. Selbst bei Wassersättigung bis zur Feldkapazität (siehe Kapitel 2.2) beträgt das luftgefüllte Porenvolumen noch 10–30 % des Bodenvolumens. In zeitweise oder permanent wassergesättigten Böden findet man hingegen kaum luftgefüllte Poren, da die in den Poren befindliche Luft sich langfristig im Wasser löst und die Poren dadurch für Wasser freigibt.

In einem Poren-, d. h. Luftkontinuum, wie es in gut durchlüfteten Böden vorliegt, ist der hauptsächlich auf Diffusion beruhende, aber durch den eigenen Gaswechsel des Bodens beschleunigte Austausch von Gasen ein verhältnismäßig schneller Prozess: Wenn Sauerstoff durch die Aktivität der Bodenmikroorganismen und der Pflanzenwurzeln verbraucht wird, fließt er auch wieder rasch nach, so-

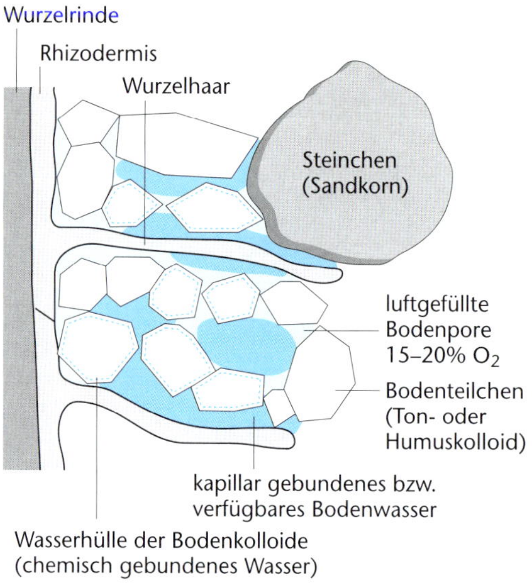

Abb. 1.4.1: Das Vierkomponentensystem: Wurzel/Bodenorganismen, Bodenteilchen, Bodenwasser, Bodenluft.

dass sein Partialdruck in der Bodenluft, zumindest bei porenreichen Böden, im Bereich von 15–20 % liegt. Ebenso kann das sich in den Bodenporen ansammelnde CO_2 rasch aus dem Boden entweichen. Anders ist es, wenn der Gasaustausch über das in den Poren enthaltene Wasser erfolgen muss. Nach dem **1. Fick'schen Gesetz**, das die pro Zeiteinheit diffundierende Gasmenge – also den Nettogasfluss – beschreibt, ist dieser vom Diffusionskoeffizienten D, von der Größe der Austauschfläche und vom Konzentrationsunterschied abhängig. Bei gleicher Temperatur ist der Diffusionskoeffizient für Sauerstoff in Wasser etwa 10 000 Mal kleiner (genau 11 300 Mal) als in Luft. Hinzu kommt, dass die Löslichkeit von O_2 in Wasser sehr gering ist (0,03 ml O_2 $l^{-1}H_2O$) Daraus folgt, dass der Gasaustausch in staunassen Böden sehr langsam erfolgt und der Sauerstoffgehalt somit zu einer das Pflanzenwachstum limitierenden Größe wird. Etwas günstiger wird die Gasversorgung der Wurzeln durch die Temperaturgradienten sowie durch Wasserbewegungen im Boden. Der für Wurzeln kritische Sauerstoffgehalt in der Bodenluft liegt im Allgemeinen bei 5–10 % O_2. In besonderen Fällen können Wurzeln auch noch bei niedrigeren O_2-Konzentrationen wachsen, wie z. B. das Wollgras (*Eriophorum angustifolium*) bei 2–4 % O_2 (Armstrong und Gaynard 1976). Die scheinbare Toleranz wird verständlich, wenn man die großen, vom Spross und von den Blättern in die Wurzeln führenden Luftkanäle berücksichtigt, die den für den Wurzelstoffwechsel nötigen Sauerstoffgehalt intern aufrechterhalten. Ein ähnliches **Durchlüftungsgewebe (Aerenchym)** findet man beim Wasserreis, dessen Wurzeln noch mit 0,8 % Sauerstoff auskommen (Armstrong und Webb 1985). In diesen Fällen findet man häufig eine verkorkte Exodermis als Abschlussgewebe, die das Austreten der Gase aus dem Interzellularensystem in den Boden erschwert. Wo ein derartiges ab-

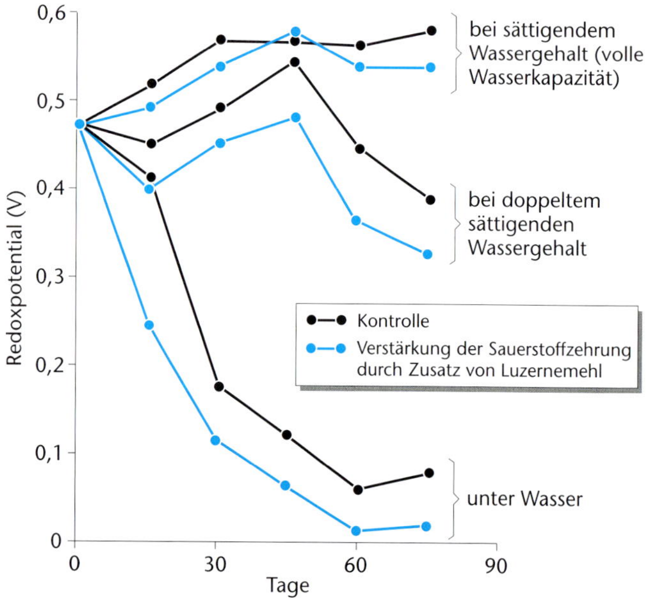

Abb. 1.4.2: Entwicklung des Redoxpotentials von tonigem Lehm in Abhängigkeit des Wassergehalts und des Gehalts an organischem Material (nach Amberger 1988).

Kasten 1.4.1 Das Redoxpotential des Bodens

Das Redoxpotential des Bodens beeinflusst die chemischen und biologischen Prozesse. Der Sauerstoffgehalt des Bodens manifestiert sich in seinem Redoxpotential E (Volt oder mV). Dieses bestimmt, in welcher Form einzelne Elemente im Boden vorliegen. Entsprechend kann das Redoxpotential eines Bodens am Konzentrationsverhältnis der oxidierten und reduzierten Form eines Stoffes gemessen werden, wobei die Nernst'sche Gleichung Anwendung findet:

$$E = E_O + \frac{RT}{nF} \ln \frac{a_{ox}}{a_{red}}.$$

E_O ist das Normalpotential unter Standardbedingungen (25 °C, pH 7, a_{ox} u. a_{red} = 1); R ist die Gaskonstante, T die absolute Temperatur, n die Zahl der zwischen dem oxidierten und dem reduzierten Zustand zu übertragenden Elektronen und F die Faradaykonstante. R, T, F und der natürliche Logarithmus lassen sich zum Term [0,059 · log] zusammenziehen; a_{ox} und a_{red} bezeichnen die Konzentrationen bzw. Aktivitäten eines Elements im jeweils oxidierten und reduzierten Zustand.
Beispiel: Das Normalpotential der Oxidation von zwei- zum vierwertigen Mangan

$$Mn^{2+} + 2H_2O \leftrightarrow MnO_2 + 4H^+ + 2e^-$$

beträgt +1,23 Volt.

Gut durchlüftete Böden haben ein Redoxpotential von bis zu +0,8 Volt. Entsprechend der Nernst'schen Gleichung ist das Konzentrationsverhältnis der beiden Formen des Mangans dann 3,7 · 1014, d. h. praktisch alles in Lösung befindliche Mangan läge in der oxidierten Form vor. Allerdings muss berücksichtigt werden, dass Manganoxidation Protonen freisetzt, d. h. den pH-Wert erniedrigt, während die Reduktion von Braunstein Protonen verbraucht. Die Wechselwirkung zwischen Redoxpotential und pH-Wert bei Protonen verbrauchenden oder produzierenden Reaktionen bedeutet aber auch, dass in gepufferten (d. h. pH-konstanten) Böden der pH-Wert das Redoxpotential bestimmen oder zumindest stark beeinflussen kann (Abb.). Weiterhin muss berücksichtigt werden, ob Stoffe in oxidierter oder reduzierter Form das Löslichkeitsprodukt überschreiten, d. h. ausflocken. Fällt z. B. Braunstein oder Eisen(III)oxid aus, so erniedrigt sich das Redoxpotential, d. h. die reduzierte Form wird leichter oxidierbar. Gut durchlüftete Böden zeigen schon durch die rote bis rotbraune Farbe den hohen Gehalt an Eisen- und Manganoxiden an. Schlecht durchlüftete Böden mit einem niedrigen Redoxpotential (im Extremfall bis –0,35 V) sind an der blaugrünen bis blaugrauen Farbe der Eisen(II)ionen zu erkennen (Gleyböden), die durch die Bildung von Sulfiden aus der anaeroben Zersetzung organischen Materials noch ins Schwärzliche spielen kann.

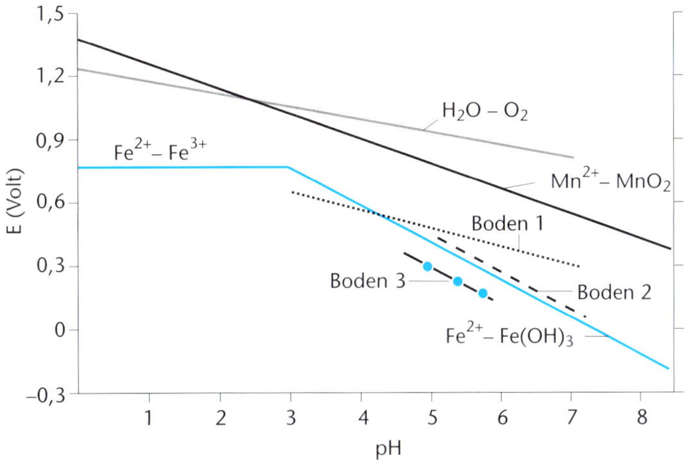

Abb.: Der Einfluss des Redoxpotentials (als Maß für den Sauerstoffgehalt) und der Bodenazidität (des Boden-pH-Werts) auf den Oxidationszustand von Schwermetallionen. Der Berechnung wurde eine Konzentration der gelösten Reaktionspartner von 10^{-5} M bzw. von Sauerstoff von 1 atm zugrunde gelegt. Die schwarz gehaltenen Kurven sind berechnet, die farbigen sind die für das System $Fe^{2+} – Fe^{3+}$ gemessenen Werte (nach Scheffer und Schachtschabel 1973).

dichtendes Abschlussgewebe fehlt, kann über das Aerenchym noch Sauerstoff an den umgebenden Boden abgegeben werden, der die in unmittelbarer Nähe der Wurzel befindlichen Schwermetallionen oxidiert („rostfleckige Wurzelgänge" im Pseudogley) und sie damit für die Bodenorganismen „entgiftet".

Hinsichtlich des Einflusses des Sauerstoffpartialdrucks auf den Stoffwechsel spricht man von **Normoxie**, wenn der Sauerstoffpartialdruck keine der biochemischen Reaktionen limitiert, von **Hypoxie**, wenn die mitochondriale ATP-Synthese durch niedrigen O_2-Partialdruck beeinträchtigt, aber noch nicht völlig gehemmt wird. Bei Abwesenheit von Sauerstoff, der **Anoxie**, ist die oxidative Phosphorylierung in den Mitochondrien gegenüber der ATP-Synthese durch Glykolyse und Gärung vernachlässigbar.

Tabelle 1.4.1: Reihenfolge der Redoxreaktionen im Boden. Da diese Reaktionen in der aufgelisteten Reihenfolge ablaufen (d. h. Sulfat wird nicht reduziert, solange noch Eisen-III-Ionen vorhanden sind), gibt das Redoxpotential des Bodens wichtige Hinweise auf die dort ablaufenden Reaktionen. Nach Marschner (1986).

Redox-Reaktion		Redoxpotential E (mV) bei pH 7
Beginn der Nitratreduktion (Denitrifikation)	$NO_3^- \rightarrow NO_2^-$	450 – 550
Beginn der Manganreduktion	$MnO_2 + 4H^+ + 2e^- \rightarrow Mn^{2+} + 2H_2O$	350 – 450
Abwesenheit von freiem Sauerstoff	$O_2 + 4H^+ + 4e^- \rightarrow 2H_2O$	350
Abwesenheit von Nitrat	$(\rightarrow N_2O \rightarrow N_2)$	250
Beginn der Fe^{2+}-Bildung	$Fe(OH)_3 + 3H^+ + 1e^- \rightarrow Fe^{2+} + 3H_2O$	150
Abwesenheit von Fe^{3+}		120
Beginn der Sulfatreduktion	$SO_4^{2-} + 10H^+ + 8e^- \rightarrow H_2S + 4H_2O$	–50
Abwesenheit von Sulfat		–180
Methanbildung	$CO_2 + 8H^+ + 8e^- \rightarrow CH_4 + 2H_2O$	< –180

Langfristig staunasse Böden haben infolge des niedrigen Sauerstoffpartialdrucks ein negatives Redoxpotential (Kasten 1.4.1), d. h. sie haben reduzierende Eigenschaften. Eindringender Sauerstoff (z. B. über Wurzel- oder Regenwurmkanäle) wird schnell von den Bodenmikroorganismen verbraucht.

Bereits nach wenigen Tagen Überflutung sinkt das Redoxpotential eines Bodens dramatisch ab (Abb. 1.4.2) und mikroaerophile und anaerobe Mikroorganismen breiten sich aus. Diese nutzen hauptsächlich die organische Substanz des Bodens, benötigen aber reduzierbare Ionen als Elektronenakzeptoren. Man spricht dann von Nitrat- oder Sulfatatmung, wenn aus NO_3^- Nitrit und schliesslich N_2O und N_2 (Denitrifikation) entstehen, bzw. aus SO_4^{2-} Sulfid gebildet wird (siehe Kapitel 3.3.3). In ähnlicher Weise können dreiwertiges Eisen und vierwertiges Mangan zu den jeweils zweiwertigen Ionen reduziert werden. Ebenso kann CO_2 Elektronenakzeptor sein, wobei Methan entsteht. Tabelle 1.4.1 zeigt die Sequenz solcher Reaktionen bei der Erniedrigung des Redoxpotentials. Derartige Reaktionen verbrauchen häufig Protonen, d. h. führen zur Alkalisierung der Bodenreaktion.

Physiologisch problematisch sind höhere Konzentrationen reduzierter Schwermetallionen, da sie toxisch wirken. So wird das Wurzelwachstum nicht nur durch Sauerstoffmangel gehemmt, sondern auch noch durch giftige Ionen in der Umgebung der Wurzel (Abb. 1.4.3). Dies betrifft insbesondere die ohnehin empfindliche Lebensgemeinschaft der Mykorrhiza: Pflanzen auf staunassen Böden sind

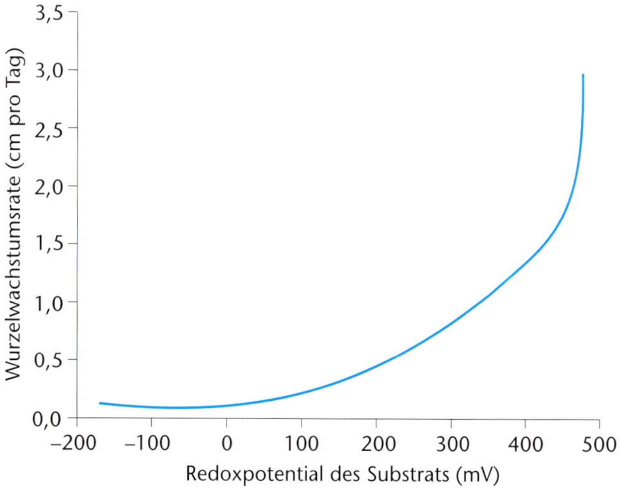

Abb. 1.4.3: Die Abhängigkeit des Wurzelwachstums des Grases Spartina patens vom Redoxpotential im Boden. Nach DeLaune et al. (1993).

Tabelle 1.4.2: Der Effekt der Überflutung auf die Biomasseproduktion und den Nährelementgehalt der Blätter von zwei überflutungsempfindlichen und einem überflutungstoleranten Vertreter der Gattung *Rumex*. Nach Laan et al. (1989).

Art/ Wuchsbedingung	Trockengewicht des Sprosses (g)	Nährelementgehalt der Blätter (mol pro g Trockengewicht)				
		Stickstoff	Phosphor	Kalium	Calcium	Magnesium
R. thyrsiflorus						
trockener Standort	15.2 ± 1.4	1878 ± 45	143 ± 10	1238 ± 37	323 ± 11	435 ± 22
überflutet	7.2 ± 1.4	1006 ± 64	44 ± 2	355 ± 15	190 ± 2	218 ± 3
R. crispus						
trockener Standort	13.6 ± 1.4	1372 ± 54	90 ± 5	857 ± 39	532 ± 27	311 ± 7
überflutet	12.7 ± 2.5	702 ± 35	58 ± 10	347 ± 23	315 ± 13	160 ± 8
R. maritimus						
trockener Standort	24.8 ± 2.6	1018 ± 91	59 ± 2	478 ± 11	615 ± 19	401 ± 4
überflutet	25.4 ± 3.9	1052 ± 52	59 ± 2	272 ± 10	761 ± 40	398 ± 11

Die Daten sind Mittelwerte aus 5 identischen Ansätzen ± SD.

sehr empfindlich gegen Pathogene und entwickeln kaum Mykorrhiza; deshalb ist ihre Fähigkeit zum Wachstum und zur Nährionenaufnahme in der Regel stark eingeschränkt (Tabelle 1.4.2).

Zwei Drittel des Festlands der Erde sind zumindest zeitweiliger Überflutung ausgesetzt (beispielsweise die Monsungebiete Ostasiens oder die Gebiete im Unterlauf der großen sibirischen Ströme). Viele höhere Pflanzen haben deshalb Mechanismen entwickelt, um mit dem Stressfaktor Hypoxie leben zu können. Die Häufigkeit der Überflutung und die Toleranz bestimmter Arten kann man an der Vegetationszonierung erkennen (Abb. 1.4.4).

In physiologischer Sicht kann man **primäre** und **sekundäre Hypoxie** bzw. Anaerobiose unterscheiden: Bei Ersterer beginnt bereits die Keimung einer Pflanze unter Sauerstoffmangel und dieses Problem begleitet die Pflanze normalerweise auch während ihres gesamten Lebens; dies gilt z. B. für obligate Sumpfpflanzen (Kapitel 1.4.1.1). Sekundäre Hypoxie liegt vor, wenn Pflanzen, die normalerweise in gut durchlüfteten Böden wachsen, zeitweise unter Überflutungsstress geraten.

1.4.1 Der Energiestoffwechsel der Pflanzen unter Sauerstoffmangel

Während der Vegetationsperiode liegt der tägliche Sauerstoffkonsum des Bodens je nach Durchwurzelungsdichte und Mikrobenaktivität im Bereich von

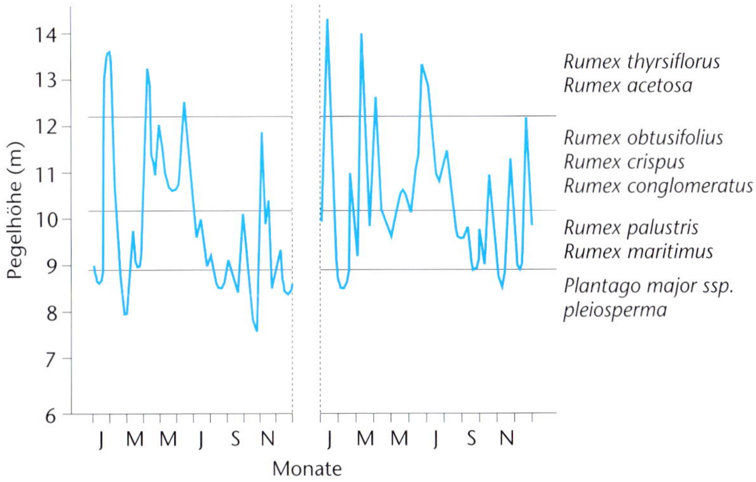

Abb. 1.4.4: Pegeländerungen des Rheins bei Nijmegen (Niederlande) im Verlauf von zwei Jahren im Bezug zur Zonierung einiger überflutungsempfindlicher und -toleranter Pflanzenarten. Nach Blom et al. (1993).

Kasten 1.4.2 Energiestoffwechsel heterotropher Organe unter aeroben und hypoxischen Bedingungen

Ohne ausreichenden Sauerstoff kommt die Atmungskettenreaktion und damit die oxidative Phosphorylierung (von ATP) zum Erliegen. Wenn NADH dann nicht mehr reoxidiert werden kann, kommt auch der Tricarbonsäurezyklus zum Stillstand. Dann bleibt der Zelle nurmehr die Gärung als ATP erzeugender Prozess (Abb.). Dabei sinkt die Energieausbeute pro Hexosemolekül auf ca. 5 % (2 ATP im Vergleich zu 38 ATP). Bestimmte Pflanzen oder Samen können bei mangelnder Energieversorgung den Glucosedurchsatz erheblich steigern. Dieses Phänomen ist als Pasteureffekt bekannt. Gesteuert wird dabei vor allem das Schlüsselenzym Phosphofructokinase, dessen Aktivität allosterisch durch die Spiegel von ATP und PEP reguliert wird. Bei einer hohen Energieladung der Zelle ist die Aktivität dieses Enzyms gehemmt, bei ATP-Mangel wird sie enthemmt.

Die **Energieladung der Zelle** wird üblicherweise durch den Phosphorylierungsgrad des Adenylatsystems (*adenylate energy charge* AEC, oft nur EC) bestimmt. Die entsprechende Formel lautet:

$$(A)EC = \frac{[ATP] + 0{,}5\,[ADP]}{[ATP] + [ADP] + [AMP]}$$

Da definitionsgemäß die maximale EC gleich 1 ist, ADP aber nur eine energiereiche Phosphatbindung besitzt, wird seine Konzentration mit dem Faktor 0,5 angesetzt. Eine ausreichend mit Sauerstoff versorgte Zelle hat eine EC von 0,8 bis 0,95. Unter Anaerobiose kann die Energieladung aber bis 0,2 absinken (vgl. Abb. 1.4.5 im Text). Akuter ATP-Mangel führt dann zum Zusammenbruch der Kompartimentierung, da die energieabhängigen Ionenpumpen dann nicht mehr ausreichend energetisiert werden.

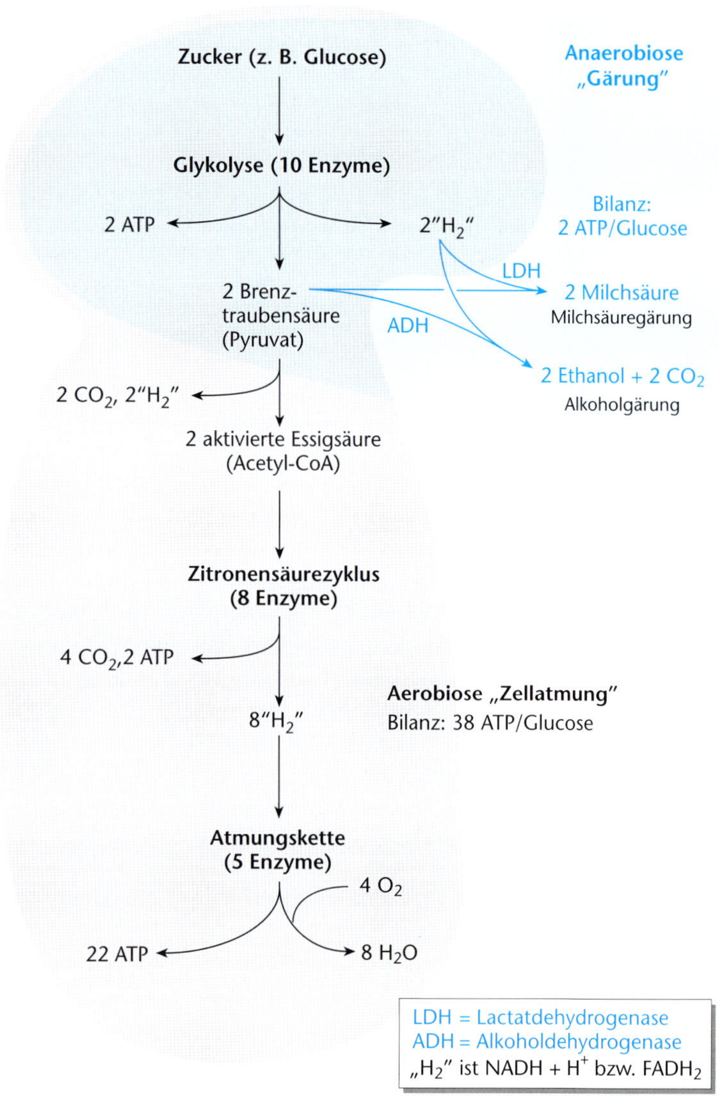

Abb.: Die Dissimilation von Glucose unter aeroben und anaeroben Bedingungen.

10–20 l/m². Der für das Wurzelwachstum nicht überflutungstoleranter Pflanzen minimale Sauerstoffpartialdruck im Boden liegt bei 2–3 % (circa 5 kPa). Die Wachstumshemmung unter hypoxischen Bedingungen ist ein multifaktorielles Phänomen, das hauptsächlich in der stark verminderten Energieausbeute der Dissimilation begründet ist. Bei Hemmung der mitochondrialen Atmung können viele heterotrophe Organismen und Pflanzengewebe auf den Gärungsstoffwechsel umschalten, der aber einen erhöhten Stoffdurchsatz bedingt. Damit werden Reservestoffe rasch verbraucht, und es akkumulieren giftige oder belastende Endprodukte wie Ethanol oder Milchsäure. Trotz der unter der Bezeichnung **Pasteureffekt** bekannten Stimulierung von Glykolyse und Gärung bleibt die Energieladung (***energy charge***) der Zellen niedrig, wobei längere Hypoxie oder bereits kurzzeitige Anaerobiose zu Werten unter 0,5 führen (siehe Kasten 1.4.2), die für den anabolen, d. h. Wachstumsstoffwechsel zu niedrig sind. Eine unmittelbare Folge der niedrigen Energieladung des Gewebes ist auch die Hemmung des Phloemtransports bzw. der Phloementladung. Dadurch verarmen die Zellen nicht nur durch den höheren Reservestoffumsatz, sondern auch wegen des verminderten Nachschubs. **Helophyten** (Sumpfpflanzen) umgehen das Problem der Hypoxie durch Ausbildung eines Durchlüftungsgewebes (**Aerenchym**).

1.4.1.1 Primäre Hypoxie: Keimung unter hypoxischen Bedingungen

Trockene Getreidesamen enthalten als Kohlenhydrate hauptsächlich Stärke. Zur Keimung werden deshalb vor allem Stärke abbauende Enzyme benötigt: α- und β-Amylase, Amylopektin-entzweigende Enzyme (so genannte *debranching enzymes*) und α-Glucosidasen (Maltase, Diastase). Weder Weizen- noch Gerstensamen können unter anaeroben Verhältnissen keimen, Reis hingegen schon (Abb. 1.4.5). Im Reiskorn sind *debranching enzymes* und α-Glucosidasen als inaktive Vorstufen enthalten, die bei der Keimung auch ohne Sauerstoff aktiviert werden; weiterhin werden auch unter Luftabschluss die beiden Amylasen bei der Keimung *de novo* synthetisiert (Guglielminetti et al. 1995). Dies alles geschieht während der ersten zwei Tage der Keimung, wofür die bereits vorhandenen löslichen Kohlenhydrate als Energiequelle dienen. Danach

A

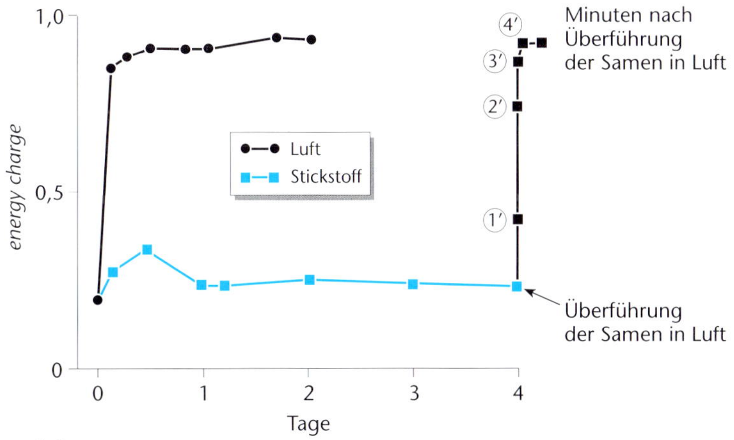

B

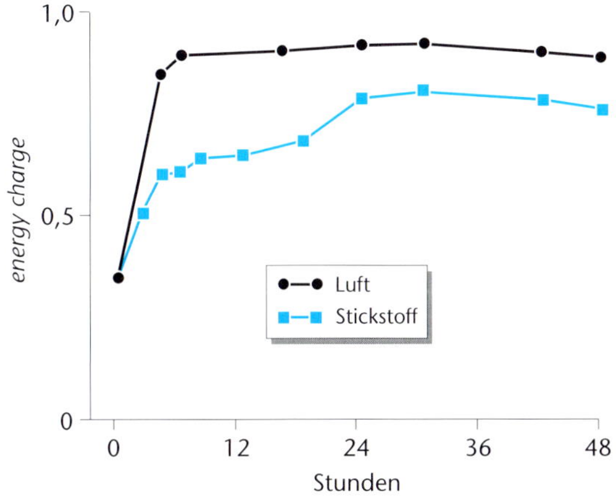

Abb. 1.4.5: Die Energieladung (energy charge) von Salatsamen (A) bzw. Reiskörnern (B) während der Keimung in Luft bzw. unter Stickstoff. Nach Pradet et al. (1985).

sind die Stärke abbauenden Enzyme aktiv und Stärke wird hydrolytisch (oder auch phosphorolytisch) abgebaut und vor allem als Glucose- und Fructose-6-P dem weiteren Metabolismus zugeführt.

1.4.1.2 Metabolische Veränderungen bei Hypoxie

Hypoxischer und anoxischer Energiestoffwechsel

Zu dem durch Hypoxie bzw. Anaerobiose bedingten Energiedefizit kommt die Anhäufung von giftigen Stoffwechselprodukten, wie z. B. dem Zellgift Ethanol (vgl. Kasten 1.4.2). Es zerstört die selektive Permeabilität der Membranen und verhindert den Aufbau von Protonengradienten und damit wiederum die Energiegewinnung. Allerdings diffundiert es leicht durch Biomembranen und Zellwände und erreicht deshalb nur selten die schädigenden Konzentrationen von 50–100 mM. Giftiger als Ethanol ist sein Vorläufermetabolit Acetaldehyd. Dieser wird normalerweise sofort reduziert; nur wenn die Alkoholdehydrogenase gehemmt, durch Mutation oder gentechnisch ausgeschaltet ist, reichert sich Acetaldehyd an. Ein anderer metabolischer Schadeffekt unter Hypoxie ist die Ansäuerung des Cytosols durch Milchsäure. Gewöhnlich wird beim Einsetzen von Sauerstoffmangel zuerst die **Lactatdehydrogenase** (LDH) aktiviert, und durch die gebildete Milchsäure sinkt der pH-Wert im Cytosol. Da das pH-Optimum der LDH aber im neutralen Bereich liegt, hemmt sie sich bei der cytosolischen Ansäuerung selbst. Weniger aciditätsanfällig ist die **Pyruvatdecarboxylase**, die dann für die LDH einspringt und zur Bildung von Ethanol führt.

Biochemische Anpassung an Sauerstoffmangel

Außer den weiter unten behandelten anatomisch-morphologischen Stressreaktionen auf Sauerstoffmangel kennt man auch die biochemische Anpassung: Reiskeimlinge und Kalmus (*Acorus calamus*)-Rhizome produzieren zusammen mit Lactat hauptsächlich basische Aminosäuren (Asparaginsäure, Arginin, γ-Aminobuttersäure (GABA)). Die Synthese von GABA aus Glutamat setzt CO_2 frei, verbraucht Protonen und ist eine bei hypoxischen Verhältnissen weit verbreitete Reaktion:

$$^{-}OOC-CH_2-CH_2-CHNH_2-COO^{-}+H^{+}$$
$$\rightarrow {}^{-}OOC-CH_2-CH_2-CH_2NH_2+CO_2\,.$$

1.4.1.3 „Anaerobe Polypeptide“

Besonders empfindlich gegen Sauerstoffmangel ist das Feinwurzelsystem mit den Wurzelmeristemen. Unterschreitet der Sauerstoffpartialdruck 0,5–5 kPa, so sterben bei nicht überflutungstoleranten Arten diese der Wasser- und Ionenaufnahme dienenden Teile des Wurzelsystems ab und die Pflanze gerät, obwohl sie im Wasser steht, unter Trockenheitsstress. Dieser zeigt sich an der verstärkten Produktion von ABA, die, mit dem Xylemsaft verteilt, zum Spaltenschluss führt; dies wiederum zieht eine verminderte Photosyntheseleistung und letztlich Kümmerwuchs nach sich, der oft mit **Epinastie** der Blätter (Abwärtskrümmung der Blätter bzw. Blattstiele durch verstärktes Oberseitenwachstum) verbunden ist. Derartige Phänomene beobachtet man häufig bei zu stark gegossenen Zimmerpflanzen, wo die Hypoxie im wasserdurchtränkten Blumentopf zum Absterben des Wurzelsystems und zum Vertrocknen der Pflanzen führt.

Hypoxie bewirkt bei überflutungstoleranten Pflanzen eine veränderte Genexpression. Die Synthese der normalen *housekeeping*-Proteine (siehe Kapitel 1.3.4.2) wird reduziert und die Synthese von circa 20 so genannten **„anaeroben Polypeptiden“ (ANP)** oder **„anaeroben Stressproteinen (ASP)“** wird induziert (Abb. 1.4.6). Bei diesen handelt es sich vorwiegend um Enzyme des Gärungsstoffwechsels: **Alkoholdehydrogenase,** Pyruvatdecarboxylase, Lactatdehydrogenase, Glycerinaldehydphosphat-Dehydrogenase, Aldolase, Glucose-6-P-Isomerase, Alanin-Aminotransferase und Enolase wurden identifiziert. Die Promotoren dieser ANP enthalten alle eine Konsensus-Sequenz, das so genannte **anaerobic response element**, ARE (Christopher und Good 1996).

Der Auslöser und die Signalkette, die zur Induktion der ANP führen, sind noch unbekannt. Oberhalb O_2-Konzentrationen von 2–5 % ist die Bildung der ANP unterdrückt. Bei anoxietoleranten Pflanzen werden aufgrund der ANPs große Mengen an Gärungsprodukten, hauptsächlich Ethanol, gebildet und die Energieladung hoch gehalten. Diese hält dann auch den übrigen Metabolismus aufrecht.

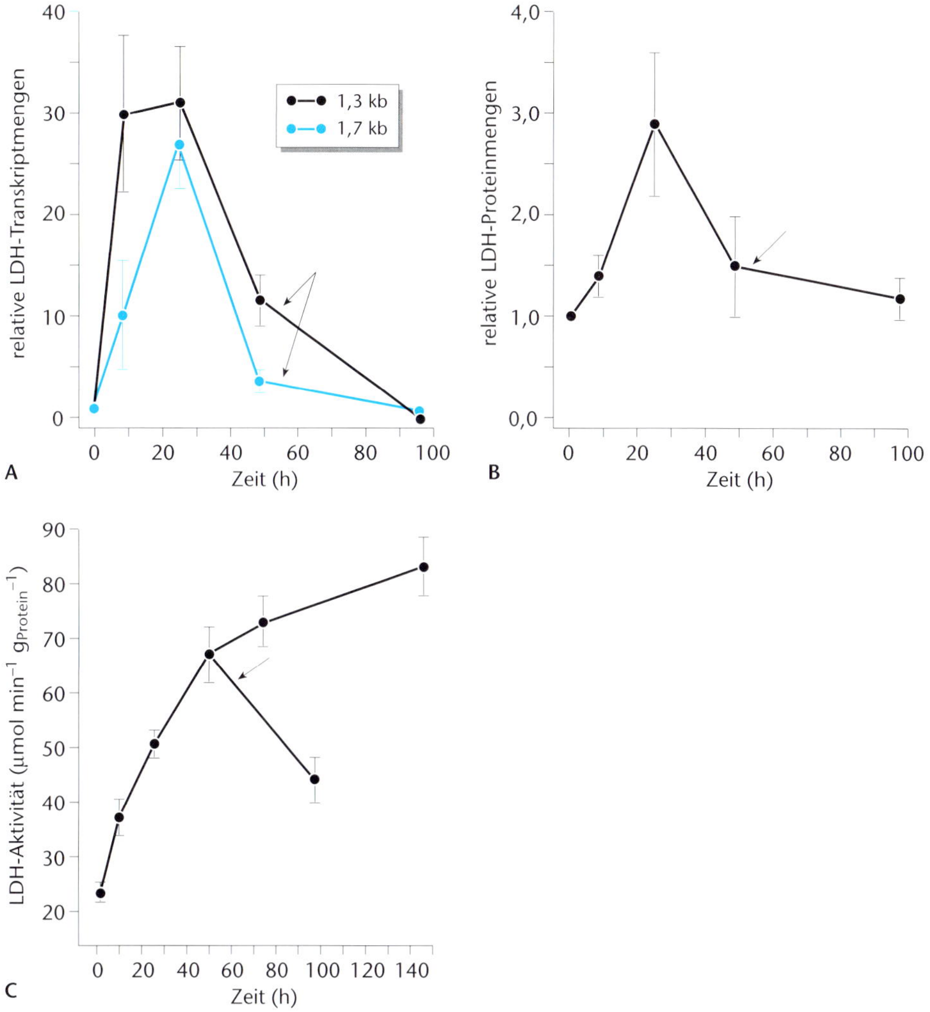

Abb. 1.4.6: Induktion des ANPs Lactatdehydrogenase in Maiswurzeln unter hypoxischen Bedingungen. Die LDH von Maiswurzeln wird in vitro schnell abgebaut (Halbwertszeit 4 h), besonders wenn die Wurzeln vor der Enzymextraktion unter Stickstoff gehalten wurden (Halbwertszeit <2 h). Unmittelbar nach dem Ersatz der aeroben durch die anaerobe Atmosphäre beginnt die Synthese der mRNA für LDH (A). Die Expression zweier unterschiedlich regulierter LDH-Gene (1,3 und 1,7 kb) wird nach 8 bzw. 24 h erkennbar. Nach 20-stündiger Anaerobiose wird der maximale Gehalt an LDH-Transkript gemessen. Danach nimmt die mRNA wieder schnell ab, obwohl die Hypoxie anhält. Nach Überführung in Luft verschwinden die Transkripte vollständig. Die Synthese des ANP LDH-Proteins folgt wegen der kurzen Halbwertszeit des Proteins im Wesentlichen der Kinetik der mRNA (B). Unter aeroben Bedingungen (Pfeil) nimmt die Proteinmenge aber nur langsam ab. Trotz der Abnahme des LDH-Proteins erhöht sich die Aktivität des Enzyms während der gesamten hypoxischen Behandlung auf den 3,5-fachen Wert (C). Bei Überführung der Wurzeln in Luft nimmt aber auch die Aktivität wieder drastisch ab (Pfeil). Nach Christopher und Good (1996).

Längere Phasen von Anoxie (z. B. im Winter) können bei Rhizomen und Wurzeln durch Ruheperioden überbrückt werden. Dies wird als *anaerobic retreat* bezeichnet. Im Frühjahr setzt dann wieder Streckungswachstum ein, dessen Zustandekommen aber noch ungeklärt ist.

Die Unterschiede zwischen anoxietoleranten und -empfindlichen Pflanzen sind graduell: Es gibt keine absolut toleranten und keine absolut intoleranten Arten. Mit entscheidend scheint zu sein, wie schnell Membranlipide geschädigt und abgebaut werden: Bei intoleranten Arten geschieht dies

Abb. 1.4.7: Lipidabbau im Rhizomgewebe der Anoxie-empfindlichen Schwertlilie (Iris) und des unempfindlichen Kalmus (Acorus) unter Luft bzw. Luftabschluss. Nach Jackson und Black (1993).

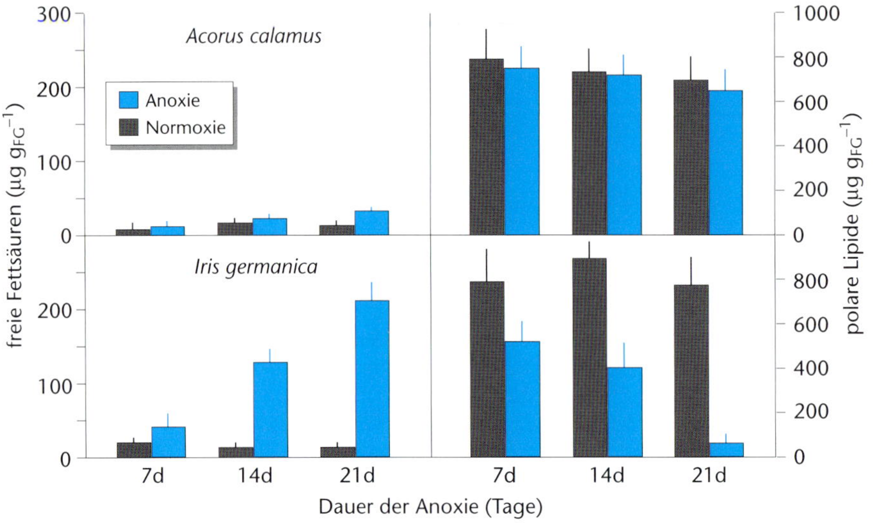

Kasten 1.4.3 Die Biosynthese von Ethylen aus S-Adenosylmethionin (AdoMet) und dessen Nachlieferung

Gezeigt sind auch innere und äußere Faktoren, welche die Synthese oder Akkumulation von Ethylen beeinflussen (nach Taiz und Zeiger 2000).

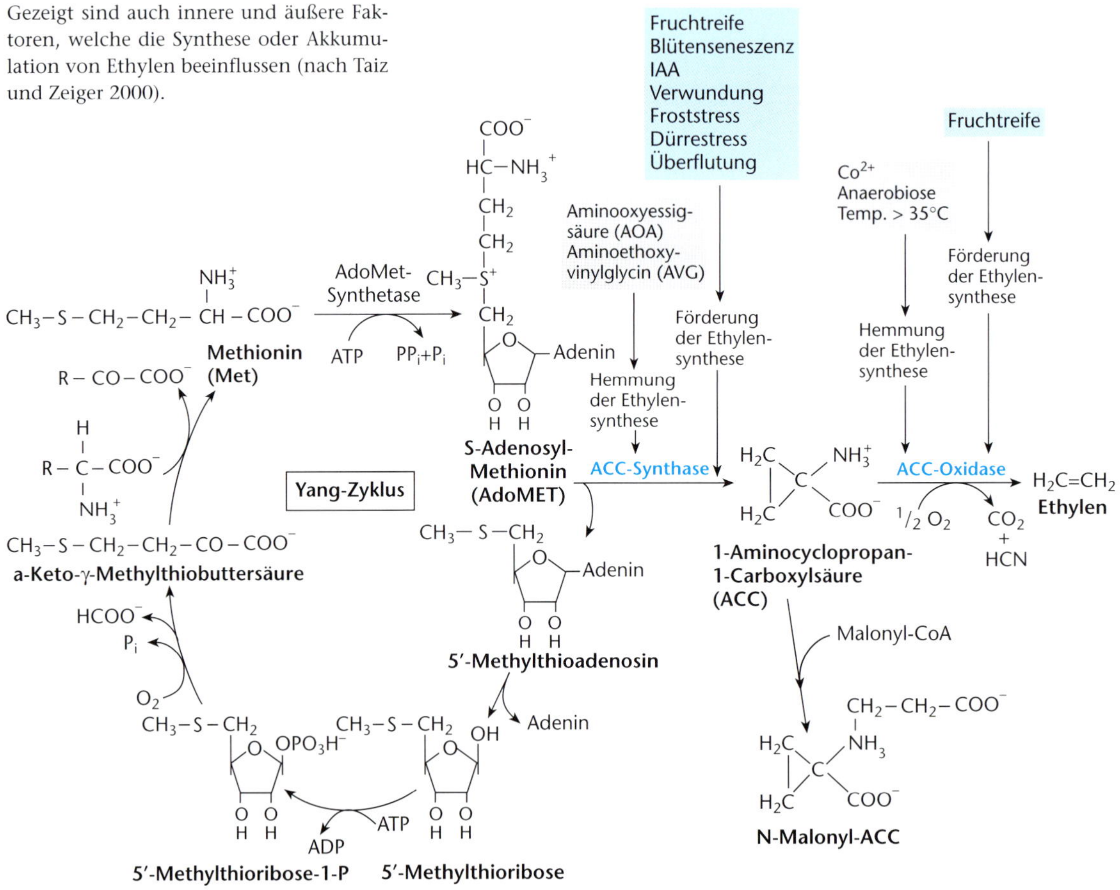

schnell, bei toleranten nur sehr langsam (Abb. 1.4.7). Insbesondere gehemmt wird die sauerstoffabhängige Desaturierung der Lipide. Bei Anoxieempfindlichen Pflanzen tritt deshalb ein höherer Sättigungssgrad der Membranlipide auf, bei toleranten bleibt die Desaturation lange Zeit erhalten. Besonders gefährdet sind die Mitochondrien und das endoplasmatische Reticulum. In Erbsensamen werden die Mitochondrien schon nach drei bis vier Tagen zerstört, während in toleranten Arten die Biomembranen auch noch nach langer Zeit funktionstüchtig sind.

1.4.2 Anatomisch-morphologische Veränderungen bei Hypoxie

1.4.2.1 Die Internodienstreckung

Wie bei anderen Stressoren, so beobachtet man auch bei Hypoxie und Anaerobiose ausgeprägte Vermeidungsreaktionen. Submerse Pflanzen haben meist auffällig lange Internodien. Durch solchermaßen verstärktes Streckungswachstum gelingt es diesen Pflanzen, die apikalen Sprossteile rasch an die Wasseroberfläche und damit aus dem hypoxischen Milieu zu bringen. Besonders gut untersucht sind die Verhältnisse beim Wasserreis, dessen Spross bei Submergenz bis zu 25 cm pro Tag wächst.

Eine stark erhöhte Ethylenkonzentration wird als phytohormonelles Signal für diese Wachstumsstimulierung betrachtet. Initialsignal ist aber der niedrige Sauerstoffpartialdruck im untergetauchten Internodium, der zu einer verstärkten Expression des ACC-Oxidase-Gens (ACC: Amino-Cyclopropan-Carboxylsäure) und schließlich zur verstärkten Ethylensynthese führt (Kasten 1.4.3). Hierzu muss die von der hypoxischen Wurzel gebildete ACC mit dem Xylemstrom in den besser mit Sauerstoff versorgten Spross gelangen, da die ACC-Oxidase molekularen Sauerstoff als Substrat benötigt. Der erhöhte Ethylenpartialdruck löst die Absenkung des endogenen ABA-Spiegels aus, wodurch wiederum die Effektivität des Streckungshormons Gibberellinsäure gesteigert wird. Am durch Hypoxie induzierten Längenwachstum sind zumindest vier Phytohormone beteiligt: Ethylen, ABA, Auxin und Gibberelline.

Expansine sind Zellwandproteine mit einer Molekülmasse von 24,5 kDa (Kasten 1.4.4). Zwei derartige Proteine kommen im interkalaren Meristem und in der Elongationszone (aber nicht in der Differenzierungszone!) von Wasserreis vor, haupt-

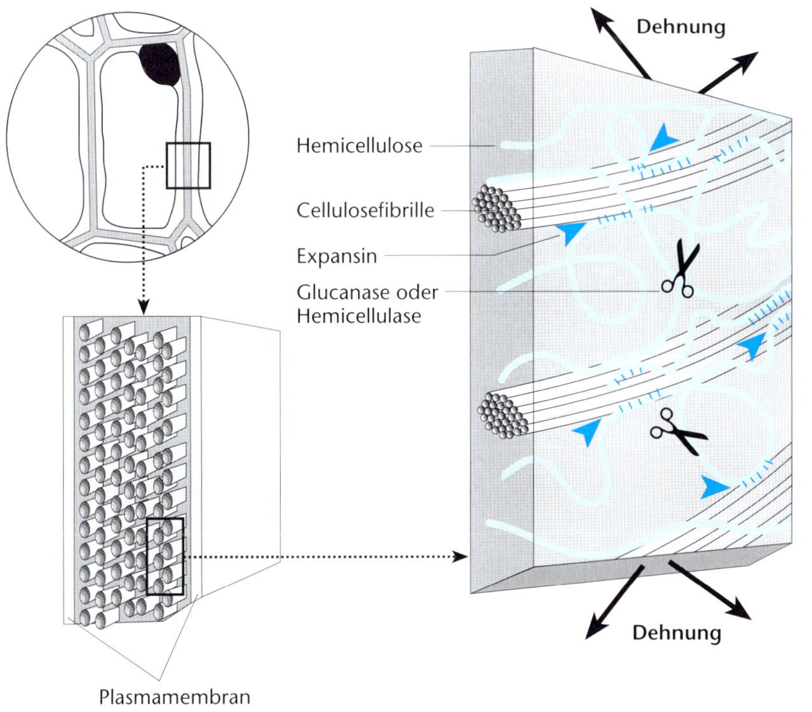

Abb. 1.4.8: Die Architektur der Primärzellwand und die Wirkung von Enzymen, welche den Zusammenhalt der einzelnen Komponenten der Wand lockern. Nach Cosgrove (1997).

Kasten 1.4.4 Die Expansin(e) und die Internodienstreckung im Tiefwasser-Reis

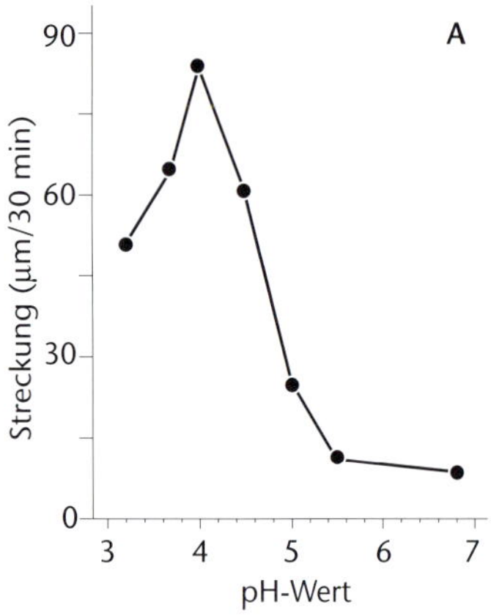

Die Teilabbildung A zeigt die pH-Abhängigkeit der Streckung isolierter Zellwände. Zellwandpräparate werden unter Zug bei verschiedenen pH-Werten inkubiert; angegeben ist die jeweilige Streckungsrate.
Diese Technik wurde auch bei den in den Teilabbildungen B bis D gezeigten Versuchen angewendet. In B ist die Dehnbarkeit verschiedener Abschnitte des Internodiums beim Säurewachstum (B1) und nach Zusatz eines aus der Zellwand extrahierten Proteinextrakts („Expansin"-Präparats) (B2) dargestellt. IM: interkalares Meristem, EZ: Elongationszone (Streckungszone), DZ: Differenzierungszone. C zeigt den Effekt der Submergenz auf das Streckungswachstum des Internodiums (C1) und auf die säureinduzierte Streckung von in Luft und submers gewachsenen Sprossen (C2); der Einsatz zeigt den Schreiberausdruck des Experiments. D zeigt den Einfluss der Submergenz auf die Länge der Extensionszone. Submers gewachsene Sprosse haben eine wesentlich größere Streckungszone als unter Luft gewachsene (nach Cho und Kende 1997).

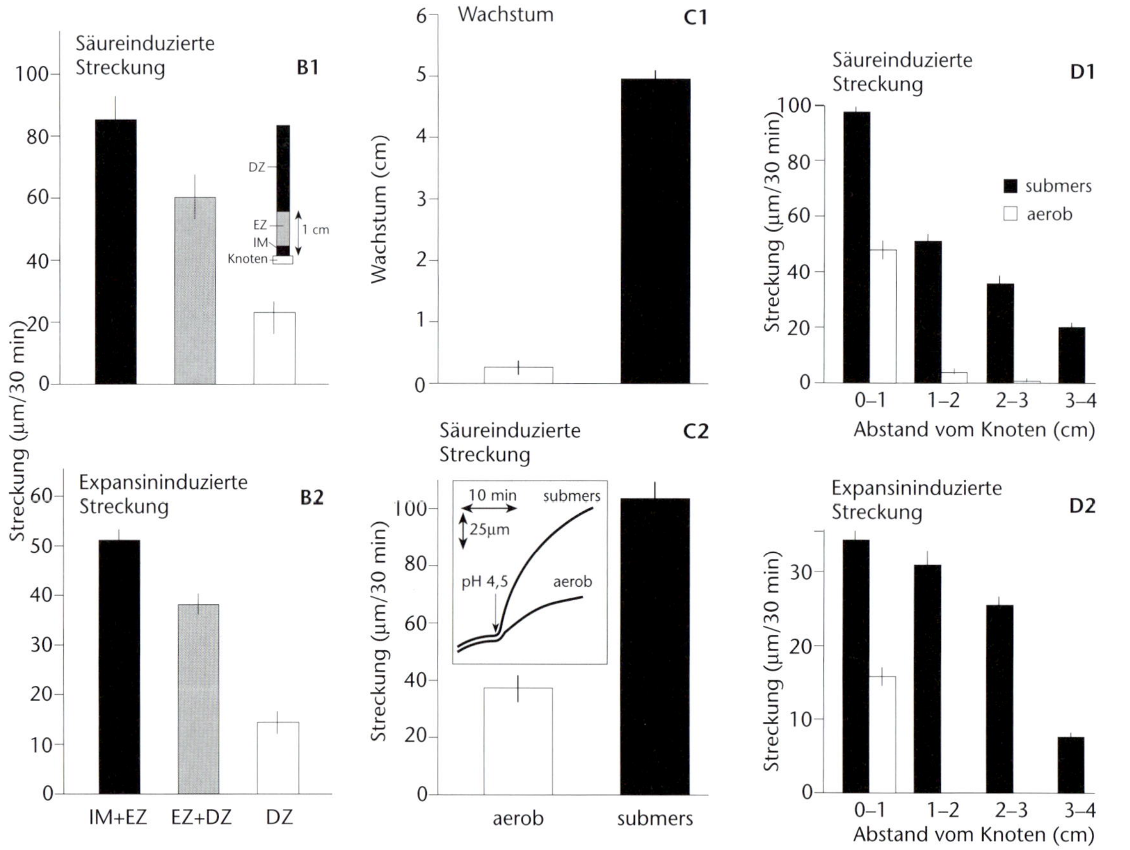

sächlich in der Nähe der Gefäßbündel und entlang der inneren (d. h. gegen die Markhöhle gerichteten) Epidermis (Cho und Kende 1997).

Untergetauchte Internodien akkumulieren erheblich mehr Expansin als an der Luft gehaltene und entwickeln eine mehrfach längere Streckungszone. Die molekulare Wirkung von Expansin ist noch nicht geklärt; man nimmt aber an, dass es die Wasserstoffbrücken zwischen den Hemicellulosen [(1→3),(1→4)-β-D-Glucane] und den parakristallinen Abschnitten der Cellulose-Mikrofibrillen löst und dadurch die Dehnbarkeit der Zellwand vergrössert. Dieser Effekt ähnelt einer Katalyse, wobei die Expansine aber keine Hydrolaseaktivität zeigen (Abb. 1.4.8).

Bei der Dehnungsreaktion spielt auch Auxin eine Rolle: Es fördert die Ansäuerung der Zellwand, vermutlich durch Aktivierung von ATP-abhängigen Protonenpumpen in der Plasmamembran. Die Wirkung der Expansine kann entsprechend auch durch Ansäuerung der Zellwand imitiert werden. Beim Vergleich von aerob und anaerob angekeimten Reiskörnern zeigte sich ein schneller Abbau von Auxin unter Luft, hingegen nur ein sehr langsamer unter anaeroben Bedingungen. (Mapelli und Bertani 1993, Mekhedov und Kende 1996)

1.4.2.2 Aerenchymbildung

Ethylen wird unter hypoxischen Bedingungen verstärkt gebildet und reichert sich, da es in Wasser schlecht löslich ist, in und um die Wurzeln und untergetauchten Sprossteile an. Konzentrationen von 0,1–0,5 ppm reichen bereits aus, um die Bildung von Durchlüftungsgeweben zu induzieren. Dabei sterben nicht einfach ausdifferenzierte Zellen in älteren Abschnitten der Organe ab, sondern das Aerenchym bildet sich durch programmiertes Absterben von Zellen (**programmed cell death, PCD,** oder **Apoptose**) noch am Ende der Streckungszone des Organs. Bei Wurzeln, Rhizomen und Sprossen geschieht die Aerenchymbildung lysigen (Mais, *Luronium, Nymphoides*), bei Blattstielen meist schizogen (*Caltha, Rumex, Filipendula*). Die Aerenchymbildung ist nicht auf Sumpf- und Wasserpflanzen beschränkt, vielmehr können auch bei Nicht-Sumpfpflanzen wie Mais und Sonnenblumen in den Wurzeln und im basalen Teil des Sprosses Aerenchyme entstehen. Bei vielen Helophyten (Sumpfpflanzen, Reis, Pfeilkraut) ist die Aerenchymbildung allerdings genetisch fixiert und die Induktion des PCD nicht von der Ethylenakkumulation abhängig. Durch Hypoxie induzierte Aerenchymbildung führt eher zu unregelmäßigen, konstitutive zu sehr regelmäßigen Mustern der Luftkanäle. Die Aerenchyme ermöglichen die Luftzirkulation im Gewebe, die noch zusätzlich durch Druckventilation (fälschlich oft als „Thermo-Osmose" bezeichnet, siehe Kasten 1.4.5) unterstützt wird. Soweit Licht und CO_2 verfügbar sind, können untergetauchte Pflanzen auch photosynthetisch O_2 produzieren und so der Hypoxie entgegenwirken.

Das primäre Wurzelsystem der Landpflanzen kann Hypoxie in der Regel nicht ertragen und stirbt ab. Hypoxieresistente Pflanzen (z. B. Mais, Esche, Weide, *Forsythia, Rumex palustris*) bilden dann aber in wenigen Tagen aus den basalen Sprossabschnitten bzw. den unteren Knoten Adventivwurzeln mit einem gut entwickelten Aerenchym (Abb. 1.4.9). Diese dringen allerdings längst nicht so tief in den Boden ein wie das ursprüngliche Wurzelsystem im gut durchlüfteten Substrat.

Die einzelnen Zellschichten in den jungen Adventivwurzeln sind unterschiedlich gut mit O_2 versorgt. Sauerstofffrei ist meistens nur die Exodermis, die vielfach verkorkt und dadurch die Diffusion des Sauerstoffs aus der Wurzel nach außen erschwert. Durch die Aerenchymbildung wird nicht nur die

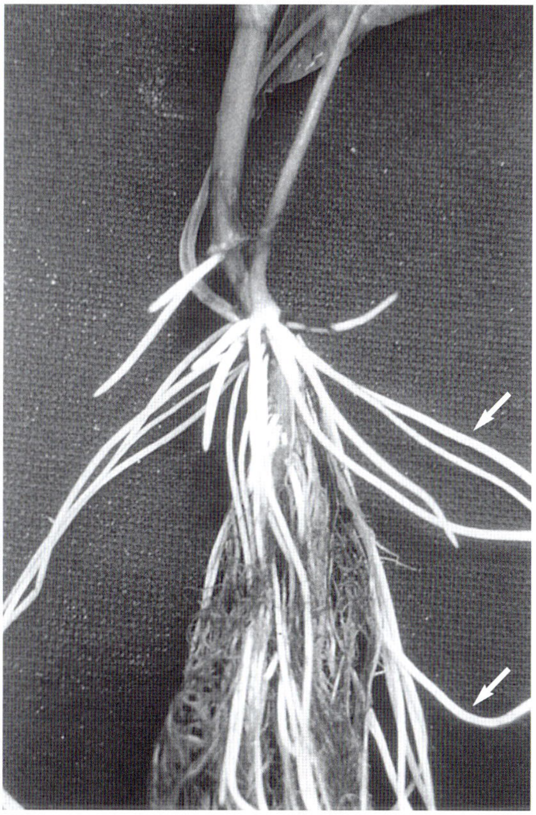

Abb. 1.4.9. Die Bildung von Adventivwurzeln beim überflutungstoleranten Rumex palustris bei Staunässe. Die neu gebildeten Wurzeln (→) erscheinen infolge des ausgeprägten Aerenchyms weiß und sind dadurch deutlich von dem unter Luft gewachsenen, unter Hypoxie seneszierenden Wurzelsystem zu unterscheiden. Laan et al. (1989, 1991).

Kasten 1.4.5 Thermo-Osmose

Tabelle: Lage der thermo-osmotisch aktiven Schichten und deren Porendurchmesser (nach Grosse 1997)

Pflanzenart	Gewebe	Porendurchmesser (nm)
Nuphar lutea (Gelbe Teichrose)	junges Blatt altes Blatt	700 – 1 200 > 15 000
Nelumbo nucifera (Lotosblume)	(Luft)Blatt	30
Nymphoides peltata (Seekanne)	junges Blatt	29
Alnus glutinosa (Schwarzerle)	Korkkambium Kambium	14 – 113 >>100

Konvektionsströme in den Interzellularen verbessern die Durchlüftung von Pflanzengeweben. Vielfach wird im Zusammenhang mit der Aerenchymbildung bei Sumpfpflanzen, Auenpflanzen oder bei Mangroven auf das Phänomen der so genannten **Thermo-Osmose** verwiesen, als einem Mechanismus zur Erzeugung von Gasflüssen im Inneren von Pflanzengeweben. Dieser Begriff umfasst mehrere Phänomene, die nicht an biologische Aktivitäten gebunden, sondern rein physikalischer Natur sind. Am leichtesten zu verstehen ist ein durch die Evaporation von Wasser an der Interzellularenoberfläche entstehender (je mehr Wasser verdunstet, umso höher ist der Partialdruck des Wasserdampfs), von seiner Dimension her allerdings sehr geringer Luftefflux aus den Geweben. Effektiver sind Gasflüsse, die aufgrund unterschiedlicher Temperaturen z. B. von Schwimmblättern und den im Gewässerboden wachsenden Rhizomen entstehen oder die durch die unterschiedlichen Molekularmassen der am pflanzlichen Gaswechsel beteiligten Gase zustande kommen. Sie werden im eigentlichen Sinne mit dem Begriff der Thermo-Osmose belegt, denn sie sind an gaserfüllte Räume gebunden, deren Dimensionen kleiner als die freien Weglängen der in der Brown'schen Molekularbewegung befindlichen Gasmoleküle (ca. 100 nm bei Atmosphärendruck und 20 °C) sind. Deshalb werden als Versuchsobjekte neben Pflanzenteilen auch Keramikfilter oder andere poröse Materialien (**thermo-osmotisch aktive Schichten**) verwendet, deren Porendurchmesser in der Größenordnung der Interzellularen von Pflanzengeweben liegt (Tabelle).

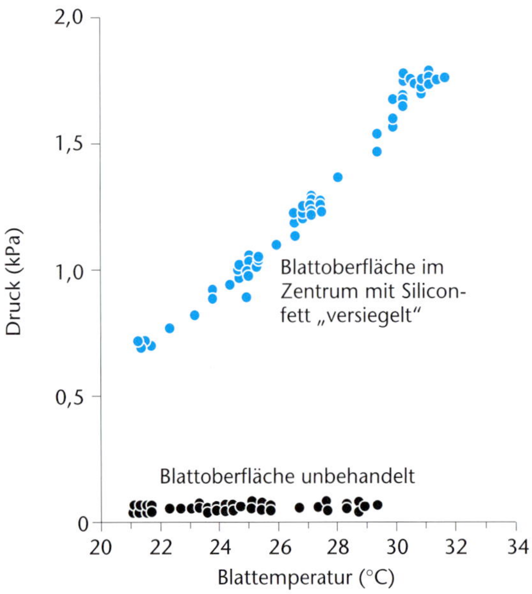

Abb. 1: Durch Thermo-Osmose erzeugter Druck in einem Blattstiel eines jungen, noch nicht voll entfalteten Blattes von Nelumbo nucifera („Lakunar-Druck") in Abhängigkeit von der Blatttemperatur. Verglichen wurde ein unbehandeltes Blatt mit geöffneten Stomata mit einem, bei dem der zentrale Teil der Blattoberfläche (wo die Lakunen des Blattstiels münden) mit Siliconfett versiegelt war (nach Dacey 1987).

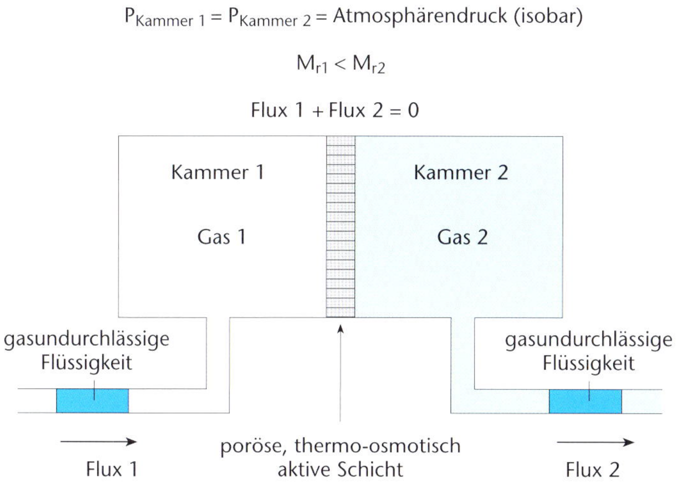

Abb. 2: Modell zur Entstehung eines thermo-osmotischen Gasflusses an einer porösen Schicht bei isothermischen Bedingungen. Der Fluss entsteht dadurch, dass die mittlere freie Weglänge der Gasmolekülbewegung größer ist als der Porendurchmesser in der thermo-osmotischen Schicht, wodurch sich ein Konzentrationsgradient über diese Schicht aufbaut. Gas 1 permeiert leichter durch die Schicht als Gas 2, weshalb ein Nettofluss von Kammer 1 nach Kammer 2 entsteht, der an der Verschiebung der die Röhren anschließenden Flüssigkeitstropfen gemessen werden kann (nach Schiwinsky et al. 1996).

Die Entstehung der auf Thermo-Osmose beruhenden Gasströme wird auf zwei Prinzipien zurückgeführt: den Aufbau einer Druckdifferenz infolge eines Temperaturgradienten (bei eingeschränkter Diffusion, Abb. 1) und unter isobaren und isothermen Verhältnissen, wenn es sich um Gase unterschiedlicher Molekularmassen handelt (nach dem Graham'schen Gesetz ist das Verhältnis der (Gegenstrom-) Flüsse zweier Gase durch eine thermo-osmotisch aktive Oberfläche umgekehrt proportional zur Quadratwurzel des Verhältnisses ihrer Molekularmassen). Druck baut sich immer dann auf, wenn die mittlere freie Weglänge der Gasmoleküle größer ist als der zur Verfügung stehende Raum und die Gasmoleküle bei ihrer Bewegung an die Begrenzung des Diffusionsraums anstoßen. Abbildung 2 veranschaulicht diese Situation. In der Pflanze strömen im Wesentlichen Stickstoff und Sauerstoff, physiologisch bedeutsam ist aber der Gasaustausch von CO_2 und O_2, deren Molekularmassen ja recht verschieden sind (44 vs 32).

Beim Blatt der Lotosblume findet man nun auf der Blattoberseite ein sehr dichtes Palisadenparenchym, dessen Interzellularräume die Dimensionen aufweisen, die zur Erzeugung eines thermo-osmotischen Drucks notwendig sind, während der Blattstiel und die Rhizome von Interzellularkanälen durchzogen sind, deren Durchmesser für die Erzeugung eines derartigen Drucks viel zu groß sind. Es wird aber angenommen, dass der vor allem in den jungen Blättern erzeugte Gasdruck die Luft hauptsächlich in die Rhizome treibt, von wo sie über die Lakunen der alten Blätter wieder in die Atmosphäre abgegeben werden kann. Auch innerhalb eines Blattes ergibt sich durch die Lokalisation der Lakunen im Zentrum eine Strömungsrichtung vom Rand zum Zentrum, wobei je nach Innendruck der Luftstrom unmittelbar nach außen, oder aber in die Blattstiele und zu den Rhizomen fließen kann. Entsprechend kann auch bei einem Überdruck z. B. durch Atmungs-CO_2 in den Rhizomen Luft über deren Lakunensystem und das der Blattstiele wieder aus den Blättern austreten (Abb. 3).

Das Ausmaß der Gasströme kann recht beachtlich sein. So hat ein in den Blättern der gelben Teichrose *(Nuphar luteum)* erzeugter thermo-osmotischer Druck von 0,2 kPa (vgl. Abb. 1) bereits einen Gasstrom von 50 ml pro min durch das Lakunensystem des Blattstiels zur Folge (Dacey 1981, siehe auch Armstrong 1990 und Kohl et al. 1996).

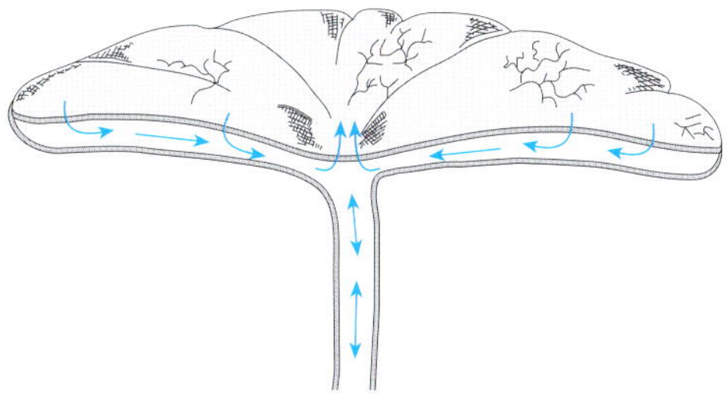

Abb. 3: Thermo-osmotische Gasflüsse in einem belichteten Blatt von Nelumbo nucifera. Thermo-Osmose führt zum Druckaufbau, der einen zum Zentrum des Blattes gerichteten Gasstrom erzeugt. Ein großer Teil der dorthin strömenden Luft tritt in der adaxialen Blattmitte, wo auch die Lakunen des Blattstiels münden, wieder aus dem Blatt aus. Ein Teil des Gasstroms kann, dem jeweiligen Druckgefälle entsprechend, auch in die Rhizome geleitet werden. Gleichfalls kann Luft aus den Rhizomen über das Lakunensystem des Blattstiels an die Blattoberfläche und in die Atmosphäre gelangen (nach Dacey 1987).

Kasten 1.4.6 Der Ethylenrezeptor

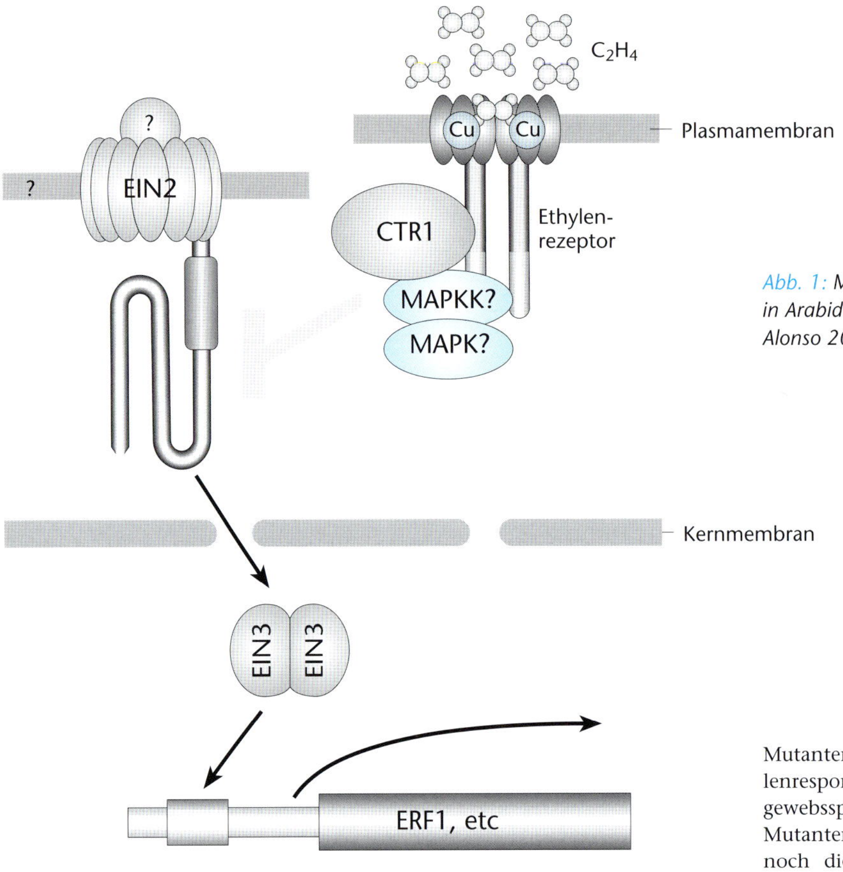

Abb. 1: Modell des Ethylensignalwegs in Arabidopsis (nach Hirayama und Alonso 2000).

Am besten erforscht sind die Ethylenrezeptoren von *Arabidopsis thaliana* (Abb.1). Ethylen induziert bei im Dunkeln angezogenen *Arabidopsis*-Keimlingen die sogenannte „Triple-Response“, d. h. einen verstärkten Apikalhaken der Keimblätter, Hypocotylverdickung anstelle Hypocotylstreckung und Verlust der gravitropischen Empfindlichkeit. Anhand dieser Reaktion lassen sich nun Mutanten in der Reaktion auf Ethylen finden. Derartige Mutanten wurden in drei Gruppen eingeteilt: ethylenunempfindliche Mutanten *(etr, ein)*, konstitutive Ethylenresponse-Mutanten *(eto, ctr)* und gewebsspezifische Ethylenresponse-Mutanten *(hls, eir)*. Hinzu kommen noch die *„responsive to antagonist“*-Mutanten (*ran*), die den Ethylenresponse in Gegenwart des Ethylenantagonisten *Trans*-Cyclooctenzeigen. Mit Hilfe der *ran*-Mutanten konnte gezeigt werden, dass der Ethylenrezeptor zum Binden des Ethylens Kupferionen benötigt. Möglicherweise ändern diese durch die Reaktion mit Ethylen ihre Koordinationszahl.

Durchlüftung des Gewebes gewährleistet, sondern es vermindert sich auch die Zahl der Sauerstoff verbrauchenden Zellen im Gewebe.

Lysigene (d. h. durch Auflösung von Zellen) Aerenchymbildung (Drew et al. 2000) vollzieht sich selektiv in der Rinde der Adventivwurzeln und setzt in den am schlechtesten mit Sauerstoff versorgten Gewebepartien ein. Die Lyse der Zelle geschieht oft innerhalb von 24 Stunden. Ethylen induziert diesen Prozess mehr oder weniger unabhängig von Normoxie oder Hypoxie, aber Hypoxie fördert die Ethylensynthese in Wurzelspitzen. Erhöhte Konzentrationen an CO_2 und Ethylen stimulieren ebenfalls die Ethylensynthese. Hemmung der Ethylensynthese unterdrückt auch die Bildung des Aerenchyms. In der Gattung Rumex gibt es sowohl hypoxieempfindliche (*R. acetosa, acetosella*) als auch -tolerante Arten (*R. palustris*, siehe Abb. 1.4.4). Beim überflutungstoleranten *R. palustris* ist die Ethylenproduktion unter aeroben und anaeroben

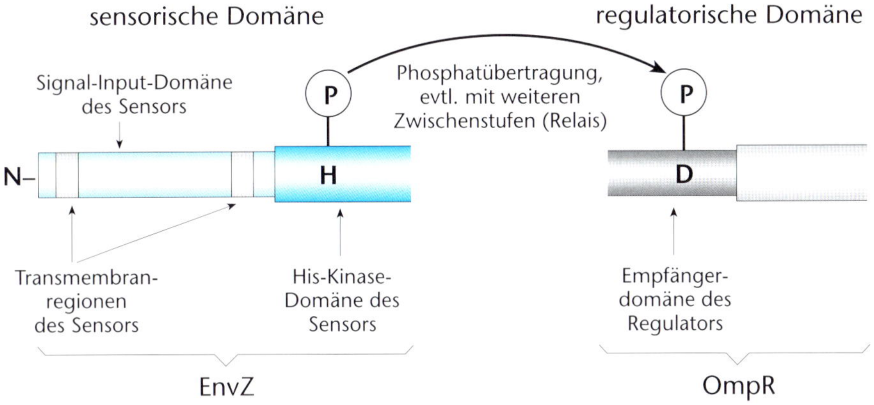

Abb. 2: Modell eines Zweikomponenten-Signalrezeptors (nach Urao et al. 2000).

Die Struktur des Ethylenrezeptorproteins ETR1 ist mittlerweile bekannt. Der aktive Rezeptor befindet sich als Homodimer vermutlich in der Plasmamembran. ETR1 (ebenso wie ETR2 und EIN4) gehört zur Gruppe der Zweikomponenten-Histidinkinasen (Phosphorelais-Signalsysteme, Abb. 2). Diese bestehen aus einer Sensor-Histidinkinase und einem Response-Regulator. Erstere enthält eine N-terminale Signal-Input-Domäne und eine C-terminale Kinase-Domäne mit einem konservierten Histidinrest. Der Response-Regulator enthält eine N-terminale Empfängerdomäne mit einem konservierten Aspartatrest und eine C-terminale Signal-Ausgangsdomäne. Gezeigt ist der sehr gut erforschte Osmolaritätsensor von *E. coli*. Hohe Osmolarität führt zur Autophosphorylierung des Histidinrestes des Sensors und zum Phosphattransfer auf den Aspartatrest der Empfängerdomäne OmpR. Der Phosphorylierungszustand der Signal-Ausgangsdomäne verändert ihre DNA-Bindungsaktivität und damit die Genexpression. Beim ETR1 ist zwischen der Sensor- und der Regulatordomäne noch ein Zwischenglied (Relais) bei der internen Übertragung des Phosphatrests eingeschaltet. Auch dürfte hier die phosphorylierte Regulatordomäne nicht unmittelbar mit der DNA im Kern reagieren, sondern mit einem anderen Protein, dem CTR1 (*constitutive triple response*). Dieses könnte direkt oder über eine Kaskade von MAP-Kinasen mit einem weiteren zellinternen Sensor (z. B. für zweiwertige Kationen) reagieren, dem EIN2-Protein, welches ebenfalls membrangebunden ist. Dieses würde Effektorproteine (z. B. EIN 3) aktivieren, die nun nach Passieren der Kernmembran an die Promotorregion von Ethylen-Responsegenen binden. Erschwert wird das Verständnis der Transduktion des Ethylensignals durch die Tatsache, dass CTR inaktiv sein muss, damit der Ethylenresponse erfolgen kann. Dies bedeutet, dass die Bindung von Ethylen an den Rezeptor diesen inaktiviert, wodurch auch CTR inaktiviert, die Hemmung von EIN aufgehoben und die Signalkette aktiviert wird. Bei dem durch Ethylen ausgelösten PCD sind die einzelnen Schritte der Signaltransduktion noch weitgehend unerforscht.

Bedingungen fast gleich und insgesamt relativ niedrig. Die interne Ethylenkonzentration verringert sich im Laufe der Submergenz. Beim überflutungsintoleranten Sauerampfer hingegen steigt sie von Tag zu Tag an (Abb. 1.4.10). Ein konstanter niedriger Spiegel von Ethylen führt zu gesteigertem Wachstum, längerfristige erhöhte Ethylenkonzentrationen, wie sie in *R. acetosella* nach der starken Anreicherung von ACC auftreten, leiten die vorzeitige Seneszenz des ganzen Organs ein.

Ethylen leitet neben der erwähnten Internodienstreckung und der Seneszenz einzelner Zellen (PCD) und ganzer Organe (Seneszenz) auch die Fruchtreife ein. Seit langem wurde deshalb intensiv an der Transduktion des vom Ethylen ausgehenden Signals geforscht. Das erste Glied einer derartigen Signalkette ist der Rezeptor. Der Ethylenrezeptor ist der einzige bis heute bekannte Rezeptor für ein signalgebendes Phytohormon. Er gehört zur Gruppe

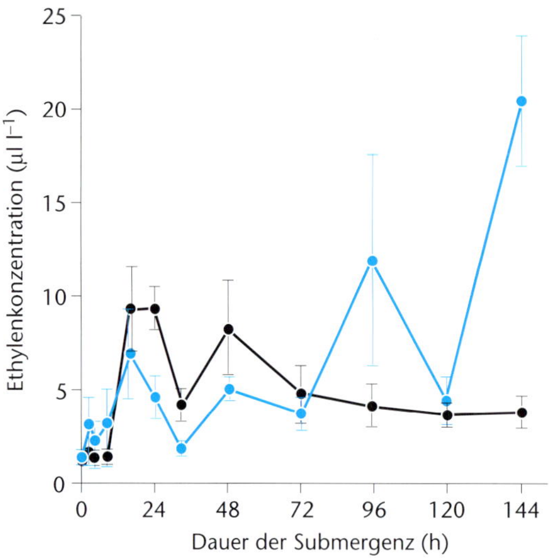

Abb. 1.4.10: Die Gewebe-interne Ethylenkonzentration einer überflutungstoleranten (Rumex palustris •) und einer -empfindlichen (Rumex acetosella •) Ampferart bei andauernder Submergenz. Der Kurvenverlauf zeigt die Hemmung der Ethylensynthese während der Lichtphase (Photosynthese). Nach Banga et al. (1996).

der so genannten Zweikomponenten-Sensoren (Kasten 1.4.6).

Durch Kombination verschiedener experimenteller Bedingungen und durch die Verwendung spezifischer Effektoren konnten weitere Einblicke in den Mechanismus des PCD bei der Aerenchymbildung im Rindengewebe der Maiswurzel gewonnen werden (Abb. 1.4.11).

Es konnte nachgewiesen werden, dass Ethylen als Signal einen Proteinkinase-Signaltransduktionsweg über ein G-Protein, Ca^{2+} und Inosit-P induziert, der zur Synthese von lytischen Enzymen, z. B. von Cellulase bzw. Hemicellulase (Saab und Sachs 1996) führt. Calcium aktiviert dabei Endonucleasen, sodass der Zelltod nicht wie bei Verletzung durch Membranabbau, sondern durch gesteuerten Nucleinsäureabbau (durch eine von Caspasen aktivierte Endonuclease) herbeigeführt wird. Die Aerenchymbildung wird durch weitere Effektoren verstärkt: So fördert z. B. ein schwerer Boden durch seinen mechanischen Widerstand die Ethylensynthese und Mineralstoffmangel steigert die Empfindlichkeit des Pflanzengewebes gegenüber Ethylen. Abbildung 1.4.12 zeigt ein Modell der biochemischen Zusammenhänge bei der Aerenchymbildung.

1.4.3 Postanoxischer Stress

Gewebe, die hypoxischen Stress tolerieren, werden oft durch Wiederbelüftung geschädigt. Diese postanoxischen Schäden resultieren zumeist von ROS (vgl. Kapitel 1.3.5.3). Zellen, deren Metabolismus an hypoxische oder anaerobe Verhältnisse adaptiert ist, haben ein verhältnismäßig negatives Redoxpotential, d. h. einen hohen Elektronendruck seitens NADH. Dieser führt bei Anwesenheit von O_2 zur Sauerstoffreduktion und zur Bildung von ROS. Während der hypoxischen Phase wurden die Aktivitäten der ROS-detoxifizierenden Enzyme und die Scavenger-Metaboliten abgebaut, sodass das Gewebe dem nun erhöhten oxidierenden Stress nicht gewachsen ist. Allerdings gibt es auch Postanoxietolerante Pflanzen, wie z. B. die Gelbe Schwertlilie, bei der die Superoxiddismutase zu den ANP zählt.

Zusammenfassung

1. Sauerstoffmangel entsteht bei langandauernder Überflutung des Bodens, da die Diffusion von Sauerstoff in Wasser etwa 10 000 Mal langsamer als in Luft ist. Der für das Wurzelwachstum kritische Sauerstoffgehalt liegt bei 5 bis 10 %. Viele Helophyten (Sumpfpflanzen) und submerse Pflanzen können noch bei wesentlich geringeren Sauerstoffpartialdrücken in ihrer Umgebung leben, wenn sie die Wurzeln und Rhizome durch ein inneres Durchlüftungssystem (Aerenchym) mit Sauerstoff versorgen. Die Gaszirkulation innerhalb der Pflanze wird durch Thermo-Osmose erheblich beschleunigt.

2. Normoxie, Hypoxie und Anoxie beschreiben die Bedingungen bei ausreichender, unzureichender und fehlender Sauerstoffversorgung. Hypoxie und Anoxie erzeugen im Boden ein negatives Redoxpotential, bei dem oxidierte Schwermetallionen reduziert und damit giftig werden und gleichzeitig der Boden-pH durch biologische Aktivität ins Alkalische verschoben wird. Besonders empfindlich reagieren Mykorrhizen auf derartige Veränderungen des Bodens.

3. Geringer Sauerstoffpartialdruck führt vor allem zu einer Beeinträchtigung des Energiestoffwechsels der Pflanzenorgane. Das Umschalten vom Atmungs- auf den Gärungsstoffwechsel ist zellbiologisch unvorteilhaft, ermöglicht aber das Überle-

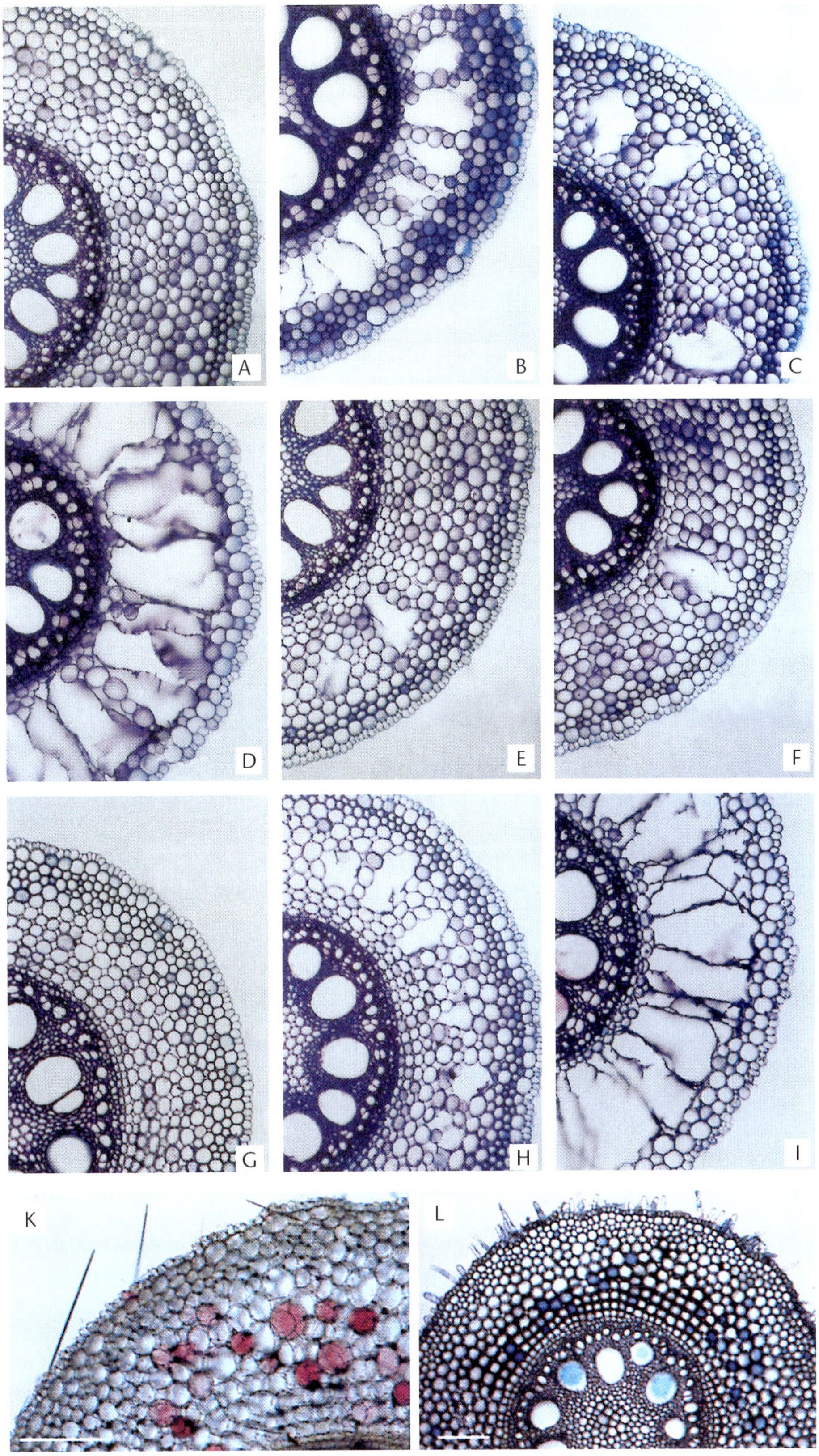

Abb. 1.4.11: Analyse der Aerenchymbildung in der Maiswurzel. Okadainsäure blockiert Proteinphosphatasen; GTP-γ-S aktiviert G-Proteine; K252a hemmt Proteinkinasen; Neomycin hemmt den Inosit-Phosphat-Metabolismus; EGTA komplexiert $Ca2^+$; Neutralrot färbt desintegrierende Zellen purpurn, Evans Blau akkumuliert in sterbenden Zellen. Nach He et al. (1996), Drew et al. (2000).

A: Normoxie
B: Hypoxisch
C: Normoxie + Okadainsäure
D: Hypoxisch + Okadainsäure
E: Hypoxisch + Neomycin
F: Hypoxisch + K 252 a
G: Hypoxisch + EGTA
H: Normoxie + GTP-γ-S
I: Hypoxisch + GTP-γ-S
K: Hypoxisch; mit Neutralrot gefärbt
L: Hypoxisch; mit Evans Blau

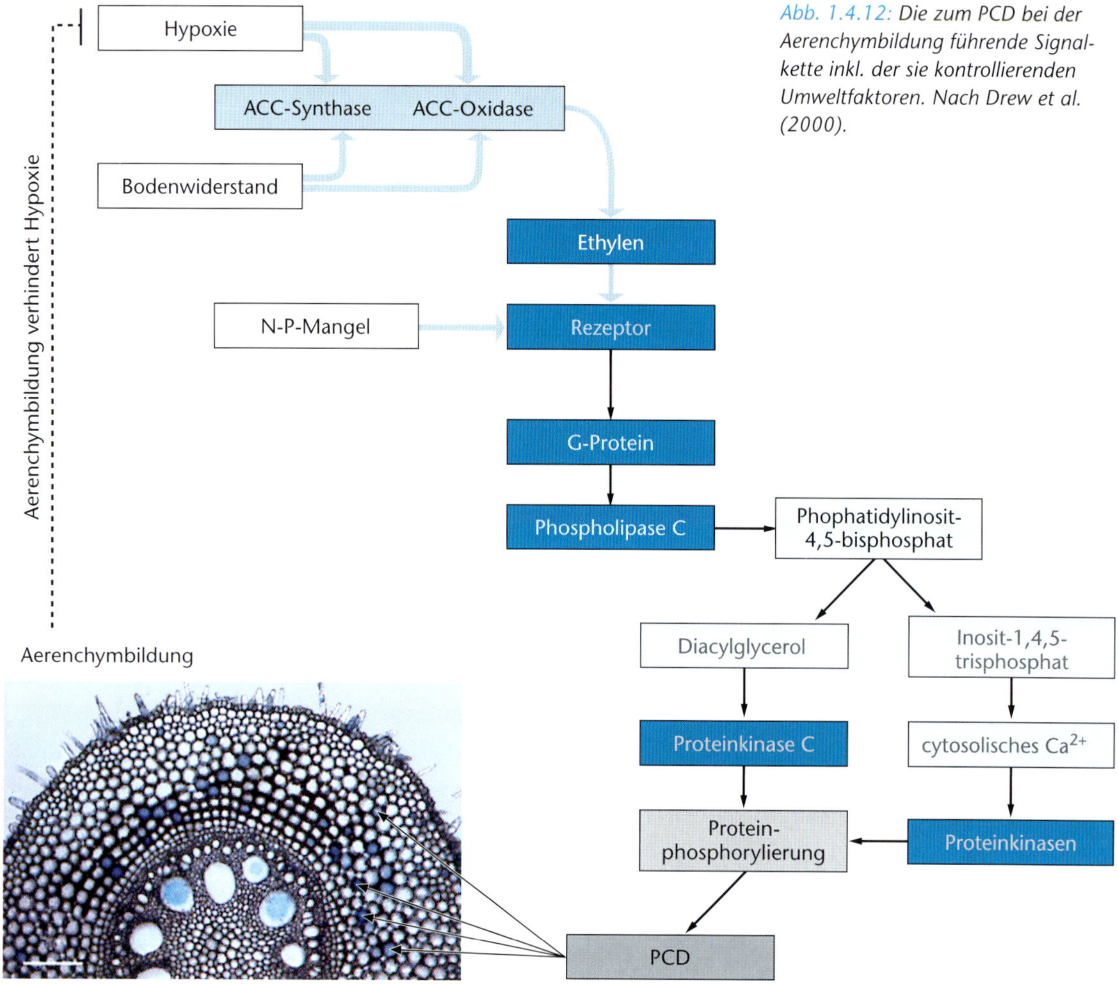

Abb. 1.4.12: Die zum PCD bei der Aerenchymbildung führende Signalkette inkl. der sie kontrollierenden Umweltfaktoren. Nach Drew et al. (2000).

ben für eine beschränkte Zeit. Bestimmte Wurzeln und Rhizome können längere Phasen von Anoxie oder Hypoxie in einem stationären Zustand überbrücken, der als *anaerobic retreat* bezeichnet wird.

4. Im Zusammenhang mit dem Umschalten auf Gärungsstoffwechsel werden so genannte anaerobe Polypeptide (ANP) gebildet, gleichzeitig wird die Synthese vieler *housekeeping*-Proteine eingeschränkt. Soweit sie bisher identifiziert wurden, sind die ANP Enzyme des Gärungsstoffwechsels. Die Promotoren ihrer Gene enthalten ein spezifisches *anarobic response element* (ARE).

5. Konstitutive Anoxietoleranz beruht meist auf Anoxievermeidung. Außer der schon erwähnten Bildung von Aerenchymen ist die Internodienstreckung eine häufig beobachtete Reaktion, welche die apikalen Teile der Pflanze mit den Blättern rasch wieder in eine besser mit Sauerstoff versorgte Umgebung bringt. Sauerstoffmangel aktiviert die Expression des ACC-Oxidase-Gens, dessen Produkt eine Schrittmacherfunktion in der Ethylensynthese hat. Der erhöhte Ethylenpartialdruck löst die Absenkung der ABA-Konzentration aus, was wiederum eine erhöhte Effektivität von Streckungshormonen zur Folge hat. Bei der Streckungsreaktion spielen bestimmte Zellwandproteine, die Expansine, eine wichtige Rolle, da sie offensichtlich die Verbindungen einzelner Zellwandpolymere lockern können. Hypoxie führt zur verstärkten Bildung und Akkumulation der Expansine.

6. Außer der Internodienstreckung löst Ethylen unter hypoxischen Bedingungen auch die Bildung von Aerenchymen durch programmierten Zelltod (*programmed cell death*, PCD) aus. Die durch

Hypoxie ausgelöste und durch Ethylen vermittelte Aerenchymbildung ist auf molekularer Ebene wenigstens teilweise verstanden. G-Proteine und intrazelluläres Calcium spielen als Signalvermittler dabei eine wichtige Rolle. Der Ethylensensor ist bislang der einzige molekular aufgeklärte Rezeptor für ein Phytohormon. Er gehört zu den so genannten Zweikomponenten-Signalrezeptoren. Die genetisch fixierte Aerenchymbildung bei Sumpfpflanzen verläuft allerdings unabhängig von Ethylen.

7. Bei (Wieder-)Belüftung an Hypoxie angepasster Pflanzenorgane entstehen oft Schäden durch ROS, da das ROS-entgiftende System bei der anoxischen oder hypoxischen Lebensweise zurückgebildet wird. Dieses Phänomen bezeichnet man als „postanoxischen Stress“.

Literatur

Amberger A (1988) Pflanzenernährung. UTB Ulmer, Stuttgart. S. 41

Armstrong JAW (1990) Light enhanced convective throughflow increases oxygenation in rhizomes and rhizosphere of *Phragmites australis* (Cav.) Trin. ex. Steud. *New Phytologist* 114: 121–128

Armstrong W, Gaynard TJ (1976) The critical oxygen pressure for respiration in intact plants. *Physiologia Plantarum* 37: 200–206

Armstrong W, Webb T (1985) A critical oxygen pressure for root extension in rice. *J. exp. Bot.* 36: 1573–1582

Bailey-Serres J, Dawe RK (1996) Both 5' and 3' sequences of maize adh1mRNA are required for enhanced translation under low oxygen. *Plant Physiol.* 112: 685–695

Banga M, Slaa EJ, Blom CWPM, Voesenek LACJ (1996) Ethylene biosynthesis and accumulation under drained and submerged conditions- a comparative study of two Rumex species. *Plant Physiol.* 112: 229–237

Blom CWPM, Voesenek LACJ, van der Sman AJM (1993) Responses to total submergence in tolerant and intolerant riverside species. In: Jackson MB, Black CR (Hrsg.) Interacting stresses on plants in a changing climate. Springer, Berlin Heidelberg. *NATO ASI Series I* 16: 245–266

Cho HAT, Kende H (1997) Expansins and internodal growth of deepwater rice. *Plant Physiol.* 113: 1145–1151

Cho HAT, Kende H (1997) Expansins in deepwater rice internodes. *Plant Physiol* 113: 1137–1143

Christopher ME, Good AG (1996) Characterization of hypoxically inducible lactate dehydrogenase in maize. *Plant Physiol.* 112: 1015–1022

Cosgrove DJ (1997) Relaxation in a high-stress environment: The molecular bases of extensible cell walls and cell enlargement. *The Plant Cell* 9: 1031–1041

Dacey JWH (1981) Pressurized ventilation in the yellow waterlily. *Ecology* 62: 1137–1147

Dacey JWH (1987) Knudsen-transitional flow and gas pressurization in leaves of Nelumbo. *Plant Physiol.* 85: 199–203

DeLaune RD, Pezeshki SR, Patrick jr WH (1993) Response of coastal vegetation to flooding and salinity: A case study in the rapidly subsiding Mississippi River deltaic plain, USA. In: Jackson MB, Black CR (Hrsg.) Interacting stresses on plants in a changing climate. Springer, Berlin Heidelberg. *NATO ASI Series I* 16: 211–229

Drew MC, He Ch-J, Morgan PW (2000) Programmed cell death and aerenchyma formation in roots. *Trends in Plant Science* 5: 123–127

Fitter AH, Hay RKM (1987) Environmental Physiology of Plants. Academic Press, London. 423 Seiten

Grosse W (1997) Gas transport in trees. In: Rennenberg H, Eschrich W, Ziegler H (Hrsg.) Trees – Contribution to modern tree physiology. Backhuys Publishers, Leiden. 57–74

Guglielminetti L, Perata P, Alpi A (1995) Effect of anoxia on carbohydrate metabolism in rice seedlings. *Plant Physiol.* 108: 735–741

He Ch-J, Morgan PW, Drew MC (1996) Transduction of an ethylene signal is required for cekll death and lysis in the root cortex of maize during aerenchyma formation induced by hypoxia. *Plant Physiol.* 112: 463–472

Hirayama T, Alonso JM (2000) Ethylen captures a metal! Metal ions are involved in ethylene perception and signal transduction. *Plant Cell Physiol.* 41: 548–555

Jackson MB, Black CR (1993) Interaction of stresses on plants in a changing climate. Springer, Berlin Heidelberg. *NATO ASI Series I* 16: 243–266

Kohl J-G, Henze R, Kühl H (1996) Evaluation of the ventilation resistance to convective gas-flow in the rhizomes of natural reed beds of *Phragmites australis* (Cav.) Trin. ex. Steud. *Aquatic Botany* 54: 199–210

Laan P, Clement JMAM, Blom CWPM (1991) Growth and development of *Rumex* roots as affected by hypoxic and anoxic conditions. *Plant and Soil* 136: 145–151

Laan P, Smolders A, Blom CWPM, Armstrong W (1989) The relative roles of internal aeration, radial oxygen losses, iron exclusion and nutrient balance in flood-tolerance of *Rumex* species. *Acta Botanica Neerlandica* 38: 131–145

Laan P, Berrevoets MJ, Lythe S, Armstrong W, Blom CWPM (1989) Root morphology and aerenchyma formation as indicators for the flood-tolerance of *Rumex* species. *J. Ecol.* 77: 693–703

Mapelli S, Bertani A (1993) Endogenous phytohormones and germination of rice under anoxia: Indoleacetic acid and abscisic acid. Springer, Berlin Heidelberg. *NATO ASI Series I* 16: 353–363

Marschner H (1986) Mineral nutrition of higher plants. Academic Press, London. 674 Seiten

Mekhedov SL, Kende H (1996) Submergence enhances expression of a gene encoding 1-aminocyclopropane-1-carboxylate oxidase in deepwater rice. *Plant Cell Physiol.* 37: 531–537

Pradet A, Mocquot B, Raymond P, Morisset Ch, Aspart L, Delseny M (1985) Energy metabolism and synthesis of nucleic acids and protein under anoxic stress. In: Key JL, Kosuge T (Hrsg.) Cellular and molecular biology of plant stress. Alan R. Liss, New York. 227–245

Saab IN, Sachs MM (1996) A flooding-induced xyloglucan-Endo-transglycosylase homolog in maize is responsive to ethylene and associated with aerenchyma. *Plant Physiol.* 112: 385–391

Scheffer F, Schachtschabel P (1973) Lehrbuch der Bodenkunde. Ferdinand Enke Verlag, Stuttgart. Seiten 169 ff

Schiwinsky K, Grosse W, Woermann D (1996) Convective gas flow in plant aeration and Graham‘s law of diffusion. *Z. Naturforsch.* 51c: 681–690

Taiz L, Zeiger E (2000) Physiologie der Pflanzen. Spektrum Akad. Verl., Heidelberg Berlin. 773 Seiten

Urao T, Yamaguchi-Shinozaki K, Shinozaki K (2000) Two-component systems in plant signal transduction. *Trends in Plant Science* 5: 67–74

Vartapetian BB (1993) Flood tolerant and flood sensitive plants under primary and secondary anoxia. Springer, Berlin Heidenberg. *NATO ASI Series I* 16: 231–241

1.5 Wassermangel (Trockenheit)

Die poikilohydren Flechten sind die „Weltmeister" im Ertragen von Trockenheitsstress, meist zusammen mit Hitze, Kälte und extrem hoher Lichtintensität. Trotz des harschen Lebensraums ist kein Quadratmillimeter der Oberfläche dieses Gneisblocks in den Ötztaler Alpen noch zu haben. Eine Vielfalt mehr oder weniger bunter Krustenflechten bewohnt ihn. Besonders auffällig ist die gelbgrüne Landkartenflechte (Rhizocarpon cf. geographicum). Foto E. Beck.

Literaturempfehlung

1. Ingram J, Bartels O (1996) The molecular basis of dehydration tolerance in plants. *Annu. Rev. Plant Physiol. Plant Mol. Biol.* 47:377–403
2. Close TJ, Bray EA (1993) Plant responses to cellular dehydration during environmental stress. Current Topics in Plant Physiology 10. American Soc. Plant Physiol., Rockville
3. Errington and Debenedetti (2001) Relationship between structural order and the anomalies of liquid water. *Nature* 409: 318–321
4. Maurel C (1997) Aquaporins and water permeability of plant membranes. *Annu. Rev. Plant Physiol. Plant Mol. Biol.* 48: 399–430
5. Hoekstra FA, Golovina EA, Buitink J (2001) Mechanisms of plant desiccation tolerance. *Trends in Plant Science* 6: 431–438
6. Blatt MR (2000) Cellular signaling and volume control in stomatal movements of plants. *Annu. Rev. Cell Developm. Biol.* 16: 221–242

Leben benötigt flüssiges Wasser und basiert damit bei den auf der Erde herrschenden Temperaturen auf den physiko-chemischen Eigenschaften bzw. **Anomalien der Wassermoleküle** (Kasten 1.5.1). Diese ergeben sich aus der **Dipolnatur** des Moleküls $H^{\delta+} - O^{\delta-} - H^{\delta+}$, das variable, d. h. in ständigem Molekülaustausch befindliche Cluster (Aggregate) bildet und damit trotz des niedrigen Molekulargewichtes den flüssigen statt des gasförmigen Zustands annimmt. Die durch interne H-Brücken verbundenen Cluster gewährleisten eine hohe Kohäsion bei gleichzeitig geringer Viskosität. Dies sowie die ebenfalls auf der Dipolnatur gründende Haftung des Wassers an polaren Oberflächen, wie

Kasten 1.5.1 Die physiko-chemischen Eigenschaften (Anomalien) des Wassers

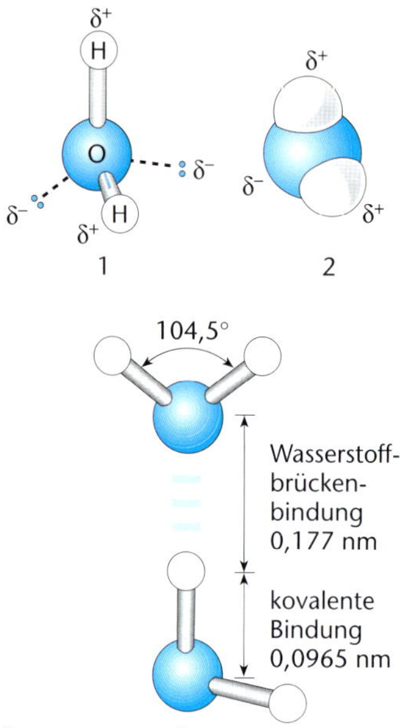

A

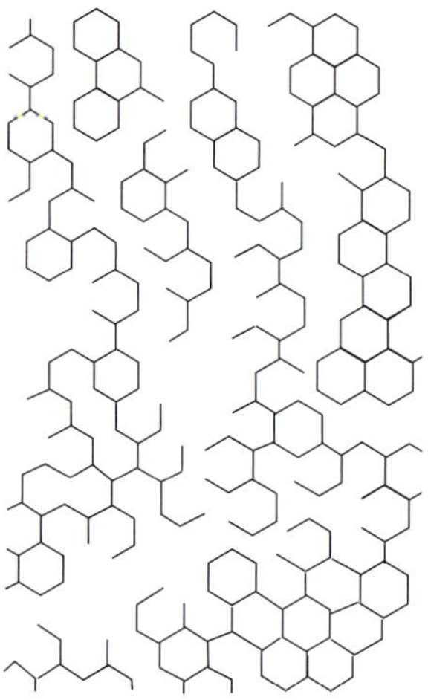

B

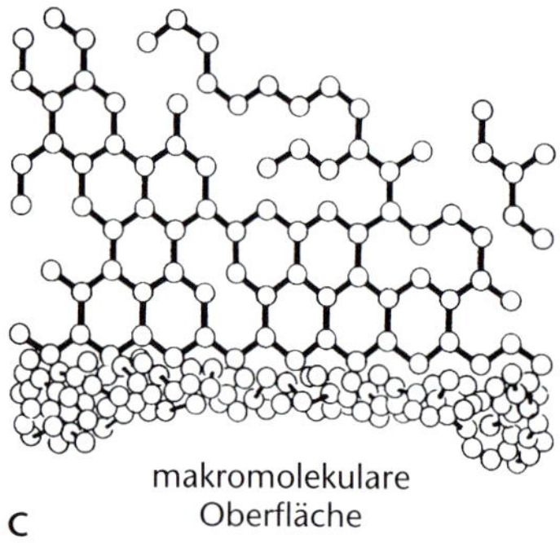

C

Wasser ordnet amphiphile Moleküle zu definierten Strukturen, z. B. Biomembranen (C, aus Larcher 1994). Diese lagern ihrerseits wieder Wasserschichten an, die in weiterer Entfernung von der Oberfläche dann wieder in bewegliche Cluster übergehen.

Infolge der Dipolnatur der Wassermoleküle (Teilabb. A (1), (2)) assoziieren die Moleküle über Wasserstoffbrücken (A (3), nach Lehninger et al. 1994) zu dreidimensionalen Waben, Clustern (B, aus Larcher 1994), die miteinander in ständigem Molekülaustausch sind. Durch diese Clusterbildung erklären sich die physiko-chemischen Anomalien des Wassers:

Verbindung	Molgewicht	Schmelzpunkt (°C)	Siedepunkt (°C)
H_2O	$[18]_x$	0	100
H_2S	34	–86	–61

Weitere biologisch wichtige physikalische Eigenschaften des Wassers:

spez. Wärme	1 cal g^{-1} = 4,2 J g^{-1}
Kristallisationswärme	333,6 J g^{-1}
Verdampfungswärme	2 441 J g^{-1}
Oberflächenspannung (15 °C)	73,5 g sec^{-1}

z. B. Zellwänden, ist für den Wasserferntransport von der Wurzel in die Blätter ebenso entscheidend wie die auf die hohe Oberflächenspannung zurückzuführende Kapillarwirkung. Gleichfalls auf der Dipolwirkung beruht die Eignung des Wassers als Lösemittel für polare oder polarisierbare Moleküle. In amphiphilen Systemen (hydrophil-hydrophob) entwickelt das Wasser eine ordnende Kraft (Bildung von Lipidmicellen und von Tertiärstrukturen der Proteine), die auf der Stärke der Wechselwirkungen zwischen den hydrophilen Domänen der Moleküle untereinander und mit den Wasserclustern sowie der hydrophoben Domänen untereinander basiert. Der Begriff **hydrophobe Wechselwirkung** ist insofern etwas irreführend, als es auch Wechselwirkungen zwischen den Wassermolekülen und den hydrophoben Domänen der Moleküle gibt, die allerdings schwächer sind als die Wechselwirkungen der hydrophoben Domänen untereinander. Infolge der relativ hohen Kristallisations- und der sehr hohen Verdampfungswärme sowie seiner Absorption von infraroter Strahlung eignet sich Wasser hervorragend als Wärmepuffer für die Organismen. Für die Pflanzen ist wichtig, dass Wasser sichtbares Licht nicht absorbiert, also nicht mit der Photosynthese interferiert.

Das Wasserpotential

Der thermodynamische Zustand des Wassers in einem beliebigen System wird durch das Wasserpotential Ψ beschrieben. Ψ ist, bildlich gesprochen, ein Maß für die Energie, die nötig ist, um dem System Wassermoleküle zu entreißen. Als Bezugssystem wird das (chemische) Potential reinen Wassers unter den herrschenden Bedingungen gleich Null gesetzt, sodass Ψ eine Differenz im chemischen Potential angibt. Gewöhnlich wird das Wasserpotential in der Dimension des Druckes und nicht in Energieeinheiten angegeben, da das chemische Potential im Falle des Wassers auf das Molvolumen bezogen wird, wodurch sich als Dimension „Druck" ergibt. Weitere Details über die Herleitung und Definition des Wasserpotentials findet sich in Kapitel 2.2, Gleichung 2.2.7 (vgl. auch Kapitel 1.3).

Das Wasserpotential einer Zelle setzt sich aus mehreren Komponenten zusammen:

$$(-)\ \Psi = (-)\ \pi + (-)\ \tau + P\ ,$$

wobei π das **osmotische Potential** (negatives Vorzeichen) der im Gleichgewicht befindlichen zellulären Lösungen (siehe Kapitel 2.2, Gleichung 2.2.6), τ das **matrikale Potential** (negatives Vorzeichen) und P das **Druckpotential** (Wand- und Gewebedruck, positives Vorzeichen) wiedergeben. Der Wand-(plus Gewebe-)druck ist dem **Turgordruck**, d. h. dem Druck des Protoplasten auf die Zellwand numerisch gleich, hat in der Wasserpotentialgleichung aber das entgegengesetzte, positive Vorzeichen. In einer hydratisierten Zelle ist τ nicht messbar; es tritt erst in Erscheinung, wenn der Zelle durch Austrocknung so viel Wasser entrissen wurde, dass nur mehr das Quellungswasser von Zellwand und subzellulären Strukturen vorhanden ist. Um einer Zelle Quellungswasser zu entreißen, sind extrem niedrige (negative) Wasserpotentiale oder extrem hohe Drücke nötig (vgl. Kapitel 1.3.6.4).

Inter- und intrazelluläre Wasserflüsse, Aquaporine

Eine Potentialdifferenz zwischen zwei Systemen (z. B. zwei Zellen) entspricht einer Spannung und führt, Wasserleitfähigkeit (**hydraulische Leitfähigkeit**) vorausgesetzt, zu einem Wasserfluss in Richtung des Systems mit dem negativeren Potential. Dabei kann die Wasserleitung durch die Zellwand im Apoplasten (**apoplastischer Weg**) oder durch die Protoplasten hindurch (**symplastischer Weg**) erfolgen (siehe Kapitel 2.2, Abb. 2.2.8). Letzterer war in den vergangenen Jahren in der Bedeutung für den Wassertransport unterschätzt worden und hat durch die Entdeckung der **Aquaporine** (Kasten 1.5.2) starkes Interesse gefunden. Aquaporine sind membrandurchziehende, spezifische Proteine mit einer Molekularmasse von 25–30 kDa, die Wasserkanäle bilden (Johansson et al. 2000). Meist treten sie als Oligomere, d. h. gehäufte Komplexe auf. Die Besatzdichte einer Membran mit solchen Aggregaten bestimmt ihre hydraulische Leitfähigkeit, die im Bereich zwischen $2 \cdot 10^{-8}$ bis 10^{-5} m s^{-1} MPa^{-1} liegt. Kennzeichen des Wassertransports durch diese Kanäle sind eine hohe Permeabilität ($P_f \approx 700$ µm s^{-1}) und eine niedrige Aktivierungsenergie (E_a = 8–12 kJ mol^{-1}); im Gegensatz dazu steht der so genannte **Lipidweg des Wassers**, der die Diffusion von Wassermolekülen durch die Lipidschicht der Biomembran beschreibt ($P_f \approx$ 10 µm s^{-1}; E_a = 48–64 kJ mol^{-1}). Außer durch die kinetischen Daten kann man den Wassertransport durch Aquaporine vom Lipidweg an der Hemmbarkeit der Aquaporine durch Schwermetallionen, z. B. Hg^{2+}, erkennen, sofern das Aquaporin Cystein in den membandurchspannenden Helices enthält.

In der Regel ist die Wasserpermeabilität des Tonoplasten um Größenordnungen höher als die der Plasmamembran. Da der Wasserhaushalt der Zelle im Wesentlichen von der Vakuole beherrscht wird, gewährleistet die hohe Wasserpermeabilität des Tonoplasten eine rasche Äquilibrierung der intrazellulären Wasserpotentiale bei einer Änderung der Hydratur der Zelle. Vor einiger Zeit wurden in *Arabidopsis*-Zellen Aquaporincluster, so genannte **Plasmalemmasomen** (Robinson et al. 1996) entdeckt, die eine direkte Verbindung zwischen der Plasmalemmamembran und dem Tonoplasten herstellen sollen. Außer den Aquaporinen tragen auch alle anderen Membrantransportproteine zum Wassertransport bei, da sie, wie z. B. die Ionenkanäle, eine hydratisierte Pore bilden. Je nach Weite dieser Po-

Kasten 1.5.2 Aquaporine

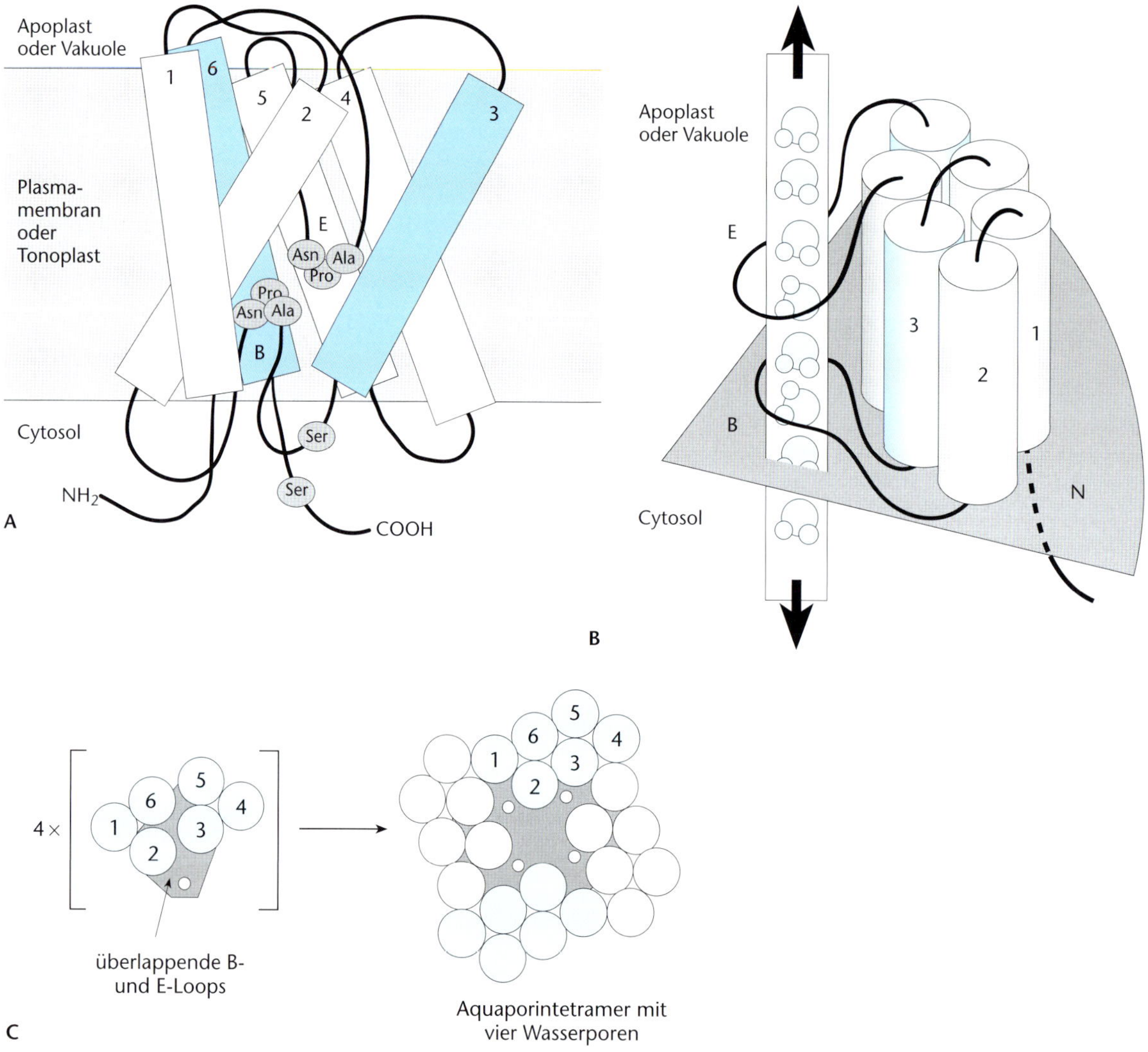

ren nimmt jedes transportierte Molekül oder Ion bis zu 25 Wassermoleküle mit. Die Effektivität eines Aquaporins ist aber etwa 20 Mal größer.

1.5.1. Der Wasserhaushalt der Zelle unter Trockenheitsstress

Bei Trockenheit verliert die Pflanze Wasser an die Atmosphäre; bei fehlender Wasseraufnahme stammt dieses Wasser überwiegend aus den Vakuolen der Zellen. Es fließt über die Plasmalemmamembran in den Apoplasten und verdunstet in den Interzellularräumen. Durch die mit dem Wasserverlust verbundene Volumenabnahme vergrößert sich das osmotische Potential des Protoplasten. Gleichzeitig verringern sich sowohl der Turgordruck als auch der Wanddruck. Beim so genannten *„Turgor-Loss-Point“* ist die Zellwand völlig entspannt, beide Drücke haben den Nullpunkt erreicht, und das Wasserpotential der Zelle ist gleich ihrem osmotischen Potential. In diesem Zustand zeigen die Pflanzenorgane deutliche Welkeerscheinungen. Bei

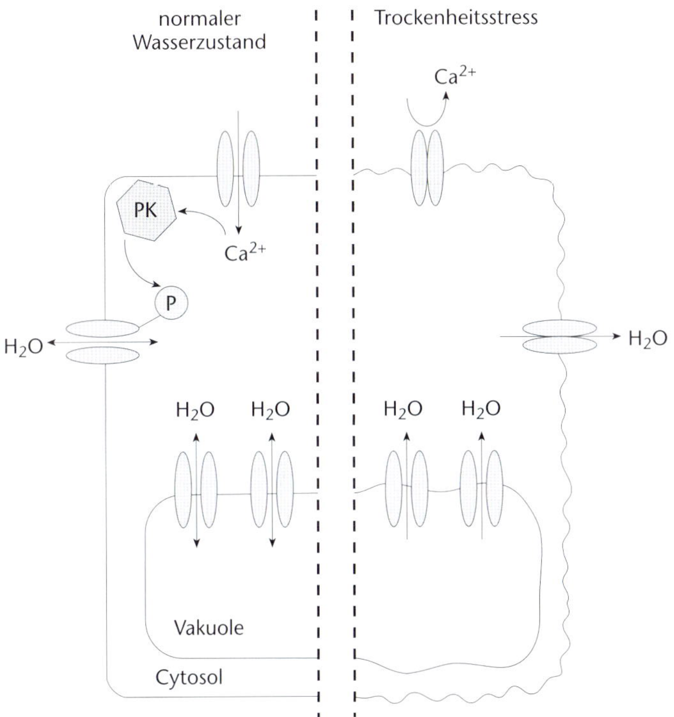

D

Teilabbildung A zeigt das „Uhrglasmodell" eines Aquaporinmonomers. Die oval dargestellten Aminosäuren im Zentrum stellen die Konstriktion der Sanduhrstruktur dar, die membrandurchspannenden Helices 1, 2, 3 und 4, 5, 6 die entgegengesetzten „Behälter". Die Loops B und E bilden die eigentliche Wasserpore (Teilabb. B). Die beiden Sanduhrhälften sind homolog, aber jeweils invers in der Membran orientiert: Helix 1 korrespondiert mit Helix 4, Helix 2 mit 5 und Helix 3 mit 6. Aquaporine bilden Komplexe (Teilabb. C). Gezeigt ist ein Modell aus vier Monomeren (CHIP 28 aus Erythrocyten), welches auch die häufigste Form der pflanzlichen Poren darstellt. Das Modell gilt in gleicher Weise für die intrinsischen Aquaporine der Plasmamembran (PIPs) wie auch für die des Tonoplasten (TIPs). Die Effektivität einiger Aquaporine kann durch Proteinphosphorylierung und -dephosphorylierung kontrolliert werden (Teilabb. D). Das gezeigte Modell stellt die Situation bei ausreichender Hydratur (links) und bei Trockenheitsstress (rechts) dar. Über einen (noch nicht identifizierten) Osmosensor wird die cytosolische Ca^{2+}-Konzentration hoch gehalten und die Proteinkinase hält das Aquaporin im phosphorylierten Zustand, in welchem die Pore offen ist. Phosphoryliert werden die in Teilabbildung A oval gehaltenen Serinreste. Bei Trockenheitsstress erniedrigt sich die cytosolische Ca^{2+}-Konzentration, das Aquaporin wird dephosphoryliert und die Pore schließt sich. Damit wird der Wasserexport gedrosselt. Durch die angenommene Selektivität der Regulation bleiben aber die Poren im Tonoplasten offen, sodass das Wasserpotential des Cytosols nur wenig beeinträchtigt wird. (Teilabb. A und D nach Kjellbom et al. 1999, B nach Schäffner 1998, C nach Jung et al. 1994).

weiterer Wasserabgabe verstärkt sich die Welke, da nun die Zellwände nicht nur entspannt, sondern dem intrazellulären Sog folgend, nach innen eingedellt, ja sogar cytorrhytisch (Kapitel 1.3.6.1) eingefaltet werden, sofern ihre Steifheit dies zulässt. Der Grund dafür ist, wie bereits bei der Gefrierentwässerung beschrieben, die Luftundurchlässigkeit der durchfeuchteten Zellwand (Abb. 1.5.1). Es entwickelt sich ein Sog und dementsprechend ein negatives Druckpotential (1 bis 2 MPa), welches das Wasserpotential der Zelle verstärkt. Die Folge davon ist, dass mehr Wasser in der Zelle zurückgehalten wird, als dem osmotischen Potential entspräche. Trotzdem kann bei anhaltender Dürre so viel Wasser verdunsten, dass Trockenschäden an den Biomembranen entstehen und damit das osmotische System der Zelle zusammenbricht.

Wasserspeicher

Einen Sonderfall hinsichtlich des zellulären Wasserhaushalts stellt das Wasserspeichergewebe z. B. von Sukkulenten dar, das durch die Flexibilität der Zellwände eine hohe Wasserspeicherkapazität (**hy-

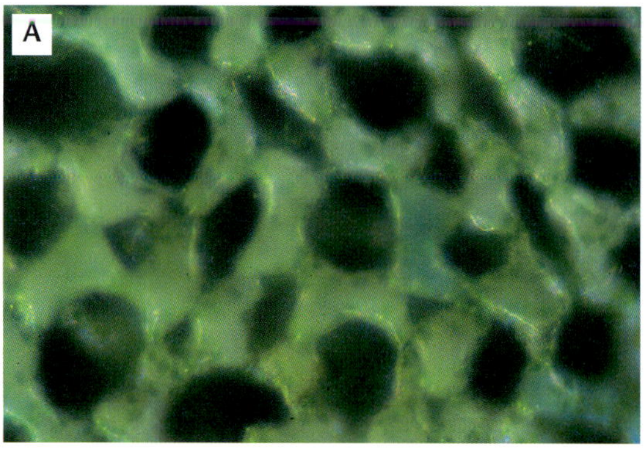

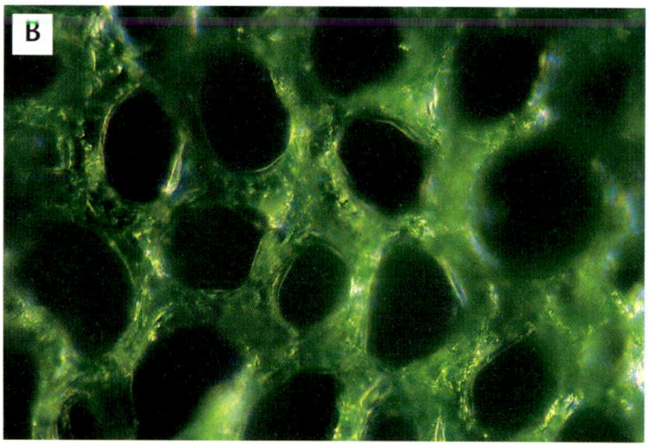

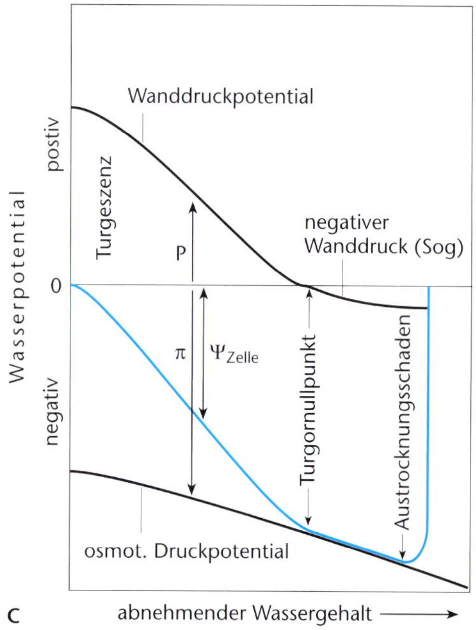

Abb. 1.5.1: Die Austrocknung von Pflanzenzellen an der Luft. A: Schwammparenchym von Pachysandra terminalis im turgeszenten Zustand. B: Das gleiche Gewebe nach zweistündiger Lagerung unter Raumluft. Deutlich zu sehen sind die kollabierten Zellen, deren Volumen auf weniger als die Hälfte geschrumpft ist. C: Wasserzustandsdiagramm einer austrocknenden Zelle. Nach dem Verlust der Turgeszenz bleibt der Protoplast wegen des Matrixpotentials an der Wand haften und es entwickelt sich ein negativer Wanddruck. A, B, Fotos J.J. Zhu, C nach Larcher (1994).

draulische Kapazität) besitzt. Vereinfacht ausgedrückt, falten sich die Zellwände dieser lebenden Gewebe bei Wasserverlust cytorrhytisch ziehharmonikaartig ein und verringern so das Zellvolumen. Die Flexibilität (Elastizität) der Zellwand, mit der sie auf Druckänderungen reagiert, darf aber nicht mit Dehnbarkeit verwechselt werden. Sie bedeutet passive Beweglichkeit und wird durch den **Elastizitätsmodul** ε beschrieben:

$$\varepsilon = \frac{dP}{dV/V}\ [\text{MPa}],$$

wobei dP die Änderung des Turgors und $dV/_V$ die relative Volumenänderung ist.

Für weiches Gewebe ist $\varepsilon \leq 5$ MPa, d. h. bei einer Volumenänderung ändert sich der Turgor (P) nur geringfügig; für Zellen aus einem Hartlaubblatt liegt ε zwischen 30 und 50 MPa. Letztere können sich bei Wassermangel nur geringfügig, erstere sehr stark kontrahieren. Wasserspeichergewebe (**Hydrenchyme**) besitzen Zellen mit einem besonders niedrigen Elastizitätsmodul, d. h., sie können viel Wasser aufnehmen und auch wieder abgeben. Blätter mit ausgeprägtem Wasserspeichergewebe, das zumeist innerhalb des Chlorenchyms liegt (z. B. *Peperomia*), verändern deshalb je nach Wasserzustand ihren Querschnitt, wobei wegen der unterschiedlichen Elastizitätsmodule praktisch nur das Wasserspeichergewebe, nicht aber das Chlorenchym schrumpft (Abb. 1.5.2).

Vielfach bestehen Wasserspeichergewebe aber aus abgestorbenen Zellen, wie z. B. beim *Velamen radicum* der Orchideenluftwurzel; in diesen Fällen erfolgt die Wasserspeicherung kapillar.

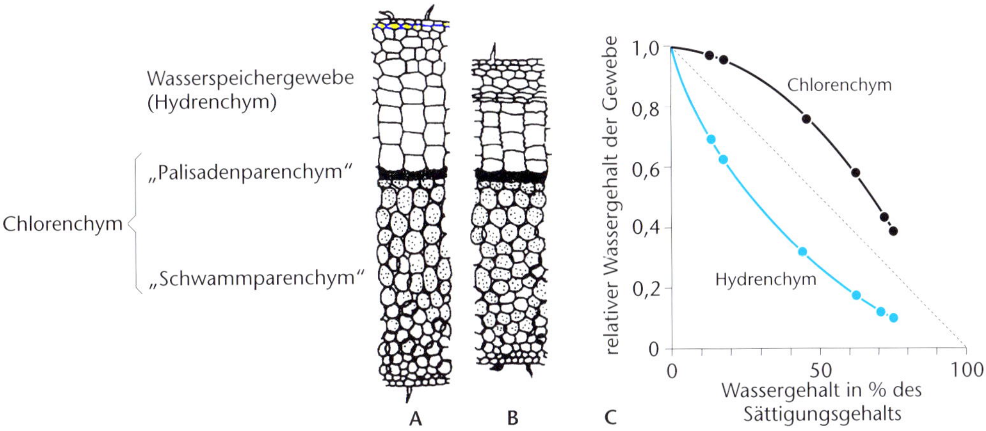

Abb. 1.5.2: Der Wasserspeicher des Peperomia-Blattes (P. trichocarpa). A und B: Blattquerschnitte nach Wassersättigung (A) und im Verlauf der Austrocknung (B). Das Hydrenchym schrumpft erheblich stärker als das Chlorenchym. Dieses Phänomen ist in Fig. C quantitativ dargestellt: Bei einem Gesamtwassergehalt von 50 % beträgt der Anteil des Hydrenchymwassers nur mehr 25 %, während das Chlorenchym noch einen Wassergehalt von 75 % hat. Nach Larcher (1994).

1.5.2. Zelluläre Reaktionen auf Trockenheitsstress

Auf Zellebene wird Wasserdefizit nicht nur durch Trockenstress hervorgerufen, sondern tritt auch bei hoher Salzbelastung und bei Frost auf. Darüber hinaus ist der Verlust von bis zu 90 % des Zellwassers ein notwendiger Vorgang bei der Samen- und Fruchtreifung, kommt also regelmäßig im Entwicklungsprozess der Pflanze vor. Entsprechend haben die Pflanzen auch Mechanismen entwickelt, um dem Trockenheitsstress zu begegnen. Unser Wissen über die molekularen Vorgänge bei der Reaktion auf Trockenheit und der Anpassung an Wasserdefizit ist allerdings noch bruchstückhaft. Sicher ist, dass jede Zelle über mehrere Mechanismen verfügt, um auf Trockenheit zu reagieren; es gibt sozusagen ein mehrfaches Sicherheitsnetz. Aber nicht alle zellulären Veränderungen, die bei Wassermangel eintreten, sind auch für diese Situation spezifisch. Manche primär auf andere Stressoren gerichtete *strains*, z. B. durch Kälte oder Pathogenattacken ausgelöst, helfen der Zelle auch bei Dehydratation. Neben den Reaktionen, die der direkten Stressbewältigung dienen, greift Trockenheit aber auch in das normale Zellgeschehen ein, indem z. B. bei **poikilohydren Pflanzen** (siehe Kapitel 2.2.1.1) die Photosynthesekapazität reduziert wird, wodurch sich die Gefahr der Photooxidation verringert. So weiß man, dass bei der Auferstehungspflanze (*Craterostigma plantaginea*) die Expression von Photosynthesegenen gedrosselt wird, vermutlich simultan mit der Induktion vieler Gene, deren Produkte – Metaboliten oder Proteine – direkt oder indirekt die Trockenheitsresistenz der Zellen steigern. Eine Schlüsselrolle bei der Bewältigung von **Dehydratationsstress** kommt dem Phytohormon **Abscisinsäure** (ABA) zu (siehe Abb 1.5.3), sowohl hinsichtlich der schnellen Reaktion als auch der langfristigen Anpassung. Entsprechend der bereits erwähnten Komplexität der Stressreaktionen kennt man aber auch Reaktionsketten, die unabhängig von ABA ablaufen. Geht man von den heute als gesichert geltenden Kenntnissen aus, so stellt sich die zelluläre Antwort auf Trockenheitsstress nicht minder kompliziert dar als die auf Wärmestress. Eine erste Übersicht über das durch Dehydratation induzierte Zellgeschehen fasst die Abbildung 1.5.3 zusammen.

1.5.2.1 Die Perzeption (Wahrnehmung) des Dehydratationsstresses

Wasserverlust führt zu folgenden zellulären Veränderungen:

- Volumenverminderung des Protoplasten,
- Konzentrierung der zellulären Lösungen,
- Verminderung oder Verlust des Turgors,
- Veränderung der transmembranen Wasserpotentialgradienten,
- im drastischen Fall zu Membranstörungen und Proteindenaturierung.

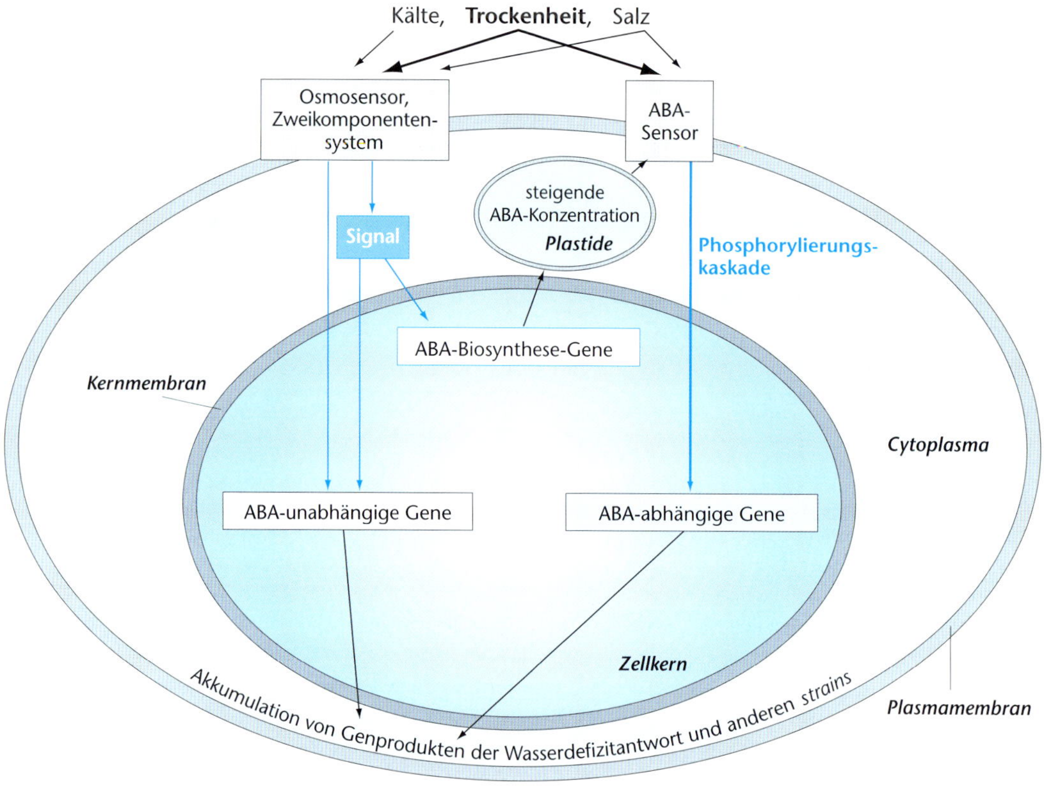

Abb. 1.5.3: Durch Trockenheit induzierte Genexpression in einer Pflanzenzelle. Die Abbildung zeigt zum einen eine gewisse Unspezifität der Signalrezeption, andererseits die Multiplizität der Stressreaktionen. Diese können aber durch unterschiedliche Promotoren und Effektoren hochspezifisch ausfallen (vgl. Abb. 1.5.8). Nach Bray (1997).

Welche dieser Phänomene Signalcharakter haben, ist bei Pflanzen noch nicht geklärt. Mit einiger Wahrscheinlichkeit ist es die Veränderung des transmembranen Wasserpotential- oder Druckgradienten, denn von *E. coli* und von Hefe kennt man **Osmosensoren**, deren Funktion man durch Komplementationsstudien mit Mangelmutanten nachgewiesen hat (Wurgler et al. 1997, siehe auch Kasten 1.4.5). Einer dieser transmembranen Osmosensoren von Hefe, Sho1p, bildet ein Protein aus vier dicht gepackten membranintegralen Peptiden und einer peripheren C-terminalen Domäne, die für die Auslösung der Signaltransduktion verantwortlich ist. Bei einer Vergrößerung des osmotischen Gradienten über die Plasmamembran hinweg aktiviert Sho1p eine vierstufige MAP-Kinase-Kaskade, die letztlich zur Produktion und Akkumulation des für Hefe osmoprotektiven Glycerins führt. Die erfolgreiche Komplementation einer Osmosensormangelmutante von Hefe mit einem entsprechenden Gen von *Arabidopsis* (*ATHK1*, Shinozaki und Yamaguchi-Shinozaki 1997) lässt vermuten, dass ähnliche Systeme der Trockenheitsperzeption auch in Pflanzenzellen vorliegen. Entsprechend der multiplen Stressantwort muss man aber annehmen, dass die Pflanzenzelle über mehrere Rezeptorsysteme verfügt, die u. U. auch gewebsspezifisch sein können (Bonetta und McCourt 1998). Von den direkten Osmosensoren zu unterscheiden sind die Rezeptoren für Abscisinsäure, welche bereits als Stresssignal auf eine Zelle oder eine Zellmembran trifft. Die biochemische Struktur dieser ABA-Sensoren ist noch nicht bekannt.

1.5.2.2 Die durch ABA vermittelte Stressantwort

Bereits milder Trockenheitsstress führt zur einer bis zu zehnfachen Erhöhung des endogenen ABA-Spiegels (Kasten 1.5.3). Dies gilt sowohl für Höhere als auch für Niedere Pflanzen. Mangelmutanten, welche die Fähigkeit zur ABA-Synthese verloren haben, sind nicht lebensfähig, da sie bereits bei geringem Trockenheitsstress verwelken; durch Zusatz von ABA können sie aber am Leben gehalten werden[1]. Der Rezeptor für das zur ABA-Synthese und -Akkumulation führende Dehydratationssignal ist unbekannt.

Obwohl die Biochemie der **ABA-Perzeption** noch nicht bekannt ist, weiß man, dass es ABA-Rezeptoren auf der Außenseite der Zellmembran und im Innern des Protoplasten gibt (Bray 1997). Die Rezeptoren können aktiviert oder inaktiviert werden, wobei die Prenylierung (Farnesylierung) eines Effektorproteins zu seiner Bindung an den Rezeptor und zu dessen Inaktivierung führt. Auf diese Weise kann die Empfindlichkeit der Zelle gegenüber ABA reguliert werden (Bonetta und McCourt 1998). Die Rezeptoren erkennen jedoch nicht nur ABA. Viel wirksamer ist z. B. (+)8'-Methylen-ABA, vermutlich weil diese Verbindung längerlebig als ABA ist, d. h. langsamer als diese metabolisiert wird. Als **sekundäre intrazelluläre Messenger** des ABA-Signals wurden kürzlich die zyklische ADP-Ribose (cADP-Rib) und Nicotinsäure-Adenindinucleotidphosphat (NAADP) nachgewiesen (Quatrano et al. 1997). Diese sind es vermutlich, die auf das ABA-Signal hin mit den intrazellulären Calciumspeichern reagieren und die Erhöhung des Spiegels an freiem Ca^{2+} veranlassen. Dieses setzt (als weiterer sekundärer Messenger) zumindest eine, vermutlich aber mehrere Phosphorylierungskaskaden in Gang, die Enzymaktivitäten regulieren, welche direkt oder indirekt zu metabolischen Reaktionen auf den Trockenheitsstress führen.

[1] Auch Pilze synthetisieren ABA; vermutlich aber auf direktem Wege aus Mevalonsäure (Walton und Li 1995).

Bei den durch ABA induzierten Prozessen unterscheidet man die schnelle Reaktion, wie sie uns vor allem in der Stomataregulation begegnet, von der langsamen, die mit der Expression ABA-sensitiver Gene verbunden ist.

Die stomatäre Reaktion auf ABA

Bei der schnellen Reaktion der Schließzellen auf ABA, die durch Turgorverminderung zum Stomataschluss führt, wird das ABA-Signal auf der Außenseite der Plasmamembran der Schließzellen wahrgenommen (Schroeder et al. 2001).

Das für die Reaktion maßgebende Kompartiment ist also der Apoplast der Schließzellen. ABA, die als **wurzelbürtiges Signal** mit dem Xylemstrom in die Blätter gelangt, wird schnell nach dem **Ionenfallenprinzip** in die Protoplasten aufgenommen: Gewöhnlich besitzt der Apoplast ein saureres Milieu als das Cytosol, dessen pH-Wert bei etwa 7 liegt. Als Säure liegt ABA dementsprechend im Apoplasten in einem höheren Maße protoniert vor als im Cytoplasma. Da die undissoziierte Säure relativ leicht durch die Plasmamembran diffundiert, wird sie beständig aus der Apoplastenflüssigkeit in die Protoplasten wandern und dort nach Dissoziation festgehalten. Die Konzentration von ABA im Apoplasten bzw. an der Außenseite der Plasmamembran ist also niedrig. Kürzlich wurde gezeigt, dass Stresssituationen, z. B. Bodentrockenheit, zu einer Alkalisierung der Xylemflüssigkeit um bis zu einer vollen pH-Einheit führen (Wilkinson 1999). Damit verschiebt sich auch das Konzentrationsgleichgewicht von ABA zwischen Zelle und Apoplast zugunsten des Letzteren, und die Signalstärke erhöht sich (Abb. 1.5.4).

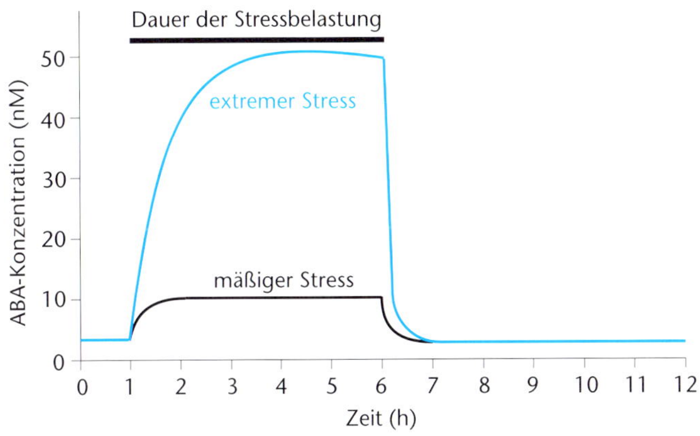

Abb. 1.5.4: Computersimulation des ABA-Exports aus den Schließzellen-Protoplasten in den umgebenden Apoplasten nach einer trockenheitsstressbedingten Alkalisierung des Apoplasten. Der Simulation wurde das Ionenfallenprinzip der ABA-Verteilung zugrunde gelegt. Nach Wiederbefeuchtung stellen sich die ursprünglichen pH-Verhältnisse wieder ein und die ABA permeiert in das Cytoplasma zurück. Die Dauer der angenommenen Stressbelastung ist durch den schwarzen Balken am oberen Rand der Abbildung symbolisiert. Aus Hartung (1996).

Kasten 1.5.3 Biosynthese, Metabolismus und Inaktivierung von ABA

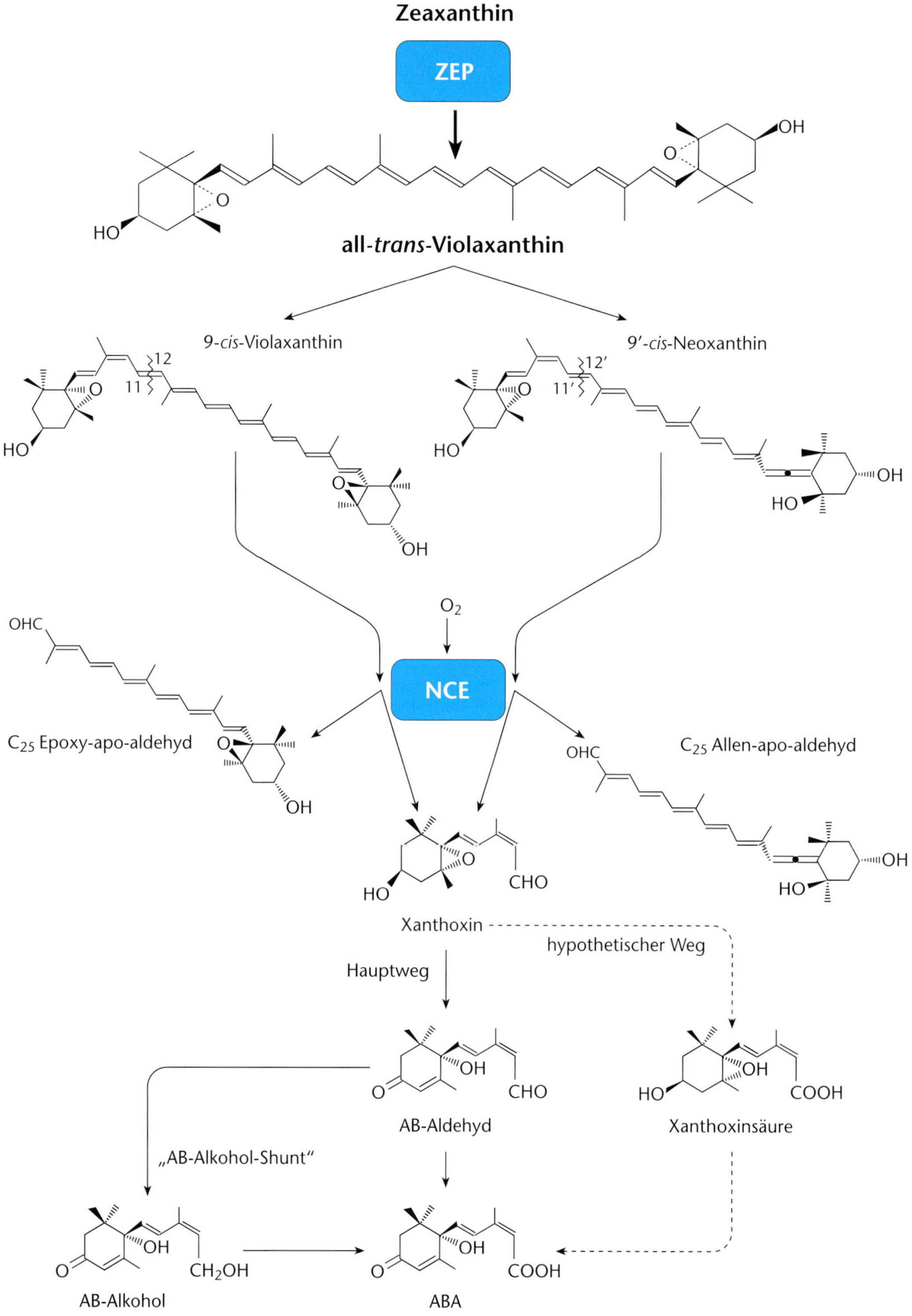

Abb. 1

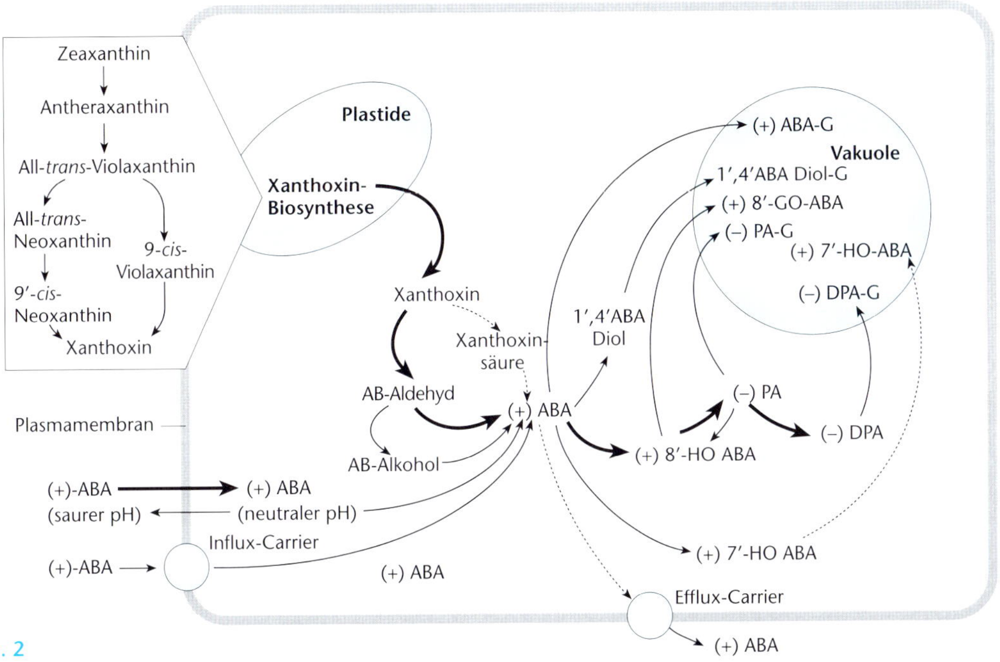

Abb. 2

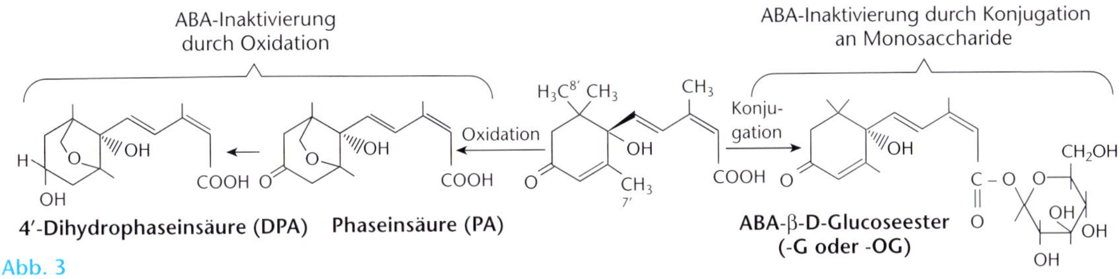

Abb. 3

Abbildung 1 zeigt die Biosynthese von ABA. Nach heutiger Auffassung entsteht ABA in gestressten Pflanzen aus Xanthophyllen der Chloroplasten. Diese werden aber nicht auf dem Mevalonat-Biosyntheseweg gebildet, sondern auf dem alternativen DOXP-Weg (1-desoxy-D-Xylulose-5-phosphat-Weg, Lichtenthaler 1999). Schlüsselenzyme der ABA-Synthese sind die vom Gen *ABA2* codierte Zeaxanthin-Epoxidase (ZEP) und die 9-cis-Epoxycarotinoid-Dioxygenase (NCE, vom Gen *VP14* codiert), welche die Xanthophylle (all-*trans*-Violaxanthin, all-*trans*-Neoxanthin oder 9'-*cis*-Neoxanthin) spaltet (nach Cutler und Krochko 1999).

In Abbildung 2 ist der Metabolismus der (+)-ABA auf zellulärer Ebene dargestellt. Die ersten Schritte der Biosynthese von ABA bis zur Spaltung des 9'-Epoxycarotinoids durch die Dioxygenase laufen in den Plastiden ab. Das Spaltprodukt Xanthoxin verlässt die Plastide (auf noch unbekannte Weise) und wird im Cytoplasma zur (+)-ABA metabolisiert. Die dicken Pfeile geben die Hauptroute an, die dünnen den Umweg (*shunt*) über den ABA-Alkohol, während der Weg über die Xanthoxinsäure noch umstritten ist (gestrichelte Linie). Der durch den neutralen pH-Wert des Cytoplasmas induzierte ABA-Import aus dem Apoplasten ist für die rasche Aufnahme von ABA in die Zelle verantwortlich (nach Cowan 2000).

Die Hauptroute des ABA-Abbaus (Abb. 3) beginnt mit der Hydroxylierung am Kohlenstoff 8', gefolgt von einer Zyklisierung zu Phaseinsäure, welche durch eine Reduktase zur Dihydrophaseinsäure reduziert wird. Alle drei Abbauprodukte sind physiologisch inaktiv. Hydroxylierung am Kohlenstoff 7' ist ebenso bekannt wie die direkte Reduktion der ABA-Ketogruppe zum ABA 1', 4'-diol, welche aber mengenmäßig eine untergeordnete Rolle spielen. Nennenswert ist allerdings die Bildung von Konjugaten, vor allem mit Glucose, sowohl der Abscisinsäure selbst als auch ihrer Metabolite. Diese sind wasserlöslich und werden in die Vakuole transportiert (nach Taiz und Zeiger 2000).

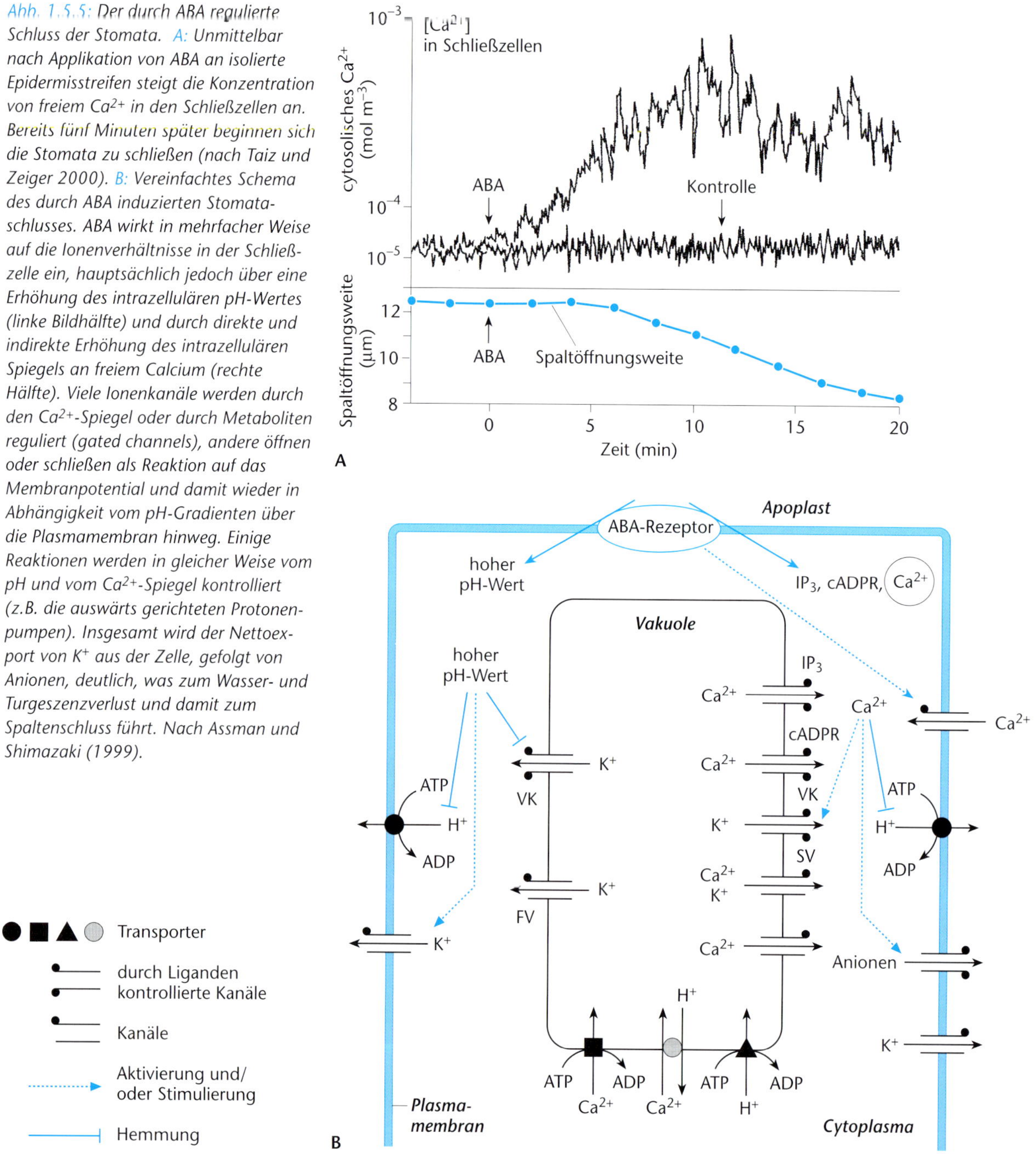

Abb. 1.5.5: Der durch ABA regulierte Schluss der Stomata. A: Unmittelbar nach Applikation von ABA an isolierte Epidermisstreifen steigt die Konzentration von freiem Ca^{2+} in den Schließzellen an. Bereits fünf Minuten später beginnen sich die Stomata zu schließen (nach Taiz und Zeiger 2000). B: Vereinfachtes Schema des durch ABA induzierten Stomataschlusses. ABA wirkt in mehrfacher Weise auf die Ionenverhältnisse in der Schließzelle ein, hauptsächlich jedoch über eine Erhöhung des intrazellulären pH-Wertes (linke Bildhälfte) und durch direkte und indirekte Erhöhung des intrazellulären Spiegels an freiem Calcium (rechte Hälfte). Viele Ionenkanäle werden durch den Ca^{2+}-Spiegel oder durch Metaboliten reguliert (gated channels), andere öffnen oder schließen als Reaktion auf das Membranpotential und damit wieder in Abhängigkeit vom pH-Gradienten über die Plasmamembran hinweg. Einige Reaktionen werden in gleicher Weise vom pH und vom Ca^{2+}-Spiegel kontrolliert (z.B. die auswärts gerichteten Protonenpumpen). Insgesamt wird der Nettoexport von K^+ aus der Zelle, gefolgt von Anionen, deutlich, was zum Wasser- und Turgeszenzverlust und damit zum Spaltenschluss führt. Nach Assman und Shimazaki (1999).

Hinzu kommt, dass unter Stress die ABA-Konzentration in der Xylemflüssigkeit ohnehin ansteigt. Die Struktur des Rezeptors für ABA in der Plasmamembran ist nicht bekannt. Die Wechselwirkung von ABA mit dem Rezeptor hat einerseits das Ansteigen des cytosolischen Calciumspiegels durch Ca^{2+}-Import aus dem Apoplasten und Freisetzung aus intrazellulären Speichern (z. B. der Vakuole) zur Folge. Andererseits steigt der cytosolische pH-Wert an. Dadurch, wie auch über den erhöhten Calciumspiegel, werden Protonen exportierende Pumpen und Kalium importierende Kanäle inaktiviert und Kalium exportierende Kanäle aktiviert. Ebenso wirkt Ca^{2+} aktivierend auf Anionenkanäle

(Chlorid oder Malat) in der Plasmamembran. Derartige Anionen fließen auch aus der Vakuole ins Cytoplasma, allerdings sind der Transportmechanismus und der Aktivator noch umstritten. Für viele dieser Kanäle wird eine Schließzellen-spezifische Regulierbarkeit angenommen. Es gibt also einen direkten und einen Calcium-abhängigen Signaltransduktionsweg (Abb. 1.5.5), die beide zum gleichen Effekt, nämlich zur konzertierten Reaktion von Ionenkanälen und schließlich zum Austritt von Kalium und Anionen (z. B. Chlorid oder Malat) aus dem Schließzellenprotoplasten führen. Damit vermindert sich das osmotische Potential der Schließzellen, und Wasser tritt aus. Die Stomata schließen sich. Außerdem kann sich, wie oben ausgeführt, die Empfindlichkeit der Plasmamembran gegenüber ABA im Tagesgang verändern; dies könnte mit im Xylemsaft transportierten Salzen oder weiteren Phytohormonen zusammenhängen.

Schließzellen reagieren außer auf ABA noch auf weitere Signale wie z. B. auf die CO_2-Konzentration oder auf Licht (siehe auch Kapitel 2.2, Abb. 2.2.17). Erhöhte Konzentrationen von CO_2 führen zur Verringerung der stomatären Leitfähigkeit (Morison 1998), Licht wirkt als Signal für die Öffnung der Stomata. Wie sich gezeigt hat, ist es vor allem der Blaulichtanteil im Tageslicht, der zum Ioneneinstrom und zur Stomataöffnung führt (Zeiger und Zhu 1998).

Regulation der Genexpression durch ABA

Die durch ABA vermittelte Kontrolle der Genexpression zielt auf zwei funktionell verschiedene Gruppen von Genprodukten: die **funktionalen** und die **regulatorischen Proteine**. Letztere können Komponenten der zu den funktionalen Proteinen (Enzymen oder Schutzproteinen) führenden Regulationskaskade sein (Abb. 1.5.6).

Die Regulation der Genexpression auf der Transkriptionsebene erfordert das Zusammenspiel von *cis*-agierenden Elementen im Promotor mit den ihnen entsprechenden Transkriptionsfaktoren, zumeist DNA-bindenden Proteinen. Während man über die *cis*-Elemente verhältnismäßig gut Bescheid weiß, sind unsere Kenntnisse über die Transkriptionsfaktoren noch sehr fragmentarisch. Bei dem **ABA-responsiven *cis*-Element** handelt es sich um ein in vielen Pflanzen hochkonserviertes Motiv, das als ABRE (*ABA responsive element*) bezeichnet wird und aus der Basensequenz Pur**PyrACGTG**GPyrPur (Pur, Pyr: Purinbase, Pyrimidinbase) besteht. Diese enthält als Herzstück die Sequenz CACGT(G,C), die so genannte **G-Box**, die für Promotoren vieler stress- und lichtresponsiver Gene typisch ist.

Veränderung von nur zwei der im ABRE enthaltenen konservierten Basen vermindert die Ansprechbarkeit dieses *cis*-agierenden Elements enorm. Die an das ABRE bindenden Transkriptionsfaktoren sind G-Box-bindende Proteine, so genannte **basische Leucinzipper**, die mehrere basische Aminosäuren im Anschluss an das Zippermotiv enthalten (so genannte bZIP-Proteine). Auf welche Weise ABA die bZIP-Proteine aktiviert, damit sie an das ABRE binden, ist noch ungeklärt.

Natürliche Gene enthalten meist mehrere ABREs (Abb. 1.5.7 A). Solche, die nur ein ABRE enthalten, reagieren nur schwach auf ABA. Zur starken Reaktion benötigen sie ein zweites Promotorelement, im Falle eines Dehydratations-Schutzproteins der Gerste *coupling element* (CE3) genannt. Dessen Basensequenz ähnelt derjenigen des ABRE (Pur ACGCGTGTC) und kann sogar experimentell durch dieses ersetzt werden, ohne dass es zur Ver-

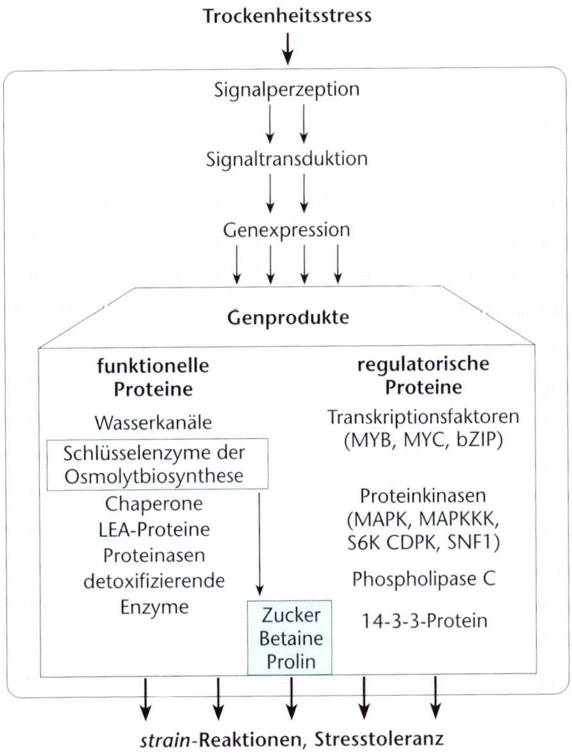

Abb. 1.5.6: Die Antwort der Pflanzenzelle auf Trockenheitsstress. Nach Shinozaki und Yamaguchi-Shinozaki (1997).

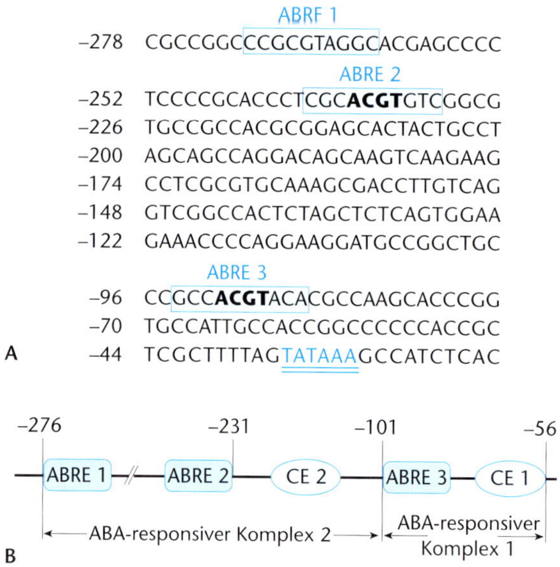

Abb. 1.5.7: Der HVA22 Promotor der Gerste (Hordeum vulgare) enthält mehrere ABA-responsive Elemente (ABRE) und weitere cis-aktive Elemente (CE). A: Der gesamte HVA22 Promotor mit den ABREs 1–3 und der TATA-Box. B: ABREs und CEs bilden die Signalspezifität bedingenden Komplexe. Nach Shen und Ho (1995).

minderung der Genexpression kommt. Beide Elemente binden den gleichen ABA-responsiven bZip-Faktor TRAB1 (Hobo et al. 1999) Dieser bindet aber auch an weitere ***Non-G-Box*-ABREs.**

Die Spezifität der Genantwort auf ABA erfordert noch weitere DNA-bindende Proteine. So wurden im *rab17*-Gen des Mais neun Promotorelemente identifiziert, an die derartige Proteine binden. Fünf dieser Elemente sind ABREs, vier enthalten andere Motive. Sechs dieser *cis*-Elemente induzieren die starke Expression des *rab17*-Gens während der fortgeschrittenen Embryoentwicklung im reifenden Samen, drei sind für die blattspezifische Expression verantwortlich (Busk et al. 1997). Das Prinzip der Kombination zweier oder mehrerer Promotorelemente („bipartiter Promotor"), eines allgemeinen ABA-responsiven Elements mit einem die Signal- und Ortsspezifität vermittelnden Element ist weitverbreitet (Abb. 1.5.7 B) (Shen und Ho 1995).

Es wird vermutet, dass es sich bei bestimmten DNA-Bindeproteinen wie dem VP1 um eine neue Klasse von kernspezifischen Faktoren, um so genannte **DNA-Chaperone**, handelt, welche die Struktur der DNA in einer nicht sequenzspezifischen Weise modifizieren, damit andere Faktoren binden können.

Nicht alle ABA-responsiven Gene besitzen ein *G-Box*-enthaltendes ABRE. Sie werden durch Produkte anderer Gene aktiviert, deren Synthese durch ABA induziert wird (Abb. 1.5.8). Das in durch Trockenheit gestressten *Arabidopsis*-Pflanzen exprimierte Gen *Rd22*, das vermutlich ein Schutzprotein codiert, reagiert auf ABA, besitzt aber kein ABA-responsives Element in seinem Promotor. Dafür besitzt dieser Motive, die für die Bindung von weit verbreiteten Transkriptionsfaktoren bekannt sind, z. B. von Homologen der menschlichen Genaktivatoren MYC und MYB (Hiroshi et al. 1997) Auch die weiter oben erwähnten bZIP-Proteine gehören zu derartigen Transkriptionsfaktoren. Sie reagieren in diesem Fall mit G-Box-ähnlichen Motiven im Promotor. Diese Route der ABA-vermittelten Induktion von Genen, deren Promotor kein ABRE enthält, wird nicht nur bei Trockenheit, sondern auch bei Salzbelastung, Kälte und natürlich nach ABA-Applikation offenkundig.

1.5.2.3 ABA-unabhängige Genaktivierung durch Trockenheit

Neben der direkt oder indirekt durch ABA vermittelten Genexpression kennt man heute eine Reihe von Beispielen, wo Trockenheit allein oder in Verbindung mit Salzbelastung oder Kältestress ohne die Beteiligung von ABA zur Promotoraktivierung führt. Das am besten untersuchte Gen dieser Art ist das *Rd29A*-Gen, das bei Dehydratation in allen vegetativen Geweben von *Arabidopsis* aktiviert wird und vermutlich eine Thiolprotease codiert. Auch bei solchen ABA-unabhängigen Genen findet sich im Promotor eine Konsensus-Sequenz (TACCGACAT), das so genannte ***dehydration responsive element*, DRE** oder ***C-Repeat*** (Yamaguchi-Shinozaki und Shinozaki 1994). Die weite Verbreitung dieses Motivs lässt vermuten, dass wiederum spezifische DNA-Bindeproteine (DRE-Bindeproteine) existieren. Am Beispiel des *Rd29A*-Gens ließ sich zeigen, dass der Promotor neben dem DRE auch ein ABRE enthält. Dieses wird jedoch erst bei längerfristigem Trockenheitsstress aktiviert. Das DRE wurde auch in Promotoren von durch Kälte induzierbaren Genen, den so genannten COR-Genen (COR = *cold response*), nachgewiesen, steht dort aber über eine weitere Kaskade unter der Kontrolle von ABA.

Abbildung 1.5.8 zeigt in Fortführung von Abbildung 1.5.3 eine Übersicht über die einzelnen Wege, die zur Expression von durch Trockenheit induzierten Genen führen.

1.5.2.4 Signaltransduktion

Über die Transduktionskaskaden, welche die verschiedenen Trockenheitssignale an die Promotoren der Proteingene heranführen, ist noch wenig allgemein Gültiges bekannt. Mit ziemlicher Sicherheit sind das durch Phospholipase C aus dem Membranlipid Phosphatidylinosit abgespaltene Inosit-1,4,5-Trisphosphat sowie Ca^{2+} als sekundäre Messenger beteiligt, ebenso wie auf der nächst tieferen Regulationsebene Proteinphosphorylierung und Dephosphorylierung. In Einzelfällen wurde die Beteiligung von MAP-Kinasen auf dieser Ebene nachgewiesen (Neill und Burnett 1999). Schließlich darf aber auch nicht übersehen werden, dass es zellinterne Rezeptoren für ABA gibt (siehe Abschnitt 1.5.2.2), und dass eine Signalwechselwirkung (*crosstalk*) z. B. mit anderen, etwa von Gibberellinsäure ausgehenden Signalen weitere biochemische Mechanismen erfordert (Shinozaki und Yamaguchi-Shinozaki 1997).

1.5.2.5 Die Funktion der durch Dehydratationsstress induzierten Proteine

Wie weiter oben ausgeführt wurde, induziert Wasserdefizit Proteine, welche die Stresstoleranz der Zellen mehr oder weniger unmittelbar erhöhen (funktionale Proteine), und andere, die der Signaltransduktion zuzurechnen sind (regulatorische Proteine) (Abb. 1.5.6).

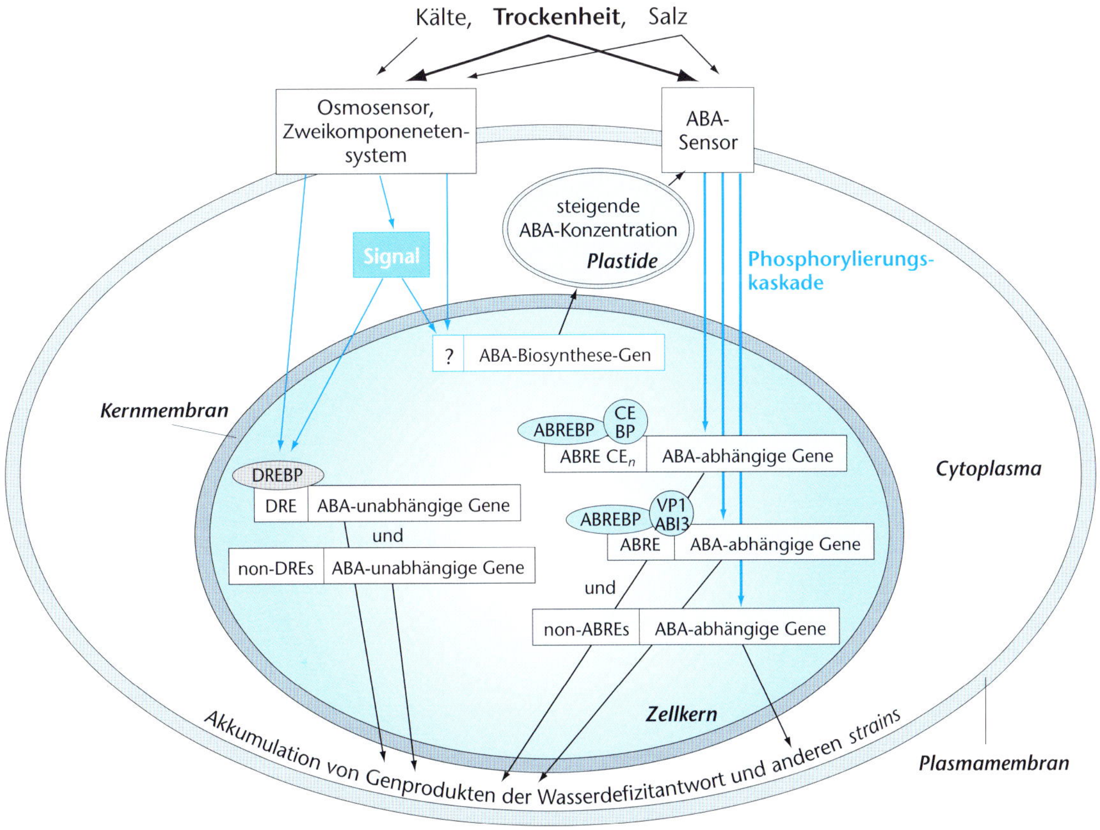

Abb. 1.5.8: Die multiplen zellulären Wege, die zur durch Trockenheit induzierten Genexpression führen. DRE: Dehydratations-responsives Element; DREBP: an DRE bindendes Protein; ABRE: Abscisinsäure bindendes Element; ABREBP: an ABRE bindendes Protein; CE: Coupling Element; CEBP: an CE bindendes Protein; VP 1/ABI 3: sequenziell verwandte Proteine, die einen MYB-ähnlichen Transkriptionsfaktor regulieren. Nach Bray (1997).

Vertreter der funktionalen Proteine sind Aquaporine, Enzyme, welche die Biosynthese von **Osmolyten** (*compatible solutes*, z. B. verschiedene Kohlenhydrate, Aminosäuren und Betaine) katalysieren, Proteasen für den Abbau geschädigter Proteine (Ubiquitin, Thiolproteasen), ROS-detoxifizierende Enzyme[2], wie Katalase, SOD, Ascorbatperoxidase, Glutathion-S-transferase usw. Überexpression dieser Gene oder von Genkonstrukten, in denen die entsprechenden Proteine mit Hilfe spezifischer Signalpeptide in andere Zellkompartimente dirigiert wurden, führte zu einer generell erhöhten Trockenheitstoleranz bzw. zur größeren Stabilität von Stoffwechselprozessen, wie der Photosynthese (darauf wird bei der Behandlung des Salinitätsstresses (siehe Kapitel 1.6.2.3) noch näher eingegangen).

Eine besondere Gruppe von Schutzproteinen stellen die im ganzen Pflanzenreich ubiquitären **Dehydrine**, **LEA**- oder **Rab-Proteine** dar (Campbell und Close 1997), die nach heutiger Kenntnis keine enzymatische Aktivität besitzen, aber eine hohe Effizienz beim Schutz von zellulären Membranen und von Proteinen mit Quartärstruktur zeigen (Close 1996). Leider ist die Nomenklatur dieser Schutzproteine noch nicht durchgängig[3].

Regelmäßig treten diese Schutzproteine bei der mit der Samenreifung notwendig verbundenen Austrocknung des Embryos und des Nährgewebes auf, weshalb man sie bei ihrer Entdeckung 1981 ***late-embryogenesis-abundant*** **(LEA)** ***proteins*** genannt hat. Da sie zu denjenigen durch Trockenheit induzierten Proteinen gehören, deren Promotor ein oder mehrere ABREs enthält, gehören sie zu den direkt durch ABA induzierbaren Proteinen. Daher wurden sie auch als **Rab-(*responsive to ABA*) Proteine** bezeichnet. Die meisten von ihnen treten jedoch nicht nur bei der Samenreifung auf, sondern werden bei Trockenheits- und osmotischem Stress in allen Pflanzenorganen gebildet und angereichert, besonders auch beim Austrocknen von poikilohydren Pflanzen, sodass im Hinblick auf dieses Phänomen der Begriff der **Dehydrine** gebildet wurde. Nach bestimmten Strukturmerkmalen (Konsensus-Sequenzen) und dem gehäuften Vorkommen bestimmter zumeist hydrophiler Aminosäuren wurden die LEA-Proteine in 18 verschiedene Familien eingeteilt, von denen vier eine weite Verbreitung haben dürften.

Die meisten heute bekannten LEA-Proteine wurden nicht als Proteine isoliert, sondern über ihre Gene bzw. deren mRNAs identifiziert, die bei Trockenheit verstärkt gebildet werden. Sie sind alle kerncodiert und kommen hauptsächlich im Cytoplasma, aber auch im Zellkern vor. Ihre herausragenden Eigenschaften sind Koch- und Säurefestigkeit, d. h. sie können durch solche Behandlung nicht denaturiert werden; das mag auch damit zusammenhängen, dass sie keine globulären Strukturen, sondern entweder nur ***random coils*** oder **amphiphile α-Helices** bilden. Solche Helices tragen auf der einen Längsseite hydrophobe, auf der anderen hydrophile funktionelle Gruppen (Abb. 1.5.9). *Random-coil*-Proteine andererseits enthalten signifikant mehr Wasser als helicale Proteine. Die Größe der LEA-Proteine ist sehr variabel und reicht von 15 bis fast 200 kDa.

Auf die einzelnen Familien dieser Proteine kann hier nicht im Detail eingegangen werden. Stellvertretend für die anderen sollen nur die Dehydrine im engeren Sinne behandelt werden, deren circa 80 bis heute bekannten Vertreter alle der LEA-D11-Familie zuzurechnen sind. Über diese ohnehin schon große Zahl von Proteinen sind weitere 200 aus Teilsequenzen von Genen bzw. cDNAs bekannt. Sie werden teils konstitutiv exprimiert, akkumulieren

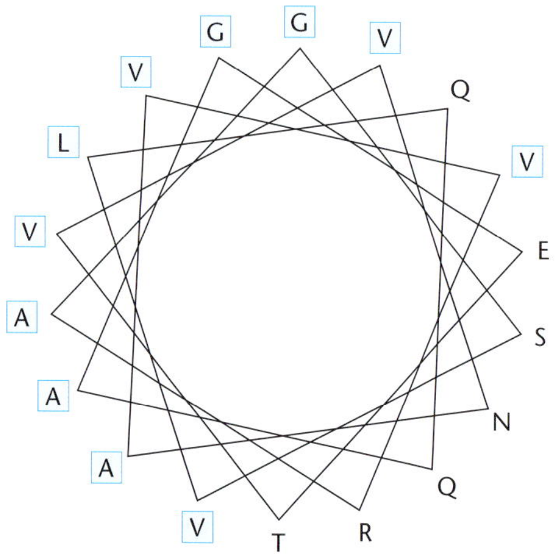

Abb. 1.5.9. Darstellung eines LEA-Proteins als helicales Rad. Die hydrophoben Aminosäurereste sind durch Kästchen markiert, wodurch der amphiphile Charakter der Helix deutlich wird. Die Aminosäuren sind im Einbuchstaben-Code angegeben. Nach Curry und Walker-Simmons (1993).

[2] Bei Trockenheit schließen ja die Stomata (siehe Kapitel 2.2, Abb. 2.2.19), CO2-Mangel tritt bei gleichzeitig meist hoher Lichtintensität auf, und die Gefahr der Radikal- und ROS-Bildung ist groß.

[3] Eines dieser Proteine ist auch unter dem Namen Osmotin in die Literatur eingeführt (s. Kapitel 1.6.2.3)

aber immer unter Bedingungen, die mit Dehydratisierung verbunden sind, und machen dann zwischen 0,1 und 5 % des Gesamtproteins bzw. der gesamten mRNA aus. Die zwischen 82 und 575 Aminosäurereste großen Proteine sind alle modular aufgebaut und enthalten viele *repeats*. Hochkonserviert bei Cyanobakterien, Niederen und Höheren Pflanzen ist das meist in mehreren Kopien auftretende 15-gliedrige **K-(reiche)Segment**: EKKGIMDKIKEKLPG, die antigenische Komponente der Dehydrine. Dazu kommt das **S-(reiche)Segment**, das bis zu sieben phosphorylierbare Serinreste enthält. N-terminal findet sich bei vielen Dehydrinen das **Y-(reiche)Segment** (T/VDEYGNP) in ein- oder mehrfacher Anzahl. Diese Module werden durch wenig konservierte Abschnitte, die so genannten **Φ-Segmente** verbunden. Die Aminosäuren Cystein und Tryptophan fehlen gänzlich, weshalb die Proteine schwer denaturierbar sind. Als Beispiel für den modularen Aufbau der Dehydrine sei das YSK_2-Dehydrin aus Maissamen angeführt (Kasten 1.5.4).

Viele Dehydrine enthalten eine zweiteilige Kernlokalisierungssequenz, was auf eine Schutzfunktion innerhalb des Zellkerns hindeutet. Sie akkumulieren in „Proteinbodies", dienen jedoch auch der Membranstabilisierung, da sie die Desintegration des Bilayers zu Lipidtröpfchen (Hexagonalstruktur der Lipide) (siehe Abb. 1.3.20) verhindern.

Dabei kommt es zu einer Wechselwirkung zwischen den hydrophoben Längsseiten der amphipathischen α-Helices und den Membranoberflächen, während die hydrophilen Flanken dem Cytoplasma zugewandt sind (vgl. Abb. 1.3.27). In dieser Funktion wurden sie auch als „reverse Chaperone" bezeichnet, welche die Bildung globulärer Strukturen verhindern. Zudem verhindert eine Belegung der Membranen mit Dehydrinen die Konzentrierung von Ionen unmittelbar an der Membranoberfläche, die wegen der entstehenden elektrischen Felder die Membranpotentiale erheblich stören würden. Dehydrine eignen sich gut zur genetischen Transformation in nicht-trockenheitsresistente Pflanzen. So wurde z. B. das *HVA1*-Gen aus *Hordeum vulgare* (der Gerste) erfolgreich in Reis übertragen; die transgenen Reispflanzen zeigten eine erheblich gesteigerte Trockenheits- und Salztoleranz (Tabelle 1.5.1) (Xu et al. 1996).

Kasten 1.5.4 Die typische Struktur der Dehydrine

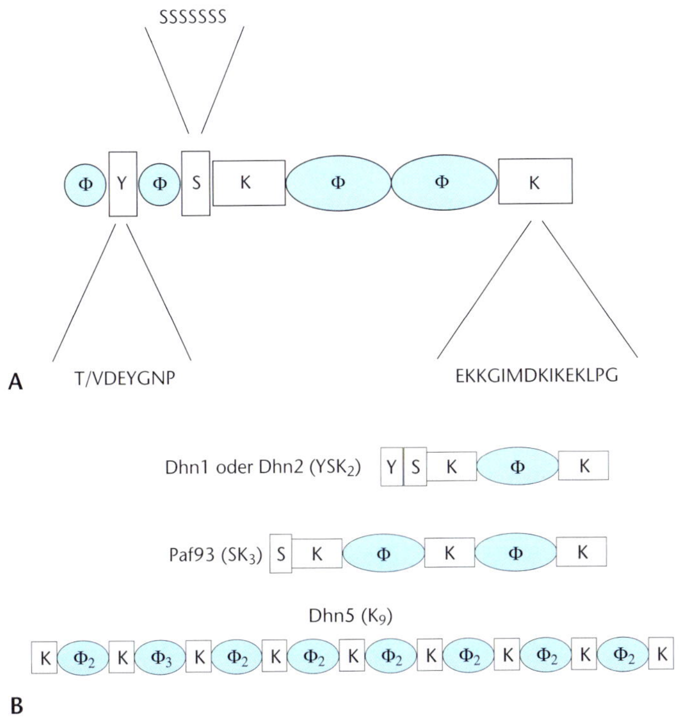

Das YSK_2-Dehydrin aus Maissamen zeigt den allgemeinen Aufbau eines Dehydrins mit den Y- und K-Konsensus-Sequenzen (Teilabb. A). Die Zahl der Serinreste im S-Segment ist variabel. Φ bedeutet wenig konservierte Sequenzen, die jedoch im einzelnen Dehydrin repetitiv sein können (nach Close 1997). Teilabbildung B zeigt verschiedene Dehydrine aus Gerste, die verschiedene Kombinationen von konservierten Motiven besitzen: YSK_2, SK_3 und K_9 (nach Campbell und Close 1997).

Tabelle 1.5.1: Wachstum von mit dem *HVA*1-Gen aus Gerste transformierten Reispflanzen unter Trockenheitsstress. Die Pflanzen wurden mehreren Trockenheitsstress-Zyklen unterworfen. Ein Zyklus bestand aus 5 Tagen Trockenheit und 2 Tagen Erholung. Das Blattwachstum wurde vor und 3 Tage nach Beginn der Trockenphase gemessen. Die Rate gibt den prozentualen Längenzuwachs der beiden jüngsten Blätter wieder. Die Höhe der Pflanzen wurde nach 4 Stresszyklen und 2 Tagen Erholung gemessen. (Xu et al. 1996)

Linie	Blattwachstumsrate (%)	Höhe der Pflanzen (cm)	Wurzelfrischgewicht (g)
Wildtyp	69	22 ± 1,4	0,9 ± 0,1
Linie 30	90	29 ± 1,1	1,4 ± 0,1
Linie 36	129	37 ± 1,8	2,1 ± 0,1
Linie 41	113	33 ± 1,8	2,3 ± 0,3

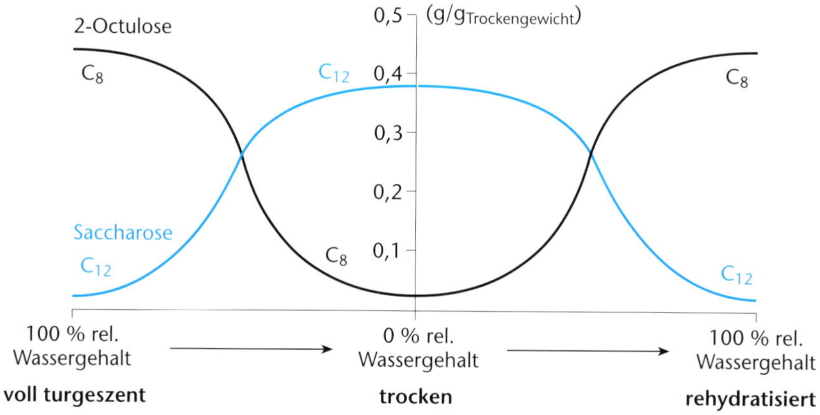

Abb. 1.5.10: Veränderungen in der Zusammensetzung der löslichen Kohlenhydrate mit dem Wasserstatus der Wiederauferstehungspflanze Craterostigma plantaginea. Im hydratisierten Zustand findet sich in den Blättern hauptsächlich der ungewöhnliche C_8-Zucker Octulose. Beim Austrocknen wird diese Octulose fast quantitativ in Saccharose, ein compatible solute, umgewandelt. Diese Umwandlung ist reversibel. Nach Bartels et al. (1993).

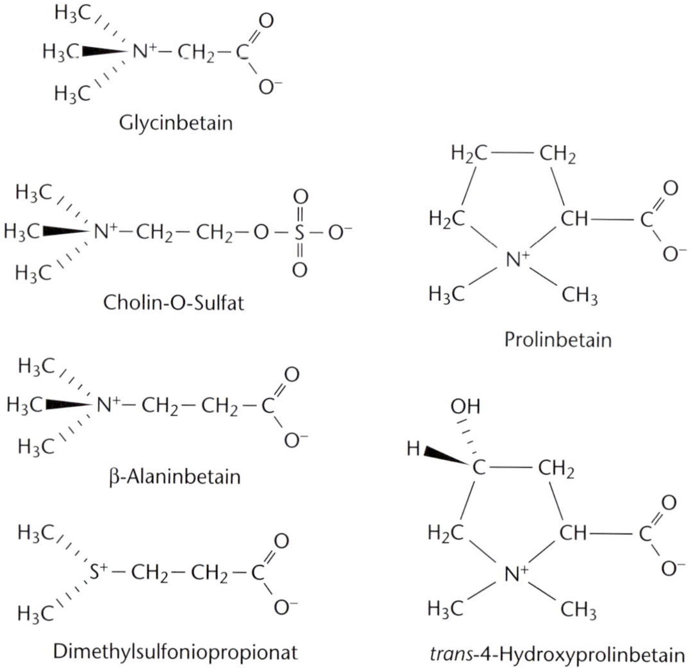

Abb. 1.5.11: Einige quarternäre Ammoniumverbindungen und tertiäre Sulfoniumverbindungen, die als compatible solutes in Pflanzen nachgewiesen wurden. Der amphiphile Charakter $(CH_3)_3$-N^+ ... O^- verleiht diesen Stoffen die membranschützende Eigenschaft. Aus Hanson (1993).

Tabelle 1.5.2: Prozentuale Verteilung der löslichen Zucker in den Blättern von *Craterostigma plantagineum* im frischen, ausgetrockneten und wieder bewässerten Zustand. Die Monosaccharide Glucose und Fructose spielen (als Spaltprodukte der Saccharose) nur bei der Resynthese der Octulose vorübergehend eine nennenswerte Rolle. Auch andere austrocknungsfähige Phanerogamen (z.B. *Myrothamnus flabellifolia* zeigen die Akkumulation von Saccharose im dehydrierten Zustand. Nach Bartels et al. (1993).

	Blätter			
Zucker	bewässert	trocken	4 h wieder bewässert	24 h wieder bewässert
Glucose	1	3	32	1
Fructose	2	2	20	1
Saccharose	5	90	42	2
2-Octulose	89	4	1	94

1.5.2.6 Dürrebedingte Akkumulation von Osmolyten (*compatible solutes*)

Außer den durch Dürrestress und osmotische Belastung verstärkt exprimierten Dehydrinen spielt auch der Schutz der Zellen und Gewebe durch niedermolekulare Metaboliten eine wichtige Rolle. Enzyme, welche die Synthese derartiger Schutzsubstanzen (***compatible solutes***) katalysieren, werden ebenfalls direkt oder über ABA induziert (vgl. Abb. 1.5.6). Die Schutzwirkung der *compatible solutes* geht auf zwei Effekte zurück:

1. Eine Vergrößerung des osmotischen Potentials, um auf osmotischem Wege der Zellentwässerung entgegenzuwirken. Deshalb werden derartige Metaboliten auch als **Osmolyte** bezeichnet. Sie können ansehnliche Konzentrationen erreichen: 5–10 % des Trockengewichts sind keine Seltenheit. Bei extremem Wasserverlust, wie er z. B. bei Austrocknen poikilohydrer Pflanzen auftritt, können Zucker wie Saccharose mit dem Restwasser in einen glasartigen Aggregatszustand übergehen, der die Desintegration der Biomembranen in Lipidtröpfchen (die so genannte Hexagonal-II-Phase, siehe Abb. 1.3.20) wirksam verhindert. Dazu sind allerdings nur lösliche Kohlenhydrate in der Lage, die verhältnismäßig schlecht kristallisieren.
2. Aufgrund erhöhter Konzentration und hervorragender Wasserlöslichkeit konkurrieren die *compatible solutes* mit anderen gelösten Stoffen, insbesondere mit Ionen hoher Ladungsdichte, und verdrängen diese von den Oberflächen von Biomembranen und Proteinen. Dank ihrer Hydrophilie können sie selbst Bestandteil des geordneten Wasserfilms an den Membranober-

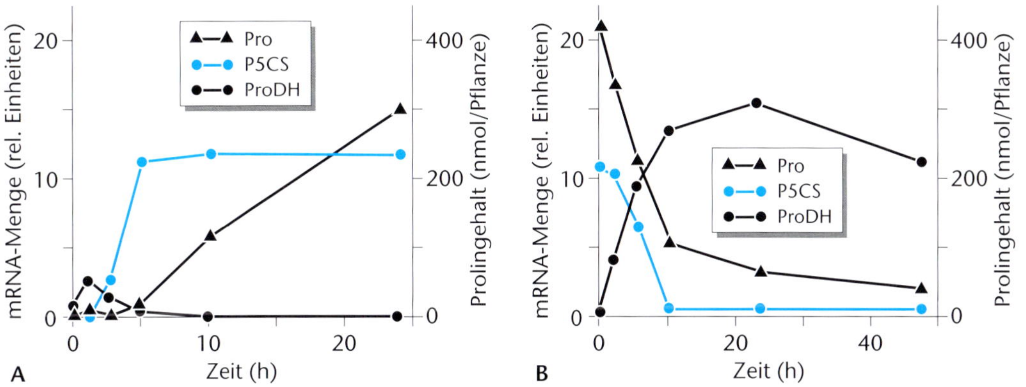

Abb. 1.5.12: Zeitlicher Verlauf der Akkumulation und der Abreicherung von Prolin (Pro), der mRNA für Δ^1-Pyrrolin-5-carboxylat-Synthetase (P5CS) und für Prolindehydrogenase (Prolinoxidase ProDH) in Arabidopsis während Trockenheit (A) und 10 Std. nach der Wiederbefeuchtung (B). Nach Yoshiba et al. (1997).

Tabelle 1.5.3: Unter Trockenheitsstress in Organen der Landpflanzen akkumulierende Produkte und ihre physiologischen Wirkungen

Stoffgruppe	Verbindung	Funktion bei Trockenheit	*crossprotection*
Ionen	Kalium	osmotisches Gleichgewicht, Makronährsalz-Akquisition, Natrium-Ausschluss/Export	Salz
Proteine	LEA/Dehydrine Osmotin SOD/Katalase	Membran- und Proteinschutz *pathogen-related proteins*, Radikalentgiftung	 Frost, Pathogenabwehr
Aminosäuren	Prolin, Ectoin	osmotisches Gleichgewicht Membran- und Proteinschutz	Frost
Zucker	Saccharose, Fructane	osmotisches Gleichgewicht, Membran- und Proteinschutz, Kohlenhydratspeicher	Frost
Polyole	acyclische (z. B. Mannit) cyclische (z. B. Pinit)	osmotisches Gleichgewicht, Membranschutz Kohlenhydratspeicher, Radikalfänger	Frost, Salz
Polyamine	Spermin, Spermidin	Ionengleichgewicht, Chromatinschutz	Anaerobiose
quarternäre Amine	Glycinbetain, ß-Alaninbetain	Membranschutz	Frost, Salz
tertiäre Sulfonium-Verbindungen	Dimethylsulfoniopropionat	Membranschutz	Frost, Salz
Pigmente und Carotinoide	Carotinoide, Anthocyane und Betalaine	Schutz gegen Überbelichtung und Photoinhibition	

flächen werden. So konnte gezeigt werden, dass bestimmte Kohlenhydrate, deren Schutzwirkung vermutlich gering ist, bei Dürrebelastung reversibel in andere Kohlenhydrate, vorwiegend in Saccharose, umgewandelt werden (Abb. 1.5.10 und Tabelle 1.5.2).

Außer Kohlenhydraten und ihren Derivaten (Zuckeralkohole, Cyclite) findet man unter Dürrestress häufig auch quarternäre Ammoniumbasen (so genannte Betaine) und tertiäre Sulfonsäuren (Abb. 1.5.11), Aminosäuren (vor allem Prolin, Kasten 1.5.5) und Polyamine (Kasten 1.5.6) als protektive Osmolyte angereichert (Abb. 1.5.12). Eine Übersicht über derartige Osmolytklassen zeigt die Tabelle 1.5.3. Außer den Dehydrinen eignen sich auch Enzyme, welche die Biosynthese von *compatible solutes* katalysieren, als Ziele für einen Gentransfer, um stressunempfindlichere Nutzpflanzen zu gewinnen (Abb. 1.5.13)

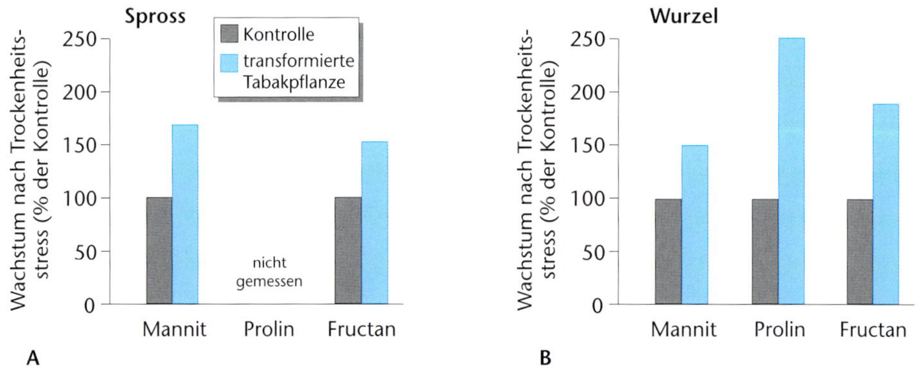

Abb. 1.5.13: Akkumulation von Osmolyten in genetisch transformierten Tabakpflanzen unter Trockenheitsstress. Die Gene für Mannit-1-Phosphat-Dehydrogenase (aus E. coli) oder P5CS (aus Vigna aconitifolia) oder Levansucrase (aus Bacillus subtilis) wurde mit Hilfe von Agrobacterium tumefaciens in Tabakpflanzen transferiert. Alle drei Metaboliten reicherten sich in den transformierten Pflanzen im Vergleich zur Kontrolle an und die Wuchsleistung der Transgenen war unter Trockenheitsstress, bei Prolin auch unter Salzstress, signifikant höher. Nach Bray (1997).

Kasten 1.5.5 Prolinmetabolismus

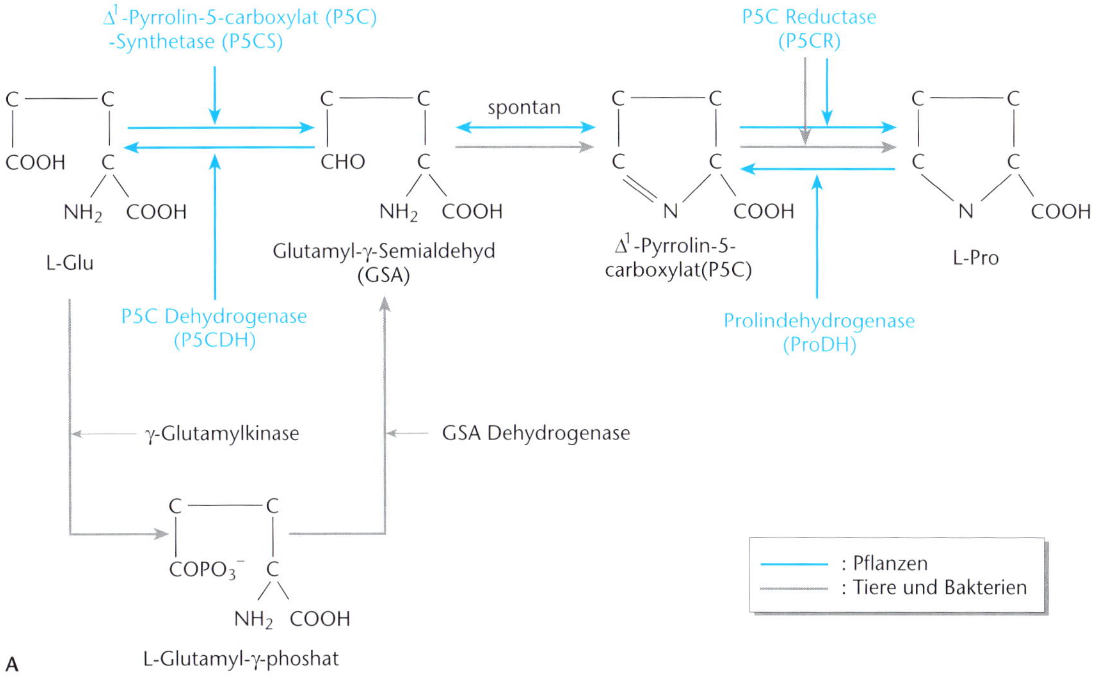

A

Teilabbildung A zeigt die Biosynthese und den Metabolismus von L-Prolin in Pflanzen im Vergleich zur Biosynthese in Bakterien. Die Hauptroute der Prolinbiosynthese geht in grünen Pflanzen von L-Glutaminsäure aus. Jedoch kann unter osmotischem Stress und Stickstofflimitierung auch Ornithin das Ausgangsprodukt sein. Das Initialenzym für die Metabolisierung von Prolin, die Prolindehydrogenase, wird vielfach auch als Prolinoxidase bezeichnet (nach Yoshiba et al. 1997).

In Teilabbildung B ist die Regulation des Prolinspiegels bei Trockenheitsstress und Wiederbewässerung dargestellt. Im nicht-gestressten Zustand halten sich Prolinsynthese und -abbau im Gleichgewicht, und die zellulären Gehalte dieser Aminosäure sind sehr niedrig. Der Anstieg des Prolinspiegels bei Trockenheit geschieht durch Aktivierung des Gens für die Δ1-Pyrrolin-5-carboxylat-Synthetase und die Hemmung der Expression der Prolindehydrogenase (Prolinoxidase). Die Genaktivierung der P5CS geschieht sowohl unter dem Einfluss von ABA als auch ABA-unabhängig. Im hydratisierten Zustand ist dieses Gen weitgehend gedrosselt. Die Prolindehydrogenase wird bei Rehydratisierung durch die während der Trockenheit akkumulierte Prolinmenge aktiviert. Im Gegensatz dazu wird das zweite Gen für die Prolinsynthese, das P5CR-Gen, weder von Trockenheit noch von ABA signifikant beeinflusst (nach Yoshiba et al. 1997).

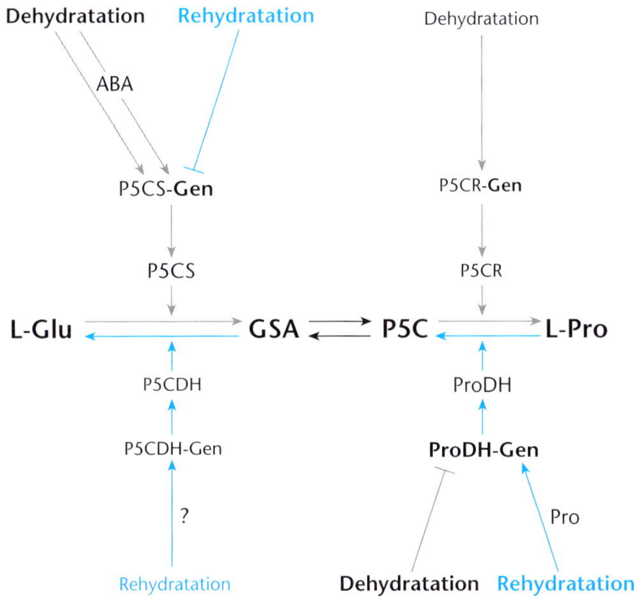

B

Kasten 1.5.6 Metabolismus der Polyamine

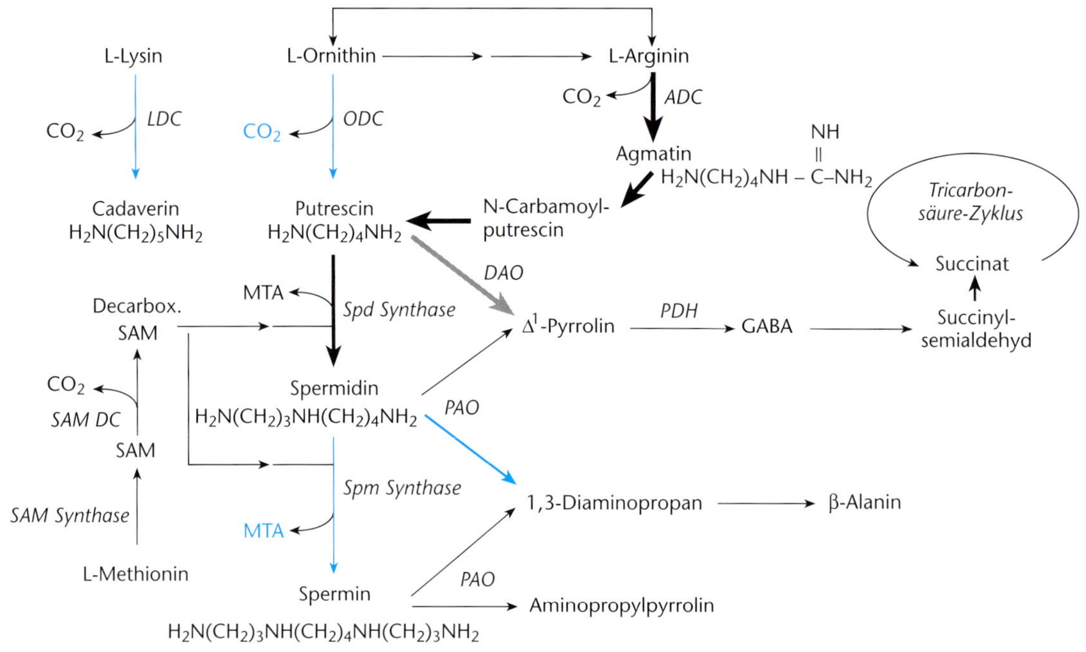

Die Abbildung zeigt den Polyamin-Stoffwechsel in ungestressten und osmotisch gestressten Blattscheiben des Raps. Die Breite der schwarzen Pfeile gibt das Ausmaß der Flüsse durch die einzelnen metabolischen Schritte wieder. Infolge osmotischen Stresses werden einzelne Enzyme aktiviert (blaue Pfeile), andere inaktiviert (grauer Pfeil). Insgesamt steigt der Spiegel der Polyamine unter Stress an. LDC, ODC, ADC, SAMDC: Lysin-, Ornithin-, Arginin-, S-Adenosylmethionin-Decarboxylase; DAO, PAO: Diamin-, Polyamin-Oxidase; PDH: Pyrrolin-Dehydrogenase; GABA: γ-Aminobuttersäure; SAM: S-Adenosylmethionin; MTA: 5'-Methylthio-Adenosin (nach Boucherau et al. 1999).

1.5.3 CAM; *Crassulacean Acid Metabolism* (Crassulaceen-Säurestoffwechsel)

Literaturempfehlung

1. Cushman JC, Bohnert HJ (1999) Crassulacean Acid Metabolism: Molecular genetics. *Annu. Rev. Plant Physiol. Plant Mol. Biol.* 50: 305–332
2. Griffith H (1989) Carbon dioxide concentrating mechanisms and the evolution of CAM in vascular epiphytes. In: Lüttge U (Hrsg.) Vascular plants as epiphytes. Evolution and Ecophysiology. *Ecol. Studies* 76, Springer, Berlin Heidelberg New York.
3. Lüttge U (1993) The role of crassulacean acid metabolism (CAM) in the adaptation of plants to salinity. *New Phytol.* 125: 59–71

Eine besondere Art der zellbiologischen Antwort auf Trockenheit stellt der Säurestoffwechsel der Sukkulenten dar, besser bekannt als ***Crassulacean Acid Metabolism*** **(CAM)**, siehe auch Kapitel 2.4.1.2 mit Abb. 2.4.3. Diese Bewohner trocken-heißer Gebiete umgehen die Alternative des „Verdurstens“ (durch eine die Wasseraufnahme bei weitem übersteigende Transpiration) oder des „Verhungerns“ (durch Einschränkung der photosynthetischen CO_2-Aufnahme infolge geschlossener Stomata) dadurch, dass sie ihre Stomata im schlimmsten Fall nur nachts öffnen (wenn das Feuchtigkeitsdefizit der Luft wegen der niedrigen Temperatur gering ist), das im Dunkeln aufgenommene CO_2 mit Hilfe der **PEP-Carboxylase** an Phosphoenolpyruvat (PEP) binden und nach Reduktion der gebildeten Oxalessigsäure durch die cytosolische **NAD-abhängige Malatdehydrogenase** zu Äpfelsäure diese in großer Menge in den Vakuolen speichern. Die Einlagerung der **Äpfelsäure** in die Vakuolen lässt sich geschmacklich nachvollziehen (Ansäuerung bis pH 3). Tagsüber wird das Malat aus der Vakuole entlassen (Absäuerung) und durch das **NADP-abhängige Malatenzym** im Chloroplasten in CO_2, Reduktionsäquivalente (NADPH) und Pyruvat gespalten. CO_2 wird dann im reduktiven photosynthetischen Kohlenstoffzyklus (Calvin-Zyklus) assimiliert. Das Pyruvat kann auf verschiedenen Wegen metabolisiert werden. Neben einer nicht auszuschließenden direkten Veratmung (in den Mitochondrien) wird heute hauptsächlich die Umwandlung zu PEP durch die **Pyruvat-P_i-Dikinase** des Chloroplasten diskutiert. Phosphoenolpyruvat kann über einen spezifischen **PEP-Translokator** den Chloroplasten verlassen und am glykolytischen oder gluconeogenetischen Kohlenstofffluss teilnehmen. Das Photosyntheseprodukt Stärke ist Ausgangsstoff für die nächtliche PEP-Bildung.

Da nur so viel CO_2 fixiert werden kann, wie PEP angeboten wird, kann eine Pflanze, die ausschließlich CAM betreibt, keinen Zuwachs bilden. Im Grenzfall ist CAM also ein Mechanismus zum Überleben, der aber kein Wachstum zulässt. Bei den sporadischen Niederschlägen und in den frühen Morgenstunden, eventuell auch spät am Nachmittag, sind die Stomata aber meist offen oder zumindest nicht völlig geschlossen, sodass dann direkte Netto-

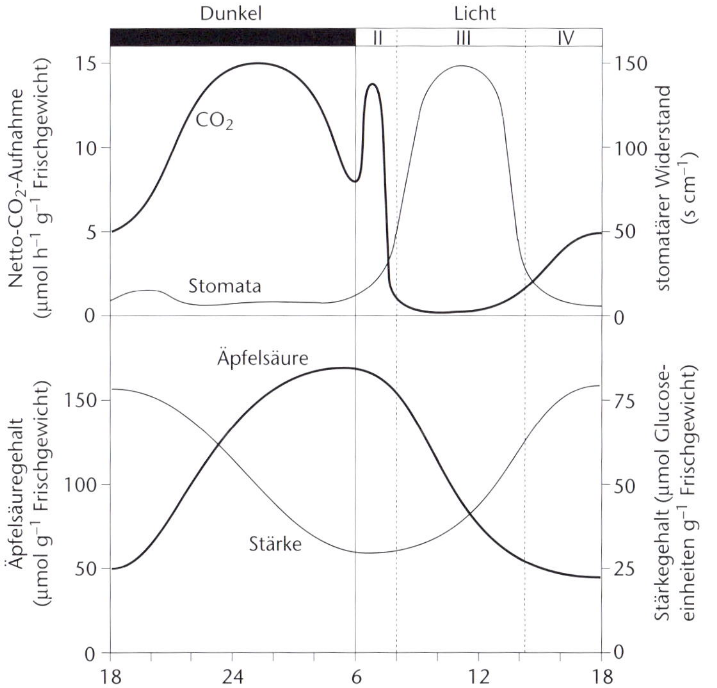

A

Phase	I	II	III	IV
Netto-CO_2-Fixierung	aus der Atmosphäre		(aus der Atmung)	
Malatanreicherung	vakulärer Import		vakulärer Export	
Speicherglucan	Glycolyse		Gluconeogenese	
PEPC	aktiv		inaktiv	
PEPC-Kinase	aktiv		inaktiv	
Rubisco	inaktiv		aktiv	
ME/PEPCK	inaktiv		aktiv	
Stomata	offen		geschlossen	
Photoperiode	dunkel		Licht	

B

Abbildung 1.5.14: A: Der typische Gaswechsel (CO_2-Aufnahmerate und stomatärer Widerstand = stomatäre Leitfähigkeit^{-1}) einer CAM-Pflanze mit dem Konzentrationsverlauf der charakteristischen Metaboliten Stärke und Malat. Der Gaswechsel zeigt die Phasen: I = nächtliche CO_2-Fixierung, II = Morgendämmerung mit beginnender CO_2-Fixierung durch Rubisco, III = Assimilation des intern freigesetzten CO_2 durch die Rubisco bei geschlossenen Stomata, IV = beginnende Öffnung der Stomata nach Erschöpfung des internen CO_2 und nachlassender Tageshitze. In B ist der entsprechende zeitliche Verlauf der verschiedenen Stoffwechselaktivitäten als abgestufte Bläuung dargestellt. A aus Lüttge et al. (1994); B aus Cushman und Bohnert (1999).

Tabelle 1.5.4: ***Water use efficiency*, Photosynthese und Biomasseproduktion von C3-, C4- und CAM-Pflanzen nach Lüttge et al. 1994**

Photosynthesetyp	C3	C4	CAM
Wassereffizienz (g Wasser/g C)	450 – 950	250 – 350	18 – 100 (nachts) 150 – 600 (tags)
maximale Rate der Nettophotosynthese (µmol CO_2/m × sec)	9 – 25	25 – 50	0,6 – 8
Zuwachsrate (g Biomasse/m × Tag)	50 – 200	400 – 500	1,5 – 1,8

photosynthese und Wachstum möglich sind. Gaswechsel, Äpfelsäure- und Stärkegehalt als Indikatoren für CO_2-Fixierung und photosynthetische Assimilation sind im Tagesverlauf in Abbildung 1.5.14 dargestellt.

1.5.3.1 Die Flexibilität des CAM

Bezogen auf den mit der Kohlenstoffassimilation verbundenen Wasserverbrauch – die so genannte **Wassernutzungseffizienz** oder ***water use efficiency*, WUE** – sind die CAM-Pflanzen natürlich allen anderen Photosynthesetypen weit überlegen, während sie in den Photosynthese- und Zuwachsraten weit hinter allen anderen zurückbleiben (Tabelle 1.5.4).

Bei lang anhaltender Trockenheit bleiben die Stomata kontinuierlich, d. h. auch nachts, geschlossen; CO_2-Fixierung und -assimilation beschränken sich auf das pflanzeninterne Kohlendioxid. Dieser Zustand wird als **CAM-*Idling*** bezeichnet (Abb. 1.5.15). Die interne photosynthetische Assimilation des durch Atmung freigesetzten CO_2 bietet einen gewissen Schutz vor Photooxidation. Allerdings reicht der niedrige interne CO_2-Gehalt bei der in der Regel extrem hohen Belichtung der Pflanzen nicht aus, um die Photosysteme durch Elektronenabfluss vollständig zu entlasten; Radikalbildung und oxidativer Stress sind die Folge; aber auch unter dem Gesichtspunkt des Wasserhaushalts kann CAM-*Idling* nur begrenzte Zeit ertragen werden, weil auch bei geschlossenen Stomata immer etwas Wasser durch kutikuläre Transpiration verloren geht.

Viele Bromelien zeigen den diurnalen Säurestoffwechsel, obwohl ihre Stomata tagsüber nicht oder nur teilweise geschlossen sind und sie dann

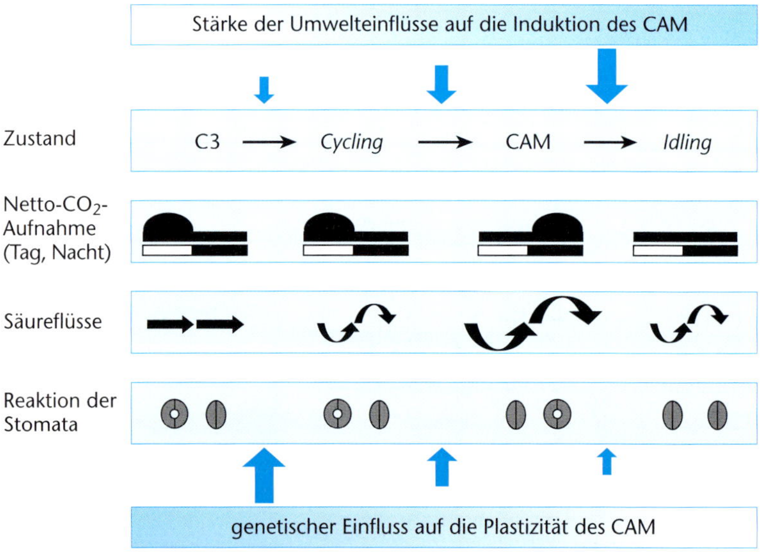

Abb. 1.5.15: Die Plastizität des CAM in fakultativen CAM-Pflanzen. Nach Cushman und Bohnert (1999).

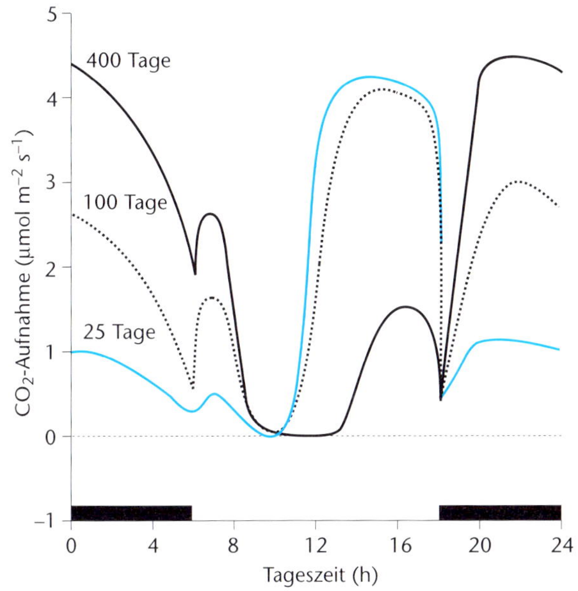

Abb. 1.5.16: Tagesgang der Netto-CO_2-Aufnahme von Agave deserti während der ersten 13 Monate. Die jüngsten, 25 Tage alten Keimpflanzen waren 14 mm, die 100 Tage alten 31 mm und die 400 Tage alten 63 mm groß. Die vier für den CAM typischen Phasen bilden sich erst nach etwa einem Jahr deutlich aus, obwohl auch schon die Keimlinge zur nächtlichen CO_2-Fixierung befähigt sind. Nach Nobel (1988), aus Larcher (1994).

„normale" C3-Photosynthese betreiben. Diesen Zustand nennt man **CAM-*Cycling***. Ein extremes Beispiel des CAM-*Cycling* bildet die meist untergetaucht lebende Wasserpflanze *Isoëtes* (*howellii*), deren Epidermis natürlich keine Stomata besitzt und die auch nicht mit Wassermangelstress zu kämpfen hat (Keeley 1998); es wird vermutet, dass die CO_2-Knappheit der meist sauren Gewässer, in denen *Isoëtes* wächst, ein Grund für die zusätzliche nächtliche CO_2-Fixierung ist.

Zahlreiche der heute bekannten CAM-Pflanzen, vor allem aus der Gruppe der Crassulaceen und Aizoaceen, sind C3-Pflanzen, bei denen der CAM-„Vorschaltmechanismus" fakultativ, d. h. induzierbar ist. Diese fakultativen CAM-Pflanzen durchlaufen, sofern sie mehrjährig sind, mehrfach in ihrem Leben den Zyklus: C3-Photosynthese – CAM – CAM-*Idling* – C3-Photosynthese ...

Trockenheit oder hohe Salinität, bei einigen Arten auch die Tageslänge (Kurztag bei *Kalanchoë, Aloe* und *Opuntia*) induzieren dann den CAM. Die Induzierbarkeit ist bei manchen Arten vom Alter des Individuums abhängig; dies mag bei einigen Arten wie z. B. Agaven oder Kakteen damit zusammenhängen, dass die Jungpflanzen erst ab einer gewissen Größe für die Äpfelsäurespeicherung ausreichend große Chlorenchymzellen bilden können (Abb. 1.5.16).

CAM-Induktion muss jedoch nicht alle photosynthetisierenden Organe einer Pflanze betreffen: Bei der Asclepiadacee *Frerea indica* zeigt der sukkulente Stamm CAM, während die regengrünen Blätter C3-Photosynthese betreiben; bei den gegenständig beblätterten strauch- bis baumförmigen *Clusia*-Arten kann das eine Blatt eines Knotens nach dem C3-Mechanismus, das gegenüberliegende aber nach dem CAM-Modus photosynthetisieren (Lüttge 1987). Diese ökophysiologische Plastizität erlaubt den C3-CAM-Intermediären eine optimale Anpassung ihrer Photosyntheseleistung an die jeweiligen Bedingungen und eine effektivere Nutzung der feuchten Jahreszeiten oder sporadischen Niederschläge.

Die Unterscheidung, ob eine fakultative CAM-Pflanze oder ein Teil von ihr hauptsächlich C3-Photosynthese oder CAM betreibt bzw. betrieben hat, lässt sich an ihrem **δ^{13}C-Wert** treffen. Der in der Atmosphäre vorliegende Kohlenstoff besteht zu 98,89 % aus dem Isotop ^{12}C und zu 1,11 % aus ^{13}C; das radioaktive Isotop ^{14}C ist demgegenüber mengenmäßig vernachlässigbar (10^{-10} %). Die Rubisco, welche CO_2 als Substrat umsetzt, diskriminiert stärker zwischen ^{12}C und ^{13}C als die PEP-Carboxylase (PEPC), die ohnehin nicht CO_2, sondern HCO_3^- umsetzt. Kohlenstoff, der nur von Rubisco assimiliert wurde, hat also einen niedrigeren Gehalt an ^{13}C als Kohlenstoff, der zunächst von PEPC fixiert wurde. Vom Ausmaß der **Abreicherung von ^{13}C** in der Biomasse lassen sich deshalb Rückschlüsse auf den Weg der photosynthetischen CO_2-Assimilation ziehen. Das Verhältnis von ^{13}C:^{12}C wird im Isotopen-Massenspektrometer bestimmt und als $\delta^{13}C$-Wert nach folgender Formel berechnet:

$$\delta^{13}C\ [‰] = \left(\frac{^{13}C/^{12}C \text{ der Probe}}{^{13}C/^{12}C \text{ des Standards}} - 1\right) \times 1000\,.$$

Als Standard wird ein definiertes Kalkgestein verwendet.

$\delta^{13}C$-Werte von C3-Pflanzen liegen bei –28 ‰, von C4-Pflanzen bei –14 ‰ und bei CAM-Pflanzen mit überwiegend nächtlicher CO_2-Fixierung zwischen –10 und –20 ‰, bei vorwiegend am Tage ablaufender CO_2-Fixierung zwischen –25 und –34 ‰.

1.5.3.2 CAM wirft biochemische Regulationsprobleme auf

Zur Darstellung der Biochemie des CAM wurden zahlreiche instruktive Reaktionsschemata entwickelt, sodass von der Präsentation einer eigenen Darstellung abgesehen wird. Verwiesen sei z. B. auf die Darstellungen in Heldt (1999) sowie in Lüttge et al. (1994).

Das Verständnis des CAM als von der PEPC bewerkstelligten Dunkelfixierung von Kohlendioxid, genauer HCO_3^-, seine vorübergehende Speicherung in Form von Äpfelsäure in der Vakuole und seine Freisetzung durch das Malatenzym zur schlussendlichen Assimilation durch die Rubisco setzen ein kompliziertes Netzwerk regulatorischer Eigenschaften und Prozesse voraus.

Hier sollen zwei dieser zellbiologischen Besonderheiten näher erörtert werden, die Speicherung der Äpfelsäure in der Vakuole und die Ausschaltung der Konkurrenz von PEPC und Rubisco um das CO_2.

Die Speicherung der Äpfelsäure in der Vakuole

Das regulatorische Problem der Äpfelsäurespeicherung in der Vakuole muss vom Tonoplasten gelöst werden, der während der Dunkelfixierung des Kohlendioxids die Äpfelsäure gegen das Konzentrationsgefälle in das Lumen der Vakuole transportiert (und sie dort festhält), bei Tag aber den Fluss in der Gegenrichtung zulässt, vermutlich sogar kontrolliert. Während über den Import der Äpfelsäure bereits gesicherte Erkenntnisse vorliegen, gibt der Export immer noch grundlegende Rätsel auf. Bei dem im Cytosol anzunehmenden pH-Wert von 7 (bis eventuell 8) liegt die Äpfelsäure weitgehend dissoziiert vor, da der pK-Wert beider Carboxylgruppen im Sauren liegt (C1: bei 3,1; C4: bei 5,1). Import von zweifach geladenem Malat in die Vakuole würde wegen des entstehenden elektrischen Feldes schnell zum Erliegen kommen. Er kann nur aufrecht erhalten werden, wenn die negativen Ladungen durch positive neutralisiert werden. Dies geschieht durch die **Protonen-ATPase des Tonoplasten (V-ATPase)**, die aus der Glykolyse mit Energie gespeist und noch durch eine **pyrophosphatabhängige Protonenpumpe** verstärkt wird. Die Aufnahme des Malations in die Vakuole geschieht über einen **Dicarboxylatkanal**, der außer Malat auch Fumarat transportiert. Durch die Ansäuerung der Vakuole (bis pH 3,5 – 3,0) bildet sich in zunehmendem Maße undissoziierte Äpfelsäure; dies ist auch aus osmotischen Gründen wichtig, da aus drei osmotisch wirksamen Teilchen eines wird. Über den Efflux der Äpfelsäure aus der Vakuole ist noch wenig bekannt. Zum einen könnte die undissoziierte Säure den Tonoplasten auf dem „Lipidweg" (siehe Abschnitt 1.5.1) permeieren. Zum anderen sprechen einige Befunde für einen Carrier im Tonoplasten, der einen Malat/$2H^+$-Symport katalysiert. Die Frage, warum dieser nicht auch während der Dunkelfixierung aktiv ist, lässt sich heute noch nicht beantworten. Interessant ist aber der Befund, dass die Temperaturabsenkung während der Nacht für die Ansäuerung unabdingbar ist: Warme Nächte verhindern die Äpfelsäureakkumulation in der Vakuole (Lüttge et al. 1996).

Die CAM-PEP-Carboxylase (CAM-PEPC) als Schrittmacherenzym

Die PEPC ist ein cytosolisches Enzym, welches das Bicarbonation in einer irreversiblen Reaktion an PEP bindet:

$$PEP + HCO_3^- + Mg^{2+} \rightarrow Oxalacetat + P_i + Mg^{2+}\ .$$

Intermediär wird bei der Reaktion das energiereich gebundene Phosphat des PEP auf das Bicarbonation unter Bildung von Carboxyphosphat übertragen.

Das Endprodukt der Reaktion, Oxalacetat, ist als β-Ketosäure instabil und wird durch NAD-Malatdehydrogenase zum stabilen Malat reduziert. Das NADH stammt aus der Glykolyse.

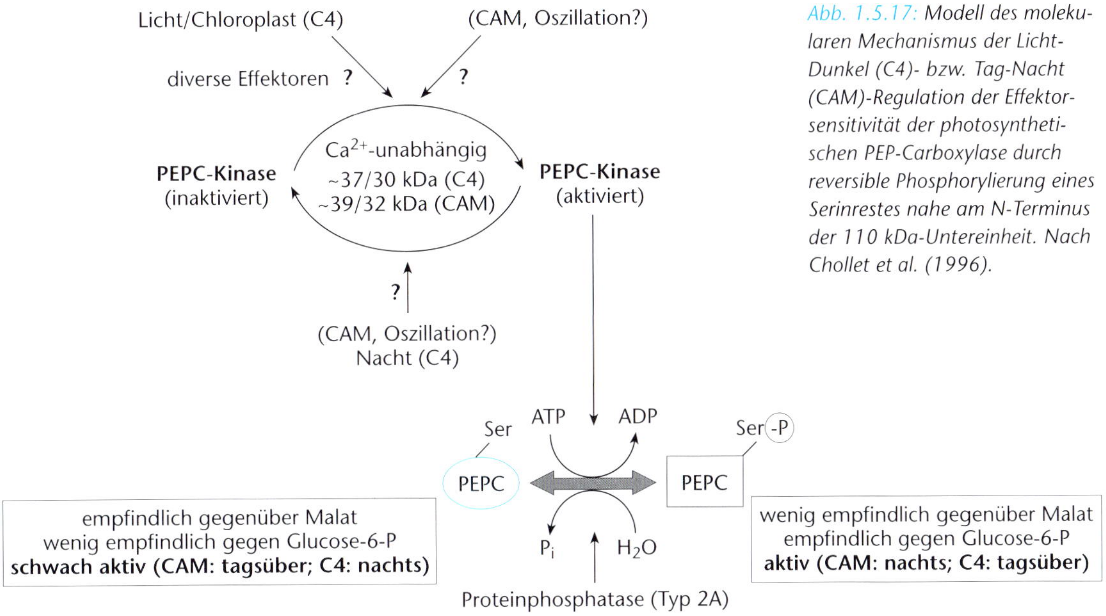

Abb. 1.5.17: Modell des molekularen Mechanismus der Licht-Dunkel (C4)- bzw. Tag-Nacht (CAM)-Regulation der Effektorsensitivität der photosynthetischen PEP-Carboxylase durch reversible Phosphorylierung eines Serinrestes nahe am N-Terminus der 110 kDa-Untereinheit. Nach Chollet et al. (1996).

Da die PEPC nicht mit CO_2, sondern mit HCO_3^- arbeitet, ist die Carboxylierung von PEP im Gegensatz zur Carboxylierung von RuBP (durch die Rubisco) O_2-unempfindlich.

Als Schrittmacherenzym des CAM ist die PEPC eines der am intensivsten untersuchten pflanzlichen Enzyme. Die Unterschiede in den festgestellten kinetischen Parametern (Michaelis-Konstante, v_{max}) sind jedoch nicht nur auf die verschiedenen Herkünfte (Pflanzenarten) zurückzuführen, sondern vor allem proteinchemisch bedingt; vielfach wurde ein durch Proteolyse teilweise abgebautes Protein isoliert. Meist assoziiert das Enzym darüber hinaus reversibel zum Di- oder Tetramer, worin ursprünglich der Mechanismus der allosterischen Regulation gesehen wurde. Die Aktivität des Enzyms wird durch Effektoren allosterisch beeinflusst. So fördern Glucose-6-phosphat und Triosephosphat die Aktivität, während Malat und Aspartat, besonders im leicht alkalischem Milieu, stark hemmend wirken. Nach neueren Untersuchungen geschieht die Regulation der CAM-PEPC aber durch **reversible Phosphorylierung** eines nahe am N-Terminus befindlichen Serinrestes der 110 kDa-Untereinheit (z. B. Ser 8 bei Hirse, Ser 15 bei Mais). Phosphorylierung an dieser einzigen Stelle macht das Enzym gegenüber Malat unempfindlich: Es bleibt auch in Gegenwart dieses allosterischen Inhibitors aktiv, zumal es nun empfindlicher auf die o. g. positiven Effektoren reagiert. Die Phosphorylierung der CAM-PEPC erfolgt durch eine stark regulierte **Proteinkinase**, die Dephosphorylierung (und Inaktivierung) durch eine **Proteinphosphatase** vom Typ 2A; diese zeigt im Gegensatz zur Kinase keine Aktivitätsschwankungen. Die Aktivität der Proteinkinase steht unter diurnaler Kontrolle, wobei im Gegensatz zur C4-PEPC der Dunkel-Licht-Wechsel keine Rolle spielt (Abb. 1.5.17).

Die Frage, warum die CAM-PEPC untertags nicht um das durch das Malatenzym (im Chloroplasten) freigesetzten CO_2 konkurriert, lässt sich also mit der durch Dephosphorylierung erzeugten Hemmbarkeit des Enzyms durch Malat beantworten.

Neben der posttranslationalen Aktivitätsregulation durch Phosphorylierung und Dephosphorylierung gibt es auch eine Steuerung durch Genexpression, die bei der Induktion des CAM in den C3/CAM-intermediären Pflanzen beobachtet wurde. So enthält z. B. das Genom von *Mesembryanthemum crystallinum* zwei Gene für PEPC, *Ppc1* und *Ppc2*. Die Regulation der Expression wird durch Trockenheit, ABA und hohe Salinität induziert, wobei bestimmte Transkriptionsfaktoren AT-reiche Regionen im Promotor erkennen.

Neben den ausführlicher diskutierten Problemen der transitorischen Äpfelsäurespeicherung in der Vakuole und der diurnalen Aktivitätsschwankung der CAM-PEPC bietet der CAM noch weitere, erst teilweise verstandene Besonderheiten, so z. B.

das Schicksal des bei der CO_2-Freisetzung im Chloroplasten entstehenden Pyruvats (einige Forscher nehmen analog dem C4-Weg der Photosynthese eine Regeneration von PEP mit Hilfe der Pyruvat-P_i-Dikinase an, andere halten eine Veratmung in den Mitochondrien für wahrscheinlicher). Eine weitere ungeklärte Frage ist das Öffnen der Stomata während der Dunkelphase, da sich Spaltöffnungen in der Regel im Dunklen schließen (Blaulicht als wirksame Komponente des Weißlichts für die Öffnung der Stomata, siehe Abb. 2.2.17).

1.5.4 Anatomisch-morphologische Anpassungen an Trockenheit

Neben den physiologischen Anpassungen an Trockenheit kann man auch eine Reihe anatomisch-morphologischer Reaktionen der Pflanzen erkennen: Vergrößerung des Wurzelsystems, Verbesserung des Wasserleitvermögens, Verkleinerung der transpirierenden Oberfläche, Vermehrung der Spaltöffnungsdichte, Produktion eines Haarfilzes, Apoptose der Assimilationsorgane (Blattabwurf zu Beginn der Trockenzeit) u. a. m. (siehe Kapitel 2.2). All diesen Veränderungen liegen natürlich physiologische Prozesse zugrunde, die oder deren Regulation noch weitgehend unbekannt sind.

Zusammenfassung

1. Leben benötigt flüssiges Wasser und basiert auf dessen durch die Dipolnatur der Wassermoleküle bedingten besonderen physiko-chemischen Eigenschaften (den so genannten Anomalien des Wassers).

2. Das Wasserpotential Ψ ist ein Maß für den thermodynamischen Zustand des Wassers in einem beliebigen System. Es wird in der Dimension des Drucks angegeben. Seine Komponenten sind das osmotische Potential der zellulären Flüssigkeiten (π), das Wasserpotential der festen Zellbestandteile, z. B. der Zellwand, das so genannte Matrixpotential τ und das Druckpotential, d. h. der Druck, den die Zellwand zu irgendeinem Zeitpunkt auf den Protoplasten ausübt und der numerisch dem Turgordruck, d. h. dem Druck des Protoplasten auf die Zellwand gleich ist.

$$(-)\Psi = (-)\,\pi + (-)\,\tau + P$$

3. Besteht zwischen zwei Systemen (z. B. Pflanze – Luft oder auch Pflanze – Boden) ein Wasserpotentialgefälle, so fließt Wasser von dem System mit dem geringeren (numerisch größeren) Wasserpotential in das System mit dem numerisch negativeren, d. h. größeren Wasserpotential. Dies ist der Grund für die Wasserabgabe der Pflanzen an die Atmosphäre. Bei starkem Wasserverlust schrumpft der Protoplast, der Wanddruck geht gegen Null (oder wird sogar zum Sog) und die Pflanze welkt. Bei anhaltender Dürre kann allerdings so viel Wasser verdunsten, dass wie bei der Gefrierentwässerung Membranzerstörung eintritt.

4. Um Wasserpotentialgradienten innerhalb einer Zelle schnell ausgleichen zu können, reicht die Kapazität des „Lipidwegs“, d. h. der Permeation von Wasser durch die Biomembranen nicht aus. Vielmehr findet man in diesen Membranen besonders gestaltete membranintegrale Proteine, die so genannten Aquaporine, deren Existenz die hohe Permeabilität der meisten Biomembranen für Wasser erklärt. Die höchste Wasserleitfähigkeit in der Zelle besitzt gewöhnlich der Tonoplast.

5. Da Austrocknung ein natürliches Phänomen im Entwicklungszyklus der Pflanzen ist, z. B. bei der Samenreife, reagieren diese in multipler Weise auf Trockenheitsstress. Eine Reaktionskette geht von dem Phytohormon Abscisinsäure (ABA) aus, zumindest eine weitere ist ABA-unabhängig. In diesen Reaktionskaskaden werden zunächst Transkriptionsfaktoren gebildet, die durch Wechselwirkung mit weiteren Promotoren dann mehrere Gene anschalten. Dies sind Gene, die entweder weitere regulatorische Funktionen haben oder Proteine codieren, die direkt (z. B. Schutzproteine) oder indirekt (*compatible solutes*) zur Aufrechterhaltung der Lebensfähigkeit der Zellen beitragen. Der eigentliche Trockenheits- oder Osmosensor der Pflanzen ist noch nicht bekannt; von Hefe und Bakterien kennt man jedoch derartige Proteine.

6. ABA wird nicht, wie früher angenommen, auf dem Mevalonsäurebiosyntheseweg gebildet, sondern entsteht aus dem Xanthophyll Zeaxanthin. Dieses wiederum wird auf dem neu entdeckten DOXP-Weg (1-Desoxy-D-Xylulose-5-phopshat-Weg) synthetisiert.

7. Rezeptoren für ABA befinden sich sowohl auf der Außenseite der Plasmamembran als auch im Innern des Protoplasten. Obwohl ihre molekulare Struktur noch nicht bekannt ist, weiß man, wie sie

in ihrer Effektivität moduliert werden können. Auch über sekundäre intrazelluläre Messenger sind heute schon Details bekannt (z. B. zyklische ADP-Ribose). An der weiteren Signaltransduktion sind auch Calcium, Inositol-trisphosphat, Proteinkinasen und -phosphatasen beteiligt. Bei den durch ABA induzierten Reaktionen unterscheidet man die schnelle Reaktion der Stomata und die langsamere der Expression ABA-sensitiver Gene.

8. Bei der Stomatabewegung wird apoplastische ABA von einem Rezeptor in der Plasmamembran wahrgenommen. Als einer der nächsten Schritte steigt die intrazelluläre Konzentration an freiem Calcium. Dadurch werden Anionenkanäle aktiviert, wodurch Anionen (Malat, Chlorid) die Zelle verlassen, gefolgt von K^+, dessen Efflux durch das veränderte Membranpotential ausgelöst wird. Über 90 % der von der Zelle exportierten Ionen müssen zuerst von der Vakuole in das Cytosol entlassen werden. Die entsprechenden Kanäle werden ebenfalls von der cytosolischen Ca^{2+}-Konzentration reguliert. Aufgrund des Ionenausstroms aus den Schließzellen und dem damit einhergehenden Wasseraustritt vermindert sich deren Turgor und die Spaltöffnung schließt sich. Außer auf die apoplastische ABA-Konzentration reagieren die Schließzellen noch auf weitere Signale, wie z. B. Blaulicht und die CO_2-Konzentration.

9. Man unterscheidet ABA-vermittelte und Dehydratations-vermittelte Genexpression. ABA-responsive Gene enthalten im Promotor das ABRE-Motiv, welches als „Herzstück" die so genannte G-Box enthält, die für Promotoren vieler stress- und lichtresponsiver Gene typisch ist. Zur Bindung der entsprechenden Transkriptionsfaktoren benötigt der Promotor entweder mehrere ABREs oder/und Verstärkerelemente. Hinzu kommen weitere Elemente für die organspezifische Expression. Derartige funktional diversifizierte Promotoren werden „bipartite Promotoren" genannt.

10. Die entsprechende ABA-unabhängige Genexpression wird durch Trockenheit, hohe Salzbelastung oder auch Kälte ausgelöst. Der Promotor derartiger Gene enthält das so genannte DRE-Element, für das man wiederum spezifische DNA-bindende Proteine als Transkriptionsfaktoren kennt. Es gibt sogar Promotoren, die beide Motive, das DRE- und das ABRE-Element, besitzen. Soweit bekannt, wird das Letztere aber erst bei lang anhaltender Trockenheit bzw. bei Kälte wirksam, d. h. der Promotor wird dann ABA-responsiv.

11. Die finalen Genprodukte sind Proteine, die bzw. deren Produkte die Stresstoleranz der Zellen verbessern. Zu ihnen gehören Aquaporine, Proteasen, ROS-detoxifizierende Enzyme und Enzyme, welche die Synthese von *compatible solutes* katalysieren. Eine besondere Gruppe von Schutzproteinen sind die LEA- oder Rab-Proteine, die zur Familie der Dehydrine gehören. Sie haben keine katalytische Wirksamkeit, besitzen aber eine hohe Effizienz beim Schutz von Membranen und Proteinkomplexen. Dehydrine sind in der Regel mittelgroße Proteine, die entweder amphiphile Helices oder nur *random coils* bilden. Sie besitzen meist einen modularen (segmentalen) Aufbau und sind, da sie weder Cystein noch Tryptophan enthalten, koch- und säurefest. In einigen Fällen hat man bereits detailliertere Vorstellungen über den Schutzmechanismus dieser Proteine. Dehydrine und *compatible solutes* sind die Hauptkomponenten bei der Membranstabilisierung in poikilohydren Pflanzen.

12. Dehydrine eignen sich auch sehr gut für die Transformation trockenheitsempfindlicher (Nutz)-Pflanzen. Gleiches gilt für Enzyme, welche die Synthese von *compatible solutes* katalysieren.

13. CAM ist eine besondere physiologische Anpassung von Pflanzen trocken-heißer Standorte. Dabei können die Stomata während der heißen Tageszeit geschlossen bleiben und sich erst nachts öffnen. CO_2 wird dann aus dem Bicarbonat-Ion durch die Phosphoenolpyruvat-Carboxylase (PEPC) an PEP gebunden und das entstehende Oxalacetat zu Malat reduziert. Dieses wird unter ATP-Verbrauch in der Vakuole als Äpfelsäure akkumuliert. Untertags wird die Äpfelsäure aus der Vakuole in die Chloroplasten entlassen und dort durch das Malatenzym decarboxyliert. Das CO_2 wird von der Rubisco metabolisiert, das entstehende Pyruvat entweder mit Pyruvat-P_i-Dikinase zu PEP phosphoryliert oder im Atmungsstoffwechsel abgebaut. Besondere regulatorische Probleme liegen in der Be- und Entladung der Vakuole mit Äpfelsäure, die auf verschiedenen Wegen erfolgen, und in der reversiblen Hemmung der PEPC am Tag, wenn das CO_2 von der Rubisco assimiliert werden soll. Eine für CAM-Pflanzen spezifische PEPC wurde gefunden, die in dephosphorylierter Form durch Malat hemmbar ist, während die Aktivität des phosphorylierten Enzyms von diesem Effektor nicht beeinträchtigt wird.

14. Bezogen auf die *water use efficiency* (WUE) sind die CAM-Pflanzen allen anderen Photosynthe-

setypen weit überlegen, während sie im Wachstum allen anderen homoiohydren Pflanzen unterlegen sind.

15. Viele CAM-Pflanzen können von CAM auf C3-Photosynthese umschalten, wenn die Bedingungen günstig sind (fakultative CAM-Pflanzen). Dieser Wechsel kann saisonal sein oder diurnal, z. B. kann in den frühen Morgenstunden und am späten Nachmittag bei teilweise geöffneten Stomata für kurze Zeit C3-Photosynthese stattfinden, während die Stomata untertags geschlossen und nachts geöffnet sind. Bei lang anhaltender Trocken bleiben die Stomata sogar nachts geschlossen und die Photosynthese beschränkt sich auf das intern erzeugte CO_2, wodurch natürlich kein Zuwachs möglich ist (CAM-*Idling*) (rassulaceen-Säurestoffwechsel bei tagsüber ganz oder teilweise geöffneten Stomata nennt man „CAM-Cycling".

16. Ob eine Pflanze Photosynthese über den C3-, C4- oder CAM-Weg betreibt, kann am Verhältnis der stabilen Kohlenstoffisotope (am so genannten δ^{13}C-Wert) erkannt werden: C3: -28 ‰, C4: -14 ‰, CAM: -10 bis -20 ‰.

Literatur

Assman SM, Shimazaki K-I (1999) The multisensory guard cell. Stomatal responses to blue light and abscisic acid. *Plant Physiol.* 119: 809–815

Bartels D, Alexander R, Schneider K, Elster R, Velasco R, Alamillo J, Bianchi G, Nelson D, Salamini F (1993) Desiccation-related gene products analyzed in a resurrection plant and in barley embryos. In: Close TJ, Bray EA (Hrsg.) Plant Responses to cellular dehydration during environmental stress. The American Society of Plant Physiologists, Rockeville USA. 119–127

Bonetta D, McCourt P (1998) Genetic analysis of ABA signal transduction pathways. *Trends in Plant Science* 3: 231–235

Boucherau A, Aziz A, Larher F, Martin-Tanguy J (1999) Polyamines and environmental challenges: recent development. *Plant Science* 140: 103–125

Bray EA (1997) Plant responses to water deficit. *Trends in Plant Science* 2: 48–54

Busk PK, Jensen AB, Pages M (1997) Regulatory elements in vivo in the promoter of the abscisic responsive gene rab17 from maize. *The Plant J.* 11: 1285–1295

Campbell SA, Close TJ (1997) Dehydrins: genes, proteins, and association with phenotypic traits. *New Phytol.* 137: 61–74

Chollet R, Vidal J, O'Leary MH (1996) Phosphoenolpyruvate carboxylase: A ubiquitous, highly regulated enzyme in plants. *Annu. Rev. Plant Physiol. Plant Mol. Biol.* 47: 273–298

Close TJ (1996) Dehydrins: Emergence of a biochemical role of a family of plant dehydration proteins. *Physiologia Plantarum* 97: 795–803

Close TJ (1997) Dehydrins: A commonality in the response of plants to dehydration and low temperature. *Physiologia Plantarum* 100: 291–296

Cowan AK (2000) Is abscisic aldehyde really the immediate precursor to stress-induced ABA. *Trends in Plant Science* 5: 191–192

Curry J, Walker-Simmons MK (1993) Sequence analysis of Wheat cDNAs for abscisic acid-responsive genes expressed in dehydrated Wheat seedlings and the Cyanobacterium, *Anabaena*. In: Close TJ, Bray EA (Hrsg.) Plant Responses to cellular dehydration during environmental stress. The American Society of Plant Physiologists, Rockeville USA. 128–136.

Cushman JC, Bohnert HJ (1999) Crassulacean Acid Metabolism: Molecular Genetics. *Annu. Rev. Plant Physiol. Plant Mol. Biol.* 50: 305–332

Cutler AJ, Krochko JE (1999) Formation and breakdown of ABA. *Trends in Plant Science* 4: 472–478

Hanson AD (1993) Accumulation of quarternary ammonium and tertiary sulfonium compounds. In: Close TJ, Bray EA (Hrsg.) Plant responses to cellular dehydration during environmental stress. The American Society of Plant Physiologists, Rockeville USA. 30–36

Hartung W (1996) Trockenheit. In: Brundold Ch, Rüegsegger A, Brändle R (Hrsg.) Stress bei Pflanzen. UTB, P. Haupt, Berlin Stuttgart Wien. 119–131

Heldt H-W (1999) Pflanzenbiochemie. Spektrum Akademischer Verlag, Heidelberg Berlin. 597 Seiten

Hiroshi A, Yamaguchi-Shinozaki K, Takeshi U, Toshisuke I, Daijiro H, Shinozaki K (1997) Role of Arabidopsis MYC and MYB homologs in drought- and absisic acid-regulated gene expression. *The Plant Cell* 9: 1859–1868

Hobo T, Asada M, Kowyama Y, Hattori T (1999) ACGT-containing abscisic acid response element (ABRE) and coupling element 3 (CE3) are functionally equivalent. *The Plant Journal* 19: 679–689

Johansson I, Karlsson M, Johanson U, Larsson C, Kjellbom P (2000) The role of aquaporins in cellular and whole plant water balance. *Biochem. Biophys. Acta* 1465: 324–342

Jung JS, Preston GM, Smith BL, Guggino WB, Agre P (1994) Molecular structure of the water channel through aquaporin CHIP. *J. Biol. Chem* 269: 14648–14654

Keeley JE (1998) CAM photosynthesis in submerged aquatic plants. *Bot. Rev.* 64: 121–175

Kjellbom P, Larsson Ch, Johansson I, Karlsson M, Johanson U (1999) Aquaporins and water homeostasis in plants. *Trends in Plant Science* 4: 308–314

Larcher W (1994) Ökophysiologie der Pflanzen. UTB Eugen Ulmer, Stuttgart. 394 Seiten

Larcher W (2001) Ökophysiologie der Pflanzen. UTB Eugen Ulmer, Stuttgart.

Lehninger AL, Nelson DL, Cox MM (1994) Prinzipien der Biochemie. Tschesche H (Hrsg.) Spektrum Akademischer Verlag, Heidelberg. 1223 Seiten

Lichtenthaler HK (1999) The 1-deoxy-D-xylulose-5phosphate pathway of isoprenoid biosynthesis in plants. *Annu. Rev. Plant Physiol. Plant Mol. Biol.* 50: 47–65

Lüttge U (1987) Carbon dioxide and water demand: crassulacean acid metabolism (CAM), a versatile ecological adaptation exemplifying the need for integration in ecophysiological work. *New Phytol.* 106: 593–629

Lüttge U, Grams TEE, Hechler B, Blasius B, Beck F (1996) Frequency resonances of the circadian rhythm of CAM under external temperature rhythms of varied period length in continuous light. *Bot. Acta* 109: 422–426

Lüttge U, Kluge M, Bauer G (1994) Botanik. VCH, Weinheim. 600 Seiten

Morison JIL (1998) Stomatal response to increased CO_2 concentration. *J. exp. Bot.* 49: 443–452

Neill SJ, Burnett EC (1999) Regulation of gene expression during water deficit stress. *Plant Growth Regulation* 29: 23–33

Nobel PS (1988) Environmental biology of agaves and cacti. Cambridge Univ. Press, Cambridge, New York

Quatrano RS, Bartels D, Ho T-HD, Pagès M (1997) New insights into ABA-mediated processes. *Plant Cell* 9: 470–475

Robinson DG, Sieber H, Kammerloher W, Schäffner AR (1996) PIP1 Aquaporins are concentrated in plasmalemmasomes of *Arabidopsis thaliana* mesophyll. *Plant Physiol.* 111: 645–649

Schäffner AR (1998) Aquaporin function, structure, and expression: are there more surprises to surface in water relations? *Planta* 204: 131–139

Schroeder JI , Kwak JM, Allen GJ (2001) Guard cell abscisic acid signalling and engineering drought hardiness in plants. *Nature* 410: 327–330

Shen Q, Ho T-HD (1995) Functional dissection of an abscisic acid (ABA)-inducible gene reveals two independent ABA-responsive complexes each containing a G-Box and a novel cis-acting element. *The Plant Cell* 7: 295–307

Shinozaki K, Yamaguchi-Shinozaki K (1997) Gene expression and signal transduction in water stress response. *Plant Physiol.* 115: 327–334

Taiz L, Zeiger E (2000) Physiologie der Pflanzen. Spektrum Akad. Verlag, Heidelberg Berlin. 773 Seiten

Walton DC, Li Y (1995) Abscisic acid biosynthesis and metabolism. In: Davies PJ (Hrsg.) Plant hormones: Physiology, biochemistry and Molecular Biology. Kluwer, Dordrecht.

Wilkinson S (1999) pH as a stress signal. *Plant Growth Regul.* 29: 87–99

Wurgler-Murphy SM, Saito H (1997) Two-component signal transducers and MAPK cascades. *Trends in Biochemical Sciences* 22: 172–176

Xu D, Duan X, Wang B, Hong B, Ho T-HD, Wu R (1996) Expression of a late embryogenesis abundant protein gene, HVA1, from Barley confers tolerance to water deficit and salt stress in transgenic Rice. *Plant Physiol.* 110: 249–257

Yamaguchi-Shinozaki K, Shinozaki K (1994) A novel cis-acting element in an Arabidopsis gene is involved in responsiveness to drought, low-temperature, or high-salt stress. *The Plant Cell* 6: 251–264

Yoshiba Y, Kiyosue T, Nakashima K, Yamaguchi-Shinozaki K, Shinozaki K (1997) Regulation of levels of proline as an osmolyte in plants under water stress. *Plant Cell Physiol.* 38: 1095–1102

Zeiger E, Zhu J (1998) Role of zeaxanthin in blue light photoreception and the modulation of light- CO_2 interactions in guard cells. *J. exp. Bot.* 49: 433–442

1.6. Stress durch Salzbelastung (Osmotischer Stress)

Salzseen sind wegen des enormen osmotischen Potentials des Substrats, das oft noch infolge eines hohen Sodagehaltes ($NaCO_3$) sehr alkalisch ist, für Pflanzen fast unzugänglich. Trotzdem findet man selbst in diesem Habitat Pflanzenleben. Die weißen Flächen auf dem Bild des Lake Magadi im südlichen Kenya sind nicht Schnee, sondern Salzkrusten. Die Sedimentbänke im See sind mit dichten Algenfladen bewachsen. Auch der Uferbereich trägt eine, wenn auch lückige, Vegetation aus halotoleranten Sträuchern. Foto E. Beck.

Literaturempfehlung

1. Larcher W (1994) Ökophysiologie der Pflanzen 5. Auflage, Ulmer UTB, Stuttgart. 312–322
2. Marschner H (1995) Mineral Nutrition of Higher Plants. 2. Auflage. Academic Press. (Chapter 16.6 Saline Soils)
3. Hasegawa PM, Bressan R, Pardo JM (2000) The dawn of plant salt tolerance genetics. *Trends in Plant Science* 5: 317–319
4. Osmond CB, Björkman O, Anderson DJ (1980) Physiological Processes in Plant Ecology: Towards a Synthesis with *Atriplex*. Springer Verlag, Heidelberg New York. *Ecological Studies* 36

Die Tatsache, dass Stress auftritt, wenn bestimmte Umweltfaktoren den nützlichen bzw. den tolerablen Intensitätsbereich unter- oder überschreiten, ist bei den Nährelementen besonders offensichtlich. Die jeweiligen Konzentrationsbereiche sind von Element zu Element und von Pflanzenart zu Pflanzenart oft sehr verschieden (siehe auch Kapitel 2.3). Besonders deutlich wird dies bei Ionen, die nicht zu den obligaten Nährelementen zählen, wie beispielsweise Natrium, das im Gegensatz zum Stoffwechsel der Tiere im pflanzlichen Metabolismus keine essenzielle Rolle spielt, aber als Bestandteil des (Koch-) Salzes im Substrat der Pflanzen oft in hohen Konzentrationen vorliegt. Je nachdem, ob die in der Natur auftretenden Salzkonzentrationen (haupt-

Tabelle 1.6.1: Salztoleranz wichtiger agrarischer Nutzpflanzen bei Anzucht unter verschieden hoher Salinität. EC_e als Maß der Salinität ist die elektrische Leitfähigkeit (*electrical conductivity*) des extrahierten Bodenwassers nach Wassersättigung (nach Marschner 1986).

Pflanzenart	maximale Toleranz (EC_e in mMho/cm)	Ernteeinbuße pro Einheit EC_e oberhalb der Toleranzschwelle (%)
Gerste	8,0	5,0
Zuckerrübe	7,0	5,9
Weizen	6,0	7,1
Sojabohne	5,0	20,0
Tomate	2,5	9,9
Mais	1,7	12,9
Gartenbohne	1,0	19,0

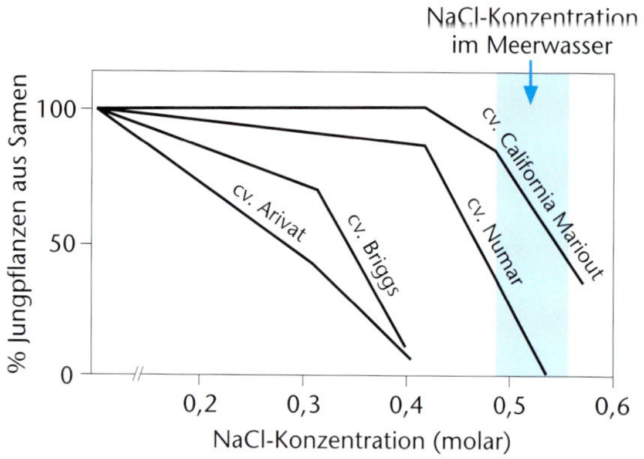

Abb. 1.6.1: Salztoleranz verschiedener Gerstensorten, gemessen an der Ausbildung von Jungpflanzen bei Aussaat in salzhaltigem Substrat (nach Lüttge et al. 1994).

sächlich NaCl, $CaSO_4$) toxisch wirken, toleriert oder vielleicht sogar als Osmolytikum benötigt werden, spricht man von **Glykophyten** (Nicht-Salzpflanzen) oder **Halophyten** (Salzpflanzen). Im Folgenden wird im Wesentlichen der durch hohe **NaCl-Konzentrationen** erzeugte Stress behandelt.

Zur Normierung von Salzgehalten verwendet man deren Elektrolytwirkung, d. h. die elektrische Leitfähigkeit (EC_e) ihrer wässerigen Lösungen. Diese wird in [Siemens (S)/m] oder [mS/cm] gemessen:

$$1\ \text{S} = \frac{1}{\text{Ohm}}\ [\text{Mho}]^*$$

1 S/m entspricht – 0,36 MPa.

* Die Dimension Mho ist die reziproke Schreibweise von Ohm.

Tabelle1.6.2: Erträge von salztoleranten Gerstenpflanzen aus den Gen- und Samenbanken der USA beim Anbau in kalifornischen Sanddünen und Bewässerung mit Meerwasser, welchem Phosphat und Stickstoff als Mineralsalze zugesetzt worden waren. Nach Lüttge et al. (1994).

Gerstensorte	Ertrag (t/ha)
Standardsorten auf Salzboden (Durchschnitt)	0,83
Sorte XXI 1. Versuch	1,08
Sorte XXI 2. Versuch	1,50
Weltdurchschnittsertrag auf nicht salzhaltigen Böden	2,00

Die Leitfähigkeit von Meerwasser entspricht 4,4 S/m, die von Gießwasser muss kleiner als 0,2 S/m sein. Als Salzböden werden Böden bezeichnet, deren Leitfähigkeit > 0,4 S/m ist. Die Salzkonzentration des Meerwassers (3 %: 480 mM Na^+, 50 mM Mg^{2+} und 560 mM Cl^-) entspricht einem osmotischen Potential von –2,7 MPa. Tabelle 1.6.1 zeigt die Salzverträglichkeit unterschiedlicher Kulturpflanzen.

Bewässerungswasser in Trockengebieten enthält zwischen 0,1 und 1 kg Mineralsalze pro Kubikmeter, was noch deutlich unter der Schädigungsschwelle (– 0,15 MPa) liegt, durch die starke Verdunstung aber in wenigen Jahren zur Bodenversalzung und zum Verlust von Agrarflächen führen kann.

Folgt man der Theorie der Entstehung des Lebens im Meer, so muss Salztoleranz eine ursprüngliche Eigenschaft lebender Systeme gewesen sein; Salzempfindlichkeit wäre dann als Verlust dieser ursprünglichen Eigenschaft zu verstehen. „Wiedererlangung" der Salztoleranz bei wichtigen Kulturpflanzen ist dementsprechend eines der vorrangigen Züchtungsziele. Beispielhaft sind hierfür Verbesserungen der Salztoleranz bei der Gerste (Abb. 1.6.1 und Tabelle 1.6.2), die unter den Getreiden ohnehin die höchste Salzverträglichkeit aufweist (vgl. Tabelle 1.6.1).

1.6.1 Physiologische Effekte der Belastung durch Salz (NaCl)

Literaturempfehlung

1. Barkla BJ, Pantoja O (1996) Physiology of ion transport across the tonoplast of higher plants. *Annu. Rev. Plant Physiol. Plant Mol. Biol.* 47: 159–184

1.6.1.1 Effekte auf den Ionenhaushalt der Zelle („primäre Effekte")

Wegen des geringen Ionendurchmessers von Natrium und Chlorid, der hohen Ladungsdichte an der Ionenoberfläche und der damit verbundenen starken Tendenz zur Wasseranlagerung zählen beide Ionen zu den biologisch aggressiven Osmolyten. Hohe Konzentrationen dieser Ionen im Apoplasten führen dementsprechend zu Ungleichgewichten im Wasser- und Ionenhaushalt. **Salinitätsstress** ist also zugleich **Dehydratations-** und **ionischer Stress**. Letzterer führt schnell zur Zerstörung von Biomembranen, da Ionenungleichgewichte nicht nur andere Konzentrationsverhältnisse bedeuten, sondern auch Veränderungen der Membranpotentiale nach sich ziehen. Ohne Salinitätsbelastung liegen die homöostatischen, d. h. im Gleichgewicht gehaltenen, cytosolischen Ionenkonzentrationen von Glykophyten bei 100–200 mM K^+, 1–10 mM Na^+ und Cl^- und bei 0,1–0,2 mM Ca^{2+} (Abb. 1.6.2) (Niu et al. 1995).

Diese Ionenkonzentrationen werden in der Pflanzenzelle, die im Gegensatz zu tierischen und Hefezellen über keine Na^+/K^+-ATPase (Pumpe) verfügt, großenteils durch elektrophoretische Flüsse (d. h. passive Flüsse) konstant gehalten, die an H^+-ATPasen und H^+-Pyrophosphatasen in der Plasma- bzw. der Tonoplastenmembran gekoppelt sind. Für K^+ und Anionen sind darüber hinaus durch das Membranpotential regulierbare Import- und Exportkanäle (so genannte *gated channels*), für Ca^{2+} auch eine Ca^{2+}-ATPase beschrieben worden. Die Aktivität dieser Pumpen und Kanäle ergibt ein Membranpotential von 0,2 V am Plasmalemma (wobei die cytosolische Seite negativ geladen ist) und ein Tonoplastenpotential zwischen 0 und +20 mV, wobei wiederum die cytosolische Seite die elektronegative ist. Berücksichtigt man die Volumina der beteiligten Kompartimente Apoplast, Cytosol und Vakuole, so folgen aus den Membranpotentialen auch pH-Gradienten, wobei das Cytosol im Normalzustand immer einen pH-Wert um 7 aufweist, während Apoplast und Vakuole ein um 1–2 pH-Einhei-

Tabelle 1.6.3: Die in die Ionenhomöostase potentiell involvierten Transportsysteme in der Plasmamembran und im Tonoplasten. Nach Hasegawa et al. (2000).

Substrat	Subzelluläre Lokalisation	Richtung	Energetisierung bzw. Gegenion
	Pumpen		
H^+	Plasmamembran	Apoplast	ATP
H^+	Tonoplast	Vakuole	ATP
H^+	Tonoplast	Vakuole	PPi
Ca^{2+}	Plasmamembran	Apoplast	ATP
Ca^{2+}	Tonoplast	Vakuole	ATP
	Kanäle		
K^+ (Na^+)	Plasmamembran	Cytosol	Membranpotential
K^+ (Na^+)	Plasmamembran	Cytosol	H^+ (Symport)
K^+	Plasmamembran	Cytosol	H^+, Na^+ (Symport)
Ca^{2+}	Plasmamembran	Cytosol	Membranpotential
Ca^{2+}	Tonoplast	Cytosol	Membranpotential
Cl^- (Anionen)	Plasmamembran	Apoplast	Membranpotential
Cl^- (Anionen)	Tonoplast	Vakuole	Membranpotential
	Carrier		
Na^+	Plasmamembran	Apoplast	H^+ (Antiport)
Na^+	Tonoplast	Vakuole	H^+ (Antiport)
Ca^{2+}	Tonoplast	Vakuole	H^+ (Antiport)
Cl^- (Anionen)	Plasmamembran	Cytosol	H^+ (Symport)
Cl^- (Anionen)	Tonoplast	Vakuole	H^+ (Antiport)

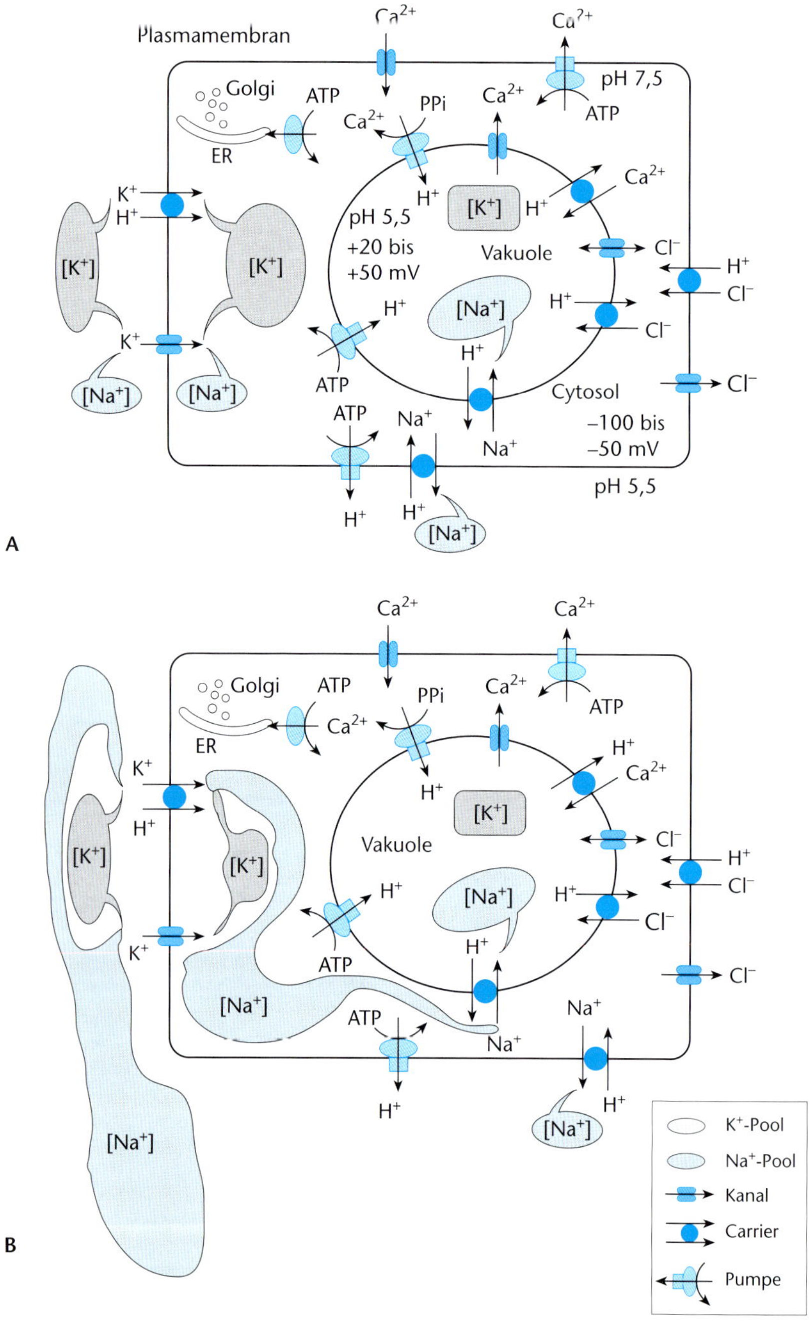

Abb. 1.6.2: Ionenverhältnisse von Pflanzenzellen im ungestressten (A) und stark Salinitäts-gestressten (B) Zustand sowie nach Adaptation an die hohe Salzbelastung (C). In das Übersichtsschema wurden alle bisher beschriebenen Arten von Transportsystemen aufgenommen, die mit der Ionenhomöostase bei Salzstress in Verbindung gebracht werden können. Aus Niu et al. (1997).

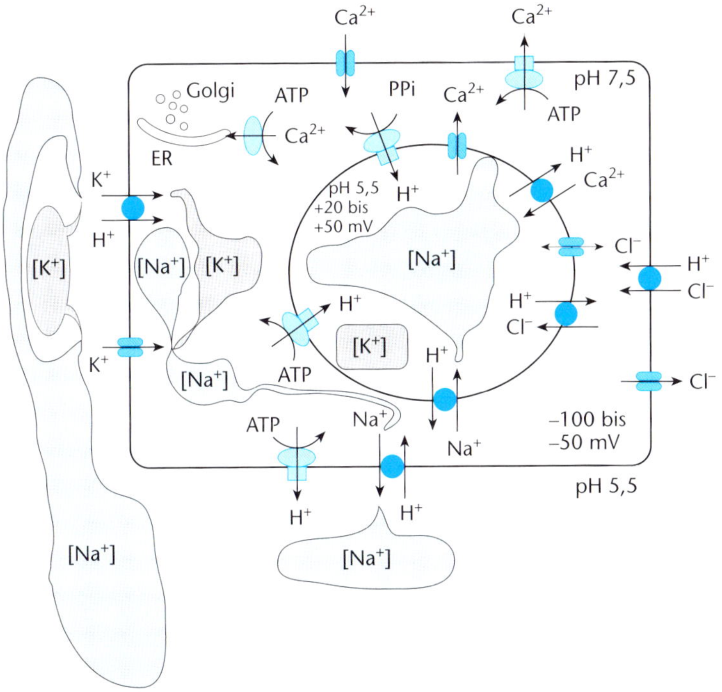

C

ten saureres Milieu darstellen. Eine Übersicht über die heute in den verschiedenen Höheren Pflanzen bekannten, an der Ionenhomöostase beteiligten Transportsysteme gibt Tabelle 1.6.3.

Hohe Salinität stellt eine starke Belastung dieser Ionenhomöostase dar, weil vor allem Na^+, aber auch Ca^{2+} den Gradienten folgend passiv in die Zelle einströmen und dort große Pools bilden können. Die Akkumulation von positiven Ladungen im Cytosol beseitigt die natürliche Barriere des Membranpotentials für Cl^-, wodurch es zum massiven Einstrom dieses Anions durch den Anionenkanal kommt.

Besonders der Kaliumhaushalt ist durch hohe Natriumkonzentrationen gefährdet. Zum einen konkurrieren K^+ und Na^+ vor allem um die weniger selektiven, aber sehr leistungsfähigen K^+-Aufnahmesysteme. Bei diesen handelt es sich um Kanäle oder K^+/Na^+-Symporter (*low affinity cation transporter*, LCT). Entsprechend wird bei hohen apoplastischen Na^+-Konzentrationen die Kaliumaufnahme in die Zelle stark gedrosselt, und der cytosolische Kaliumpool schrumpft (Abb. 1.6.2 B).

Zum anderen zieht die Überschwemmung des Cytosols mit Na^+ eine erhöhte Aktivität der Protonenpumpen, vor allem der Plasmamembran-ATPasen, aber auch der tonoplastischen Na^+/H^+-Antiportsysteme nach sich, und damit einen gesteigerten ATP-Verbrauch.

Die Situation wird weiter verschärft, weil eine erhöhte Protonentransportaktivität auch eine Veränderung der intrazellulären pH-Verhältnisse zur Folge hat. In Gerstenwurzeln liegt die durch eine externe Belastung mit Kochsalz in Meereswasserkonzentration hervorgerufene Alkalisierung des Cytosols zwischen einer halben und einer pH-Einheit. Diese Alkalisierung des Cytosols wiederum beeinträchtigt die Aktivität verschiedener cytosolischer Enzyme, vor allem des katabolischen Energiestoffwechsels (Katsuhara et al. 1997).

Die das Cytosol entsalzende Aufnahme von Na^+ in die Vakuole benötigt neben den genannten H^+-transportierenden Systemen einen in Gerstenwurzeln und Rüben nachgewiesenen Na^+/H^+-Antiporter (*Natrium-H^+-Exchange*, NHE), der die gesteigerte Protonenbeladung der Vakuole mit der Natriumaufnahme koppelt. Die Synthese dieses Transportsystems kann durch Salinitätsstress induziert werden (Abb. 1.6.2 C). So zeigten salzbelastete Tabakzellkulturen eine im Vergleich zur cytosolischen achtfach erhöhte Natrium- und Chloridkonzentration in der Vakuole (Binzel et al. 1988). Damit verbunden ist aber wiederum eine Alkalisierung, nun der Vakuole, durch den Protonen-Natrium-Antiport.

Die Überschwemmung der Zelle mit Na^+ führt schließlich noch zur verstärkten Aufnahme von Calcium in die Zelle bzw. zur Freisetzung aus zellu-

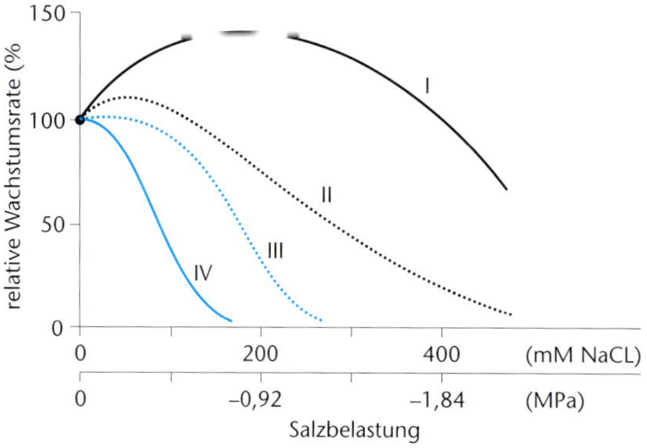

Abb. 1.6.3: Wachstum verschiedener Salinitäts-Konstitutionstypen bei steigender Salzbelastung. I: echte Halophyten, II: Nutzpflanzen aus der Halophytenverwandtschaft (z. B. Chenopodiaceen, Zuckerrübe), III: mäßig salztolerante Nutzpflanzen (z. B. Gerste), IV: salzempfindliche Nutzpflanzen (z. B. Bohne). Aus Marschner (1986).

lären Kompartimenten und somit zum Anwachsen des cytosolischen Ca^{2+}-Pools. Da der cytosolische Pool an freiem Ca^{2+} aber Signalfunktion hat, löst das Anwachsen dieses Pools regulatorische Prozesse in der Zelle aus, die zumeist als Reparatur- oder Adaptationsreaktionen aufgefasst werden können. Der Anstieg der cytosolischen Ca^{2+}-Konzentration könnte ähnlich den Verhältnissen bei den Stomata durch eine wasserpotentialinduzierte Calciumaufnahme zustande kommen (siehe auch Kapitel 1.5.2.4) oder durch Öffnung von Ca^{2+}-Kanälen im ER oder Tonoplasten in Verbindung mit dem Inositoltrisphosphat-System.

1.6.1.2 Sekundäre Schäden durch hohe Salzbelastung

Belastung durch Salz, welche die homöostatische Kapazität der Zelle überfordert und damit zu erhöhten Salzkonzentrationen in der Zelle führt, ruft Funktionsstörungen hervor. Besonders empfindlich reagieren einerseits Prozesse, die einen ausgewogenen Wasserhaushalt voraussetzen, wie z. B. das **Zellstreckungswachstum**. Da aber auch viel Energie für die *strain*-Reaktionen verbraucht wird und ein nicht unerheblicher Teil der Photosynthate in die Produktion von kompatiblen Osmolyten fließt, wird andererseits auch das **Zellteilungswachstum** durch Mangel an Bausteinen und Energie beeinträchtigt.

Bei salzempfindlichen Pflanzen, wie etwa bei Mais und Bohne, verursachen bereits relativ geringe interne Salzkonzentrationen erhebliche Wachstumseinbußen (vgl. Tabelle 1.6.1). Auf der Basis der Empfindlichkeit des Wachstums gegenüber Salz lassen sich die eingangs genannten Konstitutionstypen (Glykophyten und Halophyten) verhältnismäßig einfach weiter differenzieren (Abb. 1.6.3). Bedauerlicherweise gehören die meisten unserer Hochleistungskulturpflanzen zu den Glykophyten, die schon bei relativ niedrigen Salzkonzentrationen deutliche Ertragseinbußen zeigen.

Neben den Wachstumsprozessen wird die **Photosynthese**, insbesondere bei C3-Pflanzen, durch erhöhte intrazelluläre Salzgehalte beeinträchtigt. Zwar können auch Enzymaktivitäten durch Salz beeinflusst werden, doch sind die im Chloroplasten auftretenden Salzkonzentrationen in der Regel zu niedrig, um eine deutliche Hemmung des Calvinzyklus' auszulösen. Dagegen wird der photosynthetische Elektronentransport bereits durch relativ niedrige Salzkonzentrationen beeinträchtigt, wobei die schädigende Wirkung selbst noch der Klärung bedarf. Bekannt ist, dass unter Salzstress bei Belichtung im Chloroplasten vermehrt ROS (siehe Kapitel 1.3.5) gebildet werden. Diese führen zur Schädigung der Photosysteme, zum Chlorophyllabbau und schließlich zum nekrotischen Absterben von Zellen und Geweben. Es ergeben sich typische **Salinitätsschadbilder** (siehe Abb. 2.3.7 G), vor allem Nekrosen an den Blatträndern und den jüngsten Nadeljahrgängen bei Koniferen. Interessant ist, dass die Hemmung der photosynthetischen CO_2-Assimilation primär nicht durch einen Effekt von Salz auf die Öffnung der Stomata hervorgerufen wird. Diese bleiben auch bei relativ hoher Salinität funktionsfähig. Dabei ist zu berücksichtigen, dass die genannten Schäden durch NaCl verursacht werden, das durch die Wurzeln aufgenommen wurde, im Gegensatz zur direkten Einwirkung durch Salznebel und Spritzwasser (z. B. an Straßenrändern), die alte und junge Gewebe in gleicher Weise schädigen.

1.6.2 Die adaptive Antwort der Pflanzenzelle auf Salzbelastung

Ein osmotischer Stressor, wie z. B. Salz, verursacht in den Pflanzenzellen *strain*, den man als Adaptation an die neuen osmotischen Verhältnisse interpretieren kann. Adaptation bedeutet Neusynthese

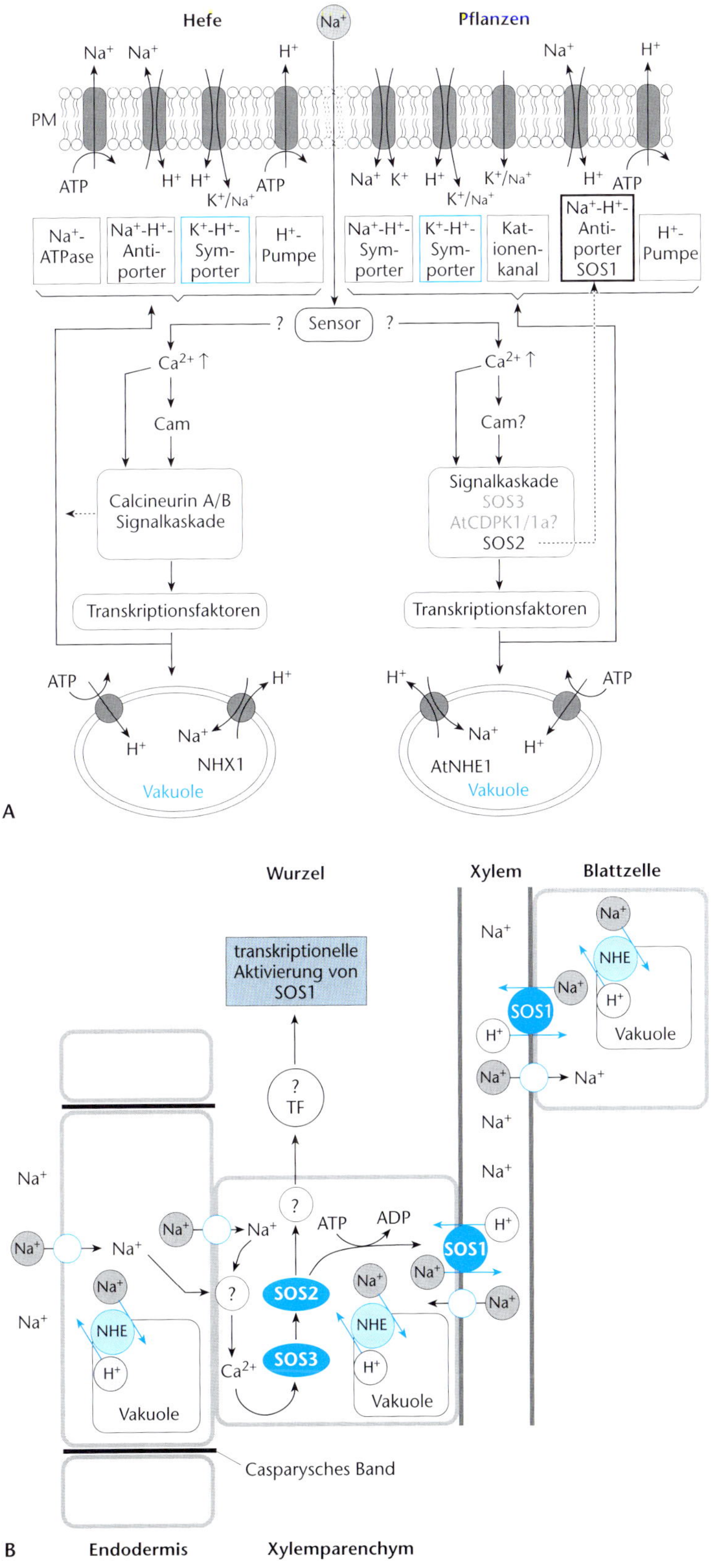

Abb. 1.6.4: Modell der Regulation der Ionenhomöostase durch Ca^{2+} bei Salzbelastung. A: Vergleich der durch Ca^{2+} modulierten Antwort von Hefe- und Pflanzenzellen auf Salzbelastung. Cam, Calmodulin. B: Das SOS-System in einer Pflanze. NHE, Natrium-Protonen-Antiporter im Tonoplasten; SOS, Proteine der salt overly sensitive-Kaskade (s. Text) TF, Transkriptionsfaktoren. A nach Bressan et al. (1998). B nach Hasegawa et al. (2000).

von Proteinen, welche der Stresslinderung dienen. Im Falle der osmotischen Belastung umfasst die Stresslinderung

- Reaktionen zur Wiederherstellung einer Ionenhomöostase,
- Reaktionen zur Anpassung des osmotischen Potentials,
- Synthese von spezifisch wirkenden Schutzproteinen.

1.6.2.1 Intrazelluläre Signale

Der Beginn der Adaptation liegt bei der Perzeption des osmotischen Stresses. Hierzu wurde bereits eingangs das Beispiel *Dunaliella* vorgestellt (siehe Kapitel 1.1.4). Da man über die Osmosensoren, insbesondere bei Salzbelastung, wenig weiß, soll nun gleich mit dem nächsten Schritt, der Signalentstehung fortgefahren werden. In letzter Zeit wurden Gene und Proteine identifiziert, die auf eine biochemische Verbindung zwischen der osmotischen Adaptation der Pflanze und einer Erhöhung des cytosolischen Ca^{2+}-Spiegels hindeuten. Als Modell diente dabei die Hefe, bei der schon länger eine Interaktion zwischen Ca^{2+}, der Untereinheit B des Calcium bindenden Proteins Calcineurin und der Salztoleranz bekannt war. Bei diesem Organismus aktiviert die Proteinphosphatase Calcineurin einerseits Transkriptionsfaktoren, die zur verstärkten Expression einer Plasmamembran-Na^+-ATPase und eines tonoplastischen Na^+/H^+-Antiporters führen; andererseits moduliert aktives Calcineurin einen wenig selektiven K^+/H^+-Symporter dergestalt, dass er effektiver und zugleich stark selektiv für K^+ wird (Abb. 1.6.4 A). Entsprechend wurde bei *Arabidopsis* eine Genfamilie entdeckt, deren Mutation die Pflanzen besonders Na^+- (und Li^+-) empfindlich macht (*salt overly sensitive*, SOS). Die Funktion von drei SOS-Proteinen konnte nun aufgeklärt werden: SOS1 ist ein Na^+-H^+-Antiporter in der Plasmamembran, SOS2 eine Serin-Threonin-Proteinkinase, die SOS1 aktiviert, und SOS3 ein Calcium bindendes Protein mit einer dafür typischen EF-Hand-Domäne, welches nach Aktivierung seinerseits SOS2 aktiviert (Abb. 1.6.4 B, Hasegawa et al. 2000). Neben der direkten Aktivierung von SOS1 wirkt die SOS-Kaskade auch auf die Aktivierung von Transkriptionsfaktoren und führt zur verstärkten Expression dieses Antiporters.

Entsprechend der Reaktionen der Pflanzenzelle auf Trockenheit gibt es auch bei NaCl-Belastung mehrere parallele Calcium-abhängige Regulationssysteme. Diese sind jedoch nur in Ansätzen bekannt, wie z. B. eine Proteinkinase (*calcium-dependent-protein-kinase*, CDPK), die zur Expression eines LEA-Proteins führt, oder Stressor-unselektive MAP-Kinasen. Bekannt ist, dass bestimmte Phytohormone ebenfalls als Signalgeber wirken.

Vielfach wurde bei der Salzbelastung von Pflanzen ein stark erhöhter ABA-Spiegel festgestellt (Abb. 1.6.5). Auch eine erhöhte Ethylenbildung wurde beobachtet, während der Cytokiningehalt gewöhnlich abnimmt.

Da Salinitätsstress sowohl eine ionische als auch (wegen der Wasserbindung an die Ionen) eine Dehydratationskomponente hat und die Abscisinsäure als phytohormonelles Signal bei Trockenheit eine große Rolle spielt (siehe Abb. 1.5.8), ist nicht auszuschließen, dass der erhöhte ABA-Spiegel je

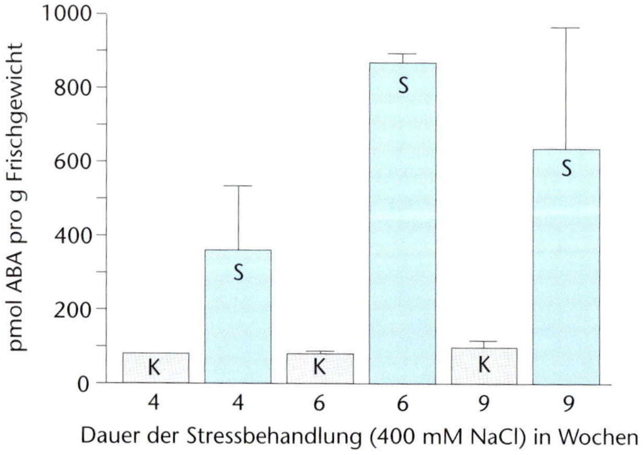

Abb. 1.6.5: Die Reaktion des endogenen ABA-Spiegels in Blättern von Mesembryanthemum crystallinum auf Salzbelastung. Mit dem Anstieg des ABA-Spiegels stieg auch die Konzentration der Osmolyten Prolin, Pinit und Ononit sowie die Menge der CAM-Form der PEP-Carboxylase und des Schutzproteins Osmotin. K: Kontrolle (ohne Salz), S: (400 mM NaCl in der Nährlösung. Nach Thomas und Bohnert (1993).

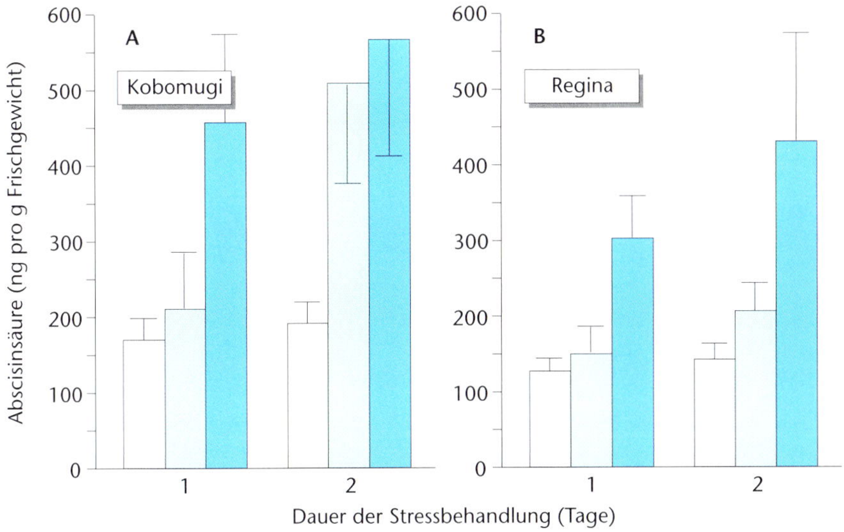

Abb. 1.6.6: Die Reaktion des ABA-Spiegels in Blättern zweier Weizensorten bei Salzstress und kombiniertem Stress aus Trockenheit und Salz. Kontrolle (grau), Salzstress (200 mM) (hellblau), Salz- und Trockenheitsstress (200 mM Salz + 21 % Polyethylenglykol) (blau). Nach Nagy und Galiba (1995).

nach Pflanzenart und Bedingung eher mit dem Dehydratationssyndrom zusammenhängt als mit der Salztoxizität (Abb. 1.6.6).

Dessen ungeachtet ergibt sich ein physiologischer Zusammenhang zwischen der Erhöhung des ABA-Spiegels und der Adaptation an die Salzbelastung. Dies zeigt besonders deutlich ein Experiment, bei dem die autonome osmotische Adaptation von Tabakkulturzellen an Salz mit einer durch exogene ABA-Gabe noch beschleunigten Anpassung verglichen wurde (Abb. 1.6.7).

Wie beim Stress durch Trockenheit lässt sich beim Salzstress zeigen, dass die Expression zahlreicher Proteine induziert wird (siehe Kapitel 1.5.2.2), wobei die Induktionswege ABA-abhängig oder ABA-unabhängig sein können (Jin et al. 2000). Doch auch im Hinblick auf diese *strain*-Reaktion ist die Differenzierung zwischen durch Trockenheit oder durch Ioneneffekte hervorgerufener Induktion nicht eindeutig.

Neben ABA reagiert auch der Jasmonatspiegel der Pflanzen auf Salinitätsstress. Allerdings unterscheidet sich das Verhalten dieser Hormongruppe deutlich von dem der Abscisinsäure (Abb. 1.6.8). Während die Konzentration der ABA beim Salzschock (Überführung der Pflanzen aus einem salzfreien in ein Medium mit erhöhten NaCl-Gehalt) nur vorübergehend ansteigt und dann wieder abnimmt (vgl. Abb. 1.6.8), bleibt die gleichzeitige Erhöhung der Jasmonate über längere Zeit bestehen. Bei lange anhaltendem Salinitätsstress akkumulieren die Jasmonate etwa zwanzigfach, während der ABA-Spiegel nur etwa vierfach ansteigt. Beide Hormone induzieren, wenn von außen appliziert, die Expression von jeweils spezifischen Genen mit nur wenig Überschneidung. Zusammen wirken sie im Hinblick auf die Genexpression aber eher antagonistisch (Moons et al. 1997).

1.6.2.2 Adaptationsreaktionen zur Wiederherstellung einer Ionenhomöostase

Im Prinzip verfügen Glykophyten und Halophyten über die gleichen Mechanismen, um Salzbelastung abzufangen. Halophyten können schnell adaptieren und extreme Salinität ertragen, Glykophyten adaptieren schrittweise bis zur Toleranz mäßig hoher Salinität. Salztoleranz erfordert in beiden Konstitutionstypen die Expression bestimmter, ähnlicher Gene. Aber die Übergänge von extrem salzempfindlichen bis zu den extrem salztoleranten Pflanzen sind fließend und eine scharfe Trennung wird durch die Fähigkeit zur Anpassung sehr schwierig.

Betrachtet man die vielen untersuchten Beispiele salzbelasteter Glyko- und Halophyten, so erkennt man, dass das Ziel der Adaptation die Wiederherstellung einer Ionenhomöostase, der ursprünglichen Membranpotentiale und pH-Verhältnisse ist. Je besser dies gelingt, umso toleranter wird die Pflanze gegen osmotischen Stress. Allerdings bedeutet die Wiederherstellung einer Ionenhomöostase nicht die „Rückkehr" zu den ursprünglichen Ionenkonzentrationen. Vielmehr versucht die Pflanze, eine Homöostase der gesamten Ionen-

Abb. 1.6.7: A: Wachstum einer nicht salzadaptierten Zellkultur von Nicotiana tabacum in salzhaltigem Medium (16 g NaCl/Liter) ohne (Kontrolle) und mit ABA (10 µM zu Beginn des Experiments). B: Beschleunigung der Adaptation von Tabak-Suspensionskulturzellen an Salzbelastung durch Erhöhung des endogenen ABA-Spiegels. B1: Die Zellen wurden in ein Medium übertragen, das Salz (10g/l) und ABA (10µM) enthielt. Die Peaks der endogenen ABA-Konzentration kamen durch zu diesen Zeitpunkten gesteigerte ABA-Aufnahme aus dem Medium zustande. B2: Die Zellen wurden in ein Medium übertragen, welches (außer den üblichen Ingredientien) nur das Salz (10g/l) enthielt. Die unterschiedlich schnelle Adaptation wird an der Zunahme des Frischgewichts („Wachstum") deutlich. Beachte die unterschiedlichen Skalen in B1 und B2. A, nach Singh et al. (1987), stark verändert; B, aus Singh et al. (1987).

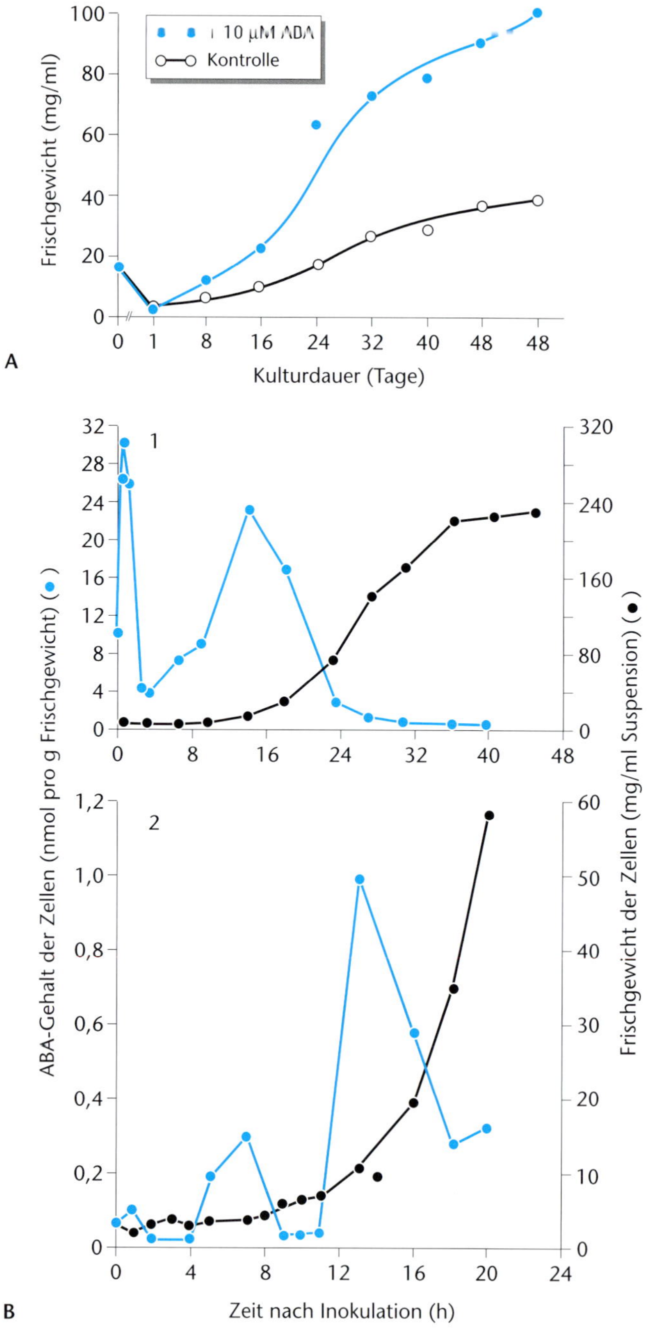

fracht inklusive des NaCl zu erreichen (siehe Abb. 1.6.2 C). Die Abreicherung der aggressiven NaCl-Ionen im Cytoplasma während der Adaptation ist ein energieaufwändiger Prozess, der mit der normalen Ausstattung der Zelle an Transportsystemen nicht zu schaffen ist. Deshalb werden vermehrt Proteine synthetisiert, die auf direktem oder indirektem Wege zur Abreicherung des NaCl im Cytoplasma beitragen. Sowohl der Apoplast als auch die Vakuole kommen als Kompartimente für die „Endlagerung" in Frage.

Die Entlastung des Cytosols durch Entfernung der Na^+-Ionen aus dem Cytoplasma in die Vakuole und in den Apoplasten geschieht hauptsächlich

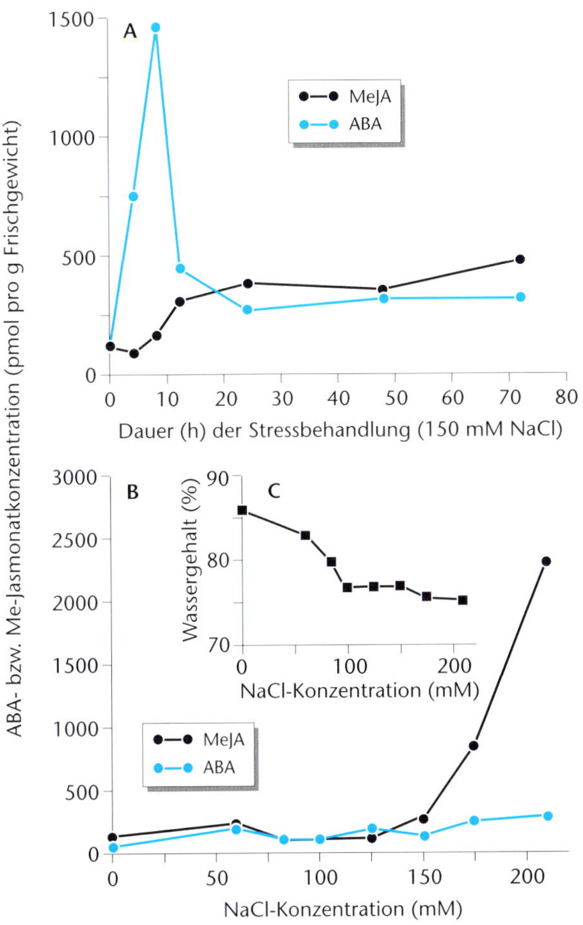

Abb. 1.6.8: Endogene Konzentrationen von ABA und Methyljasmonat in Wurzeln von unterschiedlich salinitätsgestressten Reispflanzen. A: „Salzschock", Überführung der Sämlinge von salzfreiem in salzhaltiges (150 mM) Medium. B: ABA- bzw. Methyljasmonatgehalt nach zweitägiger Behandlung der Reispflänzchen mit unterschiedlich konzentrierter Salzlösung. C: Wassergehalt des Sprosses nach zweitägigem Salinitätsstress unterschiedlicher Stärke (nach Moons et al. 1997).

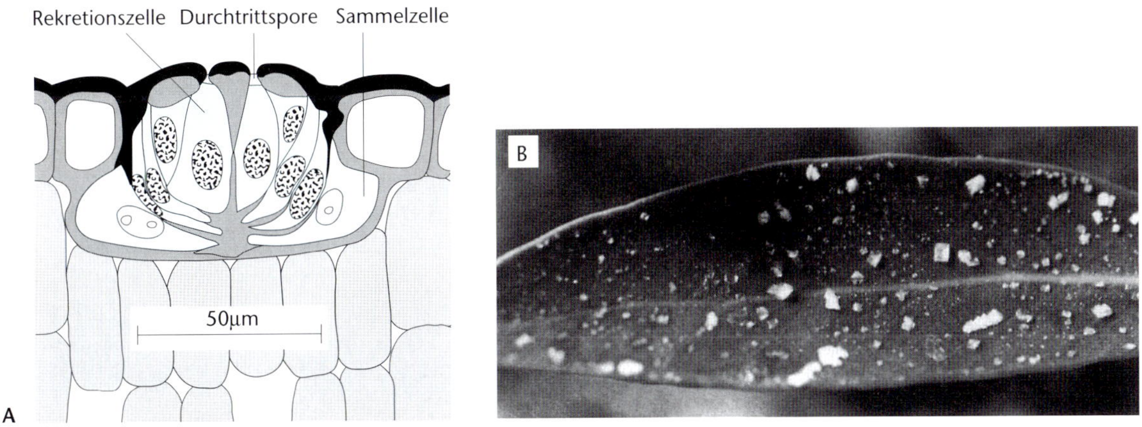

Abb. 1.6.9: Salzelimination („Rekretion") über den Apoplasten. A: Salzdrüse im Blatt des Strandflieders (Limonium vulgare). B: Blatt der Mangrovenpflanze Avicennia germinans (Verbenaceae), mit durch Salzdrüsen ausgeschiedenen Salzkristallen. Aus Lüttge et al. (1994).

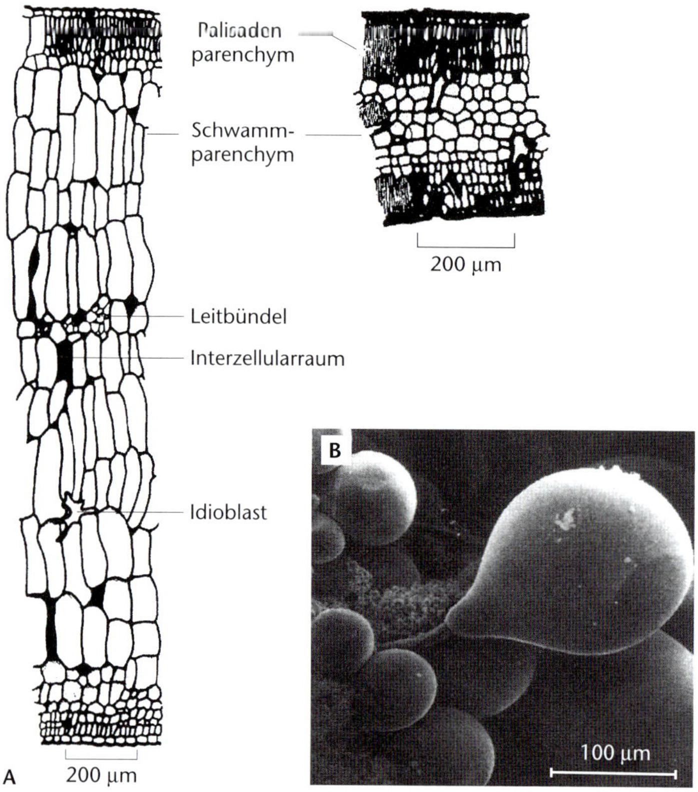

Abb. 1.6.10: Sequestrierung von Salz in die Vakuolen. A: Salzsukkulenz bei Mangrovenpflanzen: Ausbildung eines Salzspeichergewebes aus dem Schwammparenchym der Blätter. Rechts: Junges Blatt mit noch kleinen, isodiametrischen Schwammparenchymzellen. Links: Querschnitt durch ein ausgewachsenes Blatt mit großen, gestreckten Schwammparenchymzellen, in deren Vakuolen Salz deponiert wird. Der steinzellenartige Idioblast dient der Versteifung des Gewebes. B: „Blasenhaare" der Salzpflanze Atriplex hymenelytra (Chenopodiaceae). Das Salz wird in die großen Vakuolen der zahlreichen Blasenhaare sequestriert und so aus dem Mesophyll entfernt. A, nach Larcher (1994); B, aus Lüttge et al. (1994).

über Na^+/H^+-Antiporter, sowohl im Plasmalemma (z. B. bei *Atriplex nummularia*, Hassidim et al. 1990, siehe auch Kapitel 1.6.2.1), als auch im Tonoplasten (NHE, Abb. 1.6.4 B), z. B. bei *Beta vulgaris* (Barkla und Blumwald 1991). Diese Antiporter werden durch erhöhte cytosolische Na^+(NaCl)-Konzentrationen induziert. Sie benötigen eine hohe Protonenkonzentration im Außenmedium bzw. in der Vakuole, d. h. wirkungsvolle H^+-Pumpen. Diese Pumpen werden unter Salzstress verstärkt gebildet. Ist Ionenhomöostase erreicht, so geht die verstärkte Expression z. B. der Plasmamembran-H^+-ATPase wieder zurück. Adaptierte Zellen zeigen keine erhöhten Pumpaktivitäten mehr. Abbildung 1.6.2 C zeigt das Ergebnis der Salzadaptation in Bezug auf die Ionenverteilung. Die Na^+-Konzentration im Cytosol hat wieder den ursprünglichen Wert (Abb. 1.6.2 A) erreicht, während die vakuoläre Konzentration auf ein Vielfaches angestiegen ist. Trotzdem haben sich das ursprüngliche Membranpotential und der pH-Wert wieder eingestellt. Die Überexpression eines vakuolären Na^+/H^+-Antiporter-Gens in *Arabidopsis* erhöhte deren Salztoleranz erheblich (Apse et al. 1999). Trotz Ionenhomöostase ist nach einem Adaptationsprozess der K^+-Haushalt die Schwachstelle im zellulären Ionenbudget. Möglicherweise hängt die geringere Wachstumsleistung der Halophyten und der Glykophyten unter Salzstress mit der problematischen K^+-Versorgung der Zelle zusammen (s. Kasten 1.6.1).

Die Effektivität der Salzelimination in den Apoplasten wird bei vielen Halophyten noch durch Salzdrüsen unterstützt (Abb. 1.6.9). Sie führen zur Ausscheidung von NaCl an der Blattoberfläche, wo dieses dann auskristallisiert. Dies gilt insbesondere für einige Mangrovenarten, aber auch für Wüstenpflanzen (z. B. die Gattung *Reaumuria* und andere Chenopodiaceen).

Andere Halophyten können die Salzsequestrierung in die Vakuole noch dadurch steigern, dass sie Salz speichernde großlumige Mesophyllzellen (**Salzsukkulenz**, Abb. 1.6.10 A) bilden oder große blasenartige Haare mit NaCl beladen (**Blasenhaare**, Abb. 1.6.10 B). Beide Exkretionsmechanismen werden auch als **Rekretion** (Wiederausscheidung) bezeichnet. Blätter, in denen sich hohe Konzentrationen von Salz angesammelt haben, werden abgeworfen.

Kasten 1.6.1 Der Ionenhaushalt von salzempfindlichen und salztoleranten Glykophyten bei Salzbelastung (nach Speer und Kaiser 1991)

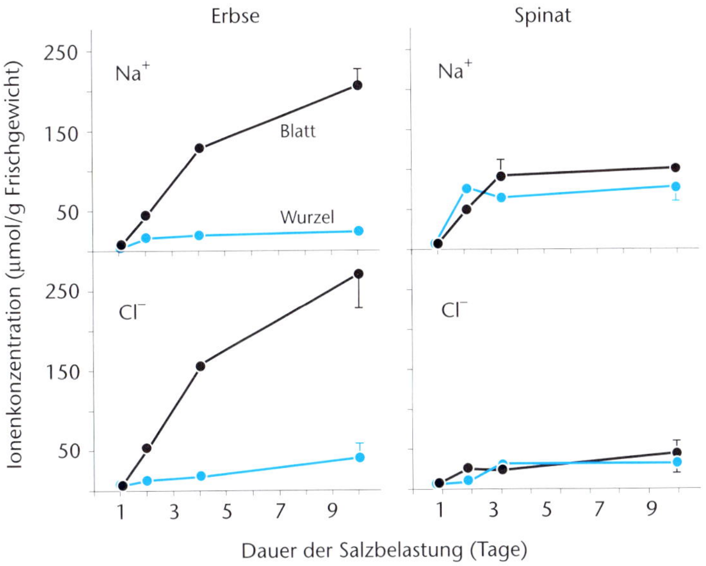

Abb.: Salzgehalt von Blättern und Wurzeln von in salzhaltiger (100 mM) Nährlösung angezogenen Erbsen- und Spinatpflanzen im Verlauf von zehn Tagen

Sämlinge von Erbsen (salzempfindlich) und Spinat (salztolerant, Chenopodiacee) wurden in Nährlösung überführt und mit 100 mM NaCl belastet. Dabei wurde der Ionengehalt der Wurzeln und Blätter (siehe Abb.) sowie die intrazelluläre Ionenverteilung verfolgt (siehe Tabelle).

In beiden Pflanzen bleiben die Wurzeln deutlich unter der angebotenen Salzkonzentration, während die Blätter der salzempfindlichen Erbse NaCl bis zur 2,5fachen Konzentration akkumulieren. Beim relativ salzresistenten Spinat akkumuliert Na^+ in Wurzel und Blatt bis zur angebotenen Konzentration, während Cl^-, wie bei der Erbsenwurzel, in Wurzel und Blatt nur 50 % der angebotenen Konzentration erreicht.

Bei der intrazellulären Ionenverteilung kann man davon ausgehen, dass die Ionenkonzentrationen im Cytosol in etwa mit denen in den Chloroplasten, Mitochondrien und weiteren Organellen übereinstimmt.

Zusammen mit den Daten aus der Abbildung ergibt sich nach der Adaptation nun folgendes Bild:

Die Gesamtionenfracht im Cytosol ist gleich geblieben oder sogar etwas erniedrigt (Spinat), die der Vakuole hat sich geringfügig erhöht. Dafür ist die Ionenkonzentration im Apoplasten zwei- bis vierfach angestiegen, wo sie offensichtlich die geringste physiologische Belastung darstellt. Allerdings haben sich die Konzentrationsverhältnisse der einzelnen Ionen deutlich verändert: Der Anteil von NaCl hat sich – mit Ausnahme des Cytoplasmas – drastisch erhöht, hauptsächlich zu Lasten von K^+ und NO_3^-. Dies zieht natürlich ein Ernährungsproblem nach sich. Diese Veränderungen sind bei der Erbse erheblich größer als beim Spinat.

Tabelle: Intrazelluläre Ionenverteilung und -budgets in Erbsen- und Spinatblättern bei salzfreier Anzucht und nach zehn Tagen Adaptation an eine Belastung mit 100 mM NaCl. Es wurden nur die mengenmäßig wichtigen Ionen dargestellt.

Ion	Kontrolle/ Salz (K/S)	**Erbse** (Ionenkonzentration (mM) im Mesophyll)			**Spinat** (Ionenkonzentration (mM) im Mesophyll)		
		Vakuole	Cytosol	Apoplast	Vakuole	Cytosol	Apoplast
K^+	K	104 ± 23	53 ± 5	13 ± 4	260 ± 31	147 ± 25	10 ± 4
	S	42 ± 12	29 ± 17	14 ± 4	172 ± 33	78 ± 18	18 ±4
Na^+	K	3 ± 1	19 ± 4	1,5 ± 1	0,5 ± 0,1	26 ± 16	1 ± 1
	S	114 ± 7	60 ± 19	50 ± 16	109 ± 15	43 ± 15	6 ± 1
Mg^{2+}	K	12 ± 3	6 ± 2	4 ± 2	37 ± 6	17 ± 6	2 ± 1
	S	6,5 ± 1	4 ± 3	2 ± 1	29 ± 5	15 ± 7	3 ± 1
Cl^-	K	4 ± 1	5 ± 3	6 ± 2	1 ± 1	6 ± 5	4 ± 1
	S	245 ± 34	60 ± 35	89 ± 67	50 ± 5	9 ± 4	14 ± 6
NO_3^-	K	33 ± 15	6 ± 2	2,1 ± 1,1	29 ± 13	10 ± 6	5 ± 1
	S	0	1 ± 1	0	19 ± 8	4 ± 1	6,6 ± 5
$\Sigma_{Kationen}$	K	131	84	22,5	334,5	207	15
	S	169	97	68	339	151	30
$\Sigma_{Anionen}$	K	289	55	20	73	88	13
	S	292	77	96	106	53	26

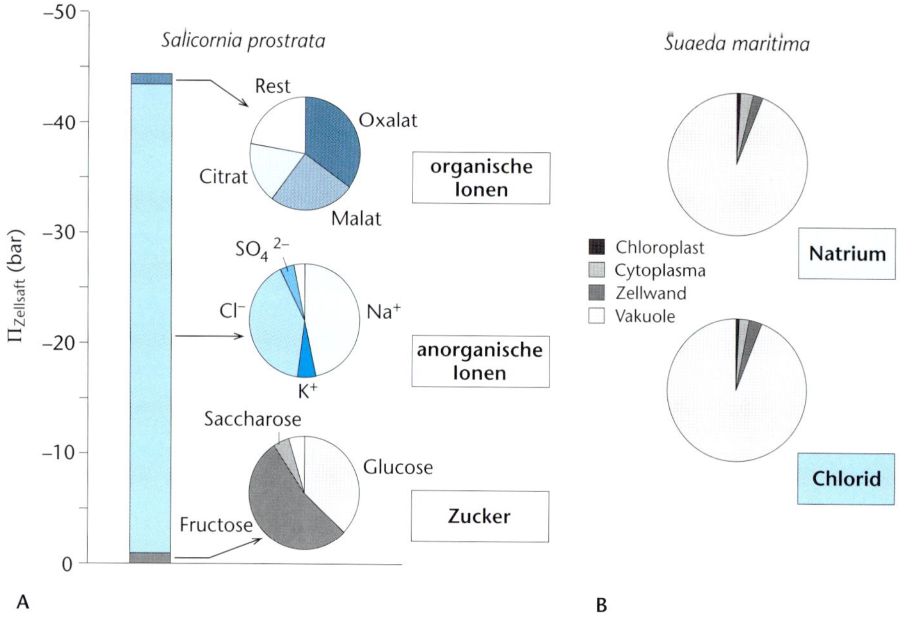

Abb. 1.6.11: A: Osmotisches Potential des Zellsafts von Blättern des Halophyten Salicornia prostrata (Chenopodiaceae) mit den in den Kreissegmenten angegebenen Komponenten. B: Intrazelluläre Verteilung der Salzionen in den Blättern des Halophyten Suaeda maritima (Chenopodiaceae). Aus Larcher W (1994).

1.6.2.3 Adaptation des osmotischen Potentials

Soll die Pflanze aus einem salinen Milieu Wasser und Nährsalze aufnehmen, so muss sie eine höhere Osmolarität als ihr Medium besitzen, d. h., sie muss ihr osmotisches Potential steigern. Eine Veränderung ihrer internen Konzentrationsverhältnisse ist somit unumgänglich. Dies erfordert weitere Anpassungsmaßnahmen. Neben der Ionenhomöostase ist also eine Erhöhung des osmotischen Potentials die nächste Erfordernis der Adaptation.

Halophyten machen hierzu vom angebotenen Salz Gebrauch (Abb. 1.6.11 A). Hierfür ist es nötig, das Salz in der Zelle zu halten, es also nicht zu eliminieren. Abbildung 1.6.11 B zeigt, dass der Hauptanteil des Salzes in der Vakuole kompartimentiert ist*. Das Cytoplasma und seine übrigen Organellen weisen gegenüber der Vakuole nur ein Fünftel der Na^+- und ein Viertel der Cl^--Konzentration auf. Da aber innerhalb des Symplasten (Protoplasten) osmotisches Gleichgewicht herrschen muss, muss das Cytosol die gleiche Osmolarität wie die Vakuole haben. Dies wird dadurch erreicht, dass die Zelle das Cytoplasma mit kompatiblen organischen Osmolyten anreichert. Die Justierung des osmotischen Potentials des Cytoplasmas durch niedermolekulare organische Verbindungen ist keineswegs so aufwändig, wie es zunächst erscheinen mag: Das Volumen dieses Kompartiments (mit allen Organellen) ist im Vergleich zum Vakuolenvolumen in der Regel kleiner als 10 %, sodass die erforderliche Osmolarität bereits mit einer relativ geringen Menge an Soluten erreicht wird. Auf die chemische Natur der organischen Osmolyte gehen wir im Folgenden ein.

* Natürlich ist die Kapazität der Vakuole zur NaCl-Speicherung begrenzt. Langfristige Auslastung ihrer vollen Kapazität führt zur schnellen Alterung des Gewebes und zum Blattabwurf.

Compatible solutes, Osmolyte

Salzadaptation ist das klassische Feld der Osmolytforschung, deshalb soll dieser Aspekt, der beim Dehydratationsstress (Kapitel 1.5.2.2) schon kurz behandelt wurde, hier ausführlicher dargestellt werden.

Stress-Osmolyte haben zwei miteinander gekoppelte Funktionen:

1. die Erhöhung des osmotischen Potentials („Osmolyt") und damit Wasserrückhaltung im Cytoplasma;
2. eine mehrfache Schutzfunktion
   - für die Integrität von Membranen und Proteinen (Verdünnung und Verdrängung von aggressiven Ionen von den Oberflächen),
   - als *Scavenger* für ROS, die allgemein bei Stress, auch bei Salzstress, in erhöhtem Maße gebildet werden.

Mehrere Gruppen organischer niedermolekularer Verbindungen, die sich den Kohlenhydraten und den Aminoverbindungen zuordnen lassen, erfüllen diese Funktionen (siehe Kapitel 1.5.2.6, Abb. 1.5.11).

Im Folgenden sollen die unterschiedlichen Osmolyte im Einzelnen behandelt werden:

1. Glycerin
2. Polyole
3. Prolin
4. QACs und TSCs

1. Glycerin

Der einfachste Osmolyt ist **Glycerin**. Die bereits in Kapitel 1.1.4 erwähnte zellwandlose Grünalge *Dunaliella* gleicht Salzstress (im Cytoplasma) durch die schnelle Synthese von Glycerin aus. In diesem Fall handelt es sich hauptsächlich um ein osmotisches Phänomen, da eine zellwandlose Zelle natürlich durch eine Veränderung des osmotischen Potentials des Mediums besonders gefährdet ist. *Dunaliella* reagiert auch mit Glycerinsynthese, wenn die osmotische Belastung durch Polyole künstlich erzeugt wird (Zelazny et al. 1995).

2. Polyole

Die zweite wichtige Gruppe aus dem Bereich der Kohlenhydrate sind **Polyole** (Zuckerderivate). Ihre zahlreichen Hydroxylgruppen verleihen ihnen hydrophile Eigenschaften, die denen der Wassercluster nahe kommen. Viele Algen der Brackwasserbereiche synthetisieren bei osmotischer Belastung schnell und effektiv Polyole als reduzierte Derivate von Monosacchariden. Sie besitzen entsprechende Dehydrogenasen.

Auch das **Manna** der Bibel dürfte ein von Wüstenpflanzen produziertes Polyol gewesen sein (Crum 1993). Da die Synthese dieser Zuckeralkohole lediglich ein Enzym, eine Dehydrogenase, erfordert, welche den entsprechenden Zucker reduziert, lassen sich die Zuckeralkohole leicht für die künstliche Steigerung der Salztoleranz verwenden. Abbildung 1.6.12 zeigt die Wirkung von Mannit, der sich durch konstitutive Expression (S35-Promotor) der Mannose-Dehydrogenase in transformierten Tabakpflanzen anreichert, da der Wildtyp der Transformante Mannit nicht selbst produziert und deshalb auch nicht weiter metabolisiert. Trotz des Kohlenhydratverbrauchs zur Produktion dieses Osmolyten wächst die transgene Tabakpflanze ohne Salzbelastung nicht nennenswert schlechter als der Wildtyp, bei Salzstress aber erheblich besser.

Offenkettige Polyole kommen in vielen Pflanzen vor, allerdings häufiger in Glykophyten (z. B. vielen Rosaceen) als in Halophyten.

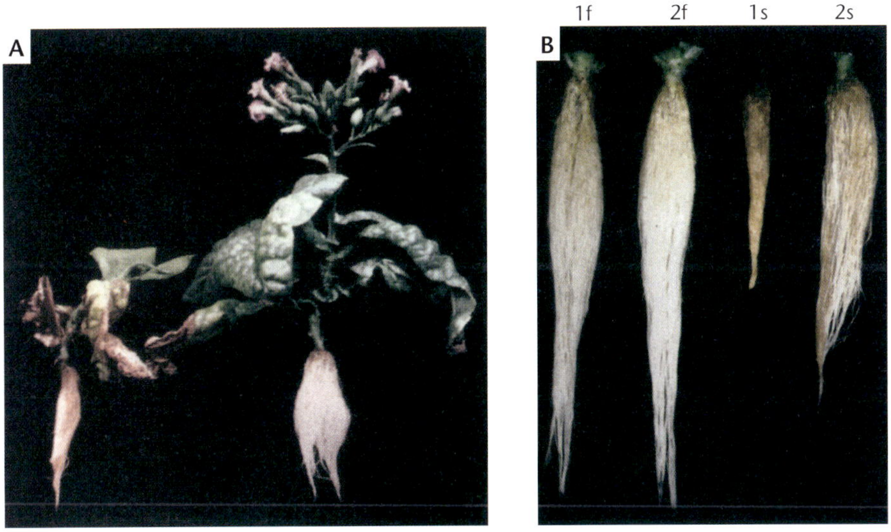

Abb. 1.6.12: *Milderung von Salinitätsstress durch die konstitutive Expression von Mannit-1-phosphat-Dehydrogenase in transformiertem Tabak. Durch die Mannit-1-phosphat-Dehydrogenase bildet und akkumuliert die Tabakpflanze den Osmolyten Mannit.* A: *Kontrollpflanze (links) und transformierte Pflanze (rechts) nach 30-tägigem Wachstum in Nährlösung mit 250 mM NaCl.* B: *Wurzeln von Kontroll-(1) und transformierten (2) Pflanzen in salzfreier (f) und salzhaltiger (s) Nährlösung nach 30-tägigem Wachstum. Aus Tarczynski et al. (1993).*

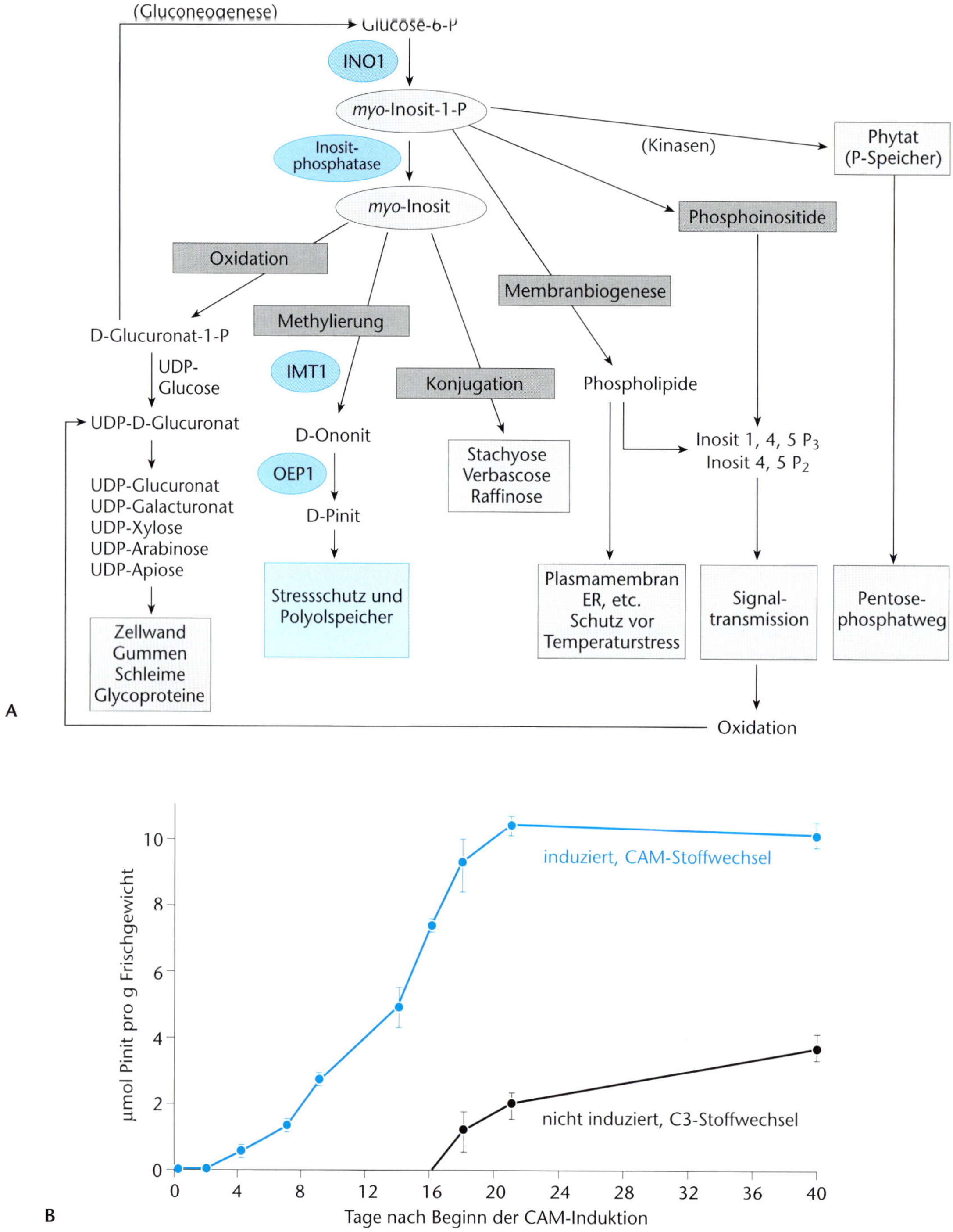

Abb. 1.6.13: A: Die physiologischen Funktionen von myo-Inosit und seiner Derivate in Pflanzenzellen (nach Bohnert et al. 1995). B: Pinitakkumulation während der Induktion des CAM in Mesembryanthemum crystallinum durch Gießen mit 400mM NaCl-Lösung. Am Tag 21 betrug der Anteil des D-Pinits 71 % der löslichen Kohlenhydratfraktion in den salzbehandelten Pflanzen und nur 5 % in den Kontrollpflanzen. Das Experiment zeigt, dass eine geringfügige Pinitsynthese auch in nicht salinitätsgestressten Pflanzen stattfindet. Nach Paul und Cockburn (1989).

Über ihren osmotischen Effekt hinaus ist mit der Akkumulation von Glycerin und von offenkettigen höheren Zuckeralkoholen auch noch eine protektive Wirkung im Bezug auf ROS verbunden (siehe Kapitel 1.3.5). Die Reduktion von Monosacchariden (Glycerinaldehyd-3-phosphat bzw. Mannose- oder Fructose-6-phosphat) zu den entsprechenden Zuckeralkoholen kostet Reduktionsäquivalente, d. h. Elektronen, die bei entsprechenden Bedingungen alternativ auch auf Sauerstoff übertragen werden könnten, dann aber zur Bildung von ROS beitragen würden. Da hinsichtlich des Kohlenstoff- zu Wasserstoffverbrauchs das Glycerin ein wesentlich günstigerer Osmolyt ist als eine Hexose, zeigen transgene Organismen mit Glycerin als Osmolyten besseres Wachstum als mit äquiosmolaren Konzentrationen von höheren Zuckeralkoholen (Shen et al. 1999).

Sehr häufig werden in Halophyten zyklische Zuckeralkohole, so genannte **Inosite** oder **Cyclite**, als Osmolyte akkumuliert. Sie haben gegenüber offenkettigen Polyolen den zellbiologischen Vorteil des langsamen Umsatzes, d. h., sie sind auch in Mangelsituationen (wenn z. B. die Photosynthese durch Stomataschluss stark eingeschränkt ist) der schnellen Metabolisierung entzogen und bleiben somit als Osmotikum erhalten. Ihre Biosynthese geht von Glucose-6-phosphat aus und die große Vielfalt dieser Cyclite wird mit verhältnismäßig wenig biochemischen Reaktionen erreicht (Kasten 1.6.2). Wie Abbildung 1.6.13 zeigt, ist der Inosit-Metabolismus mit einer Vielzahl von Zellfunktionen verbunden. Als Osmolyt angereichert wird jedoch nicht das metabolisch zentrale *myo*-Inosit, sondern seine stoffwechselinaktiven Methylderivate. Bekannte Beispiele bieten die Mangrovenpflanzen, die vor allem Bornesit, Pinit und Quebrachit in ihren Blättern akkumulieren (Popp und Smirnoff 1995).

Bei der fakultativen CAM-Pflanze *Mesembryanthemum crystallinum* wird das Gen für die Inosit-Methyltransferase vor allem durch die Umweltfaktoren Salinität und Kälte aktiviert. Salinität induziert darüber hinaus den Übergang vom C3- zum CAM-Metabolismus. Dabei wird die Expression der Inosit-Methyltransferase in den Blättern induziert und die Synthese des Schlüsselenzyms für die Inositbiosynthese, der Inosit-1-phosphat-Synthase, koordiniert verstärkt (Nelson et al. 1998). So reichern sich bei Salzstress (und Dürre) in *Mesembryanthemum* D-Ononit und D-Pinit an (Abb. 1.6.13 B). Zur Bildung des Letzteren ist noch eine Epimerase (OEP1) nötig, die D-Ononit in D-Pinit umwandelt (Kasten 1.6.2). Zugleich wird aber auch der Osmolyt Prolin etwa zehnfach angereichert. Die Induktion des CAM und der Prolinanreicherung ist ABA-unabhängig.

CAM und die Osmolyte werden bei *Mesembryanthemum* aber nicht obligat gekoppelt exprimiert: In jungen Pflanzen, die noch nicht über ausreichend große Zellen (Vakuolen für die Speicherung der Äpfelsäure) verfügen, ist CAM nicht oder nur in geringem Ausmaß induzierbar. Volle CAM-Induktion ist erst bei Pflanzen möglich, die älter als fünf Wochen sind. Jüngere Pflanzen können aber bei Salzbelastung die spezifischen Schutzmechanismen (Polyolakkumulation, Regulation der Ionenhomöostase, erleichterte Wasseraufnahme) aktivieren.

Im Hinblick auf die vielseitige Einbindung der Cyclite in das zellbiologische Geschehen ist es darüber hinaus schwierig, ihnen eine ganz spezifische

Tabelle 1.6.4: Gehalte von Osmolyten in Blättern sechs Wochen alter transgener Tabakpflanzen nach zweiwöchiger Trockenheit. Die Pflanzen waren mit dem Gen für Inosit-Methyltransferase aus *Mesembryanthemum crystallinum* transformiert worden. Aus Sheveleva et al. (1997).

	Blatt 11		Blatt 7	
Osmolyt	Tag (µmol/g FG)	Nacht (% des Tageswertes)	Tag (µmol/g FG)	Nacht (% des Tageswertes)
Prolin	4,2	39	1,6	17
Glucose	7,0	7	5,7	25
Fructose	7,6	5	15,7	27
Saccharose	8,4	19	6,8	12
K^+	352	79	236	72
Na^+	24	113	11,1	96
Cl^-	200	91	129	88
myo-Inosit	6,4	137	3,8	88
Ononit	34,6	89	25,8	77

Kasten 1.6.2 Biosynthese und Metabolismus von *myo*-Inosit

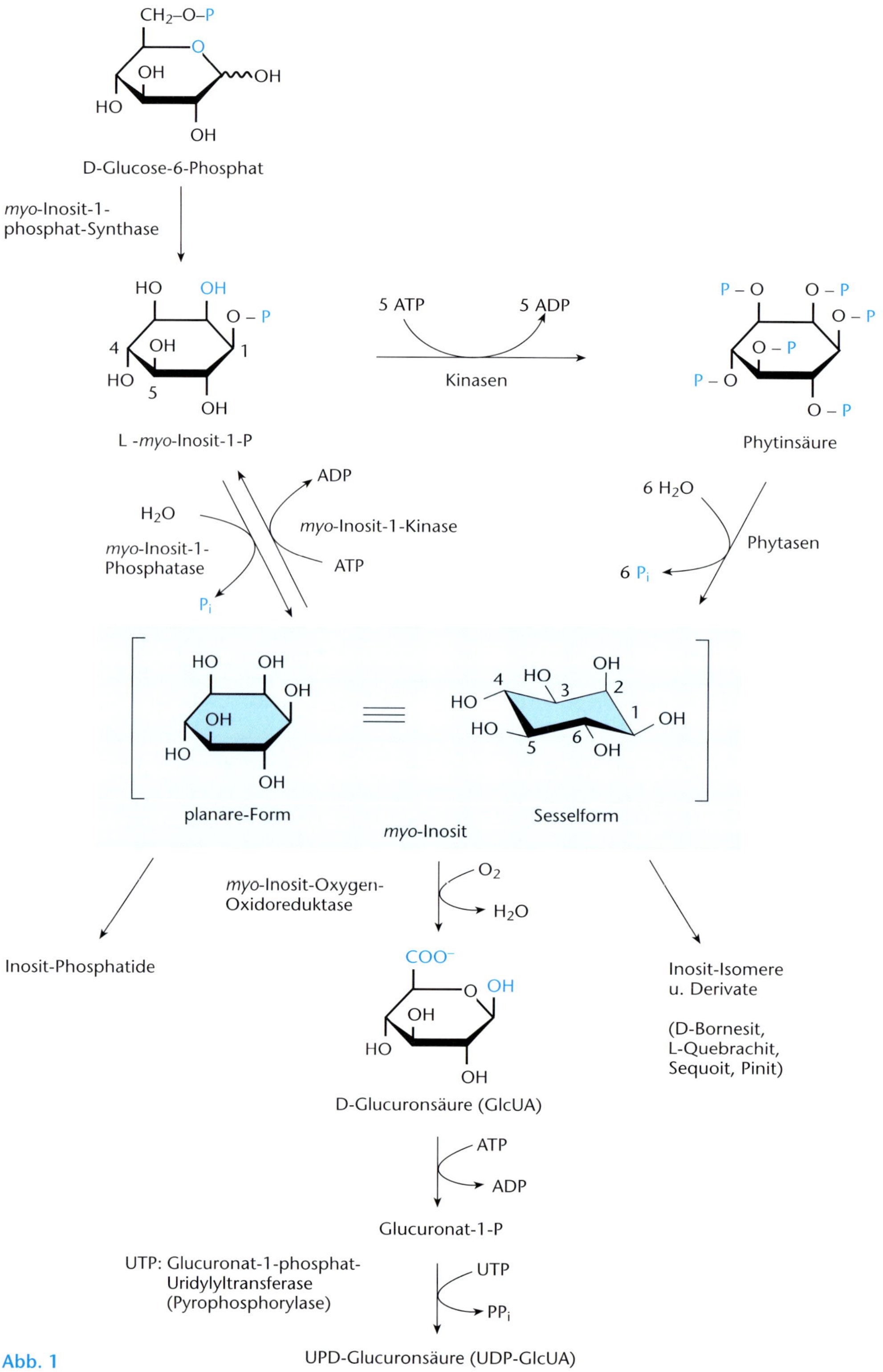

Abb. 1

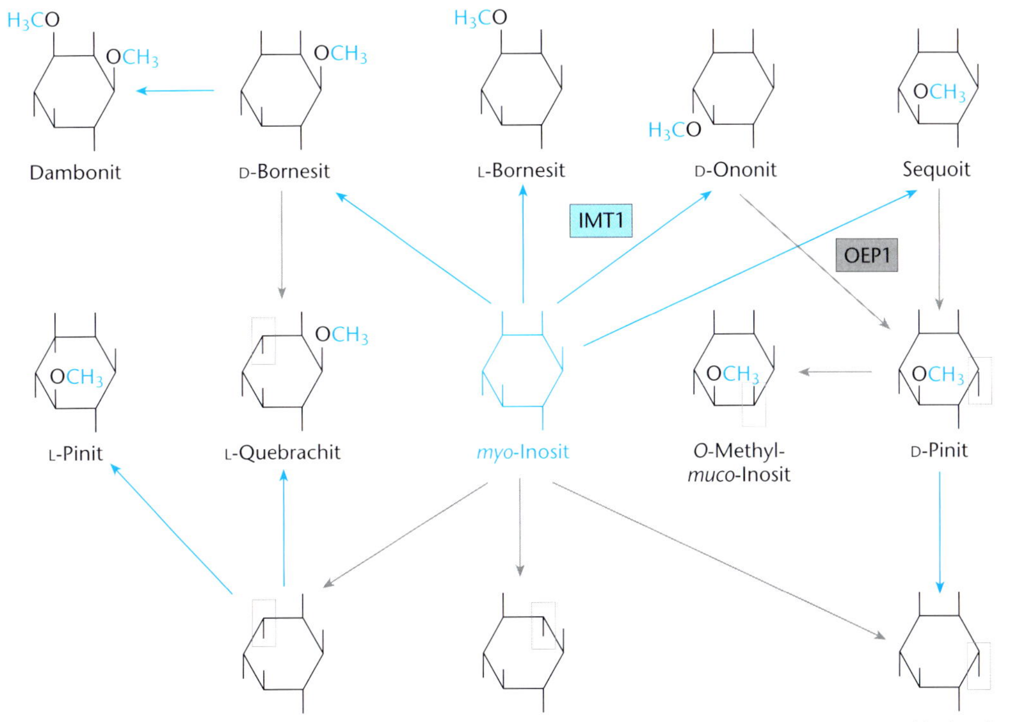

Abb. 2

In Abbildung 1 ist die Biosynthese und der Metabolismus von *myo*-Inosit dargestellt (nach Richter 1998). Abbildung 2 zeigt *myo*-Inosit, seine natürlichen Isomeren und die Bildung weiterer Inosite durch Methylierung (blaue Pfeile, Methyltransferasen, z. B. Inosit-Methyltransferase 1, IMT1) und Epimerisierung (graue Pfeile, z. B. Ononit-Epimerase 1, OEP1). Die grauen Kästen zeigen die Epimerisierungsstelle (nach Kindl 1994).

Schutzwirkung zuzuschreiben. Während die Konzentrationen der stoffwechselaktiven Zucker (und auch des Prolins) deutliche Schwankungen zwischen Tag und Nacht erkennen lassen, bleiben die Konzentrationen der Cyclite (und der ionischen Osmolyte) im Tag-Nacht-Rhythmus weitgehend unverändert (Tabelle 1.6.4). Dies verdeutlicht einerseits den trägen Metabolismus der methylierten Cyclite, andererseits ist es zellbiologisch verständlich, da ja die osmotische Belastung auch keinen Tag-Nacht-Schwankungen unterliegt. Höchstwahrscheinlich kann man sie auch zu den ROS-*Scavangern* (Smirnoff und Cumbes 1989) zählen.

3. Prolin

Neben methylierten Cycliten reichert sich die Aminosäure L-Prolin (Kasten 1.6.3) bei Salzstress an, ebenfalls in ABA-unabhängiger Weise. Prolin gilt als genereller Stressmetabolit, der bei den verschiedensten Belastungen, besonders auch im Zusammenhang mit Wassermangel, zu teilweise enormen Konzentrationen akkumuliert. Prolin wird in Mikroorganismen und grünen Pflanzen auf verschiedene Weise gebildet (vgl. Kasten 1.5.5). *E. coli* synthetisiert Prolin aus Glutamat über Glutamat-γ-Semialdehyd und Δ^1-Pyrrolin-5-carboxylat. In Eukaryonten kann Prolin aber auch aus Ornithin durch δ-Transaminierung gebildet werden. Bei osmotischem Stress steigt aber die Aktivität der Δ^1-Pyrrolin-5-carboxylat-Synthetase (P5CS) an, sodass dann auf alle Fälle der prokaryotische Weg dominiert (Delauney et al. 1993).

Durch Überexpression der Δ^1-Pyrrolin-5-carboxylat-Synthetase (P5CS) konnte der endogene Prolinspiegel in Tabak (einem Glykophyten)* drastisch erhöht werden (Abb. 1.6.14), wobei sowohl der Wildtyp als auch Pflanzen, die mit dem P5CS-Gen-freien Plasmid transformiert worden waren (pBI121), als Kontrollen dienten. Wie die Abbildung 1.6.14 A, B zeigt, steht die Prolinsynthese sowohl unter der Kontrolle der Wasser- als auch – verständlicherweise – der Stickstoffverfügbarkeit. Bei Wasserstress stieg der Prolinspiegel in der P5CS-Transformante deutlich an, doch lag die Konzentration (6 mg Pro/g FW ~ 0,6 %) immer noch weit unter derjenigen, welche Salzpflanzen gewöhnlich erreichen. Das osmotische Potential war deshalb auch nicht gegenüber dem Wildtyp verändert. Bei Stress vergrößerte sich das osmotische Potential des Wildtyps und der Kontrolltransformante, nicht aber das der P5CS-Transformante (Abb. 1.6.14 A). Dies liegt an dem in der Transformante gegenüber der Kontrolle deutlich stärker entwickelten Wurzelsystem**. In diesem Fall konnte die stressmindernde Wirkung (Abb. 1.6.14 C-F) tatsächlich auf die Akkumulation eines Osmolyten, des Prolins, zurückgeführt werden, während in den meisten Wildpflanzen neben Prolin auch noch andere Osmolyten akkumulieren.

4. QACs und TSCs

Die letzte zu besprechende Gruppe niedermolekularer Osmolyte sind die quarternären Ammonium-Verbindungen (*quarternary ammonium compounds*, QACs) und die tertiären Sulfonsäurederivate (*tertiary sulfonium compounds*, TSCs). Diese Verbindungen findet man regelmäßig in höheren Konzentrationen (> 5 µmol pro g Trockengewicht) (Rhodes und Hanson 1993) in den halotoleranten Vertretern der Chenopodiaceen, Poaceen und Asteraceen sowie in einzelnen halophilen Gattungen der Convolvulaceen und Plumbaginaceen. Sie treten aber auch in schwermetalltoleranten Arten auf und sind keineswegs nur auf Pflanzen beschränkt: Bakterien, Cyanobakterien und Tiere sind ebenfalls in der Lage, diese Substanzen zu produzieren. Eine Auswahl dieser Osmolyte wurde bereits kurz vorgestellt (siehe Kapitel 1.5.2.6, Abb. 1.5.11)

Heute sind die Biosynthesewege, die zu diesen Verbindungen führen, bekannt (Abb. 1.6.15, siehe auch Abb. 1.6.17) und die entsprechenden Gene bereits weitgehend geklont. **Glycinbetain**, der einfachste Vertreter dieser Familie von Substanzen, entsteht nicht – wie man annehmen würde – durch Methylierung von Glycin, sondern durch Oxidation von Cholin mittels einer Ferredoxin-abhängigen Monooxygenase; hingegen werden β-Alaninbetain, Prolinbetain und Hydroxyprolinbetain tatsächlich durch Methylgruppenübertragung aus S-Adenosyl-Methionin gebildet. Die Besonderheit dieser Osmolyte ist, dass sie zwitterionisch sind, d. h., sowohl ein kationisches als auch ein anionisches Zentrum haben.

Am Beispiel der durchwegs salztoleranten Plumbaginaceen (Bleiwurzgewächse) wurde gezeigt, dass einzelne Pflanzen verschiedene dieser zwitterioni-

* Dass so viele Experimente mit transgenem Tabak durchgeführt werden, hängt nicht damit zusammen, dass die Molekulargenetiker alle Raucher wären, sondern ist in der leichten Transformierbarkeit von Tabak begründet.

** Die Ursache für das stärkere Wurzelwachstum ist nicht bekannt.

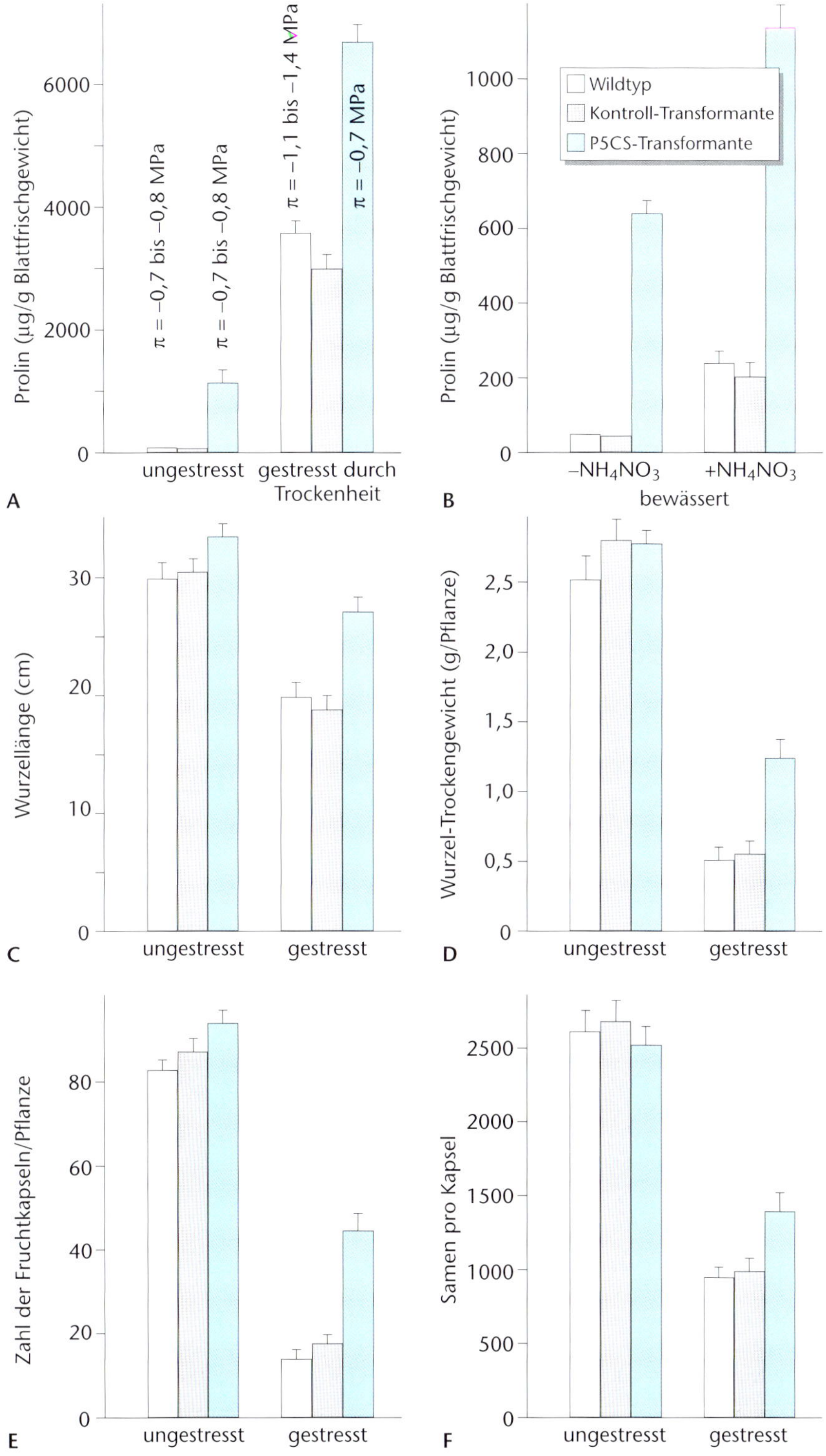

Abb. 1.6.14: Prolin als Osmolyt. Durch Überexpression der Δ^1-Pyrrolin-5-carboxylat-Synthetase wurden Tabakpflanzen transformiert und dadurch gegen osmotischen Stress unempfindlicher gemacht. A: Erhöhung des Prolinspiegels in den Blättern. B: Abhängigkeit der Prolinüberproduktion vom Stickstoffangebot an die Tabakpflanzen. C-F: morphometrische Daten von Wildtyp und Transformante bei ungestresster und Salinitäts-gestresster (500 mM NaCl) Anzucht (nach Kavi Kishor et al. (1995).

Kasten 1.6.3 Wie wirkt Prolin, warum eignet sich gerade diese Aminosäure als Stresslinderer?

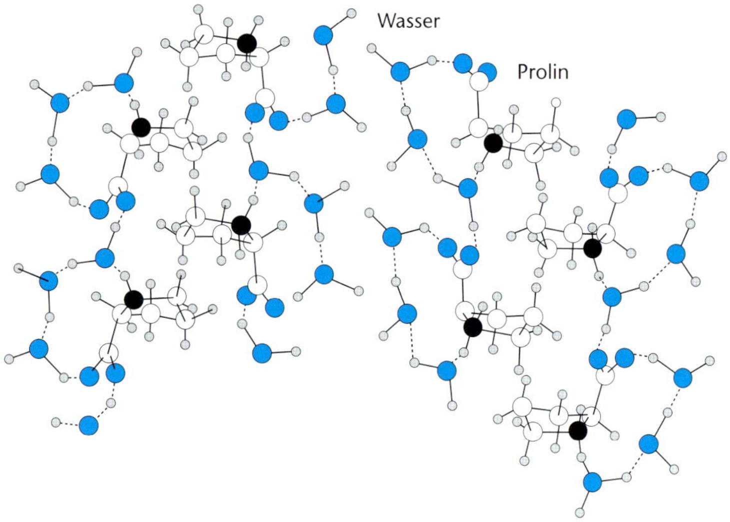

Abb. 1: Molekulares Modell einer wässrigen Lösung von Prolin. Sowohl die Wasser- als auch die Prolinmoleküle bilden Cluster (nach Schobert und Tschesche 1978).

Prolin (Pro) ist, bedingt durch seine chemische Struktur, eine besondere Aminosäure, die ungewöhnliche Eigenschaften in wässriger Lösung zeigt. Es besitzt die höchste Löslichkeit aller proteinogenen Aminosäuren, bildet bei höheren Konzentrationen aber Cluster, die durch Wasserstoffbrücken zwischen den hydrophilen Seitengruppen aggregieren (Abb. 1). Diese Cluster werden durch hydrophobe Wechselwirkungen zwischen den Ringen gefestigt. Die Pro-amphiphilen Multimeren lagern sich leicht an schlecht lösliche Proteine an, mit der hydrophoben Seite zur Proteinoberfläche, mit der hydrophilen nach außen, und vergrößern so die hydrophile Oberfläche der Proteine. Dementsprechend erschwert Pro die Proteinfällung und Denaturierung durch Wasserentzug, z. B. beim Aussalzen mit Ammoniumsulfat oder Fällen mit Ethanol oder Polyethylenglykol (Abb. 2). Interessanterweise wirkt eine andere Gruppe von Osmolyten, die Betaine, überhaupt nicht in dieser Weise. Es scheint also so etwas wie eine Osmolytspezifität zu geben, als ob die einzelnen Klassen von Osmolyten Zielstrukturen und Zielmoleküle in der Zelle hätten. Dies würde auch das parallele Auftreten mehrerer Osmolyte in einem Organismus erklären. Leider ist in dieser Hinsicht unser Wissen noch äußerst lückenhaft. Reiskeimlinge produzieren bei Salzstress eine größere Zahl von *compatible solutes,* darunter auch viele Kohlenhydrate. Dabei zeigte sich, dass Pro z. B. nicht gegen einen sekundären oxidativen Stress schützt (gemessen als Chlorophyllausbleichung), Trehalose diesen aber wirksam eindämmt (wie z. B. Mannit, evtl. auch die Cyclite). Pro hat in diesen Pflanzen, zumindest in geringeren Konzentrationen, keinen protektiven Effekt.

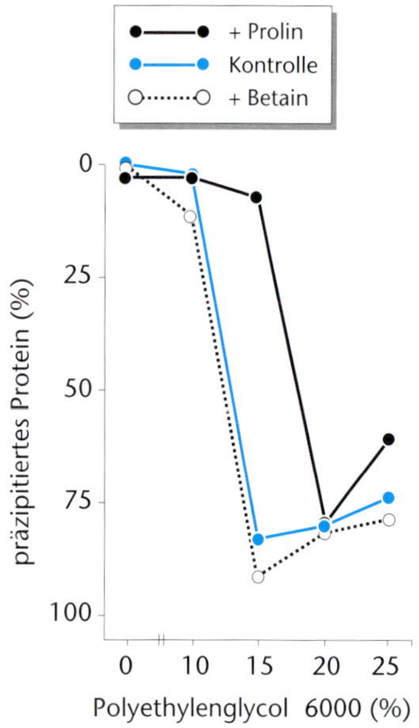

Abb. 2: Verringerte Fällbarkeit von Proteinen durch das wasserentziehende Polyethylenglykol bei Anwesenheit von Prolin (nach Schobert und Tschesche 1978).

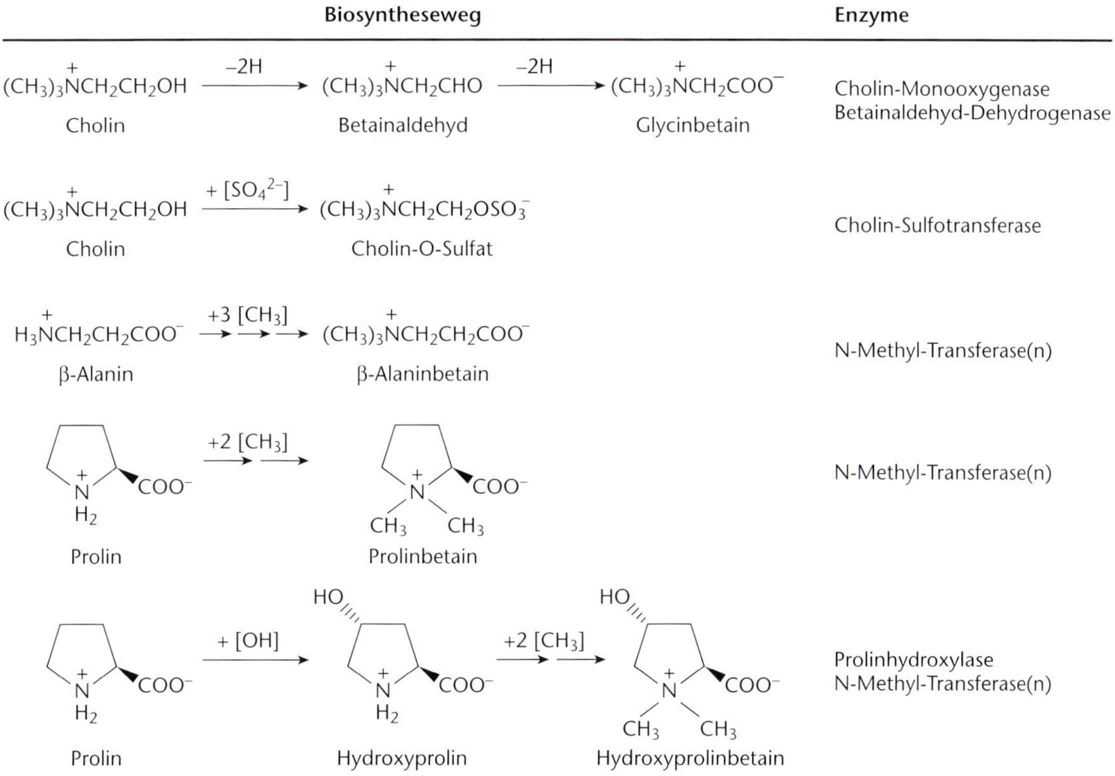

Abb. 1.6.15: Biosynthese und Strukturen von zwitterionischen QACs in Höheren Pflanzen (nach Hanson et al. 1994).

schen Osmolyte bilden und anreichern können. Alle akkumulieren **Cholinsulfat** und – mit Ausnahme der Mangrove *Aegialitis* – mindestens ein Betain, einige Arten sogar mehrere. Da die Mangrovenpflanze *Aegialitis* das Salz aber aktiv ausscheidet, ist sie auf Osmolyte vermutlich weniger angewiesen und produziert deshalb nur Cholinsulfat. Für die meisten Vertreter besteht der Stress aus Salinität und Trockenheit, manchmal kommt noch durch Salzkrusten bedingter Sauerstoffmangel hinzu. Obwohl sich aus den vom Habitat ableitbaren Stressorenkombinationen keine direkten Beziehungen zu den präferenziell angereicherten Osmolyten ergeben, kann man doch von einer vagen Koinzidenz von Cholinsulfat und seinem Derivat Glycinbetain mit Trockenheitsstress und von Alaninbetain mit Salzstress sprechen (Hanson et al. 1994).

Dem Cholinsulfat kommt außer der osmotischen Funktion sicherlich auch die Rolle der Sulfatentsorgung zu (was am marinen Standort wichtig ist), denn Sulfat kann nicht über die epidermalen Salzdrüsen ausgeschieden werden.

Da man im Glycinbetain schon frühzeitig einen effizienten Osmolyten vermutete, hat man versucht, durch klassische Züchtung Linien von Nutzpflanzen zu erzeugen, die größere Mengen von dieser Verbindung bei Salzbelastung erzeugen: Dies ist beim Mais gelungen: Die Schwesterlinien *Bet1/Bet1* sind Glycinbetainproduzenten, die homozygoten *bet1/bet1* sind glycinbetaindefizient.

Tabelle 1.6.5 A zeigt die höhere Glycinbetainakkumulation des Maises, besonders als Reaktion auf Salzbelastung; der Gehalt an Na^+ und besonders Cl^- hat sich ebenfalls deutlich erhöht. Die Abnahme der im Vergleich zum Glycinbeatin hohen Kohlenhydratkonzentration im Presssaft der Blätter korreliert mit dem Anstieg der Glycinbetainkonzentration. Vermutlich wurde ein Teil des Kohlenhydrat-Kohlenstoffs für die Synthese des physiologisch besseren Osmolyten Glycinbetain verwendet.

Salz hemmt das Wachstum, aber man sieht auch hier (Tabelle 1.6.5 B), dass *Bet1/Bet1* erheblich weniger unter Salz leidet, d. h. auch unter Salzstress noch Blattwachstum zeigt, als die Linie *bet1/bet1*. Das weniger beeinträchtigte Wachstum korreliert

Tabelle 1.6.5 A: Zusammensetzung des Presssaftes von Maisblättern der Glycinbetain produzierenden Linie *Bet1/Bet1* und der glycinbetainfreien Linie *bet1/bet1*. Die Anzucht der Pflanzen erfolgte in einer definierten Erdmischung, bewässert wurde mit einer anorganischen Nährlösung. Die Salzbehandlung erfolgte drei Wochen nach Aussaat durch langsame Adaptation von 42,5 bis 127,5 mM NaCl im Verlaufe von vier Wochen. Aus Saneoka et al. (1995).

Anzucht-bedingung	Genotyp	Organische Solute (mM)			Ionen (mM)					
		Betain	Amino-säuren	Zucker	K^+	Na^+	Ca^{2+}	Mg^{2+}	Cl^-	NO_3^-
NaCl-frei	*bet1/bet1*	0,2	17,0	156,9	97	0,2	11,2	13,5	48,3	54,7
	Bet1/Bet1	3,2	21,0	149,5	102	0,2	11,4	14,0	43,9	46,8
mit NaCl	*bet1/bet1*	0,2	22,4	88,1	112	13,3	13,0	13,0	194	32,7
	Bet1/Bet1	10,9	23,4	110,9	120	13,6	14,4	14,4	231	24,0

Tabelle 1.6.5 B: Wachstumsraten der Linien *bet1/bet1* und *Bet1/Bet1* unter salzfreien und halinen Bedingungen. Die Anzucht der Pflanzen erfolgte wie in Tabelle 1.6.5 A beschrieben, die Salzbehandlung setzte 30 Tage nach Aussaat ein. Aus Saneoka et al. (1995).

Anzucht-bedingung	Genotyp	Blattwachstumsrate (cm^2/Tag) nach Salzapplikation			
		Tag 5–10	Tag 10–15	Tag 15–19	Tag 19–22
NaCl-frei	*bet1/bet1*	289	268	233	175
	Bet1/Bet1	260	260	224	184
mit NaCl	*bet1/bet1*	207	168	82	84
	Bet1/Bet1	218	190	121	121

mit einer Aufrechterhaltung oder zumindest teilweisen Aufrechterhaltung des Zellturgors unter Salzstress (0,06 MPa in *bet1/bet1* und 0,2 MPa in *Bet1/Bet1* (Saneoka et al. 1995)).

Glycinbetain akkumuliert besonders im jungen Gewebe, wo es mit dem NaCl konkurriert und dessen Gehalt etwas drückt. Es gibt aber keinen Hinweis, dass Glycinbetain in der Pflanze transportiert wird. Offensichtlich wird es dort gespeichert, wo es auch – aus Cholin – entsteht (Nakamura at al. 1996).

Wegen seines stresslindernden Effekts, und weil Pflanzen Glycinbetain offensichtlich nicht metabolisieren können und es deshalb akkumulieren, hat man schon frühzeitig versucht, ursprünglich glycinbetainfreie Nutzpflanzen mit dem zu seiner Synthese nötigen Schlüsselgen für die Cholin-Monooxygenase (CMO) zu transformieren. Dies ist insofern schwierig, als dieses Enzym ein Rieske-[2Fe-2S]-Zentrum enthält. Zudem war zu berücksichtigen, dass die Glycinbetainsynthese im Chloroplasten abläuft; das rekombinante Protein (CMO) musste also auch noch in die Chloroplasten transportiert werden. Vor kurzem gelang eine derartige Transformation beim Tabak (Nuccio et al. 1998). Allerdings war die Glycinbetainakkumulation nur schwach ausgeprägt, weil Tabak die Ausgangsverbindung der Synthese, das Cholin, nur in sehr geringen Mengen produziert (McNeil et al. 1999).

Worin besteht der besondere Schutzeffekt der QACs?

Transformation des Cyanobacteriums *Synechococcus* mit einer *E. coli*-Glycinbetainsynthese-Kassette aus Cholin-Monooxygenase, Betainaldehyd-Dehydrogenase, einem Cholin-Transportprotein und einem regulatorischen Protein führte zur Glycinbetainakkumulation der Transformanten, besonders unter hohem Salzstress; diese Zellen wachsen unter Salzstress deutlich besser als die Kontrollzellen, allerdings doch deutlich schlechter als bei geringer Salzbelastung (Abb. 1.6.16).

Der Grund für das bessere Wachstum liegt in einem durch Salz weniger beeinträchtigten photosynthetischen Elektronentransport (Tabelle 1.6.6) bei den glycinbetainhaltigen Zellen. Als ein im Chloroplasten synthetisierter Osmolyt übt Glycinbetain seine Schutzfunktion hauptsächlich in diesem Organell aus. Dort scheint es vor allem die Proteinkomplexe der photosynthetischen Membran zu

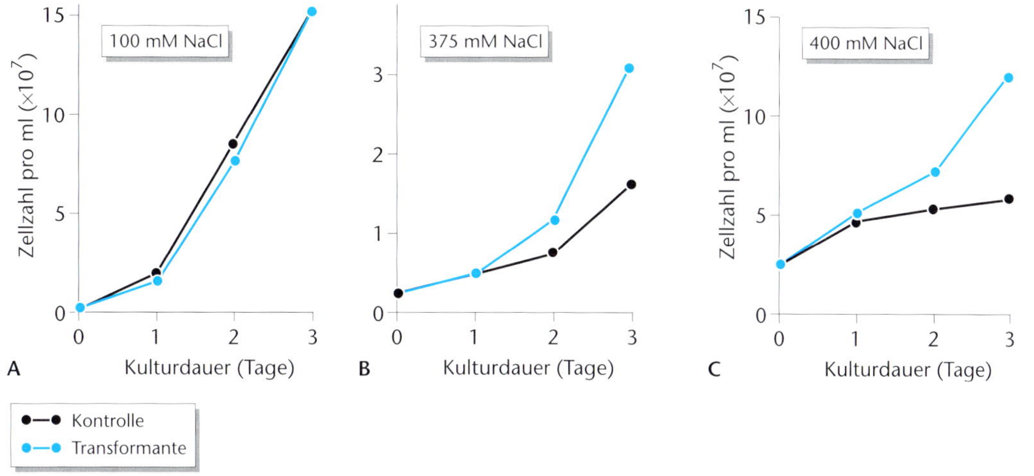

Abb. 1.6.16: Wachstum von Wildtyp und transformierten Synechococcus-Zellen unter Salinitätsstress. Die Zellen wurden in cholinhaltigem Medium angezogen, dem nach zwei Tagen (Zeitpunkt 0 in der Grafik) NaCl in den angegebenen Konzentrationen zugesetzt wurde. Die Transformante enthielt die Glycinbetain-Kassette. Die Glycinbetainkonzentration in den mit höheren NaCl-Konzentrationen gestressten Zellen war etwa 15 Mal so hoch wie in den ungestressten (nach Nomura et al. 1995).

stabilisieren (Papageorgiou und Murata 1995) Hier zeigt sich ein deutlicher Unterschied zum Osmolyten Glycerin, der in dieser Hinsicht wirkungslos ist. Bei den Betainen handelt es sich um so genannte **chaotrope Verbindungen**, das sind Zwitterionen, die durch ionische Kräfte ausgelöste Effekte konterkarieren. Spezifisch dort, wo durch Salzbelastung Komplexe oder Untereinheiten von Proteinen zu dissoziieren drohen, entfalten sie ihre höchste Schutzwirkung.

DMSP (3-Dimethylsulfonio-Propionat)

Über die TSCs ist noch nicht so viel bekannt wie über die QACs. Der bekannteste Osmolyt dieser Gruppe ist das Dimethylsulfoniopropionat (DMSP), das vor allem in Algen, aber neuerdings auch in bestimmten Vertretern der Gräser und Compositen gefunden wurde*. Ausgangsprodukt für die Synthese von DMSP ist die Aminosäure Methionin. Diese wird in Meeresalgen und Landpflanzen aber auf unterschiedlichen Wegen zum DMSP metabolisiert (Abb. 1.6.17), wobei sich, da Ausgangs- und Endprodukt identisch sind, im Prinzip nur die Reihenfolge der einzelnen Schritte ändert. Allerdings bilden die verschiedenen Gruppen der Landpflanzen DMSP wiederum auf unterschiedlichen Wegen. Alle benötigen aber die Betainaldehyd-Dehydrogenase für den letzten enzymatischen Schritt.

* DMSP ist die biogenetische Vorstufe des atmosphärischen Spurengases Dimethylsulfid, welches vor allem aus Algen freigesetzt wird.

Tabelle 1.6.6: Effekte von Salinität auf den photosynthetischen Elektronentransport von Glycinbetain-akkumulierenden (Transformanten) und nicht akkumulierenden (Kontrollzellen) *Synechococcus*-Zellen. DADH$_2$, reduziertes 2,3,5,6-Tetramethyl-Phenylendiamin; MV, Methylviologen; PBQ, Phenyl-1,4-Benzochinon. Die Reaktion des Photosystems I verbraucht (reduziert) O$_2$, die des Photosystems II produziert O$_2$. Nach Nomura et al. (1995).

Reaktion	O_2-Entwicklung oder Aufnahme (µmol/ mg Chl x h)			
	Kontrollzellen		*Synechococcus*-Transformante	
	– NaCl	+ 200 mM NaCl	– NaCl	+ 200 mM NaCl
$H_2O \rightarrow CO_2$	57	40	52	39
PS I ($DADH_2 \rightarrow MV$)	–152	–96	–217	–177
PS II ($H_2O \rightarrow PBQ$)	71	60	78	77

Abb. 1.6.17: Biosynthesewege von DMSP in Meeresalgen und verschiedenen Landpflanzen. Nach McNeil et al. (1999).

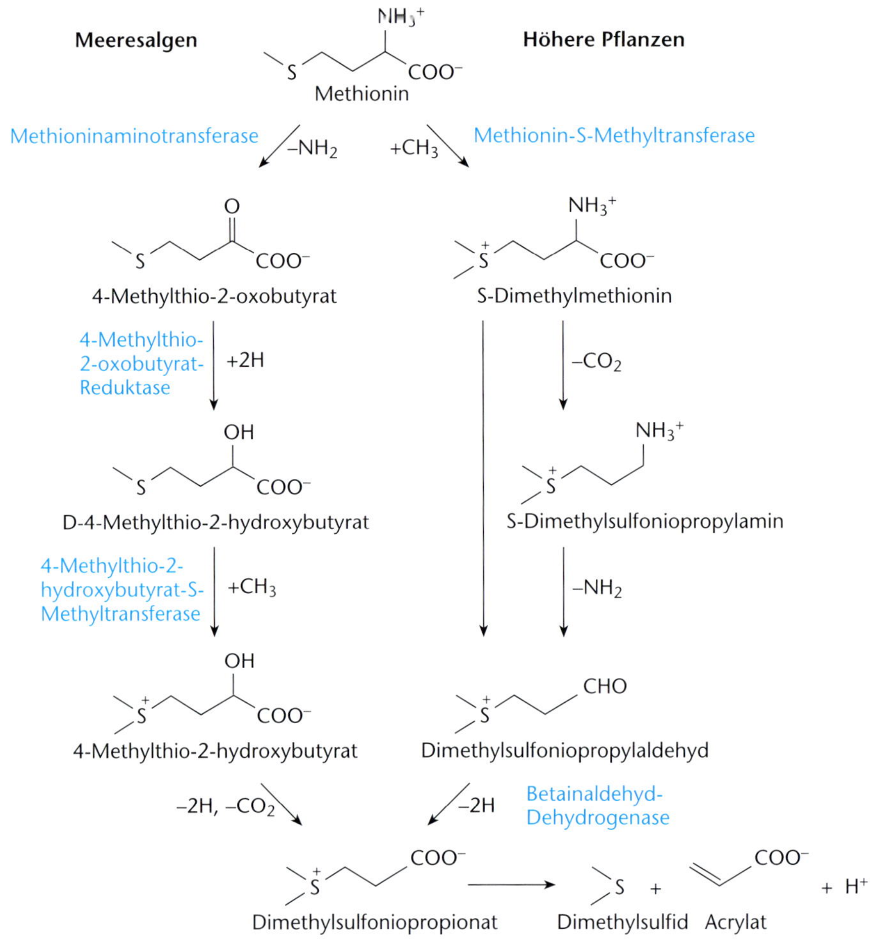

1.6.2.4 Die Induktion von protektiven Proteinen durch Salzstress

Aus den vorhergehenden Ausführungen wurde bereits deutlich, dass Salzbelastung eine Vielzahl von zellulären Reaktionen auslöst, die alle aufeinander bezogen sind und sich synergistisch ergänzen.

Zu diesen Reaktionen gehört auch die Synthese mehr oder weniger spezifischer protektiver Proteine (Abb. 1.6.18). Es handelt sich bei diesen zum einen um osmolytproduzierende Enzyme, zum anderen um Proteine aus der LEA-Gruppe (siehe Kapitel 1.5.2.5), die den durch hohe Salzbelastung ausgelösten Dehydratationsstress auffangen. Neben diesen eher spezifisch wirkenden Proteinen wird bei Salinitätsstress noch eine Gruppe weiterer Polypeptide gebildet und angereichert, deren Funktion in Bezug auf den Stressor Salz nicht offensichtlich ist. Es handelt sich dabei einerseits um Proteine, die vielfach auch bei Pathogenbefall gebildet werden, andererseits um Proteine der Zellwand und der extrazellulären Matrix.

Abb. 1.6.18: Die verschiedenen Gruppen von bei Salinitätsstress induzierten Proteinen.

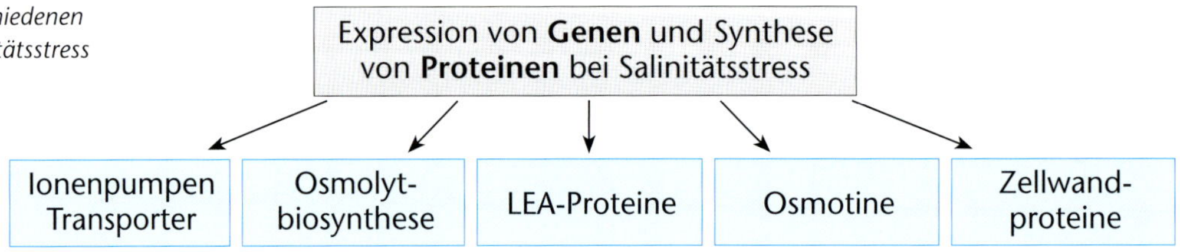

Die große Vielfalt der unter Salzeinfluss gebildeten und z. T. stark akkumulierten Proteine macht es schwer, sie einer bestimmten Stressantwort zuzuordnen. Die Tatsache, dass LEA-Proteine typische Dehydratationsschutzproteine sind (siehe Kapitel 1.5.2.5), besagt natürlich nicht, dass sie spezifisch nur den Dehydratationsstress der Salinität abfangen.

Eine Erklärungsmöglichkeit für das Auftreten der nicht salzstressspezifischen Proteine in salinitätsbelasteten Organismen kommt von den Signalstoffen, die zum Salinitäts-*strain* führen (siehe Kapitel 1.6.2.1). Salzstress hat einen Anstieg des ABA- und des Jasmonatspiegels in der Zelle zur Folge. Über ABA ergibt sich die Verknüpfung der zellulären Antworten auf Salzbelastung und auf Trockenheit. Über die Jasmonate setzt sich diese Stressantwort in die Antwort auf Stress durch Verwundung oder Pathogenbefall fort (siehe Kapitel 1.10.1 und Kapitel 1.10.2). Allerdings beobachtet man auch eine NaCl-abhängige Genexpression, die weder ABA noch Jasmonat noch dem gelegentlich im Zusammenhang mit Salzstress beobachteten Ethylen zuzuschreiben ist. Dies entspricht den früher beschriebenen Verhältnissen beim Trockenheitsstress (siehe Kapitel 1.5.2.3).

Osmotine

Osmotine sind Proteine, die bei Salzbelastung in den Zellen akkumulieren und z. B. bei Tabakzellkulturen bis zu 12 % des Gesamtproteingehalts erreichen können. Soweit ihre Expression über ABA induziert wird, können sie auch bei Trockenheit gebildet und angereichert werden (Singh et al. 1989); soweit sie über das Jasmonatsignal gesteuert werden, findet man sie auch bei Pathogenbefall. Obwohl sie bei der Untersuchung der zellulären Reaktion auf Salzstress entdeckt wurden und dementsprechend die Bezeichnung Osmotin erhielten, sind sie also keine spezifischen Salzstressproteine;

Tabelle 1.6.7: Charakterisierung von Osmotin und einigen verwandten Proteinen („OLPs"). a aus der cDNA bekannt; b vermutlich mit vakuolärem *targeting*. Nach diversen Arbeiten, vor allem Singh et al. (1989).

Art/Konstitutionstyp/ Proteinbezeichnung	Molekular-masse (M_r) kDa	isoelektrischer Punkt	Expression	Eigenschaften
***Atriplex nummularia*/Halophyt**				
pA8	23,8	8,3	konstitutiv und ABA-kontrolliert	a
pA9	23,8	6,9	NaCl-induzierbar, ABA-unabhängig	a
Tabak/Glykophyt				
Präosmotin	28,5		ABA-, Jasmonat-, NaCl-induzierbar	Signalpeptid vorhanden,
Osmotin I	26,0	7,8		löslich, proteaseempfindlich, vermutlich ubiquitär in der Zelle,
Osmotin II		8,2		vakuoläre *inclusion bodies*, proteaseresistent
Kartoffel (*S. comersonii*)/Glykophyt				
pA13	26,7	6,7	ABA-, Kälte-,NaCl-, verwundungs-, infektionsinduzierbar	a, b
pA35	26,7	5,7	ABA-, Kälte-,NaCl-, verwundungs-, infektionsinduzierbar	a, b
pA81	27,5	8,0	ABA-, Kälte-,NaCl-, verwundungs-, infektionsinduzierbar	a, b
Tomate/Glykophyt				
Osmotin 24	24,0		konstitutiv, ABA-kontrolliert	
Osmotin 26	26,0		NaCl-induzierbar	
***Thaumatococcus daniellii*/Glykophyt**				
Thaumatin I und II	22,1	12,0		auf Gewichtsbasis 3000 mal süßer als Saccharose
Mais/Glykophyt				
α-Amylase/Trypsin-Inhibitor	22,1		infektions- und verwundungs-induzierbar	

vielmehr werden sie heute eher zu den *pathogen related proteins* (siehe Kapitel 1.10.2) gerechnet und als OLP, *osmotin like proteins*, bezeichnet, welche Produkte einer Multigenfamilie sind.

Osmotine sind relativ kleine Proteine (M_r zwischen 24 und 50 kDa), die durch ihren alkalischen isoelektrischen Punkt auffallen (Tabelle 1.6.7). Bei den pH-Werten der Zelle tragen sie eine positive Nettoladung, sind also Kationen. Als solche können sie vermutlich effizient mit den meist anionischen Membranproteinen wechselwirken (Kononowicz et al. 1993). Sie besitzen eine große Zahl von Disulfidbrücken, aber keine freien SH-Gruppen (Zhu et al. 1995).

In den bisher genauer untersuchten Fällen wurden jeweils mehrere Osmotine gefunden, die sich weniger durch die Molekülmasse als durch die isoelektrischen Punkte oder andere Proteineigenschaften unterscheiden. Beim Tabak, der am besten untersuchten Art, wurde neben dem reifen auch ein Prä-Protein entdeckt, aus dessen Existenz man schließen könnte, dass reifes Osmotin kompartimentiert wird. Die als Signalpeptid gedeutete Sequenz gibt allerdings keinen Hinweis auf das betreffende Kompartiment.

In den Tabakzellen liegt Osmotin in einer löslichen (Osmotin I) und in einer unlöslichen Form (Osmotin II) vor, Letztere als *inclusion bodies* in der Vakuole. Da beide Formen mit dem gleichen Antikörper reagieren, vermutet man, dass Osmotin II ein Aggregationsprodukt von Osmotin I ist (Singh et al. 1989).

Auffallend ist der hohe Grad an Homologie der Aminosäuresequenzen der Osmotine zu Proteinen der pflanzlichen Pathogenabwehr, den so genannten PR-Proteinen (siehe Kapitel 1.10.2), oder zu den durch Verwundung induzierbaren Proteinen (z. B. dem Inhibitor der tierischen α-Amylase und des Trypsins von Mais und anderen Getreiden). Obwohl diese Proteine nicht mit Osmotin-Antikörpern wechselwirken, spricht vieles dafür, sie in die Familie der Osmotine zu integrieren (deswegen OLP, s. o.). Besondere Aufmerksamkeit erregt die Ähnlichkeit mit **Thaumatin**, einem entsprechenden Protein aus der ostafrikanischen Marantacee *Thaumatococcus daniellii*, das auf molarer Basis 100 000 Mal süßer schmeckt als Saccharose. Durch seinen besonders hohen Gehalt an basischen Aminosäuren hat es einen extrem alkalischen isoelektrischen Punkt (IEP). Da die Sekundärstruktur des Thaumatins bekannt ist (de Vos et al. 1985), schließt man bei den Osmotinen auf eine ähnliche, hydrophobe Fassstruktur aus antiparallelen Faltblättern mit herausragenden hydrophilen *Loops*. Über Letztere könnte die Wechselwirkung mit Biomembranen eingeleitet werden (s. u.). Alle anderen Osmotine sind allerdings geschmacksneutral.

Expression der Osmotine

Ein Anstieg der endogenen ABA-Konzentration oder eine Applikation von ABA stimuliert die Adaptation an Salinität und fördert die Expression von Osmotinen. In der Mehrzahl der Fälle zeigt sich jedoch, dass die Osmotinsynthese nicht ausschließlich, sondern nur teilweise von ABA kontrolliert wird und dass Salz und ABA synergistisch zur Expression von Osmotin-mRNA beitragen (Grillo et al. 1995).

Zur maximalen Genexpression der Osmotine braucht man also Salz, und auch die Akkumulation des Osmotins bei Salzstress benötigt ein hohes osmotisches Potential. Offensichtlich verläuft die Osmotinsynthese nicht nur unter der Transkriptionskontrolle durch ABA und Salz, sondern auch unter translationaler oder posttranslationaler Kontrolle durch beide oder einen dieser Faktoren (La Rosa et al. 1992). Als Effekt ergibt sich eine Steigerung der Empfindlichkeit gegenüber ABA durch NaCl (vgl. auch Abb. 1.6.19).

Durch Gen-Fusionsprodukte aus dem Osmotin-Promotor und einem Reportergen (GUS) ließen sich das räumlich-zeitliche Expressionsmuster von Osmotinen in der Pflanze sowie die Promotorempfindlichkeit gegenüber den verschiedenen Stressarten studieren. Der durch ABA, Ethylen, Virusinfektion, Salz, Trockenheit, UV, Verwundung und Pilzinfektion ansprechbare Bereich des Promotors ist ziemlich groß (–1100 Basenpaare); der minimale für die ABA-Wirkung notwendige Bereich ist deutlich kleiner (das so genannte Fragment A von Basenpaar –248 bis Basenpaar –108, Liu et al. 1995). Die Expression des Osmotingens ist von der Akkumulation des Proteins gut zu trennen: Letztere ist nur bei Salzbelastung oder Pilzinfektion nachweisbar.

Entsprechend der Stimulierbarkeit durch ABA wird das Osmotingen überall dort exprimiert, wo trockenheitsbedingt ein erhöhter ABA-Spiegel vorliegt: bei der Reifung der Pollenkörner, beim Trocknen der Fruchtbehälter, bei der Seneszenz von Blütenorganen und in seneszierenden Blättern. Eine Akkumulation von Osmotin zeigt sich dabei aber nicht. Bei Salzbelastung jedoch wird Osmotin akku-

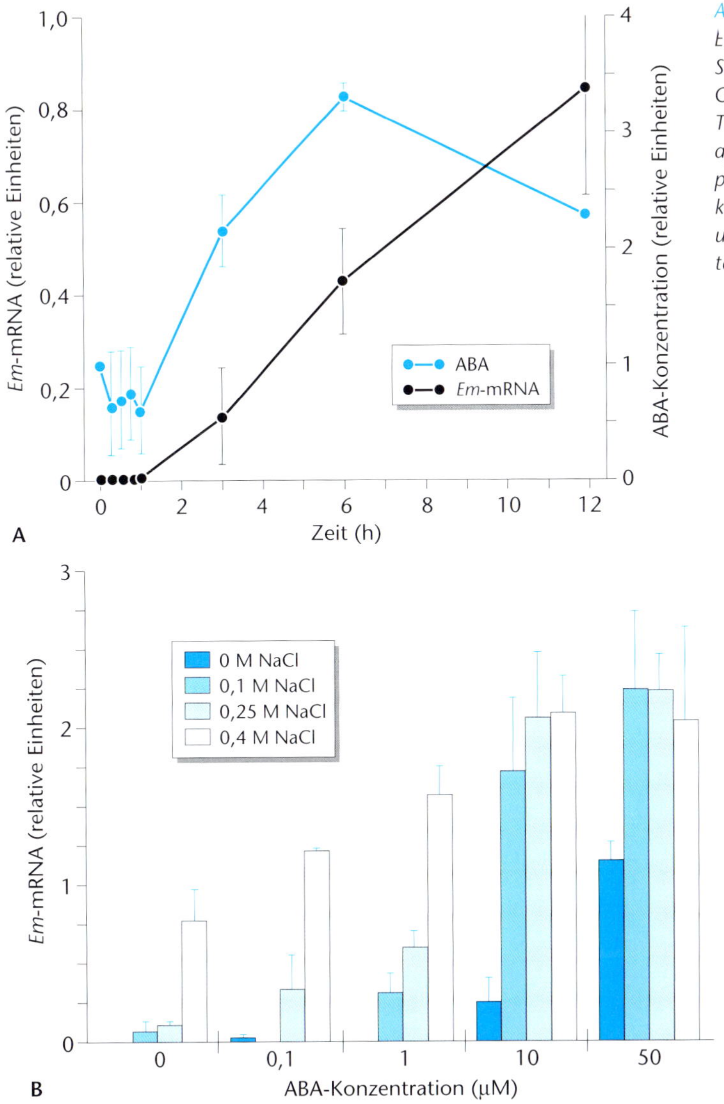

Abb. 1.6.19: A: Zeitkinetik der ABA-Akkumulation und Em-Transkriptanreicherung nach Behandlung der Reis-Suspensionskulturzellen mit 400 mM NaCl. Der ABA-Gehalt zum Zeitpunkt 0 betrug 0,79 ± 0,27 nmol/g Trockengewicht. B: Wechselwirkung zwischen extern applizierter ABA und NaCl bei der Induktion der Em-Expression in Suspensionskulturzellen von Reis. Die Zellkulturen wurden gleichzeitig mit ABA und NaCl versetzt und nach 24 Stunden geerntet. Em ist eines der LEA-Proteine des Reis'. Nach Bostock und Quatrano (1992).

muliert, besonders in der Streckungszone der Wurzel, in alten Blättern, im Xylemparenchym des Sprosses und in den Epidermen (Kononowicz et al. 1993).

Neben den Osmotinen wird auch noch die Expression anderer Schutzproteine durch Salz induziert, von denen die **LEA-Proteine** auch hinsichtlich ihrer Wirkung am bekanntesten sind. Ihre Expression ist z. T. ABA-abhängig (siehe Kapitel 1.5.2.2), hat aber, wie Osmotin, zumindest noch einen weiteren Induktor: Salz (Abb. 1.6.19, 1.6.20).

Die Wirkung des Induktors Salz könnte in bestimmten Fällen über das „Stresshormon" Jasmonat vermittelt werden.

Die Expression vieler Proteine mit protektiver Wirkung, darunter auch Osmotine und PR-Proteine, wird von Jasmonaten induziert, manche davon (Osmotin) sowohl von ABA als auch von Jasmonat. In diesem Fall sprechen verschiedene Stressoren vermutlich einen dieser Signalwege in besonderem Maße an. Besonderes Augenmerk wird dabei auf die Wechselwirkung von Salzstress und Infektions-/Verwundungsstress gerichtet, denn es hat sich gezeigt, dass die Antwort auf einen dieser Stressoren eine **„systemisch induzierte Resistenz"** (Immunität) gegenüber dem anderen Stressor bedingt. Worauf sich diese *cross protection* zurückführen lässt, wird im nächsten Abschnitt ausgeführt.

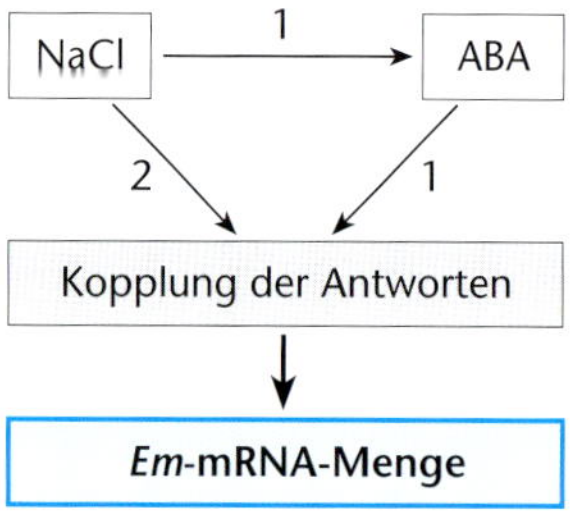

Abb. 1.6.20: Modell der Wechselwirkung von NaCl und ABA bei der Induktion der Em-Expression in Suspensionskulturzellen von Reis. Salz kann über ABA (Weg 1) oder aber direkt, d. h. ABA-unabhängig (Weg 2), auf die Induktion des LEA-Gens Em wirken. Beide Wege konvergieren in einem gemeinsamen Intermediaten, wo sie interagieren und zur verstärkten Expression der mRNA führen. Aus Bostock und Quatrano (1992).

Die Funktion der Osmotine

Im Gegensatz zu den LEA-Proteinen (siehe Kapitel 1.5.2.5) ist die Funktion der Osmotine bei Salzbelastung unklar. Will man nicht eine durch den Induktionsweg verursachte Unspezifität annehmen (was in Anbetracht der teilweise enormen Akkumulation der Osmotine nicht ökonomisch wäre), so muss man ihre zellbiologische Rolle von ihrer Verwandtschaft mit PR-Proteinen ableiten.

Transformation von Kartoffelpflanzen mit dem Osmotingen aus Tabak führt unter dem starken (CaMV)35S-Promotor zur Osmotinakkumulation und zur erhöhten Resistenz gegenüber Kartoffelmehltau (*Phytophthora infestans*).

Osmotin hemmt das Wachstum und die Sporenkeimung einer Reihe pflanzenpathogener Pilze wie *Phytophthora, Botrytis, Helminthosporium* aber durchaus in artspezifischer Weise. Es depolarisiert das Zellmembranpotential der Pilzhyphen, indem es die pH-Gradienten zum Erliegen bringt. Dabei könnte ein zweifacher Mechanismus wirksam werden: Vom Thaumatin (s. o.) kennt man die durch acht Disulfidbrücken fixierte Tertiärstruktur, wobei die N-terminale Domäne Ähnlichkeit mit rezeptorbindenden Proteinen hat. Diese hochkonservierte, auch im Osmotin vorhandene Domäne könnte an bestimmte Bereiche der Pilzmembran binden und sein hydrophobes „Fass" aus antiparallelen β-Faltblättern in diese Membran integrieren. Dieses „Fass" würde dann eine Pore (ein Loch) in der Membran erzeugen.

PR-Proteine und Chitinasen binden bevorzugt an Actin und akkumulieren dadurch an der Stelle des Eindringens der Pilzhyphe in die Pflanzenzelle, wo sich auch das Cytoskelett massiert. Durch die Abwehrenzyme und durch den Porationsmechanismus werden die eindringenden Pilzhyphen hier einem besonders starken Angriff ausgesetzt.

Lässt sich daraus eine Verbindung zum osmotischen Stress herstellen? Pathogenbefall zerstört Wirtszellen direkt oder im Zuge der hypersensitiven Reaktion (siehe Kapitel 1.10.2) und die freigesetzten Enzyme und Substrate schädigen die Nachbarzellen, zuerst deren Plasmamembran. Zusammenbruch der selektiven Permeabilität dieser Membran führt zu osmotischem Stress, wobei auch die Toxine des Pathogens verstärkend mitwirken. Makroskopisch wird diese Schädigung am Welken der befallenen Partien und/oder Organe erkennbar.

Pilzattacke und osmotischer Stress sind also kausal miteinander verknüpft. Beide induzieren nicht nur die Expression des *OSM*-Gens, sondern

Abb. 1.6.21: Modell für die Wirkung von Jasmonat und ABA auf die Expression von Genen, die durch Salzstress induziert werden. ABA, JA: Genexpression durch ABA oder JA oder beide beeinflusst. JA +/ABA - und JA -/ABA +: antagonistische Wirkung von JA und ABA. Überschneidungsbereich: synergistische Wirkung. WDR: Wasserdefizit-Response. DR: Defense Response. Sal T, Osmotin, OS LEA3 und OS R40c1: Gene. Nach Moons et al. (1997).

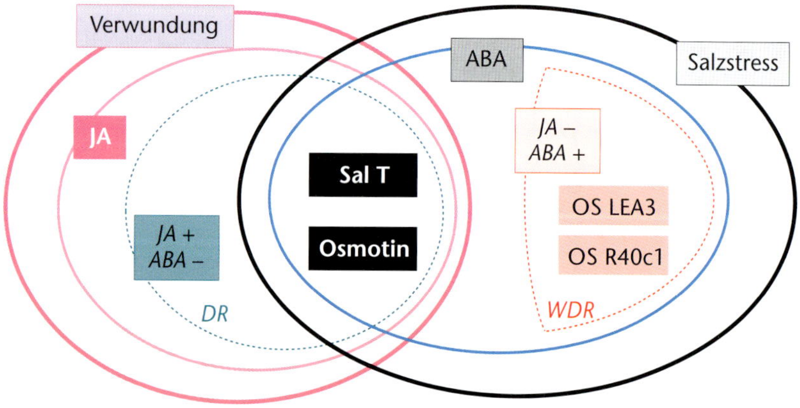

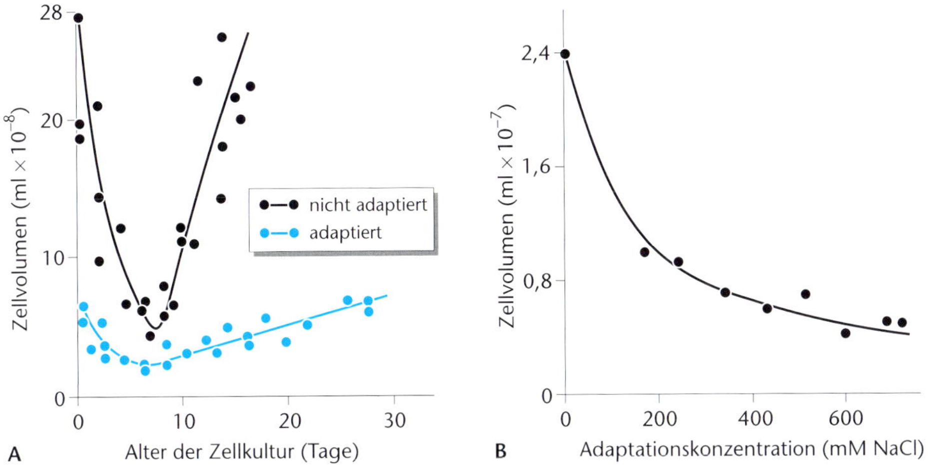

Abb. 1.6.22: Zellwachstum unter Salinitätsstress. A: Zellvolumen im Verlauf der Zellkultur vom Inoculum bis in die stationäre Phase. Die adaptierten Tabakzellen wuchsen bei 428 mM NaCl im Medium. B: Abhängigkeit der Zellgröße in der stationären Phase vom Salzgehalt des Mediums. Nach Iraki et al. (1989a).

auch die Akkumulation von Osmotin. Omotischer Stress wirkt vornehmlich über ABA, pathogener über Jasmonat.

Auf beiden Pfaden, wahrscheinlich auch noch über einen ABA- und Jasmonat-unabhängigen dritten Weg, werden Osmotin, LEA-Proteine sowie PR-Proteine exprimiert und akkumuliert (Abb. 1.6.21). Da die Osmotine sehr stoffwechselinert sind, worauf schon die vakuolären *inclusion bodies* hinweisen, ist es verständlich, dass nach einem Salinitätsstress die durch Osmotin beigesteuerte Komponente der Salzresistenz auch längere Zeit erhalten bleibt. In gleicher Weise bleibt mit dem Zellvorrat an Osmotinen auch die Pathogenresistenz (latent) erhalten. Durch ihre Nachhaltigkeit bieten die Osmotine also eine sehr interessante Möglichkeit zur molekulargenetischen Übertragung von Pathogen- und Salzresistenzen.

Die Wirkung von Salzstress auf die Zellwandproteine

Salzstress führt auch zu Reaktionen im Kompartiment Zellwand. Strukturproteine dieses Kompartiments sind die prolin- und hydroxyprolinreichen Proteine (so genannte Extensine), die glycinreichen und die arabinogalactanreichen Proteine, die durch Quervernetzung untereinander oder mit Polysacchariden in der Zellwand fixiert sind (Showalter 1993). Da salinitätsgestresste Pflanzenzellen erheblich kleiner sind als ungestresste (Abb. 1.6.22), wurde vermutet, dass unter diesen Bedingungen auch Veränderungen der Zellwandproteine eintreten. Obwohl Zellen, die unter osmotischem Stress heranwachsen, oft einen wesentlich höheren Turgor aufweisen als Zellen ohne Salzbelastung, scheint die Zellwand der gestressten Zellen trotz gleicher Dicke eine erheblich geringere Zugfestigkeit zu besitzen (Iraki et al. 1989a). Dies wurde darauf zurückgeführt, dass die Zellwände der an Salz adaptierten Zellen einen wesentlich geringeren Gehalt an Cellulose und an Extensin aufweisen als die der nicht adaptierten. Andererseits scheiden an Salz adaptierte Suspensionskulturzellen deutlich mehr und vor allem proteinreicheres Zellwandmaterial in das Medium aus als nicht gestresste (Tabelle 1.6.8). Die Daten lassen erkennen, dass Salzstress den Zellwandmetabolismus, insbesondere die Dynamik des

Tabelle 1.6.8: Exkretion von Zellwandmaterial von Tabak-Suspensionskulturzellen in der stationären Phase. Das Medium der nicht adaptierten Zellen enthielt kein NaCl, das der adaptierten 428 mM Salz, Trockenheitsstress wurde durch 30 % Polyethylenglykol-Zusatz erreicht. Uronsäure ist ein Maß für Pektin. Nach Iraki et al. (1989b).

Zelltyp	extrazelluläres Material (gesamt)	Kohlenhydrate (gesamt)	Uronsäure	Protein
	(mg/25 ml Zellkultur)			
nicht adaptiert	26,0	18,4	7,2	0,4
NaCl-adaptiert	28,0	24,1	1,1	2,8
PEG-adaptiert	1,0	0,8	0,1	0,1

Polysaccharidstoffwechsels, hemmt (Iraki et al. 1989b).

Die Synthese der zellwandspezifischen Proteine wird auch durch andere Stressoren als Salz beeinflusst. Bei Verwundung oder Pilzinfektion werden bestimmte Extensine verstärkt gebildet und durch die Einwirkung von H_2O_2, eines Elicitors, oder hoher Konzentrationen von GSH miteinander oder mit Hemicellulosen und Pektin vernetzt („Papillenbildung") und so in der Zellwand unlöslich deponiert.

Salzstress führt offensichtlich zwar zur verstärkten Synthese, aber nicht zur Quervernetzung (für welche der so genannte *oxidative burst* notwendig ist, Lamb und Dixon 1997), sodass diese Polymere vermehrt ins Medium ausgeschieden werden, zumal die Zellwandsynthese insgesamt gehemmt ist (s. o.). Ein anderes durch Salzstress ins Medium sezerniertes Protein hat sich als Chitinase erwiesen, die in ungestressten Zellen in kleineren Pools sowohl in der Zellwand als auch in der Vakuole deponiert ist. Bei einer Pathogenattacke werden solche Chitinasen dann verstärkt gebildet und sezerniert. Auch hier zeigt sich wiederum der Zusammenhang zwischen osmotischem und pathogenem Stress.

1.6.3 Vermeidung von Salzstress

In salzhaltigem Milieu (z. B. in der Uferzone der Meere) wachsende Pflanzen zeigen oft das Phänomen der Salzexklusion, das in diesem Zusammenhang interessant ist. Bei Mangroven, z. B. *Rhizophora* oder *Sonneratia*, ist das Gefäßwasser sehr verdünnt: 0–1 % NaCl im Vergleich zu 3 % Salz im natürlichen Medium. Hier scheint das Prinzip des selektiven Na^+-Ausschlusses (keine oder nur sehr geringe Affinität der Kationentransporter für Na^+) sehr effektiv verwirklicht zu sein. Die Ionenbarrieren können bereits in der Rhizodermis oder auch weiter im Innern der Wurzel auftreten. Existieren solche Barrieren nicht, so wird das Salz in die Pflanze aufgenommen und mit dem Xylemstrom verteilt. Da aber sowohl Na^+ als auch Cl^- phloemmobil sind, werden diese Ionen meist aus den Blättern zurücktransportiert und zunächst im Parenchym des Sprosses deponiert (wenn die älteren Blätter nicht die finalen Akkumulationsorte sind und nach Salzbeladung abgeworfen werden, wie z. B. bei den Getreiden, Colmer et al. 1995). Es bildet sich dann ein Salzgradient von der Stammbasis

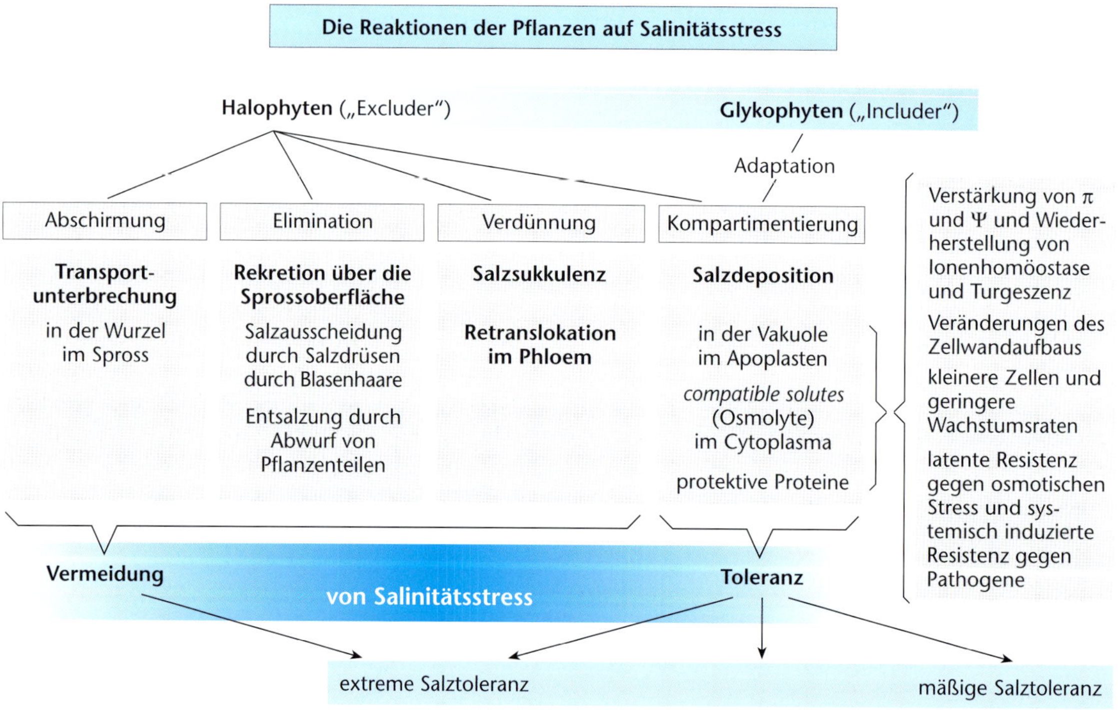

Abb. 1.6.23: Zusammenfassung des Kapitels Salinitätsstress

bis in die Spitze aus, von den älteren zu den jüngeren Blättern hin. Die Meristeme, die noch nicht direkt an das vaskuläre System angeschlossen sind und in denen der Transport, auch des Salzes, von Zelle zu Zelle erfolgt, bleiben meist von der Salzfracht verschont.

Zum Abschluss des Kapitels über den Stressor Salz werden die einzelnen Aspekte noch einmal in Abbildung 1.6.23 in einem Übersichtsschema zusammengefasst.

Zusammenfassung

1. Im Gegensatz zum tierischen Organismus spielt Salz (NaCl) im pflanzlichen Metabolismus keine oder nur eine untergeordnete Rolle. Nur ausgesprochene Salzpflanzen brauchen es für ein optimales Gedeihen. Je nach dem Grad der Toleranz eines salzhaltigen Milieus unterscheidet man Glykophyten (Nicht-Salzpflanzen) und Halophyten (Salzpflanzen).

2. Wegen des geringen Ionendurchmessers von Na^+ und Cl^- und der dadurch erzeugten hohen Ladungsdichte an der Ionenoberfläche zählen beide Bestandteile des Salzes zu den aggressiven Osmolyten. Zusätzlich zu dem durch diese Eigenschaften hervorgerufenen so genannten Salinitätsstress kommt noch die Wasser entziehende Wirkung, die wiederum durch die hohe Ladungsdichte bedingt ist (Dehydratationsstress).

3. Die wichtigsten Membranpotentiale in einer funktionsfähigen Pflanzenzelle sind das Plasmalemma-Potential von circa 200 mV und das Tonoplastenpotential von bis zu 20 mV. Dabei ist die cytosolische Seite immer die elektronegative. Diese Potentiale ergeben sich aus der Aktivität von Ionenpumpen und -kanälen und die durch sie im Gleichgewicht gehaltenen intrazellulären Pools von Anionen und Kationen. Bei diesen Gleichgewichten (Ionenhomöostase) handelt es sich um dynamische Gleichgewichte, die außer durch die genannten regulierten Kanäle mit Hilfe von Protonen-ATPasen erreicht werden, weshalb auch die pH-Werte von Tonoplast (circa 5), Cytoplasma (circa 7) und Apoplast (circa 5) relativ konstant sind. Die ungestresste Pflanzenzelle enthält nur kleine cytoplasmatische und vakuoläre Na^+- und Cl^--Pools.

4. Salzbelastung führt zum Einstrom von Na^+ und Cl^- und zum Anwachsen des cytoplasmatischen Ca^{2+}-Pools. Dabei konkurriert das Na^+ mit dem K^+ um die Transportsysteme, sodass nicht nur die intrazellulären Natriumpools stark anwachsen, sondern auch die K^+-Pools schrumpfen. Da die Zelle versucht, durch verstärkte Pumpleistung (vor allem der H^+-Pumpen) die ursprünglichen Membranpotentiale wieder herzustellen, verschiebt sich der pH-Wert des Cytosols (um bis zu einer pH-Einheit), was Veränderungen von Enzymaktivitäten nach sich zieht. Der erhöhte Calciumspiegel löst regulatorische Prozesse (Genaktivierung) aus, die als Adaptation an hohe Salinität gedeutet werden können.

5. Insbesondere beeinträchtigt wird das Teilungs- und Streckungswachstum, der photosynthetische Elektronentransport (mit Sekundärschäden durch ROS), aber auch der Wasserhaushalt der Zelle. Besonders bei jungen Geweben treten häufig Nekrosen auf.

6. Die adaptive Reaktion der Pflanzenzellen auf Salinitätsstress umfasst Maßnahmen zur Wiederherstellung einer Ionenhomöostase, zur Anpassung des osmotischen Potentials und zur Synthese von Schutzproteinen.

7. Noch wenig verstanden ist die Perzeption des osmotischen Stresses (siehe Kapitel 1.1.4). Eine auf den erhöhten Ca^{2+}-Spiegel reagierende Signalkaskade (das SOS-System) aktiviert einen Na^+-H^+-Antiporter in der Plasmamembran, eine andere, ebenfalls calciumabhängige Signalkette führt zur Synthese von LEA-Proteinen und von Proteinkinasen. Weitere Signale ergeben sich aus dem Anwachsen der intrazellulären Spiegel von ABA und Jasmonat, wodurch die Expression einer ganzen Reihe von Proteinen induziert wird.

8. Unter den neu oder verstärkt exprimierten Proteinen finden sich auch solche, die der Wiederherstellung einer Ionenhomöostase (mit teilweise geänderten Poolgrößen, aber den ursprünglichen Membranpotentialen und pH-Gradienten) dienen, d. h. Na^+-H^+-Antiporter, sowohl in der Plasma- als auch in der Tonoplastenmembran. Da diese auch hohe Protonenkonzentrationen benötigen, werden auch H^+-ATPasen verstärkt gebildet. Durch Überexpression eines der (vakuolären) Na^+-H^+-Antiporter konnte die Salztoleranz von *Arabidopsis* erheblich gesteigert werden.

9. Halophyten können die Salzeliminierung aus dem Cytosol durch Salzausscheidung aus dem Apoplasten an die Blattoberfläche oder durch Bildung großer Vakuolen im Mesophyll („Salzsukkulenz“)

oder in „Blasenhaaren" effektivieren. Eine derartige Wiederausscheidung bezeichnet man als Rekretion.

10. Neben der Wiederherstellung einer Ionenhomöostase ist die Erhöhung des osmotischen Potentials der Zelle ein wesentlicher Teil der Adaptation. Halophyten können als Osmotikum (in der Vakuole) Salz verwenden, Glykophyten, die kein so hohes osmotisches Potential erzeugen (können), erreichen dies meist durch organische Osmolyte. Auch Halophyten müssen solche *compatible solutes* für die osmotische Stabilisierung des Cytosols produzieren, da auch bei ihnen die Salzkonzentration in diesem Kompartiment niedrig gehalten werden muss. Außer ihrer osmotischen Funktion stabilisieren und schützen organische Osmolyte die Biomembranen und wirken vielfach noch dazu als *scavenger* für ROS.

11. Im Zusammenhang mit Salinität sind die wichtigsten Osmolytgruppen offenkettige und zyklische Polyole (Zuckeralkohole bzw. Cyclite), die nur langsam metabolisiert werden und deshalb einen Langzeitschutz gewährleisten. Bei den Cycliten wird die geringe Metabolisierbarkeit durch Methylierung (des *myo*-Inosits) erreicht. Zuckeralkohole und Cyclite eignen sich gut für die Transformation von Nutzpflanzen zur Erhöhung der Salztoleranz. Weitere wichtige Osmolyte sind die Aminosäure Prolin, die quarternären Ammoniumverbindungen (QACs, z. B. die Betaine) und die tertiären Sulfonsäureverbindungen (TSCs, z. B. 3-Dimethylsulfonio-Propionat). Sie schützen vor allem Proteinkomplexe vor der salzbedingten Dissoziation.

12. Außer den Proteinen, welche die Biosynthese der Osmolyte katalysieren, und den LEA-Proteinen, werden bei Salinitätsstress auch Schutzproteine gebildet und akkumuliert, deren spezifische Funktion zweifelhaft ist. Zu diesen zählen vor allem die Osmotine und Osmotin-ähnlichen Proteine, die man heute eher zu den *pathogen related proteins* zählt, da ihre Synthese auch durch Pathogenattacke induziert wird. Osmotine haben einen auffallend alkalischen isoelektrischen Punkt, sind also beim pH-Wert der Zelle positiv geladen und können dadurch leicht mit negativ geladenen Membranproteinen wechselwirken. Man nimmt aufgrund ihrer Molekülstruktur an, dass sie in die Plasmamembran des Pathogens eindringen und dort Poren bilden, wodurch das Pathogen leichter vom Wirt bekämpft werden kann. Im Bezug zum Salinitätsstress ist ihre Funktion weniger klar. Osmotine werden, wie auch die LEA-Proteine, durch ABA, Jasmonat, Ethylen und Stressoren, welche die Akkumulation dieser Phytohormone bewirken, induziert und stellen somit eine Komponente der *cross protection* gegenüber allen möglichen Stressoren dar. Da sie auch in vakuolären *inclusion bodies* deponiert werden, kann man ihnen eine Langzeitschutzwirkung zuschreiben.

13. Außer der Produktion der genannten Proteine beeinflusst Salzstress auch den Zellwandmetabolismus. Zellwände von Salinitäts-gestressten Zellen enthalten weniger Cellulose und weniger Zellwandproteine (Extensine). Offensichtlich beeinträchtigt Salzstress die Quervernetzung der Extensine untereinander und mit den Zellwandkohlenhydraten.

14. Vermeidung von Salinitätsstress: Pflanzen von Salzstandorten wie z. B. die Mangroven haben einen sehr effektiven Selektionsmechanismus bei der Kationenaufnahme entwickelt. Offensichtlich besitzen sie Kaliumtransporter, die keine oder nur eine sehr geringe Affinität für Natrium haben. Damit können sie Na^+ aus ihren Geweben ausschließen. Andere Halophyten, deren K^+-Aufnahmesystem weniger selektiv ist, machen von dem Umstand Gebrauch, dass Na^+ und Cl^- phloemmobile Ionen sind, die in der Pflanze zirkulieren können. Bei ihnen findet sich eine Anreicherung von Salz in der Stammbasis, während die wachsenden Teile der Pflanze weitgehend salzfrei gehalten werden.

Literatur

Apse MP, Aharon GS, Snedden WA, Blumwald E (1999) salt tolerance conferred by overexpression of a vacuolar Na^+/H^+-antiport in *Arabidopsis. Science* 285: 1256–1258

Barkla BJ, Blumwald E (1991) Identification of a 170-kDa protein associated with the vacuolar Na^+/H^+-antiport of Beta vulgaris. *Proc. Natl. Acad. Sci. USA* 88: 11177–11181

Binzel ML, Hess FD, Bressan RA, Hasegawa PM (1988) Intracellular compartmentation of ions in salt-adapted tobacco cells. *Plant Physiol.* 86: 607–614

Blumwald E, Poole RJ (1985) Na^+/H^+-antiport in isolated tonoplast vesicles from storage tissue of *Beta vulgaris. Plant Physiol.* 78: 163–167

Bohnert HJ, Nelson DE, Jensen RG (1995) Adaptations to environmental stress. *The Plant Cell* 7: 1099–1111

Bostock RM, Quatrano RS (1992) Regulation of Em gene expression in Rice. *Plant Physiol.* 98: 1356–1363

Bressan RA, Hasegawa PM, Pardo JM (1998) Plants use calcium to resolve salt stress. *Trends in Plant Science* 3: 411–412

Colmer TD, Epstein E, Dvorak J (1995) Differential solute regulation in leaf blades of various ages in salt-sensitive wheat and salt-tolerant wheat x *Lophopyrum elongatum* (Host) Love, A. amphiploid. *Plant Physiol.* 108(4): 1715–1724

Crum CP (1993) A lichenologists view of lichen Manna. *Contributions University of Michigan Herbarium* 19: 293–306

de Vos AM, Hatada M, Van del Wel H, Krabbendam H, Peerdeman AF, Kim S-H (1985) Three-dimensional structure of thaumatin I, an intensely sweet protein. *Proc. Natl. Acad. Sci. USA* 82: 1406–1409

Delauney AJ, Hu C-AA, Kavi Kishor PB, Verma DPS (1993). Cloning of ornithine δ-aminotransferase cDNA from *Vigna aconitifolia* by trans-complementation in *Escherichia coli* and regulation of prolin biosynthesis. *J. Biol. Chem.* 268: 18673–18678

Grillo S, Leone A, Xu Y, Tucci M, Francione R, Hasegawa PM, Monti L, Bressan RA (1995) Control of osmotin gene expression by ABA and osmotic stress in vegetative tissues of wild-type and ABA-deficient mutants of tomato. *Physiologia Plantarum* 93: 498–504

Hanson AD, Rathinasabapathi B, Rivoal J, Burnet M, Dillon MO, Gage DA (1994) Osmoprotective compounds in the Plumbaginaceae: A natural experiment in metabolic engineering of stress tolerance. *Pro. Natl. Acad. Sci. USA* 91: 306–310

Hasegawa PM, Bressan R, Pardo JM (2000) The dawn of plant salt tolerance genetics. *Trends in Plant Science* 5: 317–319

Hasegawa PM, Bressan RA, Zhu J-K, Bohnert HJ (2000) Plant cellular and molecular responses to high salinity. *Annu Rev. Plant Physiol. Plant Mol. Biol.* 51: 463–499

Hassidim M, Braun Y, Lerner HR, Reinhold L (1990) Na^+/H^+- and K^+/H^+-antiport in root membrane vesicles isolated from the halophyte *Atriplex* and the glycophyte Cotton. *Plant Physiol.* 94: 795–801

Iraki NM, Bressan RA, Hasegawa PM, Carpita NC (1989a) Alteration of the physical and chemical structure of the primary cell wall of growth-limited plant cells adapted to osmotic stress. *Plant Physiol.* 91: 39–47

Iraki NM, Bressan RA, Carpita NC (1989b) Extracellular polysaccharides and proteins of tobacco cell cultures and changes in composition associated with growth-limiting adaptation to water and saline stress. *Plant Physiol.* 91: 54–61

Jin S, Chen CCS, Plant AL (2000) Regulation by ABA of osmotic stress-induced changes in protein synthesis in Tomato root. *Plant Cell and Environm.* 23: 51–60

Katsuhara M, Yazaki Y, Sakano K, Kawasaki T (1997) Intracellular pH and proton-transport in Barley root cells under salt stress: in vivo ^{31}P-NMR study. *Plant & Cell Physiol.* 38: 155–160

Kavi Kishor PB, Hong Z, Miao G-H, Hu C-AA, Verma DPS (1995) Overexpression of Δ^1-Pyrrolin-5-carboxylate-synthetase increases proline production and confers osmotolerance in transgenic plants. *Plant Physiol.* 108: 1387–1394

Kindl H (1994) Biochemie der Pflanzen. Springer, Berlin Heidelberg. 290 Seiten

Kononowicz AK, Ragothama KG, Casas AM, Reuveni M, Watad A-EA, Liu D, Bressan RA, Hasegawa PM (1993) Osmotin: Regulation of gene expression and function. In: Close TJ, Bray EA (Hrsg.) Plant responses to cellular dehydration during environmental stress. American Soc. Plant Physiol., Rockville. *Current Topics in Plant Physiol.* 10: 144–158

La Rosa PC, Chen Z, Nelson DE, Singh NK, Hasegawa PM, Bressan RA (1992) Osmotin gene expression is posttranscriptionally regulated. *Plant Physiol.* 100: 409–415

Lamb C, Dixon RA (1997) The oxidative burst in plant disease resistance. *Annu. Rev. Plant Physiol. Plant Mol. Biol.* 48: 251–275

Larcher W (1994) Ökophysiologie der Pflanzen. UTB Eugen Ulmer, Stuttgart. 394 Seiten

Larcher W (2001) Ökophysiologie der Pflanzen. UTB Eugen Ulmer, Stuttgart.

Liu D, Narasimhan ML, Xu Y, Raghothama KG, Hasegawa PM, Bressan RA (1995) Fine structure and function of the osmotin promoter. *Plant Mol. Biol.* 29: 1015–1026

Lüttge U, Kluge M, Bauer G (1994) Botanik. VCH, Weinheim. 600 Seiten

Marschner H (1986) Mineral nutrition of higher plants. Academic Press, London San Diego. 527 Seiten

McNeil SD, Nuccio ML, Hanson AD (1999) Betaines and related osmoprotectants. Targets for metabolic engineering of stress resistance. *Plant Physiol.* 120: 945–949

Moons A, Prinsen E, Bauw G, Van Montagu M (1997) Antagonistic effects of abscisic acid and jasmonates on salt stress-inducible transcripts in Rice roots. *The Plant Cell* 9: 2243–2259

Nagy Z, Galiba G (1995) Drought and salt tolerance are not necessarily linked: A study on wheat varieties differing in drought tolerance under consecutive water and salinity stress. *J. Plant Physiol.* 145: 168–174

Nakamura T, Ishitani M, Harinasut P, Nomura M, Takabe T (1996) Distribution of glycinebetaine in old and young leaf blades of salt-stressed Barley plants. *Plant & Cell Physiol.* 37: 873–877

Nelson DE, Rammesmayer G, Bohnert HJ (1998) Regulation of cell-specific inositol metabolism and transport in plant salinity tolerance. *The Plant Cell* 10: 753–764

Niu XM, Bressan RA, Hasegawa PM, Pardo JM (1995) Ion homeostasis in NaCl stress environments. *Plant Physiol.* 109(3): 735–742

Nomura M, Ishitani M, Takabe T, Rai AK, Takabe T (1995) *Synechococcus* sp. PCC7942 transformed with *Escherichia coli* bet genes produces glycine betaine from choline and acquires resistance to salt stress. *Plant Physiol.* 107: 703–708

Nuccio ML, Russell BL, Nolte KD, Rathinasabapathi B, Gage DA, Hanson AD (1998) The endogenous choline supply limits glycine betaine synthesis in transgenic tobacco expressing choline monooxygenase. *The Plant Journal* 16: 487–496

Papageorgiou GC, Murata N (1995) The unusually strong stabilizing effects of glycine betaine on the structure and function of the oxygen-evolving Photosystem II complex. *Photosynth. Res.* 44: 243–252

Paul MJ, Cockburn W (1989) Pinitol, a compatible solute in *Mesembryanthemum crystallinum* L. *J. Exp. Bot.* 40 (219): 1093–1098

Popp M, Smirnoff N (1995) Polyol accumulation and metabolism during water deficit. In: Smirnoff N (Hrsg.) Environment and plant metabolism: Flexibility and acclimation. BIOS Scientific Pub., Oxford. 199–215

Rhodes D, Hanson AD (1993) Quarternary ammonium and tertiary sulfonium compounds in higher plants. *Annu. Rev. Plant Physiol. Plant Mol. Biol.* 44: 357–384

Richter G (1998) Stoffwechselphysiologie der Pflanzen. VCH, Weinheim. 221 Seiten

Saneoka H, Nagasaka C, Hahn DT, Yang W-J, Premachandra GS, Joly R, Rhodes D (1995) Salt tolerance of glycinebetaine-deficient and -containing Maize lines. *Plant Physiol.* 107: 631–638

Schobert B, Tschesche H (1978) Unusual solution properties of proline and ist interaction with proteins. *Biochim. Biophys. Acta* 541: 270–277

Shen B, Hohmann S, Jensen RG, Bohnert HJ (1999) Roles of sugar alcohols in osmotic stress adaptation. Replacement of glycerol by mannitol and sorbitol in yeast. *Plant Physiol.* 121: 45–52

Sheveleva E, Chmara W, Bohnert HJ, Jensen RG (1997) Increased salt and drought tolerance by D-ononitol production in transgenic *Nicotiana tabacum* L. *Plant Physiol.* 115: 1211–1219

Showalter AM (1993) Structure and function of plant cell wall proteins. *The Plant Cell* 5: 9–23

Singh NK, LaRosa PC, Handa AK, Hasegawa PM, Bressan RA (1987) Hormonal regulation of protein synthesis associated with salt tolerance in plant cells. *Pro. Natl. Acad. Sci. USA* 84: 739–743

Singh NK, Nelson DE, Kuhn D, Hasegawa PM, Bressan RA (1989) Molecular cloning of osmotin and regulation of ist expression by ABA and adaptation to low water potential. *Plant Physiol.* 90: 1096–1101

Smirnoff N, Cumbes QJ (1989) Hydroxyl radical scavenging activity of compatible solutes. *Phytochemistry* 28: 1057–1060

Speer M, Kaiser WM (1991) Ion relations of symplastic and apoplastic space in leaves from *Spinacia oleracea* L. *and Pisum sativum* L. under salinity. *Plant Physiol.* 97: 990–997

Tarczynski MC, Jensen R, Bohnert HJ (1993) Stress protection of transgenic tobacco by production of the osmolyte mannitol. *Science* 259: 508–510

Zelazny AM, Shaish A, Pick U (1995) Plasma membrane sterols are essential for sensing osmotic changes in the halotolerant Alga *Dunaliella*. *Plant Physiol.* 109: 1395–1403

Zhu B, Chen THH, Li PH (1995) Expression of three osmotin-like protein genes in response to osmotic stress and fungal infection in Potato. *Plant Mol. Biol.* 28: 17–26

1.7 Schwermetalle

Die Niederen Pflanzen, Algen und insbesondere Pilze können mit Schwermetallen besser umgehen als die Höheren Pflanzen. Im Allgemeinen werden die Metalle auf den Oberflächen abgelagert. Eine besondere Form der Krustenbildung ist der so genannte Wüstenlack, der biologisch gebildet wird durch Algen und Pilze, die Mangan und Eisenionen aus dem Gesteinsinneren lösen und an die Oberfläche transportieren. Der Vorteil des Lebens im Stein (meist Dolomit) ist eine hohe CO_2-Konzentration und eine längere Durchfeuchtung nach Tau. Der Stein nimmt den Tau kapillar auf. Diese Durchfeuchtung reicht, um endolithische Flechten zur positiven Netto-CO_2-Assimilation zu aktivieren. Felsmalereien bei Avdat, Negev. Die Felsmalerei zeigt einen Reiter bei der Jagd eines Straußenvogels, der seit langem nicht mehr im Negev vorkommt. Foto E.-D. Schulze.

Literaturempfehlung

1. Marschner H (1995) Mineral nutrition of higher plants. 2nd Edition. Academic Press, San Diego. 313–434
2. Hock B, Elstner EF (1984) Pflanzentoxikologie. Wissenschaftsverlag, Bibliogr. Inst., Mannheim Wien Zürich. 99–114
3. Amberger A (1988) Pflanzenernährung, UTB Ulmer, Stuttgart. 264 Seiten
4. Bergmann W (1988) Ernährungsstörungen bei Kulturpflanzen, Gustav Fischer Verlag, Stuttgart. 332–361
5. Ernst WHO (1996) Schwermetalle. In: Brunold C, Rüegsegger A, Brändle R (Hrsg.) Stress bei Pflanzen. UTB Haupt, Bern Stuttgart Wien. 191–219

Als **Schwermetalle** werden die metallischen Elemente mit einer Dichte $\geq 5\,g/cm^3$ bezeichnet. Es handelt sich um die Elemente: Ag, As, Au, Bi, Cd, Co, Cu, Cr, Fe, Hg, Mn, Mo, Ni, No, Pb, Pt, Sb, Sn, Ti, Tl, U, V, Zn, Zr. Außer durch ihr hohes spezifisches Gewicht zeichnen sich die Schwermetalle dadurch aus, dass die meisten von ihnen in mehreren Oxidationsstufen auftreten können, d. h. zum Valenzwechsel befähigt sind. Im Zusammenhang damit steht ihr häufiges Vorkommen als metallische

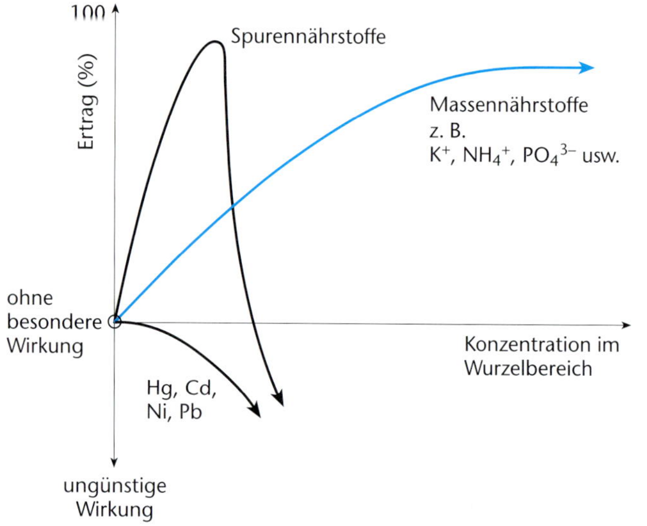

Abb. 1.7.1: Der Einfluss des Ionenangebots im Wurzelraum auf die Ertragsbildung (nach Wallnöfer und Engelhardt 1984).

Komponente von Elektronen übertragenden Enzymen, z. B.

- Fe im Häm (z. B. in den Cytochromen) und in S-Fe-Proteinen (z. B. in der Aconitase),
- Mn in der photosynthetischen Wasseroxidase, in vielen Dehydrogenasen und in der Superoxiddismutase (SOD),
- Cu in der Cytochromoxidase, im Plastocyanin, in der Katalase und in anderen Oxidasen.
- Zn ist vielfach Bestandteil von Dehydrogenasen, von bestimmten Spezies der SOD, der Carboanhydrase und von nucleinsäurebindenden Proteinen (Zinkfinger).
- Mo kommt in Enzymen des N-Metabolismus (z. B. in der Nitrogenase und der Nitratreduktase) vor,
- Co im Cobalamin (Co-Enzym B_{12}, das sich vom Vitamin B_{12} ableitet).

Diese keineswegs erschöpfende Aufzählung zeigt bereits den Bedarf der Organismen an (einigen) Schwermetallen auf. Im Zusammenhang mit den Mehrfachvalenzen steht auch die Tendenz der Schwermetalle zur Chelatbildung, die für die Aufnahme in die Pflanze, aber auch im Hinblick auf die Sequestrierung in der Pflanze bedeutsam ist.

Ein Teil der Schwermetalle zählt zu den **Mikronährelementen** (Fe, Mn, Zn, Cu, Ni, Mo, Co), ein anderer stellt potente **Zellgifte** dar: Hg, Pb, Cd, Cr und As. Aber auch die als Mikronährelemente genannten Schwermetalle können schnell giftig werden, wenn sie in größerer Konzentration in den Organismus aufgenommen werden. Gerade bei den Schwermetallen liegen die Konzentrationsbereiche für Mangel, optimale Versorgung und Toxizität eng beisammen (Abb. 1.7.1 und Tabelle 1.7.1).

Während aber Schwermetallmangelsymptome unabhängig von den einzelnen Pflanzenarten einen relativ engen Schwellenbereich der Konzentration erkennen lassen, hat Schwermetalltoxizität eine weite Konzentrationsamplitude (Tabelle 1.7.2). Dies hängt damit zusammen, dass eine Reihe von Pflanzen Schwermetallionen exkludieren, entgiften oder sequestrieren können (so genannte **Hyperak-**

Tabelle 1.7.1: Bewertung von Mikroelementkonzentrationen (mg/kg TS) in voll entwickelten Blättern von agrarischen Nutzpflanzen. Aus Amberger (1988).

Mikro-Element	Mangel	ausreichend ernährt	Toxizität
Mn	< 20	20 – 250	> 500
Fe	< 50	50 – 250	(> 500)
Zn	< 20	20 – 150	> 400
Cu	< 40	5 – 20	> 40
B (monocotyle Pflanzen)	< 2	2 – 5	> 20
B (dicotyle Pflanzen)	< 15	15 – 100	> 200

Tabelle 1.7.2: Kritische Toxizitätsspiegel von Manganionen im Spross verschiedener Höherer Pflanzen. Der „kritische Wert" wird bei zehnprozentiger Einbuße an Biomasse erreicht. Aus Marschner (1986).

Pflanzenart	Mn-Gehalt (mg/g Trockengewicht)
Mais	200
Sojabohne	600
Baumwolle	750
Süßkartoffel	1 380
Sonnenblume	5 300

kumulatoren) und dadurch Stoffwechselprobleme umgehen. Dabei haben sich bestimmte Pflanzen auf einzelne Schwermetalle spezialisiert, weshalb man sie als **Metallzeigerpflanzen** (**Metallophyten**) bezeichnet: Beispielsweise verträgt *Silene vulgaris* Chrom und Nickel im Substrat, *Festuca ovina* und *Agrostis tenuis* sind Bleizeiger, *Viola calaminaria* (Galmei-Veilchen) und *Minuartia verna* wachsen auf zinkhaltigem Untergrund. Der Farn *Pteris vittata* reichert Arsen an.

1.7.1 Schwermetallverfügbarkeit

Der Schwermetallgehalt der Böden ist für die Pflanzenernährung in der Regel ausreichend, eher liegt er, anthropogen bedingt, zu hoch. Entscheidend für die Pflanze ist jedoch nicht der Gesamtgehalt im Boden (z. B. Fe ca. 10 000 bis 50 000 ppm (ppm ≡ mg/kg), Mn bis 3 000 ppm, Zn bis 300 ppm, Cu bis circa 50 ppm, sondern die Verfügbarkeit der Ionen. Diese ist eine Frage der Löslichkeit der Schwermetalle in Ionenform oder komplexierter Form, des Boden-pH-Wertes, des Redoxpotentials des Bodens und der Aktivität der Pflanzenwurzeln. Ungünstige Konstellationen dieser Faktoren können bei ähnlichen Gesamtgehalten Schwermetallmangel oder -toxizität auslösen.

1.7.2 Schwermetallmangel am Beispiel von Eisen

1.7.2.1 Schwermetallaufnahme

Am Beispiel von Eisen soll die Situation des Schwermetallmangels dargestellt werden. Mit Ausnahme schlecht durchlüfteter Mineralböden (Gley und Pseudogley) liegt Eisen gewöhnlich in dreiwertiger Form vor: Goethit (α-FeOOH), Hämatit (α-Fe_2O_3) und als Gitterbaustein in vielen Mineralien. Da Eisenoxide im basischen Milieu unlöslich werden, tritt **Eisenmangel** meist bei alkalischen, gut durchlüfteten Böden auf und zeigt sich bei den Pflanzen durch (Eisen-)**Chlorosen**, vor allem in den Inter-

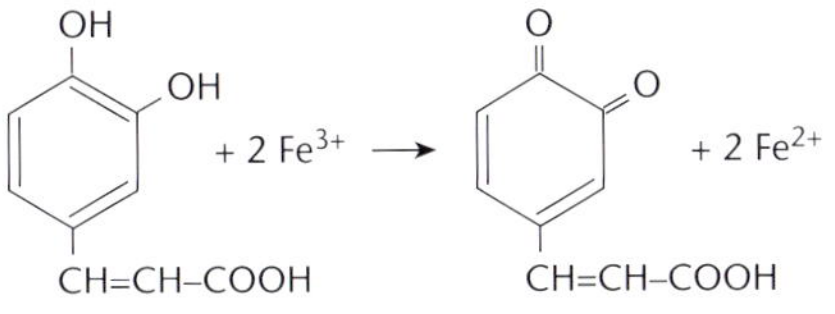

Kaffeesäure

Kaffeeoylchinon

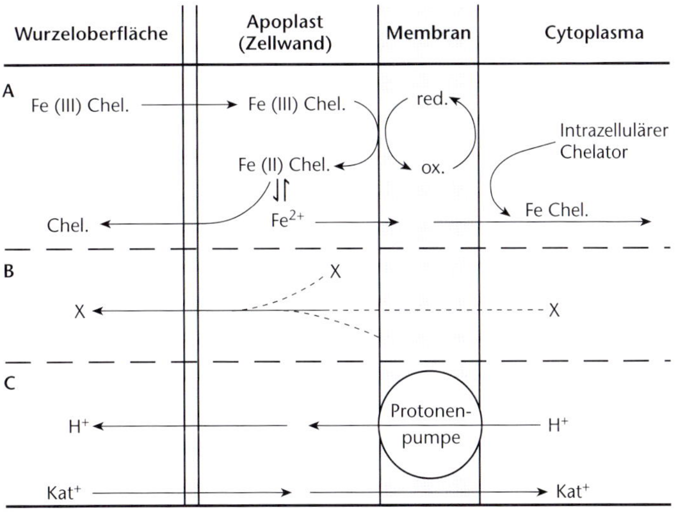

Abb. 1.7.2: Durch Eisenmangel induzierte Mechanismen zur Verstärkung der Aufnahme von Eisenionen bei „eiseneffizienten" zweikeimblättrigen Pflanzen. A: Verstärkung der reduktiven Kapazität. B: Exsudation von phenolischen Verbindungen. C: Verstärkung der Protonenabscheidung; Chel., Chelator; Kat$^+$, Kation; X, z. B. Kaffeesäure (nach Marschner 1986).

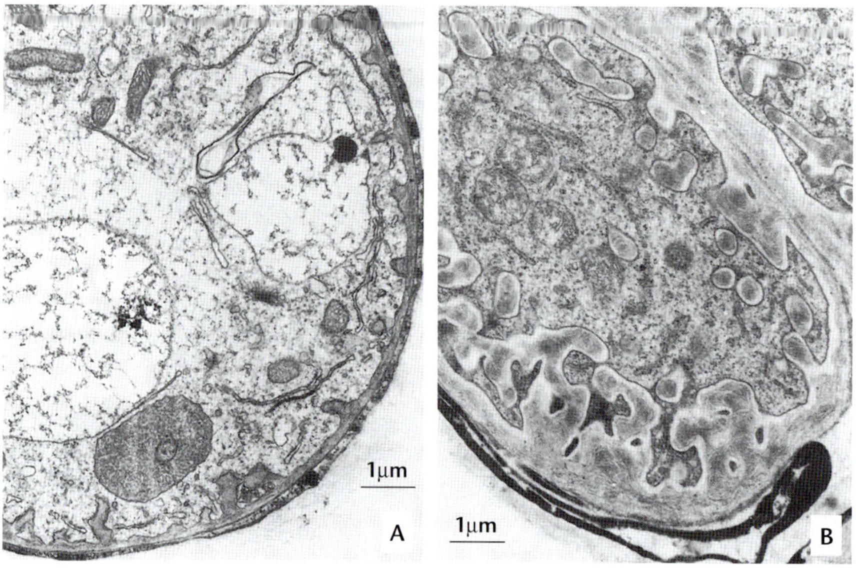

Abb. 1.7.3: Wurzelzellen mit Wandlabyrinth (Transferzellen). A: Querschnitt durch eine Wurzelhaarzelle mit schwach ausgebildetem Wandlabyrinth. B: Papillöse Rhizodermiszelle mit stark ausgeprägtem Wandlabyrinth (nach Kramer et al. 1980).

costalfeldern der Blätter. Er wird durch ein hohes Angebot von Phosphat und HCO_3^- verstärkt, da sich unlösliche Eisenphosphate, Eisenhydroxide und -(bi)carbonate bilden.

In die Pflanze aufgenommen wird nur das zweiwertige Eisen. Da im Boden aber meist dreiwertiges Eisen vorliegt, muss dieses beim Eintritt in die Pflanze reduziert werden (Abb. 1.7.2 A). Dies geschieht durch das Enzym **Chelatreduktase**.

Ein- und zweikeimblättrige Pflanzen, mit Ausnahme der Gräser, verstärken ihre Kapazität zur Reduktion von Fe^{3+} bei Eisenmangel, und im Zuge damit die Aufnahmekapazität. Die Chelatreduktase ist in der Plasmamembran der Wurzelrhizodermis lokalisiert. Durch Bildung eines „Labyrinths" wird die Oberfläche dieser Membran um ein Vielfaches vergrößert (Abb. 1.7.3).

Gleichzeitig werden von der Wurzel größere Mengen Chelatbildner in den Boden exsudiert, die dreiwertige Eisenionen chelatisieren und so in Lösung bringen. Bekannte pflanzliche **Chelatoren** sind Zitronen- und Äpfelsäure, aber auch bodenbürtige Fulvin- und Huminsäuren kommen als Chelatoren in Frage und können Eisen in Lösung bringen. Auch phenolische Verbindungen, wie z. B. Kaffeesäure, können in Einzelfällen in die Komplexbildung, die Komplexumlagerung und die Reduktion involviert sein (Abb. 1.7.2 B). Bei Eisenmangel bilden Wurzelzellen verstärkt solche phenolischen Substanzen. Besonders effizient für die Verbesserung der Eisenmangelsituation ist eine Erhöhung der Rate der H^+-Exsudation durch die Protonen-ATPase der Plasmamembran, wodurch sich der pH-Wert in der Rhizosphäre ins Saure verschiebt und Fe^{3+}-Ionen in Lösung gehen (Abb. 1.7.2 C, 1.7.4 und 1.7.5).

Alle diese bei Eisenmangel verstärkt auftretenden Phänomene können wohl zum größten Teil mit der enormen Oberflächenentwicklung in den Labyrinthzellen in Zusammenhang gebracht werden. Außerdem bilden besonders viele Rhizodermiszellen Wurzelhaare zur Oberflächenvergrößerung aus.

An der Oberfläche der Plasmamembran wird das Fe^{3+}-Ion aus den Chelaten freigesetzt und durch die **Chelatreduktase** zum Fe^{2+}-Ion reduziert (Abb. 1.7.2 A). Dieses wird durch die Plasmamembran aufgenommen und im Cytoplasma in die Zielverbindungen eingebaut. Sobald sich nun die Eisenmangelsituation verbessert und die Pflanzen keine Mangelsymptome mehr zeigen, verliert sich die Verstärkung der Eisenaufnahmemechanismen beim Wiedererlangen der normalen Rate des Wurzelwachstums. Diese hält solange an, bis sich wieder Eisenmangel einstellt.

Gräser verfügen über einen besonderen Chemismus der Schwermetallaufnahme: Ihre Wurzeln scheiden so genannte **Phytosiderophore** (Griechisch: *sideros* = Eisen, *pherein* = tragen) in den Boden aus. Diese Verbindungen sind kompliziert gebaute nicht-proteinogene Aminosäuren (Abb. 1.7.6 A), die dreiwertiges Eisen aus schwerlöslichen Komplexen herauslösen und als Fe^{3+}-Siderophorkomplex in gut wasserlöslicher Form pflanzenver-

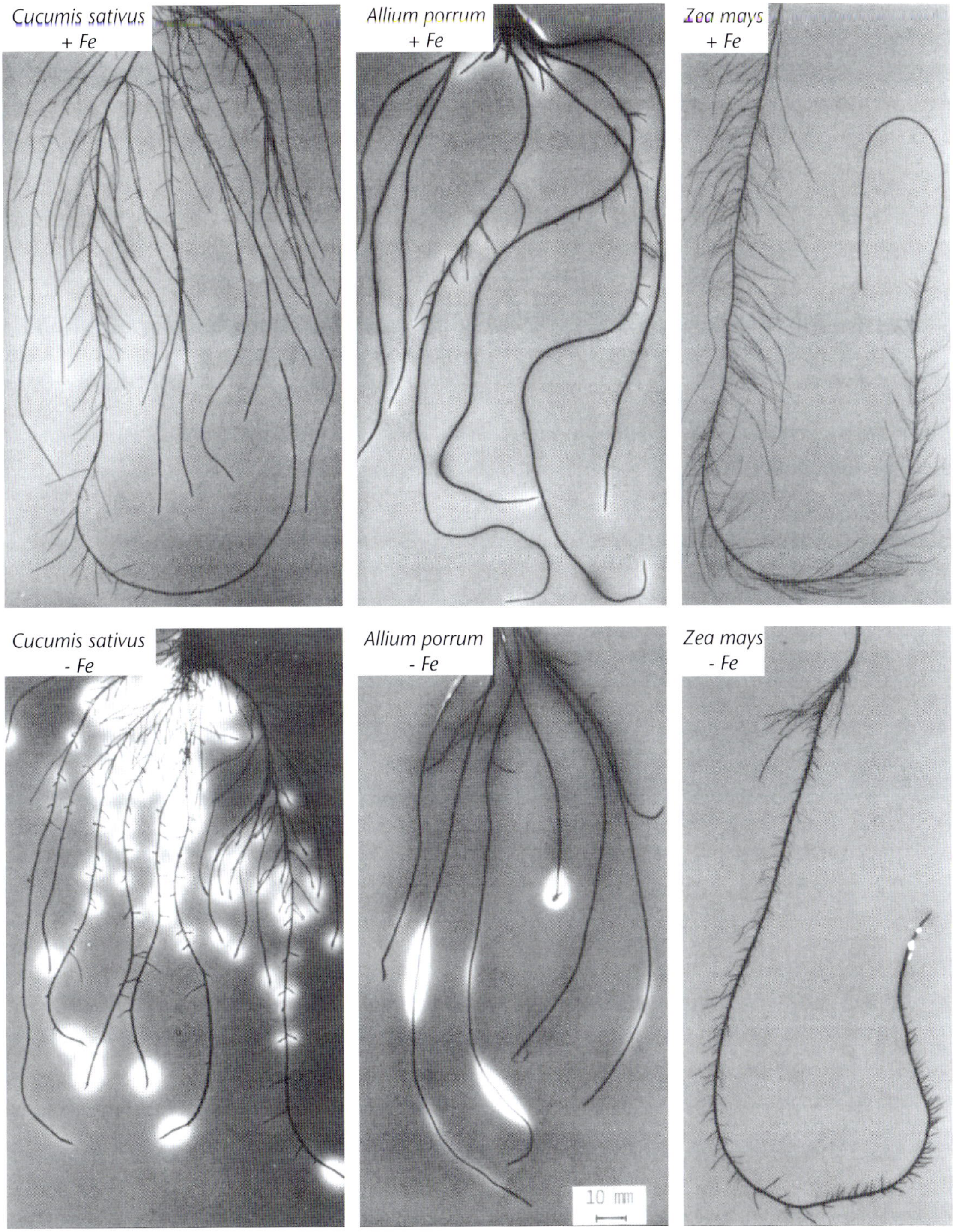

Abb. 1.7.4: Lokalisierung von durch Eisenmangel induzierter Protonenabgabe bei Wurzeln unterschiedlicher Pflanzenarten. Wurzeln intakter Pflanzen (vorkultiviert in ca. 0,1 µM FeEDTA) wurden für zwei Stunden in Agarmedium mit dem pH-Indikator Bromcresol (violett bei pH 6,0) eingebettet; gelbe Bereiche (in der Abbildung weiß) zeigen eine Ansäuerung des Agarmediums bis zu pH 4,5 und niedriger an (nach Römheld und Kramer 1983).

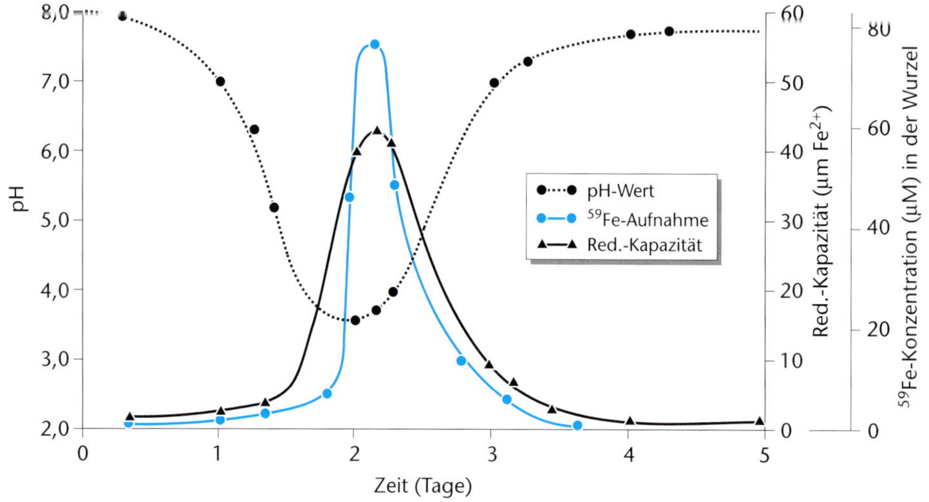

Abb. 1.7.5: Wirkung des Fe-III-Angebots auf den pH-Wert der Nährlösung und auf die Reduktionskapazität und Eisenaufnahme der Sonnenblume, einer „eiseneffizienten" Pflanze. Werden einer solchen Pflanze in der pH-neutralen Nährlösung Eisen-III-Ionen angeboten, so reagiert sie nach kurzer Zeit mit Eisenmangelsymptomen. Bereits nach einem Tag beginnt die Pflanze verstärkt Protonen und reduzierende Verbindungen abzuscheiden, wodurch sich der pH-Wert der Nährlösung absenkt und im Gegenzug die Reduktionskapazität der Wurzeln ansteigt. Mit der nun verstärkten Eisen-II-Aufnahme verschwinden die Mangelsymptome und die Reaktionen der Wurzel gehen auf das Normalmaß zurück. Dadurch erhöht sich der pH-Wert der Nährlösung von neuem und der Zyklus setzt wieder ein. Zu den eiseneffizienten Pflanzen zählen vor allem Zweikeimblättrige, während viele Einkeimblättrige, vor allem die Gräser (Getreide), dazu nicht in der Lage sind (nach Amberger 1988).

fügbar machen. Auch Pilze und Bakterien produzieren Siderophore. Letztere binden das dreiwertige Eisen als Hydroxamate, während die pflanzlichen Siderophore Fe^{3+} an ihre Carboxylgruppen binden.

Der Mechanismus der Verwertung der Phytosiderophoren in der Zelle ist noch nicht völlig geklärt. Nach den bisher vorliegenden Daten können Siderophore in die Zellen aufgenommen werden. Da sie nur dreiwertiges Eisen binden können, sollte die für die Aufnahme notwendige Reduktion des Eisenions an der Plasmamembran zwangsläufig zum Zerfall des Eisen-Siderophorkomplexes führen. Die Bildung und Abscheidung der Siderophore wird durch Eisenmangel dramatisch stimuliert (Abb. 1.7.6 B).

In schlecht durchlüfteten Böden mit einem negativen Redoxpotential liegt Eisen zum großen Teil in der zweiwertigen, besser löslichen Form vor. So ist bei gleichem pH-Wert die Löslichkeit der Fe^{2+}-Oxide/Hydroxide um mehrere Zehnerpotenzen größer als die der Eisen^{3+}-Salze. Bei einem Bodenredoxpotential von pe = 1 liegt die Eisenlöslichkeit bei 10^{-5} M, während sie unter aeroben Bedingungen (pe = 2–4) bei 10^{-16} M liegt (zur Erklärung des pe-Wertes siehe Kasten 1.7.1). In Böden mit einem pe-Wert < 1 tritt Eisenmangel in der Regel nicht auf. Für die Reduktion des Fe^{3+} zu Fe^{2+} im Boden ist ein Redoxpotential von ca. +150 mV erforderlich.

1.7.2.2 Physiologische Konsequenzen von Eisenmangel

Die Eisenmangelchlorosen zeigen, dass die Biosynthese der Porphyrine besonders empfindlich auf Eisenmangel reagiert. Dabei geht es nicht nur um das Eisen als Zentralatom des Häm, sondern auch um die Mg-Protoporphyrin-IX-monomethylester-Cyclase, die unter Verbrauch von Luftsauerstoff den Isopentanonring des Chlorophylls bildet. Eine derartige Monooxygenase oder mischfunktionelle Oxigenase benötigt ein Cytochrom des Typs P450 als Cofaktor und damit Eisenionen. Somit ist es plausibel, dass bei Eisenmangel auch die Chlorophyllsynthese direkt betroffen ist. Hinzu kommt, dass viele ROS-*Scavanger*-Enzyme (siehe Kapitel 1.3.5 und Kapitel 1.6.2.2), z. B. Peroxidasen, Häm enthalten und bei Eisenmangel nicht mehr ausreichend gebildet werden. Dies wiederum führt zu einer unvollständigen Entgiftung der ROS, die ihrerseits nun in der so

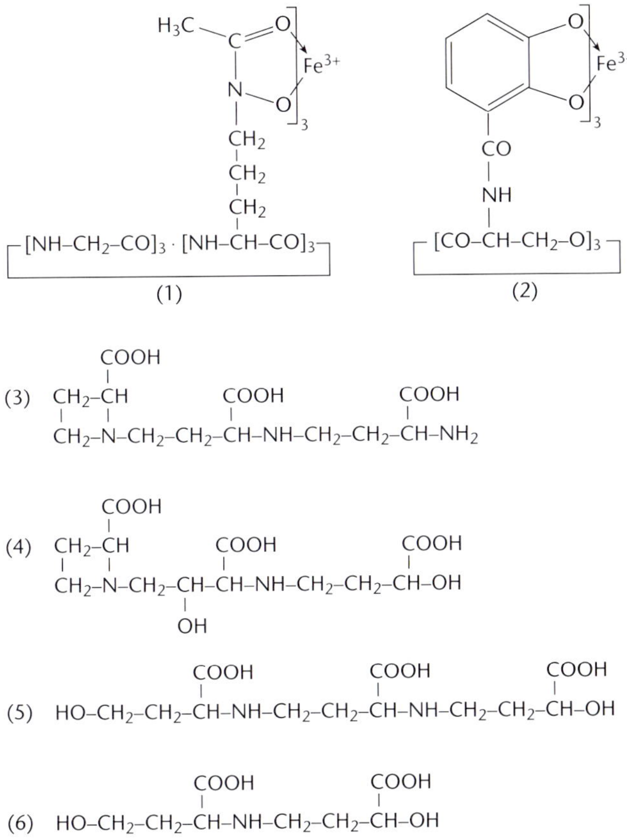

A

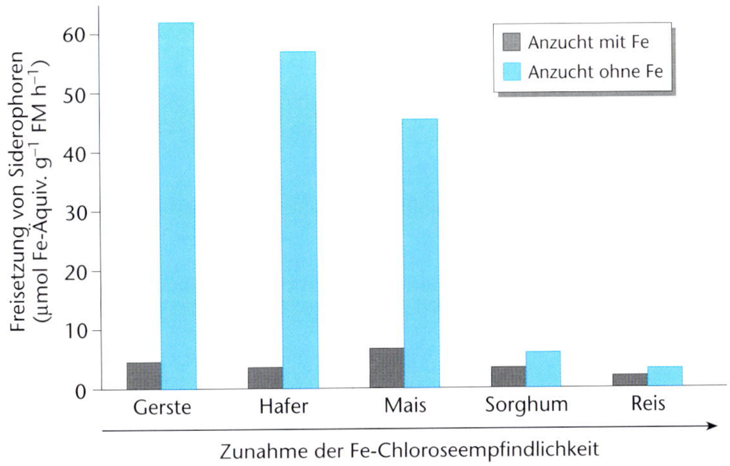

B

Abb. 1.7.6: A: Chemische Struktur von mikrobiellen Siderophoren (1 u. 2) und Phytosiderophoren (Chelatoren) aus Höheren Pflanzen (3 bis 6). (1) = Ferrichrom (Cyclohexapeptidderivat des Hydroxamats); (2) = Ferrienterobactin (cyclo-tris (N-2,3-dihydroxybenzoyl-L-serin)-derivat des Catechols); (3) = Nicotianamin; (4) = Mugineinsäure; (5) = Avenasäure A; (6) = Avenasäure B. (nach Schlee 1992). B: Freisetzung von Siderophoren verschiedener Pflanzenarten bei ausreichendem und unzureichendem Fe-Angebot (nach Mengel 1991).

genannten photodynamischen, d. h. lichtabhängigen Reaktion die Chlorophyllmoleküle oxidieren. Eine geringere Rate der Chlorophyllbiosynthese gekoppelt mit einer erhöhten Rate der oxidativen Chlorophyllzerstörung resultiert in dem Phänomen der **Fe-Chlorose**. Eine geringere Chlorophyllkonzentration bedingt wiederum eine geringere Menge an chlorophyllbindenen Proteinen, sodass es nicht verwundert, dass besonders die Chloroplasten von Eisenmangelpflanzen einen deutlich geringeren

Kasten 1.7.1 **Das Redoxpotential des Bodens**

Das Redoxpotential des Bodens ergibt sich aus dem Verhältnis der oxidierten und reduzierten Formen eines Metalls:

$$E = E_O + \frac{RT}{nF} \ln \frac{a_{ox}}{a_{red}} \text{ [V]}$$

$$E = E_O + \frac{0{,}059}{n} \log \frac{a_{ox}}{a_{red}},$$

wobei n = Zahl der Elektronen (beim Übergang von der oxidierten in die reduzierte Form), a_{ox} = Aktivität der oxidierten, a_{red} = der reduzierten Form ist.

Gut durchlüftete Böden haben Redoxpotentiale bis zu +0,8 V, schlecht durchlüftete Grundwasser- oder Anmoorböden solche bis zu −0,35 V.

Die **Reduktionskraft** des Bodens wird mit dem **pe-Wert** charakterisiert. Der pe-Wert (analog pH) entspricht dem negativen Logarithmus der „Konzentration an Elektronen" im Boden:

z. B. pe = 2: $[e] = 10^{-2}$ M
pe = −1: $[e] = 10^{1}$ M

Umrechnung: E und pe:
pe = E (V) × 16,9

Die pe-Werte eines Reisbodens (Nassreis) liegen zwischen +4 (Oberboden) und −3 (mittlere Schicht).

Pigment- und Proteingehalt aufweisen (Tabelle 1.7.3).

Eisenmangel kann auch bei prinzipiell guter Versorgung mit Eisenionen auftreten. Bei hohem internen Phosphatspiegel werden Eisen^{3+}-Ionen nämlich als Phytoferritin in den Chloroplasten abgefangen und deponiert.

Phytoferritin ist eine Proteinhohlkugel, die bis zu 5 000 Fe^{3+}-Ionen in Form von basischen Phosphaten $[FeO(OH)]_8[FeO(H_2PO_4)]$ speichern kann (Casiday und Frey 2000).

Die eigentlich physiologisch aktive Form des Eisens ist das komplexierte Fe^{2+}-Ion, z. B. im Häm oder in Schwefel-Eisenproteinen; allein dieses ist zur Ladungsübertragung fähig.

Viele Prozesse des pflanzlichen Zellgeschehens sind mehr oder weniger direkt an Eisenionen gebunden. Sie alle im Rahmen dieser Betrachtung über Eisenmangel darzustellen, würde zu weit führen (vgl. z. B. Strasburger, Lehrbuch der Botanik). Eisen selbst ist ein relativ ungiftiges Schwermetall, das noch dazu in größeren Mengen als andere Schwermetalle im Zellmetabolismus benötigt wird (vgl. Tabelle 1.7.1). Giftig wirkt allerdings das unkomplexierte Fe^{2+}-Ion, da es verschiedene Fenton-Reaktionen (siehe Kasten 1.3.8) katalysiert, die immer zur Bildung von ROS beitragen. Deshalb ist die Deposition von Eisen als Ferritin bei Eisenüberversorgung als Entgiftungsprozess wichtig.

1.7.3 Stress durch Schwermetallionentoxizität

Schwermetalltoxizität ergibt sich einerseits bei solchen Ionen, die für den Metabolismus wichtig sind, bei Cu oder Zn beispielsweise schon bei mittleren Konzentrationen, die den Bereich der Spurenelemente übersteigen. Bei Schwermetallen, die natürlicherweise nicht in den Zellen vorkommen (Ag, Au, Cd, Pb usw.), sind andererseits bereits geringste Mengen giftig. Interessanterweise können die schwermetallresistenten Pflanzen auch solche Schwermetalle entgiften, die nicht im pflanzlichen Stoffwechsel vorkommen. Beide Fälle sollen hier kurz behandelt werden.

1.7.3.1 Kupfer

Cu gehört zu denjenigen Schwermetallen, die zwar essenziell sind, aber nur in sehr geringen Mengen von der Pflanze benötigt werden (vgl. Tabelle

Tabelle 1.7.3: Effekte von Eisenmangel auf Tabakpflanzen: Eisenmangel macht sich vor allem im Chloroplasten bei der Chlorophyllsynthese bemerkbar, was zu Chlorosen (Ausbleichungen) vor allem der Intercostalfelder führt (aus Marschner 1986).

Angebot von Eisen-III-Ionen	Pigmentgehalt (mg/g Frischgewicht)		Proteingehalt (mg/g Frischgewicht)	
	Chlorophyll a+b	Carotinoide	Chloroplast	Cytoplasma
ausreichend	0,98	0,45	8,6	12,8
milder Mangel	0,34	0,33	5,0	11,9

1.7.1). Im Boden liegt es fast nur in der zweiwertigen Form vor, zumeist sorbiert an eisen- und manganhaltige Mineralien, an Bodenkolloide und als Chelat mit organischen Verbindungen. Kupferionen zeigen nur eine geringe Beweglichkeit im Boden.

Auch die Kupferkonzentration in der Bodenlösung ist wegen der starken Bindung an die Bodenteilchen außerordentlich gering (circa 0,01 mg pro Liter). Selbst in der Lösung liegt es meist als Komplex mit niedermolekularen organischen Verbindungen vor.

Während in unbehandelten Böden der Kupfergehalt zwischen 20 und 50 mg/kg Boden liegt, ist die Konzentration in Wein- und Hopfengärten sowie Citrusplantagen durch den Eintrag aus Spritzmitteln und Gülledüngung erheblich höher (> 300 mg/kg Boden).

Wegen der starken Sorption bleiben diese hohen Konzentrationen zunächst im Oberboden; beim Pflügen gelangen sie jedoch in den Wurzelbereich und führen zu Cu-Vergiftungen der Kulturpflanzen (vgl. Abschnitt „Kupfertoxizität“).

Die Kupferaufnahme ist wie die Aufnahme von Eisen ein geregelter Prozess, wobei – sichtbar an einem stark ausgeprägten Ionenantagonismus – vermutlich die gleichen Carrier Kupfer-, Eisen-, Mangan- und Zinkionen transportieren. Als Transportmetabolite dienen vermutlich Aminosäuren, an die die Ionen gebunden sind.

Kupfer im Stoffwechsel der Pflanze

Relativ hohe Cu-Gehalte findet man bei Karotten, Kartoffeln (und Buchweizen), vor allem in den bodenbürtigen Speicherorganen, niedrige dagegen in den oberirdischen Organen. Offensichtlich ist die Mobilität des Kupfers in der Pflanze wie im Boden sehr gering.

Kupfer ist als Bestandteil elektronenübertragender Proteine in der Photosynthese (Plastocyanin) wie auch in der Atmungskette (Cytochromoxidase) wohl bekannt. Beim Plastocyanin ist Kupfer nur an der Elektronenübertragung beteiligt, bei der Cytochromoxidase wirkt Cu sowohl an der Elektronenübertragung als auch an der O_2-Bindung mit, allerdings kooperativ mit Eisen. Ferner besitzen Oxidasen (z. B. Ascorbatoxidase, Aminooxidase, Peroxidasen und Phenoloxidasen) häufig Kupfer. Vielfach enthalten Cu-Proteine, wie die erwähnte Cytochromoxidase, noch ein weiteres Schwermetall: Beispielsweise sind in der Kupfer-Zink-SOD beide Schwermetalle über einen Histidinrest miteinander verbunden.

Kupfermangel

Kupfermangelböden sind sorptionsschwache, stark durchlüftete Sand- und Heideböden (Podsole) sowie Moorböden. Wegen des außerordentlich geringen Bedarfs der meisten Höheren Pflanzen an Kupfer (vgl. Tabelle 1.7.1) tritt Cu-Mangel nur selten auf; die meisten der beschriebenen Mangelsymptome wurden erst in Kulturversuchen zur Kupferversorgung erkannt. Kupfermangel zeigt sich besonders auffällig in einer geringeren Lignifizierung und Sklerenchymatisierung der Zellwände im Festigungsgewebe. Dies wird auf eine verminderte Aktivität der Phenoloxidasen und der an der Ligninsynthese beteiligten Peroxidasen zurückgeführt.

Kupfertoxizität

Im Gegensatz zum Mangel ist Cu-Toxizität weit verbreitet, weniger aufgrund kupfererzhaltiger Böden als vielmehr durch menschliche Aktivitäten bedingt: Abraumhalden und Klärschlammdeponien oder landwirtschaftlich genutzte Flächen mit jährlich wiederkehrender Kupfersalzapplikation, z. B. im Weinbau. Toxische Kupferkonzentrationen haben eine Vielzahl makroskopisch oder biochemisch erkennbarer Schäden zur Folge, die sich allerdings erst nach ganz unterschiedlich langen Einwirkzeiten manifestieren: Ebenso wie Eisenmangel zeigt sich die Cu-Vergiftung durch Chlorosen an, da das Cu-Ion die Eisenionen aus den Proteinkomplexen verdrängt. Hinzu kommt, dass auch Cu selbst als Fenton-Reagenz wirkt und die Bildung von reaktiven Sauerstoffspezies und deren Reaktionsprodukten katalysiert: Über das Sauerstoffanion entsteht das OH-Radikal, das wiederum aus den Membranlipiden Alkoxy- und Peroxyradikale der Fettsäuren freisetzt und auf diese Weise die Zellmembranen angreift (vgl. Kapitel 1.3.3).

Die so entstehenden Membranschäden führen vor allem zu Störungen des Ionentransports, insbesondere des K^+-Haushalts. Die veränderte Membranbiochemie manifestiert sich dann schnell in einer Hemmung der Zellteilung. Einer der schnellsten Effekte der Kupfertoxizität ist die Hemmung des Neben- und Seitenwurzellängenwachstums: Statt eines geordneten Wurzelsystems werden kurze bärtige braune Nebenwurzeln gebildet – ein Phänomen, das sich für die Quantifizierung von Kupferschäden verwenden lässt. Die Schäden werden dabei bonitierend bewertet, unter Verwendung eines **EC-Systems** (*effect concentration*: Ein EC_{10} bedeutet eine 10 %ige Hemmung des beobachteten Parameters, ein EC_{50} eine 50 %ige Hemmung). EC und letale Konzentration (LC) sind nicht identisch: EC misst die augenblickliche Hemmung, LC den Schaden. Konzentrationen, die keine erkennbaren Effekte verursachen, werden als **NOEC** (*no observable effect concentration*) bezeichnet.

Auf zellulärem und subzellulärem Niveau werden erhöhten Cu-Konzentrationen hauptsächlich zwei Wirkungen zugeschrieben: Eine Verdrängung funktioneller Ionen oder Zentralatome aus einem Komplex, z. B. die Verdrängung von Eisenionen in Cytochromen oder von Ca^{2+} aus den Biomembranen, und die Bildung von Metallsulfiden aus Sulfhydrylgruppen, die zur Inaktivierung der betroffenen Enzyme führt. Ein Beispiel für den zweiten Fall ist die Hemmung der Nitratreduktase.

Die Substitution eines originären Metallatoms oder -ions durch ein anderes, im Überschuss vorliegendes Schwermetallion zeigt eine gewisse, wohl im Protein begründete Spezifität. So wird beispielsweise die Ribulosebisphosphatcarboxylase durch Mn^{2+} und Ni^{2+} wesentlich stärker beeinträchtigt als durch Cu^{2+} oder Zn^{2+}. Andererseits verdrängt Zn^{2+} das Mn^{2+} sehr effektiv aus der photosynthetischen Wasseroxidase. Allerdings handelt es sich bei diesen Befunden um Ergebnisse aus *in vitro*-Tests, die zwar die Reaktionsmöglichkeiten aufzeigen, aber nicht unbedingt die Situation *in planta* widerspiegeln. Die Pflanzen können aber auf verschiedenen Wegen Schwermetallionen abfangen, bevor diese mit den Enzymen in Wechselwirkung treten. Auf der Effektivität derartiger Abfangmechanismen beruht unter anderem auch die unterschiedliche Empfindlichkeit der Pflanzen gegenüber Kupfer und anderen Schwermetallen. Man geht heute davon aus, dass die Konzentrationsabhängigkeitskurve vom Mangel über die optimale Versorgung bis hin zur Toxizität bei den Metallophyten durch derartige Abfangreaktionen in höhere Konzentrationsbereiche verschoben ist (vgl. Abb. 1.7.1).

1.7.3.2 Cadmium

Cadmium ist ein starkes Zellgift und nach heutiger Kenntnis kein Bestandteil irgendeiner für den Stoffwechsel wichtigen organischen Verbindung, d. h. es gibt – anders als bei Kupfer und Eisen – keine nützliche Konzentration dieses Schwermetalls bzw. sei-

Tabelle 1.7.4: Cadmiumgehalt von Kulturpflanzen (mg Cd pro kg Trockensubstanz) in Abhängigkeit vom Cadmiumgehalt des Bodens (aus Wallnöfer und Engelhardt 1984).

Pflanze	Pflanzenteil	Cadmiumgehalt des Bodens (mg Cd pro kg Boden)			
		1,4 (Kontrolle)	4	10	30
Grünkohl	Blätter (alt)	0,7	9,0	18	36
	Blätter (jung)	0,4	2,3	5,6	21
	Sproßachse	0,5	3,1	4,5	9,6
	Wurzel	0,7	2,3	6,7	8,3
Kopfsalat	Blätter (ältere)	1,2	9,6	26	44
	Blätter (jung)	0,9	3,8	8,1	18
	Wurzel	0,9	4,2	11	21
Radieschen	Blätter	0,9	11	21	49
	Knolle	0,4	3,1	7,4	13
	Wurzel	0,8	5,3	11	34
Lauch	Blätter	0,6	3,5	16	28
	Stange	0,5	3,4	3,7	17
	Wurzel	0,7	4,1	9,3	24
Bohne	Blätter	0,2	0,4	0,5	0,9
	Samen	0,2	0,2	0,2	0,2
	Sprossachse	0,5	0,6	0,9	1,6
	Wurzel	0,9	2,8	8,2	14

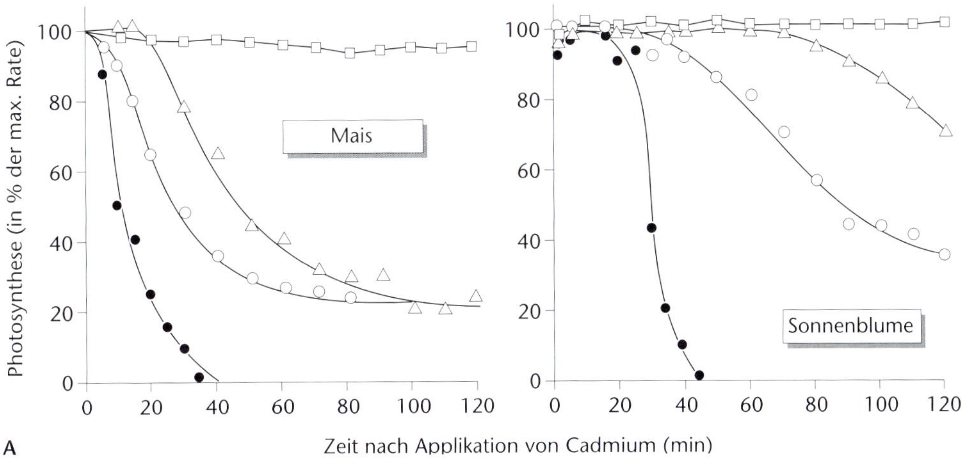

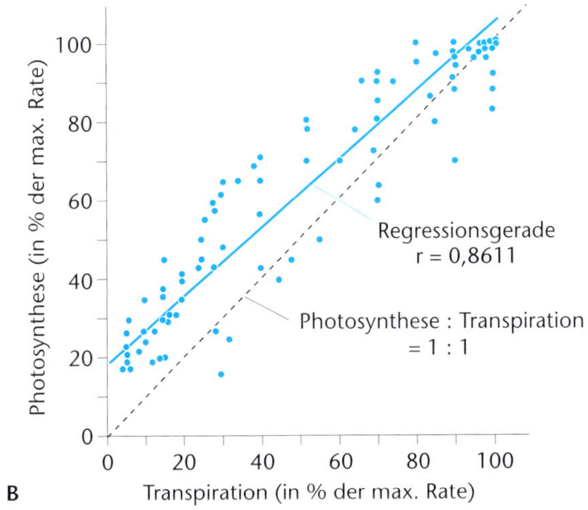

Abb. 1.7.7: Hemmung von Photosynthese und Transpiration von Mais und Sonnenblume durch Cadmium. A: Zeitkinetik des Einflusses verschiedener Konzentrationen von Cd^{2+} auf die Photosyntheserate. □= Kontrolle (27 mM KCl); △= 4,5 mM $CdCl_2$; ○= 9 mM $CdCl_2$; ●= 18 mM $CdCl_2$. B: Beziehung zwischen der Hemmung von Photosynthese und Transpiration durch Cadmium. Die Regressionsgerade zeigt eine quasi-lineare Beziehung zwischen beiden Prozessen. Da die Regressionsgerade nicht durch den Nullpunkt geht, muss die Transpiration, d. h. die stomatäre Leitfähigkeit, stärker gehemmt worden sein als die Photosynthese. Daraus kann man schließen, dass die Photosynthesehemmung durch Cadmium in erster Linie durch den Schluss der Stomata verursacht wird. Die Datenpunkte wurden mit beiden Pflanzenarten erstellt (nach Bazzaz et al. 1974).

ner Ionen in der Pflanze. Deshalb gehört Cd zu den Xenobiotika im engeren Sinne. Gleichwohl können Pflanzen größere Mengen Cd (bis zu 80 mg/kg Trockengewicht) enthalten. Entsprechend ihrem Cd-Gehalt kann man von Cd-Akkumulierern oder -Vermeidern sprechen.

Cd^{2+} ist in Klärschlämmen, Abwässern und Flusssedimenten angereichert und wird von der Pflanze über die Wurzeln aufgenommen. Auch aus Stäuben kann Cd in die Blätter aufgenommen werden. Im Gegensatz zu Cu^{2+}, das in der Pflanze weit-

Tabelle 1.7.5: Toxizitätsgrenze der Ertragsminderung (10 % Ertragsminderung) von Nutzpflanzen durch Cadmium, gemessen am Cd-Gehalt der Blätter (aus Wallnöfer und Engelhardt 1984).

Pflanze	Cd-Gehalt der Blätter (mg Cd pro kg Trockensubstanz)
Bohne	0,7
Lauch	3,0
Grünkohl	>30
Radieschen	40
Kopfsalat	>40

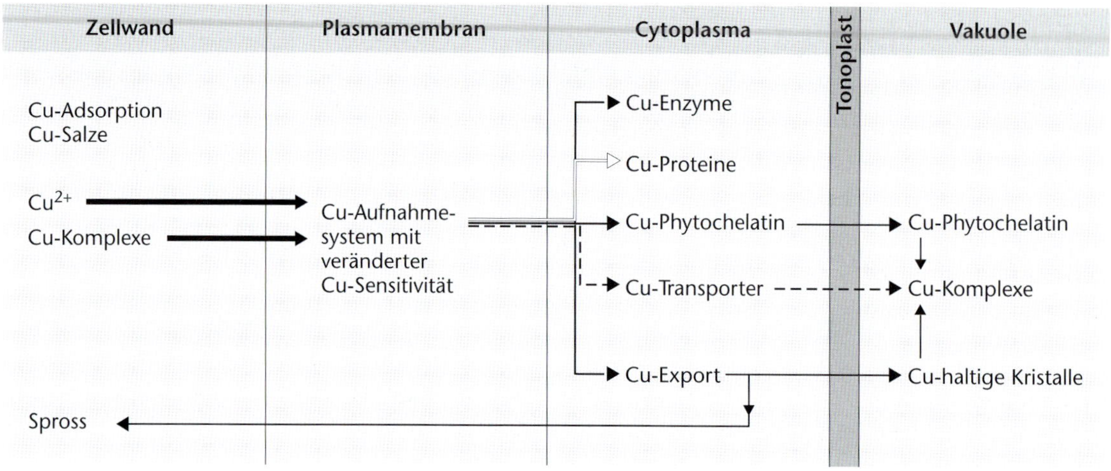

Abb. 1.7.8: Modell der Cu-Resistenz-Mechanismen in Höheren Pflanzen. Erklärung im Text (nach Ernst 1996).

gehend immobil ist, wird Cd^{2+} leicht über den Xylemstrom in alle Pflanzenteile importiert und dort akkumuliert.

Offensichtlich sind die Pflanzen dem Cd^{2+}-Angebot im Substrat gegenüber nicht wehrlos. Dies zeigt ein Vergleich des Cd-Angebots und des Grades an Cd-Akkumulation in den Blättern (Tabelle 1.7.4.). Bohnen gehören hiernach zu den Exkludern, Salat akkumuliert Cd. Entsprechend unterschiedlich empfindlich sind die Pflanzen gegenüber Cadmium (Tabelle 1.7.5).

Giftigkeit von Cadmium

Selten kommt Cd allein ohne weitere Schwermetalle vor; häufigster Begleiter ist Zn. Viele toxischen Effekte sind daher Doppelbelastungs- oder aber auch Verdrängungseffekte. *In vitro* Substitution von Zn durch Cd in der Carboanhydrase führt schnell zur Inaktivierung (Tabelle 1.7.6). Die Giftigkeit von Cd beruht in erster Linie auf der stärker verbrückenden Wirkung von Cysteinresten in Proteinen.

Ein allgemein beobachteter Effekt von xenobiotischen Schwermetallen ist eine Photosynthesehemmung, die auf dem Schluss der Stomata beruht. Diese ist bei Cd besonders ausgeprägt (Abb. 1.7.7).

Die Inaktivierung metabolisch wichtiger Enzyme zeigt sich indirekt an einer Stimulierung von katabolischen Reaktionen als einer Art „Wundatmung" (Tabelle 1.7.7). Auf subzellulärer Ebene wurde die Schwellung der Mitochondrien, eine Vakuolisierung des Plasmas und eine Ablagerung von Cd-haltigen Granula beschrieben.

Auf der Ebene der gesamten Pflanze beobachtet man bei starker Cd-Belastung eine Gelbstreifung der Blätter und, wie oben ausgeführt (Tabelle 1.7.5), eine Ertragsminderung durch reduziertes Wachstum.

1.7.4 Die Reaktion der Pflanze auf Schwermetallüberangebot

Im Prinzip reagieren schwermetallempfindliche und -tolerante Pflanzen zellbiologisch in ähnlicher Weise auf Schwermetallstress (Abb. 1.7.8).

Der erste Reaktionskomplex gehört in den Bereich der Vermeidungsstrategien, der außerhalb der Protoplasten der Wurzelzellen die Schwermetallionen immobilisiert und damit physiologisch nicht

Tabelle 1.7.6: Verlust der Enzymaktivität der Carboanhydrase nach *in vitro* Substitution des Zn-Ions im gereinigten Enzym durch andere Schwermetalle. Die Aktivität des Zn-Enzyms ist gleich 100 Prozent gesetzt. Aus Ernst (1996).

Schwermetall	Aktivität
Zn	100
Co	55,9
Ni	4,9
Cd	4,2
Mn	3,9
Cu	1,2
Hg	0,05

Tabelle 1.7.7: Atmungs- und Enzymaktivitäten in Blättern von Sojabohnenkeimlingen nach 10-tägiger Aufnahme von Cadmiumchlorid steigender Konzentration. Die gemessenen Aktivitäten beziehen sich jeweils auf 1 g Frischgewicht. Sowohl die Atmung als auch die Aktivität kataboler Enzyme zeigen einen deutlichen „Verwundungseffekt". Aus Lee et al. (1976).

Aktivität	Cd^{2+}-Konzentration (µM)			
	0 (Kontrolle)	0,45	0,9	1,35
Atmung (µl O_2 x g^{-1} x h^{-1})	480	539	784	737
Malatdehydrogenase (µmol NADH x g^{-1} x h^{-1})	230	250	400	390
RNase (µmol Nukleotid x g^{-1} x h^{-1})	3,0	10,1	6,4	9,8
DNase (µmol Nukleotid x g^{-1} x h^{-1})	1,2	3,6	3,6	4,8
Saure Phosphatase (µmol Phosphat x g^{-1} x h^{-1})	190	260	400	410
Peroxidase (µmol H_2O_2 x g^{-1} x h^{-1})	880	840	3440	4450

wirksam werden lässt. Die Komplexierung von Cu^{2+} durch Wurzelexsudate im Boden einerseits und in der Zellwand andererseits verringert das Angebot an den Protoplasten, erfordert aber ein kontinuierliches Wurzelwachstum. Je nach Zellwandzusammensetzung bzw. Art und Menge der Exsudate ergibt sich eine unterschiedliche Ausschlusskapazität, die jedoch nur bedingt schwermetallspezifisch sein dürfte.

Über den zweiten Reaktionskomplex, der nach dem Durchtritt der Kupferionen durch die Plasmamembran einsetzt, gibt es noch keine gesicherten Vorstellungen. Auf die Kompetition mit anderen Schwermetallionen wurde bereits hingewiesen.

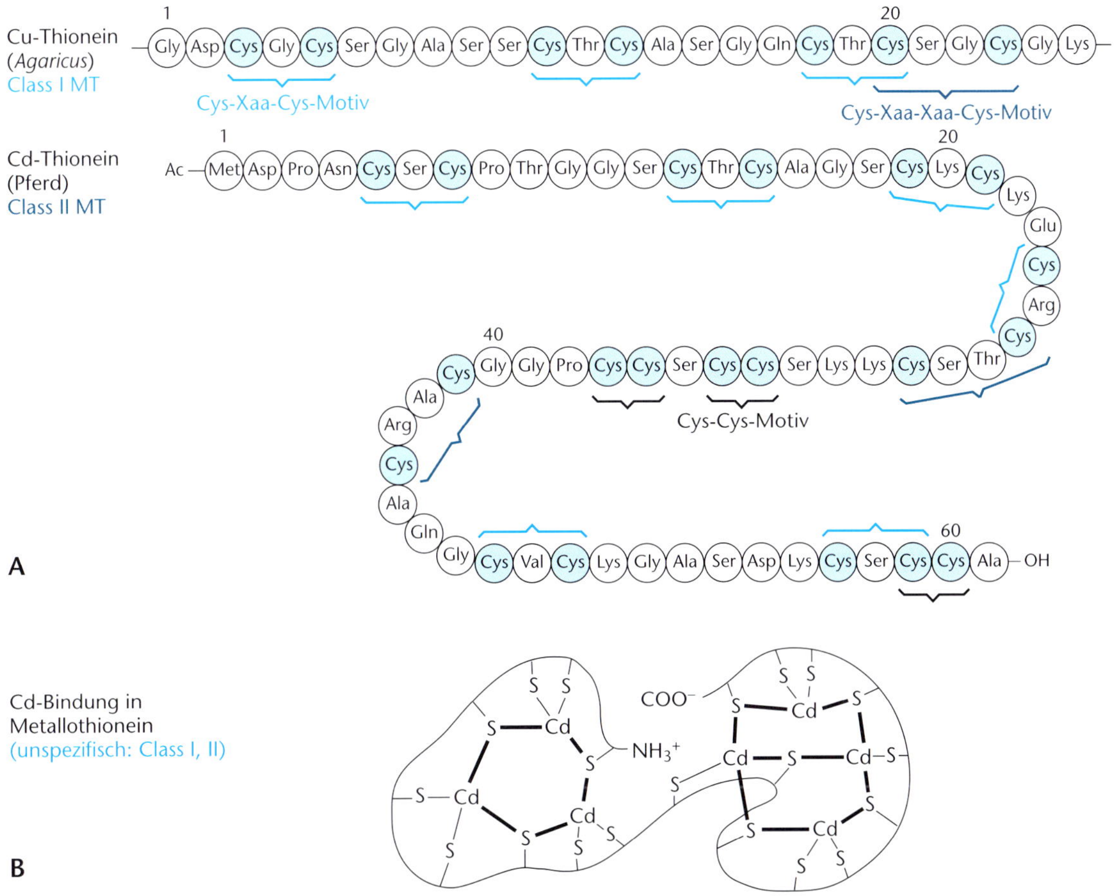

Abb. 1.7.9: A: Die schwermetallaktiven Motive in der Aminosäuresequenz von Metallothioneinen. B: Bindung von Schwermetallionen (Cadmium) an ein Metallothionein (nach Schlee 1992).

Kompetition von Kupfer und Eisen am Carrier würde ebenfalls eine reduktive Kupferaufnahme bedeuten. Offensichtlich vermag Cu^{2+} das in den Biomembranen enthaltene Ca^{2+} wenigstens teilweise zu verdrängen und so die Membran in ihren Transporteigenschaften zu verändern. Soweit bekannt, vermindert sich der K^+-Efflux aus den Zellen bei Adaptation an Kupferstress. Im Cytosol (Reaktionskomplex 3) wird Cu^{2+} in die Zielenzyme eingebaut oder für den Transport in die Vakuole bzw. in die Xylembahnen an Polypeptide, Oligopeptide oder Aminosäuren gebunden.

1.7.4.1 Durch Schwermetallionen induzierte Polypeptide

Für die Sequestrierung in die Vakuole kommen zwei Typen von Peptiden in Frage: Die größeren **Metallothioneine** (Abb. 1.7.9) und die kleineren, ebenfalls cysteinreichen **Phytochelatine** (Kasten 1.7.2). Beide werden im Hinblick auf die Entgiftung von Schwermetallionen bei der Adaptation an höhere Schwermetallkonzentrationen diskutiert, weil beide Typen von Polypeptiden in den meisten Pflanzen bei Schwermetallstress vermehrt synthetisiert werden. Trotzdem ist ihre Rolle zellbiologisch noch weitgehend unverstanden.

Metallothioneine

Metallothioneine wurden ursprünglich in Mikroorganismen, Tieren und Pilzen, insbesondere Hefen entdeckt, in letzter Zeit aber auch in Pflanzen nachgewiesen; ein Cu-bindendes Metallothionein mit der Molekularmasse 8,5 kDa, dessen Bildung spezifisch durch ein hohes Kupferionenangebot induziert wird, wurde in Wurzeln des Cuprophyten *Silene cucubalus* gefunden. Dieses ist einer der wenigen Fälle, in denen eine Schwermetallspezifität zu existieren scheint.

Das Strukturprinzip der Metallothioneine zeigt eine mehrfach geknickte Polypeptidkette mit cyste-

Kasten 1.7.2 Phytochelatine

Phytochelatine sind Derivate des Tripeptids γ-Glu-Cys-Gly. Dieses Tripeptid ist kein Baustein eines Proteins, da die „Peptidbindung" nicht über die der α-Aminogruppe benachbarte Carboxylgruppe erfolgt, sondern über die γ-Carboxylgruppe von Glu, sozusagen am „falschen Ende". Phytochelatine sind also nach dem Prinzip:

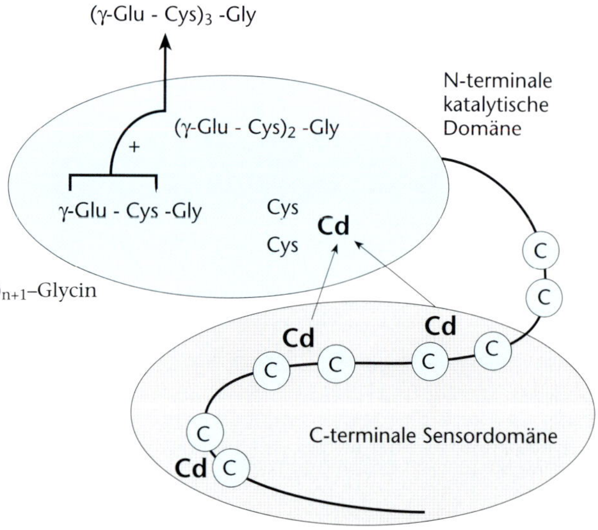

$$(\gamma\text{-Glutamyl-Cystein})_n\text{–Glutathion} = (\gamma\text{-Glutamyl-Cystein})_{n+1}\text{–Glycin}$$

aufgebaut.

Ihre Biosynthese erfolgt dementsprechend vom Glutathion aus und nicht auf dem Wege einer Polypeptidsynthese. Das entsprechende Enzym ist die Phytochelatin-Synthase (γ-Glutamyl-Cystein-dipeptidyl-Transpeptidase), ein Protein vom M_r 4 × 25 kDa = ~96 kDa:

$$2\ \text{Glutathion} \rightarrow (\gamma\text{-Glutamyl-Cystein})_2\text{–Glycin} + \text{Glycin}$$

$$(\gamma\text{-Glutamyl-Cystein})_2\text{–Glycin} + \text{Glutathion} \rightarrow (\gamma\text{-Glutamyl-Cystein})_3\text{–Glycin} + \text{Glycin}$$

usw.

Nach einer neueren Vorstellung wirkt die Cys-reiche C-terminale Domäne als Sensor für Schwermetallionen, indem die Cysteine die Metallionen binden, sie dadurch räumlich konzentrieren, sie an Cysteine der katalytischen N-terminalen Aktivitätsdomäne heranführen und diese dadurch aktivieren (siehe Abb., nach Cobett 1999).

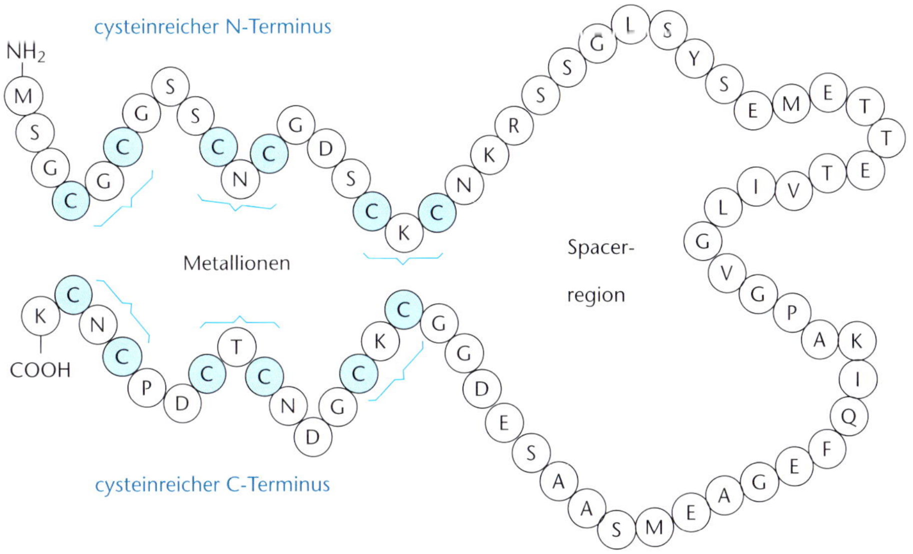

Abb. 1.7.10: *Die vermutete Struktur von Metallothionein A aus Pisum sativum mit eingeschlossenen Schwermetallionen (nach Robinson et al. 1993).*

inreichen N- und C-Termini (Abb. 1.7.10). Weiterhin fällt auf, dass unter den circa 60 Aminosäuren keine aromatischen Vertreter sind und dass die Cysteine immer in der Folge Cys-Xaa-Cys auftreten. Dieses Sequenzmotiv legt die Bildung von Metallsulfidclustern nahe (Abb. 1.7.9).

Die beiden cysteinreichen Domänen werden durch einen cysteinfreien, circa 40 Aminosäurereste langen Mittelteil, den so genannten *„Spacer"*, voneinander getrennt, wie er im Metallothionein A aus *Pisum sativum* deutlich ausgeprägt ist (Abb. 1.7.10). Solche Metallothioneine, die man dem Class-I-Typ zuordnet, sind – zumindest als Gene – in Erbse, Mais, Gerste, Weizen und *Mimulus* nachgewiesen worden.

Etwas abweichende Cystein enthaltende Motive zeigen Metallothioneine des Class-II-Typs, die zum Motiv -Cys-Xaa-Cys- zwei weitere Motive – -Cys-Cys- und -Cys-Xaa-Xaa-Cys- – besitzen (s. Abb. 1.7.9). Sie wurden in Soja, *Ricinus* und *Arabidopsis* aufgefunden.

Da man die Gene dieser Metallothioneine kennt (MT-Gene), kann man ihre Funktion auf molekularbiologischem Wege analysieren und die regulatorischen Eigenschaften der Promotoren studieren. Letztere scheinen, zumindest teilweise, *cis*-Elemente für metallresponsive Transkriptionsfaktoren zu enthalten, dazu aber auch ABA-responsive Elemente. Damit entsprechen sie den tierischen Vertretern, deren Expression ebenfalls durch Schwermetallstress und innere Faktoren geregelt wird. Die Funktion des *Spacers* scheint in der Strukturgebung für die cysteinreichen Termini zu liegen. *Knockout*-Mutanten der Metallothioneine zeigen eine erhöhte Empfindlichkeit gegenüber Metallbelastung. Dies gilt auch für Hefen, wo $\mathrm{CUP1}_{0}$-Zellen im Gegensatz zum Wildtyp Cu-hypersensitiv sind. Während bei den „normalen", d. h. schwermetallempfindlichen Pflanzen Metallothioneine von *single copy*-Genen gebildet werden, findet man bei den Metallophyten die MT-Gene in multiplen Kopien im Genom. Bei Hefen, die Metallothioneine entsprechend der Kopienzahl der MT-Gene bilden, konnte ein Zusammenhang zwischen dem Gehalt an Metallothionein(en) und der Schwermetallresistenz nachgewiesen werden.

Obwohl auch in Pflanzen eine verstärkte Transkription der MT-Gene bei Schwermetallstress beobachtet wurde, ist nicht sicher, dass auch die entsprechenden Proteine in einem für die Entgiftung ausreichenden Maße gebildet werden. Vielmehr denkt man

- an eine Speicherfunktion der Metallothioneine, da ein Proteinmolekül mehrere Schwermetallionen binden kann (vgl. Abb. 1.7.9);
- an eine Rolle als Transportform für die Sequestrierung der Schwermetalle in die Vakuole (vgl. Abb. 1.7.8; siehe auch Kapitel 1.9.1.1).

Sowohl hinsichtlich der Induktion der Metallothioneinexpression als auch der Bindung der Schwermetallionen als „Sulfide" scheinen die Metallothioneine wenig spezifisch zu sein. So unterscheiden sich die Bindungskonstanten z. B. für

Zn^{2+}, Cd^{2+} und Cu^{2+} nicht dramatisch, wenngleich Cu^{2+} in der Regel etwas stärker gebunden wird als die anderen. Daraus ergibt sich eine Art von *cross protection* oder, bei toleranten Arten, eine „*Cross*-Toleranz".

Phytochelatine

Die zweite Art der metallbindenden Peptide, die Phytochelatine (manchmal auch als Metallothioneine Class III bezeichnet), unterscheiden sich von den Metallothioneinen grundsätzlich dadurch, dass sie nicht primäre Genprodukte darstellen, sondern erst durch enzymatischen Peptidtransfer aus Tripeptiden entstehen. Ihre Molekularmasse reicht von 2 bis etwa 10 kDa. Entdeckt wurden die Phytochelatine in pflanzlichen Zellkulturen von *Datura innoxia* und *Rauvolfia serpentina* sowie in Kulturen der Spalthefe; neuerdings wurden sie auch in Zellkulturen von Tomaten, Tabak und anderen Arten, meist im Zusammenhang mit Cd- und Cu-Belastung, nachgewiesen. Auch Moose, Farne und Pilze produzieren Phytochelatine (Grill et al. 1987).

Bei den Phytochelatinen handelt es sich um Derivate des Tripeptids Glutathion der allgemeinen Zusammensetzung $(\gamma\text{-Glu-Cys})_n\text{-Gly}$, wobei n von 2–11 reicht (Kasten 1.7.2).

In den Phytochelatinen der Gräser ist Glycin durch Serin ersetzt, bei den Fabaceen durch β-Alanin (**Homophytochelatine**).

Die Biosynthese der **Phytochelatine** erfolgt durch eine Dipeptyltransferase, die Phytochelatinsynthase. Die konstitutiv exprimierte Aktivität dieser Phytochelatinsynthase wird durch Schwermetallionen mit hoher Affinität zu SH-Gruppen stimuliert, wobei sich Hg, Cd, Cu, Zn und Pb als besonders effektiv erwiesen haben. Aber nicht alle Schwermetallionen induzieren die Synthese von Phytochelatinen: Fe, Mn, Mo, Cr, U und V haben keinen Effekt auf die PC-Synthase.

Das Vorkommen von Metallothioneinen und Phytochelatinen schließt sich gegenseitig nicht aus. Bei Schwermetallstress werden beide Typen von Polypeptiden verstärkt gebildet. Metallophyten jedoch produzieren deutlich weniger Phytochelatine als metallempfindliche Vergleichspflanzen (Abb. 1.7.11).

Aus diesem Grund kann man die Schwermetalltoleranz von Metallophyten nicht auf einen Entgiftungsmechanismus durch Phytochelatine zurückführen. Wahrscheinlich spielen sie wie die Metallothioneine eine wichtige Rolle bei der Sequestrierung der Schwermetalle in der Vakuole (siehe Kapitel 1.9.1.1). Dort bilden sich unter Umständen polymere Schwermetallphosphate wie polymeres Zinkphosphat bei *Deschampsia* oder *Lemna*.

Mehr oder weniger spezifische schwermetallbindende Proteine werden gewöhnlich als Entgiftungsmechanismen interpretiert. Dies würde allerdings bedeuten, dass sich die Protein-Schwermetallkomplexe oder Cluster im Laufe der Entwicklung einer Pflanze anreichern müssten. Dies ist nicht der Fall, obwohl zumindest bei den Thioneinen eine Korrelation zwischen den Konzentrationen des Schwermetalls und des Thioneins zu bestehen scheint. Allerdings sind die Konzentrationen, in denen die Thioneine auftreten, für eine solche Funktion viel zu gering (weniger als 0,1 % des Trockengewichts). Vielmehr nimmt man heute an, dass die schwermetallbindenden Polypeptide im Dienste einer Schwermetallhomöostase der belasteten Gewebe stehen, wobei nicht auszuschließen ist, dass ein Speicher auch der vorübergehenden Entgiftung dienen kann (Tomsett und Thurman 1988).

Schwermetallionenpumpen

Besondere Aufmerksamkeit verdient in diesem Zusammenhang die Entdeckung von **Schwermetallionenpumpen** in der Plasmamembran von Mikroorganismen, Tieren (inklusive des Menschen)

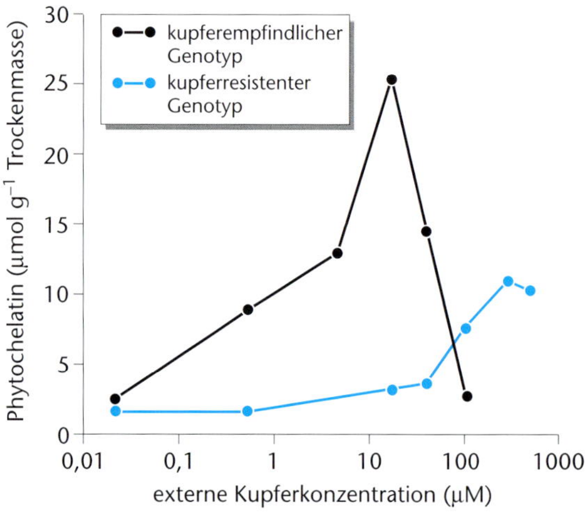

Abb. 1.7.11: Phytochelatinsynthese in Abhängigkeit von der Kupferkonzentration im Wurzelmedium von kupferempfindlichen und kupferresistenten Genotypen von Silene vulgaris (nach Ernst 1996).

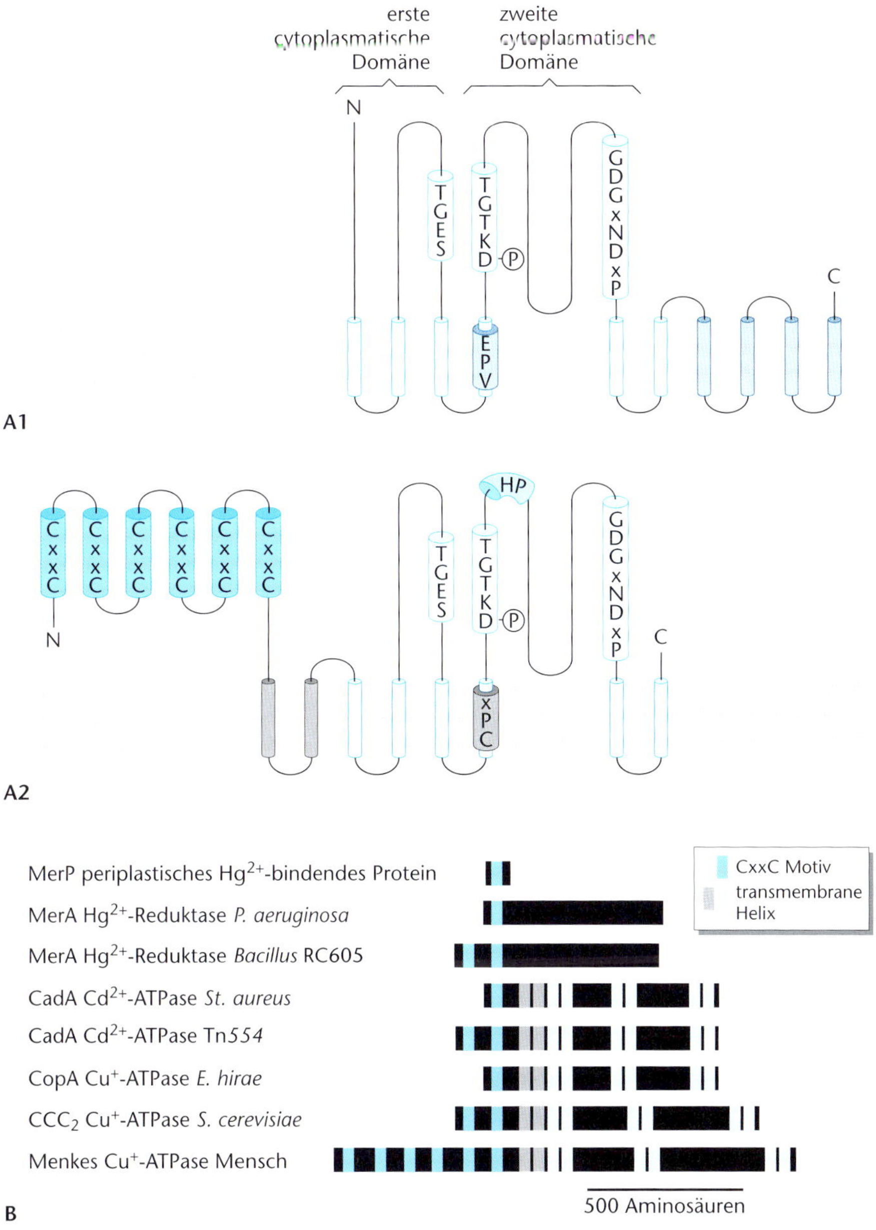

Abb. 1.7.12: A: Vergleich einer Na^+/K^+-ATPase (A1) mit einer Schwermetall-ATPase (A2). Die transmembranen Helices und die konservierten Strukturelemente aller P-Typ-ATPasen sind hellblau gehalten. TGES: Phosphatasedomäne; DKTGT: Aspartatkinasedomäne; GDGxNDxP: ATP-bindende Domäne. Blaugrau gehalten sind die typischen Sequenzen derjenigen Ionenpumpen, die keine Schwermetalle transportieren. Grau dargestellt sind Helices und Sequenzen, die nur in Schwermetallionenpumpen auftreten. Die multiplen schwermetallbindenden Domänen sind blau gehalten. B: CxxC schwermetallbindende Motive in verschiedenen Proteinen. Der Farbcode entspricht dem in (A1) und (A2). (C steht für Cys; x steht für eine beliebige Aminosäure.) E: Enterococcus; P: Pseudomonas; S: Saccharomyces; St: Staphylococcus (nach Solioz und Vulpe 1996).

und Pilzen. Entsprechend dem bisher festgestellten Verbreitungsmuster darf man erwarten, dass solche Pumpen auch bei Pflanzen entdeckt werden.

Es handelt sich bei diesen Enzymen um ATP-abhängige Pumpen, die Schwermetallionen aus dem Protoplasten entfernen. Im Prinzip entspricht ihr Bau demjenigen von K^+/Na^+-ATPasen. Am besten untersucht sind die so genannten Kupfer-ATPasen (Solioz und Vulpe 1996), von denen zwei beschrieben wurden: CopA bewerkstelligt den Kupferimport als Cu^{1+}-Ion bei Kupfermangel, CopB besorgt den Export, ebenfalls von einwertigem Kupfer. Defekte in diesen Kupfer-ATPasen führen beim Menschen zu Erkrankungen (z. B. Menke-Krankheit). Diese Kupfer-ATPasen haben bestimmte Strukturmerkmale, die teilweise den anderen Metallionen-transportierenden ATPasen gleichen, teilweise aber einzigartig sind (Abb. 1.7.12). Die Teilstrukturen müssen mit dem Transportzyklus im Einklang stehen: Allen metalltransportierenden ATPasen ist ein Asparaginsäurerest (D) in einer stark konservierten Sequenz TGTKD gemeinsam, der unter ATP-Verbrauch phosphoryliert wird. Die Phosphorylierungsdomäne ist ebenfalls konserviert und befindet sich im Abschnitt DKTGT. Dephosphorylierung des Aspartylphosphats durch eine Domäne mit Phosphataseaktivität (TGES) erzwingt eine Konformationsänderung und den Transport von einem bis zwei Metallionen über die Plasmamembran. Zusätzlich zu den Strukturelementen etwa einer Na^+/K^+-ATPase besitzen die Schwermetall-ATPasen eine N-terminale Extension, die aus einer Reihe von -Cys-Xaa-Xaa-Cys-Elementen besteht. Beim Menschen sind dies sechs *Repeats*, bei der Hefe nur zwei. Weitere charakteristische Merkmale der Kupfer-ATPasen sind ein konserviertes Intramembranmotiv: CPC, CPH oder CPS (das so genannte CPX-Motiv), ein His-Pro-Dipeptid und eine kleinere Zahl von integralen Membranpeptiden. Der Prolinrest scheint ein wesentlicher Teil der Ca^{2+}-bindenden Domäne zu sein, die den Kanal oder die Transportdomäne bildet. Durch die schwermetallbindende Domäne erlangen die CPX-ATPasen

- eine gewisse Spezifität für Schwermetalle,
- eine Speicherfunktion für cytoplasmatisches Schwermetall (CopA von *Pseudomonas syringae* z. B. bildet eine CPX-ATPase, die stöchiometrisch elf Kupferatome bindet).

Es ist anzunehmen, dass die CPX-ATPasen als Enzyme des Plasmalemmas einen wesentlichen Beitrag zur Homöostase der essenziellen Schwermetalle leisten. Allerdings konnte dies noch nicht in physiologischen Experimenten gezeigt werden.

1.7.4.2 Die zelluläre Antwort auf Schwermetallbelastung am Beispiel von Cd

Ob als zelluläre Antwort auf Cd-Belastung Thioneine oder Phytochelatine gebildet werden, war lange Zeit unklar. Die ersten Cd-Bindeproteine wurden bei der Spalthefe gefunden und wegen ihres Cys-Reichtums „Cadystine" genannt. Heute weiß man, dass es sich bei diesen Cd-Bindeproteinen um Phytochelatine handelt. Allerdings spielt auch die Cd-Exkretion über einen ATP-getriebenen $Cd^{2+}/2H^+$-Austausch keine geringe Rolle (Abb. 1.7.13).

Wie beim Cu^{2+} dient auch beim Cd^{2+} die Bindung an Phytochelatin nicht der Langzeitentgiftung, sondern außer einer kurzzeitigen Abspeicherung vor allem dem intrazellulären Cd^{2+}-Transport. Hauptsächlich wurde $(\gamma\text{-Glu-Cys})_3$ und $(\gamma\text{-Glu-Cys})_4$Gly nachgewiesen.

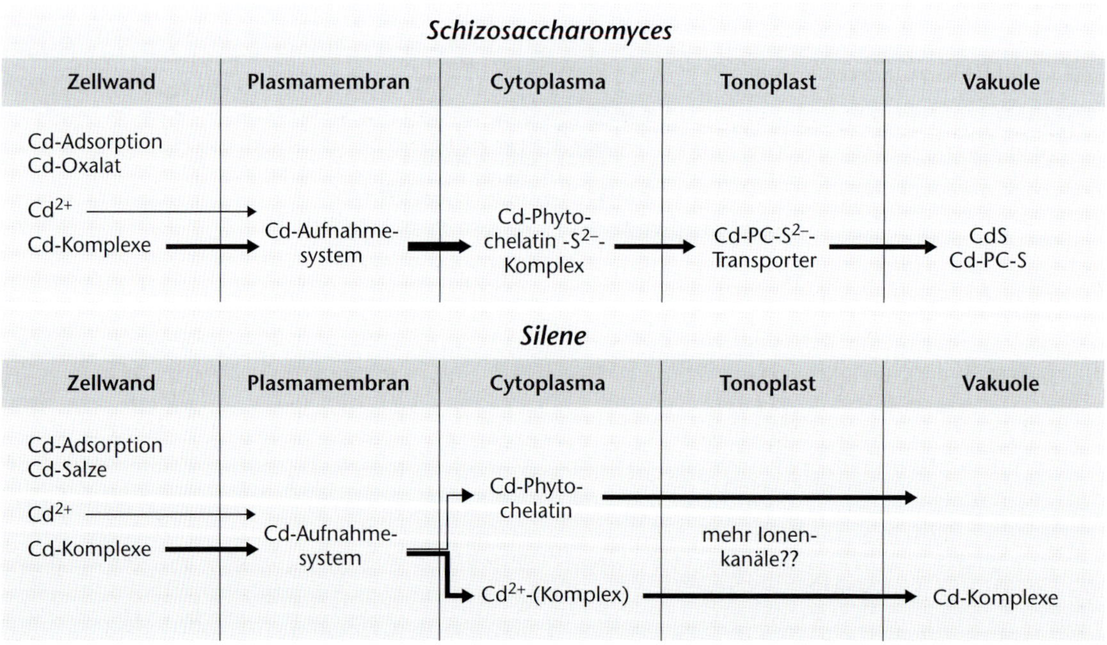

Abb. 1.7.13: Modell der Cadmium-Entgiftungsmechanismen auf zellulärer bzw. molekularer Ebene in Spalthefe und in Höheren Pflanzen (nach Ernst 1996).

1.7.5 Schwermetallresistenz (-toleranz)

Metallophyten wie etwa die Cuprophyten verfügen also über ein ganzes Arsenal von Strategien, um der Toxizität eines Überangebots von Schwermetallionen zu begegnen. Trotzdem sind auch sie nicht gegen jedwelche Konzentration dieser im Prinzip giftigen Ionen gefeit, lediglich die Schadensschwelle der Konzentration liegt höher. Es lässt sich kein bestimmter Mechanismus definieren, aufgrund dessen Schwermetallresistenz erreicht wird. Vielmehr ist der Übergang von metallempfindlichen zu -resistenten Pflanzen fließend, denn die zellulären Antworten sind qualitativ ähnlich, nur in ihrer Quantität unterschiedlich. Allerdings muss man berücksichtigen, dass Stress durch gleichzeitiges Angebot mehrerer Schwermetalle auch die stark resistenten Pflanzen schnell überfordern kann. Ein derartiges Mehrfachangebot entspricht vielfach den „natürlichen" Bedingungen, z. B. in Erzabraumhalden und in Klärschlämmen. Besonders in Letzteren finden sich zusätzlich zu einer hohen Kupfer- und Eisenfracht verhältnismäßig hohe Konzentrationen von Cadmium, eines Schwermetalls, das – wie Quecksilber – im Gegensatz zu Cu, Mn, Fe nicht zu den Nährelementen, sondern ausschließlich zu den Zellgiften zählt. Wie gehen Pflanzen mit solchen Ionen um?

1.7.6 Schwermetallgewinnung und Bodenentseuchung mit Hilfe von Pflanzen (*Phytomining*, Phytoremediation)

Die Metall-, insbesondere die Schwermetalltoleranz einiger Pflanzen birgt zwei wirtschaftlich interessante Möglichkeiten: Die **Schwermetallgewinnung (*Phytomining*)** und die **Bodenentseuchung** mit Hilfe der so genannten **Metallakkumulatorpflanzen (Phytoremediation)**. Pflanzen erschließen Substrate, die sich bergbaulichen Verfahren entziehen und so bisher nicht nutzbar waren. Ebenso können Pflanzen zur Extraktion giftiger Stoffe, vor allem von Schwermetallen, organischen Noxen und Radionukliden aus verseuchten Böden verwendet werden (Bodensanierung). Letztere Möglichkeit umfasst fünf verschiedene Verfahren (Abb. 1.7.14):

- Die **Phytoextraktion**: Schadstoffakkumulierende Pflanzen extrahieren den Boden und reichern den Schadstoff im Ernteprodukt an,
- die **Phytodegradation**: Pflanzen und assoziierte Mikroorganismen bauen den Schadstoff ab (organische Noxen),
- die **Phytostabilisierung**: Pflanzen vermindern die Bioverfügbarkeit eines Schadstoffs im Habitat (z. B. durch Komplexierung oder Präzipitation),
- die **Phytoverflüchtigung**: Pflanzen entgiften den Boden durch Produktion flüchtiger Verbindungen (z. B. Selen),
- die **Rhizofiltration**: Pflanzenwurzeln ad- oder absorbieren Schadstoffe aus Wasser und Abwasser (hauptsächlich Metalle).

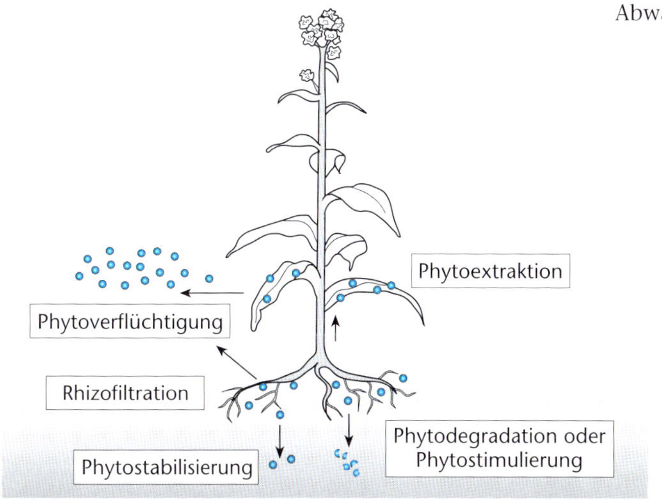

Abb. 1.7.14: Die verschiedenen Strategien der Phytoremediation (nach Pilton-Smits und Pilton 2000).

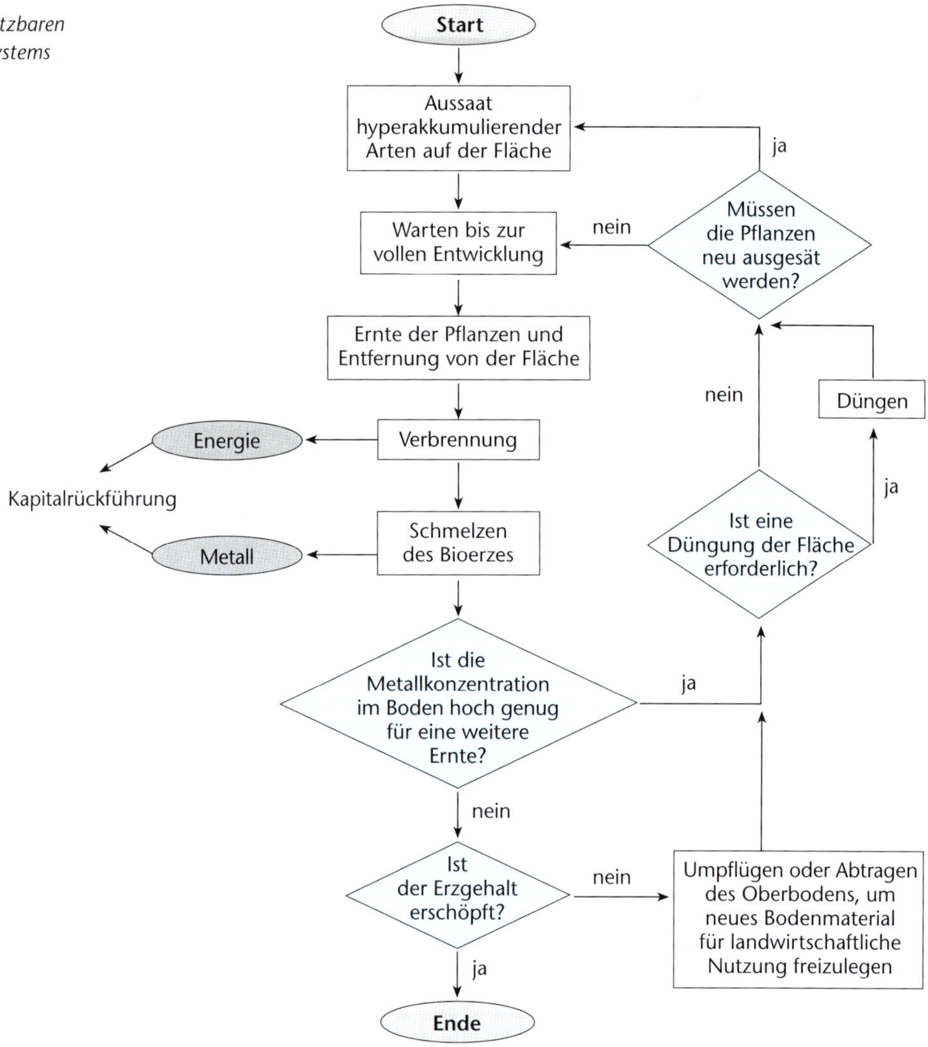

Abb. 1.7.15: Modell eines umsetzbaren wirtschaftlichen Phytomining-Systems (nach Brooks et al. 1998).

Tabelle 1.7.8: Schwermetallhyperakkumulierende Pflanzen. Pflanzliche Hyperakkumulatoren reichern Schwermetalle bis zum 100- (bis 10 000-)fachen (z. B. *Haumaniastrum:* Co) des Gehalts von nicht-akkumulierenden Pflanzen an. Für die meisten Schwermetalle liegt die physiologische Toleranzgrenze bei ca. 0,1 % der Trockenmasse. Ausnahmen nach oben sind Zn (bis 1 %), nach unten Cd (0,01 %) und Gold (0,00001 %). Erstaunlicherweise gehören manche Flechten, z. B. *Lecanora vinetorum,* zu diesen Schwermetallhyperakkumulatoren. Aus Brooks et al. (1998).

Element	Zahl der bekannten Hyperakkumulatoren	Beispiel	Konzentration (mg pro g TG)	Biomasseproduktion (t pro ha und Jahr)
Ni	300	*Berkheya coddii*	17	18
Co	26	*Haumaniastrum robertii*	10,2	4
Cu	24	*Haumaniastrum katangense*	0,83	5
Se	19	*Astragalus pattersoni*	6	5
Zn	16	*Thlaspi calaminare*	10	4
Mn	11	*Macadamia neurophylla*	55	30
Ta	1	*Iberis intermedia*	0,3	8
Cd	1	*Thlaspi caerulescens*	3	4

1.7.6.1 *Phytomining*

Pflanzen, die Metalle akkumulieren, können zur Metallgewinnung herangezogen werden. Die Idee wurde 1983 in den USA patentiert. Die entscheidende Frage ist jeweils die Rentabilität. Die Kosten für konventionelle Bodensanierung liegen bei circa 1 Million US $ pro *acre* (1 *acre* = 0,404 ha). Phytoextraktion und Metallgewinnung aus der Biomasse ist erheblich billiger, wenn Pflanzen zur Verfügung stehen, die gut wachsen und gut akkumulieren (Tabelle 1.7.8).

Phytomining erfordert ausdauernde Pflanzen, die das Schwermetall nicht nur in der Wurzel akkumulieren, sondern in die oberirdischen Pflanzenteile transportieren. Solche Pflanzen wären kontinuierlich beerntbar, ohne dass Geld für jährliche Aussaat aufgewendet werden müsste. *Phytomining* lohnt sich bei seltenen Schwermetallen (Co, Ta, U, Ni), die sich bis zu 0,1 % in der Pflanzentrockenmasse anreichern lassen und deren Gewinnungskosten zwischen 6000 und 300000 US $/t liegen (Abb. 1.7.15).

Wichtige Fragen der Rentabilität sind

- die Wuchsleistung: Hyperakkumulatoren wachsen in der Regel langsam und bleiben zumeist auch kleinwüchsig;
- die Akkumulationsleistung: Bei einigen Arten (*Indian mustard*) lässt sich offensichtlich das Akkumulationsvermögen durch Induktion steigern. Solche Arten gehören aber nicht zu den Hyperakkumulatoren.

1.7.6.2 Phytoremediation

Für die **Phytoremediation** eignen sich vor allem Pflanzen, die durch einen großen Biomasseertrag dem Boden in kurzer Zeit, beispielsweise in nur einer Vegetationsperiode, bereits einen großen Teil der Schwermetalle entziehen können. Die Phytoremediation geht auf den deutschen Botaniker Baumann zurück, der 1885 die Anreicherung von Zn im Galmei-Veilchen (*Viola calaminaria*) und in einem Hellerkraut (*Thlaspi caerulescens*) entdeckte. Mit zwei Strategien der Phytoremediation wurden bereits Erfolge erzielt: mit der kontinuierlichen Phytoextraktion mit Hilfe von Hyperakkumulatoren und mit der chelatvermittelten Extraktion (Abb. 1.7.16).

Für die kontinuierliche Schadstoffverringerung verwendet man vorzugsweise **Hyperakkumulatoren**; allerdings gibt es solche eigentlich nur für Schwermetalle, die auch im Stoffwechsel der Pflanze eine Rolle spielen, nicht aber für solche, die reine Xenobiotika sind wie Cd, U und Hg. Diese werden zwar unspezifisch aus dem Boden extrahiert, reichern sich aber nicht so stark an wie Zn, Ni oder Co. Für die Akkumulatoren bedeuten hohe Metallgehalte einen gewissen Schutz vor Pilzinfektionen und Tierfraß; andererseits ist dieser Schutz physiologisch kostspielig, da er besondere intrazelluläre Abwehrmechanismen erfordert, wie etwa die Synthese von Metallothioneinen und Phytochelatinen, die Abscheidung in die Vakuole, die Transformation giftiger Aminosäuren wie Selenocystein zum Methylselenocystein oder die Durchführung von Reparaturen nach Schädigung.

Für den **chelatvermittelten Schadstoffentzug** eignen sich eher annuelle Pflanzen, die sich durch hohe Biomasseproduktion auszeichnen, wie großwüchsige Gräser. Man wartet, bis die Pflanzen, die nicht zu den Hyperakkumulierern gehören, auf den kontaminierten Böden voll entwickelt sind, und induziert dann die Schwermetallaufnahme durch Zusatz von künstlichen Chelatoren wie z. B. EDTA.

Eine interessante Möglichkeit zur **Quecksilberentgiftung** wurde kürzlich von Richard Meagher vorgestellt (Meagher et al. 2000). Elementares Quecksilber und Quecksilberionen werden vor allem im Zusammenhang mit der Goldgewinnung, aus industriellem Abfall und bei der Verbrennung fossiler Energieträger und medizinischer Abfälle freigesetzt. Sulfatreduzierende Bakterien produzieren daraus das extrem giftige Methylquecksilberion ($MeHg^{+}$), welches sich in der Nahrungskette, aber auch in aquatischen Sedimenten stark anreichern kann. Gram-negative Bakterien besitzen zwei Enzyme, die Methylquecksilber zu elementarem Quecksilber reduzieren, welches einerseits flüchtig ist und andererseits erheblich (circa hundert Mal) weniger giftig ist als die Quecksilberionen. Es handelt sich um die Enzyme Organoquecksilberlyase, die Methylquecksilber in Hg^{2+} konvertiert, und Mercuratreduktase, die Hg^{2+} unter Verbrauch von NADPH zu Quecksilber reduziert. *Arabidopsis*, später auch größere Pflanzen wie Tabak oder *Liriodendron*, wurden mit jeweils einem der Gene dieser Enzyme transformiert und mit der Partnerpflanze gekreuzt, in die das andere Gen transferiert worden

Abb. 1.7.16: A: Schematische Darstellung von chelatoreninduzierter Phytoremediation. B: Schematische Darstellung von kontinuierlicher Phytoextraktion. Blaue Linien stellen die Metallkonzentration im Spross dar, schwarze Linien die Sprossbiomasse (nach Salt 1998).

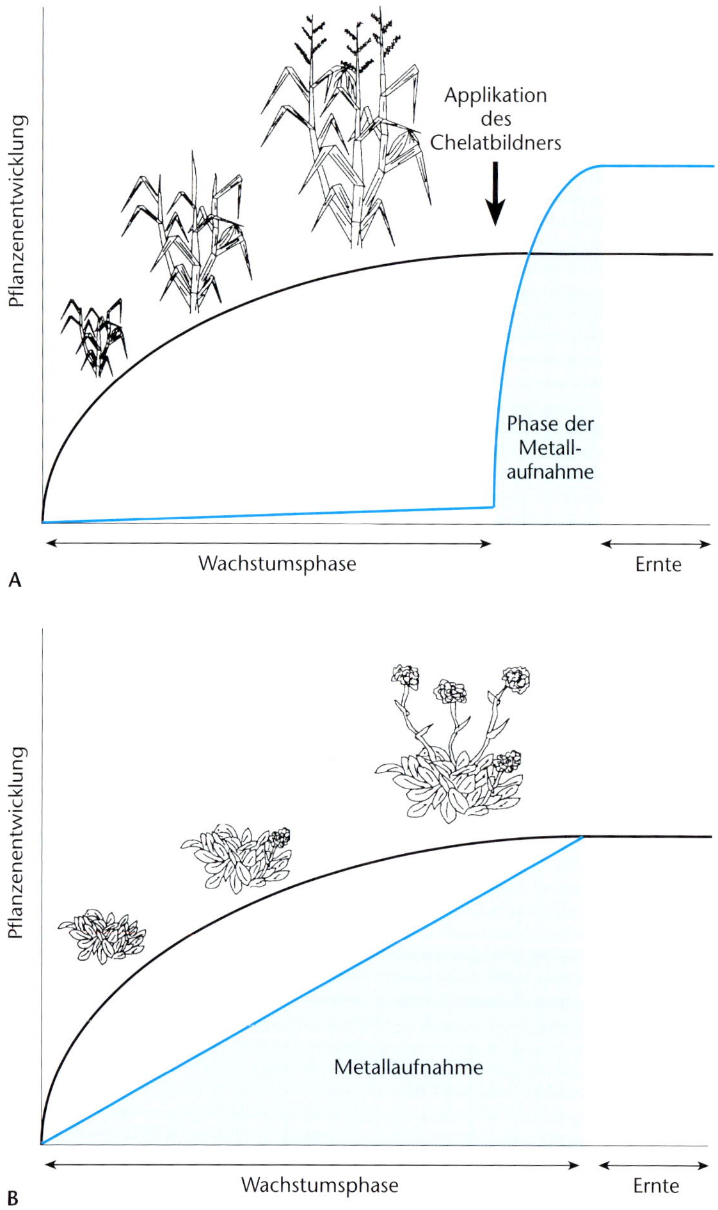

war. Die Pflanzen der F_1-Generation waren erheblich resistenter gegen Quecksilbersalze im Substrat, aus dem sie nachweislich elementares Quecksilber verflüchtigten. Wenn es gelingt, diese Gene auch in Wasserpflanzen zu transferieren und zur Expression zu bringen, sollte auch die Gewässerremediation in Bezug auf Quecksilber möglich sein.

Zusammenfassung

1. Etwa ein Viertel der Schwermetalle (Fe, Mn, Cu, Zn, Mo, Co) gehört hinsichtlich der Pflanzenernährung zu den Spurenelementen (Mikronährstoffen); die Übrigen kommen natürlicherweise nicht in Pflanzen vor, da sie entweder chemisch wenig reaktiv (z. B. Ag, Au, Pt) oder stark giftig sind (z. B. Cd, Cr, Hg, Pb). Man kann sie als xenobiotische Schwermetalle zusammenfassen. Die meisten der

Spurenelemente treten in mehreren Oxidationsstufen auf und sind deshalb Bestandteil von Elektronen übertragenden Systemen (z. B. Fe in den Cytochromen). Freie Schwermetallionen in reduzierter Form (z. B. Fe^{2+}, Cu^{+}, Mn^{2+}) sind als Fenton-Reagenzien giftig. Die Mobilität und Verfügbarkeit von Schwermetallionen im Boden hängt stark von dessen Redoxpotential und pH-Wert ab. Schwermetallmangel tritt selten auf, Schwermetalltoxizität findet man, anthropogen bedingt, häufiger. Pflanzen, die größere Mengen bestimmter Schwermetalle in ihrer Biomasse akkumulieren können, bezeichnet man als Metallophyten oder Schwermetallzeiger-Pflanzen.

2. Bei Schwermetallmangel erhöhen die Pflanzen ihre Aufnahmekapazität durch Ausbildung einer vergrößerten Wurzeloberfläche (Wurzelhaare, Labyrinth in den Rhizodermiszellen) und durch verstärkte Sekretion von Chelatoren bzw. Protonen (H^+-ATPase) in das Substrat, um dort einen größeren Anteil der Schwermetallionen in Lösung zu bringen. Da die Aufnahme der Schwermetallionen oft mit einem Ladungswechsel verbunden ist (z. B. $Fe^{3+} \rightarrow Fe^{2+}$), wird auch die Kapazität der Chelatreduktase in der Plasmamembran verstärkt. Gräser scheiden anstelle von Chelatoren so genannte Phytosiderophoren in das Substrat aus; diese sind kompliziert gebaute, nicht proteinogene Aminosäuren, welche die Schwermetalle aus schwerlöslichen Komplexen herauslösen und in wasserlöslicher Form komplexieren.

3. Schwermetalltoxizität tritt auch bei Spurenelementen auf, sobald die optimale Konzentration überschritten ist; bei den übrigen Schwermetallen ist jede Konzentration giftig. Die Aufnahme der xenobiotischen Schwermetalle erfolgt über die Aufnahmesysteme der Spurenelemente. Schwermetalltoxizität zeigt sich, wie auch Schwermetallmangel, durch Chlorosen; nur sind die Ursachen in beiden Fällen verschieden: Toxizitätschlorosen resultieren oft aus der durch ROS bedingten Ausbleichung (Schwermetallionen als Fenton-Reagenzien), während Mangelchlorosen auf verminderte Chlorophyllsynthese infolge Cofaktormangel (z. B. Cytochrom P450) zurückzuführen sind. Da Schwermetallionen auch Bestandteil von ROS-entgiftenden Systemen sind, können Mangelchlorosen auch die Folge eines zu wenig leistungsfähigen antioxidativen Systems sein. Abgesehen vom schwermetallbedingten oxidativen Stress verdrängen Schwermetallionen sehr effektiv funktionelle Ionen aus ihren Komplexen. Außerdem bilden sie Sulfide mit den freien Sulfhydrylgruppen der Proteine, weshalb auch schon geringe Konzentrationen giftig sein können. Schwermetallionen zeigen unterschiedliche Mobilität in der Pflanze (Cu^{2+} ist kaum, Fe^{3+} oder Cd^{2+} sind sehr mobil).

4. Schwermetallempfindliche und -tolerante Pflanzen reagieren in ähnlicher Weise auf Schwermetallstress. Zum einen beobachtet man verstärkte Komplexierung im Boden oder in der Zellwand durch Wurzelexsudate, zum andern wird die Konzentration der cytosolischen Schwermetalle durch Bindung an spezifische Oligo- und Polypeptide abgesenkt.

5. Schwermetallbindende Polypeptide sind Metallothioneine und längerkettige Phytochelatine. Beide Gruppen von Peptiden werden bei Schwermetallstress verstärkt synthetisiert. Sie enthalten mehrere Cysteinreste und können mehrere Schwermetallionen pro Polypeptid binden. Metallothioneine sind gencodierte Proteine mit bestimmten Cys-haltigen Motiven. Die Promotoren der MT-Gene enthalten Elemente für metallresponsive und meist auch für ABA-responsive Transkriptionsfaktoren. Metallothioneine sind bezüglich der Schwermetallbindung wenig spezifisch. Man kann sie auch als Schwermetallspeicherproteine bezeichnen. Phytochelatine sind keine direkten Genprodukte, sondern entstehen durch Peptidtransfer aus Glutathion. Ihre allgemeine Zusammensetzung ist $(\gamma\text{-Glu-Cys})_n$-Gly, wobei n von 1–11 reicht. Glycin kann durch Serin oder β-Alanin ersetzt sein. Die Biosynthese erfolgt durch die Phytochelatinsynthase, deren Synthese wiederum besonders durch die hochgiftigen Schwermetallionen induziert wird. Vermutlich dienen die Phytochelatine vor allem der Schwermetallsequestrierung in die Vakuole. Dort bilden sich bei einigen Metallophyten polymere Schwermetallphosphate. Bei Mikroorganismen, Tieren und Hefepilzen wurden neuerdings auch Schwermetallpumpen gefunden; ihr Nachweis auch bei Pflanzen steht zu erwarten. Bei diesen Enzymen handelt es sich um ATP-abhängige Pumpen, ähnlich den Na^+/K^+-ATPasen, aber mit einer Cys-reichen N-terminalen Extension.

6. Die Antwort der Pflanzen auf Schwermetallstress ist also vielfältig, eher schwermetallunspezifisch, und Metallophyten und schwermetallempfindliche Pflanzen unterscheiden sich in ihrer Toleranz nur graduell. Hinzu kommt, dass Proteindenaturierung durch Schwermetallionen mit der

Hitzestressreaktion (Chaperone) beantwortet werden kann.

7. Metallophyten können zur Schwermetallgewinnung (*Phytomining*) oder zur Bodenentseuchung (Phytoremediation) verwendet werden. *Phytomining* ist im Wesentlichen eine Frage der Rentabilität und lohnt sich nur bei seltenen Schwermetallen (Co, Ta, Ni, U). Schwermetallentseuchung kann durch kontinuierliche Schadstoffverringerung mit ausdauernden Hyperakkumulatoren geschehen oder durch chelatvermittelten Stoffentzug, wobei mäßig schwermetalltolerante, einjährige Pflanzen mit einer substanziellen Biomasseproduktion zunächst auf den kontaminierten Böden heranwachsen, worauf dann die Schwermetalle durch das Einbringen von Chelatoren pflanzenverfügbar gemacht werden. Nach der Metallionenaufnahme sterben die Pflanzen meist schnell ab und werden entsorgt.

Literatur

Amberger A (1988) Pflanzenernährung. UTB Ulmer, Stuttgart. 264 Seiten

Bazzaz FA, Rolfe GL, Carlson RW (1974) Effect of Cd on photosynthesis and transpiration of excised leaves of Corn and Sunflower. *Physiol. Plant.* 32: 373–376

Brooks RR, Chambers MF, Nicks LJ, Robinson BH (1998) Phytomining. *Trends in Biochemical Sciences* 3: 359–362

Casiday R, Frey R (2000) Iron use and storage in the body: Ferritin and molecular representations: http://wunmr.wustl.edu/Edu Dev/Lab Tutorials/ferritin.htm

Cobett CS (1999) A family of phytochelatin synthase genes from plant, fungal and animal species. *Trends in Plant Science* 4: 335–337

Ernst WHO (1996) Schwermetalle. In: Brunhold C, Rüegsegger A, Brändle R (Hrsg.) Stress bei Pflanzen. UTB, Haupt, Bern Stuttgart Wien. 191–219

Grill E, Winnacker EL, Zenk MH (1987) Phytochelatins, a class of heavy-metal-binding peptides from plants, are functionally analogous to metallothioneins. *P. Natl. Acad. Sci. USA* 84(2): 439–443

Kramer D, Römheld V, Landsberg E, Marschner H (1980) Induction of transfer-cell formation by iron deficiency in the root epidermis of *Helianthus annuus* L. *Planta* 147: 335–339

Lee KC, Cunningham BA, Paulsen GM, Liang GH, Moore RB (1976) Effect of Cadmium on respiration rate and activities of several enzymes in Soybean seedlings. *Physiol. Plant.* 36: 4–6

Marschner H (1986) Mineral nutrition of higher plants. Academic Press, London San Diego. 527 Seiten

Meagher RB (2000) Engineered phytoremediation of mercury pollution in soil and water using bacterial genes. In: Terry N, Banuelos G (Hrsg.) Phytoremediation of contaminated soil and water. CRC-Press. 201–221

Mengel K (1991) Ernährung und Stoffwechsel der Pflanze. G. Fischer, Jena. 466 Seiten

Pilon-Smits E, Pilon M (2000) Breeding mercury-breathing plants for environmental cleanup. *Trends in Plant Sciences* 5: 235–236

Robinson NJ, Tommey AM, Kuske C, Jackson PJ (1993) Plant metallothioneins. *Biochem. J.* 295: 1–10

Römheld V, Kramer D (1983) Relationship between proton efflux of rhizodermal transfer cells induced by iron deficiency. *Z. Pflanzenphysiol.* 113: 73–83

Salt DE, Smith RD, Raskin I (1998) Phytoremediation. *Ann. Rev. Plant Physiol. Plant Mol. Biol.* 49: 643–668

Schlee D (1992) Ökologische Biochemie. G. Fischer, Jena Stuttgart. 587 Seiten

Solioz M, Vulpe C (1996) CPx-type ATPases: a class of P-type ATPases that pump heavy metals. *Trends in Biochemical Sciences* 21: 237–241

Tomsett AB, Thurman DA (1988) Molecular-biology of metal tolerances of plants. *Plant Cell Environ.* 11(5): 383–394

Wallnöfer PR, Engelhardt G (1984) Schadstoffe, die aus dem Boden aufgenommen werden. In: Hock B, Elstner E (Hrsg.) Pflanzentoxikologie. B. I. Wissenschaftverslag, Mannheim Wien Zürich. 95–117

1.8 Aluminium

Aluminiumionen bilden Komplexe mit wasserlöslichen Vakuolenfarbstoffen. In der Zierpflanzengärtnerei wird mit unterschiedlich hohen Al^{3+}-Konzentrationen eine Farbveränderung der Hortensienblüten (Hydrangea sp.) von weiß über rot nach tiefblau erzielt. Diese Farben der Hortensienblüten resultieren aus Aluminiumkomplexen mit dem Anthocyan Delphinidin-3-glucosid und Chlorogensäure (Caffeoylchinasäure). Die Aluminiumkonzentrationen in den gezeigten Blüten sind (von rot nach blau) 51, 106, 640, 804 und 3959 mg Al^{3+}/kg Trockengewicht (nach Ma et al. 2001).

Literaturempfehlung

1. Kochian LV (1995) Cellular mechanisms of aluminum toxicity and resistance in plants. *Annu. Rev. Plant Physiol. Plant Mol. Biol.* 46: 237–260
2. Macdonald TL, Martin RB (1988) Aluminum ion in biological systems. *Trends in Biochemical Sciences* 13: 15–19
3. Bergmann W (1988) Ernährungsstörungen bei Kulturpflanzen. 2. Auflage. Gustav Fischer, Stuttgart. 309–316
4. Delhaize E, Ryan PR (1995) Aluminum toxicity and tolerance in plants. *Plant Physiol.* 107: 315–321

Aluminiumtoxizität ist ein weltweites Problem, das den Nutzpflanzenanbau und die Erträge auf sauren Böden beeinträchtigt (siehe auch Kapitel 3.5.1 über Waldschäden): Al ist das häufigste metallische Element der Erdkruste, und in sauren Böden, d. h. bei pH-Werten < 5,5 wird das phytotoxische Al^{3+}-Ion in einem Ausmaß löslich, welches das Wurzelwachstum und als Sekundäreffekt die Nährsalz- und Wasseraufnahme und das Pflanzenwachstum hemmt. Bei nur schwach saurer oder neutraler Bodenreaktion liegt Aluminium in Form von unlöslichen Oxiden oder Silikaten vor. Mehr als 30 % des (potentiellen) Ackerlands aber weisen pH-Werte < 5,5 auf, und dort ist die Aluminiumtoxizität ein Problem von großer Tragweite. Besonders betroffen sind die in den Tropen und Subtropen häufigen sauren Roterdeböden, die Oxisols. Unter der Einwirkung sau-

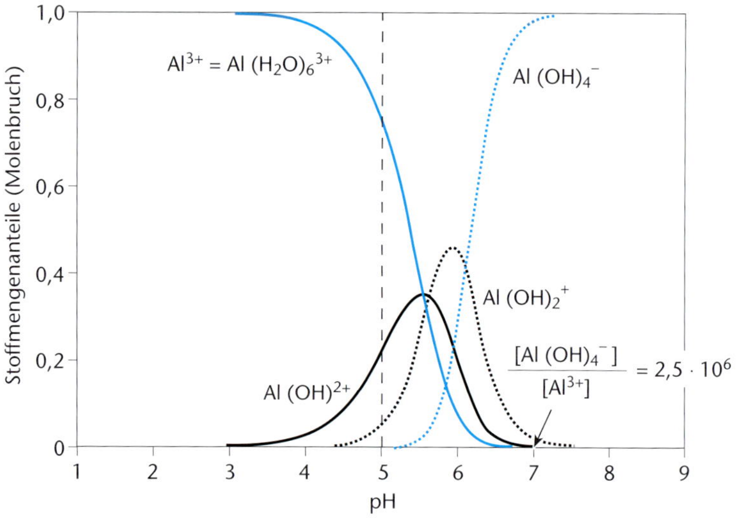

Abb. 1.8.1: Stoffmengenanteile (Molenbrüche) der löslichen, mononucleären Aluminiumionenarten in wässriger Lösung in Abhängigkeit vom pH-Wert. Bei höheren Konzentrationen bildet sich „Al_{13}“ = $[AlO_4Al_{12}(OH)_{24}(H_2O)_7]^{7+}$, das Triskaidea-Aluminium (nach Macdonald und Martin 1988)

rer Atmosphärilien tritt Aluminiumtoxizität aber auch in den temperaten Klimaregionen auf.

Aluminium ist nach heutiger Kenntnis kein für die Pflanzenernährung nötiges Spurenelement. Obwohl kein Schwermetall, zählt es wegen seiner negativen Einflüsse auf das Pflanzenwachstum zu den Giftstoffen. Allerdings gibt es auch – wie bei den meisten Xenobiotika – eine vererbbare Resistenz gegenüber Al-Ionen im Wurzelraum, möglicherweise sogar eine Toleranz gegenüber Aluminiumionen in der Zelle. Durch nahezu isogene Linien, z. B. beim Weizen, die sich nur in der Al-Empfindlichkeit unterscheiden, wird die Erforschung der spezifischen Al-Toxizität und der Resistenzmechanismen möglich. Wegen der besonders häufigen Sekundäreffekte der Al-Toxizität ist aber die Literatur über die physiologischen Wirkungen des Al-Ions noch sehr kontrovers. Durch eine Verfeinerung der Messmethoden klärt sich allmählich das Bild.

1.8.1 Pflanzenverfügbare Formen des Aluminiums

Man unterscheidet drei Klassen von pflanzenverfügbaren Aluminiumionen: **Mononucleäre** Formen des Al^{3+}, **polynucleäres Aluminium** und **komplexiertes Aluminium** (Macdonald und Martin 1988). Letzteres liegt meist in Komplexen niedrigen Molekulargewichts vor, doch können – vor allem bei neutralem pH – auch Makromoleküle Al-Ionen binden.

In Lösungen mit saurem pH-Wert (< 5.0) liegt das mononucleäre Al^{3+} als Hexahydrat vor, $Al(H_2O)_6^{3+}$, welches konventionell als Al^{3+}-Ion bezeichnet wird (Abb. 1.8.1). Bei steigendem pH-Wert wird dieses Hexahydrat zunehmend deprotonisiert, wobei sukzessive die Formen $Al(OH)^{2+}$, $Al(OH)_2^+$ und im neutralen Milieu das unlösliche $Al(OH)_3$, der Gibbsit, entstehen. Bei weiterer Alkalisierung bildet sich das Alumination ($Al(OH)_4^-$), das wieder löslich ist, aber als Anion andere Angriffsstellen als das kationische Al^{3+} hat.

Bei höheren Aluminiumkonzentrationen entstehen, vor allem bei neutraler Reaktion, polynucleäre Formen, am häufigsten das Triskaidea-Aluminium $[AlO_4Al_{12}(OH)_{24}(H_2O)_7]^{7+}$, das so genannte Al_{13}.

Alle löslichen positiv geladenen Formen sind phytotoxisch, auch das Al_{13}.

Die mononucleären Formen bilden leicht Komplexe mit Sauerstoff-Donor-Liganden, wie z. B. Carboxylgruppen, Phosphat (anorganisches P_i und Polyphosphate) und Sulfat.

1.8.2 Aluminiumtoxizität

1.8.2.1 Aluminiumaufnahme

Die Al^{3+}-Aufnahme in Weizenwurzeln zeigt eine zweiphasige Zeitkinetik mit einer schnellen und einer langsamen Phase. Erstere ergibt sich aus der Aufnahme in die Zellwand und in das Mucigel (das

Tabelle 1.8.1: Zellwandgebundenes Al^{3+}: Je hundert Wurzeln des *Arabidopsis*-Wildtyps und einer aluminiumresistenten Mutante wurden 0 bzw. 3 Std. lang in 25 µM $AlCl_3$-Lösung inkubiert und anschließend 5 Minuten lang mit Al-freier Nährlösung bzw. mit citrathaltiger Nährlösung gewaschen. Dann wurde der Restgehalt an Al^{3+} in den Wurzeln bestimmt. Etwas mehr als 25 % des aufgenommenen Al^{3+} der Wurzeln konnte durch Komplexbildung mit Citrat aus der Zellwand herausgelöst werden (aus Larsen 1998).

Pflanze	Extraktion mit Wasser		Extraktion mit 0,5 mM Citratlösung pH 4,4	
Behandlung	0 Std	3 Std	0 Std	3 Std
	nmol Rest-Al^{3+} pro mg Trockengewicht			
Wildtyp	0,2 ± 0,1	42,3 ± 3,4	0,2 ± 0,1	29,3 ± 0,8
Mutante alr 104	0,3 ± 0,1	28,6 ± 1,6	0,4 ± 0,2	31,7 ± 0,9

ist die die Wurzelspitze umgebende Schleimschicht). Letztere resultiert aus der Aufnahme in den Symplasten. Das in der Zellwand deponierte, z. T. präzipitierte oder sorbierte Al^{3+} lässt sich mit Citrat desorbieren und in Lösung bringen. Es beträgt nach dreistündiger Exposition von Weizenwurzeln zwischen 50 und 75 % des aufgenommenen Al^{3+}, während bei *Arabidopsis*-Wurzeln nur etwa ein Viertel des aufgenommenen Al^{3+} aus der Zellwand extrahiert werden konnten (Tabelle 1.8.1). Al-resistente Kultivare nehmen Al^{3+} langsamer und in wesentlich geringerer Menge auf als die empfindlichen Sorten. Dies betrifft die Aufnahme sowohl in den Apo- als auch in den Symplasten.

Al^{3+} wird entweder über Kationencarrier oder durch Adsorption und Endocytose in den Symplasten aufgenommen. Außerdem ist der Aluminium-Citratkomplex bei saurem apoplastischem pH-Wert (≈ 4,5) ungeladen und könnte langsam die Plasmamembran permeieren.

Wegen der Ähnlichkeit im Ionenradius (siehe Tabelle 1.8.2) nimmt man an, dass Al^{3+} durch einen Mg^{2+}-Kanal eindringt, was sich in einer Hemmung der Mg^{2+}-Aufnahme bzw. Erniedrigung des Mg^{2+}-Gehalts zu erkennen gibt (Abb. 1.8.2). Ebenfalls wegen des ähnlichen Ionenradius könnte Al^{3+} das Siderophorenaufnahmesystem für Fe^{3+} nutzen, das bei Gräsern gut ausgebildet ist.

Schließlich kann man nicht ausschließen, dass positiv geladene Al-Ionen an die Membranaußenseite adsorbieren und im Zuge von Endocytoseprozessen ins Zellinnere gelangen. Allerdings inter-

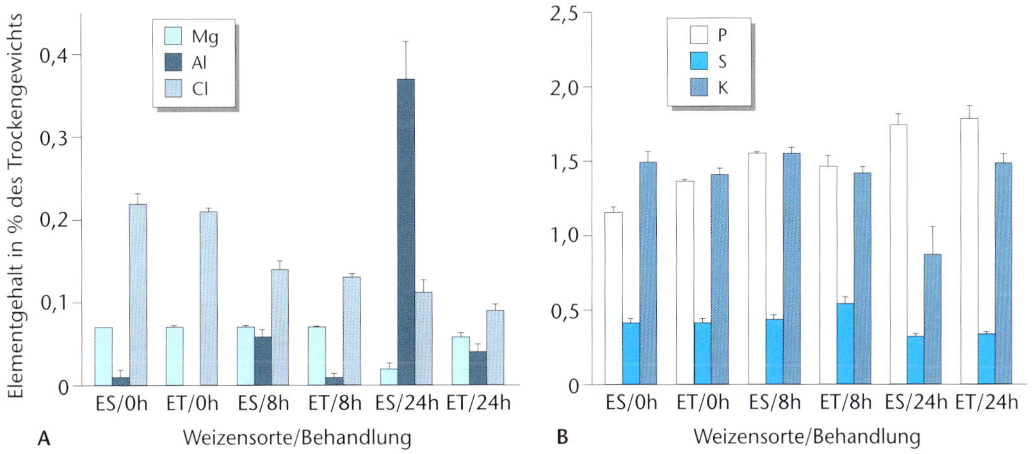

Abb. 1.8.2: Verdrängung von Ionen aus Wurzelspitzen von Al^{3+}-empfindlichen und -toleranten Weizensorten durch Inkubation der Keimlinge in 100 µm Al^{3+}-Lösung für 0, 8 und 24 h. A: Mg-, Al- und Cl-Gehalte der getrockneten Wurzelspitzen. B: P-, S- und K-Gehalte. ES: homozygote, empfindliche (sensitive) Linie; ET: homozygote, tolerante Linie (nach Delhaize et al. 1993a).

Tabelle 1.8.2: Die Giftigkeit der löslichen Aluminiumionen ist auf die Ähnlichkeit ihrer Ionenradien zu denen essenzieller Nährelemente (Pfeile) zurückzuführen. Angegeben sind die effektiven Ionenradien in Å in Abhängigkeit von der Koordinationszahl. Aus Macdonald und Martin (1988).

	Koordinationszahl					
Ion	4	5	6	7	8	9
Be^{2+}	0,27		0,45			
Al^{3+}	0,39	0,48	0,54			
Ga^{3+}	0,47	0,55	0,62			
Fe^{3+}	0,49	0,58	0,65			
Mg^{2+}	0,57	0,66	0,72		0,89	
Zn^{2+}	0,60	0,68	0,74		0,90	
Gd^{3+}			0,94	1,00	1,05	1,11
Ca^{2+}			1,00	1,06	1,12	1,18

agiert Al^{3+} nicht mit K^+-Carriern, weshalb es auch praktisch keinen Einfluss auf das Membranpotential hat.

1.8.2.2 Phänomene der Aluminiumtoxizität

Da Al^{3+} in der Pflanze schlecht beweglich ist, bleibt es zumeist in der Wurzel, und so ist auch die Wurzel dasjenige Organ, in dem sich die Al-Toxizität voll auswirkt und an welchem Vergiftungserscheinungen und Resistenzmechanismen am eingehendsten untersucht wurden.

Der sichtbare Effekt ist eine drastische Hemmung des Längenwachstums von Haupt- und Seitenwurzeln, die bereits ein bis zwei Stunden nach Exposition auftritt. Bei mäßiger Belastung setzt das Längenwachstum später wieder ein, dann aber mit deutlich geringerer Rate. Demnach ist die Empfindlichkeit gegenüber Al^{3+} in der Elongationszone am größten (Abb. 1.8.3); dort reichert sich auch das Al^{3+} an, und es bildet sich Kallose als Reaktion auf den Stress durch Al^{3+}. Bei aluminiumresistenten Pflanzen zeigt sich dort auch die Resistenz am deutlichsten.

Zwar hemmt Al^{3+} auch die Zellteilung im Meristem, aber die Hemmung der Elongation läuft der Hemmung der DNA-Synthese um Stunden voraus, sodass diese nicht die primäre Ursache der Wurzelwachstumshemmung sein kann. Andererseits ist die Inhibition der Zellteilungsaktivität die Ursache für die lang anhaltende Hemmung des Wurzelwachstums.

1.8.2.3 Symplastische Aluminiumtoxizität

Die ursprüngliche Vermutung, dass Al^{3+} an die schwach basischen Phosphatgruppen der DNA bindet und dadurch die Zellteilung hemmt, wird aber nicht mehr aufrechterhalten. Auch die frühere Vorstellung, nach der Al^{3+} hauptsächlich mit der Wurzelhaube interferiert, hat sich experimentell nicht absichern lassen. Vielmehr nimmt man an, dass es mit den phosphorylierten Proteinen des Zellkerns in Wechselwirkung tritt. Bei Dicotylen wirken $Al(OH)^{2+}$ und $Al(OH)_2^+$ stärker giftig als Al^{3+}, bei Gräsern (Monocotylen) hat Al^{3+} die stärkere Giftwirkung. Nicht toxisch sind die löslichen Komplexe mit Sulfat, Fluorid und mit organischen Säuren (Chelate). Unlösliche Salze wie $Al(OH)_3$ oder $AlPO_4$ sind als solche nicht giftig. Wegen der ähnlichen Ionenradien (Tabelle 1.8.2) greift das Al^{3+} vorwiegend in den Mg^{2+}- und Fe^{3+}-Stoffwechsel ein. Erhöhung der Mg^{2+}-Ionenkonzentration wirkt deshalb der Aluminiumtoxizität entgegen. Die ebenfalls beobachtete Hemmung Ca^{2+}-abhängiger Reaktionen ist auf der molekularen Ebene noch unverstanden.

Der Molenbruch an positiv geladenen Al-Ionen ist vom pH-Wert der Lösung abhängig (vgl. Abb. 1.8.1). Während im Apoplasten ein saurer pH-Wert durchaus möglich ist, ist das Cytosol in der Regel neutral bis schwach alkalisch (pH > 7). In diesem pH-Bereich liegt fast das gesamte Al als Aluminat vor, und die Konzentration von Al^{3+} und seinen Derivaten liegt im nano- bis picomolaren Bereich. Hinzu kommt, dass im Cytosol eine Reihe von

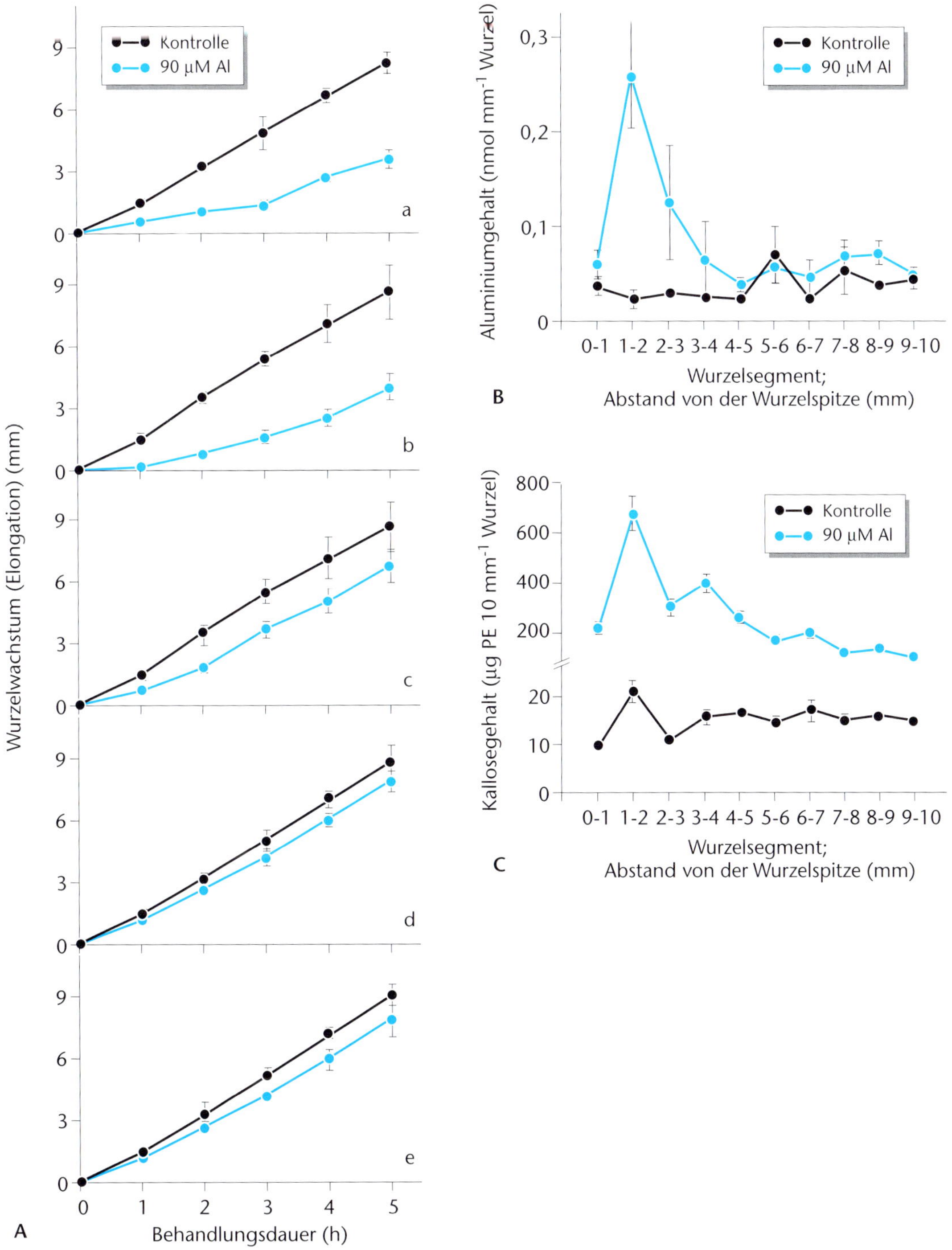

Abb. 1.8.3: A: *Effekt von Al^{3+}-Ionen (90 µM) auf das Längenwachstum einzelner 1 mm langer Abschnitte einer intakten Maiswurzel, die in einer besonderen Apparatur selektiv exponiert wurden, sodass ein Einfluss der Aluminiumionen über andere Abschnitte der Wurzel ausgeschlossen werden konnte. a) 0–1 mm, b) 1–2 mm, c) 2–3 mm, d) 3–4 mm, e) 4–5 mm. Die Standardabweichung aus fünf Wiederholungen ist angegeben.* B: *Aluminiumgehalte einzelner Segmente der apikalen Maiswurzel nach einstündiger selektiver Applikation einer 90 µM Al^{3+}-Lösung an die einzelnen Abschnitte.* C: *Aluminiumstress führt zur Ablagerung des Polyglucans Kallose (gemessen mit Anilinblau als so genannte Pachyman-Äquivalente (PE)) in denjenigen Zonen, wo das Wachstum am stärksten gestört ist (nach Sivagura und Horst 1998).*

Kasten 1.8.1 Intrazelluläre Signaltransduktionswege, mit denen Al^{3+} interferiert

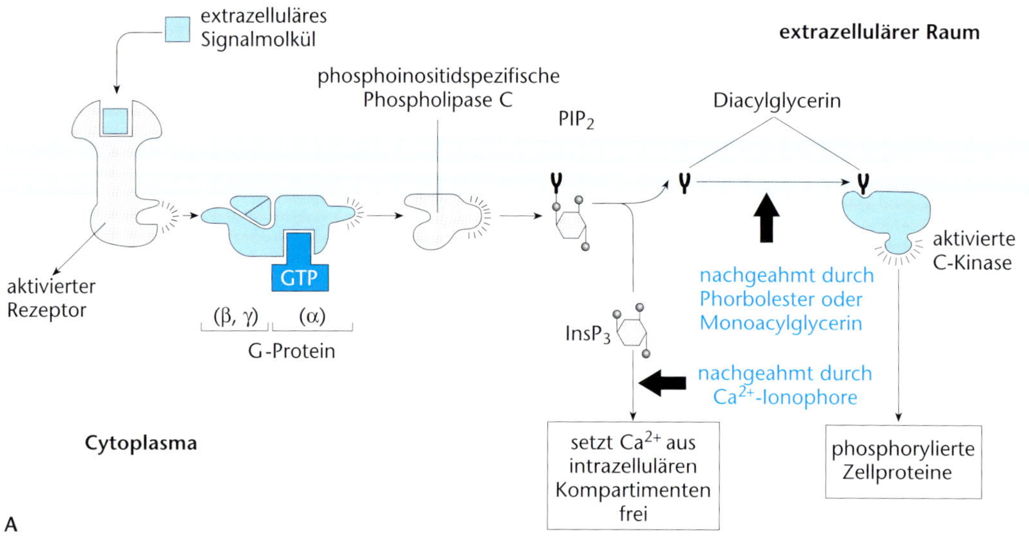

In Teilabbildung A sind die beiden Zweige des Inositol-Phospholipid-Wegs aufgezeigt. Der durch das Signal aktivierte Rezeptor aktiviert seinerseits das G-Protein, welches nun die Phospholipase C aktiviert. Diese spaltet das Inositol-diacylglycerol (ein Phospholipid der Membran) und setzt den sekundären Messenger Inositol-trisphosphat frei, der seinerseits Ca^{2+} aus intrazellulären Kompartimenten freisetzt. Diacylglycerol aktiviert die Proteinkinase C, die ihrerseits durch Phosphorylierung von Proteinen regulatorisch wirkt. Auch das freigesetzte Ca^{2+} ist ein intrazellulärer Regulator. Al^{3+} interferiert mit diesem Signaltransduktionsweg vermutlich auf der Strecke zwischen dem G-Protein und der Phospholipase C. Teilabbildung B: Detail aus A, welches die Wirkung der Phospholipase C genauer zeigt. Pl, Phosphatidylinosit (nach Alberts et al. 1994).

Komplexbildnern die Konzentration des Al^{3+} absenken können.

Trotz der sehr geringen aktuellen Konzentration zeigen sich Störungen z. B. von Reaktionen, die durch Mg^{2+} kontrolliert werden. So verdrängt Al^{3+} Mg^{2+} aus dem ATP-Mg-Komplex, da der Al-ATP-Komplex 1 000 Mal fester an Hexokinase bindet als der Mg-ATP-Komplex. Des Weiteren hemmt Al^{3+} die Ca^{2+}-Aufnahme in die Zelle durch Inaktivierung des spannungsabhängigen Ca^{2+}-Kanals, obwohl es selbst nicht mit dem Membranpotential interagiert (Abb. 1.8.4). Die Interferenz mit Calcium zeigt sich in besonderer Weise durch die Störung der intrazellulären Signaltransduktion (Kasten 1.8.1).

Al^{3+} verhindert den signalinduzierten Anstieg von $InsP_3$ und die anschließende Freisetzung von Ca^{2+}: Entweder bindet Al^{3+} an die Mg^{2+}-Bindungsstelle des G-Proteins, oder es reagiert direkt mit der Phospholipase C; eine direkte Bindung an $InsP_3$ ist jedoch wenig wahrscheinlich (Jones und Kochian 1995). Ebenso wenig haben sich frühere Befunde bestätigen lassen, dass Al^{3+} mit Calmodulin reagiert und dessen Funktion in der Regulation des Ca^{2+}-Haushalts beeinträchtigt.

Die Hemmung des Wurzelstreckungswachstums bei gleichzeitiger Verdickung der Wurzelspitzen lässt erwarten, dass Al^{3+} auch mit dem Cytoskelett, den **Mikrotubuli** und **Actinfilamenten**, reagiert. Biochemische Studien haben gezeigt, dass Al^{3+} die Mg^{2+}-abhängige Assoziation des Tubulins zum Mikrotubulus und die Ca^{2+}-abhängige Dissoziation hemmt. Da Mikrotubuli aber eine dynami-

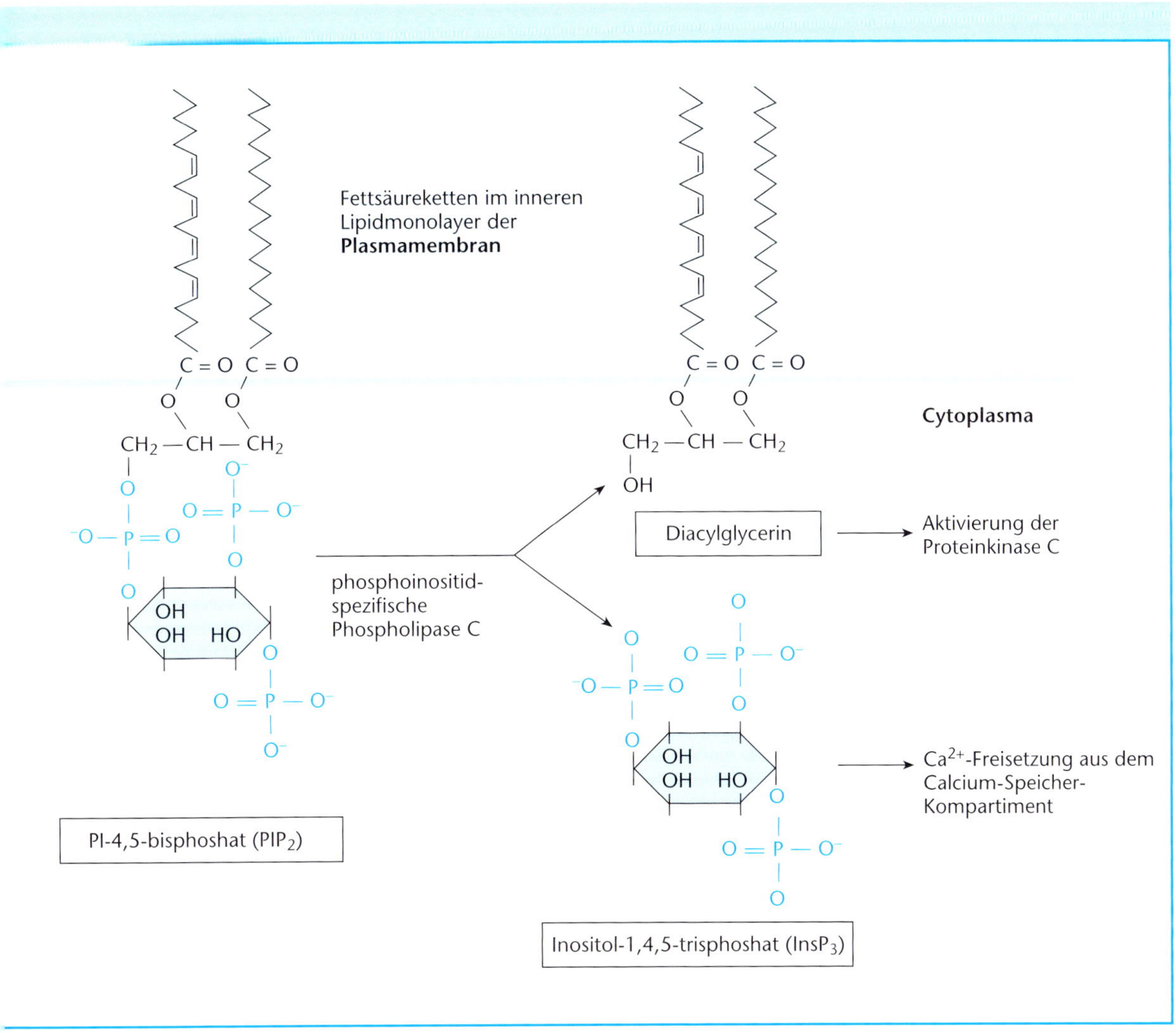

sche Struktur mit einem wachsenden (+) und einem abnehmenden (–) Pol darstellen, führt die Interaktion von Al^{3+} mit den Mikrotubuli zu einer Stabilisierung des Cytoskeletts. Die Wirkung des Mg^{2+} bei der Assoziation besteht darin, dass es an die GTP- und GDP-Rezeptor-Site bindet. Die Assoziationskonstante von Al^{3+} mit dieser Site ist aber 3×10^7 größer als die für Mg^{2+} und eine Al^{3+}-Aktivität von 40 nM verdrängt Mg^{2+} in millimolarer Konzentration!

Bei der Behandlung von Maiswurzeln mit 50 µM Al^{3+} zeigen die Mikrotubuli der äußeren Rindenzellen zeitgleich (nach 1 h) mit dem Eintritt der Wachstumshemmung eine Fixierung in der transversalen Richtung und eine Stabilisierung. Weiterhin zeigt sich, dass Al^{3+} für die Durchdringung der äußeren drei Rindenschichten etwa 30 Minuten benötigt.

In einem Zeitraum zwischen drei und sechs Stunden nach Applikation von Al^{3+} ergab sich eine Umorientierung der Mikrotubuli der inneren Rindenschichten von der transversalen Richtung zur Streutextur, die mit einem isodiametrischen Zellwachstum und damit Dickenwachstum der Wurzelspitze einhergeht.

Durch dieses Dickenwachstum im Zusammenhang mit der Fixierung des Cytoskeletts in den äußeren Rindenschichten kommt es zu Frakturen und Läsionen und zum Abschilfern der äußeren Zellschichten. Die Umorientierung der Mikrotubuli der inneren Rindenschichten ist, auch von der Reaktionszeit her gesehen, sicherlich ein Sekundäref-

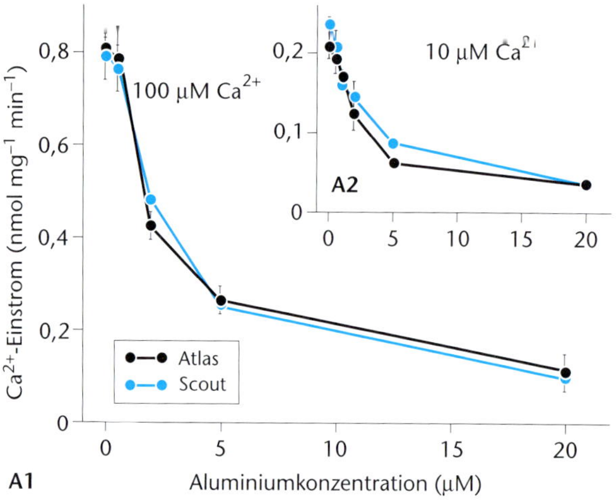

Abb. 1.8.4. Einfluss unterschiedlicher Aluminiumkonzentrationen auf die spannungsabhängige (E_m=–100 mV) Ca^{2+}-Aufnahme in Plasmamembranvesikel, die aus Wurzeln von Al-empfindlichen (Scout 66) und Al-resistenten (Atlas 66) Weizenkultivaren isoliert wurden. A1: Hemmung der Ca^{2+}-Aufnahme bei einer Konzentration von 100 µM Ca^{2+} in der Lösung. A2: Hemmung der Ca^{2+}-Aufnahme bei einer Konzentration von 10 µM Ca^{2+} in der Lösung (nach Huang et al. 1996).

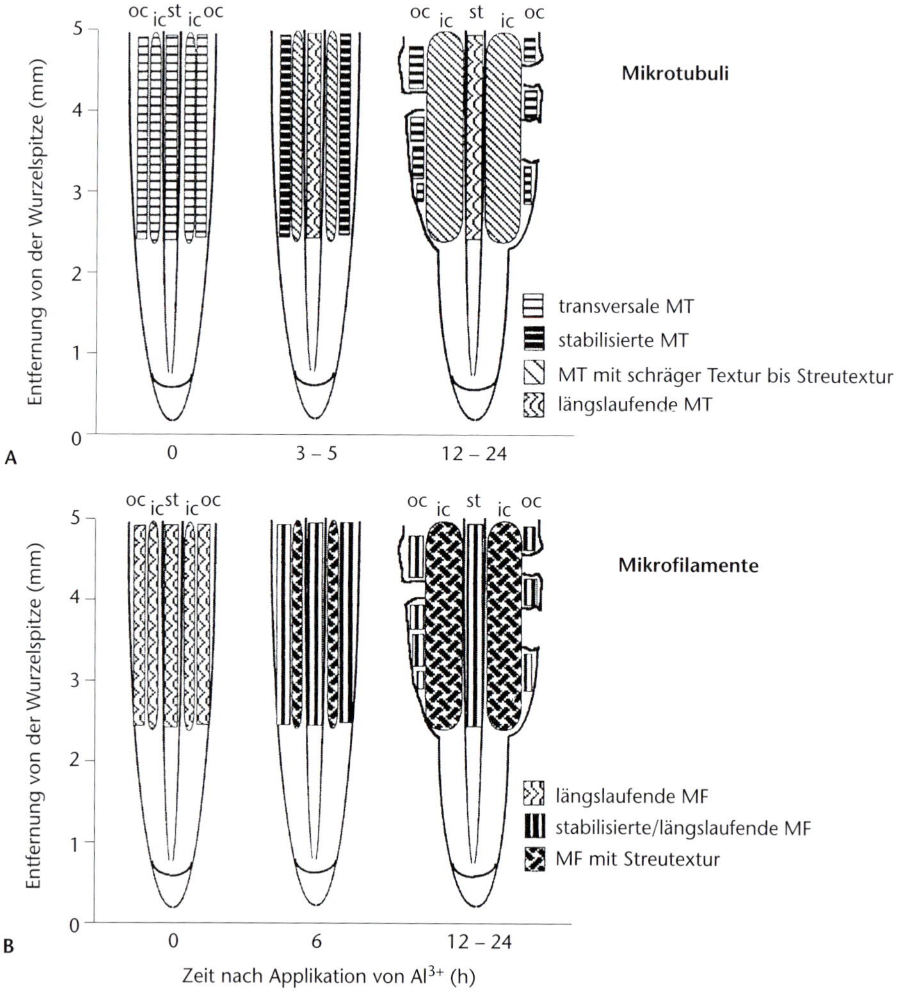

Abb. 1.8.5: Veränderungen der Mikrotubuli (MT) (A) und der Mikrofilamente (MF) (B) in der Elongationszone einer Maiswurzel nach Applikation von Aluminium (Al^{3+}-Konzentration = 50 µM). A: Eine Stunde nach Applikation von Al^{3+} wurden die Mikrotubuli der äußeren Rinde (oc: outer cortex) in transversaler Richtung stabilisiert. Mikrotubuli mit schräger Orientierung bis hin zur Streutextur entstehen drei Stunden nach Al^{3+}-Applikation zuerst in den inneren Rindenschichten (ic: inner cortex) und eine Stunde später in der Stele (st). Diese Veränderung in der Orientierung der Mikrotubuli kann zu einer Ausdehnung der Zellen der inneren Rinde und somit zu einem Anschwellen der Wurzel führen. Nach 12 Stunden zeigten Zellen der äußeren Rinde Deformationen und es kam zu Läsionen in den äußeren Zellschichten. B: Mikrofilamente wurden drei Stunden nach Al^{3+}-Applikation stabilisiert. Mikrofilamente mit Streutextur und hoher Bündelung in der inneren Rinde und in der Stele wurden sechs Stunden nach Al^{3+}-Applikation festgestellt. Die Stabilisierung und Neuorientierung der Mikrofilamente erfolgt später als die der Mikrotubuli (nach Blancaflor et al. 1998).

fekt. Auch die Mikrofilamente zeigen eine Reaktion auf Al^{3+}, allerdings nicht so stark wie die Mikrotubuli (Abb. 1.8.5). Dabei erfahren die Mikrofilamente der äußersten Rindenschicht eine Umorientierung aus der Streutextur in die Längsrichtung, während die inneren in der Streutextur stabilisiert werden.

1.8.3 Al^{3+}-Resistenz

Die relative Resistenz isogener Linien gegenüber Al^{3+} beruht meist auf mehreren Eigenschaften, deren Gene auf einem bis mehreren Loci zu finden sind. Al-Resistenz ist fast immer dominant, Al-Empfindlichkeit dagegen rezessiv: Bei entsprechenden Kreuzungen ist die F1-Generation fast immer Al-resistent.

Resistenz kann auf Vermeidung oder Toleranz beruhen. Vermeidung bedeutet Ausschluss von Al^{3+} (Pellet et al. 1997), Toleranz Komplexierung. Auch Ausschluss wird meist über (externe) Komplexierung erreicht.

1.8.3.1 Al^{3+}-Ausschluss

Der Ausschluss des Al^{3+}-Ions wird meist durch Exkretion chelatierender Säuren wie Zitronensäure, Äpfelsäure oder Oxalsäure von der Wurzelspitze erreicht (Abb. 1.8.6). Diese Säuren komplexieren das Al^{3+}, wodurch es den Aufnahmesystemen nicht mehr zugänglich ist.

Die Malatausscheidung wird spezifisch durch Al^{3+} ausgelöst, nicht durch andere dreiwertige Kationen (La^{3+}, Sc^{3+}) und auch nicht durch Al_{13}. Am stärksten komplexiert Zitronensäure, am schwächsten Bernsteinsäure (Abb. 1.8.7).

Auch Al^{3+}-empfindliche Kultivare scheiden bei Belastung Äpfelsäure aus, aber viel weniger als tolerante Kultivare (Tabelle 1.8.3). Die Abfangwirkung von Al^{3+} durch ausgeschiedene Äpfelsäure lässt sich

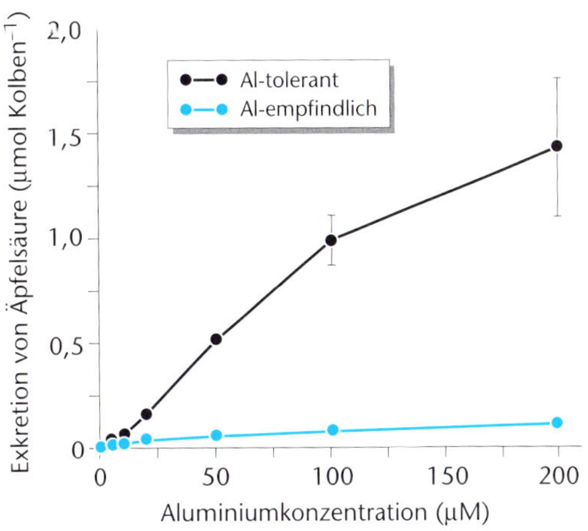

Abb. 1.8.6: Exkretion von Äpfelsäure durch Keimlinge Al-empfindlicher und Al-resistenter Weizensorten. Sechs Tage alte Keimlinge wurden 24 Stunden lang in einer Nährlösung inkubiert, die verschiedene Konzentrationen eines Al^{3+}-Salzes enthielt (nach Delhaize et al. 1993b).

mit Al-empfindlichen Kultivaren durch Zusatz steigender Konzentrationen dieser Säure zur Nährlösung zeigen (Abb. 1.8.8).

Während die Resistenz beim Weizen hauptsächlich auf der Ausscheidung von Äpfelsäure beruht, reagiert der Mais auf Al^{3+}-Stress mit der Exkretion von Zitronensäure (Kollmeier et al. 2001). Auch hier unterscheiden sich Al^{3+}-empfindliche und -resistente Kultivare hauptsächlich in der Menge der sezernierten Säure. Es geht dabei nicht um die Ansäuerung der Rhizosphäre, sondern um die Komplexierung des Al^{3+}. In ähnlicher Weise scheiden manche Al^{3+}-unempfindlichen Sorten auch Phosphat über die Wurzel aus, wodurch unlösliches $AlPO_4$ entsteht.

Eine durch Al^{3+} induzierte schnelle Exkretion von komplexierenden Säuren wirft die Frage nach der Perzeption des Aluminiumions auf. Die Exkretion lässt sich durch Hemmstoffe der Anionenkanäle blockieren. Daraus und aus der Vorstellung, dass Äpfelsäure ein im Cytosol häufiger Metabolit ist,

Tabelle 1.8.3: Exkretion organischer Säuren von Al-toleranten und Al-empfindlichen Weizenkeimlingen (je 5 Keimlinge in 20 ml Nährlösung), die 24 Stunden lang einer Al^{3+}-Konzentration von 50 µM ausgesetzt waren. Nach Delhaize et al. (1993b).

	nmol ausgeschiedene Säure pro Keimling und Stunde			
Organische Säure	empfindlich -Al	empfindlich +Al	tolerant -Al	tolerant +Al
Apfelsäure	0,08 ± 0,08	0,33 ± 0,00	< 0,08	3,57 ± 0,08
Bernsteinsäure	0,08 ± 0,08	0,08 ± 0,08	0,08 ± 0,08	0,58 ± 0,08
Zitronensäure	0,17 ± 0,08	0,08 ± 0,08	0,08 ± 0,00	0,17 ± 0,00

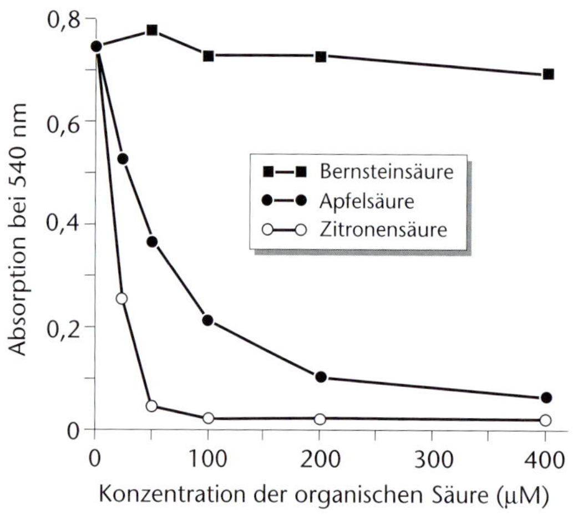

Abb. 1.8.7: Chelatierung von Al^{3+} durch organische Säuren. Zitronen-, Äpfel- oder Bernsteinsäure wurde eine Stunde lang zusammen mit einer Nährstofflösung inkubiert, die 50 µM Al^{3+}, 3,2 mM Na-Acetat-Puffer (pH 4,2) und 250 µM Hämatoxilin enthielt. Die Bildung des Al-Hämatoxilin-Komplexes wurde durch Absorptionsmessung bei 540 nm bestimmt. Eine Abnahme der Absorption in Gegenwart organischer Säuren zeigt, dass organische Säuren einen Teil des Aluminiums chelatieren und es somit für eine Chelatierung durch Hämatoxilin nicht mehr verfügbar ist (nach Delhaize et al. 1993b).

kann man folgern, dass die primäre Reaktion des Al^{3+} eine Öffnung oder Aktivierung eines für Malat permeablen Kanals darstellt. Wie diese Reaktion ausgelöst wird, ist noch völlig unbekannt.

1.8.3.2 Die Bedeutung des Apoplasten für die Al^{3+}-Resistenz

Zellwände, insbesondere primäre, pektinreiche Zellwände, tragen viele negative Ladungen, die meist durch zweiwertige Ionen (Mg^{2+}, Ca^{2+}) abgesättigt sind. Es wird vermutet, dass Al^{3+} zweiwertige Ionen aus diesen Bindungsstellen verdrängen kann und dass die Zellwand damit als **Aluminiumfalle** wirkt. Zwar würden sich derartige Bindungsstellen schnell mit Al^{3+}-Ionen absättigen, aber es werden beim Wurzelwachstum ja ständig neue gebildet, sodass ein solcher Schutz durch die Zellwand nicht unrealistisch ist. Allerdings haben sich bis jetzt keine Unterschiede in den Zellwänden empfindlicher und resistenter Kultivare nachweisen lassen.

1.8.3.3 Al^{3+} Ausschluss durch Alkalisierung der Rhizosphäre

Bereits geringfügige Veränderungen des pH-Wertes ändern die Aluminiumionenzusammensetzung (siehe Abb. 1.8.1). Deshalb wurde vermutet, dass auf Ausschluss gegründete Aluminiumresistenz auch durch Alkalisierung der unmittelbaren Rhizosphäre erreicht werden kann. Mit einer pH-Mikrosonde konnte ein solcher Mechanismus kürzlich bei Al-resistenten *Arabidopsis*-Jungpflanzen nachgewiesen werden. Dabei handelt es sich um eine Protonenaufnahme durch die Wurzelspitze, die zur schwachen Alkalisierung (circa um 0,1 pH-Einheiten) des Mediums an der Wurzeloberfläche führt. Wachstumsmessungen der Wurzel bestätigten die Bedeutung dieser zunächst kleinen pH-Unterschiede (Abb. 1.8.9). Allerdings könnte die H^+-Aufnahme von der Messmethode her gesehen auch eine abgeschwächte H^+-Abgabe der Wurzel sein. Dies würde bedeuten, dass Al^{3+} die Protonenpumpen der Wurzel-Plasmamembran hemmt. Die geringere Hemmung des Wurzelwachstums durch Al^{3+} bei pH 4,5 gegenüber pH 4,4 könnte aber auch in der Abnahme des Molenbruchs von Al^{3+} zugunsten $Al(OH)^{2+}$ (vgl. Abb. 1.8.1) begründet sein.

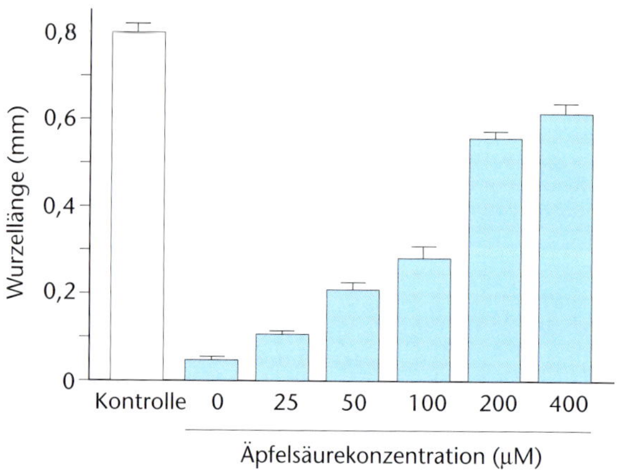

Abb. 1.8.8: Die Verringerung der toxischen Wirkung von Al^{3+} durch Äpfelsäure. Al-empfindliche Keimlinge wurden in Nährlösung angezogen, die 50 µM Al^{3+} und unterschiedliche Konzentrationen von Äpfelsäure enthielt. Die Kontrollkeimlinge wurde ohne Aluminium und ohne Äpfelsäure angezogen (nach Delhaize et al. 1993b).

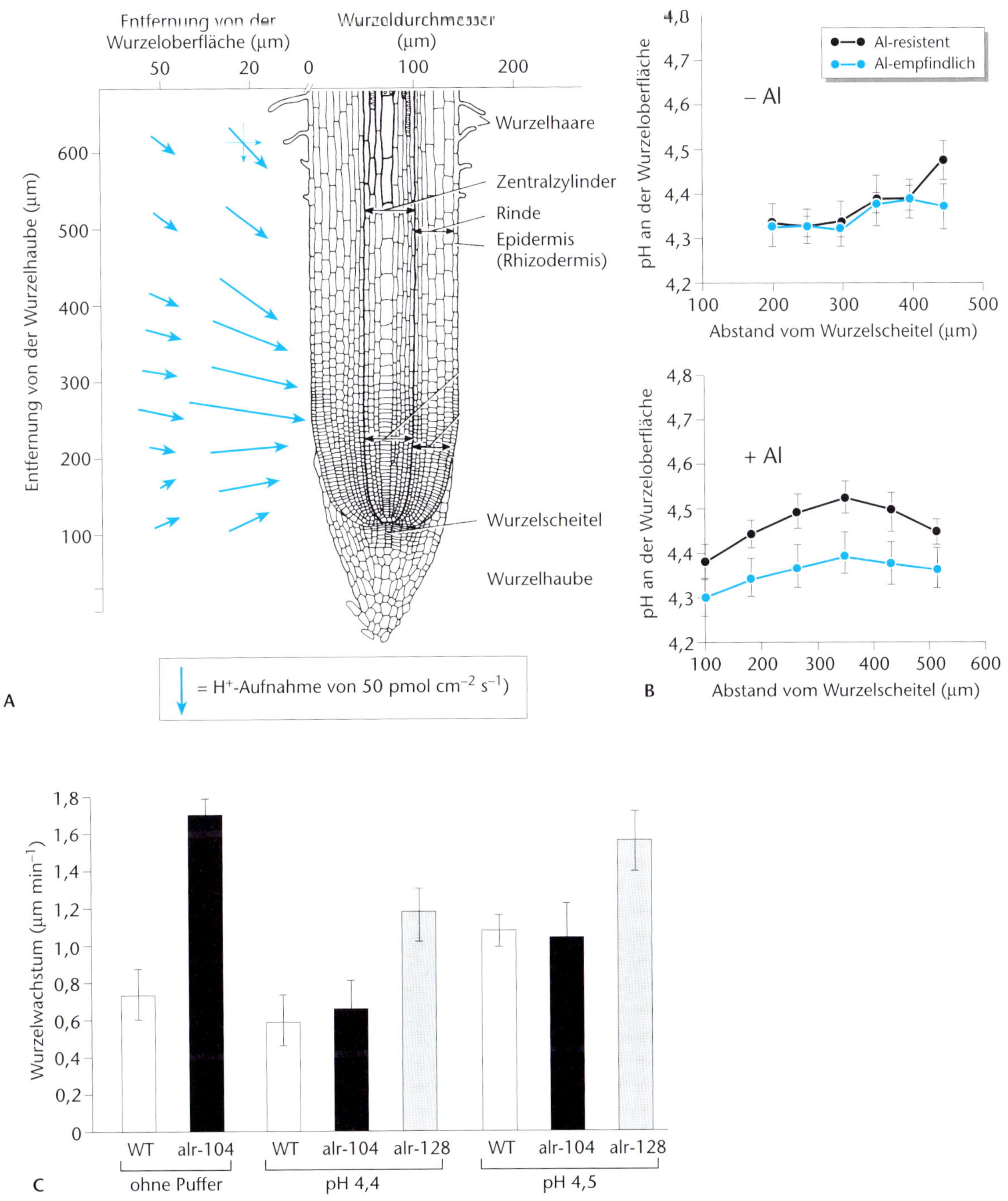

Abb. 1.8.9: A: Vektorielle Darstellung der Protonenaufnahme an der Spitze einer Arabidopsis-Wurzel. Die Pfeillänge entspricht dem Ausmaß des Protoneninflux. B: Der Einfluss des Aluminiumions auf den pH-Wert der unmittelbaren Rhizoplane („Wurzeloberfläche") beim Al-sensitiven Wildtyp und der Al-resistenten Mutante alr-104. C: Wurzelwachstum von Arabidopsis in ungepufferter und gepufferter Nährlösung in Anwesenheit von 300 µM Al^{3+}. Das Längenwachstum der resistenten Mutante war bei Anwesenheit von Al^{3+} doppelt so groß wie das der empfindlichen. In gepufferter Lösung zeigte die Wurzel bei pH 4,5 ein signifikant stärkeres Wachstum als bei pH 4,4. Im sauren Milieu verschwand auch der Unterschied zwischen dem Al-empfindlichen Wildtyp und der Al-resistenten Mutante. Jedoch lässt sich das Wachstum noch steigern, wenn eine resistente Mutante verwendet wird, die zudem noch organische Säuren ausscheidet (alr-128) (nach Degenhardt et al. 1998).

Tabelle 1.8.4: Aluminium- und Oxalsäurekonzentrationen in Blättern, Wurzeln und im Zellsaft von Buchweizen. Die Pflanzen wurden in Nährlösung (pH 4,5) angezogen, die jeden zweiten Tag gegen eine Nährlösung, die zusätzlich 0,5 mM $CaCl_2$ und 0 oder 50 µM Al enthielt, ausgetauscht wurde. Die Ernte erfolgte nach 10 Tagen. (Nach Ma, Hiradate und Matsumoto 1998).

	Pflanzenorgane		Zellsaft		
	Al	Wassergehalt	Al		Oxalsäure
	mmol/kg Frischgewicht	%	mM	% [a]	mM
Blätter					
+Al	2,01	87,5	2,03	88,4	51,08
–Al	0,02	87,4	0,01	–	46,79
Wurzeln					
+Al	3,45	94,7	2,09	57,3	8,80

[a] Prozent des gesamten Aluminiums, Rest in der Zellwand

1.8.4 Al^{3+}-Toleranz

Von **Aluminiumtoleranz** spricht man bei Arten oder Kultivaren, die eine erhöhte intrazelluläre Al-Ionenkonzentration tolerieren. Bekannte Beispiele sind alte Teeblätter, die bis zu 30 g Al pro kg Trockenmasse akkumulieren, oder *Hydrangea* (Hortensie), bei der durch Zusatz geringer Mengen von Al^{3+} zum Gießwasser eine Blaufärbung der Hochblätter (Kelchblätter) erreicht wird und die Blätter dann bis zu 3g Al pro kg Trockengewicht anreichern (Ma et al. 1997, s. Titelbild des Kapitels 1.8).

Entsprechend dem hohen Gehalt an löslichem Al^{3+} in sauren tropischen Böden wurden erhöhte Konzentration von Al-Ionen (bis 1g/kg) auch in Wildpflanzen (*Melastoma, Vaccinium*) der Regenwälder nachgewiesen. Zum einen könnte deren Al-Toleranz durch eine effektive Sequestrierung (Exkretion über die Plasmamembran oder Import in die Vakuole), zum anderen durch intrazelluläre Entgiftung durch Komplexbildung oder Al-bindende Proteine erreicht werden. Buchweizen ist beispielsweise eine Al-tolerante Pflanze (der Kultivar *Jianxi* akkumuliert bis zu 0,5 g Al/kg Blatttrockenmasse), die Al^{3+} intrazellulär in die Vakuole sequestriert und dort als Aluminiumoxalat (Al^{3+}:Oxalat = 1:3) komplexiert (Tabelle 1.8.4). Zusätzlich scheiden Buchweizenwurzeln bei Al-Belastung erhebliche Mengen an Oxalsäure aus, die einen Teil der Al-Ionen bereits in der unmittelbaren Rhizosphäre komplexiert. Exogenes Al-Oxalat (1:3 und 1:2) hemmt das Wurzelwachstum nicht, ist also nicht giftig; offensichtlich sind diese Komplexe so stabil, dass Al daraus unter physiologischen Bedingungen nicht frei wird.

Ein ähnlicher Fall liegt bei der Hortensie vor, wo allerdings nicht Oxalat, sondern Citrat als Gegenion auftritt. Der entsprechende Komplex enthält Aluminium zu Citrat im Verhältnis 1:1 und reichert sich ebenfalls in der Vakuole an. Hingegen scheint in den Teeblättern die Masse der Al-Ionen an Gerbstoffe gebunden zu sein.

Die Vorstellung, dass Al-Toleranz induzierbar ist, kommt von Experimenten, in denen auf eine anfängliche Al-Hemmung des Wurzelwachstums innerhalb weniger Tage eine vollständige Erholung folgte (Abb. 1.8.10), was eine Induktion der Al-Toleranz erfordert.

Al-resistente Weizenlinien zeigten bei Al-Belastung zwei zusätzliche Proteine (51 kDa) in der Plasmalemmafraktion, die nur in Wurzelspitzen auftraten, bei der Abnahme der Belastung wieder verschwanden und am effektivsten durch Al^{3+}, in geringem Ausmaß auch durch Cd^{2+}, Ni^{2+}, aber nicht durch Cu^{2+}, Zn^{2+} und Mn^{2+} induziert wurden. Im Al-empfindlichen Vergleichskultivar fanden sich bei Belastung nur Spuren dieser Proteine. Bei einem dieser Proteine könnte es sich um ein Metallothionein handeln. Ein anderes Protein könnte mit der Produktion eines „Abwehrschleimes" in den äußeren Wurzelhaubenzellen in Zusammenhang gebracht werden. Eine starke Schleimbildung wurde bei der Inkubation von Wurzelspitzen in Al-Salzlösung beobachtet. Nach der Exkretion dieses Mucigels erholte sich das Wurzelwachstum (von Erbsen) schnell wieder, sodass angenommen wurde, dass der Schleim die Alumini-

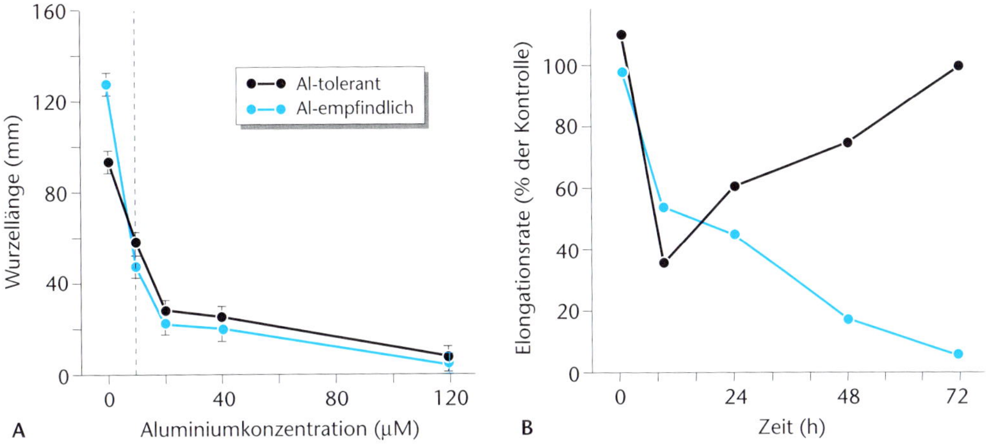

Abb. 1.8.10: A: Hemmung des Wurzelwachstums einer sensitiven und einer toleranten Bohnensorte durch dreitägige Inkubation mit Al^{3+} in der Nährlösung. B: Die Konzentrationsabhängigkeit der Hemmung ist bei beiden Kultivaren gleich, jedoch erholt sich die tolerante Sorte bei nicht übermäßiger Belastung (10 µM Al^{3+}) schnell wieder, während die empfindliche Sorte weiter gehemmt bleibt (nach Cumming et al. 1992).

umionen adsorbiert und für die Pflanze damit unschädlich gemacht hat (Hawes et al. 2000).

Diese Beispiele zeigen, dass Al-Stress zwar eine mehr oder weniger spezifische Proteinantwort induzieren kann, dass aber die physiologische Bedeutung derartiger Proteine noch weitgehend ungeklärt ist.

Zusammenfassung

1. Aluminium ist das häufigste metallische Element der Erdkruste, in der es in zahlreichen, meist unlöslichen Verbindungen und Komplexen vorliegt. Man unterscheidet drei Klassen von pflanzenverfügbaren Aluminiumionen: mononucleäres Al^{3+}, polynucleäres Al und komplexiertes Al. Bei sauren pH-Werten (<5) liegt das mononucleäre $Al(H_2O)^{3+}$ vor, bei neutraler Reaktion und höheren Al-Konzentrationen bilden sich polynucleäre Formen, vor allem das lösliche so genannte $[Al_{13}]^{7+}$. Alle löslichen Al-Ionen sind phytotoxisch.

2. Aluminium wird schnell durch Adsorption in der Zellwand und im Mucigel der Wurzelspitze in die Wurzel aufgenommen. Von dort aus dringt es über Kationencarrier (wahrscheinlich durch einen Mg^{2+}-Kanal) in das Cytosol ein. Diskutiert wird auch die endocytotische Aufnahme aus dem Apoplasten und bei Gräsern die Aufnahme über das Siderophorensystem. Al^{3+} ist in der Pflanze wenig beweglich, weshalb Aluminiumschäden vor allem in der Wurzel auftreten.

3. Besonders auffällig ist die durch Al^{3+} ausgelöste Hemmung des Streckungswachstums der Wurzeln, bei länger anhaltender Belastung wird auch das Zellteilungswachstum beeinträchtigt. Wegen der ähnlichen Ionenradien greift Al^{3+} vor allem in den Mg^{2+}- (z. B. Verdrängung des Mg aus dem Mg-ATP-Komplex) und Fe^{3+}-Stoffwechsel ein und stört darüber hinaus die Regulation des cytosolischen Ca^{2+}-Spiegels. Dadurch und durch Verhinderung des signalinduzierten Anstiegs von Inositol-trisphosphat greift es entscheidend in die Regulation des Zellgeschehens ein. Darüber hinaus führt es zur Umorientierung und Fixierung des Cytoskeletts, was wiederum ein anomales Dickenwachstum der Wurzelspitze mit zahlreichen Läsionen zur Folge hat.

4. (Relative) Aluminiumresistenz kann auf Vermeidung oder Toleranz beruhen. Ausschluss des Aluminiumions (Stressvermeidung) wird meist durch Exkretion chelatierender Säuren (z. B. Äpfelsäure) erreicht, die das Aluminium außerhalb der Wurzel oder des Protoplasten komplexieren und dadurch für die Aufnahmesysteme ungeeignet machen. Die Ausscheidung derartiger Chelatoren scheint artspezifisch zu sein und ist eine typische Reaktion auf Al^{3+}, nicht aber auf andere dreiwertige Kationen. Auch eine pektinreiche, das heißt zahlreiche negative Ladungen tragende Zellwand kann als Aluminiumfalle wirken, wobei normalerweise

die verbrückenden Kationen Mg^{2+} und Ca^{2+} freigesetzt werden. Schließlich kann Al^{3+} in der Rhizosphäre auch durch Alkalisierung (durch Protonenaufnahme oder verminderte Protonenabgabe) immobilisiert bzw. nicht mehr pflanzenverfügbar werden.

5. Aluminiumtolerante Arten können Al^{3+} in hohen Konzentrationen akkumulieren, wobei Export in den Apoplasten oder Sequestrierung in die Vakuole die wesentlichen Mechanismen sind. An den Orten der Deposition muss das Aluminiumion dann durch Komplexierung (z. B. als Al-Oxalat oder mit Gerbstoffen) oder Fixierung an Al-bindende Proteine aus dem Zellstoffwechsel entfernt werden.

Literatur

Alberts B, Bray D, Lewis J, Raff M, Roberts K, Watson JD (1994) Molekularbiologie der Zelle. VCH Weinheim. 839–840

Blancaflor EB, Jones DL, Gilroy S (1998) Alterations in the cytoskeleton accompany Aluminum-induced growth inhibition and morphological changes in primary roots of Maize. *Plant Physiol.* 118: 159–172

Cumming JR, Buckelew-Cumming A, Taylor GJ (1992) Patterns of root respiration associated with the induction of Aluminum tolerance in *Phaseolus vulgaris* L. *J. Exp. Bot.* 43: 1075–1081

Degenhardt J, Larsen PB, Howell SH, Kochian LV (1998) Aluminum resistance in the *Arabidopsis* Mutant alr-104 is caused by an Aluminum-induced increase in rhizosphere pH. *Plant Physiol.* 117: 19–27

Delhaize E, Craig S, Beaton CD, Bennet RJ, Jagadish VC, Randall PJ (1993a) Aluminum tolerance in Wheat (*Triticum aestivum* L.). *Plant Physiol.* 103: 685–693

Delhaize EM, Ryan PR, Randall PJ (1993b) Aluminum tolerance in Wheat (*Triticum aestivum* L.) *Plant Physiol.* 103: 695–702

Hawes MC, Gunawardena U, Miyasaka S, Zhao XW (2000) The role of root border cells in plant defense. *Trends in Plant Science* 5: 128–133

Huang JW, Pellet DM, Papernik LA, Kochian LV (1996) Aluminum interactions with voltage-dependent Calcium transport in plasma membrane vesicles isolated from roots of Aluminum-sensitive and -resistant Wheat cultivars. *Plant Physiol.* 110: 561–569

Jones DL, Kochian LV (1995) Aluminum inhibition of the 1,4,5-trisphosphate signal transduction pathway in Wheat roots: a role in aluminum toxicity? *Plant Cell* 7: 1913–1922.

Kollmeier M, Dietrich P, Bauer CS, Horst W, Hedrich R (2001) Aluminium activates a citrate-permeable anion channel in the Aluminium-sensitive zone of Maize root apex. A comparison between Aluminium-sensitive and an Aluminium-resistant cultivar. *Plant Physiology* 126: 397–410.

Larsen PB, Degenhardt J, Tai C-Y, Stenzler LM, Howell SH, Kochian LV (1998) Aluminum-resistant Arabidopsis mutants that exhibit altered patterns of Aluminum accumulation and organic acid release from roots. *Plant Physiol.* 117: 9–18

Ma JF, Hiradate S, Matsumoto H (1998) High aluminum resistance in Buckwheat. II. Oxalic acid detoxifies Aluminum internally. *Plant Physiol.* 117: 753-759

Ma JF, Hiradate S, Nomoto K, Iwashita T, Matsumoto H (1997) Internal detoxification mechanism of Al in *Hydrangea*. Identification of Al form in leaves. *Plant Physiol.* 113: 1033–1039

Ma JF, Ryan PR, Delhaize E (2001) Aluminium tolerance in plants and complexing role of organic acids. *Trends in Plant Science* 6: 273–278

Macdonald TL, Martin RB (1988) Aluminum ion in biological systems. *Trends in Biochemical Sciences* 13: 15–19

Pellet DM, Papernik LA, Jones DL, Darrah PR, Grunes DL, Kochian LV (1997) Involvement of multiple aluminium exclusion mechanisms in aluminum resistance in Wheat. *Plant Soil* 192: 63–68

Sivagura M, Horst WJ (1998) The distal part of the transition zone is the most Aluminum-sensitive apical root zone of Maize. *Plant Physiol.* 116: 155–163

1.9 Xenobiotika

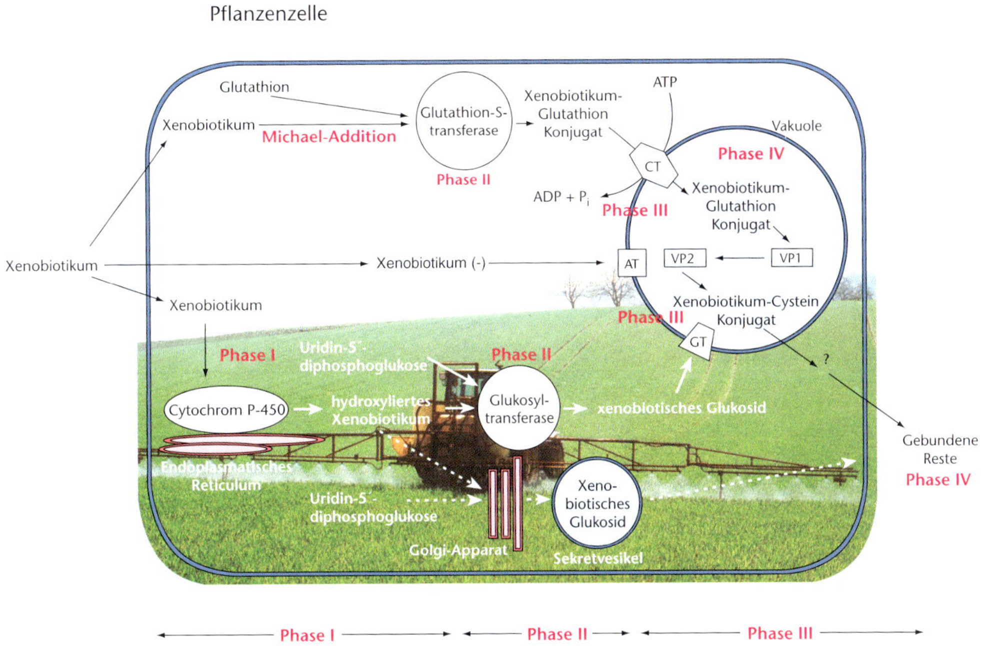

Zur Entgiftung von Xenobiotika verwenden die Organismen Reaktionen aus ihrem normalen Stoffwechselgeschehen. Bei entsprechender Kombination solcher Reaktionen können die Fremdstoffe dann entgiftet und in unschädlicher Form in der Vakuole oder in der Zellwand deponiert werden. Ein derartiges Reaktionsgeschehen läuft in vier aufeinander folgenden Phasen ab: Der biochemische „Aufschluss" des meist lipophilen Xenobiotikums, die Konjugatbildung, die Sekretion des Konjugats in die Vakuole oder in sekretorische Vesikel, und schließlich die Deposition in der Vakuole oder Zellwand durch chemische Veränderung des Konjugats (s. auch Abb. 1.9.5) (nach Coleman et al. 1997).

Literaturempfehlung

1. Sandermann Jr H (1994) Higher plant metabolism of xenobiotics: The „green liver" concept. *Pharmacogenetics* 4: 225–241
2. Marrs K (1996) The function and regulation of glutathione-S-transferases in plants. *Annu. Rev. Plant Physiol. Plant Mol. Biol.* 47: 127–158
3. Edwards R, Dixon DP, Walbot V (2000) Plant glutathione-S-transferases: Enzymes with multiple functions in sickness and in health. *Trends in Plant Science* 5: 193–198
4. Roberts T (Hrsg) Metabolism of agrochemicals in plants, Wiley 2000. 300 Seiten
5. Grossmann K (2000) Mode of action of auxin herbicides: A new ending to a long, drawn out story. *Trends in Plant Science* 5: 506–508
6. Hock B, Elstner EF (1984) Pflanzentoxikologie, BI Wissenschaftsverlag, Mannheim Wien Zürich. 346 Seiten
7. Darrall NM (1989) The effect of air pollutants on physiological processes in plants. *Plant Cell Environment* 12: 1–30
8. Fuhrer J (1996) Gasförmige Luftschadstoffe. In: Brunold C, Rüegsegger A, Brändle R, (Hrsg.) Stress bei Pflanzen. UTB Haupt Verlag, Bern Stuttgart Wien. 221–246
9. Kuhnert KJ (1996) Xenobiotica. In: Brunold C, Rüegsegger A, Brändle R, (Hrsg.) Stress bei Pflanzen. UTB Haupt Verlag, Bern Stuttgart Wien. 247–261
10. *Biologie in unserer Zeit* (BIUZ) Spezialheft UV-B und Ozon. Jahrgang 26 (1996) VCH Weinheim.
11. Larcher W (1994) Ökophysiologie der Pflanzen, Kapitel 6.3 Anthropogene Umweltbelastungen. 5. Aufl. UTB Ulmer, Stuttgart.
12. Sandermann Jr. H, Wellburn AR, Heath RL (Hrsg.) (1997) Forest decline and ozone. *Ecolgical Studies* 127. Springer, Heidelberg New York. 400 Seiten

Xenobiotika sind Fremdstoffe (im Bezug auf einen Organismus), die biologische Aktivität entwickeln und je nach aufgenommener Menge und Toxizität Abwehrreaktionen, Schädigung oder sogar den Tod des Organismus verursachen. Neben den schon behandelten giftigen Schwermetallen und dem Aluminium rekrutieren sich die auf die Pflanzen einwirkenden Xenobiotika hauptsächlich aus Pflanzenschutzmitteln sowie aus Abfallprodukten des wirtschaftenden Menschen, die in den Boden, das Wasser und die Luft gelangen – auch in Deutschland, obgleich hier die Abfallwirtschaft und -kontrolle im globalen Vergleich gut entwickelt ist. Unter den chemischen Pflanzenschutzmitteln (Insektizide, Akarizide, Nematizide, Fungizide, Rodentizide, Herbizide) wiederum sind die **Herbizide** besonders hervorzuheben, da sie zum einen, abgesehen von den Düngemitteln, den größten Marktanteil unter den Agrochemikalien haben, zum anderen gezielt in den pflanzlichen Metabolismus eingreifen. Zwangsläufig sind diese Substanzen in ihrem Verhalten in der Pflanze und im Boden gut untersucht.

Ein besonderes Problem dieser Pflanzenschutzmittel stellt die **Selektivität** dar: Herbizide sollen die Unkräuter abtöten, während Nutzpflanzen nicht geschädigt werden dürfen. Da Nutzpflanzen nur in seltenen Fällen bestimmte Herbizide selbst entgiften können (wie z. B. der Mais das Atrazin), verwendet man recht häufig ein Zweikomponentensystem: Herbizid und Herbizid-Safener (Antidots oder „Immunchemikalien“, Kasten 1.9.1), wobei Letztere die Abwehrsysteme der Nutzpflanzen derart aktivieren, dass sie durch das Herbizid nicht geschädigt werden. Schwieriger wird die Situation, wenn zellbiologische Prozesse getroffen werden sollen, die bei den zu schützenden und den zu schädigenden Organismen in gleicher Weise ablaufen (z. B. beim Pflanzenschutz mit Fungiziden im Obstbau). In vielen Fällen kann man in einem solchen Fall aber die unterschiedliche Empfindlichkeit der Organismengruppen oder unterschiedliche zeitliche Fenster bestimmter Vorgänge, wie z. B. unterschiedliche Zeitpunkte der Mitose bei Wirt und Parasit, ausnutzen. Schorf, Mehltau und Grauschimmel (Botrytis) entwickeln sich auf ausgewachsenen Blättern und auf weitgehend (hinsichtlich der Zellteilungen) ausgewachsenen Früchten, sodass Mitosegifte, die bei Pilzen besonders gut wirken, wie z. B. das Benzimidazol-Derivat „Benomyl“ (Kasten 1.9.2 A), die Wirtschaftspflanze nicht (mehr) beeinträchtigen und dadurch eine recht gute Selektivität erreichen. Vielfach unterscheiden sich Schad- und Schutzorganismen aber auch in ihrem natürlichen

Kasten 1.9.1 Safener und Herbizide

Safener sind nicht-letale Xenobiotika, welche herbizidempfindliche (Nutz-) Pflanzen vor eben diesen Herbiziden schützen. Wenn man eine anfällige Pflanze mit einem Safener vorbehandelt, kann man anschließend das Herbizid ausbringen, ohne dass die „geschützte“ Pflanze geschädigt wird. Dadurch kann man die Selektivität eines Herbizids (indirekt) erhöhen. Safener induzieren in der behandelten Pflanze das eigene Xenobiotika-Abwehrsystem, in der Regel durch Induktion von Glutathion-S-Transferasen (s. Abb. 1.9.3). Mit Hilfe dieser Enzyme wird dann das Herbizid „unschädlich“ gemacht. Es gibt verschiedene Gruppen von Herbiziden, gegen die Safener entwickelt werden konnten. Zwei davon werden im Folgenden vorgestellt. Die entsprechenden Safener sind z. B. Flurazole und Dichlorimide.

Herbizid-Gruppe Chloracetamide:

Dichloracetamid

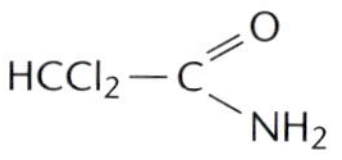

"Metolachlor"

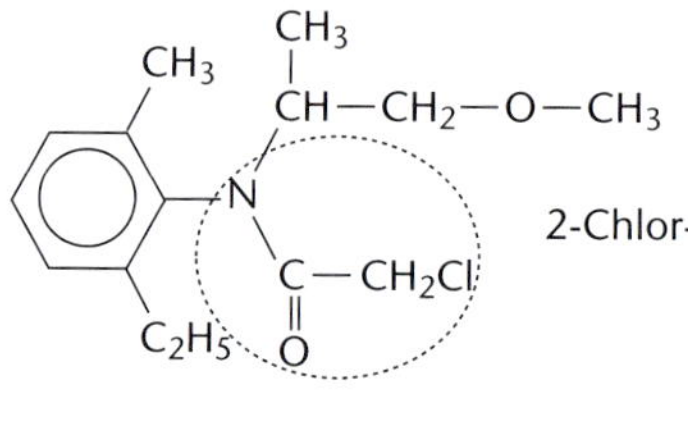

2-Chlor-N-Acetamid

Herbizid-Gruppe Thiolcarbamate:

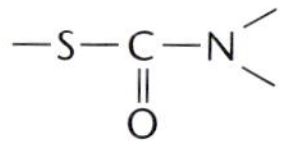

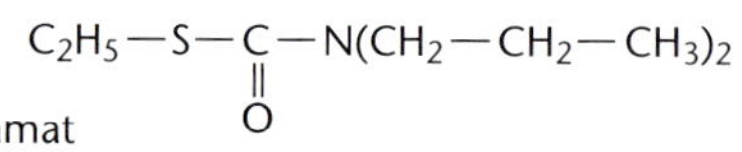

z. B. Ethyl-N, N-di-*n*-propylthiolcarbamat

Aufnahmeverhalten von Pflanzenschutzstoffen; oder man kann diese so formulieren („verpacken"), dass eine unterschiedliche Aufnahme erreicht wird. Bedeutsam in dieser Hinsicht sind Oberflächenstrukturen und -chemismen von Nutz- und Schadpflanzen, morphologische Merkmale (z. B. Blattform und -oberfläche), wobei auch die Entwicklungsstadien berücksichtigt werden müssen, in denen Unterschiede im Aufnahmeverhalten erreicht werden können.

Natürlich ist bei Nutzpflanzen auch die Frage der **Toxizität** des Xenobiotikums bzw. seiner Metaboliten für Mensch und Tier besonders wichtig sowie das Phänomen der Resistenzentwicklung der Schadorganismen. Bekanntlich entwickeln sich Resistenzen besonders schnell, wenn die nicht resistenten Populationen völlig ausgemerzt werden. Resistenzen werden zumeist rezessiv vererbt. Kommen nur homozygot rezessive Organismen zur Fortpflanzung, so verliert die Population schnell das dominante Gen.

Im Folgenden werden nicht-metallische Xenobiotika in ihrer Wirkung auf die Pflanze, insbesondere aber auch die Reaktionen der Pflanze auf die Xenobiotika exemplarisch behandelt. Solche Reaktionen lassen sich auch im Sinne der Phytoremediation zur Luft-, Boden- und Gewässersanierung einsetzen. Daraus wurde das Konzept der „grünen Leber" entwickelt (Sandermann jr. 1994), in dem Sinne, dass Pflanzen, analog der tierischen Leber, Giftstoffe (z. B. Formaldehyd) unserem Lebensraum entziehen und zu ungiftigen Substanzen metabolisieren können.

Das Spektrum der Xenobiotika ist schier unermesslich groß. Im Gegensatz dazu sind die zellbiologischen Mechanismen der Detoxifikation nach heutiger Kenntnis auf wenige Systeme beschränkt. Die Mehrzahl der Xenobiotika ist lipophil, d. h., dringt verhältnismäßig leicht in die Zellen ein. Sie können aber auch in den Biomembranen akkumulieren, was zum einen ihre Wirksamkeit, zum anderen die Möglichkeit der Metabolisierung vermindert.

1.9.1 Herbizide

Herbizide sind die weltweit am häufigsten eingesetzten Pflanzenschutzmittel: Mit etwa 49 % weltweit und 52 % in der Bundesrepublik Deutschland gehören sie zu den marktführenden Pestiziden. In Deutschland liegt die Herbizidproduktion inzwischen bei 85 000 Tonnen pro Jahr (Pflanzenschutz, 1985, Heft 10). Herbizide hemmen Keimung und Wachstum der unerwünschten Beipflanzen (Unkräuter). Ihr Einsatz lohnt sich aber nur, wenn ohne Pflanzenschutz Ertragseinbußen von über 5–10 % zu erwarten sind. Generell unterscheidet man **Vor-Auflauf-** und **Nach-Auflaufherbizide**. Erstere werden vor der Aussaat ausgebracht und schädigen die Unkräuter schon bei der Keimung; mit der zweiten Gruppe werden bereits bestehende Kulturen behandelt, was meist durch Spritzen oder Sprühen (z. T. vom Flugzeug aus) geschieht. Entsprechend der Ausbringung spricht man auch von **Boden- und Blattherbiziden**.

1.9.1.1 Die verschiedenen Wirkungsweisen der Herbizide

Herbizide sollen spezifische physiologische Reaktionen hemmen (Kasten 1.9.2 A) und die unerwünschten Pflanzen dabei letal schädigen. Im Grenzfall sind alle Pflanzen „unerwünscht"; man setzt dann so genannte Totalherbizide ein. Besonders häufig werden **Hemmstoffe der photosynthetischen Lichtreaktion** verwendet. Viele **Totalherbizide** wirken dabei sehr spezifisch, z. B. durch die Hemmung der Reduktion von Plastochinon durch die Verdrängung von der Bindestelle am Photosystem II (s-Triazine (s bedeutet ein symmetrisches Triazin), z. B. Atrazin, und Harnstoffderivate, z. B. „DCMU") oder durch die Erzeugung von reaktivem Sauerstoff am Photosystem I (Methylviologen ≡ Paraquat).

Verstärkung des oxidativen Stresses wird auch durch **Hemmstoffe der Carotinoidbiosynthese** erreicht (Norflurazon hemmt die Phytoendesaturase), sodass keine Schatten- und Schutzpigmente mehr gebildet werden.

Auch der **N-Metabolismus** kann gezielt gehemmt werden: Glyphosat ähnelt in seiner Struktur dem Phosphoenolpyruvat und wird von der Enoylpyruvyl-Phosphoshikimatsynthase anstelle dieses

Kasten 1.9.2 Herbizide

Einige wichtige Herbizide und ihre hauptsächlichen Wirkungen (Abb. A)

Benzimidazol

"Benomyl" (Mitose-Hemmstoff, Fungizid)

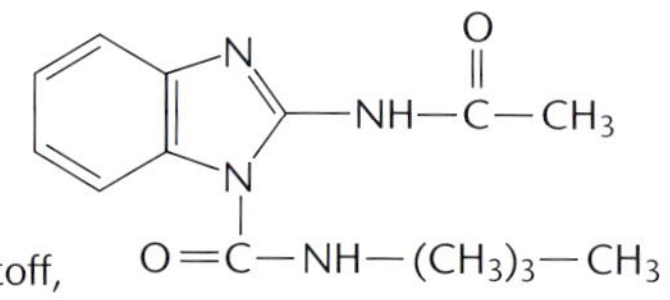

Triazine:

Atrazin

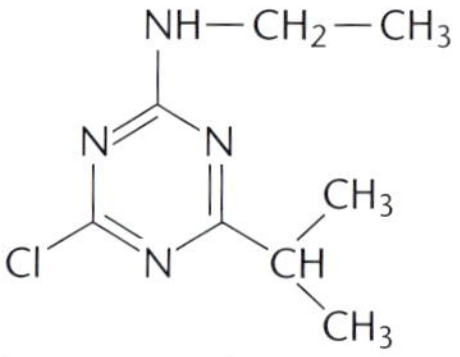

hemmt das Photosystem II

Methylviologen

"Paraquat"

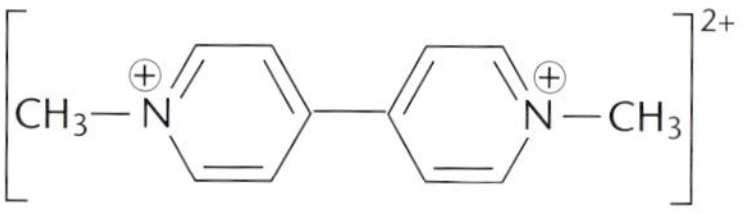

überträgt die Elektronen vom Ferredoxin (Photosystem I) auf Sauerstoff:

$e + MV + O_2 \rightarrow MV + O_2^-$

$2\,O_2^- \rightarrow O_2 + O_2^- \rightarrow H_2O_2 + O_2$

"DCMU" Dichloro-phenyl-dimethyl-Harnstoff

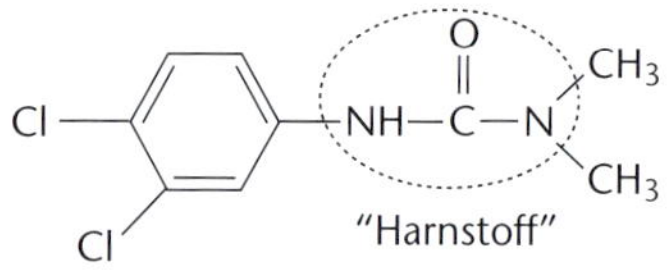

hemmt wie Atrazin das Photosystem II

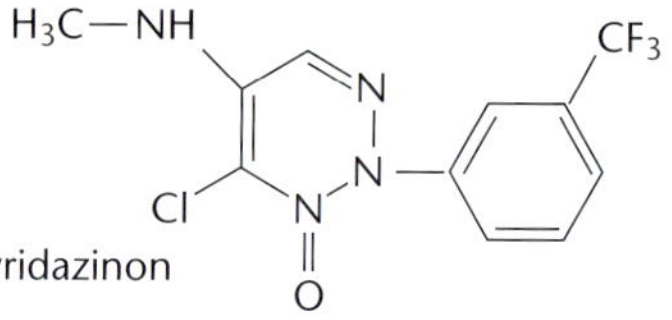

Pyridazinon

"Norflurazon": hemmt die Carotinoidsynthese

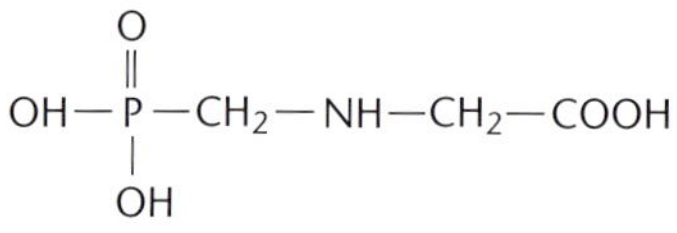

N-phosphonomethyl-Glycin: "Glyphosat" ("Round-up"): hemmt die Synthese der aromatischen Aminosäuren

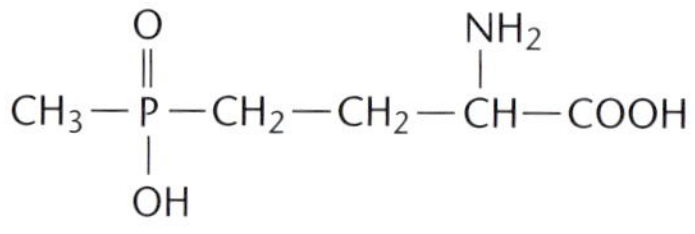

Phosphinotricin: "Basta": hemmt die Glutaminsynthese und damit den Aminosäurestoffwechsel

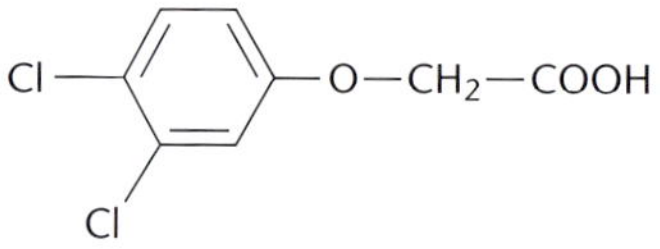

2,4-Dichlorphenoxyessigsäure, "2,4-D": Auxin-Analogon, führt zu unkontrolliertem Wachstum

A

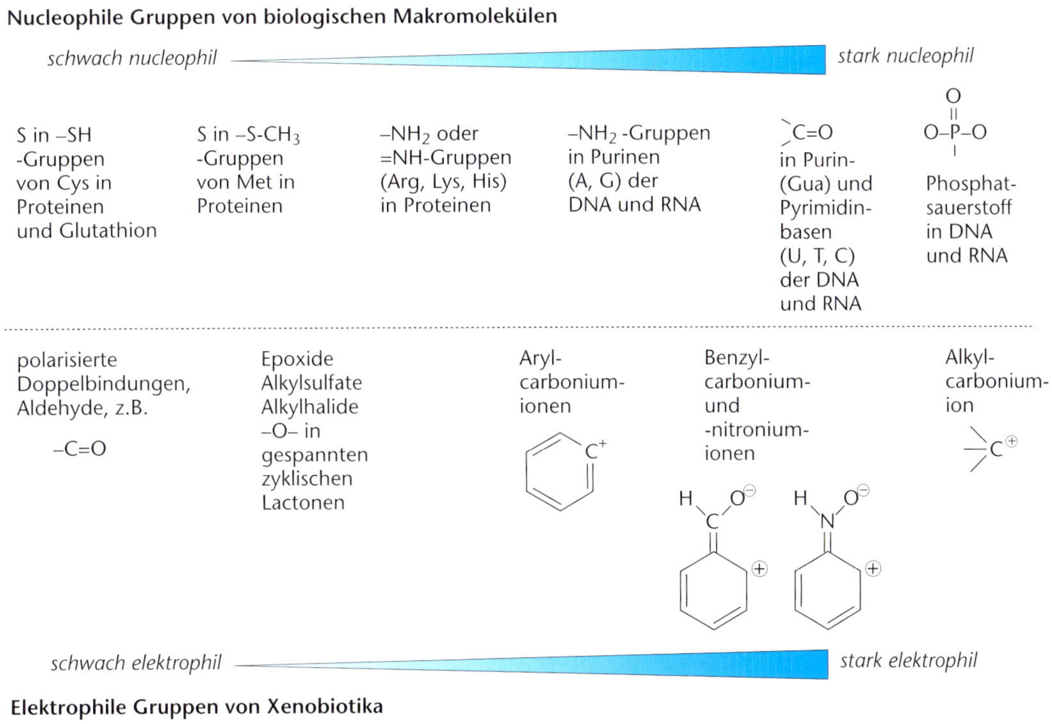

B

Erklärung der selektiven Wechselwirkung von Xenobiotika (Herbiziden) mit biologischen Makromolekülen
Bestimmte elektrophile Substanzen reagieren bevorzugt mit bestimmten nucleophilen Gruppen von biologischen Makromolekülen. Diese Selektivität der Wechselwirkung erklärt das Konzept der harten und weichen (starken und weichen) Elektrophilen/Nucleophilen. Im Diagramm sind beide Typen von Verbindungen in zunehmender Stärke dargestellt. Stärke beschreibt dabei die Tendenz zur Polarisierung. Es interagieren immer nur Paare gleicher Stärke (Abb. B, nach Coleman et al. 1997).

Messung der Herbizidwirkung
Man unterscheidet einfache visuelle und analytische Tests. Wie beim Testen der Frostresistenz (Kasten 1.3.6) muss man nach der Behandlung meist einige Tage warten, bis sich die Schäden so weit entwickelt haben, dass sie visuell durch Gelbfärbung und Nekrosen quantifizierbar werden (Kasten 1.1.1 Abb. 1–4). Analytische Tests sind empfindlicher; für ein erstes *Screening* auf Pflanzengiftigkeit eignen sich Algenzellen, da das Herbizid unmittelbar an die Zellen herangebracht werden kann. In weiteren *Screening*-Runden können dann einzelne spezifische Stressreaktionen geprüft werden, wie z. B. die Induktion der PAL als Ausgangspunkt für die Bildung von Phytoalexinen oder die Freisetzung von Ethylen aus Methionin (Abb. C). Eine verhältnismäßig einfache Methode ist auch die Messung der Schädigung über die Chlorophyllfluoreszenz (vgl. Kasten 1.1.1 Abb. 5).

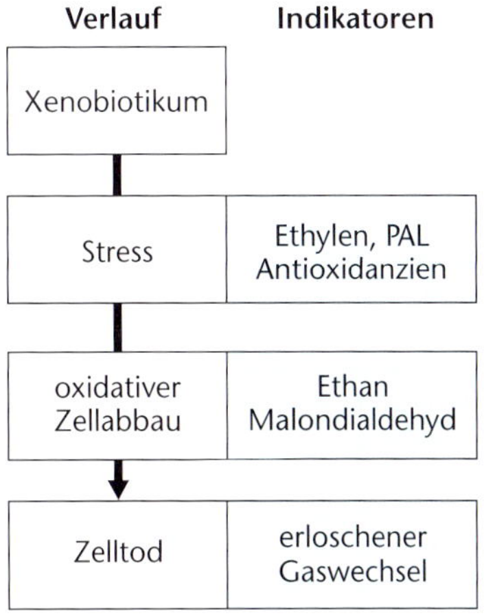

C

Abb. C: Der zeitliche Verlauf einer durch Xenobiotika ausgelösten Vergiftung und die zur Diagnose verwendbaren Indikatoren. PAL, Aktivitätsanstieg der Phenyl-Ammonium-Lyase. (nach Kuhnert 1996).

Substrats sehr effektiv gebunden, wodurch der Umsatz des natürlichen Substrats drastisch reduziert oder ganz verhindert und die Synthese der aromatischen Aminosäuren unterbunden wird. In ähnlicher Weise hemmt „Basta" (= Phosphinotrizin) die Glutaminsynthese und mit dem Glutamin die Ausgangsverbindung der gesamten pflanzlichen Aminosäuresynthese.

Neben den Herbiziden, welche die Photosynthese, die Carotinoid- und die Aminosäurebiogenese beeinträchtigen, sind auch andere Stoffwechselleistungen Ziel der Herbizidentwicklung zu mehr Selektivität und Wirksamkeit geworden: Die mitochondriale Atmung, die Lipidbiosynthese, die Nucleinsäuresynthese, der Umsatz des Cytoskeletts, der Phytohormonmetabolismus und die Vorgänge bei der Samenkeimung (Vor-Auflaufherbizide). Eines der am häufigsten eingesetzten Herbizide, das vor allem die Wirkungen des Wachstumshormons Auxin stört, ist das 2,4-D, das von den Molekülabmessungen dem Auxin gleicht.

Selbst wenn das Prinzip der Herbizidwirkung, z. B. die Hemmung einer bestimmten zellbiologischen Reaktion, bekannt ist, so ist doch der molekulare Wirkmechanismus noch in vielen Fällen unklar, da man die betroffenen Proteinstrukturen noch nicht oder nicht genügend kennt. Im Falle des 2,4-D beispielsweise ist der Rezeptor (vermutlich an der Plasmamembran) noch weitgehend unbekannt. Viele Herbizide, vor allem die auf Photosynthese und Respiration wirkenden, erzeugen Sauerstoff- und andere Radikale, Lipidperoxide und weitere besonders reaktive Stoffe, deren Chemismus erst in Grundzügen bekannt ist. Eine Übersicht über die Wirkungsweisen der Herbizide gibt Abbildung 1.9.1.

Allgemein gilt, dass Herbizide umso giftiger sind, je elektrophiler ihre Struktur ist (Kasten 1.9.2 B). Je nach dem Grad ihrer Elektrophilie reagieren sie mit nucleophilen biologischen Makromolekülen wie Proteinen und Nucleinsäuren. Dabei reagieren schwach polarisierte elektrophile Agenzien mit schwachen Nucleophilen der Zelle und stark polarisierte mit starken Nucleophilen.

1.9.1.2 Die vier Stufen der Xenobiotikaentgiftung durch Pflanzen

Die Entgiftung von Xenobiotika erfordert gewöhnlich eine Reaktionsfolge, bei der man vier Stufen unterscheiden kann. Da die meist lipophilen Xenobiotika im wässrigen Milieu der Pflanzenzelle schwer angreifbar sind, muss

1.) Stufe I einer **Entgiftung (Phase I)** die Einführung einer hydrophilen Gruppe sein. Oxidation, Reduktion oder Hydrolyse sind die häufigsten Reaktionen, um die Verbindungen wasserlöslich zu machen und die Entgiftung einzuleiten. Oxidationen, vor allem von aromatischen Ringen, benötigen Luftsauerstoff und das Cytochrom P-450 sowie einen weiteren Elektronendonor, da sie von Monooxygenasen (mischfunktionelle Oxygenasen) katalysiert werden (Abb. 1.9.2 A). Mit der Oxidation werden elektrophile Zentren im Molekül geschaffen, die das Xenobiotikum im Prinzip zunächst noch aktivieren, d. h. giftiger machen. Zwar erscheint das System der Oxidasen, Monooxygenasen und Hydrolasen wenig substratspezifisch zu sein, aber der Augenschein trügt: Allein von den Monooxygenasen sind in *Arabidopsis thaliana* über 60 Gene identifiziert worden! Die scheinbare Unspezi-

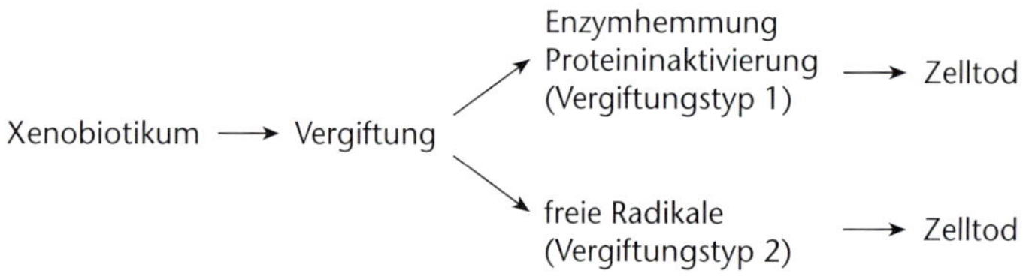

Abb. 1.9.1: Die Wirkungsweisen von Totalherbiziden. Beim Vergiftungstyp 1 erfolgt eine direkte Wechselwirkung des Xenobiotikums mit einem Zielsystem („Target"), dessen Ausfall (Hemmung) dann den Schaden setzt (z. B. Hemmung der Glutaminsynthetase durch das Phosphinotricin „Basta", s. Kasten 1.9.2 und 1.9.3). Beim Vergiftungstyp 2 werden zwar auch bestimmte Zielsysteme getroffen, der Schaden wird aber durch die Reaktion der Pflanze (z. B. durch die Erzeugung von ROS durch das Herbizid „Paraquat") erzeugt. Auch die Hemmung der Synthese von Schutzsubstanzen (z. B. von Carotinoiden durch das Herbizid „Norflurazon") führt zum Vergiftungstyp 2. Nach Kuhnert (1996).

Abb. 1.9.2: Die Biochemie der Entgiftung von Xenobiotika. A: Nach Lehninger et al. (1994). B und C: Nach Coleman et al. (1997).

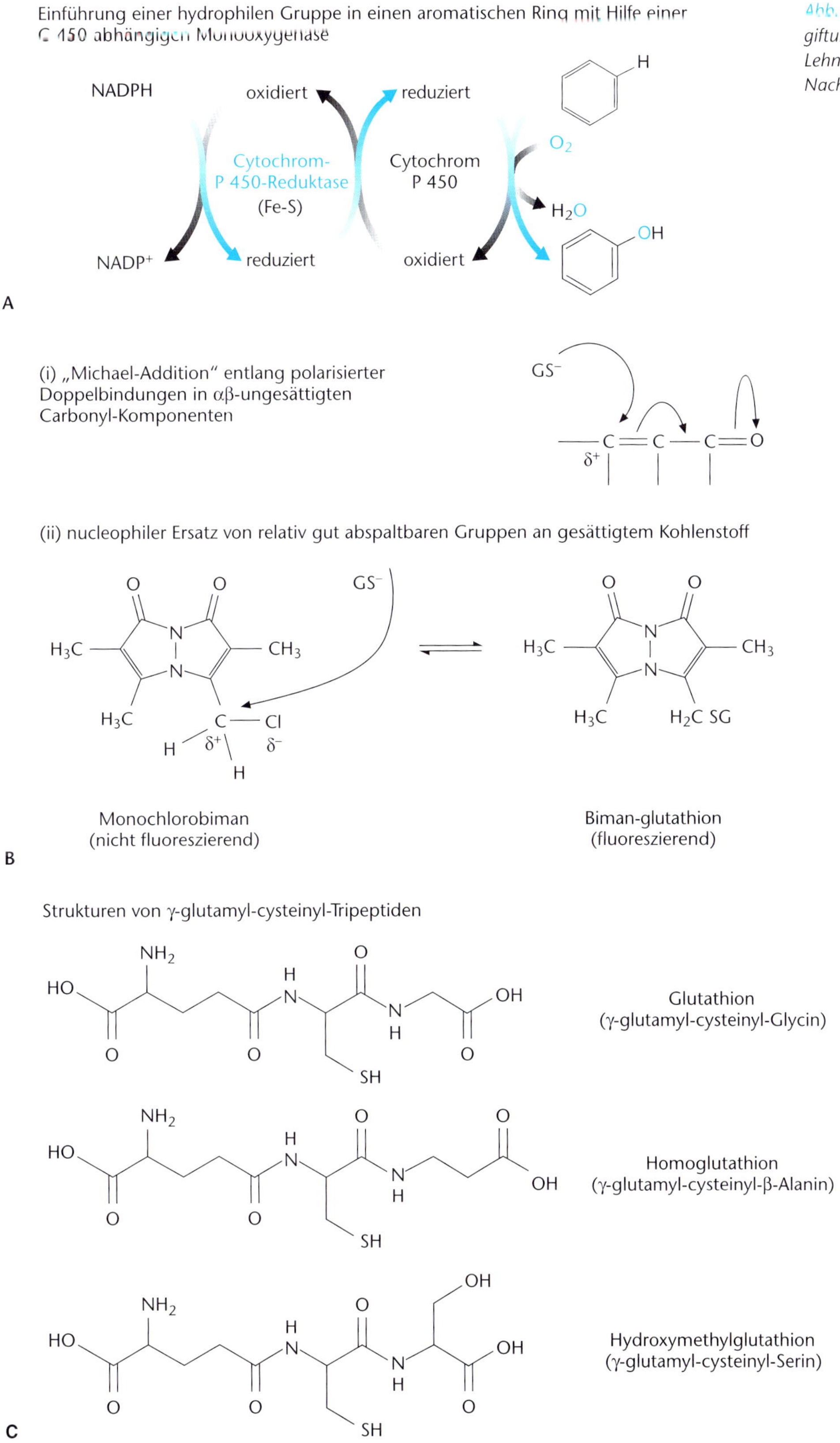

fität ergibt sich aus der großen Zahl relativ substratspezifischer Enzyme.

2.) In **Phase II** erfolgt die so genannte Konjugation entweder durch Glykosylierung an der neu gebildeten funktionellen Gruppe oder durch Bildung eines Thioäthers („Michael-Addition", Abb. 1.9.2 B) mit Glutathion und seinen Homologen (Abb. 1.9.2 C). Im ersten Fall wird die Reaktion durch Glucosyltransferasen mit Uridindiphosphatglucose als Substrat, im zweiten Fall durch die so genannten Glutathion-S-Transferasen (GST) katalysiert. Auch die letztere Enzymgruppe scheint auf den ersten Blick wenig substratspezifisch zu sein, wie die Vielzahl von natürlichen und künstlichen Substraten zeigt. Unter diesen sind viele Herbizide (Atrazin, 2,4-D, Metolachlor), aber auch natürliche Pigmente (Anthocyane), Wuchsstoffe (Auxin) oder Abwehrstoffe (Salicylsäure) (Marrs 1996).

Es hat sich gezeigt, dass auch bei den GSTs die scheinbare Unspezifität durch eine größere Zahl gleichzeitig anwesender sehr spezifischer Enzyme zustande kommt. So beruht die Selektivität vieler Herbizide auf dem Vorkommen bestimmter, substratspezifischer Glutathion-S-Transferasen in den Nutzpflanzen und dem Fehlen solcher (Iso-)Enzyme im Unkraut. Auch die Wirkung von „Safenern" (Antidots) kann über die Induktion einer GST erreicht werden. Allerdings kann die Konjugation von Xenobiotika nur insoweit spezifisch sein, als diese Enzyme auch für natürliche Substrate, z. B. Gerbstoffe und Flavonoide (Pigmente) oder Auxine spezifisch sind. Safener bewirken in der Regel die Induktion solcher Transferasen. Auch Infektionen können zur Induktion von Glutathion-S-Transferasen führen. Außer den GSTs gibt es noch andere

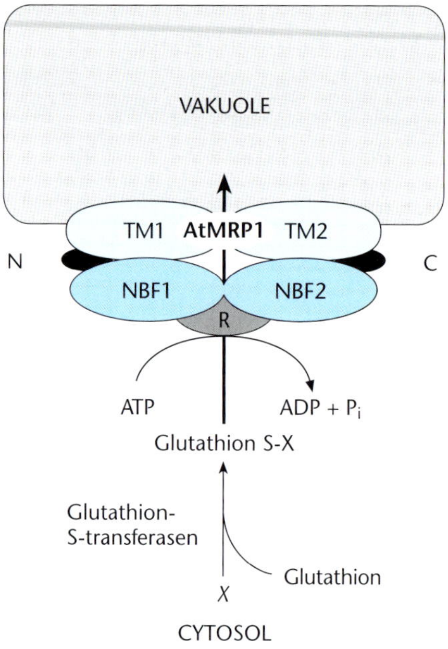

Abb. 1.9.3: Zusammensetzung und Mechanismus eines pflanzlichen ABC-Transporters aus der Familie der multidrug resistance-associated proteins (MRP). Nachdem die Verbindung X durch eine Glutathion-S-Transferase mit Glutathion konjugiert wurde, kann sie durch das MRP in die Vakuole transportiert werden. N, N-terminus; C, C-Terminus; TM (1,2), Transmembrandomänen; NBF (1,2), Nukleotid-Bindefalte; R, vermutete regulatorische Domäne. Nach Rea et al. (1997).

Transferasen, welche die Wasserlöslichkeit der Xenobiotika erhöhen können (Tabelle 1.9.1).

3.) In **Phase III** erfolgt die Sequestrierung des Konjugationsprodukts entweder in die Vakuole oder in

Tabelle 1.9.1: Pflanzenenzymklassen für den Metabolismus von Xenobiotika und ihre natürlichen Substrate (nach Sandermann 1994).

Enzymklasse	xenobiotische Substrate	natürliche Substrate
Cytochrom-P450	4-Chloro-N-methyl-Alanin	Zimtsäure, Pterocarpane
Gluthathion-S-Transferasen	Fluorodifen, Alachlor, Atrazin	Zimtsäure
Carboxylesterasen	Diethylhexylphthalat	Lipide, Acetylcholin
O-Glucosyltransferasen	chlorinierte Phenole	Flavonoide, Coniferylalkohol
O-Malonyltransferasen	β-D-Glucoside von Pentachlorophenolen und von 4-Hydroxy-2,5-dichlorophenoxyessigsäure	β-D-Glucoside von Flavonoiden und Isoflavonoiden
N-Glucosyltransferasen	chlorinierte Aniline, Metribuzin	Nicotinsäure
N-Malonyltransferasen	chlorinierte Aniline	1-Aminocyclopropylcarboxylsäure, D-Aminosäuren, Anthranilsäure

die Zellwand. Auch hierfür werden Enzyme des natürlichen Sekundärstoffmetabolismus benutzt. Schlüsselenzyme hierfür sind die so genannten Glutathionpumpen. Die Sequestrierung ist deshalb nötig, weil die GS-Konjugate sowohl die Glutathion-S-Transferasen als auch die Glutathionreduktasen hemmen; in einigen Fällen haben sich die Konjugate *per se* als Zellgifte erwiesen und müssen deshalb aus dem Stoffwechselgeschehen entfernt werden.

Die Glutathion-Pumpen (GS-X-Pumpen)

GS-X-Pumpen transportieren die GS-Konjugate in die Vakuole, sind also Transportproteine des Tonoplasten (Rea et al. 1998). Nach neuesten Erkenntnissen gehören sie zu der so genannten ABC-Superfamilie, einer Gruppe von Transportern, die in tierischen, pilzlichen und pflanzlichen Geweben eine wichtige Rolle vor allem im Zusammenhang mit dem Sekundärmetabolismus spielt. Der Begriff ABC-Transporter rührt daher, dass diese Proteine eine „Walker“-Box A und eine Walker-Box B haben, die durch ein charakteristisches C-Motiv getrennt sind. Bis heute kennt man mehr als 130 Vertreter dieser Superfamilie, die Zucker, Peptide, Alkaloide, phenolische Verbindungen und anorganische und organische Ionen translozieren.

Diese Superfamilie hat zwei große Unterfamilien, die *Multidrug Resistance Proteins* (MDRs) und die *Multidrug Resistance Associated Proteins* (MRPs). Letztere sind die typisch pflanzlichen Vertreter. Ihr Bauplan ist relativ einheitlich, wenn auch die Sequenzhomologien z. T. unter 40 % liegen. Es handelt sich um ein großes Protein mit mehreren modularen Domänen. Ein bis zwei membranintegrale Domänen (TMD = *transmembrane domain*), zwei als *nucleotide binding fold* (NBF) bezeichnete Domänen und die regulatorische Einheit R (Abb. 1.9.3).

Charakteristisch für diese Transporter ist, dass sie direkt durch MgATP aktiviert werden, also den „aktiven“ Transport nicht über H^+-Gradienten bewerkstelligen (H^+-ATPase-unabhängig). Obwohl der Mechanismus noch nicht aufgeklärt ist, geht man davon aus, dass intermediär ein Acylphosphat (vielleicht mit Glutathion) gebildet wird. Dafür spricht die starke Hemmbarkeit mit Vanadat (Bildung des Acylvanadats anstelle des Acylphosphats). Charakteristisch ist weiterhin für diese Transporter,

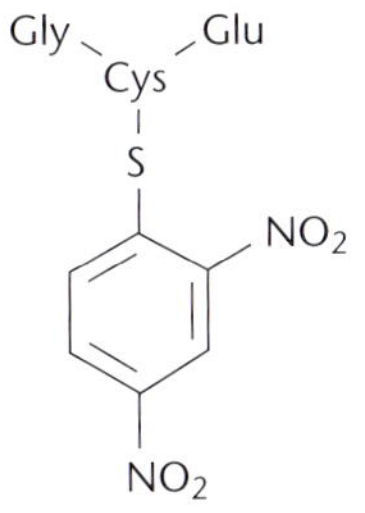

DNP-GS

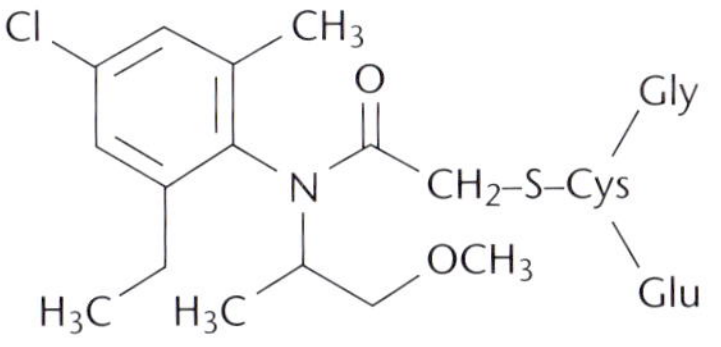

Metolachlor-GS

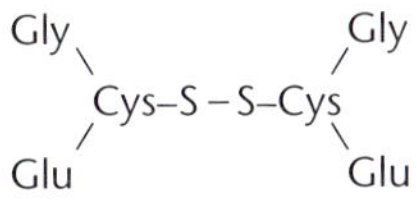

GSSG

Abb. 1.9.4: Pflanzliche ABC-Transporter befördern Glutathionkonjugate (-S-Cys (Gly, Glu)), aber auch Abbauprodukte des Chlorophylls (Bn-NCC-1, Brassica napus-non fluorescent chlorophyll catabolite) in die Vakuole. Aus Mornet et al. (1997) und Tommasini et al. (1998).

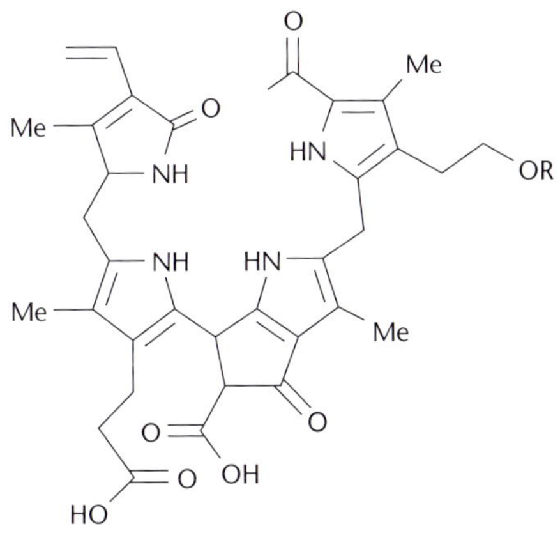

Bn-NCC-1

dass sie Glutathionkonjugate, auch GSSG (oxidiertes Glutathion) translozieren, nicht aber reduziertes Glutathion (GSH) (Abb. 1.9.4). Bisher sind aus *Arabidopsis thaliana* drei solche Transporter (AtMRP) beschrieben worden, die sich durch ihre Substratspezifität unterscheiden.

Natürliche Substrate der GS-X-Pumpen

Selbstverständlich haben die Organismen das GST-GS-X-Pumpen-System nicht für die Xenobiotika entwickelt. Die natürlichen Substrate sind nucleophile Stoffe des Sekundärstoffwechsels: Anthocyane (Flavonoide), Auxin, Salicylsäure, Zimtsäure, Hydroxyfettsäuren und DNA-Abbauprodukte. Die Michaeliskonstante der AtMRP 1 und 2 für beispielsweise das Cyanidin-3-glucosid-GS-Konjugat liegt bei ca. 50 µM, die V_{max} ist ≈ 5 nmol/mg Protein pro Minute. Ähnliche kinetische Daten werden für Glucosekonjugate, wie z. B. für die glucosylierten Abbauprodukte des Chlorophylls berichtet (Abb. 1.9.4).

4.) Im vierten Schritt (**Phase IV**) werden die Konjugate in der Vakuole immobilisiert. Glutathionkonjugate werden häufig in der Vakuole weiter metabolisiert, um die Rückdiffusion ins Cytoplasma zu verhindern. So kann z. B. eine Carboxypeptidase (Exopeptidase) aus dem Glutathion den Glycinrest abspalten. Eine vakuoläre Dipeptidase kann die aminoterminale Glutaminsäure abspalten und so zur Bildung von Cysteinkonjugaten führen. Das Schicksal dieser Cysteinkonjugate ist unklar: Möglicherweise verlassen sie die Vakuole wieder, um über das Golgi-System als „gebundene Rückstände" in die Zellwand irreversibel inkorporiert zu werden (Abb. 1.9.5).

1.9.1.3 Immunchemikalien

Manche Xenobiotika, z. B. 2,6-Dichlorisonicotinsäure und deren Methylester, induzieren nicht nur das drei- bis vierstufige Entgiftungssystem, sondern auch PR-Proteine (*pathogen related proteins*), z. B. Chitinasen und β-Glucanasen (siehe Kapitel 1.10.2.1), die der Abwehr von Pathogenen dienen (obwohl die Wirkung der meisten PR-Proteine nicht bekannt ist). Diese Xenobiotika werden als **Immunchemikalien** bezeichnet. Zumeist werden aber die PR-Proteine mengenmäßig so wenig gebildet, dass ihr Nachweis im Zellextrakt kaum möglich ist. Deshalb behilft man sich beim *Screening* auf eine potentiell immunogene Wirkung von Xenobiotika mit einem molekularbiologischen Trick: Man kennt durch Xenobiotika induzierbare Promotoren von PR-Genen. Durch Fusion mit einem Reportergen – z. B. dem GUS- (Glucuronidase-)Gen von *E. coli* – erhält man eine DNA-Sonde für die Induktionswirkung einer potentiellen Immunchemikalie. Diese Sonde kann über das Agrobakteriensystem oder mittels Ballistik ins Genom der zu untersuchenden Testpflanzen eingebracht werden. Nach Besprühen der Pflanze mit dem potentiellen Induktor kann dann über ein gefärbtes Produkt der Glucuronidase die Induktion des PR-Promoters durch das Herbizid nachgewiesen werden.

Vielfach wird in der Entwicklung von Nutzpflanzen, die auf Immunchemikalien ansprechen, eine größere Perspektive gesehen als in der Weiterentwicklung der Herbizide (Kasten 1.9.3). Denn die Immunchemikalien töten nicht ab, sondern stärken die Widerstandskraft: Damit könnte z. B. die Schutzbehandlung mit Fungiziden und Insektiziden stark eingeschränkt werden. Die Behandlung mit einer Chemikalie bleibt zwar notwendig, bezieht aber das natürliche Abwehrsystem der Pflanze verstärkt in die Schädlingsbekämpfung ein.

1.9.2 Gasförmige Luftschadstoffe

Die wichtigsten pflanzentoxischen Luftschadstoffe sind Schwefeldioxid, Ozon, Fluorwasserstoff, Stickstoffoxide (NO_x), Peroxiacetylnitrat (PAN), Ethylen und verschiedene andere Substanzen, die an Stäube sorbiert sind (Tabelle 1.9.2).

Besonders berüchtigt sind der reduktive Smog (London-Typ), der vor allem SO_2 enthält, und der oxidative, photochemische Los Angeles-Smog, der durch PAN gekennzeichnet ist. Das weite Feld der Verursacher der Luftschadstoffe kann hier nicht erörtert werden, doch steht fest, dass Schwefeldioxid hauptsächlich bei der Verbrennung fossiler S-haltiger Energieträger und beim Verhütten von Metallsulfiden entsteht. Der Hauptbestandteil des photochemischen, oxidativen Smogs, das PAN,

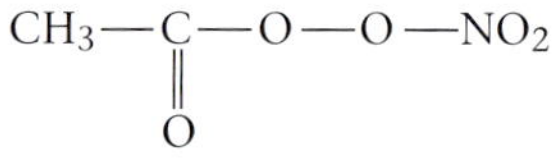

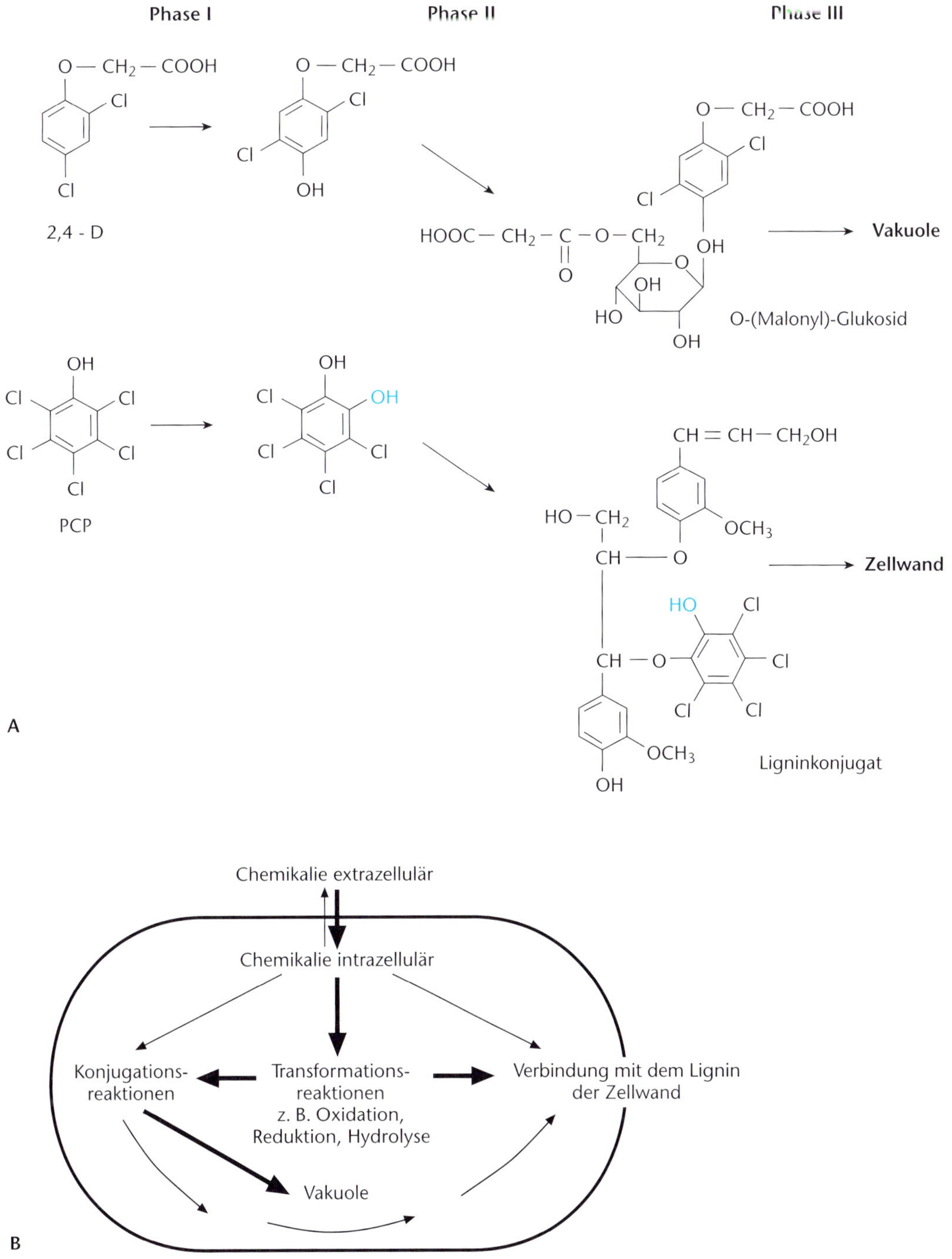

Abb. 1.9.5: Sequestrierung von Xenobiotika nach Konjugation in die Vakuole bzw. Zellwand. A: Hydroxylierung und Konjugation von 2,4-Dichlorphenoxyessigsäure und Pentachlorphenol. B: Reaktionsschema der Sequestrierung von Xenobiotika nach Aufnahme in die Zelle. Aus Sandermann (1994).

Kasten 1.9.3 Entwicklung von herbizidresistenden Nutzpflanzen

Das Herbizid Phosphinotrizin („Basta"):

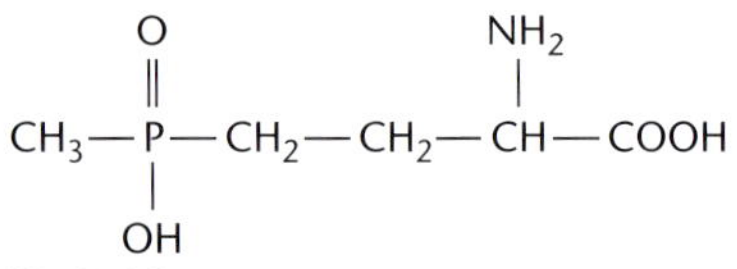

Herbizid: Phosphinotrizin (Handelsname „Basta")

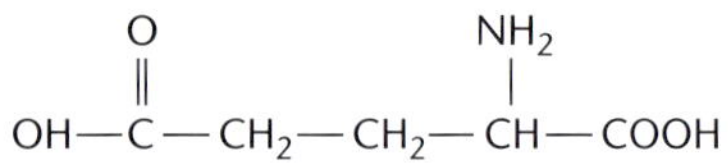

Glutaminsäure

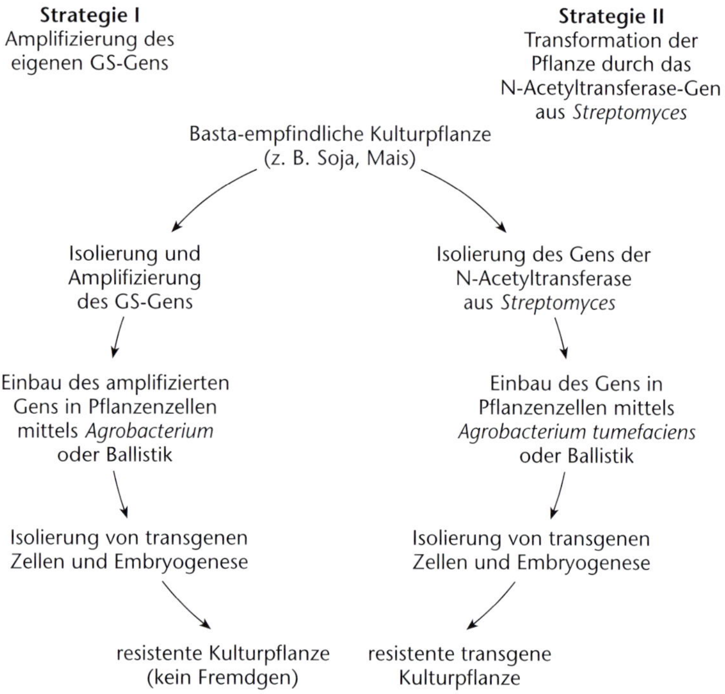

Phosphinotrizin wirkt durch seine Ähnlichkeit mit Glutaminsäure hemmend auf die Glutaminsynthetase. Es kann durch N-Acetylierung inaktiviert werden.

Strategien zur Erzeugung von Basta-resistenten Nutzpflanzen: Es gibt im Prinzip zwei unterschiedliche Wege, um Basta-Resistenz in die Pflanze einzuführen:

1. Verstärkung der Expression des pflanzeneigenen Gens des Zielenzyms des Herbizids, d. h. des Gens für die Glutaminsynthetase. Damit wird die Pflanze durch Basta-Konzentrationen, die nicht-transformierte Pflanzen letal schädigen, nicht oder nur unwesentlich beeinträchtigt (Strategie I).
2. Einführung eines Basta-inaktivierenden Fremdgens, z. B. des Gens der N-Acetyltransferase aus *Streptomyces* (Strategie II).

Im ersten Fall entsteht eine Pflanze, die nicht transgen ist, im zweiten Fall eine transgene Pflanze.

bildet sich in komplizierten Kettenreaktionen aus Stickoxiden und ungesättigten Kohlenwasserstoffen bei der unvollständigen Verbrennung von Treibstoffen in Motoren.

Während durch Umstellung des Hausbrands auf Öl und Erdgas und durch die industrielle Abluftentschwefelung der SO_2-Gehalt der Luft selbst in Ballungsräumen auf deutlich weniger als 10 % des Nachkriegsstandes gesenkt werden konnte (Abb. 1.9.6), stieg die Konzentration der Stickoxide oder stagniert in vielen Ländern, trotz der Ausrüstung der Kraftfahrzeuge mit Katalysatoren. Zu den Industrie- und Kfz-Abgasen kommt noch eine große Zahl weiterer gasförmiger Noxen wie z. B. Formaldehyd, der sich in unseren Wohnräumen anreichern kann (siehe unten).

Tabelle 1.9.2: Die wichtigsten pflanzentoxischen Luftschadstoffe (aus Elstner 1984).

oxidativer Smog:	NO_2, PAN, O_3 (Los Angeles-Typ)
reduktiver Smog:	SO_2 (London-Typ)
Säuren:	HF, H_2SO_3, H_2SO_4, HCl
Stäube:	vor allem Zementstaub und verblasene Erde
Phytoeffektoren:	Ethylen, verblasene Herbizide und Pflanzenschutzmittel
allelopathische Effektoren (z. B. Terpenoide)	

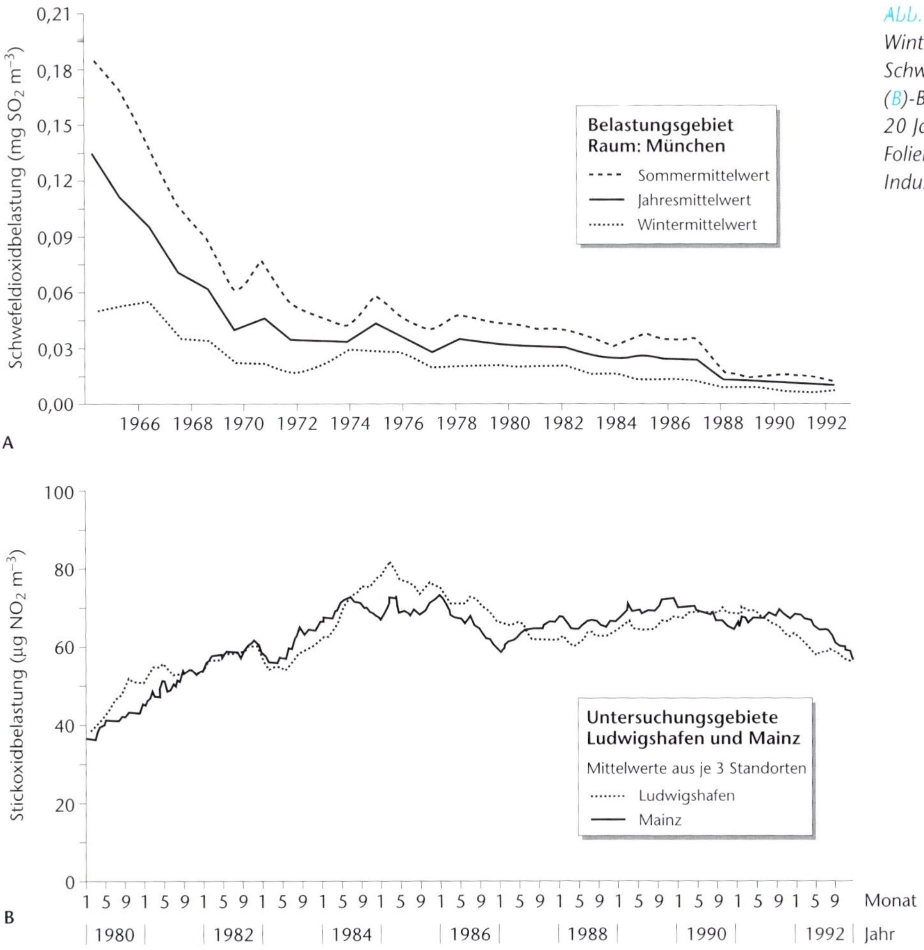

Abb. 1.9.8 : Verlauf der Jahres-, Winter- und Sommermittelwerte der Schwefeldioxid-(A) und Stickoxid-(B)-Belastung in den vergangenen 20 Jahren. Aus „Umweltbereich Luft", Folienserie des Fonds der Chemischen Industrie, 1995, Frankfurt.

Solche Gase sind natürlich nicht nur für den Menschen problematisch, sondern können vor allem bei höheren Konzentrationen auch Pflanzen schädigen. Vielfach werden die so genannten neuartigen Waldschäden („Waldsterben", Abb. 1.9.7, siehe auch Kapitel 3.5.1 und Abb. 2.3.7 F) mit der hohen Schadstoffbelastung der Luft ursächlich in Verbindung gebracht.

Zweifelsohne haben die im Umkreis von Erzröstereien und Braunkohlekraftwerken auftretenden hohen SO_2-Belastungen die Bäume in der Vergangenheit letal geschädigt (z. B. im Erzgebirge). Aber durch die heutigen Abluftverordnungen ist gerade dieser Luftschadstoff fast überall unter die Schadensschwelle abgesenkt worden (Abb. 1.9.6). Dabei stellt sich die grundsätzliche Frage, was schädliche Konzentrationen sind. Sicherlich gilt das „Reizmengengesetz" – der Grad der Belastung entspricht dem Produkt aus Zeit und Konzentration – nur bedingt. Es gibt nämlich für nahezu alle gasförmigen Noxen einen Konzentrationsbereich, in dem der Schadstoff unschädlich, vielleicht sogar nützlich ist (unterhalb des so genannten Schwellenwertes). Nicht alles, was dem Auspuff eines Kraftfahrzeugs entströmt, ist jedoch aus pflanzlicher Sicht ein Luftschadstoff; CO_2 und Stickoxide, in gewissem Umfang sogar SO_2, können auch zur Mineralstoffversorgung der Pflanzen beitragen. Bei einer solch generellen Aussage muss man natürlich die Unterschiede in der Empfindlichkeit der einzelnen Pflanzenarten berücksichtigen (Tabelle 1.9.3), die ihrerseits wiederum vom Entwicklungsstadium der Einzelpflanze abhängen kann.

Erst oberhalb des jeweiligen Schwellenwertes findet man gewöhnlich einen Konzentrationsbereich, in dem das Reizmengengesetz Gültigkeit hat (z. B. für SO_2-Kurzzeitbegasung (28 h) 21 ppm, für Langzeitexposition (7–50 d) 0,04–0,2 ppm). Bei ho-

Abb. 1.9.7: Typische Symptome der „neuartigen Waldschäden". A: Extreme Kronenverlichtung bei der Fichte. Die Bäume tragen nur noch die jüngsten (2 – 3) Nadeljahrgänge. B: Vergilbung der jüngsten Nadeljahrgänge vermutlich infolge akuten Magnesiummangels („fortgeschrittene Gelbspitzigkeit"). Durch saure Deposition („saurer Regen") verarmen die Böden an Kationen, insbesondere an Magnesium. Aus: Hock und Elstner (1984).

Tabelle 1.9.3: Unterschiedliche Empfindlichkeit von Pflanzen gegen SO_2-haltige Luft

Sehr empfindliche Pflanzen	Empfindliche Pflanzen	Weniger empfindliche Pflanzen
Laubgehölze		
Walnuss (*Juglans regia*) Johannisbeere (*Ribes rubrum*) Stachelbeere (*Ribes uva-crispa*)	Linde (*Tilia spec.*) Rotbuche (*Fagus silvatica*) Hainbuche (*Carpinus betulus*) Apfel (*Malus domestica*) Haselnuss (*Corylus avellana*)	Platane (*Platanus spec.*), Eiche (*Quercus spec.*) Pappel (*Populus spec.*), Ahorn (*Acer spec.*) Erle (*Alnus spec.*), Flieder (*Syringa vulgaris*) Weide (*Salix spec.*), Robinie (*Robinia pseudoacacia*) Birke (*Betula spec.*), Kirsche, Pflaume (*Prunus spec.*) Weinrebe (*Vitis vinifera*) Rhododendron (*Rhododendron spec.*)
Nadelgehölze		
Tanne (*Abies spec.*) Fichte (*Picea spec.*) Douglasie (*Pseudotsuga menziesii*)	Kiefer (*Pinus silvestris*) Weymouthskiefer (*Pinus strobus*) Lärche (*Larix spec.*)	Schwarzkiefer (*Pinus nigra austriaca*) Lebensbaum (*Thuja spec.*), Eibe (*Taxus baccata*) Wacholder (*Juniperus spec.*) Scheinzypresse (*Chamaecyparis spec.*)
Landwirtschaftliche und gärtnerische Kulturen		
Klee (*Trifolium spec.*) Luzerne (*Medicago sativa*) Lupine (*Lupinus spec.*) Saatwicke (*Vicia sativa*) Ackerbohne (*Vicia faba*) Spinat (*Spinacia oleracea*) Erbse (*Pisum sativum*)	Gerste (*Hordeum vulgare*) Hafer (*Avena sativa*) Roggen (*Secale cereale*) Weizen (*Triticum sativum*) Salat (*Lactuca sativa*) Bohne (*Phaseolus spec.*) Raps (*Brassica napus*)	Kartoffel (*Solanum tuberosum*) Tomate (*Lycopersicon esculentum*) Mais (*Zea mays*), Rübe (*Beta vulgaris ssp.*) Kohl (*Brassica oleracea ssp.*) Mohrrübe (*Daucus carota*) Erdbeere (*Fragaria chiloensis*) Lauch (*Allium spec.*)
Zierpflanzen		
Begonie (*Begonia spec.*) Wicke (*Lathyrus odorata*)	Dahlie (*Dahlia variabilis*) Geranie (*Pelargonium zonale*) Petunie (*Petunia hybrida*) Gartennelke (*Dianthus caryophyllus*) Fuchsie (*Fuchsia hybrida*)	Rose (*Rosa spec.*), Gladiole (*Gladiolus spec.*) Tulpe (*Tulipa gesneriana*), Schwertlilie (*Iris spec.*) Narzisse (*Narcissus pseudonarcissus*) Chrysantheme (*Chrysanthemum leucanthemum*) Besenheide (*Calluna vulgaris*)

Quelle: VDI-Richtlinie 2310, „Maximale Immissionswerte für SO_2 zum Schutz der Vegetation"

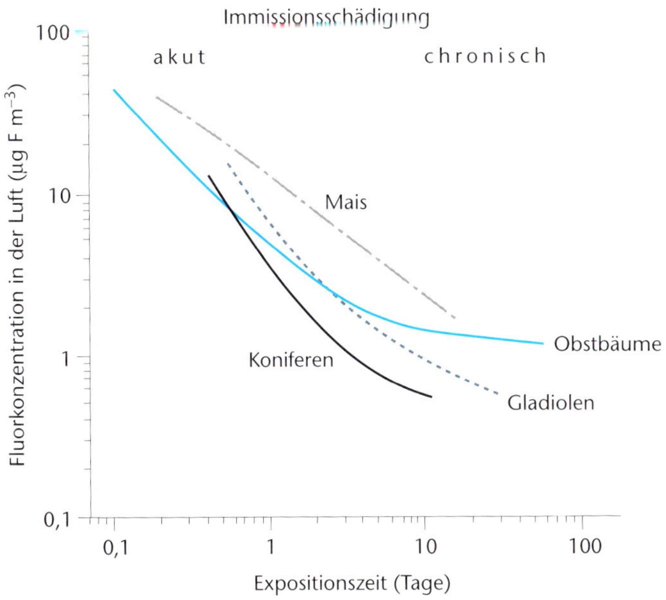

Abb. 1.9.8. Akute und chronische Schädigung von Pflanzen verschiedener Lebensformen durch Fluor als Luftschadstoff. Im Bereich von Stunden bis wenigen Tagen scheint die pflanzliche Reaktion einer Art „Belastungsmengengesetz" (Intensität x Einwirkzeit) zu folgen. Akute Schäden erkennt man am Chlorophyllverlust mit nachfolgender Nekrosenbildung, chronische Schäden zeigen sich durch verminderte Wuchsleistung, Veränderungen in der Holzstruktur und Abnahme der Fertilität nach einem vorübergehenden Fertilitätsausbruch. Nach Larcher (1994).

hen Konzentrationen tritt aber die Zeitkomponente in den Hintergrund, da dann die Konzentration mehr oder weniger allein für den Schaden maßgebend ist.

Im Allgemeinen und der Praktikabilität wegen unterscheidet man deshalb eher Kurzzeitbelastung (2–5 h) und chronische Belastung (7 d, 50–200 d, Abb. 1.9.8). Natürlich darf man auch Stresskombination im Zusammenhang mit Luftschadstoffen nicht übersehen: Gerade wenn z. B. Schadgase die stomatäre Leitfähigkeit erhöhen (Tabelle 1.9.4), ist die Gefahr des Vertrocknens natürlich besonders groß. Andererseits schützt Trockenheitsstress und der dadurch ausgelöste Verschluss der Stomata vor dem diffusiven Eindringen von Luftschadstoffen.

Viele Luftschadstoffe können auf zwei Wegen in ein Blatt eindringen: physikalisch (durch Diffusion, Abb. 1.9.9 und Tabelle 1.9.5) und/oder chemisch, z. B. durch Zerstörung der Cuticula.

Als für Pflanzen schädliche gasförmige Noxen werden im Folgenden Schwefeldioxid, Ozon und Formaldehyd behandelt.

1.9.2.1 Schwefeldioxid

SO_2 wird hauptsächlich durch menschliche Aktivitäten in die Atmosphäre gebracht, zum kleineren Teil auch durch natürliche Prozesse (Kasten 1.9.4) Bereits in der Atmosphäre erfährt SO_2 weitere Umwandlungen, z. B. zu schwefliger Säure (Bisulfit) oder Schwefelsäure. Im Folgenden wird sich dieses Kapitel hauptsächlich auf den Luftschadstoff SO_2 konzentrieren.

Tabelle 1.9.4: Zusammenfassung der stomatären Antworten auf Luftschadstoffe. Nach Darrall (1989).

	Kategorie der Antwort		
Schadstoff (ppb)	gering öffnen oder keine Veränderrung	mittel öffnen, schließen oder keine Veränderung	hoch schließen
SO_2	< 100	100 – 950	> 1865
O_3		≤ 200	> 200
NO_2	≤ 100	≤ 1000	≥ 2000
NO		≤ 1000	> 1000
HF	≤ 0,6		≥ 14

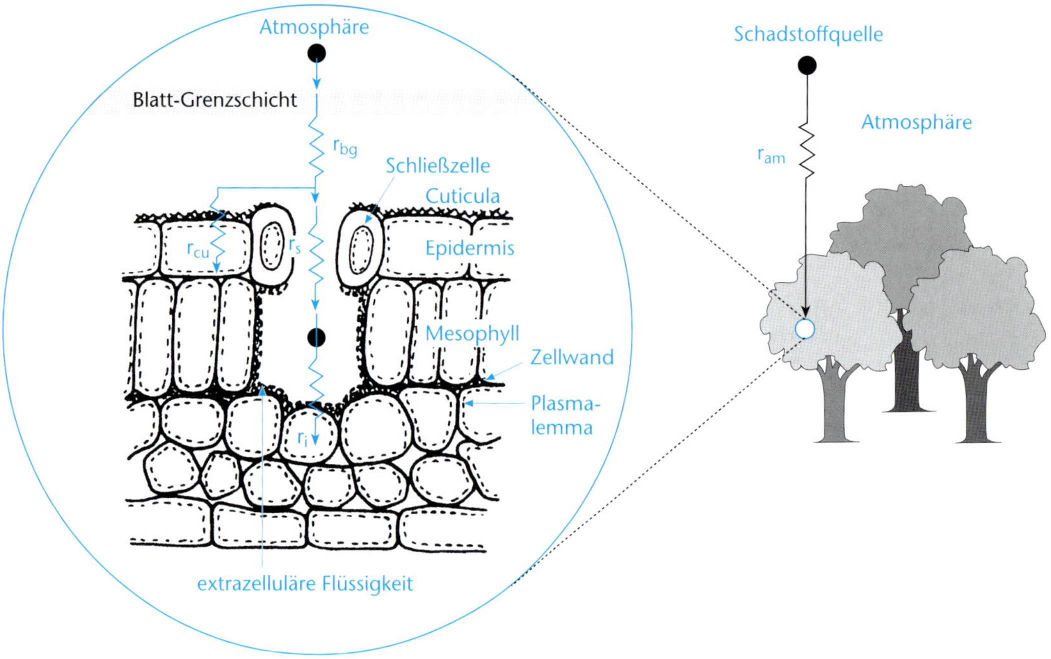

Abb. 1.9.9: Die Wege gasförmiger Luftschadstoffe in die Blätter. Beim Eindringen in die Blätter müssen die Luftschadstoffe verschiedene Widerstände (r) überwinden. In der Atmosphäre hängen die Transportraten hauptsächlich von exogenen Faktoren ab, wobei Wind, Rauigkeit der Geländeoberfläche (Vegetation), Temperatur und Luftfeuchte im Wesentlichen Ausbreitungsgeschwindigkeit und Flux bestimmen. Die Wirkung dieser Faktoren kann als „atmosphärischer Widerstand" (r_{am}) zusammengefasst werden. Weitere Widerstände treten beim Durchdringen der Luftgrenzschicht an der Blattoberfläche (r_{bg}), bei der Diffusion durch die Stomata (r_s), beim Eindringen durch die Cuticula (r_{cu}) und bei der Diffusion der einzelnen Moleküle durch die Zellwand der Mesophyllzellen (r_i) auf. Die Differenzierung dieser einzelnen Widerstände ist bedeutsam, da sie für die verschiedenen Luftschadstoffe unterschiedlich groß sind. Hinzu kommt, dass einzelne Schadgase selbst die Öffnung der Stomata beeinflussen oder die Dichtigkeit der Cuticula durch Verätzung herabsetzen können. Nach Fuhrer (1996), verändert.

SO_2-Aufnahme in die Pflanze

Während die stomatäre Leitfähigkeit für Schwefeldioxid etwa der für CO_2 entspricht, durchdringt es bei geschlossenen Spalten die Cuticula noch besser als Sauerstoff und etwa 20 Mal schneller als CO_2 (Tabelle 1.9.6). Niedrige Außenkonzentrationen von SO_2 führen zum Turgorverlust der Stomata-Nebenzellen und zur Spaltenöffnung, hohe zum Spaltenschluss. Als Gas permeiert es leicht und schnell durch die Biomembranen, während das

Tabelle 1.9.5: Typischer Wertebereich für das Diffusivitätsverhältnis (Wesley 1989) und den gasspezifischen Blatt-Diffusionswiderstand (r_c) bei Blättern (Taylor et al. 1988)

Luftschadstoff (P)	Diffusivitätsverhältnis* D_{H_2O}/D_P	Blatt-Diffusionswiderstand (s cm^{-1})
Ozon, O_3	1,6	1,4 – 5
Stickstoffmonoxid, NO	1,3	1 – 10
Stickstoffdioxid, NO_2	1,6	0,1 – 0,8
Salpetersäure, HNO_3	1,9	0,2 – 2
Ammoniak, NH_3	1,0	1,7 – 5
Peroxyacetylnitrat (PAN)	2,6	1,7 – 10
Schwefeldioxid, SO_2	1,9	0,03 – 0,5
Schwefelwasserstoff, H_2S	1,4	0,25 – 0,5

*Berechnet als die Quadratwurzel des Molekulargewichtsverhältnisses M_P/M_{H_2O}

Kasten 1.9.4 Der Luftschadstoff SO_2

Einige interessante Daten:

Schwefeldioxid entsteht auf natürlichem Wege (20 Mio t pro Jahr) und durch menschliche Aktiviät (150 Mio t pro Jahr). Auf natürliche Weise entsteht es durch Zersetzung von terrestrischer und mariner Biomasse und durch vulkanische Aktivität.

Reinluft enthält ca. 1 µg SO_2/m^3 = 0,3 ppb (1 ppm = 2,67 mg SO_2/m^3), hoch belastete Luft bis zu 1500 µg SO_2/m^3.

In der Luft wird SO_2 zu schwefliger Säure:

$SO_2 + H_2O \leftrightarrow HSO_3^- + H^+$

und durch OH-Radikale zu Schwefelsäure oxidiert:

$SO_2 + OH^\bullet \leftrightarrow SO_3 + H_2O$
$SO_3 + H_2O \leftrightarrow H_2SO_4$

Für Pflanzen ist das starke Reduktionsmittel HSO_3^- etwa 20 mal giftiger als SO_4^{2-}.

Schweflige Säure bzw. SO_2 reagiert mit fast allen Biomolekülen. Dabei entstehen meist Sulfonsäuren:

Carbonyle → Hydroxysulfonsäuren

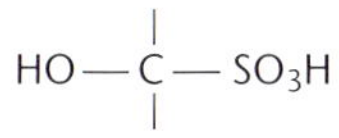

ungesättigte Fettsäuren → Sulfonsäuren

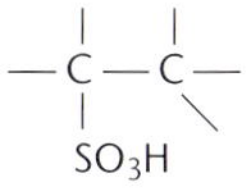

Pyrimidine → Dihydrosulfonate

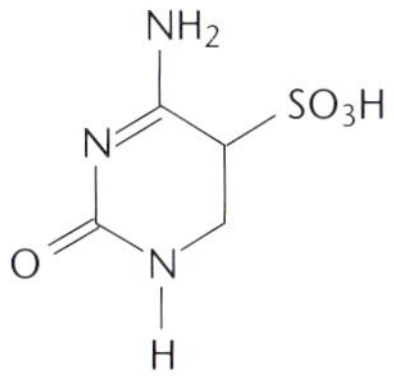

Disulfide → Spaltung der —S—S— Brücke → Thiosulfat

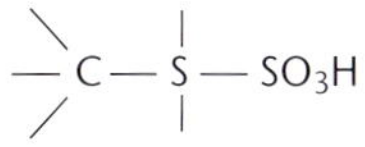

Sauerstoffradikal $2\ O_2^{\bullet -} \longrightarrow HSO_3^{\bullet -} + H_2O_2$

Hydrogensulfit- oder das Sulfition ungeschädigte Membranen kaum passieren kann.

Der Metabolismus von SO_2 in der Pflanze

Durch sein mittleres Redoxpotential ist SO_2 sowohl Reduktions- als auch Oxidationsmittel. Weiterhin addiert es leicht an eine Vielzahl von Biomolekülen (Kasten 1.9.4). Dadurch hemmt es viele Enzyme und kann sogar mutagene Wirkung haben (Bildung von Dihydrosulfonaten bei der Reaktion z. B. mit Pyrimidinbasen). Es kann aber auch direkt mit CO_2 im pflanzlichen Stoffwechsel interferieren, indem es z. B. an Ribulosebisphosphat im RuBP-Rubisco-Komplex bindet und so zur bekannten Hemmung der Photosynthese beiträgt (Abb. 1.9.10). Diese SO_2-bedingte Hemmung der Photosynthese beruht aber nicht auf einer Einzelreaktion, sondern ist ein Reaktionskomplex, ein Syndrom (Darrall 1989). Besonders auffällig ist die SO_2-bedingte Ausbleichung von grünen Pflanzenorganen. Die ursprünglich vertretene Ansicht, dass es sich dabei um einen Säureeffekt der schwefligen Säure handelt, trifft wohl nur in seltenen Fällen zu, weil die dazu nötigen Säurekonzentrationen und intrazellulären pH-Werte meist nicht erreicht werden. Nur im stark sauren Milieu wird das Magnesiumion aus dem Porphyrinring des Chlorophylls entfernt und es ent-

Tabelle 1.9.6: Cuticuläre und stomatäre Leitfähigkeiten eines *Citrus*-Blattes für verschiedene Gase (unter Einschluss des Grenzschichtwiderstands) (aus Lange et al. 1989)

Gas	cuticuläre Leitfähigkeit (cm s^{-1})	stomatäre Leitfähigkeit (cm s^{-1})
SO_2	$2{,}01 \times 10^{-5}$	0,12
O_2	$3{,}05 \times 10^{-5}$	0,18
CO_2	$5{,}4 \times 10^{-6}$	0,14
H_2O	$1{,}09 \times 10^{-7}$	0,22

Abb. 1.9.10: Schwefelanreicherung und Hemmung der Photosynthese nach dreimonatiger Begasung von jungen Fichtenbäumchen mit den in der Abszisse angegebenen SO_2-Konzentrationen in der Luft. Nach Larcher (1994).

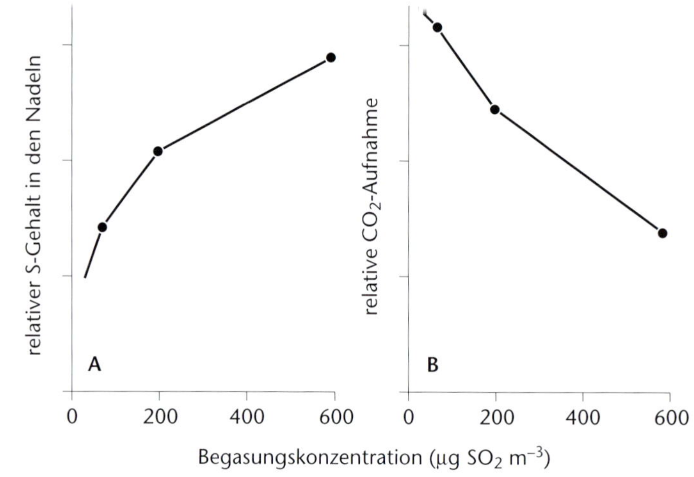

steht das braune Pheophytin. Viel wahrscheinlicher ist, dass SO_2 durch Oxidation der ungesättigten Fettsäuren der Membranlipide oder durch Addition an diese die Membranen schädigt, wodurch auch die membranständigen Chlorophyllproteine derart in Mitleidenschaft gezogen werden, dass daraus Chlorophyll freigesetzt oder zumindest chemisch leicht zugänglich wird. Bei der Oxidation z. B. von Linol- oder Linolensäure entstehen Fettsäurehydroperoxide („LOOH", L steht für Lipid), die beim Zusammentreffen mit schwefliger Säure eine radikalische Kettenreaktion auslösen:

$$HSO_3^- + LOOH \rightarrow HSO_3^\bullet \text{ (Bisulfit-Radikal)} + LO^\bullet \text{ (Fettsäure-Radikal)} + OH^- \quad (1.9.1)$$

$$LO^\bullet + HSO_3^- + H^+ \rightarrow HSO_3^\bullet + LOH \quad (1.9.2)$$

$LO^\bullet \rightarrow$ reaktive Aldehyde (z. B. Hexenal, Nonenal) sowie Ethan (Messparameter für die Reaktion) (1.9.3)

$LO^\bullet$ oxidiert auch das Chlorophyll („Bleichung"), unterstützt durch die Bildung von Schwefelsäure beim Zerfall des Bisulfit-Radikals:

$$2HSO_3^\bullet + H_2O \rightarrow SO_4^{2-} + HSO_3^- + 3H^+, \quad (1.9.4)$$

sowie durch weitere Radikalbildung:

$$HSO_3^\bullet + O_2 + H_2O \rightarrow SO_4^{2-} + O_2^{\bullet -} + 3H^+, \quad (1.9.5)$$

$$O_2^{\bullet -} + H^+ \rightarrow HO_2^\bullet \text{ (Hydroperoxyl-Radikal)} \quad (1.9.6)$$

und die Bildung des Peroxidions (Wasserstoffperoxid):

$$2O_2^{\bullet -} + 2H^+ \rightarrow H_2O_2 + O_2 \quad (1.9.7)$$

Die zuletzt genannte Reaktion wird durch das Enzym Superoxiddismutase katalysiert.

Der fast immer in Gebieten mit hoher Luftschadstoffbelastung gemessene geringere Chlorophyllgehalt, vor allem von Bäumen, darf aber nicht ausschließlich mit der Chlorophylloxidation erklärt werden. Vielfach handelt es sich dabei auch um eine Magnesiummangelernährung, die mit der Bodenversauerung durch „sauren Regen" zusammenhängt (siehe Kapitel 2.3 und 3.5.1).

Die Membranzerstörung betrifft natürlich nicht nur die photosynthetischen Membranen, sondern muss im Prinzip für alle Zellmembranen angenommen werden. Dies zeigt sich daran, dass Pflanzen schon durch SO_2-Konzentrationen geschädigt werden können, bei denen noch keine sichtbaren Schäden auftreten.

Ein Teil des aufgenommenen SO_2 wird in der Pflanze photosynthetisch reduziert und kann so zur Schwefeldüngung beitragen. Nach dem Ionenfallenprinzip reichert sich SO_2 bzw. HSO_3^- im alkalischen Stroma des Chloroplasten an (Tabelle 1.9.7)

Dazu muss es aber zunächst zum Sulfat oxidiert werden.

Oxidationsmittel ist der photosynthetisch reduzierte Sauerstoff, das Sauerstoffanion-Radikal. Die Reaktion verläuft wiederum über das Bisulfit-Radikal:

Tabelle 1.9.7: Intrazelluläre Verteilung des HSO_3^- entsprechend dem Ionenfallenprinzip und den durchschnittlichen Volumenanteilen der einzelnen Zellorganelle (nach Pfanz et al. 1987)

Organell	Chloroplast	Cytosol	Vakuole
pH-Wert	8,0	ca. 7,0	ca. 5,0
prozentuale Verteilung des HSO_3^-	96	3	1

$$O_2^{\bullet -} + HSO_3^- + 2H^+ \longrightarrow HSO_3^{\bullet} + H_2O_2 \qquad (1.9.8)$$

$$2HSO_3^{\bullet} + H_2O \longleftrightarrow SO_4^{2-} + HSO_3^- + 3H^+ \qquad (1.9.9)$$

$$SO_4^{2-} + 8\, e^- + 8\, H+ \longrightarrow S^{2-} + 4\, H_2O; \qquad (1.9.10)$$

Das Sulfat wird dann nach seiner Aktivierung mit ATP (zum Adenosyl-phosphosulfat APS) auf dem bekannten Weg der Sulfatreduktion zum S^{2-} reduziert. Das Sulfidion (S^{2-}) wird gewöhnlich unter Bildung von Cystein in die Aminosäure Serin eingebaut. Es kann aber auch mit Protonen H_2S erzeugen, welches in nennenswerten Mengen von Pflanzen an die Atmosphäre abgegeben wird. Allerdings übersteigen diese Mengen in der Regel 10 % des aufgenommenen SO_2 nicht (Rennenberg 1984). Während die SO_2-Reduktion Protonen verbraucht, produziert die Oxidation zum Sulfat sowohl Schwefel- als auch schweflige Säure. Hält sich die Belastung unterhalb der Schadensschwelle, so können diese Säuren intrazellulär abgepuffert werden (Lange et al. 1989). Ob ein Protonentransport von SO_2-überlasteten Blättern via Sulfat in die Wurzeln tatsächlich stattfinden kann und dann zur Protonenausscheidung von den Wurzeln in den Boden beiträgt, ist nicht eindeutig geklärt. Die Belastung der Assimilationsorgane mit Sulfat stammt natürlich nicht allein aus der Aufnahme und Umwandlung von SO_2. Untersuchungen zur Schwefelbilanz in Fichten zeigen (Köstner et al. 1998), dass die Aufnahme von Sulfat aus dem Boden die gasförmige Schwefelaufnahme um den Faktor 4 bis 5 übersteigen kann.

SO_2-Resistenz

Außer der unterschiedlichen Kapazität, SO_2 zu assimilieren, gibt es keine spezifische Resistenz gegen diese Noxe, da ihre Wirkung ja äußerst vielfältig ist. Die bekannten Unterschiede in den Empfindlichkeiten verschiedener Pflanzen und deren Entwicklungsstadien beruhen meist auf nicht SO_2-spezifischen Wechselwirkungen oder Reaktionen, sondern auf allgemeinen Eigenschaften der einzelnen Pflanzenarten, so z. B. die höhere Resistenz von C4-Pflanzen auf der Tatsache, dass SO_2 die PEP-Carboxylase weniger stark hemmt als die Rubisco. Andere günstige Eigenschaften sind häufigere Blatterneuerung und ein größeres Pufferungs- oder Adsorptionsvermögen.

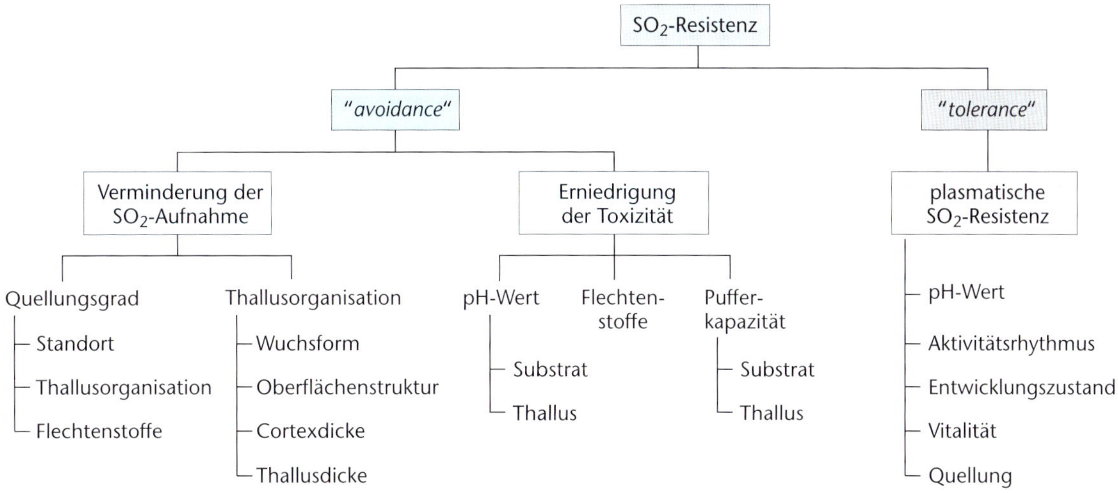

Abb. 1.9.11: Verschiedene Mechanismen der SO_2-Resistenz bei Flechten, wobei „Toleranz" auch die Reparatur einschließt. Aus Schlee (1992).

Kasten 1.9.5 Biomonitoring von Luftschadstoffen mit Flechten

Tabelle 1: SO_2-Belastung und Flechtenbesatz/Flechtengemeinschaften auf Bäumen (Borke als organisches Substrat) und Mauern (nach Larcher 1994)

durchschnittliche SO_2-Konzentration ($\mu g\ m^{-3}$)	epiphytische Flechten: eutrophe Borke	epiphytische Flechten: nicht eutrophes Substrat	epipetrische Flechten: Substrat alkalisch	epipetrische Flechten: Substrat sauer
> 125	*Lecanora conizaeoides* *Lecanora expallens*	*Lecanora conizaeoides* *Lepraria incana*	*Lecanoraion dispersae*	*Conizaeodion*
um 70	*Buellia canescens* *Physicia adscendens*	*Hypogymnia physodes* *Lecidea scalaris*		
um 60	*Buellia canescens* *Xanthoria parietina* *Physica orbicularis* *Ramalina farinacea*	*Hypogymnia physodes* *Evernia prunastri*	*Xanthorion*	*Conizaeoidion* *Acarospora fuscata*
um 50	*Pertusaria albescens* *Physiconia pulverulenta* *Xanthoria polycarpa* *Lecania cyrtella*	*Parmelia caperata* *Graphis elegans* *Pseudovenia furfuracea*		
um 40	*Physica aipolia* *Ramalina fastigiata* *Candelaria concolor*	*Parmelia carperata* *Usnea subfloridana* *Pertusaria hemisphaerica*	*Xanthorion* (zunehmende Diversität)	*Cladonia*-Arten
< 30	*Ramalina calicaris* *Caloplaca aurantiaca*	*Lobaria pulmonaria* *Usnea florida* *Teloschistes flavicans*	bis zu 20 Arten von *Xanthoria*	zunehmende Diversität, keine *Lecanora conizaeoides*

Wegen der großen Empfindlichkeit vieler Flechtenarten gegenüber Luftschadstoffen werden sie vielfach für ein Langzeitbiomonitoring der Luftverschmutzung, vor allem in Städten, benutzt. Dabei kann man die Flechtenvorkommen der untersuchten Flächen kartieren, wobei allerdings eine große Zahl von Voraussetzungen eingehalten werden muss, wenn man zu aussagekräftigen Ergebnissen gelangen will. Beispielsweise sollen grundsätzlich nur rindenbewohnende Flechtenthalli benutzt werden (da Gesteinsuntergrund unterschiedlich stark puffern kann), die in einer bestimmten Höhe und an der am stärksten bewachsenen Seite des Baumstamms gezählt und hinsichtlich ihres Aussehens bonitiert werden. Weiterhin sollen von einem Standort mehrere Bäume (10 bis 50) untersucht werden, um zu statistisch sinnvollen Daten zu kommen. Selbstverständlich dürfen nur bekannte Arten verwendet werden und vielfach wird empfohlen, nur Flechtengemeinschaften zu verwenden (Tabelle 1). Auch wenn es darunter Arten gibt, die auf bestimmte Luftschadstoffe besonders empfindlich reagieren (z. B. *Xanthoria parietina, Grimmia pulvinata* und *Parmelia saxatilis* für SO_2), müssen auch andere Noxen in Betracht gezogen werden. Sehr oft sind es in Ballungsgebieten schwermetallhaltige Stäube, die den Flechten stärker zusetzen als die eigentlichen gasförmigen Noxen.

Wurden diese Daten, vor allem auch die Quantifizierung der Deckungsgrade, erhoben, so kann man entsprechend der Tabelle 2 eine Zonierung in Flechtenwüste, Kampfzone und Reinluftzone vornehmen, die ggf. noch weiter differenziert werden muss. Für viele Städte Europas existieren bereits solche Flechtenkarten. Für das Langzeitbiomonitoring müssen sie von Zeit zu Zeit neu erstellt werden. Ein Kurzzeitbiomonitoring wird mit Hilfe von standardisierten Flechtenexpositionstafeln durchgeführt. Hierzu wird vor allem die weit verbreitete und gut wüchsige Blattflechte *Hypogymnia physodes* verwendet, die mit ausreichend Rindensubstrat entnommen und in 10 Parallelproben auf der Tafel befestigt wird. Diese Tafeln werden dann an den zu untersuchenden Standorten exponiert und der Zustand der Flechtenthalli von Zeit zu Zeit bonitiert.

Tabelle 2: Flechtenbewuchs am Standort als Parameter für die Flechtenzonierung (nach Seitz 1972).

Deckungsgrad	Flechtenzone
kein Bewuchs, oder Krustenflechten, höchstens ≤ 0,5 % deckend	Flechtenwüste
Bewuchs nur mit Krustenflechten, keine Blattflechten	innere Kampfzone
Blatt- und Strauchflechten 1–25 % deckend (wenn > 25 % deckend, dann z. T. absterbend)	mittlere Kampfzone
Blatt- und Strauchflechten 25 bis 50 % deckend (wenn 50 %, dann z. T. deutlich absterbend)	äußere Kampfzone
Blatt- und Strauchflechten > 50 % deckend, keine Schäden	Reinluftzone

Kasten 1.9.6 Durch Ozon induzierbarer Sekundärstoffwechsel

PAL, Phenylalanin-Ammonium-Lyase; STS, Stilbensynthase; CHS, Chalconsynthase; CHI, Chalconisomerase; PMT, Pinosylvin-3-O-Methyltransferase; F3'H, Flavonoid-3'-Hydroxylase; FHT, Flavanon-3-Hydroxylase; DFR, Dihydroflavonol-4-Reduktase; LAR, Leucoanthocyanidin-4-Reduktase; CCR, Cinnamoyl-CoA-Reduktase; CAD, Cinnamoylalkoholdehydrogenase (nach Langebartels et al. 1997)

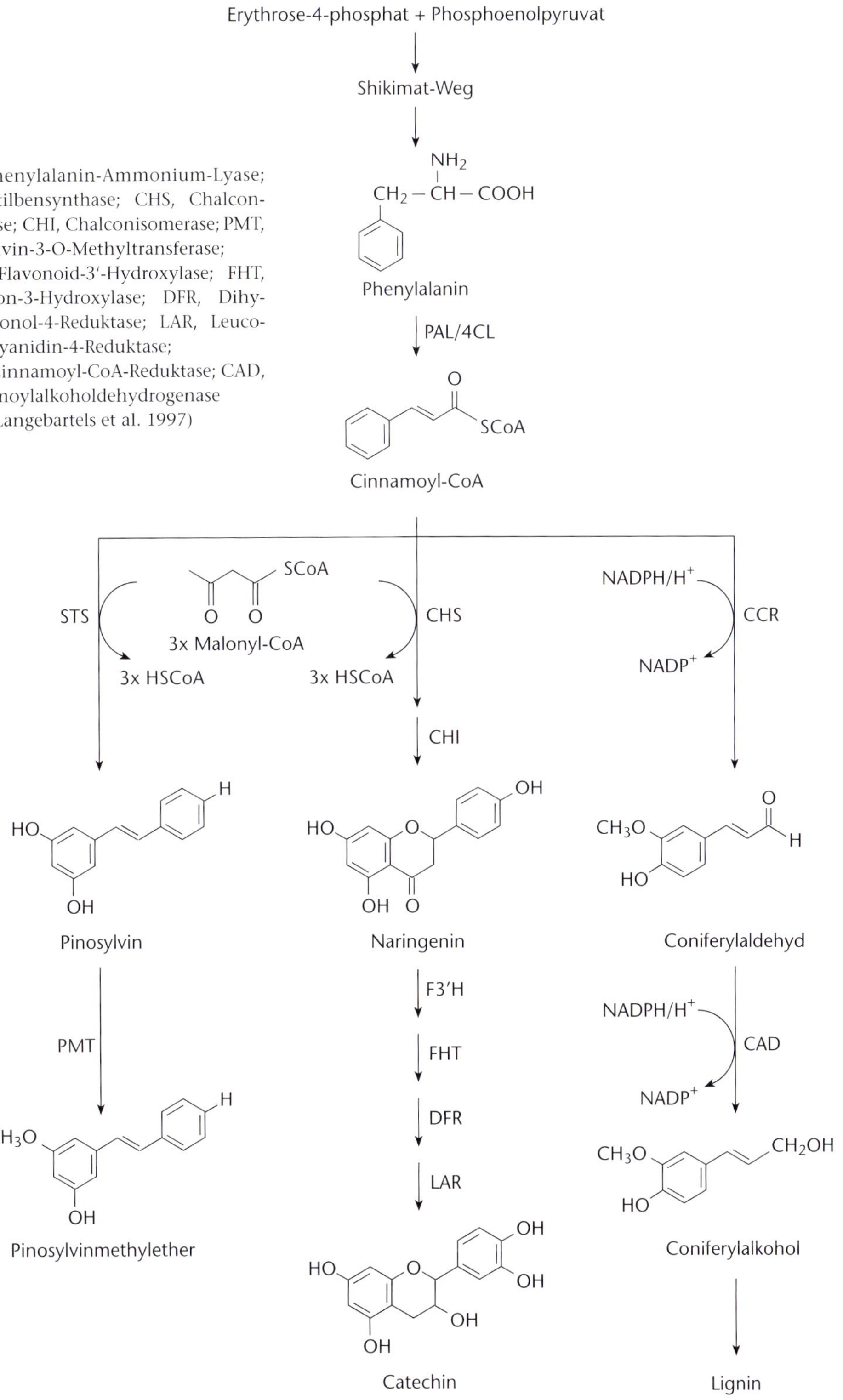

Ein Beispiel für ein weites Spektrum der SO_2-Empfindlichkeit bieten die Flechten (Kasten 1.9.5), die einerseits keine Stomata besitzen und deshalb den Luftschadstoffen unmittelbarer und gleichmäßiger ausgesetzt sind als höhere Pflanzen, zum anderen, weil die symbiontische Wechselbeziehung zwischen Alge(n) und Pilz(en) besonders delikat und leicht zu stören ist, und schließlich, weil sie sich nicht durch Blattabwurf von belasteten Geweben befreien können.

Abbildung 1.9.11 fasst die möglichen Mechanismen auf der Ebene von Vermeidung und Toleranz zusammen, mit denen Flechten den Luftverunreinigungen, insbesondere durch SO_2, begegnen können, wobei nicht klar ist, welche Rolle die eigenartigen Flechtenstoffe dabei spielen. Möglicherweise adsorbieren diese Stoffe einen Teil der gasförmigen Noxen (Kasten 1.9.6).

1.9.2.2 Ozon

Höhere Ozonkonzentrationen treten in der Stratosphäre und in der Troposphäre auf (Abb. 1.9.12). In der Stratosphäre wird Ozon laufend gebildet (Gl. 1.9.11 und 1.9.12) und wieder abgebaut (Gl. 1.9.13 und 1.9.14):

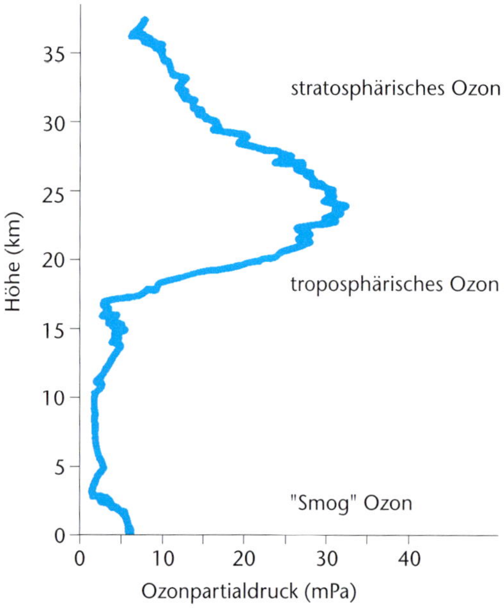

Abb. 1.9.12: Ozonkonzentrationen in der Lufthülle der Erde. Aus Häder (1996).

$$O_2 + h\mu\ (\lambda\ 250\ nm) \longrightarrow 2O \qquad (1.9.11)$$

$$O + O_2 + M \longrightarrow O_3 + M \qquad (1.9.12)$$

M ist ein neutraler Stoßpartner, der die Energie der $O{=}O_2$-Bindung aufnimmt, z. B. N_2, O_2.

$$Y + O_3 \longrightarrow YO + O_2 \qquad (1.9.13)$$

$$O + YO \longrightarrow Y + O_2 \qquad (1.9.14)$$

Y steht für freie Radikale, wie z. B. OH, NO, Cl und Br, die durch Photolyse aus stabilen Verbindungen wie Wasser, FCKW oder N_2O freigesetzt werden. Im Bereich des Ozonloches überwiegt der Abbau die Bildung von Ozon (katalysiert durch Cl-, Br- und NO_3-Ionen); außerhalb des Ozonloches halten sich Auf- und Abbau die Waage. Im Maximum der stratosphärischen Ozonschicht beträgt die Konzentration bis zu 600 $\mu g/m^3$.

In der unteren Troposphäre (der bodennahen Luftschicht) entsteht Ozon im Zusammenhang mit dem oxidativen Smog aus Sauerstoff und Stickoxiden bei starker Sonneneinstrahlung. Die Ozonkonzentrationen in der unteren Troposphäre zeigen Jahres- und Tagesgänge (Abb. 1.9.13): Die höchsten Ozongehalte werden bei hoher Lufttemperatur und hoher Lichteinstrahlung erreicht.

Einzelne Länder haben unterschiedlich hohe Ozonbelastungen (Konzentration × Dauer) als toxische Schwellen definiert: Kalifornien: 400 $\mu g/m^3$ während 1 h, BRD: 180 $\mu g/m^3$ während 2 h, Schweiz: 120 $\mu g/m^3$ während 1h. An sonnigen Tagen können in Mitteleuropa Werte bis 200–280 $\mu g/m^3$ erreicht werden (Sommersmog). Normale Durchschnittswerte sind 20–60 nl/l. Früher warben Kurorte mit ozonhaltiger Luft, ozonreiche Waldparzellen waren der Inbegriff der Sommerfrische. Heute ist Ozon ein giftiges Spurengas, das in den Reinluftgebieten für die Waldschäden verantwortlich gemacht wird. Ein besonderes Problem bereitete die Erklärung des verhältnismäßig hohen Ozongehalts in den Reinluftgebieten der Gebirge. Heute nimmt man an, dass Monoterpene, die von Nadelbäumen und von stark drüsig behaarten Pflanzen bei intensiver Sonnenbestrahlung emittiert werden, die Ozonbildung katalysieren (Fehsenfeld et al. 1992).

Ozon ist gemäß seines Molekülbaus:

$$^{(-)}O{=}O^{(+)}{=}O, \qquad (1.9.15)$$

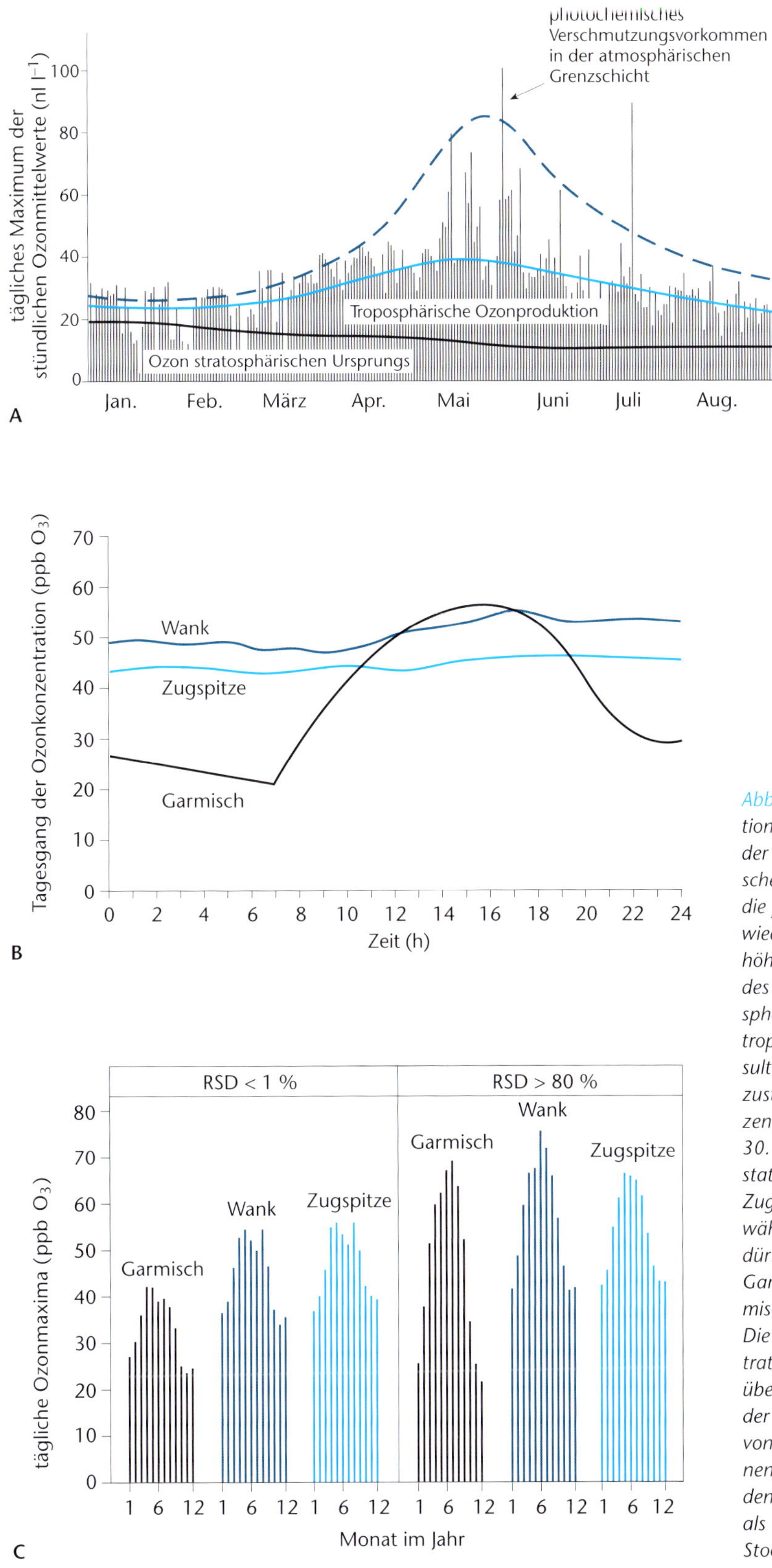

Abb. 1.9.13: Die troposphärischen Ozonkonzentrationen im Jahres- und Tagesverlauf. A: Die Anteile der verschiedenen Ozonquellen am troposphärischen Ozon im ländlichen Raum. Die Säulen geben die jeweils maximalen Stundenmittel eines Tages wieder. Die troposphärische Ozonproduktion erhöht mit einer eigenen Dynamik den sich im Laufe des Jahres nur wenig ändernden Eintrag stratosphärischen Ozons. Einzelpeaks können sowohl aus troposphärischen Verschmutzungsereignissen resultieren als auch durch stratophärische Einbrüche zustande kommen. B: Tagesgang der Ozonkonzentration, gemittelt über die Zeit vom 15. bis 30. März der Jahre 1977 bis 1980 an den Messstationen Garmisch (740 m), Wank (1780 m) und Zugspitze (2962 m). Der deutliche Ozonpeak während des Tages und der frühen Abendstunden dürfte mit dem hohen Verkehrsaufkommen in Garmisch zusammenhängen. Hoch über dem Garmischer Tal tritt eine derartige Dynamik nicht auf. Die monatlichen Tagesmaxima der Ozonkonzentrationen der Hochlagen liegen jedoch signifikant über denen des Tals (C). Hier zeigt sich sowohl in der Jahresdynamik als auch in der Abhängigkeit von der Sonneneinstrahlung (RSD = relative Sonnenscheindauer) der Einfluss der hauptsächlich von den Nadelbäumen freigesetzten flüchtigen Terpene als Katalysatoren der Ozonbildung. Alle Abb. nach Stockwell et al. (1997).

Abb. 1.9.14: Ozonschäden bei Buche (A), Fichte (B) und Kiefer (C), welche durch gezielte Begasung ausgelöst wurden. Erläuterung im Text. Aus Sandermann et al. (1997).

ein starkes Oxidationsmittel mit einem Redoxpotential von +2,1 V. Als solches reagiert es leicht mit ungesättigten Verbindungen unter Bildung von Ozoniden und letztlich von Peroxiden und Wasserstoffperoxid. Weiterhin oxidiert es Thiole zu Sulfonsäuren oder Disulfiden.

Wie bei den anderen Stressoren gilt auch beim Ozon die kritische Frage: Wieviel Ozon verträgt eine Pflanze? Man kann eine Pflanze natürlich leicht hohen Dosen von Ozon aussetzen und bekommt dann ein charakteristisches Schadensbild (Abb. 1.9.14). In der umfangreichen Literatur über den Zusammenhang zwischen Ozonkonzentration und neuartigen Waldschäden trifft man, je nach Ozonapplikation, auf unterschiedliche Mengenangaben. Eine der Bezugsgrößen ist eine für Mitteleuropa durchschnittliche Konzentration von 40 nl pro l (40 ppb). Da es praktisch keine ozonfreie na-

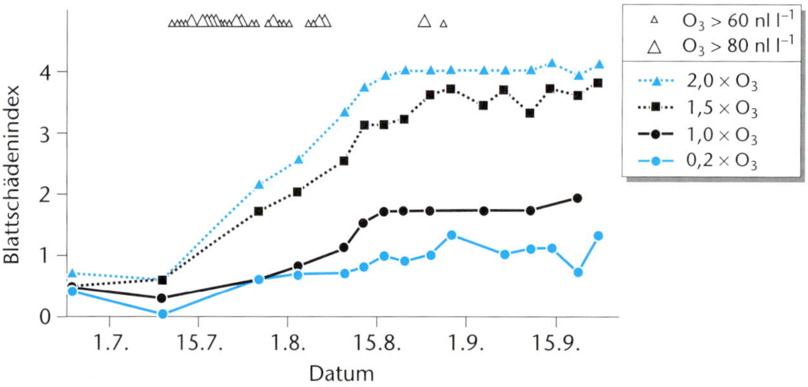

Abb. 1.9.15. Die Entwicklung von sichtbaren Blattschäden nach Begasung von 3-jährigen Buchen mit vier verschiedenen Konzentrationen von Ozon im Laufe einer Vegetationsperiode in einer Expositionskammer. Die Exposition begann im April beim Knospenaustrieb und endete im September mit dem Blattfall. Tage, an denen die natürliche Ozonkonzentration 60 oder 80 ppb überstieg, sind durch Symbole am oberen Ende der Grafik angegeben. Die Art der Schäden, kleine braune Läsionen, sind in Abb. 1.9.14 gezeigt. Die Bonitur bezieht sich auf die Intensität dieser Läsionen. Bei 0,2 und 1x natürliche Ozonkonzentration waren Schäden kaum auszumachen. Nach Langebartels et al. (1997).

Tabelle 1.9.9: Empfindlichkeit verschiedener Nutzpflanzen gegenüber Ozon

Empfindlichkeit (Begasung mit O_3)		
empfindlich (0,1 ppm)	relativ empfindlich (0,2 ppm)	relativ resistent (0,35 ppm)
Spinat	Zwiebeln	Rüben
Rettich	Weizen	Karotten
Bohnen	Mais	Erdbeeren
Kartoffeln	Chrysanthemen	Zinnien
Tomaten	Begonien	

türliche Luft gibt, wird angegeben, wie hoch die gewählte Konzentration über **AOT40** (*accumulated exposure of Ozone above the threshold of 40 nl/l*) liegt. Andererseits können auch die direkten Konzentrationen angegeben werden. Die Gesamtdosis wird als **SUMO** (*sum of all hourly mean O_3 concentrations*) bezeichnet.

In dem in Abbildung 1.9.14 gezeigten Versuch wurden Buchen mit der doppelten Dosis des jeweils natürlichen Ozongehalts von April bis Oktober begast. Das Bild ist Mitte August aufgenommen. Man sieht braune Flecken, die z. T. bereits in Nekrosen zusammenfließen. In Abbildung 1.9.15 ist die Entwicklung der Ozonschäden quantitativ erfasst.

Bei den typisch gelb gebänderten Fichtennadeln handelt es sich um solche, die im Vorjahr einer Ozonbelastung von 80 nl/l für täglich 24 h von April bis Oktober ausgesetzt waren und dann im Freiland weiter kultiviert worden waren. Die Aufnahme stammt vom Juni des auf die Begasung folgenden Jahres. Das Symptom trat erst ein Jahr später auf, führte aber zur raschen Seneszenz und zum vorzeitigen Nadelverlust. Im Allgemeinen zeigen Pflanzen bei den in unserer Atemluft enthaltenen Ozonkonzentrationen keine Schadsymptome, wenn sie nicht zusätzlich anderen Stressfaktoren ausgesetzt sind. Bei stärkerer O_3-Belastung treten derartige Schäden jedoch sehr schnell auf. Alle diese Beobachtungen sprechen nicht dafür, dass das Reizmengengesetz auf Ozon anwendbar ist, denn es scheint eine unterschwellige Akkumulation von Prozessen zu geben, die zu einem „*Memory*-Effekt“ führt.

Wie bei anderen Noxen ist die Toleranz verschiedener Pflanzen Ozon gegenüber sehr unterschiedlich (Tabelle 1.9.9). Bei den Waldbäumen gilt Fichte als sehr tolerant, Lärche und Birke eher als empfindlich. Allerdings hängt dies wieder mit der jeweiligen Versuchsanstellung und mit dem gemessenen Parameter zusammen (Matyssek et al. 1997).

Besondere Aufmerksamkeit haben die Ozonschäden im Zusammenhang mit den neuartigen Waldschäden und beim Nutzpflanzenanbau erfahren. Pflanzen können, selbst wenn sie keine direkten Schadphänomene zeigen, durch eine O_3-Behandlung eine Prädisposition für nachfolgenden abiotischen (z. B. Nährsalzmangel, Wassermangel, hohe UV-B-Dosen) oder/und biotischen Stress (Pathogenattacke) erfahren (Abbildung 1.9.16).

Physiologische Effekte einer Ozonbelastung

Ozon gelangt praktisch nur durch die Stomata in das Blattinnere, da die Cuticula für dieses Molekül praktisch impermeabel ist. Sind die Stomata z. B. wegen Wassermangels weitgehend geschlossen, bleibt die schädigende Wirkung auf im Mesophyll ablaufende Prozesse wie z. B. die Photosynthese zunächst gering. Allerdings verringert Ozon im Laufe der Zeit den stomatären Widerstand, sodass sich der

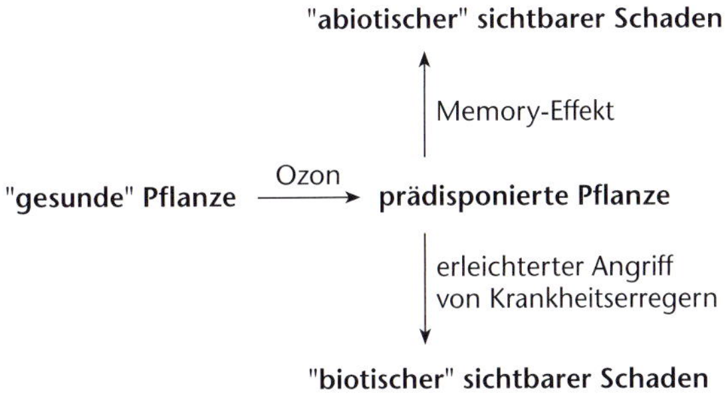

Abb. 1.9.16: Die Induktion sichtbarer Ozonschäden bei Nadelbäumen. Der durch verhältnismäßig niedrige Ozonkonzentrationen (z. B. zweifach erhöhte natürliche Konzentration) ausgelöste abiotische Weg schließt den im Text beschriebenen „Memory-Effekt“ einer vorangegangenen Ozonbelastung ein. Der biotische Weg schließt Reaktionen ein, die auch bei Pathogenattacke ablaufen, allerdings nicht in geordneter Weise, d. h. nicht im Einklang mit dem hochgeordneten räumlich-zeitlichen Muster der Genexpression. Daraus resultiert sowohl verminderte als auch, im Einzelfall, gesteigerte Resistenz gegenüber Pathogenen und anderen Umweltstressoren. Nach Langebartels et al. (1997).

Dürrestress noch verstärkt (Abb. 1.9.17). Hingegen ist bei gut bewässerten Pflanzen, deren Stomata offen sind, eine Erhöhung des stomatären Widerstands, d. h. eine Verringerung der Leitfähigkeit festzustellen: Die CO_2-Aufnahme wird eingeschränkt. Die veränderte Reaktion der Stomata wird auf die Schädigung der Schließzellen und ihrer Nebenzellen durch das Ozon zurückgeführt. Infolge seiner großen Reaktivität ergibt sich ein steiler Konzentrationsgradient über die Epidermis hinweg, da O_3 bereits in der äußeren Zellschicht weitgehend in Oxidationsreaktionen verbraucht wird. Modellrechnungen haben ergeben, dass die blattinterne Ozonkonzentration bei nur geringfügig erhöhten Dosen nahe bei null liegt (Laisk et al. 1989). Da Ozon im Gegensatz zu Sauerstoff hydrophil ist, reagiert es hauptsächlich mit wasserlöslichen oder zumindest hydratisierten Molekülen, z. B. mit SH-Gruppen von Proteinen, die auf der Außenseite der Plasmamembran liegen. Für eine K^+-responsive ATPase der Plasmamembran und einen Ca^{2+}-Transporter konnte die direkte und schnelle Hemmung durch Ozon nachgewiesen werden (Heath und Taylor 1997). Damit ergibt sich eine Erklärungsmöglichkeit für die veränderte Stomatareaktion (vgl. Abb. 1.5.5 und 1.6.2).

Der steile Konzentrationsgradient über die Epidermis hinweg ist zusammen mit der stomatären Leitfähigkeit für O_3 zumindest mitbestimmend für die Ozonempfindlichkeit einer Pflanze. Fichten haben eine sehr geringe O_3-Leitfähigkeit und einen besonders steilen Gradienten, sind also gegenüber Ozon relativ unempfindlich. Bei der Kiefer und bei Laubbäumen liegen die Verhältnisse umgekehrt.

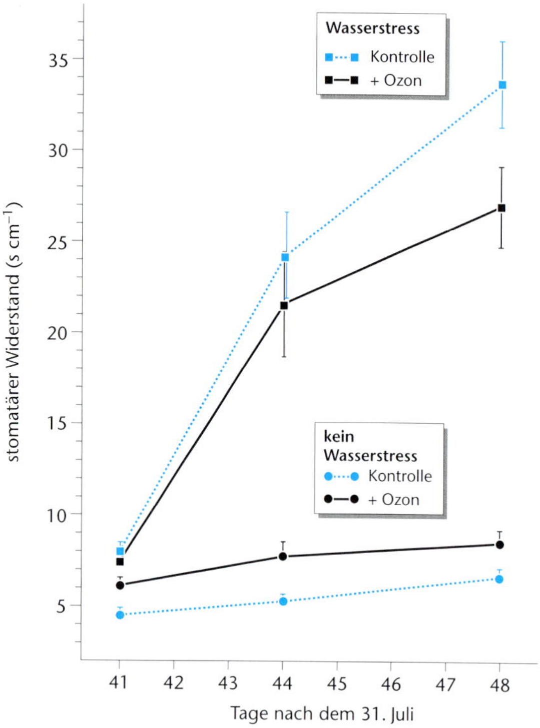

Abb. 1.9.17: Wechselwirkung zwischen Ozonbelastung und Trockenheitsstress auf die Stomata (ausgedrückt als stomatärer Widerstand) der Buche. Die durch Dürre hervorgerufene Erhöhung des stomatären Widerstands wird durch Ozon erniedrigt, d. h. die Stomata sind stärker geöffnet. Durch die nun stärkere Transpiration verstärkt sich der Trockenheitsstress. Mit der Ozonbegasung wurde am Tag 31 begonnen, die Wasserversorgung wurde am Tag 39 ausgesetzt. Nach Pearson und Mansfield (1993).

Der Einfluss von Ozon auf den Primär- und Sekundärmetabolismus

Als polares Molekül permeiert O_3 höchstwahrscheinlich nicht durch die Plasmamembran, sondern erzeugt an dieser (und in der Zellwand) Radikale und Signale. Erhöhte Ozonbelastung führt, angefangen von der Chlorophyll- und Xanthophyllzerstörung durch Radikale zur Beeinträchtigung der Photosynthese, zur Veränderung des Allokationsverhaltens der Assimilate und zum Verlust der Kompartimentierung (Oxidation von ungesättigten Membranlipiden). Außerdem reagiert Ozon mit löslichen Proteinen, wie z. B. der Rubisco: In O_3-gestressten einjährigen Kiefernnadeln (*Pinus halepensis*) war die Proteinmenge und -aktivität dieses Enzyms auf 50 % reduziert. Allerdings hatte dies unter sonst normalen Bedingungen noch keine drastische Verringerung der Photosyntheserate zur Folge, da bei mittlerem Lichtgenuss Rubisco in der Regel im Überschuss vorhanden ist. Bei voller Sonneneinstrahlung kann Rubisco aber zu einem limitierenden Faktor werden (siehe Kapitel 1.2). Dieser Effekt kann aber nicht allein auf die Zerstörung von Rubisco zurückgeführt werden, sondern ist auch eine Folge veränderter Genexpression, denn durch die Ozonbehandlung wurde vermehrt das ebenfalls carboxylierende Protein PEP-C gebildet (Fontaine et al. 1999).

Bei der resistenten Fichte bewirkt mäßige (ein- bis zweifache ambiente O_3-Konzentration) O_3-Behandlung nur eine Prädisposition zu derartigen Symptomen, die dann bei Mg- oder N-Mangel zur Ausprägung gelangen.

Im Gegensatz zur Hemmung des Primärstoffwechsels bewirkt Ozon eine schnelle Aktivierung des Sekundärstoffwechsels, insbesondere des Phenylpropanstoffwechsels (Kasten 1.2.6), und bei höherer Belastung, d. h. beim Auftreten sichtbarer Schäden, auch eine Stimulierung des antioxidativen Ascorbat/Glutathion-Systems. Die Aktivierung des Sekundärstoffwechsels geht immer dem Auftreten sichtbarer Schäden voraus. Dies gilt auch für eine apoplastische Ascorbatperoxidase, was auf ein apoplastisches Entgiftungssystem für Ozon (und andere Oxidantien) hinweist.

Einige Enzyme des Flavonoid- und Stilben-Metabolismus zeigen nach O_3-Behandlung eine deutlich gesteigerte Aktivität. Möglicherweise handelt es sich bei diesen um die ratenlimitierenden Enzyme, denn als Ergebnis der erhöhten Enzymaktivitäten akkumulieren phenolische Inhaltstoffe, insbesondere Stilbene und Flavane (Abb. 1.9.18). Beide sind bekannte Radikalfänger, die nach Radikalbildung polymerisieren und sich mit der Zellwand assoziieren.

Synthese und Verbrauch durch Polymerisation führen zu einem transienten Konzentrationspeak. Ebenfalls erhöht werden die Spiegel an biogenen Aminen (vgl. Kasten 1.5.6), wie z. B. Tyramin und seine Konjugate (Peptide) mit Zimtsäuren. Diese sind besonders potente Radikalfänger, die in ihrer Effektivität dem Ascorbatsystem wenig nachstehen.

Bei höheren O_3-Dosen reichen diese Abwehrsysteme aber nicht aus und es kommt zur verstärkten Ethylenbildung und zur verfrühten Seneszenz mit Blattabwurf. Die Expression einer ganzen Reihe typischer seneszenzassoziierter Gene wurde nach Ozonbegasung von *Arabidopsis*-Pflanzen nachgewiesen, darunter auch die für die Ethylenbildung verantwortliche Amino-cyclopropan-1-carboxylsäure-Synthase (Miller et al. 1999, siehe auch Kasten 1.4.3). Die kritische O_3-Belastung für den Eintritt von messbaren Schäden, die zur verfrühten Seneszenz führen, liegt für die Buche bei eineinhalb- bis zweifachem ambientem Ozon (während der ganzen Vegetationsperiode).

Ozone- und *pathogene related proteins*

Neben den genannten Enzymen des Phenylpropanmetabolismus, des Glutathion und Ascorbatstoff-

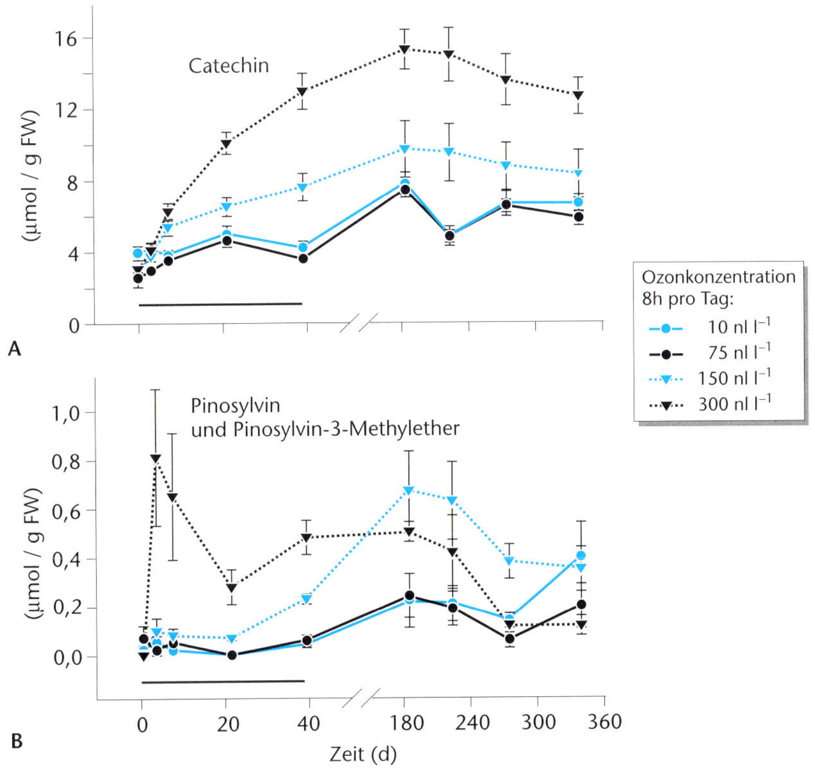

Abb. 1.9.18: Die Induktion des Sekundärmetabolismus durch Ozonstress. Einjährige Waldkiefern (Pinus sylvestris) wurden 40 Tage lang mit verschieden hohen Ozonkonzentrationen (jeweils 8 Std. pro Tag) begast und dann unter Freilandbedingungen bis zum Herbst des folgenden Jahres weitergezogen. A: Das Flavan Catechin (s. Kasten 1.9.6), ein antioxidativ wirkender Sekundärstoff, reichert sich nach dem Absetzen der Ozonbehandlung weiter an und behält auch im auf die Behandlung folgenden Jahr eine hohe Konzentration. Die Auslöseschwelle für die Flavanakkumulation lag oberhalb der natürlichen, aber unterhalb des Doppelten der natürlichen Konzentration. B: Stilbene sind im Splintholz und in den Nadeln induzierbare Phytoalexine (s. Kapitel 1.10.2.1), die im Kernholz jedoch konstitutiv exprimiert werden. Sie zeigen eine zeit- und Ozonkonzentration-abhängige Akkumulation, wobei aber der Einbau in die Zellwand die Konzentrationen der löslichen Stilbene absenkt. Gleichwohl lässt sich der Memory-Effekt auch bei den Stilbenen eindeutig erkennen. Nach Langebartels et al. (1997).

wechsels und der Seneszenzvorgänge, die durch O_3 in ihrer Aktivität gesteigert werden, finden sich weitere Enzyme, die nicht nur durch Ozon, sondern auch durch Pathogenbefall induziert werden (Tabelle 1.9.10). Sie gehören zur Gruppe der ***PR-Proteins*** (*pathogen related proteins*). Es handelt sich dabei u. a. um Hydrolasen, die Zellwände von Pilzen auflösen und meist im Zusammenhang mit einer hypersensitiven Reaktion (siehe Kapitel 1.10.2.1) gebildet werden. Die Expression einiger der *ozone related proteins* wird auch durch Elicitoren – Zellwandbruchstücke der pflanzlichen oder pilzlichen Zellwand – induziert.

Zu den Letzteren gehört unter anderem die Coniferylalkohol-Dehydrogenase, die zur verstärkten Bildung von Lignin beiträgt, wobei es sich im Falle des Ozonstresses vermutlich auch um das so genannte **Stresslignin** handelt, das auch im Druckholz gebildet wird und eine abweichende chemische Zusammensetzung hat.

Insgesamt ergeben sich also durch Ozon sowohl spezifische als auch unspezifische biochemische Stressantworten, die natürlich mit der Oxidationswirkung des O_3 zusammenhängen. Sie können die Pflanzen teils schädigen, teils schützen (*cross protection*). Bei vielen Nadelbäumen, die besonders O_3-tolerant sind, erzeugt Ozonstress zunächst eine Prädisposition, die entweder die Pflanze schützt (ca. 50 % der untersuchten Fälle) oder sie bei weiterer, auch andersartiger Belastung, z. B. saurem Nebel, Trockenheit, hohe Borkenkäfer- oder Pilzbefall, schwächt (siehe Abb. 1.9.16).

Man kann bei einer nicht natürlichen Belastung selbstverständlich nicht damit rechnen, dass die Pflanzen ein „geordnetes" Abwehrsystem im Laufe der Evolution entwickelt haben: Deshalb gibt es auf die multiplen Wirkungen des Ozons auch eine vielschichtige Antwort seitens der Pflanzen.

1.9.2.3 Formaldehyd

Formaldehyd gast aus vielen Möbelstücken aus, die aus preisgünstigen Spanplatten gefertigt sind. Auch die in Teppichböden verarbeiteten Kleber sind oft eine Quelle von Formaldehyd in der Raumluft. Oft wird die zulässige in-door-Konzentration von 0,12 mg/m^3 (= 0,1 µl/l = 0,1 ppm) erheblich überschritten (nach Berichten des Umweltbundesamts bis zum 2,6-fachen des erlaubten Grenzwerts). Besonders hohe Konzentrationen werden gewöhnlich in Wohnwägen gemessen, wo nicht nur die Möblierung, sondern auch der Wohnraum aus derartigen Platten besteht bzw. damit ausgekleidet ist.

Seit den Arbeiten Calvins Ende der vierziger und Anfang der fünfziger Jahre weiß man, dass entgegen der früheren Ansicht Formaldehyd kein Intermediärprodukt der Photosynthese ist. Trotzdem enthalten die früheren Befunde einen Funken Wahrheit, weil Formaldehyd von Pflanzen im Licht assimiliert, d. h. zu Zucker umgewandelt und für die Synthese anderer Biomoleküle wie z. B. Aminosäuren verwendet werden kann. Verschiedentlich wurden **Formaldehyd-Dehydrogenasen** beschrieben. Auch die entgiftende Wirkung von Zimmerpflanzen auf die Raumluft wurde oft festgestellt, ohne dass ein biologischer Mechanismus dieser Luftreinigung bekannt war. Bei der Detoxifizierung von Raumluft durch Pflanzen darf man aber nicht nur an enzymatisch-biochemische Reaktionen denken, sondern muss auch Adsorption an der Pflanzen- und Erdoberfläche berücksichtigen, ebenso wie den Einfluss der gasförmigen Luftverunreinungen auf die Stomata und die Phytotoxizität der Giftstoffe.

Die Grünlilie *Chlorophytum comosum* ist in der Lage, Raumluftkonzentrationen von 4–7 µl Formaldehyd/l (das 40–70-fache der zulässigen Höchstmenge) innerhalb 5 h auf 0,2 µl/l (= doppelte zulässige Höchstmenge) abzusenken.[1] Auch andere Pflanzen, z. B. Tabak, sind dazu in der Lage (Giese et al. 1994).

Allerdings ist die Grünlilie resistenter gegen die Noxe als Tabak. Bei einer Konzentration von 10 µl/l Luft (= das Hundertfache der zulässigen Höchstmenge) zeigte Tabak starke, lokal begrenzte Nekrosen, während beim 10-fachen der zugelassenen Konzentration die Pflanzen nurmehr unwesentliche Schäden entwickelten. Wachstumshemmung tritt allerdings schon bei wesentlich niedrigeren Konzentrationen auf. Grünlilien zeigten bei 10 µl/l Luft noch keinerlei Schadsymptome.

Nach 24-stündiger Begasung von *Chlorophytum* mit Luft und ^{14}C-Formaldehyd fand sich der Hauptteil der in die Pflanze aufgenommenen Radioaktivität in der löslichen Fraktion, etwa ein Fünftel war bereits in Gerüstsubstanzen (Lignin) eingebaut. In der löslichen Fraktion dominierten eindeutig die ^{14}C-markierten Zucker, aber auch die Aminosäure

[1] Adsorptionseffekte an der Bodenoberfläche können sehr beträchtlich sein: Eine Absenkung bis auf 3 µl/l wurde auch durch unbepflanzte Töpfe erreicht.

Tabelle 1.9.10: Übersicht über die durch Ozonbelastung induzierten Gene bzw. Stimulierung der Enzymaktivitäten. Aus Langebartels et al. (1997).

Enzym	Baumart	Induktionsniveau
Cinnamoylalkoholdehydrogenase	Fichte, Kiefer	Transkription, Enzymaktivität
Alkoholdehydrogenase	Fichte	Transkription
Stilbensynthase	Kiefer	Enzymaktivität, Transkription
Phenylalanin-Ammonium-Lyase	Kiefer	Enzymaktivität
Chalcon-Synthase	Kiefer	Enzymaktivität
3-Hydroxymethyl-glutaryl-CoA-Synthase	Kiefer	Transkription
Extensin	Kiefer Fichte Buche	Transkription Transkription Enzymaktivität
β-1,3-Glucanase	Buche Fichte	Enzymaktivität Translation, Enzymaktivität
Chitinase	Buche Kiefer	Enzymaktivität Translation
pathogen-related proteins 1a, b, c	Fichte	Transkription
ozonbezogene Aktivitäten	Fichte Kiefer	Translation Transkription

Serin war deutlich markiert, was ein Hinweis auf Einbau durch die Serin-hydroxymethyl-Transferase ist. Phospholipide (Phosphatidylserin) waren ebenfalls deutlich markiert.

Enzymatische Studien zeigten zwei Formaldehyd-Dehydrogenasen. Eine davon, die aktivere, war glutathionabhängig[2]. Vermutlich wird Formaldehyd zu Ameisensäure oxidiert, die dann über den C1-Metabolismus assimiliert wird. Insgesamt ergab sich eine Entgiftungsaktivität von 12,8 µg Formaldehyd/h × g FW und der apparente K_m-Wert war 30 µM. Rechnet man die Werte hoch, so könnte eine *Chlorophytum*-Pflanze einen Raum von 100 m^3, der das Doppelte der zulässigen Höchstmenge Formaldehyd in der Luft enthält, innerhalb von 6 h entgiften. Allerdings ist die Reaktion der Stomata auf steigende Mengen Formaldehyd in der Luft noch wenig untersucht. Die Formaldehydentgiftung ist ein weiteres Beispiel der Phytoremediation, welches das Konzept der „grünen Leber" stützt (Sandermann jr. 1994).

[2] Die GSH-abhängige Formaldehyd-Dehydrogenase zeigt sequenzielle Ähnlichkeiten mit Alkoholdehydrogenase. Es wird vermutet, dass sich Letztere phylogenetisch aus den Ersteren entwickelt hat, da Formaldehyd wohl zu den Komponenten der frühen Erdatmosphäre zählt (Fliegmann und Sandermann jr. 1997).

Zusammenfassung

Xenobiotika sind Fremdstoffe (in Bezug auf einen Organismus), die biologische Aktivität entwickeln und je nach aufgenommener Menge und Toxizität Abwehrreaktionen auslösen, Schäden setzen oder sogar den Tod des Organismus herbeiführen. Neben den unabsichtlich oder unvermeidlich freigesetzten **Umweltnoxen**, wie z. B. den Luftschadstoffen (auch Schwermetalle und Aluminium werden gelegentlich als Xenobiotika bezeichnet), sind es vor allem die Pflanzenschutzmittel, die in größeren Mengen in der Umwelt ausgebracht werden. Unter diesen haben die Herbizide die größte Bedeutung.

1. **Pflanzenschutzmittel** sollen zielgerichtet wirken, wobei als Ziele entweder einzelne Enzyme oder Reaktionskomplexe (z. B. das Photosystem II) blockiert werden, oder durch induzierte Radikalbildung eine Vielzahl zellbiologischer Schäden ausgelöst werden (Totalherbizide).

2. Nur in wenigen Fällen können Nutzpflanzen bestimmte Herbizide spezifisch entgiften. Man kann aber durch bestimmte Substanzen (Herbizid-Safener, Antidots oder Immunchemikalien) ihr

endogenes Entgiftungspotential derart stimulieren, dass sie gegen die entsprechenden Herbizide unempfindlich werden. Dies lässt sich auch auf gentechnischem Wege erreichen.

3. Zwangsläufig ist das Spektrum der Xenobiotika unermesslich groß. Dagegen sind die Mechanismen ihrer Entgiftung durch die Pflanzen auf relativ wenige Reaktionsweisen beschränkt. Auf der zellbiologischen Ebene verläuft die Entgiftung in vier Schritten: Die Mehrzahl der Pflanzenschutzmittel ist lipophil und muss deshalb für eine metabolische Entgiftung erst biochemisch zugänglich gemacht werden. Nach der Aufnahme in die Zelle wird als Erstes eine hydrophile Gruppe eingeführt. Dies geschieht meistens durch Monooxygenasen oder Oxidasen. Die hydrophile Gruppe wird nun zur Bildung von Konjugaten verwendet. Glycosyltransferasen oder Glutathion-S-Transferasen katalysieren die „Konjugation" mit Zuckern (zumeist Glucose) oder Glutathion. Diese Konjugate können im 3. Schritt durch Glutathion-Pumpen (GS-X-Pumpen), die zur Familie der so genannten ABC-Transporter gehört, in die Vakuole oder in den Apoplasten sequestriert werden. Die pflanzlichen ABC-Transporter gehören überwiegend der Unterfamilie der *multidrug-resistance associated proteins* (MRP) an. Natürliche Substrate dieser GS-X-Pumpen sind die typischen vakuolären wasserlöslichen Vakuoleninhaltsstoffe, wie die Flavonoidglycoside, und andere sekundäre Pflanzenstoffe, Phytohormonkonjugate und Abbauprodukte der DNA und des Chlorophylls. Im vierten Schritt der Entgiftungssequenz werden die sequestrierten Konjugate immobilisiert, entweder durch Modifikation des Konjugats in der Vakuole oder durch kovalenten Einbau in die Zellwandsubstanz.

4. Neben diesem Entgiftungsweg können Pflanzenschutzmittel auch die Synthese von Abwehrproteinen, den so genannten *pathogen related proteins*, induzieren und die Pflanzen auf diese Weise gegen Pathogenbefall resistenter machen (*cross protection*). Derartige Xenobiotika finden heute als so genannte **Immunchemikalien** im Pflanzenschutz Verwendung.

5. **Gasförmige Xenobiotica** (Luftschadstoffe) wirken oxidierend (oxidativer Smog, Ozon), reduzierend (reduktiver SO_2-Smog), durch ihre Azidität („saurer Regen", Fluorwasserstoff) oder auf andere Weise (z. B. proteindenaturierend: Formaldehyd, oder durch gasförmige Phytohormone: Ethylen) auf die Pflanzen ein. Unterhalb der Schadensschwelle können SO_2 und NO_x aber sogar als Schwefel- und Stickstoffquelle (Sulfat bzw. Nitrat) zur Ernährung der Pflanzen beitragen. Als Oxidationsmittel wirkt dann gewöhnlich photosynthetisch reduzierter Sauerstoff (O_2^-).

6. Oberhalb der Schadensschwelle gilt in gewissem Umfang das „Belastungsmengengesetz", d. h. der *strain* oder Schaden entspricht dem Produkt aus Intensität und Einwirkzeit. Als praktikabel hat sich auch die Unterscheidung zwischen kurzfristigen Belastungsspitzen und chronischer, d. h. Langzeitbelastung erwiesen.

7. Luftschadstoffe können durch die Stomata oder direkt durch Cuticula und Epidermis in das Pflanzengewebe aufgenommen werden, wobei beide Wege in Noxen-spezifischer Weise modifiziert werden: Die Öffnung der Stomata kann durch Luftschadstoffe verstärkt oder reduziert werden; ebenso kann die Kutikula durch Verätzung (z. B. durch Fluorwasserstoff) permeabler werden.

8. **Schwefeldioxid** hat wegen seines mittleren Redoxpotentials ein breites zellbiologisches Wirkungsspektrum. Auch die bekannte Hemmung der Photosynthese beruht nicht auf einer einzigen Reaktion, sondern auf einem ganzen Reaktionskomplex. Sichtbares Phänomen ist die Ausbleichung chlorophyllhaltiger Pflanzenteile. Diese beruht allerdings nicht auf der Azidität des SO_2 bzw. der schwefligen Säure, sondern auf der Oxidation ungesättigter Membranlipide mit Schädigung der chlorophyllbindenden Proteine und der Freisetzung der Pigmente, welche dann der Photooxidation zugänglich sind. In der Fortentwicklung des Schadens bilden sich dann schnell Nekrosen bis hin zum Absterben der Blätter und Nadeln.

9. Ausbleichung („Gelbspitzigkeit") kann jedoch auch auf Magnesiummangel zurückgehen. Saure Deposition („saurer Regen") führt zur verstärkten Kationenauswaschung aus dem Boden und zur Mangelernährung, wovon Magnesium besonders stark betroffen ist.

10. Wegen der großen zellbiologischen Reaktionsbreite des Schwefeldioxids gibt es keine spezifische Resistenz gegen SO_2. Unterschiedliche Empfindlichkeiten beruhen auf allgemeinen Eigenschaften einzelner Pflanzenarten, wie z. B. verstärktes Pufferungs- oder Adsorptionsvermögen.

11. Flechten sind wegen des Fehlens von Stomata und wegen der Störungsanfälligkeit symbiontischer Wechselwirkungen besonders gegen SO_2 und andere gasförmige Noxen empfindlich. Sie eignen

sich deshalb gut zum Langzeitmonitoring der Luftqualität.

12. **Ozon** wird in der Stratosphäre laufend gebildet, entsteht jedoch auch in der unteren Troposphäre im oxidativen Smog durch Reaktion von Stickoxiden mit Sauerstoff und in intensiv besonnten Waldgebieten durch Reaktion der von den Pflanzen ausgeschiedenen gasförmigen Terpene mit Sauerstoff. Deshalb zeigt der Ozongehalt der Troposphäre tages- und jahreszeitliche Schwankungen. Die natürlich auftretenden Ozonkonzentrationen verursachen allein noch keine sichtbaren Schäden an den Pflanzen.

13. Ozon wird nur durch die Stomata in die Pflanze aufgenommen, da die Cuticula für dieses Gas impermeabel ist.

14. Als starkes Oxidationsmittel reagiert O_3 vor allem mit SH-haltigen Proteinen und mit oxidierbaren Strukturelementen der Zelle. So wird es bereits in den äußeren Zellschichten z. B. eines Blattes „verbraucht" und gelangt nur mehr in Spuren ins Mesophyll. Kalium- und Calcium-Transporter in den Schließzellen und ihren Nebenzellen werden durch Ozon inaktiviert, wodurch sich auch die verminderte Reaktion der Stomata auf Trockenheit erklärt: Ozonschäden sind vielfach mit Trockenschäden gekoppelt. Als polares Molekül permeiert Ozon nur schlecht durch die Biomembranen und schädigt deshalb hauptsächlich membrangebundene Komponenten. Bei höheren Konzentrationen werden die in der Plastidenmembran enthaltenen Pigmente oxidativ zerstört.

15. Ozonbegasung führt zu einer schnellen Aktivierung des Sekundärstoffwechsels, sowohl durch Enzyminduktion als auch durch Aktivierung bestimmter Enzyme. Gute Beispiele hierfür sind der Phenylpropan- und Flavonoidmetabolismus sowie der Ascorbatstoffwechsel.

16. Anhand des erhöhten Gehalts an derartigen Sekundärmetaboliten – auch in den erst später zuwachsenden Pflanzenteilen – lässt sich der so genannte „Memory-Effekt" der Ozonbelastung nachweisen. Aufgrund dieses Memory-Effekts gilt für Ozonschäden das „Belastungsmengengesetz" nicht. Da viele dieser sekundären Pflanzenstoffe Radikalfänger sind, ist mit ihrer Akkumulation auch ein Schutzeffekt verbunden.

17. Neben den Enzymen des Sekundärstoffwechsels induziert Ozon auch die Bildung so genannter *pathogen related proteins*.

18. **Formaldehyd** wird vor allem aus modernen Wohneinrichtungen (Spanplattenmöbel, Teppichböden) freigesetzt. Viele Pflanzen können Formaldehyd assimilieren und ihn dabei entgiften. Schlüsselenzym der Formaldehyd-Assimilation ist die Formaldehyd-Dehydrogenase, über die er (als Formiat) in den C1-Stoffwechsel der Pflanze Eingang findet. Je nach Pflanzenart mündet dieser Weg vornehmlich in den Kohlenhydrat- oder den Aminosäuremetabolismus.

19. Eine besonders effiziente Formaldehyd-Assimilation zeichnet die Grünlilie (*Chlorophytum comosum*) und die Tabakpflanze aus. Diese Pflanzen können Formaldehydkonzentrationen in der Raumluft, die die zulässige Höchstmenge um ein Vielfaches übersteigen, binnen weniger Stunden auf zulässige Werte (0,1 ppm) absenken.

20. Formaldehyd-Entgiftung ist ein weiteres Beispiel für Phytoremediation, welches das Konzept der „grünen Leber" anschaulich belegt.

Literatur

Coleman JOD, Blake-Kalff MMA, Davies TGE (1997) Detoxification of xenobiotics by plants: Chemical modification and vacuolar compartmentation. *Trends in Plant Science* 2: 144–151

Darrall NM (1989) The effect of air pollutants on physiological processes in plants. *Plant Cell Environment* 12: 1–30

Elstner EF (1984) Schadstoffe, die über die Luft zugeführt werden. In: Hock B, Elstner EF (Hrsg.) Pflanzentoxikologie. BI Wissenschaftsverlag, Mannheim Wien Zürich. 67–94

Fehsenfeld F, Calvert J, Fall R, Goldan P, Guenther AB, Hewitt CN, Lamb B, Shaw L, Trainer M, Wetsberg H, Zimmerman P (1992) Emission of volatile organic compounds from vegetation and the implications for atmospheric chemistry. *Global Biogeochemical Cycles* 6: 389–430

Fliegmann J, Sandermann Jr H (1997) Maize glutathione-dependent formaldehyde dehydrogenase cDNA: A novel plant gene of detoxification. *Plant Mol. Biol.* 34: 843–854

Fontaine V, Pelloux J, Podor M, Afif D, Gerant D, Grieu P, Dizengremel P (1999) Carbon fixation in *Pinus halepensis* submitted to ozone. Opposite response of ribulose-1,5-bisphosphate carboxylase/oxygenase and phosphoenolpyruvate carboxylase. *Physiol. Plant.* 105: 187–192.

Fuhrer J (1996) Gasförmige Luftschadstoffe. In: Brundold C, Rüegsegger A, Brändle R, (Hrsg.) Stress bei Pflanzen. UTB Haupt, Bern Stuttgart Wien. 221–246

Giese M, Bauer-Doranth U, Langebartels C, Sandermann jr H (1994) Detoxification of formaldehyde by the Spider plant (*Chlorophytum comosum* L.) and by Soybean (*Glycine max* L.) cell- suspension cultures. *Plant. Physiol.* 104: 1301–1309

Häder D-P (1996) UV-Belastung und Ozonproblematik. *Biologie in unserer Zeit* 26: 206–208

Heath RL, Taylor Jr GE (1997) Physiological process and plant response to ozone exposure. In: Sandermann H, Wellburn AR, Heath RL (Hrsg.) Forest decline and ozone. Springer, Berlin Heidelberg New York. *Ecological Studies* 127: 317–368

Köstner B, Schupp R, Schulze E-D, Rennenberg H (1998) Organic and inorganic sulfur transport in the xylem sap and the sulfur budget of *Picea abies* trees. *Tree Physiology* 18: 1–9

Kuhnert KJ (1996) Xenobiotika. In: Brundold C, Rüegsegger A, Brändle R (Hrsg.) Stress bei Pflanzen. UTB Haupt, Bern Stuttgart Wien. 247–261

Laisk A, Kull O, Moldau H (1989) Ozone concentration in leaf intercellular air space is close to zero. *Plant Physiol.* 90: 1163–1167

Lange OL, Heber U, Schulze E-D, Ziegler H (1989) Atmospheric pollutants and plant metabolism. In: Schulze E-D, Lange OL, Oren R (Hrsg.) Forest decline and air pollution. Springer, Berlin Heidelberg. *Ecological Studies* 77: 238–273

Langebartels C, Ernst D, Heller W, Lütz C, Payer H-D, Sandermann Jr H (1997) Ozone responses of trees: results from controlled chamber exposures at the GSF phytotron. In: Sandermann H, Wellburn AR, Heath RL (Hrsg.) Forest decline and ozone. Springer, Berlin Heidelberg New York. *Ecological Studies* 127: 163–200

Larcher W (1994) Ökophysiologie der Pflanzen. UTB Eugen Ulmer, Stuttgart. 394 Seiten

Lehninger AL, Nelson DL, Cox MM (1994) Prinzipien der Biochemie. Tschesche H (Hrsg.) Spektrum Akademischer Verlag, Heidelberg. 1223 Seiten

Marrs K (1996) The function and regulation of glutathione-S-transferases in plants. *Annu. Rev. Plant Physiol. Plant Mol. Biol.* 47: 127–158

Matyssek R, Havranek WM, Wieser G, Innes JL (1997) Ozone and the forests in Austria and Switzerland. In: Sandermann jr H, Wellburn AR, Heath RL (Hrsg.) Forest decline and Ozone. Springer, Berlin Heidelberg. *Ecological Studies* 127: 95–134

Miller JD, Arteca RN, Pell EJ (1999) Senescence-associated gene expression during ozone-induced leaf senescence in *Arabidopsis*. *Plant Physiol.* 120: 1015–1023.

Mornet C, Mondory C, Gaillard C, Martinoia E (1997) Transport of paraquat and polyamines across the vacuolar membrane in Barley mesophyll cells. *Plant Physiol. Biochem.* 35: 589–594

Pearson M, Mansfield TA (1993) Interacting effects of ozone and water stress on the stomatal resistance of Beech (*Fagus sylvatica* L.) *New Phytologist* 123: 351-358

Pfanz H, Martinoia E, Lange OL, Heber U (1987) Flux of SO_2 into leaf cells and cellular acidification by SO_2. *Plant Physiol.* 85: 928–933

Rea PA, Li Z-S, Lu Y-P, Drozdowicz YM (1998) From Vacuolar GS-X pumps to multispecific ABC transporters. *Annu. Rev. Plant Physiol. Plant Mol. Biol.* 49: 727–760

Rea PA, Lu Y-P, Li Z-S (1997) Detoxification of xenobiotics revisited. *Trends in Plant Science* 2: 290–291

Rennenberg H (1984) The fate of excess sulfur in higher plants. *Annu. Rev. Plant Physiol.* 35: 121–153

Sandermann H, Wellburn AR, Heath RL (1997) Appendix. In: Sandermann H, Wellburn AR, Heath RL (Hrsg.) Forest decline and ozone. Springer, Berlin Heidelberg New York. *Ecological Studies* 127: 397

Sandermann Jr H (1994) Higher plant metabolism of xenobiotics: The "green liver" concept. *Pharmacogenetics* 4: 225–241

Schlee D (1992) Ökologische Biochemie. G. Fischer, Jena Stuttgart. 587 Seiten

Seitz W (1972) Flechtenwuchs und Luftverunreinigung im Großraum Saarbrücken. *Ber. Deutsch. Bot. Ges.* 85: 239–247

Stockwell WR, Kramm G, Scheel H-E, Mohnen VA, Seiler W (1997) Ozone formation, destruction and exposure in Europe and the United States. In: Sandermann H, Wellburn AR, Heath RL (Hrsg.) Forest decline and ozone. Springer, Berlin Heidelberg New York. *Ecological Studies* 127: 1–38

Tommasini R, Vogt E, Fromentau M, Hörtensteiner S, Matile P, Amrhein N, Martinoia E (1998) An ABC-transporter of *Arabidopsis thaliana* has both glutathione-conjugate and chlorophyll catabolite transport activity. *Plant J.* 13: 773–780
„Umweltbereich Luft" (1995) Folienserie des Fonds der Chemischen Industrie, Frankfurt.

1.10 Biotischer Stress: Tierfraß, Infektion, Allelopathie

Ein Blatt des stumpfblättrigen Alpenampfers (Rumex obtusifolius) wurde von Glanzkäfern (Chrysomelidae) und ihren Larven perforiert. Weitere Gelege sind auf den Resten der Blattlamina zu erkennen. Am rechten Bildrand sieht man zwei durch Anthocyan rot gerandete Flecken, die von einer hypersensitiven Reaktion stammen. Vermutlich wurde das Blatt auch noch von Pathogenen attackiert. Foto E. Beck

Literaturempfehlung

1. Klötzli F (1996) Verbiss. In: Brunold C, Rüegsegger A, Brändle R (Hrsg.) Stress bei Pflanzen. Paul Haupt, Bern Stuttgart Wien. 295–324
2. J, Verpoorte R, Kijne JW (2001) ORCA-anization of jasmonate-responsive gene expression in alkaloid metabolism. *Trends in Plant Science* 6: 212–219
3. Schlee D (1992) Ökologische Biochemie 2. Aufl. Gustav Fischer, Jena Stuttgart. 587 Seiten
4. Baldwin IT (2001) Update on *Nicotina attenuata*: An ecologically motivated analysis of plant-herbivore interactions in native tobacco. *Plant Physiol.* 127: 1449–1458

Tierfraß ist überwiegend selektiv, solange nicht extremer Nahrungsmangel herrscht. Man könnte sagen, die Fauna hat den Speisezettel unter sich aufgeteilt. Jedoch gibt es viele Pflanzen, die praktisch nie verbissen oder nur von stark spezialisierten Herbivoren attackiert werden, die so genannten **Giftpflanzen**. Sie sind durch **sekundäre Pflanzenstoffe** geschützt, die **konstitutiv** gebildet und zeitlebens in den Zellvakuolen oder der Zellwand akkumuliert werden. Beispiele hierfür sind Alkaloide (über 6 000 bekannte Verbindungen), Terpenoide (über 5 000 verschiedene Substanzen), Steroide (z. B. Saponine, Bitterstoffe, herzwirksame Glykoside), phenolische Verbindungen (z. B. Gerbstoffe, Tannine), cyanogene Verbindungen und Senfölglykoside (die bei Verletzung der Zellen hydrolysiert

Kasten 1.10.1 Die biogenetischen Beziehungen zwischen Primär- und Sekundärstoffwechsel

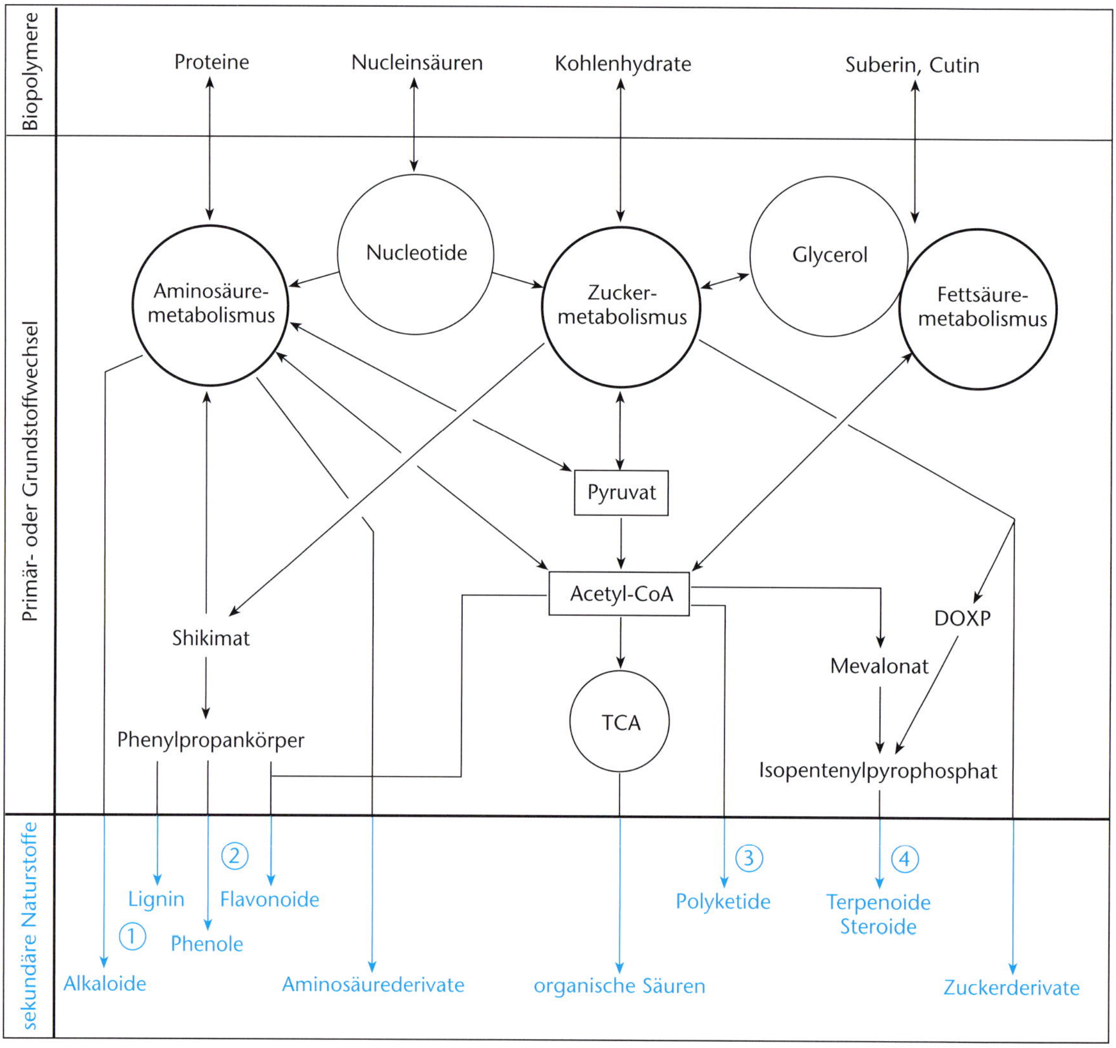

Abb. 1: Biogenetische Beziehungen zwischen Primär- und Sekundärstoffwechsel.

Zwangsläufig entstehen die so genannten „sekundären Pflanzenstoffe" aus den Metaboliten des Primärstoffwechsels. Eine scharfe Grenze zwischen Primär- und Sekundärmetabolit existiert natürlich nicht. Die hier dargestellten biogenetischen Beziehungen stellen die Hauptrouten dar (Abb. 1). Für viele Sekundärmetaboliten gibt es mehrere Wege der Biogenese. 1: Aminosäure-Weg; 2: Shikimisäure-Weg; 3: Acetat- bzw. Polyketid-Weg; 4: Mevalonsäure- bzw. DOXP-Weg (nach Schlee 1992 verändert).

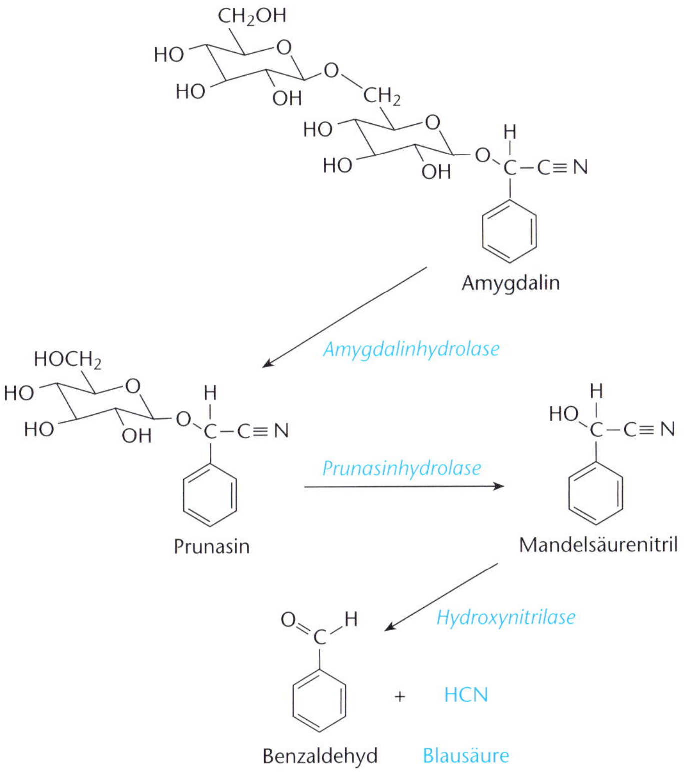

Abb. 2: Freisetzung von Blausäure aus Amygdalin.

Sekundäre Pflanzenstoffe als potentielle Giftstoffe: Freisetzung von Blausäure aus den Samen vieler Rosaceen. Amygdalin ist in vielen Samen (Embryonen) unserer Stein- und Kernobstgewächse enthalten. Beim Quellen der Samen oder bei Verletzung werden zunächst die Glucosidasen aktiv, etwas später dann die Oxynitrilasen, die letztlich die Blausäure freisetzen (Abb. 2).

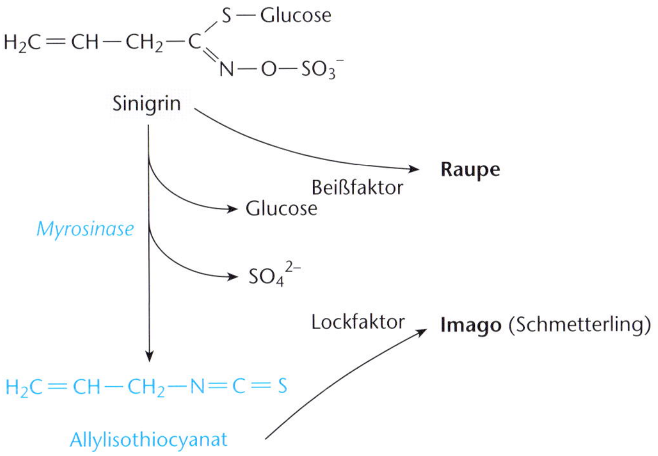

Abb. 3: Freisetzung von Senföl aus Sinigrin

Abwehrstoffe als Lockstoffe (Abb. 3). Bei der Verletzung von Kohlblättern wird aus den Vakuolen Sinigrin, ein Senfölglucosid, frei und aus dem lytischen Kompartiment (Golgivesikel etc.) eine Thioglucosidase („Myrosinase"). Durch Abspaltung der Glucose ensteht ein reaktives Zwischenprodukt, das sich unter Hydrolyse des Sulfatrests zum flüchtigen Isothiocyanat (Allylsenföl) umlagert. Diese auch für den Menschen sehr scharf schmeckende Verbindung ist für viele Insekten hochgiftig. Für den großen Kohlweißling (*Pieris brassicae*) ist das Allylsenföl ein Lockstoff, der das Weibchen zur Eiablage stimuliert. Für die aus den Eiern schlüpfenden Raupen wirkt Sinigrin und seine Derivate als Beißfaktoren, die das Fressen der Kohlblätter stimulieren (nach Hess 1999).

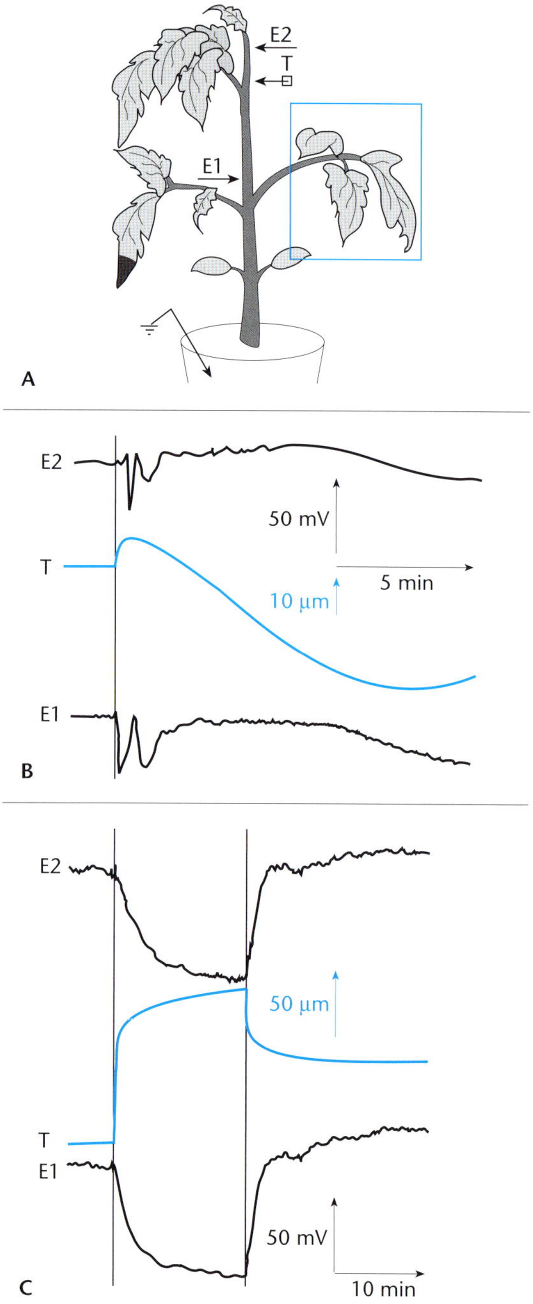

Abb. 1.10.1: Die Wundreaktionen der Tomatenpflanze.
A: ***Die Versuchspflanze mit den Messeinrichtungen.*** *Der Topf mit der Tomatenpflanze steht in einem temperaturkontrollierten Wasserbad, in das die Referenzelektrode eintaucht. E1, E2 zeigt die Lage der Messelektroden an, T ist ein Positionssensor zur automatischen Längenmessung. Im ersten Versuch wurde das älteste Folgeblatt unterhalb E1 durch ein brennendes Zündholz geschädigt (schwarze Fläche). Im zweiten Versuch wurde Blatt 2 in der Kammer einer Druckbombe (blauer Rahmen) kurzfristig einem Druck von 0,3 MPa ausgesetzt.*
B: ***Änderung des Gesamtpotentials der Pflanze und der Länge des Blattstiels von Blatt 4 (T) bei Verwundung der Spitze von Blatt 1.*** *Zwei Depolarisierungswellen durchziehen die Pflanze nach der 3 Sekunden dauernden Verwundung. Unmittelbar nach der Verwundung streckt sich der Stiel von Blatt 4 um ca. 10 µm, kontrahiert sich aber dann während der nächsten Minuten um mindestens den fünffachen Betrag. Diese Kontraktion entspannt sich wieder im Laufe einer halben Stunde.*
C: ***Korrelation der druckinduzierten Potentialveränderung mit der Längenveränderung des Blattstiels. Blatt 2*** *(s. A) wurde während 15 Minuten (innerhalb der beiden senkrechten Linien) in einer Druckkammer einem Luftdruck von 3 Bar (0,3 MPa) ausgesetzt. Druck und Längenänderungen erfolgen in der Gegenrichtung zum Verletzungsexperiment. Aus Stanković und Davies (1998).*

werden und dann HCN oder Senföle freisetzen) (Kasten 1.10.1) und viele andere mehr.

Jedoch bieten diese Abwehrstoffe keineswegs einen vollständigen Schutz, vor allem nicht im Hinblick auf phytophage Insekten. Sogar viele Wirbeltiere können z.B. die o.g. cyanogenen Verbindungen dadurch unschädlich machen, dass sie das Cyanid-Ion durch das Leberenzym Rhodanase in die ungiftigen Thiocyanate überführen. Insekten können es mit Hilfe der β-Cyanoalanin-Synthase an Serin oder Cystein binden und dadurch entgiften. Manche Phytophagen nehmen derartige Toxine mit der Nahrung auf, wie z.B. die Schmetterlinge der Gattung *Zygaena* („Blutströpfchen“) die cyanogenen Glykoside Linamarin und Lotaustralin (aus dem Hornklee), und schützen sich durch die freigesetzte Blausäure gegen Fraßfeinde. Die diese Phytophagen parasitierenden Hymenopteren und Dipteren können HCN aber wiederum mit Hilfe der Rhodanase entgiften. Phytophage Insekten haben sich im Laufe der Evolution nicht nur an die chemische Verteidigung der Pflanzen angepasst, sie haben auch gelernt, flüchtige pflanzliche Abwehrstoffe als Signale zum Auffinden der Nahrung zu nutzen. So halten zwar die von den verschiedenen Kohlarten (*Brassica spec.*) produzierten Senföle viele Phytophagen vom Fraß an Kohl ab, sie dienen aber den Schmetterlingsweibchen der Gattung *Pieris* (Weißlinge) als Signal für die Eiablage. Die Larven dieser Schmetterlinge sind auf Kohl spezialisiert und finden durch die Überwindung der abschreckenden Wirkung der Senföle ihre Nahrungsnische (Kasten 1.10.1).

Das weite Feld der Wechselwirkung zwischen Herbivoren und ihren Nahrungspflanzen bzw. deren chemischer Abwehr ist unerschöpflich und kann im Rahmen dieses Buches nur beispielhaft angesprochen werden.

Neben der im Vorstehenden kurz beschriebenen konstitutiven Bildung pflanzlicher Toxine gibt es aber auch eine **induzierbare Reaktion** vermutlich aller (Höherer) Pflanzen auf Tierfraß, die im Folgenden näher vorgestellt werden soll. Wenn eine Pflanze mechanisch durch Fraß oder Tritt verletzt wird, werden Gewebe verwundet. Die daraufhin einsetzenden *strain*-Reaktionen der Pflanze sind sehr komplex und spielen sich auf der biochemischen, elektrischen und hydraulischen Ebene ab. Verwundungsinduzierte Genexpression sorgt für den Wundverschluss durch Kallusbildung, und durch verstärktes Wachstum wird der Verlust an Biomasse wenigstens teilweise kompensiert. Aber nicht nur Parenchymzellen werden verletzt, auch die Fernleitungssysteme werden zerstört oder zumindest in Mitleidenschaft gezogen. Eine Störung der ausbalancierten Massenströmung im Phloem führt zu Veränderungen der elektrischen Ladungsverhältnisse und damit zu Aktionspotentialen (Abb. 1.10.1). An den Wunden wird das Gewebe offengelegt und ohne Verdunstungsschutz der trockenen Atmosphäre ausgesetzt.

Wenn eine Pflanze verletzt wird, deren Xylem unter Transpirationssog steht, so ändert sich die Sogstärke, da an der Verletzungsstelle Luft in die Xylemelemente eindringt. Sogverminderung erzeugt dann eine „positive“ Druckwelle. Solche Druckwellen führen

- zu einer Depolarisationswelle über die Pflanze hinweg, die ja ein Gesamtpotential zwischen Wurzel (Boden) und Spitze aufrechterhält (Abb. 1.10.2);
- zu einer transienten Wachstumsstimulierung.

Die Depolarisierung pflanzt sich verhältnismäßig langsam in apikaler Richtung fort, und ihr Ausmaß entspricht demjenigen der Druckwelle.

Die Verwundung führt zu einem Zerfall der (cytoplasmatischen) Polysomen und damit zu einer Verminderung der Proteinsynthese (Abb. 1.10.3 A, B). Aber die mRNA bestimmter Proteine nimmt nach der Verwundung zu. Dabei handelt es sich um

- Serinproteinaseinhibitoren „Pin“ (*Pin 1* und *Pin 2*), welche die Proteinasen der Insekten hemmen;
- Calmodulin (*Cal*-gen), das in der Ca^{2+}-vermittelten Signalkette eine wichtige Rolle spielt (Abb. 1.10.3 C, D).

Die hydraulischen Druckwellen signalisieren dem nicht verwundeten Teil der Pflanze, dass eine Verletzung (des Xylems) erfolgt ist. Diese Signale werden vermutlich durch mechanosensitive Ionenpumpen oder -kanäle in elektrische Signale umgesetzt, die etwas später als die hydraulischen messbar werden. Dabei wird das Signal umso schwächer, je weiter die Verwundungsstelle entfernt ist. Wiederum erheblich verzögert kommt es zum Zerfall von Polysomen und zur drastischen Verminderung der Translationsaktivität, gleichzeitig aber zur Expression bestimmter Gene. Offensichtlich liegt zwischen diesen Signalen und der Induktion der spezifischen Proteinsynthese noch eine interne Signalkette, die im Folgenden beschrieben wird.

1.10.1 Die Verwundungssignalkette

Verwundung von Tomatenblättern führt zu einem vorübergehenden signifikanten Anstieg der freien Fettsäuren im Gewebe, der hauptsächlich auf Freisetzung von Linol- (C18:2) und Linolensäure (C18:3) beruht (Abb. 1.10.4). Dieser Anstieg eilt der Induktion der *Pin 1*- und *Pin 2*-Expression zeitlich

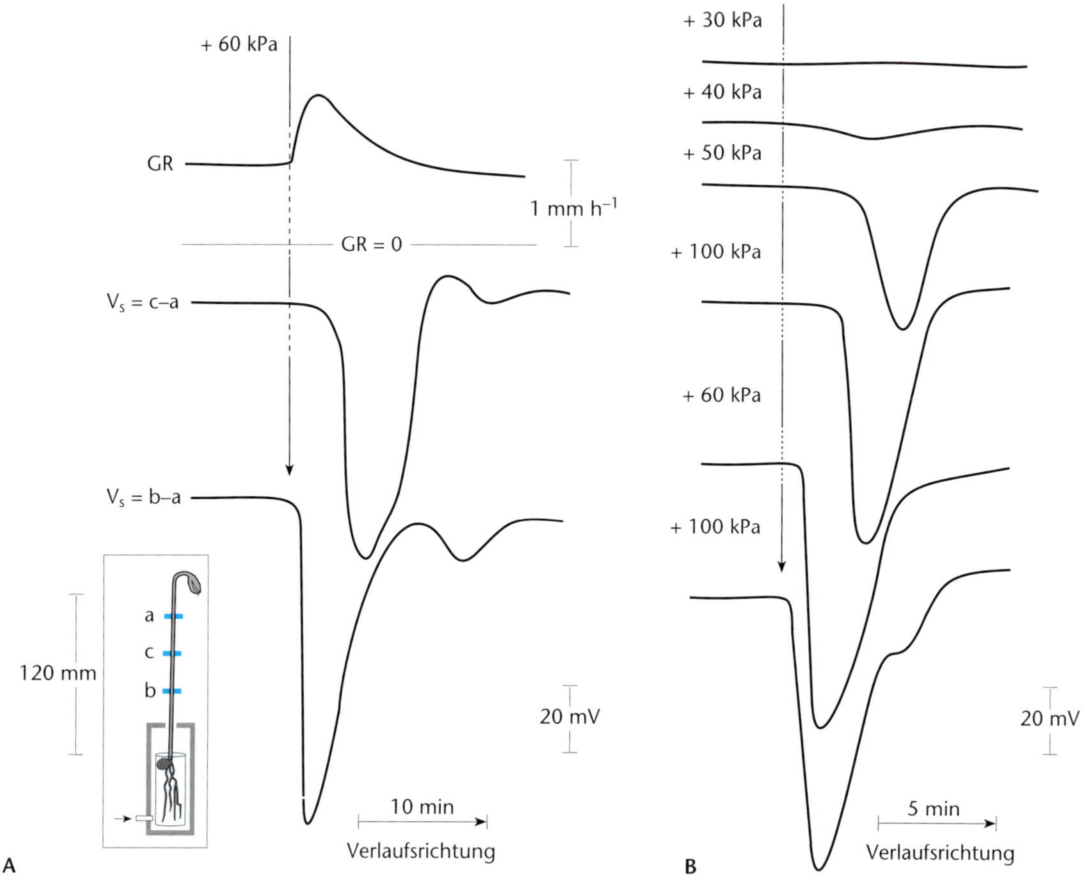

Abb. 1.10.2: Umwandlung einer Druckwelle in ein elektrisches Signal in Erbsen-Epicotylen. A: Die Skizze links unten zeigt die Versuchsanordnung. Die Wurzeln und die basalen 10 mm des Epicotyls von im Dunkeln angezogenen etiolierten Erbsenkeimlingen wurden in einem Röhrchen mit Leitungswasser in eine Druckkammer eingebracht. Zu dem durch den vertikalen Pfeil markierten Zeitpunkt wurde der Luftdruck in der Kammer um 60 kPa erhöht. Das Fortschreiten der Depolarisationswelle des Oberflächenpotentials von a nach b und c ergibt sich aus der Zeitkinetik (b–a) und (c–a); in (c–a) ist sogar eine geringfügige Hyperpolarisierung nach dem Spannungsstoß zu sehen. Der unmittelbar auf die Druckerhöhung erkennbare Längenzuwachs (GR) zeigt an, dass die Druckwelle in nur wenigen Sekunden die Sprossspitze erreicht hat. a, b, c, Messstellen; Vs, Oberflächenspannung, GR, Wachstumsrate. B: Der Effekt des Drucks auf das Ausmaß des Depolarisationssignals (Spannungsstoßes) an der Messstelle c. Unterhalb eines Schwellenwerts von 30 kPa erfolgt noch keine Potentialänderung. Das Ausmaß der Depolarisation ändert sich ab einem Druck von 60 kPa kaum mehr; jedoch erfolgt die Reaktion bei höheren Drücken signifikant schneller als bei geringeren, was als Indiz für ein verhältnismäßig langsames Fortschreiten der Potentialwelle von der Basis zum Apex gewertet werden kann. Aus: Stahlberg und Cosgrove (1997).

voraus. Allerdings ist die Freisetzung der mehrfach ungesättigten Fettsäuren mengenmäßig nicht bedeutsam. Man nimmt an, dass sie auf der transienten Aktivierung einer Lipase beruht, die diese Fettsäuren vor allem aus den chloroplastischen Glykolipiden abspaltet.

Wie wird diese Lipase aktiviert? Pflanzenzellen enthalten ein 200 Aminosäuren großes Protein, das **Prosystemin**. Bei Verwundung wird aus ihm ein 18 Aminosäuren großes Peptid, das **Systemin**, abgespalten. Mit Tomatenzellkulturen (*Lycopersicon peruvianum*) wurde gezeigt, dass die Zugabe von Systemin eine starke Alkalisierung des Mediums und die Induktion einer MAP-Kinase zur Folge hat (Abb. 1.10.5). Diese Wirkungen des Systemins müssen durch Wechselwirkung mit einem Rezeptor ausgelöst werden. Der Rezeptor selbst ist noch weitgehend unbekannt. Neuere Experimente zeigen eine schnelle Bindung von radioaktiv markiertem Systemin an die Mikrosomenfraktion aus den Zellen von

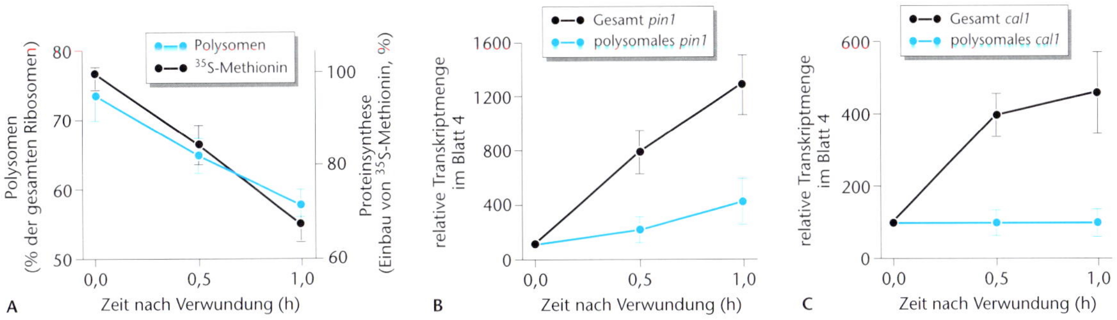

Abb. 1.10.3: Zerfall von Polysomen, Rückgang der Proteinsynthese und Induktion der Expression bestimmter Gene durch Verwundung. Nach der in Abb. 1.10.1 A dargestellten Verwundung von Blatt 1 der Tomaten wurde Blatt 4 zu verschiedenen Zeitpunkten extrahiert. Die Polysomen wurden durch Dichtegradientenzentrifugation isoliert und die Proteinsynthesekapazität durch Einbau von ^{35}S-Methionin in die präzipitierbare Fraktion gemessen (A). Mittels Northern Blotting wurde das Ausmaß der Expression spezifischer Gene bestimmt, nämlich des Serinproteaseinhibitors Pin 1 und des Calcium bindenden Proteins Calmodulin (Cal). Dabei wurde jeweils die gesamte Menge des Transkripts mit dem Anteil verglichen, der zur Translation als mRNA an die Polysomen gebunden ist. Während bei Pin 1 im Laufe der Zeit eine signifikante Bindung an die Polysomen und damit Translation festzustellen ist (B), wird Cal zwar transkribiert, aber zumindest im Verlauf einer Stunde nicht translatiert (C). Aus: Stanković B, Davies E (1998).

Lycopersicon peruvianum in einer Sättigungskinetik. Mit einem photoaffinitätsmarkierten Systeminanalogon konnte in dieser Membranfraktion ein 160 kDa großes peripheres Protein erkannt werden, welches der vermutliche Rezeptor ist. Ob nun die MAP-Kinase die Lipase aktiviert oder ob noch weitere Signalüberträger zwischen dem aktivierten Systeminrezeptor und der Lipase vermitteln, ist nicht sicher. Es gibt Hinweise, dass Abscisinsäure als ein weiteres Signal in der Transduktionskette wirken kann.

Die Freisetzung von Linol- und Linolensäure aus den Biomembranen kann aber auch auf einem

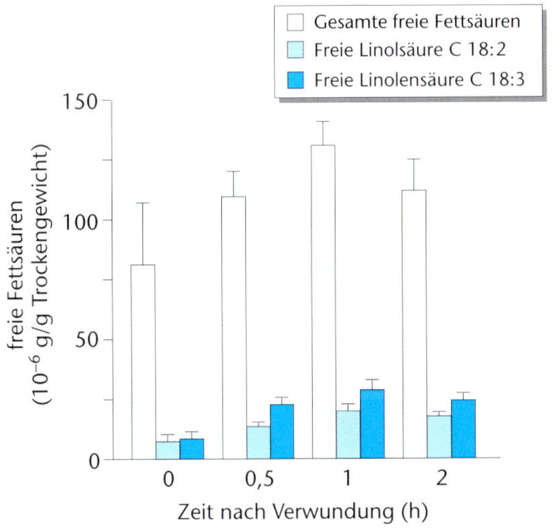

Abb. 1.10.4: Freisetzung von Fettsäuren in Tomatenblättern durch Verwundung. Bereits 30 Minuten nach einer leichten mechanischen Verwundung ist ein deutlicher Anstieg der freien Fettsäuren in den Blättern gegenüber der unberührten Kontrolle (Zeitpunkt 0) erkennbar. Etwa 85 % des Anstiegs ist auf die Freisetzung von Linol- (C 18:2) und Linolen-(C 18:3) säure zurückzuführen. Freie Linolensäure ist das Ausgangsprodukt für die Synthese von Jasmonat. Nach Conconi et al. (1996).

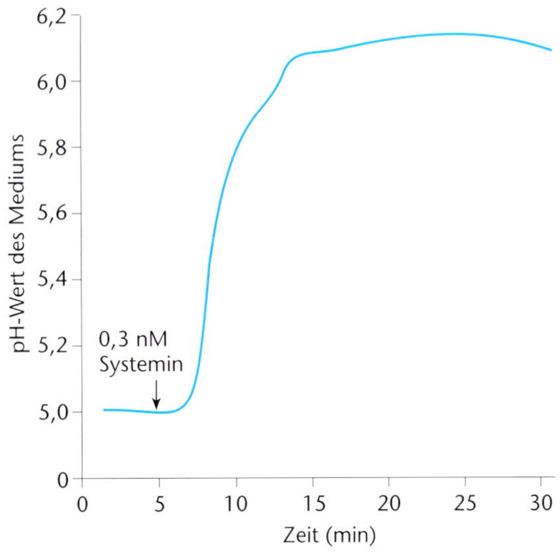

Abb. 1.10.5: Alkalisierung des Mediums einer Zellsuspension der Wildtomate (Lycopersicum peruvianum) nach Zugabe von Systemin. Meindl et al. (1998).

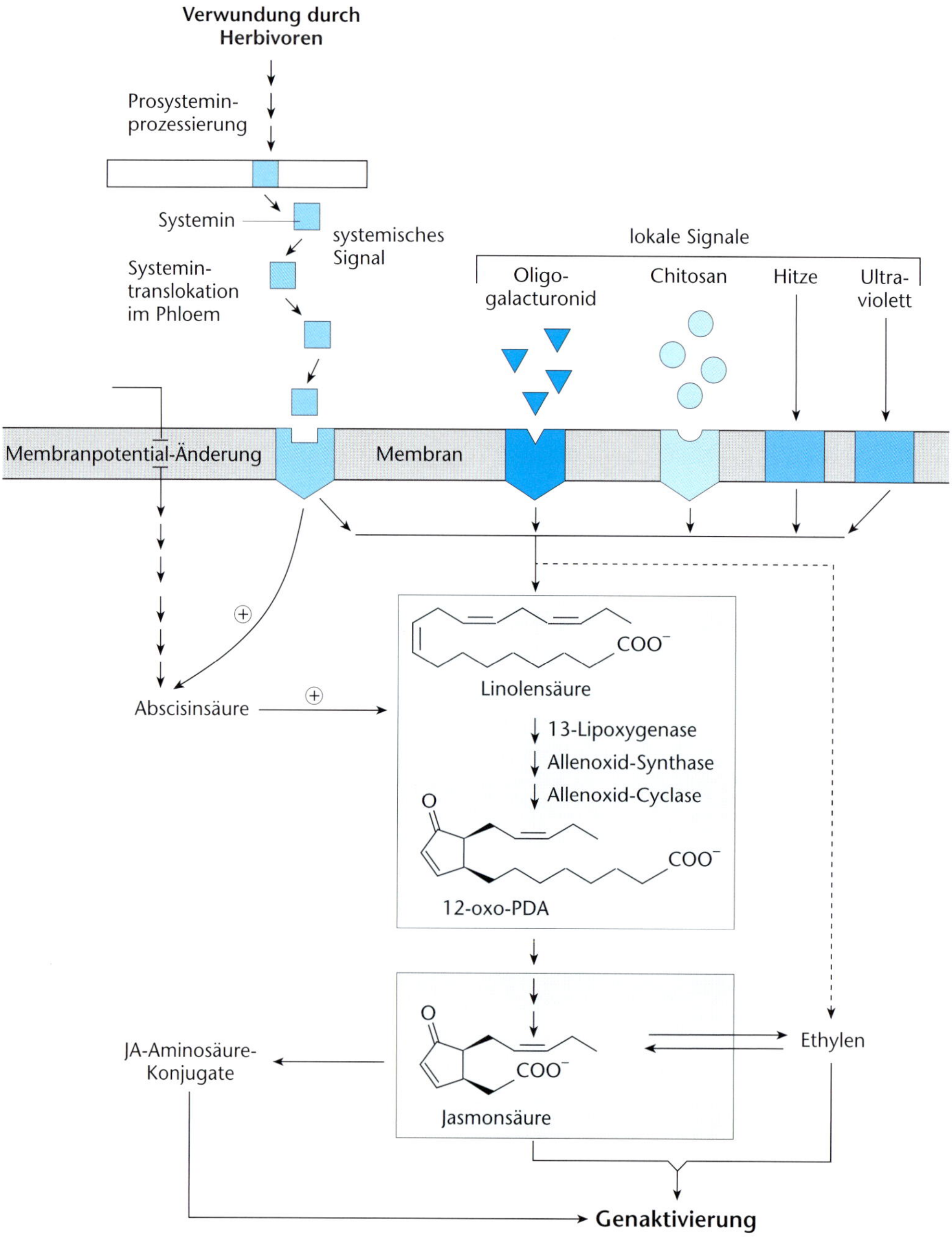

Abb. 1.10.6: Die Induktion der systemischen Resistenz. Durch Verwundung wird aus dem Protein das Signalpeptid Systemin freigesetzt und über das Phloem in der Pflanze verteilt. Durch Wechselwirkung des Systemins mit seinem Rezeptor und/oder durch andere Einwirkungen exogener Faktoren wird aus der Plasmamembran Linolensäure freigesetzt, die unter Mitwirkung des Phytohormons ABA den nächsten Schritt in der Resistenzerzeugung auslöst, den so genannten Octadecanoid-Signaltransduktionsweg. In diesem wird mittels der angegebenen Enzyme –Jasmonsäure gebildet, die wiederum, wahrscheinlich unter Beteiligung von Ethylen, die Expression von Abwehrgenen induziert. Nach Wasternack und Parthier (1997).

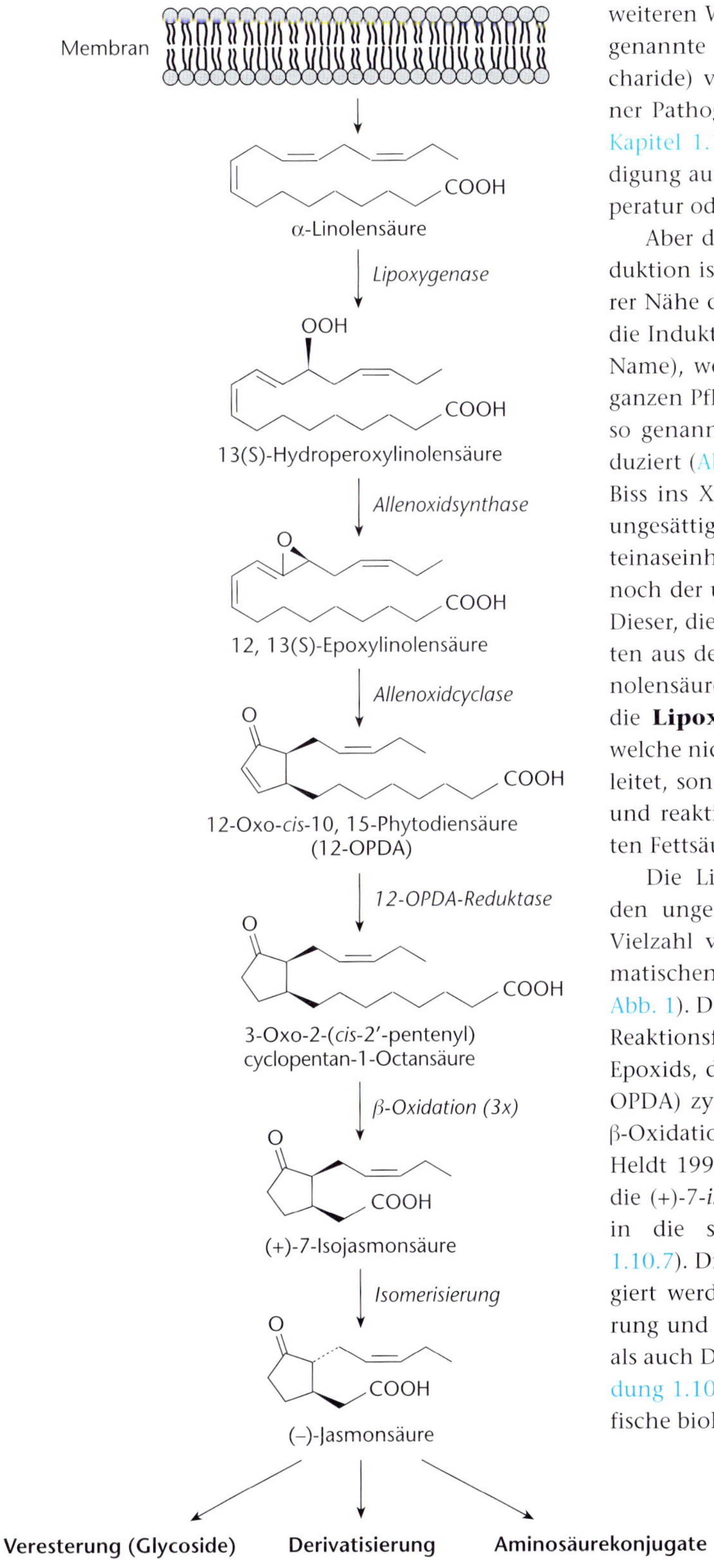

weiteren Wege induziert werden, nämlich durch so genannte **Elicitoren** – Abbauprodukte (Oligosaccharide) von Zellwandkohlenhydraten, die bei einer Pathogenattacke (z. B. durch einen Pilz (siehe Kapitel 1.10.2)) oder durch direkte Membranschädigung auf mechanischem Wege, durch hohe Temperatur oder UV-Strahlung entstehen.

Aber diese nicht über Systemin verlaufende Induktion ist nur lokal wirksam, d. h. in unmittelbarer Nähe der Schädigung. Im Gegensatz dazu wirkt die Induktion über Systemin systemisch (daher der Name), weil dieses Peptid über das Phloem in der ganzen Pflanze verteilt werden kann und damit die so genannte **systemische Abwehrreaktion** induziert (Abb. 1.10.6). In der Signalkette vom ersten Biss ins Xylem über die Freisetzung der mehrfach ungesättigten Fettsäuren bis zur Synthese der Proteinaseinhibitoren *Pin 1* und *Pin 2* fehlt uns jetzt noch der unmittelbare Induktor für deren Bildung. Dieser, die **Jasmonsäure**, wird in mehreren Schritten aus der freigesetzten dreifach ungesättigten Linolensäure gebildet. Die Startreaktion wird durch die **Lipoxygenase** (Abkürzung **LOX**) katalysiert, welche nicht nur die Synthese der Jasmonsäure einleitet, sondern auch für die Bildung von Radikalen und reaktiven Derivaten der mehrfach ungesättigten Fettsäuren verantwortlich ist.

Die Lipoxygenase erzeugt Hydroperoxide aus den ungesättigten Fettsäuren, die dann in einer Vielzahl von enzymkatalysierten und nicht-enzymatischen Schritten weiterreagieren (Kasten 1.10.2, Abb. 1). Die zur Synthese der Jasmonsäure führende Reaktionsfolge beginnt mit der Bildung eines Allen-Epoxids, das dann zur 12-Oxo-Phytodiensäure (12-OPDA) zyklisiert. Aus der 12-OPDA werden durch β-Oxidation (siehe Lehrbücher der Biochemie, z. B. Heldt 1999) drei Acetatreste abgespalten, wodurch die (+)-7-*iso*-Jasmonsäure entsteht, die sich schnell in die stabile (–)Jasmonsäure umlagert (Abb. 1.10.7). Diese kann noch in vielfacher Weise konjugiert werden, z. B. durch Veresterung, Glykosylierung und Amidierung. Sowohl derartige Konjugate als auch Derivate der Jasmonsäure, wie die in Abbildung 1.10.8 wiedergegebenen, zeigen z. T. artspezifische biologische Aktivität.

Abb. 1.10.7: Die Biosynthese der Jasmonsäure aus α-Linolensäure. Nach Buchanan et. al (2000).

Kasten 1.10.2 Metabolismus (Entgiftung) von Alkylhydroperoxiden in Pflanzen am Beispiel der α-Linolensäure

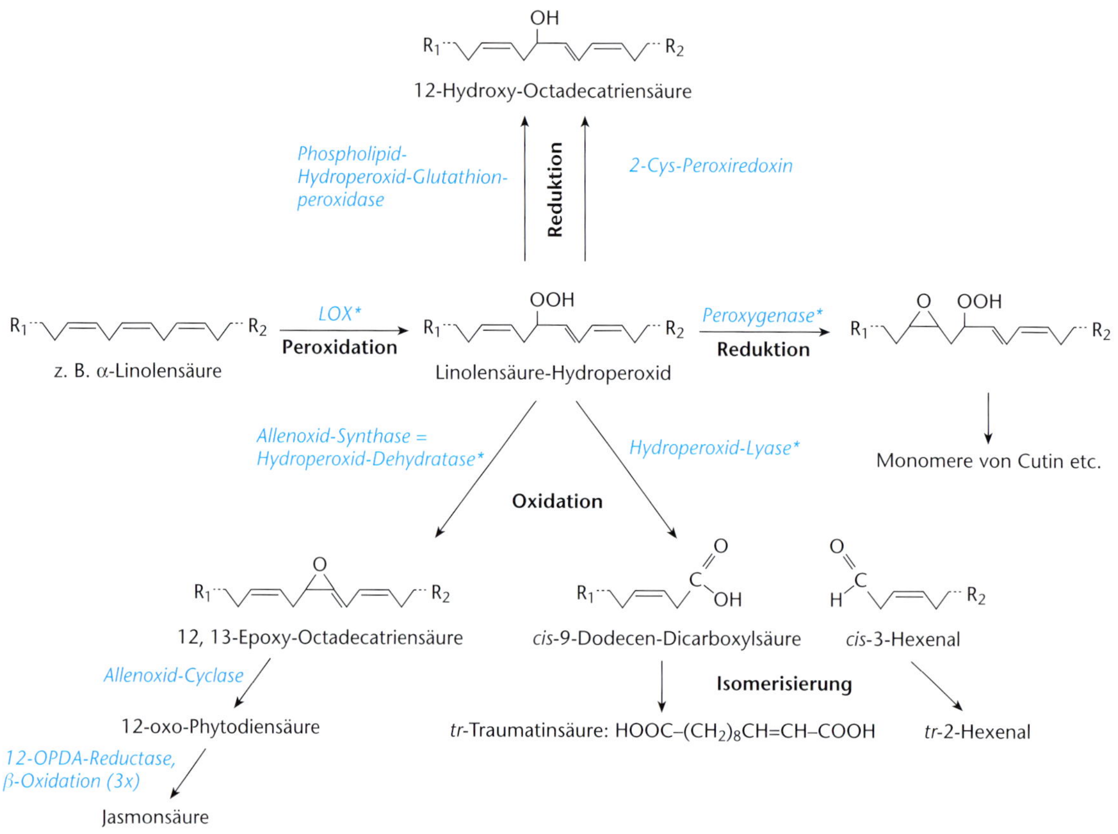

Jasmonsäure entsteht als Stressmetabolit, sobald Biomembranen verletzt oder deformiert werden und dadurch Linolensäure aus den Phospholipiden freigesetzt wird. Lipoxygenase ist stets vorhanden und aktiv, sodass die vom Linolensäurehydroperoxid ausgehende Reaktionskette sofort in Aktion treten kann. Wie die Abbildung zeigt, ist Jasmonsäure aber nur eines von vielen möglichen Produkten, je nachdem, ob Linolensäurehydroperoxid von Dehydratasen, Lyasen, Peroxygenasen oder Peroxidasen (zu denen auch das 2-Cys-Peroxiredoxin zählt) metabolisiert wird. Die in der Abbildung mit * gekennzeichneten Reaktionen können auch nicht-enzymatisch ablaufen, allerdings nicht stereoselektiv.

Quantitativ besonders wichtig sind die Allenoxid-Synthase und die Hydroperoxid-Lyase-Reaktion. Der erstgenannte Weg führt letztlich zum Jasmonat (siehe Abb. 1.10.7). In der Lyase-Reaktion wird das Linolensäurehydroperoxid (oder auch die 12,13-Epoxy-Octadecatriensäure) gespalten, wobei sehr reaktive ungesättigte Aldehyde entstehen: Hexenal, Nonenal, die ihrerseits wieder zu den entsprechenden Alkoholen Hexenol bzw. Nonenol reduziert werden können. Der intensive Geruch von frisch geschnittenem Gras (nicht der Heuduft) geht vor allem von diesen Verbindungen aus.

Die ungesättigten Aldehyde selbst (2-trans-Hexenal) sind stark bakterizid, fungizid und insektizid, also sehr effektive Abwehrstoffe. In der Hydroperoxid-Lyase-Reaktion entsteht auch die *cis*-9-Dodecen-Dicarboxylsäure (*cis*-9-Oxo-Dodecadiensäure), die wie das *cis*-Hexenal eine Verschiebung der Doppelbindung zur entsprechenden *trans*-Verbindung erfährt. Die 12-Oxo-Dodec-10-ensäure hat, wie Jasmonsäure, phytohormonelle Wirkung. Bekannt unter dem Namen Traumatin wirkt sie als Wundhormon, das in den benachbarten Zellen die Zellteilungsaktivität anregt (zusammen mit anderen Hormonen) und so die Kallusbildung zum Wundverschluss induziert (nach Baier und Dietz 1999, Creelman und Mullet 1997, Feussner et al. 2001).

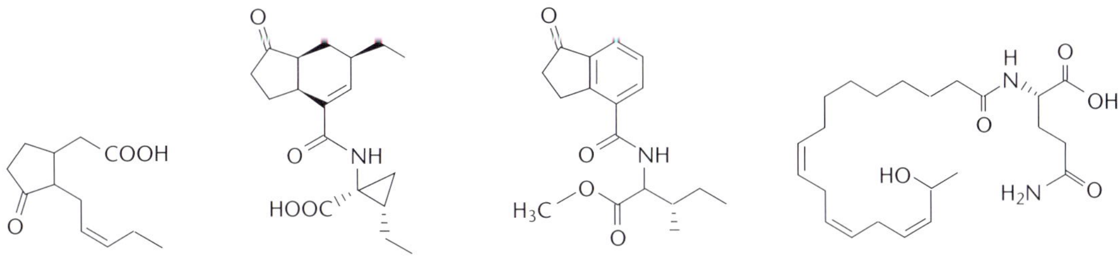

Abb. 1.10.8: Jasmonsäure und Jasmonsäure–ähnliche Verbindungen bzw. Derivate, welche in bestimmten Pflanzen auch durch Jasmonat induzierte Wirkungen auslösen. Nach Mitchell-Olds et al. (1998).

Jasmonsäure kommt überall im Pflanzenreich vor, vor allem in jungen, d. h. meristematischen Geweben. Der Methylester der Jasmonsäure ist flüchtig und wurde als Duftkomponente des Jasminblütenöls identifiziert (daher der Name Jasmonsäure). Die freie Jasmonsäure wurde erstmals aus dem Kulturfiltrat von Pilzkulturen in großer Menge gewonnen.

1.10.1.1 Durch Jasmonat induzierte Proteine (JIPs)

Jasmonat hat wie viele Phytohormone eine pleiotrope Wirkung. Es gilt als typisches Stresshormon und im Zusammenhang damit auch als Hormon, das die Seneszenz (Vergilbung) auslöst. Entsprechend wirkt es synergistisch mit ABA und Ethylen (siehe Kapitel 1.6.2).

Entsprechend der pleiotropen Wirkung löst Jasmonat die Expression einer ganzen Reihe verschiedenster Proteine und Enzyme aus. Sie werden als **Jasmonat-induzierte Proteine (JIPs)** bezeichnet. Tabelle 1.10.1 gibt einen Überblick über die wichtigsten der heute bekannten JIPs, wobei zu berücksichtigen ist, dass noch längst nicht von allen die biologische Funktion identifiziert werden konnte.

Außer der Induktion der *Pin*-Gene werden durch Jasmonat vor allem Gene exprimiert, deren Produkte in irgendeiner Weise der Stressabwehr dienen: PR-Proteine, Phytoalexin synthetisierende Enzyme, Dehydrine, Osmotin; desgleichen Gene, die auch durch ABA oder Ethylen induzierbar sind. Eine mögliche Signaltransduktionskette, die zu diesen Produkten führt, ist in der Abbildung 1.10.9 dargestellt. Dabei zeigt Jasmonat (und 12-OPDA) nur einen vorübergehenden Konzentrationsanstieg, der aber durch die dadurch ausgelöste Synthese biologisch aktiver Proteine zur dauerhaften Abwehr führt. Da diese Proteine (Enzyme) nun auch in Pflanzenteilen gebildet werden, die erst

Tabelle 1.10.1: Durch Stress und/oder Entwicklungsphasen ausgelöste Prozesse, an deren Induktion Jasmonsäure beteiligt ist. Nach Wasternack und Parthier (1997).

Prozess	Signal(e)	Proteine/Reaktion	Gensequenz bekannt
Verwundung	S, JA, ABA, Et	Proteinaseinhibitoren	ja
Pathogenattacke	JA, SA	Thioneine, „Pathogen related proteins“	ja
Elicitor (Pilz) -Applikation	JA, Et	Phytoalexin produzierende Enzyme	ja
Berührung	JA	Rankenbewegung	nein
Trockenheits-Stress	ABA, JA	Dehydrine, JIPs	ja
Osmotischer Stress	ABA, JA	JIPs	ja
Salinitäts-Stress	ABA, JA, Et	Osmotin	ja
Stickstoff-Speicherung	JA	N-Speicherproteine in vegetativen Geweben	ja
Fruchtreifung	JA, Et	ACC-Oxidase	nein
Seneszenz	JA, Et	Lipoxygenase, JIPs	ja
Stabilisierung der Zellwand	JA	Hydroxyprolin- und Glycin-reiche Proteine	ja

Abkürzungen: ABA, Abscisinsäure; ACC, Aminocyclopropancarboxylat-Oxidase; Et, Ethylen; JA, Jasmonsäure; JIPs, Jasmonat-induzierte Proteine; S, Systemin; SA, Salicylsäure.

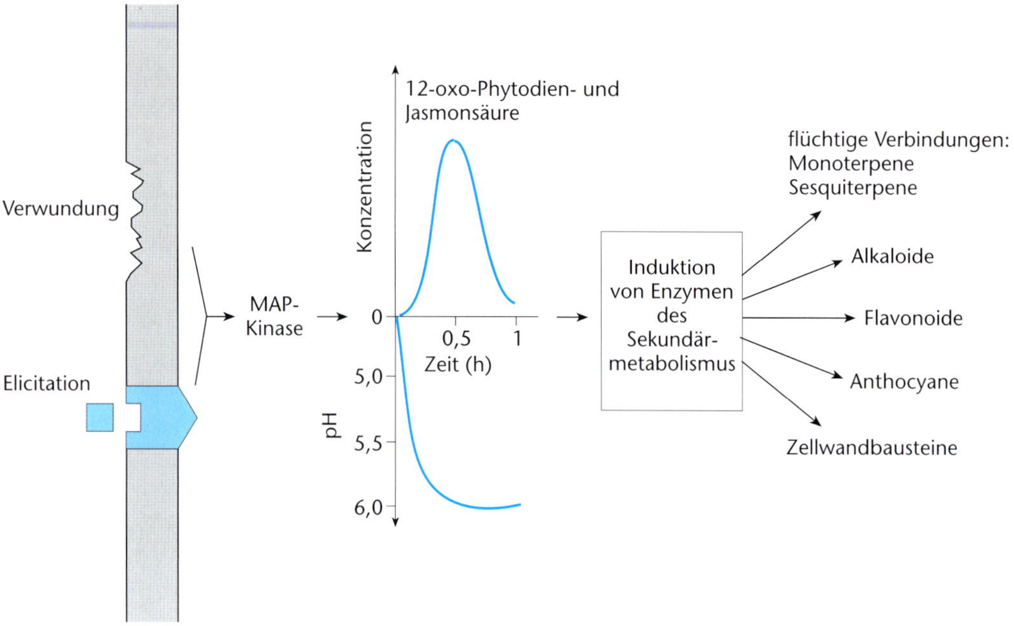

Abb. 1.10.9: Durch Jasmonsäure induzierte Synthese sekundärer Pflanzenstoffe. Verwundung und Elicitation führen zu einer Protonenaufnahme in die Zellen (Alkalisierung des Mediums), zum transienten Anstieg von 12-OPDA und Jasmonat in den Zellen und zur Expression von Genen des Sekundärstoffwechsels. Die flüchtigen Verbindungen dienen als Signale (z. B. für Insekten), Alkaloide und Phytoalexine sind Abwehrstoffe und die Flavonoide dienen dem Licht- und UV-Schutz. Verstärkung der Zellwand durch Quervernetzung dient ebenfalls der Pathogenabwehr. Nach Wasternack und Parthier (1997).

nach der Attacke entstehen, spricht man bei der systemischen Reaktion (im Hinblick auf eine Pathogenattacke) von einer **Immunisierung** der Pflanzen.

Die Biochemie der Aktivierung eines Jasmonat-responsiven Promotors der JIPs ist bis heute noch verhältnismäßig unerforscht. Am weitesten fortgeschritten ist die Promotoranalyse bei *Pin 2* und *LOX 1*. Im Promotor von *LOX 1* wurde ein palindromisches Element (TGACG) gefunden, welches für die Induzierbarkeit durch Jasmonat essenziell ist. Diese Sequenz ist als *cis*-Element für Transkriptionsfaktoren bekannt, die ein bZIP-Element besitzen (siehe Kapitel 1.5.2.2) (Rouster et al. 1997).

Pflanzen unterscheiden zwischen rein mechanischer Verwundung und Verwundung durch phytophage Insekten, indem ein für die jeweilige Art der Schädigung typisches Muster von in die Schadensabwehr involvierten Enzymen induziert wird (Tabelle 1.10.2). Intensiv untersucht ist die Wirkung von Raupen (*Manduca sexta*), die an Kartoffelblättern fressen. In der Umgebung der Fraßstelle akku-

Tabelle 1.10.2: Einfluss der Art einer Blattschädigung auf das Muster der an der Schadensabwehr beteiligten Enzyme. Nach Stout et al. (1994).

Art der Schädigung	Proteinmuster			
	Polyphenol-oxidase	Peroxidase	Lipoxygenase	Protease-Inhibitor
Raupenfraß	+	–	+	+[1]
Fraß durch Blattminierer	–	+[2]	–	-
Anstich durch Milben	–	+	+	–
Eintauchen in Seifenlösung	–	+	+	–
Mechanische Schädigung	+	–	–	+

[1] statistisch signifikant in 2 von 3 Replikaten
[2] signifikanter Effekt in 1 von 3 Replikaten

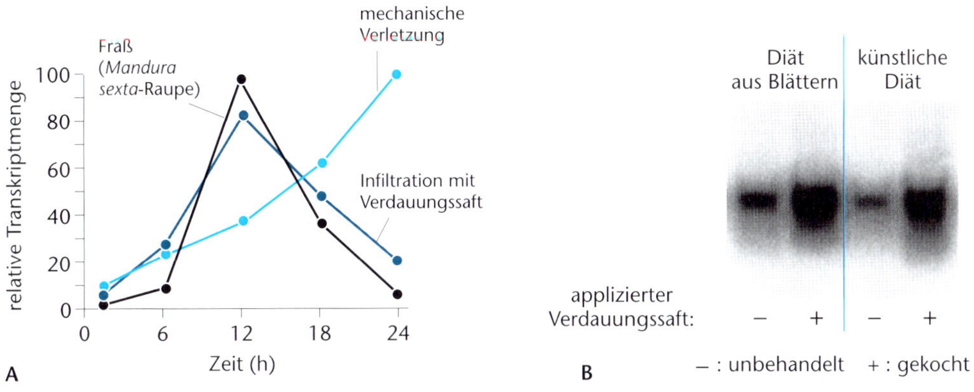

Abb. 1.10.10: A: Unterschiedlich schnelle Akkumulation von mRNA für Pin 2 in Kartoffelblättern, die mechanisch verletzt, von Raupen angefressen oder denen Verdauungssaft der Raupen über den Blattstiel appliziert wurde. B: Nachweis, dass der Induktor für die PinII-Transkription aus dem Verdauungssaft der Raupen und nicht von den verletzten Blättern stammt: Kartoffelblättern wurde Verdauungssaft von Raupen appliziert, die Blätter gefressen hatten (links), und von solchen, die einen Brei aus Filterpapier gefressen hatten, der mit 1-prozentiger Saccharoselösung angerührt war. Gezeigt sind Northern Blots mit einer für Pin 2 spezifischen Sonde. Nach Korth und Dixon (1997). Mittlerweile wurden die chemischen Verbindungen identifiziert, die die Spezifität des Signals aus dem Verdauungssaft von Manduca sexta bewirken. Es handelt sich um Konjugate von Fettsäuren der Membranlipide (z. B. Linolensäure, Linolsäure, Ölsäure, Palmitinsäure) mit verschiedenen Aminosäuren (Baldwin 2001).

muliert mRNA von *Pin 2* und von 3-Hydroxy-3-methyl-glutaryl-CoA-Reduktase (HMGR) wie bei einer mechanischen Verletzung. Allerdings erfolgt diese Anreicherung viel schneller als bei der mechanischen Verwundung, und sie ist auch nicht grundsätzlich vom Wundreiz abhängig. Appliziert man nämlich verdünnten Verdauungssaft der Raupen über den Blattstiel an Kartoffelblätter, so akkumulieren im Blatt die Transkripte von *Pin 2* und des *HMGR*-Gens wesentlich stärker als in der Kontrolle. Bei rein mechanischer Verwundung wird eine ähnliche Konzentration der mRNAs erreicht, allerdings erst mehrere Stunden später (Abb. 1.10.10). Da der Verdauungssaft der Raupen auch dann die Expression von *Pin 2* stimulierte, wenn die Tiere einen Brei aus Filtrierpapier und Saccharose, aber keine Blätter gefressen hatten, muss man annehmen, dass das stimulierende Agens von den Tieren selbst produziert und nicht mit der Nahrung aufgenommen wird (Abb. 1.10.10 B). Es handelt sich, wie bei an Tabakblättern fressenden *Manduca sexta*-Raupen gezeigt um Konjugate von Fettsäuren und Aminosäuren.

In den Verdauungssäften der Insekten müssen also Substanzen sein, die im Sinne von Elicitoren die Transkription induzieren. Über die chemische Natur dieser „Elicitoren" ist nicht viel bekannt. Einfrieren und Auftauen des Mandibelsafts und Erhitzen auf 100 °C steigert die induktive Wirksamkeit enorm. Daraus wird der Schluss gezogen, dass der Elicitor kein Enzym ist. Offensichtlich haben aber verschiedene Insekten auch ganz verschiedene Elicitoren, worauf die unterschiedlichen Proteinmuster (Tabelle 1.10.2) hinweisen.

1.10.1.2 Durch Jasmonat induzierter Sekundärstoffwechsel

Häufig induzierte Proteine sind Pin 2 und HMGR. Die Wirkung von Pin 2 als Protease-Inhibitor wurde schon genannt; aber worin liegt die Bedeutung der HMGR? Sie ist eines der Schrittmacherenzyme der Terpenbiosynthese, und es hat sich gezeigt, dass wenige Stunden nach Beginn des Fraßes flüchtige Terpenoide in größerer Menge neu gebildet und freigesetzt werden (Abb. 1.10.12).

Die Freisetzung der terpenoiden Verbindungen wird durch einen diurnalen Zyklus moduliert, da ihre Synthese an den Photosynthesestoffwechsel des Chloroplasten gebunden ist. Höhere Pflanzen investieren bei starker Belichtung und hohen Temperaturen eine nennenswerte Menge des frisch assimilierten Kohlenstoffs in den Terpenoidstoffwechsel und scheiden Isopren und andere niedermolekulare Terpenoide als flüchtige Verbindungen in nicht unerheblichen Mengen während des Tages aus (Sharkey 1996). Verletzung, insbesondere Insektenfraß, scheint die Sequestrierung von neu assimiliertem Kohlenstoff in diese Verbindungen deutlich

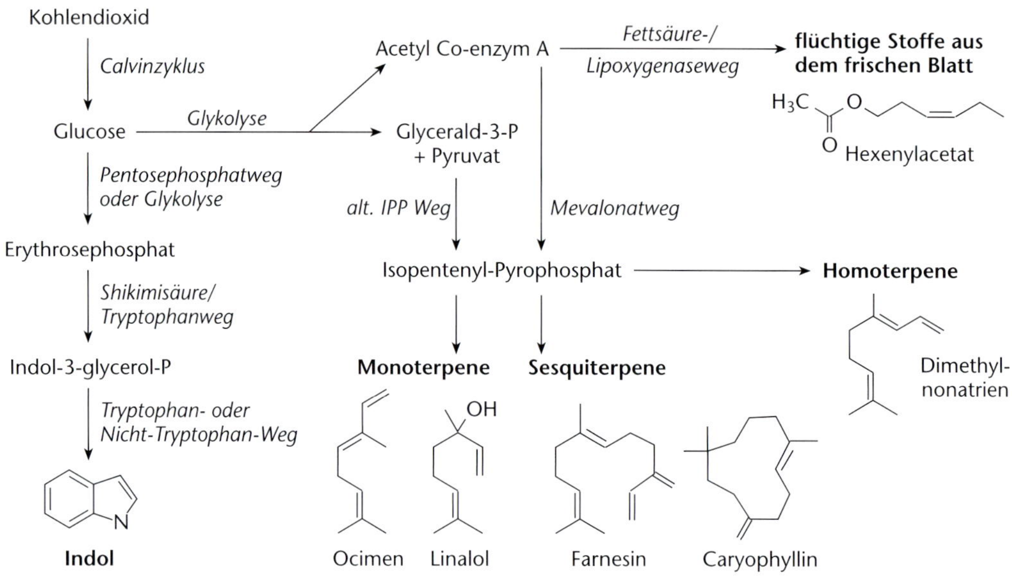

Abb. 1.10.11: Biosynthesewege, die zu flüchtigen Produkten des pflanzlichen Sekundärmetabolismus führen. Indol kann auf zweierlei Wegen entstehen: Entweder als Zwischenprodukt bei der Tryptophansynthese oder in einem von Tryptophan unabhängigen Weg (Frey et al. 1997). Alt-IPP bezeichnet den alternativen Desoxy-Xylulose-5-phosphat (DOXP)-Weg, auf dem in den Chloroplasten Terpenoide gebildet werden. Weiteres zum Lipoxygenase-Weg siehe Kasten 1.10.2). Nach Paré und Tumlinson (1999).

zu stimulieren. Außerdem wird HGMR, das Schrittmacherenzym ihrer Biogenese, durch Verletzung (langsam) und durch Fraß (schnell) induziert. Damit erklärt sich der verstärkte Ausstoß von Terpenoiden bei Fraß und Verletzung während des Tages. Da die Terpenoide jedoch auch in Drüsenhaaren gespeichert werden, kann eine Freisetzung bei deren Verletzung auch nachts erfolgen.

In vielen Pflanzen werden unter dem Einfluss von Jasmonat zusätzlich zu den Terpenoiden verstärkt auch sekundäre Pflanzenstoffe auf anderen biosynthetischen Stoffwechselwegen gebildet (siehe Kasten 1.10.1), z. B. das Alkaloid Nicotin in Tabakarten, das für Warmblüter, aber auch für viele Wirbellose hochgiftig ist. Solche Sekundärstoffe können bei Akkumulation beträchtliche Sinks für Kohlenstoff und Stickstoff darstellen.

Außer den genannten Sekundärstoffen werden bei Verletzung und Fraß weitere flüchtige Verbindungen freigesetzt, die bei der Peroxidation der aus den Membranlipiden abgespaltenen Linolensäure entstehen. Während bei der mechanischen Verletzung verschiedene Hexenale und ihre Reduktionsprodukte, die Hexenole, den typischen Geruch frisch geschnittenen Grases (siehe Kasten 1.10.2) erzeugen, wird bei der Verletzung durch Insektenfraß nur das Hexenylacetat frei, das bei mechanischer Verletzung nicht entsteht.

Kurz nach Beendigung des Fressvorgangs hört die verstärkte Bildung all dieser Verbindungen auf. Dies ist besonders im Hinblick auf die sekundären Pflanzenstoffe ökonomisch sinnvoll, weil dann wieder mehr Kohlenhydrate (und Stickstoff) für Wachstumsprozesse zur Verfügung stehen. In einem interessanten Experiment wurde die Kosten-Nutzen-Relation der durch Jasmonat induzierten Abwehr untersucht (Baldwin 1998). Die Samenproduktion der annuellen *Nicotiana attenuata* wurde gemessen, nachdem ein Teil der Pflanzen mit Methyljasmonat behandelt worden war, um die Abwehrreaktionen zu induzieren. Beide „Populationen" wurden dann verschieden starken Herbivoriebelastungen durch das natürliche Spektrum der Herbivoren und phytophagen Insekten ausgesetzt. Unter Herbivoriedruck produzierten die (vorher) induzierten Pflanzen signifikant mehr Samen als die nicht-induzierten, „ungeschützten" Kontrollpflanzen. Bei geringem oder fehlendem Befall jedoch waren die nicht-induzierten Pflanzen überlegen. Da in der Natur Herbivorie der Normalfall ist, begünstigt die Selektion solche Arten, die zur Jasmonat-induzierten Abwehr fähig sind.

Obwohl Jasmonat nicht nur in der Verletzungskaskade eine Transmitterrolle spielt, sondern auch bei Pathogenbefall, kann die Reaktion auf beide Stimuli verschieden sein, und das nicht nur hinsichtlich der metabolischen Endprodukte: Wird die Signalkaskade durch einen pilzlichen Elicitor ausgelöst und dabei Arachidonsäure statt oder zusätzlich zu Linolensäure freigesetzt, so wird ein anderes Isozym der HMGR induziert, als wenn Jasmonat der Elicitor ist („*hmg1*" vs. „*hmg2*"). Welcher biologische Sinn hinter dieser Differenzierung steht, ist unbekannt.

Kürzlich wurde neben der Jasmonat-abhängigen Wundsignaltransduktion auch ein Jasmonat-unabhängiger Signalweg nachgewiesen (Titarenko et al. 1997). Er führt jedoch, wie die weiter oben erwähnten Systemin-unabhängigen Signalwege, nicht zur systemischen, sondern nur zur lokalen Induktion defensiver Gene. Dieser Weg ist in Abbildung 1.10.6 durch den unterbrochen gezeichneten Pfeil angedeutet.

Interessant ist, dass die freigesetzten Isoprenoide als **Kairomone**[1] wirken und vor allem Parasitoide anlocken, die dann die Phytophagen parasitieren. Insbesondere sind es Schlupfwespen, die durch die abgegebenen Terpenoide angelockt werden (Paré und Tumlinson 1999, Kessler und Baldwin 2001). Die Isoprenoide dienen also als Signale, wobei die Spezifität des Signals hinsichtlich der Futterpflanzen der Phytophagen hoch ist, während es wenig über die Art der Phytophagen aussagt. Dies ist verständlich, da das Signal ja von der Pflanze aus-

[1] Kairomone sind (meist) flüchtige Signalstoffe, die den wahrnehmenden Organismus begünstigen: Attraktantien, Repellentien (Flucht), Stimulantien, Warnsignale.

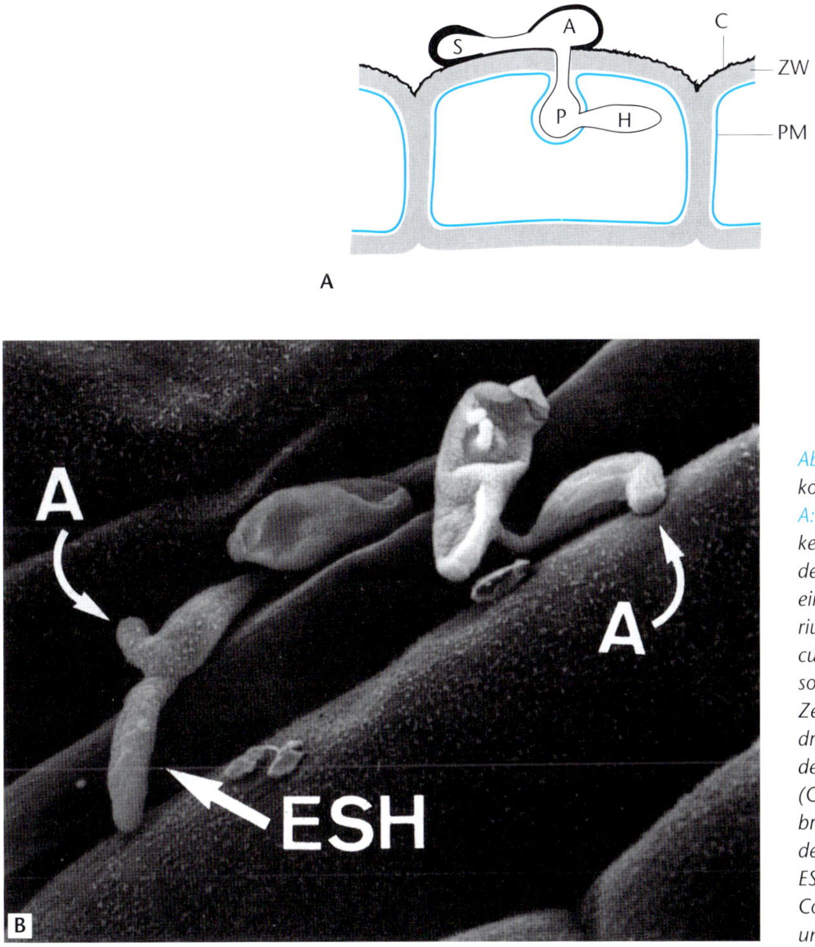

Abb. 1.10.12: Der Infektionsprozess bei der kompatiblen Pathogenese durch einen Pilz. A: Schematische Darstellung: Die Spore (S) keimt mit einem kurzen „Keimschlauch" auf der Pflanzenoberfläche aus und bildet dann ein unter hohem Turgor stehendes „Appressorium (A). Durch lytische Enzyme werden Cuticula und Zellwand aufgelöst und des Appressorium treibt eine Primärhyphe (P) zwischen Zellwand und Plasmamembran. Von dieser aus dringen dann mehrere Sekundärhyphen (H) in den Protoplasten der befallenen Zelle ein. (C: Cuticula; ZW: Zellwand; PM: Plasmamembran). B: Elektronenmikroskopische Aufnahme des Infektionsprozesses; A: Appressorium; ESH: elongierende Sekundärhyphe. (A) nach Conrad und Kauss (2000). (B) aus Schweizer und Métraux (1996).

geht und nicht vom Phytophagen. Es mag eine Form der Coevolution sein, dass die induzierbaren Signale fast ausschließlich am Tag abgegeben werden, wenn die Parasitoide aktiv sind. Damit kann man die Induktion der HMGR als aktive Abwehrstrategie der durch Fraß geschädigten Pflanze interpretieren.

1.10.2 Pathogenbefall und -abwehr

Literaturempfehlung

Conrath U, Kauss H (2000) Systemisch erworbene Resistenz: Das „Immunsystem" der Pflanze. *Biologie in unserer Zeit* 30: 202–208

Hammond-Kosack K, Jones JDG (2000) Responses to Plant Pathogens. In: Buchanan BB, Gruissem W, Jones RL (Hrsg.) Biochemistry and Molecular Biology of Plants. American Soc. Plant Physiologists, Rockville Md. 1102–1156

Heß D (1999) Pflanzenphysiologie 10. Auflage, UTB Ulmer. 608 Seiten

Heil M, Baldwin IT (2002) Fitness costs of induced resistance: emerging experimental support for a slippery concept. *Trends in Plant Science_7*: 61–67

Wie die chemische Abwehr der Pflanzen gegen Fraßfeinde, so sind auch ihre Reaktionen gegen Krankheitserreger, Viren, Bakterien und Pilze eng mit dem Sekundärstoffwechsel verknüpft und damit ein unerschöpfliches Gebiet, das Gegenstand einer eigenen Wissenschaft, der **Phytopathologie**, ist. Im Rahmen dieses Lehrbuchs kann das Reaktionsspektrum der Pflanzen auf Pathogenbefall nur gestreift werden. Da **Pathogene** bei den Hochleistungsrassen unserer Kulturpflanzen oftmals große Schäden verursachen, ist ihre Wechselwirkung mit der Wirtspflanze sehr eingehend untersucht worden. Dabei unterscheidet man **kompatible** und **inkompatible Interaktionen**: Bei den kompatiblen „vertragen" sich Wirt und Pathogen, d. h., es kommt zum starken Befall, während eine inkompatible Wechselwirkung dann vorliegt, wenn die befallene Pflanze gegen das Pathogen resistent ist. In der kompatiblen Pathogenese können die pflanzlichen Abwehrmechanismen vom Pathogen entweder umgangen, inaktiviert oder toleriert werden. Dabei bezeichnet man die Aktivität des Pathogens als seine **Virulenz**. Im Allgemeinen ist die Resistenz der Pflanzen gegen das breite Spektrum der potentiellen, mehr oder weniger allgegenwärtigen Pathogene sehr hoch. Dabei spielt es eine nicht unerhebliche Rolle, dass Pflanzen, wie bei der Herbivorie, eine Resistenz durch „Immunisierung" gegen Pathogenbefall erwerben können. Man spricht dann von **systemisch erworbener Resistenz** (**SAR**, systemic acquired resistance).

Zu den immer vorhandenen, sozusagen präformierten Barrieren einer Pflanze gegen ein Pathogen zählen die Zellwände, die noch durch Cutinauf- und einlagerung bzw. Lignifizierung schwer durchdringbar sind. Cutinasen, Cellulase, Pektinase, Hemicellulasen sind die seitens des Pathogens notwendigen Exoenzyme, um diese Barriere zu durchbrechen.

Hat ein Schädling dieses erste Hindernis überwunden, stößt er auf das Arsenal der chemischen Waffen des Wirtes, auf die Vielzahl der sekundären Pflanzenstoffe, die meist in unschädlicher Form (d.h. konjugiert) in der Vakuole gespeichert sind. Beim Eindringen in die Wirtszelle wird deren Kompartimentierung durchbrochen, und die Sekundärstoffe entfalten nun ihre toxische Wirkung. Erinnert sei in diesem Zusammenhang an die proteindenaturierenden Gerbstoffe und phenolischen Verbindungen.

1.10.2.1. Die induzierte Abwehr

Die Infektion

Keimt eine Pilzspore auf einer pflanzlichen Oberfläche aus (kompatible Reaktion), so bildet der kurze **Keimschlauch** ein **Appressorium**, mit dem der Pilz auf der Cuticula durch die Wirkung von Cutinase festklebt (Abb. 1.10.12). In diesem Appressorium wird ein hoher Druck erzeugt, aufgrund dessen die daraus keimende Hyphe die Cuticula und nach weiterer Ausscheidung von Exoenzymen die Zellwand durchdringt. Noch außerhalb der Plasmamembran wird eine **Primärhyphe** gebildet, die nun weitere **Sekundärhyphen** in die Epidermiszelle und dann in das umliegende Gewebe hineintreibt. Nach erfolgreicher Etablierung wachsen aus dem Appressorium auch auf der Pflanzenoberfläche Sekundärhyphen aus. Ohne entsprechende Abwehr überwuchert der Pilz so das Pflanzengewebe, wobei seine Virulenz meist durch Bildung von Exo- oder Zoosporen verstärkt wird.

Eine besonders häufige Form der inkompatiblen Interaktion ist die **„hypersensitive Reaktion"**

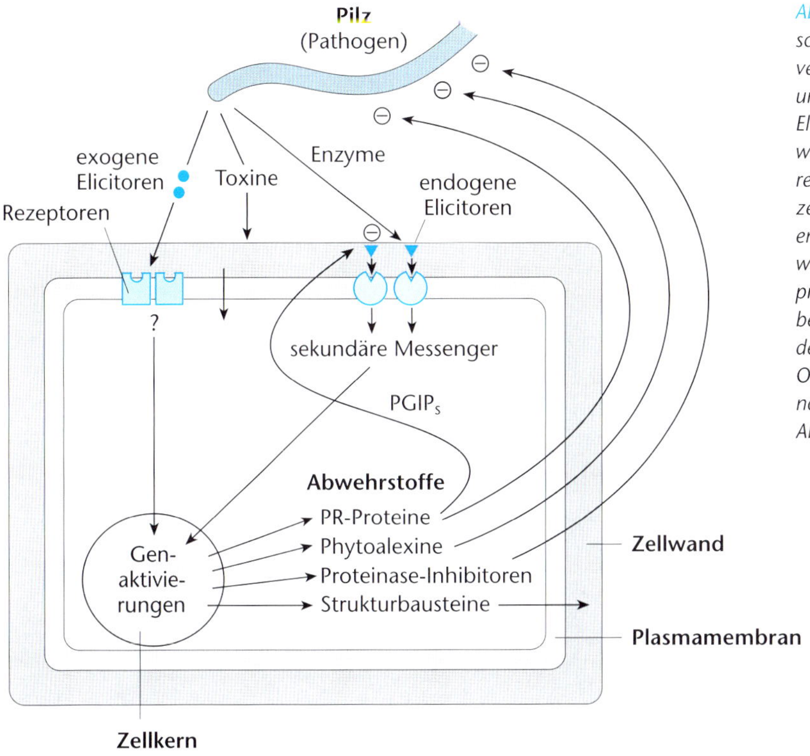

Abb. 1.10.13: Modell der Wechselwirkung zwischen Pathogen und Wirt bei der hypersensitiven Reaktion. Der Pilz entlässt Toxine, Enzyme und Elicitoren aus seinen Hyphen. Die pilzlichen Elicitoren und die durch die Auflösung der Zellwand erzeugten pflanzlichen Elicitoren induzieren über Signalkaskaden im Kern der Pflanzenzelle die Expression von Abwehrenzymen, die entweder den Pilz direkt attackieren oder Abwehrstoffe (Phytoalexine, Enzym-Inhibitoren) produzieren. Der in dem Modell herausgehobene Polygalacturonase-Inhibitor (PGIP) verhindert den Abbau der als Elicitoren wirksamen Oligogalacturonide durch die Polygalacturonase des Pathogens und verstärkt dadurch die Abwehrreaktion. Nach Heß (1999).

(Abb. 1.10.13), bei der eine kurzfristige Korrespondenz zwischen Pathogen und Wirt zum Absterben beider Aktionspartner führt. Das Wirtsgewebe stirbt dabei – durch programmierten Zelltod – nur in mehr oder weniger unmittelbarer Umgebung des Infektionsortes ab, wobei reaktive Sauerstoffspecies („ROS", siehe Kapitel 1.3.5.3) im so genannten **oxidativen *burst*** (Lamb and Dixon 1997) eine Schlüsselrolle spielen. Die hypersensitive Reaktion beruht auf der Produktion von **Elicitoren** (von lateinisch *elicere*, „hervorlocken") beim Infektionsprozess, die eine genetisch kontrollierte Reaktion der Pflanzenzelle auslösen.

Bei diesen Elicitoren handelt es sich meist um definierte Abbauprodukte von Zellwandmaterial, in der Regel um Oligosaccharide, manchmal auch um Bausteine der Plasmamembran oder um Exoenzyme. Diese Elicitoren können exogener Natur sein, d. h. vom Angreifer stammen, oder können im Zuge der Infektion in der Pflanzenzelle selbst, z. B. aus ihrer Zellwand, entstehen. Sie binden an spezifische Rezeptoren an der Außenseite der Plasmamembran. Die Spezifität der Rezeptoren ist in den so genannten pflanzlichen ***R*-Genen** (**Resistenzgenen**) begründet. Die Korrespondenz zwischen Elicitor und Rezeptor setzt aber auch eine Spezifität der Elicitoren voraus, die ebenfalls genetisch begründet sein muss. Hierfür sind die so genannten ***avr*-Gene** (**Avirulenzgene**) des Pathogens verantwortlich. Die hypersensitive Abwehrreaktion setzt also eine Korrespondenz zwischen *avr*- und *R*-Genen voraus (Staskawicz 2001). Die Aktivierung des Rezeptors durch den Elicitor löst über Signalkaskaden die Produktion einer Reihe von direkt oder indirekt wirkenden Proteinen und Enzymen aus. Zu den direkt wirkenden zählen Inhibitoren von Enzymaktivitäten (z. B. die PGIPs: Polygalacturonase-Inhibitor-Proteine, oder Protease-Inhibitoren) sowie eine Vielzahl hydrolytischer Enzyme (z. B. Glucanasen und Chitinasen), welche die pilzliche Zellwand angreifen. Alle diese direkt wirkenden Proteine werden als **PR-Proteine** (*pathogen related proteins*) bezeichnet. Die indirekt wirkenden Enzyme sind solche, die niedermolekulare Abwehrstoffe, so genannte **Phytoalexine** (griechisch *alekein* = „abwehren"), produzieren. Als Phytoalexine wirken unzählige sekundäre Pflanzenstoffe, vor allem aus den Stoffklassen der Isoprenoide, Flavonoide und Stilbene (siehe Kasten 1.10.1), die eine antibiotische Wirkung gegen ein breites Spektrum von Pil-

Abb. 1.10.14: Systemisch erworbene Resistenz von Gurkenpflanzen gegen den Anthracnose-Pilz Colletotrichum lagenarium. Ein Keimblatt der linken Gurkenpflanze wurde mit den Sporen von C. lagenarium infiziert. Das Keimblatt (Pfeil) ging großenteils zugrunde. Eine Woche später wurden 20 Tropfen einer Sporensuspension auf ein Laubblatt augetragen. Diese blieb nun völlig gesund, da es resistent geworden war. Bei der rechts gezeigten Kontrollpflanze, die keine Erstinfektion zur „Immunisierung" erhalten hatte, erzeugte jeder Tropfen mit Pilzsporen eine Nekrose. Aus Conrad und Kauss (2000).

zen und Bakterien entfalten. Aber auch Zellwandmaterial, vor allem für die Bildung von Kallose, einem β 1→3 Glucan, von hydroxyprolinreichem Protein und von Lignin wird verstärkt synthetisiert. Diese Bausteine werden im Zuge des oben genannten oxidativen *burst* vernetzt und erschweren das Eindringen weiterer Pilzhyphen in die Zellen. Gleichzeitig wird der für die hypersensitive Reaktion typische programmierte Zelltod der befallenen Zelle und ihrer Nachbarn ausgelöst, der zum Vertrocknen der Infektionsstelle führt, wodurch das weitere Vordringen des Pathogens ebenfalls erschwert wird.

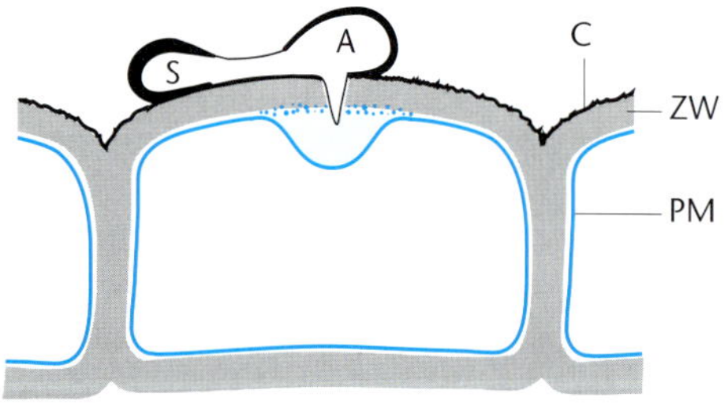

Abb. 1.10.15: Abwehr eines Pathogens durch eine systemisch resistente Pflanze. Der Pilz kann die äußere Wand der Epidermiszellen nicht durchdringen, da diese beim Angriff eine papillöse Wandverdickung unter dem Appressorium produziert. Diese Papille wird noch durch eine starke Lignineinlagerung „imprägniert". Nach Conrad und Kauss (2000).

Salicylsäure als Signalstoff für die SAR

Ähnlich der systemischen Abwehr gegen Phytophage können Pflanzen auch gegen Pathogene systemisch resistent werden. Die so genannte systemisch erworbene Resistenz (SAR, siehe oben) setzt die Bildung eines Botenstoffs voraus, der auch in solchen Teilen der Pflanze, die erst nach der Infektion entstehen, das Arsenal der Pathogenabwehr induziert, sodass eine überstandene kompatible Interaktion zur Inkompatibilität führt (Abb. 1.10.14). In den meisten Fällen ist Salicylsäure[2], eine auch als Phytoalexin wirksame Substanz aus der Gruppe der phenolischen Sekundärstoffe, der Botenstoff (Kasten 1.10.3). Er wird im Phloem transportiert.

Bei der systemisch erworbenen Resistenz werden vorbeugend bereits PR-Proteine gebildet, sodass bei einer Infektion bereits das Eindringen der Pri-

[2] Acetylsalicylsäure, das Aspirin, ist das weltweit meistproduzierte Medikament. Es ist besser verträglich als die freie Salicylsäure, der eigentliche Wirkstoff. Diese in der Weidenrinde *(Salix)* enthaltene Substanz wurde schon im Altertum im Abendland und bei den nordamerikanischen Indianern als Schmerz- und Fiebermittel verwendet. Es erhöht auch bei Pflanzen die Resistenz gegen Pathogene und wird als Sprühmittel zur Prävention von Mehltau-Erkrankungen gehandelt. Viele Hobbygärtner gießen ihre Pflanzen von Zeit zu Zeit mit Aspirinlösungen.

Kasten 1.10.3 Salicylsäure

Salicylsäure kann auf mehreren Biosynthesewegen entstehen, entweder über den Zimtsäure-CoenzymA-thioester, oder über den Zimtsäure-Glucoseester. Freie Benzoesäure dürfte allerdings nur als Nebenprodukt entstehen. Die Speicherform der Salicylsäure ist das Glucosid Salicin. C4H: Cinnamoyl-4-Hydroxylase, PAL: Phenylalanin-Ammoniak-Lyase; GTase: Glucosyl-Transferase (nach Chong et al. 2001).

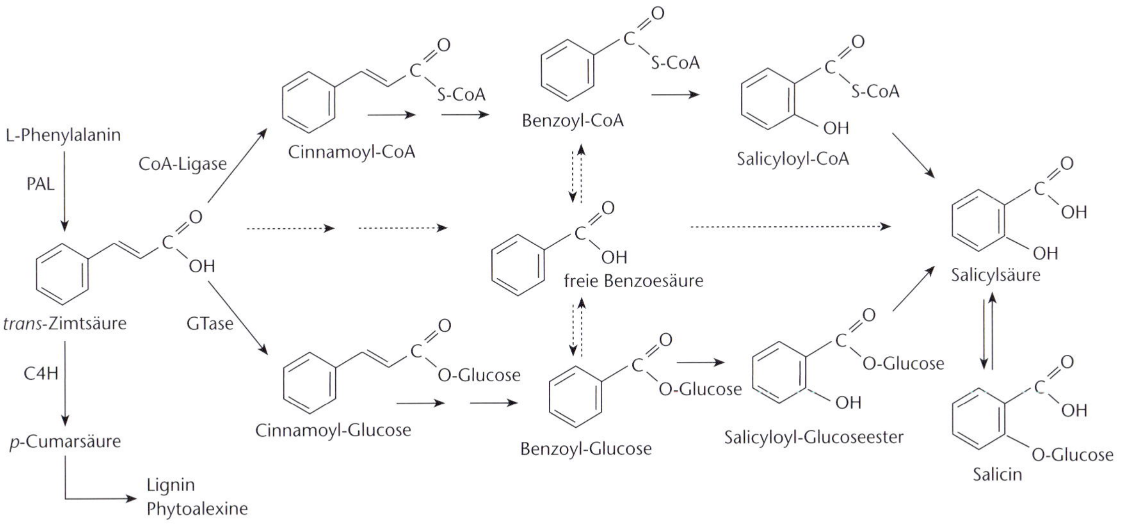

märhyphe in die befallene Zelle durch Bildung einer lokalen Wandverstärkung („Papille") erschwert wird (Abb. 1.10.15). Außerdem wird der oxidative *burst* ausgelöst, der den eindringenden Aggressor schon frühzeitig abtötet, und der Spiegel an Phytoalexinen erhöht.

1.10.3 Allelopathie

Literaturempfehlung

Heß D (1999) Pflanzenphysiologie 10. Auflage, UTB Ulmer. 608 Seiten

Schlee D (1992) Ökologische Biochemie. Gustav Fischer, Jena Stuttgart. 587 Seiten

Viele Wechselbeziehungen zwischen Pflanzen und Herbivoren sowie Pflanzen und Pathogenen sind uns geläufig. Weniger bekannt sind Beeinträchtigungen des Pflanzenwachstums durch andere Pflanzen. Ein derartiges Phänomen, **Allelopathie** genannt (griechisch *allelos*, „ein anderer"; *pathos*, „Leid"), lässt sich nicht immer eindeutig feststellen und wurde oft für ein schlechtes Pflanzenwachstum verantwortlich gemacht, ohne dass handfeste Beweise dafür vorlagen.

Das klassische Beispiel für allelopathische Hemmung ist die keimungshemmende Wirkung, die vom Laub des Nussbaumes (*Juglans regia, J. nigra*) ausgeht und auf das Juglon (1-Hydroxynaphthalin) zurückzuführen ist, das sich unter mikrobiellem Einfluss aus dem in den Blättern enthaltenen 5-Glucosyl-1,4,5-trihydroxynaphthalin bildet. Ebenfalls bereits klassisch ist die Hemmung der Gräser in der Garrigue des südlichen Kaliforniens, die von den Sträuchern *Salvia leucophylla* und *Artemisia californica* ausgeht. Diese produzieren ein buntes Spektrum an vermutlich toxisch wirkenden flüchtigen Terpenoiden, welche das Graswachstum negativ beeinflussen. Allerdings wird dieser Zusammenhang neuerdings bezweifelt und die geringe Biomasseproduktion der Gräser auf einen erhöhten Weidedruck durch Kaninchen zurückgeführt, die unter diesen Büschen Schutz suchen. In der überwiegenden Mehrzahl der bekannten Fälle sind die allelo-

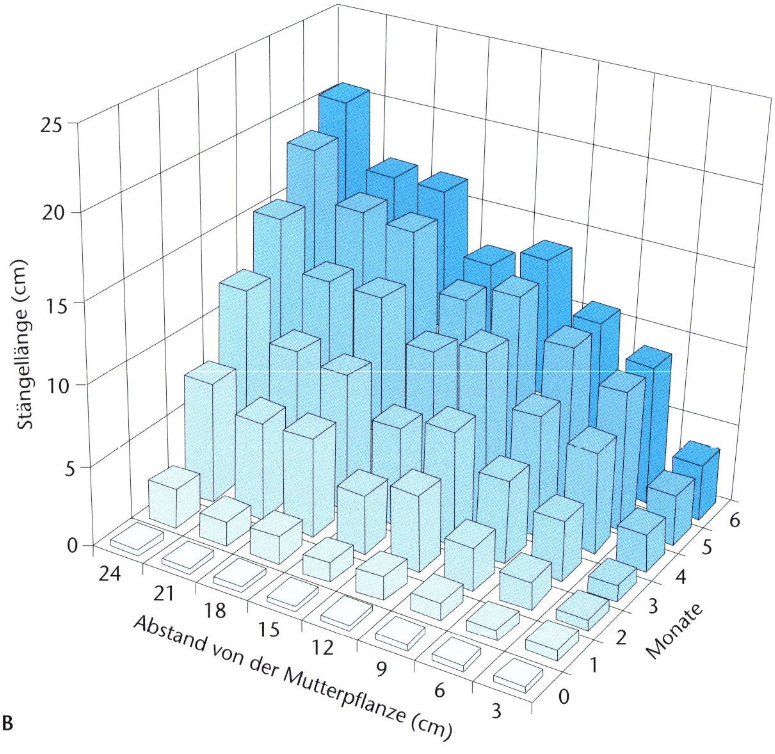

Abb. 1.10.16: Intraspezifische Allelopathie beim Brutblatt (Kalanchoe daigremontiana). A: Gleichalte Tochterpflänzchen wurden in regelmäßigen Abständen von der Mutterpflanze in Sandboden getopft. Die nach 150 Tagen erreichte Wuchshöhe der Jungpflanzen zeigt deutlich den von der Mutterpflanze ausgehenden Hemmeffekt. B: Quantifizierung des Wachstumsverlaufs der Jungpflanzen in Abhängigkeit vom Abstand von der Mutterpflanze. Nach Bär et al. (2000).

pathisch wirksamen Verbindungen phenolische Verbindungen, die von Bodenmikroorganismen metabolisiert und dadurch „aktiviert" werden.

Ein schönes Beispiel der intraspezifischen Allelopathie bieten verschiedene Vertreter der Gattung *Kalanchoe* (Brutblatt), bei der die Mutterpflanze die an den Blatträndern vegetativ gebildeten Tochterpflänzchen durch Wurzelexsudate am Wachstum hindert (Abb. 1.10.16). Die Hauptkomponenten der wirksamen Wurzelexsudate sind (in abnehmender Menge) Gallussäure, Kaffeesäure, p-Hydroxybenzoesäure, Protocatechusäure und p-Cumarsäure, also ebenfalls phenolische Substanzen (Bär et al. 2000).

Wie diese phenolischen Verbindungen im Einzelnen das Wachstum ihrer Konkurrenten beeinflussen, ist nicht bekannt. In vielen Fällen spielt Keimungshemmung dabei eine wichtige Rolle.

Zusammenfassung

1. Giftige Pflanzenstoffe, zumeist aus dem Sekundärmetabolismus, die konstitutiv gebildet werden, schützen die Pflanzen vor **Tierfraß**, allerdings nie vollständig. Manche phytophage Insekten nehmen solche Stoffe mit der pflanzlichen Nahrung auf und akkumulieren sie zum eigenen Schutz vor Fressfeinden. Im Laufe der Evolution haben sich aber auch dagegen Resistenzen entwickelt. Flüchtige sekundäre Pflanzenstoffe wirken oft als Botenstoffe, die entweder abschrecken oder anlocken.

2. Neben dem konstitutiv exprimierten Verteidigungssystem der Pflanzen gibt es bei **Verwundung** oder Pathogenbefall auch eine induzierbare Reaktion. Bei Verwundung wird sie durch Druckwellen, bei Pathogenbefall durch Elicitoren ausgelöst.

3. Fast immer werden bei Verwundung von Pflanzengewebe auch die Leitbündel in Mitleidenschaft gezogen. Dringt dabei Luft in die unter Sog stehenden Xylemteile ein, löst dies eine positive Druckwelle über die ganze Pflanze hinweg aus. Der Druckveränderung folgt eine Depolarisationswelle, die sich mit der Entfernung von der Schadstelle abschwächt. Die Depolarisationswelle aktiviert intrazelluläre Signalketten. Erstes Produkt ist die Bildung von Systemin aus Prosystemin, darauf folgt die Aktivierung einer Lipase, die Linolensäure aus den Biomembranen freisetzt. Die Lipase kann auch durch Pathogenattacke oder durch mechanischen Druck aktiviert werden, was aber nur zur lokal begrenzten Abwehr führt. Die freigesetzte Linolensäure unterliegt einem vielfältigen Metabolismus, der durch die Lipoxygenase eingeleitet wird. Eines der Produkte ist die Jasmonsäure, ein Stresshormon, aber auch Traumatin, ein Wundstresshormon (das die Zellteilung im verletzten Gewebe aktiviert) kann entstehen.

4. Jasmonat hat, wie viele Phytohormone, eine pleiotrope Wirkung; es induziert die Expression verschiedenster Gene, die, soweit sie bis heute bekannt sind, vor allem Proteine codieren, welche der Stressabwehr dienen. Diese Gene sind dann auch in Teilen des Pflanzenkörpers aktiv, die erst nach dem Stress zuwachsen, weshalb man bei der systemischen Reaktion auch von einer „Immunisierung" der Pflanze spricht.

5. Pflanzen unterscheiden in ihrer Reaktion zwischen rein mechanischer Verwundung und Verletzung durch Fraß. Bei Fraßverletzung spielt der Verdauungssaft der phytophagen Insekten bzw. Insektenlarven eine wichtige Rolle, der Konjugate von Fettsäuren mit Aminosäuren als Elicitoren enthält. Induziert wird vor allem die Synthese von Proteaseinhibitoren sowie die Synthese flüchtiger Signalstoffe aus der Stoffgruppe der Terpene. Aber auch nicht flüchtige Abwehrstoffe können nach Induktion durch Jasmonat gebildet werden, z. B. das Alkaloid Nicotin, das für viele Insekten und Warmblüter giftig ist.

6. Neben der Jasmonat-abhängigen Wundsignaltransduktion existiert auch ein Jasmonat-unabhängiger Weg zur Aktivierung der Abwehrreaktion.

7. Beim **Pathogenbefall** unterscheidet man eine kompatible und eine inkompatible Reaktion. Bei der kompatiblen kommt es zu einem starken Befall, während die inkompatible Reaktion Resistenz anzeigt. Resistenz kann konstitutiv sein, direkt erworben, aber auch durch „Immunisierung" erlangt werden. Letztere bezeichnet man als „systemisch erworbene Resistenz". Die aus dem Phenolstoffwechsel stammende Salicylsäure ist dabei der Botenstoff, der den Aufbau des Abwehrsystems in den nicht befallenen oder erst später zuwachsenden Pflanzenteilen induziert.

8. Eine besonders häufige Form der inkompatiblen Reaktion ist die „hypersensitive Reaktion", wobei nicht nur die zelluläre Abwehr aus lytischen Enzymen (PR-Proteinen = *pathogen related proteins*) und den niedermolekularen Phytoalexinen aufgebaut wird, sondern auch die infizierte Zelle und ihre Nachbarn durch programmierten Zelltod dem Pathogen den Nährboden entziehen. Die hypersensitive Reaktion ist an kleinen, scharf begrenzten Läsionen erkennbar.

9. Sie wird durch so genannte Elicitoren ausgelöst, die vom Pathogen, aber auch von der durch das Pathogen angegriffenen pflanzlichen Zellwand stammen können. Sie binden in spezifischer Weise an Rezeptoren, die von *R*(esistenz)-Genen codiert werden. Die Spezifität der Elicitoren ist in den *avr*-Genen (Avirulenz-Genen) des Pathogens begründet.

10. Wachstums- und Entwicklungshemmung einer Pflanze durch eine Nachbarpflanze bezeichnet

man als **Allelopathie**, wenn sie auf der Ausscheidung unverträglicher chemischer Substanzen und nicht auf einfachen Konkurrenzphänomenen beruht. Klassische Beispiele sind die Keimungs- und Wachstumshemmung, die vom verrottenden Laub der Nussbäume ausgeht oder die Hemmung des Wachstums von Gräsern durch flüchtige Verbindungen von Lamiaceen und Asteraceen.

Innerartliche Allelopathie kann man eindrucksvoll am Beispiel des Brutblatts (*Kalanchoe daigremontiana*) demonstrieren, wo die Mutterpflanze durch Ausscheidung eines breiten Spektrums phenolischer Verbindungen aus den Wurzeln das Aufkommen der von den Blatträndern abfallenden Jungpflänzchen hemmt.

Literatur

Baier M, Dietz J (1999) Alkyl hydroperoxide reductases: The way out of the oxidative breakdown of lipids in chloroplasts. *Trends in Plant Science* 4: 166–168

Baldwin IT (1998) Jasmonate-induced responses are costly but benefit plants under attack in native populations. *Proc. Natl. Acad. Sci. USA* 95: 8113–8118

Bär W, Pfeifer P, Dettner K (2000) Biochemische Interaktionen zwischen Kalanchoe-Pflanzen. *Biologie in unserer Zeit* 30: 228–234

Buchanan BB, Gruissem W, Jones RL (2000) Biochemistry & molecular biology of plants. American Society of Plant Physiologists, Rockville Md. 918ff

Chong J, Pierrel M-A, Atanassova R, Werck-Reichhart D, Fritig B, Saindrenan P (2001) Free and conjugated benzoic acid in Tobacco plants and cell cultures. Induced accumulation upon elicitation of defense responses and role as salicylic acid precursors. *Plant Physiol.* 125: 318–328

Conconi A, Miquel M, Browse JA, Ryan CA (1996) Intracellular levels of free linolenic and linoleic acids increase in Tomato leaves in response to wounding. *Plant Physiol.* 111: 797–803

Conrad U, Kauss H (2000) Systemisch erworbene Resistenz – Das „Immunsystem“ der Pflanze. *Biologie in unserer Zeit* 30: 202–208

Creelman RA, Mullet JE (1997) Biosynthesis and action of jasmonates in plants. *Annu. Rev. Plant Physiol. Plant Mol. Biol.* 48: 355–381

Fehsenfeld F, Calvert J, Fall R, Goldan P, Guenther AB, Hewitt CN, Lamb B, Shaw L, Trainer M, Wetsberg H, Zimmerman P (1992) Emission of volatile organic compounds from vegetation and the implications for atmospheric chemistry. *Global Biogeochemical Cycles* 6: 389–430

Feussner I, Kühn H, Wasternack C (2001) Lipoxygenase-dependent degradation of storage lipids. *Trends in Plant Science* 6: 268–273

Fliegmann J, Sandermann jr H (1997) Maize glutathione-dependent formaldehyde dehydrogenase cDNA: A novel plant gene of detoxification. *Plant Mol. Biol.* 34: 843–854

Fontaine V, Pelloux J, Podor M, Afif D, Gerant D, Grieu P, Dizengremel P (1999) Carbon fixation in Pinus halepensis submitted to ozone. Opposite response of ribulose-1,5-bisphosphate carboxylase/ oxygenase and phosphoenolpyruvate carboxylase. *Physiol. Plant.* 105: 187–192.

Frey M, Chomet P, Glawischnig E, Stetter C, Grun S, Winklmair A, Eisenreich W, Bacher A, Meeley RB, Briggs SP, Simcox K, Gierl A (1997) Analysis of a chemical plant defense mechanism in grasses. *Science* 227: 696–699

Giese M, Bauer-Doranth U, Langebartels C, Sandermann jr H (1994) Detoxification of formaldehyde by the Spider plant (*Chlorophytum comosum* L.) and by Soybean (*Glycine max* L.) cell-suspension cultures. *Plant. Physiol.* 104: 1301–1309

Heath RL, Taylor jr GE (1997) Physiological processes and plant responses to ozone exposure. In: Sandermann jr H, Wellburn AR, Heath RL (Hrsg.) Forest decline and Ozone. Springer, Berlin Heidelberg. *Ecological Studies* 127: 317–368

Heldt HW (1999) Pflanzenbiochemie. Spektrum Akad. Verlag, Heidelberg. 597 Seiten

Heß D (1999) Pflanzenphysiologie: molekulare und biochemische Grundlagen von Stoffwechsel und Entwicklung der Pflanzen. UTB Ulmer Stuttgart. 608 Seiten

Kessler A, Baldwin IT (2001) Defensive Function of herbivore-induced plant volatile Emissions in Nature. *Science* 291: 2141–2144

Korth KL, Dixon RA (1997) Evidence for chewing insect-specific molecular events distinct from a general wound response in leaves. *Plant Physiol.* 115: 1299–1305

Köstner B, Schupp R, Schulze ED, Rennenberg H (1998) Organic and inorganic sulfur transport in the xylem sap and the sulfur budget of Picea abies trees. *Tree Physiology* 18: 1–9

Laisk A, Kull O, Moldau H (1989) Ozone concentration in leaf intercellular air space is close to zero. *Plant Physiol.* 90: 1163–1167

Lamb C, Dixon RA (1997) The oxidative burst in plant disease resistance. *Annu. Rev. Plant Physiol. Plant. Mol. Biol.* 48: 251–276

Lange OL, Heber U, Schulze E-D, Ziegler H (1989) Atmospheric pollutants and plant metabolism. In: Schulze E-D, Lange OL, Oren R (Hrsg.) Forest decline and air pollution. Springer Berlin Heidelberg. *Ecological Studies* 77: 238–273

Lichtenthaler HK, Miehé JA (1997) Fluorescence imaging as a diagnostic tool for plant stress. *Trends in Plant Science* 2: 316–320

Marrs K (1996) The functions and regulation of glutathione S-transferases in plants. *Annu. Rev. Plant Physiol. Plant Mol. Biol.* 47: 127–158

Matyssek R, Havranek WM, Wieser G, Innes JL (1997) Ozone and the forests in Austria and Switzerland. In: Sandermann jr H, Wellburn AR, Heath RL (Hrsg.) Forest decline and Ozone. Springer, Berlin Heidelberg. *Ecological Studies* 127: 95–134

Meindl T, Boller T, Felix G (1998) The plant wound hormone systemin binds with the N-terminal part to its receptor but needs the C-terminal part to activate it. *Plant Cell* 10: 1561–1570

Miller JD, Arteca RN, Pell EJ (1999) Senescence-associated gene expression during ozone-induced leaf senescence in *Arabidopsis. Plant Physiol.* 120: 1015–1023.

Mitchell-Olds T, Gershenzon J, Baldwin I, Boland W (1998) Chemical ecology in the molecular era. *Trends in Plant Science* 3: 362–365

Paré PW, Tumlinson JH (1999) Plant volatiles as a defense against insect herbivores. *Plant Physiol.* 121: 325–331

Pearson M, Mansfield TA (1993)Interacting effects of ozone and water stress on the stomatal resistance of Beech (*Fagus sylvatica* L.). *New Phytologist* 123: 351–358

Pfanz H, Martinoia E, Lange OL, Heber U (1987) Flux of SO_2 into leaf cells and cellular acidification by SO_2. *Plant Physiol.* 85: 928–933

Rea PA, Li Z-S, Lu Y-P, Drozdowicz YM (1998) From Vacuolar GS-X pumps to multispecific ABC transproters. *Annu. Rev. Plant Physiol. Plant Mol. Biol.* 49: 727–760

Rennenberg H (1984) The fate of excess sulfur in higher plants. *Annu. Rev. Plant Physiol.* 35: 121–153

Rouster J, Leah R, Mundy J, Cameron-Mills V (1997) Identification of a methyl-jasmonate responsive region in the promoter of a lipoxygenase gene expressed in Barley grain. *Plant J.* 11: 513–523

Sandermann jr H (1994) Higher plant metabolism of xenobiotics: The „green liver" concept. *Pharmacogenetics* 4: 225–241

Schlee D (1992) Ökologische Biochemie. Gustav Fischer, Jena Stuttgart. 587 Seiten

Schweizer P, Métraux JP (1996) Pilz-, Bakterien- und Virusbefall. In: Brunold Ch, Rüegsegger A, Brändle R (Hrsg.) Stress bei Pflanzen. UTB Haupt, Bern Stuttgart Wien. 325–343

Sharkey TD (1996) Emission of low molecular mass hydrocarbons from plants. *Trends in Plant Science* 3: 78–82

Stahlberg R, Cosgrove DJ (1997) The propagation of slow wave potentials in Pea epicotyls. *Plant Physiol.* 113: 209–217

Stanković B, Davies E (1998) The wound response in Tomato involves rapid growth and electrical responses, systemically up-regulated transcription of proteinase inhibitor and Calmodulin and down-regulated translation. *Plant & Cell Physiol.* 39: 268–274

Staskawicz BJ (2001) Genetics of plant-pathogen interactions specifying plant disease resistance. *Plant Physiol.* 125: 73–76

Stout MJ, Workman J, Duffey SS (1994) Differential induction of tomato foliar proteins by arthropod herbivores. *J. Chem.Ecol.* 20: 2575–2594

Titarenko E, Rojo E, León J, Sánchez-Serrano JJ (1997) Jasmonic acid-dependent and -independent signaling pathways control wound-induced gene activation in *Arabidopsis thaliana. Plant Phys.* 115: 817–826

Wasternack C, Parthier B (1997) Jasmonate-signalled plant gene expression. *Trends in Plant Science* 2: 302–307

Kapitel 2

AUTÖKOLOGIE: DIE PFLANZE ALS GESAMTORGANISMUS (WHOLE PLANT ECOLOGY)

Die **Autökologie** untersucht die Lebensbedingungen und die Reaktionen von einzelnen Arten in ihrem Verbreitungsgebiet. Nachdem die Erde im Laufe der Evolution der Landpflanzen an praktisch all ihren Standorten durch Pflanzen besiedelt worden ist, reichen die Wuchsbedingungen von den tropischen Klimaten bis hin zum ewigen Eis, von den Mooren bis hin zu den Wüsten, und von Standorten, an denen Salz im Überschuss vorhanden ist, bis hin zu Standorten, an denen ein oder mehrere Nährsalze die Entwicklung der Pflanzen limitieren. Diese unterschiedlichen Bedingungen erfordern mannigfaltige **Anpassungen**, wobei es keinesfalls so ist, dass eine Pflanze „sich anpasst“. Vielmehr kommt es in einer Population zu Mutationen, die unter den gegebenen Konkurrenz- und Standortbedingungen nicht von Nachteil sind und möglicherweise nicht einmal äußerlich auffallen. Ändern sich die Bedingungen, z. B. in Klima oder Nährstoffangebot oder durch steigende Konkurrenz, dann weisen Individuen, die bereits über bestimmte Merkmale verfügen, eine höhere Konkurrenzkraft oder eine größere Überlebenschance auf, um das Areal auszuweiten. Man bezeichnet diesen Vorgang als **Präadaptation**: Merkmale, die für bestimmte Standortbedingungen „vorteilhaft“ sind, entstehen vor den eigentlichen Änderungen der Wuchsbedingungen und sind Voraussetzung für die Besiedlung neuer Standorte (siehe Kapitel 4.1 und 4.2).

Cocos nucifera, die Kokosnuss, ist eine pan-tropische Palme mit schwimmfähigen Früchten, die wegen der vielfältigen Nutzbarkeit seit langem vom Menschen verbreitet wurde: Stamm = Bauholz, Blätter = Baumaterial für Dächer, flüssiges Endosperm = vitaminreiche Kokosmilch, festes Endosperm = fetthaltige Copra, lufthaltiges Mesokarp = Kokosfaser. Weltweite Produktion von Copra ca. 4 bis 5 Mill. Tonnen. Cocos bildet die unmittelbare Küstenvegetation vor allem auf Korallensand. Es handelt sich um salzhaltige, periodisch trockene Standorte mit hoher Einstrahlung, ein „Wüsten“-Standort in Küstennähe. Punta Cahuita, Costa Rica. Foto: E.-D. Schulze.

Die Autökologie beschäftigt sich mit dem Ergebnis dieses Prozesses, d. h. sie untersucht, welche Eigenschaften es der Einzelpflanze ermöglichen, unter bestimmten Bedingungen zu gedeihen. Die Palette der möglichen Reaktionen auf die Umwelt ist dabei sehr breit und reicht von biochemischen, zellulären bis hin zu morphologischen Veränderungen. Vergegenwärtigt man sich die breite Vielfalt der pflanzlichen Formen, die von jahrhundertealten Baumriesen im borealen oder tropischen Urwald bis hin zu einjährigen Arten der ariden Gebiete reicht, die ihren aktiven Lebenszyklus von der Keimung bis zur Samenbildung in Jahrhunderten bzw. in wenigen Tagen abschließen, so sind neben der Stressphysiologie vor allem die Struktur und die Lebensdauer der Pflanzen herausragende Merkmale, mit denen die Pflanzenwelt auf die Umwelt reagiert. Damit wird die Autökologie zu der **Ökologie der Einzelpflanze**, einem Gebiet, das im englischen Sprachgebrauch als ***whole plant ecology*** bezeichnet wird. Dieses Gebiet untersucht die Reaktionen, die auf der Ebene der Einzelorgane (z. B. Sprosshöhe, Blattgröße, Wurzeltiefe) oder zwischen den Organen möglich sind (z. B. Ressourcenverteilung zwischen Spross und Wurzel, Steuerungen der Koordinierung von Spross und Wurzel). Die Ökologie der Einzelpflanze stellt die Verbindung her zwischen der Stressphysiologie und den Bedingungen am Wuchsort.

Man kann das Gebiet der Autökologie in unterschiedlicher Weise aufteilen. Wir folgen hier dem klassischen Ansatz der „Haushalte“. An einem bestimmten Standort muss ein pflanzliches Individuum die verschiedenen Haushaltsgrößen regulieren und miteinander in Einklang bringen; dazu gehören insbesondere:

- der Wärmehaushalt: Bestimmte extreme Temperaturen dürfen nicht überschritten werden;
- der Wasserhaushalt: Aktives Leben erfordert einen hohen Sättigungsgrad der Zellen mit Wasser;
- der Nährstoffhaushalt: Wachstum ist nur mit der Versorgung essenzieller Nährelemente möglich;
- der Kohlenstoffhaushalt: Leben erfordert Energie zum Unterhalt bestehender Organe und Ressourcen für weiteres Wachstum und die Fortpflanzung.

2.1 Der Wärmehaushalt der Pflanzen

Bildung von Eis an Zweigen der Buche. Die Eisbildung kommt durch das Auftreffen von unterkühltem Wolkenwasser auf die Vegetations-Oberflächen zustande. Der „Eisbart" wächst dem Wind entgegen (Duft-Behang) und kann Ausmaße erreichen, die zum Kronenbruch führen (Duftbruch). Im Gegensatz zum Auskämmen von unterkühlten Nebel- und Wolkentröpfchen, die zum Duft-Behang führen, handelt es sich bei Rauhreif um Eiskristalle, die aus der Dampfphase auskristallisieren. Solling IBP Buchenfläche B1. Foto E.-D. Schulze.

Literaturempfehlung

Die Autökologie wurde zuletzt umfassend behandelt von Lange, Nobel, Osmond und Ziegler in der Encyclopedia of Plant Physiology, Teil Physiological Plant Ecology Vol. 12 A bis D, Springer Verlag (1982). Trotz der 20 Jahre, die das Werk zurückliegt, bleibt es ein Meilenstein im Wissen um die Autökologie. Als Lehrbuch ist die „Ökophysiologie der Pflanzen" von W. Larcher (UTB, Ulmer, 1994) eine nicht zu umgehende Wissensbasis. In englischer Sprache erschien 1998 Lambers und Chapin: Plant Physiological Ecology (Springer Verlag).

Der Wärmehaushalt behandelt die Umsetzung der Strahlungsenergie. Nur wenig mehr als 1 % der eingestrahlten Sonnenenergie wird für den Stoffwechsel der Photosynthese verwendet. Die übrige Energie (ca. 700–1 000 W m^{-2} bei voller Einstrahlung in Bodennähe) muss wieder abgegeben werden, denn die Pflanze ist ortsgebunden und absorbiert das kurzwellige Licht entsprechend ihrem **Albedo** (Rückstrahlung). Diese Energie kann nur umgesetzt werden durch Abgabe von Wärme an die umgebende Luft (**fühlbare Wärme**) oder durch Verdunstung von Wasser (**latente Wärme**). Die Wärmeleitung in den Boden ist zu langsam, um z. B. bei wechselnder Einstrahlung den Wärmehaushalt eines Blattes zu regulieren. Aus den Wärmeumsetzungen resultiert die **Temperatur der Organe** (insbesondere der Blätter und Blüten) oder die **Tempe-**

Kasten 2.1.1 Die Zusammensetzung der Atmosphäre

Chemische Zusammensetzung der unteren Atmosphäre:
78 % N_2, 21 % O_2, 0,6–4 % H_2O, 0,03 % CO_2, Edelgase und Spurengase aus natürlichen und anthropogenen Quellen.

Der Wasserdampf: Die maximale Menge an Wasserdampf, die von der Atmosphäre aufgenommen werden kann, bezeichnet man als Sättigungsdampfdruck (e_o), der von der Temperatur und vom Druck abhängig ist. Der Druck der wasserdampffreien Atmosphäre, P_a, ergibt sich aus dem gemessenen Druck der Atmosphäre, P, und dem aktuellen Dampfdruck, e, (P_a = P–e). Bei konstantem Luftdruck steigt der Sättigungsdampfdruck mit steigender Temperatur exponentiell an. Exakte Daten über die Zusammensetzung der Luft siehe List (1971):

Beachte: Feuchte Luft ist leichter als trockene Luft, denn das Verhältnis der Molekulargewichte von H_2O und N_2 beträgt 0,62 (18/38). Deshalb steigt feuchte Luft in der unteren Atmosphäre auf und kondensiert bei Abkühlung zu Nebel oder Wolken. Aus dem gleichen Grund erfolgt eine Kondensation an der Decke feuchter Räume bzw. am Deckel einer Petrischale.

Nur selten kommt es in der Atmosphäre zu einer Wasserdampfsättigung. Im Allgemeinen liegt der aktuelle Dampfdruck der Atmosphäre (e) unter dem Sättigungswert (e_o). Es gibt eine Reihe von Begriffen, die die Feuchtigkeit der Atmosphäre beschreiben (Abb 2.1.1):

- **absolute Feuchte:**
  $c_w = (2{,}17/T)\ e$, Dimension: g m^{-3}
  (Beachte: Die Volumenangabe der Luft ist druck- und temperaturabhängig);
- **relative Feuchte:**
  $h = e/e_o$, Dimension: %
  (Beachte: Bei konstantem Dampfdruck ist h abhängig von T);
- **Wasserdampf-Sättigungsdefizit der Atmosphäre:**
  $D_a = (e_o–e)/p_a$, Dimension Pa Pa^{-1}.
  (oft abgekürzt als VPD: *vapor pressure deficit*. Beachte: Wert ist unabhängig von Druck und Temperatur);
- **Wasserdampf-Sättigungsdefizit zwischen Blatt und Atmosphäre:** $D_l = (e_{ol}-e)/p_a$, wobei e_{ol} den Sättigungsdampfdruck bei Blatttemperatur bezeichnet und e der aktuelle Dampfdruck in der Atmosphäre ist; dieser Begriff ist wichtig als treibende Kraft für den Wasserverbrauch der Pflanze (früher abgekürzt als WD: Wasserdampf-Defizit);
- **Taupunkt** (*dew point temperature*, °C): T_d für $e=e_o$ (Temperatur, bei der unter Abkühlung Sättigung und damit Kondensation eintritt);
- **Temperatur eines feuchten Körpers bei freier Verdunstung** (*wet bulb temperature*, T_w): Diese Größe wird verwendet zur Messung des aktuellen Dampfdruckes (Psychrometer)

  $$e=e_{o(Tw)} - \gamma\,(T_a - T_w),$$

  wobei γ als die Psychrometer-Konstante bezeichnet wird: 66,1 Pa K^{-1} für ein ventiliertes Thermometer bei 100 kPa Luftdruck und 20 °C.

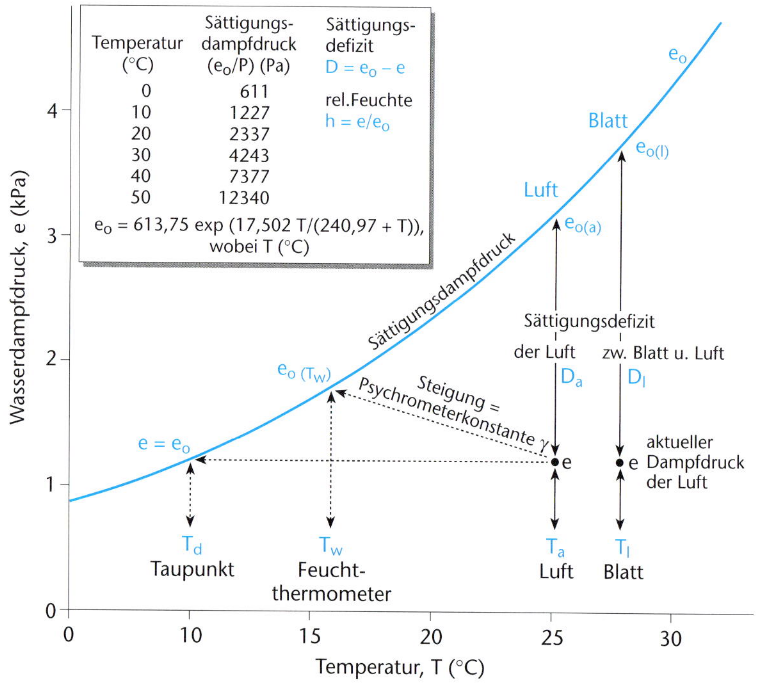

Abb. 2.1.1: Die Abhängigkeit des Sättigungsdampfdruckes, e_o, von der Temperatur, T, und die grafische Erklärung der verschiedenen Begriffe, die zur Beschreibung der Luftfeuchte nötig sind. T_a: Lufttemperatur; T_l: Blatttemperatur; T_w: Feuchtthermometer-Temperatur; T_d: Taupunkttemperatur; γ: Psychrometerkonstante; e: aktueller Dampfdruck der Atmosphäre; D_a: Sättigungsdefizit der Luft; D_l: Sättigungsdefizit zwischen Blatt und Luft; $e_{o(a)}$: Sättigungsdampfdruck bei Luft-(air)-Temperatur; $e_{o(l)}$: Sättigungsdampfdruck bei Blatt-(leaf)-Temperatur, wobei e_o berechnet werden kann aus: e_o = 613,75 exp (17,502 T/(240,97+T)), mit T in °C.

ratur von Oberflächen (Stämme, Boden), die sich in bestimmten physiologischen Grenzen halten muss, wenn Schäden vemieden werden sollen. Die Energieumsetzungen müssen von der Pflanze so gesteuert werden, dass auch kurzfristig keine Temperaturen auftreten, die schädigend wirken. Vielmehr sollte die Temperatur im Bereich des physiologischen Optimums der Stoffwechselvorgänge liegen, und dieses könnte sowohl über als auch unter der Umgebungstemperatur sein. Pflanzen können durchaus in einem sehr weiten Bereich Organtemperaturen beeinflussen. So werden beispielsweise in den Blütenständen der Araceae aktiv durch intensive Atmung über den Cyanid-resistenten Elektronentransport ca. 17 K Übertemperatur erzeugt, um Bestäuber anzulocken. In ariden Klimaten kann die Blatttemperatur durch Verdunstung ca. 17 K unter der Umgebungstemperatur liegen, wodurch Hitzeschäden vermieden werden. Die Pflanzentemperatur ist somit ein Ergebnis der Energiebilanz und damit eng an die edaphischen und klimatischen Bedingungen gebunden.

Im Folgenden werden zunächst die Atmosphäre und die bodennahen Luftschichten als Lebensraum behandelt, um anschließend die Energiebilanz eines Blattes und deren Auswirkungen auf die Reaktionen der Pflanzen zu beschreiben. Die biochemischen Grundlagen der Reaktionen von Pflanzen beim Auftreten extremer Temperaturen werden in Kapitel 1.3 behandelt.

2.1.1 Die Atmosphäre als Lebensraum

Der Wärmehaushalt der Pflanzen ist eng gekoppelt an die chemische Zusammensetzung und die physikalischen Transportprozesse der Atmosphäre, die in dem großen Gebiet der Meteorologie behandelt werden (Lehrbuch: Liljequist und Cehak 1974, Häckel 1985). Vor allem die Umsetzungen der Sonnenenergie verändern die klimatischen Bedingungen in der bodennahen Grenzschicht gegenüber der freien Atmosphäre. Gregor Kraus (1911) war der erste Wissenschaftler, der dieses Phänomen auf Standorten des Würzburger Wellenkalkes quantitativ beschrieb und damit eine eigene Disziplin, die Mikrometeorologie, begründete (Lehrbuch: Jones 1994).

Wasserdampf, CO_2 und O_2 sind für die Pflanzenwelt die wichtigsten Gaskomponenten – unabhängig davon, dass eine Reihe weiterer Spurengase (Ozon, Stickoxide, Ammoniak, Methan u. a.) die Pflanzen beeinflussen (siehe Kapitel 1.9). Hinsichtlich der Energiebilanz konzentrieren wir uns zunächst auf den Wasserdampf und das CO_2 in der Atmosphäre. Beide Gase haben vielfältige Bedeutung für die Existenz und das Wachstum von Pflanzen.

Wasserdampf beeinflusst u. a. durch die Bildung von Wolken

- die Absorption und Reflexion in der Atmosphäre und damit die Einstrahlung der Sonnenenergie;
- über das Sättigungsdefizit die Verdunstung von der Erdoberfläche und der Pflanzendecke und damit die Vegetation;
- über die Temperaturabhängigkeit der Sättigung und über die Veränderung der Dichte die Transportvorgänge in der Atmosphäre (Wolkenbildung) und damit den Niederschlag.

Kohlendioxid beeinflusst

- durch Absorption und Ausstrahlung von langwelliger Strahlung den Wärmehaushalt der unteren Atmosphäre;
- die Photosynthese als Substrat.

Die Interaktion zwischen den optischen Eigenschaften und der Gaszusammensetzung der Atmosphäre wird deutlich aus Abbildung 2.1.2 A (Mitchell 1989, IPCC 1996). Die Einstrahlung der Sonne erfolgt im kurzwelligen Bereich bei ca. 6 000 K mit einem Maximum bei etwa 0,6 µm Wellenlänge (sichtbares Licht). Die mittlere Einstrahlungsenergie an der oberen Grenze der Atmosphäre beträgt 1 370 W m^{-2} (**Solarkonstante**, gemessen in der Stratosphäre). Da die Erde aber keine Scheibe ist, sondern eine Kugel, liegt der mittlere Strahlungsfluss auf der Tageshemisphäre, gemittelt über die besonnte Hälfte der Erde, bei nur 340 W m^{-2} (WBGU 1997). Diese Einstrahlung wird ausgeglichen durch langwellige Ausstrahlung (**Wärmestrahlung**, I_l), die unter den Bedingungen der Erdatmosphäre bei 255 K in der Stratosphäre erfolgt. Langwellige Strahlung folgt dem **Stefan-Boltzmann'schen Gesetz**

$$I_l = \sigma T^4, \qquad (2.1.1)$$

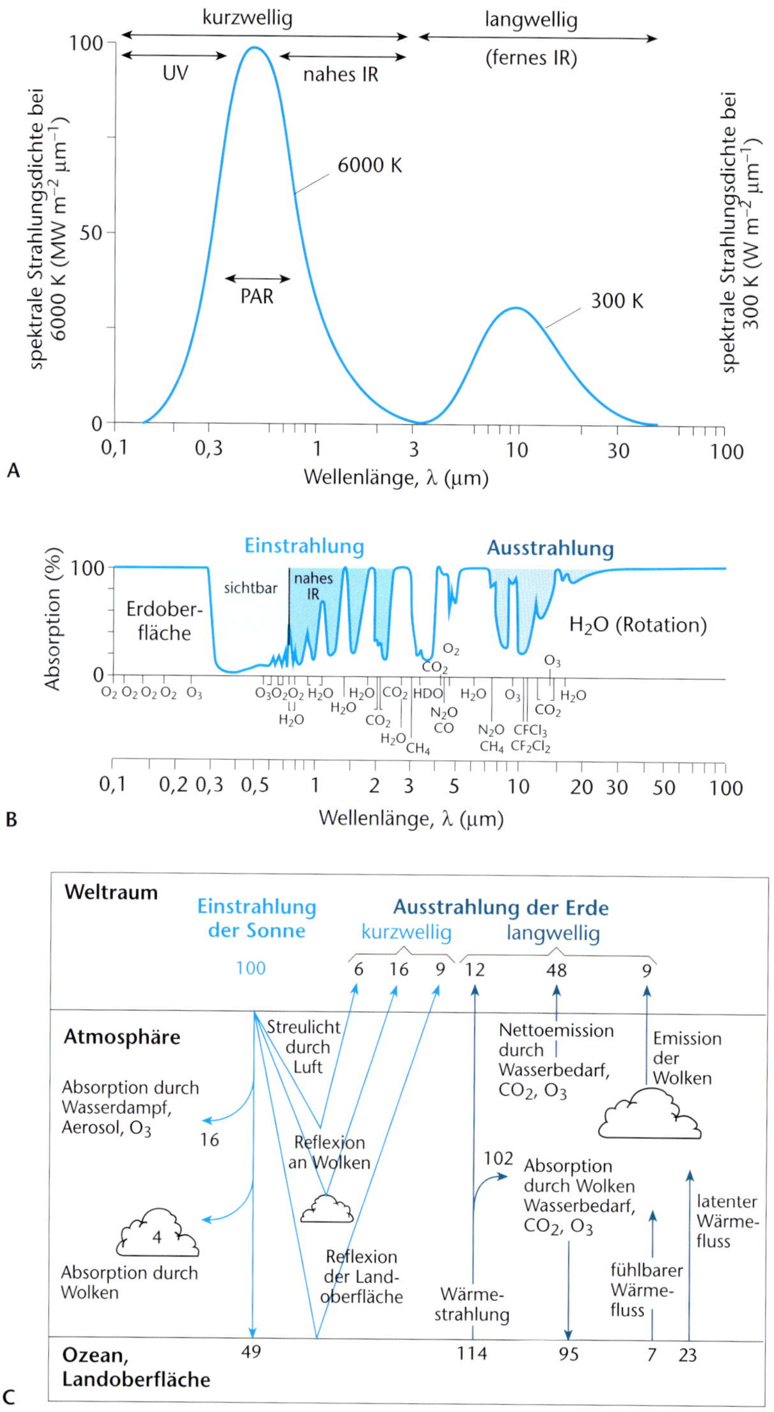

Abb. 2.1.2: Energieverteilung der Strahlungsbilanz der Erde. A: Spektrale Verteilung der kurzwelligen Sonneneinstrahlung und der langwelligen Wärmestrahlung der Erde. B: Absorption der Strahlung in der Atmosphäre. Die Spektrallinien werden erzeugt durch Gase in der Atmosphäre. Wichtig sind Ozon im kurzwelligen Bereich, Wasserdampf und CO_2 im langwelligen Bereich. Hinzu kommt die Absorption durch CO, N_2O und Fluorchlorkohlenwasserstoffe. C: Die Umsetzung der Einstrahlung und die Bilanz der Wärmestrahlung in der Atmosphäre. Die Prozentzahlen beziehen sich auf die durchschnittliche globale solare Einstrahlung von 342 W m^{-2} (nach Mitchell 1989, WBGU 1997).

wobei $\sigma = 5{,}67 \times 10^{-8}$ (W m^{-2} K^{-4}) die Stefan-Boltzmann-Konstante und T die Temperatur in Kelvin darstellen. Ohne Atmosphäre gäbe es keine Gegenstrahlung der Atmosphäre, und damit läge die mittlere Erdtemperatur bei –18 °C.

Die atmosphärischen Gase, insbesondere Wasserdampf und CO_2, bewirken, dass ein Teil der eingestrahlten Sonnenenergie im kurzwelligen und nahen IR-Bereich absorbiert und reflektiert wird (Abb. 2.1.2 B). In der Erdatmosphäre absorbiert vor allem Ozon die kurzwellige Sonneneinstrahlung (UV-Strahlung). H_2O und CO_2 absorbieren im nahen Infrarotbereich, womit die Einstrahlung auf ein schmales **Einstrahlungsfenster** mit einem Maximum im sichtbaren Licht begrenzt wird. Der Strahlungsgewinn wird durch Ausstrahlung im langwelligen IR-Bereich ausgeglichen, wobei Wasserdampf und CO_2 die langwellige Ausstrahlung der Erdoberfläche einschränken. Es bleibt zwischen 8 und 14 µm Wellenlänge nur ein schmales **Ausstrahlungsfenster**, in dem die Erdoberfläche Energie absorbiert bzw. abgibt.

In der **Energiebilanz** der Erde addieren sich Reflexions- und Absorptionsprozesse (Abb. 2.1.2 C, Mitchel 1989). Dabei wird die kurzwellige Strahlung an den Molekülen der Atmosphäre und an Wolken absorbiert und reflektiert. Ein weiterer Teil wird in Abhängigkeit von der Art der Vegetationsbedeckung an der Erdoberfläche reflektiert.

Der Wärmehaushalt erfasst die Summe der Energieflüsse (Tabelle 2.1.1). Man unterscheidet dabei zwischen der **Strahlungsbilanz** und der **Energiebilanz**. Die Strahlungsbilanz erfasst die Summe der kurz- und langwelligen Strahlungsflüsse und die Reflexion, wohingegen die Energiebilanz die Summe aller Wärmeflüsse bildet. Hierbei werden vor allem auch der Wärmetransport, die Verdunstungswärme und der Bodenwärmestrom erfasst. Die Strahlungsbilanz ist im Allgemeinen nicht ausgeglichen (unterschiedlich von null), wohingegen die Energiebilanz in der Summe aller Prozesse null ergeben muss.

Allgemein kann man die Netto-**Strahlungsbilanz** der Erde (R_n; n steht für Netto) durch folgende vereinfachte Gleichungen ausdrücken:

Strahlungsbilanz der oberen Atmosphäre (Q_{nA})

$$R_{nA} = I_{sA} - \rho_{sA}\, I_{sA} - \varepsilon_{lA}\, I_{lA} \qquad (2.1.2)$$

Strahlungsbilanz = Einstrahlung – Reflexion – langwellige Ausstrahlungen

Hierbei kennzeichnet R_{nA} die Bilanz der Strahlungsflüsse am oberen Rand der Atmosphäre, I_{sA} die kurzwellige solare Einstrahlung am oberen Rand der Atmosphäre, ρ_{sA} ist das Reflexionsvermögen der Atmosphäre für Solarstrahlung (Wolken, Gase und Boden), ε_{lA} ist das Emissionsvermögen der Atmosphäre für langwellige Strahlung und I_{lA} die langwellige Ausstrahlung der Atmosphäre (Wolken, Gase und Boden).

In analoger Weise kann man auch die Strahlungsbilanz in Bodennähe darstellen.

Strahlungsbilanz der Erdoberfläche (R_{nB}) ist die Summe aus kurzwelliger Ein- und Ausstrahlung und langwelliger Ein- und Ausstrahlung:

$$R_{nB} = I_{sB} - \rho_{sA}\, I_{sB} + I_{lA} - \varepsilon_{lB}\, I_{lB} \qquad (2.1.3)$$

Strahlungsbilanz = kurzwellige Einstrahlung – Reflexion + langwellige Einstrahlung – langwellige Austrahlung

Die kurzwellige Einstrahlung I_{sB} wird Solarstrahlung genannt. $I_{sB} - \rho_{sA}\, I_{sB}$ kennzeichnet die kurzwellige Strahlungsbilanz (gemessen mit einem Radiometer mit Glashaube), und $I_{lA} - \varepsilon_{lB}\, I_{lB}$ kennzeichnet die langwellige Strahlungsbilanz (gemessen mit einem Radiometer mit Selenglas). Die Strahlungsbilanz wird gemessen mit einem Radiometer mit IR-durchlässiger Polyethylen-Haube.

Im Gegensatz zur Strahlungsbilanz enthält die Energiebilanz weitere Wärmeströme, die dazu führen, dass die Bilanz insgesamt ausgeglichen ist.

$$\Phi_{nB} = R_{nB} - H - \lambda E - B - S - M = 0 \qquad (2.1.4)$$

Energiebilanz = Strahlungsbilanz – fühlbarer Wärmefluss – latenter Wärmefluss – Bodenwärmestrom – Speicher – Metabolismus = 0

Hierbei kennzeichnet Φ_{nB} den Netto-Energiefluss an der Bodenoberfläche, R_{nB} die Strahlungsbilanz in Bodennähe. Der fühlbare Wärmefluss H ist proportional zur spezifischen Wärmekapazität der Luft (c_p = 1 012 J $kg^{-1}K^{-1}$) und der Temperaturdifferenz zwischen Boden und Atmosphäre ΔT. ρ ist die Dichte der Luft: 1,1884 kg m^{-3} bei 20 °C und 1 000 hPa Luftdruck. H ist abhängig von der Kopplung der austauschenden Oberfläche an die Atmosphäre. Diese Kopplung wird durch den Grenzschichtwiderstand, r_b, dargestellt:

$$H = (\rho c_p\, \Delta T)/r_b \qquad (2.1.5)$$

In Gleichung 2.1.4 kennzeichnet λE den **latenten Wärmefluss**, wobei λ den Energiebedarf zur Verdunstung von Wasser darstellt (2,454 MJ kg^{-1} bei 20 °C) und E die Verdunstung (kg m^{-2}) kennzeichnet.

Tabelle 2.1.1: Die Energiebilanz* der Erde

Strahlungsbilanz der Atmosphäre		Umsatz (W m^{-2})	relativer Anteil (%)
Solare Einstrahlung (kurzwellig)	I_{sA}	+ 342	100
– Reflexion (kurzwellig)	$\rho_{sA}\ I_{sA}$	– 106	– 31
– der Aerosole und Wolken	(– 75= 22%)		
– des Bodens	(– 31= 9%)		
(= Globalstrahlung)			
– Wärmestrahlung	$\varepsilon_{lA} I_{lA}$	– 236	– 69
– der Gase an den Weltraum	(– 164= 48%)		
– der Wolken	(– 31= 9%)		
– des Bodens an den Weltraum	(– 41= 12%)		
Strahlungsbilanz der oberen Atmosphäre	Q_{nA}	0	0
Strahlungsbilanz des Bodens			
Solare Einstrahlung (kurzwellig)	I_{sA}	+ 342100	
– Reflexion (kurzwellig)	$\rho_{sA}\ I_{sA}$	– 106	– 31
– der Aerosole und Wolken	(– 75= 22%)		
– des Bodens	(– 31= 9%)		
– Absorption in der Atmosphäre		– 68	– 20
Kurzwelliger Strahlungsgewinn am Boden		+ 168	+ 49
langwellige Strahlung			
– Wärmestrahlung der Erdoberfläche	$\varepsilon_{lB} I_{lB}$	– 390	– 114
– Wärmestrahlung der Wolken	$\varepsilon_{lA} I_{lA}$	+ 325	+ 95
Strahlungsbilanz am Boden	Q_{nB}	+ 103	+ 30
Wärmetransport am Boden			
– Abgabe fühlbarer Wärme	H	– 24	– 7
– Verdunstungswärme	λE	– 79	– 23
Energiebilanz des Bodens		0	0

* Die Energieumsätze mit Reflexion, Absorption und langwelliger Emission erfolgen einerseits in der Atmosphäre, andererseits an der Oberfläche der Erde. Die Solarkonstante (1 370 W m^{-2}) bezeichnet die Energie, die auf eine ebene Fläche außerhalb der Atmosphäre fällt, die senkrecht zur Sonneneinstrahlung steht. Im Gegensatz dazu bezieht sich die solare Einstrahlung (342 W m^{-2}) auf die Kugeloberfläche der Erde und bezeichnet den durchschnittlichen Energiegewinn auf der Kugelhälfte, die von der Sonne bestrahlt wird. Die Parameter entsprechen den Transportgleichungen im Text.

Kasten 2.1.2 Die Messung von Temperatur, Wasserdampf, Licht, Strahlung und CO_2 (für ökologische Freilandmethoden siehe Pearcy et al. 1994)

Temperatur:

- **beschattetes Quecksilber- oder Alkoholthermometer:** Vorteil: ohne Hilfsmittel ablesbar, meist ±0,5 K. Nachteil: hohe Wärmekapazität des Messfühlers, d. h. häufig Fehler durch Strahlung, lange Equilibrierungszeit. Standardgerät in der Meteorologie, dort aber geschützt vor direkter Einstrahlung in einer so genannten „Meteorologischen Hütte“ (engl. *screen*), die 2 m über dem Boden aufgestellt wird (meteorologische Standardhöhe über Rasen). Für genauere Messungen muss das Thermometer ventiliert werden.
- **Thermoelemente:** Verbindung von zwei Metallen oder deren Legierungen an zwei Lötstellen (z. B. Kupfer und Konstantan (55 % Cu + 45 % Ni): 38,7 µV K^{-1}), wobei eine Lötstelle als Messfühler und die andere Lötstelle als Referenz verwendet wird. Werden die beiden Lötstellen bei unterschiedlicher Temperatur exponiert, so ist zwischen den Lötstellen eine Spannung messbar, die proportional ist zur Temperaturdifferenz. Vorteil: einfach herstellbar mit Drähten, die so fein sind, dass auch bei Einstrahlung der Strahlungsfehler zu vernachlässigen ist. Bei Drähten mit einem Durchmesser <0,03 mm wird der Stahlungsfehler im Freiland <0,1 °C. Hohe Auflösung, da es sich um keine Absolutmessung, sondern um eine Differenzmessung handelt. Nachteil: Präzisionsmessgeräte nötig. Messgenauigkeit hängt von der Präzision der Messung an der Referenzstelle ab.

Kasten 2.1.2 Fortsetzung

- **Widerstandsthermometer (Pt100):** Es wird die Widerstandsänderung eines Platindrahtes mit der Temperatur erfasst (0,4 Ohm/K, ±0,2 K)
- **Halbleiter mit positivem oder negativem Temperaturkoeffizienten des Widerstands:** Vorteil: Absolutmessung; Messfühler haben hohen elektrischen Widerstand, daher einfache Messanordnung. Nachteil: Wegen der Fertigungstoleranz beträgt die Messgenauigkeit im Allgemeinen ± 0,2 K.

Feuchtigkeit:

- **Psychrometer zur Messung des aktuellen Dampfdruckes:** Es wird die Temperatur eines trockenen und eines am Bulbus befeuchteten Thermometers gemessen, wobei beide Thermometer ventiliert sein müssen. Aus der Temperaturdifferenz wird der Dampfdruck berechnet (siehe Kasten 2.1). Vorteil: Präzisionsgerät zur Eichung anderer Geräte. Nachteil: intensive Wartung nötig im Dauerbetrieb. Genauigkeit abhängig von der Art der Thermometer.
- **Taupunkttemperatur zur Messung der Sättigungsfeuchte bei Abkühlung:** Ein Goldspiegel wird abgekühlt auf die Temperatur, bei der Tau ausfällt und damit die Reflexionseigenschaften des Spiegels ändert. Vorteil: Präzisionsgeräte entsprechend der Temperaturmessung des Spiegels. Nachteil: aufwendige Elektronik. Genauigkeit ±0,1 K.
- **Infrarotgasanalyse zur Messung des molaren Verhältnisses von Wasserdampf und Luft:** Wasserdampf absorbiert Infrarot (IR)-Strahlung. Die Messluft wird durch eine Messküvette geleitet, die mit Infrarot (2590 nm) durchstrahlt wird. Die Absorption wird verglichen mit einer Referenzküvette, in die wasserdampffreie Luft geleitet wird. Vorteil: hochpräzise kontinuierliche Absolut- und Differenzmessung. Nachteil: aufwändige Messgeräte, deren Präzision von der Kalibrierung abhängt. Genauigkeit ±1 ppm.
- **UV-Gasanalyse:** entsprechend der IR-Gasanalyse wird in diesem Falle die Absorption von UV-Strahlung (121 nm) durch Wasserdampf als Messsignal genutzt. Die UV-Strahlung wird dabei durch eine Krypton-Quelle erzeugt.
- **Kapazitive Messung der relativen Luftfeuchte:** Ein hygroskopischer Kristall bildet das Dielektrikum in einem Kondensator. Vorteil: robuste kontinuierliche Messung mit einfacher Kalibrierung des Nullpunktes. Nachteil: nicht-lineare Empfindlichkeit bei hoher und niedriger Feuchte. Genauigkeit ±3 % rF.
- **Haarhygrometer zur Messung der relativen Luftfeuchte:** Haare verändern ihre Länge in Abhängigkeit vom Quellungszustand und damit von der relativen Luftfeuchte, d. h. sie dehnen sich aus in trockener Luft.
  Vorteil: robust und einfach zu handhaben. Nachteil: nicht-linear und ungenau bei hoher und niedriger Feuchte wegen Hysteresis-Effekten. Genauigkeit ± 5 %r F.

Licht:

- Siliziumdiode mit Filter zur spektralen Begrenzung der Messung zwischen 400 und 700 nm (*Photosynthetically Active Radiation:* PAR): Es wird die Zahl der Photonen gezählt (Mol Photonen m^{-2} s^{-1}).

Strahlung:

- Thermoelementreihe (thermopile): Es wird die eingestrahlte Energie erfasst, die zu einer Erwärmung der bestrahlten Seite eines Thermoelementes führt. Durch Hintereinanderschalten einer Reihe von Termoelementen wird die Messempfindlichkeit erhöht (W m^{-2}).

Kohlendioxid:

- Infrarotgasanalyse entsprechend der Messung von Wasserdampf in einem IR-Bereich (4260 nm), der selektiv ist für CO_2 oder in trockener Luft. Vorteil: kontinuierliche Messung. Nachteil: aufwändige Geräte, Genauigkeit abhängig von der Qualität der Kalibrierung (±0.1 ppm).
- Gaschromatographie mit FID *(Flame Ionisation Detector):* Bei diesem Messverfahren wird CO_2 über einem NiO-Katalysator in H_2-Atmosphäre bei 380 °C in Methan umgewandelt, das am FID messbar ist. Vorteil: hochpräzise Messung (0,01 ppm) an Einzelproben (z. B. zur Herstellung von Kalibrationsgasen). Nachteil: aufwändige Geräte und Handhabung.

Weitere Spurengase:

N_2O: Gaschromatograph mit ECD (*Electron Capture Detector*).

CO und **H_2:** GC mit Hg-Detector: Bei 300 °C wird CO über HgO umgewandelt in CO_2 und H_2 in H_2O. Die dabei proportional frei werdenden Hg-Atome werden detektiert.

NO und **NO_X:** NO_2 wird mit UV-Licht umgewandelt in NO, das mit einem Chemilumineszenz-Detektor analysiert wird. NO_2 ist direkt messbar mit einem Flüssigphasen-Chemolumineszenz-Detektor, aber dieses Verfahren ist langsamer.

Die langwellige Strahlung folgt in allen Fällen dem Stefan-Boltzmann'schen Gesetz (siehe Gleichung 2.1.1).

Die jährliche kurzwellige Einstrahlung durch die Sonne (Solarstrahlung, Abb. 2.1.3) ist auf der Erde ungleichmäßig verteilt. Wegen der geringen Bewölkung ist die Nettoeinstrahlung in den Trockengebieten der Erde am größten und sinkt in den polaren Regionen auf etwa 40 % und in den Tropen auf 70 % der Einstrahlung in den Trockengebieten ab. Die globale Verteilung der Einstrahlung spiegelt sich in der globalen Temperaturverteilung und insbesondere in der Verteilung von niedrigen Temperaturen und **Frösten**.

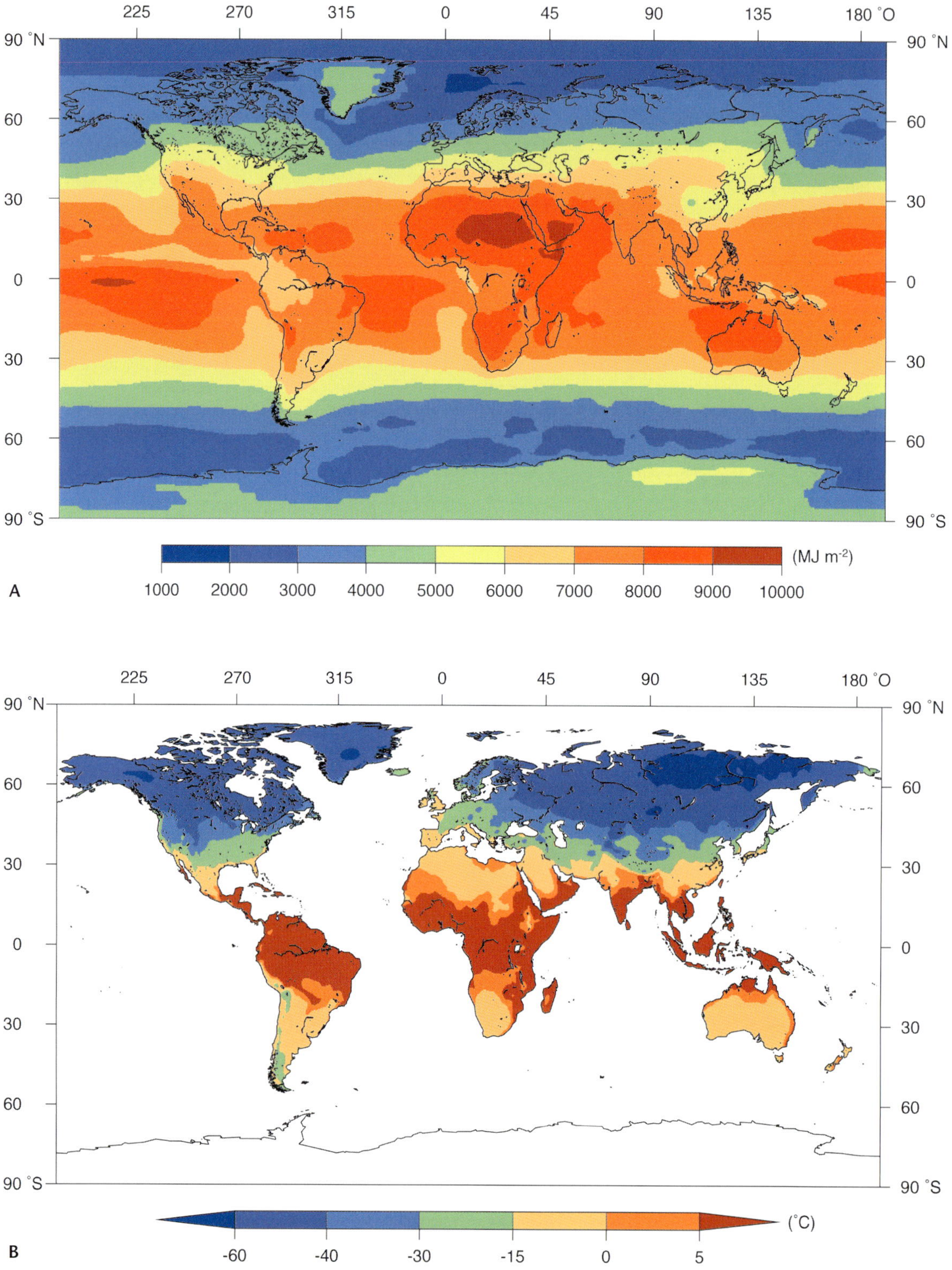

Abb. 2.1.3: A: Globale Verteilung der Solarstrahlung (kurzwellige Einstrahlung der Sonne an der Erdoberfläche); B: globale Verteilung der Fröste. Erstellt durch J. Kaplan (A, nach http://daac.gsfc.nasa.gov/CAMPAIGN_DOCS/FTP_SITE/INT_DIS/readmes/srf rad.html, Bishop and Rossow 1991).

Nur 12 % der langwelligen Ausstrahlung der Erdoberfläche gelangen direkt und ohne Umsetzungen mit Gasen oder Wolken in den Weltraum (siehe Abb. 2.1.2). Die Klimawirksamkeit der Spurengase beruht auf deren Einfluss auf diesen Anteil der langwelligen Wärmeausstrahlung der Erde. Der Einfluss wird oft als **Glashaus**- oder **Treibhauseffekt** bezeichnet, da Fensterglas für kurzwellige Strahlung durchlässiger ist als für langwellige. Kurzwellige Strahlung passiert die Glasscheibe ungehindert und wird nach dem Auftreffen auf Gasmoleküle und auf die Oberflächen des Raumes entsprechend deren Temperatur in langwellige Strahlung umgewandelt. Diese kann die Glasscheibe nicht mehr passieren und ist damit in dem Raum „gefangen" – als Folge erhöht sich die Temperatur eines Glashauses, denn es wird Energie zugeführt, aber nicht abgegeben. Analog dazu entsprechen die Spurengase in der Erdatmosphäre der Glasscheibe, wobei CO_2, Methan und andere Spurengase die optischen Eigenschaften der Atmosphäre (d. h. analog: die Qualität des Glases) beeinflussen und damit der starke rezente Anstieg dieser Gase **klimawirksam** ist (Stott et al. 2001). Dieses Ausstrahlungsfenster wird zusätzlich verengt durch Ozon und anthropogene **Fluorchlorkohlenwasserstoffe (FCKW)**. Diese Spurengase verringern die Ausstrahlung genau in dem Bereich des atmosphärischen Fensters, in dem die Ausstrahlung eigentlich ihr Maximum hat. Diese Gase sind daher deutlich „klimawirksamer" als die Spurengase CO_2, Methan und Lachgas (N_2O), welche die Ausstrahlung nur im Bereich der Flanken des Absorptiosspektrums verringern (d. h. die Atmosphäre undurchlässiger machen für langwellige Wärmestrahlung; über den „Glashauseffekt").

Der zeitliche Verlauf von **Temperaturänderungen** und **CO_2-Konzentrationen** zeigt im Verlauf der letzten Eiszeiten eine erstaunliche Parallelität der Kurven (Abb. 2.1.4), was einen kausalen Zusammenhang vermuten lässt. Abbildung 2.1.4 A verdeutlicht aber auch, dass die Erde in ihrer Geschichte erheblichen Temperatur- und CO_2-Schwankungen ausgesetzt war, wobei die Organismen aber meist niedrigere Temperaturen zu bewältigen hatten als zur Zeit herrschen. Die meisten Pflanzenarten entstanden bereits vor den Klimaschwankungen im Tertiär, d. h. sie waren in der Lage, diese Schwankungen zu überleben. Abbildung 2.1.4 B zeigt auch die Entwicklung der CO_2-Konzentration in den letzten 1000 Jahren. Aus diesem Zeitverlauf wird deutlich, dass die frühen Entwaldungen durch den Menschen in Mitteleuropa (erste bis dritte Rodungsperiode: 800 bis 1300, siehe Kapitel 4.1) die CO_2-Konzentration der Atmosphäre nicht veränderten, denn die Freisetzung von CO_2 erfolgte in einer weitgehend ungestörten Umgebung, die dieses CO_2 wieder assimilierte. Erst seit dem 18. Jahrhundert steigt die CO_2-Konzentration zunächst langsam und seit der Mitte des 20. Jahrhunderts exponentiell an. Als vorindustrielle CO_2-Konzentration nimmt man 280 ppm an. Im Augenblick beträgt der Anstieg 1,5 ppm pro Jahr. Die CO_2-Konzentration und die Temperaturen erreichen mittlerweile ein Niveau, das in der jüngeren Erdgeschichte nicht erreicht wurde. Die globalen Auswirkungen werden in Kapitel 5 dargestellt.

Die Bedeutung erhöhter Spurengaskonzentrationen für das Klima ist an einem erdgeschichtlichen Ereignis abzulesen (Norris und Röhl 1999). Die Grenze zwischen Paläozän und Eozän (vor 55 Mill. Jahren) ist durch eine vorübergehende Erhöhung der mittleren Erdtemperatur um 5–7 K gekennzeichnet. Es konnte gezeigt werden, dass diese Temperaturerhöhung durch einen Erdrutsch am Kontinentalschelf des Atlantiks ausgelöst wurde, der 1 000–2 000 Gt Kohlenstoff als Methan aus **Methanhydrat** freisetzte. Diese Freisetzung liegt in derselben Größenordnung wie die derzeitige Freisetzung von CO_2 aus fossilen Brennstoffen (6 Gt/Jahr × 100 Jahre entspricht 600 Gt). Dieses erdgeschichtliche Ereignis kann als Modell dienen, um die Konsequenzen des derzeitigen Handelns des Menschen abzuschätzen.

Aus dem parallelen Verlauf der CO_2- und der Temperaturkurve ist aber nicht zu schließen, dass CO_2 allein den Klimawandel bewirkt (siehe z. B. Veizer et al. 2000). Es gibt eine Reihe von Faktoren, die den **Klimatrend** verstärken bzw. abschwächen. Dazu gehören insbesondere (IPCC 1996, Mitchell 1989)

- die Konstellation der Erde zur Sonne (Melankowich-Schwankung),
- die veränderte Rückstrahlung von Vegetation und Schnee bei Abkühlung,
- die veränderte Absorption von Gletschern bei zunehmender Bedeckung mit Staub,
- die wiederholte Freisetzung von Methanhydraten aus Sedimenten der Ozeane,
- die komplexe Interaktion verschiedener Spurengase (Abb. 2.1.5, WBGU 1997) mit Aerosolen, die sowohl verstärkend als auch dämpfend wirken können (IPCC 1996).

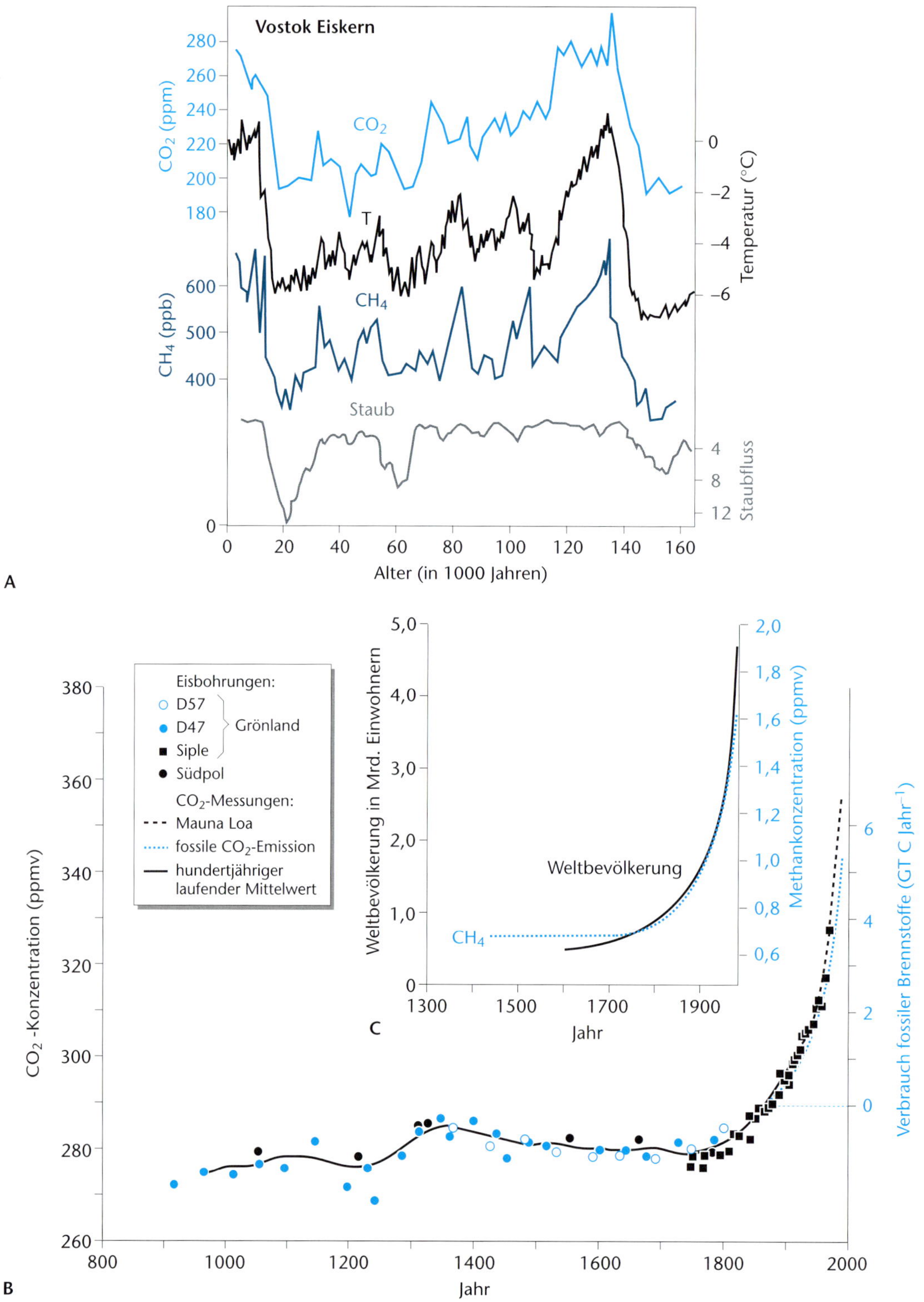

Abb. 2.1.4: A: Verlauf von Temperatur und CO_2-Konzentration im Verlauf der letzten 160 000 Jahre. Die CO_2-Konzentrationen wurden aus Eiskernen ermittelt (www.nicl-smo.sr.unh.edu/icwg). B: Verlauf der CO_2-Konzentration über die letzten 1000 Jahre und Verbrauch der fossilen Brennstoffe seit dem Jahr 1850. Die CO_2-Konzentrationen wurden aus Eiskernen ermittelt. Direkte Messungen der CO_2-Konzentration erfolgen seit 1960 auf dem Mount Mauna Loa, Hawaii. C: Verlauf der Methankonzentration in der Atmosphäre seit 1400 und Veränderung der Weltbevölkerung seit ca. 1600 (nach WBGU 1997).

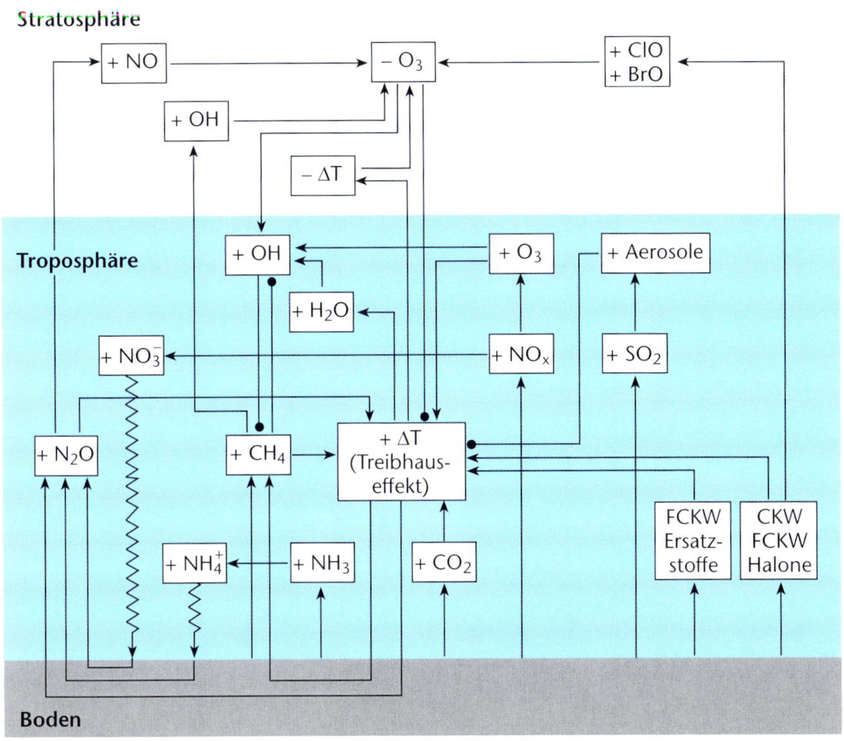

Abb. 2.1.5: Wechselwirkung zwischen verschiedenen Spurengasen im Einfluss auf die Temperatur in der Troposphäre. Direkte und indirekte (d. h. luftchemisch oder durch Ökosysteme vermittelte) Wirkungen von Stoffemissionen sind qualitativ illustriert durch verstärkende (Pfeile) und abschwächende (Punkte) Wechselwirkungen zwischen troposphärischen und stratosphärischen Trends (+: Zunahme, –: Abnahme, Pfeile: Gase, Schlangenlinien: nasse Deposition von Ionen) (nach WBGU 1997).

Kasten 2.1.3 **Zusammenfassung: Temperaturklima der Erde**

- Das **Temperaturklima** der Erde wird durch ein Gleichgewicht von kurzwelliger Einstrahlung und langwelliger Ausstrahlung gesteuert.
- Die **Einstrahlung** erfolgt in einem schmalen „Einstrahlungsfenster" im Bereich des sichtbaren Lichtes. Die Einstrahlung am Boden sinkt mit dem Bewölkungsgrad (niedrige Wolkendecke mit hoher Reflexion) und mit dem Aerosolgehalt der Atmosphäre, wobei die Aerosole sowohl natürlichen Ursprungs (Vulkane) als auch anthropogenen Ursprungs sein können.
- Die **Ausstrahlung** erfolgt in einem verhältnismäßig schmalen „Ausstrahlungsfenster", in dem der Wasserdampf ein Absorptionsminimum aufweist. Dieses Ausstrahlungsfenster wird durch einen Anstieg der natürlichen und anthropogenen Spurengase, insbesondere FCKW, Ozon, Methan, Lachgas und CO_2, zunehmend geschlossen. Eine Erderwärmung durch die Freisetzung von Spurengasen wurde in der Erdgeschichte an der Grenze vom Paläozän zum Eozän nachgewiesen.
- Das **Temperaturklima der Erde** ergibt sich aus der Bilanz der Energieflüsse. Die Schwierigkeiten bei einer Vorhersage des Temperaturklimas der Erde beruhen darauf, dass ein geringes Ungleichgewicht großer gegenläufiger Wärmeströme erhebliche Auswirkungen auf die Temperatur hat, denn die langwellige Abstrahlung erfolgt proportional zur vierten Potenz der Temperatur (Stefan-Boltzmann'sches Gesetz).

2.1.2 Das Klima der bodennahen Luftschichten

2.1.2.1 Der Tagesgang der Temperatur in Bodennähe

Das **Klima der bodennahen Luftschichten** wird durch die gleichen Prozesse gesteuert wie das Klima der Atmosphäre, nur treten hier in Abhängigkeit von der Bodenbeschaffenheit und der Vegetation größere Extreme auf (Abb. 2.1.6). Dies lässt sich besonders anschaulich anhand des **Temperaturverlaufs an einem Tag** darstellen (Walter 1960, Gates 1965). Dabei betrachten wir zunächst einen vegetationsfreien, senkrecht zur Einstrahlungsquelle liegenden Boden und anschließend die

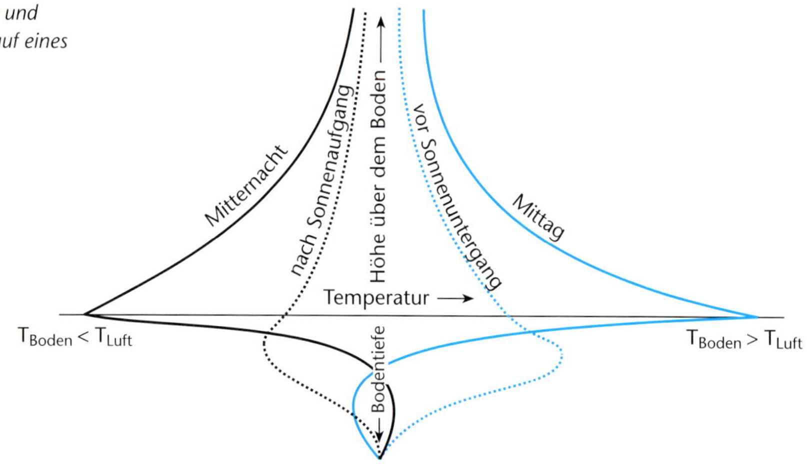

Abb. 2.1.6: Temperaturprofile über und unter der Bodenoberfläche im Verlauf eines Tages (nach Gates 1965).

Modifikationen, die sich durch unterschiedliche Hangneigung, Exposition und vor allem die Vegetationsdecke ergeben.

Mitternacht

Die langwellige Strahlungsbilanz bei hoher Ausstrahlung und niedriger Einstrahlung führt zu einer starken Abkühlung der Erdoberfläche, wobei die negative Strahlungsbilanz durch die Wärmeleitung aus dem Boden und durch geringen Wärmeaustausch (Konvektion) mit den bodennahen Luftschichten ausgeglichen wird. Tau- oder Reifbildung ergeben ebenfalls einen Wärmegewinn. Die Temperaturen können in einer wolkenfreien Nacht mehr als 10 K unter die Temperatur der Atmosphäre (in 2 m über dem Boden) absinken. Im Boden steigen mit zunehmender Tiefe die Temperaturen an, erreichen ein Maximum, das den Wärmegewinn des vorhergehenden Tages anzeigt, und fallen in größerer Bodentiefe auf ein Niveau, das der mittleren Temperatur der jeweiligen Jahreszeit entspricht.

Sonnenaufgang

Die Einstrahlung der Sonne kompensiert die langwellige Ausstrahlung des Bodens. Die Ausstrahlungsbilanz der Nacht und die Wärmeleitung im Boden führen dazu, dass am Morgen die Temperaturen mit der Bodentiefe zunächst sinken, bevor sie auf die mittlere Temperatur der Jahreszeit ansteigen.

Mittag

Die Temperaturen steigen in Abhängigkeit von der Einstrahlung auf ein Niveau, das durchaus 20 K über der Temperatur der Atmosphäre in 2 m Höhe liegen kann. Der Wärmeabtransport erfolgt durch Konvektion (Erwärmung der Atmosphäre) und durch Wärmeableitung in den Boden, wo die Temperaturen mit der Tiefe stark sinken und die Abkühlung der letzten Nacht noch als Temperaturminimum anzeigen, bevor in gößerer Bodentiefe die mittlere Temperatur der Jahreszeit erreicht wird.

Sonnenuntergang

Die Oberflächentemperatur sinkt mit der Einstrahlung. Hingegen steigt die Temperatur im Boden noch an. Dies ist die Wärmewelle, die durch Wärmeableitung am Mittag in den Boden gelangte.

2.1.2.2 Modifikation des Strahlungsklimas und des Temperaturverlaufs durch abiotische Standortfaktoren

Die Tagesamplitude der Bodenoberflächentemperatur und die Jahresdurchschnittstemperatur werden von den Bodenbedingungen und der Exposition beeinflusst (siehe auch Kapitel 4.3):

- **Wärmeleitfähigkeit und Wärmespeicherung im Boden:** Trockene Böden haben eine geringe Wärmeleitfähigkeit und erwärmen sich an der Oberfläche besonders stark bzw. kühlen in der Nacht stark ab, da die Einstrahlung vor

Abb. 2.1.7: A: Einfluss der Hangneigung auf die potentielle jährliche Einstrahlung (ohne Berücksichtigung von Wolken) 55° nördlicher Breite (nach Jones 1994). B: Subalpine Vegetation (2 500 – 3 000 m NN) im nördlichen Fergana-Gebirge (41 °N in Sari Chilek, Kirgisien) mit einer natürlichen Differenzierung der Vegetation auf Nord- und Südhang: Picea schrenkiana auf dem Nordhang, Wiesensteppen auf dem Südhang und Gebüsche (Rosa, Lonicera, Berberis) in der südlichen Talmulde als Folge höherer Schneelagen und Bodenfeuchte. Foto E.-D. Schulze.

allem durch die langwellige Ausstrahlung des Bodens ausgeglichen wird und bei trockenen Böden dieser Wärmeumsatz sich auf ein geringes Bodenvolumen beschränkt. Maximale Temperaturen von bis zu 60 °C wurden in Deutschland auf dem Wellenkalk bei Würzburg gemessen. Im Gegensatz dazu weisen feuchte Böden eine hohe Wärmeleitfähigkeit und Wärmekapazität auf. Sie haben daher eine geringere Tagesamplitude der Temperatur. Wegen der höheren Verdunstung sind sie aber im Jahresmittel kälter als trockene Böden.

- **Optische Eigenschaften der Bodenoberfläche:** Eine schwarze Bodenoberfläche aus Gestein oder Humus verstärkt die Strahlungsabsorption; ebenso ist auf weißen Mineralböden und bei Schneeauflage die Reflexion erhöht. Schwarze organische Auflagen können selbst im alpinen Klima Bodenoberflächentemperaturen von über 50 °C erreichen. Häufig wird auf besonnten organischen Böden die Resistenzgrenze von Keimlingen überschritten (so genannte Umfallkrankheit bei Buchenkeimlingen).
- **Exposition und Hangneigung:** Nordhänge erhalten in der nördlichen Hemisphäre weniger Einstrahlung als Südhänge, d. h. sie erwärmen sich mittags nicht so stark (Abb 2.1.7 A). Südhänge erhalten ein Strahlungsmaximum entsprechend des Breitengrads des Standorts. Ein Hang kühlt aber in der Nacht weniger ab als die Talsohle, da die Kaltluft schwerer ist als warme Luftmassen und ins Tal abfließt. Auch ist die Strahlungsbilanz eines Hanges mit der Atmosphäre nachts günstiger, da die Einstrahlung von benachbarten Oberflächen größer ist als in der Ebene. Nicht umsonst wird Wein an der Nordgrenze des Anbaugebiets vorwiegend an nach Süden geneigten Hängen angebaut. Die klimatischen Unterschiede zwischen Nord- und Südhang können in der nördlichen und südlichen gemäßigten Zone so groß sein, dass sie die Vegetation differenzieren (Abb 2.1.7 B).

- **Bodentiefe und Feuchtigkeit:** Die Temperaturen im Boden sind im Vergleich zur Erdoberfläche ausgeglichener, d. h. sie zeigen eine geringere Amplitude. Entsprechend der feuchteabhängigen Wärmekapazität, die abhängig ist von der Bodenfeuchte, verlaufen die Bodentemperaturen im Jahresgang zeitlich versetzt zu der Lufttemperatur.

2.1.2.3 Modifikation des Strahlungsklimas und des Temperaturverlaufs durch biotische Standortfaktoren

Das Strahlungsklima und der Temperaturverlauf der Bodenoberfläche werden besonders stark durch den pflanzlichen Bewuchs verändert:

- **Reflexion:** Die Zusammensetzung der Vegetation bestimmt die Reflexionseigenschaften der Vegetation. Der Reflexionskoeffizient schwankt zwischen 30 % für einen Birkenwald und 16 % für einen Nadelwald. Die geringe Reflexion des Nadelwaldes ist an der borealen Nadelwaldgrenze klimawirksam; es wird mehr Strahlungsenergie absorbiert und damit mehr Wärmeenergie im Bestand gehalten als auf einer waldfreien Fläche. Das Auftreten von immergrünen Koniferen könnte damit eine Verschiebung der Nadelwaldgrenze nach Norden bewirken; der Effekt wird kompensiert durch die Beschattung der Wurzel, die ein Auftauen im Frühjahr verzögert und damit die Vegetationsperiode verkürzt.
- **Strahlungsabsorption:** Der größte Teil der Einstrahlungsenergie wird unabhängig von der Vegetationshöhe im Kronendach der Vegetation umgesetzt (Abb. 2.1.8A). Dabei ist der Strahlungsumsatz wesentlich von der Blattfläche und der Blattstellung abhängig. Die Blattfläche wird quantifiziert durch den **Blattflächenindex *(leaf area index, LAI)***, der als Summe der projizierten Blattflächen pro Bodenfläche definiert wird. Unter der idealisierenden Annahme einer statistischen Verteilung der Blätter im Kronendach folgt die Extinktion des Strahlungflusses dem Lambert-Beer'schen Extinktionsgesetz:

$$I = I_o\, e^{-k\, LAI}\,, \qquad (2.1.6)$$

wobei I den Strahlungsfluss an einer bestimmten Stelle in der Vegetation beschreibt; I_o ist die

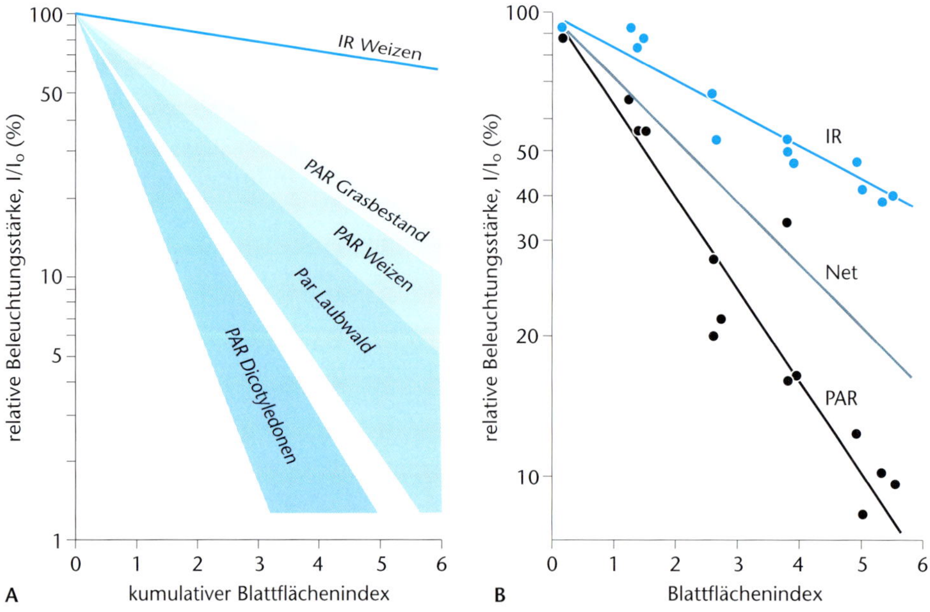

Abb. 2.1.8: A: Abnahme der photosynthetisch aktiven Strahlung (PAR) mit steigendem Blattflächenindex für dicotyle krautige Vegetation (horizontale Blattstellung: Extinktionskoeffizient k=0,7), Laubwälder, Weizenfelder und Grasbestände (vertikale Blattstellung, Extinktionskoeffizient k=<0,5) (nach Larcher 1994). B: Relative Abnahme der Beleuchtungsstärke von Infrarotlicht (IR), der Netto-Strahlungsbilanz (Net) und dem photosynthetisch aktiven Licht (PAR: 400 bis 700 nm) mit dem Blattflächenindex (Jones 1994).

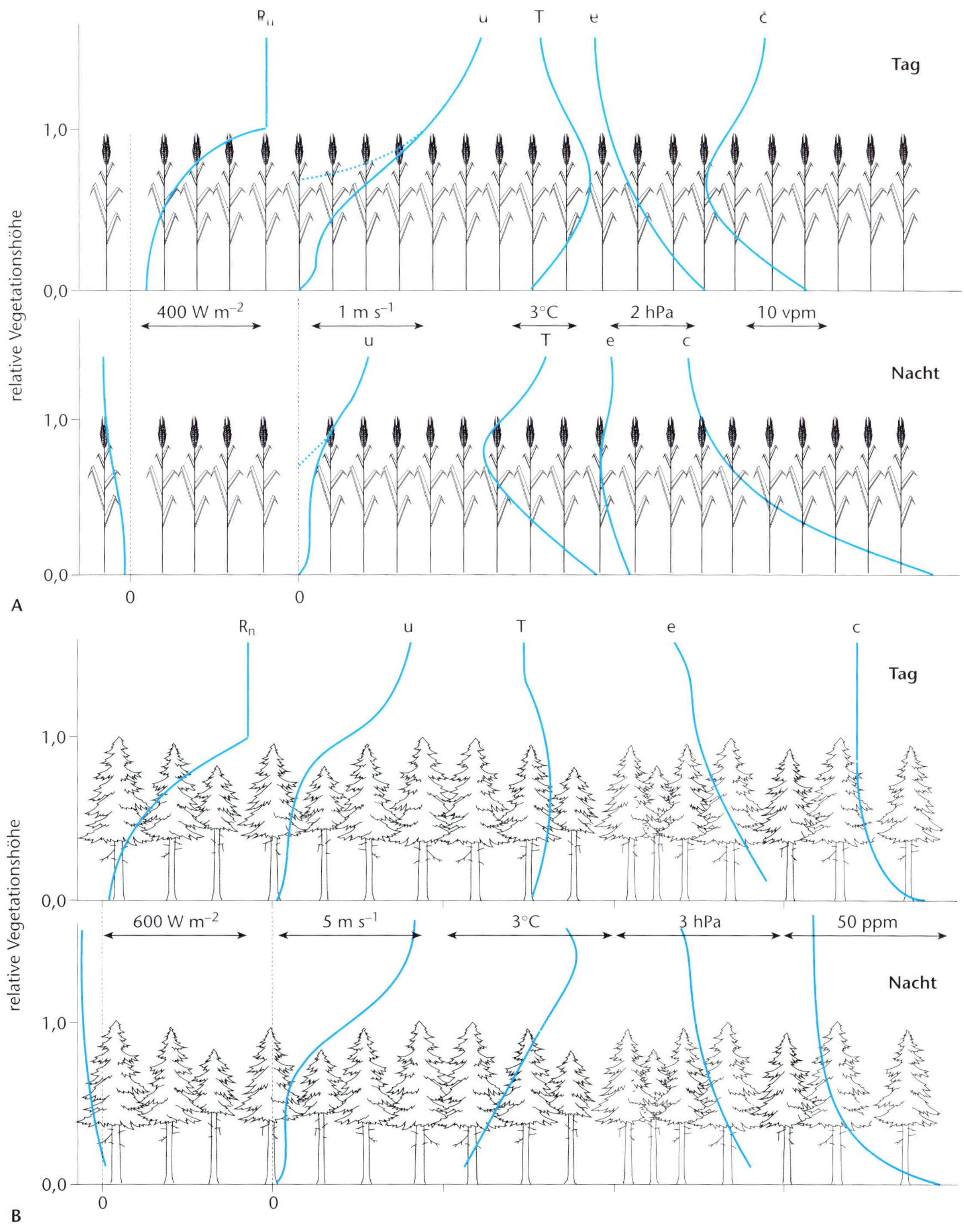

Abb. 2.1.9: Veränderung meteorologischer Parameter beim Energieumsatz (A) in einem Weizenfeld und (B) in einem Fichtenforst bei Tag und in der Nacht. R_n: Strahlungsbilanz; u: Windgeschwindigkeit; T: Lufttemperatur; e: Dampfdruck; c: CO_2-Konzentration. Am Tag führt die Strahlungsabsorption zu einer Temperaturerhöhung und einer Zunahme im Dampfdruck. Die CO_2-Konzentration erreicht ein Minimum in der Höhe der assimilierenden Blattschicht. Die Windgeschwindigkeit nimmt ab. In der Nacht kommt es zu einer Ausstrahlung. Dies führt zu einem Temperaturminimum in Blatthöhe. Die CO_2-Konzentration erreicht in Bodenhöhe ein Maximum. Wegen der geringeren Rauigkeit sind die Gradienten im Weizenfeld ausgeprägter als in einem Wald. Aus der Steigung der Profile lassen sich die Energie- und Massenflüsse berechnen (Weizen: nach Monteith 1973; Fichte: erstellt von C. Rebmann).

Einstrahlung über der Vegetation, LAI beschreibt den Blattflächenindex über dem Messpunkt und k den Extinktionskoeffizienten (und entspricht damit der Absorption ($1-\varepsilon$) in der Strahlungsbilanz, Gleichung 2.1.2). k variiert zwischen 0,5 für aufrechte Blätter (z. B. Gräser) und 0,7 für horizontale Blätter (z. B. Klee). Eine Reihe von Arten (insbesondere Leguminosen) sind zu Blattbewegungen fähig, womit der LAI aktiv und variabel gesteuert wird (siehe auch Abb. 2.1.14). Die „geklumpte" Verteilung von Nadeln bei Koniferen hat eine verringerte Absorption des Lichtes mit der Kronendachtiefe und damit einen erhöhten LAI zur Folge (siehe Abb. 2.1.9)

Die **Extinktion** des sichtbaren kurzwelligen Lichtes erfolgt in der Vegetationsdecke in Abhängigkeit vom LAI rascher als die Extinktion des langwelligen Energieflusses (Abb. 2.1.8 B, Jones 1994). Damit dringt die Wärmestrahlung tiefer in die Vegetation ein als der photosynthetisch aktive Photonenfluss. Die Vegetation kann die Blattfläche nur bis zur Auslöschung des sichtbaren Lichtes erhöhen, d. h. der maximale LAI wird bestimmt durch die Einstrahlung (verfügbares Licht) und den Blattwinkel. Auch bei voller Nutzung des sichtbaren Lichtes erreicht ein Teil der IR-Strahlung den Boden.

- **Bestandesklima:** Im Kronenraum einer Vegetationsdecke (Abb. 2.1.9, Monteith 1973) ändert sich mit der Umsetzung der Strahlung nicht nur die Temperatur, sondern fast alle übrigen meteorologischen Faktoren, insbesondere das Sättigungsdefizit und die Turbulenz. Wegen der Durchmischung der Atmosphäre im Kronenraum sind die Temperaturextreme sowohl am Tag als auch in der Nacht weniger stark ausgeprägt als auf einer freien Bodenoberfläche. Die Gradienten im Bestand sind abhängig von der Rauigkeit der Bestandesoberfläche. Im Nadelwald erfolgt die Absorption des Lichtes (bezogen auf die Kronenhöhe) langsamer als im Getreideacker, dafür dringt der Wind tiefer in das Kronendach ein; die Temperaturen und der Dampfdruck sind am Tage im Nadelwald ausgeglichener als im Getreideacker. Wegen der Unterschiede in der Kopplung an die Atmosphäre kommt es nur im Getreideacker im Laubdach zu einer deutlichen CO_2-Abreicherung. In der Nacht kehren sich die Gradienten von Temperatur, Luftfeuchte und CO_2 um. Die Unterschiede sind wesentlich in der Rauigkeit der Oberflächen und damit in der Kopplung an die Atmosphäre begründet (siehe Kapitel 2.2.4.1)
  Im Schatten eines Baumbestandes sind damit die Tagesschwankungen der Temperatur am Boden gedämpft. An einem wolkenfreien Sommertag entspricht der Unterschied der Temperaturen zwischen offenen Flächen und dem Inneren eines Waldes etwa der Temperaturabnahme von über 1 000 Höhenmeter (siehe Kapitel 4.3).
- **Laubabwurf:** Im Laub abwerfenden Wald der gemäßigten Zone kommt es zu einem Wechsel in der Energie umsetzenden Oberfläche (Abb. 2.1.10 A). Vor Laubaustrieb erreichen 40 % der Einstrahlung den Boden, wobei die nächtliche Ausstrahlung durch das Kronendach der Zweige reduziert ist. Damit erwärmt sich die organische Auflage des Bodens sehr rasch, und es kommt zum Austrieb der **Frühjahrsgeophyten** (Abb. 2.1.10 B; *Anemone, Corydalis, Primula* u. a). Mit dem Laubaustrieb werden 90 % der Energie im Kronendach umgesetzt. Damit bleibt der Waldboden verhältnismäßig kühl. Der Lichtgenuss reicht nicht für Kräuter mit horizontaler Blattstellung. Es kommt zur Entwicklung von Schatten ertragenden Gräsern, die auch das diffuse Seitenlicht nutzen, oder von Arten, die zur **Blattbewegung** befähigt sind (*Oxalis*, siehe Kapitel 1.2.1). Viele Pflanzen in der Krautschicht der Wälder sind darauf angewiesen, die durch Lücken im Kronendach entstehenden Lichtflecken auszunutzen (Pearcy und Pfitsch 1994). Im immergrünen Koniferenwald fehlt das kurze zeitliche „Fenster", in dem die Sonneneinstrahlung den Boden des Laubwaldes erreicht. Im immergrünen Wald haben die Frühjahrsgeophyten kaum Entwicklungsmöglichkeit. Die Beschattung des Bodens verzögert auch die Schneeschmelze und damit den Beginn der Vegetationsperiode mit negativen Auswirkungen auf die Wasserbilanz (siehe Kapitel 1.3.6.10 Frosttrocknis). Die langsame Erwärmung des Bodens kann im Koniferenwald die positiven Auswirkungen auf die Wärmebilanz des Kronenraums (hohe Strahlungsabsorption) kompensieren. Die boreale Waldgrenze wird in Sibirien von der wechselgrünen Lärche gebildet.

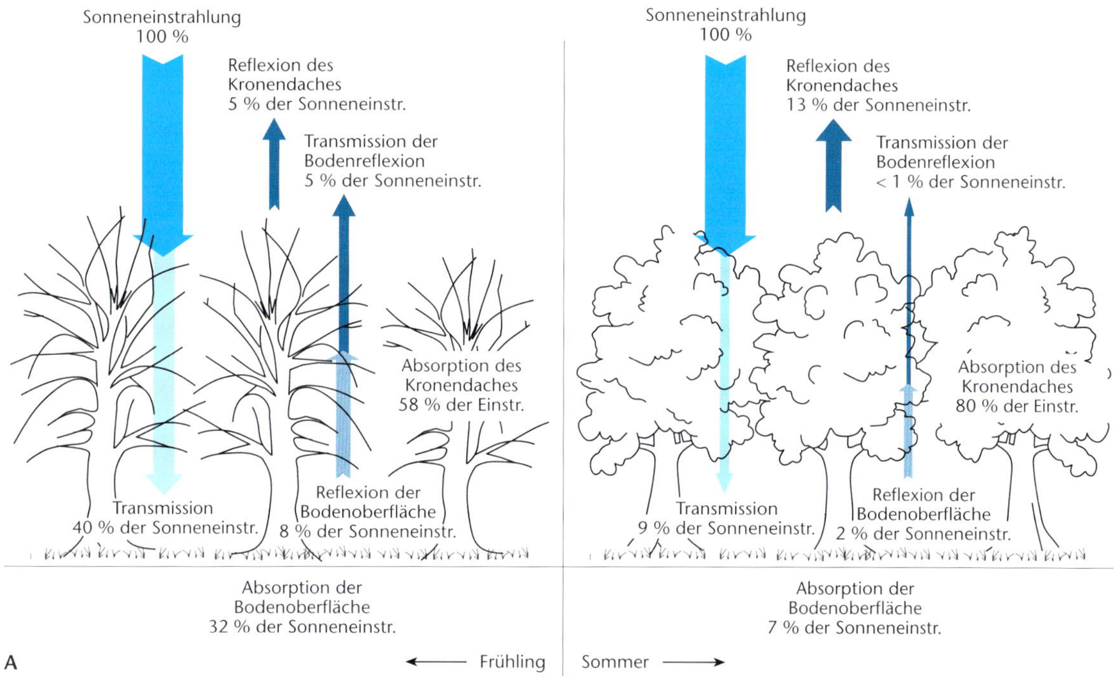

Abb. 2.1.10: A: Strahlungsbilanz eines Buchenwaldes im Frühjahr und im Sommer. Etwa 40 % der Einstrahlung erreichen im Frühjahr den Waldboden. Etwa ein Drittel der Einstrahlung wird in der Streuschicht absorbiert; dies führt zu einer starken Erwärmung in der Streuschicht und damit zu einer Aktivierung der Frühjahrsgeophyten. Im Sommer absorbiert das Kronendach etwa 80 % der Einstrahlung und weniger als 10 % der Einstrahlung erreichen den Boden. Damit bleibt die Streuschicht kühl und feucht (nach Schulze 1982). B: Aspekt der Blüte der Frühjahrsgeophyten in einem Mittelwald mit Anemone nemorosa bei Schweinfurt, Unterfranken. Foto E.-D. Schulze.

Kasten 2.1.4 Zusammenfassung: Klima der bodennahen Luftschicht

- Das **bodennahe Klima** ist anders als das in 2 m Höhe gemessene meteorologische Klima (−10 bis +20 °C).
- Das **Klima im Kronenraum** der Vegetation ist anders als am Boden (Turbulenz, Strahlungsbilanz).
- Die Vegetation reguliert die Strahlungsabsorption durch den **Blattflächenindex**. Dieser ist abhängig von dem verfügbaren sichtbaren Licht (LAI = f(Q)), der Blattstellung und in Sonderfällen von der Blattbewegung (*Oxalis*, Leguminosen).
- Jahreszeitliche Änderungen im Blattflächenindex sind bestimmend für die Art der **Bodenvegetation** in Wäldern.

2.1.3 Die Energiebilanz eines Blattes

Die **Energiebilanz eines Blattes** wird hier stellvertretend für die Energiebilanz eines jeden Organs oder einer Oberfläche einer Pflanze behandelt. Die Gesetzmäßigkeiten sind die gleichen, die bereits für die Atmosphäre beschrieben wurden, nur müssen im Falle eines Blattes der Austausch der Blattoberseite und -unterseite hinsichtlich der kurz- und langwelligen Rückstrahlung vom Boden und die Abstrahlung vom Boden zum Blatt getrennt berücksichtigt werden (Abb. 2.1.11, Jones 1994):

Sofern I_s den Strahlungsfluss auf eine Fläche kennzeichnet, die senkrecht zur Sonneneinstrahlung steht, und Φ_s den Netto-Strahlungsfluss auf eine beliebig orientierte Fläche definiert, so ist

$$\Phi_s = \sin_\beta \; I_s, \qquad (2.1.7)$$

wobei β der Winkel zwischen Sonnenstrahl und Objekt ist (d. h. die Gleichung beschreibt auch den Energiegewinn auf Berghängen, siehe Abb. 2.1.7). Damit wird unter Vernachlässigung möglicher Wärmeableitung und Speicherung die Energiebilanz eines Blattes von der Absorption im Bereich des kurzwelligen Lichtes, von der Wärmeabstrahlung der Blattoberseite und -unterseite, dem fühlbaren und latenten Wärmetransport und vom Metabolismus bestimmt.

$$\Phi_{nBlatt} = \Phi_s + \rho_{sB}\,\Phi_s\,\alpha_L + \sigma\,(T_{atm})^4 + \sigma\,(T_B)^4 - 2\,\sigma\,(T_{Blatt})^4 - H - \lambda E - M = 0. \qquad (2.1.8)$$

Energiebilanz = kurz- und langwellige Absorption – Wärmeabstrahlung – fühlbarer und latenter Wärmetransport – Metabolismus = 0

Die Symbole und Indizes sind erklärt in Gleichung 2.1.1 bis 2.1.3. Der **fühlbare Wärmestrom** wird im Falle des Blattes zu

$$H = \frac{c_p\,(T_{Blatt} - T_{atm})}{r_b} \qquad (2.1.9)$$

wobei der **Grenzschichtwiderstand** r_b proportional zur Länge des Blattes (l) und umgekehrt proportional zur Windgeschwindigkeit (u) ist:

$$r_b = \sqrt{\frac{l}{v}} \qquad (2.1.10)$$

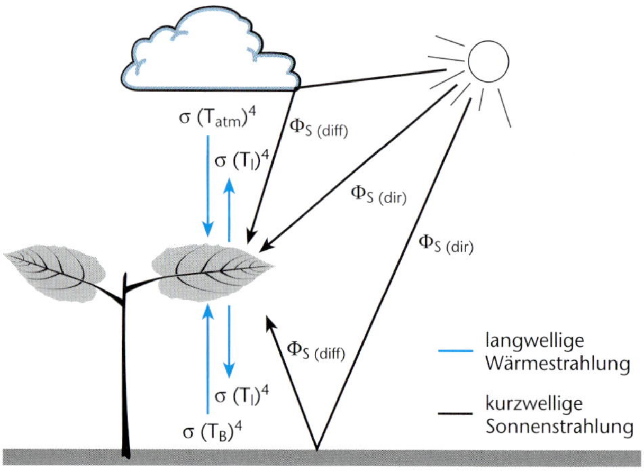

Abb. 2.1.11: Die Strahlungsbilanz eines Blattes. Φ_S: Einstrahlung der Sonne als direkte und diffuse Strahlung, $\sigma\,(T_{atm})^4$: Wärmestrahlung der Atmosphäre, $\sigma\,(T_l)^4$: Wärmestrahlung der Blattoberseite und -unterseite, $\sigma\,(T_B)^4$: Wärmestrahlung des Bodens (nach Jones 1994).

Unter Vernachlässigung der blattnahen Grenzschicht ist der **latente Wärmestrom** bei einem Blatt proportional zum Dampfdruckdefizit zwischen Blatt und Atmosphäre (D_l) und zur **stomatären Leitfähigkeit** (g_s):

$$\lambda E = D_l \, g_s, \qquad (2.1.11)$$

und g_s ist wiederum abhängig von D_l, wobei dieser Zusammenhang als physiologisch gesteuerte Reaktion bislang nur durch eine empirische Funktion dargestellt werden kann:

$$g_s = f(D_l) = \frac{1}{1 + \frac{D_l}{D_{l\,1/2}}}, \qquad (2.1.12)$$

wobei $D_{l\,1/2}$ dem Dampfdruckdefizit entspricht, bei dem die Stomata halb geschlossen sind. g_s wird in ventilierten Küvetten gemessen. Die Leitfähigkeit eines nicht-ventilierten Blattes ist entsprechend der Grenzschicht (Gleichung 2.1.8) niedriger als von g_s.

Die Gleichungen zur Energiebilanz eines Blattes zeigen, dass die **Blatttemperatur** zwar messbar, aber nicht direkt berechenbar ist (eventuell interpolierbar als Teil der Energiebilanz), denn sie ist sowohl von den physikalischen Gesetzen der Energiebilanz als auch von physiologischen Reaktionen abhängig. Die Pflanze hat eine Fülle von Möglichkeiten, um die Blatttemperatur zu regulieren, Extreme zu vermeiden und die Blatttemperatur im Bereich optimaler physiologischer Bedingungen zu halten (siehe Kapitel 1.3.2). Zu diesen Möglichkeiten gehören :

- kurzfristige (modulative) Reaktionen: Veränderung der Blattstellung, Regulation der Stomata und damit der Kühlung durch Transpiration;
- modifikative Reaktionen: Veränderungen der Blattgröße (z. B. Aufschlitzen der Blätter der Banane bei hoher Einstrahlung) und des LAI;
- evolutive (genotypische) Veränderungen: Veränderungen der Reflexionseigenschaften des Blattes, z. B. durch Behaarung und Pigmentausstattung.

2.1.4 Anpassungen an Temperaturextreme

Im Allgemeinen bewegt sich die **Resistenzgrenze** der Pflanzen in respektablem Abstand von den am Standort gemessenen maximalen und minimalen Organtemperaturen (siehe Kapitel 1.3.1). Der Abstand zur Resistenzgrenze ist nötig, da die Organtemperaturen in Abhängigkeit von der Einstrahlung sehr schnellen Änderungen unterliegen können und Schwellenwerte für eine Umsteuerung im Metabolismus (siehe Kapitel 1.3.4) und die Resistenzgrenze auch nicht kurzfristig überschritten werden sollen. Gefährdet sind vor allem Keimlinge oder Pflanzenorgane in der bodennahen Grenzschicht, in der extreme Temperaturbedingungen auftreten. Die Abfolge von Lebensformen nach Raunkiaer (Bäume, Sträucher, Kräuter, Einjährige und Geophyten) mit der Dominanz von Bäumen in der tropischen Region und krautigen Gewächsen in der gemäßigten und kalten Region der Erde ist keine Anpassung an das Temperaturklima. Sehr unterschiedliche Bedingungen fördern oder unterdrücken den Baumwuchs. Der Kältepol der Erde (– 70 °C: Oimikon, Ostsibirien) wird von ausgedehnten Wäldern der Sibirischen Lärche dominiert. Die Grenze des Baumwuchses im alpinen und borealen Bereich ist durch andere Faktoren bedingt (Vegetationsperiode, Frosttrocknis, anaerobe Bedingungen in Moorböden der Tundra, Feuer). An gut drainierten Standorten reicht der Wald in Sibirien (Chertskii) bis ans arktische Meer.

Es gibt nur wenige Beispiele für die Einschränkung des **Lebensraums von Pflanzen** durch das Temperaturklima. Ein Beispiel ist das Verbreitungsgebiet der Buche *(Fagus sylvatica)*, bei der die Ostgrenze durch die Resistenz der Knospen gegen Winterkälte und die Nord- und Westgrenze durch Spätfröste bedingt ist. Die Südgrenze der Buche ist eine Trockengrenze. Offensichtlich ist die Anpassung an bzw. Vermeidung extrem niedriger Temperaturen weniger möglich als die Vermeidung hoher Temperaturen, wobei aber der „Kältetod" im Freiland oft nicht von einem „Dürretod" (siehe Kapitel 1.5 und Kapitel 2.2) zu trennen ist.

Die Möglichkeiten der Anpassung sind unterschiedlich und für hohe Temperaturen vielfältiger als für niedrige. Im Folgenden werden Beispiele genannt, die stellvertretend für viele andere Arten und Situationen sind.

Abb. 2.1.12: A: Die Wirkung der Blattbehaarung der Gattung Encelia auf die Strahlungsabsorption. Es werden 5 Arten der gleichen Gattung gezeigt, die mit zunehmender Behaarung immer weniger Strahlung im sichtbaren Bereich absorbieren. Während Encelia californica küstennah oder bei guter Wasserversorgung auftritt, wächst E. farinosa auf trockenen Hängen der Sonorawüste (nach Ehleringer, 1980). B: Encelia farinosa in der Sonorawüste, Süd-Nevada. Foto E.-D. Schulze.

Abb. 2.1.13: Blattformen der Namibwüste: A: Fiederblätter: Acacia detinens, Mimosaceae; B: Kleinblättrigkeit: Boscia foetida, Capparaceae; C: Megaphylle: Welwitschia mirabilis, Welwitschiaceae, D: Photosynthetisch aktive Sprosse: Acanthosicyos horrida, Curcurbitaceae. Foto Schulze.

2.1.4.1 Anpassungen an hohe Temperaturen

Hohe Temperaturen führen im Zusammenhang mit Trockenheit zu einer Vielfalt von Anpassungen auf der Ebene des Blattes, die von molekularen Reaktionen (Kapitel 1.3.4) bis hin zu morphologischen Veränderungen reichen:

- **Veränderungen der Blattoberflächen** (Wachse, Haare): Die Gattung *Encelia* umfasst mehrere Arten, die durch unterschiedliche Dichte von Epidermishaaren gekennzeichnet sind (Abb. 2.1.12, Jones 1994); diese reflektieren die eingestrahlte Energie in unterschiedlichem Maß (Ehleringer 1980).
- **Veränderungen in der Blattgröße** (Abb. 2.1.13): Bei hoher Sonneneinstrahlung werden im Allgemeinen kleinere Blätter ausgebildet (Mikrophyllie). An der gleichen Pflanze können in Reaktion auf die Strahlungsbelastung kleine Sonnenblätter und große Schattenblätter gebildet werden (Smith 1978). Eine berühmte Ausnahme von dieser Regel ist *Welwitschia mirabilis* in der Namibwüste, die trotz hoher Einstrahlung massive Blätter bildet, die bis zu 3 m lang und 1 m breit werden können. Die Blatttemperatur wird in diesem Fall durch Konvektion und die langwellige Ausstrahlung des Bodens reguliert (Schulze et al. 1980).
- **Veränderungen im Blattwinkel** (Abb. 2.1.14): Bei einigen Pflanzenarten (Leguminosen) spielt die Blattbewegung eine besondere Rolle, indem die Blattspreite entweder zur Sonne hingewendet wird und damit die Photosynthese bei möglichst hohem Photonenfluss ablaufen kann oder die Blattspreite wird von der

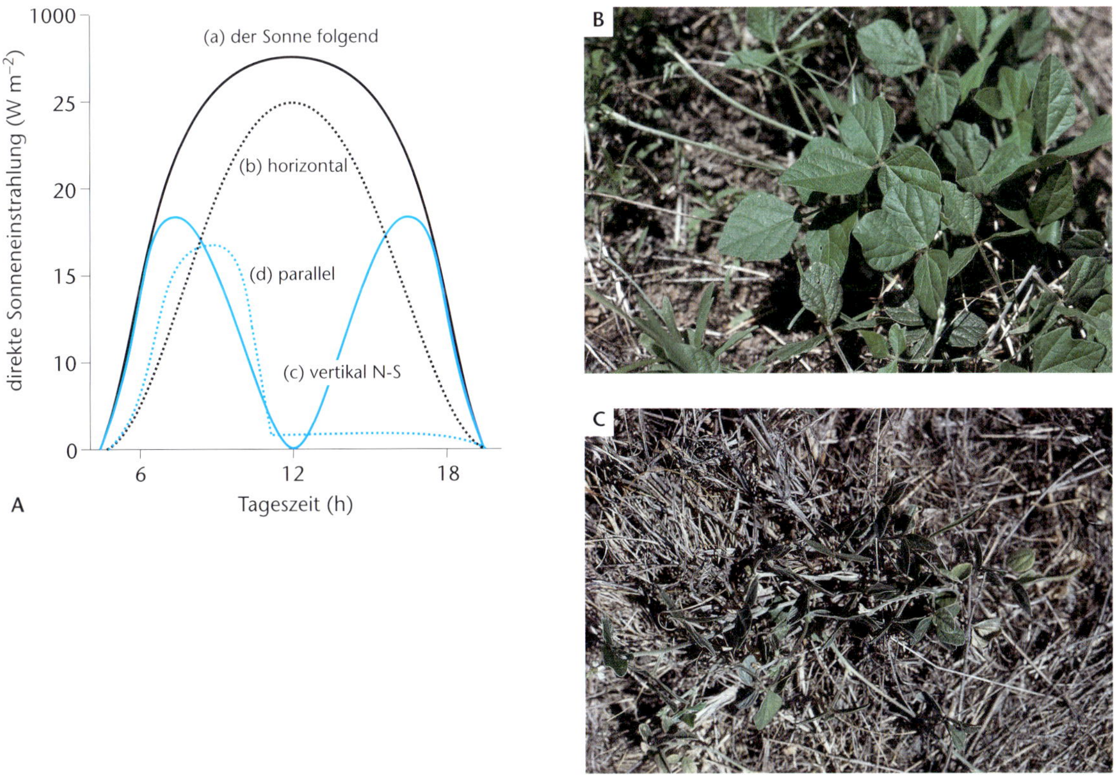

Abb. 2.1.14: A: Tagesgang der Einstrahlung eines Blattes (berechnet für 50 ° nördlicher Breite): (a) senkrecht zur Sonneneinstrahlung stehend und im Tagesgang der Sonne folgend (z. B. Bohne), (b) horizontale Exposition (z. B. Klee), (c) konstant vertikale Stellung nach Süden oder Norden (z. B. Lactuca seriola), (d) ab spätem Vormittag parallel zur Sonneneinstrahlung stehend (Vigna unguiculata) (nach Jones 1994; Vigna nach Shakel und Hall 1979). B: Macroptilium purpureum (Leguminosae), eine Züchtung für Viehweiden in Australien, im Zustand guter Wasserversorgung, mit Blättern, die der Sonne folgen, und C: im Zustand schlechter Wasserversorgung mit Blättern, die parallel zur Sonneneinstrahlung stehen und keinen Schatten werfen. Versuchsfarm Narryen, Queensland, Australien. Foto E.-D. Schulze.

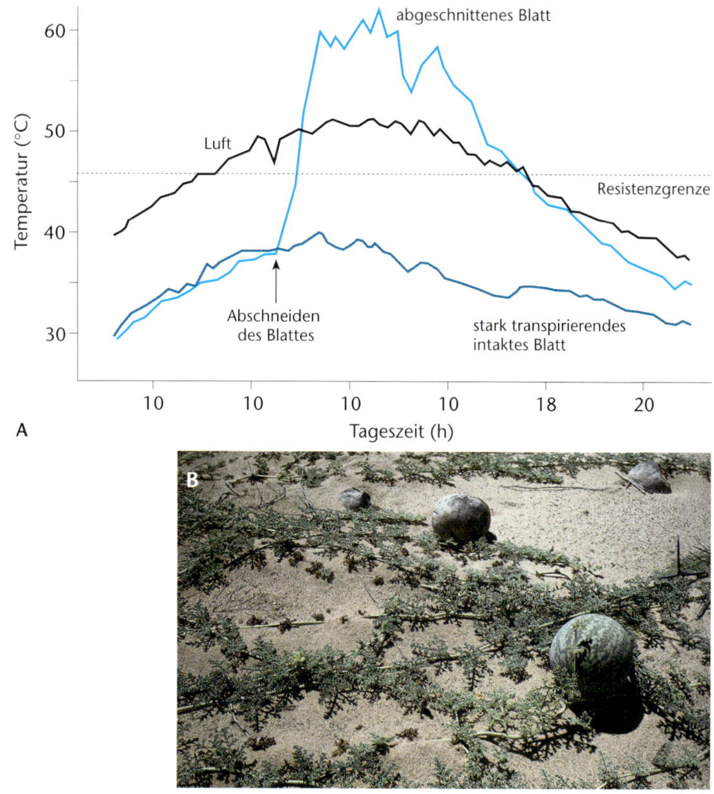

Abb. 2.1.15: A: Tagesgang der Blatttemperatur von Citrullus colocynthis in Nordafrika (Lange 1959). Unter natürlichen Bedingungen zeigt ein stark transpirierendes Blatt eine Blatttemperatur, die etwa 12 K unter der Lufttemperatur liegt. Wird das Blatt abgeschnitten, steigt die Blatttemperatur wegen der fehlenden Transpirationskühlung 10 K über die Lufttemperatur. Die Hitzeresistenzgrenze liegt für Citrullus bei etwa 46 °C. Bei dieser Art verhindert somit die Transpirationskühlung den Hitzetod. B: Citrullus colocynthis unter Freilandbedingungen, Omaruru, Namibia. Es ist deutlich erkennbar, dass sich die Ränder der Fiederblätter am Mittag einrollen bzw. zur Sonne hinwenden und damit die Strahlungsabsorption minimieren, d. h. keinen Schatten werfen. Foto E.-D. Schulze.

Sonneneinstrahlung abgewendet und damit die Strahlungsabsorption minimiert. Ein klassisches Beispiel ist die Kuhbohne *(Vigna unguiculata)* und die Kultursorte *(Macroptilium purpureum)*. Sie wendet je nach Wasserzustand die Blätter zur Sonne hin oder von ihr ab. Im Extremfall dreht sie ihre Blätter so, dass die Pflanze keinen Schatten wirft (Shakel and Hall 1979). Mit dieser Blattbewegung ändert sich die Blatttemperatur und damit der Dampfdruckgradient zwischen Blatt und umgebender Atmosphäre. Dies hat wiederum Einfluss auf die Transpiration (Gleichung 2.1.11) und damit auf den Wasserhaushalt der Pflanze (siehe Kapitel 2.2). Aber auch ohne Blattbewegung kann die Blattstellung sehr wesentlich den Wärmehaushalt einer Vegetation beeinflussen. Berühmt sind die hängenden Blätter des *Eucalyptus*, wodurch diese Wälder kaum Schatten werfen.

- **Veränderungen der Transpiration** (Abb. 2.1.15, Larcher 1994): *Citrullus colocynthis* ist eine Kürbisart, die in Wüstengebieten Nordafrikas nahe am Boden wächst (Lange 1959). Das stark transpirierende intakte Blatt erreicht eine Blatttemperatur von etwa 40 °C bei einer Umgebungstemperatur der bodennahen Luftschicht von etwa 53 °C. Dies gehört zu den höchsten Untertemperaturen, die im Freiland gemessen wurden. Wird das Blatt abgeschnitten und damit an der Transpiration gehindert, steigt die Blatttemperatur auf über 60 °C an und überschreitet damit die Resistenzgrenze, die bei 46 °C liegt.
- **Beschattung:** An einem frei stehenden Baum schützen Äste und Blätter den Stamm vor direkter Sonneneinstrahlung. Dies gilt insbesondere für subtropische Trockengebiete, wo z. B. bei Akazien die breite Krone den **Stammfuß** beschattet (Abb. 2.1.16 A). Alternativ kommt es zum **Antennenwuchs**, bei dem der Spross möglichst weit aus den bodennahen Luftschichten herausragt. Aber auch in diesem Falle ist ein Strahlungsschutz des Hypocotyls nötig (Abb. 2.1.16 B). Lokal können auch in einem temperaten Wald an Lichtungen oder Waldrändern (insbesondere bei forstlicher Bewirtschaftung) hohe Temperaturen im Stammraum auftreten, die unter Umständen zu Hitzeschäden im Stammbe-

Abb. 2.1.16: A: *Die Beschattung des Stammfußes durch die schirmförmige Krone von Acacia reficiens. Der Schutz des Stammfußes durch Beschattung ist ein weit verbreitetes Phänomen in subtropischen Savannen. Im Schatten siedeln lichtempfindliche krautige Dicotyle, wohingegen die strauchfreie Ebene von C4-Gräsern mit vertikal stehenden Blättern besiedelt wird.* B: *Der Antennenwuchs von Acacia melifera ist eine alternative Möglichkeit, den heißen bodennahen Luftschichten auszuweichen. Auch dies ist eine in Savannen weit verbreitete Wuchsform, wobei in diesem Falle nach wie vor ein Schutz des Stammfußes durch Äste des Hypocotyls nötig ist. Man beachte, dass in beiden Fällen die Webervögel in den oberen, „kühlen" Kronenbereichen nisten. Namibia bei Uis (A) und westlich von Khorixas (B). Fotos: E.-D. Schulze.*

reich führen (Sonnenbrand der Buche). Im Gegensatz zu diesen positiven Effekten einer Benadlung kann die Beschattung im borealen und alpinen Klima durchaus auch ökologisch von Nachteil sein (siehe Abb. 2.1.10).

2.1.4.2 Anpassungen an niedrige Temperaturen

Die Möglichkeiten, sich vor niedrigen Temperaturen bzw. vor Abstrahlung und damit vor Unterkühlung zu schützen, sind gering. Daher sind molekulare Anpassungen besonders wichtig (siehe Kapitel 1.3.5):

- **Rosettenpflanzen** nutzen im alpinen Klima die Erwärmung der bodennahen Luftschicht und die günstigeren Expositionsbedingungen an Hanglagen. In ähnlicher Weise erzeugen Polsterpflanzen und so genannte Kugelbüsche ein eigenes Binnenklima hinsichtlich der Temperatur und der Luftfeuchte, indem sie durch Annäherung an die Kugelform eine Minimierung der ausstrahlenden und austauschenden Oberfläche erreichen. Zweige, die aus der Oberfläche herausragen, erfahren ungünstigere Wuchsbedingungen und stellen daher das Wachstum ein (zur Erklärung siehe Kapitel 2.2.4 mit Gleichung 2.2.25). Dies führt sehr oft zu dornenartigen Kurzsprossen an den Oberflächen.
- **Blattstellung**: Der Blattwinkel (oder Knospenwinkel) entscheidet über die langwellige Strahlungsbilanz, besonders in der Nacht.
- **Knospenschuppen**: Morphologische Anpassungen zur Änderung der Strahlungsbilanz sind die Knospenschuppen, die die Oberfläche der Abstrahlung vom Vegetationspunkt abheben und bei geringer Wärme- und Wasserdampfleitfähigkeit den Vegetationspunkt nicht nur gegen Kälte, sondern auch vor Austrocknung schützen (siehe Kapitel 1.5).
- **Wärmespeicherung**: Im tropisch-alpinen Bereich ist die Dauer des nächtlichen Frostes begrenzt. In diesem Frostwechselklima gibt es Arten der Gattung *Lobelia*, die über einen Wasserspeicher verfügen, der ausreichend Wärmekapazität spendet, sodass der Vegetationspunkt nicht gefriert (siehe Kapitel 1.3.6.7)

2.1.4.3. Zusammenfassung pflanzlicher Reaktionen auf das Temperaturklima

- Pflanzen verfügen über vielfältige Möglichkeiten, Hitzestress zu vermeiden (Blattstellung, Blattgröße, Blattoberfläche, Transpiration, Isolation).
- Pflanzen haben begrenzte Möglichkeiten, Kälteeinwirkungen zu vermeiden (Blattstellung, Isolation, Wärmespeicherung und Wärmeleitung).
- Die strukturellen Modifikationen und die Regulation der Stomata reichen im Allgemeinen aus, um die Temperatur der Pflanze in respektvollem Abstand von der Resistenzgrenze schädigender Temperatur zu halten.
- Es gibt nur wenige dokumentierte Beispiele für die Begrenzung von Verbreitungsgebieten allein durch den Temperaturfaktor. Kritisch ist vor allem das Keimlingsstadium.
- Auch wenn globale Vegetationsmodelle in starkem Maße die globale Temperaturverteilung als bestimmende Größe heranziehen, sind es andere Faktoren (Salzbelastung, Dürre und Feuer, Länge der Vegetationsperiode, Ungleichgewichte zwischen Temperaturen im Boden und in der Atmosphäre, Frosttrocknis), die in weitaus stärkerem Maße als die direkte Temperaturwirkung die Verbreitung von Pflanzen bestimmen.

Kasten 2.1.5 Zusammenfassung: Blatttemperatur

Bei der Regulation der Organtemperaturen sind folgende Faktoren bedeutsam:
- **Blattstellung** (Ausrichtung der Organe als Energieabsorbierende bzw. -abstrahlende Oberflächen) und Blattflächenindex (Beschattung);
- **Organgröße** (Vermeidung einer laminaren Grenzschicht und Regulation des fühlbaren Wärmestromes);
- **Isolation** (Knospenschuppen, Borke);
- **Verdunstung** (Regulation des latenten Wärmestromes);
- **Wärmeableitung** und Wärmespeicherung haben unter besonderen klimatischen Bedingungen eine zusätzliche Funktion (afroalpine Rosettenpflanzen, Kakteen);
- die Erwärmung durch erhöhte **Atmung** spielt nur unter besonderen Bedingungen eine Rolle (Blütenstand der Araceae), ist aber im Allgemeinen zu vernachlässigen.

Literatur

Bishop JKB and Rossow WB (1991) Spatial and temporal variability of global surface solar irradiance. *J. Geophys. Res.* 96: 16839–16858

Ehleringer JR (1980) Leaf morphology and reflectance in relation to water and temperature stress. In: Turner NC, Kramer PJ (Hrsg.) Adaptations of plants to water and high temperature stress. Wiley, New York. 295–308

Gates DM (1965) Energy exchange in the biosphere. Harper and Row, New York. 151 Seiten

Häckel H (1985) Meteorologie. UTB 1338, Ulmer, Stuttgart. 402 Seiten

IPCC – Intergovernmental Panel on Climate Change (1996) Climate Change 1995: The Science of Climate Change. Cambridge University Press, Cambridge New York. 572 Seiten

Jones HG (1994) Plants and microclimate; a quantitative approach to environmental plant physiology. Cambridge University Press, Cambridge. 428 Seiten

Kraus G (1911) Boden und Klima auf kleinstem Raum; Versuch einer exakten Behandlung des Standortes auf dem Wellenkalk. Gustav Fischer, Jena. 184 Seiten

Lange OL (1959) Untersuchungen über den Wärmehaushalt und Hitzeresistenz mauretanischer Wüsten- und Savannenpflanzen. *Flora* 147: 595–651

Larcher W (1976) Ökophysiologie der Pflanzen. UTB 232, Ulmer, Stuttgart. 399 Seiten

Larcher W (1994) Ökophysiologie der Pflanzen. UTB, Ulmer, Stuttgart. 394 Seiten

Liljequist GH und Cehak K (1974) Allgemeine Meteorologie. Vieweg, Braunschweig Wiesbaden. 396 Seiten

List RJ (1971) Smithsonian Meteorological Tables. Smithsonian Institution Press, City of Washington. 527 Seiten

Michell JFB (1989) The Greenhouse Effect and Climate Change. *Review of Geophysics* 27: 115–139

Monteith JL (1973) Principles of environmental physics. Edward Arnold Publishers, London. 441 Seiten

Norris DR, Röhl U (1999) Carbon cycling and chronology of climate warming during the Palaeocene/Eocene transition. *Nature* 401: 775–778

Pearcy RW, Pfitsch WA (1994) The consequences of sunflecks for photosynthesis and growth of forest understory plants. *Ecological Studies* 100: 343–360

Schulze E-D (1982) Plant life forms and their carbon, water and nutrient relations. *Enycyclopedia Plant Physiol.* 12B: 616–676

Schulze E-D, Eller BM, Thomas DA, Willert DJ von, Brinckmann E (1980) Leaf temperatures and energy balance of *Welwitschia mirabilis* in its natural habitat. *Oecologia* 44: 258–262

Shakel KA, Hall AE (1979) Reversible leaflet movements in relation to drought adaptation in cowpea, *Vigna unguiculata* (L.) Walp. *Austr. J. Plant Physiol.* 6: 265–276

Smith WK (1978) Temperatures in desert plants: Another Perspective on the Ability of Leaf size. *Science* 201: 614–616

Stott PA, Tett SFB, Jones GS (2001) External control of 20th Century temperature by natural and anthropogenic forcings. *Science* 290: 2133–2137

Veizer J, Gooderis Y, Francois LM (2000) Evidence for decoupling of atmospheric CO_2 and global climate during the phanerocoic. *Nature* 408: 689–701

Walter H (1960) Grundlagen der Pflanzenverbreitung. Teil I Standortlehre. Ulmer, Stuttgart. 566 Seiten

WBGU (1997) Welt im Wandel: Wege zu einem nachhaltigen Umgang mit Süßwasser. Wissenschaftlicher Beirat der Bundesregierung Global Umweltveränderungen. Jahresgutachten 1997. Springer Heidelberg. 419 Seiten

2.2 Der Wasserhaushalt der Pflanzen

Trichteroasen bei El Qued, Algerien, Nord-Sahara: Mit Sack und Esel wird die Sandschicht (ca. 10 m) abgetragen und die Kalksteinkruste durchbrochen, um in einer Tiefe von ca. 10 m unter der Felslage auf Lockermaterial zu stoßen, unter dem in 4 bis 6 m Tiefe Süßwasser zu finden ist. Auf dem Lockermaterial können typische Oasenarten (Dattelpalme, Granatapfel) und Gemüse angezogen werden, wobei die Bewässerung über Ziehbrunnen erfolgt. Damit der „Trichter" nicht mit Sand zuweht, wird die Oase durch mehrere konzentrische Ringe aus trockenen Blättern der Dattelpalme geschützt, die den Flugsand abfangen. Der äußere Kreis ist im Vordergrund sichtbar. Die gesamte Anlage hat einen Durchmesser von ca. 1 km. Trotz der Schutzringe aus Dattelblättern ist ein permanenter Abtransport des Sandes nötig. Dies erfolgt in dieser Region mit Eseln als Tragtieren. Foto E.-D. Schulze.

Literaturempfehlung

Das klassische Lehrbuch über den Wasserhaushalt der Pflanzen stammt von Slatyer (1967), einen Überblick über das Gesamtgebiet geben Lange et al. (1982), die physikalisch-chemischen Grundlagen behandelt Noble (1991). Ein deutsches Lehrbuch über den Pflanzenwasserhaushalt stammt von Lösch (2000).

2.2.1 Wasser als Standortfaktor

2.2.1.1 Wasserverbrauch und Produktion: Ein Vergleich von Wasserhaushaltstypen

Wassernutzung von Pflanze und Tier:

Das Leben auf der Erde ist im Wasser entstanden und trotz einer Evolution über viele Millionen Jahre sind nach wie vor und auch zukünftig alle Lebensvorgänge mit ihren biochemischen Reaktionen nur im wässrigen Milieu möglich (siehe auch Kapitel 1.5). Die meisten Landpflanzen sind im aktiven Zustand nicht einmal austrocknungsfähig. Dies verdeutlicht der **Wassergehalt**: Im aktiven Zustand (Frischgewicht: FG) enthält das Protoplasma 0,85–0,90 g_{H_2O} g_{FG}^{-1}. Dies gilt auch für die meisten Früchte und Blätter. Wegen des hohen Anteils toter Xylemleitbahnen sinkt der Wassergehalt von Holz auf etwa 0,50 g_{H_2O} g_{FG}^{-1}. Die niedrigsten Werte werden in reifen Samen erreicht: 0,05–0,15 g_{H_2O} g_{FG}^{-1}.

Das Problem der Landpflanzen besteht darin, den Wassergehalt der Zellen bei einer relativ trockenen Luft auf einem hohen Sättigungsniveau zu halten und dennoch den Austausch von CO_2 mit der Luft zur Versorgung der Photosynthese aufrechtzuerhalten. Für die Pflanze hat das Leben außerhalb des Wassers sowohl Anreize als auch Gefahren. Dies hat folgende Ursachen:

Der **Diffusionskoeffizient von CO_2** in Luft beträgt $0{,}14 \times 10^{-4}$ m^2 s^{-1} und sinkt in Wasser auf $0{,}16 \times 10^{-8}$ m^2 s^{-1}. Damit diffundiert CO_2 in der Luft 10 000 Mal schneller als in Wasser (Sestak et al. 1971), wobei zusätzlich zu berücksichtigen ist, dass im Unterdevon, der Zeit der ersten Besiedlung der Erde durch Landpflanzen, die CO_2-Konzentrationen in der Atmosphäre deutlich höher lagen als heute (ca. 4 000 ppm).

In der Evolution der Pflanzen wurde keine Membran „erfunden", die für CO_2 durchlässig ist, aber für H_2O-Dampf undurchlässig bleibt. Eine Art „Gore-Tex" für CO_2 wird es auch in Zukunft nicht geben, denn das Molekulargewicht von CO_2 ist größer als von H_2O (44/18). Natürlich war es die Verfügbarkeit von CO_2 in der Atmosphäre, die den Pflanzen den „Anreiz" gab, sich vom Leben im Wasser (Algen) an ein Leben an Land zu adaptieren; um diesen Vorteil zu nutzen, mussten die Pflanzen aber Mechanismen entwickeln, um den Wasserhaushalt zu regulieren.

Der Wasserhaushalt ist wegen der **chemischen Zusammensetzung der Luft** für Landpflanzen wichtiger als für Tiere: **Pflanzen** erzeugen durch die Photosynthese einen CO_2-Gradienten von der Atmosphäre zum Mesophyll in der Größenordnung von 100 ppm (Tabelle 2.2.1). Gleichzeitig besteht aber ein Gradient im Wasserdampf von etwa 12 000 ppm. Nun diffundiert CO_2 wegen des höheren Molekulargewichts um den Faktor $\sqrt{44/18} = 1{,}6$ langsamer als H_2O-Dampf. Demnach verliert die Pflanze pro Mol aufgenommenem CO_2 fast 200 Mol H_2O ($12\,000 \times 1{,}6/100 = 192$), und damit ist der **Wasserverbrauch** bezogen auf den photosynthetischen CO_2-Gewinn sehr hoch.

Für **Tiere** (Warmblüter bei 37 °C Körpertemperatur) sieht die Welt anders aus: Bei 210 000 ppm O_2 in der Atmosphäre und 160 000 ppm O_2 in der Atemluft beträgt der O_2-Gradient 50 000 ppm. Es wird wasserdampfgesättigte Luft ausgeatmet. Damit besteht für den Menschen unter gleichen Bedingungen wie bei der Pflanze ein Wasserdampfgradient zur Atmosphäre von 50 000 ppm. Ein Warmblüter verliert pro Mol aufgenommenem O_2 nur ca. 1 Mol H_2O. Der mit der O_2-Aufnahme verbundene Wasserverlust ist bei Kaltblütern entsprechend niedriger (ca. 0,2), d. h. die Wassernutzung bezogen auf den O_2-Gewinn ist vergleichsweise gering.

Der Umsatz an Wasser ist bei Pflanzen so groß, dass es sich im Allgemeinen nicht lohnt, einen **Wasserspeicher** anzulegen (siehe auch Kapitel 1.5.1). Ein Sonnenblumenblatt verliert an einem Tag etwa das Zehnfache seines Gewichts, und ein Waldbaum verliert an einem Tag 100 bis 1 000 Liter Wasser, und dies ist mehr, als in dem Stamm einer 25 m hohen Fichte an Wasser vorhanden ist. Das bedeutet, dass die Kosten für einen Wasserspeicher, der z. B. ausreicht, um die Versorgung in einem Trockengebiet über Tage und Monate sicherzustellen, unrentabel hoch sind. Unter Kakteen, Euphorbien und Mittagsblumengewächsen gibt es Arten, die vorübergehend von Wasser leben, das in den Vakuolen von Zellen gespeichert ist (z. B. die Gattungen

Tabelle 2.2.1: Wasserverbrauch und Ressourcengewinn (CO_2 für Pflanzen, O_2 für Tiere) bei 20 °C und 50 % relativer Feuchte und unter Berücksichtigung des unterschiedlichen Diffusionsvermögens der Gase, das vom Molekulargewicht abhängt. Als Beispiel für die Tierwelt dient der Mensch mit 36,6 °C Körpertemperatur.

	Pflanzen		Mensch	
	CO_2	H_2O	O_2	H_2O
Konzentration (ppm)				
– in der Atmosphäre	350	12 000	210 000	12 000
– im Mesophyll bzw. in der Atemluft	250	24 000	160 000	62 000
Gradient	100	12 000	50 000	50 000
Verhältnis von H_2O/CO_2 bzw. H_2O/O_2	192		1.3	

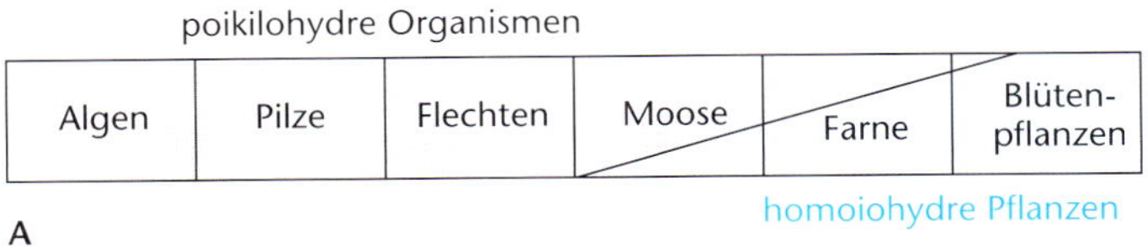

A

Abb. 2.2.1: A: Schematische Darstellung über das Vorkommen von austrocknungsfähigen (poikilohydren) und nicht austrocknungsfähigen (homoiohydren) Arten im Pflanzenreich. B: Flechtenvegetation, dominiert von Teloschistes sp. mit fast fehlender Beteiligung Höherer Pflanzen, in der küstennahen Nebelwüste von Namibia.

Oppophyllum oder *Prenia*); in diesen Fällen ist aber die Stoffproduktion sehr gering. Selbst bei den so genannten Flaschenbäumen (z. B. *Adansonia digitata*, dem Affenbrotbaum) ist das im Stamm gespeicherte Wasser kaum nutzbar (Schulze et al. 1998), da die Holzstruktur zu starr ist, um entsprechend zu schrumpfen. Bei 25 m hohen Fichten reicht der verfügbare Wasserspeicher im Stamm nur für etwa 2 Stunden zur Versorgung der Transpiration am Morgen (Schulze et al. 1985). Die Funktion der verdickten Stämme der Flaschenbäume liegt vermutlich darin, Kohlenhydrate oder Aminosäuren zu speichern.

Im Laufe der Entwicklungsgeschichte haben sich zwei Wasserhaushaltstypen (Abb. 2.2.1) etabliert:

1) Die **poikilohydren (wechselfeuchten)** Organismen: Sie reagieren wie physikalische Quellkörper, die hinsichtlich ihres Quellungsgrades mit der Luft im Gleichgewicht stehen. Aktiviert werden sie von Regen, Tau oder hoher Luftfeuchte; sie trocknen mit sinkender Luftfeuchte wieder aus und sind in dieser Zeit stoffwechselmäßig nicht aktiv, um bei erneuter Befeuchtung wieder voll aktiv zu sein. Dabei gibt es aber ein Optimum. Bei starker Durchfeuchtung wird die Diffusion des CO_2 von der Atmosphäre in die Flechte behindert, und bei hohen Wassergehalten der Flechte sinkt daher die Rate der Photosynthese wieder ab (siehe auch Abb. 2.4.13). Der Stoffwechsel beschränkt sich auf die Zeit der Quellung. Die wichtigsten Vertreter dieses Wasserhaushaltstypus findet man unter den Algen, Flechten und Moosen (Abb. 2.2.1 A). Bei diesen Arten sind die Organe der Wasseraufnahme und -abgabe nicht voneinander getrennt. Es gibt auch unter den Blütenpflanzen noch einige wenige austrocknungsfähige Arten (bekanntester Vertreter: *Myrothamnus flabelliformis* aus der Namibwüste; Ziegler und Vieweg 1970; Bewley und Krochko 1982), die sich aber von den Niederen Pflanzen dadurch unterscheiden, dass sie zwar austrocknungsfähig, aber nicht durch Tau und hohe Luftfeuchte aktivierbar sind, denn die Cuticula verhindert eine Wasseraufnahme durch den Spross. Die Aktivierung erfolgt bei diesen Arten allein durch die Wasseraufnahme über die Wurzel.
2) Die **homoiohydren (konstant durchfeuchteten)** Pflanzen: Diese Kormophyten vermögen unabhängig von der Trockenheit in der umgebenden Atmosphäre das lebende Gewebe im Zustand optimaler Quellung zu erhalten. Es kommt zu einer Arbeitsteilung zwischen Organen (Abb. 2.2.2), die für die Wasseraufnahme spezialisiert sind (die Wurzel), Organen mit der Funktion der Wasserleitung (Xylem im Stamm bzw. Stängel) und Organen, in denen Wasser verdunstet und gleichzeitig CO_2 aufgenommen und assimiliert wird (Blätter, Phyllodien, Phyllocladien). Homoiohydre Pflanzen haben in den Zellen große Vakuolen, die u. a. als Puffer in der zellulären Wasserversorgung fungieren und damit zur Stabilisierung des Wasserzustands beitragen (Kapitel 1.5). Ihre Blattoberfläche ist überzogen mit der praktisch wasserundurchlässigen Cuticula. Nur über Stomata, die in der Öffnung regulierbar sind, ist das Blatt mit der freien Atmosphäre verbunden. Mit der Ausbildung der Cuticula und der Stomata geht die Fähigkeit zur oberirdischen Wasserdampfaufnahme verloren. Gleichzeitig verlieren diese Arten die Fähigkeit zur Austrocknung und Wiederbefeuchtung. Es bleibt aber auch in diesen Pflanzen ein Entwicklungsstadium, in dem eine starke Austrocknung der Zellen erfolgt: der Samen.

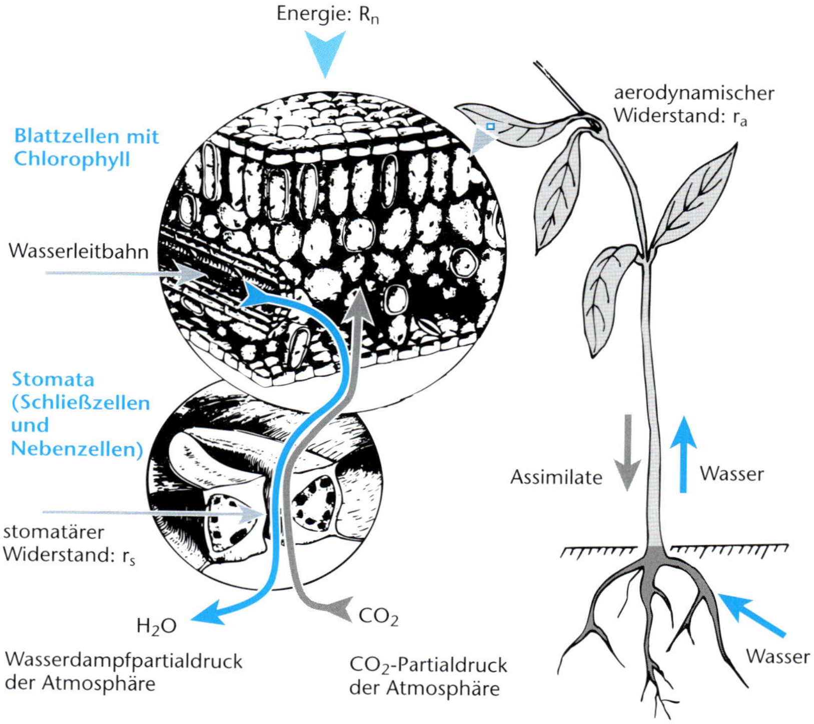

Abb. 2.2.2: Der Fluss von Wasser und Assimilaten in Kormophyten. In den Gefäßpflanzen kommt es zur Spezialisierung und damit zu einer „Arbeitsteilung" zwischen CO_2- bzw. Wasser- und Nährelement-assimilierenden Organen, die über einen Spross, der das Wasser und die Assimilate leitet, miteinander verbunden sind. Während in der Pflanze Wasser und Assimilate als Massenfluss bewegt werden, erfolgt im Blatt der Phasenübergang von der wässrigen Phase zu Wasserdampf. Gleichzeitig wird das CO_2-Gas assimiliert und in lösliche organische Stoffe eingebaut. Die Diffusion zwischen Blattinnerem und der Atmosphäre wird durch die Stomata gesteuert (Evenari et al. 1982; WBGU 1998).

Erst mit der Arbeitsteilung der Organe und der Stabilisierung des zellulären Wasserhaushalts durch die Bildung von Vakuolen wurde die Besiedlung der terrestrischen Habitate selbst unter extremen edaphischen und klimatischen Bedingungen möglich. Wegen der Cuticula verlieren aber die Höheren Pflanzen die Fähigkeit zur Nutzung von Tau und hoher Luftfeuchtigkeit. Unter Bedingungen, wie sie z. B. in der Nebelwüste der Namib herrschen (kein Niederschlag außer Tau), sind die höheren Pflanzen den niederen Pflanzen unterlegen (Abb. 2.2.1 B).

Im Folgenden werden wir uns vor allem mit den homoiohydren Pflanzen beschäftigen, denn sie stellen den größten Teil der terrestrischen Flora und verfügen über Regulationsmechanismen auf der Ebene des Gesamtorganismus, die über die stressphysiologischen Anpassungen hinausgehen. Kapitel 1.5 behandelt die biochemischen Grundlagen der Reaktionen von Pflanzen bei Wassermangel.

Kasten 2.2.1 **Zusammenfassung: Wasserverbrauch und Produktion unterschiedlicher Wasserhaushaltstypen**

- Die **chemische Zusammensetzung der Atmosphäre** ist der Grund dafür, dass auf dem Land lebende Tiere bei der Umsetzung von Sauerstoff durch Atmung eine günstigere Wassernutzung haben als Pflanzen bei der Umsetzung von CO_2 durch Photosynthese.
- **Wasserspeicherung** zum Ausgleich der Transpiration über längere Zeiträume ist wegen der erforderlichen Wassermengen unökonomisch. Deshalb ist die Wasserspeicherung nur bei einigen wenigen Spezialisten als Überlebensstrategie verwirklicht.
- **Poikilohydre und homoiohydre Pflanzen** repräsentieren unterschiedliche Strategien, mit den Bedingungen trockener Luft umzugehen, wobei die poikilohydren an extremen Standorten an Konkurrenzkraft gewinnen, sofern Taufall auftritt (es gibt viele Flechten in der Namibwüste, aber nur wenige in der Sahara).

2.2.1.2 Die Verfügbarkeit des Wassers auf der Erde

Die hydrologische Wasserbilanz gibt die Rahmenbedingungen für das Pflanzenleben auf der Erde (Ward and Robinson 1990). Unter Vernachlässigung der Veränderungen im Bodenspeicher wird die Wasserbilanz durch den Niederschlag (P: *precipitation*), die Verdunstung (E: *evaporation*) und den Gesamtabfluss (F: *river-discharge*) bestimmt, der sich aus Oberflächenabfluss (*run-off*) und Versickerung (*seepage*) zusammensetzt.

$$P - E - F = 0 \quad (2.2.1)$$

Die globale Verteilung der Niederschläge (Abb. 2.2.3 A) wird durch den Sonnenstand und die globale Zirkulation der Luftmassen bestimmt. Daraus ergeben sich hohe Niederschläge in den inneren Tropen, ein Niederschlagsminimum in der Höhe der Wendekreise und eine Zunahme der Niederschläge in der gemäßigten Zone, die aber stark von der Entfernung von den Ozeanen (**Ozeanität**) und der Größe der Kontinente (**Kontinentalität**) geprägt ist. Die atlantische Meeresströmung (Golfstrom) sorgt zusätzlich für eine klimatische Begünstigung des östlichen Amerikas sowie Europas. In den höheren Breiten der Arktis und Antarktis sinken die Niederschläge wiederum auf ein sehr niedriges Niveau.

Die Verdunstung der Bodenoberfläche (E_g: ***ground evaporation***) ist bei feuchtem Boden vor allem von der zur Verfügung stehenden Energie (Φ_g) an der Bodenoberfläche abhängig (Philip 1957).

$$\lambda E_g = \varepsilon \Phi_g / (\varepsilon + 1) \quad (2.2.2)$$

wobei λ die Energie zur Verdunstung von Wasser (2,454 J kg^{-1} bei 20 °C) und ε die Änderung der Wasserdampfmenge im Verhältnis zur Änderung der Wärmemenge von wasserdampfgesättigter Luft bei Lufttemperatur kennzeichnet (1,27 bei 10 °C). Bei Austrocknung der Bodenoberfläche muss ein zusätzlicher Grenzschichtwiderstand berücksichtigt werden (siehe Kapitel 2.2.7). Sofern die Erdoberfläche mit Pflanzen bedeckt ist, tritt die freie Verdunstung nur nach Niederschlag auf, wenn das so genannte **„Interzeptionswasser“** (das ist der Anteil des Niederschlags, der im Kronendach der Vegetation aufgefangen wird und nicht den Boden erreicht) verdunstet. Ein landwirtschaftliches Ackerland verliert im Frühjahr vor dem Aufwachsen Wasser entsprechend der freien Verdunstung und diese Rate sinkt mit dem Aufwachsen der Feldfrucht (Greenwood et al. 1992). Die **Transpiration** beschreibt den Anteil der Verdunstung, der von der Pflanze abgegeben wird und damit einer physiologischen Regulation unterliegt. Aber auch im geschlossenen Bestand kommt es in Abhängigkeit vom Blattflächenindex zu einer Verdunstung vom Boden (Schulze et al. 1995). Die Summe aus freier Evaporation und Transpiration wird als **Evapotranspiration** bezeichnet. Die globale Verteilung der Evapotranspiration (Abb. 2.2.3 B) zeigt ein Maximum in der tropischen Region und folgt in groben Zügen der Verteilung des Niederschlags, wobei die verfügbare Sonneneinstrahlung und die mittlere Windgeschwindigkeit die Verdunstung zusätzlich beeinflussen (siehe Kapitel 2.2.7). Die Verdunstung sinkt mit der abnehmenden zur Verfügung stehenden Energie in den höheren nördlichen und südlichen Breiten. In humiden Klimaten gehen etwa 30 % des Niederschlags in die Verdunstung und 70 % in den **Oberflächen- und Grundwasserabfluss** (Abb. 2.2.3 C).

Aus der Wasserbilanz und dem Temperaturklima ergeben sich die **Klimazonen** nach Köppen (Abb. 2.2.3 D), die in wesentlichen Zügen die Vegetation der Erde nachzeichnen, wobei man aber berücksichtigen muss, dass Köppen (1923) seine Klimaeinteilung an Vegetationskarten (z. B. von Grisebach 1872) orientierte.

Betrachtet man die Evaporation in Abhängigkeit vom Niederschlag (Abb. 2.2.4), so wird deutlich, dass die Verdunstung nicht unbegrenzt steigt, sondern einer Sättigungsfunktion folgt, womit der **Abfluss** mit steigendem Niederschlag einen immer größeren Anteil am Gesamtniederschlag hat. Aber auch bei niedrigem Niederschlag verbraucht die Vegetation nur unter extremen Bedingungen das gesamte Niederschlagswasser, da im ariden Klima Niederschläge als Starkregen-Ereignisse auftreten, die als Schichtflut abfließen und daher von der Pflanzenwelt nicht genutzt werden können.

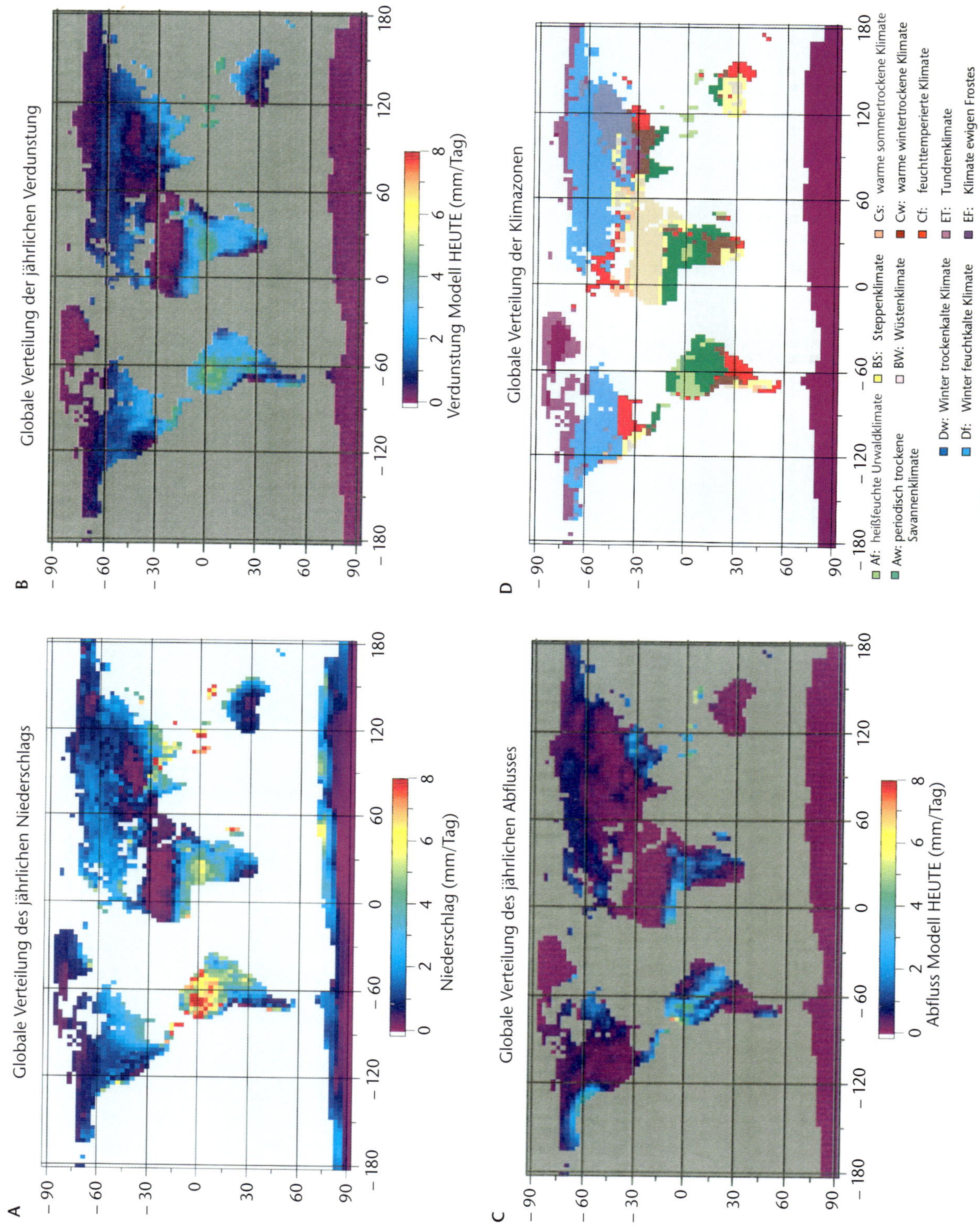

Abb. 2.2.3: Globale Verteilung der jährlichen Raten von A: Niederschlag, B: Verdunstung und C: Oberflächenabfluss, sowie D: globale Verteilung der Klimazonen nach Köppen (nach WBGU 1998, Fraedrich pers. Kommunikation).

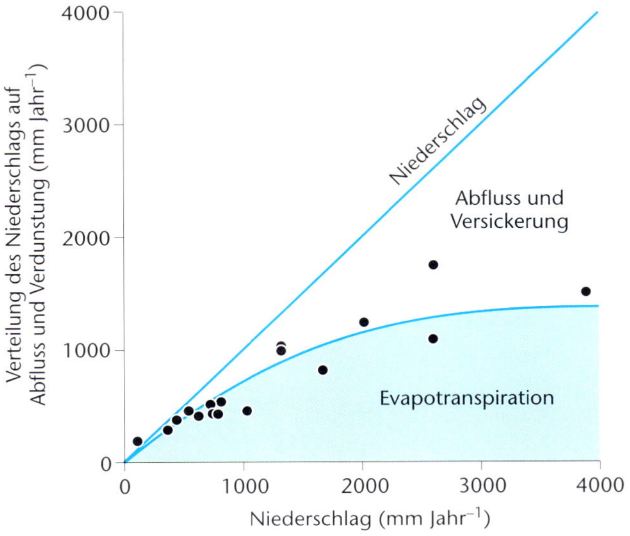

Abb. 2.2.4: Die Beziehung zwischen Abfluss und Verdunstung in Abhängigkeit von der Niederschlagsmenge (nach Schulze und Heimann 1998). Die Evaporation erreicht eine obere Grenze, die von der Einstrahlung abhängig ist. Dadurch wird der Anteil an abfließendem und versickerndem Wasser mit zunehmendem Niederschlag größer.

Kasten 2.2.2 Zusammenfassung: Wasserverfügbarkeit

- Niederschlag, Verdunstung und Abfluss bestimmen die **hydrologische Wasserbilanz**.
- Man unterscheidet bei der Verdunstung zwischen der **Evaporation**, die allein von den chemisch-physikalischen Bedingungen der Atmosphäre abhängt, und der **Transpiration** der Pflanzen, die durch physiologische Prozesse reguliert wird. Evaporation und Transpiration werden in dem Begriff **Evapotranspiration** zusammengefasst.
- Die **Evaporation** der Erdoberfläche hängt vor allem von der verfügbaren Strahlung ab.
- Die globale Temperaturverteilung und die globale hydrologische Bilanz bestimmen die **Klimaregionen** und damit die Vegetationsverteilung auf der Erde.

2.2.1.3 Der Transport des Wassers zwischen Boden und Atmosphäre

Im Boden und in Pflanzen liegt das Wasser nicht in frei verfügbarer Form vor, sondern ist im Allgemeinen mehr oder weniger stark an Moleküle oder Oberflächen gebunden. Man unterscheidet zwischen:

- **Konstitutionswasser** = Wasser, das als H^+ oder OH^- in organische Moleküle eingebaut ist.
- **Hydratationswasser** = Anlagerung von Wassermolekülen als Dipol um Ionen. Die Bindung ist umso fester, je größer die Ladung und je kleiner der Radius des hydratisierten Ions ist. So hat Na^+ eine größere Hydratationshülle als K^+ (Lüttge 1973). Entsprechende Hydratationshüllen gibt es an allen polaren Gruppen organischer Moleküle. 5–10 % des Gesamtwassergehaltes eines Blattes sind in dieser Weise nicht frei verfügbar.
- **Kapillarwasser:** Sowohl in der Zellwand als auch in den Feinporen unterliegt das Wasser Kapillarkräften. Der Anstieg der Wassersäule in einer Kapillare (h, gemessen in m) ist in erster Näherung umgekehrt proportional zum Radius (r) der Kapillare, denn es gilt, die Wassermasse und die darauf wirkende Gravitationskraft ($\pi h \rho g$) mit den Kohäsionskräften der Oberflächenspannung ($2\,\pi r \sigma_W$) auszugleichen. Unter Vernachlässigung des Anstellungswinkels α ($\cos\alpha = 1$) gilt (Nobel 1991, Seite 55)

$$\pi h \rho g = 2\,\pi r \sigma_W \qquad (2.2.3)$$

wobei h die Hubhöhe in m ist. ρ ist die Dichte von Wasser (998 kg m^{-3} bei 20 °C), g die Erdbeschleunigung (9,8 m s^{-2}), r ist der Kapillarenradius (m) und σ_W die Oberflächenspannung von Wasser (0,0728 N m^{-1} bei 20 °C).

Damit ist der Druck in einer Kapillare, die so genannte **Kapillarkraft**

$$P = h\rho g = 2\sigma/r \ (\mathrm{N\ m^{-2}}) \qquad (2.2.4)$$

und die Hubhöhe wird berechnet als

$$h = 2\sigma_w/(r\rho g);\ h = (1.5 \times 10^{-5}/r) \qquad (2.2.5)$$

In einer entfetteten Glaskapillare von 3 µm Durchmesser (1,5 µm Radius) steigt der Wasserfaden 10 m hoch. In einem Xylemgefäß von 30 µm, typisch für Tracheiden der Koniferen, steigt der Wasserfaden durch kapillare Kräfte nur 1 m hoch, und in den 300 µm weiten Tracheen von Laubhölzern steigt der Wasserfaden über kapillare Kräfte nur 0,1 m. Das bedeutet, die kapillaren Kräfte reichen nicht aus, um Wasser in die Krone eines Baumes zu heben, und mit der Kapillarkraft ist die Hubarbeit nicht geleistet, die den Wasserfluss voraussetzt.

- **Speicherwasser** = osmotisch gebundenes Wasser z. B. in der Vakuole (siehe auch Kapitel 1.5). Der osmotische Wert (Π, gemessen in MPa) hängt ab von der Partikelzahl pro Mol (n), der Konzentration (c_n), der Gaskonstante R (8,3144 Pa m^3 mol^{-1} K^{-1}) und der Temperatur (T in K):

$$\Pi = n\ c_n\ T\ R = 2{,}27\ c_n. \qquad (2.2.6)$$

Π einer einmolaren, nicht dissoziierten Lösung bei 0 °C beträgt 2,27 MPa, bzw. 2,43 MPa bei 20 °C.

Der osmotische Wert wird im Allgemeinen als Druck in MPa angegeben. Dies ist auf ein Experiment zurückzuführen, mit dem sich das Phänomen der Osmose nachweisen lässt: In einem verschlossenen, unterteilten Gefäß stehen freies, destilliertes Wasser und eine Salzlösung nur über eine semipermeable Membran in Verbindung, die für Wassermoleküle durchlässig, aber für Ionen der Salzlösung undurchlässig ist. Um den Unterschied der Konzentrationen der beiden Lösungen auszugleichen, kann nur freies Wasser in die Salzlösung fließen. Dadurch wird in dem Teil des Gefäßes mit Salzlösung ein hydrostatischer Druck aufgebaut (d. h. es steigt der Wasserpegel im Vergleich zum freien Wasser im benachbarten Teil des Gefäßes), dessen Wert der Höhe des osmotischen Wertes entspricht. Man spricht daher vom **osmotischen Druck**.

Im Fließgeschehen zwischen Boden, Pflanze und Atmosphäre wirken mehrere Kräfte zusammen. Um das Fließgeschehen innerhalb und zwischen sehr unterschiedlichen Kompartimenten zu beschreiben, ist es nötig, die Verfügbarkeit des Wassers in einer heterogenen Umgebung einheitlich zu quantifizieren. Dies geschieht durch den Begriff des **Wasserpotentials**, Ψ (siehe auch Kapitel 1.5):

$$\Psi = (\mu_w - \mu_o)/V_w = (V_w/V^o_w)\Pi \qquad (2.2.7)$$

wobei μ_w das chemische Potential im System ist (J mol^{-1}) und μ_o das chemische Potential eines Bezugssystems darstellt, d. h. von reinem flüssigem Wasser bei der gegebenen Temperatur und bei Normaldruck (Atmosphärendruck). Durch die Division durch das Molvolumen des flüssigen Wassers (V_w) erhält man aus der Differenz der chemischen Potentiale das Wasserpotential in den Einheiten eines Druckes. Dies ist anschaulicher als das chemische Potential. Eine geringe Temperatur- und Druckabhängigkeit von V_w wird im Allgemeinen vernachlässigt. V^o_w kennzeichnet das molare Volumen reinen Wassers.

In der Gasphase ist das Wasserpotential proportional zur relativen Feuchte:

$$\Psi = RT\ \ln\ (e/e_o)/V_w \qquad (2.2.8)$$

wobei e/e_o den Dampfdruck über gebundenem und freiem Wasser kennzeichnet und damit der relativen Feuchte entspricht. Der rechte Teil von Gleichung 2.2.5 wird auch als **Wasseraktivität** bezeichnet, die beispielsweise den Quellungsgrad in Kolloiden beschreibt und damit die Lebensbedingungen z. B. von Mikroorganismen charakterisiert. Da das chemische Potential gebundenen Wassers, μ_w, niedriger ist als von freiem Wasser, μ_o (es muss Energie hinzugefügt werden, um z. B. gebundenes Wasser in einer Salzlösung in den Zustand freien Wassers zu überführen), ist das Wasserpotential eine Größe mit negativem Vorzeichen. Die Wasserbewegung erfolgt von Orten mit hohem Potential zu Orten mit niedrigem Potential.

Das **Wasserpotential** beschreibt

- den Wasserzustand von Pflanzen oder von Teilchen, und
- die treibende Kraft für Wasserbewegungen.

Wie bereits in Kapitel 1.5 ausgeführt wurde (Abb. 1.5.1), erlaubt das Wasserpotential sowohl die Beschreibung von Wasser in einphasigen Systemen

Kasten 2.2.3 Die Messung von Wasserzustandsparametern (Pearcy et al. 1991)

Osmotischer Druck:
Gefrierpunkterniedrigung der Lösung.

Wasserpotential:

- **Druckbombe nach Scholander:** Ein Blatt wird in ein Druckgefäß gespannt, wobei der Blattstiel aus dem Druckgefäß herausreicht. In diesem Gefäß wird der Luftdruck erhöht. Damit entsteht ein Druckgradient im Xylem, der dazu führt, dass schließlich Wasser an der Schnittstelle austritt. Die Messung beruht auf der Annahme, dass beim Abschneiden des Blattes sich das Volumen der Gewebe des Organs vergrößert und dass an dem Punkt, an dem das Wasser im Xylem wieder austritt, das ursprüngliche Volumen und damit der Druckgradient wiederhergestellt ist. Der applizierte Gasdruck (P_{gas}) ist vom Betrag identisch mit dem Wasserpotential ($P_{gas} = -\Psi$). **Vorteil:** einfache Handhabung. **Nachteil:** Genauigkeit etwa 0,1 MPa; bei schneller Druckerhöhung im Druckbehälter kann sich das Volumen des Blattes nicht mit dem Außendruck ins Gleichgewicht setzen, denn die pflanzlichen Membranen haben eine begrenzte hydraulische Leitfähigkeit. In diesem Falle ist der gemessene Druck, bei dem Wasser aus der Schnittstelle austritt, meist zu niedrig, d. h. das Wasserpotential wird überschätzt. In entgegengesetzter Richtung wirken Lufteinschlüsse im Xylem, die bei dem Austreten von Wasser aus den Zellen unter Druck gefüllt werden und damit den Austritt des Xylemwassers an der Schnittstelle verzögern, d. h. der gemessene Druck ist zu hoch, das Wasserpotential wird unterschätzt. Damit ist das angezeigte Wasserpotential zu niedrig.
- **Psychrometer:** Es wird eine Lösung oder eine Blattscheibe in einem geschlossenen Behälter exponiert, in dem ein Thermoelement die Temperatur misst. Durch Anlegen eines Gleichstroms an das Thermoelement kühlt sich der Messfühler ab (Peltier-Effekt), Wasserdampf kondensiert. Es wird anschließend die Verdunstungskälte gemessen, aus der man auf die Luftfeuchte schließen kann, die im Gleichgewicht nach Gleichung 2.2.8 dem Wasserpotential entspricht (siehe Kasten 2.1.2: Feuchtthermometer). Die Methode kann verfeinert werden, indem eine Serie von Messfühlern mit Lösungen unterschiedlicher Molarität angefeuchtet werden (isopiestrisches Psychrometer). Es wird die Molarität gesucht, bei der kein Wasseraustausch mit der Probe stattfindet (d. h. keine Verdunstungskälte oder Kondensationswärme auftritt). **Vorteil:** sehr genaue Messung (±0,01 MPa) sowohl von freien Lösungen (osmotischer Wert) als auch von Geweben (Wasserpotential). **Nachteil:** wegen der Temperaturabhängigkeit der Messung im Freiland nicht einfach anwendbar.
- **Tensiometer:** Zur Messung des Wasserpotentials in Böden. In diesem Gerät wird ein luftdicht geschlossenes Wasservolumen über einen Keramikkörper in Kontakt mit dem Bodenwasser gebracht. Das Wasserpotential im Boden saugt Wasser aus dem Tensiometer bis zum Gleichgewicht der Potentiale. Dies ist als Unterdruck im Tensiometer messbar. Anwendbar bis 0,1 MPa.

Turgor
Die Messung des Turgors erfolgt mit einer feinen Kapillare, die in die Zelle eingeführt wird. Durch den Druck in der Zelle würde Zellsaft in die Kapillare eindringen. Mit einer Silikonlösung kann nunmehr der Zellsaft zurückgedrückt werden. Im Gleichgewicht entspricht der Druck in der Messapparatur dem Turgordruck. Das Verfahren ist geeignet, weitere hydraulische Parameter der Zelle zu messen, insbesondere die Elastizität und die hydraulische Leitfähigkeit der Membranen (Steudle 1993).

Wassergehalt
In Pflanzen erfolgt die Messung des Wassergehalts durch Wägung im natürlichen Zustand, nach Aufsättigung und nach Trocknung. In Böden wird der Wassergehalt über eine Hochfrequenz zwischen zwei Elektroden gemessen, die in engem Kontakt mit der Bodenmatrix stehen (TDR-(*Time Domaine Reflectance*)-Messung). Die Methode findet industrielle Anwendung bei Kabelprüfgeräten.

(z. B. innerhalb der Pflanze) als auch an Phasenübergängen (z. B. bei der Verdunstung im Blatt). In einer Zelle mit guter Wasserversorgung wird der osmotische Druck durch den Gegendruck der Zellwand, den Turgordruck P_c, kompensiert. Mit abnehmendem Wassergehalt sinkt der Turgordruck, der osmotische Druck steigt wegen der zunehmenden Konzentration der Restlösung in der Zelle an, und die Differenz, $\Pi - P$, entspricht dem zunehmend negativ werdenden Wasserpotential, Ψ, womit im Zellverbund freies Wasser zu dieser Zelle fließt. Geht die Entwässerung der Zelle weiter, kompensiert im Zustand der Grenzplasmolyse das Wasserpotential den Osmotischen Druck ($\Pi = -\Psi$).

Damit gilt als **Wasserzustandsgleichung der Zelle:**

$$\Psi = P_c - \Pi - \tau + \rho g h \qquad (2.2.9)$$

wobei τ die Bindungskräfte in der membranfreien Matrix der Zellwand (das so genannte **Matrixpotential**, siehe Kapitel 2.2.2.1 und Kapitel 1.5) und

ρgh den Wasserdruck kennzeichnet mit ρ als Maß für die Dichte des Wassers, g als Gravitationskraft (9,807 m s^{-2} am 45. Breitengrad) und h die Hubhöhe (m) (siehe Gleichung 2.2.4).

Gleichung 2.2.9 zeigt, dass das Wasserpotential sich zusamensetzt aus einer druckabhängigen Größe, von der chemischen Bindung des Wassers, einer oberflächenabhängigen Größe und im Falle von hohen Bäumen von der Gravitation. Das Matrixpotential ist dabei eine analoge Größe zu Π, nur sind in diesem Falle Oberflächenkräfte und nicht die Teilchenzahl in einer Lösung bestimmend. In der Literatur wird der osmotische Druck auch als osmotisches Potential bezeichnet. In diesem Falle wird der numerische Wert als negative Größe dargestellt. Im Grunde handelt es sich aber nur um eine unterschiedliche Formulierung des gleichen Prozesses.

Solange die Wasserpotentiale zwischen Pflanze, Boden und Luft gleich sind, findet auch keine Verdunstung statt. Dieser Zustand tritt in der Natur vor allem in den frühen Morgenstunden auf. Daher wird das **frühmorgendliche Wasserpotential** $\Psi_{predawn}$ in der Pflanze genutzt, um den Wasserzustand des Bodens in der Zone zu charakterisieren, aus der die Wurzeln Wasser gewinnen. Mit der Transpiration entsteht zwischen Boden und Atmosphäre ein Gradient im Wasserpotential, der bis zu 100 MPa groß sein kann.

In dem Kontinuum des Wassertransports zwischen Boden und Atmosphäre folgt das Wasser dem Potentialgradienten (von hohem zu niedrigem Potential), wobei die Flussrate aber begrenzt wird durch Widerstände, die abhängig sind von der Bodenbeschaffenheit und Gewebeart. Im Blatt tritt zusätzlich ein Phasenübergang von der flüssigen Phase zur Dampfphase auf, wobei die Geschwindigkeit der Diffusion in der Dampfphase vom Wasserdampfdruck der Atmosphäre (e/e_o) bestimmt wird. Im **Boden-Pflanze-Atmosphäre-Kontinuum** (SPAC: *soil plant atmosphere continuum*) findet man den höchsten Wasserpotentialgradient zwischen den Oberflächen der Zellwände im Mesophyll des Blattes, auf denen das Wasser verdunstet, und der Außenluft. Dies liegt daran, dass der hydraulische Widerstand hier am größten ist.

Kasten 2.2.4 Zusammenfassung: Wasser als Standortfaktor

- Wasser in Böden und in Geweben ist nicht frei verfügbar, sondern durch chemische, kapillare und osmotische Kräfte gebunden (**matrikale und osmotische Komponente des Wasserpotentials**).
- Das **Wasserpotential** beschreibt den Wasserzustand in homogenen und heterogenen Systemen. Es repräsentiert die Energie, die aufgewendet werden muss, um gebundenes Wasser in den Zustand freien Wassers zu überführen. Wasser fließt zwischen Kompartimenten von Bereichen höheren zu Bereichen niedrigeren Wasserpotentials.
- Die Zelle reguliert ihren Wasserzustand durch Änderung des **osmotischen Druckes** (siehe auch Kapitel 1.5.2.6) und hält damit einen positiven **Turgor** aufrecht.
- In der Pflanze erfolgt der größte Potentialabfall zwischen dem Mesophyll und der Atmosphäre (**stomatäre Leitfähigkeit**, siehe Kapitel 2.2.3), und daher erfolgt eine wichtige Regulation des pflanzlichen Wasserzustandes über die Steuerung von Wasseraufnahme und Wasserverbrauch.

2.2.2 Wassertransport in der Pflanze

2.2.2.1 Die Wasseraufnahme

Niederschlag sickert durch das Bodenprofil in das Grundwasser. Nur das so genannte Haftwasser wird in den Poren des Bodens gespeichert. Menge und Geschwindigkeit der Wasserbewegung im Boden sind abhängig von Bodenart und Porengröße. Die **Feldkapazität** ist dabei die Wassermenge, die gegen die Schwerkraft im Boden gehalten wird. Dieses Wasser ist aber für Pflanzen nur zum Teil frei verfügbar, denn es ist teilweise als Hydratations- bzw. Kapillarwasser fest gebunden. Diese Bindungen machen das **Matrixpotential** (Ψ_m) des Bodens (siehe Gleichung 2.2.9) aus, das unter Vernachlässigung des Einflusses des Winkels an der Kapillarwand

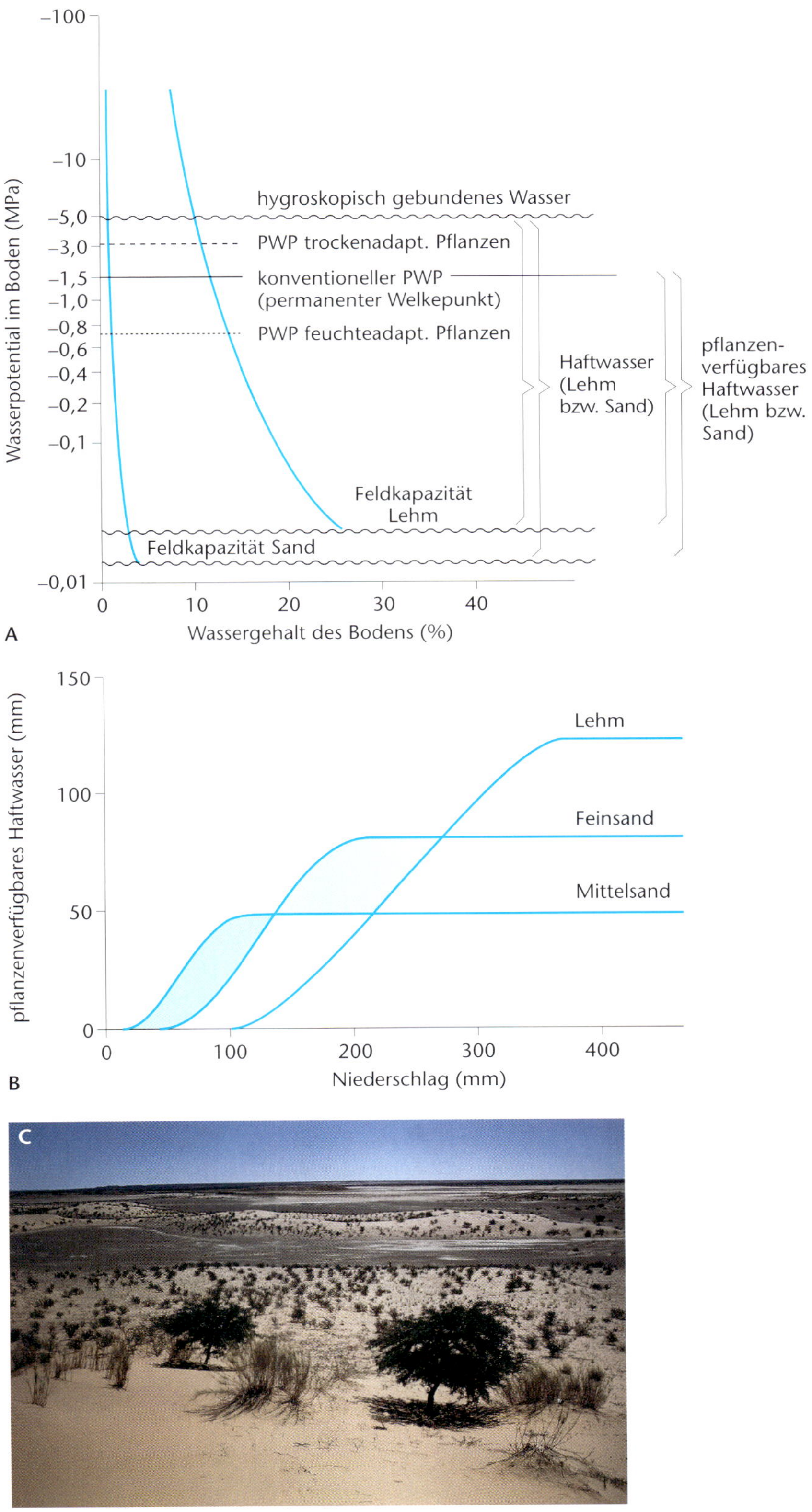

Abb. 2.2.5: A: Die Veränderung des Wasserpotentials in Sand- und Lehmböden bei zunehmendem Wassergehalt des Bodens. Je nach Feldkapazität beträgt das Wasserpotential bei Feldkapazität (Wassersättigung) –0,05 MPa (Sand) und –0,015 MPa (Lehm). Konventionell wird der permanente Welkepunkt in der Landwirtschaft bei –1,5 MPa festgelegt. Pflanzen, die an feuchten bzw. trockenen Standorten leben, erreichen den Welkepunkt bei –0,7 MPa bzw. –3 MPa. Der zusätzliche Gewinn an verfügbarem Wasser ist durch die Verlagerung des Welkepunktes nicht sehr groß. Die Grenze für hygroskopisch gebundenes Wasser liegt bei –5 MPa. Der Bereich zwischen der Feldkapazität und dem hygroskopisch gebundenen Wasser ist das Haftwasser. Nur ein Teil dieses Haftwassers ist pflanzenverfügbar (nach Larcher 1976). B: Die Änderung des pflanzenverfügbaren Wassers mit zunehmendem Niederschlag auf Lehm- und Sandböden. In Trockengebieten enthalten Sandböden eine größere Menge an pflanzenverfügbarem Wasser als Lehmböden, da das Wasser nicht so stark durch Kapillarkräfte und Oberflächenkräfte gebunden ist. Im Gegensatz dazu ist bei hohem Niederschlag die Menge an Wasser, die gespeichert werden kann, auf Sandböden geringer als auf Tonböden. Die schattierten Bereiche kennzeichnen die Niederschlagsbereiche, die unter bestimmten Bodenbedingungen für den Pflanzenwuchs vorteilhaft sind (nach Walter 1960). C: Die Verteilung der Vegetation in der Namib-Wüste mit Acacia karroo, Aristida sabolicola und Acacia ciliata auf den Sanddünen wachsend (hohe Wasserverfügbarkeit, wenig Salzbelastung) und vegetationsfreien Flächen auf der Ebene, in der Lehm- und Tonböden eine geringe Wasserverfügbarkeit und eine höhere Salzbelastung aufweisen. Asab, Namibia. Foto E.-D. Schulze.

Tabelle 2.2.2: Die Beziehung zwischen Wasserpotential und relativer Luftfeuchte, berechnet nach Gleichung 2.2.5. Die Beziehung ist messbar, wenn man in einem geschlossenen Gefäß Lösungen mit unterschiedlichem osmotischem Wert exponiert (in diesem Fall ist $-\Psi = \Pi$) und über der Lösung die Luftfeuchte misst. Die Werte zeigen, welche Luftfeuchte im Gleichgewicht erreicht werden muss, um bestimmte Lebensvorgänge zu aktivieren. Beispielsweise kann sich ein Fruchtschimmel nur dann ansiedeln, wenn die Frucht in einer Umgebung mit >70 % Luftfeuchte wächst.

relative Feuchte (%)	Wasserpotential (MPa)	Zustand in Boden bzw. Pflanze
100	0	Feldkapazität des Bodens
99	– 1,35	Nähe des permanenten Welkepunktes im Boden
98	– 2,72	starke Wasseranspannung in einer Pflanze
90	– 14,1	niedrigstes gemessenes ψ in Wüstenpflanzen
80	– 30,1	Aktivierung der Photosynthese bei Flechten
70	– 48,1	Aktivierung der Atmung bei Fruchtschimmel
50	– 93,3	Raumluft

durch die Oberflächenspannung des Wassers (σ = 7,28 10^{-3} N m^{-1}) und den Radius der Bodenkapillaren (m) bestimmt wird (siehe Gleichung 2.2.4):

$$\Psi_m = -2\sigma/r;\ \tau = 2\sigma/r \qquad (2.2.10)$$

mit der Dimension (N/m^2 = Pa).

In Poren von 5 nm, wie sie in der Zellwand höherer Pflanzen auftreten, erreicht das Matrixpotential 3,0 MPa und sinkt in Gefäßen mit einem Radius von 500 µm (Xylemgefäß ringporiger Hölzer) auf nur 30 Pa (siehe auch Tabelle 2.2.2).

Abbildung 2.2.5 A (Larcher 1994, Slatyer 1967) zeigt die Beziehung zwischen dem Wasserpotential und dem Wassergehalt von Sand- und Lehmböden. Zur Charakterisierung von Böden wurden eine Reihe von „Grenzwerten“ festgelegt:

- Bei etwa 5 MPa wird die Grenze des **hygroskopisch gebundenen Wassers** erreicht;
- bei etwa 1,5 MPa liegt der so genannte **permanente Welkepunkt**, der definiert ist als das Wasserpotential, bei dem eine Sonnenblume nicht mehr in der Lage ist, das durch Transpiration verlorene Wasser aus dem Bodenwasser zu ersetzen, und damit zu welken beginnt. Je nach Anpassung an Trockenstandorte kann der permanente Welkepunkt bei anderen Pflanzenarten jedoch Werte zwischen 0,7 und 3 MPa annehmen;
- bei etwa 0,05 MPa ist die Grenze der **Feldkapazität** erreicht, bei der das Wasser nicht mehr von den Bodenpartikeln entgegen der Schwerkraft gehalten werden kann und deshalb aus dem Boden heraussickert.

Das **pflanzenverfügbare Wasser** entspricht dem Wassergehalt zwischen Feldkapazität und Welkepunkt. Lehm- und Tonböden unterscheiden sich nicht nur in der Menge an verfügbarem Wasser, die bei Lehm mit 0,2 g g^{-1} fast um den Faktor 10 höher ist als in Sandboden, sondern auch in der Wassermenge, die im trockenen Boden für die Pflanze nicht verfügbar ist. Dies hat Konsequenzen für die Wasserverfügbarkeit bei abnehmendem Niederschlag (Abb. 2.2.5 B). In Gebieten mit hohen Niederschlägen sind Sandböden trockenere Standorte als Lehmböden, weil der Sandboden weniger Haftwasser halten kann. Bei niedrigen Niederschlägen ist im Lehm aber früher als beim Sand die Grenze erreicht, bei der das Wasser wegen der höheren Kapillarkräfte nicht mehr von der Pflanze aufgenommen werden kann. In ariden Gebieten sind daher Sandböden für Pflanzen „feuchtere“ Standorte als Lehmböden. Dies wird in der Natur durch die Frequenz der Niederschläge modifiziert.

Der **Transport des Wassers** im Boden zur Wurzel folgt dem Potentialgradienten, wobei aber die Fließgeschwindigkeit im Boden von der hydraulischen Leitfähigkeit, die vom Wassergehalt des Bodens abhängt, bestimmt wird. Entweder limitiert bei trockenen Böden die Leitfähigkeit des Bodens oder, bei feuchten Böden, die der Wurzel (in der gemäßigten Zone ist Letzteres die Regel). Letztlich entscheiden damit die Textur und der Sättigungsgrad des Bodens darüber, ob die Wurzel dem Wasser entgegenwachsen muss oder „darauf warten“ kann, dass das Wasser vom Boden zur Wurzel fließt. Dies hat auch Konsequenzen für die erforderliche Wurzeloberfläche, die nötig ist, um den Wasserbedarf der Blätter zu decken.

Bei der Wasserbewegung im Boden unterscheidet man zwischen gesättigtem (Wassergehalt über der Feldkapazität) und ungesättigtem (Wassergehalt unter der Feldkapazität) Zustand. Für gesättigte Böden ist die Fließgeschwindigkeit v nach dem Gesetz von Darcy (1856), der den Wasserdruck an den Brunnen von Dijon untersuchte, proportional zum hydraulischen Gradienten (dh/dx: Änderung in der Höhe pro Änderung in der Fließstrecke; dies entspricht dem Potentialgradienten) und der **gesättigten Leitfähigkeit** des Bodens (k_s),

$$v = -k_s\,(dh/dx), \qquad (2.2.11)$$

wobei k_s von der Korngröße abhängt. k_s beträgt > 0,001 m s^{-1} in Kies, >10^{-5} m s^{-1} in Sand, >10^{-7} m s^{-1} in Schluff und <10^{-9} m s^{-1} in Ton.

Im ungesättigten Boden ist die Fließgeschwindigkeit um mehrere Größenordnungen geringer als im gesättigten Boden und dabei abhängig von der **ungesättigten Leitfähigkeit**, k_Θ, die mit dem Wassergehalt des Bodens Θ abnimmt und vom Potentialgradienten $\Delta\Psi$ über die Wegstrecke x bestimmt wird:

$$v = k_\Theta(\Delta\Psi/\Delta x) \qquad (2.2.12)$$

Die Gleichung ist analog zu Gleichung 2.2.11, nur dass im Falle der ungesättigten Böden das Wasserpotential die treibende Kraft ist. k_Θ erreicht für Schluff Werte zwischen 10^{-13} (gesättigter Boden) und 10^{-17} cm s^{-1} Pa^{-1} im Bereich des Welkepunktes. Böden sind keineswegs homogen, sondern strukturiert in Horizonte und innerhalb der Horizonte differenziert in weniger und stärker verdichtete Aggregate. Somit kann auch in eng benachbarten Bodenkrümeln mit unterschiedlicher Korngrößenverteilung die hydraulische Leitfähigkeit mit dem Bodenwasserpotential sehr unterschiedlich abnehmen (Horn 1994). Das Wasser ist selbst innerhalb eines Bodenprofils in sehr unterschiedlichem Maße verfügbar.

Vergegenwärtigt man sich die Heterogenität des Wasserflusses in Böden, so ist es nicht verwunderlich, dass Pflanzen sehr unterschiedlich geformte **Wurzelsysteme** entwickelten, die je nach Bodenart zusätzlich modifiziert werden. Gräser vermögen mit ihren Adventivwurzeln besonders gut ein dichtes, oberfächennahes Wurzelsystem auszubilden.

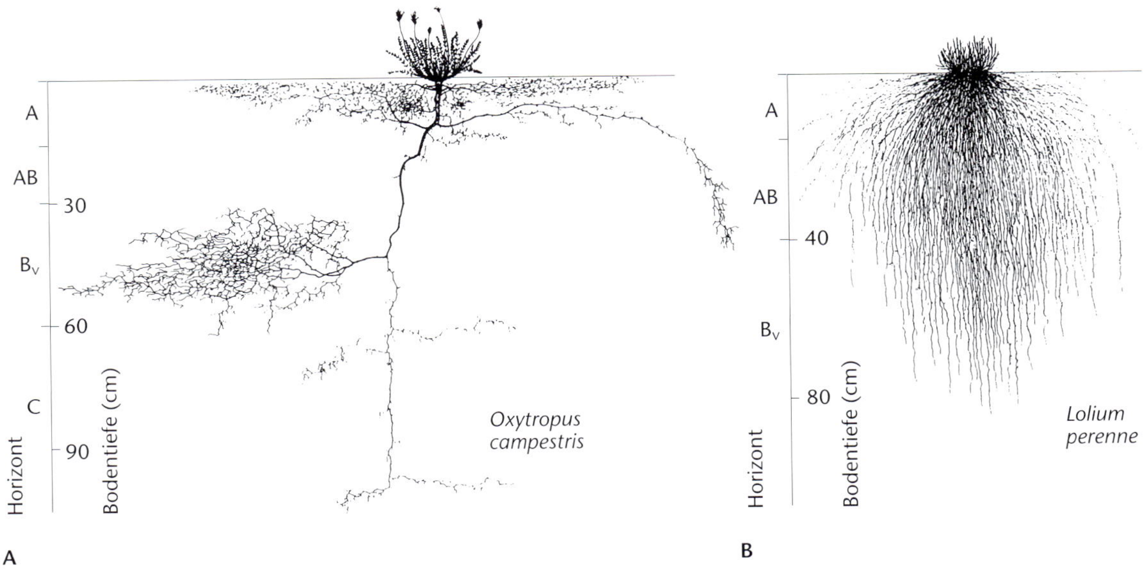

Abb. 2.2.6: *Die Verteilung der Wurzeln mit der Bodentiefe ist einerseits genetisch bedingt (Dominanz einer Hauptwurzel: Allorhizie der Dicotylen; Absterben der Hauptwurzel: Homorhizie bei Monocotylen), andererseits durch Standortbedingungen geprägt (Bodenfestigkeit, Wasser- und Nährstoffverfügbarkeit). Als Beispiel zeigt (A) die dicotyle Art Oxytropus campestris auf Braunerde über Glimmerschiefer-Schutt mit einer tief reichenden Hauptwurzel, die sich in verschiedenen Bodenhorizonten entsprechend der Nährstoff- und Wasserverfügbarkeit verzweigt, und (B) die Monocotyle Lolium perenne auf lehmigem Sand mit einem dichten Geflecht sekundärer Wurzeln im Oberboden (aus Kutschera und Lichtenegger, Bd. 1, 1992)*

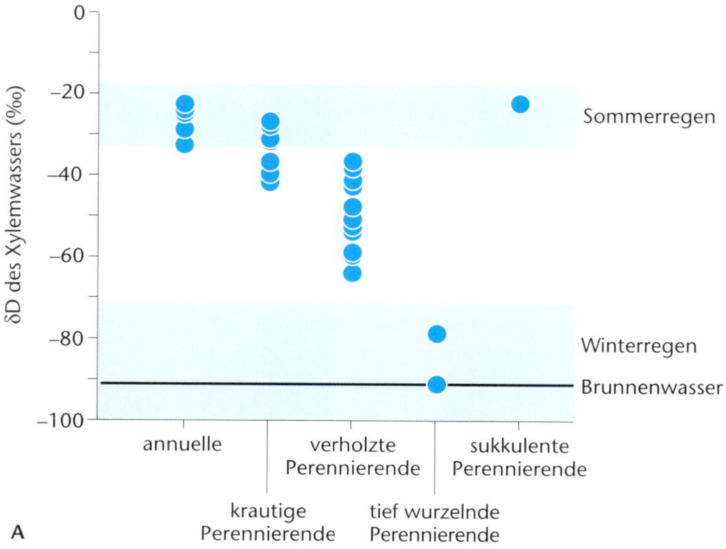

A

B

Abb. 2.2.7: A: Deuterium-Isotopenverhältnisse im Xylemwasser verschiedener Arten in der Sonorenwüste im Vergleich zu den Deuterium-Isotopenverhältnissen im Niederschlag von Sommerregen und Winterregen sowie im Brunnenwasser (nach Ehleringer et al. 1994). Der δD-Wert wird berechnet aus dem D/H-Verhältnis in der Probe im Vergleich zu einem Standard $((D/H)_{probe}/(D/H)_{standard} - 1) \times 1000$, wobei Tiefenwasser des Ozeans als Standard verwendet wird (SMOW = standard mean ocean water). Im Falle der Sonorenwüste nutzen die Annuellen fast ausschließlich das Niederschlagswasser der Sommerregen, die in Abhängigkeit von den höheren Temperaturen im Sommer einen höheren δD-Wert haben, wohingegen die tief wurzelnden Perennen ausschließlich auf Niederschläge der Winterregen angewiesen sind, die wegen der niedrigeren Temperaturen im Winter einen niedrigen δD-Wert haben. Das Wasser, das aus dem Xylem der Pflanzen gewonnen wird, zeigt anhand des δD-Wertes an, aus welcher Bodenschicht die Pflanze Wasser aufnimmt. B: Vegetation der Sonorenwüste bei Oatmans, Süd-Nevada, mit der Sommerannuellen Pectis paposa (Asteridae, C4-Stoffwechsel), der perennen, verholzenden Ambrosia dumosa (Asteridae, C3-Stoffwechsel) und der perennen, tief wurzelnden Larrea tridentata (Zygophyllaceae). Foto E.-D. Schulze.

Im Gegensatz dazu durchwurzeln Dicotyle mit ihrer langlebigen Primärwurzel den Boden weniger intensiv, dafür aber tiefer (Abb. 2.2.6). Dicotyle sind aber auch in der Lage, in Schichten mit höherer Wasser- und Nährstoffverfügbarkeit sekundäre Wurzelhorizonte auszubilden.

Der Nachweis darüber, aus welcher Bodenschicht eine Pflanze das Transpirationswasser gewinnt, erfolgt über die Messungen der stabilen Isotope des Wasserstoffs, D = **Deuterium**, und des Sauerstoffs, **^{18}O**. Das Isotopenverhältnis von H/D (der δD-Wert) und von $^{16}O/^{18}O$ (der $\delta^{18}O$-Wert) steigt mit der Temperatur des Niederschlags (die **hydraulische Wasserlinie**, Dawson 1993), d. h. die Winterregen haben ein anderes Isotopensignal als die Sommerregen. Zusätzlich kommt es an der Bodenoberfläche zu einer Anreicherung des schwereren Isotops, da Wassermoleküle mit dem schweren Isotop etwas langsamer verdunsten als Moleküle mit dem leichteren Isotop. Misst man das Isotopenverhältnis im Xylemwasser und im Bodenwasser, dann kann man auf die Horizonte rückschließen, aus denen bestimmte Arten ihr Wasser gewinnen.

Die Untersuchung der Herkunft des Transpirationswassers hinsichtlich der Bodentiefe gelingt natürlich am besten dort, wo Niederschläge saisonal und bei unterschiedlichen Temperaturen fallen. Ein Beispiel zeigt die Abbildung 2.2.7 A für die Coloradowüste in den südwestlichen USA (Ehleringer 1994). Dort zeigen Sommer- und Winterregen deutlich unterschiedliche δD-Werte und das Brunnenwasser ist selbst gegenüber dem Winterregen noch weiter an Deuterium abgereichert. Die verschiedenen Pflanzenformen nutzen die Wasserquellen in ganz unterschiedlichem Maße. In dieser subtropischen „warmen" Wüste (Abb 2.2.7 B) nutzen die Annuellen und die Sukkulenten die Sommerregen, die als sporadische subtropische Fronten bis in die Sonorawüste gelangen (Anmerkung: In den mediterranen Winterregengebieten nutzen die Annuellen vor allem die Winterregen). Im Gegensatz zu den Sommerannuellen nutzen die tief wurzelnden perennen Pflanzen, meist immergrüne Kräuter und Sträucher, das Wasser der Winterregen oder das Grundwasser. Dazwischen gibt es aber eine Gruppe mäßig tief wurzelnder perenner Pflanzen, die das Wasser zu dem Zeitpunkt nutzen, an dem es durch das Bodenprofil perkoliert. In den Zeiten zwischen diesen Ereignissen des Wasserüberschusses gibt es mehr oder weniger lange Trockenzeiten, in denen diese Pflanzen ihre Blätter abwerfen, d. h. sie sind wechselgrün. In der ökologischen Literatur unterscheidet man bislang zwischen **arido-aktiven** Arten, die in der Trockenzeit photosynthetisch aktive Blätter behalten, und **arido-passiven** Arten, die entweder die Blätter abwerfen oder den Stoffwechsel auf ein Minimum beschränken. Abbildung 2.2.7 verdeutlicht, dass es viele Übergänge gibt, die eine solche Klassifizierung (wie so oft in der älteren ökologischen Literatur) unzweckmäßig erscheinen lassen. Dies gilt nicht nur für die Cololoradowüste, sondern auch für andere Trockengebiete der Erde, z. B. die temperaten Halbwüsten in Argentinien (Schulze et al. 1996).

Die **Wasseraufnahme** aus dem Boden in die Pflanze erfolgt über einen breiten Bereich der Wurzelspitzen hinter dem Vegetationspunkt, in dem auch die Wurzelhaare entwickelt sind und die Wurzelrinde noch nicht suberinisiert ist (Steudle 1994). Zusätzlich kann Wasser an den meristematischen Bereichen der Seitenwurzeln aufgenommen werden. Oberhalb des meristematischen Bereichs ist die Wurzel differenziert (Abb. 2.2.8 A) in eine Epidermis – darunter befindet sich bei vielen Arten eine suberinisierte Schicht, die als Exodermis bezeichnet wird –, es folgen die Wurzelrinde, die stark suberinisierte Endodermis (Caspary-Streifen) und der Zentralzylinder (Stele) mit den Xylemgefäßen. Innerhalb des Wurzelzylinders folgt das Wasser in erster Näherung dem Potentialgradienten vom Boden zum Xylem, wobei eine Reihe von Wegen möglich ist (Abb. 2.2.8 B): Das Wasser kann im Bereich der Wurzelrinde (a) in der Zellwand fließen (**Apoplast**), (b) sich von Zelle zu Zelle über die Plasmodesmen bewegen (**Symplast**) oder (c) quer durch die Zellen fließen (transzellulärer Weg). An der Endodermis (und vermutlich auch an der Exodermis) muss das Wasser weitgehend durch die Zelle geleitet werden. In diesem Bereich existieren, wie auch in der Exodermis, nicht-suberinisierte Durchlasszellen. Modellhaft kann man diesen Bereich des **Wassertransports** durch eine Reihe paralleler Widerstände darstellen, die in regelmäßigen Abständen durch serielle Widerstände verbunden sind (zylindrische Zellschichten; Abb. 2.2.8 C). In jeder Zellschicht ist die hydraulische Leitfähigkeit die eines nicht-zylindrischen Gewebes (Lp_z)

$$Lp_z = \gamma_c \frac{Lp_c}{2} + \gamma_{cw} \frac{Lp_{cw}}{\Delta x} \cdot \frac{\Delta x}{d} \qquad (2.2.13)$$

wobei Lp_z die Leitfähigkeit einer Zelle in

Abb. 2.2.8: A: Querschnitt durch eine Maiswurzel, in der das Lignin und die Lipide in der Exodermis und der Endodermis mit Berberinsulfat angefärbt wurden. B: Schematischer Querschnitt durch eine Wurzel mit den Wegen für den Transport von Wasser und Nährelementen. Der Caspary-Streifen ist im Querschnitt nur als schwarzer Punkt erkennbar, der die bandartige Suberinschicht kennzeichnet, die in der Zellwand verläuft. Die blauen Pfeile verdeutlichen die verschiedenen Pfade des Wasserflusses. C: Modellvorstellung über den Wassertransport in der Wurzel in Analogie zu einem elektrischen Schaltkreis. C bezeichnet die Kapazität zur Wasserspeicherung in der Zelle (C_c) und in der Zellwand (C_{cw}), entsprechend elektrischen Schaltbildern wird eine Kapazität mit einem Doppelstrich gekennzeichnet. r bezeichnet den hydraulischen Widerstand in der Zellwand (CW), im Mesophyll (m) und im Zell-zu-Zell-Weg (t: transzellulär, p: symplastisch) (aus Steudle 1994).

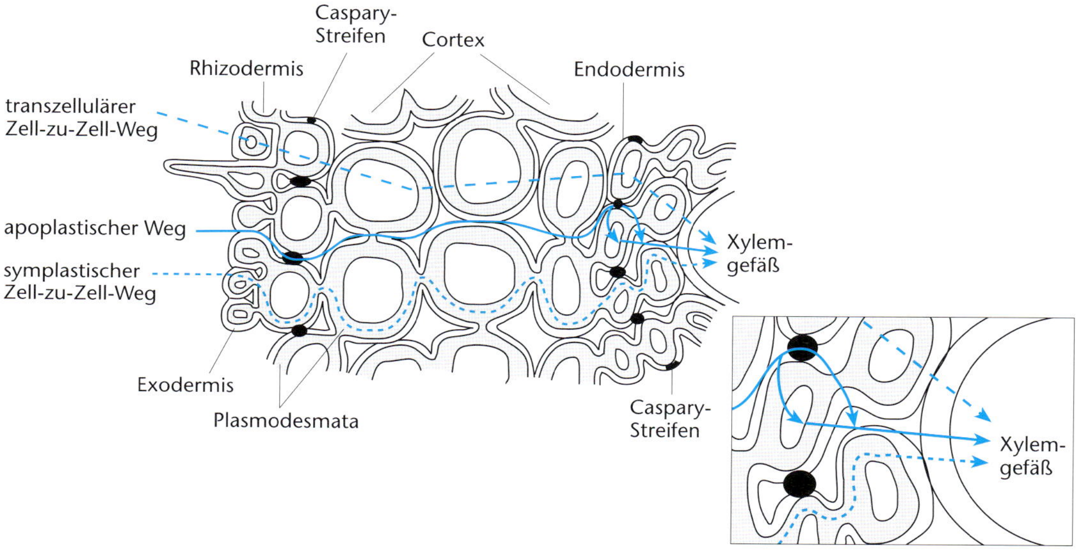

B

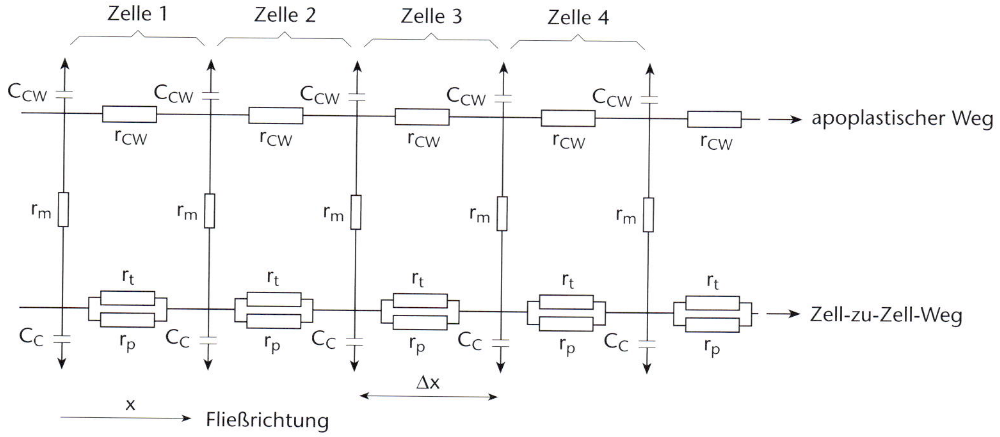

C

$m\ s^{-1}\ MPa^{-1}$ ist. Lp_c beschreibt die Leitfähigkeit der Zellmembranen, wobei der Faktor 2 die Tatsache berücksichtigt, dass zwei Zellmembranen pro Zelle zu queren sind. Lp_{cw} ist die Leitfähigkeit der Zellwände, γ_c und γ_{cw} der Anteil von Cytosol und Zellwand am Querschnitt in Fließrichtung ($\gamma_{cw}+\gamma_c=1$), Δx die Breite einer Zelllage und d die Dicke des Gewebes darstellen. Daraus wird deutlich, dass je nach Aufbau der Wurzelrinde die anteiligen Flüsse sehr unterschiedlich verteilt sein können. Die Porengrößenverteilung in der Zellwand und die Größe der hydratisierten Ionen bestimmen die Leitfähigkeit. Die Poren im Intermicellarraum sind etwa 1 nm groß, der Raum zwischen den Cellulosefibrillen beträgt etwa 10 nm. Im Vergleich dazu ist ein Wassermolekül etwa 0,3 nm groß, Na-Ionen mit Hydrathülle erreichen 0,5–0,7 nm, K-Ionen 0,4–0,5 nm, und ein Glukosemolekül ist etwa 0,75 nm groß (Lüttge 1973). Obwohl die Querschnittsfläche, die für den apoplastischen Transport zur Verfügung steht, sehr viel kleiner ist als die für die zelluläre Komponente, zeigen die Messungen der Komponenten, dass der apoplastische Transport dominieren kann, wenn der Fluss hydraulisch ist (Transpirationssog) und nicht osmotischen Gradienten folgt. Wenn der apoplastische Transportweg wirkungsvoll unterbrochen ist (starke Suberinisierung der Wurzel), überwiegt die zelluläre Komponente (Michael et al. 1997). Auf dem zellulären Transportweg steuern **Aquaporine** (das sind Proteine, die Wasser durch die sonst hydrophobe Zellmembran aktiv transportieren: Wasserkanäle; Tyerman et al. 1999; siehe Kapitel 1.5.2) den Wasserfluss durch die Zellmembran aktiv. Stark differenzierte Wurzelregionen und weniger stark differenzierte Bereiche können parallel Wasser aufnehmen; zum Teil ist ein Wasserfluss auch in den suberinisierten Bereichen der Wurzel möglich, nämlich dort, wo Seitenwurzeln gebildet werden, in deren Achseln meristematisches Gewebe erhalten bleibt. Die Wurzel bildet somit keine einheitliche Oberfläche gegenüber dem Boden aus, sondern eine sehr differenzierte Aufnahmefläche, die Steudle und Peterson (1998) als ***compound membrane*** bezeichneten. Der Wasserzustand der Pflanze (Ψ_{spross}) ergibt sich aus der Wasseraufnahme als „Input" und der Transpiration als „Output", die beide getrennt einer Steuerung/Regulation unterliegen, die aber durch hormonelle und druckbedingte Signale aufeinander abgestimmt sind.

Seit mehr als 60 Jahren ist bekannt, dass der **hydraulische Widerstand** der Wurzel und damit die Wasseraufnahme sehr variabel ist. Im Gegensatz zum Spross und dessen Regulation der Wasserabgabe über die Stomata (siehe Kapitel 2.2.3) ist die „Regulation" der Wasseraufnahme über die hydraulische Architektur der Wurzel aus technischen Gründen sehr viel weniger erforscht. Die Prozesse sind hier auch weniger übersichtlich. Die Regulation erfolgt offenbar auf verschiedenen Ebenen sowohl über rein physikalische Anpassung der Wasseraufnahme als auch metabolisch gesteuert.

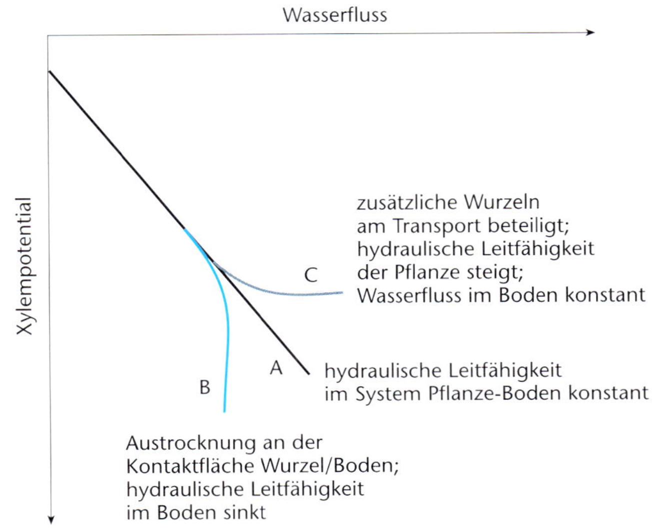

Abb. 2.2.9: Schematische Darstellung der Veränderung des Wasserpotentials im Xylem mit steigendem Wasserfluss, sofern (A) die hydraulische Leitfähigkeit konstant ist, (B) die hydraulische Leitfähigkeit im Boden bei Austrocknung an den Kontaktflächen zwischen Wurzel und Boden sinkt und (C) bei Austrocknung zusätzliche Wurzeln am Transport beteiligt sind.

Ökologisch bedeutet die Differenzierung in der Wurzelanatomie, dass Pflanzen mehrere Möglichkeiten der Anpassung an die Flussbedingungen zwischen Boden und Wurzel haben. Der Prozess der **Wasseraufnahme** ist für die Wasserversorgung im feuchten Boden im Allgemeinen nicht limitierend. Natürlich wird das Wasserpotential im Spross auch durch die Transpiration bestimmt und kann damit auch in feuchtem Boden einen kritischen Wert unterschreiten. Im feuchten Boden sinkt das Wasserpotential im Xylem mit der Menge an Wasser ab, die durch das System transportiert wird (Abb. 2.2.9, Kurve A). In trockenem Boden kann es entsprechend der niedrigen Fließgeschwindigkeit und der sehr niedrigen Leitfähigkeit im ungesättigten Bereich zu einer trockenen Zone rund um die Wurzeloberfläche kommen, d. h. die Nachleitung aus dem Boden kann in diesem Fall den Fluss begrenzen. In der Pflanze wäre dieser Zustand daran erkennbar, dass das Wasserpotential im Xylem stark absinkt, ohne dass der Fluss durch die Gefäße ansteigt (Abb. 2.2.9, Kurve B). In dieser Situation kann

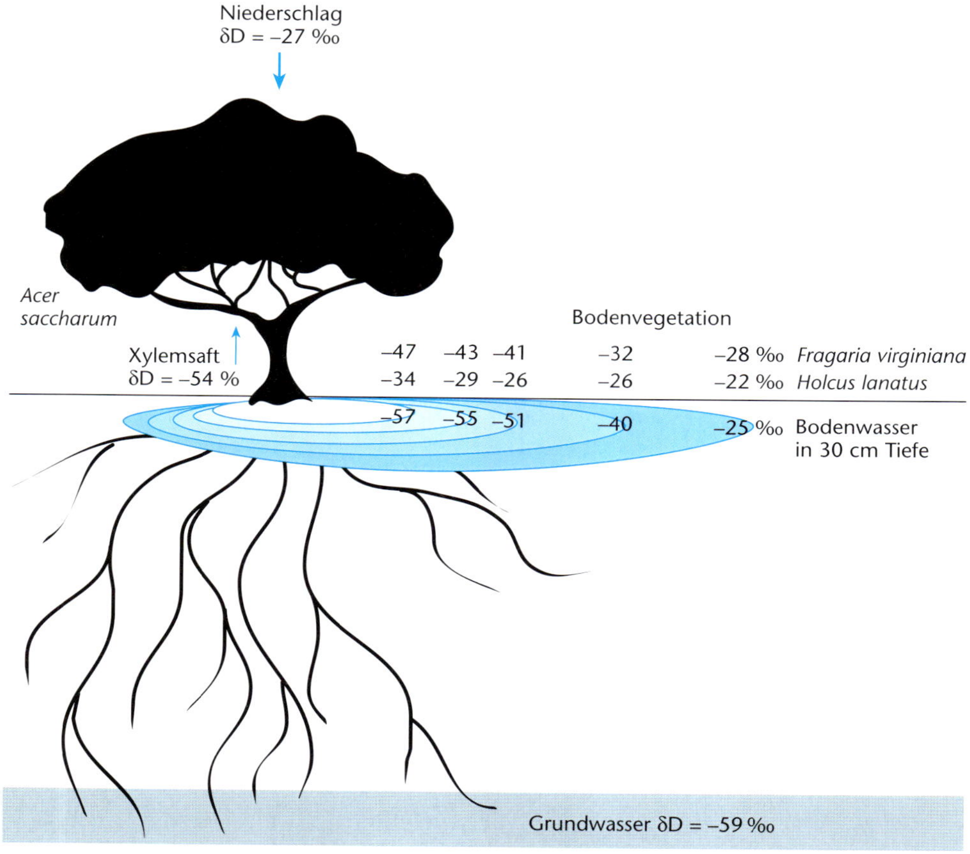

Abb. 2.2.10: Deuterium-Isotopenverhältnisse (δD) in verschiedenen Bodentiefen und Pflanzen als Marker für die Herkunft des Wassers. Der δD-Wert wird berechnet aus dem D/H-Verhältnis in der Probe im Vergleich zu einem Standard $((D/H)_{probe}/(D/H)_{standard} - 1) \times 1000$, wobei Tiefenwasser des Ozeans als Standard verwendet wird (SMOW = standard mean ocean water). Die Vegetation steht in einem Gradienten zwischen einem hohen δD-Wert im Niederschlag und einem deutlich niedrigeren δD-Wert im Grundwasser. Der niedrige δD-Wert im Xylemwasser zeigt, dass Acer saccharum sein Transpirationswasser aus dem Grundwasser bekommt. Im Bodenwasser (0 bis 30 cm Tiefe) zeigt sich ein Gradient von niedrigen zu hohen δD-Werten mit der Entfernung vom Stamm. Das Wasser mit niedrigen δD-Werten in Stammnähe kann nur aus dem Grundwasser stammen, das über „hydraulic lift" von den Wurzeln an den Boden abgegeben wurde. Die Bodenvegetation reagiert je nach Wurzeltiefe unterschiedlich auf dieses Angebot. Während Fragaria virginiana das lift-Wasser nutzen kann, gehen die Wurzeln von Holcus lanatus nicht bis zu dieser Bodentiefe (nach Dawson 1993).

ein Turgorverlust in der Wurzelspitze auftreten, der zur Produktion des Stresshormons ABA führt (siehe Kapitel 1.5.2.2). Umgekehrt gibt es Situationen, in denen der Fluss durch das Xylem ansteigt, ohne dass es zu einer Änderung im Wasserpotential kommt (Abb. 2.2.9, Kurve C). Diese Beobachtung ist auch durch das in Abbildung 2.2.8 beschriebene Transportmodell erklärbar. In diesem Fall erreicht der Wasserpotentialgradient zwischen Boden und Xylem eine Größe, die einen Fluss über weitere Oberflächen ermöglicht, d. h. es werden weitere Wurzeln oder Wurzelbereiche aktiv am Wassertransport beteiligt, die zuvor kein Wasser aufnehmen konnten, da der Potentialgradient zu gering war.

Die Vielzahl der Orte, an denen die Wasseraufnahme möglich ist, birgt aber auch die Gefahr, dass ein Teil dieser Stellen die Pflanze nicht vollständig gegenüber dem Boden „abdichtet". Es sind dies insbesondere die meristematischen Bereiche der Wurzelspitze und der Achselmeristeme in den Seitenwurzeln. Aber auch die Durchlasszellen der Endodermis und Exodermis können Wasser in beide Richtungen transportieren. Dies führt dazu, dass Wurzeln nicht nur Wasser aus dem Boden aufnehmen, sondern auch in begrenztem Maße an den Boden abgeben können. Dies tritt insbesondere dann auf, wenn die Transpiration sehr gering wird. Ökologisch ist dieser Prozess bekannt als ***hydraulic lift***. Eine Wasserabgabe der Pflanzen an den Boden wurde zunächst in trockenen Klimaten beobachtet (Richards and Caldwell 1987), spielt aber auch in der gemäßigten Zone eine erhebliche Rolle. So wurde an *Acer saccharum* beobachtet (Dawson 1993), dass die isotopische Zusammensetzung des Bodenwassers im Bereich der Krone nicht der des Regens entsprach, sondern der des tieferen Grundwassers (Abb. 2.2.10). Je weiter man sich vom Wurzelbereich des Baumes entfernt, umso stärker gleicht sich die isotopische Zusammensetzung im Xylemwasser der Kräuter an die des Niederschlagswassers an. Offensichtlich werden von diesem Baum in der Nacht größere Mengen an Wasser vom feuchten Boden in Grundwassernähe in den trockenen Oberboden transportiert, sodass sich dort die isotopische Zusammensetzung des Wassers entsprechend ändert. Die Menge an Wasser reicht aus, um die Bodenvegetation im Schatten dieses Baumes zu versorgen. In diesem Beispiel stammen 1/3 bis 2/3 des Wassers in den Xylembahnen der Bodenflora aus dem Wasser des *hydraulic lift*. Das hier gezeigte Beispiel erklärt im Prinzip die oft üppige Vegetation mit krautigen Arten im Schatten von Bäumen in semiariden Gebieten.

Der umgekehrte Vorgang, der ***inverse hydraulic lift*** (Schulze et al. 1998, Burgess et al. 2001), ist ökologisch ebenso bedeutsam wie der *hydraulic lift*. In ariden Gebieten werden die tieferen Bodenschichten nur sehr selten befeuchtet, denn die Niederschläge reichen nur aus, um die oberen Bodenschichten auf Feldkapazität zu bewässern. Die „Wasserwelle", die im Boden durch einen Niederschlag erzeugt wird, bleibt selbst in einem Sandboden bereits nach wenigen Metern „stecken", d. h. das Wasser ist mit dem Auffüllen des Haftwassers in den oberen Horizonten verbraucht. Tiefere Bodenschichten bleiben permanent trocken. Nun beobachtet man aber dennoch, dass Wurzeln in erhebliche Bodentiefen vordringen können (Abb. 2.2.11, Canadell et al. 1996). So erreichen Pflanzen in Wüsten und Savannen eine maximale **Wurzeltiefe** von mehr als 50 m. Der Rekord beobachteter Wurzeln liegt bei 68 m in der Kalahari, wo sich das Grundwasser in über 100 m Tiefe befindet. Es wird vermutet, dass die Wurzeln sogar bis in diese Tiefe vordringen. Diese Wurzeln wurden vermutlich nur deshalb nicht beobachtet, da die Brunnenschächte nur bis zu ca. 70 m mit Rohren ausgekleidet werden. Das Vordringen von Wurzeln in derartig tiefe, trockene Bodenschichten ist nur durch einen Transport von Wasser aus feuchten Schichten im Oberboden zu erklären, d. h. die Wurzel muss ihren Lebensraum bewässern, um in dieser Umgebung aktiv zu wachsen. Ohne Wassernachleitung würde die Wurzelspitze, die nicht durch eine Cuticula geschützt ist, im trockenen Boden vertrocknen. Der Nachweis des inversen Wassertransports erfolgte anhand von mit Deuterium markiertem Wasser, das von den Pflanzen aus dem oberflächennahen Bewässerungshorizont in tiefere Bodenschichten transportiert wurde (Schulze et al. 1998). Für die Effektivität derartiger Prozesse ist die hydraulische Leitfähigkeit entscheidend, und diese hängt sowohl von der Anatomie (siehe oben) als auch von der Natur und der Größe der wirkenden Kräfte ab, und damit ist die Leistung der Wurzel nicht durch ein „elektrisches Analog-Schaltbild" allein darstellbar.

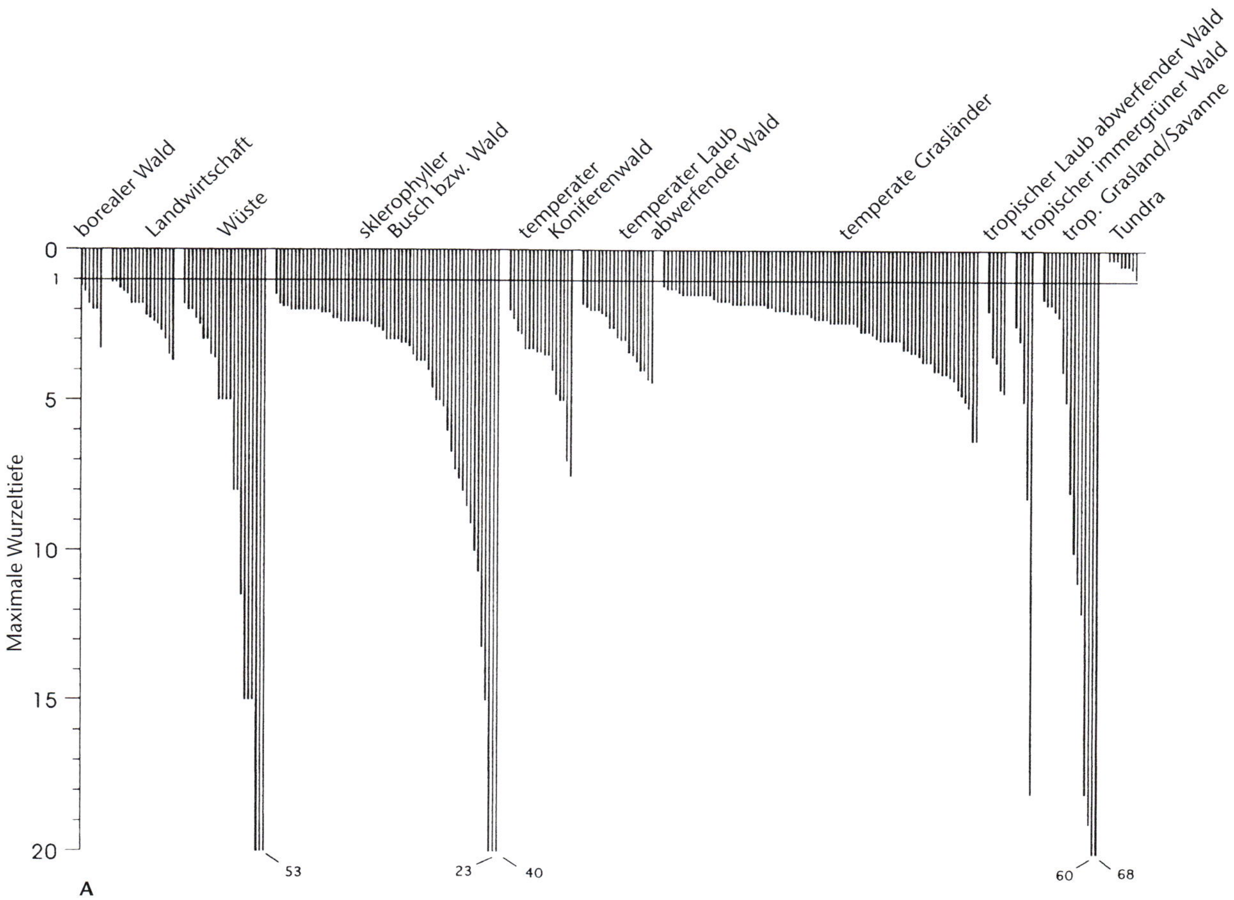

Abb. 2.2.11: A: Maximale beobachtete Wurzeltiefen in verschiedenen Vegetationstypen der Erde. Die einzelnen Striche repräsentieren Einzelbeobachtungen bestimmter Arten aus dieser Vegetation. Die Zahlen zeigen die maximalen Tiefen, die außerhalb der Skala liegen (nach Canadell et al. 1996). Die größte bisher bekannte Wurzeltiefe wurde in der Kalahariwüste an Acacia erioloba beim Bohren von Brunnenschächten beobachtet. B: Acacia-erioloba-Savanne mit perennen C4-Gräsern der Gattungen Aristida und Stipagrostis (siehe Schulze et al. 1996). Kalahariwüste, nördlich Uppington, Südafrika. Foto E. D. Schulze.

Tabelle 2.2.3: Spezifische Leitfähigkeit, maximale Xylem-Saftfluss-Geschwindigkeit, Gefäßradius und -länge und maximale Kapillarkraft der Gefäße für verschiedene Pflanzentypen (Nobel 1991, Zimmermann 1983, Calquist 1991)

Pflanzentyp	spezifische Leitfähigkeit des Wassers ($m\ s^{-1}\ MPa^{-1}$)	maximale Geschwindigkeit ($m\ h^{-1}$)	Gefäßdurchmesser ($\mu\gamma$ m)	Gefäßlänge (m)	Kapillarkraft (kPa)
Koniferen	$5-10 \times 10^4$	1– 2	10– 40	0,002–0,005	29–7
Zerstreutporige Angiospermen	$5-50 \times 10^4$	1– 6	5–150	1–2	58–1,9
Ringporige Angiospermen	$50-300 \times 10^4$	4–44	10–600	10	29–0,5
Krautige Pflanzen	$30-60 \times 10^4$	10–60	10–500	1–2	29–0,6
Lianen	$300-500 \times 10^4$	150	600	ca. 10	0,5

2.2.2.2 Die Wasserleitung im Xylem

Die **Wasserleitung im Xylem** folgt dem Wasserpotentialgradienten zwischen Wurzel und Blatt, wobei die Leitfähigkeit des Xylems verhältnismäßig hoch ist. Dennoch hat die Frage nach den physikalischen Bedingungen, die in einer Kapillare bei Unterdruck herrschen, der mehr als 10 MPa erreichen kann, die Wissenschaft bis heute bewegt. Böhm (1893) war wohl der Erste, der postulierte, dass die Kohäsion zwischen den Wassermolekülen ausreicht, um einen kohärenten Wasserfaden in Xylemgefäßen zu ermöglichen (Kohäsionstheorie). Mit dem Nachweis negativer Drücke von über 1 MPa in Xylemgefäßen (Wei et al. 1999) und deren Änderung mit dem Fluss durch diese Xylemelemente ist die Kohäsionstheorie auch experimentell bestätigt.

Die **Fließgeschwindigkeit** (Flussdichte) in einem Xylemelement (J_x) ist für laminare Strömung durch das Gesetz von Hagen-Poiseuille beschrieben und hängt ab vom Radius (r) des Xylemelementes, der Viskosität der Flüssigkeit ($\eta = 10^{-3}$ Pa s für Wasser) und dem hydrostatischen Gradienten (dP/dx):

$$J_x = (r^2/8\eta)\ (dP/dx)\ (m\ s^{-1}) \qquad (2.2.14)$$

Der Volumenfluss erfolgt in Richtung des abnehmenden hydrostatischen Gradienten (*downhill*). Dabei muss der Fluss ausreichend langsam vonstatten gehen, sodass die Bedingung eines laminaren Flusses (im Gegensatz zu einem turbulenten Fluss) erhalten bleibt, um ein Abreißen des Wasserfadens zu vermeiden. Dies ist bei den Flussgeschwindigkeiten im Xylem gegeben, da der Radius von Poren (Tüpfeln) in der Zellwand deutlich kleiner ist als der Radius eines typischen Xylemgefäßes (Zellwand: d = 5 nm; Xylemgefäß: r = 10 bis 500 µm). Damit ist der Potentialgradient, der nötig ist, um einen bestimmten Volumenfluss (z.B. 1 mm s^{-1}) über die Zellwand zu transportieren, nach Gleichung 2.2.14 sehr hoch. Er liegt etwa bei 3×10^5 MPa m^{-1} (Nobel 1991). Dies verdeutlicht, dass ein besonders starker Druckabfall an den verdunstenden Oberflächen im Mesophyll zu erwarten ist und dass die gewaltigen Kräfte, die nötig sind, um Wasser durch die Zellwand zu bewegen, zu einer relativ langsamen Wasserbewegung im Xylem führen (siehe Tabelle 2.2.3).

Der Volumenfluss im Xylem (I_x) einer Pflanze wird bei einem Druckgradienten durch den leitenden Querschnitt pro Gefäß und die Zahl der Xylemelemente (n) pro Organ bestimmt:

$$I_x = \frac{\pi r^4}{8\eta} \frac{\Delta P}{\Delta x} n = Lp_x\ \Delta P \qquad (2.2.15)$$

wobei I_x in (m^4 Pa)/(s Pa m) = ($m^3\ s^{-1}$) gemessen wird und Lp_x der hydraulischen Leitfähigkeit im Xylem entspricht ($m^4\ s^{-1}\ Pa^{-1}$). Die axiale hydraulische Leitfähigkeit wird auf 1 m Länge des Xylems bezogen und hat damit eine andere Dimension als das Lp der Membran.

Die Pflanze hat nach Gleichung 2.2.15 eine Fülle von Möglichkeiten, den Fluss im Xylem bzw. den Wasserpotentialgradienten zu verändern (Gartner 1995):

- **Radius der Gefäße**: Der Durchmesser variiert zwischen 500 µm in Lianen, ca. 100 µm in ringporigen Hölzern (z. B. Eiche) und 10–40 µm in den Tracheiden von Koniferen. Ein größerer Radius erlaubt einen wesentlich höheren Volumenfluss. Dies birgt aber die grundsätzliche Gefahr in sich, dass die Kohäsionskraft, die die Kontinuität des Wasserfadens bewirkt, überschritten wird. Dies ist aber anscheinend nicht der wesentliche Grund für die **Cavitation**. Diese wird anscheinend vor allem durch „air seeding“ (Eindringen von Luftbläschen) über die Tüpfel in der Wand bewirkt (Tyree 1997, Steudle 2000, 2001). Bei einem Abreißen des Wasserfadens wird der Massenfluss in dem betroffenen Gefäß unterbrochen, d. h. es ist nicht mehr am Wassertransport beteiligt. Im Holz schließen Hoftüpfel dieses Gefäß und der Wassertransport wird lateral umgeleitet (Grace 1993). Unter normalen Bedingungen kann ein solches Gefäß wieder mit Wasser gefüllt werden (Sperry et al. 1987, Gartner 1995), es kann aber auch passieren, dass ganze Organe (Blätter, Zweige) verdorren. Da der Volumenfluss im Xylem letztlich durch die meteorologischen Bedingungen in der Atmosphäre und durch die Stomataweite bestimmt wird, ist der Wasserpotentialgradient im Xylem eine Folge und nicht Ursache für den Volumenfluss. Dennoch ist in Pflanzen die stomatäre Leitfähigkeit abgestimmt auf die hydraulische Leitfähigkeit im Stamm (siehe z. B. Hubbart et al. 2001). Besondere hydraulische Verhältnisse herrschen in **Gräsern**, in denen die Nodien besondere Barrieren darstellen (Martre et al. 2001).

Bei konstantem Volumenfluss sinkt der Gradient im Wasserpotential mit steigendem Radius. Das bedeutet, dass der Vorteil großer Gefäße mit der Möglichkeit der schnellen Leitung großer Wassermengen durch das steigende Risiko der **Cavitation** (Tyree and Sperry 1989) aufgewogen wird. Die Kohäsionskräfte, die die

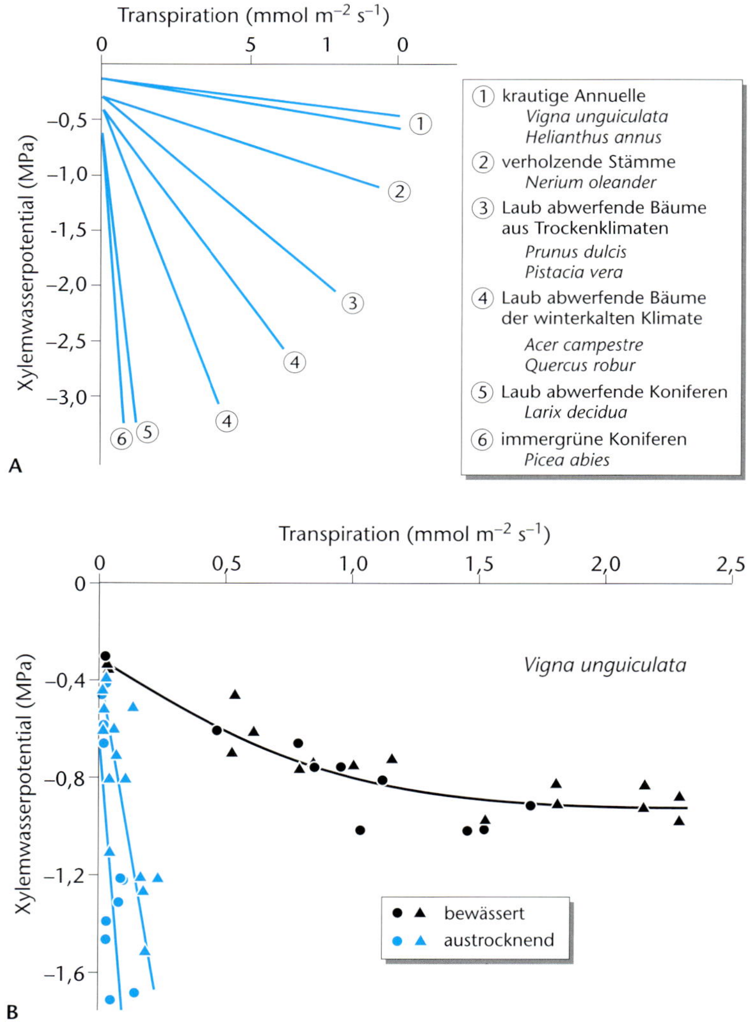

Abb. 2.2.12: Die Beziehung zwischen Xylemwasserpotential und Transpiration für (A) unterschiedliche Pflanzentypen (Schulze und Chapin 1987) und (B) die Kulturpflanze Vigna unguiculata bei Bodenaustrocknung (Schulze und Hall 1982). Die steigende Transpiration bewirkt ein Absinken des Wasserpotentials. Die Steigung der Kurven ist ein Maß für die hydraulische Leitfähigkeit im System Boden – Pflanze. Punkte und Dreiecke kennzeichnen zwei Gruppen von Versuchspflanzen (siehe auch Abb. 2.2.9).

Integrität des Wasserfadens im Xylem aufrechterhalten, sinken mit steigendem Radius der Xylemelemente (Gleichung 2.2.14) von etwa 1500 Pa in Tracheiden von Koniferen (r = 10 µm) auf etwa 60 Pa in Tracheiden ringporiger Hölzer (r = 500 µm) (siehe Tabelle 2.2.3), dennoch sind weitere Prozesse beteiligt (siehe oben: ***air seeding***). Der Vorgang wird oft auch als **„Embolie"** bezeichnet. Das Wort „Embolie" könnte implizieren, dass der entstehende Raum ein Vakuum ist. Dies ist keineswegs der Fall, sondern dieser Raum ist vor allem mit Wasserdampf gefüllt. Daher wird im Englischen der neutrale Begriff *Cavitation* gewählt.

- **Zahl der leitenden Elemente**: Die Zahl der leitenden Elemente wird bei den Holzgewächsen sowohl durch den jährlichen Zuwachs neuer Elemente als auch durch das Verkernen alter Elemente reguliert (Fukuda 1997). Die leitende Splintfläche ist daher sehr variabel und sowohl von der Größe der Leitelemente als auch von den Standortbedingungen abhängig. So haben ringporige Hölzer nur wenige aktiv leitende Jahresringe, wohingegen in Koniferen die Leitelemente für Jahrzehnte in Betrieb bleiben.
- **Differenzierung im Spross**: Im Allgemeinen verringert sich der Durchmesser der Gefäße an peripheren Organen, insbesondere im Blattstiel. Damit bleibt der Potentialabfall im Xylem des Stammes gering und steigt beim Wassertransport ins Blatt. Damit wird das Risiko einer Cavitation in die peripheren Organe verlagert (Zimmermann 1983).

Trotz der vielen Möglichkeiten bestehen grundsätzliche Unterschiede zwischen verschiedenen Gruppen von Pflanzenarten in der Wasserleitung (Tabelle 2.2.3).

In einer tropischen **Liane** erreicht das von der Wurzel aufgenommene Bodenwasser das transpirierende Blatt in weniger als einer Stunde. Dies gilt auch für **ringporige Hölzer** und dicotyle **Kräuter**. Im Gegensatz dazu ist das Wasser, das die Spitze einer 100 m hohen *Sequoia gigantea* erreicht, wegen der geringen Fließgeschwindigkeit in einem aus Tracheiden gebauten **Koniferenholz** zwei bis drei Monate seit der Wasseraufnahme durch die Wurzel unterwegs.

Bei gleich bleibender **hydraulischer Leitfähigkeit** ändert sich das Wasserpotential im Blatt linear mit der Transpiration, wobei die strukturellen Unterschiede im Stammaufbau besonders deutlich werden (Abb. 2.2.12 A, Schulze und Chapin 1987). Pflanzen mit geringer Leitfähigkeit des Xylems zeigen niedrige Transpirationsraten und niedrige Wasserpotentiale. Dagegen erreichen Pflanzen mit hoher Leitfähigkeit auch hohe Transpirationsraten, das Wasserpotential sinkt dabei aber nicht so stark ab. Gerade bei diesen Arten ist jedoch das Risiko der Cavitation hoch, was zu einer starken Änderung der Leitfähigkeit bei Bodenaustrocknung führt (Abb. 2.2.12 B, Schulze und Hall 1982). In diesen Fällen erfolgt die Wasserleitung bei feuchtem Boden über großlumige Tracheen und bei trockenem Boden über englumige Tracheiden. Die Regulation des Wasserflusses durch strukturelle Merkmale des Sprosses ist damit möglich und in hohem Maße abhängig von den Wuchsbedingungen und den betroffenen Arten.

Das Risiko der **Cavitation**, das mit der Vergrößerung der Xylemelemente und dem damit erhöhten Massenfluss auftritt, wird aus Abbildung 2.2.13 A (Lo Gullo und Salleo 1991) am Beispiel von *Ceratonia siliqua* gezeigt. Bei zunehmendem Wasserpotentialgradienten tritt anscheinend eine Embolie zunächst in den großlumigen Gefäßen ein, wohingegen der Wasserfaden in den kleinlumigen Tracheiden selbst bei hoher Wasseranspannung intakt bleibt. Offensichtlich begrenzt die Struktur des leitenden Gewebes und das damit verbundene Risiko einer Cavitation die maximalen Transportraten für Wasser in einem Spross (Grace 1993). Die Pflanze ist dem aber nicht ungeschützt ausgesetzt. Bei zunehmender Trockenheit ändert sich einerseits die Wassernachleitung in Boden und Wurzel, andererseits beschränken die Stomata den Wasserfluss (siehe Kapitel 2.2.3), zusätzlich wird durch Blattabwurf das Verhältnis von Blattfläche zu leitender Fläche verringert. Ein ähnliches Prinzip zeigt sich auch bei *Artemisia tridentata,* einem Strauch der Steppen Nordamerikas (Kolb und Sperry 1999): Abbildung 2.2.13 B zeigt eine enge Beziehung zwischen Blattfläche und frühmorgendlichem Wasserpotential als Maß für die Wasserversorgung aus dem Boden. Die Abnahme der Blattfläche mit der Bodentrockenheit begrenzt die Transpiration in solchem Maße, dass die kritische Flussrate, bei der eine Cavitation der Gefäße zu erwarten wäre, nicht erreicht wird. Düngung führt eher als Bewässerung zu einem erhöhten Risiko der Cavitation (Ewers et al. 2000).

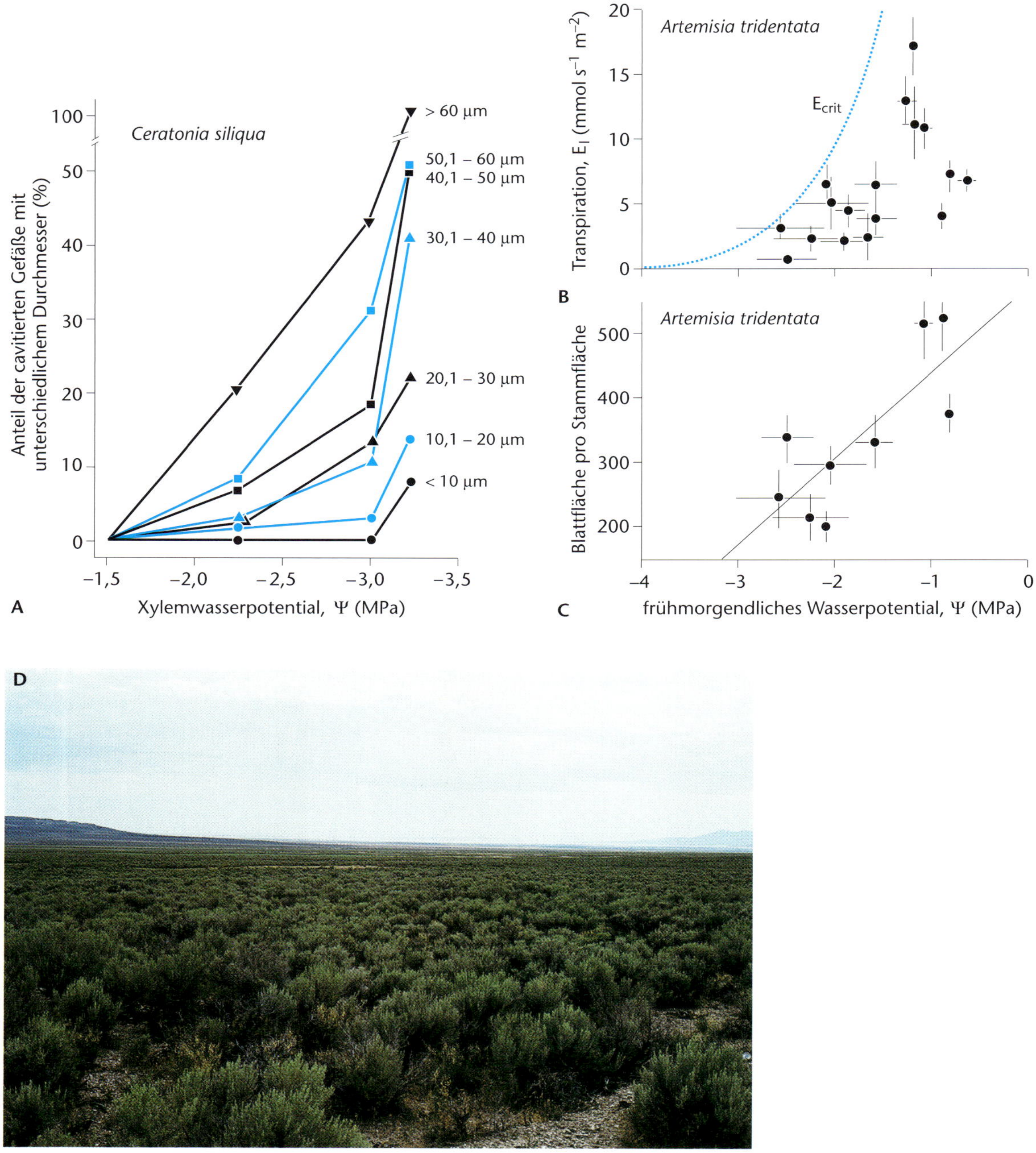

Abb. 2.2.13: A: Die Abhängigkeit der Cavitation unterschiedlich großer Xylemgefäße vom Wasserpotential des Xylems bei mehrtägiger Bodenaustrocknung. Bei einem Wasserpotential von ca. 3,3 MPa sind bei Ceratonia siliqua alle großen Gefäße (>60 µm), aber nur 10 % der kleinen Gefäße (<10 µm) cavitiert (nach Grace 1993). B: Die Abhängigkeit der Transpiration und C: der Blattfläche vom frühmorgendlichen Wasserpotential von Artemisia tridentata. Man sieht, dass sowohl die Transpiration als auch die Blattfläche mit abnehmendem Wasserpotential (d. h. zunehmender Bodentrockenheit) sinkt. Bei der Transpiration kennzeichnet die gestrichelte Linie die Transpirationsrate, bei der Cavitation zu erwarten wäre. Die beobachteten Transpirationsraten liegen weit unter diesem Bereich. Die Pflanze bleibt unter dieser kritischen Transpiration (E_{crit}). Dies erreicht sie durch Schließen der Stomata und durch Blattabwurf (nach Kolb und Sperry 1999). D: Artemisia-tridentata-Steppe nördlich des großen Salzsees, Utah, USA. Foto E.-D. Schulze.

Offensichtlich haben die an den Standort „angepassten“ Arten Mechanismen entwickelt, um die Stresssituation zu vermeiden. Andere Arten können an dem Standort nicht gedeihen, oder sie beschränken ihre Wuchs- und Reproduktionsphase auf eine kurze Zeit, in der diese kritische Situation nicht eintritt. So sind z. B. mediterrane *Bromus*-Arten sehr erfolgreiche invasive Spezies in den nordamerikanischen Steppen und australischen Halbwüsten, wo diese Arten zwar ihre Vegetationsperiode auf die Zeit mit ausreichender Wasserversorgung beschränken, in dieser Zeit aber den einheimischen perennierenden Zwergsträuchern, vor allem *Artemisia tridentata* bzw. *Atriplex*-Arten, buchstäblich das Wasser abgraben (West und Young 2000; siehe Kapitel 3.1).

Einen Hinweis auf die limitierende Rolle der **Xylemstruktur** beim Wassertransport geben Messungen des Wasserflusses im Xylem an unterschiedlich alten Kiefern im kontinentalen Klima Zentralsibiriens (Abb. 2.2.14, Zimmermann et al. 2000). Bei der Kiefer steigt der Xylemfluss linear mit der Splintfläche an. Die höchste Splintfläche wird mit ca. 60 Jahren erreicht. In diesem Alter ist der Zuwachs der Bäume verhältnismäßig hoch und die Verkernung hat noch nicht eingesetzt. In hohem Alter sinkt die Splintfläche und damit der Wasserfluss.

2.2.2.3 Die Wasserleitung im Phloem

Die Bedeutung der Wasserleitung im Xylem und die Gefahren der Cavitation für die Funktion der Gesamtpflanze werden erst unter Berücksichtigung des Massenstroms im Phloem (**Phloemtransport**) vollständig deutlich. Im Leitbündel der Pflanzen leiten fast benachbarte Zellen größere Mengen an Wasser in entgegengesetzte Richtung, im Xylem von der Wurzel zum Spross, im Phloem vom Spross zur Wurzel. Dabei erfolgt der Wassertransport

- im Xylem entlang eines Wasserpotentialgradienten,
- im Phloem entlang eines osmotischen Druckgradienten (Druckstromhypothese; Abb. 2.2.15).

Die unterschiedlichen Gradienten werden wie folgt aufrechterhalten: Bei einem feuchten Boden ist das Wasserpotential der Wurzel nahe dem des Bodens ($\Psi_{\text{wurzel}} = 0$). Mit der Aufnahme von Kationen steigt der osmotische Druck auf etwa 0,1 MPa. Der Wassertransport wird in Bewegung gesetzt durch das Absinken des Wasserpotentials im Blatt ($\Psi_{\text{Blatt}} = -1{,}5$ MPa) als Folge der Verdunstung und in Abhängigkeit vom Dampfdruck in der Außenluft (e) und der zur Verfügung stehenden Strahlung (R_n). Im Blatt wird ein geringer Teil dieser Wassermasse umgeleitet in das Phloem, wo durch die zusätzliche Beladung mit Kationen und Zuckern ein osmotischer Wert von 2,0 MPa und bei einem Wasserpotential von –1,5 MPa ein Turgordruck von + 0,5 MPa entsteht. Dieser Turgor drückt das Phloemwasser aus dem Blatt in den Spross. Da die Gewebe entlang der Siebröhren Zucker entnehmen, sinkt der hydrostatische Druck mit dem abnehmenden osmotischen Wert. Dieser druckabhängige Transport erfolgt entgegen dem axialen Gradienten im Wasserpotential zwischen Spross und Wurzel. In der Wurzel wird das Phloemwasser wieder teilweise in das Xylem zurückgeführt. Diese pflanzeninterne Zirkulation erfolgt auch dann, wenn die Pflanze unter extrem feuchten Bedingungen lebt, d. h. der Wasserpotentialgradient = 0 ist (Tanner und Beevers 1990). Dieser Transport würde aber unterbrochen, wenn das gesamte Xylem durch Cavitation bei Austrocknung außer Funktion gesetzt würde. Damit wäre das Überleben der Pflanze nicht möglich. Die Konsequenz daraus ist, dass

- alle Arten, die mit großen Xylemelementen ausgestattet sind, auch kleine Xylemelemente anlegen, sodass im Fall einer Cavitation eine Umverteilung der Wasserflüsse möglich ist;
- besondere Verschlussorgane (die Hoftüpfel) dafür sorgen, dass der Schaden begrenzt wird, d. h., dass sich eine Cavitation nicht im Stamm fortsetzt.

Im Fall der Austrocknung ändert sich nicht nur das Wasserpotential, sondern auch der osmotische Druck, sodass das Druckgefälle im Phloem erhalten bleibt (Schulze 1993).

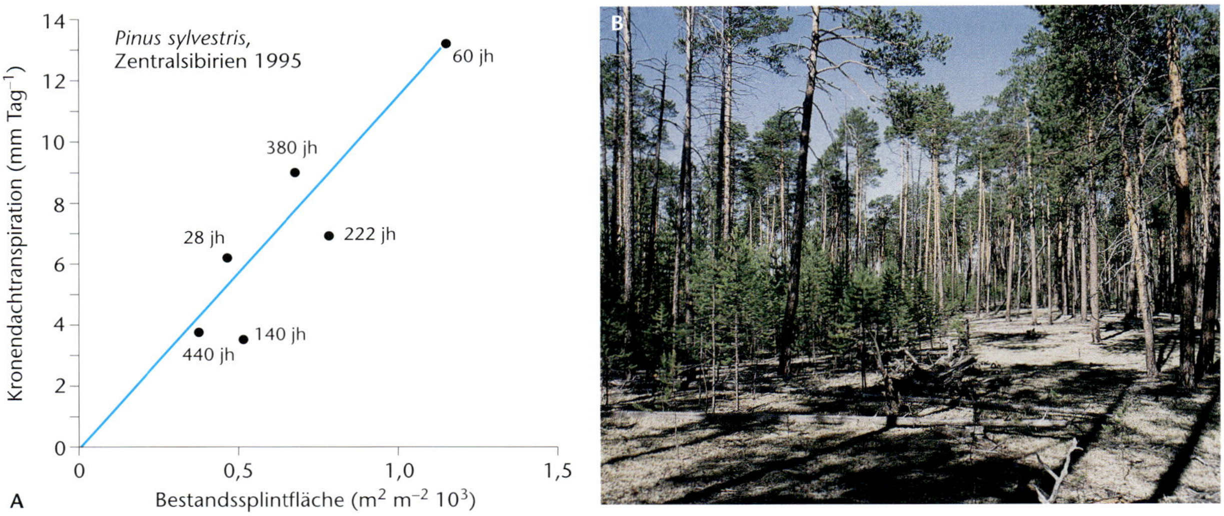

Abb. 2.2.14: A: Die Abhängigkeit der Bestandstranspiration von der Splintholzfläche des Bestandes. Die Rate des Wasserflusses steigt linear mit der Splintfläche, wobei nicht die ältesten und größten Bäume, sondern 60-jährige Stangenhölzer die höchste Transpirationsrate aufweisen. Die geringe Splintfläche der Altbestände liegt vor allem an der verringerten Stammzahl bei hohem Bestandsalter (nach Zimmermann et al. 2000). B: Pinus-sylvestris-Wälder auf pleistozänen Sanddünen in Zentralsibirien, 60° N, westlich des Jennesey. Es handelt sich um gleichaltrige Kohorten von Stämmen, die sich nach Feuerereignissen etablieren (siehe Wirth et al. 1999). Die Bodenvegetation wird von Cladonia-Arten gebildet. Foto E.-D. Schulze.

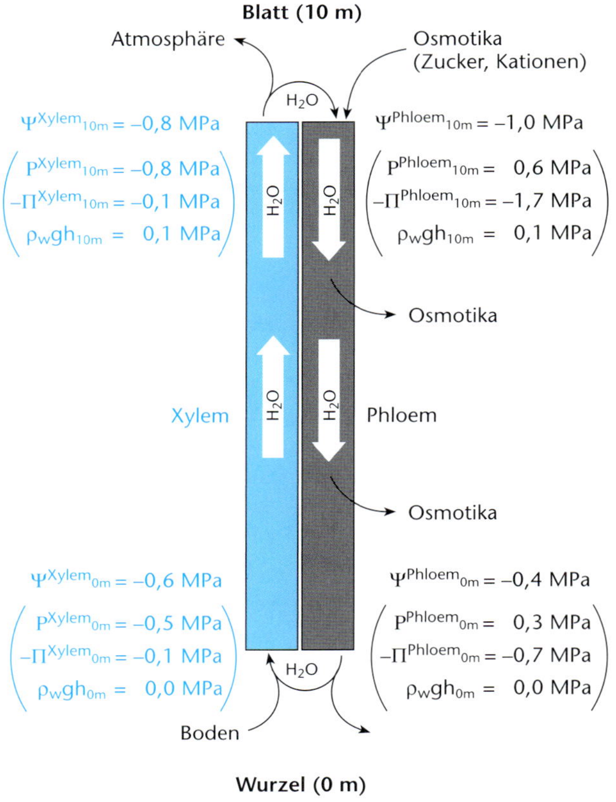

Abb. 2.2.15: Der pflanzeninterne Wasserkreislauf folgt im Xylem dem Gradienten im Wasserpotential Ψ, der sich mit der Transpiration aufbaut. Im Phloem folgt der Massenfluss dem Gradienten im Turgor (P), der durch die Be- und Entladung des Phloems mit Osmotika (Zucker, Kationen) bestimmt wird, und dem damit veränderten osmotischen Druck (Π). An einem Baum ist zusätzlich der hydrostatische Druck ($\rho_w gh$) zu beachten, wobei ρ_w die Dichte des Wassers und g die Erdbeschleunigung ist.

Kasten 2.2.5 Zusammenfassung: Wassertransport

- Die **Wasserverfügbarkeit** ist abhängig von der Textur des Bodens. Diese bestimmt die Menge an Haftwasser und die Wassernachleitung im Boden.
- Pflanzen haben in der Ausbildung unterschiedlicher **Wurzelanatomie** und -morphologie einen breiten Bereich an Möglichkeiten, um an Wasser zu gelangen. Dabei spielt die Exodermis eine entscheidende Rolle.
- In der Wurzel erfolgt der Fluss des Wassers in Abhängigkeit von der Struktur und den äußeren Bedingungen sowohl im Symplasten als auch im Apoplasten. Die Wasseraufnahme ist nicht auf den vordersten Bereich der Wurzel beschränkt: Auch in den Achsen der Seitenwurzeln gibt es meristematische Bereiche und Bereiche für **Wasseraufnahme**.
- Die eingeschränkte **Wassernachleitung** aus dem Boden kann zu Defiziten in der wurzelnahen Bodenschicht führen. Die Wurzel gibt Wasser an den Boden ab, sofern Teile des Wurzelsystems Bodenhorizonte mit höherem Wasserpotential erreichen. Dies führt zu dem Phänomen des ***hydraulic lift*** bzw. des ***inverse hydraulic lift***.
- Beim **Wassertransport** im Xylem erhöht sich die Menge des transportierten Wassers mit steigender Gefäßgröße, gleichzeitig erhöht sich aber auch aus verschiedenen Gründen das Risiko einer Cavitation.
- Der Wassertransport und das Risiko der **Cavitation** wird durch Veränderungen des Xylemradius, die Zahl der am Transport beteiligten Gefäße und durch die Differenzierung der Gefäßgrößen im Spross beeinflusst.
- Die **Leitfähigkeit im Xylem** ist am niedrigsten bei Koniferen, steigt bei zerstreutporigen und ringporigen Hölzern bis hin zu krautigen Gewächsen und Lianen.
- Der maximale axiale Wasserfluss wird begrenzt durch Cavitation der Gefäße und ist vor allem abhängig von der im Sprossquerschnitt zur Verfügung stehenden **Xylemfläche** (= kumulativer Xylemquerschnitt über den Sprossdurchmesser).
- Der Xylemtransport erfolgt entlang eines **Wasserpotentialgradienten** in Abhängigkeit vom Dampfdruckdefizit in der Luft.
- Der **Phloemtransport** erfolgt entlang eines osmotischen Druckgradienten in Abhängigkeit von der Beladung und Entladung von Zucker.
- Die **pflanzeninterne Zirkulation** von Wasser zwischen Phloem und Xylem ist für das Überleben von Pflanzen bedeutsam, d. h. sie wird auch bei ungünstigen Außenbedingungen aufrechterhalten. Regulationen erfolgen hinsichtlich des Xylemflusses durch Schließen der Stomata, Blattabwurf und durch partielles Zurücksterben (Kronendürre bei Eiche) und hinsichtlich des Phloemtransportes durch Regulation des osmotischen Druckes.

2.2.3 Die Regulation der Spaltöffnungen

Die Verdunstung der Pflanzen (**Transpiration**) findet an der Oberfläche der Zellwände der Interzellularen statt, von wo aus der Wasserdampf, dem Dampfdruckgefälle folgend, durch Diffusion über die Spaltöffnungen in die Außenluft gelangt. Die **Stomata** sind das eigentliche Regelventil, das den Wasserfluss begrenzt, wobei die Steuerung dieses Ventils sowohl durch Vorgänge im Blatt als auch durch Prozesse in der Wurzel und durch Nachleitung im Xylem erfolgt (siehe Abb. 2.2.1).

Die Schließzellen sind paarweise angeordnete Zellen, die nur an den Enden verwachsen sind (Abb. 2.2.16, Meidner und Mansfield 1968). Der nicht verwachsene mittlere Teil bildet eine Öffnung, die dadurch entsteht, dass sich die beiden Teilzellen wegen der radial angeordneten Mizellen bei Turgorerhöhung in Längsrichtung ausdehnen und bei dem Gegendruck der umliegenden Epidermiszellen eine Öffnung unterschiedlicher Weite (Apertur) bilden. Die **Zahl der Stomata** pro Epidermisfläche und die Größe der Öffnung ist in hohem Maße art- und standortspezifisch (Meidner und Mansfield 1968). So variiert die Zahl der Stomata zwischen 30 (*Triticum, Larix*) und über 500 (*Impatiens*) Stomata mm^{-2} Blattfläche. Die **Größe der Stomata** variiert zwischen 77 $\mu m \times 42$ μm (*Phyllitis, Tradescantia*) und 25 $\mu m \times 18$ μm (z. B. *Tilia*). Der Öffnungsmechanismus beruht auf einer physiologisch gesteuerten Turgoränderung, wobei K^+-Ionen aus den Nachbarzellen (den so genannten Nebenzellen) und der Zellwand aufgenommen werden. Diese Ionenaufnahme erfolgt im Austausch gegen H^+, wobei die Protonen durch Malat gebildet werden und dieser Säurestoffwechsel mit Stärkeabbau verbunden ist. Die Öffnungsbewegung der Stomata ist unsymmetrisch, d. h. die Schließbewegung erfolgt ungemein schneller (eine bis zehn Minuten) als die Öffnung (30 bis 60 Minuten) (Lange et al. 1971).

Die Messung der **Öffnungsweite der Stomata** ist mit dem Mikroskop direkt möglich (Kappen et al. 1994), obgleich bei vielen Pflanzenarten die Apertur durch Ausstülpungen der Cuticula oder durch Wachsschuppen verdeckt ist. Im Freiland ist

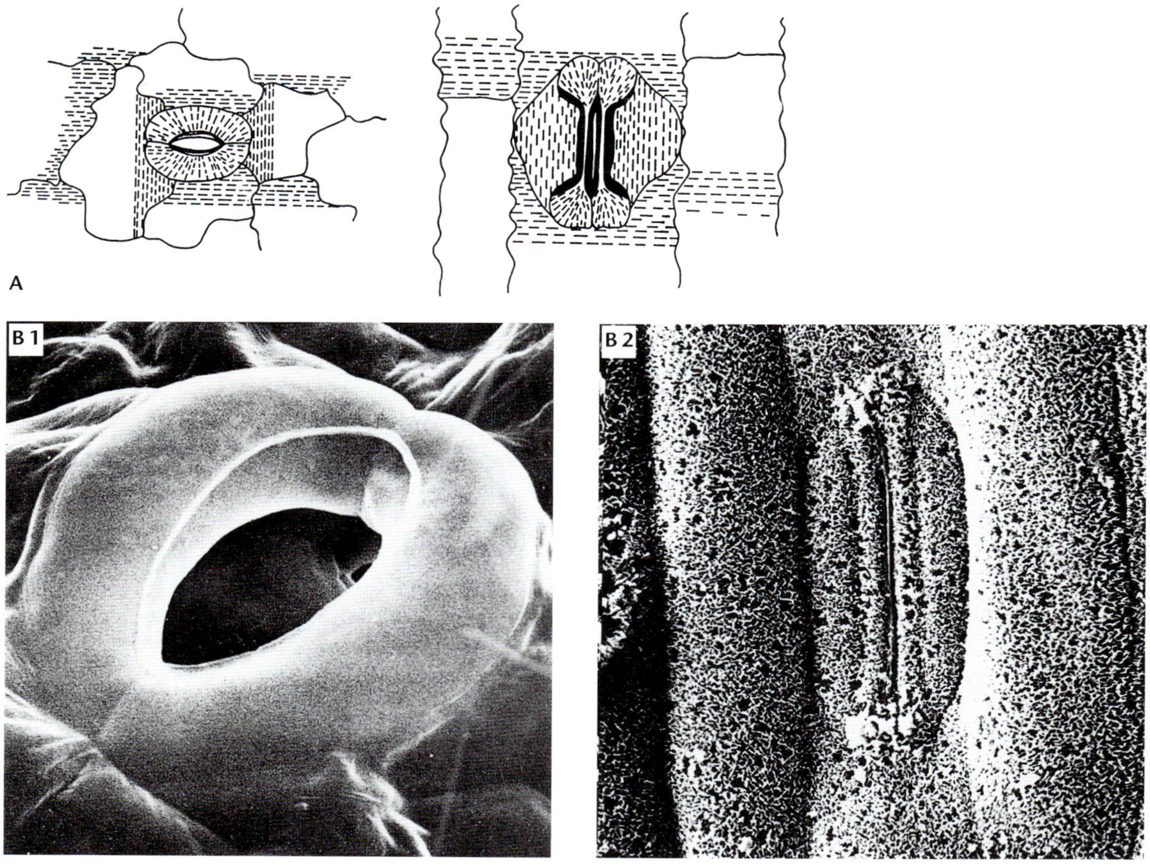

Abb. 2.2.16: A: Schematische Darstellung des Aufbaus der Zellwand von Schließzellen in Dicotylen (links) und Monocotylen (rechts). Die Mizellen in der Zellwand (gestrichelte Linien) sind so ausgerichtet, dass die Ausdehnung der Zelle bei ansteigendem Turgor nur senkrecht zu dieser Richtung erfolgen kann (aus Meidner und Mansfield 1968). B: Rasterelektronenmikroskopische Aufnahme einer Schließzelle des Weins (B1) und des Weizens (B2) (Troughton und Donaldson 1972).

diese Untersuchung wegen der Störung des Blattes und der Änderung der klimatischen Bedingungen um das Blatt schwer durchführbar. Stattdessen wird in Analogie zum Ohm'schen Gesetz aus dem Transpirationsstrom des Blattes (E_l) und aus dem Gradienten im Dampfdruck zwischen Blatt und Luft (D_l) auf den Widerstand (R_l) oder die Leitfähigkeit (g_l) geschlossen:

$$g_l = \frac{E_l}{D_l} = \frac{1}{R_l} \qquad (2.2.16)$$

mit der Dimension (mol m^{-2} s^{-1}). Die Leitfähigkeit ist damit dimensionsgleich mit der Transpiration. Wird die Transpiration in kg m^{-2} s^{-1} angegeben, dann ändert sich die Dimension der Leitfähigkeit in m s^{-1}. Bei 15 °C entspricht die Leitfähigkeit von 1 mol m^{-2} s^{-1} einer Leitfähigkeit von 4,24 m s^{-1} (3,83 m s^{-1} bei 45 °C). Diese Darstellung vernachlässigt die cuticuläre Transpiration, die für die meisten Pflanzen sehr gering ist. Im Allgemeinen wird die Leitfähigkeit als Messgröße verwendet, da sich diese proportional zum Fluss ändert:

$$E = D_l \times g_s \qquad (2.2.17)$$

Die **Steuerung** der Öffnungsweite der Stomata durch die Umweltbedingungen erfolgt sowohl direkt durch externe klimatische Faktoren (so genannte vorausgekoppelte Reaktionen: ***feedforward***) als auch durch indirekte Prozesse im Mesophyll (so genannte Rückkopplungsreaktionen: ***feedback***). Bei den Rückkopplungsreaktionen spielen der Wasserzustand und der Kohlenstoffhaushalt eine bedeutsame Rolle. Abbildung 2.2.17 verdeutlicht die verschiedenen, oft unabhängig voneinander wirkenden Reaktionen, die bei der Regulation der Stomata eine Rolle spielen und die im Folgenden näher erläutert werden.

2.2.3.1 Nicht-reversible Reaktionen der Stomata auf pflanzeninterne Faktoren

Als nicht-reversible Reaktionen werden im Folgenden solche Reaktionen bezeichnet, die mit der Blattentwicklung verbunden sind. Sie können damit nur durch die Anlage eines neuen Blattes und den Abwurf des alten Blattes geändert werden.

Photosynthesekapazität

Die maximale Öffnungsweite der Stomata korreliert mit der Photosynthesekapazität des Blattes. Diese wird wiederum von der Stickstoffversorgung und der arttypischen spezifischen Blattfläche (Blattfläche/Blattgewicht) bestimmt. Die aufeinander abgestimmte Reaktion der Stomata und der Photosynthese gilt für das gesamte Spektrum pflanzlicher Lebensformen, die wiederum charakterisiert sind durch unterschiedliche spezifische Blattflächen (Reich et al. 1997). Aus dieser Beziehung lassen sich globale Karten der maximalen stomatären Leitfä-

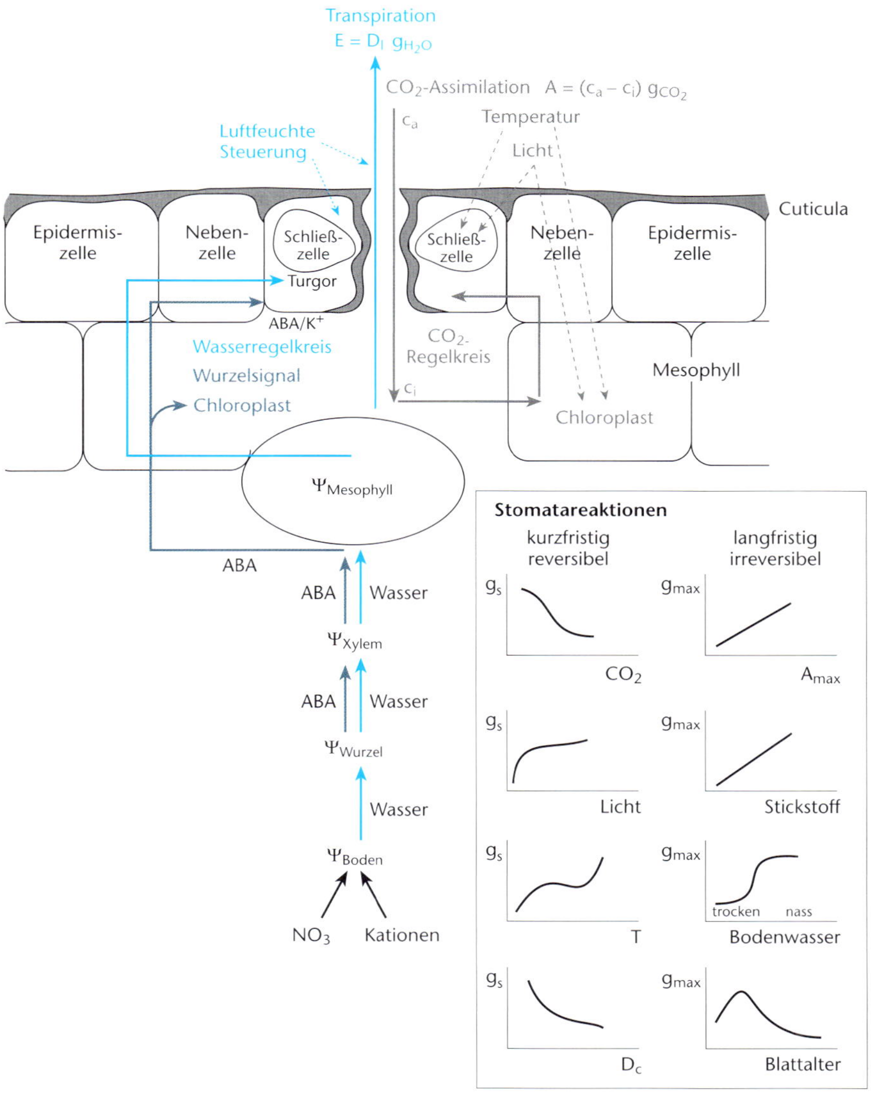

Abb. 2.2.17: Schematische Darstellung der Faktoren und Regelkreise, die die Leitfähigkeit der Stomata bestimmen. ABA: Abscisinsäure; Ψ: Wasserpotential; E: Transpiration; D_l: Wasserdampfdruckdefizit zwischen Blatt und Luft; c_a: atmosphärische CO_2-Konzentration; c_i: mesophyllinterne CO_2-Konzentration; g_s: aktuelle und reversibel änderbare stomatäre Leitfähigkeit; g_{H_2O}: stomatäre Leitfähigkeit für H_2O; g_{CO_2}: stomatäre Leitfähigkeit für CO_2; g_{max}: die maximale Kapazität der Stomata, sich zu öffnen, ist ein Maß für langfristige, nicht-reversible Reaktionen auf Stress. Kasten 2.2.6, Wichtigste Reaktionen der Stomata auf klimatische und pflanzeninterne Faktoren.

Abb. 2.2.18: Globale Verteilung der maximalen Leitfähigkeit. Die Karte wurde erstellt, indem für 15 Vegetationstypen die in der Literatur verfügbaren Daten ermittelt wurden. Diese Daten wurden entsprechend der Vegetationskarte übertragen (Schulze et al. 1994).

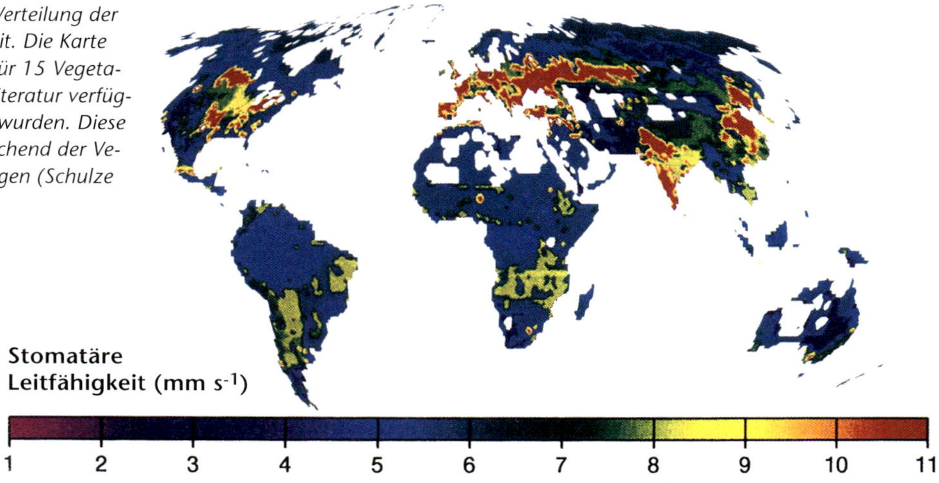

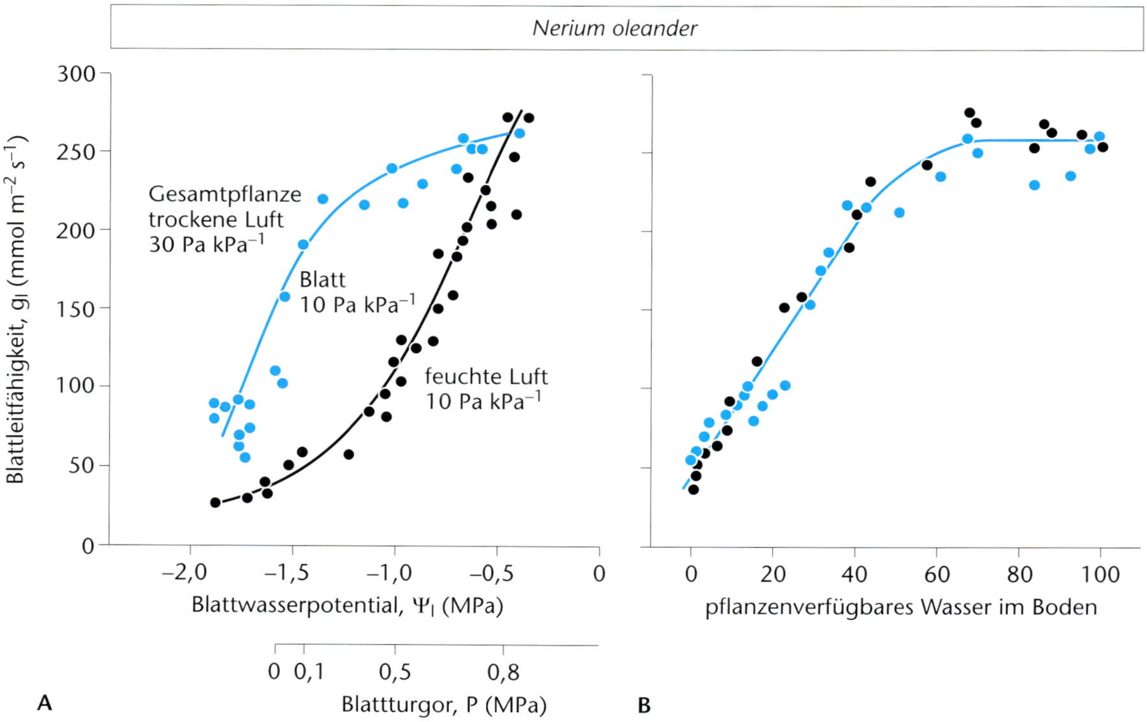

Abb. 2.2.19: A: Die Beziehung zwischen Blattleitfähigkeit und dem Xylemwasserpotential in Nerium oleander bei zunehmender Bodenaustrocknung. Der Wasserdampfdruckgradient zwischen dem Blatt, an dem die stomatäre Leitfähigkeit gemessen wird, und der Luft in der Umgebung des Blattes war konstant (10 Pa kPa^{-1}), aber die Gesamtpflanze war entweder feuchter (schwarze Symbole) oder trockener Luft (blaue Symbole) ausgesetzt. Die Stomata schließen (sinkende Leitfähigkeit) bei Bodenaustrocknung, aber die Luftfeuchtebedingungen in der Umgebung der Gesamtpflanze verschieben das Blattwasserpotential um fast 1 MPa in trockener gegenüber feuchter Luft, obgleich das Messblatt konstanten Bedingungen ausgesetzt war. B: Blattleitfähigkeit des gleichen Versuchs, aber bezogen auf den Bodenwassergehalt (nach Schulze 1986). Dieser Versuch zeigt, dass die Stomata nicht auf das Xylemwasserpotential, sondern auf Bodenwassergehalt reagieren.

higkeit erstellen (Abb. 2.2.18), aus denen man die maximale Rate der CO_2-Assimilation ableiten kann (Abb. 2.4.6 C Haushalt). Solche Karten sind wichtige Verifikationsmittel für gekoppelte globale Klimamodelle, in denen der Einfluss der Vegetation berücksichtigt wird. Dargestellt wird die maximale Leitfähigkeit, da man hinreichende Kenntnisse über die Reaktion der Pflanzen auf Umweltfaktoren besitzt und diese daher in einem Modell errechnet werden. Bislang war es aber nicht möglich, die Kapazität der Pflanzen, die Stomata zu öffnen, rechnerisch abzuleiten. Diese Kapazität ist bislang nur empirisch zu ermitteln. Sie ist funktionell korreliert mit der spezifischen Blattfläche und dem Stickstoffgehalt der Blätter, was auf die Rolle der Photosynthese und den CO_2-Regelkreis hinweist.

Wasserzustand

Die Verfügbarkeit von Wasser im Boden ist global der bedeutendste Standortfaktor, der die stomatäre Leitfähigkeit einschränkt. Der Mechanismus dieser Reaktion beruht darauf, dass bei Bodenaustrocknung Abscisinsäure (ABA) in den Wurzelspitzen gebildet wird (siehe Kapitel 1.5.2.2). Diese Abscisinsäure erreicht über den Xylemwasserstrom das Blatt und schließt dort die Kaliumkanäle, die den Turgordruck der Schließzellen regulieren. Man spricht in diesem Fall von einem **Wurzelsignal** als Teil einer **Wurzel-Spross-Kommunikation**, die bei Bodentrockenheit über die Produktion von ABA erfolgt (Schröder et al. 2001). Die Stomata schließen bei zunehmender ABA-Konzentration im Xylemstrom. Diese Reaktion wird dadurch moduliert, dass die Chloroplasten wegen ihres hohen pH-Wertes eine starke Senke für ABA sind. Anscheinend bestimmt der pH-Wert der Zellwand, ob ABA im Mesophyll immobilisiert und abgebaut wird oder zur Epidermis gelangt. Auch dort stellt sich ein Fließgleichgewicht ein, das bestimmt wird durch den Abbau von ABA im Licht und durch den Abtransport von ABA im Phloem. Bei gutem Wasserzustand und guter Ernährung produzieren die Wurzeln ein weiteres Pflanzenhormon, das Cytokinin, das im Gegensatz zu ABA die Stomata öffnet (siehe auch Kapitel 1.5 Stressphysiologie).

Wiederholt wurde in der Literatur beschrieben, dass sich die Stomata bei sinkendem **Wasserpotential** des Blattes schließen. Dieser Zusammenhang beschreibt nicht den zugrunde liegenden Mechanismus, denn das Blattwasserpotential ist sowohl von der Rate der Transpiration als auch vom Wasserzustand des Bodens und der Nachleitung des Wassers abhängig (siehe Abb. 2.2.19). Grundsätzlich steigt die stomatäre Leitfähigkeit mit der Verfügbarkeit des Wassers im Boden und sinkt bei Bodenaustrocknung (Abb. 2.2.19 A, Schulze 1994). Parallel dazu ändert sich auch das Blattwasserpotential. Da aber der Wasserzustand des Blattes auch von der Transpiration und Luftfeuchtigkeit abhängt, können deren Auswirkungen den Einfluss der Verfügbarkeit von Wasser im Boden überlagern (Abb. 2.2.19 B). Man kann die Wirkung des Wurzelsignals nachweisen, indem man das Matrixpotential des austrocknenden Bodens kompensiert durch einen hydrostatischen Druck auf den Bodenraum. In diesem Fall kann man die Wirkung der Bodenaustrocknung an voll turgeszenten Pflanzen beobachten. Die Stomata schließen auch in diesem Fall in Abhängigkeit vom **Bodenwassergehalt** (Schulze 1994). Das heißt aber nicht, dass die Stomata auf den Turgor im Blatt nicht reagieren (siehe unten).

2.2.3.2 Reversible Reaktionen der Stomata auf blattinterne Faktoren

Kohlendioxid

Die Stomata reagieren auf den Gradienten der CO_2-Konzentration zwischen der Außenluft und den Blattinterzellularen. In einem klassischen Experiment konnte Raschke (1972) die Stomata durch sinkende CO_2-Konzentration in der Außenluft öffnen und mit steigender Konzentration in der Außenluft schließen.

Wasserzustand in der Epidermis

Mit sinkendem Turgor in der Epidermis verringert sich auch die Öffnungsweite der Stomata (Nonami et al. 1990). Im Gegensatz zu der Reaktion auf das Blatt- und Wurzelwasserpotential handelt es sich in diesem Fall um ein zelluläres Ungleichgewicht im Wasserzustand der Epidermis, das in Abhängigkeit von der Transpiration auftritt (Schulze 1993).

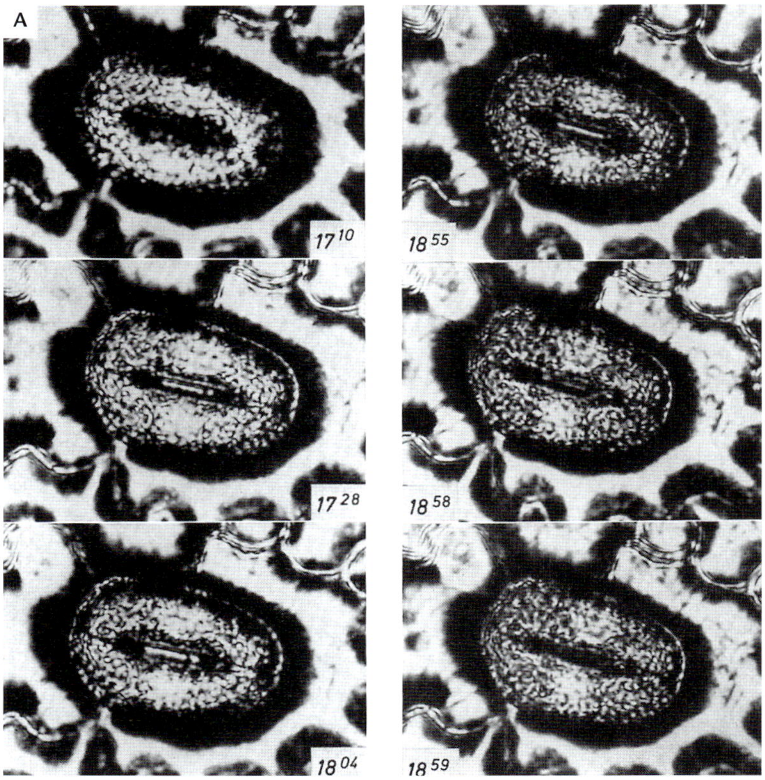

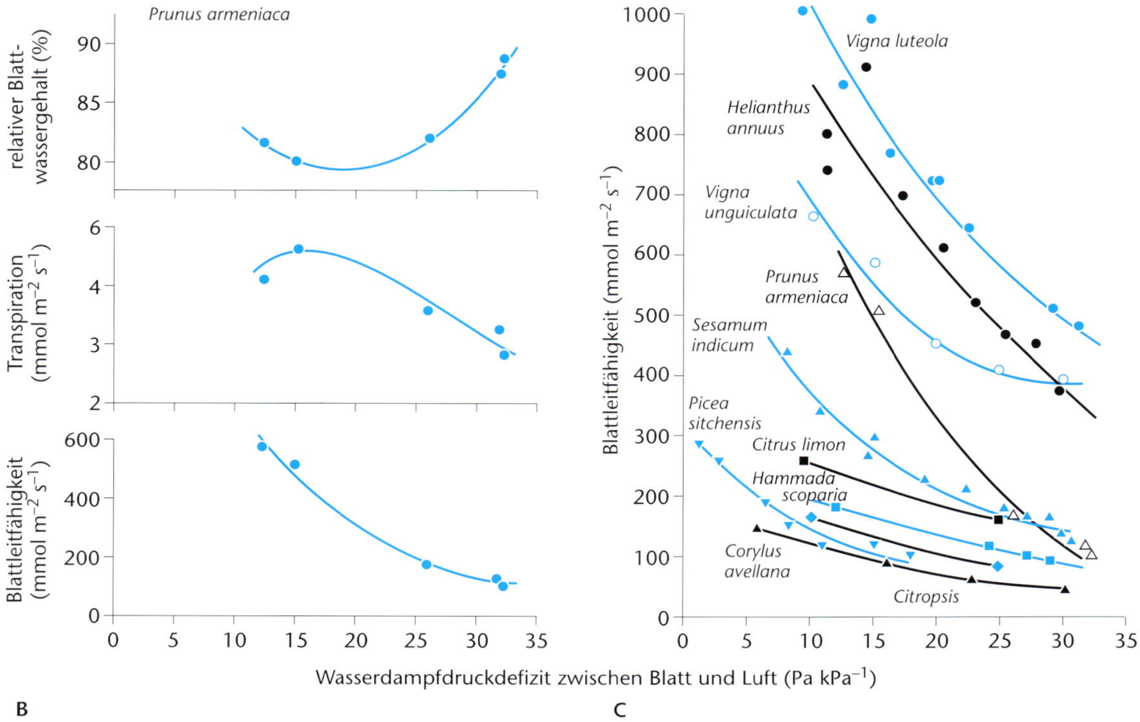

Abb. 2.2.20: A: Stomata auf einer isolierten Epidermis von Polypodium vulgare. Die Epidermis war auf der Unterseite mit freiem Wasser in Kontakt. Nur eine kleine Luftblase simulierte den substomatären Luftraum. Auf der Oberseite wurde trockene bzw. feuchte Luft auf die Stomata geblasen. Der Versuch beginnt mit geschlossenen Stomata bei trockener Luft. Bei Wechsel zu feuchter Luft öffnen sich die Stomata langsam (54 Minuten). Unter konstant feuchten Bedingungen bleiben die Stomata geöffnet, aber bei einem Wechsel zu trockener Luft schließen sich die Stomata innerhalb von 4 Minuten (Lange et al. 1971). B: Reaktion von Blattleitfähigkeit, Transpiration und Blattwassergehalt von Prunus armeniaca auf trockene Luft. Die Stomata schließen sich, die Transpiration sinkt ab, und der Blattwassergehalt steigt. C: Reaktion verschiedener Pflanzenarten auf trockene Luft (Schulze und Hall 1982).

2.2.3.3 Reversible Reaktionen auf klimatische Faktoren

Licht

Stomata öffnen sich mit zunehmender Lichtintensität, wobei sie durch einen Blaulichtrezeptor aktiviert werden (Zeiger et al. 1987). Damit steigt die Leitfähigkeit der Stomata am Morgen früher an als die Photosynthese, die erst bei höherem Sonnenstand und höherem Rotanteil des Lichtes aktiviert wird. Das bedeutet, dass die Stomata am frühen Morgen (wenn die Luftfeuchte noch hoch ist) weit geöffnet sind und damit den Fluss des CO_2 nicht begrenzen.

Temperatur

Die Stomata sind bei niedrigen Temperaturen (Gefrierpunkt) geschlossen. Sie öffnen sich mit steigender Temperatur, und diese Öffnung wird exponentiell verstärkt bei Temperaturen über 40 °C, womit die Temperatur des Blattes durch die starke Transpirationskühlung unter die Lufttemperatur absinkt (Raschke 1979).

Luftfeuchte

Die Stomata schließen mit steigendem Dampfdruckdefizit zwischen Blatt und Luft. Diese Reaktion ist auch an isolierten Epidermen zu beobachten (Lange et al. 1971), wobei die Schließbewegung schneller ist als die Öffnungsbewegung (Abb. 2.2.20 A). Die Reaktion kann so stark sein, dass die Transpiration trotz steigendem Gradienten abnimmt (Abb. 2.2.20 B, Schulze et al. 1972). Es bleibt aber nach wie vor unklar, wie die Stomata Luftfeuchte „messen". Untersuchungen an *Tradescantia* legen nahe, dass die Stomata auf lokale Wasserdefizite in der Epidermis reagieren, die durch die stomatäre Transpiration und nicht durch Wasserverluste der Epidermis hervorgerufen werden (Nonami et al. 1990) und von der Zeitkonstanten der Wasserflüsse abhängen.

Bei hohen Bäumen spielt die Reaktion auf lokale Defizite möglicherweise eine bedeutsame Rolle bei der Regulation der Stomata im Tagesverlauf. Im Kronendach eines Waldes kommt es durch die Turbulenz der Luftbewegung zu einem schnellen Wechsel von Luftpaketen mit unterschiedlicher Luftfeuchtigkeit (siehe Kapitel 2.2.7). Dies korreliert mit raschen Schwankungen im Xylemfluss, wobei benachbarte Bäume, die gegenüber den gleichen Luftmassen exponiert sind, synchrone Xylemflussschwankungen aufweisen (Hollinger et al. 1994). In diesem Fall steigt der Xylemfluss nicht mit dem Sättigungsdefizit der Luft an. Es kommt zum Schließen der Stomata (Köstner et al. 1992), das offensichtlich durch kurzfristige Änderungen im Wasserzustand der Blätter induziert wird, da die Schließbewegung bei trockener Luft rascher vonstatten geht als die Öffnung bei feuchter Luft. Mit dieser Beobachtung wird besonders deutlich, dass der Wasserzustand im Freiland in vielfältigerer Weise auf die Stomata wirkt, als aus Laborexperimenten abzuleiten ist.

Kasten 2.2.6 Zusammenfassung: stomatäre Regulation

- Die **Stomata** sind das entscheidende Ventil, mit dem die Pflanze in den sonst weitgehend physikalisch gesteuerten Ablauf der Transpiration eingreifen kann. Die Öffnungsweite der Stomata wird in Analogie zum Ohm'schen Gesetz als „Leitfähigkeit" ausgedrückt.
- Die Stomata reagieren auf die physiologische Aktivität des Blattes, gemessen an der **Photosynthese**. Sie bestimmt die maximale Leitfähigkeit, die in Abhängigkeit von der spezifischen Blattfläche für verschiedene Lebensformen unterschiedlich sein kann.
- Die Stomata reagieren auf Signale der **Wurzel** sowohl bei Trockenheit (Abscisinsäure – ABA) als auch bei guten Wasser- und Ernährungsbedingungen (Cytokinin – CK)
- Die Stomata reagieren auf blattinterne Faktoren, insbesondere die mesophyllinterne **CO_2**-Konzentration, die wiederum von der Photosynthese abhängt, und auf den **Wasserzustand** in der Epidermis.
- Die Stomata reagieren auf klimatische Faktoren, insbesondere **Licht, Temperatur und Luftfeuchtigkeit**.

2.2.4 Die Transpiration von Blättern und Kronendächern

2.2.4.1 Die Kopplung von Wasser- und Wärmehaushalt

Die **Transpiration** von Blättern und ganzer Vegetationsschichten wird nur teilweise durch die Stomata reguliert. Zwar sind die Stomata der wichtigste Ort, an dem die einzelne Pflanze physiologisch den Wasserstrom begrenzen kann, es gibt aber weitere strukturelle Möglichkeiten, mit denen Pflanzen die Transpiration beeinflussen. Dabei handelt es sich insbesondere um

- die Rauigkeit der Vegetationsoberfläche,
- die Blattfläche und
- die Blattstellung.

Die Transpiration ist aufgrund der physikalischen Gesetzmäßigkeiten der Verdunstung primär von klimatischen Faktoren abhängig, insbesondere von der zur Verfügung stehenden Strahlungsenergie und dem Sättigungsdefizit der Luft. Bei gegebener Wasserversorgung ist es letztlich die Transpiration und nicht die stomatäre Leitfähigkeit, die den Wasserzustand und das Überleben der Pflanze bestimmt. Für die Transpiration auf der Ebene der Gesamtpflanze gelten unter den natürlichen Standortbedingungen die Gesetze der **Turbulenz**, die nur schwer in ihren ökologischen Auswirkungen zu überblicken sind. Mathematisch interessierte Leser seien auf die Arbeit von Raupach und Finnigan (1988) hingewiesen, die den bemerkenswerten Titel trägt: *Single-layer models of evaporation from plant canopies are incorrect but useful, whereas, multilayer models are correct but useless.* Wir beschränken uns hier auf das „große Blattmodell", das annimmt, dass die gesamte Blattoberfläche einer Pflanze sich wie eine einzelne, wenn auch unterteilte Blattfläche verhält. Die so genannte **Pennman-Monteith-Gleichung** (Monteith 1965; zur Ableitung der Gleichung siehe Jones 1994) beschreibt die **Evaporation als Energieumsatz** (λE, W m^{-2}) (siehe Kapitel 2.1) in Abhängigkeit von der Einstrahlung R_n (Netto-Strahlungsbilanz aus lang- und kurzwelliger Ein (Θ_a)- und Ausstrahlung (Θ_s), W m^{-2}) und dem Wasserdampfgradienten zwischen Blatt und Luft, D (Pa), sowie in Abhängigkeit von der Leitfähigkeit für Wasserdampf, G_W (mm s^{-1}), und Leitfähigkeit für fühlbare Wärme, G_H (mm s^{-1}):

$$\lambda E = \frac{sR_n + \rho c_p G_H D}{s + \gamma G_H/G_W} \qquad (2.2.18)$$

latenter Wärmefluss = (Einstrahlung + fühlbarer Wärmefluss)/(Verhältnis der Leitfähigkeit von fühlbarer u. latenter Wärme)

Hierbei beschreiben die Koeffizienten s (Pa K^{-1}) die Änderung des Sättigungsdampfdruckes D mit der Temperatur, ρ die Dichte der Luft (1,204 kg m^{-3}), c_p die spezifische Wärmekapazität der Luft (1012 J kg^{-1} J^{-1}) und γ (Pa K^{-1}) die Psychrometer-Konstante (66,1 Pa K^{-1}, siehe Kapitel 2.1.1).

Die Gleichung verbindet den Umsatz an **latenter** (λE) und **fühlbarer Wärme** ($=\rho c_p G_H D$) mit der Strahlungsbilanz, denn letztendlich muss auch die Pflanze bei der Umsetzung von Wasser der Energiebilanz genügen. Unter Bedingungen, bei denen der Transport von Wärme und Wasserdampf gemeinsam erfolgt, d. h. unter vollständig turbulenten Transportbedingungen in der Grenzschicht, sind G_H und G_W hintereinander geschaltete Widerstände und damit ersetzbar durch die häufiger verwendeten Begriffe der **Grenzschichtleitfähigkeit** G_a (a steht für Atmosphäre) und der **Leitfähigkeit der Vegetationsoberfläche** (G_s: ***surface conductance***). Für $G_H/G_W = (1+G_a/G_s)$ erhält Gleichung 2.18 die häufiger verwendete Form

$$\lambda E = \frac{sR_n + \rho c_p G_a D}{s + G_a/G_s} \qquad (2.2.19)$$

Man beachte, dass G_s nicht gleichzusetzen ist mit der stomatären Leitfähigkeit g_s, da die Vegetationsoberfläche auch die Evaporation des Bodens enthält (Abb. 2.2.21, Schulze et al. 1996). G_a setzt sich zusammen aus der unmittelbaren Grenzschicht des Blattes und aus der Grenzschicht der Vegetation; das ist jene Zone, in der die horizontale Windgeschwindigkeit durch die Vegetation beeinflusst wird (siehe Abb. 2.1.9)

Beschreibt man den Fluss nicht als Funktion der Leitfähigkeit, sondern als Funktion des Widerstands (R), so folgt für $R_s = 1/G_s$

$$R_s = \frac{1}{G_s} = \frac{\rho c_p D}{\gamma\, \lambda E} + \frac{1}{G_a}\left[\frac{sR_n}{\gamma\, \lambda E} + (s+1)\right] \qquad (2.2.20)$$

Die Gleichungen 2.2.18 bis 2.2.20 zeigen:

- Wassersparen führt zu einem erhöhten Wärmefluss, der abhängig ist von der Temperaturdifferenz zwischen der austauschenden Oberfläche und der Luft, und der damit zu einer erhöhten Blatttemperatur und auch zu einem erhöhten

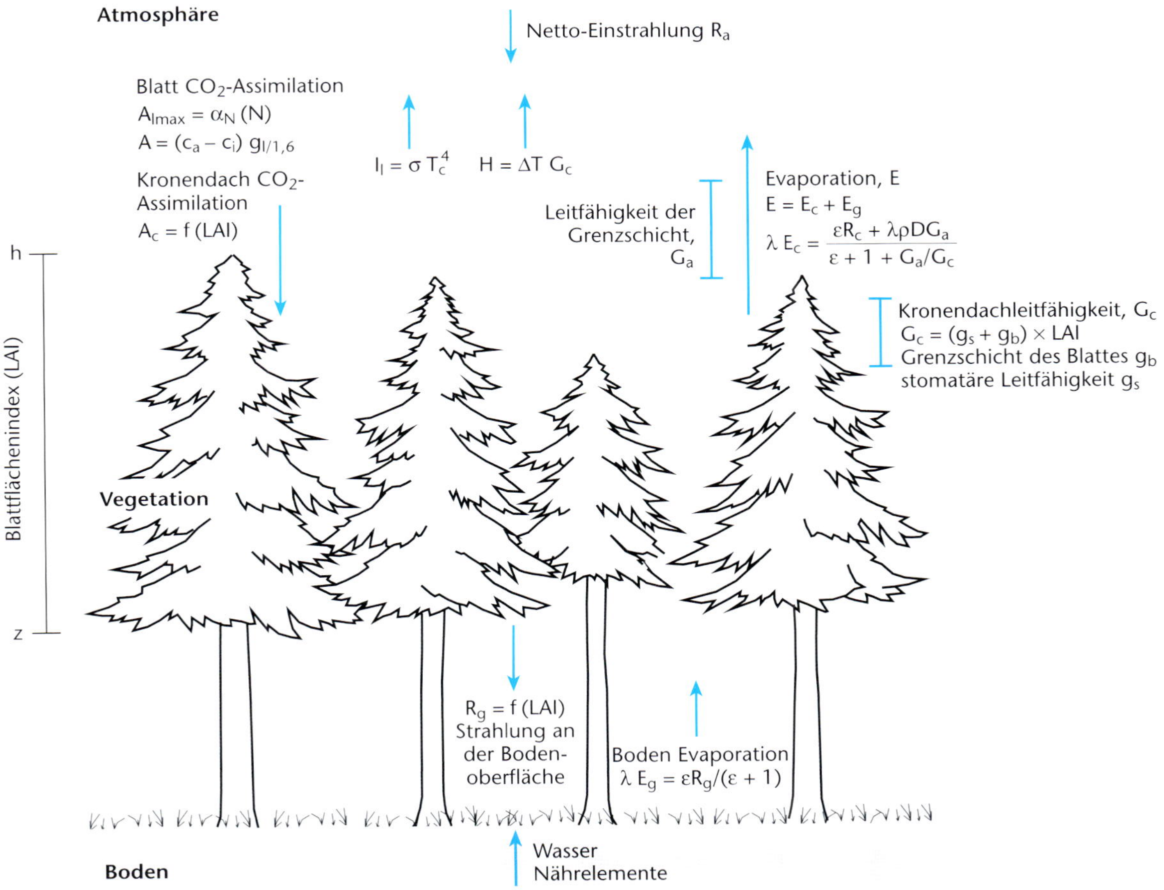

Abb. 2.2.21: Schematische Darstellung der Flüsse von Wasser und CO_2 in einem Pflanzenbestand. Bestimmende abiotische Größen sind die Nettoeinstrahlung von der Atmosphäre und die Wasser- und Nährstoffversorgung des Bodens. Die Strahlungsmenge (und der Blattwinkel) bestimmen den Blattflächenindex (LAI). Die CO_2-Assimilation wird bestimmt von der Leistung des Blattes (dem CO_2-Gradienten: $c_a - c_i$), der stomatären Leitfähigkeit g_s, dem Ernährungszustand N und dem Blattflächenindex, LAI. In einem dichten Pflanzenbestand kommt es am Boden zu fast völliger Auslöschung der Einstrahlung. Die Evaporation ist dem CO_2-Einstrom entgegengerichtet. Sie besteht aus dem Wasserverlust am Boden (E_g) und der Bestandstranspiration (E_c). Beide Verdunstungsströme werden begrenzt durch eine Reihe von Leitfähigkeiten: Boden und Bestandstranspiration sind abhängig von der Rauigkeit der Oberfläche des Gesamtbestands (G_a). G_a beschreibt die Turbulenzbedingungen über der Vegetation in dem Bereich, wo die Windgeschwindigkeit durch Reibung mit der Vegetation abnimmt (2–5 m über dem Bestand). Die Kronendachleitfähigkeit (G_c) setzt sich wiederum zusammen aus der Leitfähigkeit in der Grenzschicht um das Blatt g_b und der stomatären Leitfähigkeit g_s, wobei die Gesamtleitfähigkeit wiederum vom LAI abhängt. Die Oberflächenleitfähigkeit G_s ist die Summe aus G_a und G_c. Nicht alle Energie wird vom latenten Wärmestrom der Evaporation umgesetzt. Die Energiebilanz wird ausgeglichen durch Veränderung der Oberflächentemperatur (T_c) und der damit verbundenen Abstrahlung im langwelligen Infrarot (I_l) und dem fühlbaren Wärmetransport (H) (siehe Kapitel 2.1) ε entspricht s in Gleichung 2.2.18 (nach Schulze et al. 1995).

Dampfdruckdefizit zwischen dem Blatt und seiner Umgebung führt (siehe Kapitel 2.2.1).

- Die Pflanze kann die Wuchsform ändern. Ist die Grenzschichtleitfähigkeit G_a sehr groß, findet eine enge Kopplung an das Temperaturklima der Umgebung statt, wie dies z. B. bei Bäumen der Fall ist. Dann ist der Wasserverbrauch stark abhängig von der Oberflächenleitfähigkeit G_s. Oder G_a kann sehr klein werden, wie dies z. B. bei einer Wiese der Fall ist; dann kann sich die

Oberflächentemperatur erhöhen (weil der Austausch mit den umgebenden Luftschichten gering ist). In diesem Fall ist der Wasserverlust weniger abhängig von G_s als von der Strahlung. Die Pflanze könnte in diesem Fall unter bestimmten Bedingungen trotz offener Stomata ohne hohen Wasserverlust CO_2 assimilieren. Die in Abbildung 2.1.9 (Kapitel 2.1.2.3) gezeigten Unterschiede zwischen einem Getreideacker und einem Wald in den Gradienten der klimatischen Faktoren sind im Wesentlichen eine Folge der Unterschiede in G_c.

- Man beachte, dass der Term $[1/G_a\,[(sR_n / \gamma\,\lambda E)-(s+1)]]$ in ventilierten Küvetten im physiologischen Versuch nicht berücksichtigt wird, da in diesem Fall G_a sehr groß wird. Insofern liefert das physiologische Experiment zwar eine Aussage über die Stomata, aber nicht über den unter Freilandbedingungen zu erwartenden Transpirationsstrom.
- Die Bedeutung der Evaporation von der Bodenoberfläche wird deutlich, wenn man die maximale Kronendachleitfähigkeit als den durch die Pflanze regulierten Anteil der Oberflächenleitfähigkeit (*surface conductance*) in Abhängigkeit vom Blattflächenindex aufträgt (Abb. 2.2.22). Kronendach- und Oberflächenleitfähigkeit werden von der maximalen stomatären Leitfähigkeit beeinflusst, d. h. es werden in Abhängigkeit von der Kopplung an die Atmosphäre unterschiedliche Niveaus des Wasserumsatzes der Vegetation erreicht. Die Kronendachleitfähigkeit steigt mit dem LAI und erreicht eine Sättigung bei LAI = 5. Etwas anders verhält sich die Oberflächenleitfähigkeit. Bei abnehmendem LAI gewinnt die freie Verdunstung von der Bodenoberfläche eine zunehmende Bedeutung. Bei LAI = 2 ist die Verdunstung vom Boden gleich hoch wie die Verdunstung von der Pflanze, sofern der Boden nicht austrocknet. Bei LAI < 1 steigt die Leitfähigkeit noch einmal an, d. h. auch ein schütterer Pflanzenbewuchs schützt den Boden vor Wasserverlust, aber der von der Pflanze regulierbare Anteil wird sehr gering. In

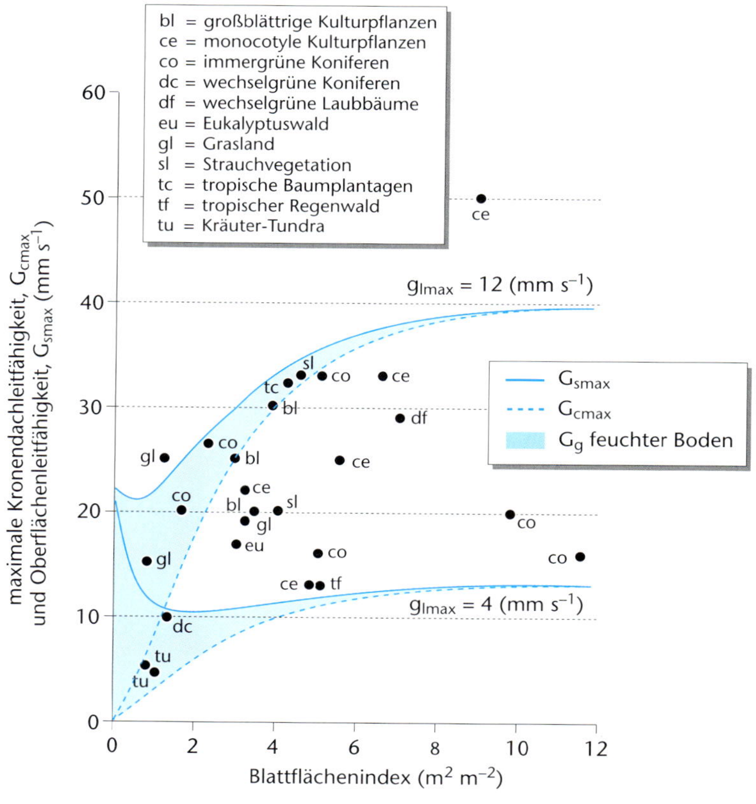

Abb. 2.2.22: Die Beziehung zwischen maximaler Kronendachleitfähigkeit (G_c = Vegetation) bzw. Oberflächenleitfähigkeit (G_s = Boden und Vegetation) in Abhängigkeit vom Blattflächenindex. Die durchgezogene Linie beschreibt die Leitfähigkeit der Oberfläche, die gestrichelte Linie die Leitfähigkeit der Vegetation. Der Bereich zwischen den Linien repräsentiert die Leitfähigkeit des feuchten Bodens (G_g) (nach Kelliher et al. 1995).

diesem Fall verringert das „Wasser sparen" der Pflanzen nicht etwa den Wasserverlust der Vegetation, denn die Wasserbilanz wird durch die freie Verdunstung des Bodens bestimmt (Greenwood et al. 1992). In Abbildung 2.2.22 sind die bislang gemessenen Pflanzenbestände eingezeichnet. Es wird deutlich, dass sich die maximale stomatäre Leitfähigkeit der Pflanzendecke der Erde zwischen 4 und 12 mm s^{-1} bewegt. Während krautige Vegetation durch einen hohen LAI und hohe Kronendachleitfähigkeit charakterisiert ist, zeichnen sich Wälder und Gebüsche durch niedrigen LAI und niedrige Leitfähigkeit aus. Ursache für diese unterschiedliche Verteilung ist die Kopplung der Vegetationstypen an die Atmosphäre. Dies bedeutet aber nicht, dass krautige Vegetationen zwangsläufig mehr transpirieren als Waldbestände.

Kasten 2.2.7 Messung der Transpiration von Blättern, Einzelpflanzen und Vegetationsdecken

Messung an Blättern (siehe Sestak et al. 1971, Pearcy et al. 1991):

- **Porometer:** Es handelt sich um ventilierte Gefäße, die an ein Blatt angedrückt werden oder in die ein Blatt eingeschlossen wird. Man misst die Änderung der Luftfeuchte und der CO_2-Konzentration und berechnet daraus den Fluss. **Vorteil:** einfache Handhabung. **Nachteil:** Es wird die Reaktion der Pflanze, d. h. die Porenweite der Stomata und nicht die Transpiration gemessen, die unter ungestörten Bedingungen herrschen würde.
- **Küvetten:** Es handelt sich um klimatisierte Gefäße, in die meist ein Blatt eingeschlossen wird. Es lassen sich die Temperatur und die Luftfeuchte steuern. Dadurch wird es möglich, die Abhängigkeit der Reaktion der Pflanze von bestimmten Parametern zu erfassen. **Vorteil:** Experimente im Freiland sind möglich. **Nachteil:** aufwändige Apparatur. Die gemessene Transpiration stimmt ebenfalls nicht überein mit der Transpiration unter ungestörten Bedingungen.

Messung an Einzelpflanzen (siehe Pearcy et al. 1991):

- **Xylemflussmessung:** Das Xylem wird punktuell erhitzt und die Wärmebilanz, d. h. die Temperaturverteilung am Stamm gemessen. Es gibt unterschiedliche Ausführungen, wobei entweder die Temperaturverteilung konstant gehalten und der Strom geregelt (Cermak-Verfahren) oder die Heizleistung konstant gehalten und die Temperaturänderung registriert wird (Granier-Verfahren). **Vorteil:** Es lässt sich die natürliche Transpiration der Einzelpflanze messen. **Nachteil:** Das Verfahren eignet sich vor allem für Bäume, kleinere Sprosse sind dagegen nicht messbar; die Extrapolation auf die Vegetationsdecke ist schwierig.

Messung an Vegetationsdecken (siehe Aubinet et al. 1999):

- **Eddy-Covarianz-Methode:** Durch Messung der vertikalen Windgeschwindigkeit wird die Turbulenz über der Vegetation erfasst. Wird diese Messung kombiniert mit einer Temperatur- und Feuchtemessung, dann kann man auf die Größe der Luftpakete schließen, die in die Vegetation hineingetragen werden oder diese verlassen. Mit der Kenntnis der chemischen Inhalte der Luftpakete (weitere Gaskonzentrationen, z. B. CO_2) kann man die Flüsse des Wasser- und CO_2-Austauschs auf Bestandsebene (1 – 4 km^2) erfassen. **Vorteil:** integrierende Flussmessung auf Ökosystemebene. **Nachteil:** nur unter bestimmten topografischen Bedingungen (geringe Hangneigung, homogene Umgebung und instabile Schichtung) anwendbar.

Messung auf Landschaftsebene (siehe Lloyd et al. 2001):

- **CBL-Bilanzierung** (CBL = *convective boundary layer*)**:** Die untere Grenzschicht der Atmosphäre kann als Küvette verwendet werden, d. h. man kann dort im Tagesgang die Änderung der Gaskonzentrationen mit einem Flugzeug erfassen, um daraus unter Kenntnis der Strömungsbilanz mit der Umgebung und mit der Troposphäre auf die Flüsse von Landschaftsausschnitten im Größenbereich von 50 – 100 km^2 zu schließen. **Vorteil:** Quantifizierung der Flussbilanz von heterogenen Landschaften. **Nachteil:** technisch und meteorologisch aufwändig und auf bestimmte meteorologische Bedingungen beschränkt.

2.2.4.2 *„Imposed"* und *„Equilibrium"* Verdunstung

Hinsichtlich der relativen Bedeutung der stomatären Leitfähigkeit gegenüber Leitfähigkeit der Grenzschicht kann man zwei Grenzfälle unterscheiden:

(1) $G_a >> G_s$: Damit wird $\lambda E \rightarrow (\rho c_p / \gamma)\, D\, G_s$. (2.2.21)

In diesem Falle ist die Transpiration abhängig vom Sättigungsdefizit der Luft und der Spaltöffnungsweite. Dies wäre z. B. der Fall bei einem rauen Kronendach eines Waldes. Bei konstanter

Abb. 2.2.23: A: Die Abhängigkeit des Entkopplungsfaktors Ω von der Höhe der Vegetation als Maß für die Rauigkeit der Oberfläche (nach Kelliher et al. 1995). B: Im borealen Wald wird das Verhältnis von latentem zu fühlbarem Wärmefluss zusätzlich durch die Kronenform der Bäume bestimmt. Picea obovata x excelsa (schmale Krone) hat eine dichtere Benadlung und erwärmt sich daher mehr als Picea excelsa (breite Krone) und Betula pubescens. Der dichte Unterwuchs mit Vaccinium myrtillus hat eine wenig raue Oberfläche und erwärmt sich damit stärker. Gutulia, Mittelnorwegen, Foto E.-D. Schulze. C: Kronendach eines durchschnittlich 100 m hohen Eucalyptus-marginata-Bestandes im Süden von Westaustralien. Eucalyptus marginata erreicht eine Höhe von 140 m. Im Gegensatz zum borealen Wald ist die Blattfläche fast gleichmäßig im Kronenraum verteilt, wobei es aber bei Eucalyptus ebenfalls zu einer Bildung von Blattbüscheln an den Zweigenden kommt. Aufnahme vom „Glocester tree" bei Pemperton. Foto E.-D. Schulze.

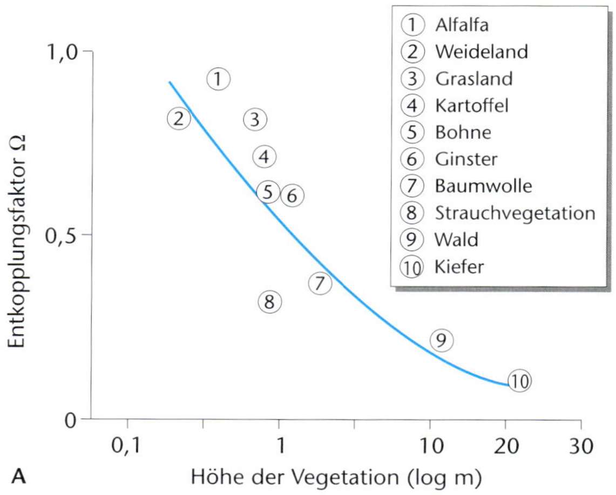

Stomataweite wird die Transpiration „erzwungen" durch das Sättigungsdefizit der Luft. Man spricht von einer erzwungenen Evaporation: ***imposed evaporation*** (E_{imp}).

(2) $G_a << G_s$: Damit wird $\lambda E \rightarrow (s/(s+\gamma))\ R_n$ (2.2.22)

In diesem Fall steht die Transpiration im Gleichgewicht mit der zur Verfügung stehenden

Netto-Einstrahlung und ist weitgehend unabhängig von der stomatären Leitfähigkeit, wie z. B. bei einem glatten Rasen. Hier können die Stomata weit geöffnet sein, aber die Vegetation verliert wenig Wasser, auch wenn die Luft in der freien Atmosphäre trocken ist. Man beobachtet dies bei lang anhaltendem Taufall bei Wiesen z. B. im Schatten eines Waldes. Dies bezeichnet man als Gleichgewichtsevaporation: ***equilibrium evaporation*** (E_{eq}). Hierbei fehlt der Abtransport von Wasserdampf aus der Grenzschicht, und die Verdunstung würde den nichtturbulent durchmischten Raum unmittelbar sättigen. Ein Wasserdampftransport zur Atmosphäre ist erst dann möglich, wenn sich durch Einstrahlung die Temperatur der Oberfläche erhöht.

Im Freiland treten die beiden Grenzfälle nur unter besonderen Bedingungen auf. Meist beobachtet man eine Mischung aus einer durch das Sättigungsdefizit erzwungenen und einer im Strahlungsgleichgewicht stehenden Transpiration.

$$\lambda E = \Omega\, \lambda E_{eq} + (1 - \Omega)\lambda E_{imp}, \qquad (2.2.23)$$

wobei Ω als **Entkopplungsfaktor** die Anbindung der Vegetation an die Atmosphäre quantifiziert, λE_{eq} die Gleichgewichtsevaporation und λE_{imp} die erzwungene Evaporation kennzeichnen (siehe Gleichung 2.2.21 und 2.2.22).

$$\Omega = 1/\ (1 + (\gamma/s+\gamma)\ (R_s/R_a)) \qquad (2.2.24)$$

bei 10 °C wird $(\gamma/s+\gamma) = 0{,}44$.

Die Empfindlichkeit, mit der die Transpiration auf Änderungen der Stomata reagiert $(dE/E)/(dG_s/G_s)$, wird direkt von Ω bestimmt:

$$(dE/E)/(dG_s/G_s) = (1 - \Omega) \qquad (2.2.25)$$

Die genannten Beziehungen haben erhebliche Bedeutung bei der Steuerung des Wasserverlusts von Pflanzen. Unter bestimmten Bedingungen ist die Ausprägung der Vegetation bedeutsamer als die stomatäre Regulation. Ein Zweig, der aus einem „windgeschorenen" Kronendach eines Waldes in Küstennähe herausragt, erfährt andere Evaporationsbedingungen als das Kollektiv der Blätter im Kronendach.

Der **Entkopplungsfaktor** Ω sinkt mit steigender Vegetationshöhe (Abb. 2.2.23). Damit ist noch nicht gesagt, wie sich die Transpiration verhält, denn diese ist bei konstantem Ω abhängig von der Einstrahlung und dem Sättigungsdefizit.

Für ein breites Spektrum von Vegetationstypen sinkt die **maximale Transpirationsrate** mit der Vegetationshöhe (d. h. die stomatäre Komponente reguliert zunehmend den Wasserverlust auch im Pflanzenbestand) (Kelliher et al. 1993). Die hohe Evaporation bei niedriger Vegetation liegt aber nicht nur daran, dass die Regulation der Stomata an Bedeutung verliert, sondern ist auch durch die Tatsache bedingt, dass bei niedriger Vegetation der relative Anteil der Evaporation vom Boden zunehmend an Bedeutung gewinnt. Aber auch in einem Kronendach eines Waldes gibt es Möglichkeiten für einzelne Baumindividuen oder Arten, in gewissen Grenzen die Kopplung an die Atmosphäre zu beeinflussen. Dies ist beispielsweise in den sehr dichten Kronen borealer Fichten und Tannen der Fall, die als Waldoberfläche ein sehr raues Kronendach ausbilden (G_a sehr groß), aber der einzelne Baum ein sehr dichtes Zweig- und Nadelkleid trägt (G_a sehr klein), sodass im stammnahen Bereich die Gleichgewichtsevaporation dominiert und sich in der Krone ein eigenes Temperaturklima ausbilden kann.

Die Reaktion der Stomata auf Luftfeuchte wurde unabhängig von der Lebensform der Pflanzenarten an krautigen und verholzenden Arten, an niedrigen Rosettenpflanzen und an Bäumen beobachtet. Nach Gleichung 2.2.23 und 2.2.24 hat diese Reaktion aber nur eine ökologische Bedeutung bei Bäumen. Dort wird jedoch nur selten eine effektive Einschränkung der Transpiration durch Schließen der Stomata im Tagesgang beobachtet (z. B. an *Nothofagus fusca* in Neuseeland, Köstner et al. 1992).

Die Betrachtung des Wasserhaushalts der Pflanzen aus Sicht der Atmosphäre „täuscht" darüber hinweg, dass die Pflanzen eine weitere wichtige strukturelle Möglichkeit der Regulation des Wasserhaushalts besitzen, nämlich die Regulation der **Wurzeltiefe**. Die verfügbare Wassermenge ist ein wichtiger Bestandteil der Wasserbilanz und unterscheidet sich bei verschiedenen Pflanzenarten gewaltig. Abbildung 2.2.24 gibt ein Beispiel für das Verhalten verschiedener Grasländer bei Bodenaustrocknung. Gezeigt wird der Anteil der Verdunstung, der durch latenten und fühlbaren Wärmestrom umgesetzt wird. Es wird deutlich, dass ein Wirtschaftsgrünland bei gutem Wasserzustand 80 %

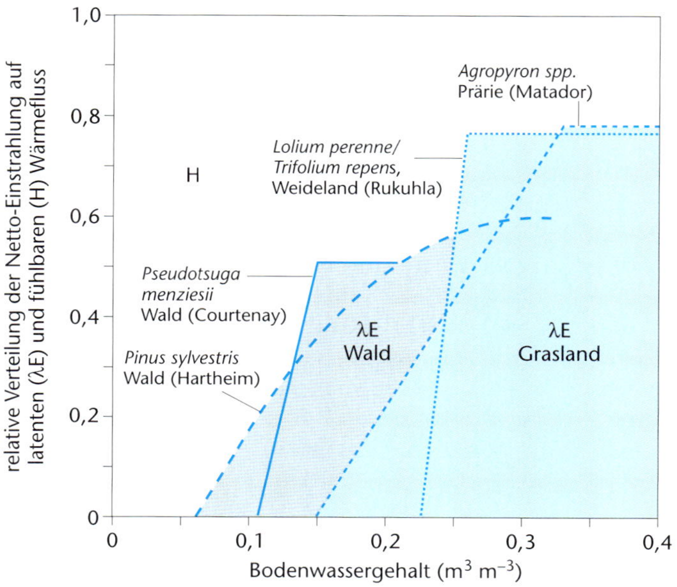

Abb. 2.2.24: Die Beziehung zwischen Energieumsatz und Bodenwassergehalt verschiedener Vegetationen (nach Kelliher et al. 1993). Die Abbildung zeigt, dass die Baumvegetation (mit tiefer reichenden Wurzeln) erst bei niedrigerem Bodenwassergehalt im Oberboden die Transpiration einschränkt, im Gegensatz zum Grasland. Waldvegetation: Pinus sylvestris in Hartheim, Deutschland; Douglasie in Courtenay, USA. Agropyron-Grasland: Matador, USA; Lolium/Trifolium Grasland: Rukuhla, Neuseeland.

der verfügbaren Energie in latente Energie (Transpiration) umsetzt, dabei aber sehr früh die Transpiration einschränkt (in diesem Fall vertrocknet). Eine Prärie zeigt bei guter Wasserversorgung einen ähnlich hohen Umsatz latenter Energie, diese Vegetation beginnt aber früher zu regulieren und erhält den Wasserumsatz länger aufrecht. Im Gegensatz dazu haben Koniferenbestände einen deutlich niedrigeren Umsatz an latenter Energie, auch wenn viel Wasser im Boden verfügbar ist; sie schränken die Transpiration aber erst deutlich später ein als die Grasländer, vor allem wegen der tiefer reichenden Wurzeln.

Kasten 2.2.8 Zusammenfassung: Transpiration von Pflanzenbeständen

- Die **Transpiration** wird bestimmt von der Netto-Einstrahlung, dem Sättigungsdefizit der Luft, der aerodynamischen Grenzschicht und den Stomata. Die relative Bedeutung dieser Faktoren hängt ab von der Struktur der Vegetationsdecke, insbesondere deren Rauigkeit, die sehr wesentlich von der pflanzlichen Lebensform (Bäume, Sträucher, Kräuter) bedingt wird.
- Pflanzen regulieren den Wasserverlust vor allem durch ihre **Struktur**. Sie sind gleichzeitig abhängig von der Struktur der Pflanzen in ihrer Umgebung. Strukturelle Merkmale sind vor allem Vegetationshöhe und Belaubungsgrad.
- Bei verringertem **LAI** steigt der Anteil der Verdunstung von der Bodenoberfläche, sodass ein „Wasser sparen" durch Abwurf von Blättern nicht zwingend zu einem verringerten Wasserverlust der Vegetation führt.
- In einer Vegetation mit glatter Oberfläche ist die Transpiration primär abhängig von der Netto-Einstrahlung (**Gleichgewichtsevaporation**) und weitgehend unabhängig von der Weite der Stomata.
- In einer Vegetation mit rauer Oberfläche ist die Transpiration primär abhängig vom Sättigungsdefizit der Luft. In diesem Fall ist eine Steuerung des Wasserverlusts durch die Stomata möglich. Der **Entkopplungsfaktor** beschreibt die relative Wirkung der Stomata auf die Gesamttranspiration von Boden und Vegetation.
- Pflanzen haben eine weitere Möglichkeit, die Wasserbilanz zu beeinflussen, nämlich durch unterschiedliche Struktur der Wurzel (**Wurzeltiefe**).

Literatur

Arneth A, Kelliher FM, Bauer G, Hollinger DY, Byers JN, Hunt JE, McSeveny TM, Ziegler W, Vygodskaya NN, Milukova I, Sogachev A, Varlagin A, Schulze E-D (1996) Environmental regulation of xylem sap flow and total conductance of *Larix gmelinii* trees in eastern Siberia. *Tree Physiology* 16: 247–255

Aubinet M, Grelle A, Ibrom A, Rannik U, Moncrieff J, Foken T, Kowalski AS, Martin P, Berbigier P, Bernhofer C, Clement R, Elbers I, Granier A, Gruenwald T, Morgenstern K, Pilegaard K, Rebmann C, Snijders W, Valentini R, Vesala T (2000) Estimates of the annual net carbon and water exchange of European forests: the EUROFLUX methodology. *Advances in Ecological Res.* 30: 113–175

Bewley JD, Krochko JE (1982) Desiccation tolerance. *Encyclopedia Plant Physiology NS* 12B: 325–378

Böhm J (1893) Capillarität und Saftsteigen. *Ber. Dtsch. Bot. Ges.* 11: 203–212

Burgess SSO, Adams MA, Turner NC, White DA, Ong CK (2001) Tree roots: conduits for deep recharge of soil water. *Oecologia* 126: 158–165

Canadell J, Jackson RB, Ehleringer JR, Mooney HA, Sala OE, Schulze E-D (1996) Maximum rooting depth of vegetation types at the global scale. *Oecologia* 108: 583–595

Carlquist S (1991) Anatomy of vine and liana stems: a review and synthesis. In: Putz FE, Mooney HA (Hrsg.) The biology of vines. Cambridge University Press, Cambridge. 53–71

Darcy H (1856) Les Fontains Publiques de la Ville Dijon. Dalmont, Paris.

Dawson TE (1993) Water sources as determined from xylem-water isotopic composition: Perspectives on plant competition, distribution, and water relations. In: Ehleringer JR, Hall AE, Farquhar GD (Hrsg.) Stable Isotopes and plant carbon-water relations. Academic Press, San Diego. 465–498

Ehleringer JR (1994) Variation in gas exchange characteristics among desert plants. In: Schulze E-D, Caldwell MM (Hrsg.) Ecophysiology of photosynthesis. *Ecological Studies* 100, Springer Verlag, Heidelberg. 361–392

Ehleringer JR (1994) Carbon and water relations in desert plants: An isotopic perspective. In: Ehleringer JR, Hall AE, Farquar GD (Hrsg.) Stable isotopes and plant carbon water relations. Academic Press, San Diego. 155–172

Evenari, M, Shanan L, Tadmor N (1982) The Negev; The Challenge of a desert. Harvard University Press, Cambridge. 437 Seiten

Ewers BE, Oren R, Spery JS (2000) Influence of nutrients versus water supply on hydraulic architecture and water balance in Pinus taeda. *Plant Cell and Environment* 23: 1055–1066

Fukuda H (1997) Tracheary element differentiation. *The Plant Cell* 9: 1147–1156

Gartner BL (1995) Plant stems: Physiology and functional morphology. Academic Press, San Diego. 439 Seiten

Grace J (1993) Consequences of xylem cavitation for plant water deficits. In: Smith JAC, Griffiths H (Hrsg.) Water deficits. Bios Scientific Publishers, Oxford. 109–128

Greenwood EAN, Turner NC, Schulze E-D, Waton GD, Venn NR (1992) Groundwater management through increased water use by lupine crops. *J. Hydrology* 134: 1–11

Griesebach A (1872) Die Vegettion der Erde nach ihrer klimatischen Anordnung. Wilhelm Engelmann, Leipzig. 709 Seiten

Hollinger DY, Kelliher FM, Schulze E-D, Köstner BM (1994) Coupling of tree transpiration to atmospheric turbulence. *Nature* 371: 60–62

Horn R (1994) The effect of aggregation of soils on water, gas and heat transport. In: Schulze E-D (Hrsg.) Flux control in biological systems. Academic Press, San Diego. 335–361

Hubbard RM, Ryan MG, Stiller V, Sperry JS (2001) Stomatal conductance and photosynthesis vary linearly with plant hydraulic conductance in ponderosa pine. *Plant Cell and Environment* 24: 113–122

Jarvis PG, McNaughton KG (1986) Stomatal control of transpiration: Scaling from leaf to region. *Advances in Ecol. Res.*15: 1–15

Jones HG (1994) Plant and microclimate; A quantitative approach to environmental plant physiology. Cambridge University Press, Cambridge. 428 Seiten

Kappen L, Sculz G, Vanselow R (1994) Direct observations of stomatal movements. *Ecol. Studies* 100: 231–246

Kelliher FM, Leuning R, Schulze E-D (1993) Evaporation and canopy characteristics of coniferous forests and grasslands. *Agric. For. Met.* 62: 53–73

Kelliher FM, Lenning R, Raupach M, Schulze E-D (1995) Maximum conductance for evaporation of global vegetation types. *Agr. Forest. Met.* 73: 1–16

Kolb KL, Sperry JS (1999) Transport constraints on water use by the Great Basin shrub Artemisia tridentata. *Plant Cell and Environment* 22: 925–935

Köppen W (1923) Die Klimate der Erde. Walter de Gruyter, Berlin. 369 Seiten

Köstner BMM, Schulze E-D, Kelliher FM, Hollinger DY, Byers JN, Hunt JE, McSeveny TM, Meserth R, Weir PL (1992) Transpiration and canopy conductance in a prestine broad-leaf forest of *Nothofagus*: An analysis of xylem sap flow and eddy correlation measurements. *Oecologia* 92: 236–241

Kramer PJ, Boyer JS (1995) Water relations of plants and soils. Academic Press, London. 495 Seiten

Kutschera L, Lichtenegger E (1992) Wurzelatlas mitteleuropäischer Ackerunkräuter und Kulturpflanzen. Bd. I. Morphologie, Anatomie, Ökologie, Verbreitung, Soziologie, Wirtschaft. Fischer, Stuttgart. 300 Seiten

Lange OL, Lösch R, Schulze E-D, Kappen L (1971) Responses of stomata to changes in humidity. *Planta* 100: 76–86

Lange OL, Nobel PS, Osmond CB, Ziegler H (1982) Physiological Plant Ecology II: Water relations and carbon assimilation. Springer, Heidelberg. *Encyclopedia Plant Physiology* 12B: 747 Seiten

Larcher W (1976) Ökophysiologie der Pflanzen. UTB 232, Ulmer, Stuttgart. 399 Seiten

Larcher W (1994) Ökophysiologie der Pflanzen. UTB, Ulmer, Stuttgart. 394 Seiten

Lloyd J, Francey RJ, Sogachev A, Byers JN, Mollicone D, Raupach MR, Kelliher FM, Rebmann C, Arneth A, Valentini R, Wong SC, Schulze E-D (2001) Vertical profiles, boundary layer budgets and regional flux estimates for CO_2, ist $^{13}C/^{12}C$ ratio, and for water vapor above a forest/bog mosaic in central Siberia. *Global Biogeochemical Cycles* (in press)

Lo Gullo MA, Salleo S (1991) Three different methods for measuring xylem cavitation and embolism: a comparison. *Ann. Bot.* 67: 417–424

Lösch R (2000) Wasserhaushalt der Pflanzen. UTB 8141 Ulmer, Stuttgart. 595 Seiten

Lüttge U (1973) Stofftransport der Pflanzen. Heidelberger Taschenbücher 125. Springer, Heidelberg. 280 Seiten

Martre P, Cochart H, Durand JL (2001) Hydraulic architecture and water flow in growing grass tillers (*Festuca arundinacea* Schreb.). *Plant Cell and Environment* 24: 65–76

Meidner H, Mansfield TA (1968) Physiology of stomata. McGraw- Hill, London. 179 Seiten

Michael W, Cholodova VP, Ehwald R (1999) Gas and liquids in intercellular spaces of maize roots. *Annals of Botany* 84: 665–673

Michael W, Schultz A, Meshcheryakov AB, Ehwald R (1997) Apoplasmatic and Protoplasmatic water transport through the parenchyma of a potato storage organ. *Plant Physiol.* 115: 1089–1099

Monteith JL (1965) Evaporation and environment. *Symposia of the Society for Experimental Biology* 19: 205–234

Nobel PS (1991) Physicochemical and Environmental Plant Physiology. Academic Press, San Diego. 635 Seiten

Nonami H, Schulze E-D, Ziegler H (1990) Mechanisms of stomatal movement in response to air humidity, irradiance and xylem water potential. *Planta* 183: 57–64

Pearcy RW, Ehleringer J, Mooney HA, Rundel PW (1991) Plant physiological ecology: Field methods and instrumentation. Chapman and Hall, London. 457 Seiten

Philip JR (1957) Evaporation, and moisture and heat fields in the soil. *J. of Meteorology* 14: 354–366

Raschke K (1972) Saturation kinetics of the velocity of stomatal closing response to CO_2. *Plant Physiol.* 49: 229–234

Raschke K (1979) Movements of stomata. In: Haupt W, Feinleib RE (Hrsg.) Physiology of movements. Springer, Heidelberg. 383–440

Raupach MR, Finnigan JJ (1988) Single-layer models of evaporation from plant canopies are incorrect but useful, whereas, multilayer models are correct but useless. *Aust. J. Plant Physiol.* 15: 705–716

Reich PB, Walters MB, Eldsworth DS (1997) From tropics to tundra: Global convergence in plant functioning. *Proc. Natl. Acad. Sci. USA* 94: 13730–13734

Richards JH, Caldwell MM (1987) Hydraulic lift: substantial nocturnal water transport between soil layers by *Artemisia tridentata* roots. *Oecologia* 73: 486–489

Schröder JI, Kwak JM, Allen GJ (2001) Guard cell abscisic acid signalling and engeneering drought hardiness in plants. *Nature* 410: 327–330

Schulze E-D (1986) Carbon dioxide and water vapor exchange in response to drought in the atmosphere and in the soil. *Ann. Rev. Plant Physiol.* 37: 247–274

Schulze E-D (1993) Soil water deficits and atmospheric humidity as environmental signals. In: Smith JAC, Griffiths H (Hrsg.) Water deficits. Bios Scientific Publishers, Oxford. 129–145

Schulze E-D (1994) The regulation of plant transpiration: Interactions of feedforeward, feedback, and futile cycles. In: E-D Schulze (Hrsg.) Flux Control in Biological Systems. Academic Press, San Diego. 203–236

Schulze E-D, Caldwell MM, Canadell J, Mooney HA, Jackson RB, Parson D, Scholes R, Sala O, Trimborn P (1998) Downward flux of water through roots (i.e. inverse hydraulic lift) in dry Kalahari sands. *Oecologia* 115: 460–462

Schulze E-D, Cermak J, Matyssek R, Penka M, Zimmermann R, Vasicek , Gries W, Kucera J (1985) Canopy transpiration and water fluxes in the xylem of the trunk of Larix and Picea trees – A comparison of xylem flow, porometer and cuvette measuremenst. *Oecologia* 66: 475–483

Schulze E-D, Chapin FS III (1987) Plant specialization to environments of different resource availability. *Ecol. Studies* 61: 120–148

Schulze E-D, Ellis R, Schulze W, Trimborn P, Ziegler H (1996) Diversity, metabolic types and $\delta^{13}C$ carbon isotope ratios in the grass flora of Namibia in relation to growth form, pecipitation and habitat conditions. *Oecologia* 106: 352–36

Schulze E-D, Hall AE (1982) Stomatal response, water loss and CO_2 assimilation rates of plants in contrasting environments. *Encyclopedia Plant Physiol.* 12B: 181–230

Schulze E-D, Kelliher FM, Körner C, Lloyd J, Hollinger DY, Vygodskaya NN (1996) The role of vegetation in controlling carbon dioxide and water exchange between land surface and the atmosphere. In: Walker B, Steffen W (Hrsg.) Global Change and Terrestrial Ecosystems. Cambridge University Press, Cambridge. *IGBP Book Series* 2: 77–92

Schulze E-D, Kelliher FM, Körner C, Lloyd J, Leuning R (1994) Relationships among maximum stomatal conductance, carbon assimilation rate, and plant nitrogen nutrition: A global ecology scaling exercise. *Ann. Rev. Ecol. Syst.* 25: 629–660

Schulze ED, Kelliher FM, Körner C, Lloyd J, Leuning R (1994) Relationships between plant nitrogen nutrition, carbon assimilation rate, and maximum stomatal and ecosystem conductance for evaporation: a global scaling exercise. *Ann. Rev. Ecology and Systematics* 25: 629–660

Schulze E-D, Lange OL, Buschbom U, Kappen L, Evenari M (1972) Stomatal responses to changes in humidity in plants growing in the desert. *Planta* 108: 259–270

Schulze E-D, Leuning R, Kelliher FM (1995) Environmental regulation of surface conductance for evaporation from vegetation. *Vegetatio* 121: 79–87

Schulze E-D, Mooney HA, Sala OE, Jobbagy E, Buchmann N, Bauer G, Canadell J, Jackson RB, Loreti J, Oesterheld M, Ehleringer JR (1996) Rooting depth, water availability, and vegetation cover along an aridity gradient in Patagonia. *Oecologia* 108: 503–511

Schulze E-D, Williams RJ, Farquhar GD, Schulze W, Langridge J, Miller JM, Walker BH (1998) Carbon and nitrogen isotope discrimination and nitrogen nutrition of trees along a rainfall gradient in northern Australia. *Aust. J. Plant Physiol.* 25: 413–425

Schulze ED. Heimann M (1998) Carbon and water exchange of terrestrial systems. In: Galloway J, Mellilo J (Hrsg.) Asian change in the context of global climate change. Cambridge University Press, Cambridge. *IGBP Publication Series* 3: 145–161

Sestak Z, Catsky J, Jarvis PG (1971) Plant photosynthetic production. Manual of Methods. Dr. W. Junk NV Publishers, Den Haag. 818 Seiten

Slatyer RO (1967) Plant-water relationships. Academic Press, London. 366 Seiten

Sperry JS (1995) Limitations on stem water transport and their consequences. In: Gartner BL (Hrsg.) Plant Stems: Physiology and functional morphology. Academic Press, San Diego. 105–124

Sperry JS, Holbrook NM, Zimmermann MH, Tyree MT (1987) Spring filling of xylem vessels in wild grapewine. *Plant Physiol.* 83: 414–417

Steudle E (1993) Pressure probe techniques: basic principles and application to studies of water and solute relations at the cell, tissue and organ level. In: Smith JAC, Griffiths H (Hrsg.) Water deficits: Plant responses from cell to communities. Bios Scientific Publishers, Oxford. 5–36

Steudle E (1994) The regulation of plant water at the cell, tissue, and organ level: Role of active processes and of compartimentation. In: Schulze E-

D (Hrsg.) Flux control in biological systems. Academic Press, San Diego. 237–302

Steudle E (2000) Water uptake by roots: effects of water deficits. *J. Exp. Bot.* 1531–1542

Steudle E (2001) The cohesion-tension mechanism and the acquisition of water by plant roots. *Ann. Rev. Plant Physiology and Plant Molecular Biology* 847–875

Steudle E, Peterson CA (1998) How does water get through roots? *J. Exp. Bot.* 49: 775–788

Tanner W, Beevers H (1990) Does transpiration have essential function in long-distance ion transport in plants? *Plant Cell Environment* 13: 745–750

Troughton J, Donaldson LA (1972) Probing plant structures. Chapman and Hall, London. 85 Seiten

Tyerman SD, Bohnert HJ, Maurel C, Steudle E, Smith JA (1999) Plant aquaporins: their molecular biology, biophysics and significance for plant water relations. *J. Exp. Bot.* 50: 1055–1072

Tyree MT (1997) The cohesion-tension theory of sap ascent. Current controversies. *J. Exp. Bot.* 48: 1753–1765

Tyree MT, Sperry JS (1989) Vulnerability of xylem to vitation and embolism. *Ann. Rev. Plant Physiol. and Plant Mol. Biol.* 40: 19–38

Walter H (1960) Grundlagen der Pflanzenverbreitung. Teil I: Standortlehre. Eugen Ulmer, Stuttgart. 566 Seiten

Walter H (1970) Vegetationszonen und Klima, UBT 14. Ulmer, Stuttgart. 244 Seiten

Ward RC, Robinson M (1990) Principles of hydrology. McGraw Hill, Berkshire. 365 Seiten

WBGU (1997) Welt im Wandel. Wege zu einem nachhaltigen Umgang mit Süßwasser. Wissenschaftlicher Beirat der Bundesregierung Globale Umweltfragen. Jahresgutachten 1997. Springer, Heidelberg. 419 Seiten

Wei C, Steudle E, Tyree MT (1999) Water ascent in plants: Do ongoing controversies have a sound basis? *Plant Sci.* 4: 372–373

West NE, Young JA (2000) Intermountain valleys and lower mountain slopes. In: Barbour MG and Billings WD (Hrsg.) North American Terrestrial Vegetation. Cambridge University Press, Cambridge. 255–284

Wirth C, Schulze E-D, Schulze W, von Stürzner-Karbe D, Ziegler W, Milukova I, Sogachev A, Varlagin A, Panfyorov M, Grigoriev S, Kusnetzova W, Siry M, Hardes G, Zimmermann R, Vygodskaya NN (1999) Aboveground biomass and structure of pristine Siberian Scots pine forests as controlled by comeptition and fire. *Oecologia* 121: 66–80

Zeiger E, Lino M, Shimazaki KI, Ogawa T (1987) The blue light response of stomata: Mechanisms and function. In: Zeiger E, Farquhar GD, Cowan IR (Hrsg.) Stomatal Function. Stanford University Press, Stanford. 209–228

Ziegler H, Vieweg GH (1970) Poikilohydre Spermatophyta. In: Walter H, Kreeb K (Hrsg.) Die Hydratation und Hydratur des Protoplasmas der Pflanzen und ihre ökophysiologische Bedeutung. Springer Verlag, Heidelberg. 95–108

Zimmermann MH (1983) Xylem structure and the ascent of sap. Springer, Berlin. 325 Seiten

Zimmermann R, Schulze E-D, Wirth C, Schulze EE, McDonald KC, Vygodskaya NN, Ziegler W (2000) Canopy transpiration in a chronoseqence of central Siberian pine forests. *Global Change Biology* 6: 25–37

2.3 Der Nährstoffhaushalt der Pflanzen

Magnesium-Mangel bei Fichte. Mg wird im Phloem von den alten zu den jungen Nadeln transportiert. Bei Mangel im Mg-Angebot aus dem Boden werden somit die jungen Nadeln mit Mg durch Rückverlagerung aus den alten Nadeln versorgt. Es kommt zu einer goldgelben Vergilbung der alten Nadeln. Dieser Prozess wird verstärkt durch ein Überangebot an Stickstoff, insbesondere dann, wenn ein Teil der Stickstoffaufnahme direkt aus der Atmosphäre erfolgt und damit nicht durch die Wurzel reguliert wird. Die oberirdische N-Aufnahme erfolgt als Gas (NO_x, NH_3) über die Stomata oder als Ionen (NH_4^+, NO_3^-) über die junge Rinde und die Nadeln. Die Verstärkung des Mg-Mangels durch Stickstoffeintrag liegt daran, dass N in stärkerem Maße in die Steuerung des Wachstums eingreift als Mg. Bei begrenztem Mg-Angebot übersteigt der Bedarf für Wachstum die Mg-Versorgung. Das Phänomen des Mg-Mangels wurde als „montane Vergilbung" in den 80er Jahren bekannt. Fichtelgebirge, Oberwarmensteinach. Foto E.-D. Schulze.

Literaturempfehlung

Das klassische Lehrbuch über die Pflanzenernährung stammt von Epstein (1972). Das umfassendste Lehrbuch wurde auf dem Gebiet von Marschner (1995) geschrieben. Hinsichtlich der Bodenkunde verweisen wir auf Scheffer-Schachtschabel et al. (1998).

2.3.1 Die Verfügbarkeit der Nährelemente im Boden und die Ionenaufnahme

2.3.1.1 Die pflanzlichen Nährelemente

Pflanzen benötigen für ihren Metabolismus und den Aufbau des Pflanzenkörpers eine Vielzahl von Elementen oder deren Ionen, die sie primär über die Wurzel aus dem Boden aufnehmen und die dort entweder durch Verwitterung aus dem Ausgangsgestein frei werden oder die im Zuge des Abbaus organischer Substanz „mineralisiert" (d. h. aus der organischen Bindung befreit) und somit für die Pflanze wieder verfügbar werden.

Pflanzen nehmen die für sie erforderlichen Nährelemente selektiv und meist in Form von Ionen aus der wässrigen Phase der Böden (der Bodenlösung) auf. Der Nachweis von anorganischen Elementen im Pflanzenkörper erfolgt durch Veraschung.

Verbrennt man die organische Substanz, bleiben die nicht verbrennbaren Mineralstoffe als **Aschengehalt** zurück (d. h. C, H, N, O sind mit dieser Methode nicht nachweisbar). Dieser beträgt bei den meisten Pflanzen 3–8 % des Trockengewichts, in Salzpflanzen steigt der Aschengehalt auf 20 % und erreicht in Flechten bis zu 30 % (mineralische Ablagerungen auf den Hyphen). Dabei überspannt die Konzentration der einzelnen Elemente in der Pflanze mehr als sechs Größenordnungen (Tabelle 2.3.1).

Makro- und Spurennährelemente sind für das Leben der Pflanze essenziell. Die Übergänge zwischen Makro- und Spurenelementen sind graduell. Während die Makronährelemente direkt am Stoffwechsel beteiligt sind (N, S, P) bzw. Stoffwechselreaktionen indirekt unterstützen (K), gibt es Übergänge zu den Spurennährelementen (Ca, Mg), wobei die Spurennährelemente im engeren Sinne (oft auch **Mikronährelemente** genannt) meist Schwermetalle sind, die direkt für Enzymreaktionen benötigt werden (Kapitel 1.7). **Fakultative Elemente** sind nur in einigen Pflanzengruppen essenziell (Si in Gräsern). Jod und Vanadium sind nicht aufgeführt, da sie nur für Niedere Pflanzen essenziell sind (Marschner 1995). Mit dem Spruch „**COHN Mag SPecK** und **CafFe**" kann man sich die Makronährelemente einschließlich Fe merken.

Tabelle 2.3.1: Typische Konzentrationen von Nährelementen in pflanzlichen Geweben (nach Marschner 1995)

	Element	durchschnittliche Konzentration, µmol g^{-1}
Makronährelemente	N	1 000
	K	250
	Ca	125
	Mg	80
	P	60
	S	30
Spurenelemente	Cl	3
	B	2
	Fe	2
	Mn	1
	Zn	0,3
	Cu	0,1
	Mo	0,001
fakultative Elemente	Si	11 000
	Na	200
	Co	0,1

Die Angaben über die Konzentration und den Verbrauch an Nährelementen erfolgen oftmals in Gewichtseinheiten (Gramm). Bei den physiologischen Umsetzungen und den physiko-chemischen Wirkungen der Elemente geht es aber nicht um die Masse, sondern um die Zahl der umgesetzten bzw. benötigten Moleküle; daher ist eine Angabe in Mol angemessener als eine Angabe in Gramm.

Das folgende Kapitel geht auf die essenziellen Makronährelemente und auf Bor ein. Die Schwermetalle als Spurennährelemente werden in Kapitel 1.7 behandelt. NaCl ist für Pflanzen kein essenzielles und nur unter bestimmten Bedingungen wachstumsförderndes Salz, das als Salzstress in Kapitel 1.6 behandelt wird.

2.3.1.2 Die Verfügbarkeit von Nährelementen im Boden

Nährelemente sind in verschiedenster Form im Boden verfügbar (Scheffer-Schachtschabel et al. 1998).

Primäre Mineralien

Primärmineralien (z. B. Quarz, Feldspat, Glimmer) entstehen bei der Gesteinsbildung, indem sie aus der flüssigen Gesteinsschmelze auskristallisieren (Intrusiv- und Eruptivgesteine) oder durch Druck- und Temperatureinwirkung umkristallisiert werden (metamorphe Gesteine). In Abhängigkeit von der chemischen Zusammensetzung des Magmas (sauer bis basisch) und der Temperatur und des Druckes in der Schmelze bilden sich Gesteine unterschiedlicher Mineralienzusammensetzung (siehe Abb. 2.3.1 D). Den größten Anteil der primären Mineralien in der Erdkruste machen die **Silikate** aus, die aus Silicium-Sauerstoff-Tetraedern aufgebaut sind und eine Vielzahl von Kristallstrukturen aufweisen. Man unterscheidet Insel-, Ketten-, Band-, Blatt- und Gerüstsilikate (siehe Kasten 2.3.1). In vielen Silikaten ist ein Teil der Si^{4+}-Ionen durch Al^{3+} ersetzt. Deshalb sind diese Silikate negativ geladen, sodass zum Ladungsausgleich positiv geladene Kationen wie K^+ oder Na^+ oder Ca^{2+} eingelagert werden können. Durch Verwitterung, insbesondere durch Hydrolyse, werden diese Kationen aus den Mineralien freigesetzt und damit für Pflanzen verfügbar. Die Verwitterbarkeit der Silikate hängt von verschiedenen Faktoren ab, u. a. vom Reduktionsgrad der Kristallstruktur, vom Ersatz von Si durch Al, von den eingelagerten Kationen und dem Anteil oxidierbarer Elemente (Fe). Daraus ergibt sich eine Reihe steigender Verwitterungsstabilität (Olivin → Augit → Turmalin → Feldspat → Quarz).

Die Zusammensetzung der Primärmineralien bestimmt die Verwitterbarkeit und damit die Basenverfügbarkeit der Ausgangsgesteine. Basalt ist zum Beispiel viel basenreicher als Granit, d. h., er enthält einen höheren Anteil an Kalium, Calcium und Magnesium.

Sekundäre Mineralien

Aus den primären Erguss- und Intrusivgesteinen sowie aus metamorphen Gesteinen (z. B. Schiefer) entstehen im Verlauf der Verwitterung und Erosion sekundäre Sedimente, die abgelagert und verfestigt werden. Je nach Ausgangsgestein und ihrer „Verwitterungsgeschichte“ besitzen die **Sedimentgesteine** unterschiedliche Kationengehalte. Tonreiche Böden haben nicht nur wegen der größeren Austauschfläche, sondern auch wegen der größeren Zahl kovalenter Bindungen eine höhere Autauschkapazität für Kationen als Sandböden. Die sekundä-

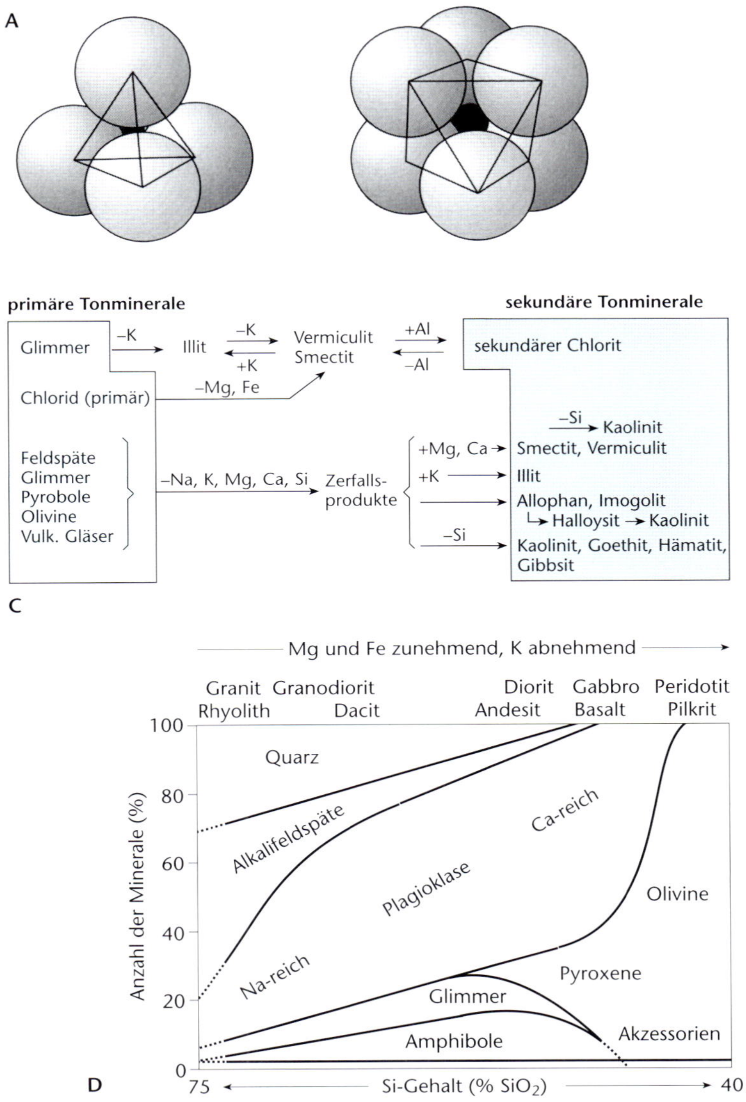

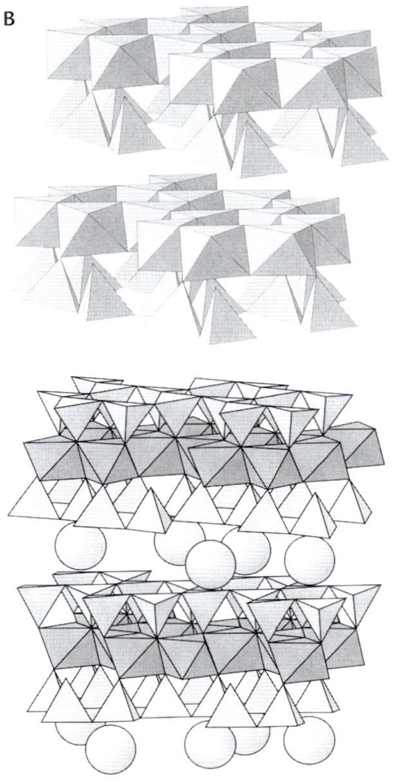

Abb. 2.3.1: A: Die räumliche Struktur eines Si-Tetraeders (links) und eines Al-Oktaeders (rechts). B: Die Gitterstruktur sekundärer Tonminerale mit einem Zweischichtaufbau (oben: 1:1 Tetraeder und Oktaeder) und einem Dreischichtaufbau (unten: zwei Tetraederschichten mit einer Oktaederschicht). Das Dreischicht-Tonmineral bindet Kationen in den Lagen zwischen den Schichtpaketen. C: Die Umsetzung primärer Mineralien in sekundäre Tonminerale. D: Die Zusammensetzung der wichtigsten Gesteine hinsichtlich Basen- und Si-Gehalt (aus Scheffer-Schachtschabel 1998).

Kasten 2.3.1 Die mineralische Zusammensetzung von Gesteinen

Gesteine

Gesteine sind Mischungen aus unterschiedlichen Mineralien, die nach ihrem Chemismus und ihrer Entstehung klassifiziert werden. Man unterscheidet Magmatite (entstanden durch die Erstarrung von glutflüssiger Magma in der Erdkruste (Intrusivgesteine) oder an der Erdoberfläche (Eruptivgesteine)), Sedimentgesteine (entstanden durch Sedimentation und anschließende Verfestigung verwitterter Lockermaterialien oder chemischer Fällungsprodukte) und Metamorphite (entstanden durch Teilschmelze und Umkristallisation von Magmatiten und Sedimentgesteinen).

Primäre Silikate

Grundbausteine der Silikate sind Si-Tetraeder und Al-Oktaeder (Abb. 2.3.1 A). Die primären Mineralien befinden sich in den Erguss- und Intrusionsgesteinen, die sich vor allem hinsichtlich des Si- und Kationengehalts unterscheiden (Abb 2.3.1 D).

Tonminerale

Bei der Verwitterung entstehen Tonminerale entweder direkt aus Glimmern und Chloriten oder durch den Neuaufbau aus Einzelbruchstücken der Silikatverwitterung. In diesem Fall werden Si-Tetraeder und Al-Oktaeder freigesetzt. Diese verbinden sich zu sekundären Blattsilikaten, die aus übereinander gelagerten Schichten aus Si-Tetraedern und Al-Oktaedern bestehen (Abb. 2.3.1 B). Die Tonminerale unterscheiden sich durch den Schichtenaufbau und die in den Zwischenschichten liegenden Kationen (Abb. 2.3.1 C).

- Zweischichtminerale
  1 Si-Tetraeder- + 1 Al-Oktaeder-Schicht: Kaolinit, Serpentinit, keine Kationen in den Zwischenschichten
- Dreischichtenminerale
  1 Si-Tetraeder- + 1 Al-Oktaeder- + 1 Si-Tetraeder-Schicht: Illit, Chlorit, Vermiculit, Montmorillonit; Kationen in den quellbaren Zwischenschichten

Einen Sonderfall stellen die ausschließlich in Böden vulkanischen Ursprungs vorhandenen Tonminerale Allophan und Imogolit dar. Sie sind kugel- bzw. röhrenförmig und können in sauren Böden auch Anionen wie z. B. Phosphat so fest binden, dass dieses nicht mehr pflanzenverfügbar ist (Phosphorfixierung).

Oxide und Hydroxide

Parallel zum Umbau der Si-Tetraeder erfolgt bei der Silikatverwitterung auch die Oxidation von Metallen, insbesondere von Fe^{2+} zu Fe^{3+} bzw. Fe-Hydroxiden, was mit einer Veränderung der Löslichkeit und der räumlichen Strukturen verbunden ist. Die Oxidation der Metalle trägt wesentlich zur Zerstörung der primären Kristallstrukturen bei. Die wichtigsten Oxide und Hydroxide sind die von Fe, Mn und Al, die in Abhängigkeit vom Klima unterschiedliche Mineralien bilden, die oft für die charakteristische Färbung der Böden verantwortlich sind. So entsteht die leuchtend rote Farbe vieler tropischer Böden durch Hämatit (α-Fe_2O_3), während die gelblich-braune Farbe vieler Böden der gemäßigten Zone auf Goethit (α-FeOOH) zurückzuführen ist.

Sedimentgesteine

Sedimentgesteine entstehen nach Verfrachtung und anschließender Verdichtung aus Primärgesteinen. Sie unterscheiden sich vor allem hinsichtlich des Si- und Ca-Gehalts. Man unterscheidet Gesteine und Lockersedimente, die durch abnehmenden Si-Gehalt charakterisiert sind:

- Gesteine: Sandstein (70 % Si), Grauwacke (67 % Si), Tonschiefer (59 % Si), Carbonatgestein (8 % Si)
- Lockersediment: Flugsand (97 % Si), Löss (72 % Si), Mergel (64 % Si)

Tabelle: Tetraederstrukturen der primären Silikate

Inselsilikate SiO_4^{4-}	4 freie Valenzen/ Tetraeder	Tetraeder sind kationengesättigt	Olivin $(Mg, Fe)_2[SiO_4]$
Gruppensilikate $Si_2O_7^{6-}$	3 freie Valenzen/ Tetraeder	wenige Tetraeder kovalent verbunden	Diopsit $(Ca, Mg)[Si_2O_3]$
Kettensilikate SiO_3^{2-}	2 freie Valenzen/ Tetraeder	Tetraeder bilden eine Kette	Augit $(Ca, Mg, Fe, Al, Na)[SiO_3]_n$
Bändersilikate $[Si_2O_6]^{1,5-}$	1,5 freie Valenzen/ Tetraeder	Tetraederketten bilden Bänder	Hornblende Amphibol $(Na, K, Ca, Mg, Fe, Al)(OH_4)[Al_{2-4}Si_{14-12}O_{44}]$ Turmalin $NaMg_3Al_6[(OH)_{1+3}{\cdot}(BO)_3{\cdot}[Si_6O_{18}]$
Blattsilikate $Si_2O_5^{2-}$	1 freie Valenz/ Tetraeder	es bilden sich Tetraederschichten	Muskovit $(KAl_2)(OH_2)[Si_3AlO_{10}]$ Biotit $K(Mg, Fe, Mn)_3(OH, F)_2\,[AlSi_3O_{10}]$
Raumgitter SiO_2	keine freien Valenzen		Quarz SiO_2
	1 freie Valenz bei Al-Ersatz von SiO_2		Feldspat Orthoklas $K[AlSi_3O_8]$ Anorthit $Ca[Al_2Si_2O_8]$

Kasten 2.3.2 Böden und ihre Austauschkapazität

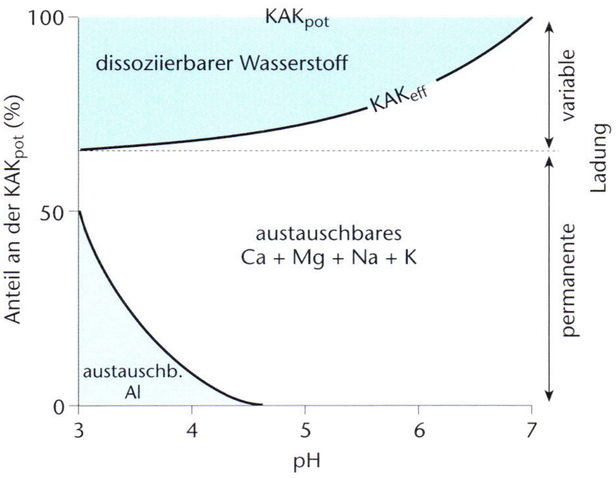

Abb. 2.3.2: Schematische Abhängigkeit der effektiven Kationenaustauschkapazität (KAK_{eff}) vom pH-Wert in einem Boden mit 20 – 30 % Tonanteil und 2 – 3 % Humus. Die potentielle Kationenaustauschkapazität (KAK_{pot}) enthält zusätzlich zu den basischen Kationen die dissoziierbaren Protonen (aus Scheffer/Schachtschabel 1998).

Böden
Böden sind die durch physikalische, chemische und biologische Verwitterung und Umlagerung aus den Ausgangssubstraten entstandene oberste Kruste des Festlands. Sie sind in unterschiedlichem Maße vermischt mit toter organischer Substanz, dem Humus.

Kationenaustauschkapazität (KAK)
Die KAK ist das wichtigste Maß für die Charakterisierung der Kationenverfügbarkeit von Böden. Die KAK gibt an, wieviel Mol Kationen in einer bestimmten Menge Boden adsorbiert werden können (mval/100 g oder $mmol_{equiv}$/kg). Die Höhe der KAK hängt von der Zahl der verfügbaren Austauscherplätze an Tonmineralen, Huminstoffen und (Hydr)Oxiden ab. Während ein Teil der Austauscherplätze an Tonmineralen aufgrund des Ersatzes von Si^{4+} durch Kationen mit geringerer Wertigkeit (z. B. Al) im Kristallgitter bedingt ist und diese Wertigkeit vom pH-Wert des Bodens unabhängig ist (permanente Ladung), ist die Verfügbarkeit der Austauscherplätze an Oxiden, Hydroxiden und Huminstoffen vom pH-Wert abhängig, da deren Carboxyl-, Carbonyl- und Enolgruppen nur in deprotonierter Form Kationen sorbieren können (variable Ladung). Man unterscheidet daher zwischen der **potentiellen KAK**, die alle austauschbaren Kationen (Protonen, Al und basische Kationen) enthält (z. B. gemessen bei pH 8) und der **effektiven KAK**, die nur die beim aktuellen pH-Wert des Bodens austauschbaren basischen Kationen und das Al berücksichtigt (Abb.2.3.2). Neben der KAK ist auch noch die AAK, die Anionenaustauschkapazität, von Bedeutung.
Böden unterscheiden sich nach Ton- und Humusgehalt in ihrer potentiellen Kationenaustauschkapazität (mmol Kationenäquivalente kg^{-1}):

- Äcker: Marsch (370), Pelosol (220), Schwarzerde (180), Parabraunerde (170)
- Wald: Braunerde (600), Pseudogley (184), Podsol (40)

ren Mineralien umfassen die in Sedimentgesteinen, z. B. Kalkgestein, enthaltenen Mineralien, Aluminium-, Eisen- und Mangan(hydr)oxide und Tonminerale. Vor allem Tonminerale sind wichtige Bestandteile der Böden, die im Verlauf der Verwitterung aus Silikaten als Neubildungen der Si-Al-Minerale entstehen. Je nach klimatischen Bedingungen, unter denen die Tonmineralbildung erfolgt, handelt es sich um Schichtgitter, in denen Kationen mehr oder weniger fest zwischen die Schichten aus Si-Tetraedern und Al-Oktaedern eingelagert sind. Diese Kationen sind wiederum gegen H^+ reversibel austauschbar. Die sogenannte **Kationenaustauschkapazität** (KAK) ist hoch in quellbaren Tonmineralien (z. B. Montmorillonit, 70–130 mval/100 g) und gering in nicht-quellbaren Tonmineralien (z. B. Kaolinit, 3–15 mval/100g).

Die chemische Zusammensetzung des Ausgangsgesteins bzw. der aufliegenden Sedimente (z. B. Lössdecken) bestimmt letztendlich die Wasser- und Nährstoffverfügbarkeit (**Bodenfruchtbarkeit**) und damit den Vegetationstyp. Die Pflanzendecke kann durch Umsetzungen an organischer Masse und den Verbleib schwer abbaubarer organischer Reste (Humus) die KAK des Bodens um den Faktor 10 erhöhen (1–3 Moläquivalente kg^{-1}), wobei der Chemismus des Ausgangsgesteins die Bildung der Humusform und damit die Nährstoffver-

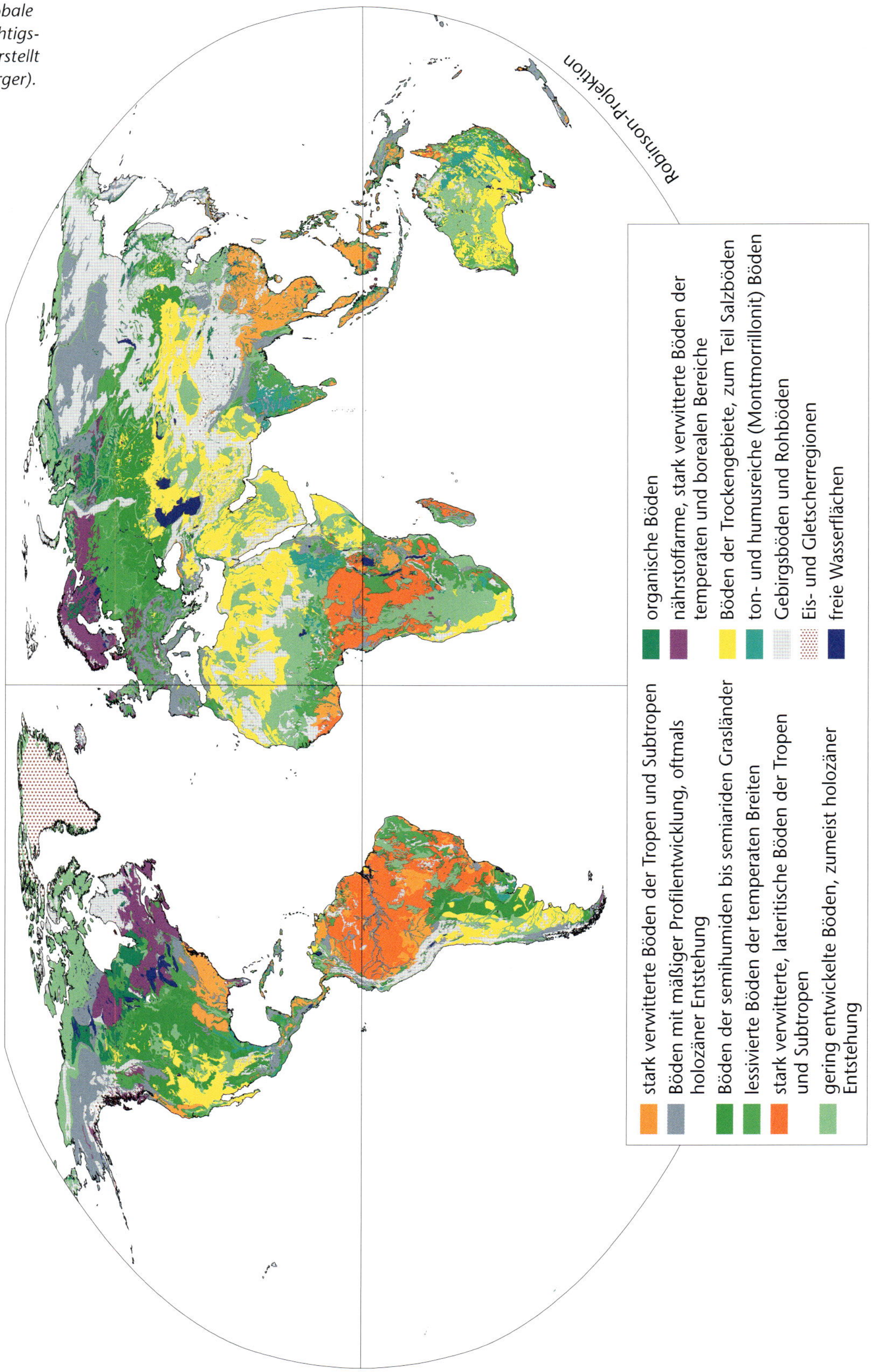

Abb.2.3.3: Die globale Verteilung der wichtigsten Bodenarten (erstellt von G. Guggenberger).

hältnisse im Boden mitbestimmt: Ein saurer Rohhumus erreicht nur eine potentielle KAK von 1 Molequiv. kg^{-1}, während ein Moder eine KAK von 2 Molequiv. kg^{-1} und ein basenreicher Mull eine KAK von 3 Molequiv. kg^{-1} erreichen kann (Mitscherlich 1975). Das bedeutet, dass sich die Ausstattung des Bodens mit Kationen über die Nährstoffverfügbarkeit bis hin in den Kohlenstoffkreislauf des Ökosystems auswirkt.

Da die Böden aus abiotischen und biotischen Prozessen hervorgegangen sind, mag es nicht verwundern, dass die Karte der Böden der Erde in wesentlichen Zügen die Verbreitung der Vegetationsformationen der Erde widerspiegelt (Abb. 2.3.3).

2.3.1.3 Allgemeine Aspekte des pflanzlichen Nährstoffhaushaltes

Nährstoffangebot und zellulärer Ionentransport

Im Mineralboden, der chemisch charakterisiert ist durch den Gehalt basisch wirkender Kationen (**Basensättigung:** z. B. K, Mg und Ca) und physikalisch bestimmt wird durch die Textur (**Korngrößenverteilung**), wirkt die Wurzel ebenfalls wie ein **Austauscher**. Während sich die Kationen im Boden in einem Gleichgewicht zwischen den Austauschern (Tonminerale, Oxide, Humus) und der freien Bodenlösung befinden, baut die Wurzel durch aktive Transportvorgänge chemische Ungleichgewichte auf und kann Kationen entgegen dem Konzentrationsgefälle aufnehmen. Dieser Vorgang kann auch selektiv für bestimmte Kationen erfolgen. Im Austausch gegen Kationen aus dem Boden gibt die Wurzel H^+ bzw. HCO_3^- und organische Säuren an den Boden ab, die aus dem Kohlenstoff-Stoffwechsel stammen. Aus der Aufnahme basischer Kationen im Austausch gegen Protonen folgt, dass die Pflanze den Boden versauert (Ulrich 1987). Im Fall einer nicht durch den Menschen bewirtschafteten Vegetation werden diese Mineralien durch die tote Biomasse als Streu wieder dem Boden zugeführt. Bei einer Bewirtschaftung (Ernte, Beweidung oder Streunutzung) werden die Kationen dem Boden für immer entzogen, womit sich die chemischen Verhältnisse im Boden ändern (**Bodenversauerung**, **Podsolierung**), sofern der Entzug die Nachlieferung durch Verwitterung überschreitet. Die Deposition starker Säuren aus der Atmosphäre in den Boden aus Luftverunreinigungen (SO_4^{2-}, NO_3^-) haben eine ähnliche Wirkung wie die Ernte. Die Düngung und Kalkung von Böden dient dazu, solche Ernteverluste und Kationenverluste durch Auswaschung wieder auszugleichen.

Die Aufnahme von Kationen und Anionen erfolgt über die gleichen Mechanismen (Transporter, Ionen-Kanäle). Es kommt daher zu spezifischen Interaktionen zwischen Kationen und Anionen; so sinkt z. B. in der Präsenz von Cl^- die K^+-Aufnahme (siehe Marschner 1995).

Ionenaufnahme der Wurzel

Die Wurzel nimmt Ionen primär an der Wurzelspitze auf. Zusätzlich gibt es die Möglichkeit der Ionenaufnahme über das Blatt und den Spross, die insbesondere bei der Aufnahme von Luftschadstoffen eine Rolle spielt (Harrison et al. 1999). Längs der Wurzelspitze ist die Nährstoffaufnahme nicht gleichmäßig verteilt (Abb. 2.3.4), da Nährelemente je nach Ionenradius und -chemismus entweder vorwiegend in der Zellwand, dem **Apoplast**, oder im Cytosol, dem **Symplast**, transportiert werden (siehe Kapitel 2.2.2). Apoplastisch erfolgt insbesondere der Transport von Ca, Al und Schwermetallen, symplastisch vor allem der Transport von P, K, N und Mg. Der Wassertransport erfolgt über einen breiteren Wurzelbereich als der aktive Ionentransport, wobei die Wasseraufnahme nicht nur in Richtung der sekundären Wurzelrinde, sondern

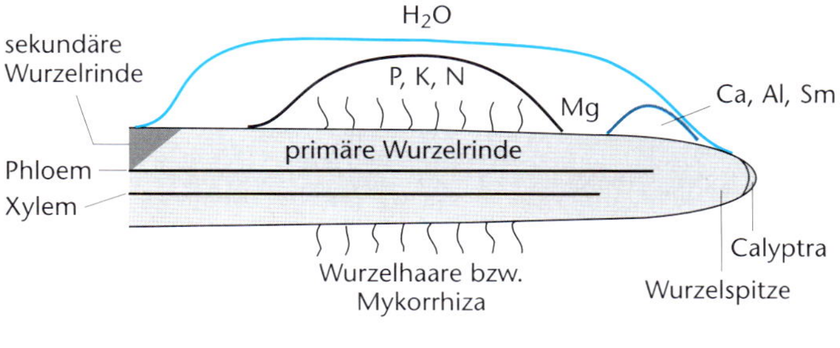

Abb. 2.3.4: Schematische Darstellung der Aufnahme von Nährelementen entlang einer Wurzelspitze. Sm, Schwermetalle.

Tabelle 2.3.2: Die Konzentration von Inhaltsstoffen im Xylem und Phloem von *Nicotiana glauca* (Schurr und Schulze 1995). Die Konzentrationen besagen noch nichts über die Transportmenge. Der Fluss im Phloem erfolgt langsamer als der im Xylem. Organische Säuren wurden nicht gemessen.

	Phloem ($\mu g\ ml^{-1}$)	Xylem ($\mu g\ ml^{-1}$)
pH-Wert	7,8 – 8,0	5,6 – 5,9
Saccharose	170 – 196	1,1 – 1,2
Amino-Substanzen	10 808	283
Kalium	3 673	204
Phosphor	435	68
Chlor	486	64
Schwefel	139	43
Magnesium	104	34
Natrium	116	46
Calcium	83	189
Ammonium	45	10
Zink	16	2
Eisen	9	0,6
Kupfer	1	0,1
Mangan	0,9	0,2
Nitrat	<1	70

wegen der dichteren Zellpackung und der längeren Fließstrecke auch in Richtung der Wurzelspitze abnimmt. Das Phloem reicht weiter in die Wurzelspitze, d. h. es wird früher ausdifferenziert als das Xylem.

Ionentransport und Verteilung

Die Nährelemente benötigt bzw. verbraucht die Pflanze für (siehe auch Kapitel 1.7):

- Wachstum (z. B. Mg, Ca in der Zellwand),
- Katalyse (z. B. Fe in Ferredoxin),
- Übertragung von Elektronen (Schwermetalle),
- passive Akkumulation (Schwermetalle),
- Speicherung und Reserve (z. B. N, P).

Der **Nährelement-Transport** in der Pflanze und die Verteilung von Orten der Aufnahme bzw. Speicherung zu Orten des Verbrauchs erfolgen über das Xylem und das Phloem (siehe Kapitel 2.2.2.3). Entsprechend den unterschiedlichen Mengen, die transportiert werden, kommt es in den beiden Gefäßsystemen zu sehr unterschiedlichen Konzentrationen (Tabelle 2.3.2). Dabei wird deutlich, dass das Phloem nicht nur große Mengen an Saccharose, sondern vor allem auch Aminosäuren transportiert und dass dieser Transport in Verbindung mit einer Reihe von Kationen (insbesondere K^+) erfolgt (Herdel et al. 2001).

Abbildung 2.3.5 zeigt am Beispiel der Aufnahme und Umsetzung von Nitrat die vielfältigen Interaktionen zwischen **Nährstoffaufnahme** und den verschiedenen Organen der Pflanze (Marschner 1995). Dabei wird deutlich, dass der Transport und Verbleib eines Nährelements nicht unabhängig von

Kasten 2.3.3 Ionenaufnahme (siehe Marschner 1995)

Folgende Prozesse führen zur Ionenaufnahme der Pflanze:

- **Diffusion:** Ionengradient führt zu passivem Transport (Beispiel: Al);
- **Uniport:** H^+-Gradient bewirkt passiven Transport über Ionenkanal (K);
- **Symport:** H^+ wird zurücktransportiert mit Anion (Cl^-, SO^{4-});
- **Antiport:** H^+-Efflux bewirkt Kationen-Influx (K^+, Ca^{2+}, NH_4^+).

In der pflanzlichen Zelle findet der Ionenaustausch nicht nur an der äußeren Zellmembran, sondern auch an der Membran der Plastiden und der Vakuole statt. Dabei sind die Chloroplasten durch eine hohe Mg-Konzentration und die Mitochondrien durch eine hohe Ca-Konzentration gekennzeichnet. Die Vakuole dient als Ionenspeicher. Durch ständigen Austausch von Kationen und/oder Anionen stabilisiert sie den pH-Wert im Cytosol (pH-Stabilisierungs-Mechanismus, pH-stat). Dabei spielt K^+ eine besondere Rolle, da es im Austausch zu H^+ die zelluläre Protonenkonzentration und den Protonengradienten reguliert (siehe auch Kapitel 1.6.2).

Die **Ionenaufnahme** erfolgt generell durch so genannte Ionenkanäle, das sind Proteine, die durch die Lipidmembran reichen und in ihrem Inneren einen Freiraum lassen, durch den die Ionen selektiv transportiert werden. Die Selektivität erfolgt vor allem durch den Ionenradius (d. h. durch einen Ca-Kanal passen auch K-Ionen) und die Aminosäuren-Ausstattung im Protein, das den Ionenkanal bildet. Da es sich beim Ionentransport um einen aktiven, metabolisch gesteuerten Vorgang handelt, ist die Ionenaufnahme

- **sauerstoffabhängig**;
- **durch Quecksilber hemmbar**, sofern S-haltige Aminosäuren den Ionenkanal bilden;
- **temperaturabhängig** (exponentiell steigend, Optimum meist bei über 30 °C);
- **angepasst an die Konzentration im Außenmedium**, d. h., es gibt Aufnahmesysteme, die bei hoher bzw. niedriger Außenkonzentration wirksam werden; Transporter mit niedriger Substrataffinität können auch Sensorfunktion haben (Schulze W et al. 2000);
- **kompetitiv hinsichtlich der Präsenz anderer Ionen**; so sinkt die Aufnahme von Magnesium in Anwesenheit von K^+ oder Ca^{2+}.

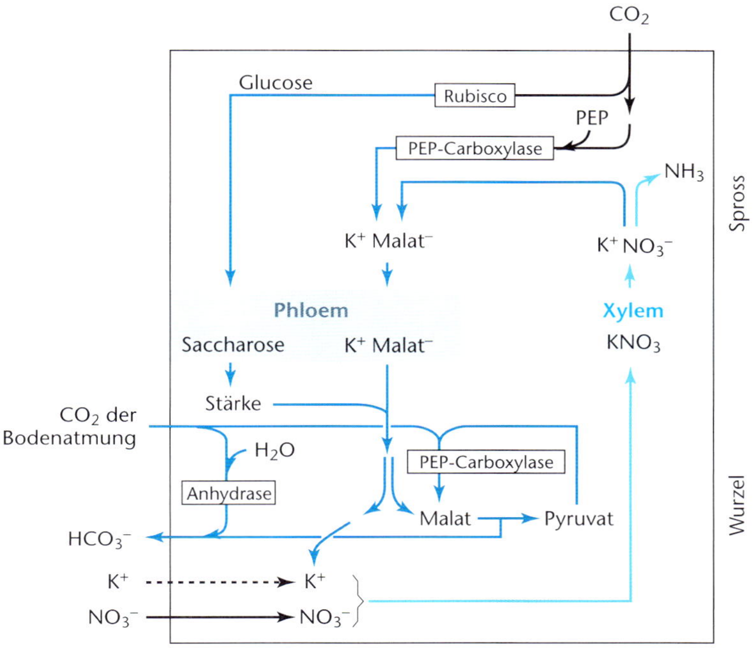

Abb. 2.3.5: Der Xylem-Phloem-Kreislauf von Kalium und die Aufnahme von Nitrat. Im Phloem dient K als Gegenion beim Transport von Malat und Zucker. In der Wurzel wird K aus dem Phloem freigesetzt und ins Xylem transportiert, wo K als Gegenion zum Nitrat fungiert. Die Nitrataufnahme erfolgt einerseits im Kotransport mit Kalium aus der Bodenlösung oder im Austausch gegen HCO_3^- (nach Marschner 1995).

anderen Nährelementen erfolgt und fast immer an Transporte organischer Substanzen gekoppelt ist. Die Vorbereitung zur Nitrataufnahme beginnt bei der CO_2-Assimilation im Blatt durch das Enzym Phosphoenolpyruvat-(PEP-)Carboxylase, das Pyruvat zu Malat umsetzt. Dieses Anion wird mit K^+ über das Phloem zur Wurzel transportiert und dort decarboxyliert zu Pyruvat und HCO_3^-, das im Austausch gegen Nitrat als Anion ausgeschieden wird. Gleichzeitig erfolgt eine Aufname von K^+. Nitrat wird zusammen mit K^+ als Kation im Xylem in den Spross transportiert. Mit der Reduktion des Nitrats wird K^+ wieder frei für den Malat-Transport im Phloem. Gleichzeitig mit K^+ wird das Phloem auch mit Saccharose beladen (Marschner 1995). Unabhängig von diesem Kreislauf des Kaliums kann eine Malatbildung auch in der Wurzel durch Umsetzung von Stärke oder über die Assimilation von CO_2 durch PEP-Carboxylase erfolgen. Zusätzlich bildet die Anhydrase HCO_3^-, um im Antiport Nitrat aufzunehmen (Moroney et al. 2001). Da in der Pflanze mehr N benötigt wird als K, kommt es bei der Nitrataufnahme durch den Austausch mit HCO_3^- zu einer Alkalinisierung des Bodens.

Bei der **Verwendung der Nährelemente** in der Pflanze unterscheidet man

- Elemente, die im Metabolismus umgesetzt werden und dabei den Reduktionsgrad ändern. Dazu gehören N und S.
- Elemente, die nicht metabolisiert werden, wohl aber den Metabolismus unterstützen. Dies sind:
  – frei bewegliche Kationen (K, Ca, Mg) und Anionen, die durch Polymerisierung Energie speichern (PO_4^-), oder
  – Schwermetalle mit katalytischer Funktion, die fest mit Proteinen verbunden sind und durch Änderung des Oxidationsgrads chemische Arbeit leisten (Fe, Mn, Cu u. a.).

Betrachtet man den Nährstoffhaushalt der Pflanze, dann wird deutlich, dass ein großer Teil der Nährelemente pflanzenintern ständig umgesetzt wird bzw. zwischen Wurzel und Spross zirkuliert. Dies gilt insbesondere für einzelne Organe, die nur eine beschränkte **Lebensdauer** haben. Wurzelspitzen und Blätter werden periodisch oder kontinuierlich neu gebildet, vorübergehend genutzt und anschließend wieder abgestoßen. Offensichtlich ist das Blatt eine „Maschinerie" auf Zeit. Der Blattabwurf ist dabei eine Reaktion auf die sinkende physiologische Leistung mit dem Blattalter. Gleichzeitig sind Blattbildung und Blattabwurf auch Mechanismen, um die Produktion der Gesamtpflanze an geänderte Umweltbedingungen (insbesondere Licht) anzupassen. Nicht zuletzt dient der Blattabwurf auch der Entgiftung (z. B. bei zu hoher Salzaufnahme).

Das austreibende Blatt (Abb. 2.3.6) ist zunächst eine Senke für Kohlenhydrate und Nährelemente, wobei zur Aktivierung von Enzymen die Spurenelemente früher benötigt werden als die Makronährelemente. Organische Substanzen werden für die Blattstruktur benötigt. Im jungen Zustand sind Blätter damit eine Kohlenhydratsenke (siehe Kapitel 2.4.3.6), d. h. **„Sink"-Blätter** importieren Kohlenhydrate für ihr Wachstum. Erst wenn etwa ein Drittel der Blattfläche entwickelt ist, wird das Blatt zu einer Kohlenhydratquelle, einem **„Source"-Blatt**, und exportiert Kohlenhydrate zum Erhalt oder zum Wachstum an anderer Stelle. Bereits vor der vollen Entwicklung der Blattfläche sinkt aber die Kapazität der Photosynthese ab und erreicht schließlich ein Niveau, das nicht produktiv ist. Der Vorgang der **Blattalterung** wird durch Umweltbedingungen und Ernährung modifiziert. Im Gegensatz dazu ist die **Seneszenz** ein genetisch ge-

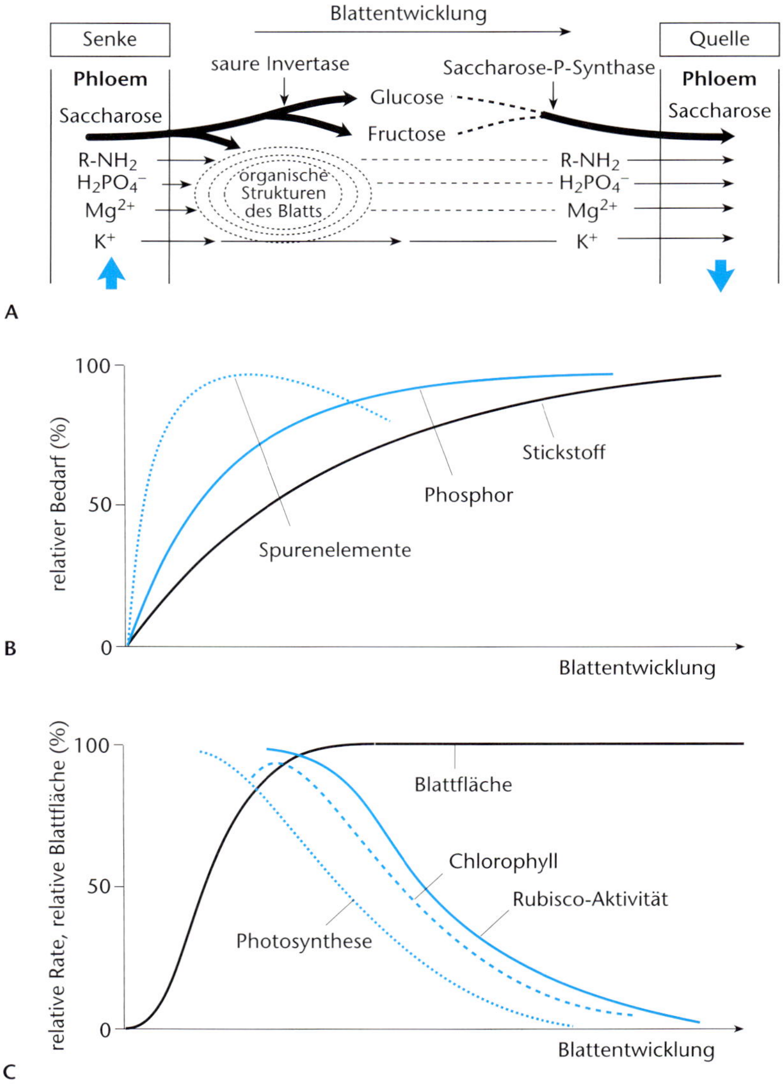

Abb. 2.3.6: A: Die Verwendung von Nährelementen und organischen Substanzen im Verlauf der Blattontogenie: Im Jugendstadium ist das Blatt eine Senke für Nährelemente und Kohlenhydrate. Nach Aufbau des Photosyntheseapparats ist es eine Quelle für Kohlenhydrate. Es folgt die Alterung mit einer Abnahme der Photosyntheseaktivität und einer Zurückführung der Nährelemente kurz vor Blattabfall (nach Marschner 1995). B: Die Veränderung des Nährstoffbedarfs während der Blattentwicklung (nach Marschner 1995). C: Veränderung der Blattfläche, des Chlorophyllgehaltes, der Photosynthese und der Rubisco-Aktivität mit dem Blattalter. Die Blattalterung beginnt bereits vor der vollen Blattentfaltung (nach Hofmann 1995, Schaz 1998).

steuerter Zyklus der ausdifferenzierten Zelle (Guarente und Kenyon 2000, Thomas et al. 2000). Alterung und Seneszenz führen schließlich zum Blattabwurf. Zuvor wird aber ein Teil der investierten Ressourcen an Nährelementen wieder zurückverlagert in die Gesamtpflanze. Das Blatt ist somit ein „Durchlaufsystem" für Nährelemente, mit hoher Anpassungsfähigkeit an die externen Standortbedingungen und an den pflanzeninternen Bedarf an Nährelementen. Die Umsatzrate der Blätter kann sich mit der Ontogenie der Gesamtpflanze, vor allem beim Wechsel von vegetativem zu generativem Wachstum, sprunghaft ändern.

2.3.1.4 Nährstoffmangel und -überschuss

Nährstoffmangel und -überschuss führen zu **Pflanzenkrankheiten**, die anhand typischer Verfärbungen der Nadeln oder Blätter erkennbar sind. Wichtige Merkmale bei der Diagnose solcher nährstoffbedingten Laubverfärbungen sind:

- der Farbton (Braunfärbung, Gelbfärbung = Chlorose);
- die Progression des Schadens auf dem einzelnen Blatt (z. B. von der Blattspitze beginnende Dürre);
- die Progression am Zweig (Schaden beginnt an alten Organen);
- die Präsenz biotischer Schädlinge, denn Nährstoffmängel können Ursache und Folge biotischer Schädlinge sein (z. B. bei Hallimaschbefall).
- Nährstoffanalysen sind nötig, um den beobachteten Befund zu bestätigen.
- Toleranz gegenüber Mängeln und Überschuss und die Ausbildung von Symptomen variieren mit dem Genotyp und sind artspezifisch.

Abbildung 2.3.7 zeigt beispielhaft einige wichtige nährstoffbedingte Pflanzenkrankheiten an Fichtennadeln und an Eichenblättern. Für SO_2– und Ozon-Schäden siehe auch Kapitel 1.9. Die Ausbildung von Nährstoffmangel- und Nährstoffüberschusssymptomen ist bei immergrünen Arten deutlicher als bei wechselgrünen:

- **Stickstoffmangel:** gleichmäßige Chlorose am ganzen Baum und allen Nadeljahrgängen; Kleinnadligkeit, Triebstauchungen, Wachstumshemmung. In der Regel nicht auf Einzelbäume beschränkt. Auf Moor- und Heideböden. Möglichkeit der Verwechslung: Hallimasch, dann aber Einzelbäume und Vergilbung vom jüngsten Nadeljahrgang aus.
- **Manganmangel:** hellgelbe Chlorose der jüngsten Nadeljahrgänge, in der unteren Krone beginnend. Besonders auf Kalkstandorten. Mn ist nicht phloemmobil, d. h. der Bedarf für das Wachstum wird allein durch den Zustrom über das Xylemwasser gedeckt. Mit zunehmendem Alter verschwinden daher die Symptome.
- **Eisenmangel:** weißlich-gelbe Chlorose der jüngsten Nadeln. Bei starkem Mangel Verbräunung und Absterben von Nadelspitzen auf Kalkstandorten. Ähnlich dem Mn-Mangel.
- **Kaliummangel:** blassgelbe bis violettbraune (rötliche) Verfärbung, die von den Nadelspitzen ausgeht, zunächst vorwiegend an alten Nadeln, die vorzeitig abfallen und zu Verlichtungen im Kroneninneren führen. K ist phloemmobil und wird daher zu den jüngsten Organen verlagert. K-Mangel führt zu erhöhter Frostempfindlichkeit. Verwechslung: Mg-Mangel, dort ist aber die Verfärbung intensiver gelb, seltener rötlich.
- **Magnesiummangel:** hellgelbe bis goldgelbe Chlorosen, von der Nadelspitze alter Nadeln ausgehend. Beschattete Zweige und Nadelunterseite weniger verfärbt. Mg ist phloemmobil, daher Verlagerung von den alten zu den jungen Nadeln. Vorkommen auf Silikatböden.
- **Rauchgas(SO_2)-Schäden:** goldbraune bis rotbraune Verfärbung, von der Nadelspitze ausgehend. Nekrotische Flecken oder Bänder im mittleren Nadelteil. Verwechslung: Streusalz, Herbizide (siehe auch Kapitel 1.9).
- **Streusalzschäden:** Nadeln des Vorjahrtriebes im Frühjahr dunkel kupferbraun, im Frühsommer abfallend. Oft stirbt die Knospe ab. Schäden am Rand von Straßen. Verwechslung: Frosttrocknis (dann aber Nadeln hell rotbraun) oder Schwefeldioxid.
- **Phosphormangel:** beginnend mit dunkler, blaugrüner Blattfarbe (erhöhte Chlorophyllbildung), später violettrote bis kupferbraune, gelb gesäumte Verfärbung (Anthocyan), z. T. fleckig vom Blattrand ausgehend. Verwechslung: K-Mangel, Trockenheit, Streusalz, dann aber ohne die violettroten Farbtöne.

A
B
C
D
E
F
G
H
I

Abb. 2.3.7 Typische Nährstoffmängel und Schäden durch Nährstoffüberangebot. A: Stickstoffmangel, B: Manganmangel, C: Eisenmangel, D: Kaliummangel, E: Magnesiummangel, F: SO_2-Schäden, G: NaCl-Schäden, H: schwacher Phosphormangel, I: starker Phosphormangel (Hartmann et al. 1988)

Kasten 2.3.4 Zusammenfassung: pflanzliche Nährelemente

- Die **Makronährelemente** sind „COHN Mg SPK und CaFe"
- Die **Nährstoffverfügbarkeit** von Nährelementen ist sehr variabel, bedingt durch das Ausgangsgestein (das die Textur und den Chemismus bestimmt), das Klima (das die Verwitterung steuert), die Vegetation (die bestimmte Elemente selektiv entnimmt und zurückführt) und die Bewirtschaftung.
- Die **Nährstoffaufnahme** in die Pflanze erfolgt vor allem über die Wurzel. Grundsätzlich ist auch eine Aufnahme über den Spross (Blatt, Rinde) möglich und für die Wirkung von Luftschadstoffen wichtig (siehe Kapitel 2.3.2.2).
- In Abhängigkeit von der Versorgung oder von bestimmten biotischen Schädlingen kommt es zu spezifischen **Mangelkrankheiten**, die an bestimmten Symptomen an den Blättern erkennbar sind.

2.3.2 Stickstoffernährung

2.3.2.1 Stickstoff im pflanzlichen Stoffwechsel

Sieht man von den Kohlenhydraten ab, welche die Pflanze selbst synthetisiert, ist **Stickstoff** das mengenmäßig am häufigsten benötigte Nährelement, wobei aber global die größte Menge des Stickstoffs im N_2 der Atmosphäre festgelegt und nicht unmittelbar verfügbar ist.
Pflanzen benötigen Stickstoff für die Bildung von

- Aminosäuren (freie Aminosäuren, Proteine),
- Nucleinsäuren (DNA),
- heterocyclischen- und Azo-Verbindungen (z. B. Pyrrol-Ring).

Das Gas N_2 ist sehr inert und daher nicht direkt nutzbar. Nur in reduzierter oder oxidierter anorganischer Form (NH_4^+ oder NO_3^-) oder in organischer Form ($-NH_2$) ist Stickstoff im Metabolismus umsetzbar. Auf industriellem Weg wird reduzierter Stickstoff zur Düngemittelherstellung aus N_2 und H_2 bei hoher Temperatur und hohem Druck (Haber-Bosch-Verfahren) synthetisiert. In der Natur erfolgt die Umwandlung von gasförmigem N_2 in pflanzenverfügbaren Stickstoff entweder in der Atmosphäre durch Blitzschlag (10–40 mol N m^{-2} a^{-1}) oder im Boden durch N_2-fixierende Bakterien.

Der Prozess der **N_2-Fixierung** erfolgt katalytisch unter anaeroben Bedingungen in den Wurzelknöllchen z. B. der Leguminosen oder in frei lebenden Cyanobakterien (Blaualgen) (siehe Marschner 1995). In der primären Sukzession vom freien Boden zu einer Vegetation mit einem geschlossenen Stickstoffkreislauf gibt es ein Stadium, in dem die N_2-fixierenden Organismen dominieren (siehe Kapitel 3, Abb. 3.2.10). Wegen des hohen Energiebedarfs (und des damit verbundenen P-Bedarfs) für die N_2-Reduktion sind diese Organismen in späteren Sukzessionsstadien, in denen mehr Stickstoff in oxidierter oder reduzierter Form verfügbar ist, nicht mehr konkurrenzfähig (Read 1993). Der Stickstoffkreislauf und die Rückführung organischen Stickstoffs in reduzierten Stickstoff und dessen Umsetzung in oxidierten Stickstoff wird in Kapitel 3.3.3 behandelt. Wir konzentrieren uns im Folgenden auf die N-Aufnahme und die Umsetzungen in der Pflanze.

2.3.2.2 Die Stickstoffaufnahme und -ernährung

Die Pflanze gewinnt Stickstoff:

- aus der Streu bzw. der Bodenlösung als
  - Aminosäure
  - Ammonium-Kation
  - Nitrat-Anion

Kasten 2.3.5 Wechselwirkungen zwischen Stickstoff- und Kohlenstoffmetabolismus

N- und C-Metabolismus sind aufs Engste miteinander verknüpft. Dies beginnt damit, dass das Photosystem I (PS I) mit einem Elektronenüberschuss des Ferredoxins nicht nur NADP für die CO_2-Assimilation, sondern auch Nitrat und Sulfat reduziert (Abb. 2.3.8 A). Dieser Sachverhalt ist bedeutsam für den N- und S-Haushalt (siehe Kapitel 2.3.2.2 und 2.3.3.2).
Bei der Interaktion zwischen N- und C-Haushalt geht es im Wesentlichen um (Abb. 2.3.8 B):

- die Bereitstellung von Kohlenhydraten für Wurzelerhalt und -wachstum
- die Bereitstellung von C-Gerüsten für die N-Assimilation
- den Einfluss der Ernährung auf den Proteinhaushalt
- den Einfluss der Ernährung auf den Phytohormonhaushalt (insbesondere Cytokinin)
- die Rückkopplung von Proteinangebot und Phytohormonen auf die Photosynthse (30 % des N-Gehaltes im Blatt befinden sich im CO_2-fixierenden Enzym Rubisco, siehe Kapitel 2.3.2.3) und das Wachstum (vor allem von Blättern)
- die Steuerung der C-Allokation durch Metabolite des C-Haushaltes und durch Nitrat
- die Entwicklung wird begrenzt durch Selbstbeschattung.

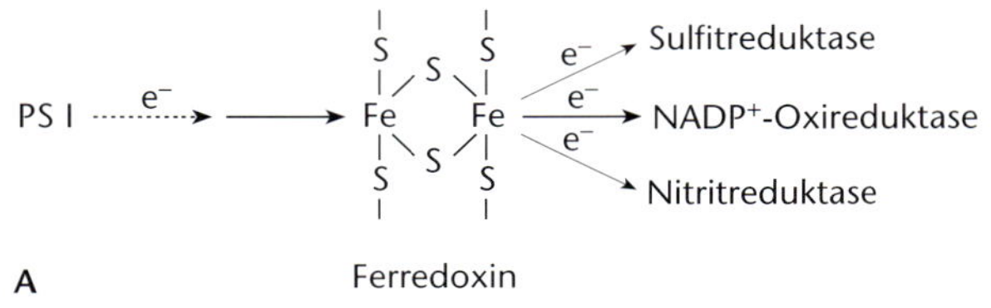

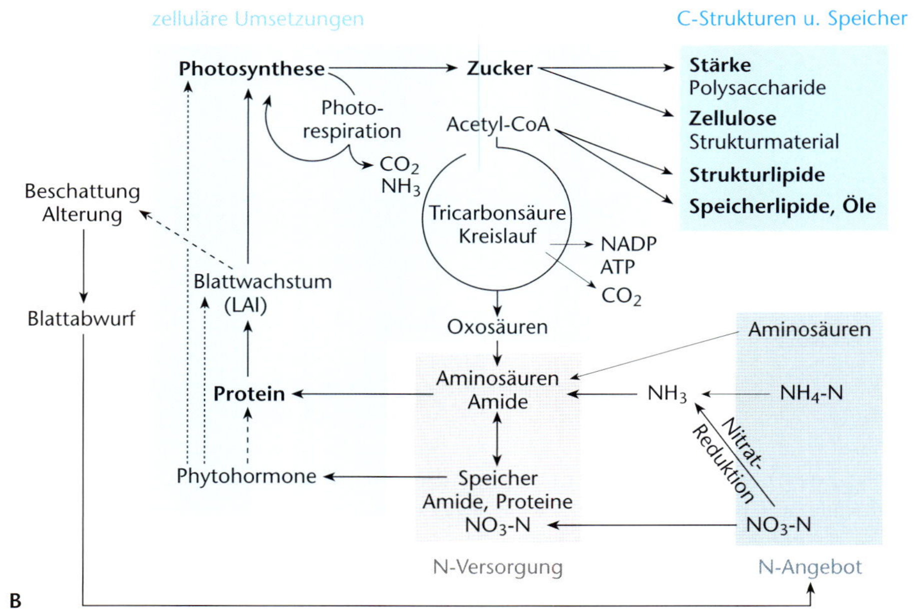

Abb. 2.3.8: A: Die Kopplung von Sulfit-, Nitrit- und NADP-Reduktion an das Photosystem I (PS I) über das Ferredoxin und dessen Elektronentransport aus PS I. B: Schematische Darstellung der Kopplung von C- und N-Stoffwechsel in einer Pflanze. Für nähere Erklärung siehe Text (nach Marschner 1995).

- aus der Atmosphäre als
  - NH_3, NO- oder NO_2-Gas
  - Ammonium-Kation.
  - Nitrat-Anion.

Aminosäureaufnahme und -ernährung

Aminosäuren sind verfügbar aus der N_2-Fixierung der Knöllchenbakterien, über den direkten Streuabbau oder über die Bodenlösung (Wallenda et al. 2000). Aus Laborversuchen ist bekannt, dass Wurzeln grundsätzlich eine breites Spektrum von Aminosäuren aufnehmen können.

Die **Ernährung mit Aminosäuren** spielt aber vor allem im borealen Wald eine Rolle, wo ammonifizierende und nitrifizierende Bakterien im Boden vermutlich wegen des akuten N-Mangels nicht aktiv sind (Persson et al. 2000). Dort kann die Aminosäureaufnahme über die Mykorrhiza, die mit der Ausscheidung einer Protease die Fähigkeit hat, Proteine in der Streu direkt aufzuschließen, fast die gesamte Stickstoffaufnahme der Pflanzen ausmachen (Näsholm et al. 1998, Wallenda 2000). Es zeigt sich nunmehr (Nordin et al. 2001), dass die Aminosäureaufnahme auch in Präsenz von Ammonium und Nitrat stattfindet und in gleicher Größenordnung abläuft wie auf armen Standorten, nur ist der relative Beitrag an der N-Versorgung geringer, da an reichen Standorten zusätzlich Ammonium und Nitrat vorhanden ist und genutzt wird. Dabei sind an einem N-Mangelstandort die Pflanzen an unterschiedliche Formen der N-Ernährung adaptiert (Schulze et al. 1994, Michelsen et al. 1996)

Ammoniumaufnahme und -ernährung

Ammonium wird im Bereich der Wurzelhaare direkt oder über die Mykorrhiza aufgenommen. NH_4^+ wäre als Ion toxisch, da sein Ionenradius und die Ionenstärke der von K^+ sehr ähnlich sind und es daher anstelle von K^+ in die Zelle gelangen könnte. Dies würde zu einer Störung der pH-Regulation der Zelle führen. Aus diesem Grund wird NH_4^+ nicht gespeichert, sondern bereits in der Wurzel über das Enzymsystem GOGAT (Glutamin-Oxoglutamat-Amino-Transferase) in Aminosäuren eingebaut. Dabei wird NH_4^+ unter Verbrauch von NADPH+H^+ an α-Ketoglutarat gebunden. Es entstehen die primären Aminosäuren Glutamin und Glutamat, die anschließend durch Transaminierung die NH_2-Gruppe an andere organische Moleküle weitergeben und dadurch α-Ketoglutarat regeneriert wird. Der GOGAT ist auch in allen übrigen Organen der Pflanze das Enzymsystem, das freie NH_4^+-Ionen abfängt.

Die Ammoniumaufnahme (Abb. 2.3.9, Marschner 1995) erfolgt im Allgemeinen im Antiport zu Protonen, die bei der Assimilation von NH_4^+ zu -NH_2 frei werden. Die Protonen werden dabei über die Wurzel ausgeschieden; die Aufnahme von Ammonium führt daher zu einer Bodenversauerung. Für die NH_4^+-Assimilation in der Wurzel sind organische Moleküle als C-Gerüst nötig, die vor allem aus Saccharose gewonnen und vom Blatt über das Phloem in die Wurzel transportiert werden. Die Aminosäuren und Amide werden über das Xylem in das Blatt transportiert, wo sie in Proteine eingebaut werden, denn als freie Aminosäuren wären sie osmotisch wirksam und könnten den Metabolismus stören.

Die Ammoniumernährung spielt eine Rolle vor allem auf sauren Böden, auf denen die Nitrifikation gehemmt ist. Sie kann dort durch Ioneninteraktion spezifische Kationenmängel (z. B. Mg, K) auslösen bzw. verstärken.

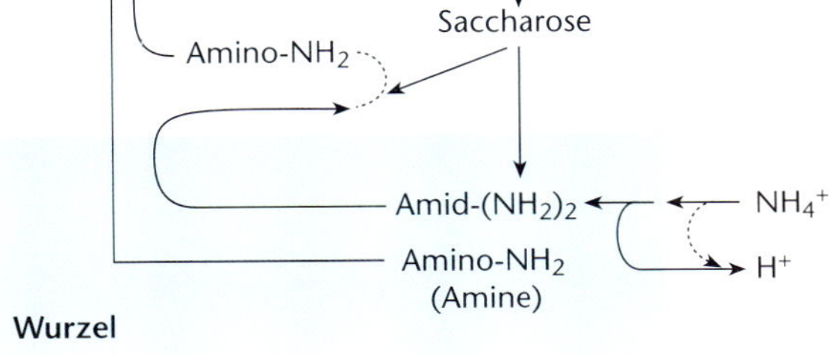

Abb. 2.3.9: Die Austausch- und Transportprozesse bei der Aufnahme von Ammonium. Zum Ladungsausgleich werden bei der NH_4^+-Aufnahme Protonen abgegeben, d. h. der pH im Boden sinkt (siehe Abb. 2.3.10 B). Ammonium wird bereits in der Wurzel in Aminosäuren assimiliert, dazu müssen C-Gerüste aus dem Spross in die Wurzel transportiert werden. Ammonium-ernährte Keimlinge zeigen einen Mangel an löslichen Kohlenhydraten, denn für die Assimilation des Ammoniums werden C-Gerüste in der Wurzel benötigt und stehen damit nicht für Wachstum zur Verfügung. Die Detoxifizierung des Ammoniums führt gleichzeitig zu einem Überangebot an Aminosäuren, die nicht in Protein eingebaut werden, da die Assimilate in der Wurzel für den Einbau des Ammoniums gebraucht werden (nach Marschner 1995).

Kasten 2.3.6 Zusammenfassung: Ammoniumernährung

Ammoniumernährung hat folgende physiologische, strukturelle und ökologische Konsequenzen:

- Reine Ammoniumernährung führt zu einem **Kohlenhydratmangel,** da in großem Umfang C-Gerüste zur Assimilation und Entgiftung des Ammoniums in der Wurzel benötigt werden.
- Ammoniumernährung führt zu **Kationenmängeln** (insbesondere Mg-Mangel), da die Aufnahme anderer Kationen durch die Aufnahme von Ammonium kompetitiv verringert wird.
- Bei Ammoniumernährung sind **Cl^- und SO_4^{2-}** die im Boden verfügbaren Anionen, die gegebenenfalls im Symport als Ladungsausgleich mit aufgenommen werden. Cl^- kann dabei toxische Konzentrationen erreichen. SO_4^{2-} kann mit anderen essenziellen Kationen (insbesondere Ca^{2+}; es entsteht der schwer lösliche Gips) reagieren und damit den Kationenmangel verstärken.
- Durch Ammoniumernährung entsteht ein **Überschuss an freien Aminosäuren** (Diamine, z. B. Putrescin). Die Bildung von Speicherproteinen würde eine geringere Packungsdichte von N zu C bedeuten und daher den C-Mangel verschärfen. Die Aminosäurebildung führt zu Veränderungen in der Blattstruktur. Es werden Blätter mit hohem Wassergehalt (als Folge der osmotischen Wirkung der Aminosäuren) und geringem Trockengewicht pro Fläche gebildet, die gegen Umwelteinflüsse anfällig sind (z. B. Temperatur, Schädlinge).
- Die hohe Konzentration von Aminosäuren hat eine **Anfälligkeit der Pflanzen gegen Pflanzenkrankheiten** und Schädlinge zur Folge. Insbesondere alle Arten „saugender" Insekten (Blattläuse) befallen solche Pflanzen.
- Im Boden (oder in einer Nährlösung) bewirkt die Ammoniumernährung eine **starke Absenkung des pH-Wertes.** Ammonium wird im Boden am Austauscher gespeichert. Dabei kommt es zur Freisetzung von basischen Kationen und von Schwermetallen, die toxisch auf die Pflanzenwurzel wirken (siehe Kapitel 1.7 und 1.8) bzw. ausgewaschen werden können. Beginnende Ammoniumernährung führt vorübergehend zu einer verbesserten Kationenernährung (Kreutzer und Göttlein 1991). Die hohe Bindungskraft des Ammoniums wird in der Bodenkunde zur Bestimmung der KAK genutzt (Bestimmung der basischen Kationen durch Ausschütteln mit NH_4Cl).
- Ammoniumernährung kann bei höheren pH-Werten in der Zelle zur Abgabe von **NH_3 an die Atmosphäre** führen, da Ammonium bei pH 7,2 (cytosolischer pH) bereits zur Hälfte dissoziiert ist, also im neutralen Bereich bereits zur Hälfte als NH_3 vorliegt. Ammoniak (NH_3) ist ein Zellgift.

Nitrataufnahme und -ernährung

Nitrat wird im gleichen Bereich der Wurzel aufgenommen, in dem auch Kationen aufgenommen werden. Einige Mykorrhiza-Arten nehmen ebenfalls Nitrat auf. Nitrat kann nicht direkt im Stoffwechsel verwendet werden, sondern muss zunächst zu $-NH_2$ reduziert werden. Die Nitrataufnahme (Abb. 2.3.10, Marschner 1995) erfolgt entweder zusammen mit Kationen oder im Austausch gegen OH^-. Da aber der Bedarf an N größer ist als an basischen Kationen, ist der Symport mit Kationen nicht unbegrenzt möglich. In diesem Fall erfolgt die Nitrataufnahme im Austausch gegen HCO_3^-, was im Boden zu einem Anstieg des pH-Wertes führt. Umgekehrt fehlt bei Nitratmangel das Anion bei der Aufnahme an Kationen. Es erfolgt in diesem Falle eine Aufnahme von Cl^- und SO_4^{2-}, was zu Stoffwechselstörungen führen kann.

Nitrat ist physiologisch nicht toxisch und kann daher auch in der Wurzel gespeichert werden. Die Nitratspeicherung im Blatt hat eine Signalwirkung auf die C-Allokation (Spross-Wurzel-Wachstum) der Pflanzen (Scheible et al. 1997, Klein et al. 2000). Eine hohe Nitratkonzentration im Blatt stimuliert das Sprosswachstum und hemmt das Wurzelwachstum über die Steuerung des Zuckertransportes in die Wurzel. Hohe Nitratkonzentrationen im Boden stimulieren das Wurzelwachstum.

Im Allgemeinen erfolgt der Nitrattransport über das Xylem in das Speicherparenchym der Stängel oder in das Blatt, wo Nitrat zusammen mit Kationen zunächst in der Vakuole gespeichert werden kann. Dies erhöht über den osmotischen Wert den Wassergehalt von Blättern (z. B. bei nitratgedüngtem Gemüse). Bei Bedarf kann Nitrat aus der Vakuole in das Cytosol zurücktransportiert werden. Dies erfolgt im Austausch gegen organische Säuren, die über die PEP-Carboxylase im Blatt gebildet werden. Bei einigen Pflanzenarten wird in diesem Fall Oxalsäure als organische Säure in die Vakuole transportiert. Dies führt bei hohem Ca-Angebot zur Bildung des schwer löslichen Kristalls Ca-Oxalat in der Vakuole (Rhaphiden, die den typischen Geschmack von Rhabarber oder Bananenschalen ausmachen). Im Cytosol wird Nitrat zu Nitrit reduziert. Anschließend erfolgt im Chloroplasten die Reduktion von Nitrit zu NH_4^+, das umgehend vom GOGAT-System assimiliert wird. Die Umsatzrate der Nitritreduktase

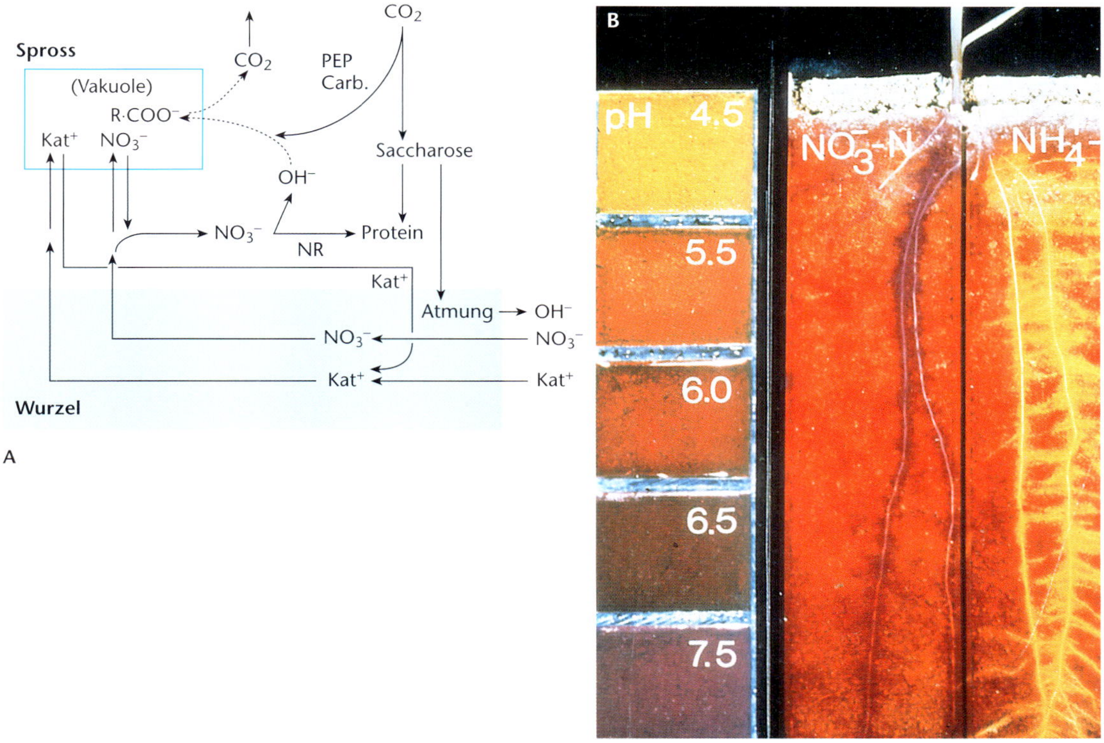

Abb. 2.3.10: A: Die Austausch- und Transportprozesse bei der Aufnahme von Nitrat. Als Ladungsausgleich werden OH^--Ionen an den Boden abgegeben, d. h. der Boden-pH steigt. Nitrat kann in der Vakuole bis zur Reduktion gespeichert werden (nach Marschner, 1995). B: Die Veränderung im Boden-pH nach Nitrat- bzw. Ammoniumaufnahme. Die Wurzel der Versuchspflanze wurde in zwei Teilgefäße geleitet, in denen entweder Nitrat oder Ammonium als N-Quelle zur Verfügung stand. Die Gelbfärbung zeigt die Absenkung des pH in der Umgebung der Wurzel bei Ammoniumaufnahme an. Die Rotfärbung weist auf eine Nitrataufnahme und den damit verbundenen pH-Anstieg hin. Foto E. George.

ist höher als die der Nitratreduktase, da Nitrit zelltoxisch ist. Ein Teil der mit dem Nitrat aufgenommenen Kationen wird wieder über das Phloem zurücktransportiert. Insbesondere K^+ wird, begleitet von assoziierten organischen Säuren, vom Blatt in die Wurzel verlagert. In der Wurzel werden diese Säuren (z. B. Malat) decarboxyliert und unterstützen damit die Nitrataufnahme.

Ammonium-Nitrat-Ernährung

Aus den spezifischen Wirkungen der Ammonium- und Nitrataufnahme vor allem hinsichtlich der Kationenaufnahme wird deutlich, dass die Aufnahme von **Ammoniumnitrat** die günstigste Ernährung bietet. Die Ernährung mit Ammoniumnitrat

- erhält das **Anionen-Kationen-Gleichgewicht** in der Pflanze und im Boden;
- **entkoppelt die Kationen- und Anionenaufnahme** von der N-Ernährung (der N-Bedarf ist um eine Größenordnung größer als der Kationenbedarf);
- **erhält das C/N-Gleichgewicht.** Das Verhältnis von Nitrat bzw. freien Aminosäuren (im Falle der Ammoniumernährung) zu Stärke ist im Blatt ein empfindlicher Indikator des Ernährungszustands (Abb. 2.3.11 B). Hohe Nitrat- bzw. Aminosäurekonzentrationen sind immer mit niedrigen Stärkekonzentrationen verbunden und zeigen eine Überdüngung an, wohingegen hohe Stärkekonzentrationen immer mit niedrigen Nitrat- oder Aminosäurekonzentrationen korrelieren und damit N-Mangel anzeigen. Höchste Wuchsraten werden erreicht unter Bedingungen, bei denen die Nitrat- und die Stärkekonzentration die Versorgung des Wachstums über Nacht sicherstellen, da das Wachstum und damit der N- und C-Bedarf in der Nacht weiterlaufen, aber die N- und C-Assimilation an Tageslicht gebunden ist.

Kasten 2.3.7 Zusammenfassung: Nitraternährung

Nitraternährung hat folgende physiologischen und ökologischen Konsequenzen:

- **Anhebung des pH-Wertes im Boden** im unmittelbaren Umfeld der Wurzel (Abb. 2.3.10). Nitrat ist im Boden sehr mobil und wird dort kaum gebunden. Dadurch kann es sehr leicht mit dem Sickerwasser ausgewaschen werden und führt dabei eine entsprechende Menge an basisch wirkenden Kationen mit sich. Diese werden am Austauscher durch H^+ ersetzt, und es kommt bei **langfristiger Nitratauswaschung zur Bodenversauerung** (Klee- und Lupinenanbau in der Landwirtschaft). In sauren Böden kann auch Al^{3+} (und andere Schwermetalle) als Kation dienen, was nicht nur für die Wurzel schädlich ist, sondern auch das Grundwasser belastet. Insbesondere in Böden mit hoher mikrobieller Nitrifikation und niedriger Nitrataufnahme kann sich dieser Prozess erheblich auf die Nährstoffbilanz eines Ökosystems auswirken.
- Entstehung eines Gleichgewichts von Kationen- und Anionenaufnahme **ohne die Akkumulation von Cl^- oder SO_4^{2-}.**
- **Erhöhung des Blattwassergehalts** bei Speicherung in der Vakuole und Bildung von Ca-Oxalat-Rhaphiden.
- **Bessere Quantenausbeute** wegen des Verbrauchs überschüssiger Elektronen in PS I (Photosystem I) bei der Nitratreduktion.
- **Umsteuerung des Kohlenhydratflusses** in der Pflanze. Nitrat ist nicht nur Substrat für N, sondern hat zusätzlich eine spezifische „Signalwirkung" in der Spross-Wurzel-Kommunikation und der Allokation von Kohlenhydraten (Scheible et al. 1997). Eine hohe Nitratkonzentration im Blatt stimuliert das Sprosswachstum und hemmt das Wurzelwachstum über die Steuerung des Zuckertransports in die Wurzel. Hohe Nitratkonzentrationen im Boden stimulieren das Wurzelwachstum.
- Nitrat hat eine spezifische **Signalwirkung bei der Keimung.** Insbesondere bei so genannten Ruderalpflanzen wird durch die Präsenz von Nitrat in der Bodenlösung die Keimung angeregt.
- **Entkopplung von N-Aufnahme und N-Verbrauch**, da Nitrat in der Vakuole gespeichert werden kann. Im Gegensatz zu Ammonium wirkt Nitrat nicht membrantoxisch. Die Entkopplung von Aufnahme und Verbrauch ist bedeutsam für das Wachstum von einjährigen Pflanzen (Getreide), wo das Angebot im Boden zu Beginn der Vegetationsperiode hoch ist und mit dem Aufwachsen der Vegetation im Boden verarmt. Dann führt der Verbrauch von Nitrat aus dem Speicher zu einer ausreichenden N-Versorgung zum Zeitpunkt der Samenreife. Aber selbst sehr hohe Nitratkonzentrationen reichen nicht aus, um das Wachstum längerfristig aufrechtzuerhalten. Eine Nitratkonzentration von 15 mg g^{-1} in den Zellen der Blätter reicht bei *Raphanus sativus* nur für einen Tag. Danach sinkt das Wachstum exponentiell ab und je nach Wuchsrate ist der Nitratspeicher in vier bis zehn Tagen verbraucht (Abb. 2.3.11 A).

Stickstoffeintrag aus der Atmosphäre

N-haltige **Luftschadstoffe** werden als Gase (NH_3, NO, NO_2) über die Spaltöffnungen in die Pflanze aufgenommen, wobei NH_3 in der wässrigen Phase der Zellwand besser löslich ist als NO und dieses besser löslich ist als NO_2. Alle drei Gase, werden umgehend im Blatt zu Aminosäuren assimiliert. Aber nicht nur Gase sondern auch im Regen- oder Nebelwasser gelöste Ionen gelangen über die Markstrahl-Ausläufer in den Spross (Klemm 1989). Mn-haltige Staubpartikel auf der Rinde und der Cuticula der Nadeln kann die Gase NH_3 und SO_2 in einer Oberflächenreaktion zu Ammoniumsulfat oxidieren und damit die N-Deposition verstärken. Die Aufnahme von Stickstoff aus der Atmosphäre kann signifikant zur N-Bilanz des Wachstums im Kronenraum von Bäumen beitragen (20–40 % des N-Bedarfs; Harrison et al. 2000).

Es besteht für die Pflanze ein grundsätzlicher Unterschied zwischen der N-Aufnahme über den Spross gegenüber der Aufnahme über die Wurzel. Die Aufnahme von Stickstoff über die Wurzel ist metabolisch reguliert, d. h. die Pflanze nimmt den Stickstoff nach Bedarf auf (also bis die Speicher gefüllt sind). Im Gegensatz dazu kann sich die Pflanze gegen eine Aufnahme über den Spross (NO_x, NH_3, NH_4^+) nicht „wehren". Hinzu kommt, dass die Aufnahme über den Spross im Austausch mit Kationen (K, Mg) erfolgt, d. h. sie ist mit einem Kationenverlust verbunden. Daher kann die Stickstoffernährung über Luftschadstoffe zu Kationenungleichgewichten führen, sofern die Kationenaufnahme begrenzt ist.

2.3.2.3 Der Stickstoffbedarf für Wachstum

Die Stickstoffernährung hat nicht nur in natürlichen Pflanzengesellschaften, sondern auch beim Kulturpflanzenanbau eminente Bedeutung für den Pflanzenwuchs. Dabei sind die Anforderungen und

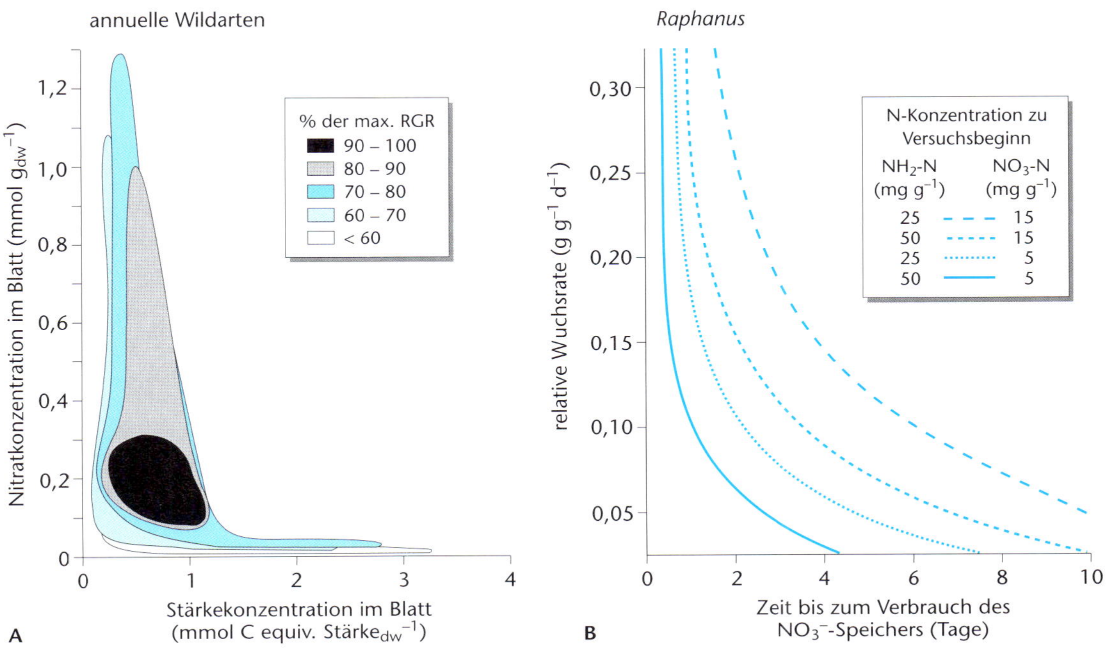

Abb. 2.3.11: A: Die relative Wuchsrate (RGR, dargestellt als Isohypsen) in Abhängigkeit von der Nitrat- und der Stärkekonzentration im Blatt. Die höchsten Wuchsraten werden im unteren Bereich der beiden Inhaltsstoffe erreicht. Stärke-Akkumulation ist somit ein Zeiger für N-Mangel, Nitrat-Akkumulation ein Zeiger für C-Mangel. B: Der Verbrauch des Nitratspeichers unterschiedlich ernährter Pflanzen bei plötzlichem Mangel in der N-Versorgung. Wegen der hohen Wuchsrate reicht bei gut ernährten Pflanzen auch eine sehr hohe Nitratkonzentration nur für wenige Tage (nach Stitt und Schulze 1994).

Reaktionen für Holzgewächse anders als für krautige Gewächse. Abgesehen von der Wuchsform entscheidet aber auch die Saisonalität des Wachstums über den N-Bedarf.

Stickstoffangebot und Wachstum

Das Wachstum ist in einem breiten Bereich linear abhängig vom N-Angebot. Diese Reaktion erreicht aber bei hohem Angebot eine Sättigung, wobei eine Vielzahl anderer Standortfaktoren darüber entscheidet, ob der Sättigungspunkt bei höheren oder niedrigeren N-Gaben erreicht wird (Abb. 2.3.12). Bei „optimaler" Versorgung mit anderen Nährelementen kommt es auch bei landwirtschaftlichen Früchten zu einer Sättigung bei ca. 200 kg N ha^{-1} a^{-1}. Höhere Düngeraten ergeben noch eine geringfügige Steigerung, wobei der Grenzertrag durch die Preise für Getreide und die Düngemittel bestimmt wird. Im Gegensatz zu dieser hohen Kapazität der N-Nutzung liegt der Verbrauch bei Bäumen auf einem weitaus niedrigeren Niveau. Übersteigt die Mineralisation und N-Deposition ca. 100 kg N ha^{-1} a^{-1}, sind Buche und Fichte nicht mehr in der Lage, dieses N-Angebot zu nutzen. Dies liegt vor allem daran, dass der N-Bedarf für Holz sehr viel geringer ist als für die Gewebe der nicht verholzten Arten. Weniger als 10 % des aufgenommenen Stickstoffs gelangen in den Stammzuwachs eines Baumes (siehe Nadelhoffer et al. 1999). Dies berücksichtigt aber nicht, dass die 90 % des aufgenommenen Stickstoffs, die in das Blatt- und Zweigwachstum investiert werden, mit dem Aufbau eines Photosyntheseapparats die Voraussetzungen dafür schaffen, dass Holzwachstum stattfinden kann. Die Biomasse an Blättern kann bei geschlossenem Kronendach aber nicht beliebig erhöht werden. Der maximale LAI ist abhängig vom Lichtangebot und von strukturellen Merkmalen (siehe Kapitel 2.1.2.3).

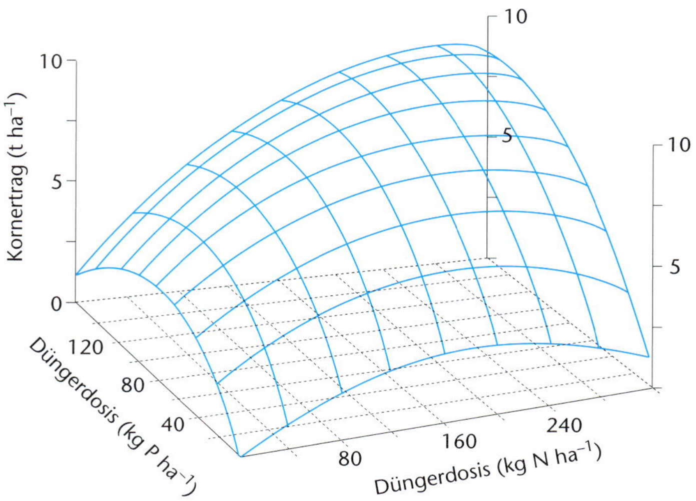

Abb. 2.3.12: Die Veränderung des Kornertrags von Mais bei unterschiedlicher N- und P-Düngung. Bei hoher P-Verfügbarkeit (140 kg P ha^{-1}) können 300 kg N ha^{-1} zu höchstem Ertrag führen. Sind aber nur 40 kg P ha^{-1} verfügbar, dann führen N-Düngung von mehr als 160 kg N ha^{-1} sogar zu einer Ertragsminderung. (Schopfer und Brennicke, 1999).

Ammonium- bzw. Nitrat-Nutzung

Krautige Arten sind eher in der Lage, Nitrat zu nutzen, als Holzgewächse. Die Ursachen dafür sind vielfältig. Krautige Arten haben meist geringere Trockengewichte und höhere Wassergehalte pro Blattfläche (Schulze et al. 1994) und sind wegen der größeren Vakuolen eher in der Lage, Nitrat zu speichern. Wegen einer höheren N-Konzentration im Mesophyll (und der damit verbundenen höheren Konzentration des CO_2-reduzierenden Enzyms Rubisco) weisen krautige Gewächse im Allgemeinen eine höhere Photosyntheserate auf und damit eine höhere Kapazität der Nitratreduktion als Holzgewächse (siehe Abb. 2.3.8). Ein weiterer grundsätzlicher Unterschied besteht aber auch in der Assoziation der Wurzeln mit VA-(vesikulär-arbuskulärer) **Mykorrhiza** im Fall der krautigen Arten und mit Ektomykorrhiza im Fall der Holzgewächse. Die VAM ist vor allem in der Lage, mineralischen P zu erschließen, wohingegen die Ektomykorrhizen (Smith und Read 1997) in der Lage sind, Aminosäuren aus der Streu zu gewinnen; sie umgehen damit die Mineralisation (Wallenda et al. 1999). Ektomykorrhizen sind weiterhin in der Lage, auch in sauren Böden Ammonium aufzunehmen, da sie das kompetitiv aufgenommene Al durch Phosphat ausfällen. Es gibt aber auch Mykorrhizen, die Nitrat reduzieren (Wallenda et al. 1999). Die Unterscheidung, ob Pflanzen Nitrat, Ammonium oder Aminosäuren nutzen, ist z. T. über stabile Isotope möglich (Hobbie et al. 2000). Der N-Bedarf für das Wachstum (C/N-Verhältnis) der Pilze ist höher als der N-Bedarf der Bäume, da die Zellwand der Pilze aus Chitin besteht (50 mg N g^{-1} Trockensubstanz bei Pilzen gegenüber 1 mg N g^{-1} Trockensubstanz im Holz). Es gibt aber auch Ausnahmen: Die Esche nutzt große Mengen an Nitrat, besitzt aber keine Mykorrhiza. In Bäumen wird das Nitrat bereits in der Mykorrhiza oder der Wurzel reduziert, sodass bereits im Xylemwasser kein Nitrat mehr nachweisbar ist.

Stresstoleranz bei Stickstoffmangel

Es gibt in der Ökologie die Theorie, dass Arten mit hohem Stoffumsatz stressempfindlich und Arten mit niedrigem Umsatz stresstolerant sind (Orians und Solbrig 1977, siehe Abb. 2.4.5). Für das N-Angebot und dessen Interaktion mit dem Wachstum ließ sich dies nicht nachweisen (Fichtner und Schulze 1992). Arten, die angepasst sind an hohe N-Versorgung, z. B. *Galeopsis tetrahit* (Gewöhnlicher Hohlzahn, Labiatae, auf eutrophierten Standorten), reduzieren das Wachstum bei vermindertem Angebot ebenso wie Arten, die an N-arme Standorte angepasst sind, z. B. *Teesdalia nudicaulis* (Bauernsenf, Cruciferae, auf Sandrasen). Der wesentliche Unterschied zwischen beiden Arten liegt darin, dass *Teesdalia* auch bei geringer N-Versorgung zur Blüte kommt und Früchte bildet, wohingegen *Galeopsis* bei unzureichender N-Versorgung nicht blüht (siehe auch Kapitel 2.4.5).

2.3.2.4 Die Stickstoffspeicherung

Stickstoff ist in allen natürlichen Systemen ein limitierender Nährstoff. Es ist daher zu erwarten, dass eine Speicherung dieses Nährelements in den verschiedensten Organen und auf unterschiedlichsten zeitlichen Skalen stattfindet. Stickstoff wird in verschiedenen Formen gespeichert:

- als **anorganischer Stickstoff** nur in Form von Nitrat zusammen mit Kationen in der Vakuole. Die Speicherung überbrückt den im Tag-Nacht-Rhythmus wechselnden Bedarf des Wachstums bis hin zu wechselnden saisonalen Änderungen im Angebot.
- als **organisch gebundener Stickstoff**; wird gespeichert in Form von Aminosäuren, Lipiden und Proteinen. Die meisten dieser Substanzen haben weitere Funktionen, d. h. die Speicherung ist ein Nebenprodukt eines anderen Stoffwechsels bzw. ein Ungleichgewicht in Produktion und Verbrauch bestimmter Stoffe.
- als **Aminosäuren**; diese dienen als Speicher und Transportform für N. Da Aminosäuren osmotisch wirksam sind, kommen bei der Speicherung besonders solche Aminosäuren zur Geltung, die mehrere $-NH_2$- oder –NH-Gruppen tragen (Glutamin (2N/4C), Asparagin (2N/4C), Arginin (4N/6C), Allantoin (4N/4C)). Die Spei-

Kasten 2.3.8 Insektivoren

Die „fleischfressenden", **insektivoren** Arten sind Pflanzen, die sich an besonders nährstoffarme Standorte angepasst haben, indem sie die Blätter zu sehr unterschiedlichen Fangorganen umgestalteten, die zum Fang von Tieren geeignet sind und die gleichzeitig Proteasen und Chitinasen ausscheiden, um die gefangenen Objekte zu verdauen (Abb. 2.3.13 A). Man unterscheidet zwischen:

- Klappfallen (z. B. *Dionaea*)
- Gleitfallen (z. B. *Nepenthes*)
- Klebfallen (z. B. *Drosera*)
- Saugfallen (z. B. *Utricularia*).

Die Arten haben sich in der Evolution taxonomisch in ganz unterschiedlichen Verwandschaftskreisen gebildet (Abb. 2.3.13 B). Oft kommt der gleiche Fallentyp in geografisch und taxonomisch unterschiedlichen Regionen vor (Gleitfallen von *Nepenthes*: indonesischer Archipel; *Sarracenium*: östliche USA, *Darlingtonia*: westliche USA; *Cephalothus*: SW-Australien).

Die Effektivität im Insektenfang kann anhand des stabilen Isotops ^{15}N nachgewiesen werden, denn die Insekten haben je nach trophischer Stellung einen höheren ^{15}N-Wert als der Bodenstickstoff (Tabelle 2.3.3, W Schulze et al. 1997)

Roridula gorgonias (Südafrika) ist insofern ein Sonderfall, als die Pflanze keine Proteasen ausscheidet. Die klebrigen Blätter fangen in diesem Fall die Insekten, die von Wanzen geerntet werden. Die Wanzen sind an das Leben auf der Klebfalle angepasst, d. h. sie bewegen sich langsam und vorsichtig. Die Ausscheidungen der Wanze werden von *Roridula* als N-Quelle verwendet (Ellis und Midley 1996).

Nepenthes nimmt den Stickstoff aus den gefangenen Insekten über Drüsen in Form von Ammonium auf (W Schulze et al. 1999). In der Drüse werden Aminosäuren gebildet, die bis zur Bündelscheide transportiert werden. Dort entstehen Polypeptide (N-Konzentrationsmechanismus), die ins Phloem geladen werden. In jungen *Nepenthes*-Sprossen stammen 100 % des N-Gehalts aus dem Insektenfang.

Bei der Venusfliegenfalle (Dionaea) hängt das Überleben der Keimlinge vom Insektenfang ab (W Schulze et al. 2001). Erst nach einem größeren Fang entwickeln sich Klappfallen, die für den Fang größerer Insekten geeignet sind, und dies ist Voraussetzung für die Ausbildung einer blühfähigen Rosette.

Tabelle 2.3.3: Der Beitrag von Insekten-N an der N-Ernährung von Insektivoren (W. Schulze et al. 2001)

Fallentyp	Gattung	Wuchsform	Insekten-Anteil des N am Pflanzen-N (%)
Klebfalle	*Drosera*	Rosette	20 (z. B. *D. erythrorhiza*, W-Australien)
		Liane	53 (z. B. *D. macrantha*, W-Australien)
		aufrecht, niedrig	48 (z. B. *D. stolonifera*, W-Australien)
		aufrecht, hoch	54 (z. B. *D. gigantea*, W-Australien)
	Roridula	Strauch	70
Gleitfallen	*Cephalothus*	Rosette	26
	Nepenthes	Liane	62 (100 % in Knospen)
	Darlingtonia	Rhizom	76
	Heliamphora	Rhizom	79
	Brocchinia	aufrechte Rosette	59
Klappfalle	*Dionaea*	Rosette	80

Kasten 2.3.8 Fortsetzung

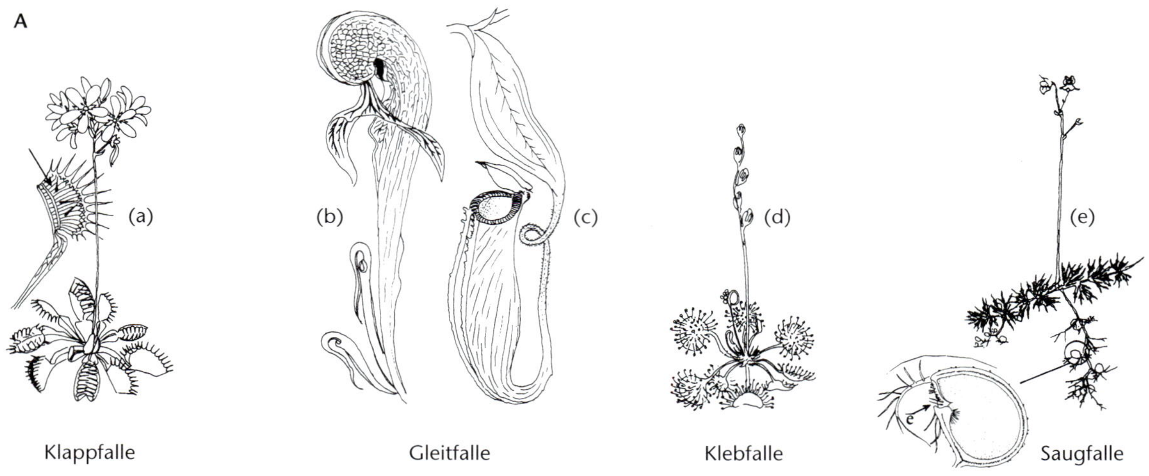

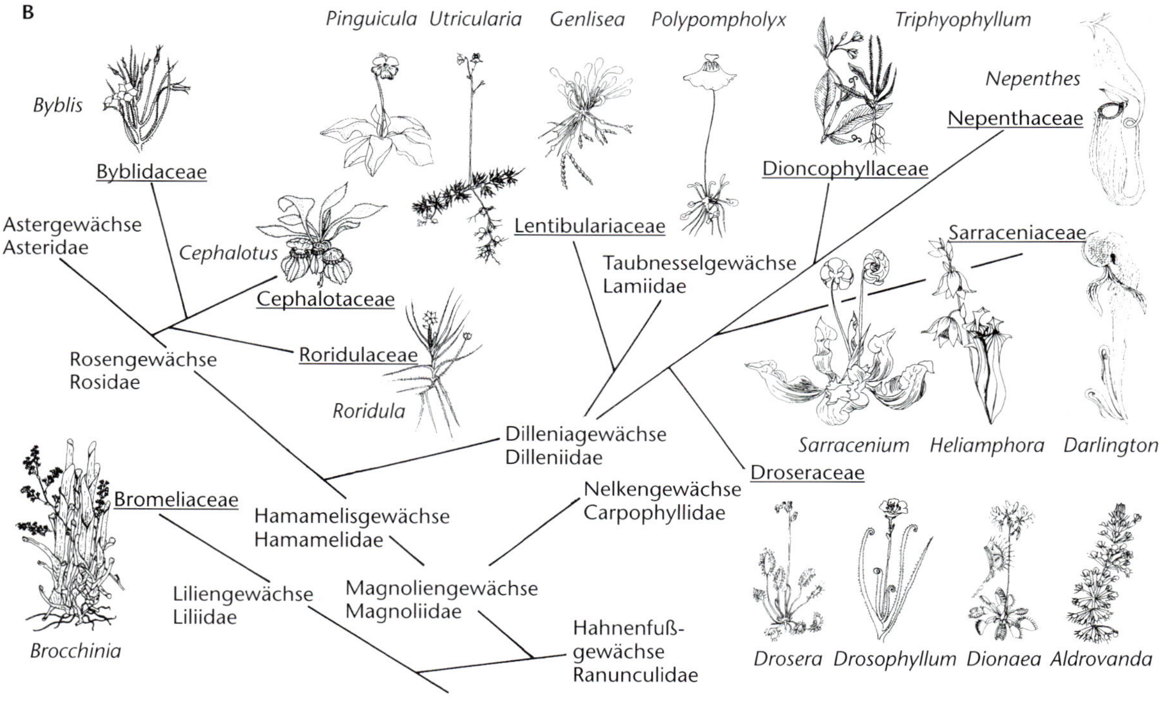

Abb. 2.3.13: A: Unterschiedliche Blattformen zum Fang von Insekten. Klappfalle: Dionaea muscipula, Gleitfalle: Dalingtonia californica und Nepenthes spec., Klebfalle: Drosera spec., Saugfalle: Utricularia spec. B: Die Verbreitung von insektivoren Pflanzen im Stammbaum der Angiospermen (aus W Schulze 1991).

cherung erfolgt kurzfristig bis saisonal im Phloem-Xylem-Kreislauf oder in den Vakuolen des Speicherparenchyms der Stängel. Ein Teil der Aminosäuren hat nicht nur Speicherfunktion, sondern auch Frost- und Salzschutzfunktion im Winter (Prolin, Kapitel 1.3.6.6 und 1.6.2.3). Die Speicheraminosäuren spielen eine besondere ökologische Rolle beim Austrieb junger Blätter im Frühjahr. Etwa 60 % des N-Gehalts eines Buchenblattes stammen aus dem Speicher im Stamm. Während des Austriebs neuer Nadeln findet man im Xylem von Fichten Aminosäurekonzentrationen im Bereich von mehr als 100 mmol/l (Kummetz 2000).

- als **Polypeptide und Proteine**; diese werden dort gebildet, wo die osmotische Wirksamkeit der Aminosäuren stört, beispielsweise wo eine Konzentration des N auf wenige Moleküle nötig ist, etwa bei der Beladung des Phloems (Schulze et al. 1999). Wichtige Speicherproteine befinden sich in Samen (z. B. Prolamin, Glutelin, Albumin), aber auch ein Teil der im Stoffwechsel benötigten Proteine hat eine zusätzliche Speicher- und Schutzfunktion. Das CO_2-reduzierende Enzym Rubisco (Ribulose-bis-phosphatcarboxylase/oxygenase) macht etwa 30 % des N-Gehalts eines Blattes aus. Nur ein Teil dieser Proteinmenge ist aktiv, und der Überschuss dient einerseits der Sicherung des Photosyntheseapparats bei hohem Photonenfluss, andererseits kann bei N-Mangel ein Teil dieses Proteins abgebaut und für Wachstum verwendet werden (Stitt und Schulze 1994). Beim Blattabwurf wird ein Teil dieses Stickstoffs abgebaut und als Aminosäuren in die Pflanze zurückgeholt. Die Reallokation von Stickstoff aus Blättern umfasst etwa 20 % des Blatt-N (Chapin und Kedrovsky 1983, Koch et al. 1988)
- als **Glucoside**; diese Pflanzengifte dienen als Schutz gegen Herbivorie und können einerseits zu den Orten des Wachstums transportiert werden, andererseits als N-Speicher wieder metabolisiert werden.

2.3.2.5 Anzeichen für N-Mangel und N-Überschuss

N-Mangel und N-Überschuss sind an folgenden Merkmalen erkennbar:

- **N-Mangel:** Vergilbungen, Reduktion des Wachstums von Sprossen und Blättern, hohes Trockengewicht / Blattfläche, Stärkeanreicherung, vorzeitiges Altern und Blattabwurf. Man beachte: Blattvergilbungen sind wenig spezifisch und oft verursacht durch den Mangel anderer Nährelemente bzw. Chlorophyllabbau. Es ist

Kasten 2.3.9 Zeigerpflanzen

Zeigerpflanzen werden wie folgt definiert (siehe auch Kapitel 4.3.3.4):

- Rund 2000 Gefäßpflanzenarten Mitteleuropas wurden entsprechend der Häufigkeit des Auftretens an verschiedenen Standorten in Klassen eingeteilt. Diese Einteilung gibt es inzwischen auch für Moose und Flechten.
- Die Einteilung erfolgt nach drei klimatischen Faktoren (Licht, Temperatur, Kontinentalität) und vier Bodenfaktoren (N-Angebot, Boden-pH, Bodenfeuchte, Salz). Ein Schema für P wird zzt. entwickelt.
- Die Klassenwerte werden Zeigerwerte genannt. Sie sollen die grobe Charakterisierung eines Standorts erleichtern, ohne dass zusätzliche Analysen im Labor nötig sind.
- Die Klassen steigen von 1 (gering) nach 9 (hoch).
- Zeigerwerte sind keine Messwerte, sondern nur Indikatoren. Sie wurden extrapoliert aus dem Normalverhalten der Art in ihrer floristischen Umgebung, d. h. sie charakterisieren nicht die physiologischen Ansprüche, sondern die ökologische Einnischung. Daher gelten die Werte nur für den Raum, in dem die ursprüngliche floristische Analyse erfolgte.

Als **Stickstoffzeiger** dienen z. B. folgende Arten:

- N1: Arten, die nur auf stickstoffarmen Standorten vorkommen, z. B. *Trifolium arvense, Erophila verna, Calluna vulgaris.*
- N2 und N3: Arten, die häufiger auf N-armen als auf N-reichen Standorten vorkommen, z. B. *Medicago sativa, Equisetum arvense.*
- N4 und N5: Arten, die auf mäßig N-reichen Standorten, aber nur selten auf N-armen Standorten vorkommen, z. B. *Ribes nigrum, Primula vulgaris.*
- N6 und N7: Arten, die nur auf N-reichen Standorten gut gedeihen, z. B. *Chenopodium album.*
- N8: ausgeprägte N-Zeiger, z. B. *Mercurialis annua, Urtica urens, Epilobium angustifolium, Ballota nigra.*
- N9: an übermäßig N-reichen Standorten, z. B. *Chenopodium bonus-henricus, Lamium album, Sambucus nigra.*

das Stickstoff-Kationen-Ungleichgewicht, das den Mangel bzw. Überschuss ausmacht.
- **N-Überschuss:** hohe Chlorophyllgehalte, hoher Wassergehalt, niedriges Trockengewicht/Fläche (Schattenblatt-Typ), Nitrat- bzw. Aminosäurespeicherung, lange Internodien.

Wegen der zeitlich und räumlich stark schwankenden Bedingungen im N-Angebot erfordert es einen erheblichen Aufwand, dieses zu quantifizieren. Im Gegensatz zum Nitrat, das nicht am Bodenaustauscher gebunden wird und somit aus der Bodenlösung gewonnen werden kann, ist die Quantifizierung des austauschbaren Ammoniums und der nutzbaren Aminosäuren der Streu schwierig. Um die Versorgung eines Standorts mit Stickstoff dennoch zu charakterisieren, schlug Ellenberg (1986) vor, das Angebot von Ressourcen aus der Kenntnis der Verbreitung der Arten abzuleiten, d. h. jede Art wird in einer relativen Skala hinsichtlich ihrer Einnischung bezüglich eines Faktors in einer fünf- (bzw. zehn-)teiligen Skala von so genannten **Zeigerwerten** erfasst (Kasten 2.3.9). Im Umkehrschluss kann nunmehr aus dem Vorkommen einer Art auf das Ressourcenangebot geschlossen werden. Dieser Umkehrschluss ist aber nur innerhalb des ursprünglichen Florengebiets zulässig, da die Interaktion mit anderen Arten das Vorkommen und daher den Zeigerwert einer bestimmten Art verändern (siehe Kapitel 4).

Kasten 2.3.10 Zusammenfassung: Stickstoff

Wir fassen den Stickstoffhaushalt wie folgt zusammen:
- **Stickstoff** ist nach Kohlenstoff das häufigste und wichtigste Element für das Pflanzenleben. Unter natürlichen Wuchsbedingungen besteht in den meisten Fällen N-Mangel.
- Die **N-Aufnahme** erfolgt aus dem Boden oder aus der Luft als Ammonium, Nitrat, Aminosäuren oder als NH_3 bzw. NO_x-Gas. Eine Reihe spezialisierter Pflanzen kann mit Hilfe von symbiontisch lebenden Knöllchenbakterien N_2 aus der Luft in pflanzenverfügbaren Stickstoff umwandeln.
- **Ammonium und Ammoniak** sind zelltoxisch und werden umgehend in Aminosäuren assimiliert. Die Ammoniumaufnahme führt zu Bodenversauerung, C-Ungleichgewichten und Kationenmängeln.
- Die Aufnahme von **Nitrat** ist in den meisten Fällen mit einer Kationenaufnahme verbunden. Dies führt zu einer Alkalinisierung des Bodens; bei Nitratüberschuss kommt es aber langfristig zu Bodenversauerungen durch Auswaschung, da Nitrat im Boden nicht gespeichert wird.
- **Zeigerpflanzen** geben Hinweise auf die mittlere Stickstoffversorgung eines Standorts.
- **Stickstoffmangel** führt zu besonderen Anpassungen in der Vegetation, insbesondere gibt es Arten, die Tiere fangen und als N-Quelle nutzen. Stickstoffmangel kann bei Kationenmangel günstig sein, denn der Bedarf an Kationen ist in diesem Falle niedrig. Es kommt bei niedriger N-Versorgung nicht zur Ausbildung von Kationen-Mangelsymptomen (boreale Wälder).

2.3.3 Die Schwefelernährung

2.3.3.1 Schwefel im pflanzlichen Stoffwechsel

Schwefel gehört zu den metabolisierbaren Makronährelementen und bleibt dabei
- in oxidierter Form als
  - **SO_4^{2-}-Ion:** Sulfolipide (Esterbindung von SO_4 an ein Zucker-Lipid); Vorkommen in allen Membranen.
  - **–S–S- oder –S–O-Gruppe,** Vorkommen in artspezifischen sekundären Stoffwechselprodukten, z. B. Alliin in Allium, Isothiocyanat R–N–C–S bei den Brassicaceae. Die Substanzen dienen der S-Speicherung und als Schutz gegen Herbivorie.
- in reduzierter Form als **–SH-Gruppe**
  - in **Aminosäuren** (Cystein, Cystin, Methionin).
  - als **Co-Enzym** (Acetyl-S-Enzymprotein: Acetyl-CoA).
  - als nicht-peptidische Einheit, die ein Protein funktionsfähig macht (**prosthetische Gruppe**): Ferredoxin, Thiamin, Biotin.

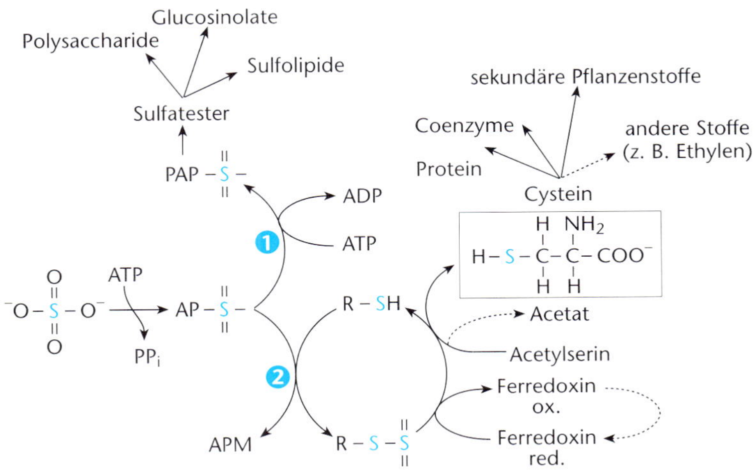

Abb. 2.3.14: Schematische Darstellung der Schwefelumsetzungen in verschiedene pflanzliche Stoffe. ATP: Adenosintriphosphat, PAPS: Phosphoadenin-Phosphosulfat, APS: Adenosinphosphosulfat, APM: Adenosinphosphomalat, (1) Sulfat-Esterase, (2) Sulfat-Reduktase (nach Marschner 1995).

- in **Proteinen zur Ausbildung der Tertiärstruktur.**
- in **zellulären Redoxsystemen zur pH-Regulation** (R1–SH + R2–SH–>R1–S–S–R2 + H_2), vor allem unter Beteiligung von Glutathion.
- in Proteinen zur **Bindung von Schwermetallen** (Schwermetallresistenz, siehe Kapitel 1.7). Insbesondere Cystein ist in vielen Ionenkanälen beteiligt, damit aber auch empfindlich gegen Schwermetallbindungen.
- Glutathion-Kreislauf zur **Entgiftung von Radikalen**

Schwefelmetabolismus

Sulfat wird aktiviert durch ATP (Abb. 2.3.14). Es bildet sich Adenosinphosphosulfat (APS). Diese Substanz geht entweder über die Bildung von Phosphoadenin-Phosphosulfat (PAPS) in den Sulfatesterstoffwechsel zur Bildung z. B. von Sulfolipiden oder dient als Substrat für die Schwefelreduktion, wo der reduzierte Schwefel über eine Sulfotransferase als Thiol an einen C-Körper (meist eine Aminosäure, z. B. Glutathion) angelagert wird. Die S-Reduktion erfolgt im Chloroplasten, wo Ferredoxin die Elektronen auf den oxidierten Schwefel überträgt. Die SH-Gruppe wird auf Acetylserin übertragen, das in Acetat und Cystein gespalten wird. Cystein ist der Ausgangspunkt für die Bildung aller organischen Moleküle mit SH-Gruppen und macht Pflanzen damit empfindlich gegen Schwermetalle (siehe auch Kapitel 1.9).

2.3.3.2 Schwefelaufnahme und -bedarf in der Pflanze

Die **Schwefelaufnahme** erfolgt als SO_4^{2-}-Anion im Symport mit Kationen. Sulfat ist damit neben Nitrat das wichtigste zusätzliche Anion in der Pflanzenernährung. Die Reduktion des Sulfatanions in –SH erfolgt über Sulfit im Chloroplasten aus dem Elektronenfluss des PS I (siehe Abb. 2.3.8). Da Sulfat mit Calcium schwer lösliche Salze (Gips) bildet, kann es nicht in anorganischer Form in der Vakuole gespeichert werden, sondern wird in organischen Molekülen festgelegt.

Im Allgemeinen steuert der N-Bedarf auch den S-Bedarf, da das N/S-Verhältnis von Proteinen im Mittel konstant ist (10:1). Nur in einigen Pflanzenfamilien ist wegen Besonderheiten im Sekundärstoffwechsel der S-Bedarf erhöht. Dies gilt insbesondere für die Cruciferen, bei denen die Senföle (Glucosinulate) einen Schutz gegen Herbivorie, aber auch einen S-Speicher darstellen. Raps gehört zu den Pflanzen, die auch bei sehr hoher S-Belastung gedeihen. Da ein Teil der Senföle volatil ist, können diese Pflanzen S auch über die Stomata entsorgen. Der S-Bedarf ist ebenfalls hoch in Leguminosen, vor allem wegen der S-haltigen Speicherproteine in den Samen.

Schwefel wird nicht nur über die Wurzel, sondern auch über den Spross aufgenommen. Dies gilt insbesondere für $\mathbf{SO_2}$, das mit CO_2 in die Interzellularen gelangt (zur Chemie der SO_2-Umsetzung siehe Kapitel 1.9.2.1). SO_2 löst sich im Wasser der Zell-

Tabelle 2.3.4: Transport von S im Xylem von Bäumen und aus der Atmosphäre in gesunden und geschädigten Fichtenbeständen (Köstner et al. 1998); Angaben in mmol m^{-2}_{Boden} $Jahr^{-1}$

	gesunder Bestand	geschädigter Bestand
Transport im Xylem		
Sulfat	25,9	34,7
Glutathion	0,52	0,47
Cystein	0,14	0,14
Methionin	0,3	0,3
Aufnahme von SO_2	7,4	7,6
Gesamtbelastung der Krone	34,26	43,21

wand. Dabei entsteht das toxisch wirkende Sulfitanion, das dem pH-Gradienten folgend in die Chloroplasten gelangt und dort assimiliert wird. Im Allgemeinen wird aber SO_2 an Schwermetallen in der Cuticula und in der Zellwand, insbesondere an Mn, zu SO_4^{2-} oxidiert, das wie bei der Aufnahme von Sulfat aus der Wurzel im Mesophyll assimiliert wird. Ein Teil des Sulfats reagiert aber bereits in der Zellwand mit Ca und bildet Gips. Trotz hoher S-Gehalte in den Nadeln ist die Photosynthese geschädigter und nicht geschädigt aussehender Fichten nicht abhängig von deren S-Gehalt (Lange et al. 1989). Offensichtlich wird das aus SO_2 gebildete toxische Sulfit umgehend reduziert und in Aminosäuren gelagert. Zusätzlich zeigt die Massenbilanz, dass der meiste Schwefel in einer Nadel nicht aus SO_2, sondern aus der Aufnahme von **Sulfat** aus der Bodenlösung stammt (Köstner et al. 1998): 97 % des im Xylem beobachteten S wurden in Form von Sulfat transportiert, das die Wurzel aufgenommen hatte. Nur 15 % des im Baum verfügbaren S stammen aus der oberirdischen Aufnahme. Dies verdeutlicht, dass die in den achtziger Jahren beobachteten **Waldschäden** keine klassischen Rauchschäden waren und nicht durch SO_2 direkt, sondern indirekt durch Sulfateintrag und Bodenversauerung bedingt wurden (Schulze et al. 1989, Ulrich 1995). Die Sulfatbelastung der Krone durch Aufnahme aus dem Boden in einem geschädigten Bestand ist um ein Drittel höher als im ungeschädigten Bestand (über Waldschäden siehe Kapitel 1.9.2 und 3.5.1).

2.3.3.3 Anzeichen für Schwefelmangel und -überschuss

- **Mangel:** Symptome sind ähnlich wie bei N-Mangel (Chlorosen), Anreicherung von nicht S-haltigen Aminosäuren (Arginin, Aspartat), Hemmung der Proteinsynthese.
- **Überschuss:** Hohe SO_2-Belastung führt zu den bekannten Rauchschäden, wobei die Flechten besonders empfindlich reagieren. Die Schäden sind verursacht durch Sulfit-Bildung und Anreicherung in den Chloroplasten. Die Grenzwerte für SO_2 liegen bei 5 μg m^{-3}_{Luft} mittlerer Belastung.

Kasten 2.3.11 Zusammenfassung: Schwefelhaushalt

- **Schwefel** wird in der Pflanze sowohl in oxidierter Form (Sulfatester) als auch in reduzierter Form (–SH-Gruppen von Aminosäuren) benötigt.
- Die **Sulfat-Reduktion** erfolgt im Chloroplasten.
- Auch bei hoher anthropogener S-Belastung erfolgt die Aufnahme vor allem in Form von Sulfat über die Wurzel.
- Der Bedarf an S ist je nach Pflanzenart sehr unterschiedlich. Besonders hohen Bedarf haben die Cruciferae.

2.3.4 Die Phosphaternährung

2.3.4.1 Phosphor im pflanzlichen Stoffwechsel

Phosphor ist das zentrale Element des **Energiestoffwechsels** in allen lebenden Organismen, dabei erfolgt die Speicherung und die Übertragung der chemischen Energie durch den Auf- und Abbau von Polyphosphatestern mit Adenosin. Im Gegensatz zu Stickstoff und Schwefel wird Phosphor nicht in der Pflanze reduziert, sondern bleibt auf der höchsten Oxidationsstufe und wird in dieser Form verestert. Die Aufnahme erfolgt als $H_2PO_4^-$. Auch in der Zelle liegt Phosphor in dieser Form vor (P_i), verbindet sich als PO_4^{3+} mit Kohlenhydraten zu einfachen Phosphatestern (C–O–P z. B. in Zuckerphosphaten) oder bildet energiereiche Pyrophosphate (P–P–Bindungen) bzw. als Diester eine Brücke zwischen Kohlenhydratgruppen (C–P–C).

Strukturelle Funktionen: P ist beteiligt am Aufbau

- der RNA als Brücke zwischen den Ribose-N-Basen,
- der Phospholipide der Membranen.

Metabolische Funktionen:

- **Energiespeicher und -übertragung** durch Polyphosphatester mit Adenosin. Die Di- und Triester sind die eigentlichen Energiespeicher der Zelle (Adenosinmonophosphat, AMP; Adenosindiphosphat, ADP; und Adenosintriphosphat, ATP).
- **Energetisierung** von Bindungsstellen für Umsetzungen im Stoffwechsel. Zuckerphosphate (z. B. Fructose-1,6-Phosphat) haben eine entscheidende Rolle in der Steuerung des Zuckerstoffwechsels, Triosephosphate sind ein wichtiger Transportmetabolit zwischen Chloroplast und Cytosol (Stitt 1994).

2.3.4.2 Phosphataufnahme und -bedarf in der Pflanze

Phosphat ist wegen seiner geringen Löslichkeit im basischen (Ca-Phosphate, Apatit) und im sauren Bereich (Al-Phosphate, Goethit) an vielen Standorten ein Minimumfaktor für Pflanzen. Im Meer kommt es zu einer Anreicherung des Phosphors in den trophischen Ebenen. Seevögel bringen diesen Phosphor ans Land: Vogelausscheidungen (Guano) waren die primären Vorkommen für P-Dünger (über den Nährstoffeintrag aus dem Meer am Beispiel von Inseln siehe Erskine et al. 1998). Phosphat ist im Boden nur schwer löslich und wird im Gegensatz zum leicht löslichen Nitrat kaum ausgewaschen. Die Wurzelhaare dienen vor allem dem engen Kontakt mit Bodenpartikeln, wo durch Ausscheidung von Protonen oder organischen Säuren Phosphat gelöst wird. Die Mykorrhiza spielt bei der Lösung des Phosphats aus Mineralien und bei der primären Phosphataufnahme eine zusätzliche entscheidende Rolle. Nach der Aufnahme von Phosphorsäure wird diese unmittelbar an organische Moleküle gebunden und damit vor einem Rücktransport in die Bodenlösung „geschützt". Dennoch erfolgt der Transport im Xylem als P_i.

In der Zelle ist P_i sowohl Substrat als auch Produkt bei allen Aktivierungen und Enzymreaktionen mit ATP und ADP. Gleichzeitig reguliert P_i eine Reihe von Enzymreaktionen. Wegen dieser hohen physiologischen Wirksamkeit wird die Konzentration im Cytosol in engem Bereich reguliert, wobei die Vakuole als Speicher dient. Die cytosolische P_i-Konzentration liegt bei 4–6 mmol l^{-1}. Im Chloroplasten liegt die Konzentration bei 2 mmol l^{-1}. Die relative Konzentration an P_i in Cytosol und Chloroplast steuert zusammen mit der Konzentration an Saccharose im Cytosol die Stärkebildung im Chloroplasten (Abb. 2.3.15).

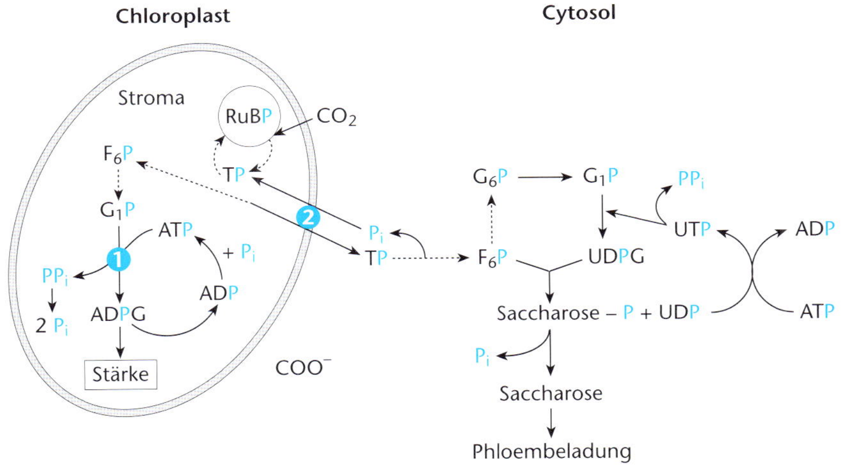

Abb. 2.3.15: Die Beteiligung und die regulierende Wirkung von Phosphat bei der Synthese von Stärke und Saccharose: ADP-Glucose-Pyrophosphorylase reguliert die Stärkesynthese: Hemmung durch P_i, Förderung durch PGA (1). Phosphattranslokator reguliert den Export von Photosyntheseprodukten aus dem Chloroplasten: Förderung durch P_i und TP (Triosephosphate) (2). F_6P: Fructose-6-Phosphat; G_6P: Glucose-6-Phosphat (nach Marschner 1995).

Phosphat wird in Pflanzen in Form von Polyphosphaten oder als Zuckerester gespeichert, wobei im **Phytat** bis zu sechs Phosphatmoleküle an einen Zucker (Myoinisitol) angelagert werden können. Diese Form der Speicherung ist vor allem in Samen bedeutsam.

2.3.4.3 Anzeichen für Phosphormangel und -überschuss

- **Mangel:** Störung der Reproduktionsvorgänge (Blühverzögerung), vermindertes Streckungswachstum, Zwergwuchs, verringerte Blattgröße durch verringerte Zellstreckung, steigendes Wurzelwachstum, dunkelgrüne Verfärbung von Blättern bzw. Rötung von Nadeln ohne Chlorosen, verfrühte Blattalterung.
- **Überschuss:** Kommt wegen der schweren Löslichkeit des Phosphats in der Natur nicht vor und kann durch die Polyphosphatbildung reguliert werden.

Kasten 2.3.12 Zusammenfassung: Phosphorhaushalt

- Phosphat dient in der Pflanze zur Übertragung von chemischer Energie.
- Phosphat wird in der Pflanze nicht reduziert, sondern als Polyphosphatester auf- und abgebaut.

2.3.5 Die Ernährung mit basischen Kationen

Die basischen Kationen Kalium, Magnesium und Calcium sind essenzielle Makronährstoffe, die nicht im Stoffwechsel umgesetzt werden, sondern bestimmte Reaktionen ermöglichen, den pH-Wert regulieren und den Wasserhaushalt der Zelle stabilisieren.

2.3.5.1 Magnesium

Funktion:

Magnesium wird ebenso wie andere basische Kationen nicht metabolisiert, weshalb die Untersuchung der eigentlichen Funktionen schwieriger ist.

Strukturelle Funktion von Mg:
- beim Aufbau des Chlorophylls (Zentralatom von vier Pyrrolringen),
- bei der Vernetzung der Cellulosefibrillen in der Zellwand.

Metabolische Funktion von Mg:
- Stabilisierung von Enzymen vor allem beim Umsatz von Phosphat (Nitrogenase, ATPase, Phosphorylase u. a.). Dabei erfolgt eine Bindung von Mg an Phosphat, wobei durch allosterische Änderung die Bindung zwischen Substrat und Phosphat ermöglicht wird.
- Stabilisierung energiereicher Verbindungen, z. B. Phytin als Phosphatspeicher.
- Mg reguliert den Protonengradienten im Stroma der Chloroplasten bei der ATP-Synthese und bestimmt damit den pH-Wert im Chloroplasten (pH 7,6 im Dunkeln und 8 bei Belichtung).
- Osmoregulation und pH-Regulation der Zelle als Antagonist zu Ca und K.

Aufnahme und Bedarf:

Im Boden ist Magnesium vor allem als austauschbares Kation an den Austauscher gebunden. Mg ist Bestandteil von primären und sekundären Mineralien (Serpentin), aus denen es durch Verwitterung freigesetzt wird. Die Aufnahme von Magnesium wird insbesondere durch Ammonium antagonistisch beeinflusst. Wichtigster Antagonist für Mg ist Ca. Aber auch NH_4^+, K, Mn und selbst H^+ beeinflussen die Mg-Aufnahme.

In der Pflanze wird Magnesium im Xylem und im Phloem transportiert. Das Ion wird in den Chloroplasten gespeichert. Es erfolgt eine Reallokation aus alternden Blättern.

Mangel und Überschuss:

Bei Mg-Mangel und -Überschuss kommt es zu folgenden Symptomen:
- **Mg-Mangel:** Vergilbungen an alternden Blättern, Gelbspitzigkeit von Nadeln, früher Nadelabwurf, Chlorosen durch fehlende Chlorophyllbildung, Stärkeanreicherung durch Beeinflussung des Phosphatstoffwechsels, Beeinflussung des Wasserhaushalts wegen fehlender Osmoregulation, Zwergwuchs.

Kasten 2.3.13 Mg-Mangel im Zusammenhang mit Waldschäden

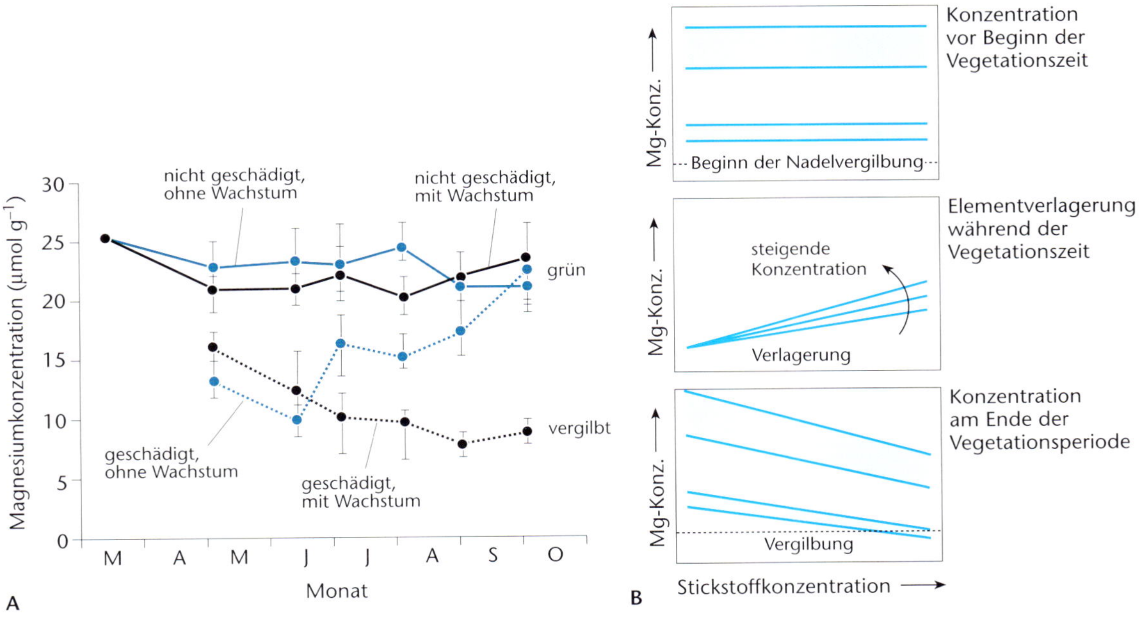

Abb. 2.3.16: A: Die jahreszeitliche Veränderung (x-Achse) der Magnesiumkonzentration in Fichtenzweigen, die vor der Behandlung Mg-Mangelerscheinungen hatten, im Vergleich zu gesunden Zweigen. Bei den geschädigten und den ungeschädigten Zweigen wurde an gegenüberliegenden Seitenzweigen die Knospe entfernt und damit das Wachstum verhindert. Die geschädigten Seitenzweige ohne Knospe zeigen im Verlauf des Jahres einen Anstieg in der Mg-Konzentration und sind am Ende der Vegetationsperiode grün. Dieser Versuch war der entscheidende Beweis dafür, dass die Vergilbung der Fichte auf Silikatstandorten nicht eine direkte Folge von SO_2 ist, sondern durch eine Wechselwirkung von Wachstum und Mg-Verlagerung entsteht. Ausgeprägter Mg-Mangel ist auch auf dem Trennblatt zu Kapitel 2.3 an einer Fichtenkrone erkennbar. B: Die Veränderung der Magnesiumkonzentration mit der N-Konzentration in Zweigen der Fichte vor dem Austrieb (oberes Bild), Verlagerung von Mg von alten zu jungen Nadeln (mittleres Bild), nach dem Austrieb junger Nadeln (unteres Bild). Die Veränderung wird gezeigt für Zweige mit hoher und niedriger Mg-Versorgung. Nur bei hoher N-Versorgung und niedriger Mg-Versorgung kommt es zur Vergilbung (nach Schulze et al. 1989).

Mg-Mangel fand besondere Beachtung im Zusammenhang mit den **Waldschäden**, wo die so genannte „montane Vergilbung" sehr früh als Magnesiummangel diagnostiziert wurde (Zech und Popp 1983). Den Nachweis, dass die montane Vergilbung nicht durch gasförmige Luftschadstoffe (SO_2, Ozon) verursacht wurde, erbrachten Lange et al. (1989) in einem sehr einfachen und eindrucksvollen Versuch (Abb. 2.3.16): An Fichten mit vergilbenden Nadeln wurden die Knospen entfernt, sodass kein Wachstum stattfinden konnte. In gegenüberliegenden Seitenzweigen am gleichen Spross wurde anschließend beobachtet, dass die Nadeln an Seitenzweigen mit Knospe vergilben. Im Gegensatz dazu wurden Nadeln an Zweigen ohne Knospen grün. Der Versuch zeigt, dass die Magnesiumversorgung aus dem Xylem zwar ausreicht, um einen nicht wachsenden Spross zu versorgen, aber zu niedrig ist, um das wachsende Organ zu unterstützen. Daraus ergibt sich die Frage, welche Faktoren das Wachstum steuern. Oren und Schulze (1989) konnten zeigen, dass eine Interaktion mit der N-Versorgung besteht, wobei die ungeregelte Aufnahme von Stickstoff über das Kronendach eine besondere Rolle spielt: Diese Aufnahme führt nicht nur zu einem Ungleichgewicht zwischen N-Versorgung und Kationenaufnahme, sondern bewirkt gleichzeitig einen Kationen-Verlust während der Aufnahme von Ammonium (Klemm 1989). Die niedrige Versorgung der Bäume mit Magnesium aus dem Boden wird gleichzeitig bedingt durch den Antagonismus der Magnesiumaufnahme der Wurzel mit Ammonium, das die Hauptstickstoff-Form in den sulfatbelasteten Böden ist (Kaupenjohann et al. 1989). Die hohe Ammoniumbelastung der Bodenlösung führt zu einem Austausch von Ammonium gegen Al^{3+} an den Tonmineralen und zu einer Al-Belastung des Bodenwassers, womit Wurzelschäden nicht auszuschließen sind (Ulrich 1995).

- **Mg-Überschuss:** auf Mg-reichem Substrat (Serpentin) durch Interaktion mit anderen Nährelementen. Wasserstress kann zu einer überhöhten Konzentration von Mg führen.

2.3.5.2 Calcium

Funktion:

Strukturelle Funktion von Ca:

- Stabilisierung der Zellwand zusammen mit Mg.

Metabolische Funktion von Ca:

- Ca^{2+} ist toxisch und wird daher im Cytosol nur in Bindung mit Proteinen transportiert.
- Wechselwirkung mit Phytohormonen (IAA) bei der Zellstreckung.
- Signalwirkung für Zellentwicklung (Calmodulin).
- Wechselwirkung mit ABA.
- Aktivator membrangebundener Enzyme (Amylase) und ATPasen der Ionenkanäle.
- Osmoregulation (wirkt entquellend).
- Im Gegensatz zu Mg, das vor allem im Chloroplasten den Protonengradienten steuert, wirkt Ca in den Mitochondrien.

Aufnahme und Bedarf:

Ca liegt in der Bodenlösung als Ca^{2+} vor, wobei „kalkreiche" und „kalkarme" Böden zu unterscheiden sind. Kalkreiche Böden sind vor allem auf Kalkgestein zu finden. In diesen Böden wird der pH-Wert durch die Lösung von $CaCO_3$ bei etwa pH 7 stabilisiert, wobei $CaCO_3$ praktisch unbegrenzt zur Verfügung steht. In kalkarmen Böden ist $CaCO_3$ aufgrund seiner hohen Löslichkeit und der geringen Verwitterungsstabilität schnell verbraucht, sodass das gelöste Ca^{2+} nach Auflösung des Carbonats nur noch an den Austauschern festgelegt ist. Die pH-Werte kalkarmer Böden liegen im Allgemeinen um pH 5, können aber auf extrem saurem Ausgangsgestein (pyrithaltige Schiefer) bis auf 3,5 sinken. Ab einem pH-Wert von 5,5 bestimmt zunehmend Aluminium die Zusammensetzung der Bodenlösung. Die Ca-Aufnahme an der Wurzel wird antagonistisch beeinflusst durch andere Kationen, insbesondere Al. Wenn Al anstelle von Ca in der Zellwand eingebaut wird, kommt es zu Wuchsstörungen beim Streckungswachstum.

Die Ca-Aufnahme erfolgt im Symport mit Anionen, insbesondere Nitrat, in sauren Böden mit Sulfat. Vor allem findet die Ca-Aufnahme an der Wurzelspitze in dem Bereich statt, in dem die Endodermis noch nicht ausgebildet ist, da dort ein Transport bis in das Xylem über die Zellwand möglich ist. Ca wird im Xylem transportiert, fehlt aber im Phloem, da dort wegen des hohen pH-Wertes Ca mit Phosphat zu unlöslichem Apatit reagieren würde. Daher wird Ca im Phloem nur in gebundener Form transportiert (Ca-Protein-Bindung, z. B. Calmodulin). In der Zellwand und in der Vakuole wird Ca in Verbindung mit Malat gespeichert, wobei Ausfällungen als Ca-Oxalat, Ca-Sulfat oder -Carbonat möglich sind. Hohe Ca-Konzentrationen befinden sich auch im endoplasmatischen Reticulum.

Da Ca zwar mit dem Xylemstrom in das Blatt gelangt, aber nur in Verbindung mit Proteinen über das Phloem abtransportiert werden kann, kommt es zu einem Überschuss im Blatt, der sich über die Zeit akkumuliert. Deutlich wird dies am Ca-Gehalt von Blättern, der mit dem Alter der Assimilationsorgane ansteigt. Dies ist besonders ausgeprägt bei Nadelbäumen mit mehrjährigen Nadeln (Oren et al. 1988).

Die Funktion von Ca als Stabilisator der Primärwand durch Bindung an Pektine wird funktionell bedeutsam beim Streckungswachstum, das wesentlich von der Präsenz von Ca abhängt. Ca kommen aber noch weitere Funktionen beim Wachstum zu. Diese reichen von der Callosebildung über die Sekretion der Calyptra bis hin zur Steuerung des Geotropismus. Durch Brückenbildung zwischen Phosphaten und Carboxylgruppen der Phospholipide unterstützt Ca die Membranstruktur.

Mangel und Überschuss:

Ca-Mangel und -Überschuss führt zu folgenden Reaktionen:

- **Ca-Mangel:** gestörtes Teilungswachstum, Spitzen- und Knospendürre, Absterben von Wurzelspitzen und Nadelspitzenchlorosen. Ca-Mangel ist bei der Fruchtreife und in Organen möglich, die schnell wachsen, aber geringe Transpiration haben (Knollen, Rüben etc.), da Ca nicht im Phloem transportiert wird.

- **Ca-Überschuss:** Auftreten von Ca-Oxalat, Ca-Sulfat und -Carbonat. Gräser haben im Allgemeinen geringeren Ca-Bedarf als Dicotyle. Niedriger Ca-Bedarf und Reaktion auf hohes Ca-Angebot bei den „calcifugen" Pflanzen, die anscheinend nicht in der Lage sind, eine Kompartimentierung großer Ca-Mengen aufrechtzuerhalten (siehe Kapitel 3.5.3). Bei Früchten führt Ca-Mangel zu einer erhöhten Anfälligkeit gegenüber Pilzbefall.

Kasten 2.3.14 Zeigerpflanzen für Bodenreaktionen (zu Kalk- und Silikatstandorten siehe Kapitel 4.2.3)

Die **Reaktionszahl** ist ein qualitativer Indikator für den Boden-pH:
- R1 + R2: Starksäurezeiger, niemals auf schwach sauren bis alkalischen Böden vorkommend, z. B. *Scleranthus annuus, Rumex acetosella, Spergula vernalis.*
- R3 + R4: Säurezeiger, hauptsächlich auf sauren Böden, aber bis in den neutralen Bereich, z. B. *Raphanus raphanistrum, Stachys arvense, Anthemis arvense.*
- R5 + R6: Mäßigsäurezeiger, auf stark sauren wie auf neutralen bis alkalischen Böden selten, z. B. *Sinapis arvensis, Veronica persica, Fumaria officinalis.*
- R7 + R8: Schwachsäure- bis Schwachbasenzeiger, niemals auf stark sauren Böden, z. B. *Aconitum napellus, Arctium lappa, Corydalis cava.*
- R9: Basen- und Kalkzeiger, stets auf kalkreichen Böden, z. B. *Delphinium consolida, Adonis aestivalis.*

2.3.5.3 Kalium

Funktion:

Nach Stickstoff ist Kalium das in Pflanzen am meisten benötigte Nährelement (2–5 % des Trockengewichts).

Strukturelle Funktion: keine metabolische Funktion:
- pH-Regulation;
- Enzymaktivierung durch Konformationsänderung von Proteinen (ATPase);
- Einfluss auf Proteinsynthese (Translation, Synthese von RubP-Carboxylase);
- Osmoregulation und Zellstreckung durch Interaktion mit IAA und GA;
- Nastien und Bewegungen (Stomataregulation);
- Phloemtransport.

Die metabolische Funktion von Kalium ist nicht ersetzbar durch Na (das wichtigste Kation bei Tieren). NaCl führt daher zu Salzstress in Pflanzen (Kapitel 1.6). Wohl kann aber die osmotische Funktion von K ersetzt werden durch Na, Mg und Ca. Die K-Konzentration ist im Cytosol hoch und im Apoplasten niedrig (außer bei Nastien: osmotisch gesteuerten Bewegungen z. B. der Stomata). Der Transport durch die Membran erfolgt über K-Kanäle.

Neben der allgemeinen physiologischen Bedeutung von Kalium bei der Enzymaktivierung und Proteinsynthese ist K besonders wichtig bei folgenden Prozessen:

- **Steuerung der Photosynthese** (Photophosphorylierung) und deren Trockenresistenz. K reguliert den osmotischen Wert bei Trockenheit und erhält damit das Wachstum bei sinkendem Wasserpotential aufrecht (Fisher und Turner 1978). Die Wirkung von K zur Osmoregulation erklärt auch dessen Bedeutung bei der Frostresistenz.
- **Steuerung von Bewegungen:** Die Funktion der Stomata (siehe Kapitel 2.2.3) beruht auf einem Säurestoffwechsel, bei dem Stärke zu Malat abgebaut wird, das einerseits in die Vakuole transportiert wird und dort den Anionengehalt erhöht, gleichzeitig in den Mitochondrien decarboxyliert wird und das dabei gewonnene ATP für den Efflux von Protonen verfügbar macht. Das entstehende HCO_3^- wird wieder verwendet beim Stärkeabbau. Der Protonenefflux bewirkt im Antiport einen K-Einstrom aus dem Apoplasten. Ein Teil der Protonen wird zurückgewonnen durch den Einstrom von Cl^-. Kalium und Chlorid werden in die Vakuole transportiert und gleichen dort das Anionen/Kationen-Verhältnis zum Malat aus. Damit steigt der osmotische Wert in der Vakuole, was einen Einstrom von Wasser zur Folge hat – die Stomata öffnen sich. Die Wirkung des Stresshormons Abscisinsäure bei der Stomataregulation besteht darin, die K-Kanäle zu verschließen (Schulze 1994) und so die Wanderung von K^+ zu unterbinden.

Kasten 2.3.15 Misteln als Nährstoffparasiten

Misteln sind sowohl heterotrophe Phloemparasiten (Blätter ohne Chorophyll) als auch autotrophe (mit grünen Blättern ausgestattete) Xylemparasiten. Vor allem die Xylemparasiten werden bereits seit Hippokrates und nicht erst seit Asterix und Miraculix medizinisch verwendet. Vor allem die Alkaloide und die Lectine (Kohlenhydrat-bindende Proteine) haben pharmazeutische Bedeutung bei der Behandlung von Tumoren (Luther und Becker 1987).

Botanisch interessant sind Misteln (Calder und Bernhardt 1983) wegen der hohen Kaliumkonzentrationen in den Blättern (40 mg g^{-1}). Bei Hyperparasitismus (Mistel wachsend auf Mistel) kann eine noch weitergehende Anreicherung von K und anderen Kationen erfolgen (157 mg g^{-1} Na auf ariden Standorten, Ehleringer und Schulze 1985). Der Grund für diese Anreicherung ist, dass die Mistel Xylemwasser mit den darin befindlichen Kationen aufnimmt, sich diese Ionen aber wegen des fehlenden Anschlusses an das Phloem des Wirtes im Spross der Mistel anreichern. Die Akkumulation von Salz kann so weit gehen, dass es zum Blattabwurf kommt.

Das Besondere an den Misteln ist die Tatsache, dass sie trotz der hohen, bis ans toxische reichenden Ionenkonzentrationen eine höhere Transpiration aufrechterhalten als der Wirt (Ehleringer et al. 1985). Misteln sind somit nicht nur eine signifikante Senke für Kationen, sondern sie sind auch Wasserparasiten. Unter ökologischen Gesichtspunkten ist besonders interessant, weshalb der Parasit selbst bei hoher Ionenbelastung und unter ariden Bedingungen die Transpiration nicht reguliert, sondern offensichtlich sogar den Einstrom an ABA über das Xylemwasser des Wirtes metabolisiert. Die steuernde Größe ist anscheinend der Bedarf an Stickstoff. Schulze et al. (1984) zeigten, dass für die Mistel der N-Haushalt ein Minimumfaktor ist und der erhöhte Wassereinstrom benötigt wird, um den N-Bedarf für Wachstum und die für Misteln typische hohe Samenproduktion zu decken. Wächst die Mistel auf einem N_2-fixierenden Wirt, dann ist die Transpiration nicht so stark erhöht wie auf Wirtspflanzen, die kein N_2 fixieren (Marshall et al. 1994). Da die Bäume vor allem Aminosäuren im Xylem transportieren, gewinnt die Mistel zusätzlich Kohlenstoffgerüste, d. h. sie ist nicht nur Kationen- und Wasserparasit, sondern darüber hinaus auch noch ein C-Parasit. 15 % des Kohlenstoffs einer „autotrophen" Mistel stammen vom Wirt (Marshall et al. 1994). Die Photosynthese der Mistel ist im Allgemeinen niedriger als die des Wirtes (Schulze et al. 1984).

Eine botanische Besonderheit der Australischen Misteln (Abb. 2.3.17): Die Blätter gleichen in Form und Habitus dem Wirt in einer Weise, die ohne Genaustausch nicht zu verstehen ist (Calder und Bernhardt 1983).

Tabelle 2.3.5: Charakteristische Merkmale von Misteln (nach Ehleringer und Schulze 1985 (1); Marshall et al. 1994 (2))

	Mistel	Wirt	Quelle
K-Konzentration (mg g^{-1})	28	11	(1)
P-Konzentration (mg g^{-1})	2	1	(1)
N-Konzentration (mg g^{-1})	28	25	(1)
	10	11	(2)
Transpiration (mmol $m^{-2}s^{-1}$)	4	2	(2)
CO_2-Assimilation (µmol $m^{-2}s^{-1}$)	4	5	(2)

Abb. 2.3.17: Blattmimikry von Australischen Misteln (siehe Calder und Bernhardt 1983). A: Acacia cambagei mit Amyema maidenii (Windorah, Queensland), B: Casuarina cunninghamiana mit Amyema linophyllum (Bunya Mnts., Queensland), C: Acacia linophylla mit Lysiana subfalcata (Birdsville, Queensland). Das Phänomen der Blattmimikry wird mit einer Übertragung von Genen erklärt. Fotos E. D. Schulze.

Bei dieser Reaktion hat ABA eine Signalwirkung auf die Ca-Kanäle, wodurch sich die cytosolische Ca-Konzentration erhöht, was wiederum auf die K- und Anionen-Kanäle des Plasmalemmas Auswirkungen hat. Die K-Aufnahme wird gehemmt, und damit könnn sich die Stomata nicht öffnen (Schröder et al. 2001). Das Schließen der Stomata wird durch einen Verbrauch von Malat und einen Efflux von K bewirkt. Ein entsprechender Mechanismus bewirkt auch andere Nastien, z. B. die Blattbewegung von *Mimosa pudica* und *Dionae muscipula* bei Berührung und die Blattorientierung zur Sonne bei Leguminosen.

- **Phloemtransport**. Kalium ist das wichtigste Kation, das den pH-Wert im Phloem steuert und die Beladung mit Saccharose reguliert.
- **Steuerung der Fruchtreife und der Reife von Knollen** (Kartoffel) durch die Wirkung von K auf die Kationen/Anionen-Bilanz und auf den Zucker/Stärke-Stoffwechsel.

Aufnahme und Bedarf:

Kalium ist vor allem auf silikatischem Ausgangsgestein häufig und wird im Boden reversibel am Austauscher, insbesondere an Tonmineralen, gebunden. Aufgrund seines Ionenradius passt Kalium optimal in die Zwischenschichten der Tonminerale, sodass es bevorzugt an diesen Austauschern eingelagert wird (spezifische Adsorption). Auf manchen Böden kann die Einlagerung von K^+ in die Zwischenschichten quellbarer Tonminerale dazu führen, dass diese kontrahieren und K^+ so stark „fixieren", dass es für die Pflanzen nicht mehr verfügbar ist. Der Ionenradius und die physikalischen Eigenschaften von K^+ sind ähnlich wie bei Ammonium, sodass diese beiden Ionen leicht gegeneinander ausgetauscht werden. Ein Überschuss an Ammonium führt zum Austausch von K (und anderen Kationen) und fördert damit die Bodenversauerung, wenn diese Kationen ausgewaschen werden. K und Ammonium werden komplementär genutzt, um die Kationenbelegung am Austauscher zu bestimmen.

Mangel und Überschuss:

Bei K-Mangel und -Überschuss treten folgende Symptome auf:

- **K-Mangel:** Wuchsminderung und verstärkter Rücktransport aus alternden Organen, gestörter Wasserhaushalt (Spitzendürre), Welkeerscheinungen besonders am Blattrand älterer Blätter, Vergilbungen an Nadeln und früher Nadelabwurf.
- **K-Überschuss:** bei K-Überschuss (z. B. auf muskovithaltigem Granit) wird kompetitiv die Ca- und Mg-Aufnahme beeinflusst, und dies kann den Mg-Mangel an diesen Standorten verstärken.

Kasten 2.3.16 Zusammenfassung: Kationen

Wir fassen die Kationenernährung wie folgt zusammen:

- **Basische Kationen** werden nicht metabolisiert, sie sind aber an einer Vielzahl enzymatischer Reaktionen beteiligt und dienen in einigen Fällen auch als Reaktionszentrum eines Enzyms (Mg im Chlorophyll).
- Der Bedarf an K ist höher als an Ca bzw. Mg.
- K steuert den osmotischen Wert und den pH-Wert der Zelle.
- Mg ist beteiligt an der Funktion des Chlorophylls und dem Auf- und Abbau von ATP und ADP.
- Ca wirkt vornehmlich osmotisch (entquellend) und als Signal im Zellstoffwechsel (Calmodulin).

2.3.6. Bor als Beispiel für ein Spurenelement

2.3.6.1 Stoffwechsel und Funktion

Die Schwermetalle unter den Spurenelementen werden umfassend in Kapitel 1.7 behandelt. Im Folgenden wird Bor als Beispiel behandelt für ein Element, das zwischen den Metallen und Nicht-Metallen steht, in der Erdkruste verhältnismäßig selten ist, aber in Pflanzen für eine Vielzahl von enzymatischen Reaktionen essenziell ist.

In den primären Silikaten findet man Bor in Turmalin (10 % B. Siehe Kasten 2.3.1) und in Glimmern. In sekundären Mineralien kommt Bor in Illiten vor. Der Borgehalt des Meerwassers ist hoch (4,6 mg l^{-1}), sodass marine Sedimente hohe Borkonzentrationen aufweisen (Borax).

Bor bildet eine schwache Säure. Daher sinkt die Verfügbarkeit und Aufnahme mit dem pH in der Bodenlösung. Bor hat die ungewöhnliche Eigenschaft, mit C-Gerüsten so genannte Diole (Abb. 2.3.18 A) und Polyole (Kapitel 1.6.2.3) zu bilden. Als C-Liganden kommen vor allem Zucker, Zuckeralkohole (Mannitol, Mannan) und Uronsäure in Frage. Diole entstehen z. B. durch Bindung an Koffeinsäure oder Hydroxyferulasäure als Vorstufen zum Lignin bzw. durch Bindung an Apiose bei der Zellwandbildung und der Ribose bei der DNA- und RNA-Synthese. Wegen der Beteiligung von Bor an der Zellwandbildung befindet sich der größte Anteil des pflanzlichen B in der Zellwand. Hohe B-Konzentrationen finden sich aber auch in Pflanzengummi und -schleimen (Galactomanan).

Bor ist an folgenden biochemischen Reaktionen metabolisch beteiligt:

- **DNA- und RNA-Synthese:** Wegen der Bindung an Ribose ist Bor direkt an der Bildung von RNA und DNA beteiligt. Dies hat fundamentale Auswirkungen auf den Pflanzenwuchs bei B-Mangel.
- **Zellwandbildung:** Wegen seiner Beteiligung an der Bildung der Zellwand hat Bor eine besonders starke Wirkung auf das Wurzelwachstum. B-Mangel führt sekundär zu Strauchwuchs. Die Funktion von B bei der Wurzelstreckung liegt anscheinend in der Auflösung und Wiederherstellung von Ca- und Mg-Vernetzungen der Cellulosefibrillen, wobei dieser Prozess auxingesteuert ist.
- **Ligninbildung:** Wegen der Diolbildung mit sekundären Pflanzenstoffen des Shikimisäureweges ist Bor direkt an der Ligninsynthese und damit an der Zellwandversteifung und der Aussteifung des Xylems beteiligt. Nur unter Beteiligung von B wird Pentosephosphat in den Shikimisäureweg geleitet. Anschließend katalysiert B die Bildung von Phenolen und Phenolalkoholen (Abb. 2.3.18 B)
- **Membranfunktion im Plasmalemma:** Wirkung auf die ATPase und damit auf den Ionentransport von P und K z. T. durch Interaktion mit dem Wuchshormon Indolylessigsäure (IAA) (Abb. 2.3.18 C).

2.3.6.2 Bor-Mangel und -Überschuss

Bormangel ist in der Natur vor allem bei hohem Niederschlag, bei hohem pH-Wert (Kalkböden) und bei saisonaler Trockenheit weit verbreitet. Der B-Bedarf von Dicotylen ist wegen der stärkeren Zellwand höher als der von Monocotylen. Bormangel (Abb. 2.3.18 D) führt zum Absterben der Knospen, verkürzten Internodien mit Verdickung der Blattstiele (Aufbrechen von Hypokotylknollen: Sellerie; hohle Stämme: Broccoli). Weitere Folgen des Bormangels sind ein verringerter Kornertrag und eine verringerte Keimfähigkeit der Samen.

Gleichermaßen bedeutsam wie der Mangel ist aber auch der **Borüberschuss** in ariden Gebieten. Er führt dort zu Chlorosen und Nekrosen der Blattränder (Abb. 2.3.18 E)

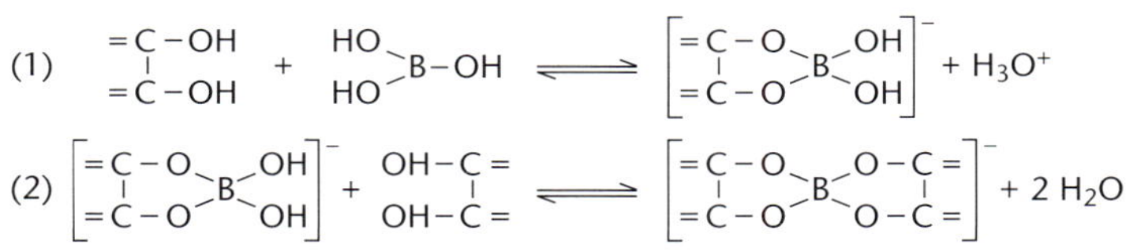
(1)
=C−OH
=C−OH
HO
B−OH
HO
=C−O
B
OH
=C−O
OH
+ H3O+
(2)
OH−C=
OH−C=
+ 2 H2O

A

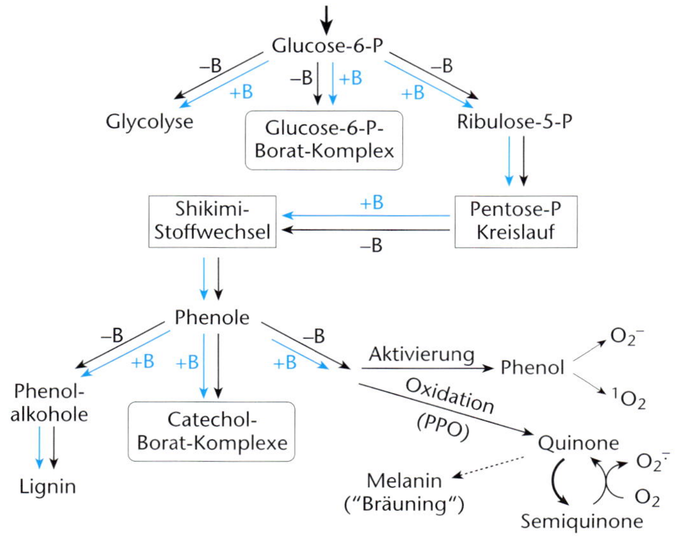
Glucose-6-P
−B
+B
Glycolyse
Glucose-6-P-
Borat-Komplex
Ribulose-5-P
Shikimi-
Stoffwechsel
Pentose-P
Kreislauf
Phenole
Phenol-
alkohole
Catechol-
Borat-Komplexe
Lignin
Aktivierung
Phenol
O2−
1O2
Oxidation
(PPO)
Quinone
Melanin
("Bräuning")
O2
Semiquinone

B

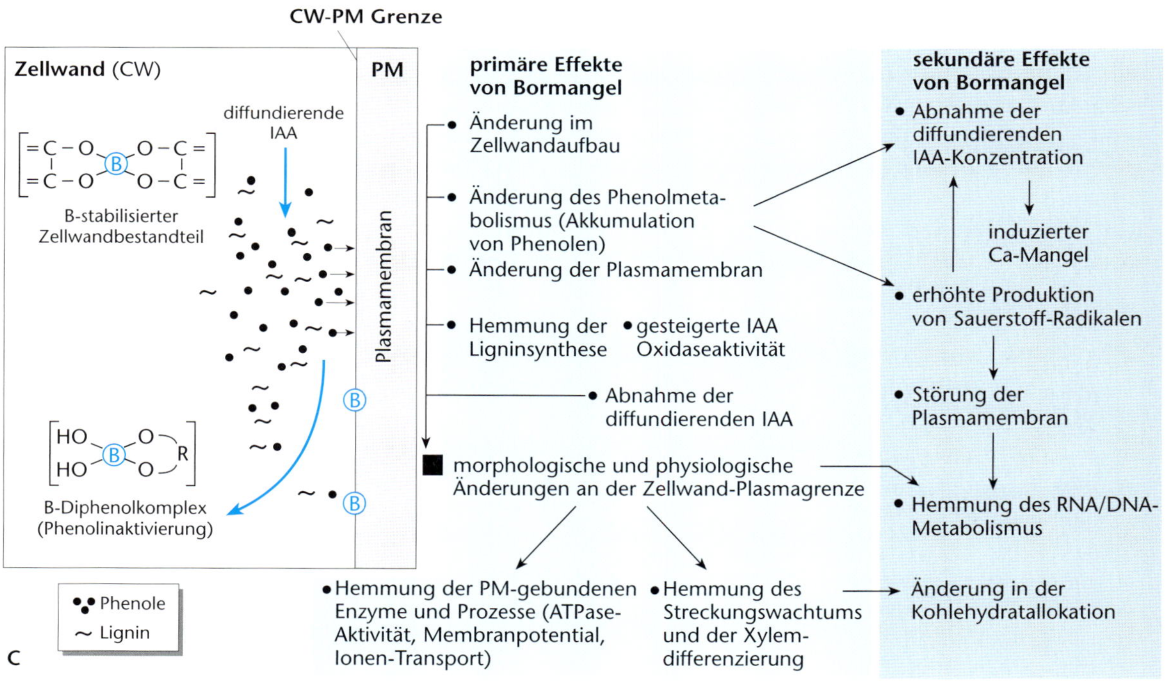
CW-PM Grenze
Zellwand (CW)
PM
diffundierende
IAA
B
B-stabilisierter
Zellwandbestandteil
Plasmamembran
HO
HO
R
B-Diphenolkomplex
(Phenolinaktivierung)
Phenole
Lignin
primäre Effekte
von Bormangel
Änderung im
Zellwandaufbau
Änderung des Phenolmeta-
bolismus (Akkumulation
von Phenolen)
Änderung der Plasmamembran
Hemmung der
Ligninsynthese
gesteigerte IAA
Oxidaseaktivität
Abnahme der
diffundierenden IAA
morphologische und physiologische
Änderungen an der Zellwand-Plasmagrenze
Hemmung der PM-gebundenen
Enzyme und Prozesse (ATPase-
Aktivität, Membranpotential,
Ionen-Transport)
Hemmung des
Streckungswachtums
und der Xylem-
differenzierung
sekundäre Effekte
von Bormangel
Abnahme der
diffundierenden
IAA-Konzentration
induzierter
Ca-Mangel
erhöhte Produktion
von Sauerstoff-Radikalen
Störung der
Plasmamembran
Hemmung des RNA/DNA-
Metabolismus
Änderung in der
Kohlehydratallokation

C

Abb. 2.3.18: *Der Borstoffwechsel in Pflanzen: A: Die Struktur von Bor-Diolen (1) und Polyolen (2). B: Schematische Darstellung des Borstoffwechsels und dessen Produkte. C: Die primären und sekundären Effekte eines Bormangels auf zellulärer Ebene (nach Marschner 1995). D: Bormangel bei Zuckerrübe erkenntlich an der Herzfäule, der hohlen Hypocotyl-Rübe und an den gestauchten Stengeln. E: Bor-Überschuss bei Bohne erkenntlich an dem vertrockneten Blattrand (aus Bergmann 1993).*

Kasten 2.3.17 Zusammenfassung: Bor

Zusammenfassend stellen wir fest:

- Bor ist wegen der Ringbildung mit organischen Säuren in besonderem Maße beteiligt an der Übertragung organischer Moleküle (insbesondere Zucker) auf andere Molekülgruppen. In dieser Eigenschaft ist Bor wichtig für eine Vielzahl von Synthesewegen des Primär- und Sekundärstoffwechsels.
- Bormangel ist weit verbreitet, aber wegen der diffusen und vielfältigen Reaktion auf den Pflanzenwuchs schwer nachweisbar.
- Bor hat vielfältige Wechselwirkungen mit dem Phytohormon Indolylessigsäure, insbesondere bei der Zellwandbildung.

Literatur

Bergmann W (1993) Ernährungsstörungen bei Kulturpflanzen. Gustav Fischer Verlag, Jena. 835 Seiten

Calder M, Bernhardt P (1983) The biology of mistletoes. Academic Press, Sydney. 348 Seiten

Chapin FS III, Kedrovski RA (1983) Seasonal changes in nitrogen and phosphorous fractions and autumn retranslocation in evergreen and deciduous taiga trees. *Ecology* 64: 376–391

Ehleringer JR, Schulze E-D (1985) Mineral concentrations in an autoparasitic Phoradendron californicum growing on a parasitic P.californicum and its host, Cercidium floridum. *Am. J. Bot.* 72: 568–571

Ehleringer JR, Schulze E-D, Ziegler H Lange OL, Farquhar GD, Cowan IR (1985) Xylem tapping mistletoes: primarily water or nutrient parasites? *Science* 227: 1479–1481

Ellenberg H (1986) Vegetation Mitteleuropas mit den Alpen. Eugen Ulmer Verlag, Stuttgart. 943 Seiten

Ellis AG, Midgley JJ (1996) A new plant-animal mutualism involving a plant with sticky leaves and a resident hemipteran insect. *Oecologia* 106: 478–481

Epstein E (1972) Mineral nutrition of plants: Principles and perspectives. Wiley. 412 Seiten

Erskine PD, Bergstrom DM, Schmidt S, Stewart GR, Tweedie CE, Shaw JD (1998) Subarctic Macquarie Island – a model ecosystem for studying animal-derived nitrogen sources using ^{15}N natural abundance. *Oecologia* 117: 187–193

Fichtner K, Schulze E-D (1992) The effect of nitrogen nutrition on growth and biomass partitioning of annuals originating from habitats of different nitrogen availability. *Oecologia* 92: 236–241

Fisher RA, Turner NC (1978) Plant productivity in arid and semiarid zones. *Ann. Rev. Plant Physiol.* 29: 277–317

Guarente L, Kenyon C (2000) Genetic pathways that regulate ageing in model organisms. *Nature* 408: 255–262

Harrison AF, Schulze E-D, Gebauer G, Bruckner B (2000) Canopy uptake and utilization of atmospheric pollutant nitrogen. In: Schulze E-D (Hrsg.) Carbon and nitrogen cycling in European forest ecosystems. Springer Verlag, Heidelberg. *Ecol. Studies* 142: 171–188

Hartmann G, Nienhaus F, Butin H (1988) Farbatlas Waldschäden; Diagnose von Baumkrankheiten. Eugen Ulmer Verlag, Stuttgart. 256 Seiten

Herdel K, Schmidt P, Feil R, Mohr A, Schurr U (2001) Dynamics of concntrations and nutrient fluxes in the xylem of Rhizinus communis – diurnal course, impact of nutrient availability and nutrient uptake. *Plant Cell and Environment* 24: 41–52

Hobbie EA, Macko SA, Williams M (2000) Correlation beween foliar $\delta^{15}N$ and nitrogen concentrations may indicate plant-mycorrhizal interactions. *Oecologia* 122: 273–283

Hofmann C (1995) Blattentwicklung und Alterung bei *Nicotiana tabacum*. Zulassungsarbeit, Bayreuth.

Kaupenjohann M, Zech W, Hantschel R, Horn R (1989) Mineral nutrition of forest trees: A regional survey. *Ecol. Studies* 77: 282–296

Klein D, Morcuende R, Stitt M, Krapp A (2000) Regulation of nitritereductase expression in leaves by nitrate and nitrogen metabolism is completely overriden when sugars fall below a critical level. *Plant Cell and Environment* 8: 863–872

Klemm O (1989) Leaching and uptake of Ions through above ground Norway spruce tree parts. *Ecol. Studies* 77: 210–237

Koch GW, Schulze E-D, Percival F, Mooney HA, Chu C (1988) The nitrogen balance of Paphanus sativus x raphanistrum plants. Growth, nitrogen redistribution and photosynthesis under NO_3^--depriviation. *Plant Cell and Environment 11:* 755–767

Köstner B, Schupp R, Schulze E-D, Rennenberg H (1998) Organic and inorganic sulfur transport in the xylem sap and the sulfur budget of Picea abies trees. *Tree Physiology* 18: 1–9

Kreutzer K, Göttlein A (1991) Ökosystemforschung Högelwald; Beiträge zur Auswirkung von saurer Beregnung und Kalkung in einem Fichtenbestand. *Beihefte zum Forstwissenschaftlichen Centralblatt* 39: 1–261

Kummetz E (1996) Die Wurzelentwicklung der Fichte (*Picea abies* (L.) Karst.): Untersuchungen zum C und N-Haushalt unterschiedlich alter Bestände. Staatsexamensarbeit, Bayreuth.

Lange OL, Heber U, Schulze E-D, Ziegler H (1989) Atmospheric pollutants and plant metabolism. *Ecol. Studies* 77: 238–269

Lange OL, Weikert RM, Wedler M, Gebel J, Heber U (1989) Photosynthese und Nährstoffversorgung von Fichten aus einem Waldschadensgebiet auf basenarmem Untergrund. *Allg. Forstzeitschrift* 3: 54

Luther P, Becker H (1987) Die Mistel; Botanik, Lectine, medizinische Anwendung. Springer, Heidelberg. 188 Seiten

Marschall JD, Ehleringer JR, Schulze E D, Farquhar GD (1994) Carbon isotope composition, gas exchange and heterotrophy in Australian mistletoes. *Functional Ecology* 8: 465–487

Marschner H (1995) Mineral nutrition of higher Plants. Academic Press, London. 889 Seiten

Michelsen Am Schmidt IK, Jonasson S, Quarmby C, Sleep D (1996) Leaf ^{15}N abundance of subarctic plants provides field evidence that ericoid, ectomycorrhizal and non- and arbuscular myccorrhizal species access different sources of nitrogen. *Oecologia* 105: 53–56

Mitscherlich G (1975) Waldwachstum und Umwelt. Bd. 3. Sauerländers, Frankfurt. 352 Seiten

Moroney JV, Bartlett SG, Samuelsson G (2001) Carbonic anhydrase in plants and algae. *Plant Cell and Environmet* 24:141–154

Nadelhoffer KJ, Emmett BA, Gunderson P, Kjönaas OJ, Koopmans CJ, Schleppi P, Tietema A, Wright RF (1999) Nitrogen deposition makes minor contribution to carbon sequestration in temperate forests. *Nature* 398: 145–147

Näsholm T, Ekblad A, Nordin A, Giesler R, Högberg M, Högberg P (1998) Boreal forest plants take up organic nitrogen. *Nature* 392: 914–916

Nordin A, Högberg P, Näsholm T (2001) Soil N from availability and plant N uptake along a boreal forest productivity gradient. *Oecologia* (in press)

Oren R, Schulze E-D (1989) Nutritional disharmony and forest decline: A conceptual model. *Ecol. Studies* 77: 425–443

Oren R, Werk KS, Schulze ED, Meyer J, Schneider BU, Schraml P (1988) Performance of two Picea abies (L.) Karst. Stands at different stages of decline. VI. Nutrient concentrations. *Oecologia* 77: 25–37

Orians GH, Solbrig OT (1977) A cost-income model of leaves and roots with special reference to arid and semiarid areas. *Am. Nat.* 111: 677–690

Persson T, Rudebeck A, Jussy JH, Colin-Belgrand M, Priemé A, Dambrine E, Karlsson PS, Sjöberg RM (2000) Soil nitrogen turnover – Mineralisation, nitrification and denitrificatin in European forest soils. *Ecol. Studies* 142: 297 - 331

Read DJ (1993) Plant-microbe mutualism and community structure. *Ecol. Studies* 99: 181–210

Schaz U (1998) Altersabhängigkeit von Antioxidantien in Tabakblättern. Diplomarbeit, Bayreuth.

Scheffer/Schachtschabel (1998) Lehrbuch der Bodenkunde, Ferdinand Enke Verlag, Stuttgart. 284 Seiten

Scheible WR, Gonzáles-Fontes A, Lauerer M, Müller-Röber B, Caboche M, Stitt M (1997) Nitrate acts as a signal to induce organic acid metabolism and repress starch metabolism in tobacco. *Plant Cell Environment* 9: 783–798

Scheible WR, Lauerer M, Schulze E-D, Caboche M, Stitt M (1997) Accumulation of nitrate in the shoot acts as signal to regulate shoot-root allocation in tobacco. *The Plant Journal* 11: 671–691

Schopfer P, Brennicke A (1999) Pflanzenphysiologie. Springer, Berlin. 695 Seiten

Schroeter JI, Kwak JM, Allen GJ (2001) Guard cell abscisic acid signalling and engeneering drought hardiness in plants. *Nature* 410: 327–330

Schulze E-D (1994) The regulation of plant transpiration: Interactions of feedforeward, feedback, and futile cycles. In Schulze E-D (Hrsg.) Flux control in biological systems. Academic Press, San Diego. 203–236

Schulze E-D, Gebauer G, Schulze W, Pate JS (1991) The utilization of nitrogen from insect capture by different growth forms of *Drosera* from Southwest Australia. *Oecologia* 87: 240–246

Schulze E-D, Kelliher FM, Körner C, Lloyd J, Leuning R (1994) Relationships among maximum stomatal conductance, ecosystem surface conductance, carbon assimilation and plant nitrogen nutrition: A global Ecology Scaling Exercise. *Ann. Rev. Ecol. Syst.* 25: 629–660

Schulze E-D, Lange OL, Oren R (1989) Forest decline and air pollution: A study of spruce on acid soils. Springer, Heidelberg. *Ecol. Studies* 77: 475 Seiten

Schulze E-D, Turner NC, Glatzel G (1984) Carbon, water, and nutrient relations of two mistletoes and their hosts: A hypothesis. *Plant Cell Environment* 7: 293–299

Schulze W (1991) Versuche mit insektenfangenden Pflanzen. *Biologie in unserer Zeit* 21: 307–312

Schulze W, Frommer WB, Ward JM (1999) Transporters for ammonium, amino acids and peptides are expressed in pitchers of the carnivorous plant *Nepenthes. The Plant Journal* 17: 637–646

Schulze W, Schulze E-D, Pate JS, Gillison AN (1997) The nitrogen supply from soils and insects during growth of pitcher plants *Nepenthes mirabilis, Cephalotus follicularis* and *Darlingtonia californica. Oecologia* 112: 464–471

Schulze W, Schulze E-D, Schulze I, Oren R (2001) Quantification of insect nitrogen utilization by the venus fly trap *Dionaea muscipula* catching prey with highly variable sotope signatures. *J. Exp. Bot.* 1041–1049

Schulze W, Weise A, Frommer WB, Ward JM (2000) Function of the cytosolic N-trminus of sucrose transporter AtSUT2 in substrate affinity. *FEBS Letters* 485: 189–194

Schurr U, Schulze E-D (1995) The concentrations of xylem sap constituents in root exudate, and in sap from intact, transpiring castor bean plants (*Ricinus communis*). *Plant Cell and Environment* 18: 409–420

Smith SE, Read DJ (1997) Mycorrhizal symbiosis. Academic Press, San Diego. 605 Seiten

Stitt M (1994) Flux control at the level of the pathway: Studies with mutants and transgenic plants having decreased activity of encymes involved in photosynthetic partitioning. In: Schulze E-D (Hrsg.) Flux control in biological systems. Academic Press, San Diego. 13–36

Stitt M, Schulze E-D (1994) Plant growth, storage, and resource allocation: From Flux control in a metabolic chain to the whole plant level. In: Schulze E-D (Hrsg.) Flux control in biological Systems. Academic Press, San Diego. 57–118

Thomas H, Thomas HM, Ougham H (2000) Annuality, perenniality and cell death. *J. Exp. Botany* 51: 1781–1788

Ulrich B (1987) Stability, Elasticity, and Resilience of terrestrial ecosystems with respect to matter balance. *Ecol. Studies* 61: 11–49

Ulrich B (1995) The history and possible causes of forest decline in central Europe, with particular attention to the German situation. *Anvir. Rev.* 3: 262–276

Wallenda T, Stober C, Högbom L, Schinkel H, George E, Högberg P, Read DJ (2000) Nitrogen uptake processes in roots and mycorrhizas. In: Schulze E-D (Hrsg.) Carbon and nitrogen cycling in European forest ecosystems. *Ecol. Studies* 142: 122–143

Zech W, Popp E (1983) Magnesiummangel, einer der Gründe für das Fichten- und Tannensterben in NO-Bayern. *Forstwiss. Zentralblatt* 102: 50–55

2.4. Der Kohlenstoffhaushalt

Nothofagus fusca in einem Laub abwerfenden Wald auf Neuseeland. Die Buchenwälder Neuseelands haben ihre Hauptverbreitung auf der Südinsel. Es handelt sich um 36 m hohe Mischbestände aus der „Rotbuche" Nothofagus fusca und der „Silberbuche" Nothofagus menziesii. Die z. T. sehr dichten Bestände mit >1 000 Stämmen pro ha und 67 m² Grundfläche erreichen eine Biomasse von >300 t pro ha, die bei ca. 2000 mm Niederschlag und einer Jahresmitteltemperatur von 9,4 °C wachsen. Die Stammverteilung pro ha ist charakterisiert durch ca. 20 sehr große, 300 bis 400 Jahre alte Stämme mit Brusthöhendurchmesser von >5 m. Der Blattfächenindex erreicht 7. Messungen der Ökosystem-Kohlenstoffbilanz zeigten am Beispiel der Buchenurwälder Neuseelands erstmalig, dass es in einem ungestörten Urwald kein Kohlenstoffgleichgewicht gibt. Die Wälder sind eine Kohlenstoffsenke, d. h. seit Tausenden von Jahren akkumulieren sie Kohlenstoff in der Humusauflage (Hollinger et al. 1994). Foto E.-D. Schulze.

Die Photosynthese ist nicht nur die Grundlage für das Wachstum der Einzelpflanze, sondern auch der wichtigste Energie liefernde Prozess in Ökosystemen. Aus der Sicht der Ökologie ist für den Kohlenstoffhaushalt aber der biochemische Prozess der CO_2-Fixierung an sich nur zum Teil von Bedeutung. Entscheidend sind die Bilanz aus Photosynthese und Atmung und die Reaktion dieses Nettoprozesses auf klimatische und edaphische Faktoren. Es geht darüber hinaus um die Möglichkeiten der Pflanze, durch ihre Struktur und Phänologie die Stoffbilanz zu beeinflussen und sich dadurch in der Konkurrenz mit anderen Arten zu behaupten. Insofern umfasst der Kohlenstoffhaushalt den breiten Rahmen, der von der biochemischen Reaktion der Reduktion von CO_2 bis hin zur Konkurrenz im Pflanzenbestand reicht.

Im folgenden Kapitel werden die Grundlagen des Kohlenstoffhaushaltes von Einzelpflanzen und pflanzlichen Lebensformen behandelt. In Kapitel 3.3.2 folgt die Behandlung des C-Umsatzes auf Ökosystemebene. Aufbauend darauf behandelt Kapitel 4.3 die Phänomene der Konkurrenz und Kapitel 5.2 den globalen C-Haushalt.

2.4.1 Die Netto-Photosynthese: physiologische und physikalische Grundlagen

2.4.1.1 Die Photosynthese als Diffusionsprozess

Die Nettophotosynthese, auch **CO_2-Assimilation** genannt (A), ist die Differenz aus der biochemischen CO_2-Fixierung (P) und den im Blatt gleichzeitig ablaufenden Atmungsprozessen (R_l):

$$A = P - R_l \qquad (2.4.1)$$

Hierbei handelt es sich bei der Atmung um unterschiedliche Teilprozesse:

- die **Mitochondrienatmung von heterotrophen Zellen (R_{het})**, die keine Chloroplasten haben, aber für die Funktion des Blattes unabdingbar sind (Leitgewebe, Epidermis);
- die **Atmung in Mitochondrien von photosynthetisch aktiven Zellen (R_{mit})**, die von der ATP-Konzentration im Cytosol und damit von der Photosynthese abhängt;
- die **lichtinduzierte Atmung der Photorespiration (R_{phot})**.

$$R_l = R_{het} + R_{mit} + R_{phot} \qquad (2.4.2)$$

Wegen dieser schwer quantifizierbaren Teilprozesse im belichteten Blatt ist in der Ökologie die Nettophotosynthese die Ausgangsgröße für den Kohlenstoffhaushalt (Abb. 2.4.1). Sie wird üblicherweise gemessen als Netto-CO_2-Austausch, denn der Weg des Kohlenstoffs in der Pflanze und im Ökosystem ist von besonderem ökologischem Interesse. Allein der Nettoaustausch ist im Freiland messbar. Grundsätzlich könnte man aber auch den Netto-O_2-Austausch messen. Nur ist die O_2-Messung wegen der höheren Grundkonzentration des O_2 in der Atmosphäre ungemein schwieriger. Auf globaler Ebene kommt aber der O_2-Messung eine eminente Bedeutung zu (siehe Kapitel 5).

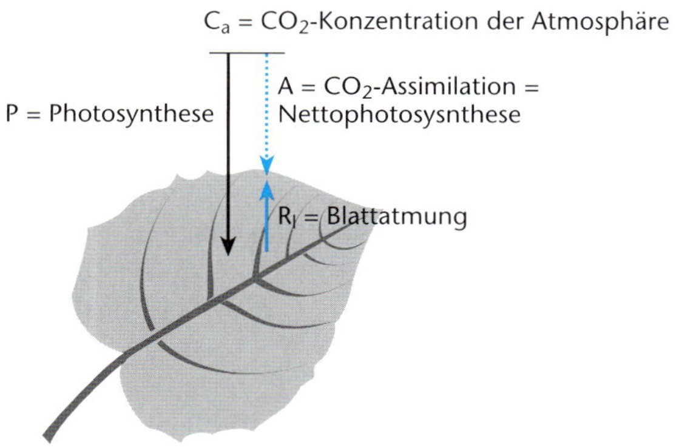

Abb. 2.4.1: Schematische Darstellung der CO_2-Flüsse in enem Blatt. Der Einstrom von CO_2 in ein Blatt entspricht der Rate der Photosynthese abzüglich gleichzeitig ablaufender Atmungsprozesse. Der Nettoeinstrom wird als Nettophotosynthese bzw. CO_2-Assimilation bezeichnet.

Die CO_2-Assimilation ist ein **Diffusionsprozess**, bei dem CO_2 aus der Atmosphäre in das Blatt diffundiert. In den Interzellularen herrscht eine niedrigere CO_2-Konzentration als in der Außenluft. Für den Transport über die Stomata gilt:

$$A = (C_a - C_i)\, g_s, \qquad (2.4.3)$$

wobei C_a die CO_2-Konzentration in der Atmosphäre, C_i die mesophyllinterne CO_2-Konzentration und g_s die **Leitfähigkeit der Stomata** repräsentiert. Es ist die gleiche Leitfähigkeit, die auch den Strom des Wasserdampfes reguliert (siehe Kapitel 2.2.3), nur ist die Leitfähigkeit der Stomata für CO_2 entsprechend dem höheren Molekulargewicht um den Faktor 1,6 niedriger als für H_2O ($g_{CO_2} / g_{H_2O} = 1{,}605$; Jarvis 1971).

Natürlich erscheint es sinnvoll, den Prozess, der zwischen C_i und den Chloroplasten abläuft, ebenfalls als Diffusionsprozess darzustellen. Dabei ist aber zu beachten, dass im Blatt auch Atmungsprozesse ablaufen (Gleichung 2.4.1) und dass der Transport von CO_2 in der Zellwand nicht nur in gelöster Form, sondern z. T. auch als HCO_3^- erfolgt. Wegen der im Blatt ablaufenden Atmungsprozesse verschiedener Gewebe beobachtet man bei abnehmender CO_2-Konzentration einen **Kompensationspunkt** (Γ), bei dem sich CO_2-Assimilation und Atmung ausgleichen. Daher ist

$$A = (C_i - \Gamma)\, g_m, \qquad (2.4.4)$$

wobei g_m die Leitfähigkeit des Mesophylls repräsentiert und diese Größe alle Transportprozesse in sich vereinigt. Senkt man die CO_2-Konzentration in der Atmosphäre experimentell unter den Kompensationspunkt, dann kommt es je nach den experimentellen Bedingungen zu einer Steigerung oder Einschränkung der CO_2-Abgabe. In jedem Falle be-

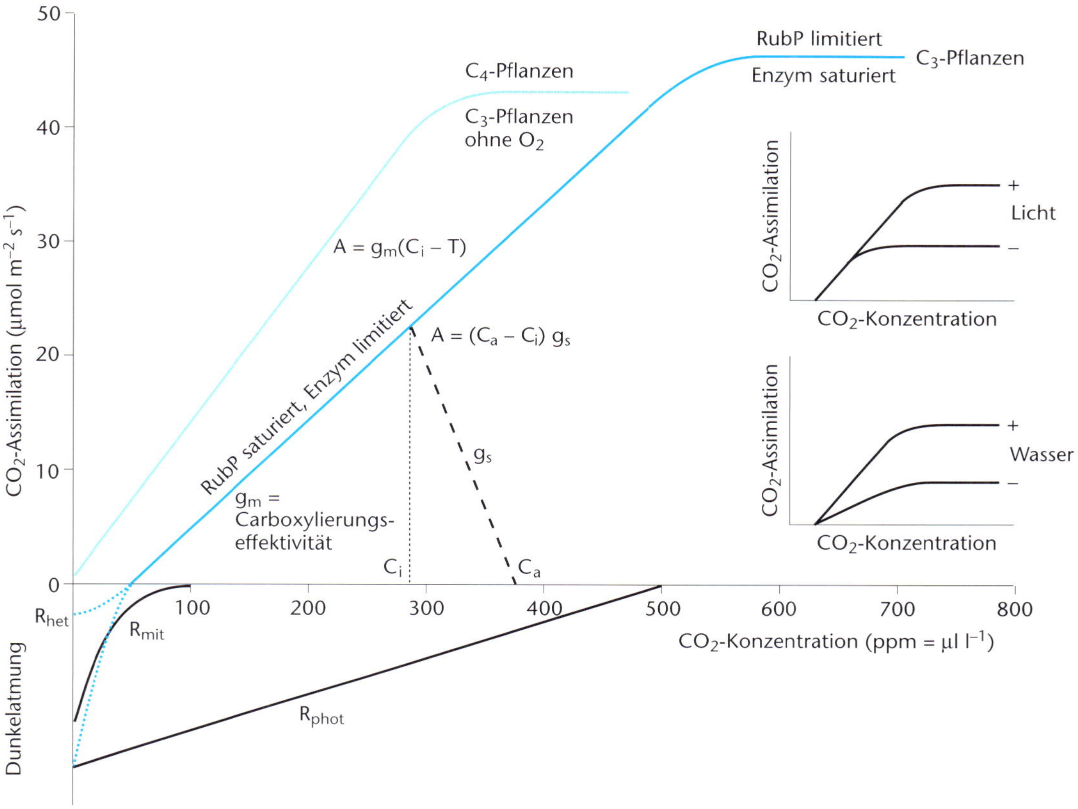

Abb. 2.4.2: Schematische Darstellung der Abhängigkeit des CO_2-Gasaustauschs von der CO_2-Konzentration in der Luft. Auf der y-Achse entsprechen positive Werte einer CO_2-Assimilation und negative Werte einer Atmung. Der lineare Anstieg der Kurve ist Enzym-limitiert, der Sättigungsbereich ist Substrat-limitiert. Die Teilabbildungen zeigen, dass Veränderungen im Licht nur den Sättigungsbereich der Substratlimitierung ändert, wohingegen Trockenheit auf die Enzymlimitierung wirkt. Zur Erklärung siehe Text.

steht unter solchen Bedingungen die Gefahr der nicht-reversiblen Schädigung des Photosystems (Schäfer 1994, siehe auch Kapitel 1.2.1).

Die Reaktion der CO_2-Assimilation auf die CO_2-Konzentration in der Atmosphäre beschreibt den physiologischen Zustand der Photosynthese im Blatt. Man bezeichnet den Zusammenhang als *„Response“*-Kurve (Abb. 2.4.2) mit drei wichtigen Bereichen:

- einem linearen Bereich über dem Kompensationspunkt: In diesem Bereich wird die CO_2-Assimilation limitiert durch die **Aktivierung der RubP-Carboxylase** durch das Substrat CO_2 (Farquhar und von Caemmerer 1982, Lange et al. 1987). Die Steigung ($\Delta A/\Delta c$) beschreibt die Leistungsfähigkeit der RubP-Carboxylase. Nach Gleichung 2.4.4 ist $g_m = A/(C_i - \Gamma)$;
- einem Sättigungsbereich bei hoher CO_2-Konzentration: Mit steigendem CO_2-Angebot wird die RubP-Carboxylase voll aktiviert, aber die CO_2-Assimilation wird limitiert durch die **Nachlieferung des Substrats Ribulose-1,5-bis-P (RubP)**, an das der Kohlenstoff des CO_2 gebunden werden soll. In diesem Bereich ist die Umsatzrate der RubP-Carboxylase saturiert, sie kann das angebotene CO_2 nicht verarbeiten. Die begrenzte Kapazität des Calvin-Zyklus bedingt, dass die CO_2-Assimilation schließlich eine maximale Rate erreicht, bei der sie CO_2-gesättigt ist;
- dem Bereich unter dem Kompensationspunkt: In CO_2-freier Luft mit 20 % O_2 ist die **Oxigenasefunktion der RubP-Carboxylase/Oxigenase** voll aktiviert, d. h. die lichtinduzierte At-

mung (R_{phot}) erreicht den höchsten Wert. Gleichzeitig ist in Abhängigkeit vom ATP-Verbrauch im Cytosol die mitochondriale Dunkelatmung (R_{mit}) aktiviert. R_{mit} sinkt mit steigender Rate der Photosynthese, da auch bei der Photosynthese ATP gebildet wird, und ist vermutlich bei einer Assimilation über dem Kompensationspunkt sehr gering. Bei sinkendem CO_2 nähert sich R_{mit} asymptotisch an die Rate der Respiration chlorophyllfreier heterotropher Blattzellen (R_{het}) an. Die lichtinduzierte Atmung (R_{phot}) sinkt entsprechend dem CO_2/O_2-Verhältnis und erreicht einen sehr niedrigen Wert bei CO_2-Sättigung.

Gleichzeitig zu diesen Prozessen der Photosynthese und Atmung wird in einem intakten Blatt die CO_2-Versorgung des Mesophylls durch den Diffusionswiderstand der Stomata begrenzt. Analog zu einem Strom/Spannungsdiagramm nimmt die CO_2-Konzentration längs des Diffusionsweges von der Konzentration in der Atmosphäre bis zu den Interzellularen des Mesophylls ab (siehe Abb. 2.4.2). Ausgehend von der atmosphärischen CO_2-Konzentration steigt der CO_2-Einstrom in das Mesophyll mit abnehmender Konzentration im Interzellularraum (C_i). Trägt man C_a und C_i gegeneinander auf, erhält man eine Gerade, deren Steigung der Leitfähigkeit der Stomata entspricht. Nach Gleichung 2.4.3 ist $g_s = A/(C_a–C_i)$. Die Stomata regulieren somit den CO_2-Fluss so, dass die Konzentration von CO_2 in den Stomata niedriger ist als in der Außenluft (C_a). Die mesophyllinterne CO_2-Konzentration liegt somit zwischen Γ und C_a. Im Durchschnitt ist $C_i/C_a = 0{,}7–0{,}8$.

Man kann die Reaktion der Photosynthese auf die CO_2-Konzentration als **Verbrauchsfunktion** und die Begrenzung des CO_2-Einstroms in das Blatt durch die Stomata als **Versorgungsfunktion** beschreiben (Raschke 1979). Die Leitfähigkeit der Stomata (Versorgungsfunktion) und die Leistungsfähigkeit der Carboxylase (Verbrauchsfunktion) bewirken die Absenkung der CO_2-Konzentration im Mesophyll.

$$A = (C_a - C_i)\, g_s = (C_i - \Gamma)\, g_m \qquad (2.4.5)$$

Daher ist

$$(C_i - C_a)/(C_i - \Gamma) = g_m/g_s \qquad (2.4.6)$$

Gleichzeitig ist der CO_2-Gradient über die Stomata (von der Atmosphäre in den Interzellularraum), Δc, proportional zum Verhältnis von A zu g_s:

$$\Delta c = C_a - C_i = A/g_s \qquad (2.4.7)$$

Stomataschluss bedeutet eine verringerte Leitfähigkeit von g_s, und dies führt zu einer verringerten Steigung der **Versorgungsfunktion** in Abbildung 2.4.2 und bei gleichbleibender Kapazität der Photosynthese **(Verbrauchsfunktion)** zu einer Absenkung von C_i. Würde man experimentell die Epidermis abziehen, könnte man den Einfluss der Stomata umgehen, die CO_2-Assimilation bei C_a messen und so die Aktivität der RubP-Carboxylase feststellen. Die in diesem Fall gemessene Rate (A_{C_a}) erreicht den Bereich, wo RubP limitierend wirkt (Farquhar und von Caemmerer 1982). Eine Verringerung der Lichtintensität wirkt zwar primär auf den Chloroplasten, führt aber in der CO_2-Nutzung zu einem Absenken des Sättigungsniveaus bei gleichbleibender Aktivierung der Carboxylase. Dies muss nicht unbedingt einen Einfluss auf C_i haben. Im Gegensatz dazu bewirkt Wasserstress oder N-Mangel eine verringerte Leistungsfähigkeit der Carboxylase, d. h. bei gleichbleibender Leitfähigkeit der Stomata steigt C_i. Die CO_2-Assimilation (Verbrauchsfunktion) steigt langsamer an und erreicht früher den Sättigungsbereich als bei ausreichend wasserversorgten oder N-ernährten Vergleichspflanzen.

Die Effizienz der CO_2-Fixierung kann man anhand der CO_2-Moleküle abschätzen, die in die Stomata hineindiffundieren, dort mit dem Zellwasser den Sauerstoff austauschen und in die Atmosphäre zurückdiffundieren, da sie nicht von der Photosynthese assimiliert wurden. Von 1 000 CO_2-Molekülen, die in das Blatt gelangen, wird nur eines reduziert, die anderen diffundieren wieder nach außen (Lloyd et al. 1996). Der Prozess ist anhand des **^{18}O-Gehalts im CO_2** nachweisbar. An den verdunstenden Zelloberflächen im Mesophyll kommt es zu einer Anreicherung von ^{18}O im Zellwandwasser (Roden und Ehleringer 1999). Dieses $H_2{}^{18}O$ tauscht den Sauerstoff mit dem Sauerstoff des CO_2 aus. Dieser Austausch findet statt, indem sich zunächst gasförmiges CO_2 im Zellwandwasser löst und dann mit dissoziierten $^{18}OH^-$-Ionen zu $HC^{18}OO_2^-$ weiterreagiert. Dabei können die O-Atome „ausgetauscht" werden, sodass das vom Blatt zur Atmosphäre zurückdiffundierende CO_2 mit einem neuen ^{18}O-Atom als Markierung ausgestattet ist. Hier wird die

Bedeutung der physikalischen Prozesse der Diffusion bei der CO_2-Aufnahme deutlich: Einerseits lässt sich die CO_2-Assimilation durch erhöhte CO_2-Konzentration steigern, andererseits diffundieren offensichtlich große Mengen an CO_2 in die Atmosphäre zurück, ohne dass die Pflanze es für die Photosynthese genutzt hat bzw. wegen der Limitierung der Rubisco nutzen kann. Hierbei spielen die Umsetzungen von CO_2 mit der Anhydrase eine zusätzlich verstärkende Rolle (Gillon und Yakir 2001).

2.4.1.2 C3-, C4- und CAM-Stoffwechsel

Im Pflanzenreich haben sich in der Evolution Arten entwickelt, die diese physikalischen Limitierungen ausgleichen. Bei der Photosynthese unterscheidet man zwischen der **Lichtreaktion** von Photosystem I und II, die die Energie (ATP) und die Reduktionsäquivalente (NADP) liefern, und der **Dunkelreaktion**, der CO_2-Assimilation. Hinsichtlich des Photosystems haben sich die Landpflanzen, aufbauend auf den Grünalgen, nicht stark differenziert. Wohl aber besteht in der Pflanzenwelt eine Differenzierung hinsichtlich der Art der CO_2-Fixierung (siehe Kapitel 1.2). Man unterscheidet:

C3-Pflanzen

Die CO_2-Reduktion erfolgt durch die RubP-Carboxylase und das erste nachweisbare Produkt ist ein C3-Gerüst (Phosphoglycerat, PGS). C3-Pflanzen zeigen außerdem eine Carboxygenasereaktion (siehe Kapitel 1.2), bei der O_2 mit RubP das Phosphoglykolat bildet, das im Stoffwechselweg der lichtinduzierten Atmung eine Reihe von Aminosäuren umsetzt (Glutamat, Glycin, Serin, Alanin) und dabei sowohl CO_2 als auch NH_3 freisetzt (Ammoniak wird im Allgemeinen reassimiliert). Die Kopplung der Oxygenasereaktion an den Aminosäurestoffwechsel ist ein für den C-Haushalt zwar verlustreicher, aber für den N-Haushalt überaus bedeutsamer Stoffwechselweg. Dieser Photosynthesetyp trifft auf etwa 95 % aller Pflanzenarten zu. Sie sind an mittlere Temperaturen (20–30 °C) angepasst. Es handelt sich um die Bäume und Sträucher sowie die meisten Kräuter und Gräser der temperierten, borealen und feucht-tropischen Region.

C4-Pflanzen

Die CO_2-Fixierung erfolgt bei diesen Pflanzen durch eine PEP-Carboxylase (siehe Abb. 2.4.3). Sie bindet CO_2 an Phosphoenolpyruvat. Es entsteht ein C4-Körper, das Malat oder Aspartat. Diese organischen Säuren werden in die Mesophyllzellen transportiert, die das Leitbündel umgeben (Bündelscheide). Dort werden die organischen Säuren decarboxyliert und das freigesetzte CO_2 wird entsprechend dem C3-Stoffwechselweg assimiliert. Der Vorteil dieses Weges der CO_2-Fixierung liegt darin, dass die PEP-Carboxylase eine höhere Affinität für CO_2 hat als die RubP-Carboxylase und zusätzlich auch HCO_3^- verarbeitet (Kapitel 1.5.3.1). Damit kann die Pflanze das Atmungs-CO_2, das bei der lichtinduzierten Atmung und bei der Mitochondrienatmung der Leitbündel entsteht, refixieren. Bei C4-Pflanzen liegt der Kompensationspunkt daher bei 0 ppm. Hinzu kommt, dass mehrere malatbildende Mesophyllzellen pro Bündelscheidenzelle organische Säuren bilden (Abb. 2.4.3 A). Bei der Decarboxylierung kommt es damit in der Bündelscheide zu einer erhöhten CO_2-Konzentration von etwa 1000 ppm, und dies liegt im Sättigungsbereich der C3-Photosynthese. Damit ist der C4-Stoffwechselweg ein CO_2-Konzentrierungsmechanismus. Je nach der Art der gebildeten organischen Säure, Ausbildung der Bündelscheide und der Anordnung der Chloroplasten in der Bündelscheide unterscheidet man verschiedene C4-Stoffwechseltypen (Hattersley 1992). Bei den C4-Pflanzen handelt es sich um etwa 1–2 % der Pflanzenarten mit einem Schwerpunkt in den tropischen ariden Gebieten mit Temperaturen, die am Tage oft 30 °C überschreiten. Die Kulturpflanzen *Sorghum* und Mais sind C4-Pflanzen. Durch ihren effektiven Photosyntheseweg zeichnen sich C4-Pflanzen bei günstigen Wuchsbedingungen hinsichtlich Temperatur, Wasser und Nährstoffen durch besonders schnelles Wachstum aus. Die höchsten Raten der Assimilation auf Ökosystemebene wurden in tropischen Sumpfgebieten über *Echinochloa polystachya*-Rasen gemessen (Morison et al. 2000). Einige **Algen** haben einen entsprechenden CO_2- Konzentrierungsmechanismus durch die Nutzung von HCO_3^- (Raven 1994).

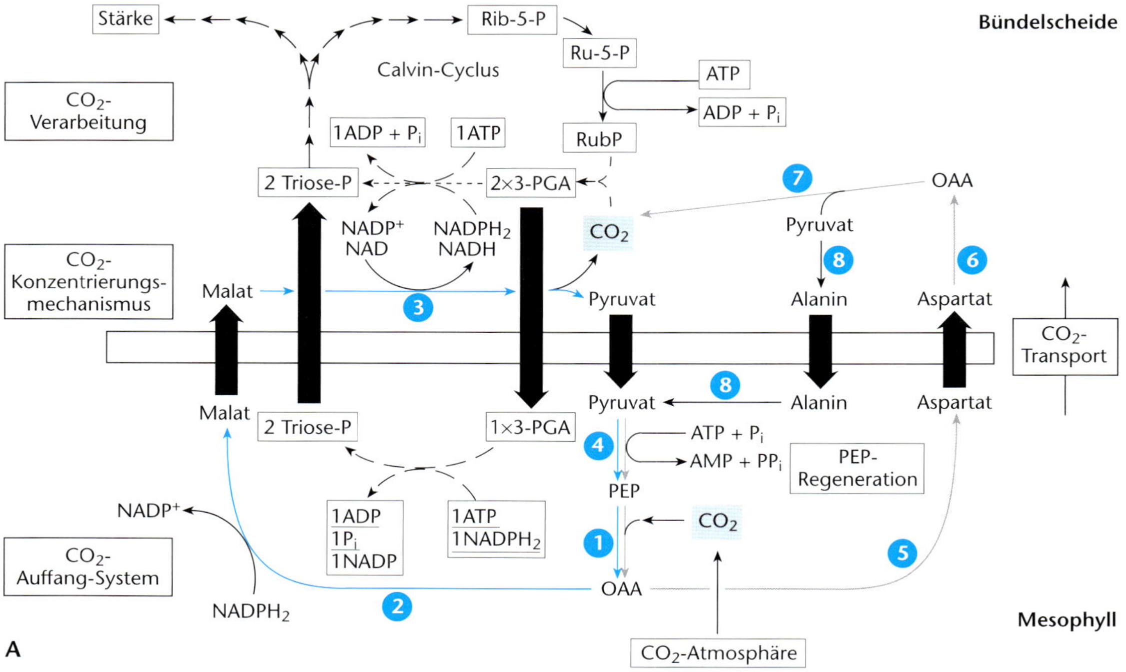

Stärke
Rib-5-P
Bündelscheide
Ru-5-P
Calvin-Cyclus
ATP
ADP + P_i
CO_2-Verarbeitung
1ADP + P_i
1ATP
RubP
2 Triose-P
2×3-PGA
7
OAA
NADP⁺
NAD
NADPH$_2$
NADH
CO_2
Pyruvat
CO_2-Konzentrierungs-mechanismus
Malat
3
Pyruvat
8
Alanin
6
Aspartat
CO_2-Transport
Malat
2 Triose-P
1×3-PGA
Pyruvat
8
Alanin
Aspartat
4
ATP + P_i
AMP + PP_i
PEP-Regeneration
PEP
NADP⁺
1ADP
1P_i
1NADP
1ATP
1NADPH$_2$
CO_2
1
5
CO_2-Auffang-System
NADPH$_2$
2
OAA
Mesophyll
CO_2-Atmosphäre

A

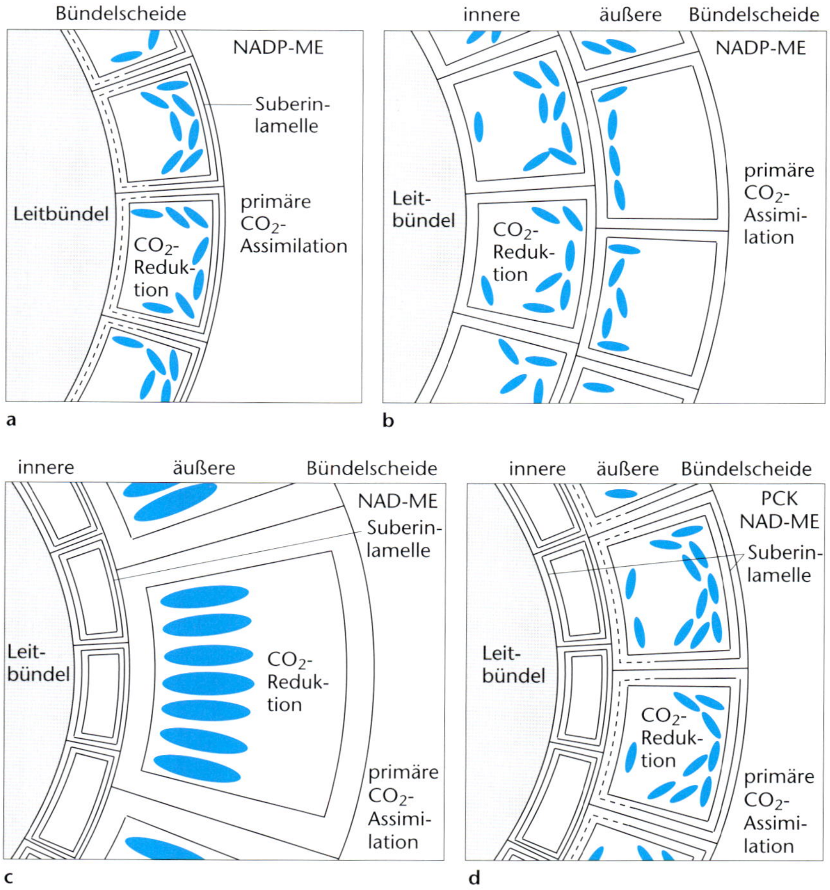

Bündelscheide
NADP-ME
Suberin-lamelle
Leitbündel
primäre CO_2-Assimilation
CO_2-Reduk-tion
a
innere
äußere
Bündelscheide
NADP-ME
Leit-bündel
CO_2-Reduk-tion
primäre CO_2-Assimi-lation
b
innere
äußere
Bündelscheide
NAD-ME
Suberin-lamelle
Leit-bündel
CO_2-Reduk-tion
primäre CO_2-Assimi-lation
c
innere
äußere
Bündelscheide
PCK
NAD-ME
Suberin-lamelle
Leit-bündel
CO_2-Reduk-tion
primäre CO_2-Assimi-lation
d

B

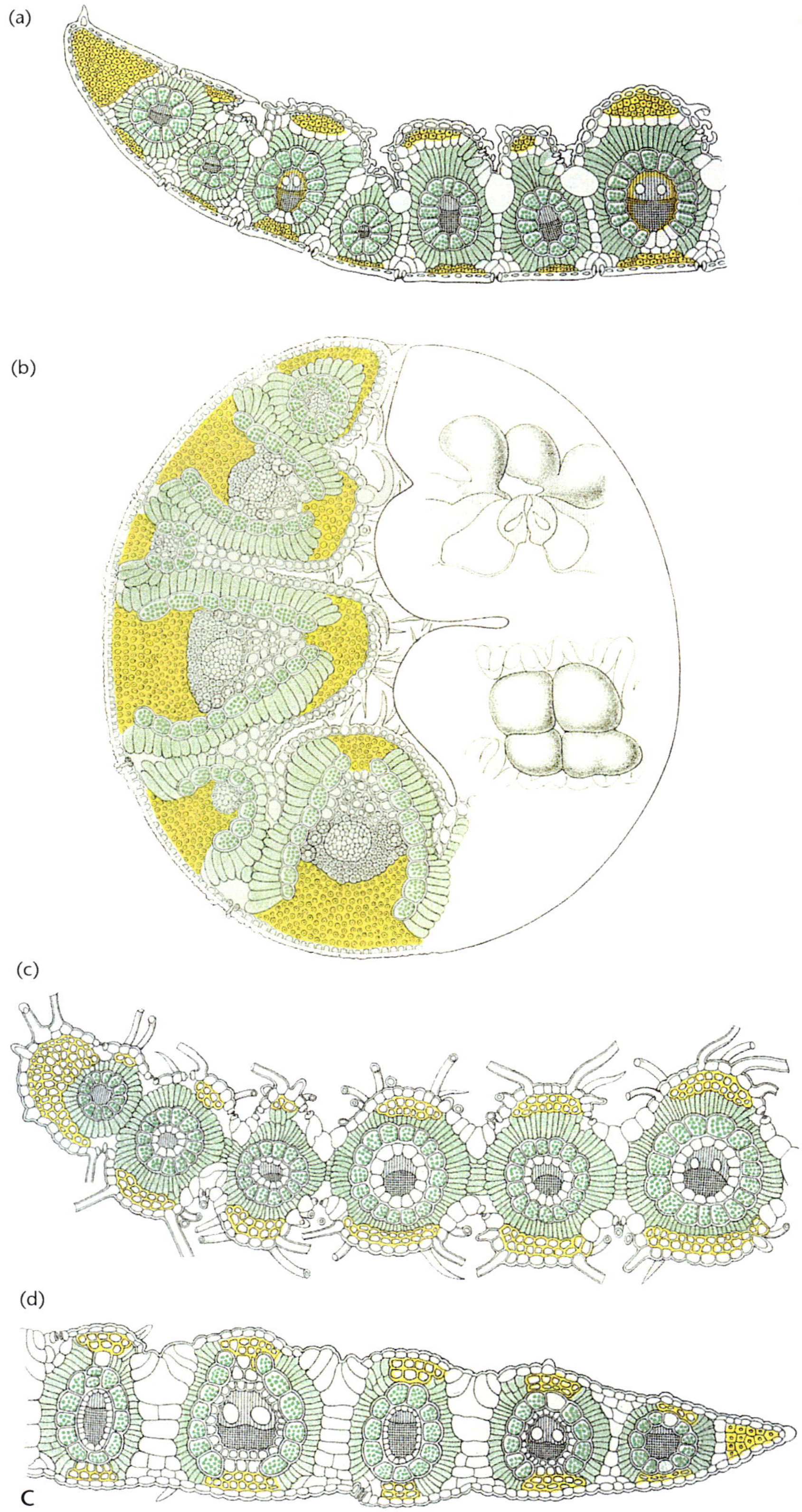

Abb. 2.4.3: A: Die CO_2-Fixierung bei C4-Pflanzen (Malat- bzw. Aspartat-Typus) im Mesophyll und in den Bündelscheiden. Man unterscheidet entsprechend der organischen Säure, die zwischen Mesophyll und Bündelscheide transportiert wird, zwischen dem Malat- und dem Aspartat-Typ, und man unterscheidet entsprechend dem Ort, an dem die Decarboxylierung stattfindet, zwischen dem NADP- und dem NAD-Typ. Beim NADP-Typ wird das CO_2 im Chloroplasten freigesetzt, wohingegen beim NAD-Typ die Decarboxylierung im Cytosol der Bündelscheidenzellen stattfindet. Rib-5P: Ribose-5-phosphat, Ru-5P: Ribulose-5-phosphat, RubP: Ribulose-1,5-bisphosphat, 3-PGA: 3-Phosphoglycerinsäure, ATP: Adenosintriphospat, ADP: Adenosindiphosphat, AMP: Adenosinmonophosphat, PEP: Phosphoenolpyruvat, OAA Oxalacetat. Gekennzeichnete Enzyme: (1) PEP-Carboxylase; (2) $NADP^+$-abhängige Malat-Dehydrogenase; (3) Malatenzym; (4) Pyruvat-Phosphat-Dikinase; (5), (6) Oxalacetat-Aspartat-Transaminase; (7) Oxalacetat decarboxylierendes Enzym; (8) Pyruvat-Alanin-Transaminase (aus Strasburger 1999). B: Schematische Darstellung von Bündelscheiden bei (a) typischen NADP-ME Arten (ME = Malatenzym), bei denen die Choroplasten an der Außenseite der Bündelscheidenzelle angeordnet sind, (b) der Gattung Aristida, die durch zwei Bündelscheidenzellen charakterisiert ist und die Chloroplasten sich an der Mittelwand der Bündelscheiden anordnen, (c) typischen NAD-ME-Arten mit großen Chloroplasten an der Mesophyll-abgewandten Zellwand nahe dem Leitbündel und der Ausbildung einer Suberinlamelle zwischen der äußeren und inneren Bündelscheide und (d) typischen PCK-Arten mit der Ausbildung einer Suberinlamelle wie bei den NAD-Arten, aber einer Anordung der Chloroplasten nahe den Mesophyllzellen (nach Hattersley 1992) C: Blätter mit C4-Stoffwechsel, erkenntlich an dem „Kranz" deutlich ausgebildeter Bündelscheidenzellen. (a) Andropogon: NADP-Typ, (b) Aristida: NADP-Typ, (c) Danthonia forskalii: NAD-ME Typ, (d) Eragrostis: PCK-Typ. Sahara (Volkens 1887). Volkens prägte den Begriff „Kranztyp" der assimilierenden Zellen. Deutlich erkennbar ist das Verhältnis von CO_2-assimilierenden Zellen zu photosynthetisch aktiven Kranzzellen (3:1) als morphologische Basis für den CO_2-Konzentrierungsmechanismus der C4-Pflanzen.

Nach anatomischen und physiologischen Merkmalen unterscheidet man unterschiedliche C4-Formen (siehe Abb. 2.4.3):

- anatomisch: Arten mit oder ohne **Kranz-Struktur** (K=Kranz; n-K= „no"-Kranz-Arten);
- physiologisch:
  - nach den Transportmetaboliten: **Malat**-(MS)- bzw. **Pyruvat**-(PS)-Arten;
  - nach den Enzymsystemen: **Malat-Enzym**-(ME)- bzw. **PEP-Carboxykinase**-(PCK)-Typ;
  - nach dem Protonen-Akzeptor: **NADP$^+$**- bzw. **NAD$^+$-abhängige** Malat-Reduktion (im Chloroplasten bzw. im Cytosol).

Die Anatomie und der Ort der Malatreduktion entscheidet darüber, ob CO_2 aus der Bündelscheide zurückdiffundiert. Im NADP-ME-Typ werden die höchsten Raten der Photosynthese erreicht (Hattersley 1992, Schulze et al. 1996). Die Vielfalt der Ausprägungen des C4-Stoffwechsels weist selbst innerhalb der Gräser auf eine polyphyletische Evolution hin (Clayton 1981).

CAM (*Crassulacean Acid Metabolism*)-Pflanzen (siehe Kapitel 1.5.3)

Schon Goethe kultivierte die Crassulacee *Kalanchoe pinnata* (früher *Bryophyllum calycinum*), weil sie sich auch in trockener Zimmerluft bewährte. Es war der Engländer Heyne, der 1815 durch den morgendlichen und abendlichen Verzehr der von Goethe empfohlenen Zimmerpflanze den Säurestoffwechsel entdeckte. Die Blätter schmeckten am Morgen sauer und am Abend süß. Ursache dafür ist ein Säurestoffwechsel, der dem C4-Stoffwechsel ähnlich ist. Die Malatbildung ist aber nicht räumlich zwischen Mesophyll und Bündelscheide, sondern zeitlich in Säurebildung in der Nacht und Decarboxylierung am Tage getrennt (Lüttge et al. 1988). Die Speicherung der über die PEP-Carboxylase gebildeten Säuren erfolgt in der Vakuole. Der Säurespei-

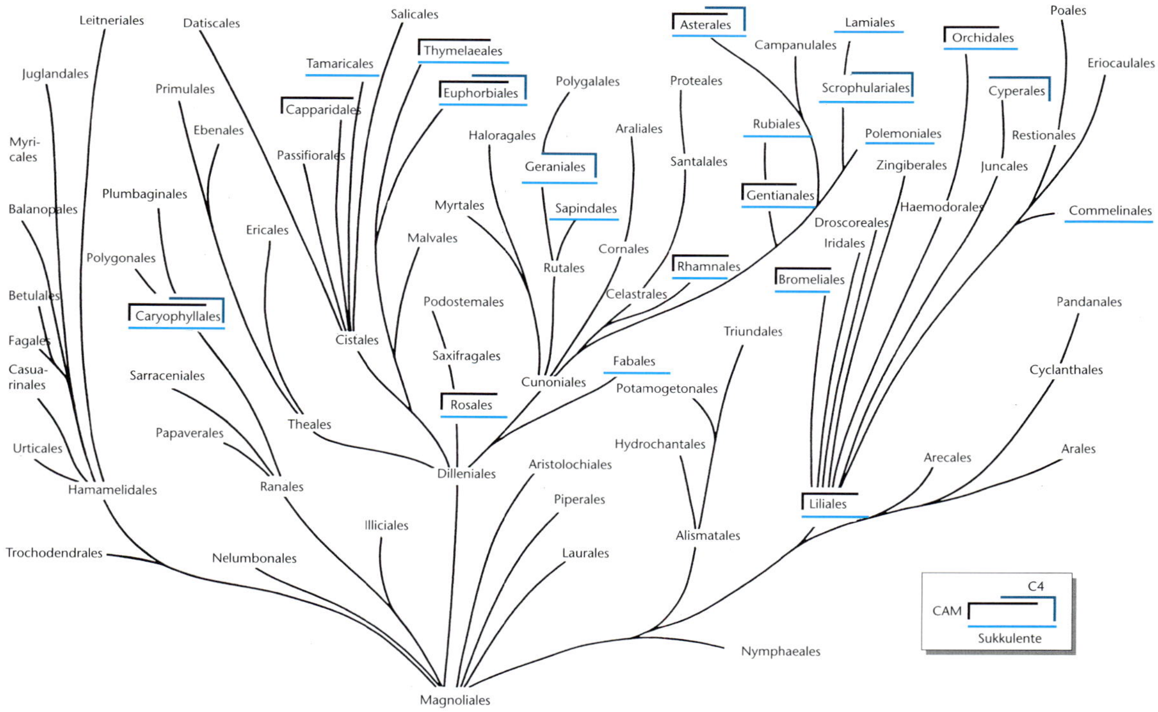

Abb. 2.4.4: Der Stammbaum der Pflanzen auf der Ebene von Ordnungen mit der Verbreitung der Sukkulenten mit C3-Stoffwechsel, der CAM-Pflanzen und der C4-Pflanzen. Man sieht die Häufung dieser Blatttypen in den taxonomisch „abgeleiteten" Gruppen, wobei in einigen Ordnungen alle drei Anpassungen zusammen auftreten (Evans 1972).

cher ist damit auch begrenzend für die C-Bilanz und somit für die Stoffproduktion. Dieser Stoffwechselweg ist ausgeprägt bei den Sukkulenten (Pflanzen mit hohem Wassergehalt/Trockengewicht bzw. hohem Wassergehalt/Volumen) der Wüstengebiete der Erde und bei Epiphyten der tropischen Vegetation (siehe Abb. 2.4.4). Der CAM-Weg hilft der Pflanze, Transpirationsverluste zu vermeiden, da die Assimilation nachts erfolgt, wenn die Einstrahlung am geringsten ist. Wegen der CO_2-Fixierung bei Nacht ist die PEP-Carboxylase der meisten CAM-Pflanzen an niedrige Temperaturen angepasst (kühle Küstenwüsten der Erde, z. B. in Chile, Namibia, Niederkalifornien), wobei aber der C3-Stoffwechsel bei hohen Temperaturen am Tage erfolgt. Die Raten der C-Fixierung sind aber begrenzt durch die Kapazität der Vakuole, Malat zu speichern.

Aus der geografischen und taxonomischen Verbreitung der C4- und CAM-Arten wird deutlich, dass es sich um relativ junge evolutive Entwicklungen handelt, die in verschiedenen Teilen der Erde und in verschiedenen, nicht verwandten Pflanzenstämmen parallel als Reaktion auf sich ändernde klimatische Bedingungen auftraten (Abb. 2.4.4).

2.4.1.3 Photosynthese-Modelle und Berechnung des $^{13}C/^{12}C$-Verhältnisses (Beitrag von A. Arneth)

Die Prozesse, die bei der CO_2-Fixierung in Blättern der C3-Pflanzen stattfinden, wurden von Farquhar et al. (1980) mathematisch beschrieben. Dieses **Photosynthese-Modell** basiert auf den biochemischen Umsetzungen und berücksichtigt dabei drei interagierende metabolische Stoffumsetzungen:

- die photosynthetische C-Reduktion,
- die photorespiratorische Oxidaton,
- den Gewinn an chemischer Energie (Reduktionsäquivalente, ATP) durch Photosynthese.

Das Modell basiert auf der Kinetik der Carboxylierung im Chloroplasten unter Berücksichtigung des Carboxylase-Oxigenase-Potentials von Rubisco. Gleichzeitig verbindet das Modell die Rubisco-Kinetik mit der Stöchiometrie des Elektronentransportes und dem NADPH-Bedarf. Im Folgenden werden nur einige der wichtigsten Zusammenhänge dargestellt. Im Übrigen wird für die Herleitung des Modells auf Farquhar et al. (1980) verwiesen. Siehe auch Farquhar und von Caemmerer (1982) und Farquhar und Lloyd (1993).

Die Rate der CO_2-Assimilation kann dargestellt werden als das Minimum von zwei voneinander abhängigen Prozessen, nämlich der Rubisco-Limitierung (A_v) oder der RubP-Regeneration (A_J), die wiederum vom Elektronentransport begrenzt wird.

$$A = \min\{A_J, A_v\} \qquad (2.4.8)$$

1. Die Rubisco-limitierte bzw. RubP-saturierte Rate A_v

In Kenntnis der photosynthetischen C-Reduktion und der Photorespiration kann die CO_2-Assimilationsrate im Stroma des Chloroplasten beschrieben werden als

$$A_v = V_c\,(1-0{,}5\,V_o/V_c) - R_{mit} \qquad (2.4.9)$$

Dabei ist V_c die Rate der RubP-Carboxylierung, V_o die Rate der RubP-Oxygenierung und R_{mit} die Rate der Mitochondrien-Atmung im Licht. Diese Gleichung berücksichtigt, dass die photorespiratorische Oxidation 0,5 mol CO_2 pro mol Oxygenierung verliert und damit die Rate der Netto-C-Fixierung sinkt. V_c und V_o können mathematisch beschrieben werden in Abhängikeit von der jeweiligen maximalen Rate der Enzymsysteme (V_{cmax}, V_{omax}), die in folgender Weise gehemmt werden durch die Präsenz von O_2 bzw. CO_2 :

$$V_c = V_{cmax}\, pC_c/(\, pC_c + K_c\,(1+pO/K_o)) \text{ und}$$
$$V_o = V_{omax}\, pO/\,(\, pO + K_o\,(1+pC_c/K_c)) \qquad (2.4.10)$$

wobei K_c und K_o die Michaelis-Menten-Konstanten für die **Carboxylierung und Oxygenierung** und pO und pC_c die Partialdrucke von Sauerstoff und CO_2 im Chloroplasten kennzeichnen.

Das Verhältnis der Aktivitäten (φ) der Oxygenase- und der Carboxylase-Leistung der Rubisco ist

$$\varphi = V_o/V_c = V_{omax}\, K_c\, pO/(V_{omax}\, K_o\, pC_c) \qquad (2.4.11)$$

und dies reduziert sich bei $R_d = 0$ auf

$$\varphi = 2\,\Gamma^* / pC_c \qquad (2.4.12)$$

wobei Γ^* den photosynthetischen Kompensationspunkt in Abwesenheit von Mitochondrien-Atmung und R_d die Dunkelatmung darstellt.

Diese allgemeinen biochemischen Gleichungen können zur Berechnung der **Rubisco-limitierten Rate der CO_2-Assimilation**, A_v, wie folgt aufgelöst werden:

$$A_v = V_c\,(1 - \Gamma^*/pC_c) - R_d$$

$$A_v = V_{cmax}\,[(pC_c - \Gamma^*)/(pC_c + K_c\,(1 + pO/K_o))] - R_d \qquad (2.4.13)$$

K_c, K_o und Γ^* sind temperaturabhängige Größen (Harley et al. 1986, Kirschbaum und Farquhar 1984, von Caemmerer et al. 1994). Bei 20 °C ist der numerische Wert von K_c = 30,2 Pa (CO_2), K_o = 25,6 kPa (O_2) und Γ^* = 3,46 Pa. V_{cmax} ist nicht nur temperaturabhängig, sondern V_{cmax} hängt auch ab von der Pflanzenart, dem Ernährungszustand und dem Lichtklima.

2. Die RubP-regenerationsabhängige und Elektronentransport-limitierte Rate A_J

Eine kontinuierliche Rate der CO_2-Reduktion oder Oxygenase-Aktivität erfordert eine adäquate und gleichermaßen kontinuierliche Versorgung mit RubP, das regeneriert wird über den Pentosephosphat-Kreislauf oder den photorespiratorischen C-Oxidations-Kreislauf. Beide Prozesse verbrauchen ATP und NADPH. Die Stöchiometrie, die an dieser Stelle berücksichtigt werden muss, ist komplex. Sie berücksichtigt die PGA (Phosphoglycerat)-Produktion, die Rate des NADPH- und ATP-Verbrauchs und die Zahl der Elektronen, die benötigt werden, um die Redoxäquivalente und ATP zu produzieren. Dies ist wiederum abhängig sowohl von dem linearen Elektronentransport von PS I und PS II als auch vom cyclischen Elektronentransport. Es kann gezeigt werden, dass in der Summe dieser Prozesse gilt

$$J' = J/\,(4{,}5 + 10{,}5\,\Gamma^*/pC_c) \qquad (2.4.14)$$

wobei J' die maximale Carboxylierungsgeschwindigkeit ist, die ein potentieller Elektronentransport unterhält. J ist die potentielle Rate des linearen Elektronentransportes. Daraus folgt die **Rubisco-limitierte Rate der CO_2-Assimilation, A_J**

$$A_J = J/4\,(pC_c - \Gamma^*)/(pC_c + 2\Gamma^*) - R_d \qquad (2.4.15)$$

wobei J die Rate des Elektronentransportes darstellt. J steigt hyperbolisch mit dem Licht (Q) an

$$J = (Q + J_{max} - \mathrm{SQRT}\,\{(Q + J_{max})^2 - 4\Theta\,Q\,J_{max})\}/(2\Theta) \qquad (2.4.16)$$

wobei Θ den Krümmungsfaktor der hyperbolischen Funktion beschreibt. Ähnlich wie V_{cmax} hängt auch J_{max} ab von der Temperatur und den übrigen Wuchsbedingungen. In der Praxis wird die Temperaturabhängigkeit von V_{cmax} und J_{max} experimentell ermittelt durch eine Regression der Photosynthese-Leitfähigkeit-Abhängigkeit, die unter dem zu untersuchenden Bereich der Klimabedingungen gemessen wird.

3. Die Versorgung von CO_2 durch die Stomata

Die zuvor beschriebenen Beziehungen können nur angewendet werden, wenn die Versorgung mit CO_2 im Chloroplasten bekannt ist. Die CO_2-Versorgung im Blatt ist ein **Diffusionsprozess,** der begrenzt wird durch die Leitfähigkeit der Stomata (g). Gleichung 2.4.8 kann auch geschrieben werden als **Diffusions-Limitierung der CO_2-Assimilation, A**

$$A = g\,(pC_a - pC_c)/P \qquad (2.4.17)$$

wobei pC_a den CO_2-Partialdruck in der Luft, die das Blatt umgibt, beschreibt und P den Luftdruck kennzeichnet. Beachte, dass die CO_2-Konzentration in der Nähe des Blattes auch von den Grenzschichtbedingungen der Vegetation abhängt (Kapitel 2.2.4).

Die modellmäßige Berechnung der Photosynthese erfordert die gleichzeitige Lösung der Gleichungen 2.4.8 und 2.4.17. Leider gibt es bislang kein Modell, das die Reaktionen der Stomata auf einer entsprechenden biochemischen Gundlage beschreibt wie die Carboxylierung. Um die Gleichungen 2.4.8 und 2.4.17 zu lösen, wird ein Satz von Gleichungen erzeugt, der die Reaktion der Stomata empirisch bestimmt, gekoppelt an das Photosynthese-Modell. g ist dabei eine Funktion von Luftfeuchte, Temperatur, Licht, Bodenwasser, atmosphärischem CO_2 und anderen Wuchsfaktoren, sofern diese die Stomata beeinflussen (Arneth et al. 2001, Jarvis 1976, Leuning 1995, Lloyd et al. 1995b).

Obgleich die Gleichungen von Farquhar et al. (1980) ursprünglich allein die zellulären Prozesse beschreibt, kann dieses Modell auch angewendet werden auf ganze Blätter, ganze Pflanzen und ganze Ökosysteme (Arneth et al. 1999, dePury und Farquhar 1999, Leuning et al. 1998, Lloyd et al. 1995a).

In Abhängigkeit von der Fragestellung erfordert die erfolgreiche Benutzung des Modells nicht nur Information über V_{cmax} und J_{max}, sondern auch Kenntnisse über den Ernährungszustand, die Lichtverteilung im Bestand und die Wasserversorgung aus dem Boden.

4. $^{13}C/^{12}C$-Diskriminierung

Das von Farquhar et al. (1980) entwickelte Photosynthese-Modell kann auch verwendet werden, um die Diskriminierung gegen ^{13}C im Prozess der Photosynthese zu modellieren. Die wichtigsten Prozesse, die zur Diskriminierung von ^{13}C gegenüber ^{12}C in Blättern beitragen, sind die unterschiedlichen Diffusionsraten von $^{12}CO_2$ und $^{13}CO_2$ und die Fraktionierung, die mit der Carboxylierung der Rubisco verbunden ist. Das **Kohlenstoff-Isotopenverhältnis (R_p)** wird nach Farquahr et al. (1989) bestimmt durch

$$R_p = {}^{13}A/{}^{12}A \qquad (2.4.18)$$

wobei ^{13}A und ^{12}A die Assimilationsraten für $^{13}CO_2$ und $^{12}CO_2$ sind. Definitionsgemäß ist der Isotopeneffekt der Carboxylierung (1+b) und daraus folgt

$$R_i/R_p = 1+b \qquad (2.4.19)$$

wobei R_i das Isotopenverhältnis des interzellularen CO_2 darstellt und b im Falle von C3-Pflanzen (für C4-Pflanzen siehe unten) die Netto-Fraktionierung während der Carboxylierung kennzeichnet, die primär von Rubisco bestimmt wird (27 ‰).

R_i kann aus Gleichung 2.4.17 berechnet werden, denn der kinetische Isotopeneffekt für die Diffusion entspricht dem Verhältnis der Diffusivitäten von $^{12}CO_2$ und $^{13}CO_2$ in Luft:

$$^{13}A = g\,(R_a\, pC_a - R_i\, pC_c)/\,[(1+a)\,P]$$

wobei, entsprechend zu 2.4.19, $1+a = g/{}^{13}g$ ist und a die Fraktionierung durch Diffusion in Luft beschreibt (4,4 ‰).

Diese Gleichungen können verbunden und angeordnet werden zu

$$\alpha = 1 + \Delta = \frac{R_a}{R_p} = (1+a)\,\frac{pC_a - pC_c}{pC_a} + (1+b)\,\frac{pC_c}{pC_a}$$

und

$$\Delta = a\,\frac{pC_a - pC_c}{pC_a} + b\,\frac{pC_a}{pC_c} = a + (b-a)\,\frac{pC_c}{pC_a} \qquad (2.4.20)$$

Die Gleichungen für den **Diskriminierungskoeffizienten Δ** gelten nur für C3-Pflanzen. Die Diskriminierung ist in C4-Pflanzen deutlich komplizierter wegen der höheren Affinität der PEP-Carboxylase für CO_2 und da die Umwandlung von CO_2 in HCO_3^- bei C4-Pflanzen berücksichtigt werden muss. Im Gleichgewicht befindet sich mehr ^{13}C in HCO_3^-. Obgleich die effektive Diskriminierung der PEP-Carboxylase etwa –5,7 ‰ beträgt, geht ein bestimmter Anteil des CO_2 (φ) durch Rückdiffusion und Durchlässigkeit der Bündelscheidenzellen wieder verloren. Dies trägt zur Diskriminierung der Rubisco in den Bündelscheiden bei. Der Gesamteffekt der **Diskriminierung bei C4-Pflanzen** ist wie folgt:

$$\Delta = a + (b4 + b\varphi - a)\; pC_c/pC_a \qquad (2.4.21)$$

Der numerische Wert von (b4 + bφ) ist kleiner als von b. Er kann positiv sein, 0 ergeben oder negativ sein, in Abhängigkeit von der Durchlässigkeit φ. Δ in C4-Pflanzen kann daher positiv, gar nicht oder negativ von pC_c/pC_a abhängen.

Die hier dargestellten Gleichungen können verwendet werden, um gemessene $^{13}C/^{12}C$-Verhältnisse in Pflanzenmaterial hinsichtlich der Wirkung bestimmter Klimabedingunen und Wuchsbedingungen zu interpretieren. Zum Beispiel kann man aus Messungen des $^{13}C/^{12}C$-Wertes in Pflanzenmaterial einen zeitintegrierten Wert von pC_c/pC_a berechnen (Gleichung 2.4.20). Alternativ kann pC_c/pC_a aus den klimatischen Bedingungen, der Photosynthesekapazität und dem Elektronentransport (Gleichung 2.4.8 bis 2.4.18) berechnet werden. Durch Vergleich der berechneten mit den gemessenen Werten in Jahrringen von Holz kann man auf die langfristige Wirkung erhöhter CO_2-Konzentration auf die Leitfähigkeit der Stomata schließen (Arneth et al. 2002).

Kasten 2.4.1 Zusammenfassung: Photosynthese

- Die **Nettophotosynthese** ist die Bilanz aus der Rate der CO_2-Fixierung im Chloroplasten und den gleichzeitig im Blatt ablaufenden Atmungsprozessen (lichtinduzierte Atmung) und Mitochondrienatmung sowohl von den assimilierenden als auch den nicht-assimilierenden Zellen.
- Die **mesophyllinterne CO_2-Konzentration** zeigt die Bilanz zwischen CO_2-verbrauchenden Prozessen und der Nachlieferung von CO_2 über die Stomata. Das Verhältnis C_i/C_a liegt je nach Pflanzenart und Wuchsbedingungen bei etwa 0,7 bis 0,8. C_i ist ein empfindlicher Indikator sowohl für Änderungen der stomatären Leitfähigkeit als auch für Änderungen der physiologischen Kapazität beteiligter Enzyme.
- Für Zwecke der Stoffbilanz kann die **CO_2-Assimilation als Diffusionsprozess** beschrieben werden.
- Es gibt im Pflanzenreich unterschiedliche Wege der CO_2-Fixierung:
  - **C3-Pflanzen** (95 % der Pflanzenarten) zeigen als erstes Produkt der CO_2-Reduktion einen C3-Körper (PGS). Diese Arten haben einen CO_2-Kompensationspunkt, der von der lichtinduzierten Atmung bestimmt wird. Das Temperaturoptimum liegt zwischen 20 und 30 °C.
  - **C4-Pflanzen** (ca. 2 % der Pflanzenarten) binden CO_2 mit der PEP-Carboxylase zu einer organischen Säure (C4-Gerüst), die in der Bündelscheide decarboxyliert wird. Das freigesetzte CO_2 wird anschließend im C3-Weg reduziert. Der Vorteil dieses Weges liegt in einer Aufkonzentrierung von CO_2 in den Bündelscheidenzellen (1 000 ppm) und in einer Refixierung des Atmungs-CO_2. C4-Pflanzen können bei gleicher Rate der Nettophotosynthese die Stomata enger geschlossen halten als C3-Pflanzen. C4-Pflanzen sind an aride Subtropen mit Temperaturen über 30 °C angepasst. Die Kulturpflanze Mais ist eine C4-Pflanze.
  - **CAM-Pflanzen** (ca. 3 % der Pflanzenarten) sind den C4-Pflanzen biochemisch ähnlich, in diesem Falle ist aber die CO_2-Fixierung und -Verarbeitung nicht wie bei den C4-Pflanzen räumlich, sondern zeitlich getrennt in eine nächtliche CO_2-Aufnahme und -Bindung in Säuren und eine am Tag stattfindende CO_2-Verarbeitung. Mit der nächtlichen CO_2-Aufnahme haben diese Pflanzen einen sehr geringen Wasserverbrauch. CAM-Pflanzen sind im Allgemeinen angepasst an niedrige Nachttemperaturen und hohe Tagestemperaturen. Die Stoffproduktion ist begrenzt durch die Speicherkapazität der Vakuole für Säuren.
- Es gibt **mathematische Modelle**, die den Prozess der Photosynthese auf biochemischer Basis der Carboxylase- und RubP-Limitierung beschreiben. In Verbindung mit der Isotopendiskriminierung von ^{13}C gegenüber ^{12}C kann auf die Klimabedingungen im Wuchsgebiet geschlossen werden bzw. das Wuchsklima rekonstruiert werden.

2.4.2 Spezifische Blattfläche, Stickstoffgehalt und Photosynthesekapazität

2.4.2.1 Spezifische Blattfläche

Die **spezifische Blattfläche** bezeichnet das Verhältnis von projizierter Blattfläche zu Blattgewicht ($m^2\ kg^{-1}$). Sie ist ein empfindlicher Indikator für eine Reihe von ökologischen Prozessen und Anpassungen. Die spezifischen Blattflächen der Assimilationsorgane von Pflanzen unterscheiden sich bis um den Faktor 5. Einjährige Kulturpflanzen erreichen 23,6 $m^2\ kg^{-1}$ Blattfläche im Gegensatz zu 4,1 $m^2\ kg^{-1}$ bei den immergrünen Koniferen. Diese Unterschiede sind

- **evolutiv** bedingt, d. h. den Pflanzen ist es im Laufe der Entwicklungsgeschichte im Konkurrenzkampf mit anderen Arten gelungen, immer größere Blattflächen pro investierter Trockenmasse gegenüber dem Licht zu exponieren und diese dünnen Blätter optimal mit N zu versorgen (hohe N-Konzentrationen);
- **modifikativ** bedingt, d. h. die Standortfaktoren, insbesondere die Versorgung mit Wasser und Stickstoff, bewirken in Verbindung mit dem Lichtklima Veränderungen in der spezifischen Blattfläche.

Die spezifische Blattfläche hat eine Reihe ökologisch wichtiger Konsequenzen. Sie beeinflusst:

- die **Elastizität** der Blätter und damit die Fähigkeit, Trockenheit und andere Stresssituationen zu ertragen; damit ist nicht gesagt, ob die Standortfaktoren die Blattstruktur bestimmen oder ob Arten mit bestimmten Blattstrukturen derartige Standorte besiedeln;

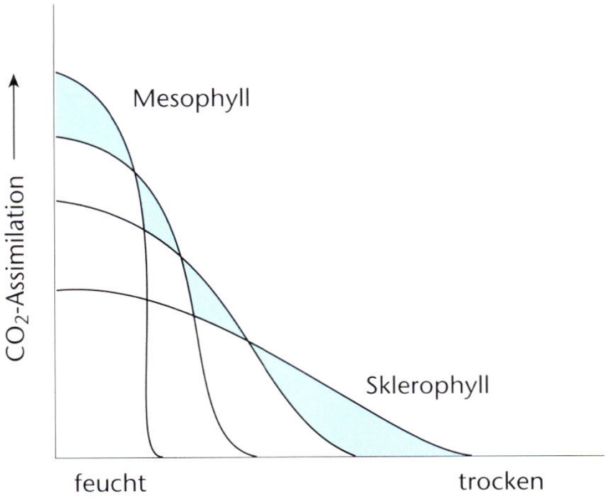

Abb. 2.4.5: *Schematische Darstellung der Abhängigkeit der CO_2-Assimilation vom Bodenwasserzustand mit der Nischenbildung für Arten, die empfindlich bzw. resistent gegen Austrocknung sind. Empfindliche Arten haben höhere Raten der CO_2-Assimilation als resistente Arten bei guter Wasserversorgung. Die empfindlichen Arten schränken aber den CO_2-Austausch bereits bei geringer Bodenaustrocknung ein, sodass in diesem Bereich die resistenten Arten dominieren (nach Orians und Solbrig 1977).*

- die Packungsdichte (**Konzentration**) von Nährelementen, insbesondere Stickstoff (38,4 mg N g^{-1} in Kulturpflanzen und 11 mg N g^{-1} in Koniferen);
- das Verhältnis von assimilierenden Zellen zu transpirierender Oberfläche (**A/E-Verhältnis**).

Im Allgemeinen weisen Arten mit hoher spezifischer Blattfläche eine höhere metabolische Aktivität auf als Arten mit geringer spezifischer Blattfläche. In den verschiedenen Habitaten der Erde kommt es durch diesen Faktor zu einer Differenzierung der Vegetation: Arten mit hoher spezifischer Blattfläche sind Opportunisten (Ruderalpflanzen), die neue Standorte und Standorte mit hohem Ressourcenangebot besiedeln. Im Gegensatz dazu besiedeln Pflanzen mit niedriger spezifischer Blattfläche die weniger günstigen Standorte. Beide Gruppen besiedeln diese Standorte nicht etwa, weil sie auf günstigen Standorten nicht wachsen könnten (Ausnahmen unter den stresstoleranten Arten sind möglich: z. B. obligate Salzpflanzen), sondern weil sie im Allgemeinen von den günstigen Standorten „verdrängt“ werden und dort absterben. Es sind andere Mechanismen, z. B. Schattentoleranz und Keimung, die dazu führen, dass sich in der Sukzession Arten mit geringer Reproduktion letztendlich durchsetzen (siehe Kapitel 4.3).

Orians und Solbrig (1977) formalisierten diese Beobachtung in einer **Kosten/Nutzen-Analyse** der Anpassung von Pflanzen auf einem Gradienten zunehmender Trockenheit (Abb. 2.4.5). Das Modell geht davon aus, dass alle Arten an einem gut bewässerten Standort leben könnten. Arten, die besonders viel CO_2 assimilieren, sind auch weniger stresstolerant, d. h. sie haben eine hohe Blattfläche pro Trockengewicht und sind damit empfindlich gegen Austrocknung. Bei ihnen sinkt die CO_2-Assimilation bereits bei geringer Austrocknung des Bodens ab. Im Gegensatz dazu besitzen Arten mit niedrigen CO_2-Assimilationsraten im Allgemeinen auch Blätter, die eine geringe Blattfläche pro Trockengewicht aufweisen und damit in stärkerem Maß Trockenstress ertragen. Diese Arten erreichen dafür auch unter optimalen Bedingungen nicht so hohe Raten der CO_2-Assimilation wie die weniger stresstoleranten Arten, aber sie können noch CO_2 assimilieren, wenn nicht stresstolerante Arten bereits keine Nettophotosynthese mehr zeigen.

Offensichtlich ist die **spezifische Blattfläche** ein wesentlicher Parameter als Reaktion auf günstige und ungünstige Bedingungen wie auch als konstitutives Merkmal von Arten (krautige Annuelle gegenüber Koniferen), das die Rate der CO_2-Assimilation mitbestimmt. Die Beziehung zwischen spezifischer Blattfläche (m^2 kg^{-1}) und Nährstoff (Stickstoff)-Konzentration im Blatt sind linear (Abb. 2.4.6 A, Schulze et al. 1994). Gleichzeitig besteht eine enge Beziehung zwischen CO_2-Assimilation und N-Konzentration (Abb. 2.4.6 B), wobei entsprechend den Modellvorstellungen von Orians und Solbrig (1977) Arten mit hoher maximaler CO_2-Assimilation gegenüber N-Mangel empfindlicher reagieren als Arten mit geringer Photosynthesekapazität. Offensichtlich kostet die Investition zum Ertragen von N-Mangel (hohes Trockengewicht pro Blattfläche) physiologische Aktivität.

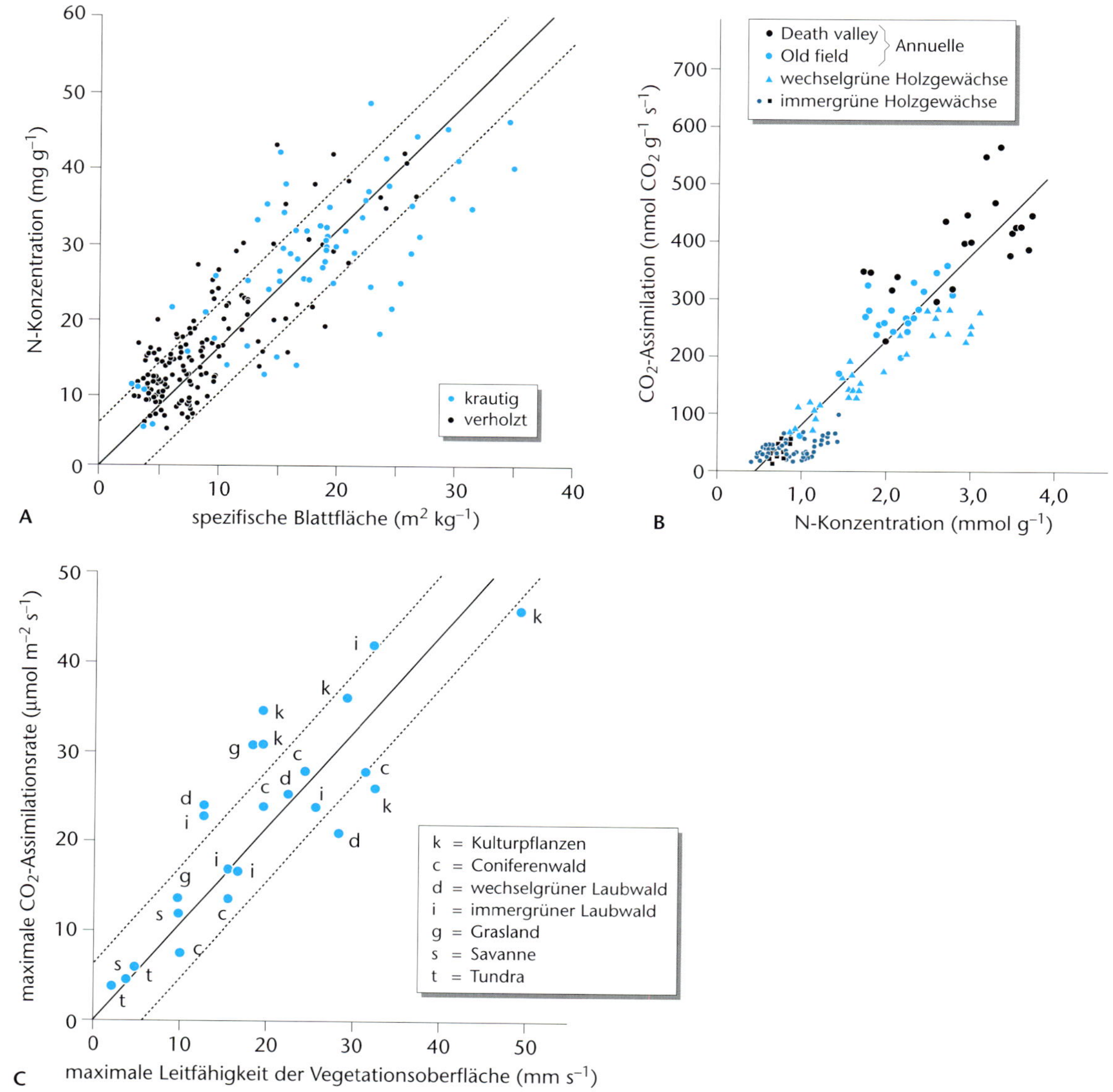

Abb. 2.4.6: A: Die Korrelation von N-Konzentration (mg g^{-1}) im Blatt und der spezifischen Blattfläche (m^2 kg^{-1}) für krautige und verholzende Arten aus allen Klimaregionen der Erde (Schulze et al. 1994). B: Die Abhängigkeit der maximalen Raten der CO_2-Assimilation von der N-Konzentration im Blatt (Field and Mooney 1986) C: Die Korrelation zwischen maximaler CO_2-Assimilationsrate (A_{max}) und maximaler Leitfähigkeit der Vegetationsoberfläche. Die Messpunkte repräsentieren in diesem Fall Messungen auf einzelnen Versuchsstandorten in den verschiedenen Vegetationszonen. Die niedrigsten Werte stammen aus der Tundra, der höchste Wert aus einem Weizenacker. Der zweithöchste Wert ergab sich in einer Baumplantage mit Hevea brasiliensis (Schulze et al. 1994).

2.4.2.2 Maximale Raten der CO_2-Assimilation

Da sowohl die Abgabe von Wasser als auch die Aufnahme von CO_2 über die Stomata erfolgen (und damit ein funktioneller Zusammenhang zwischen der stomatären Leitfähigkeit und der Photosyntheserate besteht) (siehe Kapitel 2.2.3), mag es nicht erstaunen, dass die **maximale CO_2-Assimilation** einer Vegetationsdecke (A_{max}) linear mit der maximalen Oberflächenleitfähigkeit für den Transport von Wasserdampf korreliert ist (Abb. 2.4.6 C). Diese

Funktion ist wichtig für globale Modelle des Kohlenstoffhaushalts, denn sie erlaubt eine Abschätzung der maximalen Umsätze von CO_2 und Wasserdampf. Zwischen E_{max} (maximale Transpiration) und A_{max} (maximale Assimilation) besteht keine entsprechende Korrelation, denn die Transpiration hängt von sehr variablen meteorologischen Bedingungen ab (Wasserdampfsättigungsdefizit, Strahlung; siehe Kapitel 2.2.4), wohingegen die maximale Rate der Photosynthese im Wesentlichen von der kurzfristig relativ konstanten CO_2-Konzentration der Atmosphäre bestimmt wird. Die maximalen Raten der CO_2-Assimilation sind unterschiedlich für verschiedene Vegetationstypen. Letztlich bleibt aber eine derartige Klassifikation künstlich, denn es gibt viele Übergänge hinsichtlich der Stickstoffkonzentration und der Assimilationsrate des Blattes auch innerhalb eines Vegetationstyps. Unter Berücksichtigung der weitgehend bekannten Abhängigkeit der CO_2-Assimilation von klimatischen und standörtlichen Faktoren ist es möglich, anhand der maximalen Raten der CO_2-Assimilation die tatsächliche Rate der CO_2-Assimilation abzuschätzen.

Die engen Beziehungen zwischen Blattmorphologie, Nährstoffversorgung und physiologischer Aktivität zeigen ein breites Kontinuum. Dennoch kann man für die extremen Bereiche verallgemeinern, dass auf ressourcenarmen und extremen Standorten solche Arten erfolgreich sind, die Strukturen zum Schutz der Assimilationsorgane gegen standortspezifischen Stress haben. Dies hat aber zur Folge, dass die metabolische Aktivität (gemessen an der Rate pro Blattfläche) auf ein niedriges Niveau

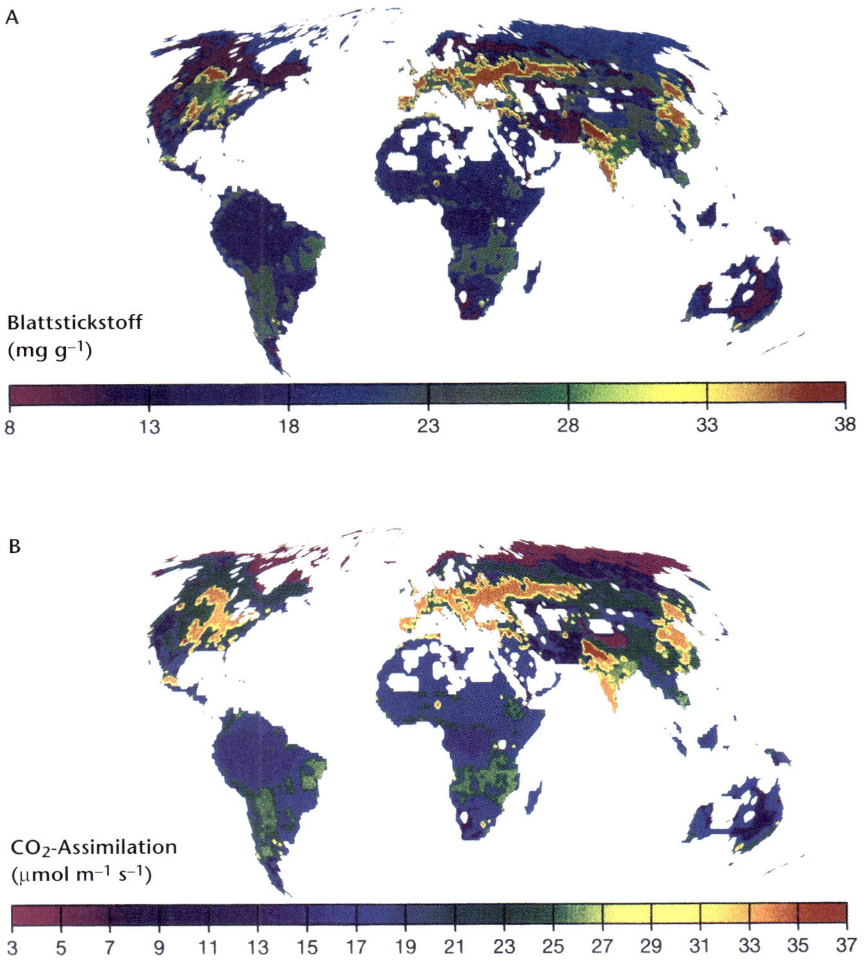

Abb. 2.4.7: A: Die globale Verbreitung der N-Ernährung gemessen an Blatt-N-Konzentrationen und B: die globale Verbreitung der maximalen Rate der CO_2-Assimilation. Die Karten basieren auf den Korrelationen entsprechend Abb. 2.4.6 und der globalen Verbreitung von Vegetationstypen. Ausgangsgröße ist die spezifische Blattfläche; aus dieser werden die N-Konzentrationen ermittelt, die dann als Basis zur Ermittlung von A_{max} dienen.

sinkt. Letztlich gilt das ökonomische Prinzip der ***diminishing returns*** (des abnehmenden Gewinns bei steigenden Aufwendungen) bei der Besiedlung extremer Standorte.

Aus diesen Relationen zwischen Blattmorphologie, Ernährung und CO_2-Assimilation ist es nunmehr möglich, unabhängig von der Pflanzenart und den gemessenen Standortbedingungen die Photosynthesekapazität global darzustellen, da als bestimmende Messgrößen nur noch die spezifische Blattfläche und die N-Versorgung einfließen (Abb. 2.4.7). Beide Größen sind im Unterschied zu anderen Messgrößen wie der stomatären Leitfähigkeit oder der C-Assimilation relativ einfach zu bestimmen. Hinsichtlich der N-Konzentration in den Blättern fallen die landwirtschaftlich genutzten Gebiete der Erde in Nordamerika, Europa, Indien und Ostasien durch hohe N-Konzentrationen auf. Die übrigen Teile der Kontinente sind global durch N-Mangel charakterisiert. Es korreliert damit die Photosynthesekapazität auf der Erde mit potentiell maximalen Raten in den landwirtschaftlich genutzten Gebieten und niedrigen Raten auf den übrigen Flächen.

Die physiologische Differenzierung in C3-, C4- und CAM-Pflanzen verliert bei der globalen Betrachtung der CO_2-Assimilation an Bedeutung. Gifford (1974) wies eindrucksvoll nach, dass die Unterschiede zwischen C3- und C4-Photosynthese, die auf der Ebene des Chloroplasten sehr deutlich sind, zunehmend verschwinden, wenn man die Gesamtpflanze betrachtet oder auf die Ebene des Bestandes geht. Trotz dieser Einschränkung hat die Physiologie des C3- und C4-Stoffwechselweges sowohl erdgeschichtlich als auch rezent erhebliche Bedeutung auf die geografische Verbreitung der entsprechenden Arten (Ehleringer und Cerling 2001; siehe Kapitel 2.4.4 und Abb. 2.4.20)

Kasten 2.4.2 Zusammenfassung: Interaktionen zwischen spezifischer Blattfläche, Stickstoffversorgung und Photosynthese

- Eine wesentliche steuernde Größe für die photosynthetische Aktivität eines Blattes ist die **spezifische Blattfläche**. In der Evolution gelang es Pflanzen, eine immer größere Blattfläche pro Trockengewicht gegenüber dem Licht zu exponieren. Dies ist verbunden mit höherer Transpiration, und daher erfordert diese Anpassung eine Umstellung des gesamten Organismus hinsichtlich Leitgewebe und Wurzel (siehe Kapitel 2.4.4). Es gibt ein Kontinuum von Blatttypen zwischen den krautigen Dicotylen als einem Extrem zu den Nadeln der Koniferen oder den Phyllodien der australischen *Acacia*-Arten als anderem Extrem.
- Da die **Stickstoffkonzentration** eines Blattes mit der spezifischen Blattfläche und die Rate der Nettophotosynthese mit der N-Konzentration im Blatt korreliert, ergibt sich die Möglichkeit, die CO_2-Assimilation auf globaler Ebene mit der spezifischen Blattfläche als Eingangsvariable zu modellieren.
- In vielen Fällen ist hohe **physiologische Aktivität** mit geringer Stresstoleranz korreliert, wohingegen geringe physiologische Aktivität bei stresstoleranteren Arten auftritt. Die spezifische Blattfläche, N-Konzentration und maximale CO_2-Assimilation differenzieren zu einem großen Maße das Vorkommen bestimmter Blattformen und Pflanzenarten auf der Erde.

2.4.3 Die Reaktion der Photosynthese auf Standortfaktoren

Verschiedene Bedingungen an einem Standort entscheiden darüber, inwieweit A_{max} tatsächlich als **mittlere CO_2-Assimilationsrate** genutzt werden kann. Dazu zählen insbesondere:

- **klimatische Faktoren:** primär das verfügbare Licht, das über zwei Größenordnungen variiert (0,5 mol Photonen m^{-2} Tag^{-1} am Boden eines tropischen Urwalds und 50 mol Photonen m^{-2} Tag^{-1} in einem tropischen Grasland), die Temperatur und die Luftfeuchte;
- **edaphische Faktoren:** primär die Ernährung und die Verfügbarkeit von Wasser (ohne Transpiration keine Assimilation);
- **zeitabhängige Faktoren:** insbesondere die Dauer der Vegetationsperiode und das Blattalter.

Die klimatischen Faktoren bewirken sowohl kurzfristige, meist reversible Reaktionen als auch langfristige, nicht reversible Veränderungen, wohingegen die edaphischen Faktoren nur langfristig

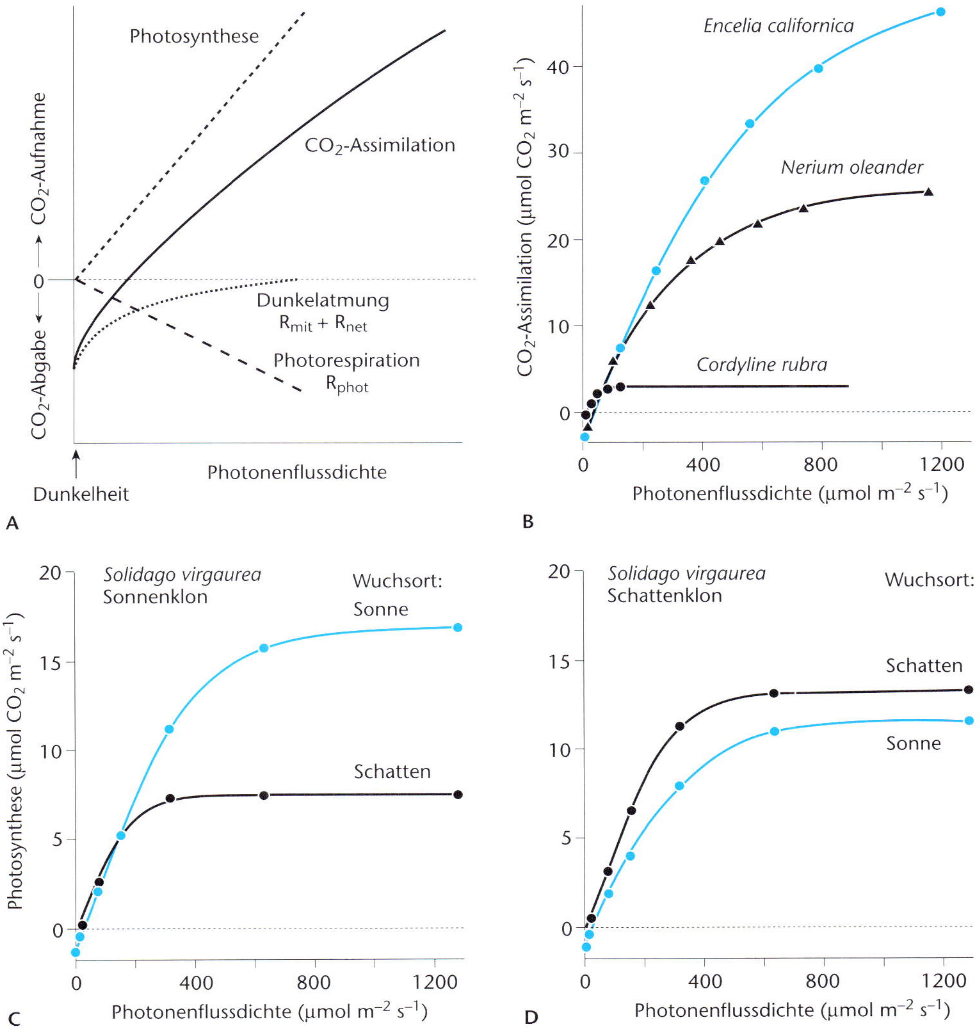

Abb. 2.4.8: A: Schematische Darstellung der Abhängigkeit des CO_2-Gasaustauschs von der Lichtintensität, gemessen als Quantenflussdichte (µmol Photonen $m^{-2}s^{-1}$). Auf der y-Achse entsprechen positive Werte einer CO_2-Assimilation und negative Werte einer Atmung. Die Abbildung zeigt die Prozesse, die im Bereich unter der Lichtsättigung ablaufen (nach Larcher 1994). B: Die Abhängigkeit des CO_2-Gasaustauschs unterschiedlich an Schatten angepasster Arten vom Quantenfluss. C: Die Veränderung der lichtabhängigen Photosynthese mit der Anpassung an das Lichtklima bei Solidago virgaurea. Klone, die an volle Besonnung angepasst sind, vermögen die Rate entsprechend den Standortbedingungen (z. B. Schatten) zu verändern, wohingegen D: Klone, die an Schattenstandorte angepasst sind, die CO_2-Assimilation nicht ändern (Björkmann 1981).

und nicht reversibel wirken. Im Folgenden sollen diese Abhängigkeiten der CO_2-Assimilation von den genannten Faktoren im Einzelnen untersucht werden, wobei aber zunächst nur einzelne Faktoren variiert werden und alle übrigen Bedingungen optimal und konstant sind. Am natürlichen Standort kommt es dann zu unterschiedlichen Interaktionen, die aber erst anschließend behandelt werden.

2.4.3.1 Licht und Lichtklima

Die Photosynthese steigt mit zunehmender Einstrahlung an. Dies ist in Abb. 2.4.8 A zu erkennen, wo die CO_2-Assimilation als positive Größe und die Atmung als negative Größe aufgetragen sind. Mit steigender Einstrahlung nimmt die Dunkelatmung der Mitochondrien ab und die lichtinduzierte Atmung steigt. In Abhängigkeit vom Lichtklima wird

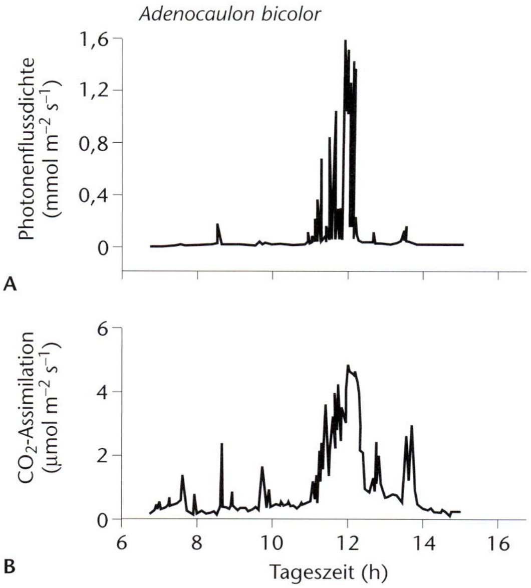

Abb. 2.4.9: A: Der zeitliche Verlauf eines Lichtflecks an einem Schattenstandort und B: die zeitlich verzögert ablaufende CO_2-Fixierung bei Adenocaulon bicolor. Die Dauer der CO_2-Aufnahme ist länger als die Dauer des Lichtflecks, d. h. es werden Reduktionsäquivalente gespeichert und nach Abklingen des Lichtflecks noch für die Dunkelreaktion der CO_2-Reduktion verwendet (Pearcy und Pfitsch 1994).

ein Kompensationspunkt überschritten, ab dem eine Netto-CO_2-Aufnahme stattfindet, die bei zunehmendem Licht Sättigung erreicht. Die unmittelbare, kurzfristige Reaktion der Photosynthese auf veränderliches Licht ist im Allgemeinen reversibel.

Im Gegensatz zu der kurzfristigen und reversiblen Reaktion auf die Einstrahlung ist die Anpassung an das Lichtklima mit strukturellen Änderungen des Blattes verbunden (Kapitel 1.2.1.1). Man unterschiedet im Extrem zwischen **Sonnen- und Schattenblättern,** wobei es viele Übergänge gibt. Die an niedrige Lichtbedingungen angepassten Blätter der Schattenpflanzen haben meist eine hohe Blattfläche pro Blattgewicht und einen etwas niedrigeren Kompensationspunkt als die an hohe Einstrahlung angepassten Arten (Abb. 2.4.8 B). Ein Schattenblatt wird bei starker Lichteinwirkung geschädigt, abgeworfen und durch ein an das neue Lichtklima angepasstes Blatt ersetzt. Dies lässt sich auch bei Zimmerpflanzen beobachten, wenn sie im Frühjahr ins Freiland gestellt werden. Eine Anpassung an das Lichtklima ist an der gleichen Pflanze möglich, aber nicht alle Pflanzenarten sind dazu in der Lage (Abb. 2.4.8 C und D). Bei obligaten Schattenpflanzen ändert sich die Lichtabhängigkeit der Photosynthese auch nicht, wenn sie an einem besonnten Standort wachsen. Die spezifische Anpassung an das Lichtklima kann auch innerhalb einer Art in unterschiedlichen Populationen beobachtet werden. So zeigen Abbildung 2.4.8 C und D Klone von *Solidago*, die von Sonnen- bzw. Schattenstandorten stammen. Nur im „Sonnenklon" kommt es zu erhöhter Photosynthese bei vollem Lichtgenuss.

Es gibt zwei ökologisch wichtige Situationen, bei denen besondere Anpassungen an Licht nötig sind: zum einen auf extremen Schattenstandorten, an denen **Lichtflecken** nur für kurze Zeit einen Stoffgewinn erlauben, und zum anderen in den Trockengebieten der Erde, die besonders hohe Lichtintensität erhalten, wo aber die Pflanzen die Stomata wegen Wassermangel schließen.

Pflanzen an Schattenstandorten (z. B. in der Krautschicht eines Waldes) erhalten im Tageslauf kurzfristig und mit der Jahreszeit wechselnd sehr hohe Lichtintensitäten, so genannte Lichtflecken (Abb. 2.4.9, Pearcy und Pfitsch 1994). Die Photosynthese reagiert auf diese Lichtflecken mit höheren Raten, als man aus ihrer Lichtabhängigkeit erwarten würde, denn bei diesen Pflanzen ist der Akzeptor für CO_2 nicht limitierend, während die Carboxylase voll aktivierbar ist. Hinzu kommt, dass der im Zeitraum der Lichtflecken gebildete Pool an ATP und NADP auch nach Abklingen des Lichtes weiter für CO_2-Fixierung genutzt werden kann, sodass die Dunkelreaktion bei geringer Lichtintensität weiterläuft. Im Resultat bewirkt ein kurzer Lichtfleck einen breiten Gipfel der CO_2-Aufnahme. Anhand stabiler Isotope ($\delta^{13}C$) kann man nachweisen, dass etwa 50 % der Stoffproduktion dieser Pflanzen während der extrem kurzen Zeiten der Lichtflecken assimiliert werden.

In den Trockengebieten der Erde haben Pflanzen etwa 50 mol Photonen m^{-2} Tag^{-1} zu verarbeiten, ohne dass ausreichend Wasser zur Verfügung steht, um die Stomata zu öffnen. Es entsteht damit im Blatt eine Situation, in der PS I und PS II keine Elektronen an NADPH abgeben können, weil kein CO_2 in die Stomata gelangen kann und damit das Substrat für die CO_2-Reduktion fehlt. Die mesophyllinterne CO_2-Konzentration bewegt sich am Kompensationspunkt. Die Folge eines solchen „Beschusses" mit Photonen sind (siehe Kapitel 1.2):

- erhöhte **Fluoreszenz** (Björkmann und Demmig-Adams 1994),

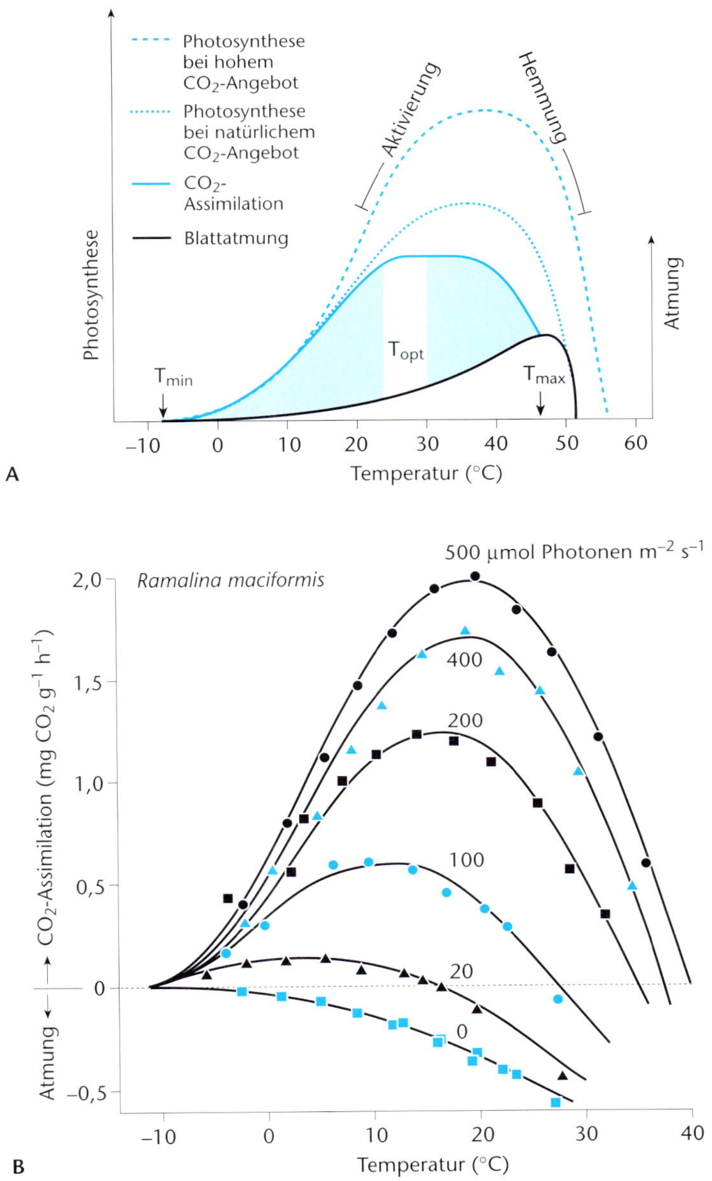

Abb. 2.4.10: A: Schematische Darstellung der Abhängigkeit der Photosynthese, der Atmung und des Netto-CO_2-Gasaustauschs von der Temperatur. Die Aktivierung der Photosynthese führt zu einer exponentiellen Steigerung der CO_2-Aufnahme. Dem wirkt bei steigender Temperatur eine zunehmende Hemmung der Photosynthese entgegen. Die Interaktion zwischen Aktivierung und Hemmung bewirkt das apparente Optimum der CO_2-Aufnahme, das schließlich zu einer verringerten CO_2-Aufnahme bei hohen Temperaturen führt. Die Rate der Netto-Assimilation wird bei steigender Temperatur kompensiert durch die exponentiell steigende Atmung. Das Temperaturoptimum liegt für die Atmung höher als für die Photosynthese und die Netto-Assimilation (nach Larcher 1994). B: Die Wechselwirkung von Licht und Temperatur auf Photosynthese (positive Werte auf der y-Achse) und Atmung (negative Werte auf der y-Achse) führt zu einer Veränderung des optimalen Temperaturbereichs bei sinkendem Licht, d. h. für die Flechte Ramalina maciformis sind die kühlen Morgenstunden bei niedrigem Licht genauso im Bereich des „Optimums" wie die hohen Temperaturen bei vollem Licht (Lange et al. 1977).

- erhöhte **Wärmeabgabe** (Björkmann und Demmig-Adams 1994) oder
- Schädigung im PS II am D1-Protein (**Photoinhibition**) mit anschließender Vergilbung (Schäfer 1994).

2.4.3.2 Temperatur

Ausgehend von Temperaturen unter 0 °C, bei denen sowohl die Photosynthese als auch die Atmung vollständig zum Erliegen kommen, wird im Allgemeinen die Atmung der Blattzellen bei steigender Temperatur früher aktiviert als die Photosynthese. Es gibt bei niedrigen Temperaturen einen Bereich, wo als Nettoaustausch nur die Atmung messbar ist. Die Photosynthese beginnt bei etwa –5 °C (Abb. 2.4.10 A), erreicht ein Optimum und sinkt bei hohen Temperaturen wieder ab. Im Gegensatz dazu steigt die Atmung über einen sehr breiten Temperaturbereich exponentiell an und wird erst bei sehr hohen Temperaturen geschädigt. Die Nettophotosynthese als

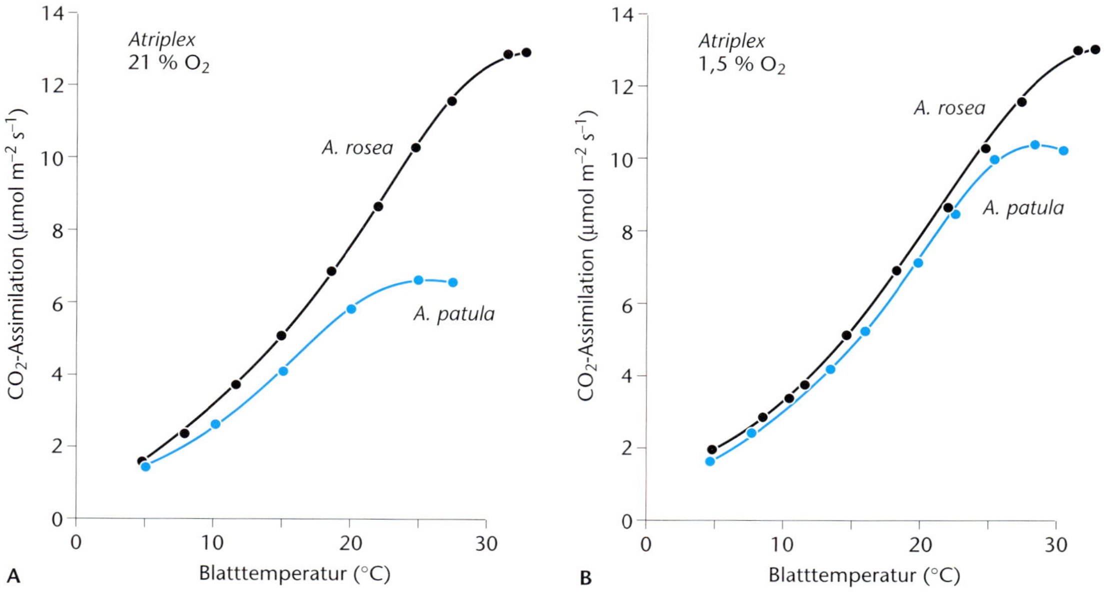

Abb. 2.4.11: A: Die Temperaturabhängigkeit der CO_2-Assimilation bei der C4-Pflanze Atriplex rosea und bei der C3-Pflanze Atriplex patula mit deutlichen Unterschieden in der maximalen Rate der CO_2-Aufnahme und im Bereich des Temperaturoptimums. B: Die gleichen Versuchsbedingungen wie in A, aber 1,5 % O_2 und nicht 21 % O_2 in der Außenluft verändern die CO_2-Aufnahme der C3-Pflanze so, dass diese der der C4-Pflanze gleicht. Die Untersuchung bei niedrigem O_2-Partialdruck ist ein experimenteller Hinweis auf die Existenz und Bedeutung der lichtinduzierten Atmung auf die CO_2-Assimilation (aus Björkman 1971).

die Bilanz aus diesen beiden Prozessen zeigt ein Optimum, das zu etwas niedrigeren Temperaturen verschoben ist als bei dem physiologischen Prozess der Photosynthese. Die Wechselwirkung zwischen Atmung und Photosynthese wird besonders deutlich, wenn man die gemeinsame Wirkung von Licht und Temperatur betrachtet: Bei niedriger Lichtintensität verschiebt sich das Temperaturoptimum zu niedrigeren Temperaturen (Abb. 2.4.10 B). Eine Konsequenz aus dieser Interaktion ist, dass Pflanzen in den kühlen Morgenstunden bei niedriger Lichtintensität ebenso im Optimalbereich ihrer erreichbaren Nettophotosynthese operieren wie am Mittag bei hohen Temperaturen und vollem Licht.

Das **Temperaturoptimum** der Nettophotosynthese einer Pflanze ist keineswegs konstant. So gibt es beispielsweise Änderungen im Temperaturoptimum mit dem Jahresgang der Temperatur (Lange et al. 1975). Ebenso ist die Blattgröße der Pflanzen an die Einstrahlungsbedingungen dahingehend „angepasst", dass die Blatttemperaturen (siehe Kapitel 2.1) im Bereich des physiologischen Optimums liegen.

Obgleich die Pflanzen den größten Teil des Tages im Bereich des Optimums der Photosynthese operieren, gibt es auch bei der Temperaturabhängigkeit der Photosynthese zwei kritische Bereiche (siehe auch Kapitel 1.3):

- Niedrige Temperaturen sind an sich kein Faktor, der die Photosynthese schädigt, aber Frost in Verbindung mit hohen Lichtintensitäten führt zu Photoinhibition. Es ist kein Zufall, dass dieser Effekt zuerst an einem alpinen Standort beobachtet wurde, denn mit zunehmender Höhe sinkt auch die CO_2-Konzentration in der Atmosphäre und verstärkt das Ungleichgewicht zwischen Lichtfluss und C-Fixierung. In einer Reihe von Frostereignissen sinkt die Nettophotosynthese nach jedem Ereignis ab, erholt sich langsam, kommt aber nicht mehr auf das sommerliche Niveau.
- Hohe Temperaturen bewirken ein Öffnen der Stomata und eine überproportionale Erhöhung der Transpiration (Lange 1959), sodass es eher möglich ist, ein intaktes Blatt zu verdörren, als es durch Hitze zu schädigen.

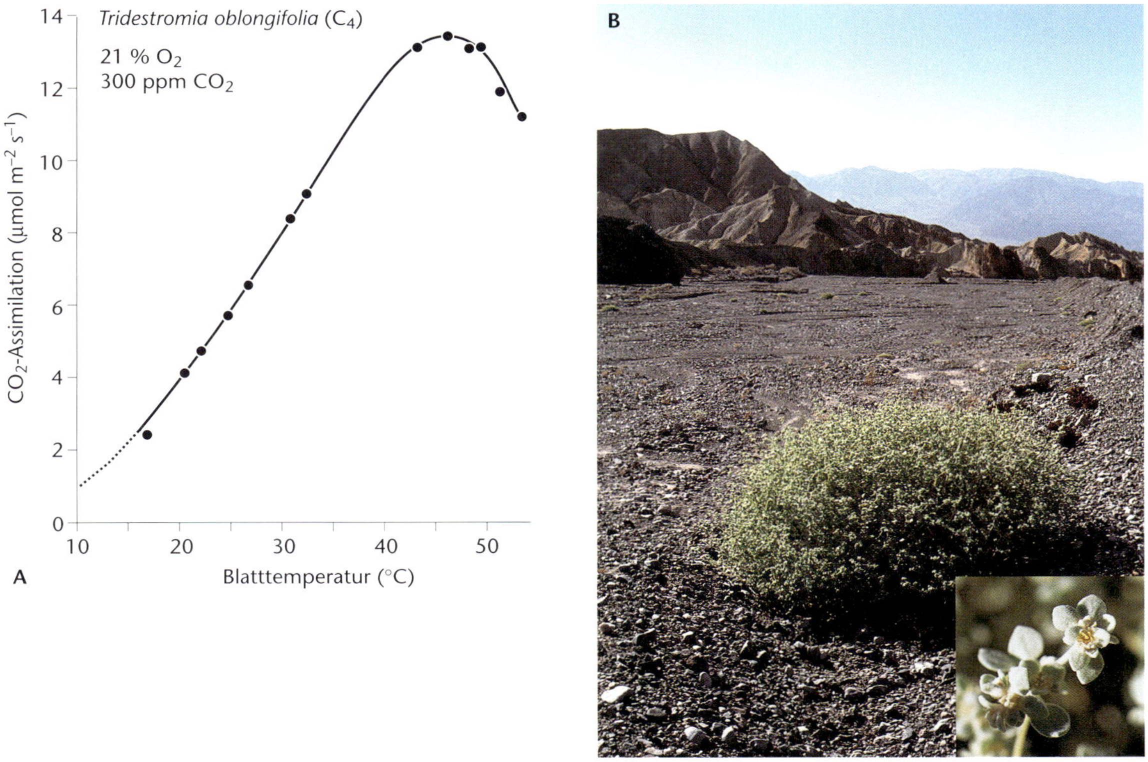

Abb. 2.4.12: A: Die Temperaturabhängigkeit der CO_2-Assimilation von Tidestromia oblongifolia in Death Valley, Kalifornien. Diese Pflanze erreicht maximale Raten der CO_2-Assimilation bei 46 °C. B: Tidestromia oblongifolia wächst in Death Valley als Sommerannuelle in Erosionsrinnen, in denen das Niederschlagswasser zusammenläuft und versickert. Fotos E.-D. Schulze.

C4-Pflanzen zeigen ein höheres Temperaturoptimum der Photosynthese als C3-Pflanzen, vor allem deshalb, weil die PEP-Carboxylase der C4-Pflanzen ein Optimum bei hohen Temperaturen hat und damit das Atmungs-CO_2 reassimilieren kann. Man kann diesen Effekt auch dadurch erreichen, dass man C3-Pflanzen einer Atmosphäre mit wenig O_2 aussetzt und damit die Oxygenasefunktion der RubP-Carboxylase herabsetzt (Abb. 2.4.11). Die höchste Temperatur, bei der höhere Pflanzen optimale Photosyntheseraten erreichen, wurde an *Tidestromia oblongifolia* bei 46 °C im Death Valley, Kalifornien, beobachtet (Abb. 2.4.12).

2.4.3.3 Luftfeuchte

Die Nettophotosynthese sinkt mit dem durch Luftfeuchte induzierten **Stomataschluss**, wobei aber wiederholt beobachtet wurde, dass die CO_2-Assimilation nicht proportional zur stomatären Leitfähigkeit sinkt. Dies ist schwer erklärbar, denn es wurden auch direkte Effekte der Luftfeuchte auf die Photosynthese beschrieben (Mott and Parkhust 1991). Die Erklärung für diese Beobachtung liegt darin, dass die Stomata eines Blattes nicht synchron schließen, sondern dass einige Intercostalfelder noch offene Stomata, andere bereits geschlossene Stomata haben. Damit ergibt sich ein höherer CO_2-Einstrom in einigen Teilbereichen und ein niedriger Einstrom in anderen Bereichen des Blattes mit dem Resultat, dass die mesophyllinterne CO_2-Konzentration konstant bleibt, obgleich die Gesamtleitfähigkeit des Blattes sinkt. Abbildung 2.4.13 (Jones 1999) zeigt die Temperaturverteilung auf einem Bohnenblatt, die von der Strahlungsbilanz abhängt und damit lokalen Stomataschluss anzeigt. Es wird deutlich, dass ein Blatt keine homogene Fläche ist und dass diese heterogenen Strukturen dazu beitragen, auf der Ebene des Blattes den CO_2- und Was-

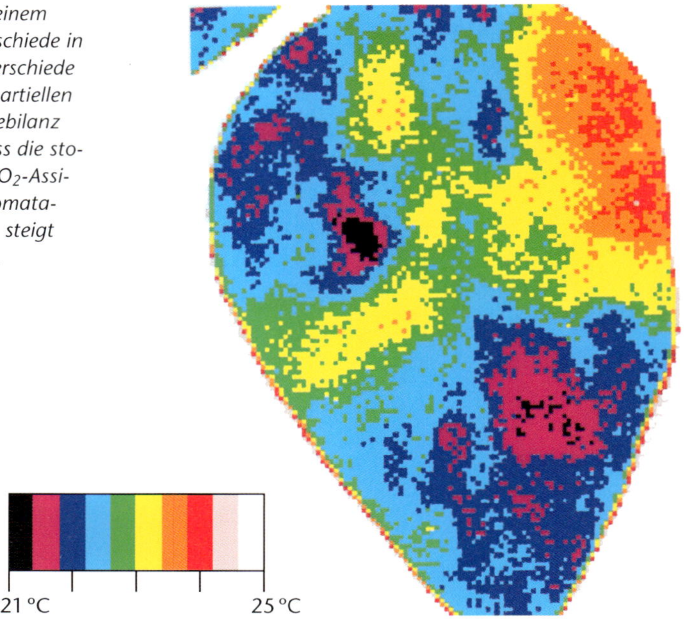

Abb. 2.4.13: Die Verteilung der Temperaturen auf einem Blatt (Phaseolus vulgaris) zeigt kleinräumige Unterschiede in der Größenordnung von 4 K. Diese Temperaturunterschiede zeigen eine so genannte Patchiness an, die durch partiellen Stomataschluss und die dadurch veränderte Energiebilanz des Blattes bewirkt wird. Patchiness führt dazu, dass die stomatäre Leitfähigkeit des Blattes absinkt, aber die CO_2-Assimilation nicht proportional zu diesem partiellen Stomataschluss eingeschränkt wird, denn der CO_2-Einstrom steigt im Bereich der noch offenen Stomata (Jones 1999).

serdampffluss zu entkoppeln. Im englischen Sprachgebrauch bezeichnet man diese Heterogenität als ***Patchiness***.

2.4.3.4 Ernährung

Die CO_2-Assimilation und die stomatäre Leitfähigkeit ändern sich proportional zu der **Ernährung** des Blattes. Dies gilt nicht nur für Änderungen in der N-Ernährung (siehe Kapitel 2.4.5), sondern auch in der P-Ernährung. C4-Pflanzen erreichen potentiell eine höhere Rate der Assimilation als C3-Pflanzen, obgleich die N-Konzentration im Allgemeinen in C4-Pflanzen niedriger ist als in C3-Pflanzen, da in den C4-Pflanzen die RubP-Carboxylase auf die Bündelscheiden konzentriert ist. Im Freiland wird diese Kapazität aber nicht genutzt, sondern eine geringere stomatäre Leitfähigkeit bei gleicher Assimilation erreicht. Wasser zu sparen scheint also wichtiger zu sein, als die Photosynthese zu maximieren. Dies führt zum Abbau von RubP-Carboxylase und verstärkt den Effekt, dass die N-Konzentration in C4-Pflanzen niedriger ist als in C3-Pflanzen (siehe Penning de Vries und Djitèye 1982), was wiederum Auswirkungen auf die Stoffproduktion und die Verbreitung der beiden Photosynthesetypen hat (siehe Kapitel 2.4.4).

2.4.3.5 Wasserzustand

Die Reaktion der CO_2-Assimilation auf Wasserstress ist einfacher an den Pflanzen zu studieren, die keine Epidermis besitzen, da damit der Einfluss der Stomata entfällt, den **Flechten**. Werden trockene Flechten befeuchtet, dann ist bei einem Wassergehalt von 20 Gewichtsprozent zunächst nur Atmung messbar (Abb. 2.4.14). Mit steigendem Wassergehalt im Thallus steigen sowohl die Atmung als auch die Photosynthese. Das Maximum der CO_2-Assimilation wird bei etwa 80 % Wassergehalt erreicht. Die Gleichgewichtsluftfeuchte bei der Aktivierung des Gaswechsels entspricht etwa einer Luftfeuchte von 80 % und damit einem Wasserpotential von –30 MPa. Dieses Wasserpotential ist weitaus niedriger, als bei höheren Pflanzen jemals gemessen wurde (–11 MPa, Kappen et al. 1972).

Offensichtlich beginnt die Photosynthese in einem Bereich des Wasserpotentials, der in intakten Blättern normalerweise nicht erreicht wird. Die Photosynthese reagiert aber auf Änderungen im **Turgor** (Kaiser 1982). Da die Änderungen im Zellvolumen und damit im Turgor von der Starrheit der Zellwand abhängen ($\varepsilon = \Delta P/\Delta V$), sind Pflanzen mit großer Blattfläche pro Trockengewicht, so genannte Mesophyten, empfindlicher gegen Bodenaustrocknung als Pflanzen mit geringer Blattfläche pro Tro-

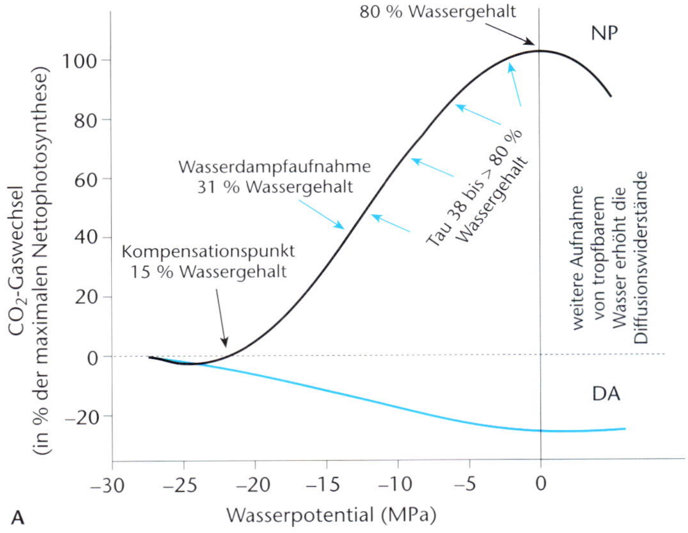

Abb. 2.4.14: A: Die Abhängigkeit des CO_2-Gasaustauschs (NP: Netto-Photosynthese, DA: Dunkelatmung) vom Wasserpotential im Thallus der Flechte Ramalina maciformis in der Negevwüste (Temperatur 15 °C, sättigendes Licht). Auf der y-Achse entsprechen positive Werte einer CO_2-Assimilation und negative Werte einer Atmung. Für einige ökologisch wichtige Werte ist der Wassergehalt des Thallus in % seines Trockengewichtes angegeben. Die dicken Pfeile kennzeichnen den maximalen Wassergehalt (angegeben in % des Trockengewichtes der Flechte), der nach Taufall oder nach erhöhter Luftfeuchtigkeit im Freiland gemessen wurde. Bei niedrigem Wasserpotential wird zunächst die Atmung, dann erst die Photosynthese aktiviert. Dies führt bei CO_2-Assimilation zu einem Feuchtigkeits-Kompensationspunkt, der bei einem bedeutend niedrigeren Wasserpotential liegt, als in Blättern Höherer Pflanzen für Photosynthese je beschrieben wurde. Anmerkung: Es gibt Arten, deren Feuchtekompensationspunkt noch tiefer liegt: Als extremer Feuchtekompensationspunkt ist bekannt Dendrographa minor (Kalifornien) mit einer Aktivierung der Photosynthese bei –38 MPa. Dendrographa erreicht bei –18 MPa schon 50 % der maximalen Nettophotosynthese (Lange 1988). Es gibt aber auch Arten, die nicht zur Photosynthese bei niedrigen Wasserpotentialen befähigt sind. So benötigen die Cyanolichenen (mit Cyanobakterien anstelle von Grünalgen als Symbionten) flüssiges Wasser (im Gegensatz zu Wasserdampf), um die Photosynthese zu aktivieren. Hoher Wassergehalt (rechts der senkrechten Linie, wie er z. B. nach Regen auftritt) erhöht den Diffusionswiderstand für CO_2 bei vielen Arten so sehr, dass die CO_2-Aufnahme stark absinkt und im Extrem bis auf den Kompensationspunkt absinken kann. B: Ramalina maciformis auf einem Feuerstein wachsend, Avdat, Negev, Israel. Foto E.-D. Schulze.

ckengewicht (so genannte Sklerophylle, siehe Abb 2.4.5). Unter Freilandbedingungen ist die Änderung der physiologischen Aktivität (dies umfasst nicht nur die Photosynthese) am besten mit dem **frühmorgendlichen Wasserpotential** korreliert ($\Psi_{predawn}$), das den Wasserzustand des Bodens anzeigt. Die Photosynthese sinkt bei Bodentrockenheit mit $\Psi_{predawn}$ ab, wobei diese Abnahme eng korreliert ist mit einem gleichzeitigen Anstieg der Abscisinsäure im Xylemsaft, die in der Wurzel gebildet wurde (siehe Kapitel 1.5.2 und Kapitel 2.2).

2.4.3.6 Blattalter und Vegetationszeit

Blätter unterliegen im Laufe ihrer Entwicklung vom Austrieb bis zum Blattabwurf einem natürlichen Aktivitätswechsel (siehe auch Kapitel 2.3.3). Man unterscheidet dabei drei Phasen: Blätter, die sich noch in der Entwicklung befinden und weniger als etwa 30 % der Blattfläche gebildet haben, sind eine Kohlenhydratsenke. Sie werden häufig als ***Sink-Blätter*** bezeichnet, da sie mehr Kohlenhydrate verbrauchen, als sie selbst durch Photo-

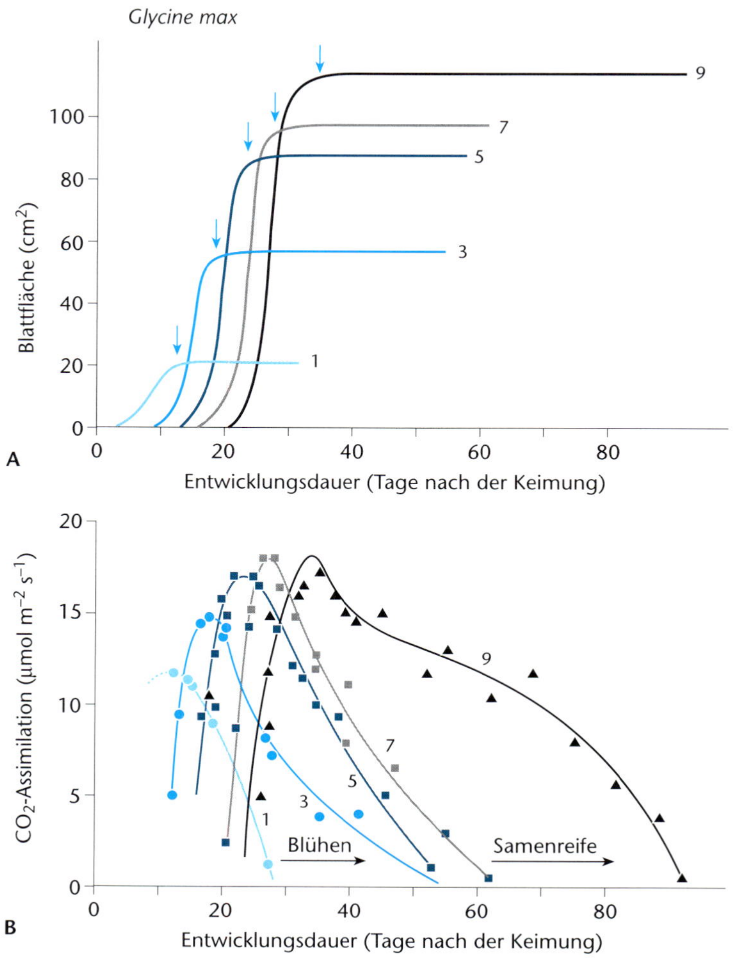

Abb. 2.4.15: A: Die Entwicklung der Blattfläche und B: die Veränderung der Photosynthese verschieden alter Blätter an Glycine max. Die Abbildung zeigt, dass die Blattalterung vor der vollen Entwicklung der Blattfläche beginnt (Woodward 1976).

synthese produzieren. Anschließend sind die voll ausgewachsenen ***Source-Blätter***, die eine Überschussproduktion an Kohlenhydraten haben und über das Phloem für den Verbrauch in anderen Organen exportieren. In der **Alterungsphase** der Blattvergilbung stellt der Abbau von Strukturen eine weitere Quelle für Kohlenhydrate und Aminosäuren dar. Die Photosynthese ändert sich nicht unbedingt synchron zum Kohlenstoffexport. Sie erreicht die höchsten Raten bereits vor der vollen Blattentfaltung, d.h. das Blatt beginnt schon mit dem Austrieb zu altern. Bei vielen krautigen Arten wird das Blatt sogar nach einer definierten Zeit neu gebildet und abgeworfen, es altert also nach einem genetisch vorgegebenen Programm (siehe auch Abb. 2.3.6).

Einige Beispiele sollen die Rolle der Blattalterung verdeutlichen:

- **Krautige Arten:** In krautigen Arten wird die maximale Rate der CO_2-Assimilation erreicht, bevor das Blatt voll entfaltet ist (Abb. 2.4.15). Die Rate sinkt mit der vollen Blattentfaltung kontinuierlich bis zum Blattabwurf ab. In der Zwischenzeit wird aber das nächste Blatt entwickelt, das zwar höhere Raten erreicht, aber nach gleichem Schema altert (Woodward 1976).
- **Buche im Solling:** Die Sonnenblätter der Buche treiben im Mai sehr rasch aus und erreichen Mitte Juni maximale Aktivität (Abb. 2.4.16). Aber bereits Anfang August beginnt die Alterung mit sinkenden Raten der CO_2-Assimilation und einem Blattabwurf Anfang Oktober. Am gleichen Baum erfolgt die Entwicklung der Schattenblätter deutlich langsamer. Maximale CO_2-Assimilation wird erst im August erreicht. Die Alterung erfolgt dann sehr viel schneller

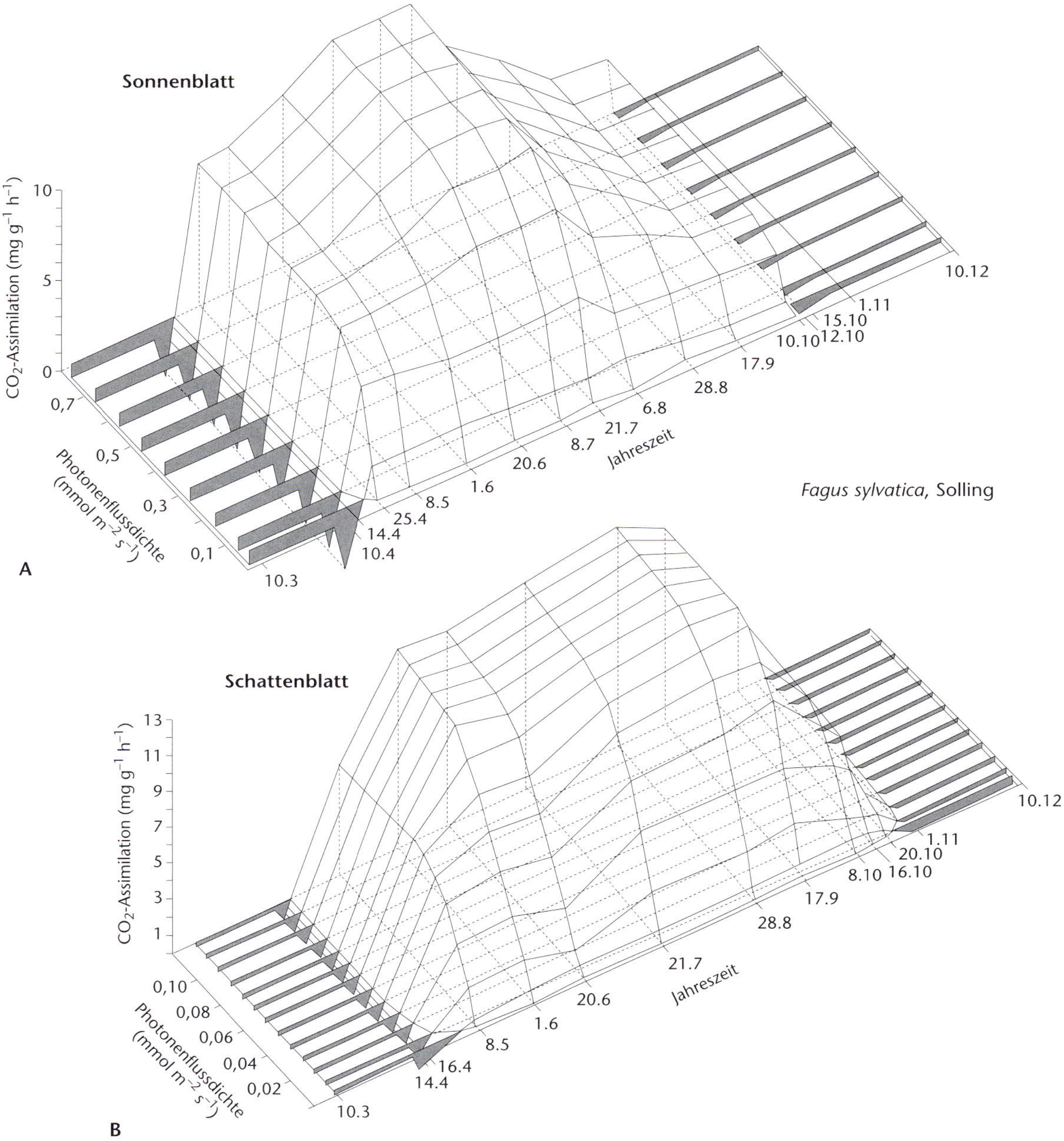

Abb. 2.4.16: Die Lichtabhängigkeit der CO_2-Assimilation bezogen auf das Blattgewicht bei A: Sonnen- und B: Schattenblättern der Buche im Jahresgang. Die Knospen zeigen im Frühjahr nur eine Atmung, die beim Laubaustrieb stark steigt. Erst dann kommt es zu einer CO_2-Aufnahme. Ebenso ist eine Atmung der Knospen im Herbst messbar. Sonnenblätter entwickeln sich schneller, altern aber auch früher als Schattenblätter. In Sonnenblättern dauert die volle Entwicklung fast zwei Monate (bis Mitte Juni), sie sind nur einen Monat voll aktiv und vergilben bereits im August (Schulze 1970).

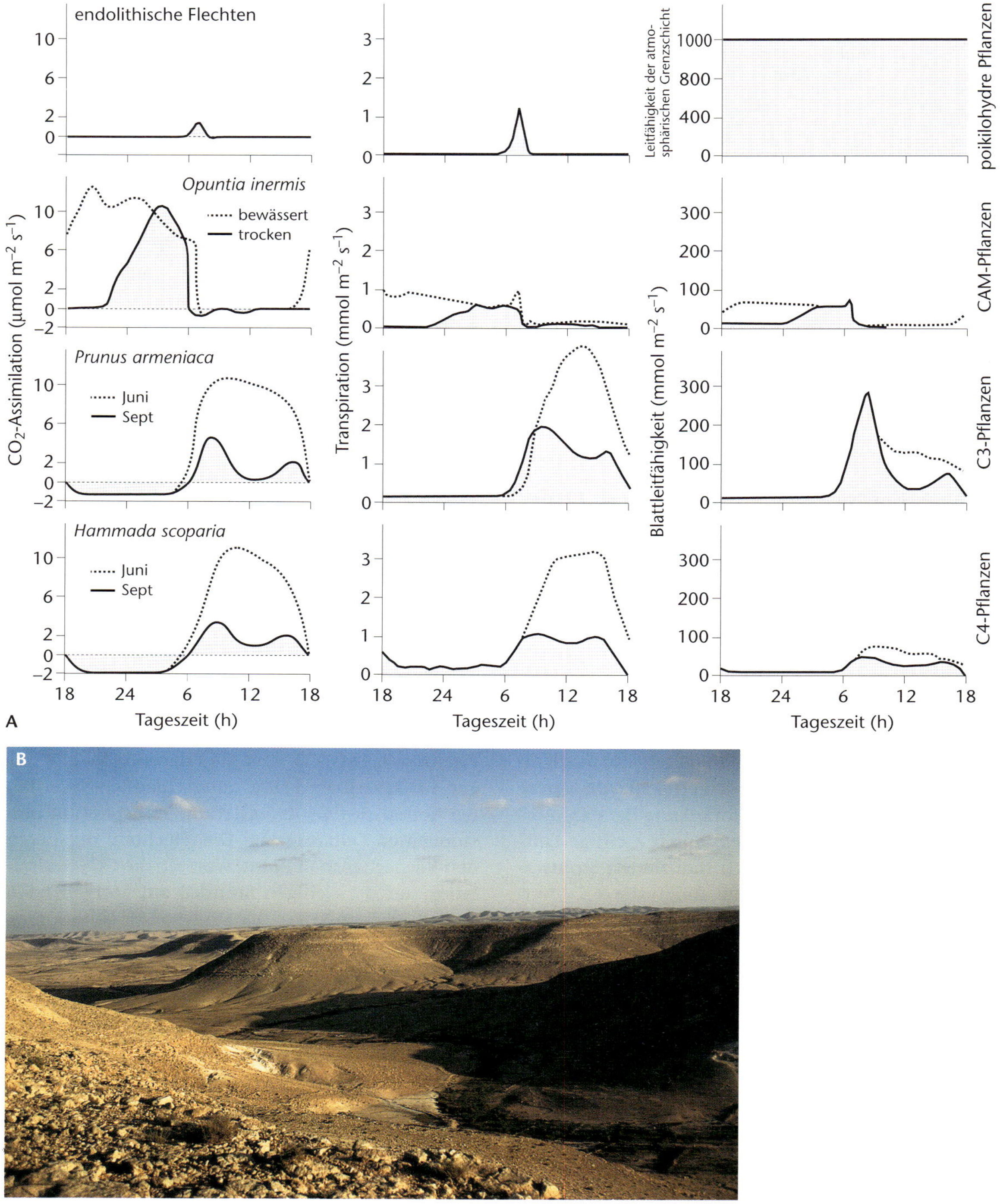

Abb. 2.4.19: A: Tagesgänge des CO_2-Austauschs (CO_2-Assimilation: positive Werte; Atmung: negative Werte), der Verdunstung und der Blattleitfähigkeit in verschiedenen Pflanzentypen in der Negevwüste: endolithische Flechten; CAM-Pflanze: Opuntia inermis; C3-Pflanze: Prunus armeniaca; C4-Pflanze: Hammada scoparia (Schulze 1982). B: Die Negev-Wüste: Hänge mit Zwergstäuchern (Artemisia, Zygophyllum, Reaumuria), Steine bewachsen mit endolithischen Flechten, im Schatten der Steine findet man Caraluma negevensis, eine CAM-Sukkulente. Im Tal Reste von Terrassen von Nabatäischen Farmen, z. T. genutzt von Beduinen für Getreideanbau, sonst bewachsen mit der C4-Pflanze Hammada scoparia. Foto E.-D. Schulze.

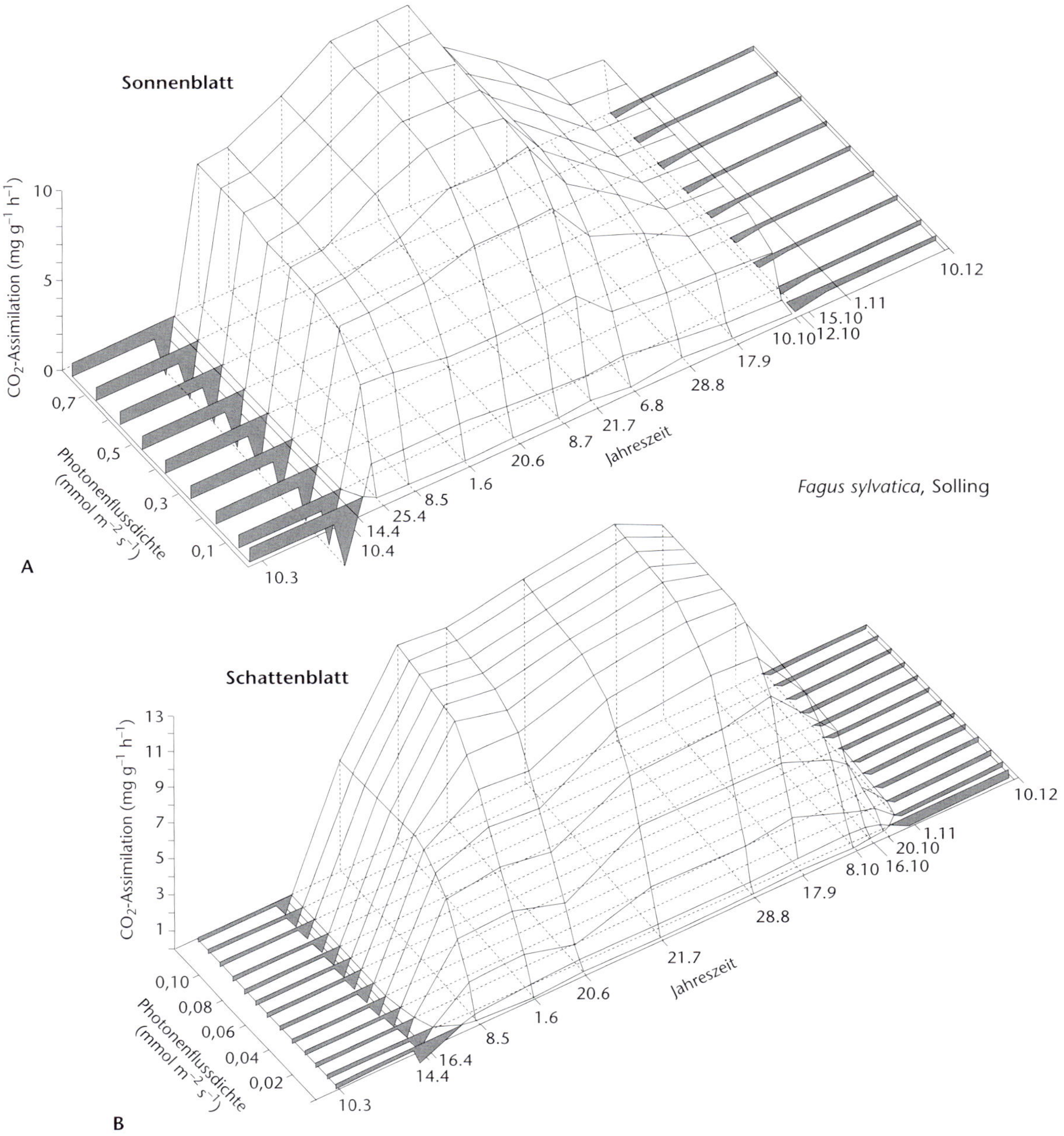

Abb. 2.4.16: Die Lichtabhängigkeit der CO_2-Assimilation bezogen auf das Blattgewicht bei A: Sonnen- und B: Schattenblättern der Buche im Jahresgang. Die Knospen zeigen im Frühjahr nur eine Atmung, die beim Laubaustrieb stark steigt. Erst dann kommt es zu einer CO_2-Aufnahme. Ebenso ist eine Atmung der Knospen im Herbst messbar. Sonnenblätter entwickeln sich schneller, altern aber auch früher als Schattenblätter. In Sonnenblättern dauert die volle Entwicklung fast zwei Monate (bis Mitte Juni), sie sind nur einen Monat voll aktiv und vergilben bereits im August (Schulze 1970).

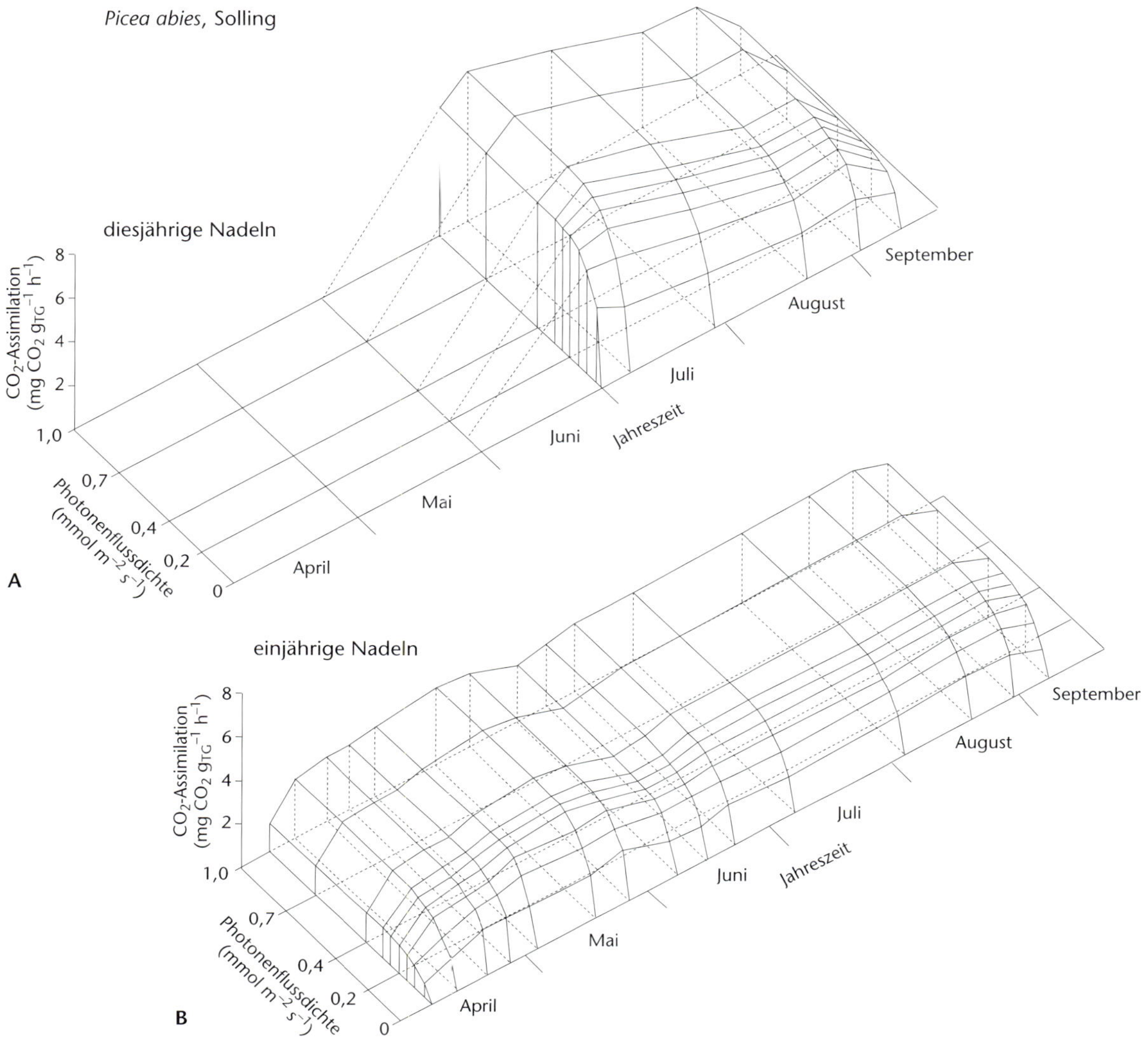

Abb. 2.4.17: Die Lichtabhängigkeit der CO_2-Assimilation bezogen auf das Blattgewicht bei A: diesjährigen und B: einjährigen Nadeln der Fichte im Jahresgang. Die jungen Nadeln entwickeln sich später im Jahr als die Blätter der Buche (siehe Abb. 2.4.16). Die Entwicklung bis zum Erreichen höchster Raten der CO_2-Aufnahme dauert etwa fünf Wochen. Mit der Verstärkung der Zellwände, die bis zum Herbst anhält, sinkt die Rate der CO_2-Aufnahme ab. Im Gegensatz dazu ist die Rate der CO_2-Assimilation der einjährigen Nadeln zwar niedriger als die der diesjährigen Nadeln, aber konstant für etwa fünf Monate. Die Alterung setzt nach 3 bis 5 Jahren ein (Fuchs et al. 1977).

und der Blattabwurf nur wenig verzögert gegenüber den Sonnenblättern.

- **Fichte im Solling:** Ganz anders ist die Entwicklung der immergrünen Nadeln der Fichte (Abb. 2.4.17). Sie treibt später aus als die Buche, die maximalen Raten sinken nur geringfügig im Herbst ab, und die Aktivität der Nadeln bleibt im darauf folgenden Jahr auf einem durchgehend konstanten Niveau. Erst nach drei bis fünf Jahren beginnt die Alterung.
- ***Prunus armeniaca* in der Negevwüste:** Wiederum anders ist das Verhalten eines Laubblattes eines wechselgrünen Baums unter ariden Bedingungen (Abb. 2.4.18, Schulze et al. 1980). Die Entwicklung geht langsamer als bei der Buche in der temperaten Zone. Auffällig ist der

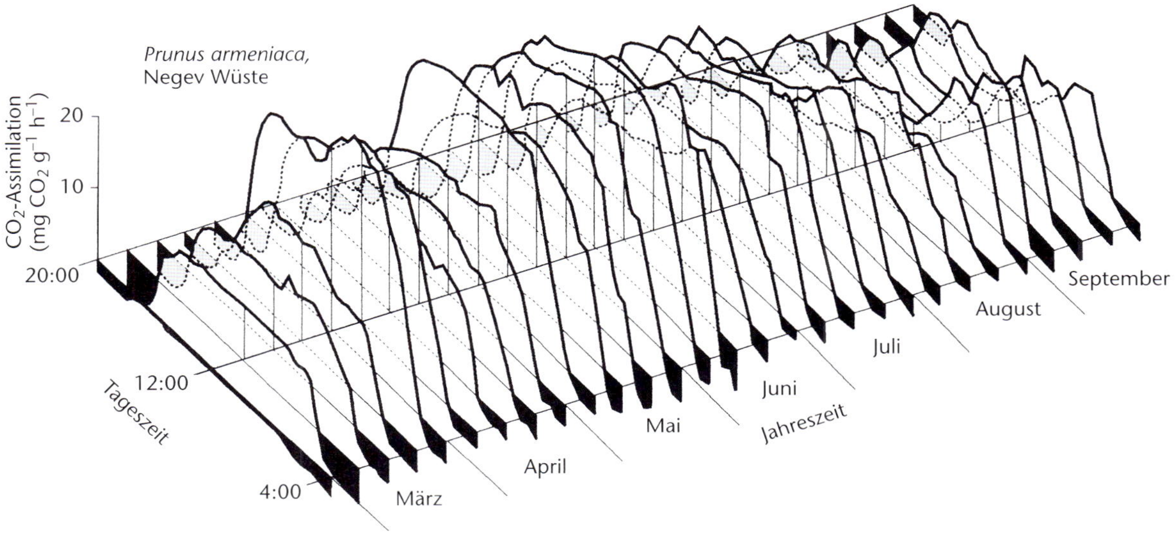

Abb. 2.4.18: *Tagesgänge der CO_2-Assimilation der Aprikose Prunus armeniaca auf einer Versuchsfarm in der Negevwüste. Im Jahresgang werden die höchsten Raten ein bis zwei Monate nach dem Austrieb erreicht. Die Raten sind aber nicht konstant, sondern abhängig von der Witterung (mit Regen bis Ende April). Mit der Bodenaustrocknung sinken die maximalen Raten ab, und die typische Zweigipfligkeit als Reaktion der Stomata auf Luftfeuchte im Tagesgang tritt deutlich hervor (Schulze et al. 1980).*

starke Wechsel zwischen sehr hohen und niedrigeren Raten, die durch wechselnde Witterung bedingt sind. Mit fortschreitender Trockenheit werden maximale Raten nur noch in den frühen Morgenstunden erreicht. Am Mittag kommt es zu einer Einschränkung der CO_2-Aufnahme, bedingt vor allem durch niedrige Luftfeuchtigkeit und dadurch induzierten Stomataschluss. Erst am Abend steigt die CO_2-Aufnahme wieder an. Es kommt dann aber trockenbedingt zum Blattabwurf.

2.4.3.7 Optimierung von CO_2-Assimilation im Verhältnis zum Wasserverbrauch

Offensichtlich ist die CO_2-Assimilation ein sehr variabler Prozess, der sowohl in Abhängigkeit von Klima und Boden als auch zwischen den Arten in erheblichem Maß schwanken kann. So lange die klimatischen Standortbedingungen für das Wachstum günstig sind, werden die Verhältnisse primär durch die Bodenfruchtbarkeit geprägt. Sobald die Bedingungen aber extremer werden, sowohl kälter als auch trockener, steigt die Zahl der Optionen, mit denen die Pflanzenwelt diesen Bedingungen begegnet. Ein Beispiel aus der Negevwüste soll dies verdeutlichen (Abb. 2.4.19, Schulze und Hall 1982): Am gleichen Standort gedeihen nebeneinander Flechten, CAM-, C3- und C4-Pflanzen. Sie alle zeigen im Tagesgang völlig unterschiedliches Verhalten bezüglich CO_2-Assimilation, Transpiration und stomatärer Leitfähigkeit. Die Flechten regulieren den Wasserhaushalt nicht, weshalb die CO_2-Assimilation auf die wenigen Stunden am Morgen nach Taufall beschränkt ist. Der Stoffgewinn ist minimal, dennoch gehören die Flechten zu den erfolgreichsten Organismen in dieser Wüste. Sie besiedeln jeden Stein und bilden ausgedehnte Krusten auf dem Lössboden. Die CAM-Pflanze *Opuntia* kommt in der Negev als eingeschleppte Art vor, aber *Caraluma negevensis* ist eine autochthone CAM-Pflanze, die sich sehr ähnlich verhält (Lange et al. 1975). Die CAM-Pflanzen assimilieren in der Nacht und – unter günstigen Bedingungen – auch am Tag. Die Transpiration ist in der Nacht deutlich geringer als bei den anderen Arten. Trotz des günstigen Verhältnisses von Assimilation zu Transpiration sind die CAM-Pflanzen in der Negev vermutlich aus Gründen der nacheiszeitlichen Klimageschichte eher selten. Die C3- und die C4-Pflanzen sind in ihrer Reaktion sehr ähnlich. Beide erreichen ähnliche Ra-

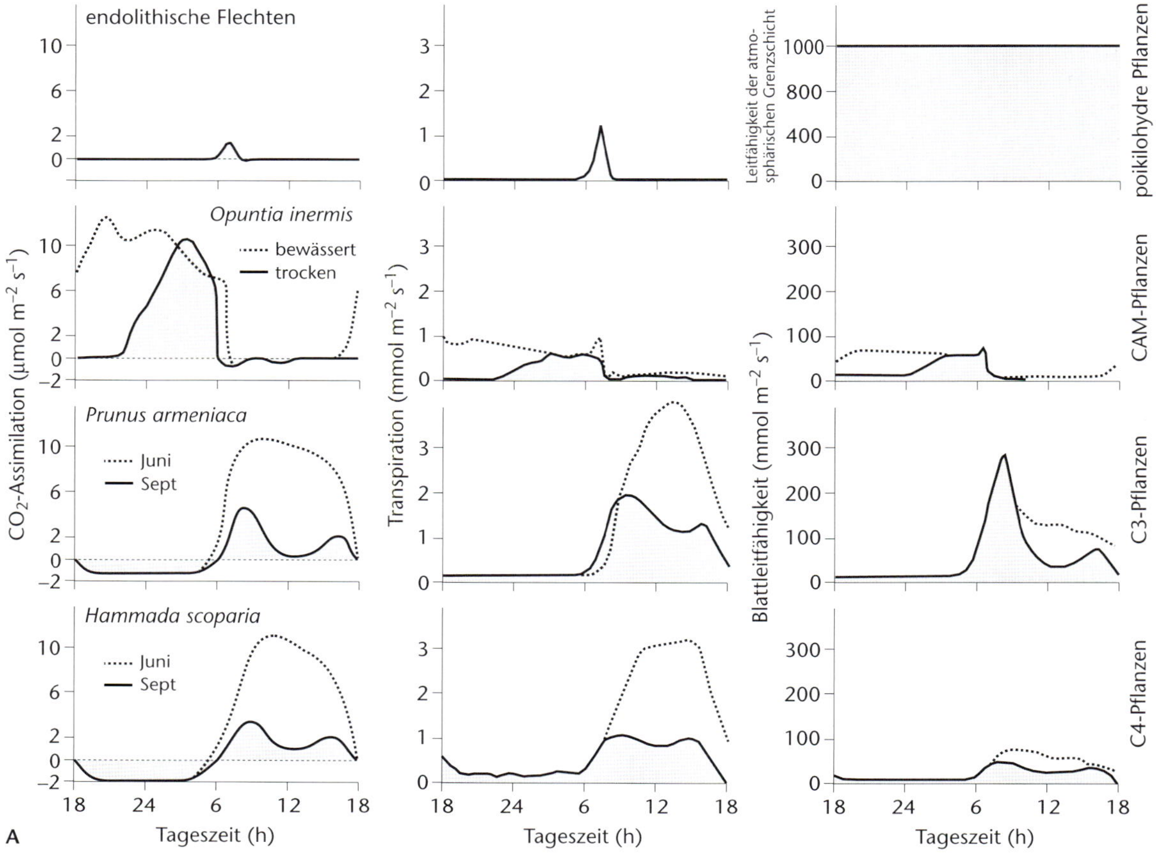

Abb. 2.4.19: A: Tagesgänge des CO_2-Austauschs (CO_2-Assimilation: positive Werte; Atmung: negative Werte), der Verdunstung und der Blattleitfähigkeit in verschiedenen Pflanzentypen in der Negevwüste: endolithische Flechten; CAM-Pflanze: Opuntia inermis; C3-Pflanze: Prunus armeniaca; C4-Pflanze: Hammada scoparia (Schulze 1982). B: Die Negev-Wüste: Hänge mit Zwergstäuchern (Artemisia, Zygophyllum, Reaumuria), Steine bewachsen mit endolithischen Flechten, im Schatten der Steine findet man Caraluma negevensis, eine CAM-Sukkulente. Im Tal Reste von Terrassen von Nabatäischen Farmen, z. T. genutzt von Beduinen für Getreideanbau, sonst bewachsen mit der C4-Pflanze Hammada scoparia. Foto E.-D. Schulze.

ten der Photosynthese bei feuchtem Boden, und die Rate sinkt mit Bodentrockenheit. Beide Arten zeigen im Sommer einen **„zweigipfligen" Tagesgang** der CO_2-Aufnahme mit einer durch Lufttrockenheit bedingten **„Mittagsdepression"**. Erwartungsgemäß ist die Transpiration bei den C3-Pflanzen etwas höher als bei den C4-Pflanzen. Dies ist bedingt durch die deutlich niedrigere stomatäre Leitfähigkeit bei den C4-Pflanzen. Den potentiellen Vorteil einer hohen Assimilationskapazität nutzt die C4-Pflanze am natürlichen Standort nicht, sondern verwendet ihn, um Wasserverluste zu vermeiden. Dennoch besiedeln die C4-Pflanzen in der Negev keineswegs die extrem trockenen Standorte, sondern eher die Talauen. Dies bedeutet aber nicht, dass die C3-Pflanzen unter besonderem Wasserstress leiden. Durch Blattabwurf regulieren sie den Wasserhaushalt und ihre physiologische Aktivität so, dass am Ende der Trockenzeit der Wasserzustand an einem trockenen Hang günstiger ist als bei den C4-Pflanzen der Talauen (Kappen et al. 1976).

Bei dieser Vielfalt der Reaktionen bleibt die Frage offen, ob es nicht ein Grundprinzip der Steuerung der physiologischen Aktivität gibt. Da die Kopplung der CO_2-Assimilation an die Atmosphäre über die Stomata erfolgt und damit zwangsweise mit Wasserverlust verbunden ist, könnte man an eine Steuerung denken, die beide Vorgänge balanciert. Auffällig ist, dass die maximale Photosyntheserate an den meisten Standorten nur selten genutzt wird. Die meiste Zeit operieren die Pflanzen sowohl in temperaten Wäldern als auch in Wüstengebieten bei einer **mittleren Assimilationsrate**, die etwa bei 50 % der maximalen Rate (Abb. 2.4.20) liegt, und dies gilt auch für die stomatäre Leitfähigkeit. In temperaten Klimaten ist es vor allem das Licht, in ariden Klimaten sind es Licht und Luftfeuchtigkeit, die die aktuelle Rate der CO_2-Assimilation auf etwa 50 % der maximalen Rate senken.

Da die Photosynthese einerseits abhängt von der physiologischen Aktivität der Rubisco und der mesophyllinternen und atmosphärischen CO_2-Konzentration und andererseits von den Stomata und der Energiebilanz gesteuert wird, ist es grundsätzlich nicht möglich, eine ähnlich einfache Gleichung für die Beziehung zwischen Klima und Assimilation zu schreiben, wie es die Penmann-Monteith-Gleichung für die Empfindlichkeit der Evaporation auf Änderungen der Stomata tut ($\delta E/\delta g$; siehe Kapitel 2.2). Es gelingt nicht, die Assimilation in Abhängigkeit von C_i und die Abhängigkeit der Transpiration (E) vom Dampfdruckdefizit der Luft bei gleichzeitiger Lösung der Energiebilanz zu beschreiben, da der CO_2-Fluss im Gegensatz zu E nicht nur von äußeren physikalischen Faktoren, sondern auch von blattinternen physiologischen Parametern abhängt. Cowan und Farquhar (1977) haben das Problem vereinfacht auf die Annahme, dass die Photosyntheseaktivität konstant bleibt. Sie gelangen zu dem Ergebnis, dass es zu einem Ausgleich zwischen der Reaktion von Assimilation ($\delta A/\delta g$) und Transpiration ($\delta E/\delta g$) auf Änderungen der Stomata kommen müsste. Unter Vernachlässigung der Energiebilanz und möglicher Änderungen der Photosynthesekapazität kommen sie zu dem Ergebnis, dass **„optimale" Steuerung** dann vorliegt, wenn

$$(\delta A/\delta E) = \lambda \qquad (2.4.22)$$

λ ist ein artspezifischer Parameter, der zumindest im Laufe eines Tages konstant ist.

Die Grenzen dieses Ansatzes liegen auf der nächsthöheren Ebene, der Vegetation. Was nützt es einem Pflanzenindividuum, sich optimal zu verhalten, wenn das gesparte Wasser im Boden verbleibt und dort entweder versickert, von der Bodenkrume verdunstet oder vom Nachbarn genutzt wird? Bei „nicht kooperativem Verhalten" der Nachbarn (d. h. bei übermäßiger Ressourcennutzung der Nachbarn) könnte das Individuum, das sich optimal verhält, verlieren, denn der „nachbarliche Verschwender" hat in diesem Falle bereits alles Wasser genutzt, wenn die ersparte Ressource für den „Optimierer" bei Trockenheit lebensnotwendig wird. Dies ist exakt das, was man unter ariden Bedingungen als Vielfalt der Arten und Strukturen beobachtet: das Ausloten von **opportunistischem (nicht-optimiertem)** und **konservativem (optimiertem) Verhalten** in der Assimilation und Wassernutzung. Opportunistisches Verhalten ist meist an die Fähigkeit gekoppelt, die Vegetationsentwicklung schnell abzuschließen **(Annuelle)**, während konservatives Verhalten gekoppelt ist mit langsamer Vegetationsentwicklung und der Speicherung von Ressourcen über mehrere Vegetationsperioden **(Perennierende)**. Dabei gibt es, wie so oft in der Natur, alle Übergänge, denen eine Klassifizierung nicht gerecht wird.

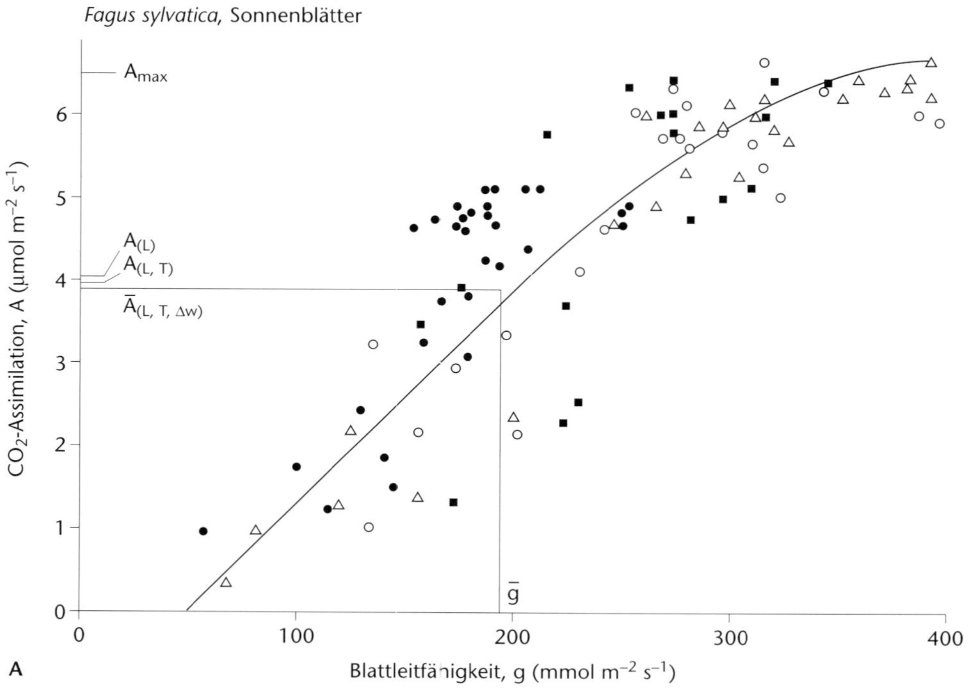

Fagus sylvatica, Sonnenblätter
A_max
A_(L)
A_(L, T)
Ā_(L, T, Δw)
ḡ
CO2-Assimilation, A (µmol m⁻² s⁻¹)
Blattleitfähigkeit, g (mmol m⁻² s⁻¹)
0
1
2
3
4
5
6
0
100
200
300
400

A

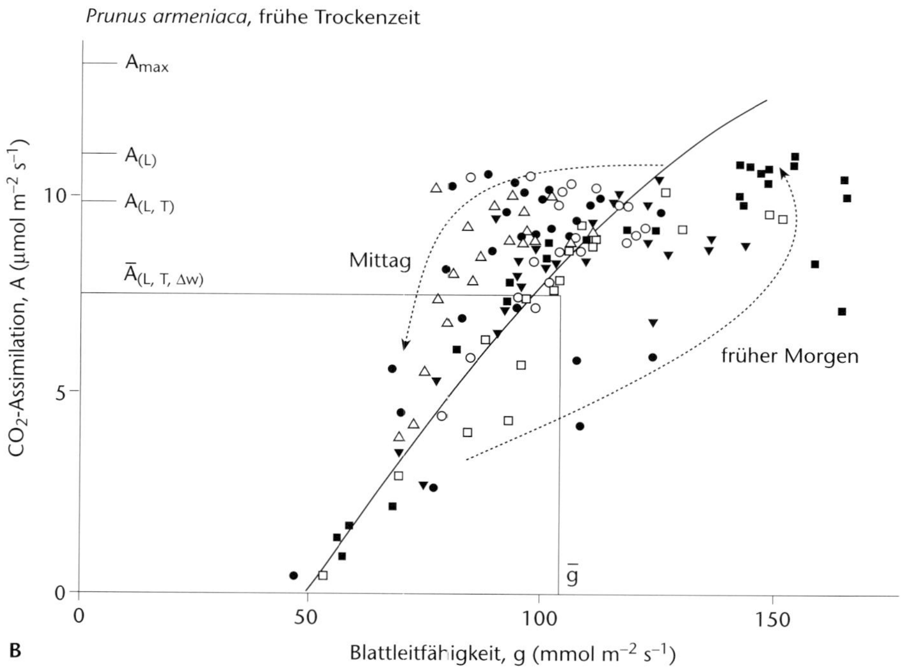

Prunus armeniaca, frühe Trockenzeit
A_max
A_(L)
A_(L, T)
Ā_(L, T, Δw)
Mittag
früher Morgen
ḡ
CO2-Assimilation, A (µmol m⁻² s⁻¹)
Blattleitfähigkeit, g (mmol m⁻² s⁻¹)
0
5
10
0
50
100
150

B

Abb. 2.4.20: Beziehungen zwischen der CO_2-Assimilation (A) und der Blattleitfähigkeit (g) im Tagesverlauf (Halbstundenmittel) für die Buche (Fagus sylvatica) und die Aprikose (Prunus armeniaca). Im Tagesverlauf gibt es am Morgen und Abend Zeiten, zu denen nur A, aber nicht g messbar ist (z. B. nach Tau); für diese Zeiten wurde g interpoliert. Die Abbildung zeigt auch Werte für A_{max} und kennzeichnet die Faktoren, die zu einer Einschränkung der aktuellen CO_2-Assimilation unter die Rate von A_{max} beitragen. Dies sind im temperaten Klima A: vor allem das Licht, das während der Dämmerung am Morgen und Abend, aber auch im Tagesverlauf oft unter der Sättigung liegt. Im ariden Klima B: sind es überoptimale Temperaturen und das Wasserdampfsättigungsdefizit, die die CO_2-Assimilation begrenzen. Wegen der Limitierung von Licht am Morgen und Lufttrockenheit am Nachmittag verändern sich die Reaktionen im Laufe des Tages. Es ist ökologisch interessant, dass sich die mittlere Rate der CO_2-Assimilation in beiden Klimaten etwa bei 50 % von A_{max} bewegt. Dies wäre auch der optimale Bereich, in dem physiologisch eine Regulation auf extreme Ereignisse möglich ist (Schulze 1982).

2.4.3.8 Die erdgeschichtliche und die rezente Verbreitung von C3-, C4- und CAM-Pflanzen

Basierend auf den physiologischen Eigenschaften der C3- und C4-Pflanzen kommt es in der Vegetation der Erde zu einer Differenzierung dieser beiden Photosynthesetypen. Wegen der hohen Temperaturen für optimale Photosynthese und der Fähigkeit, hohe Lichtintensitäten zu nutzen, sind die C4-Pflanzen mit perennierenden Gräsern schwerpunktmäßig in den subtropischen **Savannen und Grasländern mit Sommerregen** verbreitet (Abb. 2.4.21 A). Im Gegensatz dazu liegt der Verbreitungsschwerpunkt der C3-Gräser (die oft auch einjährig sind) in den winterkalten Steppen (Abb. 2.4.21 B). Da die Temperatur- und Lichtabhängigkeit aber auch von der CO_2-Konzentration der Atmosphäre abhängt, ist dieses Gleichgewicht in der Verbreitung der beiden physiologischen Typen keineswegs konstant.

Die Verbreitung der CAM-Pflanzen ist im Vergleich zu der Bedeutung der C4-Pflanzen botanisch zwar interessant, hinsichtlich des C-Haushaltes der Erde aber eher von untergeordneter Bedeutung. Die Sukkulenten finden ihren Verbreitungsschwerpunkt in den **nachtkühlen Küstenwüsten** (Südafrika mit Namibia, Chile, Baja-California, Teneriffa; Abb. 2.4.21 C). Die PEP-Carboxylase dieser Küsten-Sukkulenten ist angepasst an niedrige Nachttemperaturen. Unabhängig davon gibt es aber auch CAM-Pflanzen in feucht-warmen Regenwäldern. Es sind einerseits die epiphytischen Orchideen, andererseits einige Baumarten der Gattung *Clusia*, Clusiaceae (Lüttge 1999). Die PEP-Carboxylase dieser Gattungen ist ähnlich wie die der C4-Pflanzen an hohe Temperaturen angepasst. Dies zeigt, dass die Verbreitungsmuster der CAM-Sukkulenten mit dem deutlichen Verbreitungsschwerpunkt in den kalten Küstenwüsten nicht von der Tempertaurabhängigkeit der PEP-Carboxylase abhängen, sondern eher konkurrenzbeding sind, d. h. die Sukkulenten wachsen zu langsam, um in den Tropen zu konkurrieren, und in den tropischen Grasländern ist die Luftfeuchte in der Nacht zu niedrig, sodass auch bei Nacht die geöffneten Stomata zu viel Wasser verlieren würden.

Basierend auf der CO_2-, Licht- und Temperaturabhängigkeit der Photosynthese zeigen Ehleringer et al. (1997), dass die C3-Pflanzen bei steigender CO_2-Konzentration gegenüber den C4-Pflanzen in immer wärmeren Klimaten kompetitiv überlegen sind (Abb. 2.4.22 A, B). Zum Zeitpunkt der größten Vereisung in der **Glazialzeit** lag die atmosphärische CO_2-Konzentration bei ca. 200 ppm; in diesem CO_2-Klima waren die C4-Pflanzen den C3-Pflanzen selbst bei 10 °C in der Vegetationsperiode überlegen. Man nimmt an, dass die C4-Pflanzen sich in einer solchen Zeit entfalteten. Mit steigender CO_2-Konzentration werden die C4-Pflanzen in Klimate mit hoher Temperatur verdrängt. Für die derzeitige Temperatur- und CO_2-Verteilung auf der Erde ergeben sich die Schnittpunkte bei etwa 45° nördlicher und südlicher Breite (Abb. 2.4.22 B).

Die Beobachtung wird verstärkt durch den N-Bedarf, der bei C3- Pflanzen höher als bei C4-Pflanzen und abhängig vom Niederschlag ist (Abb. 2.4.22 D). Unter trockenen Bedingungen ist die N-Konzentration in den Blättern der Vegetation hoch, bedingt durch die Mobilisierung der Nitrifikation im Boden nach Regen und das eingeschränkte Wachstum der Pflanzen bei Trockenheit, wobei die Nitrifikation im Boden trockenresistenter ist als das Wachstum der Pflanzen. Die N-Konzentration sinkt mit steigendem Niederschlag und steigender Pflanzenproduktion. Im subtropischen ariden Klima

Abb. 2.4.21: A: *Aspekt eines tropischen Graslandes in Namibia bei ca. 200 mm Niederschlag: Typische Merkmale sind: Sommerregen, d. h. Wasserverfügbarkeit bei hohen Temperaturen, perennierende C4-Gräser, einzelne Sukkulenten der Gattung Euphorbia.* B: *Aspekt einer kontinentalen Steppe in Kasachstan. Merkmale sind: Wasserverfügbarkeit nach der Schneeschmelze bei niedrigen Temperaturen und Sommertrockenheit, perennierende C3-Gräser und Stauden (z. B. Altaea), hoher Anteil an Annuellen und Leguminosen (z. B. Astragalus) und einzelnen Sträuchern (Crataegus).* C: *Aspekt der Sukkulenten-Wüste in Niederkalifornien mit Pachycereus pringlei als dominierender Kakteen-Art. Im Unterwuchs Larrea tridentata, Encelia, Ambrosia u. a. Fotos E.-D. Schulze.*

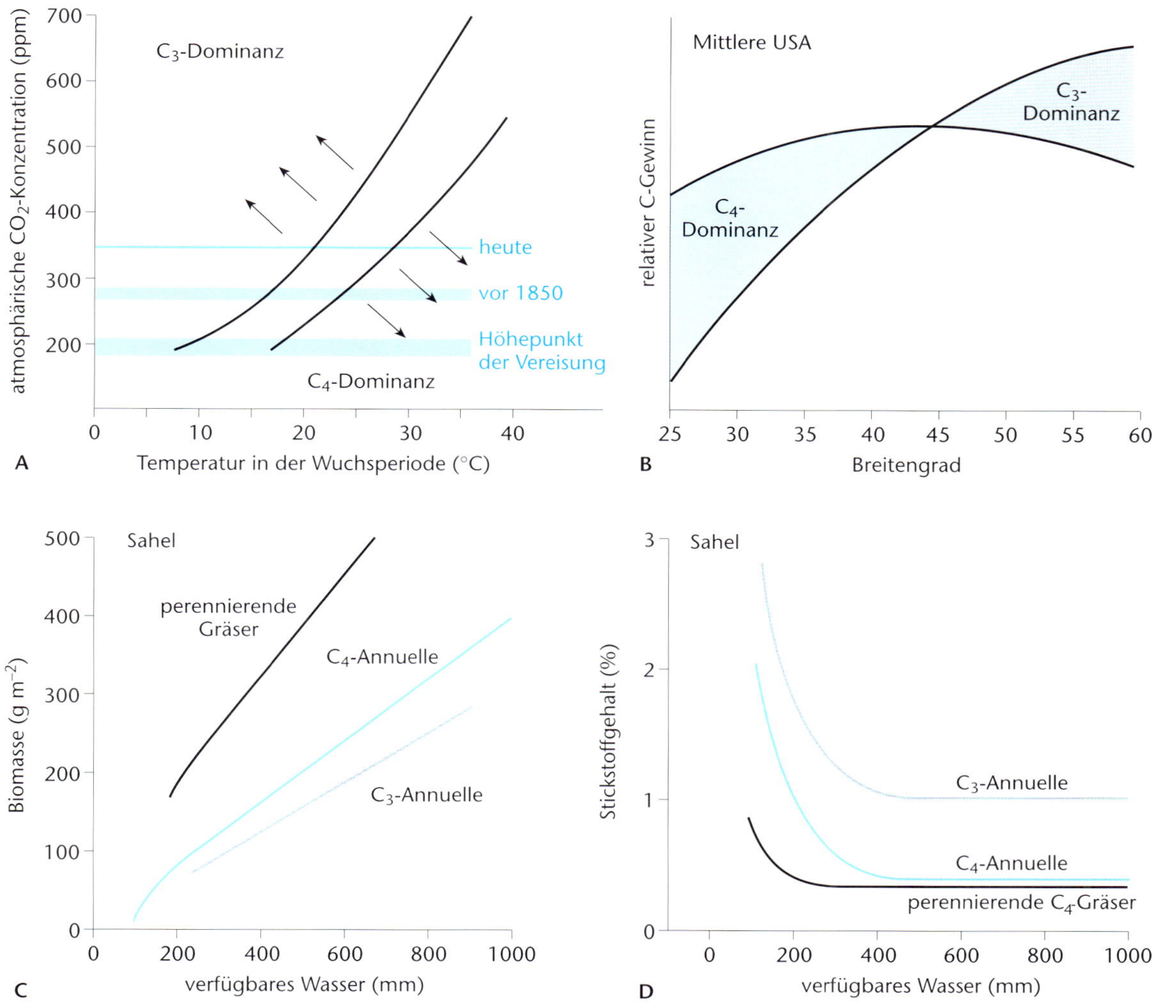

Abb. 2.4.22: A: Die Verbreitung von C3- und C4-Arten in Abhängigkeit von der Temperatur in der Zeit des Wachstums und der atmosphärischen CO_2-Konzentration. B: Relativer Kohlenstoffgewinn für C3- und C4-Arten in Abhängigkeit vom Breitengrad unter derzeitigen Bedingungen der CO_2-Konzentration (nach Ehleringer et al. 1997). C: Die Änderung der Biomasse und D: Änderung der Stickstoffkonzentration von C3- und C4-Arten mit dem verfügbaren Wasser aus Niederschlägen im Sahel. C4-Pflanzen haben eine niedrigere N-Konzentration als C3-Pflanzen und sind daher weniger zur Beweidung geeignet (Penning de Vries und Djiteye 1982).

sind die einjährigen Pflanzen (Annuelle) mit C4-Stoffwechsel keineswegs den C3-Pflanzen überlegen, sondern eher unterlegen, wohingegen die C4-perennierenden Gräser bei hohem Niederschlag über die C3-Gräser dominieren. Dies hat Konsequenzen für die Landnutzung: Die **Beduienen** ziehen mit ihren Herden zu Weideplätzen mit den Annuellen, die auch hohe N-Konzentration haben, wohingegen bei höherem Niederschlag sesshafte Völker Ackerbau mit C4-Gräsern betreiben, die in den ursprünglichen Formen auch perennierend waren (Penning de Vries und Djiteye 1982).

Kasten 2.4.3 Zusammenfassung: Reaktion der Photosynthese auf Standortfaktoren

- Die Photosynthese wird reversibel verändert durch die **Witterungsfaktoren** Licht, Temperatur und Luftfeuchtigkeit. Hohes Licht kann zu irreversiblen Schäden führen (Photoinhibition), niedriges Licht kann auch nach Abklingen des Photonenflusses zu einer CO_2-Reduktion beitragen. Durchschnittlich operiert ein Blatt bei ca. 50 % der maximalen CO_2-Assimilation (A_{max}).
- Die Photosynthese ist langfristig angepasst an das **Lichtklima** und die **Ernährung**.
- Die Photosynthese reagiert bei höheren Pflanzen irreversibel auf **Wasserstress**. Bei Flechten ist die Reaktion auf Austrocknung reversibel.
- Das Blatt hat einen artspezifischen, aber durch die Standortbedingungen modifizierbaren Gang der **Alterung**.
- Es gibt die Tendenz einer **Optimierung** von CO_2-Assimilation und Transpiration, wobei aber „optimales" Verhalten (Wasser sparen) in einem Pflanzenbestand von Nachteil sein kann, denn nicht verbrauchte Ressourcen sind auch für Nachbarn frei verfügbar.
- **C3-, CAM- und C4-Pflanzen** besetzen Nischen, die rezent und erdgeschichtlich vom CO_2-Gehalt der Atmosphäre und der Temperatur in der Vegetationsperiode abhängen, wobei C4-Pflanzen bei niedriger CO_2-Konzentration wie auch bei niedrigen Temperaturen dominieren, wohingegen C3-Pflanzen auch bei hohen Temperaturen dominieren, sofern die CO_2-Konzentration hoch ist. Dieser Trend wird verstärkt durch die Ernährung. Perenne C4-Gräser haben niedrigere N-Konzentrationen in den Blättern als C3-Pflanzen und sind damit im subtropischen Klima den C3-Pflanzen auch hinsichtlich der Anforderungen an die Ernährung überlegen.

2.4.4 Wachstum und Speicherung

2.4.4.1 Einführung in die Kohlenstoffbilanz

Die Photosynthese dient in der Pflanze letztlich der Biomasseproduktion und dem Samenertrag. Die Biomasseproduktion sorgt für eine kontinuierliche Vergrößerung des Pflanzenkörpers, was u. a. bedeutsam ist in der Konkurrenz mit anderen Pflanzen und für die Speicherung von Ressourcen, die schließlich für das Blühen und Fruchten benötigt werden.

Die Erzeugung von Biomasse erfordert zusätzliche Energie für die dafür nötigen katabolischen Prozesse. Dies ist unabhängig von der Energie, die nötig ist, um die bereits bestehende Biomasse zu erhalten. In beiden Fällen wird diese Energie durch den Verbrauch von Kohlenhydraten bereitgestellt. Die Nettoprimärproduktion ***(Net Primary Production:* NPP)** resultiert aus der **Nettophotosynthese (A)** und der **Atmung der autotrophen Gesamtpflanze (R_a)** (ohne Blatt-Atmung bei Licht; siehe Kapitel 2.4.1). Die Nettophotosynthese (A) wird in diesem Zusammenhang oft auch als Bruttoprimärproduktion ***(Gross Primary Production:* GPP)** bezeichnet.

$$NPP = A - R_a. \tag{2.4.23}$$

Eine Vorstellung von der Größenordnung dieser Prozesse liefert die **Stoffbilanz** der Pflanze.

Aus Tabelle 2.4.1 wird deutlich, dass die Gerste mit der höchsten Photosyntheserate (A_{max}) keineswegs den höchsten C-Gewinn (GPP) hat. Die Fichte erreicht mit ca. 25 % der Photosyntheserate einen um etwa 80 % höheren C-Gewinn als die Gerste. Dies liegt darin begründet, dass die Fichte eine doppelt so hohe Blattmasse und eine fast dreimal so lange Vegetationszeit hat wie die Gerste. Die wechselgrüne Buche steht zwischen diesen Extremen. Die Kosten für das immergrüne Nadelkleid schlagen sich bei der Fichte in einer deutlich höheren Atmung nieder. Gleichzeitig investiert aber die Fichte etwas weniger Kohlenstoff in das Wachstum von Ästen als die Buche, sodass in der Bilanz der Stammzuwachs um fast ein Drittel höher ist als bei der Buche. Bei beiden Baumarten beträgt der zu erntende Stammzuwachs nur einen Bruchteil (Buche 15 %, Fichte 13 %) des C-Gewinns. Die mit dem Stammzuwachs vergleichbare Größe des Ertrags wäre bei der Gerste der Kornertrag, der bei einem Ernteindex (Kornertrag/oberirdische Biomasse) von 0,4 etwa 1,8 t C/ha ausmacht. Dies sind ca. 21 % der Nettophotosynthese und damit deutlich mehr als bei Bäumen.

Das Beispiel zeigt, dass eine Vielzahl von Faktoren die NPP bestimmt, und dass die Pflanzenwelt ganz verschiedene Möglichkeiten besitzt, den Stoffgewinn zu regulieren. Dazu gehören:

- die C-Bilanz über eine Vegetationsperiode (mittlere Rate der Nettophotosynthese × mittlere

Tabelle 2.4.1: Abschätzung der jährlichen Stoffbilanz eines Buchenbestands (Schulze 1970, Scarascia et al. 1999), Fichtenbestands (Fuchs et al. 1977, Scarascia et al. 2000) und eines Gerstenfeldes (Biscoe et al. 1975, Jones 1994) in t C ha^{-1} $Jahr^{-1}$

	Buche	Fichte	Gerste
A_{max} (mg CO_2 $g^{-1}h^{-1}$)	10	5	20
GPP (t C $ha^{-1}Jahr^{-1}$)	8,6 (100 %)	14,9 (100 %)	8,3 (100 %)
Atmung	**2,4 (28 %)**	**7,8 (52 %)**	**1,7 (20 %)**
Blätter	1,3	6,4	1,5
Knospen	0,4	1,0	0,0
Stamm und Wurzel	0,7	0,4	0,2
Streu	**3,2 (37 %)**	**2,9 (20 %)**	**6,6 (80 %)**
Blätter	1,8	1,2	4,4
Feinwurzeln	1,4	1,7	2,2
Wachstum	**3,0 (35 %)**	**4,2 (28 %)**	**0,0**
Grobwurzeln	0,4	0,7	0,0
Äste	1,4	1,5	0,0
Stamm	1,3	2,0	0,0

Blattfläche × Länge der Vegetationsperiode) (Schulze 1982);

- die Assimilatverteilung auf verschiedene Organe (Stitt und Schulze 1994);
- die Atmung in der bestehenden und der wachsenden Biomasse (Merino et al. 1982);
- die Speicherung (Chapin et al. 1990).

2.4.4.2 Die Atmung

Offensichtlich ist die Atmung der Mitochondrien eine wesentliche Komponente, die den C-Gewinn verringert. Die Menge an CO_2, die für die Synthese bestimmter Produkte benötigt wird, ist sehr verschieden und kann je nach Produkt über zwei Größenordnungen reichen (Penning de Vries et al. 1975, 1983) (Tab. 2.4.2).

Grundsätzlich ist es somit möglich, den C-Bedarf von wachsenden Organen aus den synthetisierten Produkten zu errechnen. Damit wird aber noch nicht der Bedarf für die Unterhaltung bereits bestehender Organe quantifiziert. Um diese beiden Funktionen der Respiration zu trennen, schlug McCree (1983, Amthor 1989) folgende Begriffe vor:

- ***growth respiration***, $\mathbf{R_g}$ (die dem Wachstum dienende Atmung) und
- ***maintenance respiration***, $\mathbf{R_m}$ (die dem Unterhalt von Organen dienende Atmung).

Die Dunkelatmung (Atmung der autotrophen Pflanzen) R_d (mg CO_2 $Pflanze^{-1}$ $Zeit^{-1}$) bei einer Pflanze mit dem Gewicht W setzt sich damit zusammen aus der Unterhaltsatmung (mg CO_2 $Pflanze^{-1}$ $Zeit^{-1}$) und der Wuchsatmung (mg CO_2 $Pflanze^{-1}$ $Zeit^{-1}$),

$$R_d = R_m + R_g \times dW/dt. \qquad (2.4.24)$$

Durch Division mit dem Gewicht erhält man Atmungsraten pro Gewicht

$$R_d/W = R_m/W + R_g \times dW/dt \times 1/W \qquad (2.4.25)$$

wobei $dW/dt \times 1/W$ der so genannten **relativen Wachstumsrate (*relative growth rate:* RGR)** entspricht. Trägt man die Dunkelatmung R_d als Funktion der RGR auf, so erhält man für kurze Zeit-

Tabelle 2.4.2: Respiratorischer Bedarf für die pflanzliche Synthese von Substraten, die fürs Wachstum nötig sind, und von Organen (nach Penning de Vries 1975)

		Respiratorischer CO_2-Bedarf mg CO_2 g^{-1}
Substrate	organische Säuren	11
	Kohlenhydrate	170
	Proteine	544
	Lipide	1720
Pflanzenorgane	Blätter	333
	Stängel	278
	Holz	426
	Reiskorn	186
	Bohnenfrucht	420

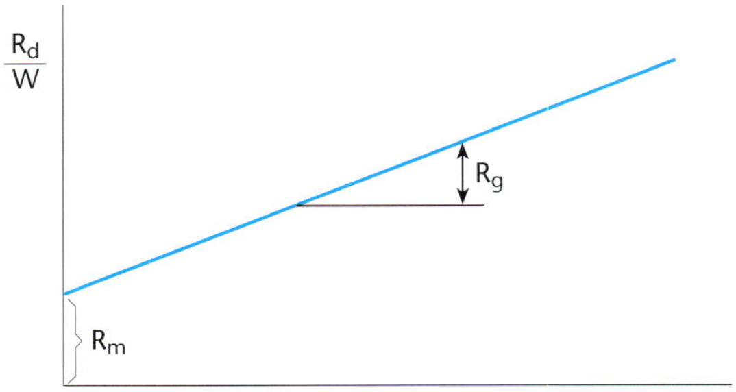

$$RGR = \frac{dW}{dt} \times \frac{1}{W}$$

Abb. 2.4.23: Schematische Darstellung der Definition von wachstumsinduzierter Atmung (R_g) und Unterhaltsatmung (R_m). Wird die Dunkelatmung (R_d pro Gewicht) gemessen in Abhängigkeit von der relativen Wachstumsrate (RGR = Änderung im Gewicht pro Gesamtgewicht der Pflanze), dann ist die Steigung der Messkurve ein Maß für die wachstumsinduzierte Atmung und der Abschnitt auf der y-Achse ein Maß für die Unterhaltsatmung.

abschnitte eine Gerade, deren Steigung der Wachsatmung und deren y-Abschnitt R_m entspricht (Abb. 2.4.23). Die Beziehung zwischen R_m und R_g hängt von der Zeit ab, für die einzelne Organe photosynthetisch aktiv sind. Bei krautigen Gewächsen atmet die Wurzel 24 Stunden, wohingegen der Spross nur in der Nacht eine Nettoatmung zeigt. In Holzgewächsen atmen die Zweige und der Splint entsprechend des Anteils lebender Zellen 24 Stunden.

Die Untersuchung der Atmung wurde gegenüber der Erforschung der Photosynthese für lange Zeit vernachlässigt, sodass nach wie vor Unsicherheit darüber besteht, unter welchen Bedingungen Akklimatisierung bzw. Ressourcen-Anpassung stattfindet (Amthor 1989).

2.4.4.3 Wachstum

Das **Wachstum** einer Pflanze und die damit verbundenen Akkumulationsprozesse können bisher nur modellhaft dargestellt werden, denn es gibt kein befriedigendes physiologisches Modell, das erklärt, wie die Verteilung des C-Gewinns auf verschiedene Organe gesteuert wird (Abb. 2.4.24) Die CO_2-Assimilation hängt von dem CO_2-Gradienten, der stomatären Leitfähigkeit und der Blattfläche ab. Die entstehenden Assimilate bilden einen Assimilatpool als Zwischenspeicher, von dem aus die Verteilung in das Wachstum grüner und anderer Organe erfolgt. In beiden Fällen addiert sich das Wachstum zu der bereits vorhandenen Biomasse grüner und nicht-grüner Organe. Dabei kann es vor allem bei Blättern zur Selbstbeschattung kommen, wodurch die alten Blätter abgeworfen werden (siehe Kapitel 2.4.5.3: *Urtica*). Entsprechend besteht ein Umsatz auch im Wurzelbereich.

Wachstum von Blättern hat eine positive Rückkopplung auf die CO_2-Assimilation. Dabei entsteht aber ein zusätzlicher Bedarf an Nährelementen und Wasser. Wachstum von nicht-grünen Organen hat eine negative Rückkopplung auf die CO_2-Assimilation, fördert aber die Nährelement- und Wasseraufnahme. Die Steuerung der Assimilatverteilung und der Absterberaten regelt die Balance zwischen assimilierenden und atmenden Organen, wobei Letztere für die Nährstoff- und Wasseraufnahme verantwortlich sind. Bei Holzgewächsen tritt insofern ein Sonderfall ein, als die absterbende Biomasse im Stamm verbleibt **(Kernholz)** und nur ein schmaler Ring an Gefäßen **(Splintholz)** stoffwechselaktiv ist. Das Kernholz atmet somit nicht, es dient aber der Vergrößerung des Vegetationskörpers und hat damit in der Konkurrenz mit anderen Arten eine Bedeutung.

Es gibt eine Reihe von Regelmechanismen, mit denen **Spross und Wurzel „kommunizieren"**. Natürlich setzt die Kohlenhydratversorgung das entscheidende Signal für das Wurzel- und Stammwachstum. Die Wurzel steuert aber über Cytokinine den Spross sowohl hinsichtlich der CO_2-Assimilation als auch hinsichtlich der Assimilatverteilung. Die Versorgung mit Nährstoffen, insbesondere mit Nitrat (Scheible et al. 1997) und die Verfügbarkeit von Kohlenhydraten (W Schulze et al. 1991), kann Signalwirkung auf die Kohlenstoffallokation haben.

Nun ist es keineswegs so, dass Ressourcengewinn und -verbrauch unter allen Umständen synchron verlaufen. Das gilt insbesondere für die Nährstoffaufnahme und die CO_2-Assimilation. Würde die Pflanze die Nährstoffe nur synchron mit dem Verbrauch aufnehmen, dann hätten Nachbarpflanzen eine Möglichkeit, diese Ressourcen zu gewinnen, sofern diese im Boden verfügbar sind (siehe Kapitel 2.4.3.7). Gleichermaßen ist die Verarbeitung von Licht zum Erhalt des vorhandenen Photosyntheseapparats auch dann erforderlich, wenn nur wenig Kohlenhydrate benötigt werden (z. B. bei Trockenheit), denn ohne die Übertragung von Elektronen auf Kohlenstoff, Stickstoff oder Schwefel kommt es bei Sonneneinstrahlung zu einer Zerstö-

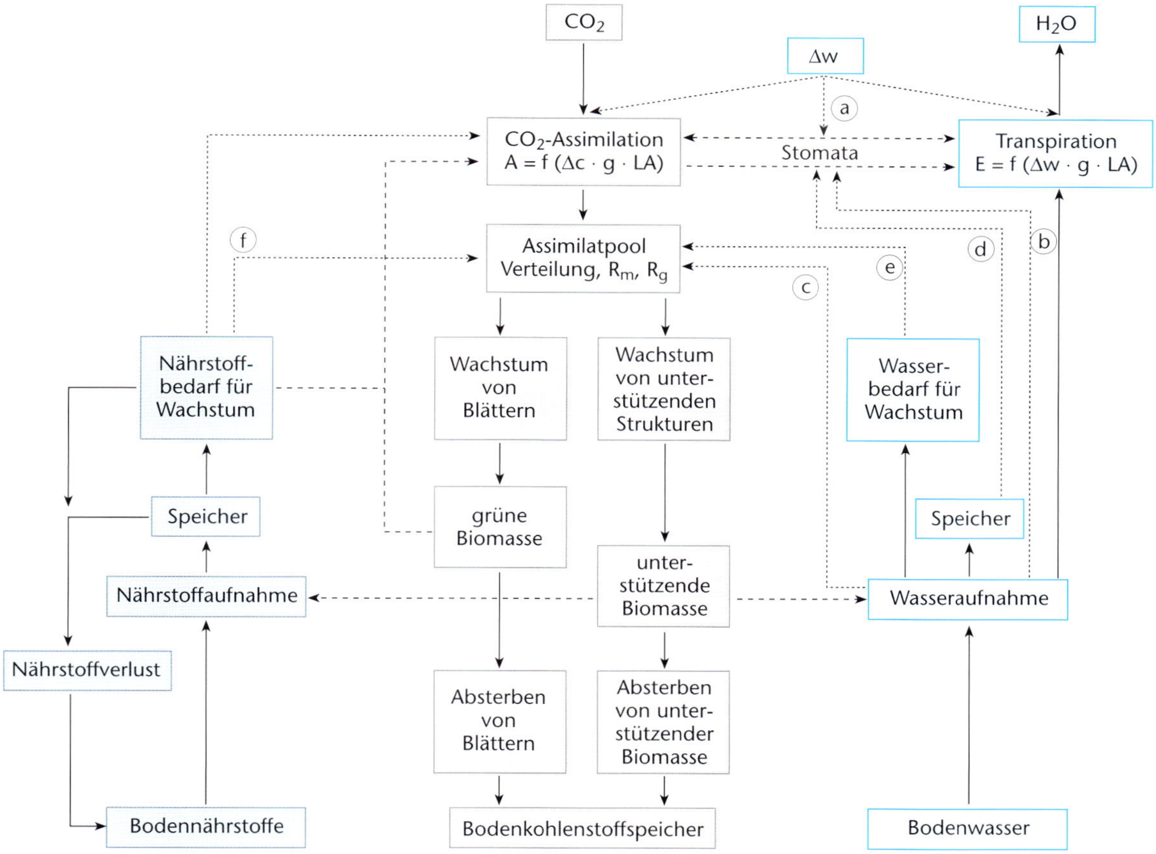

Abb. 2.4.24: Schematische Darstellung eines Modells der pflanzeninternen Kohlenstoff-, Wasser- und Nährstoffspeicher und -flüsse bezogen auf Spross und Wurzel (durchgezogene Linien), sowie die wichtigsten Rückkopplungen (gestrichelte Linien) und Steuerungen zwischen C-, N- und Wasserhaushalt. Als Steuergrößen zeigen (a) die den Einfluss der Klimafaktoren, (b), (c), (d) und (e) die Steuerung der Stomata und der C-Verteilung durch den Wasserhaushalt und (f) die Steuerung der Assimilation und der C-Verteilung durch den Nährstoffhaushalt (Schulze und Chapin 1987).

rung des Chlorophylls. Insofern bekommt der Assimilat- und Nährstoffpool eine grundlegende Bedeutung als **„Speicher“**, von dem aus verschiedene Bedürfnisse der Pflanzen gedeckt werden.

2.4.4.4 Speicherung und Rückkopplungen

Ressourcen werden in der Pflanze verwendet für **Wachstum, Abwehr** von Herbivoren und **Reserven**, und sie häufen sich passiv an **(Akkumulation)**, sofern der Ressourcengewinn höher ist als der Verbrauch. Nur ein Teil dieser Ressourcen kann zurückgewonnen werden und nur dieser Anteil wird als „Speicher“ betrachtet (Abb. 2.4.25). Die Unterteilung in Akkumulation und Reservebildung ist schwierig. Man bezeichnet **Reservebildung** als den Prozess, bei dem die gespeicherten Produkte zum Zeitpunkt der Entstehung im Stoffwechsel mit Wachstumsprozessen konkurrieren. Im Gegensatz dazu ist **Akkumulation** ein Vorgang, bei dem die Akquisition von Ressourcen den Verbrauch für das Wachstum im Zeitpunkt der Gewinnung übersteigt.

Aus Abbildung 2.4.24 wird bereits deutlich, dass in der Pflanze C, N, Wasser und Energiehaushalt interagieren und dass es eine Reihe von Produkten gibt, in denen sich die verschiedenen Stoffströme verzahnen. Es geht nicht nur um eine Aufteilung der Ressourcen in Spross und Wurzel, sondern auch um die Aufteilung zwischen verschiedenen Bereichen, in denen Wachstum, CO_2-Assimilation oder Speicherung stattfinden. Um diese Funktionsberei-

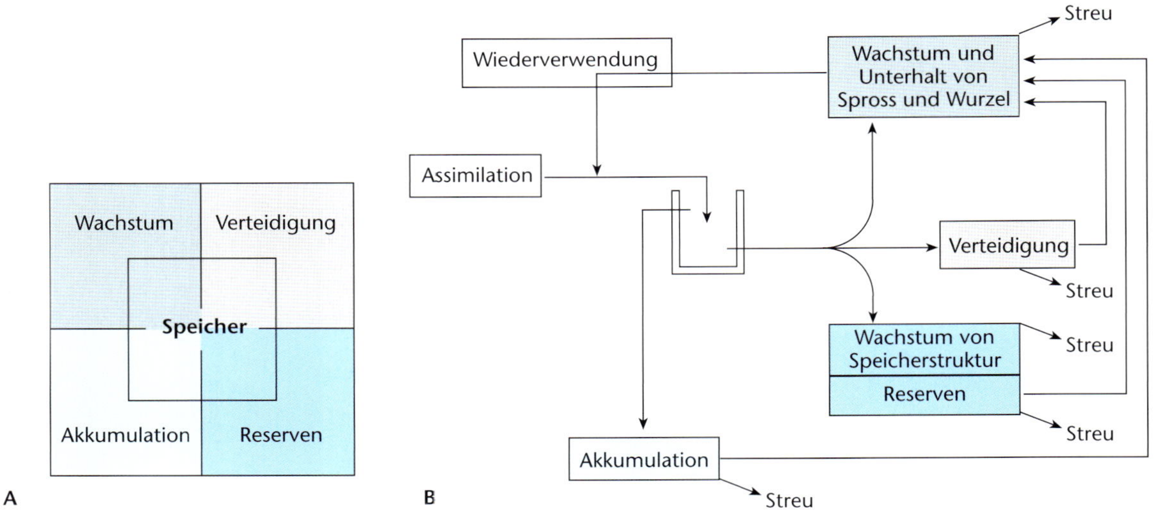

Abb. 2.4.25: A: Schematische Darstellung der Aufteilung der C-Menge einer Pflanze für bestimmte Funktionen, nämlich Wachstum, Schädlingsabwehr, Reservebildung und Akkumulation. Nur ein Teil dieser C-Menge ist bei Bedarf verlagerbar und daher ein „Speicher". B: Der Fluss des Kohlenstoffs von der CO_2-Assimilation bis hin zum Wachstum und die Wiederverwendung von C beim Absterben von Pflanzenteilen (z. B. Blattabwurf). Akkumulation tritt auf, wenn die C-Produktion (Assimilation plus Reallokation) den augenblicklichen Bedarf überschreitet. Reservebildung tritt auf, wenn die Anlage von Speicherprodukten (z. B. Stärke) mit dem Prozess des Wachstums zum Zeitpunkt der Assimilatanlieferung konkurriert. Der kurzfristige Assimilatpool, der physiologisch steuernd wirkt, ist als „Brunnen" symbolisiert (Chapin et al. 1990).

che zu erfassen, ist ein Modell mit mehreren Ebenen nötig (Abb. 2.4.26). Erst dann kann auf Prozessebene untersucht werden, wie verschiedene Signale rückkoppelnd wirken. Ein Überschuss an Kohlenhydraten bewirkt nicht nur eine Förderung der „Sink"-Aktivität in Spross und Wurzel, sondern fördert gleichzeitig die Nitratreduktion oder führt zum Abbau von Photosyntheseleistung zur Gewinnung von organischem Stickstoff. Umgekehrt führt ein Mangel an Stickstoff zu vermindertem Wachstum und damit zu einer Anhäufung von Kohlenhydraten und einem Rückgang der Photosyntheseleistung. Die ökologischen Konsequenzen der Speicherung bei pflanzlichen Lebensformen werden in Kapitel 2.4.5 und in Kapitel 4.3 behandelt.

Kasten 2.4.4 Zusammenfassung: Wachstum

- Die **Kohlenstoffbilanz** einer Pflanze wird wesentlich durch morphologische Merkmale und durch die Langlebigkeit der Assimilationsorgane beeinflusst (Beispiel Buche, Fichte, Gerste).
- Die **Atmung** hat eine wichtige steuernde Funktion. Man unterscheidet konzeptionell nach der Funktion der Atmung zwischen einer „Unterhaltsatmung" und einer „dem Wachstum dienenden Atmung".
- Ein **Zuwachs (Nettoprimärproduktion)** ist nur möglich, wenn der Stoffverbrauch zum Unterhalt bestehender Organe gedeckt ist. Im Extremfall wächst die Pflanze, um an das Licht heranzukommen, sogar auf Kosten des Unterhalts bestehender Organe, die zwangsläufig absterben. Diese Strategie gilt insbesondere für Bäume, wo die Kernholzbildung ein wichtiger Schritt zur Reduktion der Unterhaltsatmung ist. Atmendes Splintholz wird in nicht-atmendes Kernholz überführt, ohne dass damit der Holzkörper als Struktur verloren geht.
- Da Ressourcengewinn und -verbrauch für C und N nicht synchron laufen, ist die **Speicherung** von Ressourcen ein wichtiger Bestandteil aller Wachstumsvorgänge. Man unterscheidet zwischen einer passiven Akkumulation von Substanzen (Ressourcengewinn > Verbrauch) und einer Reservebildung (Reservebildung konkurriert mit dem Wachstum).

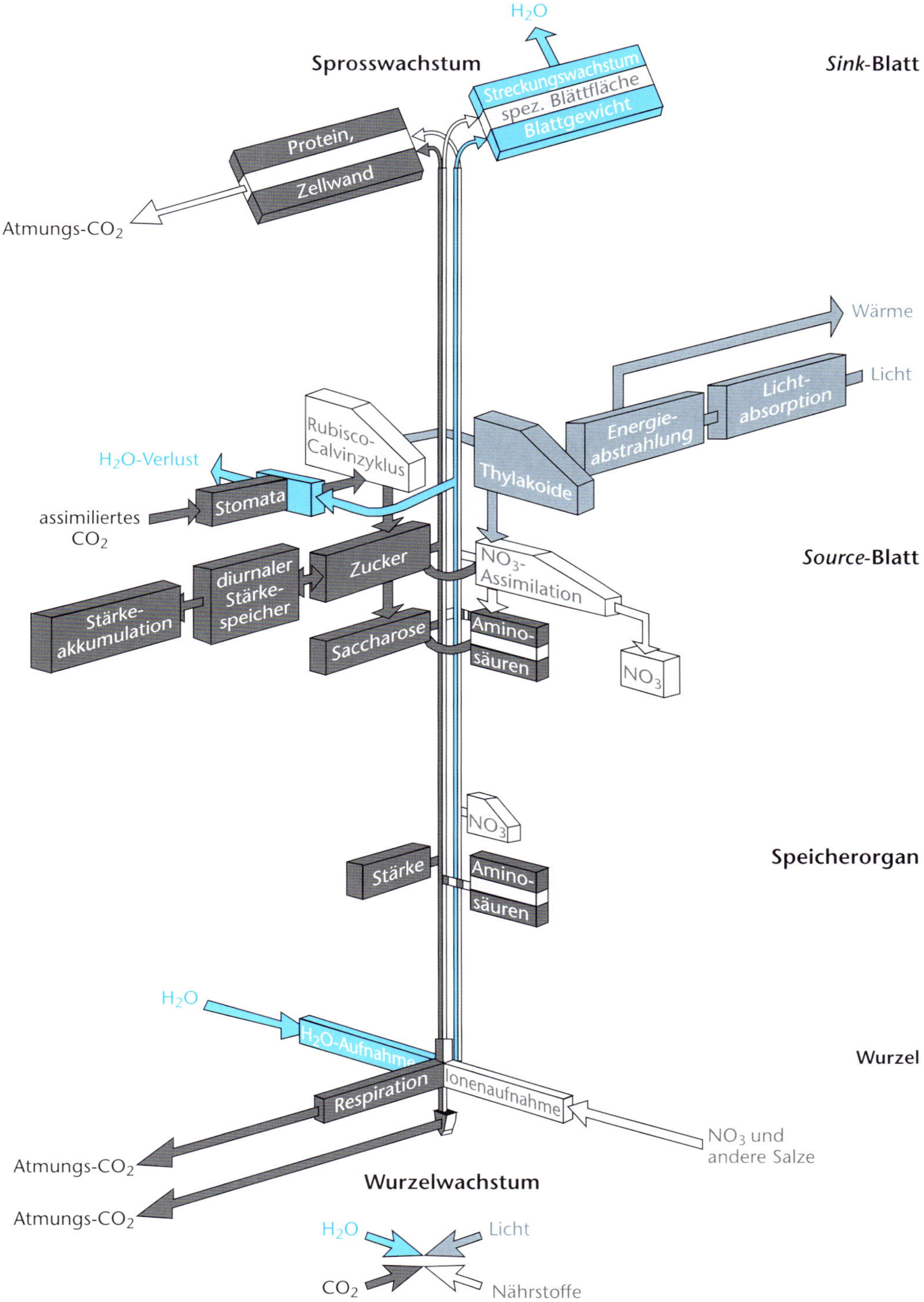

Abb. 2.4.26: A: Konzeptionelles Modell der Interaktion verschiedener Produktions- und Verbrauchsebenen hinsichtlich C, N und Wasser. Die Produktionsebene besteht aus den Source-Blättern mit ihrem Lichtsammelapparat des Chlorophylls und dem CO_2-Assimilationssystem der Rubisco. Die Produktionsebene versorgt sowohl die Wurzel als auch die neu wachsenden Sink-Organe mit Kohlenhydraten. Im Gegenzug versorgt die Wurzel die Source-Organe mit Wasser und die Sink-Organe mit Nährstoffen.

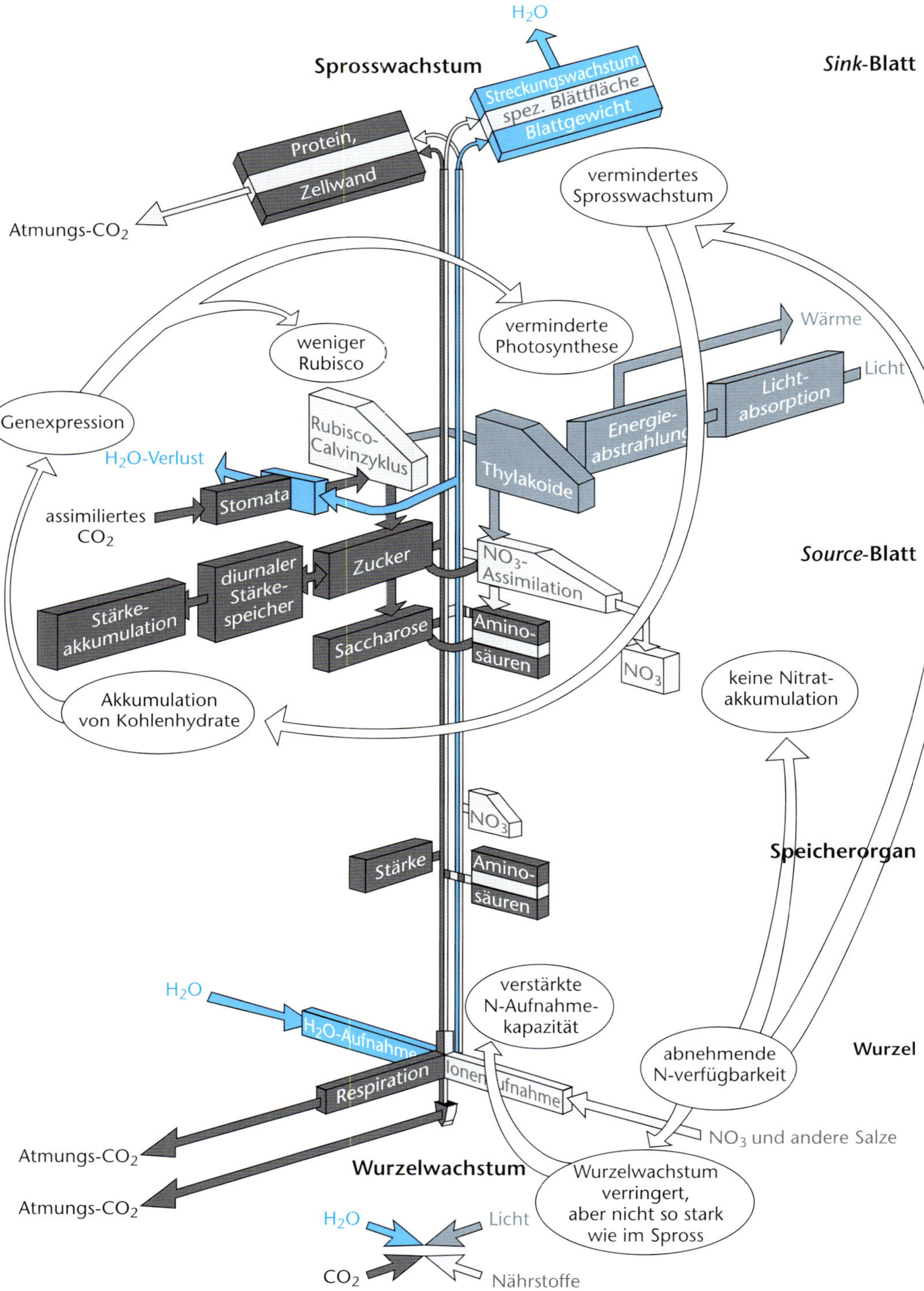

Abb. 2.4.26: B: Anhand des Modells kann man schematisch darstellen, in welcher Sequenz Eingriffe in das Ressourcenangebot zu Änderungen im Stoffwechsel führen. So führt z. B. Nährstoffmangel zu einer Reduktion des Wachstums der Sink-Organe. Dies hat zur Folge, dass sich Kohlenhydrate in den Source-Blättern anhäufen, woraufhin wiederum Rubisco abgebaut und der Stickstoff für das Wachstum verfügbar gemacht wird bzw. der Lichtsammelapparat abgebaut wird (Vergilbung alter Blätter bei N-Mangel) (nach Stitt und Schulze 1994).

2.4.5 Der C- und N-Haushalt pflanzlicher Lebensformen

Die Pflanzenarten unterscheiden sich um mehr als eine Größenordnung hinsichtlich des Verhältnisses zwischen grünen Assimilationsorganen (Blätter, Nadeln, Phyllodien, Phyllokladien) und nicht-grüner Biomasse. In tropischen Wäldern sind nur 2 % der Biomasse Blätter, in einer Wiese sind es mehr als 50 % (Tabelle 2.4.3). Dennoch ist der Stoffgewinn pro Jahr im tropischen Wald nicht anders als in einem tropischen Grasland und sogar höher als in einem temperaten Grasland. Die über das Jahr gemittelte monatliche NPP ist für die verschiedenen Vegetationstypen sogar sehr ähnlich (Abb. 2.4.27). Dies zeigt, dass es strukturelle Merkmale gibt, die nicht nur die Pflanzenwelt differenzieren, sondern die hinsichtlich des Stoffgewinns auch kompensatorisch wirken.

In der Botanik hat die Analyse der pflanzlichen Strukturen, die unabhängig von der taxonomischen Beschreibung einer Art ist, zu dem Begriff der **Lebensform** geführt. Die Definition der Lebensform erfolgte mit zweierlei Zielsetzung. Zum einen ging es den ersten Geographen und Botanikern, die „fremde" Länder besuchten, darum, eine taxonomisch fremde Vegetation bildlich zu beschreiben. Zum anderen ging es darum, analytisch die Strategien zu erfassen, nach denen Pflanzen sich in ihrer Umwelt bewähren (Kasten 2.4.5). In neuerer Zeit ist der Begriff der Lebensform erweitert worden durch den Begriff der **„funktionellen Gruppen"**, der nicht nur strukturelle Merkmale, sondern auch physiologische Merkmale umfasst (C3/C4-Pflanzen, N_2-Fixierer, Tiefwurzler u. a. m., siehe Kapitel 4.3).

Um die Verteilung von Ressourcen in Pflanzen zu verstehen, hat sich das Einteilungsschema von Monsi (1960) als besonders günstig erwiesen. Die wichtigsten Formen werden im Folgenden anhand des Modells des C-Flusses in Pflanzen (Abb. 2.4.24) erklärt.

Kasten 2.4.5 Die pflanzlichen Lebensformen

In der Pflanzenökologie werden Lebensformen unterschieden nach

- **Raunkiaer:** Bäume, Sträucher, perennierende Kräuter, Annuelle, Geophyten;
- **Grime:** r-Strategen, k-Strategen, stresstolerante Arten;
- **Monsi:** Annuelle vs. Perennierende, krautig vs. verholzend, immergrün vs. wechselgrün.

Tabelle 2.4.3: Die Veränderung von Biomasse und Nettoprimärproduktion in verschiedenen Vegetationsformationen der Erde und die prozentuale Verteilung der Biomasse auf Blätter, oberirdische Achsen und Wurzeln (Schulze 1982)

Pflanzenformation	Biomasse [kg m^{-2}]	Primärproduktion [kg m^{-2}]	Grünmasse (photosynthetisch aktive Organe)	nur atmende Organe: oberirdische verholzte Achsen	nur atmende Organe: Wurzeln und unterirdische Sprosse
immergrüne Bäume tropischer und subtropischer Wälder	41 – 65	6 – 17	um 2 %	*80 – 90 %	*10 – 20 %
Laubbäume der gemäßigten Zone	18 – 60	0,4 – 2,5	1 – 2 %	*um 80 %	*um 20 %
immergrüne Nadelbäume der Taiga und in Bergwäldern	20 – 90	0,2 – 1,5	4 – 5 %	*um 75 %	*um 20 %
Krummholz an der Waldgrenze	5 – 10	0,1 – 0,5	um 25 %	*um 30 %	*um 45 %
Ericaceenzwergsträucher von Heiden und Tundren	1 – 6	0,1 – 0,5	10 – 20 %	*um 20 %	*60 – 70 %
Wiesenpflanzen		0,1 – 1,3	um 50 %		um 50 %
alpine Grasheiden	0,1 – 3	0,1 – 1	um 30 %		um 70 %
Steppenpflanzen					
feuchte Jahre		0,1 – 1	um 30 %		um 70 %
trockene Jahre	0,3 – 3		um 10 %		um 90 %
Hochgebirgspflanzen	0,1 – 4	0,1 – 0,5	10 – 20 %		80 – 90 %

* Großteil der Masse ist tote Gerüstsubstanz

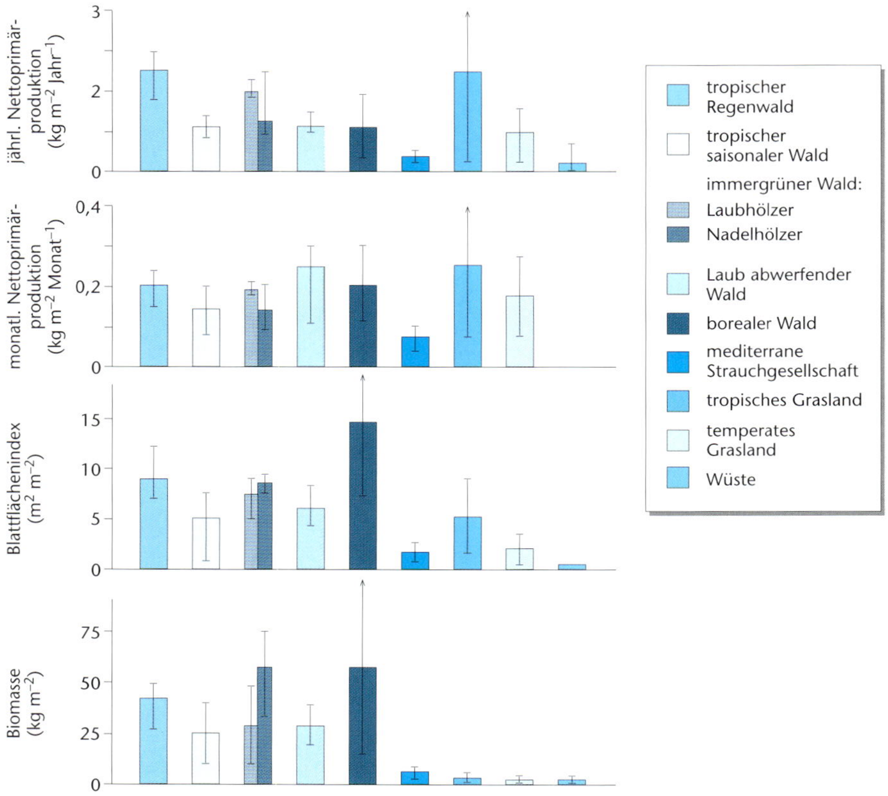

Abb. 2.4.27: Biomasse, jährliche Nettoprimärproduktion (NPP_a), Blattflächenindex und monatliche Nettoprimärproduktion verschiedener Vegetationsformationen der Erde. Trotz großer Unterschiede in der Biomasse und in der NPP_a ist die monatliche Rate der NPP sehr ähnlich, d. h. Unterschiede in der NPP_a sind wesentlich durch die Dauer der Vegetationsperiode begründet (Schulze 1982).

2.4.5.1 Annuelle Arten

Annuelle Arten sind durch folgende Eigenschaften charakterisiert:

- Sie haben einen kurzen Lebenszyklus (zwei bis drei Wochen von Keimung bis Samenbildung bei *Linaria haelva,* Scrophulariaceae).
- Alle Gewebe sind physiologisch aktiv (Verholzung nur als Ausnahme: *Helianthus annua*, Compositae).
- Das Spross/Wurzelverhältnis ist zum Spross hin verschoben (starke Rückkopplung der Blattbildung auf den Produktionsprozess), es treten auch kaum unterirdische Speicherorgane auf (außer bei Züchtungen: Radieschen = *Raphanus sativus*, Cruciferae).
- Die Ausbildung von Samen erfolgt nach sehr kurzer Produktionszeit. Der Ernteindex (Ertrag/oberirdische Biomasse) kann bis zu 60 % erreichen (Reis: *Oryza sativa*, Gramineae).

Da die Samenzahl größer ist als die Zahl der Elternpflanzen, kommt es in sehr kurzer Zeit zu einer Multiplikation der Individuen in der Population. Damit sind die Annuellen sehr effektive Besiedler von Brachland (r-Strategen nach Grime). Bei begrenzter Fläche kommt es aber sehr bald zu hoher Konkurrenz zwischen den Individuen, da der LAI konstant bleibt.

Die **Kulturpflanzen** sind die wichtigsten Vertreter der Annuellen. Bei Weizen (Abb. 2.4.28) steigt die Zahl der Sprosse auch nach der Keimung, da vor allem bei alten Sorten die Grundrosette mehrere Blütensprosse ausbildet. Dies führt nach ca. 40 Tagen zu hoher Konkurrenz zwischen den

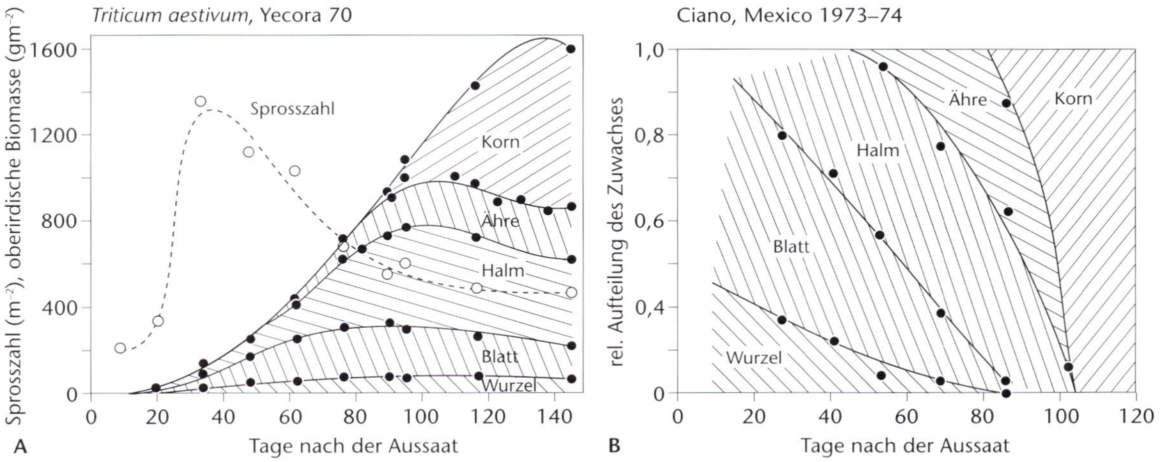

Abb. 2.4.28: A: Zeitliche Änderung von oberirdischer Biomasse und Sprosszahl ab der Keimung bis zur Ernte von Weizen. Die Abbildung zeigt die kumulativen Biomassen der einzelnen Kompartimente. Die schraffierten Flächen zeigen die Biomasse pro Kompartiment. B: Relative Verteilung der Zuwächse auf Wurzel, Blätter, Halme, Ähren und Körner. Die Abbildung zeigt kumulative Zuwächse der einzelnen Kompartimente (Schulze 1982). C: Blüte der Winter-Annuellen Coreopsis biglowii in der Mojave-Wüste, die in der Trockenzeit dominiert wird von dem perennen Strauch Larrea tridentata. Foto E.-D. Schulze.

Sprossen und zu einem Absterben von Sprossen, wobei ein Teil der in den absterbenden Sprossen angelegten Ressourcen im Sinne einer Speicherung in die verbleibenden Sprosse zurückverlagert werden. Insofern könnte man die Anlage dieser Sprosse evolutiv auch als Strategie ansehen, um einen bestimmten Lebensraum zu okkupieren und Ressourcen aus dem Boden zu gewinnen und zwischenzulagern. Erst nach der Stabilisierung der Sprosszahl mit der Entwicklung eines geschlossenen Blattdaches mit konstantem LAI steigt die Biomasse der verbliebenen Sprosse an. Das Wachstum neuer Wurzeln und Blätter sistiert mit der Ausbildung der Ähre. Zum Schluss des Lebenszyklus werden alle verlagerbaren Ressourcen in die sich entwickelnden Körner verlagert. Das Füllen des Kornes mit Kohlenhydraten wird unterstützt von der Granne, die keine funktionstüchtigen Stomata besitzt und daher auch bei beginnender Trockenheit die endgültige Samenreife durch Assimilate fördert. Die physiologische Leistung dieser Pflanzen ist gewaltig, wenn man bedenkt, dass in sehr kurzer Zeit (ein bis zwei Wochen) 60 % des oberirdischen Trockengewichts aus den Blättern und Halmen in die Samen verlagert werden und dabei die Blätter und Halme „geordnet" absterben. Das Verhältnis von Kornertrag/Biomasse (der so genannte **Ernteindex**) erreicht bei Hochleistungssorten 0,5 (Weizen) bis 0,6 (Reis) und liegt damit deutlich höher als bei durchschnittlichen Annuellen (0,3).

Hinsichtlich der Assimilatverteilung sind die Annuellen jene Pflanzengruppe, die sich ab der Keimung durch eine hohe Verlagerung in Richtung Blatt auszeichnet. Dies ist aber nur möglich, weil diese Pflanzen ein sehr effektives Leitsystem für Wasser und ein effektives Wurzelsystem zur Aufnahme von Nährelementen besitzen. Die meisten krautigen Arten sind mit VAM-Mykorrhizen ausgestattet, die in der Erschließung von Phosphor aus dem Mineralboden besonders effektiv sind (siehe Kapitel 2.3.2.3).

Bei einem Vergleich von Annuellen, die auf unterschiedlich fruchtbaren Böden heimisch sind, zeigt sich, dass sich alle Arten hinsichtlich des

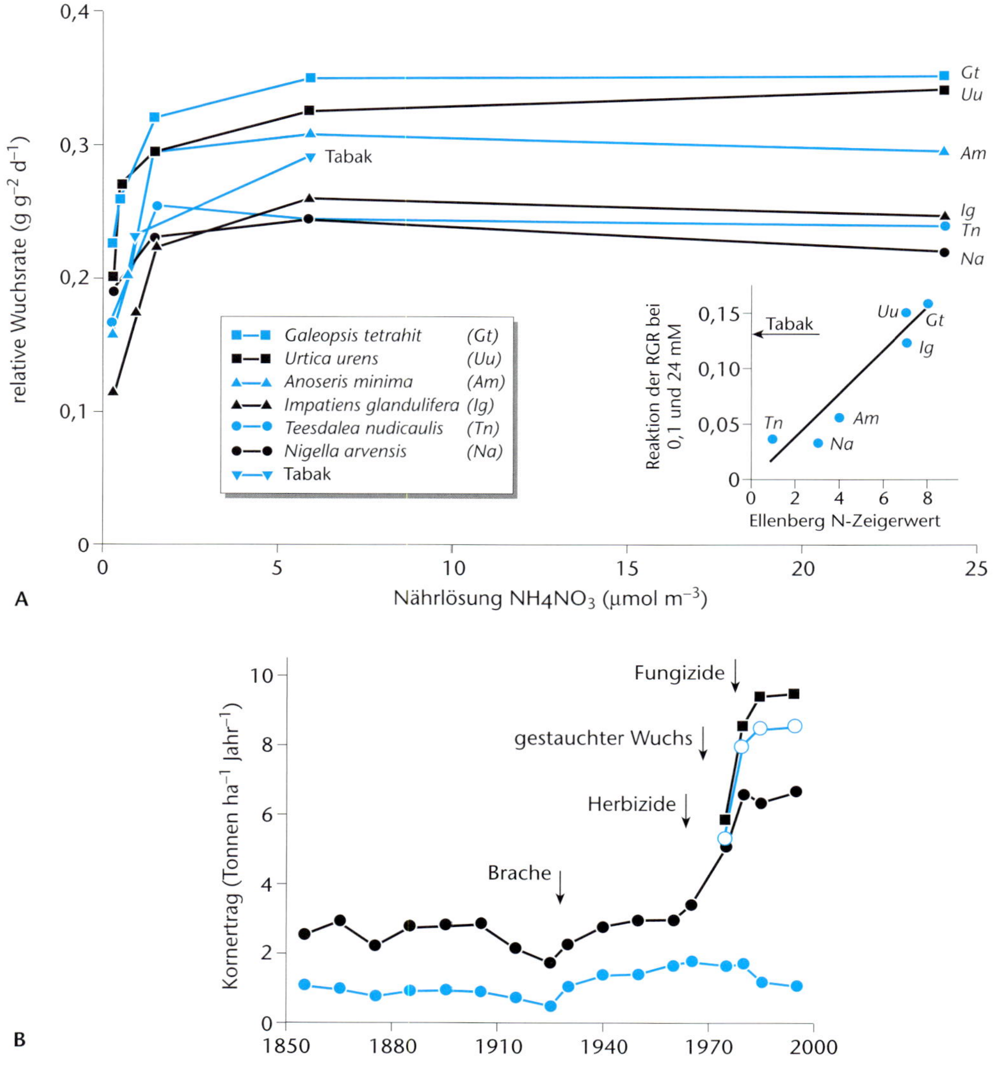

Abb. 2.4.29: A: Die Änderung der Biomasse von heimischen Annuellen in Abhängigkeit von der Stickstoffkonzentration in der Nährlösung. Da es sich um ein physiologisches Laborexperiment handelt, wurde Tabak als Vergleichspflanze herangezogen. Tabak spielt in ökophysiologischen Laborversuchen eine besondere Rolle, da diese Pflanze genetisch transformierbar ist und daher einzelne Parameter, die das Wachstum beeinflussen, genetisch angesteuert werden können. Es zeigt sich, dass einige Annuelle der heimischen Flora höhere Wuchsraten aufweisen als der Tabak. Die Teilabbildung zeigt, dass die relative Wuchsrate mit den Ellenberg-Zeigerwerten für Stickstoff korreliert (Fichtner und Schulze 1992, zu Tabak siehe Stitt und Schulze 1994). B: Der Einfluss bestimmter Bewirtschaftungsmaßnahmen auf den Kornertrag von Weizen in dem Dauerversuch von Rothamstad (nach Miflin 2000).

Wachstums in der vegetativen Phase bei geringer N-Versorgung kaum unterschieden (Abb. 2.4.29, Fichtner und Schulze 1992). Die Wachstumsraten der an nährstoffreiche Standorte angepassten Arten sind vor allem bei hohem Ressourcenangebot höher. Wie in Kapitel 2.3.2.3 ausgeführt, liegt der Hauptunterschied zwischen den Arten darin, dass nur die an arme Standorte angepassten Arten bei niedriger N-Versorgung zum Blühen kommen (*Teesdalia nudicaulis, Filago vulgaris*). Den Arten von nährstoffreichen Standorten fehlt am nährstoffarmen Standort die **Blühinduktion**, sie bleiben vegetativ (*Galeopsis tetrahit, Urtica urens*).

In der natürlichen Vegetation sind die Annuellen besonders erfolgreich an Standorten, die periodisch ein hohes Ressourcenangebot aufweisen (Wüsten, Überschwemmungsauen). Die Grenzen der Verbreitung von Annuellen sind durch die Länge der Vegetationsperiode bestimmt. Aus diesem Grund fehlen Annuelle weitgehend im borealen Klima. Es gibt verschiedene Anpassungen zur Verlängerung der Vegetationsperiode. Dies trifft insbesondere auf die **Winterannuellen** zu, die im Herbst keimen und im folgenden Jahr blühen (*Galium aparine*). Für diese gilt ebenso wie für den Winterweizen, dass die Überwinterung die Gefahr des Absterbens durch Frosttrocknis in sich birgt. Eine Verlängerung der Vegetationszeit in Richtung der Blüte beobachtet man bei den fakultativ zweijährigen Arten (*Daucus carota*) und den eigentlichen Zweijährigen (**bienne Arten:** *Arctium tomentosum*).

Am Beispiel der Annuellen kann man modellhaft studieren, welche strukturellen Merkmale eine besonders produktive **Kulturpflanze** haben sollte. Dies ist unabhängig von potentiellen physiologischen Änderungen, die durch Gen-Veränderungen möglich sind (Miflin 2000). Zu den strukturellen Merkmalen gehören:

- **Ein Halm pro Rosette:** die Ausbildung weniger Halme, da der Saatabstand die Konkurrenz regulieren sollte und da das Ressourcenangebot durch Düngung und Unkrautvernichtung reguliert wird.
- **Halmlänge:** Halme mit ca. 3 Blättern. Es zeigt sich, dass das oberste Blatt (das Flaggenblatt) wesentlich für das Füllen des Korns verantwortlich ist. Die unteren Blätter versorgen den Halm und die Wurzel. Ein hoher Halm ist bei Konkurrenz mit anderen Arten von Vorteil. Dies ist aber nur eine nicht-nutzbare C-Senke, wenn Unkräuter mit Herbiziden bekämpft werden. Ein kurzer Halm ist auch standfester beim Tragen einer großen Ähre.
- **Viele Samenanlagen pro Halm:** Der Kornertrag ist proportional zur Samenzahl und weniger zum Korngewicht. Eine zusätzliche Samenanlage ist also eine stärkere C-Senke als ein vergrößertes Korn, was bedeutsam bei der Stoffverlagerung zum Zeitpunkt der Samenreife ist.
- **Blattstellung:** Aufrecht stehende Blätter bestimmen bei konstanter Einstrahlung den maximal möglichen Blattflächenindex, der die C-Bilanz steuert.
- **Wurzeltiefe:** Tief reichende dünne Wurzeln zur Eroberung eines möglichst tief reichenden Wurzelvolumens. Dies ist wichtig für den Wasserhaushalt zur Zeit der Samenreife.
- **Granne:** Die Granne wurde bei den Kulturpflanzen weggezüchtet wegen der unangenehmen Eigenschaften beim manuellen Dreschen. Mit dem maschinellen Dreschen gewinnt die Granne erneut Bedeutung als Sicherheit in der Zeit der Samenreife. *Triticale* ist eines der hochproduktiven, modernen Getreide (Kreuzung aus *Triticum* (Weizen) mit *Secale* (Roggen)) mit sehr langer Granne.
- **Bekämpfung von Krankheiten und Konkurrenz:** In der Entwicklung der Getreideerträge war nach der Regulierung der Ernährung (1) der Einsatz an Herbiziden, (2) der Fruchtwechsel, (3) die Einführung von Zwerg-Sorten und (4) der Einsatz von Fungiziden besonders ertragssteigernd (Miflin 2000, Abb 2.4.29 B)

2.4.5.2 Bienne Arten

Bienne Arten nehmen eine Übergangsstellung zwischen den annuellen und den perennierenden krautigen Arten ein. Sie treten auch in der Sukzession nur in einem kurzen Fenster zwischen den Ruderalpflanzen und der perennen Folgevegetation auf (Abb. 2.4.30, Heilmeier et al. 1997).

Bienne sind charakterisiert durch:

- Verhalten analog zu Annuellen im ersten Jahr, aber genetisch fixiert erfolgt sehr früh die Ausbildung eines Speicherorgans (oftmals das Hypocotyl), das parallel zum Wachstum (Reservebildung) oder erst nach Abschluss des Wachstums (Akkumulation) mit Ressourcen gefüllt wird;

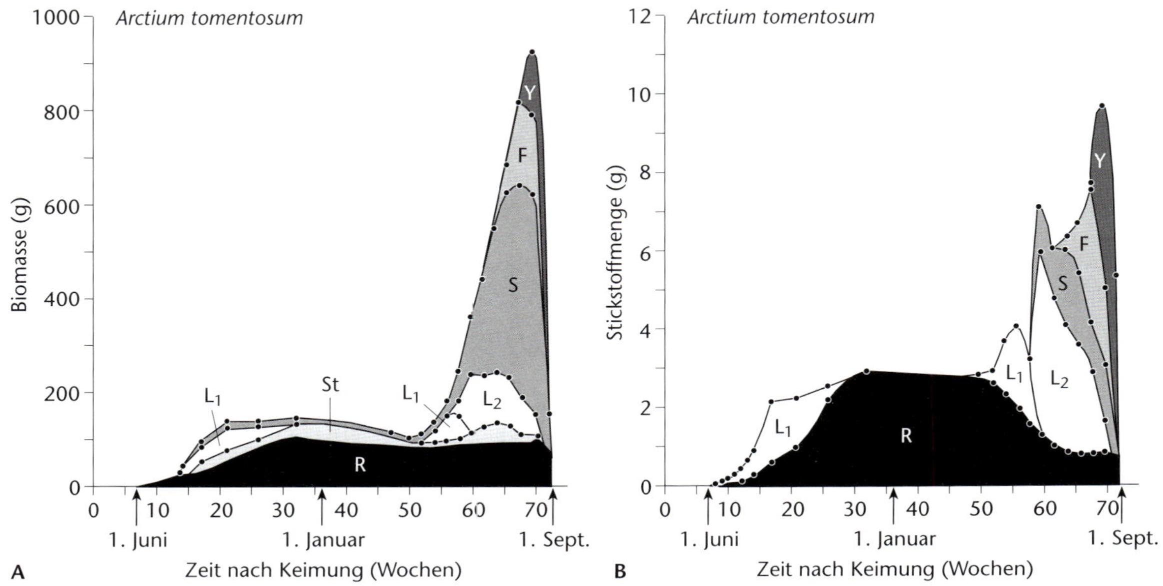

Abb. 2.4.30: Die zeitliche Änderung von A: Trockengewicht und B: N-Menge in verschiedenen Organen von Arctium tomentosum über eine zweijährige Entwicklung von der Keimung bis zum Tod nach dem Fruchten. Auffällig ist die Entwicklung der Speicherwurzel (R), die vor allem im zweiten Jahr den frühen Blattaustrieb der Rosettenblätter unterstützt. Die hohe Biomasseproduktion von Arctium im zweiten Jahr beruht aber vor allem auf der „Eroberung" des Wuchsortes aufgrund der Rosettenblätter (L1) im ersten Jahr und der Grundrosette im zweiten Jahr (L1 und L2), die eine Stickstoffernte auf einer Fläche von fast 1 m^2 ermöglicht. Dieser N-Gewinn ermöglicht den Aufbau eines sehr großen Blütensprosses (S), an dem Stängelblätter (F) die CO_2-Assimilation unterstützen zu einem Zeitpunkt, zu dem L1 und L2 bereits absterben. Alle Ressourcen werden anschließend in die Früchte (Y) geleitet, aber noch im Zustand der Blüte, wenn die Rosettenblätter und die Stängelblätter bereits absterben, gewinnt die Pflanze noch etwa 15 % der Gesamt-N-Menge aus der Wurzel. Die Eroberung des Wuchsortes durch die Grundrosette ist so intensiv und nachhaltig, dass an dieser Stelle die Samen der Art ohne wesentliche Konkurrenz von anderen Arten sich wieder etablieren. Somit besiedelt die zweijährige Art Arctium für viele Jahre einen Standort (Heilmeier et al. 1986). C: Arctium lappa auf einem Ruderalstandort in Konkurrenz mit Quecke und Distel. Gelände der Universität Bayreuth. Foto E.-D. Schulze.

- Speicherung vor allem von Aminosäuren und z. T. Lipiden;
- früher Austrieb im Folgejahr auf der Basis gespeicherter N-Produkte zu einem Zeitpunkt, zu dem die Wurzel noch nicht aktiv ist;
- Ausbildung einer Grundrosette, die in Abhängigkeit von der Größe der Blätter die Konkurrenz mit anderen Arten verringert und gleichzeitig die Eroberung eines größeren Bodenvolumens ermöglicht. Damit steigt der Gewinn von Ressourcen, insbesondere N und Wasser;
- Ausbildung eines Blütensprosses im zweiten Jahr, der von den dann absterbenden Blättern der Grundrosette mit N versorgt wird;
- Verlagerung aller Ressourcen in Samen in einem Zeitraum von ein bis zwei Wochen mit einem Ernteindex entsprechend dem von Annuellen.

Durch die Ausbildung einer Grundrosette sind Bienne z. T. sehr erfolgreich in der nachhaltigen Verdrängung von Konkurrenten (*Arctium tomentosum*). Nach der Blüte fallen viele der Samen an die Stelle, an der die Grundrosette der Mutterpflanze abstarb. Es kommt zur Keimung dieser Samen und zu großer innerartlicher Konkurrenz, wobei am Ende der erneuten Vegetationsperiode einige wenige Individuen übrig bleiben, die dann wieder zur Blüte kommen. So gelingt es großblättrigen Biennen, einen Standort langfristig zu besiedeln.

Bienne Arten kommen auf einer sehr breiten Spannbreite von Standorten vor. Auf nährstoffarmen Standorten sind es häufig zweijährige Leguminosen, die zur N_2-Fixierung in der Lage sind (*Melilothus officinalis*), auf nährstoffreichen Standorten sind es großblättrige Arten (*Arctium tomentosum*). Die Arten der nährstoffarmen Standorte haben meist viele kleine Samen, die der nährstoffreichen Standorte wenige große Samen.

Die Biennen sind ein günstiges Objekt, um verschiedene Strategien und Übergänge zwischen Speicherung und Akkumulation zu untersuchen. Bei *Arctium* erfolgt die Anlage des Speichers als Speicherorgan und das Füllen des Speichers nach der Blattentwicklung, sodass in diesem Fall die Speicherung eine Akkumulation von Überschüssen ist. Im Gegensatz dazu erfolgt bei *Dipsacus sylvestris* oder *Daucus carota* die Entwicklung des Speichers zeitgleich mit der Blattentwicklung, sodass hier die Speicherung mit dem Wachstum konkurriert (Steinlein et al. 1993).

2.4.5.3 Perennierende krautige Arten

Die **perennierenden krautigen Arten** verhalten sich nach der Keimung ähnlich wie die Annuellen, sie gehen dann aber nicht in eine reproduktive Phase über, sondern bilden Speicherorgane, Kriechsprosse, Brutknollen und andere vegetative Organe aus, die z. T. auch der vegetativen Vermehrung dienen. Damit sind perennierende Arten durch folgende Eigenschaften charakterisiert:

- Das Individuum wird über viele Jahre erhalten.
- Die Speicherung von C und N dominiert vor der Reproduktion.
- Die Reservestoffe erlauben den Pflanzen einen frühen Start und eine lange Vegetationsperiode.
- Viele der Arten können auf wenige Vegetationspunkte zurücksterben und neu austreiben.

Im Gegensatz zu den Annuellen, bei denen die Vergrößerung der Population vorrangig ist, geht es bei den perennierenden Arten um den Erhalt und die Vergrößerung des Individuums. Die Samenpro-

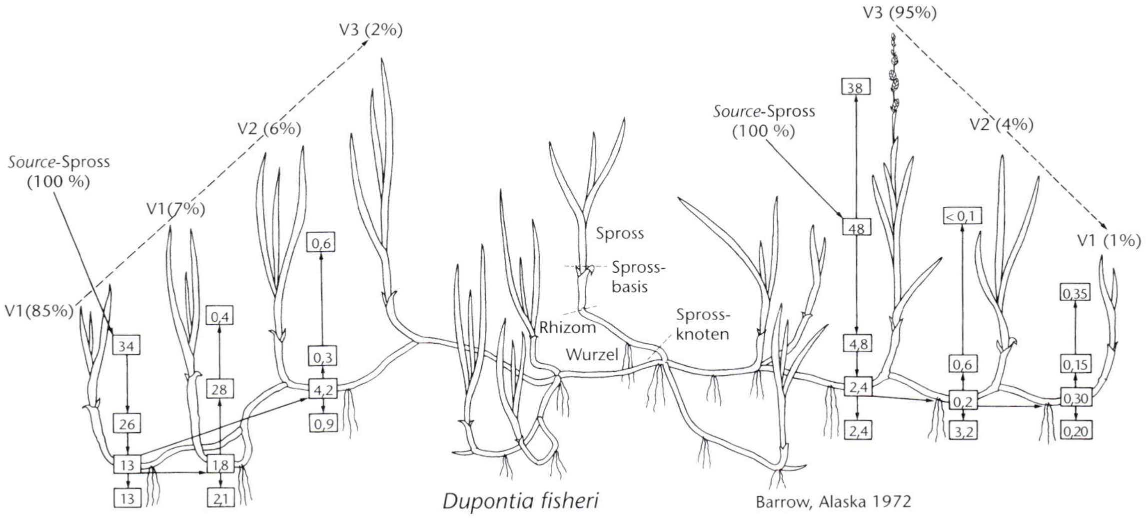

Abb. 2.4.31: *Die Verlagerung von ^{14}C als Marker für den Verbleib der Assimilate aus der CO_2-Assimilation am Beispiel der perennierenden Grasart Dupontia fisheri in den Tundren Alaskas. Gezeigt wird der Anteil der Assimilate, der von Source-Blättern unterschiedlichen Alters in junge Organe geht. Interessant ist, dass nur eine sehr geringe Assimilatverlagerung hin zu alten Organen erfolgt (Schulze 1982).*

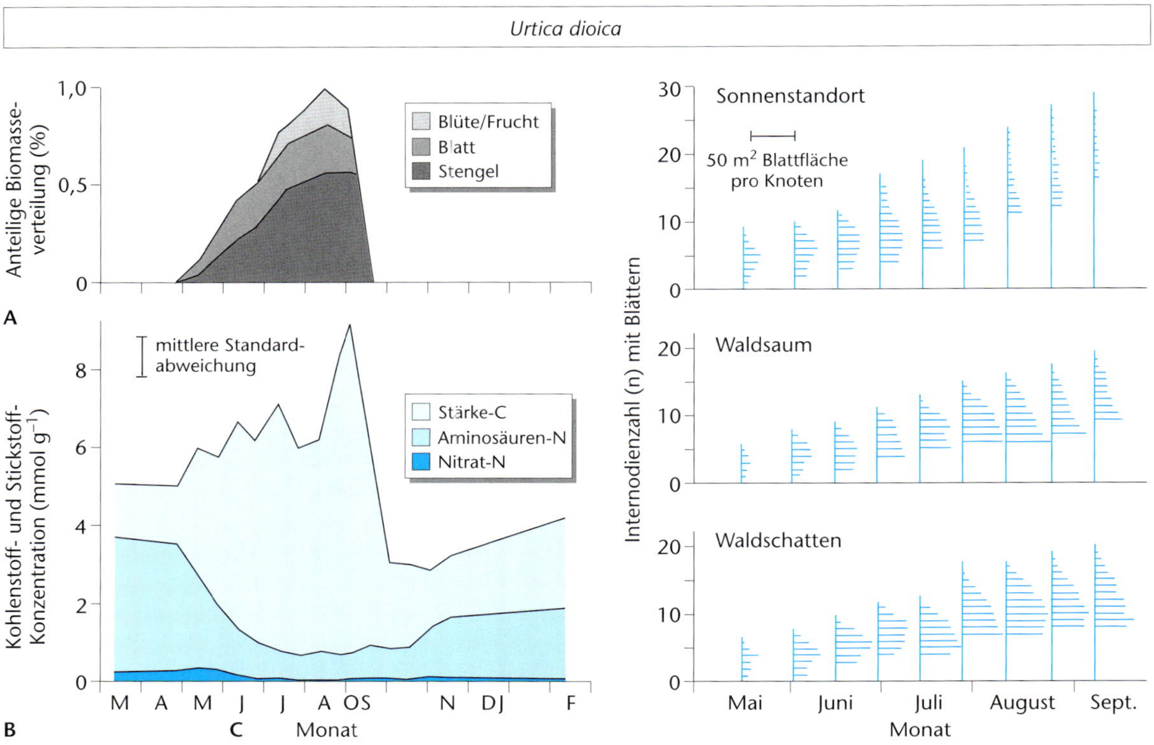

Abb. 2.4.32: Jahreszeitlicher Verlauf der A: Biomasseentwicklung und B: der Speicherprodukte Stärke, Aminosäuren und Nitrat im Rhizom der großen Brennnessel, Urtica dioica. Interessant ist, dass die Brennnessel im gleichen Rhizom im Sommer ein Stärkespeicher und im Winter ein N-Speicher für Aminosäuren ist. C: Schematische Darstellung der Blattentwicklung bei Urtica. Gezeigt ist die Höhe des Stengels und die Größe der Blätter. Es wird deutlich, dass mit aufwachsendem Stengel an der Spitze neue Blätter gebildet werden, und gleichzeitig an der Basis Blätter absterben. Die Blattzahl pro Stängel bleibt konstant. Am beschatteten Standort werden weniger, dafür größere Blätter gebildet. Am offenen Sonnenstandort findet man mehr Blätter mit kleinerer Blattfläche. Damit passen auf den besonnten Standort mehr Stängel pro Fläche (Stitt und Schulze 1994).

duktion wird verschoben auf Zeiten mit guter Speicherung.

In **Gräsern** erfolgt der Kohlenhydrat-Transport im Phloem eines Rhizoms vor allem in Richtung des Vegetationspunktes, der jünger ist als das produzierende Blatt (Abb. 2.4.31) und damit eine größere Sinkstärke ausbildet (siehe Kapitel 2.3.1.3). Ein Rücktransport in ältere Organe ist sehr gering. Somit sind die älteren Sprosse eher eine „Rückversicherung" für Situationen, in denen der junge Spross geschädigt wird. In diesem Falle treiben die alten Sprosse auch wieder aus.

Die **Speicherung** kann auch im gleichen Spross jahreszeitlich unterschiedliche Produkte betreffen (Abb. 2.4.32). So speichert die Brennnessel im Sommer Stärke. Diese wird im Herbst benötigt, um nach dem Absterben der oberirdischen Sprosse die neuen Rhizomtriebe anzulegen. Die Stärke wird auch verbraucht für die Reduktion von Nitrat, das im Herbst im Boden verfügbar ist und aufgenommen wird. Im Herbst und Winter kommt es somit zur Speicherung von Aminosäuren, die im Frühjahr die Grundlage für den frühen Austrieb bilden. Die jungen Blätter sind sehr schnell C-autark. Auch bei den krautigen perennierenden Pflanzen kommt es oberirdisch zu sehr starker Konkurrenz zwischen den Sprossen, ähnlich wie in einem Weizenacker. Der LAI bleibt dabei konstant und die einzelnen Sprosse konkurrieren durch die ständige Anlage neuer Blätter, wobei die alten Blätter parallel dazu absterben. So werden bei *Urtica dioica* im Laufe einer Vegetationsperiode die Blätter etwa viermal ausgetauscht (siehe auch Kapitel 2.4.4.3). Gleichermaßen vielfältig ist bei der Brennnessel der Aufbau der unterirdischen Rhizome. Auf nährstoffarmen Standorten wandert das bis zu drei Jahre alte Rhizom durch den Boden, indem an der Rhizomspitze neue Triebe angelegt werden, während das Rhizomende abstirbt. Auf nährstoffreichen Standorten entstehen mehr als zwölfjährige Rhizome, die vermutlich nur durch Bodentiere unterbrochen werden. An trockenen Standorten werden mehrjährige tief reichende Pfahlwurzeln mit sekundärem Dickenwachstum gebildet, die dann eine ganze Kohorte von Sprossen mit kurzen Rhizomenden mit Wasser versorgen. Angesichts dieser Strategien ist es kaum verwunderlich, dass eine Brennnesselflur (*Urtica dioica*) oder der Giersch (*Aegopodium podagraria*) im Garten allen Ausrottungsversuchen hartnäckig trotzen. Die Quecke (*Agropyrum repens*) ist ein Beispiel für eine erfolgreiche perennierende Rhizompflanze im Ackerbau.

Die perennierenden krautigen Arten sind überall dort erfolgreich, wo für das Wachstum **dauerhaft schlechte Bedingungen** herrschen. Sie besiedeln schattigen Waldboden, Salzstandorte, Trockenstandorte und kalte Habitate. Es sind diejenigen Pflanzen, die im alpinen Bereich am weitesten in die Höhe steigen (*Stellaria decumbens*, Himalaja über 6 000 m) und in der Arktis am weitesten nach Norden gehen (*Saxifraga oppositifolia*, 83°39' Nord). *Allocasia macrocarpa* ist jene Art, an der der niedrigste Lichtsättigungspunkt der Photosynthese gemessen wurde (80 μmol $m^{-2}s^{-1}$ Photonen). Einige perennierende krautige Arten blühen nur ein einziges Mal und benötigen mehrere Jahre, um ausreichend Ressourcen für dieses Blühereignis zu speichern. Zu diesen „monocarpen" Arten gehören nicht nur die Agaven, sondern auch die Bambusarten oder die tropisch-alpinen Riesenrosetten (*Lobelia, Senecio,* siehe Kapitel 1.3.6.7).

Für die krautigen perennierenden Arten gibt es eine **maximale Größe** des Vegetationskörpers, wenn die Atmung in nicht-photosynthetisch aktiven Organen den C-Gewinn der Blätter verbraucht. Bananenstauden beispielsweise müssen zurückgeschnitten werden, um den Ansatz von Blüten und Früchten zu erhalten. Alte Stauden entwickeln keine Blütenrispen. Dieser Begrenzung der Struktur begegnen einige Arten durch sekundäre Verholzung der Sprosse (z. B. die Sonnenblume). Sekundäres Dickenwachstum ist bei perennierenden krautigen Arten eher selten, kommt aber z. B. bei der Wurzel der Brennnessel vor. Ein großer Teil der krautigen temperaten Arten hat enge Verwandte in der Gehölzflora der tropischen Region.

Die Tatsache, dass bei perennierenden krautigen Arten ein Ressourcengleichgewicht zwischen atmender und assimilierender Biomasse eintritt, wird besonders deutlich bei Gräsern, bei denen maximale Produktion bei **Beweidung oder Mahd** erreicht wird. Gräser sind prädestiniert für eine solche Nutzung, da sie mit dem interkalaren Wachstum der Blattscheide nach Verbiss schnell mit dem Wachstum neuer Blätter regenerieren können. Die Gräser der „alten Welt" sind eher an Beweidung angepasst als die Gräser der „neuen Welt". Das typische Horstgras der amerikanischen Prärie, die Gattung *Bouteloua*, wurde nach Einführung des Pferdes fast vollständig ausgerottet, da *Bouteloua* nicht fest genug im Boden wurzelt und vom Pferd bei Beweidung als Horst ausgerissen wird.

2.4.5.4 Holzgewächse:

Holzgewächse, **Bäume und Sträucher,** sind immer mehrjährig. Sie blühen und fruchten oft erst nach Jahrzehnten. Von den krautigen Arten unterscheiden sie sich vor allem dadurch, dass der Zuwachs im Holzkörper ausgeglichen wird durch die Überführung von lebendem **Splintholz** in totes **Kernholz.** Dies muss nicht synchron erfolgen, sondern wird durch die Standortbedingungen und artspezifische Merkmale beeinflusst. In der Gesamtpflanze bestimmt die Leistungsfähigkeit des Xylems über die Blattfläche, und die Blattfläche bestimmt rückkoppelnd den Zuwachs bzw. die Splintfläche. Formal ist dies im ***„Pipe-Modell"*** dargestellt worden (Shinozaki et al. 1964), das von einem Gleichgewicht der Wuchsprozesse im Stamm und in den Ästen und Blättern ausgeht, welches über die Xylemleitfläche gesteuert wird. Die ringporige Eiche besitzt nur drei bis fünf funktionsfähige Jahresringe im Gegensatz zur Fichte, die über ca. 30 funktionsfähige Jahresringe verfügt, denn das Holz der Fichte besteht aus Tracheiden mit geringer hydraulischer Leitfähigkeit und wenig Markstrahlparenchym. Für die C-Bilanz ist wichtig, dass der atmende Holzkörper unabhängig vom Zuwachs konstant bleibt bzw. sich mit der Blattmasse ändert (siehe auch Kapitel 2.2.2.2). Mit der Verwendung von toter, also nicht atmender Biomasse (Kernholz) als Stützapparat entfällt die funktionelle Begrenzung der **Größe des Vegetationskörpers,** die das Wachstum der nicht verholzenden Pflanzen einschränkt. Doch auch bei den Bäumen gibt es eine funktionelle maximale

Abb. 2.4.33: A: Tonnenartige Bäume: Agatis australis, Kauri, in den subtropischen Wäldern der Nordinsel von Neuseeland. Der astfreie Stammfuß wird bis zu 45 m hoch mit 6 bis 7 m Durchmesser. B: Eucalyptus pauciflora als Beispiel für Sprouters, das sind Baumarten, die nach Feuer aus der Hypocotyl-Knolle wieder austreiben. C: Pinus arsitata im Snake Range, Nevada, 3500 m ü. NN, als Beispiel für extreme Langlebigkeit. Stämme werden über 4000 Jahre alt durch Absterben des Kambiums auf einen schmalen Streifen. Dieser Kambialstreifen wächst im Gleichgewicht zu der Ressourcenversorgung vom Spross. Damit bleibt ein Assimilations-/Atmungsgleichgewicht zwischen Spross und Wurzel bestehen. Der Stamm wächst nur an der Seite mit dem le-

benden Kambium in die Breite, d. h. der Stamm bekommt über lange Zeit die Form eines Bretts. Stamm in der Breitenansicht und D: die Seitenansicht des gleichen Stamms mit Valmore LaMarche. E: Luftwurzel von Ficus, die durch das Kronendach eines Regenwaldes wächst, Costa Rica. F: Ficus umspinnt den Wirt mit einem Wurzelgeflecht, Lemington, Queensland. G: Ficus superba mit Stelzwurzeln, die aus dem Kronendach auf den Boden wachsen und die Krone abstützen und mit Wasser versorgen, Yakushima, Japan. H: Zentrale Höhle im Stamm eines Ficus, die die Stelle anzeigt, an der der Wirt stand. Fotos E.-D. Schulze.

Größe. Diese werden erreicht bei den höchsten Bäumen der Erde (*Eucalyptus marginata*, Südwestaustralien, 140 m), bei den vermutlich dicksten Bäumen der Erde (*Agatis australis*, Neuseeland, 7 m Durchmesser, 50 m Höhe, Abb 2.4.33 A) oder bei den volumenreichsten Bäumen der Erde (*Sequoia gigantea*, Kalifornien, General-Sherman-Baum, 96 m Höhe, 6 m Durchmesser über dem Wurzelfuß, 5 500 m^3 pro Baum). Die maximale Größe, bei der die Atmung der nicht-grünen Teile im Gleichgewicht steht mit der Assimilation der grünen Teile, wird aber nicht nur bei großen Bäumen, sondern auch bei Sträuchern erreicht. Bei *Calluna* z. B. ist die Blüte davon abhängig, dass eine Beweidung mit Schafen stattfindet, die das Verhältnis von grüner zu nicht-grüner Biomasse reguliert. Bei unbeweideten Pflanzen steigt die nicht-güne Biomasse, die Menge der grünen Sprosse bleibt konstant, und die Investition in Blüten sinkt mit dem Alter der Pflanzen. Ähnliche Effekte sind bei Obstbäumen bekannt, die „zurückgeschnitten" werden, um den Fruchtertrag zu erhöhen.

Die Speicherung von Kohlenhydraten und stickstoffhaltigen Substanzen spielt auch bei Bäumen eine wichtige Rolle. So erfolgt der Laubaustrieb aus der Mobilisierung von Aminosäuren aus dem Holzparenchym. Bei der Fichte steigt im Frühjahr die N-Konzentration im Xylemwasser auf >5 mmol. Die so genannten **Flaschenbäume** (z. B. *Adansonia digitata;* Trennseite zu Kapitel 1.6) speichern keineswegs Wasser für die Trockenzeit, sondern Kohlenhydrate und Aminosäuren (Schulze et al. 1998). In Vegetationen, die eine Regeneration durch Feuer erfahren (mediterrane Vegetation) gibt es die so genannten **„Seeders"**, bei denen sich erst mit einem Feuer die Früchte öffnen und die Samen in die frische Asche fallen und keimen. Diese Arten haben kein Speicherparenchym in den Wurzeln und die Stärkekonzentration der Wurzeln ist niedrig (1,9 ± 0,5 mg Stärke pro g Trockensubstanz der Wurzel). Dies steht im Gegensatz zu den so genannten **„Sprouters"**, die nach dem Feuer aus dem Wurzelstock wieder austreiben (Abb. 2.4.33 B). Bei diesen Arten findet man 14,1 g Stärke pro g Trockensubstanz der Wurzel, Bell et al. 1996). Offensichtlich wird unter winterkalten Klimaten vor allem N gespeichert (denn der Boden ist noch kalt zum Zeitpunkt des Austriebs), wohingegen in Feuerklimaten vor allem Kohlenhydrate gespeichert werden, denn die Asche enthält genügend Nährstoffe für die neue Vegetation.

Einen besonders eindrucksvollen Fall der C-Ökonomie gibt es bei den Bäumen, die besonders alt werden. *Pinus aristata* ist die Baumart mit dem **höchsten Alter** (Abb 2.4.33 C, D). Wenn man von Ausläufer treibenden Arten absieht, dann wird *Pinus aristata* über 4 000 Jahre alt. Die Art lebt in hochalpinen Trockengebieten von Nevada. In diesem Klima wird Holz nur sehr langsam abgebaut, und die Wuchsbedingungen erlauben nur ein sehr langsames Wachstum. Mit etwa 1 000 Jahren stirbt das Kambium dieses Baumes zum allergrößten Teil ab. Es bleibt ein kleiner Streifen lebender Rinde, die das Verhältnis von grüner Biomasse und atmender Biomasse weitgehend konstant hält. Es entstehen Bäume, die wie ein Brett ein bis zwei Meter breit sind und nur 10 bis15 cm schmal sind. Ohne äußere Störungen (Blitz, Sturm etc.) könnten diese Bäume unbegrenzt alt werden (LaMarche et al. 1984, Fritts et al. 1991).

Unter den vielen Formen, mit denen die Lebensform „Baum" in Erscheinung tritt (Vareschi 1980), sind die **Feigen** Meister der Kohlenstoffökonomie. Sie keimen als Epiphyten im Kronendach des Regenwaldes und wachsen mit einer langen Luftwurzel durch den Kronenraum (Abb 2.4.33 E, F). Sobald die Wurzeln den Boden erreicht haben, umspinnen sie den Wirt mit einem Wurzelgeflecht. Der Wirt stirbt ab, da durch den Würgegriff der Feige der Phloemtransport des Wirtes unterbrochen wird. Anschließend nutzt die Feige die aus dem Holz des Wirtes frei werdenden Nährstoffe. Es bleibt am Schluss vom Wirt nur ein schornsteinartiges Loch (Abb. 2.4.33 H). Anschließend vergrößert sich die Feige duch die Ausbildung neuer Luftwurzeln, die wie Stelzen den Baum halten und damit der Pflanze neuen Standraum erobern. *Ficus benegalensis* (Abb. 2.4.33 G) bedeckt mit vielen hundert Stelzwurzeln eine Fläche von > 20 ha, unter dem laut Warburg (1913) „ein Heer von 20 000 Mann im Schatten lagern können". Ähnliche Ausmaße erreicht *Populus deltoides* mit unterirdischen Ausläufern im südlichen borealen Wald von Kanada.

Bäume und **Sträucher**, die in der Vegetationskunde durch die Höhe voneinander abgegrenzt werden (± 2 m, Ellenberg 1978; ± 5 m, FAO), sind funktionell dadurch zu unterscheiden, dass die regenerierenden Knospen unterschiedlich angeordnet sind (Abb. 2.4.34). In Bäumen gibt es entweder eine apikale Dominanz, auch **Akrotonie** genannt (z. B. bei der Fichte), oder eine Dominanz der Knospen auf der Oberseite der Zweige, so genannte **Hy-**

longitudinale Symmetrie ↓	basiton	⟷ acroton		
Wuchsform	Strauch	Baum-Strauch	Strauch-Baum	Baum
↑ laterale Symmetrie	epiton ⟷		hypoton	

A

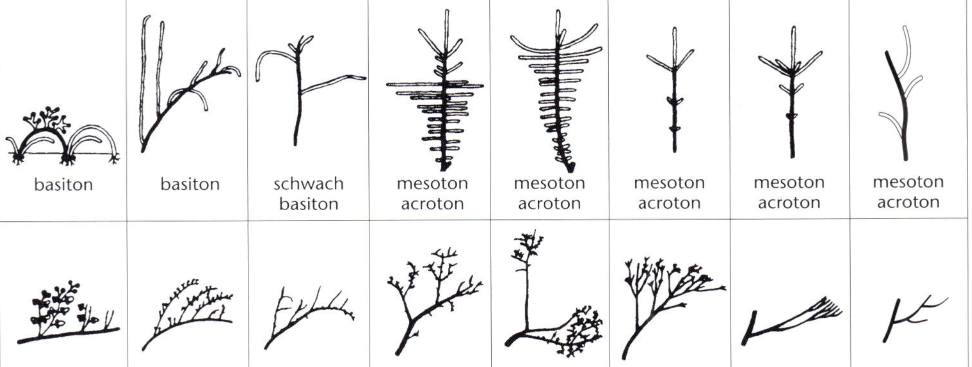

	Rubus	*Rosa*	*Ribes*	*Prunus*	*Crataegus*	*Cornus*	*Acer*	*Fagus*
Verzweigungs-muster	sympodial	sympodial	sympodial	sympodial	sympodial	monopodial	monopodial	sympodial
longitudinale Symmetrie	basiton	basiton	schwach basiton	mesoton acroton	mesoton acroton	mesoton acroton	mesoton acroton	mesoton acroton
laterale Symmetrie	stark epiton	stark epiton	stark epiton	schwach epiton	epiton und hypoton	schwach epiton	stark hypoton	schwach hypoton
				Prunus spinosa	*Crataegus macrocarpa*		*Acer campestre*	*Fagus sylvatica*
Volumengewinn pro Trockengewicht Investition eines Zweiges ($m^3\ kg^{-1}$)				0,038	0,078		0,134	0,549
Volumengewinn pro photosynthetischem CO_2-Gewinn ($m^3\ 10^{-3}\ g^{-1}$)				1,1	1,1		2,3	–

B

C

Abb. 2.4.34: A: Definition von Begriffen zur Dominanz von Knospen in der vertikalen (Stamm) und horizontalen (Äste) Achse eines Holzgewächses. Die Knospendominanz führt letztendlich zu den verschiedenen Wuchsformen der Holzgewächse. B: Schematische Darstellung der wesentlichen Symmetriemerkmale einheimischer Holzgewächse in einer Hecke (Troll 1939, Schulze et al. 1987) und die Quantifizierung der Konkurrenzkraft ausgewählter Arten anhand des Volumengewinns an Lebensraum pro investierter Trockenmasse bzw. pro photosynthetischem C-Gewinn der exponierten Blätter. Die späten Sukzessionsarten haben sowohl einen höheren Volumengewinn als auch einen höheren Assimilatgewinn pro investierter Zweigmasse. C: Heckenlandschaft auf Muschelkalk bei Stadtsteinach, Oberfranken. Die Hecke zeigt eine typische Sukzession vom Rand zum Zentrum mit Prunus spinosa als holzige Pionierpflanze am Rand, gefolgt von Rubus- und Rosa-Arten. Es folgt Crataegus und schließlich Rhamnus cartatica und Acer campestre. Foto E.-D. Schulze.

potonie, z. B. bei der Buche, die zu einer breiten Krone führt. Einige Laubbäume zeigen in der Jugend akrotonen Wuchs und im Alter hypotonen Wuchs (*Acer pseudoplatanus*). Im Gegensatz dazu liegen die Erneuerungsknospen der Sträucher vorwiegend im unteren Bereich der Äste (Hasel, **basitone Dominanz**) oder sie liegen auf der Unterseite der Zweige, auch **epitoner Wuchs** genannt (z. B. bei *Acer campestre*). Offensichtlich gibt es viele Übergänge zwischen diesen Extremen, aber die Baumform lässt sich allgemein aus der Dominanz der Knospenentwicklung längs der Hauptachse des Stammes und längs der Äste ableiten. Die verschiedenen Wuchsformen bestimmen die Konkurrenz und Sukzession in Hecken.

Die Spross-Wurzel-Kommunikation ist auch bei Holzgewächsen artspezifisch fein abgestimmt, sodass Spross- und Wurzelwachstum eng korreliert erfolgen (Abb.2.4.35, Heilmeier et al. 1997) – auch dann, wenn durch externe Stressbedingungen sehr unterschiedliche Baumgrößen erreicht werden. Bei der Mandel, *Prunus dulcis*, besteht eine enge Korrelation sowohl zwischen Wurzel- und Sprossbiomasse als auch zwischen der Größe der Blattfläche und der Länge der Feinwurzeln. Auch bei basitonen Sträuchern wird eine solche Regulation beobachtet. Evenari et al. (1982) nannten das Phänomen ***„survival through dieback“*** (Überleben durch partielles Absterben), das man in ariden Gebieten beobachtet. In diesem Fall stirbt in einem Trockenjahr ein Teil von Sträuchern ab und nur wenige Sprosse überleben, die mit der Wurzel im Gleichgewicht stehen.

Neben der Regulation der atmenden Masse des Holzkörpers haben Bäume eine weitere Möglichkeit der Regulation, nämlich durch die **Lebensdauer der Assimilationsorgane.** Man unterscheidet:

- **wechselgrüne** Arten (Bäume des temperaten Laubwaldes und der regengrünen Savannen) mit einem saisonalen Blattwechsel;
- **halb-immergrüne** Arten mit einer Lebensdauer der Assimilationsorgane von ca. 12 bis 14 Monaten, wobei das alte Laub mit dem Austrieb des neuen Laubes abgeworfen wird (*Eucalyptus* und viele tropische Arten);
- **immergrüne** Arten mit einer Lebensdauer der Assimilationsorgane bis zu 35 Jahren (*Pinus aristata,* Kalifornien).

Wechselgrüne und immergrüne Assimilationsorgane weisen grundsätzliche funktionelle Unterschiede auf:

- **Immergrüne Arten** haben ein höheres Trockengewicht pro Fläche, denn sie müssen in den meisten Fällen sehr ungünstige Bedingungen (Kälte, Trockenheit) überdauern.
- Mit dem hohen Trockengewicht pro Fläche korreliert eine niedrigere Rate der CO_2-Assimilation in den immergrünen als in wechselgrünen Arten. Dabei weisen kurzlebige Blätter einen höheren CO_2-Gewinn pro Zeit als langlebige Blätter auf: Man beobachtet so genannte *„diminishing returns“* (verringerten marginalen Gewinn für Investitionen). Diese Investition muss verglichen werden mit der möglichen Maximierung physiologischer Aktivität bei geringer Investition in schützende Zellwände.
- Immergrüne Arten können intermittierende günstige Witterungsbedingungen zur Assimilation nutzen (die Fichte kann an warmen Tagen im europäischen Winter CO_2 assimilieren). Sie beginnen im Frühjahr früher mit der Assimilation als die wechselgrünen Arten und assimilieren im Herbst länger. Für die wechselgrünen Arten ist die Vegetationsperiode oft durch Früh- und Spätfröste begrenzt.
- Die **wechselgrünen Arten** müssen jedes Jahr ihre Assimilationsorgane neu aufbauen, was mit einem erheblichen Verbrauch an Kohlenhydratreserven verbunden ist. Die immergrünen Arten dagegen können eine höhere Atmung der Nadeln in Kauf nehmen, da sie die gewaltige Anstrengung des kompletten Neuaufbaus von assimilierender Biomasse nicht aufbringen müssen. Die Stoffbilanz von beiden Laubtypen ist erstaunlich ähnlich (siehe Tab. 2.4.1), und die Menge an nutzbarer Holzmasse hängt wiederum von artspezifischen Verteilungen auf Stamm- und Astmasse in der Pflanze ab. Das Verteilungsschema ist weitgehend genetisch fixiert. So ist zwar der Stoffgewinn umweltabhängig, das Spross-Wurzel-Verhältnis bleibt aber weitgehend konstant (Heilmeier et al. 1997).
- Der wechselgrüne Wuchs erfordert eine hohe Nährstoffaufnahme zum Zeitpunkt des Austriebs. Daher sind wechselgrüne Arten häufiger auf nährstoffreicheren Böden zu finden als immergrüne Arten.

Es wird deutlich, dass es eine Reihe von Vor- und Nachteilen von immergrünen und wechselgrünen Assimilationsorganen gibt, und es ist daher nicht verwunderlich, wenn in vielen Vegetations-

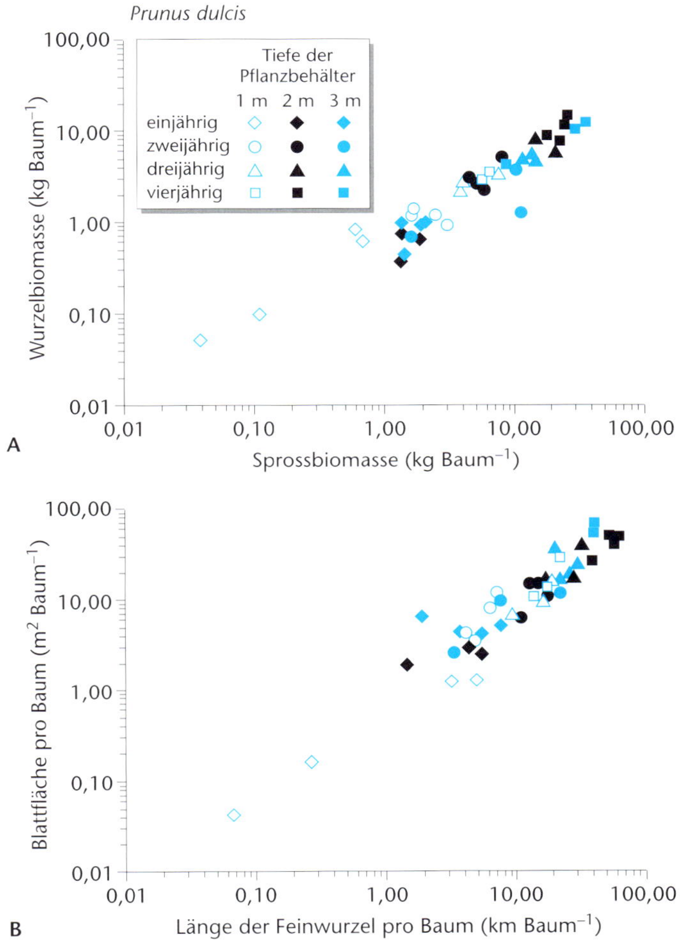

Abb. 2.4.35: Korrelationen zwischen A: Wurzel- und Sprossbiomasse und B: Blattfläche und Feinwurzellänge bei Prunus dulcis. Die Pflanzen wurden in einer Versuchsfarm der Negevwüste in einzelnen Behältern angezogen, die 3 m Durchmesser aufweisen und 1, 2 oder 3 m tief waren. Die Pflanzen wurden nur im Frühjahr ein einziges Mal gegossen und mussten mit diesem im Boden gespeicherten Wasser Spross- und Wurzelwachstum regulieren. Das besondere an den engen Korrelationen zwischen Spross und Wurzel ist, dass unabhängig von der absoluten Wasserversorgung und der Größe der Pflanzen die Allometrie zwischen Spross und Wurzel konstant ist. Die Umweltbedingungen bestimmen in diesem Holzgewächs die Höhe des Umsatzes, nicht die Verteilung. Da es sich um gepfropfte Kulturpflanzen handelt, in denen Spross und Wurzel ein eigenes genetisches Programm haben, ist dieses Gleichgewicht durch pflanzeninterne Ressourcenverteilung gesteuert (Heilmeier et al. 1997). C: Ansicht des Avdat-Mandel-Versuchs in der Sturzwasserfarm Avdat (Evenari et al. 1982).

formationen beide Laubblatttypen (wechselgrün und immergrün) nebeneinander vorkommen. Analysiert man diese Vor- und Nachteile, so kommt man zu folgendem Ergebnis:

- Alle Faktoren, die den **C-Gewinn** der Pflanze (**Assimilation** × **Blattfläche**) reduzieren (**Schatten, Kälte**), führen zur Langlebigkeit der Assimilationsorgane. Pflanzen mit hohen Atmungsraten und geringem C-Gewinn müssen die Investition in neue Assimilationsorgane minimieren, um die Versorgung der atmenden Organe sicherzustellen. Dies gelingt der Pflanze nur, wenn sie die Nutzung der bestehenden Assimilationsorgane verlängert. Zum Beispiel löst der boreale Nadelwald den temperaten Laubwald bei kürzer werdender Vegetationsperiode sowohl im alpinen Bereich als auch in höheren Breitengraden ab. Bei erhöhtem Nährstoffangebot, z. B. auf frischen Brandflächen, werden diese ungünstigen Klimabedingungen aber kompensiert, sodass dort die Sukzession zunächst über die wechselgrüne Birke oder Pappel erfolgen kann. Im zentralasiatischen kontinentalen Klima wird der immergrüne boreale Wald ersetzt durch wechselgrüne Lärchenwälder, bei denen die Investition in Nadeln besonders niedrig ist (Schulze et al. 1995). Diese Art kann damit den sehr warmen kontinentalen Sommer besser nutzen als immergrüne Arten. Hinzu kommt, dass im kontinentalen Klima mit extrem kaltem Winter die Investitionen in den Schutz der immergrünen Nadeln steigen und eine Knospe weniger gefährdet ist als ein voll entwickeltes Assimilationsorgan. Offensichtlich sind die funktionellen Ursachen des Wechsels von immergrünen zu wechselgünen borealen Nadelbäumen vielfältig. Die Lärche ist vor allem im asiatischen und nicht im nordamerikanischen borealen Wald großflächig dominant. Zum einen ist der Unterschied zwischen den Kontinenten eine Reaktion auf größere Trockenheit im Sommer im kontinentalen Asien. Des Weiteren sind die Temperaturen im sibirischen Sommer so hoch, dass keine Temperaturlimitierung der Photosynthese besteht, d. h. wechselgrüne Belaubung von Vorteil ist. Im sibirischen Winter dagegen sind die Temperaturen so niedrig (–50 bis –70 °C), dass eine Schädigung der immergrünen Nadeln möglich ist. Dies würde die C-Bilanz besonders stark treffen. In Ostsibirien kommt aber die immergrüne *Picea obovata* an Bachläufen vor, sodass Trockenheit und die damit verbundenen **Feuer** wohl die eigentlich entscheidenden Faktoren sind, die die Dominanz der Lärche begründen. Somit ist es die Resistenz gegen Feuer, die die Verbreitung der Lärchenwälder gegenüber den Fichten/Tannen-Wäldern in Zentralsibirien bestimmt.
- **Nährstoffmangel** führt zu verringerter Photosynthese, dabei sind höhere Investitionen für Wurzelwachstum nötig. Dies führt im Allgemeinen zu immergrünem Wuchs (Beispiel: tropischer immergrüner Wald, australischer Sklerophyllenwald).
- **Wassermangel** fördert den immergrünen Wuchs (mediterrane Hartlaubzone), wobei im Winterregengebiet periodische Regen auch im Sommer möglich sind (Gewitter) und damit die Immergrünen die kurzen Trockenperioden überbrücken können (tiefe Wurzeln). In Südkalifornien und Mexiko gibt es aber auch Straucharten, die so genannten Ombrophyten, die bei jedem Niederschlag mehrfach im Jahr Blätter austreiben, die oft nur wenige Tage aktiv sind (Gattung *Fouqueria*). Da diese Pflanzen kein Wasser speichern können, entscheidet die Dauer der Dürre darüber, bei welcher Wasserbilanz wechselgrüne Arten auftreten. Auch in der mediterranen Vegetation kommen wechselgrüne Arten an besonders trockenen Standorten vor. Die subtropische Savanne ist ein weiteres Beispiel des Wechsels von immergrüner tropischer zu wechselgrüner Vegetation, wobei Dürre in Verbindung mit Nährstoffmangel wiederum immergrüne Arten fördert, die dann aber, wie z. B. die Akazien in Australien, oftmals keine Blätter, sondern Phyllodien bzw. Phyllokladien tragen. Sehr lang anhaltende Trockenheit fördert damit immergrünen Wuchs, oft gepaart mit einer Reduktion der Blätter und der Ausbildung von assimilierenden Sprossen (Chenopodiaceae in Nordafrika).

Kasten 2.4.6 Zusammenfassung: Kohlenstoffhaushalt

- Die **CO_2-Assimilation**, auch als **Nettophotosynthese** bezeichnet, ist die Bilanz aus der photosynthetischen CO_2-Fixierung und der Atmung des Blattes. Sie ist die Größe, die für die ökologische Betrachtung der Stoffbilanz bedeutsam ist. Sie hängt ab von klimatischen Faktoren (Licht, Temperatur, Luftfeuchte) sowie pflanzeninternen Faktoren (Ernährung, Wasserzustand, Alter). Der physikalische Prozess der Diffusion von CO_2 in das Blatt wird von den Spaltöffnungen gesteuert. Über einen weiten Bereich findet man lineare Beziehungen zwischen dem Stickstoffgehalt des Blattes und der spezifischen Blattfläche, zwischen Stickstoffgehalt und Nettophotosynthese sowie zwischen dem CO_2-Austausch und der Leitfähigkeit auf der Ebene des Blattes und auf der Ebene des Kronendaches.
- Das **Pflanzenwachstum** wird einerseits von der CO_2-Assimilation, andererseits von der Atmung aller nicht assimilierenden Teile der Pflanze bestimmt, wobei man konzeptionell zwischen der Wuchsatmung (Atmungsenergie, die dem Wachstum dient) und der Unterhaltsatmung (Atmungsenergie, die dem Unterhalt bestehender lebender Organe dient) unterscheidet. Man bezeichnet die Bilanz aus Assimilation und Atmung als Nettoprimärproduktion. Pflanzenarten unterscheiden sich vor allem in der Art, wie der Assimilatgewinn auf Spross und Wurzel verteilt wird und ob Pflanzenteile absterben (d.h. keine Unterhaltsatmung benötigen), aber der Pflanze strukturell erhalten bleiben (Kernholzbildung). Die Kohlenstoffökonomie wird weiterhin durch den Wechsel des Blattkleides bestimmt. Funktionell unterscheidet man zwischen annuellen Arten, biennen Arten, krautigen perennierenden, immer- und wechselgrünen Holzgewächsen.
- Die **Vegetation** der Erde und die Besiedlung der verschiedenen Standorte ist funktionell anhand der Ressourcennutzung von Wasser und Nährstoffen erklärbar (siehe Kapitel 4).

Literatur

Amthor JS (1989) Respiration and crop productivity. Springer, New York. 215 Seiten

Arneth A, Kelliher FM, McSeveny TM, Byers JN (1999) Assessment of annual carbon dioxide exchange in a water-stressed Pinus radiata plantation: An analysis based on eddy covariance measurements and an integrated biophysical model. *Global Change Biology* 5: 531–545

Arneth A, Lloyd J, Schulze ED (2002) Response of central Siberian Scots pine to soil water deficit and long-term trends in atmospheric CO_2 concentration. *Global Change Biology* (in press)

Bell TL, Pate JS, Dixon KW (1996) Relationship between fire response, morphology, root anatomy and strach distribution in south-west Australian Epacridaceae. *Annals of Botany* 77: 357–364

Biscoe PV, Scott RK, Monteith JL (1975) Barley and its environment III. Carbon budget of the stand. *J. Appl. Ecol.* 12: 269–293

Björkman O (1971) Comparative photosynthetic CO_2 exchange in higher plants. In: Hatch MD, Osmond CB, Slatyer RO (Hrsg.) Photosynthesis and photorespiration. Wiley, New York. 18–34

Björkman O (1981) Responses to different Quantum flux densities. *Encycl. Plant Physiol.* 12A: 57–108

Björkman O, Demmig-Adams B (1994) Regulation of photosynthetic light energy capture, conversion, and dissipation in leaves of higher plants. *Ecol. Studies* 100: 17–70

Calder M, Bernhardt P (1983) The biology of mistletoes. Academic Press, Sydney. 348 Seiten

Chapin III FS, Schulze ED, Mooney HA (1990) The ecology and economics of storage in plants. *Ann. Rev. Ecol. Syst.* 21: 423–447

Clayton WD (1981) Evolution and distribution of Grasses. *Ann. Missouri Bot. Gardens 68:* 5–14

Cowan IR, Farquhar GD (1977) Stomatal function in relation to leaf metabolism and environment. In: Jennings JR (Hrsg.) Interaction of activity in the higher plant. Cambridge University Press, Cambridge. 471–505

dePury DGG, Farquhar GD (1999) A commentary on the use of a sun/shade model to scale from the leaf to a canopy. *Agrc. Forest Met.* 95: 257–260

Ehleringer JR, Cerling TE (2001) Photosynthetic pathways and climate. In: Schulze E-D, Heimann M, Harrison S, Holland E, Lloyd J, Prentice C, Schimel D (2001) Global biogeochemical cycles in the climate system. Academic press, San Diego. 350 Seiten

Ehleringer JR, Cerling TE, Helliker BR (1997) C4 Photosynthesis, atmospheric CO_2, and climate. *Oecologia* 112: 385–299

Ellenberg H (1978) Vegetation Mitteleuropas mit den Alpen. Ulmer, Stuttgart. 981 Seiten

Evans LT (1972) Evolutionary, adaptive and environmental aspects of the photosynthetic pathway. In: Hatch MD, Osmond CB, Slatyer RO (Hrsg.) Photosynthesis and Photorespiration. Wiley, New York. 130–137

Evenari M, Shanan L, Tadmor N (1982) The Negev; the challenge of a desert. Havard University Press, Cambridge. 437 Seiten

Farquahr G, Lloyd J (1993) Carbon and oxygen isotope effects in the exchange of carbon dioxide between terrestrial plants and the atmosphere. In: Ehleringer JR, Hall AE, Farquhar GD (Hrsg.) Stable Isotopes and plant carbon-water relations. Academic Press, San Diego. 47–70

Farquhar GD, Caemerer S von (1982) Modelling of photosynthetic response to environment. *Encycl. Plant Physiol.* 12B: 549–587

Farquhar GD, Ehleringer JR, Hubick KT (1989) Carbon isotope discrimination and photosynthesis. *Ann. Rev. Plant Physiol. and Plant Molecular Biol.* 40: 503–537

Farquhar GD, von Caemmerer S, Berry JA (1980) A biochemical model of photosynthetic CO_2 assimilation in leaves of C3 species. *Planta* 149: 78–90

Fichtner K, Schulze E-D (1992) The effect of nitrogen nutrition on growth and biomass partitioning of annual plants originating from habitats of different nitrogen availability. *Oecologia* 92: 236–241

Field C, Mooney HA (1986) The photosynthesis-nitrogen relationship in wild plants. In: Givnish TJ (Hrsg.) On the economy of plant form and function. Cambridge University Press, Cambridge. 25–56

Fritts HC, Vaganov EA, Sviderskaya IV, Shashkin AV (1991) Climatic variation and tree-ring structure in conifers: empirical and mechanistic models of tree-ring width, number of cells, cell size, cell-wall thickness and wood density. *Climate Research* 1: 97–116

Fuchs M, Schulze E-D, Fuchs MI (1977) Spacial distribution of photosynthetic capacity and performance in a mountain spruce forest of northern Germany. II. Climatic control of carbon dioxide uptake. *Oecologia* 29: 329–340

Gifford RM (1974) A comparison of potential photosynthesis, productivity and yield of plant species with differing photosynthetic metabolism. *Austr. J. Plant Physiol.* 1: 107–117

Gillon J, Yakir D (2001) Influence of carbonic anhydrase activity in terrestrial vegetation on the ^{18}O content of atmospheric CO_2. *Science* 291: 2584–2587

Harley PC, Tenhunen JD, Lange OL (1986) Use of an analytical model to study limitations on net photosynthesis in *Arbutus unedo* under field conditions. *Oecologia* 70: 393–401

Hattersley PW (1992) C4 photosyntheic pathway variation in grasses (Poaceae): its significance for arid and semi-arid lands. In: Chapman G (Hrsg.) Desertified grasslands: their biology and management. Academic Press, London. 181–212

Heilmeier H, Schulze E-D, Whale DM (1986) Carbon and nitrogen partitioning in the biennial macrocarp *Arctium tomentosum* Mill. *Oecologia* 70: 466–474

Heilmeier, H, Erhart M, Schulze E-D (1997) Biomass allocation and water use under arid conditions. In: Bazzaz F, Grace J (Hrsg.) Plant Resource Allocation. Academic Press, San Diego. 93–112

Hollinger DY, Kelliher FM, Byers JN, Hunt JE, McSeveny TM, Weir PL (1994) Carbon dioxide excahnge between an undisturbed old-growth temperate forest and the atmosphere. *Ecology* 75: 134–150

Jarvis PG (1971) The estimation of resistences to carbon dioxide transfer. In: Sestak Z, Catsky J, Jarvis PG (Hrsg.) Plant Photosynthetic Production: Manual of methods. Junk, Den Haag. 566–631

Jarvis PG (1976) The interpretation of the variations in leaf water potential and stomatal conductance found in canopies in the field. *Phil. Transact. Royal. Soc. of London* (B) 273: 593–610

Jones HG (1994) Plants and microclimate. 2. Aufl. Cambridge University Press, Cambridge. 428 Seiten

Jones HG (1999) Use of thermography for quantitative studies of spacial and temporal variation of stomatal conductance over leaf surfaces. *Plant Cell Environment* 22: 1043–1055

Kaiser WM (1982) Correlation between changes in photosynthetic activity and changes in total protoplast volume in leaf tissue from hygro-, meso- and xerophytes underosmotic stress. *Planta* 154: 538–545

Kappen L, Lange OL, Schulze E D, Evenari M, Buschbom U (1976) Distributional pattern of water relations of *Hammada scoparia* (Pomel) Iljin in a desert environment. *Oecologia* 23: 323–334

Kappen L, Lange OL, Schulze E-D, Evenari M, Buschbom U (1972) Extreme water stress and photosynthetic activity of the desert plant *Artemisia herba-alba,* Asso. *Oecologia* 10: 177–182

Kirschbaum MUF, Farquhar GD (1984) Temperature dependence of whole-leaf photosynthesis in *Eucalyptus pauciflora* Sieb. Ex Spreng. *Aust. J. Plant Phys.* 11: 519–538

Küppers M (1985) Carbon relations and competition between woody species in a central European hedgerow. IV. Growth form and partitioning. *Oecologia* 66: 343–352

LaMarche, Jr. VC, Graybill DA, Fritts HC, Rose MR (1984) Increasing atmospheric carbon dioxide: tree ring evidence for growth enhancement in natural vegetation. *Science* 252: 1019–1021

Lange OL (1959) Untersuchungen über den Wärmehaushalt und die Hitzeresistenz mauretanischer Wüsten- und Savannenpflanzen. *Flora* 147: 595–651

Lange OL (1965) Experimentell-ökologische Untersuchungen an Flechten der Negev-Wüste. I. CO_2-Gaswechsel von *Ramalina maciformis* (Del.) Bory unter kontrollierten Bedingungen im Laboratorium. *Flora* 158: 324–359

Lange OL (1988) Ecophysiology of photosynthesis: performance of poikilohydric lichens and homoiohydric Mediterranean Sclerophylls. The seventh Tansley Lecture. *J. Ecol.* 76: 914–937

Lange OL, Beyschlag W, Tenhunen JD (1987) Control of leaf carbon assimilation – Input of chemical energy into ecosystems. *Ecol. Studies* 61: 148–163

Lange OL, Geiger IL, Schulze E-D (1977) Ecophysiological investigations on lichens of the Negev desert. V. A model to simulate net photosynthesis and respiration of *Ramalina maciformis*. *Oecologia* 28: 247–259

Lange OL, Schulze E-D, Evenari M, Kappen L, Buschbom U (1975) The temperierture-related capacity of plants under desert conditions. II. Possible controlling mechanisms for the seasonal changes of the photosynthetic response to temperature. *Oecologia* 18: 45–53.

Lange OL, Schulze E-D, Kappen L, Evenari M, Buschbom U (1975) CO2-exchange patterns under natural conditions of *Caraluma negevensis,* a CAM plant of the Negev desert. *Photosynthetica* 9: 318–326

Larcher W (1994) Ökophysiologie der Pflanzen. UTB, Eugen Ulmer, Stuttgart. 394 Seiten

Leuning R (1995) A critical apprisal of a combined stomatal-photosynthesis model for C3 plants. *Plant Cell and Environment* 18: 339–355

Leuning R, Dunin FX, Wang YP (1998) a two-leaf model for canopy conductance, photosynthesis and partitioning of available energy. II. Comparison with measurements. *Agric. Forest.* Met. 91: 113–125

Lloyd J et al (1995b) Measuring and modelling whole-tree gas exchange. *Aust. J. Plant Pysiol.* 22: 987–1000

Lloyd J et al. (1995a) A simple calibrated model of Amazon rainforest productivity based on leaf biochemical properties. *Plant Cell and Environment* 18: 1129–1145

Lloyd J, Kruijt B, Hollinger DY, Grace J, Francey RJ, Wong SC, Kelliher FM, Miranda AC, Fraquhar GD, Gash JHC, Vygodskaya NN, Wright IR, Miranda HS, Schulze E D (1996) Vegetation effects on the isotopic composition of atmospheric CO_2 at local and regional scales: Theoretical aspects and a comparison between rain forest in Amazonia and a boreal forest in Siberia. *Austr. J. Plant Physiol.* 23: 37–399

Lüttge U (1999) One morphotype, three physiotypes: Sympatric species of *Clusia* with obligate C3 photosynthesis, obligate CAM and C3-CAM intermediate behaviour. *Plant Biology* 1: 138–148

Lüttge U, Kluge M, Bauer G (1988) Botanik. VCH, Weinheim. 577 Seiten

Mac Fadden BJ, Cerling TE (1996) Mammalian herbivore communities, ancient feeding ecology and carboisotopes: a 10-million-year sequence from the Neogene of Florida. *J. of Vertebrate Paleontology* 16: 103–115

McCree KJ (1983) Carbon balance as a function of plant size in *Sorghum* plants. *Crop Science* 20: 82–93

Merino J, Field C, Mooney HA (1982) Construction and maintenance costs of mediterranean-climate evergreen and deciduous leaves. I. Growth and CO_2 exchange analysis. *Oecologia* 53: 208–213

Miflin B (2000) Crop improvement in the 21st century. *J. Exp. Bot.* 51: 1–8

Monsi M (1960) Dry-matter reproduction in plants. I. Schemata of dry-matter reproduction. *Bot. Magazin* 73: 81–90

Morison JIL, Piedade MTF, Müller E, Long SP, Junk WJ, Jones MB (2000) Very high productivity of the C4 aquatic grass *Echinochloa polystachia* in the Amazon Floodplain confirmed by net ecosystem flux measurements. *Oecologia* 125: 400–411

Mott KA, Gordon ZG, Berry JA (1993) Asymmetric stomatal closure for the two surfaces of *Xynthium strumarium* L. leaves at low humidity. *Plant Cell Environment* 16: 25–34

Mott KA, Parkhust DF (1991) Stomatal response to humidity in air and helox. *Plant Cell Environment* 14: 509–515

Orians GH, Solbrig OT (1977) A cost-income model of leaves and roots with special reference to arid and semiarid areas. *Am. Nat.* 111: 677–690

Pearcy RW, Pfitsch WA (1994) The consequences of sunflecks for photosynthesis and growth of forest understory plants. *Ecol. Studies* 100: 343–357

Penning de Vries FWT (1975) Use of assimilates in higher plants. In: Cooper JP (Hrsg.) JGP 3: Photosynthesis and productivity in different environments. Cambridge University Press, Cambridge. 459–480

Penning de Vries FWT, Djitèye MA (1982) La productivité des pataurages Sahéliens: Une érude des sols, des végétations et de l'expoilation de cette resource naturelle. PUDOC, Wageningen. 52 Seiten

Penning de Vries FWT, van Laar HH, Chardon MC (1983) Bioenergetics of growth of seeds, fruits, and storage organs. In: Potential productivity of field crops under different environments. International Rice Institute, Los Banos, Philippines. 37–59

Penning de Vries FWT (1983) Modelling of growth and productivity. *Encycl. Plant Physiol.* 12D: 117–150

Raschke K (1979) Movements of stomata. *Encycl. Plant Physiol.* 7: 383–441

Raven JA (1994) Photosynthesis in aquatic plants. *Ecol. Studies* 100: 299–318

Roden JS, Ehleringer JR (1999) Observations of hydrogen and oxygen isotopes in leaf water confirm the Craig-Gordon model under wide-ranging conditions. *Plant Pysiol.* 12: 1165–1173

Scarascia-Mugnozza G, Bauer GA, Persson H, Mateucci G, Marci A (2000) Tree Biomass, Growth and Nitrogen Pools. *Ecol. Studies* 142: 49–62

Schäfer C (1994) Controlling the effects of excessive light energy fluxes: Dissipative mechanisms, repair processes, and long-term acclimation. In: Schulze E-D (Hrsg.) Flux control in biological systems. Academic Press, San Diego. 37–56

Scheible WR, Gonzáles-Fortes A, Lauerer M, Müller-Röber B, Caboche M, Stitt M (1997) Nitrate acts as a signal to induce organic acid metabolism and repress starch metabolism in tobacco. *The Plant Cell* 9: 783–798

Schulze E-D (1970) Der CO_2-Gaswechsel der Buche (*Fagus silvatica* L.) in Abhängigkeit von den Klimafaktoren im Freiland. *Flora* 159: 177–232

Schulze E-D (1982) Plant Life forms and their carbon water and nutrient relations. *Encylc. Plant Physiol.* 12B: 616–676

Schulze E-D, Chapin III FS (1987) Plant specialization to environments of different resource availability. *Ecol. Studies* 61: 120–148

Schulze ED, Ellis R, Schulze W, Trmborn P, Ziegler H (1996) Diversity, metabolic types and $\delta^{13}C$ carbon isotope ratios in the grass flora of namibia in relation to growth form, precipitation and habitat conditions. *Oecologia* 106: 352–369

Schulze E-D, Hall AE (1982) Stomatal responses, water loss and CO_2 Assimilation rates of plants in contrasting environments. *Encylc. Plant Physiol.* 12B: 181–230

Schulze E-D, Kelliher FM, Körner C, Lloyd J, Leuning R (1994) Relationships among maximum stomatal conductance, ecosystem surface conductance, carbon assimilation and plant nitrogen nutrition: A global ecology scaling exercise. *Ann. Rev. Ecol. Syst.* 25: 629–660

Schulze E-D, Küppers M, Matyssek R (1987) The role of carbon balance and branching pattern in the growth of woody species. In: Givnish TJ (Hrsg.) On the economy of the plant form an function. Cambridge University Press, Cambridge. 585–602

Schulze E-D, Lange OL, Evenari M, Kappen L, Buschbom U (1980) Long-term effects of drought on wild and cultivated plants in the Negev desert. II. Diurnal patterns of net photosynthesis and daily carbon gain. *Oecologia* 45: 19–25

Schulze ED, Schulze W, Kelliher FM, Vygodskaya NN, Ziegler W, Kobak KI, Koch H, Arneth A, Ksnetsova WA, Sogachev A, Issajev A, Bauer G, Hollinger DY (1995) Aboveground biomass and nitrogen nutrition in a chronosequence of pristine Dahurian *Larix* stands in eastern Siberia. *Can. J. For. Res.* 25: 943–960

Schulze ED, Williams RJ, Farquhar GD, Schulze W, Langridge J, Miller JM, Walker BH (1998) Carbon and nitrogen isotope discrimination and nitrogen nutrition of trees along a rainfall gradient in northern Australia. *Aust. J. Plant Physiol.* 25: 413–425

Schulze W, Stitt M, Schulze ED, Neuhaus HE, Fichtner K (1991) A quantification of the significance of assimilatory starch for growth of *Arabidopsis thaliana* L. Heynh. *Plant Physiol.* 95: 890–895

Shiniozaki K, Yoda K, Hozumi K, Kira T (1964) A quantitative analysis of plant form – the pipe model theory. II. Further evidence of the theory and its application in forest ecology. *Japanese J. Ecol.* 14: 133–139

Steinlein T, Heilmeier H, Schulze E-D (1993) Nitrogen and carbohydrate storage in biennials originating from habitats of different resource availability. *Oecologia* 93: 374–382

Stitt M, Schulze E-D (1994) Plant Growth, storage, and resource allocation: From flux control in a metabolic chain to the whole plant level. In: Schulze E-D (Hrsg.) Flux control in biological systems. Academic Press, San Diego. 57–118

Strasburger E (1999) Lehrbuch der Botanik. G. Fischer, Stuttgart. 1161 Seiten

Tjoelker MG, Oleksyn J, Reich PB (2001) Modelling respiration of vegetation: evidence for a general temperature-dependent Q_{10}. *Global Change Biology* 7: 223–230

Troll W (1939) Vergleichende Morphologie der Höheren Pflanzen. Bd. 1: Vegetationsorgane. Verlag Gebrüder Bornträger, Berlin. 2005 Seiten

Vareschi V (1980) Vegetationsökologie der Tropen. Ulmer, Stuttgart. 293 Seiten

Volkens G (1887) Die Flora der ägyptisch-arabischen Wüste auf Grundlage anatomisch-physiologischer Forschung. Gebrüder Bornträger, Berlin. 151 Seiten

Von Caemmerer S, Evans JR, Hudson GS, Andrews TJ (1994) The kinetics of ribulose-1,5-bisphosphate carboxilase/oxygenase in vivo interred from measurements of photosynthesis in leaves of transgenic tobacco. *Planta* 195: 88–97

Warburg O (1913) Die Pflanzenwelt. Bd 1. Bibliographische Institut, Leipzig Wien.

West NE, Young JA (2000) Intermountain valleys and lower mountain slopes. In: Barbour MG and Billings WD (Hrsg.) North American terrestrial vegetation. Cambridge University Press, Cambridge. 255–284

Woodward, GR (1976) Photosynthesis and expansion of leaves of soybean grown in two environments. *Photosynthetica* 10: 274–279

Kapitel 3

ÖKOLOGIE VON ÖKOSYSTEMEN

Kapiteleröffnungsseite: *Ökosysteme sind Beziehungsgeflechte zwischen Organismen und ihrer Umwelt auf begrenztem Raum. Der „begrenzte Raum", der die Intensität der Interaktionen sowohl zwischen den Organismen als auch zwischen Organismen und deren Umwelt vorgibt, wird durch die Bodenoberfläche, die zur Verfügung steht, bestimmt. Ein Längsschnitt durch ein Ökosystem zeigt die Ebenen, wo diese Interaktionen besonders intensiv sind. Einerseits ist dies die Laubmasse – im Kampf ums Licht gibt es verschiedene Lebensformen (Bäume, Sträucher, Kräuter), die durch Überwachsen und Beschattung der Nachbarn Vorteile genießen – andererseits besteht eine intensive Konkurrenz der Wurzeln um Nährstoffe in der organischen Auflage. Die Auswaschung von organischen Säuren kann dabei bis hin zur Podsolierung führen, und damit diesen Standort für einige Arten unbesiedelbar machen. Nur wenige Arten gelangen in den ressourcenreichen Unterboden. Foto BITÖK, Universität Bayreuth.*

3.1 Das Ökosystemkonzept

Buchenversuchsfläche „B1" im Solling. Diese Versuchsfläche spielte im Internationalen Biologischen Programm (IBP) eine besondere Rolle. Es war international das erste Mal, dass ein terrestrisches Wald-Ökosystem hinsichtlich aller Flüsse und Interaktionen untersucht wurde. Die methodischen Erfahrungen dienten als Modell für die globalen Arbeiten des IBP in den Jahren von 1965 bis 1975 (Ellenberg 1971, Ellenberg et al. 1986). Foto E.-D. Schulze.

Literaturempfehlung

Zum Verständnis der Prozesse, die auf Ökosystemebene ablaufen, wird als zusätzliche Lektüre empfohlen: Scheffer/Schachtschabel: Lehrbuch der Bodenkunde, 14. Auflage, Ehnke Verlag Stuttgart, 1998; Schlesinger: Biogeochemistry, Academic Press, 1997; Schulze: Flux Control in Biological Systems, Academic Press, 1994; Schulze: Carbon and Nitrogen Cycling in European Forest Ecosystems. Ecological Studies 142, 2000.

In den vorangegangenen Kapiteln lag der Schwerpunkt der Betrachtung einerseits auf der Reaktionsbreite zellulärer Prozesse (Kapitel 1: Stressphysiologie), andererseits auf der Nutzung von Ressourcen durch Einzelpflanzen (Kapitel 2: Autökologie). In den folgenden Kapiteln sollen diese Reaktionen auf Bedingungen übertragen werden, wo Pflanzen

- nicht allein wachsen, sondern Bestände bilden, d. h. sie konkurrieren mit Individuen der gleichen Art (eventuell des gleichen Rhizoms) oder mit anderen Arten,
- der Nutzung durch andere Organismen ausgesetzt sind (Herbivorie, Pathogene),
- auf Ressourcen bzw. Bedingungen angewiesen sind, die aus der Aktivität anderer Arten entstehen. Dazu gehört insbesondere die Rückführung von Nährelementen durch Mikroorganismen aus der toten organischen Masse in pflanzennutzbare Form.

Bei der Analyse dieser vielfältigen Interaktionen geht es einerseits um die zeitliche und räumliche Dynamik der Vegetation an sich (Vegetationsgeschichte, Verbreitung von Pflanzenarten, Konkurrenz und Sukzession). Dies wird in Kapitel 4: Synökologie behandelt. Andererseits gibt es Prozesse, die mit dem Umsatz und der Verteilung von Ressourcen an einem bestimmten Standort zu tun haben. Dieser „Ökosystem"-Aspekt wird in dem vorliegenden Kapitel 3 dargestellt.

Mit der Änderung des zu untersuchenden Objektes von der Ebene der Einzelpflanze auf die Ebene der Stoffumsetzungen an einem Standort ändert sich vor allem

- das Bezugssystem und
- die Erreichbarkeit von Ressourcen.

- **Bezugssystem:** Bei den Stoffumsetzungen an einem Standort geht es nicht mehr um die Konzentration (g g^{-1} bzw. mol g^{-1}) von Stoffen in bestimmten Organen oder Individuen, sondern um die Nutzung des Lebensraums, wo die einzige konstante Bezugsgröße die Bodenfläche ist, die zur Verfügung steht (g $m^{-2}{}_{Boden}$ bzw. mol $m^{-2}{}_{Boden}$) und die als Luft- und Bodenraum von unterschiedlichen Organismen genutzt werden kann. Individuendichte und Artenvielfalt sind bei der Betrachtung der Umsetzungen pro Bodenfläche ebenso wichtige und variable Parameter wie die unterschiedlichen Umsetzungen der verschiedenen Teilsysteme, die bezogen auf die Bodenfläche miteinander verknüpft sind. Diese Teilsysteme reichen von der lebenden Pflanzendecke über die Streu zu den Bodenorganismen. Sie können einzeln oder als Ganzes lateral mit benachbarten Systemen verknüpft sein.
- **Erreichbarkeit von Ressourcen:** Mit der Fokussierung auf die flächenbezogene Bestandsebene gewinnen neue Systemeigenschaften an Bedeutung. Die Pflanze existiert nicht allein und unabhängig im Raum, sondern ist eingebunden in ein kompliziertes Gefüge, in dem Ressourcen auch von Nachbarn umgesetzt werden und durch Bodenorganismen begrenzt verfügbar gemacht werden. Die Begrenzung im Raum schränkt auch die Nutzung externer Ressourcen (Licht, Wasser, CO_2) ein.

3.1.1 Was ist ein Ökosystem?

Die Einsicht, dass auf der Ebene der Vegetation zusätzliche übergeordnete Parameter das Verhalten der Pflanzen bestimmen, führte zur Einführung des Begriffs „Ökosystem". Tansley (1935) machte bei der Definition diese Begriffs bereits klar, dass es ihm nicht um die Beschreibung einer Lebensgemeinschaft im Sinne eines Superorganismus ging, sondern um die Interaktion der Pflanzen und Tiere mit der physikalisch-chemischen Umwelt. Wegen der grundsätzlichen Bedeutung, die der Begriffsbildung „Ökosystem" zugrunde liegt, wird hier der ursprüngliche Text der Begriffsfindung wiedergegeben:

»I have already given my reasons for rejecting the term „complex organism" and „biotic community". Clements' earlier term „biome" for the whole complex of organisms inhabiting a given region is unobjectable, and for some purposes convenient. But the more fundamental conception is, as it seems to me, the whole system (in the sense of physics), including not only the organism complex, but also the whole complex of physical factors forming what we call the environment of the biome – the habitat factors in the widest sense. Though the organisms may claim our prime interest, when we are trying to think fundamentally, we cannot separate them from their special environment, with which they form one physical system.

It is the system so formed which, from the point of view of the ecologist, are the basic units of nature on the face of the earth. Our natural human prejudices force us to consider organims (in the sense of biologists) as the most important part of these systems, but certainly the inorganic „factors" are also part – there could be no system without them, and there is constant interchange of the most various kinds within each system, not only between the organisms but between the organic and inorganic. These ecosystems, as we may call them, are of the most various kinds and size. They form one category of the multitudinous physical systems of the universe, which range from the universe as a whole down to the atom.«

Ökosysteme sind damit Beziehungsgeflechte zwischen Organismen und ihrer Umwelt auf begrenztem Raum.

Bei dieser Definition bleibt (1) die Abgrenzung von Ökosystemen und (2) die Kompartimentierung ungeklärt. Über beides gibt es unterschiedliche Auffassungen. Weiterhin bleibt unklar (3), ob es neue Systemeigenschaften gibt, die das System als Ganzes betreffen. Verschiedentlich werden Ökosysteme auch als Beziehungsgeflecht ohne Raumbezug dargestellt. Aber auch in diesen Fällen ist die Interaktion zwischen den Organismen erst duch die Begrenzung des Raums zwingend.

3.1.2 Abgrenzung von Ökosystemen

Die Größe eines Ökosystems ist nicht fest vorgegeben. Das Gebiet sollte hinsichtlich der biogeochemischen Umsetzungen einheitlich sein und alle Flüsse über und unter der betrachteten Bodenfläche beinhalten. Likens (1992) sieht Wassereinzugsgebiete als Grundeinheit für Ökosysteme in Landschaftsräumen, da nur in diesen die Interaktion von Lebewesen mit der abiotischen Umwelt als Stoffbilanz vollständig quantifizierbar ist. Aber ein Wassereinzugsgebiet ist untergliedert in bachnahe und bachferne Bereiche, die pro Bodenfläche sehr unterschiedliche Umsätze haben können, wenn man z. B. an eine anmoorige Talaue und an einen trockeneren Wald denkt. Auch finden erhebliche Umsätze im Fließwasser selbst statt (Peterson et al. 2001), die eine Bilanzierung der bachfernen Bereiche kaum möglich erscheinen lassen. Daher könnte ein Wassereinzugsgebiet über sehr heterogene Landschaftsteile integrieren und wäre damit zu weit gefasst, um als Grundeinheit von Ökosystemen zu gelten. Das andere Extrem wäre es, einen morschen Baumstamm in einem Wald als Ökosystem zu betrachten.

Offensichtlich müssen die Grenzen eines Ökosystems so weit gesteckt sein, dass wesentliche Teile des Stoffumsatzes pro Bodenfläche (z. B. Kohlenstoffassimilation, Stickstoffmineralisation, Grundwasserneubildung u. ä.) quantitativ erfasst sind. Ein vermodernder Baumstamm ist unter diesem Aspekt nur ein Teilsystem in einem Wald. Nur die Gesamtumsetzungen pro Bodenfläche beschreiben die Eigenschaften und Grenzen z. B. eines Waldökosystems. Dies gilt unabhängig davon, dass ein Teil der Organismen auch über diese Grenze hinaus wirken kann (Zugvögel) oder ob Teilbereiche des Systems eine eigene Dynamik haben.

3.1.3 Kompartimentierung

Die Aufteilung von Ökosystemen in unterschiedliche Kompartimente ist abhängig von der jeweiligen Fragestellung. Als zweckmäßig erwiesen sich u. a. folgende Einteilungen:

- Ober- und unterirdisches Kompartiment: Diese Einteilung trennt die autotrophen und heterotrophen Prozesse, wobei zusätzliche Unterteilungen in Bodenhorizonte und in Stämme, Äste und Blätter etc. möglich sind. Diese Einteilung erfolgt vor allem zur Beschreibung von Stoffflüssen und grenzt das Ökosystem gegenüber der Atmosphäre und dem Gundwasser ab.
- Trophische Ebenen: Produzenten, Konsumenten und Destruenten beschreiben vor allem den Energiefluss.
- Funktionelle Gruppen: Gruppen von Arten, die sich hinsichtlich bestimmter Eigenschaften ähnlich verhalten, werden oft als funktionelle Gruppen zusammengefasst (z. B. Stickstoff-fixierende Pflanzen, Phloemsaft-saugende Insekten, Parasiten u. a. m.). Sie können wesentliche Schaltstellen innerhalb der trophischen Ebenen beschreiben.
- Strukturelle Merkmale: Die Struktur der Vegetation ist besonders wichtig bei der Kopplung des Austauschs der Vegetation mit der Atmosphäre. Die Einteilung in Bäume, Stäucher und Kräuter ist hier nahe liegend.

3.1.4 Systemeigenschaften

Definitionsgemäß sind Beziehungsgeflechte komplex, d. h. durch eine Vielfalt von Faktoren und Interaktionen bestimmt. Sie sind weit von einem Gleichgewicht entfernt und indeterminiert (d. h. es gibt keine Zielvorgabe für bestimmte Abläufe). Ökosysteme verhalten sich nur über kurze Zeitabschnitte linear. Da es keine geschlossenen Systeme sind, gibt es Unstetigkeiten. So können Ökosysteme „zusammenbrechen" und Raum frei machen für neue Artzusammensetzungen. Offene Systeme können von außen gestört werden, vor allem durch anthropogene und klimatische Einflüsse.

In Ökosystemen treten eine Reihe von neuen Systemeigenschaften auf, wobei aber die Übergänge zur Autökologie fließend sind. Dies gilt insbesondere hinsichtlich der Struktur (z. B. Oberflächenrauigkeit, Bestandesklima, räumliche Kompartimentierung), die bereits in den Kapiteln 2.1, 2.2 und 2.3 besprochen wurden. Neue Eigenschaften gibt es hinsichtlich der Stoffflüsse durch Akkumulation und Verbrauch von Ressourcen auf der Ebene des Ökosystems und hinsichtlich des Ineinandergreifens von spezifischen Funktionen vieler Arten (Biodiversität). Aus Sicht der Einzelpflanze ist die wichtigste Systemeigenschaft die, dass es Nachbarn gibt, die anders als die durchaus variable physikalisch-chemische Umwelt eine Vielfalt von Optionen haben und damit den Erfolg oder Misserfolg eines Individuums oder einer Art mitbestimmen. Durch die Interaktion zwischen Organismen sind folgende Systemeigenschaften besonders wichtig:

- **Stoffbilanzen:** Sie betreffen alle Organismen des Ökosystems. Im Vergleich zur Autökologie gewinnt bei der Betrachtung von Ökosystemen die Bestimmung von Stoffmengen und Stoffflüssen und den daraus resultierenden Bilanzen an Bedeutung. Da es auch in Zukunft kaum möglich sein wird, alle Prozesse messend zu verfolgen, bleibt oft nur die Bilanz der Stoffflüsse, bestehend aus Eintrag (*Input*) und Austrag (*Output*), als wichtigstes quantitatives Merkmal auf Bestandsebene. Ähnlich wie in der Autökologie geht es dabei um die Bestimmung von:
  - Stoffmengen (Poolgrößen; g m^{-2}),
  - Stoffflüssen (g m^{-2} $Zeit^{-1}$),
  - Stoffbilanzen und dabei vor allem Verluste und Gewinne,
  - Mechanismen, die die Flussgrößen steuern: Substratsteuerung = *Feedforward*, Produktsteuerung = *Feedback*, Verzweigungen, Modulatoren, Co-Limitierungen (siehe auch Kapitel 1 und 2).
  - Neben den Stoffflüssen gibt es in Ökosystemen aber auch „Informations-Flüsse“, d. h. es werden Stoffflüsse in Gang gebracht (z. B. Bestäubung), ohne dass diese Mengen in den Stoffflüssen sichtbar werden.
- **Die Differenzierung zwischen den Arten und Individuen:** Letztendlich sind es Individuen, die in Ökosystemen erfolgreich dominieren bzw. absterben. In Abhängigkeit von den benachbarten Individuen kommt es aber in einem Ökosystem selbst in klonalen Monokulturen zu einer Differenzierung zwischen den Individuen im Wachstumsverlauf. Zusätzlich haben einzelne Arten unterschiedliche direkte und indirekte Auswirkungen auf das Gesamtsystem (so genannte Schlüsselarten: *keystone species*). Das Verhalten unter Bedingungen der Konkurrenz ist schwer vorhersehbar, denn geringfügige Unterschiede zwischen den Arten können kumulativ weitreichende Folgen haben.
- **Zeitskalen:** Akkumulation und Verbrauch von Ressourcen verändern langfristig grundlegende Lebensbedingungen. Sekunden reichen oft bei der Beurteilung physiologischer Reaktionen. Stoffbilanzen werden oft auf Jahresbasis bestimmt. Wenn es aber um die Standortbedingungen geht, dann sind, in Abhängigkeit von Gewinn und Verlust, Jahrhunderte oder Jahrtausende eine angemessene Zeitskala (Chadwick et al. 1999; siehe Abb. 3.5.1).
- **Zufall und Störungen:** Das Überleben von Individuen wird in einem Ökosystem nicht allein durch die physiologischen Eigenschaften der Art bestimmt, sondern durch den Zufall, wer der Nachbar ist (siehe auch Kapitel 4.1.4). Die Chance, im kleinräumigen Mosaik der Umweltbedingungen an einer günstigen Stelle zu keimen oder neben einem weniger konkurrenzstarken Nachbarn zu stehen, kann den Erfolg oder Misserfolg einer Art bestimmen. Die Zusammensetzung der Vegetation wird im Keimlingsalter entschieden. Mit der Verlängerung der Zeitskalen gewinnen aber auch singuläre Prozesse, so genannte Störungen, an Bedeutung. Sturmwurf, Schneebruch, Trockenheit, Feuer oder Wirtschaftsmaßnahmen des Menschen können in Minuten Ökosysteme grundlegend verändern. Stoffmengen, die über Jahrtausende aufgebaut wurden, können in kürzester Zeit abgebaut werden.

Literatur

Chadwick OA, Derry LA, Vitousek PM, Huebert BJ, Hedin LO (1999) Changing resources of nutrients during four million years of ecosystem development. *Nature* 397: 491–497

Ellenberg H (1971) Integrated experimental ecology. Methods and results of ecosystem research in the German Solling project. Springer, Heidelberg New York. *Ecological Studies* 2. 214 Seiten

Ellenberg H, Mayer R, Schauermann J (1986) Ökosystemforschung; Ergebnisse des Sollingprojektes 1966 – 1986. Eugen Ulmer Verlag. 597 Seiten

Likens GE (1992) Some applications of the ecosystem approach to environmental problems and resource management. In: Teller A, Mathy P, Jeffers JNR (Hrsg.) Responses of forest ecosystems to environmental changes. Elsivier Applied Science, London. 16–30

Peterson, BJ, Wollheim WM, Mulholland PJ, Webster JR, Meyer JL, Tank JL, Marti E, Bowden WB, Valett HM, Hershey AE, McDowell WH, Dodds WK, Hamilton SK, Gregory S, Morrall DD (2001) Control of nitrogen export from watersheds by headwater streams. *Science* 292: 86–89

Tansley AG (1935) The use and abuse of vegetational concepts and terms. *Ecology* 42: 237–245

3.2 Prozesse auf Bestands- und Ökosystemebene

Selbstausdünnung in einem Pinus contorta-Bestand in den kanadischen Rocky Mountains. Pinus contorta hat Zapfen, die sich erst nach einem heißen Feuer öffnen. Die Art verjüngt sich somit nach Kronen-Feuern, die den Altbestand zerstören. Es kommt zu einem dichten Jungbestand, in dem die Konkurrenz zwischen den Individuen zunehmend steigt und im anschließenden Prozess der Selbstausdünnung die schwächeren Individuen absterben. Man sieht in der Abbildung die große Menge an Totholz, das sind umgefallene tote Stämme, und man sieht stark gekrümmte Stämme, die zu schwach sind, um an diesem Standort den Schneedruck im Winter zu ertragen. Die Selbstausdünnung ist in dieser Phase des aufwachsenden Bestandes am deutlichsten sichtbar. Das soll nicht darüber hinweg täuschen, dass die Selbstausdünnung auch im Altbestand weitergeht, sofern nicht externe Faktoren, z. B. Bodenfeuer, zu einer Bestandesdichte führen, die unter der maximalen Bestandesdichte liegt. Alberta, Jaspers Nationalpark, Kanada. Foto E.-D. Schulze.

Im Folgenden werden einige generelle Prozesse genannt, die z. T. auf der Autökologie aufbauen (Kapitel 2) und bei den Stoffkreisläufen (Kapitel 3.3) weiter vertieft werden.

3.2.1 Selbstausdünnung

Die Lichtnutzung in einem Bestand folgt dem Lambert-Beer'schen Extinktionsgesetz, wonach der Lichtgenuss im Inneren des Bestands exponentiell abnimmt (siehe Kapitel 2.1.2). Die Obergrenze für den Lichtgewinn eines Bestands ist durch die Strahlungsbilanz und den maximalen Blattflächenindex (LAI_{max}) festgelegt. LAI_{max} wird wiederum von der Blattstellung (horizontal, vertikal, geklumpt) bestimmt (siehe Kapitel 2.1.2.3). Aus der Existenz dieses Grenzwertes folgt, dass sich auf einer vorgegebenen Bodenfläche die lebenden Individuen diese maximal mögliche Blattfläche teilen müssen. Entweder können dies viele kleine oder wenige große Pflanzenindividuen bzw. Blätter sein. Die Blattfläche kann in verschiedenen Vegetationsschichten angeordnet sein. Basierend auf Reineke (1933) haben Yoda et al. (1963) diesen Zusammenhang weiter formalisiert und dabei die Biomasse pro Individuum (W) in Abhängigkeit von der Individuendichte (n) dargestellt, wobei c ein Proportionalitätsfaktor ist, der vom Licht- und Nährstoffangebot abhängt:

$$W = c\, n^{-3/2}. \qquad (3.2.1)$$

Die Gleichung besagt, dass in einem geschlossenen, aufwachsenden Bestand, in dem die Biomasse pro Individuum steigt, die Zahl der Individuen pro Fläche zwangsläufig abnehmen muss. Immer weniger große Individuen überleben auf Kosten der kleineren, die absterben. Man bezeichnet diesen Vorgang als **Selbstausdünnung** von Beständen, wobei der Faktor –3/2 als Selbstausdünnungskonstante bezeichnet wird. Der Koeffizient kann erklärt werden aus der räumlichen Ausdehnung der Masse (Exponent 3) und der Ausdehnung der projizierten Fläche eines Individuums (Exponent 2) (Osawa 1993).

Da die Biomasse pro Fläche (B) dem Produkt aus (W × n) entspricht, erhält man nach Westoby (1984) durch Multiplikation der Gleichung 3.2.1 mit dem Faktor n die Selbstausdünnung von Beständen:

$$B = c\, n^{-1/2}\,. \qquad (3.2.2)$$

Logarithmiert man diese Gleichung, so erhält man die lineare Gleichung:

$$\log B = \log c - {}^1/_2 \log n \qquad (3.2.3)$$

Die Gleichung zeigt, dass die maximale Biomasse, die auf einer Fläche erreicht werden kann, artspezifisch abhängt von der Individuenzahl. Die Steigung dieser Geraden (–0,5) gilt für einen breiten Bereich von Wuchsformen (Kräuter, Sträucher, Bäume), sofern diese als Monokultur unter vergleichbaren Bedingungen gehalten werden und in Abhängigkeit vom verfügbaren Licht die maximale Blattfläche erreicht wird. Der Parameter c gibt das Produktionsniveau an, das von einer Vielzahl von Standortfaktoren und von Merkmalen einer Art bestimmt wird. Aus der Gleichung folgt, dass im geschlossenen Bestand ein Teil der Individuen absterben muss, wenn eine kritische Grenze der Battfläche des Standorts erreicht ist und der Bestand an Biomasse zunehmen soll. Die maximal erreichbare Biomasse hängt dabei wesentlich von der Wuchsform der dominierenden Pflanzenarten (Bäume, Kräuter, Blattstellung und Kronenform) und dem Lichtangebot ab.

Ein Beispiel für den Vorgang der Selbstausdünnung zeigt Abbildung 3.2.1 A (Stitt und Schulze 1994). In einem aufwachsenden Bestand von Brennnesselstängeln, die zu einem großen Teil durch Rhizome physiologisch sogar zum gleichen Organismus gehören, können zunächst sehr viele Individuen so lange koexistieren, bis ihre Blattbiomasse den Wuchsraum vertikal und horizontal ausfüllt (Abb. 3.2.1 A, Pfeil 1). Danach tritt der Prozess der Selbstausdünnung ein, d.h. die Biomasse des Bestands nimmt bei gleichzeitiger Abnahme der Individuen zu (Abb. 3.2.1 A, Pfeil 2). Mit einsetzender Blüte kann die Biomasse der Stängel bei konstanter Zahl der Individuen weiter steigen, wobei die Blütenrispen zu keiner weiteren Vergrößerung der Blattfläche führen (Abb. 3.2.1 A, Pfeil 3). Unterschiedliche Biomasseniveaus sind bedingt durch unterschiedliches Lichtangebot.

Abweichungen von dem linearen Verlauf treten auch unter natürlichen Bedingungen vor allem in Wäldern auf:

- **Absterben von Altbeständen in Wäldern:** In Wäldern sinkt die Individuenzahl vor allem in Altbeständen stark ab. Das Absterben von Individuen durch statistische Ereignisse wie z.B. Blitz, Sturm oder Krankheit und das je nach Art begrenzte Kronenwachstum des verbleibenden Bestands führen dazu, dass das Kronendach nicht mehr geschlossen ist. In diesem Falle entstehen Lücken (englisch: *gap*), die von anderen Arten oder Individuen genutzt werden können und letztendlich zu einer Verjüngung des Bestandes oder zu einer Änderung in der Vegetation führen (siehe Kapitel 4.1.5.3). In der Vegetationskunde wird für diese Phase der Bestandsentwicklung häufig der Begriff der „Zusammenbruchphase" verwendet. Er beschreibt jedoch nicht die zugrunde liegenden Ursachen, nämlich dass Selbstausdünnung und stochastische Ereignisse bereits zuvor die Individuenzahl so stark reduzierten und dass der verbleibende Bestand nicht mehr in der Lage ist, das Kronendach zu schließen. Mit der Öffnung des Kronendachs gewinnen äußere Einflüsse wie z.B. Wind selbstverstärkend an Bedeutung, und damit reduziert sich die Individuenzahl ab diesem Zeitpunkt unabhängig von der Individuenzahl.
- **Nährstoff- (und Wasser-) Verfügbarkeit:** Die Theorie der Selbstausdünnung geht von der

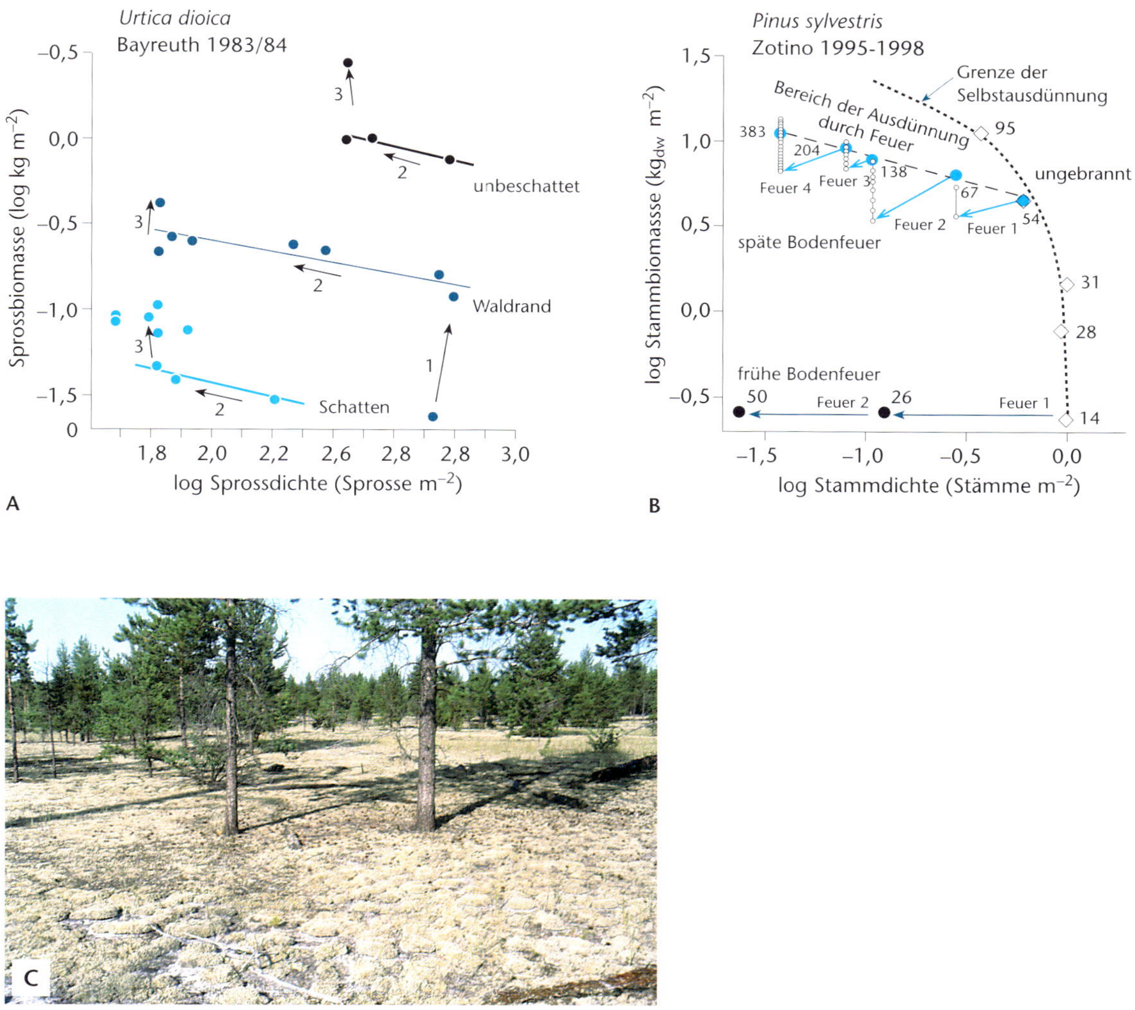

Abb. 3.2.1: A: *Selbstausdünnung von Urtica dioica-Beständen im Schatten eines Auenwaldes an einem Waldrand und auf einem voll besonnten, unbeschatteten Standort. Mit dem verfügbaren Licht werden unterschiedliche Produktionsniveaus erreicht. Pfeil 1 kennzeichnet die Entwicklung, während der das Blattdach noch nicht geschlossen ist, Pfeil 2 kennzeichnet die Phase der Selbstausdünnung bei geschlossenem Blattdach, Pfeil 3 kennzeichnet die Phase der Blüte, bei der die Stängelbiomasse bei abnehmender Blattfläche steigt (Stitt und Schulze 1994). B: Selbstausdünnung von sibirischen Pinus sylvestris-Wäldern, die durch Kronenfeuer verjüngt werden. Jeder Punkt repräsentiert einen Bestand. Die Zahlen an den Punkten kennzeichnen das Bestandsalter. Gepunktete Linie: Selbstausdünnung ohne den Einfluss von Feuer. Die Phase der Selbstausdünnung beginnt nach Kronenschluss im Alter von etwa 54 Jahren. Späte Bodenfeuer (d. h. erste Feuer im Alter 50) bewirken eine Abnahme der Biomasse und Stammzahl. Es dauert nach dem ersten Bodenfeuer etwa zehn Jahre, bis bei gleicher Stammzahl das alte Produktionsniveau erreicht ist. Bevor jedoch die Selbstausdünnungslinie erreicht wird, kommt es meist zu erneuten Bodenfeuern, die jeweils die Zahl der Bäume und die Biomasse senken. Mit steigendem Bestandsalter dauert die Erholungsphase länger (offene Kreise kennzeichnen den Zuwachs innerhalb von zehn Jahren). Bei frühen Bodenfeuern in Jungbeständen (< 50 Jahre) kann es zu einer starken Verringerung der Stammzahl kommen. Die Bestände können so licht werden, dass eine Kompensation im Zuwachs durch den verbleibenden Bestand nicht mehr möglich ist. Diese Bestände verharren auf einem niedrigen Niveau der Biomasse bei geringer Stammzahl ohne neue Bodenfeuer, da die brennbare Biomasse gering ist (Wirth et al. 1999). C: Aspekt einer Parklandschaft mit ca. 60-jährigen Kiefern in Zentralsibirien, die durch ein frühes intensives Feuer entstand. Die Bodenvegetation wird von einer dichten Decke von Cladonia-Arten gebildet, die die Keimung von Kiefernsämlingen unterdrücken. Flächen dieser Art verharren in diesem Zustand über Jahrhunderte und sind in Karten als „waldfreie" Standorte eingezeichnet. Foto E.-D. Schulze.*

ausschließlichen Limitierung durch Licht aus. Es gibt aber weitere Limitierungen, z. B. durch Nährstoffe, die die Bestandsdichte bestimmen. In diesem Falle findet die Konkurrenz im Boden und nicht im Kronendach statt. Dies ist wiederum in Wäldern besonders deutlich zu beobachten, bei denen ein großer Teil der im Ökosystem vorhandenen Nährstoffe im Holz der bestehenden Biomasse gebunden ist. Mit zunehmender Gesamtbiomasse des Bestands und angesichts begrenzter Verwitterung von Primärmineralien sind immer weniger Nährstoffe im Umlauf (Schulze 1995); dies führt zu einer Änderung der Wuchsform bzw. zu einer Änderung in der Zusammensetzung der beteiligten Arten.

- **Lichtausbeute:** Durch Veränderung der Kronenform mit dem Alter kann es in Wäldern zu einer Selbstausdünnungslinie kommen, die flacher oder steiler ist als –0,5. So ändert sich z. B. die Kronenform der Kiefer von einer spitzkegeligen Form in der Jugend (es passen viele Individuen auf eine Fläche) zu einer breit ausladenden Krone im Alter (es passen weniger Individuen auf eine Fläche, als wenn die jugendliche Form bis ins hohe Alter dieselbe geblieben wäre).
- **Externe Störungen:** Es gibt eine Reihe von externen Störungen, die auf die Individuenzahl eines Bestandes wirken (Blitz, Wind- und Schneebruch), die vertiefend in Kapitel 3.2.5 behandelt werden. Im Hinblick auf die Individuenzahl wirkt aber in sehr vielen Ökosystemen ganz besonders das Feuer unabhängig vom Ressourcenangebot. Die Selbstausdünnung sibirischer Kiefernwälder (*Pinus sylvestris*) hängt sowohl von der Feuerfrequenz als auch von der Wuchsrate ab (Abb. 3.2.1 B, Wirth et al. 1999). Die sibirischen Kiefernwälder werden durch so genannte Kronenfeuer verjüngt, die den Vorbestand vernichten. Es entstehen sehr dicht wachsende, gleichaltrige Jungbestände (siehe auch Abb. 3.2.1), die selektiv besonders feuergefährdet sind. Ein Feuer im Jungbestand führt dazu, dass die Individuenzahl gesenkt wird und die Biomasse abnimmt (Abb. 3.2.1. B, Feuer 1). Es dauert mehrere Jahrzehnte, bis der verbleibende Bestand wieder Biomasse akkumuliert und das Biomasseniveau erreicht, in dem Selbstausdünnung einsetzen könnte. Grundsätzlich wäre dies möglich, aber klimabedingt kommt es mit hoher Wahrscheinlichkeit wiederholt zu Bodenfeuern (Abb. 3.2.1. B, Feuer 2–4), die die Individuenzahl wiederum herabsetzen und damit die Biomasse senken. Es resultiert eine feuerbedingte Ausdünnungslinie, die die Biomasse pro Fläche u. U. fast konstant hält. Mit dem fehlenden Konkurrenzdruck verändert sich die Kronenform der Kiefer. Sie wächst nicht mehr in die Höhe, sondern in die Breite, und verstärkt damit den Trend, dass die Biomasse trotz abnehmender Stammzahl nicht mehr steigt.
  Feuer im Jungbestand können sogar dazu führen, dass voller Kronenschluss nicht mehr möglich ist. Es entstehen parkartige Bestände mit niedrig wachsenden Einzelstämmen (Abb. 3.2.1. C). Im sibirischen Kiefernwald ist somit das Biomasseniveau wesentlich bedingt durch Feuer im Jungbestand und der daraus resultierenden Individuenzahl.
- **Bewirtschaftung:** Sowohl in der Land- als auch in der Forstwirtschaft ist das Absterben von Individuen, die nicht geerntet werden können, unwirtschaftlich. Hinzu kommt, dass das Marktziel, z. B. eine bestimmte Baumgröße, in vertretbarer Zeit nur erreicht werden kann, wenn die Individuen nicht um Licht konkurrieren. Im Wirtschaftswald wird die Bestandsdichte mittels Durchforstungen vom Menschen reguliert. Gleichermaßen wird in der Landwirtschaft die Dichte durch die Samenzahl bei der Aussaat bestimmt. In diesem Fall bewegt sich die Beziehung zwischen Biomasse und Individuenzahl (gesteuert durch die Bewirtschaftung) ähnlich wie bei natürlichen nährstoffarmen Systemen unter der Linie der potentiellen Selbstausdünnung.

Streng genommen gilt das Gesetz der Selbstausdünnung nur für gleichaltrige Monokulturen. Dennoch gelten die zurunde liegenden Gesetzmäßigkeiten (Proportionalität zu Kronenvolumen pro Kronenfläche) auch für ungleichaltrige Mischbestände, in denen sich mehrere Vegetationsschichten den Lebensraum teilen. Nur beobachtet man dann oft eine steilere Ausdünnungskurve, denn in artenreichen Beständen kommt es zu einer komplementären Ausnutzung von Nischen hinsichtlich vieler Faktoren wie Wurzeltiefe, Kronenform, Vegetationsentwicklung. Dies führt dazu, dass artenreiche Bestände eine höhere Produktivität haben können als Monokulturen (als *Overyielding* bezeichnet; Hector et al. 1999).

Die asymmetrische Konkurrenz um Licht, d.h. die Tatsache, dass höhere Individuen gegenüber kleineren einen überproportional größeren Anteil an der Ressource „Licht" ernten, differenziert den Bestand hin zu einer Größenverteilung im Jungbestand mit vielen kleinen und wenigen großen Individuen (linkssteile, rechtsschiefe Verteilung). Mit Einsetzen der Selbstausdünnung entwickelt sich der Bestand wieder hin zu einer Normalverteilung, da bei Konkurrenz vor allem die kleineren Individuen absterben. Ist der Bestand sehr einheitlich in der Größenverteilung (z. B. Kiefernbestände nach Kronenfeuer), kann es dazu kommen, dass der Bestand ohne deutliches Wachstum stockt, bis durch externe Einflüsse (Sturm, Schneebruch) eine Differenzierung einsetzt.

3.2.2. Reversible und irreversible Veränderungen des Standorts durch Ressourcenverbrauch

3.2.2.1 Stoffflüsse, die mit Pflanzenwachstum einhergehen

Das Wachstum von Pflanzenbeständen ist bei der Assimilation von CO_2 nicht nur an den Umsatz von Wasser, sondern auch an den Umsatz von Nährelementen gebunden (siehe Kapitel 2.4.3.7). Sowohl Wasser als auch CO_2 können auf der Ebene des Ökosystems als erneuerbare Ressource aus einem unendlich großen Pool der Atmosphäre angesehen werden. Anders ist dies hinsichtlich der Nährelemente. Die Aufgabe der Ökosystemkunde besteht vor allem darin, die Flussbilanzen des Kohlenstoffs, des Wassers und der Nährelemente zu ermitteln. Im Allgemeinen werden die Nährsalze bei der Streuzersetzung oder der Verwitterung primärer Mineralien freigesetzt und sekundär am Austauscher des Bodens oder an der organischen Substanz des Bodens reversibel gespeichert. Der Aschengehalt der Biomasse zeigt die Menge an, die von der Pflanze aus dem Boden aufgenommen wurde. Sofern die organische Masse nicht geerntet wird, sondern am gleichen Standort als tote Biomasse (Streu) wieder abgebaut wird, werden diese Kationen wieder dem Boden zugeführt (siehe Kapitel 3.3 Stoffkreisläufe). Ulrich (1987) hat den Zusammenhang zwischen der Verfügbarkeit von CO_2, Wasser und Ionen und deren Einbau in organische Substanz in einer Gleichung der Stoffbilanz für die organische Materie in Ökosystemen formalisiert:

$$a\ CO_2 + x\ M^+ + y\ A^- + (y-x)\ H^+ + z\ H_2O + \mathit{Energy} \rightleftharpoons (C_a\ H_{2z}\ O_z\ M_x\ A_y)_{org.\ matter} + (a+\ldots)O_2 \qquad (3.2.4)$$

wobei M^+ und A^- den Verbrauch an Kationen und Anionen anzeigen und die Koeffizienten a, x, y und z die Menge der molaren Verhältnisse in der Bodenlösung angeben. Um in bewirtschafteten Systemen das Produktionsniveau zu halten, müssen nach Gleichung 3.2.4 die Kationenverluste der Ernte durch Düngung ersetzt werden.

3.2.2.2 Festlegung von Nährstoffen und Nährstoff-Ungleichgewichte

Im Gleichgewichtszustand würden Stoffaufbau und -abbau zeitgleich ablaufen und sich ausgleichen. In der realen Welt gibt es diesen Gleichgewichtszustand nicht, denn es kommt zu erheblichen zeitlichen Verschiebungen zwischen Verbrauch und Rückführung von Ressourcen, die durch die mittlere Verweildauer in dem jeweiligen Kompartiment („*Mean residence time*") beschrieben werden. So wird z. B. Laub innerhalb eines Jahres aufgebaut, aber als Streu über viele Jahre abgebaut, d. h. die im Laub gebundenen Nährstoffe stehen je nach Baumart erst nach durchschnittlich 2 bis 8 Jahren wieder für erneutes Wachstum zur Verfügung (Persson et al. 2000). Die mittlere Verweildauer dieser Nährstoffe in der Streu beträgt also 2 bis 8 Jahre. Bei Holz können die Nährelemente über mehr als 100 Jahre im Pflanzenkörper festgelegt werden. Der Abbau eines Baumstammes benötigt ebenfalls Jahrzehnte (u. U. Jahrhunderte), und somit ist die Verzögerung zwischen Ressourcenaufnahme und Wiederbereitstellung der gleichen Ressource bei Holz weitaus länger als bei Laubstreu.

Die Akkumulation von Streu in Form von Rohhumus ist ein Zeichen dafür, dass der Abwurf von Blättern oder Nadeln die Kapazität der Bodenorganismen zum Streuabbau übersteigt oder dafür, dass schwer abbaubare Substanzen oder ungünstige klimatische Bedingungen einen raschen Abbau verhindern. Rohhumus wird oft erst dann abgebaut, wenn sich der Baumbestand lichtet (z. B. durch Einschlag oder Windwurf) und damit die Zufuhr an Streu abnimmt und der offene Bestand günstigere Bedingungen für die Mineralisierung entstehen lässt (höhere Bodentemperaturen und -feuchtigkeit, Wechsel der Bodenorganismen). Aber auch der Umsatz des Rohhumus in stärker zersetzte Humusformen (Mull, Moder) läuft keineswegs stetig ab, sondern es kommt je nach Chemismus der Ausgangssubstanz zu Zwischenprodukten, die mehr oder weniger schnell weiter zersetzbar sind oder sich anreichern. Man unterscheidet zwischen schnell und langsamer abbaubarem Bodenkohlenstoff, wobei diese Begriffe nicht gut definiert sind (<30 Jahre: rezenter Bodenkohlenstoff; 30–100 Jahre: intermediärer Bodenkohlenstoff; 100 bis >1000 Jahre: schwarzer Kohlenstoff (Holzkohle, Ruß); >1000 Jahre: „rekalzitranter" Humus (Townsend et al. 1995, Schlesinger 1997, Schulze et al. 2000).

Die Verzögerungen zwischen Nutzung und Rückführung von Nährelementen führen selbst im Jahresverlauf zu Ungleichgewichten, z. B. zwischen der Nitrifikation im Herbst und der Nitrataufnahme im Sommer.

Ressourcenverluste

Die chemischen Bedingungen im Boden sind zunächst bedingt durch die Zusammensetzung des Ausgangsgesteins (siehe Kapitel 2.3). Sie werden aber verändert in Folge der Mobilisierung und des Verbrauchs von Kationen durch die Pflanzen und durch unabdingbare Verluste von Kationen durch Auswaschung in tiefere Bodenschichten oder ins Grundwasser. Die Saisonalität des Pflanzenwachstums und die Bildung neuer organischer Strukturen im Zuge des Abbaus der organischen Masse (Huminsäuren) führen zu Verlagerungen von Ionen und zu Veränderungen der Bodenchemie (Kaiser und Guggenberger 2000). Die zeitliche Verschiebung zwischen Bildung und Verbrauch von Nitrat ist ein weiteres Beispiel, dass es auch in natürlichen Ökosystemen zu Kationenverlusten kommt. Da Nitrat im Boden nicht an Mineralien gebunden ist, kann Nitrat bis ins Grundwasser ausgewaschen werden. Es führt dabei als Säureanion Kationen mit. Nitrat wird auch noch im Herbst gebildet, wenn die meisten Pflanzen ihr Wachstum einstellen, und es kommt vor allem im Winterhalbjahr zu Nitrat- und Kationenverlusten. Umgekehrt übersteigt im Sommer der Stickstoffbedarf der Vegetation die Nachlieferung aus dem Boden. Dieses asynchrone Verhalten von Angebot und Bedarf führt über kurz oder lang zu Veränderungen der Standortbedingungen mit lokalen Übernutzungen (Kationenverluste in der obersten Mineralbodenschicht = Podsolierung bzw. Bodenversauerung, siehe Kapitel 2.3.1) oder zur Akkumulation von Zwischenprodukten, sofern der Abbau durch sinkenden pH gehemmt wird (z. B. Rohhumus).

Besonders eingreifend werden die chemischen Bedingungen im Boden verändert durch die Belastung mit starken Säuren aus anthropogenen Emissionen (SO_4^{2-}, NO_3^-) und der daraus folgenden Verlagerungen von Kationen. Vor allem die Deposition von Säuren (Abb. 3.2.2 A) führt im obersten Mineralboden zu einer starken Absenkung des pH bis hin zu einer Freisetzung von Al-Ionen. Es entsteht ein Versauerungshorizont, der die gesamte Zone der Verwitterung erfassen kann. Der pH steigt in diesem Falle erst wieder weiter unten im Ausgangsgestein. Eine höhere Basensättigung und ein höherer pH finden sich auch im Auflagehumus, da Kationen von den Wurzeln aus den tieferen Bodenschichten in die Pflanze aufgenommen werden und über die Streu wieder in die organische Auflage gelangen.

Die Geschwindigkeit der Bodenversauerung ist abhängig von der mineralischen Zusammensetzug des Ausgangsgesteins und der kumulativen Säurebelastung (Abb. 3.2.2 B). Auf Kalkböden mit hohem Anteil an $CaCO_3$ wird das Kationenungleichgewicht, das durch die Festlegung von Kationen in organischer Masse bzw. durch Kationenverlagerungen ausgelöst wird, zunächst durch die Verwitterung von Kalk ausgeglichen.

$$CaCO_3 + H_2CO_3 \rightleftharpoons Ca^{2+} + 2HCO_3^-, \text{ wobei}$$
$$2HCO_3^- \rightleftharpoons CO_2 + H_2O \qquad (3.2.5)$$

Das frei werdende Ca-Ion besetzt die frei werdenden Valenzen an den Boden-Austauschern (siehe Kapitel 2.3.1). Mit Verlusten organischer Masse z. B. durch Ernte und mit Auswaschungen von Kationen in das Grundwasser wird $CaCO_3$ über längere Zeit aufgebraucht. Damit beginnt der Boden-pH abzusinken, und es kommt zu einem reversiblen Austausch von Kationen an den Tonmineralien und Humuskomplexen. Mit weiter fortschreitendem Kationenverlust und der H^+-Pufferung durch Metalloxide bzw. Hydroxide kommt es zu pH-abhängigen Schüben der Verfügbarkeit bestimmter Metallionen. So wird z. B. Mn bei einem pH-Wert zwischen 5 und 4,2 mobil. Bei einem pH von 4,2 erreicht der Boden ein ähnlich stabiles Puffersystem wie beim Vorhandensein von Kalk, aber

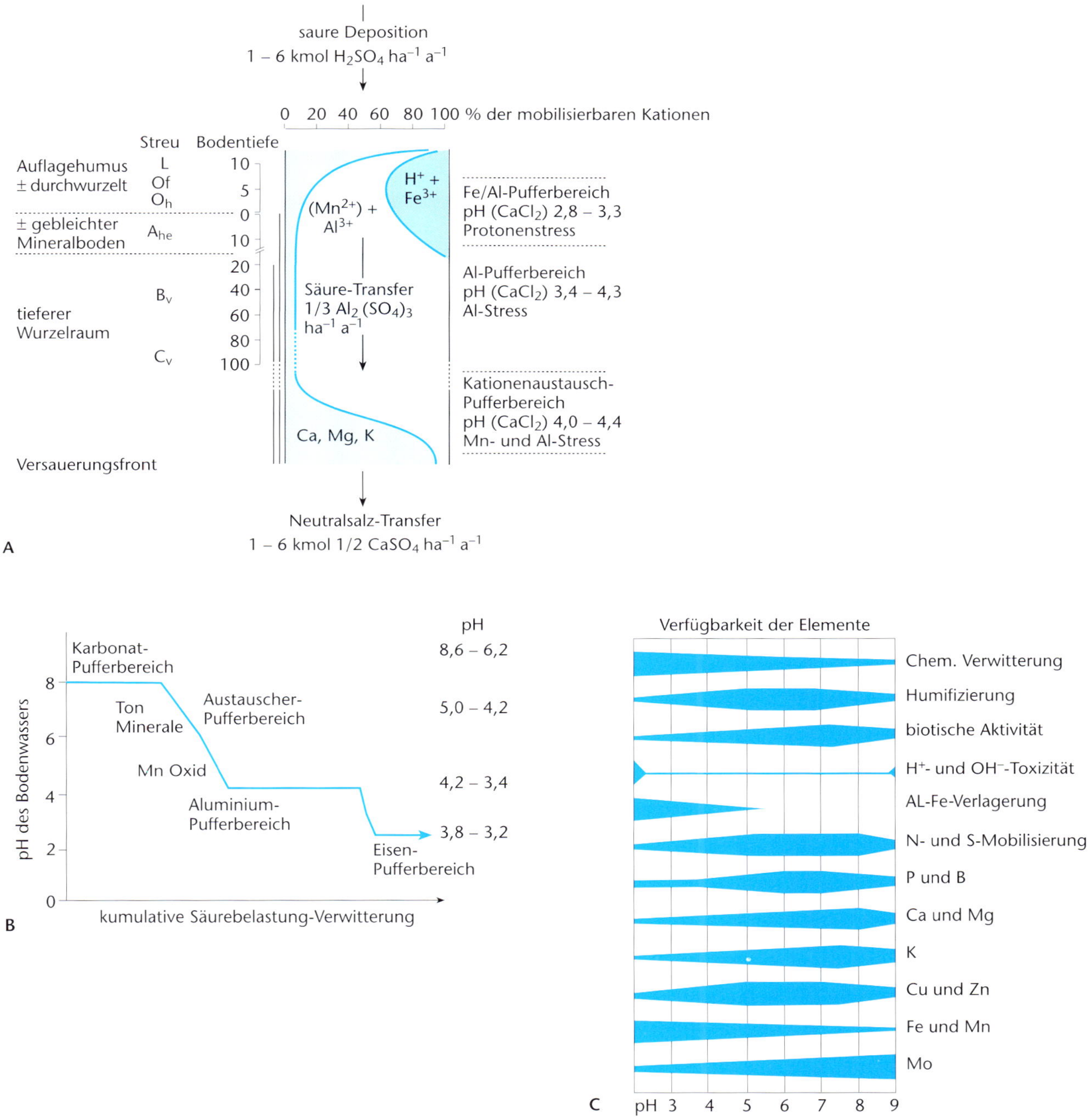

Abb. 3.2.2: A: Tiefenverteilung der Bodenversauerung unter dem Einfluss saurer Depositionen (FBW 1989, Last and Watling 1991). Es wird gezeigt, dass bei der Deposition starker Säuren der Versauerungshorizont vom A-Horizont bis zum oberen C-Horizont reichen kann, ohne dass dies an den Bodenhorizonten sichtbar wäre. Die Basensättigung steigt im tieferen C-Horizont. Durch die Kationenaufnahme der Wurzeln und den Abfall von Nadeln beobachtet man auch in der organischen Auflage eine höhere Basensättigung. B: Veränderungen im pH-Wert der Bodenlösung mit fortschreitender Verwitterung als Folge einer kumulativen Protonenbelastung bzw. Säuredeposition (nach Schulze und Ulrich 1991). C: Die Verfügbarkeit von Nährelementen in Abhängigkeit vom pH der Bodenlösung (aus Larcher 1993).

in diesem Falle wird der pH gepuffert von Al-Hydroxiden (siehe Kapitel 1.8); unter pH 3,8 puffert Fe. Die Ionenverfügbarkeit ist während dieses Ablaufs sehr variabel und für jedes Element in spezifischer Weise vom pH in der Bodenlösung abhängig (Abb. 3.2.2 C, Larcher 1993).

Die chemischen Veränderungen im Boden sind reversibel (d. h. durch Düngung bzw. Kalkung umkehrbar), sofern kein Umbau der Tonminerale erfolgt ist. Sobald aber die kristalline Struktur der Silikate und Tonminerale sich verändert hat (z. B. durch Lösung von Al-Gittern als Folge eines Ersatzes der basischen Kationen durch Protonen, Kapitel 2.1), ist eine Rückführung in den Ausgangszustand auch durch Kationenzufuhr (Kalkung der Wälder) nicht mehr möglich (siehe Kapitel 3.5.1).

3.2.3 Komplexität und nicht-lineares Verhalten

Ökosysteme sind (definitionsgemäß) komplexe Strukturen, die weit von einem Gleichgewicht entfernt sind und sich daher sehr dynamisch verändern. Aus den vielfältigen, fast unüberschaubaren Abläufen, die mit dieser Komplexität verbunden sind, werden im Folgenden beispielhaft eine Reihe von Prozessen aufgeführt, die auch auf der Ebene des Ökosystems nicht-linear bzw. unstetig ablaufen, ohne dass diese allein durch Pflanzen-Individuen gesteuert würden. Dabei zeigt es sich, dass die meisten Ökosystemprozesse bei steigender Intensität einer steuernden Variablen in eine Sättigungsfunktion übergehen oder wieder absinken. Nur wenige Prozesse, vor allem die Temperaturabhängigkeit der Atmung, steigen exponentiell an.

- **Photosynthese, Atmung:** Die Photosynthese folgt einer Sättigungsfunktion, die im Wesentlichen durch Licht- und CO_2-Verfügbarkeit gesteuert wird. Die Nährstoffversorgung bestimmt das Niveau, bei dem Sättigung eintritt (siehe Kapitel 2.4.1). Im Gegensatz dazu steigt die Atmung der nicht-photosynthetisch aktiven Organe und die Bodenatmung der heterotrophen Bodenorganismen exponentiell mit der Temperatur an (Lloyd und Taylor 1994). Damit ist die Reaktion von Ökosystemen auf Steigerungen der globalen Temperatur in starkem Maße abhängig von der Atmung.
- **Fühlbare und latente Wärme:** Der Umsatz an sensibler und fühlbarer Wärme hängt vor allem von der Wasserversorgung und der Sonneneinstrahlung ab (siehe Kapitel 3.2.4). Latenter und fühlbarer Wärmestrom steigen zunächst proportional an. In einem Klima mit hohen Niederschlägen und mäßig hoher Sonneneinstrahlung (Fichtelgebirge, Abb. 3.2.3 A) begrenzt aber die realtiv geringe Einstrahlung den Transport an fühlbarer Wärme, und advektiv herangeführte trockene Luftmassen wirken vor allem auf die Evapotranspiration, die von nassen Oberflächen gespeist wird. Die Lichtlimitierung der Umsetzungen wird bei der Assimilation (Abb. 3.2.3 B) deutlich, die ebenfalls eine obere Grenze erreicht, obgleich die Evaporation weiterhin steigt. Dies ist anders im kontinentalen Klima von Sibirien (Abb. 3.2.3 C, D), wo Evaporation und fühlbarer Wärmestrom über einen breiteren Bereich gekoppelt sind und eher die Evaporation als der fühlbare Wärmestrom eine obere Grenze erreicht. Assimilation und Evaporation sind bei insgesamt niedrigen Raten über einen sehr breiten Bereich eng miteinander gekoppelt.
- **Die Biomasseentwicklung:** Die Biomasseentwicklung eines Bestandes ist ähnlich wie bei einer Einzelpflanze eine Sättigungsfunktion. Nach exponentiellem Wachstum bis zum Bestandesschluss folgt anschließend die Phase der Selbstausdünnung und es folgt mit dem Alter eine Limitierung der Bestandesbiomasse durch die Individuenzahl (Abb. 3.2.4 A, Schulze et al. 1999). Die maximal erreichbare Biomasse hängt ab vom Klima, der Struktur der Baumart und der Nährstoffversorgung. Das Wuchsklima führt zu regionalen Differenzierungen. Wegen der günstigeren Klimabedingungen ist z. B. das Ertragsniveau der Wälder in Süddeutschland höher als in Norddeutschland. In Wirtschaftswäldern wird die Biomasse (und damit die Konkurrenz zwischen den Bäumen) zusätzlich durch die Durchforstungen reguliert (Abb. 3.2.4 B, Kramer 1988).

  Die Sättigungsfunktion gilt für alle Vegetationstypen (Schulze 1982), auch für krautige Beständen. Die Mahd bei Wiesen erfolgt zu einem Zeitpunkt, bevor die Biomasse eine Sättigung erreicht.

  Besondere Unstetigkeiten in der Biomasseakkumulation werden vor allem bei annuellen

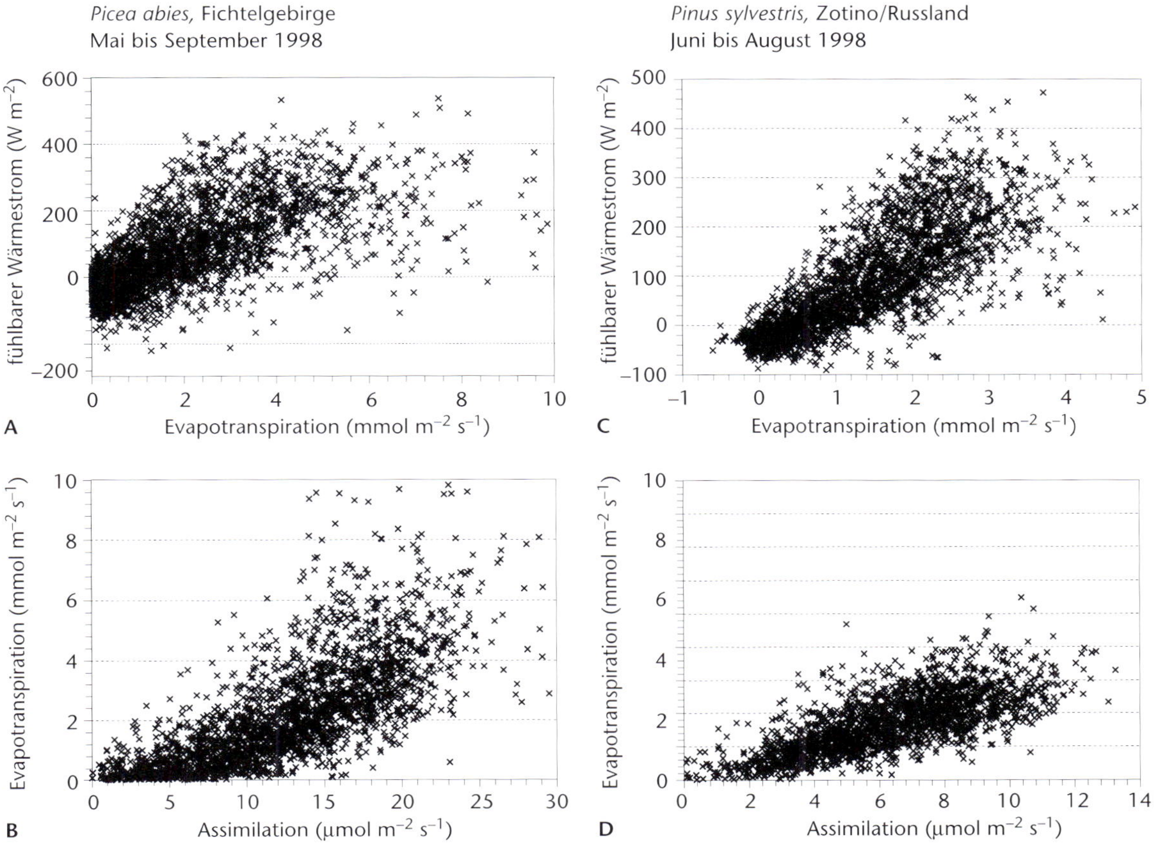

Abb. 3.2.3: A, C: Die Veränderung von Evaporation und latentem Wärmetransport und B, D: von Evaporation und Assimilation für Fichtenbestände im Fichtelgebirge (A, B) und Kiefernbestände in Sibirien (C, D). Es ist erkennbar, dass im temperaten Klima diese Beziehungen nicht linear sind, d. h. es steigt die Evaporation bei konstantem fühlbarem Wärmetransport bzw. bei konstanter Assimilation. Im kontinentalen Klima bewegen sich die Flussraten auf einem niedrigeren Niveau, das dem linearen Teil der Kurve in den Fichtenbeständen entspricht (Rebmann, nicht publiziert).

Feldfrüchten durch den Wechsel von vegetativem zu regenerativem Wachstum (Blühen und Fruchten) bedingt. Nach einem bestimmten Zeitraum (**determinierte Arten**) oder je nach der Speicherung oder Verfügbarkeit bestimmter Ressourcen (**nicht-determinierte Arten**) kommt es zur Blüte, zum Fruchten und schließlich zum Absterben der Art.

- Die **Ernte** von Feldfrüchten führt im Sommer zu einer grundlegenden Änderung im Wasser-, Wärme- und Nährstoffhaushalt von Feldern, die an dieser Stelle als Beispiel für die Komplexität der Interaktionen auf der nächsthöheren Ebene, nämlich der Landschaft, gezeigt wird. Die Ernte kann unter bestimmten Bedingungen sogar witterungswirksam werden. Wenn auf den geernteten Flächen der fühlbare Wärmestrom steigt und auf benachbarten Waldflächen die Evaporation hoch ist (Abb. 3.2.5), kommt es zu konvektiven Gewittern. Durch den konvektiven Transport von Luftmassen vom Boden in die obere Atmosphäre gelangen auch volatile organische Verbindungen in die Troposphäre und wirken sich dort auf die Atmosphärenchemie und den NO-Ozonkreislauf aus. Damit kommt es zur Oxidation des NO bis zum NO_3^- und damit zur Deposition von Stickstoff aus der Atmosphäre.

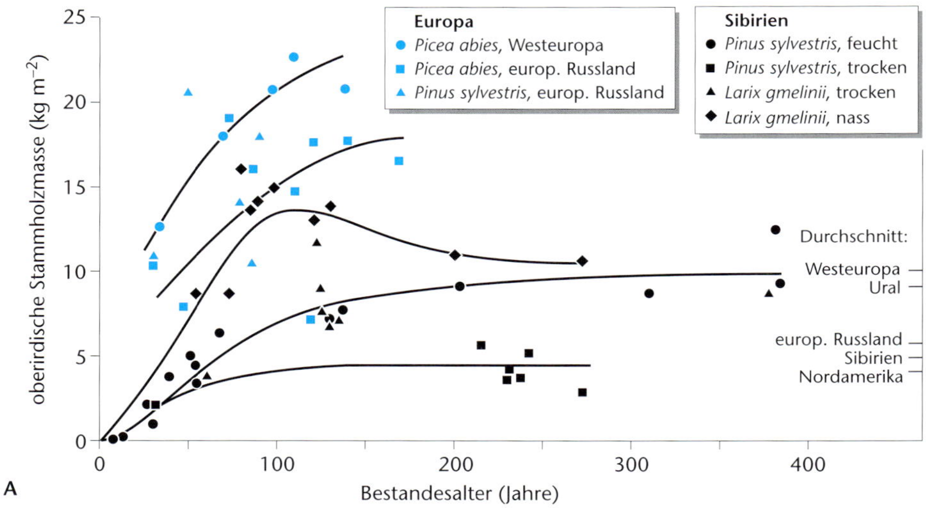

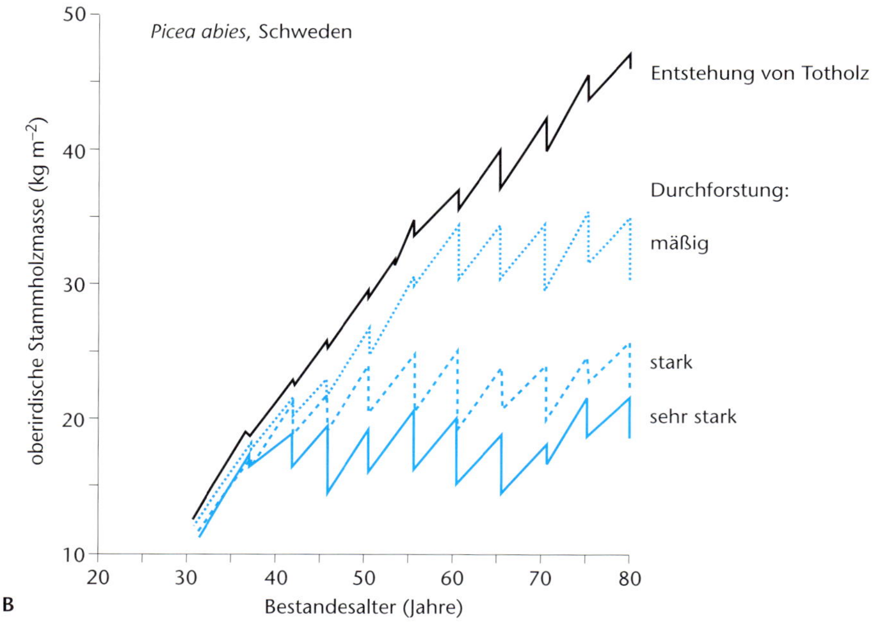

Abb. 3.2.4: A: Entwicklung der Biomasse mit dem Bestandsalter für bewirtschaftete Fichtenwälder in Deutschland im Vergleich zu unbewirtschafteten Naturwäldern aus Fichte, Kiefer und Lärche in Osteuropa und Sibirien (Schulze et al. 1999). Es zeigt sich, dass auch unbewirtschaftete Naturwälder ein oberes Niveau der Biomasse erreichen, das aber nicht ein Gleichgewicht aus Assimilation und Atmung anzeigt, sondern das Resultat von Störungen (Feuer, Wind). B: Der Einfluss der Durchforstung auf die Bestandsentwicklung der Fichte in Südschweden. Die „Zacken" in der Bestandsentwicklung zeigen die Entnahme von Biomasse bei der Durchforstung und die daran anschließende Bestandserholung an (nach Kramer 1988).

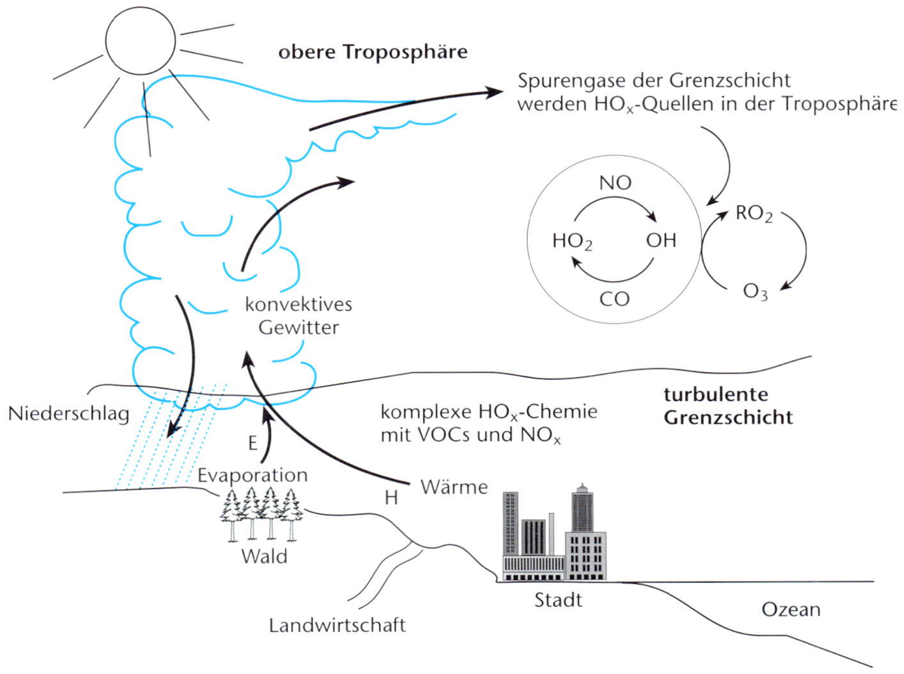

Abb. 3.2.5: Wärmeentwicklung über landwirtschaftlichen Kulturen und Wasserdampf aus der Verdunstung des Waldes führen zu konvektiven Gewittern, die gleichzeitig flüchtige Kohlenwasserstoffe (Volatile Organic Carbon, VOC) und NO_x aus der turbulenten Grenzschicht der Atmosphäre in die Troposphäre transportieren und dort den NO/CO-Umsatz bestimmen, der an den Ozonkreislauf gekoppelt ist (IGB-BAHC Mitteilungen).

3.2.4 Artenzahl und die Aufteilung des Lebensraums unter den Arten

3.2.4.1 Rank-Dominanz und Schlüsselarten

In der so genannten „Rank-Dominanz"-Verteilung wird ein Parameter, der die Präsenz einer Art charakterisiert (Zahl der Individuen, Biomasse, Flächendeckung pro Art) in Abhängigkeit von dem Anteil aufgetragen, mit dem die einzelnen Arten an dem Parameter beteiligt sind (Sala et al. 1996). Wie sich zeigt, bestimmen in vielen Vegetationstypen wenige Arten, oft nur eine Art, den größten Anteil an Individuen, Biomasse oder Kronendachdeckung, und die weiteren Arten sind mit geringer Mächtigkeit mehr oder weniger beigemischt.

Die Zu- oder Abnahme an Pflanzenarten oder die Präsenz bestimmter funktioneller Typen kann sehr unterschiedliche, meist nicht-lineare Auswirkungen auf Ökosystemprozesse haben. Im Allgemeinen steigt die Produktivität mit der Artenvielfalt wegen der besseren zeitlichen und räumlichen Nutzung des Standorts (Hector et al. 1999). Bei Verlust von Pflanzenarten sind jedoch unterschiedliche Entwicklungen möglich (Sala et al. 1996). Es gibt zum einen Arten, die in Monokultur höchste Biomasse erzielen (Abb. 3.2.6 A). Die Entfernung solcher Arten führt auch in Mischbeständen zu massiven Ertragseinbrüchen. Zum anderen gibt es untergeordnete (in Abb. 3.2.6 B „kompensierbare") Arten, die wenig Einfluss auf die unmittelbaren Ökosystemprozesse ausüben (etwa Orchideen). Wenn sie ausfallen, macht sich dies z. B. kaum in der Biomasseproduktion des Bestands bemerkbar. Ist der Artverlust mit einem Wechsel der Lebensform verbunden (siehe Kapitel 2.4.5), können sehr unterschiedliche Ertragsniveaus bei gleicher Artenzahl erreicht werden, je nachdem, welche Vegetation den Standort beherrscht (Abb. 3.2.6 C). Das System kann bei Artverlust von einem auf das andere Niveau umspringen. Dies hat Konsequenzen für alle Umsätze des Ökosystems.

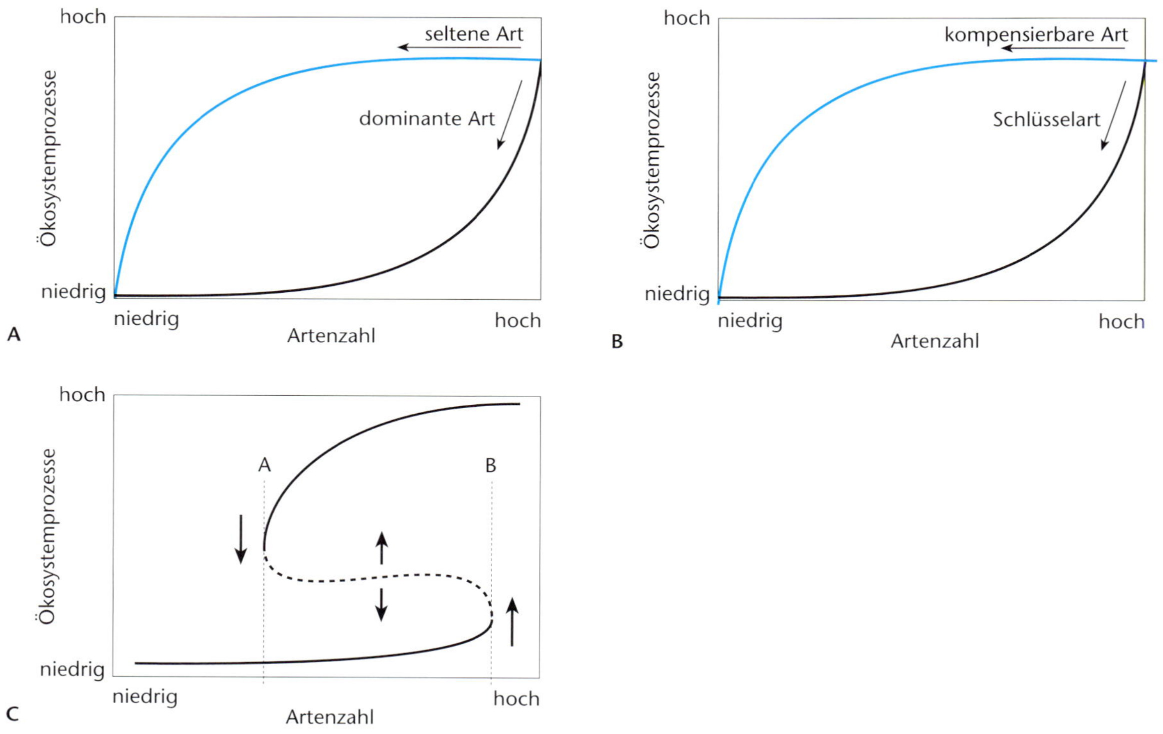

Abb. 3.2.6: Die Bedeutung der Dominanz einzelner Arten für Ökosystemprozesse. A: Wird durch eine Störung eine dominante Art ausgelöscht, sind die Auswirkungen auf Ökosystemfunktionen größer, als wenn eine seltene Art fehlt. B: Stirbt jedoch eine Schlüsselart aus, so werden trotz ihrer vergleichsweise geringen anteiligen Biomasse die Ökosystemfunktionen stärker beeinträchtigt, als wenn Arten ausfallen, deren Funktion kompensierbar ist. C: Je nach Struktur der herrschenden Vegetation gibt es mehrere stabile Zustände, in denen sich Ökosysteme bei zu- bzw. abnehmender Biodiversität entwickeln können. Die durchgezogene Linie stellt alternative Zustände dar, zu denen das Ökosystem bei moderater Störung zurückkehrt. Die Punkte A und B stellen Schwellenwerte dar, bei denen das System von einem in den anderen Zustand wechseln kann (Sala et al. 1996, WBGU 1998).

Es gibt Abweichungen von dieser generellen Beobachtung. Es kann der Fall eintreten, dass eine dieser beigemischten Arten einen viel größeren Einfluss auf das Ökosystem hat, als aufgrund ihrer Präsenz zu vermuten ist. Solche Arten bezeichnet man als **Schlüsselarten** (***keystone species,*** Bond 1994). Ein Beispiel für Schlüsselarten sind die N_2-Fixierer in einer Wiese (Abb. 3.2.7 A). In einem Experiment, in dem Rasengesellschaften unterschiedlicher Diversität angesät wurden (Abb. 3.2.7 B), beobachtete man eine Steigerung der oberirdischen Biomasse mit steigender Artenzahl. Dieser Effekt war aber nur dort zu erkennen, wo Leguminosen (insbesondere *Trifolium rubrum*) im Bestand beteiligt waren. Da im ersten Jahr nach Ansaat noch ausreichend Nährstoffe zur Verfügung standen, war der Effekt anfangs nicht erkennbar. Mit zunehmender Verarmung des Bodens durch den Ernteverlust an Nährstoffen wurde der Leguminosen-Effekt in den folgenden Jahren immer stärker (Scherer-Lorenzen 1999). Schlüsselarten sind in vielen Fällen aber Tiere, die meist wenig unauffällig die Vegetation bestimmen (siehe z. B. Ernest und Brown 2001).

3.2.4.2 Aufteilung des Lebensraums auf ober- und unterirdische Biomasse

Die Aufteilung des Lebensraums zwischen verschiedenen Arten und Individuen betrifft sowohl den oberirdischen als auch den unterirdischen Bereich (Abb. 3.2.8 A, B). Die Konkurrenz ist dabei meist asymmetrisch, d. h. große Individuen haben einen

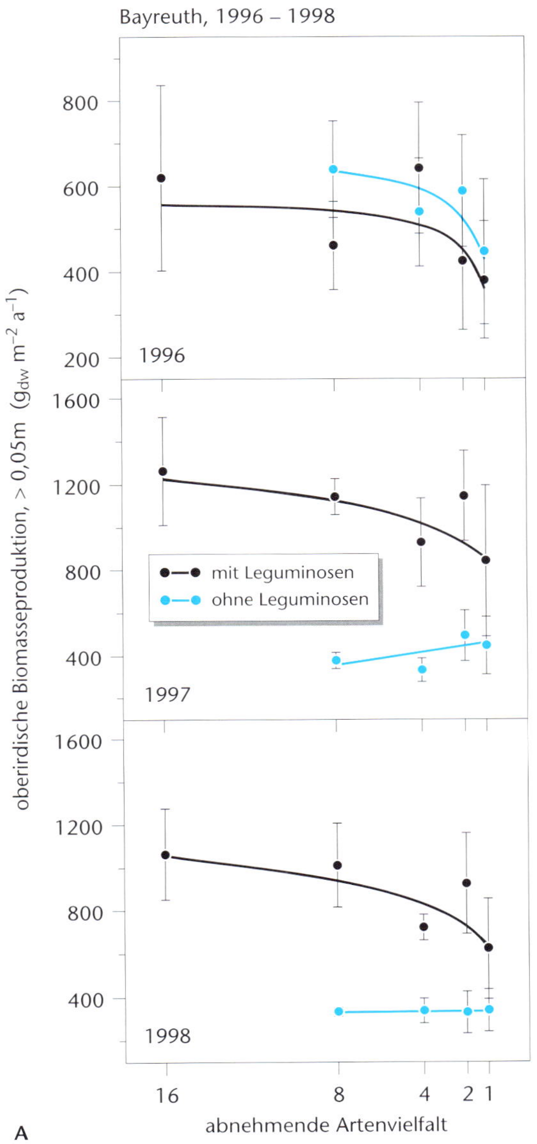

A

Abb. 3.2.7: A: Die Änderung der oberirdischen Biomasseproduktion in Versuchsfeldern unterschiedlicher Diversität mit und ohne Leguminosen. Die Felder wurden 1996 angelegt und alljährlich zweimal gemäht. Im Jahr 1998 hatte sich die Produktivität der Felder mit Leguminosen gegenüber den Vergleichsflächen deutlich erhöht. Im Gegensatz dazu sank die Produktivität der Felder ohne Leguminosen bereits nach fünf Mahden ab (Scherer-Lorenzen 1999). B: Die Anlage des Biodiversitätsversuchs in Bayreuth. Foto E.-D. Schulze.

überproportionalen Anteil an einer Ressource. Oberirdisch ist die Blattstellung wichtig. Hoch wachsende Stauden mit horizontalen Blättern können einen Standort dominieren, weil sie Konkurrenten effektiv beschatten (*Petasites*, *Urtica*; siehe Kapitel 2.4.5.3). Unterirdisch geht es bei der Konkurrenz vor allem um die Ausbildung von Wurzelbiomasse und um die Erneuerung von Wurzelspitzen (Abb. 3.2.8 B). Dies wird deutlich beim Vergleich von gedüngten (bzw. nährstoffreichen) und ungedüngten (bzw. nährstoffarmen) Wiesen in Mitteleuropa. Auf nährstoffarmen Wiesen wachsen 40 bis 50 Arten, wobei die Dicotylen eine höhere Artenvielfalt zeigen als die Monocotylen (Abb. 3.2.8 C). Beide Gruppen sind im Kronendach vertreten. Das Licht dringt durch die niedrige Vegetationsdecke und reicht bis auf die Bodenschicht, wo auch der größte Anteil der Blattfläche zu finden ist und niedrig wachsende Rosettenpflanzen noch ausreichende Lebensbedingungen finden. In der ungedüngten Wiese befinden sich 75 % der Biomasse in den Wurzeln. Vergleicht man dies mit einer Wiese bei hohem Nährstoffangebot, dann sinkt die Artenzahl auf zehn bis 20 Arten, wobei neue Arten ein-

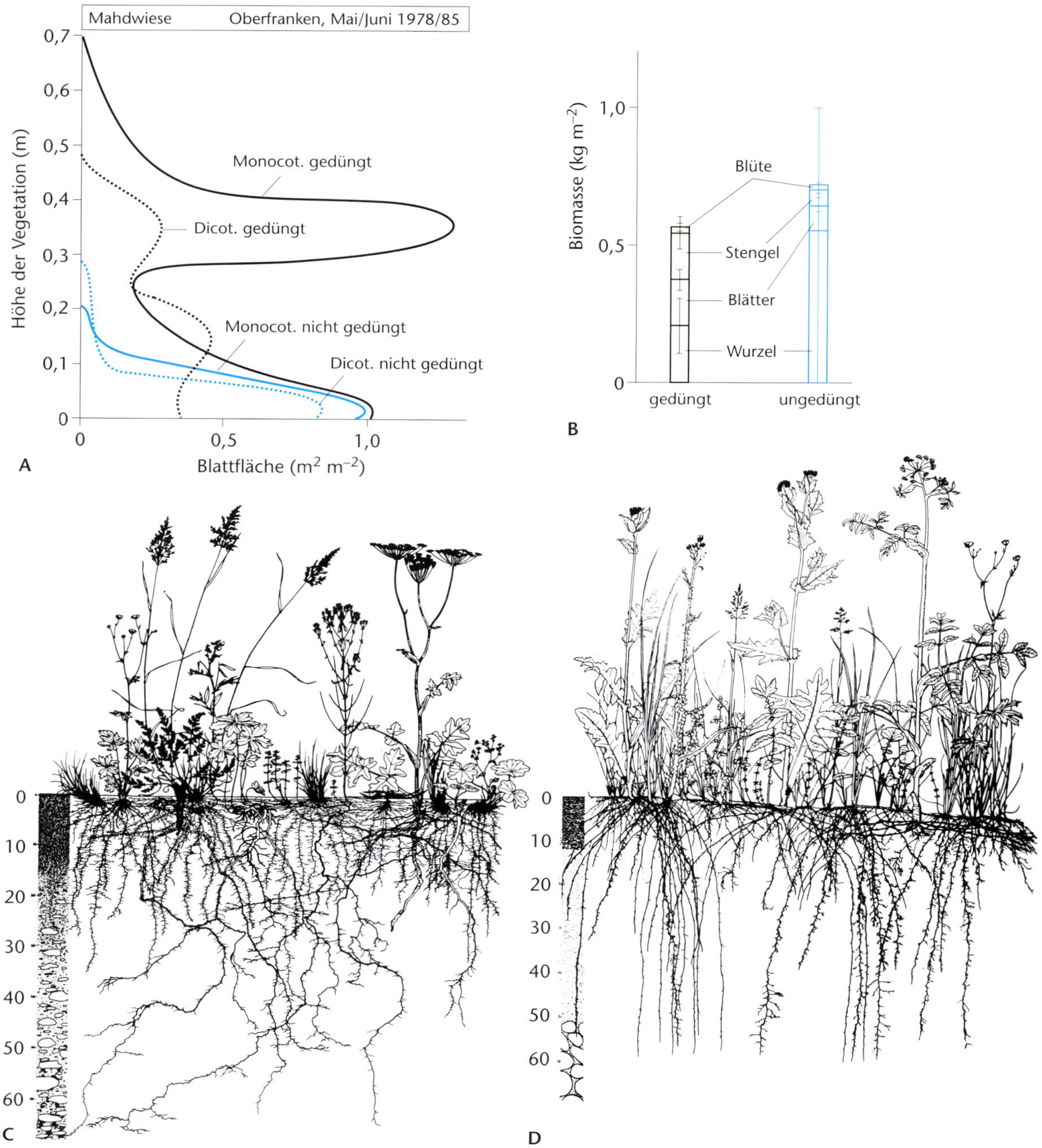

Abb. 3.2.8: A: Die Änderung der Blattfläche mit der Höhe der Vegetation und B: die Verteilung der Biomasse auf Blüten, Stängel, Blätter und Wurzeln in einer gedüngten und ungedüngten Wiese. Es ist erkennbar, dass nur in der gedüngten Wiese eine hohe Blattfläche weit über dem Boden aufgebaut wird. Im Gegensatz dazu befindet sich in der ungedüngten Wiese die meiste Blattfläche in Bodennähe. Umgekehrt investiert die ungedüngte Wiese zwei- bis dreimal so viel Biomasse in das Wachstum von Wurzeln wie die gedüngte Wiese. C: Nährstoffarme Goldhaferwiese mit über 70 cm tief reichendem Wurzelsystem. Pflanzenbestand von links nach rechts: Nardus stricta, Ranunculus acris, Meum athamanticum, Trisetum flavescens (3 Halme), Lathyrus linifolius, Trollius europaeus, Hypericum maculatum, Festuca rubra, Hypericum perforatum, Heracleum sphondyleum, Alchemilla vulgaris. D: Nährstoffreiche Kohldistelwiese mit 60 cm tief reichenden Wurzeln: Pflanzenbestand von links nach rechts: Cirsium oleraceum, Carex acutiformis, Cirsium palustre, Lotus uliginosus, Holcus lanatus, Galium palustre, Filipendula ulmaria, C.o., H.l., C.a., Geum rivale, Angelica sylvestris, Ranunculus acris, Poa trivialis (nach Hundt, 1958, 1962).

wandern. Diese verbleibenden Arten haben höhere Stängel und bilden unter Umständen ein geschlossenes Blattdach weit über dem Boden (Abb. 3.2.8 D). Zunächst dominieren Gräser. Bei weiterer Eutrophierung bzw. Nährstoffverfügbarkeit erlangen dann noch höher wachsende Stauden die Vorherrschaft. Der hohe LAI in Bodennähe in Abb. 3.2.8 A stammt von den Grundblättern der Stauden bei der frühen Vegetationsentwicklung, die nach dem Aufwachsen des Bestandes absterben. Das dichte und hohe Blätterdach lässt wenig Licht auf den Boden gelangen, und damit werden langfristig niedrig wachsende Arten verdrängt. Der hohe Wuchs wird dadurch gefördert, dass nur 30 % der Biomasse in die Wurzel investiert werden. Das Beispiel zeigt, dass die Verminderung der Wurzelkonkurrenz in eine Konkurrenz um Licht überführt wird, die im Wesentlichen durch die Vegetationshöhe gesteuert wird.

3.2.4.3 Mykorrhiza

Kompliziert wird die Beurteilung von Ökosystemen durch die Assoziation der Pflanzen mit Mykorrhizapilzen, die nur teilweise artspezifisch sind. Krautige Arten und Gräser sind im Allgemeinen mit vesikulärer-arbusculärer (VA-) Mykorrhiza assoziiert, wohingegen die Holzgewächse mit Ectomykorrhiza assoziiert sind. Zwischen diesen beiden Mykorrhizatypen bestehen eine Reihe ökologisch bedeutsamer Unterschiede. Die VA-Mykorrhiza ist in besonderem Maße in der Lage, Nährelemente aus dem Mineralboden zu erschließen (vor allem P), wohingegen die Ectomykorrhiza organischen und anorganischen Stickstoff (Ammonium, Nitrat) aufnehmen kann. Bei der Aufnahme organischer Verbindungen durch die Ectomykorrhiza ist die Nutzung von Aminosäuren aus der abfallenden Streu besonders wichtig (Wallenda et al. 2000, Nordin et al. 2001). Bei einer Veränderung der Art der externen N-Versorung z. B. von Aminosäure zu Ammonium oder Nitrat kann sich der Besatz an Ectomykorrhiza-Arten ändern.

Vesiculäre-arbusculäre Mykorrhiza

Die gleiche VA-Mykorrhiza (d. h. das gleiche Mycel) verbindet mehrere Pflanzenarten. Man könnte sich fast vorstellen, dass die pflanzlichen Individuen und Arten auf einer Wiese die Assimilationsorgane einer großen, unterirdisch wachsenden VAM sind (Abb. 3.2.9 A). Dies hat Konsequenzen z. B. für die Assimilat- und Nährstoffversorgung der pflanzlichen Individuen, denn ein Transport zwischen den Arten und Individuen ist über die VAM möglich und nachgewiesen (Tabelle 3.2.1). Markiert man das Gras *Festuca ovina* über die Photosynthese mit ^{14}C, dann findet ein Transfer von markierten Zuckern von der markierten Pflanze zu anderen Pflanzen statt, die kein $^{14}CO_2$ aus der Umgebungsluft erhielten (in Tab 3.2.1 vor allem *Hieracium pilosella*). Dabei kann das ^{14}C sogar in den Empfängerpflanzen angereichert werden. Arten, die nicht mit VA-Mykorrhiza verbunden sind, zeigen keine ^{14}C-Anreicherung (*Rumex acetosa*).

Ectomykorrhiza

Im Gegensatz zu den krautigen Arten sind Holzgewächse über die ihnen eigene Ectomykorrhiza nicht miteinander verbunden. Im Gegensatz zu den Kräutern kann die gleiche Wurzel von mehreren Individuen verschiedener Ectomykorrhiza-Arten besiedelt sein. Dies schließt nicht aus, dass jede der Mykorrhizaarten sehr artspezifisch für den Wirt ist und verschiedene Ressourcen erschließt (Wallenda et al. 2000).

Bei hohem Eintrag von Ammonium und Nitrat sinkt die Zahl der fruchtenden Mykorrhizaarten. Bei niedrigen N-Einträgen findet man in den Fichtenwäldern von Nordschweden 18 Arten, aber nur 7 Arten bei hohen N-Einträgen im Fichtelgebirge. Gleichzeitig sinkt die Zahl der Arten mit enger Verbreitung von 15 Arten in Nordschweden auf nur eine Art im Fichtelgebirge. Die Zahl der ubiquitären

Tabelle 3.2.1: Der Transfer von ^{14}C-markierten Assimilaten auf Nachbarpflanzen über die VA-Mykorrhiza: Donorpflanze: *Festuca ovina*, nicht-okuliert: *Rumex acetosa* (aus Grime et al. 1987, Smith und Read 1997)

	Aktivität von ^{14}C im Spross (Impulse min^{-1})
Festuca ovina	9 276 (donor)
Briza media	14 002
Poa pratensis	6 241
Plantago lanceolata	18 764
Hieracium pilosella	60 716
Centaurea nigra	45 081
Leontodon hispidus	15 363
Scabiosa columbaria	23 912
Centaurium erythraea	4 213
Rumex acetosa	494 (nicht-okuliert)

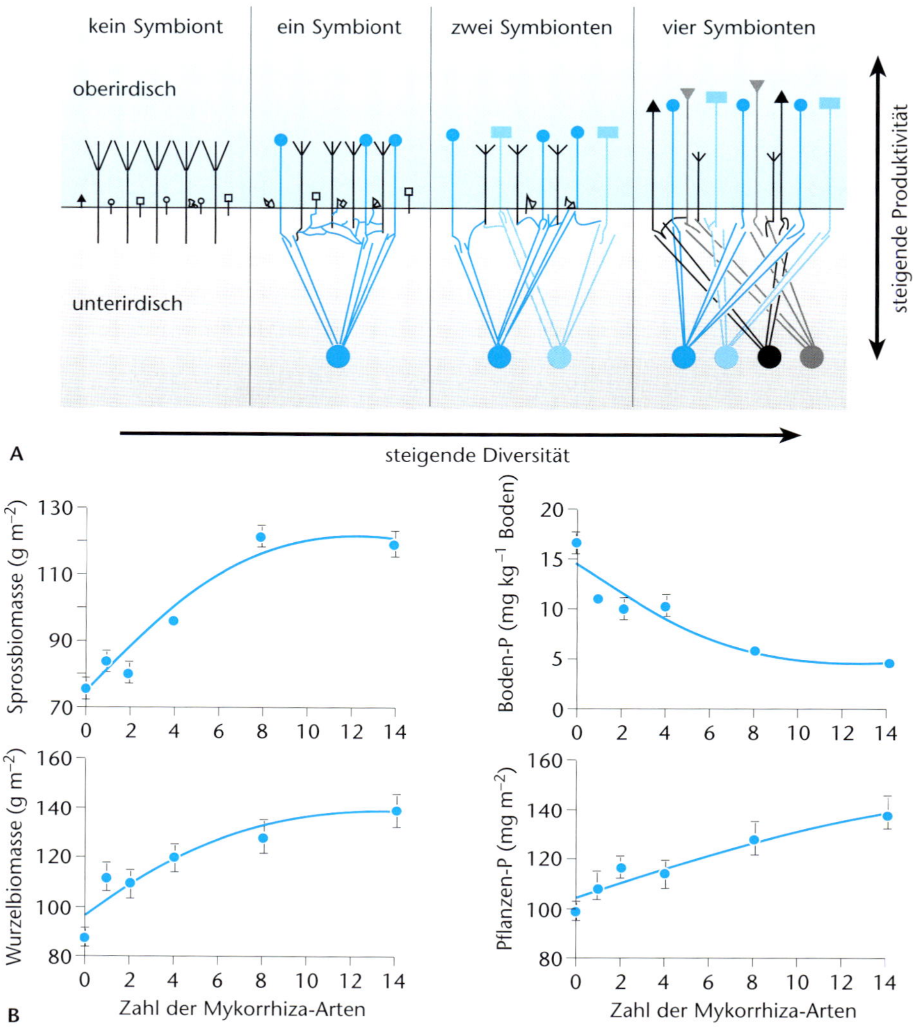

Abb. 3.2.9: A: Schematische Darstellung der Kopplung verschiedener Pflanzenarten einer Wiese an eine oder mehrere VA-Mykorrhizen (Read 1998). B: Die Änderung von Spross- und Wurzelbiomasse und die Änderung der im Boden und in den Pflanzen beobachteten Phosphorkonzentrationen mit der Artenzahl der beteiligten VA-Mykorrhizaarten (nach van der Heijden et al. 1998).

Arten dagegen steigt von einer Art in Nordschweden auf sechs Arten im Fichtelgebirge (Taylor et al. 2000).

Verbreitung der Mykorrhiza

Die allgemein bekannte Abfolge von annuellen Pflanzen, die sich auf dem nährstoffreichen Mineralboden rasch ausbreiten können, hin zu Holzgewächsen ist verbunden mit einer substratspezifischen Abfolge im Mykorrhiza-Besatz (Abb. 3.2.10). Der Gehalt an mineralischem N und P im Boden nimmt mit der Festlegung in der Vegetation rasch ab. Mit zunehmendem N-Mangel (bei immer noch relativ hoher P-Versorgung) folgen perenne krautige Arten und N_2-fixierende Arten. Die ersten Holzgewächse etablieren sich mit der steigenden organischen Auflage. Zunächst sind es Laub abwerfende Gebüsche, die bei sinkendem Nährstoffangebot von Koniferen abgelöst werden. Diese Abfolge wird im Boden komplementär begleitet von einer Sukzession der Mykorrhizen. Die krautigen Arten werden von VAM besiedelt, die insbesondere P im Mineralboden verfügbar macht. Mit den Holzgewächsen und der steigenden organischen Auflage des Bodens folgen die Ectomykorrhizen, die in der Lage sind, N und P durch Abbau organischer Masse verfügbar zu machen. Bei niedrigem N- und Kationen-Angebot folgt zuletzt die ericoide Mykorrhiza (Read 1994).

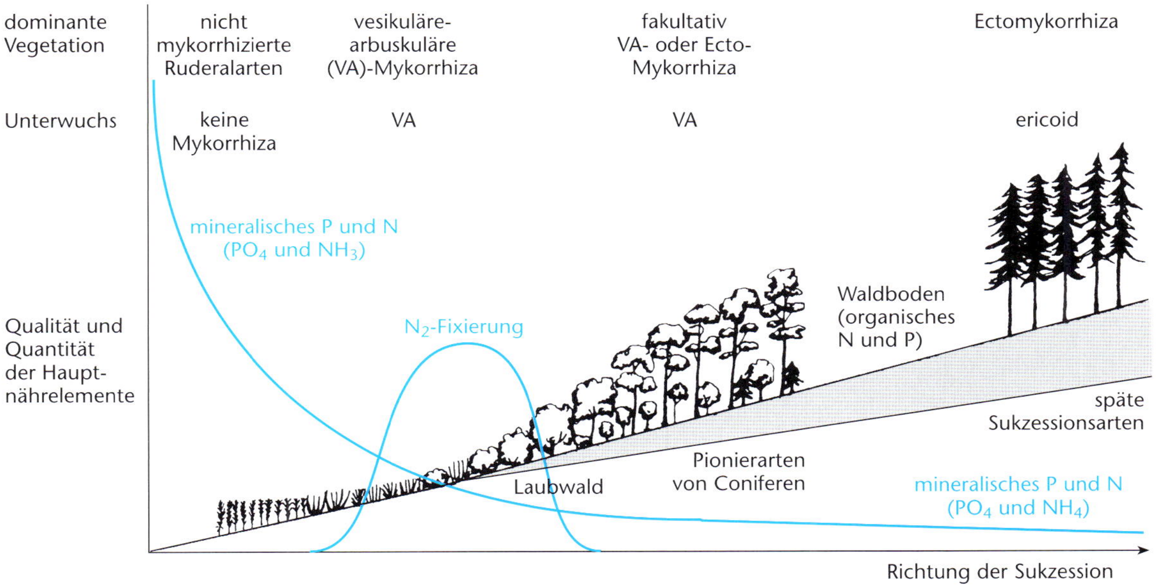

Abb. 3.2.10: Die Änderung im mineralischen und organischen Angebot von N und P und die damit verbundene Änderung der Vegetation mit den dazugehörigen Mykorrhizaformen im Verlauf einer Sukzession, die vom Mineralboden ausgeht und bei späten Sukzessionsarten endet. Frühe Ruderalarten sind nicht mykorrhiziert. Die VA-Mykorrhiza tritt in perennen Krautbeständen auf. Mit zunehmender Bestandesentwicklung und dem Absinken der verfügbaren P-Vorräte dringen N_2-fixierende Arten und holzige Straucharten ein. Mit den Holzgewächsen kommt es bei weiter absinkenden P- und N-Vorräten im Mineralboden zur Ausbildung eines Auflagehumus, der von Ectomykorrhizen besiedelt wird. N und P sind in diesen Stadien vor allem in der organischen Auflage gespeichert (Read, 1994).

3.2.5 Störungen

Die Vorstellung, dass Ökosysteme im Gleichgewicht mit ihrer Umgebung stehen (Gleason 1926), hat sich als nichtig erwiesen, vielmehr bewirkt die kurzfristige Variabilität des Klimas und das Auftreten von klein- und großflächigen „Katastrophen" eine ständige Dynamik der biogeochemischen Umsetzungen und der beteiligten Arten. Störungen wirken sowohl auf Individuen als auch auf Populationen und auf Ökosysteme. Sie betreffen alle Aspekte des Stoffhaushaltes bis hin zur Existenz der betroffenen Organismen bzw. Systeme. Störungen bewirken bei

- Individuen: vorübergehende Schäden (Spätfrost), Schwächung durch Parasiten, Ausfall der Reproduktion durch Witterung, Tod durch Windwurf.
- Populationen: Veränderungen der Populationsstruktur bzw. des Genpools durch Reduktion der Individuenzahl, Auslöschung durch großflächige Ereignisse (Vulkanausbruch).
- Ökosystemen: schleichende oder spontane Stoffverluste durch Feuer oder Auswaschung, Veränderungen in der Artenzusammensetzung.

Störungen sind somit alle Ereignisse, die den kontinuierlichen Stoffumsatz plötzlich und in unerwarteter Richtung ändern, wobei es auf der Ökosystemebene wichtig ist, ob dem System Ressourcen verloren gehen oder nur innerhalb des Systems nicht weitergeleitet bzw. umverteilt werden. Dies ist am deutlichsten zu zeigen am Beispiel des Kohlenstoffhaushaltes, wo man folgende Bedingungen unterscheiden kann (Abb 3.2.11; Schulze et al. 1999):

(1) Faktoren, die einen kontinuierlichen „Stress" ausüben (Witterung, CO_2),
(2) Faktoren, die den C-Umsatz unterbrechen, aber die organische Masse und die darin gebundenen Ressourcen verbleiben im Ökosystem (Windwurf, Insektenfraß),
(3) Faktoren, die organische Masse und die darin enthaltenen Ressourcen aus dem System entfernen (Feuer, Ernte).

Ökosystemstörungen		
kontinuierlicher Druck auf C- und N-Kreislauf durch Änderungen von:	Unterbrechung des C- und N-Kreislaufs, aber Erhalt der organischen Masse im Ökosystem:	katastrophenartiger Verlust von C und N, ohne dass die heterotrophen Prozesse beteiligt sind:
– Temperatur – CO_2 – Strahlung (Aerosole) – Niederschlag	– Krankheiten, Herbivoren – Windwurf	– Ernte, Beweidung – Feuer

Abb. 3.2.11: Schematische Einteilung von Ökosystemstörungen des C- und N-Haushalts. Im Hinblick auf den C-Haushalt ist es wichtig, ob die C-Vorräte, die bei einer Störung in der Vegetation umgesetzt werden, am Standort verbleiben und dort dem Abbau zugeführt werden oder ob diese Biomassen durch Feuer oder Ernte von dem Standort entfernt werden. Ein Abtransport von Biomasse bedeutet auch einen Verlust an Nährstoffen (Schulze et al. 1999).

Alle diese Störungen können zu Änderungen in der Artenzusammensetzung führen, die grundsätzlich neue Wege des Stoffumsatzes in einem Ökosystem bewirken können.

3.2.5.1 Kontinuierlicher Stress und Störungen, bei denen die organische Masse im Ökosystem verbleibt

Störungen durch kontinuierliche Veränderungen des Kohlenstoffhaushalts werden bewirkt durch die sich ändernde **Witterung**. Es gibt Jahre mit hohem und niedrigem Stoffgewinn und Stoffumsatz. Auf längerer Zeitskala stören permanent wirkende, aber sich ändernde **Wuchsbedingungen** (z. B. Zunahme der CO_2-Konzentration der Atmosphäre, N-Deposition, globale Klimaveränderungen) das Ressourcengleichgewicht. So wirkt eine kontinuierlich steigende CO_2-Konzentration zunächst auf das Wachstum der Pflanzen mit erhöhtem Ressourcenbedarf und erst sekundär mit einer Verzögerung von etwa 30 Jahren auf die Abbauprozesse im Boden (Melillo et al. 1996). Diese Verzögerung ist bedingt durch die Zwischenspeicherung von Assimilaten in der Biomasse (z. B. Holz) und in der nur langsamen Überführung von Abbauprodukten der organischen Masse entlang einer Kette der am Stoffabbau beteiligten Organismen (siehe Kapitel 3.3.2). Damit kommt es im Ökosystem zur Anreicherung von Zwischenprodukten, die aber nicht stabil sind, sondern zu einem späteren Zeitpunkt voraussichtlich abgebaut werden (z. B. Rohhumus).

Von diesen kontinuierlich wirkenden Parametern sind solche Störungen zu trennen, die den Stoffaufbau oder -abbau unterbrechen, bei denen aber der Kohlenstoff im Ökosystem abgebaut wird. Dazu gehören **„Katastrophen"** wie Windwurf, Schneebruch oder Fraß von Schadinsekten, aber auch kleinere Störungen wie z. B. die Wühltätigkeit von Maulwurf oder Wildschwein. Diese Störungen verändern vor allem das Gefüge im Boden und können unmittelbar den Abbau von organischer Masse im Boden fördern. Diese Art von Störungen kann zu temporären Akkumulationen von organischer Masse in bestimmten Kompartimenten (z. B. nicht abgebaute Streu) und zu Auswaschungen von Ressourcen führen. Im Allgemeinen verändern sie aber nicht das Ökosystem, es sei denn, bestimmte Pathogene verhindern die Regeneration dominierender Arten. So bewirkt *Phytophtora* das Absterben von Proteaceae in Australien.

3.2.5.2 Störungen durch Export organischer Masse aus dem Ökosystem

Störungen, bei denen Biomasse und Nährelemente aus dem Ökosystem entfernt werden (**Ressourcenexport**), haben eine grundsätzlich andere Bedeutung für Ökosysteme als solche Störungen, bei denen die Ressourcen im Ökosystem verbleiben. Export organischer Masse erfolgt insbesondere durch Beweidung, durch Ernte und durch Feuer. Bei allen drei Prozessen wird Biomasse aus dem Ökosystem exportiert und andernorts abgebaut (z. B. Kläranlage) oder verbrannt (z. B. Müllverbrennung). Die heterotrophen Organismen des Ökosystems, in dem die organische Masse erzeugt wurde, sind am Abbau nicht mehr beteiligt.

Bei **Ernte** und **Beweidung** werden sowohl die organische Masse als auch die darin gebundenen Kationen dem Ökosystem entnommen. Da die Wurzeln im Allgemeinen im Boden verbleiben, erfahren die heterotrophen Organismen zunächst eine Förderung. Es kommt zum C-Abbau im Boden. Die Verluste an Nährelementen durch Ernte führen aber sehr rasch zu einer Degradation des Gesamtsystems, sofern nicht Nährstoffe durch Düngung nachgeführt werden. Der Einfluss einer zweimaligen Mahd pro Jahr in einer neu angepflanzten Wiese ist bereits nach drei Jahren messbar (siehe Abb. 3.2.7, Scherer-Lorenzen 1999).

Eine historisch wichtige Ernte war die Streunutzung von Wäldern, bei der das frisch gefallene Laub zusammengeharkt wurde, im Winter als Einstreu in den Stallungen verwendet wurde und im Frühjahr als Mist auf den Acker gelangte. Da die Blätter und Nadeln der Bäume bedeutend höhere Kationen-Gehalte haben als das Holz, führte diese Form der Waldnutzung zu einer drastischen Abnahme der Bodenfruchtbarkeit und zu einer geographisch großflächigen Umverteilung von Kationen vom Wald in die Feldflur. Die Auswirkungen dieser Nutzung sind auch nach Jahrzehnten noch an besonders schwach entwickelten Humusauflagen in den betroffenen Wäldern zu erkennen (siehe Schulze 2000, Standort Aubure in Frankreich).

Feuer entzieht dem System Kohlenstoff und Stickstoff in Form unterschiedlichster gasförmiger Oxidationsprodukte. Es verbleiben aber andere Nährelemente als Asche im Ökosystem. Ein Teil des verbleibenden Stickstoffs wird in Ammonium und Nitrat umgesetzt. Damit haben Jungpflanzen und ausdauernde Rhizome zunächst bessere Wuchsbedingungen als vor dem Feuer, weshalb Feuer weltweit als Kulturmaßnahme in Grasländern und Savannen zur Aktivierung des Neuaustriebs genutzt wird. Mit dem Feuer wird dem Boden gleichzeitig schwer abbaubarer Kohlenstoff (Holzkohle, Ruß) zugeführt. Langfristig führt Feuer aber zu einer Verringerung der Bodenfruchtbarkeit, vor allem hinsichtlich der N-Versorgung.

Im borealen Nadelwald bestimmt die Feuerfrequenz die Menge an Kohlenstoff, die im Boden gespeichert werden kann (Abb. 3.2.12). Berechnet über einen Zeitraum von 6000 Jahren (seit dem Ende der Eiszeit) zeigt die häufig brennende *Pinus banksiana* nur etwa halb so viel C im Boden wie die weniger häufig brennende *Picea mariana*, und auch diese Mengen sind deutlich geringer als in einem selten brennenden Flachmoor, wo unabhängig von der Feuerfrequenz der hohe Wasserstand für eine Konservierung des Bodenkohlenstoffs sorgt und dieses Ökosystem damit die „potentielle“ Akkumulation an Streu kennzeichnet. In allen Fällen han-

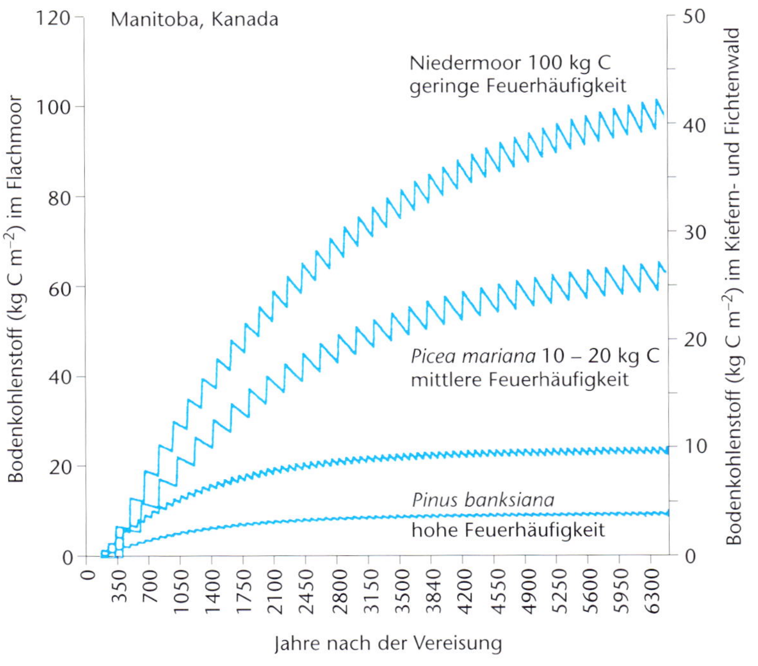

Abb. 3.2.12: Die Änderungen im Bodenkohlenstoff in einem Niedermoor bei geringer Feuerfrequenz und in Picea mariana- und Pinus banksiana-Beständen bei steigender Feuerhäufigkeit. Die Zacken in den Kurven zeigen die Häufigkeit von Feuerereignissen. Die Abbildung verdeutlicht die kumulative Menge an C, die durch die Feuerereignisse dem Ökosystem direkt und indirekt entzogen werden (Harden et al. 2000).

delt es sich um Sättigungskurven, d. h. es tritt ein Gleichgewicht ein zwischen Aufbau von organischer Masse im Boden und dessen Verbrauch durch Feuer, wobei dieses Gleichgewicht nicht nur durch die Atmung oder Verbrennung, sondern bei hoher Feuerfrequenz auch durch die nachlassende Produktivität der Vegetation bedingt wird (Harden et al. 2000).

3.2.5.3 Auswirkung von Änderungen in der Artenzusammensetzung

Störungen verändern nicht nur die unmittelbaren Stoffflüsse, sondern sie können gleichermaßen die Artenzusammensetzung des Systems beeinflussen. Es werden Wuchsräume geöffnet, die zuvor von anderen, durch die Störung nun geschwächten oder abgetöteten Organismen eingenommen waren. Hier können sich die verbleibenden, überlebenden Organismen ausbreiten oder es können sich neue Arten ansiedeln. Die höchste Artenzahl findet man bei mittlerer Störungsintensität (*Intermediate Disturbance Hypothesis*; Abb. 3.2.13, Hobbie et al. 1994, siehe auch Kapitel 4.2). Nimmt die Störungsfrequenz zu, bleiben nur wenige Spezialisten übrig. Gleichermaßen sinkt die Artenzahl bei fehlender externer Störung. Entweder kommen dann wenige konkurrenzstarke Arten zur Dominanz, oder es kommt zu einer Konkurrenz um andere Ressourcen und damit zu einer weiterhin steigenden Artenvielfalt (siehe auch Abb. 3.2.6).

Zwei Beispiele sollen dies verdeutlichen:

1. **Invasion und Wassernutzung:** Während bei der Einzelpflanze noch eine Einschränkung der Wassernutzung als Stressanpassung bzw. Optimierung der Wassernutzung diskutiert wurde (siehe Kapitel 2.4), sieht dies auf der Ebene des Pflanzenbestands anders aus. Wenn eine Pflanze als Individuum „Wasser spart", kann dies zur Folge haben, dass eine andere Art oder ein anderes Individuum der gleichen Art dieses Wasser nutzt. Opportunisten, die kein Wasser sparen, haben einen Vorteil, sofern es ihnen gelingt, z. B. durch früheren Samenertrag, die Art zu erhalten. Der „Wassersparer" könnte unter diesen Bedingungen sogar vertrocknen. Dies tritt insbesondere dort auf, wo neue Arten in eine bestehende Vegetation eindringen (Invasion; Abb. 3.2.14). So führte die Invasion der mediterranen *Bromus*-Arten in die nordamerikanischen *Artemisia tridentata*-Steppen zu einem starken Rückgang von *Artemisia* (West und Young 2000). Die *Bromus*-Arten nutzen ohne Einschränkung die Wasservorräte zu Beginn der Vegetationsperiode, denn es sind einjährige Arten, die vor Beginn der Trockenzeit Samen bilden und dann absterben. Der hohe Wasserverbrauch von *Bromus* führt aber dazu, dass für die mehrjährige *Artemisia*, die die Trockenzeit überdauern muss, zu wenig Wasser im Boden übrig bleibt. *Artemisia* stirbt ab, oft ohne Samen gebildet zu haben und ohne die Möglichkeit, sich so schnell wie *Bromus* zu regenerieren, denn auch die Keimlinge von *Artemisia* können mit *Bromus* nicht konkurrieren. Der Effekt einer unterschiedlichen Wassernutzung wird verstärkt durch Feuer. Die trockenen Halme von *Bromus* verstärken die Brandhäufigkeit, wobei *Artemisia* nicht feuer-tolerant ist. Zusätzlich spielt natürlich die Beweidung eine Rolle. *Artemisia* reagiert empfindlich auf die mechanische Störung durch Vieh-Tritt.

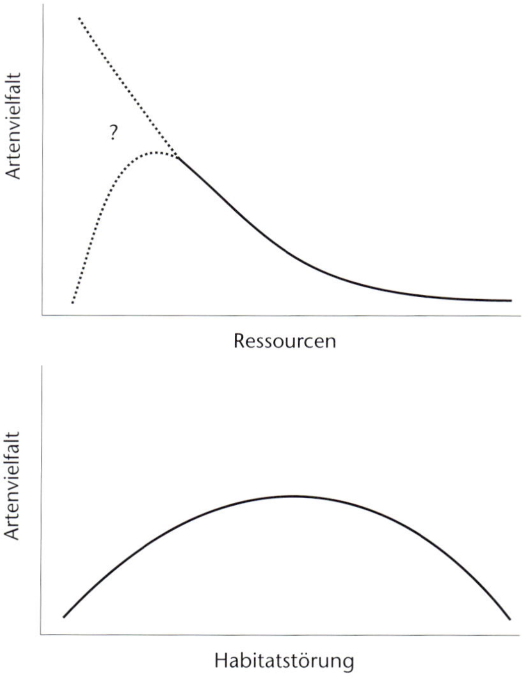

Abb. 3.2.13: Schematische Darstellung der Beziehung zwischen Artenvielfalt und Ressourcenangebot und zwischen Artenvielfalt und Habitatstörungen. Die Artenvielfalt erreicht bei mittlerer Störungshäufigkeit ein Maximum (Hobbie et al. 1994).

Abb. 3.2.14: A: *Die Verbreitung invasiver Arten folgt meist den Straßen. So folgt Salsola kali (Chenopodiaceae) in den westamerikanischen Halbwüsten von Utah unmittelbar dem Straßenrand. Salsola ist eine salzresistente Art der Wüsten Asiens. Etwas abseits vom Straßenrand dominieren die mediterranen Bromus-Arten.* B: *Mediterrane Bromus-Arten in einer Artemisia-Steppe in Wyoming. Die Artemisia-Pflanzendecke ist bereits aufgelöst (vgl. auch Abb. 2.2.13 D). Fotos: E.-D. Schulze.*

2. **Beweidung:** Zu den Störungen, die eine Änderung in der Zusammensetzung der Vegetation nach sich ziehen, gehört vor allem die **Beweidung**. Fraß durch Weidetiere wirkt durch die selektive Entnahme von Arten beim Fraß. Hierbei kann es durchaus zur Vernichtung von Arten kommen, sofern diese nicht an den Beweidungsdruck angepasst sind. *Bouteloua*-Horstgräser in Nordamerika sind nicht angepasst an die Beweidung durch Pferde, da die Bewurzelung dem Abrupfen durch Pferde nicht gewachsen ist und der Horst aus dem Boden gezogen wird und abstirbt. In ähnlicher Weise sind die Gräser Australiens mit Erneuerungsknospen hoch am Stängel zwar angepasst an Kängurus, nicht aber an die Beweidung durch Kühe oder Schafe, denn Kängurus zupfen einzelne Blätter vom Spross, wohingegen Kühe und Schafe den oberirdischen Spross insgesamt abbeißen und damit einen Neuaustrieb verhindern. In beiden Fällen hat die Beweidung mit europäischen Haustieren zu einem tief greifenden Florenwechsel geführt. Hinzu kommen indirekte Störungen, z. B. durch den Tritt des Viehs und die damit verbundene Verdichtung des Wurzelraumes oder durch die Umverteilung von Ressourcen mit der Ablagerung von Fäkalien (Kuhfladen, Lägerfluren).

Kasten 3.2.1: Zusammenfassung: Eigenschaften von Ökosystemen

- Ökosysteme sind komplexe Beziehungsgeflechte zwischen Organismen und ihrer Umwelt auf definiertem, begrenztem Raum, wobei der Stoffaufbau der Pflanzen und der Stoffabbau durch Bodenorganismen eine besondere Rolle spielen.
- Bei der Betrachtung von Ökosystemen geht es um die Bestimmung von Flüssen und Bilanzen pro Bodenfläche und um die Aufteilung dieses Lebensraumes unter Individuen der gleichen Art bzw. verschiedener Arten. Die Flussbilanzen quantifizieren den Verbrauch und die Akkumulation von Substanzen.
- Die Aufteilung des Lebenraums unter Individuen folgt den Gesetzen der Selbstausdünnung. Bei der Aufteilung des Lebensraums unter verschiedenen Arten spielen Wirt-Parasit-Beziehungen und die Mykorrhiza eine besondere Rolle. Im Falle einer Bewirtschaftung reguliert der Mensch die Bestandsdichte.
- Die Verfügbarkeit von Ressourcen (insbesondere Wasser und Nährelemente) bestimmt die Umsatzraten von Ökosystemen. Dabei spielen der Kreislauf bzw. Verluste von Nährelementen eine besondere Rolle. Verbrauch von Nährstoffen durch die Pflanzen und deren Rückführung durch Mineralisation sind meistens nicht zeitlich synchron, sodass es in natürlichen Ökosystemen zu Akkumulationen von C und zu Verlusten von Stickstoff und Kationen kommt.
- Die Ernte von Biomasse ist ein wesentlicher Faktor, der dem Ökosystem Ressourcen entnimmt. Diese müssen durch Düngung oder Kalkung ersetzt werden, um eine Degradation des Standorts zu vermeiden.
- Ökosysteme sind charakterisiert durch das Auftreten von nicht-linearen Prozessen. Dazu gehören u. a. die Sättigung in der Produktivität an organischer Masse mit steigender Biomasse, die exponentielle Steigerung der Atmung mit der Temperatur, der exponentielle Verbrauch an Ressourcen, Schwellenwerte in der Pufferung der Böden und Änderungen von Umsatzraten mit der Artenzusammensetzung.
- Die Artenvielfalt sinkt mit zunehmendem Ressourcenangebot. Schwer vorhersehbar und vielfältig ist das Verhalten bei Ressourcenmangel. In diesem Bereich kann entweder die Zahl der Arten stark steigen oder es gewinnen wiederum wenige Arten an Dominanz. Das Verhalten ist hier abhängig von der Art des Mangels (Stickstoff, Wasser, Kationen).
- Störungen bewirken anfänglich eine Zunahme der Diversität, ab einem bestimmten Optimum sinkt die Artenzahl mit der Intensität der Störungen.
- Ökosysteme befinden sich im Allgemeinen nicht in einem Gleichgewicht der auf- und abbauenden Prozesse. Störungen bewirken eine ständige Dynamik. Als Störungen wirken die alljährliche Änderung der Witterung, langfristige Änderungen im Klima, katastrophenartige Ereignisse (Windwurf), bei denen die Ressourcen im Ökosystem verbleiben, und Ereignisse, bei denen das Ökosystem Ressourcen verliert (Feuer, Ernte, Beweidung).

Literatur

Bond WJ (1994) Keystone species. Springer, Heidelberg New York. *Ecological Studies* 99: 237–254

Ernest SKM, Brown JH (2001) Delayed compensation for missing keystone species by colonization. *Science* 292: 101–103

Forschungsbeirat Waldschäden/Luftverunreinigungen FBW (1989) Dritter Bericht an die Bundesregierung. Forschungszentrum Karlsruhe. 611 Seiten

Gleason HA (1926) The individualistic concept of the plant association. *Bull. Torrey Botanical Club* 53: 7–26

Grime JP, Mackey JML, Hillier SH, Read DJ (1987) Floristic diversity in a model system using experimental microcosms. *Nature* 328: 420–422

Harden JW, Trumbore SE, Stocks BJ, Hirsch A, Gower ST, O'Neill KP, Kasischke ES (2000) The role of fire in the boreal carbon budget. *Global Change Biology* 6: 174–184

Hector A, Schmid B, Beierkuhnlein C, Caldeira MC, Diemer M, Dimitrakopoulos PG, Finn JA, Freitas H, Giller PS, Good J, Harris R, Högberg P, Kuss-Danell K, Joshi J, Jumpponen A, Körner C, Leadley PW, Loreau M, Minns A, Mulder CPH, O`Donovan G, Otway SJ, Pereira JS, Prinz A, Read DJ, Scherer-Lorenzen M, Schulze E-D, Siamantziouras D, Spehn EM, Terry AC, Troumbis AY, Woodward FI, Yachi S, Lawton JH (1999) Plant diversity and productivity experiments in European grasslands. *Science* 286: 1123–1127

Heijden van der MAG, Klironomus JN, Ursic M, Moutoglis P, Streitwolf-Engel R, Boller T, Wiemke A, Sanders IR (1998) Mycorrhizal fungal diversity determines plant biodiversity, ecosystem variability and productivity. *Nature* 396: 69–71

Hobbie SE, Jensen DB, ChapinIII FS (1994) Resource supply and disturbance as control over present and future plant diversity. Springer, Heidelberg New York. *Ecological Studies* 99: 385–408.

Hundt R (1958) Beiträge zur Wiesenvegetation Mitteleuropas. I. Die Auenwiesen an der Elbe, Saale und Mulde. *Nova Acta Leopoldina NF* 20: 135

Hundt R (1962) Die Bergwiesen des Harzes, Thüringer Waldes und Erzgebirges: Habilitationsschrift Halle/Saale. 250 Seiten

Kaiser K, Guggenberger G (2000) The role of DOM-sorption to mineral surfaces in the preservation of organic matter in soils. *Organic Geochemistry* 31: 711–725

Kramer H (1988) Waldwachstumslehre. Parey, Hamburg. 374 Seiten

Larcher W (1994) Ökophysiologie der Pflanzen. Ulmer, Stuttgart. 394 Seiten.

Last FT, Watling R (1991) Acid deposition, it's nature and impacts. *Proceedings of the Royal Society of Edinburgh,* Section B, 97. 343 Seiten

Lloyd J, Taylor JA (1994) On the temperature dependence of soil respiration. *Functional Ecology* 8: 315–323

Mellilo JM, Prentice IC, Farquhar GD, Schulze E-D, Sala OE (1996) Terrestrial biotic responses to environmental change and feedbacks to climate. Climate Change 1995 – The science of Climate Change WG I. Cambridge University Press, Cambridge. 445–482

Nordin A, Högberg P, Näsholm T (2001) Soil N availability and plant N uptake along a boreal forest productivity gradient. *Oecologia* 129: 125–132

Osawa A, Allen RB (1993) Allometric theory explains selfthinning relationship of mountain beech and red pine. *Ecology* 74: 1020–1032

Persson T, Rudebeck A, Jussy JH, Clin-Belgrand M, Prieme A, Dambrine E, Karlsson PS, Sjöberg M (2000) Soil nitrogen turnover – mineralisation, nitrification and denitrification in European forest stands. Springer, Heidelberg New York. *Ecological Studies* 142: 297–331

Read D (1994) Plant-Microbe mutualism and community structure. In: Schulze E-D, Mooney HA (Hrsg.) Biodiversity and Ecosystem Functions. Springer, Heidelberg New York. *Ecological Studies* 99: 181–210

Reineke LH (1933) Perfecting a stand-density index for even-aged forests. *J. Agric Res.* 46: 627–638

Sala OE, Lauenroth WK, McNaughton SJ, Rusch G, Zhang X (1996) Biodiversity and ecosystem functioning in grasslands. In: Mooney HA, Cushman JH, Medina E, Sala OE, Schulze E-D (Hrsg.) Funcional role of biodiversity: A global perspective. *SCOPE* 55: 129–150

Scherer-Lorenzen M (1999) Effects of plant diversity on ecosystem processes in experimental grassland communities. *Bayreuther Forum Ökologie* 75., 193 Seiten

Schlesinger WH (1997) Biogeochemistry; An analysis of global change. Academic Press, San Diego. 588 Seiten

Schulze E-D (1982) Plant life forms and their carbon, water and nutrient realtions. *Encycl. Plant Physiology* New Ser. 12B: 615–676

Schulze E-D (1995) Flux control at the ecosystem level. *Trends in Ecology and Evolution* 10: 40–43

Schulze E-D (2000) Carbon and nutrient cycling in European forest ecosystems. Springer, Heidelberg New York. *Ecological Studies* 142: 498 Seiten

Schulze E-D, Högberg P, van Oene H, Persson T, Harrison AF, Read D, Kjöller A, Matteucci G (2000) Interactions between the carbon- and nitrogen cycle and the role of biodiversity: A synopsis of a study along a north-south Transect through Europe. Springer, Heidelberg New York. *Ecological Studies* 142: 468–492

Schulze E-D, Lloyd J, Kelliher FM, Wirth C, Rebmann C, Lühker B, Mund M, Knohl A, Milyokova IM, Schulze W, Ziegler W, Varlagin A, Sogachev AF, Valentini R, Dore S, Grigoriev S, Kolle O, Panfyorov MI, Tchebakova N, Vygodskaya NN (1999) Productivity of forests in the Eurosiberian boreal region and their potential to act as a carbon sink – a synthesis. *Global Change Biology* 5: 703–722.

Schulze E-D, Ulrich B (1991) Acid rain – A largescale, unwanted experiment in forest ecosystems. *SCOPE* 45: 89–106

Schulze E-D, Zwölfer H (1994) Fluxes in Ecosystems. In: Schulze E-D (Hrsg.) Flux control in biological systems. Academic Press, San Diego. 421–446

Smith SE, Read DJ (1997) Mycorrhizal Symbiosis. Academic Press, London. 605 Seiten

Stitt M, Schulze E-D (1994) Plant growth, storage, and resource allocation: From flux control in a metabolic chain to the whole plant level. In: Schulze E-D (Hrsg.) Flux Control in Biological Systems. Academic Press, San Diego. 57–118

Taylor AFS, Martin F, Read DJ (2000) Fungal diversity in ecomycorrhizal communities of Norway spruce (*Picea abies*) and beech (*Fagus sylvatica*) along north-south transects in Europe. Springer, Heidelberg New York. *Ecological Studies* 142: 343–365

Townsend AR, Vitousek PM, Trumbore SE (1995) Soil organic matter dynamics along gradients in temperature and land use on the island of Hawaii. *Ecology* 76: 721–733

Ulrich B (1987) Stability, elasticity, and resilience of terrestrial ecosystems with respect to matter balance. Springer, Heidelberg New York. *Ecological Studies* 61: 11–49

Wallenda T, Stober C, Högbom L, Schinkel H, George E, Högberg P, Read DJ (2000) Nitrogen uptake processes in roots and mycorrhizae. Springer, Heidelberg New York. *Ecological Studies* 142: 122–143

WBGU (1998) Welt im Wandel: Strategien zur Bewältigung globaler Umweltrisiken. Wissenschaftlicher Beirat der Bundesregierung Globale Umweltveränderungen. Jahresgutachten 1998. Springer Verlag, Heidelberg. 383 Seiten

West NE, Young JA (2000) Intermountain valleys and lower mountain slopes. In: Barbour MG, Billings WD (Hrsg.) North American Terrestrial Vegetation. Cambridge University Press, Cambridge. 255–284

Westoby M (1984) The self-thinning rule. *Adv. Biol. Res.* 14: 167–225

Wirth C, Schulze E-D, Schulze W, von Stünzner-Karbe D, Ziegler W, Miljukova IM, Sogachev A, Varlagin A, Panvyorov M, Grigoriev S, Kusnetzova W, Siry M, Hardes G, Zimmermann R, Vygodskaya NN (1999) Above-ground biomass and structure of pristine Siberian Scots pine forests as controlled by competition and fire. *Oecologia* 121: 66–80

Yoda K, Kira T, Ogawa H, Hozumi H (1963) Selfthinning in overcrowded pure stands under cultivated and natural conditions. *J. Inst. Polytech. Osaka City Univ.* Ser. D. 14: 107–129

3.3 Stoffkreisläufe

Die Untersuchung von Stoffkreisläufen in Ökosystemen erfordert nicht nur umfangreiche Beobachtungen (siehe Trennblatt zu Kapitel 3), sondern auch Experimente im Freiland (siehe Mooney et al. 1991). Die technischen Anlagen zu solchen Freilandexperimenten sind aufwendig. Ein Beispiel ist das „Dachexperiment" im Rahmen des EU-Projektes „Exman", in dem Spross- und Wurzelraum eines Baumbestandes in einem kleinen Einzugsgebiet durch eine Dachkonstruktion getrennt werden, das Regenwasser wird eingesammelt, von Luftschadstoffen (Schwefel- und Stickstoffdeposition) gereinigt und wieder auf den Boden versprüht. Damit ist es möglich, experimentell den Einfluss von Schadstoffen auf das Kronendach von Einflüssen auf die Wurzel zu trennen. Zusätzlich sind Nährstoff-Experimente möglich. Da mit einem Versuch statistisch nicht zu arbeiten ist, wurde dieses Experiment an 5 Stellen in Europa wiederholt. Gorsjön, Südschweden. Fotos E.-D. Schulze.

Man hat die Beziehungen zwischen den autotrophen und heterotrophen Organismen eines Ökosystems als Stoffkreisläufe zusammengefasst, wobei aber die Kopplung zwischen den trophischen Ebenen nur über die Bereitstellung von Substrat erfolgt. In jedem Ökosystem gibt es viele alternative Wege des Stoffaufbaus und -abbaus. Die physikalisch-chemischen Bedingungen und die Artenzusammensetzung im Ökosystem entscheiden oft, welcher Pfad innerhalb eines Nahrungsnetzes bevorzugt genutzt wird. Eine Rückkopplung der Organismen auf die chemisch-physikalischen Rahmenbedingungen erfolgt vor allem über die Verwitterung und den Verlust an Mineralien sowie den Wärme- und Wasserhaushalt (Veränderung der optischen Eigenschaften und der Rauigkeit der Oberfläche, siehe Kapitel 2.1 und 2.2).

Je nach dem Grad, in dem Stoffe mit der Umgebung ausgetauscht werden, d. h. das Ökosystem verlassen oder in das Ökosystem eingetragen werden, unterscheidet man im Extrem zwischen offenen und geschlossenen Kreisläufen, wobei aber alle Übergänge möglich sind und unter natürlichen Verhältnissen eher Übergänge die Regel sind.

Offene Stoffkreisläufe finden sich

- beim Wasser (der Bedarf an Wasser ist so groß, dass eine Speicherung nicht möglich ist);
- beim Kohlenstoff (die Pflanze entnimmt CO_2 aus der freien Atmosphäre und die Atmung der

autotrophen und heterotrophen Organismen gibt CO_2 wieder an die Atmosphäre ab); der Transfer organischen Kohlenstoffs vom heterotrophen zu autotrophen Arten ist zu vernachlässigen (Aminosäuren);
- bei bewirtschafteten Systemen (Beweidung, Agrar- und Forstwirtschaft), in denen Stoffe dem Ökosystem entzogen und eventuell andere Stoffe (Düngung) neu hinzugefügt werden;
- in Ökosystemen, die starken Einträgen von S und N aus der Atmosphäre ausgesetzt sind; hierbei kann es zu einer Zwischenspeicherung im System (z. B. bei N) kommen, die die ökosysteminternen Umsetzungen zunächst beschleunigt. Eine Abgabe dieser Stoffe kann zu einem späteren Zeitpunkt erfolgen oder durch externe Störungen in Gang gesetzt werden.

Geschlossene Stoffkreisläufe finden sich unter günstigen Bedingungen
- beim Stickstoff (sofern die externe Zufuhr von N und die Denitrifikation gering sind im Vergleich zum ökosystem-internen Umsatz);
- bei den Kationen und dem Phosphat. Aber auch bei diesen Elementen sind Verluste durch Auswaschung nicht auszuschließen. Die Bilanz zwischen Verwitterung von primären Mineralien und Auswaschung entscheidet über die Entwicklung des Ökosystems.

Die Idealvorstellung eines geschlossenen Stoffkreislaufes ist aber selbst in vom Menschen ungestörten Ökosystemen nicht verwirklicht (Chadwick et al. 1999, siehe Abb 3.5.1). Im Folgenden sollen als Beispiele der Umsatz an Wasser und der Kreislauf des Kohlenstoffs und des Stickstoffs näher behandelt werden.

3.3.1 Der Wasserumsatz

Wasser wird von den Ökosystemen zwar umgesetzt, aber nur in geringem Maße gespeichert (siehe Kapitel 2.2), d. h. es ist korrekter, von einer hydrologischen Bilanz als von einem Kreislauf zu sprechen. Das Ökosystem gewinnt Wasser als Niederschlag (Regen, Schnee, Tau = Gesamtniederschlag). Die Struktur der Vegetation kann diesen Wasser-Eintrag verstärken, wie dies z. B. beim „Auskämmen" von Wolken durch die Vergrößerung der Oberfläche, auf die z. B. Nebeltropfen treffen, der Fall ist (so sind etwa die Lorbeerwälder Teneriffas wesentlich von diesem Wolkenwasser in ihrer Existenz abhängig). Das Ökosystem verliert Wasser an die Atmosphäre durch freie Verdunstung von nassen Oberflächen und durch Transpiration sowie durch Versickerung an das Grundwasser. Die hydrologische Bilanz ist positiv, wenn ein Überschuss an Wasser unter den Wurzelhorizont in tiefere Bodenschichten versickert. Negativ ist die hydrologische Bilanz, wenn der Niederschlag vollständig für Evapotranspiration genutzt wird bzw. wenn die Transpiration aus Wasserquellen gespeist wird, die nicht dem Niederschlag entstammen (advektives Grundwasser, schmelzender Permafrost, kapillarer Aufstieg von Wasser aus tieferen Horizonten). Je nach Höhe des Niederschlags ergeben sich unterschiedliche hydrologische Bilanzen. Im Durchschnitt werden etwa 50–60 % durch die Pflanzenwelt genutzt. Dies gilt fast unabhängig in verschiedenen Klimaregionen (siehe Abb. 2.2.4 in Kapitel 2.2).

Da Transpiration und CO_2-Assimilation über die Stomata gekoppelt sind (siehe auch Abb. 3.2.5), kann aus der hydrologischen Bilanz eine erste Abschätzung des pflanzlichen Wachstums, der so genannten Nettoprimärproduktion (NPP, siehe Kapitel 3.3.2, Abb. 3.3.9), einer Vegetation erfolgen. Dies ist besonders wichtig für die Landwirtschaft in Trockengebieten (DeWitt 1978, Fischer und Turner 1978).

$$NPP = m\ \Sigma E / \Sigma E_0. \qquad (3.3.1)$$

Integriert über den Zeitraum der Messung von NPP ist ΣE die Summe der Transpiration und ΣE_0 die Summe der täglichen Evaporation einer freien Wasserfläche. Diese Gleichung ist analog zu Gleichung 2.4.7 (Kapitel 2.4), die die Diffusion des CO_2 über die Stomata beschreibt ($A = \Delta c\ g$, bzw. $\Delta c = A/g$, wobei $g = E/D$), denn ΣE ist die Summe des Wasserverbrauchs und ΣE_0 ist proportional zum mittleren Sättigungsdefizit der Luft (D). Der Koeffizient m ist hiernach ein Parameter, der analog ist zur der mittleren Mesophyll-internen CO_2-Konzentration (Schulze 1982). Er schwankt für C3-Pflanzen zwischen 10 und 14 g Trockenmasse pro m^2 Boden und erreicht 21 bis 23 g m^2 in C4-Pflanzen. Nimmt man an, dass die Transpiration der hydrologischen Bilanz (Niederschlag minus Versickerung) entspricht, dann erlaubt diese Gleichung eine grobe Abschätzung des Ertrags aus Niederschlagsdaten, wobei ein bestimmtes Verhältnis von Kornertrag und Biomasse zugrunde liegt (z. B. 0,5 = Ernteindex von Hochleistungssorten) (Fischer und Turner 1978). Stehen in einem subariden Gebiet 200 mm Niederschlag für Pflanzenwachstum zur Verfügung, dann sind mit diesem Wasserangebot etwa 2400 g TG m^{-2} Biomasseproduktion zu erwarten. Bei einem Ernteindex von 0,5 ergibt sich daraus ein Kornertrag von 1,2 t Kornertrag pro ha.

Unabhängig davon, dass nach Gleichung 3.3.1 in erster Näherung die Pflanzenerträge in Trockengebieten berechnet werden können, gibt es eine Reihe von Einschränkungen. Dazu gehört insbesondere die Niederschlagsverteilung in ariden Gebieten. Beispielsweise können viele Schwachregen eine hohe Niederschlagsmenge „vortäuschen", die aber zum größten Teil unmittelbar wieder vom feuchten Boden verdunstet und damit nicht pflanzenverfügbar ist. Dies zeigt, dass die hydrologische Bilanz und nicht der Niederschlag bedeutsam ist. Die Niederschlagsverteilung spielt insbesondere eine Rolle bei der Planung von Saat und Ernte bei kurzer und langer Regenzeit.

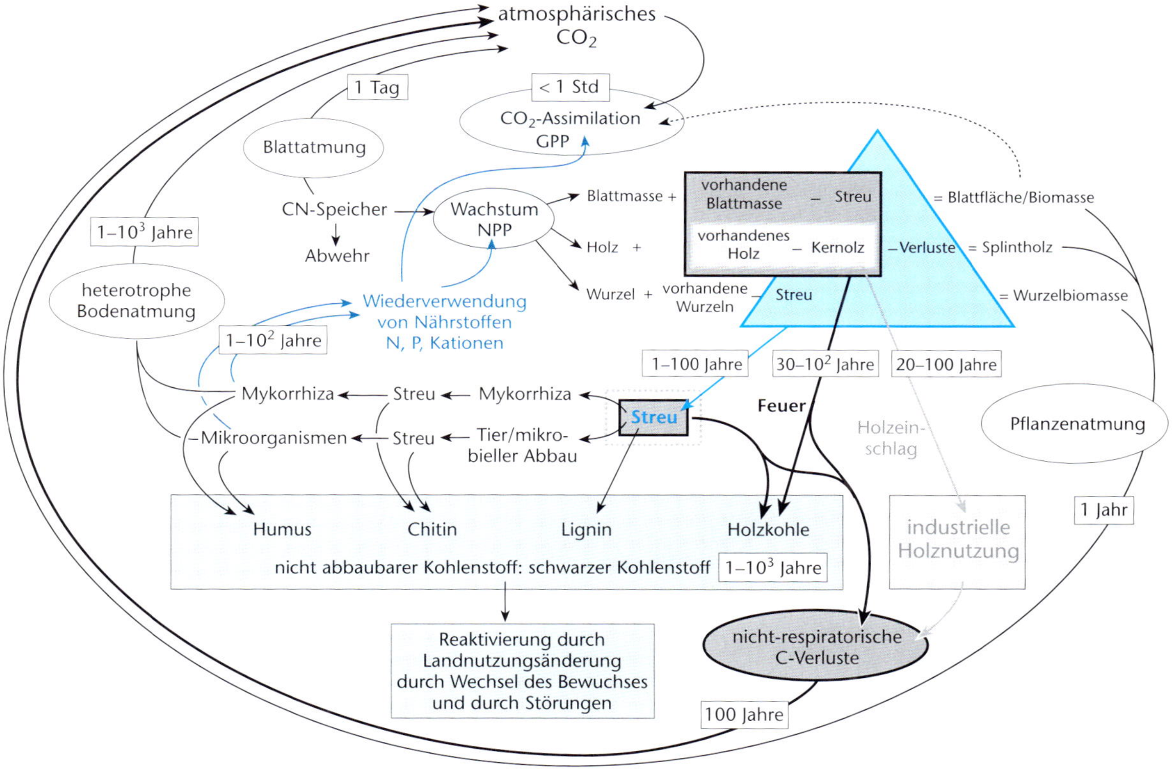

Abb. 3.3.1: Der Umsatz des Kohlenstoffs in Ökosystemen (Schulze 2000). Die Umsetzungen beginnen mit der CO_2-Assimilation der Pflanze. Die Produkte der Photosynthese werden verteilt auf Blätter, Spross und Wurzel, wobei im Fall von Holz die Bildung von Kernholz wichtig ist, da dieses nicht atmet. Der Unterhalt und das Wachstum von Biomasse erfordern Energie, die als Atmung messbar ist. Die autotrophe Vegetation ist mit dem Boden gekoppelt über die Mykorrhiza und den Streufall. Zusätzliche Verluste treten ein durch Ernte und durch Feuer. Die in den Boden gelangte organische Substanz wird dort über verschiedene Organismen umgesetzt und abgebaut, wobei wiederum Atmungs-CO_2 freigesetzt wird. Im Ökosystem verbleibt langfristig nur der schwarze Kohlenstoff.

Kasten 3.3.1 Der Wasserumsatz

- Ökosysteme haben keinen Wasserkreislauf, sondern eine hydrologische Bilanz aus Niederschlag, Verdunstung und Versickerung. Die hydrologische Bilanz wird durch physiologisch gesteuerte Reaktionen (Stomata), optische Eigenschaften der Strahlungsabsorption und die Rauigkeit der Oberfläche bestimmt (siehe auch Kapitel 2.1.2.2 und 2.2.4).
- Die Nettoprimärproduktion steigt proportional mit der Transpiration und sinkt mit steigender potentieller Verdunstung (NPP = m E/E_0). Der Proportionalitätsfaktor beträgt 10–14 g Trockenmasse m^{-2} in C3-Pflanzen und 21–23 g Trockenmasse m^{-2} bei C4-Pflanzen.

3.3.2 Der Kohlenstoffumsatz

3.3.2.1 Der C-Umsatz in Ökosystemen

Fälschlicherweise wird auch bei Ökosystemen oft von einem Kohlenstoffkreislauf gesprochen. Dabei wird vernachlässigt, dass das CO_2 der Atmosphäre, das in der Photosynthese verarbeitet wird, nur zu einem geringen Teil aus der Atmung am gleichen Ort stammt. Die atmosphärischen Turbulenzbedingungen führen zu einer raschen Durchmischung in der Atmosphäre. Somit wird das zu assimilierende CO_2 über den atmosphärischen Transport von Luftmassen allochton an das Ökosystem herangetragen und auch wieder weggeführt (siehe Kapitel 2.1).

Die Pflanzendecke assimiliert CO_2 aus der Atmosphäre durch die Photosynthese (Abb. 3.3.1). Die dabei entstehenden Zucker werden entweder umgehend für Wachstumsprozesse verbraucht, zur Bildung und zum Erhalt bestehender Strukturen veratmet oder z. B. in Form von Stärke gespeichert (siehe Kapitel 2.4). Die Summe der photosynthetischen C-Bindung über einen bestimmten Zeitraum (z. B. ein Jahr) wird unter Vernachlässigung der lichtinduzierten Atmung als **Bruttoprimärproduktion (GPP = *gross primary production*)** bezeichnet.

Etwa 50 % des photosynthetisch assimilierten Kohlenstoffs wird von der Pflanze selbst für den Erhalt und den Aufbau von Biomasse verbraucht. Die Bilanz aus Assimilation und Respiration der Pflanze ergibt die **Nettoprimärproduktion (NPP = *net primary production*)**. Wegen der einfacheren Messbarkeit unterscheidet man zwischen der häufiger erfassten oberirdischen Primärproduktion **(ANPP: *aboveground net primary production*)** und der unterirdischen Primärproduktion **(BNPP: *belowground net primary production*)**, wobei es in Abhängigkeit von der Organisation der einzelnen pflanzlichen Strukturen allometrische Beziehungen zwischen ANPP and BNPP gibt (für Bäume gilt im Durchschnitt BNPP/NPP = 0,3). Die quantitative Untersuchung der pflanzlichen Biomasse der Erde und wesentliche Untersuchungen zur NPP erfolgten in den sechziger Jahren im Rahmen des Internationalen Biologischen Programms (IBP). Diese Daten sind bis heute Grundlage für viele Modellberechnungen. Dennoch besteht bis heute je nach Fachdisziplin eine unterschiedliche Vorstellung über die pflanzliche

Tabelle 3.3.1: Biomasse, Nettoprimärproduktion (NPP) und Streueintrag in verschiedenen Vegetationsformationen der Erde (Schulze 1982, Schlesinger 1997, Schachtschabel et al. 1998)

Ökosystem	Biomasse (kg C m^{-2})	NPP (kg C m^{-2} a^{-1})	Streufall (kg C m^{-2} a^{-1})
tropischer Regenwald	20–32	3 –10	0,5–1,4
temperater Laubwald	5–30	0,2–1,2	0,1–0,6
temperater Nadelwald	15–75	0,4–1,3	0,1–0,6
borealer Nadelwald	8–10	0,3–0,4	0,1–0,5
Savanne	1–2	0,4–0,6	0,1–0,4
Grasländer	0,2–2,2	0,1–1,0	<0,1–1,0
Kulturland	0,5	0,3–0,5	0,1–0,2
Wüste	0,2–3	<0,1–0,5	<0,1–0,2
Tundra	0,1–2	<0,1–0,2	<0,1

Tabelle 3.3.2: Die Biomasse von Feinwurzeln (<2mm Durchmesser) und Blättern in verschiedenen Vegetationstypen der Erde (Jackson et al. 1997, Schulze 1982)

Vegetationstyp	Wurzeln gesamt (kg m^{-2})	Feinwurzel Masse (kg m^{-2})	Länge (km m^{-2})	Flächenindex (m^2 m^{-2})	Blätter oder Nadeln Masse (kg m^{-2})	Flächenindex (m^2 m^{-2})
trop. Regenwald	4,88	0,57	4,1	7,4	2,5	11
temperater Nadelwald	4,40	0,82	6,1	11,0	1,3	9
temperater Laubwald	4,14	0,78	5,4	9,8	0,4	7
borealer Wald	2,92	0,60	2,6	4,6	1,8	11
Strauchvegetationen	4,82	0,52	8,4	11,6	0,4	8
Savanne	1,40	0,99	60,4	42,5	0,9	3
temperates Grasland	1,56	1,51	112,0	79,1	0,6	3
Tundra	1,25	0,96	4,1	7,4	0,4	2
Wüste	4,13	0,27	4,0	5,5	0,1	<1
Durchschnitt	3,28	0,78				

„Produktivität". Für den Landwirt ist es der Kornertrag, für den Forstwirt der Stammholzzuwachs, für den Biologen der Gesamtzuwachs einschließlich der Früchte und Feinwurzeln. Es besteht kein unmittelbarer Zusammenhang zwischen Biomasse und NPP. Die Biomasse, die durch die NPP gebildet wird, bleibt unterschiedlich lange dem Organismus oder dem Bestand erhalten und führt somit zu unterschiedlich hohen Biomassen (siehe Tabelle 3.3.1). Bei **einjährigen Arten** stirbt die gesamte Biomasse bis auf die Samen am Ende der Vegetationsperiode ab und wird als Streu (*litter*) den heterotrophen Organismen im Boden zugeführt. Abgesehen von den Rhizomen, Knollen oder Zwiebeln als Dauerorganen stirbt auch bei den **perennierenden Kräutern** fast die gesamte aus der NPP resultierende Biomasse ab und wird in Streu überführt. Bei Holzgewächsen gehen etwa 50 % der NPP in die permanente Biomasse von Holz über. Dort wird in den verholzten Organen ein Teil des lebenden Splintholzes in Abhängkeit von der C-Bilanz in totes Kernholz überführt, aber dies wirkt erst mit großer Verzögerung als Streu, denn das Kernholz unterstützt nach wie vor die Struktur des Baumes (siehe Kapitel 2.4.5.4). Etwa 50 % der NPP werden auch bei Bäumen alljährlich als Blatt- und Zweigstreu dem Boden zugeführt. Bei krautigen Arten entspricht der Streufall der NPP (siehe auch Abb. 2.4.23 in Kapitel 2.4).

Das Problem bei der Bestimmung der NPP liegt vor allem in der Schwierigkeit, den Umsatz an Feinwurzeln (<2 mm) zu erfassen, denn dieser Teil des

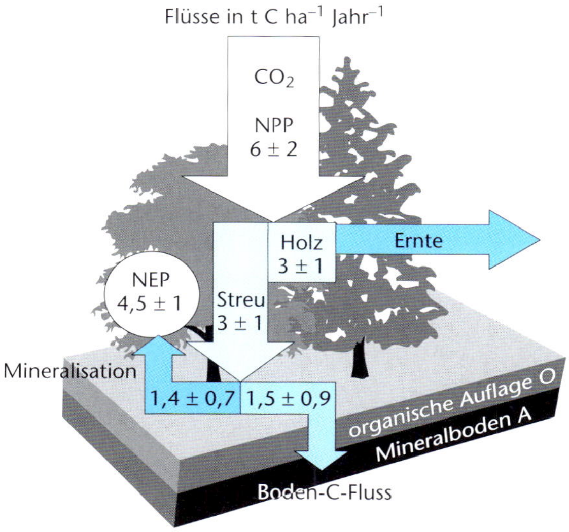

	MRT (Jahre)
Streu	< 1 – 3
Holz	1 – 250
Wirtschaftswald	Mittelwert: 80
Holzprodukte	15 – 20
O Horizont	14 – 52
A Horizont	70 – 170

Abb. 3.3.2: Der Fluss des Kohlenstoffs durch ein Waldökosystem und die mittlere Verweildauer (Mean Residence Time, MRT) für Streu, Holz und Holzprodukte in einem Wirtschaftswald. Die Abbildung zeigt, dass etwa die Hälfte der Nettoprimärproduktion in die Streu und die andere Hälfte in den Holzzuwachs geleitet wird. Wiederum die Hälfte der Streu bleibt im Boden als organische Substanz für eine Zeit von >100 Jahren (nach Schulze, 2000).

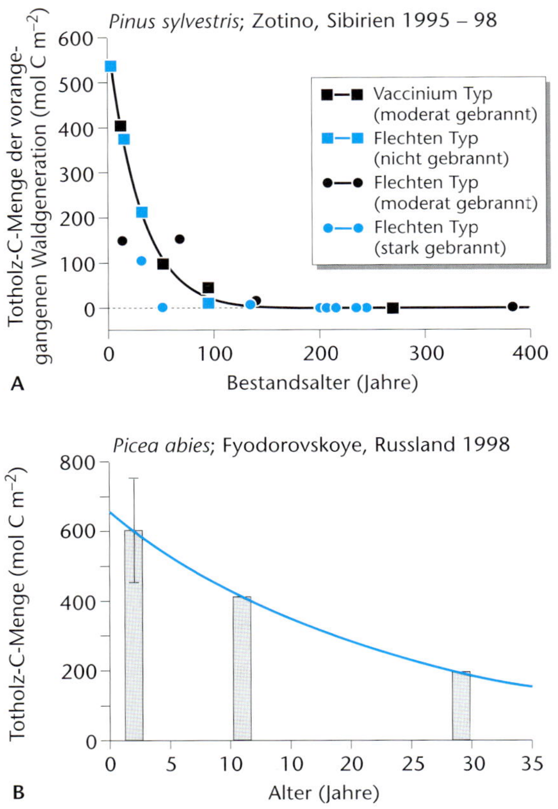

Abb. 3.3.3: A: Der Abbau von Totholz nach einem Waldbrand in sibirischen Kiefernwäldern. Die mittlere Verweildauer beträgt trotz des kalten Klimas nur ca. 40 Jahre. Der Grund für den schnellen Abbau sind wiederholte Bodenfeuer. Da diese Feuer die liegenden Stämme nur äußerlich ankohlen (siehe Abb. 3.3.8 C), sind einzelne tote Stämme am Boden noch nach 400 Jahren nachweisbar (Wirth et al. 2000). B: Totholzabbau nach einem Windwurf in einem Naturwald-Reservat im europäischen Russland. Die mittlere Verweildauer beträgt im osteuropäischen Klima etwa 15 Jahre (Knohl et al. 2001).

Wachstums entzieht sich weitgehend der Beobachtung. In den Tropen ist die Bestimmung der NPP von Epiphyten ein zusätzliches Problem. Für temperate Wälder beträgt die **mittlere Lebensdauer der Feinwurzeln** ca. 0,5 bis 1 Jahre, d. h. die Feinwurzeln werden 1 bis 2 Mal pro Jahr umgesetzt. Feinwurzeln werden ständig durch neue Feinwurzeln ersetzt (Stober et al. 2000). In Gräsern ist bei ausreichender Wasserversorgung der Umsatz weitaus höher, d. h. die Lebensdauer der Feinwurzeln ist damit sogar kürzer. Der Anteil der Feinwurzelbiomasse an der Gesamtwurzelmasse beträgt im Durchschnitt 28 % (Tabelle 3.3.2). Die Feinwurzeln erreichen in Wäldern eine Gesamtlänge von 2–8 km m^{-2} und eine projizierte Fläche von 4–11 m^2 m^{-2}, was in der Größenordnung mit dem Blattflächenindex vergleichbar ist. In Grasländern steigt die Feinwurzellänge im Vergleich zu Wäldern um den Faktor 10 auf >100 km m^{-2}. Die NPP der Feinwurzeln kann dem Umsatz an Blättern entsprechen (Schulze 2000).

In natürlichen Ökosystemen gelangen letztendlich alle Pflanzenteile als Streu auf den Boden und werden dort abgebaut. Unsicherheiten in den Angaben ergeben sich dadurch, dass die Verweildauer an der Pflanze bzw. im Boden für die einzelnen Organe unterschiedlich ist. Ein Beispiel für europäische Waldökosysteme gibt Abb. 3.3.2. So erfolgen der Auf- und Abbau von Feinwurzeln im gleichen Jahr, Blätter und Nadeln erreichen eine Lebensdauer von 1 bis 10 Jahren (*Pinus aristata* 30 Jahre) und deren Abbau dauert 1 bis 20 Jahre. Holz verbleibt an der Pflanze ein bis >100 Jahre (älteste lebende Bäume 4 000 Jahre: *Pinus aristata*, Abb. 2.4.33 in Kapitel 2.4), und der Abbau von Holz erstreckt sich im Allgemeinen über 50 bis >100 Jahre. Diese Zeiten kann man vergleichen mit der durchschnittlichen Lebensdauer von Holzprodukten, die mit 15 bis 25 Jahren etwa dem Umsatz in der Streu entspricht. Es ist ebenfalls wichtig zu sehen, dass die mittlere Verweildauer von C in der organischen Auflage von gleicher Größenordnung ist wie die im Baumbestand.

Der Abbau von Holz wurde vor allem im borealen Nadelwald untersucht (Abb. 3.3.3 A, Wirth et al. 2000). Die durch ein Feuer abgetöteten Stämme werden mit einer Halbwertzeit von 25 Jahren abgebaut. Der Abbau ist nach etwa 120 Jahren abgeschlossen, da in diesem Falle ein Teil des toten Holzes durch periodische Bodenfeuer verbrennt. In diesem Falle ist der Abbau gegenüber dem rein mikrobiellen Abbau beschleunigt (Abb. 3.3.3 B). Wegen der ungünstigen stofflichen Zusammensetzung (< 0,01 mol N g^{-1} Trockensubstanz) ist der mikrobielle Abbau langsamer als beim Abbau der Streu (Blätter und Feinwurzeln).

Ungleichgewichte zwischen Aufbau und Abbau können zur Akkumulation organischer Masse führen (Rohhumus), die zu anderen Zeitpunkten in der Bestandsentwicklung wiederum einem Abbau zugeführt wird. Ein Gleichgewicht zwischen Zufuhr von organischer Masse und Abbau ist wegen der unterschiedlichen Bedingungen der beiden Prozesse nur in sehr seltenen Fällen zu erwarten. Ungleichgewichte treten unter folgenden Bedingungen auf:

- Moor: C-Abbau limitiert durch anaerobe Bedingungen und niedrigen pH.
- Wald: C-Abbau ist z. T. limitiert durch ungünstige stoffliche Zusammensetzung und Bodenversauerung (Rohhumus). Die Kernholzbildung ist ebenfalls eine Art von „Streuproduktion". In diesem Falle wird der Abbau um Jahrzehnte bis Jahrhundete verschoben. Eine weitere Form der Humusstabilisierung ist die Bindung von löslichem organischem Kohlenstoff an Schwermetalle. Dieser Prozess ist vor allem in tropischen Böden wichtig, wo organische Substanz ansonsten sehr rasch abgebaut wird und nur durch solche stabilen Verbindungen langfristig im Boden gehalten werden kann.

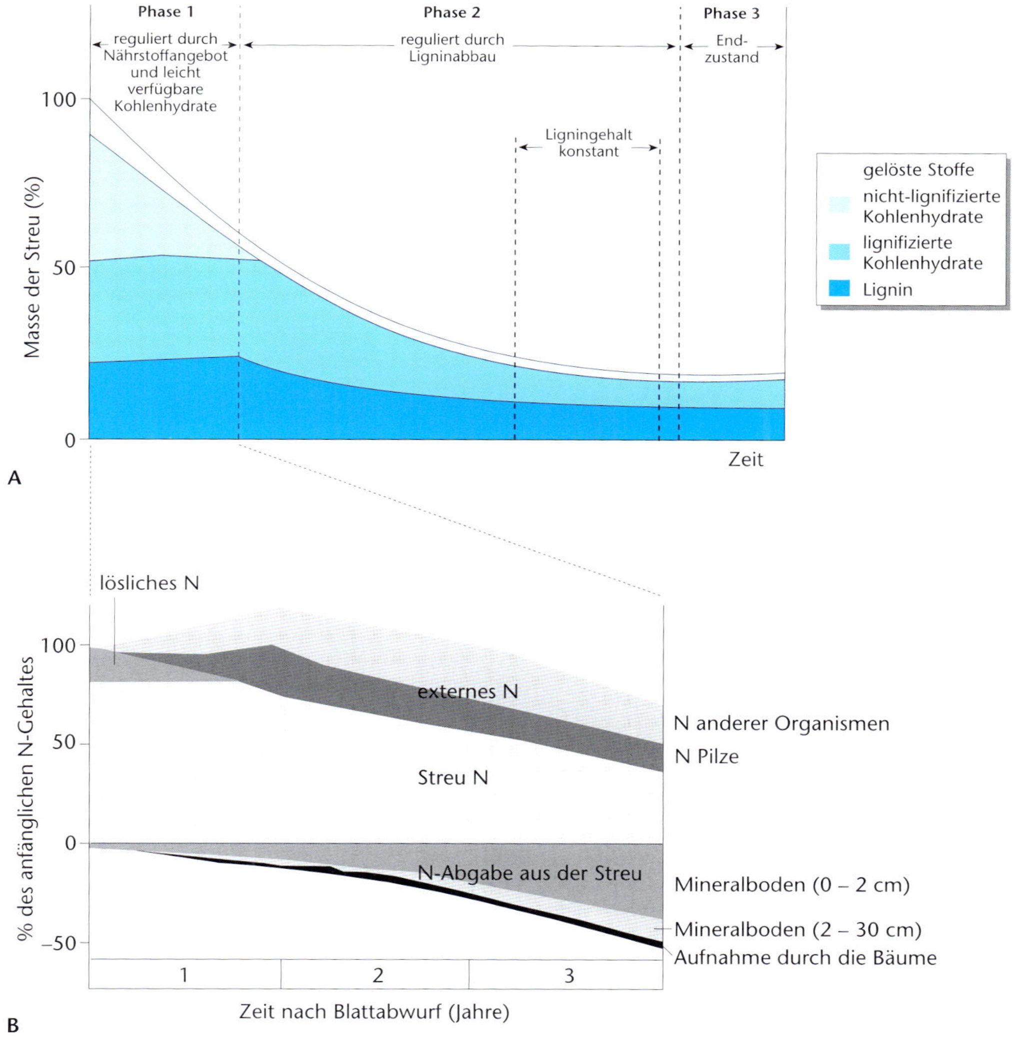

Abb. 3.3.4: A: Die zeitliche Abfolge des Abbaus von Blatt-Streu der Buche. Es erfolgt zunächst ein Abbau der leicht verfügbaren Kohlenhydrate. Danach setzt der Ligninabbau ein, der vornehmlich die lignifizierten Kohlenhydrate und weniger das Lignin selbst betrifft. Es verbleiben am Schluss etwa 20 % der Streumasse (nach Berg und Matzner 1996). B: Parallel zum Abbau der Trockenmasse erfolgt der Abbau der N-haltigen Substanzen. Der N-Gehalt der Streu steigt zunächst mit der Besiedlung durch Mikroorganismen an, danach folgt der Abbau N-organischer Substanzen mit einem Transport in den Mineralboden. Nach drei Jahren sind 60 % des N abgebaut (nach Cotrufo et al. 2000).

- Wiese: C-Abbau wird verzögert durch Bindung (Schutz) der organischen Substanz an Tonminerale, die bei der Darmpassage in Regenwürmern erfolgt (stabile Ton-Humus-Komplexe). Dennoch nahm die C-Menge im Dauergrünlandversuch von Rothamsted nicht zu.
- Acker: Die Versorgung der Bodenorganismen ist C-limitiert, da die oberirdische organische Masse bei der Ernte entfernt wird. Nach Umwandlung von Wald bzw. von natürlichen Grasländern in Acker kommt es zu einem Abbau des organischen Bodenkohlenstoffs. Einen zusätzlichen Einfluss auf den Bodenkohlenstoff von Äckern hat die mechanische Bodenbearbeitung. Dies wurde besonders eindrucksvoll auf landwirtschaftlich genutzten Prärieböden in Nordamerika nachgewiesen, wo in einem Zeitraum von etwa 50 Jahren 50 % des Bodenkohlenstoffs verloren gingen (siehe Kapitel 3.5; Matson et al. 1997). Mit veränderter Bewirtschaftung (geringe Pflugtiefe bzw. Vermeiden von Pflügen) kann dieser Kohlenstoff auch wieder restauriert werden (Post und Kwon 2000, Smith et al. 2000).

3.3.2.2 Der heterotrophe Abbau organischer Substanz im Boden

Der Abbau organischer Substanz erfolgt durch eine Vielzahl von Organismen (Pilze, Bakterien), die auf bestimmte Teilprozesse spezialisiert sind. Im Gegensatz zu den Pflanzen, deren Produktion oft Nährsalz-limitiert ist, ist die Aktivität der heterotrophen Bodenorganismen C-limitiert, wobei aber die verschiedenen organischen Substanzen in der Streu gegenüber Abbau unterschiedlich „resistent" sind. Der Abbau der organischen Substanz erfolgt in mehreren Stufen, wobei die Dynamik für den Stickstoff (Abb. 3.3.4 B) eine andere ist als für Kohlenstoff (Abb. 3.3.4 A). Bei einem frisch abgefallenen Blatt steigt der N-Gehalt zunächst an, da Mikroorganismen und Pilze das tote Blatt besiedeln (bei Buchen dauert dies ca. ein Jahr). Gleichzeitig nimmt der C-Gehalt des Blattes durch Nutzung der leicht abbaubaren C-Substanzen (Zucker, Hemicellulose, Cellulose) ab. Anschließend werden die N-haltigen Substanzen abgebaut. Schließlich sinkt der N-Gehalt des Blattes ab, denn die Organismen ziehen sich aus dem Blatt zurück (bei Buchen nach ca. drei Jahren). Zu diesem Zeitpunkt hat das Blatt etwa 60 % seiner Masse verloren. Der weitere Abbau erfolgt deutlich langsamer. Es wird nun durch Pilze das Lignin abgebaut, wobei für diesen Abbau eine zusätzliche externe Kohlenstoffquelle benötigt wird (Gleixner et al. 2001). Der zeitliche Verlauf des Streuabbaus ist bislang die wichtigste Grundlage, um die Umsetzungen im Boden zu modellieren (Gholz et al. 2000).

Abb. 3.3.4 verdeutlicht bereits, dass Modelle zu Streuabbau, die auf den Änderungen der Gesamtmasse beruhen, die globalen Umsatzraten für Zwecke der Modellierung zwar hinreichend beschreiben, aber das Prozessverständnis der Zeitabläufe nicht fördern. Dies ist jedoch nötig, wenn es darum geht, die langfristige Speicherung von C im Boden zu verstehen. Der Abbau ist substanzspezifisch (Gleixner et al. 2001):

Cellulose bildet die Hauptmasse der pflanzlichen Biomasse (15–40 % des Trockengewichts). Sie ist aus Glucoseeinheiten aufgebaut, wohingegen

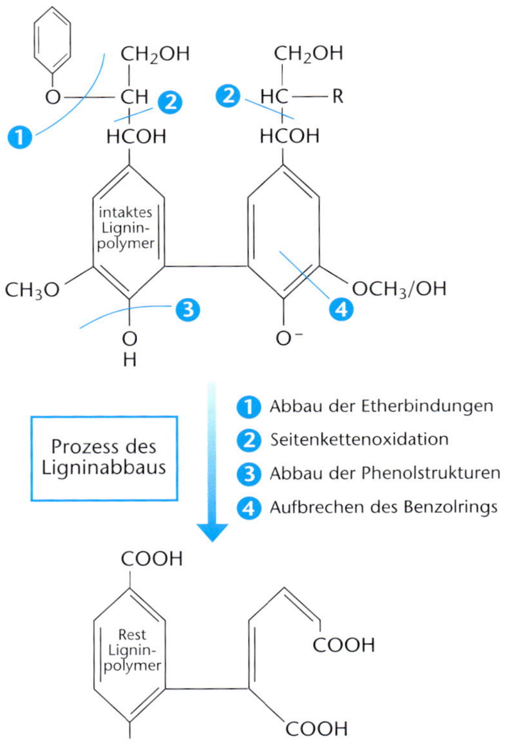

Abb. 3.3.5: Schematische Darstellung des Abbaus von Lignin. Als erster Schritt werden Etherbindungen gelöst, es folgt die Oxidation von Seitenketten und schließlich das Öffnen der Doppelbindung am Benzol-Ring in einem Zustand, in dem das Molkül noch hydrophil ist (Zech und Kögel-Knabner 1994).

Hemicellulosen (10–43 % des Trockengewichts) aus Hexosen und Pentosen gebildet werden. Cellulose und Hemicellulose werden von Mikroorganismen direkt als Energiequelle genutzt oder zur Bildung eigener Körpersubstanzen verwendet. Dabei kann auch eine mikrobielle Resynthese von Kohlenhydraten erfolgen. Vor allem die neu gebildeten mikrobiellen Polysaccharide (bakterielle Schleime) binden an Ton- und Schlufffraktionen im Boden und sind damit gegen weiteren Abbau stabilisiert. Die relativ großen Mengen an Kohlenhydraten, die auch in tieferen Schichten von Böden gefunden werden, stammen aus der mikrobiellen Biomasse bzw. deren Stoffwechselprodukten, d. h. Kohlenhydrate zirkulieren im Boden zwischen mikrobiellen Populationen und werden daher nur relativ langsam zu CO_2 mineralisiert.

Lignin ist mit etwa 25–40 % an der Trockenmasse der Pflanzen beteiligt. Es handelt sich um hochmolekulare, dreidimensional strukturierte Substanzen aus Phenylpropaneinheiten, die die Cellulosefibrillen umschließen, stabilisieren und vor Abbau schützen. Nadelhölzer bilden das Lignin aus Coniferylalkohol, Laubhölzer hingegen aus Coniferyl- und Sinapylalkohol. Gräser bilden zusätzlich Cumarylalkohol. Die Monomere sind durch C-C- und C-O-Bindungen verknüpft. Lignin abbauende Organismen können auf Lignin als einziger C-Quelle nicht wachsen. Der Abbau folgt durch Lactase bildende Pilze (Weißfäule), die durch Bildung von Sauerstoffradikalen die Bindungen an den Seitenketten und den aromatischen Ringen aufbrechen (Abb. 3.3.5, Zech und Kögel-Knabner 1994). Dabei werden im ersten Schritt die C-O-Verbindungen (Etherbindungen) gelöst. Es folgt dann der Abbau von C-C-Kohlenstoffketten. Es ist unwahrscheinlich, dass die OH-Gruppen an den zyklischen Verbindungen gelöst werden, denn der hydrophobe Benzolring wäre für einen biologischen Abbau nur schwer zugänglich. Vermutlich wird noch im hydrophilen Zustand die Doppelbindung am Benzolring gebrochen. Es verbleiben Restpolymere, die wasserlöslich sind und in tiefere Bodenhorizonte verlagert werden (**DOC = *Dissolved organic carbon***), oder die chemisch modifizierten Ligninbruchstücke reagieren zu neuen Polymeren, den Huminstoffen.

Wachse und Fette (Lipide) bilden als langkettige Kohlenwasserstoffe zwar nur 1–10 % der pflanzlichen Trockenmasse, sie sind aber die am schwersten abbaubaren Bestandteile, da beim Abbau kurzkettige Kohlenwasserstoffe entstehen, die mit dem mikrobiellen Stoffwechsel interagieren und dabei toxisch wirken können. Aber auch die langkettigen Kohlenwasserstoffe sind abbaubar, z. B. durch methanogene Bakterien, die unter anaeroben Bedingungen, auch sehr kleinräumig, in Bodenaggregaten leben und Alkane in Acetat und dieses in Methan überführen (Abb. 3.3.6, Parkes 1999, Krüger et al. 2000).

Am Ende des Stoffabbaus verbleiben Substanzen, die entweder aus dem Pflanzenstoffwechsel stammen oder erst aus dem mikrobiellen Stoffwechsel neu entstanden sind. Das bedeutet, dass sich der Abbau pflanzlicher Substanz aus einer Reihe von Kreisläufen zusammensetzt (Abb. 3.3.7):

- Zerlegung von Polymeren in Monomere;
- Zerlegung von heterozyklischen Verbindungen in Benzole unter Nutzung von Seitenketten;
- Aufnahme und Integration pflanzlicher Stoffe in die mikrobielle Biomasse (*Recycling* von Kohlenhydraten, Aminosäuren, Pyridin);
- Abbau von Kohlenhydraten oder von terminalen Gruppen (z. B. R-COOH oder R-CH_2) zu CO_2 oder CH_4;

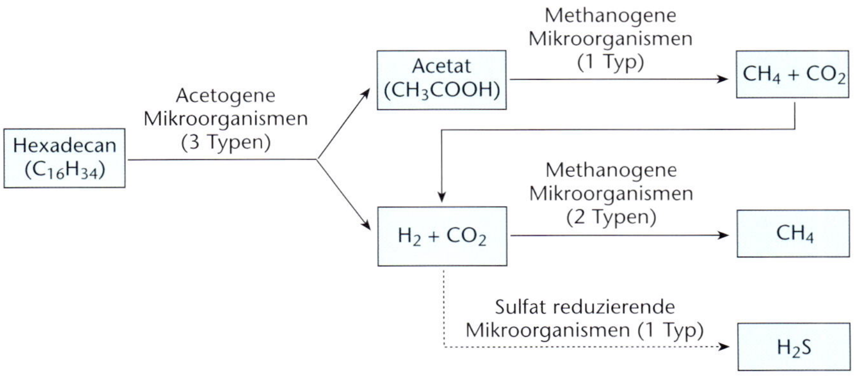

Abb. 3.3.6: Schematische Darstellung des Abbaus langkettiger Kohlenwasserstoffe (Parkes 1999).

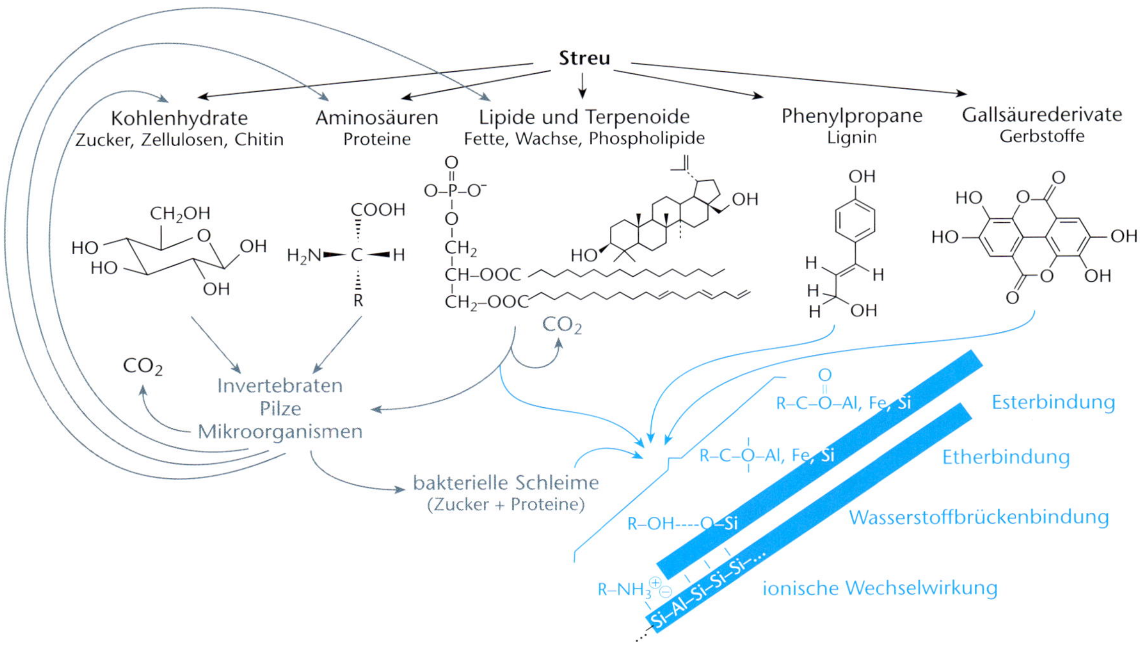

Abb. 3.3.7: Schematische Darstellung des mikrobiellen Kreislaufs von pflanzlichen Substanzen beim Streuabbau und der Bindung von Abbauprodukten an Tonmineralien. Die Abbildung zeigt, dass eine Reihe von Substanzen, wie z. B. Kohlenhydrate, für lange Zeit im Kreislauf von einer zur nächsten Generation von Mikroorganismen weitergegeben werden. Nur ein Teil wird zu CO_2 abgebaut. Eine Stabilisierung des organischen Kohlenstoffs erfolgt schließlich nur durch Bindung an Tonminerale (nach Schulze 2000).

- Bindung von polaren Gruppen an Tonminerale. Dieser letzte Schritt ist die eigentliche Stabilisierung (Schutz vor weiterem Abbau) der organischen Substanz im Boden. Daher bestimmt der Tongehalt die C-Speicherfähigkeit von Böden (Bird et al. 2001);
- Auch wenn eine pflanzliche Substanz in der ursprünglichen molekularen Form nicht mehr nachgewiesen werden kann (z. B. Lignin), ist dieses keineswegs bereits zu CO_2 mineralisiert worden, sondern Teilmoleküle (wie z. B. die Benzole) können sehr lange im Boden verweilen, andere Teilmoleküle (Pyridin, Aminosäuren) werden von Generation zu Generation bzw. von Organismus zu Organismus weitergegeben;
- Bindung an Tonmineralien über eine Ester- oder Etherbindung, über Wasserstoffbrücken oder in Form ionischer Wechselwirkungen.

Durch die Abbauprozesse kommt es im Bodenprofil bezogen auf den Boden-C des jeweiligen Horizontes zu einer relativen Anreicherung von aromatischen Strukturen (z. B. Aryl–C aus dem Ligninabbau), einer relativen Abnahme an Polysacchariden (O–Alkyl–C) und einer relativen Zunahme an langkettigen Kohlenwasserstoffen (Lipiden: Alkyl–C).

Die Änderungen in der chemischen Zusammensetzung der Streu, wie sie bei erhöhtem CO_2 beobachtet wurde, ist aber nicht ausreichend, um den generellen Trend des Streuabbaus zu ändern (Norby et al. 2001).

Man bezeichnet diese verbleibenden organischen Substanzen, die sich zu neuen Polymeren verbinden, als **Humus**. Dieser muss nicht zwangsläufig nur aus schwer abbaubarer organischer Substanz bestehen, sondern es können auch leicht abbaubare Stoffe sein (z. B. Zucker), die durch Bindung an Tonmineralien vor weiterem Abbau geschützt werden (Torn et al. 1997). Unter sich ändernden Bedingungen, wenn andere Organismen auftreten oder mechanische Bodenbearbeitung die Krümelstruktur zerstört, können die semi-stabilen Verbindungen wieder einem Abbau ausgesetzt sein. Generell bedeutet der Stoffabbau, dass sowohl das

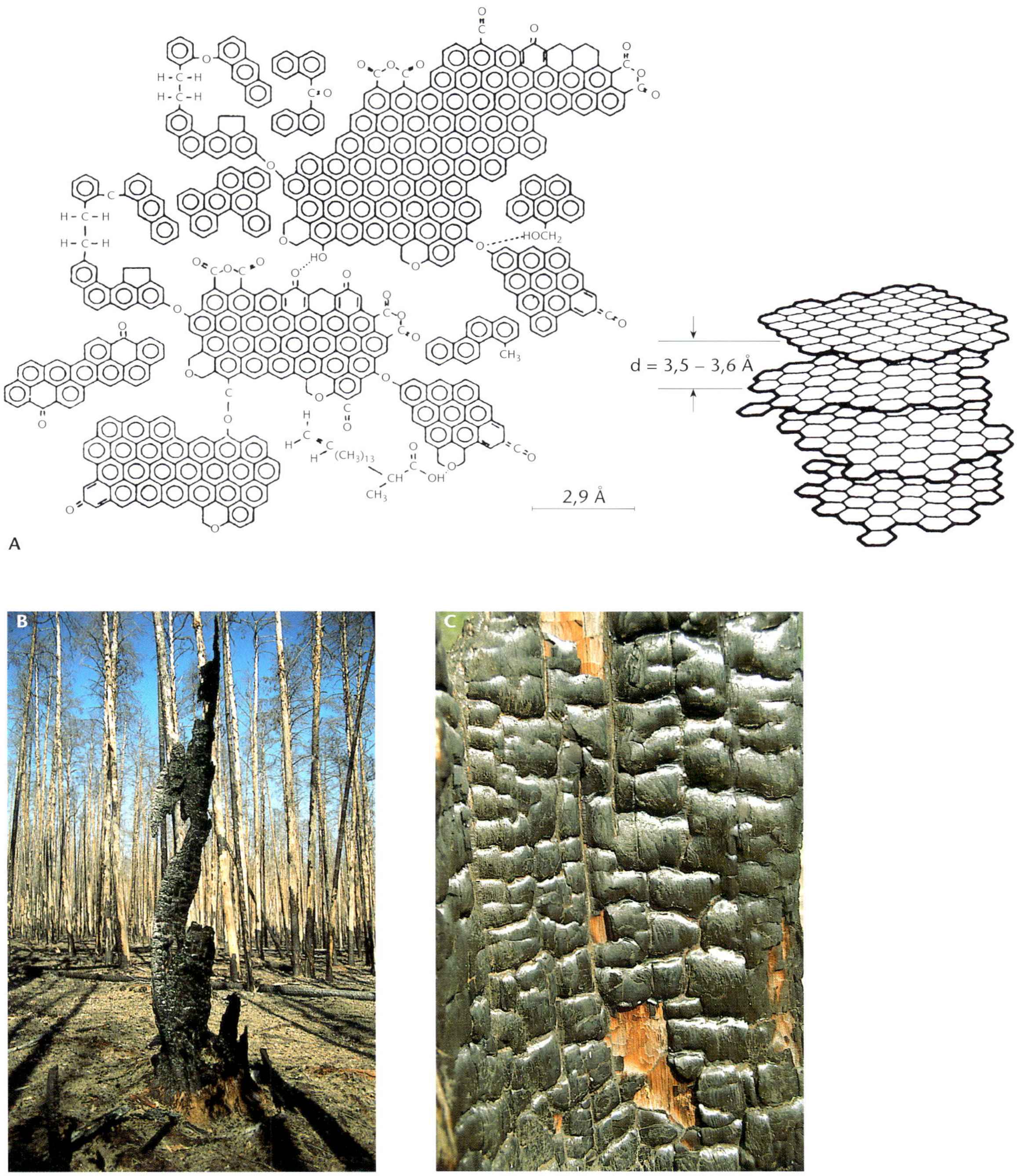

Abb. 3.3.8: A: Die vermutete Struktur von schwarzem Kohlenstoff. Bei der Holzkohle und bei Ruß handelt es sich um eine Umkristallisation der zyklischen Kohlenwasserstoffe zu einem kondensierten Gitter aus Benzolringen (Gleixner et al. 2001). B: Rest eines verbrannten Baumstammes der vorhergehenden Waldgeneration in einem Kiefernwald Zentralsibiriens. C: Oberfläche eines verbrannten Baumstammes. Es ist deutlich erkennbar, dass nur die Oberfläche des Stammes angekohlt ist, d. h. die Holzkohlebildung bei einem Feuer ist sehr gering. Ein großer Teil des Stammes bleibt in der Holzstruktur, wobei es beim Absterben der Wurzel zu einer Überproduktion von Harzen kommt, die diesen inneren Holzteil imprägnieren und vor mikrobiellem Abbau schützen. Fotos E.-D. Schulze.

O/C- als auch das H/C-Verhältnis abnimmt, d. h. es steigt der Anteil zyklischer Aromaten (Haumeier und Zech 1995).

Schwarzer Kohlenstoff: Es gibt einen weiteren Weg zur Bildung schwer abbaubaren Kohlenstoffs (*recalcitrant carbon*), nämlich durch Feuer. Bei der Bildung von Holzkohle findet eine Umkristallisation des Kohlenstoffs statt, wobei Polyaromate mit graphitähnlicher Struktur entstehen (Abb. 3.3.8 A, Gleixner et al. 2001). Diese Strukturen sind weitgehend inert gegen mikrobiellen Abbau. Die Reste der Verkohlungsprozesse werden als ***„Black Carbon“*** bezeichnet. Bei Waldbränden wird aber nur ein relativ geringer Teil der Biomasse verbrannt bzw. in Holzkohle umgewandelt (Abb. 3.3.8 B). Der größte Teil der Biomasse ist totes unverbranntes Holz, wobei ein Holzkohlebelag den inneren Holzteil vor weiterem Abbau schützt (Abb. 3.3.8 C). Es konnte sogar gezeigt werden, dass die Färbung von Schwarzerdeböden (Tschernosem) der Steppen im Wesentlichen auf Ruß und Holzkohleresten beruht und nicht ein Produkt der Humusbildung ist (Schmidt et al. 1999). Aber auch die Lebensdauer von *Black Carbon* ist nicht unendlich. *Black Carbon* wird durch starke Säuren und Laugen oxidierbar. In Savannen wird trotz hoher Brandhäufigkeit schwarzer Kohlenstoff nicht angereichert.

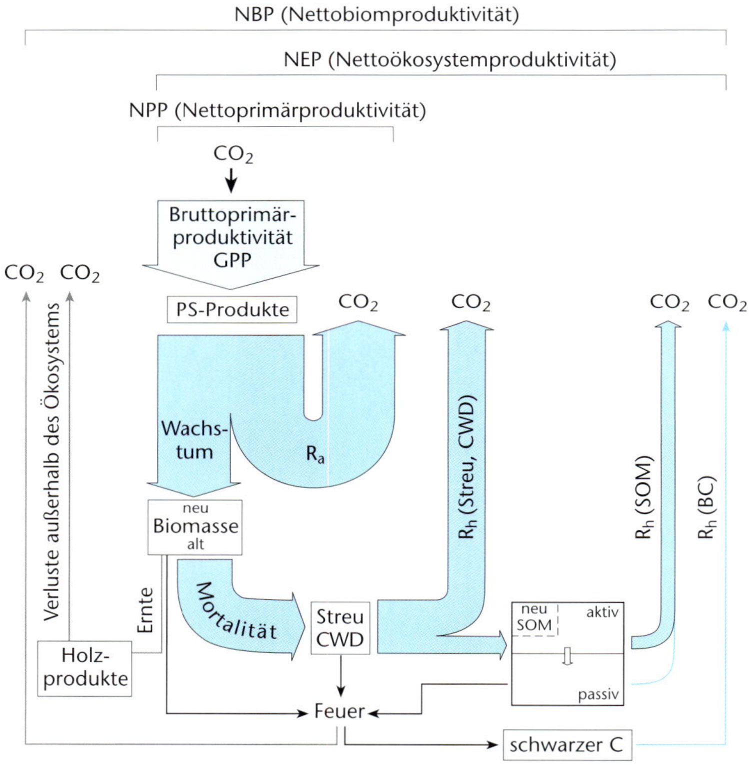

Abb.3.3.9: Definitionen des Begriffs „Produktivität“ in der Kohlenstoffbilanz (Schulze et al. 2000). Eingangsgröße ist die Bruttoprimärproduktivität (GPP), die der Photosynthese entspricht. Für Wachstum und Unterhalt braucht die Pflanze etwa 50 % der Assimilate. Es entsteht die Biomasse, die als Wachstum in Erscheinung tritt (NPP: Nettoprimärproduktivität). Ein Teil dieser jährlich zuwachsenden Biomasse wird als Streu (Blätter, Wurzeln, Blüten) wieder dem Boden zugeführt, wo ein Teil dieses Kohlenstoffs beim Streuabbau als Bodenatmung wieder an die Atmosphäre zurückgeführt wird. Die „Nettoökosystemproduktivität“ (NEP) bezeichnet die Bilanz dieser Assimilations- und Atmungsprozesse. Unabhängig von der Bodenatmung gibt es Prozesse, die C aus dem Ökosystem entfernen, ohne über die Atmung in Erscheinung zu treten. Es handelt sich insbesondere um die Ernte durch den Menschen und um Feuer. Die Bilanz all dieser C-Umsetzungen bezeichnet man als „Nettobiomproduktivität“ (NBP). CWD: Totholz (Coarse Woody Debris), SOM: Bodenkohlenstoff (Soil Organic Matter), BC: Black Carbon, R_h: heterotrophe Respiration. R_a: Respiration der autotrophen Pflanzen.

3.3.2.3 Die Ökosystem-Produktivität und die Biom-Produktivität

In der Kohlenstoffbilanz bezeichnet man die Summe aus assimilatorischen und respiratorischen Prozessen als **Netto-Ökosystem-Produktivität (NEP: *net ecosystem productivity*).**

$$NEP = GPP - R_a - R_h = NPP - R_h \quad (3.3.1)$$

wobei R_a die Atmung (Respiration) der autotrophen Pflanzen und R_h die Atmung der heterotrophen Organismen bezeichnet (Abb. 3.3.9, Schulze und Heimann 1998, Schulze et al. 2000)

Die NEP kennzeichnet nicht, wo die gespeicherte C-Menge abgelagert ist. Dies könnte bei niedriger R_a sowohl in der Biomasse (Stammzuwachs und Kernholzbildung in einem Wald) als auch bei eingeschränkter R_h im Boden als Humusbildung stattfinden. NEP ist damit nicht gleichzusetzen mit Humusbildung. Erst bei der Betrachtung über längere Zeiträume oder einer ganzen Landschaft kann gezeigt werden, ob NEP auf Bestandsebene temporär als noch nicht abgebauter Kohlenstoff akkumuliert wird, der erst zu einem späteren Zeitpunkt (bei Bäumen >100 Jahren) in die Kette der heterotrophen Organismen überführt wird.

Als Beispiel für eine Netto-Kohlenstoffbilanz eines Ökosystems zeigt Abb. 3.3.10 (Rebmann 2001) die Kohlenstoffflüsse, die mit mikrometeorologischen Verfahren (Eddy-Covarianz-Methode, siehe Kapitel 2.2 Kasten 2.2.7) erfasst wurden. Erkennbar ist sommerliche Aktivität der Photosynthese, die etwa ab Mitte März die nächtliche Atmung ausgleicht. Aber auch im Winter gibt es Zeiten mit einer Netto-CO_2-Assimilation, die höher ist als die Atmung. Die Atmung des Ökosystems ist im Sommer deutlich höher als im Winter. Unter bestimmten Bedingungen (geringe Einstrahlung) kann die Nettobilanz des Waldes auch im Sommer ausge-

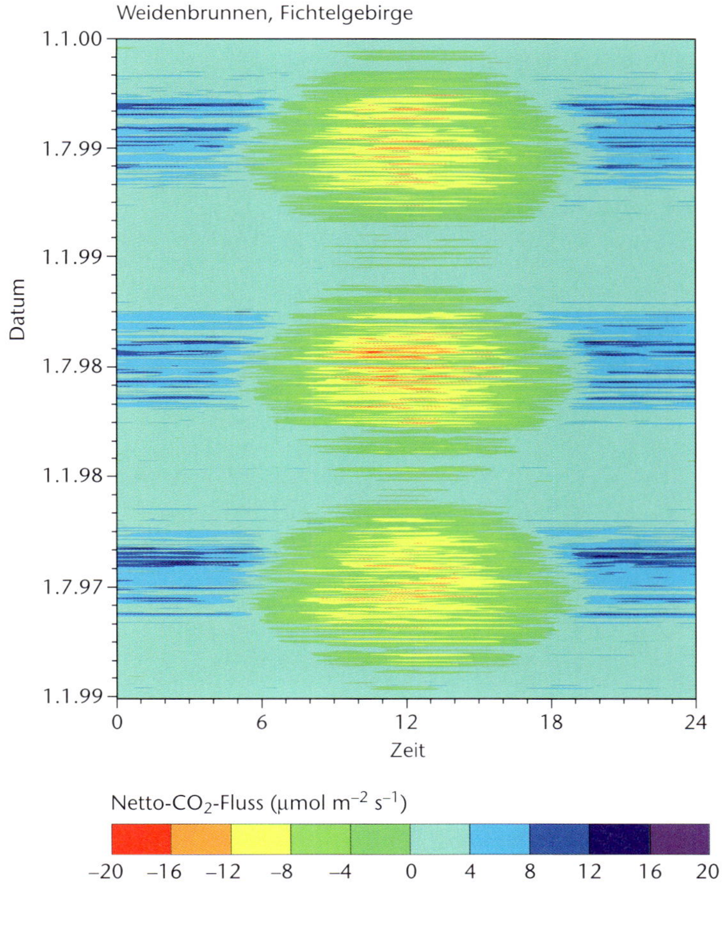

Abb. 3.3.10: Jahres- und Tagesgänge des Netto-CO_2-Austausches eines Fichtenökosystems im Fichtelgebirge. In drei aufeinander folgenden Jahren erkennt man die sommerliche CO_2-Assimilation am Tage, die höher ist als die Atmung in der Nacht. Im Herbst und Winter ist nur eine Atmung messbar, bis auf wenige Tage, an denen die Fichte auch im Winter eine Netto-CO_2-Assimilation zeigt (Rebmann, 2001).

glichen sein. In der Gesamtbilanz eines Jahres assimilierte dieser Bestand 13,8 t C ha^{-1} $Jahr^{-1}$ (GPP). Davon gingen 13 t C ha^{-1} $Jahr^{-1}$ durch Atmung der Biomasse und des Bodens wieder verloren, sodass am Ende eine NEP von nur 0,8 t C ha^{-1} $Jahr^{-1}$ übrig blieben, die vor allem als Zuwachs im Holz zu finden sind. Die Bilanz kann auch negativ werden, d. h. die Verluste übersteigen den Assimilationsgewinn. Da das Holz im Wirtschaftswald geerntet wird, ist die C-Menge nur vorübergehend im Ökosystem vorhanden. Unter Berücksichtigung der Ernte wäre die Ökosystem-Stoffbilanz dieses Bestandes negativ.

Abb 3.3.9 zeigte bereits, dass es neben dem heterotrophen Abbau natürliche und anthropogene Prozesse gibt, die C verbrauchen, ohne dass dies als heterotrophe Atmung messbar wäre. Es handelt sich insbesondere um die **Ernte** (von Feldfrüchten oder Holz, oder durch Vieh) und um **Feuer**. Man bilanziert diese Prozesse als **Netto-Biom-Produktivität (NBP: *net biome productivity*,** siehe Abb. 3.3.9, Schulze und Heimann 1998):

$$\text{NBP} = \text{NEP} - \text{„}\textit{nicht-respiratorische}\text{“ C-Verluste.} \quad (3.3.2)$$

Bei der Bestimmung der NEP mit der Methode der Eddy-Covarianz wird die Netto-Bilanz erfasst, ohne Berücksichtigung der Tatsache, dass das veratmete CO_2 aus einer Vielzahl von Quellen kommt, nämlich aus den Pflanzen und aus Kohlenstoff, der in sehr unterschiedlich alten Bodenhorizonten gespeichert war. Zur Interpretation der Daten aus Tabelle 3.3.3 ist es wichtig, die **mittlere Verweildauer** des Kohlenstoffs in den potentiellen Quellen zu kennen (Harrison et al. 2000, Persson et al. 2000). So steigt die mittlere Verweildauer des Bodenkohlenstoffs (Abb. 3.3.2) von 1 bis 8 Jahren in der Streu auf 4 bis 50 Jahre in der organischen Auflage und erreicht >100 Jahre im Mineralboden. Damit wird die Kohlenstoffmenge, die dem Boden über die Streu zugeführt wird, zu fast 50 % in weniger als 20 Jahren umgesetzt, 30 bis 40 % verbleiben weniger als 100 Jahre und nur 10 bis 15 % der Streu gehen über in einen schwer abbaubaren Speicher, der mehr als 100 Jahre im Boden verbleibt. Das maximale Alter von Bodenkohlenstoff liegt im Boden bei etwa 3000 bis 6000 Jahren (Schachtschabel et al. 1998, Schulze et al. 1999, Schlesinger 1990). Nur wenn Bodenhorizonte verschüttet werden, d.h. vom mikrobiellen Abbau abgeschnitten werden, können in fossilen Horizonten größere Alter erreicht werden.

Eine quantitative Vorstellung darüber, wie der Kohlenstoff im Boden umgesetzt wird, ist vor allem durch die Verwendung mathematischer Modelle möglich. Als Beispiel sei das CENTURY-Modell genannt (Parton et al. 1988), das die Umsetzungen im Boden in Abhängigkeit von der Verfügbarkeit der Ressourcen C, N, P und S darstellt (Abb. 3.3.11 A). Das Modell zeigt, dass auf allen Ebenen des Abbaus Kohlenstoff auch wieder in mikrobielle Biomasse zurückgeführt wird. Der Anteil an Kohlenstoff, der in das Kompartiment des schwer abbaubaren Kohlenstoffs fließt, ist geringer als 1 %. Die Umsetzungen von Kohlenstoff in der mikrobiellen Biomasse bedingen aber, dass das Ökosystem über lange Zeiträume ein konstantes, systemspezifisches Niveau des Bodenkohlenstoffs erreicht. Dieses Niveau hängt vor allem vom Tongehalt der Böden (Abb. 3.3.11 B) und der mittleren Jahrestemperatur ab (Schimel et al. 1994, Bird et al. 2001, Lloyd und Taylor 1994).

Tabelle 3.3.3: Mittlere Verweildauer des Bodenkohlenstoffs, Streufall, Kohlenstoffeintrag in den Boden und dessen Abbaurate in europäischen Laub- und Nadelwäldern (Schulze et al. 2000). Die mittlere Verweildauer des Kohlenstoffs in der Biomasse ist in Abb. 3.3.2 dargestellt.

	Laubwald	Nadelwald
mittlere Verweildauer (Jahre)		
Streu	7	8
organische Auflage	47	51
Mineralboden 0–10 cm	121	126
Mineralboden 10–20 cm	178	195
Nettoprimärproduktion (g C $m^{-2}a^{-1}$)	600	630
Streufall (g C $m^{-2}a^{-1}$)	310	260
Mineralisation (g C $m^{-2}a^{-1}$)	130	150
Netto-Ökosystem-Produktivität (g C $m^{-2}a^{-1}$)	470	480
Zunahme an Boden-C (g C $m^{-2}a^{-1}$)	180	110
Anteiliger Abbau innerhalb von		
20 Jahren (%)	54	46
20 bis 100 Jahren (%)	35	39
>100 Jahren (%)	11	15

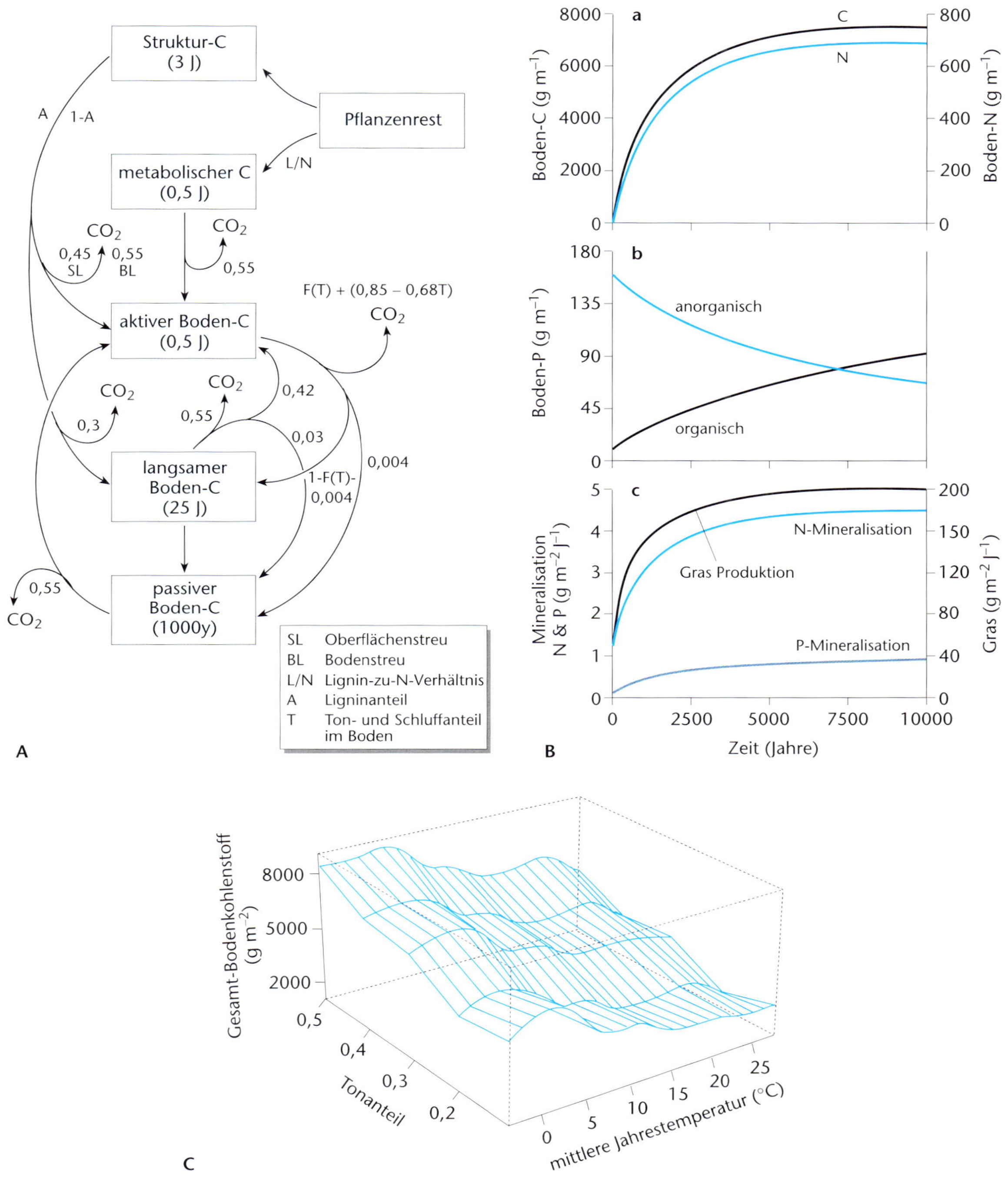

Abb. 3.3.11: A: Flussdiagramm des CENTURY-Modells zur Berechnung der N- und C-Umsetzungen in einem Ökosystem am Beispiel eines Graslandes. B: Simulierte Änderungen im C-, N- und P-Gehalt verschiedener Kompartimente. Das Modell verdeutlicht, in welchem Ausmaß Substanzen in einem Ökosystem zirkulieren und es gleichzeitig über lange Zeit zu einer Anreicherung von C und N im Boden kommt (Parton et al. 1988). C: Die Abhängigkeit des Bodenkohlenstoffs von der Umgebungstemperatur und vom Tongehalt im Boden. Da die Bindung von organischen Molekülen an Tonminerale ein wesentlicher Prozess zur Stabilisierung von Boden-Kohlenstoff ist, steigt die Akkumulation von Kohlenstoff im Boden mit dem Tongehalt. Wegen der Abhängigkeit der Aktivität der Bodenorganismen von der Temperatur sinkt die C-Speicherung im Boden mit der Jahresmitteltemperatur (Schimel et al. 1994).

Kasten 3.3.2 Der Kohlenstoffumsatz

- Der Kohlenstoffumsatz in einem Ökosystem ist kein Kreislauf, sondern ein offener Austausch mit der Atmosphäre. Die Ökosystembilanz wird bestimmt aus der Assimilation und den Atmungsprozessen in der Pflanze und im Boden. Feuer und Ernte bestimmen zusätzlich diese C-Umsetzungen.
- Man unterscheidet zwischen der photosynthetischen CO_2-Fixierung als Bruttoprimärproduktion (GPP: *gross primary production*), dem Wachstum aller pflanzlichen Organe (NPP: Nettoprimärproduktion), der Netto-Ökosystem-Produktivität aus Assimilation und der Summe aller Atmungsprozesse (NEP: *net ecosystem productivity*) und der Netto-Biom-Produktivität (NBP), die auch die Kohlenstoffverluste berücksichtigt, die nicht über die Atmung gesteuert werden (Feuer, Ernte, Beweidung).
- Streufall koppelt die pflanzliche Produktion an die heterotrophen Prozesse des Kohlenstoffabbaus im Boden. Nur mit hoher Unsicherheit zu bestimmen ist die Umsatzrate der Feinwurzeln (<2 mm Durchmesser). Feinwurzeln machen aber etwa 28 % der Gesamtwurzelmasse aus und werden bei Holzgewächsen vermutlich einmal pro Jahr umgesetzt, und dieser Umsatz ist vergleichbar mit dem Blattumsatz. Feinwurzeln erreichen eine Länge von 4 (tropische Wälder) bis 120 (Grasland) km m^{-2} Bodenfläche. Die projizierte Fläche der Feinwurzeln entspricht in etwa dem Blattflächenindex.
- Der Streuabbau dauert 1 bis 20 Jahre für Laub und Nadeln und bis zu 100 Jahre für Holz. Der Abbau kann durch bestimmte Standortfaktoren (anaerobe Bedingungen im Moor, Tongehalt wegen der Bildung von Ton-Humus-Komplexen, niedriger pH) verlangsamt werden. Der Streuabbau ist abhängig von der chemischen Zusammensetzung der Biomasse, wobei Proteine, Aminosäuren, Cellulose und Hemicellulose direkt in den mikrobiellen Stoffwechsel übergehen, d. h. schnell aus der pflanzlichen Streu verschwinden, wohingegen Lignin und Lipide nur langsam und im Falle des Lignins ohne Energiegewinn für den Organismus (Pilze mit Lactaseaktivität), gespalten werden.
- Die pflanzlichen Polymere werden in Monomere zerlegt, die zum Teil als mikrobielle Biomasse wiederzufinden sind (Aminosäuren, Pyridin) und dort von Generation zu Gneration und von Art zu Art weitergereicht werden (*Recycling*).
- Im Verlauf des Abbaus organischer Substanz sinken das O/C-und das H/C-Verhältnis, d. h. es steigt der Anteil zyklischer Aromaten.
- Feuer setzt einerseits CO_2 frei, andererseits führt es zur Bildung von Holzkohle und Ruß (*Black Carbon*), die wegen der graphitähnlichen Struktur nur schwer abbaubar sind. Schwarzerdeböden zeigen eine Anreicherung von *Black Carbon*.
- In den europäischen Wäldern werden etwa 46 % der Streu im Verlauf von 20 Jahren abgebaut, 39 % erreichen 100 Jahre und nur 15 % verbleiben mehr als 100 Jahre.
- Mathematische Modelle des Streuabbaus zeigen die immer erneute Rückführung von schwer abbaubarem Bodenkohlenstoff in den mikrobiellen C-Kreislauf. Dies führt dazu, dass es eine obere Grenze der C-Speicherung in Ökosystemen gibt, die wesentlich vom Tongehalt, von der Zeit und der Umgebungstemperatur bestimmt wird. Nur etwa 1 % des assimilierten C wird als langlebiger Kohlenstoff im Boden festgelegt.

3.3.3 Der Stickstoffkreislauf

Von allen Stoffumsetzungen in einem Ökosystem entspricht der Umsatz des Stickstoffs am ehesten dem, was man gemeinhin als Stoffkreislauf bezeichnen könnte (Abb. 3.3.12, Schulze 2000). Atomarer Stickstoff kommt in der belebten Natur nicht vor. Die größte Menge an Stickstoff befindet sich in der Atmosphäre als N_2-Gas. Dieses kann aber nicht ohne weiteres direkt genutzt werden. Stattdessen findet man in Ökosystemen den Stickstoff in anorganischer oxidierter und reduzierter Form (Nitrat und Ammonium) oder in organischer Bindung mit C als Amino-N ($C\text{-}NH_2$) oder als Amid (C-N-C). An dieser Stelle sind C- und N-Kreislauf eng miteinander gekoppelt. Wenn im Folgenden von „N"-Kreislauf gesprochen wird, so sind damit nicht N_2, sondern mol-äquivalente N-Mengen in unterschiedlicher Bindungsform gemeint.

Der Kreislauf des Stickstoffs ist charakterisiert durch einen ständigen Wechsel der Oxidationszahl des N (Abb. 3.3.13, Meyer 1993, Gottschalk 1986). Dabei werden Elektronen zunächst aus dem Abbau organischer Substanz gewonnen, um damit N_2 zu NH_3 zu reduzieren (**N_2-Fixierung**).

$$N_2 + 18H^+ + 8e^- + 16ATP \rightarrow 2NH_4^+ + H_2 + 16ADP + 16P_i \qquad (3.3.3)$$

Die Überführung von N_2-Gas in organische Bindungsformen erfolgt durch N_2-fixierende Bakterien, die als frei lebende Cyanobakterien, als Knöllchenbakterien der Leguminosen oder als Symbionten mit Pilzen (Flechten) oder Höheren Pflanzen (Erle, Cycas-Gewächse (Abb. 3.3.13 B bis D), Gunnera-

Gewächse etc.) auftreten. Für die Reaktion sind 960 KJ mol^{-1} N nötig. Diese Energie wird durch den Abbau von Kohlenhydraten in der Atmung bereitgestellt.

Auf dem Reduktionsniveau von NH_4^+ kann N in vielerlei metabolischen Prozessen umgesetzt werden, ohne dass das Reduktionsniveau geändert wird. Erst beim Umbau der organischen Substanzen im Boden werden dem Stickstoff durch Bindung an Sauerstoff Elektronen entzogen. Hierbei ist ein ganzer „Zoo" von sehr unterschiedlichen Bodenbakterien beteiligt. Man unterscheidet:

Typ	Elektronen-Donor	Elektronen-Akzeptor	C-Quelle Biomasse
– Chemoorganoheterotrophe	OS	O_2, NO_3^-, SO_4^{2-}, OS, Me(ox)	OS
– Chemolithoautotrophe	H_2, CO, H_2S Me(red), NH_3, NO_2^-	O_2, NO_3^-, CO_2	CO_2
– Photolithoheterotrophe	H_2O, H_2S, S^o, H_2	CO_2	CO_2
– Photoorganoheterotrophe	OS	OS	OS

OS: Organische Substanz; Me: Metalle.

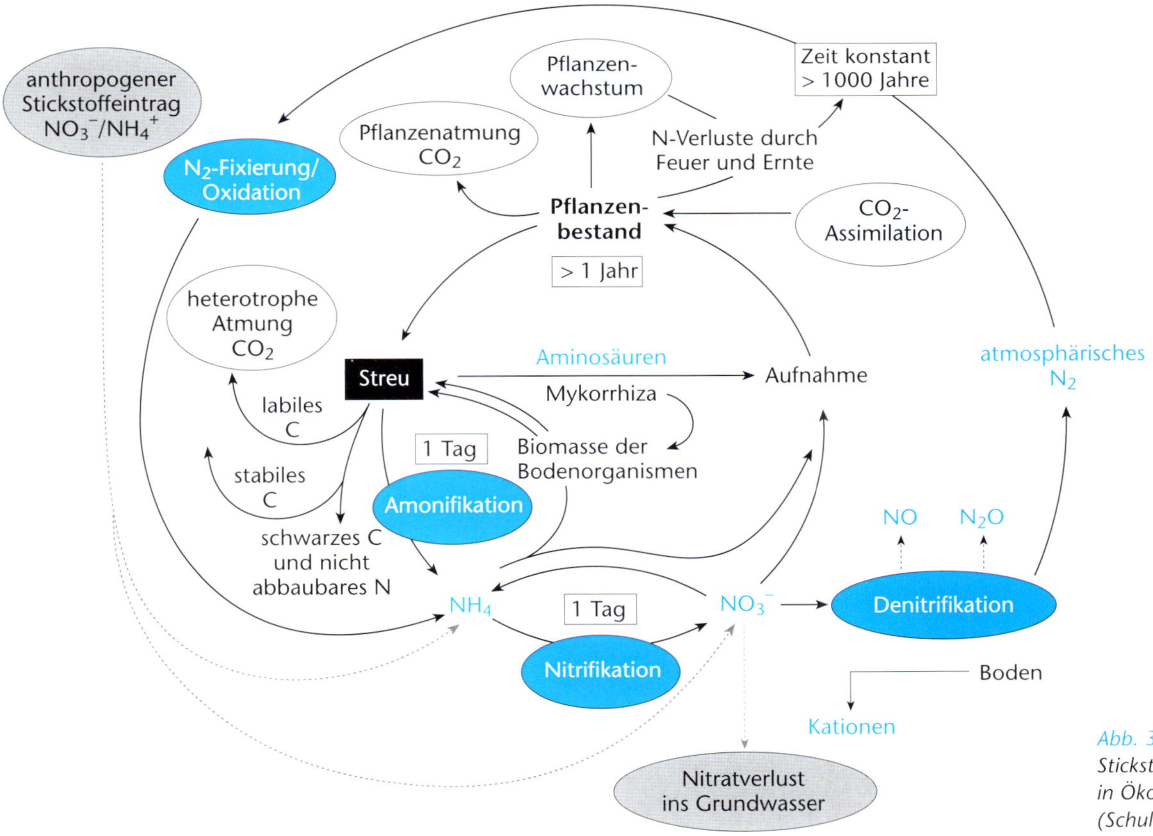

Abb. 3.3.12: Der Stickstoffkreislauf in Ökosystemen (Schulze 2000).

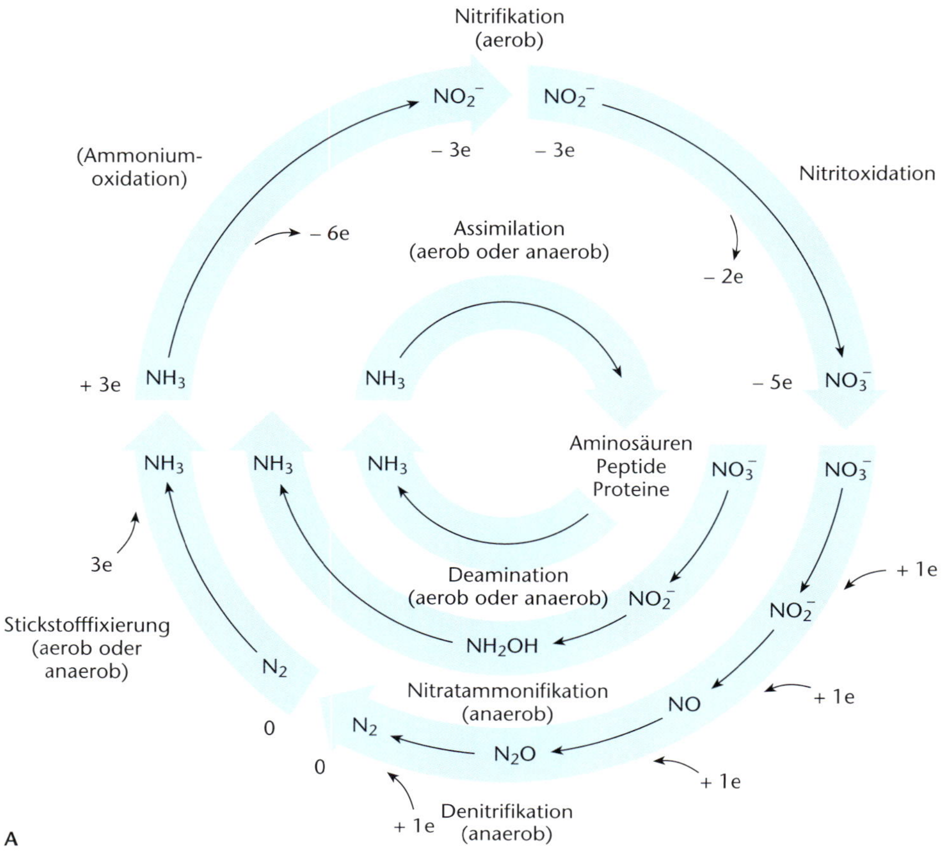

Abb. 3.3.13: A: Funktionelle Gruppen der Mikroorganismen im biogeochemischen Kreislauf des Stickstoffs. Blaue Pfeile kennzeichnen Umsetzungen, die in einzelnen Organismen stattfinden. Kleine Pfeile kennzeichnen Zwischenprodukte der Umsetzung. Die Abbildung zeigt auch die Oxidationszahl und die Aufnahme bzw. Abgabe von Elektronen (nach Meyer 1994). B: Bodenversauerung im Zuge der N_2-Fixierung: Bei der Reduktion des N_2 werden Protonen frei, die bei vielen Arten an den Boden abgegeben werden und zur Bodenversauerung führen. In der Abbildung ist die Absenkung des Boden-pH in der Umgebung der Erbsenwurzel deutlich abgesetzt von der Maiswurzel, die den pH mit der Nitrataufnahme anhebt. Einige N_2-fixierende Arten sind in der Lage, H^+ zu H_2 zu oxidieren. Foto: E. George. C: Macrozamia communis als Beispiel für die Symbiose zwischen Pflanze und Luftstickstoff fixierenden Bakterien. Die Cykadeen bilden am Hypocotyl so genannte koralloide (korallenähnliche) Wurzeln aus, in deren Rinde die Cyanobakterien als blau-grüne Lage erkennbar sind. Macrozamia wächst mit verschieden Arten in den nährstoffarmen Wäldern Australiens. Fotos E.-D. Schulze.

C

Die Umsetzung von NH_4^+ in oxidierten Stickstoff findet wie folgt statt:

$$4NH_4^+ + 8O_2 \rightarrow 4NO_2^- + 4H_2O + 8H^+ \ (-352\ \text{kJ mol}^{-1}_{N}) \quad (3.3.4)$$

$$2NO_2^- + O_2 + \rightarrow 2NO_3^- \ (-\ 73{,}5\ \text{kJ mol}^{-1}_{N}) \quad (3.3.5)$$

Bei der Reaktion werden insgesamt 425,5 kJ mol^{-1}_{N} frei, die die autotrophen Bodenbakterien *Nitrosomas* (Nitrifikation) und *Nitrobakter* (Nitratbildung) als Energiequelle zur Bildung von ATP nutzen. Die Reaktion ist kompliziert, denn bei der Nitritbildung wird nicht O_2, sondern der Sauerstoff des Wassers auf das Nitrit übertragen (Abb. 3.3.14 A). Die Nitrit-Oxidase, ein Molybdoprotein auf der Innenseite der Zellmembran, überträgt das Elektron auf ein Cytochrom c auf der Membranaußenseite, das nun zwei Elektronen auf ein weiteres Cytochrom der Membraninnenseite überträgt. Dieses leitet das Elektron auf O_2 weiter und erzeugt damit einen Protonengradienten, der für die Bildung von ATP genutzt wird. Weiterhin werden die Elektronen des Cytochrom c auf NAD^+ übertragen und damit Reduktionsequivalente gebildet (Abb. 3.3.14 B; Gottschalk 1986).

Chemolithotrophe Bakterien sind aber auch zu folgenden Reaktionen befähigt:

$$NH_4^+ + 2H_2O \rightarrow NO_2^- + 8H^+ + 6e^- \quad (3.3.6)$$

$$NO_2^- + H_2O \rightarrow NO_3^- + 2H^+ + 2e^- \quad (3.3.7)$$

wobei in diesem Falle die Elektronen zur Reduktion von NAD^+ genutzt werden.

Pflanzen können NO_3^- wieder zu NH_3 reduzieren:

$$NO_3^- + 9H^+ + 8e^- \rightarrow NH_3 + 3H_2O \quad (3.3.8)$$

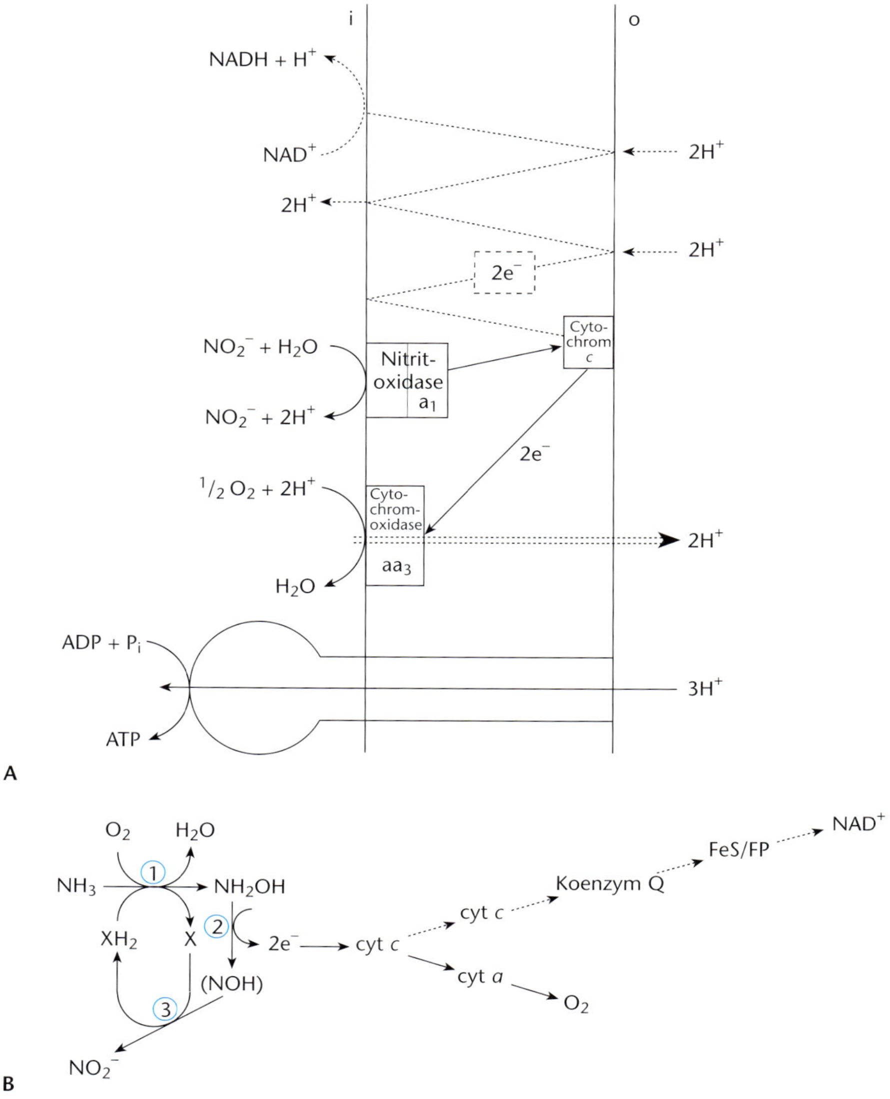

Abb. 3.3.14: A: Der Transport von Protonen bei der Nitrit-Oxidation von Nitrobacter. Es wird angenommen, dass die Nitrit-Oxidase (ein Cytochrom a1-gebundenes Molybdoprotein) entweder das Cytochrom c reduziert, das anschließend die Elektronen über die Cytochrom-Oxidase auf O_2 überträgt, oder die Elektronen auf NAD^+ überträgt. B: Schematische Darstellung der Reaktionen, die bei der Ammonium-Oxidation zur Bildung von NO_2 und O_2 führen bei gleichzeitigem e-Transfer auf NAD^+ (nach Gottschalk 1986).

wobei in diesem Falle die Elektronen aus der Photosynthese bereitgestellt werden (siehe Kapitel 2.3).

In einem anderen Kreislauf können Mikroorganismen das oxidierte NO_3^- als Elektronenakzeptor nutzen, um dadurch den Sauerstoff zu gewinnen, der zur Oxidation anderer Substrate eingesetzt wird (**anaerobe Nitrat-Ammonifikation**, auch **Nitrat-Respiration** genannt), wobei NO_3^- unter Verbrauch von Glucose wieder auf das Reduktionsniveau von NO_2^- zurückkehrt:

$$C_6H_{12}O_6 + 12NO_3^- \rightarrow 6CO_2 + 6H_2O + 12NO_2^- \ (+1766\ \text{kJ mol}^{-1}) \quad (3.3.9)$$

oder unmittelbar in NH_4^+ umgesetzt wird:

$$C_6H_{12}O_6 + 3NO_3^- + 6H^+ \rightarrow 6CO_2 + 3NH_4^+ + 3H_2O \ (+1796\ \text{kJ mol}^{-1}) \quad (3.3.10)$$

Unabhängig davon kann Nitrat unter anaeroben Bedingungen auch zum molekularen N_2 abgebaut werden (**Denitrifikation**). Dabei dient das Nitrat wiederum als Elektronen-Akzeptor, und der

Tabelle 3.3.4: Die N-Bilanz eines Fichtenbestandes im Solling (Horn et al. 1989).

Netto-Bedarf (mmol m^{-2} $Jahr^{-1}$)		Versorgung (mmol m^{-2} $Jahr^{-1}$)	
Nadeln	257	Aufnahme über den Spross	
Zweige/Äste	84	$NH_3 + NO_x$	19
Stammholz	177	$NH_4 + NO_3$	118
		Aufnahme über die Wurzel	
Wurzeln	609*	$NH_4 + NO_3$	990
Gesamt	1127	Gesamt	1127

* der Bedarf für Wurzeln enthält den Umsatz an Feinwurzeln und ist damit sehr unsicher.

frei werdende Sauerstoff wird zur Oxidation organischer Substrate verwendet. Der Gesamtenergiegewinn bei der Reduktion von Nitrat zu N_2 ist mit 561 kJ pro mol Elektronenakzeptor gößer als bei der aeroben Atmung (475 kJ mol^{-1} O_2). Bei Umsetzung von Ammonium zu Nitrat und bei der Denitrifikation sind Verluste der gasförmigen Zwischenprodukte, insbesondere von NO_2, NO und N_2O möglich, die als klimawirksame Gase im Strahlungshaushalt der Erde Bedeutung haben (siehe Kapitel 2.1). Die Gesamtbilanz der Denitrifikation sieht wie folgt aus:

$$10\ \text{Glucose} + 48NO_3^- + 48H^+ \rightarrow 60CO_2 + 24N_2 + 84H_2O\ (+2669\ \text{kJ mol}^{-1}) \quad (3.3.11)$$

wobei diese Reaktion sowohl im gleichen Organismus wie auch über eine Kette von Organismen stattfinden kann.

Stickstoff wird in Ökosystemen nicht nur von Bakterien aus N_2 neu pflanzenverfügbar gemacht, sondern es gibt zusätzlich Einträge aus der Atmosphäre, bei denen N_2 z. B. durch Blitz und Feuer oxidiert wird. Anthropogen stammt oxidierter Stickstoff (NO_x) aus Verbrennungsprozessen und reduzierter Stickstoff (NH_3) aus der Tierhaltung, Kläranlagen oder industriellen Prozessen der Ammoniumherstellung. Der N-Eintrag in industrieferne Ökosysteme beträgt <5 kg N ha^{-1} a^{-1}. In industriell und landwirtschaftlich belasteten Ökosystemen beträgt der N-Eintrag 20 bis >100 kg N ha^{-1} a^{-1} (Schulze und Ulrich 1991).

Auf Ökosystemebene interessiert neben dem N-Verbrauch in den verschiedenen Kompartimenten der Pflanze vor allem die N-Menge, die im Ökosystem verfügbar ist (Tabelle 3.3.4). Ein Teil des Bedarfs wird durch Rückverlagerung von Aminosäuren vor dem Blattfall gedeckt. Die N-Gehalte in der Streu variieren zwischen 5 und 10 mg $g^{-1}{}_{TG}$ in Nadeln und Blättern und 1 bis 5 mg $g^{-1}{}_{TG}$ in Holz. Die Gesamtmenge an reduziertem N, das über die Streu in den Boden gelangt, beträgt bei 3 t ha^{-1} Streufall in einem Buchenwald damit etwa 15 bis 30 kg N ha^{-1}. Dies deckt aber in keiner Weise den gemessenen Bedarf. Etwa ein Drittel der N-Versorgung erfolgt in Deutschland über die oberirdischen Sprossorgane.

Betrachtet man die geographische Verteilung des N-Angebotes, dann ist dieses sowohl hinsichtlich der chemischen Spezies als auch hinsichlich der Menge sehr variabel (Abb. 3.3.15). Bei niedrigem Angebot (N-Mangel) und saurem Bodenmilieu sind Pilze die dominierenden Organismen im Boden (Kapitel 3.2.4.3; Smith und Read 1997). Sie erschließen den organischen Stickstoff über eine Protease, die bei niedrigem pH besonders aktiv ist, d. h. die Pilze säuern das Substrat durch Abgabe von Protonen an und nehmen den organischen Stickstoff direkt aus der Streu auf. Pilze haben einen höheren N-Bedarf als Pflanzen, da ihre Zellwand aus Glucosamin (Chitin) gebildet wird, und benötigen daher einen großen Anteil der so gewonnenen N-Verbindungen für den Aufbau der eigenen Biomasse. Dazu benötigen die Pilze aber auch Kohlenhydrate, die sie als Mykorrhiza entweder von den Pflanzen direkt erhalten oder als auf toter organischer Substanz lebende Saprophyten aus dem Streuabbau gewinnen: Die Mykorrhizapilze liefern im Gegenzug zu der Versorgung mit Kohlenhydraten Aminosäuren aus dem Proteinabbau an die Pflanze. Im borealen Nadelwald ist dieser „kurzgeschlossene" Kreislauf des N, der die Mineralisation durch Mikroben umgeht, so effektiv, dass im Boden kein freies Nitrat oder Ammonium nachweisbar ist (Wallenda et al. 2000). Troz der Dominanz der Pilze beim Abbau der organischen Substanz und bei der Aufnahme von N sind auch im borealen Wald ammonifizierende

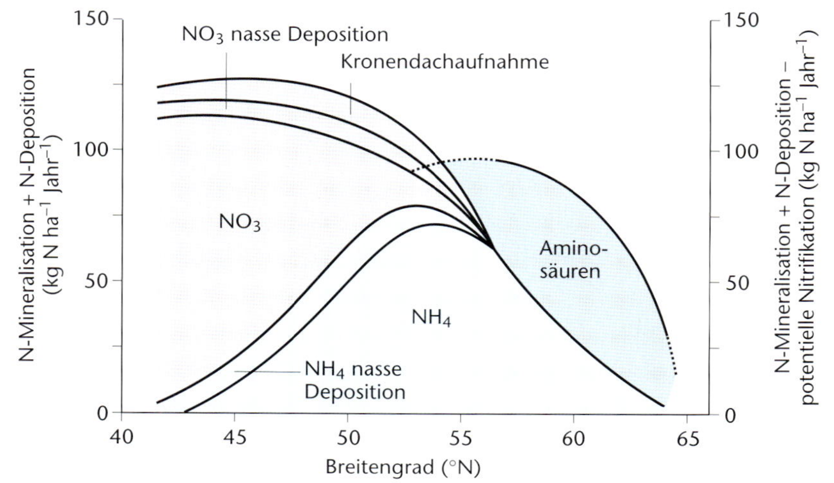

Abb. 3.3.15: Die Änderung von Nitrat, Ammonium und Aminosäureangebot in der Bodenlösung von Waldböden entlang eines Transekts durch Europa. Es wird deutlich, dass die borealen Wälder in Nordeuropa im Wesentlichen über einen kurzgeschlossenen N-Kreislauf mit Aminosäuren versorgt werden, die die Mykorrhiza erschließen. Im kühl-temperaten Klima dominiert Ammonium und in Südeuropa Nitrat. Die Abfolge kann in Abhängigkeit vom Boden-pH stark variieren. Bei hohem Ca-Angebot ist auch im Norden Nitrifikation möglich (Schulze et al. 2000).

oder nitrifizierende Bakterien als Sporen (bei längerer Inkubationszeit) nachweisbar (Persson et al. 2000).

Mit dem Abbau von Lignin kommt es bei pilzlichem Streuabbbau aber auch zur Freisetzung von DOC (*dissolved organic carbon*), das zusammen mit Kationen aus dem Bodenprofil verlagert wird (Kapitel 3.2.2.3) und damit der Bodenversauerung und den für die saure Protease der Pilze günstigen Umweltbedingungen Vorschub leistet. Erst wenn die Versorgung mit Calcium und damit der Boden-pH-Wert steigt, treten auch im borealen Klima Ammonium und Nitrat in der Bodenlösung auf (siehe Abb. 3.3.15, Nordin et al. 2001). Die Bakterien werden erfolgreich gegenüber den Pilzen, wobei sich die Ectomykorrhizaflora von Aminosäuren nutzenden Arten hin zu Arten verschiebt, die anorganischen Stickstoff aufnehmen. Somit sind im borealen Klima und bei niedrigem pH die Aminosäuren und in temperaten und warmen Klimaten und bei höherem pH Nitrat und Ammonium als Haupt-N-Produkte des Stoffabbaus in der Bodenlösung nachweisbar (Abb. 3.3.12, Schulze et al. 2000).

In einem Ökosystem finden Oxidation und Reduktion von Stickstoffverbindungen nicht nur in unterschiedlichen Horizonten, sondern auch im gleichen Bodenhorizont statt, da sich im Inneren von Bodenkrümeln (Aggregaten) sauerstofffreie Zonen ausbilden können (Horn 1994).

Liegen Ammonium oder Nitrat im Überschuss vor, d. h. übersteigen externe Zufuhr oder ökosysteminterne Bildung den Verbrauch (z. B. durch saisonale Schwankungen des Wachstums), so hat dies unterschiedliche Folgen für das Ökosystem (Kapitel 3.2.2.3). Ein **Ammoniumüberschuss** bewirkt eine Freisetzung von Kationen – insbesondere von K und Al – aus Tonmineralen (siehe Kapitel 2.3). Im Gegensatz zu dem sehr wenig mobilen Ammonium wird Nitrat am Bodenaustauscher nicht gebunden. Es bleibt in der Bodenlösung mobil. Ein Nitratüberschuss führt damit zu **Nitratauswaschungen** ins Grundwasser. Diese Austräge an Anionen sind gekoppelt an äquimolare Verluste an Kationen. Die Deposition von N aus Luftschadstoffen beschleunigt im Allgemeinen den N-Umsatz und führt zu erhöhten N-Austrägen auch ohne Interaktion mit den Organismen des Ökosystems (Durka et al. 1994).

Kasten 3.3.3 Der N-Kreislauf

Der N-Kreislauf

- Der Umsatz an Stickstoff (N) entspricht am ehesten dem eines mehr oder weniger geschlossenen Kreislaufs.
- Stickstoff wird als organisch gebundener Aminostickstoff und in anorganischer Form als Ammonium und Nitrat umgesetzt, wobei die Umwandlung von Ammonium in Nitrat und von Nitrat zu Ammonium durch den mikrobiellen Kreislauf bestimmt wird, der vom Redoxpotential abhängt. Die bodenchemischen Bedingungen bestimmen darüber, ob organischer Stickstoff, Ammonium oder Nitrat die dominierende Form des N-Umsatzes ist.
- Ökosysteme gewinnen Stickstoff durch die N_2-Fixierung symbiontischer oder frei lebender N_2-Fixierer (Cyanobakterien, Aktinomyceten).
- N-Einträge aus der Atmosphäre stammen auch aus der Oxidation von N_2 aus Blitzschlag und aus natürlichen oder anthropogenen Verbrennungsprozessen. Reduzierter Stickstoff stammt aus der Tierhaltung oder aus Kläranlagen. Der Eintrag von N aus der Atmosphäre kann die natürliche Mineralisation von N aus organischer Substanz in der Gesamtmenge übertreffen.
- Anaerobe Bedingungen führen zur Nitrat-Ammonifikation oder zur Denitrifikation, wobei die klimawirksamen Spurengase NO_2, NO und N_2O frei werden können.
- N-Verluste treten nicht nur durch Denitrifikation, sondern auch durch Auswaschung von Nitrat ein. Nitrat wird im Gegensatz zu Ammonium nicht am Bodenaustauscher gebunden. Auswaschungen von Nitrat (und anderen starken Säuren wie z. B. Sulfat) bewirken äquivalente Mengen an Kationenverlusten.

3.3.4 Der Umsatz und Kreislauf der Kationen

Die Bedeutung der Kationenversorgung in Ökosystemen (K, Mg, Ca) wurde bereits beim N-Kreislauf deutlich. Die Kationenversorgung erfolgt primär aus der chemischen Verwitterung der primären Mineralien (Kapitel 2.3.1) oder aus Stäuben, die in Ökosysteme aus der Atmosphäre eingetragen werden. Bekannte Beispiele für den Staubeintrag sind die Bildung von Löss in der Nacheiszeit (Schachtschabel et al. 1998), die Versorgung des Amazonasbeckens mit Stäuben aus der Sahara (Lloyd et al. 2001) und die Pufferung schwefelhaltiger Emissionen durch Industriestäube in den sechziger Jahren, die die Versauerung der Böden verzögerte, da die Ionen-Ladung der Deposition neutral war.

Die Kationen werden über die Wurzel aufgenommen. Die Rückführung der Kationen in den Boden erfolgt aber nicht nur über die Streu, sondern auch als Auswaschung aus dem Kronendach. Diese Kronendach-Auswaschung ist eine Folge der Ammoniumaufnahme im Kronendach aus Luftverunreinigungen und eine Folge der Pufferung beim Eintrag von Protonen (*Leaching*).

Im Boden erfolgt eine Anreicherung von Kationen in der organischen Auflage (Abb 3.2.4), und ein dichtes Wurzelgeflecht in der organischen Auflage sorgt vor allem bei nährstofflimitierten Bedingungen für eine unmittelbare Rückführung der Kationen aus der Streu in die Pflanze. Die Kationen werden aus der organischen Matrix gelöst oder in Verbindung mit organischen Säuren (*„dissolved organic carbon“*, DOC, siehe Kapitel 2.3) transportiert. Die Kationenaufnahme durch die Wurzel und Katio-

Tabelle 3.3.5: Kationenflüsse in einem Fichtenwald (mmol m^{-2} a^{-1}).

	Calcium	Kalium	Magnesium
Bodenbilanz			
Eintrag aus der Atmosphäre	25	19	10
Auswaschung aus dem Kronendach	10	25	1
Verwitterung	79	52	36
Freisetzung aus der Streu	189	54	29
Auswaschung ins Grundwasser	– 45	– 21	– 33
verfügbar im Boden	258	129	43
Pflanzenbilanz			
Pflanzenaufnahme	258	129	43
Einbau in Holz	59	50	13
Auswaschung aus dem Kronendach	10	25	1
Streu	189	54	29

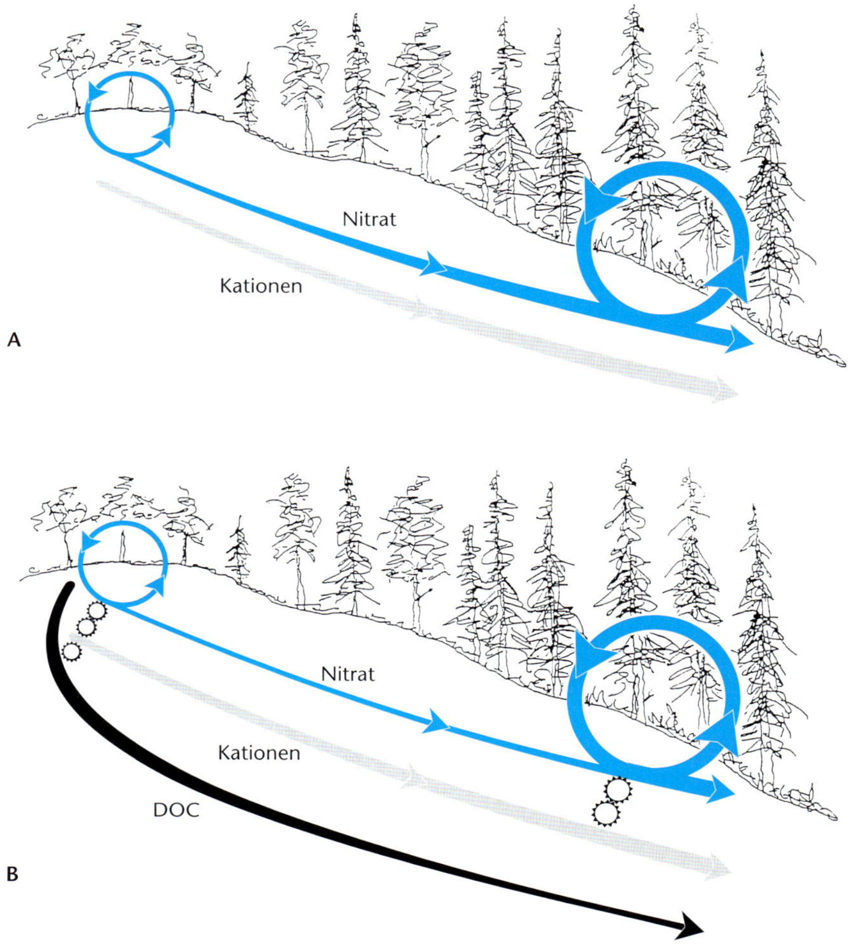

Abb. 3.3.16: Schematische Darstellung des Grundwasserabflusses von Nitrat und Kationen längs eines Hangabflusses im borealen Wald von Skandinavien. A: Hoher Nitrataustrag und damit assoziierter Kationenaustrag, und B: geringer Nitrataustrag und hoher Kationenaustrag in Assoziation mit DOC. Es wird gezeigt, dass der Kationentransport mit DOC der im Freiland bedeutsame Mechanismus ist, der die Änderung in der Kationenversorgung an Berghängen erklärt (nach Högberg 2001).

nenverluste durch die Auswaschung von DOC lassen in nährstoffarmen Böden die Kationenkonzentration in der Bodenlösung im Oberboden sinken, es kommt zur Entstehung von Bleich-Horizonten (Eluvial-E-Horizonten). Die Basensättigung steigt erst wieder in tieferen Bodenschichten (B- und C-Horizont) an (siehe auch Kapitel 3.2.2.3).

Die Umsetzungen, d. h der Kreislauf von der Aufnahme bis hin zur Wiederfreisetzung, sind für die einzelnen Elemente sehr unterschiedlich. In einem Fichtenbestand auf Granit (Horn et al. 1989) ist der Calciumumsatz doppelt so hoch wie der von Kalium und übersteigt den von Magnesium um den Faktor 5. Da die Auswaschung ins Grundwasser für alle Elemente etwa in gleicher Größenordnung erfolgt, müssen unterschiedliche Mengen an Ca, K und Mg aus der Verwitterung primärer Mineralien des Bodenprofils nachgeliefert werden (Tabelle 3.3.5). Dies führt auf saurem Ausgangsgestein zu einer Absenkung des Boden-pH-Wertes und langfristig zu Waldschäden (siehe Kapitel 3.5.1).

Die Auswaschung von Kationen aus einem Ökosystem ins Grundwasser und der seitliche Transport in andere Ökosysteme können grundsätzliche Bedeutung für die Stoffkreisläufe der „Geber-“ und „Empfänger-“Systeme haben. Dabei bestehen zwei grundsätzliche Möglichkeiten der Interaktion (Abb. 3.3.16): (1) Nitrat (oder Sulfat) wird ausgewaschen und trägt Kationen z. B. hangabwärts. Dies ist die „gängige“ Annahme. Dort führt der Nitrat- und Kationen-Gewinn zu einem verstärkten Gesamtumsatz. (2) DOC wird ausgewaschen und führt Kationen ins Grundwasser. Da DOC auf dem Weg mikrobiell abgebaut wird, kommt es zu einer sekundären Kationen-Anreicherung hangabwärts. Damit verbessern sich die Bedingungen für die Nitifikation längs der Transportwege. Die lokale Nitrifikation und nicht die Auswaschung von Nitrat fördert die Biomasseproduktion und damit den Stoffkreislauf. Der Transport von DOC scheint im borealen Klima (Högberg 2001) auf saurem Substrat (Granit als Substrat) der dominierende Prozess zu sein, der eine Umverteilung von Kationen z.B. an einem Hang bewirkt (Kaiser und Guggenberger 2000, Guggenberger und Zech 1993).

Kasten 3.3.4 Der Kationenkreislauf

Der Kationenkreislauf

- Der Kreislauf von Kationen ist auch in natürlichen Ökosystemen nicht vollständig geschlossen. Insbesondere der Austrag löslicher organischer Abbauprodukte (DOC) und starke anthropogene Säuren verlagern Kationen innerhalb der Bodenhorizonte oder führen zu einem Verlust von Kationen ins Grundwasser.
- Kationenverluste führen zu dem Vorgang der Bodenversauerung, sofern diese Verluste nicht durch Verwitterung oder Staubeintrag ausgeglichen werden.
- In einem Ökosystem ist der Umsatz von Ca größer als der von K, dieser wiederum übersteigt den von Mg.
- Die Basensättigung bestimmt über die Art und Verfügbarkeit der verschiedenen N-Formen (Aminosäuren, Ammonium, Nitrat).
- Laterale Transporte von Kationen zusammen mit dem Transport von DOC erklären die Differenzierung von bodenchemischen Eigenschaften und der Vegetation selbst auf kurzen Gradienten.

Literatur

Berg B, Matzner E (1996) Effect of N deposition on decomposition of plant litter and soil organic matter in forest systems. *Envir. Rev.* 5: 1–25

Bird M, Santrùcková H, Lloyd J, Veenendaal E (2001) The global soil organic carbon pool. In Schulze E-D, Holland E, Harrison S, Lloyd J, Prentice C, Schimel D (Hrsg.) Global biogeochemical cycles in the climate system. Academic Press, San Diego. 185–199

Chadwick OA, Derry LA, Vitousek PM, Huebert BJ, Hedin LO (1999) Changing resources of nutrients during four million years of ecosystem development. *Nature* 397: 491–497

Cotrufo MF, Miller M, Zeller B (2000) Litter decomposition. Springer, Heidelberg New York. *Ecological Studies* 142: 276–296

DeWitt CT (1978) Simulation of assimilation and transpiration of crops. PUDOC, Wageningen. 141 Seiten

Durka W, Schulze E-D, Gebauer G, Vorkelius S (1994) Effects of forest decline on uptake and leaching of deposited nitrate determined from ^{15}N and ^{18}O measurements. *Nature* 372: 765–767

Fischer RA, Turner NC (1978) Plant productivity in the arid and semiarid zones. *Ann. Rev. Plant Physiology* 29: 277–317

Gholz HL, Wedin DA, Smitherman SM, Harmon ME, Parton WJ (2000) Long-term dynamics of pine and hardwood litter in contrasting environments: towards a global model of decomposition. *Global Change Biology* 6: 751–766

Gleixner G, Czimczik CJ, Kramer C, Lühker B, Schmidt MWI (2001) Turnover and stability of soil organic matter. In Schulze E-D, Holland E, Harrison S, Lloyd J, Prenice C, Schimel D (Hrsg.) Global biogeochemical cycles in the climate system. Academic Press San Diego. 201–215

Gottschalk G (1986) Bacterial metabolism. Springer Verlag, New York, 358 Seiten

Guggenberger G, Zech W (1993) Dissolved organic carbon control in acid forest soils of the Fichtelgebirge (Germany) as revealed by distribution pattern and structural analysis. *Geoderma* 59: 109–129

Harrison AF, Harkeness DD, Rowland AP, Garnett JS, Bacon PJ (2000) Annual carbon and nitrogen fluxes in soils along the European forest transect, determined using ^{14}C-bomb. Springer, Heidelberg New York. *Ecological Studies* 142: 171–188

Haumeier L, Zech W (1995) Black carbon – possible source of highly aromatic components of soil humic acids. *Org. Geochem.* 23: 191–196

Högberg P (2001) Interactions between hilltops hydrochemistry, nitrogen dynamics and plants in Fennoscannian boreal forest. In Schulze E-D,

Holland E, Harrison S, Lloyd J, Prenice C, Schimel D (Hrsg.) Global biogeochemical cycles in the climate system. Academic Press, San Diego. 227–233

Horn R (1994) The effect of aggregation of soils on water, gas, and heat transport. In: Schulze E-D (Hrsg.) Flux control in biological systems. Academic Press, San Diego. 335–364

Horn R, Schulze E-D, Hantschel R (1989) Nutrient balance and element cycling in healthy and declining Norway spruce stands. Springer, Heidelberg New York. *Ecological Studies* 77: 444–458

Jackson RB, Mooney HA, Schulze E-D (1997) A global budget for fine root biomass, surface area and nutrient contents. *Proc. Natl. Acad. Sci.* 94: 7362–7366

Kaiser K, Guggenberger G (2000) The role of DOM-sorption to mineral surfaces in the preservation of organic matter in soils. *Organic Geochemistry* 31: 711–725

Knohl A, Kolle O, Minajeva T, Milyukova IM, Vygodskaya NN, Foken T, Schulze E-D (2002) Carbon exchange of a Russian boreal forest after disturbance by windthrow. *Global Change Biology* 8: 231–246

Krüger M, Frenzel P, Conrad R (2000) Microbial processes influencing methane emission from rice fields. *Global Change Biology* 7: 49–64

Lloyd J, Bird MI, Veenendaal E, Kruijt B (2001) Should phosphorous availability be constraining moist tropical forest response to increasing CO_2 concentrations? In: Schulze E-D, Holland E, Harrison S, Lloyd J, Prentice C, Schimel D (Hrsg.) Global Biogeochemical Cycles in the climate system. Academic Press, San Diego. 96–114

Lloyd J, Taylor JA (1994) On the temperature dependence of soil respiration. *Functional Ecology* 8: 315–323

Matson PA, Parton WJ, Power AG, Swift MJ (1997) Agricultural intensification and ecosystem properties. *Science* 277: 504–509

Meyer O (1993) Functional groups of microorganisms. Springer, Heidelberg New York. *Ecological Studies* 99: 67–96

Mooney HA, Medina E, Schindler DW, Schulze E-D, Walker BH (1991) Ecosystem Experiments. SCOPE 45, John Wiley and Sons, Chinchester. 268 Seiten

Norby RJ, Cotrufo MF, Ineson P, O'neill EG, Canadell JG (2001) Elevated CO_2, litter chemistry, and decomposition. *Oecologia* 127: 153–165

Nordin A, Högberg P, Näsholm T (2001) Soil N availability and plant N uptake along a boreal forest productivity gradient. *Oecologia* (im Druck)

Parkes J (1999) Cracking anaerobic bacteria. *Nature* 401: 217–218

Parton WJ, Stewart JWB, Cole CV (1988) Dynamics of C, N, P and S in grassland soils: A model. *Biogeochemistry* 5: 109–131

Persson T, Rudebeck A, Jussy JH, Clin-Belgrand M, Prieme A, Dambrine E, Karlsson PS, Sjöberg M (2000) Soil nitrogen turnover – mineralisation, nitrification and denitrification in European forest stands. Springer, Heidelberg New York. *Ecological Studies* 142: 297–331

Post WM, Kwon KC (2000) Soil carbon sequestration and land-use change: processes and potential. *Global Change Biology* 6: 317–329

Rebmann C (2001) Carbon dioxide and water exchange of a German *Picea abies* forest. Dissertation Bayreuth.

Schachtschabel P, Blume HP, Brümmer G, Hartge KH, Schwertmann U (1998) Lehrbuch der Bodenkunde. Enke, Stuttgart. 494 Seiten

Schimel DS, Braswell BH, Holland EA, McKeown R, Ojima DS, Painter TH, Parton WJ, Townsend AR (1994) Climatic, edaphic, and biotic controls over storage and turover of carbon in soils. *Global Biogeochemical Cycles* 8: 279–293

Schlesinger WH (1990) Evidence from chronosequence studies for a low carbon storage potential of soils. *Nature* 348: 232–239

Schlesinger WH (1997) Biogeochemistry; An analysis of global change. Academic Press, San Diego. 588 Seiten

Schmidt MWI, Skjemstad JO, Gehrt E, Kögel-Knabner I (1999) Charred organic carbon in German chernozemic soils. *Europ. J. Soil Sci.* 50: 351–365

Schulze E-D (1982) Plant life forms and their carbon, water and nutrient realtions. *Encycl. Plant Physiology,* New Ser. 12B: 615–676

Schulze E-D (2000) Carbon and nutrient cycling in European forest ecosystems. Springer, Heidelberg New York. *Ecological Studies* 142. 498 Seiten

Schulze E-D (2000) Der Einfluss des Menschen auf die biogeochemischen Kreisläufe der Erde. MPG Jahrbuch 2000.

Schulze E-D, Lloyd J, Kelliher FM, Wirth C, Rebmann C, Lühker B, Mund M, Knohl A, Milyokova IM, Schulze W, Ziegler W, Varlagin A, Sogachev AF, Valentini R, Dore S, Grigoriev S, Kolle

O, Panfyorov MI, Tchebakova N, Vygodskaya NN (1999) Productivity of forests in the Eurosiberian boreal region and their potential to act as a carbon sink – a synthesis. *Global Change Biology* 5: 703–722

Schulze E-D, Högberg P, van Oene H, Persson T, Harrison AF, Read D, Kjöller A, Matteucci G (2000) Interactions between the carbon- and nitrogen cycle and the role of biodiversity: A synopsis of a study along a north-south transect through Europe. Springer, Heidelberg New York. *Ecological Studies* 142: 468–492

Schulze E-D, Heimann M (1998) Global carbon and water exchange of terrestrial systems. IGBP Book Series 3: 145–161

Schulze E-D, Ulrich B (1991) Acid rain – A large-scale, unwanted experiment in forest ecosystems. *SCOPE* 45: 89–106

Smith WN, Desjardins R, Patterey E (2000) The net fluxes of carbon from agricultural soils in Canada 1970 – 2010. *Global Change Biology* 6: 557–568

Smith SE, Read DJ (1997) Mycorrhizal Symbiosis. Academic Press, London. 605 Seiten

Stober C, George E, Persson H (2000) Root growth and response to nitrogen. Springer, Heidelberg New York. *Ecological Studies* 142: 99–121

Torn MS, Trumbore SE, Chadwick OA, Vitousek PM, Hendricks DM (1997) Mineral control of soil carbon storage and turnover. *Nature* 389: 170–173

Wallenda T, Stober C, Högbom L, Schinkel H, George E, Högberg P, Read DJ (2000) Nitrogen uptake processes in roots and mycorrhizae. Springer, Heidelberg New York. *Ecological Studies* 142: 122–143

Wirth C, Schulze E-D, Lühker B, Grigoriev S, Siry M, Hardes G, Ziegler W, Backor M, Bauer G, Vygodskaya NN (2002) Fire and site type effects on the long-term carbon balance in pristine Siberian Scots pine forest. *Plant and Soil* (im Druck)

Zech W, Kögel-Knabner I (1994) Patterns and regulation of organic matter transformation in soils: Litter decomposition and humification. In: Schulze E-D (Hrsg.) Flux control in biological systems. Academic Press, San Diego. 303–334

3.4 Biodiversität und Ökosystemprozesse

Temperater Regenwald der Südinsel Neuseelands. Es handelt sich um tertiäre Reliktwälder mit Weinmannia, Metrosideros, Nothofagus, Dacrydium (Gymnosperme), Dicksonia (Baumfarn) und einer großen Zahl epiphytischer Moose, die als Gattungen rund um die Antarktis verbreitet sind. Fjordland, Neuseeland. Foto E.-D. Schulze.

In der Vergangenheit wurden Ökosystemprozesse und Vegetationsdynamik unabhängig voneinander untersucht und dargestellt. Ein relativ junger Zweig der Ökosystemforschung versucht, die Beziehung zwischen Biodiversität und Ökosystemprozessen herzustellen. Dies wird im folgenden Abschnitt behandelt, wohingegen Grundfragen der Biodiversität in Kapitel 4 dargestellt werden.

Es ist schwierig, die Kopplung zwischen Biodiversität und Ökosystemleistungen auf der Ebene des Ökosystems nachzuweisen, denn in den meisten Fällen sind Diversität und historische Landnutzung sowohl in positiver als auch negativer Weise korreliert. Damit lassen sich zwei Standorte mit unterschiedlicher Diversität (z. B. ein orchideenreicher Hainbuchenwald und ein artenarmer Fichtenwald) nur schwer vergleichen, wenn die Frage nach dem spezifischen Einfluss der Diversität untersucht werden soll. Zu viele andere, zusätzliche und nicht kontrollierbare Faktoren beeinflussen in diesem Falle die Stoffkreisläufe auf Ökosystemebene (Kapitel 3.2.5.4). Unter Ökosystemleistungen wird ein ganzes Paket von Funktionen zusammengefasst, wobei Parameter im Vordergrund stehen, die als „Leistung“ vom Menschen genutzt werden können. Die sehr anthropozentrische Sicht ist dabei kritisch zu bewerten, da die Kriterien sich mit der Zeit und der Situation ändern. Zu den „Ökosystemleistungen“ gehören für den Menschen insbesondere:

- Produktion von Biomasse,
- Versorgung mit Trinkwasser,
- Bewerkstelligung von Stoffabbau,
- Filterung der Luft.

Die Schlüsselfragen lauten (GBA 1995, IPCC 1996):

1. Sind die vielen Arten nötig, um bestimmte Ökosystemfunktionen zu erreichen?
2. Falls nicht alle Arten nötig sind, auf welche kann man verzichten?

Um diesen sehr schwierigen Fragenkomplex zu erläutern, kann man zunächst fragen: Wie viele bzw. wie wenige Arten sind für den Aufbau eines funktionierenden Ökosystems minimal nötig? Die Antwort lautet „5“ (Woodward 1994). In der Antarktis befinden sich völlig autarke und seit Millionen von Jahren stabile Ökosysteme, die aus einem Pilz, einem Cyanobakterium, einer Alge, einer Flechte und einem nicht photosynthetisch aktiven Bakterium (Stoffabbau) bestehen. Insgesamt gibt es in der Antarktis sechs Flechtenarten, die jeweils eine stabile Lebensgemeinschaft bilden. Gleichzeitig zeigt aber Woodward (1994), dass die Diversität mikrobieller Formen mit der Vielfalt der in der Streu angebotenen Inhaltsstoffe zunimmt und dass die Diversität der Pflanzenfamilien mit der Minimumtemperatur steigt. Das bedeutet, dass unter bestimmten (einfachen bzw. extremen) Bedingungen sehr wenige Organismen nötig sind, dass aber mit der Komplexität der Lebensbedingungen und Substrate mehr und mehr Arten nötig sind, um den Ressourcenbedarf mit einem entsprechenden Ressourcenangebot auszugleichen (über die synökologischen Zusammenhänge siehe Kapitel 4.3).

Die Funktionszusammenhänge lassen sich nicht anhand bestehender Ökosysteme testen, da dort historische Entwicklung und Ökosystemprozesse nicht voneinander zu trennen sind. Es ist daher nötig, diese Zusammenhänge experimentell zu überprüfen. Die folgenden Beispiele sollen zeigen, wie schwierig es aber ist, experimentell den Zusammenhang zwischen Ökosystemprozessen und Biodiversität herzustellen:

1. Ewel et al. (1991) pflanzten in Costa Rica Bestände unterschiedlicher Diversität (eine bis 130 Arten). Die meisten Prozesse zeigten nach fünf Jahren eine Sättigungsfunktion bei weniger als zehn Arten, d. h. die übrigen 100 Arten waren für Produktion und Bodenprozesse (C-Speicherung, Nährstoffverfügbarkeit etc.) überflüssig.
2. Tilman and Downing (1994) legten einen Biodiversitätsversuch in den Steppen Nordamerikas an, in dem die Wirkung von N-Einträgen untersucht werden sollte. In einem Trockenjahr beobachtete Tilman, dass die Versuchsflächen in Abhängigkeit von der Diversität unterschiedlich auf Trockenheit reagierten. Monokulturen waren empfindlicher als artenreiche Bestände. Der Effekt trat aber nur auf, wenn Ökosysteme weniger als ca. zehn Arten erreichten. Die Interpretation dieses Versuchs wurde kritisiert, da der Versuch nicht darauf ausgelegt war, Trockenheit zu testen, sondern N-Verträglichkeit zu untersuchen. Die Monokulturen waren N-Zeiger, die auch empfindlich auf Trockenheit reagierten. Wären die Monokulturen mit trockenresistenten Steppenarten angelegt worden, wäre das Ergebnis anders ausgefallen (Huston 1994). In diesem Falle wäre zu erwarten gewesen, dass auch Bestände mit <10 Arten trockenresistent gewesen wären.
3. Tilman et al. (1996) beobachteten in dem gleichen Freilandversuch in den Prärien Nordamerikas, dass der Nitrataustrag aus den Versuchsfeldern mit zunehmender Biodiversität linear abnahm und bei ca. acht Arten auf ein sehr niedriges Niveau fiel. Auch diese Interpretation war nicht schlüssig, denn die Abnahme der Nitratausträge korrelierte auch mit der Zunahme der Gesamtbiomasse der jeweiligen Versuchsfelder und nicht nur mit der Artenzahl.
4. Naeem et al. (1994) legten künstliche Ökosysteme mit Pflanzen, Herbivoren und Destruenten in Klimakammern an und fanden, dass artenreiche Ökosysteme eine höhere Produktivität zeigten als artenarme Bestände. Auch dieser Versuch ist angreifbar, da die artenreichen Bestände höher wachsende Wuchsformen enthielten als die artenarmen Bestände und daher das Ergebnis eher eine Korrelation mit der dominierenden Wuchsform ergab.
5. Lawton (1994) legte einen Diversitätsversuch in acht europäischen Ländern an, in dem die Fehler und Erfahrungen der vorhergehenden Versuche bei der Auswahl des Versuchsdesigns berücksichtigt wurden. Deshalb wurden die Artenmischungen zufällig aus einem Inventar von Arten gewählt, die in der Umgebung des Versuchs als Grünlandgesellschaft vorkamen. Jedes Diversitätsniveau (eine, zwei, vier, acht und 16 Arten) wurde in verschiedenen Kombinationen der einzelnen Arten angesät, um den reinen Diversitätseffekt vom Einfluss einzelner Arten unterscheiden zu können. Im Mittel über alle Versuchsfelder (acht Länder von Nordschweden bis Griechenland) stieg die Produktivität linear

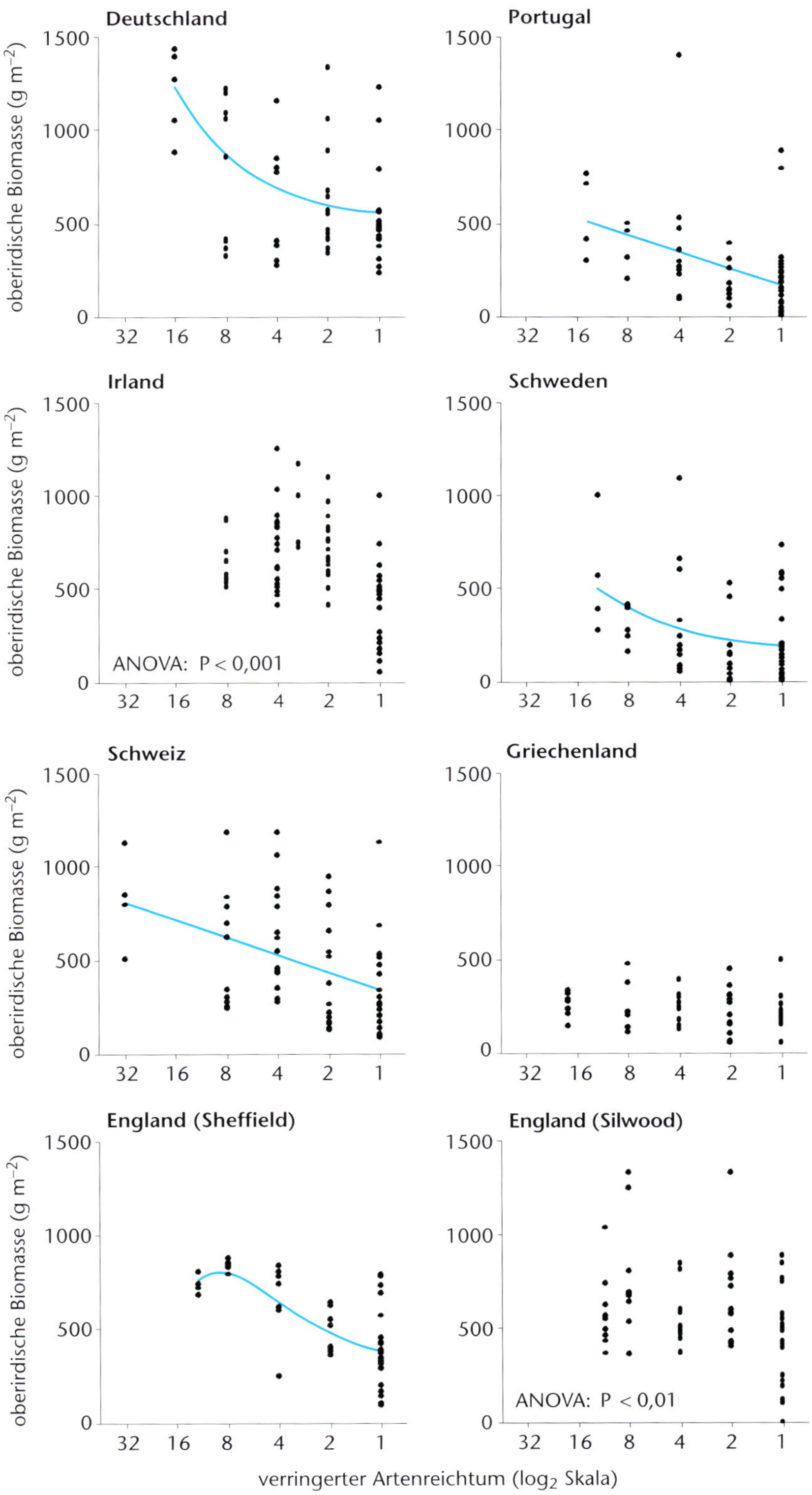

Abb. 3.4.1: Die Abhängigkeit der oberirdischen Biomasse auf Veränderungen der Artenzahl in verschiedenen Ländern Europas. Jeder Punkt repräsentiert ein Versuchsfeld (siehe Abb 3.2.7 B). Die Linien kennzeichen Regressionskurven. Das wesentliche Ergebnis ist: Die Produktivität sinkt um 20 % bei Halbierung der Artenzahl (Hector et al. 1999).

mit der Diversität bis zu 16 Arten an (Abb. 3.4.1, Hector et al. 1999). Aber auch in diesem Versuch gibt es unterschiedliche Interpretationsmöglichkeiten. Zum einen war das Verhalten nicht in allen Ländern einheitlich. In England, Griechenland und Irland zeigte sich keine Abhängigkeit, wohingegen in Deutschland, der Schweiz und Schweden der Effekt überproportional war. Zusätzlich zeigte es sich, dass einige Monokulturen ebenso produktiv waren wie die Mischkulturen, aber nicht alle Arten wurden als Monokultur getestet. Somit bleibt die Möglichkeit, dass mit der Zunahme der Artenzahl auch einige zusätzliche hochproduktive Arten in die Mischung einflossen.

Dieser Versuch wurde dadurch ergänzt, dass neben der Artenzahl auch die Wirkung bestimmter „funktioneller Gruppen" berücksichtigt wurde (N_2-Fixierer, Gräser und dicotyle Kräuter). Es zeigt sich (siehe Abb. 3.2.7, Scherer-Lorenzen 1999), dass die Präsenz von N_2-Fixierern wichtiger für die Produktivität ist als der Einfluss der Artenvielfalt. In diesem Falle war es sogar eine einzelne Art, *Trifolium rubrum*, die die Steigerung der Produktivität bewirkte. Somit ist die Steigerung der Produktivität in diesem Versuch die Wirkung einer **Schlüsselart *(keystone species)***. Sekundär korreliert mit der Veränderung der Produktivität waren Veränderungen in weiteren Ökosystemprozessen. So nahm der Nitrataustrag mit der Diversität ab, und zwar unabhängig von der Vegetationsbedeckung. Ebenso stieg die Geschwindigkeit des Streuabbaus mit der Diversität an.

Die bisherigen Erfahrungen zeigen, dass mehr als eine Art (Genotyp) nötig ist, um langfristig und regional die Produktivität einer Pflanzengesellschaft aufrechtzuerhalten. Offensichlich ist maximale Produktivität auch mit einer einzelnen Art möglich (Landwirtschaft), aber dazu gehört auch die Pflege durch den Menschen (Abb. 3.4.2, Heywood und Watson 1995). Doch selbst in der Landwirtschaft ist bekannt, dass es zu risikoreich ist, nur mit einer Sorte zu wirtschaften (siehe Kapitel 2.4.5.1). Sofern unterschiedliche edaphische Bedingungen vorliegen, sind mehrere Sorten oder Kulturpflanzen nötig, um zu maximalen Erträgen zu gelangen. Es kommt hinzu, dass die Witterungsbedingungen von Jahr zu Jahr schwanken, dass bei einigen Sukzessionsstadien unterschiedliche Ressourcen vorliegen und damit andere Arten zur Besiedlung geeignet sind und dass zusätzliche Diver-

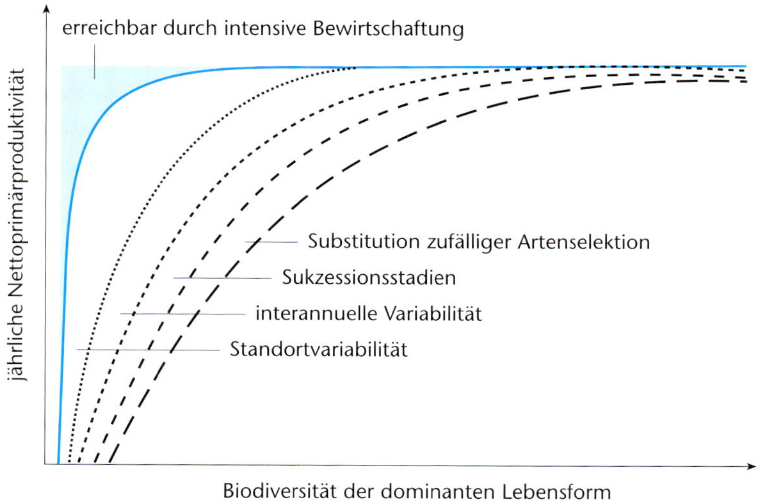

Abb. 3.4.2: Konzeptionelles Schema zur Darstellung der Abhängigkeit der Nettoprimärproduktion (NPP) von der Diversität der Pflanzenarten bzw. von Genotypen in der dominanten Lebensform. Bei intensiver Bewirtschaftung können Monokulturen die gleiche NPP erreichen wie Mischkulturen. Unter Berücksichtigung der Standortvariabilität, der Klimavariabilität, der Sukzessionsstadien und der Substitution zufälliger Artenselektion ist nicht nur auf einem Feld, sondern auch auf Landschaftsebene mehr als eine Art nötig (Heywood und Watson 1995). Der Bereich zwischen den Kurven kennzeichnet die Spanne, die an zusätzlichen Arten vermutlich nötig ist, um den jeweiligen Parameter abzudecken. Die exakte Zahl hängt natürlich von einer Vielzahl von Gegebenheiten ab.

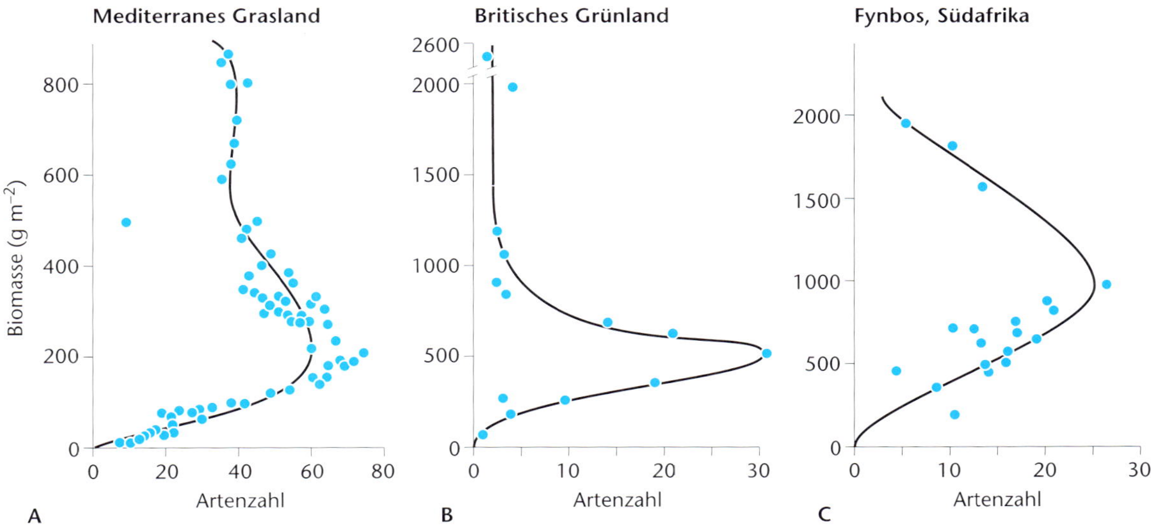

Abb. 3.4.3: Die Änderung der Biomasse in Abhängigkeit von der Diversität auf unterschiedlichen Wuchsorten in A: mediterranen Grasländern, B: den Wiesen auf den Britischen Inseln und C: der südafrikanischen Strauchvegetation. Man erkennt, dass in allen Vegetationstypen die Produktivität mit der Diversität zunächst ansteigt, dann aber wieder sinkt, d. h. höchste Biomasseproduktion wird in sehr artenarmen Beständen erreicht. Die Abbildung ist nur bedingt vergleichbar mit Abb 3.4.1, da es in diesem Falle um kein Experiment, sondern um die Beobachtung der Vegetation auf unterschiedlichen Standorten geht, die unterschiedliche Nutzungsgeschichte, Fruchtbarkeit und Wasserversorgung haben (Tilman und Pacala 1993).

sität für zukünftige Entwicklungen erforderlich ist. Damit steigt die notwendige Artenzahl an, die erforderlich ist, um auf der Ebene einer Landschaft das Produktionsniveau zu halten.

Betrachtet man den Zusammenhang zwischen Biomasse und Artenvielfalt in unterschiedlichen Klimaten (Abb. 3.4.3, Tilman und Pacala 1993), so fällt auf, dass die Biomasse zunächst mit der Artenvielfalt ansteigt. Ab einem bestimmten Punkt, der biom-spezifisch zu sein scheint, kehrt sich aber diese Kurve um, d. h. es werden die höchsten Produktionsraten in Beständen gemessen, die aus sehr wenigen Arten zusammengesetzt sind. Besonders auffällig ist dies bei temperaten Beständen aus krautigen Gewächsen, weniger auffällig ist dies in mediterranen Grasländern, in denen auch bei hoher Produktivität ca. 40 Arten beteiligt sind. Bei der Betrachtung von Abb. 3.4.3 muss man berücksichtigen, dass es sich um unterschiedlich produktive Bestände in einer Landschaft handelt, d. h. die Standortbedingungen und die Bestandesgeschichte sind nicht einheitlich. Es handelt sich nicht um experimentelle Vergleiche, sondern um die Beobachtung in einem bestimmten Naturraum. Die Abbildung könnte darauf hinweisen, dass eine Wiederholung des Versuchs von Lawton (siehe Abb. 3.4.1) auf einem nährstoffreichen Substrat zu einem anderen Ergebnis kommen könnte.

Die zeitliche und räumliche Variation der klimatischen und edaphischen Bedingungen erfordert die Teilung des Lebensraums unter mehreren spezialisierten Arten bzw. Genotypen, um die jeweiligen Bedingungen zu nutzen. Die Evolution hat keineswegs zur Bildung eines „Superorganismus" geführt (das wäre eine Lösung der Optimierungshypothese), sondern hat ein großes Spektrum von Arten gebildet, die sich hinsichtlich bestimmter Parameter unterscheiden bzw. auf bestimmte Prozesse spezialisiert sind. Die Frage, ob es möglich ist, die Artenvielfalt auf funktionelle Gruppen einzuengen, wird damit fragwürdig (Smith et al. 1997), denn eine zunehmende funktionelle Spezialisierung wird letztlich nur durch die Arten wiedergegeben. Auf der Basis bestimmter physiologisch gesteuerter Prozesse (Assimilation, Speicherung, Spross/Wurzel-Allokation, Lebenslänge u.a.m.) konnten Kleidon und Mooney (2000) die wesentlichen Züge der globalen Verteilung der Biodiversität modellieren.

Kasten 3.4.1 Biodiversität und Ökosystemfunktionen

- Es gibt viele Hinweise darauf, dass Diversität an Pflanzenarten nötig ist, um die biogeochemischen Kreisläufe eines Ökosystems langfristig aufrechtzuerhalten. Der Nachweis, dass Prozesse wie Produktivität mit der Diversität steigen (nachgewiesen bis zu 16 Arten), ist außerordentlich schwierig und bislang noch nicht zweifelsfrei erbracht worden. Dennoch ist nach allem Wissen eine hohe Diversität in der Vegetationsdecke auf Landschaftsebene nötig, um der Vielfalt der Standorte, der Variation des Klimas und langfristigen Risiken zu begegnen.
- In den meisten Fällen, in denen sich ein signifikanter Einfluss der Diversität auf Ökosystemprozesse andeutet, handelt es sich um die spezifische Wirkung bestimmter Arten. Die Zusammenführung von Arten in funktionelle Gruppen zur Beurteilung von Ökosystemprozessen ist nur teilweise möglich.

Literatur

Ewel JJ, Mazzarino MJ, Berish CW (1991) Tropical fertility changes under monocultures and successional communities of different structure. *Ecol. Applications* 1: 289–302

GBA (1996) Global Biodiversity Assessment. Cambridge University Press. 1140 Seiten

Hector A, Schmid B, Beierkuhnlein C, Caldeira MC, Diemer M, Dimitrakopoulos PG, Finn JA, Freitas H, Giller PS, Good J, Harris R, Högberg P, Kuss-Danell K, Joshi J, Jumpponen A, Körner C, Leadley PW, Loreau M, Minns A, Mulder CPH, O`Donovan G, Otway SJ, Pereira JS, Prinz A, Read DJ, Scherer-Lorenzen M, Schulze E-D, Siamantziouras D, Spehn EM, Terry AC, Troumbis AY, Woodward FI, Yachi S, Lawton JH (1999) Plant diversity and productivity experiments in European grasslands. *Science* 286: 1123–1127

Heywood VH, Watson RT (Hrsg.) (1995) Global Biodiversity Assessment. Cambridge University Press, Cambridge. 1140 Seiten

Huston MA (1994) Hidden treatments in ecological experiments: re-evaluating ecosystem function of biodiversity. *Oecologia* 110: 449–460

IPCC (1996) Climate Change 1995. Second assessment report. Cambridge University Press, Cambridge.

Kleidon A, Mooney HA (2000) A global distribution of biodiversity inferred from climatic constraints: results from a process-based modelling study. *Global Change Biology* 6: 507–524

Lawton JH (1994) What do species do in ecosystems. *Oikos* 71: 367–374

Naeem S, Thompson LJ, Lawler SP, Lawton JH, Woodfin RM (1994) Declining biodiversity can alter the performance of ecosystems. *Nature* 368: 734–737

Scherer-Lorenzen M (1999) Effects of plant diversity on ecosystem processes in experimental grassland communities. Bayreuther Forum Ökologie Bd 75. 193 Seiten

Smith TM, Shuargt HH, Woodward FI (1997) Plant functional types. IGBP Book Series Vol. 1, Cambridge University Press, Cambridge. 369 Seiten

Tilman D, Downing JA (1994) Biodiversity and stability in grasslands. *Nature* 367: 363–365

Tilman D, Wedin D, Knops J (1996) Productivity and sustainability influenced by biodiversity in grassland ecosystems. *Nature* 379: 718–720

Tilman D, Pacala S (1993) The maintenance of species richness in plant communities. In Ricklefs RE, Schluter D (Hrsg.) Species diversity in ecological communities. University of Chicago Press, Chicago. 13–25

Woodward FI (1994) How many species are required for a functional ecosystem? Springer, Heidelberg New York. *Ecological Studies* 99: 271–292.

3.5 Fallstudien auf Ökosystemebene

Waldschäden am Nußhard, Fichtelgebirge, im September 1989. Es handelt sich um den Bestand, in dem Zech und Popp im Jahr 1983 zum ersten Mal Mg-Mängel in Jungbeständen des Fichtelgebirges diagnostizierten, die zuvor für die Region unbekannt waren. Im Verlauf von zehn Jahren weiteten sich die sichtbaren Mg-Mängel großflächig im Fichtelgebirge aus. Mg-Mangel führt nicht zwangsläufig zum Tod des Baums, sondern zu starken Vergilbungen und früherem Nadelfall, der in Kombination mit Frosttrocknis-Schäden an den jungen Nadeln zu starken Kronenauflichtungen führt. Mit dem Absterben einzelner Bäume hat der Restbestand eine bessere Mg-Versorgung. Es kommt vorübergehend zur Erholung einzelner Bäume, die aber dann zeitverzögert ebenfalls absterben können. Der Bestand stirbt somit langsam, Baum für Baum, d. h. in jedem Jahr fallen einige wenige Stämme aus, bis am Schluss der Bestand meist durch äußere Einflüsse „zusammenbricht". Borkenkäfer haben den Prozess beschleunigt, aber sie griffen eher die relativ gesunden als die stark Mg-unterernährten Stämme an. Ende der 80er Jahre waren im Fichtelgebirge ca. 10 000 ha im Zustand der Bestandes-Auflösung. Starke Durchforstungen und Kalkungen halfen bei der Regeneration dieser Wälder, die zusammenfiel mit der Zeit nachlassender SO_2-und SO_4^{2-}-Belastung als Folge der Großfeuerungsverordnung. Es gab Kritiker, die bezweifelten, dass die Waldschäden etwas mit der Schadstoffbelastung aus der Luft zu tun hätten. Da es sich um eine komplexe „Waldkrankheit" handelt, bei der die Bäume nicht direkt von SO_2 und SO_4^{2-} getötet, sondern vor allem über Veränderungen im Boden geschwächt wurden, ließe sich der schlüssige wissenschaftliche „Beweis" eines ursächlichen Zusammenhangs zwischen Luftschadstoffen und Waldschäden nur dadurch erbringen, dass man die S-Belastung aus der Atmosphäre wieder auf den Stand bringt, der in den 70er Jahren herrschte. Die wissenschaftlich erforschten Prozesse bewegten den „Forschungsbeirat Waldschäden der Bundesregierung" 1986 aber bereits zu der Schlussfolgerung, dass bei all den verschiedenen Ausprägungen der Waldschäden nicht auszuschließen ist, dass Luftschadstoffe wesentlich beteiligt sind. Foto: E.-D. Schulze.

Es gibt eine Reihe von Möglichkeiten, die bisher genannten Prozesse und Interaktionen von Organismen auf Ökosystemebene nachzuweisen (Mooney et al. 1991). Dazu gehören:

- Beobachtung von Naturkatastrophen (El Niño);
- Beobachtung der Folgen anthropogener Eingriffe (Rodung, saurer Regen);
- Markierungsexperimente (Freisetzung von Substanzen, z. B. ^{14}C aus den Atombombenversuchen);
- Ökosystemexperimente (Begasung mit CO_2, SO_2 oder Ozon).

Diese „Experimente" geben die Möglichkeit, großflächig (eventuell sogar global) die Auswirkungen von klimatischen Änderungen oder von Stö-

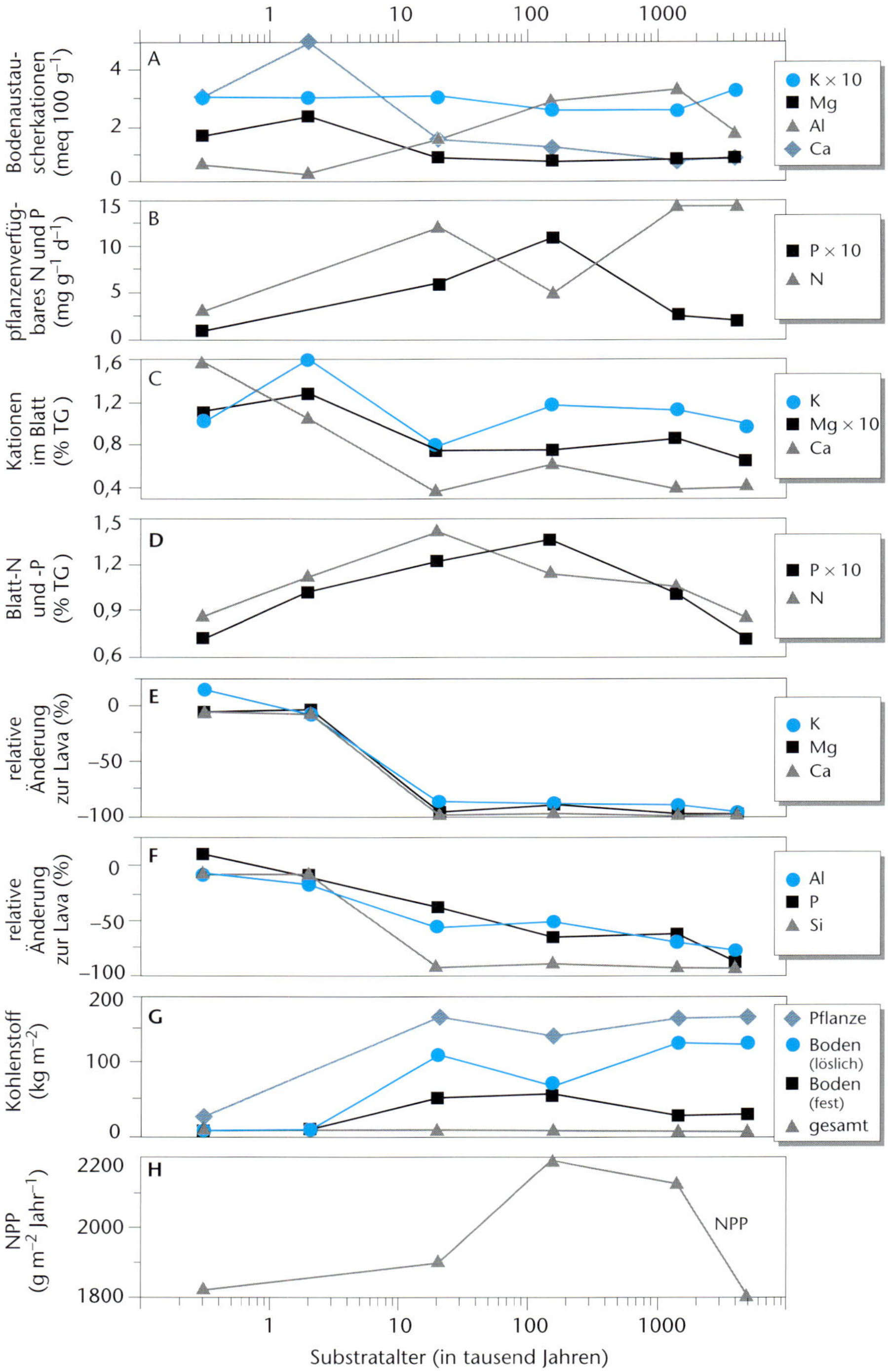

Abb. 3.5.1: Die Änderung der Konzentrationen von Ca, Mg, N und P im Boden, in den Blättern und in der Lava im Verlauf der Verwitterung von Lava über einen Zeitraum von 4 000 Jahren auf Hawaii. Zusätzlich dargestellt sind mit der Bodenversauerung einhergehende Änderungen der Biomasse (Chadwick et al. 1999).

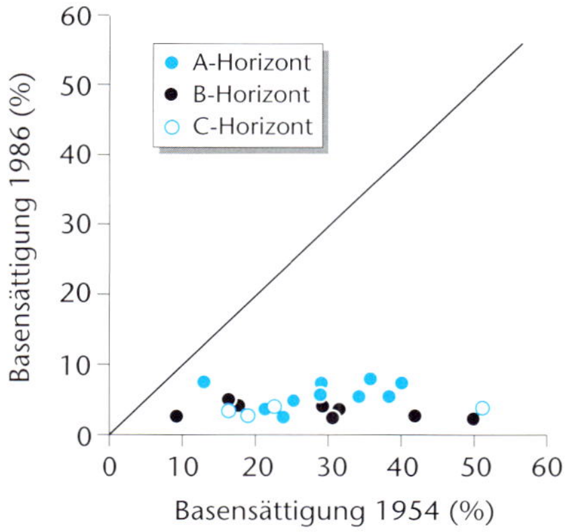

Abb. 3.5.2: Die Änderung der Kationenaustauschkapazität in Hainsimsen-Buchenwäldern auf lössbeeinflusstem Buntsandstein in Niedersachsen (Hildebrand pers. Mitteilung, FBW, 1989)

rungen auf Ökosystemebene zu verfolgen bzw. den Weg einer bestimmten Substanz im Ökosystem zu ermitteln. Dies gilt umso mehr, als wissenschaftlich geplante, experimentelle Eingriffe in Ökosysteme in der Öffentlichkeit nicht akzeptiert werden und damit kaum umsetzbar sind.

Aus der Summe dieser Beobachtungen und Experimente, die auf verschiedenen Ebenen erfolgen, sind Rückschlüsse auf Ursachen und Wirkungen sowie Funktionszusammenhänge möglich. Aus der Vielzahl möglicher Fallstudien soll im Folgenden an 3 Beispielen gezeigt werden, wie komplex die Zusammenhänge letztendlich sind.

3.5.1 Bodenversauerung und Waldschäden

Ökosysteme können Kationenverluste offensichtlich nicht vermeiden. Auch in natürlichen Ökosystemen ohne Bewirtschaftung und bei hoher Durchwurzelungsdichte kommt es zur Ausscheidung organischer Säuren (DOC), die Kationen in tiefere Bodenschichten verlagern. In diesen Schichten setzen Mikroorganismen die organische Substanz um und es kommt zur sekundären Anreicherung von Kationen (Abb. 3.3.16). Der Vorgang ist aus der borealen Zone auch als Podsolierung bekannt (Schachtschabel 1998) und z. B. in Skandinavien bei der Erstbesiedlung nach Landhebung bereits nach 400 Jahren nachweisbar (Starr 1991). Für andere Vegetationen, insbesondere für die Tropen, wird oft angenommen, dass die Vegetation so sehr an nährstoffarme Bedingungen angepasst ist, dass Kationenverluste auszuschließen sind. Chadwick et al. (1999) konnten nunmehr für eine tropische Vegetation zeigen, dass die gleichen Prozesse auch in tropischem Klima ablaufen. Die Vegetation auf unterschiedlich alten Lavadecken zeigt über einem Zeitraum von ca. 40 000 Jahren Kationenverluste ähnlich wie die boreale Zone (Abb. 3.5.1, Chadwick et al. 1999). Sobald diese erste Stufe der Verwitterung abgeschlossen ist (nach 10 000 Jahren) stabilisiert sich das System auf einem niedrigen Niveau. Es ist bislang ungeklärt, ob dies tatsächlich ein Gleichgewichtszustand oder Ausdruck wiederholter stochastisch auftretender Störungen ist.

Der natürliche Prozess des Kationenaustrags kann beschleunigt werden durch starke Säuren, vor allem wenn diese Säureanionen bilden, die dann bis ins Grundwasser gelangen. Zu den Säureanionen gehören Sulfat, aber auch Chlorid und Nitrat, sofern Nitrat nicht in tieferen Bodenschichten umgesetzt wird und damit ins Quellwasser gelangt. Starke Säuren kommen unter natürlichen, nicht vom Menschen beeinflussten Bedingungen im Allgemeinen nicht im Überschuss vor. Erst seit der Industrialisierung werden Ökosysteme mit diesen Säuren in stärkerem Maße belastet (Schulze 1989). Die Deposition von Säuren führte in Europa in einem Zeitraum von ca. 30 Jahren zu einer Bodenversauerung (Abb. 3.5.2), bei der die Basensättigung in allen Boden-Horizonten von ursprünglich 10 bis 50 % auf im Mittel 5 % abgesenkt wurde (Ulrich 1987).

Waldvegetation sollte an Bodenversauerungen angepasst sein, denn Bäume besiedeln unter natürlichen Bedingungen Standorte über einen sehr breiten Bereich der Bodenazidität (Ellenberg 1978). Das Phänomen der „neuartigen Waldschäden" (Forschungsbeirat Waldschäden 1989) löste daher eine kontroverse Diskussion darüber aus, ob

- die beobachteten Nadelverluste und -verfärbungen natürlich seien und auch ohne Säureeinträge aufgetreten wären;
- die Schäden durch Organismen ausgelöst seien (Pflanzenkrankheiten);
- die Schäden eine direkte Reaktion auf Schadgase seien
- oder eine Folge der Bodenversauerung seien.

Stadium	Faktorenabfolge		
	Schadtyp 1	Schadtyp 2	Schadtyp 3
Prädisposition	Witterung	Gase	Säure
↓↑	↓↑	↓↑	↓↑
Disposition	Schädling	Säure	Gase
↓↑	↓↑	↓↑	↓↑
Schwächung	Gase	Witterung	Witterung
↓↑	↓↑	↓↑	↓↑
Schaden	Säure	Schädling	Schädling
↓	↓	↓	↓
tot	tot	tot	tot

Abb. 3.5.3: Schematische Darstellung des Ablaufs einer Krankheit, die durch unterschiedliche Kombinationen von Faktoren ausgelöst wird, gezeigt am Beispiel der Waldschäden (Schulze und Lange 1990).

Wie Schulze und Lange (1990) zeigten, müssen sich die verschiedenen Schadwege nicht ausschließen, sondern sie sind im Krankheitsverlauf zu unterschiedlichen Zeitpunkten wirksam (Abb. 3.5.3).

Luftschadstoffe sind an jedem der Phänome beteiligt. Die Kombination von Bodenversauerung, N-abhängigem Wachstum und Ozon in Wechselwirkung mit Schadinsekten bewirkte die europaweit auftretenden Schäden (Last und Watling 1991). Einen Eindruck von der Situation der Wälder in den höheren Lagen des Fichtelgebirges im Jahr 1989 gibt das Foto auf der Kapiteleröffnungsseite von Kapitel 3.5, wobei nach Rückgang der SO_2-Depositionen und zusätzlicher forstlicher Bewirtschaftungsmaßnahmen (Kalkung, starke Durchforstung) die derartig geschädigten Flächen wieder aufgeforstet werden konnten. Die Waldschäden der Fichte sind inzwischen leicht rückläufig, wohingegen Schäden an Laubbäumen sich weiter verstärkten (siehe Waldschadensbericht 2000).

Die Untersuchung der Waldschäden machte es erforderlich, zunächst eine Reihe von möglichen Faktoren auszuschließen, um daraus Haupt-Schadwege für bestimmte Situationen abzuleiten:

- Primäre Krankheitserreger konnten nicht nachgewiesen werden, wohl aber gibt es eine Reihe von Schwächeparasiten, die geschwächte Bäume angreifen und letztendlich den Tod der Bäume nach sich ziehen (Borkenkäfer, Kernfäule).
- Schadgase bewirken in hoher Konzentration die seit dem letzten Jahrhundert bekannten Rauchschäden. Diese Schadsymptome konnten nicht nachgewiesen werden. Als neues Schadgas trat aber vor allem das bodennahe Ozon auf, auf das Pflanzen in Abhängigkeit von der Stomataweite reagieren (siehe Kapitel 1.9). Die Wirkung von Ozon kann nachweislich sehr kompliziert sein. So zeigen Nadeln, die im Vorjahr mit Ozon begast wurden, erst im Folgejahr eine erhöhte Ozonempfindlichkeit und schließlich Schäden.
- Bodenversauerung bewirkt vor allem bei der Freisetzung von Al Wurzelschäden, wobei aber die einzelnen Baumarten sehr unterschiedlich auf Al reagieren und ein Teil des Al bereits in der Mykorrhiza mit Phosphat reagiert und dadurch immobilisiert wird (Kottke und Oberwinkler 1986). Damit konnte auch die Bodenversauerung an sich die beobachteten Schäden nicht erklären.
- Für einen Waldschadenstyp, der durch eine Vergilbung der Nadeln gekennzeichnet ist, die durch Magnesiummangel hervorgerufen wird, zeigt es sich, dass eine Erklärung nur auf Ökosystemebene möglich ist (Schulze 1989). Die Bodenversauerung hat die Verfügbarkeit von Magnesium (und Calcium) stark herabgesetzt. Dies liegt nicht nur an der mit der Versauerung einhergehenden verringerten Basensättigung des Boden-Austauschers, sondern auch an der kompetitiven Hemmung der Mg-Aufnahme durch Ammonium. Neben der Ammonifikation stammt das Ammonium im Boden aus Einträgen vor allem aus der Tierhaltung. Ammonium bewirkt gleichzeitig die Freisetzung von Mg am Austauscher und fördert die Al-Freisetzung. In einem sehr eleganten Experiment zeigten Lange et al. (1989), dass die Interaktion mit dem Wachstum den Mangel auslöst. An Fichtenzweigen wurden an gegenüberliegenden Seitenzweigen die Knospen einmal entfernt und einmal belassen. Nur an den Seitenzweigen, an denen die Knospen zu einem Austrieb führten, kam es zu den beobachteten Schäden (siehe Kapitel 2.3). Offensichtlich wird das Wachstum der Bäume wesentlich durch die N-Versorgung gesteuert (Oren et al. 1989). Damit kommt der Kronendachaufnahme von N aus luftgetragenen Schadgasen und Ionen (in Regen und Tau) besondere Bedeutung zu, denn diese zusätzliche N-Versorgung, die von der Pflanze nicht durch

Ionenaufnahme ausgeglichen wird, führt zu verstärktem Wachstum und zu den beobachteten Vergilbungen. In diesem Falle richtet sich das Wachstum nicht nach dem Nährstoff, der als Minimumfaktor vorliegt (Marschner 1994). Einige Nährelemente (insbesondere der Stickstoff) greifen stärker in den Prozess des Wachstums ein als andere.

Das Modell einer Stickstoff-Kationen-Interaktion bei begrenzter Kationenversorgung durch Bodenversauerung konnte auch andere im Zusammenhang mit den Waldschäden beobachtete Kationenmängel deuten, insbesondere den K-Mangel auf Mooren, den Mn- und Fe-Mangel auf Kalkstandorten und den selteneren Ca-Mangel.

Mit der Reduktion der SO_2-Einträge durch die Verordnung über Großfeuerungsanlagen (BImSchV 1983) sanken die S-Einträge und damit die Rate der Bodenversauerung (Abb. 3.5.4, Ulrich 1994). Mit dem verringerten S- und N-Eintrag sank der Ca-Austrag ab. In Verbindung mit den so genannten Kompensationskalkungen, die den Säureeintrag ausgleichen sollten, haben sich die Böden in der Basensättigung inzwischen teilweise regeneriert.

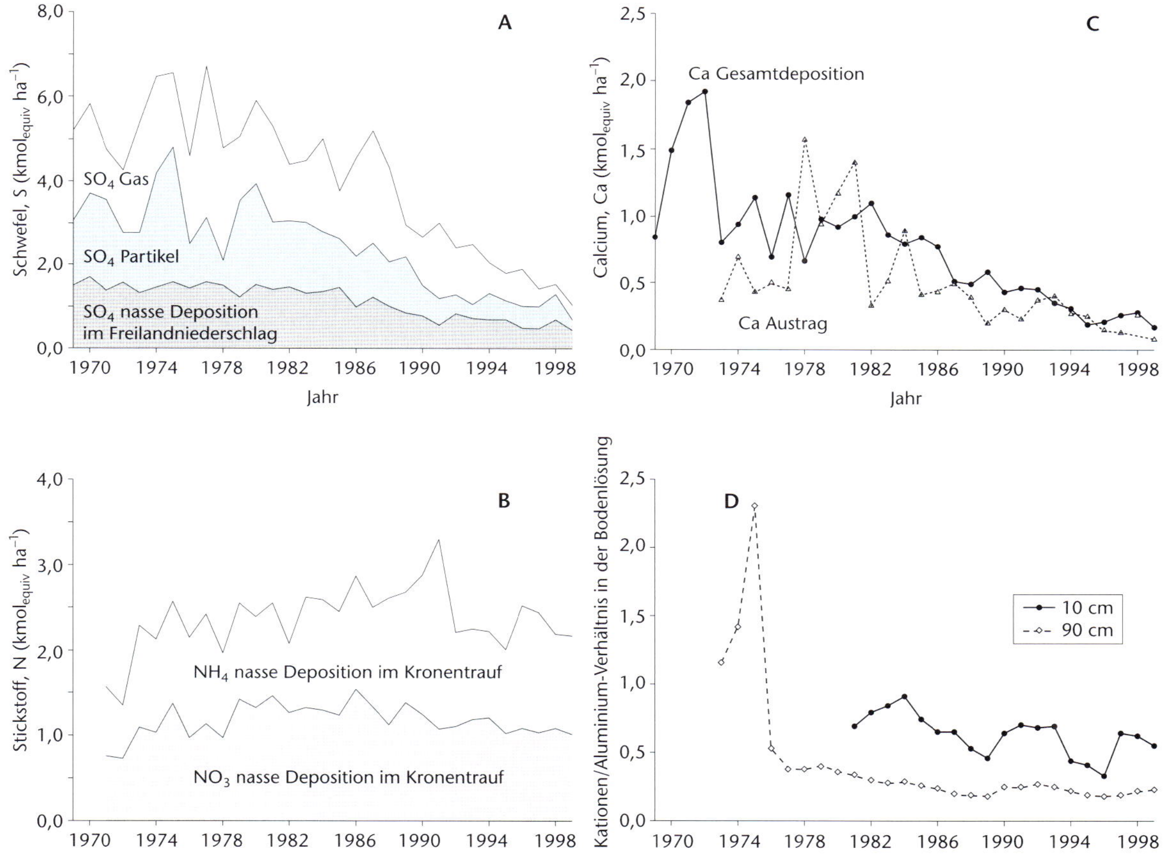

Abb. 3.5.4: A: Zeitliche Veränderung der Deposition von Schwefel, B: Stickstoff und C: die Deposition und die Austräge von Ca in Grundwasser in den Waldökosystemen im Solling (nach Ulrich 1994). Die Staubdeposition von Ca ließ auf Grund der Elektrofilteranlagen Anfang der 70er Jahre nach, die S-Deposition blieb bis in die 80er Jahre hoch. Der Ca-Austrag ins Grundwasser sinkt mit nachlassender S-Deposition und trägt damit wesentlich zur Regeneration der Waldökosysteme bei. D: Zeitliche Änderung der Konzentration von Kationen (K, Mg, Ca) im Verhältnis zu Al in der Bodenlösung. In den 70er Jahren war ein Kationen/Al-Verhältnis > 1 als Folge der Mobilisierung von Kationen durch den sauren Regen zu beobachten. Seit etwa 1976 sind die Kationen in 90 cm Bodentiefe verbraucht, der Boden befindet sich im Al-Pufferbreich. Durch den Kationentransport der Wurzeln aus tieferen Bodenschichten in die Blätter und den Blattabwurf ist das Kationen/Al-Verhälnis in den obersten Bodenschichten erhöht, sinkt aber auch dort immer noch ab. (Daten: Niedersächsische Forstliche Versuchsanstalt).

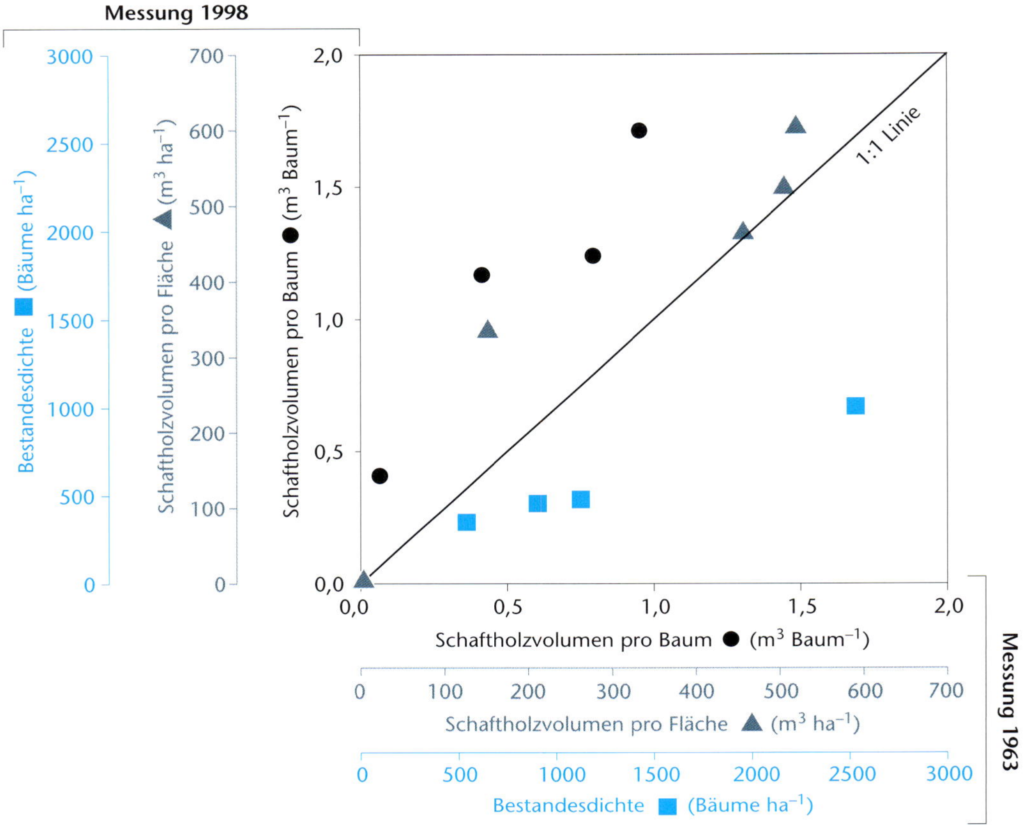

Abb. 3.5.5: Schematische Darstellung der Wirkung der Bewirtschaftung auf den Wald. Die Abbildung zeigt, dass die Durchforstungen der 80er Jahre die Einzelbäume freistellten. Mit nachlassender S-Belastung und hoher N-Belastung zeigen diese verbleibenden Stämme einen hohen Zuwachs pro Baum. Trotz geringer Stammzahl und verringerter Blattfläche bleibt der Volumenzuwachs pro Bestand auf gleichem Niveau (M. Mund).

Starke Durchforstungen haben die Bestandesdichte der Wälder im Waldschadensgebiet des Fichtelgebirges weit unter das von den Ertragstafeln vorgegebene Maß gesenkt (Abb. 3.5.5). Damit stieg die Kationenversorgung pro Baum, und in Verbindung mit dem hohen N-Eintrag und dem besseren Lichtgenuss kam es zu einer starken Steigerung des Zuwachses pro Baum. Trotz der geringeren Bestandesdichte glich dieser Zuwachs pro Baum die verringerte Bestandesdichte aus und es blieb der Zuwachs pro Fläche erhalten.

Mit der Verminderung der S-Belastung ist das Problem der Waldschäden aber nach wie vor nicht gelöst, denn es gibt offensichtlich mehr als nur einen Schadweg und komplizierte Interaktionen zwischen Schadfaktoren und Organismen (Abb 3.5.6, Schulze 1989). Mit der Verlagerung von S- auf N-haltige Deposition traten andersartige Schäden vor allem bei Laubbäumen auf, bei denen in verstärktem Maße Schadinsekten beteiligt sind. Weiterhin hat das bodennahe Ozon noch immer eine schädigende Wirkung vor allem bei krautigen Gewächsen mit hoher stomatärer Leitfähigkeit (FBW 1989).

3.5.2 Die Wirkung von Laub- und Nadelwald auf Ökosystemprozesse

Die Waldschäden haben in der Öffentlichkeit und in der Forstwirtschaft eine Diskussion darüber entfacht, ob die Plantagenwirtschaft mit Monokulturen, meist dominiert durch die Fichte, nachhaltig sei (d. h. bei einer Umtriebszeit von 100 Jahren über mehrere Generationen die Produktivität der Standorte nicht beeinflusst) und ob der Umbau von Laub- in Nadelwald die beobachteten Schäden verstärke bzw. die Umwandlung von Nadelwald in Laubwald die Schäden vermeiden könne.

Es gibt eine Reihe von Parametern, hinsichtlich derer sich Laub- und Nadelwald unterscheiden. Dazu gehören:

- Unterschiede im Licht- und Wärmehaushalt (Kapitel 2.1, Schulze 1982);
- Unterschiede im Wasserhaushalt (Kapitel 2.2, Schulze 1982);
- Unterschiede im Wachstum (Kapitel 2.4, Schulze 1982);
- Unterschiede in der Humusbildung (Mitscherlich 1975).

Wärmehaushalt

Der saisonale Blattfall bewirkt in Laubwäldern, dass die energieaustauschende Oberfläche im Winter und im Frühjahr in Bodennähe, im Sommer aber (so wie bei der Fichte) im Kronendach liegt (siehe Kapitel 2.1, Abb. 2.1.10). Damit steigen vor dem Laubaustrieb die Temperaturen in der Blattstreu rasch an und erreichen Werte weit über dem Gefrierpunkt. Dies führt zur Aktivierung einer artenreichen Bodenvegetation (Frühjahrsgeophyten), die nicht nur in Hinblick auf die pflanzliche Diversität, sondern auch für die Speicherung von Nährstoffen im Ökosystem bedeutsam ist. Das permanente Nadelkleid der Koniferen verhindert im Nadelwald diesen Lichtgewinn in Bodennähe, womit vor allem der Streuabbau verlangsamt wird. In den Som-

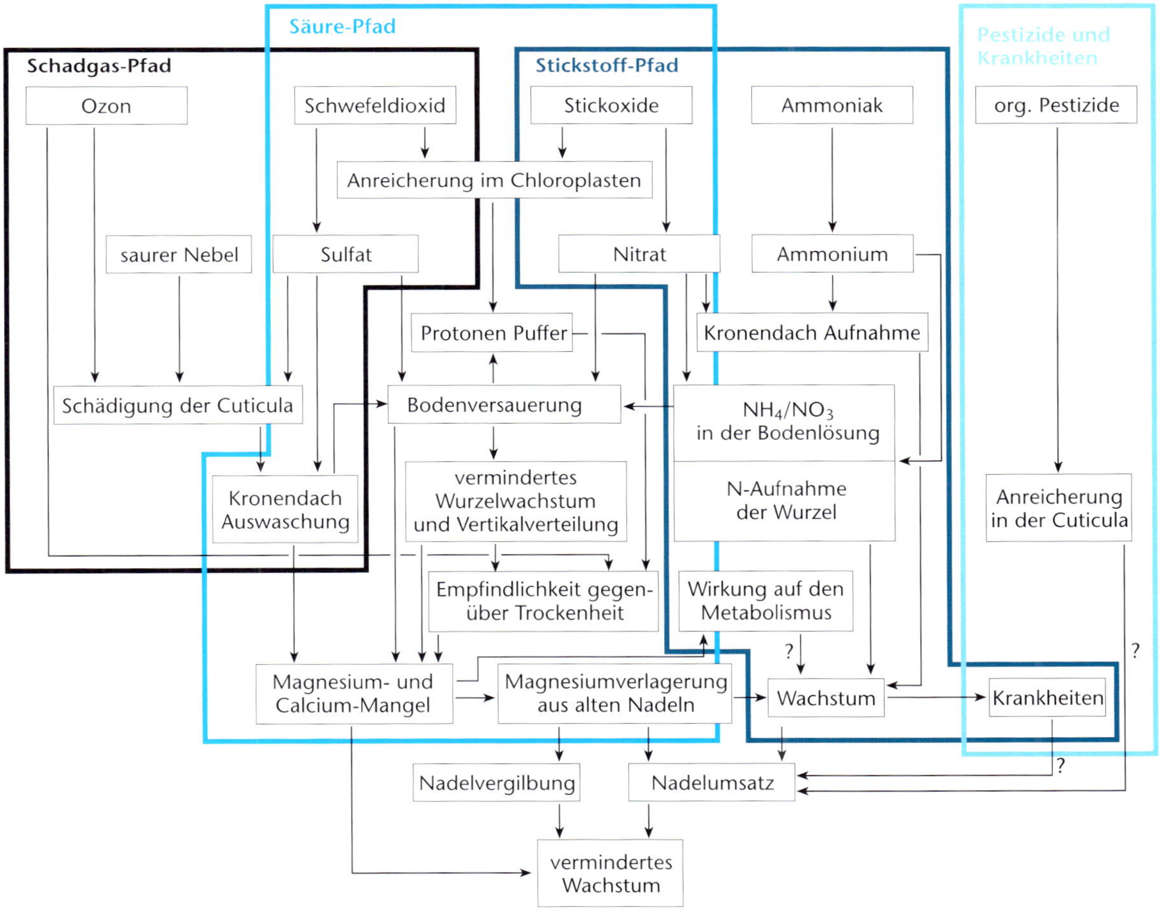

Abb. 3.5.6: Schematische Darstellung der Prozesse, die zu Waldschäden führen (nach Schulze und Lange 1990).

Abb. 3.5.7: Lichtverhältnisse und Unterwuchs an einer Grenze zwischen Laub- und Nadelwald. Es ist eine deutliche Grenze in der Bodenvegetation erkennbar, ab der im Laubwald genügend Wasser und Licht auf den Boden kommen, um eine Bodenflora zu erhalten. Solling 1967, Fichtenversuchsfläche F1. Foto E.-D. Schulze.

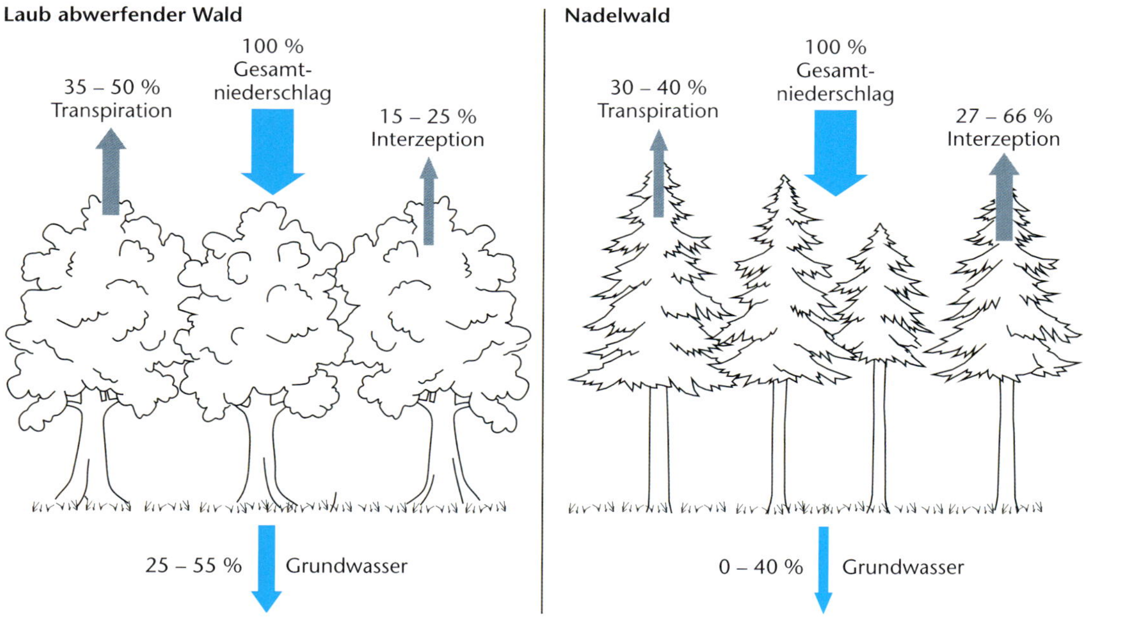

Abb. 3.5.8: Vergleich der hydrologischen Bilanz von Laub- und Nadelwald (nach Schulze 1982). Nadelwald ist trockener als Laubwald wegen der stärkeren Verdunstung von den nassen Oberflächen. Dies ist abhängig von dem Blattfächenindex.

mermonaten ist das bodennahe Klima für beide Baumarten gleich. Einen Eindruck von Lichtklima und Bodenvegetation an einer Grenze zwischen Laub- und Nadelwald gibt Abb. 3.5.7. Der „dunkle", mit wenig Vegetation bedeckte Nadelwald steht im Gegensatz zu der Bodenvegetation im dahinterliegenden Laubwald.

Wasserhaushalt

Die höhere Nadel- und Zweigfläche der Koniferen sorgt für eine höhere Interzeption von Niederschlagswasser im Nadelwald (Abb. 3.5.8, Schulze 1982). Die Transpiration ist bei Buche und Fichte annähernd gleich. Anscheinend gleicht die höhere Nadelfläche die geringere stomatäre Leitfähigkeit der Koniferen aus. In der Summe sind es die Unterschiede in der Interzeption, die dazu führen, dass die Grundwasserbildung im Laubwald um ca. 20 % höher ist als im Nadelwald. Dies ist besonders wichtig für die Trinkwassergewinnung. Quellgebiete für Trinkwasser werden daher mit Laubwald oder mit einer Strauchvegetation aufgeforstet.

Kohlenstoffhaushalt

Koniferen wachsen im temperaten Klima schneller als Laubbäume, weil sie früher im Jahr mit der Assimilation beginnen und länger im Jahr damit fortfahren. Dieser Unterschied wird aber durch die höhere Assimilationsleistung der Laubbäume fast ausgeglichen. Einen wesentlichen zusätzlichen Vorteil haben die Koniferen dadurch, dass nur ein Bruchteil der assimilierenden Organe jedes Jahr ausge-

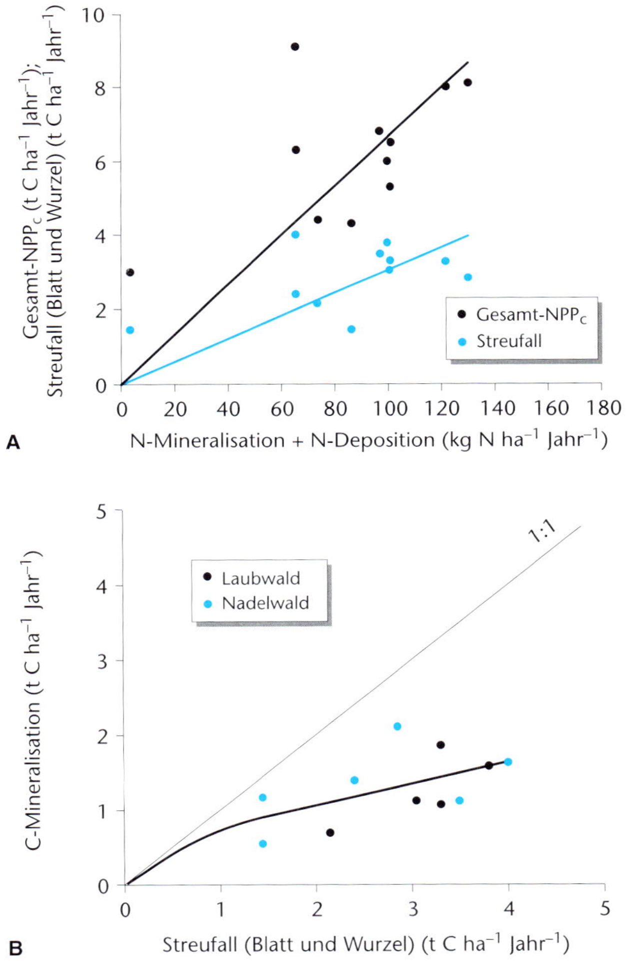

Abb. 3.5.9: A: Die Beziehung zwischen Wachstum (Gesamt-NPP und Streu) und N-Angebot und B: zwischen C-Mineralisation und Streuangebot auf verschiedenen Laub- und Nadelwaldstandorten in Europa (Schulze et al. 2000). Es ist erkennbar, dass das Wachstum in großen Zügen dem N-Angebot folgt. Eine N-Sättigung ist beim Wachstum nicht erkennbar. Im Gegensatz dazu folgt die Mineralisation nicht dem Angebot an Streu, d. h. es erfolgt im Augenblick großflächig über Europa eine Akkumulation von C in der organischen Auflage. Es ist bislang ungeklärt, welche Faktoren dieses Ungleichgewicht von Angebot und Verbrauch im Boden bestimmen.

tauscht werden muss, wohingegen die Laubbäume die gesamte Blattmasse erneuern. Weiterhin ist bei der Fichte das Verhältnis von Ast- zu Stammmasse geringer als bei der Buche oder der Eiche (siehe Kapitel 2.4.5.1). Damit bleiben mehr Assimilate für den Bau von Stammholz. Der Zuwachs von Fichten beträgt im Durchschnitt 10 m^3 a^{-1}, bei Laubbäumen 5 m^3 a^{-1} (Kramer 1988).

Nährstoffhaushalt

Buchen und Fichten unterscheiden sich vor allem in ihrer Fähigkeit, Nitrat zu nutzen (Bauer et al. 2000). Die Nadelbäume haben nur eine sehr schwach ausgebildete Nitratreduktase und nehmen vor allem Ammonium auf. Dies führt zu Nitratauswaschungen und verstärkt die Bodenversauerung im Nadelwald. Der Laubwald nimmt vor allem Nitrat auf. In Verbindung mit der stärker ausgebildeten Bodenvegetation ist damit die Nitratauswaschung gering.

Abb. 3.5.10: Aspekt einer Kalkflora mit Halbtrockenrasen und artenreichem Laubwald auf Kalk (Vordergrund) und artenarmem Nadelwald auf Silikat an der Fränkischen Linie bei Zeyern, Oberfranken. Foto E.-D. Schulze.

Humusbildung

Unter Laubwäldern ist die Rohhumusbildung geringer als unter Nadelwäldern, da die Streu basischer und nährstoffreicher ist als bei Koniferen. Damit ist auch die Zersetzergemeinschaft im Boden aktiver und artenreicher. Auch der geringere Anteil an Harzen und sekundären Stoffen erleichtert den Abbau. Sowohl Laub- wie Nadelhölzer haben spezifische Inhaltsstoffe, die den Abbau verlangsamen (Gerbstoffe bei Eiche, Terpene bei Koniferen). Unter Laubwald entsteht je nach Kationenversorgung ein Moder oder Mullhumus mit einer höheren Kationenaustauschkapazität als im Rohhumus.

All diese Unterschiede würden dafür sprechen, die Monokulturen von Fichte wieder in Laubwald zu überführen. Dem widerspricht, dass die Laubwälder im Augenblick (Jahr 1999) in stärkerem Maße geschädigt sind als die Nadelwälder, während bei diesen die Schäden rückläufig sind.

Experimentell wurden die Unterschiede zwischen Laub- und Nadelwald auf einem Transekt zwischen Nordschweden und Mittelitalien überprüft, wobei im Gegensatz zu den üblichen Beobachtungen im Freiland die Standortverhältnisse möglichst konstant gehalten wurden, d. h. Buche und Fichte wuchsen meist auf saurem Substrat in benachbarten Beständen (Schulze 2000). Die Ergebnisse zeigen keine gesicherten Unterschiede in der Mineralisation und anderen Bodenparametern zwischen Laub- und Nadelwald (Abb. 3.5.9, Schulze et al. 2000). Offensichtlich beruht ein Teil der bislang diskutierten Unterschiede darauf, dass Nadelbäume bisher meist auf anderen (saureren, nährstoffärmeren) Standorten angepflanzt wurden oder natürlicherweise wuchsen als Laubbäume. Wachsen Nadel- und Laubbäume auf dem gleichen Standort unter den gleichen Bedingungen, verlieren sich die Unterschiede zwischen den Baumarten.

Gleichzeitig verdeutlichen aber die Daten auf dem europäischen Transekt wichtige ökosystemare Zusammenhänge. Insbesondere zeigte es sich, dass die Produktion an Streu proportional mit dem Angebot an Nährstoffen aus Mineralisation und Deposition steigt. Im Gegensatz dazu war die Mineralisation gegenüber dem Streuangebot stark einge-

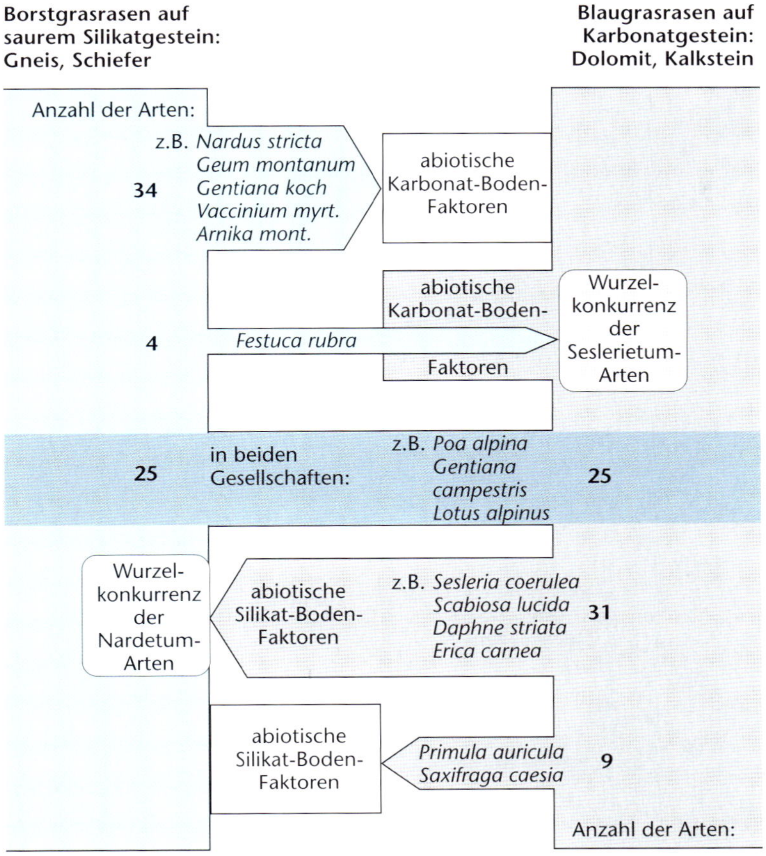

Abb. 3.5.11: Die Beziehung zwischen Kalk- und Silikatarten zweier alpiner Pflanzengesellschaften (Borstgrasrasen, Blaugrasrasen). Gezeigt ist die Zahl der Arten, die aus Gründen der Wurzelkonkurrenz oder aus Gründen der abiotischen Bedingungen nicht in die jeweils andere Gesellschaft eindringen können (Gigon 1987).

schränkt, d. h. der Streuabbau ist großräumig gestört. Das Ungleichgewicht steigt mit der N-Deposition. Das bedeutet, dass die Waldökosysteme in Europa Kohlenstoff im Boden akkumulieren und diese Akkumulation mit der N-Deposition steigt. Es gibt Hinweise darauf, dass es sich bei dieser Akkumulation um potentiell leicht abbaubaren Kohlenstoff handelt, d. h. die Wälder könnten sich bei einem Klimawechsel in bedeutende Kohlenstoffquellen wandeln.

3.5.3 Kalk-Silikat-Pflanzen

Es ist eine alte Beobachtung, dass die Flora auf Kalkgestein eine andere ist als auf Silikatgestein. Besonders deutlich ist der Florenwechsel in den Alpen, wo so genannte vikariierende Arten auftreten, z. B. *Rhododendron hirsutum* auf Kalk gegenüber *R. ferrugineum* auf Silikat. Aber auch auf anderen Standorten ist ein Wechsel im geologischen Untergrund verbunden mit einem Wechsel in der Flora (Abb. 3.5.10). Die Frage, welche Faktoren diesen Florenwechsel hervorrufen, kann nur auf Ökosystemebene beantwortet werden, denn mit dem Wechsel des Substrats ändern sich folgende Standortfaktoren:

- Kalkstandorte sind im Allgemeinen trockener als Silikatstandorte, da das Niederschlagswasser in sehr tiefe Bodenschichten versickert.
- Kalkstandorte sind wegen des geringeren Wassergehalts im Boden wärmer als Silikatstandorte.
- Kalkstandorte haben andere bodenchemische Bedingungen als Silikatstandorte (Kalk: Mangel an Fe, kein Al; Silikat: Mangel an Mo und basischen Kationen).

- Auf Kalkstandorten führt der Streuabbau zu Mull als dominierender Humusform, wohingegen Silikatstandorte durch Rohhumus oder Moder gekennzeichnet sind.
- Die N-Mineralisation führt auf Kalkstandorten zu Nitrat, auf Silikatstandorten dagegen ist Ammonium die dominierende N-Form.

Die Vielfalt der Standortfaktoren zeigt bereits, dass es nicht einen einzelnen Faktor gibt, der die komplizierte Differenzierung der Vegetation erklärt. Nach Gigon (1987) wächst der größte Teil der Silikatpflanzen aus bodenchemischen Gründen nicht auf Kalkböden (Abb. 3.5.11). Umgekehrt verhindert die Konkurrenz im Wurzelbereich die Einwanderung von Kalkarten auf Silikatstandorte, obgleich diese (sofern keine Konkurrenz vorhanden ist) dort wachsen könnten. Während 34 Arten aus dem Borstgrasrasen (Nardetum) auf Grund von abiotischen Faktoren nicht in den Blaugrasrasen (Seslerietum) eindringen können, verhindert vor allem die Wurzelkonkurrenz der Borstgrasrasenarten ein Eindringen von Blaugrasrasenarten. Abiotische Faktoren dagegen stellen nur für neun Arten ein Hindernis dar.

Kasten 3.5.1 Ökosystemkunde

Was lernt man aus Ökosystemstudien?

- Allein die Betrachtung von Prozessen auf der Ebene des Ökosystems erlaubt eine Beurteilung von Schadensphänomenen im Pflanzenbestand (Waldschäden) bzw. eine Beurteilung der langfristigen Wirkungen von Bewirtschaftungsformen.
- Die Waldschäden sind ein herausragendes Beispiel für die Interaktion zwischen Boden und Vegetation. Die durch Vergilbungen gekennzeichneten Schäden sind eine Folge der Stimulierung des Wachstums durch N-Depositionen bei gleichzeitiger Verringerung des Kationenangebots im Boden durch Bodenversauerung.
- Laub- und Nadelwald haben unterschiedliche Einflüsse auf fast alle Ökosystemprozesse. Dennoch sind die Umsetzungen im Boden sehr ähnlich und eher gesteuert durch die bodenchemischen Parameter des Ausgangssubstrats als durch die Einflüsse des Baumbestands.
- Differenzierungen in der Vegetation, wie sie vor allem bei Kalk- und Silikatstandorten äußerlich deutlich werden, sind bedingt durch einen vielfältigen Komplex von Faktoren und nicht durch einen einzelnen Parameter. Dabei spielen sowohl biologische Faktoren (Konkurrenz) als auch bodenchemische bzw. bodenphysikalische Faktoren (Trockenheit, Wärme, Verfügbarkeit von Ionen) eine Rolle, die dazu führen, dass die Arten der Kalkstandorte nicht auf Silikatstandorte eindringen und umgekehrt.

Literatur

Bauer GA, Persson H, Persson T, Mund M, Hein M, Kummetz E, Matteucci G, van Oene H, Scarascia-Mugnozza G, Schulze E-D (2000) Linking plant nutrition and ecosystem processes. Springer, Heidelberg New York. *Ecological Studies* 142: 63–98

Bundesministerium für Verbraucherschutz, Ernährung und Landwirtschaft: „Bericht über den Zustand des Waldes 2001 – Ergebnisse des forstlichen Umweltmonitorings", Bonn

Chadwick OA, Derry LA, Vitousek PM, Huebert BJ, Hedin LO (1999) Changing resources of nutrients during four million years of ecosystem development. *Nature* 397: 491–497

Ellenberg H (1978) Vegetation Mitteleuropas mit den Alpen. Ulmer, Stuttgart. 981 Seiten

Forschungsbeirat Waldschäden/Luftverunreinigungen FBW (1989) Dritter Bericht an die Bundesregierung. Forschungszentrum Karlsruhe. 611 Seiten

Gigon A (1987) A hierarchic approach in causal ecosystem analysis. The calcifuge-calcicole problem in alpine grasslands. Springer, Heidelberg New York. *Ecological Studies* 61: 228–244

Kottke I, Oberwinkler F (1986) Mycorrhiza of forest trees – structure and function. *Trees* 1: 1–24

Kramer H (1988) Waldwachstumslehre. Parey, Hamburg. 374 Seiten

Lange OL, Weikert RM, Wedler M, Gebel J, Heber U (1989) Photosynthese und Nährstoffversorgung von Fichten aus einem Waldschadensgebiet auf basenarmem Untergrund. *Allg. Forstzeitschrift.* 3: 54–63

Last FT, Watling R (1991) Acid deposition, it's nature and impacts. *Proceedings of the Royal Society of Edinburgh,* Section B, 97, 343 Seiten

Marschner H (1994) Mineral nutrition of higher plants. Academic Press, London. 889 Seiten

Mitscherlich G (1975) Wald, Wachstum und Umwelt, 3. Bd: Boden, Luft und Produktion. Sauerländers Verlag, Frankfurt. 351 Seiten

Mooney HA, Medina E, Schindler DW, Schulze E-D, Walker BH (1991) Ecosystem Experiments. *SCOPE* 45. 268 Seiten

Oren R, Schulze E-D (1989) Nutritional disharmony and forest decline: A conceptual model. Springer, Heidelberg New York. *Ecological Studies* 77: 425–443

Schachtschabel P, Blume HP, Brümmer G, Hartge KH, Schwertmann U (1998) Lehrbuch der Bodenkunde. Enke, Stuttgart. 494 Seiten

Schulze E-D (1982) Plant life forms and their carbon, water and nutrient relations. *Encycl. Plant Physiology,* New Ser. 12B: 615–676

Schulze E-D (1989) Air pollution and forest decline in a spruce (*Picea abies*) forest. *Science* 244: 776–783

Schulze E-D (2000) Carbon and nutrient cycling in European forest ecosystems. Springer, Heidelberg New York. *Ecological Studies* 142. 498 Seiten

Schulze E-D (2000) Der Einfluss des Menschen auf die biogeochemischen Kreisläufe der Erde. MPG Jahrbuch 2000.

Schulze E-D, Heimann M, Wirth C (2000) Managing forests after Kyoto. *Science* 289: 2058–2059

Schulze E-D, Högberg P, van Oene H, Persson T, Harrison AF, Read D, Kjöller A, Matteucci G (2000) Interactions between the carbon- and nitrogen cycle and the role of biodiversity: A synopsis of a study along a north-south transect through Europe. Springer, Heidelberg New York. *Ecological Studies* 142: 468–492

Schulze E-D, Lange OL (1990) Die Wirkungen von Luftverunreinigungen auf Waldökosysteme. *Chemie in unserer Zeit* 24: 117–130

Starr MR (1991) Soil formation and fertility along a 5000 year chronosequence. Geological Survey of Finland, Special Paper 9: 99–104

Ulrich B (1987) Stability, elasticity, and resilience of terrestrial ecosystems with respect to matter balance. Springer, Heidelberg New York. *Ecological Studies* 61: 11–49

Ulrich B (1994) Nutrient and acid-base budget of central European forest ecosystems. In: Effects of Acid Rain on Forest Processes. Wiley-Liss Inc. Chichester. 1–50

Kapitel 4

SYNDYNAMIK, SYNCHOROLOGIE, SYNÖKOLOGIE

In diesem Kapitel des Lehrbuchs wird eine neue Ebene der Betrachtung erreicht. Mit der Behandlung vegetationsökologischer Themen und damit von Aspekten, die zwischen Autökologie und Ökosystemforschung stehen, ist zwingend der **Schritt aus dem Labor ins Freiland** verbunden. Nach dem Studium einzelner Pflanzenindividuen oder -arten unter kontrollierbaren Randbedingungen mit überwiegend experimentellen Ansätzen geht es aufbauend auf der Ökosystemkunde (Kapitel 3) nunmehr darum, die **räumliche Verbreitung und Vergesellschaftung von Pflanzen** zu erkennen, zu beschreiben und den relativen Erfolg des einzelnen Individuums (der einzelnen Art) in der komplexen Gemeinschaft zu verstehen.

Mit diesem Ziel sind synökologische Fragestellungen verknüpft, die sich bereits aus den Thienemann'schen Gesetzen ergeben. Zusammengefasst und auf Pflanzen bezogen sagen sie aus, dass keine Pflanze allein, sondern nur im lebendigen Wirkungsgefüge von Pflanzen und Tiere umfassenden **Lebensgemeinschaften (Biozönosen)** existieren kann. Diese Lebensgemeinschaften entwickeln sich mit einer begrenzten Zahl von Pflanzenarten und -individuen in einem begrenzten Raum in bestimmten zeitlichen Rhythmen. Man geht davon aus, dass bestimmte **Pflanzengemeinschaften (Phytozönosen)** zu unterscheiden sind.

Mit dem Zuwachs an Komplexität der Betrachtung ist eine Abnahme der Prognostizierbarkeit von Entwicklungen verbunden. In der Synökologie wird eher beobachtend und weniger experimentell gearbeitet. Dies liegt sowohl an den räumlichen als auch den zeitlichen Dimensionen der zu bearbeitenden Verbreitungsgebiete und Prozesse. Die Experimente des Synökologen finden in der Natur selbst statt (eingeschlossen alle anthropogenen Einflüsse, was die Komplexität in besonderem Maße steigert). Es gilt, die Muster als Versuchsanordnung zu erkennen und zu beschreiben sowie die Randbedingungen zu definieren. Das Ziel der Synökologie geht aber über die Beschreibung hinaus. Vergleichbar zu den Experimenten unter kontrollierten Bedingungen wird nach Erklärungen gesucht, wobei quantitative Messungen schwieriger sind. Damit tritt quantitatives Messen in den Hintergrund, qualitatives Schätzen gewinnt an Bedeutung.

Es wurde bereits bei der Ökosystemkunde (Kapitel 3) sichtbar, dass mit dem Schritt ins Freiland zwei Aspekte verbunden sind, die bisher nur eine randliche Rolle spielten. Lebensgemeinschaften – und natürlich auch Pflanzengemeinschaften – entwickeln sich im Laufe der Zeit. Sie können eine gerichtete oder auch zyklische Dynamik zeigen. Um ihre aktuelle Zusammensetzung zu verstehen, müssen ihre Geschichte und ihre Entwicklungsrhythmen bekannt sein. Von besonderer Bedeutung sind dabei die Einflüsse des siedelnden und wirtschaftenden Menschen. **Die historisch-genetischen Aspekte** von Pflanzengemeinschaften werden in **Abschnitt 4.1** über **Syndynamik** behandelt. Im Laufe ihrer zeitlichen Entwicklung erobern sich Pflanzen und Pflanzengemeinschaften Wuchsorte, sie breiten sich im Raum aus. **Grundlagen der räumlichen Betrachtung** von Pflanzengemeinschaften enthält **Abschnitt 4.2** über die **Synchorologie**. Auf der Grundlage der Syndynamik und der Synchorologie wird in **Abschnitt 4.3** die **Synökologie**, die **biotischen Interaktionen** zwischen Pflanzen und zwischen Pflanzen und Tieren behandelt.

Bei der Komplexität der Objekte ist eine umfassende Darstellung der Synökologie nicht möglich. Hier wird eine Auswahl generalisierbarer Kenntnisse der zeitlichen Dynamik und Stabilität, der räumlichen Ausdehnung und der Diversität sowie der Konkurrenz und Koexistenz vorgenommen.

Als weiterführende Literatur werden die Lehrbücher von Begon, M. et al.: Ecology. 3. Aufl., Blackwell Science Oxford, 1999; Frey, W. und Lösch, R.: Lehrbuch der Geobotanik. Fischer Stuttgart, 1998; Glavac, V.: Vegetationsökologie. Gustav Fischer Stuttgart 1996, empfohlen. Hingewiesen wird auch auf die einschlägigen Wörterbücher und Lexika von Kuttler, W. (Hrsg.): Handbuch zur Ökologie. Analytica Berlin, 1993; Schaefer, M: Ökologie. Wörterbücher der Biologie. 3. Aufl., Gustav Fischer Jena, 1992; Sedlag, U. und Weinert, E.: Biogeographie, Artbildung, Evolution. Wörterbücher der Biologie. Gustav Fischer Jena, 1987.

Kapiteleröffnungsseite: Kleinräumiges Vegetationsmosaik in der afro-alpinen Stufe der Bale Mountains (Südostäthiopien) bei ca. 3 400 m üNN mit Strauchgesellschaften (Erica arborea), Zwergstrauchgesellschaften (Alchemilla und Helichrysum div. Spec.) und einzelnen Schopfbäumen (Lobelia rhynchopetalum) in den trockenen felsigen Hanglagen sowie in Rasengesellschaften und in vermoorten Senken im feuchten Hangfußbereich. Foto K. Müller-Hohenstein.

4.1 Historisch-genetische Entwicklung von Phytozönosen und ihre Dynamik

Artenreiche Segetalflora in annuellen Kulturen (Linsenfeld) sowie Dauerkulturen (Ölbäume) zeugen von typischen anthropogenen Ersatzgesellschaften in noch wenig von Herbiziden beeinflussten Gebieten des europäischen Mittelmeerraums. Foto K. Müller-Hohenstein.

Literaturempfehlung

Zum Verständnis der Entwicklung des Pflanzenkleids der Erde und zu detaillierteren Ausführungen über einzelne zeitliche Abschnitte als auch zu allgemeinen Grundlagen der Vegetationsdynamik wird neben den einleitend unter Kapitel 4 genannten Titeln als zusätzliche Lektüre empfohlen: Dierschke, H.: Pflanzensoziologie. Grundlagen und Methoden. Ulmer Stuttgart, 1994; Ellenberg, H.: Vegetation Mitteleuropas mit den Alpen. 5. Aufl., Ulmer Stuttgart, 1996; Richter, M.: Allgemeine Vegetationsgeographie. Teubner Stuttgart, 1997; Sukopp, H und Wittig, R. (Hrsg.): Stadtökologie. Gustav Fischer Stuttgart, 1993; Walter, H.: Einführung in die Phytologie, Bd.2, Teil 2: Arealkunde. Ulmer Stuttgart 1954.

Rezent-ökologische Wechselwirkungen zwischen Lebewesen und ihrer Umwelt sind eine Grundlage der gegenwärtigen Zusammensetzung und Verbreitung der Vegetation. Dieser gegenwärtige Zustand ist nur auf der Basis abiotischer und biotischer Interaktionen (d. h. ökologisch) zu verstehen. Die Existenz von Arten und Lebensgemeinschaften überhaupt ist jedoch nur historisch auf der Grundlage von Kenntnissen zur Evolution und zur Ausbreitung zu erklären.

Drei wesentliche erdgeschichtliche Ereignisse haben in entscheidendem Maße zur Ausbildung der heutigen Verbreitungsmuster beigetragen:

- die kontinuierliche **Verlagerung der Pole** (Abb. 4.1.1, siehe auch Tabelle 4.1.1). Nach Messungen zum Paläomagnetismus lag der magnetische Nordpol noch im Kambrium im Pazifik unweit der japanischen Inselgruppen, in der Trias in Nordostasien.

- die mit permanenten **Lageveränderungen der Erdkrustenteile** verbundene Entstehung der Kontinente (Abb. 4.1.2). Trotz kontroverser Diskussion gilt die von Wegener formulierte Kontinentalverschiebungstheorie als in ihren Grundzügen bestätigt.
- die sich mit der wechselnden Zusammensetzung der Atmosphäre ergebenden **Solareffekte** (unterschiedliche Strahlungsverhältnisse).

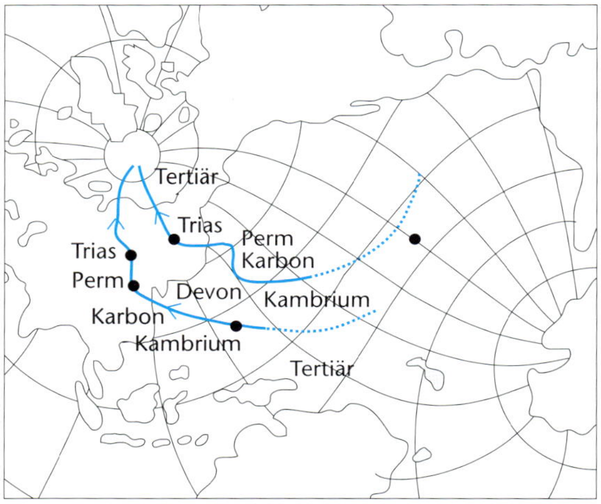

Abb. 4.1.1: Veränderung der Lage des magnetischen Nordpols im Verlauf der Erdgeschichte (experimentell ermittelt aus paläomagnetischen Messungen nordamerikanischer (obere Kurve) und britischer Gesteine (untere Kurve)) (nach Kreeb 1983).

Diese Ereignisse sind mit zwei für die Pflanzenwelt und ihre Evolution unmittelbar wirksamen Einflüssen verknüpft. Zum einen haben sich an den jeweiligen Wuchsorten die klimatischen Verhältnisse drastisch geändert. Zum anderen wurden die Möglichkeiten der Ausbreitung von Pflanzen durch sich öffnende bzw. schließende Landbrücken oder durch die Entstehung von Gebirgsbarrieren begrenzt bzw. gesteuert. Zu erwähnen sind schließlich noch mit **Asteroideneinschlägen** zusammenhängende katastrophale Ereignisse, welche v.a. zum Ende des Perm die Artenvielfalt merklich einschränkten (Barbault und Sastrapradja 1995).

In jüngerer Vergangenheit hat eine Entwicklung die Vegetation in viel kürzerer Zeit weltweit in starkem Maße verändert: der ständig wachsende **Einfluss des siedelnden und wirtschaftenden Menschen**. Somit wird deutlich, dass auch paläoökologische Zusammenhänge und historische Entwicklungen bekannt sein müssen, um die heutige Vegetation in ihrer Zusammensetzung und räumlichen Verbreitung zu verstehen.

Im Folgenden werden ältere Abschnitte der Geschichte des Lebens auf der Erde, einschließlich ausgewählter Aspekte der Stammesgeschichte und der Koevolution der Organismen (Eophytikum, Paläophytikum, Mesophytikum) nur in Stichworten erwähnt. Eingehender behandelt wird das Neophytikum mit zwei seiner wichtigsten Abschnitte: (1) der spät- und postglazialen Entwicklung der

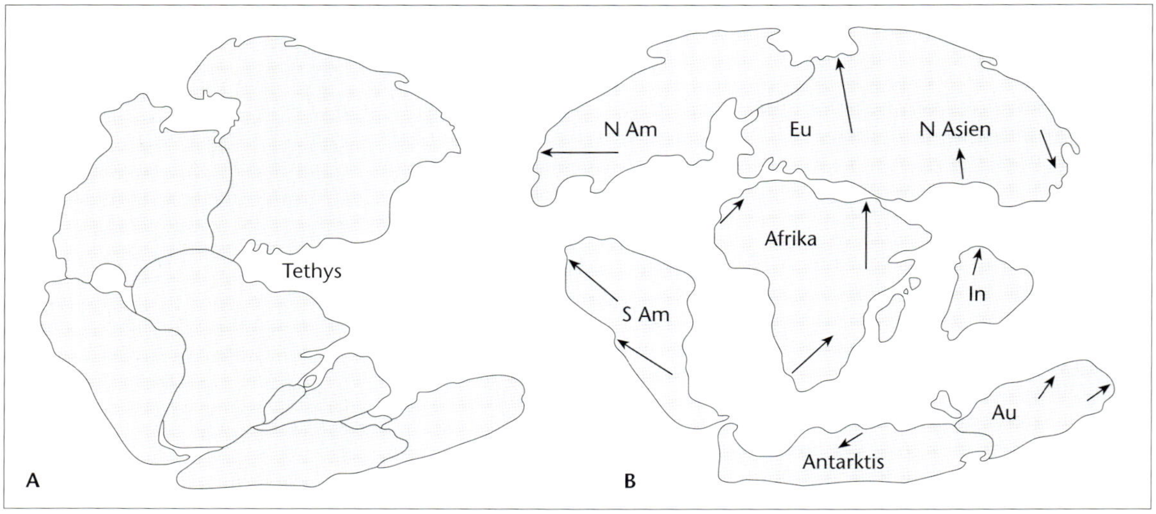

Abb. 4.1.2: Stadien der Entwicklung zur heutigen Verteilung der Kontinente zusammenhängende Landmasse der Pangaea in der Trias Verteilung der Kontinente am Ende der Kreidezeit (nach Bick 1993).

Vegetation. Hier stehen die Zusammenhänge zwischen Klima und Vegetation in jüngster geologischer Vergangenheit im Mittelpunkt, und (2) die direkten und indirekten Einflüsse des Menschen auf das Pflanzenkleid. Sie dominieren vor allem in alten Kulturlandschaften und in Räumen intensiver land- und forstwirtschaftlicher Nutzung. Räumlich liegt der Schwerpunkt des folgenden Kapitels auf Europa. Randlich werden jüngere Entwicklungen in anderen Erdteilen angeführt. Die Problematik des globalen Wandels wird umfassender in Kapitel 5 behandelt.

4.1.1 Die Vegetationsgeschichte bis zum Ende des Tertiärs

Es wird davon ausgegangen, dass sich im **Präkambrium** zwei getrennte große Landmassen (Urkontinente) gebildet hatten, die jeweils in Polnähe lagen, auf der Nordhalbkugel **Laurasia**, auf der Südhalbkugel **Gondwana** (vgl. Tabelle 4.1.1). Diese beiden Landmassen schlossen sich in der Folgezeit zu einer großen, der **Pangaea**, zusammen, die bei allerdings wechselnder Lage zu Polen und Äquator bis zur Wende Paläozoikum erhalten blieb (vor ca. 220 Mio. Jahren, Abb. 4.1.1).

Tabelle 4.1.1: Die vermutliche Evolution von Lebewesen und Ökosystemen während der Erdgeschichte (nach Kreeb 1979)

	Zeit (in Millionen Jahre)	geologische Formation	Pflanzen	Tiere	Ökosystemtyp
Neophytikum (Angiospermenzeit)	0	Gegenwart	Agrotechnik	Homo faber	anthropogene Ökosystem-zerstörungen
	0,005	Holozän	Kulturpflanzen	Haustiere	anthropogene Umwandlung von Ökosystemen
	0,5	Pleistozän		Homo sapiens	alle Landökosysteme: Wüsten, Halophytengemeinschaften, Kaltgebiete
	30	Tertiär	Laubbäume	Süßwasserfische Hominisation	
	95	Kreide	bedecktsamige Blütenpflanzen	Vögel Säugetiere	
Mesophytikum (Gymnospermenzeit)	150	Jura	Nadelhölzer: erste Blüten- und Samenpflanzen	Urvogel	Anpassung der Pflanzen an verschiedene Klimazonen
	200	Trias		Dinosaurier Ursäuger	
Paläophytikum (Pteridophytenzeit)	230	Perm			Artenvielfalt im Ökosystem nimmt leicht ab
	280	Karbon	erste baumförmige Farnpflanzen: Siegel-, Schuppenbäume, Schachtelhalme, Farne	Reptilien Saurier	Sumpfwälder (trockenes Festland noch unbesiedelt)
	340	Devon		Lungenfische Amphibien Insekten	erste höher entwickelte Landökosysteme an feuchten Standorten
	450	Silur	erste eigenfeuchte Landpflanzen: Urfarne	erste Wirbeltiere	einfache Landökosysteme ohne Konsumenten in Küstennähe
Eophytikum (Algenzeit)	500	Kambrium	Algen	alle Tierstämme außer Wirbeltiere	höher entwickelte Wasserökosysteme
	2000	Algonklum	Photosynthese Sauerstoffatmung		(Sauerstoffatmosphäre) einfache Wasserökosysteme
	3000	Archaikum	erste chemosynthetisch aktive Organismen		(? anaerobe Wasserökosysteme) thermophile Organismen
	4000	Urozeane Uratmosphäre	Beginn der biologischen Evolution: „Urzelle"		(sauerstofffreie Milieus) (? salzfreie Urozeane)

Spuren des Lebens und erste einzellige Prokaryonten (Bakterien, Cyanobakterien) existieren seit etwa drei Milliarden Jahren in einer sauerstoffarmen Atmosphäre. Eukaryonten und vielzellige, autotrophe Formen konnten sich erst mit steigendem Sauerstoffgehalt entwickeln. Dieser bis in das **Silur** (vor ca. 400 Mio. Jahren) reichende Zeitraum wird als **Eophytikum** (Proterophytikum) oder Algenzeit bezeichnet.

Der entscheidende Entwicklungsschritt mit der Besiedlung des Landes erfolgt an der Wende vom Eophytikum zum **Paläophytikum** im Silur. Die ersten Landpflanzen besaßen Zellen mit großen Vakuolen, hatten bereits Spaltöffnungen und entwickelten offensichtlich sehr schnell Stützgewebe. Diese autotrophen Produzenten lebten mit Pilzen und Bakterien als Destruenten zusammen und bildeten erste Biozönosen.

Die Evolution von Tier- und Pflanzenarten und Lebensgemeinschaften verläuft parallel (Tabelle 4.1.1, Abb. 4.1.3). Die Psilophyten (Urfarne) werden als Vorläufer der Pteridophyta (Farne i. w. S.) angesehen, zu denen die Filicinae (Farne i. e. S.), die Equisitinae (Schachtelhalme) und die Lycopodiinae (Bärlappe) gehören. Während die sich gleichzeitig abspaltenden Bryophyta (Moose) auf einer niedrigen Entwicklungsstufe verharrten, bildeten die anderen Gruppen insbesondere unter dem warmfeuchten Klima des **Karbon** auf sumpfig-moorigen Standorten üppige Wälder mit baumförmigen Schachtelhalmen, Bärlappen und den später wieder aussterbenden Cordaiten. Analysen der auf der Nordhalbkugel verbreiteten Steinkohlelagerstätten erlaubten eine genaue Rekonstruktion dieser bereits strukturreichen Vegetation und der mit ihr verbundenen Tierwelt. Es fanden sich auch Hinweise auf symbiontische Interaktionen (Mykorrhiza).

An der Grenze vom Karbon zum **Perm** wurden die klimatischen Bedingungen trockener. Viele Arten überlebten das nicht, nicht alle Landpflanzen konnten ihren Wasserhaushalt anpassen. So ist der Übergang vom Paläophytikum zum Mesophytikum durch einen merklichen Artenrückgang gekennzeichnet. Gleichzeitig trennte allmählich die Tethys zu Beginn der **Trias** den östlichen Teil des Pangaea-Kontinents ab (Abb. 4.1.2). Im **Jura** entstand der Nordatlantik, in der Kreide der Südatlantik, im **Alttertiär** rückten Antarktis und Australien auseinander. Erst im **Pliozän** gelangten die Kontinente in ihre heutige Position.

Bis in die **Kreidezeit** waren die Floren weltweit einander sehr ähnlich. Die sich zwischen den auseinander driftenden Kontinenten bildenden Ozeane stellten keine unüberwindlichen Hindernisse für den Florenaustausch dar. Der bis zu diesem Zeitpunkt als **Mesophytikum** beschriebene Teil der Vegetationsgeschichte wird auch Gymnospermenzeit genannt. Nachdem die Bärlappe und Schachtelhalme am Ende des Paläozoikums ausstarben, gewannen die Gymnospermen an Raum, insbesondere die Koniferen und die Gingkoateae, deren einziger rezenter Vertreter, *Ginkgo biloba*, als „lebendes Fossil" gilt. In der nördlichen Region sind erste Vertreter der Pinaceae und der Gattung *Juniperus* nachgewiesen. Weltweit waren Cupressaceae sowie die heute auf die Tropen und die Südhemisphäre beschränkte Gattung *Araucaria* vertreten.

Die Grenze zwischen Jura und Kreide ist gleichzeitig die Grenze zwischen Meso- und Neophytikum und zwischen der Gymnospermenzeit und der Angiospermenzeit. Erste Angiospermen sind schon am Ende des Jura vertreten. In der relativ kurzen Zeit von nur 25 Mio. Jahren während der Kreide zeigen die Blütenpflanzen eine ungewöhnlich schnelle Entwicklung und verdrängen viele der bisher dominierenden Gymn ospermen. Fast schlagartig bilden sich alle Hauptgruppen aus, alle vorhandenen Standorte können mit angepassten Arten besiedelt werden und noch ist ein interkontinentaler Florenaustausch kaum erschwert. Eine stärkere floristische Trennung erfolgt erst von der oberen Kreide an. Es entstehen die sog. **Florenreiche**, wobei sich – entsprechend der etwas früheren Trennung im Süden – drei südhemisphärische (**Antarktis, Australis und Capensis**), zwei tropisch-äquatoriale (**Neo- und Paläotropis**) und nur ein nordhemisphärisches Florenreich (**Holarktis**) unterscheiden lassen.

Zwölfer (1978) hat in einem Überblick das erdgeschichtliche Auftreten von Gefäßpflanzen sowie phytophagen und entomophagen Insekten zusammengestellt und damit Hinweise auf die Entstehung von Lebensgemeinschaften gegeben. Danach ist Fraß von Pollen und abgestorbenem Pflanzenmaterial schon aus dem Devon belegt, im Perm ist Fraß an Blättern nachgewiesen, in der Trias kommt es zur Blütenbestäubung durch Insekten, entomophage Parasiten (Schlupfwespen) treten auf und Pflanzengallen werden beobachtet. Vom Tertiär an sind alle heute bekannten phytophagen Lebensformen vertreten: Grasfresser, Nektarsammler, Blatt-

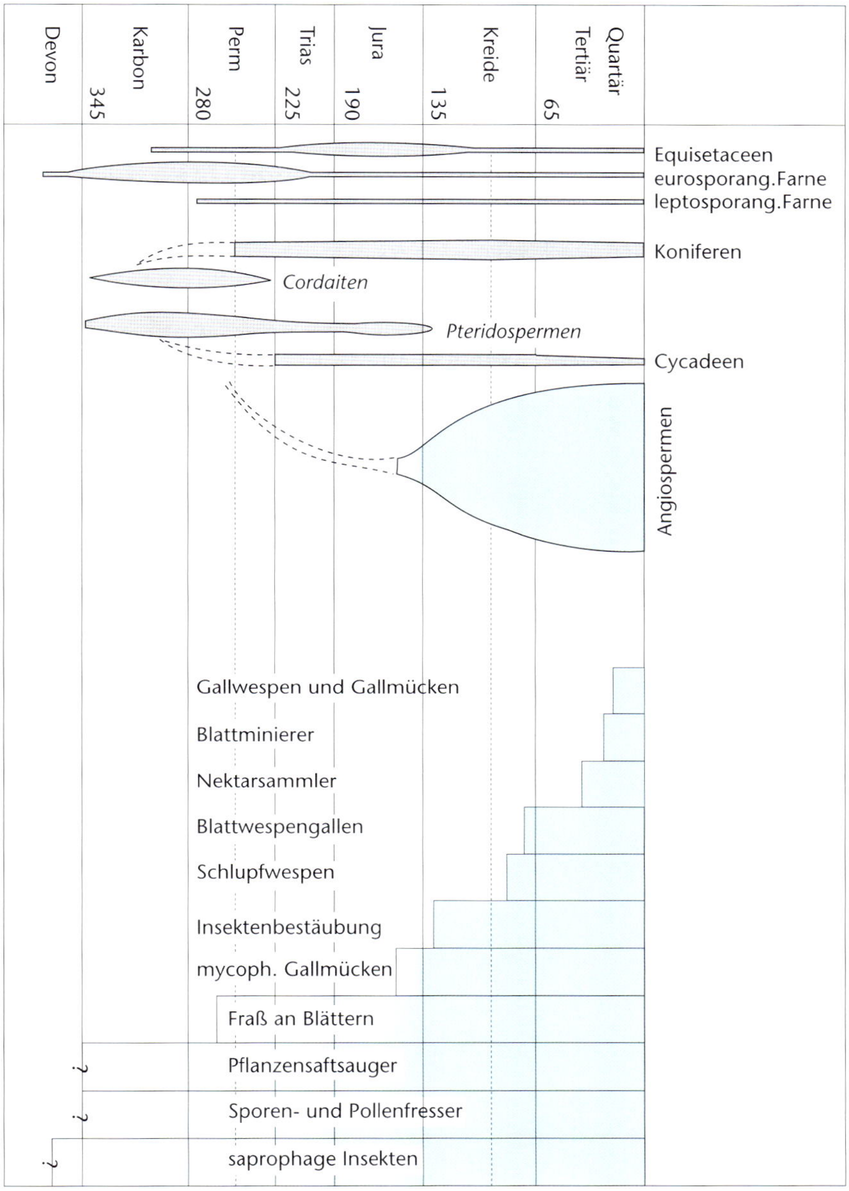

Abb. 4.1.3: Alter und Entwicklung wichtiger Gruppen der Gefäßpflanzen und der phyto- und entomophagen Insekten sowie Nachweise für Pollination und Herbivorie (nach Zwölfer 1978).

minierer, Gallwespen und Gallmücken. Aus Abb. 4.1.3 wird ersichtlich, dass die Entwicklung der phyto- und entomophagen Lebensweisen stammesgeschichtlich jung ist und zeitgleich mit der Entwicklung der Angiospermen erfolgt.

Der hiermit verbundene **Selektionsdruck** hat zu **wechselseitigen Anpassungen bei floristischen und faunistischen Partnern** geführt. Pflanzen entwickelten Dornen, Stacheln oder chemische Abwehrstoffe, Tiere antworteten mit erfolgreichen Veränderungen der Mundwerkzeuge oder Resistenzen gegenüber pflanzlichen Giften. Manche Blütenpflanzen sind möglicherweise deshalb besonders erfolgreich, weil sie sich vor Tierfraß schützen können. Dies wird z. B. für die Enziangewächse (Abwehr durch Indolalkaloide) oder die Nachtschattengewächse (Abwehr durch Tropanalkaloide) angenommen. Im Laufe der Entwicklung nutzten manche Insekten jedoch auch sekundäre Pflanzeninhaltsstoffe für die eigene Abwehr, z. B. von entomophagen Feinden.

Da zu Beginn des Tertiärs schon alle wichtigen Gruppen der Blütenpflanzen vertreten sind, wird dieser bis heute reichende Abschnitt der Vegetationsgeschichte, das Neophytikum, auch Angiospermenzeit genannt. Unter den Blütenpflanzen entwickeln sich jetzt auch Spezialisten für die extremsten Standorte in Wüsten und auf salzhaltigen Böden. Im Zuge der Gebirgsbildungen sind auf der Nordhalbkugel in den zentralasiatischen Gebirgen und im europäisch-mediterranen Raum junge Gebirgsfloren entstanden (**Oreophyten** mit engen Verwandtschaftsbeziehungen zur jeweiligen Tieflandsflora). Häufig lassen sich einzelne Höhenstufen durch vikariierende Gattungen kennzeichnen.

Die holarktische Flora kann bereits in paläozänen bis eozänen Braunkohlelagerstätten auf Spitzbergen nachgewiesen werden. Dort wurden nicht nur Reste von Pflanzen gefunden, die heute in Mitteleuropa unter Bedingungen eines gemäßigten Klimas wachsen (z. B. *Acer*, *Betula*, *Fagus*, *Quercus*, *Salix*, *Tilia*, *Pinus* und *Picea*), sondern auch solche, die heute unter feucht-subtropischen Verhältnissen gedeihen (z. B. *Taxodium*, *Magnolia*, *Liriodendron*) sowie Arten, die die Eiszeit in nordamerikanischen und ostasiatischen Rückzugsgebieten (Refugien) überlebten. Vergleichbare Funde liegen aus Grönland vor (z. B. mit *Aesculus*, *Castanea*, *Platanus*, *Vitis*). Diese so genannte **„arkto-tertiäre" Flora** bildet den Grundstock der holarktischen Flora.

Anhand von eozänen Pflanzenresten aus Südengland und der „Geiseltalflora" bei Merseburg konnten Pflanzenlisten erstellt werden, die heute wechselfeucht-tropisch verbreitete Sippen enthalten (z. B. Arten der Annonaceae, Pandanaceae, Sterculiaceae). In dieser Zeit ähnelte in Europa die Vegetation derjenigen südostasiatischer Bergregenwälder. Erst im weiteren Verlauf des Tertiärs nahm Europa seine heutige Position ein, wie vergleichbare Funde aus dem Jungtertiär (Miozän und Pliozän) zeigen.

Aus Pflanzenresten **des pliozänen Mitteleuropa** konnten keine tropischen Arten mehr rekonstruiert werden, wohl aber Vertreter heutiger Gattungen (*Fagus*, *Quercus*, *Salix*, *Fraxinus*, *Populus*, *Pinus*), aber auch Arten von Gattungen, die hier inzwischen ausstarben (*Liriodendron*, *Sequoia*). Vergleichbare Funde aus Nordostasien und Nordamerika deuten eine weltweit **fortschreitende Abkühlung** an. In Europa verschoben sich die Klima- und Vegetationszonen nach Süden. Da die West-Ost-Erstreckung der Alpen und des Mittelmeeres das Ausweichen wärmebedürftiger Arten erschwerten, starben einige ganz aus oder wurden auf Teilareale zurückgedrängt. Die relative Einheitlichkeit der pliozänen Flora der Holarktis ging verloren. Große Verbreitungsgebiete wurden aufgespalten in eine Reihe charakteristischer tertiärzeitlicher Teilareale, sog. **Großdisjunktionen** (z. B. *Sequoia* und *Metasequoia*, Magnoliaceae). Für einige Arten, z. B. der Gattungen *Styrax*, *Platanus*, *Melia* und *Castanea*, waren die feucht-warmen Standorte im östlichen Schwarzmeerraum (Kolchis) wichtige Refugien.

Schließlich wird auch die Entstehung der mediterranen Hartlaubvegetation und die der rezenten Steppen-, Halbwüsten- und Savannenfloren mit der generellen tertiärzeitlichen Abkühlung des globalen Klimas in Verbindung gebracht. Die Abkühlung im Pliozän kann man als Vorläufer der mehrfachen quartären Klimaänderungen im jüngsten Neophytikum ansehen, welche die mitteleuropäische Vegetation nachhaltig prägten.

4.1.2 Klima- und Vegetationswandel im Pleistozän

In Mitteleuropa ist der Wechsel von Kalt- und Warmzeiten von großer Bedeutung. Er erzwang Artenwanderungen und führte aufgrund der West-Ost-Erstreckung der Gebirge und des Mittelmeeres zu weiterer floristischer Verarmung. Die Temperaturabnahme verstärkte sich im Pleistozän und dauerte ca. 2 Mio. Jahre mit periodisch wechselnden Kalt- und Warmzeiten bis in die Gegenwart. Die Jahrestemperaturmittel sanken in Mitteleuropa bis auf Werte, die um wenigstens 8 und bis zu maximal 12 °C unter den heutigen lagen. In tropischen Räumen sanken sie wahrscheinlich nur um ca. 6 °C. Die Klimaschwankungen des Holozäns werden v.a. mit periodischen Änderungen der Sonneneinstrahlung, bedingt durch Veränderungen der Umlaufbahn und der Rotationsachse der Erde erklärt (Milankowitsch-Theorie, siehe auch Kapitel 5).

Die direkten und indirekten Folgen der **quartären Klimaschwankungen** lassen sich wie folgt zusammenfassen: Auf beiden Hemisphären entstanden, von den Polargebieten ausgehend, bis zu 3000 m mächtige Inlandeismassen, die in Mitteleuropa bis an die deutsche Mittelgebirgsschwelle reichten. Ausgedehnte Gletscher überzogen auch die höheren Gebirge. Zu den Höhepunkten der alpinen Vereisung ragten nur einzelne Erhebungen aus dem Eis (Nunataker). Im Gebirgsvorland reichten die Gletscher weit nach Norden, sodass der eisfreie Raum zwischen den alpinen und polaren Eisrandlagen kaum mehr 300 km breit war. Da jedoch gleichzeitig der Meeresspiegel um etwa 200 m unter das heutige Niveau absank (eustatische Schwankungen), wurde das kaltzeitliche Wandern der Pflanzen zwischen den gegenwärtig durch Schelfmeere getrennten Landmassen erleichtert.

Für Europa gelten heute sechs Kaltzeiten mit den dazwischen liegenden Warmzeiten und kurzzeitigen Klimaänderungen, den Interstadialen (z. B. Paudorf-Arcy) oder Schwankungen (z. B. Alleröd) als gesichert, wobei sich die Benennungen für die Eisvorstöße regional aus den jeweiligen Eisrandlagen ergaben (Tabelle 4.1.2). Lange Zeit nahm man an, dass die Kaltzeiten der höheren Breiten Pluvialzeiten in den Trockengebieten der niedrigeren Breiten entsprechen, doch gibt es hier regionale Unterschiede (Pachur 1987). Hier werden für die **Kaltzeiten** die Namen benutzt, welche für die europäische Gebirgsvergletscherung gelten:

- **Biber- und Donaueiszeit** im Altpleistozän vor knapp 1 Mio. Jahren,
- **Günz- und Mindeleiszeit** im Mittelpleistozän vor ca. 250 000 Jahren,

Tabelle 4.1.2: Vegetations- und Klimaelemente des Spät- und Postglazials. Spalten für Zeitangaben, Pollenzonen I–XII (nach Overbeck), Vegetationsperioden, Klimageschichte und Vorgeschichte des Menschen (nach Walter und Straka 1970)

1000	XII	Kulturforste				
		Buchen	Nachwärmezeit (Subatlantikum) (relativ kühl und feucht)		Geschichtliche Zeit	
0	XI				Eisenzeit	
–1000	X	Buchen- Eichen	Späte Wärmezeit (Subboreal) (warm und trocken)	Nacheiszeit	Bronzezeit	
–2000	IX	Eichenmischwald			Späte	Jungstein- zeit
–3000		(Eichen, Ulmen, Linden, Eschen)	Mittlere Wärmezeit (Atlantikum) (warm und feucht, Klimaoptimum)		Mittlere	
–4000	VIII					
–5000					Frühe	
–6000	VII	Hasel	Frühe Wärmezeit (Boreal) (warm und trocken)			Mittlere Steinzeit
–7000	VI	Hasel-Kiefern				
–8000	V	Birken-Kiefern	Vorwärmezeit (zunehmend warm)			
	IV	baumarme Tundren	Jüngere subarktische Zeit (Kälterückschlag)	Späteiszeit		
–9000	III	Birken-Kiefern	Mittlere subarkt. Zeit (Alleröd) (vorübergehend wärmer)			
–10000	II	baumarme Tundren	Ältere subarktische Zeit			Altsteinzeit
–11000	I	baumlose Tundren	Späte arktische Zeit (kalt)	Hocheiszeit		
–12000						

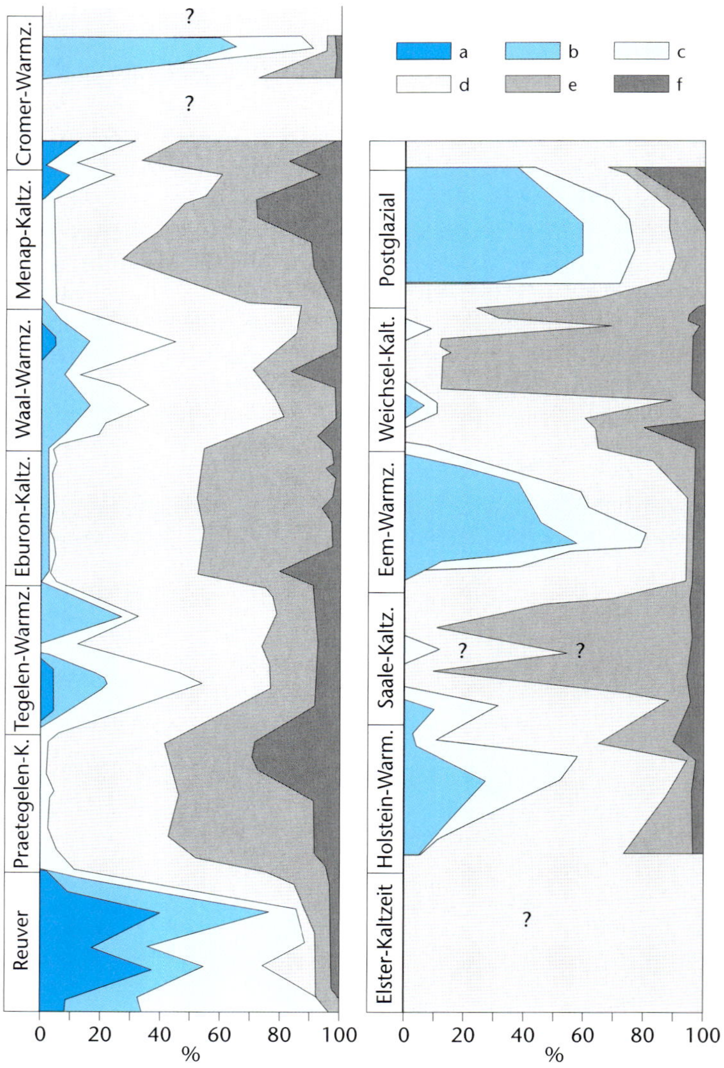

Abb. 4.1.4: Vegetationsentwicklung während des Quartärs im eisfreien Mitteleuropa. Vereinfachtes Pollendiagramm vom Ende des Tertiärs bis zum Postglazial mit prozentualen Anteilen von
a Baumarten des Tertiärs (z.B. der Gattungen Sequoia, Taxodium, Liquidambar)
b thermophilen Baumarten (z.B. der Gattungen Quercus, Castanea, Corylus)
c Holzarten feuchter bis nasser Standorte (z.B. der Gattungen Alnus, Carya, Vitis)
d Nadelhölzern verschiedener Gattungen
e Ericales
f Gräsern und Kräutern
(nach Frenzel 1968 aus Strasburger und Sitte 1998).

- **Risseiszeit** (ca. 230 000 bis 120 000 vor heute) und
- **Würmeiszeit** (ca. 90 000 bis 10 000 vor heute) im Jungpleistozän.

Das zunehmende Aussterben der wärmebedürftigen tropisch-subtropischen Arten wird aus Abbildung 4.1.4 ebenso deutlich wie die wechselnde Dominanz von Holzarten in den Warmzeiten und Kräutern und Gräsern in den Kaltzeiten. Insbesondere die Bäume starben lokal aus oder überdauerten ungünstige Zeiten in **Refugien** südlicherer Breiten. Da sich krautige Pflanzen, Gräser und niedrigwüchsige Zwergsträucher aufgrund kürzerer Regenerationszeiten schneller ausbreiten, sind hier weit weniger Verluste festzustellen als bei den Bäumen. Im Nordamerika, wo keine das Ausweichen behindernde Barrieren bestehen, haben sich die Bäume besser behauptet und differenziert. Nach Ellenberg (1978) beträgt im Vergleich von Nordamerika zu Europa bei etwa gleicher Zahl an Kräutern und Gräsern das Verhältnis von krautigen Arten zu Bäumen 124 zu 53.

Thermophile Arten konnten sich zum großen Teil in Refugialräumen ansiedeln und bis heute überdauern, wobei aber ihr ursprünglich geschlossenes Areal in mehrere **disjunkte Teilareale** zerfiel. Eine disjunkte Verbreitung besitzen *Rhododendron ponticum* mit heutigen Vorkommen in Südwestspanien, im pontischen Raum und im Libanon, oder auch die Zeder, die mit eigenen Arten heute in nordafrikanischen Gebirgen, im Taurus und im Libanon vorkommt. Die heutigen Wuchsgebiete **arkto-tertiärer Relikte** haben gerade als Refugialräume für die kaltzeitlich verdrängten Wälder eine überaus wichtige Rolle gespielt.

Mit Erfolg haben sich auch einige Arten während der Kaltzeiten in den vergletscherten Gebirgen auf den aus dem Eis herausragenden Nunatakern halten können. Hierzu gehören vor allem Moose und Flechten aber auch hochalpine Blütenpflanzen. Auch die Arealerweiterungen einiger Arten nach Süden bis über den Äquator hinaus führt man auf die kaltzeitlichen Klimaverschlechterungen zurück. Über verschiedene Wanderwege – die ostafrikanische Grabenbruchzone, die amerikanischen Kordilleren und die Brücke über Südostasien – Neuguinea – Australien – haben sie südhemisphärische Wuchsgebiete gefunden und besitzen heute **bipolare Areale**. Als Beispiele können die Gattungen *Carex*, *Erica*, *Epilobium* und *Empetrum* angeführt werden.

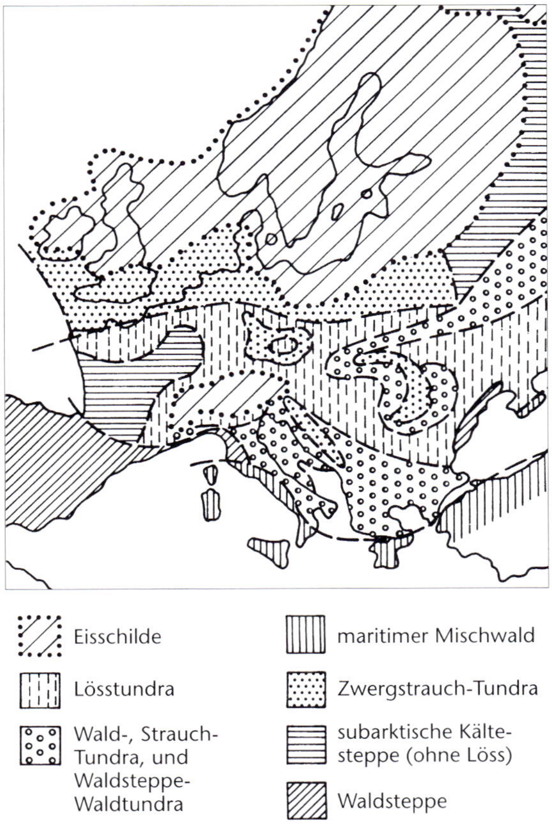

Abb. 4.1.5: Verbreitung von Vegetationstypen in Europa zur Zeit der maximalen Vergletscherung in der Würmeiszeit (nach Frenzel 1968 aus Kreeb 1983).

Wie eine von Frenzel (1968) entworfene Karte der Vegetation Europas während des **Höchststands der Würmeiszeit** (Abb. 4.1.5) zeigt, verschoben sich die Vegetationszonen gegenüber den heutigen Verhältnissen nach Süden. Inselhafte Reste ozeanisch getönter sommergrüner Laubmischwälder fanden sich auf den mediterranen Inseln. Die mediterrane Hartlaubvegetation war auf heute aride Räume Nordafrikas beschränkt. Große Teile der Iberischen und der Balkanhalbinsel trugen eine Waldsteppe. Die Räume Mitteleuropas zwischen den Eisrandlagen waren baumfrei.

Aus Seeablagerungen konnte mit Hilfe von Pflanzenresten die Vegetation der damals verbreiteten Tundren und Kältesteppen rekonstruiert werden. Als Leitpflanze dieser Flora gilt die heute z. B. in Kalkmagerrasen und an felsigen Standorten verbreitete arktisch-alpine *Dryas octopetala*. Sie kommt zusammen mit Arten vor, die ähnliche rezente Areale besitzen, z. B. *Polygonum viviparum*, *Silene acaulis*, *Oxyria digyna*, *Tofieldia calyculata*, zahlreichen Moosen und Zwerg- und Spaliersträuchern wie *Loiseleuria procumbens*, *Salix herbacea*, *Empetrum nigrum* und *Betula nana*. In den eisrandferneren Lagen Osteuropas breiteten sich unter kontinentalen Klimabedingungen krautreiche Kältesteppen mit *Artemisia-*, *Centaurea-*, *Ephedra-* und *Chenopodiumarten* sowie zahlreichen Cyperaceen und Poaceen der Gattungen *Stipa*, *Festuca*, *Poa* und *Agropyron* aus.

In den die Kaltzeiten trennenden Warmzeiten entwickelte sich eine **interglaziale Vegetation**, die teilweise der in Teil 4.1.3 behandelten postglazialen Vegetation ähnelte. Als Höhepunkt der Waldentwicklung in den Interglazialen wurde ein aus Linden, Ulmen, Erlen, Eichen und Hainbuchen bestehender Mischwald nachgewiesen. Er entstand schrittweise aus einem Wald, in welchem Kiefern und Birken dominierten – Arten, mit denen die Waldentwicklung vor Einsetzen der Würmeiszeit auch wieder ausklingt.

4.1.3 Die spät- und postglaziale Klima- und Vegetationsgeschichte

Der bisherige Blick in die Vegetationsgeschichte verdeutlicht zweierlei:

- Zum einen hat eine ungeheure Entfaltung der Arten stattgefunden, in enger Abhängigkeit von astronomischen, großtektonischen und großklimatischen Ereignissen sowie vom Zusammenleben in Biozönosen.

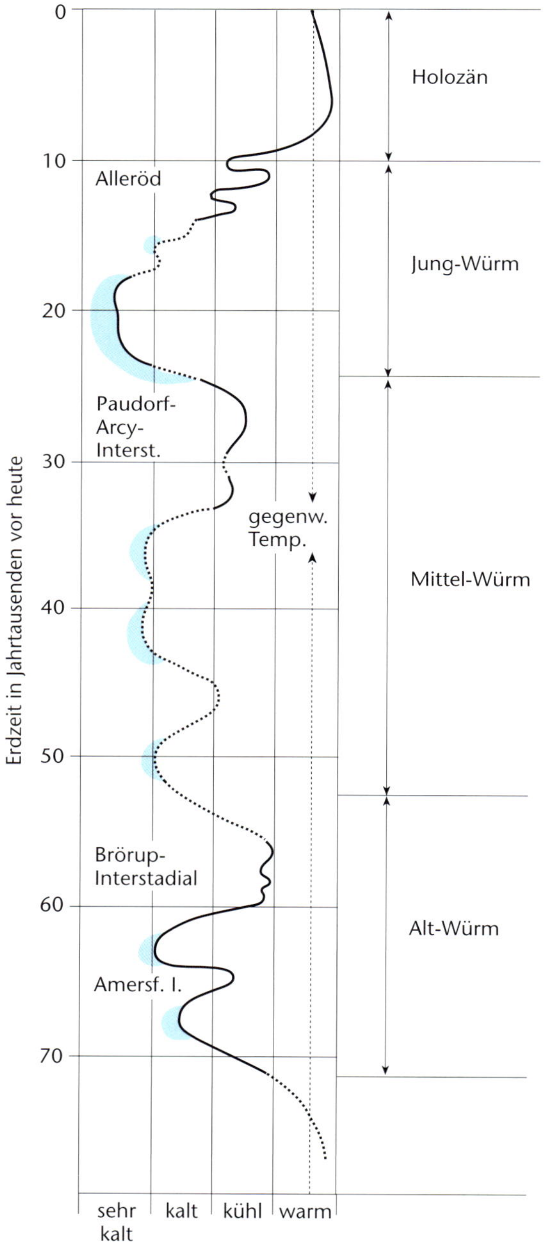

Abb. 4.1.6: Klimaschwankungen, interpretiert als Temperaturgang während der Würmeiszeit (gerasterte Bereiche = Lössbildung) (nach Walter und Straka 1970 aus Kreeb 1983).

- Zum anderen ist eine klare räumliche Trennung der großen Erdkrustenteile erfolgt. Die junge Gebirgsbildung ist weitgehend abgeschlossen. In der Neuzeit werden kleinräumig Entwicklungen eingeleitet, bei der regionale floristische und standörtliche Gegebenheiten eine ausschlaggebende Rolle spielen.

Die holozäne Klima- und Vegetationsgeschichte Europas ist seit langem in ihren Grundzügen dokumentiert, vor allem auch deshalb, weil mit der **Pollenanalyse** und der **Radiokarbonmethode** zwei sich ergänzende Untersuchungsmethoden zur Verfügung stehen und die erfassten Pflanzenarten fast ausnahmslos auch noch heute leben.

Eine spürbare Klimaerwärmung erlaubte schon vor etwa 20 000 Jahren, mit dem Rückzug der Gletscher in die Gebirge bzw. nach Norden, ein Rückwandern wärmeliebender Arten, insbesondere der Bäume, in die von Zwergstrauchgesellschaften und Kältesteppen eingenommenen Räume Mitteleuropas. Diese Rückwanderung erfolgte weder kontinuierlich noch aus denselben Refugien. Klimatische Schwankungen gab es auch im Spät- und Postglazial (Abb. 4.1.6). Sie lassen sich gut an der Lage der Waldgrenze in den letzten 20 000 Jahren ablesen. Sie war in der letzten Kaltzeit gegenüber heute um etwa 1200 m, im Apennin wahrscheinlich sogar um 1600 m herabgedrückt worden. Der Verlauf der Grenzlinie zeigt nun, dass ein schneller Anstieg in der **Allerödzeit** im mittleren Spätglazial abrupt unterbrochen wurde, bevor die Waldgrenze ihre heutige Lage erreichte. Dies geschah im postglazialen **Boreal**. Im darauf folgenden **Atlantikum**, vor etwa 6000 Jahren, lag die Baumgrenze in den Alpen um über 400 m höher als gegenwärtig. Ähnlich war die Situation in den Mittelgebirgen. In Skandinavien lag die Waldgrenze niedriger. Dennoch kam es zur Ausweitung der Waldareale weit in die heutigen Tundren hinein (Abb. 4.1.7).

Die Rückwanderung der wichtigen Baumarten konnte über den Vergleich von Pollenprofilen, sog. **Isopollenkarten**, rekonstruiert werden. Sie erfolgte auf unterschiedlichen Wegen und in unterschiedlichen Zeiträumen, wobei die standörtlichen Ansprüche der Arten, ihre Wandergeschwindigkeiten und die Lage der kaltzeitlichen Refugien von Bedeutung sind.

Die Fichte kam aus östlichen Richtungen, folgte dem „Nordweg“ aus dem Ural, südlich der heutigen Nordseeküste, bzw. entlang der Sudeten oder des

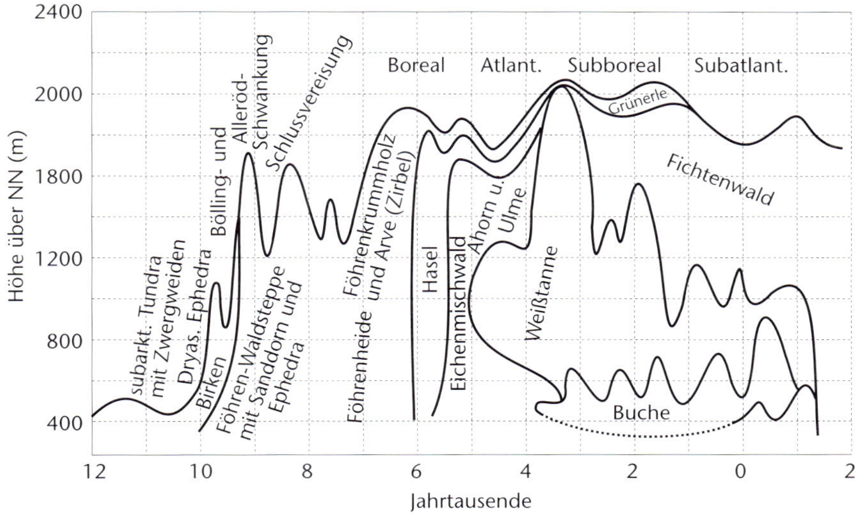

Abb. 4.1.7: *Entwicklung der Vegetation und ihrer Höhenstufen in den Schweizer Nordalpen seit dem Höhepunkt der Würmeiszeit (nach Strasburger und Sitte 1998).*

Alpennordrands. Abb. 4.1.8 zeigt die zeitliche Abfolge der Fichtenausbreitung längs des Alpenrandweges. Die Tanne, wie auch fast alle Laubhölzer (Buche), kamen aus mediterranen Räumen und erreichten Mitteleuropa über die Burgundische Pforte oder das Pannonische Becken.

Die heute gesicherten Daten der Pollenanalyse, die auf der Auswertung und dem Vergleich einer großen Zahl von Pollendiagrammen basieren, erlauben eine Gliederung der spät- und postglazialen Vegetationsgeschichte in mehrere Abschnitte (Abb. 4.1.9 und Abb. 4.1.10 A+B).

In der **ältesten Tundrenzeit** (auch Dryas-Zeit nach der „Leitart“ *Dryas octopetala*) herrschte eine kontinentale Steppenvegetation mit eingesprengten baumfreien Tundreninseln vor. In der darauf folgenden wärmeren Epoche, im **Alleröd**, konnten dagegen schon lichte Kiefern- und Birkenwälder und Weidengebüsche existieren, die aber ca. 1000 Jahre später wieder stark zurückgingen. Die Steppen drangen unter immer noch extrem kontinentalen Bedingungen erneut aus dem Osten vor. Erst in der **frühen Wärmezeit** (Präboreal und Boreal) dehnte sich der Wald unter nicht mehr so winterkalten Bedingungen wieder aus, wobei die Birke durch die Hasel und weitere Laubhölzer (erst Eiche und Ulme, dann auch Linde und Esche) verdrängt wurde. Der Mensch war in der mittleren Steinzeit vor ca. 8000 Jahren von vielfältigen Waldgesellschaften umgeben, in denen die Hasel dominierte. Tundrenreste befanden sich in den zunehmend abschmelzenden Eisrandlagen, die Steppen wurden nach Südosten verdrängt.

Die wärmsten Klimabedingungen und eine entsprechende Vegetationsentwicklung erlebten die Neolithiker in der **mittleren Wärmezeit** (Atlantikum) vor ca 6000 bis 7000 Jahren. In dieser Zeit des „**Klimaoptimums**“ lagen die mittleren Jahrestemperaturen bei ozeanischeren Bedingungen vor allem im nördlicheren Europa um 2–3 °C über den gegenwärtigen Temperaturen. Es herrschen Eichenmischwälder vor mit allen anspruchsvollen

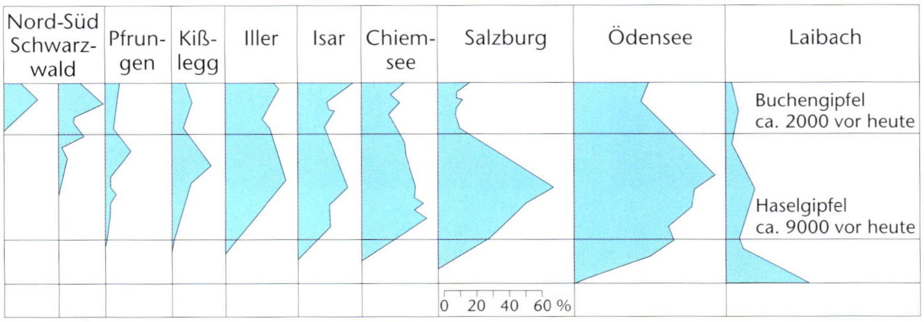

Abb. 4.1.8: *Fichtenausbreitung (Picea abies) im Postglazial entlang des „Alpenrandweges“ (nach Walter 1986).*

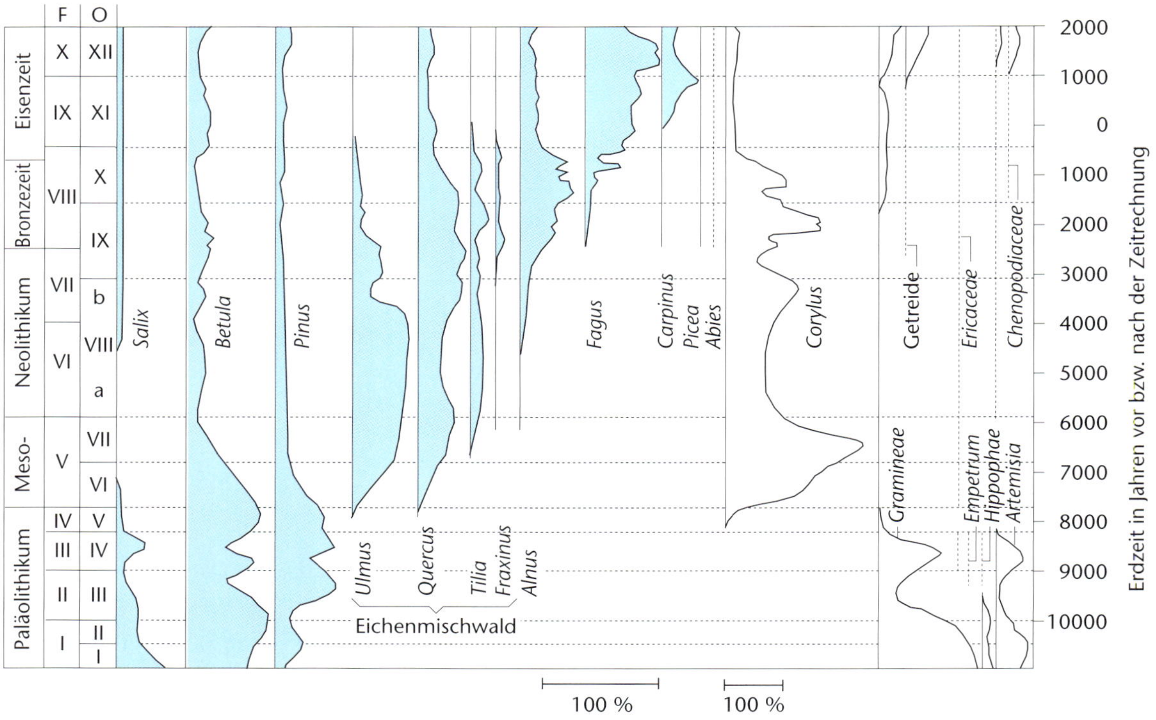

Abb. 4.1.9: Pollendiagramm vom Luttersee bei Göttingen (160 m ü.NN), mit Pollenzonen nach Firbas (F) und Overbeck (O) (nach Walter 1986). Maßstab = Baumpollensumme 100 % ohne Corylus (Hasel).

Abb. 4.1.10: A: Teil des naturnahen, unter Naturschutz stehenden Pillermoors (1600 m ü. NN) westlich des unteren Pitztales (Tirol) und B: Teil desselben Hochmoores, welches bis vor ca. 30 Jahren abgetorft wurde. Pollenanalysen aus diesem Moor erlaubten Rückschlüsse auf die postglaziale Vegetationsentwicklung in der montanen Stufe der Alpen Tirols. Fotos K. Müller-Hohenstein.

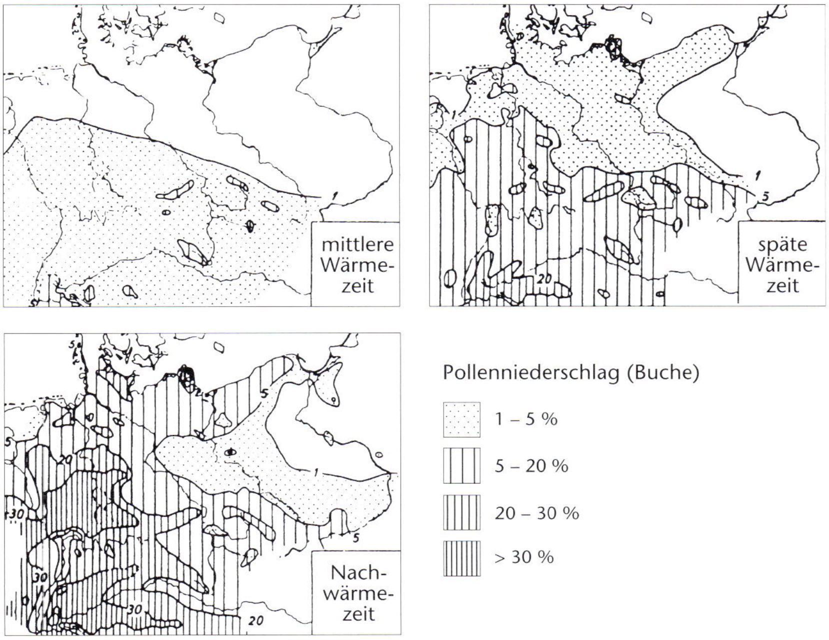

Abb. 4.1.11: Ausbreitung der Buche (Fagus sylvatica) im Postglazial in Mitteleuropa. (nach Firbas aus Strasburger und Sitte 1998).

Laubhölzern bei nur geringen Buchenanteilen. Im montanen Bereich dominiert die Tanne in den Westalpen, die Fichte in den Ostalpen, im östlichen Mitteleuropa auf nährstoffarmen Sanden die Kiefer und nur an besonders trockenen Standorten wachsen noch Steppen mit thermophilen Arten.

So wie sich aus den kalten Perioden Glazialrelikte in der heutigen Vegetation inselhaft erhalten haben, z. B. *Betula nana* im Alpenvorland oder *Aster alpinus* und *Pulsatilla alpina* im Harz an baumfreien, besonders kalten Standorten (Moorränder), so haben sich auch aus den wärmsten Zeiten Arten behaupten können. Diese **Xerothermrelikte**, submediterrane Arten (*Quercus pubescens*, *Helianthemum nummularium*) oder Sippen aus dem südsibirischen und pontischen Raum (*Stipa spec*, *Adonis vernalis*, *Linum flavum*), konnten nach der im Subboreal einsetzenden Abkühlung auf waldfeindlichen Standorten (extrem flachgründige südexponierte Lagen) überleben und haben sich auf anthropogen baumfreien Flächen sogar wieder ausbreiten können (Kalkmagerrasen).

Erst in der **späten Wärmezeit** wird die Buche in den Wäldern Mitteleuropas dominant und übernimmt die Rolle der interglazial dominierenden Hainbuche, die jetzt weiter im Osten vorherrscht. Das Vordringen der Buche von der mittleren Wärmezeit an dokumentieren die drei Karten in Abb. 4.1.11. Zusammen mit Fichte und Tanne bildet sie die Bergwälder bis in die montane Stufe. Obwohl die Buche somit erst seit etwa 30 bis 50 Baumgenerationen die Wälder Mitteleuropas beherrscht, hat sie bis zum Eingreifen des Menschen überall ausgeglichene Waldgesellschaften ausgebildet (Ellenberg 1978).

Die rückwandernden Arten, die höhere Temperaturen für ihre Entwicklung benötigen, haben die kaltzeitliche Vegetation bis auf die wenige reliktische Arten verdrängt. Sie folgten in ihrer Verbreitung aber zum Teil den Eisrandlagen mit der Konsequenz, dass sich viele geschlossene Areale teilten. So entstanden **Disjunktionen**. Einige sind auf die südeuropäischen Gebirge konzentriert (z. B. Arten der Gattungen *Primula*, *Saxifraga*, *Gentiana*), andere bilden die arkto-alpinen Disjunktionen mit versprengten Vorkommen in den höchsten Erhebungen der deutschen Mittelgebirge (z. B. *Nigritella nigra coll.*, *Gnaphalium supinum*). Disjunkt verbreitet, aber den nordamerikanischen Raum mit einschließend, sind z. B. *Betula nana*, *Salix herbacea*, *Dryas octopetala* und die circumpolar verbreiteten *Loiseleuria procumbens* und *Eriophorum scheuchzeri*.

Erst in den letzten Jahrzehnten sind präzisere Daten zur Klima- und Vegetationsgeschichte der afrikanischen Trockengebiete erarbeitet worden (Pachur 1987). Hiernach müssen lange bestehende Vorstellungen – synchroner Ablauf von Kaltzeiten und Warmzeiten in den gemäßigten Breiten und

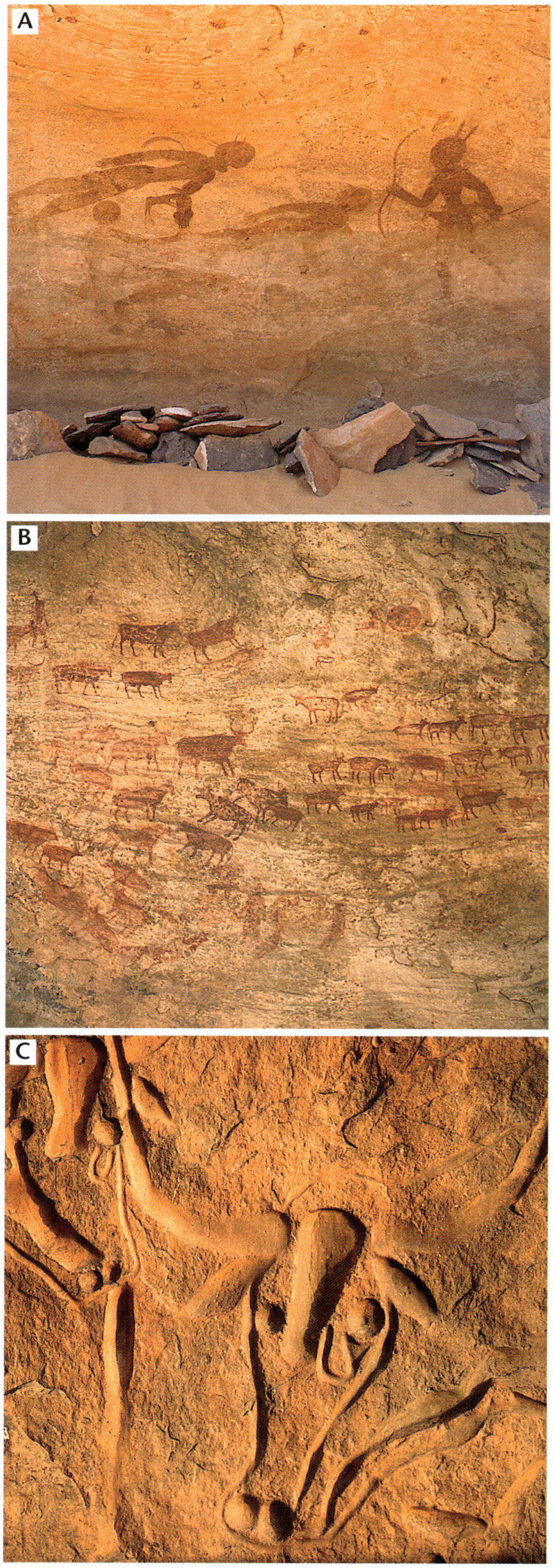

Feucht- (Pluvial-) und Trockenzeiten in den heute ariden Räumen – korrigiert werden. In der letzten Kaltzeit (Belege aus einem Zeitraum von ca. 20 000 vor heute) muss von einer gleichmäßigen Südverschiebung der Klimazonen ausgegangen werden. Hiernach verlagerte sich z. B. die Sahara nach Süden, die Regenwaldgebiete wurden – jedenfalls von Norden her – eingeengt (Lauer und Frankenberg 1979). Die saharischen Gebirge besaßen – wie auch in der späteren feuchten Periode während des Klimaoptimums – eine stark mediterran geprägte Vegetation. Pachur (1987) spricht von einem semiariden Klima im ostafrikanischen Raum.

Während des Klimaoptimums hingegen war unter semiariden Bedingungen mit Sommerregen im Süden und Winterregen im Norden die Sahara von beiden Seiten eingeengt. Neumann (1988) geht aufgrund von Holzkohleanalysen davon aus, dass sich die sahelische Vegetation mit Arten wie *Balanites aegyptiaca*, *Acacia albida* und *Cadaba farinosa* maximal bis zu 600 km weiter nördlich in lichten Trockengehölzen etabliert hatte. Die Südwärtsverschiebung mediterraner Einflüsse wird als geringer angesehen. Nach feuchteren Bedingungen um 8000 vor heute erlebte der saharische Neolithiker dann ab 5000 vor heute eine zunehmende Austrocknung (Abb. 4.1.12 A, B und C). Die tropischen Savannen erreichten ihre aktuelle Lage wieder vor 3300 Jahren. Das Felsrelief der „weinende Kühe“ von Terarart vor einer ehemaligen Tränke bei Djanet in Südalgerien kann als Symbol für diese Austrocknung gelten. Für die Sahara werden heute auch zwei relativ stabile, einander abwechselnde Vegetationszustände angenommen, eine „grüne“ Sahara, in welcher die Verdunstung das Regenregime bestimmt und eine „rote“ Sahara, die vegetationsfrei ist (Claussen 2001).

Auch für die Neotropis, insbesondere die südamerikanischen Gebirge und das Amazonasgebiet, liegen Erkenntnisse zur Entwicklung der Vegetation

Abb. 4.1.12 A, B und C: Felsmalereien und -gravuren werden als Zeugen feuchterer Klimaverhältnisse in den zentralsaharischen Gebirgen gedeutet. Jäger (A) und große weidende Herden (B) bei Sefar in den Tassilis Südalgeriens werden auf ca. 8 000 Jahre vor heute datiert. Die „weinende Kühe von Terarart“ (C) unweit Djanet (um 5 000 vor heute) zeugen von allmählich trockener werdenden Bedingungen. Fotos K. Müller-Hohenstein.

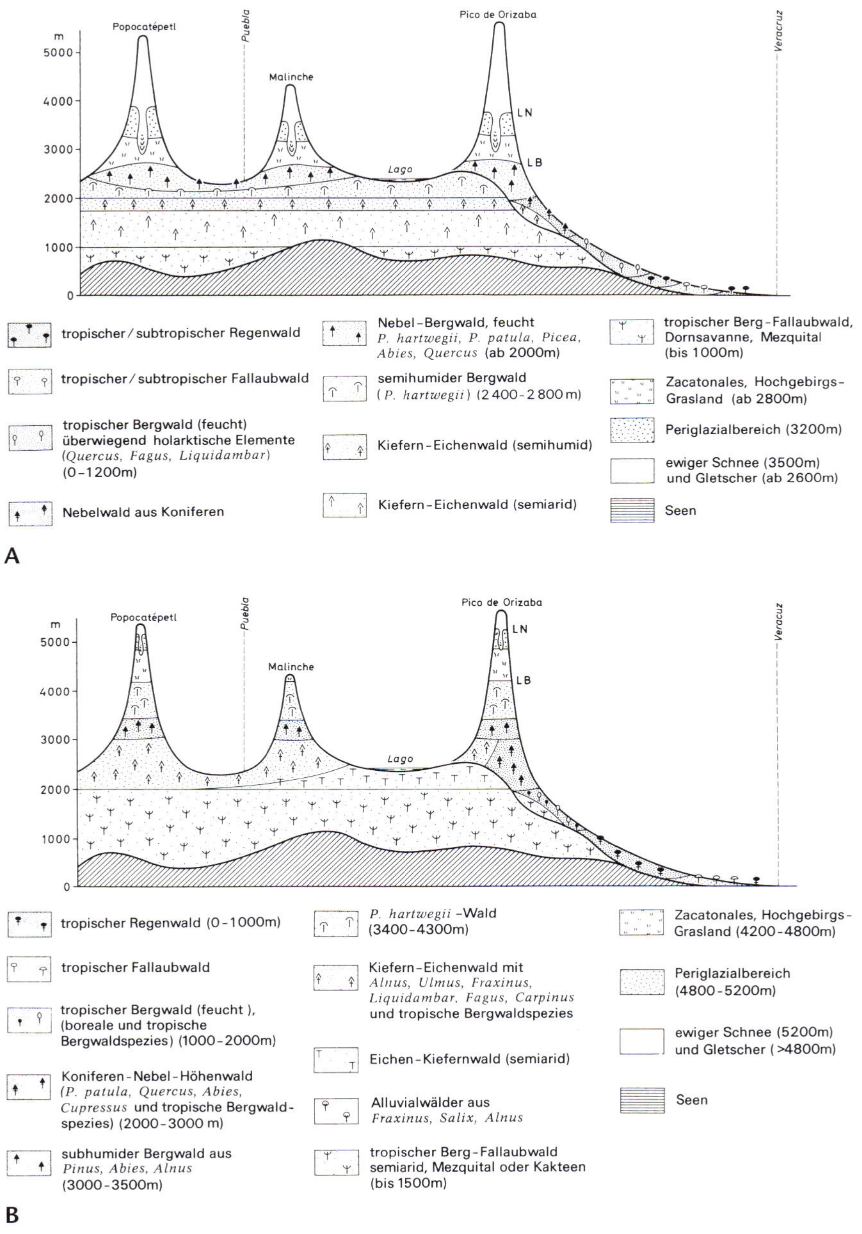

Abb. 4.1.13: Vermutete Vegetationsstufung auf dem mexikanischen Hochland zur Zeit der maximalen Vergletscherung vor ca. 35 000 Jahren (A) und während des postglazialen Wärmemaximums vor ca. 8 000 Jahren (B) (nach Lauer 1986).

im jüngeren Quartär vor. Lauer (1986) stützt sich dabei im Wesentlichen auf Ergebnisse aus Mexiko, Kolumbien und Ecuador. Müller (1972) und Müller & Schmithüsen (1970) haben in den feuchten Tiefländern Südamerikas gearbeitet. Hiernach lässt sich feststellen, dass der quartäre Klimawandel auch in den Tropen Südamerikas wirksam wurde. In den äquatornahen Bereichen sank im Hochglazial die Waldgrenze ab und stieg im postglazialen Optimum leicht an. In den Randtropen kam es zu einer horizontalen Verschiebung von Vegetationsgrenzen (Abb. 4.1.13).

Im tropischen Tiefland Südamerikas schrumpfte im Hochglazial die Ausdehnung der Feuchtwälder und erlaubte einen stärkeren Floren- und Faunenaustausch der Trockengebietstaxa als zuvor. Die Feuchtwaldgebiete wurden stärker isoliert. Nach den günstigen Bedingungen des Klimaoptimums sank die Waldgrenze wieder ab, allerdings schon früh verstärkt durch die Mitwirkung des Menschen.

Kleine *Polylepis*-Bestände, die heute weit oberhalb der aktuellen Waldgrenze zu finden sind, werden hierfür als Zeugen angesehen. In den Tiefländern dehnten sich die Regenwälder zunächst wieder aus. Die im Zusammenhang mit der Regenwaldgeschichte angenommene lange ungestörte Entwicklung kann für die Neotropis nicht bestätigt werden. Durch zunehmende Trockenheit im späten Holozän – und erneut durch Eingriffe des Menschen – verringerten sich schließlich die Areale der Feuchtwälder erheblich.

4.1.4 Vegetationsveränderungen unter dem Einfluss des Menschen

Die heutige globale Verteilung der Vegetation ist nur verständlich, wenn die seit Jahrtausenden wirksamen menschlichen Einflüsse auf die Pflanzendecke Berücksichtigung finden. In Mitteleuropa, welches potentiell bis auf wenige Standorte oberhalb der Waldgrenze in den Hochgebirgen, an Küsten oder in extremen Feuchtgebieten bewaldet sein könnte, gibt es heute keine Pflanzengesellschaft mehr, die nicht anthropogen beeinflusst ist. Die gegenwärtige Vegetation ist Ergebnis langer wechselhafter Beziehungen zwischen den Bedürfnissen des Menschen unterschiedlicher Kulturstufen und den Ressourcen, welche die natürlichen Landschaften bereithielten (Deil 1997).

4.1.4.1 Formen menschlicher Einflussnahme auf die Vegetation

Da Menschen seit jeher sowohl für ihre Ernährung als auch zur Deckung ihres Energie- und Rohstoffbedarfs direkt oder indirekt auf Pflanzen angewiesen sind, ist auch die Geschichte des Menschen von Beginn an mit einer Beeinflussung der Vegetation verbunden. Sie war zunächst gering und beschränkte sich auf die Nahrungssuche. Im Laufe der Zeit wuchs sie jedoch mit zunehmender Bevölkerungszahl und sich ändernden Technologien (Ellenberg 1994). Das Mosaik anthropogener Pflanzengesellschaften wurde bunter, entsprechend der **Art, Dauer, Intensität und Reichweite der Einflüsse**. Sammeln, Jagen, Holzeinschlag, Beweidung und Rodung hatten spezifische **Ersatzgesellschaften** zur Folge (Müller-Hohenstein 1973). Bald entstanden Niederwälder, Wirtschaftsgrünland und andere bisher nicht bekannte Vegetationseinheiten (Siehe Kasten 3.1 in Kapitel 3).

In den Wäldern waren die Einflüsse zunächst gering, aber großflächig. Mit zunehmender Industrialisierung und der Bildung städtischer Siedlungen, in Industrievierteln und auf Deponien wurde der Einfluss auf kleiner Fläche immer tiefgreifender (Sukopp und Wittig 1993). In zunehmendem Maße macht sich seit der Industrialisierung nicht nur der Einfluss der Versorgung sondern auch der Entsorgung anthropogener Produkte bemerkbar. Waren schon durch Bodenbearbeitung oder Be- und Entwässerung die Standortbedingungen örtlich verändert worden, so kamen jetzt noch die Wirkungen diverser Umweltgifte und schließlich die Auswirkungen der Düngung hinzu.

Auch für die Vegetation unserer Kulturlandschaften gelten die ökophysiologischen Gesetzmäßigkeiten und Regeln der Steuerung durch Temperatur, Licht, Wasser, Ernährung und nun auch der Umweltgifte. Erst Erkenntnisse über anthropogene Einflüsse auf die Vegetation erlauben jedoch weiterführende Einsichten in die Vegetationsentwicklung der jüngeren Vergangenheit.

4.1.4.2 Vom Neolithikum bis zur Völkerwanderung

Lange Zeit wurde der **frühgeschichtliche Einfluss** des Menschen auf das Pflanzenkleid unterschätzt. Zu sehr vertraute man Berichten römischer Schriftsteller, welche Germanien als undurchdringliches Waldland schilderten. Heute können menschliche Aktivitäten schon für Zeiträume belegt werden, in denen sich im Postglazial die Eisränder zurückzogen und Waldarten wieder einwanderten. Diese Aktivitäten beschränkten sich zunächst auf die **Jagd** und das **Sammeln von Früchten**. Der für die folgende Vegetationsdynamik ganz entscheidende Übergang zum Ackerbau erfolgte in Europa erst zu Beginn des Neolithikums vor ca. 5000 Jahren.

Als älteste Zentren des **Ackerbaus** sieht von Wissmann (1957) die Umgebung des Golfes von Bengalen und die nördlich anschließenden Savannenlandschaften Indiens an. Eine Fischer- und Sammlerbevölkerung pflanzte wohl auch erstmals vor mehr als 12 000 Jahren unter humiden Regenwaldbedingungen Knollenfrüchte an. In den angrenzenden wintertrockenen Savannen wurden Getreide (Hirsen) und Leguminosen angebaut. Eine erste bäuerliche Kultur mit Ackerbau und Tierhaltung breitete sich allmählich über den Iran in das Zweistromland aus, welches lange als Wiege der landwirtschaftlichen Kulturen galt, wo sich vor allem agrartechnische, mit der Bewässerungswirtschaft verbundene Fortschritte einstellten. Aus diesem Gebiet des „fruchtbaren Halbmonds" erreichten Ackerbau und Viehzucht über den Mittelmeerraum schließlich Mitteleuropa. Der wichtige Schritt in der kulturellen Entwicklung von der reinen Sammelwirtschaft zum Anbau mit zahlreichen Anbaufrüchten und -techniken vollzog sich so weitab von Europa.

Belege neolithischen Ackerbaus reichen im südlichen Mitteleuropa ca. 7000, im nördlicheren ca. 5500 Jahre zurück. Sie stammen aus Räumen, die im Postglazial aufgrund klimatischer und edaphischer Eigenschaften – trocken-warme, nährstoffarme Standorte – nur mit lichteren Eichenmischwäldern bestockt waren und ohne besondere Werkzeuge mit Unterstützung des Feuers gerodet werden konnten. Hierher gehören die deutschen Gäu- und Bördenlandschaften mit teilweise mächtigen Lössablagerungen, die Tallandschaften von Rhein, Mosel und Nahe, ebenso die inneralpinen Trockentäler.

Gradmann (1933) hat in seiner „**Steppenheidetheorie**" als Erster auf die engen Beziehungen zwischen Vegetation, Landnahme und Kulturlandschaftsentwicklung hingewiesen. Er nahm an, dass thermophile, oft xerophytische Arten mediterraner Herkunft die bevorzugten frühen Siedlungsplätze anzeigen. Ellenberg (1954) wandte sich gegen diese Theorie, weil die typischen „Steppenheideelemente" im norddeutschen Raum fehlten. Er vertrat die „**Waldweidetheorie**", der zufolge auch der Neolithiker sein Ackerland einem lichten, leicht zu rodenden Wald abgewinnen musste, in welchem die Waldweide die Regeneration bereits erschwert hatte. Die Ausbildung xerothermer Vegetationseinheiten führte er im Wesentlichen auf die zoochore Ausbreitung zurück. Heute nimmt man an, dass diese auf trockenwarme Standorte begrenzten Pflanzengesellschaften Relikte einer ausgedehnteren Verbreitung aus dem Postglazial sind (Pott 1996). Pontisch-pannonische wie auch mediterrane Geoelemente konnten in den damals offenen Räumen weit nach Mittel- und Nordeuropa vorstoßen. Belegt wird diese Entwicklung durch die Pollenanalyse. Von der Wende Mesolithikum–Neolithikum an nehmen in zahlreichen Diagrammen die Nichtbaumpollen zu, darunter die von Licht liebenden Arten, wie die Getreidepollen oder die von Segetal- und Ruderalarten wie *Centaurea cyanus, Vicia cracca, Plantago lanceolata, Artemisia vulgaris*.

Die Form der Landnutzung im Neolithikum wird als eine **ungeregelte Wald-Feld-Wirtschaft** beschrieben, bei welcher nach der Rodung für einige Jahre Ackerbau betrieben wurde, danach die Flächen aber für lange Zeiträume wieder brach fielen. Geregelte Rotationen mit Anbau, Weide und Holznutzung in bestimmten zeitlichen Abständen auf einer Fläche entwickelten sich erst in der späten Bronze- und Eisenzeit (ca. 1700 vor bis zur Zeitenwende), in der mit Eisenpflug und Sichel neue agrartechnische Entwicklungen den alten hölzernen Hakenpflug ablösten. Die Hauberge im Siegerland und die Birkenberge im Bayerischen Wald sind rudimentäre Reste dieser durch die beschriebene **Rotation** gekennzeichneten Landnutzungsformen.

Angebaut wurden Nacktweizen, Dinkel und Einkorn. Regional war Buchweizen wichtig, später kamen Gerste und Roggen hinzu. Stets spielte die Waldweide mit Rindern und Schweinen eine Rolle. Auch die Bau- und Brennholznutzung beeinflusste die Wälder. Erste **Niederwälder** entwickelten sich seit der Bronzezeit. Holznutzung für den Betrieb von Meilern und die Eisenverhüttung sowie Eichenschälwälder wurden lange vor der Zeitenwende betrieben. Hecken entstanden auf und längs von Lesesteinreihen (Reif 1987). Artenreiche Waldsäume, Magerrasen und Zwergstrauchheiden konnten sich ausbreiten. Die Regeneration der beweideten Wälder war gefährdet. Schon früh entstanden erste aufgelichtete Bestände (Hudewälder) und Gebüsche mit dornenbewehrten Arten. Viele Laubhölzer wurden geschneitelt, um das Winterfutter sicher zu stellen.

Somit wurde nicht nur auf den Äckern selbst die natürliche Vegetation durch Kulturpflanzen und ihre Begleiter ersetzt, sondern auch in der weiteren Umgebung der Siedlungsplätze in Struktur und Artenzusammensetzung durch Beweidung, Tritt, Holzeinschlag und Futtergewinnung erheblich verändert. Erste standörtliche Beeinträchtigungen (Bodenerosion) sind nicht auszuschließen.

4.1.4.3 Die mittelalterlichen Rodungsperioden

Der Zeitraum zwischen dem Ende der **Völkerwanderung** (ca. 600 n. Chr) und dem Beginn der Neuzeit (seit 1500) ist in Mitteleuropa durch mehrere **Rodungsperioden** gekennzeichnet und kann als Zeit der vorindustriellen Extensivwirtschaft bezeichnet werden.

Nachdem sich der Wald während der Völkerwanderung wieder ausgedehnt hatte, begann im Frühmittelalter, bedingt durch Bevölkerungsdruck, das planmäßige Roden. Träger der Rodung waren sowohl weltliche als auch geistliche Grundherren, besonders die fränkischen Könige und die Klöster. Der Gewinn neuer Flächen für den Anbau war erstes Ziel, doch wurden die Wälder auch durch weidendes Vieh und durch den steigenden Holzbedarf dezimiert. Holz war vor Erschließung der Kohlelagerstätten die einzige Energiequelle. Es wurde in den kleinen Eisenhütten und Schmieden, in den Salinen, bei der Glasherstellung und im Haushalt benötigt.

Kasten 4.1.1 Typische Verfahren der Bewirtschaftung in der Forst- und Landwirtschaft:

Forstwirtschaft

Niederwald: mittelalterliche Betriebsform in Mitteleuropa zur Gewinnung von Eichenrinde für die Gerbung oder für die Gewinnung von Brennholz (Abb 4.1.15 D). Der Gesamtbestand wird alle 30 Jahre genutzt und regeneriert aus den abgehackten Stubben (Stockausschlägen). Damit werden regenerationsfähige Arten gefördert (z. B. Hasel, Eiche, Hainbuche). Heute werden Aufforstungen (z. B. mit Eucalyptus-Arten) in vielen Ländern der dritten Welt als Niederwälder genutzt.

Mittelwald: mittelalterliche Betriebsform (Abb. 4.1.15 C) in Verbindung mit Landwirtschaft, in der eine geringe Zahl von hohen Stämmen (meist Eiche) gepflanzt und für die Versorgung mit Bauholz erhalten wird, wohingegen der Unterbestand im 30-jährigen Umtrieb als Brennholz benutzt wird und sich aus Stockausschlägen regeneriert. Die heute wertvollen Eichen für Furnierholz stammen oft aus Mittelwäldern (verbreitet heute noch in Frankreich). Im bäuerlichen Mittelwald wurde früher bei Geburt und Hochzeit so genannte Heister (5 bis 10 jährige Pflanzen, die aus Samen gewachsen waren) gepflanzt. Damit wurde ein lichter Schirm ungleichaltriger Kronenbäume erhalten und eine nachhaltige Nutzung von Bauholz sichergestellt.

Hochwald: Der Hochwald besteht aus Pflanzen, die aus Samen aufgewachsen sind (im Gegensatz zu Stockausschlägen des Niederwalds; Abb. 4.1.15 B). Die Bestände werden durchforstet und im voll erwachsenen Zustand genutzt und anschließend verjüngt. Die Nutzung erfolgt (1) als **Kahlschlag:** alle Bäume einer Fläche werden auf einmal geschlagen, (2) als **Schirmschlag:** ein Teil der Bäume bleibt als Schutz- und Samenbäume gleichmäßig über die Fläche verteilt stehen. Die Verjüngung erfolgt „unter Schirm". Die Nutzung der Schirmbäume erfolgt entweder nach erfolgreicher Verjüngung (Buche) oder nach doppelter Umtriebszeit (Kiefer, Eiche), d. h. ein Teil der Bäume wird doppelt so alt wie der mittlere Bestand. Bei der Eiche, die erst nach mehr als 300 Jahren höchsten Wert erlangt, muss der Stammraum mit etwa drei Generationen von Buche „unterfüttert" werden, um das Austreiben von Wasserreisern zu vermeiden. (3) Im **Plenter- oder Femelhieb** entstehen ungleichaltrige Bestände. Es wird nur ein Teil der Bäume entsprechend ihrer Größe und Nutzbarkeit entnommen, und es bleibt die Durchmesserverteilung der Individuen konstant. Die Verjüngung erfolgt im Plenterwald dort, wo ein Einzelbaum entnommen wurde. Im Femelschlag erfolgt die Verjüngung auf Flächen, wo Baumgruppen geerntet wurden. Durch die unterschiedliche Belichtung und Größe der Verjüngungsflächen entsteht ein artenreicher und mehrstufiger Wirtschaftswald.

ARD: *Afforestation*, *Reforestation* und *Deforestation* sind Begriffe, die im Kyoto-Protokoll (siehe Kapitel 5) Bedeutung bekamen: ***Deforestation*** bezeichnet die Umwandlung von Wald in andere Landnutzungen (z. B. Straße), ***Reforestation*** bezeichnet die Aufforstung auf Flächen, die früher Wald waren (z. B. Aufforstung von Talwiesen), ***Afforestation*** bezeichnet die Aufforstung von Land, das zuvor kein Wald war (z. B. Moorafforstungen). ***Revegetation*** ist die Wiederbewaldung vegetationsfreier Flächen (Halden). ***Degradation*** ist die Nutzung von Holz auf einem Niveau, das unter der potentiellen Bestockung liegt, d. h. die Individuenzahl sinkt deutlich unter die Selbstausdünnungslinie bzw die Bestandesdichte, bei der maximaler Zuwachs zu erwarten wäre. Die derzeitige Definition von **Wald** (10–30 % Deckung, 2–4 m Höhe) erlaubt eine Degradation auf diese Grenzwerte vor einer **Umwandlung** (z. B. von Primär- zu Sekundärwald oder Plantagen). Die **Ernte** wird nach derzeitigen Vorstellungen zur Verrechnung von Emissionen nicht als Emission angerechnet, denn sie ist im normalen Forstbetrieb mit einer Verjüngung des Bestandes verbunden.

Landwirtschaft:

Wirtschaftsgrünland: bezeichnet Rasenbestände, die zur Gewinnung von Heu oder Beweidung genutzt werden. In Deutschland geschieht dies meist auf schweren (tonigen) Böden, die im Frühjahr schwer zu ackern sind, bzw. auf Flächen, auf denen die Vegetationsperiode für Getreide zu kurz ist (montane Wiesen). Der Arten-

Kasten 4.1.1 Fortsetzung

reichtum vom Wirtschaftsgrünland hängt stark von der Bewirtschaftungsintensität ab (Zahl der Mahden, Düngung. Ellenberg 1996).

Ackerbau: Man unterscheidet (Swift und Anderson 1993) nach:

- der **Art der Bodenbearbeitung:** Pflug bzw. Scheibenegge. Bei der Scheibenegge wird der Abbau von Kohlenstoff im Boden verringert. Bei *„low tillage"* wird z. B. in die Furche der Scheibenegge gesät. Das Verfahren verringert auf schweren Böden die Verschlemmung von Tonmineralen und führt damit zu größerer Wurzeltiefe, was in semiariden Gebieten ertragsbestimmend sein kann. Bei *„zero tillage"* wird auf mechanische Bodenbearbeitung verzichtet.
- Der **Art der Feldfucht**: **Hackfrucht** (Kartoffel, Rübe) und **Getreide**. Die Bezeichnung „Hackfrucht" stammt von der früheren Bewirtschaftung, bei der Kartoffel und Rübe als Maßnahme der Unkrautbekämpfung gehackt wurden und um die Pflanzen nach der Aussaat zu vereinzeln. Heute ist das Hacken nicht mehr üblich, da das Unkraut chemisch bekämpft und die Pflanzdichte maschinell eingestellt wird. Im Getreideanbau unterscheidet man zwischen **Wintergetreide**, das im Herbst ausgesät wird (Winterweizen), und dem **Sommergetreide** (Gerste, Roggen, Hafer, Sommerweizen), das erst im Frühjahr gesät wird. Sommergetreide hat im Allgemeinen einen niedrigeren Ertrag, aber nicht das Risiko von Frostschäden im Winter. Sonderformen sind **Ölfruchtanbau** (Raps: Aussaat im Herbst, Sonnenblume: Aussaat im Frühjahr) und **Maisanbau** (Aussaat spät im Frühjahr (Mai), da die C4–Pflanze hohe Temperaturen für ihr Wachstum braucht). Der Anbau von Ölsaaten und Mais hat in Mitteleuropa in den letzten Jahrzehnten an Bedeutung gewonnen.

Trockenfeldbau (*rainfed agriculture*) erfolgt in Trockengebieten (Abb. 4.1.30 B): Im 1. Jahr wird der Acker bearbeitet aber nicht eingesät. Das Niederschlagswasser wird im Boden gespeichert. Oft wird nach dem Regen die Bodenoberfläche geeggt, um den kapillaren Aufstieg von Wasser aus dem Boden und die Bodenevaporation herabzusetzen. Im 2. Jahr wird der Acker eingesät, und die Feldfrucht hat Niederschlagswasser von 2 Regenzeiten zur Verfügung.

Wanderfeldbau (*shifting cultivation*): ist eine Nutzungsform, die vor allem in tropischen Regionen vorherrscht (Abb. 4.1.34 A, B und C): Kleinere Waldbestände werden gerodet und die durch Brand verfügbar gemachten Nährstoffe ermöglichen je nach Ausgangslage mehrere Jahre des Anbaus z. B. von Reis, Maniok, Bananen etc. Nach einiger Zeit sind diese Nährstoffvorräte durch ständigen Ernteentzug erschöpft, sodass die Fläche aufgegeben wird und ein neuer Acker durch Rodung erschlossen wird. Je nach Dauer des Rotationszyklus kann sich wieder Sekundärwald auf den aufgegebenen Standorten etablieren. Bei sehr schnellen Rotationszyklen kommt es zur Degradation der Böden, da die Brachezeiträume nicht mehr ausreichen, um die Nährstoffvorräte in Boden und Vegetation wieder aufzubauen. Eine Reihe von Kulturen (Pfeffer) erfordern zur Bekämpfung von Wurzelschädlingen eine intensive Vergiftung des Bodens womit eine Sukzession nach Brachfallen der Kultur ausgeschlossen ist. Bei zu häufiger Rotation etabliert sich der Wald nicht mehr. Es kommt zum Eindringen von Grasarten (z. B. *Imperata cylindrica*), die wegen des hohen Si-Gehaltes auch vom Vieh nicht gefressen werden und durch Brand bekämpft werden müssen. Damit findet ein Wandel von artenreichen Wäldern zu monotonem Grasland statt.

Agroforst (*agroforestry*, vor allem in den Tropen) bezeichnet Bewirtschaftungsformen, in denen die Waldverjüngung und der Holzanbau (vor allem für Futter und Brennholz) mit dem Anbau von Feldfrüchten räumlich und zeitlich verbunden sind. Als *Agroforestry* bezeichnet man aber auch Mischformen, bei denen nur die Feld- und Besitzgrenzen für den Anbau von Holzgewächsen (Feuerholz, Futter) genutzt werden.

Misch-Fruchtanbau (*multiple cropping*, vor allem in den feuchten Tropen und in Oasen der Sahara): In diesem Fall (Abb. 4.1.35 B) wird eine permanente Schicht von Fruchtbäumen (Mango, Kokos) unterbaut mit Nutzsträuchern (Gewürze, Banane) und diese werden unterbaut mit Nutzstauden (Ingwer, Taro, Maniok).

Eine erste große Rodungsperiode umfasst die fränkische Landnahme vom 6. bis zum 9. Jahrhundert. In dieser Zeit wurden selbst auf für Ackerbau ungünstigen Standorten die Wälder bis auf wenige Reste, teilweise sogar die geschützten Bannwälder oder die für die **Waldweide** wichtigen Hudewälder, gerodet. Das Altsiedelland, dessen Dörfer sich durch Endungen wie -ingen, -heim, -hausen zu erkennen geben, reichte bis an die Ränder der Mittelgebirge. In einer zweiten, vom 11. bis zum 13. Jahrhundert andauernden Rodungsperiode wurden über die Täler auch die Mittelgebirge in die Landnahme einbezogen. Viele der Dörfer dieses Jungsiedellandes enden auf -ried, -reuth, -rode, -schlag.

Lag das **Verhältnis von Wald zu Offenland** am Ende der Völkerwanderungszeit trotz der neolithischen und römischen Siedlungstätigkeit bei ca. 70:30, so hatte es sich im 13. Jahrhundert auf etwa 30:70 umgekehrt und damit einen Wert erreicht, der auch heute für viele Landschaften Mitteleuropas gilt. Naturnahe Wälder gab es nur noch auf den für den Ackerbau ungünstigsten Standorten. Wüstungsperioden führten gegen Ende des Mittelalters allerdings wieder zu einer leichten Zunahme der

Waldflächen (Ellenberg 1996). Erste Forstordnungen aus dem 16. Jahrhundert sahen auch Schutz und Nutzungsbeschränkungen der Wälder vor. Regional war Ziegenweide im Wald (wegen Verbiss junger Laubbäume) schon im 12. Jahrhundert verboten worden.

Die Waldflächen hatten nicht nur drastisch abgenommen, auch die restlichen Wälder wurden stark strukturell und floristisch verändert. Zur Sicherung des Energiebedarfs und unter bewusster Schonung von Beständen für die Waldweide wurden Niederwälder (Stockausschlagwälder, schon in der Eisenzeit nachgewiesen) bewirtschaftet. Diese Bewirtschaftungsformen förderten die ausschlagfreudigen Eichen und Hainbuchen. Eichen, Buchen und Hasel waren mit ihren Früchten nicht nur für das Vieh wichtig, sondern auch Teil der Nahrungsgrundlage für den Menschen. Sie wurden in den lichten Wäldern gefördert. Schattholzarten gingen dagegen zurück. Eichen waren nicht nur zur Mast sondern auch zur Gewinnung von Rinde für Gerbereien (Gerberlohe) und – in **Mittelwäldern** als Überständer gehalten – als Bauholz erwünscht. Heute sind solche Mittel- und Niederwaldbestände in Mitteleuropa nur noch regional vorhanden, wo sie zur Erzeugung von Werthölzern gepflegt werden (Eichenwälder in Frankreich und Unterfranken).

Niederwaldnutzung und Mittelwaldbetrieb haben die natürlichen Waldgesellschaften stark verändert (siehe Kasten 4.1.1). Für das Siegerland hat Pott (1990) eine zyklische Wald-Feld-Weide-Nutzung rekonstruiert, die bei einem Hochwald beginnt und über einen Niederwald zu einem Eichenschälwald führt. Sodann folgt eine Phase des Brandfeldbaus mit Getreide und Buchweizenanbau (zwei Jahre), etwas länger wird nachfolgend aufkommender Ginster als Streu genutzt (sechs Jahre), schließlich lässt man das Vieh über ein Jahrzehnt weiden, bevor erneut die Niederwaldwirtschaft einsetzt.

Die verschiedenen Bewirtschaftungsformen der naturnahen Waldreste haben nicht zur Artenverarmung in den Waldgesellschaften beigetragen, ganz im Gegenteil. In den aufgelichteten Mittelwäldern konnten sich zahlreiche Licht liebende Kräuter und Gräser etablieren. Einbußen waren dagegen bei starker Beweidung hinzunehmen und auch dann, wenn die Waldgebiete in die Streunutzung einbezogen wurden. Letztere führte über Jahrhunderte zu einem Kationenverlust der Wälder und zu Kationeneintrag über den Stallmist auf die Felder. Damit trug die Streunutzung maßgeblich zur Bodenversauerung und Aushagerung der Wälder und zu den großen Unterschieden in der heute zu beobachtenden Fruchtbarkeit zwischen Wald- und Feldflur bei (siehe Kapitel 2.3). In Norddeutschland hatte die exzessive Waldnutzung auf den Sandflächen zu ausgedehnten Heideflächen geführt. Erosion und Deflation gefährdeten viele Flächen. In vielen Chroniken wird Holzknappheit beschrieben. Sie führte in Norddeutschland früh zu erster **Torfnutzung in den Mooren**. Verordnungen zum Schutz der Wälder wurden nicht immer eingehalten. So begann man schon früh mit Aufforstungsversuchen, z. B. bereits 1368 für den Nürnberger Reichswald nachgewiesen. Hier liegen die Anfänge eines sich vor allem in der Neuzeit vollziehenden Wandels von Laubholz- zu Nadelholzbeständen (Abb. 4.1.14). Laubmischwälder waren bis ins 19. Jahrhundert wegen ihrer vielfältigen Nutzungsmöglichkeiten großräumig erhalten aber auch übernutzt. Mit der Industrialisierung begann die **Aufforstung** mit Fichten und Kiefern auf den degradierten Flächen. Der Bedarf an Bau- und Nutzholz verstärkte diesen Trend bis in die Gegenwart.

In Abbildung 4.1.15 A – D werden charakteristische Waldwirtschaftsformen – Nieder-, Mittel- und Hochwald – vorgestellt.

Als einflussreichste anthropogene, die Vegetation betreffende Maßnahme sieht Ellenberg (1996) weltweit die den Wald einbeziehende Weidewirtschaft an. Die einzelnen Schritte von einem natürlichen Wald bis zum Ödland werden wie folgt beschrieben (Abb. 4.1.16). Durch die zunehmende, wenn auch extensive Beweidung wurde zweierlei bewirkt. Zum einen entstand – abhängig vom Ausgangsstadium, der Zahl und Art der weidenden Tiere und standörtlichen Merkmalen – eine Vielzahl von **Grünlandgesellschaften**. Feuchtwiesen und Magerrasen, Streuwiesen und Triften mit regenerationskräftigen Gräsern machten sich breit und drängten verholzende Arten zurück. Schwacher Viehbesatz und gelegentliches Brennen förderte einige krautige Arten, andere verschwanden. Zum anderen führten Erosion sowie fortgesetzte Nährstoffentzüge zur Degradierung der Weiden. Stärkerer Viehbesatz hatte eine Zunahme von Weideunkräutern (z. B. Disteln, Brennesseln) zur Folge, trittempfindliche Arten verschwanden, giftige und Fraß geschützte Arten gewannen die Oberhand. Das Vieh selbst trug zur Ausbreitung von Sträuchern wie *Prunus spinosa*, *Juniperus communis* und *Rubus*-Arten, von Zwergsträuchern wie *Ononis spinosa* und

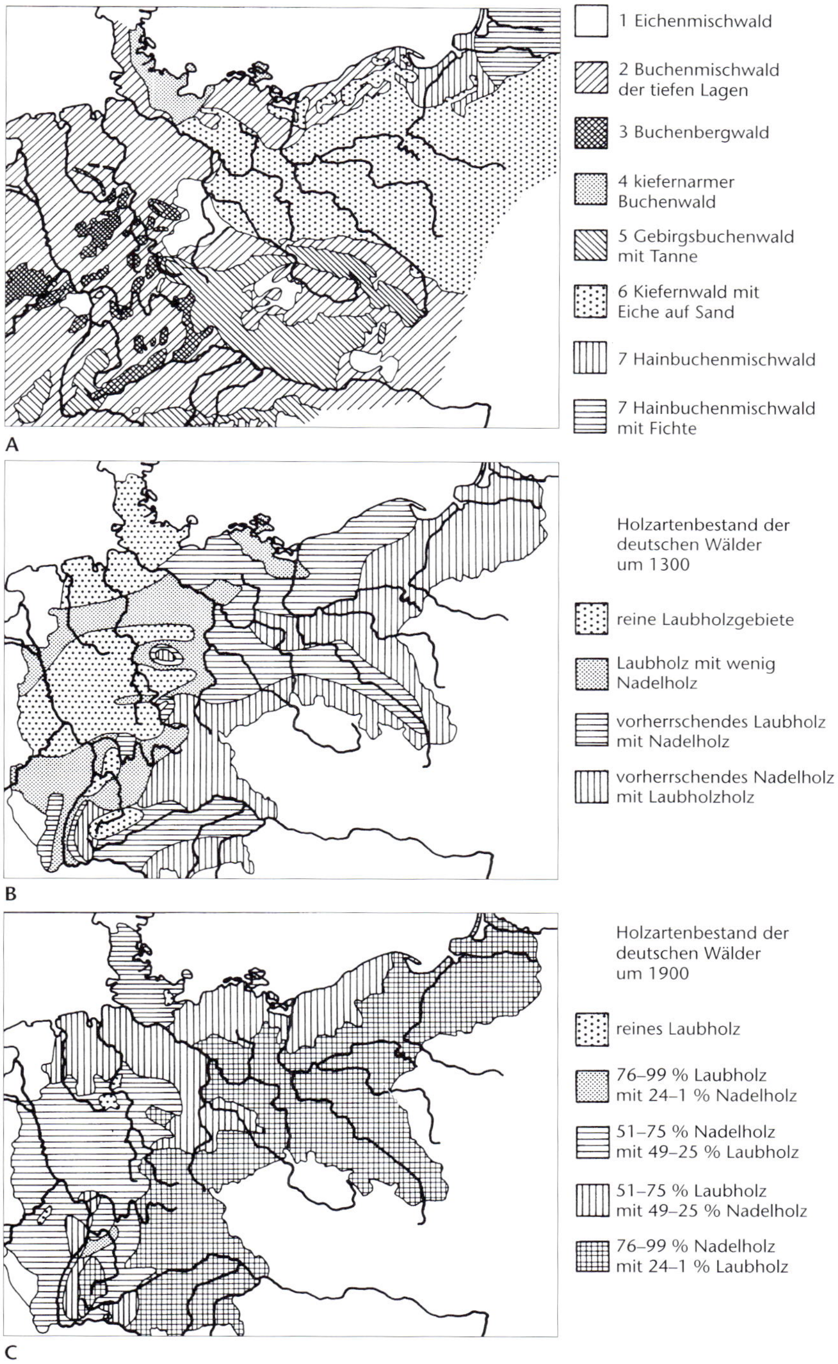

Abb. 4.1.14: Waldentwicklung in Mitteleuropa von
A: der Nachwärmezeit (nach Firbas) über
B: das Mittelalter bis in
C: das 19. Jahrhundert
(nach Hausrath aus Kreeb 1983).

diversen Ginsterarten, von krautigen Arten wie *Ranunculus acris*, *Taraxacum officinale*, *Salvia pratensis* oder *Nardus stricta*, dem Weidezeiger unter den Gräsern, bei. Auch die Landwirte selbst steuerten durch Mahdzeitpunkte und -häufigkeit, Beweidungszeiträume und Viehbesatz die Artenzusammensetzung des Dauergrünlands. Mähwiesen nahmen zu, da mit der Einstallung des Viehs die Laubstreu vom Grasheu abgelöst wurde. Eine vegetationskundliche Besonderheit sind die aus nitrophilen Arten zusammengesetzten Lägerfluren.

Abb. 4.1.15: Wichtige Waldwirtschaftsformen in Mitteleuropa und Nordafrika: naturnaher Mischwald (Quercus faginea, Qu. rotundifolia, Cedrus atlantica) mit allen Altersklassen im Mittleren Atlas Marokkos (A), Buchenhochwald in der Bayreuther Eremitage (B), der sowohl schlagweise als auch durch Hieb der stärksten Einzelstämme (plentern) geerntet wird, Eichen-Mittelwald (Quercus robur, Qu. pubescens) in Burgund (C) dessen Unterwuchs aus Stockausschlägen ca. alle 30 Jahre geerntet wird während die bestwüchsigsten Eichen als Überständer 100 und mehr Jahre stehen bleiben, sowie ein vor zwei Jahren genutzter Eucalyptus-Niederwald in Nordmarokko (D), in dem sich bereits die neuen Stockausschläge für die nächste, in 12-15 Jahren erfolgende Ernte gebildet haben. Fotos K. Müller-Hohenstein.

Auch mit dem Ackerbau entwickelten sich neue, vorher unbekannte Pflanzengesellschaften und neue Standorte. Neben dem „ewigen" Roggenanbau ohne Fruchtwechsel, verstärkt durch die **Plaggenwirtschaft** (Anbau von Getreide und Buchweizen mit Zufuhr organischen Materials aus den aus dem Waldboden gestochenen Plaggen), und kombinierten Nutzungsformen von Wald und Ackerbau in der Rott- und Schiffelwirtschaft (Hüppe 1989) entwickelte sich im Mittelalter vor allem die **Dreifelderwirtschaft** mit Flurzwang. Hierbei ist die Folge von Wintergetreide (Aussaat im Herbst), Sommergetreide (Aussaat im Frühjahr) und meist beweideter Brache verbindlich. Letztere sollte

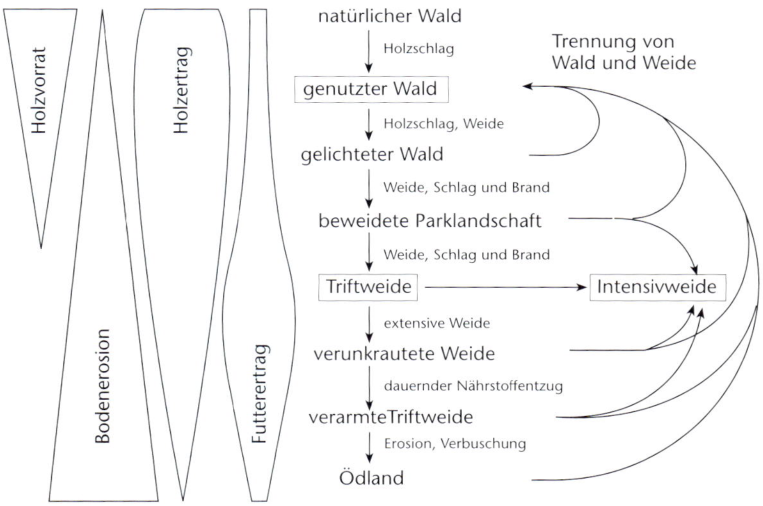

Abb. 4.1.16: Einflüsse menschlicher Nutzung auf die Vegetation in Mitteleuropa (einschließlich Holz- und Futterertrag sowie Abschätzungen des Holzvorrats und der Bodenerosion) (aus Ellenberg 1996).

durch den Eintrag von Dünger Nährstoffverluste ausgleichen. Allein aufgrund dieses Wechsels und der verschiedenen Formen der Bodenbearbeitung kommt es zur Ausbildung unterschiedlicher Unkrautgesellschaften in Grünland und Acker (Burrichter et al. 1993). Ackerunkäuter – z. B. *Adonis aestivalis*, *Falcaria vulgaris*, *Caucalis platycarpos* – stammen überwiegend aus den Grassteppen Südosteuropas und wurden schnell über das Weidevieh (epi- und endozoochor) ausgebreitet. Andere hatten ihre natürlichen Wuchsorte in Flussauen, z. B. *Stellaria media*, *Poa annua*, *Vicia*- und *Trifolium*-Arten.

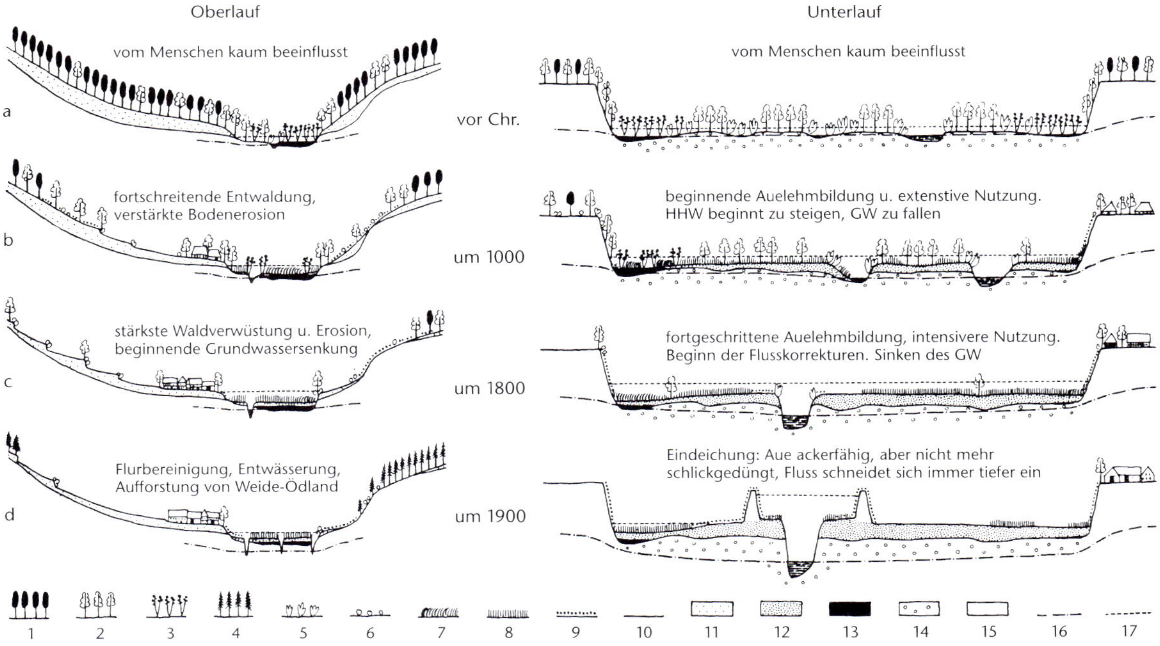

Abb. 4.1.17: Entwicklung einer mitteleuropäischen Flusstallandschaft im Ober- und Unterlaufbereich bei zunehmender Entwaldung, Entwässerung, Erosion und Auelehmbildung (aus Ellenberg 1996). 1 = Buchenwald, 2 = Eichen u. a. Laubmischwälder, 3 = Erlenbruch, 4 = Nadelholz-Aufforstungen, 5 = Weidengebüsch, 6 = sonstige Gebüsche, 7 = Nasswiesen, 8 = Frischwiesen, 9 = Trockenwiesen, 10 = Äcker, 11 = Lösslehm, 12 = Auelehm, 13 = Moor, 14 = Kies, 15 = andere Bodenarten, 16 = mittlerer Grundwasserstand, 17 = höchste Hochwasserhöhe

Noch enthielten die ersten Ackerunkrautgesellschaften wegen der eingeschalteten Brache und der relativ seltenen Störungen durch Bodenbearbeitung zahlreiche perennierende Arten.

Heute kann davon ausgegangen werden, dass sich durch die Aktivitäten des Menschen in Mitteleuropa bis zum Ende des Mittelalters aufgrund einer vielfältigen, aber oft eher extensiven Einflussnahme auf den Ebenen der Pflanzenarten, Pflanzengesellschaften und Lebensräume durch Bereicherung und Differenzierung die höchste Diversität (Artenzahl pro Region) einstellte. Für die Tallandschaften Mitteleuropas, die mit ihrer kleinräumigen standörtlichen Differenzierung und in ihrer Bedeutung für die Ausbreitung von wirtschaftlichen Innovationen auch für die Ausbreitung auch von Diasporen so wichtig sind, hat Ellenberg bereits 1954 charakteristische Profile entworfen, die wichtige Prozesse und ihre Folgen veranschaulichen (Abb. 4.1.17).

Die floristische Bereicherung war nur durch die Störung natürlicher und die Schaffung neuer Standorte möglich, die durch Anreicherung oder auch Entzug von Nährelementen, durch mikroklimatische Differenzierung von Wald und Feld und durch Be- und Entwässerung entstanden (Ellenberg 1994). Die neuen, offenen Standorte begünstigten die Ausbreitung kurzlebiger Arten, mit breiter Amplitude in den Standortsansprüchen (euryöke Arten). Schnell entwickelte sich in **der mittelalterlichen bäuerlichen Kulturlandschaft** ein äußerst **abwechslungsreiches Mosaik** von Pflanzengesellschaften, eine Vielfalt, die in der Folgezeit mit der Mechanisierung in der Landwirtschaft wieder verloren ging oder stark gefährdet ist. Nachweise für eingebürgerte Arten (**Archäophyten und Neophyten**) sowie bisher ausgestorbene Arten haben Scherer-Lorenzen et al. (2000) zusammengestellt (Abb. 4.1.18). Hier wird der **Höhepunkt der floristischen Vielfalt** für die Mitte des 19. Jahrhunderts bestätigt und der anschließende Rückgang deutlich.

4.1.4.4 Vegetationsentwicklung in der Neuzeit

Der Beginn des Industriezeitalters war mit neuen anthropogenen Einflüssen auf das Pflanzenkleid verbunden. Die meisten Waldreste waren in Mitteleuropa zu diesem Zeitpunkt aufgelichtet und degradiert, die Böden stellenweise stark erodiert, an Nährelementen verarmt und im Oberboden versauert. Es war aber weniger der Zustand der Wälder, der zu einem Umdenken führte, als vielmehr der nun mit der Steinkohle zur Verfügung stehende neue Energieträger. Die enge Verflechtung von Holz- bzw. Holzkohlenutzung sowie Bergbau und Industrie bestand nicht mehr und viele traditionelle forstliche Nebennutzungen wurden nicht mehr praktiziert. Dafür wuchs im Zuge des Bevölkerungswachstums und des Ausbaus der Städte und der Industrien die Nachfrage nach Bau- und Nutzholz, nach Zellulose und Papier.

Der nun einsetzende **Waldaufbau und -umbau** war zunächst durch Aufforstung degradierter Waldflächen und aufgegebener Ackerflächen mit **Nadelhölzern** gekennzeichnet, im Norden eher mit der Waldkiefer, im Süden bevorzugt mit der Fichte. Auch mit Exoten wie der Douglasie wurde erfolgreich experimentiert, die Lärche wurde weit über ihre natürlichen Vorkommen hinaus angepflanzt. Nieder- und Mittelwälder führte man allmählich in **Hochwälder** über. Verschiedene Waldwirtschaftsformen – z. B. Kahl-, Schirm- und Femelschlag (siehe Kasten 4.1.1) – wurden erprobt mit dem Ziel, möglichst schnell, regelmäßig und nachhaltig Nutzholz zu produzieren.

Die Erfolge der planmäßigen Forstwirtschaft mit konkreten Pflegemaßnahmen (z. B. Durchforstung) wurden durch den Fortfall der Waldweide, die Aufgabe des Schneitelns und des Plaggenhiebes sowie die eingeschränkte Streunutzung begünstigt, denn mit dem Anbau neuer Futter- und Nahrungsmittel (v. a. die Kartoffel) und durch den Einsatz von Mineraldünger wurden die Flächenerträge in der Landwirtschaft erhöht. Der wichtigste Wandel in den Wäldern vollzog sich jedoch vom einst dominierenden Laubholz zum nunmehr vorherrschenden Nadelholz. Hierdurch wurde eine eigene Vegetationsdynamik ausgelöst. Alle Nadelholzarten, insbesondere die Kiefer, waren relativ anspruchslos und problemlos zu säen, später dann auch zu pflanzen. Sie waren schnellwüchsig, sodass wesentlich kürzere Umtriebszeiten eingeplant werden konnten. Rodungen betrafen vor allem die auf guten Böden stockenden Laubhölzer. Wie schnell und in welchem Ausmaß sich der Wandel von den überwiegend durch Laubhölzer charakterisierten Wälder zu den Nadelholzforsten vollzog, zeigen die Karten von Hausrath (1907) (Abb. 4.1.14) sowie eine Zusammenstellung der Holzartenspektren aus fränkischen Forstamtsbereichen für die letzten Jahrhunderte (Abb. 4.1.19).

Reine Nadelholzaufforstungen waren ökologisch und standörtlich nicht unbedenklich. So ergaben Messungen von Bodenerosionsraten unter Mischwald und unter Nadelholzforsten im Vergleich sehr viel höhere Werte unter den Fichtenforsten. Nach Remmert (1964) führten Mischwaldaufforstungen in *Empetrum*-Heiden der primär waldfreien Insel Amrun zu einem Rückgang der Waldmauspopulationen und zu einer Zunahme der Schermaus. Die Schermäuse untergruben weite Bereiche der Insel und werden für Deichbrüche während der Sturmflut von 1962 mit verantwortlich gemacht. Solche Beispiele zeigen, dass der Artenwechsel weitere Folgen für den Standort und die gesamte Biozönose haben kann. Nach Goudie (1994) leben in Laubwäldern mehr als doppelt so viele Vogelarten und -zahlen als in Nadelwäldern. Arbeiten zu Avizönosen in südchilenischen Laubwäldern und Kiefernforsten ergaben noch drastischere Unterschiede (Finckh 1995).

Für die Entwicklung der Vegetation im Offenland war die **Trennung von Wald und Weide** von Bedeutung. Um Wald und Äcker vor Vieh zu schützen, wurden die Weiden gezäunt. Im Frühsommer bei Futterüberschuss wurden vom Vieh nur die schmackhaftesten Arten ausgelesen. Geilstellen – durch Exkremente eutrophierte Flächen – entwickelten sich und verliehen den Weiden ein charakteristisches Muster. Bei zu hohem Besatz waren Trittschäden und Erosion die Folge.

Durch Einsatz mineralischer Dünger und neuer Sorten stiegen die Erträge. Weniger ertragreiche Bö-

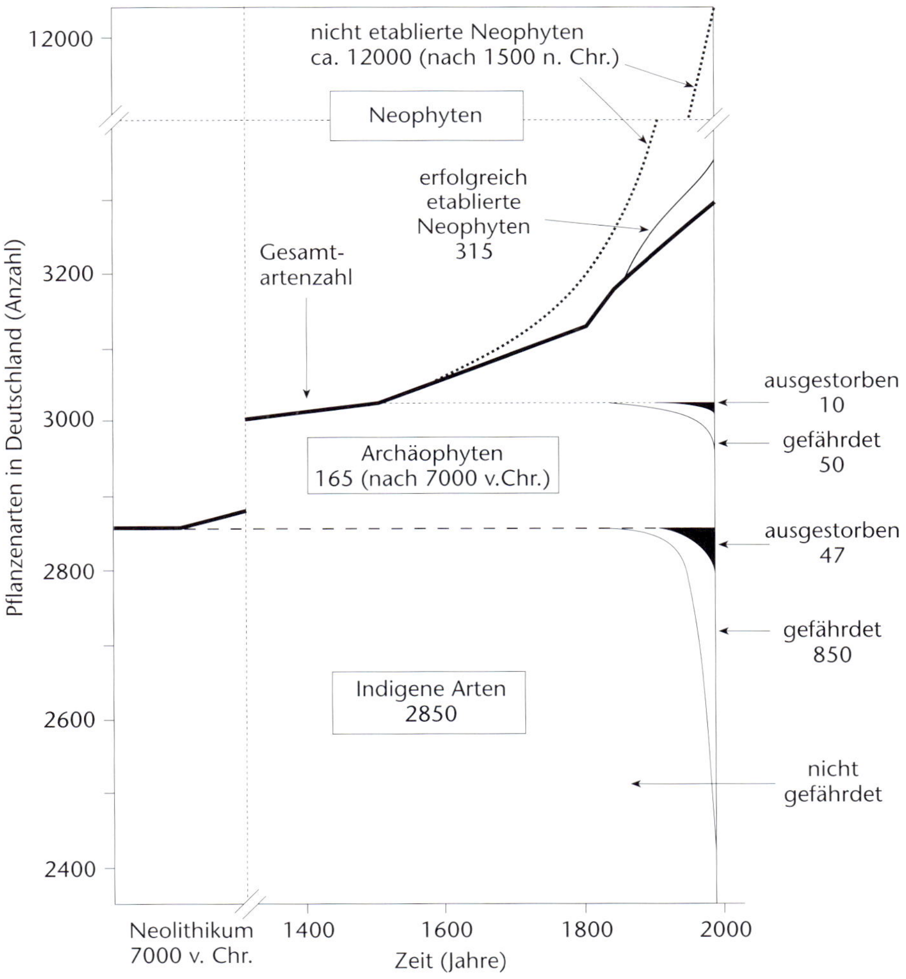

Abb. 4.1.18: Artengewinne und -verluste in Mitteleuropa seit dem Neolithikum (aus Scherer-Lorenzen et al. 2000).

Abb. 4.1.19: Holzartenspektren fränkischer Forstamtsbereiche vom 10. Jahrhundert bis zur Gegenwart (nach Lange et al. 1978).

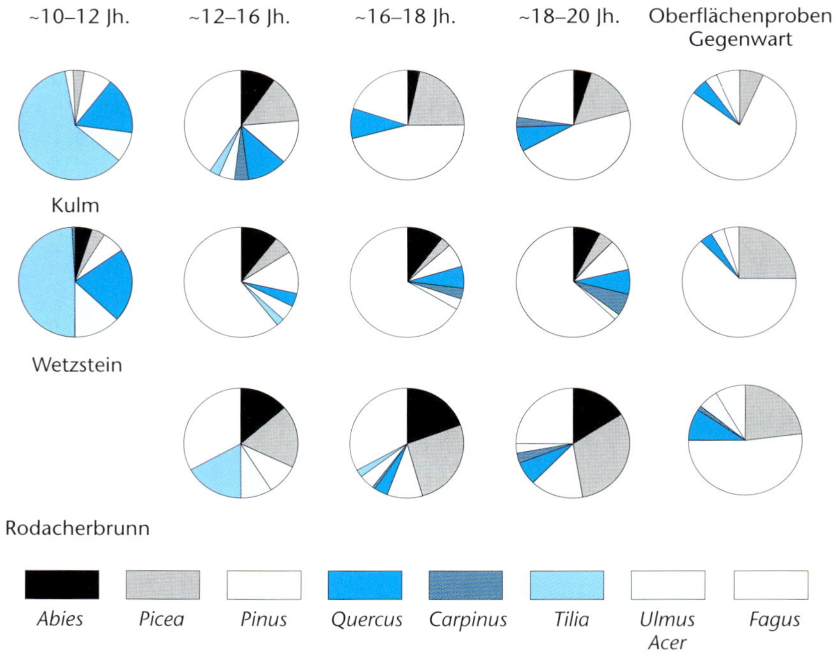

den wurden gedüngt und mit Gräsern angesät („**Vergrünlandung**"). So verschob sich auch das Verhältnis von Acker- zu Grünland. Wiesen wurden einmal bis mehrmals gemäht, um bei Einstallung das Winterfutter zu sichern. Beweidet wurden auch die Getreideäcker nach der Ernte (Stoppeläcker), was wiederum Einfluss auf die Segetalflora hatte. Hingegen verschwand die für den süddeutschen Raum einst charakteristische Wanderschäferei, weil die Wolle aufgrund von Billigimporten kaum noch Einkünfte brachte. Zahlreiche Magerrasenflächen verbuschten, Standorte für die thermo- und xerophilen Arten wurden seltener. An diesem Beispiel lässt sich zeigen, in wie vielfältiger Weise die neuen Handelsverbindungen und der Anschluss an den Weltmarkt für die Vegetationsentwicklung in Deutschland wirksam wurden.

In der Ackernutzung setzte sich zunehmend die **verbesserte Dreifelderwirtschaft** durch. Die Brachparzelle wurde aufgegeben und durch den Anbau von Hackfrüchten besetzt, insbesondere die Kartoffel. Der Fortfall der Brache war möglich geworden, weil etwa ab der Mitte des 19. Jahrhunderts mineralische N- und P-Dünger zur Verfügung standen. Dies hatte zur Folge, dass feinere Standortunterschiede auf den Feldern ausgeglichen wurden. Die **standörtliche Diversität verringerte sich** also ebenso wie die floristische. Durch die fehlenden Brachflächen und den wachsenden Einsatz von **Dünger** und **Herbiziden** und **moderner Agrartechniken** verschwanden viele mehrjährige Arten der Segetalflora. Zwiebelgeophyten wie *Tulipa sylvestris*, *Muscari*- und *Allium*-Arten. Andere mehrjährige Arten mit regenerationsstarken Rhizomen wie *Cirsium arvense* oder *Convolvulus arvensis* breiteten sich aus. Die Areale von Mooren und Feuchtgebieten schrumpften. Moore wurden im Zuge der neu entwickelten Hochmoorkultur (ohne Brennen, mit Sandmischung) vor allem in Norddeutschland ackerbaulich und weidewirtschaftlich genutzt. Zahlreiche Moor- und Bruchwälder, z. B. in der südlichen Oberrheinebene, wurden entwässert und zu Wiesen und Weiden umgeformt. Auch hierdurch gingen ohnehin seltene Vegetationseinheiten und ihre Standorte verloren.

Der neuzeitliche Intensivierungsschub bei der Landnutzung mit Düngung, Bodenbearbeitung, Drainage und Herbizideinsatz führte so in allen Räumen Mitteleuropas zu regional drastischen Verlusten an landschaftlicher Vielfalt und an Pflanzengemeinschaften. Das bunte Mosaik einer bäuerlichen Kulturlandschaft, welches sich bei extensiver Bewirtschaftung seit dem Mittelalter entwickelt hatte, konnte sich nur in entlegenen, marktfernen Räumen halten und ist auch dort durch die zunehmende **Eutrophierung** gefährdet.

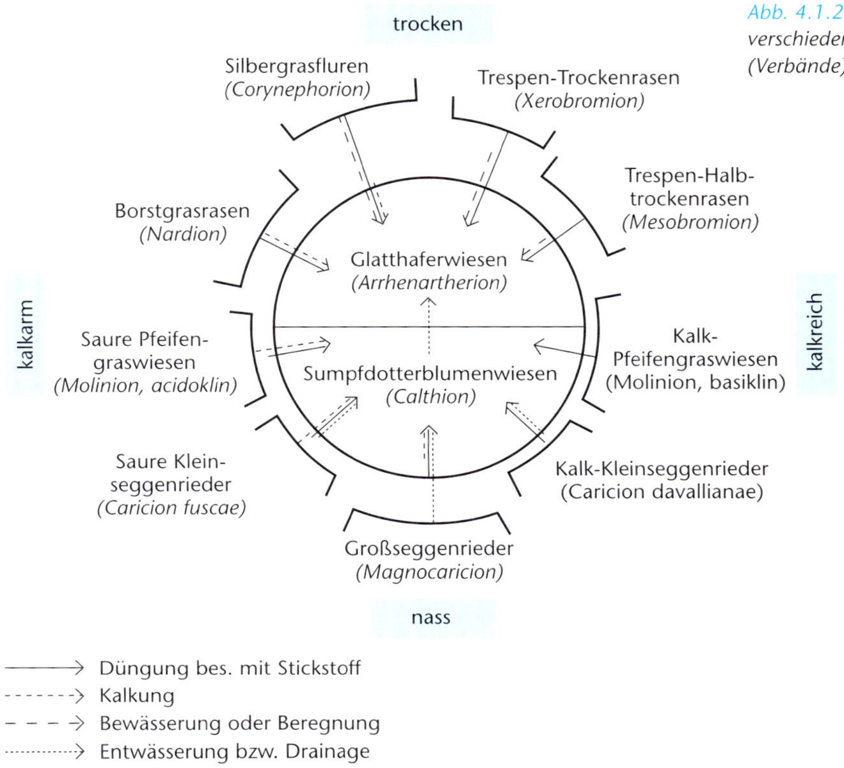

Abb. 4.1.20: Standorteigenschaften verschiedener Grünlandgesellschaften (Verbände) (nach Schreiber 1995).

4.1.4.5 Aktuelle Tendenzen der Vegetationsentwicklung

Die auf Lebensräume und Pflanzenwelt in den letzten Jahrzehnten und bis heute wirkenden Einflüsse kennen an Intensität und Folgen in so kurzer Zeit keine Parallelen. Bestrebungen zur Intensivierung und Produktionserhöhung in der Landwirtschaft setzen sich fort. Nicht nur Wald und Weide sind getrennt. Es war bei immer weniger subsistenzorientiertem Wirtschaften auch nicht mehr notwendig, Ackerbau und Viehzucht auf Betriebsebene zu kombinieren. Das einst geforderte und in Grenzen erreichte **Gleichgewicht von Wald-, Weide- und Ackeranteilen** an der Kulturlandschaft **ging verloren**. Manche spezielle Kulturen wurden aufgegeben (Anbau von Flachs, Lein oder Färberweid). Grenzertragsböden (standörtlich wie wirtschaftlich) wurden nicht mehr bestellt, es entstanden berufswechselbedingte „**Sozialbrachen**“.

Mit der Spezialisierung des Anbaus wuchs die Intensivierung. Eine **hochtechnisierte Großflächenbewirtschaftung** wurde durch die **Flurbereinigung** gefördert (Schreiber 1995). Wesentliches Ziel von Flächenzusammenlegungen war, großflächig bessere Produktionsbedingungen für eine mechanische Bearbeitung zu erzielen. Die Schläge wurden vergrößert. Feldraine, Hecken, Terrassen und Saumbiotope, die wichtige Vernetzungsfunktion haben, wurden stark reduziert, standörtliche Unterschiede durch Drainage und Düngung ausgeglichen. Kleinbiotope verschwanden, Feucht- und Frischwiesen, Borstgras- und Magerrasen wurden zu **einheitlichem Intensivgrünland** umgewandelt.

Schreiber (1995) hat in einem Diagramm dargestellt, wie die verschiedenen mitteleuropäischen Grünlandgesellschaften, die sich bis zur Mitte des 19. Jahrhunderts entwickelt hatten, durch Kulturmaßnahmen in Intensivgrünland umgewandelt worden sind (Abb. 4.1.20). Noch in den vierziger Jahren waren im Allgäu nur 2 % der Wiesen drei- und mehrschürig, heute sind 95 % vier- und mehrschürig. Gleichzeitig war hiermit ein Artenrückgang von früher 75 auf heute nur noch 20 verbunden (Abt 1990), eine Folge, die sich für alle Formen ackerbaulicher und weidewirtschaftlicher Intensivierung insbesondere bei den Unkräutern nachweisen lässt.

Auf Weiden, Wiesen und Äckern sind heute die Kulturbegleiter Kosmopoliten und hartnäckige „Resistenzler“ (*Galium aparine*). Das intensiv bewirtschaftete Grünland, das zusätzlich mit hochproduktiven Sorten neu angesät wird und durch die EU-weite Vereinheitlichung des Samenhandels auch hinsichtlich der Arten und Genotypen nicht mehr den ursprünglichen Wiesentypen entspricht, bezeichnet Ellenberg (1996) als „langweiligste Pflanzengemeinschaft“ für jeden Vegetationskundler.

Die Flurbereinigung war für die aktuellen Formen des Ackerbaus nur eine Voraussetzung. Von großer Bedeutung war die Subventionspolitik, die hohe Düngergaben förderte, mit denen oft eine Eutrophierung anliegender Gewässer einherging. Durch Pestizideinsatz konnte der Anbau beschleunigt und ohne zwingende Rotation durchgeführt werden. Die bei der **Intensivtierhaltung** anfallende **Gülle** förderte insbesondere den **Maisanbau**, der große Güllemengen verträgt. Häufig beobachtet man die Ausbildung einer „Gülleflora“ mit Wiesenkerbel, Vogelmiere und verschiedenen Gänsefußgewächsen.

Immer schwerere Schlepper und Landmaschinen führen zu **Bodenverdichtung** und **Wasserhaushaltsproblemen**. Auch Bodenorganismen, namentlich die Makrofauna mit Lumbriciden, leiden darunter. Dennoch steigen die Erträge, weil die modernen Pflanzenzuchtprogramme immer neue **Hochleistungssorten** zur Verfügung stellen. Ständig müssen Sorten weiterentwickelt werden, da sich Resistenzen gegenüber Xenobiotica bilden, und auch letztere müssen stets verbessert werden. Hier findet gegenwärtig eine unerwünschte „Koevolution“ statt. Der WBGU (2000) weist in seinem Risikogutachten darauf hin, dass gentechnisch erzielte Herbizid- oder Virusresistenzen auch ihre Gefahren haben. Er gibt zu bedenken, dass transgene Kulturpflanzen verwildern und sich in heimische Arten einkreuzen können.

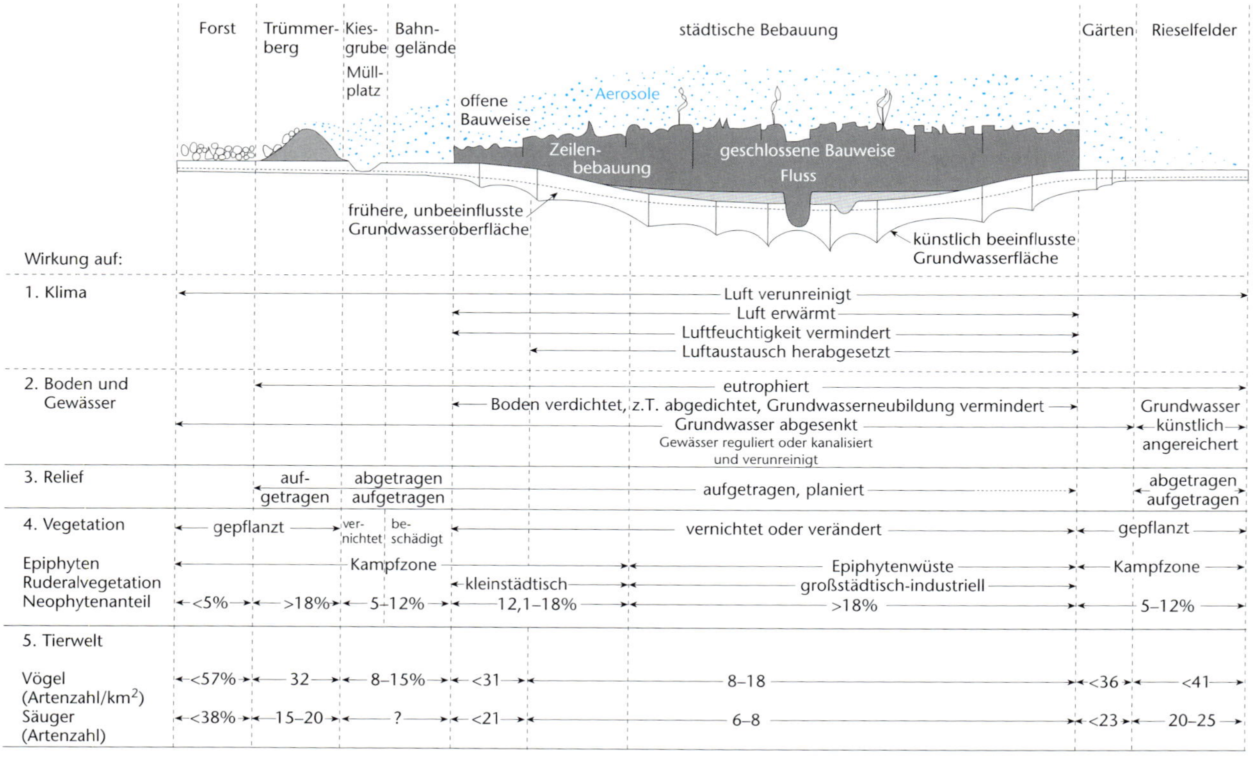

Abb. 4.1.21: Ökologische Gliederung der Großstadt (unter Betonung der Wechselwirkungen zwischen menschlichen Einflüssen und der abiotischen und biotischen Ausstattung dieses Ökosystems) (nach Sukopp 1990 aus Sukopp und Wittig 1993).

Da sich die Intensivlandwirtschaft durch immer weniger, meist pestizidresistente Arten in der die Kulturpflanzen begleitenden Flora auszeichnet und viele Arten verdrängt wurden, sucht man nach **Maßnahmen zum Schutz** der Segetalflora. Verschiedene Ansätze wurden erprobt: Mischkulturen, Intercropping, Streifenmanagement. Im Rahmen des subventionierten **Ackerrandstreifenprogramms** stehen Erhöhung der lokalen Alpha-Diversität und die Förderung von Nützlingen im Vordergrund. Heitzmann-Hofmann (1993) zeigt an Beispielen aus der Schweiz, dass mittelfristig Sukzessionen im Sinne eines **Biotopmanagements** so zu lenken sind, dass stabile Lebensgemeinschaften entstehen können.

Nicht immer sind solche Ansätze erfolgreich. Bei der unter den gegenwärtigen klimatischen Bedingungen durchaus denkbaren Hochmoorregeneration müssen bei einer Wiedervernässung atypische Arten bei Pflanzen und Tieren zurückgedrängt und hochmoortypische wieder eingebürgert werden. Der Erfolg ist in Frage gestellt, da bei gegenwärtigen jährlichen N-Einträgen zwischen 20 und 100 kg/ha in Mitteleuropa die erforderlichen oligotrophen Bedingungen nicht erreicht werden können. Umso dringlicher ist die Erhaltung aller restlichen, auch degradierten Hochmoorflächen.

So ist die heutige Agrarlandschaft vielfach gekennzeichnet durch Mechanisierung, Spezialisierung und hohe Produktion, aber auch durch Homogenisierung und Kontamination. Kommt es in der Agrarlandschaft einerseits zu dieser Uniformierung und Verarmung der standörtlichen Differenzierung, so werden anderenorts auch neue Standorte mit neuen Vegetationseinheiten geschaffen. Sie entstehen im Zuge von Flussbegradigungen, neuen Verkehrsverbindungen, Bergbau und Abraumhalden. Flussauen spielen im standörtlichen Mosaik unserer Kulturlandschaften eine herausragende Rolle, weil sie zum einen Refugialräume für bedrängte Arten und Transiträume für Ankömmlinge sein können, andererseits bei der hohen Morpho- und Hydrodynamik der flussnahen Bereiche Wuchsort für viele Spezialisten sind (Müller 1995).

Stark angestiegen ist der Flächenverbrauch für Siedlungsgebiete und Industrieanlagen. Die dadurch entstehenden Lebensräume und -gemeinschaften, die keine Parallelen in der Naturlandschaft haben, werden in der **Stadtökologie** erforscht. Abb. 4.1.21 gibt einen Überblick über die Veränderungen, die Standort, Vegetation und Tierwelt in diesen Räumen erfahren. Städtische Agglomerationen sind grundsätzlich Wärmeinseln. Deshalb finden hier Wärme und Licht liebende Arten Zuflucht, wobei sie gegenüber mechanischen Störungen und Schadstoffeinflüssen relativ unempfindlich sein müssen. Zu solchen urbanophilen Arten gehören z. B. *Amaranthus albus*, *Chenopodium botrys*, *Poa compressa* und *Silene vulgaris*. Sie charakterisieren die warmtrockenen, mit Schwermetallen belasteten Standorte in Städten.

Insgesamt ist die **städtische Flora** allein wegen der neuen, naturfremden Standorte und der hier siedelnden ruderalen Arten durchaus artenreich und bildet viele stete Pflanzengesellschaften aus, die man nach Wittig und Diesing (1989) verschiedenen städtischen Strukturtypen (z. B. dichte Blockbebauung, Reihenhausbebauung, Freiflächen, Bahngelände etc.) zuordnen kann. Besonders gut ist die **Flechtenflora** in Städten bekannt. Epiphytisch lebende Flechten wurden häufig als Grundlage für die Beurteilung der SO_2-Belastung herangezogen und im Hinblick auf ihre **Toxitoleranz** bewertet. Abbildung 4.1.22 zeigt ein Beispiel für eine Flechtenzonierung aus dem Großraum Frankfurt

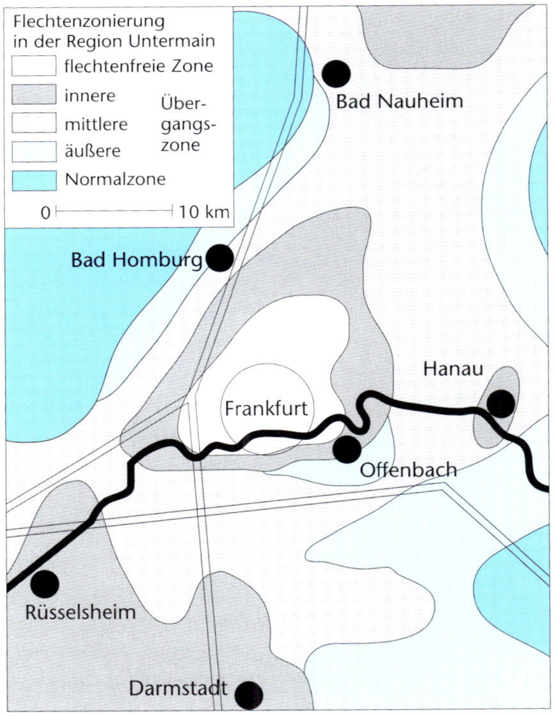

Abb. 4.1.22: *Flechtenzonierung im Großraum Frankfurt (nach Steubing 1978 aus Sukopp und Wittig 1993).*

aus der Zeit hoher SO_2 Belastung. Mit der Reduktion der Emissionen steigt derzeit die Flechtenbesiedlung in Ballungsräumen wieder an.

Neue charakteristische Pflanzengesellschaften werden auch in Dörfern gefunden. So stellten Wittkamp et al. (1995) im Vergleich der Vegetation nordbayerischer und südthüringischer Dörfer beiderseits der ehemaligen innerdeutschen Grenze fest, dass Nutzungsvielfalt Vegetationsvielfalt zur Folge hat, z. B. die artenreichen Hausgärten in Thüringen kaum Parallelen in Nordfranken besitzen. Es konnte auch gezeigt werden, dass Sozialstruktur sowie Wirtschaftsintensität Einfluss auf die Vegetation haben. Die standörtliche Differenzierung der Vegetation tritt gegenüber der nutzungsbedingten zurück. In welch starkem Maße agrarpolitische Maßnahmen, kulturspezifische Charakteristika und das Wirtschaftsniveau großräumig die Vegetation von Agrarlandschaften stärker bestimmen als die standörtlichen Voraussetzungen, hat Deil (1995) am Beispiel der Landschaften nördlich und südlich der Straße von Gibraltar dargestellt. Bei nahezu identischen naturräumlichen Voraussetzungen hat sich bei intensiver marktorientierter, agrochemikalisch und -technisch geprägter Landnutzung in Spanien ein ganz anderes Gesellschaftsinventar entwickelt als in der subsistenzorientierten Landnutzung Marokkos mit traditionellen, kaum mechanisierten Anbauformen.

Ein besonderes Artinventar besitzen auch Straßenränder. Schmidt (1989) gibt einen Überblick über die **Ruderalvegetation** des Autobahnnetzes in Nordrhein-Westfalen. Hier wirken sich die direkten (Abgase) und indirekten (Streusalz) Einwirkungen des Verkehrs in der Differenzierung neuer Standorte aus. Der Grundartenbestand am Straßenrand ist zwar relativ, Spezialisten in Tier- und Pflanzenwelt haben kaum Überlebenschancen. Deshalb darf auch die Refugial- und Vernetzungswirkung von Straßenrändern nicht zu hoch eingeschätzt werden. Ökologisch bedeutsamer ist der negative Effekt der Zerschneidung und Fragmentierung der Verbreitungsräume.

Zu den rezenten Beeinflussungen der Vegetation durch den Menschen in Mitteleuropa gehören auch **die neuartigen Waldschäden** (siehe Kapitel 3.5.1). Berichte über Schädigung von Bäumen und ganzen Waldarealen durch Rauch und andere Schadgase in industriereichen Siedlungsgebieten gibt es seit Beginn des Industriezeitalters. Es ist ebenso bekannt, dass die Verjüngung der Wälder in Mitteleuropa aus mehreren Gründen immer schwieriger wird. Hierzu gehören die Besiedlung des Waldbodens der Altbestände mit Gräsern, Wildverbiss, Schädlingskalamitäten, der Befall mit Pilzen oder anderen Krankheitserregern, klimatischen Anomalien (Sturm- und Schneebruch, Brände, Frostperioden, Trockenjahre) und vor allem die Versauerung des Oberbodens. Als gesichert wird angenommen, dass die Böden vieler Wald- und Forstbestände aufgrund von Streuentnahme, Erosion und Monokulturen über Jahrhunderte verarmten. Demzufolge sind die Wälder gegenüber den genannten Belastungen besonders anfällig.

Von den „neuartigen Waldschäden", die das gesamte Ökosystem Wald betreffen, ist jedoch erst seit rund 20 Jahren die Rede. Seit den 70er Jahren wurden großflächige Schäden zunächst in Tannen-, dann auch in Fichtenwäldern offensichtlich, die weitab von Industrieballungen lagen. Sie wurden auf Einträge starker Säurebildner aus der Atmo-

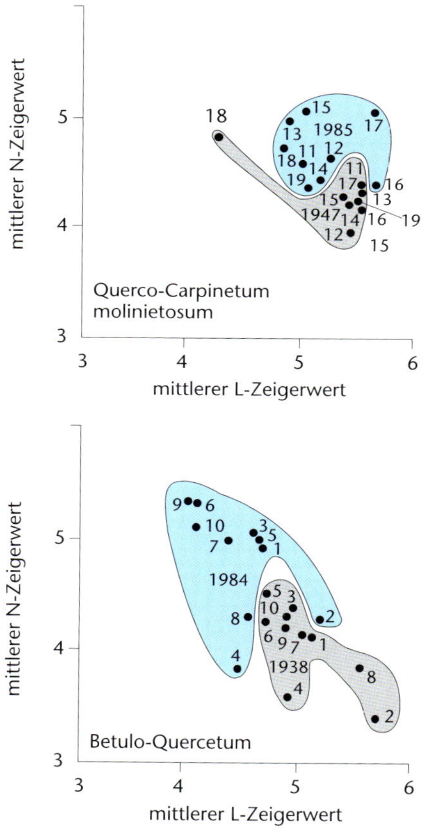

Abb. 4.1.23: Veränderungen der mittleren N- und L-Zahlen in Schweizer Laubwäldern im Laufe von 38 bzw. 46 Jahren (nach Kuhn 1993 aus Ellenberg 1996).

sphäre über Ferntransport in Form des „**sauren Regens**“ zurückgeführt. In Kapitel 3.5.1 wird näher ausgeführt, dass Nährstoffmangelzustände und Ionenungleichgewichte letztlich die entscheidenden Ursachen für den Waldzusammenbruch waren.

Die Ergebnisse der Waldschadensforschung haben auch gezeigt, dass die Wälder sich großenteils wieder erholen können, wobei aber die Stickstoffeinträge zu floristischen Verschiebungen führten und diese anzeigten (Abb. 4.1.23). Es zeigt sich, dass bei wiederholten Aufnahmen der Waldvegetation eine Verschiebung der mittleren Stickstoff-Zeigerwerte (mN) in Richtung höherer N-zeiger stattfand. Dies war unabhängig vom Kronenschluss der Bestände, wie die Zeigerwerte für Licht belegen (mL). Es handelt sich somit um eine grundsätzliche Veränderung der Standortbedingungen durch die N-Deposition unabhängig von der Bewirtschaftung.

Im Zusammenhang mit der Schadgasbelastung wird auch die der CO_2-Anreicherung in der Atmosphäre und ein Klimawandel diskutiert. Kohlendioxid ist zum einen Pflanzennährstoff, kann also zu höheren Produktionsraten führen, Pflanzen können damit einen Teil der Emission fossiler Brennstoffe kompensieren (siehe Kapitel 5). Global ist dabei durchaus auch an die Verschiebung von Biomen zu denken (Melillo et al. 1996).

Es ist durch die Ergebnisse der Forschungen zur jüngeren Vegetationsgeschichte aber auch immer klarer geworden, dass „es nicht genügt, die gegenwärtigen Wirtschaftsmethoden in Forst und Flur zu kennen, wenn man die heutige Vegetation kausal verstehen will. Zumindest im Hinblick auf die Wälder und Heiden, aber auch auf viele Grünlandflächen und Moore, ist es nötig, sich frühere Wirtschaftsweisen und ihre Auswirkungen stets vor Augen zu halten“ (Ellenberg 1996).

4.1.4.6 Ansätze der Klassifizierung und Bewertung anthropogener Einflüsse und ihrer Folgen auf die Vegetation

Im Zusammenhang mit den Prozessen und Ergebnissen der menschlichen Einflussnahme auf das Pflanzenkleid, mit Ausbreitung und Rückgang, Zu- und Abnahme von Pflanzenarten und Vegetationseinheiten, sind auch Überlegungen zu ihrer objektiven Erfassung, **Klassifizierung** und **Bewertung** angestellt worden.

Ein erster Ansatz einer Klassifizierung auf der Grundlage anthropogener Einflüsse auf die Vegetation führt nach Jäger (1977) zu drei Kategorien:

- **ursprüngliche** (natürliche) **Vegetation** (im Subatlantikum, wie sie etwa die Karte von Firbas in Abb. 4.1.14 zeigt);
- **reale** (aktuelle, rezente) **Vegetation** unter heutigen Standort- und Nutzungsbedingungen;
- **potenziell natürliche Vegetation** (pnV), ein von Tüxen (1956) eingeführter Begriff, der die Vegetation beschreibt, welche sich unter den heutigen Standortbedingungen (ohne weitere Änderungen) als Schlussgesellschaft einstellen würde.

Natürliche Vegetation ist in Mitteleuropa nicht mehr erhalten, die pnV ist bei Überlegungen zum Naturschutz und bei Raumplanungen durchaus von Bedeutung, hier stehen jedoch die reale Vegetation und ihre Standorte im Mittelpunkt der Betrachtung.

Abb. 4.1.24: Hauptschritte der „biologischen Invasion“ und hypothetische Verluste eindringender Arten (nach Di Castri 1990).

Bei der Bewertung der anthropogenen Einflüsse geht es im Wesentlichen um eine Bilanz zwischen Gewinnen (Einschleppung, Einführung, Einbürgerung von Arten) und Verlusten (Auslöschung, Verdrängung). Gegenüber der natürlichen Vegetation bedeuten sowohl **Gewinne** als auch **Verluste** Einbußen an „Natürlichkeit“. Ein gebräuchlicher Ansatz, anthropogene Vegetation zu charakterisieren und zu typisieren, wird deshalb über **„Natürlichkeitsgrade“** unternommen. Es gibt mehrere Vorschläge für die Abstufung von Natürlichkeitsgraden. Die **synanthropen Kulturfolger** zählen zu den „Gewinnern“. Sie werden unterschiedlich gegliedert (Schröder 1969). Hiernach setzen sie sich aus den Apophyten (einheimische Arten auf anthropogenen Standorten) und den Anthropochoren (nicht einheimische Arten mit vom Menschen abhängiger Verbreitung) zusammen. Für diese vom Menschen abhängige, kulturbedingte Verbreitung wird auch der Begriff **Hemerochorie** verwendet. Pflanzen können hemerophil, also Kultur liebend, oder hemerophob sein. Die menschliche Beeinflussung von Ökosystemen überhaupt wird als Hemerobie bezeichnet.

Eine weitere Untergliederung der **Anthropochoren** nimmt Sukopp (1972) in Anlehnung an Schröder bei teilweise abweichender Terminologie nach drei verschiedenen Kriterien vor:

1. **nach der Einwanderungszeit** (siehe Abb. 4.1.18): Hier werden **Archäophyten** (Altadventive), die in prähistorischer Zeit einwanderten, von **Neophyten** (Neuadventive) getrennt, welche erst in historischer Zeit hinzukamen.
2. **nach der Einwanderungsweise**, d. h. der Art des menschlichen Mitwirkens bei der Einwanderung: Hierher gehören die **Ergasiophyten** (absichtlich eingeführte und kultivierte Arten, z. B. Kulturpflanzen und ihre verwilderten

Tabelle 4.1.3: Merkmale erfolgreicher Neophyten (nach Sukopp 1987, Jaeger 1988, Di Castri 1990, Roy 1990 aus Sukopp und Wittig 1993)

1. Bezüglich Reproduktions- und Ausbreitungsbiologie
- frühe Reproduktionsfähigkeit (schnelle Blüte nach der vegetativen Phase = kurzes Jugendstadium)
- uniparentale Reproduktion
- Selbstkompatibilität; möglicherweise, jedoch nicht obligatorisch selbstbestäubt oder apomiktisch
- falls Fremdbestäubung, dann durch unspezifische Bestäuber oder Wind
- Samenproduktion unter einer breiten Palette von standörtlichen Bedingungen sowie anhaltend hohes Reproduktionskontingent (Produktion vieler Vermehrungseinheiten)
- besonders hohe Samenproduktion unter günstigen Bedingungen
- sehr resistente und langlebige Samen (Fähigkeit, Diasporenbanken anzulegen)
- Frucht- bzw. Samenmorphologie geeignet für weiträumige Ausbreitung durch Wind, Tiere und v.a. Mensch
- nicht spezialisierte Keimungs- und Entwicklungsweise; dabei breite ökologische Valenz
- diskontinuierliche Keimung durch induzierte Dormanz
- schnelles Sämlingswachstum

2. Bezüglich vegetativen Wachstums und Phänologie
- schnelles Wachstum dank hoher Ressourcen-Erwerbs-Rate (hohe Photosynthese- und Atmungsleistungen)
- oft fähig hohes N-Angebot zu nutzen
- hohe Flexibilität, Material zu verteilen
- falls mehrjährig, starke vegetative Vermehrung, regenerationsfähig v.a. an unteren Nodien und Wurzelstock
- häufig kurzer und einfacher Lebenszyklus
- oft Photoperiodismus: tagneutral
- Dormanz

3. Genetische Merkmale
- hohe genetische Variabilität
- Polyploidie; Hybridsippen
- hohe Flexibilität des genetischen Systems; dadurch Verändungen der Rekombinationsraten möglich
- oft phylogenetisch junge Gruppe

4. Populationsdynamische und ökologische Merkmale
- Generalist: breite klimatische und edaphische Amplitude
- hohes Akklimatierungspotential; oft phänotypische Plastizität = erweiterte ökologische Valenz
- schnelle Populationszunahme wegen hoher Wachstumsraten und früher sowie hoher Reproduktionsfähigkeit
- r-Stratege
- sehr konkurrenzstark durch besondere Einrichtungen, wie Rosettenarchitektur, Würgewachstum, exokrine Absonderungen oder schnelles üppiges Wachstum

Tabelle 4.1.4: Einteilung der Vegetation nach dem Grad der menschlichen Beeinflussung (nach Dierschke 1984)

Bernátzky 1905	R. Tüxen 1958			Falinski 1969		Ellenberg 1963	Seibert 1980	Dierschke 1984	Sukopp 1969, 1972
unbeeinflusst	Schluss-gesellschaft		autogen	ursprünglich	naturbetont	unberührt	natürlich	natürlich bis naturnah	ahemerob
						natürlich			
Urformation				natürlich		naturnah	naturnah		oligohemerob
beeinflusst						bedingt natürlich			
umgewandelte Formation	1. Grades	Ersatzgesellschaften	anthropogen	halb-natürlich	kulturbetont	bed. naturf.	bedingt naturfern	halbnatürlich	mesohemerob
	2. Grades					naturfern	naturfern	naturfern	
Kulturformation	3. Grades			pro-synanthrop		naturfremd	künstlich		beta-euhemerob
	4. Grades			eu-synanthrop		künstlich		künstlich	alpha-euhemerob
									polyhemerob

Formen, Zierpflanzen, auch Ausreißer aus botanischen Gärten) sowie die **Xenophyten** (unbeabsichtigt eingeschleppte Arten, z. B. Unkräuter, Begleiter aus eingeführtem Saatgut, Vogelfutterpflanzen). Gelegentlich werden auch die Akulotophyten unterschieden, die erst einwandern konnten, nachdem der Mensch geeignete Standorte geschaffen hatte.

3. **nach dem Einbürgerungsgrad** (Grad der Naturalisation), der Möglichkeit, dauerhaft den neuen Standort zu besiedeln.

Letztere werden in fünf Gruppen unterteilt, wobei in einzelnen Fällen mehrere Ursachen zugrunde liegen können:

- **Idiochorophyten** (einheimische Arten, die vor den anthropogenen Eingriffen bereits da waren);
- **Agriophyten** (neu heimische Arten, die heute ohne Zutun des Menschen konkurrenzfähig sind);
- **Epökophyten** (kulturabhängige Arten, die verschwinden, wenn die Kultur aufgegeben wird);
- **Ephemerophyten** (unbeständige Arten, die schnell wieder verschwinden);

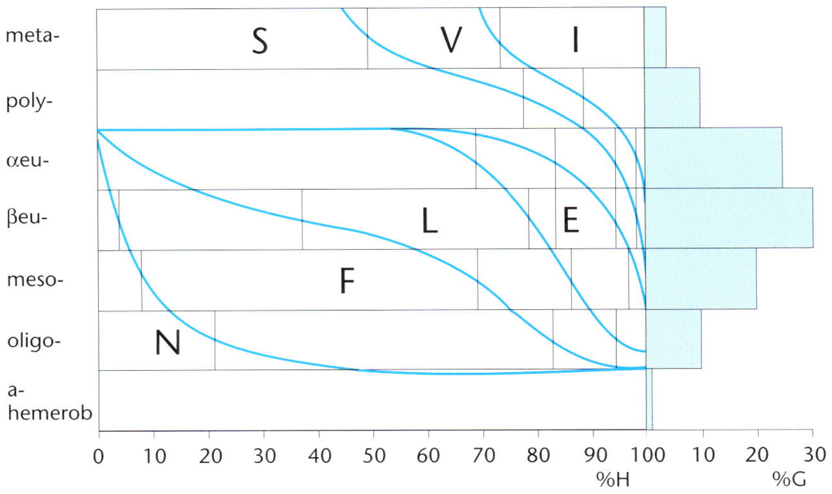

Abb. 4.1.25: Zusammenhang von Flächennutzung und Hemerobiegrad (Schema) (nach Bornkamm 1980).

% H = Anteil der Flächennutzungen an der Gesamtfläche des betreffenden Hemerobiegrades, % G = Anteil der Fläche des betreffenden Hemerobiegrades an der Gesamtfläche einer Landschaft.

Flächennutzungen: I = Industrie, V = Verkehr, S = Siedlung, E = Erholung, L = Landwirtschaft und Gartenbau, F = Forstwirtschaft, N = intakte Schutzgebiete ohne Nutzung.

Tabelle 4.1.5: Neophytenanteile und Verluste an einheimischen Arten für die ausgegliederten Hemerobiestufen (nach Sukopp 1972)

	Neophyten-anteil	Verlust an einheimischen Gefäßpflanzenarten (bezogen auf 1000 km²)
ahemerob	0 %	0 %
oligohemerob	< 5 %	< 1 %
mesohemerob	5–12 %	1–5 %
euhemerob	13–20 %	> 6 %
polyhemerob	21–(80) %	?
metahemerob	> 80 %	?

- **Ergasiophyten** (kultivierte Arten, die vor Konkurrenz geschützt werden müssen).

Dieser Gliederung wird nicht immer gefolgt (siehe Jäger (1988) mit den Gliederungen verschiedener Autoren). Letztlich geht es um nur drei Gliederungskriterien: Die Einbürgerungszeit, -art und -dauer.

Näher zu besprechen ist der allgemein verwendete Begriff **Neophyt**. Diese neu-heimischen Arten, die in der heutigen pnV einen festen Platz haben, werden in Anlehnung an Sukopp (1972) auch als Agriophyten bezeichnet. Um Agriophyt zu werden, muss eine Pflanzenart zunächst eingeführt bzw. eingeschleppt werden, sich nach Erreichen eines neuen Standorts ansiedeln und einen Prozess der Naturalisierung (Einbürgerung) durchlaufen, sich also ohne weitere direkte Hilfe des Menschen dauerhaft ansiedeln und schließlich weiter ausbreiten. Die hypothetische Zahl derart erfolgreicher Arten nimmt mit jedem neuen Schritt stark ab (Abb. 4.1.21). Um besonders erfolgreich zu sein, müssen Agriophyten Merkmale besitzen, die in Tabelle 4.1.3 zusammengestellt sind.

Auch für die Einteilung der Vegetation nach dem Grad der menschlichen Beeinflussung („Natürlichkeitsgrad") sind voneinander abweichende Gliederungen erarbeitet worden. Die wichtigsten wurden im Vergleich von Dierschke (1984) zusammengestellt (Tabelle 4.1.4). Man geht heute davon aus, dass der Anteil der Agriophyten in einer Vegetationseinheit mit der Stärke der menschlichen Einwirkung auf diese Einheit korreliert. Deshalb kann auch mit dem Agriophyten- bzw. Neophytenanteil und über den Verlust an einheimischen Arten der Grad der menschlichen Beeinflussung (**Hemerobiegrad**) einer Vegetationseinheit quantitativ bestimmt werden (Tabelle 4.1.5).

Bornkamm (1980) wendet die von Sukopp (1972) gewählte Abstufung auch für Zwecke der Landschaftsplanung an. Wie er zeigen kann, steigt der Neophytenanteil mit dem Verlust heimischer Arten und dem Anteil naturfremder Flächennutzung (Abb. 4.1.25). Darüber hinaus hat er für zwei bayerische Gemeinden die Verteilung der Flächen gleichen Hemerobiegrades im Laufe der historischen Entwicklung rekonstruiert und kann so den wachsenden anthropogenen Einfluss dokumentieren (Abb. 4.1.26).

In der jüngeren Vergangenheit sind vor allem die Konsequenzen von Artengewinn bzw. Artenverlust für die einheimische Vegetation diskutiert worden. Der Wegfall von Verbreitungsschranken hat zu einer **Vermischung von Floren** und Faunen aus den verschiedenen Bioreichen geführt. Schon Elton (1958) hält dies für die entscheidende jüngere Veränderung in der Biosphäre. Zwei markante historische Etappen sind zu unterscheiden: die Zeit nach

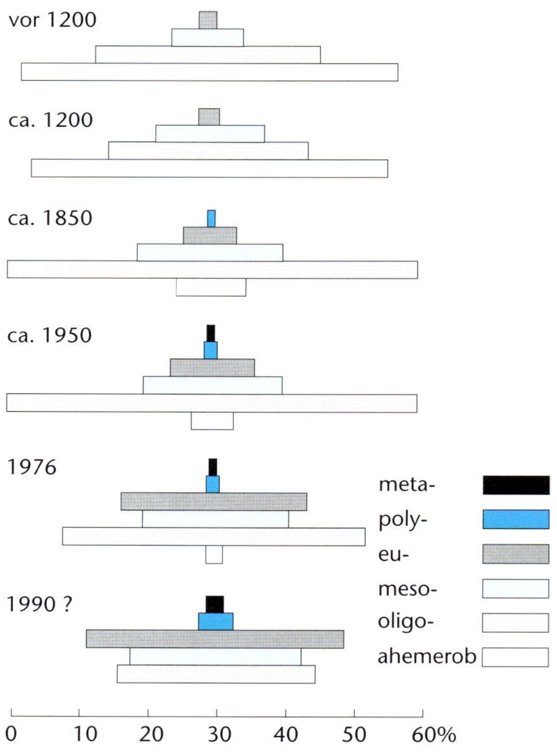

Abb. 4.1.26: Verteilung der Flächen gleichen Hemerobiegrades im Laufe der historischen Entwicklung der Gemeinden Kochel am See und Schlehdorf (Oberbayern) (nach Bornkamm 1980).

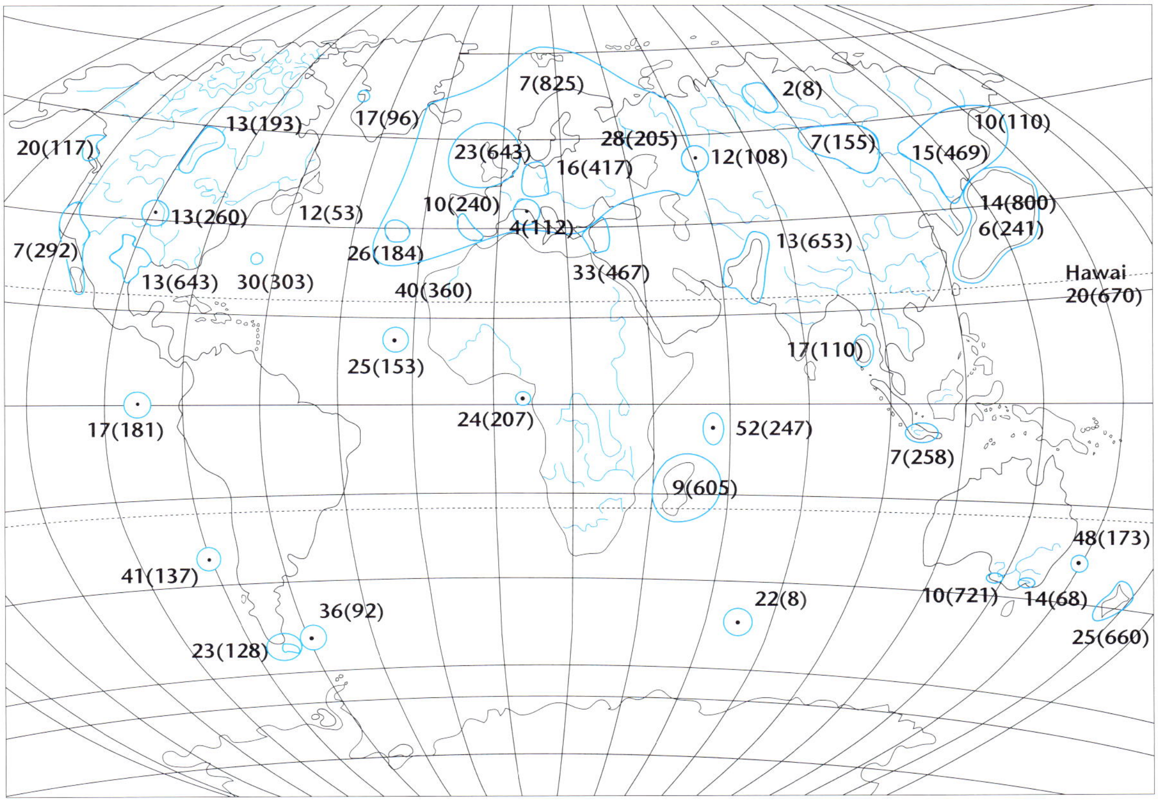

Abb. 4.1.27: Prozentanteile und absolute Zahl (in Klammern) der konstant synanthropen Arten (Agrio- und Epökophyten) an der Gefäßpflanzenflora (nach Jäger 1988).

der Entdeckung Amerikas bis ins 16. Jahrhundert mit zunehmenden Verkehrsmöglichkeiten zwischen den Kontinenten und der Zeitraum ab dem 19. Jahrhundert, in welchem nun auch neue anthropogene Standorte Ansiedlungsmöglichkeiten eröffneten.

Für Mitteleuropa haben Lohmeier und Sukopp (1992) die Folgen der Einführung fremdländischer Pflanzensippen für die aktuelle Vegetation, die Landschaften und die heutigen Ökosysteme untersucht, und Jäger (1988) hat die Prozentanteile sowie absoluten Zahlen der synanthropen Arten weltweit dargestellt (Abb. 4.1.27). In Industrieländern sind heute etwa 100 Arten pro 100 000 km^2 eingebürgert, in Ausnahmefällen, wie in Japan, wo drei Florenregionen zusammentreffen, sogar 800 Arten. Von Lövei (1997) gibt es hierzu ausgewählte neue Daten (Tabelle 4.1.6), die zeigen, dass der Anteil **synanthroper Arten** seit den Aufnahmen von Jäger deutlich anwuchs. Für Mitteleuropa hatte Sukopp (1972) auch nur wenig mehr als 1 % eingeführter Sippen angenommen, nach Lövei (1997) sind es fast 6 %. Nach Sukopp (1972) stammen 54 % der eingebürgerten Arten aus Europa selbst und aus Westasien, 30 % aus Gebieten mit gemäßigtem Klima in Nordamerika, 9 % aus Mittel- und Ost-

Tabelle 4.1.6: Der Beitrag nicht einheimischer Pflanzen zu den Floren verschiedener Regionen (nach Lövei 1997)

Region	Artenzahl heimisch	Artenzahl nicht heimisch	Prozentzahl nicht heimischer Arten
Russische Arktis	1 403	104	6,9
Europa	11 820	721	5,7
USA	17 300	2 100	10,8
Südafrika	20 573	824	3,9
Australien	15 638	1 952	11,1
Ontario	2 056	805	28,1
Staat New York	1 940	1 083	35,8
Region Perth (Australien)	1 510	547	26,6
Britische Inseln	1 255	945	43,0
Hawaii	1 143	891	43,8
Neuseeland	2 449	1 623	39,9

asien. Aus den Verbreitungsangaben für diese Arten kann man herauslesen, dass sich diese Arten bei ihrer Einbürgerung in Mitteleuropa weitgehend nach dem „**Gesetz der relativen Standortkonstanz**“ (Walter 1960) verhalten haben: „Wenn innerhalb des Areals einer Art das Klima sich in einer bestimmten Richtung ändert, so tritt ein Biotopwechsel ein, wodurch die Klimaänderung kompensiert wird.“ Außerdem besteht eine gewisse Tendenz, polnähere und/oder ozeanischere Räume bei der Neubesiedlung mit einzuschließen. Da Kulturlandschaften ein abwechslungsreicheres standörtliches Mosaik besitzen, ist dort auch die Wahrscheinlichkeit der Begegnung und Hybridisierung von Arten größer. Vor allem die Kreuzung bei sympatrischen Sippen wurde erleichtert. So haben sich eine Reihe von Sippen erst nach ihrer Einführung in Mitteleuropa sehr schnell artenreich entwickelt, z. B. die *Oenothera*-Arten.

Zu den Agriophyten gehören verwilderte Nutzpflanzen (*Robinia pseudoacacia*, *Juglans regia*, *Prunus serotina*, *Castanea sativa*, *Helianthus tuberosus*, *Isatis tinctoria*), verwilderte Zierpflanzen (*Centranthus ruber*, *Cymbalaria muralis*, *Heracleum mantegazzianum*, *Impatiens glandulifera*, *Tulipa sylvestris*, *Reynoutria japonica*, *Laburnum anagyroides*), Arten die aus botanischen Gärten stammen (*Impatiens parviflora*, *Galinsoga parviflora*, *Elodea canadensis*) und auch Arten, die bewusst ausgepflanzt („angesalbt“) wurden. Allein für Oberfranken haben Merkel und Walter (1982) eine Liste mit mehr als 70 solcher Arten zusammengestellt.

Agriophyten haben sich nicht überall durchsetzen können. Besonders zahlreich sind sie an anthropogenen Standorten, in Städten und Industrieansiedlungen, vertreten. An Waldstandorten haben sich nur relativ wenige Arten etabliert. Als Beispiele für Agriophyten im Wald können die ursprünglich zur Humusanreicherung eingeführte, in der Folgezeit aber die Naturverjüngung behindernde Späte Traubenkirsche (*Prunus serotina*) und die aggressive, durch Stickstoffanreicherung auch eine Zunahme nitrophiler Arten bedingende Robinie (*Robinia pseudoacacia*) genannt werden. Der Götterbaum (*Ailanthus altissima*) scheint sich in Wärme liebenden Waldgesellschaften weiter auszudehnen, im Unterwuchs von Buchenwäldern wird das Kleinblütige Springkraut (*Impatiens parviflora*) immer häufiger.

An den Küsten hat das Schlickgras (*Spartina anglica*), einst zur Unterstützung der Landgewinnung angebaut, den Queller (*Salicornia europaea*) und den Andel (*Pulcinella maritima*) fast verdrängt und ist damit zu einem unerwünschten Eindringling geworden. Dies gilt auch für die kanadische Wasserpest (*Elodea canadensis*), deren Bestände sich jedoch nach zunehmender Eutrophierung vieler Gewässer wieder reduzierten.

Besonders günstige **Einwanderungs- und Ausbreitungsbedingungen** für Agriophyten bieten Flussuferbereiche (siehe Kapitel 4.1.4.3), da durch die natürliche Gewässerdynamik immer wieder neue unbesiedelte Freiflächen entstehen, wo Einwanderer auf wenig Konkurrenz stoßen. Schwabe und Kratochwil (1991) haben die Einnischung einiger Beispielarten und deren Folgen beschrieben, wobei sie fünf „funktionelle Typen“ unterscheiden:

1. Arten mit relativ geringer Deckung und guter Einpassung in die bestehende Vegetation sowie einer Bereicherung des Futterangebots für Insekten z. B. *Mimulus guttatus*, *Aster lanceolatus* und *A. tradescantii*
2. Arten mit Tendenz zu weiterer Ausbreitung und zur Unterdrückung anderer Arten. Dazu gehören die Goldruten (*Solidago canadensis* und *S. gigantea*). Als Spätblüher sind sie ergiebige Nahrungsquelle für zahlreiche Dipteren und Tagfalter.
3. Arten, die großflächig den Standort abdecken und Konkurrenten durch Beschattung verdrängen. Zu diesem Typ gehört *Impatiens glandulifera*.
4. *Heracleum mantegazzianum*, der Riesenbärenklau, wird in eine eigene, vierte Gruppe gestellt, weil er zwar biologisch bereichernd wirken kann, für die menschliche Gesundheit jedoch Gefahren birgt (bei Hautkontakten nachfolgend Ekzeme).
5. Arten, die schnell zur Dominanz gelangen und einheimische Arten rigoros verdrängen. Hier sind die Rhizom bildenden und kaum auszurottenden Staudenknötericharten (*Reynoutria japonica* und *R. sacchalinense*) anzuführen. Mit dem „Gewinn“ an Agriophyten können erhebliche Nachteile für die einheimischen Lebensgemeinschaften verbunden sein. Einzelne Arten können verdrängt werden, eventuell bis zur Extinktion. Pflanzengesellschaften ändern ihre floristische Zusammensetzung und ihre Strukturen, ein- oder wenigartige Bestände lösen die Arten- und Strukturvielfalt ursprünglicher Pflanzengesellschaften ab. Forste, Intensivgrünland, ausdauernde Ruderalfluren und nitrophile Uferge-

sellschaften gehören hierher. Mit der Ablösung naturnaher Gesellschaften durch naturferne ist oft eine standörtliche Veränderung verbunden, etwa der Nährstoff-, Feuchte- und Humussituation im Boden oder der mikroklimatischen Bedingungen.

Die meisten Agriophyten werden nicht oder nur von wenigen polyphagen einheimischen Insekten als Futterquelle angenommen. In Großbritannien sind nach Lohmeier und Sukopp (1992) an eingeführten Holzarten, z. B. der Robinie, weniger als zehn Insektenarten gezählt worden, an den einheimischen Eichenarten dagegen über 300. Andererseits kann die Robinie als wichtige Bienenweide angesehen werden. Auf einheimischen *Impatiens*-Arten sind weit mehr mono- und oligophage Insektenarten gefunden worden als auf den eingeführten. Durch Verdrängung einheimischer Blütenpflanzen gehen so Arten, die auf spezifische Futterquellen angewiesen sind, sog. stenophage Tiere, verloren.

Sind Neophyten eine Gefahr für die Natur? Nach Böcker et al. (1995) übertrifft die Zahl gebietsfremder Arten in Mitteleuropa die der ausgestorbenen (siehe Abb. 4.1.18). Regional können in Mitteleuropa heute 5–25 % der Flora anthropochor sein, in Städten werden 50 % erreicht. Es gibt Belege für die Abnahme einheimischer Arten aufgrund des Vordringens der Neophyten. Zwei Arten, die ein besonders hohes Invasionspotenzial besitzen, *Solidago canadensis* in Berlin und *Tribulus terrestris* in ostafrikanischen Savannen, hat Cornelius 1991 näher untersucht und ein Schlüssel-Schloss-Modell angewandt, um ihre Einnischung besser erklären zu können. Besonders wenn – wie in den vorliegenden Fällen – Ressourcenansprüche, Klimastress-Toleranz und angepasste Konkurrenz- und Regenerationsstrategien (Schlüssel) mit der Ressourcenversorgung, den klimatischen Bedingungen und der Einpassung in Störungen und Sukzessionen übereinstimmen (Schloss), kann eine Einnischung leicht erfolgen und eine Gefährdung der vorhandenen Arten- und Gesellschaftsgarnitur gegeben sein.

Insgesamt werden gegenwärtig – von Sonderfällen abgesehen – Neophyten in Europa noch nicht als Gefahr angesehen. Sie sind für die bisherigen Artenverluste kaum verantwortlich. Aber die Verluste werden erst seit dem beginnenden 20.Jahrhundert genauer dokumentiert. Nach Jäger (1988) kann man in Europa bei Flächengrößen bis zu 1000 km^2 mit einem Artenrückgang zwischen sechs und maximal 27 % rechnen. Im Stadtgebiet von Frankfurt/Main mit einer Größe von 195 km^2 sind 17 % der Arten verschwunden. Bei Flächen von 30 000 km^2 rechnet man immer noch mit ca. 5 % Verlusten, in den USA bei 7,8 Mio km^2 mit einem Verlust von 0,5 %. Im Vergleich der Daten vor und nach 1950 sind in der niederländischen Flora von Arten wie *Salvinia natans*, *Verbena officinalis*, *Eriophorum latifolium*, *Hammarbya paludosa*, *Narthecium ossifragum* und *Pinguicula vulgaris* jeweils mehr als 80 % der Fundorte erloschen. Betroffen sind vor allem stenöke Arten mit geringer Konkurrenzkraft.

4.1.4.7 Anthropogene Einflüsse auf die Vegetation außerhalb Mitteleuropas

In allen Klimazonen und Biomen haben menschliche Einflüsse die natürliche Vegetation verändert. Dabei gibt es spezifische Entwicklungen, welche sowohl mit den natürlichen Grundlagen des Pflanzenwachstums zusammenhängen als auch mit den spezifischen menschlichen Einflüssen. Aus drei Biomen werden Beispiele angeführt, die das Spektrum der möglichen Folgen erweitern. Hierzu werden der **mediterrane Lebensraum**, die **altweltlichen Trockengebiete** (Stichwort „Desertifikation“) und die **immerfeuchten Tropen Afrikas** (Stichwort „Tropenwaldzerstörung“) ausgewählt.

Der mediterrane Lebensraum

Im Mittelmeergebiet liegt die besondere Belastung für die Pflanzen in der unterschiedlich langen, aber stets ausgeprägten **sommerlichen Trockenzeit**. Zu betonen ist auch der **Einfluss des Feuers**, der durch menschliche Einflussnahme verstärkt wird. Die im Höhenstufenschema in Abbildung 4.1.28 angegebenen Baumarten der mediterranen Wälder in der basalen und collinen Stufe sind demzufolge fast ausnahmslos trockenresistent und werden durch Feuer eher gefördert als geschädigt.

Landnutzung mit grossflächigeren Auswirkungen begann im westlichen Mittelmeeraum (Bucht von Alicante, katalonische Küstenhöfe) im frühen Neolithikum vor etwa 7000 Jahren (Badal et al. 1994, Riera-Mora und Esteban-Amat 1994). Die küstennahen immergrünen Eichenwälder (*Quercus rotundifolia*), denen Laub werfende Eichen beigemischt waren (*Quercus faginea*, *Qu. pubescens*) wur-

semihumid-humide Stufenfolge		**Höhenstufe**	semiarid-aride Stufenfolge	
Aufforstung mit	natürliche Vegetation		natürliche Vegetation	Aufforstung mit
	Gebirgssteppen und Zwergstrauchgesellschaften	subalpin/alpin (oromediterran)	Gebirgssteppen, Zwergstrauchgesellschaften und Dornpolsterfluren	
Pinus silvestris	montane Wälder mit *Fagus silvatica* *Abies alba* *Pinus silvestris* *Pinus uncinata*	montan (montan-mediterran)	montane Wälder mit *Cedrus atlantica* *Cedrus libani* *Abies pinsapo* *Abies cilicica, Pinus nigra*	*Pinus nigra* *Populus div. spec.*
Pinus radiata *Pinus pinaster* *Eucalyptus div.spec.* *Populus div.spec.*	sommergrüne Wälder mit *Quercus cerris* *Quercus pubescens* *Quercus faginea* *Carpinus orientalis*	submontan (submediterran, supramediterran)	immer- und sommergrüne Wälder mit *Quercus boissieri* *Quercus pubescens* *Quercus coccifera* *Quercus ilex, Pinus brutia*	*Pinus pinaster* *Eucalyptus div.spec.*
Pinus radiata *Pinus halepensis* *Eucalyptus div.spec.*	immergrüne Wälder mit *Quercus ilex* *Quercus suber* *Pinus pinea* *Pinus pinaster*	basal/collin (eumediterran)	immergrüne Wälder mit *Tetraclinis articulata* *Juniperus phoenicea* *Pinus halepensis*	*Pinus halepensis* *Eucalyptus div.spec.* *Tamarix div. spec.*

Abb. 4.1.28: Die Höhenstufen der Vegetation im Mittelmeerraum unter Berücksichtigung der dominierenden Holzarten der natürlichen Vegetation und der bei Aufforstungen verwendeten überwiegend exotischen Holzarten (nach Müller-Hohenstein 1991).

den gelichtet, und Sträucher mit hohen Ansprüchen an Licht (heliophile Sträucher) gewannen Raum. Typische mediterrane Strauchgesellschaften, die **Macchien**, entstanden. Das Binnenland blieb lange Zeit fast unberührt, abgesehen von ersten transhumanten Schäfern, die im heißen, trockenen Sommer aus den Ebenen in die küstennahen Gebirge zogen, also eine „vertikale" Wanderweidewirtschaft betrieben. Die Ebenen der Küstenhöfe mit günstigen Böden und Bewässerungsmöglichkeiten, z. B. die spanischen *„huertas"*, waren die ersten Flächen mit intensiven landwirtschaftlichen Kulturen. Nachweise über im mediterranen Nordafrika eingeführte Kulturpflanzen belegen die Entwicklung der floristisch zunehmend reicher werdenden Kulturlandschaften (Le Floch et al. 1990). Bereits für das Paläolithikum wurde Gerste (*Hordeum vulgare*) nachgewiesen, im Neolithikum kamen dann Weizen (*Triticum spec.*) sowie Fruchtbäume (*Phoenix dactylifera, Ziziphus spec., Lawsonia inermis*) und Fabaceen (*Lens culinaris, Pisum sativum, Vicia faba*) hinzu.

Die Phönizier brachten Ölbaum, Weinrebe, Granatapfel- und Feigenbaum mit, die Römer Knoblauch, Zwiebeln, Apfel- und Birnbaum. In arabischer Zeit nahm die Zahl der Arten aus Zentral- und Ostasien zu, z. B. durch Agrumen, Maulbeer- und Johannisbrotbaum, Hanf und Zuckerrohr. Neuweltliche Arten folgten nach der Entdeckung Amerikas. Jetzt erreichten Pflanzen das Mittelmeerbecken, die weithin als besonders charakteristisch für diesen Raum gelten: Agaven, Feigenkaktus, aber auch Mais, Tabak und Tomate. Im 19. Jahrhundert kamen zahlreiche Zierpflanzen hinzu. Aus wirtschaftlichen Gründen wurden erfolgreich Akazien- und Eukalyptusarten eingeführt. Etwa 200 exotische Arten sind heute in Nordafrika eingebürgert, was rund 4 % der gesamten Flora entspricht (Le Floch et al. 1990). Viele Sippen wurden zusammen mit den genannten Kulturpflanzen unbeabsichtigt mitgebracht und konnten Fuß fassen. Hier ist die Zahl der aus der Neuen Welt stammenden Arten beträchtlich, darunter auch aggressive Eindringlinge (*„invader"*), die sich vor allem auf Ruderalstandorten breit machen (Arten der Gattungen *Amaranthus, Cuscuta* und *Conyza*, sowie *Heliotropium curassavicum, Solanum eleagnifolium, Xanthium spinosum*). Die drei Letztgenannten wie auch einige Sträucher (*Ricinus communis* und *Nicotiana glauca*) erleben zur Zeit in Nordafrika eine starke Ausbreitung.

Kasten 4.1.2 Feuer- und beweidungsbeeinflusste Walddegradationsstadien im europäischen Mittelmeerraum (nach Le Houerou 1992)

Für den europäischen Mittelmeerraum sind mehrfach Versuche unternommen worden, Degradationsserien für Wälder zu ermitteln, die regelmäßig durch Feuer und/oder Beweidung beeinflusst werden. Ein erstes Schema dieser Art stammt von Braun-Blanquet (1928). Le Houerou hat zwei Serien unterschieden, eine für den semihumiden südeuropäischen Mittelmeerraum, die so genannte „Quercus ilex-Serie" und eine für den semiariden nordafrikanischen Mittelmeerraum, die so genannte „Pinus halepensis-Serie".

Bei ersterer wird von einem Steineichenwald ausgegangen (heute *Quercus rotundifolia*), in welchem nach ersten Bränden – nur auf silikatischem Ausgangsmaterial – die Korkeiche (*Quercus suber*) zur Dominanz gelangt. Bei weiterem Feuereinfluss sind zunächst zahlreiche, meist immergrüne Sträucher bestandbildend (z. B. *Erica arborea, Calycotome villosa, Myrtus communis*), sodann herrschen Zistrosen vor (*Cistus crispus, C. ladaniferus, C. monspeliensis*). Als Endstadium der durch Feuer bedingten Entwicklung wird eine schüttere Vegetation mit Zwergsträuchern und Geophyten angesehen (z. B. *Helianthemum guttatum, H. tuberaria, Urginea marittima*).

Die Abfolge im trockeneren und stärker durch zusätzliche Beweidung geprägten nordafrikanischen Mittelmeerraum beginnt mit einem Aleppokiefernwald (mit *Pinus halepensis, Juniperus phoenicea*), der durch Feuer und Überweidung zunächst in eine Garrigue mit Zistrosen und Zwergsträuchern degradiert (*Rosmarinus officinalis, Lavandula stoechas, Cistus libanotis*). Schließlich mischen sich Trockensteppengräser (*Stipa tenacissima, Lygeum spartum*) in stärkerem Maße bei. Als Endstadium der Degradierung werden Triften mit Weideunkräutern (z. B. *Pegamum harmala, Noaea mucronata*) angesehen. Ähnliche Degradierungsstadien wurden von Barbero et al. 1990 für sklerophylle Wälder Nordafrikas skizziert (siehe Abb. 4.1.29).

In der **Segetalflora** haben dagegen eher einheimische Arten neue Nischen gefunden. Zu den ca. 50 Arten auf Äckern und Brachen gehören *Ammi majus* und *A. visnaga, Anagallis arvensis* und *A. foemina, Echum italicum, Ridolfia segetum, Sinapis arvensis, Calendula arvensis, Cirsium arvense* sowie *Carduncellus-, Convolvulus-, Cyperus-* und *Diplotaxis*-Arten. Ebenso hoch ist die Zahl der Weideunkräuter, die zum Teil stachelig sind (*Astragalus armatus, Atractylis serratuloides, Calycotome villosa, Scolymus hispanicus* und *S. grandiflorum*), zum Teil giftig oder jedenfalls ungenießbar (*Asphodelus fistulosus, A. macrocarpus, A. tenifolius, Haloxylon scoparium, Hertia cheirifolia, Peganum harmala, Solanum nigrum, Stipagrostis pungens* und *S. capensis*). Unter den Nährstoffzeigern (Nitratophyten) sind z. B. *Aizoon-* und *Mesembryanthemumarten, Calendula arvensis, Chenopodium murale, Hyoscyamus albus* und *H. niger, Malva parviflora* und *Withania somnifera* zu nennen (Le Floch et al. 1990).

Es gilt für den mediterranen Raum das Gleiche wie bereits für Mitteleuropa erläutert: Einbürgerung, Ausdehnung und Rückgang einzelner Arten sind eng an landwirtschaftliche Praktiken gebunden. Für die an die Straße von Gibraltar angrenzenden Räume hat Deil (1997) gezeigt, in welch starkem Maße Vegetationslandschaften wie Geschichtsbücher gelesen werden können, wie sich historische und aktuelle Nutzungsformen ebenso erkennen lassen wie religiöse Vorschriften, subsistenzorientiertes Wirtschaften der einheimischen Bevölkerung oder marktwirtschaftliches der Kolonialherren. So lassen sich z. B. noch heute islamische Friedhöfe aus der Zeit vor der Reconquista an ihrem Artenspektrum ebenso nachweisen wie der unterschiedliche Einsatz von Herbiziden bzw. mechanischer Unkrautbekämpfung in den Ackerfluren Südspaniens oder Nordmarokkos.

Auf die durch den Menschen bestimmte jüngere **Waldgeschichte des Mittelmeerraumes** soll näher eingegangen werden, zumal hiermit wesentliche standörtliche Probleme verbunden sind. In Dalmatien rodete man schon im Zuge der griechischen Kolonisation vom 8. Jahrhundert v. Chr. an, die Apenninenhalbinsel wurde vor allem in römischer Zeit entwaldet, die iberische Halbinsel in stärkerem Maße erst vom 6. Jahrhundert v. Chr. an. Die Folgen für Vegetation und Standort sind oft dargestellt worden (Müller-Hohenstein 1973, Finckh und Deil 1989). Eine Walddegradierung beginnt häufig mit strukturellen Änderungen (Altersstrukturen, Bestandsdichte und Kronenschluss). Waldweide führt zum Eindringen ruderaler Arten, zum Rückgang der Verjüngung und infolgedessen zu lichten Beständen.

Durch die **Rodung** gingen zunächst Wälder auf günstigen Standorten verloren. Ackerflächen dehnten sich im nicht sehr produktiven Trockenfeldbau aus. Rodung erfolgte aber auch – oft unterstützt durch Feuer – zur Gewinnung von Weideflächen.

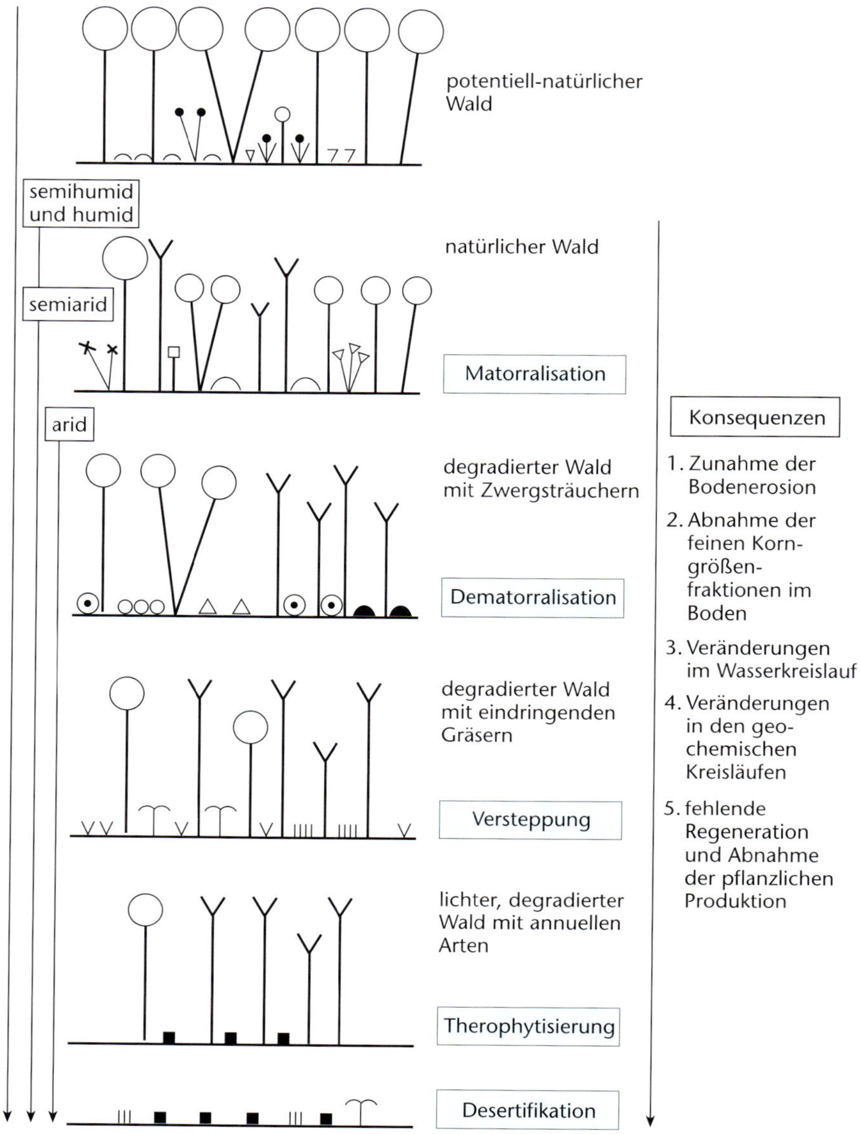

Abb. 4.1.29: Degradierungsprozesse in den Hartlaubwäldern Nordafrikas (nach Barbero et al. 1990).

Le Houerou (1992) zeigt, wie und wodurch die mediterranen Strauchgesellschaften (**Macchien**), Zwergstrauchgesellschaften (diverse regional unterschiedliche Bezeichnungen wie **Garrigues**, Tomillares, Phrygana, Matorral) und Triften in unterschiedlicher floristischer Zusammensetzung anthropogen bedingt sind (siehe Kasten). Degradationsserien haben am Beispiel eines Hartlaubwaldes in Nordafrika Barbero et al. (1990) entworfen. Einzelnen Stadien werden hiernach Begriffe wie **Matorralisation** (Zunahme der Zwergsträucher), **Steppisation** (Zunahme der Gräser), **Therophytisation** (Zunahme der Therophyten) und **Desertization** (Erreichen wüstenhafter Zustände) zugeordnet, die gegenwärtige Tendenzen der Vegetationsdynamik im Mittelmeerraum widerspiegeln (Abb. 4.1.29). Typische Formen mediterraner Landnutzung zeigen die Abbildungen 4.1.30 A-D.

Nicht nur für die Vegetation war die Rodung ein Eingriff mit irreversiblen Folgen, vor allem durch Erosion bis zum nackten Fels und Sedimentation in den Ebenen. Gegenwärtig zeugen Hochwässer von den erheblichen Veränderungen im Wasserhaushalt. Die Einsichten, dass die Degradierung auch

Abb. 4.1.30: Typische Formen landwirtschaftlicher Nutzung im europäischen Mittelmeerraum: A: subsistenzorientierter, kleinräumiger Anbau von Mischkulturen mit hoher Artenvielfalt (Mittlerer Atlas, Marokko); B: marktorientierter Anbau von Getreide und Futterpflanzen mit hohem agrochemischen und agrotechnischen Einsatz (Toskanisches Hügelland); C: gemischte Nutzung durch Anbau von Getreide für den eignenen Bedarf und forstliche Nebennutzung (Kork) für den Markt (spanische Estremadura); D: ungeregelte weidewirtschaftliche (Über-) Nutzung mit Erosionsschäden und starker Degradierung der Wälder (Mittlerer Atlas, Marokko). Fotos K. Müller-Hohenstein.

wirtschaftlich negative Folgen hat, und akuter Holzmangel haben seit etwa 50 Jahren zunächst in den südeuropäischen, dann auch in den nordafrikanischen Ländern zu verstärkten **Aufforstungen** geführt. Tendenzen zu naturnahen Wirtschaftswäldern sind jedoch kaum zu erkennen. Vielmehr wurden in erster Linie **exotische, schnellwüchsige Holzarten** für die Pflanzungen gewählt, zum Teil Kiefern- überwiegend aber Eukalyptusarten. Abbildung 4.1.28 zeigt für die einzelnen Höhenstufen die wichtigsten Holzarten in den bisherigen Aufforstungen.

Wo die Aufforstungen mit Erfolg durchgeführt wurden, haben sie zur Vergrößerung der „Wald"-Flächen, aber auch zu ihrer Uniformierung beigetragen. Die erhofften wirtschaftlichen Erträge stellten sich nicht immer ein, die positiven Wirkungen auf Wasserhaushalt und Bodenbildung sind bislang nicht zu belegen. Zu beklagen sind negative Begleiterscheinungen, wie sie von Monokulturen bekannt sind: nachteilige Beeinflussungen der Bodenfauna und der organischen Substanz im Boden, Schädlingsbefall und Brände. Bei der reichhaltigen mediterranen Gehölzflora wäre die vorzugsweise Verwendung von Exoten nicht erforderlich gewesen. Man hätte Letztere auf Protektionsaufforstungen beschränken können z. B. auf Flächen, wo schnell Schutz vor weiterer Erosion erreicht werden soll. Längerfristig hätte man den wirtschaftlichen Erfolg mit einheimischen Arten suchen können (Produktionsaufforstungen).

Heute lässt auch in den südeuropäischen Ländern mit steigender Industrialisierung der Nutzungsdruck auf die Wälder nach, und man kann eine Erholung bei den sklerophyllen und Laub werfenden Beständen beobachten. In den nordafrikanischen Ländern wächst dagegen der Druck auf die letzten naturnahen Waldreste. Hier ist zu befürchten, dass in Kürze die letzte Zeder eingeschlagen wird und nur noch lichte Bestände mit besonders trockenheitsresistenten Arten wie *Pinus halepensis* und *Tetraclinis articulata* örtlich erhalten bleiben. Auch im europäisch-nordafrikanischen Mittelmeerraum zeigt sich, dass auf Autarkie ausgerichtetes, subsistenzorientiertes Wirtschaften in kleinen Familienbetrieben mit höherer Landschafts- und Vegetationsvielfalt zusammenfällt. Modernes marktorientiertes Wirtschaften ist mit einem Verlust an Diversität auf allen Ebenen verbunden. In der jüngeren Vergangenheit wurde oft ein agro-sylvo-pastorales Gleichgewicht empfohlen, ohne dass hierzu präzise Vorstellungen entwickelt worden wären.

Desertifikation in saharischen Randbereichen

Spätestens seit der mehrjährigen Trockenheit im Sahel Ende der siebziger Jahre ist der von Aubreville (1949) geprägte Begriff **Desertifikation** für die Beschreibung von Umweltproblemen in Trockenräumen benutzt worden, allerdings nicht immer mit dem selben Verständnis. Heute ist klar, dass damit **nicht nur der klimatische Stress** lang andauernder Trockenheit gemeint ist, sondern ein komplexes Wirkungsgefüge, **welches insbesondere die Einflüsse der Menschen** auf Vegetation und Landschaft einbezieht. Im Kontext mit der Degradierung von Trockengebietsökosystemen und der vielfach zitierten Wüstenausdehnung (***man-made-deserts***) ist zu betonen, dass die oft als außergewöhnlich beschriebenen Trockenperioden ein Charakteristikum von Trockengebieten sind. Nicht nur die geringen verfügbaren Wassermengen nach episodischen Niederschlägen machen zusammen mit hohen Temperaturen den Stress aus, sondern die zeitliche und räumliche Verteilung dieser Niederschläge, welche nicht zu prognostizieren sind.

Aufgrund von Berichten in historischen Quellen und der Interpretation von alten Seesedimenten (Nicholson 1978) ist gesichert, dass es schon immer über mehrere Jahre andauernde Trockenperioden im saharischen Raum gab. Die oft zitierte jüngste Trockenperiode im Sahel (Anfang der siebziger Jahre) wirkte sich deshalb so katastrophal aus, weil ihr eine relativ feuchte Periode vorangegangen war und sich die inzwischen stark angewachsene Bevölkerung mit ihrer Landnutzung darauf eingestellt hatte. Bessere medizinische Versorgung und neue technische Errungenschaften (Tiefbrunnen für die Gewinnung fossilen Wassers) verbesserten die weidewirtschaftlichen Bedingungen, und die Zahl der Tiere nahm ständig zu (Müller-Hohenstein 1993). Jüngere meteorologische Daten belegen zwar regional große Unterschiede im Niederschlagsaufkommen, ein genereller Trend zunehmender Trockenheit ist aber kaum sichtbar.

Es ist falsch, wenn in diesem Kontext von besonderer Labilität von Trockengebietsökosystemen gesprochen wird. Auf die hohe klimatische Variabilität haben sich diese Systeme eingestellt. Autochtone Pflanzen und Tiere besitzen vielfältige Anpassungen, die ihnen ein Überleben unter solchen Bedingungen erlauben. Auch die Trockengebietsbevölkerung kannte Möglichkeiten der Vorratshaltung und war auf Ertragsschwankungen vorbereitet (Ibrahim 1988).

In Abbildung 4.1.31 sind die wesentlichen Ursachen und Folgen der Degradierung in Trockengebieten in einem „**Desertifikationsschema**" zusammengestellt. Wichtig ist die Diskrepanz zwischen Bevölkerungswachstum und – trotz aller technischen Errungenschaften – limitierter Verfügbarkeit der erneuerbaren Ressourcen sowie die Ablösung traditioneller Wirtschaftsformen (Nomadismus) durch moderne Formen der Weidewirtschaft und des Trockenfeldbaus anzusehen. Allein in den letzten hundert Jahren hat sich die Bevölke-

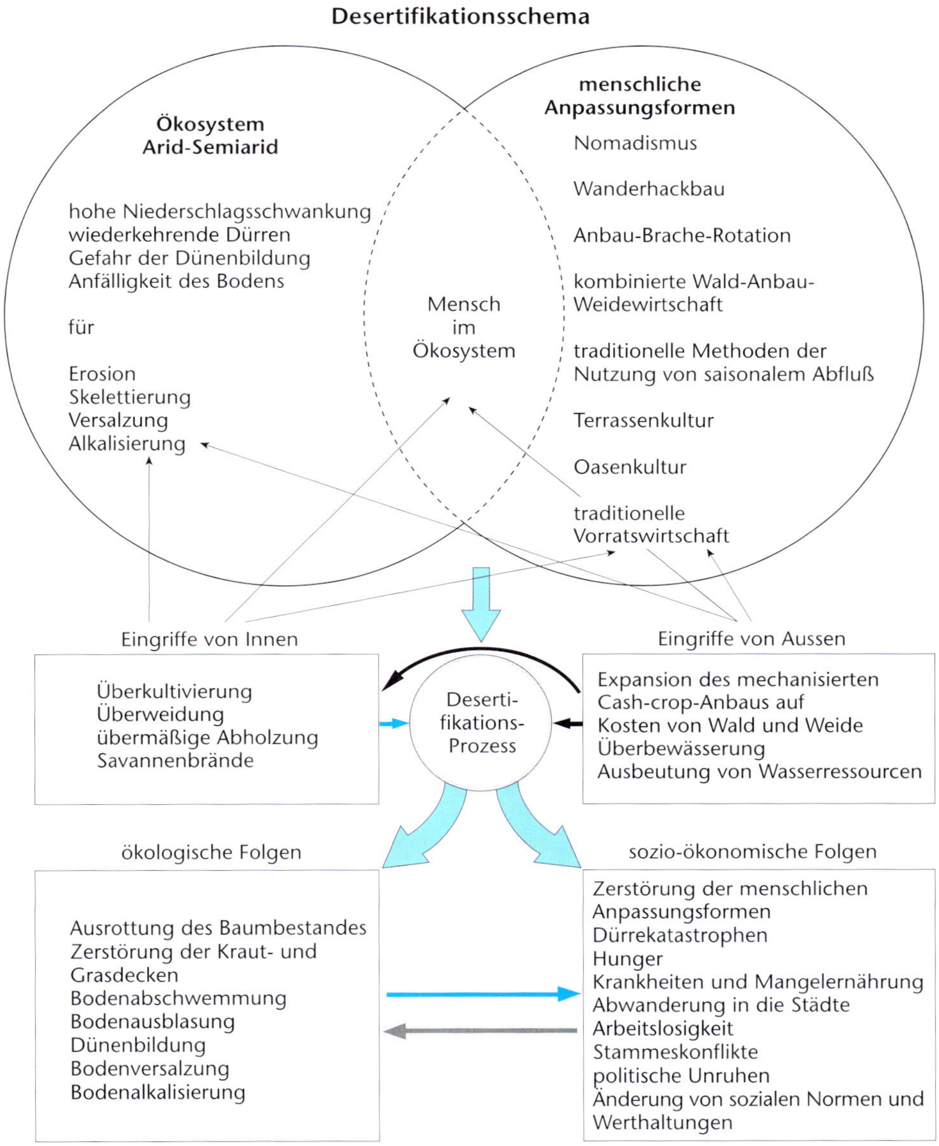

Abb. 4.1.31: Desertifikationsschema (nach Ibrahim 1988).

rung in den circumsaharischen Räumen verfünffacht (Goudie 1994). Beispiele nicht angepasster Nutzung sind deshalb in allen an die Wüste angrenzenden Räumen zu finden, z. B. im Ackerbau in Nordostsyrien oder Ostjordanien bei Niederschlagswerten unter 200 mm im Jahr, im Futterpflanzenanbau auf der Basis fossilen, aus über 1000 m Tiefe geförderten Wassers in algerischen Oasen oder in der Weidewirtschaft im sahelischen Ferlo, wo man Trinkwasser für das Vieh bereitstellt und die Vegetation damit umso stärker degradiert wird.

Der menschliche Einfluss auf die Vegetation in Trockenräumen hat weniger mit der Einführung florenfremder Arten zu tun, sondern eher mit der Veränderung von Standorten und der ursprünglichen Pflanzendecke. So sind Trockengehölze wegen des steigenden Energiebedarfs vielerorts verschwunden. Die von Natur aus schüttere, in extremeren Trockenräumen **kontrahierte Vegetation** (Walter 1973) wird durch Überweidung geschädigt, was sich in einer Abnahme der Bedeckung und Primärproduktion und in einer Verschiebung der floristischen Zusammensetzung zeigt. Örtlich

Abb. 4.1.32: Desertifikationserscheinungen werden vor allem dort sichtbar, wo der Mensch unangepasste Nutzungsformen praktiziert. A: Ein einzelner Baum (Commiphora africana) im südlichen Sahel von Mauretanien zeugt von ehemaligen Trockengehölzen, die in remobilisierten Dünen und durch Überweidung verschwunden sind. B: Falsche Bewässerung (Nutzung zu salzhaltigen Wassers, fehlende Entwässerung) haben in für Jahrhunderte funktionsfähigen Oasen zu Bodenversalzung geführt (Dakhla-Oase im New Valley, Ägypten). Fotos K. Müller-Hohenstein.

erlöschen auch in den Trockengebieten gute Futterarten, und toxisch wirkende oder stachelige Arten gewinnen Raum. Mit endgültigen Artenverlusten ist zu rechnen. Standörtliche Veränderungen ergeben sich bei wachsender Degradierung der Vegetation z. B. durch **Remobilisierung von Dünen**. Die Zunahme der **Staubstürme** belegt solche Veränderungen. Schließlich können Veränderungen in den Wasserhaushaltsbedingungen – im Zuge der Anlage von „modernen" Bewässerungsanlagen – **Bodenversalzungen** zur Folge haben, wie die Zunahme von Halophyten zeigt (Abb. 4.1.32 A und B).

Zweifellos haben die jüngsten Niederschlagsdefizite die Degradierung lokal und regional verstärkt. In den letzten 100 Jahren soll die Wüstenfläche um 15 % gewachsen sein, allein zwischen 1958 und 1975 soll sich die Sahara um jeweils 100 km nach Norden und Süden ausgedehnt haben (Lamprey 1975). Ein solches Wüstenwachstum wird aber auch in Frage gestellt. Hellden (1991) kann auf der Basis von Satellitenbildauswertungen einen engen Zusammenhang von Niederschlagsaufkommen und Vegetationsentwicklung nachweisen, jedoch keine wirkliche Wüstenausdehnung. Zu fragen ist dennoch, ob es sich bei den beobachteten Veränderungen um bleibende Degradierung handelt, die skizzierten Prozesse also zu irreversiblen Zuständen führen, oder ob eine Regeneration möglich ist. Letztere wird als die Summe der Prozesse in Ökosystemen verstanden, durch die verloren gegangene Elemente wieder gewonnen werden und sich damit ursprüngliche Funktionen wieder einstellen. Noch ist diese Frage nicht zu beantworten, da es viele positive und negative Rückkopplungen zwischen klimatischen Ereignissen, der Entwicklung der Vegetation und der der Standorte gibt, die ungenügend bekannt sind. Es gibt aber in allen altweltlichen Trockenräumen Beispiele, die nach Niederschlägen eine schnelle Erholung der Vegetation zeigen. Offensichtlich ist das **Regenerationsvermögen der Trockengebiete** im Hinblick auf die hohe Variabilität der Niederschläge und den damit verbundenen natürlichen Stress unterschätzt worden. An den globalen Klimaänderungen können die durch den Menschen bedingten Veränderungen in Trockengebieten dennoch beteiligt sein, etwa über Änderungen der Albedo, zunehmende Staubfrachten in der Atmosphäre und Veränderungen der Bodenfeuchte.

Tropenwaldzerstörung

Mehr noch als die Desertifikationsproblematik ist das Thema der Tropenwaldzerstörung in der Öffentlichkeit aufgegriffen worden. Nicht die klimatischen sondern die edaphischen Voraussetzungen, insbesondere die Verfügbarkeit der Nährstoffe, erweisen sich hier als limitierend. Schon früh war erkannt worden, dass bei gleichmäßig hohen Temperaturen und immerfeuchten Bedingungen die Böden tiefgreifend verwittern und **Nährelemente ausgewaschen** werden. Mit dem hohen Streufall ist ein schneller Abbau verbunden, sodass hier keine Reserven z. B. in Form von Humus liegen. Auch eine Düngung ist bei den austauschschwachen zweischichtigen Tonmineralen nicht nachhaltig. Weischet argumentiert schon 1977 mit einer „Benachteiligung der Tropen". Nur wenn es gelingt, **den kurzgeschlossenen Nährstoffkreislauf** mit Hilfe der Mykorrhizae oder von Feinwurzeln aufrechtzuerhalten, kann das System funktionstüchtig bleiben. Der Export organischer Substanz durch Ernte hat weit reichende Störungen zur Folge. Ausnahmen gibt es nur dort, wo aufgrund der geologisch-mineralogischen Verhältnisse durch Verwitterung primärer Mineralien Kationen freigesetzt werden, z. B. in manchen ostasiatischen Räumen mit jungen, relativ nährstoffreichen Vulkaniten wie beim Dauerreisanbau auf Java und Sulawesi.

Rodung und Landnutzung haben in tropischen Regenwäldern schon seit Jahrtausenden stattgefunden, in Indien schon vor mehr als 9000 Jahren, in Afrika erst seit 3000. Die Folgen dieser frühen Einflüsse werden aber als gering eingeschätzt. Die großflächigen Eingriffe in die tropischen Wälder begannen mit der Kolonialzeit. Von den ca. 1,5 Mio. beschriebenen Tier- und Pflanzenarten der immerfeuchten Tropen – insgesamt leben hier 30 – 50 Mio (Furley 1993) – sind vermutlich viele Tausende ausgerottet worden, ohne dass sie jemals wissenschaftlich erfasst wurden. Im Gegensatz zum temperaten Wald wirken sich „moderne" Formen waldwirtschaftlicher Einzelstammnutzung , bei der mitunter nur ein Stamm pro Hektar genutzt wird, in den Tropen negativ aus, da viele benachbarte Bäume ebenfalls zerstört werden. Selbst vor den Mangrovebeständen der tropischen Küsten machte die **Holzwirtschaft** nicht Halt. Auch diese einzigartigen Lebensgemeinschaften werden sowohl in Ostasien als auch in Ecuador für die Zelluloseherstellung und die **Garnelenzucht** genutzt.

Nicht nur die Waldwirtschaft hat zu Artenverlusten geführt. Siedler folgten den Holzfällern und begrenzten die Entwicklung von Sekundärwäldern. Die Regierungen mancher Regenwaldstaaten sahen die Wälder als „Ventil" für den wachsenden Bevölkerungsdruck. So sind im Zuge der Binnenkolonisa-

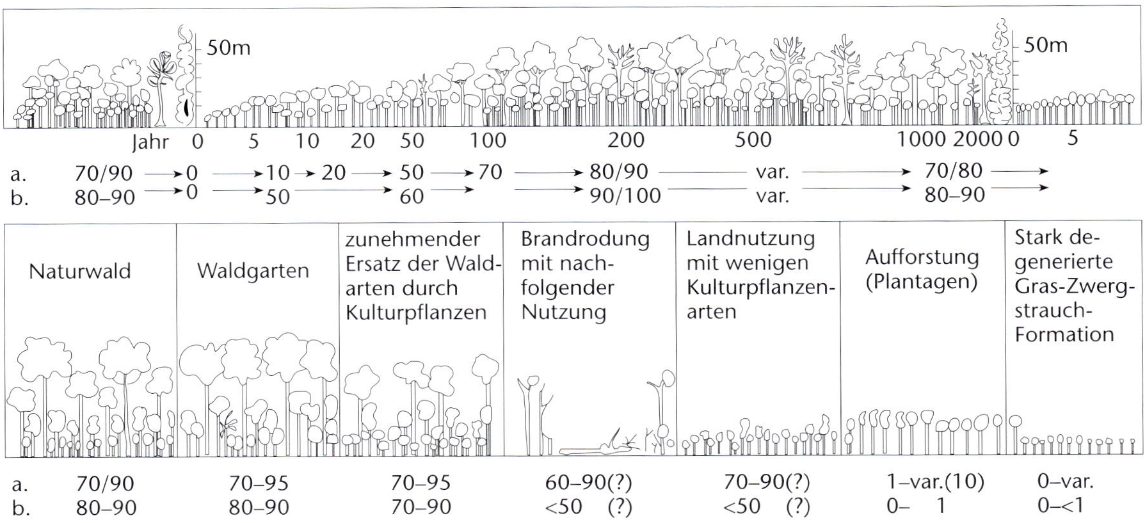

Abb. 4.1.33: Diversität der Bäume in ungestörten und gestörten tropischen Regenwäldern (oben: Sukzession, unten: Abfolge bei zunehmender Intensität der Landnutzung)
a) Artenreichtum in % der maximal erreichbaren Artenzahl
b) Evenness in % des maximal erreichbaren Werts (nach Bruenig 1991).

tion in Brasilien mit staatlicher Unterstützung riesige Flächen für *„ranching"*-Betriebe gerodet worden (Kohlhepp 1991). Grasansaat erfolgte teilweise aus Flugzeugen. Die nachfolgende Weidewirtschaft wurde aber schon nach wenigen Jahren großenteils aufgegeben, da sich **Ersatzgesellschaften mit Hartgräsern** (z. B. *Imperata cylindrica*) und anderen nicht als Viehfutter geeigneten Arten entwickelt hatten. In der Landwirtschaft wurde lange der in allen feuchttropischen Gebieten verbreitete **Brandrodungswanderfeldbau** (*shifting cultivation*) als schädigend beurteilt. Heute wird diese Form der Landnutzung eher als schonend angesehen, vor allem, wenn die Brachezeiten lang genug andauern. Die schnell wachsende Bevölkerung hatte jedoch auch hier oft eine Verkürzung der Brachezeit zur Folge. Insbesondere eine Regeneration der Mykorrhizae ist dann nicht mehr gewährleistet. Bruenig (1991) hat mit Hilfe von zwei Profilen verglichen, welche Konsequenzen behutsame Eingriffe haben, und womit bei „modernen" Eingriffen gerechnet werden muss (Abb. 4.1.33). In den Abbildungen 4.1.34 A-C werden die typischen Etappen einer Entwicklung der Landnutzung vom Naturwald zu unproduktiven Brachflächen gezeigt.

Besorgnis erregende Zahlen über Flächenverluste an tropischen Feuchtwäldern sind bekannt geworden. Die FAO dokumentiert eine beschleunigte Abnahme der Regenwälder von den achtziger Jahren an und rechnet allein im Jahr 1991 mit einem Verlust von 2 % der Tropenwaldfläche. Klötzli (1993) gibt 0,3 Mio. ha/a an, Bruenig (1991) rechnet mit über 7 Mio. ha/a. Selbst wenn man von relativ geringer β-Diversität (Unterschiede der Diver-

Abb. 4.1.34: In drei Fotografien kann ein typischer Ablauf der Landnahme in imerfeucht-tropischen Räumen gezeigt werden (Beispiel: Landesinnere von Sulawesi).
A: „Wilde" oder auch durch Umsiedlungsprozesse bedingte Rodung von Primärwäldern (slash and burn) durch Bevölkerungsgruppen, die angepasstes Wirtschaften im betroffenen Raum nicht kennen.
B: Nutzung der gerodeten Flächen für wenige Jahre (ohne Düngung), bis zur Erschöpfung der Produktionskraft der Böden mit Anbaufrüchten, die den täglichen Bedarf decken sollen.
C: Aufgabe der genutzten Flächen, die schnell von Alang-Alang-Gras (Imperata arundinacea) und Adlerfarn (Pteridium aquilinum) besiedelt werden. Fotos K. Müller-Hohenstein.

sität zwischen verschiedenen Standorten) ausgeht, sind von diesen Flächenverlusten ganze Lebensgemeinschaften mit hoch endemischen Arten verbunden. Gerade die Spezialisten unter Pflanzen und Tieren sind betroffen. Genmaterial für die Züchtung, Arten für medizinische Nutzung, Nahrungs- und Genussmittel und anderes mehr gehen verloren (WBGU, 2000). Die Erosion auf den gerodeten Flächen steigt um ein Vielfaches an, **Wasserhaushaltsänderungen** stellen sich ein. Lokal kommt es zu klimatischen Veränderungen im mikro- und mesoskaligen Bereich. Mit Folgen für globale **Klimaänderungen** durch Erhöhung des atmosphärischen CO_2-Gehalts wird gerechnet, woraus sich im Zuge des Treibhauseffekts auch eine Veränderung für das Temperatur- und Niederschlagsgeschehen ergibt (IPCC-WGI, 2001).

Gerade im Zusammenhang mit der Zerstörung der tropischen Regenwälder sind die Einrichtung von mehr Schutzgebieten als bisher und – da viele Millionen Menschen in diesen Räumen leben und wirtschaften – Konzepte für nachhaltiges Wirtschaften gefordert worden. Dabei wird oft übersehen, dass es solche Konzepte gibt, dass Beispiele nachhaltiger Landnutzung existieren. Die frühen Jäger und Sammler und die ersten sesshaften Ackerbauern haben unabhängig voneinander in allen feuchttropischen Räumen gut angepasste Landnutzungsformen entwickelt. Die geringe Bevölkerungszahl erlaubte lange Brachezeiten. Die geringe Mobilität der Bevölkerung förderte eine geschlossene, mehrere „Stockwerke“ umfassende Decke aus vielen verschiedenen Kulturpflanzen. Die ursprüngliche Landnutzung simuliert (unterbewusst?) den

Abb. 4.1.35: Sowohl in den immerfeuchten als auch in den wechselfeuchten Tropen sind auf allen Kontinenten Formen nachhaltiger Landwirtschaft entwickelt worden.
A: Besonders bekannt sind Formen des „ewigen“ Reisanbaus in manchen Räumen Ozeaniens, oft mit Kultur von Palmen verbunden (auf Sulawesi).
B: Kleinräumig wird oft der „Stockwerkbau“ des natürlichen Regenwaldes mit Kulturpflanzen nachgeahmt, hier mit annuellen bodennahen Kulturen, Bananenstauden, Kaschunuss und Ölpalme in Guinea-Bissau
C: Ausgeklügelte Bewässerungssysteme auf ausgedehnten Terrassenkomplexen sind Grundlagen Jahrhunderte alten Anbaus von annuellen Kulturen (Sorghum bicolor) und Sträuchern (Coffea arabica und Catha edulis) im Jemen. Fotos K. Müller-Hohenstein.

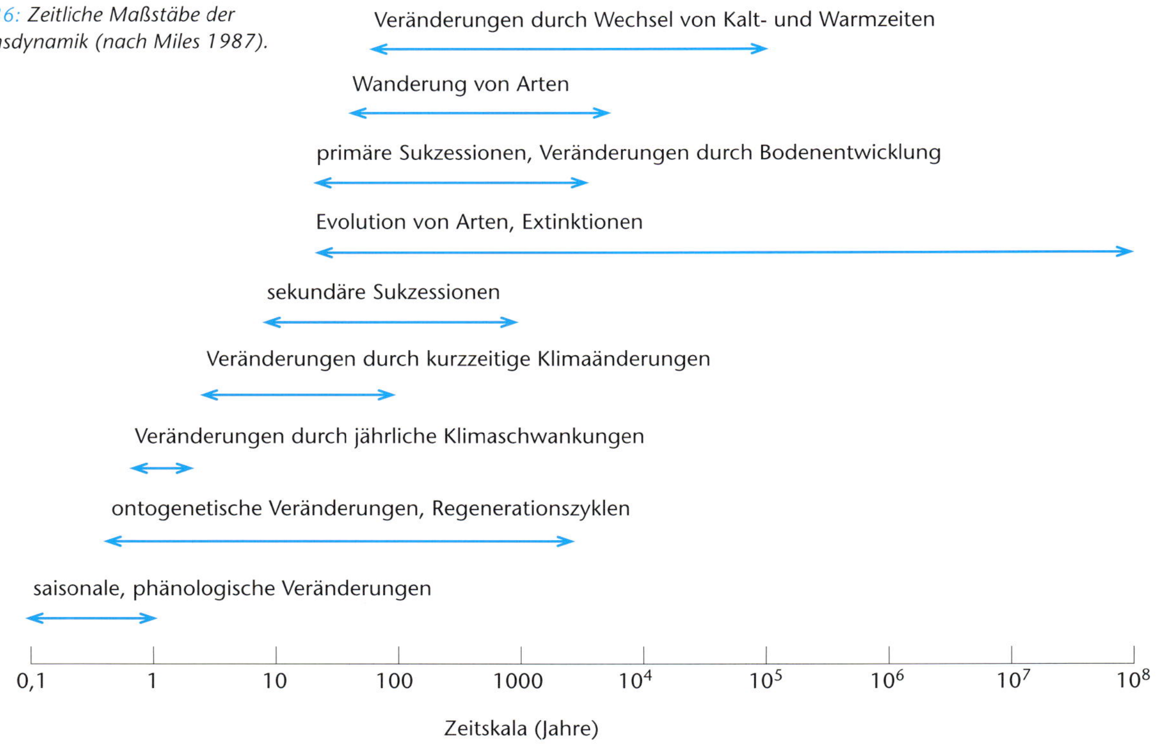

Abb. 4.1.36: Zeitliche Maßstäbe der Vegetationsdynamik (nach Miles 1987).

strukturellen Aufbau und die Artenvielfalt eines natürlichen Regenwaldes mit Nutzpflanzen (Müller-Sämann 1986). In den Abbildungen 4.1.35 A-C sind Formen nachhaltiger Landnutzung in den immerfeuchten und wechselfeuchten Tropen belegt.

Reine Forstnutzung kann in den immerfeuchten Tropen aufgrund der unausgewogenen Nutzung von Nährelementen kaum nachhaltig sein. Integrierte Nutzungsformen, mit sich in ihren Ansprüchen (z. B. Versorgung mit Nährstoffen und Wasser) und Auswirkungen (z. B. Schaffung besonderer mikroklimatischer Bedingungen) ergänzenden Kulturpflanzen, müssen entwickelt oder von der indigenen Bevölkerung übernommen werden. Dabei sind die oft mit der Landnutzung in den Tropen verbundenen Erwartungen an eine hohe Produktion zu korrigieren. Es muss bei der Nachhaltigkeit an mehr als nur an Technologien und Produktionsraten gedacht werden, es geht zusätzlich um die Erhaltung kulturellen Erbes in besonderen Lebensräumen. Einige Elemente einer nachhaltigen Nutzung sind aber allgemein gültig. Hierher gehören **Agroforst, *mixed cropping*, Mulch, biologische Schädlingsbekämpfung** etc. (Furley 1993).

Zwar gibt es in jüngerer Vergangenheit Beispiele für Bemühungen im Naturschutz, doch ist fast überall eine schleichende Verringerung geschützter Flächen zu beobachten. Noch sind viele Fragen zum wissenschaftlich begründeten Naturschutz in den tropischen Räumen offen. So wird zwar davon ausgegangen, dass man für die Erhaltung einer Art eine angemessene Zahl geschlechtsreifer Individuen haben muss. Bei angenommenen 500 Individuen bedeutet das in Regenwaldökosystemen unter Umständen bereits mehrere 100 ha Lebensraum pro Art. Dabei geht es nicht (nur) um Artenschutz, sondern auch um den Schutz von Lebensgemeinschaften in ihrem Lebensraum. Über die erforderliche Minimalgröße solcher Räume und über die der anschließenden Pufferzonen ist wenig bekannt. Die Abgrenzung von Nationalparks und Biosphärenreservaten erfolgte großenteils nach Ermessen, wenn nicht nach politisch-ökonomischen Kriterien. Hier liegen wichtige Aufgaben für eine biozönologisch orientierte und auf Schutz bedachte Tropenökologie.

4.1.5 Grundlagen allgemeiner Vegetationsdynamik

Vegetationseinheiten unterliegen dauernder räumlicher und zeitlicher Veränderung. Jede konkrete Vegetationsaufnahme ist nur eine Momentaufnahme in einem komplexen dynamischen Geschehen. Die zeitliche Dynamik bei der Anordnung der Arten im Raum und der dieser entsprechenden wechselnden Musterbildung hängt eng mit den unterschiedlichen Ansprüchen der Arten und den zur Verfügung stehenden Ressourcen zusammen, mit ihrem Lebenszyklus, ihren Reproduktionsmechanismen, sowie ihrer Reaktion auf den Konkurrenzdruck in der Artengemeinschaft. Kenntnisse der Stresssituationen und der Strategien, mit denen die betroffenen Arten auf Stress reagieren, sind für das Verständnis der Vegetationsdynamik nötig.

Ziel jeder **vegetationsdynamischen Betrachtung** ist es, Ähnlichkeiten von Vegetationsmustern und -prozessen in ihren zeitlichen Abläufen zu erfassen, darzustellen und zu erklären, um daraus generell Charakterisierungen, Typisierungen oder Modellbildungen abzuleiten. Von besonderer Bedeutung ist die Kennzeichnung der Ursachen der ablaufenden Prozesse, die im weitesten Sinn in Störungen unterschiedlichster Art zu suchen sind.

Gegenwärtig werden vegetationsdynamische Betrachtungen durch eine verwirrende Begriffsvielfalt erschwert. Letztere ist auf die ungenügende Beachtung **der räumlichen und zeitlichen Skalen** zurückzuführen. Die Vegetationsdynamik auf wenigen Quadratzentimetern nackter Felsfläche muss anders beschrieben werden als die in Quadratkilometer großen Wäldern. In borealen Nadelwäldern muss dabei möglicherweise eine andere Terminologie gewählt werden als in tropischen Regenwäldern. In noch stärkerem Maße sind zeitliche Unterschiede, die vom Tagesgang bis zur Dimension von Jahrhunderten reichen können, zu beachten. (Abb. 4.1.36). Im zeitlichen Nacheinander und räumlichen Nebeneinander von Arten, Populationen und Vegetationseinheiten wird die höchste Komplexitätsstufe der Vegetationsökologie erreicht.

4.1.5.1 Aspekte tages- und jahreszeitlicher Vegetationsdynamik

Pflanzen müssen sich an ihrem Wuchsort auf tages- und jahreszeitlich wechselnde Bedingungen einstellen, insbesondere auf die periodischen Änderungen von Einstrahlung, Tageslänge und Temperatur sowie auf Menge und Verteilung der Niederschläge (siehe Kapitel 2.1). Die **kurzzeitige Dynamik** von Pflanzen, Vegetationseinheiten und Lebensgemeinschaften, wird von der **Phänologie** (Erscheinungslehre) untersucht. Sie wird definiert als Lehre von der jahreszeitlichen Abfolge von Lebensabschnitten von Pflanzen und Pflanzengesellschaften. Die sichtbaren Veränderungen im Lebenszyklus von Pflanzen werden registriert, Entwicklungszustände definiert, und es wird versucht, diese mit dem zeitlichen Angebot biotischer und abiotischer Standortfaktoren zu erklären. Dabei sind nicht nur die typischen Abfolgen von Interesse, sondern auch die witterungsbedingten Unterschie-

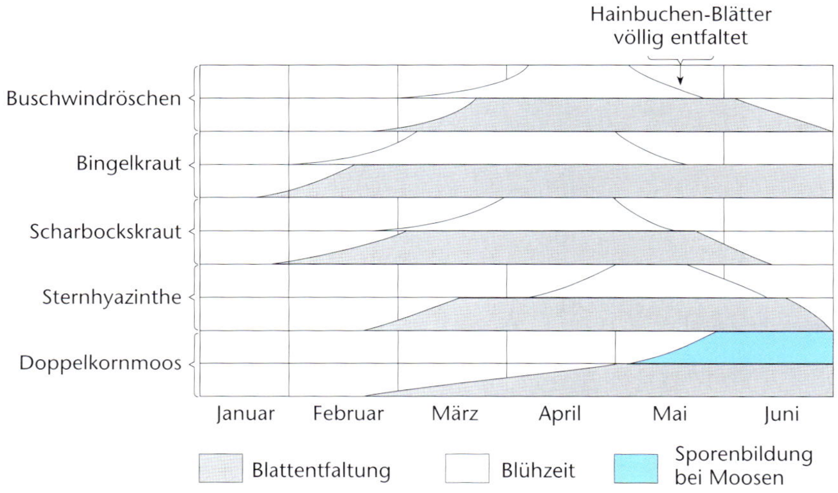

Abb. 4.1.37: Zeitliche Einnischung von Frühlingsgeophyten in Hainbuchenwäldern (nach Schmidt 1969).

de von Jahr zu Jahr. Sie betreffen Blühtermine, Keimungsbedingungen, Menge und Verteilung des Stoffgewinns, die Ausbildung von Früchten und Samen sowie Beginn, Ablauf und Dauer einzelner Phänophasen.

Phänologische Merkmale sind seit langem bekannt, weil sie einfach zu beobachten sind. In **täglichen Rhythmen** werden Laub- und Blütenblätter bewegt, z. B. um sich vor zu hoher Einstrahlung zu schützen oder um in den Genuss ausreichender Strahlung zu kommen. Die Produktion von Duftstoffen, die Nektarabsonderung oder das Pollenangebot von Blüten kann mit Aktivitätsphasen tierischer Partner gekoppelt sein und tageszeitlich wechseln. Gesteuert wird dies sowohl durch kleinräumige Populationsprozesse im Pflanzenbestand, als auch durch den täglichen Licht-Dunkel-Wechsel.

Verschiedene Blühaspekte, Erntezeiten oder Laubfärbung zählen zum unmittelbaren Erfahrungsbereich in der Phänologie. Die Steuerung dieser Prozesse liegt bei der **Photoperiodik** und dem Lichtgenuss. Weitere wichtige Faktoren sind Temperaturextreme und -summen oder auch anthropogene Eingriffe. Beispiele für derartige Steuerungen sind das Mosaik der Schneetälchenvegetation, die Einnischung der Frühlingsgeophyten in die nemoralen Laubwälder (Abb. 4.1.37) oder die **Blühaspekte** von Wirtschaftswiesen und -weiden. Besonders wichtig sind für viele auch wirtschaftlich

Abb. 4.1.38: Abflussbedingte Vegetationszonierung am Ufer großer Wadis im Nordjemen.
A: Wadi Mawr in der Gebirgstihama im Nordjemen mit hochvariablen Abflussraten im Jahresverlauf. Foto K. Müller-Hohenstein.
B: Überhöhtes und schematisiertes Profil vom Wadibett über den Wadisaum bis zum Hochufer. Mit Bacopa monnieri *und* Phyla nodiflora *können nur Therophyten auf den oft verlagerten Kiesbänken Fuß fassen. Im stärker konsolidierten Uferbereich sind durch besondere Wurzelsysteme (Rhizome) gekennzeichnete Gräser (Desmostachya bipinnata) und sehr elastische verholzende Arten (Tamarix nilotica) in der Lage sich gegenüber dem Stress episodischer Fluten zu behaupten. Die resultierende Vegetationsdynamik ist relativ kurzzeitig und aperiodisch (nach Deil und Müller-Hohenstein 1992).*

A

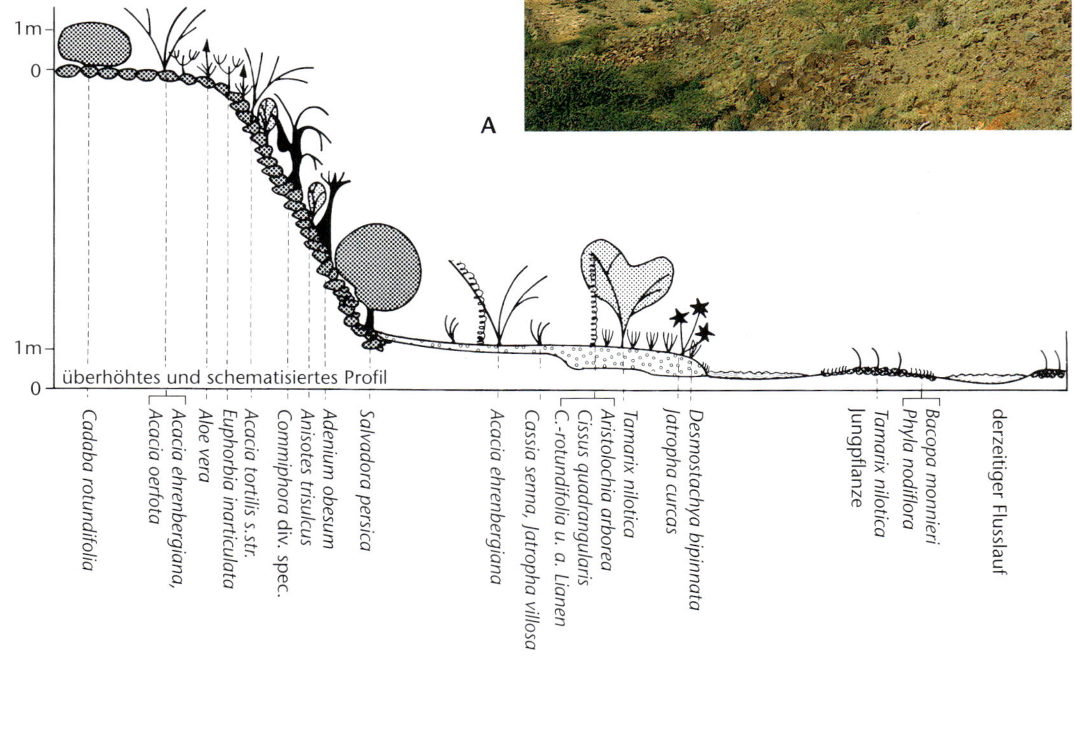

B

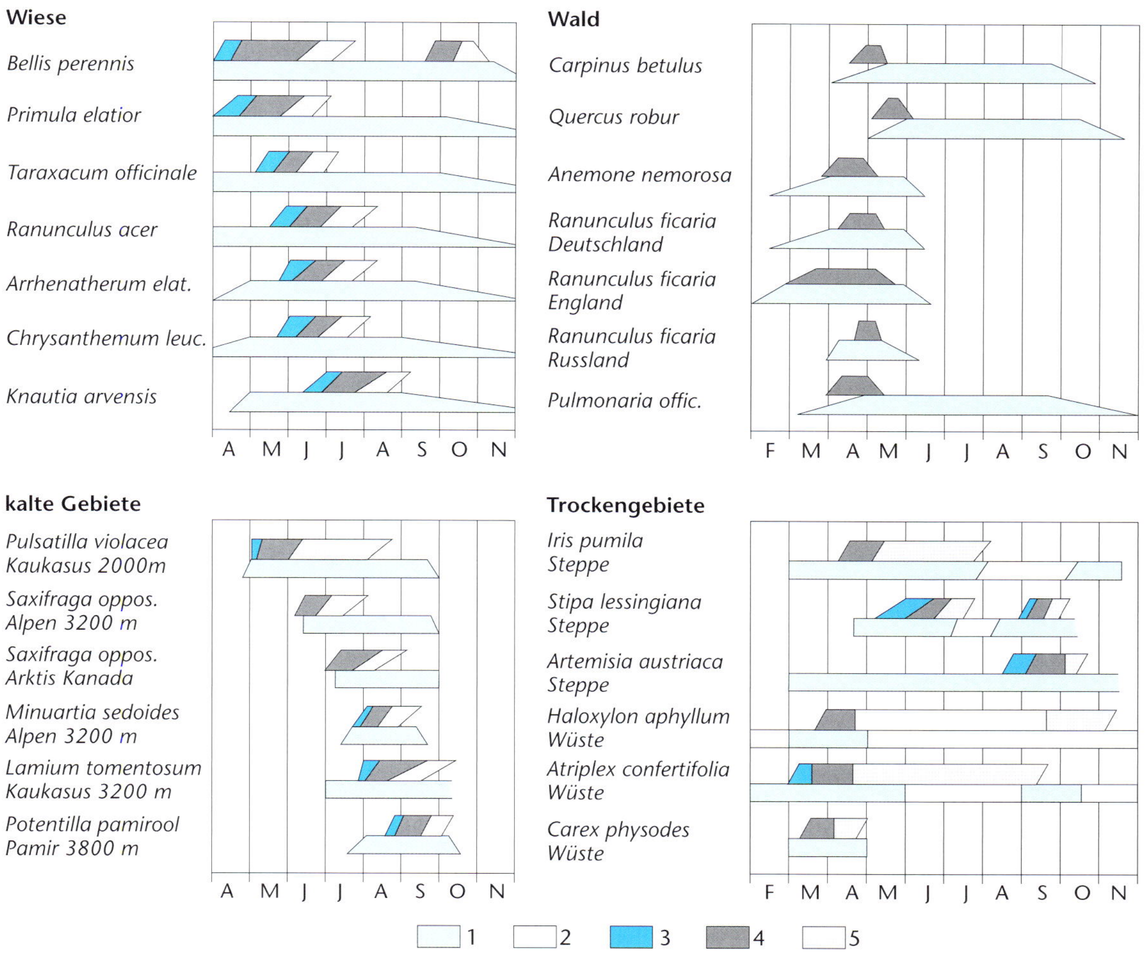

Abb. 4.1.39: Phänophasendiagramme für Wiesenpflanzen (Glatthaferwiese in Polen), für Bäume und Kräuter eines Eichenmischwaldes in Norddeutschland (mit Vergleich von Ranunculus ficaria auch in Russland und England), sowie für Pflanzen aus Gebieten mit kältebedingt (Hochgebirge, Arktis) und trockenheitbedingt (Steppe, Wüste) eingeengter Vegetationszeit (nach Larcher 1994). 1 = Belaubungszeitraum der Bäume, 2 = Trockenstarre, 3 = Blütenknospen sichtbar, 4 = Blütezeit, 5 = Fruchtreife und Samenauswurf.

bedeutsame Arten Temperaturgrenzwerte, die im Laufe des Jahres auftreten müssen, damit Keimfähigkeit (**Stratifikation**) oder Blühinduktion (**Vernalisation**) erreicht werden. Annuelle, bienne und perennierende Arten verhalten sich unterschiedlich, was das Erkennen von Gesetzmäßigkeiten erschwert.

Es gibt auch kurzzeitige periodische oder episodische Entwicklungen von Pflanzengemeinschaften, die nicht mit üblichen phänologischen Merkmalen erfasst werden können, die Dynamik dieser Gemeinschaften aber entscheidend bestimmen. Hierher gehören die regelmäßig eintretenden Überflutungen in Auenbereichen, die bestimmte Anpassungen an das übergroße Wasserangebot und mögliche Probleme der Wurzelatmung wie auch mechanischer Beeinflussung erfordern (Abb. 4.1.38 A und B), ebenso der durch Lawinen ausgelöste Stress, der charakteristische Vegetationsmuster in der alpinen Stufe zur Folge hat. Schließlich sind sich regelmäßig wiederholende anthropogene Beeinflussungen wichtig, z. B. die ein- oder mehrfache Mahd oder die Beweidung mit unterschiedlichem Besatz an Tierart und -zahl.

Phasenhaft verlaufen auch andere Wachstumsvorgänge (Spross-, Wurzel-, Dickenwachstum usw.),

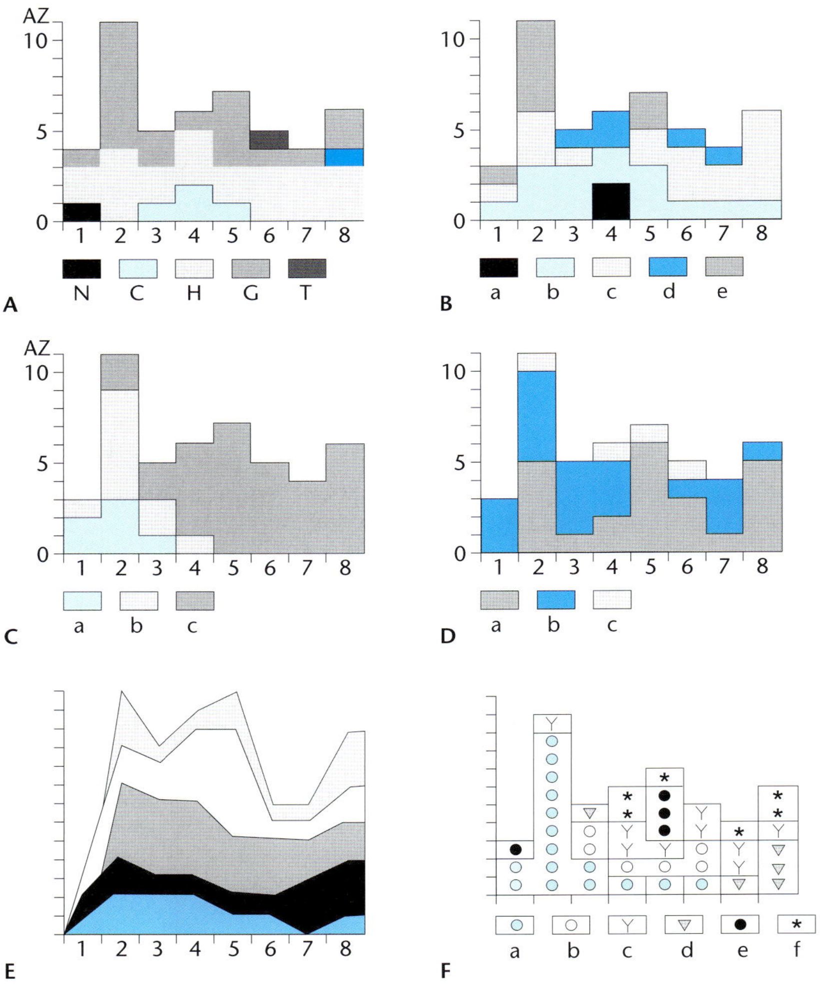

Abb. 4.1.40: Synthetische qualitative Spektren aus der Krautschicht eines Kalkbuchenwaldes nach symphänologischen Gruppen (nach Dierschke 1994).

A Lebensformen (N Nanophanerophyt, C Chamaephyt, H Hemikryptophyt, G Geophyt, T Therophyt)
B Blattausdauer (a immergrün, b überwinternd-grün, c sommergrün, d halbsommergrün, e frühlingsgrün)
C Beziehung zwischen Blüten- und Blattentwicklung (a Blüten vor den Blättern, b gleichzeitig, c Blüten nach den Blättern)
D Blühdauer (a eine Phase, b zwei Phasen, c mehrere Phasen)
E Zahl der Arten einer Blütenfarbe (von oben nach unten: unscheinbar, weiß, gelb, rot, blau)
F Ausbreitungstypen (a autochor/myrmecochor, b autochor, c anemochore Flieger, d anemochore Streuer, e zoo-endochor, f zoo-epichor

ohne dass dies immer deutlich erkennbar ist (Abb. 4.1.42).

Für alle Räume mit Jahreszeitenklima sind abwechselnde **Aktivitäts- und Ruhephasen** der Vegetation charakteristisch. Bei den Aktivitätsphasen kann zwischen Abschnitten stärkeren vegetativen bzw. generativen Wachstums unterschieden werden. Gelegentlich kommt es zu mehreren vegetativen **Wachstumsschüben**, sichtbar z. B. in den spätsommerlichen Johannistrieben mancher Baumarten. Jahreszeiten können thermisch oder hygrisch bedingt sein. Im letzteren Fall ist das jahreszeitlich wechselnde Wasserangebot wichtigster steuernder Faktor für die kurzzeitige Vegetationsdynamik. Schon unter mediterranen Bedingungen werden z. B. die Sommerannuellen der gemäßigten Zone weitgehend von Winterannuellen abgelöst, Blühphasen verschieben sich in den Herbst. In den wechselfeuchten Tropen wird die Blühphase oft durch einsetzenden Regen induziert. Bei den verholzenden Arten haben sich zwei Typen herausgebildet. Die „Spätblüher“ blühen erst nach der Laubentfaltung oder nach dem Laubfall am Ende der Regenzeit, die „Frühblüher“ dagegen bereits vor dem Laubaustrieb, also vor Beginn der Regenzeit. Für beide Typen werden bestäubungs- und ausbreitungsbiologische Zusammenhänge diskutiert, etwa durch gleichzeitiges Auftreten von Pollinatoren oder jahreszeitliche Abschnitte mit regelmäßigen Winden. In extremen Trockenräumen, in denen Therophyten vorherrschen, gibt es wegen der hohen Variabilität der Niederschläge in Zeit und Raum keine festgelegten Blühphasen mehr. Dennoch entwickelt sich dort nach einem Regenereig-

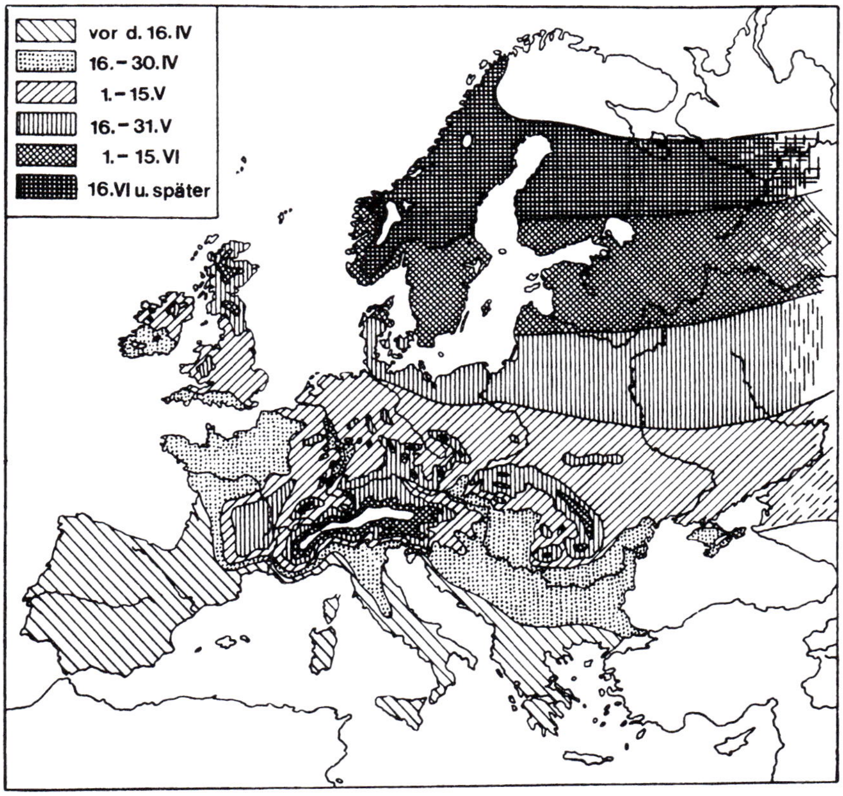

Abb. 4.1.41: *Beginn der Fliederblüte in Europa (Frühlingsanfang) (nach Larcher 1994).*

nis schnell die „**blühende Wüste**“. Viele Trockengebietsannuelle können ihren Lebenszyklus in wenigen Wochen abschließen (Abb. 4.1.43).

Die meist günstigen Temperatur- und Feuchtigkeitsbedingungen der immerfeuchten Tropen haben ein oft kontinuierliches Wachstum der Pflanzen zur Folge. Dennoch werden auch unregelmäßige Wachstumsschübe beobachtet, selbst bei einem Individuum noch nach Stamm- und Kronenbereichen differenziert. Es können jedoch kaum festgelegte Blüh- oder andere phänologische Phasen ermittelt werden. Manche Individuen blühen und tragen gleichzeitig reife Früchte. Ausgelöst durch sehr geringe Temperaturänderungen oder

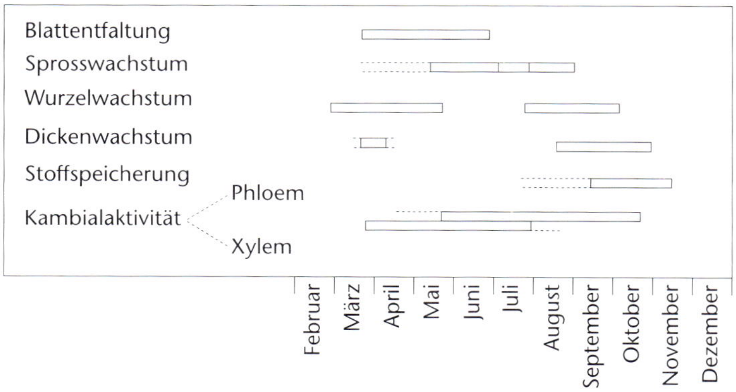

Abb. 4.1.42: *Jahreszeitlicher Verlauf der verschiedenen Wachstumsschübe und der Speicherung bei Bäumen der gemäßigten Zone (nach Larcher 1994).*

Kasten 4.1.3 Arbeitsweisen in der Phänologie

In der Phänologie werden äußere Erscheinungsmerkmale von Pflanzen in ihrer zeitlichen Entwicklung innerhalb eines Jahres und/oder in aufeinander folgenden Jahren qualitativ und quantitativ festgehalten. Die Merkmale betreffen die Entwicklung der Blüten (generativ) und Blätter (vegetativ). Im Frühjahr sind Beobachtungsabstände von einer Woche, später von zwei und mehr Wochen angemessen. Gezählt bzw. gemessen werden u. a. Blütenmenge und -intensität (Anteil blühender Individuen an der Gesamtindividuenzahl der Art), Anzahl von Sprossen, Blättern, Früchten oder der Deckungsgrad etc.

Von Dierschke (1994) sind beispielhaft für sommergrüne Laubhölzer der nemoralen Wälder vegetative und generative Phänostufen aufgeführt:

Vegetative Phänostufen	Generative Phänostufen
0 Knospen völlig geschlossen	0 ohne Blütenknospen
1 Knospen mit grünen Spitzen	1 Knospen erkennbar
2 grüne Blattüten	2 Blütenknospen geschwollen
3 Blattentfaltung bis 25%	3 kurz vor der Blüte
4 Blattentfaltung bis 50%	4 beginnende Blüte
5 Blattentfaltung bis 75%	5 bis 25% erblüht
6 volle Blattentfaltung	6 bis 50% erblüht
7 erste Blätter vergilbt	7 Vollblüte
8 Blattverfärbung bis 50%	8 abblühend
9 Blattverfärbung bis 75%	9 völlig verblüht
10 Blattverfärbung über 75%	10 fruchtend
11 kahl	11 Früchte abwerfend

Vergleichbare Skalen sind für Kräuter, Gräser und Kryptogamengruppen entwickelt worden. Für symphänologische Untersuchungen, in denen der gesamte Pflanzenbestand bzw. die Vegetationseinheit betrachtet wird, können Dauerflächen angelegt und regelmäßig beobachtet werden. Bei den Aufnahmen werden alle oder ausgewählte Arten in ihren vegetativen und generativen **Entwicklungsstadien** (**Phänophasen**) festgehalten. Notiert werden – wie bei pflanzensoziologischen Aufnahmen – auch standörtliche Angaben, besonders zum Witterungsverlauf. Die Anordnung der Arten erfolgt nach ihrem Blühbeginn bzw. ihrer Blühdauer.

Grundlage der Untergliederung des jahreszeitlichen Entwicklungsablaufs der Vegetation in Phänophasen sind phänologische Pflanzentypen. Sie besitzen denselben Entwicklungsrhythmus, der sich in gleichartiger Ausbildung von Blattmerkmalen, dem selben Blühzeitpunkt und der selben Länge der Vegetationszeit zeigt. Die Gültigkeit dieser Typen ist allerdings regional begrenzt, weil sich die einzelnen Arten in verschiedenen Gesellschaften verschieden verhalten können. Phänophasen werden z. B. durch den Blühbeginn bestimmter Pflanzenarten eingeleitet. Beispiele sind der Aspekt des blühenden *Taraxacum officinale* oder der Aspekt der fruchtenden *Stipa*-Arten. Auffällig sind weiterhin Blattentfaltung, Laubfärbung und Laubfall.
In Phänophasendiagrammen lassen sich Vertreter wichtiger phänologischer Pflanzentypen im Jahresverlauf darstellen (Abb 4.1.39). Wie Dierschke 1989 zeigte, vermitteln qualitativ-synthetische phänologische Spektren nicht nur präzise Vorstellungen über floristisch-strukturelle Merkmale von Vegetationseinheiten, sondern lassen auch blüten- und ausbreitungsbiologische Zusammenhänge erkennen und bieten damit Grundlagen für biozönotische Zusammenhänge (Abb. 4.1.40). Verbreitet werden schließlich auch **phänologische Karten** genutzt, auf denen räumlich differenziert z. B. der Frühlingseinzug (auf der Basis des Beginns der Apfel- oder Fliederblüte) dargestellt ist (Abb. 4.1.41). Die hierfür ausgewählten Pflanzenarten müssen zwei Bedingungen erfüllen. Zum einen sollten sie zahlreich und weit verbreitet sein, zum anderen deutlich erkennbare und leicht abzugrenzende phänologische Merkmale besitzen. Für den mesoklimatischen Bereich werden in erster Linie Bäume, für den Bereich des bodennahen Klimas auch Kräuter ausgwählt.In phänologischen Karten, die heute mit Hilfe von Luftbildern erarbeitet werden, werden auch kleinräumige Unterschiede, etwa in Stadt-Umland-Bereichen, sichtbar. In der Landwirtschaft werden auf Phänostufen gegründete Wuchsklima- und Wärmestufenkarten zur Beschreibung von Nutzungspotentialen bzw. zur Beurteilung der Gefährdung empfindlicher Sonderkulturen herangezogen.

endogen bedingt kann mitunter eine geringe Periodizität beobachtet werden. Bemerkenswert ist, dass mehrere Pflanzenarten nur sehr episodisch blühen, unter Umständen in Abständen von mehreren Jahrzehnten.

Besonders eng sind Lage und Dauer einzelner phänologischer Phasen innerhalb des Jahres mit dem witterungsklimatischen Ablauf korreliert. Diese kurzzeitige, sich von Jahr zu Jahr einstellende, aber nicht unbedingt zyklische Dynamik wird mit dem Begriff der **Fluktuation** erfasst. Veränderungen werden auf dem Niveau der Einzelpflanzen registriert. Wichtigster Ausdruck einer Fluktuation ist der Dominanzwechsel bei den beteiligten Arten. Sie können – im Wesentlichen umweltstressbedingt – eine größere Abweichung vom

Abb. 4.1.43: Nach einem der seltenen Niederschlagsereignisse in extremen Wüsten entwickelt sich nach kurzer Zeit eine Annuellenflur („blühende Wüste", arabisch „acheb"). Diese Therophytensynusie aus der Arabischen Wüste (UAE) enthält u. a. Silene villosa, Senecio glaucus und Plantago amplexicaulis. Eine solche nicht zu prognostizierende Vegetationsdynamik zählt zu den Fluktuationen. Foto K. Müller-Hohenstein.

hypothetischen Durchschnittsablauf zeigen. Von Sukzessionen unterscheiden sie sich aber dadurch, dass eine Rückkehr in vorherige Zustände möglich ist. Im Freiland ist es nicht einfach, Fluktuationen von Sukzessionen zu trennen, da sich beide überlagern und gegenseitig beinflussen.

Besonders auffallend sind Fluktuationen in Trockenräumen mit hoher Niederschlagsvariabilität. **Annuellenfluren in Wüsten** können jahrelang ganz ausbleiben, um nach einem Niederschlagsereignis aspektbestimmend zu werden. Die sieben fetten und sieben mageren Jahre der Bibel weisen auf Fluktuationen und ihre Bedeutung im agrarischen Bereich hin. In den Gebirgen der gemäßigten Breiten bilden sich einfachere oder komplexere Schneetälchengesellschaften in zeitlich unterschiedlich großen Fenstern (Aperflächen) und belegen damit das Fluktuationsgeschehen. In Abbildung 4.1.44 sind Phänospektren von Saumarten für zwei verschiedene Jahresabläufe wiedergegeben und verdeutlichen in ihrer Zuordnung das Ausmaß einer solchen Fluktuation.

Fluktuationen können sich auch durch das massenhafte Auftreten von Herbivoren einstellen. Genetisch bedingte Fluktuationen sind beispielsweise Jahre mit hohem Fruchtansatz, so genannte Mastjahre. Schließlich sind Fluktuationen häufig Ergebnis menschlicher Einwirkungen, z. B. sich ändernder Nutzung im Zuge einer Rotation bei der Weidewirtschaft oder des Fruchtwechsels im Ackerbau. Bei Rabotnov (1974) findet sich eine differenzierte Typisierung von Fluktuationen nach Ursache und Art der Schwankung.

Erst in den Anfängen stehen Auswertungen zu synökologischen und biozönologischen Zusammenhängen, z. B. zur zeitlichen Einnischung blühender Arten in Pflanzengesellschaften, zur Synchronisation Pollen fressender und verbreitender Insekten oder von Früchte und Samen ausbreitenden faunistischen Partnern. Hieraus könnten nicht nur Pollenkalender für Allergiker entwickelt, sondern auch Hinweise für den Naturschutz, etwa zu Fragen der Mahdtermine, von extensivierenden Pflegemaßnahmen oder zur Erfolgskontrolle von Maßnahmen auf Ausgleichsflächen entnommen werden.

4.1.5.2 Aspekte langfristiger Vegetationsdynamik

Mittel- und langfristige Veränderungen des Pflanzenkleides über mehrere Jahrzehnte bis hin zu Jahrtausenden werden in der **Sukzessionsforschung** behandelt. Bis vor wenigen Jahrzehnten waren hierzu eine überschaubare Zahl empirischer Befunde vorgelegt und daraus grundlegende Überlegungen und Modelle abgeleitet worden. Von Beginn an gab es dabei eine wissenschaftliche Auseinandersetzung zwischen den Holisten und den Reduktionisten, solchen, die stets das gesamte Ökosystem zu erfassen suchten und solchen, die dies für unmöglich hielten und sich deshalb auf einzelne Funktionen bzw. Prozesse in solchen Systemen konzentrierten. Im Grunde genommen hatten alle die selben Ziele. Es wurde versucht, die Ursachen einer Vegetationsdynamik zu erkennen, die sich einstellenden Wirkungen zu erklären und nach Möglichkeit zu prognostizieren. In jüngerer Vergangenheit sind neue, nicht immer auf breiter empirischer Grundlage fußende Theorien hinzugekommen. Einerseits glaubt man nach wie vor an **grundlegende Regeln dynamischer Abläufe**, andererseits werden viele

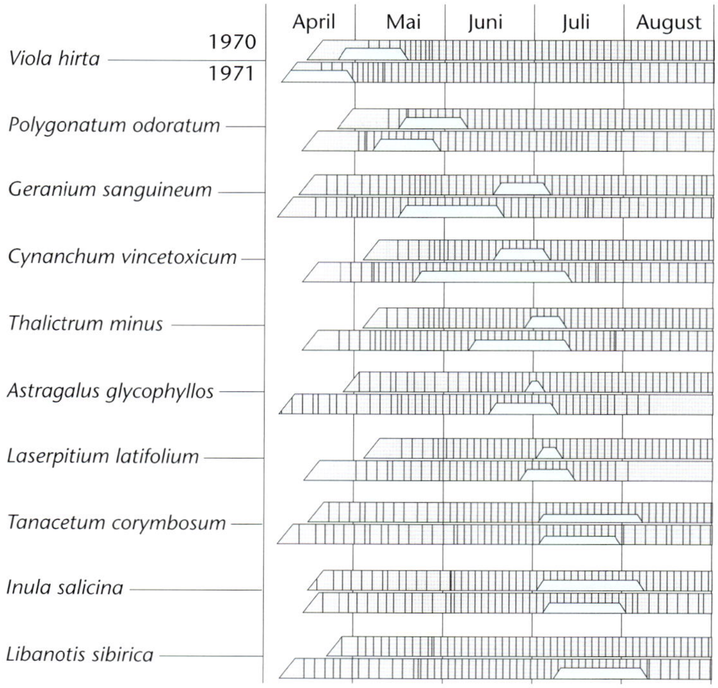

Abb. 4.1.44: Ausschnitt eines Phänospektrums zweier Jahre für einige Saumpflanzen (nach Dierschke 1994). Die kleinen trapezförmigen Flächen markieren den Blühzeitraum.

Prozesse als stochastisch angesehen. Allgemein wird akzeptiert, räumlichen und zeitlichen Skalen größere Aufmerksamkeit zu schenken.

Die Anfänge der Sukzessionsforschung

Die Anfänge einer systematischen wissenschaftlichen Betrachtung der Vegetatinsdynamik sind relativ jung und werden mit den Namen des Geographen Cowles, des Ökologen Clements und des Botanikers Gams verbunden. Clements (1916), der als Begründer der Sukzessionslehre gilt, ging davon aus, dass auf unbesiedelten Substraten zunächst nur anspruchslose Arten wachsen. Sie beeinflussen sich in der Folgezeit gegenseitig und ebenso die Standortverhältnisse. Letzteres führt zur Ablösung von verschiedenen, jeweils an die sich ändernden Bedingungen angepassten Gesellschaften. Es sind deutlich zeitliche Abschnitte zu erkennen, bis sich eine einheitliche Endgesellschaft entwickelt, die sog. **Klimaxgesellschaft**. Sie befindet sich in einem relativen Gleichgewicht, kleine Schwankungen sind zwar denkbar, nicht aber eine Umkehr des deutlich gerichteten Prozesses, der zu dieser Klimaxgesellschaft führt.

Clements ging in späteren Arbeiten von drei Sukzessionsreihen aus. Eine erste nimmt ihren Anfang in einem Süßwasserbecken. Im Zuge von Verlandungsprozessen entwickelt sich über Moor- und Vorwaldstadien in gemäßigten Breiten ein Laubwald als Klimax (**Hydroserie**). Eine zweite beginnt auf salzhaltigem Substrat (**Haloserie**), eine dritte auf nacktem Fels (**Xeroserie**), doch enden alle in derselben Laubwaldklimax. Die Standortveränderungen gehen immer von den Pflanzen selbst aus, diese bedingen den Wechsel und auch, dass sich in einem Raum mit gleichen großklimatischen Bedingungen stets die gleiche Endgesellschaft entwickelt (Monoklimax).

Zwar wurde dieses Konzept begrüßt, weil man glaubte, darin alle Vegetationseinheiten unterbringen zu können, doch gab es auch Kritiker, die diese Theorie empirisch nicht bestätigen konnten. Die Diskrepanz lag vor allem darin, dass sich Clements auf die ungestört ablaufende Vegetationsdynamik konzentrierte (**primäre Sukzession**) und Störungen jeder Art und die diesen entsprechenden Entwicklungen (**sekundäre Sukzession**) außer Acht ließ.

Zu den frühen Kontroversen gehörte vor allem die mit Gleason (1926). Dieser verwarf den Ansatz

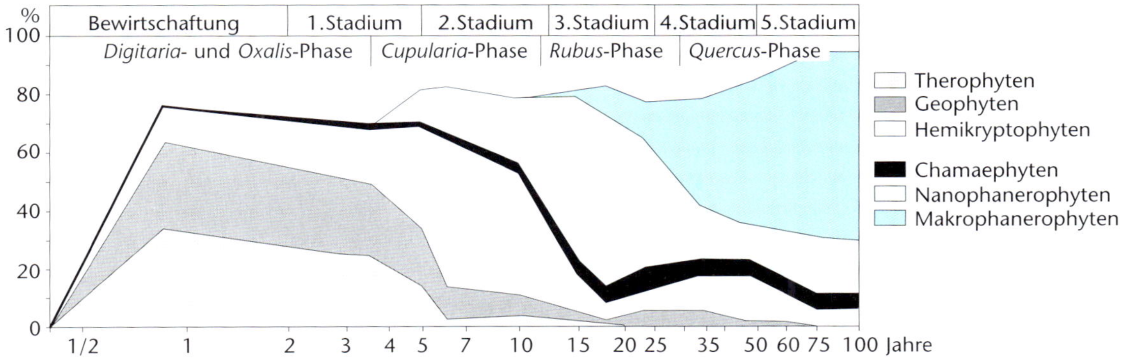

Abb. 4.1.45: Abgeleitete Sukzession nach Lebensformenspektren italienischer Rebbrachen (nach Richter 1989 aus Dierschke 1994).

Kasten 4.1.4 Methodische Ansätze in der Sukzessionsforschung

Methodisch beschreitet die Sukzessionsforschung zwei sich ergänzende Wege. Einerseits wird direkt auf einer konkreten Fläche die Entwicklung der Vegetation im Laufe der Zeit beobachtet, wobei experimentelle Ansätze mit eingeschlossen sind. Älter ist jedoch andererseits das indirekte Vorgehen. Dabei versucht man, aus dem räumlichen Nebeneinander von Vegetationseinheiten auf deren zeitliches Nacheinander zu schließen (***location for time*** bzw. unechte Zeitreihe). Unter diesem Aspekt wird oft die Verlandungszonierung eines Sees angeführt, welche in ihrer räumlichen Abfolge als ökologische Reihe, in ihrer zeitlichen Aufeinanderfolge am selben Ort aber als Sukzession zu interpretieren ist.

Oft helfen **Zeigerpflanzen**, der Altersaufbau und die Diversität von Beständen oder Samenbankanalysen bei der zeitlichen Einordnung bestimmter Entwicklungsstadien. Auch außerhalb der Vegetation liegende Indikatoren werden genutzt, etwa differenzierte Analysen von Bodenprofilen oder historische Zeugnisse aus Archiven wie auch aus Bewirtschaftungsbüchern von Landwirten, welche zeitliche Angaben zur Düngung oder zum Herbizideinsatz enthalten. Ein Beispiel einer aus Lebensformenspektren abgeleiteten Sukzession in Rebbrachen zeigt (Abb. 4.1.45). Zahlreich sind einschlägige Arbeiten aus Räumen mit verschieden alten, eindeutig zu datierenden Lavaströmen (siehe Kapitel 3.5.1).

Es kann allerdings problematisch sein, aus dem räumlichen Nebeneinander auf ein zeitliches Nacheinander zu schließen (Lamprecht 1981). Deshalb haben sich in stärkerem Maße direkte Ansätze der Erfassung von Sukzessionen etabliert. Hierbei werden begrenzte räumliche Einheiten festgelegt und in regelmäßigen zeitlichen Abständen meist individuenscharf erfasst (**Biomonitoring**). Diese Dauerbeobachtung auf ***permanent plots*** liefert detaillierte Daten über die Populationsdynamik im Verlauf von Vegetationsveränderungen. Die Auswertung von Luftbildern und multitemporalen Satellitendaten (Kusserow 1994) wird als vielversprechend diskutiert, doch lassen die gegenwärtigen technischen Möglichkeiten auch hier Raum für Spekulationen. Nur wenige Parameter können gemessen werden. Die Auflösung reicht für die Beobachtung von Individuen nicht aus, es kann allenfalls an den Vergleich des mittleren Zustands von Flächen gedacht werden, strukturelle Aspekte der Pflanzendecke treten in den Vordergrund, Arteninventare können nicht verglichen werden.

Bei der experimentellen Sukzessionsforschung werden z. B. Bewirtschaftungsweisen in bestimmten Varianten auf vergleichbaren Flächen vorgenommen (etwa verschiedene Düngegaben, unterschiedliche Mahdtermine, einfache oder mehrfache Bodenbearbeitung, Zäunung und Ausschluss von Beweidung oder jeglicher Art von Herbivorie etc.) sowie ihre Wirkung in den folgenden Vegetationsperioden erfasst. Gezielt werden in diesem Zusammenhang Versuche angelegt, bei denen Probleme der Diversität sowie der inner- und zwischenartlichen Konkurrenz mit Fragen zur Sukzession von Beständen verknüpft werden (EU-Projekt *Biodepth*, Hektor et al., 2000). *Biomonitoring* als angewandte Sukzessionsforschung wird auch bei der Kontrolle und Lenkung von Naturschutzmaßnahmen eingesetzt, um Entwicklungstendenzen der Vegetation ermitteln zu können.

Tabelle 4.1.7: Beziehungen räumlicher und zeitlicher Dimensionen in der Vegetationsdynamik (nach van der Maarel 1996)

	Individuum	„patch“	Population	Gemeinschaft	Landschaft	Region
Fluktuation	x	XX	XX			
„gap“ Dynamik	x	XX	XX			
„patch“ Dynamik	x	x	x			
Zyklische Sukzession		x	XX	x		
Regenerationssukzession		XX	XX	XX		
Sekundäre Sukzession		x	XX	XX	XX	
Primäre Sukzession			XX	XX	XX	
Säkulare Sukzession				x	x	x

Die Begriffe im Tabellenkopf stehen für räumliche Größen. Unter „patch“ wird eine kleine, standörtlich homogene räumliche Einheit (Ökotop), unter „gap“ eine kleine Bestandeslücke verstanden.

von Clements, der Pflanzengesellschaften als Organismen betrachtete, und betonte eine individualistisch ablaufende Vegetationsdynamik ohne deutliche Stufen und ohne Ausbildung verschiedener Vegetationseinheiten. Gleason geht davon aus, dass der Artenwechsel mit der Zeit auf einem bestimmten Standort von der dortigen Artenzusammensetzung bzw. dem Diasporeneintrag abhängt. In dieser Kontroverse werden die beiden wichtigsten Richtungen deutlich, die bis heute die Sukzessionsforschung maßgeblich bestimmen:

- ein erster Ansatz, der relativ verallgemeinernd der großen Bandbreite des dynamischen Geschehens in Ökosystemen Rechnung tragen möchte und
- ein zweiter Ansatz, der die große Komplexität dieser Verhältnisse erkennt und einzelne Aspekte nachvollziehbar klären möchte.

Wenn auch die Konzepte von Clements und Gleason heute in großen Teilen nicht mehr verfolgt werden, so bleibt es doch ein Verdienst der ersten Sukzessionsforscher, in eine bis dahin eher statische ökologische Sicht ein dynamisches Prinzip eingeführt zu haben.

Zur Definition von Sukzessionen

Unter **Vegetationsdynamik** versteht man den **Wandel von Struktur und Artenzusammensetzung** in Vegetationseinheiten **in Raum und Zeit**. Dabei sind die kurzfristigen, tages- und jahreszeitlichen Veränderungen mit eingeschlossen. Alle diese Formen können dem Begriff der ***„patch-dynamic“*** (Pickett und White 1985) zugeordnet werden.

Bei den **Sukzessionen** handelt es sich um mittel- bis langfristige dynamische Vorgänge. Dabei geht es um eine **gerichtete, zeitliche Abfolge** von Artengemeinschaften in einem Ökosystem. Oft wird betont, dass diese Abfolgen unumkehrbar und – in Grenzen – vorhersagbar sind. Auslösend können endogene und exogene Vorgänge sein, z. B. Vermehrungsschübe einzelner Arten oder Witterungsanomalien. Im Verlauf einer Sukzession nimmt die Selbstorganisation im betroffenen Ökosystem zu (vorausgesetzt, es erfolgt keine Störung), eine Balance zwischen Primärproduktion und Mineralisierung wird angestrebt. Odum (1980) nennt insgesamt 24 verschiedene Ökosystemeigenschaften, die sich im Laufe von Sukzessionsabfolgen verändern können. Dabei sieht er die Entwicklung als einen wohlgeordneten Prozess, welcher maßgeblich aus Veränderungen resultiert, die die Vegetation selbst bewirkt hat, und der schließlich zu einem stabilen Ökosystem führt, in welchem maximale funktionale Verknüpfungen erreicht werden. Dieser hypothetisch zu erreichende Endzustand wird als komplexe Gemeinschaft von Organismen mit komplizierten Zusammenhängen und Wechselwirkungen verstanden, deren einmal erreichtes Gleichgewicht durchaus wieder verändert werden kann.

Sukzessionen werden mitunter allerdings auch als stochastische Vorgänge aufgefasst. Dies wird damit begründet, dass der Sameneintrag in eine Biozönose auf einem Standort rein zufällig ist, gleiches auch für Keimraten oder die nötigen „*safe sites*“ gilt und schließlich die Zeitpunkte von Störungen in ihrer Art, Intensität und Reichweite nicht generell vorausagbar sind.

In Anlehnung an Dierschke (1994) verstehen wir hier Sukzession als längerfristige, gerichtete Veränderung der Vegetationszusammensetzung und

-struktur an einem Ort. Hauptmerkmale sind die Veränderungen der quantitativen und qualitativen Merkmale eines Bestands (Abundanzen, Artenkombinationen). Ergebnis ist eine mehr oder weniger regelhafte Abfolge verschiedener Pflanzengesellschaften in Abhängigkeit von den standörtlichen Bedingungen und deren Änderungen.

Sukzessionstypen

Sukzessionen können groß- oder kleinräumig betrachtet werden, sie verlaufen schneller oder langsamer, gerichtet oder zyklisch, und die sie beeinflussenden endogenen Prozesse oder exogenen Störungen differieren in Art, Intensität, Dauer und Reichweite. Von Bedeutung ist die geographische Lage der betrachteten Gebiete in verschiedenen Klimazonen, und ob sich die Entwicklungen auf neu entstandenen Standorten vollziehen oder auf solchen, die schon besiedelt waren oder sind. Schließlich unterscheiden sich die beteiligten Pflanzenarten in ihren Ausbreitungsmöglichkeiten und Lebenszyklen, ihren Ansprüchen an den Standort, ihren Wettbewerbsqualitäten und -strategien. Ausgelöst werden dynamische Vorgänge dann, wenn in einem Ökosystem keine Balance zwischen Nettoproduktion und Mineralisation besteht. So kann organische Materie beispielsweise angereichert (Moorbildung, **autotrophe Sukzession**) oder auch aufgezehrt werden (Humus zehrende Bewirtschaftungsformen, **heterotrophe Sukzession**).

Unter Berücksichtigung der genannten Aspekte wurde eine Vielzahl von Sukzessionstypen auf verschiedenen räumlichen und zeitlichen Skalen beschrieben. Van der Maarel (1996) versucht, die räumlichen und zeitlichen Beziehungen vegetationsdynamischer Prozesse in ihren Abgrenzungen und Überschneidungen darzustellen (Tab. 4.1.7).

Äußere Anzeichen einer Sukzessionsdynamik können der Verlust von Arten und Lebensformen sein, welche durch andere möglicherweise ersetzt werden. Häufig sind kurzzeitig nur Änderungen der Abundanz oder Dominanz von Arten innerhalb einer Vegetationseinheit zu bemerken. Eine Zuordnung zu einem bestimmten Sukzessionstypus kann auf dieser Grundlage nur selten erfolgen.

In Abbildung 4.1.46 werden die im Folgenden behandelten Sukzessionstypen schematisch dargestellt. Es sind die wichtigsten Beispiele progressiver und regressiver, gerichteter wie auch zyklischer Vegetationsdynamik.

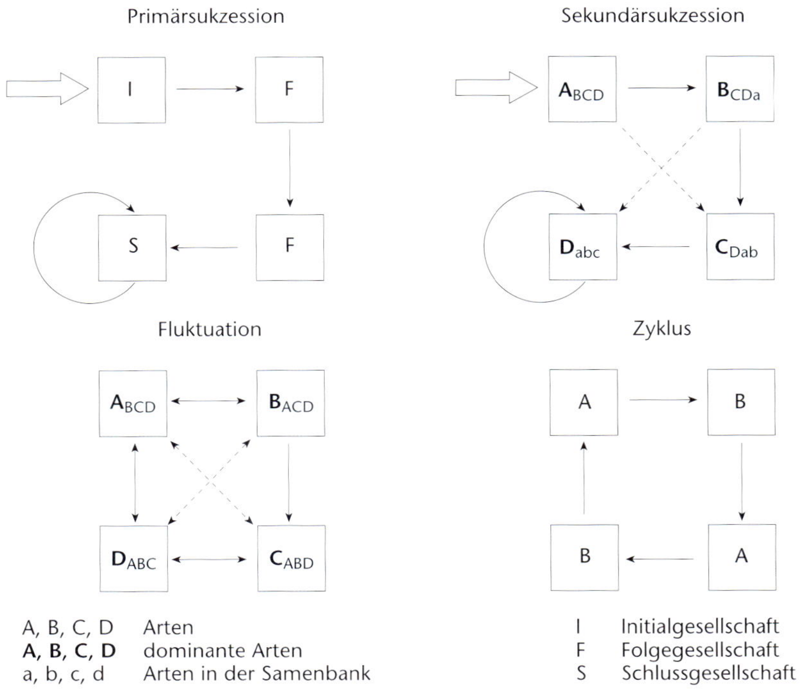

Abb. 4.1.46: Typen gerichteter Vegetationsdynamik (nach Jochimsen 1993).

Primäre Sukzessionen

Primäre Sukzessionen sind zwar für das Verständnis von Prozessen der Vegetationsdynamik von grundlegender Bedeutung, doch sind sie konkret kaum zu beobachten. Dies liegt an zwei Ursachen. Zum einen laufen sie nur langsam über Jahrzehnte und Jahrhunderte ab, zum anderen fehlt weitgehend eine der Grundvoraussetzungen für diesen Typus der Sukzession, nämlich ein völlig unbesiedeltes, abiotisches Substrat, auf welchem eine solche gerichtete Entwicklung ihren Anfang nehmen kann. Die Kenntnisse über einzelne Etappen des Ablaufs von Primärsukzessionen gehen in erster Linie auf Beobachtungen an neu entstandenen Standorten, etwa nach Vulkanausbrüchen (Insel Surtsey 1963), auf durch Verlandung entstehenden jungen Küstensäumen oder auf Vorfeldern rückschmelzender Gletscher zurück (Abbildungen 4.1.47 A-C). Auch anthropogene Standorte wie Abbauhalden, Steinbrüche etc. können als Ausgangsstadien primärer Sukzessionen aufgefasst werden. Dabei lassen sich trotz aller standörtlichen Unterschiede einheitliche Trends und Basismuster der Entwicklung erkennen (siehe auch Kapitel 3, Abb. 3.14).

Nur wenige Pflanzen sind den extremen Standortbedingungen unter den initialen Bedingungen gewachsen. Auf Felsen entwickeln sich zunächst Kryptogamengemeinschaften, etwa mit lithophilen Flechten, sodann mit Strauchflechten, Moosen und Farnen. In ungünstig exponierten Lagen, z. B. an steilen Felswänden oder auf stark bewegtem Schutt, geht die Entwicklung über ein solches Stadium kaum hinaus (Dauerpioniergesellschaften). Meist verändern aber die Pioniergesellschaften, die in ihrer Zusammensetzung durch den Eintrag von Diasporen aus der Umgebung bestimmt werden, im Laufe der Zeit durch die einsetzende Bodenbildung ihren Standort. Zu den dann auftretenden krautigen Pionieren gehören viele Leguminosen, welche

Abb. 4.1.47: Drei Bilder zeigen Stadien einer primären Sukzession. Auf frischen vulkanischen Deckenergüssen siedeln sich nach wenigen Jahren (8 Jahre im vorliegenden Fall) Flechten- und Moosgemeinschaften an (A). Nur Spezialisten unter den höheren Pflanzen (z.B. die Apiaceae Pozoa volcanica) fassen ebenfalls schnell Fuß auf den kaum angewitterten, feinerdearmen Substraten (B). Erst nach wenigen Jahrzehnten bilden erste Bäume (Nothofagus obliqua, N. dombeyi) ein lichtes Gehölzstadium (C). Die Aufnahmen stammen von verschiedenen Standorten des Vulkans Llaima in Südchile. Fotos K. Müller-Hohenstein.

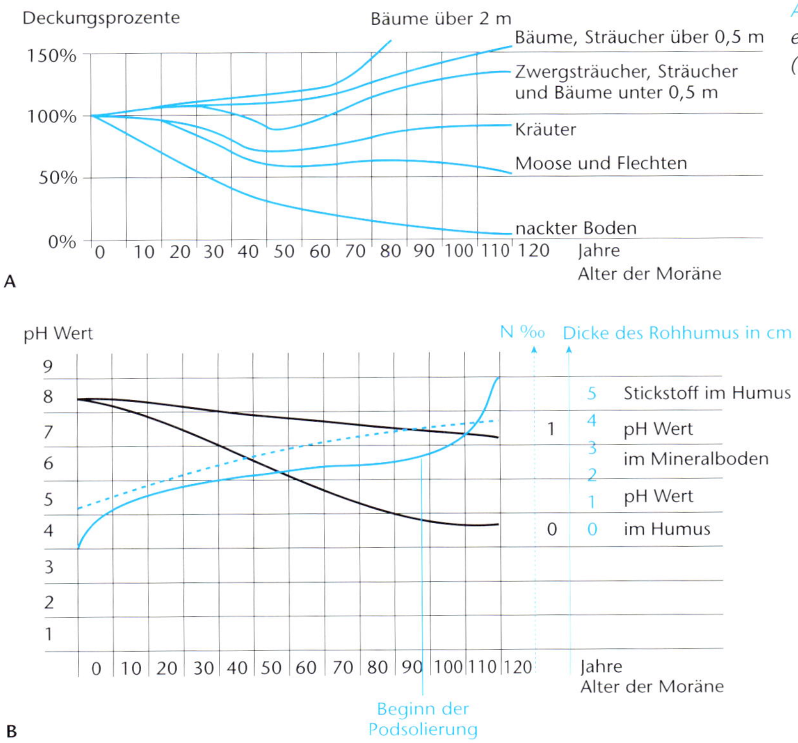

Abb. 4.1.48: a) Sukzession und b) Bodenentwicklung auf Moränen des Aletschgletschers (nach Klötzli 1993).

eine Stickstoffanreicherung zur Folge haben. Später verändern Pflanzen das Mikroklima ihres Standorts. Wenn nicht schon weitere Blütenpflanzen zu Erstbesiedlern gehören, so kommen sie jetzt hinzu. Es handelt es sich nun vorwiegend um heliophile, epigäisch keimende Therophyten oder, wo die klimatischen Bedingungen dies nicht zulassen, um anspruchslose krautige Hemikryptophyten und Chamaephyten, wie z. B. auf dem Vorfeld des Aletschgletschers (Abb. 4.1.48).

Die Pioniere werden allmählich verdrängt. Es gewinnen anspruchsvollere Arten an Raum. Wird dieser Wechsel allein durch Veränderungen hervorgerufen, die von der Vegetation selbst ausgehen, so liegt **eine autogene Sukzession** vor. Sind andere Ursachen wichtiger – z. B. eine natürliche Klimaänderung oder eine anthropogene Grundwasserabsenkung –, so handelt es sich um eine **allogene Sukzession**. Laufen jedoch die Sukzessionen unter weitgehend gleich bleibenden äußeren Bedingungen ab, so bilden sich nach den Pionierstadien Folgestadien aus, in denen zunehmend miteinander konkurrierende Arten auftreten, die den Pionieren vegetativ und generativ überlegen sind. Diese Arten werden trotz niedrigerer Zuwachsraten aufgrund höherer Lebensdauer größer (Auftreten und Zunahme von Phanerophyten), sie sind schattentoleranter und besitzen trotz langfristig höheren Raumgewinns oft weniger effektive Ausbreitungsmechanismen. Bäume sind Sträuchern überlegen, die aufgrund von **Polykormonbildungen** (siehe Kapitel 2.4, Abb 2.4.34) eine gewisse Zeitspanne dominieren können. In den Endstadien einer solchen Entwicklung dominieren Bäume (siehe Kapitel 3, Abb 3.14). Dieser Typus der primären Sukzession wird als progressiv verstanden, da die Diversität auf der Artebene wie auch in struktureller Hinsicht zunimmt.

Odum (1969) und Dierschke (1994) versuchen, trotz aller individueller Erscheinungen Gemeinsamkeiten und Tendenzen der Dynamik von Primärsukzessionen zusammenzufassen (Abb. 4.1.49). Zu Beginn einer Primärsukzession herrschen chaotische, nicht zu prognostizierende Verhältnisse, da Eintrag und Etablierung der Diasporen in hohem Maße stochastisch sind. Es dominieren weit verbreitete Therophyten. Zwischen Vegetationsentwicklung und Veränderungen des Standorts bestehen Rückkopplungen (Tabelle 4.1.8). Dies bedeutet, dass die Pflanzen in erheblichem Maße

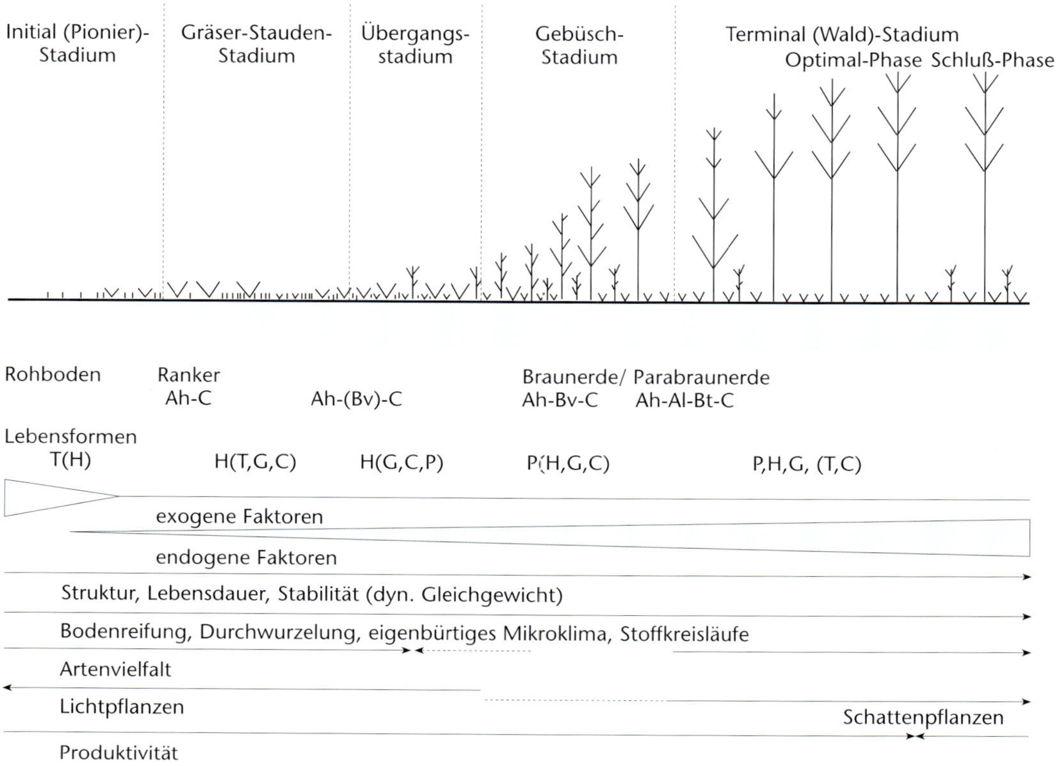

Abb. 4.1.49: Grundzüge des Ablaufs von Primärsukzessionen (auf silikatischem Ausgangsmaterial und bei subatlantischem Klima) (nach Dierschke 1994).

selbst dazu beitragen, Lebensbedingungen für neue Arten zu schaffen. Nur allmählich wird in der Folgezeit die Dominanz exogener Faktoren durch endogene abgelöst. Diese Ablösung wird von einem Wechsel der Arten und Lebensformen begleitet. Während in den labilen Pionierstadien intra- und interspezifische Konkurrenz keine Rolle spielten, erlangt nun die Konkurrenz entscheidende Bedeutung für die Entwicklung von Gesellschaften (siehe Kapitel 3.2.1), die gegenüber Außeneinwirkungen immer resistenter sind. Im pflanzensoziologischen Sinn spricht man von zunehmend gesättigten Gesellschaften.

Primärsukzessionen laufen unter warm-feuchten Klimabedingungen schneller ab als unter kalten oder trockenen, tiefgründige Böden sind günstiger als blanker Fels. Entscheidend ist jedoch, dass die Entwicklung nicht durch Störungen beeinflusst wird, was gegenwärtig aber nur noch selten ausgeschlossen werden kann. Somit haben Primärsukzessionen vor allem Bedeutung für das Verständnis von Sekundärsukzessionen, die das aktuelle vegetationsdynamische Geschehen in unserer Umwelt bestimmen.

Sekundäre Sukzessionen

Aus primären Sukzessionen können sich sekundäre entwickeln, wenn sie in ihrem Ablauf gestört werden (siehe auch Kapitel 3.2.5). Da die Art der **Störung** die Vegetationsabfolge beeinflusst, gibt es – der Vielzahl unterschiedlicher Störungen entsprechend – auch verschiedene Typen sekundärer Sukzessionen (Abb. 4.1.50 A und B).

Die Reaktionen auf Störungen können bezüglich der Sukzessionen drei Typen zugeordnet werden (hinsichtlich des Ökosystem-Stoffhaushalts siehe Kapitel 3.2.5).

- Eine Störung kann dazu führen, dass die Vegetationsdynamik unterbrochen wird und auf ei-

Tabelle 4.1.8: Veränderungen der Umwelt während der Sukzession (nach Klötzli 1993)

1. Artstruktur	
Artenzusammensetzung	zuerst schneller, dann stufenweiser Wechsel
Anzahl autotropher Arten (autotrophe Diversität)	zunehmend, bei sekundärer Sukzession oft schon früh
Anzahl heterotropher Arten (heterotrophe Diversität)	zunehmend, bis spät in der Sukzession
Artenmannigfaltigkeit	anfangs zunehmend, dann stabil oder wieder abnehmend
Nischenspezialisten	anfangs breit, dann eng
Größe des Organismus	anfangs klein, dann groß
Lebenszyklus	anfangs kurz und einfach, dann lang und komplex
Selektionsdruck	anfangs r-Selektion, dann K-Selektion
Produktionsart	anfangs Quantität, dann Qualität
2. Nährstoffzyklus	
Kreisläufe	anfangs offen, dann geschlossen
Nährstoffaustausch	anfangs schnell, dann langsam
Rolle des organischen Abfalls (Detritus)	anfangs nicht wichtig, dann sehr wichtig
3. Organische Struktur	
Gesamtbiomasse	anfangs klein, dann groß
Schichtung	anfangs einschichtig, dann mehrschichtig
anorganische Nährstoffe	anfangs im Boden, dann in der Biomasse
unbelebte organische Materie (z. B. Humus)	anfangs gering, dann viel
biochemische Diversität (z. B. Farbstoffe)	anfangs niedrig, dann hoch (zunehmende Anreicherung von Giftstoffen!)
Chlorophyllmenge	anfangs niedrig, dann hoch (bei sekundärer Sukzession nur geringer Unterschied!)
4. Energiefluss	
Beziehung in der Nahrungskette	anfangs einfach (Nahrungskette), dann verwickelt (Nahrungsnetz)
Bruttoprimärproduktion	während Frühphase in primärer Sukzession wachsend (nur geringer oder kein Anstieg in sekundärer Sukzession)
Nettoprimärproduktion	stetig abnehmend
Gesamtatmung (Respiration)	stetig zunehmend
Primärproduktion pro Respirationseinheit	anfangs Primärproduktion größer, dann gleich groß wie Respiration (statischer Zustand)
Primärproduktion pro Einheit der Biomasse	anfangs hoch, dann gering
Biomasse pro Energieeinheit	anfangs gering, dann hoch, also minimaler Verbrauch von Energie pro Biomasseeinheit
5. Homöostase (ökologisches Fließgleichgewicht, Folge von irreversiblen Prozessen)	
interne Symbiose	anfangs nicht entwickelt, dann entwickelt
Nährstoffrückhalt	anfangs gering, dann hoch
Stabilität (Widerstand gegen Störungen)	anfangs gering, dann hoch
Entropie (Entropieerzeugung)	anfangs hoch (gering), dann niedrig (konstant)
Information	anfangs niedrig, dann hoch

nem bestimmten Stand verharrt (Dauergesellschaften).

- Veränderungen, die sich ohne deutliche Ausrichtung innerhalb einer Vegetationsformation abspielen, z. B. im Zuge von langfristigen Wasserstandsschwankungen.
- Die erwähnten Einflüsse können zu mehr oder weniger schnellen, auch irreversiblen Veränderungen führen. Solche Prozesse haben eine nach rückwärts gerichtete Dynamik zur Folge, welche als regressive Sukzession (auch Regression, Retrogression) bezeichnet wird. Hierher sind Sukzessionen zu stellen, die sich durch die Übernutzung oder selektive Nutzung von Gehölzen und Weideflächen einstellen.

Die wichtigsten sekundären Sukzessionen sind solche, die nach einer Störung den vorherigen Zustand wieder zu erreichen versuchen. Diese progressiven sekundären Sukzessionen unterscheiden sich in ihrer Entwicklung kaum von den primären. Auch hier führt die Dynamik zu einer komplexeren Organisationsform der Pflanzengemeinschaft. Sekundäre Sukzessionen haben aber ein anderes Ausgangsstadium. Ihre Dynamik beginnt auf einem bereits einmal besiedelten Substrat und kann auf einer vorhandenen Samenbank aufbauen. Dies bedeutet, dass sekundäre Sukzessionen schneller ablaufen als primäre, dass von Beginn an Konkurrenz um Raum und Ressourcen besteht und nur konkurrenzkräftige Arten einwandern können.

Kasten 4.1.5 Die Bedeutung und Differenzierung von Störungen für die Vegetationsdynamik

Störungen, die eine Abweichung vom normalen Entwicklungsgang bedeuten und Ereignisse beinhalten, welche Arten beseitigen und Raum für neue schaffen, können endogen sein. Sie entstehen aus der Lebensgemeinschaft heraus und schaffen Stresssituationen, an welche sich diese Lebensgemeinschaft nicht so schnell anpassen kann. Ein Beispiel ist die Massenvermehrung eines herbivoren Insekts mit folgendem Kahlfraß. Von endogenen Störungen werden inhärente Störungen abgetrennt (Richter 1997). Letztere wiederholen sich regelmäßig, gehören somit zum System und führen deshalb zur Anpassung von Organismen der Lebensgemeinschaft an diese Störung. Dies wäre im Zuge einer Gradation in geregelten zeitlichen Abständen der Fall oder bei regelmäßigen Überschwemmungen in Auen.
Die meisten Störungen, die heute zu sekundären Sukzessionen führen, sind exogen. Dabei können sie natürlich sein, wie Sturmkatastrophen oder Lawinenabgänge. Es überwiegen jedoch in unseren Kulturlandschaften anthropogene Störungen, angefangen bei Rodung oder Mahd und anderen, die individuellen Pflanzen unmittelbar betreffen, oder solche, die den Standort verändern und mittelbar die gesamte Lebensgemeinschaft treffen wie Düngung, Einsatz von Herbiziden oder Grundwasserabsenkung. Es gibt auch räumliche und zeitliche Muster der Verteilung von Störungen, die helfen, Sukzessionsmuster zu erkennen („**Störungsregime**“ nach Treter 1990).
Richter (1997) hat versucht, das Ausmaß charakteristischer Störungen in verschiedenen Klimazonen tabellarisch zu erfassen:

Störungstyp / Ökozonen	1. Polare und subpolare Zone	2. Boreale Zone	3. Feuchttemperierte Zone	4. Trockentemperierte Zone (4.1 Grassteppen, 4.2 Wüsten / Halbwüsten)	5. Subtropische / tropische Trockenzone (5.1 Wüsten / Halbwüsten, 5.2 Dornsteppen / Dornsavannen)	6. Mediterrane Subtropen	7. Monsunale Subtropen	8. Wechselfeuchte Tropen	9. Immerfeuchte Tropen	10. Hochgebirgsstufe (oberhalb der Waldgrenze): a) außertropisch	b) altodesertisch	c) altotropisch
Solifluktion	●	◔	○	○ ○	○	○	○	○	○	◕	◑	◕
Eis- / Schneebruch	○	◑	◔	○	○	◔	○	○	○	◔	○	○
Wühler	◕	◔	◔	● ◑	◑ ◔	○	◔	◔	◔	◕	◕	◑
Bodenauslaugung	○	◔	◑	○	○ ◔	◔	○	◑	◔	○	○	○
Wildschäden	◔	◔	◑	○	○	◔	◔	◕	◔	◑	◔	◔
Phytophage	◔	◑	◑	◔	◔	◑	◔	◕	◔	◔	◔	○
Spüldenudation inkl. splash	◑	○	◔	◔ ◕	● ◕	◑	◑	◑	◑	◕	◕	◔
Versalzung	○	○	○	◕ ●	● ◑	◔	○	○	○	○	◔	○
Feuer	◔	●	○	◑ ○	◔ ◑	●	○	●	○	◔	○	◕
Dürre	○	◔	◔	◑ ○[2]	○[2] ○	◑	○	◕	○	◔	○[2]	◔
Überflutung	○[2]	◔[2]	◔[2]	◑[3]	◑[3]	◔	◔[2]	◔[2]	◔[2]	○	○	○
Fröste		◔[2]	◔[2]	○[2]	◑ ○	◑	○	○	○	◔[2]	○[2]	○[2]
Orkane / Hurrikane	○	◔	◑[1]	○ ◔	◔ ◔	○	◑[1]	◔	◔[1]	◔	○	○
rasche Massenbewegung	○	○	○	○	○	◔	○	○	○	●	◔	◑
Kahlschlag-Anteil an Repro.	◔	◑	◔[1]	◔ ◔	◔ ◑	◕	○[1]	◕	○[1]	◔	◔	◔
Lücken-Anteil an Repro.	○	○	◔	○ ○	○ ○	○	◔	○	◔	○	○	○
Flecken-Anteil an Repro.	◑	○	○	◑ ○	○ ○	○	○	○	○	◔	◔	◔
Selbstreproduktionsanteil	◔	◑	◑	◔ ◕	◕ ◑	◔	◕	◔	◕	◑	◑	◑

1 = stellenweise verheerend : z.B. Hurrikane in der Karibik, Orkane in Westpatagonien
2 = häufig, aber (meist) wirkungslos 3 = selten, aber wirkungsvoll
Störeffekte fehlend, nie: ○ schwach, selten: ◔ mäßig, gelegentlich: ◑ deutlich, häufig: ◕ stark, oft : ●

Abb. 4.1.50: Störungen sind Ursachen der Entwicklung sekundärer Sukzessionen. Dabei können Störungen natürlichen Ursprungs sein, wie am Beispiel (A), wo Totholz nach einem durch einen Vulkanausbruch bedingten Feuer im Bestand und am Ufer eines Sees Resultat dieser Störung sind (untere Hanglagen des Vulkans Lanin in Südchile). Sie können aber auch anthropogen bedingt sein (B), z.B. durch vom Menschen gelegtes Feuer, der nicht nutzbare Hölzer entfernen und Weideland schaffen will (Südchile). Fotos K. Müller-Hohenstein.

In Mitteleuropa sind zahlreiche Studien zu sekundären Sukzessionen auf brachgefallenen Äckern und Wiesen durchgeführt worden. So berichtet Schmidt (1993) über eine 25-jährige Entwicklung auf (vorher sterilisierten) Brachäckern. Hier folgt auf ein nur zweijähriges Therophytenstadium ein Stadium ausdauernder Kräuter bis ins achte Jahr, sodann ein Stadium aus Hemikryptophyten und

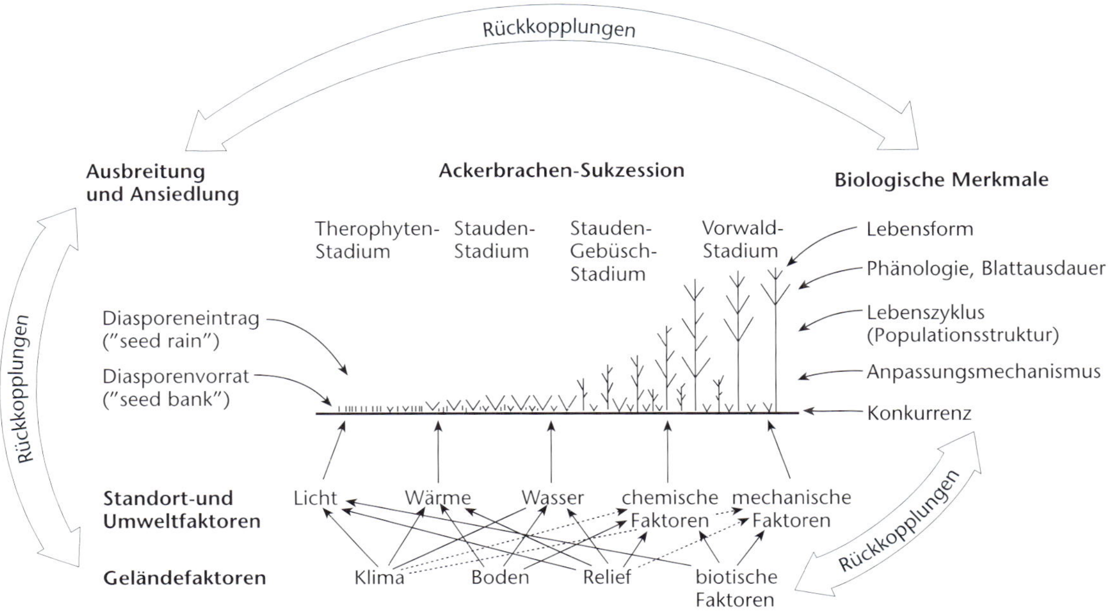

Abb. 4.1.51: Sukzessionen auf Ackerbrachen: Einflussgrößen und Wechselwirkungen (nach Schmidt 1993)

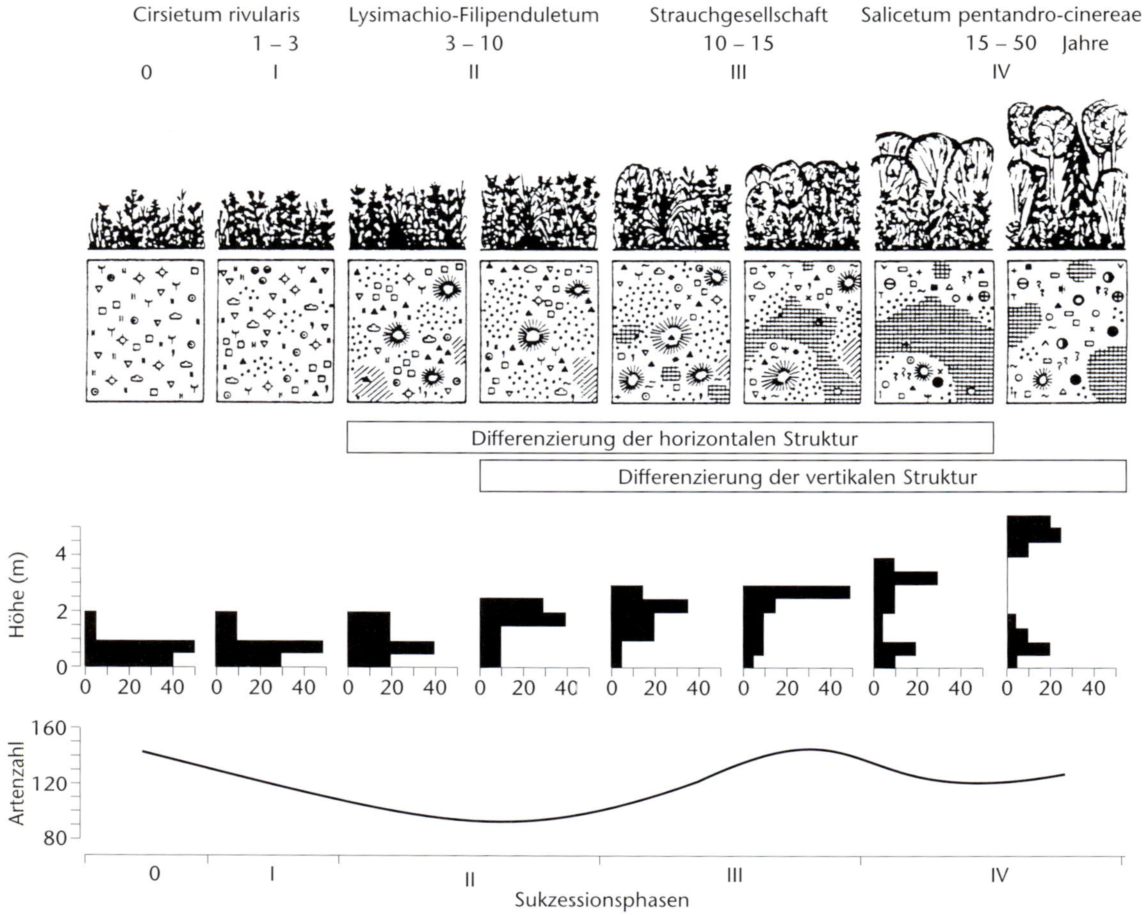

Abb. 4.1.52: Sekundäre Sukzession auf einer vor 50 Jahren brachgefallenen Feuchtwiese (nach Dierschke 1994).

Sträuchern bis ins 20. Jahr. Schließlich wird die Sukzession durch Pionierwald- bzw. Vorwaldstadien fortgesetzt. Die Stadien sind zu Beginn nährstoff-, später lichtlimitiert. Wenn auch die einzelnen Stadien eine relativ geregelte Entwicklung zeigen, so ist dennoch eine schlüssige Analyse durch eine Vielzahl von Einflussfaktoren und Rückkopplungen nur schwer möglich (siehe Abb. 4.1.51).

Sekundäre Sukzessionen auf Grünlandbrachen werden durch die bestehende Grasnarbe erschwert. Schreiber (1995) zeigt nach über 20-jähriger Beobachtungszeit, dass die Besiedlung mit Gehölzen unterschiedlich erfolgt. Zwar lassen sich gelegentlich bekannte Grundzüge einer Entwicklung über die Lebensformenabfolge von den Annuellen bis zu den verholzenden Arten feststellen. Die zunächst relativ homogenen Grünlandbestände zeigen nach wenigen Jahren oft eine Dominanzmusterbildung mit wenigen Arten, die hohe Deckungswerte erreichen. Bei guter Nährstofflage dominieren wegen fehlender Biomasseentnahme (Auteutrophierung) Kräuter, bei schlechterer Gräser. Die zeitliche Abfolge der einzelnen Stadien differiert beträchtlich. Auf einigen Flächen stocken 10–15 m hohe Vorwälder, auf anderen potenziellen Waldstandorten wachsen bis heute weder Baum noch Strauch. Das differenzierte Bild der Gehölzetablierung passt in kein bisher erarbeitetes Sukzessionsmodell; eine Vorhersage – Lebenformen- und Artenveränderungen betreffend – ist nicht möglich, selbst wenn mitunter deutliche Etappen einer solchen Vegetationsdynamik zu unterscheiden sind (Abb. 4.1.52).

Sekundäre Sukzessionen entwickeln sich nicht nur auf aufgegebenen Landnutzungsflächen, son-

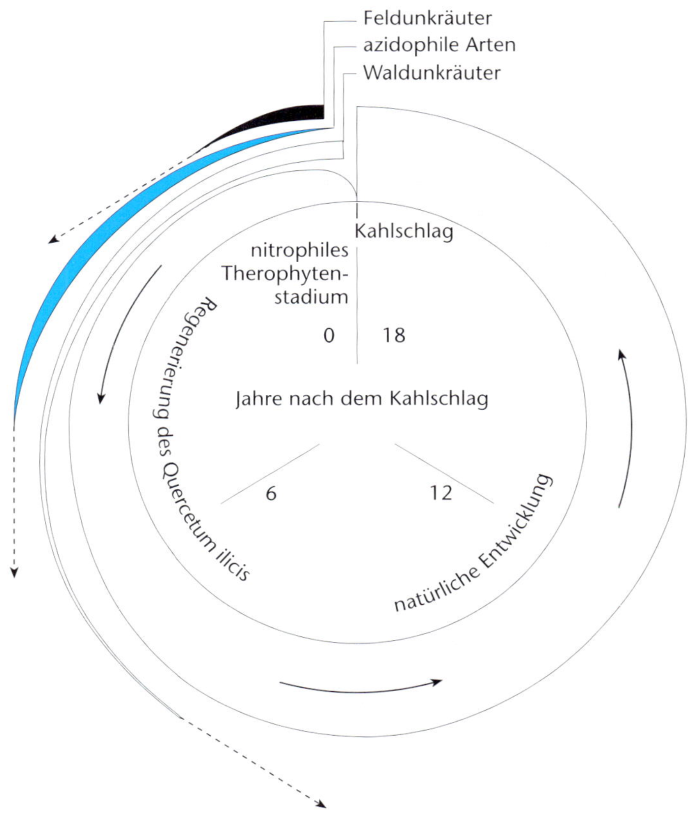

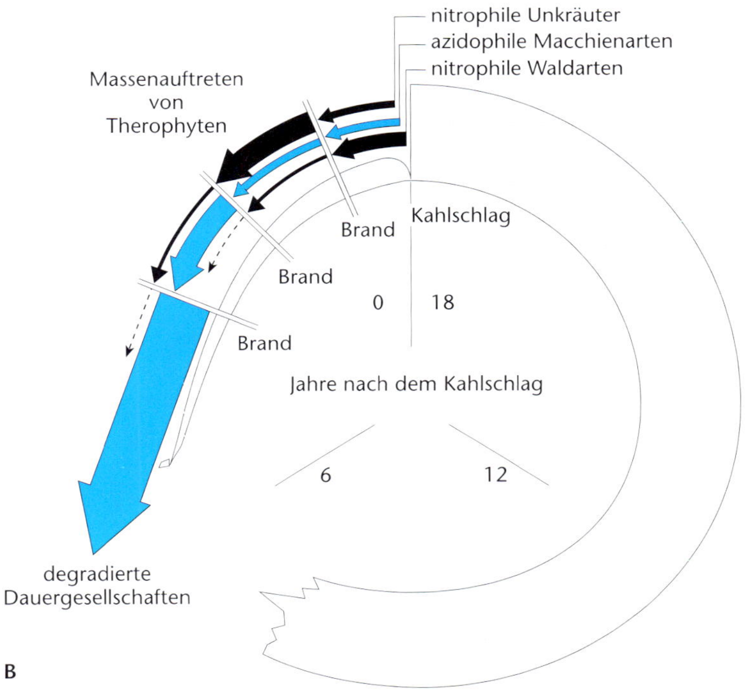

Abb. 4.1.53: Sukzession im mediterranen Steineichenwald: A) zyklisch nach Kahlschlag, B) regressiv nach mehrfachem Brand (nach Dierschke 1994).

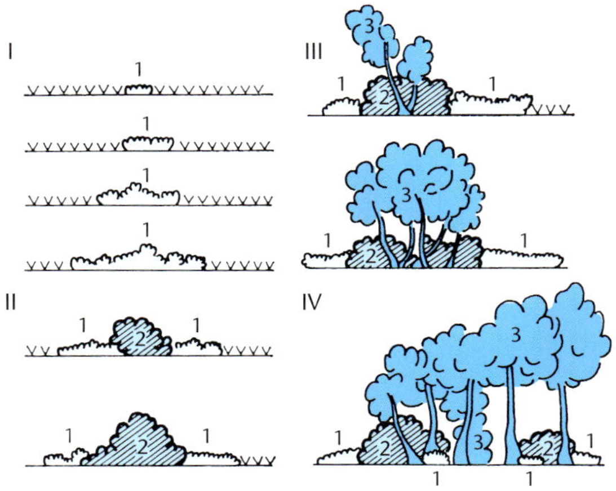

Abb. 4.1.54: Polykormon-Sukzession von Gehölzen in einem Rasen (1 mit Ansiedlung einer niedrigwüchsigen Gehölzart, 2 einer folgenden höherwüchsigen Gehölzart und 3 einer Gehölzart, die baumförmigen Wuchs erreicht) (nach Hard 1975 aus Dierschke 1994).

dern auch in Pflanzengemeinschaften, die von Störungen wie Bränden oder Lawinen betroffen wurden. Hier setzen Prozesse ein, welche auf die Wiederherstellung des Ausgangszustands ausgerichtet sind. Sie passen in ein **zyklisches Regenerationsschema**. Beispiele hierfür stammen aus bewirtschafteten Wäldern, in denen der Mensch treibende Kraft eines solchen Zyklus ist. Pignatti und Pignatti (1984) haben derartige Regenerationszyklen für mediterrane Wälder untersucht (Abb. 4.1.53) und zwei Varianten dargestellt – eine für die Regeneration nach einem Kahlschlag und eine eher regressive Sukzession nach mehrfachen Bränden. Nach dem Kahlschlag stellen sich verschiedene Unkräuter ein, die aber nach 5 bis 10 Jahren von den Eichen verdrängt werden. Wiederholtes Brennen führt dagegen zu einem Dauerstadium, welches eine Regeneration – wenn überhaupt – erst nach langen Zeiträumen erfahren kann.

Sonderfall einer sekundären Sukzession ist die Polykormonsukzession. Die vegetativen Seitensprosse einer Pflanze bilden hierbei Sprosskolonien, welche sich in dicht geschlossenen krautigen Pflanzengemeinschaften schneller als über Samen ausbreiten können. Diese Form der Sukzession beginnt mit einer meist bewehrten Pionierholzart wie z. B. *Prunus spinosa*. Solche Polykorme können sich in großen Flecken über Jahrzehnte erhalten. In ihren Zentren siedeln sich schließlich höher wüchsige, auch unbewehrte Sträucher und Bäume an, sodass es zur Ausbildung von Waldinseln und schließlich geschlossenen Wäldern kommen kann (Hard 1975). Diese Entwicklung kann man als autogenen, durch die Vegetation selbst gesteuerten Sukzessionstyp auffassen. Ihr Studium erlaubt, Konkurrenzstrategien bei verholzenden Arten zu erkennen (Abb. 4.1.54).

Die Vorstellung von Sukzessionen als gerichteten, mehr oder weniger deterministischen und deshalb auch vorhersagbaren Prozessen muss nach den empirischen Befunden der letzten Jahrzehnte aber korrigiert werden. Die Komplexität dieser Dynamik ist sehr groß, die Zahl der einflussreichen standörtlichen, reproduktionsbiologischen, räumlichen und zeitlichen Variablen sehr hoch. Besondere Bedeutung kommt überall der Art, Intensität und Dauer von Störungen zu. Sie erschweren die Lenkbarkeit und Voraussage von Sukzessionsprozessen.

Zyklische Vegetationsdynamik

Neben den gerichteten – progressiven oder auch regressiven – dynamischen Prozessen der Vegetationsentwicklung ist zyklisches Geschehen wichtig. So sieht Glavac (1996) den Abschluss einer sekundären Sukzession als eine Art Selbsterhaltungszyklus an. In einer zyklischen Sukzession lösen sich unterschiedliche Altersstadien ein und derselben Vegetationsgemeinschaft ab. Im Vordergrund stehen strukturelle Veränderungen bei gleichem oder ähnlichem Artenbesatz. Insbesondere Remmert (1985) hat – angeregt durch bei Aubréville (1949) formulierte Ideen zur Zyklizität von Sukzessionsvorgängen – diese Gedanken aufgegriffen und sowohl theoretisch als auch durch praktische Beispiele untermauert. Weitere Überlegungen zu einer **zyklischen Vegetationsdynamik** stammen von Watt (1947), der den Begriff der **„gaps“** (Lücken), auf denen sich die Zyklen abspielen, in die Diskussion einführte. Entscheidend war in jedem Fall die Beobachtung, dass sich in natürlichen Wäldern Klimaxstadien (Reifestadien) nicht über riesige Flächen ausdehnen, sondern sich verschiedene Entwicklungsphasen mosaikartig über das ganze Gebiet verteilen. Phasenverschoben liegen alle Stadien in kleineren Flächen nebeneinander. Für mitteleuropäische Waldgebiete wurden im Wesentlichen drei Phasen unterschieden:

- eine Optimalphase, die einem Altersklassenwald mit niedriger Artenzahl entspricht; ein geschlossener Bestand mit wenig Unterwuchs.

- eine Altersphase und Zerfallsphase, in welcher großflächig die Baumschicht zusammenbricht und licht- und nährstoffzeigende Arten einwandern können.
- eine Verjüngungs- und Jugendphase, mit Jungpflanzen der gleichen oder anderer Baumarten, die wieder die vorigen Phasen durchläuft, wobei sich häufig Lichtholzarten zuerst durchsetzen, um von Schatthölzern abgelöst zu werden.

Wie in Kapitel 3.2.1 erläutert wurde, können diese Phasen als kontinuierlicher Prozess der **Selbstausdünnung** (***self-thinning***) verstanden werden.

Abbildung 4.1.55 verdeutlicht schematisch die zyklische Dynamik für einen tropischen Regenwald. Die Größe der Mosaiksteine ist verschieden, wobei der Artenreichtum eine Rolle spielt. In den nemoralen Laubwäldern wird eine mittlere Größe von 1–2 ha angenommen, in borealen Wäldern sind sie als Folge von Feuer mehrere Quadratkilometer groß, in tropischen Regenwäldern dagegen nur selten größer als 100 m^2 (***treefall-gaps***). Auch die Dauer der Zyklen ist verschieden. Für die in dieser Hinsicht besonders gut untersuchten Wälder der borealen Zone werden mehrere Jahrhunderte angenommen, in den nordamerikanischen Sequoiawäldern betragen die Zyklen mehrere Jahrtausende. Den **Mosaikzyklen** vergleichbare vegetationsdynamische Prozesse wurden für atlantische Heiden und Niedermoorkomplexe beschrieben. Auch für tropische Lebensgemeinschaften (Regenwälder, Savannen, Mangroven, Korallenriffe) gilt dieser Typ der Dynamik. Remmert (1991) sieht Mosaikzyklen als grundsätzlich gültig für alle Ökosysteme an. Dies bedeutet nicht, dass die Zyklen immer gleichförmig ablaufen. Es können auch Phasen ausfallen.

Als treibende Kräfte für die zyklische Vegetationsdynamik werden wiederum Störungen angesehen. Wichtig sind die Lebensdauer der „Schlüsselorganismen" und der sich an ihr Absterben anschließende Wettbewerb um Licht und Nährstoffe. Mechanische Einflüsse (Windbruch, Feuer) spielen eine große Rolle. Aus Störungen resultieren veränderte Standortbedingungen. Arten, die sich dann entsprechend ihrer Standortansprüche und ihrer Regenerationsstrategie durchsetzen können, beginnen einen neuen Zyklus.

In einem **Urwald** kann also nicht Konstanz erwartet werden, er ist vielmehr ein **Mosaik aus asynchronen Phasen einer zyklischen Vegetationsdynamik**. In den einzelnen Phasen verän-

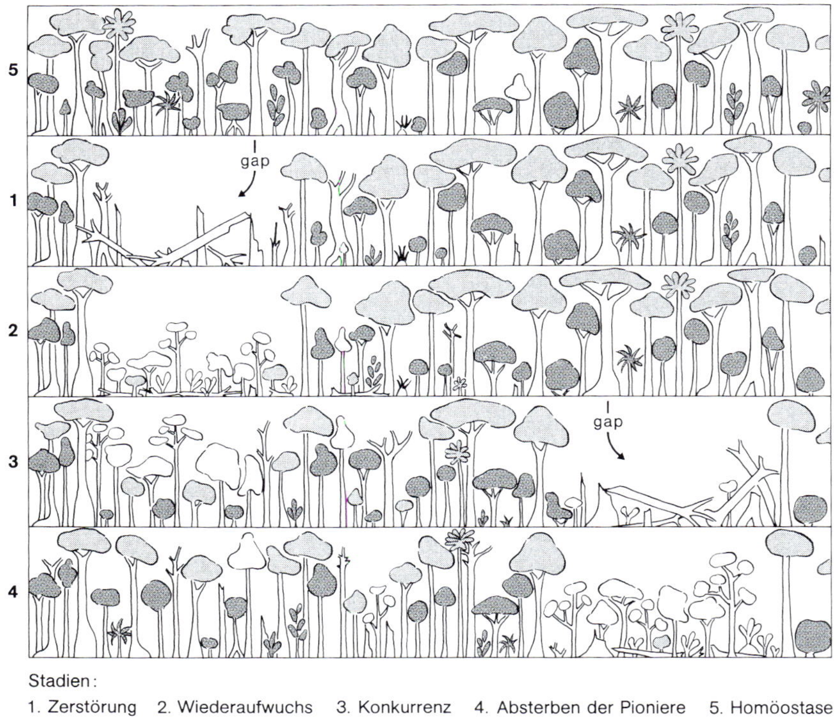

Abb. 4.1.55: Mosaikzyklus im tropischen Regenwald (nach Richter 1997).

helle Baumkrone = Pionierart, dunkle Baumkrone = Canopy-Art, mittelgraue Krone = schattentolerante Art.

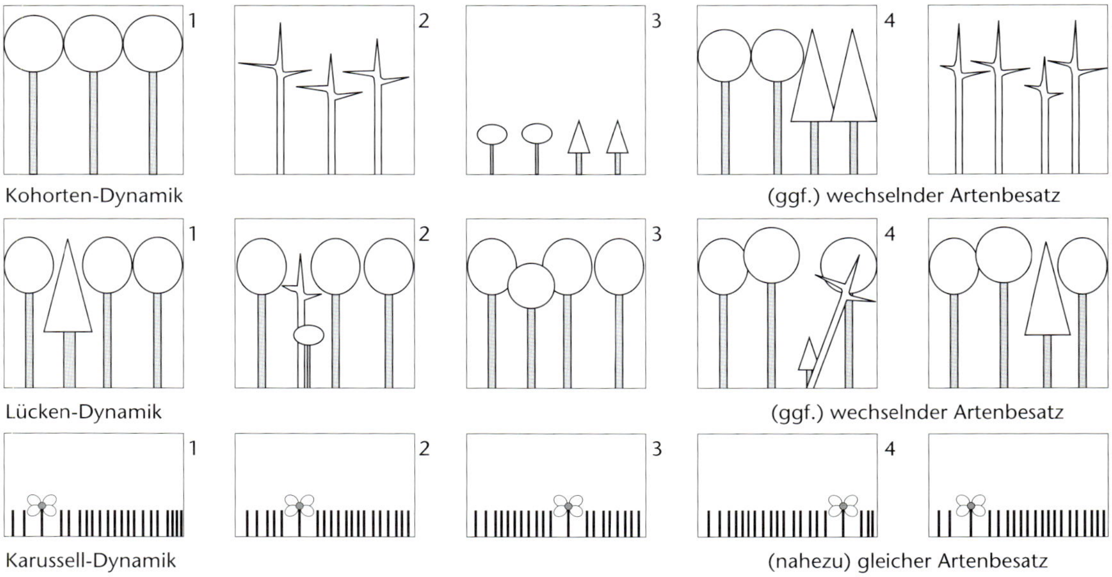

Abb. 4.1.56: Entwicklungsschritte bei verschiedenen Typen der Vegetationsdynamik (nach Richter 1997).

dern sich sowohl strukturelle Eigenschaften der Wälder als auch ihre Diversität. Dies bedeutet, dass nur große Ausschnitte eines Waldgebiets, welches alle Phasen enthält, normale Populationspyramiden der dominierenden Arten besitzen. Deshalb müssen alle Phasen einer solchen Vegetationsdynamik mit allen biotischen Partnern und den sich ebenfalls ändernden abiotischen Grundlagen als ein (dynamisches) Ökosystem aufgefasst werden, wie dies in der **Sigmasoziologie** geschieht (Schwabe 1991). Auch der Klimaxbegriff wird über das Mosaikzyklus-Konzept neu als die großräumige Summe der verschiedenen Zustände des betroffenen Systems gesehen (Jax 1994).

Heute werden noch weitere Typen zyklischer Vegetationsdynamik unterschieden, wobei für ihre Ausgliederung vor allem Maßstabsfragen und ihr vorzugsweises Auftreten in verschiedenen Biomen eine Rolle spielen. Großräumige Mosaikbildung, die auf ein **„Kohortensterben“** zurückgeführt wird, beschreibt Müller-Dombois (1995) von Hawaii. Demographische Ungunst, begründet und erhalten durch Feuer oder Sturmschäden, ist dabei die treibende Kraft. Auch das bis heute nicht geklärte endogene Massensterben bambusoider Gräser in allen tropischen Räumen kann hierher gestellt werden.

Während bei der Kohortendynamik wie auch beim Mosaikzyklus der Artenbesatz wechseln kann, wird hiervon bei der kleinräumigen Musterbildung in Grasländern, der **„Karusseldynamik“** nach Van der Maarel und Sykes (1993), nicht ausgegangen. Grundidee dieser Dynamik ist, dass sehr kurzfristig und auf kleinstem Raum Arten zirkulieren können. Als „freier Platz“ (***regeneration gap***) genügt Raum für den Samen und die sich etablierende Keimpflanze. Diese Räume werden durch endogenes Einzelsterben frei und in einer Art „Guerillastrategie“ bzw. nach dem Lotterieprinzip von den Arten der Gesellschaft, die alle die selbe Regenerationsnische besitzen, erobert. Da die Arten kurzlebig sind, beschreibt das Karussellmodell die kleinräumigste und kurzzeitigste Vegetationsdynamik. Die Populationen einer Art sind stets vorhanden, allerdings hoch mobil. Dabei bleibt die Artengarnitur konstant. In Abbildung 4.1.56 sind zur Verdeutlichung der unterschiedlichen räumlichen und zeitlichen Maßstäbe Kohorten-, *Gap*- und Karusselldynamik schematisch nebeneinander gestellt.

Aspekte angewandter Sukzessionsforschung

Die Dynamik von Pflanzengesellschaften ist vielfach über die Bioindikation erkannt worden. Dabei

Abb. 4.1.57: Pionierpflanzen können Sukzessionen auf Flächen begründen, die z.B. vor zunehmender Erosion geschützt werden sollen. Pennisetum setaceum *(A) ist ein Horstgras mit extensiver Wurzelbildung, welches geeignet ist, degradierte Hanglagen zu stabilisieren (Randgebirge im Jemen). Im Rahmen eines Projekts zum Schutz vor fortgesetzter Vegetations- und Bodendegradierung wird im Mittleren Atlas (Marokko) eine Mischung von geeigneten Pflanzenarten ausgewählt, z.B. div. Zwerg- und Rutensträucher, Zwergpalmen und Opuntien, um über dieses Initialstadium eine Regeneration der Flächen zu erreichen (B). Fotos K. Müller-Hohenstein.*

ging man davon aus, dass die Reaktion einer Pflanzengesellschaft auf eine Störung spezifisch und eventuell quantifizierbar ist. Gemessen wurden die Vitalität von Arten der Pflanzengemeinschaften und Verschiebungen im Artenspektrum. Aus den empirischen Befunden vieler Sukzessionsstudien wurden auch Erkenntnisse zur Gestaltung von Pflanzengesellschaften und ihrer Lenkung gewonnen. Pionierpflanzen wurden für Begrünungen ausgewählt, zur Befestigung offener Hänge im Straßenbau wurden Einheitssaaten zusammengestellt (Abb. 4.1.57 A und B). In vielen Fällen glaubte man, die vegetationsdynamische Entwicklung vorhersagen zu können.

Heute haben Kenntnisse über asynchrone Vegetationszyklen und Zweifel, die mit dem Begriff des „ökologischen Gleichgewichts“ verbunden sind, die Anwendung vegetationsdynamischer Prozesse für die Praxis eingeschränkt. Pflegemaßnahmen müssen ebenso neu überdacht werden (Bezzel 1991) wie die räumlichen Mindestdimensionen von Schutzgebieten oder die Konzepte eines Biotopverbunds (Baierlein 1991). Fraglos helfen die gegenwärtigen Kenntnisse zur Vegetationsdynamik bei der Auswahl von Ersatzflächen, auf denen sich durch Störungen auf benachbarten Flächen verloren gegangene Lebensgemeinschaften entwickeln sollen (Beierkuhnlein 1998).

Um syndynamische Vorgänge zu erfassen, sind Verfahren des *Biomonitoring* entwickelt worden. Hierbei geht es z. B. darum, schädigende Einflüsse anzuzeigen, damit diese rechtzeitig bekämpft werden können. Beispiele betreffen die Schadstoffbelastung der Luft ebenso wie die Eutrophierung von Gewässern. Erfasst werden über ein *Biomonitoring* auch Vegetationsveränderungen, die sich nach gezielten standörtlichen Eingriffen ergeben. Wichtig sind vegetationsdynamische Erkenntnisse für die Pflege und Erhaltung von Pflanzengesellschaften, die sich im Laufe der kulturlandschaftlichen Entwicklung herausgebildet haben und heute ohne traditionelle Formen der Bewirtschaftung wieder verloren gehen. Streuwiesen und Trockenrasen sind hierfür Beispiele.

Anthropogene Einflüsse können aber auch degradierende Wirkung haben, und auch dies ist über Vegetationsveränderungen messbar. Es sind mehrfach Skalen zur Hemerobie von Räumen auf vegetationskundlicher Grundlage erarbeitet worden (vgl. Kapitel 4.1.4.6). Rote-Liste-Arten, Artenverluste, Anteil an Therophyten und an Neophyten sind für die Einordnung der Vegetationseinheiten nach dem

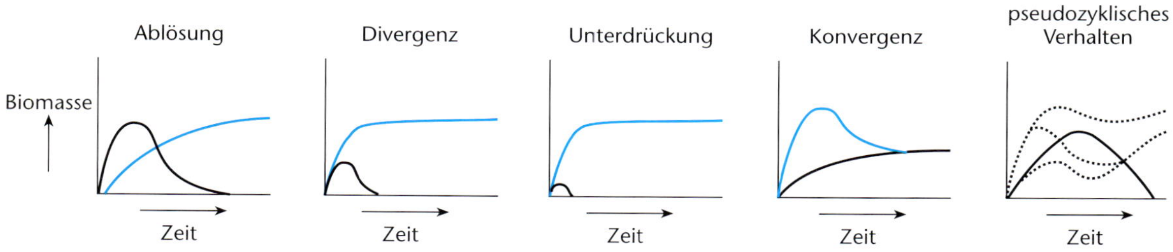

Abb. 4.1.58: Möglichkeiten des Verhaltens zweier Arten im Verlauf einer Sukzession (nach Huston und Smith 1987 aus McCook 1994).

Grad der menschlichen Beeinflussung entscheidende Größen. Schließlich finden vegetationsdynamische Erkenntnisse bei Versuchen Anwendung, land- und forstwirtschaftlich zu nutzende Flächen zu meliorieren oder solche Versuche zu kontrollieren. So wurden z. B. Kalkungsversuche in Wäldern oder die Auswirkungen von Herbizidanwendung im Weinbau auf diese Weise verfolgt.

4.1.5.3. Vegetationsdynamik und Strategiemodelle

Pflanzen können schneller oder langsamer wachsen, mehr oder weniger Schatten vertragen, nahe oder weit von der Mutterpflanze ausgebreitet werden. Solche im Laufe der Evolution erworbenen Eigenschaften, die es einer Pflanze erlauben, sich gegenüber Konkurrenten durchzusetzen und zu etablieren, werden auch mit dem Begriff „Strategie" zusammengefasst. Er wird als Summe der genetisch fixierten physiologischen und morphologischen Anpassungen zur Eroberung und Behauptung eines Wuchsortes bei möglichst optimaler Ressourcennutzung definiert (Dierksche 1994). Unter strategischen Aspekten werden Einzelpflanzen und Populationen auch zu „funktionellen Gruppen" (*plant functional types*) zusammengefasst.

McCook (1994) zeigt an fünf Beispielen, wie sich auf Grund unterschiedlicher Eigenschaften zwei verschiedene Pflanzenarten im Wettbewerb verhalten können (Abb. 4.1.58). Folgende Grundvarianten sind denkbar: Eine Art unterliegt der anderen unterschiedlich schnell, beide Arten erreichen eine gleichgewichtige Verteilung, oder beide Arten kommen im Laufe der Zeit zu unterschiedlichen Zeitpunkten zur Dominanz.

Alle Strategiemodelle basieren auf solchen angenommenen Verhaltensformen. Sie unterscheiden sich im Wesentlichen durch Erklärungsansätze. Zum einen werden keine externen Einflüsse berücksichtigt (z. B. Klimaänderungen, Herbivorie, Ausbreitungsmechanismen). Da auch überlagernde anthropogene Störungen ausgeschlossen werden, sind die gewonnenen Einsichten begrenzt. Zum anderen wird von den funktionellen Eigenschaften des gesamten Ökosystems ausgegangen und gefragt, welche sich davon im Laufe der Zeit wie verändern. Diese Modelle verallgemeinern oft zu stark, ihre Ergebnisse sind nur grob gültig. Schließlich sind einige Modelle rein deskriptiv, andere wollen Prognosen liefern oder die ablaufende Dynamik erklären. Kein Modell liefert eine umfassende Erklärung für die empirischen Befunde im Gelände.

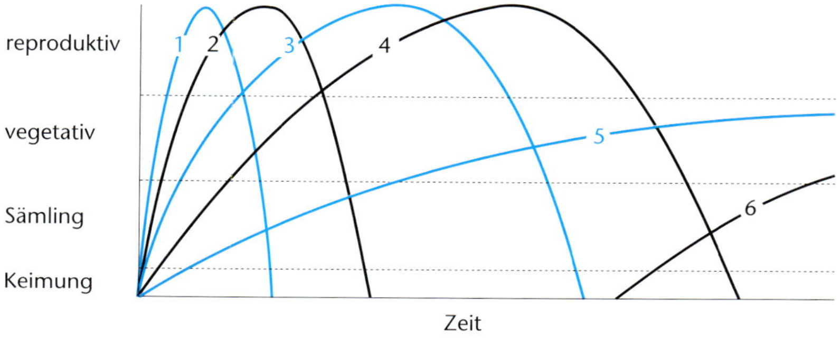

Abb. 4.1.59: Schema der „initial floristic composition" (die Kurven repräsentieren das Verhalten von 6 Arten) (nach Finegan 1984).

Die „ursprüngliche floristische Zusammensetzung" (IFC: *initial floristic composition*)

Das auf Egler (1954) zurückgehende Modell der „ursprünglichen floristischen Zusammensetzung" (IFC, „*initial floristic composition*") wird immer noch zur Beschreibung von Sukzessionsabläufen herangezogen, weil es die physiognomisch zu erkennenden Abläufe gut wiedergibt. Diesem Modell zufolge ist von Beginn an die gesamte Artengarnitur vorhanden und die Sukzession spielt sich in Sequenzen ab, in denen immer nur einige dieser Arten – ihren besonderen Eigenschaften entsprechend – zur Dominanz gelangen. In Abbildung 4.1.59 ist der Wachstumsverlauf für sechs Arten von der Keimung über die Etablierung der Keimpflanzen, die vegetative und schließlich die reproduktive Wachstumsphase dargestellt. Die Arten 1 bis 4 sind relativ kurzlebig, Therophyten bis kurzlebige verholzende Arten, die Arten 5 und 6 langlebig und schattentolerant. Haben sich die letztgenannten Arten voll entwickelt, können sich die kurzlebigen Arten nicht weiter durchsetzen und sterben ab.

Als **deskriptives Modell** wird die IFC sowohl für primäre als auch für sekundäre Sukzessionen akzeptiert. Wie Egler betont, gibt es aufgrund externer Störungen und dadurch bedingter Stresssituationen keine allgemein gültigen Sukzessionsabläufe. Er stellt den **graduellen Wechsel** in den Mittelpunkt und zieht auch den Begriff Vegetationsentwicklung dem der Sukzession vor. Als starke Einschränkung der Aussagen eines solchen Modells muss der Ausschluss eines Diasporeneintrags angesehen werden.

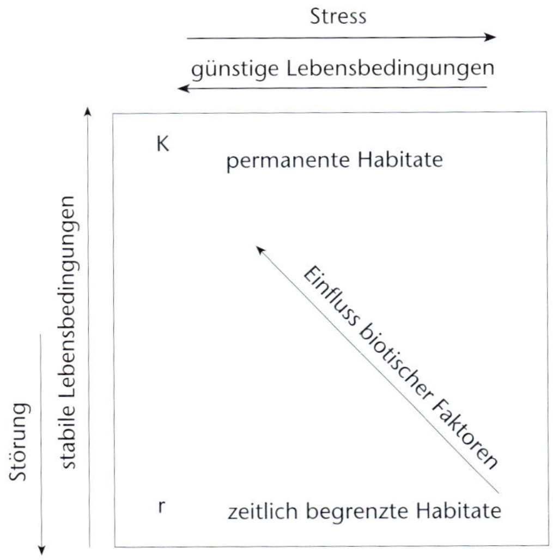

Abb. 4.1.60: Modell der K- und r-Selektion unter Berücksichtigung von Stress (nach Southwood 1977 aus Brown 1985).

K- und r-Strategen

Auch das Modell der r- und K-Selektion von Mac Arthur und Wilson (1967), entwickelt im Rahmen der Überlegungen zur Inselbiogeographie (vgl. Kapitel 4.2.3.1), wird von Botanikern und Zoologen benutzt, um besonders gegensätzliches Verhalten von Arten zu betonen. K- bedeutet hier so viel wie „maximale Populationsgröße", r- steht für „Fortpflanzungsrate". Bei der Zuordnung der Arten zur einen oder anderen Gruppe ist die Art der Reproduktion entscheidend.

r-Strategen bilden viele, nur kleine Samen, die einen hohen Anteil ihrer Phytomasse ausmachen, haben einen effizienten Ausbreitungsmechanismus, wachsen schnell ohne hohe Akkumulationsraten, ertragen aber auch längere Samenruhe und sind schnell zu mobilisieren. Sie sind **kurzlebige Opportunisten**, die sich in ihrer abiotischen Umwelt schnell etablieren, als schattenintolerante Arten aber in ihrer biotischen Umwelt den K-Strategen unterliegen.

K-Strategen sind **langlebige**, langsam wachsende und im Laufe der Zeit stark akkumulierende Arten. Deshalb und weil sie schattentolerant sind, setzen sie sich in der Konkurrenz mir den r-Strategen durch. Sie müssen weniger in ihre Reproduktion investieren und haben nur wenige, größere Samen, die nicht unbedingt in jeder Vegetationsperiode ausgebildet werden (Mastjahre). Dafür müssen sie jedoch Abwehrstoffe einbauen, um langlebige Blätter und andere Organe gegen Herbivorie zu schützen. Hieraus folgt, dass r-Strategen die frühen und K-Strategen die späten Sukzessionsstadien bestimmen. Auf Brachen werden so z. B. annuelle und bienne Arten im Laufe der Zeit von Sträuchern und schließlich Bäumen abgelöst.

Die Zuordnung der Arten zu nur zwei Gruppen ist oft kritisiert worden. Zwar werden die genannten Eigenschaften als entscheidend akzeptiert, man sieht aber zwischen den extremen Positionen der r- und K-Strategen ein Kontinuum. Um diese Übergänge modellhaft zum Ausdruck zu bringen, hat Brown (1985) ein Diagramm entworfen (Abb. 4.1.60), welches dieses Kontinuum zeigt. In diesem Diagramm wird auch angedeutet, dass nicht nur die kurzfristig von r-Strategen eingenommenen Habitate gestört sind, sondern auch die langfristig besiedelten der K-Strategen nicht unbedingt ein stressfreies Wachstum erlauben. Mit der erforderlichen **Stressoleranz** wird somit ein **weiterer Strategietyp** angedeutet.

Die Strategietypen von Grime (C-S-R-Modell)

Grime (1974, 1979) und Grime et al. (1988) hat eines der bekanntesten Modelle der Vegetationsdynamik erarbeitet: das **Dreiecksmodell der ökologischen Primärstrategien**. Die Stresstoleranz, das sich Anpassen an ungünstige Bedingungen und das Reagieren auf Störungen, was als besonders wichtig erachtet wird und in dem r-/K-Strategie-Modell fehlt, wird jetzt betont. Drei Strategietypen werden eingeführt:

- **Konkurrenzstrategen** (C = competitor): langlebige, konkurrenzstarke Arten auf günstigen Standorten ohne Ressourcenbeschränkung und nahezu ohne Stress. Sie haben eine besonders gute Ressourcenausnutzung, besitzen oft Speicherorgane und eine hohe Plastizität in der Wurzel- und Sprossausbildung, eine fortgesetzte Blattproduktion bei kurzer Blattlebensdauer und eine geringe Samenproduktion. Es sind ausdauernde Stauden, Sträucher und Bäume, die kaum an negative Umwelteinflüsse angepasst sind, da sie dies nicht sein müssen. Sie bilden mittlere bis späte Sukzessionsstadien.
- **Stresstoleranzstrategen** (S = stress tolerant): an ungünstige Standortbedingungen mit schwer verfügbaren Ressourcen angepasste Arten (Lichtmangel, Trockenheit, Nährstoffarmut, Frosthäufigkeit, etc.). Sie sind langlebig, aber mit niedriger Produktions- und Reproduktionsrate, weichen auf konkurrenzarme Standorte aus (z. B. Magerrasen, Salzstandorte). Extrem stresstolerante Arten sind Flechten an kalten und trockenen Standorten.
- **Ruderalstrategen** (R = ruderal): kurzlebige, meist krautige Arten mit schnellem Wachstum und hoher Samenproduktion, meist Selbstbestäuber mit rascher Samenreife und -ausbreitung, störungstolerante Opportunisten und Pioniere mit geringer Konkurrenzkraft. Sie wachsen deshalb an Standorten mit häufigen natürlichen Störungen wie Schutthalden, Spülsäumen etc.

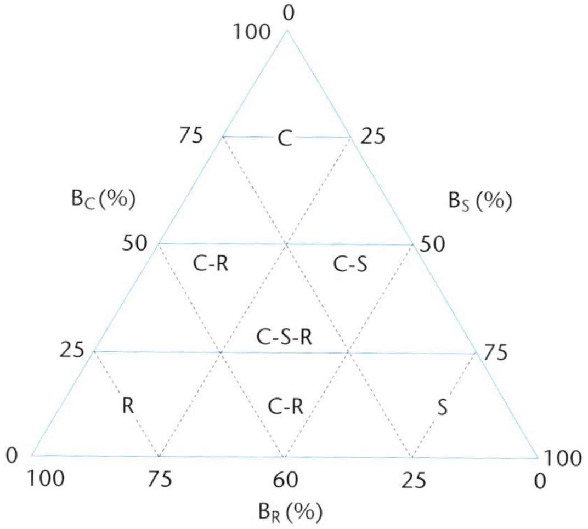

Abb. 4.1.61: C-S-R-Diagramm der Strategietypen nach Grime. C = Konkurrenten, S = Stresstolerante, R = Ruderale und Zwischentypen mit relativer Bedeutung von Konkurrenz (B_C), Stress (B_S) bzw. Störung (B_R) (nach Grime et al. 1988 aus Glavac 1996).

Viele Pflanzenarten lassen sich allerdings nur schwer zweifelsfrei zuordnen, vor allem nicht nur einem dieser drei Extreme. Häufiger sind Übergänge zu beobachten – Pflanzen, die Eigenschaften mehrerer Strategietypen in unterschiedlichen Kombinationen besitzen. So sind z. B. auf günstigen Standorten, auf denen eigentlich Konkurrenzstrategen dominieren sollten, dann C-R-Übergangsformen vertreten, wenn die günstigen Bedingungen kurzfristig gestört werden, also etwa durch Mahd auf Wirtschaftsgrünland. Stresstolerante Konkurrenzstrategen (C-S) sind langlebige, an nicht optimale Standorte angepasste Spezies, z. B. viele Baumarten der nemoralen Wälder. Stress-Ruderal-Strategen (S-R) schließlich wachsen auf ungünstigen Standorten, die häufig gestört werden. Ausgeschieden wird auch ein intermediärer Typ (C-S-R). Hierher gehören Arten, die mehrere Strategien, eventuell auch in zeitlichen Abfolgen, auf sich vereinen (z. B. viele Gräser).

Grime (1988) hat einigen seiner Strategietypen Lebensformen zugeordnet und für diese die Bereiche in seinem „**strategischen Dreieck**" skizziert. Auch kennzeichnet er mit Hilfe dieser Strategietypen Sukzessionsabfolgen (Abb. 4.1.61), wobei er unterschiedlich mögliche Produktionsraten unterstellt. Auf produktiven Standorten geht die Entwicklung von den Ruderalen über die Konkurrenzstarken zu den Konkurrenz-Stress-Strategen. Dies

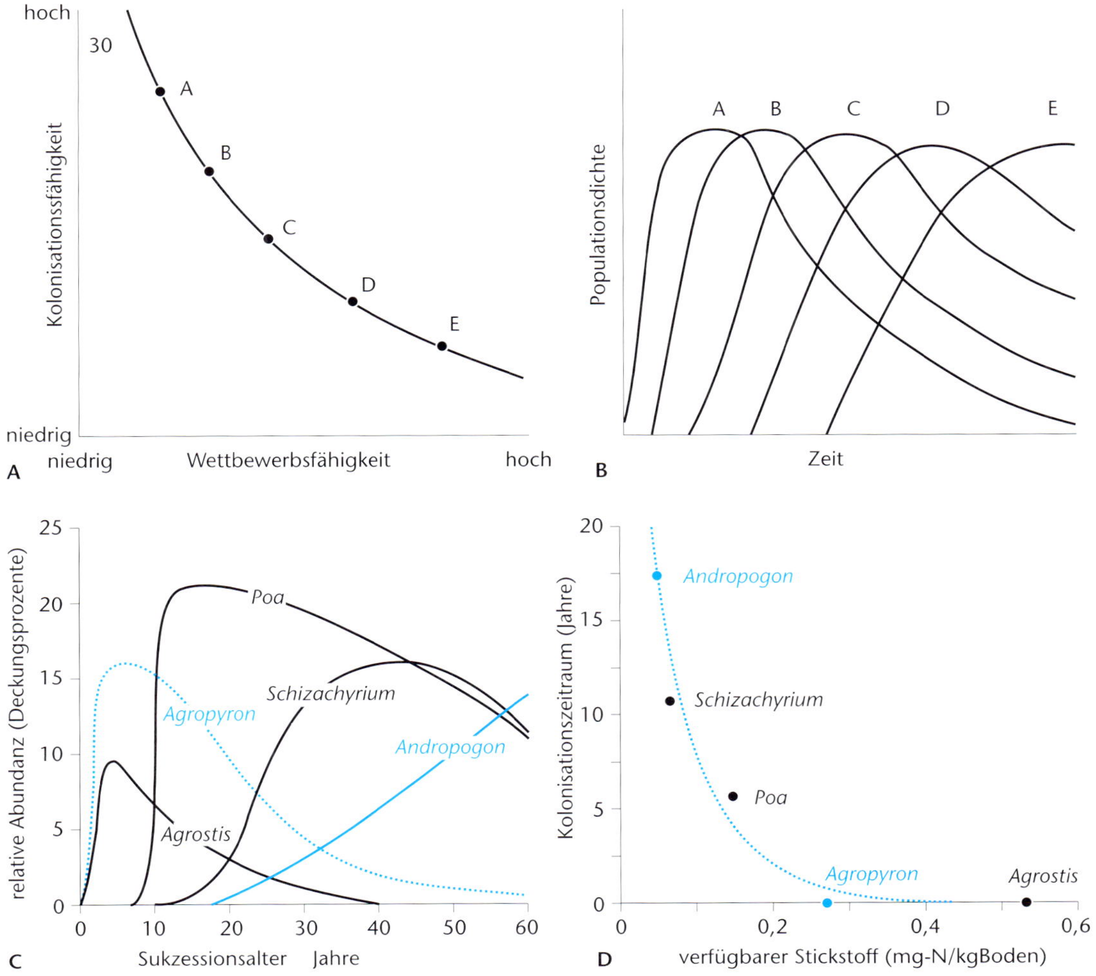

Abb. 4.1.62: Zusammenhänge zwischen Wettbewerbs- und Kolonisationsfähigkeit (nach Tilman 1990): A: hypothetische Beziehung zwischen der Wettbewerbs- und der Kolonisationsfähigkeit von 5 Arten (A-E); B: Dynamik der Arten A-E aufgrund angenommener Eigenschaften mit zunehmender Zeit; C: Beobachtete Sukzessionsdynamik von 5 Grasarten (Tilman 1988); C: Beobachtete Beziehung zwischen Kolonisationszeit und Wettbewerbsfähigkeit (ausgedrückt in verfügbarem N) für die 5 Grasarten (Tilman und Wedin 1991).

gilt in Mitteleuropa z. B. für einen Kalkbuchenwald. Auf wenig produktiven Standorten ist das Endstadium durch stresstolerante Arten bestimmt. Je produktiver die Standortverhältnisse sind, umso höher ist der Anteil der konkurrenzstarken Arten in mittleren Sukzessionsphasen. Die Wettbewerbsintensität wächst mit zunehmender Standortproduktivität. Diesem Resümee widerspricht Tilman (1990).

Das universell gültige Klassifikationssystem, welches Grime mit seinem CSR-System erstellen wollte, ist von Beginn an kritisiert worden, weil eine Zuordnung der Pflanzenarten zu einzelnen Strategietypen zwar nicht willkürlich, doch auch nicht immer eindeutig möglich ist. Dies erschwert quantitative Auswertungen. Stresstoleranz und Konkurrenzfähigkeit werden oft als zwei Aspekte des selben Gegenstands angesehen. Schließlich spielen neben genetisch fixierten Eigenschaften der Pflanzen auch erworbene eine Rolle. Sie werden in diesem Konzept nicht berücksichtigt. Dennoch ist es – nicht zuletzt auch deshalb, weil es Widerspruch hervorrief und weitere Modelle provoziert hat – aus der Diskussion zur Vegetationsdynamik nicht wegzudenken.

Das resource-ratio-Modell von Tilman

Alle Pflanzenarten werden in ihrer Verbreitung durch schwer erreichbare aber lebenswichtige Ressourcen begrenzt. Ist eine Art beim Wettbewerb um eine solche **begrenzende Ressource** erfolgreich, so unterliegt sie gewöhnlich im Kampf um eine andere. Dies ist die Grundannahme von Tilman (1990). Er nimmt weiter an, dass die wichtigsten begrenzenden Ressourcen für terrestrische Habitate entweder im Boden liegen (und dort in der Regel beim Stickstoff) oder beim Licht. In ihrer Begrenzung wirken sie auf die Pflanzen als Stressoren. Diese Ressourcen verhalten sich oft invers, d. h. bei niedrigem N-Angebot herrschen günstige Lichtverhältnisse, an Standorten mit günstigen Bedingungen der Pflanzenernährung ist Licht schlecht verfügbar. Zwischen beiden Extremen führen Gradienten zu Sukzessionsstadien, in denen sich Pflanzenarten je nach ihren Ansprüchen und ihrer spezifischen Wettbewerbsstärke ablösen. Jede Art wächst am schnellsten und reproduziert sich am besten auf dem Niveau der begrenzenden Ressourcen, an welches sie am besten angepasst ist und wo sie deshalb den Wettbewerb gewinnt. Eine besonders große Rolle spielen eine ausreichend hohe Wurzelbiomasse für die Allokation ausreichender Nährstoffe und eine ebenfalls ausreichend hohe oberirdische Biomasse für den Lichtgenuss.

Vor allem die frühen und späten Stadien von primären Sukzessionen, aber auch die von sekundären auf nährstoffarmen Substraten lassen sich so verständlich machen. In einer Primärsukzession werden Arten, die mit wenig Stickstoff auskommen, alle stickstoffbedürftigen verdrängen. Im Laufe der Zeit wird aber durch Mineralisierung und Stickstoffeinträge die Ernährungssituation günstiger. Jetzt sind Arten konkurrenzstärker, die mit weniger Licht auskommen. Diese Hypothese ist Grundlage des **„*resource-ratio*-Modells“** bzw. des **Nährstoff-Licht-Verhältnis-Modells**. Noch einfacher als dieses Modell sind die Nährstoff-Kolonisations- bzw. Licht-Kolonisations-Modellvorstellungen. Erstere gelten wiederum für nährstofflimitierte Habitate. Hier sind zunächst Kolonisten erfolgreich, die schnell zahlreiche Samen produzieren und weit verbreiten können. Sie sind jedoch schwach im Wettbewerb um Nährstoffe. Im Vorteil sind Arten, die schnell in ihre Wurzelmasse investieren und deshalb im Wettbewerb um Nährstoffe gewinnen. Entsprechendes gilt auf nährstoffreichen Habitaten für den Faktor Licht, der dort begrenzt zur Verfügung steht. In Abbildung 4.1.62 verdeutlicht Tilman diese Zusammenhänge am Beispiel der Wettbewerbs- und Kolonisationsfähigkeit von fünf Grasarten.

Aus diesen Modellvorstellungen lassen sich Konsequenzen für die Biodiversität von Räumen ableiten. Je heterogener ein zu besiedelnder Raum ist – vor allem im Hinblick auf seine natürliche Ausstattung (Nährstoffe, Licht, Wasser usw.) und auf natürliche oder anthropogene Störungen – umso artenreicher kann er ausgestattet sein. Hieraus folgt nicht nur, dass bei wachsender Heterogenität der Artenreichtum zunimmt, sondern auch, dass Habitate, die die erforderlichen Ressourcen zur Verfügung stellen, diese in mittleren Mengen aufweisen sollten. Nach diesen Vorstellungen von Tilman sind Fragen der Dynamik und der Diversität aufs Engste miteinander verknüpft.

Die Vorstellungen Tilmans sind nicht unwidersprochen geblieben. Er argumentiert z. B. auf dem Artniveau, in der Natur konkurrieren aber Individuen miteinander. Es wird ihm unterstellt, er würde dynamische Prozesse zu Gunsten angenommener Gleichgewichtszustände vernachlässigen. Schwer vorstellbar erscheint auch, dass die Arten, die ihre Bedürfnisse minimieren können, letztlich alle anderen Arten verdrängen. Dennoch haben die Ideen von Tilman zu den am weitesten verbreiteten Modellvorstellungen zur Vegetationsdynamik geführt.

Facilitation – Tolerance – Inhibition – die Modellvorstellungen von Connell und Slatyer

Konkurrenz um Ressourcen am Standort, welche sich im Laufe der Zeit in Art und Menge ändern können, und Störungen unterschiedlichster Art werden auch von Connell und Slatyer (1977) als treibende Kräfte für die Vegetationsdynamik angesehen. Außerdem betonen sie die Maßstabsfrage, unterstellen also, dass bestimmte Formen der Vegetationsdynamik nur in bestimmten Maßstäben relevant sind.

Drei Modelle (**Sukzessionswege**) werden von ihnen in den Mittelpunkt gestellt (siehe Kasten 4.1.6):

- **„*Facilitation*“-Modell**: *Facilitation* wird als Förderung aufgefasst, wobei davon ausgegangen wird, dass Erstbesiedler im Laufe der Zeit die standörtlichen Bedingungen autogen so verändern (Substrataufbereitung, Humusbildung etc.),

Kasten 4.1.6 Die drei „Sukzessionswege" nach Connell und Slatyer (nach Connell und Slatyer 1977 aus McCook 1994)

	1. Weg: Förderung	2. Weg: Toleranz	3. Weg: Unterdrückung
	Störung Eröffnet relativ großen Raum, stellt Ressourcen zur Verfügung		
Etablierung:	Von den ankommenden Arten können sich nur die „frühen Sukzessionsarten" etablieren.	Von den ankommenden Arten können sich die etablieren, die auch als adulte Pflanzen überleben können.	
Einflüsse der früh ankommenden Arten auf die später folgenden:	Der Standort wird für die Arten der „frühen Sukzessionsstadien" ungünstiger, dagegen günstiger für die Arten der „späten Sukzessionsstadien".	Der Standort wird für Arten der „frühen Sukzessionsstadien" ungünstiger, was aber kaum oder keinen Einfluss auf die Arten der „späten Sukzessionsstadien" hat.	Der Standort wird sowohl für die Arten der „frühen Sukzessionsstadien" als auch die der „späten Sukzessionsstadien" ungünstiger.
Artenwechsel:	Standörtliche Veränderungen durch die Arten der „frühen Sukzessionsstadien" fördern das Wachstum von Arten der „späten Sukzessionsstadien". Mit der Zeit werden die erstgenannten Arten eliminiert.	Jungpflanzen der „späten Sukzessionsstadien" wachsen uneingeschränkt, obwohl gesunde Individuen von Arten der "frühen Sukzessionsstadien" präsent sind. Letztere werden erst im Laufe der Zeit eliminiert.	Die frühen Kolonisten unterdrücken die Individuen aller folgenden Kolonisten, solange die frühen Kolonisten ihre Stellung behaupten bzw. sich vegetativ regenerieren.
Weitere Entwicklung:	In der Folgezeit setzt sich diese Dynamik fort, bis die anwesenden Arten Ankunft und Wachstum weiterer Arten nicht mehr fördern.	Dieser Prozeß setzt sich fort, bis die anwesenden Arten verhindern, dass neue Arten hinzukommen	
Potentieller Endzustand:	In diesem Stadium können nur dann neue Arten hinzukommen, wenn eine der etablierten Arten abstirbt und dadurch Raum frei wird. Ob überhaupt eine Verschiebung im Artenspektrum stattfindet, hängt vom Standort und den Anforderungen der Arten ab, die eventuell als Ersatz für absterbende Arten zur Verfügung stehen.		

Abb. 4.1.63: *Strategische Anpassungen bei Pflanzen und Tieren im Verlauf einer sekundären Sukzession (nach verschiedenen Quellen aus Brown und Southwood 1987).*

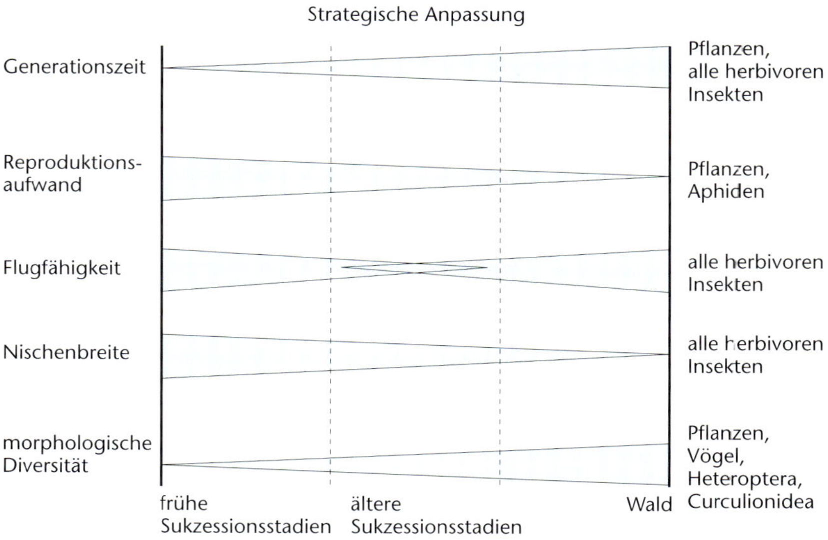

dass die Ansiedlung anspruchsvollerer Arten gefördert wird. Zumeist ist dies mit einer Ablösung der Erstbesiedler verbunden, da sie der Konkurrenz der Neuankömmlinge nicht gewachsen sind.

- ***„Tolerance"*-Modell**: Später ankommende Arten werden weder gefördert noch gehemmt. Sie können sich aber erst etablieren, wenn früher angekommene Arten und Individuen „Platz machen". Die jetzt vertretenen Arten machen sich Konkurrenz und verhalten sich so wie im *resource-ratio*-Modell von Tilman. Es setzen sich Arten durch, die die jeweiligen Ressourcen am effizientesten ausnutzen.
- ***„Inhibition"*-Modell**: Hier unterdrücken oder hemmen die früh angekommenen Arten das Eindringen später ankommender. Diese können allenfalls Fuß fassen, wenn der Bestand gestört wird oder sich durch absterbende Individuen kurzzeitig Platz bietet, nicht aber durch Konkurrenzstärke.

Alle drei Modelle sind in Feldexperimenten geprüft worden. Das *Facilitation*-Modell ist bei primären Sukzessionen zu beobachten, wo Pionierarten erst Substrat aufbereiten, ebenso aber auch nach Störungen, die die Sukzession in ein früheres Stadium zurückwerfen. Die beiden anderen Modellversionen sind bei späteren, artenreicheren Sukzessionsstadien belegt. Die Endstadien werden als relativ stabil angesehen, eine zyklische Dynamik wird aber nicht ausgeschlossen.

Connell und Slatyer gehen bei ihren Überlegungen auch auf die Stabilitätsfrage ein (siehe Abschnitt 4.1.6). Sie fassen Sukzessionen als Ausgleichsreaktionen eines „stabilen" Systems auf, welches stark gestört wurde. Das räumliche und zeitliche Ausmaß der Störung wie auch ihre Art und Intensität sind entscheidend für das neu entstehende Ausgangstadium der folgenden Sukzession. Connell und Slatyer räumen ein, dass auch ihre Modelle keine ausreichenden Erklärungen für vegetationsdynamische Prozesse liefern. Exogene Einflüsse, die kleinräumige standörtliche Heterogenität wie auch Einflüsse tierischer Partner bleiben außer Acht. Es wird gefordert, die drei hier formulierten Wege weiter zu differenzieren, da zwischen fakultativer und obligater Förderung, zwischen partieller und exklusiver Hemmung etc. zu unterscheiden ist. Schließlich kann eine früh besiedelnde Art für die nachfolgenden sowohl fördernd als auch hemmend sein (McCook 1994).

4.1.5.4 Vegetationsdynamik und der Einfluss von Tieren

Zu jedem Zeitpunkt einer Sukzession muss mit zwei wesentlichen Einflüssen von Tieren gerechnet werden. Zum einen kann das Artenspektrum durch Herbivorie verändert werden, jedenfalls werden die Wettbewerbsbedingungen verändert. Dies wird selten in vollem Umfang erkannt, da von den **Herbivoren** oft Samen und Keimpflanzen gefressen werden und das Ausmaß eines solchen Eingriffs schwer abzuschätzen ist. Es kann oft nur spekuliert werden, wie die Vegetationsentwicklung ohne Pflanzenfresser ablaufen würde. Zum anderen **sind Tiere Vektoren für die Diasporen** und somit an der Ausbreitung von Arten, der Bildung räumlicher Muster und der Zusammensetzung der Vegetationseinheiten entscheidend beteiligt. Daneben verändern Tiere durch Ausscheidungen (z. B. Lägerfluren) und durch mechanische Aktivitäten (Bodenwühler) den Standort.

Viele Daten belegen, dass auch bei Tieren eine deutliche Dynamik besteht. So überwiegen in den Initialstadien von Sukzessionen die Herbivoren mit 93 %, in älteren Stadien sinkt dieser Anteil auf 51 %, im Wald beträgt er nur noch 44 %. Saft saugende Phytophage sind zu Beginn zur Hälfte, später nur noch zu einem Viertel beteiligt. Makroinvertebraten und die mit ihnen assoziierten Prädatoren nehmen dagegen mit dem Alter der Sukzession zu. Aus diesen Beobachtungen haben Brown und Southwood (1987) versucht, Grundzüge von Anpassungsstrategien für Pflanzen und Tiere im Laufe der Sukzession zu skizzieren (Abb. 4.1.63). Hierin wird festgehalten, dass tierische Partner in frühen Sukzessionsstadien meist Opportunisten sind (r-Strategen), die in ihre Reproduktion investieren. Viele der Insekten können fliegen, was eine schnelle Kolonisation verspricht. Die Phytophagen sind Generalisten. Es gibt nur einfache Nahrungsketten. In mittleren Stadien sind bei den Tieren auch Sekundärkonsumenten vertreten, insbesondere Insektivoren. Nahrungsketten und die gesamte strukturelle Organisation des Habitats werden komplexer. Die Streu kann besiedelt werden. Viele Insekten haben jetzt keine Flügel mehr, die Wirbellosen sind relativ uniform verteilt. Die hohe strukturelle Vielfalt der Vegetation in den Endstadien bedeutet eine große Nischenbreite für Spezialisten. Die morphologische (und trophische) Diversität bei Wirbellosen (insbesondere Insekten) und Wirbeltieren (insbesondere Vögeln) ist hoch. Auch bei den Tieren dominieren jetzt K-Strategen.

Einige Modellvorstellungen, die für die Vegetationsdynamik formuliert worden sind, lassen sich also auch auf die Tierwelt übertragen oder sind ohnehin ursprünglich für Tiere entwickelt worden (K- und r-Strategen). Dies ist für das Verständnis der Dynamik von Biozönosen wichtig.

4.1.5.5 Künftige Ansätze zum Verständnis der Vegetationsdynamik

Modellvorstellungen zur Vegetationsdynamik, z. B. zu Fragen der **Konvergenz und Divergenz** in Sukzessionsentwicklungen (Leps und Rejmanek 1991), der **Kontinuumansatz** von Austin (1985) oder die beginnenden Diskussionen um **Chaostheorie und nonlineare Systeme** (Stone und Ezrati 1996), in denen versucht wird, der großen Komplexität von Ökosystemen besser Rechnung zu tragen, könnten ergänzt werden. Diese wie auch die behandelten Ansätze mit sich teilweise überschneidenden Modellen zeigen, dass es nicht möglich ist, die Vegetationsdynamik – und erst recht nicht die Dynamik von Lebensgemeinschaften oder sogar Ökosystemen – mit einer „einzigen Formel" zu beschreiben. Die komplizierten Prozesse und Muster einer solchen Dynamik lassen sich nur begrenzt generalisieren und modellieren. Beschreibende Modelle, etwa für die Abfolge einzelner Arten, sind akzeptiert, sie erklären aber wenig. Auch wird kaum beachtet, dass sich eine Art im Jugendstadium ganz anders verhalten kann als in älteren Stadien. Bazzaz (1990) resümiert: *„Despite much progress in modeling succession, the tension between simplicity of models for prediction and complexity to include all relevant parameters remains unsolved."*

Einen Weg zum besseren Verständnis der Prozesse und Mechanismen der Vegetationsdynamik könnte die Integration bisheriger Erkenntnisse aus experimentellen Ansätzen bieten. Dabei sind die unterschiedlichen räumlichen und zeitlichen Skalen und die Integrationsstufen der Pflanzen – Individuum, Art, Population, Gesellschaft – zu beachten. Empirische Befunde aus Langzeitstudien wären vermehrt heranzuziehen. Die Ergebnisse von Schreiber (1995) zu sehr detaillierten Sukzessionsstudien über mehr als 20 Jahre (auf Brachen) passen in kein Sukzessionsmodell. Dies bedeutet, dass sich Sukzessionen kaum vorhersagen lassen und Planungen riskant sind, die auf dennoch formulierten Prognosen aufbauen.

Abb. 4.1.64: Modell eines Ökosystems unter besonderer Berücksichtigung von Belastung und Selbstregulationsfähigkeit (aus Remmert 1996).

4.1.6 Stabilität von Pflanzengemeinschaften

Mit Sukzessionen und zyklischer Vegetationsdynamik werden Fragen der „Stabilität" von Pflanzengemeinschaften und ganzen Ökosystemen sowie der Begriff des **ökologischen Gleichgewichts** berührt. Diese komplexe Thematik wird bis heute kontrovers diskutiert, was vor allem mit dem weiten Spektrum der inhaltlichen Auffassung von Stabiltät und Stabilitätseigenschaften zusammenhängt (Grimm et al. 1992). Zeitliche und räumliche Maßstäbe werden nur unzureichend beachtet, Stabilität wird sowohl auf Augenblickszustände, auf Jahre wie Jahrhunderte bezogen, die betrachteten Phytozönosen besiedeln Flächen von wenigen Quadratdezimetern bis zu vielen Quadratkilometern. Auf jeden Fall ist das Begriffspaar stabil-instabil mit Störungen und mit Stress verknüpft.

Stabilität wird vielfach im Zusammenhang mit **Diversität** und **Komplexität** diskutiert (Pimm 1984, siehe auch Abschnitt 4.2.4). Lange Zeit glaubte man, hohe Diversität habe hohe Stabilität zur Folge, sei als Grundvoraussetzung für Stabilität anzusehen. Inzwischen liegen Belege für das andere Extrem, also hohe Stabilität bei niedriger Diversität, vor. Es scheint zwar plausibel, dass arten- und nischenreiche Biozönosen besonders stabil sind, weil sie Artenverluste besser ausgleichen können. Möglicherweise ist der Verlust einer Art auch deshalb schnell auszugleichen, weil ihre Funktionen von einer anderen Art übernommen werden. Komplexe gestörte Kreisläufe mögen dagegen nur schwer wiederherzustellen sein.

4.1.6.1 Zur Variationsbreite der Begriffe „ökologische Stabilität" und „ökologisches Gleichgewicht"

Die zahlreichen Definitionen der ökologischen Stabilität lassen neben Besonderheiten viele Gemeinsamkeiten erkennen. Im Allgemeinen wird damit der Gedanke an ein System verbunden, welches seine Strukturen und Funktionen langfristig aufrechterhalten kann. Die Populationsgrößen von Arten dürfen um einen Wert schwanken, dessen mittlerer Bereich als ökologisches Fließgleichgewicht aufgefasst wird. Artenwechsel ist in begrenztem Maß denkbar, nicht aber der von Lebensformen oder funktionellen Gruppen. Gerade Letztere sind es, welche funktionale Beziehungen, eine hohen Nischenreichtum und Rückkopplungen in einem System herstellen. Theoretisch lässt sich **Stabilität** somit über die **Summe der Systemzusammenhänge** definieren.

Stabilität ist trotz aller Beständigkeit gegenüber sich ändernden Umweltbedingungen ein dynamisches Konzept, da sie die Stabilität von Prozessen mit einschließt. Stabile Systeme reagieren auf Störungen und führen durch (Selbst-)Regulation zum Ausgangsstadium zurück. Ökologische Stabilität schließt zyklische Veränderungen mit ein, nicht jedoch Sukzessionen. Ein labiles System kann dagegen verändernde Einflüsse von außen nicht ausgleichen. Schließlich ist auch eine Gleichsetzung der Begriffe Stabilität und Konstanz ist nicht zulässig, da letztere jeden Wechsel ausschließt.

Bei Ökosystemen können nach Schäfer (1992) vier **Grundtypen von Stabilität** unterschieden werden, die sich auf Phytozönosen anwenden lassen:

- **Konstanz** (das System wird nicht gestört und ändert sich aus sich heraus nicht);
- **Zyklizität** (das System verändert sich aus sich heraus, kehrt aber zum Ausgangszustand zurück);
- **Resistenz** (das System wird gestört, ändert sich aber nicht);
- **Elastizität** (***„resilience“***, das System ändert sich bei Störungen, kehrt aber danach wieder in den Ausgangszustand zurück).

Diese Vorstellungen von Stabilität berücksichtigen die dem Stresskonzept zugrunde liegenden Überlegungen. Sie werden in den Konzepten von Pimm (1984) und Gigon (1984) wieder aufgegriffen. Während vielerseits Stabilität als Grundvoraussetzung allen Funktionierens von Systemen gilt, so wird sie jedoch mitunter als völlig irrelevant (und in keiner Form existierend) beurteilt, da in den Ökosystemen eine dementsprechende Ordnung nicht zu erkennen ist (Chaostheorie).

Eng verknüpft mit ökologischer Stabilität ist **das ökologische Gleichgewicht**. Es beschreibt nicht konstante Verhältnisse, sondern eine Dynamik. Nach Bick (1993) ist hierunter zweierlei zu verstehen. Zum einen betrifft es Ex- und Import von Nährstoffen und Wasser, Auf- und Abbau organischer Substanz, Bodenneubildung und -abtrag in einem Ökosystem (**Fließgleichgewicht**). In der Landwirtschaft wird versucht, nach Ernteentzügen durch Düngung ein solches Gleichgewicht wieder herzustellen. Zum anderen sind es biozönotische Gleichgewichte, Art-zu-Art-Beziehungen, die von Pflanze zu Pflanzenfresser oder von Symbiosepartnern. Als entscheidend für die Erhaltung solcher dynamischen Gleichgewichte wird die (Selbst-) Regulationsfähigkeit von Ökosystemen angesehen (Abb. 4.1.64).

4.1.6.2 Belastungen, Störungen und ökologische Stabilität

Mit Störungen sind nicht zwangsläufig negative Folgen für die Stabilität von Ökosystemen oder Lebensgemeinschaften verbunden. Sie können sogar für die Aufrechterhaltung eines dynamischen Gleichgewichts unerlässlich sein. So würde sich ein borealer Lärchenwald ohne den regelmäßigen Einfluss von Bränden zu einem anderen System entwickeln. Die nur vorübergehende Abweichungen vom System bewirkenden Einflüsse gehören zum ***„strain“***, die tatsächlich verändernden zum ***„stress“***. Ein und derselbe Störfaktor kann also unterschiedliche Konsequenzen für ein System haben. Und schliesslich haben Störungen unterschiedliche räumliche Dimensionen (Abb. 4.1.65).

Im Allgemeinen werden Störungen und Belastungen als Einflüsse angesehen, welche eine vom „Normalen abweichende Situation“ darstellen, die zu Stresssituationen führt (Guderian und Braun 1993). In welchem Maße ein System belastbar ist, hängt einerseits von der Art, der Intensität der Störung ab, ebenso von ihrer Dauer und der räumlichen Reichweite (siehe Abb. 4.1.65). Andererseits beruht die Stabilität eines Systems auch auf seiner Empfindlichkeit gegenüber Störungen und seinen Regenerationseigenschaften nach einer Störung. Es kann besonders resistent oder nach einer Störung in der Lage sein, schnell wieder in den Ausgangszustand vor der Störung zurückzukehren. Erträgt ein System Störungen, so wird es als elastisch bezeichnet (***resilience***).

Störungen kann man als systemimmanent oder zufällig von außen herangetragen ansehen, sie können endogen und exogen auftreten, Letztere natürlich oder anthropogen bedingt sein. Das mehrjährige Ausbleiben von Niederschlägen in Wüstengebieten gehört zu den systemeigenen Störungen, die Regulierung der Dichte in Populationen, die von Räuber-Beute-Beziehungen oder die Rutschungsdy-

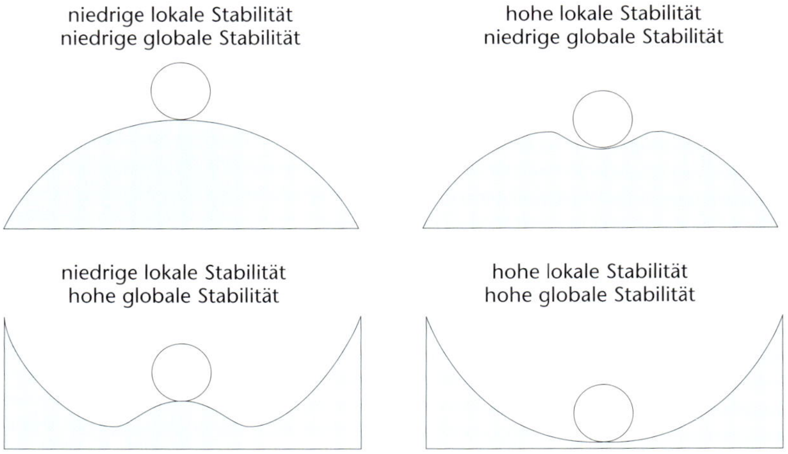

Abb. 4.1.65: Schema zur Verdeutlichung der Zusammenhänge von verschiedenen räumlichen Maßstäben und Stabilität (nach Begon et al. 1996).

namik in Gebirgsökosystemen ebenso. Es ist oft schwierig, endogen biologisch bedingte Störungen von solchen zu unterscheiden, die durch Umwelteinflüsse verursacht sind.

Walker (1989) hat versucht, natürliche Störungen in einer hierarchischen Ordnung zusammenzustellen. Dabei tragen sie sowohl unterschiedlichen räumlichen als auch zeitlichen Betrachtungsmaßstäben Rechnung. Die Skala reicht von Störungseffekten durch Kontinentaldrift im Maßstab von Millionen von Quadratkilometern und Jahren über Klimaänderungen und -schwankungen, die nur einzelne klimatische Subzonen und wenige Jahrtausende betreffen können, bis zu Schäden durch Springfluten, Spätfröste oder extreme Herbivorie, welche sich auf wenigen Hektar in nur kurzen Zeiträumen auswirken.

4.1.6.3 Konzepte zur ökologischen Stabilität von Pimm und Gigon

Pimm (1984) hat versucht, durch eine klare Unterscheidung von Komplexität und Stabilität einerseits und durch eine notwendig gewordene differenzierte Betrachtung der ökologischen Stabilität andererseits eine gemeinsame Grundlage für weitere Überlegungen zu schaffen. Für die Komplexität in einem System sind hiernach die **Artenzahlen**, die **Zahl und Stärke interspezifischer Interaktionen** (*connectance* und *interaction strength*) und **die Verteilung der Arten** (*evenness*) herausragende Eigenschaften. Sie führen zu fünf verschiedenen Begriffen, die gegenwärtig in der Stabilitätsdiskussion verwendet werden.

- Bei der Stabilität im engeren Sinn kehren alle durch eine Störung betroffenen Systemelemente in den ursprünglichen Gleichgewichtszustand (im Sinne eines ökologischen Gleichgewichts) zurück.
- Stabilität ist mit der Zeit verbunden, welche verstreicht, bis der Ausgangszustand wieder erreicht wird. Hierin zeigt sich die Elastizität (*resilience*) des Systems.
- Persistenz ist der dritte Begriff. Auch hiermit ist die zeitliche Dimension verbunden. Gemessen werden die Zeiträume, welche verstreichen, bevor durch Störung einzelne Systemelemente dauerhaft verändert werden.
- Resistenz als vierter Begriff bezeichnet das Ausmaß der Veränderung eines Systemelements nach einer Störung.
- Schließlich ist auch noch die Variabilität des Systems zu berücksichtigen. Hierunter wird die Varianz von Populationsdichten bzw. Abundanzen in der Zeit verstanden, gemessen als Abweichung von mittleren Dichten.

Pimm (1984) betont, dass es unerlässlich ist, bei allen Diskussionen zur ökologischen Stabilität zeitliche und räumliche Maßstäbe zu beachten.

Auf dieser Grundlage stellt auch Gigon (1983, 1984) seine Überlegungen an. Auch danach darf ökologische Stabilität nicht nur auf Gleichgewichtsvorstellungen zurückgeführt werden. Vielmehr wirken auch andere Stabilitätsmechanismen

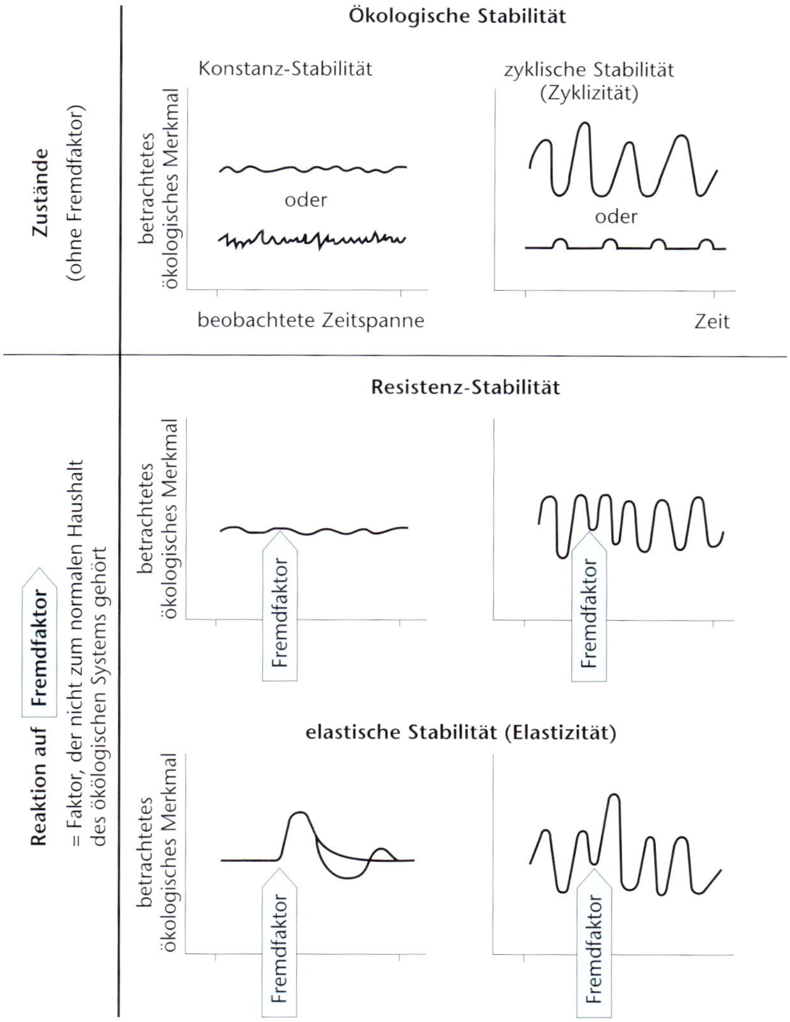

Abb. 4.1.66: Schema der vier Grundtypen ökologischer Stabilität (in Abhängigkeit vom dynamischen Verhalten des betrachteten Merkmals und vom Fehlen oder Vorhandensein eines Fremdfaktors) (nach Gigon 1984).

wie Trägheit, Pufferwirkung, Stellvertretungsprinzip und Risikoverteilung in einem Ökosystem. Entscheidende Merkmale sind das grundsätzliche dynamische Verhalten von Ökosystemen und das Vorhandensein (oder Fehlen) von Störungen. Darüber hinaus wird deutlicher als zuvor herausgestellt, dass sich in der Natur Ungleichgewicht und Instabilität als ebenso entscheidend für die gesamte Evolution erweisen wie Gleichgewicht und Stabilität.

Demzufolge unterscheidet Gigon:

- **ökologische Stabilität**, welche die Unveränderlichkeit eines Systems oder seine Fähigkeit, nach einer Störung wieder die Ausgangssituation zu erreichen, einschließt
- **ökologische Instabilität**, bei der Veränderungen nach Störungen nicht rückgängig gemacht werden können.
- **ökologische Labilität**, die eine Zwischenstellung einnimmt, bei der eine starke Disposition zur Veränderung durch Störungen besteht.

Formen ökologischer Stabilität können als Konstanz bezeichnet werden, wenn tatsächlich keine Veränderungen stattfinden (ausgenommen der Wechsel von Individuen) oder als Resistenz, wenn Störungen abgepuffert werden (Abb. 4.1.66). In diesen Fällen bleiben die betroffenen Systeme nahezu unverändert erhalten. Weitere Formen, bei denen

Abb. 4.1.67: Schema der Grundtypen ökologischer Instabilität (in Abhängigkeit vom dynamischen Verhalten des betrachteten Merkmals und vom Fehlen oder Vorhandensein eines Fremdfaktors) (nach Gigon 1984).

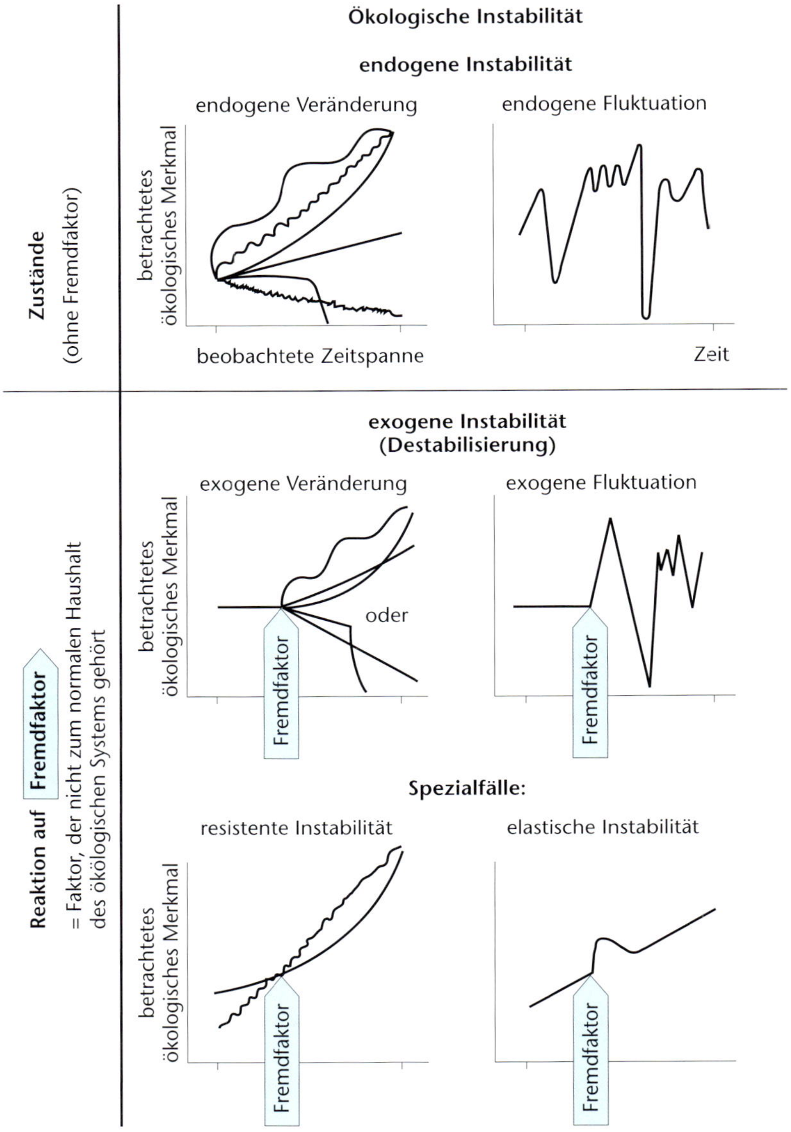

eine größere Dynamik zu beobachten ist, dennoch aber die Ausgangssituation wieder erreicht wird, können als Zyklizität bei regelmäßigen Schwankungen und Regenerationszyklen oder als Elastizität bezeichnet werden, wenn nach unregelmäßig aufgetretener Störung eine Regeneration stattfindet.

Formen der Instabilität (Abb. 4.1.67) führen entweder zu Veränderungen, wobei diese Veränderungen endogen (z. B. bei einer autogenen Sukzession) oder exogen (durch Einwirkung einer Störung) ausgelöst werden können, oder sie spielen sich wiederum als entweder endogene oder exogene Fluktuationen ab (z. B. Massenvermehrung von Insekten oder Ertragsschwankungen in der Landwirtschaft durch Krankheitsbefall).

Die hier skizzierten Stabilitäts- bzw. Instabilitätsformen können dabei in ein und demselben System vorkommen. Ein einzelner Baum verhält sich anders als ein ganzer Waldbestand, ein örtlich zerstörendes Feuer kann für die Erhaltung eines großräumig bestehenden Systems unerlässlich sein. Insgesamt ist mit diesem Vorschlag ein klares, praxisorientiertes Konzept erstellt, welches in den meisten Fällen als Ordnungsschema dienen kann. Nur wenige Fälle lassen sich aufgrund zu kurzer Beobachtungsdauer oder ungenügend bekannter Einflussgrößen nicht zuordnen. Zu unterstreichen ist, dass mit einer Einordnung von Systemen in das vorgestellte Schema keine Bewertung vorgenommen wird. Ein stabiles System wird möglicherweise von einem Landwirt ganz anders bewertet werden als von einem Naturschützer, von einem Skifahrer anders als von einem Jäger. Mit einer sich an Normen und Leitbildern orientierenden **Bewertung der Stabilität** muss sich eine **praxisorientierte Synökologie** befassen.

Literatur

Abt K (1990) Auswirkungen des Agrarstrukturwandels auf Streuwiesen und zweischürige Futterwiesen im württembergischen Allgäu. *Verh. Ges. Ökol.* 19/2: 434–441

Aubréville A (1949) Climats, fôrets et désertification de l´Afrique tropicale. Soc Ed maritimes et coloniales, Paris.

Austin MP (1985) Continuum concept, ordination methods and niche theory. *Ann. Rev. Ecol. Syst.* 16: 39–61

Badal E, Bernabeu J, Vernet JL (1994) Vegetation changes and human action from the Neolithic to the Bronze Age (7000–4000 bp) in Alicante, Spain, based on charcoal analysis. *Veget. Hist. Archeobot.* 3: 155–166

Baierlein F (1991) Biotopverbundsysteme und das Mosaik-Zyklus-Konzept. *Laufener Seminarbeiträge* 5/91: 45–51

Barbault R, Sastrapradja SD (1995) Generation, maintainance and loss of biodiversity. In: Heywood VH, Watson RT (Hrsg.) Global biodiversity assessment. Cambridge University Press, Cambridge. 193–274

Barbero M, Bonin G, Loisel R, Quenzel P (1990) Changes and disturbances of forest ecosystems caused by human activities in the western part of the mediterranean basin. *Vegetatio* 87: 151–173

Bazzaz FA (1990) Plant-plant interactions in successional environment. In: Grace JB, Tilman D (Hrsg.) Perspectives on plant competition. Academic Press, San Diego. 239–263

Beierkuhnlein C (1998) Biodiversität und Raum. *Die Erde* 128: 81–101

Bezzel E (1991) Mosaik-Zyklus-Konzept und Naturschutzpraxis – ein sehr subjektives Schlußwort. *Laufener Seminarbeiträge* 5/91: 52–53

Begon M, Harper JL, Townsend C (1999) Ecology. 3. Aufl, Blackwell Science, Oxford u.a.

Bick H (1993) Ökologie. Fischer, Stuttgart.

Böcker R, Gebhardt H, Konold W, Schmidt-Fischer S (1995) Neophyten – Gefahr für die Natur? Zusammenfassende Betrachtung und Ausblick. In: Böcker R, Gebhardt H, Konold W, Schmidt-Fischer S (Hrsg.) Gebietsfremde Pflanzenarten. Auswirkungen auf einheimische Arten, Lebensgemeinschaften und Biotope. Kontrollmöglichkeiten und Management. Ecomed, Landsberg. 209–215

Bornkamm R (1980) Hemerobie und Landschaftsplanung. *Landschaft und Stadt* 12: 49–55

Braun-Blanquet J (1928) Pflanzensoziologie. Grundzüge der Vegetationskunde. Springer, Berlin.

Brown VK (1985) Insect herbivores and plant succession. *Oikos* 44/1: 17–22

Brown VK, Southwood TRE (1987) Secondary succession: patterns and strategies. In: Gray AJ, Crawley MJ, Edwards PJ (Hrsg.) Colonisation, succession and stability. Blackwell, Oxford. 315–337

Bruenig EF (1991) Functions of the tropical rainforest in the local and global context. *Giessener Beiträge zur Entwicklungsforschung* Reihe I, 19: 1–13

Burrichter E, Hüppe J, Pott R (1993) Agrarwirtschaftlich bedingte Vegetationsbereicherung und -verarmung in historischer Sicht. *Phytocoenologia* 23: 427–447

Claussen M (2001) Biogeographical feedbacks and the dynamics of climate. In: Schulze ED (Hrsg.) Global biogeochemical cycles in the climate system. Academic Press, San Diego.

Clements FE (1916) Plant succession: an analysis of the development of vegetation. Carnegie Inst., Washington.

Connell JH, Slatyer RO (1977) Mechanisms of succession in natural communities and their role in community stability and organisation. *Am. Nat.* 111: 1119–1144

Cornelius R (1991) Populationsbiologische Grundlagen des speziellen Artenschutzes. *Verh. Ges. Ökol.* 20: 905–916

Deil U (1995) Vegetation und rezenter Landschaftswandel im Campo de Gibraltar (Südwestspanien) und im Tangerois (Nordwestmarokko). *Geoökodynamik* 16: 109–136

Deil U (1997) Zur geobotanischen Kennzeichnung von Kulturlandschaften – Vergleichende Untersuchungen in Südspanien und Nordmarokko. *Erdwissenschaftliche Forschung* 36, Wiesbaden Stuttgart.

Di Castri F (1990) Biological invasions in Europe and the mediterranean basin. Kluwer, Dordrecht u.a.

Dierschke H (1984) Natürlichkeitsgrade von Pflanzengesellschaften unter besonderer Berücksichtigung der Vegetation Mitteleuropas. *Phytocoenologia* 12: 173–184

Dierschke H (1989) Kleinräumige Vegetationsstruktur und phänologischer Rhythmus eines Kalk-Buchenwaldes. *Verh. Ges. Ökol.* 17: 131–144

Dierschke H (1994) Pflanzensoziologie. Grundlagen und Methoden. Ulmer, Stuttgart.

Egler FE (1954) Vegetation science concepts I. Initial floristic composition, a factor in old-field vegetation development. *Vegetatio* 4: 412–417

Ellenberg H (1954) Zur Entwicklung der Vegetationssystematik in Mitteleuropa. *Angew. Pflanzensoziol.* 1: 133–143

Ellenberg H (1978) Wege der Geobotanik zum Verständnis der Pflanzendecke. In: Lauer W, Link HJ (Hrsg.) Pflanzengeographie. Wege der Forschung Bd 130, Wissenschaftliche Buchgesellschaft, Darmstadt. 40–65

Ellenberg, H (1996) Die Vegetation Mitteleuropas mit den Alpen. Ulmer, Stuttgart.

Elton CS (1958) The ecology of invasion by animals and plants. Methuen, London.

Finckh M (1995) Die Wälder des Villarrica-Nationalparks (Südchile) – Lebensgemeinschaften als Grundlage für ein Schutzkonzept. *Diss. Bot.* 259: 1–181, Berlin Stuttgart.

Finck M, Deil U (1989) Approches de l´étude de la degradation des forets du Jebel Bougriy (Moyen Atlas Central). *RGM* 13/1: 55–69

Finegan B (1984) Forest succession. *Nature* 312: 109–114

Frenzel B (1968) Grundzüge der pleistozänen Vegetationsgeschichte Nord-Eurasiens. *Erdwissenschaftliche Forschung* 1: 1–326

Furley PA (1993) Tropical moist forests: Transformation or conservation. In: Roberts N (Hrsg.) The changing global environment. Blackwell, Oxford. 309–331

Gigon A (1984) Typologie und Erfassung der ökologischen Stabilität und Instabilität mit Beispielen aus Gebirgsökosystemen. *Verh. Ges. Ökol.* 12: 13–30

Glavac V (1996) Vegetationsökologie. Grundfragen, Aufgaben, Methoden. Fischer, Jena u.a.

Gleason HA (1926) The individualistic concept of the plant association. *Bull. Torrey Bot. Club* 53: 7–26

Goudie A (1994) Mensch und Umwelt. Spektrum, Heidelberg.

Gradmann R (1933) Die Steppenheide Stuttgart. Deutscher Lehrerverein für Naturkunde. 98–128

Grime JP (1974) Vegetation classification by reference to strategies. *Nature* 250: 26–31

Grime JP (1979) Plant strategies and vegetation processes. Chichester, Wiley.

Grime JP, Hodgson JP, Hunt R (1988) Comparative plant ecology. Unwin, London.

Grimm V, Schmidt E, Wissel C (1992) On the application of stability concepts in ecology. *Ecol. Modell* 63: 143–161

Guderian R, Braun H (1993) Belastbarkeit von Ökosystemen. In: Kuttler W (Hrsg.) Handbuch zur Ökologie. Analytica, Berlin. 55–60

Hard G (1975) Vegetationsdynamik und Verwaldungsprozesse auf den Brachflächen Mitteleuropas. *Die Erde* 4: 243–276

Hector A, Schmid B, Beierkuhnlein C, Caldeira MC, Diemer M, Dimitrakopoulos PG, Finn J, Freitas H, Giller PS, Good J, Harris R, Högberg P, Huss-Danell K, Joshi J, Jumpponen A, Körner C, Leadley PW, Loreau M, Minns A, Mulder CPH, O´Donovan G, Otway SJ, Pereira JS, Prinz A, Read DJ, Scherer-Lorenzen M, Schulze ED, Siamantziouras ASD, Spehn E, Terry AC, Troumbis AY, Woodward FI, Yachi S, Lawton JH (1999) Plant diversity and productivity experiments in european grasslands. *Science* 286(5442): 1123–1127

Heitzmann-Hofmann A (1993) Einsaat und Sukzession ausgewählter, nützlingsfördernder Pflanzenarten in Ackerrandstreifen. *Verh. Ges. Ökol.* 22: 66–72

Hellden U (1991) Desertification – Time for an assessment? *Ambio* 20: 372–383

Hüppe J (1989) Die Genese moderner Agrarlandschaften in vegetationsgeschichtlicher Sicht. *Verh. Ges. Ökol.* 19: 424–432

Ibrahim FN (1988) Ecological imbalance in the Republic of the Sudan – with reference ro desertification in Darfur. *Bayreuther Geowissenschaftliche Arbeiten* 6

IPCC-WGI (2001) Climate change 2001, the science of climate change. Contribution of working group I to the 3rd assessment report of the intergovernmental panel on climate change. Cambridge University Press, Cambridge

Jäger EJ (1977) Veränderungen des Artenbestandes von Floren unter dem Einfluß des Menschen. *Biol. Rundsch.* 15/5: 287–300

Jäger EJ (1988) Möglichkeiten der Prognose synanthroper Pflanzenausbreitung. *Flora* 180: 101–131

Jax K (1994) Mosaik-Zyklus und patch-dynamics: Synonyme oder verschiedene Konzepte? Eine Einladung zur Diskussion. *Z. Ökol. Natursch.* 3: 107–112

Jochimsen ME (1993) Sukzession. In: Kuttler W (Hrsg.) Handbuch zur Ökologie. Analytica, Berlin. 418–424

Klötzli F (1993) Ökosysteme. 3. Aufl., Fischer, Stuttgart.

Kohlhepp G (1991) Ursachen und aktuelle Situation der Vernichtung tropischer Regenwälder im brasilianischen Amazonien. *Kieler geogr. Schriften* 73: 87–110

Kreeb KH (1983) Vegetationskunde. Ulmer, Stuttgart.

Kusserow H (1994) Quantitative und qualitative Erfassung von Vegetationsänderungen – ein Beispiel aus dem Südsahel Malis. *Die Erde* 125: 35–56

Lamprecht H (1981) Zusammensetzung und Aufbau tropischer Feuchtwälder. *Holz aktuell* 3: 6–13

Lamprey HF (1975) Report on the desert encroachment reconnaissance in northern Sudan. 21 October to 10 November 1975, UNESCO/UNEP.

Lange E, Schlüter H, Gringmuth-Dallmer E (1978) Zur Vegetations- und Siedlungsgeschichte des Frankenwaldes. *Flora* 167: 81–102

Larcher W (1994) Ökologie der Pflanzen. Ulmer, Stuttgart.

Lauer W (1986) Die Vegetationszonierung der Neotropis und ihr Wandel seit der Eiszeit. *Ber. Dtsch. Bot. Ges.* 99: 211–235

Lauer W, Frankenberg P (1979) Der Jahresgang der Trockengrenzen in Afrika. *Erdkunde* 33/4: 249–257

Le Floch E, Le Houerou HN, Mathez J (1990) History and patterns of plant invasion in northern africa. In: DiCastri F, Hansen AJ, Debussche M (Hrsg.) Biological invasion and the mediterranean basin. Kluwer, Dordrecht u.a. 105–133

Le Houerou HN (1992) Climatic change and desertization. *Impact Sci. Soc.* 42(2): 183–201

Leps J, Rejmanek M (1991) Convergence or divergence: what should we expect from vegetation succession? *Oikos* 62/2: 261–264

Lohmeyer W, Sukopp H (1992) Agriophyten in der Vegetation Mitteleuropas. *Schriftenr. Vegetationskde.* 25, 185 Seiten

Lövei GL (1997) Global change through invasion. *Nature* 388: 627–628

Maarel E van der (1996) Pattern and process in the plant community: Fifty years after AS Watt. *J. Veg. Sci.* 7

Maarel E van der, Sykes MT (1993) Small scale species turnover in a limestone grassland: the carousel model and some comments on the niche concept. *J. Veg. Sci.* 4: 179–188

MacArthur RH, Wilson EO (1967) Biogeographie von Inseln. Wissenschaftliche Taschenbücher, Goldmann, München.

McCook LJ (1994) Understanding ecological community succession. *Vegetatio* 110: 115–147

Melillo JM, Prentice IC, Farquahr GD, Schulze ED, Sala OE (1996) Terrestrial biotic responses to environmental change and feedbacks to climate. In: IPCC-WGI, 2nd Assessment report, Cambridge University Press, Cambridge. 445–482

Merkel J, Walter E (1982) Rote Liste seltener und bedrohter Farn- und Blütenpflanzen in Oberfranken. Regierung von Oberfranken, Bayreuth.

Miles J (1987) Vegetation succession: past and present perceptions. In: Gray AJ, Crawley MJ (Hrsg.) Colonisation, succession and stability. Blackwell Scientific Pub, Oxford u.a.

Mueller-Dombois D (1995) Biological diversity and disturbance regimes in island ecosystems. In: Vitousek PM, Loope LL, Adersen H (Hrsg.) Islands. Springer, Berlin. 163–175

Müller N (1995) Zum Einfluß des Menschen auf Flora und Vegetation von Flußauen. *Schriftenr. Vegetationskde.* 27: 289–298

Müller P (1972) Die Bedeutung der Ausbreitungszentren für die Evolution neotropischer Vertebraten. *Zoologischer Anzeiger Leipzig* 189: 121–159

Müller P, Schmithüsen J (1970) Probleme der Genese südamerikanischer Biota. In: Wilhelmy H (Hrsg.) Deutsche geographische Forschung in der Welt von heute. Hirth, Kiel. 109–122

Müller-Hohenstein K (1973) Die anthropogene Beeinflussung der Wälder im westlichen Mittelmeerraum unter besonderer Berücksichtigung der Aufforstungen. *Erdkunde* 27: 55–68

Müller-Hohenstein K (1991) Der Mittelmeerraum. Ein vegetationsgeographischer Überblick. *Geogr. Rundsch.* 43/7–8: 409–41

Müller-Hohenstein K (1993) Auf dem Weg zu einem neuen Verständnis von Desertifikation – Überlegungen aus der Sicht einer praxisorientierten Geobotanik. *Phytocoenologia* 23: 499–518

Müller-Saemann KM (1986) Bodenfruchtbarkeit und standortgerechte Landwirtschaft. Eine Studie über Maßnahmen und Methoden im tropischen Pflanzenbau. Schriftenreihe der GTZ 195, Eschborn.

Neumann K (1988) Die Bedeutung der Holzkohlenuntersuchungen für die Vegetationsgeschichte der Sahara – das Beispiel Fachi/Niger. *Würzb. Geogr. Arb.* 69: 71–85

Nicholson SE (1978) Climatic variations in the Sahel and other African regions during the past five centuries. *J. arid environ.* 1: 3–24

Odum EP (1969) The strategy of ecosystem development. *Science* 164: 262–270

Odum EP (1980) Grundlagen der Ökologie. Bd 1, Thieme, Stuttgart.

Pachur HJ (1987) Gerinnenetze, Seen und Ergs der östlichen Sahara als Indikatoren quartärer Formungsdynamik. *Verhandlungen des Deutschen Geographentages* 45: 167–173

Pickett STA, White PS (1985) The ecology of natural disturbance and patch dynamics. Academic Press, New York.

Pignatti E, Pignatti S (1984) Sekundäre Vegetation und floristische Vielfalt im Mittelmeerraum. *Phytocoenologia* 12: 351–358

Pimm SL (1984) The complexity and stability of ecosystems. *Nature* 307: 321–326

Pott R (1990) Historische Waldnutzungsformen Nordwestdeutschlands. Heimatpflege in Westfalen. *Rundschreiben des westfälischen Heimatlandes* 2/3: 1–8

Pott R (1996) Die Entwicklungsgeschichte und Verbreitung xerothermer Vegetationseinheiten in Mitteleuropa unter dem Einfluß des Menschen. *Tuexenia* 16: 337–369

Rabotnov TA (1974) Differences between fluctuations and sucessions. In: Knapp R (Ed) Vegetation Dynamics. Handbook of Vegetation Science 8, Junk Publishers, The Hague. 19–24

Reif A (1987) Vegetation der Heckensäume des hinteren und südlichen Bayerischen Waldes. *Hoppea, Denkschriften der Regensburger Bot. Ges.* 45: 277–343

Remmert H (1964) Änderungen der Landschaft und ihre ökologischen Folgen, dargestellt am Beispiel der Insel Amrum. *Veröffentlichungen des Institutes für Meeresforschung in Bremerhaven* 9: 100–108

Remmert H (1985) Was geschieht im Klimax-Stadium? Ökologisches Gleichgewicht aus desynchronen Cyclen. *Naturwiss.* 10: 505–511

Remmert H (Hrsg.) (1991) The Mosaic-Cycle Concept of Ecosystems. Springer, Berlin.

Remmert H (1992) Ökologie. 5. Aufl., Springer, Berlin u.a.

Richter M (1997) Allgemeine Pflanzengeographie. Teubner, Stuttgart.

Riera-Mora S, Esteban-Amat A (1994) Vegetation history and human activity during the last 6000 years on the central Catalan coast (northeastern iberian peninsula). *Veget. Hist. Archeobot.* 3: 7–23

Schaefer M (1992) Ökologie. Fischer, Jena.

Schaefer M, Tischler W (1992) Wörterbücher der Biologie: Ökologie. 3. Aufl., UTB, Stuttgart.

Scherer-Lorenzen M, Elend A, Nöllert S, Schulze ED (2000) Plant invasions in Germany – General aspects and impact of nitrogen deposition. In: Mooney HA, Hobbs RJ (Hrsg.) Island Press, Washington. 351–368

Schmidt G (1969) Vegetationsgeographie auf ökologisch-soziologischer Grundlage. Teubner, Leipzig.

Schmidt W (1989) Struktur und Funktion von Straßenrändern in der Agrarlandschaft. *Verh. Ges. Ökol.* 19: 566–591

Schmidt W (1993) Sukzession und Sukzessionslenkung auf Brachäckern – neue Ergebnisse aus einem Dauerflächenversuch. *Scripta Geobotanica* 20: 65–104

Schreiber KF (1995) Renaturierung von Grünland – Erfahrungen aus langjährigen Untersuchungen und Managementmaßnahmen. *Berichte der Tüxen-Gesellschaft* 7: 111–139

Schröder FG (1969) Zur Klassifizierung der Anthropochoren. *Vegetatio* 16: 225–238

Schwabe A (1991) Perspectives of vegetation complex research and bibliographic review of vegetation complexes in vegetation science and landscape ecology. *Exzerpta Botanica* 28: 223–243

Schwabe A, Kratochwil A (1991) Gewässer-begleitende Neophyten und ihre Beurteilung aus Naturschutz-Sicht unter besonderer Berücksichtigung Südwestdeutschlands. *NNA-Berichte* 4/1: 14–27

Sedlag U, Weinert E (1987) Wörterbücher der Biologie: Biogeographie, Artbildung, Evolution. UTB, Stuttgart

Stone L, Ezrati I (1996) Chaos, cycles and spatiotemporal dynamics in plant ecology. *J. Ecol.* 84: 279–291

Strasburger E, Sitte P (1998) Lehrbuch der Botanik für Hochschulen. Fischer, Stuttgart u.a.

Sukopp H (1972) Wandel von Flora und Vegetation in Mitteleuropa unter dem Einfluß des Menschen. *Ber. Landwirtsch.* 50: 112–139

Sukopp H, Wittig R (Hrsg) (1993) Stadtökologie. Fischer, Stuttgart u.a.

Swift MJ, Anderson JM (1993) Biodiversity and ecosystem function in agricultural Systems. In: Schulze ED, Mooney HA (Hrsg.) Biodiversity and ecosystem function. *Ecological Studies* 99. Springer, Berlin. 15–41

Tilman D (1988) Plant strategies and the dynamic and structure of plant communities. Princeton University Press, Princeton.

Tilman D (1990) Constraints and tradeoffs: towards a predictive theory of competition and sucession. *Oikos* 58: 3–15

Tilman D, Wedin D (1991) Oscillation and chaos in the dynamics of a perennial grass. *Nature* 353: 653–655

Treter U (1990) Die borealen Waldländer. Ein physisch-geographischer Überblick. *Geogr. Rundsch.* 42: 372–385

Tüxen R (1956) Die heutige potentielle natürliche Vegetation als Gegenstand der Vegetationskartierung. *Angew. Pflanzensoziol.* 13: 5–42

Walker D (1989) Diversity and stability. In: Chervett JH (Hrsg.) Ecological concepts. University Press, Oxford. 115–145

Walter H (1960) Grundlagen der Pflanzenverbreitung. I. Teil: Standortslehre. 2. Aufl., Stuttgart.

Walter H (1973) Die Vegetation der Erde. I. Die tropischen und subtropischen Zonen. 3. Aufl., Fischer, Jena.

Walter H (1986) Allgemeine Geobotanik. Ulmer, Stuttgart.

Walter H, Straka H (1970) Arealkunde (Floristisch-historische Geobotanik). 2. Aufl., Ulmer, Stuttgart.

Watt AS (1947) Pattern and process in the plant community. *J. Ecol.* 35: 1–22

Weischet W (1977) Das ökologische Handicap der Tropen in der Wirtschafts- und Kulturentwicklung. In: 41. Deutscher Geographentag Mainz. Tagungsbericht und wissenschaftliche Abhandlung. 25–41

Wissenschaftlicher Beirat der Bundesregierung Globale Umweltveränderungen (WBGU) (2000) Welt im Wandel: Erhaltung und nachhaltige Nutzung der Biosphäre. Springer, Berlin Heidelberg.

Wissmann H von (1957) Ursprungsherde und Ausbreitungswege von Pflanzen- und Tierzucht und ihre Abhängigkeit von der Klimageschichte. *Erdkunde* 11: 175–193

Wittig R, Diesing D (1989) Beziehungen zwischen Stadtstruktur und Stadtvegetation in Düsseldorf. *Braun-Blanquetia* 3: 99–105

Wittkamp J, Deil U, Beierkuhnlein C (1995) Sozialstruktur und Dorfvegetation – ein Vergleich von Dörfern beiderseits der ehemaligen innerdeutschen Grenze. *Die Erde* 126: 107–126

Zwölfer H (1978) Mechanismen und Ergebnisse der Co-Evolution von phytophagen und entomophagen Insekten und höheren Pflanzen. *Sonderb. Naturwiss. Ver. Hambg.* 2: 7–50

4.2 Synchorologie: Grundlagen der räumlichen Verbreitung von Pflanzen

Vegetationsmosaik aus immergrünen Galeriewäldern in Flußnähe und Trockengehölzen aus laubwerfenden Arten auf höher gelegenen Standorten im wechselfeucht-tropischen Westen Äthiopiens. Foto K. Müller-Hohenstein.

Literaturempfehlung

Neben der bereits unter Kapitel 4.1 aufgezählten weiterführenden Literatur wird für diesen Teil, in dem räumliche Zusammenhänge im Mittelpunkt stehen, als zusätzliche Lektüre empfohlen:

Dierschke, H.: Pflanzensoziologie. Grundlagen und Methoden. Ulmer Stuttgart, 1994; Klötzli, F.: Ökosysteme. 2. Aufl., Gustav Fischer Stuttgart, 1989; Meusel, H. et al.: Vergleichende Chorologie der zentraleuropäischen Flora. VEB Fischer Jena, Bd. 1 1965, Bd. 2 1978; Meusel, H. und E. J. Jäger: vergleichende Chorologie der zentraleuropäischen Flora. Bd 3, Gustav Fischer Stuttgart, 1992; Schroeder, F. G.: Lehrbuch der Pflanzengeographie. Quelle und Meyer Wiesbaden, 1998; Wilmanns, O.: Ökologische Pflanzensoziologie. 6. Aufl. Quelle und Meyer Wiesbaden, 1998.

Im vorigen Abschnitt wurde gezeigt, wie sich Pflanzen und Pflanzengemeinschaften im Laufe der Zeit entwickeln und welcher Dynamik sie kurz- und langfristig unterliegen. Diese Dynamik führt zu Verbreitungsmustern. Solche Verbreitungsmuster zu erkennen, zu beschreiben und in ihrer konkreten aktuellen räumlichen Ausprägung zu erklären, ist Aufgabe der **Synchorologie**. Nach den zeitlichen Aspekten der Syndynamik stehen nun die räumlichen der Synchorologie im Mittelpunkt. Beide Betrachtungsweisen sind Voraussetzungen für das Verständnis synökologischer Zusammenhänge, die im nächsten Unterkapitel diesen Teil des Buches abschließen (siehe Kapitel 4.3).

Behandelt werden im Folgenden zunächst Grundlagen der Ausbreitungsökologie und der Arealkunde, sodann werden Fragen der Art-Areal-Beziehungen und hier besonders die Vorstellungen zur Inselbiogeographie fokussiert. Mit der Biodiversitätsthema-

tik, welche ohne Raumbezug nicht sinnvoll behandelt werden kann, schließt der synchorologische Teil.

4.2.1 Ausbreitung von Pflanzen

Im Lebenszyklus der in den meisten Fällen festsitzend lebenden Pflanzen gibt es eine mobile Phase. In dieser Phase werden generative **Diasporen** (Sporen, Samen, Früchte, Fruchtstände oder auch komplette Samen tragende Pflanzen) wie auch vegetative Diasporen (Zwiebeln, Spross- und Ausläuferknollen, Adventivknospen, Teile von Rhizomen, klonales Wachstum u.a.) (Abb. 4.2.1 A) durch eigene Kraft oder mit Hilfe abiotischer oder biotischer Faktoren über unterschiedliche Distanzen transportiert. Ziel dieses Prozesses ist es, einen Ort zu erreichen, der ein Etablieren der Diaspore erlaubt (***safe site***). Hier sollen Keimung und weiteres Überleben möglichst gesichert sein.

Grenzen der Ausbreitung werden zum einen in physikalischen Schranken gesehen. Zu große Reliefunterschiede können beispielsweise ebenso schlecht überbrückt werden wie ausgedehnte Ozeane. Weiterhin setzen die Ansprüche der Arten an ihre Umwelt (**ökologische Valenz**) bzw. das Angebot an Ressourcen am Standort Grenzen. Allerdings hat der Mensch einige dieser Schranken beseitigt und ist gegenwärtig zu einem besonders wichtigen **Vektor** der Pflanzenausbreitung mit deutlicher Sonderstellung geworden, da er bewusst (oder auch unbewusst) Diasporen über natürliche Verbreitungsschranken hinaus transportieren und nach geeigneten Wuchsorten suchen kann.

Abb. 4.2.1: Pflanzen haben unterschiedliche Möglichkeiten entwickelt, um sich auszubreiten. (A) Das küstennah wachsende Gras Aeloropus littoralis *breitet sich in der Küstentihamah Südwestarabiens mit Hilfe von Ausläufern vegetativ aus (blastochor). (B) Eine besondere Form der Autochorie (Herpochorie) besitzt* Trifolium stellatum. *Die Früchte besitzen Grannen, deren hygroskopische Eigenschaften einen geringen Raumgewinn ermöglichen. (C) Eine besondere Form der sekundären Zoochorie ist die Koprochorie. Hier transportieren Dungkäfer (viele Scarabaeiden) samenhaltigen Kot anderer Tiere (z.B. von weidendem Vieh) und graben die Kotballen oberflächennah ein. Fotos K. Müller-Hohenstein.*

Tabelle 4.2.1: Ausbreitungssyndrome (zusammengestellt nach Müller-Schneider 1977, Lindacher 1995, Frey und Lösch 1998)

Autochorie (Selbstausbreitung):	Barochorie (Transport durch Schwerkraft) Blastochorie (Selbstableger, durch Ausläufer) Herpochorie (Transport durch aktives Kriechen) Ballochorie (Selbststreuer) – Zooballochorie (Anstoß durch Tiere) – Anemoballochorie (Anstoß durch Wind) – Hydroballochorie (Anstoß durch Wasser) – Autoballochorie (Schleudermechanismen über Saftdruck oder Austrocknung)
Allochorie (Fremdausbreitung):	Anemochorie (Transport durch Wind) – Chamaechorie (Transport über den Boden, Bodenläufer) – Meteorochorie (Transport durch die Luft, Flieger) – Boleochorie (Transport ausgelöst durch Wind, Streuer) Hydrochorie (Transport durch Wasser) – Nautochorie (Transport durch Schwimmen im Meer) – Bythisochorie (Verdriftung in Fließgewässern) – Ombrochorie (Verschwemmen über Regentropfen) Zoochorie (Ausbreitung durch Tiere), weitere Differenzierung nach Tiergruppen, z. B. – Ornithochorie, Myrmakochorie etc. – Epichorie (Transport durch Anhaften der Diasporen an Tieren) – Endochorie (Transport während der Darmpassage der Diasporen) – Stomatochorie (Transport im Mundraum) – Dysochorie (Transport von zufällig nicht gefressenen Diasporen) Hemerochorie (Ausbreitung durch den Menschen) – Ethelochorie (absichtliche Ausbreitung) – Speirochorie (Ausbreitung unbeabsichtigt mit Saatgut) – Agochorie (unbeabsichtigte Ausbreitung)
Atelochorie (Transport und Ausbreitung werden verhindert)	

Diasporen sind also **funktionelle Einheiten**, die sich an den Transport durch Wind, Wasser und Tiere angepasst oder eigene Ausbreitungsmittel gefunden haben. Als solche Anpassungen sind z. B. morphologische Bildungen wie Widerhaken an Samen zu verstehen, die an Fell oder Gefieder hängen bleiben. Lufthaltige Gewebe können zu Schwimmfähigkeit führen. Geflügelte Samen werden vom Wind verdriftet. Nahrhafte, fleischige Früchte locken Tiere an.

4.2.1.1 Die Vektoren des Diasporentransports

Die große Zahl verschiedener Transportmöglichkeiten von Diasporen erfordert eine ordnende Übersicht nach beteiligten Vektoren und Mechanismen. Im Allgemeinen werden drei Großgruppen unterschieden:

- die **Autochorie**, bei der die Pflanze selbst für die Ausbreitung ihrer Diasporen sorgt,
- die **Allochorie**, wo sie sich ein Transportmittel (Vektor) sucht, und
- die **Atelochorie**, bei der eine Ausbreitung verhindert wird (Tabelle 4.2.1).

Autochorie

Pflanzen können ihre Selbstausbreitung auf verschiedene Weise sicherstellen. Bei der einfachsten Form der Autochorie, der **Barochorie**, werden die Diasporen ohne besonders ausgebildete Hilfsmittel mittels der Schwerkraft transportiert, was nur in steilen Hanglagen zu merklichem Raumgewinn führen kann. In der Regel wird dabei die höchste Samendichte in der Nähe der Mutterpflanze erreicht (Samenschatten). Bei der **Blastochorie** gelangen die Diasporen dagegen durch Wachstumsvorgänge an geeignete Wuchsorte, z. B. über Ableger oder Fruchtstiele wie bei *Cymbalaria muralis*. Schließlich bewegen sich bei der **Herpochorie** die Diasporen selbst über geringe Entfernungen, z. B. mit Hilfe von Grannen mit hygroskopischen Eigenschaften wie bei *Trifolium stellatum* (Abb. 4.2.1 B).

Besondere Formen der Autochorie werden unter dem Begriff der **Ballochorie** zusammengefasst. Hier werden die Diasporen durch einen einmaligen Impuls von der Mutterpflanze weggeschleudert. Auslösend können Tiere, der Wind oder auch nur Regentropfen sein. Bei der **Autoballochorie** sind nicht einmal solche Anstöße erforderlich. Hier wird Druck über Turgorunterschiede (*Ecballium elaterium*) oder über Austrockung von Frucht- oder Samenschalen (*Bauhinia purpurea*, Ginsterarten) erzeugt. Samen können so über Entfernungen von mehreren Metern geschleudert werden.

Allochorie

Anemochorie

Der Wind ist ein besonders wichtiger Vektor für den allochoren Samentransport. Schon Diasporen, die vom Wind über den Boden geweht werden, besitzen morphologische Anpassungen. Beispiele dieser **Chamaechorie** sind insbesondere aus Trockengebieten bekannt, wo sich einem solchen Transport selten Hindernisse entgegenstellen. Wichtiger ist jedoch der Transport durch die Luft (**Meteochorie**). Sowohl durch vertikale als auch durch horizontale Luftströmungen werden meist kleine, leichte Diasporen mit geringer Sinkgeschwindigkeit über große Entfernungen verfrachtet. Staubflieger sind z. B. die Samen von Orchideen oder Kryptogamen, sehr spezielle morphologische Anpassungen besitzen **Ballonflieger** (*Astragalus spinosus*), **Schirmflieger** (*Taraxacum officinale*) und **Flügelflieger** (*Acer*- und *Fraxinus*-Arten). Wind löst auch den Samentransport bei den Streuern aus, z. B. bei den *Papaver*-Arten (**Boleochorie**).

Hydrochorie

Der Transport im und mit Hilfe von Wasser ist für viele Pflanzenarten von Bedeutung. Manche Diasporen sind durch besondere Gewebe oder große Interzellularen schwimmfähig, haben ein niedriges spezifisches Gewicht und schwer benetzbare Außenhüllen (*Nymphea*- und *Nuphar*-Arten). Kokosnüsse sowie Samen und Keimlinge von Mangrovenarten können sogar lange in Salzwasser verweilen, ohne Schaden zu nehmen. Der **Nautochorie** im marinen Milieu und in stehenden Gewässern auf dem Festland steht die **Bythisochorie** in Fließgewässern gegenüber. Hier werden Samen als Schwemmlinge mitunter über große Entfernungen verdriftet. Geringe Entfernungen werden von manchen Diasporen schließlich auch durch aufprallende Regentropfen erreicht (**Ombrochorie**, z. B. bei *Anastatica hierochuntica* in Trockengebieten). Wichtig ist, dass die Samen in Gewässern aufgrund der ständig feuchten Bedingungen nicht vorzeitig keimen.

Zoochorie

Die bedeutendsten und ökologisch komplexesten Formen allochorer Verbreitung sind in der **Zoochorie** entwickelt. Enge Verknüpfungen zwischen manchen Pflanzen- und Tierarten lassen auf lange koevolutive Entwicklungen schließen. Dies gilt vor allem für die **Endochorie**, bei der die Diasporen vom Tier aufgenommen werden und eine Darmpassage durchlaufen. Während dieser Zeit (Retentionszeit) werden sie transportiert. Den meist mit relativ harter Schale ausgestatteten Samen schadet eine solche Passage nicht, sie ist aber auch nicht unbedingt erforderlich. Nach dem Ausscheiden werden den Samen jedoch durch den nährstoffreichen Kot gute Startbedingungen für die Keimung geboten. Ein Teil der Diasporen wird bei der Endochorie zufällig aufgenommen, insbesondere bei herbivoren Großsäugern.

Neben der Endochorie gibt es eine Vielzahl weiterer Möglichkeiten der Samenverbreitung durch Tiere: Vögel und Fledermäuse werden ebenso wie Ameisen gezielt angelockt, wobei die Pflanzen in nährstoffreiche Früchte investieren und durch leuchtende Farben oder starken Geruch auffallen. Besonders gut sind die Ausbreitungsvorgänge bei Ameisen (**Myrmekochorie**, allerdings eine Form der Epichorie, siehe unten) und Vögeln (**Ornithochorie**) bekannt. Erstere verschleppen Samen, die lipidreiche Elaiosomen besitzen (z. B. *Corydalis cava*). Hier bleibt der Same selbst unangetastet. Diese Form wird auch als **Synchorie** bezeichnet. Vögel reagieren in erster Linie auf Farben und können sogar reife von unreifen Früchten unterscheiden.

Bei der **Dysochorie** werden die Diasporen gefressen und nehmen dabei zum Teil Schaden. Da solche stets stärkereichen Diasporen oft gesammelt und als Reserven angelegt werden (z. B. Arvennüsse durch den Tannenhäher), haben doch einige Samen Überlebenschancen, denn nicht alle Verstecke werden wieder gefunden, und beim Transport ge-

Tabelle 4.2.2: Beziehungen zwischen Diasporen und ausbreitenden Wirbeltieren (nach Howe und Westley 1986, ergänzt)

Tier/Tiergruppe	Diasporenfarbe	Diasporengeruch	Diasporenform	Nutzen für das Tier
Säuger in Herden	braun	schwach riechend	dickschalige Nüsse nicht aufspringend	Samen
Vögel in Schwärmen	grün, braun	ohne	ungeflügelte Samen und kleine Nüsse	Samen
frugivore Säuger in Bäumen	gelb, grün, weiß, orange, braun	aromatisch	Samen oft mit Arillus ganze Früchte aufspringend	Arillus, Fruchfleisch, reich an Protein und Zuckern
Fledermäuse	grün, weiß, hellgelb	aromatisch, muffig	verschiedene, oft hängende Früchte	lipid- und stärkereiches Fruchtfleisch
bodenlebende und frugivore Säuger	grün, braun	ohne	harte, über 50 mm lange Früchte nicht aufspringend	lipidreiches Fruchtfleisch
frugivore Vögel (obligat)	schwarz, blau, rot, grün	ohne	große Samen mit Arillus, ganze Früchte oft aufspringend	lipid- und proteinreiches Fruchtfleisch
frugivore Vögel (fakultativ)	schwarz, blau, rot, weiß	ohne	kleine Samen mit Arillus, Beeren, Steinfrüchte	meist kohlehydratreiches Fruchtfleisch
Fell oder Federn	ohne Bedeutung	ohne	Widerhaken, klebrige Haken, Widerhaken	ohne

hen auch Samen verloren. Schließlich werden mitunter auch Diasporen zusammen mit Fruchtfleisch in den Mundraum aufgenommen, dann aber wieder ausgespuckt (z. B. **Stomatochorie** bei vielen Affenarten).

Nicht immer dienen Diasporen und das sie begleitende Fruchtfleisch oder Endosperm als Nahrung. Oft sind diese Lockmittel gar nicht entwickelt, und dennoch werden die Samen oder ganzen Fruchtstände von Tieren transportiert. An Diasporen können auch leimartige Exkrete, Drüsenhaare, Widerhaken tragende Grannen und andere Auswüchse aus dem Pericarp ausgebildet sein. Deshalb bleiben sie leicht am Fell und im Gefieder hängen und werden so lange transportiert, bis sie abfallen oder von den Tieren bewusst abgestreift werden. Bei dieser Form des Transports, der **Epichorie**, werden die ausbreitenden Tiere also nicht durch Nahrung oder Energie belohnt, die Pflanze investiert weniger. Während jedoch bei der Endochorie eine engere Verknüpfung von Pflanze und Tier besteht und deshalb die Ausbreitung geregelter, mitunter auch zielgerichtet abläuft, spielt bei der Epichorie der Zufall eine große Rolle. Einige enge Beziehungen zwischen den Merkmalen von Diasporen und den sie ausbreitenden Wirbeltieren sind in Tabelle 4.2.2 nach Howe und Westley (1986) zusammengestellt.

Hemerochorie

In der jüngeren Ausbreitungsgeschichte der Pflanzen spielt der Mensch eine zunehmend wichtige Rolle. Bei dieser besonderen allochoren Form, der **Hemero-** oder **Anthropochorie**, können nicht nur beliebig weite Distanzen zurückgelegt, sondern auch alle geographischen oder ökologischen Barrieren leicht überwunden werden. Wird die Ausbreitung absichtlich vorgenommen, etwa von Nutz- oder Zierpflanzen, spricht man von **Ethelochorie**, geschieht sie unbeabsichtigt mit anderen Diasporen (z. B. im Saatgut) von **Speirochorie** oder schließlich von **Agochorie**, wenn sie ganz zufällig erfolgt.

Atelochorie

Den großen Ausbreitungsgruppen, der Auto- und Allochorie, wird die der **Atelochorie** (auch **Achorie**) gegenübergestellt. Sie ist insofern eine beson-

Tabelle 4.2.3: Morphologische Anpassungen verholzender Arten zur Sicherung der Ausbreitung (verändert aus Howe und Smallwood 1982)

Lage	dominierende Lebensform	ausgebreitet durch (in % der Arten) Wirbeltiere	Wind	Wasser	Autochorie	andere Vektoren	Artenzahl
Laubwerfende Wälder gemäßigter Klimate							
1. Jennings Co., Ind.	Bäume	25	38	0	0	38	16
	Sträucher, verholzende Lianen	100	0	0	0	0	10
2. Orange Co., Ind.	Bäume	24	29	0	0	48	21
	Sträucher, verholzende Lianen	85	0	0	0	15	13
3. SW Ohio	Bäume (canopy)	10	38	0	0	62	21
Neotropischer Wald ohne Jahreszeiten							
4. Alto Yunda (Col.)	Bäume	89	3	0	0	8	133
Neotropische Feuchtwälder							
5. La Selva (C.R.)	Bäume (canopy)	86	13	0	0	3	55
	Bäume (subcanopy)	98	2	0	0	0	
6. Rio Palenque (Ec.)	Bäume (canopy)	93	4	1	2	0	145
	Bäume (subcanopy)	91	5	2	2	0	96
	Lianen	63	33	1	4	0	83
7. Barro Colorado is. Panama	Bäume (canopy)	78	16	1	4	0	291
	Bäume (subcanopy)	87	5	3	5	0	131
Neotropische Trockenwälder							
8. Santa Rosa (C.R.)	Bäume (canopy)	64	29	1	6	0	138
	Bäume (subcanopy)	77	8	0	15	0	60
	Lianen	22	71	0	6	0	49
9. Guanacaste (C.R.)	Bäume	61	31	0	0	18	104
Paläotropische Wälder							
10. Mt. Kinabalu Borneo	verholzende und krautige Arten	35–40	25–28	0	0	32–40	360
11. Okumo For.Res. Nigeria	Bäume (canopy)	46	46	0	0	8	180
	Bäume (subcanopy)	70–80	6–8	0	0	12–14	

Anm.: 0 = ohne Angaben bzw. weniger als 0,5 %

dere Form, weil hier die Ausbreitung gezielt verhindert und eine Reproduktion am Wuchsort der Mutterpflanze angestrebt wird, da sich dieser Wuchsort für die betreffende Art als günstig erwiesen hat. Als Beispiele sind *Arachis hypogaea* oder *Trifolium subterraneum* zu nennen. Hier werden nach der Bestäubung Fruchtstiele und Fruchtknoten in den Boden abgesenkt.

Die **Heterosporie** ist besonders bei Therophyten in ariden Gebieten verbreitet, da die Chance des Überlebens an dem Ort, an dem die Mutterpflanze fruchten konnte, besonders groß ist und nur ein Teil der Diasporen dafür genutzt wird, für diese Art neue Wuchsorte zu „erobern“ (Evenari et al. 1982).

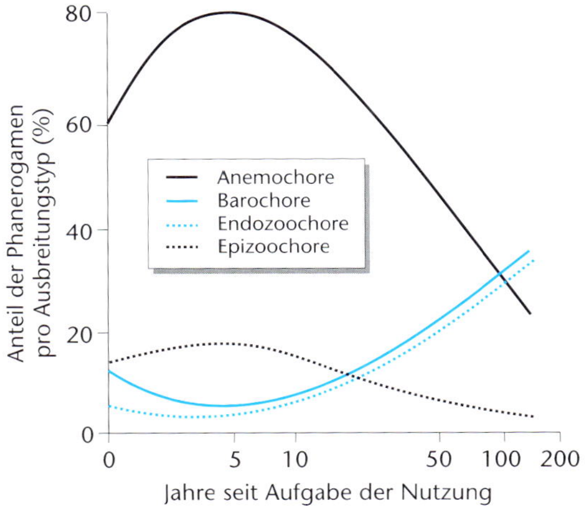

Abb. 4.2.2: Relative Häufigkeit von vier Ausbreitungsmechanismen in der Phanerogamenflora von Brachen bei Montpellier, Südfrankreich, zu verschiedenen Zeitpunkten nach der Aufgabe der Nutzung (nach Lepart und Escarre 1983).

4.2.1.2 Die Effektivität der Ausbreitungsmechanismen

Die Ausbreitung von Diasporen ist dann erfolgreich, wenn sie an einen Ort gelangen, der Keimung und Wachstum einer neuen Pflanze erlaubt. Für das Überleben der einzelnen Pflanzenart ist es darüber hinaus wichtig, geeignete Wuchsorte auch in größerer Entfernung von der Mutterpflanze zu besiedeln, um das Areal zu vergrößern und die Überlebenschancen ihrer Population zu erhöhen. Dies hängt in hohem Maß von den zur Verfügung stehenden Ausbreitungsmechanismen und deren Effektivität im Hinblick auf einen möglichst zielgerichteten (geeigneter Wuchsort) und weiten (Raumgewinn) Diasporentransport ab. Solche „Ziele" werden aber von keiner einzelnen Ausbreitungsform erreicht. Deshalb haben sich in einzelnen Lebensräumen unterschiedliche Vektoren besonders bewährt. Mit der „Wahl" des Vektors werden evolutiv unterschiedliche Strategien entwickelt, bei denen *safe site* und Raumgewinn gegeneinander abgewogen werden.

Für Wälder in der gemäßigten Zone Nordamerikas sowie für neo- und paläotropische Wälder haben Howe und Smallwood (1982) (Tabelle 4.2.3) Daten zusammengestellt, die eindeutig belegen, dass der weitaus überwiegende Teil der Bäume sowohl in den immer- als auch in den wechselfeuchten Tropen morphologische Anpassungen an die Zoochorie besitzt. In den Wäldern der gemäßigten Zone gilt dies auch für die Sträucher, die Bäume sind aber jetzt überwiegend anemochor. Erklärt wird dieser Wechsel in der Ausbreitungsform mit den in den gemäßigten Breiten regelmäßiger wehenden Winden, doch bleiben viele Deutungsversuche für die Verknüpfung bestimmter Arten mit bestimmten Vektoren bisher unbelegt. In Trockengebieten, wo kaum Hindernisse den Samentransport durch Wind einschränken, dominiert die Anemochorie, es lassen sich aber keine Tendenzen im Hinblick auf autochore Formen in ihrer vorzugsweisen Bindung an bestimmte Lebensräume erkennen. Vielmehr wird bei diesen Formen sichtbar, dass neben der „primären" Ausbreitung durch einen bestimmten Vektor eine „sekundäre" durch einen anderen wichtig sein kann (Chambers 1994). Vor allem Diasporen, die allein durch die Schwerkraft auf den Boden gelangten (barochor) oder von Tieren wieder ausgeschieden wurden (endochor), können von Wind, Wasser, aber auch anderen Tieren erneut verdriftet oder aufgenommen werden. Engel (2000) berichtet hierüber am Beispiel von Dungkäfern, welche aus Elefantenkot Samen aufnehmen, über kurze Strecken transportieren, um sie dann einzugraben, und führt hierfür – als quasi sekundären Vektor – den Begriff der **Koprochorie** ein. Die Bedeutung der „sekundären" Ausbreitung wird oft unterschätzt. Am Beispiel der Dungkäfer wird klar, dass oft erst in einer zweiten Transportphase die günstigen Mikrowuchsorte gefunden werden. Schließlich ist in diesem Zusammenhang neben der räumlichen die zeitliche Komponente von Bedeutung. Ein an einem Wuchsort in einem Jahr effektiver Vektor muss dies unter veränderten Bedingungen in anderen Jahren nicht mehr sein. Wie sich der Anteil von vier Ausbreitungsmechanismen im Laufe der Zeit auf einem Brachfeld ändert, haben Lepart und Escarre 1983 gezeigt (Abb. 4.2.2). Während sich in den ersten Jahren vor allem anemochore Arten über Ferntransport ansiedeln, erlangen barochore und endozoochore Arten nach den beiden ersten Jahrzehnten immer mehr an Bedeutung und lösen nach einem Jahrhundert die anemochoren als bedeutendste Arten ab.

In vielen Fällen nutzen Pflanzenarten nicht nur eine einzige Möglichkeit der Ausbreitung. Verschiedene Formen können sich ergänzen, um so die Ausbreitung besser abzusichern. Insbesondere unter

Tabelle 4.2.4: Komponenten der Ausbreitungseffektivität (nach Schupp 1993)

I. Quantität der Samenausbreitung
- *A Zahl der Besucher*
  1. Dichte der Ausbreiter
  2. Ernährungsweise
  3. Zuverlässigkeit des Besuchs
- *B Zahl der ausgebreiteten Samen pro Besuch*
  1. Zahl der behandelten Samen pro Besuch
  2. Wahrscheinlichkeit der Ausbreitung eines behandelten Samens

II. Qualität der Samenausbreitung
- *A Qualität der Behandlung*
  1. Samen wird intakt transportiert oder zerstört
  2. Veränderung der Keimungsrate
- *B Qualität der Samenablage*
  1. Transportmuster
     a) gezielte Auswahl des Habitats
     b) gerichteter Transport
  2. Ablagemuster
     a) Anteil abgelegter Samen
     b) Mischung verschiedener Samen

ungünstigen äußeren Bedingungen, z. B. einer kurzen Vegetationszeit im Hochgebirge oder auch langer Trockenzeiten, wird eine generative Ausbreitung mit einer vegetativen kombiniert. Einige Pflanzenarten bilden auch verschiedene Formen von Diasporen (**Heterosporie**), um so die Ausbreitungschancen zu erhöhen.

Zu Zusammenhängen zwischen bestimmten Pflanzenarten und den gewählten Vektoren sind Hypothesen und Modelle entwickelt worden. So folgt ein ***low-investment*-Modell** der Überlegung, dass Pflanzen, die viele kleine Samen produzieren, mit Vektoren für die Fernausbreitung (Anemochorie, Epichorie) verknüpft sind. Sie können also möglicherweise in kurzer Zeit großen Raumgewinn erzielen, das Schicksal der so ausgebreiteten Samen ist jedoch recht unsicher. Nach dem ***high-investment*-Modell** bilden Pflanzen nur wenige Samen aus, diese sind aber groß und gut ausgestattet mit Energie und Nährstoffen und sind deshalb interessant für Vögel und Fledermäuse. Sie werden nur über geringe Entfernungen ausgebreitet, finden aber dafür in der Regel relativ sichere Keimbedingungen. In der Zoochorie werden mit der Epichorie (mit geringer Investition) und der Endochorie (mit hoher Investition) beide Strategien verfolgt.

Dem *high-investment*-Modell entspricht auch die bei Howe und Smallwood (1982) angeführte ***directed-dispersal*-Hypothese**, der gerichteten, relativ sicheren Ausbreitung. Ihr wird eine ***colonisation*-Hypothese** der Opportunisten gegenübergestellt, die eine schnelle Chance für weite Ausbreitung nutzen wollen. Bei der ***escape*-Hypothese** wird schließlich davon ausgegangen, dass die Chance der Etablierung und Keimung dichteabhängig ist und deshalb die Nähe der Mutterpflanze gemieden werden muss.

Es gibt nur wenig empirische Befunde, die geeignet wären, einzelne Hypothesen besser zu belegen. Als sicher kann aber gelten, dass sich viele Pflanzenarten nicht nur auf einen Vektor festgelegt haben, sondern morphologische und andere Anpassungen besitzen, um mehrere Vektoren zu nutzen. Durch eine derartige **Polychorie** werden die Ausbreitungschancen erheblich erhöht.

Die Effektivität der Samenausbreitung hat qualitative und quantitative Aspekte. Die Qualität eines Samens kann darüber entscheiden, ob er von einem Vogel überhaupt akzeptiert wird oder nicht, wie dieser ihn gegebenenfalls behandelt, damit er transportiert wird und keimfähig bleibt. Von quantitativer Bedeutung sind die Samenzahl und die Zahl der Besuche eines Ausbreiters bei einer Pflanze. Schupp (1993) hat versucht, die wichtigsten Komponenten der Ausbreitungseffektivität hierarchisch zu ordnen (Tabelle 4.2.4). Als besonders wichtig erweisen sich die Dichte der Ausbreiter sowie die Art der Behandlung der Samen (intakt oder zerstört) und die Transportmuster (gezielte oder zufällige Ausbreitung).

4.2.1.3 Diasporenbank und Keimetablierung

Von erfolgreicher Ausbreitung kann erst gesprochen werden, wenn die transportierten Diasporen an einem potentiellen Wuchsort zur Keimung gelangen oder dort in die Diasporenbank (**Samenbank**) im Boden aufgenommen werden.

Viele Diasporen machen nach dem Transport zunächst eine Ruhephase durch. Diese kann verschiedene Ursachen haben. Keimhemmende Inhaltsstoffe können eine weitere Entwicklung zunächst verhindern, mitunter müssen bestimmte Minimumtemperaturen unterschritten werden (**Vernalisation**) bevor sich ein Keimling entwickeln kann. Licht kann hemmend oder auch fördernd wirken, ebenso vorhandenes oder fehlendes Bodenwasser. Eine solche eingeschaltete Ruhepause wird als Keimruhe (**Dormanz**) bezeichnet. Sie kann genetisch bedingt sein, wie im Fall der Vernalisation, oder durch äußere Umstände, z. B. die Lage

Kasten 4.2.1 Hypothesen zur Effektivität von Ausbreitungsmechanismen

In ihrer mobilen Phase breiten sich Pflanzen mit ihren Diasporen (z. B. Sporen, Samen, Früchte, Zwiebeln, Ausläufer) aus (autochor), bzw. sie werden mit Hilfe verschiedener Vektoren ausgebreitet (allochor). Das Erreichen eines Ortes, der ein erfolgreiches Ansiedeln und weiteres Überleben erlaubt (*safe site*), hängt von den Ansprüchen der jeweiligen Pflanzenart an den Standort und von physikalischen Schranken ab, die die Ausbreitung erschweren oder verhindern.

Die wichtigste Form der Autochorie (Selbstausbreitung) ist die Barochorie, bei der die Diasporen den Gesetzen der Schwerkraft folgend ausgebreitet werden und dabei nur wenig Raumgewinn erzielen. Die bedeutendsten Vektoren der Allochorie (Fremdausbreitung) sind Wind, Wasser und Tiere sowie – in jüngerer Vergangenheit – der Mensch.

Verschiedene Hypothesen beschreiben die Effektivität von Ausbreitungsmechanismen. Nach der *directed-dispersal*-Hypothese werden Diasporen gezielt aufgenommen und ausgebreitet (z. B. von Tieren), bei der Kolonisations-Hypothese sind es dagegen Opportunisten, die vor allem Wind und Wasser als Vektoren nutzen. Der erstgenannten Hypothese entspricht ein *high-investment*-Modell. Es besagt, dass in die Diasporen relativ viel an „Belohnung" für den Ausbreiter investiert werden muss (z. B. Nektar für Kolibris, Früchte für Fledermäuse). Beim *low-investment*-Modell, welches für viele Opportunisten gilt, wird wenig in den einzelnen Samen investiert. Hier wird die Ausbreitungs- und Ansiedlungschance auf der Grundlage hoher Samenzahlen gesucht.

Diasporenausbreitung ist dann erfolgreich, wenn sich Keim- und Jungpflanzen etablieren und letztlich wieder Diasporen produziert werden. Dies muss nicht unmittelbar im Anschluss an die Ausbreitung der Diasporen geschehen. Viele Diasporen bleiben über lange Zeiträume in der Bodensamenbank keimfähig und warten nach einer Ruhepause (Dormanz) auf günstige Keim- und Wachstumsbedingungen.

der Samen in zu großer Bodentiefe, die erst nach einer Bodenbearbeitung ausreichend Licht erhalten und keimen, wie bei vielen Segetalarten.

Die Dauer der **Keimruhe** ist für einzelne Diasporenarten bei gleichen äußeren Bedingungen verschieden. In tropischen Regenwäldern keimen Schattholzarten sofort, wenn sie einen günstigen Wuchsort gefunden haben. Lichtholzarten sind dormant und warten auf günstige Bedingungen (z. B. wenn ein umfallender Baum eine Lücke in das Kronendach reißt, ein ***tree-fall-gap***), um dann auszukeimen. In Trockengebieten weisen Arten bei den sehr variablen Feuchtigkeitsbedingungen eine beträchtliche Streuung bei der Dauer der Keimruhe auf, selbst innerhalb einer Population. Ganz allgemein kann man davon ausgehen, dass die Dormanz der Diasporen dazu dient, die Keimungs- und Wachstumsbedingungen aufeinander abzustimmen und z. B. einen kalten Winter oder eine trockene Jahreszeit zu überbrücken.

Die Vorräte aller Ausbreitungseinheiten im Boden werden als **Diasporenbank** (**Samenbank**, auch **Samenpotential**) bezeichnet. In dieser Diasporenbank, die vor allem die obersten 10 cm des Bodens umfasst, können Samen für mehrere Jahre, in Einzelfällen auch über Jahrhunderte keimfähig bleiben und auf günstige Entwicklungsbedingungen warten. Man unterscheidet temporäre Diasporenbanken mit Ansammlungen von Samen, die kurzfristig (im nächsten Jahr) zur Keimung gelangen, von permanenten. Gerade Letztere sind für die Regeneration von Pflanzengesellschaften von herausragender Bedeutung. Bei temporären Diasporenbanken mit zeitlich begrenzter Keimfähigkeit – wie bei den bereits angeführten tropischen Schatthölzern – ist nach umfassender Störung der Wälder eine Regeneration in Frage gestellt. Dies gilt z. B. auch für die außertropischen Regenwälder Südchiles. Wenige Jahre nach Abholzung der naturnahen Bestände und Wiederaufforstung der Flächen mit *Pinus radiata* enthielten die örtlichen Samenbanken kaum noch Diasporen indigener Arten (Scherer 1995). Dies unterstreicht die große Bedeutung der Diasporenbank für den Arten- und Biotopschutz.

Die Phase der **Keimlingsetablierung** ist eine besonders sensible Phase im Lebenszyklus von Pflanzen. Pathogene, Herbivore und Konkurrenten, aber auch klimatische Anomalien können zu großen Verlusten führen. In Keimversuchen hat Ryser (1993) festgestellt, dass manche Keimlinge den Schutz benachbarter Pflanzen benötigen (z. B. *Arabis hirsuta*, *Primula verde*), bei anderen jedoch der Keimerfolg durch benachbarte Arten reduziert wird (*Plantago lanceolata*, *Sanguisorba minor*). Eine dritte Artengruppe konnte unter allen im Experiment geschaffenen Bedingungen keimen (z. B. *Medicago lupulina*). Auch große zeitabhängige Schwankungen sind beobachtet worden. Espigares und Peco (1993) beobachteten enge Beziehungen zwischen Keimungsraten und interannuellen Schwankungen der Klimabedingungen, insbesondere im Hinblick auf die Temperaturen. Die meisten Arten hatten höhere Keimerfolge bei höheren Temperaturen, einige keimten besser bei tieferen Temperaturen (z. B. div. *Trifolium* spec.).

Noch ist es nicht möglich, Dormanz und Keimverhalten im Einzelnen befriedigend zu erklären. Selbst wenn aber die edaphischen und klimatischen Bedingungen am erreichten Wuchsort den Ansprüchen der ausgebreiteten Art genügen, wenn sie Bestäuber vorfindet, sich gegenüber Konkurrenten durchsetzen und vor Krankheiten schützen kann, ist ihre dauerhafte Etablierung nur durch einen ebenso dauerhaften Diasporeneintrag bzw. eigene Diasporenproduktion zu sichern.

4.2.2 Grundlagen der Arealkunde

Die Ausbreitung von Diasporen über geringe Entfernungen führt dazu, dass möglichst viele potentielle Wuchsorte in der Nachbarschaft der Mutterpflanze besiedelt werden. Die Fernausbreitung führt dagegen zu Raumgewinn. Ergebnis dieser **Ausbreitung von Diasporen (aktiver Vorgang)** ist die dauerhafte Etablierung, ist **die Verbreitung (passiver Zustand)** von Pflanzenarten in ihrem Wuchsgebiet. Das geographisch abgrenzbare Wuchsgebiet einer Art bezeichnet man als **Areal**.

In der **Arealkunde** versucht man, Gesetzmäßigkeiten der Formen von Arealen in Gegenwart und Vergangenheit zu erkunden, darzustellen und zu erklären. Dabei werden insbesondere zwei Ziele verfolgt. Zum einen versucht man, Typen der Verbreitung und charakteristische Verbreitungsmuster zu erkennen und ihre Ordnung zu beschreiben (Meusel et al. 1965, 1978; Merxmüller 1952, 1953, 1954), zum anderen bemüht man sich, die gefundenen Verbreitungsmuster zu erklären (Walter und Straka 1970). Eine vergleichende Betrachtung von Arealen führt zu **Florenelementen** und **Arealtypen** und schließlich zu einer hierarchischen räumlichen Gliederung auf arealkundlicher Grundlage. Somit ist die Arealkunde Grundlage jeder weiterführenden räumlichen Betrachtung der Vegetation.

4.2.2.1 Die Darstellung und Interpretation von Arealen

Bei der kartographischen Darstellung von Arealen werden verschiedene Wege beschritten. Häufig entwirft man bloße Umrisskarten, welche die Arealgrenzen zeigen, die allerdings nichts über die Verteilung und Abundanz der Art innerhalb des Areals aussagen. Diese Schwäche können **Punktkarten** vermeiden, da sie jeden Fundort enthalten, mitunter allerdings eher den aktuellen Kenntnisstand der Verbreitung als die tatsächliche Verbreitung wiedergeben. Heute werden arealkundliche Daten meist auf der Grundlage von **Rasterkarten** dargestellt. Dabei geben diese Karten häufig nur einen Ausschnitt des Areals wieder. In diesem wird aber die Verbreitung der Art detailliert sichtbar (ohne dass allerdings ihre Häufigkeit angegeben wird). Für die Bundesrepublik sind derartige Karten (nach der immer noch unverzichtbaren klassischen Zusammenstellung von Meusel et al. in Umrisskarten) von Haeupler und Schönfelder (1988), für Bayern von

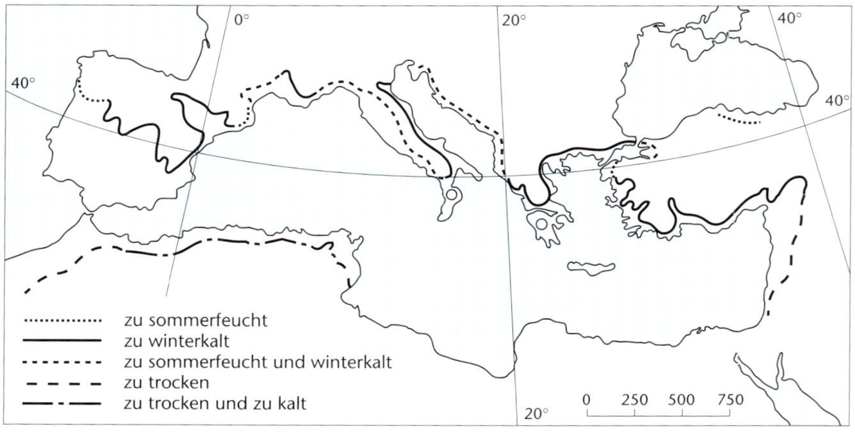

Abb. 4.2.3: Die Verbreitungsgrenzen des Ölbaumes (Olea europaea) im europäischen Mittelmeerraum und die dafür maßgeblichen klimatischen Faktoren (nach Birot 1964, verändert aus Müller-Hohenstein 1981).

Schönfelder und Bresinsky (1990) auf der Grundlage von Rastern publiziert worden. Diese aktuellen Verbreitungskarten zeigen z. B. die mesoklimatische Differenzierung von Räumen oft besser als solche, die auf meteorologischen Daten beruhen. Überhaupt sind solche Karten sowohl für grundlegende taxonomische und vegetationskundliche Fragestellungen als auch für die Behandlung angewandter Probleme, z. B. im Naturschutz, unverzichtbar.

Die Ausdehnung und Form der aktuellen Areale ist sowohl historisch als auch ökologisch bedingt, und zwar durch die ökologischen Ansprüche der Art und ihre Konkurrenzkraft einerseits sowie durch das Angebot an standörtlichem Potential am Wuchsort und die Konkurrenzkraft der übrigen Arten andererseits. Es ist immer wieder versucht worden, Verbreitungsgrenzen mit standörtlichen Grenzbedingungen zu erklären. Häufig werden dazu Isothermen genutzt, doch müssen solche Versuche kritisch beurteilt werden. Pflanzen reagieren kaum auf klimatische Mittelwerte, außerdem sind standörtliche Verhältnisse so komplex, dass es nicht möglich ist, einzelne Faktoren als allein entscheidend herauszufiltern. Darüber hinaus sind die Grenzbedingungen bei Pflanzen mit großen Arealen durchaus verschieden. So leidet die Rotbuche (siehe Kapitel 2.1) an ihrer Ostgrenze zwar unter zu geringen Niederschlägen über das ganze Jahr hinweg, geschädigt wird sie aber dort vor allem durch zu kalte Winter (Resistenz der Knospen bis –30 °C), im Süden wird sie von Sommerdürre und im Norden von zu langen Wintern und durch Spätfrost begrenzt, im Nordwesten auf den Britischen Inseln wahrscheinlich dadurch, dass sie postglazial noch nicht wieder alle potentiellen Wuchsorte erreicht hat. Wie komplex die standörtlichen Grenzverhältnisse sein können, zeigt auch der Verlauf der **Ölbaumgrenze** im europäischen Mittelmeerraum (Abb. 4.2.3). Hier sind in den höheren Gebirgslagen länger anhaltende Fröste und die kurze Vegetationszeit begrenzend, in Südeuropa eher die zu feuchten Frühsommer, die Bestäubung und Fruchtansatz erschweren, in Nordafrika dagegen die nach Süden zunehmende Trockenheit. In Grenzbereichen des Vorkommens kann man auch das **Waltersche Gesetz der relativen Standortkonstanz** (siehe Kapitel 4.1.6) anwenden. Während so z. B. *Quercus pubescens* an ihrer südlichen Verbreitungsgrenze feuchte Vorposten mediterraner Standortbedingungen signalisiert, steht sie im Norden, etwa im Oberrheingraben, nur auf den wärmsten und trockensten Südhängen.

Häufig wird übersehen, dass Areale in ihrer aktuellen Ausdehnung Veränderungen unterliegen. Diese können klimatisch bedingt sein. Die postglaziale Klimaerwärmung hat zu **Arealverschiebungen** großen Ausmaßes geführt. Sie erlaubt gleichzeitig, etwas über die Geschwindigkeit der Wanderung von Arten auszusagen, die – aus ihren Refugien kommend – ihre heutigen Areale ausgebildet haben. Für die wichtigsten mitteleuropäischen Baumarten wurden hierzu nur wenige 100 m pro

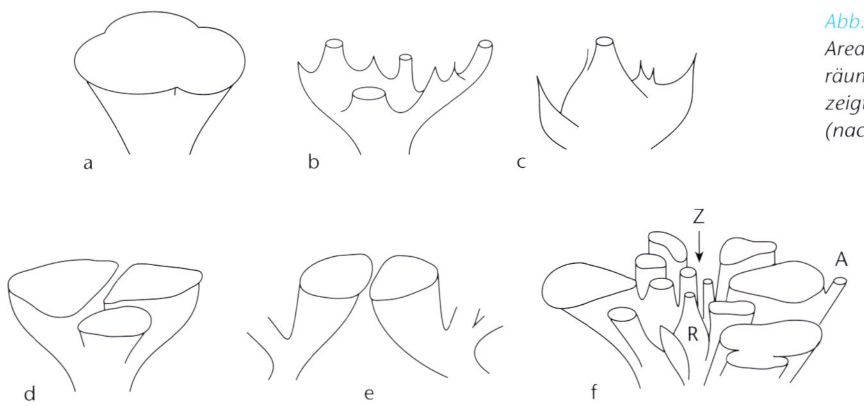

Abb. 4.2.4: Möglichkeiten der raum-zeitlichen Arealgestaltung (zeitliche Achse vertikal, räumliche Achse horizontal, Schnittebene zeigt gegenwärtigen Zustand) (nach Strasburger 1998).

a = Arealerweiterung, b = Aussterben von Populationen und Schrumpfung zu disjunkten Arealen, c = wie b mit Entstehung eines relikt-paläoendemischen Areals, d = allopatrische Differenzierung zu drei vikariierenden Sippen, e = Pseudovikarianz sich ökologisch oder geographisch stellvertretender Sippen, f = Formenkreis mit Mannigfaltigkeitszentrum (Z), Reliktendemiten (R), Neoendemiten (A). Zwischen Alter einer Sippe, ihrer Formenmannigfaltigkeit und ihrer Arealgröße bestehen keine unmittelbaren Zusammenhänge.

Tabelle 4.2.5: Endemitenanteil an der Flora verschiedener Inseln und Inselgruppen (nach Frey und Lösch 1998)

Insel/Inselgruppe	Endemiten in %	Distanz zum nächsten Festland (in km)
Fernando Po	12,0	100
Kanaren	53,5	170
Sao Tomé	19,4	250
Kapverden	15,0	500
Juan Fernandez	66,7	750
Madeira	10,5	970
Galapagos	40,9	1 120
Azoren	36,0	1 460
St. Helena	88,9	1 920
Hawaii	94,4	4 400
Marquesas	52,3	6 000

Jahr errechnet, was allerdings relativ viel ist, da viele Baumarten erst nach mehreren Jahren fruktifizieren. Klimaänderungen, wachsender Konkurrenzdruck und vor allem menschliche Einflüsse können auch zu **Arealschrumpfungen** führen. Arealdynamik kann also Verkleinerung, Vergrößerung oder Verschiebung der konkreten Areale bedeuten. Hieraus geht hervor, dass die Aufnahme eines Artinventars für eine Region nie abgeschlossen sein kann. Neophyten und synanthrope Arten erschweren sie darüber hinaus. Streng genommen müssen **potentielles und reales Areal** getrennt voneinander betrachtet werden. Das potentielle umfasst alle standörtlich geeigneten Wuchsorte, das reale in der Regel viel kleinere. Es wird durch standörtliche und geographische Verbreitungsschranken, Konkurrenzbedingungen und Wanderungsverhalten der betroffenen Art bestimmt. Abbildung 4.2.4 zeigt in schematischen Skizzen, wie unterschiedlich sich die raum-zeitliche Arealgestaltung vollziehen kann. Areale können wachsen oder schrumpfen, sie können sich teilen (**Disjunktionen**) oder in allopatrischer Differenzierung auch vikariierende Sippen ausbilden.

4.2.2.2 Die Typisierung von Arealen

Areale werden (1) nach ihrer Größe, (2) nach ihrer Gestalt, und (3) nach ihren geographischen Lagebeziehungen eingeteilt. Nach der Größe unterschei-

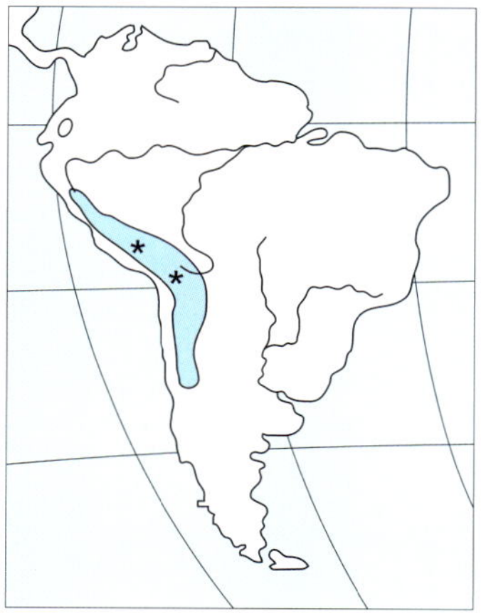
A

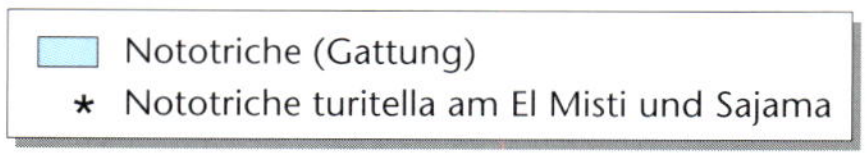

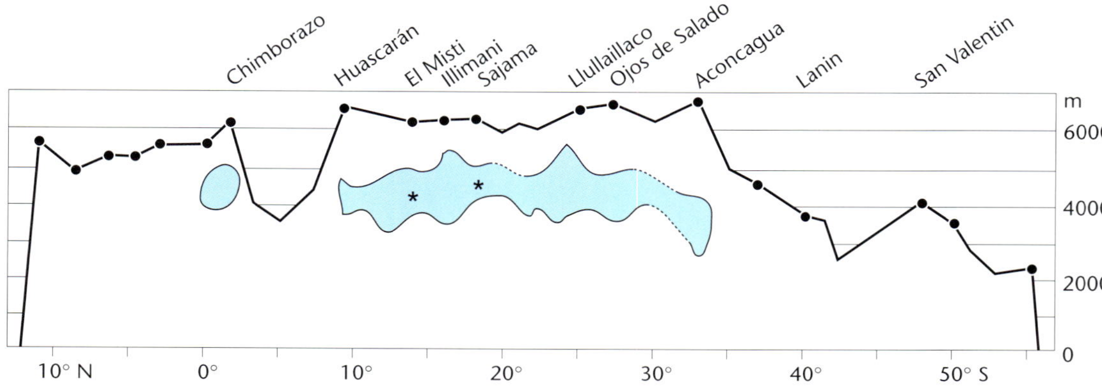

B

Abb. 4.2.5: Horizontale (A) und vertikale Verbreitung (B) der endemischen Gattung Nototriche in den Anden (nach Baumann 1988 aus Richter 1997).

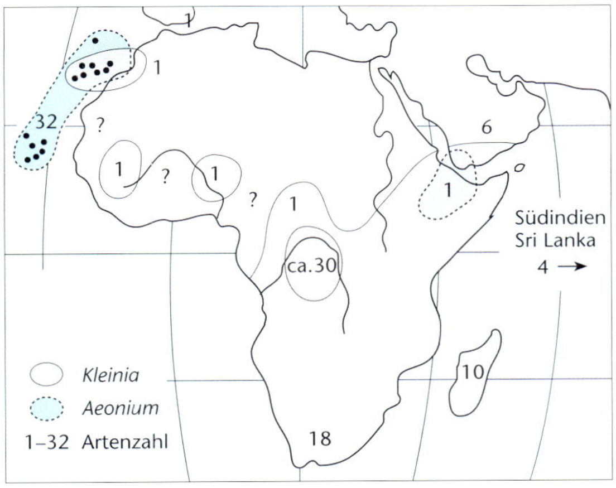

Abb. 4.2.6: Vikarianz bei den Gattungen Kleinia und Aeonium (nach Deil und Müller-Hohenstein 1984 aus Richter 1997).

det man in erster Linie **Kosmopoliten** und **Endemiten**. Erstere besitzen ausgedehnte, über Kontinent- und Großklimagrenzen hinweg reichende Areale. Um diese zu besetzen, müssen sie möglichst effektive Ausbreitungsmechanismen besitzen, konkurrenzstark und phylogenetisch alt sein. Der Adlerfarn (*Pteridium aquilinum*) und das einjährige Rispengras (*Poa annua*) sind hier die meist zitierten Beispiele. Von **Ubiquisten** unterscheiden sich die Kosmopoliten dadurch, dass sie nicht auf allen Standorten wachsen können.

Im Gegensatz zu den Kosmopoliten besitzen die Endemiten nur kleine Areale, z. B. auf isolierten Gebirgsmassiven oder auf Inseln, streng genommen auch auf „Inseln" auf dem Festland. Hier sind zwei Varianten zu unterscheiden.

Genetisch alte Arten, die einst eine weitere Verbreitung besaßen und aus klimatischen Gründen oder wegen wachsenden Konkurrenzdruckes auf kleinere Areale zurückgedrängt wurden, werden als **Paläo-** oder **Reliktendemiten** bezeichnet. Die Mammutbäume (*Sequoia gigantea* und *Metasequoia*) oder die südwestafrikanische Gymnosperme *Welwitschia mirabilis* sowie auch der ostasiatische *Ginkgo biloba* sind Beispiele hierfür. Den Paläoendemiten stehen die **Neoendemiten** gegenüber. Dabei handelt es sich um stammesgeschichtlich junge Arten, die ihre potentiellen Areale aus zeitlichen Gründen noch nicht besiedeln konnten bzw. durch nicht zu überwindende Ausbreitungshindernisse auf kleine Areale begrenzt sind. Aus bei Frey und Lösch (1998) zusammengestellten Daten für ausgewählte Inselgruppen geht hervor, dass sich die Entfernung der Inseln zum Festland und die Dauer ihrer Isolierung in den Endemitenanteilen ihrer jeweiligen Flora widerspiegelt (Tabelle 4.2.5). Abbildung 4.2.5 kann man die dreidimensionale Verbreitung der endemischen Andengattung *Nototriche* sowie der Art *Nototriche turitella* entnehmen. Das Beispiel zeigt, dass diese Gattung über mehr als 30 Breitengrade in den südlichen tropischen Anden verbreitet ist, dort aber nur in Höhenlagen zwischen mindestens 3000 und höchstens 5000 m ü NN.

Unterschieden werden Areale auch nach ihrer Gestalt, vor allem danach, ob sie geschlossen sind, die Art also einen einzigen klar abgegrenzten Raum besiedelt, oder ob sie aus mehreren Teilarealen zusammengesetzt und damit **disjunkt** sind (siehe Kapitel 4.1.2). Bei einem geschlossenen Areal sind die Lücken zwischen den einzelnen Wuchsorten so klein, dass sie durch den heutigen normalen Diasporentransport überbrückt werden können. Bei Arealdisjunktionen ist dies nicht mehr möglich. Da man davon ausgehen muss, dass es keine polyphyletische Entstehung ein und derselben Art gibt, müssen andere Erklärungsversuche für die Genese disjunkter Areale gesucht werden. Sie können durch einen nur äußerst seltenen Ausbreitungssprung, eventuell durch Zugvögel, oder über atmosphärische Anomalien erklärt werden. In vielen Fällen weiß man aber, dass heute disjunkte Areale einst geschlossen waren und entweder durch tektonische Ereignisse (z. B. Kontinentalverschiebung, Gebirgsbildung) oder klimatische Änderungen (z. B. Wechsel von Kalt- und Warmzeiten) entstanden sind. Für Letztere gibt es in Europa mit den arktoalpin verbreiteten Arten (z. B. *Draba aizoides*) viele Beispiele.

Durch die Trennung eines einst geschlossenen Areals können auch so genannte **vikariierende Areale** entstehen. Dabei haben sich in den entstandenen Teilarealen die Teilpopulationen der einst einheitlichen Sippe unterschiedlich weiterentwickelt. In diesem Fall spricht man von **geographischer Vikarianz**. Hierfür können als Beispiele die Verbreitung der Gattungen Kleinia und Aeonium angeführt werden (Abb. 4.2.6). Die **Mannigfaltigkeitszentren** beider Arten im südlichen und östlichen tropischen Afrika einerseits sowie Makaronesien und den Kapverden andererseits werden durch die nordafrikanischen Trockengebiete getrennt. Besetzen verschiedene Unterarten oder

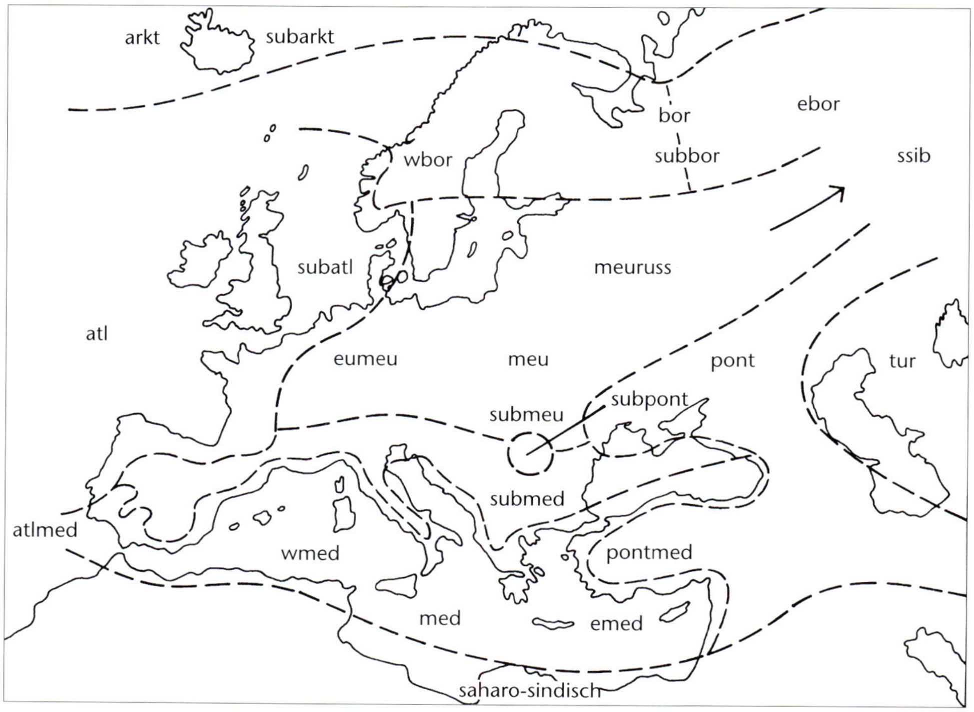

Abb. 4.2.7: Geoelemente Mitteleuropas (nach Walter 1986 aus Kreeb 1983).

meu = mitteleuropäisch,
atl = atlantisch,
med = mediterran,
bor = boreal,
arkt = arktisch,
ssib = südsibirisch,
pont = pontisch,
tur = turanisch,
eu-/sub- = hauptsächliche/randliche Verbreitung

Arten einer Gattung im selben Raum verschiedene Standorte, so liegt **ökologische Vikarianz** vor. Bekannte Beispiele sind in den Alpen die Behaarte und die Rostrote Alpenrose (*Rhododendron hirsutum* bzw. *Rh. ferrugineum*) auf Kalk- bzw. Silikatgestein.

Sind in enger räumlicher Nachbarschaft viele eng miteinander verwandte Arten verbreitet, liegt der Schluss nahe, dass sich diese Arten auch in diesem Raum entwickelt haben und hier ein **Mannigfaltigkeitszentrum** (**Genzentrum**, Zentralzone einer Verwandschaftsgruppe) oder zumindest ein **Erhaltungszentrum** dieser Gattung vorliegt. Solche Zentren vor allem für wirtschaftlich interessante Pflanzen zu finden, ist ein Ziel der Pflanzenzüchter, da sie hier auf umfangreiche Genreserven hoffen.

4.2.2.3 Arealtypen – Florenelemente – Geoelemente

Areale ähnlicher Grundform, Größe und geographischer Lage werden zu abstrakten Einheiten, den **Arealtypen**, zusammengefasst. Zwar haben verschiedene Sippen keine absolut identischen Areale, doch fasst man heute alle Sippen des gleichen Arealtyps als gut zu unterscheidende **Geoelemente** auf, wenn räumliche Aspekte im Vordergrund stehen. Man spricht von **Florenelementen**, wenn es um floristische Untersuchungen geht. Die Begriffe sind jedoch als synonym aufzufassen. Es werden gelegentlich auch noch **Genoelemente** (gleiche phylogentische Herkunft einer Artengruppe) und **Chronoelemente** (gleiche Entstehungszeit einer Artengruppe) unterschieden (Frey und Lösch 1998).

In der räumlichen Lage der Arealtypen werden vor allem klimatische Charakteristika sichtbar: (1) eine zonale Temperaturabhängigkeit mit der Breitenlage, (2) eine die Dauer der Vegetationszeit betonende Verbreitung mit der absoluten Höhenlage, und (3) eine dem Gradienten ozeanisch-kontinental folgende Verbreitung, welche die Temperaturamplitude betrifft. In diese dreidimensionale Gliederung ist die nach Arealtypen geordnete floristische Gliederung Europas eingebettet (Meusel et al. 1965). Sie wird sichtbar in einer von Walter 1986 entworfenen Karte der Geoelementgruppen für Europa (Abb. 4.2.7). Für die zonale Abfolge von Nord nach Süd werden ganz allgemein (auch in den meisten Floren) folgende Bezeichnungen verwendet:

- arkt = arktisch
- bor = boreal

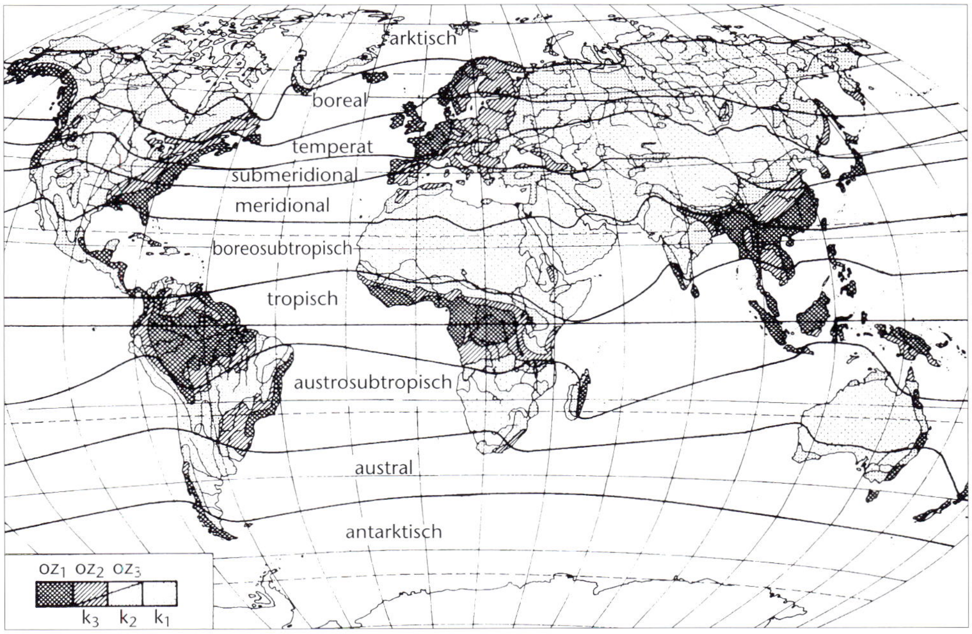

Abb 4.2.8: Florenzonen und Ozeanitätsgliederung (Ozeanitätsabstufung von hochozeanisch (oz1) bis hochkontinental (k1)) (nach Meusel 1965 ff aus Schröder 1998).

- meu = mitteleuropäisch, auch temp für temperiert oder nem für nemoral
- med = mediterran, auch mer für meridional

Diese Hauptgruppen können noch weiter untergliedert werden, z. B. in subarktisch, submediterran etc. Entscheidend für weitere Untergliederungen sind letztlich deutlich sichtbare Florenkontraste zwischen den betrachteten Räumen.

Für die Höhenstufenfolge werden folgende Bezeichnungen verwendet:

- plan (planare Stufe des Tieflands)
- coll (colline Stufe)
- mont (montane Stufe)
- subalp (subalpine Stufe bis zur Waldgrenze)
- alp (alpine Stufe)
- niv (nivale Stufe)

Für die West-Ost Abfolge gelten die Bezeichnungen:

- atl (atlantisch)
- meu (mitteleuropäisch)
- ssib (südsibirisch),

wobei auch hier oft Zwischenstufen verwendet werden. Meusel et al. (1965) schlugen hierfür Ozeanitäts- bzw. Kontinentalitätsabstufungen vor und legten diese in einer globalen Karte der Florenzonen mit entsprechender Ozeanitätsgliederung vor, die zeigt, dass die am Beispiel Europas entwickelte Gliederung weltweit anwendbar ist (Abb. 4.2.8). Beispiele für Geoelemente, die aus den umliegen-

Tabelle 4.2.6: Beispiele von Arten des mitteleuropäischen Geoelements und von in Mitteleuropa vertretenen benachbarten Geoelementen

mitteleuropäisch (eu-mi):	*Fagus sylvatica, Quercus petraea, Hedera helix*
subarktisch (subarkt):	*Betula nana, Salix herbacea, Rubus chamaemorus*
boreal (bor):	*Picea abies, Larix decidua, Ledum palustre*
atlantisch (atl):	*Erica tetralix, E. cinerea, Sarothamnus scoparius, Ilex aquifolium*
mittelrussisch (mi-ru):	*Carpinus betulus, Quercus robur, Alnus glutinosa, Melampyrum nemorosum*
submediterran (submed):	*Acer monspessulanum, Quercus pubescens, Sorbus terminalia, Bromus erectus*
mediterran (med):	*Quercus rotundifolia, Arbutus unedo, A. andrachne*
pontisch (pont):	*Adonis vernalis, Anemone sylvestris, Stipa pennata, St. capillata*
südsibirisch (ssib):	*Daphne mezereum, Betula verrucosa, Astragalus danicus*
arktisch-alpin (arkt-alp):	*Loiseleuria procumbens, Poa alpina, Arctostaphylos alpinus*

Abb. 4.2.9: Arealtypenspektren für die Landschaften auf einem Profil durch Südwestdeutschland vom Oberrheingraben zum Bodensee (nach Filzer 1963 aus Reichelt und Wilmanns 1973).

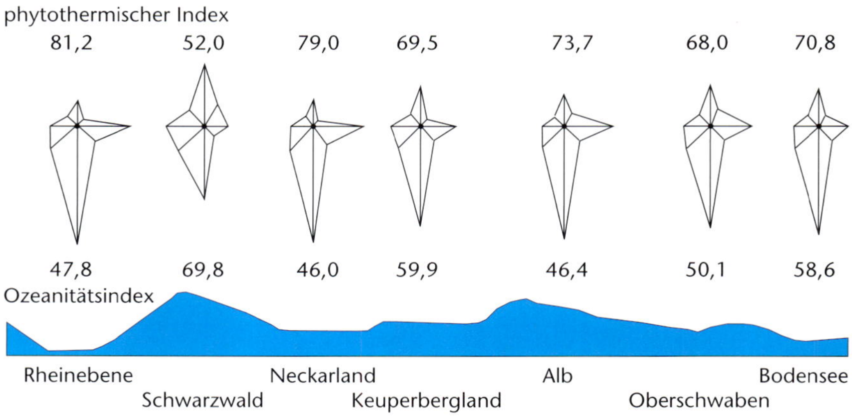

den Räumen nach Mitteleuropa einstrahlen, sind in Tabelle 4.2.6 angeführt.

Vegetation kann man also auch als Kombination von Arten eines bestimmten Verbreitungs- oder Arealtyps verstehen. Zwar sind die Ursachen für die Grenzen zwischen den Arealtypen im Einzelnen noch wenig bekannt. Dennoch beruhen auf ihren ökologischen Eigenschaften die Auswertungen und Interpretationen von Gebietsfloren mit Hilfe von **Arealtypenspektren**. Filzer (1963) legte eine solche Auswertung für einen Ausschnitt Süddeutschlands vor und differenzierte damit ozeanisch bzw. kontinental getönte sowie thermisch begünstigte Räume (Abb. 4.2.9). Frankenberg (1978) analysierte mit einem solchen Ansatz Florengefälle in Nordafrika, Müller-Hohenstein (1988) konnte mit Hilfe einer arealtypologischen Charakterisierung von Vegetationseinheiten auf der Arabischen Halbinsel Argumente für den bei Klimatologen und Pflanzengeographen unterschiedlich gesehenen Grenzverlauf zwischen Tropen und Subtropen bzw. Paläotropis und Holarktis beitragen (Abb. 4.2.10). Die Abbildung zeigt diese unterschiedlichen Auffassungen. Die Arealanalyse ergab u.a., dass die südwest- bzw. nordostarabischen Küstenräume keinesfalls als gleichermaßen tropisch eingestuft werden dürfen.

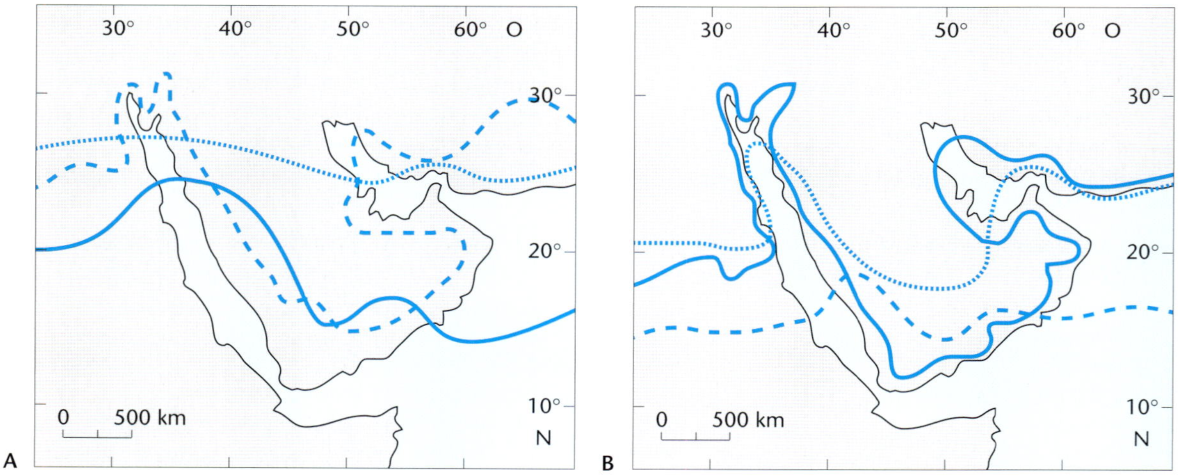

Abb. 4.2.10: A: Verlauf der Grenzen zwischen Holarktis und Paläotropis auf der Arabischen Halbinsel nach Diels 1908 (gepunktet), Al Hubaishi und Müller-Hohenstein 1984 (durchgezogen) und Kürschner 1986 (gestrichelt); B: Verlauf der Grenzen zwischen Subtropen und Tropen nach Troll und Paffen 1964 (gepunktet), Von Wissmann 1962 (durchgezogen) (aus Blüthgen 1964) und Creutzburg und Habbe 1964 (gestrichelt) (aus Blüthgen 1964).

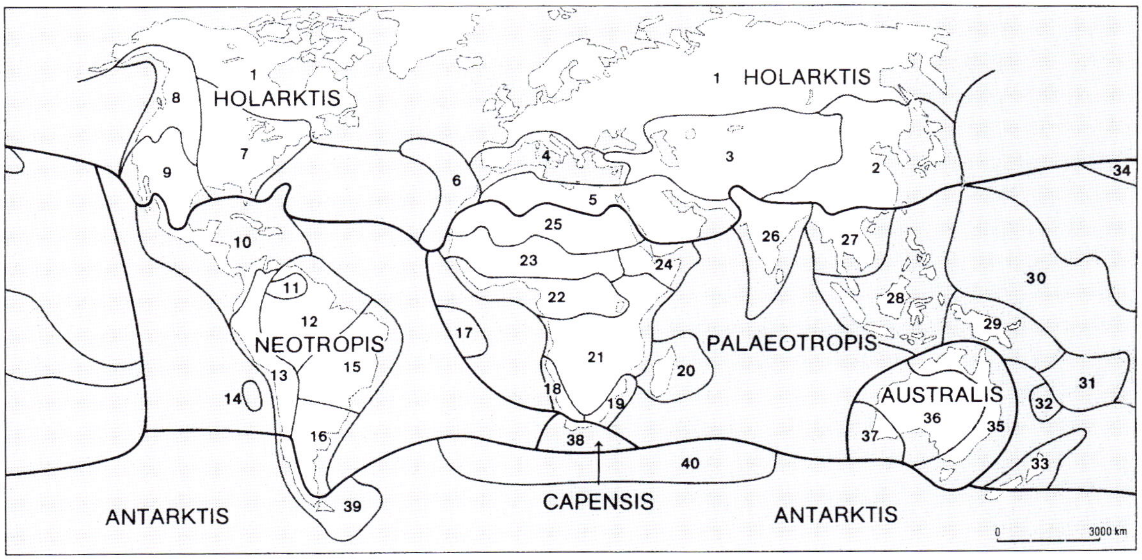

Florenreich: ***Holarktis*** *(in Palarktis und Nearktis unterteilbar)*
Florenregionen:
1 circumboreal
2 ostasiatisch
3 irano-turanisch
4 mediterran
5 nordsaharo-arabisch
6 makaronesisch
7 nordamerikanisch-atlantisch
8 Rocky-Mountains-Region
9 madrisch

Florenreiche: Neotropis
Florenregionen:
10 karibisch
11 guyanisch
12 amazonisch
13 Anden-Region
14 Juan-Fernandez Inseln
15 brasilianisch
16 argentinisch-ostpatagonisch

Florenreich: Paläotropis *(in afrikanisches, indomalaisches und polynesisches Unterreich unterteilbar)*
Florenregionen:
17 Inseln Ascension et St. Helena
18 karoo-namibisch
19 Zulu-Region
20 madagassisch
21 angolo-zambesich
22 guineo-kongolesisch
23 sudano-sahelisch
24 eritreo-jemenitisch
25 südsaharisch
26 indisch
27 indochinesisch
28 malesisch
29 papua-neuguineisch
30 polynesisch
31 fijisch
32 neukaledonisch
33 neuseeländisch
34 hawaiisch

Florenreich: Australis
Florenregionen:
35 nordost-australisch
36 zentral-australisch
37 west-australisch

Florenreich: Capensis
Florenregion:
38 kapensisch

Florenreich: Antarktis
Florenregionen:
39 südchilenisch-magellanisch
40 subantarktisch

Abb. 4.2.11: *Florenreiche und Florenregionen (nach Mattick 1964 und Takhtajan 1986 aus Richter 1997).*

4.2.2.4 Die Florenreiche

Arealtypen und die ihnen entsprechenden Geoelemente sind über die für Europa vorgestellte Gliederung hinaus Grundlage einer hierarchischen Gliederung der Erde nach floristischen Verwandtschaftsbeziehungen. Höchste Ebene dieser Hierarchie sind sechs **Florenreiche**. Für ihre Ausgliederung gilt ebenfalls die möglichst große Homogenität der Floren innerhalb eines solchen Florenreiches und der möglichst große Kontrast zu den benachbarten Einheiten. Ihre Differenzierung ist in erster Linie auf ihre geographische Lage zurückzuführen, in der sie sich unterschiedlich lange isoliert entwickelt haben. Besonders wichtig ist in diesem Zusammenhang die frühe Trennung der Südkontinente mit der entsprechenden Ausbildung von drei Florenreichen, der **Antarktis**, der **Capensis** und der **Australis**, und der quasi bis heute bestehende Zusammenschluss der Nordkontinente mit dem konsequenterweise einzigen Florenreich der mittleren und höheren Breiten der Nordhemisphäre, der **Holarktis** (siehe auch Kapitel 4.1.1 und 4.1.2). In den niedrigen Breiten der Tropen werden die **Paläotropis** und die **Neotropis** unterschieden. Abbildung 4.2.11 gibt den aktuellen Stand einer Gliederung der Vegetation der Erde auf arealkundlicher Basis wieder. Zur Abgrenzung der Florenreiche werden insbesondere höhere taxonomische Einheiten (Familien) herangezogen. Dabei geht es nicht nur um deren ausschließliche Verbreitung in einzelnen Florenreichen, sondern ebenso um die räumlichen Schwerpunkte ihrer Verbreitung.

Die **Holarktis** besitzt als größtes Florenreich Verbreitungsschwerpunkte besonders vieler Pflanzenfamilien (Apiaceae, Betulaceae, Brassicaceae, Caryophyllaceae, Fagaceae, Primulaceae, Ranunculaceae, Rosaceae, Salicaceae). Heutige Unterschiede, z. B. zwischen den holarktischen Räumen Nordamerikas und Eurasiens, sind auf jüngste erdgeschichtliche Ereignisse (Eiszeiten) zurückzuführen. Unüberwindbare Verbreitungsschranken hat es jedoch in der jüngeren Erdgeschichte nicht gegeben.

Dies gilt nicht für die südlich anschließenden tropischen Bereiche. Die Trennung des afrikanischen Kontinents vom südamerikanischen hat neben durchaus bestehenden Parallelen (pantropische Arten und Familien, z. B. die Annonaceae) zu einer gerechtfertigten Untergliederung in die beiden tropischen Florenreiche geführt. Besonders kennzeichnende Familien der **Paläotropis**, die vor allem den afrikanischen Kontinent und die südostasiatischen Archipele umfasst, sind die Combretaceae, Dipterocarpaceae, Euphorbiaceae, Moraceae (mit über 1000 Arten der Gattung *Ficus*), Nepenthaceae, Pandanaceae und Zingiberaceae.

Für die größte Teile Mittel- und Südamerikas umfassende **Neotropis** sind Arten der Araceae, Bromeliaceae, Cactaceae und Solanaceae besonders kennzeichnend, die Tropaeolaceae sind ganz auf dieses Florenreich beschränkt.

Die **Capensis** im Südwesten des afrikanischen Kontinents ist zwar das flächenmäßig kleinste, aber ein besonders eigenständiges Florenreich, in welchem sich einzelne Familien außerordentlich artenreich entwickelten. Dies gilt insbesondere für die Ericaceae und die Mesembryanthemaceae. Über diese beiden Familien deuten sich aber auch Beziehungen zur Holarktis einerseits und zur Antarktis andererseits an. Mit den Bruniaceae leben im Kapland Arten einer endemischen Familie, darüber hinaus dominieren hier Vertreter der Proteaceae und der Restionaceae. Das südhemisphärische Florenreich der **Australis** umfasst nur den australischen Kontinent und Tasmanien und ist – auf Gattungs- und Artebene – besonders endemitenreich. Hervorzuheben sind die heute weltweit verbreiteten *Eucalyptus*-Arten (Myrtaceae). Schon das be-

Kasten 4.2.2 Typisierung von Arealen

In der Arealkunde wird das Ergebnis der Ausbreitung von Pflanzen, ihre Verbreitung betrachtet. In Verbreitungskarten (meist Punktkarten oder rasterbasierte Karten) werden die Areale (aktuelle Wuchsgebiete) von Pflanzen dargestellt, typisiert und erklärt. Bei der Typisierung wird zum einen nach der Größe unterschieden. Über Klimazonen hinweg in sehr großen Arealen verbreitete Arten werden als Kosmopoliten bezeichnet. Sie sind oft phylogenetisch alte Arten, haben besonders effektive Ausbreitungsmechanismen und stellen keine speziellen Ansprüche an den Standort. Arten mit kleinräumiger Verbreitung, z. B. nur auf einer Insel oder einem isolierten Gebirgsmassiv, werden als Endemiten bezeichnet. Zum anderen werden Areale nach ihrer Gestalt typisiert, wobei vor allem geschlossene und disjunkte Areale unterschieden werden. Bei letzteren besteht das Verbreitungsgebiet aus mehreren Teilarealen. Für die Erklärung von Arealdisjunktionen sind vor allem Klimaänderungen oder großtektonische Ereignisse heranzuziehen. Disjunkte Areale zeigen auch, dass Areale grundsätzlich einer zeitlichen Dynamik unterliegen; sie können wachsen, wenn sich die standörtlichen Bedingungen zu ihren Gunsten ändern, oder schrumpfen, wenn das Gegenteil der Fall ist.

Arten, die sehr ähnliche Areale besitzen, werden zu Arealtypen (Floren- oder auch Geoelemente) zusammengefasst (z. B. atlantischer oder borealer Arealtyp). Arealtypen sind ihrerseits Grundlage großräumiger Gliederungen in Florenprovinzen und -regionen, und schließlich die sechs Florenreiche der Erde, die nordhemisphärische Holarctis, die Palaeo- und Neotropis sowie die südhemisphärische Australis, Capensis und Antarctis.

nachbarte Neuseeland gehört zum Teil noch zur Paläotropis, im Süden aber zum Teil schon zum dritten Florenreich der Südhemisphäre, der **Antarktis**. Es hat seine größte von Pflanzen besiedelte räumliche Ausdehnung im südlichen Südamerika. Hier haben sich vor allem die Südbuchen (Gattung *Nothofagus*) entwickelt. Über die Gebirgsketten der Anden bestehen relativ enge floristische Beziehungen zu den neotropischen Hochgebirgslagen.

Die Florenreiche werden weiter untergliedert in **Florenregionen** und **Florenprovinzen**, wobei die bisher erarbeiteten Gliederungen nicht für alle Florenreiche gleich detailliert vorliegen und Grenzziehungen im Einzelnen auch divergieren. Eine gute aktuelle Diskussionsgrundlage bietet die Untergliederung nach Takhtajan 1986 (siehe Abb. 4.2.11).

4.2.3 Art-Areal-Beziehungen

Die Art der Verbreitung von im Raum zusammenlebenden Pflanzen wird als **Soziabilität** bezeichnet. Die dabei entstehenden Muster hängen von den Ausbreitungsmechanismen der beteiligten Arten, ihren Vermehrungsraten, ihrer Konkurrenzstärke etc. ab. Besonders häufig ist in der Natur eine geklumpte Verteilung von Individuen und Arten zu beobachten, d. h. keine mehr oder weniger gleichmäßige Verteilung sondern eine solche, die „inselhaft" größere oder kleinere Räume mit höherer Deckung (**Abundanz**) zeigt . Ökologen, die nach der Genese der entstehenden Muster fragen, müssen zunächst einmal wissen, wie viele Arten (und Individuen) in einem bestimmten Raum überhaupt leben können, ob – und wenn ja, welche – Beziehungen zwischen Artenzahl und Arealgröße, sog. **Art-Areal-Beziehungen** bestehen.

Die Verknüpfung von Fragen ausbreitungsbiologischer Prozesse, der Ansiedlung von Organismen und der Flächengrößen wurde vor allem am Beispiel von **Inseln** untersucht. Zwar findet man auf Inseln weniger Arten im Vergleich zu gleich großen Festlandarealen (da diese aus dem Umland schnell besiedelt werden können), sie sind bei starker räumlicher Isolierung und gleichzeitig hoher Artenvielfalt relativ endemitenreich und deshalb in gewisser Weise Sonderfälle. Da sie aber klar abgrenzbare, überschaubare Objekte mit – bei relativ einheitlichen klimatischen Verhältnissen – begrenzter Zahl unterschiedlicher Lebensräume sind, in vielen Größen vorkommen und in unterschiedlichsten Distanzen zum Festland liegen, sind Inseln beispielhaft, um folgende grundlegende Zusammenhänge zwischen Artenzahl und Arealgröße zu klären.

- Wie werden Inseln besiedelt?
- Wodurch wird die Artenzahl auf Inseln festgelegt (begrenzt)?

Die erste Frage ist relativ einfach zu beantworten. Als Vektoren für die Ausbreitung bis zu möglicherweise weit vom Festland – und damit der nächsten Diasporenquelle – entfernt liegenden Inseln kommen nur Möglichkeiten des **Ferntransports** (*long distance dispersal*) und keine Formen der Autochorie in Betracht. Der Transport durch Seevögel auf festen Routen kann ein Verbreitungsmechanismus sein (vor allem epichore Ausbreitung), doch sind auch abiotische Vektoren, z. B. Luft- und Meeresströmungen, oder auch außergewöhnliche Ereignisse, z. B. tropische Wirbelstürme, denkbar. Für pazifische Inseln und Inselgruppen wurden Anteile der beteiligten Vektoren anhand morphologischer Merkmale der Diasporen geschätzt. (Abb. 4.2.12). Bei den festlandnahen Inseln sind Vögel von herausragender Bedeutung, bei größerer Entfernung sind Wind und Meeresdrift stets wichtig. Diasporen werden dabei aus allen Richtungen eingetragen. So stammt fast die Hälfte aller Arten von Hawaii aus dem indo-pazifischen Raum, über ein Viertel ist holarktisch verbreitet und immerhin 17 % kommen aus den kaltgemäßigten südhemisphärischen Gebieten (Carlquist, aus Fenner 1985).

Wie Inseln besiedelt werden, kann also gezeigt werden; dass es aber auch Beziehungen zwischen Inselgröße und Artenzahl gibt, hat bereits Arrhenius 1921 in folgender Gleichung festgehalten:

$$S = C\,A^z$$

$$\text{d. h. } \log S = \log C + z \log A$$

Hierbei ist S die Artenzahl eines auf der Insel gegebenen Taxons, A die Fläche, z ein dimensionsloser Parameter (Konstante), der sich weltweit wenig ändert (Neigung der Regressionsgeraden bei Auftrag log S gegen log A, Wert zwischen 0,17 und 0,40). C ist die Proportionalitätskonstante, abhängig von der Dimension, in welcher A gemessen wird, dem biogeographischen Bereich und der taxonomischen Gruppe.

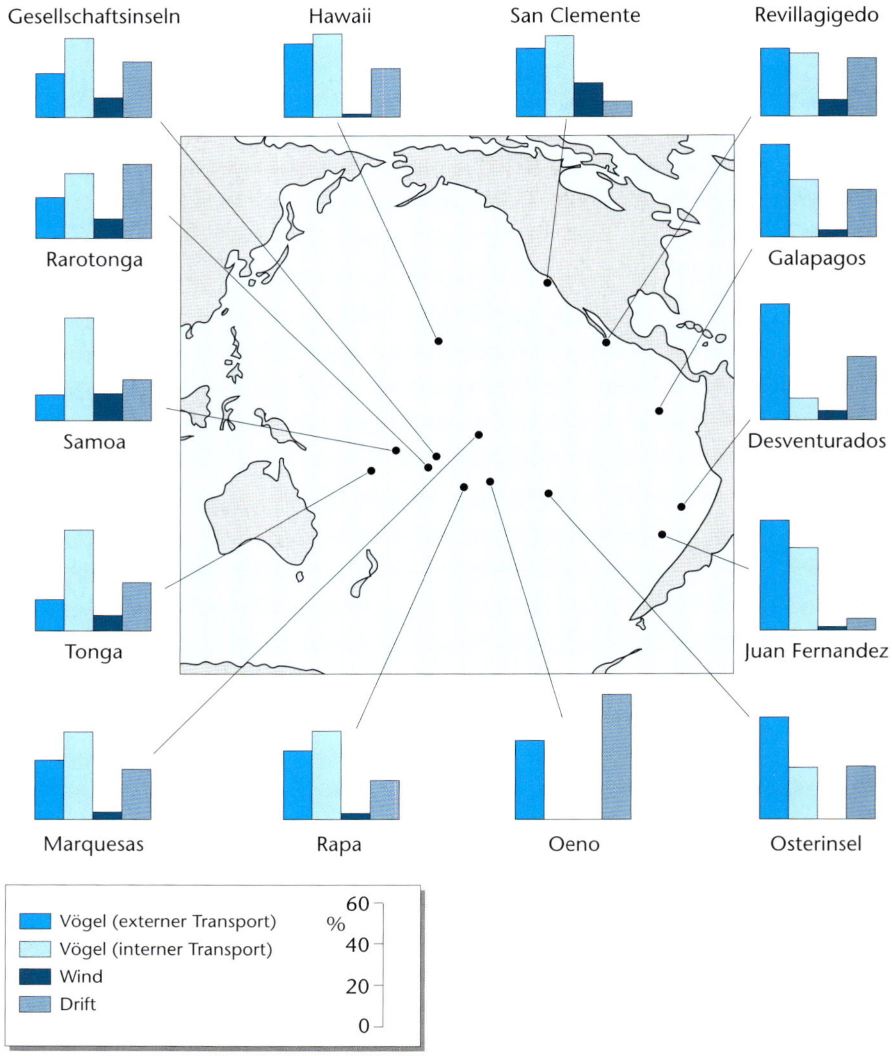

Abb. 4.2.12: Beiträge einzelner Vektoren zur Besiedlung von Inseln im Pazifik (nach Carlquist aus Fenner 1985).

Knapp zusammengefasst bedeutet diese Art-Areal-Beziehung, dass sich die Artenzahl der untersuchten Gruppe bei Reduktion der Fläche um den Faktor 10 halbiert. Dieser Versuch einer mathematisch fassbaren theoretischen Vorstellung des Verhältnisses von Artenzahl zur Flächengröße von Inseln ist eine der wichtigen Grundlagen der **Gleichgewichtstheorie der Inselbiogeographie**. Für die Herpetofauna westindischer Inseln hat dies Darlington bereits 1957 empirisch belegt, Johnson und Simberloff (1974) stellen diese Beziehungen für die Pflanzenarten der schottischen Inseln dar (Abb. 4.2.13). Erklärt werden diese Beziehungen mit zwei Hypothesen: der ***habitat diversity hypothesis*** (Gorman 1979), die unterstellt, dass es auf größeren Inseln auch eine größere Zahl unterschiedlicher Lebensräume (Habitate) gibt und der ***area-alone hypothesis*** (Kohn und Walsh 1994), die einen direkten Bezug zwischen Inselgröße und Artenzahl sieht.

4.2.3.1 Die Gleichgewichtstheorie der Inselbiogeographie nach Preston, Mac Arthur und Wilson

In den sechziger Jahren greifen Preston (1962), vor allem aber Mac Arthur und Wilson (1967), die bereits bestehenden Erkenntnisse zur Besiedlung und

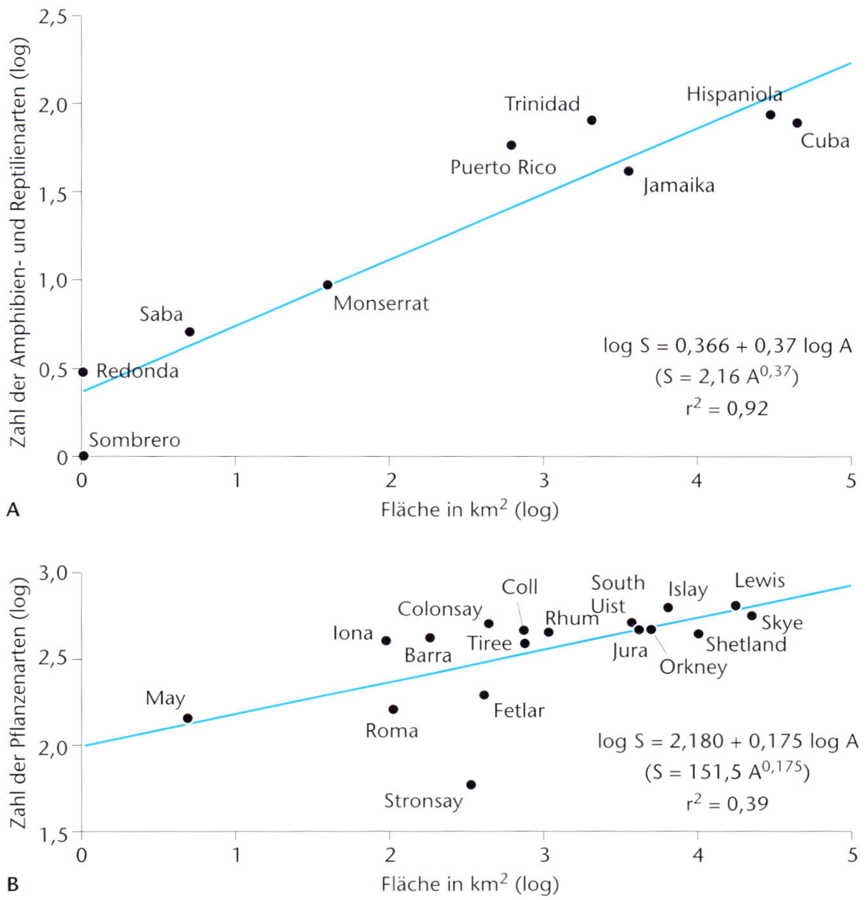

Abb. 4.2.13: Art-Areal-Beziehungen A: der Herpetofauna ausgewählter westindischer Inseln (nach Darlington 1957) B: der Pflanzenarten ausgewählter schottischer Inseln (nach Johnson und Simberloff 1974).

Artenzahl auf Inseln auf. Sie gehen davon aus, dass Inseln weniger Arten beherbergen als gleich große Flächen des Festlands, dass die Artenzahl von Inseln exponentiell mit ihrer Größe wächst und der Artenpool auf dem Festland, welches Diasporen liefert, und schließlich die Entfernung des Festlands von der zu besiedelnden Insel für die Artenzahl von großer Bedeutung sind. Weiter wird davon ausgegangen, dass die Artenzahlen auf den Inseln auch von der dort vorhandenen Habitatvielfalt abhängen, und dass zwischen Festland und Inseln liegende andere Inseln eine wichtige Rolle als **„Trittsteine“** (***stepping stones, island hopping***) spielen können. Außerdem wird angenommen, dass Inseln eine begrenzte Aufnahmekapazität besitzen und sich deshalb im Laufe der Zeit ein dynamisches Gleichgewicht zwischen Neuansiedlung (***colonization***) und Aussterben (oder Abwanderung) (***extinction***) einstellt. Zu beachten ist, dass es sich bei Inseln um echte „ozeanische“ Inseln handeln kann (z. B. auf Vulkanausbrüche zurückgehend), die nie direkten Kontakt zum Festland hatten, sowie um „kontinentale“ Inseln, bei denen dieser Kontakt bestand und wo deshalb ein Teil der Artengarnitur auf diesen Zeitraum des Kontakts zurückgeht.

Zusammengefasst münden diese Erfahrungen und Überlegungen in eine systemtheoretische Überlegung, den Versuch, einen allgemeingültigen Erklärungsansatz für die unterschiedliche Verbreitung von Organismen zu finden. Die wichtigsten Parameter dieses Ansatzes sind nach wie vor Flächengröße und Distanz (zum Festland). Dreierlei wird ausgesagt:

- Zunehmende Inselgröße bedeutet zunehmende Artenzahl;
- zunehmende Entfernung zum Festland (Lieferant der Diasporen) bedeutet abnehmende Artenzahl;

Abb. 4.2.14: Grundlagen der Theorie zur Inselbiogeographie.
A: Verlauf von Besiedlungs- und Aussterberate.
B: Gleichgewichtsmodell nach Mac Arthur und Wilson (1967)
C: Rettungseffekt in der Gleichgewichtstheorie (nach Brown und Gibson 1983).

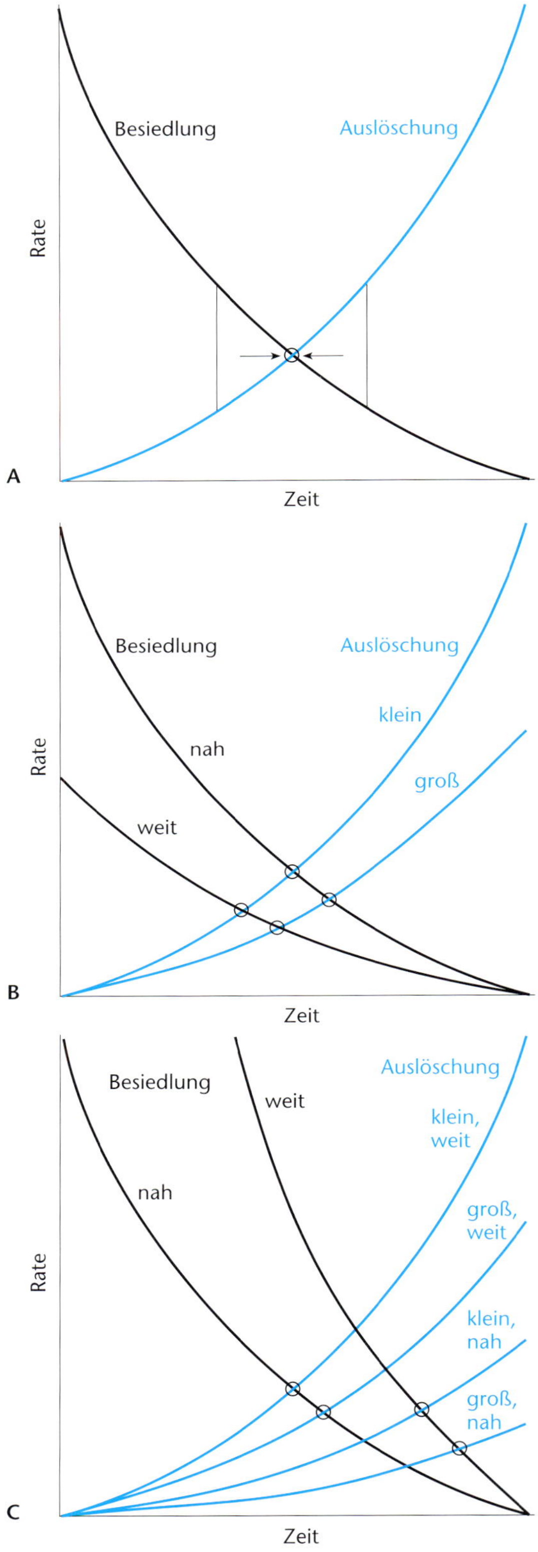

- bei konstant bleibender Artenzahl ergibt sich durch Zu- und Abwanderung eine kontinuierliche Artenverschiebung.

Der Verlauf von **Zu- und Abwanderung** (**Besiedlung** und **Aussterben**) ist schematisch in Abbildung 4.2.14 A dargestellt, wobei der Schnittpunkt beider Kurven **Artenzahl** und **Umsatzrate** (*turnover*) im Gleichgewichtszustand zeigt. Für die **Besiedlungsrate** ist die Lage der Insel zum Festland von entscheidender Bedeutung. Je größer die Entfernung ist, desto schwieriger wird die Besiedlung. Auch die Qualität der „Quelle" sowie Art und Zahl der für eine Besiedlung in Betracht kommenden Diasporen sind zu beachten. Die **Aussterberate** ist dagegen maßgeblich von der Größe der Insel bestimmt. Auf kleinen Inseln liegt sie demnach höher als auf größeren. Hieraus ergibt sich eine ergänzende Modifikation (Abb. 4.2.14 B), aus der folgende Prognosen abgeleitet werden:

- Kleine Inseln weisen geringere Artenzahlen auf als große sowie höhere Umsatzraten.
- Nah am Kontinent gelegene Inseln weisen eine höhere Artenzahl auf als weit entfernte und eine ebenfalls höhere Umsatzrate.
- Eine Insel in Festlandnähe kehrt nach Störung schneller in ihr Gleichgewicht zurück als entfernter liegende Inseln.

Die Gleichgewichtstheorie stieß nicht nur auf Zustimmung, sondern auch auf Kritik. Zwar konnten einerseits Voraussagen des Modells empirisch belegt werden, etwa durch Simberloff und Wilson (1969), welche nach kompletter Sterilisierung die Wiederbesiedlung von vier Inseln vor Florida beobachteten und die erwarteten Artenzahlen und Umsatzraten in Relation zur Größe und Lage der Inseln fanden. Bush und Whittaker (1991) rekonstruierten Kolonisations- und Extinktionsraten aufgrund von Expeditionsberichten für die Spermatophyten des Vulkans Rakata und sahen eine Bestätigung der

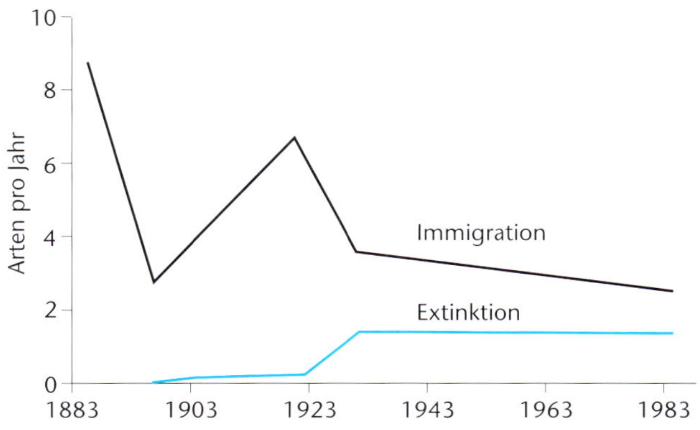

Abb. 4.2.15: Immigrations- und Extinktionskurven der höheren Pflanzen auf Rakata zwischen 1883 und 1989 (nach Bush und Whittaker 1991).

Theorie (Abb. 4.2.15). Andererseits wurden auch abweichende Entwicklungen beobachtet, die nahe legten, für die Abwanderung (Aussterberate) nicht nur die Größe der Insel, sondern auch ihre Lage zum Diasporenpool zu berücksichtigen, da der *turnover* von Arten auf nahe an diesem Pool gelegenen Inseln wegen der dauernden Nachlieferung von Diasporen gering ist und die Bedeutung der Inselgröße übertrifft. Diesen „**Rettungseffekt**" zeigt Abbildung 4.2.14 C.

Grundsätzliche Kritik an den von Mac Arthur und Wilson (1967) erarbeiteten Modellvorstellungen wendet sich an die Art des voraussagenden, mathematischen Modells. So glaubt z. B. Barkman (1990), dass für komplexe funktionale Beziehungen in Ökosystemen nur beschreibende Modelle mit begrenzter Gültigkeit möglich sind. Die Hauptkritik an der Gleichgewichtstheorie der Inselbiogeographie richtet sich insbesondere darauf, dass die Eigenschaften einzelner Pflanzenarten und auch ihr gegenseitiges Verhalten (z. B. Konkurrenzverhältnisse) überhaupt nicht berücksichtigt werden. Darüber hinaus wird davon ausgegangen, dass steigende Artenzahlen ausschließlich auf Kolonisation zurückzuführen seien, die genetische Evolution bleibt ebenso außer Acht wie die **Problematik der Artensättigung**. Klimatische Veränderungen und geologisch-tektonische Ereignisse stellen den Gleichgewichtszustand ohnehin in Frage. Die Rolle, die Trittsteinbiotope spielen können, wird erkannt aber nicht weiter berücksichtigt. Überhaupt tritt die möglicherweise wichtige standörtliche Diversität in den Hintergrund. Dabei ist gerade diese bei großflächigen Lebensräumen von entscheidender Bedeutung.

Es ist heute schwierig, empirische Belege für die im Grunde genommen sehr einfachen Annahmen der Theorie zur Inselbiogeographie zu erbringen, da in jüngerer Vergangenheit das gerade so ideal erscheinende Experimentier- und Modellierfeld der Inseln durch vielfältige menschliche Beeinflussungen stark verändert wurde. Dennoch ist diese Theorie wie keine andere wegen ihrer unbestritten empirischen Bedeutung immer wieder diskutiert und auch auf Sachverhalte angewandt worden, die über die echten ozeanischen Inseln hinausgehen.

4.2.3.2 „Ozeanische" und „festländische Inseln"

Die Ergebnisse der Inselbiogeographie wurden für Inseln und Inselgruppen im Meer formuliert. Sie müssen also nicht auf alle inselhaften Habitate zutreffen. Dennoch hat man versucht, diesbezügliche Erkenntnisse auch auf das Festland und dort auf inselartige Lebensräume zu übertragen. Zu diesen Lebensräumen gehören Inseln in Seen, Gipfelregionen von Gebirgen, Inselberge in den Tropen und sehr kleine gut isolierte Systeme wie einzelne Laubbäume in einem Nadelwald, Höhlen oder Blütenköpfe. Heute können vor allem alle **anthropogenen Wald- oder Biotopfragmente** in unseren Kulturlandschaften als Inseln aufgefasst werden.

Es gibt sicher eine Reihe von Gemeinsamkeiten, die eine Anwendung der Modellvorstellungen der Inselbiogeographie auf festländische Inseln zu rechtfertigen scheinen. Auch diese haben definierte Flächen, relativ scharfe Grenzen zu benachbarten Lebensräumen, sind kleiner als ihr Umland und besitzen oft eine lebensfeindliche Umgebung, jedenfalls für die sie beherbergenden Taxa. Allerdings sind auch Unterschiede nicht zu übersehen, weshalb Begriffe wie **Isolate** (genetische Trennung)

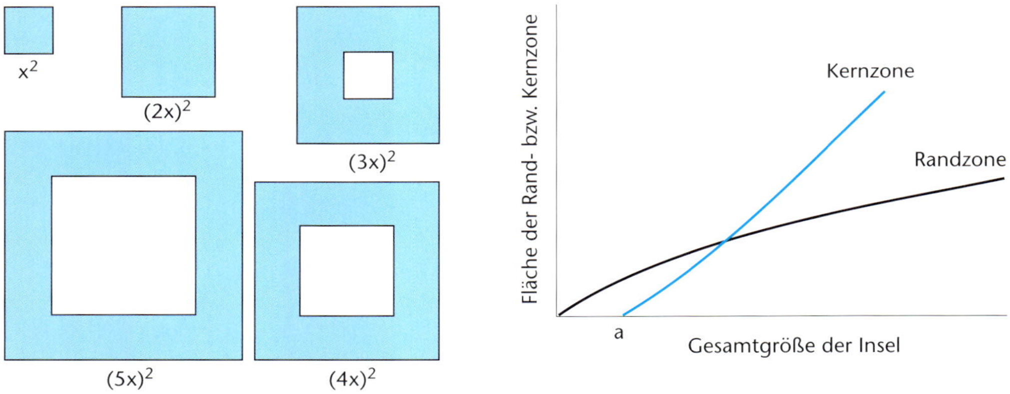

Abb. 4.2.16: Einfluss von Rand- und Kernzonen in Abhängigkeit von der Gesamtgröße einer Waldinsel (nach Levenson 1981). Die Fläche der Randzone nimmt bei zunehmender Gesamtfläche nur noch gering zu; a: angenommener Wert für die kritische Flächengröße.

und **Separate** (räumliche Trennung) vorgeschlagen wurden (Kratochwil 1999). Meist ist die Distanz zu benachbarten Inseln (z. B. anderen Waldfragmenten) nicht sehr groß, und die Umgebung mag zwar lebensfeindlich sein, doch eine kurzzeitige Überbrückung gestatten. Vor allem ist aber der *turnover* der Arten ganz sicher erheblich erhöht, da sowohl die Einwanderungsraten höher sind (z. B. durch Arten, die die Intensivlandwirtschaft meiden und in Waldreste flüchten) als auch die Auswanderungsraten (z. B. durch die relative Nähe vergleichbarer Nachbarinseln oder auch externe plötzliche Störungen).

Das Verschwinden einer Art in einem Lebensraum muss keineswegs mit der Extinktion der Art verbunden sein. Sinkt bei Klimaverschlechterung die Baumgrenze in Gebirgen, so können Arten möglicherweise Refugien in den Tälern finden. Das Risiko auszusterben ist gering. Bei nachfolgender Erwärmung können diese Arten sich wieder in höheren Lagen etablieren. Entsprechendes gilt für das Arteninventar von kaltzeitlich landfest gewordenen Bereichen, die warmzeitlich wieder zu Inseln wurden. Der Gleichgewichtstheorie ist hier auch die **Relikttheorie** gegenübergestellt worden, d. h., der heutige Artenbesatz wird ganz wesentlich mit historischen Ereignissen erklärt.

Für intensiv genutzte Kulturlandschaften mit zahlreichen kleinflächigen Habitaten wurde z. B. auch ein „**Mosaikkonzept**“ entworfen (Duelli 1993). Hiermit werden Artenzahlen in Habitatmosaiksteinen auf der Annahme basierend erklärt, dass die Zahl der Arten mit der Zahl der Habitattypen (auch vom Menschen geschaffener) zunimmt. In einer Mosaiklandschaft gibt es zahlreiche Übergänge (**Ökotone**), die von Spezialisten besiedelt werden können. **Habitatdiversität** begünstigt unter den Tieren solche Arten, die auf einen jahreszeitlichen Habitatwechsel angewiesen sind. Mit diesem Konzept wird die Bedeutung von Übergängen und Randbereichen angesprochen, welche Levenson (1981) besonders betonte.

Bei kleinen Waldinseln sind stets artenreiche **Randzonen** zu beobachten, in denen Licht liebende Arten vorkommen, nicht aber eigentliche Waldarten. In naturnahen Räumen sind Randzonen häufig als **Pufferzonen** ausgebildet und besitzen diese allmählichen Übergänge, die im Inselin-

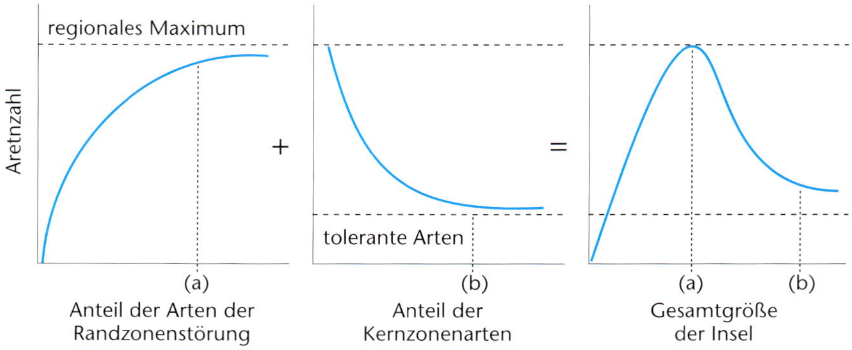

Abb. 4.2.17: Beziehung zwischen Größe der Randzone, der Kernzone und der Artenzahl (nach Levenson 1981). Links: Bei ausreichendem Strukturangebot nähert sich die Artenzahl der Randzone asymptotisch derjenigen der betroffenen Region, bis beim Punkt (a) ein Kern entstehen kann. Mitte: Je größer die Kernzone ist, umso mehr verringert sich aufgrund der sich ändernden Standortverhältnisse die Artenzahl, bis nur typische Kernzonenarten übrigbleiben (b). Rechts: resultierender Kurvenverlauf.

nern dann – von einer Mindestgröße an – noch Lebensraum für strikte Waldarten haben. In intensiv genutzten Agrarlandschaften fehlen meist solche Pufferzonen, die Gradienten an den Inselrändern sind steiler. In Abbildung 4.2.16 wird an Beispielen der Einfluss der Randzone auf die **Kernzone** von Waldfragmenten unterschiedlicher Größe sichtbar. Da Levenson einen Randzoneneinfluss von mindestens 30 m vom eigentlichen Rand ins Innere der Waldinsel ermittelt hat, können sich erst bei Inseln mit größerem Durchmesser als 60 m Kernzonenbedingungen einstellen.

Der Zusammenhang zwischen Artenzahl und Fläche kann also je nach Anteil von Rand- und Kernzone sehr unterschiedlich sein. Bei sehr kleinen Flächen ist das Artenspektrum durch Arten der Randzone geprägt. Bei wachsender Flächengröße nimmt der relative Artenreichtum ab, dafür treten waldtypische Arten auf. Der höchste Artenreichtum wird beim Übergang von der Rand- zur Kernzone erreicht (Abb. 4.2.17). Im speziellen Einzelfall wird dieser so einfach erscheinende Zusammenhang dadurch kompliziert, dass die randlichen Einflüsse sehr unterschiedlich in Qualität und Reichweite sein können. Unterschieden werden muss zwischen natürlichen (Einstrahlung, Wind) und anthropogenen Einwirkungen (Immissionen, Dünger, mechanische Störungen).

Besondere Beachtung wird **Habitatfragmenten** in ihrer Funktion als **Trittsteine** zwischen größeren festländischen Inseln geschenkt. Sie können Austauschprozesse zwischen Lebensräumen fördern, indem sie den vorübergehenden Aufenthalt von Taxa gestatten, ohne selbst Dauerlebensraum sein zu können. Gleichzeitig können sie eine Funktion als **Refugium** übernehmen. Insgesamt wird hier unterstellt, dass sich über Trittsteine mehr Arten erfolgreich ausbreiten können als ohne dieselben. Dies erscheint logisch und intuitiv richtig, empirische Belege fehlen noch.

Es gibt Beispiele, die zeigen, dass festländische Inseln ohne größere anthropogene Beeinflussung recht gute Belege für die Gültigkeit von Art-Areal-Beziehungen nach der Theorie der Inselbiogeogra-

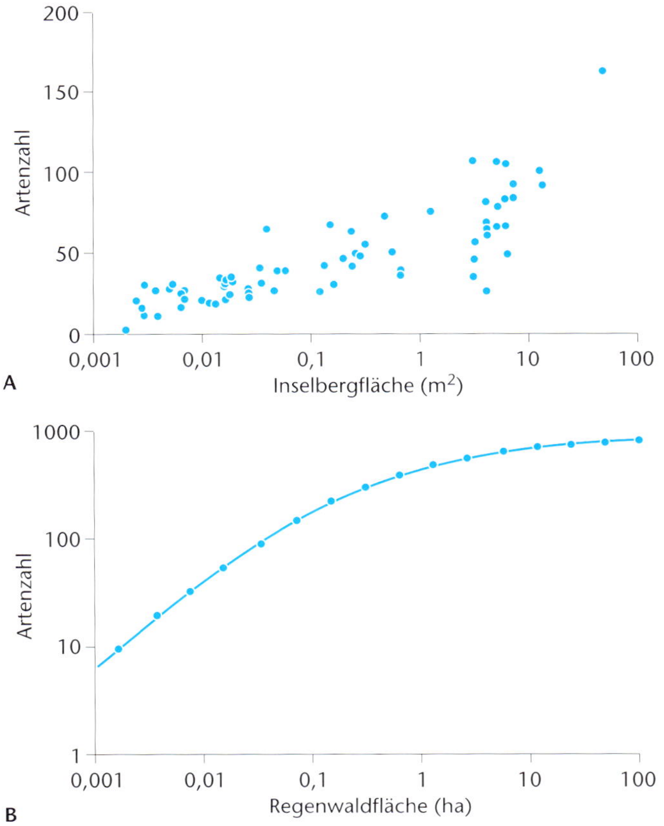

Abb. 4.2.18: Beziehungen zwischen Artenzahl und Flächengröße
A: auf Inselbergen der Elfenbeinküste (nach Porembski et al. 1993)
B: in einem tropischen Regenwald auf Malaysia (nach May und Stumpf 2000).

phie liefern können (Abb. 4.2.18 A). Sie wurden z. B. von Porembski et al. (1995) für Inselberge in der Elfenbeinküste vorgelegt. Hier nehmen die Artenzahlen der untersuchten Inselberge stetig mit deren wachsender Fläche zu. Andererseits teilen May und Stumpf (2000) empirische Befunde von Plotkin et al. aus einem tropischen Regenwald in Malaysia mit, die mit zunehmender Fläche eine deutliche Sättigung der Artenzahlen belegen (im vorliegenden Fall bei einer Flächengröße von 50 ha) (Abb. 4.2.18 B). Dieser Widerspruch hat vor allem deshalb weitreichende Konsequenzen, weil heute **Extinktionsraten** von Pflanzen- und Tierarten – z. B. bei den wachsenden Verlusten an tropischen Regenwäldern – auf der Grundlage von Art-Arealkurven berechnet werden. Der hier gezeigte Kurvenverlauf lässt die Prognose einer (zu) breiten Spannweite von Extinktionsraten zu.

Die hier belegte Sättigung der Artenzahlen in tropischen Regenwäldern bei einer Flächengröße von ca. 50 ha zeigt darüber hinaus, dass pflanzensoziologische Untersuchungen in solchen Wäldern unter Berücksichtigung des Minimumareals zwar theoretisch denkbar, praktisch jedoch kaum durchführbar sind.

4.2.3.3 Die Anwendung der Gleichgewichtstheorie der Inselbiogeographie im Naturschutz

Da wir heute in Kulturlandschaften mit hohem Fragmentierungsgrad leben, liegt es nahe, die Ideen der Inselbiogeographie auf aktuelle Probleme des **Naturschutzes** anzuwenden. In diesem Zusammenhang ist vor allem das Verhältnis von Kern- zu Randzone in den Kleinhabitaten von Bedeutung. Bei der Verkleinerung solcher Lebensräume nimmt die Vielfalt der Standortbedingungen linear, die Qualität dieser Bedingungen jedoch exponentiell ab (Mader 1983). Arten mit speziellen Ansprüchen, auch großem Flächenanspruch, wandern ab, weit verbreitete, in ihren standörtlichen Ansprüchen sehr breit angepasste (euryöke) Arten können sich in den Randbereichen lange halten, es sei denn, sie verlieren auch dort durch die häufigen Störungen ihren Lebensraum. An eine Anwendung der Theorie der Inselbiogeographie ist hier zunächst nur eingeschränkt zu denken.

Allerdings haben die auch hier gültigen Beziehungen von Flächengröße und Distanz (auf festländischen Inseln der Isolationsgrad) die Diskussion um die **Mindestgröße zu erhaltener Flächen** (Habitate) stimuliert. Sicher darf die Größe von Schutzgebieten nicht allein nach den Regeln der Inselbiogeographie bemessen werden, da dann z. B. strikte Waldarten mit großem Flächenanspruch nicht geschützt werden können. Als Ausgleichsräume und (eventuell nur zeitweise benötigte) Refugien müssen auch Habitatfragmente gleicher oder ähnlicher Qualität in nicht zu großer Entfernung erhalten werden. In diesem Zusammenhang gewinnen die bereits erwähnten **Trittsteine** (*stepping stones,* nach Mac Arthur und Wilson 1967) an Bedeutung. Sie sind wichtiger Bestandteil des auf den Naturschutz bezogenen Konzepts des **Biotopverbunds**. Solche Trittsteine können in unseren Agrarlandschaften neben kleinen Waldinseln auch Hecken, Feldraine, langjährige Brachen, stillgelegte Steinbrüche oder Eisenbahntrassen etc. sein. Schutzkonzepte müssen also neben möglichst großen und geschlossenen Schutzgebieten mit Pufferzonen auch kleinflächige Habitatfragmente im Umland des Schutzgebiets mit einbeziehen. Es darf nicht die Artenzahl allein für die Schutzbestrebungen bestimmend sein. Vielmehr ist großräumig an **ein Mosaik aus optimalen und suboptimalen Lebensräumen** zu denken. Für die Festlegung der Größe von Schutzgebieten und Trittsteinen wie auch des räumlichen Musters eines solchen Biotopverbunds (namentlich der Distanzen zwischen den Trittsteinen und dem Schutzgebiet) kann es keine generell gültigen Größen geben. Diese hängen maßgeblich von den zu schützenden Lebensgemeinschaften ab. Bisher gibt es nur wenige Beispiele, in denen für einzelne Organismengruppen Minimumareale und Distanzen empirisch ermittelt wurden. Bei heute drängenden Schutzbemühungen geben im Augenblick vor allem örtliche Bedingungen und Plausibilitätsüberlegungen den Ausschlag. In diesem Zusammenhang wird zunehmend das dynamischere **Metapopulationskonzept** (Gilpin und Hanski 1991) diskutiert.

4.2.3.4 Weiterführende Modelle zur Inselbiogeographie und zu Beziehungen von Artenzahl und Flächengröße

Die Theorie zur Inselbiogeographie erreichte bald den Stand eines Paradigmas. Ergebnisse, die nicht diesen Modellvorstellungen entsprachen, führten

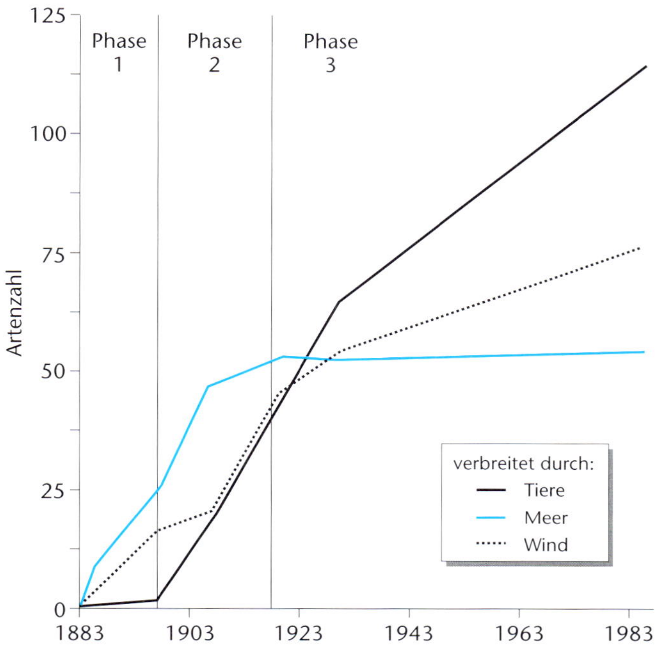

Abb. 4.2.19: Erstbesiedlung von Rakata durch Spermatophyten von 1983 – 1989 (nach Whittaker und Jones 1994). Den Berechnungen wurde ein Minimum-turnover zugrunde gelegt. Auf der Abszisse sind die Expeditionsdaten aufgetragen. Anthropogen eingeführte Arten bleiben unberücksichtigt.

nicht zu ihrer Ablehnung. Allenfalls wurden kritische Experimente und deren Ergebnisse in Frage gestellt. Dennoch wird seit den siebziger und achtziger Jahren eine kontroverse und bis heute andauernde Diskussion geführt, in der sich verschiedene Auffassungen gegenüberstehen. Stochastiker erklären die Besiedlung von Inseln anders als Deterministen. Alle theoretischen Überlegungen fußen aber auf denselben, für die Besiedlung entscheidenden Faktoren, gewichten sie allerdings verschieden. Als besonders wichtig gelten der Diasporenpool auf dem Festland, die Ausbreitungsmechanismen, die Distanz zur Insel sowie deren Größe, Habitateigenschaften, Sukzessionsphasen und die dort herrschenden Konkurrenzbedingungen.

Connor und Simberloff (1979) gehen in einem Simulationsmodell davon aus, dass die Besiedlung unter Konkurrenzausschluss **stochastisch** abläuft. Sie prüfen dieses Modell mit realen Daten und kommen zu dem Schluss, dass Konkurrenz keine Rolle spielt. Nur Ausbreitungsparameter vereiteln oder sichern den Erfolg eines Ansiedlers.

Vor allem Gilpin und Diamond (1980, 1982) kritisieren diesen Ansatz und räumen der **Konkurrenz** eine entscheidende Rolle ein. Sie führen an, dass eng benachbarte Inseln unterschiedliche Artenspektren besitzen, ein Artenaustausch möglich wäre, aber nicht stattfindet, weil die jeweiligen Nischen bereits besetzt sind und Zuwanderer sich nicht gegen bereits etablierte Konkurrenten durchsetzen können. In ihrem eher empirisch gestützten Modell ist eine Erklärung der Diversität von Inseln nicht ohne Berücksichtigung der Konkurrenz möglich.

Diese und weitere Modelle begnügen sich mit einer Auswahl von als wichtig erachteten Parametern. Häufig bleibt die Dimension „Zeit" unberücksichtigt, die – wie die Modelle von Grime (1979) oder Tilman (1988) zeigen (siehe Abschnitt 4.1.1.1) – für den Gang der Besiedlung die unterschiedlichen Strategien der Arten im Besiedlungsgang in den Mittelpunkt rücken. Man könnte – um eine Brücke zwischen den stochastischen und den deterministischen Ansätzen zu schlagen – Erstere für frühe, Letztere für spätere Besiedlungsphasen heranziehen.

Whittaker und Jones (1994), die rein stochastische Modelle kritisieren, zeigen für den über 100-jährigen Besiedlungsgang von Rakata (Krakatau), in welchem Maße die Zuwanderung von Arten vom ausbreitenden Vektor und vom Sukzessionsstadium auf der Insel abhängt (Abb. 4.2.19). In einer ersten Phase siedeln sich bei kaum entwickelten Substraten Arten an, welche die Insel über das Meer erreichten. In einer zweiten gewinnen anemochore Arten an Bedeutung. Erst in einer dritten Phase,

Kasten 4.2.3 Gleichgewichtstheorie der Inselbiogeographie

In der Vegetationsökologie wird nach Beziehungen zwischen der Größe von Flächen und der Zahl der dort lebenden Pflanzenarten gesucht. Als Studienobjekte wurden zunächst Inseln gewählt und danach gefragt, wie Inseln besiedelt und die Artenzahlen letztlich begrenzt werden. Die Erkenntnisse zu Art-Arealbeziehungen münden in die so genannte Gleichgewichtstheorie der Inselbiogeographie. Sie unterstreicht die Bedeutung von Trittsteinen für die Besiedlung und geht davon aus, dass sich über längere Zeiträume Besiedlungs- und Aussterberaten (colonisation, extinction) die Waage halten. Für die Artenzahlen sind neben der Inselgröße und der Entfernung zu potentiellen Diasporenquellen vor allem die Habitatvielfalt auf der Insel verantwortlich.

Die Theorie der Inselbiogeographie wurde vor allem deshalb kritisiert, weil die Konkurrenzverhältnisse zwischen einzelnen Arten nicht berücksichtigt werden. Dennoch wird sie auch auf festländische „Inseln" angewandt und ist eine der Grundlagen für den Biotopverbund und für die Bestimmung von Mindestgrößen für zu erhaltende Lebensräume im Naturschutz. Durch die anthropogene Beeinflussung fast aller Lebensräume und die damit verbundenen Störungen wird es immer schwieriger, Regeln der Art-Areal-Beziehungen zu erkennen. Gegenwärtig werden weniger deterministische als vielmehr stochastische Prozesse für die Entwicklung solcher Beziehungen als entscheidend angesehen.

wenn sich Substrate und erste Sukzessionsstadien der Vegetation entwickelt haben, spielt Zoochorie eine zunehmend wichtige Rolle. Diese Befunde sprechen ebenfalls für eine zwar **zunächst stochastische, später jedoch deterministische Besiedlung.** Bei vielen Ansätzen wird übersehen, dass Artenwechsel nicht systemimmanent ist, sondern erheblich durch Umweltveränderungen mitgesteuert wird. In den Überlegungen und Berechnungen von Whittaker und Jones wird zwar eine Minimum-turnover-rate berücksichtigt, konkrete Zahlen zur Speziation liegen allerdings nicht vor.

Die in jüngerer Vergangenheit erarbeiteten Modelle zur Klärung von Art-Areal-Beziehungen (z. B. Wissel und Maier 1992) lassen bei abnehmender empirischer Grundlage, aber zunehmender Mathematisierung wachsenden Erkenntnisgewinn vermissen. Die zunächst einfach erscheinenden Art-Areal-Beziehungen stellen sich als so komplex heraus, dass reduktionistische Ansätze zu Fehlschlüssen führen können, holistische dagegen oft auf oberflächliche Beschreibungen beschränkt bleiben.

4.2.4 Biodiversität

Biodiversität, in erster Linie verstanden als die Vielfalt von Arten, wird in der Ökologie seit langem beachtet. Über den engeren Kreis von Fachwissenschaftlern hinaus hat dieser Begriff jedoch erst nach der Umweltkonferenz in Rio 1992 breitere Aufmerksamkeit erregt. Immer stärker ging es nun auch darum, den Besitz an **genetischen Ressourcen** durch die Nationen zu klären (WGBU 2000). Bis auf die gesellschaftlichen und politischen Ebenen hinauf wurde man aufmerksam durch Berichte über Artenverluste, die durch menschliche Einflüsse um ein Tausendfaches gegenüber den natürlichen Aussterberaten angestiegen waren. Wissenschaftler erkannten, dass die Kenntnisse über die Biodiversität und damit zusammenhängende Themen noch bescheiden waren und zu befürchten war, dass zahlreiche Organismen aussterben würden, ohne jemals wissenschaftlich erfasst worden zu sein.

Gleichzeitig sah man auch, dass bloße Artenzahlen bei weitem nicht ausreichen, um Lebensgemeinschaften in ihren Lebensräumen zu verstehen. Man erkannte, dass Pflanzen und Tiere nicht nur als Ressourcen zu betrachten sind, sondern entscheidend die Prozesse in Ökosystemen beeinflussen (siehe Kapitel 3). Bekannt war, dass sich die **Artenvielfalt** durch **evolutive Prozesse** und unter **Anpassung** an die abiotische Ausstattung von Räumen mit den dort bereits lebenden Konkurrenten entwickelt hat. Warum aber in manchen Lebensgemeinschaften nur wenige und in anderen viele Arten miteinander vergesellschaftet sind, was also die Artenzusammensetzung kontrolliert und wie dadurch wiederum Ökosystemprozesse beeinflusst werden, war und ist weitgehend unbekannt.

Da gegenwärtig durch anthropogene Einflüsse Ökosysteme in immer stärkerem Maße gestört werden und Habitate verloren gehen, andererseits der Mensch aber auch neue Standorte geschaffen hat und dafür verantwortlich ist, dass z. B. in den traditionellen Agrarlandschaften Mitteleuropas eine zuvor nicht gekannte Diversität erreicht wurde, ist es umso dringlicher, wichtige Fragen über Entstehung, Verlust und Funktion der Biodiversität zu klären.

Nach einem kurzen Abriss über den aktuellen Stand der Artenkenntnis blicken wir im Folgenden auf die Anfänge der Biodiversitätsforschung und die grundlegenden Arbeiten von Whittaker zurück. Sodann stehen Fragen der hierarchischen Ebenen und der zeitlichen und räumlichen Dimensionen von Biodiversität im Mittelpunkt. Abschließend werden hier nur kurz funktionelle Aspekte der Biodiversität von Biozönosen und Ökosystemen diskutiert (siehe Kapitel 3) und Fragen der Verluste der Biodiversität im Zusammenhang mit Problemen des Naturschutzes erörtert.

4.2.4.1 Artenvielfalt und andere Formen der biotischen Diversität

Artenzahlen sind nur ein Teil der Biodiversität. Ohne sie und die Kenntnis dieser Arten – zumindest ihrer systematischen Einordnung – können Erkenntnisse zum komplexen Thema der Biodiversität jedoch nicht erarbeitet werden. Erfassung der **Artendiversität** war so zunächst Ziel aller Inventare.

Die gegenwärtig in der Literatur zu findenden Angaben zu Artenzahlen schwanken stark. Man geht davon aus, dass knapp zwei Millionen Pflanzenarten beschrieben wurden, davon sind ca. 270 000 Gefäßpflanzen. Allerdings sind einzelne Artengruppen – je nach Attraktivität, Zugänglichkeit und Bestimmbarkeit – höchst unterschiedlich erfasst. Während vermutlich ein erheblicher Anteil der Blütenpflanzen bekannt ist – geschätzt wird hier eine Gesamtzahl von 320 000 –, muss gleichzeitig eingeräumt werden, dass von den Mikroorganismen weniger als 5 % beschrieben sind. Wirbeltiere sind prozentual besser erforscht als Wirbellose, obwohl schon nahezu eine Million Insektenarten erfasst wurden.

Die Schätzungen für die **Gesamtzahl aller Organismen** auf der Erde weichen ebenfalls sehr stark voneinander ab. Als realistische Größenordnung werden zehn Millionen Organismenarten angenommen, manche Vorstellungen gehen noch eine Zehnerpotenz weiter (Groombridge 1992, Heywood und Watson 1995). Aufgrund dieser lückenhaften Kenntnisse ist oft versucht worden, auf bestimmten Annahmen fußend, die Gesamtartenzahl zu berechnen. Eine dieser Annahmen geht davon aus, dass die mit der Zeit wachsende Zahl beschriebener Arten (für einzelne Organismengruppen) einfach fortgeschrieben werden kann. Auch wurden beispielsweise Endemitenzahlen oder bestimmte **Schlüssel-Arten (*key stone species*)**, denen man bei ökologischen Prozessen eine Schlüsselstellung einräumt, hochgerechnet. Arten, die besonders große Areale besitzen und deshalb möglichweise schützend für andere wirken (***umbrella species***), wurden ebenso ausgewählt wie solche, die einen besonderen Beliebtheitsgrad haben (***flagship species***, z. B. Orchideen). Schließlich wird aus der Zahl der ermittelten Primärkonsumenten auf die der Konsumenten und Destruenten geschlossen, die absolute Größe der Arten wird berücksichtigt, ebenso ihre Häufigkeit respektive Seltenheit (May 1988). Auch die auf solchen Grundlagen errechneten Zahlen sind widersprüchlich und zudem außerordentlich fraglich, da man die Rolle, welche die ausgewählten Arten und Parameter für die Diversität spielen, nicht (ausreichend) kennt.

Nicht nur die absolute Artenzahl, sondern auch ihre **räumliche Verteilung** ist von Interesse. Die bisher bekannten Arten sind nicht gleichmäßig über die Erdoberfläche verteilt. Es gibt einerseits lebensfeindliche Bereiche wie die des ewigen Eises oder der Extremwüsten und andererseits lebensbegünstigende Bereiche wie die der Korallenriffe oder des tropischen Regenwalds. Letzterer nimmt nur 6 % der Erdoberfläche ein, es leben hier aber über 50 % aller Arten. Auf einem Quadratkilometer Primärwald wurden am Andenostabhang Ecuadors, wahrscheinlich einem der an Blütenpflanzen artenreichsten Gebiete überhaupt, 1200 verschiedene Pflanzenarten gefunden. Die hohe innertropische Diversität wird einerseits mit lang anhaltenden günstigen klimatischen Bedingungen erklärt, die eine lange und ungestörte **Evolution und Speziation** ermöglichten, andererseits wird eine starke **Nischendifferenzierung** als wichtige Voraussetzung für die reiche Artenentfaltung angesehen. Geologisch alte Erdkrustenbereiche sind generell besonders artenreich, was ebenfalls historisch erklärt wird, außerdem solche, die von Natur aus kleinstrukturiert und deshalb habitatreich sind. Dagegen sind klimatische Bereiche, die starke Anpassungen der Organismen erfordern, wie die borealen Waldbiome oder die Tundren, oft relativ artenarm.

So weisen Körner (1995) zufolge alpine Gebirgsräume im Allgemeinen nur zwischen 200 und 300 Arten auf. Generell lässt sich ein globaler Süd-Nord-Gradient mit abnehmender Artenzahl erkennen. Dieser ist mehrfach so beschrieben, ohne dass man jedoch bereits eine insgesamt schlüssige Erklärung hierfür gefunden hätte. Insbesondere Zusammenhänge zwischen Temperaturverhältnissen und Artenzahlen werden angenommen. Woodward (1987) kann eine lineare Beziehung zwischen der Zahl von Pflanzenfamilien und der absoluten Minimumtemperatur belegen (für Landoberflächen entlang des 15. Breitengrads). In absolut frostfreien Räumen steigt die Zahl der Pflanzenfamilien auf über 250, ab Minima um 10 Grad C fällt sie unter 100.

Von besonderer wissenschaftlicher (und wirtschaftlicher) Bedeutung sind die so genannten ***hotspots*, Zentren hoher Diversität** (**Mannigfaltigkeitszentren)**, die sich auf der Grundlage der heutigen Kenntnis von Artenzahen und ihrer Verbreitung belegen lassen. Für die einzelnen *hotspots* wurden Daten zur Gebietsgröße, den geschützten Flächen, den Flächen mit erhaltener naturnaher Vegetation sowie den Arten- und Endemitenzahlen tabellarisch erfasst (Tabelle 4.2.7). Auffällig ist in diesen Zusammenstellungen die Häufung der Mannigfaltigkeitszentren in äquatornahen Räumen Südamerikas und Ozeaniens. Relativ hoch sind auch die Werte für den europäischen Mittelmeerraum. Es kann allerdings nicht ausgeschlossen werden, dass sich regionale Differenzierungen teilweise auf den Stand der mehr oder weniger intensiven Bearbeitung der Räume zurückführen lassen.

Tabelle 4.2.7: Die heute bekannten 25 hotspots der Biodivesität (nach Myers et al. 2000)

Hotspots	Einstige Ausdehnung der natürlichen Vegetation (km^2)	Verbleibender Rest der natürlichen Vegetation (km^2) in % der ursprünglichen Fläche	Schutzgebiete (km^2) in % des hotspot-Gebietes	Pflanzenarten	Endemische Pflanzenarten (% der global geschätzten endemischen Arten, 300 000)
Tropische Anden	1 258 000	314 500 (25,0)	79 687 (25,3)	45 000	20 000 (6,7 %)
Mittelamerika	1 155 000	231 000 (20,0)	138 437 (59,9)	24 000	5 000 (1,7 %)
Karibischer Raum	263 500	29 840 (11,3)	29 840 (100,0)	12 000	7 000 (2,3 %)
Atlantische Wälder Brasiliens	1 227 600	91 930 (7,5)	33 084 (35,9)	20 000	8 000 (2,7 %)
Westliches Ecuador	260 600	63 000 (24,2)	16 471 (26,1)	9 000	2 250 (0,8 %)
Cerrado Brasiliens	1 783 200	356 630 (20,0)	22 000 (6,2)	10 000	4 400 (1,5 %)
Mittelchile	300 000	90 000 (30,0)	9 167 (10,2)	3 429	1 605 (0,5 %)
Kalifornien	324 000	80 000 (24,7)	31 443 (39,3)	4 426	2 125 (0,7 %)
Madagascar*	594 150	59 038 (9,9)	11 548 (19,6)	12 000	9 704 (3,2 %)
Küstennahe Wälder Kenias und Tansanias	30 000	2 000 (6,7)	2 000 (100,0)	4 000	1 500 (0,5 %)
Wälder Westafrikas	1 265 000	126 500 (10,0)	20 324 (16,1)	9 000	2 250 (0,8 %)
Kapprovinz	74 000	18 000 (24,3)	14 060 (78,1)	8 200	5 682 (1,9 %)
Sukkulenten-Karoo	112 000	30 000 (26,8)	2 352 (7,8)	4 849	1 940 (0,6 %)
Mittelmeerraum	2 362 000	110 000 (4,7)	42 123 (38,3)	25 000	13 000 (4,3 %)
Kaukasus	500 000	50 000 (10,0)	14 050 (28,1)	6 300	1 600 (0,5 %)
Sundainseln	1 600 000	125 000 (7,8)	90 000 (72,0)	25 000	15 000 (5,0 %)
Wallacea	347 000	52 020 (15,0)	20 415 (39,2)	10 000	1 500 (0,5 %)
Philippinen	300 800	9 023 (3,0)	3 910 (43,3)	7 620	5 832 (1,9 %)
Indo-burmesisches Grenzgebiet	2 060 000	100 000 (4,9)	100 000 (100,0)	13 500	7 000 (2,3 %)
Südliches Zentralchina	800 000	64 000 (8,0)	16 562 (25,9)	12 000	3 500 (1,2 %)
West Ghats und Sri Lanka	182 500	12 450 (6,8)	12 450 (100,0)	4 780	2 180 (0,7 %)
Südwestaustralien	309 850	33 336 (10,8)	33 336 (100,0)	5 469	4 331 (1,4 %)
Neu Kaledonien	18 600	5 200 (28,0)	526,7 (10,1)	3 332	2 551 (0,9 %)
Neuseeland	270 500	59 400 (22,0)	52 068 (87,7)	2 300	1 865 (0,6 %)
Poly- und Mikronesien	46 000	10 024 (21,8)	4 913 (49,0)	6 557	3 334 (1,1 %)
Summe	17 444 300	2 122 891 (12,2)	800 767 (37,7)	**	133 149 (44 %)

* Madagascar schließt die benachbarten Inselgruppen mit ein.
** Da sich manche hotspots überlappen, ist eine Angabe der Summen nicht möglich.

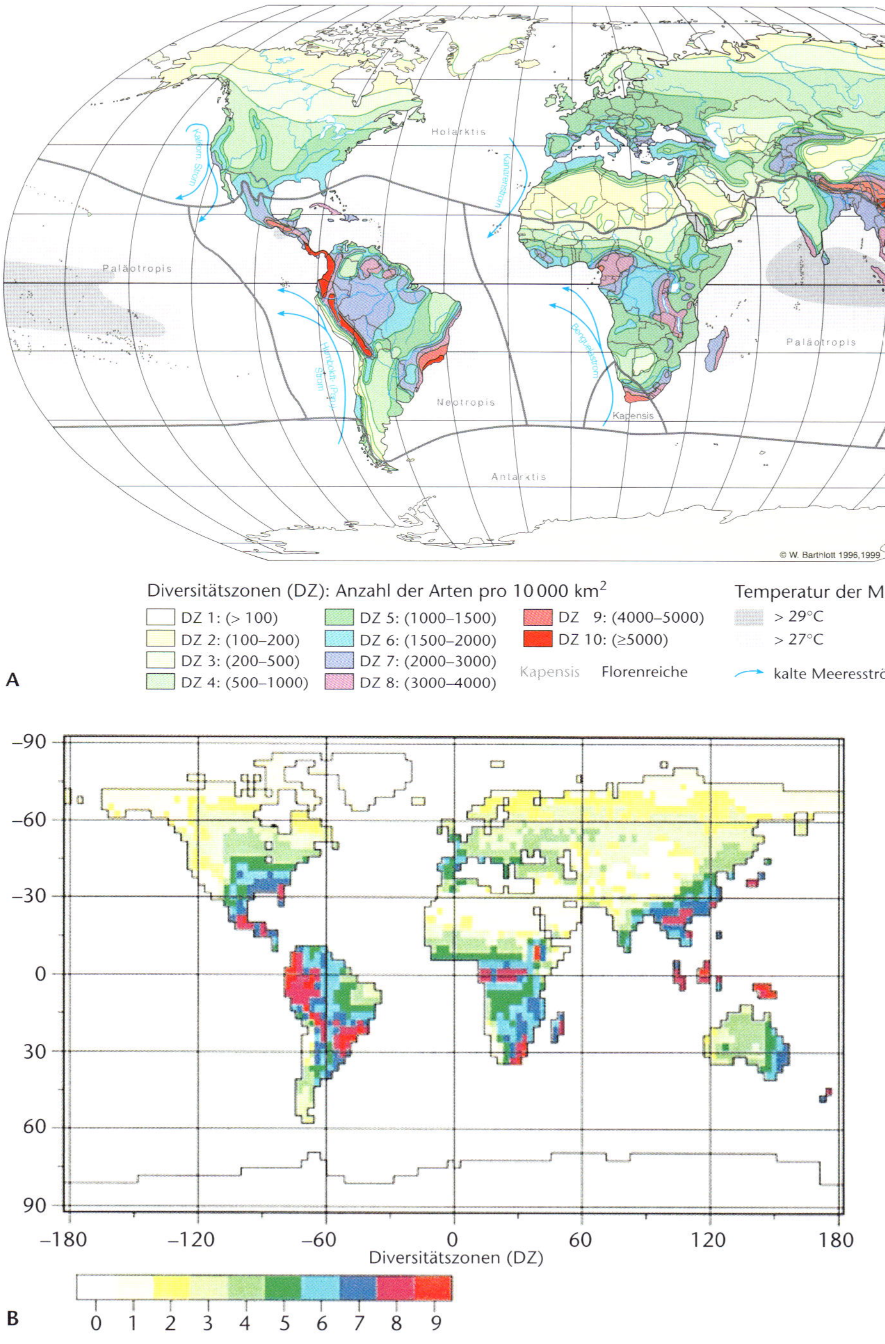

Abb. 4.2.20: Globale Artenvielfalt. (*A*) *auf empirischen Daten beruhende Karte von Barthlott et al. 1996, 1999 (oben) und* (*B*) *auf einer Simulation mit wachstumsbegrenzenden klimatischen Szenarien gegründet von Kleidon und Mooney (2000).*

Barthlott et al. (1996) legen eine detaillierte Weltkarte der **Phytodiversität** (ausschließlich Gefäßpflanzen) vor, in der Angaben aller verfügbaren Floren auf ein 10 000-Quadratkilometer-Raster umgerechnet wurden. Hier werden zehn **Diversitätszonen**, abgestuft nach Artenzahlen von unter 100 bis über 5000, unterschieden. Trotz recht grober Auflösung und nur auf der Grundlage von Gefäßpflanzen lassen sich hier auch sechs solcher *hotspots* erkennen: das Costa-Rica-Zentrum, das tropische Ostanden-Zentrum, das atlantische Brasilien-Zentrum, das Osthimalaya-Zentrum, das Nordborneo-Zentrum und das Neuguinea-Zentrum. Dieser Karte von Barthlott et al. (1996) haben Kleidon und Mooney (2000) eine Karte gegenübergestellt, in welcher die globale Diversität von Gefäßpflanzen auf der Grundlage eines Klimamodells simuliert wurde. Trotz unterschiedlicher Auflösung zeigt der Vergleich beider Karten ein hohes Maß an Übereinstimmung (Abb. 4.2.20). Die Autoren kommen hier zu dem Schluss, dass in globalem Maßstab die klimatischen Bedingungen einen großen Teil der Biodiversität erklären können. Insbesondere die Niederschlagsverhältnisse zu Zeiten der Keim- und Jungpflanzenentwicklung erweisen sich als entscheidend. Je kleiner die Zahl der Tage mit günstigen Wachstumsbedingungen ist, um so größer ist der Stress für pflanzliches Wachstum und um so geringer die Artenvielfalt.

Ähnliche Darstellungen auf allerdings wesentlich gröberem Raster haben Williams et al. (1997) erarbeitet. Diese Karten basieren auf dem regionalen Familienreichtum von Süßwasserpflanzen und terrestrischen Gefäßpflanzen, Amphibien, Reptilien und Säugetieren. Sie unterscheiden sich je nach Gewichtung der Eingangsdaten (absolute Familienzahl, relative Familienzahl, relative Familienzahl nach Artenreichtum gewichtet), ohne allerdings zu generell anderen Mustern zu führen.

Biodiversität umfasst aber nicht nur die Artenzahlen der Organismen. Es wird heute davon ausgegangen, dass für Fragen der **Biodiversität** nicht nur Arten, sondern auch **Strukturen und Funktionen** auf verschiedenen Integrations- oder auch Organisationsebenen des Lebens zu betrachten sind und in einen räumlichen und zeitlichen Kontext gestellt werden müssen. Dieser komplexe Themenkreis wird im Anschluss an die folgenden klassischen Ansätze der Biodiversitätsauffassung behandelt.

4.2.4.2 Klassische Ansätze der Biodiversitätsforschung

Biodiversitätsforschung befasste sich zunächst mit dimensionslosen Artenzahlen pro Flächeneinheit (*species richness*). In der Folgezeit fügte man Abundanz und/oder Dominanzwerte hinzu und beachtete auch die Verteilung im Raum (geklumpt, vereinzelt etc.). Abbildung 4.2.21 A und B zeigen zwei Wälder, die – in beiden Fällen anthropogen kaum beeinflusst – schon auf den ersten Blick zeigen, dass sich die Artenzahlen pro Flächeneinheit stark unterscheiden. Der tropischen Feuchtwald aus den Shimba Hills (Kenia) ist sehr viel artenreicher als der mediterrane Aleppokiefernwald im Mittleren Atlas (Marokko).

Die aus den Artenzahl zu Flächeneinheit erkannten Beziehungen wurden bald in Regeln und

Abb. 4.2.21: Artenreichtum kann im Vergleich von Pflanzenbeständen leicht veranschaulicht werden. (A) Ein artenreicher tropischer Feuchtwald in den Shimba Hills (Kenia) unterscheidet sich in seinem Artenreichtum deutlich von (B) einem mediterranen Nadelwald, in dem nur eine Baumart, Pinus halepensis, bestandbildend ist. In beiden Fällen handelt es sich um anthropogen wenig beeinflusste Wälder. Fotos K. Müller-Hohenstein.

Kasten 4.2.4 Quantifizierung der Diversität

Der bekannteste und am häufigsten verwendete Index stammt von Shannon und Weaver (1949):

$$H_s = -\sum_{i=1}^{s} (p_i * \ln p_i)$$

H_s = Mannigfaltigkeit
S = Anzahl der in der Gruppe vorhandenen Arten
p_i = relative Häufigkeit pro Fläche (Abundanz) der i-ten Art gemessen von 0,0 bis 1,0

(Beispiel: die zweithäufigste Art erhält den Wert i = 2, gehören ihr 10% aller Individuen an, so ist $p_i = 0{,}10$)

$\ln p_i$ = natürlicher Logarithmus von p_i

Mit seiner Hilfe können die **Abundanz-** und **Dominanzeigenschaften** von Pflanzengemeinschaften gekennzeichnet werden. Der H_S-Wert ist ein Mannigfaltigkeitswert. Er steigt mit zunehmender Artenzahl und zunehmender Gleichverteilung der relativen Abundanz (Deckung) der einzelnen Arten. In einartigen Beständen erreicht er den Wert Null. Ein maximaler H_S-Wert besagt, dass alle Arten eines Bestands gleichmäßig verteilt sind. Trotz denkbar hoher Artenzahl ist der Bestand strukturell homogen. Über die Qualität der einzelnen Arten sagt dieser Wert nichts aus, alle werden gleich behandelt. Als Wert, der etwas über die Gleichverteilung von Arten in Beständen aussagt, führte Pielou (1966) die ***evenness*** ein. Haeupler (1982) hat dieses Maß genutzt, um unter Berücksichtigung der Artenzahlen von Beständen gut vergleichbare Diagramme zu entwerfen. Mit der Anwendung dieser Indices und statistischen Verfahren verlässt die Biodiversitätsforschung die rein zählenden und deskriptiven Ansätze zur Kennzeichnung von Diversität.
Ein erstes umfassendes Konzept zur Diversität erarbeitete Whittaker (1962, 1972 und 1977). Er versuchte, alle bisher diskutierten Formen von Artenvielfalt zu berücksichtigen und insbesondere räumliche Aspekte mit einzubeziehen. Unterschieden werden die

- **alpha-Diversität** (diskrete Zahl von Arten in einer Vegetationseinheit, *within habitat*);
- **beta-Diversität** (dimensionslose Vergleichszahl von Artenzahlen verschiedener Vegetationseinheiten bzw. Habitate, *between habitat*),
- **gamma-Diversität** (diskrete Zahl von Arten in einem begrenzten Raum);
- **delta-Diversität** (dimensionslose Vergleichszahl für den großräumigen Artenwechsel, funktionales Äquivalent der beta-Diversität auf der höheren Organisationsstufe der Landschaft);

Alpha- und gamma-Diversität werden also auf konkrete Flächen bezogen und gezählt, Erstere auf solche, die von einem Bestand besiedelt werden, Letztere auf größere räumliche Einheiten (Ökosysteme, Landschaften). Beta-Diversität dagegen beschreibt die Veränderung der Artenzahlen im Vergleich von Beständen auf konkreten Flächen und muss berechnet werden. Sie kann auch für zeitliche Vergleiche der Artenzahlen in ein und demselben Bestand berechnet werden und ist dann ein Maß für den **Artenumsatz** (*turnover*). Bis heute werden die Diversitätsmaße nach Whittaker zur Beschreibung von Vegetation im Raum genutzt.

Indices ausgedrückt. So besagen zwei „**biozönotische Grundgesetze**" von Thienemann (1920), modifiziert von Remmert (1998):

- Je vielfältiger die Umweltbedingungen sind und je näher sie dem grundsätzlichen biologischen Optimum entsprechen, umso größer ist die Artenzahl.
- Je einseitiger die Umweltbedingungen sind und je weiter vom grundsätzlichen biologischen Optimum entfernt, umso geringer wird die Artenzahl und umso stärker treten einzelne Arten zahlenmäßig in den Vordergrund.

Hier ist zu betonen, dass Umweltbedingungen auch durch Störungen vielfältiger werden können („*intermediate disturbance hypothesis*") und dass das biologische Optimum auch alle biologischen Interaktionen mit berücksichtigen muss (siehe Abb. 4.2.25).

4.2.4.3 Zum aktuellen Verständnis von Biodiversität

Man war lange Zeit der Auffassung, Diversität sei auf Artenvielfalt beschränkt und diese sei korreliert mit der Dauer ungestörter Entwicklung im betreffenden Raum bzw. Ökosystem. In den beiden vergangenen Jahrzehnten ist der Biodiversitätsbegriff jedoch inhaltlich erheblich erweitert worden. Gleichzeitig wurde er auch im allgemeinen Sprachgebrauch zunehmend verwendet. Die daraus resultierende Komplexität im wissenschaftlichen Bereich sowie Simplifizierung im Alltag zwingt zu weit reichenden Klarstellungen.

Der zunächst nur auf Organismen (Arten) bezogene Begriff wurde auch auf andere Betrachtungs- und Organisationsebenen übertragen. Für ein umfassenderes Verständnis von Biodiversität müssen die Integrationsebenen der Organe und der Zellen, vor allem aber die der Pflanzengemeinschaften

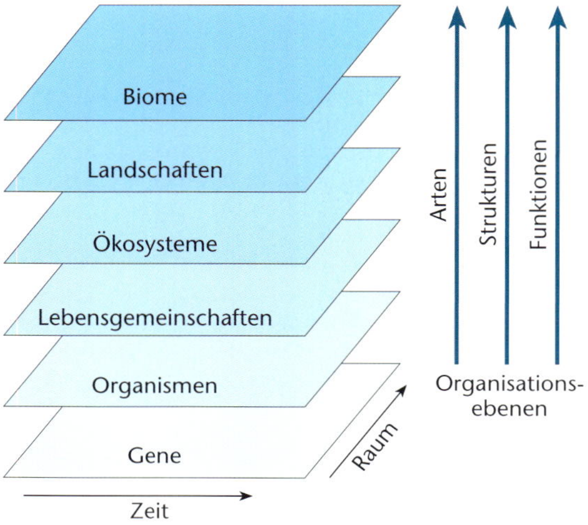

Abb. 4.2.22: Organisationsebenen räumlicher und zeitlicher Biodiversitätseigenschaften (nach Beierkuhnlein 1999).

(und der schwer zu erfassenden Biozönosen) und der Ökosysteme mit einbezogen werden (siehe Abb.4.2.22 und Kapitel 3). Bei der Betrachtung der Arten geht es nicht nur um die genetische Vielfalt, sondern auch um die strukturelle, beispielsweise an die Lebens- oder Wuchsform gebundene (Lamont 1995). Und schließlich tritt neben die Vielfalt der Arten und der Strukturen noch die der Funktionen, der Beziehungen zwischen Arten oder auch zwischen Arten und abiotischen Faktoren.

Dieser erweiterte Ansatz zum Verständnis von Biodiversität wäre nicht vollständig, würden nicht auch die erforderlichen zeitlichen und räumlichen Dimensionen der Betrachtung Berücksichtigung finden. Beide sind im Konzept von Whittaker teilweise enthalten, es wird ihnen aber gegenwärtig besondere Bedeutung zugemessen. In Abbildung 4.2.22 sind die hier erwähnten Elemente, Ebenen sowie zeitlichen und räumlichen Skalen der Biodiversität schematisch erfasst und zueinander in Beziehung gesetzt. Zur näheren Erläuterung des bisher nur grob skizzierten Ansatzes wird zunächst die zeitliche und räumliche Betrachtung von Arten und Strukturen skizziert. Dabei stehen Bezüge auf den Organisationebenen der Art, der Lebensgemeinschaft und des Ökosystems im Mittelpunkt. Eine ausführliche funktionelle Betrachtung von Biodiversität erfolgt in Kapitel 3.1.

Biodiversität lässt sich nicht sinnvoll ohne Bezug zu **räumlichen** und **zeitlichen Maßstäben** erfassen. Unter räumlichen Eigenschaften der Biodiversität versteht man die **Muster der Verbreitung** von **Individuen, Arten, Gattungen, Le-**

Abb. 4.2.23: Anthropogene Artenvielfalt kann man in traditionellen Kulturlandschaften aller Klimazonen beobachten. Ausdruck einer solchen Vielfalt sind die zahlreichen Reisvarianten (A), die man auf einem Markt in Palu (Sulawesi) erwerben kann bzw. ein Bauerngarten (B) bei Puerto Montt in Südchile. In beiden Agrarlandschaften besitzen Agrochemikalien und moderne Agrartechniken noch keine größere Bedeutung. Gerade auf kleinbäuerlichen, subsistenzorientiert arbeitenden Betrieben lassen sich Belege für Artenreichtum bei mittlerem Störungsgrad finden ("medium disturbance hypothesis"). Fotos K. Müller-Hohenstein.

bensgemeinschaften und **Ökosystemen** im Raum. Dabei ist die Erkennung dieser Muster abhängig vom Maßstab der Betrachtung. Um die Artenvielfalt eines Polsters epiphytisch lebender Moose auf dem Stamm eines Regenwaldbaumes zu erkennen, muss selbstverständlich ein anderer Maßstab räumlicher Betrachtung angelegt werden als bei der Aufnahme von Lebensgemeinschaften in einer Landschaft. Deren räumliche Muster hängen sowohl von einer **natürlich bedingten Standortvielfalt** als auch von einer **anthropogen geschaffenen Nutzungsvielfalt** ab (Abb. 4.2.23 A und B). Letztere führte in den traditionellen Kulturlandschaften Mitteleuropas bis zur Mitte des vergangenen Jahrhunderts zu einem Höchststand an Artenvielfalt, der inzwischen – bedingt durch Nutzungsintensivierung – wieder absinkt (siehe auch Kapitel 4.1). Auf der Ebene von Populationen und Pflanzengemeinschaften werden dagegen eher intra- bzw. interspezifische Konkurrenz zu biodiversitätsbestimmenden Faktoren.

Vergleichbares gilt auch für die **Diversität** von **Strukturen**. Wesentliche strukturelle Merkmale eines pflanzlichen Individuums können in Blattformen und Verzweigungsmerkmalen bestehen. Zahlreiche Versuche sowohl von Pflanzengeographen als auch von ökologisch orientierten Botanikern, pflanzliche Lebensformen auf der Grundlage vorwiegend struktureller Merkmale zu unterscheiden, zeigen, dass es außerordentlich schwierig ist, der auf Arten bezogenen strukturellen Vielfalt im Pflanzenreich gerecht zu werden (Tabelle 4.2.8). Bei geschlossenen Beständen erhöhen Bestandesstrukturen wie z. B. eine durch die Lebensformen bedingte Schichtung, die Art des Kronenschlusses oder die Vernetzung mit Lianen, die strukturelle Vielfalt (Abb. 4.2.24 A – D). Auf der landschaftlichen Ebene kommen zusätzlich solche Strukturen in Betracht, die vom Menschen geschaffen wurden, z. B. Fragmente von naturnahen Beständen oder lineare Elemente wie Hecken und Windschutzpflanzen. Auf dieser Ebene wird auch erkennbar, dass naturräumliche Heterogenität zu hoher Diversität beiträgt und dass es Übergangsbereiche besonders starker Diversitätsänderungen sowohl bei Arten als auch bei Strukturen gibt (Ökoton).

In der Landschaftsökologie, die **die Bedeutung des Maßstabs** hervorhebt, wird Biodiversität als gleichberechtigt neben der Geodiversität stehend angesehen und zur **Landschaftsdiversität** zusammengefasst (Leser und Nagel 1998). **Geodiversität** wird dabei als die Diversität nichtbiotischer Systeme definiert. Fraglos ist die abiotische Ausstattung von Landschaften von großer Be-

Tabelle 4.2.8: Gliederung der Pflanzen nach Lebensformen. Nach verschiedenen Autoren (nach Schulze 1982)

Humboldt (1806)	Drude (1887)	Raunkiaer (1904)	Monsi (1960) und Walter (1973)	Schmithüsen (1968)
Palmen	Holzpflanzen mit Laub	Phanerophyten	krautige Pflanzen	Kronenbäume
Bananenform	Bäume	Chamaephyten	annuelle	Schopfbäume
Malvenform	Sträucher	Hemikryptophyten	bienne	Baumgräser
Mimosenform	Lianen	Kryptophyten	wechselgrün	Baumwürger
Heidekräuter	Mangroven	Therophyten	ausdauernd	Lianen
Cactusform	Holzparasiten		immergrün	Sträucher
Orchideen	blattlose Holzpflanzen	untergliedert nach	ausdauernd	Zwergbäume
Casuarinen	Stamm-Sukkulente	Blattgröße	verholzende Pflanzen	Stammsukkulente
Nadelhölzer	blattlose Sträucher	Blattausdauer	wechselgrün	Krautstammpflanze
Arumform	Halbsträucher	vegetativer -	verholzend	Epiphyten
Lianen	perenne Kräuter	Fortpflanzung	immergrün	Zwergsträucher
Aloegewächse	Rosettenpflanzen		verholzend	Halbsträucher
Grasform	Blatt-Sukkulente			Zwerg-Sukkulente
Farne	Epiphyten			chamaephytische Stauden
Liliengewächse	hapaxanthe Pflanzen			hemikryptophytische Holzpflanzen
Weidenform	Landpflanzen			hemikryptophytische Stauden
Myrtenform	Wasserpflanzen			Winterannuelle
Melastomeenform	Flechten			Geophyten-Stauden
Lorbeerform	Saprophyten/Parasiten			Therophyten-Kräuter
				Schwimmblattpflanzen
				submerse Kräuter

Abb. 4.2.24: Biodiversität ist nicht nur Artenreichtum, sondern auch Strukturvielfalt. In den Fotos werden beide Diversitätsmerkmale miteinander verknüpft verdeutlicht. (A) Ein arten- und strukturreicher tropischer Regenwald (Indonesien) unterscheidet sich von (B) einem artenarmen und strukturreichen außertropischen Regenwald kaum strukturell, die Artenzahlen (nur der höheren Pflanzen) sind jedoch durch mehr als das Zehnfache voneinander getrennt. Getreidefelder sind als einschichtige Bestände von vornherein strukturärmer als Wälder, sie können sich aber in ihren Artenzahlen erheblich unterscheiden. (C) Eine artenreiche, strukturarme Brache und (D) ein arten- und strukturarmes Getreidefeld, beide in mediterran getönten Agrarlandschaften Marokkos auf sehr verschieden bewirtschafteten Parzellen, belegen dies. Fotos K. Müller-Hohenstein.

deutung für die Biodiversität. Auch ist nachvollziehbar, dass Landschaften unterschiedlich divers sind und man dies auch beschreiben kann. Als problematisch erweist sich jedoch das Messen – ein Problem, welches im Übrigen auch für Strukturen und Funktionen besteht. Arten oder Gene können gezählt werden und in Berechnungen eingehen. Bei Lebensgemeinschaften und Ökosystemen ist dies – vorausgesetzt ihre Existenz wird akzeptiert – aus Gründen der Abgrenzungsproblemtik schwierig. Vergleichbares gilt für Attribute der Geodiversität, etwa Hangneigungsklassen, Wasserzustandsstufen oder Salzgehalte von Böden. Solche Variablen sind beliebig zu unterteilen.

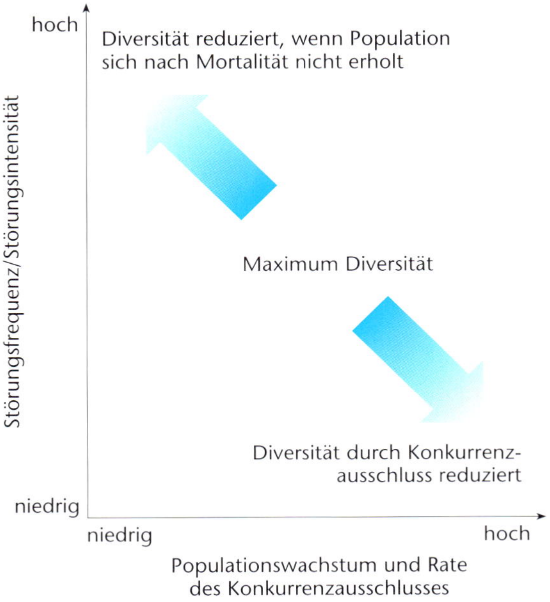

Abb. 4.2.25: „Intermediate disturbance hypothesis" (nach Huston 1994 aus Refisch 2001).

Gegenwärtig wird versucht, über die Gewichtung von Arten oder durch besondere Berücksichtigung von **Endemiten**, **dominanten Arten** oder ***key stone species*** zu besseren Ergebnissen zu kommen. Größtes Problem bleibt hier aber die unzureichende und räumlich ungleichgewichtige Kenntnis vieler Organismengruppen. Trotz dieser Schwierigkeiten wird nicht übersehen, dass die dreidimensionale, räumliche Vielfalt von Arten und Strukturen auf allen Organisationsebenen wesentlicher Bestandteil von Überlegungen zur Biodiversität sein muss.

Dies gilt in gleichem Maße für die Beachtung der **zeitlichen Vielfalt**. Biodiversität ist auch Spiegelbild zeitlicher Prozesse und Entwicklungen. So ändern sich Artenzusammensetzung und -zahlen im Laufe von Sukzessionen (siehe Kapitel 4.1). Art, Intensität und Häufigkeit von Störungen, z. B. Rutschungen, Brände, Beweidung etc. beeinflussen Arten und Strukturen und auch die Vielfalt von funktionellen Verknüpfungen in Biozönosen und Ökosystemen. Andererseits kann man davon ausgehen, dass lange Zeiträume mit gleich bleibenden exogenen Bedingungen ohne Störungen für besonders große Arten- und Ökosystemvielfalt bürgen, vor allem deshalb, weil sich in solchen Zeitspannen auch eine große Habitatvielfalt entwickeln konnte.

Die **Dimension „Zeit"** ist ebenso unter verschiedenen Maßstäben zu beachten. Zum großen Teil wird die lokale und regionale Diversität durch die abiotischen Bedingungen und die Evolution bestimmt. Die für Letztere gültige Zeitskala ist auch auf Klimaänderungen (Kalt- und Warmzeiten) und eine damit verbundene Diversitätsdynamik anzuwenden. Neben dieser „phylogenetischen" Zeitskala müssen andere, kürzere Zeiträume – etwa der der menschlichen Einflussnahme oder nur eines Ausschnitts daraus, z. B. das Industriezeitalter – in ihren Einflüssen auf Biodiversität beachtet werden. **Regenerationsphasen** nach Störungen, Vegetationsperioden und **Phänophasen** sind weitere Maßstäbe für Untersuchungen zur Biodiversitätsdynamik. Ohne die Beachtung zeitlicher Entwicklungen – des Umschwungs von der traditionellen zur agro-industriellen Intensivlandwirtschaft mit internationaler Verknüpfung der Märkte und einer daraus resultierenden Uniformierung – sind die Diversitätsveränderungen auf der Ebene von Arten, Strukturen und Funktionen nicht verständlich. Die Beachtung solcher Veränderungen in relativ kurzer Zeit hat auch zur Formulierung der ***intermediate disturbance hypothesis*** nach Huston (1994) beigetragen (Abb. 4.2.25), welche davon ausgeht, dass bei mittleren Störungen, wie z. B. in den traditionellen Agrarlandschaften, höchste Artenvielfalt erreicht wird.

Unter ausdrücklicher Berücksichtigung räumlicher und zeitlicher Bezüge auf den verschiedenen Organisationsebenen (siehe Abb. 4.2.22) und ihrer Differenzierung in konkrete und abstrakte Objekte (z. B. Individuen, Pflanzenbestand, Landschaft einerseits, Art, Assoziation, Landschaftstyp andererseits) hat Beierkuhnlein (1999) eine umfassende neue **Definition der Biodiversität formuliert**: „Biodiversität ist ein Ausdruck für die primäre, sekundäre oder tertiäre Vielfalt biotischer Objekte aller Organisationsebenen in einem konkreten oder abstrakten, räumlichen oder zeitlichen Bezugsraum."

Primäre Diversität ist dabei die Ähnlichkeit/Verschiedenheit, also die Variabilität zwischen biotischen Einheiten (Abb. 4.2.26). Sie entspricht also der beta-Diversität bzw. zeitlich gesehen dem turnover. Die Bestimmung der Anzahl solcher Einheiten, die der alpha- und gamma-Diversität entspricht, wird hier als **sekundäre Diversität** ver-

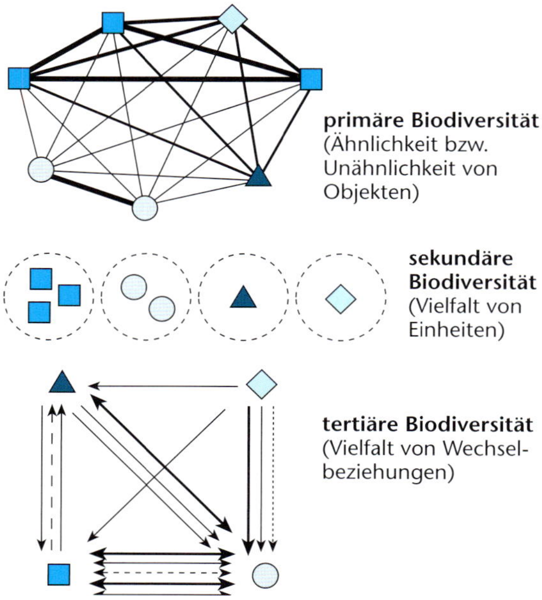

Abb. 4.2.26: Schematisierte Darstellung der drei Grundformen der Biodiversität: primäre Diversität (Variabilität, beta-Diversität, turnover), sekundäre Diversität (Anzahl, alpha- und gamma-Diversität) und tertiäre Diversität (funktionelle Diversität, ökologische Komplexität) (nach Beierkuhnlein 1999).

standen. Als **tertiäre Diversität** wird die Vielfalt der Beziehungen zwischen den Einheiten bezeichnet. Letztere tatsächlich zu erfassen ist außerordentlich schwierig, da sie die gesamte ökologische Komplexität, alle funktionalen Zusammenhänge und Wechselwirkungen betrifft, die zwischen den qualitativ und quantitativ bestimmten Einheiten bestehen.

4.2.4.4 Biodiversität und Stabilität

Bereits 1958 hat Elton behauptet, dass hohe Diversität **Stabilität** bedingt. Beziehungen zwischen Diversität, Stabilität und Produktivität sind nach Connel und Orias (1964) modellhaft in Abbildung 4.2.27 dargestellt. Pimm (1993), Tilman und Downing (1994) sowie Rejmanek (1996) sehen in höherer Diversität ebenfalls höhere Funktionsvielfalt und leiten daraus mehr Resistenz (z. B. gegenüber einer Einwanderung von Neophyten) und Elastizität gegenüber Einflüssen von außen ab. Verlust an Diversität führt hiernach zu verringerter ökologischer Integrität und somit zu anfälligeren, labileren Systemen (Chapin et al. 2000).

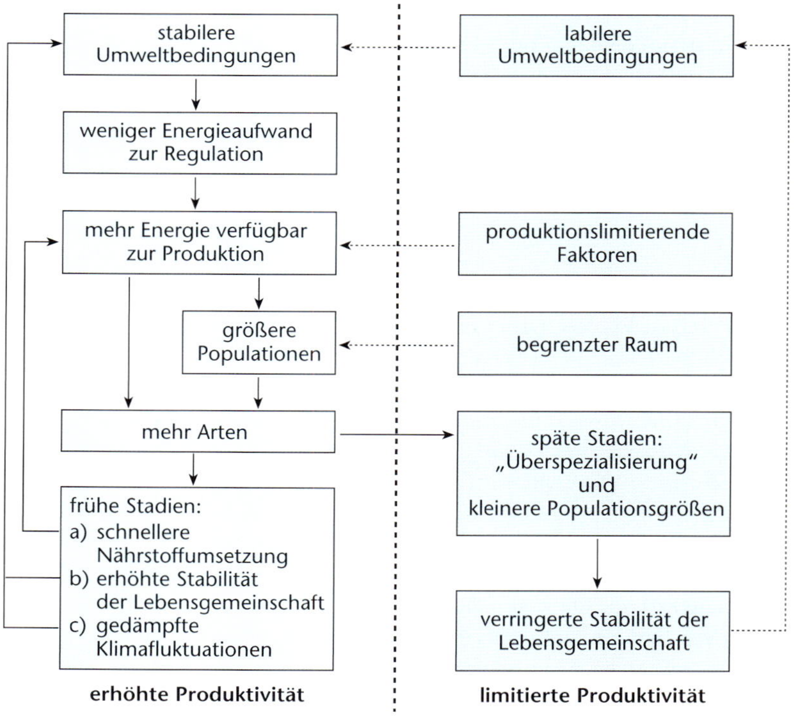

Abb. 4.2.27: Modell der Beziehungen zwischen Diversität und Stabilität (Erzeugung und Regulation von Artenvielfalt in ökologischen Systemen) (nach Connell und Orias 1964 aus Beierkuhnlein 1999).

Wie sich bei experimentellen Ansätzen gezeigt hat, besitzen Ökosysteme gegenüber **Artenverlusten** eine erstaunliche **Pufferkapazität**. Allerdings können sie vor allem dann nachhaltig verändert werden, wenn nicht irgendeine beliebige weitere Art verloren geht, sondern eine solche, die die Eigenschaften des ganzen Systems maßgeblich beeinflusst, eine so genannte **Schlüsselart** (*key stone species*) (Bond 1994).

Heute ist bekannt, dass Artenreichtum ökologische Stabilität nicht garantiert, ebenso wenig aber artenarme Systeme besonders labil sein müssen. Die nemoralen Wälder Nordamerikas und Europas unterscheiden sich in ihren Artenzahlen ganz erheblich, doch „funktionieren" beide Waldökosysteme offensichtlich sehr ähnlich. Was für die gemäßigte Zone gilt, muss allerdings nicht für tropische Lebensräume gelten. Auch hier sind räumliche und zeitliche Gegebenheiten und Maßstäbe zu beachten.

Zunehmend ist in jüngerer Vergangenheit der „Wertigkeit" von Arten und damit den Schlüsselarten Aufmerksamkeit geschenkt worden. Ganz offensichtlich haben nicht alle Arten die gleiche Funktion in einem Ökosystem, und selbst wenn dies der Fall wäre, so müssen ihre Abundanz oder sogar Dominanz ebenso gewichtet werden wie ihr zeitliches Auftreten (z. B. zeitliche Einnischung von Annuellen). Es wurden die Begriffe der **„funktionellen Gruppen"** und der ***„plant functional types"*** (Smith et al. 1997) geschaffen. Hierunter versteht man Arten, die ein **vergleichbares physiologisches Verhalten zeigen** (C_3- und C_4-Pflanzen), **ähnliche Morphologie** besitzen (Flaschenbäume, Lianen), sich **zeitlich gleich eingenischt** haben (Frühlingsgeophyten, Pluviotherophyten), **ähnliche Ausbreitungssyndrome** besitzen (anemochor, zoochor) **und ähnliche räumliche Verteilungsmuster** bilden (dominante Arten, Saumarten). Eine Gruppierung von Pflanzenarten kann nach gleichen Ansprüchen an Ressourcen (Wasser, Licht) ebenso vorgenommen werden wie nach den Wirkungen, die sie im System ausüben (Schatten). Im leichter zugänglichen morphologischen Bereich lässt sich die Untergliederung auch wesentlich detaillierter vornehmen, wie Denslow (1996) für tropische Wälder zeigt. Für alpine Ökosysteme hat Körner (1999) eine Gruppierung nach Wuchsformen (Zwergsträucher, Rosetten bildende Kräuter, Horstgräser, Polsterpflanzen) vorgenommen. Eine allgemein gültige Klassifizierung erscheint jedoch nicht möglich. Die Einteilung hängt von der jeweiligen zu untersuchenden Fragestellung ab.

Mit diesem spezifischen Ansatz, der direkt auf die **funktionale Diversität** abzielt, ist in der Pflanzenökologie trotz wichtiger historischer Ansätze (von Humboldt 1806, De Candolle 1874, Raunkiaer 1907) ein Schritt nachvollzogen worden, der in der Tierökologie bereits Standard bedeutet (Schulze 1982). Dort werden die entsprechenden faunistischen Gruppen als **„Gilden"** bezeichnet. Prädatoren, Parasiten, Herbivore und Carnivore etc. können so aufgefasst werden. Dabei scheint es leichter zu sein, tierische Organismen solchen Gilden zuzuordnen als pflanzliche den *plant functional types*. Pflanzen können mehreren funktionellen Gruppen angehören, gleichzeitig „immergrün", „zoochor", „tief wurzelnd", „Wasser speichernd" etc. sein, um nur einige Beispiele zu nennen. Je nach verfolgter Fragestellung wird man ein und dieselbe Art unterschiedlichen Gruppen zuordnen (Beierkuhnlein und Schulte 2000). Hierfür gibt es noch keine verbindlichen Vorschläge. Problematischer ist, dass in vielen Fällen heute mit funktionellen Gruppen gearbeitet wird, wo die Funktion noch nicht eindeutig verstanden wird. Kann man bei der Gruppe der Leguminosen noch über ihre Fähigkeit der N-Fixierung leicht die Funktion erkennen und eine Zuordnung zu einer Gruppe vornehmen, so gilt dies für Gruppen wie „Gräser" oder „Kräuter" nur teilweise (Blattstellung, Intensität der Feinwurzelbildung etc). Es ist also mitunter durchaus fraglich, ob man eine z. B. nach rein morphologischen Kriterien vorgenommene Untergliederung aufrechterhalten kann, um ökologisches Verhalten von Arten in der Gemeinschaft zu verstehen. Die Zuordnung der Arten einer Pflanzengemeinschaft zu funktionellen Gruppen ist beim jetzigen Kenntnisstand zur Rolle der Arten im Ökosystem noch schwierig.

Es gibt noch eine weitere Schwierigkeit. Da ***plant functional types*** nicht nur **abstrakte Typen**, sondern auch **konkrete Arten** sind, und da sie im Hinblick auf ihre Funktion als äquivalent in den Systemen angesehen werden, in denen sie leben, werden sie auch als redundant eingestuft. Geht eine Art mit dieser Funktion im System verloren, so wird sie durch eine aus derselben funktionellen Gruppe ersetzt. Wegen dieser Kompensation wird das System nicht beeinträchtigt. Da aber Pflanzenarten verschiedenen funktionellen Gruppen angehören, können wir in den meisten Fällen nur einen Teil ihrer Funktionen im Ökosystem überhaupt zuordnen. Daher ist mit dem **Redundanzbegriff** sehr vorsichtig umzugehen. Strukturelle Redundanz ist nicht notwendigerweise ökologische Redundanz. Letztere ist nur denkbar, wenn zwei Arten in einem System um dieselbe limitierte Ressource in gleicher Weise konkurrieren, was unwahrscheinlich ist. Redundanz suggeriert, dass man auf eine von diesen als redundant erkannten Arten verzichten kann. Solange wir nicht alle möglicherweise vielfältigen Funktionen einzelner Arten in Ökosystemen kennen und nicht wissen, wie sich zukünftig die Umweltbedingungen verändern, dabei jede Art eine neue, spezielle funktionelle Bedeutung in Ökosystemen besitzen oder erlangen kann, muss auch jede Art geschützt werden. Hier wird deutlich, dass Biodiversität *per se* wichtig ist (Schmid 1996).

Da die Rolle der Biodiversität in Ökosystemen bisher nur aus wenigen experimentellen Ansätzen näherungsweise bekannt wurde oder als wahrscheinlich gelten kann und es an konkreten empirischen Daten mangelt, muss man immer wieder auf Hypothesen zurückgreifen, die diesbezüglich in den beiden letzten Jahrzehnten formuliert wurden.

Zu den allgemein akzeptierten **Hypothesen** gehört die erstmals von Connel und Slatyer (1977) formulierte *intermediate disturbance hypothesis*. Nach dieser Hypothese führen besonders **mittlere Störungen** von Ökosystemen zu **hoher Artenvielfalt**. Die traditionellen mitteleuropäischen Agrarlandschaften sind hierfür Beleg. Ebenso wird die *resource availability hypothesis* von Tilman und Pacala (1993) gesehen, der zufolge der Artenreichtum nicht größer sein kann als die räumliche und zeitliche Verfügbarkeit der Ressourcen.

Während diese Hypothesen allgemeine Diversitätsbeziehungen in Ökosystemen beschreiben, sind die folgenden in erster Linie auf die Bedeutung der Diversität für Ökosystemfunktionen ausgerichtet.

Theoretisch sind eine Reihe von Funktionszusammenhängen zwischen Ökosystemfunktionen und Biodiversität denkbar (Vitousek and Hooper 1993):

- Der betrachtete Prozess steigt linear mit der Artenzahl;
- der betrachtete Prozess erreicht eine Sättigung bei einer bestimmten Artenzahl;
- eine Art reicht, um den Prozess aufrechtzuerhalten.

Umgekehrt kann man sich verschiedene Folgen eines Artverlusts vorstellen:

- Mit abnehmender Artenzahl wird ein Schwellenwert erreicht, bei dem das System zusammenbricht (*rivet popper*-Hypothese, Ehrlich 1994). Die Hypothese wurde in Analogie zu einem Flugzeug formuliert, von dem immer mehr Schrauben und Nieten (*rivets*) entfernt werden: Zunächst passiert nichts, aber ab einer bestimmten Anzahl fehlender Verbindungen bricht die Konstruktion zusammen; das Flugzeug stürzt ab.
- Mit abnehmender Artenzahl steigt auch die Wahrscheinlichkeit, dass dabei eine Schlüsselart entfällt, deren Fehlen überproportionale Wirkung hat (Bond 1994). Diese Hypothese geht davon aus, dass manche Arten wichtiger für das Ökosystem sind als andere, obwohl sie nur einen kleinen Teil der Biomasse oder des Stoffumsatzes ausmachen. Die Auswirkung für das Ökosystem ist ähnlich wie bei der *rivet popper*-Hypothese, nur dass die Reaktion in mehreren Stufen mit dem Verschwinden von Schlüsselarten erfolgt.
- Jede Art trägt zur Abnahme der Ökosystemfunktion bei (*diversity stability*-Hypothese, Johnson et al. 1996).
- Einige Arten sind wichtig, die meisten sind jedoch unwichtig für die Aufrechterhaltung der Prozesse. Solange alle wichtigen funktionellen Gruppen (z. B. N-Fixierer, Primärproduzenten, Zersetzer) vertreten sind, kann das Ökosystem bis hin zu einer minimalen Diversität an Arten verarmen (*redundant species*-Hypothese, Walker 1992).
- Unter normalen oder durchschnittlichen Bedingungen sind nur wenige Arten nötig, um das System funktionieren zu lassen. Bei plötzlichen Veränderungen können jedoch bisher unwichtige Arten „einspringen" und das System auch unter veränderten Bedingungen weiterführen. Diese Arten funktionieren damit als eine „Versicherung" (*insurance*-Hypothese, Schulze 1995).
- Es gibt zwar eine Beziehung zwischen Biodiversität und Ökosystemfunktion, aber sowohl die Richtung der Auswirkung als auch deren Intensität ist nicht vorhersagbar, denn sie ist abhängig von den Rahmenbedingungen und den be-

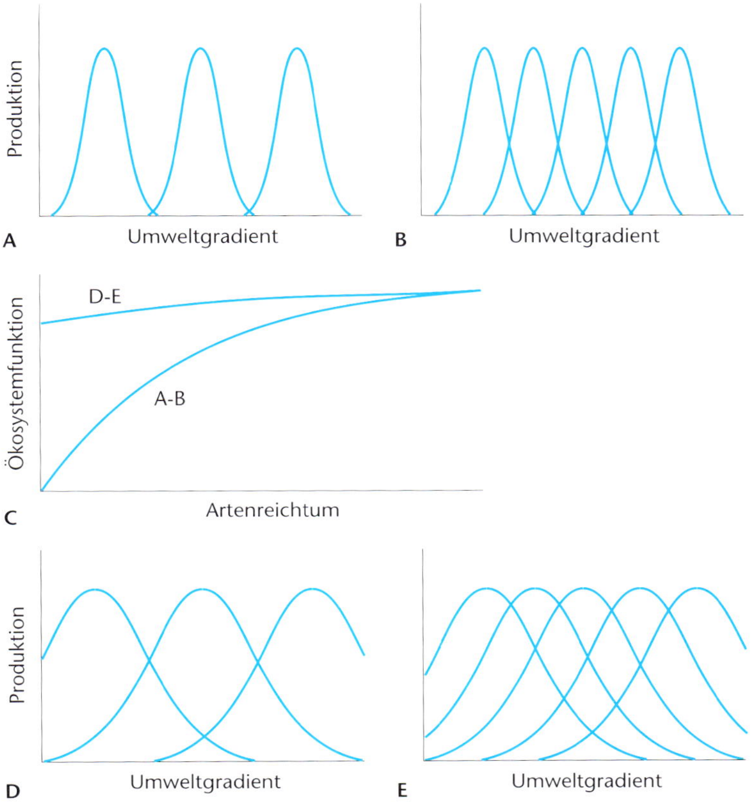

Abb. 4.2.28: Vergleich zweier Modelle zur Bedeutung der Beziehungen von Artenreichtum und Ökosystemfunktionen. C: Artenarme und artenreiche Gemeinschaften mit relativ stenöken Arten, die sich in ihren Ansprüchen (und Funktionen) kaum überschneiden (A, B) sowie artenarme und artenreiche Gemeinschaften mit relativ euryöken Arten, die sich in ihren Ansprüchen (und Funktionen) stark überlappen (D, E). In den beiden letztgenannten Fällen wird funktionelle Redundanz unterstellt (nach Wright 1989).

teiligten Arten (*idiosyncratic response*-Hypothese, Lawton 1993).

- Die hier zuzuordnende **Nullhypothese** (Vitousek und Hooper 1993) besagt, dass die Artenvielfalt keinen Einfluss auf Ökosystemfunktionen hat.
- Bei zunehmender Artenzahl kommt es zur Sättigung.

Für die sich in wesentlichen Punkten widersprechenden Hypothesen werden zwar von ihren Autoren Belege angeführt, doch es gibt auch Gegenbeispiele. Nach Schläpfer et al. (1999) räumen heute die meisten Ökologen der *redundant species*-Hypothese größte Bedeutung ein. Hier muss aber nochmals auf das Problem der Redundanz von Arten hingewiesen werden. In einer modellhaften Darstellung nach Wright (1989) kann in Abbildung 4.2.28 gezeigt werden, wie sich in unterschiedlich artenreichen Systemen Redundanz auf Ökosystemfunktionen auswirken kann, und dass deshalb redundante Arten nicht als überflüssig angesehen werden dürfen.

4.2.4.5 Gefährdung und Schutz der Biodiversität

Im Laufe der Erdgeschichte hat es stets global einen Arten-*turnover* gegeben. Dies bedeutet, dass einerseits Arten, die ihre Nische nicht fanden oder behaupten konnten, ausstarben oder durch Naturkatastrophen eliminiert wurden. Andererseits glichen Evolution und Speziation diese Verluste mehr als aus. Gegenwärtig gehen jedoch ungleich mehr Arten verloren als im selben Zeitraum neu gebildet werden. Nach Schätzung von May (1988) wird etwa die Hälfte der in den letzten 50 bis 100 Mio. Jahren entstandenen Arten in den nächsten zehn bis 50 Jahren ausgelöscht werden, wenn das gegenwärtige Maß an Waldzerstörung in den Tropen beibehalten wird. Dieses drastische Verhältnis der Artneubildungs- zur Artverlustrate ist möglicherweise sogar noch zu optimistisch geschätzt, da nach Nepstadt et al. (1999) bei den Artverlustrechnungen tropischer Wälder bisher übersehen wurde, dass auch in den verbleibenden Restwäldern durch Feuer und extensive Nutzung Artenverluste zu beklagen sind.

Zwar gibt es keine linearen Art-Areal-Beziehungen. Pimm und Raven (2000) sagen vorher, dass beim Verlust der Hälfte aller Feuchtwälder „nur" 15 % der dort lebenden Arten verloren gehen. Bleiben jedoch nur 5 % der Wälder ungestört erhalten, so kann nur noch etwa die Hälfte der Waldarten überleben. Für die *hotspots* der Artenverbreitung werden weit höhere Verluste prognostiziert. Genauere Angaben sind aber kaum möglich oder unzuverlässig. So ist es unmöglich, die genau erhobenen Artenverluste für eine Artengruppe (z. B. Schmetterlinge) entlang eines Nutzungsgradienten auch auf andere Gruppen (z. B. Vögel) zu übertragen, da die Verluste in ein und demselben Raum für verschiedene Organismengruppen erheblich differieren können (Lawton et al. 1998).

Heute sind **direkte** und **indirekte menschliche Einflüsse** die entscheidenden Ursachen für die **zunehmenden Verluste**. Während in den früheren Jahren wachsenden Umweltbewusstseins insbesondere die Belastung der Biosphäre mit Pestiziden und anderen toxischen Substanzen für Artenverluste verantwortlich gemacht und von Rahel Carson (1962) in ihrem Buch *Der stumme Frühling* eindrucksvoll beschrieben wurde, werden heute vor allem die zunehmende Intensivierung und Industrialisierung als Ursachen genannt. Sie sind verbunden mit einer Fragmentierung der restlichen naturnahen Lebensräume, mit Entwässerung, Eutrophisierung, Aufgabe traditioneller Rotationsverfahren in Ackerbau und Weidewirtschaft und mit Monokulturen und werden von Krebs et al. (1999) als „*second silent spring*" bezeichnet. Von besonderer Konsequenz ist dabei nicht nur der direkte Artenverlust, sondern der Verlust an seltenen Habitaten. Die sich im Zuge dieses **Globalen Wandels** (siehe Kapitel 5) insgesamt ergebenden Veränderungen sind indes kaum abzuschätzen.

Der Mensch bricht gegenwärtig aber auch alle bisher bestehenden biogeographischen Barrieren. Neben der **Artauslöschung** ist deshalb stellenweise eine merkliche **Neophytisierung**, vor allem aber eine globale floristische Nivellierung mit euryöken Arten zu beobachten. In diesem Zusammenhang spricht Lövei (1997) von einer „MacDonaldisierung" der Biosphäre.

Erhaltung und Schutz der biologischen Vielfalt auf allen Organisationsebenen bedürfen wegen der zahlreichen Argumente aus Ethik, Religion, Ökonomie und Ökologie keiner besonderen Begründung. Da befürchtet werden muss, dass der Artenrückgang nicht nur die Stabilität und Funktionsfähigkeit von Ökosystemen betrifft, sondern auch zukünftige Entwicklungen begrenzt, müssen Kontroll- und Schutzmaßnahmen ergriffen werden. Es bedarf schneller griffiger Anleitungen zum Schutz von Arten, Lebensgemeinschaften und ihren Lebensräumen für die Raum- und Umweltplanung. Hierzu ist einfaches **Biomonitoring**, bei dem z. B. auf Kontrollflächen in regelmäßigen zeitlichen Abständen individuenscharf kartiert wird, ein erster Schritt, damit Annahmen und Schätzungen konkrete Daten zur Seite gestellt werden können. Die Reduzierung der stofflichen Belastung der Umwelt und die Bemühungen um den weiteren Erhalt letzter naturnaher Lebensräume in allen Biomen verstehen sich von selbst.

Im wissenschaftlichen Naturschutz sind bereits zahlreiche Instrumente entwickelt und teilweise auch in der Praxis erfolgreich umgesetzt worden. Hier soll deshalb nur darauf hingewiesen werden, dass

- Artenschutz nicht genügt; er muss durch den **Schutz des Lebensraumes** und der dort ablaufenden natürlichen Prozesse begleitet werden.
- der zunehmenden Fragmentierung durch Systeme des **Verbunds von Lebensräumen** (Biotopverbund) entgegengewirkt werden muss.
- auch in Kulturlandschaften der **Schutz traditioneller Verfahren nachhaltigen Wirtschaftens** nicht vergessen werden darf.
- die ***hotspots*** besonderer Schutzbemühungen bedürfen.

Da die für die Durch- und Umsetzung von Schutzmaßnahmen und -konzepten verantwortlichen Entscheidungsträger in Politik und Wirtschaft stets nach Daten und Zahlen fragen, ist zu prüfen, mit welchen Daten die Ökologie Biodiversität erfassen muss. Relativ einfach ist dies auf der Artebene, wenn auch da in vielen Lebensräumen (Tropen) und taxonomischen Gruppen (niedere Pflanzen) noch große Schwierigkeiten bestehen. Aber selbst wenn diese Schwierigkeiten ausgeräumt sind, muss getestet werden, ob für den Wissenschaftler entworfene Indices praxistauglich sind. Besonders wertvoll sind solche Erkenntnisse erst dann, wenn mit der Zahl der Arten auch die der Funktionen verknüpft werden kann. Eine besonders große Herausforderung für Ökologen stellt die **Quantifizierung von diversitätsbedingten Ökosys-**

Kasten 4.2.5 Biodiversität und Stabilität

Unter Biodiversität wurde zunächst Artenvielfalt verstanden. Sie entstand über evolutive Prozesse in der Zeit und Nischendifferenzierung im Raum. In einem ersten umfassenden Konzept der Biodiversität wurde insbesondere der Artenvielfalt innerhalb bestimmter räumlicher Ausschnitte (bzw. Pflanzengesellschaften) und zwischen ausgewählten Räumen Rechnung getragen (*within-* und *between-habitat-diversity*, Whittaker 1977). Später erkannte man, dass Artenvielfalt auch anders aufgefasst werden kann. So wurden z. B. Begriffe wie „Schlüsselarten" *(keystone species)* benutzt, um damit auszudrücken, dass nicht alle Arten in ihren Lebensräumen dieselbe Rolle in der Artengemeinschaft spielen. Gegenwärtig werden mit den funktionellen Pflanzentypen (*plant functional types*) insbesondere solche Arten diskutiert, die wichtige Positionen bei ökosystemaren Zusammenhängen einnehmen.

Erst spät wurde erkannt, dass sich Biodiversität nicht in Artenvielfalt erschöpft. Als ebenso bedeutsam werden jetzt die Diversität von Strukturen und die von funktionalen Verknüpfungen angesehen. Darüber hinaus werden zunehmend verschiedene Betrachtungsebenen – vom Molekül über die Art und Artengemeinschaft bis zum Ökosystem – in verschiedenen räumlichen und zeitlichen Maßstäben beachtet.

Gegenwärtig wird versucht, Zusammenhänge zwischen Diversität und Stabilität zu klären, nachdem gezeigt wurde, dass Artenreichtum Stabilität nicht garantiert und es auch stabile artenarme Lebensgemeinschaften gibt. Unter den bisher diesbezüglich formulierten Hypothesen wird besonders der *redundant species hypothesis* Beachtung geschenkt. Sie besagt, dass es in Lebensgemeinschaften redundante Arten gibt, deren Verlust die Stabilität dieser Gemeinschaften nicht gefährdet. Allerdings ist es kaum möglich, Redundanz unter allen denkbaren Aspekten (physiologisch, strukturell, ökologisch uam.) nachzuweisen. Der Schutz von Lebensgemeinschaften muss ohnehin über den Artenschutz hinausgehen und den Schutz von Lebensgemeinschaften und –räumen einschließen. Allerdings sind dabei die *hotspots*, Mannigfaltigkeitszentren von Arten, welche überwiegend in den Tropen und Subtropen liegen, besonders zu beachten.

temfunktionen dar sowie die Erarbeitung von Erkenntnissen, wie die Zusammensetzung von Arten und Strukturen das Funktionieren von Ökosystemen beeinflussen. Aus nahe liegenden Gründen wird dabei zur Zeit in erster Linie mit Arten und Gemeinschaften der Makroflora und -fauna gearbeitet. Dabei dürfen gerade auch die Interaktionen auf mikrobieller Ebene nicht übersehen werden. Hier liegen für Ökologen kommender Generationen wichtige Aufgabenbereiche.

Problematisch wird es auf den höheren Aggregationsebenen. Kann man Lebensgemeinschaften oder Ökosysteme überhaupt zählen? Und wenn ja, wie zählt man gegebenenfalls ihre Seltenheit, ihre wirtschaftliche Bedeutung, ihren ästhetischen Eindruck? Hier wird sich auch die Ökologie **normativen Ansätzen** nicht verschließen können und zu den Problemen der Bewertung aus wissenschaftlicher Sicht Stellung nehmen müssen, und dies bald, denn der wissenschaftliche Naturschutz steht wie kaum eine andere wissenschaftliche Disziplin unter erheblichem Zeitdruck.

Literatur

Al-Hubaishi A, Müller-Hohenstein K (1984) An introduction to the vegetation of Yemen. Ecological basis, floristic composition, human influence. GTZ, Eschborn.

Arrhenius O (1921) Species and area. *J. Ecol.* 9: 95–99

Barkman JJ (1990) Controversies and perspectives in plant ecology and vegetation science. *Phytocoenologia* 18(4): 565–590

Barthlott W, Biedinger N, Braun G, Kier G, Mutke J (1999) Terminological and methodological aspects of the mapping and analysis of global biodiversity. *Acta Botanica Fennica* 162: 103–110

Barthlott W, Lauer W, Placke A (1996) Global distribution of species diversity in vascular plants: towards a world map of phytodiversity. *Erdkunde* 50: 317–327

Barthlott W, Winiger M (1998) Biodiversity. A challenge for development research and policy. Springer, Berlin Heidelberg.

Beierkuhnlein C (1999) Biodiversitätsuntersuchungen in nordbayerischen Landschaften. In: Beierkuhnlein C (Hrsg.) Rasterbasierte Biodiversitätsuntersuchungen in nordbayerischen Landschaftsräumen. *Bayreuther Forum Ökologie* 69: 1–9

Beierkuhnlein C, Schulte A (2000) Plant functional types – Einschränkungen und Möglichkeiten funktionaler Klassifikationsansätze in der Vegetationsökologie. In: Jax K, Breckling B (Hrsg.) Funktionsbegriff und Unsicherheit in der Ökologie. Lang, Frankfurt u.a.

Blüthgen J (1964) Allgemeine Klimageographie. Lehrbuch der allgemeinen Geographie, Band 2. De Gruyter, Berlin.

Bond WJ (1993) Keystone species. In: Schulze ED, Mooney HA (Hrsg.) Biodiversity and Ecosystem Function. *Ecological Studies* 99. Springer, Berlin.

Brown JH, Gibson AC (1983) Biogeography. Mosby, St. Louis.

Bush MB, Whittaker RJ (1991) Krakatau: Colonisation patterns and hierarchies. *J. Biogeogr.* 18: 341–356

Carson R (1962) Silent spring. Houghton Mifflin, Boston.

Chambers JC (1994) A day in the life of a seed: Movements and fates of seeds and their implications for natural and managed systems. *Ann. Rev. Ecol. Sys.* 25: 263–292

Chaoin FS, Zavaleta ES, Eviner VT, Naylor RL, Vitousek PM, Reynolds HL, Hooper DU, Lavorel S, Sala OE, Hobbie SE, Mack MC, Diaz S (2000) Consequences of changing biodiversity. *Nature* 405: 234–242

Cincotta RP, Wisnewski J, Engelman R (2000) Human population in the biodiversity hotspots. *Nature* 404: 990–992

Connell JH, Orias E (1964) The ecological regulation of species diversity. *Am. Nat.* 98: 399–414

Connell JH, Slatyer RO (1977) Mechanisms of succession in natural communities and their role in community stability and organisation. *Am. Nat.* 111: 1119–1144

Connor EF, Simberloff D (1979) The assembly of species communities: change or competition? *Ecology* 60: 1132–1140

Darlington PJ (1957) Zoogeographie: the geographical distribution of animals. Wiley, New York.

De Candolle A (1874) Constitution dans le regne vegetal de groupes physiologiques. *Archives des sciences physiques et naturelles* 50, Geneve.

Denslow JS (1996) Functional group diversity and responses to disturbance. In: Orians GH, Dirzo R, Cushman JH (Hrsg.) Biodiversity and ecosystem processes in tropical forests. *Ecological Studies* 122 Springer, Berlin.

Diels L (1908) Pflanzengeographie. Leipzig.

Duelli P (1993) Ökologischer Ausgleich in der Kulturlandschaft: Eine Herausforderung für Politik, Naturschutz und ökologische Forschung. *Verh. Ges. Ökol.* 22: 3–8

Ehrlich PR, Ehrlich AH (1981) Extinction: The causes and consequences of the disappearence of species. Random House, New York.

Ehrlich PR (1994) Energy use and biodiversity loss. *Phil. Trans. R. Soc. Lond.* 344: 99–104

Elton CS (1958) The ecology of invasion by animals and plants. Methuen, London.

Engel TR (2000) Seed dispersal and forest regeneration in a tropical lowland biocoenosis (Shimba Hills, Kenia). PhD-Thesis, University of Bayreuth, Germany.

Espigares T, Peco B (1993) Mediterranean pasture dynamics: The role of germination. *J. Veg. Sci.* 4: 189–194

Evenari M, Shanan L, Tadmor N (1982) The challenge of a desert. Harvard University Press, Cambridge u.a.

Fenner M (1985) Seed ecology. Chapman and Hall, London.

Filzer P (1963) Ein botanischer Beitrag zur Charakterisierung natürlicher Landschaften Süddeutschlands. *Ber. zur Dtsch. Landesk.* 31: 69–83

Frankenberg P (1978) Methodische Überlegungen zur floristischen Pflanzengeographie. *Erdkunde* 32: 251–258

Frey W, Lösch R (1998) Lehrbuch der Geobotanik. Pflanze und Vegetation in Raum und Zeit. Fischer, Stuttgart.

Gilpin ME, Diamond JM (1980) Subdivision of nature reserves and the maintainance of species diversity. *Nature* 285: 567–568

Gilpin ME, Diamond JM (1982) Factors contributing to non-randomness in species co-occurances on islands. *Oecologia* 52: 75–84

Gilpin ME, Hanski I (1991) Metapopulation Dynamic: Empirical and theoretical investigations. Academic Press, London.

Good R (1974) The geograph of the flowering plants. 4. Aufl, Longman, London.

Grime JP (1979) Plant strategies and vegetation processes. Chichester, Wiley.

Grime JP (1997) Biodiversity and ecosystem function: The debate deepens. *Science* 277: 1260–1261

Gorman ML (1979) Island Ecology. Chapman & Hall, London.

Groombridge B (Hrsg.) (1992) Global Biodiversity. Status of the earth's living resources. A report compiled by the World Conservation Monitoring Centre. Chapman & Hall, London u.a.

Haeupler H (1982) Evenness – als Ausdruck der Vielfalt in der Vegetation. *Dissertationes botanicae* 65, Cramer, Vaduz.

Haeupler H, Schönfelder P (1988) Atlas der Farn- und Blütenpflanzen der Bundesrepublik Deutschland. Ulmer, Stuttgart.

Hector A, Schmid B, Beierkuhnlein C, Caldeira MC, Diemer M, Dimitrakopoulos PG, Finn J, Freitas H, Giller PS, Good J, Harris R, Högberg P, Huss-Danell K, Joshi, J, Jumpponen A, Körner C, Leadley PW, Loreau M, Minns A, Mulder CPH, O'Donovan G, Otway SJ, Pereira JS, Prinz A, Read DJ, Scherer-Lorenzen M, Schulze ED, Siamantziouras ASD, Spehn E, Terry AC, Troumbis AY, Woodward FI, Yachi S, Lawton JH, (1999) Plant diversity and productivity experiments in european grasslands. *Science* 286(5442): 1123–1127

Heywood VH, Watson RT (1995) Global biodiversity assessment. Cambridge University Press, Cambridge.

Heywood VH (1982) Blütenpflanzen der Welt. Birkhäuser, Basel Boston Stuttgart.

Howe HF, Westley LC (1986) Ecology of pollination and seed dispersal. In: Crawley MG (Hrsg.) Plant Ecology. Blackwell, Oxford. 185–215

Howe HF, Smallwood J (1982) Ecology of seed dispersal. *Ann. Rev. Ecol. Sys.* 13: 201–228

Hugget RJ (1995) Geoecology. An evolutionary approach. Routledge, London New York.

Humboldt A von (1807) Ideen zu einer Physiognomik der Gewächse. In: Humboldt A von (Hrsg.) Ansichten der Natur, mit wissenschaftlichen Erläuterungen. Cotta'scher Verlag, Tübingen.

Huston MA (1997) Hidden treatments in ecological experiments: re-evaluating the ecosystem function of biodiversity. *Oecologia* 110: 449–460

Johnson MP, Simberloff DS (1974) Environmental determinants of island species in the British isles. *J. Biogeogr.* 1: 149–154

Johnson KH, Vogt KA, Clark HJ, Schmitz OJ, Vogt DJ (1996) Biodiversity and the productivity and stability of ecosystems. *Trends in Ecology and evolution* 11: 372–377

Kleidon A, Mooney HA (2000) A global distribution of biodiversity inferred from climatic constraints: results from a process-based modelling study. *Global Change Biology* 6: 507–523

Körner C (1995) Alpine plant diversity: A global survey and functional interpretations. In: Chapin SF, Körner C (Hrsg.) Arctic and alpine biodiversity. *Ecological Studies* 113. Springer, Berlin. 45–62

Körner C (1999) Alpine plant life. Functional plant ecology of high mountain ecosystems. Springer, Berlin Heidelberg New York.

Kohn DD, Walsh DM (1994) Plant species richness – the effect of island size and habitat diversity. *J. Ecol.* 82: 367–377

Kratochwil A (1999) Biodiversity in ecosystems. Academic Press, Kluwer.

Kreeb KH (1983) Vegetationskunde. Ulmer, Stuttgart.

Krebs JR, Wilson JD, Bradbury RB, Siriwardena GM (1999) The second silent spring? *Nature* 400: 611

Kürschner H (1986) Omanisch-makranische Disjunktion. Ein Beitrag zur pflanzengeographischen Stellung und zu den florengenetischen Beziehungen Omans. *Bot. Jahrb. Syst.* 106: 541–562

Lamont BB (1995) Testing the effect of ecosystem composition/structure on its functioning. *Oikos* 74: 283–295

Lawton JH (1994) What do species do in ecosystems? *Oikos* 71: 367–374

Lawton JH, Brown VK (1993) Redundancy in Ecosystems. In: Schulze ED, Mooney HA (Hrsg.) Biodiversity and Ecosystem Function. *Ecological Studies* 99. Springer, Berlin.

Lawton JH, Bignell DE, Bolton B, Bloemers GF, Eggleton B, Hammond PM, Hodda M, Holt RD, Larsen TB, Mawdsley NA, Stork NE, Srivastava DS, Watt AD (1998) Biodiversity inventories, indicator taxa and effects of habitat modification in tropical forests. *Nature* 391: 72–73

Leser H, Nagel P (1998) Landscape diversity – a holistic approach. In: Barthlott W, Wieniger M (Hrsg.) Biodiversity. A challenge for development research and policy. Springer, Berlin.

Lindacher R (1995) Phanart. Datenbank der Gefäßpflanzen Mitteleuropas. *Veröff. Geobot. Inst. ETH, Stiftung Rübel, Zürich* 125: 1–436

Lövei GL (1997) Global change through invasion. *Nature* 388: 627–628

Mac Arthur RH, Wilson EO (1963) An equilibrium theory of insular zoogeography. *Evolution* 17(4): 373–387

Mac Arthur RH, Wilson EO (1967) Biogeographie von Inseln. Wissenschaftliche Taschenbücher, Goldmann, München.

Mader HJ (1983) Warum haben kleine Inselbiotope hohe Artenzahlen? *Natur und Landschaft* 58/10: 367–370

May RM (1988) How many species are there on earth? *Science* 241: 1441–1449

May RM, Stumpf PH (2000) Species area relations in tropical forests. *Science* 290: 2084–2086

Merxmüller H (1952) Untersuchung zur Sippengliederung und Arealbildung in den Alpen (I). *Jahrbuch des Vereins zum Schutz der Alpenpflanzen und -Tiere* 17: 96–133

Merxmüller H (1953) Untersuchung zur Sippengliederung und Arealbildung in den Alpen (II). *Jahrbuch des Vereins zum Schutz der Alpenpflanzen und -Tiere* 18: 135–158

Merxmüller H (1954) Untersuchung zur Sippengliederung und Arealbildung in den Alpen (III). *Jahrbuch des Vereins zum Schutz der Alpenpflanzen und -Tiere* 19: 97–139

Meusel H, Jäger E, Weinert E (1965) Vergleichende Chronologie der zentraleuropäischen Flora. 1. Teil, Fischer, Jena.

Meusel H, Jäger E, Weinert E, Rauschert S (1978) Vergleichende Chronologie der zentraleuropäischen Flora. 2. Teil, Fischer, Jena.

Mooney HA, Cushman JH, Medina E, Sala OE, Schulze ED (1996) Functional roles of biodiversity. Wiley & Sons, Chichester u.a.

Müller-Hohenstein K (1981) Die Landschaftsgürtel der Erde. 2. Aufl., Teubner, Stuttgart.

Müller-Hohenstein K (1988) Zur Arealkunde der arabischen Halbinsel. *Die Erde* 119: 65–74

Müller-Schneider P (1977) Verbreitungsbiologie (Diasporologie) der Blütenpflanzen. 2. Aufl., *Veröff. Geobot. Inst. ETH, Stiftung Rübel, Zürich.*

Myers N, Mittermeier RA, Mittermeier CG, da Fonseca GAB, Kent J (2000) Biodiversity hotspots for conservation priorities. *Nature* 403: 853–858

Nepstad DC, Verissimo A, Alencart A, Nobre C, Lima E, Lefebre P, Schlesinger P, Potter C, Moutinho P, Mendoza E, Cochrane M, Brooks V (1999) Large-scale empoverishment of amazonian forests by logging and fire. *Nature* 398: 505–508

Pielou EC (1966) Species-diversity and pattern-diversity in the study of biological collections. *J. Theor. Biol.* 10: 370–383

Pimm SL (1993) Biodiversity and the balance of nature. In: Schulze ED, Mooney HA (Hrsg.) Biodiversity and ecosystem function. *Ecological Studies* 99. Springer, Berlin. 347–359

Pimm SL, Raven P (2000) Extinction by numbers. *Nature* 403: 843–845

Porembski S, Brown G, Barthlott W (1995) An inverted latitudinal gradient of plant diversity in shallow depressions on Ivorian inselbergs. *Vegetatio* 117: 151–163

Preston FW (1962) The canonical distribution of commoness and rarity. *Ecology* 43: 185–215, 410–432

Raunkiaer C (1907/1937) Planterigets livsformer og deres betydning for geografien. Kjobenhavn, Kristiania. (Engl. Übersetzung 1937 von H Gilbert-Carter: Plant life forms. Clarendon Press, Oxford)

Refisch (2001) Einfluss der Wilderei auf Affen und die sekundären Effekte auf die Vegetation im Tai-Nationalpark, Elfenbeinküste. Dissertation, Universität Bayreuth.

Reichelt G, Wilmanns O (1973) Vegetationsgeographie. Das geographische Seminar. Westermann, Braunschweig.

Rejmanek M (1996) Species richness and resistance to invasions. In: Orians GH, Dirzo R, Cushman JH (Hrsg.) Biodiversity and ecosystem processes in tropical forests. *Ecological Studies* 122. Springer, Berlin. 153–172

Remmert H (1998) Terrestrische Systeme. Spezielle Ökologie Bd 3. Springer, Berlin.

Richter M (1997) Allgemeine Pflanzengeographie. Teubner, Stuttgart.

Rosenzweig ML, Abramsky Z (1993) How are diversity and productivity related? In: Ricklefs RE, Schluter D (Hrsg.) Species diversity in ecological communities. University of Chicago Press, Chicago. 52–65

Ryser P (1993) Influences of neighbouring plants on seedling establishment in limestone grassland. *J. Veg. Sci.* 4: 195–202

Scherer M (1995) Einfluss indigener und marktorientierter Landnutzungssysteme auf die Vegetation in Südchile – Strukturvielfalt, Biodiversität und Diasporenbanken. Unveröff. Diplomarbeit, Universität Bayreuth.

Schläpfer F, Schmid B, Seidl I (1999) Expert estimates about effects of biodiversity on ecosystem processes and services. *Oikos* 84: 346–352

Schmid B (1996) Wieviel Natur brauchen wir? *GAIA* 5: 225–235

Schönfelder P, Bresinsky A (Hrsg) (1990) Verbreitungsatlas der Farn- und Blütenpflanzen Bayerns. Ulmer, Stuttgart.

Schröder FG (1998) Lehrbuch der Pflanzengeographie. Quelle und Meier, Wiesbaden.

Schulze ED (1982) Plant life forms related to plant carbon, water and nutrient relations. In: Lange OL, Nobel PS, Osmond CB, Ziegler H (Hrsg.) Encyclopedia of Plant physiology. *Physiological plant ecology.* 12B: Water relations and photosynthetic productivity. Springer, Berlin Heidelberg. 615–676

Schulze ED, Mooney HA (1993) Biodiversity and ecosystem function. *Ecological Studies* 99. Springer, Berlin.

Schulze ED, Bazzaz FA, Nadelhofer KJ, Koike T, Takatsuki S (1996) Biodiversity and ecosystem function of temperate deciduous broad-leaved forests. In: Mooney HA (Hrsg.) Functional roles of biodiversity: A global perspective. Wiley, Chichester.

Schupp EW (1993) Quanity, quality and the effectiveness of seed dispersal by animals. *Vegetatio* 107: 15–29

Shannon CE, Weaver W (1949) The mathematical theory of communication. University Illinois Press, Urbana.

Simberloff DS, Wilson EO (1969) Experimental zoogeography of islands: the colonisation of empty islands. *Ecology* 50: 278–298

Smith TM, Shugart HH, Woodward FI (1997) Plant functional types. Their relevance to ecosystem properties and global change. Cambridge University Press, Cambridge.

Strasburger E, Sitte P (1998) Lehrbuch der Botanik für Hochschulen. Fischer, Stuttgart u.a.

Takhtajan A (1986) Floristic regions of the world. Berkeley.

Thienemann A (1920) Biologische Seentypen. Arch. Hydrobiol.

Tilman D (1988) Plant strategies and the dynamic and structure of plant communities. Princeton University Press, Princeton.

Tilman D (1990) Constraints and tradeoffs: towards a predictive theory of competition and sucession. *Oikos* 58: 3–15

Tilman D, Downing JA (1994) Biodiversity and stability in grasslands. *Nature* 367: 363–365

Tilman D, Pacala S (1993) The maintainance of species richness in plant communities. In: Ricklefs RE, Schluter D (Hrsg.) Species diversity in ecological communities. University of Chicago Press, Chicago. 13–25

Tilman D, Knops J, Wedin D, Reich P, Ritchie M, Siemann E (1997) The influence of functional diversity and composition on ecosystem processes. *Science* 277: 1300–1302

Troll C, Paffen KH (1964) Karte der Jahreszeitklimate der Erde. *Erdkunde* 18: 5–28

Vitousek PM, Hooper DM (1993) Biological diversity and terrestrial ecosystem biogeochemistry. In: Schulze ED, Mooney HA (Hrsg.) Biodiversity and ecosystem function. *Ecological Studies* 99. Springer, Berlin. 3–14

Walker BH (1992) Biodiversity and ecological redundancy. *Conservation Biology* 6: 18–23

Walter H (1986) Allgemeine Geobotanik. Ulmer, Stuttgart.

Walter H, Straka H (1970) Arealkunde (Floristisch-historische Geobotanik). 2. Aufl., Ulmer, Stuttgart.

Whittaker RH (1962) Classification of natural communities. *Ber. Rev.* 28/1: 1–239

Whittaker RH (1972) Convergences of ordination and classification. In: Tüxen R (Hrsg.) Grundfragen und Methoden in der Pflanzensoziologie. Junk, Den Haag. 39–58

Whittaker RH (1977) Evolution of species diversity in land communities. *Evol. Biol.* 10: 1–67

Whittaker RJ, Jones SH (1994) Structure in rebuilding insular ecosystems: an empirically derived model. *Oikos* 69(3): 524–529

Williams P, Gaston KJ, Humphries CJ (1997) Mapping biodiversity value worldwide: Combining higher-taxon richness from different groups. *Proc. R. Soc. Lond.* 264: 141–148

Wissel C, Maier B (1992) A stochastic model for the species-area relationship. *J. Biogeogr.* 19: 355–362

Wissenschaftlicher Beirat der Bundesregierung Globale Umweltveränderungen (WBGU) (2000) Welt im Wandel: Erhaltung und nachhaltige Nutzung der Biosphäre. Springer, Berlin Heidelberg.

Woodward FI (1987) Climate and plant distribution. Cambridge University Press, Cambridge.

Wright DH (1989) A simple, stable model of mutualism handling time. *Am. Naturalist* 134: 664–667

4.3 Interaktionen zwischen Vegetation und ihrer abiotischen und biotischen Umwelt – Synökologie

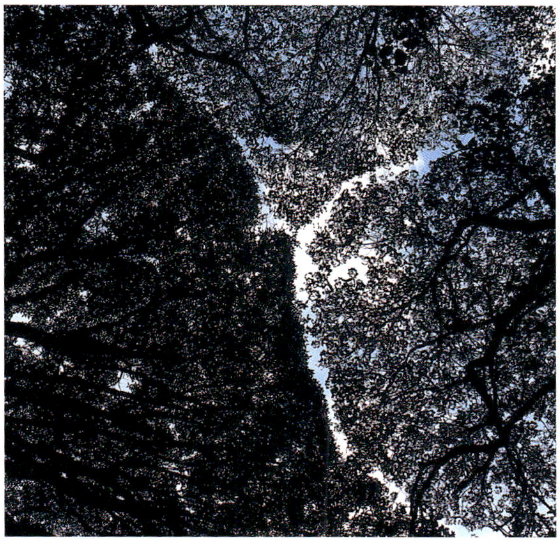

Konkurrenz oder Koexistenz? Blick in den nahezu komplett geschlossenen Kronenraum eines Bergregenwaldes am Kilimandjaro (c/o. Machame, 2400 m üNN). Foto K. Müller-Hohenstein.

In den vorangegangenen Kapiteln wurden Aspekte der Entwicklung von Pflanzen und Pflanzengemeinschaften im Laufe der Zeit und ihrer Ausbreitung im Raum behandelt. Grundkenntnisse hierüber sind unerlässlich, um das aktuelle Zusammenleben von Pflanzen und ihre räumliche Dynamik zu verstehen. Auch die wichtigsten Beziehungen zwischen Pflanzen und ihrer Umwelt sind, was die Ansprüche einzelner Arten und das Angebot an abiotischen Faktoren – Licht, Wärme, Wasser, Nährelemente – betrifft, gut untersucht (siehe Kapitel 2).

Pflanzen und Pflanzengemeinschaften wirken jedoch auch auf ihre Umwelt zurück, verändern die klimatischen Verhältnisse und die Böden und tragen somit ihrerseits zur zeitlichen Dynamik und zu räumlichen Veränderungen bei (siehe Kapitel 4.1). In welcher Art und Intensität dies geschieht, wird an wenigen Beispielen in Kapitel 4.3.1 erörtert.

Für die Ausbildung von Pflanzengemeinschaften sind schließlich die Wechselwirkungen zwischen Pflanzenarten, -populationen und -gemeinschaften ebenso wichtig wie die zwischen Pflanzen und ihrer abiotischen Umwelt. Ihre Einnischung in Lebensgemeinschaften (**Biozönosen**) wird durch **Konkurrenz** und **Koexistenz** maßgeblich mitbestimmt, mutualistische Beziehungen spielen ebenso eine Rolle wie Parasiten und Pathogene (Kapitel 4.3.2).

Pflanzengemeinschaften (**Phytozönosen**) sind nur Teile von Lebensgemeinschaften. Tiere beeinflussen ebenfalls das Zusammenleben von Organismen und wirken gestaltend auf die hier im Mittelpunkt stehenden Pflanzengemeinschaften, und zwar als Bestäuber und Ausbreiter (siehe Kapitel 4.2) wie auch als Samenprädatoren und Herbivore. Somit sind abschließend Grundlagen der **Biozö-**

notik, vor allem der **Interaktionen zwischen Pflanzen und Tieren** Gegenstand der Betrachtung (Kapitel 4.3.3).

Für den synökologischen Teil werden neben den bereits unter 4. genannten Titeln als vertiefende und weiterführende Literatur empfohlen: Pielou, E.C.: Population and Community Ecology. Principles and Methods. Gordon und Breach New York, 1974; Remmert, H.: Ökologie. 5.Aufl., Springer Berlin, 1992; Kratochwil, A. und Schwabe, A.: Ökologie der Lebensgemeinschaften. Ulmer Stuttgart, 2001; Tischler, W.: Einführung in die Ökologie. 4. Aufl., Gustav Fischer Stuttgart, 1993.

4.3.1 Einflüsse der Vegetation auf den Standort

In welch hohem Maße die Vegetation die aktuellen Standortbedingungen beeinflusst, wird deutlich, wenn sie gestört oder sogar gänzlich entfernt wird. Nach Lovelock (1989) würde es auf der Erde ohne Leben drastische Änderungen geben, insbesondere die Zusammensetzung einer sauerstofffreien Atmosphäre und die Oberflächentemperaturen mit um die 300 °C wären davon betroffen.

Das Pflanzenkleid beeinflusst nicht nur die gesamte Lebensgemeinschaft, sondern ebenso die abiotische Umwelt. Bereits kleinräumig verändern sich z. B. die **mikroklimatischen Bedingungen**. In mittleren Maßstäben zeugen verstärkte **Bodenerosion** und verändertes Abflussverhalten von der Bedeutung einer schützenden Vegetationsdecke (Abb. 4.3.1). Großräumig wird die Bedeutung der Vegetation für Klima, Böden und Wasserhaushalt im Rahmen der *„global change“*-Problematik diskutiert (siehe Kapitel 5).

Pflanzen und Pflanzengemeinschaften versuchen nicht nur, ihren Bedarf an Licht, Wasser und Nährstoffen aus dem Angebot ihres Standorts zu decken, sie wirken auch ihrerseits auf diesen Standort ein. Sie können dadurch die Standortbedingungen entweder für sich selbst günstiger gestalten – etwa durch eine im Laufe der Zeit bessere Wasserversorgung aufgrund erhöhter Speicherfähigkeit der humusreicheren Böden – oder ungünstiger, weil sie Standortbedingungen für Arten schaffen, durch die sie selbst verdrängt werden (vgl. das *„facilitation“*-Modell nach Connell und Slatyer 1977, siehe Kapitel 4.1.5.3.5). Anspruchslose Pioniere (z. B. Flechten auf blankem Fels) müssen anspruchsvolleren Arten (z. B. Moosen und Blütenpflanzen auf durch **biogene Verwitterung** bereiteten Substraten) weichen.

Abb. 4.3.1: Nach fortgeschrittener Vegetationsdegradierung in unteren Hanglagen des Mittleren Atlas (Marokko) aus tertiären Sedimenten wird sichtbar, in wie starkem Maße die Vegetation Einfluss auf den Standort nimmt. Die Wurzeln der wenigen erhaltenen Büsche (Quercus rotundifolia, Pistacia lentiscus) schützen den Boden ihres Wuchsortes vor der Abtragung. Es scheint, als wüchsen die Pflanzen auf einem Podest. Foto K. Müller-Hohenstein.

In diesem Zusammenhang unterscheiden Wilson und Agnew (1992) verschiedene *„feedback-switches“*, quasi Schaltungen, welche durch die Vegetation im Hinblick auf standörtliche Veränderungen ausgelöst werden. So kann eine Pflanzengemeinschaft nicht nur ihren eigenen Standort verändern, sondern oft auch noch zusätzlich Standorte benachbarter Pflanzengemeinschaften (z. B. durch Schattenfall, Windschutz). In jedem dieser Fälle müssen solche Einwirkungen als dynamische Prozesse gesehen werden. Sie betreffen im Wesentlichen die klimatischen und edaphischen Verhältnisse, jedoch auch Aspekte der Reliefbildung und des Wasser-und Nährstoffhaushalts auf mehreren räumlichen und zeitlichen Maßstabsebenen. Im Folgenden werden diese Zusammenhänge an Beispielen auf Bestandesebene erläutert.

4.3.1.1 Einwirkungen der Vegetation auf die klimatischen Standortverhältnisse

Die klimatischen Standortverhältnisse umfassen in Bezug auf die Vegetation das **Bestandesklima** (auch **Ökoklima**) und damit den von der Vegetation besetzten und unmittelbar beeinflussten Raum (siehe Kapitel 2.1). Dieser kann im Fall von Wäldern über den im engeren Sinne mikroklimatischen Bereich (zwischen Erdoberfläche und 2 m Höhe) hinausgehen. In diesem bestandsklimatischen Raum müssen – um die Zusammenhänge zwischen Vegetation und Klima zu erkennen – sowohl horizontale als auch vertikale Muster und Gradienten klimatischer Parameter erhoben werden. In welch hohem Maße sich vor allem an Übergängen zwischen verschiedenen Beständen und in Abhängigkeit von der Exposition Unterschiede ergeben, zeigt Abbildung 4.3.2 (nach Stoutjesdijk und Barkman 1992). Die zur Mittagszeit an einem klaren Märztag in einem Waldgrenzbereich in den Niederlanden gemessenen Oberflächentemperaturen entsprechen in ihren Extremen auf wenigen Metern Entfernung den Verhältnissen borealer Wälder (Nordseite) und gemäßigten Wüstenbedingungen (Südseite). Diese Unterschiede gelten allerdings nur für Strahlungswetterlagen und verschwinden bei bedecktem Himmel vollkommen. Schon daraus wird sichtbar, dass zur Charakterisierung des Bestandsklimas neben der räumlichen Differenzierung in besonderem Maße auch der zeitliche Gang der klimatischen Variablen wichtig ist.

Für das Bestandesklima sind die **Albedowerte** von Pflanzenbeständen (siehe Kapitel 2.1) ebenso bedeutend wie die Schichtung der Bestände, die Art der Verzweigung von Bäumen und Sträuchern, sowie die Dichte und Stellung der Blätter. Diese strukturellen Merkmale von Pflanzengemeinschaften bestimmen letztlich, welche Lichtmengen welche assimilierenden Organe der pflanzlichen Individuen erreichen. Dabei kann einerseits ein dichtes Kronendach zur Ausdunkelung lichtbedürftiger Arten führen, andererseits werden Bäume als Schattenspender benötigt. Die altweltlichen Oasenkulturen mit ihrem mehrstöckigen Aufbau annueller und ausdauernder Kulturen – Getreide und Gemüse, Früchte tragende Sträucher und kleine Bäume, geschlossener Palmenbestand – wären ohne die beschattende Dattelpalme unter den strahlungsreichen und lufttrockenen Bedingungen der ariden Gebiete nicht denkbar.

In niedrigen, einschichtigen Beständen, z. B. in Flechtengemeinschaften und auf Moosteppichen, können tagsüber höhere Temperaturen erreicht werden als auf benachbarten offenen Standorten. Aufgrund hoher nächtlicher Ausstrahlung sinken nachts die Temperaturen jedoch stärker ab als in mehrschichtigen Beständen. In Letzteren ist häufig eine **Temperaturschichtung** zu beobachten (siehe Kapitel 2.1). Ein erstes Maximum, höher als die Freilandtemperaturen, wird bei insgesamt höherer Tagestemperaturamplitude im Kronenraum erreicht, ein zweites vor allem in lichteren Beständen am Boden. Im dazwischen liegenden Stammraum herrschen ausgeglichenere Temperaturverhältnisse. Am Boden können die Temperaturen jedoch durch die Beschaffenheit der Streu weiter differenziert werden. Nach Stoutjesdijk und Barkman (1992) wurden in einer klaren Winternacht unter Douglasien –4 °C gemessen, unter Waldkiefern –9 °C, unter

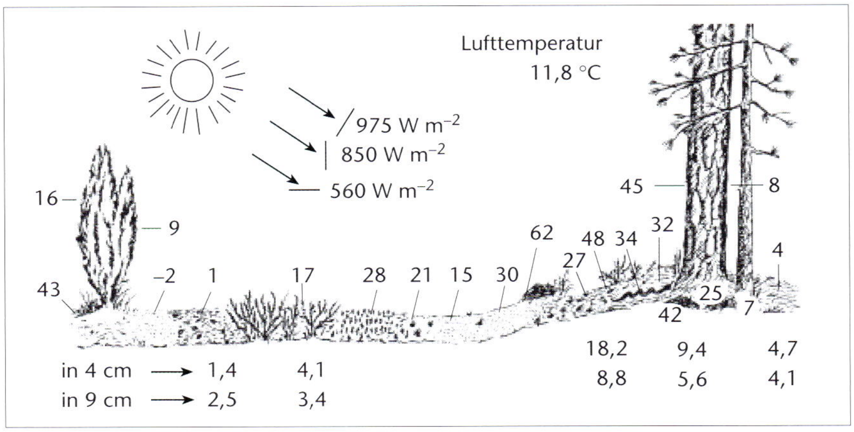

Abb. 4.3.2: Oberflächentemperaturen entlang eines Transekts zwischen Waldrand und einer Wacholderheide in den Niederlanden (Bodentemperaturen wurden bei 4 und 9 cm Bodentiefe gemessen, die Lufttemperatur bei 1 m Höhe betrug 11,8 Grad C, die Einstrahlung auf unterschiedlich geneigten Flächen betrug 560, 850 bzw. 975 Watt pro Quadratmeter) (nach Stoutjesdijk 1977 aus Stoutjesdijk und Barkman 1992).

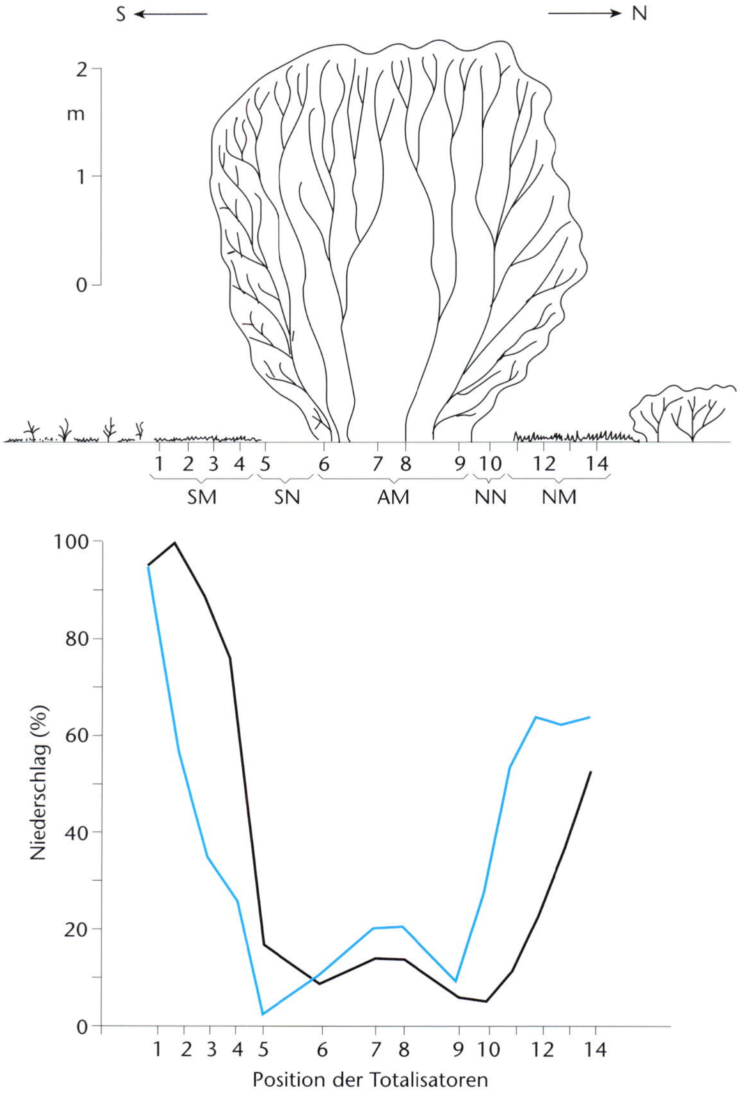

Abb. 4.3.3: Niederschlagsverteilung auf einem Transekt durch einen Wacholderstrauch, gemessen mit 14 Totalisatoren bei Nordwind (schwarze Kurve) und Südwind (blaue Kurve). Der max. Niederschlag wurde 100 % gesetzt. SM = Süden, moosreich; SN = Süden, nadelstreureich; AM = ohne Moose; NN = Norden, nadelstreureich; NM = Norden, moosreich (nach Stoutjesdijk und Barkman 1992).

Lärchen und Eichen bis zu –14 °C. In naturnahen, artenreichen Wäldern können sich dementsprechend auf kleinstem Raum erhebliche Unterschiede ergeben. Für die Entwicklung der Frühlingsgeophyten sind günstige Licht- und Temperaturverhältnisse in Laub werfenden Wäldern in den Frühjahrsmonaten wichtig, wobei die Bedingungen unter Eichen günstiger sind als unter Buchen und Hainbuchen.

Die Vegetation beeinflusst auch die kleinräumige Verteilung der Niederschläge (siehe Kapitel 2.2). Für einen isoliert in Zwergstrauch- und Rasengesellschaften stehenden Wacholderbusch mit dichter Benadlung auf der Südseite wurde dies bei verschiedenen Windeinflüssen von Barkman et al. 1977 (in Stoutjesdijk und Barkman 1992) gemessen (Abb. 4.3.3). Von herausragender Bedeutung ist insbesondere in mehrschichtigen Beständen die **Interzeption**. Der Weg eines Regentropfens wird vor allem durch strukturelle Merkmale der Pflanzendecke bestimmt. Manche Baumarten sind in der Lage, aufgrund der Gestalt ihrer Blätter bzw. Nadeln Niederschlag auszukämmen (*Pinus patula, P. canariense*). Abflussbahnen an Ästen und Stämmen bis hin zur Verteilung am Stammfuß spielen darüber hinaus eine Rolle. Insgesamt sind die gemessenen Interzeptionswerte bei Nadelhölzern etwa doppelt so hoch wie bei Laubhölzern, hängen jedoch auch

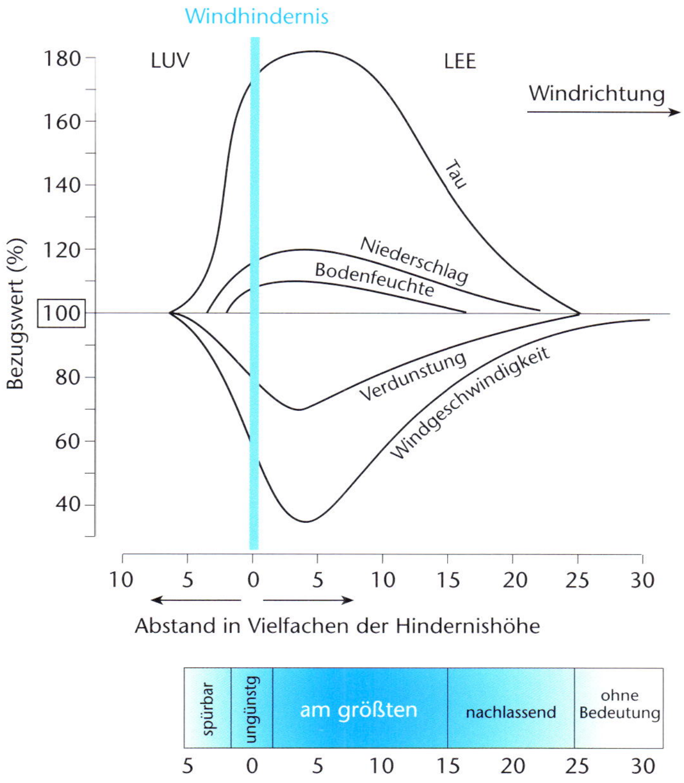

Abb. 4.3.4: Einfluss einer Windschutzanlage auf das Mikroklima (nach Reichelt und Wilmanns 1973).

von Ergiebigkeit und Intensität der Niederschlagsereignisse ab. Schließlich sind Bestandeslücken, Entwicklung der Belaubung (Sommer bzw. Winter) und Schichtung der Bestände für die tatsächlich auf den Boden gelangenden Wassermengen von Bedeutung. Darüberhinaus sind die Werte der relativen Luftfeuchte im Bestandesinneren im Vergleich zu freien Flächen höher und ausgeglichener.

Verschiedene Formen der **Windschur** zeigen besonders eindrucksvoll den Einfluss des Windes auf die Vegetation. Hieraus lässt sich schließen, dass Pflanzenbestände auch eine den Wind abschwächende Wirkung haben können, was für Hecken und **Windschutzpflanzungen** häufig belegt wurde (Abb. 4.3.4). Im Detail ergeben sich in Abhängigkeit von Höhe, Breite und Durchlässigkeit der Vegetation, die den Wind behindert, und der sich dadurch entwickelnden Turbulenzen wiederum starke kleinräumige Differenzierungen. Dementsprechend sind auch die durch Luftströmungen transportierten und von der Vegetation geleiteten und absorbierten atmosphärischen Einträge zu bewerten.

Strandparallele **Dünenzüge** kennzeichnen weltweit die Ausgleichsküstengebiete. Die Abfolge verschiedener standörtlicher Bereiche vom Strand in das Hinterland zeigt Abb. 4.3.5. Ein wichtiger, diese Abfolge prägender Einfluss geht von Pflanzen aus, die in der Lage sind, den mobilen, vom **Wind** transportierten Sand zu festigen. Gleichzeitig widerstehen sie den mechanischen Einflüssen des Windes und ertragen auch das von ihm herangeführte Salz. Auf Salz ertragende Meersenfgesellschaften folgen landeinwärts Dünenquecken- und Strandhafergesellschaften. Der Strandhafer (*Ammophila arenaria*) als wichtigste Primärdünenart ist nicht nur zur Sandfestlegung befähigt, sondern erträgt auch das Übersanden, da er Rhizomstockwerke bilden und meterhohe **Primärdünen** (**Weißdünen**) aufbauen kann. Unterbleibt die Übersandung, so entwickeln sich nach allmählicher Humusanreicherung aus verrottendem Pflanzenmaterial **Sekundär**- und **Tertiärdünen** (**Grau**- und **Braundünen**), die an zunehmend geschlossenen Dünenrasen und Strauchgesellschaften zu erkennen sind. Ohne die auf so besondere Weise angepassten Pflanzenarten wäre diese Reliefbildung

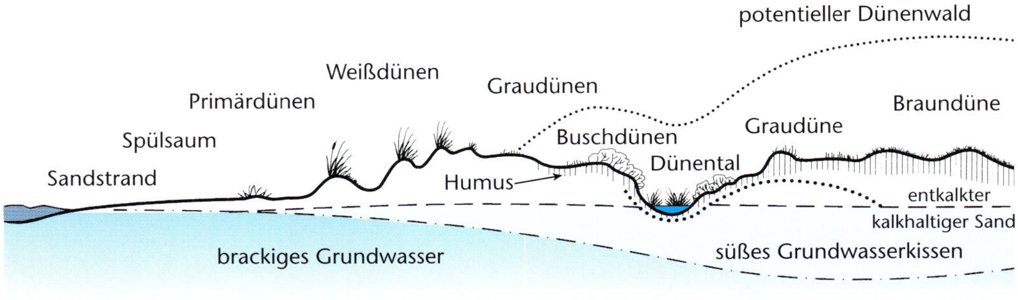

Abb. 4.3.5: Abfolge der Standorte an einer Ausgleichsküste mit Dünenbildung (nach Ellenberg 1996).

und -zonierung nicht denkbar. Gegenwärtig werden durch touristische Aktivitäten gestörte Dünenkomplexe mit Erfolg durch Bepflanzungen mit der salztoleranten Dünenquecke (*Agropyron junceum*) und dem verschüttungsfesten Strandhafer (*Ammophila arenaria*) geschützt.

Auch bei der Bildung von Binnendünen spielen Pflanzen oft eine auslösende Rolle. Long (1954) hat die Genese der **Nebket** (arabische Bezeichnung für Dünenfelder) in Nordafrika auf einzelne, besonders widerstandsfähige Zwergsträucher zurückgeführt. Im Luv und Lee dieser Sträucher wird vom Wind herantransportierter Sand abgelagert. Die Sandansammlungen verbessern im Laufe der Zeit die Nährstoff- und Wasserversorgung des „Initialstrauchs“, der nun üppiger wachsen und auch anderen Pflanzen (und schließlich auch Tieren) Lebensmöglichkeiten bieten kann. So entstehen besonders in Wüstenrandbereichen inselartig Dünenfelder mit erstaunlich artenreichen Lebensgemeinschaften in einer ansonsten lebensfeindlichen Umgebung.

Es zeigt sich somit, dass die Vegetation mit ihrer floristischen Zusammensetzung, vor allem aber ihren strukturellen Merkmalen, wesentliche bestandesklimatische Variable beeinflussen kann. Viele kleinräumige Vegetationsmuster können nur verstanden werden, wenn der differenzierende Einfluss der Vegetation auf die klimatischen Variablen bekannt ist.

4.3.1.2 Die Einflüsse der Vegetation auf die Verwitterung und Reliefbildung

Wenn auch klimatische und tektonische Faktoren weitaus wichtiger für geomorphologische Prozesse sind, so sind doch die Einflüsse von Organismen auf die Reliefbildung und damit auf die Veränderung der Standortbedingungen nicht zu übersehen. Viles (1988) unterscheidet in seiner Biogeomorphologie aktive und passive Beziehungen zwischen Organismen und ihrem reliefbedingten Standort. Zu Ersteren gehören die biogene Verwitterung, die Bildung **biogener Sedimente** (z. B. Kalksinter), die **Bioturbation** und auch die **Bioerosion** (z. B. durch weidendes Vieh). Passive Beziehungen, wie etwa Zusammenhänge durch die bloße Anwesenheit von Vegetation, werden bei der Dünenbildung (Primärdünen, Nebket, siehe Kapitel 4.3.1.1) oder auch der Akkumulation organischen Materials (z. B. in Mooren oder als Folge der Ausbildung von Dammflüssen) erkennbar. An ausgewählten Beispielen werden einige dieser Beziehungen erläutert (siehe auch Kapitel 2.3).

Verwitterung und **Krustenbildung** wurden im Allgemeinen als exogene, klimatisch und physikalisch-chemisch gesteuerte Prozesse gedeutet. Heute misst man der Rolle von Organismen bei der Verwitterung in allen Klimazonen der Erde große Bedeutung zu. Schon an der Bildung von **Wüstenlack** – Überzügen aus Eisen- und Manganverbindungen – in ariden Räumen sind Cyanobakterien beteiligt, die sich mit der schützenden Kruste ihren eigenen Lebensraum sichern. Unter humiden Bedingungen lösen Flechten, Blaualgen und Pilze durch ihre Stoffwechselvorgänge und die damit verbundene Abgabe von Säuren und chelatisierenden Verbindungen manche Gesteinsbestandteile völlig (Kalke), oder sie lockern durch selektives Lösen den Mineralbestand. Insbesondere die Flechten beeinflussen die Verwitterung durch endolithische (Chasmo-, Eu- und Cryptoendolithen) und epilithische Lebensweise unter allen klimatischen Bedingungen (Belnap und Lange 2001). Während aber unter humiden Bedingungen durch Flechtenbesatz verkrustete Gesteinsoberflächen eher konserviert werden, wirken Flechten in ariden Gebieten eher tiefgreifend zerstörend. Danin (1986) erkennt bei den im Negev beobachteten Verwitterungsformen ein dynamisches Gleichgewicht zwischen Oberflächenzerstörung einerseits und Verkrustung andererseits. Spezielle Ausbildungen von Krusten und Lösungsformen, die auf unterschiedliche Feuchtigkeitsverhältnisse zurückgeführt werden, erlauben auch Rückschlüsse auf paläoklimatische Verhältnisse.

Auf die **Bioturbation**, ihre verschiedenen Formen und Konsequenzen für den Standort (z. B. mit Regenwürmern in unserem Lebensraum, mit bodenlebenden Kleinsäugern in allen tropischen Hochgebirgen) soll hier nur hingewiesen werden, ebenso auf die **Bioerosion**, deren oft katastrophale Folgen in überweideten Gebirgsräumen zu beobachten ist (s. Abb. 4.1.30 D, Kap. 4.1). Als Beispiel für die eher passive Rolle, die Vegetation im Zusammenhang mit reliefbildenden Prozessen spielt, soll noch die submers lebende makrophytische Vegetation von Gewässern herausgegriffen werden. **Flussbett**- und **Flussauendynamik** kann in erheblichem Maße durch die Vegetation gesteuert werden. Pflanzen, welche die Uferbereiche besiedeln oder auch submers im Wasser leben, beeinflussen auf vielfältige Weise die Strömungsverhältnisse und damit auch Erosion, Umlagerung und Akkumulation von im Fluss transportiertem Material. In nicht kanalisierten Flüssen, in Europa z. B. am Unterlauf der Loire, kann so die Ausbildung von mit Glanzgras (*Phalaris canariensis*) besetzten Inseln im Flussbett beobachtet werden. Die heute stark gefährdete deutsche Tamariske (*Myricaria germanica*) hält in den Flüssen des Voralpenlandes nicht nur der mechanischen Belastung von Hochwässern stand, sondern trägt erheblich zur Stabilisierung der Uferbereiche bei.

Auch in anderen Klimazonen gibt es typische derartige Einflüsse der Vegetation auf die Gestaltung der Ufer- und Auenbereiche. So sind z. B. in den Tieflandstropen Dammflüsse das Ergebnis der als Sediment- und Schwebfänger wirkenden ufernahen Vegetation, welche eine Verlangsamung der Strömung bewirkt und damit Erosionsschutz gewähren kann. In naturnahen Flussauen sind häufig kleinräumige Mosaike unterschiedlichster Pflanzengesellschaften entwickelt, die Abhängigkeiten von der Wasserversorgung und der mechanischen Belastung durch Wasser ebenso erkennen lassen wie die modifizierenden Einflüsse durch die Pflanzen selbst. Verständlich ist ein solches Mosaik jedoch nur, wenn die Wechselwirkungen zwischen Vegetation und Standort Berücksichtigung finden (siehe auch Abb. 4.1.38, Kap. 4.1).

4.3.1.3 Einflüsse der Vegetation auf die Böden

Einflüsse der Vegetation auf die Fruchtbarkeit und den Wasserhaushalt von Böden hält Van Breemen (1991) für herausragende biotisch-abiotische Zusammenhänge in Ökosystemen. Schon im Rahmen der Behandlung der primären Sukzessionen wurde erörtert, wie sehr die frühen pflanzlichen Pioniere durch erste **organische Streu** zur Bodenbildung beitragen und anspruchsvolleren Pflanzen die Standortbedingungen bereiten (siehe auch Kapitel 2.3). Unter den höheren Pflanzen fällt hierbei den **Stickstoff** anreichernden **Leguminosen** eine besondere Rolle zu. Aber auch in späteren Entwicklungsstadien sind die Qualität und Menge der organischen Streu für pedogenetische Prozesse und Bodeneigenschaften wichtig. Durch diese Streu werden die C/N-Verhältnisse der Böden ebenso bestimmt wie eine mögliche Bodenversauerung eingeleitet oder verstärkt. Nicht nur der Gehalt an bestimmten Nährstoffen, sondern vor allem ihre Verfügbarkeit ist eng an das organische Material im Boden geknüpft. Allerdings können auch **Allelochemikalien** und schwer abbaubare organische Substanzen den Boden als Standort für manche Pflanzenarten ungeeignet machen.

Die Vegetation wirkt nicht nur auf den Chemismus, sondern auch auf physikalische Eigenschaften der Böden. Je nach Durchwurzelungssystemen der hier stockenden Pflanzenarten und auch in Abhängigkeit von der Art der Streu bilden sich Bodenstrukturen aus, welche ihrerseits eine erwünschte Bodendurchlüftung ermöglichen und letztlich auch dazu beitragen, dass aus einem abiotischen Substrat ein Lebensraum für eine ungemein artenreiche Bodenlebewelt wird. Hier bestehen besonders enge und komplexe abiotisch-biotische Wechselbeziehungen unter den Organismen, hier sind auf engstem Raum alle trophischen Stufen vertreten. Die Bodenlebewelt (**Edaphon**) kann dabei von der mikrobiellen Ebene bis zu der der Wirbeltiere reichen.

Die durch die Vegetation bedingten strukturellen Eigenschaften der Böden und der Gehalt an

Kasten 4.3.1 Wechselbeziehungen zwischen Pflanzen und ihrem Standort

Pflanzen und Pflanzengemeinschaften stellen nicht nur Ansprüche an die standörtlichen Bedingungen, sondern verändern diese auch. Durch ein qualitativ wie auch quantitativ verändertes Nährstoffangebot und modifizierte meso- und mikroklimatische Bedingungen schaffen sie sich möglicherweise günstigere Lebensbedingungen, schränken diese aber auch gegebenenfalls ein und erlauben Arten Fuß zu fassen, die bisher keine ausreichenden Existenzgrundlagen fanden.

Von besonderer Bedeutung ist das Bestandesklima (Ökoklima). In strukturreichen Pflanzengemeinschaften, z. B. in Wäldern, können Kronenraum-, Stammraum- und das Klima der bodennahen Bereiche unterschieden werden. Auch die Niederschlagsverhältnisse werden durch Oberflächenrauhigkeit und Interzeption gegenüber dem Freiland modifiziert. Schließlich können einerseits die Einflüsse von Winden abgeschwächt werden, andererseits schafft der Wind mit Hilfe angepasster Pflanzenarten kleinräumige Vegetationsmuster, die z. B. in Dünenkomplexen sichtbar werden. Auch die standörtliche Dynamik in Flussauen und im Flussbett selbst wird nicht nur vom Abflussverhalten, sondern auch von Pflanzen mitgesteuert. Pflanzen tragen zur biogenen Verwitterung und Aufbereitung von Gesteinsmaterial für die Bodenbildung bei und sind an der Bildung von oberflächennahen Krusten vor allem in Trockengebieten beteiligt. Manche Pflanzenarten können darüberhinaus durch schwer abbaubare organische Substanzen und Allelochemikalien die edaphischen Standortbedingungen ebenso beeinflussen wie andere durch ihre Fähigkeit, Stickstoff im Boden anzureichern.

organischer Substanz sind schließlich auch aufs Engste mit dem Bodenwasserhaushalt verbunden. Eine dichte Pflanzendecke schützt nicht nur vor Erosion, sondern kann auch die Wasserretention erhöhen. Sie trägt zu ausgeglichenerem Abflussverhalten bei und kann – großräumig gesehen – Hochwasseranomalien begrenzen.

Schließlich kann die Vegetation auch den **Eintrag von N** und weiterer Nährelemente (oder auch Schadstoffe) beeinflussen. Rode et al. (1996) zeigen, wie unterschiedlich diese Einträge in Norddeutschland in Abhängigkeit von den vertretenen Baum- und Straucharten sind. Besonders hoch sind die Einträge in Birken-Kiefern-Wäldern, was vor allem auf die Rauhigkeit dieser Bestände und die benadelten Kiefern im Winterhalbjahr zurückzuführen ist. Die Interzeptionswerte liegen um ein Drei- bis Zehnfaches höher als bei Eichen- und Buchenbeständen. Dass auch einzelne Baumarten und -individuen kleinräumig die chemischen Eigenschaften der Böden differenzieren können, zeigen Koch und Matzner (1993) am Beispiel der Rotbuche (*Fagus sylvatica*). So nahm der Gehalt an austauschbaren Nährelementen (K, Mg, Ca, Al) im Oberboden ebenso wie der Boden-pH mit wachsender Entfernung von der Stammbasis signifikant ab. Detaillierte Ausführungen zu den hier nur an wenigen Beispielen skizzierten Einwirkungen der Vegetation auf die Böden finden sich in Kapitel 2.3.

4.3.2 Wechselbeziehungen zwischen Pflanzen und Tieren

Synökologie ist vor allem die Lehre von den Beziehungen zwischen verschiedenartigen Organismen und ihrer Umwelt. Es geht also auch um die Interaktionen zwischen Pflanzen und Tieren. Für Tischler (1993) ist Synökologie die Ökologie der Lebensgemeinschaften, der **Biozönosen**. Schon 1943 erkannte Kühnelt, dass die Zusammensetzung der **Organismengemeinschaft** der beste Ausdruck der Summe der in den jeweiligen Lebensräumen herrschenden Lebensbedingungen ist. Lange Zeit wurden die abiotischen Standortverhältnisse und die Konkurrenz zwischen Pflanzen als entscheidend für ihre Verbreitung und Abundanz angesehen. Der Einfluss der Tiere – Bestäubung, Ausbreitung, Herbivorie – galt als in Grundzügen bekannt und wurde nicht weiter problematisiert. Erst im Rahmen der Ökosystemkunde (siehe Kapitel 3) erkannte man zunehmend die weit reichenden und komplizierten Beziehungen zwischen Pflanzen und Tieren und ihre Bedeutung für ökosystemare Zusammenhänge.

Heute geht es insbesondere um kausal-analytische und funktionale Ansätze, mit deren Hilfe man versucht, allgemein gültige Regeln von Beziehungen zwischen Pflanzen und Tieren zu erkennen. Gefragt wird nach der Bedeutung eines Organismus für das Funktionieren einer Lebensgemeinschaft. Pflanzen werden nicht nur durch Wettbewerb reguliert, Herbivore nicht nur durch ihre natürlichen

Feinde. Bestimmte Stresssymptome in einer Lebensgemeinschaft lassen sich auf ganz unterschiedliche Ursachen zurückführen, z. B. auf Konkurrenz, auf Nährstoffmangel, aber auch auf Herbivorie. Was würde aus den Beständen der Arven in den Zentralalpen werden, wenn der Tannenhäher, der für die Ausbreitung ihrer Samen sorgt, aus diesem System verschwände? Oder was geschähe mit dem Tannenhäher, wenn ihm in seinen Brutgebieten die Arvensamen nicht mehr zur Verfügung stünden? Welche veränderte Dynamik müsste man in dieser Lebensgemeinschaft erwarten? Antworten auf solche Fragen sind nicht nur von ökologischem Interesse, sondern besitzen gegenwärtig auch besonders aktuellen Praxisbezug.

Ökologen aus der Botanik und aus der Zoologie sollten nach Möglichkeit vergleichbar arbeiten, doch wird dies dadurch erschwert, dass sich **Tiergemeinschaften** und **Pflanzengesellschaften** aus mehreren Gründen unterscheiden. Tiergemeinschaften sind artenreicher; die komplette Erfassung dieser Vielfalt kann nur zeitlich sehr aufwendig und mit Hilfe zahlreicher Spezialisten erfolgen. Tiere nutzen räumlich und zeitlich unterschiedliche Ressourcen, was ihnen ihre Fähigkeit zur Ortsveränderung erlaubt. Konsumenten höherer Ordnung sind deshalb allenfalls indirekt an Pflanzen als Ressourcen gebunden. Tiere sind unterschiedlich mobil mit verschiedener Reichweite ihrer Aktionsradien. Das erschwert das Erkennen von Tiergemeinschaften ebenso wie z. B. saisonale Wanderungen, die viele Tierarten aufgrund ihrer ontogenetischen Entwicklung mit dem Bedürfnis nach wechselnden abiotischen wie biotischen Rahmenbedingungen unternehmen.

Deshalb werden von Tierökologen nur Teile der **Zoozönose** erfasst, wobei man sich auf Gruppen (**Gilden**, **taxonomische Einheiten**, **Lebensformen**) stützt, die relativ leicht zu bearbeiten sind und denen man einen hohen Indikatorwert für

Abb. 4.3.6: *Die drei abgebildeten Beispiele zeigen, wie vielfältig die Beziehungen zwischen Pflanzen und Tieren in allen Lebensräumen sein können.* Drosophyllum lusitanicum *ist ein mediterraner Sonnentau, der Insekten „fängt" und hieraus zusätzliche Nahrung bezieht (A). Auf einer in feuchttropischen Bergwäldern Ecuadors wachsenden Solanaceae haben Buckelzikaden einen „Treffpunkt" für die Partnersuche (B). „Termitensavannen" sind ein verbreiteter Vegetationstyp im wechselfeuchten tropischen Afrika (C). Fotos K. Müller-Hohenstein.*

Abb. 4.3.7: Populationszyklen von Kanadaluchs und Schneeschuhhase (nach Holtmeier 1999).

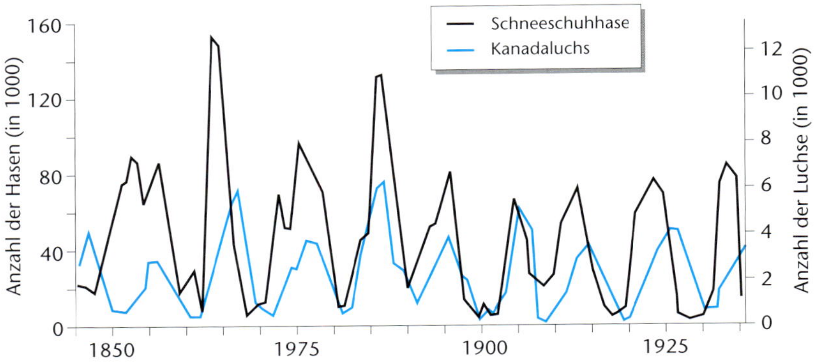

ihren Lebensraum zumisst. Als Raster für zoozönologische Untersuchungen werden vor allem die leichter, nach bewährten Verfahren (floristisch-soziologisch, physiognomisch-formationskundlich) zu erarbeitenden **Phytozönosen** oder Phytozönosenkomplexe gewählt. Die Biozönologie bemüht sich hier um methodisch weiterführende Ansätze (Kratochwil und Schwabe 2001).

Die Erforschung von Pflanze-Tier-Beziehungen erfolgte zunächst auf der Ebene einzelner Organismen. Hier stieß man ebenso auf **mutualistische Beziehungen**, von denen beide Partner profitieren (z. B. Blütenbesuch zur Bestäubung und zur Nektarsuche), wie auf **parasitische Beziehungen** z. B. bei **Herbivorie** oder **Carnivorie**. Unterschieden werden Formen des **Neutralismus** (z. B. zufälliger Blütenbesuch), bei denen kein Partner Fitnesseinbußen erleidet, des **Amensalismus** (z. B. Blütenbesuch zum Samenraub), wo ein Partner leidet, und des **Kommensalismus** (z. B. Blütenbesuch als Rendezvousplatz), bei dem ein Partner Vorteile genießt, ohne dass dies den anderen beeinträchtigt. In den Abb. 4.3.6 A-C werden drei Beispiele für die vielfältigen Beziehungen zwischen Pflanzen und Tieren gezeigt.

Im Folgenden sind einige wesentliche Beziehungen von Pflanzen und Tieren auf der Ebene von Arten angeführt. Von den wichtigen Themen der Pflanze-Tier-Interaktionen werden sodann Aspekte der Blütenbiologie (**Pollination**) und der **Herbivorie** behandelt (zur Ausbreitung von Diasporen durch Tiere vgl. Kapitel 4.2.1.1). Abgeschlossen wird dieses Kapitel durch Grundlagen des jungen Wissenschaftszweiges der Biozönologie. Deren bisherige Ergebnisse, insbesondere in der biozönotischen Konnexforschung, haben gezeigt, dass sie besonders geeignet ist, komplexe Zusammenhänge im Rahmen der Ökosystemforschung aufzudecken.

4.3.2.1 Beziehungen zwischen Pflanzen und Tieren auf Organismenebene

Der Einfluss der Vegetation auf die Tiere

Seit langem sind viele Funktionen einzelner Pflanzen (und auch von Pflanzengemeinschaften) für Tiere bekannt. Sie lassen sich im Wesentlichen drei verschiedenen Bereichen zuordnen:

- dem Angebot an **Nahrung** (Blattmasse, Früchte, Holz, Nektar, Pollen etc.);
- dem Angebot an **Struktur** (waagerechte Äste, geschlossene Krone, Totholz etc.);
- dem Angebot an **Information** (Partner-, Nahrungs- und Schutzsuche etc.).

Angebot an Nahrung

Die Nahrungsbeziehungen sind besonders zu beachten. Dabei geht es nicht nur um die unmittelbaren Folgen des Fressens und Gefressenwerdens, sondern auch um mittelbare und vielfältige Rückkopplungen. Das spezielle Nahrungsangebot kann zu bestimmten Ausbreitungsmustern und zum Sukzessionsgeschehen beitragen, die Regeneration von Pflanzen und die Diversität von Pflanzen- und Tiergemeinschaften sind betroffen. Am Beispiel der Interaktionen zwischen dem Schneeschuhhasen und dem Kanadaluchs soll jedoch schon hier gezeigt werden, dass der lange Zeit diskutierten Prädationshypothese eine Nahrungsmangelhypothese gegenübergestellt werden muss. Damit erhält eine zunächst übersehene Pflanze-Tier-Interaktion eine mitentscheidende Rolle für das Verständnis dieses ursprünglich als klassische Räuber-Beute-Beziehung angesehenen Zusammenhangs.

Die **Prädationshypothese** besagt, dass sich die Hasenpopulation bei geringem Räuberdruck vergrößern kann (Abb. 4.3.7). Sodann wird aufgrund der günstigen Beutebedingungen die Zahl der Luchse ansteigen, die Hasenzahl verringert sich durch Prädation dementsprechend, die Luchspopulationen brechen wegen des nun nicht ausreichenden Nahrungsangebots zusammen, und die Hasenpopulation kann sich wieder erholen. Dasselbe Geschehen wird mit der **Nahrungsmangelhypothese** anders erklärt. Aufgrund der großen Hasenpopulation und des entsprechenden Weidedrucks nehmen Menge und Nährstoffgehalt der Futterpflanzen ab (Holtmeier 1999). Sie enthalten in ihren Ersatztrieben darüber hinaus nunmehr toxische Substanzen und Harze, um sich vor weiterem Verbiss zu schützen. Die Zahl der Hasen nimmt ab, weil sie verhungern; ebenso nehmen dementsprechend die Luchszahlen ab. Dieses Beispiel zeigt, dass Beziehungen zwischen Pflanzen und Tieren höchst komplex sein können und in vielen Fällen möglicherweise noch nicht ganz verstanden sind.

Abb. 4.3.8: Schema eines Auerhuhnbiotops:
1: Buchenknospen als Frühjahrsnahrung für Hennen
2: Geschützter Brutplatz
3: Balzplatz (Baumbalz)
4: Grittaufnahme an Wurzeltellern umgestürzter Bäume
5: Hohe und vitale Heidelbeere
6: Totholz für xylobiontische Insekten
7: Ameisenhaufen
8: Balzplatz (Bodenbalz)
9: Kiefernnadeln als Winternahrung
10: Huderplatz
11: Geschützter Schlafplatz
(nach Von Hessberg 1998).

Angebot an Struktur

Außer bei monophagen Arten kommt es bei Tieren nicht so sehr auf die verfügbare Pflanzenart, sondern vielmehr auf Pflanzen- und Vegetationsstrukturen an. Pflanzen und Vegetation sind im weitesten Sinn Aufenthaltsorte, an die vielfältige Ansprüche gestellt werden. In Blättern, unter der Borke und im **Totholz** finden zahlreiche Wirbellose Eiablageplätze und Schutz vor widrigen Witterungsbedingungen. Höhe und Schichtung von Pflanzenbeständen sind wichtiger als ihre floristische Zusammensetzung. Nicht die Ausbildung eines Mesobrometums ist der entscheidende Aspekt, sondern, dass es sich dabei um einen Trockenrasen handelt. Der Wiesenpieper startet seinen Balzflug aus Grünlandgesellschaften, der Baumpieper dagegen aus hohen, randlich stehenden Waldbäumen. In beiden Fällen sind strukturelle und nicht floristische Merkmale der Vegetation entscheidend.

Komplex gebaute Pflanzen und Vegetationseinheiten bieten zahlreiche Mikrohabitate für eine artenreiche Fauna. Entsprechendes gilt für **Bestandsmosaike**, die in besonderer Weise den Anforderungen vieler Vögel genügen. Vögel brauchen neben der pflanzlichen (und tierischen) Nahrung Nist- und Brutplätze sowie Höhlen, Singwarten und Jagdansitze, Balz- und Paarungsplätze, und sie suchen Schutz vor Feinden und Schlafplätze. Ein so reichhaltiges Angebot steht für viele Arten nur in sehr strukturreichen Landschaften zur Verfügung, in denen sich Vegetationseinheiten kleinräumig zu Vegetationskomplexen zusammenschließen. Kratochwil (1987) hat im Südschwarzwald und in Graubünden Habitate der Zippammer (*Emberiza cia*) untersucht und ein sehr ähnliches Inventar ver-

schiedener, vor allem durch ihre Struktur gekennzeichneter Vegetationstypen ermittelt. In wie starkem Masse sich floristische und strukturelle Vegetationseigenschaften im konkreten Fall verzahnen müssen, zeigen die Habitatansprüche des Auerhuhns (Abb. 4.3.8, nach von Hessberg 1998). Von 11 hier genannten Habitatmerkmalen sind nur drei mit der Nahrung und deshalb mit bestimmten Pflanzenarten verknüpft. Die restlichen Merkmale beziehen sich auf strukturelle Eigenschaften der Vegetation des Auerhuhnbiotops.

Angebot an Information

Pflanzen können Tiere auch informieren, z. B. über den Zustand verfügbarer Ressourcen, die mögliche Anwesenheit eines Partners oder Feindes, die Eignung eines Habitats für einen bestimmten Lebensabschnitt. Form, Farbe, Duft und Entwicklungszustand der Pflanzen sind die Informationsträger. Dabei signalisieren Pflanzen nicht nur den aktuellen Zustand, sondern unter Umständen auch eine zukünftige Entwicklung. Im Frühjahr ankommende Wiesenbrüter unter den Zugvögeln müssen die Vegetationsentwicklung kennen, um während der Brut möglichst geschützt zu sein. Auch viele Insekten sind als Imagines in der Lage, genau den Vegetationstyp frühzeitig als Lebensraum auszusuchen, der den späteren larvalen Entwicklungsstadien die erforderlichen Angebote sichert. Als Beispiele können Wanderheuschrecken in vielen altweltlichen Trockenräumen angeführt werden.

Einwirkung der Tiere auf die Vegetation

Die Einwirkungen von Tieren auf einzelne Pflanzen und Vegetationseinheiten können in vielen Fällen als Antwort auf die von den Pflanzen bereitgestellte Ressource gesehen werden. Tiere brauchen bestimmte Pflanzenarten und -mengen zur Ernährung, wobei sie direkt auf die Pflanze einwirken, unter Umständen die photosynthetisch aktive Oberfläche verkleinern und die generative Vermehrung beeinflussen. Letzteres gilt auch für die Bestäubung. Schließlich sind viele Tiere die einzigen oder wichtigsten Vektoren der Ausbreitung für zahlreiche Pflanzenarten aller Biome (vgl. Kapitel 4.2.1.1).

Dass Tiere weitreichende Einflüsse auf den Standort und die Vegetationsausbildung haben, geht schon aus Begriffen wie Termitensavanne oder Biberwiese hervor. In tropischen Gebirgen Ostafrikas und den Anden führen unterirdisch lebende **Bodenwühler** zu partieller bis vollständiger Vegetationszerstörung (Werner, 1977). **Bioturbation** ist dabei ein Nebeneffekt. Großsäuger können örtlich zur Bodenverdichtung und natürlich zur totalen Vegetationszerstörung beitragen.

Des weiteren werden durch die Ausscheidungen von Tieren die Mineralisierungsbedingungen verändert, organische Substanz wird leichter abgebaut, und die Bedingungen für die Pflanzenernährung verbessern sich in den meisten Fällen. Mit Hilfe von Versuchen zum Streuabbau wurde in tropischen Regenwäldern festgestellt, dass 90 % der Streu ohne die Einwirkungen der Tiere, insbesondere von Wirbellosen, unzersetzt blieben. Einen bedeutenden Einfluss auf Stoffumsätze haben auch Dungkäfer. Ohne sie wären die ostafrikanischen Savannen bereits in den Exkrementen der großen Herbivoren „erstickt" (Heinrich und Bartholomew 1980). Auch die in Australien weit verbreitete „Fliegenplage" (div. Dipterenarten) konnte man erst mit Hilfe eingeführter Dungkäfer (Scarabaeus- und Ontophagusarten) erfolgreich bekämpfen. Schließlich müssen Vögel, vor allem Wasservögel, für erhebliche Stofftransporte verantwortlich gemacht werden. Durch sie gelangen große Mengen von Nährelementen aus dem Meer auf das Festland und verändern dort die Standorte. Die Guanoablagerungen in den nordchilenischen Küstengebieten zeugen hiervon.

Besondere Bedeutung wird Tieren in ihrer Funktion als Schalter und Verstärker in Ökosystemen zugemessen (Remmert, 1992). Wenn Rehe in Laubwäldern Knospen fressen, Kleinsäuger Samen und Keimpflanzen vernichten, aber auch Fruchtkörper von Mykorrhizapilzen ausbreiten oder Vögel Blüten bestäuben, so sind die Konsequenzen für die betroffenen Ökosysteme ganz entscheidend, obwohl die Energieumsätze nur klein sind. Tiere nutzen oft nur 10 % des Stoffangebots des Ökosystems, in welchem sie leben, steuern aber die wichtigsten ökosystemaren Prozesse (z. B. Bestäubung, Ausbreitung von Diasporen) und tragen erheblich zur ökologischen Stabilität dieser Systeme bei. Hier wird deutlich, dass Ökosysteme mit Energie- und Stoffflüssen allein nicht zu beschreiben und zu verstehen sind.

Pollination durch Tiere

Ein wichtiges Feld für Interaktionen zwischen Pflanzen und Tieren ist die **Bestäubungsbiolo-**

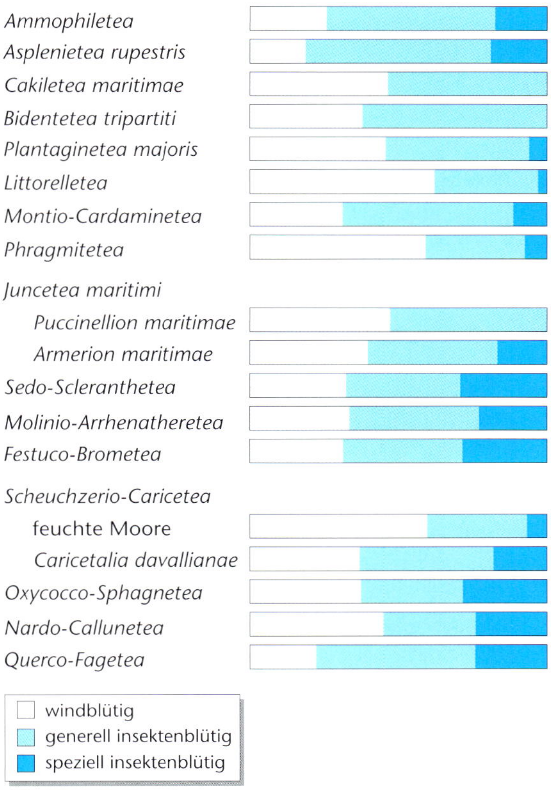

Abb. 4.3.9: Pflanzengesellschaften (Klassen) aus Westirland und ihre Bestäuberanteile (nach Richards 1991).

gie. Die meisten Blütenpflanzen können sich ohne Blütenbesucher nicht fortpflanzen. Zwar sind die Bäume nemoraler Wälder zum überwiegenden Teil windblütig, doch herrschen bereits in der Strauch- und Krautschicht entomogame Arten. Richards (1991) hat die Pflanzengesellschaften in Westirland nach ihrer soziologischen Progression geordnet und ihre Wind- bzw. Insektenblütigkeit ermittelt. In Abbildung 4.3.9 wird gezeigt, dass in nahezu allen erfassten Pflanzengesellschaften die Insektenblütigkeit überwiegt und dass sich insbesondere in den artenreichen „alten" Gesellschaften (z. B. Gesellschaften der Festuco-Brometea und der Sedo-Sclerantetea) ganz spezielle Bestäubungsmechanismen entwickelt haben.

Viele Tiere erwarten für ihren Beitrag zur Pollination auch ein „Entgelt" der Blütenpflanzen. Es haben sich deshalb überwiegend mutualistische Beziehungen entwickelt. Nur in seltenen Fällen werden die „Erwartungen" von Pflanzen durch Pollen- oder Nektarräuber ebenso enttäuscht wie die von Tieren, indem Pflanzen mit ihren Blüten potentielle Sexualpartner vortäuschen (Insektenblumen, z. B. div. *Ophrys spec.*) oder die Blütenbesucher gar gefangen halten, bis sie bestäubt sind (z. B. Kesselfallenblumen).

Bei der **Bestäubungssymbiose** müssen Pollen einer Blüte am besuchenden Tier haften bleiben und sollten nach dem Transport zur nächsten Blüte mit hoher Wahrscheinlichkeit dort auf die Narbe gelangen. Um diesen Prozess zu ermöglichen, müssen Pflanzen bestimmte Eigenschaften besitzen und erwünschte „Leistungen" erbringen. Die Tiere werden in erster Linie durch verschiedene Nahrungsmittel angelockt, wobei in ariden Gebieten auch das Angebot an Wasser wichtig sein kann. Bei den überwiegend energiereichen Nährstoffen handelt es sich vor allem um protein- und lipidreiche Pollen, um zuckerhaltigen Nektar sowie um Öle und Harze. Dabei ist das Angebot oft auf bestimmte Besucher ausgerichtet, wobei die Pflanze durch Blütenfarbe, -form und -duft diese Besucher gezielt anlockt. Fledermäuse und Bienen profitieren deshalb nicht von denselben Arten. In der Regel ist das Angebot der einzelnen Blüte allerdings so begrenzt, dass das Tier weitere Blüten aufsuchen muss und dadurch der Bestäubungserfolg wahrscheinlicher wird.

Vögel und Insekten werden in erster Linie durch die Blütenfarben angelockt, Fledermäuse, die in tropischen Lebensgemeinschaften als Pollinatoren eine große Rolle spielen, dagegen durch den Duft. Manche Pflanzen haben einen Blütenbau, der einem breiten Bestäuberspektrum Zugang erlaubt. Hier garantiert die große Zahl der Blütenbesucher den Erfolg. In vielen Fällen gibt es jedoch spezielle Kombinationen, die bei wesentlich geringerem Pollenaufwand besonders zuverlässig sind. Während das Verhältnis von Pollenkörnern zu befruchteten Samenanlagen bei anemophilen Arten bei etwa 10 bzw. 6 : 1 liegt, kann es bei hochspezialisierten entomogamen Arten (z. B. Orchideen) ein Verhältnis von 1 : 1 erreichen.

Spezielle Pflanze-Tier-Kombinationen lassen sich schon aus der Form der Blüten ablesen. Hess (1990) hat die Vielfalt der Tierblumen zu Blumentypen gruppiert. Diese sind zusammen mit den in Betracht kommenden faunistischen Partnern in Abbildung 4.3.10 dargestellt. Unter den Insekten gelten die Käfer als ursprünglichste, älteste Bestäubergruppe, gefolgt von der heute wichtigsten Bestäuber-Gruppe, den Hymenopteren, sodann gefolgt von den Dipteren. Relativ jung haben sich die Lepi-

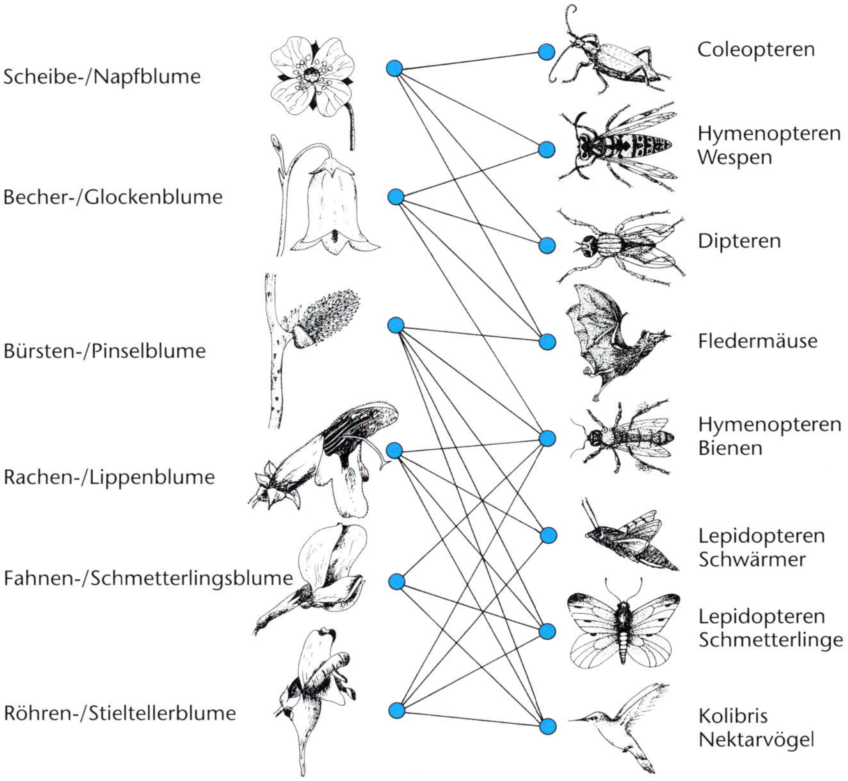

Abb. 4.3.10: Zuordnung von Blütentypen und Pollinatoren (nach Hess 1990).

dopteren und schliesslich unter den Wirbeltieren die Vögel (Kolibris und Nektarvögel) sowie die Fledermäuse und Flughunde als Bestäubergruppen herausgebildet.

Die vielfältigen Möglichkeiten der Spezialisierung wurden als Lösung angesehen, zu starken **Wettbewerb um die Pollinatoren** einzuschränken. Dafür spricht z. B. auch, dass Pflanzen, welche die gleichen Pollinatoren nutzen, zu verschiedenen Zeiten blühen. In artenreichen Pflanzengesellschaften nimmt die Zahl der insektenbestäubten Arten zu, allerdings auch die der Bestäuber. Boucher (1985) sieht dabei die in Abbildung 4.3.11 skizzierte Beziehung zwischen der Dichte von Pflanzenarten (und Individuen) und den verfügbaren Bestäubern, um die sie sich bemühen. Bei geringer Blütendichte werden nur wenige Bestäuber angezogen, bei wachsender Dichte werden es mehr. Es stellen sich damit auch mehr mutualistische Beziehungen ein. Nimmt allerdings die Blütendichte noch weiter zu, dann ist von einem bestimmten Punkt an das Reservoir der Bestäuber erschöpft. Es kommt zur Konkurrenz um die Bestäuber.

Bestäuber (und auch Herbivore) treffen ihre Entscheidung für eine bestimmte Blüte oder Pflanze zu einem bestimmten Zeitpunkt und in einem Raum, in dem die gesuchte Ressource sehr unregelmäßig verteilt sein kann. Zeitliche und räumliche Maßstäbe wurden aber bei Untersuchungen zu solchen Pflanze-Tier-Interaktionen selten beachtet. Bronstein (1994) weist darauf hin, dass die räumlichen Beziehungen zwischen Pflanzen und ihren

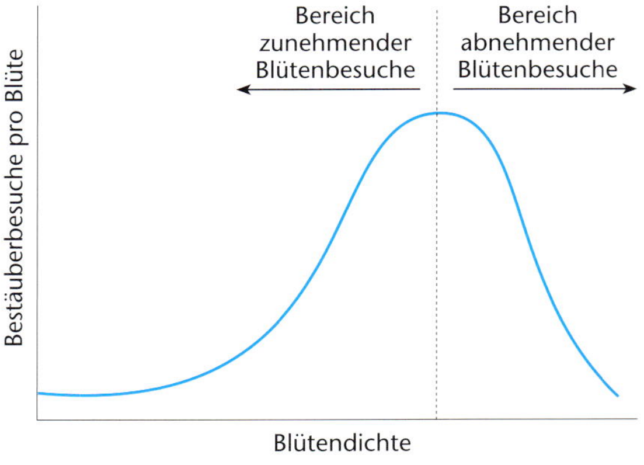

Abb. 4.3.11: Zusammenhänge zwischen Bestäuberbesuchen und Blütendichte (nach Boucher 1985).

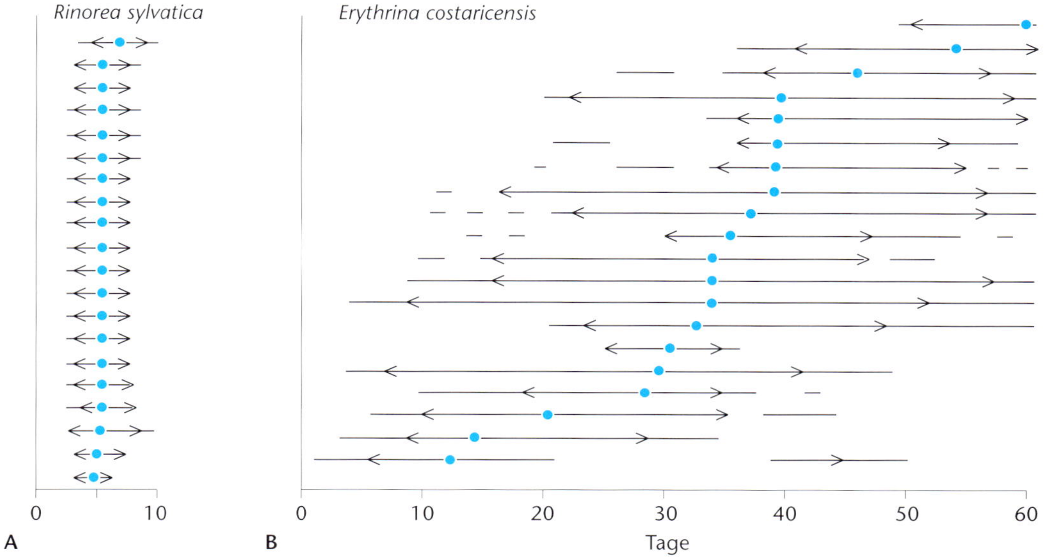

Abb. 4.3.12: Blühzeiträume von zwei Straucharten A) Rinorea sylvatica, B) Erythrina costaricensis (in Tagen) eines Tieflandregenwaldes in Panama (nach Augspurger 1983 aus Bronstein 1994).

Pollinatoren einerseits und Herbivoren andererseits ganz unterschiedlich gesehen werden müssen. Während sie nämlich die Pollinatoren anlocken, müssen sie gleichzeitig den Herbivoren möglichst ausweichen. Zeit und Raum erweisen sich so auch hier als wichtige Variablen.

Wie sich an vielen Beispielen zeigt, sind die **Blühzeiträume** sympatrischer Arten, die um dieselben Pollinatoren bemüht sind, gegeneinander verschoben. Dies ist vor allem in Räumen ohne ausgeprägte Jahreszeiten zu beobachten. Dabei weisen manche Arten sehr kurze Blühzeiträume auf, andere wesentlich längere Zeiträume, und die Blühtermine einzelner Individuen sind wenig synchronisiert (Abb. 4.3.12). In solchen Gebieten, in denen thermische Jahreszeiten und Photoperiodik keine größere Rolle spielen, können neben Arten, die – wie in den gemäßigten Zonen – einmal im Jahr blühen, auch Spezies mit anderen Blührhythmen auftreten. Bronstein (1994) unterscheidet vier verschiedene Typen: neben den jährlich blühenden solche, die mehrmals im Jahr blühen, solche, die in größeren Intervallen blühen, und schließlich die kontinuierlich blühenden (Abb. 4.3.13).

Räumliche Aspekte sind mit der Zahl und Verbreitung potentieller Futterpflanzen und den Bestäubern verknüpft. Rein theoretisch kann man davon ausgehen, dass Tiere eine Nahrungsaufnahme mit möglichst geringem Energieaufwand anstreben. Dies bestätigen auch systematisches „Beweiden" und maximale Entfernungen, die beispiels-

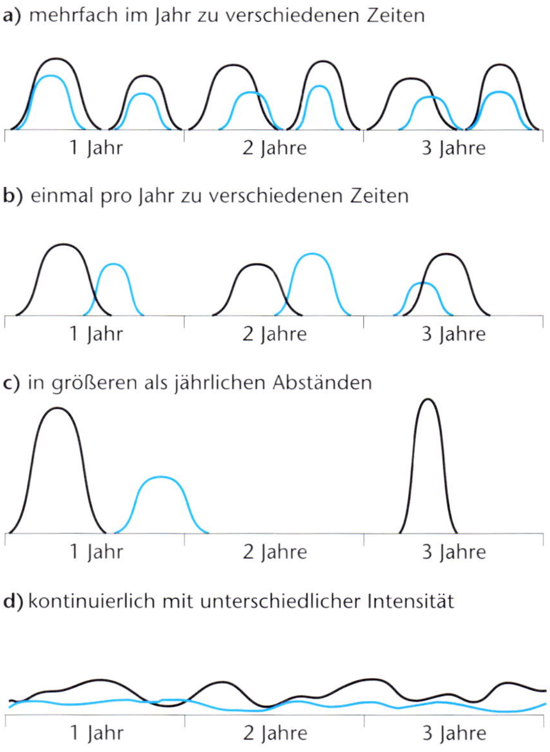

Abb. 4.3.13: Artspezifische Blühmuster aus einem tropischen Feuchtwald in Costa Rica (nach Newstrom et al. 1991 aus Bronstein 1994).

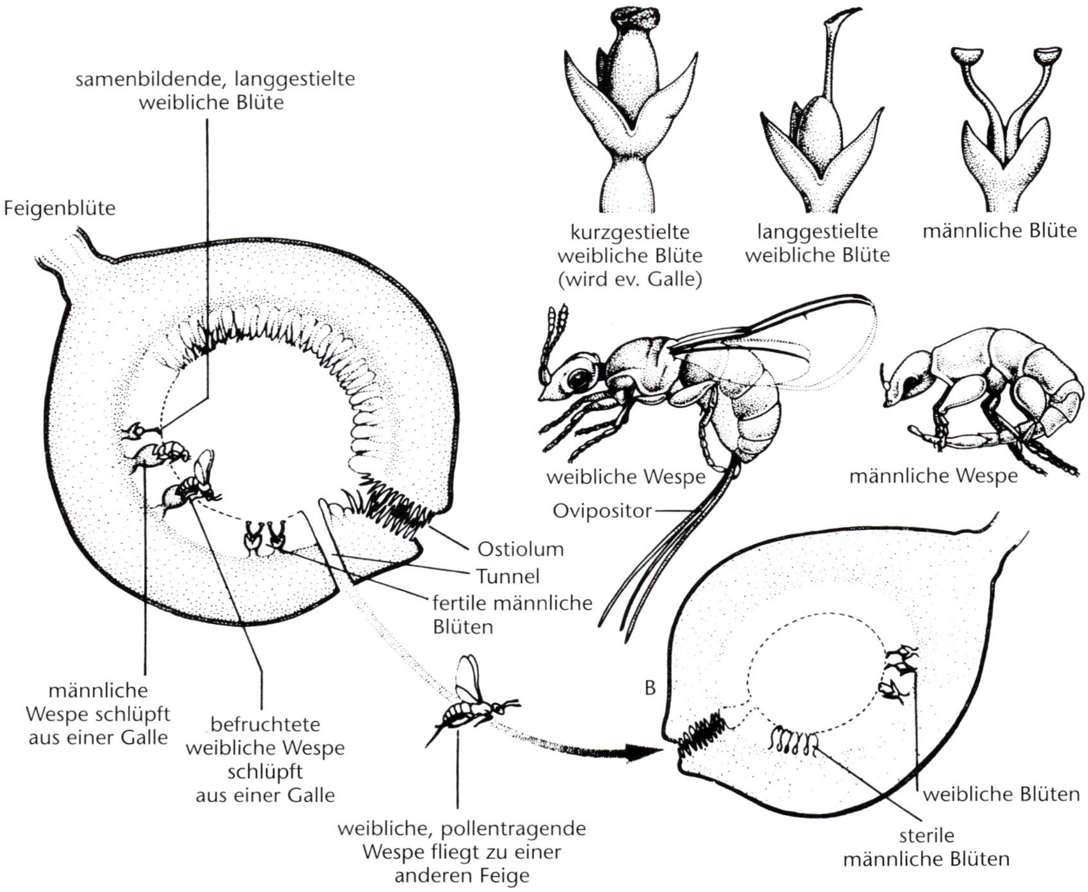

Abb. 4.3.14: Ficus sycomorus und seine Pollinatoren (nach Meeuse und Morris 1984 aus Bertin 1989).

weise Bienen zwischen ihren Futterpflanzen und dem Nest zurücklegen (ca. 6 km). Tropische Fledermäuse und Flughunde können dagegen viele Kilometer zurücklegen. Unter den Vögeln gibt es einerseits regelrechte „Nomaden", die einem regionalen Gradienten der blühenden Arten folgen, z. B. in andere Höhenstufen wandern, wo die begehrten Arten deutlich später blühen. Andererseits sind manche Arten aggressive „Territorialisten", die ein begrenztes Revier besitzen und verteidigen. Unter den ecuadorianischen Kolibris gibt es z. B. Vertreter beider Gruppen. Schon diese Beispiele zeigen, wie wichtig zeitliche und räumliche Aspekte bei der Beurteilung von Interaktionen zwischen Pollinatoren und blühenden Pflanzen sind.

Zeitliche und räumliche Synchronisation, vor allem aber die so stark differenzierten Blütenformen und die dementsprechend ausgebildeten Mundwerkzeuge der Insekten oder auch Schnäbel der Vögel belegen eine enge Abhängigkeit der pflanzlichen und tierischen Partner voneinander und haben dazu geführt, dass in vielen Fällen koevolutive Prozesse als entscheidend für die Ausbildung solcher Interaktionen angesehen werden. Nicht zuletzt spricht hierfür die obligate Verknüpfung vieler Insektenimagines mit den nektarspendenden Blüten, die ihre einzige Nahrungsquelle darstellen.

Als herausragende Beispiele besonders spezieller, nicht allein zufällig zu deutender Beziehungen werden die **Pollinationssysteme** der Feigen zitiert. Bei Bertin (1989) ist der entsprechende Zyklus für *Ficus sycomorus* beschrieben und skizziert (Abb. 4.3.14). Das *Syconium*, die große, fast geschlossene Infloreszenz von *Ficus sycomorus* besitzt eine kleine distale Öffnung, das *Ostiulum*. Durch diese nur in einer Richtung passierbare Öffnung gelangen Pollen tragende Weibchen einer Wespengattung der

Abb. 4.3.15: Ein spezielles und dennoch besonders bekanntes Beispiel für eine auch als „indirekte" Herbivorie bezeichnete Symbiose bieten die Beziehungen zwischen div. Baumarten und den Blattschneiderameisen (Atta div. spec.). Hier stellen die Insekten ihren Symbionten, Pilzen (z.B. Rhozites div. spec.) einen Nährboden zur Verfügung, der aus zerkauten Blattstücken besteht, die aus lebenden Blättern ausgeschnitten (A) und über oft weite Entfernungen in die Nester getragen werden (B). Fotos K. Müller-Hohenstein.

Agaoniden – angelockt durch den Duft des Blütenstands – in den Hohlraum. Sie verbreiten die Pollen über die dort vorhandenen zahlreichen weiblichen Einzelblüten. In einige, vor allem kürzer gestielte legen sie außerdem Eier ab, bevor sie sterben. Gleichzeitig entwickeln sich die Einzelfrüchte der Feigen und die Larven der Feigenwespen, die sich von dem gallenartig auswachsenden Feigengewebe ernähren. Als erste schlüpfen die männlichen Tiere, suchen die Gallen mit weiblichen Tieren auf und befruchten diese. Sodann sterben die männlichen Tiere oder sie gelangen noch durch selbst gegrabene Tunnel nach außen. Durch diese Tunnel schlüpfen schließlich auch die Weibchen nach draußen, wobei sie vorher von den nahe der Tunnelöffnung gelegenen männlichen Blüten Pollen aufnehmen. Nun kann der Zyklus erneut beginnen.

Für eine solche Koevolution muss eine gemeinsame Floren- und Faunengeschichte unterstellt werden. Dies gilt auch für Zusammenhänge im Rahmen der nun zu behandelnden Herbivorie.

Grundlagen der Herbivorie

Herbivorie gehört zu den besonders komplexen Interaktionsfeldern zwischen Pflanzen und Tieren. Pflanzen werden nicht nur gefressen. Die Herbivoren nehmen mit dem Fraß auf vielfache Weise Einfluss auf Fitness und Wachstum der Pflanzen, ihre Aus- und Verbreitung sowie auf die Zusammensetzung, Diversität, Struktur und Dynamik von Pflanzengemeinschaften. Sie verändern die Wettbewerbsbedingungen und bedeuten in aller Regel Stress, den die Pflanzen tolerieren, dem sie unterliegen, gegen den sie sich jedoch auch erfolgreich zur Wehr setzen können.

Damit es überhaupt zur Herbivorie kommt, müssen Pflanzen in ausreichender Menge vorhanden sein, damit Tiere sie finden, und diese müssen dafür entsprechende Sensoren besitzen. Tiere fressen diese Pflanzen dann, wenn diese ihnen die passende Nahrung anbieten und sich nicht vor dem Fraß schützen können. Dabei werden entweder die gesamte Pflanze vernichtet oder auch nur Teile ihres Gewebes, sodass sie die Verluste kompensieren und überleben kann. Diese so einfach zu beschreibenden Prozesse spielen sich nicht nur auf der Ebene des pflanzlichen Individuums und der Art (Population) ab, sondern vor allem auf der Ebene der gesamten Pflanzengemeinschaft. Erst dadurch gewinnt der ganze Fragenkreis an Komplexität und gehört – insbesondere dann, wenn versucht wird, auch die zahlreichen Rückkopplungseffekte miteinzubeziehen – zu den bisher bei weitem noch nicht ganz verstandenen synökologischen Beziehungen (Abb. 4.3.15 A und B).

Kasten 4.3.2 Beziehungen zwischen Nahrungsangebot, Nahrungsbedarf und den Wirkungen der Herbivoren

Die Beziehungen zwischen Nahrungsangebot aus der Vegetation und dem Nahrungsbedarf der in derselben Biozönose lebenden Pflanzenfresser hängen nicht nur von der Menge und der floristischen Zusammensetzung der Vegetation einerseits und der Anzahl und Art der Herbivoren andererseits ab, sondern von einer Vielzahl weiterer Merkmale. Dieses bereits komplexe Wirkungsgefüge wird noch dadurch kompliziert, dass die Herbivoren neben den direkten Einflüssen durch Fraß, also den Verbrauch von Phytomasse, auch noch weitere Wirkungen auf Pflanzen und Standort haben.

Im folgenden sind diese Zusammenhänge, ergänzt nach Holtmeier (1999), tabellarisch dargestellt.

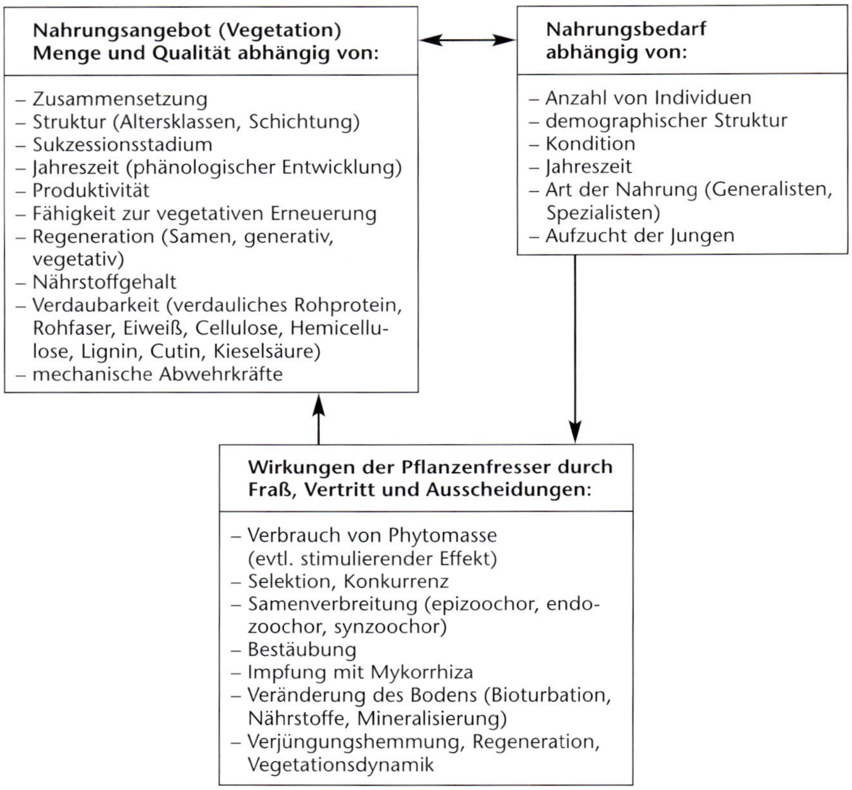

In einem nach Holtmeier (1999) in Kasten 4.3.2 wiedergegebenen Beziehungsschema sind wesentliche Zusammenhänge zwischen dem Nahrungsangebot von Seiten der Pflanze und dem Nahrungsbedarf von Seiten der Tiere skizziert, wobei auch die über den Fraß hinausgehenden Wirkungen der Phytophagen mit berücksichtigt werden. Nicht nur der Verbrauch von Phytomasse (z. B. Blätter, aber auch Samen) als direkte Wirkung der Herbivoren fällt ins Gewicht, sondern auch die indirekten Wirkungen (z. B. auf den Standort, aber auch auf Wettbewerbsbedingungen, Vegetationsdynamik etc.).

Im Folgenden wird zunächst erläutert, welche Formen der Herbivorie zu unterscheiden sind. Sodann werden die möglichen Reaktionsformen von Pflanzen auf Fraß behandelt sowie die wichtigsten Konsequenzen, die darüber hinaus mit der Herbivorie verknüpft sind.

Herbivore, die nur Pollen entnehmen, haben auf Pflanzen und Pflanzengemeinschaften wenig

Tabelle 4.3.1: Phytophage Insekten in Wald- und Forstökosystemen Deutschlands (nach Reichelt und Wilmanns 1973)

Lebensweise	Beispiele
Blattkauer	Schwammspinner, Nonne, Kiefernspinner, Kiefernspanner, Kiefern-Buschhornblattwespe, Kl. Fichtenblattwespe, Maikäfer
Skelettonierer	Roter Pappelblattkäfer
Blattminierer	Lärchenminiermotte, Kastanienminiermotte
Rindenbohrer	Großer Brauner Rüsselkäfer, Krummzähniger Tannenborkenkäfer, Buchdrucker, Großer und Kleiner Waldgärtner, Ulmensplintkäfer (als Überträger der Ulmenwelke)
Holzbohrer	verschiedene Borkenkäfer
Saftsauger	Sitkafichtenlaus, Bösartige Tannentrieblaus
Knospen- und Zweigfresser	Waldgärtner, Posthornwickler, Eichenwickler
Wurzelfresser	Elateriden-Larven, Engerling
Sämlingsfresser	Elateridenlarven, Kiefernsaateule

Einfluss. Einen sehr starken Einfluss haben dagegen solche Herbivoren, die Samen und Keimpflanzen fressen. Deshalb müssen die speziellen Ansprüche der herbivoren Tiere bekannt sein, wenn man ihre Einflüsse beurteilen will.

Die wichtigsten, weil bekanntesten Herbivoren scheinen die großen Wirbeltiere zu sein, die z. B. die Savannen des wechselfeucht-tropischen Afrikas kennzeichnen oder die in den gemäßigten Breiten an naturfernere Grünlandgesellschaften gebunden sind. Es gibt aber auch eine große Zahl von wirbellosen Arten, welche die Vegetation nutzen. Dabei muss Herbivorie nicht nur an Frass von Blättern gekoppelt sein. Gerade Wirbellose haben andere Formen der Nutzung pflanzlicher Ressourcen gefunden. Sie saugen Säfte, fressen Pollen oder Samen oder suchen gezielt bestimmte Pflanzenteile wie Knospen und junge Triebe als Futter. Es bietet sich also an, zwischen Wirbeltieren und Nicht-Wirbeltieren zu unterscheiden.

In allen Wirbeltiergruppen sind phytophage Arten vertreten. Von herausragender Bedeutung sind zweifellos die Säugetiere, gefolgt von den oft Früchte fressenden (frugivoren) Vögeln. Unter den phytophagen Gruppen der Wirbellosen finden sich zwar auch Mollusken und Nematoden, die mit großem Abstand bedeutendste Gruppe ist aber die der Insekten. Fressend, minierend, Saft saugend, gallbildend und bohrend wirken sie auf Blätter, Blüten, Samen und Wurzeln ein. Wie differenziert die Phytophagengilden in den nemoralen Waldökosystemen sein können und in welch starkem Maße sie zu unterschiedlicher Nutzung pflanzlicher Ressourcen befähigt sind, haben Reichelt und Wilmanns (1987) gezeigt (Tabelle 4.3.1).

Vertebraten und Invertebraten können das Wachstum von Pflanzen auf sehr ähnliche Weise stören, ihre Regeneration beeinträchtigen und zu frühem Absterben beitragen. Dennoch gibt es eine Reihe von Unterschieden. Ihre Metabolismen sind verschieden, ebenso ihre Mobilität und damit Zugänglichkeit zu den erwünschten Ressourcen. Wirbeltiere sind meist polyphag, abgesehen von solchen Spezialisten wie Panda und Koala, die sich auf Bambus- und Eukalyptusarten spezialisiert haben. Nicht-Wirbeltiere sind oligo- bis monophag, wirken also viel selektiver. Wirbeltiere nehmen, weil sie in der Regel viel größer sind, auch größere Mengen Phytomasse zu sich, können ganze Pflanzen auf einmal konsumieren. Allerdings sind ihre Populationen meist viel kleiner als die der wirbellosen Herbivoren.

Für die Interaktionen zwischen Pflanzen und Herbivoren sieht Tscharntke (1998) drei verschiedene Möglichkeiten. Bei der ersten kommt es gar nicht zu einer die Pflanze wesentlich schädigenden Beziehung, weil diese resistent ist. Ist sie dies jedoch nicht, so kann es bei der zweiten zu einer Prädation im engeren Sinn kommen, d.h. die Pflanze wird gefressen. Die dritte Möglichkeit kann sich dann einstellen, wenn nur Teile der Pflanze gefressen werden und die Fraßschäden durch Wachstumsänderung und -beschleunigung kompensiert werden. Resistenz, Prädation oder Kompensation bedeuten für die einzelne Pflanzenart in jedem Fall eine breite Spannweite anschließender Reaktionen.

Unter **Resistenz** versteht man Abwehrmechanismen der Pflanze gegenüber den Herbivoren. Hierbei werden permanente und induzierte Resistenz unterschieden. Permanenter (und wenigstens teilweiser) Schutz kann durch Eigenschaften erreicht werden, die unabhängig vom Einfluss der Herbivoren vorhanden sind, z. B. durch Gerbstoffe in vielen Bäumen oder hohe Kieselsäuregehalte in manchen Gräsern. Induzierte (teilweise allerdings auch permanente) Abwehr, welche die Schäden durch Herbivore verhindert oder begrenzt, ist z. B. durch chemische Verteidigung (**Antixenosis**) möglich. Langlebige Pflanzen setzen dabei eher auf verdauungshemmende Stoffe wie lignifizierte Zellwände oder besonders rohfaserreiche Gewebe. Bei kurzlebigen Arten werden Bitterstoffe und Gifte (Phenole, Alkaloide, Terpene) eingelagert. Für die Pflanzen müssen die gefundenen Abwehrlösungen unter Kosten-Nutzen-Aspekten gesehen werden. Deshalb lagern sie diese Stoffe mitunter auch nur in solchen Konzentrationen ein, die Fraß noch erlauben, letztlich aber doch die Verdauung stören und deshalb nach Möglichkeit gemieden werden (**Antibiosis**). Eine weitere Möglichkeit der Vermeidung von Herbivoren besteht darin, Gegenspieler (z. B. Parasitoide) anzulocken und so die Phytophagen selbst verstärkter Prädation auszusetzen (**Gegenspielerförderung**). Kessler und Baldwin (2001) konnten dies experimentell nachweisen und eine Reduktion von Herbivoren an einer Solanaceae (*Nicotiana attenuata*) von über 90 % erreichen.

Polyphage Tiere leben in einer anderen Umwelt als monophage. Sie haben es mit vielen Pflanzengiften und Abwehrmaßnahmen zu tun. Begrenzt wird ihre Nahrungsaufnahme vor allem durch verholzte und verkieselte Gewebe, denn spezielle Gifte vertragen sie aufgrund des „Verdünnungseffekts“, der sich bei der **Polyphagie** einstellt. Monophage Tiere, darunter viele Insekten, müssen vor allem ihre Fraßpflanze finden. Ihre Wahl wird eher durch toxisch wirkende Stoffe eingeschränkt, wobei sie ihre spezielle Fraßpflanze entgiften können. Somit wird ein und dieselbe Pflanzengesellschaft für ein monophages Insekt und einen polyphagen Säuger zu einem jeweils ganz spezifischen Lebensraum.

Sind Pflanzen gegenüber Herbivoren nicht resistent, so können sie gefressen werden (**Prädation** i. e. S.). Viele Arten können jedoch auch, sofern sie nur teilweise gefressen worden sind und z. B. Blattverluste erlitten haben, mit **Kompensationswachstum** reagieren. Dieses Wachstum ist je nach Art oder Lebensform der Pflanzen verschieden. Bei Gräsern kann durch Verbiss z. B. die Ausläuferbildung angeregt werden. Bäume und Sträucher verdornen oder bilden deutlich resistentere Gewebe. Bei geringem Herbivorendruck kann es sogar zu einer Überkompensation des Wachstums kommen. Die wesentlichen theoretischen Auswirkungen der Herbivoren für das Wachstum und damit die Fitness der Pflanzen hat Tscharntke (1988) nach McNaughton (1983) skizziert (Abb. 4.3.16). In den Fällen A und B wird davon ausgegangen, dass es lineare Beziehungen zwischen Fraßintensität und Fitness (z. B. Samenertrag pro Pflanze) gibt. Im Fall C wird ein gewisser Fraßdruck ohne sichtbare Einwirkungen ertragen, erst dann ergeben sich deutliche Einbußen. In den Fällen D und E wirkt Fraß zunächst stimulierend, doch muss diese Stimulation nicht unbedingt zu anhaltend höherer Fitness führen (E). Sie kann vielmehr nach vorübergehendem Anstieg ebenfalls abnehmen (D). Eine erhöhte Phytomassenproduktion ist zwar häufig nachgewiesen worden, doch wird bezweifelt, dass sich das kompensatorische Wachstum tatsächlich in höherer Fitness der Pflanzen niederschlägt (Belsky 1986).

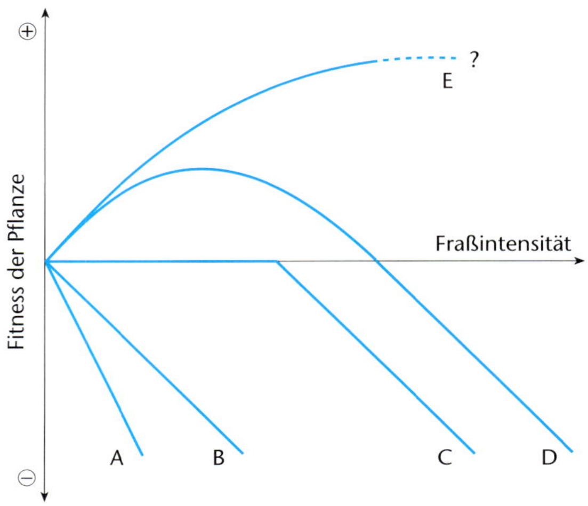

Abb. 4.3.16: Hypothesen über die Auswirkungen der Herbivorie auf die Pflanzenfitness (nach McNaughton 1983 aus Tscharntke 1998).

Diesen eher theoretischen Überlegungen stehen nur wenige gemessene qualitative und quantitative Daten aus Herbivoren-Pflanzen-Beziehungen zur Seite. Sie stammen in erster Linie aus der weidewirtschaftlichen Praxis, aus Zäunungs- und Rotationsversuchen und Experimenten mit Tierbesatz unterschiedlicher Zusammensetzung und Stärke. Weniger ist aus natürlichen Pflanzengemeinschaften mit ihrem natürlichen Tierbesatz bekannt. Bei vielen wirbellosen Phytophagen wird kontrovers diskutiert, ob ihre Zahl durch die verfügbare Nahrung oder durch Feinde limitiert wird. Dennoch zeigen von Brunold (1996) bekannt gemachte Zahlen, in welch unterschiedlichem Maße Jungflanzen in Wäldern verbissen werden und wie dementsprechend Selektion und Sukzession mit gesteuert werden. Von Espe, Ulme und Tanne waren weniger als 10 % intakt, bei Heidekraut, Heidelbeere und Vogelbeere waren es etwa ein Viertel, dagegen hatte gut die Hälfte von Schneeball und Weiden überlebt, die Buche war nahezu ungeschädigt. Aus der weidewirtschaftlichen Praxis ist auch bekannt, dass das

Abb. 4.3.17: Weidewirtschaftliche Nutzung kann sehr unterschiedliche Konsequenzen für die betroffene Vegetation haben. Im nordmarokkanischen Rif werden sommergrüne Eichen (Quercus faginea) in Zeiten der Futterknappheit geschneitelt, die belaubten Ästen werden verfüttert, die Bäume erscheinen verkrüppelt (A). Sehr hoher Weidedruck auf Kermeseichen (Quercus coccifera) in Jordanien führt zu verbissenen und verstärkt Dornen bildenden kleinen Eichen (B). Hoher Weidedruck kann auch zu vermehrtem Auftreten toxischer Arten führen (z.B. div. Liliaceen), hier am Beispiel von Triften im marokkanischen Zentralmassiv (C). Sind Kräuter, Gräser und andere niedrigwüchsige Pflanzen bereits zu starker Beweidung zum Opfer gefallen, werden gelegentlich auch die verbliebenen Bäume beweidet, hier z.B. Argania spinosa im südmarokkanischen Sousse durch Ziegen (D). Fotos K. Müller-Hohenstein.

Alter der beweideten Pflanzen durch den sich ändernden Nährstoff- bzw. Rohfasergehalt eine wichtige, die Phytomassenentnahme steuernde Variable ist. Auch sehen die räumlichen Muster der Beweidung in Gebieten, in denen bei geringem Besatz viel gutes Futter zur Verfügung steht, ganz anders aus, als in solchen, in denen der Weidedruck besonders hoch ist. Schon Walter und Volk (1954) zeigten, dass sich um Wasserstellen in einer sonst homogenen Vegetationslandschaft konzentrische Kreise mit auf den unterschiedlichen Weidedruck (einschließlich Trittschäden) sehr spezifisch reagierenden Pflanzengesellschaften entwickeln, indem die bevorzugten Weidearten immer seltener werden und „Weideunkräuter" (toxische, dornige Arten) zunehmen. In den Abbildungen 4.3.17 A–D werden verschiedene Folgen der Beweidung für die Vegetation sichtbar.

Letzten Endes führt Herbivorie auch zu standörtlichen Veränderungen und damit indirekt zu Einflüssen auf das Pflanzenkleid. Ein Beispiel hierfür sind die **Lägerfluren**. Diese breiten sich auf Flächen aus, die von wiederkäuenden Großherbivoren regelmäßig aufgesucht werden und auf denen die Nährstoffsituation durch Exkremente drastisch verändert wird. Standörtliche Veränderungen können sich schließlich auch durch erosionsauslösenden oder bodenverdichtenden Tritt und durch herbivore Bodenwühler ergeben.

Um Resistenzen aufzubauen, schützen sich Pflanzen durch giftig wirkende sekundäre Pflanzenstoffe oder durch mechanische Barrieren wie Dornen und Widerhaken. Parallel dazu haben auch herbivore Tiere morphologische und physiologische Anpassungen entwickelt, um die Hindernisse zu überwinden. Auch verwenden manche Insekten Pflanzengifte, für die sie selbst resistent geworden sind, um sich vor sie bedrohenden Feinden zu schützen.

Die hierbei ablaufenden evolutiven Prozesse werden – ganz ähnlich wie schon bei den Pollinatoren und ihren Partnern – oft als Koevolution gedeutet. Wenn auch davor gewarnt wird, die Rolle der Koevolution zu überschätzen (Dirzo 1984, Howe und Smallwood 1982), so lassen sich doch manche Befunde schwer anders deuten. Zwölfer (1978) sieht bei den Beziehungen zwischen Blütenpflanzen und Insekten (phytophage und entomophage Arten) einen Prozess, der ein Speichern der Informationen (giftig, schwer verdaulich etc.) von der Pflanze bei den Insekten bewirkt; bei diesen kommen dadurch selbst schnell Evolutionsprozesse in Form von Artneu- und Rassenbildung in Gang (Abb. 4.3.18). Als wichtigen Beleg hierfür sieht Zwölfer die außerordentlich schnelle parallele stammesgeschichtliche Entwicklung der Insekten und der Angiospermen in der Erdneuzeit.

Die **Intensität der Beweidung** in Zeit und Raum und die Zusammensetzung der weidenden Tierpopulationen (*„grazer"* , die Gräser und krautige Arten bevorzugen und *„browser"*, welche auch verholzende Arten fressen) sind entscheidende Einflüsse auf die Vegetation und müssen für ein Weidemanagement bekannt sein. Tragfähigkeitsuntersuchungen, in denen für nachhaltige Weidewirtschaft zulässige Bestockungszahlen erarbeitet werden, sind hier besonders schwierig (Müller-Hohenstein 1999). Überweidungserscheinungen sind insbesondere in den wechselfeuchten subtropischen und tropischen Räumen sehr häufig, da die dort Weidewirtschaft betreibenden Bevölkerungsgruppen bei den allgemein hohen Bevölkerungswachstumsraten keine daran angepassten Wirtschaftsformen entwickelt haben. Es ist allerdings fraglich, ob aus der Weidewirtschaft stammende Erkenntnisse auf naturnahe Ökosysteme wie die Savannen Afrikas mit ihren Großherbivoren übertragen werden dürfen. Dort sind Überweidungserscheinungen selten, obwohl die Herbivoren zwischen 20 und 60 % der Phytomasse zur Ernährung entnehmen. Die ent-

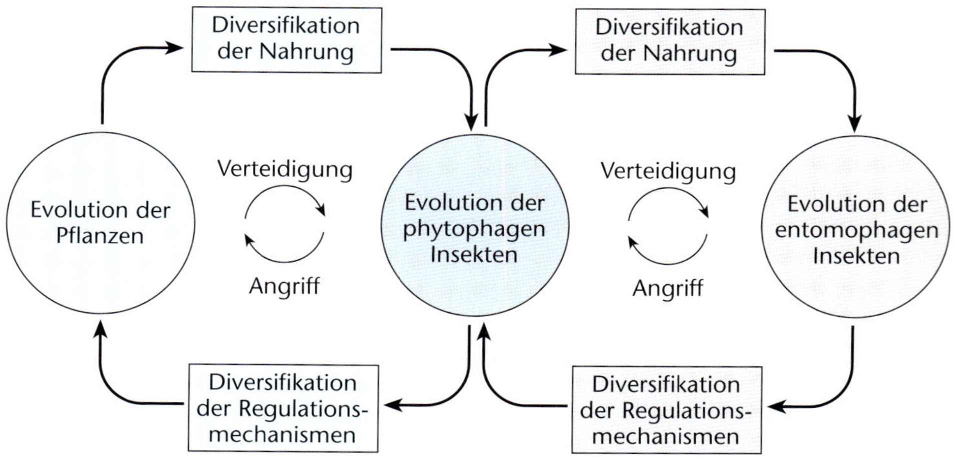

Abb. 4.3.18: Rückkopplungsprozesse in der Koevolution von Gefäßpflanzen, Phytophagen und Entomophagen (nach Zwölfer 1978).

sprechenden Verluste in Buchenwäldern liegen unter 10 %. Ebenso fraglich ist es, ob diese groben Pauschalwerte überhaupt so stark bewertet werden dürfen. Nicht nur das Messen solcher Werte ist schwierig. Vor allem sind die Konsequenzen für die Pflanzengesellschaft nicht nur davon abhängig, wie viel geschädigt oder entnommen wird, sondern was gefressen wurde. Samen- und Knospenfraß haben für das gesamte Ökosystem ungleich weiter reichende Folgen als der gleich große Verlust an Blattmasse.

Wie weitere Erkenntnisse aus der Weidewirtschaft zeigen, kann der Einfluss der Beweidung auf die Diversität ausgeprägt sein und diese bei mittlerem Weidedruck die höchsten Werte erreichen. Bei mittlerem bis hohem Druck macht sich auch ein starker Einfluss auf die Artenzusammensetzung und die Vegetationsstruktur durch Selektion bemerkbar. Giftige und dornige Arten breiten sich durch nun gewonnene Konkurrenzvorteile aus. Überhaupt werden die Wettbewerbsbedingungen verändert, was auch zu Veränderungen bei der zeitlichen Dynamik, den Sukzessionen, führt. Herbivore sind in jungen Stadien primärer Sukzessionen noch selten, in mittleren Stadien nimmt ihre Zahl zu, wobei Generalisten dominieren. In älteren Stadien überwiegen dann Spezialisten. Räumliche Muster werden auf diese Weise umgestaltet, zeitliche verschieben sich. Schließlich ändern sich auch die Stressverhältnisse. Zu Wasserstress kann nun der Herbivorenstress hinzukommen, dagegen kann Lichtstress durch Beweidung unter Umständen aufgehoben werden.

4.3.2.2. Beziehungen zwischen Pflanzen und Tieren auf der Ebene von Lebensgemeinschaften – Grundlagen der Biozönologie

Schon im vorangegangenen Abschnitt waren die Beziehungen zwischen Pflanzen und Tieren auf der Organismenebene nicht immer von der Ebene der Zusammenhänge zwischen Pflanzen- und Tiergemeinschaften zu trennen. Diese stehen nun aber in der **Biozönologie** im Mittelpunkt. Pflanzen und Tiere wirken auf vielfältige Weise aufeinander und sind dabei wenigstens teilweise aufeinander angewiesen. Dies gilt auch für die höhere Aggregationsebene der Gemeinschaften, die Biozönosen. Auf dieser Ebene werden die Ergebnisse der Phyto- und der Zoozönologie zusammengeführt. Hier werden Synthesen angestrebt, die das Verständnis von Ökosystemen erleichtern sollen.

Bereits 1987 wies Kratochwil darauf hin, dass die konkreten Fortschritte der Biozönologie große Schwierigkeiten zu überwinden haben. Während sich nämlich die **Phytozönologie vor allem** in Form der Pflanzensoziologie zumindest in Mitteleuropa als wichtige Disziplin in Biologie und Ökologie etablierte, gelang dies der **Zoozönologie** nicht in gleicher Weise. Die erwünschte Synthese wurde insbesondere durch methodische Probleme erschwert, aber auch dadurch, dass Tiergemeinschaften kaum in der gleichen Vollständigkeit zu erheben sind wie Pflanzengesellschaften. Dabei sind gerade für ökosystemare Ansätze in der Grundlagenforschung und für den praxisorientierten Naturschutz biozönologische Erkenntnisse von größter Bedeutung.

Historische Ansätze: die biozönotischen Grundprinzipien

Der grundlegende Begriff **Biozönose** geht bereits auf Möbius (1877) zurück, der ihn auf eine marine Lebensgemeinschaft anwandte. Er verstand darunter eine Lebensgemeinschaft aus bestimmten Pflanzen und Tieren, die in einem abgrenzbaren Lebensraum (**Biotop**) vorkommt, in dem sie alle Entwicklungsstadien durchmacht, wobei sich die Arten wechselseitig fördern oder auch hemmen können. Als besonders wichtig wird die Fähigkeit zu einer Selbstregulation in einem **biozönotischen Gleichgewicht** angesehen.

Wesentliche weitere Arbeiten folgten erst viel später. Dabei formulierte Thienemann (1920, 1939), der sich mit limnischen Lebensgemeinschaften befasst, die beiden ersten **biozönotischen Grundprinzipien** (siehe Kapitel 4.1). Sie besagen sinngemäß, dass

- bei besonders vielseitigen Lebensbedingungen besonders hohe Artenzahlen mit allerdings meist geringer Individuenzahl in Biozönosen leben, die aufgrund ihrer Komplexität schwer komplett zu erfassen sind;
- bei einseitigen Lebensbedingungen artenarme Biozönosen mit oft großer Individuenzahl ausgebildet sind, die aufgrund ihrer einfacheren Strukturen und Zusammenhänge relativ leicht zu erfassen sind

Krogerus ergänzte 1932 ein drittes Grundprinzip. Es geht davon aus, dass

- in vielseitigen Ökosystemen euryöke Arten die höchste Abundanz aufweisen, in einseitigen, extremen sind es stenöke Arten.

Schließlich führte Franz (1952, 1953) ein weiteres Grundprinzip ein, welches historischen Aspekten Rechnung trägt. Allerdings sind die darin enthaltenen Überlegungen zur Stabilität nicht unwidersprochen geblieben. Diese „Regel" besagt:

- Je kontinuierlicher sich die Standortbedingungen in einem Lebensraum entwickelt haben und je länger er gleichartige Bedingungen hatte, umso artenreicher, ausgeglichener und stabiler ist die Lebensgemeinschaft.

Eine wesentliche Ergänzung nahm Schwabe (1991) für die biozönotischen Grundprinzipien vor; sie erläuterte die Gültigkeit der Grundprinzipien nicht nur für die Ebene der einzelnen Lebensstätte (Biotop), für welche diese Regeln formuliert worden waren, sondern nun auch für die höhere und komplexere Ebene von Standort- und Vegetationskomplexen. Damit trug sie einem Problem Rechnung, welches wiederholt methodische Schwierigkeiten bei der biozönotischen Forschung mit sich brachte: dem Problem der nicht (immer) räumlich und zeitlich kongruenten Ausbildung von Phyto- und Zoozönosen. Darüber hinaus hob sie hervor, dass der bisher wenig beachtete menschliche Einfluss bei geringer Intensität positive (im Sinne von Arten- und Gemeinschaftsreichtum) Auswirkungen haben kann, bei sehr starkem Einfluss jedoch monotonisierende, nivellierende Konsequenzen hat.

Tüxen (1965) hat diesen Grundprinzipien einige „Gesetze" hinzuzugefügt. Das erste ist das **Gesetz der gesellschaftlichen Ordnung der Lebewesen** und besagt im Wesentlichen, dass kein Organismus, ob Pflanze oder Tier, allein leben kann. Im zweiten, dem **Gesetz der exogenen Ordnung der Lebensgemeinschaften,** wird erläutert, dass nur eine begrenzte Zahl von Arten den standörtlichen Bedingungen entsprechend in einer Biozönose leben kann. Im dritten, dem **Gesetz der zeitlichen Ordnung**, sowie im viertem, dem **Gesetz der räumlichen Ordnung**, wird betont, dass sich Lebensgemeinschaften in einem bestimmten räumlichen Nebeneinander (mit Kontaktgesellschaften) anordnen und einer bestimmten zeitlichen Dynamik zuordnen lassen. Schliesslich ist noch ein fünftes Gesetz von besonderer Bedeutung, das **Gesetz der endogenen funktionellen Ordnung**. Ihm zufolge gibt es bestimmte funktionale Verknüpfungen im Rahmen von Stoffwechsel, Wachstum, Ausbreitung, Altern, Zerfall und Erneuerung von Lebensgemeinschaften. Wenn diese Gesetze auch nicht immer im engen Sinn des Wortes ausgelegt werden dürfen, so sind sie doch zusammen mit den genannten Regeln und Grundprinzipien schon früh ein theoretisches Gebäude gewesen, das die biozönotische Forschung erst spät aufgegriffen hat.

Aktuelle Biozönologie: Definitionen, Aufgaben und Ziele

Die Biozönologie untersucht Lebensgemeinschaften. Ihr Forschungs- und Experimentierfeld ist in erster Linie das Freiland. Dabei versucht sie, unter Berücksichtigung möglichst aller Organismen charakteristische Lebensgemeinschaften zu erfassen, zu beschreiben und zu erklären. Typologisierende und funktionale Analysen bestimmen ihre Forschungsansätze. Sie ist auf enge Zusammenarbeit von Pflanzen-, Tier- und Landschaftsökologen sowie von Biogeographen und Standortkundlern angewiesen.

Zentraler Begriff ist die Biozönose, welche aktuell von Kratochwill und Schwabe (1999) sinngemäß wie folgt definiert wird:

Eine **Biozönose** ist eine Lebensgemeinschaft mit einer Artenzusammensetzung, die sich an einem Ort infolge ähnlicher Ansprüche ihrer Arten an abiotische und biotische Verhältnisse einstellt. Gegenseitige Beziehungen (Nahrungsketten, mutualistische Beziehungen u. a.) sind wenigstens für einen Teil der Arten vorhanden. Eigenschaften in Bezug auf Struktur, Konnexe, Verbreitung u. a. lassen sich typisieren. Die bestehenden Nahrungsnetze beschränken sich nicht ausschließlich auf die Biozönose, sondern haben hier ihren oder einen Schwerpunkt. Biozönosen weisen in der Regel eine Kompartimentierung auf. Die Teilzönosen sind von der Gesamtstruktur der Biozönose jedoch abhängig, oft von den Pflanzen als wichtigsten Strukturträgern.

Diese präzisere Auffassung unterscheidet sich von der ursprünglichen Version von Möbius vor allem dadurch, dass davon ausgegangen wird, dass nicht alle Arten ihre gesamte Ontogenese in einer Biozönose durchlaufen müssen. Außerdem werden die Einflüsse des Menschen berücksichtigt. Es gibt also auch sekundäre Biozönosen. Sie sind im Gegensatz zu den z. B. als sehr alt angesehenen tropischen Biozönosen oft sehr junge Pioniergemeinschaften auf anthropogenen Standorten mit (noch) geringer Artenzahl. Die Entwicklung kann nun mit großen Schwankungen zu artenreichen Systemen führen, bei denen dann ein biozönotisches Gleichgewicht unterstellt wird. Das Zusammenfinden der Arten wird sowohl stochastisch als auch deterministisch gesehen.

Auch die Bindung der Arten an eine Biozönose wird sehr differenziert gesehen. Nach Wittig (1993) können zönoseeigene Arten, die ihren ganzen Lebenszyklus (**homotop**) oder wenigstens charakteristische Lebensphasen (**heterotop**) in der Zönose verbringen, unterschieden werden von Besuchern (**Hospites**) mit kurzen zielstrebigem Aufenthalt, Nachbarn (**Vicini**) mit kurzem zufälligen Aufenthalt aus der Nachbarschaft, Durchzüglern (**Permigranten**), die in bestimmten Jahreszeiten auftreten können, und Irrgästen (**Alienes**), die nur episodisch zu finden sind. Unterschieden wird auch zwischen **euzönen** (und damit **stenöken**, ein spezielles Angebot nutzende) Arten, **zönophilen** (mit Präferenz), **tychozönen** (**euryöken**, ein breites Angebot nutzende), **azönen** (**Ubiquisten**) und **xenozönen** Arten (Bindung an andere Zönosen).

Die hohe Komplexität von Biozönosen und vor allem die geradezu unmögliche Aufgabe, sämtliche Organismengruppen vollständig zu erfassen, hat dazu geführt, Teilzönosen und Teillebensräume zu erforschen. Dabei hat sich eine Untergliederung bewährt, die ähnlich dem **Synusialkonzept** in der Geobotanik, bestimmte Organismengruppen (Gilden, Lebensformen, funktionale Gruppen) in bestimmten Teilen eines Biotops berücksichtigt. Beispiele sind die **Stratozönose** in einem **Stratotop** (z. B. Organismen in einer Schicht, z. B. des Kronendaches oder der Krautschicht), **Choriozönosen** in einem **Choriotop** (z. B. Bewohner eines Totholzstammes oder eines Moospolsters) und **Merozönosen** in einem **Merotop** (z. B. Organismen auf oder in einem Blütenstand).

Methodische Ansätze und Teildisziplinen der Biozönologie

In ihren Anfängen war die Biozönologie rein deskriptiv. Später wurde induktiv-typologisches Vorgehen (Kratochwil 1999) in den Mittelpunkt gestellt. Hauptproblem dabei ist, auf welcher hierarchischen Ebene eine phyto- und zoozönologische Synthese, ein Zusammenführen pflanzlicher und tierischer Organismen, vorzunehmen ist, um zu Biozönosen zu kommen. Schon ein Zwei-Arten-System kann durch biozönologische Beziehungen gekennzeichnet werden. Umfassender lassen sich die Beziehungen auf der Ebene von Gesellschaften darstellen. Hier haben insbesondere die Pflanzensoziologen ein detailliertes Bezugssystem vorgelegt und bieten ein Raster an, welchem Tiergemeinschaften zugeordnet werden können. Allerdings entspricht nicht jeder Pflanzengesellschaft auch eine Tiergesellschaft. Diese Ebene reicht nicht immer aus, um die Koinzidenz von Pflanzen- und Tiergemeinschaften zu erkennen. Nicht unbedingt die **Assoziationsebene** (erarbeitet von der **Pflanzensoziologie**), sondern die Ebene der **Vegetationskomplexe** (erarbeitet von der **Sigmasoziologie**), eventuell auch die **formationskundlicher Lebensformentypengemeinschaften** (erarbeitet auf der Grundlage **struktureller Merkmale** von Pflanzen und Pflanzengemeinschaften, z. B.von Lebensformen), gewährleisten die erwünschte Synthese. Nur so können die unter Umständen vielfältigen, im Laufe des Lebenszyklus wechselnden Habitatansprüche mancher Tiere berücksichtigt werden. Insbesondere für Vogelgemeinschaften sind zahlreiche Beziehungen zu Pflanzen- und Vegetationsstrukturen belegt (Bezzel et al 1980, Blab 1979). Phyto- und Zoozönologen müssen sich der verschiedenen Ebenen bewusst sein und sich am konkreten Beispiel auf dasselbe System beziehen.

Neben diesem biozönologisch-symbiologischen Ansatz, vertreten von Wilmanns (1987), Kratochwil (1999), Schwabe (1990) und Seitz (1988), gibt es weitere Ansätze. Passarge (1981) schlägt einen typologischen Ansatz vor. Hierbei sollen die Tiergemeinschaften unabhängig von den Pflanzengesellschaften, aber nach pflanzensoziologischem Vorbild typisiert und als „Zooassoziationen" aufgenommen, später dann eventuell mit dem pflanzensoziologischen System zusammengeführt werden. Mühlenberg (1989) verfolgt eher quantitative Ansätze und untersucht z. B. Zusammenhänge zwischen Belaubungsdichte, Artenzahlen und Individuendichten. In allen Ansätzen bleiben funktionelle Beziehungen und dynamische Prozesse nicht unbeachtet. Theoretisch wird stets die Erfassung aller Arten gefordert, in der Praxis können aber die Zoozönosen wegen der Fülle unterschiedlichster systematischer Gruppen nur fragmentarisch erfasst werden. Als be-

Kasten 4.3.3 Die biozönologischen Teildisziplinen und ihre Forschungsgegenstände (nach Kratochwil, 1987)

In der Biozönologie haben sich im Laufe der Zeit eine Reihe von Teildisziplinen entwickelt, die auch jeweils eigene Themen und Untersuchungsobjekte behandeln. Heute werden folgende Teildisziplinen unterschieden:

Biozönologische Teildisziplin	Untersuchungsgegenstand
Zönmorphologie	Struktur der Biozönose (strukturelle Organisation) - Arteninventar, Individuendominanz - Biozönosebindung - Arten- und Individuendispersion
Konnexforschung	Beziehungsgefüge der Organismen (funktionale Organisation)
Zönökologie	von außen wirkende biotische und abiotische Faktoren
Zönchorologie	räumliche Verbreitung
Zöndynamik	kurzfristige zeitliche Entwicklung
Zönphylogenie/Zönevolution	Herausbildung von Biozönosen im Laufe der Evolution
Zönsystematik/Zöntaxonomie	systematische Gruppierung und Benennung von Biozönosen
Angewandte Biozönologie	land- und forstwirtschaftliche Aspekte, Naturschutz

sonders gut geeignet haben sich unter den Wirbellosen verschiedene Insektengruppen, unter den Wirbeltieren die Vögel erwiesen.

Kratochwil (1999) hat die verschiedenen Forschungsbereiche der Biozönologie mit den wichtigsten methodischen Ansätzen, Zielen und Problemen ausführlich dargestellt. Kasten 4.3.3 nennt die wichtigsten Teildisziplinen und die ihnen zugeordneten Untersuchungsgegenstände, wobei Überschneidungen nicht auszuschließen sind. So werden in der **Zönmorphologie** Arteninventar und Struktur, in der **Zönökologie** die exogenen Einwirkungen von und auf Biozönosen untersucht, in der **Zönchorologie** und **Zöndynamik** ihre räumliche Verbreitung und zeitliche Entwicklung. In der **Zönsystematik** wird eine systematische Ordnung von Biozönosen angestrebt. Gegenwärtig gewinnt die angewandte Biozönologie an Bedeutung. Hier bestehen die engsten Verbindungen zu Themen des Naturschutzes, in dem neben dem Artenschutz der Schutz von Lebengemeinschaften und Lebensräumen mehr denn je diskutiert wird.

Die Konnexforschung

Ein besonders wichtiges, die funktionalen Beziehungen der Organismen untereinander betonendes Arbeitsfeld der Biozönologie ist die **Konnexforschung**. Unter einem **biozönotischen Konnex** versteht man das Beziehungsgefüge zwischen den Organismen eines Lebensraumes oder einer kleineren räumlichen Einheit (Mikrohabitat). Er ist vor allem durch Nahrungsbeziehungen und -abhängigkeiten, aber auch andere (Wechsel-) Wirkungen gekennzeichnet (Schaefer 1992). Die Gesamtheit der unmittelbaren und mittelbaren Beziehungen eines Organismus (z. B. einer Fichte in einem Nadelwald) zu anderen Pflanzen (etwa der Krautschicht oder epiphytisch lebenden Moosen) sowie zu allen Tieren (nistenden und Samen fressenden Vögeln oder Schadinsekten) wird nach Möglichkeit in einem Konnex erfasst. Im Grunde genommen kann ein solcher Konnex auch schon auf der Ebene des (obligaten) Zusammenlebens einer Pflanze und eines Tieres erfasst werden, in der Regel geht man jedoch von ganzen oder Teilbiozönosen aus.

Am Anfang von Untersuchungen steht immer eine Inventur. Am Beispiel verschiedener faunistischer Sippen hat Rabeler (1967) für Waldgesellschaften Nordwestdeutschlands enge Beziehungen

Tabelle 4.3.2: Vorkommen bestimmter Tiersippen in bestimmten Pflanzengesellschaften in Nordwestdeutschland (gekürzt und vereinfacht nach Rabeler 1967, aus Wilmanns 1973)

Tiergruppen

A = Regenwürmer
E = Schnellkäfer
L = Laufkäfer
W = Wanzen
R = Rüsselkäfer
S = Sonstige: Schnaken, Ameisen

Tiergruppen	Pflanzengesellschaften		Carici-Fagetum			Melico-Fagetum						Querco-Carpinetum				
		Lithospermo-Quercetum	seslerietosum	typicum	typicum	elymetosum	elymetosum	typicum	typicum	allietosum	dryopteridetosum	asperuletosum	asperuletosum	athyrietosum	athyrietosum	Luzulo-Fagetum
Limonia modesta	S	+	+	+	+	+	+	+	+	+	+	+	+	+	+	–
Stenodema laevigata	W	+	+	+	+	+	+	+	+	+	+	+	+	+	+	–
Lygus pratensis	W	+	+	+	+	–	+	+	+	+	+	+	–		+	–
Abax ater	L	+		+	–		+	–	+	+	–		–	+		+
Phyllobius argentatus	R		–	+	+	–	+	+	+	+	+	+	+	+	+	+
Abax ovalis	L	+	+		+	+	+	+	–	+	+	+		–		+
Athous haemorrhoidalis	E	–		+	+	+	+		–	+			–			
Limonia maculata	S		+	+		+	+				+					
Molops elatus	L			–	+	–	+		–							
Athous vittatus	E					–	+	–	+	+	+	+	+	+	+	–
Tipula scripta	S					–	+	+			–	+	+	–	+	+
Allolobophora caliginosa	A					+	+		+	+	+	+	+	+	–	
Philonothus decorus	S						+	–	+	+		+	+	+	+	
Lumbricus rubellus	A							+	+	–	+	+	+	+	+	+
Pterostichus oblongopunctatus	L							+	–	–	–		+	–	+	+
Leptothorax nylanderi	S	+	+	+	+											
Limonius parvulus	E	+	+	–	–											
Ectobius sylvestris	S	+			+											
Agriotes acuminatus	E					+	–		–		+	–				
Pterostichus metallicus	L							–		+	+		–			–
Nebria brevicollis	L											+	+	+	–	
Phytocoris longipennis	W											–	–	+	+	
Coeliodes erythroleucus	R											+	–	–		
Ceutorrhynchus rugulosus	R											+		–	–	

\+ mehrere Individuen gefangen
– 1 Individuum gefangen

aufgedeckt. Eine diesbezügliche tabellarische Zusammenstellung (Tabelle 4.3.2) kann man wie eine pflanzensoziologische Tabelle interpretieren. Es lassen sich unter den überwiegend gefundenen Insekten neben einer Reihe von Ubiquisten auch solche im Rang von Charakter- und Differenzialarten ausmachen, wodurch letztlich unterschiedlich enge Verknüpfungen mit den ausgewählten Waldgesellschaften sichtbar werden. Ähnliche Beziehungen wurden von Müller-Hohenstein (1978) für Pflanzengesellschaften und Käferzönosen in nordafrikanischen Trockengebieten ermittelt (Tabelle 4.3.3).

Dieses Beispiel zeigt jedoch auch, dass die abgebildeten Beziehungen einer erheblichen zeitlichen Dynamik unterliegen und deshalb die Zeitpunkte der Datengewinnung besonders wichtig sind (Tabelle 4.3.4).

Solche Datensammlungen geben zwar keine Auskünfte über die Ursachen und Wirkungen von biozönotischen Konnexen, sind jedoch unerlässliche Voraussetzung dafür. Zu Erklärungen kann das Konzept der Gilden nach Lebensformen oder auch ökologischen Ansprüchen oder das der funktionellen Gruppen führen. Damit steht die biozönotische

Tabelle 4.3.3: Käferzönosen in Stipa tenacissima- und Artemisia herba-alba-Gesellschaften in nordafrikanischen Trockengebieten (Hochplateaus Ostmarokkos) (nach Müller-Hohenstein 1978)

Perimeter	1	18	5	13	12	15	16	2	19	14	11	17	7		
Anzahl der Fänge	8	6	6	4	6	5	7	7	5	7	7	6	5		
Cymindis setifensis	1.5	1.2	1.5	1.3	1.2	1.3	1.4	1.2	1.2	2.5	1.5	1.4	1.2		Häufige, im gesamten AG in allen Vegetationsgesellschaften auftretende Arten
Timarcha latipes	1.5	1.5	1.5	1.1	1.3	2.5	1.4	1.4	1.3	1.4	1.4	1.4	2.4		
Timarcha laevigata	+.1	1.3	1.4	1.4	1.3	1.2	2.4	1.4	1.4	1.5	2.5	1.3	1.2		
Gonocephalum prolixum	2.5	1.4	1.4		2.5	1.3	1.2	1.4	1.4	2.4	1.4	1.4	2.5		
Pimelia gibba	+.2	1.3	1.5			1.1	+.4	1.4	+.4	+.3	+.1	1.4	1.2		
Asida ruficornis	+.1	1.2		+.1	1.1	+.1	1.3		+.3		1.1	+.1	1.4		
Micipsa instriata	1.5		+.3	1.3	1.3	+.1	1.2			1.3	1.4	1.1	+.3		
Paracelia simplex	1.3	1.3	1.3	1.2	1.1	1.4					1.3	1.1	1.2		
Ontophagus taurus	+.3		+.1	1.3	1.1		1.1	1.3	+.1	+.1			+.1		
Zophosis ghilianii	1.2			1.1	1.1	1.3	1.2	1.4		1.3	+.3	1.2			
Hoplarion tumidum	1.3		1.1		1.1			1.2	1.2		2.5	+.1	1.1		
Scarabaeus puncticollis	+.2			1.1		+.2	1.1	1.4	1.2			+.1			
Chrysomela bicolor	+.2	+.2				1.2	+.1	1.4			+.1	+.1			
Morica jevini	1.1	1.1	1.4					1.1	1.2			1.4	+.1		
Blaps nitens		1.2	+.3			+.2	+.1	1.4				+.2			
Erodius bicostatus	+.1					1.2		+.1	1.1			+.2			
Hoplarion latissimus	1.3	1.1	+.1					+.1					+.1		
Saprinus niger		+.2				1.1	+.1	1.2		+.1		+.2			
Pachyscleodes semiasperula	+.3				+.1									Arten der Stipa-Ges. im N des AG	Auf Stipa-Ges. des AG beschränkte Arten
Phyllognatus silenus		+.1	+.1		1.1										
Mylabis cincta				2.1		3.1	+.1							Arten der Stipa-Ges. im S des AG	
Amara cottyi				1.3		1.1									
Adesmia maroccana				+.1		1.1									
Pimelia semiopaca				+.1		+.2									
Scaurus dubius	1.3	1.3	1.4	+.2				1.4	+.2						Auf den N des AG beschränkte Arten aller Vegetations-Ges.
Pachychila lesnei	+.2	1.1	+.1					+.1	1.1						
Scarabaeus laticollis	1.3		+.1		+.1			1.2							
Adesmia metallica ssp. faremonti	1.4	+.3	+.2	1.3						1.4					
Orthamus barbarus	+.1	+.1			1.2					1.4					
Pimelia boyeri	1.5	1.3	+.1	1.2			1.5		+.2						Nur den Artemisia-Ges. im S des AG fehlende Arten
Sepidium wagneri	+.1	+.1				1.2	+.1		+.2						
Heliotaurus angusticollis		1.1			1.1		2.1		+.1						
Graphopterus serrator				+.1		2.2	1.1	+.1							
Gonocleonus munieri	+.1	+.1					+.2								
Micipsa mulsanti			+.1		2.3	2.4	1.4		1.2	1.2	2.4	2.4	1.3		Nur den Stipa-Ges. im N des AG fehlende Arten
Adesmia dilatata			1.2	1.2	1.3	1.3		1.2			+.2	1.2			
Melyris rubripes				1.1		2.1	1.2	1.2		1.1	1.2		1.1		
Coccinella septempunctata			1.2			1.1	1.2		+.1			2.1	2.2		
Celia veterartrix				1.4	+.1				1.2	1.4	1.3	1.4			
Hoplarion humile				+.1		1.3	1.4			1.3	1.4		1.3		Auf den S des AG beschränkte Arten aller Vegetations-Ges.
Tentyronota atrimembris				+.1	1.1	+.1	1.2			1.1					
Pachychila ricardi					1.4	1.2				1.1	1.5				
Pimelia brisouti					1.4	2.5				1.1	+.1				
Scaurus tristis						2.3	+.1			2.5	1.5				
Mylabris hirtipennis						1.1	1.1			1.1		+.1			
Rhytidoderes plicatus								3.1		+.1	1.3			Arten der Artemisia-Ges. im N und Z des AG	Auf Artemisia-Ges. des AG beschränkte Arten
Julodis onopordi									1.1	1.1	1.2				
Gonocleonus margaritifer										1.1	1.3		+.1	Arten der Artemisia-Ges. im Z und S des AG	
Rhytirrhinus longulus											1.2		1.1		
Phytonomus isabellinus										+.1	+.1				

Bei den Datenangaben zu den Käferarten wird in der ersten Ziffer die Abundanz, in der zweiten die Häufigkeit des Auftretens in den zwischen 4 und 8 mal durchgeführten Fängen angegeben.

Tabelle 4.3.4: Zeitliche Dynamik von Käferarten in einer Stipa tenacissima-Gesellschaft auf den ostmarokkanisschen Hochplateaus (nach Müller-Hohenstein 1978)

Fangdatum	26. X	14. XI	17. I	25. II	20. III	25. IV	24. V	15. VI
Pachychila lesnei	1	1						
Scaurus tristis	•	2						
Pachyscleodes semiasperula	•	•						
Trox barbarus	1		1					
Geotrupes puncticollis	•		1					
Paracelia simplex	1	1		•			•	
Ontophagus taurus	•	•			1	•		
Gonocephalum prolixum	2	2	2	1	2	2	1	
Cymindis setifensis	2	1	1	1	1	1		1
Micipsa instriata	1	1	2	1		•	•	1
Timarcha latipes	1	1	1	2	•	1	•	1
Pimelia boyeri	1	1	•	•	1	1	1	1
Hoplarion tumidum		2	1		•			
Gonocephalum rusticum		1		1		•		
Adelostema sulcatum		•		•			1	
Hoplarion latissimus			1	1		2		
Rhytirrhinus compressipennis			•			•	•	
Chrysomela hyperici			1			•	1	
Adesmia metallica ssp. faremonti			1		1	1	•	•
Entemocelis rumicis				1	•			
Chrysomela sanguinolenta				1	1		•	
Scarabaeus puncticollis					1	•		
Scarabaeus laticollis					1	•	2	
Onitis ion					2		•	
Scarabaeus variolosus					1	1		•
Pimelia gibba						•	1	
Graphopterus exclamationis						•	1	
Chrysomela bicolor						•	1	
Scaurus dubius						2		1
Julodis manipularis						•	1	•
Mylabris brevicollis							1	1
Mylabris baulnyi							1	2
Acinopus sabulosus							•	•
Aethiessa floralis							•	1
Zophosis ghilianii							1	1

Die Käfer wurden zwischen Oktober 1973 und Juni 1974 in ca. monatlichen Abständen auf derselben Fläche gefangen.

Konnexforschung einer funktionell orientierten Ökosystemforschung besonders nahe.

4.3.3 Interaktionen zwischen Pflanzen untereinander

Pflanzen leben nicht zufällig mit- und nebeneinander. Dies wird vor allem an aneinander grenzenden Vegetationseinheiten sichtbar, auch wenn diese nicht anthropogen bedingt sind. Zwar wird als eine Form der gegenseitigen Beziehungen auch der Neutralismus angeführt, bei dem Pflanzen nebeneinander leben können, ohne sich gegenseitig (erkennbar) zu beeinflussen, doch ist diese Form der Beziehung eher ein Sonderfall. Die zu beobachtende Ordnung in Pflanzengesellschaften und Ökosystemen entsteht durch Interaktionen.

Interaktionen spielen sich zwischen pflanzlichen Individuen derselben Art (**intraspezifisch**) oder auch zwischen Individuen verschiedener Arten (**interspezifisch**) und schließlich auch auf der Ebene der Pflanzengesellschaften ab (siehe Kapitel 3). Es ergeben sich gewisse Sortierungen, Muster werden sichtbar. Diese gelten in der Regel als durch den Standort bedingt (**exogen**) sowie durch Konkurrenz verursacht (**endogen**). Sie sind aber, wie deutlich sichtbar, auch durch Koexistenz miteinander verknüpft.

Mit **Konkurrenz** und **Koexistenz** sind zwei besonders wichtige Formen der Interaktionen zwi-

Kasten 4.3.4 Pflanze – Tier – Interaktionen

Pflanzen leben zusammen mit Tieren in Lebensgemeinschaften (Biozönosen) und beeinflussen sich gegenseitig. Pflanzen bieten Tieren Nahrung an, sie stellen bestimmte Strukturen zur Verfügung (z. B. Nist- und Balzplätze) und sie halten Informationen bereit (z. B. über Treffpunkte und Nahrungsangebote). Tiere beeinflussen pflanzliches Leben nicht nur durch die Herbivorie sondern auch dadurch, dass sie den Standort verändern (z. B. Bodenwühler und Termiten), vor allem aber als Pollinatoren und Ausbreiter. Dabei haben sich zahlreiche mutualistische Beziehungen entwickelt. Tagaktive Vögel oder Schmetterlinge werden als Bestäuber z. B. durch Farben und ein Angebot an Nektar und Pollen angelockt, nachtaktive Fledermäuse z. B. durch den Duft reifer Früchte. Oft sehr spezielle, zeitlich und räumlich synchronisierte Beziehungen werden als Ergebnis von Koevolution gedeutet.
Besonders groß ist der Einfluss herbivorer Tiere auf Pflanzen. In der Weidewirtschaft wird so z. B. zwischen grazern (vor allem krautige Pflanzen und Gräser fressend) und browsern (auch verholzende Arten fressend, oft die Wurzeln mit betreffend) unterschieden. In natürlichen Ökosystemen wird dabei in der Regel nur ein Bruchteil der zur Verfügung stehenden Ressourcen verbraucht. Pflanzen haben jedoch auch chemische und physische Abwehrmechanismen entwickelt und reagieren gelegentlich mit Kompensationswachstum, um übermäßigem Fraß entgegenzuwirken.
Die Beziehungen zwischen Pflanzen und Tieren auf der Ebene von Lebensgemeinschaften werden in der Biozönologie betrachtet. Hier sind Prinzipien des biozönotischen Gleichgewichts erkannt und zahlreiche Regeln der gesellschaftlichen Ordnung von Biozönosen formuliert worden. Als besonders fruchtbarer Ansatz hat sich dabei die Konnexforschung erwiesen, in der sowohl die Beziehungen zwischen einzelnen Organismen als auch die zu ihrem Lebensraum erforscht werden.

schen Pflanzen angesprochen. Es gibt darüber hinaus noch weitere Formen der Interaktion (auch mit Tieren, vgl. Kapitel 4.3.2), die zur Musterbildung von Pflanzengesellschaften in Raum und Zeit beitragen. Jedenfalls muss der lange tradierte Gedanke, allein Konkurrenzphänomene würden die entscheidenden Interaktionen zwischen Pflanzen beinhalten, korrigiert werden.

Schon bei der Erörterung der zeitlichen Vegetationsdynamik (Kapitel 4.1.1.1) wurde sichtbar, dass Interaktionen eine Sukzession fördern können: Sie können neutral ohne Einfluss sein und sie können eventuell auch hemmen (Connell und Slatyer, 1977). Ein neutrales Nebeneinander zweier Arten (in verschiedenen ökologischen Nischen) kann sich nach langer Konkurrenz im Laufe der Zeit eingestellt haben.

Nach Wilson (1969) gibt es ein erstes frühes Pionierstadium in primären Sukzessionen, wo zwischen den pflanzlichen Individuen keine Kontakte, also auch keine Interaktionen bestehen (*non interactive species equlilibrium*). Sodann füllen sich die räumlichen Lücken, es kommt zu Interaktionen (*interactive species equilibrium*). Nach Konkurrenz und folgender Raumaufteilung und Nischenbildung (*assortative species equilibrium*) folgt schließlich eine relativ stabile Selbsterneuerungs- und Erhaltungsgemeinschaft bis zur nächsten Störung (*evolutionary species equilibrium*). *„Equilibrium"* wird hierbei als Artenbilanz verstanden.

Pflanzen können auch aus der Sicht ihrer pflanzlichen oder tierischen Partner in Biozönosen ganz unterschiedliche Funktionen haben. Misteln sind für die Bäume, auf denen sie wachsen, Parasiten, für manche Pflanzenfresser können sie Wirte sein, mit Vögeln verbinden sie mutualistische Beziehungen. Manche Arten leben in jungen Entwicklungsstadien in Symbiosen mit anderen, später verhalten sie sich antagonistisch. Krautige Arten sehen die sie beschattenden Bäume nicht nur als Konkurrenten um Licht, sondern auch als Partner, die Schutz vor klimatischen Extremwerten und Koexistenz erlauben.

Noch komplizierter werden die Interaktionen, wenn nicht nur zwei, sondern mehrere Partner beteiligt sind, die sich gegenseitig unterschiedlich beeinflussen, oder wenn man versucht, die Interaktionen auf der Ebene von Pflanzengesellschaften und Vegetationsmosaiken zu erfassen. Auch sie unterliegen einer zeitlichen Dynamik und haben Veränderungen im Spektrum der Interaktionen zur Folge.

Alle hier skizzierten Möglichkeiten zeigen, dass es allein wegen des zeitlichen Wechsels der interaktiven Beziehungen schwierig ist, alle Möglichkeiten an Interaktionen in einer umfassenden Typologie zu erfassen. Um jedoch ein Mindestmaß an ordnender Übersicht zu schaffen, wird dies hier näherungsweise in Anlehnung an Glavac (1996) und Schubert (1991) versucht. Tabelle 4.3.5 erlaubt einen ersten Überblick.

Tabelle 4.3.5: Interaktionsmöglichkeiten zwischen zwei Organismen

Typ der Interaktion	Organismus 1	Organismus 2	Art der Interaktion
Symbiose (Mutualismus, Protokooperation)	+	+	Interaktion ist für beide Organismen förderlich
Kommensalismus (Parabiose, Epökie, Metabiose)	+	o	Interaktion fördert einen Organismus, ohne den anderen zu benachteiligen
Parasitismus (Antibiose, Allelopathie, Antagonismus)	+	–	Interaktion fördert einen Organismus zu Lasten des anderen, der benachteiligt wird
Neutralismus	o	o	Interaktion ohne fördernde oder nachteilige Einflüsse
Amensalismus	–	o	Interaktion führt zur Benachteiligung des einen Organismus ohne Förderung des anderen
Konkurrenz	–	–	Interaktion führt zur gegenseitigen Benachteiligung

o = neutrale Beziehung
\+ = positive, fördernde Beziehung
– = negative, nachteilige Beziehung

Im Folgenden werden die ausgegliederten Interaktionstypen der Tabelle entsprechend behandelt. Der Konkurrenz und den Beziehungen zwischen Konkurrenz und Koexistenz gilt besondere Aufmerksamkeit.

4.3.3.1 Symbiosen und andere mutualistische Beziehungen

Bereits 1879 hat De Bary erstmals den Begriff **Symbiose** benutzt und als „Zusammenleben ungleichnamiger Organismen" sehr allgemein definiert. So verstanden umfasst Symbiose alle Formen von Interaktionen und betont besonders die Enge der Verbindungen, weniger ihre Konsequenzen. Auch im angloamerikanischen Sprachgebrauch wird Symbiose oft noch so verstanden.

Hier wird unter Symbiose das Zusammenwirken zweier Organismen mit Vorteilen für beide Seiten verstanden. Ist dieses Zusammenleben sogar obligat, so handelt es sich um eine **Eu-Symbiose (Mutualismus)**, ist es förderlich, aber nicht zwingend notwendig, so spricht man von **Protokooperation**. So sind z. B. Beziehungen zwischen Pflanzen und ihren Bestäubern und Ausbreitern (Kapitel 4.3.2) in vielen Fällen als protokooperativ anzusehen.

Zu den Eu-Symbiosen mit zwingend lebensnotwendiger Interaktion gehören drei gleichermaßen wissenschaftlich interessante wie auch – in den letzten beiden Fällen – wirtschaftlich wichtige Beispiele: die Flechten, die Stickstoff-Fixierer und die Mykorrhiza.

Flechten

Es handelt sich um die seit langem bekannte und detailliert erforschte Symbiose zwischen **autotrophen Algen** (Grün- bzw. Blaualgen (Cyanobakterien), Photobiot) und **heterotrophen Pilzen** (v. a. Ascomyceten, Mycobiot). Die beteiligten Pilze erhalten von ihren Algenpartnern vor allem Kohlenhydrate und Stickstoffverbindungen. Dafür gewähren ihnen die Pilze, in deren Thalli sie in der Regel eingeschlossen sind, Schutz vor äußeren Stresseinwirkungen (zu starke Einstrahlung, zu schnelle Austrocknung etc.) Außerdem erhalten die Algen von ihren Pilzpartnern Mineralstoffe. Dabei werden offenbar die Algen durch die Pilze zu bestimmten Zeiten zu stärkerer Stoffproduktion angeregt, zu anderen Zeiten dagegen dringen die Pilzhyphen in die Algenzellen ein, entnehmen Nährstoffe

Abb. 4.3.19: In der afroalpinen Stufe Äthiopiens leben bei über 4000 m üNN ornithokoprophile (sich wesentlich von Exkrementen von Vögeln ernährende) Flechtengemeinschaften auf Felsen, die fast täglich Frösten und heftigen Winden ausgesetzt sind. Foto K. Müller-Hohenstein.

und leben anschließend saprophytisch auf den abgestorbenen Algen. Die Flechten-Symbiose ist obligat, da die Algen ihre Fähigkeit zur generativen Vermehrung verloren haben. Die Flechten sind insgesamt aufgrund ihrer engen symbiontischen Verknüpfungen und ihrer Austrocknungsresistenz zur Besiedlung extremster Standorte befähigt und können so der Konkurrenz anspruchsvollerer Arten ausweichen (Abb. 4.3.19). Flechten wachsen allerdings nur sehr langsam. Für die Landkartenflechte (*Rhizocarpon geographicum*), die auch in der **Lichenometrie** zur Datierung von jüngeren Ablagerungen benutzt wird (z. B. Moränen nach Gletschervorstößen), werden Wachstumsraten von einem Quadratzentimeter in 60 Jahren angegeben. Dennoch sind Flechten maßgeblich an der biologischen Verwitterung der besiedelten Gesteinsflächen beteiligt, sowohl unter humiden als auch unter ariden Klimabedingungen.

N_2-fixierende Mikroorganismen

Blaualgen (Cyanobakterien) sind nicht nur wichtige Partner in Flechtengemeinschaften. Bekannt sind insbesondere auch die Verbindungen von Cyanobakterien der Gattung *Anabaena* mit Wasserfarnen (*Azolla*), deren Stickstoffproduktion (bis zu 3 kg N pro Hektar und Tag) in tropischen Gebieten einen Dauerreisanbau erlaubt.

Als Stickstofffixierer kommen aber insbesondere die mit verschiedenen Fabaceen-Gattungen symbiontisch verbundenen Bakterien der Gattung *Rhizobium* in Betracht (siehe Kapitel 3: N-Kreislauf). Die in den Wurzeln lebenden Knöllchenbakterien sind dabei außerordentlich effektiv (45–670 kg N pro Jahr und Hektar, nach Vincent 1982) und darüber hinaus – da weltweit verbreitet – von großer Bedeutung für den globalen Stickstoffhaushalt. In der Landwirtschaft werden deshalb auch viele Fabaceen als Gründünger genutzt. Die im Boden saprophytisch lebenden Bakterien dringen in die Wurzeln der Wirtspflanzen ein und beginnen dort die Knöllchenbildung. Sie erhalten Wasser und Mineralstoffe und versorgen den Wirt mit organischen Stickstoffverbindungen. Jungpflanzen der Fabaceen müssen also stets neu infiziert werden und versauern den Boden wegen der Protonen-Abgabe.

Vergleichbare Symbiosen gibt es bei den Erlen, deren Wurzeln von Bakterien der Gattung *Frankia* besiedelt werden, oder bei einigen Poaceen, die eine Lebensgemeinschaft mit Bakterien der Gattung *Azosporillum* bilden. Schließlich existieren auch „oberirdische" Formen, z. B. können manche epiphytisch lebende Blaualgen ihre Wirtspflanzen mit N versorgen, oder *Rhizobium-Arten* bilden bei einigen Fabaceen (z. B. der Gattung *Sesbania*) auch Sprossknöllchen, die ebenfalls N_2 fixieren.

Mykorrhiza

Die wohl wichtigste und auch am weitesten verbreitete Form symbiontischen Zusammenlebens kann mit dem Stichwort **Mykorrhiza** gekennzeichnet werden (siehe auch Kapitel 2.3). Die wichtigsten aktuellen Ergebnisse aus Studien zu diesem Thema werden bei Smith und Read (1997) zusammengefasst. Fast alle Pflanzen sind in irgendeiner Weise mit Mykorrhizapilzen verbunden, wobei es in den meisten Fällen zu echter Symbiose kommt. Heute wird davon ausgegangen, dass alle terrestrischen Pflanzengemeinschaften (und Ökosysteme) nicht nur, aber auch durch die Mykorrhizierung gesteuert werden (siehe Kapitel 3). Nur in sehr kalten Lebensräumen polarer Breiten oder der Hochgebirge wie auch in den meisten ariden Gebieten hat die Mykorrhiza weniger Bedeutung.

Bei der Mykorrhiza handelt es sich um eine Symbiose zwischen Pilzen (v. a. Ascomyceten und Basidiomyceten, aber auch Zygomyceten) und den Wurzeln bzw. Rhizoiden höherer Pflanzen. Die Art des Kontakts der Pilzhyphen mit den Wurzeln der Wirtspflanze und die beteiligten Pilzarten haben zu einer Untergliederung zahlreicher Mykorrhizatypen geführt (Allen, 1991), von denen hier nur die wichtigsten genannt werden. Wenn die Pilze (v. a. Basidiomyceten) die Wurzelenden höherer Pflanzen, z. B. bei vielen Nadelbäumen, mit einem dichten Geflecht umgeben (Hartig'sches Netz) und nur zwischen den Zellen der Wurzelrinde eindringen, handelt es sich um die **Ectomykorrhiza**. Der direkte Kontakt der Wurzeln zum Boden geht dabei verloren.

Dagegen bilden sich Formen der **Endomykorrhiza** vor allem mit Ascomyceten aus. Hier dringen die Hyphen in die Zellen der Wurzelrinde ein, bleiben aber dennoch mit dem äußeren Pilzgeflecht im Boden verbunden. Es treten auch Kombinationen in Form von **Ectendomykorrhizen** auf, bei denen eine Endomykorrhiza mit intrazellulären Pilzhyphen verknüpft ist. Besondere Formen der Endomykorrhiza sind bei den Familien Ericaceae und Orchidaceae ausgebildet.

Eine bei krautigen Gewächsen häufige Form der Endomykorrhiza ist die **vesikulär-arbuskuläre Mykorrhiza** (**VAM**). Hier bilden die Pilze (oft Zygomyceten) fein verzweigte, bäumchenförmige Hyphen mit Haustorien aus (Arbuskeln). Heute sind Formen der VAM bekannt, die nicht nur den Stoffaustausch zwischen Pilz und höherer Pflanze, sondern auch quasi als Brücke den zwischen verschiedenen Individuen höherer Pflanzen ermöglichen (siehe Kapitel 3).

Während die Pilze oft an eine bestimmte Wirtspflanzenart gebunden sind, können Wirtspflanzen durchaus Verbindungen mit mehreren Mykorrhizaarten eingehen (Wallenda et al., Eco Studies 142: 122-143). In der Regel erreichen die Wirtspflanzen über die Mykorrhiza eine stark verbesserte Phosphor- und Stickstoffversorgung, eventuell auch größere Wassermengen über die um das 100- bis 1000-fache vergrößerte Wurzeloberfläche. Es wird zudem angenommen, dass die Pilze vor pathogenen Organismen schützen. Die höheren Pflanzen müssen dafür Kohlenstoffverbindungen an den Pilz abgeben. Durch diesen Austausch können auch nährstoffarme Standorte von Pflanzen besiedelt werden, die ohne Mykorrhiza dort nicht Fuß fassen könnten. Heute wird bei der Waldschadensforschung auch die Möglichkeit in Betracht gezogen, dass die Mykorrhiza durch hohe Stickstoffeinträge leidet und dadurch die symbiontischen Funktionen gestört werden.

4.3.3.2 Formen einseitiger Förderung (Kommensalismus etc.)

Nicht immer sind Interaktionen zwischen Organismen vorteilhaft für alle beteiligten Partner. Wird nur ein Partner gefördert, ohne dass der andere dadurch Nachteile in Kauf nehmen muss, so handelt es sich um eine Form des **Kommensalismus** (**Parabiose**). Solche Formen existieren vor allem bei Tieren, doch kann auch bei manchen Pflanzen von Kommensalen und Wirten gesprochen werden. So können beispielsweise Individuen mancher Pflanzenarten vor allem oder ausschließlich im Schutz solcher anderer Arten wachsen (z. B. Polstergäste in Trockengebieten oder in Hochgebirgslebensräumen) (vgl. Abb. 4.3.31). Im Extremfall überleben sie nur deshalb, weil sie nicht gefressen werden können, zu hoher Strahlung oder zu starker Windeinwirkung ausgesetzt sind. In Zwergstrauchgesellschaften afro-alpiner Räume finden sich zahlreiche Beispiele hierfür. In der gemäßigten Zone können krautige Arten in Wäldern möglicherweise nur aufgrund der Beschattung überleben. Grundlage all dieser Beziehungen ist insbesondere die durch Pflanzen selbst bedingte kleinräumige Varianz der standörtlichen Bedingungen (Bestandesklima, Wasserhaushalt, Nährstoffverfügbarkeit).

Auch die so genannte **Parökie** („geduldete Nachbarschaft"), z. B. die epiphytisch auf Pflanzen lebenden Individuen anderer Arten, sind einer Form des Kommensalismus zuzurechnen. Es existieren allerdings fließende Übergänge zu Formen des **Amensalismus**. Dabei wird ein Partner benachteiligt, ohne dass der andere eine deutliche Förderung erfährt. Auch hier können Epiphyten genannt werden, die alte Bäume aufgrund hoher mechanischer Belastung zusammenbrechen lassen. Zu erwähnen ist schließlich der **Neutralismus**. Hier wird angenommen, dass durchaus regelhaft miteinander vergesellschaftete Organismen durch diese Koexistenz weder Vor- noch Nachteile erlangen oder in Kauf nehmen müssen. Keiner der beiden Partner beeinflusst (sicht- und bisher nachweisbar) den anderen. Schwierig sind letztlich indirekte

Interaktionen zu beurteilen, bei denen ein Partner den Standort so verändert, dass er vorher nicht vorhandene Lebensmöglichkeiten für andere schafft, selbst dann aber nicht mehr weiter dort existieren kann. Diese Form der **Metabiose** ist Grundlage der ***fascilitation*-Theorie** von Connell und Slatyer (1977) (siehe Kapitel 4.1.5.3).

4.3.3.3 Parasitismus

Wenn ein Partner (**Parasit**) den anderen (**Wirt**) hemmt oder schädigt und dabei selbst Vorteile erwirbt, so handelt es sich um ein antagonistisches Verhältnis, um **Parasitismus**. Besonders verbreitet sind Beispiele, wo der eine Partner dem anderen Nährstoffe entnimmt, damit seinen Wuchs steigert und den des anderen hemmt, ohne dass allerdings der Wirt total geschädigt wird. Parasitisch lebende Pflanzen sind **heterotroph** (ohne Chlorophyll, Holo- bzw. Vollparasiten) oder sie können selbst assimilieren, entnehmen ihren Wirten aber verschiedene anorganische Verbindungen und Wasser (**Hemiparasiten, Halbschmarotzer**). Zu Ersteren gehören Arten, die ihren Wirt über Haustorien unterirdisch (Orobanchen) oder auch oberirdisch anzapfen (*Cuscuta*). Zu Letzteren gehören vor allem zahlreiche Scrophulariaceae (*Bartsia*, *Melampyrum* und *Rhinanthus* spec.) und Loranthaceae (*Viscum* spec.), welche epiphytisch leben. Dem Parasitismus nahe stehende Interaktionsformen werden zur Allelopathie gestellt. Beispiele von Parasitismus aus ganz verschiedenen Lebensräumen zeigen die Abbildungen 4.3.20 A-C.

Die **Allelopathie** (auch **Antibiose**) ist eine spezifische Form einer Wechselbeziehung. Hierbei scheidet ein Partner Stoffwechselprodukte aus, die den anderen hemmen. So wird für den Partner, der diese Stoffe ausscheidet, indirekt eine Förderung erreicht. Die keimungs- und wachstumshemmenden Stoffe (Alkaloide, Phenole, Glucoside, Terpene usw.)

Abb. 4.3.20: Parasitismus bei Pflanzen hat sich in allen Biomen entwickeln können. (A) Im kühlgemäßigten Südchile parasitiert Misodendron punctatum auf einer Südbuchenart (Nothofagus antarctica). (B) Im semiariden Nordchile wächst auf vielen Kakteen (Trichocereus spec.) eine völlig blattlose Loranthaceae (Tristerix aphyllus). (C) In der vollariden arabischen Wüste parasitiert Cistanche violacea auf verschiedenen Wirtspflanzen, z.B. auch auf Halophyten (Suaeda fruticosa). Foto K. Müller-Hohenstein.

können in Borke, Blättern oder auch in den Wurzeln gebildet werden und werden von Letzteren als Wurzelexsudate aktiv in den Boden entlassen. Mitunter entwickeln sie sich auch erst im Zuge der Zersetzung abgestorbenen organischen Materials und werden so freigesetzt. Die ausgeschiedenen Substanzen besitzen in manchen Fällen nicht nur eine wachstumshemmende Wirkung, sondern können auch Samenfäule verhindern. Die von Mikroorganismen ausgeschiedenen vergleichbaren Substanzen werden auch als Antibiotika bezeichnet. Oft wirken die **Allelopathika** nur auf bestimmte Organismenarten oder bestimmte Entwicklungsstufen dieser Arten (etwa auf Keimpflanzen).

Als eines der bekanntesten Beispiele für Allelopathie wird der Nussbaum (*Juglans regia*) angeführt. Hier entwickelt sich aus der glucosidreichen Blattstreu durch Hydrolyse und Oxidation eine toxische Substanz (Juglon), die viele Arten in ihrer Entwicklung hemmt. Weitere Beispiele werden vor allem aus Vegetationsformationen sommertrockener Räume zitiert, z. B. aus mediterranen Macchien (*Rosmarinus officinalis*) oder dem kalifornischen Chaparal (*Larrea* spec.)

4.3.3.4 Konkurrenz und Koexistenz

Seit Darwin 1859 gilt der „Kampf um das Dasein", der Wettbewerb unter Organismen, als wichtiger Selektionsmechanismus und treibende Kraft der Evolution. In den folgenden Jahrzehnten wurde wiederholt versucht, Konkurrenzphänomene schlüssig nachzuweisen. Dies ist nur in Ansätzen gelungen. Stattdessen sind neben experimentellen Studien zur Klärung von Konkurrenzeffekten auch zahlreiche Modelle entwickelt worden, die das Zusammenleben von Pflanzen bzw. das sich gegenseitige Ausschließen in Lebensgemeinschaften erklären sollen. Dabei sind auch unterschiedliche Auffassungen von Konkurrenz und Koexistenz entwickelt worden.

Zunächst werden im folgenden verschiedene Auffassungen von Konkurrenz näher erläutert. Sodann sollen über experimentelle Ansätze grundlegende Regeln des Zusammenlebens von Pflanzen erkannt und Merkmale herausgearbeitet werden, welche die besondere Konkurrenzstärke einzelner Arten ausmachen. Als Beispiele praktischer Anwendung empirischer und experimenteller Erkenntnisse zur Konkurrenz sind Zeigerwerte und Ökogramme anzuführen. Schließlich leitet die Erörterung von Modellvorstellungen zur Konkurrenz unter besonderer Berücksichtigung von Überlegungen zum Nischenkonzept zu den wichtigsten Grundlagen der Koexistenz über, welche heute stärker als die Konkurrenz betont werden.

Auffassungen und Definitionen von Konkurrenz

Im Allgemeinen wird davon ausgegangen, dass zwei Lebewesen mit identischen oder sehr ähnlichen ökologischen Ansprüchen nur dann zusammenleben können, wenn sie sich die erforderlichen Ressourcen bei geringer Individuenzahl in einem sehr großen Raum teilen können und diese Ressourcen dabei nicht voll genutzt werden. Hieraus folgt, dass **Konkurrenz** in dem Moment einsetzt, wo eine oder mehrere der erforderlichen Lebensgrundlagen nur noch eingeschränkt vorhanden sind, man um diese also konkurrieren muss, da sonst Überleben, Wachstum und Vermehrung beeinträchtigt oder verhindert werden. Jedenfalls führt eine so verstandene Konkurrenzbeziehung, bzw. führen die Wechselwirkungen zwischen Arten nicht zwangsläufig zur totalen Verdrängung der konkurrenzschwächeren Art, wohl aber zur Regulierung der Dichte beteiligter Populationen (siehe Kapitel 3). Im Hinblick auf Art und Menge der Ressourcen lassen sich bereits verschiedene Formen der Konkurrenz unterscheiden. Oberirdisch findet Konkurrenz in erster Linie um Licht, Kohlendioxid und günstige Temperaturbedingungen, aber auch um Pollinatoren und Ausbreiter von Diasporen statt, unterirdisch um Nährelemente und Wasser. Erstere regelt häufig die Zusammensetzung von Beständen, Letztere, als **Wurzelkonkurrenz** bezeichnet, ist neben der Konkurrenz um Licht (wie die Theorie der Selbstausdünnung besagt, siehe Kapitel 3) oft für deren Dichte verantwortlich.

Der Wettbewerb um wichtige, jedoch begrenzte Lebensgrundlagen ist aber nur eine von mehreren Möglichkeiten, Konkurrenz aufzufassen. Konkurrenz wird auch verstanden als direkte negative Einwirkung einer Pflanze auf eine andere. Viele Arten sind dazu in der Lage, z. B. durch die Ausscheidung spezieller Toxine oder durch ihre bloße physische Anwesenheit mit weit ausladenden beschattenden Sprossteilen und Blättern andere Arten zu unterdrücken. Neben dem Wettbewerb um Ressourcen gibt es also den Wettbewerb durch Störungen.

Eine weitere wichtige Unterscheidung von Formen der Konkurrenz ergibt sich durch die Berücksichtigung des Wettbewerbs zwischen Individuen (einer Art) und zwischen Arten. Die Konkurrenz zwischen Angehörigen derselben Art heißt **intraspezifisch**. Vor allem diese Form wurde als evolutionsfördernd angesehen. Die Auslese bewirkt hier, dass die jeweils wuchskräftigsten, besonders gut angepassten Individuen überleben und damit zur Erhaltung der Art und zur Festigung ihrer Wettbewerbsstärke beitragen. Bei der **interspezifischen** Konkurrenz schließen sich nahe verwandte Arten im Extremfall aus, ihre Koexistenzmöglichkeiten werden jedenfalls eingeschränkt.

Innerartliche Konkurrenz ist vor allem bei Kulturpflanzenbeständen festgestellt worden. So wurde z. B. nachgewiesen, dass zunehmende Saatdichte die Flächenerträge nicht in gleichem Maße erhöht. Vielmehr wurden erhöhte Mortalität und Selbstausdünnung (siehe Kapitel 3) beobachtet. Theoretisch kann mehr Phytomasse pro Flächeneinheit nur durch immer größer und höher wachsende pflanzliche Individuen erreicht werden. Dies wird aber durch Konkurrenz verhindert. Vermieden wird intraspezifische Konkurrenz dann, wenn der Lebensraum Ausweichmöglichkeiten bietet (vgl. spätere Ausführungen zur ökologischen Nische) oder durch evolutive Prozesse (z. B. Ausbildung von Ökotypen oder neuer Arten im Zuge einer adaptiven Radiation). **Zwischenartliche Konkurrenz** bestimmt weitgehend die aktuelle Verteilung von Vertretern verschiedener Arten im Raum. Dabei wird davon ausgegangen, dass heutige Verbreitungsmuster auch auf intensive Konkurrenz vor langer Zeit zurückgehen können und gegenwärtig keine Konkurrenz mehr besteht.

Eigenschaften und Merkmale von Konkurrenzstärke

Im Anschluss an die Beobachtungen zum intra- und interspezifischen Wettbewerb wurde versucht, Erklärungen für **Wettbewerbsvorteile** zu finden. Gefragt wird insbesondere nach den genetisch festgelegten physiologischen und morphologischen Eigenschaften, die hohe Konkurrenzkraft bedeuten und den Wettbewerbserfolg zwischen verschiedenen Arten bestimmen. Dabei wird davon ausgegangen, dass solche Attribute für einzelne Entwicklungsphasen von Pflanzen getrennt zu betrachten sind und dass es keine linearen Beziehungen zwischen einzelnen Merkmalen und der Wettbewerbskraft gibt.

Das **Samen- und Keimpflanzenstadium** ist das erste wichtige, die Konkurrenz betreffende Stadium. In diesem Stadium sind eine frühe Samenfreisetzung (in der Vegetationsperiode), ein effektiver Ausbreitungsmechanismus, ein hoher Gehalt an Reservestoffen im Samen, die schnelle Aufhebung der Dormanz, eine lange Dauer der Keimfähigkeit und eine hohe Keimungsrate sowie ein schnelles Keimlingswachstum von Vorteil. Hilfreich können Hemmstoffe sein, welche von den Keimlingen ausgeschieden werden und das Wachstum von Konkurrenten behindern (**Allelopathie**, siehe Kapitel 4.3.3.3).

Das **Wachstumsstadium** ist das zweite wichtige Stadium. Hier sind zunächst einmal physiologische Eigenschaften von Bedeutung. Hohe Photosyntheseraten und dementsprechend schnelles Wachstum von Spross und Wurzeln stehen an erster Stelle. Wichtig sind Lebensrhythmen, die an jahreszeitlich wechselnde Bedingungen angepasst sind, und vor allem die Lebensdauer (annuell/perennierend). In gleichem Maße sind Toleranz gegenüber ungünstigen äußeren Bedingungen (Beschattung, Wassermangel, Nährstoffengpässe, Mahd und Beweidung) wichtig. Konkurrenzvorteile können auch durch das Zusammenleben mit Symbionten erlangt werden. Morphologisch sichtbar wird Wettbewerbsstärke in dieser Phase in der Wuchsform (z. B. Pflanzen mit hohem Wuchs, großen Blättern und ausladender, Schatten werfender Krone), in einem weit reichenden Wurzelsystem und in der Anpassung an ungünstige standörtliche Bedingungen (z. B. xeromorphe Merkmale, Sukkulenz, Ausbildung von Licht- und Schattenblättern etc.).

Als drittes Stadium kann das **Regenerationsstadium** angesehen werden. Hier sind Arten bevorteilt, die zahlreiche attraktive Blüten mit schneller Pollenreifung entwickeln, die sich neben erfolgreicher generativer Reproduktion auch vegetativ reproduzieren können und weitere genetische Eigenschaften besitzen (Selbstfertilität, Ausbildung von Ökotypen, Anpassung an sich ändernde Artenzusammensetzungen in der Vegetationseinheit usw.), welche sie gegenüber anderen Arten auszeichnen.

Aarssen (1989) hat eine Zusammenstellung der wichtigsten Attribute erarbeitet, die zur Wettbewerbsstärke beitragen. Dabei geht er davon aus,

Kasten 4.3.5 Die Konkurrenzkraft steigernde Attribute von Pflanzen (nach Aarssen, 1989)

primäre Attribute

- bessere Wassernutzungsrate
- bessere Nährstoffnutzungsrate (N, P, K)
- bessere Lichtausnutzung
- höhere Attraktivität für Bestäuber
- höhere Attraktivität für Ausbreitungsorganismen
- stärkere Beeinträchtigung der Konkurrenten
- stärkere Beeinträchtigung der Konkurrenten durch Pollen
- Freisetzung toxischer Wirkstoffe in den Boden
- höhere Toleranzgrenze gegenüber Wassernutzung durch Nachbarn
- höhere Toleranzgrenze gegenüber Nährstoffnutzung durch Nachbarn
- höhere Toleranzgrenze gegenüber Lichtausnutzung durch Nachbarn
- höhere Resistenz gegen allelopathische Wirkstoffe
- Fruchtbarkeitsmaximierung durch Nutzung von Ressourcen, die die Nachbarn nicht nutzen

sekundäre Attribute

- höhere Wurzeldichte
- größere seitliche Wurzelausbreitung
- schnellere Aufnahme in Feinwurzeln
- größere Feinwurzeldichte
- höhere Wuchsform
- höherer Blattflächenindex
- größere seitliche Ausdehnung der Pflanze
- effektivere Blattausrichtung
- höhere Blütenzahl/-Dichte
- attraktivere Blüten
- höhere Zahl/Dichte der Früchte/Samen
- attraktivere Früchte/Samen
- höherer Laubfall
- effektivere Pollenallelopathie

tertiäre Attribute

- schnellere Ausbreitung
- frühere Keimung
- größerer Samendurchmesser
- höhere Photosyntheserate
- bessere Überangebotsnutzung
- effektivere Assoziation mit Mycorrhiza
- höhere Produktion toxischer Wirkstoffe
- höhere Resistenz gegen Pathogene oder Räuber
- höhere Toleranz gegenüber niedrigeren Temperaturen
- Fähigkeit, Pathogene oder Räuber zu Angriffen auf Nachbarn zu leiten
- höhere Resistenz gegen physische Störungen
- höhere Nutzungsrate anderer Ressourcen
- höhere Toleranzgrenze bei der Nutzung anderer Rerssourcen
- Langlebigkeit (durch Klonen)

Sowohl durch Beobachtungen im Freiland als auch durch Experimente unter kontrollierten Bedingungen sind zahlreiche Einsichten über Merkmale und Eigenschaften gewonnen worden, welche Pflanzen besonders konkurrenzstark machen. In der folgenden Tabelle sind diese Merkmale in eine hierarchische Ordnung gebracht worden, d.h. dass die aufgeführten „primären Attribute“ von den „sekundären Attributen“ abhängen und diese wiederum von „tertiären Attributen“ beeinflusst werden.

dass diese Merkmale miteinander verknüpft sind und hierarchisch angeordnet werden können (Kasten 4.3.5).

Experimentelle Ansätze zur Klärung von Konkurrenzphänomenen

Es ist schwer, die Rolle des Wettbewerbs in der Natur zu verstehen. Konkurrenz ist letztlich eine summarische ökologische Größe, die experimentell schwer zu erfassen ist. Dennoch gibt es eine Reihe von Versuchen zur Klärung des Wettbewerbs, da insbesondere die landwirtschaftliche Praxis – z. B. bei Problemen der Konkurrenz zwischen Anbaufrüchten und Segetalarten – nach Antworten suchte. Allerdings hat man, um die Komplexität einzuschränken, bei den Versuchsanordnungen meist nur zwei (oder wenige) Arten unter dem Einfluss nur weniger gesteuerter exogener Faktoren berücksichtigt.

Grundsätzlich kann man dabei nach Dierschke (1994) zwei verschiedene Wege wählen. Entweder werden aus bestehenden Beständen Arten oder ganze Schichten entfernt (oder hinzugefügt) und die sich einstellenden Effekte beobachtet. Mitunter sind jedoch auch auf nicht besiedelten Substraten in Feld- oder Gefäßversuchen bei teilweise gesteuerten äußeren Bedingungen (z. B. Wasser- oder Düngergaben) gleiche oder unterschiedliche Samen oder Jungpflanzen von meist nur zwei oder wenigen Arten ausgebracht und der Erfolg der einzelnen Art registriert worden. Verschiedentlich wird auch mit funktionellen Gruppen gearbeitet oder mit Phytometern, Zielarten, über deren Verhalten bereits viel bekannt ist.

Es fehlt nicht an Versuchen, Konkurrenzkraft zu quantifizieren. Growes und Williams (1975) konnten so z. B. zeigen, dass bei der gemeinsamen Einsaat von *Trifolium subterraneum* und *Chondrilla juncea* die Wurzelkonkurrenz gegenüber der Reinkultur zu einem Produktionsrückgang um 65 % führt, die Sprosskonkurrenz sich dagegen nur um 47 % auswirkt. Ein unter kontrollierten Bedingungen erfolgendes Messen ist für Konkurrenzeigenschaften jedoch sehr schwierig. Grime (1973) versucht deshalb über Wettbewerbsindices, in welche z. B. Pflanzenhöhe, Wuchsform und Lebensdauer der beteiligten Arten eingehen, Wettbewerbsstärke zu erfassen (siehe Kapitel 4.1.5.3).

Die relative Wüchsigkeit wird auch als Näherungswert für Konkurrenzkraft angesehen. Hierfür wird das Verhältnis aus den produzierten Trockensubstanzmengen der beteiligten, einzeln wachsenden Konkurrenten herangezogen. Bornkamm (1961) hat so z. B. die relative Wüchsigkeit und die Wettbewerbsspannung, die sich aus dem Verhältnis der dominierenden Arten zur Gesamtartenzahl ergibt, als geeignete Maße für die Beschreibung des Wettbewerberfolgs angesehen. Als weitere messbare Indikatoren werden die Zahl der keimfähigen Samen oder auch die je nach Fragestellung besonders fraktionierte Phytomassenproduktion angesehen, z. B. das Sprosss-Wurzel-Verhältnis (als Trockengewichtsmenge).

Unter den experimentellen Ansätzen zur Klärung zwischenartlicher Konkurrenz ist der Hohenheimer Grundwasserversuch das klassische Experiment, da er Grundzüge des Konkurrenzausschlusses, der Einnischung zur Konkurrenzvermeidung und der daraus abzuleitenden divergenten Entwicklung in Richtung der so genannten Stellenäquivalenz, also der so genannten Relativen Standortkonstanz, erkennen lässt. Insbesondere wird nachgewiesen, dass Pflanzen in der Natur nicht unbedingt

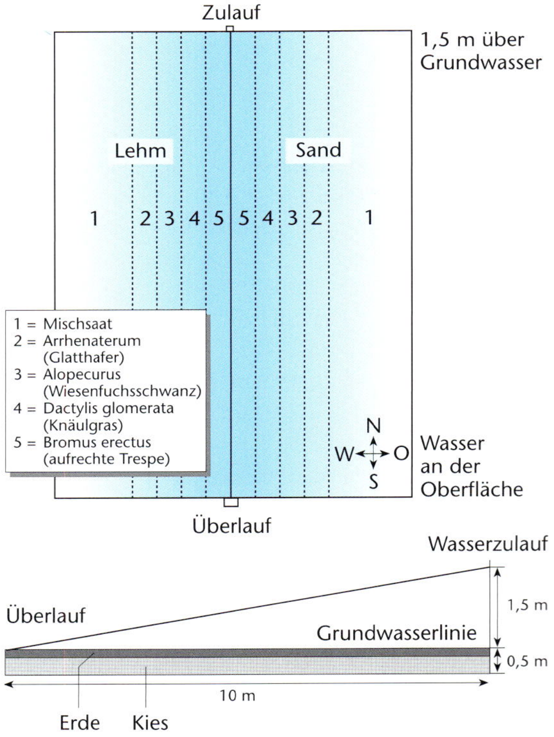

Abb. 4.3.21: Schema des „Hohenheimer Grundwasserversuchs" in Grundriss und Aufriss (nach Ellenberg 1953).

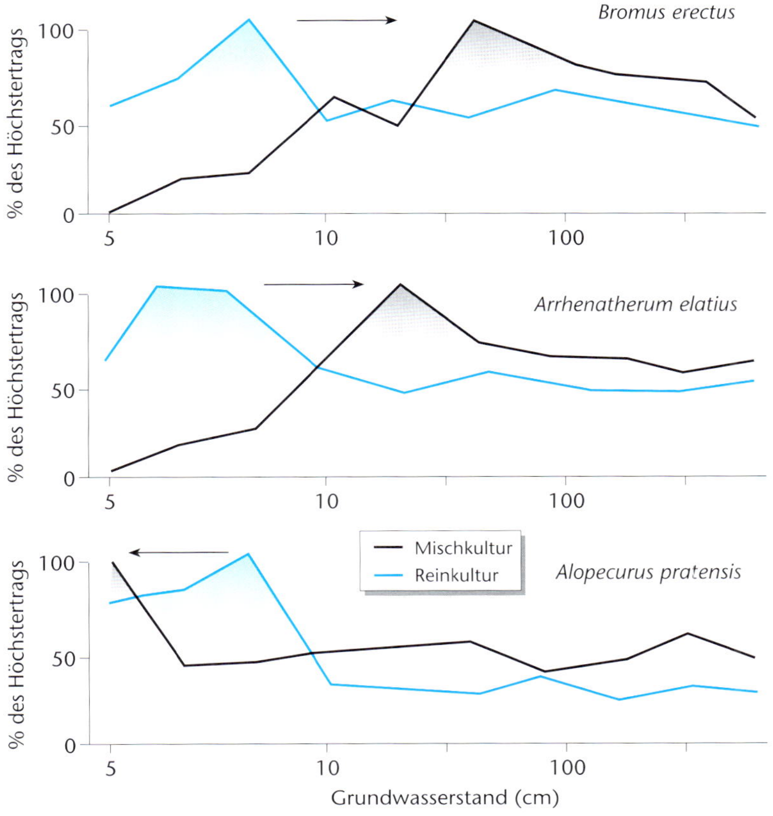

Abb. 4.3.22: Erträge der drei Wiesengräser Arrhenaterium elatius, Alopecurus pratensis und Bromus erectus in Rein- und Mischkultur bei unterschiedlicher Bodenfeuchte (nach Ellenberg 1953).

dort wachsen, wo ihre Ansprüche besonders vollständig und gut erfüllt sind (**physiologischer Bereich**), sondern dass sie sich mit konkurrierenden Arten auseinandersetzen und einem in der Regel kleineren Bereich begnügen müssen (**ökologischer Bereich**). Hier werden Beziehungen zur so genannten „fundamentalen" (entspricht der physiologischen) und zur realisierten Nische sichtbar (Howe und Westley 1993).

Der Versuch wurde in einem Becken mit geneigter Oberfläche angelegt, sodass sich bei gleicher Wassergabe verschiedene Grundwasserniveaus einstellten. Die zu bestellende Fläche wurde in vier Beete unterteilt, von denen drei mit Reinkulturen von drei Gräsern – einer Trockenrasenart (*Bromus erectus*), einer Art der Feuchtwiesen (*Alopecurus pratensis*) und einer der vermittelnden Glatthaferwiesen (*Arrhenatherum elatius*) – bestellt und eine als Mischkultur der drei Gräser angelegt wurde (Abb. 4.3.21). Als wichtigstes Ergebnis ist festzuhalten, dass in Reinkultur alle drei Grasarten am besten bei mittleren bis höheren Bodenfeuchtewerten wachsen, sich ihre Wuchsbereiche in Mischkultur jedoch deutlich verschieben. Nun erreicht nur *Arrhenatherum* bei relativ enger physiologischer Valenz unter diesen mittleren Bedingungen auch die höchsten Produktionsraten, *Alopecurus* erreicht im feuchten, *Bromus* im trockeneren Bereich die Hauptverbreitung. Die beiden Letzteren erreichen ihr ökologisches Optimum also unter physiologisch suboptimalen Bedingungen (Abb. 4.3.22).

Ellenberg schließt hieraus, dass eine Art dann stark voneinander abweichende ökologische und physiologische Optima besitzt, wenn sie besonders konkurrenzschwach ist und ausweichen muss. Er unterscheidet generell bei Pflanzen eine **physiologische Potenz** mit einem Potenzoptimum und einer Potenzamplitude, welche die genetisch festgelegte Reaktionsbreite gegenüber exogenen Einflüssen umfasst, sowie eine **ökologische Potenz** (entspricht dem ökologischen Optimum nach Walter, 1960, ist der tatsächliche Existenzbereich in der Natur) mit ebenfalls einem Optimumbereich.

In Anlehnung an die Ergebnisse Ellenbergs aus diesen Versuchen hat Dierschke (1994) verschiedene Möglichkeiten **ökologischer Potenz** und

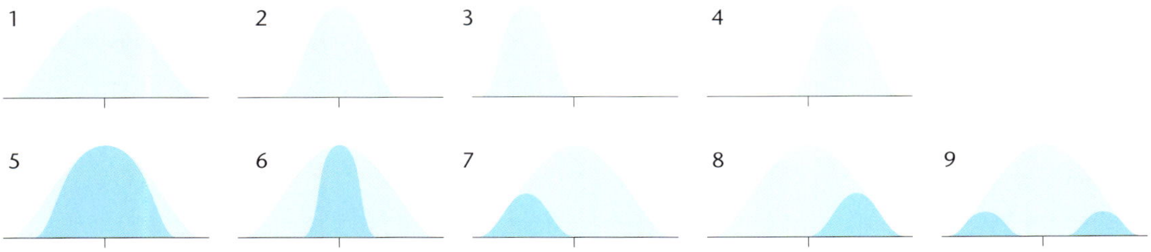

Abb. 4.3.23: Schema der denkbaren Lage der ökologischen Potenz (1–4) und Existenz (5–9) von Pflanzenarten in Bezug auf einen ökologischen Gradienten (Mittelwert markiert) (nach Dierschke 1994).

ökologischer Existenz (im Sinn von physiologischem und ökologischem Optimum) abgeleitet und graphisch dargestellt (Abb. 4.3.23). Bei den beiden ersten Fällen (oben) liegt das Optimum bei weiterer bzw. engerer Amplitude im mittleren Bereich, bei den beiden nächsten Fällen ist es in suboptimale Randbereiche verschoben. Die Konkurrenzkraft einer Art wird in den in der unteren Reihe skizzierten Fällen bei gleicher ökologischer Potenz durch die Lage des Existenzoptimums deutlich. Während die Fälle 5 und 6 durch annähernd kongruente Felder Konkurrenzstärke signalisieren, sind die übrigen Fälle eher Ausdruck von Konkurrenzschwäche, da die Felder von Potenz- und Existenzstärke stark voneinander abweichen.

Der Hohenheimer Grundwasserversuch und die hier wiedergegebenen Ergebnisse sind kritisiert worden, weil nur ein Standortfaktor – die Wasserversorgung – isoliert in seinen Auswirkungen betrachtet wurde, das Experiment also gegenüber natürlichen Verhältnissen stark vereinfacht ist und deshalb so weit reichende Schlüsse auf physiologisches Verhalten nicht erlaubt sind. Dem kann man entgegen halten, dass sich nur so überhaupt Aussagen zur Wirkung eines Faktors machen lassen. Jedenfalls zeigt dieses Experiment, dass aus dem Vorkommen von Pflanzen in ihren Vergesellschaftungen in der Natur nicht auf ihre physiologischen Ansprüche geschlossen werden darf. Die wichtige Differenzierung von ökologischer und physiologischer Potenz und Amplitude ist von Ellenberg auch als Grundlage in den im folgenden besprochenen Ökogrammen berücksichtigt worden.

Zeigerpflanzen, Zeigerwerte und Ökogramme

Die Ergebnisse experimenteller Konkurrenzversuche und empirischer Befunde aus der Vegetationskunde und der Landnutzung haben zur Entwicklung von einfachen Instrumenten für die Praxis geführt.

Schon seit langem werden insbesondere in der agrar- und forstwirtschaftlichen Praxis Pflanzen als **Zeiger** für standörtliche Bedingungen genutzt. Kalk- und Silikatzeiger, Staunässe oder Trockenheit ertragende Arten können als Beispiele angeführt werden (siehe Kapitel 2.3.8 und 3.4). Heute wird unter diesem Begriff in der Vegetationsökologie in erster Linie ein Instrumentarium verstanden, welches Ellenberg erstmals 1965 für Mitteleuropa vorstellte und das inzwischen verbessert und auch von anderen Kollegen für andere Räume entwickelt wurde (Landolt, 1977).

Den Pflanzen werden jetzt klimatisch bedeutsame und edaphisch wichtige Variable in so genannten Zeigerwerten zugeordnet (siehe Kapitel 2.3.8). Bei der Aufstellung der **Zeigerwerte** in relativen Skalen (eindimensionale Ordination) werden langjährige Erfahrungen genutzt; sie stützen sich nicht auf gemessene Werte, sind auch nicht experimentell überprüft. Nässezeiger sind dabei beispielsweise nicht unbedingt Nässe liebend, sondern nässetolerant. Entsprechendes gilt für andere Zeigereigenschaften. Ganz entscheidend ist aber, dass sich die Zeigerwerte der Pflanzen auf ihr ökologisches Verhalten beziehen, also unter den Bedingungen im Freiland und unter Konkurrenz. Es können also keine physiologischen Bedürfnisse der Pflanzen abgelesen werden. Ebenso wenig ist es möglich, aus den Zeigerwerten auf die Menge der jeweiligen Ressource zu schließen, wenngleich erste Hinweise mit den Zeigerwerten verbunden werden können. Am besten eignen sich als Zeigerpflanzen demnach stenöke Arten (die also einen engen qualitativen und quantitativen Bereich der jeweiligen Ressource anzeigen).

Ellenberg et al (1992) unterscheiden folgende Zeigerwerte:

- L = Lichtzahl, von 1 (Tiefschattenpflanzen) bis 9 (Volllichtpflanzen) in der Vegetationszeit unter voller Belaubung.
- T = Temperaturzahl, von 1 (Kältezeiger) bis 9 (extreme Wärmezeiger) in allen Höhenlagen von der nivalen Stufe bis in die Tiefebenen.
- K = Kontinentalitätszahl, von 1 (in hochozeanischen Räumen vertreten) bis 9 (auf kontinentalsten Standorten in Ostmitteleuropa) auf einem Kontinentalitätsgradienten
- F = Feuchtezahl, von 1 (Starktrockniszeiger) über 9 (Nässezeiger), 10 (Wechselwasserzeiger), 11 (Wasserpflanze) und 12 (submerse Wasserpflanze) im standörtlichen Gefälle zwischen trockenem Fels und freiem Wasser.
- R = Reaktionszahl, von 1 (Starksäurezeiger) bis 9 (Basen- und Kalkzeiger) einem pH-Gradienten des Bodens folgend.
- N = Stickstoffzahl, von 1 (stickstoffärmste Standorte) bis 9 (stickstoffreichste Standorte) im Gefälle des pflanzenverfügbaren Stickstoffs.
- S = Salzzahl, von 0 (nicht Salz ertragend) über 1 (Salz ertragend auf salzarmen Substraten) bis 9 (hypersalin, auf extrem salzhaltigen Substraten).

Durch die Angaben von B bzw. b wird bei einigen Arten noch die relative Schwermetallresistenz angegeben. Im Laufe der Zeit sind weitere Merkmale berücksichtigt worden, so z. B. von Landolt (1977) für den Humusgehalt und die Durchlüftung des Bodens. Hinzugefügt werden können auch Merkmale mit besonderem Praxisbezug wie etwa Futterwerte und Mahdverträglichkeit in Grünlandgesellschaften.

Das Instrumentarium der Zeigerwerte und Zeigerpflanzen ist wiederholt kritisch betrachtet worden. Bemängelt wird, dass viele wichtige standörtliche Beziehungen nicht berücksichtigt werden (weitere Nährelemente, Trittfestigkeit, Frostresistenz etc.), dass die ökologische Amplitude der Arten nicht beschrieben wird und dass insgesamt komplexe Zusammenhänge in nicht zulässiger Vereinfachung dargestellt werden und die Zeigerwerte Exaktheit suggerieren. Dabei wird oft vergessen, dass es sich bei diesen Werten nicht um Kardinalzahlen handelt, eine Mittelwertbildung deshalb nicht zulässig ist und alle mathematischen Berechnungen sehr vorsichtig interpretiert werden müssen. Es geht nicht um die Ansprüche der Arten, sondern um ihr ökologisches Verhalten.

Zeigerpflanzen und Zeigerwerte dürfen nicht als Messgeräte und -werte angesehen werden. Sie geben aber Hinweise auf Art und Größenordnungen wesentlicher Umweltvariablen und haben sich im Vergleich von standörtlichen Beziehungen im Raum oder auch bei zeitlichen Veränderungen als einfach und schnell zu handhabendes Instrumentarium erwiesen. Es hilft, praktische Probleme aus Bereichen wie **Bodennutzung** und **Bodenschutz**, passiver **Bioindikation**, **Naturschutz**, **Umweltüberwachung** und **Früherkennung von Umweltschäden** zu erkennen. Standörtliche Potentiale lassen sich mit Hilfe der Zeigerwerte der dort wachsenden Pflanzen näherungsweise umreißen. Ein konkretes Beispiel der Anwendung von Zeigerwerten (F-, N- und R-Werte) zeigt eine Folge von Waldkarten aus einem polnischen Waldgebiet in Abbildung 4.3.24. Auf einer nur knapp 10 ha großen Fläche wird mit Hilfe der ausgewählten Zeigerwerte (gemittelt aus Vegetationsaufnahmen und abgestuft nach 0.5-Schritten) eine sehr kleinräumige standörtliche Differenzierung sichtbar.

Ökogramme sind ebenfalls auf empirische Befunde gegründete Darstellungen. Mit ihrer Hilfe wird versucht, die „räumliche“ Nachbarschaft von Arten im Hinblick auf ausgewählte standörtliche Variable zu ermitteln. Da in der Regel zwei Variable ausgewählt werden, kann man auch von einer zweidimensionalen Ordination sprechen. In dem so zwischen diesen Variablen aufgespannten Raum werden die Konkurrenzverhältnisse dieser Arten (oder auch Pflanzengesellschaften) im Hinblick auf die ausgewählten Variablen sichtbar. Es wird dabei gleichfalls unterschieden zwischen den physiologisch bedingten Möglichkeiten (ökologische Potenz) und dem sich tatsächlich unter Konkurrenzbedingungen ergebenden Erfolg (ökologische Existenz).

Bei den Ökogrammen nach Ellenberg sind für den submontanen Bereich Mitteleuropas das Feuchtigkeitsangebot und die Bodenazidität als Variable herangezogen worden. Die Temperaturverhältnisse werden für diese Höhenstufe als weniger differenzierend angesehen. In Ökogrammen für einzelne Arten wird sichtbar, dass manche Arten auch tatsächlich den physiologisch optimalen Bereich (ökologischen Potenzbereich) besiedeln (z. B. die Buche), so dass ökologischer Potenzbereich und ökologischer Existenzbereich nahezu deckungs-

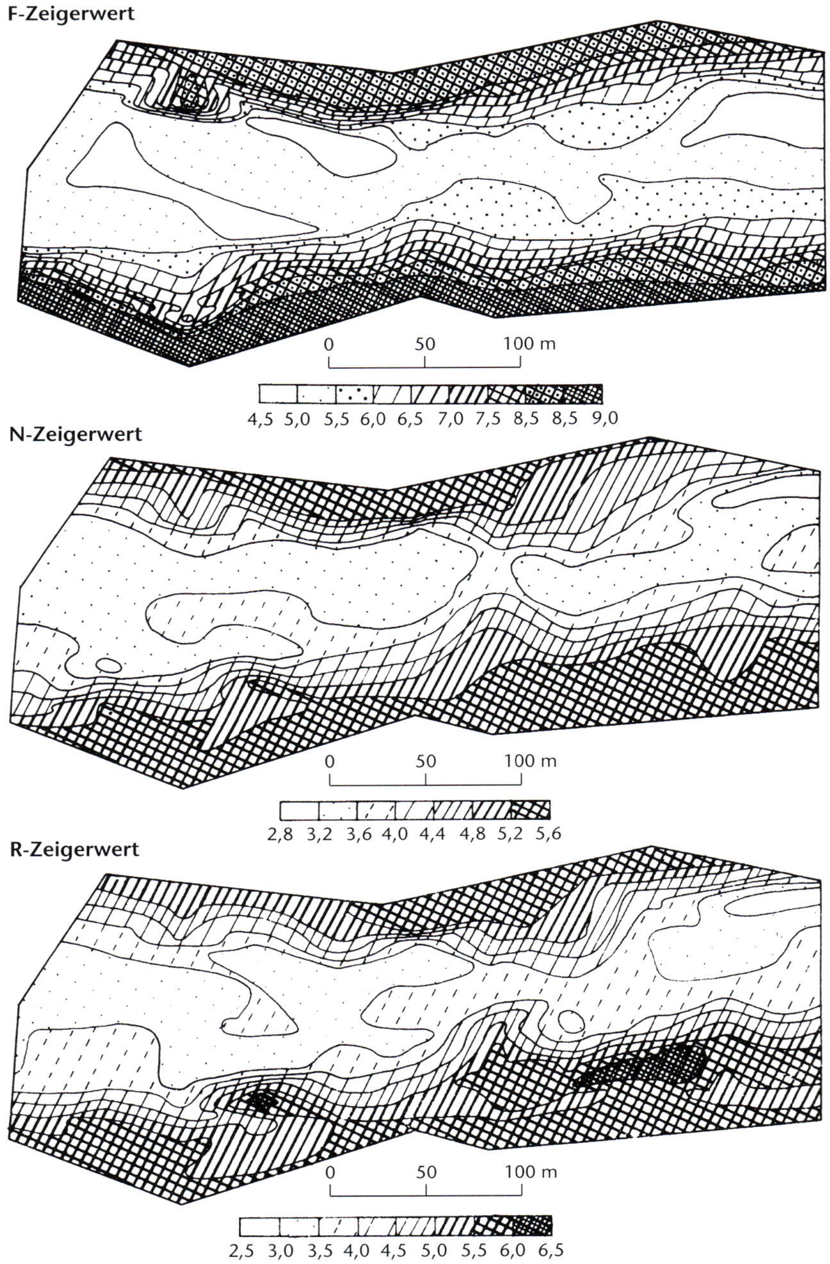

Abb. 4.3.24: Räumliche Bereiche von Zeigerwertabstufungen nach Vegetationsaufnahmen in polnischen Wäldern (F=Feuchtezahl, N=Stickstoffzahl, R= Reaktionszahl) (nach Degorski 1982 aus Dierschke 1994).

gleich sind. Andere Arten werden dagegen in physiologische Extrembereiche abgedrängt. Dies gilt z. B. für die Waldkiefer, die als Lichtkeimer in der Konkurrenz mit den Schatthölzern unterliegt (Kasten 4.3.6).

Das Muster der Verbreitung der mitteleuropäischen Waldbäume ist also einmal durch die ökophysiologische Konstitution der Bäume, zum anderen aber auch aus dem Konkurrenzverhalten gegenüber sympatrischen, im selben Raum vorkommenden Sippen zu verstehen. Die Konkurrenzverhältnisse, die unter diesen Annahmen zwischen den mitteleuropäischen, Wald bildenden Baumarten (submontane Stufe) insgesamt bestehen, zeigt Abbildung

Kasten 4.3.6 Einzelökogramme für ausgewählte mitteleuropäische Baumarten (nach Ellenberg et al 1992)

Für die wichtigsten mitteleuropäischen Baumarten hat Ellenberg Einzelökogramme entworfen, die vor allem im Vergleich zeigen, dass bei sehr ähnlichen standörtlichen Ansprüchen (sehr ähnlichem ökologischem Potenzbereich) die einzelnen Arten unterschiedlich erfolgreich sind und teilweise auf die äußersten Bereiche ihrer standörtlichen Ansprüche von konkurrenzstärkeren Arten verdrängt werden (ihren ökologischen Existenzbereich). Dabei ist hervorzuheben, dass in diesen Ökogrammen nur die Feuchtigkeit und die Bodenreaktion (als Maß für Nährstoffverfügbarkeit) berücksichtigt werden. Außerdem gelten sie nur für submontane Bereiche Mitteleuropas. Da es in diesen Räumen auch Standorte gibt, die für Baumwuchs zu trocken bzw. zu feucht sind, wurden auch diese beiden Grenzen berücksichtigt.

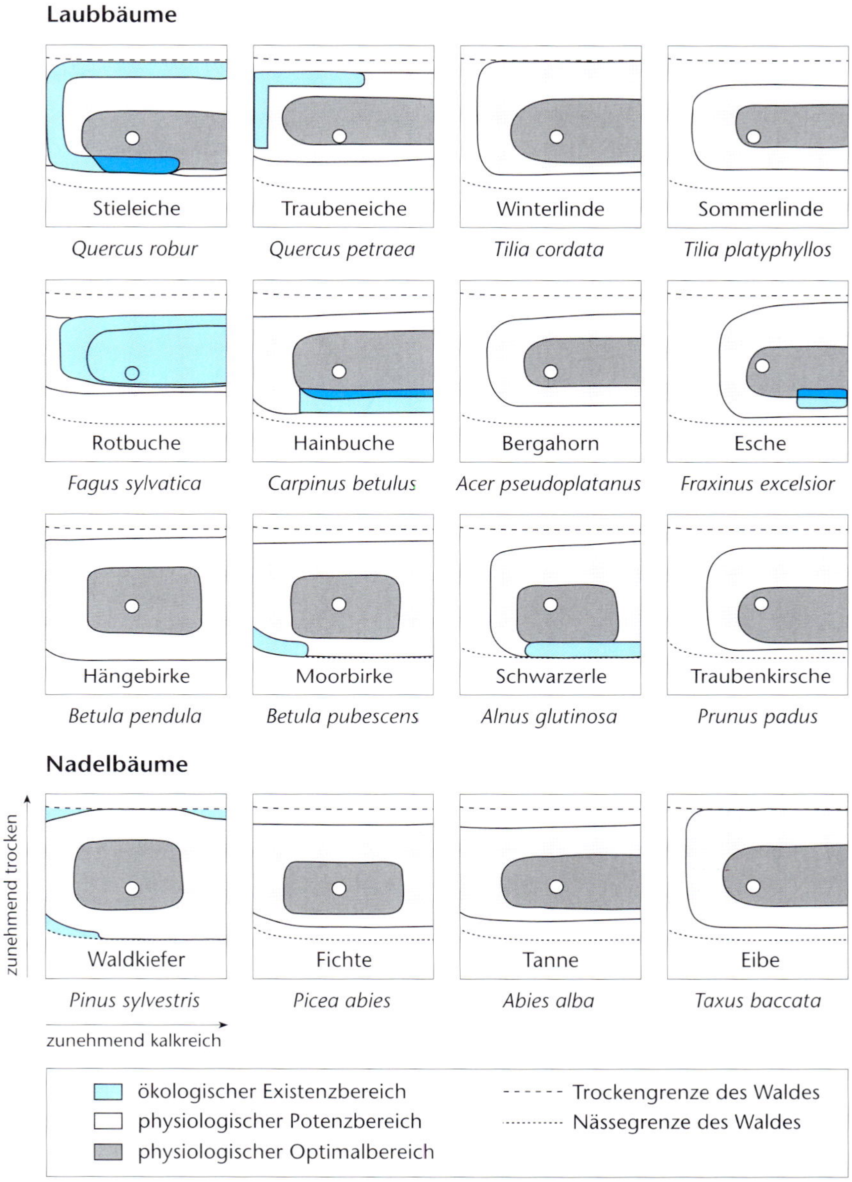

4.3.25. Vergleichbare Darstellungen gibt es auch für Grünlandgesellschaften (Abb. 4.3.26). Schließlich lassen sich auch Ökogramme nach Felddaten konstruieren. Dies wurde von Böcker et al. (1983) für süddeutsche Waldgesellschaften nach den Daten von Oberdorfer (1957) gemacht. Dabei fanden die numerischen Werte für die Feuchte- bzw. Reaktionszahl, die so genannten Zeigerwerte nach Ellenberg et al (1992), Verwendung (Abb. 4.3.27). Dieses konstruierte Ökogramm bestätigt weitgehend das von Ellenberg für die mitteleuropäischen Waldbäume entworfene in Abbildung 4.3.25.

Abb. 4.3.25: *Ökogramm der waldbildenden Baumarten in der submontanen Stufe Mitteleuropas (nach Ellenberg 1978 aus Glavac 1996).*

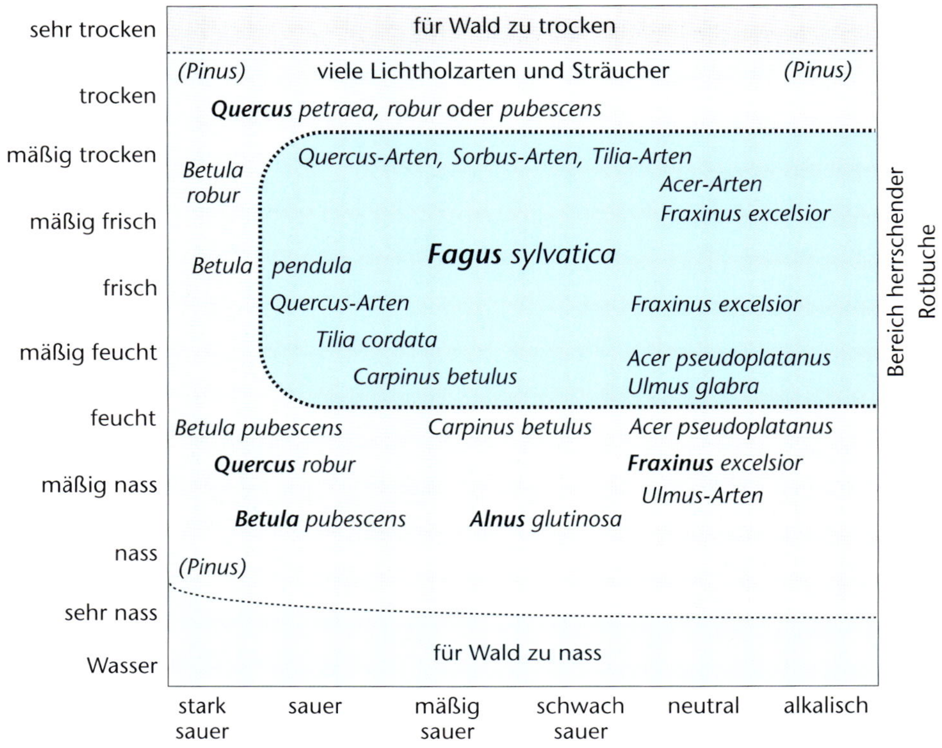

Abb. 4.3.26: *Ökogramm der Verbände ungedüngter Wiesengesellschaften in der submontanen Stufe Mitteleuropas (nach Ellenberg 1978 aus Glavac 1996).*

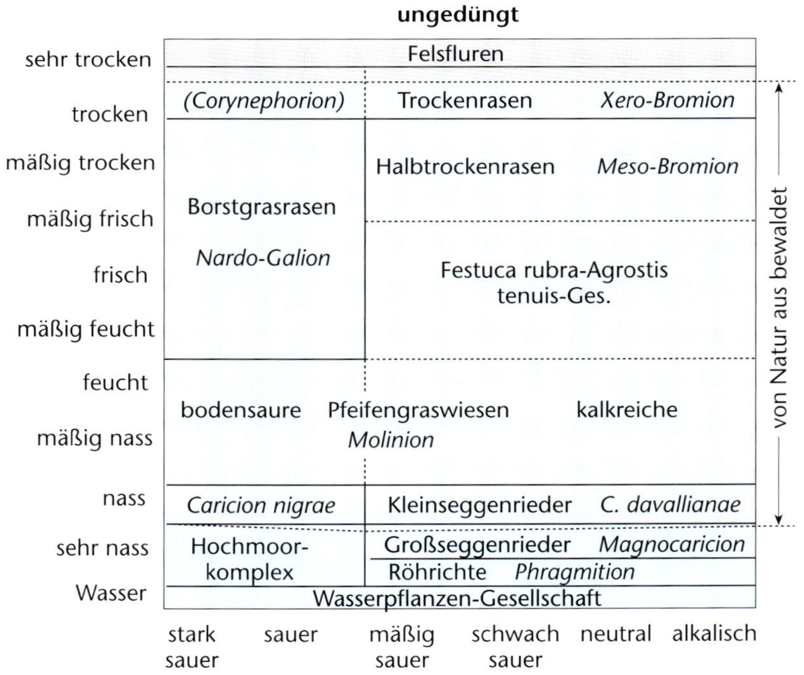

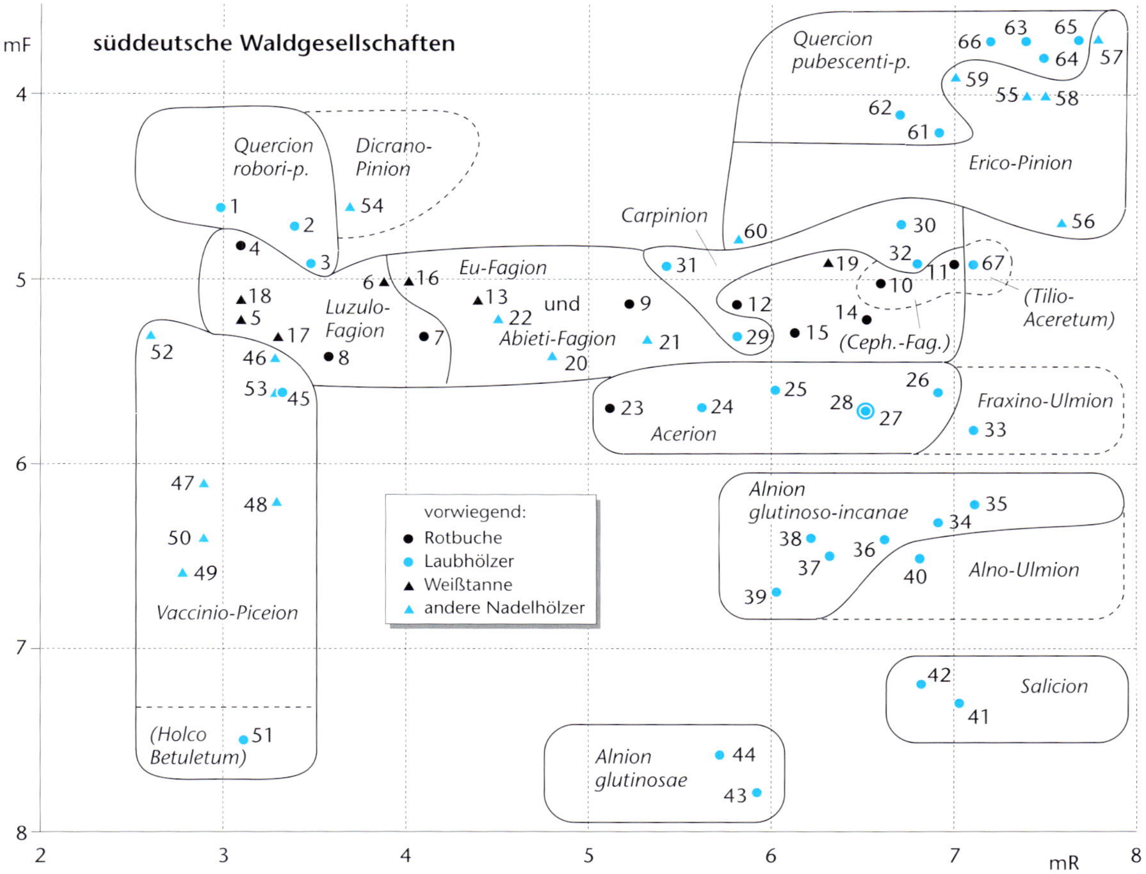

Abb. 4.3.27: Ökogramm auf der Basis der Feuchte- und Reaktionszeigerwerte für von Oberdorfer 1957 beschriebene Waldgesellschaften Süddeutschlands (nach Böcker et al aus Glavac 1996).

Modellvorstellungen zur intra- und interspezifischen Konkurrenz

Neben gezielten Beobachtungen, empirischen Befunden aus Experimenten und der Identifizierung einzelner, die Konkurrenz stärkender Eigenschaften sind auch Versuche unternommen worden, Modelle zu entwickeln, welche die Konkurrenzmechanismen erklären und verstehen helfen. Von diesen Modellvorstellungen soll hier nur nochmals auf zwei besonders wichtige hingewiesen werden, die bereits im Rahmen der Betrachtungen zur Vegetationsdynamik angeführt wurden (vgl. Kapitel 4.1.5.3), die Vorstellungen von Grime (1974, 1979) und Tilman (1977, 1982).

In dem **Drei-Strategien-Modell** von Grime wird schon sichtbar, dass sich bei geringer Störungsrate und niedrigem Stress die **Konkurrenzstrategen** (*competitors*) durchsetzen. Sie sind konkurrenzstark, weil sie die verfügbaren Ressourcen besonders gut ausnutzen können. Sie sind ausdauernd, doch weder bei Stress noch bei Mangelversorgung (Licht, Wasser) konkurrenzfähig. Da es zahlreiche Standorte mit zwar unterschiedlichem, aber hohem Stress gibt, sind dort nur **stresstolerante Arten** überlebensfähig (*stress-tolerants*). Besonders gut an Störungen sind die **Ruderalstrategen** (*ruderals*) angepasst, weil sie schnell neue, noch konkurrenzfreie Standorte besiedeln können.

Wettbewerb ergibt sich somit nach Grime (1979) und Grime et al (1988) besonders dann, wenn Pflanzenarten oder -individuen eng benachbart dieselbe, begrenzte Menge Licht, Wasser, Ionen oder auch Raum nutzen wollen. Grime geht darüber hinaus davon aus, dass bei günstigen standört-

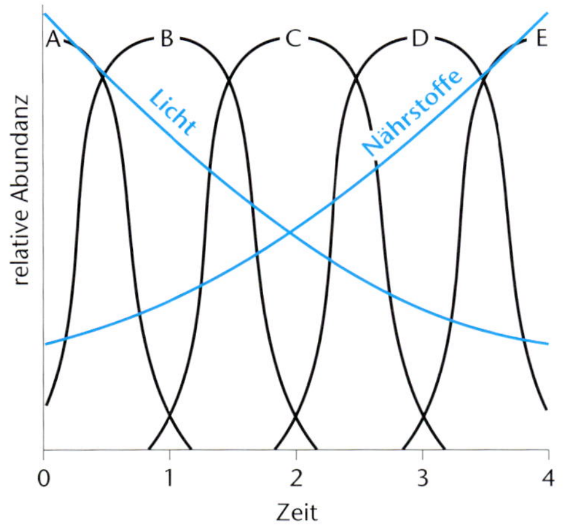

Abb. 4.3.28: Schema der relativen Abundanz von licht- bzw. nährstofflimitierten Arten (A–E) in zeitlicher Abfolge (nach Tilman 1994).

lichen Bedingungen die Produktivität einer Pflanzengemeinschaft steigt, es also viele besonders produktive Pflanzen gibt und deshalb auch unter diesen Pflanzen die Konkurrenz besonders hoch ist. Daraus folgt, dass zwischen Arten, die unter ungünstigen Bedingungen nur langsam wachsen und auch nur geringe Ansprüche haben, auch die Konkurrenz nur gering ist. Konkurrenzintensität wächst also mit steigender Produktivität. Dies gilt vor allem für Standorte, an denen oberirdische Konkurrenz vorherrscht. Auf unproduktiven Standorten wächst die unterirdische Konkurrenz (Wurzelkonkurrenz).

Nach Tilman gibt es an jedem Standort eine lebenswichtige, nur begrenzt vorhandene Ressource, um die die Arten konkurrieren. Sind es die Nährstoffe, so versuchen Pflanzen eine größere Wurzelmasse auszubilden, konkurrieren also stärker im Wurzelbereich. Ist es das Licht, so wird mehr in Spross- und Blattwachstum investiert. Dergestalt konkurrierende Arten können sich auch zeitlich ablösen (Abb. 4.3.28). Aus diesen auch experimentell belegten Überlegungen leitet Tilman sein ***resource-ratio*-Modell** ab, für welches fünf Formen einer konkurrenzabhängigen Besiedlung formuliert werden (siehe Kapitel 4.1.5.3).

Während Grime stets den totalen Wettbewerbseffekt betrachtet und annimmt, dass Konkurrenz an produktiven Standorten größer ist, sieht Tilman den Wettbewerb also spezifischer. Er betont auftretende Engpässe für pflanzliche Produktion und allocationsbedingte Verbesserungen, mit welchen Pflanzenarten und -individuen auf Engpässe antworten können. Arten, die ihre Bedürfnisse am weitesten herunterschrauben können, werden im Wettbewerb letztlich gewinnen.

Die hier skizzierten Gegensätze sind tatsächlich nicht so groß wie oft betont, kommt es doch sehr darauf an, ob man den gesamten Wettbewerbseffekt oder einzelne Prozesse und Mechanismen betrachtet, und ob man den Gesamtartenbestand oder einzelne Pflanzenarten betrachtet. Tilman hat 1994 auch ein mathematisches Modell zur Erfassung von Nachbarschaftseinflüssen einer Pflanze und Ausbreitungsmuster in Konkurrenzsituationen entwickelt. Als ein wichtiges Ergebnis kann hieraus abgeleitet werden, dass Koexistenz vieler Arten und Individuen nicht nur möglich, sondern geradezu die Regel ist (siehe die folgenden Abschnitte zur Koexistenz).

Das Konzept der ökologischen Nische

Ein anregendes, Konkurrenz und Koexistenz verbindendes Konzept ist mit dem Begriff der „ökologischen Nische" verknüpft. Das **Nischenkonzept** ist insbesondere im Zusammenhang mit Fragen der **Koexistenz** von Organismen entwickelt und im Laufe der Geschichte auch mehrfach modifiziert worden. Mit ihm ist ein im engeren Sinn synökologisches Phänomen betroffen, das Zusammenleben von Individuen und Arten in Lebensgemeinschaften. Es wird als wichtig erachtet, da es Verbindungen zwischen verschiedenen Bereichen der Ökologie erlaubt.

Zunächst wurde unter Nische nur das Habitat verstanden. Gefragt wurde allerdings schon, ob alle Habitate in den zu beobachtenden Lebensgemeinschaften auch besetzt sind und ob mehrere Arten dasselbe Habitat besetzen können. Beziehungen werden zwischen ökologischer Valenz von Arten und dem Ressourcenpotential ihres Lebensraums gesehen. Räumliche Dimensionen spielen ebenso eine wichtige Rolle wie Ernährungsgrundlagen.

Im Nischenkonzept von Elton (1927) ist auch die Koexistenz von Arten in einer Nische möglich, sobald sich diese Arten in ihren Ansprüchen deutlich unterscheiden, ansonsten aber zusammenhängen, z. B. über die Nahrungskette. Auch er sieht die Nische als ein Mikrohabitat, verknüpft mit ihr aber schon funktionale Aspekte. Er nimmt an, dass es in jedem Ökosystem sehr ähnliche Nischen gibt, die zwar von verschiedenen Arten besetzt sein können,

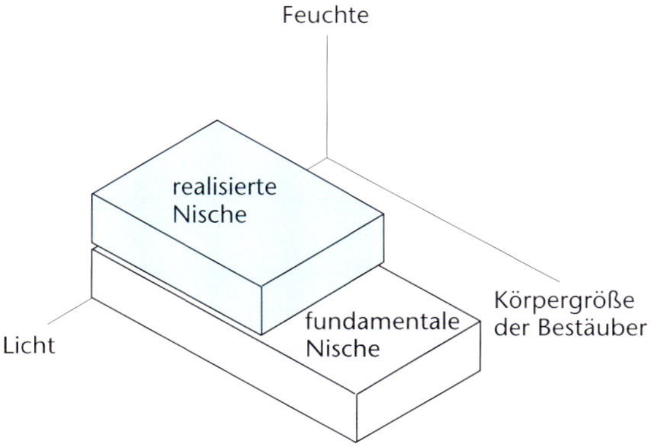

Abb. 4.3.29: Schematische Darstellung der Nische einer Pflanzenart mit den Ressourcen Feuchte, Licht und Größe der Bestäuber (nach Howe und Westley 1993).

jedoch die gleiche Funktion ausüben. Elton spricht hier vom „Beruf" der einzelnen Art, heute wird dies als **Stellenäquivalenz** bezeichnet. Schließlich sieht er nicht nur die Umweltansprüche der Organismen in einer Nische sondern viel mehr den Einfluss, den sie auf ihre Umwelt haben, insbesondere im Hinblick auf die Ressourcennutzung.

Hutchinson (1957, 1978) hat ein weiteres Nischenkonzept vorgestellt. Er löst sich sehr stark von den missverständlichen Zusammenhängen mit räumlichen Dimensionen und definiert Nische als Summe aller Umweltfaktoren, die auf einen Organismus wirken. In einem n-dimensionalen Koordinatensystem, in welchem jede Achse einen Umweltfaktor abbildet, kann man einen virtuellen Lebensbereich abgrenzen, in welchem ein Lebewesen aufgrund seiner Ansprüche existieren und agieren kann (Cody 1991). Diese **ökologische Nische** bietet die nötigen Kombinationen abiotischer und biotischer Faktoren. Nische ist also ein Beziehungssystem, in welchem der Organismus eine Planstelle einnimmt („Beruf", Rolle, Status, Adresse) und darf weder mit einem konkreten räumlichen Ausschnitt (z. B. Ökotop) noch mit den standörtlichen Verhältnissen verwechselt werden. Der Nischenbegriff soll vielmehr zeigen, dass jeder Organismus in einem Ökosystem seinen bestimmten Platz hat und dort seine bestimmte Rolle spielt, eine bestimmte Funktion ausübt. In einem solchen System können sich neue Arten nur ansiedeln, wenn eine Nische frei wird.

Konkurrenz entsteht in einer solchen ökologischen Nische dann, wenn sich mehrere hier existierende Lebewesen eine möglicherweise eng begrenzte Ressource streitig machen. Unter diesem Aspekt wurde es nötig, die **fundamentale** und die **realisierte Nische** zu unterscheiden. Erstere bezeichnet die Nische, in welcher einem Lebewesen alle Ressourcen uneingeschränkt zur Verfügung stehen, es diese auch nutzt und die damit verknüpfte Funktion voll erfüllt. Die realisierte Nische ist der Bereich, den Lebewesen tatsächlich einnehmen, indem sie sich bestimmte Ressourcen teilen bzw. bestimmte Funktionen in sich ergänzenden Teilen übernehmen. Erläutert wird dies in Abbildung 4.3.29 (aus Howe und Westley. 1993), in welcher schematisch die Nische einer Pflanze dreidimensional und damit drei ausgewählten Ressourcen entsprechend dargestellt ist. Jeder Punkt in dem sich aus den Variablen Licht, Feuchte und Größe von bestäubenden Bienen ergebenden virtuellen Raum (a) repräsentiert eine Anordnung von Bedingungen, unter denen die Pflanze überleben und sich fortpflanzen kann. In (b) ist dieser Raum geschrumpft, da die Bienen auch andere Pflanzen bestäuben, somit diese Ressource geteilt werden muss. Der somit kleinere Raum repräsentiert die reale Nische.

Bei interspezifischer (zwischenartlicher) Konkurrenz wollen mehrere Arten dieselbe ökologische Nische nutzen, müssen sich jedoch mit der zu realisierenden Nische begnügen. Hieraus folgt, dass bei mehreren konkurrierenden Arten die jeweils realisierte Nische kleiner wird. Im Gegensatz dazu ist bei intraspezifischer Konkurrenz (Wettbewerb innerhalb einer Art) und der damit verbundenen Stärkung der betroffenen Art eher an eine Konsolidierung bzw. sogar Ausweitung der realisierten Nische zu denken. Es wird allerdings auch angenommen, dass es zu einer Überlappung von Nischen kommen kann. Nach Schoener (1985) ist diese Überlappung nur gering, wenn sich die konkurrierenden Arten bereits in länger zurückliegenden Zeiten „arrangiert" haben. Wenn jedoch aktuell in Kleinhabitaten große Konkurrenz (etwa um Nährstoffe) besteht, so ist auch mit großer Nischenüberlappung zu rechnen. Großräumig wird dagegen in ressourcenreichen diversen Habitaten auch bei großer Konkurrenz die Überlappung gering bleiben. In jedem Fall ist die aktuelle Nische Produkt inner- und zwischenartlicher Konkurrenz. Nach Dierschke (1994) ist die Nischenstruktur einer Pflanzengesellschaft Ergebnis langer evolutiver Anpassungen im Sinne einer **Synevolution**. Auch ohne **Ni-**

schendifferenzierung kann Wettbewerb in der Vergangenheit wichtig gewesen sein. Bei Nischendifferenzierung wird interspezifischer Wettbewerb reduziert, intraspezifischer kann an Bedeutung gewinnen.

Um den multidimensionalen, theoretischen Nischenbegriff praktikabler zu machen, hat Grubb (1977) Teile der ökologischen Nische herausgegriffen. So unterscheidet er Habitats-, Lebensformen-, Regenerations- und phänologische Nische. **Habitatsnischen** sind physisch und chemisch charakterisiert, die **Lebensformennische** hat enge Bezüge zur Produktion, die **Regenerationsnische** umfasst alle Voraussetzungen für die Fortpflanzung und die **phänologische Nische** ist durch die zeitliche Entwicklung bestimmt. Bei Arten, die zu verschiedenen Zeiten am selben Ort blühen und sich denselben Pollinator teilen, wird von **zeitlicher Einnischung** gesprochen, dasselbe gilt für die Frühjahrsgeophyten in den nemoralen Wäldern im Hinblick auf den Lichtgenuss.

Benutzt werden auch Begriffe wie **räumliche Nische** (z. B. ein mit Flechten und Moosen besetzter Stein in einem Wald) oder **strukturelle Nische** (z. B. Lebensraum im Totholz). Unterschieden werden Ernährungsnischen und Brutplatznischen, Art- und Individualnischen. Diese Begriffsinflation hat dazu beigetragen, dass das Nischenkonzept vielfach kritisiert wird. Gegenwärtig wird an das Konzept der ökologischen Nische, welches die Diskussion über grundlegende Fragen der Konkurrenz und Koexistenz bereichert hat, im Zusammenhang mit Invasoren (Neophyten) und der Frage „unbesetzter Planstellen" erinnert. Eine besondere Bedeutung wird hierbei dem Konkurrenzausschlussprinzip nach Gause (1934) zugemessen. Es besagt, dass in einem Lebensraum zwei Arten mit identischen Ansprüchen nicht koexistieren können. Als Gegenargument gilt hier jedoch die vielfach nachgewiesene **Nischenüberlappung** von Arten. Wie die Nischenfrage, so leitet auch das Stichwort des Konkurrenzausschlussprinzips zu grundlegenden Aspekten der Koexistenz über.

Tabelle 4.3.6: Zusammenstellung der oft zitierten Mechanismen für die Koexistenz von Pflanzen in natürlichen Pflanzengesellschaften (nach Hulme 1996)

Kurzbezeichnung der Theorie	Allgemeine Beschreibung	Wichtigste Annahmen	Autor
a) Wettbewerb um Ressourcen			
Ressourcenteilung	Arten unterscheiden sich in ihrer Fähigkeit, Ressourcen zu nutzen	Trade-offs bei den Fähigkeiten, um zwei oder mehr begrenzende Ressourcen zu konkurrieren	Tilman (1982)
räumliche Heterogenität	In einem von zahlreichen Microhabitaten verdrängt jeweils eine Art alle anderen	Es gibt gleichviele Arten und Microhabitate	Pacala und Roughgarden (1982)
Nachbarschaftseffekte	Intraspezifische räumliche Aggregierung stärkt intraspezifische Konkurrenz und erleichtert Koexistenz	Geklumpte Verbreitung beteiligter Pflanzenarten	Pacala (1986)
Zeitliche Heterogenität	Wichtige Arten konkurrieren zu verschiedenen Zeiten	Gesellschaften bestehen aus Pionieren und langlebigen Arten	Warner und Chesson (1986)
b) Wettbewerb durch Nischenteilung			
Regenerationsnischen	Kein Konkurrenzausschluss, weil Arten in Regenerationsansprüchen differieren	Viele verschiedene Microhabitate	Grubb (1977)
Störung	Artenreichtum ist am höchsten bei mittlerem Störungsniveau	Habitatproduktivität und Störungsintensität sind umgekehrt proportional	Grime (1973)
Lotteriemodell	Samen besiedeln zufällig freiwerdende Microhabitate und sind stark genug, um weitere Kolonisation zu sichern	Langlebende, fruchtbare Arten; Kolonisation ist Funktion der Samenproduktion	Sale (1977)

Konkurrenzausschluss oder Koexistenz?

Aus dem **Konkurrenzausschlussprinzip** von Gause (1934) folgte,dass Arten mit identischen ökologischen Ansprüchen im selben Lebensraum nicht nebeneinander existenzfähig sind. Hieraus folgt, dass sympatrische Arten ökologisch differenziert sein müssen und deshalb nicht miteinander konkurrieren.

Lotka (1932) und Volterra (1926) hatten bereits früher Modelle entwickelt, die dieses Prinzip mathematisch stützen. Sie gehen davon aus, dass jedes weitere Individuum, das zu einer bestehenden Population (oder Lebensgemeinschaft) hinzukommt, die Existenz- und Wachstumsbedingungen insgesamt verschlechtert. In diesem Wettbewerbsmodell werden die Wachstumsraten von zwei Arten in ihren Dichten durch eine Gleichung zueinander in Beziehung gesetzt. Zwar hat Gause seine Vorstellungen mit Paramecien erarbeitet, Entsprechendes wird aber auch für Pflanzenarten angenommen, die zu einer bestehenden Pflanzengesellschaft hinzukommen (Law und Watkinson 1989).

Insbesondere Aarssen (1983) hat sich mit diesem Konkurrenzausschlussprinzip auseinandergesetzt. Er postuliert, dass eine Voraussetzung für den Konkurrenzausschluss sehr lange Zeiträume mit sehr konstanten Bedingungen sind. Diese sind aber wegen der andauernden Umweltdynamik nicht gegeben. Endogene Entwicklungen und exogene Störungen führen laufend zur Bildung neuer Nischen, die konkurrierenden Arten Koexistenz ermöglichen und den Konkurrenzausschluss verhindern. Permanente Nischendifferenzierung ist ein wichtiger Prozess. Schließlich führen die die negativen Konkurrenzeinflüsse übertreffenden positiven Interaktionen zu einem (dynamischen) Nebeneinander von Individuen und Arten, zur **Koexistenz**.

Aarssen (1983, 1989) entwickelte drei Hypothesen, die einen Ausschluss durch Konkurrenz vermeiden und damit die Koexistenz gewährleisten. Bei der ersten ist das Verhältnis von Angebot und Bedarf für die Existenz der Arten entscheidend. Ausschluss ist nur möglich, wenn das Angebot kleiner als der Bedarf ist. Die zweite bezieht sich auf die begrenzten Ansprüche, die mehrere Arten auf dieselbe Ressource haben. Konzentrieren sich die Bedürfnisse der Arten auf eine bestimmte Ressource, so ist Ausschluss die Folge, nicht aber, wenn diese Ressourcen ganz verschieden sind. Die dritte Hypothese bezieht sich auf die Wettbewerbsstärke. Ist diese gleich oder ähnlich, so ist wiederum Koexistenz möglich. Diese drei Hypothesen sind die Bausteine seiner **generellen Evolutionstheorie** zur Koexistenz. Seine *„ecological combining ability“* (**Nischendifferenzierung**) und *„competitive combining ability“* (**Wettbewerbsstärke**) zielen ganz auf die evolutive Seite der standörtlichen und der genetischen Bedingungen, die für das Zusammenleben von Organismen bedeutend sind. Der klassischen Theorie des Konkurrenzausschlusses wird eine moderne gegenübergestellt, in welcher räumliche und zeitliche Skalen bei gleichen Wettbewerbseigenschaften für Koexistenz beachtet werden. Gerade die Verschiedenheit demographischer Prozesse ist wenig beachtet worden, ebenso eine Aufteilung der Nischen unter Aspekten der *patch*-Dynamik oder der Sukzession bzw. Regeneration.

Hulme (1996) hat weitere theoretische Ansätze zur Erklärung von Koexistenz zusammengestellt (Tabelle 4.3.6). Sie lassen sich gruppieren in solche, bei denen der Wettbewerb durch die Ressourcen gesteuert wird, und solche, bei denen der Wettbewerb in engem Zusammenhang mit dem Konzept der ökologischen Nische und der Nischendifferenzierung („friedliche Nischenteilung“) gesehen wird. Die aus den siebziger bis achtziger Jahren stammenden Ergebnisse werden bis heute diskutiert und zeigen, dass übereinstimmende Theorien bzw. eine endgültige Klärung der Zusammenhänge zwischen Konkurrenz und Koexistenz noch nicht erreicht sind.

Ein Neben- und Miteinander von Pflanzen ohne gegenseitige Beeinflussung ist auszuschließen. Konkurrenz ist aber nicht allein entscheidend, da ganz offensichtlich viele Arten nicht miteinander konkurrieren, sondern koexistieren. Konkurrenz und Koexistenz dürfen dabei auch nicht als Gegenpole aufgefasst werden. Koexistenz kann sowohl dadurch erreicht werden, dass Konkurrenz vermieden wird, als auch dadurch, dass Stress ertragen wird.

Experimente und Belege zur Koexistenz

In mehreren Publikationen haben Gigon (1994) und Gigon und Ryser (1996) versucht, experimentell positive Interaktionen zwischen Pflanzen zu belegen und darüber hinaus wichtige Beispiele nachgewiesener und vermuteter positiver Beeinflussung aufzulisten. Dabei wird die fakultative oder obligate Beziehung zwischen zwei Partnern dann als positiv bezeichnet, wenn zumindest einer der beiden eine Förderung und der andere keine Hemmung erfährt.

Abb. 4.3.30: Schema der Interaktionen zwischen sieben Pflanzenarten, der Feldmaus (Microtis arvalis), dem Krebspilz (Sclerotina trifolium), Rhizobium, Mycorrhiza, Bestäubern und Ausbreitern in einem Trespen-Halbtrockenrasen (nach Gigon 1994).

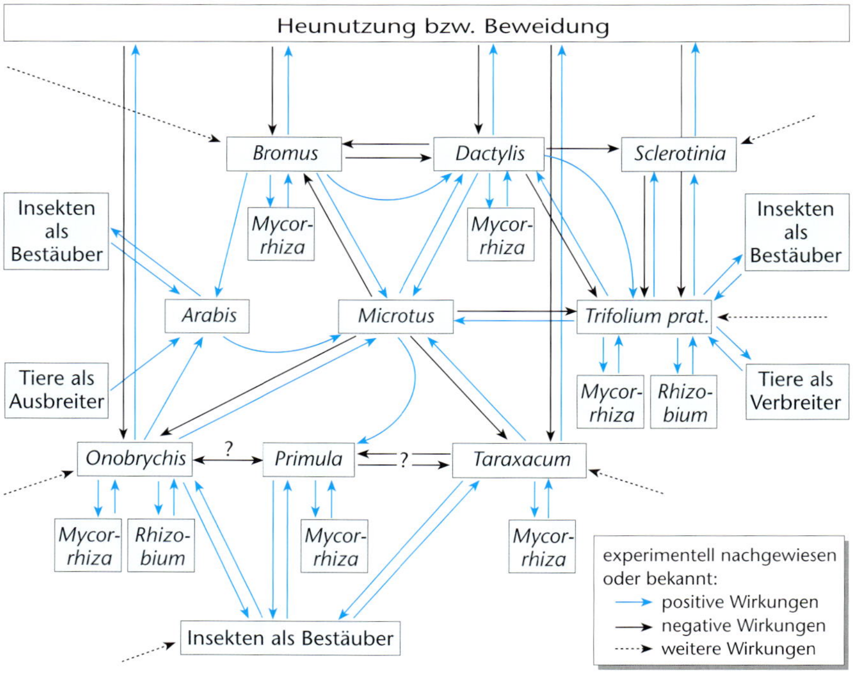

Dabei ist zu beachten, ob es sich um Beziehungen zwischen Individuen, Populationen oder Arten handelt. Der zeitliche Rahmen umfasst nur die aktuelle oder allenfalls die folgende Generation, wenn dieser indirekt eine günstige Lebenssituation geschaffen wird. Der räumliche Rahmen ist durch die Lebensgemeinschaft und ihren Standort (Ökosystem) sowie durch direkt benachbarte Systeme gegeben.

Am Beispiel eines Trockenrasens in der Schweiz wird die Frage verfolgt, wie es bis zu 40 verschiedene Pflanzenarten schaffen, auf nur einem Quadratmeter zusammenzuleben ohne dass negative Wirkungen, also Konkurrenz, die Zahl der Arten drastisch reduzieren. (Abb. 4.3.30). Erklärt wird dies durch die zahlreichen positiven Interaktionen, welche belegen, dass sich diese Pflanzenarten auch gegenseitig brauchen. In einem Schema wird nur ein Ausschnitt des betrachteten Systems näher auf seine Interaktionen hin skizziert, wobei sich bei nur sieben ausgewählten Pflanzenarten, der Feldmaus und dem Kleekrebspilz sowie *Rhizobium*, Mykorrhiza, Pollinatoren und Ausbreitern bereits ein dichtes Geflecht überwiegend positiver direkter oder indirekter Zusammenhänge zwischen den beteiligten Partnern ergibt.

Eine direkte positive Wirkung geht z. B. von **Ammenpflanzen** aus, solchen adulten Individuen, die – Schatten spendend oder mit Stacheln bewehrt – empfindliche Keimpflanzen der eigenen oder anderer Arten schützen. Indirekt wäre ein positiver Einfluss dadurch gegeben, dass eine konkurrierende Art durch eine Krankheit oder einen Herbivoren beseitigt wird. Eine indirekte Förderung erfährt z. B. *Trifolium pratense* in Mischkultur mit *Dactylis glomerata*, da das Gras eine Barriere für den Kleekrebspilz darstellt. Darüber hinaus profitiert *Dactylis* von einer besseren Stickstoffversorgung. Grundsätzlich kann auch eine kurzfristig negative „Fraßbeziehung“ für Weidepflanzen langfristig positiv sein. Als Ammenpflanzen können generell pflanzliche Individuen gelten, die anderen Schutz gewähren (Abb. 4.3.31).

Als direkte positive Beeinflussungen zwischen zwei Pflanzenarten (aus Grünlandgesellschaften Mitteleuropas) ohne Beteiligung anderer Organismen werden angeführt:

- physische Unterstützung durch benachbarte Pflanzen (z. B. für Epiphyten, Lianen oder als Schutz vor Windbruch);
- Festigung mobiler Substrate (z. B. Schuttstauer auf Schuttfluren);

Abb. 4.3.31: Eine relativ robuste Polsterpflanze in ecuadorianischen Paramogesellschaften, Plantago rigida, gewährt einer wesentlich empfindlicheren Art, der rot blühenden Castilleja pumila, Schutz. Erstere kann als Ammenpflanze, letztere als Polstergast bezeichnet werden (Foto: K. Müller-Hohenstein).

- Schutz vor Extremtemperaturen (z. B. Frostschutz für krautige Arten in dichten Polstern verholzender Zwergsträucher);
- Förderung durch Verminderung des Salzgehalts in der Bodenlösung (z. B. durch Salz exportierende Halophyten);
- chemische Förderung durch benachbarte Pflanzen (z. B. das oben angeführte Beispiel der Interaktion zwischen *Trifolium* und *Dactylis*)

Indirekte positive Beeinflussungen zwischen zwei Arten unter Beteiligung von Mikroorganismen oder Tieren (Mehrfachbeziehungen) sind:
- Förderung durch Leguminosen (über Stickstoff fixierende Knöllchenbakterien);
- Verminderung von Pilzinfektionen (Gräser können sich gegenseitig vor Infektionen mit *Fusarium spec.* schützen);
- Verminderung von Insektenfraß (in Mischkulturen werden monophage Insekten leichter durch Parasiten kontrolliert);
- Verminderung von Beweidung (durch toxische Arten, die ihre nicht- toxischen Nachbarn mitschützen);
- Förderung der Bestäubung (durch benachbarte Arten mit attraktiven Blüten).

Aus diesen Ergebnissen wird abgeleitet, dass Konkurrenz zwar für die Vegetationsdynamik und damit für die Entwicklung von Ökosystemen eine wichtige Rolle spielt. Bei einmal erreichten, ökologisch stabilen Stadien sind jedoch Koexistenz der Arten und somit positive Interaktionen die bestimmenden Merkmale. Ein besonders eindrucksvolles Beispiel für die Koexistenz in „alten" Lebensgemeinschaften stellen die Epiphyten dar.

Epiphyten und Lianen sind Beispiele von zwei Lebensformen, die zur Erschließung besonderer Ressourcen befähigt sind. Sie leben meist im relativ lichtreichen Kronenraum von Wäldern. Ihre reichste Entfaltung haben sie in den niederschlagsreichen tropischen Bergregenwäldern. Ihre besondere Nischenerschließung kann ebenso als Konkurrenzvermeidung, als eine spezielle Form des Kommensalismus wie auch als Koexistenz interpretiert werden. Sie müssen in solchen Fällen sowohl physiologisch als auch morphologisch besonders angepasst sein.

Lianen bilden z. B. spezielle Stützgewebe und Leitbündel aus, die in mehreren Kambiumsträngen nebeneinander liegen. Weite Poren und ein besonders effizienter Wurzeldruck sorgen in den langen Leitungsbahnen für einen ausreichenden Wasser-und Nährstofftransport. Epiphyten sichern ihre Wasser- und Nährstoffversorgung ebenfalls durch besondere morphologische Strukturen (Blattrosetten und -trichter). Spezielle Organe erlauben manchen Orchideen und Bromelien die direkte Aufnahme von Nebel und Regenwasser. Epiphylle (als Spezialfall der Epiphyten) gehen besondere symbiontische Verhältnisse, z. B. mit Cyanophyceen, ein.

Konkurrenz und Koexistenz, Diversität und Dynamik

Sowohl die theoretischen Überlegungen als auch die experimentellen Ergebnisse haben gezeigt, dass synökologische Beziehungen aus der Sicht der beteiligten Partner sowohl negativ als auch positiv sein können. Es muss möglich sein, sich eine Nische zu teilen oder letztere muss sich weiter differenzieren. Es muss räumliche und zeitliche Refugien geben, die konkurrenzschwachen Arten das Überleben sichern. Die wichtigen Mechanismen in Pflanzengesellschaften sind nur dann verständlich, wenn beide, Wettbewerb und Koexistenz, als Grundprinzipien erkannt werden.

Kasten 4.3.7 Konkurrenz und Koexistenz

Fragen der Beziehungen zwischen Pflanzen haben gerade unter Betonung von Stress in der Vegetationsökologie eine herausragende Bedeutung. Die wichtigsten Stichworte sind hierbei Konkurrenz und Koexistenz. Zu den Interaktionen gehören jedoch symbiontische Beziehungen (Flechten, N_2-fixierende Pflanzen, Mycorrhizapilze) sowie Formen, in denen nur ein Partner gefördert wird (Kommensalismus) ohne erkennbare Vorteile für den anderen und schließlich solche, wo ein Partner deutlich zugunsten des anderen benachteiligt wird (Parasitismus).

Bei der Konkurenz wird unterschieden zwischen interspezifischer (zwischen Arten) und intraspezifischer Konkurrenz (zwischen Individuen einer Art). Außerdem muss – je nach limitierender Ressource – zwischen Sprosskonkurrenz (oberirdisch, z. B. um Licht) und Wurzelkonkurrenz (unterirdisch, z. B. um Nährstoffe) differenziert werden. Wettbewerbsvorteile sind an bestimmte Merkmale wie hohe Samenproduktion, Schattentoleranz, Hochwüchsigkeit uam. gebunden, wobei diese Merkmale je nach Entwicklungsphase, in der sich die Pflanze befindet (Keimstadium, Jungpflanze, Pflanze im Regenerationsstadium), verschieden wichtig sind.

Zur Klärung von Konkurrenzverhältnissen sind zahlreiche Experimente durchgeführt worden. Der „Hohenheimer Grundwasserversuch" gehört zu den Ansätzen, in denen nachgewiesen wurde, dass Pflanzen allein einen bestimmten standörtlichen Bereich besiedeln können (physiologischer Bereich), dass sie aber unter Konkurrenzbedingungen durch ihre Konkurrenten in der Regel eingeengt werden und nur einen kleineren Bereich tatsächlich besiedeln (ökologischer Bereich). Dieses physiologische und ökologische Potential von Pflanzenarten ist vielfach für ausgewählte standörtliche Variable (z. B. Wasser- und Nährstoffverfügbarkeit) in Ökogrammen dargestellt worden.

Konkurrenz- und Koexistenzüberlegungen haben zur Entwicklung des Konzepts der ökologischen Nische beigetragen. Die ökologische Nische wird nicht als Raum, sondern als Beziehungssystem verstanden, in welchem jeder Organismus eine „Planstelle" einnimmt. Bei Stellenäquivalenz muss es konsequenterweise zum Konkurrenzausschluss einer der beiden Arten kommen. Ihre Koexistenz wird nur durch Nischendifferenzierung oder evolutive Anpassung ermöglicht. Nischendifferenzierung bzw. Anpassung kann auf ganz verschiedenen Ebenen erfolgen, z. B. standörtlich (z. B. Anpassung an eine bestimmte Temperaturspanne), räumlich (z. B. Besiedlung eines bestimmten Stratums in einem mehrschichtigen Wald) oder zeitlich (z. B. Nutzung eines zeitlichen Fensters wie bei den Frühlingsgeophyten der nemoralen Wälder).

Modellvorstellungen zur Konkurrenz und Koexistenz wurden mit dem Drei-Strategien-Modell von Grime bzw. dem *ressource-ratio*-Modell von Tilman bereits in Kapitel 4.1 behandelt.

Noch sind diese Zusammenhänge nicht ganz verstanden. Eine nähere Klärung vieler Funktionen von Merkmalen und Prozessen steht noch aus. Experimente in Freiland und Labor wie auch der Einsatz von vor allem EDV-gestützten Techniken, insbesondere in der Bewältigung großer Datenmengen und bei Versuchen, Modelle zu erarbeiten, brachten in jüngerer Vergangenheit große Fortschritte. Als wichtig erwies sich die stärkere Berücksichtigung räumlicher und zeitlicher Maßstäbe. Unverzichtbar ist nach wie vor die Freilandarbeit. Zwar wird deskriptives Arbeiten oft (zu Unrecht) als vorwissenschaftlich, jedenfalls nicht anspruchsvoll genug eingeschätzt. Dabei wird aber vergessen, dass nur genaues Beobachten in der Natur Grundlage der richtigen weiterführenden Fragestellungen sein kann.

Nicht immer brachte die mathematisch-statistische Behandlung synökologischer Fragen den erwünschten Erkenntnisgewinn. Auch bei der Modellbildung wird man der Komplexität ökosystemarer Zusammenhänge wenig gerecht, da jede Vereinfachung eine zunehmende Entfernung von der Realität bedeutet, wobei nicht verkannt werden darf, dass über simulieren und modellieren auch Wissenslücken sichtbar und neue Fragen formuliert werden können. In der Vegetationsökologie bestätigt sich aber noch, was Tischler schon 1976 (S. 134) in der ersten Auflage seiner Einführung in die Ökologie formulierte: „Die Natur lässt sich in der höchsten Ebene der Lebensentfaltung nicht in wenige Regeln pressen."

Literatur

Aarssen LW (1983) Ecological combining ability and competitive combining ability in plants: Towards a general evolutionary theory of coexistence in systems of competition. *Am. Nat.* 122: 707–731

Aarssen LW (1989) Competitive ability and species coexistence: a „plant´s eye" view. *Oikos* 56: 386–401

Allen MF (1991) The ecology of Mycorrhizae. University Press, Cambridge.

Belnap J, Lange OL (Hrsg.) (2001) Biological soil crusts. Structure, function and management. *Ecol. Stud.* 150, Springer, Berlin Heidelberg New York.

Belsky AJ (1986) Does herbivory benefit plants? A review of the evidence. *Am. Nat.* 127(6): 870–892

Bertin RI (1989) Pollination biology. In: Abrahamson WG (Hrsg.): Plant-Animal interactions. McGraw-Hill, New York.

Bezzel E, Lechner F, Ranftl H (1980) Arbeitsatlas der Brutvögel Bayerns. Kilda, Greven.

Blab J (1979) Schutzwürdige Natur und Landschaft im Bonner Raum. Rheinische Landschaften 16. Ges. für Buchdruck, Neuss.

Böcker R, Kowarik I, Bornkamm R (1983) Untersuchungen zur Anwendung der Zeigerwerte nach Ellenberg. *Verh. Ges. Ökol.* 11: 35–56

Bornkamm R (1961) Zur quantitativen Bestimmung von Konkurrenzkraft und Wettbewerbsspannung. *Ber. Dtsch. Bot. Ges.* 74: 75–83

Boucher DH (1985) The biology of mutualism. Croom Helm, London.

Breemen van, N (1991) Decomposition and accumulation of organic matter in terrestrial ecosystems: research priorities and approaches. Commission of the European Communities, Brussels.

Bronstein JL (1994) Our current understanding of mutualism. *Q. Rev. Biol.* 69: 31–51

Brunold C, Rüegsegger A, Brändle R (Hrsg.) Stress bei Pflanzen: Ökologie, Physiologie, Biochemie, Molekularbiologie. Haupt, Bern u.a.

Cody ML (1991) Niche theory and plant growth form. *Vegetatio* 97: 39–55

Connell JH, Slatyer RO (1977) Mechanisms of succession in natural communities and their role in community stability and organisation. *Am. Nat.* 111:1119–1144

Danin A (1986) Patterns of biogenic weathering as indicators of palaeoclimates in Israel. *Proc. R. Soc. Edinb.* Sect B (Biol.) 89b: 243–253

Darwin CR (1859) The origin of species by means of natural selection, or the preservation of favoured races in the struggle for life. John Murray, London.

Dierschke H (1994) Pflanzensoziologie. Grundlagen und Methoden. Ulmer, Stuttgart.

Dirzo R (1984) Herbivory: A phytocentric overview. In: Dirzo R (Hrsg.) Perspectives on plant population ecology. Sinauer Assoc., Sunderland. 141–165

Ellenberg H (1953) Physiologisches und ökologisches Verhalten derselben Arten. *Ber. Dtsch. Bot. Ges.* 65: 350–361

Ellenberg H (1974) Zeigerwerte der Gefäßpflanzen Mitteleuropas. *Scr. Geobot.* 9

Ellenberg, H (1996) Die Vegetation Mitteleuropas mit den Alpen. Ulmer, Stuttgart.

Ellenberg H, Weber HE, Düll R, Wirth V, Werner W, Paulißen D (1992) Zeigerwerte von Pflanzen in Mitteleuropa. 2. Aufl. *Scr. Geobot.* 18: 1–258

Elton C (1927) Animal Ecology. Sidgewick & Jackson, London.

Franz H (1952/53) Dauer und Wandel der Lebensgemeinschaften. *Schr. ver. naturw. Kenntnisse* 93: 27–45

Gause GF (1934) The struggle for existence. Williams & Wilkins, Baltimore (reprinted 1964 by Hafner, New York)

Gigon A (1994) Positive Interaktionen bei Pflanzen in Trespen-Halbtrockenpflanzen. *Verh. Ges. Ökol.* 23: 1–7

Gigon A, Ryser P (1986) Positive Interaktionen zwischen Pflanzenarten. Teil 1. *Veröff. Geobot. Inst.* ETH Stiftung Rübel 87: 372–387

Glavac V (1996) Vegetationsökologie. Grundfragen, Aufgaben, Methoden. Fischer, Jena u.a.

Grime JP (1973) Competitive exclusion in herbaceous vegetation. *Nature* 242: 344–347

Grime JP (1974) Vegetation classification by reference to strategies. *Nature* 250: 26–31

Grime JP (1979) Plant strategies and vegetation processes. Chichester, Wiley.

Grime JP, Hodgson JG, Hunt R (1988) Comparative plant ecology. Allen & Unwin, London.

Groves RH, Williams JD (1975) Growth of skeleton weed (*Chondrilla juncea* L.) as affected by growth of subterranean clover (*Trifolium subterraneum* L.) and infection by *Puccinia chondrilla* Bubak and Syd. *Austr. J. Agric. Res.* 26: 975–983

Grubb P (1977) The maintainance of species richness in plant communities: the importance of the regeneration niche. *Biol. Rev. Camb. Pholos. Soc.* 52: 107–145

Hess D (1990) Die Blüte. Ulmer, Stuttgart.

Heßberg von, A (1998) Vegetationsstrukturen in Auerhuhnhabitaten des Fichtelgebirges. Unveröffentlichte Diplomarbeit, Universität Bayreuth.

Holtmeier FK (1999) Tiere als ökologische Faktoren in der Landschaft. IfL, Westfälische Wilhelms-Universität, Münster.

Howe HF, Smallwood J (1982) Ecology of seed dispersal. *Ann. Rev. Ecol. Sys.* 13: 201–228

Howe HF, Westley LC (1993) Anpassung und Ausbeutung: Wechselbeziehungen zwischen Pflanzen und Tieren. Spektrum, Heidelberg u.a.

Hulme PE (1996) Herbivory, plant regeneration and species coexistence. *Ecology* 84: 609–615

Hutchinson GE (1957) Concluding remarks. Cold Spring Harbor Symposium on Quantitative Biology 22: 415–427

Hutchinson GE (1978) An introduction to population ecology. Yale Univ. Press, New Haven.

Kessler A, Baldwin IT (2001) Defensive function of herbivore-induced plant volatile emissions in nature. *Science* 291(5511): 2141–2144

Koch AS, Matzner E (1993) Heterogeneity of soil solution chemistry under Norway Spruce (*Fagus silvatica* L.) as influenced by distance from the stem basis. *Plant and soil* 151: 227–237

Kratochwil A (1987) Zoologische Untersuchungen auf pflanzensoziologischem Raster – Methoden, Probleme und Beispiele biozönologischer Forschung. *Tuexenia* 7: 15–51

Kratochwil A (1999) Biodiversity in ecosystems. Academic Press, Kluwer.

Kratochwil A, Schwabe A (1999) Interaktion von Pflanzen- und Tierarten in Lebensgemeinschaften: ausgewählte Aspekte biozönologischer Forschung. *Ber. d. Tüxen-Ges.* 11: 201–221

Kratochwil A, Schwabe A (2001) Ökologie der Lebensgemeinschaften. Ulmer, Stuttgart.

Krogerus R (1932) Ökologie und Verbreitung der Arthropoden der Triebsandgebiete an den Küsten Finnlands. *Acta Zool. Fenn.* 12: 1–308

Kühnelt W (1942–1962) Handbuch der Biologie. Akad. Verl-Ges. Athenaion, Wiesbaden.

Landolt E (1977) Ökologische Zeigerwerte zur Schweizer Flora. *Veröff. Geobot. Inst.* ETH Stiftung Rübel 64, Zürich.

Law R, Watkinson AR (1989) Competition. In: Cherrett JM (Hrsg.) Ecological concepts. Blackwell, Oxford. 243–284

Long G (1954) Contribution à l'étude de la végétation de la Tunisie centrale. *Ann. Serv. Bot. et Agr. de Tunisie* 27: 1–38

Lotka AJ (1932) The growth of mixed populations: Two species competing for a common food supply. *J. Wash. Acad. Sci.* 22: 461–469

McNaughton SJ (1983) Compensatory plant growth as a response to herbivory. *Oikos* 10: 329–336

Möbius K (1877) Die Auster und die Austernwirtschaft. Wiegand, Hempel und Parey, Berlin.

Mühlenberg M (1989) Freilandökologie. 2. Aufl., Quelle und Meyer, Heidelberg.

Müller-Hohenstein K (1978) Die ostmarokkanischen Hochplateaus. Erlanger geographische Arbeiten 7, Erlangen.

Müller-Hohenstein K (1999) Weideökologisches Management. Erfahrungen in der dritten Welt. *Geogr. Rundsch.* 51/5: 275–279

Oberdorfer E (1957) Süddeutsche Pflanzengesellschaften. Fischer, Jena.

Passarge H (1981) Gedanken zur Biozönoseforschung. *Tüxenia* 1: 243–247

Pielou EC (1974) Population and community ecology. Principles and methods. Gordon and Breach, New York.

Reichelt G, Wilmanns O (1973) Vegetationsgeographie. Das geographische Seminar. Westermann, Braunschweig.

Rabeler W (1967) Die Pflanzengesellschaften als Grundlage für landbiozönologische Forschung. In: Tüxen R (Hrsg.) Biosoziologie. Junk, Den Haag.

Remmert H (1992) Ökologie. 5. Aufl., Springer Berlin.

Richards AJ (1991) The pollination of flowers by insects. Academic Press, London.

Rode MW, Dageförde A, Görlitz G (1996) Einfluss der Baumart auf den Nährstoffeintrag und seine Bedeutung für die natürliche Waldentwicklung auf nährstoffarmen Böden Norddeutschlands. *Verh. Ges. Ökol.* 26: 139–145

Schaefer M (1992) Ökologie. Fischer, Jena.

Schoener TW (1985) Some comments on Connells and my reviews of field experiments on interspecific competition. *Am. Nat.* 125: 730–740

Schubert R (1991) Lehrbuch der Ökologie. Fischer, Jena.

Schwabe A (1990) Stand und Perspektiven der Vegetations-Komplex-Forschung. In: Pott R (Hrsg.) *Ber. der Tüxen-Ges.* 2: 45–60

Schwabe A (1991) Perspectives of vegetation complex research and bibliographic review of vegetation complexes in vegetation science and landscape ecology. *Exzerpta Botanica* 28: 223–243

Seitz BJ (1988) Zur Koinzidenz von Vegetationskomplexen und Vogelgemeinschaften in Kulturland-Untersuchungen im südwestdeutschen Hügelland. *Phytocoenologia* 16: 315–390

Smith SE, Read DJ (1997) Mycorrhizal symbiosis. 2. Aufl., Academic Press, San Diego.

Stoudtjesdijk PH, Barkman JJ (1992) Microclimate, vegetation and fauna. Opulus Press, Knivsta.

Thienemann A (1920) Biologische Seentypen. Arch. Hydrobiol.

Thienemann A (1939) Grundzüge einer allgemeinen Ökologie. Arch. Hydrobiol. 35: 267–285

Tilman D (1977) Resource competition between planctonic algae: an experimental and theoretical approach. *Ecology* 58: 338–348

Tilman D (1982) Resource competition and community structure. Princeton University Press, Princeton.

Tilman D (1994) Competition and Biodiversity in spatially structured habitats. *Ecology* 75/1: 2–16

Tischler W (1976) Einführung in die Ökologie. 1. Aufl., Fischer, Stuttgart New York.

Tischler W (1993) Einführung in die Ökologie. 4. Aufl., Fischer, Stuttgart.

Tokeshi M (1998) Species coexistance and diversity. Ecological and evolutionary perspectives. Blackwell, Oxford.

Tscharntke T (1998) Populationsdynamik in der Agrarlandschaft: Wechselwirkungen zwischen Lebensraum-Inseln. *Schriftenreihe Landschaftspl. u. Naturschutz* 56: 121–146

Tüxen R (1965) Wesenszüge der Biozönose. Gesetze des Zusammenlebens von Pflanzen und Tieren. In: Tüxen R (Hrsg.) Biosoziologie. Junk, Den Haag. 10–13

Viles HA (1988) Biogeomorphology. Blackwell, Oxford.

Volterra V (1926) Variations and fluctuations of the numbers of individuals in animal species living together. Reprinted 1931. In: Chapman (Hrsg.), Animal ecology. McGraw Hill, New York.

Walter H (1960) Grundlagen der Pflanzenverbreitung. I. Teil: Standortslehre. 2. Aufl., Stuttgart.

Walter H, Volk O (1954) Die Grundlagen der Farmwirtschaft in Südwestafrika. Ulmer, Stuttgart.

Werner DJ (1977) Vegetationsveränderungen in der argentinischen Puna unter dem Einfluss von Bodenwühlern der Gattung Ctenomys Blainville. In: Tüxen R (Hrsg.) Vegetation und Fauna, Ber. Int. Symp. Ver. Vegetationsk., Rinteln. 433–449

Wilmanns O (1987) Zur Verbindung von Pflanzensoziologie und Zoologie in der Biozönologie. *Tüxenia* 7: 3–12

Wilson EO (1969) The species equilibrium. In: Diversity and stability in ecological systems. *Brookhaven Symposia in Biology* 22, Brookhaven National Laboratory, Upton, New York. 38–47

Wilson JB, Agnew DQ (1992) Positive-feedback switches in plant communities. In: Begon M, Fitter AH (Hrsg.) Advances in ecological research 23. Academic Press, London u.a. 263–336

Wittig R (1993) Biozönose. In: Kuttler W (Hrsg.) Handbuch zur Ökologie. Analytica, Berlin. 89–91

Zwölfer H (1978) Mechanismen und Ergebnisse der Co-Evolution von phytophagen und entomophagen Insekten und Höheren Pflanzen. *Sonderb. Naturwiss. Verh. Hambg.* 2: 7–50

Kapitel 5

GLOBALE ASPEKTE DER PFLANZENÖKOLOGIE

Kapiteleröffnungsseite oben links: Kondensstreifen von Verkehrsflugzeugen am Himmel über Bayreuth, Oberfranken. Die Kondensstreifen haben eine Wirkung auf die Strahlungsbilanz und wirken auf die Atmosphärenchemie. *unten links:* Landwirtschaftliche Nutzung im mittleren Westen, von Nordamerika, eine Landschaft, die ursprünglich mit offenen Eichen-„Woodlands" und Grasländern bewachsen war. *oben rechts:* Konvektive Gewitterwolken, die aus Waldbränden für Brandrodungen in Malaysia entstehen. *unten rechts:* Fischfarmen auf der Nordseite von Java für die Anzucht von Krabben auf Flächen, die ursprünglich mit Mangroven besiedelt waren. Wegen der Ausbreitung von Krankheiten ist nur noch ein kleiner Teil dieser Fläche nutzbar. Fotos E.-D. Schulze.

5.1 Globaler Wandel und globale Institutionen

Die Lehre vom Globalen Wandel beschäftigt sich vordringlich mit der Frage, in welcher Weise der Mensch in das natürliche Gefüge der globalen Ökosysteme eingreift. Letztlich ist dabei zu klären, wie viele Menschen die Erde versorgen kann, bzw. welche Ressourcen die Menschen verbrauchen können. Die Abbildung zeigt den Menschenstrom, der sich an einem Feiertag aus der Stadt Peking in die umliegenden Berge bewegt. In enger Schlange bewegen sich geduldig Millionen von Menschen, sich fröhlich unterhaltend, auf einem schmalen Steig zu einem Aussichtsberg, den „Fragant Hill". Die umliegende Vegetation bleibt weitgehend unbeeinflusst. Auf einem parallelen Steig bewegt sich die Menschenschlange wieder zu Tal. Viele der Menschen tragen als Erinnerung an den Tag ein einzelnes, herbstlich gefärbtes Blatt zurück nach Peking. Im Hintergrund, im Photosmog kaum erkennbar, die Millionenstadt Peking. Foto: E.-D. Schulze.

Literaturempfehlung

Zusammenfassende Darstellung über die Problematik des globalen Wandels siehe: Welt im Wandel; Erhaltung und nachhaltige Nutzung der Biosphäre (WBGU 2000a) und „The terrestrial biosphere and global change" (Walker et al. 1999). Das derzeitige Wissen über Klima-Änderungen ist zusammengefasst im 3. Bericht des IPCC-WG I (IPCC-WG I 2001).

Globaler Wandel (oder englisch „*global change*") bezeichnet die natürlichen und die durch den Menschen bedingten (anthropogenen) Veränderungen der Erde hinsichtlich ihres Klimas und ihrer Landnutzung (Definition laut IGBP: Walker et al. 1999):

Globaler Wandel = Änderung im Klima
+ Änderung in der Landnutzung.

Landnutzung und Landnutzungsänderungen können hierbei eine Vielzahl direkter und indirekter Folgen haben, wie z. B. Bodenzerstörung, Erosion, Desertifikation. Unabhängig von diesen anthropogenen Einflüssen gab es über geologische Zeiträume schon immer Klima- und Vegetationsänderungen. Aber die Geschwindigkeit und das Ausmaß der Än-

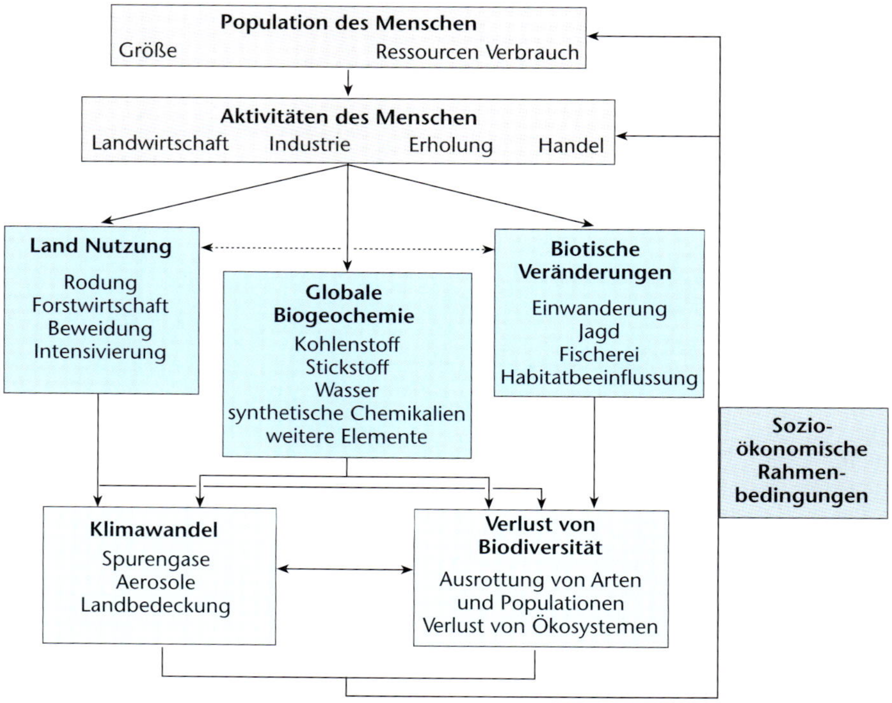

Abb. 5.1.1: Schematische Darstellung der Wechselwirkung zwischen den Aktivitäten des Menschen und globalem Wandel. Die Menschheit wirkt über die Bevölkerungszahl und den Ressourcenverbrauch durch spezifische Aktivitäten (Landwirtschaft, Industrie, Erholung und Handel) auf die Landnutzung, die globalen biogeochemischen Kreisläufe und die Artenzusammensetzung ein. Diese Einflüsse setzen Veränderungen im Klima und in der Biodiversität in Gang. Dies sollte wiederum die Population und den Ressourcenverbrauch des Menschen beeinflussen. Die Art dieser Rückkopplung hängt aber in starkem Maße von den sozio-ökonomischen Rahmenbedingungen ab. So ist schwer vorhersagbar, wie sich Klimawandel auf die wirtschaftlichen Verhältnisse der Entwicklungsländer auswirkt (nach Vitousek et al. 1997)

derungen, die der Aktivität des Menschen zuzuordnen sind, haben seit Beginn der Industrialisierung so stark zugenommen, dass innerhalb einer sehr kurzen Zeitspanne von etwa 50 Jahren die Lebensbedingungen des Menschen in Frage gestellt sind. Der pflanzenökologische Aspekt des globalen Wandels lässt sich wie folgt umschreiben:

- Fragen nach der Interaktion zwischen Klima und Landökosystemen (IPCC-WG I, Kapitel 9, Melillo et al. 1996)
  - Was sind die Auswirkungen von Klima- und Landnutzungsänderungen auf die terrestrischen Ökosysteme?
  - Wie wirken sich Änderungen in den terrestrischen Ökosystemen rückkoppelnd auf das Klima aus?
- Fragen nach der Bedeutung der Arten für das Funktionieren der Ökosysteme (GBA 1996, Kapitel 7, Mooney et al. 1996)
  - Hat es Auswirkungen auf das „Funktionieren" eines Ökosystems, wenn dort viele oder wenige Arten existieren?
  - Sind Arten, die eine ähnliche Funktion in Ökosystemen haben, untereinander austauschbar oder hat dies Auswirkungen auf die Stoffumsätze in diesen Ökosystemen?

Dabei versteht man unter „Funktionen" von Ökosystemen eine Vielzahl von Prozessen, die für den Menschen von Bedeutung sind, wie z. B. Produktivität, Filterung von Luft und Wasser, Grundwasserneubildung, Kohlenstoffspeicherung und andere.

Die o. g. Fragen werden in diesem Lehrbuch auf unterschiedlichen Ebenen diskutiert (Ökosysteme: Kapitel 3, Synökologie: Kapitel 4). Im Folgenden soll versucht werden, einen Teil dieser Fragen auf globaler Ebene aufzugreifen. Dabei wird vor allem die Wechselwirkung zwischen Emissionen, Klima und den globalen Stoffkreisläufen behandelt. Unter diesem Gesichtspunkt ist die Pflanzenökologie ein Teilgebiet anderer wissenschaftlicher Fachrichtungen, insbesondere der Geoökologie, die neben den natürlichen Stoffumsetzungen auch Umsetzungen der anthropogenen Schadstoffe betrachtet, sowie der Biogeochemie, die die Stoffkreisläufe zwischen Atmosphäre, Ozean und Land untersucht. Diese globalen Stoffkreisläufe werden vor allem durch Umsetzungen an der Grenzfläche zwischen Atmosphäre und Land von Organismen gesteuert.

Der Einfluss des Menschen auf die natürlichen Stoffkreisläufe erfolgt über die Bevölkerungszahl und den Ressourcenverbrauch (Abb. 5.1.1, Vitousek et al. 1997), die als „Aktivitäten" in Land- und

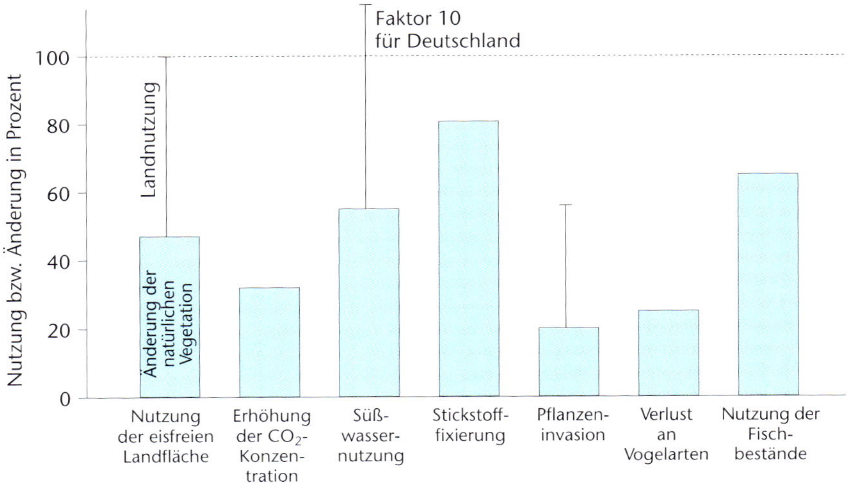

Abb. 5.1.2: Beispiele für den Einfluss des Menschen auf globale Prozesse im Vergleich zu der vorindustriellen Zeit (Zustand im Jahr 1880 = 100 %). Es geht um die Nutzung der Landfläche, die Erhöhung der CO_2-Konzentration, das Ausmaß der Süßwassernutzung (in Deutschland wird ein Wassermolekül aus dem Niederschlag zehn Mal genutzt (inklusive Kühlwasser), bevor es wieder das Meer erreicht), biologische und industrielle N_2-Fixierung, Veränderungen der natürlichen Floren durch Pflanzeninvasion, Verlust an Vogelarten und Nutzung der natürlichen Fischbestände (nach Vitousek et al. 1997).

Forstwirtschaft, industrieller Produktion, Welthandel und Tourismus deutlich werden. Die Aktivitäten äußern sich als

- Landnutzung,
- Veränderungen der biologischen Bedingungen auch in naturnahen Ökosystemen,
- Veränderungen der globalen Stoffkreisläufe.

Diese Veränderungen beeinflussen ihrerseits das globale Klima und die Biodiversität, und diese können wiederum rückkoppelnd auf den Menschen wirken. In welcher Art und Weise diese Rückkopplung aber aktiv wird, hängt wesentlich von den sozio-ökonomischen Rahmenbedingungen der Zukunft ab (siehe unten).

Das Ausmaß der bisherigen Nutzung der natürlichen Ressourcen durch den Menschen ist nicht mehr übersehbar (Abb. 5.1.2, nach Vitousek et al. 1997). Es gibt im Augenblick keinen Fleck der eisfreien Erdoberfläche, der nicht vom Menschen für Nahrungsproduktion, Rohstoffgewinnung und -verarbeitung, Siedlung, Infrastruktur oder Tourismus genutzt wird. Auf etwa 50 % der Erdoberfläche hat der Mensch die natürliche Vegetation verdrängt, die restliche Hälfte wird beweidet, bejagt, besammelt bzw. bereist. Mit dieser vollständigen Landnahme und der industriellen Entwicklung erhöhte sich die CO_2-Konzentration der Erdatmosphäre seit der Industrialisierung um etwa ein Drittel. Die globalen Süßwasserflüsse werden zu etwa 50 % genutzt. In Deutschland wird der gleiche Liter Wasser 2 bis 3 Mal benutzt bevor er ins Meer gelangt (Lehn et al. 1996). Die industrielle Stickstofffixierung erreicht zurzeit fast die gleiche Größenordnung wie die natürliche N_2-Fixierung. Einwandernde Pflanzen ersetzen im Durchschnitt 20 % der natürlichen Pflanzenbestände (bis zu 50 % in einigen Vegetationsformen). Etwa 20 % der Vogelarten sind bereits ausgestorben, und 60 % der Fischbestände werden durch den Menschen sowohl für Nahrungsmittel als auch als Fischfutter für Fischfarmen übernutzt (Naylor et al. 2000). Der Mensch greift somit in alle Bereiche des Lebens ein, ohne dass die natürlichen Ressourcen bewertet worden wären, geschweige denn einer geplanten Bewirtschaftung unterlagen.

Dabei ist der Einfluss des Menschen keineswegs auf die Jetztzeit beschränkt (siehe auch Kapitel 4.2). Der Eroberungsfeldzug des Menschen begann an der Grenze vom Pliozän zum Pleistozän und erreichte Europa anscheinend schon vor 1,7 Millionen Jahren (China vor 1,9 Mill. Jahren und Java vor 1,8 Mill. Jahren, Abb. 5.1.3 A, Balter und Gibbons 2000). Dabei handelt es sich nicht um eine einzelne Einwanderungswelle, sondern um unterschiedliche Einwanderungen durch unterschiedliche Sub-Spezies des Menschen (Balter 2001). Eine intensivere Besiedlung erfolge im Mittelmeer-Raum vor etwa 30 000 Jahren, als *Homo sapiens* für lange Zeit mit dem *Homo neanderthalensis* in Südeuropa zusammenlebte (Gibbons 2001). Vermutlich liegen in dieser Zeit die ersten anthropogenen Landnahmen. Nordamerika wurde vom Menschen vor etwa 19 000 Jahren erreicht.

Den Begriffen „Umwelt" und „Umweltveränderungen" kommt bei der Betrachtung des globalen Wandels eine Vielzahl von Bedeutungen zu, und es

Abb. 5.1.3 A: Das maximale Alter von menschlichen Knochen und Werkzeugen in Südeuropa und Asien (Balter und Gibbons 2000). B: Zeitskala von menschlichen Artefakten in Südeuropa. C: Die Entwicklung des Menschen mit verschiedenen Sub-Spezies in den letzten 2 Millionen Jahren und seine Verbreitung in Afrika, Europa und Asien (Balter 2001). D: Die Einwanderung des modernen Menschen nach Südeuropa über den nahen Osten (Gibbons 2001).

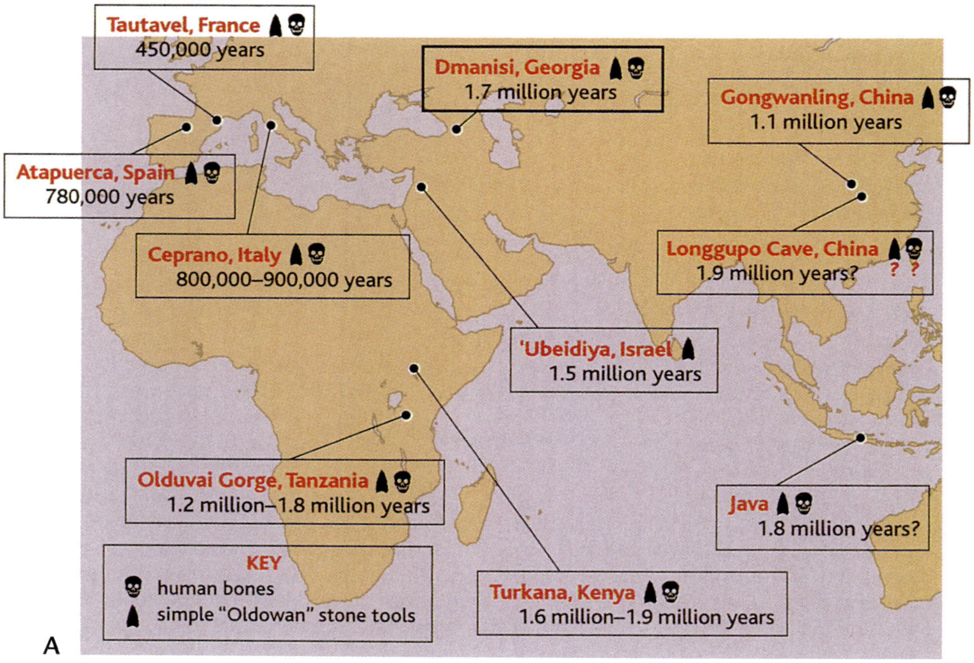

A

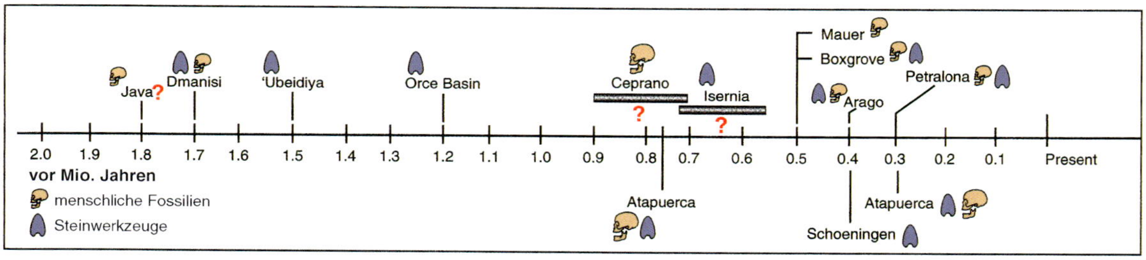

B

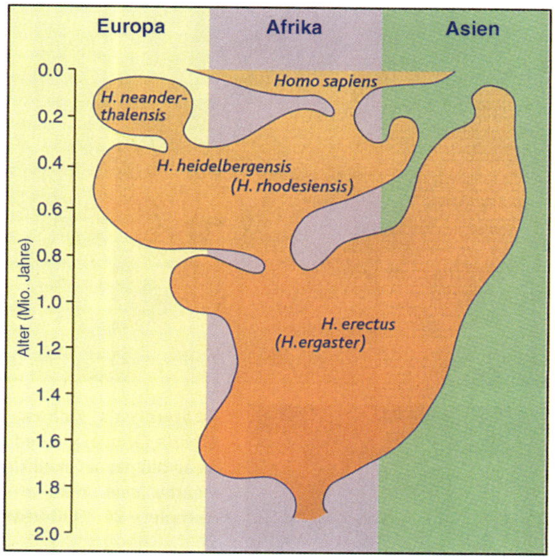

C

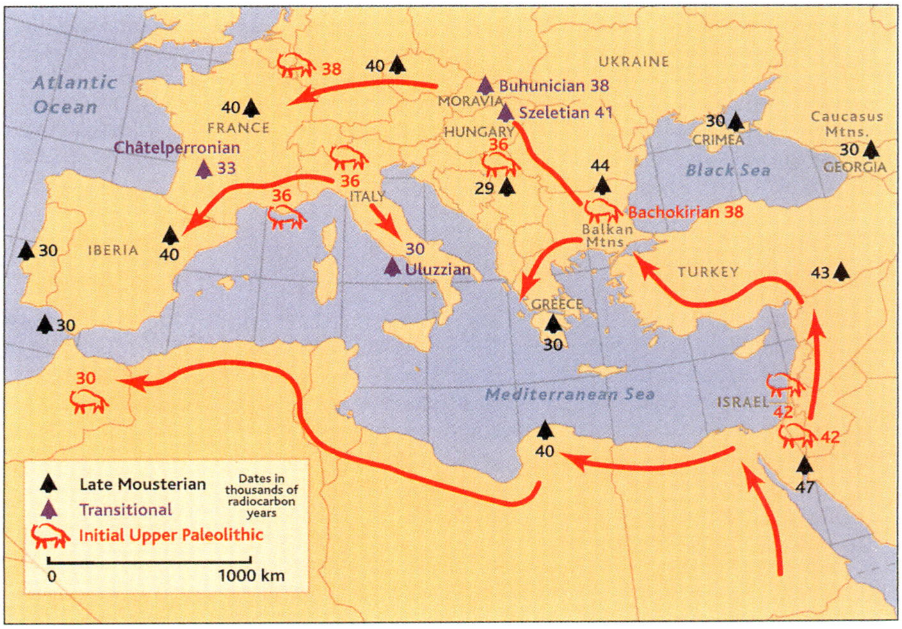

D

müssen keinesfalls die biologischen Aspekte im Vordergrund stehen. Folgende Bereiche sind zu unterscheiden:

- Die Bedingungen, unter denen die Einzelperson arbeitet und lebt (Arbeitsplatzsicherheit, soziale Sicherung etc.). Diese sozialen Umweltbedingungen können sich z. T. verbessern, unabhängig von globalen ökologischen Umweltproblemen. Sozialer Wohlstand ist nicht gleichbedeutend mit „heiler" Umwelt. Die wohlhabenden Staaten tragen wesentlich zu den globalen ökologischen und klimatologischen Problemen bei.
- Die Voraussetzungen, unter denen auf nationaler Ebene gewirtschaftet wird. Dazu gehören Ausschöpfung von Ressourcen, z. B. durch Rodung von Wäldern, Nutzung von Bodenschätzen und Zulassung von industriellen Produktionen, wobei Wirtschaftswachstum und Eingriffe in die biologische Umwelt eng miteinander verbunden sind.
- Die Auswirkungen, die bestimmte Maßnahmen auf die globalen Stoffkreisläufe haben. Insbesondere geht es um Emissionen. Dieser Bereich ist eng gekoppelt mit den zuvor genannten Punkten. Er wird an dieser Stelle getrennt aufgeführt wegen der Klimawirksamkeit der meisten Emissionen.

Kasten 5.1.1 Internationale Organisationen und Analysen des globalen Wandels

In Gang gesetzt wird der globale Wandel (1) durch Entscheidungen auf nationaler und internationaler Ebene und (2) durch eine Summe vieler kleiner Einzelentscheidungen; die Spannbreite reicht vom Individuum bis hin zur Weltgemeinschaft (siehe Abb. 5.4.3). Dabei gibt es aber eine Reihe von Organisationen, die in besonderem Maße am globalen Wandel beteiligt sind (WBGU 2000b), etwa solche, die sich mit der Landnutzung befassen, z. B. die FAO (*Food and Agricultural Organisation*), oder die indirekt durch Entscheidungen in anderen Bereichen die Landnutzung beeinflussen, z. B. die WTO (*World Trade Organisation*). Eine Zwischenform stellen wahrscheinlich die Finanzierungsorganisationen dar, die sich zwar nicht direkt mit Land und Forstwirtschaft befassen wie die FAO, aber durch ihre Mittelvergabe sehr viel direkter das Wirtschaftsgeschehen von Nationen beeinflussen als die WTO. Zu nennen wären hier z. B. die Weltbank, der IWF (Internationaler Währungsfond) und die GEF (*Global Environmental Facility*, die z. B. Projekte im Bereich Biodiversität und Energieeinsparung finan-

Kasten 5.1.1 Fortsetzung

ziert) sowie das UNDP (*United Nations Development Programme*: Entwicklungsprogramm der Vereinten Nationen).

Parallel dazu gibt es Organisationen, die den globalen Wandel wissenschaftlich untersuchen und analysieren. Dabei handelt es sich einerseits um

- Organisationen der UN (*UN Environment Programme*, UNEP), die *World Meteorological Organisation* (WMO) und die *UN Educational Scientific and Cultural Organisation* (UNESCO);
- Organisationen die an der Finanzierung von globalen Umweltgutachten beteiligt sind (z. B. die Weltbank);
- Organisationen der Wissenschaft: ICSU (*International Committee of Scientific Unions*) und ISSC (*International Social Science Committee*).

Die verschiedenen Organisationen unterstützen weltweite Forschungsprogramme zum globalen Wandel. Hierbei sind zu nennen:

- WCRP (*World Climate Research Programme*), das von der WMO in Gang gesetzt wird und von den Nationen der WMO direkt unterstützt wird;
- IGBP (*International Geosphere Biosphere Programme*), das von der Wissenschaftsorganisation ICSU ausgeht;
- Diversitas (Internationales Programm zur Dokumentation der Biodiversität), das von der *International Union of Biological Sciences* (IUBS) gestartet wurde;
- IHDP (*International Human Dimension Programme*), das von ISSC ausging;
- SCOPE (*Scientific Committee on Problems of the Environment*), ein Programm der UNESCO.

Zwischen den Organisationen gibt es zwei große Projekte, die den Zustand des Klimawandels und den Zustand der Biodiversität analysieren und darüber der UN berichten. Es handelt sich um:

- den IPCC (*Intergovernmental Panel on Climate Change*), der 1988 durch die WMO und das UNEP gegründet wurde. Im Jahr 2000 wurde der IPCC durch die Weltbank im Auftrag der *„Conference of the Parties"* (COP) finanziert; das sind die 182 Nationen, die an der Klimarahmenkonvention beteiligt sind. Der IPCC gliedert sich in *„Working group"* I (WG I), die die wissenschaftlichen Grundlagen der Klimaänderungen analysiert (IPCC-WG I 1996, 2001), und in WG II, welche die Auswirkungen, Anpassungen und Milderungsmaßnahmen untersucht (IPCC-WG II 1996, 2001). WG III behandelt die wirtschaftlichen und sozialen Auswirkungen des globalen Wandels (IPCC-WG III 1996, 2001). Der IPCC erstellte im Jahr 2001 den 3. Klimabericht (IPCC-WG I bis III 2001) und zusätzlich „Spezialberichte", unter denen der *„Special Report on Land Use, Land Use Change and Forestry"* aus ökologischer Sicht besonders wichtig ist, da dieser Bericht die Wechselwirkungen zwischen Klimawandel und Landnutzung (IPCC LULUCF 2000) untersucht. Die COP bestellt die Autoren des IPCC. Das Schriftstück wird von unabhängigen Wissenschaftlern und von den Nationen der COP begutachtet. Das endgültige Schriftstück wird anschließend von der COP verabschiedet, wobei das *„Executive Summary"* von den Vertragsstaaten Wort für Wort verhandelt und beschlossen wird. Kernaussage des *Executive Summary* des IPCC-Berichts von 1996 war: *„The balance of evidence suggests a discernable human influence on global climate."* Diese Aussage führte zur Verhandlung und Verabschiedung des Kyoto-Protokolls als Teil der Klimarahmenkonvention.
- den GBA (*Global Biodiversity Assessment*), ein Bericht, der im Jahr 1996 im Auftrag der UNEP durch die Weltbank finanziert wurde (GBA 1996). Der Biodiversitätsbericht war ein erster Versuch, auf 1140 Seiten den Zustand der Erde hinsichtlich der Biodiversität zu erfassen. Im Gegensatz zum IPCC unterstand der GBA nicht der Vertragsstaatenkonferenz (COP) der Konvention über die biologische Vielfalt. Wohl aber erfolgte die Begutachtung auf Regierungsebene durch die Nationen, die die Konvention über die biologische Vielfalt unterzeichneten. Der GBA-Prozess ist bislang nicht wiederholt worden. Anstelle dessen plant UNEP ein Millenium Assessment der globalen Ökosysteme.

An der Erstellung des 2. IPCC-Berichts waren ca. 4000 Wissenschaftler als Autoren oder als Gutachter beteiligt, beim GBA waren es ca. 1100 Wissenschaftler, sodass es sich in beiden Fällen um ein umfassendes und ausgewogenes (d. h. minimaler Konsens) Dokument handelt, das den Zustand der Erde beschreibt.

In Deutschland erfolgt die Analyse und wissenschaftliche Politikberatung durch folgende Gremien:

- Rat für nachhaltige Entwicklung: Dieses Gremium hat die Aufgabe, die umweltpolitischen Entscheidungen einer breiten Öffentlichkeit verständlich zu machen.
- Wissenschaftlicher Beirat für Globale Umweltfragen (WBGU): Hierbei handelt es sich um ein interdisziplinäres Gremium, das die Bundesregierung „zur Erleichterung der Urteilsbildung in allen umweltpolitisch verantwortlichen Instanzen" berät, z. B. Böden, Süßwasser, Biodiversität, Umweltrisiken (WBGU 1994, 1998a, 1999, 2000a).
- Sachverständigenrat für Umweltfragen (SRU). Der SRU berät den Umweltminister bei Fragen auf nationaler und europäischer Ebene.
- Nationalkomitee für *Global Change* (NKGC) der DFG. Dieses Gremium berät die DFG und das BMBF bei Forschungsprogrammen.

Literatur

Balter M, Gibbons A (2000) A glimps of human's first journey out of Africa. *Science* 288: 948–950

Balter M (2001) In search of the first Europeans. *Science* 291: 1722–1725

FAO (2000) World Forest Resource Assessment, FAO

GBA (1996) Global Biodiversity Assessment. Cambridge University Press. 1140 Seiten

Gibbons A (2001) The riddle of Coexistence. *Science* 291: 1725–1729

IPCC–LULUCF (2000) Special Report on Land Use, Land Use Change and Forestry (IPCC-XVI/Doc. 2) IPCC-Sekretariat der WMO, Genf.

IPCC–WG I (1996) Climate Change 1995. The Science of Climate Change. Contribution of Working Group I to the second assessment report of the Intergovernmental Panel on Climate Change. Cambridge University Press. 572 Seiten

IPCC–WG II (1996) Climate Change 1995. Impacts, Adaptations and Mitigation of climate change: Scientific-Technical Analysis; Contribution of Working Group II to the second assessment report of the Intergovernmental Panel on Climate Change. Cambridge University Press. 878 Seiten

IPCC–WG III (1996) Climate Change 1995; Economic and Social Dimensions of climate change; Contribution of Working Group III to the second assessment report of the Intergovernmental Panel on Climate Change. Cambridge University Press.

IPCC–WG I (2001) Climate Change 2000. Third assessment report. Cambridge University Press, Cambridge.

IPCC–WG II (2001) Climate Change 2000. Third assessment report. Cambridge University Press, Cambridge.

IPCC–WG III (2001) Climate Change 2000. Third assessment report. Cambridge University Press, Cambridge.

Lehn H, Steiner M, Mohr H (1996) Wasser – die elementare Ressource. Leitlinien einer nachhaltigen Nutzung. Springer, Heidelberg. 368 Seiten

Melillo JM, Prentice IC, Farquhar GD, Schulze E-D, Sala OE (1996) Terrestrial biotic responses to environmental change and feedbacks to climate. In: Climate Change 1995, The Science of Climate Change. Cambridge University Press, Cambridge. 445–482

Naylor RL, Goldburg RJ, Primavera JH, Kautsky N, Beveridge MCM, Clay J, Folke C, Lubchenko J, Mooney H, Troell M (2000) Effect of aquaculture on world fish supply. *Nature* 405: 1017–1025

Vitousek PM, Mooney HA, Lubchenco J, Melillo JM (1997) Human domination of earth`s ecosystems. *Science* 277: 494–499

Walker B, Steffen W, Canadell J, Ingram J (1999) The terrestrial Biosphere and Global Change. IGBP Book Series 4, Cambridge University Press, Cambridge. 439 Seiten

WBGU (1994) Welt im Wandel: Die Gefährdung der Böden. Wissenschaftlicher Beirat der Bundesregierung Globale Umweltveränderungen, Jahresgutachten 1994, Economia, Bonn. 263 Seiten

WBGU (1998a) Welt im Wandel: Wege zu einem nachhaltigen Umgang mit Süßwasser. Wissenschaftlicher Beirat der Bundesregierung Globale Umweltveränderungen, Jahresgutachten 1997, Springer, Heidelberg. 419 Seiten

WBGU (1999) Welt im Wandel: Strategien zur Bewältigung globaler Umweltrisiken. Wissenschaftlicher Beirat der Bundesregierung Globale Umweltveränderungen, Jahresgutachten 1998. Springer, Heidelberg. 383 Seiten

WBGU (2000a) Welt im Wandel: Erhaltung und nachhaltige Nutzung der Biosphäre. Wissenschaftlicher Beirat der Bundesregierung Globale Umweltveränderungen, Jahresgutachten 1999. Springer, Heidelberg. 482 Seiten

WBGU (2000b) Welt im Wandel: Neue Strukturen globaler Umweltpolitik. Wissenschaftlicher Beirat der Bundesregierung Globale Umweltveränderungen, Jahresguachten 2000, AWI-WBGU Geschäftsstelle. 223 Seiten

5.2 Globale Stoffkreisläufe

Die meisten Stoffkreisläufe sind in Ökosystemen nicht geschlossen. Dies gilt insbesondere für das Wasser, den Kohlenstoff und die Nährelemente Stickstoff und Schwefel. Auf Landschaftsebene hängt oftmals ein Ökosystem vom Import von Ressourcen aus anderen Ökosystemen ab. Die Abbildung zeigt den Austrag an löslichem organischem Kohlenstoff (DOC) aus dem borealen Nadelwald von Sibirien. Es handelt sich um Humin- und Fulvosäuren, die Kationen oder Schwermetalle mitführen. Der gelöste organische Kohlenstoff gelangt über die Flüsse bis ins Meer. Fluss Dubces, ein Nebenfluss des Jenissey. Foto E.-D. Schulze.

Die **Stoffkreisläufe** (Abb. 5.2.1, Schulze 2000) von Wasser, Kohlenstoff, Stickstoff und Schwefel sind charakterisiert (1) durch die Größe der Speicher in der Atmosphäre, im Meer und auf den Kontinenten und (2) durch die Umsetzungen zwischen diesen Kompartimenten, den so genannten Flüssen. Hinzu kommen (3) Umsetzungen innerhalb der Kompartimente, so genannte systeminterne Kreisläufe. Die Umsetzungen zwischen der Erdoberfläche und der Atmosphäre werden wesentlich durch Organismen gesteuert, wohingegen die Umsetzungen in der Atmosphäre vor allem von der Energie der Sonneneinstrahlung abhängig sind. Im Folgenden werden die globalen Flüsse zwischen den Kontinenten, den Ozeanen und der Atmosphäre betrachtet. Für den Vergleich ist es daher wichtig zu wissen, dass die Oberfläche der Erde insgesamt etwa 505 Mio. km^2 beträgt, davon nehmen die Ozeane mit ca. 353 Mio. km^2 70 % ein. Die Fläche der Kontinente beträgt etwa 152 Mio. km^2, wovon aber nur 135 Mio. km^2 (88 % der Kontinente) eisfrei sind. Europa (EU_{15}) hat eine Fläche von 3,2 Mio. km^2.

5.2.1 Der Wasserkreislauf

Der **Wasserkreislauf** (Abb. 5.2.2, Schlesinger 1997; siehe auch Kapitel 2.1.1 und 2.2.4) ist charakterisiert durch das große Reservoir im Ozean. Ein H_2O-Molekül hat im Ozean eine mittlere Verweildauer (*Mean Residence Time* (MRT) berechnet als Reservoir/Fluss) von etwa 37 000 Jahren. Im Vergleich

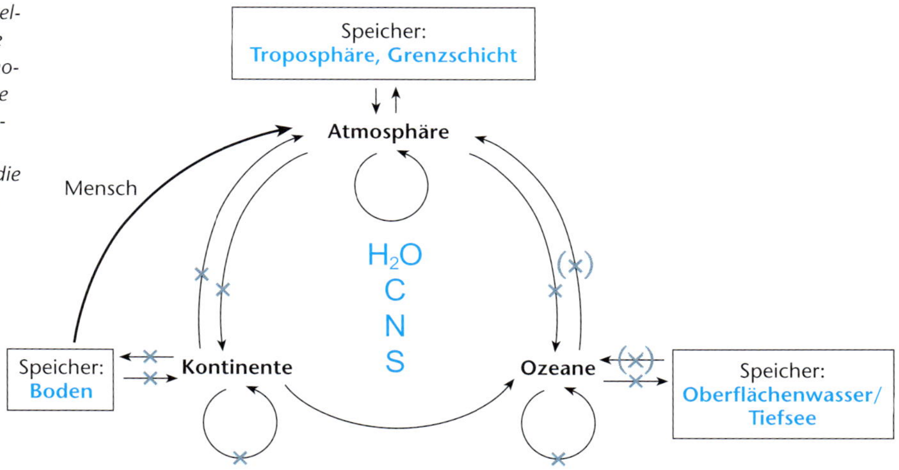

Abb. 5.2.1: Schematische Darstellung der globalen Stoffkreisläufe zwischen Land, Ozean und Atmosphäre. Die Pfeile bezeichnen die Massenflüsse (Masse pro Bodenfläche und Zeit). Kreuze kennzeichnen die Stellen, an denen die Flussrate durch Organismen gesteuert wird.

dazu ist das im Grundwasser der Kontinente (MRT: 300 Jahre) und im Eis gebundene Wasser (MRT: 16 000 Jahre) nur ein winziger Bruchteil des Meerwassers. Wiederum etwa drei Zehnerpotenzen geringer ist die in der Atmosphäre (MRT: 9 Tage) und die im Boden vorliegende Wassermenge (MRT: 280 Tage).

Der Transport von Wasserdampf vom Ozean zum Land ist geringer als die Umsetzungen über dem Ozean bzw. auf dem Land. Das bedeutet, dass der in der Küstenregion fallende Niederschlag wieder verdunstet und die Grundlage ist für den Niederschlag im Landesinneren (siehe Abb. 3.2.5). Somit „rollt" eine „Welle" von Regen, Verdunstung und erneutem Regen über den Kontinent. Im Falle des eurosibirischen Raumes rechnet man mit einer fünf- bis siebenmaligen Verdunstung und Ausregnung des gleichen Wassermoleküls, bevor es den Pazifik erreicht. Dabei treten Verluste durch Oberflächenabfluss und Versickerung ein, sodass der Niederschlag von ca. 1 000 mm in den montanen Lagen Deutschlands auf 300 mm in Zentralsibirien und 150 mm in Ostsibirien absinkt (Schulze et al. 1999). Bezogen auf die Fläche ist der durchschnittliche Umsatz an Wasser auf dem Land geringer als der Umsatz auf dem Ozean.

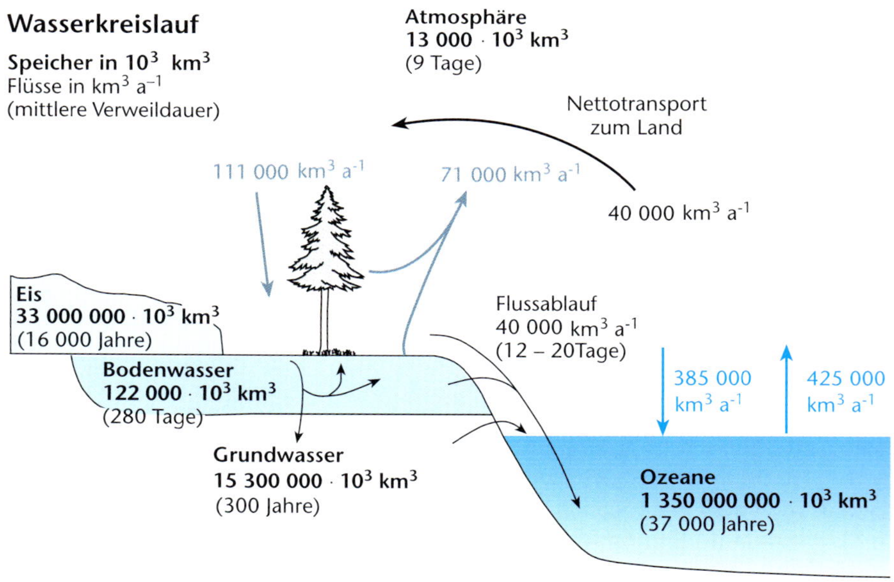

Abb. 5.2.2: Schematische Darstellung des globalen Wasserkreislaufs. Dargestellt sind die Speicher (Poolgrößen), die Flüsse und die mittlere Verweildauer der Moleküle in dem jeweiligen Kompartiment (nach Schlesinger 1997, Reeburgh 1997).

Bei den großen Mengen an Wasserdampf und Niederschlag, die global umgesetzt werden, mag es nicht verwundern, dass der Einfluss des Menschen gering ist, zumal der Mensch vor allem das Oberflächenwasser, d. h. den Überschuss der hydrologischen Bilanz (siehe Kapitel 2.2.1), nutzt. Trotz der großen Mengen, die umgesetzt werden, gibt es Einflüsse des Menschen auf die globale Wasserbilanz. Diese beziehen sich insbesondere auf (siehe WBGU 1998a)

- Änderungen des Wasserablaufs durch Änderungen der Landnutzung. Diese beginnen mit der Umwandlung von Wald in landwirtschaftliche Nutzfläche und gehen anschließend weiter mit der Intensivierung der mechanischen Bearbeitung, mit Düngung, Pestizideinsatz und Erosion auf Agrarflächen. Die Änderung in der Landnutzung beeinflusst damit nicht nur die Wassermenge, sondern auch die Wasserqualität (Abb. 5.2.3 A, WBGU 1998a).
- Veränderungen des Wasserablaufs durch Dammbauten und Bewässerungskulturen (z. T. aus fossilen Grundwasserspeichern). Der wegen der Bewässerungskulturen in Arizona stark verringerte Abfluss des Colorado und die Austrocknung des Aralsees sind bekannte Beispiele für die Auswirkungen von Dammbauten und Bewässerungskulturen auf den Oberflächenabfluss (Abb. 5.2.3 B und C, WBGU 1998a). Die Veränderungen im Wasserpegel des Assuanstausees und des Tschad-Sees geben weitere eindrucksvolle Beispiele für globale Veränderungen im Wasserkreislauf (Evans 1996).

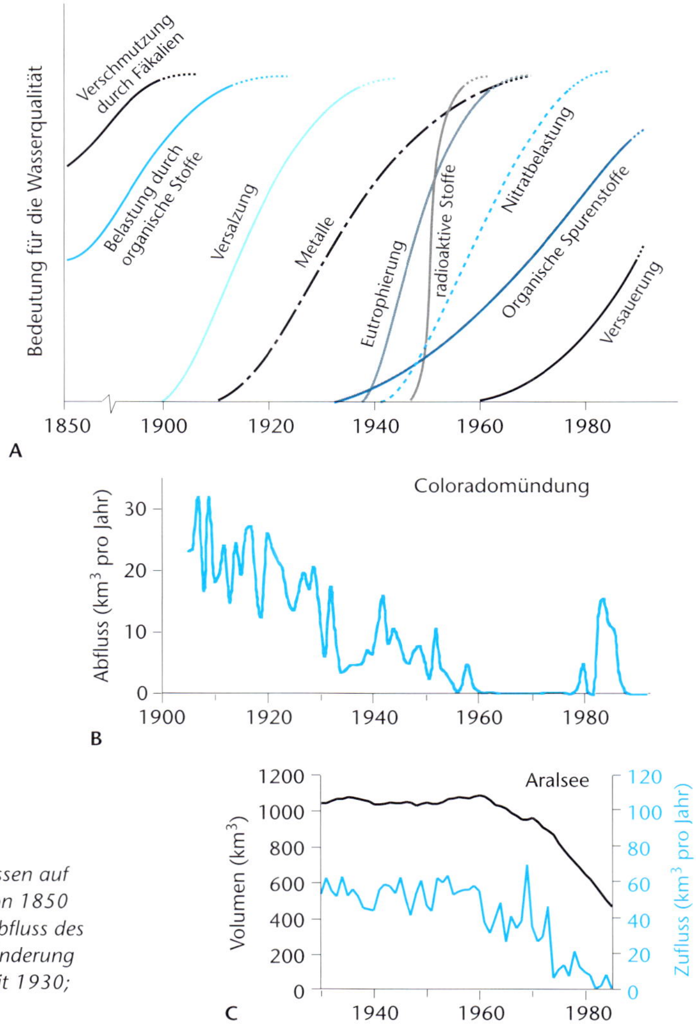

Abb. 5.2.3 A: Die zeitliche Entwicklung von Einflüssen auf die Wasserqualität in der industrialisierten Welt von 1850 bis zur Gegenwart; B: die zeitliche Änderung im Abfluss des Colorado unterhalb der Dämme; C: die zeitliche Änderung im Zufluss und im Wasservolumen des Aralsees seit 1930; (nach WBGU 1998a).

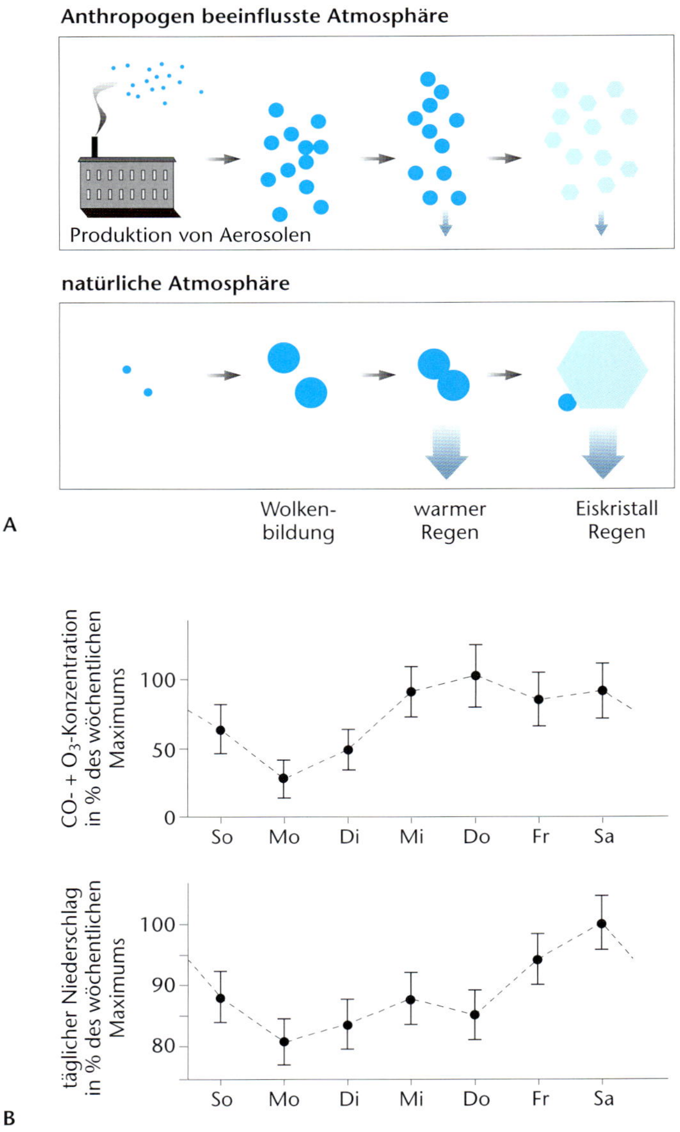

Abb. 5.2.4 A: Schematische Darstellung der Tropfenbildung in der Atmosphäre mit und ohne Aerosole. Mit der Präsenz von Aerosolen steigt die Zahl der Kondensationskeime. Bei konstanter Wasserdampfmenge sinken damit die Tropfengröße und die Niederschlagsmenge. In der Atmosphäre entsteht eine „Dunstschicht", die nicht ausregnet (nach Toon 2000). B: Die statistische Verteilung von anthropogenen Gasen als Marker für Aerosole und des Niederschlags im Laufe einer Woche in den nordöstlichen USA (nach Cerveny und Balling 1998).

- Veränderungen in der Niederschlagsverteilung (Abb. 5.2.4 A, Toon 2000, Abb 5.2.4 B, Cerveny und Balling 1998). Durch die Produktion von Aerosolen kommen mehr Kondensationskeime in die Atmosphäre. Damit verzögert sich der Niederschlag (Toon 2000). Dies erklärt auch die statistisch nachweisbare Periodizität im wöchentlichen Niederschlag (Cerveny und Balling 1998). In den östlichen USA steigt die Aerosolkonzentration am Anfang der Woche rasch an und erreicht ein Maximum am Mittwoch/Donnerstag. Dies verzögert das Ausregnen der Atmosphäre. Die Niederschläge sind in der ersten Wochenhälfte niedrig, sie steigen erst in der zweiten Wochenhälfte und erreichen am Sonnabend das statistische Wochenmaximum. Die niedrigsten Niederschläge fallen statistisch am Montag.

5.2.2 Der Kohlenstoffkreislauf

Der **Kohlenstoffkreislauf** (Abb. 5.2.5, Schlesinger 1997) hat ebenso wie der Wasserkreislauf ein großes Reservoir im Ozean und einen zusätzlichen

Speicher in den Sedimentgesteinen. Die in Form von CO_2 in der Atmosphäre vorliegende C-Menge beträgt 2 ‰ der Menge im Ozean; sie ist nur geringfügig größer als die C-Menge, die in der Biomasse der Pflanzen gebunden ist und nur halb so groß wie die im Boden gespeicherte Menge. Die mittlere Verweildauer eines CO_2-Moleküls in der Atmosphäre beträgt 3 Jahre. Da aber die CO_2-Konzentration nicht nur durch die Re-Assimilation bestimmt wird, sondern auch durch die Respiration des Streuabbaus (siehe Abb. 3.3.1), würde es ca. 750 Jahre dauern, um den derzeitigen Anstieg zu halbieren, auch wenn man die Emissionen im Augenblick vollständig unterließe. Im Augenblick steigt die CO_2-Menge in der Atmosphäre jährlich um 0,5 %, das sind 3×10^9 t Kohlenstoff im Jahr.

Der biologische C-Kreislauf ist charakterisiert durch sehr hohe Aufnahme- und Abgaberaten. Die Aufnahme wird bedingt durch die CO_2-Assimilation der Photosynthese, die Abgabe durch Atmung der Pflanzen und der heterotrophen Organismen sowie durch Vegetationsbrände (siehe Abb. 3.3.9). Diese Flüsse sind unter natürlichen Bedingungen fast ausgeglichen. Hinzu kommen zwei anthropogene Flüsse, die größer sind als die natürliche C-Bilanz aus Photosynthese und Atmung. Es handelt sich um die Emissionen aus dem Verbrauch fossiler Brennstoffe und um die Freisetzung von CO_2 durch Landnutzungsänderungen. Im Falle des Kohlenstoffs greift damit das anthropogene Signal signifikant in den natürlichen Stoffkreislauf ein; die Auswirkungen werden in Kapitel 5.3 analysiert.

Der CO_2-Kreislauf berücksichtigt nicht die Umsetzungen weiterer C-haltiger Spurengase, die u.U. sogar klimawirksamer sind als CO_2. Dazu gehört insbesondere das Methan mit den Hauptquellen in den globalen Feuchtgebieten, im Reisanbau, in den Müllhalden, den Termiten, der Viehhaltung und dem Verbrennen von Biomasse (Reeburgh 1996).

5.2.3 Der Stickstoffkreislauf

Beim Stickstoff (Abb. 5.2.6, Schlesinger 1997, Reeburgh 1996) lagert die größte Menge in gasförmiger Form in der Atmosphäre (4×10^{15} t mit einer mittleren Verweildauer von 10^7 Jahren). Die Speicher in den übrigen Kompartimenten sind demgegenüber verschwindend gering, obgleich die Umsatzraten hoch sind. Die biologische N_2-Fixierung ist der Ausgangspunkt der biologischen N-Umsetzungen auf den Kontinenten und im Ozean (siehe Abb. 3.3.12); sie ist auf dem Land deutlich höher als im Ozean. Im Gegensatz dazu ist die Denitrifikation auf dem Land und im Ozean etwa gleich. Der N-Kreislauf

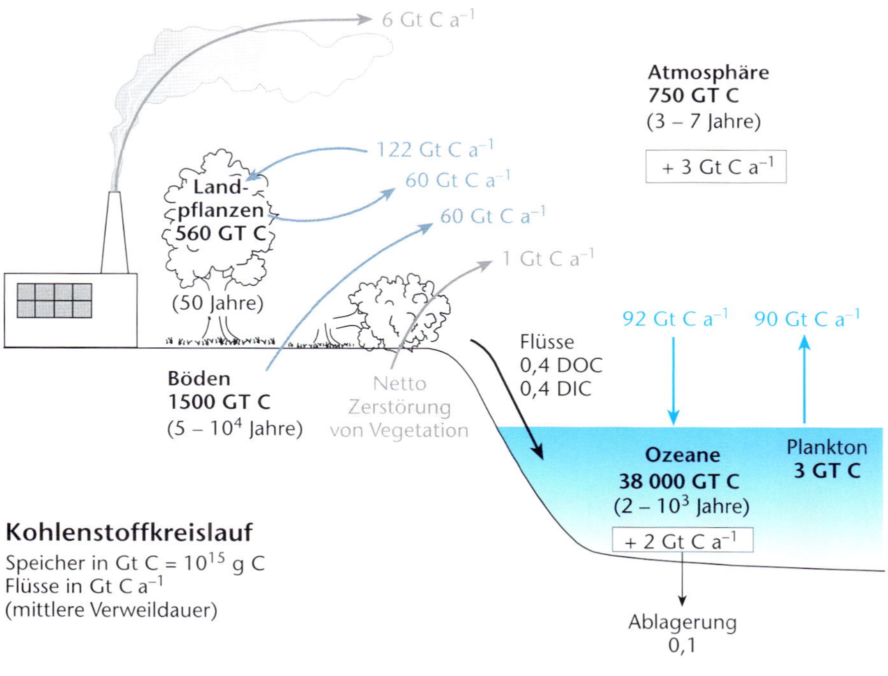

Abb. 5.2.5: Schematische Darstellung des globalen Kohlenstoffkreislaufs. Dargestellt sind die Speicher (Poolgrößen), die Flüsse und die mittlere Verweildauer der Moleküle in dem jeweiligen Kompartiment. DOC = Dissolved Organic Carbon; DIC = Dissolved Inorganic Carbon. (nach Schlesinger 1997, Reeburgh 1996).

Abb. 5.2.6: Schematische Darstellung des globalen Stickstoffkreislaufs. Dargestellt sind die Speicher (Poolgrößen), die Flüsse und die mittlere Verweildauer der Moleküle in dem jeweiligen Kompartiment (nach Schlesinger 1997, Reeburgh 1996).

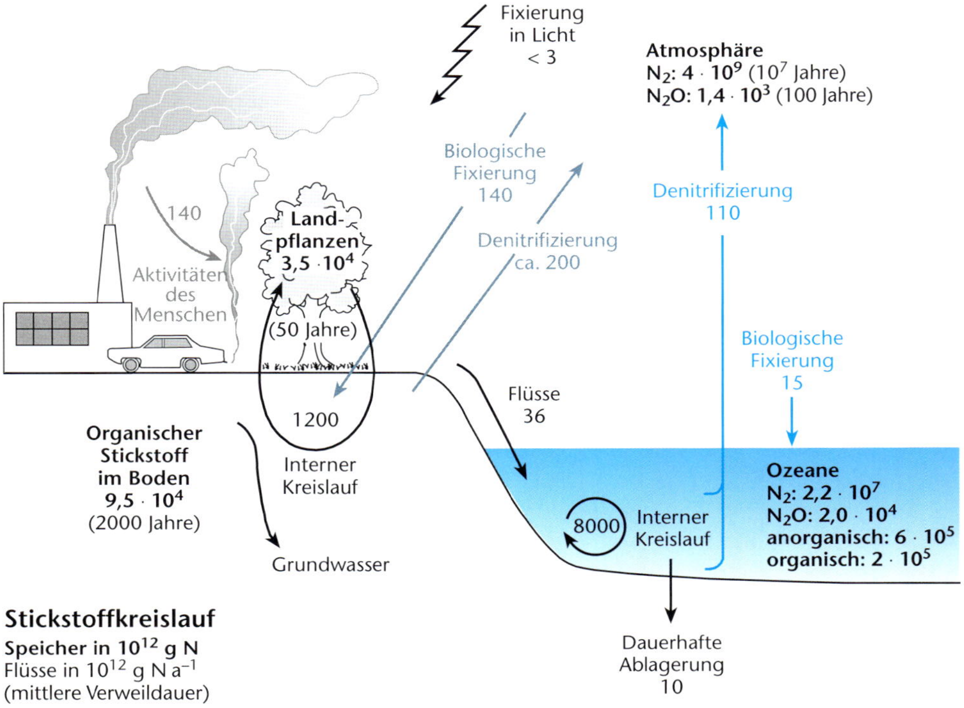

wird insbesondere gestört durch eine industrielle N_2-Assimilation bei der NH_3-Herstellung und durch die NO_x-Produktion bei Verbrennungsprozessen. Die industrielle N_2-Fixierung entspricht der natürlichen biologischen N_2-Fixierung, die ebenfalls durch den Anbau von Leguminosen anthropogen beeinflusst ist. Ökosysteminterne Umsetzungen von organisch und anorganisch gebundenem Stickstoff sind größer als die Nettoflüsse.

Die globale N-Bilanz ist wegen der Unsicherheiten bei der Abschätzung der Denitrifikation bislang nur ungenau zu bestimmen, und wegen der hohen N_2-Konzentration in der Atmosphäre sind Änderungen dort auch nicht direkt messbar. Dennoch weisen die Abschätzungen darauf hin, dass die Erde im Augenblick einem Eutrophierungsprozess unterliegt, in dem die N_2-Fixierung die Denitrifikation um ein Drittel überschreitet (Tabelle 5.2.1). Dabei wird möglicherweise die Denitrifikation in der Stratosphäre unterschätzt (Tabazadeh et al. 2001).

In Deutschland ist der Nitratgehalt im Quellwasser linear korreliert mit der N-Deposition aus der Atmosphäre bzw. aus der Düngung in der Landwirtschaft (Lehn et al. 1996). In Baden-Württemberg wurden zwischen 1980 und 1992 insgesamt 550 Quellen (mehr als 20 % des Bestands) wegen anthropogener Verunreinigungen vom Netz genommen. Damit stieg die Abhängigkeit von Fernwasserversorgungen. Im Jahr 1993 gab es in Baden-Württemberg nur noch drei große Fernwasserversorgungssysteme, das Donauried, den Bodensee und die Trinkwassertalsperren im Schwarzwald, wobei das Donauried den Großraum Stuttgart versorgt. In diesem wichtigen Wasserversorgungsgebiet stieg die Nitratkonzentration kontinuierlich von 10 mg l^{-1} im Jahr 1930 auf 40 mg l^{-1} im Jahr 1993 (Abb. 5.2.7, Lehn et al. 1996). Im Jahr 1990 hätte man vorhergesagt, dass dieses Quellgebiet

Tabelle 5.2.1: Die globale N_2-Bilanz (nach Schlesinger 1997, Vitousek et al. 1997, Reeburgh 1996). Alle Angaben haben eine große Unsicherheit.

Prozess	N_2-Fixierung (10^{12} g N a^{-1})	Denitrifikation (10^{12} g N a^{-1})
natürlich, terrestrisch	190	147
natürlich, ozeanisch	40	110
Leguminosenanbau	40	0
Düngemittel und Industrie	90	0
industrielle Verbrennung	20	20
Biomasseverbrennung		12
Summe	380	289

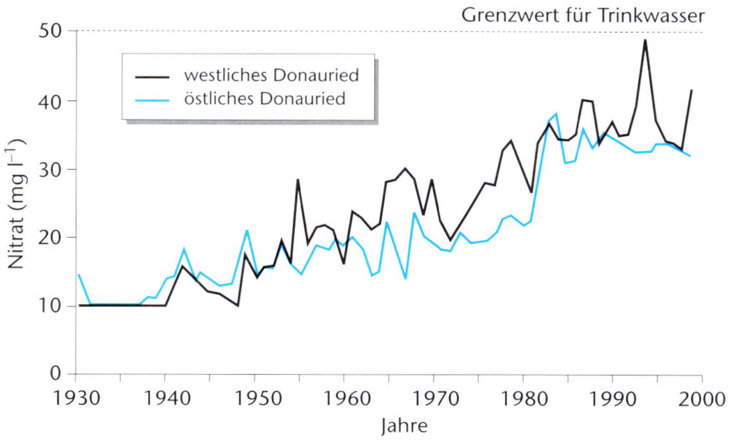

Abb. 5.2.7: Die Entwicklung der Nitratkonzentration im Donauried seit 1930 (nach Lehn et al. 1996).

innerhalb von 10 bis 20 Jahren ausfällt (der EU-Grenzwert für Nitrat im Trinkwasser liegt bei 50 mg l^{-1}). Es zeigt sich nunmehr, dass sich der Nitrataustrag anscheinend stabilisiert, möglicherweise als Folge von Umweltmaßnahmen (verringerte Einträge aus Gülle im Quellgebiet).

5.2.4 Der Schwefelkreislauf

Der **Schwefelkreislauf** (Abb. 5.2.8, Schlesinger 1997, Reeburgh 1996) ist durch hohe Umsätze über dem Ozean charakterisiert. Verursacht werden diese

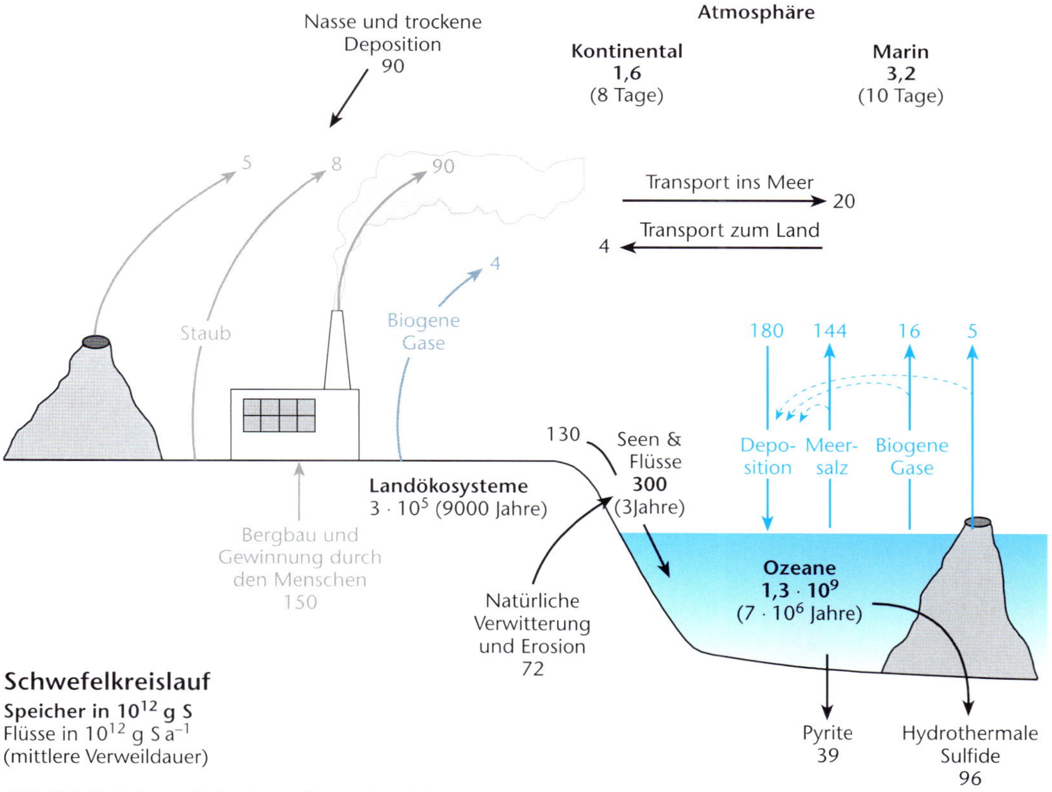

Abb. 5.2.8: Schematische Darstellung des globalen Schwefelkreislaufs. Dargestellt sind die Speicher (Poolgrößen), die Flüsse und die mittlere Verweildauer der Moleküle in dem jeweiligen Kompartiment (nach Schlesinger 1997, Reeburgh 1996).

durch die Abgabe von Dimethylsulfid (DMS), einem biogenen Gas, das von marinen Algengattungen erzeugt wird, die Chlorophyll a und c besitzen. Dabei handelt es sich um

- alle Dinoflagellaten
- die Grünalgenfamilie der Prasinophyceae
- fast alle Makrogrünalgen
- wenige Diatomeae
- wenige Rhodophyceae
- keine Braunalgen
- keine Cyanobakterien.

Die Umsatzrate von DMS in der Atmosphäre ist sehr hoch (mittlere Verweildauer ein Tag), da DMS in der Atmosphäre zu Sulfat oxidiert. Dieses Sulfat wird zum großen Teil wieder über dem Ozean ausgeregnet. Die natürlichen Umsätze auf dem Land liegen um zwei Zehnerpotenzen niedriger als im Ozean. Damit werden die anthropogenen S-Emissionen zur größten S-Quelle auf dem Land. Sie überschreiten die natürlichen S-Emissionen etwa um den Faktor 10 und tragen damit signifikant zur Bodenversauerung bei (siehe Abb. 3.2.2). In Deutschland wurden mit der Großfeuerungsverordnung von 1983 die SO_2-Emissionen stark reduziert (siehe Abb. 3.5.4).

Literatur

Cerveny RS, Balling RC (1998) Weekly cycles of air pollutants, precipitation and tropical cyclones in the coastal NW Atlantic region. *Nature* 394: 561–563

Evans, TE (1996) The effect of changes in the world hydrological cycle on availability of water resources. In: Bazzaz F, Sombroek W (Hrsg.) Global climate change and agricultural production. Wiley, Chichester. 15–48

Lehn H, Steiner M, Mohr H (1996) Wasser – die elementare Ressource. Leitlinien einer nachhaltigen Nutzung. Springer, Heidelberg. 368 Seiten

Reeburgh WS (1996) “Soft spots” in the global methane budget. In: Lidstrom ME, Tabita FR (Hrsg.) Microbial growth on C_1-compounds. Kluwer, Amsterdam. 334–342

Schlesinger WH (1997) Biogeochemistry; An Analysis of Global Change. Academic Press, San Diego. 588 Seiten

Schulze E-D (2000) Der Einfluß des Menschen auf die biogeochemischen Kreisläufe der Erde. Max-Planck-Gesellschaft. Jahrbuch 2000, 39–58

Schulze E-D, Lloyd J, Kelliher FM, Wirth C, Rebmann C, Lühker B, Mund M, Knohl A, Milyukova IM, Schulze W, Ziegler W, Varlagin AB, Sogachev AF, Valentini R, Dore S, Grigoriev S, Kolle O, Panfyorov MI, Tchebakova N, Vygodskaya NN (1999) Productivity of forests in the Eurosiberian boreal region and their potential to act as a carbon sink – a synthesis. *Global Change Biology* 5: 703–722

Tabazadeh A, Jensen EJ, Toon OB, Drdla K, Schoeberl MR (2001) Role of the stratospheric polar freezing belt in denitrification. *Science* 291: 2591–2593

Toon OB (2000) How pollution supresses rain. *Science* 287: 1763–1765

WBGU (1998a) Welt im Wandel: Wege zu einem nachhaltigen Umgang mit Süßwasser. Wissenschaftlicher Beirat der Bundesregierung Globale Umweltveränderungen, Jahresgutachten 1997, Springer, Heidelberg. 419 Seiten

5.3 Die Bedeutung des menschlichen Einflusses auf den Kohlenstoffhaushalt für das globale Klima

Ein besonders wichtiger Eingriff des Menschen in die Kohlenstoffbilanz ist die Abholzung (Nutzbarmachung) von Primärwäldern. In den Tropen ist dies meist mit einer Änderung der Landnutzung verbunden (Brandkultur). Im borealen Wald kommt es meist nach der Nutzung zu einer Wiederbewaldung. Dennoch ist diese erstmalige forstliche Ernte mit erheblichen C-Emissionen verbunden, denn die Primärwälder tragen höhere Biomassen als die Sekundärwälder, und im Zuge der Verjüngung kommt es meist zu einer Zerstörung des Auflagehumus, der sich im Primärwald über Jahrtausende angehäuft hat. Die Abbildung zeigt oben die vollmechanisierte Ernte des borealen Waldes in Russland und unten die Grenze eines Großkahlschlages im pazifischen Nordwesten von Kanada. Fotos E.-D. Schulze.

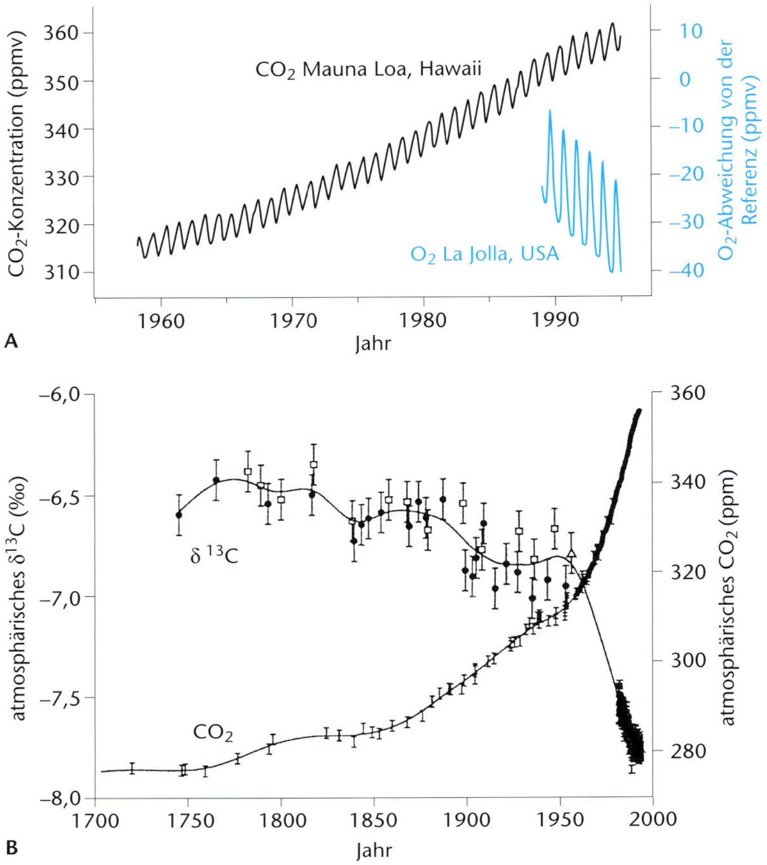

Abb. 5.3.1 A: Die CO_2-Konzentration in der Atmosphäre auf dem Mt. Mauna Loa. Die kontinuierlichen Messungen seit 1958 zeigen nicht nur den langfristigen Trend der Zunahme der CO_2-Konzentration, sondern auch die jahreszeitlichen Veränderungen in der CO_2-Konzentration mit CO_2-Minima in der Vegetationsperiode und CO_2-Maxima während der Vegetationsruhe. Gleichzeitig ist die Abnahme der O_2-Konzentration dargestellt, die in La Jolla, Kalifornien, gemessen wurde. Auch die O_2-Konzentration zeigt einen jahreszeitlichen Trend (nach Heimann 1997). B: Veränderung der atmosphärischen CO_2-Konzentration und der $\delta^{13}C$-Werte seit 1700. Seit 1960 sinken die $\delta^{13}C$-Werte mit der steigenden CO_2-Konzentration deutlich ab.

Die CO_2-Konzentration in der Atmosphäre steigt zurzeit um 0,5 % pro Jahr. Um diese Zahl zu beurteilen, muss man den langfristigen Trend kennen und wissen, woher das CO_2 kommt, das in der Atmosphäre als Anstieg beobachtet wird (Abb. 5.3.1 A, Heimann 1997). Auf dem Mt. Mauna Loa auf Hawaii wird seit 1959 ein kontinuierlicher Anstieg der CO_2-Konzentration gemessen. Die Minima entsprechen der Vegetationsperiode im Sommer und die Gipfel der Vegetationsruhe im Winter. Parallel zu diesem Anstieg beobachtet man eine Abnahme in der Sauerstoffkonzentration. Dies ist der Beweis dafür, dass der Anstieg des CO_2 auf einem Verbrennungsprozess beruht und nicht etwa die Folge einer einfachen Ausgasung, z. B. aus den Ozeanen, ist. Bei der derzeitigen Rate des Verbrauchs wird der Sauerstoff in 50 000 Jahren verbraucht sein, wobei aber der potentielle Verbrauch von den verfügbaren fossilen Brennstoffen abhängt. Die Schätzungen über die Reserven an fossilen Brennstoffen sind unsicher und abhängig von den Erschließungskosten. Man rechnet mit erreichbaren Reserven von 600 bis 1200 Gt (100 bis 200 Jahre bei derzeitigem Verbrauch). Einschließlich der schwer erschließbaren Reserven handelt es sich um 4000 bis 7000 Gt, wobei es sich in jedem Falle um eine Mischrechnung handelt, bei der mit 13,6 g C/MJ Gas, 21,8 g C/MJ Öl und 27,3 g C/MJ Kohle gerechnet wird (1 kg Öl = 1,44 Steinkohleeinheiten).

Ein weiterer Marker dafür, dass Gase aus fossilen Brennstoffen in die Erdatmosphäre eindringen, ist das stabile Isotop ^{13}C (Abb. 5.3.1 B). Vor der Industrialisierung lag der so genannte $\delta^{13}C$-Wert (atmosphärisches $^{13}C/^{12}C$-Verhältnis im Vergleich zu einem Standard) bei –6,5 ‰. Mit dem Hinzufügen von ^{13}C-abgereichertem CO_2 aus fossilen Quellen sank der $\delta^{13}C$-Wert in den letzten 40 Jahren um ca. 1 ‰.

Parallel zu der Erhöhung der CO_2-Konzentration ändert sich auch die Konzentration des Methans, die mit der Bevölkerungszahl ansteigt und zum größten Teil auf Nassreisanbau und Viehhaltung von Wiederkäuern zurückzuführen ist (Krüger et al. 2001, siehe auch Kapitel 3).

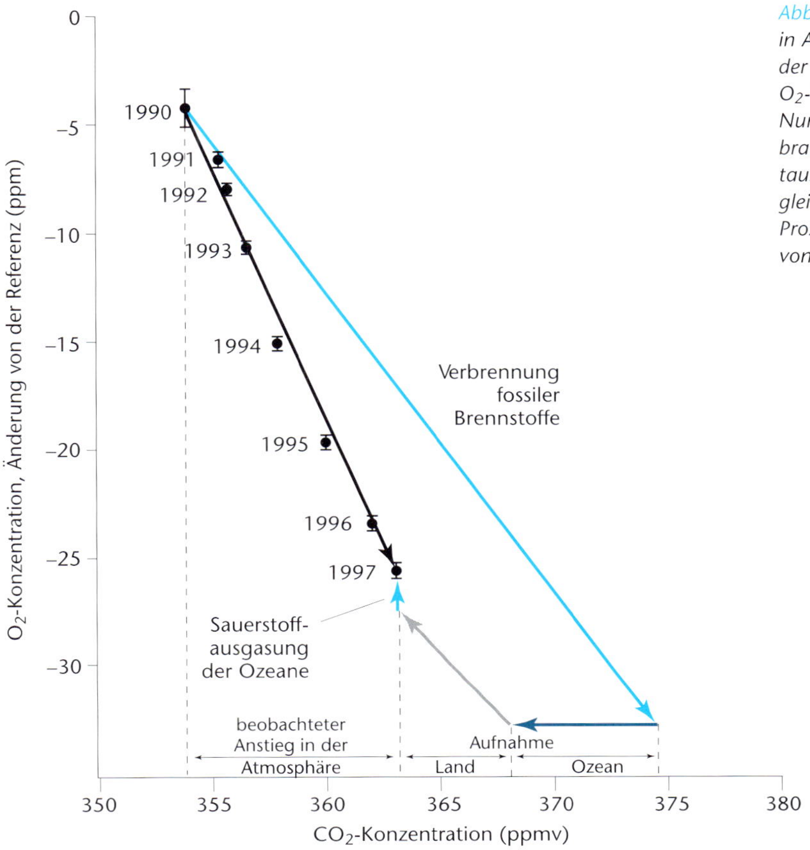

Abb. 5.3.2: Die Veränderung der O_2-Konzentration in Abhängigkeit von der CO_2-Konzentration. Bei der Verbrennung fossiler Brennstoffe müsste der O_2-Verbrauch proportional zur CO_2-Erhöhung sein. Nun wird CO_2 aber durch Lösung im Ozean verbraucht (ohne gleichzeitigen äquivalenten Austausch von O_2) und durch die Photosynthese (bei gleichzeitiger Produktion von O_2). Aus den drei Prozessen resultiert die gemessene Veränderung von O_2 und CO_2 (nach Keeling et al. 1996).

Nachdem aus den Sauerstoff- und den Isotopenmessungen klar ist, dass es sich bei der Zunahme der CO_2-Konzentration in der Atmosphäre um Verbrennungsprodukte handelt, bleibt offen, wie das anthropogene CO_2 im Stoffkreislauf umgesetzt wird (Abb. 5.3.2, Keeling et al. 1996). Bei der Verbrennung wird Sauerstoff in festem Verhältnis zu Kohlenstoff verbraucht. Kennt man den vergangenen Verbrauch an fossilen Brennstoffen, kann man den entsprechenden Sauerstoffbedarf und die CO_2-Konzentration berechnen, die zu erwarten wäre, wenn alles entstehende CO_2 in der Atmosphäre verbliebe. Die Beobachtung in der Atmosphäre zeigt eine deutlich niedrigere CO_2-Konzentration, als aus dem Verbrauch an fossilen Brennstoffen zu erwarten wäre. Diese Differenz ist bedingt durch die Photosynthese der Landpflanzen, bei der Sauerstoff proportional zum CO_2-Verbrauch an die Luft abgegeben wird. An der Oberfläche der Ozeane hingegen wird vor allem CO_2 umgesetzt, da die Löslichkeit von CO_2 in Wasser bei 20 °C mit 0,878 ml CO_2 $l^{-1}{}_{H_2O}$ größer ist als die von O_2 in Wasser (0,031 l O_2 $l^{-1}{}_{H_2O}$) (Sestak et al. 1971). Aus diesen Umsatzraten ergibt sich, dass zurzeit etwa 50 % des CO_2 aus fossilen Brennstoffen in der Atmosphäre verbleiben; 30 % gehen in den Ozean, 20 % werden durch Landpflanzen assimiliert (Keeling et al. 1996).

Es ist zu erwarten, dass die Erhöhung der Konzentrationen von CO_2, Methan, N_2O und anderen anthropogenen Spurengasen wegen der spezifischen Absorptionseigenschaften dieser Gase klimawirksam sind (siehe Abb. 2.1.2). Dies wird bestätigt durch geologische Ereignisse, in denen die plötzliche Freisetzung von marinem Methanhydrat zu einer 5–7 K starken Erwärmung der unteren Atmosphäre führte (Norris und Röhl 1999). An der Grenze zwischen Paläozän und Eozän (vor 55 Mio. Jahren) kam es am kontinentalen Schelf im Nordatlantik zu einer Freisetzung von 1200–2000 Gt CH_4. Dies entspricht etwa der zu erwartenden Freisetzung an CO_2 aus fossilen Brennstoffen. Dabei wurden die unter kühlen Bedingungen gebildeten, zunächst stabilen Methanhydrate, die unter Sedimenten begraben wurden, bei Erwärmung des Wassers,

Abb. 5.3.3: Der Einfluss von Spurengasen und Aerosolen auf die Strahlungsbilanz der Erde (nach Schimel et al. 1997)

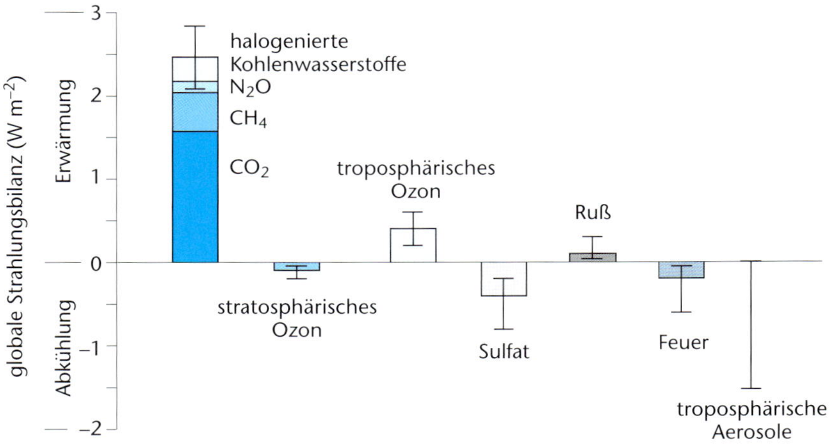

z. B. im Interglazial, als Gas freigesetzt. Es kam zu Rutschungen am Fuß des Kontinentalschelfs und damit zu einer Kettenreaktion der Methanausgasung (Kennett et al. 2000). Es dauerte 120 000 Jahre, bis diese Methanmenge wieder reassimiliert war und die Atmosphäre wieder abkühlte. Es gibt Hinweise darauf, dass die evolutive Abtrennung des Menschen von den Affen in der Zeit dieser starken Erwärmung an der Grenze zwischen Paläozän und Eozän lag (Dickens 1999). Im Zuge der Erwärmung nach der letzten Eiszeit gab es keine entsprechende Methanfreisetzung.

Unabhängig von den Hinweisen, die für eine Erwärmung der unteren Atmosphäre bei Erhöhung der CO_2-Konzentration sprechen, gibt es eine Reihe von Unsicherheiten, die die Vorhersage erschweren (siehe auch Veizer et al. 2000). Diese Unsicherheiten liegen sowohl im meteorologischen als auch im ozeanografischen Bereich:

- Meteorologische Unsicherheiten:
  Aerosole: Die Strahlungsbilanz ist nicht nur von der Ausstrahlung, sondern auch von der Einstrahlung abhängig. Die Einstrahlung wird durch Wolkenbildung und Aerosole durch erhöhte Reflexion vermindert. Dies kompensiert den Effekt der verringerten langwelligen Wärmestrahlung durch erhöhtes CO_2. Der Einfluss der Gase und der Aerosole wurde vom IPCC-WG I (1996) untersucht (Abb. 5.3.3), und es bleibt bei aller Unsicherheit der überwiegende Effekt der Spurengase, der zu einer Erwärmung führt. Die Beeinflussung der Einstrahlung wurde aber in einem anderen Zusammenhang ernsthaft diskutiert, nämlich dem atomaren Winter (Ehrlich et al. 1983, Turco et al. 1983). Nach Berechnungen würde ein atomarer Krieg zu einer starken Entwicklung von Ruß und Aerosolen aus den Bränden der Großstädte führen, und dies würde die Einstrahlung so stark herabsetzen, dass die mittlere Erdtemperatur innerhalb von einer bis zwei Wochen über die Dauer von >1 Jahr auf –15 bis –25 °C absänke und damit ein Überleben auf der Erde in Frage gestellt wäre. Dies gilt insbesondere dann, wenn ein solcher Krieg in der Vegetationsperiode der Nordhemisphäre begänne. Diese Erkenntnis führte zur Einsicht, dass ein atomarer Krieg das eigene Überleben auf beiden Seiten in Frage stellt. Diese Erkenntnis beeinflusste die Verhandlungen über die Abrüstung von Nuklearwaffen.
- Ozeanografische Unsicherheiten der **globalen Meeresströmungen**:
  Conveyor Belt: Eine Meeresströmung ist für Europa besonders wichtig, nämlich das ozeanische Fließband, das die Weltozeane verbindet (Abb. 5.3.4 A, Enquete-Kommission des Bundestages 1992). So fließt warmes Oberflächenwasser als Golfstrom vom Süd- zum Nordatlantik. Durch die Verdunstung und den Zustrom von salzreichem Wasser aus dem Mittelmeer wird dieses Wasser immer salzreicher. Es gefriert deshalb nicht, wenn es auf das arktische Kaltwasser vor Grönland trifft. Das salzreiche Wasser kühlt ab, wird schwerer, sinkt in die Tiefe des Nordatlantiks ab und strömt als kalte salzhaltige Tiefenströmung zurück. Für Europa weiß man seit langem, dass die Wärme, die beim Abkühlen und Absinken der Oberflächenströmung frei wird, das milde, gemäßigte Klima in Europa bedingt

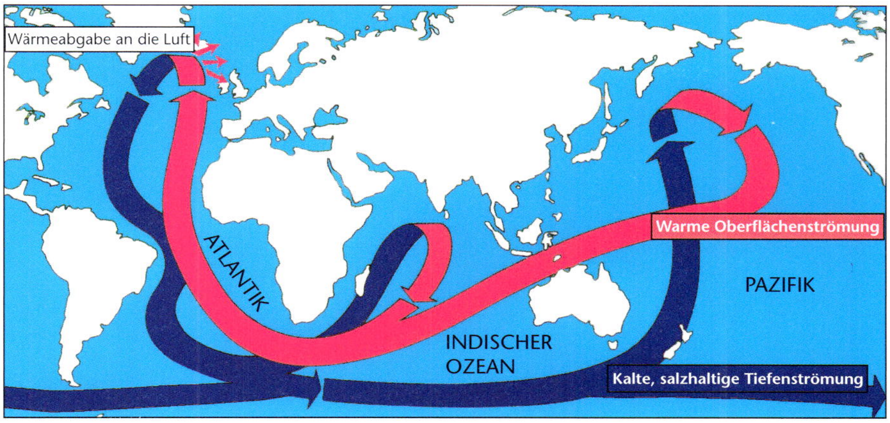

A

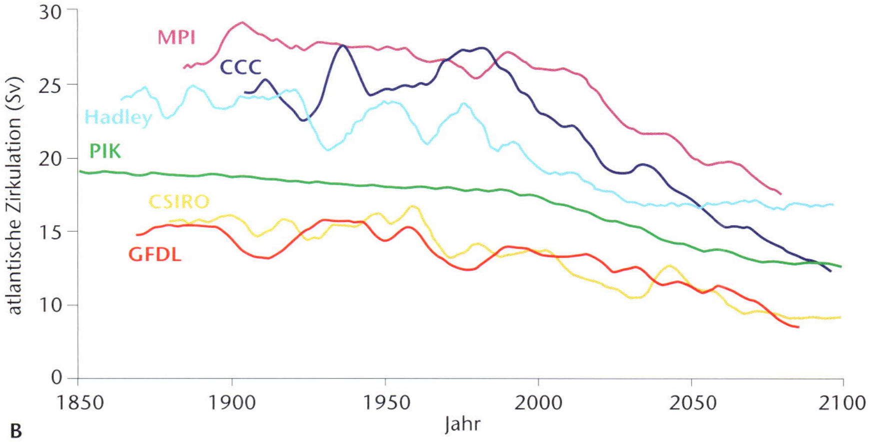

B

Abb. 5.3.4 A: Schematische Darstellung des ozeanischen „Conveyor Belt" (Fließbandes). Die warme Oberflächenströmung erstreckt sich vom Pazifik zum Atlantik. Dieses Wasser wird salzhaltiger und gefriert nicht, wenn es auf das arktische Kaltwasser trifft. Das Oberflächenwasser sinkt vor der Küste von Norwegen und nördlich von Island ab und bildet das kalte salzreiche Tiefenwasser, das in den Pazifik zurückströmt (nach Enquete-Kommission des Bundestages 1992, Ramstorf et al. 1999). B: Modellvergleich der Vorhersagen der nordatlantischen Tiefenwasserbildung. Alle Modelle stimmen in der Vorhersage überein, dass die Intensität des Golfstromes bei weitergehender Erwärmung der Erde abnimmt. Dies hat voraussichtlich gravierende Auswirkungen auf das Klima in Europa (nach Ramstorf et al. 1999).

(Driscoll and Haug 1998). Dieses ozeanische Fließband reagiert empfindlich auf den Salzgehalt des Wassers im Nordatlantik. Salzarmes Wasser würde nicht in die Tiefe des Ozeans absinken. Damit würde die Wärmeproduktion im Nordatlantik entfallen und Europa würde abkühlen. Dieser Fall trat in der nacheiszeitlichen Klimageschichte ein, als der große Inlandsee von Nordamerika, der Agassiz-See, der sich vor dem abschmelzenden Eis im Bereich von Alberta, Saskatschwan und Montana gebildet hatte, in den Nordatlantik ausfloss. Es kam zu der jüngeren Dryas-Eiszeit in Europa. Eine Eisschmelze in der Arktis oder eine Abnahme der Wasserführung der sibirischen Flüsse könnte einen ähnlichen Effekt haben, da die arktischen Eismassen, die die Abkühlung des Golfstromes bewirken, aus dem Süßwasser der sibirischen Flüsse gespeist werden. Eine Umleitung der sibirischen Flüsse zur Bewässerung asiatischer Steppen, die in den 60er Jahren geplant war, hätte gravierende klimatische Folgen für Europa gehabt. Schon ein Nachlassen des Golfstromes könnte Westeuropa abkühlen, enorme Mengen an anthropogenem CO_2 erneut freisetzen (da das CO_2-reiche Oberflächenwasser nicht mehr in die Tiefsee absinkt) und einen deutlichen Niederschlagsgradienten erzeugen. Ein Vergleich gekoppelter Ozean-Atmosphären-Modelle zeigt für alle Modelle ein Nachlassen des Golfstromes bei weitergehender Erwärmung (Abb. 5.3.4 B, Rahmstorf 1999, Broeker 1997).

El Niño: Es gibt eine weitere Meeresströmung, die wetterwirksam ist, den so genannten El Niño. Periodisch kommt es zu einer starken Erwärmung des Oberflächenwassers im Ostpazifik, was dazu führt, dass der regelmäßige Transport der Meeresströmung von Ost nach West

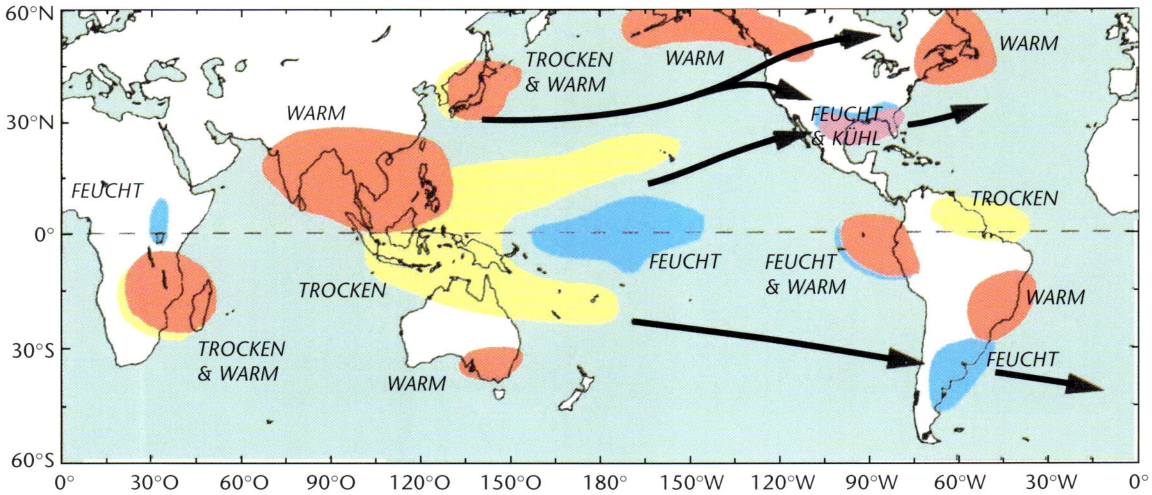

Abb. 5.3.5: Einflüsse eines El-Niño-Ereignisses auf regionale Klimate in Asien, Afrika und Amerika (nach Bengtsson 1997).

unterbleibt. Dieses hat enorme Auswirkungen auf die Witterung eines solchen Jahres (Abb. 5.3.5, Bengtsson 1997). Es kommt zu katastrophenartigen Regenfällen in Südamerika und zu Trockenheit in Australien und einem Teil von Indonesien. Die Ernte in Südafrika ist betroffen. Neben den Veränderungen in der Niederschlagsverteilung führt die Erwärmung des Pazifiks zu einer Freisetzung großer Mengen an CO_2 auf den umliegenden Kontinenten. Etwa ein Jahr später spürt Europa klimatisch die Folgen des El Niño, d. h. Europa ist in vielfältiger Weise abhängig von dem, was im Pazifik geschieht (Rodwell et al. 1999, Taylor et al. 1998)

Nordatlantische Oszillation (NAO): Es handelt sich um eine dem El Niño entsprechende Meeresströmung im Nordatlantik, die die Lage des Azorenhochs und damit den Luftdruckgradienten zwischen den Azoren und dem Islandtief bestimmt. Die Lage des Azorenhochs entscheidet, ob es im Mittelmeer oder in Skandinavien im Sommer regnet. NAO ist positiv bei einem starken Druckgradienten zwischen Island und den Azoren, ein Zeichen für eine starke thermohaline Zirkulation (*ThermoHaline Circulation*, THC) und damit für einen warmen Winter in N-Europa. Trotz der Vorhersage, dass die THC mit der globalen Erwärmung sinken soll, ist bislang eine möglicherweise vorübergehende Zunahme der THC zu beobachten (Hurrell 2001).

Der *Intergovernmental Panel on Climate Change* (IPCC) hat die Klimawirksamkeit der CO_2-Erhöhung in einem großen wissenschaftlichen Umfeld diskutiert und kam 1996 für verschiedene Szenarien der zukünftigen CO_2-Konzentrationen zu dem Ergebnis (Abb. 5.3.6 A, Azar und Rodhe 1997), dass eine kurzfristige Erhöhung der CO_2-Konzentration auf etwa 400 ppm und ein Wiederabsinken auf 350 ppm innerhalb der nächsten 100 Jahre die globale Temperatur um etwa 0,5 K gegenüber den letzten 1000 Jahren erhöhen würde. 1 K Temperaturerhöhung wird als Risikobereich angesehen. Diese Grenze wird bei 450 ppm überschritten. Im Jahr 2000 lag die globale CO_2-Konzentration bei ca. 375 ppm und damit 95 ppm über der vorindustriellen CO_2-Konzentration von 280 ppm. Die Temperaturerhöhung lag 1998 mit 0,75 K nahe der kritischen Grenze von 1 K. Man rechnet zurzeit mit einer Verdoppelung bis Verdreifachung der vorindustriellen CO_2-Konzentration, woraus sich eine Temperaturerhöhung von 3–4 K errechnen lässt. Dies wird durch den 3. Bericht des IPCC bestätigt.

Wegen der komplizierten Wechselwirkung zwischen Ozean und Atmosphäre und wegen der wetterbestimmenden Unregelmäßigkeiten bei den Meeresströmungen war man lange Zeit skeptisch hinsichtlich der Richtigkeit der Vorhersage des IPCC, dass der Mensch in der Lage sei, in das globale Klimageschehen einzugreifen. Immer mehr bestätigen sich jedoch die Vorhersagen des IPCC. Im Jahr 1998 hebt sich die globale Mitteltemperatur

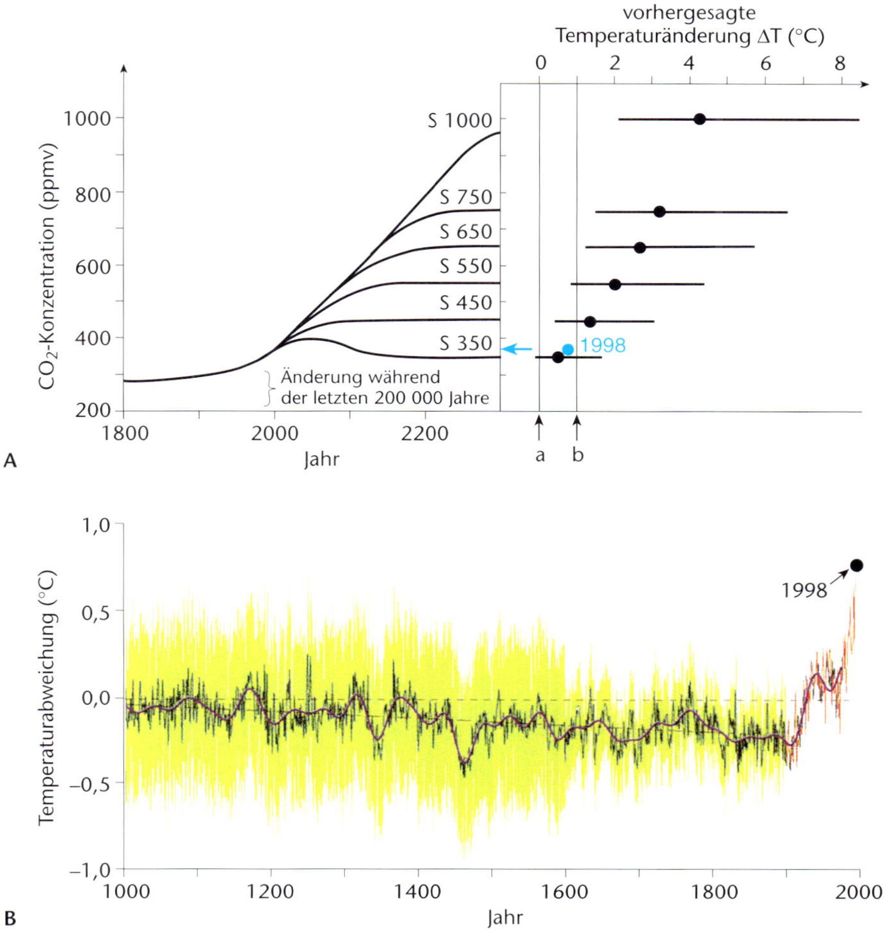

Abb. 5.3.6 A: Modellberechnungen über den Einfluss zukünftiger Szenarien erhöhter CO_2-Konzentrationen auf die mittlere Erdtemperatur. Gezeigt sind links die Modellszenarien möglicher zukünftiger CO_2-Konzentrationen (S 350 bis S 1000) und rechts die zu erwartenden Änderungen der mittleren Erdtemperatur. Die vertikalen Linien zeigen die mittlere globale Temperatur in vorindustrieller Zeit und die kritische Grenze, bei der signifikante Einflüsse erhöhter Temperatur zu erwarten sind (1 K Temperaturerhöhung). Dargestellt sind Mittelwerte und die Unsicherheit der Vorhersage (vertikale Balken) sowie die Messungen im Jahr 1998. B: Globale Änderung der Temperatur seit dem Jahr 1000. Gezeigt ist der langfristige Trend vom Jahr 1000 bis 1900 (gestrichelte Linie), der laufende Mittelwert über 30 Jahre (fette Linie), fünf Jahre (dünnere schwarze Linie) und die Jahresextreme (dünne rote Linien) (nach Kerr 2000).

deutlich von dem Trend der letzten 1000 Jahre ab (Abb. 5.3.6 B, Kerr 2000). Die Temperaturerhöhung um 0,75 K übertrifft sogar die Temperaturmaxima der letzten 1000 Jahre. Die Verzögerung zwischen CO_2- und Temperaturanstieg ist bedingt durch die Wärmekapazität der Ozeane (Levitus et al. 2000) und das Abschmelzen der polaren Eisdecken (Robock et al. 1999). Die Beobachtung einer global steigenden Erwärmung seit ca. 1960 wird anhand von weltweiten Untersuchungen von Jahrringen bestätigt (siehe z. B. LaMarche et al. 1984, Vaganov et al. 1999). Es konnte nunmehr gezeigt werden, dass die Erwärmung der Ozeane seit 1950 von anthropogenen Spurengasen ausgelöst ist (Barnett et al. 2001)

Der Temperaturtrend der letzten 1000 Jahre zeigt bis 1900 eine geringfügige, aber kontinuierliche Abnahme. Man fragt sich, ob dieser geringe Trend und die geringen natürlichen Schwankungen vom Menschen überhaupt wahrgenommen werden. Es gibt aber eine Reihe historischer Ereignisse, die mit den Temperaturminima korrelieren. Um 1200 begann die letzte große Rodungsperiode in Europa. In der zweiten Hälfte des 19. Jahrhunderts fanden nach katastrophalen Missernten die großen Auswanderungen nach Amerika statt. Das Minimum zur Jahrhundertwende folgte der Eruption des Krakatau 1883. 1880 gilt oft als Basisjahr der vorindustriellen Zeit.

Es zeigt sich inzwischen, dass nicht mehr allein die anthropogenen Quellen, sondern bereits eine positive Rückkopplung der Temperaturerhöhung auf die Atmung (Abbau organischer Masse) stattfindet (Stott et al. 2000). Basierend auf Berechnungen mit dem Century-Model finden Schimel et al. (1994), dass der globale Boden-C-Pool um 11 Gt pro K Temperaturerhöhung abnimmt (dies entspricht einer Abnahme des Boden-C um etwa 0,5 %).

Die Erkenntnis, dass die anthropogenen Spurengasemissionen zu Klimaänderungen führen können, bildete die Grundlage für die Klimarahmenkonvention (Benedick 2001) und die Verpflichtung zur Minderung der CO_2-Emissionen im Kyoto-Protokoll (WBGU 1998b, siehe auch Kapitel 5.4.2).

Literatur

Azar C, Rohde H (1997) Targets for stabilization of atmospheric CO_2. *Science* 276: 1818–1819

Barnett TP, Pierce DW, Schnur R (2001) Detecting of anthropogenic climate change in the world's oceans. *Science* 292: 267–279

Benedick RE (2001) Contrasting approaches: the ozone layer, climate change and resolving the Kyoto dilemma. In: Schulze E-D (Hrsg.) Global biogeochemical cycles in the climate system. Academic Press, San Diego. 317–331

Bengtsson L (1997) Modelling and prediction of the climate system. *Alexander von Humboldt Magazine* 69: 3–14

Broeker WS (1997) Thermohaline circulation, the Achilles heel of our climate system: Will man-made CO_2 upset the current balance? *Science* 278: 1582–1588

Dickens GR (1999) The blast in the past. *Nature* 401: 752–753

Driscoll NW, Haug GH (1998) A short circuit in the thermohaline circulation: A cause for Nothern hemisphere glaciation? *Science* 282: 436–438

Ehrlich PR, Harte J, Harwell MA, Raven PH, Sagan C, Woodwell GM, Berry J, Ayensu ES, Ehrlich AH, Eisner T, Gould JS, Grover HD, Herrera R, May RM, Mayr E, McKay CP, Mooney HA, Myers N, Pimentel D, Teal JM (1983) Long-term biological consequences of nuclear war. *Science* 222: 1293–1300

Enquete-Kommission „Vorsorge zum Schutz der Erdatmosphäre“ des Deutschen Bundestages. Müller CF (Hrsg.) Economica Verlag (1992)

Heimann H (1997) A review of the contemporary global carbon cycle and as sees a century ago by Arrhenius and Högbom. *Ambio* 26: 17–24

Hurrell JW, Kushnir Y, Visbeck M (2001) The north Atlantic oscillation. *Science* 291: 603–604

IPCC–WG I (1996) Climate Change 1995; The Science of Climate Change; Contribution of Working Group I to the second assessment report of the Intergovernmental Panel on Climate Change. Cambridge University Press, Cambridge. 572 Seiten

Keeling RF, Piper SC, Heimann M (1996) Global and hemispheric CO_2 sinks deduced from changes in atmospheric O_2 concentration. *Nature* 381: 218–221

Kennett JP, Cannariato KG, Hendy IL, Behl BJ (2000) Carbon isotope evidence for methan hydrate instability during quaternary interstidals. *Science* 288: 128–133

Kerr RA (2000) Draft report affirms human influence. *Science* 288: 589–590

Krüger M, Frenzel P, Conrad R (2001) Microbial processes influencing methane emission from rice fields. *Global Change Biology* 7:49–64

LaMarche VC, Graybill DA, Fritts HC, Rose MR (1984) Increasing atmospheric carbon dioxide: Tree ring evidence for growth enhancement in natural vegetation. *Science* 225: 1019–1021

Levitus S, Antonov JI, Boyer TP, Stephens C (2000) Warming of the world Ocean. *Science* 287: 225–229

Norris RD, Röhl U (1999) Carbon cycling and chronology of climate warming during the Palaeocene/Eocene transition. *Nature* 401: 775–778

Ramstorf S (1999) Shifting seas in the greenhouse. *Nature* 399: 523–524

Robock A, Stouffer RJ, Walsh JE, Parkinson CL, Cavalier DJ, Mitchell JFB, Garrett D, Zakharov VF (1999) Global warming and northern hemisphere sea ice extent. *Science* 286: 1934–1937

Rodwell MJ, Rowell DP, Folland CK (1999) Oceanic forcing of the wintertime North Atlantic Oscillation and European climate. *Nature* 398: 320–322

Schimel DS, Braswell BH, Holland E, McKowen R, Ojima DS, Painter TH, Parton WJ, Townsend AR (1994) Climatic, edaphic, and biotic controls over storage and turnover of carbon on soils. *Global Biogeochemical Cycles* 8: 279–293

Sestak Z, Catský J, Jarvis PG (1971) Plant photosynthetic production. Manual of methods. Dr. W Junk Publishers, The Hague. 818 Seiten

Stott PA, Tett SFB, Jons GS, Allen MR, Mitchell JFB, Jenkins GJ (2000) External control of 20th century temperature by natural and anthropogenic forcing. *Science* 290: 2133–2137

Taylor AH, Jordon MB, Stephens JA (1998) Gulf stream shifts following ENSO events. *Nature* 393: 638–639

Turco RP, Toon OB, Ackermann TP, Pollack JB, Sagan C (1983) Nuclear winter: Global consequences of multiple nuclear explosion. *Science* 222: 1283–1292

Vaganov EA, Hughes MK, Kirdyanov AV, Schweingruber FH, Silkin PP (1999) Influence of snowfall and melting time on tree growth in subarctic Eurasia. *Nature* 400:149–151

Veizer J, Godderis Y, Francois LM (2000) Evidence for decoupling of atmospheric CO_2 and global climate during the Phanerozoic eon. *Nature* 408: 698–700

WBGU (1998b) Die Anrechnung biologischer Quellen und Senken im Kyoto-Protokoll: Fortschritt oder Rückschlag für den globalen Umweltschutz. Wissenschaftlicher Beirat der Bundesregierung Globale Umweltveränderungen, Sondergutachten 1998. WBGU, Bremerhaven. 76 Seiten

5.4 Die Bedeutung von Änderungen in der Landnutzung für den Kohlenstoffkreislauf

Der Nahe Osten gehört zu den ältesten Kulturgebieten der Erde. Abholzung und landwirtschaftliche Nutzung über Jahrtausende führte nicht nur zu einer Erosion der Böden an den Hängen und zu sekundärer Ablagerung von Feinmaterial in der Talaue. Die Abbildung zeigt eine Agrarlandschaft nahe Hebron, z. Zt. Israel. An den Trittspuren ist erkennbar, dass die Hänge weidewirtschaftlich genutzt werden. Kleine Parzellen am Unterhang werden für Getreideanbau genutzt. Obstbäume und Getreide können aber nur in der Talaue angebaut werden, wo Trockenmauern die Felder trennen und damit den weitergehenden Abtrag von Boden verhindern sollen. Als Getreide wird vor allem Gerste und Weizen angebaut. Obstbäume sind Mandel, Aprikose, Granatapfel und Pfirsich. Foto E.-D. Schulze.

5.4.1 Landnutzung und CO_2-Emission

Der Einfluss der CO_2-Emissionen aus fossiler Verbrennung auf das globale Klima wird verstärkt durch CO_2-Freisetzungen aus veränderter Landnutzung (siehe Abb. 5.2.6). Insgesamt machen Landnutzungsänderungen etwa 20 % der globalen CO_2-Emissionen aus – mit steigender Tendenz. Der Mensch beeinflusst die globale C-Bilanz

- durch die Umwandlung von Wäldern in Agrar- und Beweidungssysteme. Dabei wird vor allem die Biomasse des Waldes im Zuge von Brandrodungen und Brennholznutzung verbraucht.
- durch die mechanische Bearbeitung der Böden von natürlichen Grasländern und den konvertierten Waldökosystemen. Mechanische Bearbeitung von Prärieböden führt über einen Zeitraum von etwa 50 Jahren durch Abbau der leicht mineralisierbaren C-Verbindungen zu einem Verlust von etwa 50 % des ursprünglichen natürlichen C-Gehalts (Abb. 5.4.1, Matson et al. 1997). Unklar war bisher, aus welchem Grund der Abbau des Bodenkohlenstoffs bei 50 % C-Gehalt trotz Bearbeitung aufhört. Es zeigt sich nunmehr, dass die Schwarzerden der Steppen und Prärien zu einem großen Anteil aus Holzkohle und Rußpartikeln gebildet werden, die aus Vegetationsbränden vor ca. 5000 Jahren stammen (Schmidt et al. 1999). Dieser *Black Carbon* (BC) ist auch bei Bearbeitung resistent gegen Abbau. Weniger intensives Pflügen

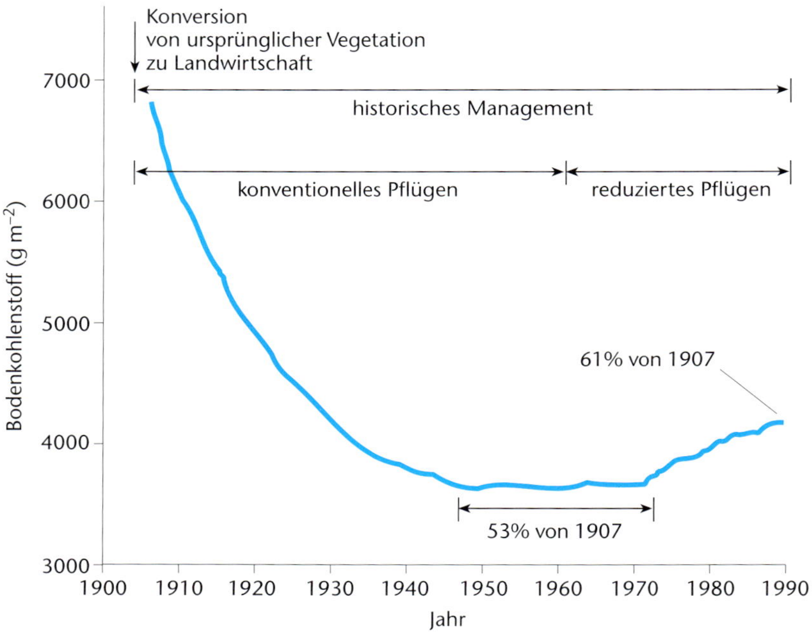

Abb. 5.4.1: Die Änderung in der Bodenkohlenstoffmenge von landwirtschaftlich genutzten Böden seit der Umwandlung natürlicher Prärien im Jahr 1900. Innerhalb von 50 Jahren sank der Kohlenstoffgehalt auf etwa die Hälfte, blieb danach konstant (bis 1972) und stieg an, seitdem die Bewirtschaftung von konventionellem Pflügen auf „reduziertes Pflügen" mit Scheibenegge umgestellt wurde (nach Matson et al. 1997).

(*low tillerage cultivation*) führt zu einer erneuten Akkumulation an Boden-C. Dies ist bedingt durch die Akkumulation der leicht abbaubaren Humusfraktion, die bei einem Wechsel der Bewirtschaftung aber auch wieder leicht mineralisierbar ist.

Die Auswirkungen der Landnutzungsänderungen (Rodung und mechanische Bearbeitung) auf die C-Bilanz eines Landes wurde im Detail vor allem in den USA untersucht, da dort die historischen Änderungen seit der Landnahme durch die Europäer noch nachvollziehbar sind (Houghton et al. 1999). Seit der Landnahme durch die europäischen Einwanderer im Jahr 1700 wurden bis 1945 durch Umwandlung von Grasländern in Ackerland, durch Brennholz- und Industrieholzverbrauch sowie durch Feuer insgesamt 27×10^9 t C freigesetzt (Abb. 5.4.2; positive Werte kennzeichnen den Fluss von der Landfläche zur Atmosphäre), wobei Feuer der

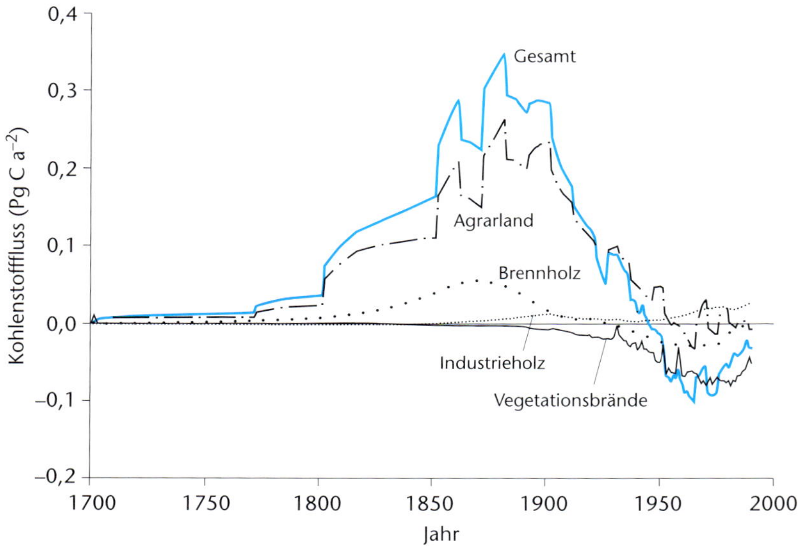

Abb. 5.4.2: Jährliche Emissionen (Quellen: positive Werte) und Bindungen (Senken: negative Werte) von CO_2 in den USA aus der Landwirtschaft, Forstwirtschaft und durch Feuer. Die Gesamtemissionen aus der Landnutzung erreichten um 1900 ein Maximum; anschließend sanken diese Emissionen, und die USA wurden seit etwa 1950 zu einer Senke, vor allem wegen der verjüngten Altersstruktur der Wälder. Die Kapazität zur CO_2-Aufnahme hat in den letzten Jahren wieder abgenommen (nach Houghton et al. 1999).

dominierende Faktor war. Die höchsten jährlichen Verluste an die Atmosphäre beliefen sich auf $0{,}3 \times 10^9$ t C a^{-1} im Jahr 1880. Die Freisetzung von C sank seit der Jahrhundertwende, da alle großflächigen Umwandlungen bis dahin abgeschlossen waren. Seit 1945 kehrte sich der Trend sogar um. Bedingt durch Feuerbekämpfung und Waldsukzessionen auf offen gelassenen, marginalen Agrarflächen wurden die USA eine C-Senke (Abb. 5.4.2; negative Werte kennzeichnen den Fluss von der Atmosphäre zur Landfläche). Seit 1970 wird diese Senkenkapazität aber wieder schwächer und erreicht im Jahr 1990 fast eine ausgeglichene C-Bilanz (Kompensationspunkt der C-Flüsse). Zum Höhepunkt der C-Fixierung entsprach die biologische Senke etwa 10–30 % des US-Erdölverbrauchs. Im Jahr 2000 rechnet man für Nordamerika (USA und Kanada) mit einer Netto-Senke von –0,8 Gt $Jahr^{-1}$ (+0,1 bis –2,1 Gt $Jahr^{-1}$ als Fluss aus der Atmosphäre in die Vegetation).

Die Verhältnisse sind anders in den Tropen. Untersuchungen über die Auswirkungen der Abholzungen in Brasilien zeigen, dass diese Region zurzeit eine C-Quelle ist (0,2 Gt pro Jahr). Diese Entwicklung entspricht etwa dem Zustand der USA im Jahr 1850 (Houghton et al. 2000). Trotz aller Abholzungen ist die tropische Region insgesamt eine Senke von –0,4 Gt $Jahr^{-1}$ (–1,2 bis +0,8) (siehe Tab. 5.4.1).

5.4.2 Das Kyoto-Protokoll: Versuch einer Bewirtschaftung des globalen Kohlenstoffkreislaufs

Bei den geschilderten globalen Einflussfaktoren und Auswirkungen ist klar, dass eine einzelne Nation mit der Lösung dieser Probleme (Klimawandel, Verlust von Biodiversität, Bodenzerstörung) überfordert ist. Deshalb wurden diese Fragen zum Thema bei der Konferenz der Vereinten Nationen für Umwelt und Entwicklung (UNCED) 1992 in Rio de Janeiro. Verschiedene Vorlagen für internationalen Konventionen zu diesen Problemfeldern standen damals zur Diskussion, und es wurden drei wichtige Konventionen (bei dieser Konferenz) verabschiedet (Abb. 5.4.3, WBGU 2000b):

- die **Klimarahmenkonvention,**
- die **Konvention über die biologische Vielfalt,**
- die **Konvention zur Bekämpfung der Wüstenbildung** (korrekt heißt sie: Übereinkommen der Vereinten Nationen zur Bekämpfung der Wüstenbildung in den von Dürre und/oder Wüstenbildung schwer betroffenen Ländern, insbesondere in Afrika).

Ein internationales Abkommen zum Schutz der Wälder kam aufgrund gegensätzlicher Interessen nicht zustande. Die Aussage des IPCC (1996), dass es „einen erkennbaren Einfluss des Menschen auf das globale Klima" gibt, führte im Rahmen der Klimarahmenkonvention zu der Verhandlung des so genannten **Kyoto-Protokolls** (Kyoto-Protokoll 1997). Inhalt dieses Vertragswerkes ist eine rechtlich verbindliche Verpflichtung, die Emissionen von sechs Treibhausgasen (CO_2, CH_4, N_2O, HFCs, PFCs, SF_6) im Zeitraum von 2008 bis 2012 im Durchschnitt um 5,2 % unter das Niveau von 1990 abzusenken. Die EU versprach eine Reduktion um 8 %, Deutschland eine Reduktion um 21 %. Die Verpflichtung zur Emissionsminderung wird getragen von den 30 so genannten Annex-I-Staaten. Dies sind die Industrienationen und die Staaten im Übergang zur Marktwirtschaft. Die übrigen 159 Nationen der UN sind keine derartige Verpflichtung eingegangen.

Die Verursacher der globalen CO_2-Emissionen sind keineswegs gleichmäßig über den Erdball verteilt (Abb. 5.4.4 A, Vitousek et al. 1997). Die Hauptquellen konzentrieren sich auf den Osten der USA, auf Mitteleuropa und Ostasien. Der anthropogene Beitrag an den Stoffkreisläufen hat damit seinen Ursprung in einer sehr überschaubaren Zahl der 189 Mitgliedstaaten der UN, nämlich den Annex-I-Staaten. Das Gleiche gilt für die N-Depositionen (Abb. 5.4.4 B und C, WBGU 1999).

Um die Reduktionsverpflichtung nicht nur industriell umsetzen zu müssen, wird im Kyoto-Protokoll erstmals überlegt, ob biologische Senken neu geschaffen werden könnten, um einen Teil der industriellen Emissionen zu kompensieren. Die Überlegung, biologische Prozesse mit in die Berechnung einzubeziehen, beruht darauf, dass die Reduktionsverpflichtung um 5,2 % nur einen Bruchteil der natürlichen C-Flüsse von Assimilation und Atmung ausmachen und eine geringe Verschiebung dieser Flüsse einen großen Teil der Reduktionsverpflichtung ausgleichen könnte (siehe Abb. 5.2.5).

Im Kyoto-Protokoll sind folgende Maßnahmen vorgesehen (Abb. 5.4.5):

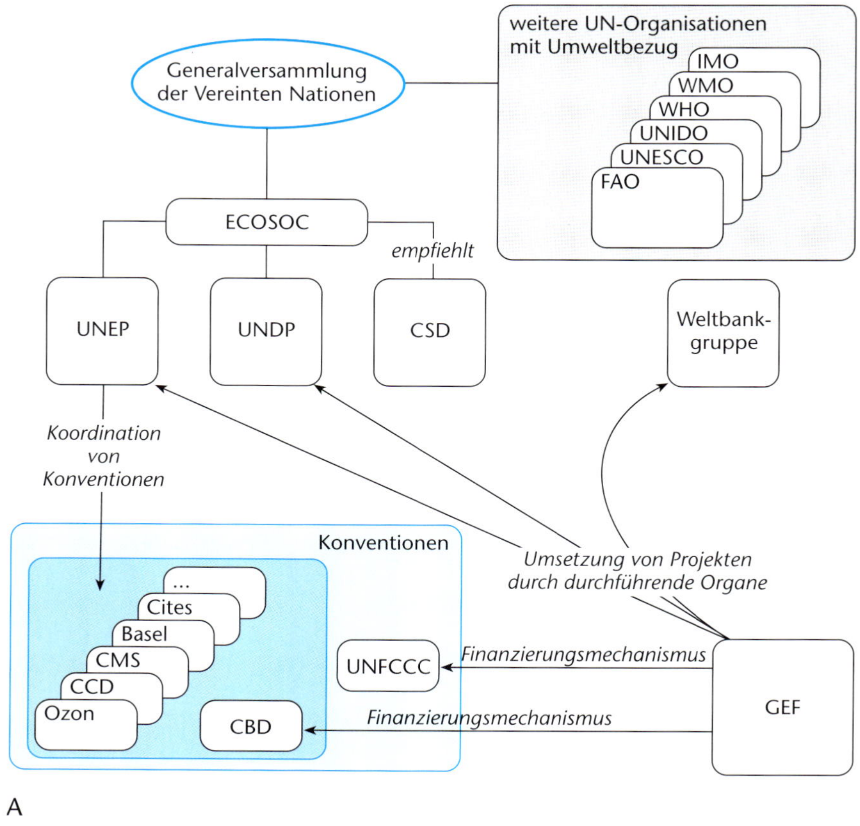

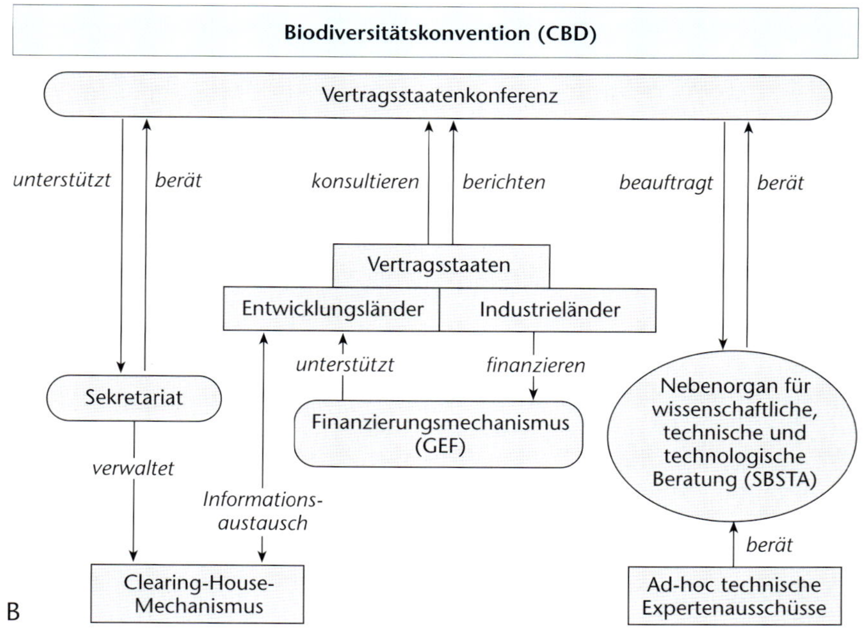

Abb. 5.4.3 A: Die Umwelt im UN-System. Gezeigt sind die zuständigen Organisationen und Konventionen sowie deren Finanzierungsmechanismen. ECOSOC: United Nations Economic and Social Council; UNEP: UN Environment Programme; UNDP: UN Development Programme; CSD: Commission on Sustainable Development; IMO: International Marine Organization; WMO: World Meteorological Organization; WHO: World Health Organization; UNIDO: UN Industrial Development Organization; UNESCO: UN Educational, Scientific and Cultural Organization; FAO: Food and Agricultural Organization; CITES: Convention on the International Trade in Endangered Species of Wild Fauna and Flora = Washingtoner Artenschutzabkommen; CMS: Convention on Migratory Species; Basel: Basler Abkommen über die Kontrolle der grenzüberschreitenden Verbringung gefährlicher Abfälle und ihrer Entsorgung; CCD: Convention on Commencement of Deserts; UNFCCC: UN Framework Convention on Climate Change; CBD: Convention on Biological Diversity; GEF: Global Environment Facility. B: Institutionelle Gestaltung der Biodiversitätskonvention. C: Institutionelle Gestaltung der Klimarahmenkonvention. D: Institutionelle Gestaltung der Wüstenkonvention (nach WBGU 2000b).

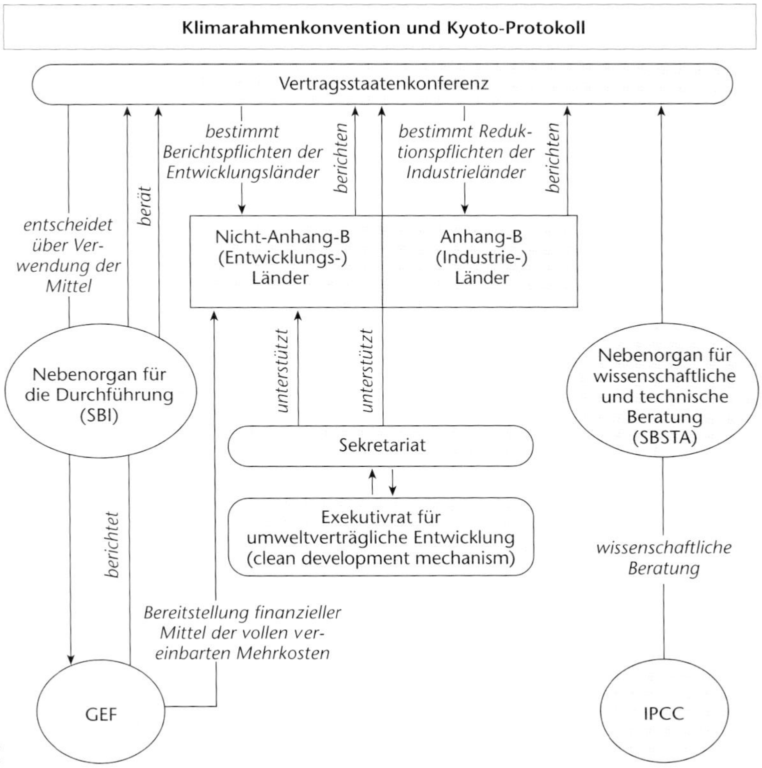
Klimarahmenkonvention und Kyoto-Protokoll
Vertragsstaatenkonferenz
bestimmt Berichtspflichten der Entwicklungsländer
berichten
bestimmt Reduktionspflichten der Industrieländer
berichten
entscheidet über Verwendung der Mittel
berät
Nicht-Anhang-B (Entwicklungs-) Länder
Anhang-B (Industrie-) Länder
unterstützt
unterstützt
Nebenorgan für die Durchführung (SBI)
Nebenorgan für wissenschaftliche und technische Beratung (SBSTA)
Sekretariat
Exekutivrat für umweltverträgliche Entwicklung (clean development mechanism)
berichtet
wissenschaftliche Beratung
Bereitstellung finanzieller Mittel der vollen vereinbarten Mehrkosten
GEF
IPCC

C

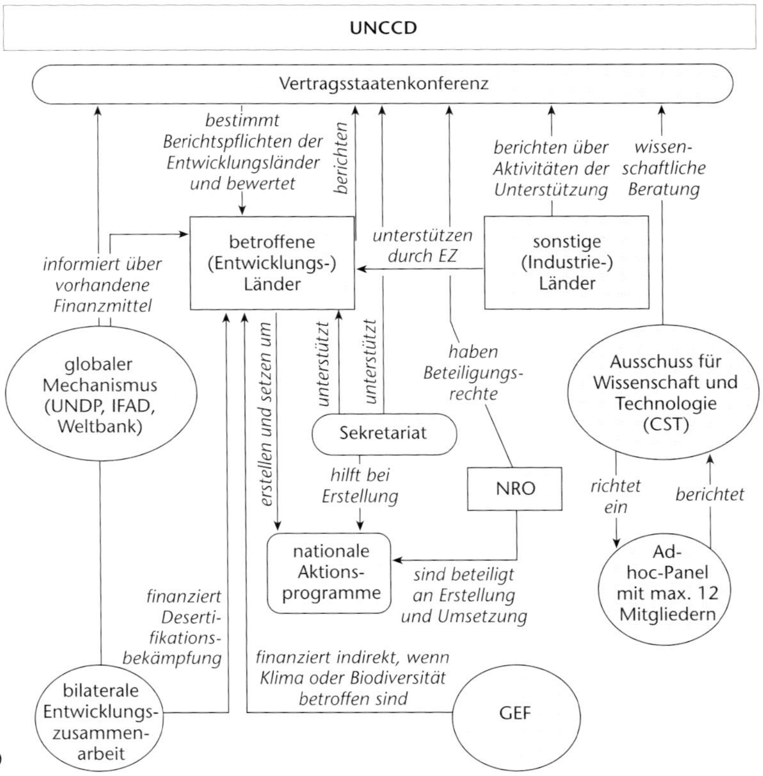
UNCCD
Vertragsstaatenkonferenz
bestimmt Berichtspflichten der Entwicklungsländer und bewertet
berichten
berichten über Aktivitäten der Unterstützung
wissenschaftliche Beratung
informiert über vorhandene Finanzmittel
betroffene (Entwicklungs-) Länder
unterstützen durch EZ
sonstige (Industrie-) Länder
globaler Mechanismus (UNDP, IFAD, Weltbank)
erstellen und setzen um
unterstützt
unterstützt
haben Beteiligungsrechte
Ausschuss für Wissenschaft und Technologie (CST)
Sekretariat
hilft bei Erstellung
NRO
richtet ein
berichtet
nationale Aktionsprogramme
sind beteiligt an Erstellung und Umsetzung
Ad-hoc-Panel mit max. 12 Mitgliedern
finanziert Desertifikationsbekämpfung
finanziert indirekt, wenn Klima oder Biodiversität betroffen sind
bilaterale Entwicklungszusammenarbeit
GEF

D

Abb. 5.4.4 A: Globale Verteilung der CO_2-Emissionen (nach Vitousek et al. 1997). B: Globale Verteilung der Emissionen von oxidiertem Stickstoff (nach WGBU 1999). C: Globale Verteilung der Emissionen von reduziertem Stickstoff (nach WBGU 1999).

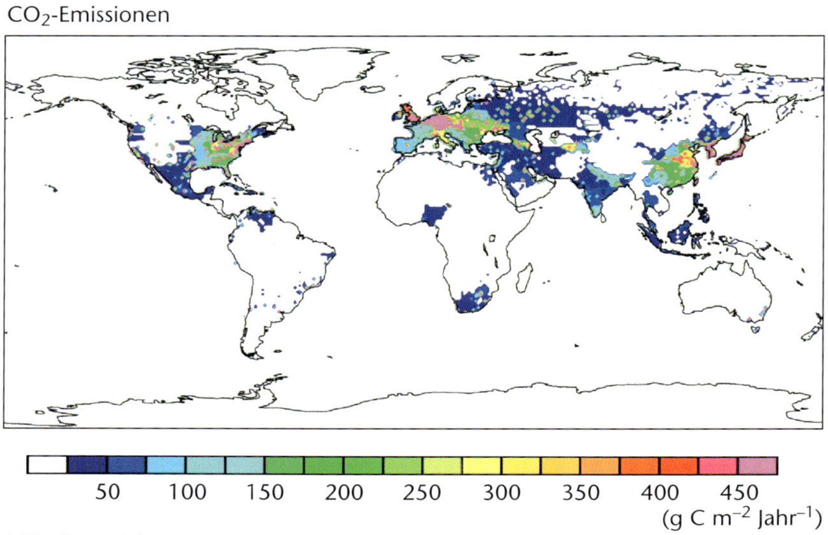

A

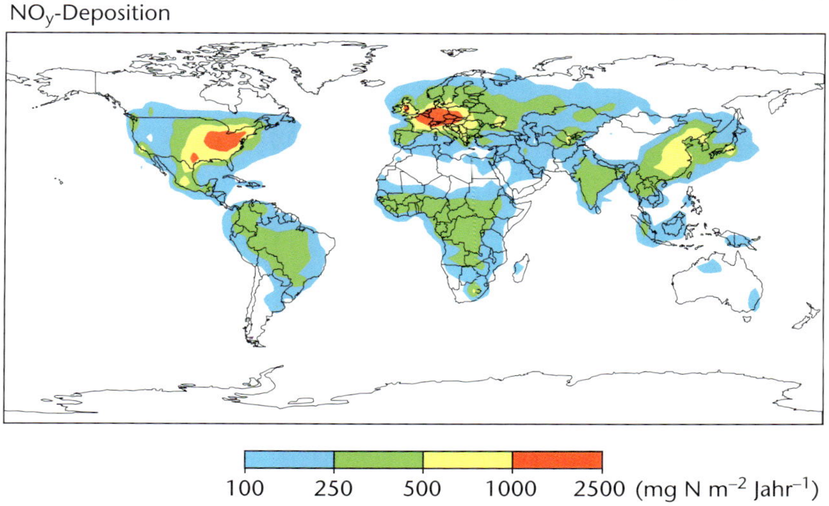

B

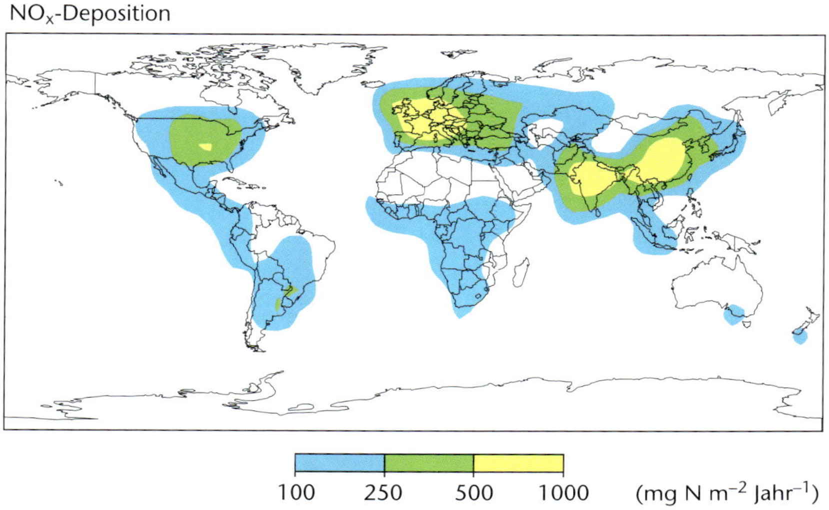

C

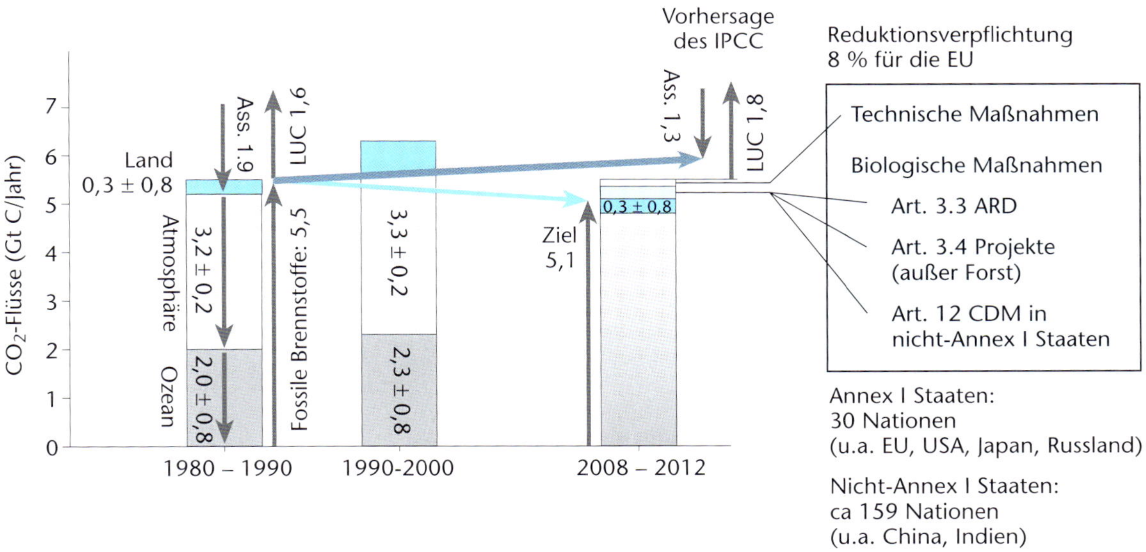

Abb. 5.4.5: Links: schematische Darstellung der globalen Kohlenstoffquellen und -senken in den für das Kyoto-Protokoll wichtigen Zeiträumen; rechts: die Verpflichtungen und gesetzlichen Regelungen des Kyoto-Protokolls und die am Kyoto-Protokoll beteiligten Nationen. Art: Artikel, ARD: Afforestation, Reforestation, Deforestation, CDM: Clean Development Mechanism. Die Säulen (links) zeigen die nachgewiesenen CO_2-Emissionen in den Jahren 1980 bis 1990 und 1990 bis 2000 sowie die nach dem Kyoto-Protokoll geplanten Emissionen in den Jahren 2008 bis 2012. Diese Emissionen werden ausgeglichen durch die CO_2-Assimilation des Ozeans und des Landes und durch Veränderungen der CO_2-Konzentration in der Atmosphäre. Die Netto-Assimilation des Landes setzt sich zusammen aus zusätzlichen Emissionen durch Landnutzungsänderungen (Rodungen, LUC: Land Use Change) und aus der Nettophotosynthese (Bilanz aus Photosynthese und Atmung auf Ökosystemebene). Die Bilanz aus Nettophotosynthese und Emissionen aus Landnutzung war im Zeitraum von 1990 bis 2000 höher als im Zeitraum von 1980 bis 1990 – vermutlich wegen der niedrigeren Temperaturen durch den Ausbruch des Pinatubo und deren Wirkung auf die Atmung (Schulze 2000).

1. **technische Maßnahmen** in den Sektoren Energie (einschließlich Verkehr), Industrie, Landwirtschaft und Abfallbehandlung zur Emissionsreduktion;
2. eine **Verstärkung biologischer Senken im Forst** durch Förderung von Aufforstungen und einer Vermeidung von Rodungen (Artikel 3.3);
3. Einführung von **emissionsmindernden Maßnahmen (Artikel 3.4) z. B. in der Landwirtschaft**. Dabei soll die Vertragsstaatenkonferenz darüber entscheiden, welche zusätzlichen Maßnahmen nach welchen Kriterien und Richtlinien auf die Reduktionsverpflichtung angerechnet werden können. Die Anrechnung betrieblicher forstlicher Maßnahmen ist strittig, denn die waldreichen Annex-I-Staaten (Kanada, Russland) wollen nicht in der Nutzung der borealen Urwälder behindert werden, d. h. die Überführung der Primärwälder in „nachhaltige" Plantagen ist Teil eines Wirtschaftskonzeptes, das nicht verrechnet wird. Die Punkte 1 bis 3 kann ein Land entweder alleine oder gemeinsam mit anderen Annex-I-Staaten durchführen.
4. **Handel mit Emissionszertifikaten** zwischen den Industrieländern. Hieran sind besonders die Länder interessiert, die gegenüber 1990 den Rückgang der Emissionen im eigenen Land nicht durchsetzen können. Der Handel mit Emissionszertifikaten ist aber auch sinnvoll in den Fällen, wo sich ein großer Rückgang an Emissionen mit relativ einfachen Mitteln verwirklichen lässt (Schwellenländer).
5. **Projekte in den Entwicklungsländern** zur Erhöhung von Senken bzw. zur Verringerung von Emissionen (z. B. durch Erhöhung der Effizienz der Energienutzung), der so genannte ***„Clean Development Mechanism"* (CDM**, Art. 12). Die Idee des *Clean Development* Mechanismus besteht darin, dass ein Industrieland CO_2-Reduktionsmaßnahmen im Bereich der Land- und Forstwirtschaft in einem Entwick-

lungsland finanziert. Die daraus entstandene CO_2-Reduktion wird dem Industrieland gutgeschrieben. Bei forstlichen CDM-Projekten erhält das Industrieland Besitzrechte im Entwicklungsland.

Eine kritische Bewertung der im Kyoto-Protokoll vorgeschlagenen Maßnahmen erfolgte in WBGU (1998b) und Schulze et al. (2002). Die Bewertung dieser Ziele hinsichtlich ihrer ökologischen Auswirkungen wurde (zum Teil) in dem IPCC-Bericht über Landnutzung, Landnutzungsänderungen und Forst (IPCC-LULUCF-Report 2000) diskutiert. Hauptproblem sind

- der fehlende Schutz der Primärwälder, die keine „anthropogene" Senke und daher nicht anrechenbar sind;
- die „Nicht-Anrechnung" der Forstwirtschaft. Die Probleme entstehen dadurch, dass die forstliche **Ernte** nicht als Emission angerechnet wird, da bei nachhaltiger Bewirschaftung in einem Forstbetrieb die Ernte dem Zuwachs in jüngeren Beständen entspricht. Nur die Umwandlung des Waldes in andere Nutzungsformen (***Deforestation***) wird als Emission gerechnet, wobei aber eine Ernte vor einer *Deforestation* nicht angerechnet wird. Ebenso ist die **Umwandlung** von Primärwald in einen Plantagenwald keine *Deforestation* und wird damit nicht als Emission gerechnet. Damit trägt das Kyoto-Protokoll mit den ausdrücklichen Anreizen für anthropogen bedingte Zuwachsleistungen wesentlich zur Vernichtung von Primärwald bei, denn der Primärwald hat eine C-Assimilation, die nicht anthropogen verursacht ist.
- Die **Wald**-Definition (Wald sind Bestände mit >0,5 ha, 2 m Höhe, 10 % Deckung) schützt nicht vor einer Degradation (Übernutzung) von Waldbeständen. Emissionen aus Degradation werden nicht angerechnet.
- die **Förderung forstlicher Plantagen** mit raschwüchsigen Baumarten, die oftmals nicht Teil der natürlichen Flora sind (*Eucalyptus*-Plantagen in Portugal, *Pinus-radiata*-Plantagen in Chile oder Neuseeland etc.). Das Problem liegt darin, dass bei Plantagen nur der Stammzuwachs (NPP), nicht aber der C-Haushalt des Ökosystems (NEP) gezählt wird.
- die Verlagerung der Nahrungsmittel- und Holzproduktion in Entwicklungsländer bei gleichzeitiger Aufforstung (die anrechenbar ist) in den Industrieländern (***Leakage***). Da die Flächen, die in den Entwicklungsländern nötig sind, durch Rodung von Primärwald bereitgestellt werden, ist dieser Prozess in der globalen C-Bilanz eine Emission und keine Senke. Es wird ein Prozess in Gang gesetzt, der mit der forstlichen Ernte beginnt, wobei die Ernte von Wald nicht als Emission angerechnet wird, weiterführt zur Degradation (keine Anrechnung) und zur *Deforestation* (z. B. durch Brandrodung, keine Anrechnung in Entwicklungsländern) und anschließender Degradation bis zu *Imperata*-Grasländern (siehe Kapitel 4.1), die dann als Plantage aufgeforstet werden (Anrechnung als Senke).

Mit der Nicht-Einbeziehung der Forstwirtschaft und der Verlagerung von Produktionen in die Entwicklungsländer gibt es eine Vielzahl von Möglichkeiten, zusätzliche anthropogene Senken aber nicht die Emissionen anzurechnen. Nur anhand einer vollständigen globalen und nationalen C-Bilanz (im Gegensatz zu den genannten anrechenbaren Teilprozessen) können die Klimaschutzziele des Kyoto-Protokolls überwacht werden (Steffen et al. 1998; Schulze et al. 2002).

In der Zeit von 1980 bis 1990 trugen die Emissionen von 5,5 Gt C pro Jahr zum großen Teil zum Anstieg des atmosphärischen CO_2 bei (Abb. 5.4.5). Die Nettoaufnahme der Landflächen war 1990 sehr gering. Diese kleine Zahl setzt sich aber aus zwei wesentlich größeren Teilflüssen zusammen. Die CO_2-Assimilation der Landoberfläche betrug fast 2 Gt C jährlich, das sind 36 % der anthropogenen Emissionen. Diese Senkenkapazität wird jedoch durch Waldrodungen kompensiert, die 1,6 Gt C pro Jahr freisetzten. Grundsätzlich könnte man versuchen, diese Rodungen wieder aufzuforsten bzw. Rodungen zu verhindern; dieser anthropogene Anteil einer Emissionsminderung soll 2010 auf die industriellen Emissionen anrechenbar sein.

Nun sieht die Realität im Jahre 1999 anders aus. Zum einen haben sich die Gesamtemissionen im Jahr 2000 bereits auf 6,3 Gt C jährlich erhöht. Erstaunlicherweise verdoppelte sich aber auch der biologische Beitrag der Landflächen als C-Senke. Dies beruht aber nicht auf besonderen Leistungen des Menschen hinsichtlich des Kyoto-Protokolls, sondern ist vermutlich eine Folge verringerter Atmung nach dem Ausbruch des Mt. Pinatubo, der vorübergehend zu einer globalen Abkühlung führte. Die Zunahme der globalen Senken beruhte vor allem auf einer Steigerung der Ozean-Senke und nicht auf einer Änderung der C-Aufnahme der Kontinente.

Die Prognosen des IPCC sehen für 2010 völlig anders aus als im Kyoto-Protokoll vorgesehen (Kaisar 2000). Da die Entwicklungsländer keine Reduktionsverpflichtung haben, werden sie verstärkt abholzen, um Flächen freizumachen für die CDM-Maßnahmen der Industrieländer. So plant Brasilien die Umwandlung von 18 Mio. ha Regenwald in landwirtschaftliche Flächen für den Anbau von Soja (Avanca-Brazil-Projekt, Bonnie et al. 2000), ein Ziel, das durch den absehbaren Viehfutter-Bedarf von Europa (Folge des Verbots zur Verfütterung von Tiermehl wegen BSE) verstärkt wird. Dies könnte eine C-Emission von etwa 4,5 10^9 t C zur Folge haben, was die jährliche Zunahme an CO_2 in der Atmosphäre verdoppeln würde. Diese Emission wird nicht angerechnet, da Brasilien keine Reduktionsverpflichtung eingegangen ist. Hinzu kommen Rodungen in der Umgebung der neu geplanten Straßensysteme und die „versteckten" (nicht auf Satellitenbildern erkennbaren) Umwandlungen (Nepstad et al. 1999) und der Zusammenbruch fragmentierter Urwaldreste (Laurance et al. 1997). Die prognostizierte Fragmentierung des Amazonas-Beckens zeigt Abb. 5.4.6 A unter günstigen (geringe Ausweitung der Degradation nahe der Hauptverkehrswege) und ungünstigen (Ausweitung der Degradation längs von Hauptverkehrswegen) Bedingungen. In jedem Falle ist bis zum Jahr 2020 eine

Abb. 5.4.6 A: Die bis 2020 zu erwartenden Veränderungen in der Landnutzung von Brasilien, berechnet mit optimistischen Annnahmen (geringe Ausbreitung der Degradation längs der Hauptverkehrswege) und nicht-optimistischen Annahmen (verstärkte Landnahme längs der Hauptverkehrswege). Schwarz: entwalded oder stark degradiert, rot: degradiert, gelb: leicht degradiert, grün: unberührter Primärwald (Laurance et al. 2001). B: Die Veränderungen in der Landbedeckung von Afrika seit 1970 bis 2100 (Leemans, pers. Mitteilung)

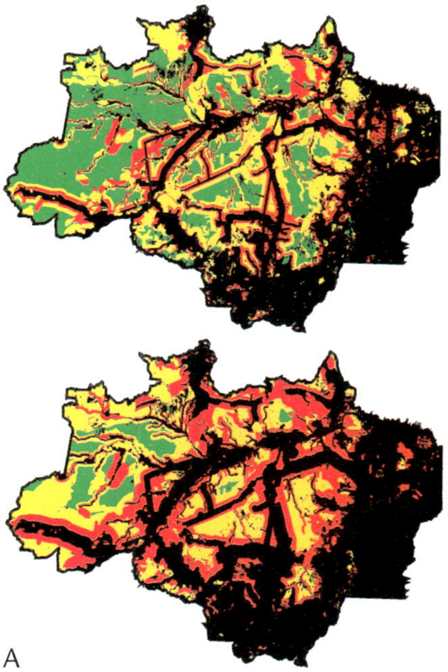

A

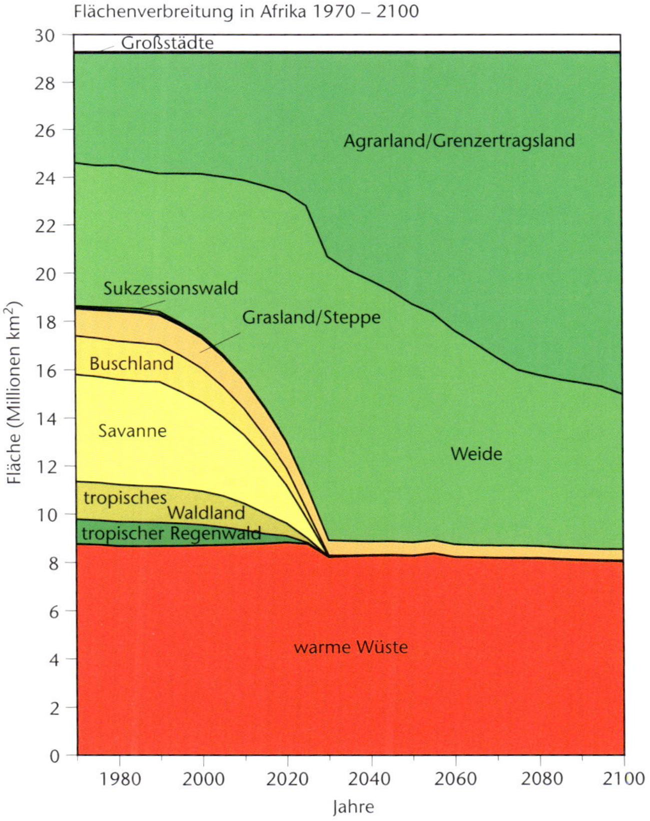

B

Abb. 5.4.7 A: Zeitlicher Verlauf von CO_2-Assimilation und Atmung auf Ökosystemebene seit 1750 (nach Melillo et al. 1996) und B: schematische Darstellung der Abhängigkeit der Photosynthese von der CO_2-Konzentration sowie C: der Atmung von der Temperatur. D: Zeitlicher Trend des Verbrauchs fossiler Brennstoffe seit 1958 und jährlicher Anstieg der CO_2-Konzentration in der Atmosphäre. Die jährlichen Änderungen im Anstieg der CO_2-Konzentration in der Atmosphäre sind bedingt durch das Gleichgewicht von Photosynthese und Ökosystematmung (IPCC-WG I 2001). Die Pfeile auf der x-Achse kennzeichnen El-Niño-Ereignisse. Der waagerechte Strich über der x-Achse kennzeichnet die Eruption des Pinatubo.

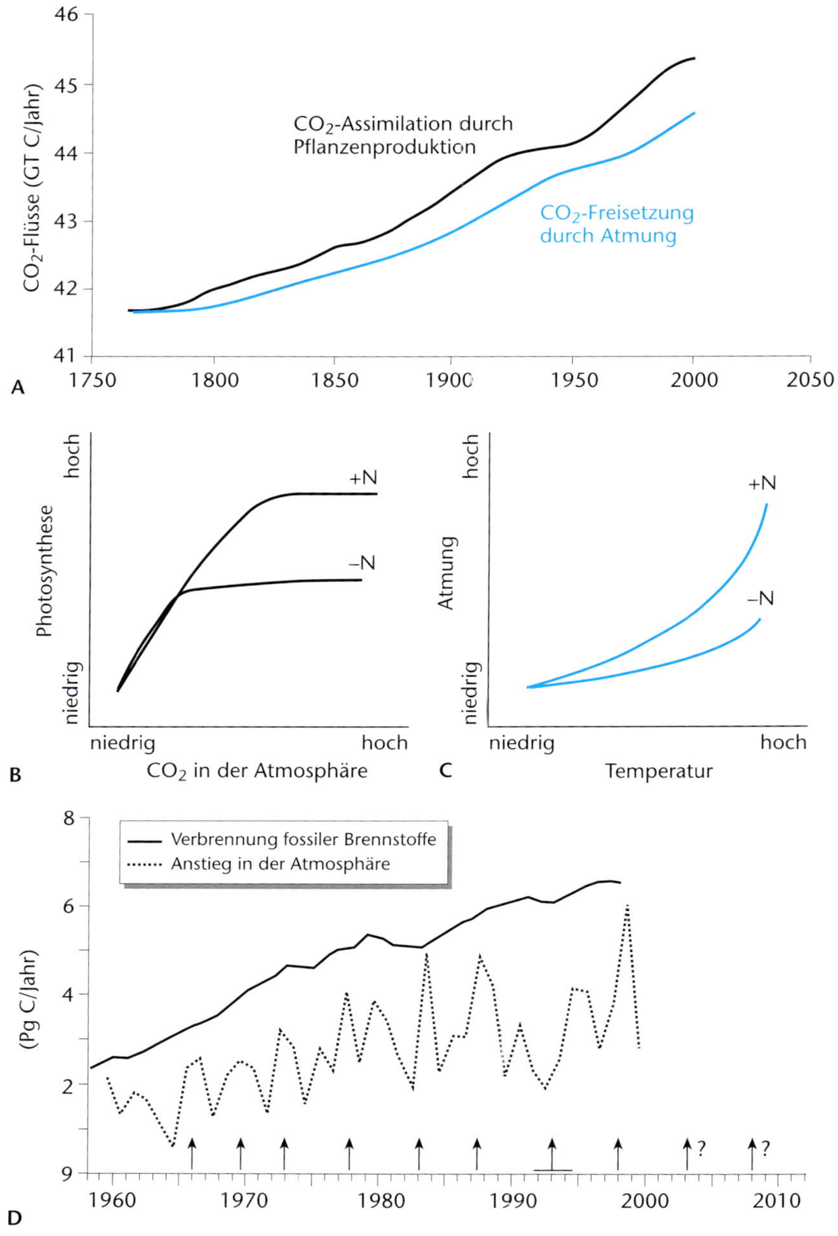

starke Zerteilung des brasilianischen Primärwaldes zu erwarten, wobei im ungünstigen Fall nur geringe Reste im Nordosten des Landes übrig bleiben. Ähnliche Prognosen gibt es für Afrika (Abb. 5.4.6 B), wo vorhergesagt wird, dass der Primärwald bis zum Jahr 2020 einer Ausweitung der Flächen für Landwirtschaft und Weideland weichen muss (Leemanns, pers. Mitteilung).

Da abzusehen ist, dass landwirtschaftliche Flächen in einem tropischen Klima nicht nachhaltig zu bewirtschaften sind, werden diese Flächen degradieren (Goldammer 1999) und zu einem späteren Zeitpunkt den Industrienationen im Rahmen von CDM-Maßnahmen zur Aufforstung angeboten werden. Es wird Jahrhunderte dauern, bis auf abgebrannten bzw. heruntergewirtschafteten Flächen der Wald wieder eine entsprechende Biomasse aufbaut, die derzeit im Primärwald noch zu sehen ist. Dies wird aber nicht erwartet, denn die Aufforstungen sollen sobald wie möglich als Bauholz, für

Fasern oder als Brennstoff wieder genutzt werden. Deshalb wird keine natürliche Sukzession angestrebt, sondern eine Plantagenwirtschaft mit schnell wachsenden Baumarten und einer entsprechenden Düngung (Umtriebszeit von *Pinus* in Brasilien ca. 8 Jahre), ohne dass bislang N_2O-Emissionen nach forstlichen Düngungen oder Kalkungen abgeschätzt wurden und die Klimawirksamkeit von N_2O um den Faktor 310 ($g\ g^{-1}$) höher ist als die von CO_2 (Umrechnungsfaktor für $CH_4 = 21$). Es ist absehbar, dass im Jahr 2010 die biologische Bilanz weiter in Richtung einer CO_2-Emission verschoben sein wird, d. h. die Landnahme übersteigt die Assimilation um voraussichtlich 0,5 Gt C im Jahr (Kaisar 2000). Dies zeigt, dass die Anrechnung biologischer Senken im Rahmen von CDM-Maßnahmen einer Verwüstung der Primärwälder entsprechend CO_2 freisetzt und einen unsicheren Aufforstungserfolg nach sich zieht, solange diese Entwicklungsländer keine Reduktionsverpflichtung eingegangen sind. Die Düngung von Plantagen verschiebt die CO_2-äquivalente Bilanz durch N_2O-Emissionen weiter in Richtung einer Emissionserhöhung. Die Auswirkungen auf die biologische Vielfalt sind dabei nicht berücksichtigt. Offensichtlich ist die Umsetzung des Kyoto-Protokolls schwierig, weil es eine Vielzahl von Interpretationsmöglichkeiten hinsichtlich der anrechenbaren Senken offen lässt (siehe Kapitel 3, Abb 3.3.9). Dies wurde deutlich bei den Verhandlungen in Den Haag (Töpfer 2001) und Bonn (Schulze et al. 2002).

Die C-Emissionen der EU_{15} betrugen im Jahr 1990 0,905 Gt. Mit Norwegen, der Schweiz und den neuen Beitrittsländern steigen die Emissionen für 1990 auf 1,325 Gt (Deutschland 0,275 Gt = 30 % der Emissionen von EU_{15}). Im Jahr 1999 lagen die C-Emissionen der EU_{15} bei 0,892 Gt (–1,5 %). Die C-Emissionen in Deutschland sanken im Jahr 1998 auf 0,239 Gt (–13 %).

Da die Umsetzung in den verschiedenen Bodenschichten Zeit benötigt und eine große Zahl von Organismen beteiligt ist, eilt die Kohlenstoffassimilation dem Abbau voraus (Abb. 5.4.7 A, Melillo et al. 1996). Im Augenblick steigt die pflanzliche Produktion infolge der erhöhten CO_2-Konzentration. Die Abbauprozesse sind zurzeit gegenüber der Assimilation um etwa 30 Jahre verzögert. Dies könnte sich in Zukunft ändern, denn die Photosynthese erreicht mit steigender CO_2-Konzentration eine Sättigung (Abb. 5.4.7 B). Im Gegensatz dazu wird der Stoffabbau und damit die Atmung durch die steigenden Temperaturen weiter gefördert (Abb. 5.4.7 C, siehe auch Kapitel 3.2.3). Das bedeutet, dass die pflanzliche Produktion nicht nur eine starke jährliche Schwankung aufweist (Knapp und Smith 2001), sondern dass die terrestrischen Ökosysteme, die in Abhängigkeit von der CO_2-Konzentration der Atmosphäre und der Temperatur heute noch eine C-Senke sind, sich in Zukunft in eine C-Quelle verwandeln können. Diese Art der unterschiedlichen Reaktion von Assimilation und Atmung führt bei den Vorhersagen von Stott et al. (2000) zu einer selbstverstärkenden Temperaturentwicklung.

Deutlich wird die Bedeutung der Atmung für die globale CO_2-Bilanz, wenn man den Anstieg der atmosphärischen CO_2-Konzentration betrachtet (Abb. 5.4.7 D). Es gibt Jahre mit einem erheblichen Anstieg an CO_2, dicht gefolgt von Jahren mit geringerem Anstieg. Die Schwankungen sind offensichtlich bedingt durch das Verhältnis von Atmung bzw. Feuer zu Assimilation. Herausragend sind Jahre mit hoher Emission bei El-Niño-Ereignissen. Im Jahr 1998 entsprach die Zunahme der CO_2-Konzentration in der Atmosphäre sogar dem Verbrauch an fossilen Brennstoffen, d. h. die Kontinente und die Ozeane hatten in der Nettobilanz im Jahr 1998 kein CO_2 aufgenommen. Im Hinblick auf das Kyoto-Protokoll ist das Jahr 1990 interessant, in dem kein El Niño herrschte. 1990 war die Zunahme der CO_2-Konzentration gering, d. h. die Erdoberfläche war eine signifikante Senke.

Im Kyoto-Protokoll geht es offensichtlich um einen Ausgleich von Umweltinteressen (Reduktion von Emissionen) und wirtschaftlichen Interessen (Nutzung von Primärwald und Umwandlung in

Abb. 5.4.8 (nächste Seite): Vorhersagen der Temperaturextreme in Europa bis 2080. A: Optimistische Abschätzung unter Annahme eines Anstiegs der CO_2-Konzentration auf 491 ppm bis 2050. B: Nicht-optimistische Abschätzung unter Annahme eines Anstiegs der CO_2-Konzentration auf 572 ppm bis 2050. DJF: Dezember, Januar, Februar; JJA: Juni, Juli, August. Die Zahlen geben den Prozentsatz von Jahren mit mittleren Winter- (links) und Sommer- (rechts) Temperaturen unter bzw. über dem derzeitigen (für 1961 bis 1990) beobachteten Grenzwert (1 in 10 Jahren) an. Z. B. bedeutet „blau", dass in Nordskandinavien in 1 aus 10 Jahren die mittleren Dezember- bis Februar-Temperaturen bei –16 °C liegen und dass im Jahr 2020 die Wahrscheinlichkeit auf 0 % sinkt, dass dieser Fall eintritt (Parry 2000).

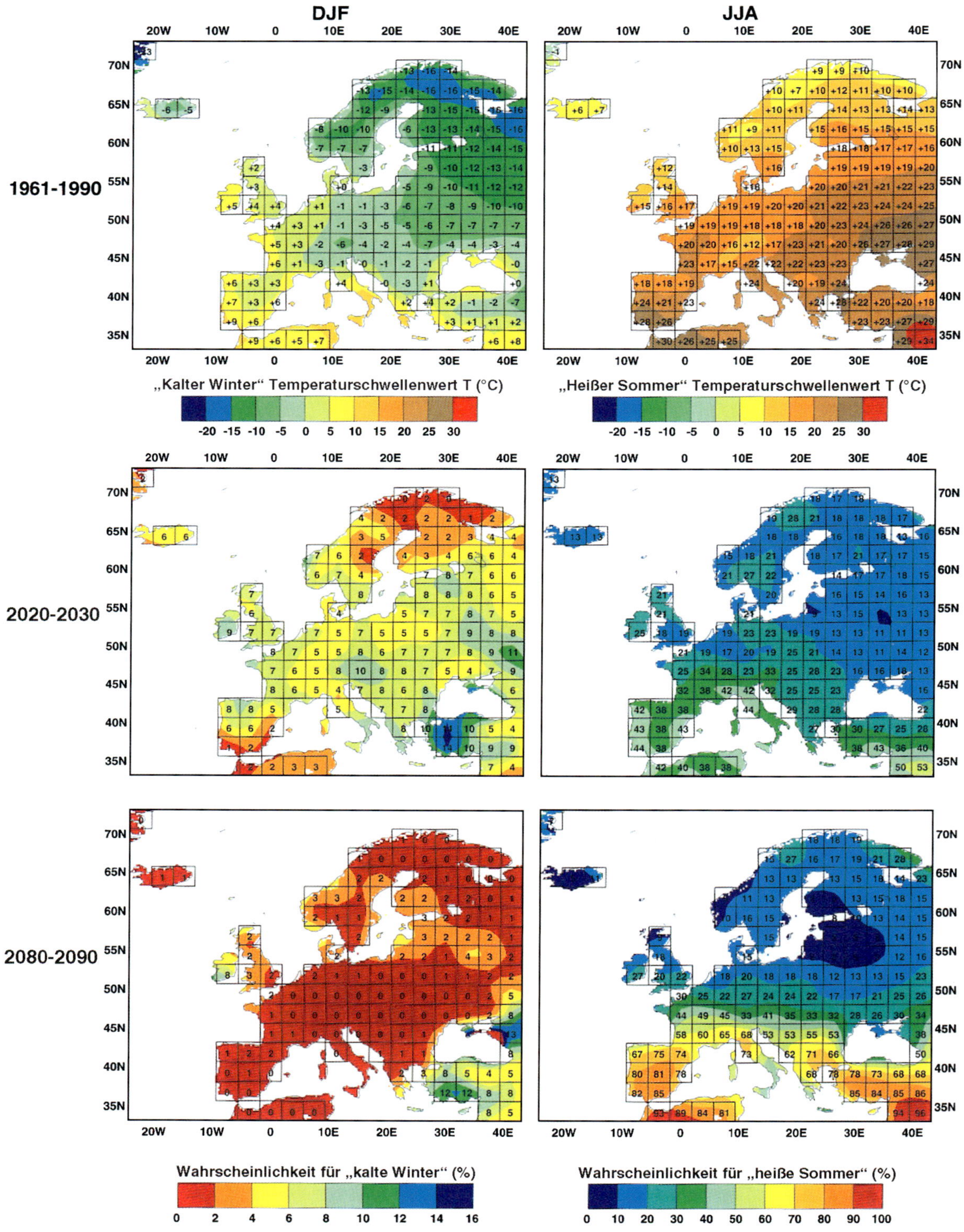

Abb. 5.4.8 A (Legende siehe S. 785)

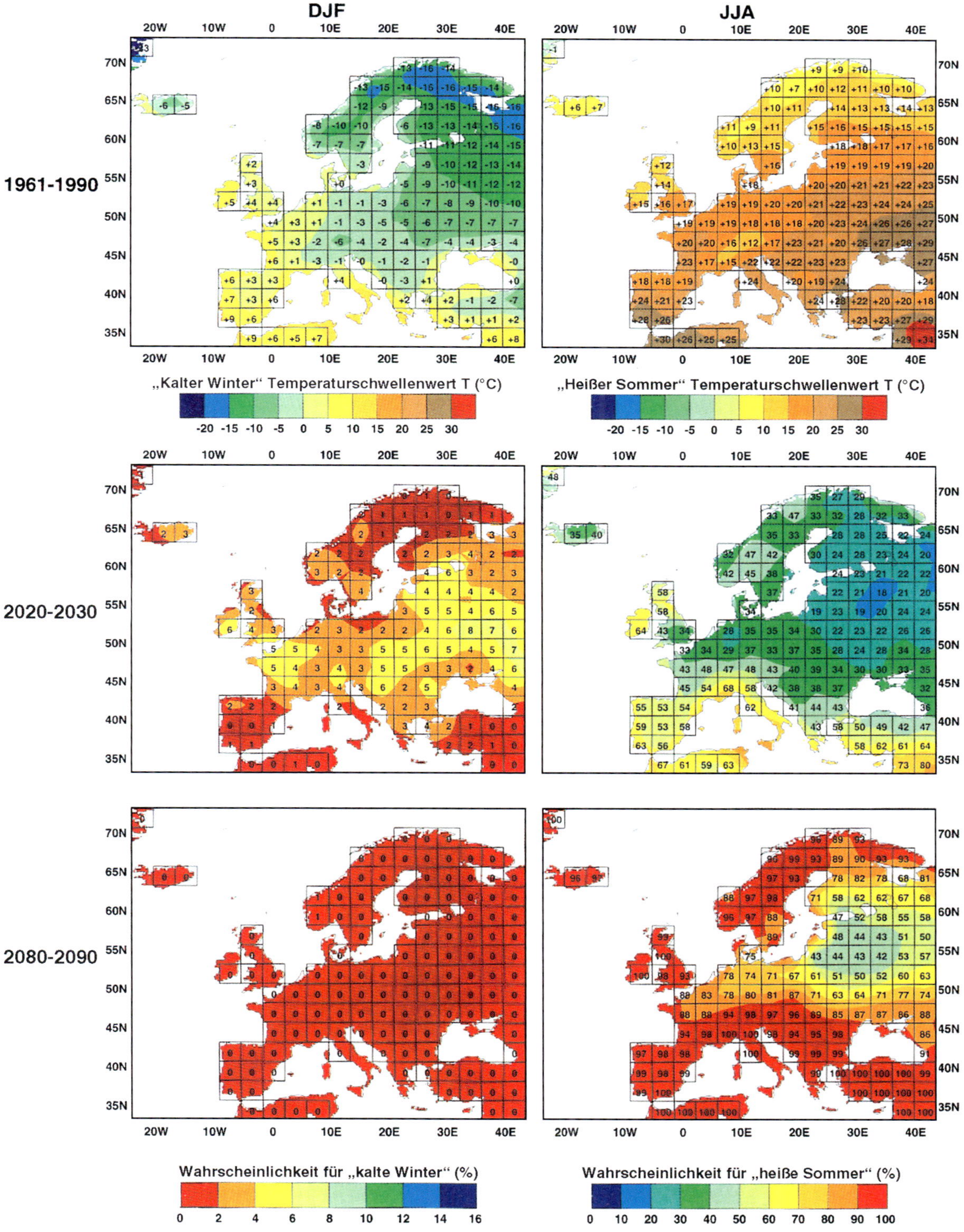

Abb. 5.4.8 B *(Legende siehe S. 785)*

Plantagen). Daher sind die Interessen der beteiligten Länder an diesem Abkommen wichtig. Untergliedert man die Länder entsprechend dem Pro-Kopf-Einkommen und der Pro-Kopf-Waldfläche (Maini 2000, Schulze 2000), dann geht es nicht um einen Konflikt zwischen Annex-I-und Nicht-Annex-I-Staaten, sondern um eine Kontroverse zwischen waldreichen und waldarmen Ländern. In Ländern mit hohem Einkommen und großer Waldfläche geht es um die nachhaltige Entwicklung ihrer Wirtschaft unabhängig vom Atmosphärenschutz. In Ländern mit niedrigem Einkommen und großer Waldfläche wird die Nutzung des Primärwaldes direkt für die ökonomische Entwicklung eingesetzt. Waldarme Länder mit geringem Einkommen sind auf Holzimporte aus waldreichen Ländern angewiesen und damit gegen einen Waldschutz. Es bleiben Länder mit hohem Einkommen und mäßiger Waldfläche, die fast isoliert und allein für einen Waldschutz eintreten.

Von 1989 bis 1998 betrugen die Emissionen aus der Verbrennung fossiler Brennstoffe im Durchschnitt $6{,}3 \times 10^9$ t $Jahr^{-1}$ und die Netto-Senke der Kontinente (unter Berücksichtigung von Emissionen aus Landnutzungsänderungen) $-1{,}7 \times 10^9$ t $Jahr^{-1}$. Wollte man die gesamte Reduktionsverpflichtung (5,2% der Emissionen) ausgleichen durch Verstärkung der biologischen Senke, dann müßte man bis 2010 die bestehende Netto-Senke von 0,7 Gt $Jahr^{-1}$ um 0,33 Gt $Jahr^{-1}$ (d. h. um 47%) erhöhen. Dies erscheint im Augenblick aussichtslos. Darüber hinaus zeigt der 3. IPCC-Bericht (Prentice et al. 2001), dass bei Aufforstung aller bisher durch den Menschen abgeholzten Flächen sich die CO_2-Konzentration der Atmosphäre im Verpflichtungsjahr 2010 nur um 40 ppm senken würde, wohingegen bei Abholzung der bestehenden Primärwälder die CO_2-Konzentration der Atmosphäre um ca. 200 bis 400 ppm steigen würde.

Tabelle 5.4.1: Derzeitige C-Bilanzen der Perioden von 1980 bis 1989 und von 1990 bis 1999 (Gt C). Negative Zahlen kennzeichnen einen Fluss von der Atmosphäre zum Land bzw. Ozean (nach Schimel et al. 2001).

	1980–89	1990–99
Emissionen (fossil, Zement)	5,4 ± 0,3	6,3 ± 0,4
Anstieg in Atmosphäre	3,3 ± 0,1	3,2 ± 0,1
Atmosphäre-Ozean-Fluss	–1,9 ± 0,5	–1,7 ± 0,5
Atmosphäre-Land-Fluss	–0,2 ± 0,7	–1,4 ± 0,7
Emission aus Änderungen der Landnutzung	1,7 (0,6–2,5)	1,6 ± 0,8
Brutto Landsenke	–1,9 (–3,8–0,3)	–3,0 (unsicher)
Netto-Fluss Atmosphäre-Land		
Nordamerika		–0,8 (–2,1 – 0,1)
Eurasien		–1,7 (–2,5 – 0,2)
Nordhemisphäre (nicht tropisch)		–2,4 (–4,3 – 1,5)
Tropen und Südhemisphäre		–0,4 (–1,2 – 0,8)
Global		–2,8 (–4,3 – 1,7)

Zahlen in Klammer = Vorhersagebereich

Unabhängig von dem Bemühen, die biologische Kohlenstoffbilanz zu bewirtschaften, gibt es auch „futuristische" Überlegungen zur technischen Beseitigung von CO_2 (Keith 2001, Schneider 2001). Dazu gehören u. a. Pläne zur Verbreitung von Aerosolen bzw. Reflektoren in der Stratosphäre oder die Verflüssigung von CO_2 mit anschließendem Einleiten in tiefe Ozeanschichten bzw. Tiefengesteine.

5.4.3 Bedeutung eines Klimawandels für Europa

Eine Vorhersage über die Auswirkung einer Erhöhung der klimawirksamen Spurengase (CO_2, N_2O, CH_4 u. a.) ist nur möglich über Modellberechnungen, die von bestimmten „Szenarien" der Spurengas-Erhöhung ausgehen (siehe Abb. 5.3.6 A) und anschließend unter Berücksichtigung der Kopplung von Land, Ozean und Atmosphäre eine Vorhersage für die Klimaentwicklung treffen. Für Europa wurden bei derartigen Modellberechnungen (Parry 2000) als untere Grenze eine CO_2-Erhöhung auf 490 ppm und als obere Grenze eine CO_2-Erhöhung auf 570 ppm im Jahr 2100 angenommen. Seit 1970 erwärmt sich Europa zwischen 0,1 und 0,4 K pro Dekade. Da biologisch die Temperaturextreme bedeutsamer sind als Mitteltemperaturen, zeigt Abb. 5.4.8 die Wahrscheinlichkeit des Auftretens kalter Winter bzw. warmer Sommer bis zum Jahr 2080. Es zeigt sich, dass die Wahrscheinlichkeit eines kalten Winters (1 in 10 Jahren) in Nordskandinavien auf 0% sinkt. Gleichzeitig sinkt auch die Wahrscheinlichkeit für einen warmen Sommer in Nord- und Mitteleuropa. Die Wahrscheinlichkeit eines heißen Sommers steigt dagegen in Südeuropa. Diese Temperaturvorhersage zeigt eine verstärkte Auswirkung des Golfstroms für Europa. Eine unmittelbare Folge ist eine Veränderung im Niederschlag. Die Atlantikküste und Nordosteuropa werden nach diesen Vorhersagen feuchter, Mittel- und Südeuropa werden trockener.

Die Vorhersagen lassen sich wie folgt zusammenfassen:

- die Erwärmung wird am größten sein über NO- und S-Europa. Die Erwärmung wirkt sich vor allem aus auf die Wintertemperaturen (europäisches Russland +0,15 bis 0,6 K pro Dekade). Die Erwärmung der Sommer ist geringer (0,08 bis 0,3 K pro Dekade für Mitteleuropa, 0,2 K bis 0,6 K für Südeuropa). Die Wahrscheinlichkeit, dass es sich bei dieser Erwärmung um einen „natürlichen Trend" handelt, liegt bei 5 %.
- Die Niederschläge werden voraussichtlich um 1 bis 2 % pro Dekade in Nordeuropa steigen und um 1 % pro Dekade in Südeuropa sinken. Die Änderungen sind zu einem großen Teil im Bereich der natürlichen Variabilität. Dabei werden die Winter feuchter, und im Sommer kommt es zu einem ausgeprägten Gradienten zwischen Nord- und Südeuropa.

Für die Landnutzung in Europa ergeben sich daraus folgende Konsequenzen:

- Die derzeitigen Unterschiede in der Wasserversorgung zwischen Nord- und Südeuropa werden steigen. Dies gilt sowohl für extreme Trockenheit als auch für eine steigende Tendenz von Fluten in Südeuropa.
- Die Erwärmung von Nordeuropa wird deutliche Auswirkungen auf die Böden haben (Humusabbau), wobei sich die Baumgrenze der Koniferen und der Laub abwerfenden Arten nach Norden ausweiten wird. Die Feuerfrequenz wird in Südeuropa steigen.
- Die NPP der Wirtschaftswälder wird in Nordeuropa steigen und in Südeuropa sinken. Landwirtschaftliche Kulturen werden voraussichtlich in Nordeuropa Ertragssteigerungen zeigen, in Südeuropa begrenzt die zunehmende Trockenheit das Ertragsniveau.
- Eine Reihe von sozioökonomischen Konsequenzen folgen dem erwarteten steigenden Gradienten zwischen Nord- und Südeuropa. Diese reichen von Veränderungen im Energiesektor bis hin zu Veränderungen im Tourismus (es wird zu heiß in Südeuropa) und hin zu Veränderungen in der Verbreitung von Krankheiten.

Literatur

Bonnie R, Schwartzmann S, Oppenheimer M, Bloomfield J (2000) Counting the cost of Deforestation. *Science* 288: 1763–1764

Goldammer G (1999) Forests on fire. *Science* 284: 1782–1783

Houghton RA, Hackler JL, Lawrence KT (1999) The US Carbon budget: Contributions from landuse change. *Science* 285: 574–578

Houghton RA, Skole DL, Nobre CA, Hackler JL, Lawrence KT, Chomentowski WH (2000) Annual fluxes of carbon from deforestation and regrowth in the Brazilian Amazon. *Nature* 403: 301–304

IPCC–LULUCF (2000) Special Report on Land Use, Land Use Change and Forestry (IPCC-XVI/Doc. 2) IPCC-Sekretariat der WMO, Genf.

IPCC (1996) Climate Change 1995. Second assessment report. Cambridge University Press, Cambridge.

Kaisar J (2000) Panel estimates possible carbon 'sinks'. *Science* 288: 942–943

Keith DW (2001) Geoengeneering. *Nature* 409: 420

Knapp AK, Smith MD (2001) Variation among biomes in temporal dynamics of aboveground production. *Science* 291:481–484

Kyoto-Protokoll (1997) Kyoto-Protocoll to the United Nations Framework Convention on Climate Change FCCC/CP/1997/Add. 1, Decision 1/CP. 3, Annex 7

Laurence WF, Cochrane MA, Bergen S, Fearnside PM, Dalamonica P, Barber C, D'Angelo S, Fernandes T (2001) The future of the Brazilian Amazon. *Science* 291: 438–439

Laurence WF, Laurance SG, Ferreira LV, Rankin-de Merona JM, Gascon C, Lovejoy TE (1997) Biomass collapse in Amazonian forest fragments. *Science* 278: 1117–1118

Maini JS (2000) Boreal forests: Social, economic and environmental considerations. In: The role of boreal forests and forestry in the global carbon budget. Edmonton May 8 to 12, 2000, Abstracts

Matson PA, Parton WJ, Power WJ, Swift MJ (1997) Agricultural intensification and ecosystem properties. *Science* 277: 504–508

Melillo JM, Prentice IC, Farquhar GD, Schulze E-D, Sala OE (1996) Terrestrial biotic responses to environmental change and feedbacks to climate. In: IPCC, Climate Change 1995, The Science of Climate Change. Cambridge University Press, Cambridge. 445–482

Nepstad DC, Verissimo A, Alencar A, Nobre C, Lima E, Lefebvre P, Schlesinger P, Potter C, Moutinho P, Mendoza E, Cochrane M, Brooks V (1999) Large-scale impoverishment of Amazonian forests by logging and fire. *Nature* 398: 505–508

Parry M (2000) Assessment of potential effects and adaptations for climate change in Europe. The Europe ACACIA Report. Jackson Environment Institute, University of East Anglia, Norwich UK. 320 Seiten

Prentice IC, Farquhar GD, Fasham MJR, Goulden ML, Heimann M, Jaramillo VJ, Kheshi HS, Le Quéré C, Scholes RJ, Wallace DWR (2001) The carbon cycle and atmospheric CO_2. In: IPCC-WG I Third Assessment Report. Cambridge University Press, Cambridge.

Schimel DS, House JI, Hibbard KA, Bousquet P, Ciais P, Peylin P, Braswell BH, Apps MJ, Baker D, Bondeau A, Canadell J, Chukina G, Cramer W, Denning AS, Field CB, Friedlingstein P, Goodale C, Heimann M, Houghton RA, Melillo JM, Moore III B, Murdiyarso D, Noble I, Pacala SW, Prentice IC, Raupach MR, Rayner JP, Scholes RJ, Steffen WL, Wirth C (2001) Recent patterns and mechanisms of carbon exchange by terrestrial ecosystems. *Nature* 414: 169–172

Schmidt MWI, Skjemstad JO, Gehrt E, Kögel-Knabner I (1999) Charred organic carbon in German chernozemic soils. *European Journal of Soil Science* 50: 351–365

Schneider SH (2001) Earth systems: engeneering and management. *Nature* 409:417–421

Schulze E-D (2000) Der Einfluß des Menschen auf die biogeochemischen Kreisläufe der Erde. Max-Planck-Gesellschaft. Jahrbuch 2000. 39–58

Schulze E-D, Valentini R, Sanz M-J (2002) The long way from Kyoto to Marrakesh: Implications of the Kyoto protocol negotiations for global ecology. Global Change Biology (in press)

Steffen W (1998) The terrestrial carbon cycle: Implications for the Kyoto protocol. The IGBP Terrestrial Carbon Working Group. *Science* 280: 1393–1394

Stott PA, Tett SFB, Jons GS, Allen MR, Mitchell JFB, Jenkins GJ (2000) External control of 20th century temperature by natural and anthropogenic forcing. *Science* 290: 2133–2137

Töpfer K (2001) Climate change: Whither after The Hague? *Science* 291: 2095–2097

Vitousek PM, Mooney HA, Lubchenco J, Melillo JM (1997) Human domination of earth`s ecosystems. *Science* 277: 494–499

WBGU (1998b) Die Anrechnung biologischer Quellen und Senken im Kyoto-Protokoll: Fortschritt oder Rückschlag für den globalen Umweltschutz. Wissenschaftlicher Beirat der Bundesregierung Globale Umweltveränderungen, Sondergutachten 1998. WBGU, Bremerhaven. 76 Seiten

WBGU (1999) Welt im Wandel: Strategien zur Bewältigung globaler Umweltrisiken. Wissenschaftlicher Beirat der Bundesregierung Globale Umweltveränderungen, Jahresgutachten 1998. Springer, Heidelberg. 383 Seiten

WBGU (2000b) Welt im Wandel: Neue Strukturen globaler Umweltpolitik. Wissenschaftlicher Beirat der Bundesregierung Globale Umweltveränderungen, Jahresgutachten 2000, AWI-WBGU Geschäftsstelle. 223 Seiten

5.5 Der Einfluss menschlicher Aktivitäten auf die Biodiversität

Wüsten sind keineswegs artenarm, nur existieren die meisten Pflanzen als Samenbank im Boden. Nach einem periodischen und oft seltenen Regenereignis keimt nur ein Teil der Samen. Die Keimung ist artspezifisch unterschiedlich und hängt u. a. ab von der Temperatur, der Intensität des Regens und den Lichtbedingungen. Somit wechselt die Flora mit den Niederschlagsereignissen. Das Foto zeigt die Sanddünen des Harsi Fehl in Südalgerien. Foto E.-D. Schulze.

5.5.1 Der Rückgang der Artenvielfalt

Bei der Bewirtschaftung von C-Senken kommt es zu einem Konflikt zwischen der Klimarahmenkonvention und der Biodiversitätskonvention, denn das Kyoto-Protokoll vermeidet explizit den Schutz bestehender C-Speicher in den Primärwäldern und zielt auf die Anlage gepflanzter Plantagen mit geringer Biomasse, aber hoher Produktivität (NPP) auf gerodeten Flächen.

In Kapitel 4 wird ausführlich dargelegt, dass die Biodiversität mehr ist als die Artenvielfalt. Dennoch ist die Artenvielfalt im globalen Maßstab der einzige Parameter, der für eine Beurteilung der Situation zugänglich ist. Betrachtet man die Weltkarte der Verbreitung der Pflanzen (siehe auch Kapitel 4.1), dann gibt es 25 so genannte **Hotspots** (Abb. 5.5.1) – das sind Regionen mit herausragend hoher Diversität und die **Genzentren** unserer Kulturpflanzen, wobei beide Gebiete sich nur teilweise überlappen. Ursprünglich erstreckten sich diese Hotspots auf etwa 12 % der Erdoberfläche. Einschließlich der Genzentren handelte es sich um etwa 20 % der Erdoberfläche. Auf der ursprünglichen Fläche der Hotspots leben aber zurzeit etwa 1,1 Milliarden Menschen (Cincotta et al. 2000). Sie haben in Verbindung mit der Holzindustrie und durch Landnutzungsänderung die Fläche dieser Hotspots inzwischen auf etwa 1,4 % der Erdoberfläche zurückgedrängt. Könnte man diese Restflächen schützen, dann würde man im Augenblick noch 44 % aller Pflanzenarten sowie 35 % der Vögel, Säuger, Reptilien und Amphibien schützen. Ob dies gelingt, hängt wesentlich davon ab, inwieweit es den

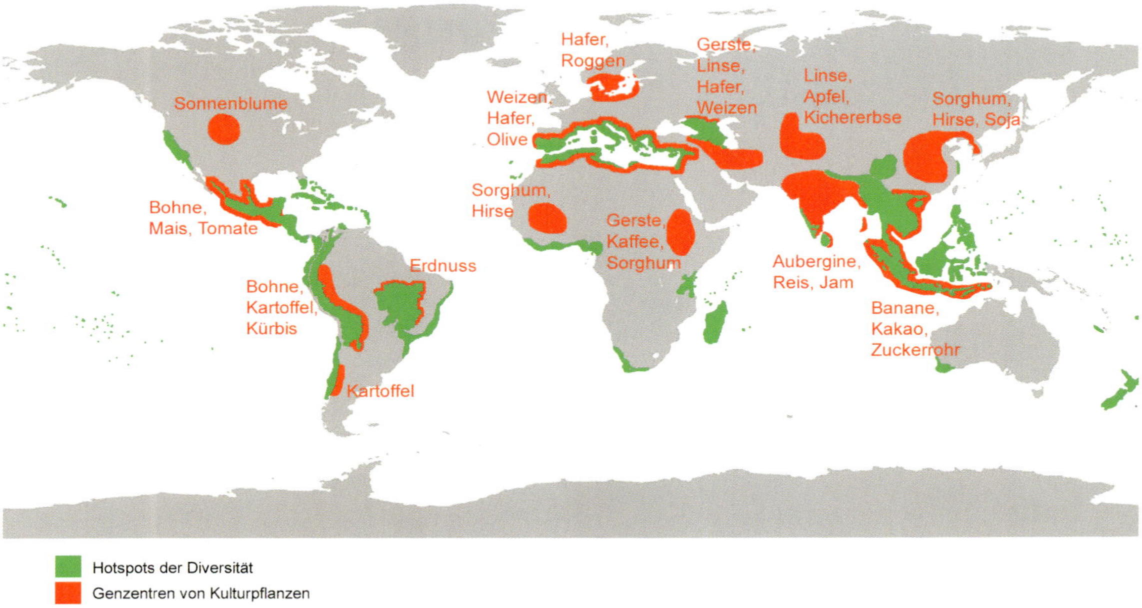

Abb. 5.5.1: Globale Verteilung der so genannten Hotspots (Diversitätsschwerpunkte) (Meyers et al. 2000) und der Genzentren von Kulturpflanzen (Reid und Miller 1989) mit Kennzeichnung der wichtigsten Kulturpflanzen.

Ökologen gelingt, den Zusammenhang zwischen Diversität und Ökosystemfunktionen herzustellen (Schulze und Mooney 1993), d. h. eine Verbindung zu schaffen zwischen dem Kyoto-Protokoll und der Biodiversitätskonvention.

Der Rückgang der Arten hat mehrere Ursachen (Abb. 5.5.2 A, Schulze und Gerstberger 1993). Für Deutschland sind veränderte Bewirtschaftungsverfahren in Forst- und Landwirtschaft für fast 50 % des Artenrückgangs verantwortlich. Die restlichen 50 % verteilen sich auf verschiedene Arten der Landnutzung (Tourismus, Bergbau, Industrie, Verkehrswege). Einige Arten wurden auch durch die Nutzung für wissenschaftliche Untersuchungen bzw. Sammlungen gefährdet.

In der deutschen Flora genießen Orchideen einen besonderen Schutz. Trotz dieses Schutzes hat die Verbreitung aller Orchideenarten signifikant abgenommen (Abb. 5.5.2 B). Arten, die zum Anfang des letzten Jahrhunderts weniger als 100 Messtischblattquadranten besiedelten, sind im Jahr 2000 kurz vor dem Aussterben. Dies zeigt die begrenzten Möglichkeiten einer Unterschutzstellung und es zeigt, wie relativ seltene Arten eine besondere Indikatorfunktion bekommen, um den globalen Wandel anzuzeigen.

Der Einfluss der Intensivierung und Ausweitung der Landwirtschaft auf die Artenvielfalt ist weltweit unverkennbar und eine unmittelbare Folge der zunehmenden Bevölkerungszahl sowie Folge einer Veränderung der Ernährungsgewohnheiten hin zu höherem Fleischkonsum, was den Anbau großer Mengen von Futtermitteln erforderlich macht (nur ca. 5 % des aufgenommenen N wird in Fleisch angesetzt). Trotz aller Anstrengungen sinkt zurzeit die Pro-Kopf-Getreideproduktion (Abb. 5.5.3 A, WBGU 1998a), und mit der zunehmenden Knappheit an Nahrungsmitteln wird es natürlich enger, nicht nur für den biologischen Klimaschutz, sondern auch für den Artenschutz. Die geschätzte landwirtschaftlich nutzbare Landfläche der Erde liegt zwischen 1,5 (genutzt im Jahr 1990) und 4×10^9 ha (WBGU 2000a). Im Jahr 2001 wurden $3{,}6 \times 10^9$ ha als Agrarland ($1{,}5 \times 10^9$) und als Weideland bewirtschaftet (ca. 27 % der globalen Landfläche ohne Grönland und Antarktis). Die landwirtschaftlichen Flächen konzentrieren sich auf (Abb. 5.5.3 B) die gemäßigten Zonen der Nord- und Südhemisphäre, Indien, Südostasien und Südostbrasilien. Große, extensiv genutzte Räume sind das Kongo-Becken und der Amazonas. Bei gleich bleibenden Erträgen und steigender Bevölkerungszahl würde die poten-

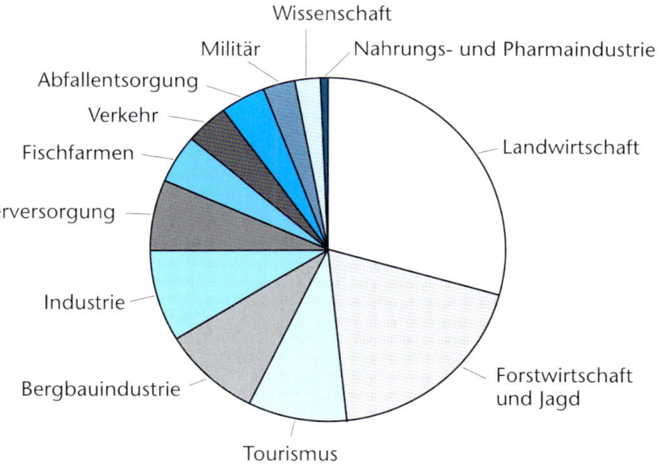

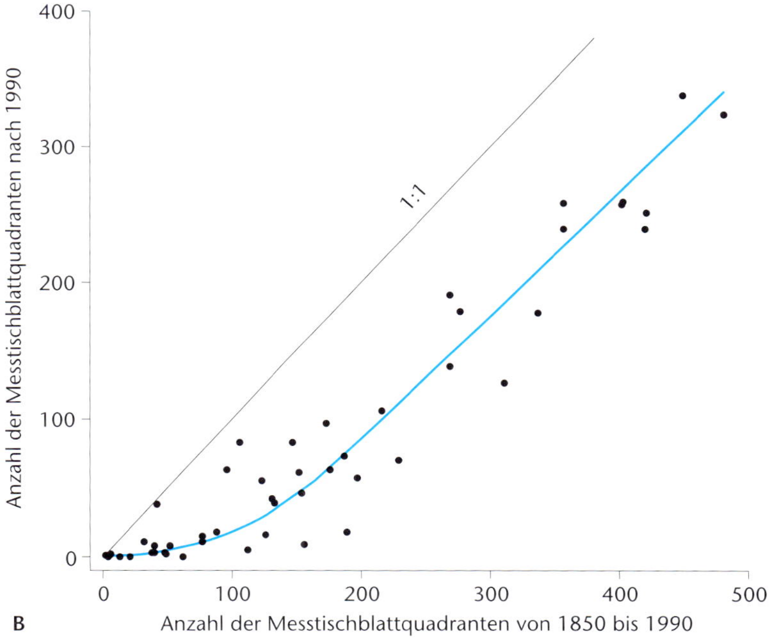

Abb. 5.5.2 A: Anthropogene Faktoren, die zum Aussterben von Arten in Deutschland führen (nach Schulze und Gerstberger 1993). B: Verbreitung von Orchideenarten in Thüringen vor 1990 im Vergleich zur Zeit nach 1990. Alle Arten zeigen einen Rückgang in der Verbreitung um ca. 150 Messtischblattquadranten (WBGU 2000a). Jeder Punkt entspricht einer Orchideenart.

tielle agrarisch nutzbare Fläche nicht ausreichen, um die Menschheit in Zukunft zu ernähren. Bliebe die Agrarfläche konstant, müssten die Flächenerträge bis zum Jahr 2050 um den Faktor 4 steigen. Der zunehmende Bedarf für Agrarland wird aus den Landnutzungsänderungen in Afrika und Südamerika deutlich (siehe Abb. 5.4.6).

Modellberechnungen zufolge ist es sehr unwahrscheinlich, dass die geschätzte maximale Agrarfläche von 4×10^9 ha jemals nutzbar wird, da Erosion, Versalzung, Bodenversauerung und andere Faktoren dazu führen, dass ein Teil der Fläche degradiert (Abb. 5.5.3 B, Dobson et al. 1997). Offensichtlich ist eine langfristige Nachhaltigkeit bei einer Agrarnutzung nicht gegeben. Der Mensch produziert ständig degradierte Flächen. Bei begrenztem Raum wird die landwirtschaftliche Produktion in andere Regionen verlagert. Es muss permanent neues Land urbar gemacht werden, um die bestehende Landfläche konstant zu halten. Die

Abb. 5.5.3 A: Zeitliche Änderung der Getreideproduktion seit 1960 (WBGU 1998a). B: Verbreitung derzeitig landwirtschaftlich (Agrar- und Weideland) genutzter Flächen der Erde (World Resource Institute 2001). C: Modell der Dynamik der Landnutzung und der menschlichen Bevölkerung auf einer Fläche von 10 000 km² und einer Ausgangspopulation von 50 Menschen. Wichtig ist die starke Abnahme des Waldes bei entsprechender Zunahme degradierten Landes und einer leicht abnehmenden Fläche der Landwirtschaft (nach Dobson et al. 1997).

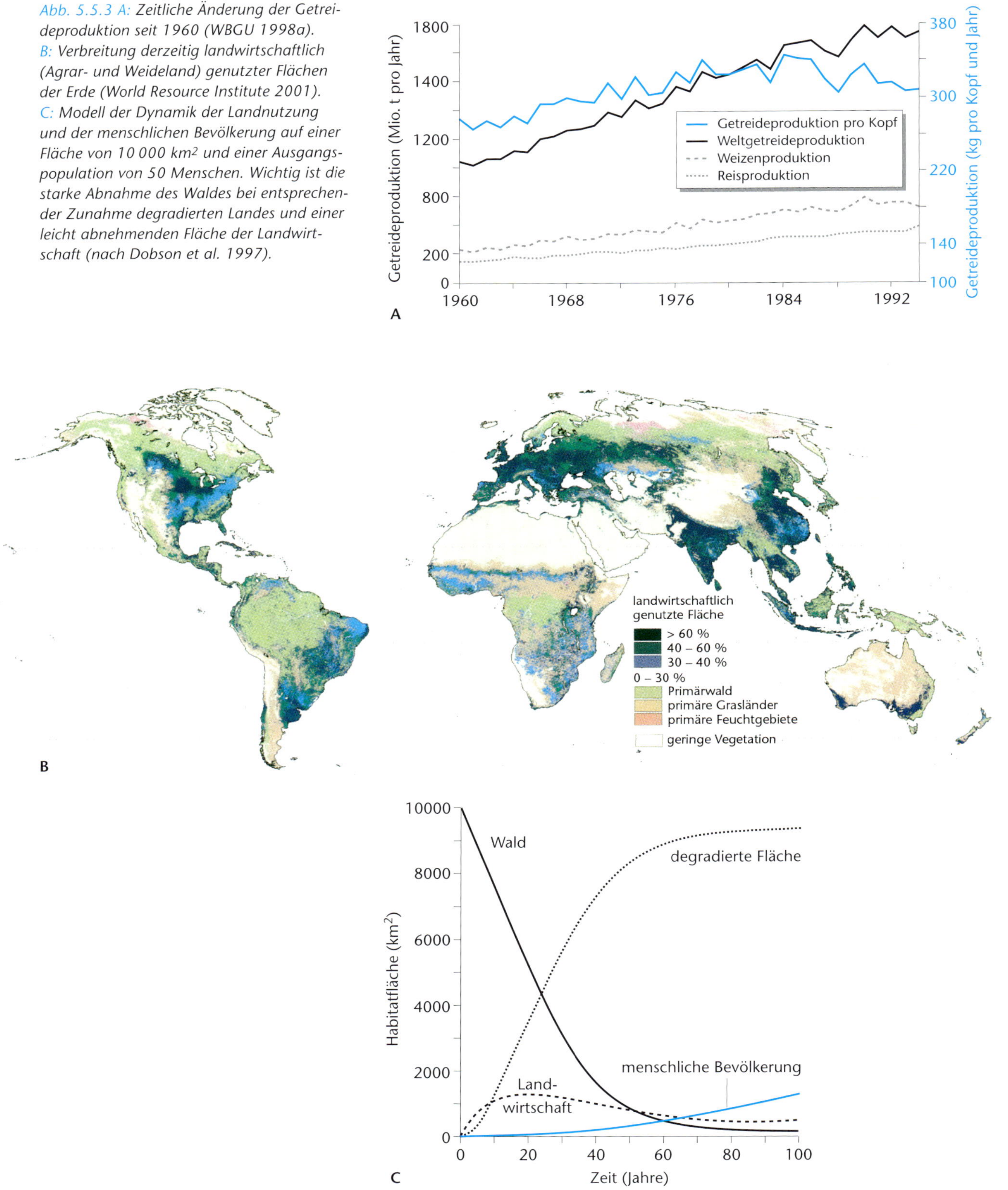

Ausweitung der Landwirtschaft erfolgt primär auf Kosten des Waldes, wobei aber die degradierten Flächen wiederum bewaldet werden könnten. Dies würde der Biodiversität zugute kommen, sofern nicht als Folge des Kyoto-Protokolls rasch wachsende Holzplantagen (*Eucalyptus, Pinus* ssp.) angepflanzt werden, die im Allgemeinen Monokulturen sind. Mit der Umsetzung des Kyoto-Protokolls steigt die Wahrscheinlichkeit, dass diese degradierten Flächen nicht in einen „seminatürlichen" Zustand hoher Diversität zurückkehren.

Kasten 5.5.1 Die Biodiversitätskonvention (*Convention on Biological Diversity*, CBD)

Das Übereinkommen über die biologische Vielfalt wurde 1992 in Rio de Janeiro verabschiedet und trat 1993 in Kraft. 160 der 189 Staaten der UN sind beigetreten. Es handelt sich um eine Querschnittskonvention (siehe Abb. 5.4.3 B, WBGU 1998a), deren Ziele nicht nur die Erhaltung der biologischen Vielfalt, sondern auch die nachhaltige Nutzung und die gerechte Teilhabe der sich aus der Nutzung ergebenen Vorteile umfassen (Abb. 5.5.4). Aus dieser umfassenden Aufgabenstellung ergeben sich Zielkonflikte zwischen Schutz und Nutzung, insbesondere im Grenzbereich zur Land- und Forstwirtschaft. Die Konvention hat auch den Zugang zu genetischen Ressourcen auf eine neue rechtliche Grundlage gestellt. Genetische Ressourcen werden nicht mehr als Kollektivgut angesehen, zu dem freier Zugang besteht, sondern fallen ausdrücklich unter die Zuständigkeit der Nationalstaaten. Damit müssen die Interessen von Industrieunternehmen, die Rechte der lokalen und indigenen Gemeinschaften mit traditionellem Wissen um diese Vielfalt und die Souveränität der Staaten in Einklang gebracht werden. Zur Sicherheit im Umgang mit Biotechnologie (*Biosafety*) wurde 1999 ein Zusatzprotokoll abgeschlossen. Nachdem die Genressourcen der Kontinente den Nationen gehören, sind im Augenblick nur die genetischen Ressourcen der Ozeane Kollektivgut. Bislang ist ungeklärt, ob mit der Übergabe des Besitzes an den genetischen Ressourcen an die Nationalstaaten auch die Verpflichtung entsteht, diese Genressourcen für die Menschheit zu erhalten.

Abb. 5.5.4: *Einbindung der Biodiversitätskonvention in die Umweltpolitik (WBGU 1998, Seite 29).*

Literatur

Cincotta RP, Wisnewski J, Engelmann R (2000) Human populations in the biodiversity hotspots. *Nature* 404: 990–992

Dobson AP, Bradshaw AD, Baker AJM (1997) Hopes for the future: Restoration ecology and conservation biology. *Science* 277: 515–522

Reid WV, Miller KR (1989) Keeping options alive: the scientific basis for conserving biodiversity. World Resource Institute Washington. 128 Seiten

Schulze E-D, Gerstberger P (1993) Functional aspects of landscape diversity: A Bavarian example. *Ecol. Studies* 99: 453–466

Schulze E-D, Mooney HA (1993) Biodiversity and ecosystem function. *Ecol. Studies* 99, Springer, Heidelberg. 525 Seiten

WBGU (1998a) Welt im Wandel: Wege zu einem nachhaltigen Umgang mit Süßwasser. Wissenschaftlicher Beirat der Bundesregierung Globale Umweltveränderungen, Jahresgutachten 1997, Springer, Heidelberg. 419 Seiten

WBGU (2000a) Welt im Wandel: Erhaltung und nachhaltige Nutzung der Biosphäre. Wissenschaftlicher Beirat der Bundesregierung Globale Umweltveränderungen, Jahresgutachten 1999, Springer, Heidelberg. 482 Seiten

World Resource Institute (2001) World Resources 2000–2001. People and ecosystems; The Fraying Web of Life. World Resource Institute, Washington. 389 Seiten

5.6 Sozioökonomische Wechselwirkungen

Eine Steigerung der landwirtschaftlichen Produktion ist nur durch Züchtung von Hochleistungssorten möglich. Trotz der Einengung auf oft wenige besonders produktive Sorten ist es nötig, die genetische Vielfalt zu erhalten, insbesondere um in Hochleistungssorten die Resistenz gegen Pflanzenkrankheiten zu erhalten. Diese Resistenz wird eingekreuzt aus Wildformen. Das genetische Material der Kulturpflanzen wird von den Internationalen Züchtungsinstituten gesammelt und erhalten. So ist das „International Crop Research Institute for the Semi-Arid Tropics", ICRISAT, in Patancheru nahe Heiderabad in Indien zuständig für die Erhaltung und Züchtung von Hülsenfrüchten und spielte eine wichtige Rolle bei der Umsetzung der „Grünen Revolution". Das Foto zeigt (oben) die Versuchsfelder für Chickpea (Cicer arietinum). Die Züchtung von Hochleistungssorten führt aber nicht zwangsweise zu einer nachhaltigen Landwirtschaft. Viel öfter beobachtet man den Raubbau und den „Dust Bowl" als Syndrome der Übernutzung der natürlichen Gegebenheiten. Das Foto zeigt (unten) eine Staubsturm in den Weizenanbaugebieten Südwest-Australiens nahe Adelaide. Die ursprüngliche Gras- und Eucalyptus-Vegetation ist völlig vernichtet, und die Böden liegen ohne Vegetationsbedeckung für fast die Hälfte des Jahres, sofern Sommerweizen gesät wird. Fotos E.-D. Schulze.

Abb. 5.6.1 A: Globale Trends, die im Bereich der biogeochemischen Gegebenheiten der Hydrosphäre, Atmosphäre, Pedosphäre und Biosphäre sowie im Hinblick auf sozioökonomische Faktoren von Bevölkerung, Wirtschaft, psycho-sozialer Sphäre, gesellschaftlicher Organisation und Wissenschaft/Technik wirksam sind und globalen Wandel bewirken (WBGU 2000a). B: Beispiel einer Systemanalyse anhand des Raubbausyndroms (WBGU 2000a).

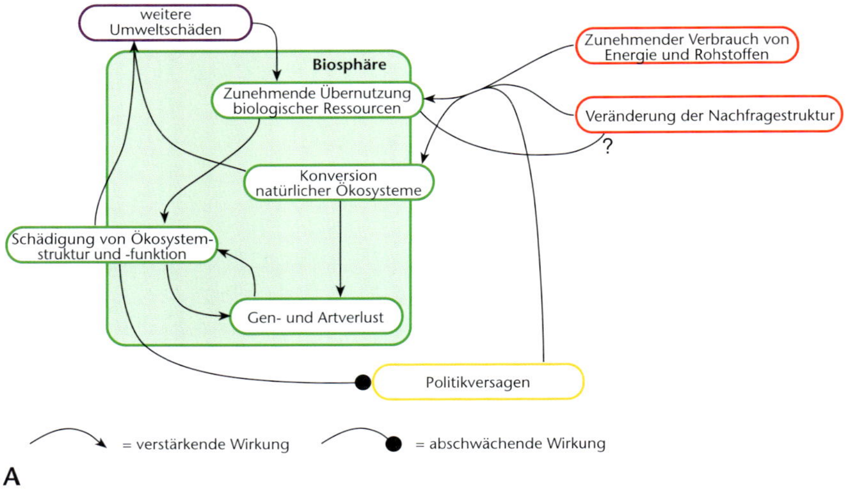

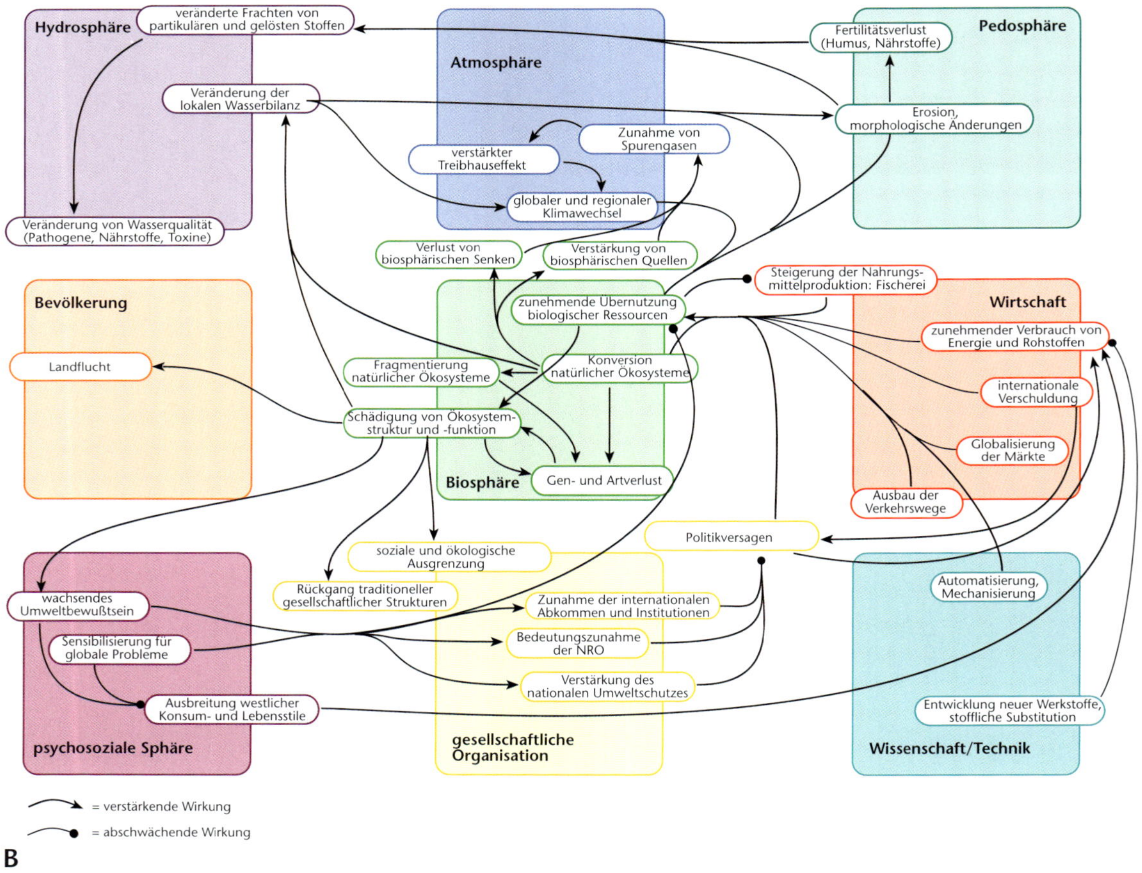

5.6.1 Syndrome

Die vorhergehenden Ausführungen zum C-Haushalt zeigen, dass die globalen Änderungen nicht mehr allein auf naturwissenschaftlicher Basis erklärt bzw. vorhergesagt werden können (siehe Abb. 5.1.1: sozioökonomische Rückkopplung, siehe auch Chapin et al. 2000).

Um diese Wechselwirkungen mit dem Menschen besser darzustellen, wurde das so genannte **Syndromkonzept** entwickelt. Es beruht auf der Einsicht, dass es global wirksame Trends gibt (WBGU 1999), die sowohl aus sozioökonomischen als auch aus edaphisch-klimatischen Faktoren entstehen und die in verschiedenster Weise interagieren, d. h nicht unabhängig voneinander sind, sondern sich verstärken oder abschwächen, und beides hat Einfluss auf die Landoberfläche, Landnutzung und Vegetation. Es entstehen die so genannten **Beziehungsgeflechte** (Abb. 5.6.1 A und B, WBGU 1999), die sich unter bestimmten Bedingungen zu „Krankheitsbildern", den **Syndromen**, verstärken. Das Syndromkonzept untersucht damit die hochkomplexe Dynamik der Mensch-Umwelt-Wechselbeziehungen zwischen Biosphäre, Atmosphäre, Pedosphäre und Hydrosphäre auf der einen Seite und Wirtschaft, Bevölkerung, gesellschaftlicher Organisation, psycho-sozialer Sphäre sowie Wissenschaft und Technik auf der anderen Seite.

Im Folgenden soll anhand der Verbreitung einiger globaler Syndrome gezeigt werden, dass die Ökologie sich nicht mehr allein mit den natürlichen Ökosystemen beschäftigen kann, sondern an allen Stellen der Erde auf die Landnutzung trifft und die Übernutzung der biologischen Ressourcen dabei ein wesentliches Element der anthropogenen Änderungen der Biosphäre ist, das sozioökonomische Wurzeln hat.

Die **Grüne Revolution** ist ein Beispiel für ein Syndrom, das auf großer Fläche auftritt und unmittelbare Auswirkungen auf die ökologischen Gegebenheiten eines Landes hat (Abb. 5.6.2 A, WBGU 1998a). Das Grüne-Revolution-Syndrom beschreibt die großräumige, staatlich geplante und rapide Modernisierung der Landwirtschaft mit importierter, nicht-angepasster Agrartechnologie zur Ernährungssicherung, wobei negative Nebenwirkungen auf die natürlichen Produktionsbedingungen einerseits und die Sozialstruktur andererseits auftreten bzw. toleriert werden. Im ersten Stadium (Jahre 1965 bis 1975) bewirkte die Grüne Revolution durch Intensivierung der Landwirtschaft eine Bekämpfung des Hungers und eine Unabhängigkeit

Kasten 5.6.1 Liste der Syndrome als Symptome des globalen Wandels (für weitere Information siehe WBGU 1993)

1. Syndromgruppe „Nutzung":
- landwirtschaftliche Übernutzung marginaler Standorte: Sahel-Syndrom;
- Raubbau an natürlichen Ökosystemen: Raubbausyndrom;
- Umweltdegradation bei Aufgabe traditioneller Landnutzungsformen: Landfluchtsyndrom;
- nicht-nachhaltige Bewirtschaftung von Böden und Gewässern: *Dust Bowl*-Syndrom;
- Umweltdegradation durch Abbau nicht-erneuerbarer Ressorcen: Katanga-Syndrom;
- Erschließung und Schädigung von Naturräumen für Erholungszwecke: Massentourismussyndrom;
- Umweltschädigung durch militärische Nutzung: Verbrannte-Erde-Syndrom.

2. Syndromgruppe „Entwicklung":
- Umweltschädigung durch fehlgeleitete oder gescheiterte, zentral geplante Großprojekte: Aralseesyndrom;
- Umwelt- und Entwicklungsprobleme durch Transfer standortfremder landwirtschaftlicher Produktionsmethoden: Grüne-Revolution-Syndrom;
- Vernachlässigung ökologischer Standards im Zuge hochdynamischen Wirtschaftswachstums: Kleiner-Tiger-Syndrom;
- Umweltdegradation durch ungeregelte Urbanisierung: Favela-Syndrom;
- Landschaftsschädigung durch geplante Expansion von Stadt- und Infrastrukturen: *Suburbia*-Syndrom;
- Singuläre, anthropogene Umweltkatastrophen von Stadt- und Infrastrukturen: Havariesyndrom.

3. Syndromgruppe „Senken":
- Umweltdegradation durch weiträumige, diffusive Verteilung von meist langlebigen Wirkstoffen: Hoher-Schornstein-Syndrom;
- Umweltverbrauch durch geregelte und ungeregelte Deponierung von Zivilisationsabfällen: Müllkippensyndrom;
- lokale Kontamination von Umweltschutzgütern an vorwiegend industriellen Standorten: Altlastensyndrom.

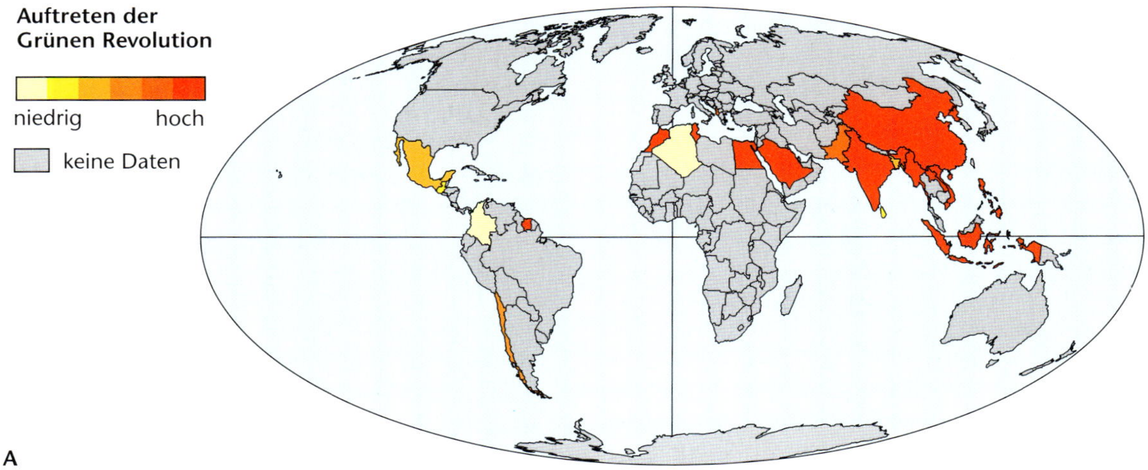

A

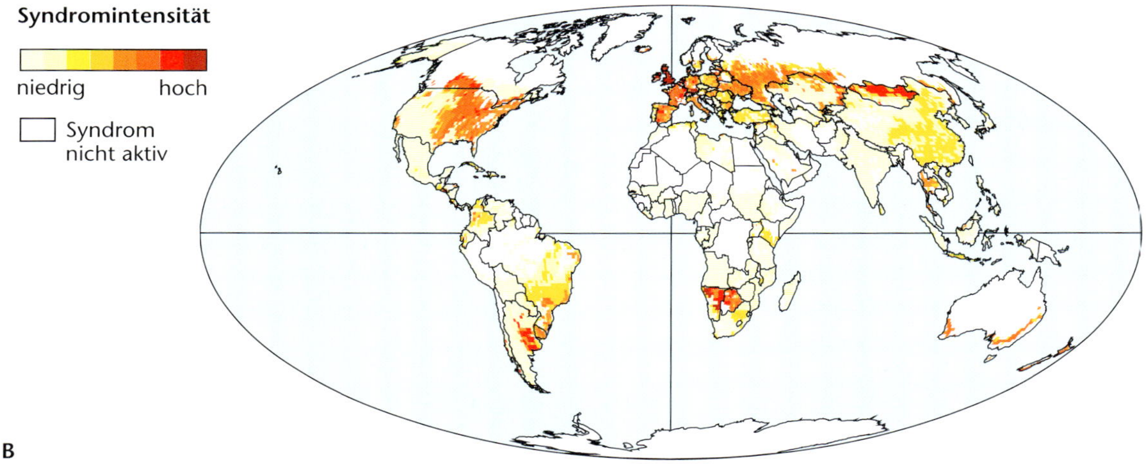

B

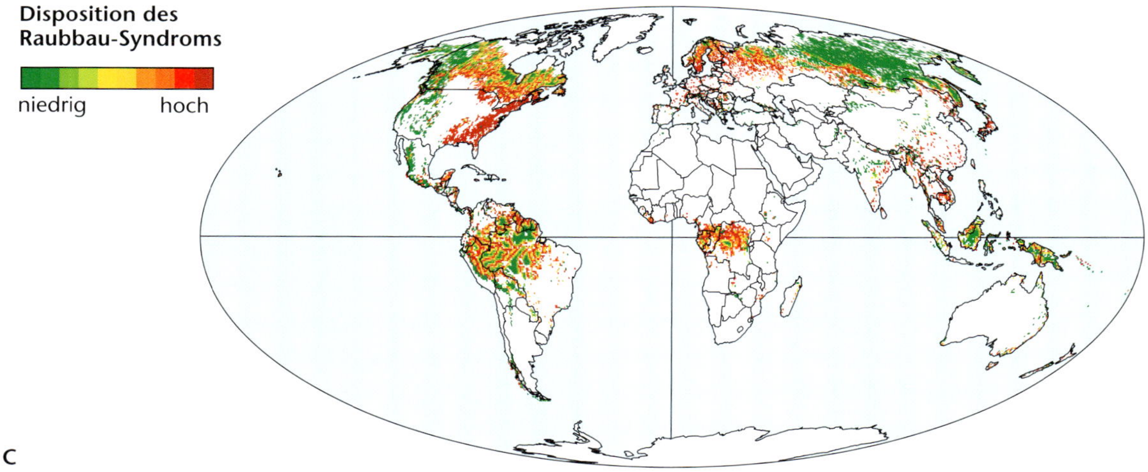

C

Abb. 5.6.2: Globale Verbreitung A: der Grünen Revolution (WBGU 1998a), B: des Dust Bowl-Syndroms (WBGU 1999) und C: des Raubbausyndroms (WBGU 2000a).

der Nationen von Nahrungsmittelimporten. Der zweifache Anbau von Kulturpflanzen in einem Jahr führte regional zu neuen Beschäftigungsmöglichkeiten, die aber mit zunehmender Mechanisierung wieder rückgängig gemacht wurden. Der Rückgang traditioneller Landwirtschaft wurde als Zeichen des Fortschritts begrüßt. Der mit der Grünen Revolution verbundene hohe Energieverbrauch spielte zunächst angesichts niedriger Energiepreise keine Rolle. Die „Ölkrise" der siebziger Jahre markiert das Ende dieser ersten Phase. Im zweiten Stadium (1975 bis 1985) traten negative Rückwirkungen in den Vordergrund. Der Getreidebau wurde ausgedehnt auf ungünstige klimatische und edaphische Standorte; damit wurden die erwarteten Erträge nicht mehr erreicht. Die Empfindlichkeit von Hochleistungssorten gegenüber Schädlingen und klimatischen Extremen erforderte zusätzliche Intensivierung der Schädlingsbekämpfung und der Bewässerung. Bei abnehmenden Wasserressourcen kam es in zunehmendem Maße zur Versalzungen von Böden und zur Bodenerosion. Die zunehmende Mechanisierung setzte vermehrt Arbeitskräfte frei. Feudale Macht- und Besitzverhältnisse mit dem Produktionsziel des Exports von Agrarprodukten und nicht der Ernährung lokaler Bevölkerung verstärkten diesen Trend, und dies führte zu der dritten Phase (seit Mitte der achtziger Jahre), die durch Stagnation bzw. Rückgang der Nahrungsmittelproduktion gekennzeichnet ist. Die weiter zunehmende Intensivierung der Produktion (Düngung, Bewässerung, Pestizide) führte zu einer Übernutzung der edaphischen Gegebenheiten. Aus der grünen Revolution entstand über die Zeit das Sahel-Syndrom (landwirtschaftliche Übernutzung), das Favela-Syndrom (ungeregelte Urbanisierung), das *Dust Bowl*-Syndrom (nicht-nachhaltige Bewirtschaftung) und das Aralsee-Syndrom (fehlgeleitete Großprojekte).

Das ***Dust Bowl*-Syndrom** (Abb. 5.6.2 B, WBGU 1999) bezieht sich auf die naturräumlichen Folgen einer industralisierten, nicht-nachhaltigen Landwirtschaft. Die Spannbreite reicht von der Veränderung der hydrologischen Verhältnisse, der Eutrophierung und Kontamination von Oberflächen- und Grundwasserreservoiren über den Verlust biologischer Vielfalt bis hin zur Anreicherung von Pestiziden in der Nahrungskette mit nachfolgenden Gesundheitsschäden und der Emission treibhauswirksamer Gase (z. B. N_2O). Das *Dust Bowl*-Syndrom tritt sowohl in industrialisierten als auch in Entwicklungsländern auf. Typisch für das *Dust Bowl*-Syndrom sind die Intensivierung der Landwirtschaft durch Hochleistungssorten, Düngung, Bewässerung und Pestizideinsatz, die verstärkte Emission von Methan aus der Tierhaltung sowie die zunehmende Degradation der Böden.

In eine ähnliche Richtung wie Grüne Revolution und *Dust Bowl* geht das **Raubbau-Syndrom**, wobei dieses Syndrom sich nicht allein auf Landwirtschaft, sondern auch auf die forstliche Nutzung bezieht (Abb. 5.6.2 C, WBGU 1999). Wesentliches Merkmal ist eine Diskrepanz zwischen der Nutzung und dem natürlichen Nachwachsen der Ressourcen. Die Übernutzung führt zu einer Schädigung der bewirtschafteten Systeme, z. B. durch Bodenverdichtung, Erosion, Versauerung und Versalzung. Eine weitere Besonderheit dieses Syndroms liegt darin, dass die ausgebeutete Region nicht renaturiert wird, sondern die nächste Region ausgebeutet wird. Dies gilt insbesondere für die Nutzung von Primärwäldern. Raubbau ist flächenmäßig eines der am weitesten verbreiteten Syndrome, wobei es in den Tropen vor allem um die Umwandlung von Ökosystemen geht, wohingegen in den temperaten und borealen Regionen die Degradation überwiegt (Abb 5.6.3 D, WBGU 1999).

5.6.2 Bewertung von Biodiversität und Ökosystemen, Risiken

Der Rückgang der Artenzahlen, die Notwendigkeit, landwirtschaftliche Früchte anzubauen und das zukünftige Ziel, die Biosphäre auch für die Kompensation menschlicher Aktivitäten (Klimaschutz, C-Senken) zu nutzen, macht es erforderlich, zwischen weit auseinander strebenden Zielen zu unterscheiden. Aus ökonomischer Sicht stellt sich das Problem einer nachhaltigen Landnutzung meist als Konflikt zwischen dem wirtschaftlichen Nutzungsinteresse (vor allem Biomasseproduktion) und dem notwendigen Schutz der Biosphäre. Der Konflikt kann in vielen Fällen aber aufgehoben werden, da trotz wirtschaftlicher Nutzung Schutzziele möglich sind und graduelle Unterschiede existieren. Man unterscheidet daher verschiedene Nutzungstypen:

- **Schutz vor Nutzung**: betrifft Landschaften mit besonderer Wertschätzung unter Umweltaspekten. Es handelt sich um einmalige Ökosysteme (Weltnaturerbe) oder um Ökosysteme, die

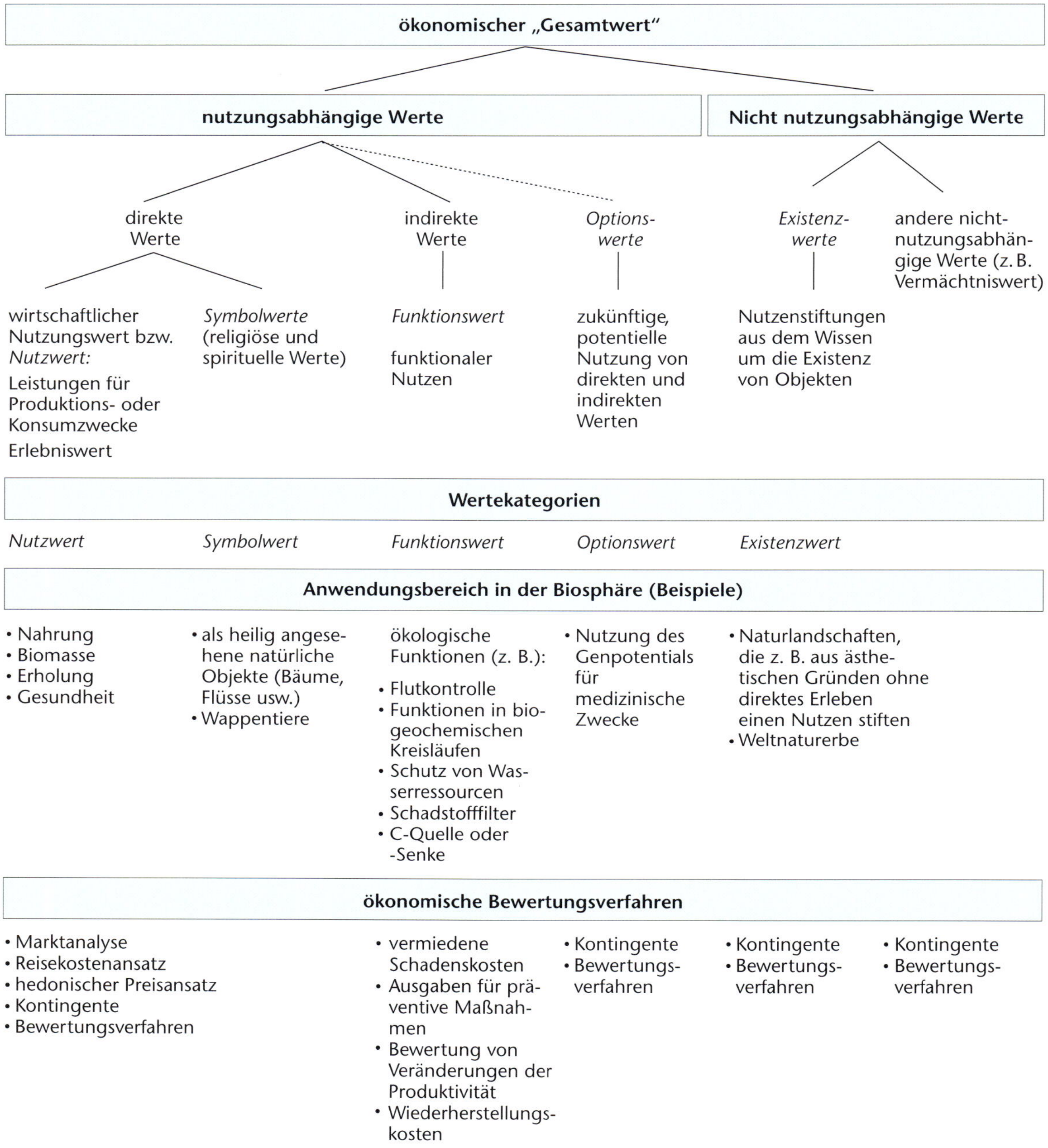

Abb. 5.6.3: Schematische Darstellung einer ökologischen Bewertung (WBGU 2000).

regional wichtige Leistungen erbringen und daher vor uneingeschränkter wirtschaftlicher Nutzung verschont bleiben müssen (Schutzwälder). Es überwiegt das umweltpolitische Schutzinteresse vor dem wirtschaftlichen Nutzungsinteresse. Der WBGU (2000a) empfahl, 10–20 % der Erdoberfläche unter diese Kategorie zu stellen.

- **Schutz trotz Nutzung**: In diesem Falle überwiegt das Nutzungsinteresse (Landwirtschaft, Massentourismus). Die Umsetzung des umweltpolitischen Schutzgedankens würde hohe volkswirtschaftliche Kosten in Form der Nichtnutzung wichtiger wirtschaftlicher Entwicklungspotentiale nach sich ziehen. Trotzdem müssen auch auf diesen intensiv genutzten Flächen Grundprinzipien einer umweltverträglichen Nutzung beachtet werden. Dass dies nicht immer gelingt bzw. langfristige Folgen oft zu spät erkannt werden, zeigt der Wintersport in den Alpen und der Tourismus im Mediterrangebiet. Die Beobachtung von Nationalparks in den Entwicklungsländern zeigt eine zunehmende Degradation dieser Schutzgebiete durch illegale Nutzungen (Liu et al. 2001).

- **Schutz durch Nutzung**: Dieser Landschaftstyp zeichnet sich durch mittlere Sensibilität gegenüber Eingriffen durch den Menschen aus. Gleichermaßen ist die wirtschaftliche Nutzbarkeit eingeschränkt (Böden mittlerer Fruchtbarkeit). Somit ist es möglich, durch naturräumliche und infrastrukturelle Maßnahmen (z. B. gezielte Leitung des Tourismus in Nationalparks) beiden Zielen zu genügen. Im Artenschutz kann der Schutz durch Nutzung höhere Nachhaltigkeit zeigen als der Schutz vor Nutzung.

In Abwägung, welche wirtschaftlichen bzw. ökologischen Ziele zu verfolgen sind, erweist es sich als notwendig, die Biosphäre letztendlich zu bewerten (Abb. 5.6.3). Die ökonomische Bewertung geht dabei wie folgt vor:

1. Identifizierung der von der Biosphäre ausgehenden Nutzenstiftungen, d. h. ökonomisch relevanten Funktionen. Bei diesem Schritt wird deutlich, dass z. B. bei den Höheren Pflanzen nur 70 000 der insgesamt 270 000 Arten direkt genutzt werden:
   - 3 000 Nahrungspflanzen,
   - 25 000 Medizinalpflanzen,
   - 10 000 Arten für Holznutzung,
   - 5 000 Faserpflanzen,
   - 10 000 Arten für „weiche“ Nachhaltigkeit (d. h. Arten, die indirekt Nutzen stiften, wie z. B. die untere Baumschicht in einem Eichenwald, die verhindert, dass die Eiche Wasserreiser treibt und so Furnierqualität erreicht),
   - 15 000 Zierpflanzen,
   - 2 000 wissenschaftlich genutzte Arten.

   Von den 200 000 nicht genutzten Arten fallen 25 000 unter den Artenschutz, 30 000 Spezies sind interessant für Bioprospektierung in Hinblick auf technologische Entwicklungen, und es verbleiben 145 000 Arten, die für den Menschen keinen direkt erkennbaren Nutzen haben, wohl aber in einem Ökosystem sehr wichtige ökologische Funktionen erfüllen, die zur Stabilität oder zur Sukzession von Ökosystemen beitragen.
2. Überprüfung der Anwendbarkeit des Kosten-Nutzen-Kalküls auf die Biosphäre. Hier stehen Kriterien der begrenzten Substituierbarkeit und der Irreversibilität von Schäden im Vordergrund, die der Anwendung des ökonomischen Kalküls Grenzen setzen.
3. Monetarisierung der Nutzenstiftungen nach verschiedenen ökonomischen Verfahren.
4. Berechnung des Gegenwartswertes der monetarisierten Nutzenstiftung; dabei sind zukünftige Nutzen- bzw. Schadensgrößen auf den Gegenwartswert zu diskontieren, wobei die Festlegung des Diskontierungsfaktors komplizierte Probleme aufwirft.

Aus diesen Überlegungen der Schutzkategorie und der ökonomischen Bewertung ergibt sich ein **ökonomischer Gesamtwert** (WBGU 2000a). Es gibt nur wenige Versuche, den ökonomischen Gesamtwert der Biosphäre zu ermitteln. Costanza et al. (1997) untersuchten dazu insgesamt 17 Ökosystemleistungen (Gasregulation, Klimaregulation, Störungsregulation, Wasserregulation, Wasserversorgung, Erosionsregulation, Bodenbildung, Nährstoffkreislauf, Schadstoffabbau, Bestäubung, biologische Schädlingsbekämpfung, Habitatregulierung, Nahrungsmittelproduktion, Rohstoffproduktion, genetische Ressourcen, Erholung, kulturelle Werte) in insgesamt zwölf Landschaftsformen und kamen dabei zu dem Ergebnis, dass die Leistungen der Biosphäre die ökonomischen Leistungen (gemessen als globales Bruttosozialprodukt) um fast den Faktor 2 übertreffen. Die hohe Wertschätzung der Küstengebiete liegt vor allem in deren Wirkung auf den Nährstoffkreislauf.

Bei der großen Geschwindigkeit, in der sich der globale Wandel vollzieht, ist es angemessen, die Änderungen in den Stoffkreisläufen und im Klima einer Risikoanalyse zu unterziehen (WBGU 1999). Untersucht man Eintrittswahrscheinlichkeit (W) und Schadensausmaß (A) (WBGU 1999), dann gibt es einen Bereich normaler Alltagsrisiken, mit denen die Menschheit leben muss (W hoch, A niedrig), z. B. eine Hausmülldeponie. Es gibt weiterhin einen

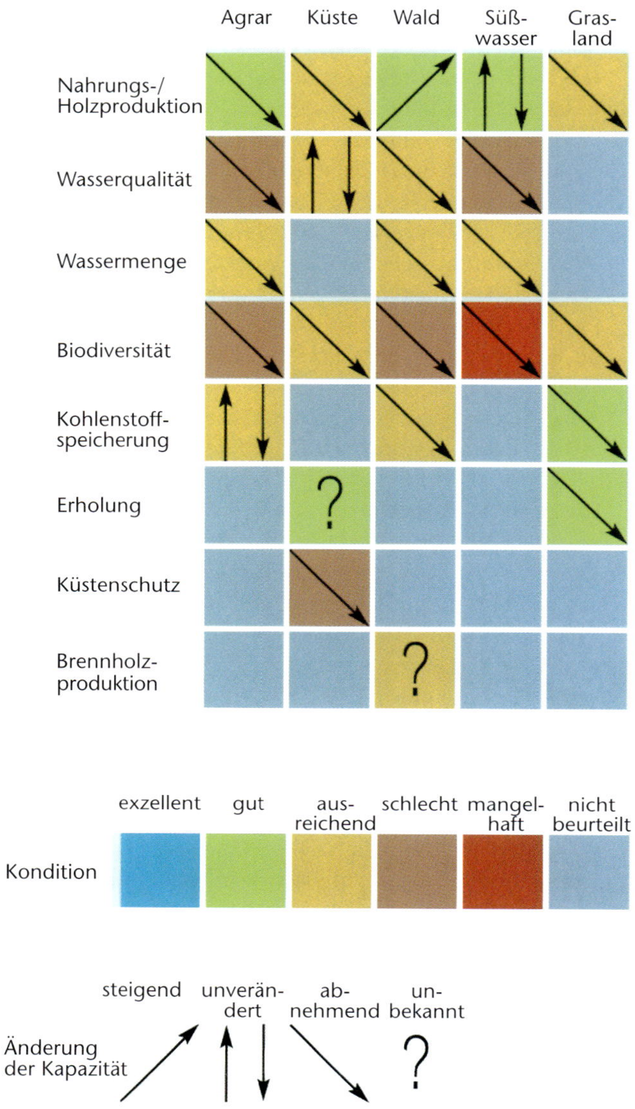

Abb. 5.6.4: Trends der letzten 20 bis 30 Jahre in der Situation bestimmter Ökosystem-„Funktionen" in verschiedenen Biomen (World Resources Institute 2001).

Grenzbereich, der besondere Aufmerksamkeit verlangt, der aber noch technisch beherrschbar sein sollte, z. B. Sondermüll- (Atommüll-) Deponien (W gering, A hoch). Es gibt aber auch einen Verbotsbereich (W gering, A sehr hoch), der unter allen Umständen und ohne Rücksicht auf die Kosten zu vermeiden ist. Dazu gehört z. B. die Gefahr eines Umkippens der thermohalinen Zirkulation im Nordatlantik. An der Leitplanke zu diesem Verbotsbereich gibt es eine Reihe riskanter Unternehmungen, bei denen man im Augenblick nicht abschätzen kann, ab welchem Punkt sie technisch nicht mehr beherrschbar sind. Dazu gehören der schleichende Klimawandel, ein sich aufschaukelnder Treibhauseffekt und der Verlust an Biodiversität.

Bewertung und Risikoabschätzung gibt noch keine Analyse der Trends, mit denen sich verschiedene globale Ökosysteme hinsichtlich bestimmter für den Menschen wichtiger Funktionen entwickeln. Hierzu hat das World Resource Institute (2001) eine sehr einfache Form der Bewertung vorgeschlagen. Für 5 wichtige Biome wird im Detail mit Pfeilen gezeigt, wie sich bestimmte „Leistungen" in den letzten 20 bis 30 Jahren entwickelten (Abb. 5.6.4). Von den 24 untersuchten Bereichen gibt es nur einen Pfeil, der eine steigende Tendenz zeigt, nämlich für die Nachfrage und das Angebot an Holzfaser, das wesentlich aus Plantagen der Nordhemisphäre gedeckt wird. Fast alle anderen „Ökosystem-Funktionen" haben in der Intensität nachgelassen.

Kasten 5.6.2 Zusammenfassung: Globaler Wandel

- Das Kyoto-Protokoll kennzeichnet den Anfang eines neuen ökonomischen Zeitalters, in dem der Mensch aktiv die globalen Stoffkreisläufe gestaltet und dabei die Land- und Forstwirtschaft, aber nicht die ökologischen Belange ausreichend berücksichtigt.
- Globale Gemeinschaftsgüter bedürfen eines besonderen Schutzes gegenüber wirtschaftlichen Einflüssen. Zu den Gemeinschaftsgütern gehören die Atmosphäre, der Ozean und jener Teil der genetischen Ressourcen, der keinem Nationalstaat zuzuordnen ist (eventuell ist die Besitznahme der Nationen an den Genressourcen ein Schritt zu weit gegangen). Für diese globalen Gemeinschaftsgüter werden in Zukunft eigene organisatorische Strukturen nötig, die absehbare Risiken effektiv gegen wirtschaftliche Interessen vertreten. Die Bewirtschaftung der Stoffkreisläufe der Erde ist offensichtlich mit hohen Risiken verbunden, die dadurch entstehen, dass bislang nicht absehbar ist, ab welchem Punkt bestimmte Trends technisch nicht mehr beherrschbar sind.
- Vorhersagen sind unsicher, da die sozio-ökonomischen Randbedingungen bislang nicht ausreichend berücksichtigt werden. Die Frage, ob Maßnahmen wie das Kyoto-Protokoll zu einer Reduktion der CO_2-Emissionen führen, hängt wesentlich davon ab, ob sich mit der Globalisierung des Welthandels in Entwicklungsländern, die keine Reduktionsverpflichtung haben, CO_2-intensive Industrien etablieren. In diesem Falle wäre die Kyoto-Verpflichtung für Industrienationen erfüllt, aber die CO_2-Konzentration stiege nach wie vor.
- Die Gestaltung der biogeochemischen Kreisläufe in der Zukunft erfordert eine Stärkung des Umweltbewusstseins in allen gesellschaftlichen Schichten. Der Mensch kann zwar bei weitaus höheren bzw. niedrigeren Temperaturen wohnen und arbeiten, aber das Klimarisiko trifft auch den Kulturpflanzenanbau und Lebensgemeinschaften, die einem solchen schnellen Wandel nicht gewachsen sind. Darüber hinaus greift der Kohlenstoffhaushalt über den Energiebedarf in alle Aspekte des täglichen Lebens ein. Damit kann eine Gestaltung des Kohlenstoffhaushalts nicht ohne ein tieferes Verständnis für die langfristigen Umweltrisiken in allen Bevölkerungsschichten gelingen.

Literatur

Chapin III FS, Zavaleta ES, Eviner VT, Naylor RL, Vitousek PM, Reynolds HL, Hooper DU, Lavorel S, Sala OE, Hobbie SE, Mack MC, Diaz S (2000) Consequences of changing biodiversity. *Nature* 405: 234–242

Costanza R, Darge R, de Groot R, Farber S, Grasso M, Hannon B, Limburg K, Naeem S, O'Neill RV, Paruelo J, Raskin RG, Sutton P, van den Belt M (1997) The value of the world's ecosystem services and natural capital. *Nature* 387: 253–260

Liu J, Linerman M, Ouyang Z, An L, Yang J, Zhang H (2001) Ecological degradation in protected areas: The case of Wolong Nature Reserve for Giant Pandas. *Science* 292: 98–100

WBGU (1993) Welt im Wandel: Grundstrukturen globaler Mensch-Umwelt-Beziehungen. Wissenschaftlicher Beirat der Bundesregierung Globale Umweltveränderungen, Jahresgutachten 1993, Economica, Bonn. 224 Seiten

WBGU (1998a) Welt im Wandel: Wege zu einem nachhaltigen Umgang mit Süßwasser. Wissenschaftlicher Beirat der Bundesregierung Globale Umweltveränderungen, Jahresgutachten 1997, Springer, Heidelberg. 419 Seiten

WBGU (1999) Welt im Wandel: Strategien zur Bewältigung globaler Umweltrisiken. Wissenschaftlicher Beirat der Bundesregierung Globale Umweltveränderungen, Jahresgutachten 1998, Springer, Heidelberg. 383 Seiten

WBGU (2000a) Welt im Wandel: Erhaltung und nachhaltige Nutzung der Biosphäre. Wissenschaftlicher Beirat der Bundesregierung Globale Umweltveränderungen, Jahresgutachten 1999, Springer, Heidelberg. 482 Seiten

World Resource Institute (2001) World Resources 2000-2001. People and ecosystems; The Fraying Web of Life. World Resource Institute, Washington. 389 Seiten

Index

B

C

D

I

J

K

L

N

O

P

S

U

X

Y

Z